Freudiger / Grünbaum / Schimke

Klinik der Hundekrankheiten

2. Auflage

Buchhandel Nitschke
Franz-Aletsee-Straße 6
86381 KRUMBACH
Tel. 08282/4122 · Fax 62955

Dr. Lindner

Datum: 30.6.94

Anz.	Gegenstand	Preis	DM	Pf
1	Klinik der Hundekrankheiten		298	—

Betrag dankend erhalten
den _(Unterschrift)_

in diesem Betrag sind DM 7% MwSt. enthalten.

Verk. 04076-50

Bei Irrtum oder Umtausch bitte diesen Zettel vorlegen

 Verlags-Nr. 2952 F

Klinik der Hundekrankheiten

Begründet von Horst-Joachim Christoph

Herausgegeben von
**Ulrich Freudiger, Ernst-Günther Grünbaum,
Ernst Schimke**

Bearbeitet von

M. Alef, M. Berchtold, H. Eikmeier, R. Fankhauser,
H. J. Ficus, H.-J. Flaßhoff, U. Freudiger, E.-G. Grünbaum,
P. Keller, S. Paatsama, V. Schärer, E. Schimke, V. Schmidt,
G. Schmidt-Oechtering, E. Trautvetter, M. Vandevelde

2., überarbeitete Auflage
Mit 643 Abbildungen und 104 Tabellen

Gustav Fischer Verlag Jena · Stuttgart · 1993

Anschriften der Herausgeber

Prof. Dr. **U. Freudiger**
Höheweg 22a
CH-3097 Liebefeld

Prof. Dr. **E.-G. Grünbaum**
Medizinische und Gerichtliche Veterinärklinik I der Justus-Liebig-Universität Gießen
Frankfurter Straße 126
D-35392 Gießen

Prof. Dr. **E. Schimke**
Chirurgische Veterinärklinik der Justus-Liebig-Universität Gießen
Frankfurter Straße 108
D-35392 Gießen

Bildnachweis: Soweit die Abbildungen nicht den Einrichtungen der Autoren entstammen, sind ihre Quellen in den Legenden angegeben.

Wichtiger Hinweis
Die pharmakotherapeutischen Erkenntnisse in der Human- und Tiermedizin unterliegen laufendem Wandel durch Forschung und klinische Erfahrungen. Herausgeber und Autoren dieses Werkes haben große Sorgfalt darauf verwendet, daß die in diesem Buch mitgeteilten therapeutischen Angaben dem derzeitigen Wissensstand entsprechen. Das entbindet den Benutzer dieses Werkes aber nicht von der Verpflichtung, anhand der Beipackzettel zu verschreibender Präparate zu überprüfen, ob die dort gemachten Angaben von denen in diesem Buch abweichen, und die Verordnung in eigener Verantwortung zu bestimmen.

Die Deutsche Bibliothek – CIP-Einheitsaufnahme

Klinik der Hundekrankheiten : mit 104 Tabellen / hrsg. von
Ulrich Freudiger ... Begr. von Horst-Joachim Christoph.
Bearb. von M. Alef ... – 2., überarb. Aufl. – Jena ; Stuttgart :
G. Fischer, 1993

ISBN 3-334-60448-9
NE: Freudiger, Ulrich [Hrsg.]; Christoph, Horst-Joachim [Begr.]; Alef,
Michaele

© Gustav Fischer Verlag Jena, 1993
Villengang 2, D-07745 Jena
Das Werk einschließlich aller seiner Teile ist urheberrechtlich geschützt. Jede Verwertung außerhalb der engen Grenzen des Urheberrechtsgesetzes ist ohne Zustimmung des Verlages unzulässig und strafbar. Das gilt insbesondere für Vervielfältigungen, Übersetzungen, Mikroverfilmungen und die Einspeicherung und Verarbeitung in elektronischen Systemen.
Lektor: Dr. Dr. Roland Itterheim
Gesamtherstellung: Offizin Andersen Nexö Leipzig GmbH
Printed in Germany

ISBN 3-334-60448-9

Autorenverzeichnis

Dr. med. vet. MICHAELE ALEF
Wissenschaftliche Mitarbeiterin an der Chirurgischen
Veterinärklinik der Justus-Liebig-Universität Gießen,
Arbeitsgruppe Anaesthesiologie und
operative Intensivmedizin
D-35392 Gießen

Prof. Dr. med. vet. MAX BERCHTOLD
ehem. Direktor der Klinik für Geburtshilfe
und Gynäkologie der Haustiere mit Ambulatorium
der Universität Zürich
CH-8604 Volketswil

Prof. Dr. med. vet. HANS EIKMEIER
emerit. Direktor der Medizinischen und Gerichtlichen
Veterinärklinik I der Justus-Liebig-Universität Gießen
D-35392 Gießen

Prof. Dr. med. vet. Dres. med. vet. h. c. Dr. sc. hc.
RUDOLF FANKENHAUSER
emerit. o. Prof. für vergleichende Neuropathologie am
Institut für vergleichende Neurologie der Universität
Bern
CH-3012 Bern

Dr. med. vet. HEINZ JÜRGEN FICUS
Fachtierarzt für Kleintiere, Fachtierarzt für Radiologie
D-27367 Sottrum

Dr. med. vet. HANS-JOACHIM FLASSHOFF
Fachtierarzt für klinische Laboratoriumsdiagnostik,
Fachtierarzt für Mikrobiologie, LABOklin – Labor für
klinische Diagnostik GmbH
D-97688 Bad Kissingen

Prof. Dr. med. vet. ULRICH FREUDIGER
emerit. Direktor der Klinik für kleine Haustiere der
Universität Bern
CH-3097 Liebefeld

Prof. Dr. med. vet. ERNST-GÜNTHER GRÜNBAUM
Medizinische und Gerichtliche Veterinärklinik I der
Justus-Liebig-Universität Gießen
D-35392 Gießen

Prof. Dr. med. vet. PETER KELLER
Biologisch-Pharmazeutische Forschungsabteilung der
Fa. F. Hoffmann La Roche & Co AG
CH-4002 Basel

Prof. SAKI PAATSAMA, D. V. M. (emerit.)
College of Veterinary Medicine, Department of
Surgery
SF-00550 Helsinki

Dr. med. vet. VERENA SCHÄRER
Oberassistentin der Klinik für kleine Haustiere
der Universität Bern
CH-3012 Bern

Prof. Dr. med. vet. ERNST SCHIMKE
Direktor der Chirurgischen Veterinärklinik der
Justus-Liebig-Universität Gießen
D-35392 Gießen

Prof. Dr. med. vet. VERA SCHMIDT (emerit.)
Klinik für kleine Haus- und Heimtiere der Veterinär-
medizinischen Fakultät der Universität Leipzig
D-04299 Leipzig

Privatdozent Dr. med. vet. GERHARD SCHMIDT-
OECHTERING
Chirurgische Veterinärklinik
der Justus-Liebig-Universität Gießen,
Arbeitsgruppe Anaesthesiologie und
operative Intensivmedizin
D-35392 Gießen

Prof. Dr. med. vet. EBERHARD TRAUTVETTER
Klinik und Poliklinik für kleine Haustiere an der
Freien Universität Berlin
D-14163 Berlin

Prof. Dr. med. vet. MARC VANDEVELDE
Leiter des Instituts für Tierneurologie der Universität
Bern
CH-3012 Bern

Aus dem Vorwort zur 1. Auflage

Mit dem Tod von Herrn Professor CHRISTOPH am 24. Januar 1976 drohte seinen Lehrbüchern „Klinik der Hundekrankheiten" und „Klinik der Katzenkrankheiten" die Gefahr, nicht weitergeführt zu werden. Es ist das Verdienst des Lektors für das Fachgebiet Veterinärmedizin im Gustav Fischer Verlag Jena, Dr. Dr. R. ITTERHEIM, dies verhindert zu haben. Wie schon zur Endredaktion der 2. Auflage der „Klinik der Katzenkrankheiten", die Prof. CHRISTOPH nicht mehr ausführen konnte, fand er in uns Helfer, die zur Übernahme der Herausgeberverpflichtungen für das neue Lehrbuch „Klinik der Hundekrankheiten" bereit waren. So konnten wir zu dritt dieses Werk konzipieren und umfassend vorbereiten, wobei wir uns von Anfang an einig waren, die von Prof. CHRISTOPH erarbeitete Grundkonzeption eines „Lehrbuches für Studierende" und „Leitfadens für praktizierende Tierärzte" nicht zu verändern.

Mit dem Gewinnen neuer Mitautoren verbanden wir das Ziel, die Kapitel dieses Tierartenbuches fachdisziplingerecht weiter aufzuteilen und kompetente Wissenschaftler des deutschsprachigen Raumes zu verpflichten. Wir sprechen allen Autoren für ihre Mitarbeit unseren Dank aus.

Die Unterteilung des Buches in einen allgemeinen und einen speziellen Teil haben wir aufgegeben. Die Abbildungen und Tabellen wurden kapitelweise numeriert.

Die Anwendung der neuen Referenzbereiche der Systéme International (SI) war erforderlich. Zum Vergleich zwischen alten und neuen Einheiten ist zahlreiche Literatur erschienen, so daß wir auf Doppelangaben oder Vergleichstabellen verzichteten.

Im Interesse der Übersichtlichkeit und universellen Verwendbarkeit therapeutischer Hinweise wurden Arzneimittel mit ihren international gebräuchlichen Freinamen (generic names) zitiert. Nur dort sind Handelsnamen eingefügt, wo schnelles Handeln mitunter lebensrettend ist. Zur Orientierung über einige, den internationalen Freinamen zuzuordnende Handelsnamen, über Applikationsmenge und -art der aufgeführten Arzneimittel und über ihre Zuordnung zu Arzneimittelgruppen haben wir als Anhang eine Arzneimitteltabelle in alphabetischer Reihenfolge der „generic names" mit einer Arzneimittelgruppen-Übersicht beigefügt. Sie kann nicht vollständig sein, wohl aber als tierartspezifische Nachschlagehilfe dienen. Weitere Einzelheiten sind den alljährlich erscheinenden Arzneimittelverzeichnissen der einzelnen Länder bzw. den Tierarzneimittelverzeichnissen zu entnehmen.

Wir hoffen, daß es uns gelungen ist, das Lehrbuch „Klinik der Hundekrankheiten" in neuer Form mit übersichtlich aufbereitetem, aber auch wissenschaftlich begründetem Fachwissen als Lehrbuch für Studenten und Orientierungshilfe für praktizierende Tierärzte und Fachtierärzte herauszubringen. Allen, die daran Anteil haben, sei sehr herzlich gedankt. Dieser Dank gilt insbesondere auch den wissenschaftlichen Mitarbeitern, Angestellten und technischen Kräften in den einzelnen Instituten und Einrichtungen der Autoren. Sie haben durch Rat, Manuskript- und Bildmaterialanfertigung sowie kritische Manuskriptdurchsichten sehr zum Gelingen der Kapitel beigetragen.

Nicht zuletzt danken wir dem Gustav Fischer Verlag und dem Lektor, Herrn Dr. Dr. ROLAND ITTERHEIM, für die fortwährende Unterstützung unseres Anliegens und für die gute Ausstattung dieses Werkes.

Die Herausgeber

Vorwort zur 2. Auflage

Eine zweite, überarbeitete und ergänzte Auflage dieses Lehrbuchs wurde erforderlich, weil die wissenschaftlichen Erkenntnisse auf dem Gebiet der Hundekrankheiten ständig zu- und die verfügbaren Exemplare beim Verlag schnell abgenommen haben.

Wir Herausgeber sind allen Mitautoren dankbar, daß sie unserer Bitte zur kurzfristigen Überarbeitung und Ergänzung der jeweiligen Kapitel nachgekommen sind und darüber hinaus auch alle Abbildungsvorlagen neu zur Verfügung gestellt haben. Dies, die durch die Vereinigung Deutschlands möglich gewordene verbesserte Satz- und Drucktechnik und die Berücksichtigung zahlreicher Hinweise von Kollegen aus Wissenschaft und Praxis, von unseren Mitarbeitern und Studenten haben die Qualität des Buches, so glauben wir, sehr positiv beeinflußt.

Das von Prof. H.-J. CHRISTOPH festgelegte Grundkonzept haben wir wiederum beibehalten. Es soll ein Lehrbuch für Studenten und eine Orientierungs- und Nachschlagehilfe für praktizierende Tierärzte und Fachtierärzte sein und bleiben.

Die Arzneimitteltabelle im Anhang wurde mit Beispielen für Handelspräparate versehen und eine gesonderte alphabetische Arzneimittelliste zur Erleichterung des Auffindens zitierter Präparatenamen angefügt. Dadurch konnten die Arzneimittelnamen aus dem alten Sachregister gelöscht werden, was die Zahl der von jedem Mitautor neu überdachten Schlagworte reduzierte und das Register übersichtlicher machte.

Allen an der Gestaltung dieser 2. Auflage beteiligten Mitautoren danken wir für die verständnisvolle und gute Zusammenarbeit. Unser Dank gilt auch dem wieder vereinigten Gustav Fischer Verlag Jena/Stuttgart für die Unterstützung unserer Arbeit und für die verbesserte Ausstattung dieses Buches.

Die Herausgeber

Kapitelübersicht

1. Rechtsgrundlagen veterinärmedizinischer Kleintierbetreuung
   (E.-G. GRÜNBAUM)
2. Untersuchungsplan, Zwangsmaßnahmen und Applikationstechnik
   (H.-J. CHRISTOPH † und E. SCHIMKE)
3. Altersschätzung
   (H.-J. CHRISTOPH † und E. SCHIMKE)
4. Physikalische Therapie
   (H.-J. CHRISTOPH † und E.-G. GRÜNBAUM)
5. Ernährung und Diätetik
   (E.-G. GRÜNBAUM)
6. Gebräuchlichste Formen der Schmerzausschaltung
   (G. SCHMIDT-OECHTERING, Michaele ALEF und E. SCHIMKE)
7. Antimikrobielles Regime und Grundzüge der operativen Technik
   (E.-G. GRÜNBAUM und E. SCHIMKE)
8. Bluttransfusion und Infusionstherapie
   (E.-G. GRÜNBAUM)
9. Röntgentechnik
   (H. J. FICUS)
10. Methoden der Euthanasie
    (E. SCHIMKE)
11. Haut und Haarkleid
    (Verena SCHÄRER)
12. Ohren
    (H.-J. CHRISTOPH † und U. FREUDIGER)
13. Augen
    (Vera SCHMIDT)
14. Respirationsapparat
    (E.-G. GRÜNBAUM)
15. Herz und Blutkreislauf
    (E. TRAUTVETTER)
16. Schock und Schocktherapie
    (E. SCHIMKE und E.-G. GRÜNBAUM)
17. Verdauungsorgane, Abdomen, Hernien
    (H.-J. FLASSHOFF)
18. Leber
    (H. EIKMEIER)
19. Pankreas
    (U. FREUDIGER)
20. Nieren und Harnwege
    (U. FREUDIGER)
21. Gynäkologie
    (M. BERCHTOLD)
22. Andrologie
    (M. BERCHTOLD)
23. Zentrales und peripheres Nervensystem
    (R. FANKHAUSER und M. VANDEVELDE)
24. Stütz- und Bewegungsapparat
    (E. SCHIMKE, E.-G. GRÜNBAUM und S. PAATSAMA)
25. Endokrine Organe
    (U. FREUDIGER)
26. Blut und Milz
    (P. KELLER und U. FREUDIGER)
27. Infektionskrankheiten
    (U. FREUDIGER)
28. Vergiftungen
    (E.-G. GRÜNBAUM)
29. Anhang: Arzneimittelübersicht
    (E.-G. GRÜNBAUM)

Sachregister

Inhaltsverzeichnis

1.	**Rechtsgrundlagen veterinärmedizinischer Kleintierbetreuung** (E.-G. Grünbaum)	19	6.	**Gebräuchlichste Formen der Schmerzausschaltung** (G. Schmidt-Oechtering, Michaele Alef und E. Schimke)	93
1.1.	Rechtsgrundlagen veterinärmedizinischer Kleintierbetreuung durch private Tierärzte	19	6.1.	Präanästhetische Untersuchung und Vorbereitung des Patienten	93
1.1.1.	Der veterinärmedizinische Behandlungsvertrag	19	6.2.	Injektionsanästhetika und Adjuvantien	94
1.1.2.	Die tierärztliche Haftung	20	6.2.1.	Anticholïnergika	94
1.2.	Zwangsmaßnahmen	21	6.2.2.	Sedativa	95
1.3.	Schlußfolgerungen für die tierärztliche Praxis	22	6.2.2.1.	Phenothiazine	95
1.4.	Tierärztliche Urkunden	24	6.2.2.2.	Butyrophenone	96
			6.2.2.3.	α_2-Adrenozeptor-Agonisten	96
2.	**Untersuchungsplan, Zwangsmaßnahmen und Applikationstechnik** (H.-J. Christoph † und E. Schimke)	29	6.2.2.4.	Benzodiazepine	98
			6.2.3.	Analgetika	100
2.1.	Untersuchungsplan	29	6.2.3.1.	Opioide	100
2.2.	Zwangsmaßnahmen	32	6.2.3.2.	Phenzyklidinderivate	102
2.3.	Applikationstechnik	36	6.2.4.	Intravenöse Hypnotika	103
			6.2.4.1.	Barbiturate	103
3.	**Altersschätzung** (H.-J. Christoph † und E. Schimke)	45	6.2.4.2.	Propofol	105
			6.2.4.3.	Imidazolpräparate	106
4.	**Physikalische Therapie** (H.-J. Christoph † und E.-G. Grünbaum)	53	6.2.5.	Muskelrelaxanzien	106
			6.3.	Prämedikation, Narkoseeinleitung und Injektionsanästhesie	108
4.1.	Wirkung und Indikationsgebiete	53	6.3.1.	Prämedikation und Sedation	108
4.2.	Massage	53	6.3.2.	Intravenöse Einleitung einer Inhalationsanästhesie	111
4.3.	Ultraschallapplikation	54	6.3.3.	Injektionsanästhesie	111
4.4.	Wärmeapplikation	54	6.3.3.1.	Erhaltung der Anästhesie bei längeren Eingriffen	112
4.5.	Strom- und Lichtapplikation	58	6.3.3.2.	Injektionsanästhesie für kurze Eingriffe	114
4.6.	Pulsierende Magnetfeldtherapie	59	6.4.	Inhalationsanästhesie	116
4.7.	Akupunktur	59	6.4.1.	Narkosesysteme	116
			6.4.2.	Inhalationsanästhetika	117
5.	**Ernährung und Diätetik** (E.-G. Grünbaum)	61	6.4.3.	Praxis der Inhalationsanästhesie	121
			6.5.	Atmung und Beatmung	123
5.1.	Ernährungsphysiologische Grundlagen	61	6.5.1.	Aufgaben und Steuerung der Atmung	123
5.2.	Zusammenstellung von Tagesfutterrationen	67	6.5.2.	Therapie der Atemdepression	124
			6.5.2.1.	Beatmung am Kreissystem	124
5.3.	Ernährungsfehler	73	6.5.2.2.	Einteilung der Beatmungsformen	125
			6.5.2.3.	Maschinelle Beatmung	126
			6.5.2.4.	Nebenwirkungen der Beatmung	126
5.4.	Diätetische Ernährung (Diätetik)	76	6.6.	Lokalanästhesie	127

6.6.1.	Oberflächenanästhesie	127	**10.**	**Methoden der Euthanasie**
6.6.2.	Infiltrationsanästhesie	127		(E. SCHIMKE) 223
6.6.3.	Leitungsanästhesie	128		
6.6.4.	Epiduralanästhesie	129	**11.**	**Haut und Haarkleid**
6.6.5.	Zwischenfälle bei der Lokalanästhesie	131		(Verena SCHÄRER) 225
6.7.	Patientenüberwachung	131		
6.8.	Narkosezwischenfälle und Reanimation	136	11.1.	Anatomie und Physiologie der Haut . 225
			11.1.1.	Aufbau der Haut 225
6.8.1.	Narkosezwischenfälle und -komplikationen	136	11.1.2.	Hautdrüsen 226
			11.1.3.	Haarwachstum 226
6.8.2.	Kardiopulmonale Reanimation	138	11.2.	Untersuchung der Haut 227
6.8.2.1.	Basisuntersuchung	139	11.3.	Morphologie der Hautveränderungen . 228
6.8.2.2.	Technik der kardiopulmonalen Reanimation	140	11.3.1.	Primäre Effloreszenzen 228
			11.3.2.	Sekundäre Effloreszenzen 228
6.8.2.3.	Prognose	144	11.3.3.	Abnorme Hautpigmentation . . . 229
6.9.	Postoperative Überwachung und Versorgung des Patienten	144	11.3.4.	Juckreiz 230
			11.4.	Allgemeine Prinzipien der topischen Behandlung von Dermatosen . . . 231
7.	**Antimikrobielles Regime und Grundzüge der operativen Technik** (E.-G. GRÜNBAUM und E. SCHIMKE) . . 151		11.5.	Kongenitale Mißbildungen der Haut . 232
			11.6.	Erkrankungen der Haare 232
			11.6.1.	Haarbruch 232
7.1.	Das antimikrobielle Regime	151	11.6.2.	Trichome 232
7.1.1.	Keimzahlreduzierung	152	11.6.3.	Alopezie 232
7.1.2.	Desinfektion	154	11.7.	Seborrhoe 237
7.1.3.	Sterilisation	157	11.8.	Dermatose, Dermatitis und Ekzem . 239
7.2.	Prä-, intra- und postoperative Patientenversorgung	160	11.9.	Allergische Hauterkrankungen . . . 240
			11.9.1.	Urtikaria 240
7.3.	Grundausstattung für Operationen	164	11.9.2.	Atopie 241
7.4.	Operationstechnik	171	11.9.3.	Futterallergie 243
7.4.1.	Technik der Laparotomie	171	11.9.4.	Kontaktekzem 243
7.4.2.	Technik der Thorakotomie	172	11.9.5.	Staphylokokken-Allergie 244
			11.9.6.	Hormonüberempfindlichkeit . . . 245
8.	**Bluttransfusion und Infusionstherapie** (E.-G. GRÜNBAUM) 175		11.9.7.	Arzneimittelexanthem 245
			11.9.8.	Autoimmun-bedingte Hauterkrankungen 245
8.1.	Serologische Verträglichkeitstestung	175	11.10.	Parasitäre Dermatosen 249
8.2.	Blutgewinnung, -konservierung und -transfusion	181	11.11.	Dermatomykosen 255
			11.12.	Pyodermie 257
8.3.	Infusionstherapie	184	11.12.1.	Pyodermien auf der Hautoberfläche . 258
8.3.1.	Plasmaersatzstoffe	186	11.12.2.	Epidermale Pyodermien 259
8.3.2.	Elektrolyt-Infusionslösungen	186	11.12.3.	Tiefe Pyodermien 260
			11.13.	Dermatitis solaris nasi 264
9.	**Röntgentechnik** (H. J. FICUS) . . . 191		11.14.	Hautfisteln 265
			11.15.	Hautemphysem 266
9.1.	Technische Grundlagen	191	11.16.	Hautödem 266
9.2.	Apparative Ausrüstung und Zubehör	192	11.17.	Ernährungsbedingte Dermatosen . . 266
9.2.1.	Röntgengeräte	192	11.18.	Toxische Dermatosen 267
9.2.2.	Zubehör	198	11.19.	Neoplasien der Haut 267
9.3.	Die Röntgenaufnahme	200	11.20.	Hautverletzungen 270
9.4.	Filmfehler	204	11.21.	Schwanzspitzenulkus 272
9.5.	Die optimale Röntgenaufnahme	207	11.22.	Bursahygrom am Ellenbogen . . . 272
9.6.	Alternativen in der Filmentwicklung	208		
9.7.	Archivierung von Röntgenaufnahmen	209	**12.**	**Ohren** (H.-J. CHRISTOPH † und U. FREUDIGER) 277
9.8.	Röntgenuntersuchungen mit Kontrastmitteln	209		
			12.1.	Erkrankungen des äußeren Gehörganges 277
9.9.	Lagerung des Patienten	217		
9.10.	Strahlenschutz	219	12.1.1.	Otitis externa nonparasitaria . . . 278

12.1.2.	Otitis externa parasitaria	282	14.4.1.	Akute Bronchitis	354
12.1.3.	Otomykose	282	14.4.2.	Chronische Bronchitis	354
12.2.	Otitis media	282	14.4.3.	Allergische Bronchitis	355
12.3.	Otitis interna	283	14.4.4.	Fremdkörper in den Bronchien	355
12.4.	Schwerhörigkeit, Taubheit	284	14.4.5.	Bronchopneumonie (katarrhalische Lungenentzündung)	356
12.5.	Othämatom	284			
12.6.	Ohrrandgeschwür	285	14.4.6.	Parasitäre Bronchitis und Bronchopneumonie	357
12.7.	Kippohr	285			
12.8.	Kupieren der Ohren	288	14.4.7.	Lungenemphysem (alveolär, interstitiell)	357
13.	**Augen** (Vera SCHMIDT)	291	14.4.8.	Lungenatelektase	358
			14.4.9.	Bronchiektasien	359
13.1.	Augenuntersuchung	291	14.4.10.	Asthma bronchiale	359
13.2.	Erkrankungen der Augenlider	292	14.4.11.	Lungenhyperämie und Lungenödem	359
13.3.	Erkrankungen der Bindehaut	298	14.4.12.	Lungenblutung	361
13.4.	Erkrankungen des Tränenapparates	303	14.4.13.	Fettembolie	361
13.5.	Erkrankungen des Augapfels	306	14.4.14.	Lungenentzündung (Pneumonie)	361
13.6.	Erkrankungen der Hornhaut	313	14.4.15.	Torsion von Lungenlappen	363
13.7.	Erkrankungen der Gefäßhaut	322	14.4.16.	Lungentumoren	363
13.8.	Erkrankungen der Linse	325	14.5.	Erkrankungen des Brustfells und des Thorax	365
13.9.	Erkrankungen der Netzhaut	330			
			14.5.1.	Pleuritis	365
14.	**Respirationsapparat** (E.-G. GRÜNBAUM)	335	14.5.2.	Brusthöhlenwassersucht (Hydrothorax, Liquidothorax)	366
			14.5.3.	Hämothorax	367
14.1.	Untersuchungsmethoden	335	14.5.4.	Pneumothorax und Pneumomediastinum	368
14.1.1.	Adspektion	335			
14.1.2.	Palpation	336	14.5.5.	Tumoren der Brusthöhle	370
14.1.3.	Auskultation	336	**15.**	**Herz und Blutkreislauf** (E. TRAUTVETTER)	373
14.1.4.	Perkussion	338			
14.1.5.	Röntgenuntersuchung	339			
14.1.6.	Endoskopie, Bronchoskopie mit Biopsie	344	15.1.	Untersuchungsmethoden	373
			15.1.1.	Adspektion	373
14.1.7.	Spezielle Laboruntersuchungen	345	15.1.2.	Palpation	373
14.1.8.	Probepunktion des Thorax (Thorakozentese)	346	15.1.3.	Perkussion	373
			15.1.4.	Punktion	373
14.2.	Erkrankungen von Nase und Kehlkopf	346	15.1.5.	Auskultation	374
			15.1.6.	Phonokardiographie	375
14.2.1.	Ulcera des Nasenspiegels	347	15.1.7.	Elektrokardiographie	377
14.2.2.	Nasenbluten (Epistaxis)	347	15.1.8.	Röntgen	380
14.2.3.	Nasenkatarrh (Rhinitis)	347	15.1.9.	Herzkatheterismus	383
14.2.4.	Mißbildungen	348	15.1.10.	Kreislaufzeiten	384
14.2.5.	Fremdkörper und Tumoren im Nasengang	348	15.1.11.	Echokardiographie	384
			15.1.12.	Puls, Blutdruck	388
14.2.6.	Parasiten im Nasengang	348	15.2.	Erworbene Herzkrankheiten	389
14.2.7.	Sinusitis maxillaris und frontalis, Empyem	349	15.2.1.	Herzklappen	389
			15.2.2.	Myokard	392
14.2.8.	Laryngitis, Laryngo-Pharyngitis	350	15.2.3.	Perikard	396
14.2.9.	Larynxverschluß (Ödem, zu großes Gaumensegel)	350	15.2.4.	Therapie der Stauungsinsuffizienz	398
			15.2.5.	Störungen der Erregungsüberleitung und der Erregungsbildung	400
14.3.	Erkrankungen der Luftröhre	352			
14.3.1.	Infektiöse Tracheobronchitis	352	15.2.5.1.	Überleitungsstörungen	400
14.3.2.	Tracheaverlagerungen und -verformungen	352	15.2.5.2.	Schlagfrequenzänderungen und Erregungsbildungsstörungen	402
14.3.3.	Fremdkörper und Tumoren in der Trachea	354	15.2.5.3.	Synkopen, Adams-Stokes-Syndrom	405
14.4.	Erkrankungen der unteren Luftwege und der Lunge	354	15.2.5.4.	Herzstillstand	406

15.3.	Herz-Kreislauf-Syndrome	407	17.3.3.	Gastritis ... 477
15.3.1.	Extrakardial bedingte EKG-Veränderungen	407	17.3.4.	Ulcus ventriculi ... 480
			17.3.5.	Fremdkörper im Magen ... 480
15.3.2.	Cor pulmonale	407	17.3.6.	Dilatatio ventriculi ... 481
15.3.3.	Dirofilariasis, Herzwurmkrankheit	408	17.3.7.	Torsio ventriculi ... 483
15.3.4.	Hypotonie	409	17.3.8.	Pylorusspasmus, Pylorusstenose ... 486
15.3.5.	Hypertonie	409	17.3.9.	Neoplasmen des Magens ... 488
15.3.6.	Angiopathien, Thromboembolien	410	17.4.	Erkrankungen des Dünn- und Dickdarmes ... 490
15.4.	Kongenitale Herzfehler	411	17.4.1.	Verdauungsstörungen ... 492

16. Schock und Schocktherapie (E. SCHIMKE und E.-G. GRÜNBAUM) ... 425

17.4.2.	Enteritis, Gastroenteritis, Enterokolitis	495
17.4.3.	Allergien	503
16.1.	Pathophysiologische, diagnostische und klinische Aspekte (E. SCHIMKE) ... 425
17.4.4.	Maldigestion und Malabsorption ... 504
16.1.1.	Begriffsbestimmung ... 425
17.4.5.	Enterales Proteinverlust-Syndrom ... 506
16.1.2.	Ätiologie des Schocksyndroms ... 425
16.1.3.	Formen des Schocks ... 426
17.4.6.	Labordiagnose bei Darmerkrankungen ... 507
16.1.4.	Pathogenese des Schocksyndroms ... 426
16.1.5.	Schockmediatoren ... 429
17.4.7.	Darmparasiten ... 512
16.1.6.	Diagnostik und Überwachung des Schocks ... 430
17.4.8.	Darmobturation, Ileus, Invagination, Volvulus ... 517
16.1.7.	Schock-Untersuchungsparameter ... 431
17.4.9.	Kolitis ... 525
16.2.	Schocktherapie (E.-G. GRÜNBAUM) ... 432
17.4.10.	Proktitis ... 528
16.2.1.	Therapie des kardiogenen Schocks ... 433
17.4.11.	Neoplasmen des Darmes ... 529
16.2.2.	Therapie des hypovolämischen Schocks ... 437
17.4.12.	Funktionelle Darmerkrankungen ... 531
17.4.13.	Megakolon ... 532
16.2.3.	Therapie des septischen Schocks ... 438
17.4.14.	Diverticulum recti ... 532
17.4.15.	Prolapsus ani, Prolapsus recti ... 533
16.2.4.	Therapie des anaphylaktischen Schocks ... 438
17.4.16.	Tenesmus (Kot- oder Harndrang) ... 533
17.4.17.	Obstipation ... 534
17.5.	Erkrankungen des Zirkumanalbereiches ... 535

17. Verdauungsorgane, Abdomen, Hernien (H.-J. FLASSHOFF) ... 443

17.6.	Erkrankungen des Abdomens ... 536
17.6.1.	Akutes Abdomen ... 536
17.1.	Erkrankungen der Mundhöhle ... 443
17.6.2.	Verletzungen der Bauchhöhle ... 537
17.1.1.	Stomatitis ... 443
17.6.3.	Peritonitis ... 539
17.1.2.	Glossitis ... 445
17.6.4.	Umbilikalfistel ... 540
17.1.3.	Pharyngitis ... 447
17.6.5.	Aszites (Bauchwassersucht) ... 541
17.1.4.	Tonsillitis ... 447
17.6.6.	Tumoren des Bauchfells ... 542
17.1.5.	Fremdkörper in der Mundhöhle oder im Pharynx ... 449
17.7.	Hernien ... 543
17.1.6.	Erkrankungen am Gaumen ... 450

18. Leber (H. EIKMEIER) ... 551

17.1.7.	Erkrankungen der Speicheldrüsen ... 451
17.1.8.	Gingivitis ... 454	18.1.	Physiologie ... 551
17.1.9.	Epulis ... 455	18.2.	Krankheitsursachen ... 551
17.1.10.	Parodontale Erkrankungen ... 455	18.3.	Symptome der Lebererkrankungen ... 552
17.1.11.	Zahnerkrankungen ... 456	18.4.	Klinische Untersuchung und Röntgendiagnostik ... 552
17.2.	Erkrankungen des Ösophagus ... 463
17.2.1.	Achalasie des Ösophagus ... 463
17.2.2.	Stenose des Ösophagus ... 465	18.5.	Labordiagnostik ... 553
17.2.3.	Ösophagusdivertikel ... 467	18.6.	Laparoskopie, Leberpunktion ... 555
17.2.4.	Ösophagitis ... 468	18.7.	Ikterus ... 556
17.2.5.	Hiatushernie ... 469	18.8.	Akute und chronische Hepatopathien, Zirrhosen, Leberinsuffizienz ... 556
17.2.6.	Obturation durch Fremdkörper, Perforation des Ösophagus ... 470
		18.9.	Leberkoma, Hepatoenzephales Syndrom ... 557
17.3.	Erkrankungen des Magens ... 473
17.3.1.	Untersuchungsgang, Diagnostik ... 473	18.10.	Neubildungen der Leber und des Gallengangsystems ... 558
17.3.2.	Klinisches Bild (Hauptsymptome) ... 475	18.11.	Chronische Stauungsleber ... 558

18.12.	Leukose der Leber	558	21.1.2.	Sexualzyklus 625
18.13.	Leberegelkrankheit	558	21.2.	Die gynäkologische Untersuchung 626
18.14.	Leberruptur	558	21.2.1.	Untersuchungsgang 626
18.15.	Gallenblasenruptur	558	21.2.2.	Graviditätsdiagnose 628
			21.3.	Läufigkeitsstörungen 632
19.	**Pankreas** (U. FREUDIGER)	561	21.3.1.	Anöstrie 632
			21.3.2.	Verlängerte Läufigkeit 632
19.1.	Erkrankungen des endokrinen Pankreas	561	21.4.	Unterdrückung der Läufigkeit 633
19.1.1.	Diabetes mellitus	561	21.4.1.	Kastration 633
19.1.2.	Insulinom	564	21.4.2.	Verhinderung der Läufigkeit durch Depot-Gestagene 635
19.1.3.	Zollinger-Ellison-Syndrom	565	21.4.3.	Verschiebung der Läufigkeit 636
19.2.	Erkrankungen des exokrinen Pankreas	565	21.4.4.	Unterbrechung der Läufigkeit 636
19.2.1.	Akute Pankreatitis	565	21.5.	Maßnahmen bei fehlgedeckten Hündinnen 637
19.2.2.	Chronische exokrine Pankreasinsuffizienz (CPI)	568	21.6.	Ovarialtumoren 637
19.2.3.	Neoplasmen des exokrinen Pankreas	571	21.7.	Erkrankungen des Uterus 638
			21.7.1.	Mißbildungen 638
20.	**Nieren und Harnwege** (U. FREUDIGER)	575	21.7.2.	Endometritis-Pyometra-Komplex 639
			21.7.2.1.	Typische Pyometra 639
20.1.	Untersuchungsmethoden	575	21.7.2.2.	Hormonal bedingte Endometritis 641
20.2.	Nierenerkrankungen	582	21.7.3.	Uterustumoren 643
20.2.1.	Niereninsuffizienz (Urämie)	582	21.8.	Erkrankungen von Vagina, Vestibulum und Vulva 644
20.2.2.	Nephritis	589	21.8.1.	Entzündungen 644
20.2.2.1.	Glomerulonephritiden	589	21.8.2.	Vaginaltumoren 644
20.2.2.2.	Interstitielle Nephritis und Pyelonephritis	591	21.8.3.	Prolapsus vaginae 645
			21.9.	Erkrankungen des Gesäuges 646
20.2.2.3.	Chronische Nephritis und Endstadiumniere	593	21.9.1.	Mastitis 646
			21.9.2.	Mammatumoren 647
20.2.2.4.	Nephrotisches Syndrom	594	21.9.3.	Scheinträchtigkeit 647
20.2.3.	Hereditäre und kongenitale Nephropathien	596	21.10.	Pathologie der Gravidität 648
			21.10.1.	Hyperfetation 648
20.2.4.	Hydronephrose	597	21.10.2.	Inguinalhernie 648
20.2.5.	Nierentumoren	599	21.10.3.	Extrauteringravidität 649
20.3.	Therapie der Nierenerkrankungen	600	21.10.4.	Verwerfen 649
20.3.1.	Konservative Therapie	600	21.10.5.	Torsio uteri 649
20.3.2.	Medikamentöse Therapie	602	21.10.6.	Mumifikation 650
20.3.3.	Infusionstherapie der Niereninsuffizienz (Urämie)	603	21.11.	Pathologie der Geburt 650
			21.11.1.	Normaler Ablauf der Geburt 650
20.3.4.	Dialyse-Verfahren	604	21.11.2.	Übertragen 651
20.4.	Erkrankungen der ableitenden Harnorgane	604	21.11.3.	Die geburtshilfliche Untersuchung 651
			21.11.4.	Geburtshilfliche Maßnahmen 652
20.4.1.	Uretererkrankungen	604	21.11.5.	Störungen vor der Geburt des ersten Welpen 652
20.4.2.	Persistierender Urachus und Urachuszysten	605	21.11.6.	Störungen nach der Geburt des ersten Welpen 654
20.4.3.	Zystitis	605		
20.4.4.	Urolithiasis	607	21.11.7.	Schnittentbindung (Sectio caesarea) 655
20.4.5.	Retentio urinae und Incontinentia urinae	613	21.12.	Pathologie des Puerperiums 657
			21.12.1.	Normales Puerperium 657
20.4.6.	Blasentumoren	615	21.12.2.	Geburtsverletzungen 657
20.4.7.	Harnblasenverletzungen	615	21.12.3.	Puerperale Komplikationen 658
20.4.8.	Harnröhrenerkrankungen	618	21.12.4.	Gestörtes Brutpflegeverhalten 659
			21.12.5.	Mutterlose Welpenaufzucht 660
21.	**Gynäkologie** (M. BERCHTOLD)	625	21.13.	Fruchtbarkeitsstörungen 661
			21.13.1.	Normaler Deckvorgang 661
21.1.	Physiologie der Fortpflanzung	625	21.13.2.	Störungen bei der Paarung 662
21.1.1.	Geschlechtsreife, Zuchtreife	625	21.13.3.	Unfruchtbarkeit der Hündin 662

21.13.4.	Spezifische Genitalinfektionen	663	**24.**	**Stütz- und Bewegungsapparat** (E. SCHIMKE, E.-G. GRÜNBAUM und S. PAATSAMA) 715
22.	**Andrologie** (M. BERCHTOLD) 665			
22.1.	Unfruchtbarkeit des Rüden 665		24.1.	Knochensystemerkrankungen (E.-G. GRÜNBAUM und S. PAATSAMA) . . 715
22.1.1.	Untersuchungsgang 665		24.1.1.	Störungen der Matrixbildung 716
22.1.2.	Genitale Mißbildungen 666		24.1.2.	Störungen des Mineralstoffwechsels. . 720
22.2.	Erkrankungen der Hoden und Nebenhoden 666		24.1.2.1.	Mineralisierungsstörungen 720
22.2.1.	Kryptorchismus und Maldescensus testis 666		24.1.2.2.	Zellulärer Knochengewebsabbau . . 722
			24.1.3.	Störungen des Knochenwachstums . . 726
22.2.2.	Hodenhypoplasie 667		24.1.3.1.	Wachstumsstörungen an den Epiphysenfugenscheiben 727
22.2.3.	Orchitis 667			
22.2.4.	Epididymitis 667		24.1.3.2.	Wachstumsstörungen an den Gelenkflächen 735
22.2.5.	Tumoren 667			
22.2.6.	Dermatitis am Skrotum 669		24.1.3.3.	Wachstumsstörungen am Gelenkknorpel 736
22.2.7.	Kastration 669			
22.3.	Erkrankungen der Prostata 670		24.1.4.	Sonstige Knochensystemerkrankungen 741
22.3.1.	Klinische Untersuchung. 670			
22.3.2.	Benigne Prostatahyperplasie 671		24.2.	Frakturen (E. SCHIMKE) 751
22.3.3.	Prostatazysten 671		24.2.1.	Allgemeine Diagnostik 751
22.3.4.	Prostataentzündung 671		24.2.2.	Einteilung der Frakturen 752
22.3.5.	Prostataabszeß 672		24.2.3.	Frakursymptome 753
22.3.6.	Squamöse Metaplasie 673		24.2.4.	Komplikationen bei Frakturen . . . 753
22.3.7.	Tumoren 673		24.2.5.	Frakturheilung 753
22.4.	Erkrankungen von Penis und Präputium 673		24.2.6.	Konservative Frakturbehandlung . . 757
			24.2.7.	Operative Frakturbehandlung . . . 758
22.4.1.	Präputialkatarrh 673		24.2.7.1.	Indikationen 758
22.4.2.	Entzündungen 673		24.2.7.2.	Voraussetzungen 758
22.4.3.	Phimose 674		24.2.7.3.	Osteosynthesemethoden 759
22.4.4.	Paraphimose 674		24.2.8.	Frakturen am Kopf 764
22.4.5.	Tumoren 674		24.2.9.	Frakturen und Luxationen der Wirbelsäule 765
22.4.6.	Verletzungen 675			
22.5.	Künstliche Besamung 675		24.2.10.	Frakturen der Vorderextremität . . . 767
			24.2.11.	Frakturen der Hinterextremität . . . 779
23.	**Zentrales und peripheres Nervensystem** (R. FANKHAUSER und M. VANDEVELDE) . 679		24.3.	Gelenkerkrankungen (E. SCHIMKE und S. PAATSAMA) 790
23.1.	Neurologischer Untersuchungsgang . 680		24.3.1.	Kiefergelenk 790
23.2.	Mißbildungen 689		24.3.2.	Luxation der Skapula 791
23.3.	Metabolische und degenerative Krankheiten 692		24.3.3.	Schultergelenk 791
			24.3.4.	Ellenbogengelenk 792
23.4.	Epilepsie 694		24.3.5.	Karpalgelenk 793
23.5.	Traumatische Gehirnschädigungen . 698		24.3.6.	Zehengelenk 793
23.6.	Kreislaufbedingte Gehirnschäden . . 699		24.3.7.	Hüftgelenk 793
23.7.	Hirntumoren 700		24.3.8.	Kniegelenk 801
23.8.	Entzündliche Erkrankungen des Zentralnervensystems 703		24.3.9.	Tarsus 808
			24.3.10.	Gelenkentzündungen 808
23.9.	Erkrankungen des Rückenmarks . . 706		24.3.11.	Arthrodesen 809
23.9.1.	Rückenmarkkompression 706		24.3.12.	Gelenkersatz 810
23.9.2.	Andere Rückenmarkkrankheiten . . 707		24.4.	Muskel- und Sehnenerkrankungen (E. SCHIMKE) 810
23.10.	Muskelkrankheiten 708			
23.11.	Erkrankungen der peripheren Nerven . 708		24.4.1.	Sehnenverletzungen 810
23.11.1.	Polyneuropathien 708		24.4.2.	Sehnen- und Sehnenscheidenentzündungen 812
23.11.2.	Polyradikuloneuritis 709			
23.11.3.	Plexus-brachialis-Abriß 709		24.4.3.	Rutendeformationen 812
23.11.4.	Lähmungen peripherer Nerven . . . 709		24.4.4.	Erkrankungen der Muskulatur . . . 813
			25.	**Endokrine Organe** (U. FREUDIGER) . . 829

25.1.	Hypophysenvorderlappen (HVL)	829	27.3.	Tularämie	874
25.2.	Hypophysenhinterlappen (HHL, Neurohypophyse)	832	27.4.	Brucellosen	875
			27.5.	Listeriose	876
25.3.	Schilddrüse	834	27.6.	Anthrax (Milzbrand)	877
25.3.1.	Struma	834	27.7.	Botulismus	877
25.3.2.	Schilddrüsenneoplasmen	835	27.8.	Erkrankungen mit Gasbranderregern	878
25.3.3.	Entzündungen der Schilddrüse (Thyreoiditis)	835	27.9.	Tetanus	879
			27.10.	Tuberkulose	881
25.3.4.	Hypothyreose	835	27.11.	Nocardiose	885
25.3.5.	Hyperthyreose	837	27.12.	Leptospirosen	886
25.3.6.	Diagnose und Therapie	837	27.13.	Hämobartonellose	892
25.4.	Parathyreoidea	838	27.14.	Rickettsiosen und Neorickettsiosen	892
25.4.1.	Hypoparathyreoidismus	838	27.15.	Hundestaupe	894
25.4.2.	Hyperparathyreoidismus	839	27.16.	Hepatitis contagiosa canis und Zwingerhusten	902
25.5.	Nebennierenrinde (NNR)	840			
25.6.	Nebennierenmark (NNM)	843	27.17.	Parvovirose	906
			27.18.	Coronavirus-Gastroenteritis	910
26.	**Blut und Milz** (P. Keller und U. Freudiger)	847	27.19.	Tollwut	910
			27.20.	Aujeszkysche Krankheit (Pseudowut)	914
			27.21.	Herpes-canis-Infektion	914
26.1.	Blutuntersuchung	847	27.22.	Reovirus-Infektion	915
26.2.	Veränderungen des weißen Blutbildes	850	27.23.	Parotitis epidemica	915
26.3.	Neoplastische Erkrankungen des hämatopoetischen Systems	852	27.24.	Toxoplasmose	915
			27.25.	Babesiose (Piroplasmose)	917
26.4.	Veränderungen des roten Blutbildes	858	27.26.	Leishmaniose	918
26.4.1.	Anämien	858			
26.4.2.	Polyglobulien	863	**28.**	**Vergiftungen** (E.-G. Grünbaum)	929
26.5.	Hämorrhagische Diathesen	864			
26.5.1.	Koagulopathien	864	28.1.	Allgemeines	929
26.5.2.	Thrombozytär bedingte hämorrhagische Diathesen	864	28.2.	Notfalltherapie	930
			28.3.	Spezifische Therapie	932
26.6.	Erkrankungen der Milz	865	**29.**	**Anhang: Arzneimittelübersicht** (E.-G. Grünbaum)	945
27.	**Infektionskrankheiten** (U. Freudiger)	871			
			Sachregister		1009
27.1.	Septikämie	871			
27.2.	Salmonellosen	872			

1. Rechtsgrundlagen veterinärmedizinischer Kleintierbetreuung

(E.-G. GRÜNBAUM)

Auf dem Gebiet der veterinärmedizinischen Kleintierbetreuung kam es wie auch in anderen tierärztlichen Disziplinen zur Spezialisierung, um die vorrangig zur sportlichen, züchterischen und sinnvollen Freizeitgestaltung gehaltenen, z.T. sehr wertvollen Tiere auf dem jeweils neuesten Stand der veterinärmedizinischen Wissenschaft prophylaktisch und therapeutisch optimal versorgen zu können.

In der Bundesrepublik Deutschland, in Österreich und in der Schweiz wird die tierärztliche Kleintierversorgung auf privater Basis durch Gemischtpraxen, vorwiegend aber durch spezialisierte Kleintierpraxen und -kliniken und durch die staatlichen Hochschuleinrichtungen (Berlin, Hannover, Gießen, Leipzig, München, Wien, Bern und Zürich) getragen. Notversorgungen, Erst- und Routinebehandlungen führen oft ortsansässige, allgemeinpraktizierende Tierärzte durch, kompliziertere Behandlungen und Eingriffe dagegen Fachtierärzte für Kleintierkrankheiten in ihren spezialisierten Einrichtungen (FREUDIGER 1974, HENSELLEK 1979, MÜLLER und LETTOW 1981, KINZLER 1981).

1.1. Rechtsgrundlagen veterinärmedizinischer Kleintierbetreuung durch private Tierärzte

In der Bundesrepublik Deutschland basieren die Rechtsbeziehungen der veterinärmedizinischen Kleintierbetreuung auf dem Bürgerlichen Gesetzbuch (BGB).

1.1.1. Der veterinärmedizinische Behandlungsvertrag

Analog zum Dienstvertrag nach Paragraph 611 BGB kommt zwischen Tierarzt und Tierbesitzer ein im BGB nicht ausdrücklich formulierter Behandlungs- oder Tierarztvertrag (Tierarzt-Klientenvertrag) zustande. Dazu bedarf es, ebenso wie in Österreich und der Schweiz, keiner besonderen Erklärung oder Formalitäten. Auftrag und Zusage in mündlicher, schriftlicher oder telephonischer Form (auch durch Beauftragte) bzw. das Vorstellen des Tieres in der tierärztlichen Sprechstunde und der Beginn einer Untersuchung durch den Tierarzt vollziehen den Vertragsabschluß.

Jeder niedergelassene Tierarzt ist grundsätzlich zur Behandlungsübernahme und Hilfeleistung verpflichtet, falls er der einzige in erreichbarer Nähe ist. Zwar hat er das Recht zur freien Berufsausübung und somit auch zur Behandlungsverweigerung, darf aber in Notfällen die erforderliche Hilfeleistung nicht unterlassen (§ 330c STGB) oder muß bei der Suche bzw. dem Nachweis eines Kollegen, der eine dringend erforderliche Behandlung durchführen kann, behilflich sein. Eine Behandlungsverweigerung ist nur möglich, wenn der Tierbesitzer sich anderweitig tierärztliche Hilfe beschaffen kann (GAUS 1982).

Ist der Behandlungsvertrag übernommen, muß er unter Wahrung der Sorgfaltspflicht und Verwendung der gefahrlosesten Behandlungsmethode ausgeführt werden. Der Behandlungsvertrag verpflichtet den Tierarzt zur Leistung der versprochenen Dienste (Bemühen um Helfen und Heilen) und den Tierbesitzer zur Gewährung der vereinbarten Vergütung (§ 611 BGB). Die Leistungsverpflichtung besteht für den Tierarzt aus einer wissenschaftlich indizierten und den allgemein anerkannten Regeln der tierärztlichen Wissenschaft (lege artis) entsprechenden Behandlung zur Wiederherstellung oder Aufrechterhaltung der Gesundheit des vorgestellten Tieres. Dabei sind das Selbstbestimmungsrecht des Tierbesitzers zu berücksichtigen und die Angaben Dritter (z.B. des überweisenden Tierarztes) durch Eigenbefunderhebung zu überprüfen.

Die vollständige Erfüllung der Leistungsverpflichtung aus dem Behandlungsvertrag erfordert in Anlehnung an GAUS (1982) und DEIPENBROCK (1991) von dem Tierarzt:

– Befunderhebung
– Stellen der Diagnose
– Festlegen der indizierten Therapie/Operation (oder noch zusätzlicher diagnostischer Untersuchungen)
– Aufklärung des Tierbesitzers und Einholen seiner Einwilligung
– Durchführen der Therapie/Operation unter Beachtung der Sorgfaltspflicht
– Dokumentation der Befunde und tierärztlichen Maßnahmen

Während die kurative tierärztliche Tätigkeit in der Regel auf einem Dienstvertrag (Behandlungs- oder Tierarztvertrag) beruht, wird z. B. im Zusammenhang mit Operationen oder Ankaufsuntersuchungen immer häufiger versucht, den erfolgbestimmenden Werkvertrag (§ 631 BGB) in Anwendung zu bringen. Dieser sollte und kann, da die Rechtsordnung vom Grundsatz der Vertragsfreiheit ausgeht, durch Einbeziehung der „Allgemeinen Geschäftsbedingungen" (AGB) oder besser noch durch konkreten Vertragsabschluß ohne Erfolgsklauseln, aber mit festgelegten Haftungsfristen (z.B. 6 Monate) vermieden bzw. präzisiert werden (GAUS 1982). Ankaufsuntersuchungen werden rechtlich bereits zunehmend als Werkvertrag geregelt. Dabei haftet der Tierarzt für Schäden, die dem Auftraggeber durch fehlerhafte Untersuchung entstehen, nach den Vorschriften des Werkvertragsrechtes (§§ 633ff BGB) bei einer Verjährungsfrist nach § 638 BGB von 6 Monaten (GAUS 1982, EIKMEIER 1990).

1.1.2. Die tierärztliche Haftung

Die tierärztliche Haftung kann strafrechtlicher (§ 330c STGB; Unterlassene Hilfeleistung) oder zivilrechtlicher Natur sein. Im Gegensatz zur Humanmedizin, wo auch ein kunstgerecht ausgeführter Heileingriff rechtlich als Körperverletzung gilt, wenn der Patient diesen Strafbestand nicht durch seine ausdrückliche Einwilligung aufhebt (GAUS 1982), ist der tierärztliche Eingriff ohne rechtswirksame Einwilligung des Tierbesitzers zivil- und strafrechtlich eine Sachbeschädigung, die eine Schadenersatzverpflichtung auslöst.

Aus dem Behandlungsvertrag resultierende Haftpflichtfragen sind nach den Paragraphen 242, 276, 278, 823, 831 und 833 BGB geregelt. Danach sind zur Schadensersatzleistung jeweils drei Haupthaftungstatbestände erforderlich (CHRISTOPH und GRÜNBAUM 1967, CHRISTOPH 1973, EIKMEIER 1978, VAERST 1978, HENSELLEK 1979, KINZLER 1981, GAUS 1982, EIKMEIER 1990).

1. Die Haftung bei Vorsatz und Fahrlässigkeit (§ 276 BGB).

„Der Schuldner hat, sofern nicht ein anderes bestimmt ist, Vorsatz und Fahrlässigkeit zu vertreten. Fahrlässig handelt, wer die im Verkehr erforderliche Sorgfalt außer acht läßt". Daraus ergibt sich, daß der Tierarzt eine den anerkannten Regeln der tierärztlichen Wissenschaft entsprechende Untersuchung und Behandlung vorzunehmen und dabei die im Verkehr erforderliche und nicht die in der Praxis eventuell übliche Sorgfalt auszuüben hat **(Sorgfaltspflicht)**. In diesem Zusammenhang wird immer wieder mit dem Begriff „Kunstfehler" argumentiert, der im BGB nicht extra erwähnt, aber wie folgt zu definieren ist:

Ein Kunstfehler liegt vor, wenn gegen die tierärztliche Sorgfaltspflicht und die allgemein in der tierärztlichen Wissenschaft anerkannten Regeln verstoßen wurde.

2. Die allgemeine Haftung aus „unerlaubter Handlung" (§ 823 BGB)

„Wer vorsätzlich oder fahrlässig das Leben, den Körper, die Gesundheit, die Freiheit, das Eigentum oder ein sonstiges Recht eines anderen widerrechtlich verletzt, ist dem anderen zum Ersatz des daraus entstandenen Schadens verpflichtet. Die gleiche Verpflichtung trifft denjenigen, welcher gegen ein den Schutz eines anderen bezweckendes Gesetz verstößt". Demnach ist jeder tierärztliche Eingriff eine Sachbeschädigung, eine Verletzung der Rechtsgüter eines anderen, wenn er nicht durch die Einwilligung des Tierbesitzers legitimiert wurde **(Beratungs- und Aufklärungspflicht)**. Ferner ist ein Tierarzt haftpflichtig, wenn er ein Schutzgesetz, wie z.B. Arbeitsschutzbestimmungen oder ähnliches, verletzt. Er haftet nicht allein für eigenes, sondern auch für das Verschulden von Verrichtungs- oder Erfüllungsgehilfen (§§ 278, 831 BGB).

3. Die Haftung im Rahmen der Leistungsverpflichtung bei Geschäftsführung ohne Auftrag (§§ 677ff. BGB) bzw. Hilfeleistung bei Unglücksfällen (§ 330c Strafgesetzbuch)

„Wer ein Geschäft für einen anderen besorgt, ohne von ihm beauftragt oder ihm gegenüber sonst dazu berechtigt zu sein, hat das Geschäft so zu führen, wie das Interesse des Geschäftsherrn mit Rücksicht auf dessen wirklichen oder mutmaßlichen Willen es erfordert" (§ 677 BGB).

„Wer bei Unglücksfällen oder gemeiner Gefahr oder Not nicht Hilfe leistet, obwohl dies erforderlich und ihm den Umständen nach zuzumuten, insbesondere ohne erhebliche eigene Gefahr und ohne Verletzung anderer Pflichten möglich ist, wird mit Gefängnis bis zu einem Jahr oder mit Geldstrafe bestraft" (§ 330c Strafgesetzbuch = STGB).

Hiernach ist ein Tierarzt zur Tierbehandlung und Hilfeleistung bei Unglücksfällen oder ähnlichem verpflichtet, auch wenn der Tierbesitzer unbekannt ist oder mit der Hilfeleistung nicht einverstanden sein könnte.

Aus diesen Haupthaftungstatbeständen ergeben sich als Haftungsvoraussetzungen, daß ein Schaden entstanden sein muß, die ihn verursachende Handlung deliktisch oder widerrechtlich war, ein ursächlicher Zusammenhang zwischen Handlung und Schaden bestand (Kausalkonnex) und ein schuldhaftes Verhalten im Tun oder Unterlassen, vorsätzlich oder fahrlässig, bewußt oder unbewußt vorlag. Zum Schutz vor Haftpflichtansprüchen haben Tierärzte nach KLOS (1980) die Möglichkeit, eine Berufshaftpflichtversicherung, die eine Selbstbeteiligung des Tierarztes beinhalten kann, abzuschließen.

In jüngster Zeit nehmen die Bestrebungen zu, den Tierbesitzer durch sorgfältige Aufklärung in Mitverantwortung zu nehmen. Das soll zu einem verständigeren Mitarbeiten an der Therapie und zum Unterlassen von Maßnahmen, die den Heilungsprozeß stören, führen. Nach § 254 BGB trifft den Tierbesitzer eine Mitschuld, wenn er frühere Krankheiten oder vorhergegangene Behandlungen verschweigt, eine therapeutische Maßnahme erschwert oder behindert und tierärztliche Anordnungen außer acht läßt.

Somit ist ein privat tätiger Tierarzt schadenersatzpflichtig, wenn ihm schuldhafte Verletzungen der Vertragspflichten, der Aufklärungs- und Sorgfaltspflicht als Ursache für einen Schaden nachgewiesen werden. Die Beweislast obliegt zunächst dem Geschädigten, obwohl sie der Paragraph 282 BGB dem Schuldner auferlegt, wenn die Unmöglichkeit der Leistung die Folge eines vom Schuldner zu vertretenden Umstandes ist. Dafür ist aber im Rahmen des Tierarztvertrages kein Raum, weil nach entsprechenden Gerichtsurteilen der Tierarzt nach Art seiner Tätigkeit zwar das Bemühen zum Helfen und Heilen, nicht aber den Erfolg schuldet (KINZLER 1981, EIKMEIER 1990).

1.2. Zwangsmaßnahmen

Die gesetzlichen Grundlagen für die veterinärmedizinische Kleintierbetreuung in staatlichen oder privaten Einrichtungen lassen die Frage offen, inwieweit Zwangsmaßnahmen, z.B. das Zubinden des Fanges von Hunden während der tierärztlichen Untersuchung und Behandlung, eine Rechtspflicht zur Schadensverhütung sind.

Nach CHRISTOPH und GRÜNBAUM (1967) müssen bei wild um sich beißenden, einschlägig bekannten, mißtrauischen oder angriffsbereiten Hunden und bei Tieren, die einer Hunderasse zugehören, deren Vertreter erfahrungsgemäß unerwartet und unmotiviert zubeißen (z.B. Zwergspitze, Chow-Chow), Zwangsmaßnahmen (Zubinden des Fanges, Fixierung) ergriffen werden, um einen tierärztlichen Eingriff (z.B. Sedierung) gefahrlos zu ermöglichen. Das damit verbundene Risiko des Kreislaufversagens ist Bestandteil des Gesamtrisikos der Behandlung, das dem Tierhalter im Rahmen der Aufklärungspflicht darzulegen ist. Andererseits sind Zwangsmaßnahmen bei ruhigen, ausgeglichenen und als gutmütig bekannten Hunden kontraindiziert, da sie eine klinische Untersuchung unter physiologischen Umständen erschweren oder unmöglich machen. Diesbezügliche Aussagen des Besitzers sind von Bedeutung und sollten erfragt werden (Meldepflicht).

Eine Anwesenheit des Tierhalters bei der Untersuchung und Behandlung seines Tieres (nicht bei größeren Eingriffen und Operationen!) und seine Einbeziehung in evtl. erforderliche Zwangs- und Fixierungsmaßnahmen sind im Rahmen seiner Mitwirkungspflicht möglich und zum großen Teil auch erforderlich. Dabei unterliegt der Tierhalter der Verfügungsgewalt des bevollmächtigten Mitarbeiters der veterinärmedizinischen Einrichtung. Letzterer trägt die volle Verantwortung für alle mit der Behandlung verbundenen Hilfs- und Sicherheitsmaßnahmen. Diese Verantwortung findet jedoch ihre Grenze, wenn der Tierhalter den Anordnungen des veterinärmedizinischen Mitarbeiters außerhalb seiner Kontrollmöglichkeit zuwiderhandelt (CHRISTOPH und GRÜNBAUM 1967, CHRISTOPH 1973, VAERST 1978).

1.3. Schlußfolgerungen für die tierärztliche Praxis

Rechtsgrundlagen, Rechtsverhältnisse, Aufgaben, Pflichten und Rechtsstellungen der Partner werden Tierhaltern und Tierärzten im Verlauf veterinärmedizinischer Betreuungsleistungen an Kleintieren kaum bewußt. Erst wenn der Erfolg ausbleibt, Zwischenfälle sich ereignen oder Komplikationen auftreten, besinnen sich einige Tierhalter ihrer Rechte und stellen Schadenersatzforderungen. Obwohl diese zum großen Teil unberechtigt sind, verursachen sie auf beiden Seiten Zeitaufwand und Verärgerung. Dem ist durch entsprechende Beratung und Aufklärung und durch schriftliche Einwilligungserklärungen vorzubeugen.

Da die Erfüllung der **tierärztlichen Aufklärungspflicht** bei zunehmendem Informationsbedürfnis der Tierhalter Zeit kostet und letztere während der Kleintierbehandlung in ihrem Auffassungsvermögen nicht selten beeinträchtigt sind, haben sich Informationsblätter zur Unterstützung des aufklärenden Gesprächs bewährt (JULICH et al. 1978). Auch wenn unterschriftliche Empfangsbestätigungen vorliegen, entbinden sie den Tierarzt nicht von seiner Beratungs- und Aufklärungspflicht und sind rechtlich gesehen unerheblich (BINDER 1979), helfen aber dem Tierhalter beim Verstehen dessen, was ihm erläutert wurde und beim Entscheiden über Zustimmung oder Ablehnung.

In unserer Einrichtung gibt es z. B.:

– Regeln für das Verhalten in einer veterinärmedizinischen Einrichtung zur Betreuung kleiner Haus- und Heimtiere (als Aushang),
– Vereinbarung über die Durchführung von Operationen und schwereren diagnostischen Eingriffen,
– Stempelvordrucke für unterschriftliche Empfangsbestätigungen und Einverständniserklärungen.

Sie werden nachstehend in vollem Wortlaut als Vorlage sowohl für staatliche Einrichtungen als auch für privat niedergelassene Tierärzte wiedergegeben (erforderliche Umformulierungen beachten!)

- **Regeln für das Verhalten in einer veterinärmedizinischen Einrichtung zur Betreuung kleiner Haus- und Heimtiere**

Rechtsgrundlagen: Sie haben unsere veterinärmedizinische Einrichtung aufgesucht, um Ihr kleines Haus- oder Heimtier tierärztlich untersuchen und behandeln zu lassen. Dies erfolgt auf der Grundlage eines veterinärmedizinischen Behandlungsvertrages, der dabei nach zivilrechtlichen Bestimmungen (§§ 611, 631 BGB) zustande kommt.

Pflichten der Tierhalter
Neben dem Recht auf eine optimale tierärztliche Behandlung haben Sie die *Pflicht* zur
– Hilfeleistung, d. h. Festhalten Ihres Tieres bei der Untersuchung und Behandlung;
– wahrheitsgemäßen Information unserer Mitarbeiter über Namen und Anschrift des Tierhalters, Signalement des Tieres, Krankheitserscheinungen, Kontakte mit krankheitsverdächtigen Tieren, besondere Eigenschaften Ihres Tieres (z. B. Bissigkeit, Arzneimittelunverträglichkeiten), eventuelle Vorbehandlungen, Zeitpunkt des letzten Besuches in unserer Einrichtung;
– Durchführung tierärztlicher Anweisungen (Medikamenteneingaben, Diäten);
– Gewährleistung der erforderlichen Pflege, Haltung und Ernährung Ihres Tieres;
– Meldung von unerwarteten Todesfällen oder Miterkrankungen anderer Tiere (im eigenen Bestand, bei Nachbarn);
– ständigen Aufsicht und Vermeidung von Schäden an Einrichtungsgegenständen, Menschen und anderen Tieren (für Schäden, die Ihr Tier infolge mangelhafter Aufsicht oder Verletzung anderer Pflichten verursacht, sind Sie verantwortlich);
– Zahlung der tierärztlichen Behandlungsgebühren.

Pflichten der veterinärmedizinischen Einrichtung
Unsere Tierärzte haben die Pflicht zur
– sorgfältigen Durchführung von Diagnostik, Prophylaxe und Therapie (Sorgfaltspflicht), evtl. unter Einbeziehung anderer veterinärmedizinischer Einrichtungen (Überweisung);
– Beratung und Aufklärung über Erkrankungsart, noch erforderliche Untersuchungen, bestehende Therapiemöglichkeiten, Risiken und evtl. zu erwartende Komplikationen, Behandlungsaussichten und Gebühren;
– Erfüllung der vereinbarten Leistungen (ohne Rechtsanspruch auf Erfolg);
– Einhaltung bestehender Rechtsverpflichtungen.

Beide Partner können von dem veterinärmedizinischen Behandlungsvertrag begründet zurücktreten, wenn z. B. gesetz- und moralwidrige, ökonomisch und medizinisch nicht vertretbare oder aussichtslose Handlungen verlangt werden.

- **Verhaltensregeln für die Tierhalter**

Zur Gewährleistung eines reibungslosen Ablaufes der veterinärmedizinischen Betreuung beachten Sie bitte unsere Aushänge und folgende Hinweise:
– Die Anmeldung erfolgt an der „Anmeldung und Kasse". Es wird eine Karteikarte angelegt, deren wahrheitsgemäße Angaben Sie unterschriftlich bestätigen. Der ausgefüllte Impfausweis ist vorzulegen.

- **Vereinbarung über die Durchführung von Operationen und schwereren diagnostischen Eingriffen**

Operations-/
Untersuchungstermin: .... 199.   Abgabezeit: .... Uhr
Abholzeit: .... Uhr   (Bei der Abgabe des Tieres ist mit einer Narkoseeinleitungszeit
                                                          von 30–45 Minuten zu rechnen)

Name und Anschrift des Tierhalters: ....

Signalement des Tieres: ....

Operations-/Untersuchungsart: ....

- **Hinweise für den Tierhalter, Operations- und Untersuchungsbedingungen**
  – Bei jedem tierärztlichen Eingriff besteht ein Risiko, der Erfolg ist nicht zu garantieren.
  – Der Termin für den Eingriff wurde vorgemerkt und ist einzuhalten oder mindestens 1 Woche vorher abzusagen. Für nicht rechtzeitig stornierte Termine wird eine Vorbereitungsgebühr von   ,– DM (kleinere Eingriffe) oder   ,– DM (große Eingriffe) erhoben.
  – Die Operations- oder Untersuchungsgebühren sind jeweils am gleichen Tag in bar zu entrichten. Tierärztliche Gebühren für notwendige Nachbehandlungen werden am Tag der Behandlung bezahlt.
  – Zur Operation oder Untersuchung müssen die Tiere nüchtern sein; sie erhalten bis 18.00 Uhr des Vortages ihre bisherige Nahrung/eine Operationsdiät (s. Diätanweisung)*). Darüber hinaus darf nichts gefüttert werden. Nach dem Eingriff wird die bisherige Nahrung/Operationsdiät*) sofort nach Wiedereinsetzen des Schluckreflexes (zu erkennen am Zurückkehren des Aufstehvermögens) in kleinen Portionen (evtl. löffelweise) gemeinsam mit leicht gesalzenem, schwarzem Tee gegeben. Der Übergang zur gewohnten Nahrung erfolgt am 2. Tag nach dem Eingriff. Kommt es zu keiner selbständigen Nahrungsaufnahme, muß zwangsgefüttert und die Tierklinik aufgesucht werden.
  – Verordnete Medikamente sind im vorgeschriebenen Rhythmus einzugeben.
  – Der Transport vor und nach dem Eingriff ist den Gegebenheiten anzupassen. Infolge der Narkose können die Tiere nach dem Eingriff bzw. bei Abholung eventuell nicht laufen und müssen gefahren werden (saubere Decke zum Tragen und Unterlegen mitbringen und mit dem Tier abgeben). Katzen sind in einem geschlossenen, luftdurchlässigen Behältnis zu transportieren und abzugeben.
  – Nach dem Eingriff sind die Tiere ruhig, geschützt und warm zu halten. Wiedervorstellungstermin: ....;
    s. Bestellkarte/s. Rücküberweisung an Tierarzt ....
  – Organ- und Gewebeproben werden in der Regel zur kostenpflichtigen histologischen Untersuchung an das .... überwiesen (gesonderte Rechnungslegung).

  (auf der Karteikarte)

  ....
  Unterschrift des Tierhalters   Stempel u. Unterschrift des Arztes

*) Nichtzutreffendes streichen.

- **Stempelvordrucke für unterschriftliche Empfangsbestätigungen und Erklärungen**

Folgende Stempelvordrucke für Tierhalterunterschriften haben sich in unserer Einrichtung bewährt:
– Meine vorberichtlichen Angaben sind wahrheitsgemäß: ....
  (Karteikartenaufdruck oder Stempel)
– Operations-/Untersuchungs-Vereinbarung erhalten und über Risiko aufgeklärt: ....
  (Stempelvordruck für Karteikarte bei Übergabe einer Operations- oder Untersuchungsvereinbarung)
– Mein Tier ist nicht quarantänisiert und stammt aus keinem Tollwutsperrbezirk: ....
  (Stempelvordruck für Notversorgung von Tieren aus anderen Kreisen bei fehlender tierärztlicher Überweisung).

- Zum Warten suchen Sie bitte das Wartezimmer auf. Dort sind die Tiere kurz angeleint sicher zu verwahren (evtl. Beißkorb). Jeglicher Tierkontakt ist zu vermeiden. Das Warten auf der Treppe, im Gang oder vor der Türen ist untersagt. Hunde sind im Wartezimmer selbständig zu wiegen.
- Zur tierärztlichen Untersuchung und Behandlung begeben Sie sich nach Aufruf in die Behandlungsräume. Der Aufruf erfolgt aus verterinärmedizinischen Gründen nicht immer in zeitlicher Reihenfolge. Beachten Sie Ihre Pflichten, insbesondere zur wahrheitsgemäßen Information des Tierarztes und zur Hilfeleistung.
- Nach der Behandlung ist Ihr Tier vorsichtig vom Tisch zu heben. Sie begeben sich zur „Anmeldung und Kasse" und bezahlen die tierärztlichen Behandlungsgebühren in bar. Beachten Sie, daß Sie für Operationen und größere diagnostische Eingriffe eine „Vereinbarung" und für Bestelltermine eine „Bestellkarte" erhalten.
- Vor und nach dem Betreten unserer Einrichtung, während des Wartens und bei der Behandlung müssen Sie Ihre Tiere stets unter strenger Aufsicht halten. Leisten Sie den Anweisungen unserer Mitarbeiter Folge, Sie helfen dadurch, Störungen zu vermeiden.

1.4. Tierärztliche Urkunden

Urkunden sind schriftliche Erklärungen, die in Ausübung dienstlicher oder sonstiger beruflicher Befugnisse ausgestellt werden, Rechte und Pflichten begründen, ändern, aufheben oder eine rechtserhebliche Tatsache beweisen und ihre Aussteller erkennen lassen (BURCKHARDT 1983).

Demnach stellen kleintierspezifisch tätige Tierärzte Urkunden aus, wenn sie einen Sachverhalt bescheinigen, einen Befund attestieren, einen Tatbestand protokollieren oder ein tierärztliches Gutachten anfertigen (BURCKHARDT und WOHANKA 1978). Aufforderungen zur Niederschrift derartiger Urkunden sind häufig, insbesondere wenn beispielsweise geklärt werden soll, ob

- plötzliche Erkrankungen neugekaufter Tiere noch auf Infektionen im Zwinger des Züchters zurückgeführt werden können (z. B. Parvovirose);
- das Ausbleiben zugesicherter Eigenschaften (z. B. Zuchttauglichkeit) oder das Auftreten von Mängeln im Verlauf des Wachstums (z. B. Hernien, Prämolarenverluste, Hüftgelenkdysplasie, Kryptorchismus, Osteopathien) als Erkrankungen oder als Folge von Fütterungs- und Haltungsfehlern anzusehen sind;
- bestimmte Erkrankungen (Hauterosionen, Frakturen usw.) infolge traumatischer Fremdeinwirkungen entstanden sein können;
- plötzliche Todesfälle auf Gifteinwirkungen zurückzuführen sind;
- Krankheitserscheinungen klinisch feststellbar sind (oder nicht), die auf eine für den Menschen gefährliche Infektionskrankheit (z. B. Tollwut) hindeuten.

In jedem Fall sollen „rechtserhebliche Tatsachen" schriftlich fixiert werden, aus denen sich dann unter Umständen Garantie- oder Schadenersatzverpflichtungen, Strafverfahren, Quarantänemaßnahmen u. a. m. ergeben.

Jeder Tierarzt sollte sehr gewissenhaft überprüfen, ob seine eigenen Fähigkeiten, Kenntnisse, Erfahrungen und technischen Möglichkeiten ausreichen, um eine Urkunde wissenschaftlich begründet anfertigen und jederzeit auch vertreten zu können. Bestehen nur die geringsten Zweifel, ist anzuraten, mit einer veterinärmedizinischen Spezialeinrichtung im Überweisungsverfahren zusammenzuarbeiten (VAERST 1978). Obwohl die Ausfertigung schriftlicher Erklärungen oder tierärztlicher Urkunden in der Regel zum Aufgabengebiet der Leiter veterinärmedizinischer Einrichtungen gehört, ist vor einer allzu großen Bereitwilligkeit und Gutgläubigkeit auf diesem Gebiet zu warnen. Sehr leicht entstehen zwischen den Vorstellungen und Forderungen des Tierhalters und den Möglichkeiten des Tierarztes erhebliche Diskrepanzen, die langfristig nicht durch ein schnell beschriebenes Papier mit eventuell wissenschaftlich unvollständig begründeten bzw. belegbaren Aussagen zu überbrücken sind. Da alle schriftlichen Äußerungen eines Tierarztes „rechtserheblich", also juristisch anerkannte Beweismittel sein können, muß auch die äußere Form beachtet und den Anforderungen entsprechend gestaltet werden. Insbesondere sind Name und Dienstanschrift des Ausstellers eindeutig lesbar zu schreiben (möglichst Kopfbogen und Schreibmaschinenschrift bzw. Computerausdruck).

Nach EIKMEIER (1990) gibt es folgende tierärztlich-amtliche Schriftstücke, die den Charakter einer Urkunde haben:

- die Bescheinigung,
- das Attest,
- das Protokoll,
- das Gutachten.

Als Beispiel:

Anschrift des Tierarztes ...., den ...... 19..

Tierärztliche Bescheinigung

Hiermit wird bescheinigt, daß der Kleinpudel-Rüde „King vom alten Haus", geboren am 21.4.1978, des Tierhalters Rainer Müller, 14467 Potsdam, Albert-Klink-Straße 49c, bei der klinischen Untersuchung am 20.11.1981 einen rechtsseitigen Kryptorchismus aufwies.

....
Unterschrift des Tierarztes

oder

Anschrift des Tierarztes ...., den ...... 19..

Tierärztliche Bescheinigung

Betr.: Kontakt mit/Verletzung durch*) Tiere(n), die tollwutverdächtig/tollwutansteckungsverdächtig*) sind

1. Kontaktpersonen/verletzte Personen*)
   ....
   ....
   (bei mehreren Personen ist Namensliste beizufügen)

2. Signalement des betreffenden Tieres:
   ....
   ....

3. Name und Adresse des Tierhalters:
   ....

4. Untersuchungstermine, an denen das betreffende Tier untersucht wurde:
   Die erste Untersuchung erfolgte am:
   Die zweite Untersuchung erfolgte am:
   Die dritte Untersuchung erfolgte am:
   Untersuchungsbefund:
   ....

5. Am .... wurde von mir das o.a. Tier untersucht. Es zeigte keine*) Veränderungen, die auf das Vorliegen der Tollwuterkrankung hinweisen. (Im positiven Fall Symptome angeben).
   ....
   ....
   Es wurde keine/eine*)
   Isolierung angewiesen

....
Unterschrift des Tierarztes

_____
*) Nichtzutreffendes streichen.

Das **tierärztliche Attest** ist eine begründete tierärztliche Bescheinigung für einen Befund.

Als Beispiel:

Anschrift des Tierarztes ...., den ...... 19..

Tierärztliches Attest

Hiermit wird bescheinigt, daß die Zwergpudel-Hündin „Britta vom weißen Graben", geboren am 26.7.1979, der Tierhalterin Marlen Doefke, 14480 Potsdam-Babelsberg, In der Aue 129, bei der heutigen klinischen Untersuchung des Gebisses keinen P_2 oben rechts aufweist. Die röntgenologische Untersuchung (Rö.-Nr. 2779 798) läßt keine Zahnanlage, Alveole oder Wurzelreste erkennen. Es handelt sich somit um einen genetisch bedingten oder längere Zeit zurückliegenden Prämolarenverlust des P_2 oben rechts. Das übrige Gebiß ist vollzählig.

....
Unterschrift des Tierarztes

Die **tierärztliche Bescheinigung** ist eine schriftliche, nicht begründete Aussage über das Vorhandensein oder Fehlen eines oder mehrerer Merkmale.

Eine besondere Art des Attestes ist das **Veterinärzeugnis**. Es bescheinigt schriftlich das Vorliegen bestimmter, in normativen Rechtsakten geforderter Veterinärbedingungen, d. h. Merkmale, Maßstäbe und Kontrollverfahren der Tiergesundheit, und muß von einem dazu befugten Tierarzt, in der Regel vom Amtstierarzt, ausgestellt, unterschrieben und gesiegelt sein.

Auch die im Rahmen der Ankaufs-, Gesundheitsüberwachungs- oder Ausmusterungsuntersuchungen von Dienst-, Blinden- und Hütehunden (FELLMER 1981, NIEMAND et al. 1981, NÖLDNER 1981) ausgefertigten „Tierärztlichen Untersuchungsbefunde" sind Atteste. Sie bescheinigen das Vorhandensein oder Fehlen mehrerer Merkmale, geben eine zusammenfassende Übersicht der krankhaften Befunde und enthalten eine begründete, tierärztliche Schlußbeurteilung.

Das **tierärztliche Protokoll** enthält einen Tatbestand, z.B. den Bericht über eine veterinärhygienische Bestandskontrolle mit dabei festgestellten Mängeln und Krankheiten, nimmt gutachterlich dazu Stellung und fordert Maßnahmen zur Verbesserung der Tiergesundheit und -hygiene.

Das **tierärztliche Gutachten** ist eine wissenschaftlich begründete Aussage von Sachverständigen über einen Sachverhalt oder zu einer bestimmten Fragestellung. Es dient u. a. als Beweismaterial in gerichtlichen Verfahren, einer notwendigen Entscheidungsfindung und der Beurteilung wissenschaftlicher Leistungen. Es wird angefordert und ist eine wichtige Entscheidungsvoraussetzung. An den Gutachter stellt es hohe Anforderungen in bezug auf Sorgfalt und Gewissenhaftigkeit, Sachkenntnis und Objektivität. Es soll klar formuliert, logisch geordnet, widerspruchsfrei, wissenschaftlich begründet und zuverlässig sein. Der Gutachter muß der Aufforderung zur Anfertigung und mündlichen Vertretung eines Gutachtens nachkommen und für die Richtigkeit der Untersuchungsergebnisse sowie für die Wissenschaftlichkeit ihrer Erarbeitung eintreten (BECKER und ROEHL 1981, ROEHL 1982).

Literatur

BECKER, G. (1982): Gutachterlich relevante Rechtsfragen der Aufklärung und Schweigepflicht. Dt. Gesundh.-Wesen **37**, 778–779.

BECKER, G., und ROEHL, U. (1981): Zu einigen Rechtsfragen der ärztlichen Begutachtungen – Vormerkung zu Thesen. Z. ärztl. Fortbild. **75**, 825–828.

BENAD, G. (1982): Gutachterlich relevante Probleme im Zusammenhang mit Allgemeinanaesthesien. Dt. Gesundh.-Wesen **37**, XI–XII.

BINDER, G. (1979): Zu einigen Fragen der ärztlichen Aufklärungspflicht. Dt. Gesundh.-Wesen **34**, 957 bis 960.

BURCKHARDT, A. (1983): Rechtsgrundlagen veterinärmedizinischer Tätigkeit. Gustav Fischer Verlag, Jena.

CHRISTOPH, H.-J. (1973): Zur Haftung des Tierarztes bei der Untersuchung und Behandlung. Klinik der Hundekrankheiten, Teil 1. Gustav Fischer Verlag, Jena.

CHRISTOPH, H.-J., und GRÜNBAUM, E.-G. (1967): Zur Haftung des Tierarztes bei Untersuchung und Behandlung des Hundes. Mh. Vet.-Med. **22**, 708–714.

DEIPENBROCK, R. (1991): Umfang und Risiken der tierärztlichen Dokumentationspflicht. Prakt. Tierarzt **72**, 670–675.

DITTMANN, S. (1983): Zur Neufassung des Gesetzes zur Verhütung und Bekämpfung übertragbarer Krankheiten beim Menschen. Medizin aktuell, 532–535.

EIKMEIER, H. (1978): Haftpflichtfragen bei intravenöser Injektion und rektaler Untersuchung. Berl. Münch. Tierärztl. Wschr. **91**, 68–71.

EIKMEIER, H. (1978): Grundsätzliches zur Haftpflicht des Tierarztes. Prakt. Tierarzt **59**, 310–313.

EIKMEIER, H. (1990): Berufshaftpflicht des Tierarztes; Tierärztliche Atteste... In: EIKMEIER, H., FELLMER, E., und MOEGLE, H. (1990): Lehrbuch der gerichtlichen Tierheilkunde. Paul Parey, Berlin und Hamburg.

FELLMER, E. (1980): Die Haftung des Tierhalters. Tierärztliche Praxis **8**, 227–282.

FELLMER, E. (1980): Die tierärztliche „Ankaufsuntersuchung" und die Erheblichkeit eines Befundes aus juristischer Sicht. Berl. Münch. Tierärztl. Wschr. **94**, 181–185.

FREUDIGER, U. (1974): Die Kleintierpraxis in der Schweiz. Kleintierpraxis **19**, 81–90.

GARLIPP, M. (1981): Die Haftung des Arztes bei nicht erkannter Kahnbeinfraktur des Handgelenkes. Z. ärztl. Fortbild. **75**, 871.

GAUS, C. (1982): Forensische Betrachtungen zum Tierarzt-Klientenvertrag, zur tierärztlichen Haftung und zur Beweislastverteilung im Haftpflichtprozeß in der derzeitigen Spruchpraxis im Vergleich zum Arzt-Patientenvertrag und dem Arzthaftrecht. Vet.-med. Diss., Hannover.

GRÜNBAUM, E.-G., und KUTSCHMANN, K. (1972): Allgemeine Probleme des Gesundheits- und Arbeitsschutzes in der Kleintierpraxis. Vortrag Fachtagung der WGV, Dresden.

HARTMANN, G., und KRÖNER, V. (1981): Fehldiagnosen beim „akuten Abdomen". Ein Beitrag zur Sorgfaltspflichtverletzung infolge ungenügender Diagnostik. Z. ärztl. Fortbild. **75**, 817–820.

HENSELLEK, Mechthild (1979): Forensische Betrachtungen zu Rechtsstreitigkeiten in der kurativen tierärztlichen Praxis. Vet.-med. Diss., Hannover.

HOPPE, W. (1980): Die Begutachtung von Nervenschäden nach fehlerhafter intraglutealer Injektion. Z. ärztl. Fortbild. **74**, 321–324.

JULICH, H., et al. (1978): Vorschläge zur Aufklärung bei diagnostischen Eingriffen in der Gastroenterologie. Z. ärztl. Fortbild. **72**, 1013–1015.

KINZLER, Juliane (1981): Haftpflichtfälle in der tierärztlichen Praxis. Vet.-med. Diss., München.

KLOS, M. (1980): Tierärztliche Versicherungsfragen. Kleintier-Praxis **25**, 51–54.

MAHN, H.R., und BINDER, G. (1980): Medikolegale Probleme bei ästhetischen Eingriffen. Dt. Gesundh.-Wesen **35**, 434–437.

MATTIG, W., (1978): Iatrogene Komplikationen – vermeidbar? Dt. Gesundh.-Wesen **33**, 368–373.

MATTIG, W., et al. (1982): Intraoperativ zurückgelassene Fremdkörper – Vorschlag einer Beurteilungsgrundlage aus forensischer Sicht. Dt. Gesundh.-Wesen **37**, 509–513.

MATTIG, W., et al. (1982): Zu einigen Pflichten des Arztes und der medizinisch-technischen Röntgenassistentin am Beispiel der Kontrastmitteluntersuchung. Dt. Gesundh.-Wesen **37**, 142.

MÜLLER, L.F., und LETTOW, Ellen (1981): Der Neubau der Klinik und Poliklinik an der Freien Universität Berlin. Kleintierpraxis **26**, 41–45.

NIEMAND, H.-G., et al. (1981): Ankaufsuntersuchung bei Hunden. Berl. Münch. Tierärztl. Wschr. **94**, 180–181.

NÖLDNER, H. (1981): Veterinärmedizinische Anforderungen an den in der Schafproduktion eingesetzten Hütehund. Mh. Vet.-Med. **36**, 107–110.

ROEHL, U. (1982): Das ärztliche Gutachten als eine Form angewandter medizinischer Wissenschaft; Rechte und Pflichten des Gutachters im Gerichtsverfahren. Dt. Gesundh.-Wesen **37**, 780–783.

VAERST, J. (1978): Zur Verantwortlichkeit des Tierarztes und des Tierhalters bei der Behandlung von Kleintieren. Mh. Vet.-Med. **33**, 765–768.

2. Untersuchungsplan, Zwangsmaßnahmen und Applikationstechnik

(H.-J. CHRISTOPH † und E. SCHIMKE)

2.1. Untersuchungsplan

Bei allen erstmalig in der Sprechstunde vorgestellten Hunden sollte eine systematische und umfassende **allgemeine klinische Untersuchung** durchgeführt und deren Ergebnis zweckmäßig dokumentiert werden. Beim Wechsel des Besitzers, bei Ankaufsuntersuchungen, auf besonderen Wunsch oder zur Diagnosestellung kommen **spezielle klinische Untersuchungen** der verschiedenen Organe und Organsysteme hinzu, wobei vielfach moderne Untersuchungsverfahren verwendet werden (Labor, Röntgen, EKG, Sonographie usw.). Dabei können Mängel festgestellt werden, die bisher nicht bekannt waren (z.B. Hüftgelenkdysplasie, Herzfehler, Nierenschäden). Auch können bisher nicht erkannte Erkrankungen diagnostiziert und oft schon in den Anfangsstadien gezielt behandelt werden.

Nimmt man die klinische Untersuchung immer wieder nach einem bestimmten **Untersuchungsplan** vor, so wächst die Sicherheit und sinkt die Gefahr, etwas Wichtiges zu vergessen.

Die Erstellung einer ausführlichen und aussagekräftigen **Anamnese** (Krankheitsgeschichte, Vorbericht) ist für die richtige Diagnose und Therapie eines jeden Patienten von großem Wert. Der Besitzer ist zur wahrheitsgemäßen und chronologischen Schilderung der Vorgänge und Symptome aufzufordern, die ihn veranlaßt haben, den Hund dem Tierarzt vorzustellen. Gezielte Fragen können endlose Monologe abkürzen und den Besitzer dazu bringen, nur das Wichtigste zu berichten. Auch Fragen nach bisher empfohlenen Behandlungen, Vorschlägen von Laien oder anderen Tierärzten sind manchmal aufschlußreich, weil sehr oft mehrere Tierärzte hintereinander in mitunter kurzen Abständen (wegen eines Leidens) konsultiert werden. Vorbehandlungen sind auch deshalb wissenswert, weil unmittelbar nacheinander applizierte Medikamente kumulierende, potenzierende, synergistische, aber auch hemmende oder antagonistische Wirkungen haben können, was zu schweren Zwischenfällen führen kann.

Oft ist der Überbringer des Patienten nicht in der Lage, sich bei der Schilderung der Krankheitssymptome des Tieres präzis und sachkundig auszudrücken. In solchen Fällen helfen klare Fragen (ohne Suggestivcharakter) weiter, um eine brauchbare Anamnese zu erheben. Nicht selten werden erkrankte Hunde von Personen vorgestellt, die über den bisherigen Verlauf der Erkrankung und bisherige Maßnahmen nicht orientiert sind. In solchen Fällen sind eine exakte Diagnose und gezielte Therapie nur schwer möglich. Wenn es sich dabei nicht um eine vitale Indikation handelt, ist die Ablehnung der Behandlung zu erwägen.

Auch Krankheitszustände, die der Hund bereits überwunden hat, gehören ebenso zur Anamnese wie vorangegangene Schutzimpfungen. Impfungen werden in „Internationalen Impfausweisen", aber auch in regional gültigen Impfpässen testiert, die zu jeder Konsultation vorgelegt werden sollen. Aussagen zur Fütterung, Haltung und zum Gebrauchswert des Tieres sind zu beachten. Auch die Haltung als Einzelhaltung in der Wohnung oder mit anderen Zwingergenossen und eventuell vorhandene Bestandserkrankungen sind aufschlußreich. Bei Hündinnen orientiert man sich über stattgefundene Läufigkeiten und Geburten sowie über Besonderheiten, die dabei aufgetreten sind.

Erst wenn die Anamnese abgeschlossen ist, beginnt die Untersuchung des Tieres. Die Untersuchung einzelner Organe oder Organsysteme in der Reihenfolge der Schilderung während des Vorberichtes gewährleistet nicht die ordnungsgemäße Einhaltung eines vollständigen Untersuchungsplanes und führt dazu, daß wichtige klinische Symptome unbemerkt bleiben. In jedem Fall muß man daran denken, daß ein Patient mehrere Leiden gleichzeitig haben kann. Die Untersuchung darf also nicht abgebrochen oder nachlässig weitergeführt werden, sobald man auffällige krankhafte Veränderungen entdeckt hat. Jede systematische Untersuchung beginnt damit, daß der Hund zuerst aus gewisser Entfernung angesehen wird, weil einige Symptome dabei am deutlichsten erkennbar sind *(Adspektion)*. Erst danach erfolgt die Feststellung von Puls-, Atmungs- und Temperaturwerten, meist bereits auf dem Untersuchungstisch und vor anderen Maßnahmen, die das Tier unnötig beunruhigen könnten. Die Auskultation von Herz und Lunge gehört zu jedem Untersuchungsgang und sollte auch vor jeder Anästhesie durchgeführt werden. Dabei sind gleichzeitig die Qualität und Quantität des Pulses zu ermitteln. Lungen-, Herz- und Leberperkussionen erfolgen bei Verdacht auf krankhafte Veränderungen. Inappetenz, vermehrter Durst, Fieber, Husten, Würgen, Erbrechen und Durchfall sind auffällige, von jedem Laien wahrnehmbare Zeichen, die diagnostisch sehr aufschlußreich sind.

Die **Körperinnentemperatur** kann, um Zeit zu sparen, bereits während der Erhebung der Anamnese rektal mit einem Maximalthermometer in der Gradeinteilung nach Celsius (C) gemessen werden. Vor dem Einführen des Thermometers muß die Quecksilbersäule auf den tiefsten Stand durch Schleuderbewegungen mit der Hand heruntergedrückt werden. Erfahrene Hundebesitzer messen die Körpertemperatur des Tieres schon zu Hause, bevor sie die Sprechstunde aufsuchen. Somit sind Verfälschungen, die durch Erregung des Tieres in fremder Umgebung eintreten, auszuschließen.

Zur Temperaturmessung wird das mit einem Gleitmittel versehene Thermometer in das Rektum eingeführt und dort 2 bis 3 Minuten belassen. Um den Widerstand des Afterschließmuskels (Analreflex) schonend zu überwinden, führt man zuerst vorsichtig das dünne Ende ein und schiebt dann, wenn die Kontraktion nachläßt, das Thermometer weiter in dorsaler und kranialer Richtung bis etwa zur Hälfte vor. Mit einer Hand wird die Rute des Hundes an ihrem Ansatz gehalten, mit zwei Fingern der anderen Hand das Thermometer fixiert. Diese Maßnahme soll so durchgeführt werden, weil sich ängstliche Patienten plötzlich hinsetzen und dadurch Verletzungen beim Zerbrechen des Thermometers eintreten können (Abb. 2.1.). Moderne elektronische Thermometer mit schneller

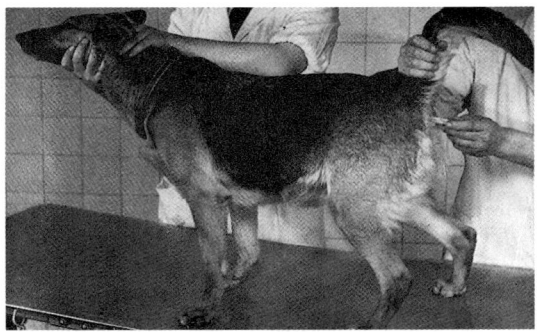

Abb. 2.1. Thermometrie beim Hund.

digitaler oder analoger Anzeige haben viele Vorteile und können mit unterschiedlicher Ausstattung auch für Messungen verschiedener Körperareale genutzt werden (Kern-, Manteltemperatur usw.).

Die physiologische Körperinnentemperatur des Hundes liegt zwischen 37,5 °C und 39 °C. Bei Welpen, Junghunden und auch Kleinsthunderassen finden wir Normaltemperaturen, die an der oberen Grenze liegen. Bei älteren Hunden und solchen, die großen Rassen angehören, liegen die Normaltemperaturen an der unteren Grenze der genannten Werte. Es ist bekannt, daß die Körpertemperatur verschiedenen Einflüssen, so auch Tagesschwankungen unterliegt. Die Temperaturen bei Rüden liegen meist unter denen von Hündinnen. Der von Laien sehr oft zur Beurteilung der Körperinnentemperatur herangezogene trockene und demnach auch warme Nasenspiegel ersetzt nicht eine exakte Körpertemperaturmessung. Der Wärmegrad des Nasenspiegels ist weitestgehend von der Sekretion seiner Drüsen abhängig (Verdunstungskälte).

Das Kelvin (K) wurde als Einheit der thermodynamischen Temperatur (T) festgelegt. Daneben ist als Temperaturmaß die Celsius-Temperatur (t) in Grad Celsius (°C) zugelassen. Die Skaleneinteilungen sind identisch. Werden Temperaturdifferenzen angegeben, gilt $1\,K = 1\,°C$, $0\,°C = 273{,}15\,K$ (thermodynamische Temperatur). In englischen Sprachgebieten ist auch nach Einführung der SI-Einheiten manchmal noch die Maßeinheit nach Fahrenheit (F) im Gebrauch. Die Umrechnung ist nach folgender Formel möglich:

$$n\,°C = \left(\frac{9}{5}n° + 30\right) F \quad \text{bzw.} \quad n\,°F = (n° - 32)\frac{5}{9}\,°C$$

Angaben nach Réaumur sind nicht mehr üblich.

Schema eines Untersuchungsplanes

– Anamnese

– Allgemeine klinische Untersuchung
Signalement:
Tiername:
Rasse:
Alter: Geburtsdatum
Geschlecht:
Größe: groß, mittelgroß, klein
Ernährungszustand: sehr gut, gut, mäßig, schlecht
Gewicht: in kg Körpermasse (kg KM)
Körperbau: rasse- und geschlechtstypisch, Abweichungen beschreiben
Besondere Kennzeichen zur Identifizierung, Tätowiernummer, Farbabzeichen usw. auch zur Diagnosefindung
Puls: Qualität, Quantität
Atmung: Frequenz, Typ
Körperinnentemperatur: in °C

– Spezielle klinische Untersuchung

Verhalten:	ungestört, gestört, Schmerzäußerung, Somnolenz, Aggressivität, Bösartigkeit usw.
Haarkleid:	glatt, dicht und glänzend, verschmutzt, struppig, Ektoparasitenbefall usw.
Haut:	Elastizität, Ekzem, Dermatitis, Pyodermie, Juckreiz, Geruch, Alopezie, Verletzungen, Tumoren, Pigmentierung, Verfärbung
Schleimhäute:	Durchblutungsgrad, Zyanose, Ikterus, Blässe, Schwellung
Lymphknoten:	Größe, Verschiebbarkeit auf der Unterlage
Augen:	Konjunktiven (Farbe, Entzündung), Augenausfluß, Augenlider (En-, Ektropium, Distichiasis, Trichiasis), Fremdkörper, sklerale Gefäßinjektion, Kornea (Keratitiden), Dermoid, Iris und Pupille (Verklebung), Linse (Stellung, Lage, Aussehen), Augenhintergrund, Nystagmus, Sehprüfung
Ohren:	Stellung, Verschmutzung, Gehörgangerkrankungen (Otitis externa), Fremdkörper, Trommelfell, Otitis media, Otoskopie, Gehörprüfung
Nase:	Nasenspiegel, Ausfluß, Geräusche bei der Atmung, Auftreibung
Mundhöhle:	Foetor ex ore, Zahnanomalien, Karies, Frakturen, Cremor dentium, Gebißanomalien, Staupegebiß, Gingiva, Periodontitis, Lefzen, Zunge, Pharynx (Rachenspalt), Larynx, Gaumensegel (Länge), Tonsillen, Fremdkörper
Hals:	Umfangsvermehrung, Thyreoidea, Trachea
Thorax:	Form und Beschaffenheit, Form der Rippen (Rachitis); Atmung (Quantität, Qualität), Husten, Lunge (Auskultation, Perkussion, Röntgen, Bronchoskopie)
Herz:	Auskultation (evtl. Perkussion), Röntgen, EKG
Kreislauf:	Puls (Quantität, Qualität), Blutdruck, Stauungserscheinungen
Abdomen:	Form, Umfang, Spannung, Fluktuation, Hernien, Palpation der Abdominalorgane, Leberperkussion (Röntgen)
Magen-Darm-Kanal:	Inappetenz, Würgen, Erbrechen, Kotabsatz, Koprostase, Diarrhoe (Röntgen, Gastroskopie)
Rektum:	Entzündungen, Tumoren, Prolaps (Rektoskopie)
Harnorgane:	Polydipsie, Harnabsatz, Incontinentia urinae, Nierenpalpation, Harnblasen- und Harnröhrenpalpation, Katheterisierung, Zystoskopie, Röntgen
Geschlechtsorgane:	Rüde: Hoden, Konsistenz, Größe, Palpation, Kryptorchismus, Penis, Präputium, Prostatapalpation
Geschlechtsorgane:	Hündin: bisherige Geburten, letzte Geburt, letzte Läufigkeit, Uteruspalpation, Palpation und Adspektion der Milchdrüse, Vaginoskopie (Zervix, Vaginaltumoren, Ausfluß, Prolaps, Scheidenabstriche)
Gliedmaßen:	Haltung und Stellung im Stand, in der Bewegung (alle 3 Gangarten), Lahmheit, Nachhandparese/-paralyse
Rücken:	Haltung (Lordose, Kyphose, Röntgenbefund)

Gelenke: Funktionskontrolle, schmerzhaft, aufgetrieben, straff, lose, Einschränkung bei Beugung oder Streckung, Schubladenphänomen, Luxation
Knochen: Form und Stellung, Fraktur (Röntgenbefund)
Muskulatur: gut ausgebildet, Atrophie, Hypertrophie
Bänder, Sehnen: schwach, kräftig, funktionstüchtig, Zerreißung
Zentrales und peripheres Nervensystem: neurologische Untersuchung

Spezielle Untersuchungsverfahren: Neben der allgemeinen und speziellen klinischen Untersuchung des Hundes sind zur Klärung der Diagnose und zur Beurteilung des (Heilungs-)Verlaufes einer Erkrankung **spezielle Untersuchungsverfahren** sowie ausgewählte **physikalisch-chemische Laboratoriumsuntersuchungen** notwendig (Blut-, Harn-, Liquor-, Knochenmark-, serologische Untersuchungen, Röntgenaufnahmen, Durchleuchtung, EKG, EEG, Bronchoskopie, Zystoskopie, Gastroskopie, Ultraschall usw.).

In den jeweiligen Kapiteln werden die wichtigsten Untersuchungsverfahren und deren Interpretation eingehend beschrieben.

Alle ermittelten Befunde sollten dokumentiert, die krankhaften Befunde abschließend übersichtlich zusammengefaßt werden. Erst nach gesicherter Diagnose können zuverlässige Aussagen zur **Prognose** erfolgen.

2.2. Zwangsmaßnahmen

Um beim Hund Untersuchungen durchführen zu können, ist es notwendig, ihn in eine bestimmte Stellung oder Lage zu bringen. Oft muß der Patient auf den Untersuchungstisch gehoben und dort zur eingehenden Untersuchung auf die Seite gelegt oder in einer anderen geforderten Stellung gut fixiert werden. Mit Streicheln und gutem Zureden erwirbt man meist sehr schnell das Vertrauen eines Tieres. Grobe Zwangsmaßnahmen sind für alle Beteiligten unangenehme Erlebnisse, woraus Angst und Entzug durch Flucht oder Abwehr des Hundes resultieren. In jedem Falle müssen gewisse Vorsichtsmaßregeln und bestimmte Verhaltensweisen beim Umgang mit den Patienten beachtet werden. Dabei können die Erkenntnisse der Verhaltensforschung sehr hilfreich sein. Bei bissigen oder aggressiven Patienten müssen oft Zwangsmaßnahmen Anwendung finden, um den Untersuchenden und auch das Hilfspersonal vor Verletzungen zu schützen. Ist es erforderlich, einen Hund anzufassen, dann soll das nicht überfallartig geschehen, sondern erst nachdem man ihn ruhig angesprochen und mit der Hand auf die Kruppe bzw. an die seitliche Brustwand geklopft hat. Jedem Patienten sollte man sich ohne Angst, selbstbewußt und in der ehrlichen Absicht, ihm helfen zu wollen, nähern. Muß der Kopf mit dem Genick-Unterkiefer-Griff fixiert werden, tastet man sich langsam unter dauerndem Zureden vom Hals her an den Kopf heran. Dabei wird die Hand geschlossen, weil dann die Gefahr einer Bißverletzung herabgesetzt ist. Man soll möglichst vermeiden, einen Hund (auch den gutmütigsten) direkt von vorn mit der geöffneten Hand am Fang zu berühren, weil man auf ein plötzliches Zubeißen nicht schnell genug durch sofortiges Zurückziehen der Hand reagieren kann. Beim **Genick-Unterkiefer-Griff** wird das Tier mit einer Hand fest im Nacken fixiert, während die andere Hand den Fang vom Unterkiefer her umfaßt.

Soll ein Patient untersucht werden, muß er in den meisten Fällen auf einen Behandlungstisch gehoben werden. **Große Hunde** werden hochgehoben, nachdem man mit der einen Hand das Tier im Nacken erfaßt und den anderen Arm angewinkelt unter das Abdomen des Tieres verbracht hat (Abb. 2.2.). Mit dem Nackengriff kann man plötzlich aggressiv werdende Tiere von sich abwehren. Beim Hochheben **kleiner Hunde** wendet man

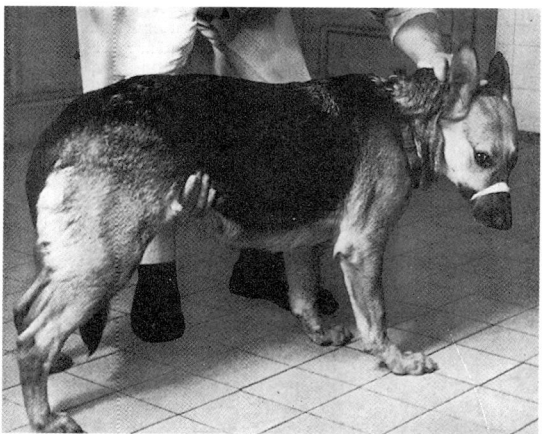

Abb. 2.2. Hochheben eines großen Hundes auf den Untersuchungstisch.

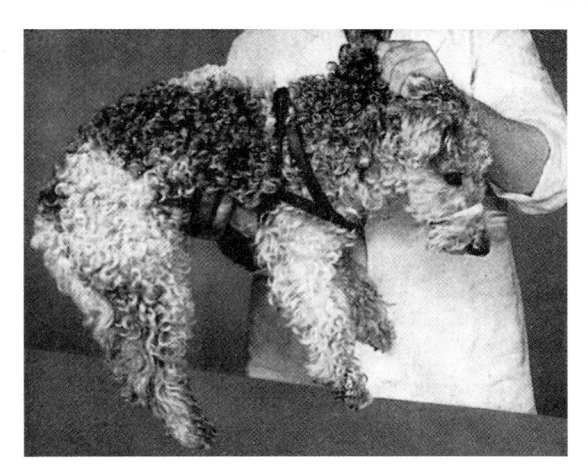

Abb. 2.3. Hochheben eines kleinen Hundes auf den Untersuchungstisch.

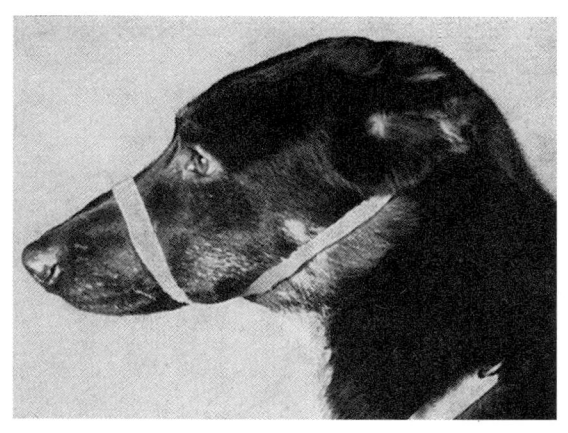

Abb. 2.5. Hund mit zugebundenem Fang.

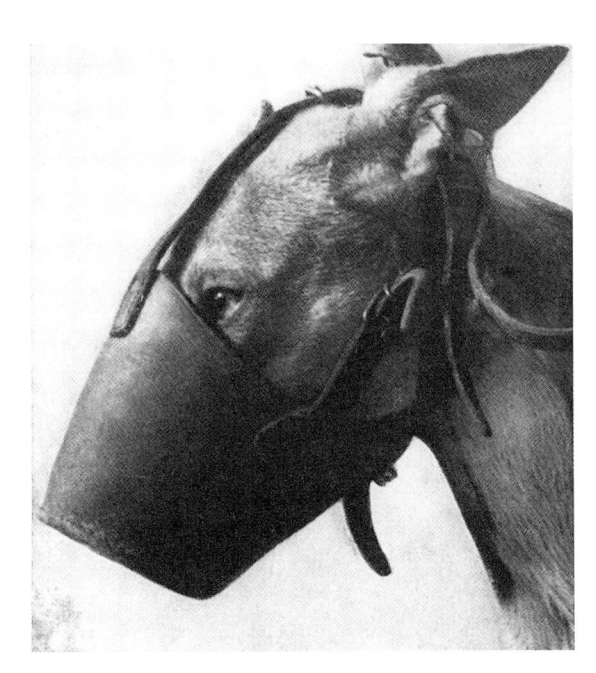

Abb. 2.4. Sog. „Knobelbecher".

ebenfalls den Nackengriff an und erfaßt das Tier mit der anderen Hand unter dem Thorax (Abb. 2.3.). Noch vielfach verbreitet ist das Hochheben kleiner Hunde an den Vorderextremitäten. Dadurch kann es zu Zerrungen der Schultermuskulatur und anderen Schäden kommen, weil Hunde keinen knöchernen Schultergürtel haben. Das **Zubinden des Fanges** sollte man bei allen Hunden vornehmen, die einem nicht als gutmütig bekannt sind und wenn schmerzhafte therapeutische Eingriffe notwendig sind. Auf

die Versicherung des Besitzers, daß das Tier nicht bissig sei, kann man sich mitunter nicht verlassen. Auch einer der handelsüblichen Beißkörbe schützt nicht vor dem Beißen. Wenn dies erreicht werden soll, muß der Beißkorb entweder mit Leder ausgelegt sein oder völlig aus Leder bestehen und darf vom Hund nicht selbst entfernt werden können (sog. „Knobelbecher", Abb. 2.4.). Das Zubinden des Fanges wird mit einem Gurtband (1–2 cm breit) vorgenommen, indem man es als Schlinge um den Fang legt (zu Beginn des knöchernen Nasenrückens) und so zusammenzieht, daß der einfache Knoten unter dem Unterkiefer zu liegen kommt. Dann werden die beiden freien Bandenden einmal umeinander gedreht, zum Genick geführt und unmittelbar hinter den Ohren zur Schleife geknüpft (Abb. 2.5.). Das Zubinden des Fanges erfolgt nach Möglichkeit erst, wenn ein therapeutischer Eingriff vorgenommen werden soll. Während der Untersuchung kann diese Maßnahme zu Erregungserscheinungen führen, die eine exakte Diagnosestellung erschweren. In solchen Fällen soll von einem Helfer oder dem Besitzer der Genick-Unterkiefer-Griff angewendet werden. Ist ein Patient (besonders große Hunde) so bissig, daß man ihn nicht unbeschadet auf den Tisch heben kann, wird er in der folgenden Art fixiert, um ihm den Fang zubinden zu können. Seine Leine wird durch einen Ring an der Wand geführt und straff angezogen, so daß sich Halsband und Kopf unmittelbar am Ring befinden. Mancherorts wird dazu auch ein starkes Heizungsrohr oder eine Türklinke verwendet. Ein Helfer erfaßt nun den Hund an der Rute. Somit ist er an beiden Körperenden fixiert (Abb. 2.6.). Anschließend wird von

3 Freudiger, Hundekrankheiten, 2. A.

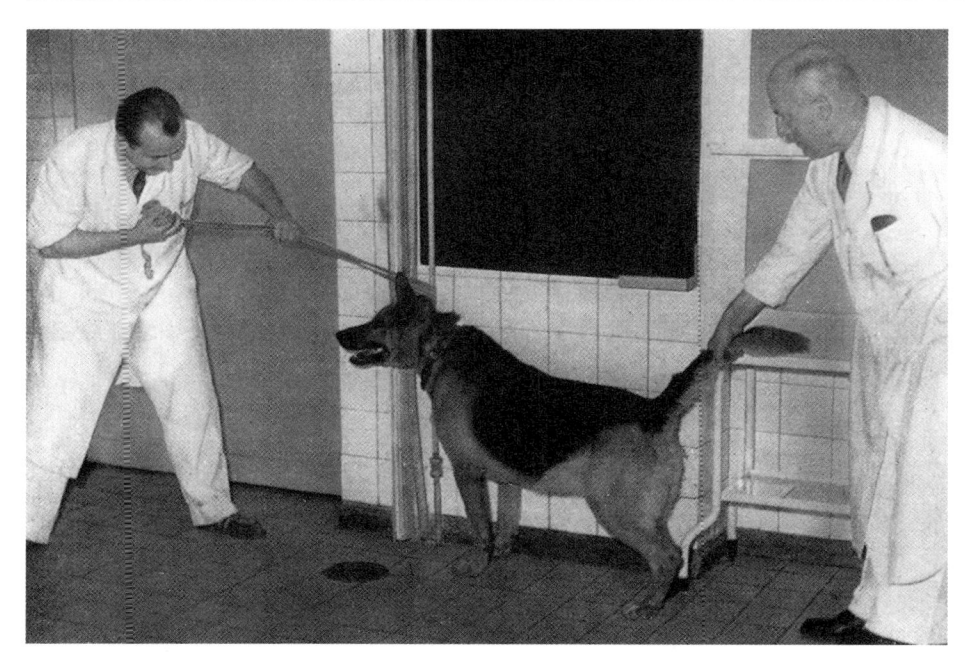

Abb. 2.6. Fixieren eines bissigen Hundes zum Zubinden des Fanges.

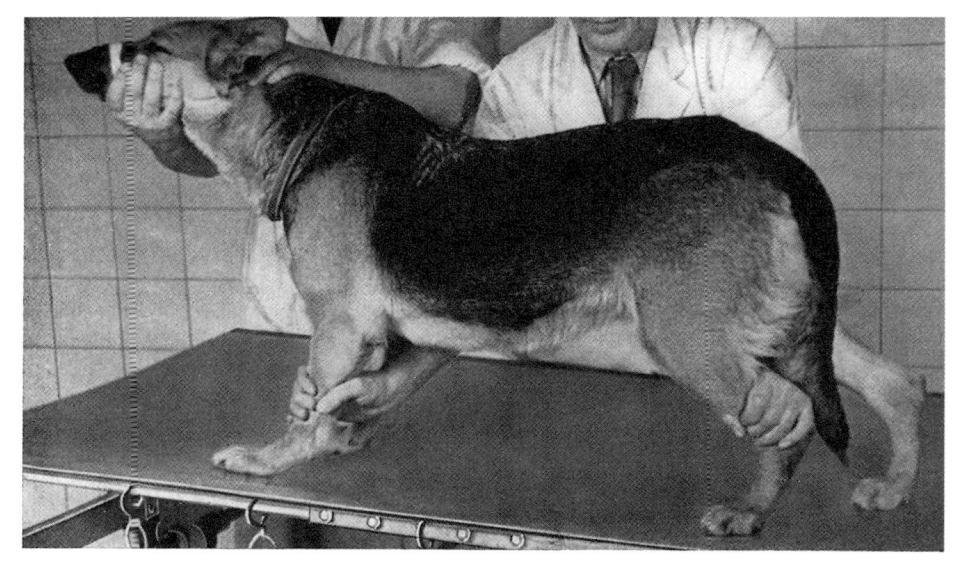

Abb. 2.7. Ein Hund wird auf die Seite gelegt.

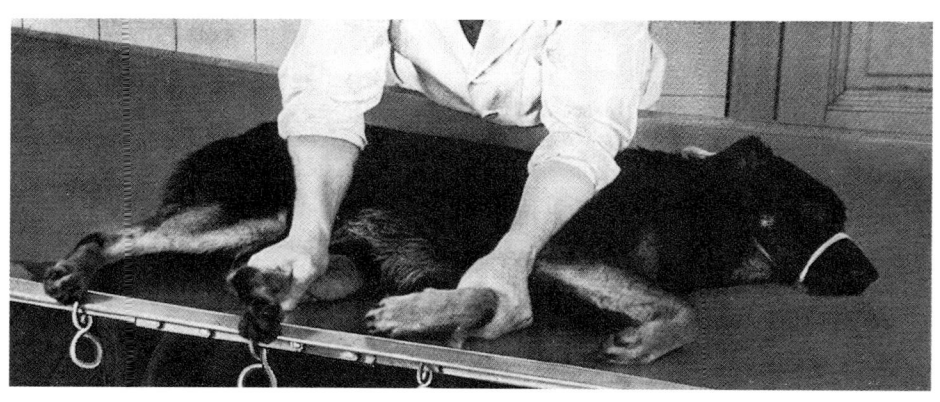

Abb. 2.8. Halten eines Hundes in Seitenlage.

einer dritten Person mit schnellem Griff die Haut im Genick erfaßt, um den Kopf so zu halten, daß der Fang zugebunden werden kann. Mitunter gelingt es nicht, die Kieferschlinge einwandfrei anzulegen. In solchen Fällen verbringt man die Schlinge erst um den Oberkiefer hinter die Canini, zieht sie fest an, um dann die freien Bandenden wechselseitig um den Unterkiefer zu schlingen und auf dem Nasenrücken in einer Schleife zu vereinen.

Soll **die Untersuchung** oder der therapeutische Eingriff **am liegenden Tier** vorgenommen werden (in Seitenlage), so muß man die beiden Extremitäten der gegenüberliegenden Seite erfassen und schnell unter dem Tier auf sich zu wegziehen (Abb. 2.7.). Der Kopf des Hundes wird von einer Person gehalten, damit er beim plötzlichen Umfallen des Tieres nicht hart aufschlägt. Dann werden über den Rücken des Hundes hinweg die beiden untenliegenden Extremitäten proximal erfaßt und der Patient in dieser Lage sicher fixiert (Abb. 2.8.).

Bei **Untersuchungen der Mundhöhle** wird der Genick-Unterkiefer-Griff angewendet. Daumen und Zeigefinger der Hand, die den Unterkiefer hält, werden nun zusammen mit den Lippen des Tieres zwischen die Zahnreihen gedrückt. Da dies Schmerzen verursacht, öffnet das Tier in den meisten Fällen den Fang. Sind therapeutische Eingriffe in der Mundhöhle notwendig, dann genügt diese Maßnahme nicht. Man muß beide Kiefer mit je einer Schlinge, die hinter den Canini liegt, anzurren und so den Fang von einem Helfer öffnen lassen (Abb. 2.9.). Wird dies von 2 Personen vorgenommen, so ist das notwendige Gefühl für die maximal zulässige Öffnung des Fanges nicht vorhanden, und es kann infolge von Überstreckung und Abwehrmaßnahmen des Patienten zur Luxation des Kiefergelenkes kommen. Es hat sich auch bewährt, dem Hund ein Beißholz zwischen beide Canini einer Seite einzulegen und dann beide Kiefer mit einem Band oder mit den Händen an das Beißholz zu fixieren (Abb. 2.10.). Instrumente zum Öffnen und Offenhalten des Fanges werden in verschiedenen technischen Ausführungen angeboten.

Zwangsmaßnahmen werden von Methoden ergänzt, die den Patienten daran hindern, an bestimmten Körperregionen zu lecken oder zu kratzen. Ein „**Knobelbecher**" (s. Abb. 2.4.) kann wohl den Patienten davon abhalten, eine erkrankte Körperstelle zu belecken oder zu benagen, aber

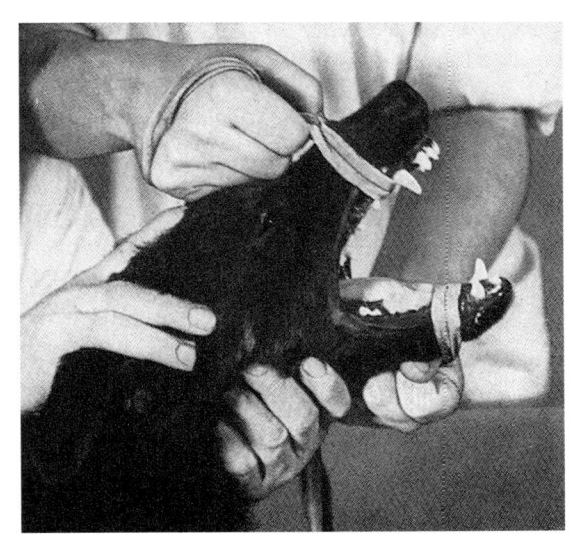

Abb. 2.9. Öffnen des Fanges mit Bändern.

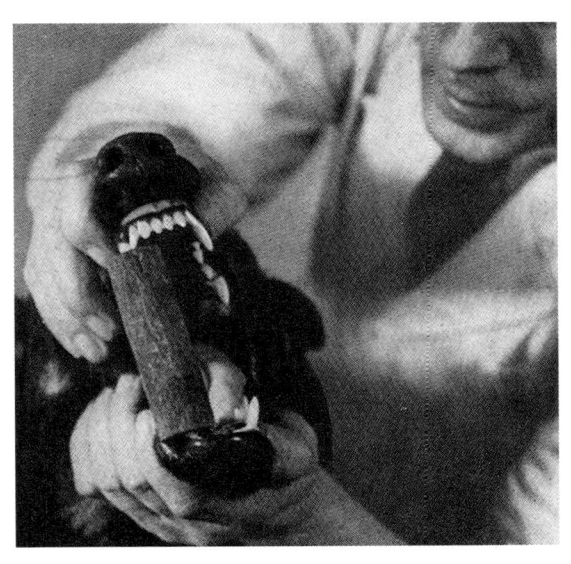

Abb. 2.10. Offenhalten des Fanges mit einem Beißholz.

nicht verhindern, daß an dieser Stelle mit dem Knobelbecher gerieben wird, wodurch ebenfalls eine beträchtliche Schädigung eintreten kann. In solchen Fällen hat sich ein ausreichend großer **Halskragen** gut bewährt.

Nach Augenoperationen, aber auch bei anderen Indikationen wird dem Patienten ein **Schutzkragen** umgelegt, der die Form eines abgeschnittenen Kegels hat und fast bis zur Nasenspitze reicht. Wir fertigen dieses Hilfsmittel aus einem Weichplastikeimer. Der Eimer wird seitlich aufgeschnitten und der Boden entfernt. Die Seite mit dem kleineren Durchmesser (Boden) wird am Halsband befestigt. Der Schutzkragen verläuft dann konisch nach vorn. Es ist dem Tier nicht möglich, die Augen an anderen Gegenständen zu reiben oder mit den Pfoten im Kopfbereich zu kratzen.

Für viele Untersuchungen sind Ruhe und Entspannung des Patienten unerläßlich. Dafür sind die Möglichkeiten der **medikamentösen Ruhigstellung** des Patienten in Betracht zu ziehen (s. Kapitel 6.).

2.3. Applikationstechnik

Das **Eingeben fester Stoffe** erfolgt nach Öffnen des Fanges. Tabletten, Dragees oder Kapseln werden mit Hilfe einer gebogenen Kornzange hinter den Zungenwulst verbracht (Abb. 2.11.). Dann wird der Fang geschlossen und zugehalten. Schluckt das Tier nicht ab, kann der Schluckreflex durch vorsichtigen Druck auf den Kehlkopf ausgelöst werden. Mit einem Applikator ist es möglich, Kapseln auf einfache Weise in den Ösophagus zu verbringen. Der Applikator funktioniert nach dem Prinzip eines Fotoauslösers. Sollen **Flüssigkeiten** eingegeben werden, wird der Kopf des Hundes mit Hilfe des Genick-Unterkiefer-Griffes nach oben gehalten. Die Lippe einer Seite wird abgezogen, so daß sich eine Tasche bildet, in die bei geschlossenen Zahnreihen die Flüssigkeit eingefüllt werden kann (Abb. 2.12.). Gelangt das flüssige Medium durch die Zahnreihen hindurch auf die Zunge, so wird bei der Mehrzahl der Hunde der Schluckreflex ausgelöst. Auch hierbei kann man durch leichten Druck auf den Kehlkopf den Schluckreflex auslösen. Gelingt dies nicht, so läßt man die Nasenlöcher zuhalten. Daraufhin

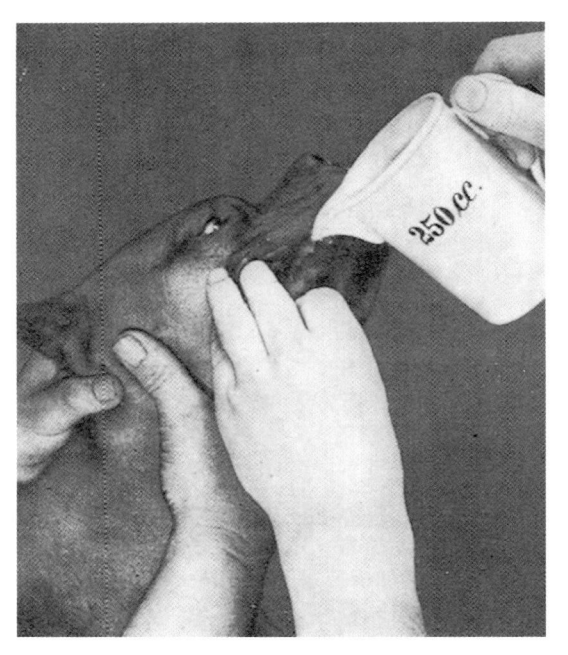

Abb. 2.12. Einschütten einer Flüssigkeit in die seitlich abgezogene Backentasche.

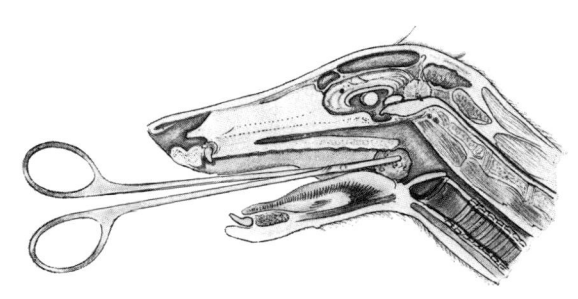

Abb. 2.11. Eingeben von festen Stoffen mit einem Instrument.

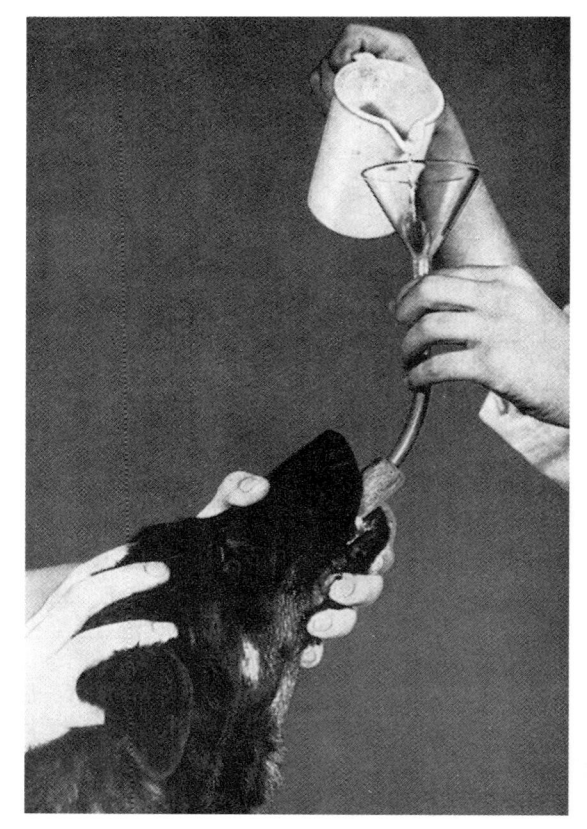

Abb. 2.13. Applikation einer Flüssigkeit mit dem Magenschlauch.

muß das Tier durch den Fang atmen, zuvor aber die in der Mundhöhle befindliche Flüssigkeit abschlucken, ehe eine Inspiration erfolgen kann.

Sollen genau abgemessene Flüssigkeiten per os verabreicht werden, oder ist der Patient ausgesprochen widerspenstig, bedient man sich des **Magenschlauches**. Dem Hund wird zwischen die Incisivi ein mit einer Bohrung versehenes Beißholz eingelegt und der Fang mit Hilfe des Genick-Unterkiefer-Griffes fest zugehalten (Abb. 2.13.). Das Einführen der mit einem Trichter versehenen Magensonde erfolgt bei stark nach unten abgewinkeltem Kopf, weil so die Sonde am leichtesten in den Ösophagus gelangt. Ist die Sonde in die Trachea eingedrungen, dann werden sofort starke Hustenstöße ausgelöst, auch sind in- und exspiratorische Geräusche durch den Magenschlauch hörbar.

Mit dem Magenschlauch kann man auch flüssigen **Mageninhalt** aus diagnostischen oder therapeutischen Gründen abhebern. Dazu wird körperwarmes Wasser per Magensonde verabreicht und der Trichter mit der Sonde in dem Moment tief nach unten gesenkt, wenn sich soviel Wasser im Schlauch befindet, daß der entstehende Sog den flüssigen Mageninhalt durch die Sonde abhebert. Durch das Eingießen von Wasser wird der Mageninhalt in einem nicht exakt bestimmbaren Maße verdünnt. Will man genaue Daten über die Sekretions- oder Säureverhältnisse im Magen erhalten, schließt man die eingeführte Magensonde an ein Vakuumgefäß an und saugt mit einer (Wasserstrahl-)Pumpe den Mageninhalt dort hinein.

Eine weitere Möglichkeit, Medikamente zu verabreichen, ist mit der **rektalen Applikation** gegeben. Bei bissigen oder auch sehr nervösen Hunden können damit vorteilhaft Suppositorien verabreicht werden. Diese Applikationsform ist auch vom Besitzer leicht durchzuführen. Der Tierarzt hat damit eher die Gewähr, daß die vorgeschriebene Medikation tatsächlich erfolgt, wenn die orale Eingabe des Medikamentes durch Bissigkeit oder Unruhe des Patienten in Frage gestellt ist.

Die **rektale Infusion (Klysma, Klistier)** kann dazu dienen, ein bestimmtes Medikament zur Resorption zu bringen. Dazu sind nur geringe Mengen notwendig (Mikroklysma). Man verabreicht vorher ein Reinigungsklistier oder läßt das **Resorptionsklysma** unmittelbar nach einem spontanen Kotabsatz ausführen. Die Infusionsflüssigkeit muß körperwarm sein und langsam in den Mastdarm eingebracht werden, um das Auspressen nicht anzuregen. Ein Vorteil von Resorptionsklysmen besteht darin, daß die vom Mastdarm in das Blut übertretenden Stoffe, wenn auch nur zum Teil, direkt über die Vv. rectalis caudalis et medialis unter Umgehung der Lebersperre in die Hohlvene gelangen. Dadurch werden die eingegebenen Arzneimittel nicht so wie bei der oralen Applikation abgebaut. Durch das Resorptionsklysma kann man auch Stoffe dem Körper verabreichen, die bei oraler Applikation zu Inappetenz (Reizung der Magenschleimhäute) führen, und somit diese unerwünschte Nebenwirkung vermeiden. Man benutzt zum Resorptionsklysma eine Janet- oder Schimmelbusch-Spritze, der ein Gummischlauch von etwa 10 cm Länge aufgesetzt ist, um die zu infundierende Menge tief in den Mastdarm einbringen zu können und auch damit unnötiges Pressen zu vermeiden.

Das Klysma kommt weiterhin als Reinigungsklistier und bei ausgedehnten Anschoppungen oder akuten Vergiftungen als **Massendruckklistier** zur Anwendung. Hierzu benutzt man eine Klistierkanne (2 Liter) mit einem langen Schlauch (zur Erhöhung der Drucksäule). Um ein Durchspülen des Darmkanals zu erreichen. muß man das Tier hinten hochhalten und die Flüssigkeit so lange einlaufen lassen, bis Erbrechen eintritt. Preßt der Patient stark, wird mit einer lumbosakral applizierten Extraduralanästhesie die Bauchpresse ausgeschaltet.

Die **Einreibung** als Applikationsform ist allgemein bekannt und bedarf keiner weiteren Erörterung.

Zur Augenbehandlung müssen häufig **Medikamente in den Konjunktivalsack** eingebracht werden. Flüssigkeiten werden in das abgezogene untere Augenlid mit einer Pipette eingeträufelt. Soll Salbe eingestrichen werden, dann wird ein mit Salbe versehenes Glasstäbchen so eingebracht, daß die Salbe auf dem Bulbus haftet (Abb. 2.14.).

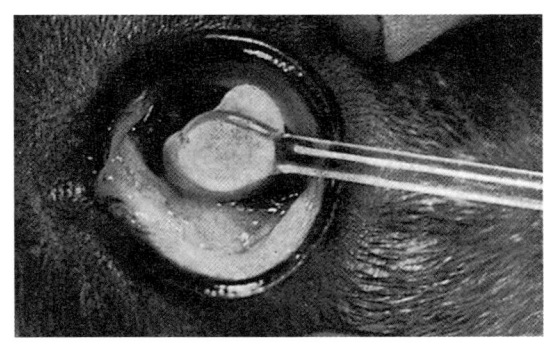

Abb. 2.14. Einstreichen von Salbe in den Bindehautsack.

Anschließend werden beide Lider über dem Glasstab mit 2 Fingern verschlossen, der Glasstab nach lateral herausgezogen und die Salbe durch Massage der Lider im Konjunktivalsack gleichmäßig verteilt.

Die Behandlung von Erkrankungen der Luftwege (Nase, Larynx, Pharynx, Trachea und Lunge) erfordert mitunter eine örtliche Therapie. Für die oberen Luftwege kann man die **Spraytechnik** anwenden. Mit dem Spray bringt man das Mittel direkt an die erkrankten Stellen.

Aerosole dringen bis in die Lunge vor. Unter Aerosolen versteht man in feinster Verteilung schwebende flüssige oder feste Stoffe in einer Gasphase. Die Teilchengröße muß zwischen 0,5 und 5 µm liegen. Größere Teilchen erreichen die Alveolen und kleinsten Bronchioli nicht mehr. Teilchen, die kleiner als 0,5 µm sind, werden durch die Exspirationsluft wieder mit hinausgerissen. Sie können deshalb ebenfalls keine Wirkung entfalten. Um ein Aerosol zu erzeugen, muß ein Vernebler an eine mit Sauerstoff gefüllte Stahlflasche, einen geeigneten Kompressor oder eine zentrale Versorgungsanlage angeschlossen werden.

Im Gegensatz zur Humanmedizin, wo der Patient aktiv bemüht ist, das Aerosol durch eine bestimmte Atemtechnik zu einer größtmöglichen Wirkung zu bringen, gibt es beim Hund häufig Schwierigkeiten bei der Applikation. Beim Hund muß eine Atemmaske verwendet werden. Durch Masken können Infektionen von einem Tier auf das andere übertragen werden. Deshalb werden einfache Masken zum Einmalgebrauch bevorzugt.

Die Applikation von Medikamenten durch **Injektion** kann subkutan, intramuskulär, intravenös, intratracheal, intraabdominal, intrakardial, intrapulmonal, intraartikulär, intrakutan, subkonjunktival, subskleral, per-, sub-, extra- und intradural vorgenommen werden. Abweichend von der oralen oder enteralen Verabreichung, wird das parenteral injizierte Mittel rasch und ohne Verdünnung oder Veränderung durch den Magen-Darm-Kanal vom Organismus aufgenommen. Es entsteht schnell eine höhere Blutkonzentration (Blutspiegel), wobei zu beachten ist, daß die Ausscheidung eines Medikamentes oder seiner Anteile durch die Nieren meist rascher erfolgt als bei der oralen Verabreichung. Die Injektion kann, abhängig vom verwendeten Stoff oder der Injektionsart, eine allgemeine Wirkung auf den Körper oder eine örtliche Wirkung auslösen.

Für jede Injektion müssen bestimmte **Voraussetzungen** erfüllt werden. Die **zur Injektion verwendeten Instrumente** müssen steril sein. Beim Hund werden hauptsächlich humanmedizinische Kanülen verwendet. Man kann mit feinen Injektionsnadeln arbeiten. Je feiner die Nadel, desto geringer ist auch die Gewebezertrümmerung und dementsprechend die Reaktion. Nicht nur durch das Lumen der Kanüle, sondern auch durch die Schärfe und Form der Nadelspitze wird die mechanische Schädigung beeinflußt. Bei der Injektion wird mit der Nadel ein Gewebepartikel ausgestanzt und mit der Injektionsflüssigkeit in den Körper geschwemmt. Der Ausstanzungsgrad der Haut ist am geringsten bei Kanülen mit einer ebenen und ungefähr 15° Neigung zur Achse angeschliffenen Spitze. Konkav angeschliffene Kanülen sollten auf Grund einer stärkeren Stanzwirkung nicht verwendet werden. Das trifft auch für beschädigte Kanülen zu. Nicht zuletzt darf die **Technik des Einstechens** nicht vernachlässigt werden. So sind Verunreinigung und Zerstörung durch den Einstich weit geringer, wenn der Anschliff von der Haut wegzeigt. Das ist verständlich, weil der Kanülenanschliff, wenn er zur Haut gerichtet ist, vor dem Einstich wie ein Hobel wirkt, bedeutend mehr Gewebe ausstanzt und beim Einstich mitreißt. Bei jeder Injektion muß die ovale Schlifföffnung der Kanüle zu sehen sein. Weiterhin sollte der Einstich mit dem Haarstrich erfolgen. Vor jeder Injektion muß geprüft werden, ob das Medikament verwendbar ist.

Die **Injektionsflüssigkeit** muß körperwarm und steril sein. Ampullen sind erst unmittelbar vor dem Gebrauch zu öffnen. Der Zeitraum vom Füllen der Injektionsspritze bis zur Applikation darf nicht größer als eine Stunde sein. Ampullen, die im Behandlungsraum lange vor dem Applikationszeitraum geöffnet wurden, sind als kontaminiert anzusehen. Mehrdosenampullen (Durchstichflaschen) sind kühl (1–5 °C) aufzubewahren. Ihr Inhalt ist steril zu entnehmen. Vor dem Durchstechen des (Gummi-)Verschlusses ist dieser mit einem sterilen Tupfer und einem zugelassenen Desinfektionsmittel abzuwischen. **Hygienische Gefahren** entstehen beim Injektionsvorgang durch Versenken von Keimen in die Gewebe. Die Hand des Injizierenden ist eine ernstzunehmende Infektionsquelle für Kanüle, Spritzenkonus sowie Inhalt von Spritze und Ampulle. Die Kontamination der Kanüle und des Ampulleninhaltes mit Keimen der Fingerbeere des Injizierenden ist sowohl bei der Entnahme als auch beim Injektionsvorgang zu vermeiden. Es ist eine häufig geübte Unsitte, Kanülen im injektionsbereiten, aufgesetzten Zustand auf Durchgängigkeit zu prüfen. Beim Herausdrücken von Luftblasen aus dem Spritzenzylinder kommt es zur äußeren Benetzung der Kanüle. Das anhaftende Injektionsmittel kann das Gewebe schädigen. Deshalb soll für die Entnahme der Injektionsflüssigkeit eine dafür bestimmte Flügelkanüle und nicht die zur Injektion vorgesehene Kanüle verwendet werden. Es ist selbstverständlich, daß für jede Injektion eine sterile Injektionsspritze benutzt wird. Nach jeder Injektion ist die **Reihenfolge Desinfektion – Reinigung – Sterilisation und sachgerechte Aufbewahrung** sterilisierter Instrumente einzuhalten.

Eine grundsätzliche Frage ist die nach der Vorbehandlung, d. h. **Säuberung und Desinfektion der Injektionsstelle**. Der Begriff der Säuberung kann sehr weit verstanden werden. Bekannt ist, daß Haut und Haare eine Unzahl von Keimen beherbergen können. MEHLHORN (1962) konnte 14 verschiedene Keimarten ermitteln. Es darf aber auch nicht die Selbstreinigung der Haut unerwähnt bleiben.

Die Säuberung bzw. Desinfektion der keimverschmutzten Haut muß vor jeder Injektion verlangt werden, weil man in jedem Falle damit rechnen muß, daß verschiedene Keime mit der ausgestanzten Epidermis in die Tiefe gerissen und so unter die Haut verbracht werden. Es ist aber auch bekannt, daß es noch einer bestimmten endogenen Reaktionslage bedarf, um eine Infektion durch so verschleppte Keime auszulösen. Die Keime müssen schließlich auch in einer bestimmten Anzahl vorhanden sein. Ein weiterer entscheidender Faktor ist die Virulenz der Erreger, d. h. die Summe der krankheitsauslösenden Eigenschaften. Die Virulenz ist aber in erster Linie von der Vermehrungsgeschwindigkeit im Organismus und ferner von den giftbildenden Eigenschaften abhängig. Die Virulenz der Keime kann durch natürliche Faktoren verstärkt oder abgeschwächt werden. Wenn die humorale und die zelluläre Abwehr des Organismus erschöpft sind, genügen relativ geringe Keimzahlen, um eine Infektion auszulösen.

Zur Reinigung und Desinfektion von Haut und Haaren wurden von MEHLHORN (1962) verschiedene Desinfektionsmittel (z. B. Ether, Iod, 70%iger Alkohol) eingesetzt. Die vergleichenden Untersuchungen zeigten, daß Alkohol die gewünschte Desinfektion nicht bewirkt. Alkohole wirken hauptsächlich reinigend und nur in geringem Maße desinfizierend. Auch bei der gemeinsamen Verwendung von Ether und Iod ist die Keimfreiheit von Haut und Haaren des Hundes nicht zu erreichen. Da die Ether-Iod-Desinfektion erst nach einer gewissen Zeit wirkt (Spätwirkung des Iodes), unter Praxisbedingungen aber unmittelbar auf die Desinfektion die Injektion erfolgt, so kann auch hiervon nicht die Wirkung erwartet werden, die man bei einer Injektion, die lege artis vorgenommen wird, voraussetzt. Von einem Kürzen der Haare bei der subkutanen und intramuskulären Injektion muß man leider absehen, weil die Besitzer damit meist nicht einverstanden sind (häßlicher kosmetischer Effekt). Seit geraumer Zeit werden zur Hautdesinfektion schnellwirkende Desinfektionssprays empfohlen und eingesetzt. Peressigsäurespiritus SR und Iod-Spiritus sind nach vorheriger Hautreinigung zu empfehlen. Sie wirken desinfizierend und sporozid. Da auch geringe Keimzahlen bei bestimmten Reaktionslagen des Organismus, z. B. auch unter der Einwirkung bestimmter Therapeutika, zu einer Infektion führen können, ist die Desinfektion der Einstichstelle immer anzuraten. Die Forderung nach Desinfektion der Haut vor Injektionen gilt besonders für die Kleintierpraxis, weil Kleintierbesitzer meist sehr aufmerksam den Handlungen des Tierarztes folgen. Bei Komplikationen nach einer Injektion sind sie mitunter geneigt, den Tierarzt wegen unterlassener Hautdesinfektion verantwortlich zu machen.

Bei allen intraabdominalen, intrakardialen, intrapulmonalen, intraartikulären, peri-, sub-, extra- und intraduralen Injektionen sind vorher sorgfältig die Haare zu kürzen bzw. zu rasieren und die Injektionsstellen zu reinigen und zu desinfizieren.

Erwähnt werden soll auch das auf einer französischen Erfindung beruhende Injektionsinstrument „Dermojet", wobei die **Injektion ohne Nadel** erfolgt. Das Gerät wird auf die Haut aufgesetzt und die zu injizierende Flüssigkeit mit bestimmtem Druck aus einer kapillären Düsenöffnung ausgestoßen. Das Eindringen des Medikamentes in die Haut soll schmerzlos erfolgen. Beim Hund fällt die Injektion je nach Hautdicke, eingehaltenem Abstand und Neigungswinkel entweder intrakutan, subkutan oder intramuskulär aus. Suspensionen von korpuskulären oder viskösen Teilchen können nicht injiziert werden.

Die **subkutane (s. c.) Injektion** wird von uns beim Hund an der Seitenfläche des Thorax ausgeführt. Von anderen Tierärzten wird die Injektion unter die lose Haut des Halses empfohlen. Den

Nachteil dieser Injektionsstelle sehen wir darin, daß z. B. ein entstandener Abszeß schwieriger zu behandeln ist, da es hier eher zu Versackungen kommen kann als unter der relativ straff sitzenden Haut der Seitenbrust.

Bei der subkutanen Injektion soll die Kanüle nach Aufheben einer Hautfalte rasch und mit kurzem Stoß durch die Haut gestochen werden (Abb. 2.15.). Durch Hin- und Herbewegen der Kanüle stellt man fest, ob die Nadel frei beweglich ist, d. h. ob sie sich korrekt unter der Oberhaut befindet und nicht in Faszien oder gar intrathorakal eingedrungen ist. Nach erfolgter Injektion wird die Injektionsstelle leicht massiert, um die Flüssigkeit unter der Haut zu verteilen, wodurch die Resorption erleichtert und beschleunigt wird. Soll die **Resorptionsgeschwindigkeit** erhöht werden, so ist zu empfehlen, zusätzlich ein Hyaluronidasepräparat zu verwenden. Hyaluronidase bewirkt eine Erhöhung des Wasserbindungsvermögens, eine Viskositätserniedrigung und Permeabilitätssteigerung. Man kann Hyaluronidase gemeinsam mit Medikamenten in einer Injektion verabreichen, wenn deren pH-Wert zwischen 4,0 und 7,5 liegt. Außerhalb dieses Bereiches wird Hyaluronidase inaktiviert. Wir injizieren erst das Hyaluronidasepräparat, lassen die Kanüle liegen, um dann kurz darauf das gewünschte Medikament durch die gleiche Kanüle zu verabreichen. Injiziert werden 100–500 IE. Die Resorptionsbeschleunigung durch Hyaluronidase erhöht die Toxizität eines Medikamentes, deshalb ist bei gewissen Arzneimitteln Vorsicht geboten. Durch Hyaluronidase wird auch die Ausbreitung pathogener Mikroorganismen im Gewebe begünstigt. In der Literatur besteht über geeignete Stellen für die **intramuskuläre (i. m.) Injektion** beim Hund keine einheitliche Meinung. Am häufigsten wird die kaudale Oberschenkelmuskulatur gewählt (Abb. 2.16.). Verschiedene Autoren berichten über objektive Orientierungsschwierigkeiten beim Injizieren sowie über Komplikationen und Folgeerscheinungen nach i. m. Injektionen in dieser Region. Es kommt zu Lähmungserscheinungen, Reizungen, Schmerzen, Abszessen, wenn Nerven geschädigt werden oder in das intermuskuläre Fettgewebe appliziert wird.

KÜNZEL (1983) hat die Regio glutaea, Regio femoris caudalis und Regio scapularis auf ihre Eignung als intramuskuläre Injektionsstellen anatomisch untersucht und fand, daß die kaudale Oberschenkelmuskulatur und der Musculus supraspinatus zur i. m. Injektion nicht geeignet sind.

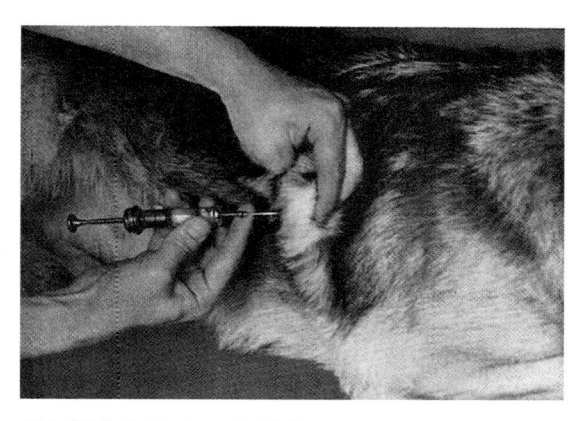

Abb. 2.15. Subkutane Injektion.

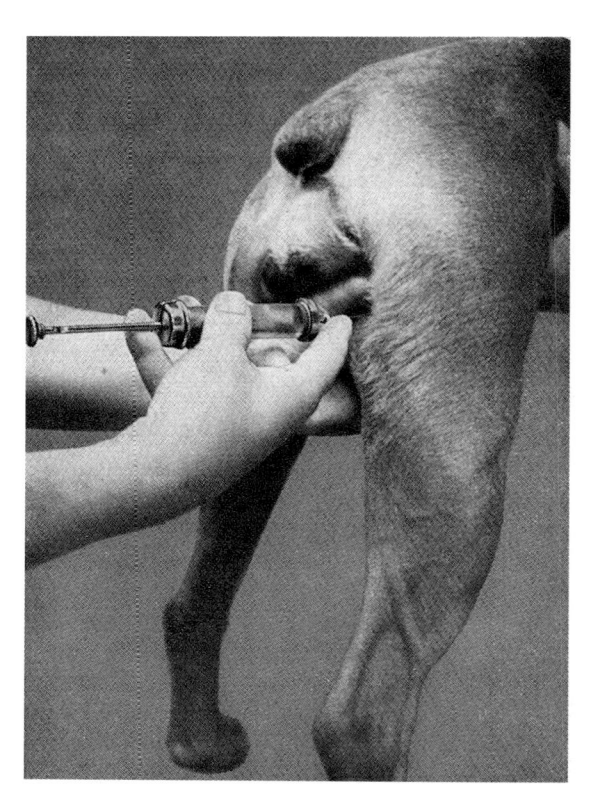

Abb. 2.16. Intramuskuläre Injektion.

Er empfiehlt die Regio glutaea (M. glutaeus medius) und Regio infraspinata (M. infraspinatus) in Abhängigkeit vom Ernährungszustand und von guter Fixation des Hundes.

Wir raten davon ab, große Injektionsdepots an einer Stelle zu injizieren, um Schmerzen, Resorptionsproblemen und Folgeerscheinungen vorzubeugen. Vor der Applikation soll der Spritzenkolben zurückgezogen werden (Aspiration). Strömt

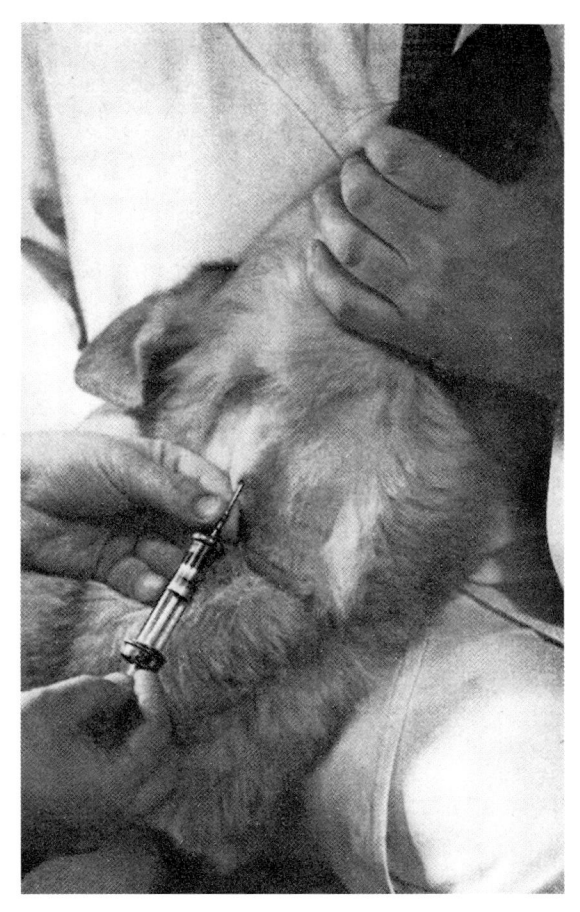

2. Untersuchungsplan, Zwangsmaßnahmen und Applikationstechnik

Abb. 2.17. Blutentnahme aus der Vena jugularis.

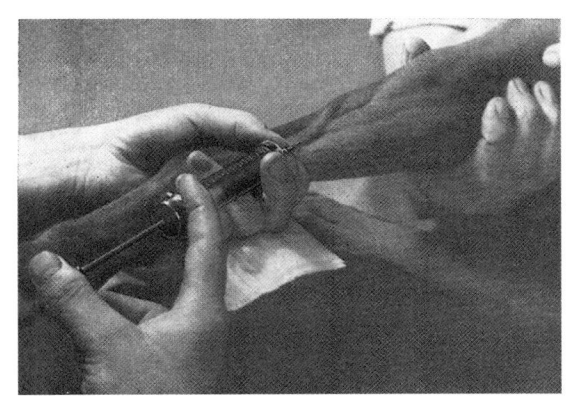

Abb. 2.18. Injektion in die Vena saphena parva.

dabei Blut in den Zylinder (Blutgefäß angestochen), muß die Injektion an anderer Stelle erneut ausgeführt werden.

Die **intravenöse (i. v.) Injektion** wird entweder in die Vena saphena parva, die Vena jugularis oder die Vena cephalica antebrachii vorgenommen. Um die Vene hervortreten zu lassen, muß sie proximal gestaut werden. Die Haare werden über der angestauten Vene vorsichtig gekürzt. Bei langhaarigen Hunden kann man auch die Haare über der Injektionsstelle scheiteln. Dann wird die nähere Umgebung der Injektionsstelle gereinigt und desinfiziert.

Die Injektion in die Vena jugularis wird beim Hund selten vorgenommen. Punktionen erfolgen hauptsächlich zur Entnahme größerer Mengen Blut. Hierzu können relativ weitlumige Kanülen Verwendung finden. Der Patient wird in Bauchlage fixiert. Die Halteperson streckt den Kopf des Tieres mit einer Hand maximal nach oben, während mit der anderen Hand ein um den Hals gelegter Gummischlauch nach hinten und seitlich angespannt wird, so daß es zu einer Kompression der V. jugularis kommt (Abb. 2.17.; s. auch Kapitel 8.).

Die Injektion in die **Vena saphena parva** wird beim Hund in Seitenlage ausgeführt. Die Weichteile der Hinterextremität müssen gut komprimiert werden, damit die Vene plastisch hervortritt. Um die Injektion zu erleichtern, soll vorher die gestaute Vene mit 2 Fingern locker aus dem Handgelenk heraus beklopft werden, weil sich dabei die Gefäßmuskulatur kontrahiert. Bestimmte Rassen (z. B. Chow-Chow) haben mitunter sog. Rollvenen, die eine i. v. Injektion erschweren. Um die Fixation solcher Venen zu erleichtern, können sie mit Chlorethyl vereist werden. Dann umfaßt man mit der freien Hand (rechte Extremität mit der linken Hand) die gestreckte Hinterextremität über dem Sprunggelenk so, daß Daumen und Zeigefinger beiderseits neben der gestauten Vene zu liegen kommen. Nun wird die Kanüle mit der rechten Hand eingestochen und mit Daumen und Zeigefinger der linken Hand fixiert, während die übrigen Finger das Hinterbein umschließen. Bei Abwehrbewegungen des Tieres kann die Kanüle in ihrer Lage gehalten werden (Abb. 2.18.). Sollte es trotz dieser Sicherungsmaßnahmen zu einer paravenösen Applikation eines Arzneimittels kommen, das nur i. v. vertragen wird (hochprozentige Calciumlösung, Acridinfarbstoffe, Narkosemittel), so ist die sofortige s. c. Injektion eines Hyaluronidasepräparates in dieses Gebiet angezeigt, weil damit Phlegmonen und Nekrosen zu vermeiden sind.

Die Injektion in die **Vena cephalica antebrachii** nehmen wir oft bei kleinen, grazilen (Rehpinscher) und kurzbeinigen Rassen (Dackel, Scotch)

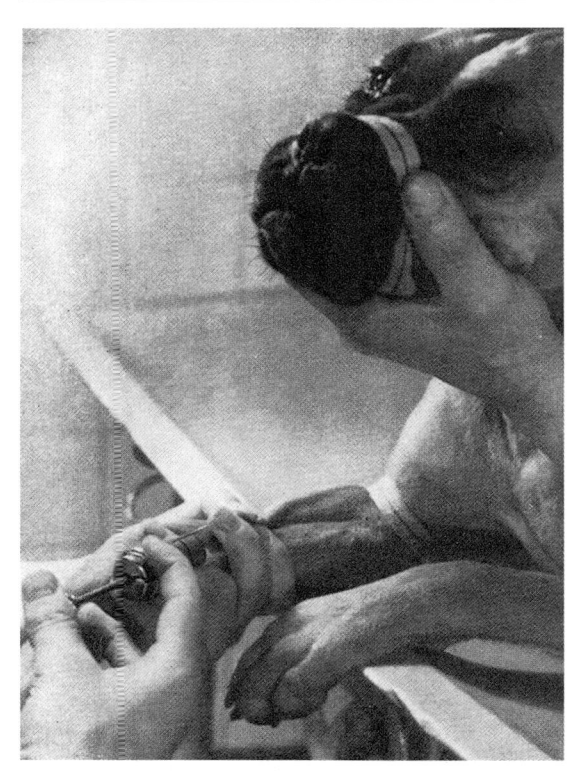

Abb. 2.19. Injektion in die Vena cephalica antebrachii.

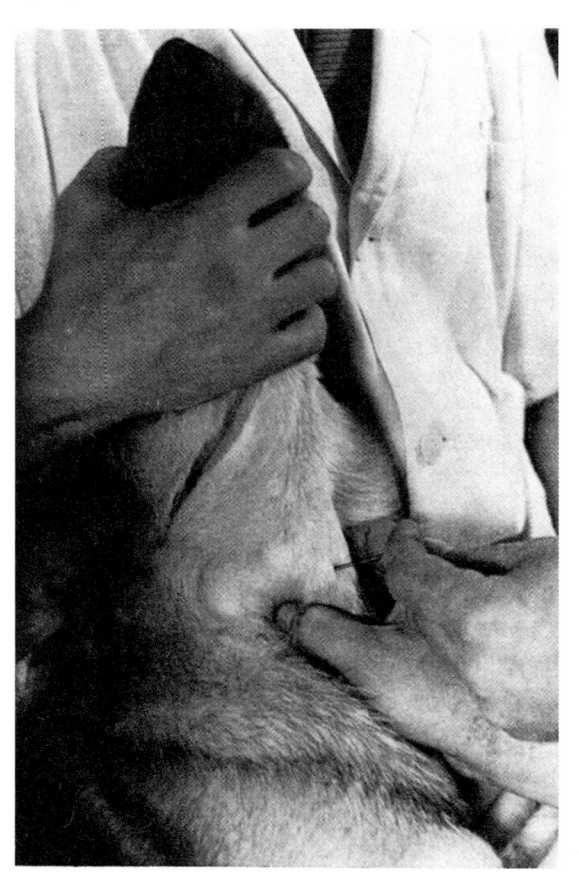

Abb. 2.20. Intratracheale Injektion.

vor. Der Patient wird in Bauchlage verbracht und die entsprechende Vorderextremität über dem Ellenbogengelenk mit einem Gummischlauch, einem Band oder mit der Hand von einem Helfer gestaut. Mit der freien Hand (rechte Vorderextremität mit der linken Hand) wird der Unterarm des Tieres so umfaßt, daß Daumen und Zeigefinger beiderseits der Vene liegen, um die eingestochene Kanüle zu fixieren. Die übrigen Finger dieser Hand halten die Extremität (Abb. 2.19.).

Bei der i. v. Injektion soll die Applikation eines Medikamentes erst dann beginnen, wenn Blut aus der Kanüle tropft oder bei aufgesetzter Spritze in den Zylinder eindringt. Mit Injektionsbeginn wird die Stauung aufgehoben. Ist die Injektion beendet, wird die Kanüle ruckartig herausgezogen und die Einstichstelle mit einem sterilen Tupfer komprimiert, um einer Hämatombildung vorzubeugen. Kommt es zu einer Nachblutung, dann wird für einige Stunden ein Verband angelegt.

Die **intratracheale Injektion** erfolgt zwischen zwei Trachealringen. Der Patient befindet sich in Bauchlage, der Kopf wird nach oben gestreckt gehalten. Um einen sicheren Einstich zu gewährleisten, fixiert man die Trachea mit der freien Hand (Abb. 2.20.).

Zur Ausführung der **intraabdominalen Injektion** wird der Hund auf der Seite liegend gehalten. Man sticht die Kanüle lateral und kaudal vom Nabel senkrecht durch die Bauchwand (Abb. 2.21.). Das Anstechen von Organen im Abdomen ist kaum zu erwarten. Dies ist bei maximal gefüllter Harnblase, bei ausgeprägter Pyometra oder fortgeschrittener Trächtigkeit möglich.

Die **intrakardiale Injektion** wird nur bei lebensbedrohlichen Zuständen ausgeführt, um ein schnellwirkendes Medikament sofort dem Herzen zuzuführen bzw. bei Kollaps der Venen das Therapeutikum unmittelbar in den Blutstrom zu applizieren. Je nach Größe des Hundes wird eine relativ lange Kanüle (bis 15 cm lang) verwendet. Man palpiert den Herzspitzenstoß des auf dem Bauch bzw. auf der Seite liegenden und gut fixierten Hundes. Diese Stelle ist auch mit dem Phonendoskop zu ermitteln. Dort wird die Kanüle ein-

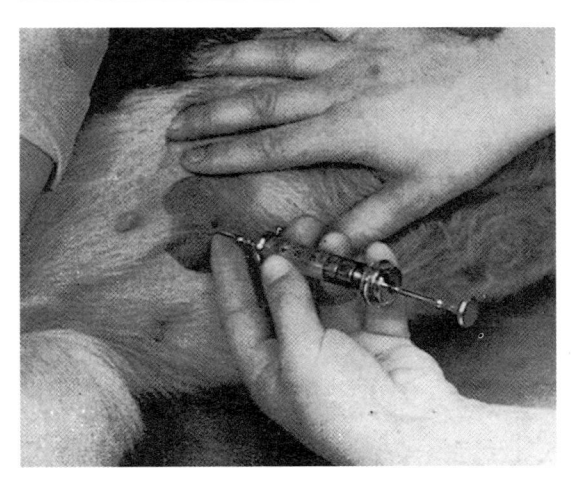

Abb. 2.21. Intraabdominale Injektion.

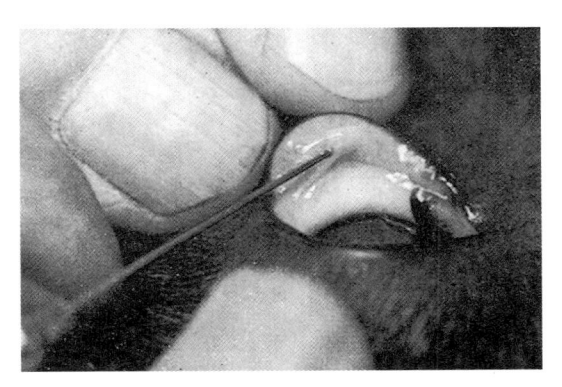

Abb. 2.22. Subkonjunktivale Injektion in das obere Augenlid.

gestochen. Sitzt sie im Herzmuskel, dann bewegt sie sich im Rhythmus der Herzkontraktionen; ist die Kanülenspitze in eine Kammer eingedrungen, wird rhythmisch Blut ausgestoßen. Die intrakardiale Injektion ist immer mit aufgesetzter Spritze auszuführen. Das Arzneimittel muß langsam injiziert werden.

Die **intrapulmonale Injektion** wird beim Hund in Seitenlage ausgeführt. Der Patient muß gut fixiert sein. Mit genügend langer Kanüle wird im oberen Drittel des Thorax, kurz hinter der Skapula, eingestochen und injiziert. Auch hierbei ist mit aufgesetzter Spritze zu injizieren, um ein Eindringen von Luft in den Pleuraspalt (Pneumothorax) zu verhindern.

Die **intraartikuläre Injektion** ist beim Hund meist auf Schulter-, Ellenbogen- und Kniegelenk beschränkt. Asepsis und Antisepsis sind strikt einzuhalten.

Die **intrakutane Injektion** erfolgt mit sehr feinen Spezialkanülen. Sie dient meist zur Feststellung bestimmter Reaktionen in der Haut (z.B Toxoplasmin-Hauttest). Deshalb wählt man dazu die feinhäutigen Stellen der Oberschenkelinnenseite, damit auch geringe Veränderungen der Haut erkannt werden können (s. auch Kapitel 11.).

Die **subkonjunktivale Injektion** findet bei verschiedenen Augenkrankheiten Verwendung. Es muß dabei auf sehr gute Fixation des Kopfes geachtet werden (Abb. 2.22., 2.23.). Um ein Medikament unmittelbar am Bulbus zu instillieren, kann man diese Injektion auch in die sklerale Konjunktiva vornehmen. Die Oberfläche des Bulbus wird mit einem Oberflächenanästhetikum unempfindlich gemacht. Das zu injizierende Medikament bestimmt die Feinheit der Kanüle. Beim Einstechen der Nadel im oberen lateralen Quadranten weicht der Bulbus etwas aus, es ist jedoch nicht notwendig, ihn besonders zu fixieren. Allerdings muß darauf hingewiesen werden, daß nach mehrmaligen Injektionen von Glucocorticoiden (Kristallsuspensionen) ein *Fremdkörpergranulom* an der Injektionsstelle entstehen kann. Es wird von nichtresorbierten Glucocorticoidkristallen gebildet. Ein solches dunkelgefärbtes Fremdkörpergranulom kann zu einer Verunstaltung der porzellanweißen Sklera führen.

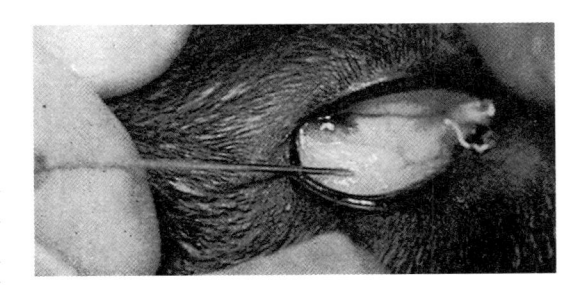

Abb. 2.23. Subkonjunktivale Injektion in das untere Augenlid.

Die Injektion in den **extraduralen Raum** wird im Kapitel 6. beschrieben. Die **Technik der Infusion** ist im Kapitel 8. ausführlich abgehandelt.

Literatur

ANDERSON, R.S., und EDNEY, A.T.B. (1994): Handling bei Nutz- und Heimtieren. Übersetzung aus dem Englischen. Gustav Fischer Verlag, Jena–Stuttgart.

KÜNZEL, W. (1983): Topographische Anatomie intramuskulärer Injektionsstellen beim Hund. Kleintierpraxis **23**, 257–269.

MEHLHORN, B.J. (1962): Ein Beitrag zur Haftpflicht des Tierarztes bei Injektionen in der Kleintierpraxis. Vet.-med. Diss., Leipzig.

RIJNBERK, A., und DE VRIES, H.W. (1993): Anamnese und körperliche Untersuchung kleiner Haus- und Heimtiere. Übersetzung aus dem Niederländischen. Gustav Fischer Verlag, Jena–Stuttgart.

3. Altersschätzung

(H.-J. CHRISTOPH † und E. SCHIMKE)

Vom Tierarzt wird öfter verlangt, das ungefähre Alter eines Hundes festzustellen. Solche Situationen treten bei forensischen Fällen (z.B. vermeintliche Ahnentafelunterschiebung) oder bei Hunden auf, die gekauft wurden und deren Alter der neue Besitzer wissen will.

Die **Altersbestimmung am Hunde-Embryo** bzw. **-Feten** ist anhand der Scheitel-Steiß-Länge und der verschiedenen pränatalen Entwicklungsmerkmale möglich. Dieser Aspekt hat neben dem Interesse für die Kleintierpraxis große Bedeutung in der Versuchstierkunde, wenn z.B. Arzneimittelwirkungen in bestimmten Stadien der Embryonal- bzw. Fetalentwicklung untersucht werden sollen (Pränataltoxikologie, experimentelle Teratologie).

Die hauptsächlichsten Kennzeichen zur Altersbestimmung beim Hund liefern postnatal die **Veränderungen am Gebiß**, durch den Ausbruch, den Wechsel, die Abnutzung und das Ausfallen der Zähne. Weiterhin sind zur Altersbestimmung der **Gesichtsausdruck**, die **Körperhaltung**, das **Ergrauen der Haare am Kopf**, das **Trübwerden der Linse** im höheren Alter mit in Betracht zu ziehen. Schließlich kann man röntgenologisch die **Verknöcherung der Epiphysenfugenknorpel** zur Altersbestimmung mit verwenden. Dies trifft allerdings nur für Jungtiere zu.

Zahnformel für das Milchgebiß:

$$\frac{3\,\text{Id}\ \ 1\,\text{Cd}\ \ 3\,\text{Pd}}{3\,\text{Id}\ \ 1\,\text{Cd}\ \ 3\,\text{Pd}} = 28\ \text{Zähne}$$

Zahnformel für das Ersatzgebiß:

$$\frac{3\,\text{I}\ \ 1\,\text{C}\ \ 4\,\text{P}\ \ 2\,\text{M}}{3\,\text{I}\ \ 1\,\text{C}\ \ 4\,\text{P}\ \ 3\,\text{M}} = 42\ \text{Zähne}$$

Zur Altersbestimmung dienen vor allem die Schneidezähne (Incisivi). Wir unterscheiden nach ihrem Stand Zangen-, Mittel- und Eckzähne. Die Incisivi des Ober- und Unterkiefers unterscheiden sich in der Form. Im Oberkiefer sind die Incisivi größer, die Krone ist dreilappig. Neben dem größeren Mittellappen ist an beiden Seiten ein kleiner Seitenlappen. Man spricht von der Lilienform der Zähne, weil die Krone in ihrer Form einer heraldischen Lilie gleicht. Diese drei Lappen haben außen scharfe Ränder, die der wallartigen Basis der Krone entspringen. Die Schneidezähne des Unterkiefers sind etwas kleiner als die des Oberkiefers und am medialen Rand nicht gelappt, sie sind zweilappig.

Durch die Form der Incisivi entstehen beim Hund bei der Abnutzung ovale, runde und verkehrtovale Reibeflächen.

Wie bei anderen Haustieren entwickelt sich beim Hund zuerst das Milchgebiß. Die Milchschneidezähne unterscheiden sich von den Ersatzschneidezähnen dadurch, daß sie kleiner, mehr blauweiß und spitz sind und die Lilienform deutlicher zutage tritt.

Die Hakenzähne (Canini), auch Fang- oder Hundszähne genannt, sind groß, kegelförmig, seitlich etwas zusammengedrückt und nach oral konvex gebogen. Die Hakenzähne im Unterkiefer liegen direkt den Eckzähnen an, im Oberkiefer stehen sie etwas weiter hinten, so daß ein Zwischenraum entsteht, in den sich bei geschlossenem Fang die Canini des Unterkiefers einschieben.

Folgende **Veränderungen am Gebiß und an den Zähnen** können zur Altersbestimmung beim Hund herangezogen werden: 1. *Durchbruch und Abnutzung der Milchschneidezähne*, 2. *Zahnwechsel*, 3. *Formveränderung der Zähne durch Abnutzung* und 4. *Ausfall der Zähne*. Hunde kommen zahnlos zur Welt. Im Alter von 3–4 Wochen brechen die Milchschneidezähne durch. Meist erscheint zuerst der Caninus, in schneller Folge kommen dann die Incisivi (im Unterkiefer früher als im Oberkiefer). Solange sie sich noch nicht in Reibung befinden, sind sie ziemlich scharf. Mit zunehmendem Wachstum der Kieferknochen werden die Lücken zwischen den Incisivi immer

46   3. Altersschätzung

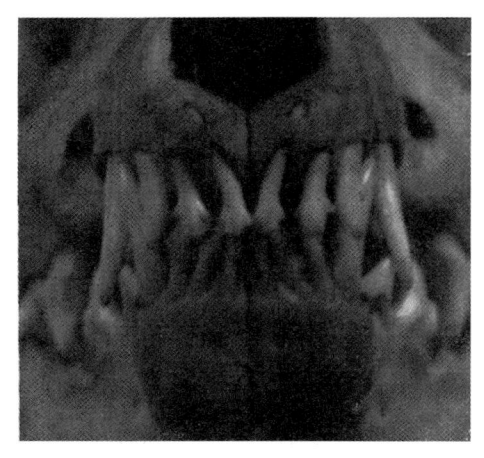

Abb. 3.1. Alter: 2 Monate. Die Incisivi sind bereits weit gestellt. Die Abnutzung der Hauptlappen ist noch nicht eingetreten.

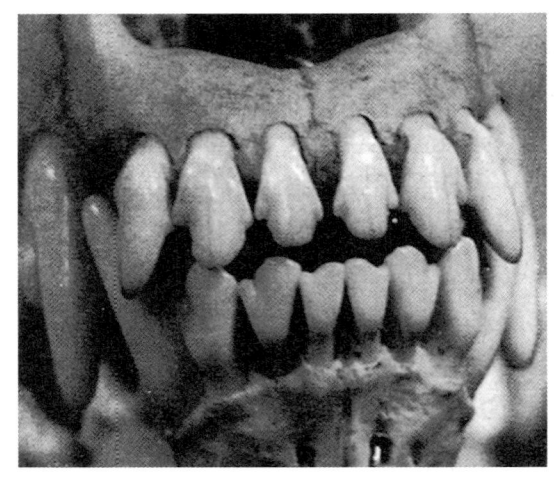

Abb. 3.4. Alter: 6 Monate. Die Abnutzung an den Hauptlappen der Incisivi ist noch nicht eingetreten.

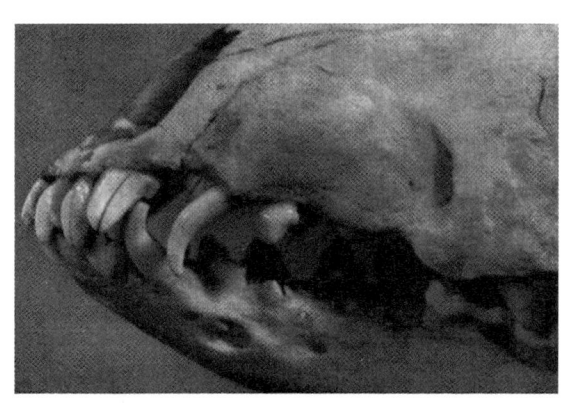

Abb. 3.2. Alter: 5 Monate. Bleibender Caninus bricht durch.

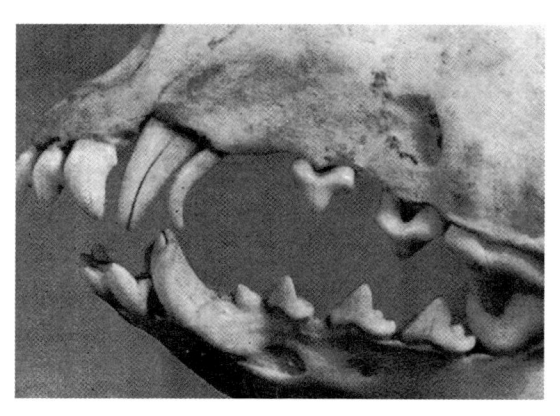

Abb. 3.3. Alter: 7 Monate. Milchcaninus und bleibender Caninus sind jeweils im Ober- und Unterkiefer vorhanden.

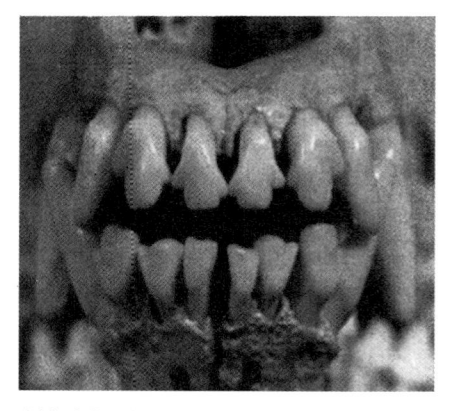

Abb. 3.5. Alter: 1½ Jahre. Die Hauptlappen der Zangen des Unterkiefers sind abgenutzt.

größer. Es kann auch unregelmäßige Abnutzung festgestellt werden. Dann tritt eine Lockerung der Zähne ein, so daß sie mitunter schief gestellt sein können. Dies ist etwa im 2.–4. Lebensmonat zu erwarten (Abb. 3.1.).

Die Periode des Zahnwechsels läuft rassemäßig etwas unterschiedlich ab. Große Rassen wechseln früher als kleine. Diese Eigenart differiert wahrscheinlich aber nur um wenige Wochen. Der Wechsel der Incisivi erfolgt etwa gleichzeitig. Er beginnt mit 3½–4 Monaten und ist meist im Alter von 5 Monaten abgeschlossen. In diesem Alter sind gewöhnlich die Eckzähne noch nicht vollkommen entwickelt.

Die Canini wechseln im Alter von 5–6 Monaten (Abb. 3.2.). Oft sind neben den Ersatzcanini die

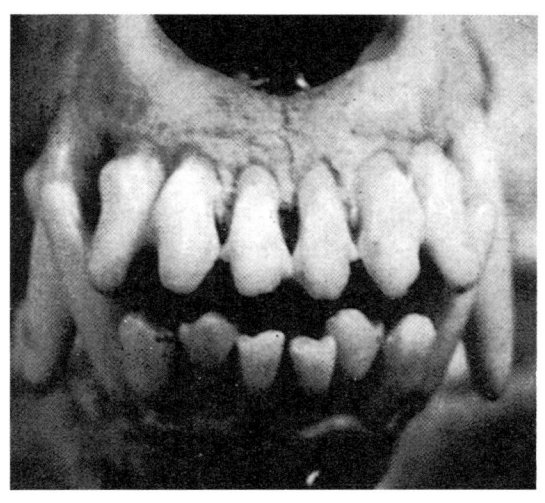

Abb. 3.6. Alter: 2½ Jahre. Der Hauptlappen der Mittelzähne des Unterkiefers ist weitgehend abgenutzt.

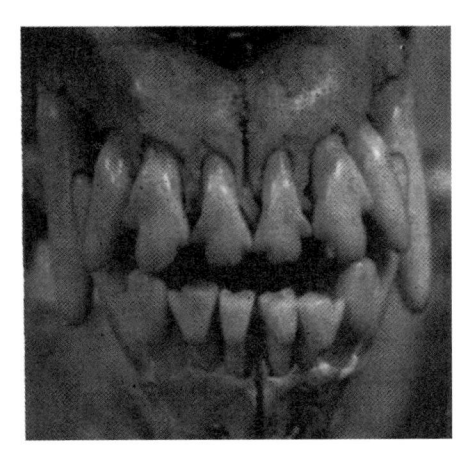

Abb. 3.7. Alter: 3 Jahre. Die Abnutzung an den Hauptlappen der Zangen des Oberkiefers hat begonnen.

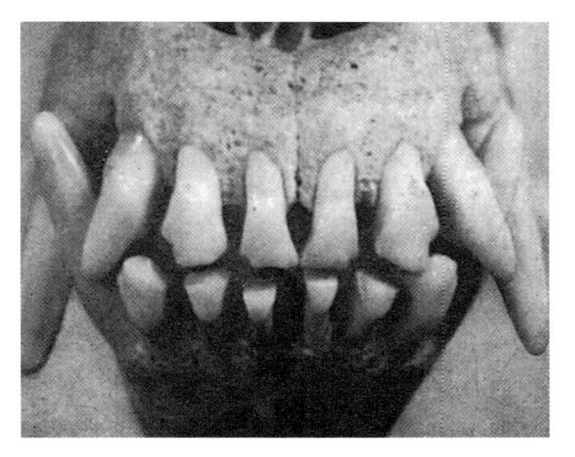

Abb. 3.8. Alter: 4½ Jahre. Die Hauptlappen an den Mittelzähnen des Oberkiefers sind abgenutzt.

Milchcanini noch vorhanden. Ein Hund mit doppelten Canini ist auf 6–7 Monate zu schätzen. Im Unterkiefer bricht der bleibende Caninus aboral vom Milchcaninus durch, während er im Oberkiefer oral vom Milchcaninus durchbricht (Abb. 3.3.). Im Alter von 6 Monaten ist meist der Wechsel der Incisivi abgeschlossen. Sie sind dann alle porzellanweiß und zeigen noch keine Spuren von Abnutzung. Alle Milchprämolaren sind durch bleibende Prämolaren ersetzt (Abb. 3.4.). Beim Ersatzgebiß tritt in der Abnutzungsperiode an den Incisivi zuerst immer der Mittellappen in Reibung. Ist er vollkommen abgenutzt, treten auch die Seitenlappen in Reibung; dadurch vergrößert sich die Reibfläche des entsprechenden Zahnes. Die Abnutzung an den Zangen, Mittel- und Eckzähnen geschieht allgemein in ziemlich regelmäßigen Zeitperioden.

Im Alter von etwa 6 Monaten treten die Zangen im Unterkiefer in Reibung. Im Alter von 1½ Jahren ist der Hauptlappen abgenutzt (Abb. 3.5.). Im Alter von 1½–2 Jahren beginnt auch die Abnutzung an den Mittelzähnen des Unterkiefers, die mit etwa 2½ Jahren abgeschlossen ist (Abb. 3.6.).

Zwischen 2½ und 3 Jahren beginnt die Abnutzung der Hauptlappen an den Zangen des Oberkiefers, die im Alter von 3½ Jahren beendet ist. Die Reibfläche an den Zangen und Mittelzähnen des Unterkiefers ist zu dieser Zeit viereckig (Abb. 3.7.). Im Alter von 3½–4 Jahren beginnt auch die Abnutzung des Hauptlappens an Mittelzähnen des Oberkiefers; sie ist im Alter von 4½ Jahren vollständig (Abb. 3.8.).

Zwischen 4½ und 5 Jahren treten die Eckzähne des Unterkiefers in Reibung (Abb. 3.9.). Mit 5½ Jahren ist der betreffende Hauptlappen vollkommen abgerieben (Abb. 3.10.). Die Form der Reibfläche an den Zangen und Mittelzähnen im Unterkiefer ist zu dieser Zeit noch viereckig. Mitunter kann man auf der Reibfläche einen gelben Stern sehen. Gleichzeitig beginnen auch die Canini sich abzunutzen.

Im Alter von 6 Jahren ist manchmal auch der Hauptlappen an den Eckzähnen des Oberkiefers verschwunden. Da die Eckzähne nicht immer genau aufeinander reiben, kommt es zu einer weniger regelmäßigen Abnutzung als an den anderen Schneidezähnen. Bei Hunden, die älter als 6 Jahre

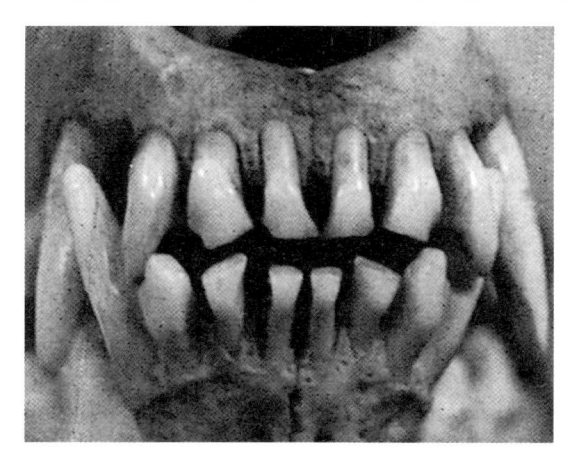

Abb. 3.9. Alter: 5 Jahre. Die Abnutzung der Hauptlappen an den Eckzähnen des Unterkiefers hat begonnen.

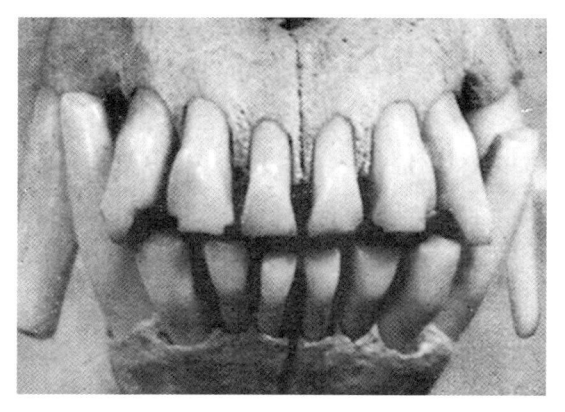

Abb. 3.10. Alter: 5½ Jahre. Der Hauptlappen der Eckzähne des Unterkiefers ist abgenutzt.

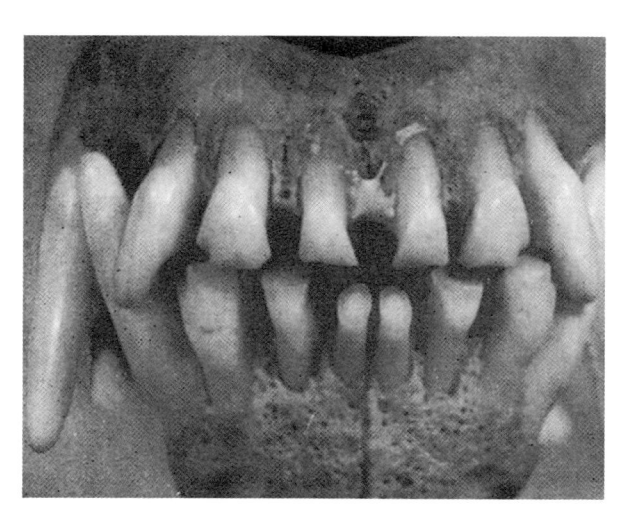

Abb. 3.11. Alter: 7 Jahre. Die Reibflächen an den Zangen des Unterkiefers sind längsoval.

sind, treten die Abnutzungserscheinungen nicht mehr so regelmäßig und augenscheinlich auf. In dieser Altersperiode ist auf das sog. Verkehrtovalwerden der Reibflächen an den verschiedenen Paaren der Schneidezähne zu achten.

Im Alter von 7 Jahren ist die Reibfläche der Zangen im Unterkiefer längsoval (verkehrtoval; Abb. 3.11.). Im Alter von 8–9 Jahren finden wir dies an den Mittelzähnen des Unterkiefers (Abb. 3.12.) und mit 9–10 Jahren auch an den Zangen des Oberkiefers (Abb. 3.13.).

Im Alter von 8 Jahren breitet sich die Reibfläche der Zangen im Unterkiefer gegen die labiale Fläche zu aus. Mit 9 Jahren macht sich an allen Schneidezähnen des Unterkiefers ein Abbröckeln von Zahnteilchen an der vorderen Zahnfläche bemerkbar.

Die Canini weisen im Alter von 5 Jahren Spuren von Abnutzung auf, im Alter von 7–8 Jahren sind sie stumpf, seitlich eingedrückt und oft mit Zahnstein bedeckt. In den späteren Jahren werden die Hakenzähne stumpfer, kürzer, und die Zahnsteinbildung nimmt zu.

Beim Ausfallen der Zähne besteht keine verläßliche Regelmäßigkeit. Im Alter von 10–12 Jahren fallen die Zangen im Unterkiefer und kurze Zeit später auch die im Oberkiefer aus. Zwischen 12 und 16 Jahren verlieren Hunde die übrigen Incisivi und zwischen 16 und 20 Jahren schließlich auch die Canini.

Die Vorbedingung für die Abnutzung der Incisivi ist ein tadelloser Schluß der Zähne von Ober- und Unterkiefer. Als ideale Gebißstellung ist das *Scherengebiß* anzusehen, d.h., die Incisivi des Unterkiefers sollen bei geschlossenem Gebiß eine Kleinigkeit hinter denen des Oberkiefers stehen.

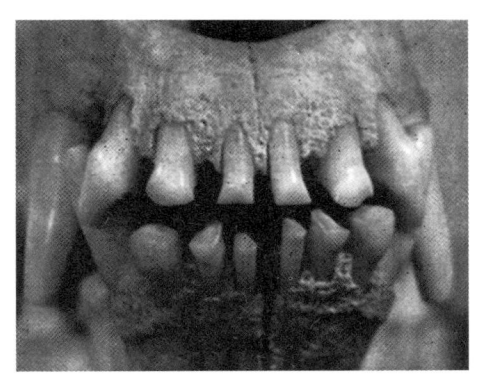

Abb. 3.12. Alter: 8–9 Jahre. Die Reibflächen an den Mittelzähnen des Unterkiefers sind längsoval.

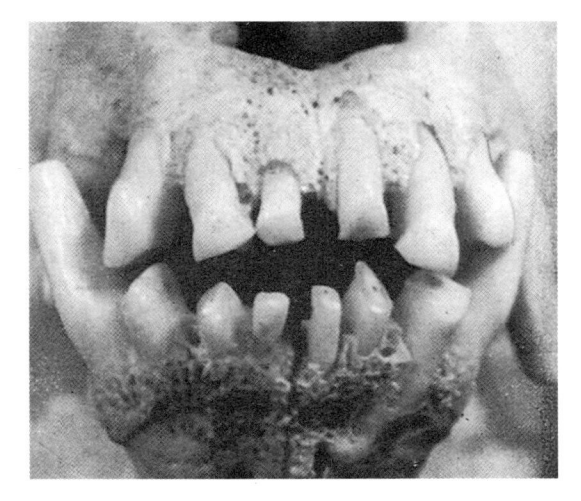

Abb. 3.13. Alter: 9–10 Jahre. Die Reibflächen an den Zangen des Oberkiefers sind längsoval.

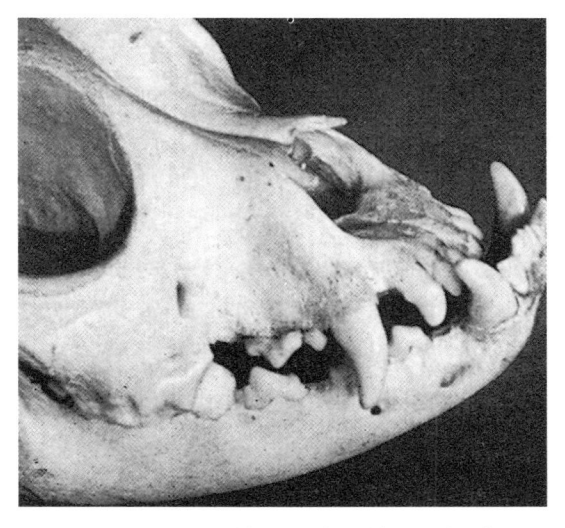

Abb. 3.14. Brachygnathia superior. Die regelrechte gegenseitige Abnutzung der Zähne im Ober- und Unterkiefer ist nicht möglich.

Beide Zahnreihen müssen miteinander in Reibung sein. Beim Zangengebiß und bei der „verkehrten Schere" können die Abnutzungserscheinungen etwas abweichen. Sie sind ganz unregelmäßig bei der *Brachygnathia superior*, dem Hechtgebiß, einer Gebißanomalie, der eine Verkürzung des Oberkiefers zugrunde liegt (Abb. 3.14.). Diese ist für manche Rassen, wie Deutscher Boxer, Bulldogge, Pekinese usw., rassetypisch. Das Gegenstück hierzu bildet die *Brachygnathia inferior*, das Karpfengebiß (Abb. 3.15.). Hier liegt eine Verkürzung des Unterkiefers vor, die oft beim Dackel, Terrier und Collie angetroffen wird.

Bei der Bestimmung des Alters auf Grund der Zahnabnutzung ist auch deren unterschiedliche

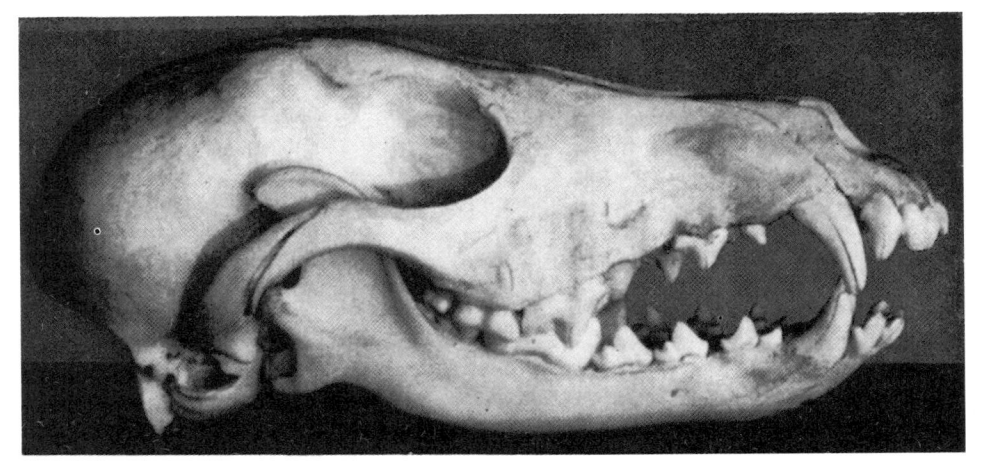

Abb. 3.15. Brachygnathia inferior. Die regelrechte Abnutzung der Zähne ist nicht zu erwarten.

Härte mit zu berücksichtigen. Sie ist bei den meisten großen Rassen (z. B. Bernhardiner, Leonberger, Deutsche Dogge, Collie, Barsoi) geringer als bei den kleinen Rassen (z. B. Dackel, Terrier, Spitz, Pinscher). Es müssen deshalb bei der Altersbestimmung die großen und schweren Rassen etwas jünger und die kleinen etwas älter geschätzt werden. Auch der Verwendungszweck (apportierfreudige Hunde) und die Lebensweise (verwöhnte Stubenhunde), hier vor allem die Ernährung, haben Einfluß auf die Abnutzung der Zähne.

KELLER (1965) fand bei Zwerg- und Kleinpudeln, aber auch bei Cockerspaniels, zum Teil erhebliche Abweichungen von den bekannten Angaben für die Abnutzungszeiträume der Schneidezähne.

Zur Bestimmung des Alters bzw. zur Altersschätzung müssen auch der Gesichtsausdruck und die Körperhaltung, das Auftreten grauer Haare am Kopf oder an anderen Körperteilen und die Veränderungen in den Augen mit herangezogen werden.

Der **Gesichtsausdruck**, vor allem der **Blick des jungen Hundes** (um 1 Jahr), ist lebhaft und unruhig, im Alter von 2–4 Jahren je nach Temperament mehr oder minder feurig, um dann bei älteren Tieren (über 7 Jahre) an Lebhaftigkeit und Unruhe zu verlieren.

Die **Körperhaltung** prägt sich beim Junghund (ungefähr 1jährig) noch nicht so aus. Die Tiere zeigen eine gewisse Unbeholfenheit in den Körperbewegungen. Mit 2–5 Jahren treten dann Sicherheit in der Bewegung und Straffheit in der Körperhaltung ein, während der alte Hund (über 10 Jahre) in seinen Bewegungen langsamer wird. Auffällig sind dann oft gekrümmter Rücken sowie gebückter und schwerfälliger Gang.

Auch das **Auftreten grauer Haare am Kopf** kann mit zur Altersbestimmung herangezogen werden. Bei vielen Hunden (weißbehaarte, gelbweiße oder stichelhaarige) ist es nicht möglich, nur gering ergraute Haare von anderen ähnlichen Haaren zu unterscheiden. Außerdem gibt es einzelne Hunde (Pudel, Spaniel, Zwergspitz, Neufundländer usw.), die selbst im höheren Alter (10–14 Jahre) nicht ergrauen. In der Regel findet man die ersten grauen Haare zuerst spärlich, später reichlicher in der Lippen- und Kinngegend, dann in der Backenregion und um die Nase herum, später an den Augenlidern, Augenbrauen und deren Umgebung, ferner an der Stirn und an den Ohren. Schließlich kann der ganze Kopf grau sein. Das Auftreten vereinzelter grauer Haare in der Kinn- und Lippengegend kann schon mit 5–6 Jahren beginnen und ist mit etwa 6–7 Jahren ausgeprägt. In der oben geschilderten Reihenfolge, mit etwa ½–1jährigen Abständen, nimmt dann das Grauwerden der Haare zu, so daß bei Hunden, die über 10 Jahre alt sind, zahlreiche graue Haare am Vorderkopf, um die Augenlider und an der Stirn festzustellen sind. Ein vollkommen grauer Kopf ist bei Hunden über 13 Jahre anzutreffen.

Natürlich kann auch ein Tier früher ergrauen, dabei spielen bestimmte chronische Erkrankungen, die mit Kachexie einhergehen, ebenso wie der Verwendungszweck (Schutzhunde, Jagdhunde) eine gewisse Rolle. Nicht selten breiten sich bei sehr alten Hunden die grauen Haare auch über die Hals- und Brustgegend und die Extremitäten aus.

Zur Altersschätzung können auch **Veränderungen in den Augen** mit herangezogen werden. Man kann etwa 1–1½ Jahre vor dem Auftreten des eigentlichen Altersstars (Cataracta senilis) bei der Adspektion einen grauen Lichtreflex wahrnehmen, der als sog. **Altersreflex** aufzufassen ist. Er beruht auf unterschiedlicher Lichtbrechung infolge beginnender Sklerosierung der perinukleären Schichten und des Kernes in der Linse. Wird das Auge mit einer Lampe untersucht, so wird das auffallende Licht leuchtend grünblau in Form verschiedener konzentrischer Ringe reflektiert. Der beginnende Altersreflex ist zwischen 7 und 7½ Jahren festzustellen. Zeitliche Abweichungen können hierbei öfter auftreten. Am deutlichsten sieht man ihn zwischen 7½ und 8½ Jahren (s. auch Kapitel 13.).

Der Übergang vom Altersreflex in den beginnenden **Altersstar** ist durchschnittlich zwischen 8½ und 9 Jahren zu bemerken. Für den Hund charakteristisch sind die Symptome des binokularen Altersstars, der sich pathologisch-anatomisch in der Regel als perinukleäre Katarakt kennzeichnet. Bei auffallendem Licht erkennt man im Anfangsstadium in beiden Augen eine mehr rundliche, zentral und perizentral gelegene, lichtgraue Trübung mit einem deutlich wahrnehmbaren leuchtend grünen Reflex (besonders am Rande der Trübung). Bei durchfallendem Licht sieht man eine scheibenförmige, rundliche, dunklere Trübung. Der Fundus ist unklar zu erkennen **(Cataracta senilis incipiens)**. Ist dieses Stadium weiter fortgeschritten, wird die rundliche Trübung bei auffallendem Licht mehr weiß und hebt sich sehr deutlich von der in der Regel nicht veränderten und durchsichtigen Randzone der Rindenschicht der Linse längs des Äquators ab. Dabei erscheinen bei durchfallendem Licht im Bereich der Trübung, die dann dunkel ist, oft zahlreiche, dicht nebeneinanderliegende kleine, dunkle Pünktchen, die den mit getrübter Flüssigkeit gefüllten kleinen Spalten und Lücken entsprechen. Die Randzone der Linse um den Äquator ist stets oder wenigstens in den meisten Fällen durchsichtig.

Nur ausnahmsweise findet man bei sehr alten Hunden in wechselnder Menge kleine, feingetrübte, radiär gestellte, keilförmige Streifen, sog. Speichen, in der Äquatorzone. In seltenen Fällen kommt es zur vollständigen Trübung der perinukleären Zone.

Die Cataracta senilis incipiens tritt meist im Alter von 9 Jahren auf, bei fast allen 10jährigen Hunden ist sie nachweisbar. Sie bleibt sehr lange stationär, so daß das Sehvermögen nur bedingt eingeschränkt ist (s. auch Kapitel 13.).

Die eigentliche **Cataracta senilis** mit deutlicher, nicht selten wolkiger Trübung und intensiver Schattenbildung kann vereinzelt im Alter von $9^1/_2$ Jahren beobachtet werden. In der Regel kann man sie in einem Alter von $10^1/_2$–11 Jahren nachweisen. Auch sie bleibt lange stationär und führt selten zu einem Stadium, in dem nur noch Helligkeitsgrade wahrgenommen werden können bzw. eine totale Erblindung eintritt (**Cataracta senilis matura**; s. auch Kapitel 13.).

Am **Skelett** des wachsenden Hundes kann man **röntgenologisch anhand der Ossifikationsvorgänge** an den Epiphysenfugen ziemlich eindeutige Aussagen über das Alter des Tieres treffen. Die **Verknöcherung der Epiphysenfugenknorpel** an den einzelnen Extremitätenabschnitten, an den Wirbelkörpern, im Schädelbereich und an den Beckenknochen läuft, allerdings rasseabhängig, mit großer Regelmäßigkeit ab und läßt sich röntgenologisch zuverlässig verfolgen.

Es gehören viel Übung und einschlägige Erfahrungen dazu, um das Alter von Hunden in den verschiedenen Lebensabschnitten exakt zu bestimmen. Deshalb sollen möglichst viele Merkmale und Kennzeichen herangezogen werden, um Rasseabweichungen, individuelle Schwankungen und funktionell bedingte Veränderungen richtig zu interpretieren.

Literatur

BIENIEK, H. J., und BIENIEK, K. W. (1993): Zahnheilkunde für die Kleintierpraxis. Enke Verlag, Stuttgart.

EISENMENGER, E., und ZETNER, K. (1981): Tierärztliche Zahnheilkunde. Paul Parey, Berlin, Hamburg.

FAHRENKRUG, P. (1986): Handbuch der Zahnbehandlung in der Kleintierpraxis. 3. Auflage. Albrecht, Aulendorf.

HABERMEHL, K.-H. (1975): Die Altersbestimmung bei Haus- und Labortieren. 2. Auflage. Paul Parey, Berlin und Hamburg.

HABERMEHL, K.-H. (1980): Die Altersbestimmung bei Versuchstieren. Paul Parey, Berlin und Hamburg.

KELLER, A.-L. (1965): Die Altersbestimmung beim Zwergpudel, Kleinpudel und beim Cockerspaniel anhand der Veränderungen am Gebiß. Zugleich ein Beitrag über den Prämolarverlust beim Zwerg- und Kleinpudel. Vet.-med. Diss., Gießen.

4. Physikalische Therapie
(H.-J. CHRISTOPH † und E.-G. GRÜNBAUM)

Physikalische Therapieverfahren nehmen einen immer festeren Platz in der veterinärmedizinischen Kleintierhaltung ein. Soweit sie geräteunabhängig sind, können und sollten sie nach entsprechender Anleitung vom Tierhalter zu Hause ausgeführt werden. Geräteabhängige Therapieverfahren sind auf spezialisierte veterinärmedizinische Einrichtungen für Kleintiere beschränkt.

Hauptverfahren der physikalischen Therapie sind:
– die Massage,
– Ultraschallapplikation,
– Wärmeapplikation,
– Strom- und Lichtapplikation,
– pulsierende Magnetfeldtherapie,
– Akupunktur.

4.1. Wirkung und Indikationsgebiete

Die Wirkung physikalischer Therapieverfahren beruht auf einer

– Aktivierung der natürlichen Austausch- und Abwehrreaktionen durch Intensivierung von Durchblutung und Zellstoffwechsel mit verstärkter Zufuhr von Abwehrstoffen und verbessertem Abtransport von Stoffwechselend- und Entzündungsprodukten,
– Belebung physiologischer Funktionen und endokriner Leistungen mit krampflösenden und schmerzstillenden Reaktionen.

Erfolge und Wirkungen der physikalischen Therapie dürfen weder unter- noch überschätzt werden. In der Regel dient sie der Unterstützung medikamentöser Therapieverfahren, wobei insbesondere folgende **Indikationsgebiete** aufzuzählen sind (SCHLIEPHAKE 1950, RENTSCH 1985):

– Inaktivitätsatrophien und Muskelkontrakturen,
– Durchblutungsstörungen,
– entzündliche und purulente Prozesse,
– rheumatische Erkrankungen, chronisch-degenerative und schmerzhafte Erkrankungen des Bewegungsapparates.

4.2. Massage

Zur Massage zählen die aktive Massage (Gymnastik) und die passive Massage.

Als **aktive Massage** oder Gymnastik kommt beim Hund das bewußte Leinenführen im Schritt oder Trab in Frage. Dies hat bei der Verhütung von Muskelkontrakturen im Anschluß an Sehnen-, Bänder-, Knochen- oder Gelenkoperationen Bedeutung. Die Laufgymnastik muß so erfolgen, daß der Hund durch betont langsamen Schritt gezwungen wird, die erkrankte oder operierte Extremität zu belasten. Mit zunehmender Besserung kann langsamer Trab, z.B. vom Fahrrad aus, einbezogen werden.

Die **passive Massage** führt zu einer besseren Durchblutung der Haut und der darunter liegenden Muskeln und Organe. Sie wird in Herzrichtung durchgeführt, um den venösen Rückfluß und den arteriellen Zufluß zu erleichtern. Man beginnt mit einem linearen oder kreisförmigen Streichen und Reiben, dann folgen Kneten, Klopfen und Drücken. Dazu können die flache Hand, eine Bürste mit kräftigen Borsten (z.B. zur Hautmassage mit Salicylspiritus) oder ein elektrischer Massageapparat (Vibrator) benutzt werden. Die Handmassage bietet den Vorteil, daß spirituöse oder ölige Medikamente und Salben zusätzlich in die Haut einmassiert werden können.

4.3. Ultraschallapplikation

Die Ultraschallapplikation steht in ihrer Wirkung zwischen der Massage und der Wärmetherapie. Ultraschallwellen haben eine höhere Frequenz als hörbare Schallwellen und führen bei stärkerer Dosierung zu einer Art Massage (Mikromassage), bei schwacher Dosierung (Schallintensität unter 0,5 W/cm^2) zur Wärmeentwicklung in tieferen Gewebsschichten (besonders im Kortikalisbereich der Knochen) bei geringem Energieumsatz, d. h. Wärmegefühl an der Haut. Die Ultraschallwellen werden über einen relativ kleinen Beschallungskopf ausgesendet. Ihre therapeutische, chirurgische und diagnostische Anwendung nimmt fortlaufend zu. So wird z. B. über die Trennung von Geweben mit Ultraschallchirurgiegeräten, über Ultraschallosteosynthesen und Knochenechogramme, über Ultraschallzahnsteinentfernungsgeräte und über Tumor-, Schwangerschafts- sowie Herz- und Kreislaufdiagnostik mit Ultraschall berichtet (v. ARDENNE und GROSSMANN 1976, MEINEL 1978, RESKE und RAUCHFUSS 1978, GRAMLICH et al. 1979, SCHULZ et al. 1979, MAGNUS et al. 1980, MÜLLER et al. 1981). Nach RENTSCH (1985) ist der Ultraschall zweckmäßiger in die Verfahren der Hochfrequenz-Wärmetherapie einzuordnen.

4.4. Wärmeapplikation

Zur Wärmeapplikation zählen u. a. alle Formen der

- Hydrotherapie (Bäder, Wasserumschläge),
- Strahlungs- und Ableitungswärme (Rotlicht, Heizkissen),
- Hochfrequenz-Wärmetherapie (Langwellen-, Kurzwellen- und Ultrakurzwellentherapie).

Als **Hydrotherapie** bezeichnet man die äußerliche Anwendung von Wasser. Hierbei kommt es zu einer lokalisierten Wirkung an der betreffenden Hautstelle, verbunden mit einer gewissen Tiefenwirkung. In Abhängigkeit von seiner Temperatur löst das Wasser Kälte- oder Wärmereize aus, die vom Organismus mit einer Sympathikus- (Kälte) oder Parasympathikus-Reaktion (Wärme) beantwortet werden. Temperaturbereiche, die weder Wärme- noch Kältereize bedingen, werden als Indifferenzbereiche bezeichnet. Sie liegen beim Hund zwischen 15,0 und 20,0 °C.

Kältereize bewirken eine periphere Vasokonstriktion (→ Blutdrucksteigerung) mit nachfolgender Vasodilatation und reaktiver Hyperämie. Wärmereize lösen dagegen periphere Vasodilatation (→ Blutdrucksenkung) mit erhöhtem Zellstoffwechsel und gesteigertem Sauerstoffaustausch aus.

Bäder sind für den Hund zur Reinigung von Bedeutung. Beim Einsatz von fettemulgierenden Zusätzen (Seifen) zur Lösung von Fett und Talgsubstanzen im Haarkleid ist zu beachten, daß genügend rückfettende Bestandteile vorhanden sein müssen. Das trifft in der Regel für alle Ölhaarwäschen zu. *Teilbäder* haben sich an den Extremitätenenden, z. B. beim Zwischenzehenekzem, mit adstringierenden Zusätzen (Eichenrinde = Cortex Quercus, Kupfersulfat) bewährt.

Von den *Wasserumschlägen* ist der *Prießnitz-Umschlag* wohl der bedeutungsvollste. Sein Prinzip beruht auf einer Wechselwirkung von Wärme und Kälte.

Beim *permeablen Prießnitz-Umschlag* wird ein Leinentuch in kaltes Wasser getaucht, mäßig ausgewrungen und fest um die entsprechende Körperregion (z. B. Hals, Thorax, Abdomen) gelegt. Darüber kommt ein wollener Schal, der breiter als das feuchte Tuch sein muß und dessen Ränder um 3–5 Zentimeter überdecken soll. Bleibt dies unberücksichtigt, kann Feuchtigkeit an den Rändern verdunsten und eine unerwünschte Kältewirkung auslösen. Der Kältereiz des Leinentuches bewirkt anfangs eine periphere Vasokonstriktion mit zentraler Blutdrucksteigerung, worauf bald eine Vasodilatation mit reaktiver Hyperämie folgt. Letztere wird noch durch den Wärmestau unter dem wollenen Schal verstärkt.

Beim *impermeablen Prießnitz-Umschlag* ist der Effekt der feuchten Wärme ausgeprägter, weil zwischen dem kaltnassen Leinentuch und dem Wollbelag noch eine wasserdichte Zwischenlage aus Gummi, Pergamentpapier oder Kunststoff eingefügt wird. Beide Umschläge soll man 1,0–1,5 Stunden belassen. Dann sind Leinentuch und wasserdichte Zwischenlage zu entfernen, nicht aber der Wollschal, der für mindestens eine weitere Stunde die Wärmeentwicklung langsam abklingen läßt.

Prießnitz-Umschläge können 1–3mal pro Tag angelegt werden, wobei das Tier aber unter Kontrolle und hinterher möglichst mehrere Stunden in einem gut temperierten Raum blei-

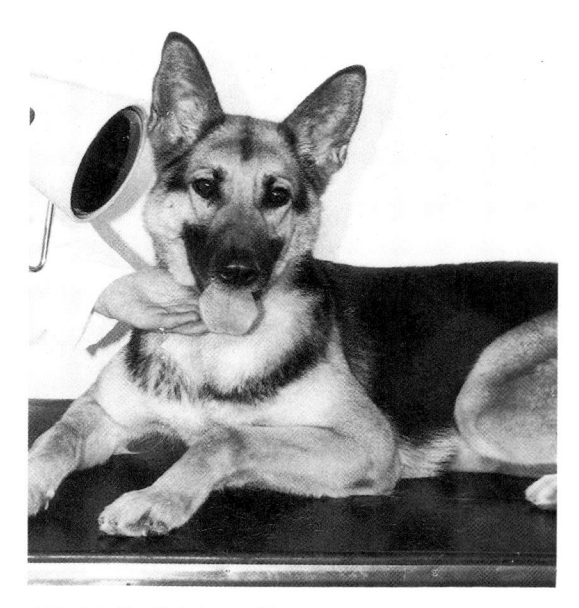

Abb. 4.1. Rotlichtbestrahlung.

ben muß. Als Indikationen sind Entzündungen im Larynx und Pharynx, in der Trachea, in den Lungen und im Abdomen (akute und schmerzhafte Magen-Darm-Affektionen) zu nennen.

Kalte Umschläge gelangen zur Anwendung, wenn dem Organismus Wärme entzogen werden soll (z. B. bei hohem Fieber, Hitzschlag). Weiterhin sind sie mit ihrer gefäßkontrahierenden Wirkung zur Vermeidung größerer Hämatome, Sickerblutungen, intrakranialer Blutungen usw. nach Verkehrsunfällen, Beißereien, Stürzen oder harten Aufschlägen angezeigt. Man taucht ein Leinentuch in eiskaltes Wasser, wringt es nur mäßig aus und legt es ohne weitere Abdeckung an den Ort der beabsichtigten Wirkung. Der Reiz des kalten Wassers wird dabei durch die Verdunstungskälte noch intensiviert. Die kalten Umschläge sind je nach Zielstellung zu wechseln bzw. zu erneuern. Dauerkühlungen sind therapeutisch unzweckmäßig.

Heiße Umschläge wirken besonders gut, wenn neben einer massiven lokalen Hyperämie auch eine Leukozytose herbeigeführt werden soll. Dies gilt besonders für die Behandlung von Abszessen. Zur Vermeidung von Verdunstungskälte wird die heiße Kompresse mit einem Gummi- oder Plastikstreifen nach außen hin abgedeckt und mehrmals erneuert. Wiederholungen von 3–6mal täglich sind möglich, Dauerkompressen aber abzulehnen.

Die **Strahlungswärme**, z. B. in Form der infraroten Strahlung bei der *Rotlichtbestrahlung* (Abb. 4.1.), löst ebenso eine aktive Hauthyperämie aus wie die **Ableitungswärme** von Wärmflaschen oder Heizkissen. Da die Tiefenwirkung durch schlechte Wärmeleitung des subkutanen Fettgewebes und ständige Wärmeableitung über den Blutstrom äußerst gering ist und die Intensität der Wärmezufuhr vom subjektiven Wärmeempfinden der Haut begrenzt wird, beschränkt sich die Indikation der Rotlichtbestrahlung auf hauptsächlich oberflächliche Prozesse, wie z. B. Wunden, Abszesse, Analbeutelentzündungen, Pyodermien und Otitiden. Heizkissen, Wärmflaschen oder mit gedämpften, heißen Kartoffeln gefüllte Leinenbeutel können die Therapie des Wirbelsäulensyndroms wirksam unterstützen.

Die **Hochfrequenz-Wärmetherapie** beruht auf einer Wärmeerzeugung im Körper- und im Zellinneren durch Umwandlung hochfrequenter elektrischer Energie in Wärmeenergie unter Umgehung des physiologischen Wärmeschutzes von Haut und Fettgewebe. Dabei beruht die Wärmeerzeugung auf einer Jouleschen Stromwärme infolge von Reibung zwischen Ionen und Lösungsmittel (Langwellen- und Kurzwellentherapie) oder auf einer Reibung der Dipole beim periodischen Drehen an benachbarten Molekülen (Dipolverluste, vorwiegend bei der Mikrowellen-

A   B

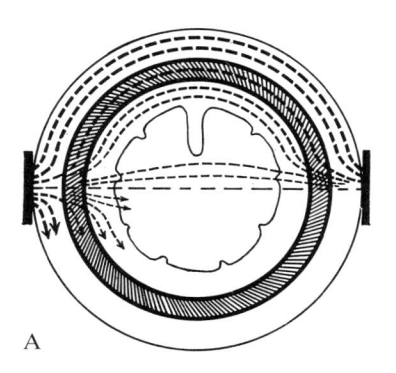

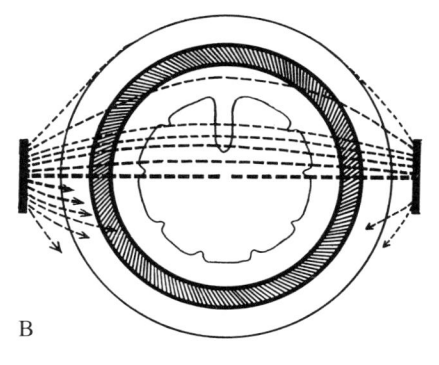

Abb. 4.2. Stromverteilung bei Langwellendiathermie (A) und im Kurzwellenfeld (B) im Schädel (nach SCHLIEPHAKE 1950). Es ist angenommen, daß der Strom von links nach rechts fließt (gestrichelte Linien). Die Stromstärke wird durch die Dicke der Linien ausgedrückt.

therapie). Die hochfrequente Energie läßt in den einzelnen Zellstrukturen und Geweben infolge ihrer unterschiedlichen Leitfähigkeit, dielektrischen Eigenschaften und ihres verschiedenen Wassergehaltes Wärmedifferenzen entstehen, die den medizinischen Wirkungsmechanismus begründen und annähernd bekannt sein müssen, um sie therapeutisch nutzen zu können. Die Indikationsgebiete entsprechen den allgemeinen der physikalischen Therapie (s. dort), wobei die von der Wellenlänge und der Applikationsform abhängige Tiefenwirkung, die thermisch größere Belastung des Fettgewebes gegenüber dem Muskelgewebe und die fehlende Erwärmung der Behandlungselektroden besonders zu beachten sind.

Die Hochfrequenz-Wärmetherapie ist zu unterteilen in

– die Langwellendiathermie,
– die Kurzwellen- und Ultrakurzwellentherapie.

Die **Langwellendiathermie** hat mit ihren Wellenlängen zwischen 300,0 m und 500,0 m heute kaum noch Bedeutung. Der Diathermiestrom ist ein Leitungsstrom. Das bedingt ein unmittelbares Anliegen der Elektroden am Körper, weil Nichtleiter, wie z.B. Luft, unüberwindbare Hindernisse darstellen. Im Organismus werden Nichtleiter (z.B. Knochen) umgangen (Abb. 4.2.A). Wegen der Notwendigkeit einer unverrückbaren Elektrodenfixation stehen der Anwendung der Langwellendiathermie beim Hund technische Schwierigkeiten entgegen. Außerdem setzt die starke Erwärmung der Haut und des subkutanen Fettgewebes (niedrige Leitfähigkeit) der Energiezufuhr eine natürliche Grenze, bevor es zu nennenswerten Erwärmungen im Körperinneren kommen kann.

Die **Kurzwellentherapie** arbeitet mit bedeutend frequenteren Schwingungen im 11,0- bis 6,0-m-Bereich. In der Hochfrequenztechnik werden Wellenlängen von 1,0–10,0 m als Ultrakurz- und ab 11,0 m als Kurzwellen bezeichnet. Da medizinisch sowohl die 11,0-m-Wellen (Kurzwellen) als auch die 7,0-m-Wellen (Ultrakurzwellen) zur Anwendung kommen, verwendet man allgemein den Begriff Kurzwellentherapie.

Der Kurzwellenstrom hat infolge seiner hohen Frequenz die Fähigkeit zur kapazitiven Überbrückung schlecht leitender Gewebsschichten (Abb. 4.2.B). Er entwickelt in Abhängigkeit von seiner Applikationsform unterschiedliche Tiefenwirkung mit guter Erwärmung auch innerer Organe.

An Applikationsformen unterscheidet man die *Kondensatorfeld-*, die *Spulenfeld-* und die *Strahlenfeldmethode*.

Bei der am meisten gebräuchlichen *Kondensatorfeldmethode* erfolgt die Energieübertragung durch ein hochfrequentes elektrisches Feld. Der zu behandelnde Körperteil wird zwischen zwei plattenförmige Elektroden (bipolar) in Form von Glaskapsel- oder Glaskondensator-Elektroden bzw. schmiegsamen Gummielektroden verbracht. Liegen diese eng an, kommt es zur starken Erwärmung der obersten Körperschichten (Haut, subkutanes Fettgewebe) bei geringer Tiefenwirkung. Mit zunehmendem Elektrodenabstand steigt die Tiefenwirkung. Wärmeverteilung und Ort der größten Wärmeentwicklung sind auch durch ungleiche Elektrodenabstände oder durch unterschiedlich große Elektroden zu beeinflussen. Die Wärmewirkung ist an der kleineren Elektrode bzw. der dem Körper am nächsten gelegenen größer.

Daraus sind nach RENTSCH (1985) folgende Regeln abzuleiten:

– beiderseits großer Abstand (ca. 6 cm) gleichgroßer Elektroden   r   gleichmäßige Gewebsdurchflutung mit größter Wärmeentwicklung in der Tiefe;
– beiderseits geringer Abstand gleichgroßer Elektroden   r   stärkere Erwärmung der oberflächennahen Schichten;
– unterschiedlicher Abstand gleichgroßer Elektroden   r   stärkere Erwärmung an der dem Körper nähergelegenen Elektrode;
– beiderseits großer Abstand verschiedengroßer Elektroden   r   stärkere Erwärmung an der kleineren Elektrode;
– schrägstehende Elektrode   r   stärkere Erwärmung bei der dem Körper am nächsten gelegenen Elektrodenkante;
– Körpervorsprung im Behandlungsfeld   r   örtliche Überhitzungsgefahr am Körpervorsprung;
– Metallteil im Behandlungsfeld   r   örtliche Verbrennungsgefahr;
– Berührung zweier Körperteile (z.B. beider Kniegelenke) im Behandlungsfeld   r   örtliche Überhitzungsgefahr im Berührungsgebiet (Filzplatte dazwischenlegen).

Abb. 4.3. und 4.4. zeigen eine Kurzwellentherapie.

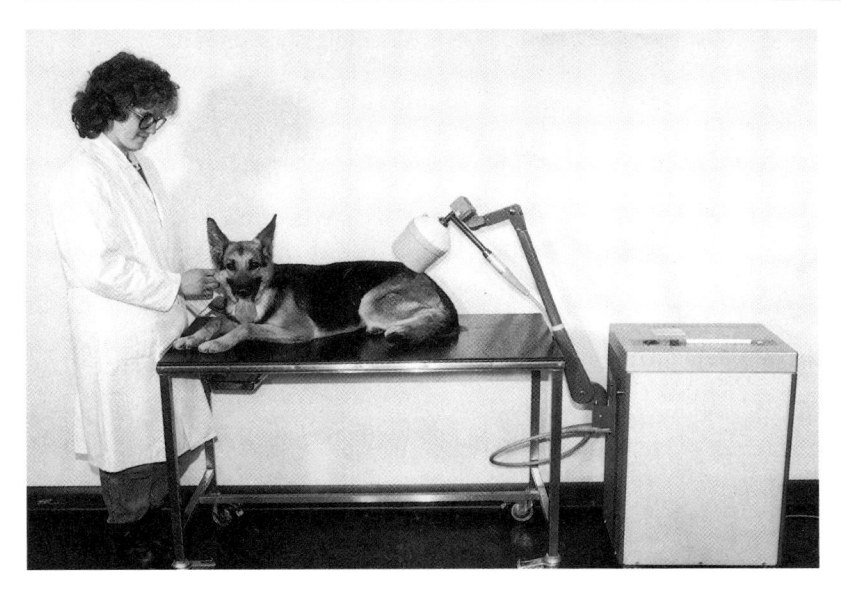

Abb. 4.3. Kurzwellentherapie mit Rundfeldstrahler.

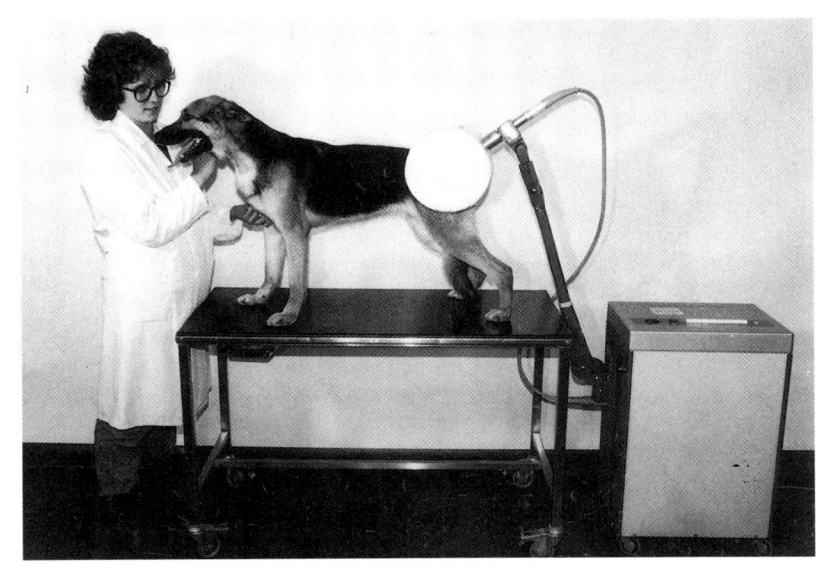

Abb. 4.4. Kurzwellentherapie mit Langfeldstrahler.

Bei der praktischen Durchführung der Kurzwellentherapie ist zu beachten, daß

- die Tiere nicht auf einem Metalltisch stehen und alle Metallteile aus dem Behandlungsfeld entfernt sind (z.B. Halsbänder);
- die Tiere während der Bestrahlung möglichst ruhig liegen, obwohl moderne Geräte mit einer Abstimmautomatik Elektrodenverschiebungen weitgehend ausgleichen;
- die Größe der Elektroden den Ausmaßen des Krankheitsherdes und der Elektrodenabstand dem gewünschten Wirkungsort angepaßt werden müssen;
- die richtige Dosis gewählt wird (je akuter die Erkrankung, um so kleiner die Dosis und kürzer die Behandlungszeit bei täglichen Wiederholungen, je chronischer die Krankheit, desto stärker die Dosis und länger die Behandlungszeit mit 2- bis 3mal wöchentlichen Wiederholungen; SCHLIEPHAKE 1950);
- die Dosis so eingestellt wird, daß es zu keiner unangenehmen Wärmeentwicklung mit entsprechenden Unruheerscheinungen und Abwehrbewegungen des Tieres kommt (nach SCHLIEPHAKE bedeuten für den Menschen:

Dosis-Stufe I: unterhalb der Empfindungsgrenze [für kleine, grazile und sensible Tiere geeignet],
Dosis-Stufe II: eben einsetzende Wärmeempfindung,
Dosis-Stufe III: angenehmes Wärmegefühl,
Dosis-Stufe IV: kräftiges, aber noch erträgliches Wärmegefühl);

– die erste Behandlung mit 2–10 Minuten begonnen und die Behandlungsdauer fortlaufend bis auf maximal 20 Minuten erhöht werden kann;
– zu hohe Dosierung und zu lange Behandlungszeit zu einer Umkehr der therapeutisch beabsichtigten Reaktionen führen können.

Bei der *Spulenfeldmethode* (monopolar) erfolgt die Energieübertragung durch ein hochfrequentes magnetisches Feld und die Gewebserwärmung durch Wirbelströme. Der zu behandelnde Körperteil wird in das magnetische Feld (Wirbelfeld) einer Induktionsspule (Spulenfeldelektrode) verbracht. Der primäre Hochfrequenzstrom der Spulenfeldelektrode induziert im Organismus Sekundärströme (Wirbelströme), die besonders gut leitende Gewebe (Muskulatur) erwärmen, schlecht leitende (z. B. Fett) jedoch nicht. So zeichnet sich die Spulenfeldmethode gegenüber der Kondensatorfeldmethode durch eine wesentliche „Fettentlastung" aus, wobei ihre Tiefenwirkung aber geringer ist.

Moderne Kurzwellengeräte verfügen über „Wirbelstromelektroden", deren Wärmeerzeugung und -verteilung im Organismus derjenigen eines Mikrowellenstrahlers (s. unten) sehr nahe kommen. Sie eignen sich besonders zur Erwärmung der oberflächennahen Muskulatur unter Schonung des subkutanen Fettgewebes.

Die *Strahlenfeldmethode* (monopolar) arbeitet mit Wellen im Dezimeter- bzw. Zentimeterbereich (69,0 cm oder 12,5 cm), die als **Mikrowellen** bezeichnet werden. Die Energieübertragung erfolgt durch ein elektromagnetisches Strahlungsfeld. Mikrowellenstrahler bestehen aus Dipol und Reflektor. Letzterer bündelt die über ein Koaxialkabel dem Dipol zugeleitete Energie und sendet sie als freie Raumstrahlen auf die erkrankte Körperregion. Da somit nur eine Elektrode erforderlich ist, bietet die Strahlenfeldmethode ebenso wie die Spulenfeldmethode mit Wirbelstromelektrode für die Anwendung beim Tier gewisse Vorteile.

Bei der Mikrowellenbehandlung findet die größte Erwärmung in der Haut und im Muskelgewebe statt, wobei das Fettgewebe gut durchdrungen („Fettentlastung") wird, die Tiefenwirkung aber relativ gering ist. Es kommt zur starken, lokalen aktiven Hyperämie der Haut und zu therapeutisch wirksamer Wärmeentwicklung in der Muskulatur und in gut durchbluteten Organen. Die Indikationsgebiete entsprechen denen der Kurzwellentherapie, wobei Rundfeld- und Langfeldstrahler in einer Entfernung von 5,0–10,0 cm vom Körper für 5–20 Minuten (s. Kondensatorfeldmethode) angewendet werden können. Die Dosis ist geräteabhängig und individuell zu wählen.

Standardverfahren der Hochfrequenz-Wärmetherapie ist die Kurzwellentherapie in Form der Kondensatorfeldmethode. Sie hat die größte Tiefenwirkung, führt allerdings zur stärkeren Fett- als Muskelerwärmung. Spulenfeld- und Strahlenfeldmethode bedingen bei guter „Fettentlastung", aber geringerer Tiefenwirkung eine wirksame Erwärmung der Muskulatur. Eine therapeutisch bedeutsame Erwärmung kortikaler Knochenbereiche ist mit der Ultraschalltherapie zu erreichen.

Die Kurzwellentherapie läßt sich mit zahlreichen anderen Therapieverfahren kombinieren. Bedeutung erlangte z. B. die gleichzeitige Anwendung von Kurzwellen und galvanischem Strom (therapeutisch genutzter Gleichstrom). Dabei erfolgt zur Zeit der Kurzwellenbehandlung eines erkrankten Gelenkes (Kondensatorfeldmethode) eine galvanische Durchströmung der gesamten Extremität.

4.5. Strom- und Lichtapplikation

Die therapeutische Anwendung des elektrischen Gleichstromes wird als **Galvanisation**, eines niederfrequenten Wechsel- oder Induktionsstromes als **Faradisation** bezeichnet. Beide Verfahren der Elektrotherapie sind beim Hund nur bedingt anzuwenden. Bei der Galvanisation hängt die Wirkung des konstanten Gleichstromes von der Durchströmungsrichtung ab. Werden die Anode (positiver Pol) an der Extremitätenspitze und die Kathode (negativer Pol) in Nähe des zentralen Nervensystems (ZNS) angelegt, resultiert eine starke Erregung der Muskulatur. Wird entgegengesetzt gepolt, kommt es zur lähmenden Wirkung von seiten des ZNS, auch als „Galvano-Narkose" bezeichnet.

Die muskelerregende Wirkung des galvanischen Stromes wurde früher zur Behandlung schlaffer Nachhandlähmungen verwendet. Wegen der heftigen Muskelkontraktionen und der damit verbundenen Streckkrämpfe gibt man heute der Kurzwellentherapie den Vorzug.

Ein neueres Verfahren der Galvanisation ist die **Reizstrommassage** mit sog. Exponentialstrom. Hierbei ist es möglich, nur gelähmte Muskelgruppen durch elektrisch ausgelöste Kontraktionen zu reizen.

Die Nutzung des galvanischen Stromes zum Ionentransport durch die Haut in den Organismus wird als **Iontophorese** bezeichnet. Von der Anode aus werden Kationen (Metalle, Alkaloide, Histamin) und von der Kathode aus Anionen (Iod, Salicylsäure) geleitet. Die Menge des eingeführten Medikamentes hängt von der Stärke und der Einwirkungszeit des galvanischen Stromes ab. Am häufigsten gelangt die Histamin-Iontophorese zur Anwendung.

Eine therapeutisch bedeutsame Form der **Lichtapplikation** beim Hund ist die Bestrahlung mit ultraviolettem Licht oder **UV-Bestrahlung**. Die UV-Strahlen sind chemisch und biologisch sehr wirksam. Je nach der Wellenlänge unterscheidet die Bioklimatologie UVA- (0,4–0,32 Mikron), UVB- (0,32–0,28 Mikron) und UVC-Strahlen (unter 0,28 Mikron). Die UVB-Strahlen, auch als Dorno-Strahlen bezeichnet, sind antirachitisch am stärksten wirksam und für die Bildung von Vitamin D_3 (Cholecalciferol) aus seiner Vorstufe 7-Dehydrocholesterol in der Haut des Hundes verantwortlich. UVC-Strahlen werden wegen ihrer antibakteriellen Wirksamkeit zur Luftentkeimung in bakteriell gefährdeten Räumen (Operations- und Behandlungsräume) eingesetzt.

UV-Strahlen regen zahlreiche biologische Vorgänge an. Belegt, aber nicht bis ins Detail geklärt sind eine Zunahme der körperlichen Leistungsfähigkeit und eine Verbesserung der allgemeinen Resistenz gegenüber Infektionen.

Eine UV-Bestrahlung ist indiziert bei Ekzemen verschiedener Art und Genese, Dermatomykosen, schlecht heilenden Wunden, schweren inneren Erkrankungen mit mangelhafter Resistenz, Otitiden und Rachitis. Prophylaktisch kann sie bei Welpen und wachsenden Jungtieren Bedeutung haben, wenn sie der natürlichen Sonnenbestrahlung nicht genügend ausgesetzt werden können (z. B. Versuchstiere).

Die UV-Bestrahlung erfolgt im Abstand von 80,0–100,0 cm 2- bis 3mal wöchentlich. Man beginnt mit 4–6 Minuten und steigert jedesmal um eine Minute bis auf maximal 20 Minuten.

4.6. Pulsierende Magnetfeldtherapie

Die positive Wirkung von Magnetfeldern auf Heilungsprozesse wurde schon in der altchinesischen Volksmedizin genutzt. Nach KNECHT (1988) sind folgende Wirkungen vorstellbar:

– Beeinflussung der Ladung einzelner Zellen und Gewebe (Blut, Lymphe, Muskulatur, Bindegewebe usw.),
– Verstärkereffekt durch Mitschwingen der Ladungsträger des reagierenden Gewebes bei pulsierender Magnetfeldunterbrechung,
– Mitschwingen unterschiedlich dichter Massen in Abhängigkeit von der Magnetfeldstärke.

Daraus resultieren vermehrte Durchblutung, verbesserte Lymphdrainage und gesteigerter Sauerstoffpartialdruck des Blutes im behandelten Gewebe mit den unter 4.1. aufgeführten Reaktionen und Indikationsgebieten.

Dosis und Applikationsdauer der Magnetfeldtherapie richten sich nach Schmerz, Schwere, Dauer und Art der Vorbehandlung der jeweiligen Erkrankung. Als Behandlungsrhythmus empfiehlt KNECHT (1988) 4–5 Behandlungen über 10–15 Minuten 1mal täglich in den ersten aufeinanderfolgenden Tagen, danach 3–4 Behandlungen in 2- bis 3tägigen Abständen und anschließend 1mal wöchentlich Behandlungen bis zur Ausheilung bzw. Besserung. Dabei kann eine zusätzliche medikamentöse Therapie auf die akute Erkrankungsphase beschränkt bleiben.

4.7. Akupunktur

Die Akupunktur, d. h. das Stechen metallener Nadeln in die Haut von Kranken zur Diagnose und Therapie, ist ein aus Ostasien (China) stammendes und heute in der Human- wie Veterinärmedizin als besondere Form der Reiztherapie weitestgehend anerkanntes Verfahren der physikalischen Therapie. Die Akupunktur wird an druck- und spontansensiblen Hautpunkten, die sich von ihrer Umgebung durch meßbar herabgesetzten elektrischen Widerstand unterscheiden, durchgeführt. Dabei tritt eine Wirkung nur ein, wenn das vegetative und das zerebrospinale Nervensystem intakt sind (SCHWERG 1990). Die Akupunkturpunkte sprechen auch auf andere Reize, wie z. B. **Druckmassage (Akupressur)** oder Pharmaka, Quaddeln mit z. B. Procain, Vitamin B_1, Natriumchlorid usw. **(Pharmaakupunktur)** an.

Eine ausführliche Darstellung der anatomischen, histologischen und physiologischen Grundlagen der Akupunktur geben ZOHMANN (1988) und ihrer Anwendung beim Kleintier BRUNNER (1980).

Literatur

ARDENNE, M. v., und GROSSMANN, H. (1976): Einsatzmöglichkeiten der Ultraschall-Untersuchung in der Tumordiagnostik und der Verlaufskontrolle tumortherapeutischer Maßnahmen. Dt. Gesundh.-Wesen **31**, 789–795.

BRUNNER, F. (1980): Akupunktur für Tierärzte – Akupunktur der Kleintiere. WBV Biologisch-Medizinische Verlagsgesellschaft, Schorndorf.

GRAMLICH, B., et al. (1979): Zur Beurteilung des Knochenzustandes mit Ultraschall; III. Mitteilung: Die Differenzierung des Unterschenkelechogramms. Z. Exper. Chirurg. **12**, 181–187.

KNECHT, G. (1988): Physikalische Behandlungsmethoden mittels pulsierender Magnetfelder. Chronische degenerative Erkrankung des Bewegungsapparates des Hundes. Der praktische Tierarzt **69**, 44–48.

MAGNUS, S., et al. (1980): Die einfache Kontrolle wichtiger Kenngrößen von kardiologischen Ultraschalldiagnostikgeräten. Dt. Gesundh.-Wesen **35**, 1703 bis 1708.

MEINEL, K. (1978): Ultraschalltomographie in der Intensivschwangerenberatung. Dt. Gesundh.-Wesen **33**, 1109–1113.

MÜLLER, TH., et al. (1981): Grundlagenuntersuchungen zur Ultraschallchirurgie; II. Mitteilung: Stabilitätsuntersuchungen nach Ultraschallosteosynthesen bei verschiedenen Bruchformen in vitro. Z. Exper. Chirurg. **14**, 365–372.

RENTSCH, W. (1985): Taschenbuch der Kurzwellentherapie. 4. Auflage. Gustav Fischer Verlag, Jena.

RESKE, W., und RAUCHFUSS, E. (1978): Erfahrungen mit der Ultraschallimpulsechographie in der Diagnostik nodöser Strumen. Dt. Gesundh.-Wesen **33**, 509–513.

SCHLIEPHAKE, E. (1950): Kurzwellentherapie. 4. Auflage. Piscator-Verlag, Stuttgart.

SCHULZ, I., et al. (1979): Untersuchungen zur Anwendung der Ultraschall-Doppler-Diagnostik an den Arterien der unteren Extremitäten. Dt. Gesundh.-Wesen **34**, 844–850.

SCHWERG, H.-P. (1990): Akupunktur in der Veterinärmedizin (Übersichtsreferat). Mh. Vet.-Med. **45**, 10–13.

ZOHMANN, A. (1988): Anatomische, histologische und physiologische Grundlagen von Akupunktur, Ohrakupunktur und Neuraltherapie. Wien. tierärztl. Mschr. **75**, 382–393.

5. Ernährung und Diätetik

(E.-G. Grünbaum)

Die richtige Ernährung des Hundes ist eine Grundvoraussetzung für seine normale Entwicklung und für die Erhaltung seiner Gesundheit und Leistungsfähigkeit. Obwohl klassische Mangelerkrankungen heute kaum noch vorkommen, wird die Mehrzahl der Hunde mit Speiseresten, Küchen- und Fleischabfällen sowie Fertigfutter unterschiedlicher Qualität oder mit hochwertigen Produkten der Fleisch- und Nahrungsmittelindustrie mehr emotional als rational ernährt. Unter Berücksichtigung der ernährungsbestimmenden Faktoren, wie z.B. Alter, Körpergröße und -gewicht, Temperament, Leistung, Umwelt- und Haltungsbedingungen, und dem daraus resultierenden unterschiedlichen Energie- und Nährstoffbedarf ist eine vernünftige, diätetische und ökonomisch vertretbare Fütterung des Hundes nur auf der Grundlage neuester ernährungsphysiologischer Erkenntnisse möglich. Diese wurden in der Hauptsache von dem amerikanischen Subcommittee on Canine Nutrition des Committee on Animal Nutrition (National Research Council, USA) zusammengefaßt und als „Nutrient Requirements of Dogs" 1985 veröffentlicht.

5.1. Ernährungsphysiologische Grundlagen

Die Fütterung des Hundes muß sich in erster Linie nach dem *Energie- und Nährstoffbedarf* des einzelnen Tieres und nach dem für diese Tierart erforderlichen *Nährstoffverhältnis* richten. Weiterhin ist zu berücksichtigen, daß sich der Hund als domestizierter Fleischfresser den Lebens- und Ernährungsgewohnheiten des Menschen zwar angepaßt hat, bei tierartspezifischem Geschmacksbedürfnis die Nahrung aber nicht kaut, sondern nur reißt und in relativ großen Brocken herunterschlingt. Die *Verdaulichkeit* der Nährstoffträger ist somit recht unterschiedlich und für die tägliche Vorbereitung des Futters von großer Bedeutung.

Der **Energiebedarf** des Hundes ist abhängig von seiner Größe (Körperoberfläche) bzw. seinem Gewicht, von seiner körperlichen Leistung oder Belastung, seinen Haltungs- und Umweltbedingungen und von seinem Futterverwertungsvermögen. Bei der Vielzahl dieser beeinflussenden Faktoren ist es zweckmäßig, den Energiebedarf als *„Erhaltungsbedarf eines erwachsenen Hundes unter normalen Bedingungen"* in Beziehung zur Körpermasse zu determinieren und auf dieser Grundlage den Leistungsbedarf nach den

Tabelle 5.1. Durchschnittlicher Energieerhaltungsbedarf erwachsener Hunde unter normalen Haltungsbedingungen pro Tag in kJ/kg KM und kJ/Tier (KM = Körpermasse)

Körpermasse (KM) in kg	kJ/kg KM	kJ/Tier
1,0	590,8	591
1,5	540,5	811
2,0	490,2	980
2,5	465,1	1 163
3,0	440,0	1 320
3,5	423,2	1 481
4,0	406,4	1 626
4,5	393,9	1 772
5,0	381,3	1 906
5,5	372,9	2 051
6,0	364,5	2 187
7,0	352,0	2 464
8,0	339,4	2 715
9,0	326,8	2 941
10,0	314,2	3 142
15,0	287,0	4 305
20,0	259,8	5 196
25,0	247,2	6 180
30,0	234,6	7 038
40,0	217,9	8 716
50,0	205,3	10 265

spezifischen Erfordernissen zu errechnen. Dabei ist zu beachten, daß sich der Energiebedarf umgekehrt proportional zur Körpermasse verhält und in Kilojoule pro Kilogramm Körpermasse[1]) (= kJ /kg KM; 1 kcal = 4,19 kJ) angegeben wird (Tabelle 5.1.).

Die Energieabgabe und damit auch der Energieverbrauch sind direkt von der Körperoberfläche abhängig. Die Körperoberfläche korreliert nicht mit dem Körpergewicht, wohl aber mit der metabolischen Lebendmasse. Sie ist die 0,75-Potenz des Körpergewichts in kg, also kg LM^{0,75}. Die tabellarischen Angaben zum Energiebedarf berücksichtigen dies, auch wenn sie nur KM als Synonym für LM^{0,75} angeben (Lewis et al. 1990).

Der Energiebedarf bei den unterschiedlichen Leistungsarten des Hundes *(Leistungsbedarf)* ist weitestgehend unbekannt. Die in der Literatur dafür angegebenen Werte wurden mehr oder weniger empirisch ermittelt oder aus den Ergebnissen arbeitsphysiologischer Untersuchungen an Menschen und landwirtschaftlichen Nutztieren übertragen. Die Tabelle 5.2. gibt einen Überblick über den Leistungsbedarf bei einigen Belastungsarten des Hundes, wie sie u.a. von LEIBETSEDER (1966) und MEYER (1981, 1983) angegeben werden.

Der Leistungsbedarf eines Hundes ist somit sehr unterschiedlich und auch mit den angegebenen Multiplikationswerten nur annähernd zu errechnen. Die größte Energiemenge verbraucht Bewegungsarbeit, und zwar ca. 4,19 kJ/kg KM für einen Weg von 2 km.

Bewegt sich zum Beispiel ein Deutscher Schäferhund von 30,0 kg KM 40 km auf ebener Erde bei ökonomischem Einsatz seiner Kräfte, so braucht er 2514,0 kJ zusätzlich zum Erhaltungsbedarf von 7038,0 kJ, also 9552,0 kJ pro Tier und Tag.

Tabelle 5.2. Multiplikationsfaktoren zur Ermittlung des Energieleistungsbedarfs von Hunden pro Tag auf der Grundlage des durchschnittlichen Energieerhaltungsbedarfs in kJ/Tier (s. Tabelle 5.1.)

Art der Leistung bzw. Belastung	Täglicher Energieerhaltungsbedarf (nach Tabelle 5.1.), multipliziert mit
Dauerarbeit (Bewegung)	2,0–4,0
Kälte	1,5–2,0
Hitze	1,2
Trächtigkeit	
3.–6. Woche	1,5–2,0
7. Woche bis zur Geburt	1,2–1,5
Milchleistung	
1.–2. Woche nach der Geburt	2,0–3,0
3.–5. Woche nach der Geburt	3,0–4,0
Zuchtleistung männlicher Tiere	1,2–2,0
Fieber	1,1–1,6
Wachstum	
bis zur Hälfte der rassespezifischen Körpermasse	2,0
bis zum Erreichen der rassespezifischen Körpermasse	1,5

[1]) Körpermasse = Lebendmasse (LM)

Zur schnellen Übersicht ist der durchschnittliche Energiebedarf erwachsener Hunde als Erhaltungs- und Leistungsbedarf in kJ/kg KM innerhalb verschiedener Gewichtsgruppen (Größen) in der Tabelle 5.3. zusammengestellt.

Tabelle 5.3. Durchschnittlicher (∅) Energiebedarf erwachsener Hunde als Erhaltungs- und unterschiedlicher Leistungsbedarf in kJ pro 1,0 kg KM innerhalb verschiedener Gewichtsgruppen (Größen)

Gewichtsgruppen		∅ Energiebedarf pro 1,0 kg KM in kJ				
Größe	kg KM	Erhaltungsbedarf	Leistungsbedarf[1]) Multiplikationsfaktor nach Tabelle 5.2.			
			1,5	2,0	3,0	4,0
sehr klein	1,0– 5,0	460,0	690,0	920,0	1380,0	1840,0
klein	5,0–10,0	350,0	525,0	700,0	1050,0	1400,0
mittelgroß	10,0–20,0	287,0	430,0	570,0	860,0	1150,0
groß	20,0–30,0	247,0	370,0	490,0	740,0	990,0
sehr groß	30,0–60,0	218,0	330,0	440,0	650,0	870,0

[1]) = gerundete Werte

Diese Zahlen können und sollen nur annähernde Richtwerte sein, bei deren Anwendung noch der Grad der Belastung, der Zustand des Tieres und die Art des Futters berücksichtigt werden müssen.

Der **Nährstoffbedarf** des Hundes und das erforderliche Nährstoffverhältnis sind von der täglich benötigten Energiemenge und der Verdaulichkeit der Rohstoffe abhängig. Für die essentiellen Nahrungsfaktoren wie Eiweiße, Kohlenhydrate und Fette sowie Mineralstoffe, Spurenelemente und Vitamine werden in der Literatur sehr unterschiedliche Bedarfswerte angegeben. In der Tabelle 5.4. sind im wesentlichen die Normen des Subcommittee on Canine Nutrition für den Erhaltungsbedarf des Hundes an Nährstoffen und für deren prozentualen Anteil an Trockenfutter (10,0% Wasser) und Feuchtfutter (72,0–75,0% Wasser; = Dosenfertigfutter oder konventionelles Hundefutter) aufgeführt *(NRC-Normen).* Ihre Einhaltung bei der Zusammenstellung des Futters gewährleistet eine optimale Ernährung des Hundes, die leicht mengen- und energiemäßig den unterschiedlichen Leistungsanforderungen angepaßt werden kann. Dabei ist zu berücksichtigen, daß bei optimaler Verdaulichkeit 1,0 g Eiweiß und 1,0 g Kohlenhydrate je 17,18 kJ und 1,0 g Fett 38,96 kJ liefern.

Der *Proteinbedarf* (s. Tabelle 5.4.) des Hundes richtet sich nach dem sehr unterschiedlichen Gehalt an essentiellen Aminosäuren im Futtereiweiß, d.h. nach dessen biologischer Wertigkeit. Wegen seines hohen Preises wird Eiweiß in der Fütterungspraxis mehr zur Aufrechterhaltung des Stickstoffgleichgewichtes als zur Deckung des Energiebedarfs eingesetzt. Die Mindestmengen an essentiellen Aminosäuren, die dem Hund mit dem Futter zugeführt werden müssen, ihr Vorkommen in einigen häufig verwendeten Eiweißträgern und deren erforderliche Menge in g/kg KM und Tag zur Aufrechterhaltung des N-Gleichgewichtes sind in der Tabelle 5.5. aufgeführt.

Für den Hund sind somit Histidin, Isoleucin, Leucin, Lysin, Methionin, Phenylalanin, Threonin, Tryptophan und Valin essentiell. Arginin wird teilweise vom Hund selbst synthetisiert, der Bedarf kann jedoch aus der Eigensynthese nicht voll abgedeckt werden. Lysin und Methionin sind essentielle Aminosäuren, die in Trockenhefe reichlich, in anderen Futtereiweißen jedoch oftmals zu wenig vorkommen und somit deren biologische Wertigkeit begrenzen. Ihr Fehlen führt zu klinisch manifesten Krankheitserscheinungen, wie z.B. Störungen im Wachstum und Fortpflanzungsgeschehen (Lysin) bzw. im Haarwachstum und in der Leberfunktion (Methionin). Verschiedene Proteinquellen können sich gegenseitig in ihrem biologischen Wert ergänzen, wobei zuviel verabreichte Aminosäuren (z.B. bei reiner Fleischfütterung) verlustreich verstoffwechselt werden und der vermehrt anfallende Harnstoff nierenbelastend mit dem Harn ausgeschieden wird. Da bei hohem Fettgehalt des Futters der Hunger gestillt und die Nahrungsaufnahme beendet wird, bevor der Proteinbedarf abgedeckt ist, muß der Eiweißanteil in diesem Fall bis auf 25,0 bzw. 30,0% erhöht werden.

Am besten verdaut und resorbiert der Hund rohes Fleisch sowie Fleisch- und Tierkörpermehle, Fisch oder Fischmehl, Hühnerei und Quark; er kann seinen Bedarf an essentiellen Aminosäuren aber auch aus rein pflanzlichen Futtermitteln, wie z.B. Sojaextraktionsschrot und Hefe, decken. Trotzdem sollten mindestens 5,0% des Gesamteiweißbedarfs durch tierisches Eiweiß abgedeckt werden. Für minderwertige Proteine wird der Anteil an der Gesamtfuttermenge mit 20,0% und für hochwertige Proteine mit 12,0% angegeben. Das Nährstoffverhältnis, d.h. das Verhältnis von verdaulichem Rohprotein zu den verdaulichen stickstofffreien Substanzen (Fette und Kohlenhydrate), soll beim Erhaltungsfutter 1:4 und bei der Leistungsfütterung bis 1:6 betragen.

Ebenso wie einen Eiweiß- hat der Hund auch einen *Fettbedarf* (s. Tabelle 5.4.). Fett ist neben seiner Funktion als Energieträger zur Abdeckung des mit etwa 2,0% angegebenen Bedarfs an essentiellen, ungesättigten Fettsäuren erforderlich. Alle gebräuchlichen Fette werden gut verwertet und bis zu 90,0% resorbiert. Längere Verfütterung von Fertigfuttermitteln, die aus technischen Gründen nur mit gehärteten Fetten hergestellt wurden, löste wegen des Mangels an ungesättigten Fettsäuren Hauterkrankungen aus. Ranzige Fette werden zwar gern von Hunden aufgenommen, zerstören aber in größeren Mengen die Vitamine A und E, so daß entsprechende Mangelerscheinungen resultieren. Der in der Tabelle 5.4. mit 5,0% angegebene Fettanteil an der Gesamtfuttermenge kann bis auf 10,0% bzw. 20,0% erhöht werden, wenn synchron dazu auch der Proteingehalt angehoben wird.

Der *Kohlenhydratbedarf* (s. Tabelle 5.4.) des Hundes wird mehr oder weniger durch Stärke, Dextrine und Zucker abgedeckt. Während Stärke nach Kochen, Backen oder Dextrinieren aufge-

Tabelle 5.4. Durchschnittlicher Tageserhaltungsbedarf von Hunden pro kg KM bzw. pro Tier an Grundnährstoffen, Mineralstoffen und Vitaminen und der erforderliche Anteil an der Gesamtfuttermenge (Nährstoffverhältnis) bei Trocken- und Feuchtfutter (NRC-Normen, LEIBETSEDER 1975)

	Erhaltungsbedarf in g pro kg KM und Tag		Futterzusammensetzung in % bzw. g/100 g[1])	
	erwachsene Tiere	Jungtiere	Trockenfutter	Feuchtfutter
Nährstoffe				
Eiweiß	4,5	9,0	20,0–22,0	6,7
Kohlenhydrate (maximal)	10,1	15,8	65,0	20,0
Rohfaser	–	–	2,0–8,0	0,6–1,2
Fett	1,32	2,64	5,0–20,0	1,5
Wasser (ml)	35,0	–	8,0–10,0	72,0–75,0
Allgemeines				
Trockenmasse	–	–	91,0	30,0
Energiegehalt (abgerundet in kJ)	–	–	1465,0	400,0
Tagesgesamtfuttermenge (in g/kg KM)			15,0–40,0	30,0–60,0
Rohasche			8,0	2,4–4,3
Mineralstoffe (mg/kg KM und Tag)				
Mengenelemente				
Natrium	60,0	120,0	0,75	0,23
Kalium	220,0	440,0	0,80	0,24
Calcium	264,0	528,0	1,00	0,30
Magnesium	11,0	22,0	0,04	0,014
Phosphor	220,0	440,0	0,80	0,24
Chlor	180,0	440,0	0,90	0,27
Kochsalz (NaCl)	375,0	530,0	1,40	0,43
Ca:P	1,2:1,0		1,2:1,0	
Spurenelemente			mg/100 g	
Eisen	1,32	1,32	6,00	1,80
Kupfer	0,16	0,16	0,80	0,24
Cobalt	0,05	0,05	0,24	0,07
Mangan	0,11	0,20	0,60	0,18
Zink	0,11	0,20	0,50	0,15
Iod	0,03	0,06	0,15	0,04
Fluor	0,08	0,16	0,03	0,01
Vitamine	(mg/kg KM und Tag)		mg/100 g	
A (IE)	100,0	200,0	500,0	150,0
D (IE)	7,0	20,0	50,0	15,0
E	2,0	2,2	5,0	1,5
K	0,03	0,06	1,0	0,3
B_1	0,02	0,03	0,1	0,03
B_2	0,04	0,09	0,25	0,075
B_6	0,02	0,05	0,15	0,045
Nicotinsäure	0,24	0,40	1,20	0,36
Pantothensäure	0,05	0,20	0,25	0,075
Folsäure	0,008	0,015	0,03	0,009
B_{12}	0,0007	0,0007	0,003	0,001
Biotin	0,50	0,50	0,02	0,006
Cholin	33,0	55,0	120,0	36,00
Inositol	–	–	–	–
B-Komplex:				
– insgesamt	33,86	56,29	122,0	36,60
– teilweise (B_1, Pantothensäure)	0,37	0,74	1,95	0,58

[1]) Anteil an der Trockenmasse (TM) zu errechnen nach der Formel: $\dfrac{\%\ \text{Nährstoff} \times 100}{\%\ \text{TM}}$

Tabelle 5.5. Aminosäurenbedarf des Hundes in mg/kg KM und Tag und Aminosäurengehalt einiger Eiweißträger der Hundeernährung in g/100,0 g (WAGNER-GEBAUER 1966)

Aminosäuren	Erhaltungsbedarf in mg/kg KM für		Gehalt in Futtermitteln in g/100,0 g Rohprotein					
	erwachsene Hunde	Jungtiere (Wachstumsbedarf)	Rindfleisch	Ei	Fischmehl	Casein, Quark	Sojabohnenmehl	Bierhefe
Arginin	70,0	270,0	7,5	6,4	7,0	4,0	7,7	5,0
Histidin	60,0	250,0	1,8	2,0	1,8	1,8	2,1	4,1
Lysin	60,0	210,0	7,6	5,2	8,9	6,5	5,4	6,7
Isoleucin	80,0	330,0	11,7	–	5,2	9,7	4,5	4,5
Leucin	110,0	370,0	8,2	–	7,8	10,7	3,8	7,5
Valin	85,0	300,0	0,8	–	5,2	7,9	4,5	9,4
Tryptophan	15,0	60,0	1,3	1,4	1,1	1,6	1,7	–
Methionin	70,0	190,0	3,7	5,2	2,9	3,2	1,0	1,4
Threonin	55,0	60,0	4,7	3,9	–	3,5	3,7	8,2
Phenylalanin	65,0	140,0	3,2	5,8	3,7	5,0	4,5	1,9
Tyrosin	–	–	2,2	4,8	2,6	5,9	4,4	4,1

schlossen und gut verdaut wird, ist Cellulose für den Hund kaum verwertbar und nur als Ballaststoff von Interesse. Lactose wird wegen des Fehlens einer Lactase im Verdauungstrakt nicht gespalten und resorbiert. Sie hält Wasser im Darmlumen zurück, so daß zur Vermeidung von Durchfällen der Lactosegehalt im Futter nicht mehr als 4,0% betragen darf.

Der **Wasserbedarf** (s. Tabelle 5.4.) des Hundes bewegt sich in einem großen Spielraum. Eine kontinuierliche Wasserzufuhr ist lebensnotwendig. Sie erfolgt über den Wasseranteil der Futtermittel und über das Trinkwasser. Nach BURGER et al. (1978) und ANDERSON (1981) können Hunde ihre Trinkwassermengen selbständig auf den Wassergehalt der Nahrung einstellen. Der täglich erforderliche Wasserbedarf wird von vielen Faktoren, wie z.B. Alter, Umwelt, Leistung, Nahrungswasser, beeinflußt (KETZ 1984). Der Durst ist ein Regulator der Trinkwasseraufnahme und durch den Kochsalzgehalt der Nahrung zu steigern. Frisches Trinkwasser muß Hunden immer zur Verfügung stehen und im Erkrankungsfall notfalls zwangsmäßig verabreicht werden.

Von großer Bedeutung ist auch die ausreichende Versorgung der Hunde mit **Mineralstoffen**, d.h. Mengen- und Spurenelementen, und **Vitaminen** (s. Tabelle 5.4.). Da die meisten Mineralien in den üblichen Futtermitteln nicht ausreichend und ausgeglichen vorhanden sind, muß besonders auf die Zufütterung von Calcium, Phosphor und Magnesium (in Knochen und Knochenmehlen enthalten) sowie von Kochsalz geachtet werden. Die gar nicht so seltenen Fälle wachstumsbedingter Knochensystemerkrankungen machen die Diskrepanzen bei der Mineralstoffversorgung junger Hunde deutlich (s. Kapitel 24.). Der Mineralstoffbedarf ist stark leistungsabhängig, wobei das richtige Verhältnis der Mengenelemente Calcium und Phosphor zueinander, das Calcium-Phosphor-Verhältnis **(Ca:P)**, sehr wichtig ist (s. Tabelle 5.4.). Wege zur Absicherung des Mineralstoffbedarfs in der täglichen Nahrung sind bei MEYER (1983) und GRÜNBAUM (1982) einschließlich der einzusetzenden Mineralstoffgemische aufgeführt. Von den fettlöslichen Vitaminen sind hauptsächlich die Vitamine A, D und E und von den wasserlöslichen Vitaminen der Vitamin-B-Komplex zu berücksichtigen. Inwieweit der Hund, wie z.B. die Wiederkäuer, Vitamine selbst synthetisieren kann, ist noch nicht endgültig entschieden. Bewiesen ist bisher nur seine Fähigkeit zur Biosynthese der Ascorbinsäure, d.h. des Vitamin C, sowie das Vitamin K.

Futtermittel oder **Nährstoffträger** sind für den Hund in vielseitiger Form verfügbar. Den Nährstoff- und Energiegehalt von häufig zur Hundefütterung herangezogenen Futtermitteln und Rohstoffen kann man entsprechenden Tabellen (SOUCI und BOSCH 1978, HAENEL 1979, GRÜNBAUM 1982) als Voraussetzung für eine normgerechte Futterzusammenstellung (Bilanzierung) entnehmen. Dabei ist zu beachten, daß die einzelnen

Nahrungsmittel häufig einen sehr unterschiedlichen Gehalt an Nährstoffen mit variierender Verdaulichkeit aufweisen, so daß die Analysenwerte nur Anhaltspunkte darstellen.

Gute *Proteinquellen* für den Hund sind Fleisch sowie Fleisch-, Tierkörper- und Fischmehle, Hühnerei, Quark und Sojabohnenmehl. Der Anteil von Fleisch oder Fleischabfallprodukten sollte für erwachsene Hunde etwa 15,0–25,0% der Gesamtfuttermenge betragen. Das Verhältnis von Fleisch zu den pflanzlichen Bestandteilen im Futter wird für erwachsene Hunde mit 1:2, für wachsende Welpen und in Leistung stehende Hunde mit 1:1 bzw. 2:1 und für trächtige Hündinnen sogar mit 3:1 angegeben. Andere Quellen für tierisches Eiweiß sind entgräteter Fisch, Milch und Milchprodukte (Käse, Quark). Bei der Herstellung von Fertigfuttermitteln wird tierisches Eiweiß u.a. in Form von Fleisch-, Fisch-, Blut- oder Tierkörpermehlen zugesetzt.

Eine wichtige Proteinquelle für die Hundeernährung ist auch das *pflanzliche Eiweiß*. Geeignete Träger sind Sojabohnenmehl oder -extraktionsschrot sowie Futterhefe (Trockenhefe), die viel essentielle Aminosäuren, insbesondere Lysin, Methionin und Tryptophan, enthält. Bei ausgeglichener Vitamin- und Mineralstoffzufuhr und den Bedarfsnormen des Hundes entsprechender Aminosäurenkombination konnten Hunde allein mit pflanzlicher Kost über Generationen ernährt werden.

Im übrigen sind Futtermittel pflanzlicher Herkunft hauptsächlich *Kohlenhydratträger*. Von ihnen sind als wichtige Energielieferanten für die Hundeernährung besonders Hafer- und Weizenflocken, Reis sowie Hafer-, Gerste- oder Roggenschrote bzw. -mehle zu erwähnen. Ihr z.T. sehr hoher Rohfasergehalt wirkt sättigend (Ballaststoffe) und regt die Magen-Darm-Peristaltik an. Kartoffeln und Hülsenfrüchte werden nur schwer verdaut und sind ebenso wie Maisschrot, das Vitamin B_1 verdrängt, zu vermeiden.

Als *Vitaminquellen* werden für das Hundefutter Weizenkeimmehl oder -öl (Vitamin-E-Träger), Dorschleber-, Haileber- und Lachsöl, trockene Bierhefe (Vitamin-B-Komplex-Träger), Gemüse aller Art, wie z.B. Mohrrüben (roh und gerieben), Spinat, Tomatenmark, Grün- und Blumenkohl (roh oder nur leicht gedämpft), und nicht zuletzt Obst, insbesondere geriebene Äpfel, Bananen, empfohlen (LEIBETSEDER 1981, MEYER 1981).

Der *Mineralstoffbedarf* kann leicht durch die Verfütterung von frischem Knochenmehl oder einer geeigneten Mineralstoffmischung (möglichst in Kombination mit Vitaminen als Vitamin-Mineralstoff-Mischung) gedeckt werden (GRÜNBAUM 1982). Er ist erhöht, wenn viel pflanzliche Stoffe im Futter enthalten sind, die durch Bildung von unlöslichen Phytaten und Oxalaten im Darm ein Mineralstoffdefizit bedingen können, bzw. wenn ein Leistungsbedarf (Wachstum, Trächtigkeit, Laktation) vorliegt. Gut eignen sich auch frische Kalbsknochen, weil sie neben Eiweiß und Fett viel Calcium, Phosphor und andere Mineralstoffe in resorbierbarer Form enthalten. MEYER (1981, 1983) empfiehlt, von ihnen nicht mehr als 1,0 g/kg KM zu applizieren. Andere Knochen sind nicht an Hunde zu verfüttern, weil sie in z.T. gefährlich großen Stücken abgeschluckt werden und dann zu Verletzungen und Verlegungen der Speiseröhre oder des Magen-Darm-Kanals führen bzw. schwere Knochenkotkoprostasen auslösen können. Wegen sehr geringer Resorption sind sie für die Mineralstoffversorgung wenig nützlich, und ihr Wert zur Zahnsteinentfernung ist fragwürdig. So steht die Gefahr der Knochenfütterung in keinem Verhältnis zu ihrem Nutzen.

Die **Verdaulichkeit der Rohnährstoffe** in den Futtermitteln wird durch das Ausgangsmaterial und die Aufbereitungsart stark beeinflußt. Da zwischen dem Gehalt an Rohnährstoffen und verdaulichen Nährstoffen somit ein erheblicher Unterschied bestehen kann – WAGNER-GEBAUER (1966) demonstrierte das mit Hilfe der Chromoxid-Indikatormethode im Differenzverfahren an einigen Produkten der Futtermittelindustrie –, sollten alle zur Hundefütterung vorgesehenen Futtermittel und Futtermischungen in Verdauungsversuchen an Hunden überprüft werden (GÖCKE 1970, THOMÉE 1978).

Besteht z.B. Tierkörpermehl hauptsächlich aus Schlachtabfällen, Fett, Knochen und faserhaltigen Fleischteilen, ist der Kollagengehalt und somit der Gehalt an minderwertigem Protein hoch, die Verdaulichkeit und biologische Wertigkeit sind dagegen gering. Das gleiche gilt für Fischmehle, die sowohl aus ganzen Fischen mit Schuppen und Gräten als auch aus Fischabfällen der Fischverarbeitungsindustrie hergestellt werden. Die Aufbereitungsart ist für die Verdaulichkeit des Soja- und Hühnereiproteins, des Caseins sowie der Kohlenhydrate von Bedeutung. Wird Sojaextraktionsschrot kurz erhitzt, nimmt die Verdaulichkeit für monogastrische Tiere durch Ausschaltung eines Trypsininhibitors erheblich zu. Hühnereiprotein wird roh nur zu 50,0–60,0%, gekocht dagegen bis zu 90,0% verdaut. Im Gegensatz dazu kann Casein roh zu 91,0%, auf 140 °C erhitzt zu 67,0% und auf 200 °C erhitzt nur noch zu 28,0% verwertet werden. Auch Kohlenhydrate sind nach Kochen, Backen, Toasten oder Dextrinieren besser verdaulich.

Allgemein kann je nach Art und Herstellung des Futtermittels mit einer durchschnittlichen Verdaulichkeit des Rohproteins von 86,7%, des Rohfettes von 92,5%, der Kohlenhydrate von 78,3% und der Mineralstoffträger von 45,6% gerechnet werden. Wegen der relativ großen Schwankungen in der Verdaulichkeit einzelner Nährstoffträger und Futtermittel müssen bei der Futterzubereitung diese Verdaulichkeitswerte berücksichtigt und die Nährstoffmindestmengen (s. Tabelle 5.4.) entsprechend überschritten werden.

5.2. Zusammenstellung von Tagesfutterrationen

Bei der Zusammenstellung von Tagesfutterrationen für Hunde müssen der Energie- und Nährstoffbedarf, das Nährstoffverhältnis und die Verdaulichkeit der Nährstoffträger berücksichtigt werden, wenn die Ernährung normgerecht sein soll. Die Vielzahl der vorgegebenen Normen macht eine Futterberechnung recht kompliziert. Sie ist aber trotzdem möglich, wenn alle Bedarfsnormen bekannt sind (s. Tabelle 5.4.) und die Zusammensetzung der Nährstoffträger entsprechenden Futtermitteltabellen entnommen werden kann.

Für die Zusammenstellung von Tagesfutterrationen und deren Bilanzierung ist die Anfertigung von „Berechnungstabellen" zu empfehlen. In sie werden zunächst die einzuhaltenden Normen als Richtwerte und dann die Inhaltsstoffe der geplanten und verfügbaren Futtermittel eingetragen. Nach einer ersten Addition der Einzelwerte können „Soll" und „Haben" miteinander verglichen und die Positionen mit einem Plus- oder Minuszeichen gekennzeichnet werden, die dem Bedarf entsprechen (+) oder nicht (–). Darauf sind durch Zugabe oder Wegnahme von Nährstoffträgern, durch Veränderung ihrer Menge und durch den Einsatz von Vitamin- und Mineralstoffmischungen die Einzelwerte der Inhaltsstoffe auf den Normbereich einzustellen.

Zur Verdeutlichung dieses methodischen Vorgehens bei der Futterbilanzierung zeigt die Tabelle 5.6. die nährstoffmäßige Zusammenstellung eines konventionellen Feuchtfutters als Erhaltungsfutter für einen 20,0 kg schweren Hund. Dabei wurde der Nährstoffgehalt in Eiweiß, Fett, N-freie Extraktionsstoffe (NFE = leichtlösliche Kohlenhydrate), Asche und Wasser unterteilt.

Die durchschnittliche Menge der ein- bis zweimal täglich an erwachsene Hunde zu verabreichenden Rationen ist für Trocken- und für Feuchtfutter der Tabelle 5.4. zu entnehmen. Als allgemeine Richtzahl werden für Feuchtfutter 30,0–60,0 g/kg KM und Tag angegeben.

Da die Beschaffung von Futterfleisch vielen Hundehaltern Schwierigkeiten bereitet und die Verfütterung hochwertiger Fleischprodukte wertvolle Lebensmittel der menschlichen Ernährung entzieht, werden in immer mehr Ländern spezielle Futtermischungen für Hunde industriell hergestellt. Diese **Fertigfutter** kann man in Alleinfutter, Zusatzfutter und Beifutter unterteilen.

Alleinfutter enthalten alle für den Hund erforderlichen Nährstoffe, Mineralstoffe und Vitamine. Sie können ohne jeglichen Zusatz an Hunde verfüttert werden, wobei der unterschiedliche Energiebedarf die Größe der täglichen Rationen bestimmt. Im Handel erscheinen sie als trockene (bis zu 10,0% Wasser), halbfeuchte (20,0–25,0% Wasser) und feuchte (72,0–75,0% Wasser) Fertigfutter in Trocken- oder Dosenform.

Trockenalleinfutter werden als Hundeflocken, Hundekuchen und Pellets angeboten. Sie bestehen aus pflanzlichem und tierischem Eiweiß, Fett, Kohlenhydraten und unverdaulichen Ballaststoffen zur Förderung der Peristaltik. Nach den NRC-Normen sollen sie für den Hund mindestens 20,0% Protein, 5,0–20,0% Fett und maximal 65,0% Kohlenhydrate enthalten und einen Energiegehalt von ca. 1465,0 kJ/100,0 g aufweisen (s. Tabelle 5.4.). Wegen ihres geringen Wassergehaltes von 9,0–10,0% und weniger müssen Hunde, die Trockenalleinfutter erhalten, ständig frisches Trinkwasser zur freien Verfügung haben. Da zur Futtermittelherstellung recht hohe Temperaturen notwendig sind, werden hitzeempfindliche Vitamine entweder im Überschuß oder nach der Erhitzung hinzugegeben.

Dosen- oder Konservenalleinfutter sind Mischungen aus Fleisch, Fleischabfällen und Nebenprodukten der fleischverarbeitenden Industrie mit Kohlenhydraten, Fetten und entsprechenden Mengen an Vitaminen und Mineralstoffen. Bei einem Wassergehalt von 72,0 bis 75,0% enthalten feuchte Dosenalleinfutter 6,7% Protein, 1,5% Fett sowie maximal 20,0% Kohlenhydrate (s. Tabelle 5.4.) bei durchschnittlich 400,0 kJ/100,0 g Futter. Die Tagesrationen richten sich nach dem Energie-

5. Ernährung und Diätetik

Tabelle 5.6. Futterzusammenstellung für den Tageserhaltungsbedarf eines 20 kg schweren Hundes als konventionelles Feuchtfutter unter Berücksichtigung des Rohnährstoff- und Energiegehaltes und einer durchschnittlichen Verdaulichkeit (VD) von 72%

Futterzusammenstellung Futtermittel	Tagesgesamt-futtermenge in g	Rohnährstoffgehalt in g					Energie in kJ	Tages-gesamt-futtermenge in g bei VD von 72%
		Eiweiß	Fett	NFE[1])	Asche	Wasser		
Richtwerte								
Bedarf/kg KM	45,0	4,5	1,32	10,1	–	35,0	259,8	57,6
Bedarf/Tier und Tag	900,0	90,0	26,40	202,0	–	700,0	5196,0	1152,0
Futterzusammensetzung in % (Feuchtfutter); ⌀	(100,0)	4,5–9,0 6,7	0,5–2,5 1,5	5,0–20,0 14,0	2,0–6,5 4,3	72,0–75,0 73,5	(388,4) (400,0)	–
Rindfleisch (Herz), roh	350,0	57,75	22,05	2,45	4,2	263,9	1583,8	448,0
Reis, geschält, gekocht[2])	250,0	20,50	1,15	197,50	2,0	29,5	3800,3	320,0
Milch, Vollmilch, roh	150,0	4,95	6,02	7,41	1,2	130,9	408,5	192,0
Mohrrüben, gerieben, roh	50,0	0,55	0,10	4,55	0,5	43,3	83,8	64,0
Trockenhefe (Bierhefe)[4])	20,0	9,22	0,32	7,48	1,4	1,4	291,6	25,6
1. Summe[5])	820,0	92,97 +	29,64 +	219,39 +	9,3 + +	469,0 –	6168,0 +	1049,6
Wasser[3])	250,0	–	–	–	–	250,0	–	250,0
„Vitamin-Mineralstoff-Mischung für Kleintiere®"	25,0	1,75	–	–	21,17	–	22,0	32,0
2. Summe[5])	1095,0	94,72 +	29,64 +	219,39 +	30,47 –	719,0 +	6190,0 + +	1331,6
Futterzusammensetzung in %	(100,0)	8,7	2,7	20,0	2,8	65,8	(565,3)	–

[1]) leichtlösliche Kohlenhydrate, [2]) Einwaage roh und trocken, [3]) als Kochwasser benutzen, [4]) oder 70 g Bäckerhefe, [5]) Beurteilungssymbol im Vergleich zum Richtwert Bedarf/Tier.

bedarf (s. Tabellen 5.1.–5.3.). Unvermischtes Dosenfleisch ist kein Alleinfutter. Durch die Erhitzung bei der Sterilisation enthält es kaum noch Vitamine und sollte nur gemeinsam mit einem kohlenhydrat- und vitaminreichen Grundfutter gegeben werden.

Zusatzfutter sind Eiweißkonzentrate (Tierkörper-, Fleisch-, Fischmehle) sowie Kohlenhydratfutter in Form von Mehlen, Graupen und Keksen. Während erstere zur Ergänzung besonders kohlenhydratreicher Grundfutter eingesetzt werden, sind letztere als Zugabe bei sonst ausschließlicher Fleischnahrung gedacht.

Als *Beifutter* werden Hundekuchen, Hundebonbons, Hundeaufbaunahrung usw. bezeichnet, die zur Erzielung eines bestimmten Zweckes, wie z. B. der Gebißreinigung und -festigung, eines besseren Wachstums, der Fellverschönerung oder des Vitamin- und Mineralstoffausgleichs, angeboten werden, wobei ihr Wert entsprechend fragwürdig ist.

Die **Fütterung eines erwachsenen und gesunden Hundes** bei normaler Belastung und den Bedarfsnormen entsprechendem Futter kann einmal am Tag, am besten zur Mittagszeit, erfolgen. Weil sich nach Pawlow die Verdauungstätigkeit und die Magen- und Darmsaftsekretion auf die Futterzeiten einstellen, ist Regelmäßigkeit von sehr großer Bedeutung. Übriggebliebenes Futter wird nach 15–20 Minuten entfernt und wegen der Gefahr der Säuerung vernichtet. Appetitmindernde Leckerbissen zwischen den Mahlzeiten sind zu vermeiden. Da der Hund das Futter unzerkaut verschlingt, muß es gut zerkleinert und handwarm verabreicht werden. Frisches Trinkwasser sollte immer zur freien Verfügung stehen. Im Gegensatz zur Auffassung der meisten Hundebesitzer ist bei normgerechter Ernährung eine Abwechslung in der Nahrungsform und im Geschmack nicht notwendig und wegen des damit verbundenen Futterwechsels sogar gefährlich.

Die **Fütterung bei Arbeitsleistung** muß sich im Energie- und Nährstoffgehalt nach der Leistung richten (s. Tabellen 5.2. und 5.3.) und in der Tageszeit dem Arbeitsrhythmus anpassen. Die Absicherung des Energieleistungsbedarfs erfolgt bei konventionellem Feuchtfutter durch Einbeziehung energiereicher Nährstoffträger und bei Fertigfuttermitteln durch einfache Steigerung der Tagesgesamtfuttermenge. Die Einhaltung genügend langer Ruhepausen zur optimalen Verdauung und Wiederherstellung der Kräfte ist zu beachten (Grünbaum 1982).

Die **Fütterung der trächtigen und säugenden Hündin** muß den Normalbedarf erheblich überschreiten, wenn Geburt und Aufzucht komplikationslos verlaufen sollen. Während sich eine geringe Vermehrung des Erhaltungsfutters um ca. 10,0 % im Verlauf der Brunst auf die Zahl der abgegebenen Eier positiv auswirken kann, wird in den ersten 14 Tagen der Gravidität nur der bisherige Erhaltungsbedarf gefüttert. In der 3. bis 6. Trächtigkeitswoche wird der Erhaltungsbedarf um das 1,5–2fache erhöht und dann bis zur Geburt unter Berücksichtigung der vermutlichen und rassenüblichen Wurfgröße, des Temperaments der Hündin und ihrer zusätzlichen Belastung allmählich wieder auf den Ausgangswert reduziert (s. Tabelle 5.2.). Die täglich benötigte Futtermenge wird mit zunehmender Trächtigkeitsdauer auf 3–5 Mahlzeiten verteilt.

Während der **Laktation** steigt der Bedarf an Energie-, Nähr- und Mineralstoffen sowie Vitaminen in Abhängigkeit vom Laktationsstadium (Meyer et al. 1981, Mundt et al. 1981) bis auf das 4fache des Erhaltungsbedarfs (s. Tabelle 5.2.). Eiweiß, Fett, Mineralstoffe und Vitamine werden in erheblicher Menge mit der Milch abgegeben und müssen über die Nahrung wieder zugeführt werden. Dies verdeutlicht die Tabelle 5.7., die nach den Angaben des National Research Coun-

Tabelle 5.7. Durchschnittlicher Nährstoff-, Energie- und Mineralstoffgehalt von Hunde-, Kuh- und Frauenmilch pro 100,0 g nach Documenta Geigy (1960), Leibetseder (1966) und Meyer (1981)

Milchart	Nährstoffgehalt in g/100,0 g				Energie in kJ	Mineralstoffgehalt in mg		
	Eiweiß	Fett	Lactose[1]	Wasser		Ca	P	Ca:P
Hundemilch	8,0	9,0	3,1	78,3	⌀ 608,4	280,0	240,0	1,2:1,0
Kuhmilch	3,3	3,8–4,0	4,8	87,4	251,4	120,0	100,0	1,2:1,0
Frauenmilch	2,0	3,8	6,5	87,6	259,8	35,0	20,0	1,2:0,7

[1]) = Kohlenhydrate

cil (1974), von Documenta Geigy (1960), LEIBETSEDER (1966) und MUNDT et al. (1981) einen Vergleich der Zusammensetzung von Hunde-, Kuh- und Frauenmilch ermöglicht.

Auf Grund dieser Aufstellung hat LEIBETSEDER (1966) errechnet, daß eine Hündin z.B. mit 1 Liter Milch 80,0 g Eiweiß abgibt und somit bei einer Proteinverdaulichkeit von 60,0% pro Liter Milch 135,0 g Eiweiß mit der Nahrung zusätzlich erhalten muß. In gleicher Weise kann auch der weitere Nährstoffbedarf berechnet werden. Andererseits ist es möglich, für die Futterzusammenstellung einer säugenden Hündin den Energiebedarf pro Welpen zugrunde zu legen, der von STRASSER (1964) und LEIBETSEDER (1966) wie in der Tabelle 5.8. angegeben wird.

Diese Energiemenge, multipliziert mit der Welpenzahl, ergibt den zusätzlichen Energiebedarf einer säugenden Hündin, der zum Erhaltungsbedarf addiert werden muß. Wegen der großen Futtermenge sind mehrere Mahlzeiten, evtl. auch nachts, erforderlich. Synchron mit der Aufnahme von Zusatzfutter durch die Welpen ist die Futter- und Energiemenge für die Hündin entsprechend zu reduzieren, so daß beim Absetzen wieder der Erhaltungsbedarf erreicht wird. Besonders wichtig ist die Sicherstellung des Mineralstoff- und Vitaminbedarfs, was am besten durch die Verfütterung entsprechender Präparate auf der Grundlage der in Tabelle 5.4. angegebenen Bedarfsnormen erfolgt (MEYER 1981).

Die **Fütterung wachsender Welpen** beginnt mit ihrer Geburt und der Aufnahme der Kolostralmilch. Das Suchen und Finden der mütterlichen Zitzen erfolgen in der Regel selbständig und noch während des Geburtsablaufes. Ein Abtrennen bereits geborener Welpen von der Mutter bis zur Beendigung der Geburt ist nicht richtig.

Möglichst 3 Wochen sollten die Welpen vollständig mit Muttermilch ernährt werden. Dann muß in Abhängigkeit von der Milchleistung der Hündin die **Zu-** oder **Beifütterung** einsetzen. Bei *früher Zufütterung* (ab 18.–21.Tag) beginnt man mit milchhaltigem Hafer- oder Reisschleim (Instanterzeugnisse), in den Sahnequark und eine Vitamin-Mineralstoff-Mischung eingequirlt werden **(Schleimphase)**. Mit zunehmendem Alter (ab 25.Tag) wird die Milch teilweise durch Fleischbrühe ersetzt und das Zusatzfutter durch rohes, zu Brei gehacktes Fleisch, gekochten und kleingewiegten Fisch, gekochtes Hühnereigelb oder durch gesiebte Fertigfuttermittel eiweißreicher, gehaltvoller und fester gestaltet **(Breiphase)**. Jetzt

Tabelle 5.8. Energiebedarf in kJ/kg KM und Tag von Hundewelpen während der Wachstumsperiode nach STRASSER (1964), LEIBETSEDER (1966), MEYER (1981)

Zeiteinheit	kJ/kg KM
1. Woche	817
2. Woche	922
3. Woche	1026
1,0–2,5 Monate	1110
2,5–3,5 Monate	838
3,5–5,0 Monate	587
5,0–7,5 Monate	544
7,5–9,0 Monate	419
9,0–13,0 Monate	419

sollen mehr und mehr Futtermittel zum Einsatz gelangen, die auch Bestandteil des Welpenfutters bzw. der Nahrung für erwachsene Hunde sein werden. Bei *später Zufütterung* (ab 25.Tag) wird die Schleimphase übersprungen.

Die Zahl der Zufütterungen hängt von der Milchleistung der Hündin ab. Langsam sind Menge und Häufigkeit zu erhöhen, bis zum Ende der 4.Lebenswoche 4- bis 5mal täglich zugefüttert wird. Kurz vor dem Absetzen der Welpen (6.–7.Lebenswoche) muß die Zufütterung den gesamten Energie-, Nährstoff-, Mineralstoff- und Vitaminbedarf der Welpen, der das Doppelte des Erhaltungsbedarfs erwachsener Hunde ausmacht (s. Tabelle 5.4.), abdecken.

Die *Fütterung abgesetzter Welpen* muß einen verdoppelten Energie-, Nährstoff-, Mineralstoff- und Vitaminbedarf berücksichtigen. Mit zunehmendem Alter nehmen der Eiweiß- und Fettbedarf ab und der Kohlenhydratbedarf zu, während der Mineralstoff- und der Vitaminbedarf unverändert hoch bleiben. Die Welpennahrung sollte zunächst in ihrer Zusammensetzung der Hündinnenmilch noch ähnlich sein und auf der Basis des bereits verabreichten Beifutters kontinuierlich in die Nahrung für erwachsene Hunde überleiten, wobei sowohl konventionelle Futterzusammenstellungen als auch Fertigfuttermittel eingesetzt werden können. Sind letztere nicht ausdrücklich für wachsende Welpen deklariert, müssen Energie-, Nährstoff-, Mineralstoff- und Vitamingehalt dem Bedarf durch Zusätze angepaßt werden. Rezepturen für konventionelle Futterzusammensetzungen sind bei GRÜNBAUM (1982) ausführlich dargestellt und die erforderlichen Tagesgesamtfuttermengen von Fertigfuttermitteln den beiliegenden Fütterungsanleitungen zu entnehmen.

Zur Vermeidung ernährungsbedingter Knochenwachstumsstörungen (s. Kapitel 14.) ist auf die normgerechte Eiweiß-, Mineralstoff- und Vitaminversorgung wachsender Welpen und Junghunde besonders zu achten. Die hierbei vorherrschenden Ernährungsfehler sind übermäßige Fleisch- und Vitaminversorgung bei gleichzeitig mangelhafter Calciumversorgung.

Bei der *künstlichen Welpenaufzucht* ist ein Ersatz der Hündinnenmilch erforderlich, der nach STRASSER (1964) bis zu einem Alter von 3½ Wochen am besten aus einer Saugflasche mit olivförmig sich zur Spitze hin erweiterndem Gummisauger und dann selbständig aus einer flachen Schale aufgenommen wird. Der Energie- und Nährstoffgehalt der Ersatzmilch muß dem der Hündinnenmilch weitgehend entsprechen (s. Tabelle 5.7.) und den Energiebedarf der Welpen (s. Tabelle 5.8.) voll abdecken. Bewährt haben sich nach STRASSER (1964; LAWLER und CHANDLER 1992) industriell hergestellte Hundemilchersatzpräparate (Milchaustauscher). Da sie nicht überall verfügbar sind und sich Kuhmilch oder Frauenersatzmilch wegen ihres zu geringen Eiweiß- und Fett- sowie zu hohen Lactosegehaltes (s. Tabelle 5.7.) nicht eignen, müssen entsprechende Mischungen auf Kuhmilch- oder Trockenmilchbasis selbst hergestellt werden. Die Tabelle 5.9. gibt drei bilanzierte Rezepturen dafür an, die fast vollständig der durchschnittlichen Zusammensetzung von Hündinnenmilch (s. Richtwerte) entsprechen und die unterschiedlichen Bezugsmöglichkeiten der Ausgangsmaterialien berücksichtigen. Nach MUNDT et al. (1981) verändert sich die Milchzusammensetzung im Verlauf der Laktationsperiode, wobei insbesondere der Rohprotein-, Rohfett-, Rohasche- und Energiegehalt zunehmen.

Die Tagesgesamtfuttermengen richten sich nach dem täglichen, vom Alter und Körpergewicht abhängigen Energiebedarf, wie er in der Tabelle 5.8. angegeben ist. Verdaulichkeitsverluste brauchen nach THOMÉE (1978) nicht berücksichtigt zu werden, da mit einer Verdaulichkeit der organischen Bestandteile von ca. 99,0% und der anorganischen von über 90,0% zu rechnen ist.

Die Berechnung der Tagesgesamtfuttermengen macht folgende Rechenwege erforderlich:

1. Errechnung des Energiebedarfs:
Gesamtkörpergewicht des Wurfes ergibt nach Tabelle 5.8. und nachfolgender Formel unter Berücksichtigung des Lebensalters die benötigte Energiemenge pro Tag.

$$\frac{\text{KM aller Welpen in g} \times \text{Energiebedarf in kJ/kg KM}}{1000,0}$$
= Energiebedarf aller Welpen pro Tag

2. Errechnung der Tagesgesamtfuttermenge:
$$\frac{\text{Energiebedarf in kJ} \times 100,0}{\text{Energiegehalt}/100,0\text{ g der Ersatzmilchrezeptur}}$$
= ⌀ Tagesgesamtfuttermenge für den Wurf

3. Aufteilung der Tagesgesamtfuttermenge auf die Welpenzahl (Dividieren durch die Zahl der Welpen) und auf die einzelnen Tagesrationen (Dividieren durch die Zahl der Rationen).

4. Fütterungshäufigkeit und Umgebungstemperaturen:
1. Lebenswoche alle 2 Std. = 12/24 Std.; 32,0–30,0 °C
2. Lebenswoche alle 3 Std. = 8/24 Std.; 30,0–28,0 °C
bis zum Absetzen alle 4 Std. = 6/24 Std.; 28,0–24,0 °C

5. Errechnung der Einzelfuttermittelmengen:
$$\frac{\text{Einzelfuttermittelmenge}/100,0 \text{ g in g nach Tabelle 5.9.} \times \text{benötigte Tagesgesamtfuttermenge in g}}{100,0}$$
= Einzelfuttermittelmenge pro Tagesgesamtfuttermenge

Um die Berechnungen zu vereinfachen, kann man die Hundeersatzmilch für jeweils 2 Tage herstellen, im Kühlschrank aufbewahren und vor der Verfütterung im Wasserbad auf 38,0 °C erwärmen.

Säuglingsmilchpräparate sind zur künstlichen Welpenaufzucht nur geeignet, wenn sie durch Zusätze oder Verdünnungen dem Energie- und Nährstoffbedarf der Welpen angepaßt werden.

Nach STRASSER (1964) ist auch eine dreimalige Fütterung der Welpen im 8-Stunden-Rhythmus möglich. Wichtig sind die Nachahmung der natürlichen Saughaltung und die Unterstützung des Harn- und Kotabsatzes durch leichte Reizung der Analgegend vor der Fütterung sowie die Einhaltung optimaler Umgebungstemperaturen, die in der ersten Woche 32,0–30,0 °C, der zweiten Woche 30,0–28,0 °C, der dritten Woche 28,0–26,0 °C und in der vierten Woche 26,0–24,0 °C betragen sollen. Die Umstellung auf festes und gehaltvolleres Futter erfolgt, wie bei der Fütterung wachsender Welpen beschrieben, unter Vermeidung eines plötzlichen Futterwechsels.

Die **Fütterung alternder Hunde** muß berücksichtigen, daß eine altersbedingte Proliferationshemmung, Zellreduktion und Organinvolution

Tabelle 5.9. Hundeersatzmilch-Rezepturen auf Trockenmilchbasis (Vollmilchpulver), ausgerichtet auf den Nährstoff-, Energie- sowie teilweisen Mineralstoff- und Vitamingehalt von 100,0 g Hundemilch (GRÜNBAUM 1982)

Futterzusammenstellung		Nährstoffgehalt in g				Energie in kJ	Mineralstoffgehalt in mg			Vitamingehalt in IE		B-Komplex (mg)
Einzelfuttermittel	Menge in g	Eiweiß	Fett	Kohlen-hydrate	Wasser		Ca	P	Ca:P	A	D	
Richtwerte:												
Hundemilch	100,0	8,0	9,0	3,1	78,3	557,0 630,0	280,0	240,0	1,2:1,0	545,0		17,6
Rezeptur 1												
Milch, Vollmilchpulver	20,0	5,2	5,3	7,6	0,7	415,6	189,8	145,6	1,2:0,9	280,0	+	0,78
Eipulver	6,5	3,1	2,8	0,2	0,1	161,5	12,2	52,0	1,2:5,1	289,9	+	0,76
Vitamin-Mineralstoff-Mischung für Kleintiere	0,4	–	–	–	–	0,4	84,0	42,6	1,2:0,6	40,0	4,0	1,8
Wasser	73,0	–	–	–	73,0	–	–	–	–	–	–	–
Lebertran (Tropfen)	(4,0)	–	–	–	–	–	–	–	–	85,0	10,0	–
Vitamin-B-Komplex-„Jenapharm"[2]	0,25	–	–	–	–	–	–	–	–	–	–	16,0
Summe[1]	100,0	8,3 +–	8,1 –	7,8 ++	73,8 –	577,5 +	286,0 +–	240,2 +–	1,2:1,0 +–	609,9 +	14,0 +	19,3 +
Rezeptur 2												
Milch, Vollmilchpulver	25,0	6,4	6,7	9,5	0,9	519,5	237,2	182,0	1,2:0,9	350,0	+	1,0
Milch, Trinkvollmilch	50,0	1,6	1,2	2,4	44,2	125,0	53,3	40,0	1,2:0,9	50,0	1,4	1,9
Wasser	25,0	–	–	–	25,0	–	–	–	–	–	–	–
Vitamin-B-Komplex-„Jenapharm"[2]	0,25	–	–	–	–	–	–	–	–	–	–	16,0
Lebertran (Tropfen)	(6,0)	–	–	–	–	–	–	–	–	127,5	15,0	–
Summe[1]	100,0	8,0 +–	7,9 –	11,9 +	70,1 –	644,5 +	290,5 +	222,0 –	1,2:0,9 +–	527,5 –	16,4 +	18,9 +
Rezeptur 3												
Milch, Trinkvollmilch (2,2% Fettgehalt)	50,0	1,6	1,1	2,4	44,2	125,0	53,3	40,0	1,2:0,9	50,0	1,4	1,9
½ Eidotter, roh	10,0	1,6	3,2	0,1	4,9	148,7	14,7	58,6	1,2:4,8	321,0	100,0	0,1
Quark, mager	35,0	5,3	0,1	1,2	28,0	133,0	32,2	62,0	1,2:2,3	35,0	–	0,2
Öl, Speiseöl	4,0	–	4,0	–	–	156,0	–	–	–	3,1	–	–
Vitamin-Mineralstoff-Mischung für Kleintiere	0,9	0,1	–	–	0,1	0,8	189,0	95,8	1,2:0,6	90,0	9,0	0,6
Vitamin-B-Komplex-„Jenapharm"[2]	0,25	–	–	–	–	–	–	–	–	–	–	16,0
Summe[1]	100,0	8,6 +–	8,4 +–	3,7 +–	77,2 +–	563,5 +–	289,2 +–	256,4 +	1,2:1,1 +–	499,1 +–	110,4 +	18,8 +

[1]) Beurteilungssymbole im Vergleich zum Richtwert, [2]) 0,25 ml = 5 Tropfen.

Verdauungsinsuffizienzen und Resorptionsstörungen verursacht. Bei verminderter körperlicher Leistung wird die Stoffwechselrate um ca. 20,0% herabgesetzt und der Energiebedarf reduziert. Für das tägliche Futter ist somit ein geringerer Energiebedarf, aber ein erhöhter Protein-, Mineralstoff- und Vitaminbedarf der älteren Hunde zu beachten und die Verdauung durch biologisch hochwertige Nährstoffträger zu erleichtern. Letzteres gilt insbesondere für Proteine, deren stickstoffhaltige Stoffwechselendprodukte die weniger leistungsfähigen Nieren möglichst wenig belasten sollten. Für alte Hunde wird ein Energiebedarf von ca. 230,0–450,0 kJ/kg KM empfohlen. Die Fütterung sollte 3- bis 4mal täglich in kleinen Mengen erfolgen und jeglichen Futterwechsel vermeiden (LEIBETSEDER 1989). Fettleibigkeit oder Unterernährung können beim alternden Hund nur durch ein optimales Verhältnis zwischen Bewegung und bedarfsgerechter Ernährung verhindert werden.

5.3. Ernährungsfehler

Ernährungsfehler stören Wachstum und Entwicklung, setzen die Leistungsfähigkeit herab und lösen mehr oder weniger klinisch sichtbare Erkrankungen aus bzw. begünstigen deren Entstehung durch Verminderung der allgemeinen Widerstandskraft des Organismus. Zu den Ernährungsfehlern sind zu rechnen:

– Fehler bei der Fütterungshygiene,
– Fehler bei der Futterzusammensetzung,
– Nahrungsmittelvergiftungen,
– Übertragung von Krankheiten durch Nahrungsmittel.

Zu den **Fehlern bei der Fütterungshygiene** zählen:

– mangelhafte Konsequenz bei der Erziehung zum richtigen Fütterungsverhalten (unregelmäßige und zu lang bemessene Fütterungszeiten, Beachten des angeblichen Willens der Tiere, Leckerbissen u.a.m.),
– Verabreichen von zu kaltem oder zu heißem Futter,
– Verfüttern von verdorbenen Nahrungsmitteln oder infiziertem Futter,
– unzureichende Reinigung der Futter- und Tränkgefäße,
– Stören der Fütterungsruhe.

Zu den **Fehlern bei der Futterzusammensetzung** gehört die **unausgeglichene Ernährung** durch Nichteinhalten der Normen für den Energie-, Nährstoff-, Mineralstoff- und Vitaminbedarf und für die prozentuale Futterzusammensetzung, woraus folgende Mangelerkrankungen und Überfütterungserscheinungen resultieren:

– *Mangelerkrankungen* und *Hypovitaminosen*
Eiweißmangel führt zur Abmagerung und Verminderung der Widerstandsfähigkeit des Organismus gegenüber Infektionskrankheiten (MAYR und BIBRACK 1975, EDNEY 1981) durch negative Beeinflussung des Antikörperbildungsvermögens und Herabsetzung der aktiven Immunität. *Fettmangel* verursacht Haarkleidschäden, Fortpflanzungsstörungen und verminderte Resistenz. *Kohlenhydratmangel* belastet den Organismus durch den Zwang zur stoffwechselintensiven Energiegewinnung aus anderen Nährstoffen. *Calciummangel* löst, insbesondere in Verbindung mit einem Phosphor- und Eiweißüberangebot bei übermäßiger Fleischfütterung, die im Kapitel 14. beschriebene Osteodystrophie infolge eines sekundären alimentären Hyperparathyreoidismus aus. *Phosphor- und Vitamin-D-Mangel* sind verantwortlich für die Rachitis und Osteomalazie. *Eisenmangel* vermindert Wachstum, Leistungsfähigkeit und Widerstandskraft. Vitaminmangelerscheinungen sind in der Tabelle 5.10. dargestellt.

– *Überfütterungserscheinungen und Hypervitaminosen*
Von ihnen sind die *Adipositas* (= Mißverhältnis zwischen Energiezufuhr und -verbrauch) und die *übermäßige Knochenfütterung* zu nennen. Letztere ist äußerst gefährlich, weil abgeschluckte und meist zu große Knochenstücke oder -splitter Speiseröhre oder Darm verlegen oder zu Koprostasen führen können. Von den Vitaminüberdosierungen (s. Tabelle 5.10.) ist die *Vitamin-D-Hypervitaminose* infolge unüberlegter Vitaminsubstitutionen zu nennen. Sie führt zu schwerwiegenden Kalkablagerungen u.a. in den Nieren, dem Herzen und der Lunge.

Zu den **Nahrungsmittelvergiftungen** gehören:
– Vergiftungen mit Arsen, Phosphor, Thallium, Cumarin usw., die als Bestandteile von Pestiziden oder Rodentiziden (s. Kapitel 28.) durch Aufnahme von Ködern oder vergifteten Schadnagern manifest werden können;
– Vergiftungen mit chemischen Fleischkonservierungsmitteln (z.B. Natriummetabisulfit oder Natriumpyrosulfit);

Tabelle 5.10. Vorkommen einiger Vitamine in Nahrungsmitteln, ihre Aufgaben im Organismus sowie Mangel- und Vergiftungserscheinungen

Vitamine	Aufgaben im Organismus	Mangelerscheinungen (Avitaminosen)	Vergiftungserscheinungen (Hypervitaminosen)	Vorkommen in Nahrungsmitteln	Bemerkungen
• Fettlösliche Vitamine					
Vitamin A	Stoffwechselregulation in Haut und Schleimhäuten (Hautschutz); Dunkelsehen	Augen-, Haut und Schleimhauterkrankungen; Nachtblindheit	Leberdegeneration (Zellzerstörung) Katze: Versteifung der Halswirbelsäule	Gemüse, besonders Karotten, Spinat, Leber, Niere, Butter, Milch, Hühnerei	in pflanzlichen Nahrungsmitteln nur als Provitamin A; Katze kann Provitamin A nicht verwerten
Vitamin D	Förderung der Calciumresorption im Darm und der Calciumeinlagerung in die Knochen; Aufrechterhaltung eines konstanten Blutcalciumspiegels	Knochenweiche (bei Jungtieren Rachitis, bei erwachsenen Tieren Osteomalazie)	Kalkablagerungen in Organen (Nieren, Herz, Lunge, Blutgefäßen usw.)	Gemüse, Hefe, Butter, Milch, Eigelb, Fischöle, Lebertran	Aufbau aus Vorstufen durch UV-Bestrahlung
Vitamin E	allgemeiner Stoffwechselfaktor; fördert Eiweißstoffwechsel; schützt Fette vor Zerstörung (Antioxydans)	Fruchtbarkeits- und Wachstumsstörungen, Störungen in Drüsen-, Muskel- und Nervengewebe	Leberdegeneration	Getreidekeimlinge und daraus hergestellte Öle; grünes Gemüse, Eigelb, Milch, Butter	begrenzte Haltbarkeit; selbst oxydationsempfindlich
Vitamin K	fördert die Bildung von Prothrombin (Blutgerinnungsfaktor) in der Leber	allgemeine Blutungsbereitschaft	Leberdegeneration	grünes Gemüse; tierische Organe (in Spuren)	Eigensynthese durch Dickdarmbakterien
• Wasserlösliche Vitamine					
Vitamin-B-Komplex	Förderung des Stoffwechsels als Teil von Stoffwechselenzymen (Koenzyme)	Störung des Stoffwechsels, der Nerventätigkeit, der Bildung roter Blutkörperchen, der Hauterneuerung; Harnsteinbildung	bisher nicht beschrieben	Bier- und Bäckerhefe, Reiskleie, Getreidekeimlinge, Obst und Gemüse, Leber, Niere, Gehirn, Herz, Muskulatur, Eigelb	teilweise Eigensynthese durch Dickdarmbakterien
Vitamin C	allgemeiner Aktivator des Zellstoffwechsels; stärkt Widerstandskraft des Organismus	verringerte Widerstandsfähigkeit (beim Menschen: Zahnausfall = Skorbut)	bisher nicht beschrieben	Obst und Gemüse, Hagebutten, Zitronen, Leber	Eigensynthese im Stoffwechsel von Hund und Katze

– echte Nahrungsmittelvergiftungen durch Toxine eiweißzersetzender Bakterien, wie z. B. der als „Fleisch- oder Fischvergifter" bekannten Proteusbakterien, des als „Wurstvergifter" bezeichneten Bakteriums *Clostridium botulinum* (Botulismus) und des Erregers der Enterotoxämie, *Clostridium perfringens*.

Die eiweißspaltenden *Proteusbakterien* besiedeln besonders gern zu warm und somit unsachgemäß gelagerte eiweißreiche Nahrungsmittel wie Fleisch und Fisch sowie Fleisch- und Fischkonserven. Sie verursachen entweder direkt oder indirekt über ihre Stoffwechselprodukte Darmentzündungen mit Fieber, Inappetenz, Vomitus und Diarrhoe.

Die *Botulismuserreger (Clostridium botulinum)* entwickeln sich unter anaeroben Bedingungen in Fleisch und Fleischkonserven, aber auch im Inneren von Wurst und Schinken sowie in einigen Gemüsekonserven. Während die drohende Gefahr an geschlossenen Konserven evtl. durch Bombage angezeigt wird, ist dies bei geöffneten Konserven bzw. zu warm gelagertem Fleisch nicht der Fall. Die Botulismuserreger selbst sind für Mensch und Tier nicht gefährlich, um so mehr aber das von ihnen gebildete Neurotoxin. Es führt zu Störungen des Nervensystems und über Lähmungen der Muskulatur von Nachhand, Augen, Kopf, Hals und Magen-Darm-Kanal sowie der Atemmuskulatur zum Tod. Obwohl Hunde offenbar eine gewisse natürliche Resistenz gegenüber dem Botulismustoxin haben (JOHANNSEN 1965) und nach Aufnahme verdorbener Nahrung auch relativ schnell erbrechen, ist mit Botulismusfällen auf Grund eigener Erfahrungen, insbesondere nach der Verfütterung von Futterfleisch suspekter Herkunft, immer wieder zu rechnen (KÖHLER und BURCKHARDT 1983).

Ein ebenfalls in Futtermitteln vorkommendes eiweißspaltendes Bakterium ist *Clostridium perfringens*. Die Aufnahme von Nahrungsmitteln, die durch diesen Erreger zersetzt wurden, löst Enterotoxämie mit heftigem Vomitus, Fieber und stinkend-blutiger Diarrhoe aus. Auch hierbei handelt es sich mehr um eine Intoxikation als um eine Infektion (MENGERT und JANETSCHKE 1990).

Hunde sind vor Nahrungsmittelvergiftungen am besten zu schützen, wenn sie durch Aufsicht und Kontrolle an der Aufnahme ausgelegter Giftköder oder verendeter Kleinnager sowie verdorbener Lebensmittel gehindert werden. Besonders vorsichtig muß man mit der Verfütterung von Futterfleisch oder Innereien suspekter Herkunft sein.

Derartiges Fleisch ist nur frisch und zur Erregerverdünnung intensiv durchgekocht einzusetzen. Treten Vergiftungen auf, ist sofort Brechreiz auszulösen und nach den Angaben im Kapitel 28. zu verfahren (symptomatische Behandlung).

Auch eine **Übertragung von Krankheiten durch Nahrungsmittel** ist möglich (MÜLLER 1981). Besonders Salmonellen, Endoparasiten und Viren der Aujeszkyschen Krankheit (ARNDT und SCHULZE 1979) sowie der TGE sind hierbei zu nennen. Während erstere durch rohes Futterfleisch bei verminderter Resistenz übertragen werden und die Salmonellose auslösen (s. Kapitel 17.), gelangen letztere über rohes Schweinefleisch an die Hunde und verursachen schwere Magen-Darm-Störungen (s. Kapitel 27.).

Das Coronavirus der Transmissiblen Gastroenteritis der Schweine (TGE) verursachte nach ALBRECHT und LÜPKE (1976) im Jahre 1976 eine Coronavirus-Enteritis (s. Kapitel 27.). Die Infektion erfolgte über Schweinegülle TGE-positiver Tiere und von Hund zu Hund. Wir konnten Coronavirus-Antikörper unter privat gehaltenen Hunden bis zu 13,4% und bei Diensthunden in konzentrierten Beständen bis zu 60,0% ermitteln (GRÜNBAUM et al. 1979). Der klinische Verlauf ist durch Inappetenz, Vomitus, allgemeine Apathie und Schwäche, Gewichtsverlust, Dehydratation und Körpertemperaturen bis zu 40,0 °C charakterisiert. Beim einzelnen Tier sind die klinischen Symptome meist nur leicht, und der Verlauf ist subakut. Lediglich Appetitverminderung, Leistungsschwäche, leichtes Erbrechen und zementgrauer, übelriechender Durchfall treten auf. Die Übertragung von Hund zu Hund und das Ausbleiben einer belastbaren Immunität nach überstandener Erkrankung, d. h. die Möglichkeit zu fortlaufenden Reinfektionen, wurden von uns nachgewiesen. Die Behandlung ist symptomatisch zu gestalten. Eine Ausscheidung von Coronaviren durch serologischpositive Hunde konnten wir nicht nachweisen.

Die Übertragung von Infektionskrankheiten durch Nahrungsmittel ist eigentlich nur dann möglich, wenn nicht sterilisiertes Futterfleisch suspekter Herkunft (z. B. aus Tierkörperverwertungsbetrieben) verfüttert wird. Das generelle Abkochen jeglichen Futterfleisches ist eine relativ sichere Prophylaxe.

Nach FLASSHOFF (1977) und LEIBETSEDER et al. (1982) ist aber zu berücksichtigen, daß eine Keimfreiheit der für Hunde geeigneten Futtermittel unter den üblichen konventionellen Fütterungsbedingungen schwer oder gar nicht zu erreichen ist. Solange sich der Keimgehalt aber nach Zahl und Art innerhalb der Norm bewegt, ist dies ohne gesundheitsschädigende Wirkung. Erst bei einer Vermehrung bestimmter Erregergruppen können klinisch manifeste Erkrankungen resultieren. Dies hängt von den natürlichen Abwehrkräften der Tiere und ihrer individuellen Widerstandskraft ab. Besonders gefährdet sind Jungtiere und solche, die durch parasitäre Invasionen oder *Fehlernährung* in ihrer Resistenz beeinträchtigt sind. Zur Fehlernährung zählt auch ein schwerverdauliches Eiweiß- oder Kohlenhydratüberangebot bei gleichzeitiger Erregeranreicherung im Futter, in dessen Folge es im Dünndarm zur Aufnahme bakterieller Zerfalls- und Stoffwechselprodukte und damit zu Darmschleimhautentzündungen kommt. Das führt zu abnormen Verdauungsvorgängen, Verschiebungen des Darmmilieus in den alkalischen Bereich und zum überschießenden Wachstum normalerweise im Darm vorhandener Bakterien (z.B. *Escherichia coli*). Die so veränderte Darmflora besiedelt höher gelegene Dünndarmabschnitte, so daß Verdauungsstörungen mit Inappetenz, Erbrechen und Durchfall resultieren. Besteht die Nahrung vorwiegend aus schwerverdaulichen Eiweißen, stehen Fäulnisprozesse im Vordergrund der Verdauungsstörungen, besteht sie hauptsächlich aus unaufgeschlossenen Kohlenhydraten, sind es Gärungsprozesse (s. auch Kapitel 17.).

Zu den durch Nahrungsmittel ausgelösten Krankheiten gehören auch die *Futtermittelallergien*. Sie werden von FERSLEV (1982) zum Allergietyp III gerechnet, d.h. zur komplexvermittelten Überempfindlichkeit. Klinische Erscheinungen sind Pruritus mit urtikariaähnlichen Hautveränderungen, Seborrhoe und eitriger Dermatitis. Sie können aber auch ganz fehlen. Möglich sind weiterhin intermittierender Vomitus oder Diarrhoe bis zu 2 Stunden nach der Futteraufnahme. Die Diagnose kann durch histologische Untersuchungen der Haut, Bestimmung der Allergene und erfolgreiche Eliminationsdiäten gestellt werden (EDNEY 1981, FERSLEV 1982). Ferner sind ernährungsbedingte Allergien kaum empfindlich gegenüber Glukocorticosteroiden. Nach GREIFFENHAGEN-POTOCKI (1978) besteht bei gleichzeitigem Auftreten von Magen-Darm-Symptomen und Pruritus bzw. Ekzemen immer der Verdacht einer Futtermittelallergie, deren Allergene durch sinnvolle Eliminations- und Provokationsdiäten ermittelt werden können.

Als Allergene wurden beim Hund Kuhmilch, Eier, Pferde-, Rind-, Schaf-, Schweine- und Kaninchenfleisch, Weizen, Brot, Maisschrot, Schokolade, Trocken- und Dosenfutter sowie verdauungsbedingte Spaltprodukte dieser Nährstoffträger ermittelt (GREIFFENHAGEN-POTOCKI 1978, Meyer 1981). Auch Konservierungsmittel in industriell hergestellten Fertigfuttermitteln kommen in Frage (FERSLEV 1982). Das Auftreten von Nahrungsmittelallergien als Folgeerscheinung von oraler Chemotherapie wird in der Humanmedizin verstärkt beobachtet, wobei eine Behandlung mit Antihistaminika in der Regel erfolgreich ist (GALLWAS 1980).

Vom Auftreten *ernährungsbedingter Hautkrankheiten* und ihren Ursachen berichtete MEYER (1981). Sie beruhen auf der Unterversorgung mit Protein (trockenes, rauhes Haarkleid, Hyperkeratosen), ungesättigten Fettsäuren (trockene, schuppenreiche Haut, Haarausfall, Pruritus), Zink (Haarausfall, Parakeratose, Keratitis), Iod (Ödeme, Haarausfall), Kupfer (Pigmentaufhellung), Vitamin A (Hyperkeratose, geringer Haarwuchs, Haarausfall, Pruritus, Dermatitis chronica), Vitamin K (intradermale Hämatome), Vitamin B_6 (Epidermisatrophie, Hautödeme, Haarausfall, Dermatitis), Nicotinsäure (schuppige Dermatitis) und Biotin (sprödes, trockenes, glanzloses Haar, seborrhoisches Ekzem, Haarausfall, Pigmentverlust, Verschorfungen, Pruritus).

5.4. Diätetische Ernährung (Diätetik)

Sie weicht von der normgerechten Fütterung gesunder Hunde ab, um einen krankheitsbedingten Zustand zu berücksichtigen und die Heilung erkrankter Tiere durch optimale Einstellung auf die vorhandene oder zu erwartende Stoffwechselsituation zu unterstützen. Die Diätetik hat eine große Bedeutung, denn intensive therapeutische Bemühungen, zeit- und kostenaufwendige Operationen oder Behandlungen führen oftmals nicht zum erwünschten Erfolg, weil unbedingt erforderliche Veränderungen in der Ernährung nicht angewiesen oder nicht realisiert werden.

Die häufig im Verlauf von Erkrankungen auftretende Inappetenz und Anorexie verstärken krankheitsbedingte Stoffwechselstörungen infolge Energie-, Eiweiß-, Elektrolyt-, Wasser- oder Vitaminmangels. Das darf nicht geduldet, sondern muß durch **diätetische Maßnahmen** aktiv verhindert werden. Zu ihnen gehören

– die diätetische Ernährung,
– die Zwangsfütterung und Sondenernährung,
– die parenterale Ernährung.

Die *diätetische Ernährung* setzt eine verminderte oder noch vorhandene Nahrungsaufnahme voraus und versucht durch häufige Gaben kleiner Nahrungsmengen den veränderten Energie-, Nährstoff-, Mineralstoff- und Vitaminbedarf des erkrankten Tieres abzusichern. Unter Ausnutzung individueller Fütterungsgewohnheiten wird das bevorzugte Futter durch Zugabe leichtverdaulicher Nährstoffträger (Quark, Traubenzucker, gekochtes Hühnerei, stark zerkleinertes Fleisch) oder durch Reduzierung einzelner Nahrungsmittel dem veränderten Bedarf angepaßt. Einzelne Diäten sind in ihrer Zusammensetzung auf die krankheitsbedingt unterschiedlichen Stoffwechselsituationen erkrankter Tiere eingestellt. Sie werden in den nachfolgenden Abschnitten der speziellen Diätetik beschrieben.

Die *Zwangsfütterung oder Sondenernährung* soll eine stark reduzierte oder unterbrochene Nahrungs- und Trinkwasseraufnahme überbrücken. Ist der Schluckreflex vorhanden und das erkrankte Tier bei Bewußtsein, kann es vom Tierhalter durch Eingießen einer energie- und nährstoffgerechten Nahrung in die Backentasche zwangsernährt werden. Liegt eine Bewußtseinsstörung vor, oder wird die Nahrung nicht abgeschluckt, muß sie über eine fachgerecht eingeführte Magensonde appliziert werden (BÖHNING et al. 1970). Diese können als Nasenschlundsonden, ösophageale Sonden oder perkutan unter endoskopischer Kontrolle installierte Magensonden über mehrere Tage/Wochen liegenbleiben.

Die zur Zwangsfütterung vorgesehene Nahrung sollte der Krankheit sowie dem Grad und der Art des verursachten Schadens entsprechen. Bei ungeschädigtem Magen-Darm-Kanal kann sie aus dem üblichen Futter bestehen. Als *Diätnahrung* wird sie auf die vorliegende Krankheit eingestellt und als *Sondennahrung* gut appliziert und leicht verdaulich gestaltet.

Während die Diäten nachfolgend noch erläutert werden, enthält die Tabelle 5.11. die Rezeptur für eine konventionelle Diät- bzw. Sondennahrung des Hundes mit verdoppeltem Grundnährstoff-, Energie-, Mineralstoff- und Vitamingehalt.

Aus der Tabelle 5.11. sind die durchschnittlichen Tagesgesamtfutter- und Einzelfuttermittelmengen einer Diät- bzw. Sondennahrung auf konventioneller Basis für 5 Gewichtsgruppen des Hundes zu entnehmen. Da neben den Grundnährstoffen, der Energie, den Mineralstoffen und den Vitaminen auch das Wasser dem verdoppelten Bedarf angepaßt ist, resultieren relativ hohe Tagesgesamtfuttermengen. Sie sind jedoch für eine Zeitspanne von 24 Stunden gedacht und können anhand des aufgeschlüsselten Nährstoffangebotes pro 1,0 kg KM bzw. des Nährstoffgehaltes pro 100,0 g Futtermenge individuell verändert werden (z. B. Reduzierung der Tagesgesamtfuttermenge durch Energieerhöhung mittels Traubenzucker unter Einbeziehung der Energiebedarfswerte nach Tabellen 5.1. und 5.3.). Die Konsistenz der Nahrung ist ohnehin durch Zugabe oder Wegnahme von Wasser der Applikationsart (Sonde, Zwangsfütterung) anzupassen.

Über gute Erfolge mit selbst entwickelter Sondennahrung berichteten u. a. FORTMEYER und SKRDLIK (1979) sowie MUNDT und BRASS (1980). Die für humanmedizinische Zwecke entwickelten synthetischen Diäten sind wegen ihres Preises für die praktische Kleintierversorgung kaum, für Tierversuche aber sehr gut geeignet (LIPPERT et al. 1970, BAUMANN et al. 1980).

Einfacher gestaltet sich die Herstellung einer Sonden- oder Zwangsnahrung mittels industriell gefertigter Spezialpräparate (SEIFART 1970) oder Diätfuttermittel. Ihre Anpassung an den Bedarf des Tieres ist anhand der den Tabellen zu entnehmenden Normwerte einfach. Zur Überbrückung einer nur kurz andauernden Anorexie ist es möglich, als Proteinquelle evtl. auch ein human- oder veterinärmedizinisches Nutritans, wie z. B. Eiweißpräparate, einzusetzen. Es handelt sich hierbei um hochverdauliche Albumin-Globulin-Lösungen mit bis zu 90,0 g Eiweiß pro 100,0 ml, von denen 10,0 ml/kg KM und Tag den verdoppelten Proteinbedarf des Hundes (9,0 g/kg KM) abdecken. Auch Elektrolytlösungen können per os appliziert werden (LLOYD 1968). Das hat sich bei vomitus-bedingten Dehydratationen bewährt (BECKER und KRÄMER 1983). Nach eigenen Erfahrungen sind sie als Basislösung für oral zu verabreichende pulverförmige Medikamente sehr geeignet, da sie deren therapeutische Wirkung besonders bei Magen-Darm-Erkrankungen wesentlich unterstützen.

Die *parenterale Ernährung* wird erforderlich, wenn eine Zwangsfütterung oder Sondenernährung wegen der Art der Erkrankung bzw. des operativen Eingriffs nicht möglich ist oder kurze Phasen einer absoluten Nahrungskarenz mit ihren negativen Folgen auf die Rekonvaleszenz überbrückt werden sollen. Parenterale Ernährung bedeutet intravenöse Zuführung von Nährstoffen, Elektrolyten, Vitaminen und Wasser mit dem Ziel der Bedarfsdeckung des erkrankten Organismus und der Aufrechterhaltung einer positiven Stoffwechselbilanz (HARTIG 1979). Während die intravenöse Zufuhr der erforderlichen Eiweiß-, d. h. Aminosäuren- bzw. Stickstoffmengen gewähr-

Tabelle 5.11. Durchschnittliche Tagesgesamtfutter- und Einzelfuttermittelmengen in g/1,0 kg KM einer bilanzierten Rezeptur für eine **Diät** bzw. **Sondennahrung** zur Zwangsfütterung erwachsener Hunde zwecks Absicherung eines verdoppelten Grundnährstoff-, Energie-, Mineralstoff- und Vitaminbedarfs

Futterzusammenstellung Einzelfuttermittel	⌀ Einzelfuttermittelmenge in g/1,0 kg KM[1]) Gewichtsgruppen (Größe) in kg KM				
	sehr klein 1,0–5,0	klein 5,0–10,0	mittel-groß 10,0–20,0	groß 20,0–30,0	sehr groß 30,0–60,0
Geflügelfleisch, gekocht, sehr stark zerkleinert	58,0	44,0	36,0	31,0	28,0
Quark, fett, roh	22,0	17,0	14,0	12,0	10,0
Haferflocken-Instant-Haferschleimpulver, gekocht in:					
Milch, Trinkvollmilch	22,0	17,0	14,0	12,0	10,0
Öl, Hartfett, Rindertalg	36,0	27,0	23,0	20,0	17,0
Vitamin-Mineralstoff-Mischung für Kleintiere	1,5	1,2	1,0	0,8	0,7
	4,5	3,3	2,7	2,3	2,1
Summe ⌀ Tagesgesamtfuttermenge pro 1,0 kg KM	144,0	109,5	90,7	78,1	67,8

Energie-, Nährstoff- und teilweises Mineralstoff- sowie Vitaminangebot pro 1,0 kg KM

		Bedarf	Ist	Gehalt pro 100,0 g[2])
Richtwert: Gewichtsgruppe „mittelgroß"				
Energie	(kJ)	574,0	633,1	639,5
Eiweiß	(g)	9,0	10,9	11,0
Fett	(g)	2,6	6,8	6,9
Kohlenhydrate	(g)	15,8	10,4	10,5
Wasser	(ml)	70,0	62,6	63,2
Calcium	(mg)	528,0	434,5	438,9
Phosphor	(mg)	440,0	324,5	327,8
Ca:P		1,2:1,0	1,2:0,9	1,2:0,9
Vitamin A	(IE)	200,0	270,9	273,6
Vitamin D	(IE)	20,0	25,8	26,1
Vitamin-B-Komplex	(mg)[3])	0,8	2,0	2,0

[1]) Multiplikation der Mengenangaben mit dem Körpergewicht ergibt ⌀ Tagesbedarf/Tier.
[2]) Verdaulicher Gehalt (Verdaulichkeitsverluste abgezogen).
[3]) Vitamin-B-Komplex teilweise (Vitamin B_1, Pantothensäure).

leistet werden kann, ist die Absicherung des vollen Energiebedarfs problematisch.

Der Nährstoffbedarf ist bei der parenteralen Ernährung durch Wegfall der Resorptionsverluste anders als bei der normalen Ernährung, obwohl nach Hartig (1979) deren Grundsätze auch für die parenterale Ernährung gelten. Er ist abhängig von:

– der Art der vorausgegangenen Erkrankung,
– den Eiweiß-, Flüssigkeits- und Elektrolytverlusten prae, intra und post operationem,
– der Dauer und Intensität der Nahrungskarenz,
– den Verlusten durch Harnabsonderung, Vomitus, Diarrhoe, Wundsekretion usw.

Somit läßt sich der Nährstoffbedarf nur schwer erfassen und muß jeweils individuell festgelegt werden. Experimentelle Untersuchungen am Hund ergaben einen Tagesbedarf zum Erreichen einer positiven Bilanz von je 2,25 g/kg KM Aminosäuren und Kohlenhydraten, bis zu 6,0 g Fett und 47,0 ml Wasser bei insgesamt 327,0 kJ (Håkansson et al. 1967, Wretlind 1968).

Zur Absicherung dieses Bedarfs stehen zur Zeit folgende Nährlösungen zur Verfügung:

1. Aminosäuren-Infusionslösungen

Sie werden auf der Grundlage des bekannten essentiellen Aminosäurenspektrums immer mehr aus synthetischen, kristallinen Aminosäuren als aus enzymatisch gewonnenen Proteinhydrolysaten hergestellt. Sie enthalten neben allen essentiellen Aminosäuren in D- oder L-Form (ab 50,0 g/l) als Energiespender Sorbitol, Xylit u. a. (100,0 g/l) und ein für die Proteinsynthese wichtiges Elektrolytspektrum. Damit die wertvollen Aminosäuren zur Proteinsynthese verwendet und nicht zur Energiegewinnung „mißbraucht" werden, sollte dem Organismus pro 1,0 g Aminosäuren die Energiemenge von 115,0 kJ zugeführt werden (Hartig 1979). Zur Optimierung des Aminosäuren-Energie-Verhältnisses müssen somit evtl. weitere Energieträger eingesetzt werden.

Aminosäuren-Infusionslösungen sind langsam im intravenösen Dauertropf durch Infusionsgeräte mit Filter zu applizieren, wobei die Richtdosis nach Zieger (1978) 2,0–3,0 ml/kg pro Körpermasse und Stunde beträgt. Schnellere Infusionen führen nach Hartig (1979) zu erheblichen Ausscheidungsverlusten über die Nieren. Allgemein wird eine Simultan-Infusion von Aminosäuren- und Fettemulsions-Infusionslösungen empfohlen, wodurch sich Verwertung und Verträglichkeit verbessern.

2. Kohlenhydrat-Elektrolytlösungen

Die Flüssigkeits-, Kohlenhydrat- und Elektrolytzufuhr erfolgt im Rahmen der parenteralen Ernährung am besten durch äquilibrierte Kohlenhydrat-Elektrolytlösungen (Heine 1971). Anstelle der bisher verwendeten Monosaccharide (Glucose, Fructose) werden heute die Polyalkohole Sorbitol (Hexitol) und Xylit (Pentitol) eingesetzt. Sie werden insulinunabhängig metabolisiert. Sorbitol kommt im normalen Stoffwechsel als Zwischenstufe bei der Umwandlung von Glucose in Fructose vor und ist stoffwechselmäßig wie Fructose zu bewerten. Es wird zwischen 9,0% und 32,0% ungenutzt über die Nieren ausgeschieden und führt dort zur Verminderung der Wasserrückresorption in den Nierentubuli. In Konzentrationen über 20,0% (400,0 g/l) ist es ein Osmodiuretikum. Als weiterer Energiespender wird bei der parenteralen Ernährung auch Ethanol verwendet, das bis zu 90,0% in der Leber unter Freisetzen der Energiemenge von 29,33 kJ verarbeitet wird. Bei intravenöser Applikation soll dem Ethanol die gleiche Energiemenge in Form von Fructose gegenüberstehen, so daß z. B. eine 10,0%ige Fructoselösung mit 5,0% Ethanolzusatz resultiert (Seifart 1970, Hartig 1979). Es befinden sich zahlreiche Kohlenhydrat-Elektrolyt-Infusionslösungen zur parenteralen Ernährung im Handel (s. Arzneimittelverzeichnisse, auch Kapitel 8.).

3. Fettemulsionen

Fettemulsionen sind bei der parenteralen Ernährung eine wichtige Möglichkeit für die Zufuhr großer Energiemengen bei geringem Flüssigkeitsvolumen. Sie enthielten früher das für den Hund unverträgliche Baumwollsamenöl und bestehen heute aus in Phospholipiden emulgiertem Sojaöl mit Zusätzen von Glucose, Sorbitol, Xylit oder Glycerol zum Erreichen einer Blutisotonie (Wretlind 1968). Bekannt ist das „Lipofundin S 10% oder 20%®". Es enthält 100,0 g bzw. 200,0 g Sojaöl, 7,5 g bzw. 15,0 g Sojaphosphatid und 50,0 g Xylit bei einem Energiegehalt von 5028,0 kJ. Die Lösung muß bei +4 °C im Kühlschrank aufbewahrt werden, ist nicht zu schütteln und zur parenteralen Ernährung entweder im Bypass (Y-Stück) mit einer Aminosäurenlösung oder als letzteres zu infundieren (Hartig 1979).

Da in vielen Nährlösungen zur parenteralen Ernährung keine Vitamine enthalten sind, ist ihre intramuskuläre oder subkutane Substitution durch Polyvitaminpräparate zu empfehlen. Die Stickstoffbilanz kann zur Wirksamkeitsintensivierung der Aminosäureninfusionen durch ein anaboles Steroid verbessert werden. Auch ist bei der parenteralen Ernährung zu beachten, ob und wie stark Leber- und Nierenfunktionen beeinträchtigt sind und Entgleisungen des Wasser-, Säure-Basen- und Elektrolythaushaltes vorliegen, da sich hiernach die Vorbehandlung (z. B. Nierenstarterinfusionen; s. Kapitel 8.) bzw. die Auswahl der Nährlösungen richten muß.

Die erforderlichen Mengen von Aminosäuren- und Fettemulsions-Nährlösungen pro 1,0 kg KM zur Absicherung des von Wretlind (1968) für eine vollständige parenterale Ernährung des Hundes angegebenen Tagesbedarfs an Nährstoffen, Energie und einigen Elektro-

Tabelle 5.12. Erforderliche Mengen von Nährlösungen in ml/kg KM und Tag zur Absicherung des von WRETLIND (1968) angegebenen Nährstoff-, Energie- und teilweisen Elektrolytbedarfs pro 1,0 kg KM bei vollständiger parenteraler Ernährung

Nährlösungen	Menge in ml	Nährstoffgehalt in g			Wasser	Energie-gehalt in kJ	Elektrolyte in mmol				
		Amino-säuren	Fett	Kohlen-hydrate			Na⁺	K⁺	Ca⁺	Mg⁺⁺	Cl⁻
Richtwerte:			max.								
Bedarf pro 1,0 kg KM/Tag	–	2,25	6,0	2,25	47,0	327,0	3,8	0,76	0,13	0,04	3,0
Alvesin neu – Infusionslösung[®1]	57,0	2,25	–	5,7	~48,0	95,5	2,0	1,40	0,14	–	2,2
Lipofundin S 20%[®1]	23,0	–	4,6	2,3	~19,6	231,3	–	–	–	–	–
Summe:	80,0	2,25	4,6	8,0	67,6	326,8	2,0	1,40	0,14	–	2,2

[1]) Applikation nur im intravenösen Dauertropf mit einer Infusionsgeschwindigkeit von 2,0–3,0 ml/h.

lyten gibt die Tabelle 5.12. wieder. Dies ist sehr teuer und wegen der Notwendigkeit zur langsamen Dauertropfinfusion auch zeitraubend.

Nach HARTIG (1979) sollten für eine kurzfristige parenterale Ernährung die Kohlenhydratlösungen, für eine mittelfristige die Aminosäuren mit Polyalkoholen und für eine langfristige die Aminosäuren mit Polyalkoholen und Fettemulsionen eingesetzt werden. Wegen des erheblichen finanziellen Aufwandes sind die Indikationen für derartige Infusionen eng zu bemessen. Deshalb ist, wenn irgend möglich, die wirksamere Zwangsfütterung bzw. Sondenernährung vorzuziehen.

Zur Vermeidung schwerwiegender Eiweiß-, Energie-, Elektrolyt- und Wasserdefizite muß bei Erkrankungen die Ernährung rechtzeitig beachtet und eine diätetische Zwangsfütterung angeordnet werden. Das gilt insbesondere auch für die Zeit vor und nach Operationen. Dabei haben sich entsprechende Diätzettel in der täglichen Praxis sehr bewährt (GRÜNBAUM 1982).

Im Rahmen der **speziellen Diätetik** unterstützt die Ernährung Therapie und Heilungsverlauf zahlreicher Krankheiten.

Die **Ernährung bei Infektionskrankheiten** muß einen verdoppelten Energie-, Eiweiß-, Flüssigkeits-, Mineralstoff- und Vitaminbedarf sowie eine verminderte und evtl. sogar aussetzende Nahrungs- und Wasseraufnahme berücksichtigen. Bei vorhandenem Appetit sind die individuell bevorzugten Nährstoffträger in gut verdaulicher Form (zerkleinert und evtl. gekocht) unter Ausnutzung bisheriger Fütterungsgewohnheiten mehrmals täglich in kleinen Portionen zu geben. Dabei wird ein Futterwechsel vermieden, wenn eine der bisherigen Nahrung entsprechende Rezeptur verwendet und durch leicht verdauliche Nährstoffträger (z. B. Quark) dem veränderten Bedarf angepaßt werden kann. Ist der Hund an Fertigfuttermittel gewöhnt, werden diese nicht abgesetzt, sondern durch Umstellen auf eine nährstoffreiche „Rekonvaleszenz-Diät", Zerkleinern (Feuchtfutterkonserven auf Fleischbasis) oder Vorquellen (Pellets) verdaulicher gestaltet und/oder durch Erhöhen der Tagesgesamtfuttermenge dem größeren Nährstoffbedarf angeglichen.

Verweigert das erkrankte Tier jegliche Nahrungsaufnahme, wird es mit dem energie-, protein-, mineralstoff- und vitaminreicheren Futter zwangsgefüttert. Ist aber im Rahmen der Infektionskrankheit der Magen-Darm-Kanal schwer geschädigt und in seiner Funktion erheblich gestört, sollte eine „Magen-Darm-Diät" oder die Rezeptur der Tabelle 5.11. zur Anwendung gelangen. Die Entscheidung darüber muß vom Tierarzt getroffen und am besten durch die Übergabe eines Diätzettels dem Tierhalter mitgeteilt werden. Dies gilt auch für die Festlegung, wann im Verlauf der Heilung zunächst die Zwangsfütterung und dann die diätetische Ernährung eingestellt und wieder die gewohnte tägliche Nahrung verabreicht werden kann.

Die **Ernährung bei gastrointestinalen Erkrankungen** muß berücksichtigen, daß die Nahrungs- und Flüssigkeitsaufnahme durch Inappetenz, Vomitus und Diarrhoe beeinträchtigt ist und aufgenommene Nährstoffe schlechter verdaut werden nach (DROCHNER 1977, KIENZLE 1985). Die Nahrung soll deshalb den Brechreiz unterdrücken sowie appetitanregend, nährstoffreich und gut verdaulich sein. Sie muß biologisch hochwertiges Protein und leichtverdauliche Kohlenhydrate enthalten, die Bedarfsnormen für den Energie-, Grundnährstoff-, Mineralstoff- und Vitaminbedarf um das Doppelte überschreiten und eine schleimige Konsistenz haben. Insofern ist eine „Magen-Darm-Diät" oder die in der Tabelle 5.11. aufgeführte Diät geeignet und notfalls in sehr häufigen, kleinen Portionen (evtl. nur 1–2 Eßlöffel) zwangszufüttern.

Vomitus, Diarrhoe oder Obstipation sind Symptome einer gestörten Magen-Darm-Funktion. Obwohl Hunde, auch ohne erkrankt zu sein, leicht einmal erbrechen (z. B. säugende Hündinnen für ihre Welpen, Hunde nach Grasaufnahme), sind diese Symptome ernst zu nehmen.

Bei starkem *Brechreiz* können die mit dem Magensaft verlorengegangenen Elektrolyte (Chloridionen) durch kalten, leicht gesalzenen Tee (löffelweise nach dem Vomitus eingeben), gesalzene Diätnahrung (alle 20 Minuten löffelweise anbieten oder eingeben) oder kalte isotone/isoione Vollelektrolytlösung wieder ersetzt werden. Bei *Diarrhoe* ist für einen Tag Nahrungskarenz mit häufigen Gaben von gesalzenem schwarzem Tee, Pfefferminz- oder Kamillentee angezeigt. Besteht *Obstipation*, kann man versuchen, sie durch Verabreichen von organischen Säuren (Quark, Joghurt, saure Milch, Buttermilch), rohfaserreiches Vollkornbrot und betont flüssige Nahrung diätetisch zu beeinflussen.

Die **Ernährung bei Nierenkrankheiten** ist der Art und der Schwere der Erkrankung anzupassen. Hunde haben häufig kompensierte chronische Niereninsuffizienzen, die jahrelang klinisch symptomlos verlaufen können. Erst zunehmender Gewichtsverlust, Haarkleidschäden, langsam sich verstärkende Polyurie und Polydipsie geben erste, labordiagnostisch abzusichernde Hinweise. Die Ernährung ist in erster Linie auf die Erhaltung der Flüssigkeitsreserven und den Ersatz des mit dem Harn ausgeschiedenen Eiweißes, d. h. auf eine positive Stickstoffbilanz auszurichten, ohne jedoch durch viel stickstoffhaltige Eiweißabbauprodukte die geschädigten Nieren noch zusätzlich zu belasten.

Die Proteinzufuhr (s. auch Kapitel 20.) ist somit bei kompensierter Niereninsuffizienz mit hohen Eiweißverlusten auf einen normalen bzw. erhöhten Eiweißbedarf einzustellen und mit biologisch hochwertigen Eiweißträgern (Hühnereiklar, Casein, Rindfleisch) leicht verdaulich zu gestalten. Nur bei dekompensierter chronischer Niereninsuffizienz ist eine eiweißreduzierte, natriumarme, kohlenhydratreiche Diät angezeigt (MORRIS und PATTON 1976, MEYER 1981, 1986, LEIBETSEDER 1988, NEUFELD und SAFER 1989, FINCO et al. 1992).

Diesen Bedingungen entspricht eine handelsübliche „Nieren-Diät" oder die in der Tabelle 5.13. dargestellte Rezeptur für eine eiweißarme Nierendiät. Auf der Grundlage der von MEYER (1981, 1986) angegebenen Minimalwerte für den verdaulichen Proteinbedarf des Hundes enthält sie die durchschnittlichen Tagesgesamtfutter- und Einzelfuttermittelmengen in g/kg KM für den Erhaltungsbedarf erwachsener Hunde, unterteilt in 5 verschiedene Gewichtsgruppen, unter Berücksichtigung von Verdaulichkeitsverlusten nach GÖCKE (1970), DROCHNER und MÜLLER-SCHLÖSSER (1978) und MEYER (1981). Die Multiplikation der Einzelfuttermittelmengen mit dem Körpergewicht innerhalb der zutreffenden Gewichtsgruppe ergibt die erforderliche Tagesgesamtfuttermenge pro Tier. Mit abnehmender Nierenerkrankung ist der Eiweißgehalt der Diät langsam wieder anzuheben. Zur Unterstützung der Herztätigkeit kann, wenn nicht medikamentös eingegriffen wird, 2–3mal täglich schwarzer Tee oder Kaffee löffelweise angeboten werden. Auf die Möglichkeit, auch industriell hergestellte Nierendiätnahrungen einzusetzen und auf die Notwendigkeit einer ausreichenden Kochsalz- und Elektrolytversorgung wird im Kapitel 20. hingewiesen.

Bei der **Urolithiasis** ist die Diät ein wichtiger Faktor der Therapie (Auflösung) und Rezidivprophylaxe. Durch eine sich nach der chemischen Zusammensetzung der Harnsteine richtende, diätetische Ernährung wird in Form der *Eliminationskost* die Menge der exogenen steinbildenden Substanzen bzw. ihrer Vorstufen in der täglichen

Tabelle 5.13. Durchschnittliche Tagesgesamtfutter- und Einzelfuttermittelmengen in g/1,0 kg KM einer bilanzierten, **eiweißarmen Nierendiät** zur Absicherung des Bedarfs erwachsener Hunde in 5 Gewichtsgruppen ohne Leistungsanforderungen und Angaben des Energie-, Nährstoff- sowie teilweisen Mineralstoff- und Vitaminangebotes pro 1,0 kg KM im Vergleich zum Bedarf einer Gewichtsgruppe

Futterzusammenstellung Einzelfuttermittel	⌀ Einzelfuttermittelmenge in g/1,0 kg KM[1] Gewichtsgruppen (Größe) in kg KM					Energie-, Nährstoff-, Mineralstoff- und Vitaminangebot pro 1,0 kg KM		
	sehr klein 1,0–5,0	klein 5,0–10,0	mittelgroß 10,0–20,0	groß 20,0–30,0	sehr groß 30,0–60,0	Bedarf	Ist	Gehalt pro 100,0 g[1]
Richtwerte:								
Eiweiß (Mindestbedarf)	1,1	1,0	0,9	0,7	0,7			
Energie (kJ)	460,0	350,0	287,0	247,0	218,0			
Rindfleisch, mager, roh, zerkleinert	3,5	1,7	1,7	1,7	1,2			
Reis	11,0	11,0	8,0	7,0	7,0			
Reis, gekocht in Wasser	30,0	30,0	30,0	30,0	30,0			
Blumenkohl, gedünstet	5,0	5,0	5,0	5,0	5,0			
Öl, Speiseöl	4,0	2,0	2,0	1,3	1,0			
Zucker, Traubenzucker	10,0	8,5	6,5	6,5	6,5			
„Vitamin-Mineralstoff-Mischung für Kleintiere®"	1,5	1,5	1,5	1,5	1,5			
Vitamin-B-Komplex „Jenapharm" (ml)[2]	0,5	0,5	0,5	0,5	0,5			
Summe ⌀ Tagesgesamtfuttermenge pro 1,0 kg KM	65,5	60,2	55,2	53,5	52,7			
Richtwerte: Gewichtsgruppe „mittelgroß"								
Energie (kJ)						287,0	290,5	528,7
Eiweiß (g)						0,9	1,0	1,8
Fett (g)						1,32	2,14	3,9
Kohlenhydrate (g)						10,1	11,5	20,9
Wasser (ml)						35,0	36,4	66,2
Ca (mg)						264,0	265,2	482,6
P (mg)						220,0	145,9	264,2
Ca:P						1,2:1,0	1,2:0,7	1,2:0,7
Vitamin A (IE)						100,0	131,4	239,1
Vitamin D (IE)						7,0	12,5	22,7
Vitamin-B-Komplex (mg)						33,9	34,0	61,9
Tagesgesamtfuttermenge (g)						30,0–60,0	55,2	–

[1]) Verdaulichkeitsverluste von 15,0% für Rindfleisch, 35,0% für Reis und 20,0% für „Vitamin-Mineralstoff-Mischung für Kleintiere®" berücksichtigt.
[2]) 0,5 ml ≙ 1,0 Dragee.

Tabelle 5.14. Zielstellung und Maßnahmen zur Behandlung bzw. Rezidivprophylaxe von Harnsteinen beim Kleintier (nach BENTZ und GRÜNBAUM 1982)

Art der Harnsteine, Zielstellung der Behandlung	Maßnahmen zur Behandlung bzw. Rezidivprophylaxe	
	Harnverdünnung, Eliminationsdiät	medikamentöse Therapie
Phosphatsteine (Struvit) Verstärkung der Diurese, Senkung der Dichte[1] des Harns, Spasmolyse	freier Zugang zu frischem Wasser; wasserreiche Nahrung (Futter salzen)	forcierte Diurese (Furosemid, 2,0 mg/kg KM/Tag), wasserreicher Tee, Spasmolytika, Spasmoanalgetika
Verminderung der Phosphor- und Magnesiumkonzentration in der Nahrung und damit im Harn	P- und Mg-arme Nahrungsmittel, z.B. gekochtes Fleisch, Milchpulver, Reis, Quark; Diätfuttermittel, Verwerfen der Fleischbrühe	
Hemmung der Phosphatresorption im Darm		Aluminiumhydroxid in Gelform
Ansäuern des Harns (pH 5,5–6,0)		L-Methionin, mindestens 2× tgl. 500,0 mg/Tag Ammoniumchlorid, 200,0 mg/kg KM/Tag lokale Anwendung von Essigsäure-Natriumacetatpuffer (pH 4,5).
Litholyse		steinauflösende Diät
Phosphatsteine (Brushit) Verstärkung der Diurese, Senkung der Dichte des Harns	freier Zugang zu frischem Wasser; wasserreiche Nahrung	forcierte Diurese (kein Furosemid, kein NaCl!) (Hydrochlorothiazid, 2,0 mg/kg KM/Tag senkt Ca-Ausscheidung im Harn), wasserreicher Tee
Verminderung der Phosphor- und Calciumkonzentration in der Nahrung und damit im Harn	P- und Ca-arme Nahrungsmittel (wenig Rindfleisch, Kartoffeln, Diätfuttermittel)	
Harnansäuerung (pH 5,5–6,0)		L-Methionin (s. o.) Ammoniumchlorid (s. o.)
Oxalatsteine (Whewellit, Weddellit) Verstärkung der Diurese, Senkung der Dichte des Harns, Spasmolyse	freier Zugang zu frischem Wasser; wasserreiche Nahrung	forcierte Diurese (Hydrochlorothiazid, s. o.) (kein Furosemid, kein NaCl), wasserreicher Tee, Spasmolytika, Spasmoanalgetika
Senkung der Ca- und Oxalatkonzentration in der Nahrung und damit im Harn	Ca-arme, Mg-reiche und phosphatreiche Nahrung, z.B. Fleisch, Fisch, tierische Fette, Getreideprodukte; Diätfuttermittel	Pyridoxin (Vitamin B_6) Alkalisierungstherapie mit $NaHCO_3$, 1,0 g/5,0 kg KM/Tag
Löslichkeitssteigerung von Calciumoxalat und Reduzierung der Calciumresorption im Darm		Alkalisierungstherapie (s. o.)
Uratsteine Verstärkung der Diurese, Senkung der Dichte des Harns, Spasmolyse	freier Zugang zu frischem Wasser; wasserreiche Nahrung, Futter salzen	forcierte Diurese (Furosemid, s. o.), wasserreicher Tee, Spasmolytika, Spasmoanalgetika
Harn-pH-Wert zwischen 6,2 und 6,8 durch orale Applikation alkalischer Lösung, Steinauflösung	Verminderung der Harnsäurequellen in der Nahrung (purinarm: wenig Fleisch und Fisch)	Allopurinol (zur Litholyse 30,0 mg/kg KM/Tag, zur Prophylaxe von Rezidiven 3,0–10,0 mg/kg KM/Tag)
Cystinsteine Verstärkung der Diurese, Senkung der Dichte des Harns, Spasmolyse	freier Zugang zu frischem Wasser; wasserreiche Nahrung, Diätfuttermittel	leichtes Diuretikum, wasserreicher Tee, Spasmolytika, Spasmoanalgetika
Alkalisierung des Harns (pH > 7,5) Reduktion der Cystinkonzentration		$NaHCO_3$ (1,0 g/5,0 kg KM/Tag) α-Mercaptopropionylglycin (30,0–40,0 mg/kg KM/Tag) Vit.-C-Applikation (>2× tgl. 500 mg/Tag)

[1] spezifisches Gewicht

Tabelle 5.15. Magnesium-, Calcium- und Phosphorgehalt in mg/100,0 g einiger häufig zur Ernährung des Hundes eingesetzter Lebensmittel, unterteilt nach hoher, mittlerer und geringer Magnesiumkonzentration (Documenta Geigy 1960)

Mineralstoffgehalt in mg/100,0 g

hoher Mg-Gehalt				mittlerer Mg-Gehalt				geringer Mg-Gehalt			
Lebensmittel	Mg	Ca	P	Lebensmittel	Mg	Ca	P	Lebensmittel	Mg	Ca	P
Rindfleisch, roh	25,0	9,0	167,0	Hühnerei, Vollei	13,0	29,0	114,0	Rindfleisch, gekocht	–	10,0	182,0
Rindfleisch,	40,0	10,0	236,0	Schweinefleisch,	12,0	12,0	157,0	Rindfleisch,	–	10,0	236,0
Herz, roh				Kotelett				Herz, gekocht			
Rindfleisch,	22,0	8,0	373,0	Milch, Trinkvollmilch	13,0	106,7	80,0	Reis, gekocht	–	8,0	45,0
Leber, roh				Büchsenfleisch	9,4	250,0	150,0				
Hühnerfleisch, roh	27,0	12,0	200,0					Sojamehl	–	244,0	610,0
Fisch, Heilbutt	24,0	20,0	213,0					Quark, fett	3,0	60,0	180,0
Haferflocken, roh	145,0	54,0	365,0								
Kartoffeln	27,0	14,0	52,0								

Nahrung gesenkt, deren übermäßige Ausscheidung im Harn verhindert und durch erhöhte Flüssigkeitsaufnahme mit entsprechend verstärkter Harnabgabe (Harnverdünnung) das Absetzen chemischer Verbindungen, aus denen Konkremente entstehen könnten, in den Nieren und harnableitenden Wegen vermieden (HIENZSCH und SCHNEIDER 1973, REMILLARD 1988). Voraussetzung für eine wirksame Eliminationskost bei der Urolithiasis ist die Kenntnis der chemischen Zusammensetzung der Harnkonkremente (Urinanalyse durch Infrarotspektroskopie; HESSE 1990), die nicht erst nach deren operativer Entfernung und anschließender Labordiagnostik zu erhalten ist. So ist die diätetische Beeinflussung der Harnsteinerkrankung eine Maßnahme der Rezidivprophylaxe nach Operationen.

Die Harnsteindiät stützt sich neben der Eliminationskost auch auf die Möglichkeit der Harnverdünnung. Letztere ist durch einen hohen Wassergehalt in der Nahrung (Suppenform), freien Zugang zu frischem Trinkwasser und notfalls durch Zwangsfütterung von Wasser zu erreichen. Die Kombination von Eliminationsdiät und Harnverdünnung entspricht dem „Gebirgsbachprinzip". Es besagt, daß Gebirgsbäche deshalb klares Wasser führen, weil sich bei reißender Strömung Schwebstoffe nicht absetzen können. Das Wasser ist noch klarer zu gestalten, wenn die Schwebstoffkonzentration vermindert und die Strömung verstärkt wird.

Beim Hund kommen folgende, im Kapitel 20. erläuterte Harnsteine vor (die Reihenfolge entspricht der Häufigkeit des Auftretens):

– Phosphatsteine (z.B. *Struvit* = Magnesiumammoniumphosphat-Hexahydrat, $MgNH_4PO_4 \cdot 6H_2O$; *Newberyit* = Magnesiumhydrogenphosphat-Trihydrat, $MgHPO_4 \cdot 3H_2O$; *Brushit* = Calciumhydrogenphosphat-Dihydrat, $CaHPO_4 \cdot 2H_2O$);
– Oxalatsteine (z.B. *Whewellit* = Calciumoxalat-Monohydrat, $CaC_2O_4 \cdot H_2O$; *Weddellit* = Calciumoxalat-Dihydrat, $CaC_2O_4 \cdot 2H_2O$);
– Uratsteine (z.B. Ammoniumurat, $NH_4HC_5H_2N_4O_3$; Natriumhydrogenurat-Monohydrat, $NaC_5H_3N_4O_3 \cdot H_2O$; Harnsäure = Uricit, $C_5H_4N_4O_3$);
– amorphe Harnsteine (z.B. Cystinsteine).

Die Notwendigkeit der Harnverdünnung trifft für alle Harnsteine zu; die Maßnahmen der Eliminationsdiät lassen sich aus ihrer chemischen Struktur ableiten.

Zielstellung und Maßnahmen zur Behandlung bzw. Rezidivprophylaxe von Harnsteinen beim Hund sind in der Tabelle 5.14. zusammengestellt. Zur Realisierung der Eliminationsdiäten ist in der Tabelle 5.15. der Gehalt einiger Nährstoffträger an Magnesium, Calcium und Phosphor angegeben, so daß magnesium- und calciumarme sowie phosphatreiche Einzelfuttermittel leicht ermittelt werden können. Die jeweilige Diät ist anhand der Tabelle 5.14. auf der Basis bisheriger Nahrungsgewohnheiten und Rezepturen durch Austauschen einzelner Nährstoffträger oder Verändern der Vorbehandlung (z.B. bei Phosphatsteinen nur gekochtes, bei Oxalatsteinen nur rohes Fleisch) festzulegen. Die mit der Diät zu kombinierende medikamentöse Therapie ist im Kapitel 20. erläutert.

OSBORNE (1990) berichtet von harnsteinauflösenden Diäten und medikamentösen Maßnahmen zur Litholyse. Sie sind in der Tabelle 5.15. aufgeführt.

Die **Ernährung bei Herz-Kreislauf-Erkrankungen** muß berücksichtigen, daß bei chronischen Erkrankungen meist eine Natriumretention vorliegt. Deshalb soll die tägliche Nahrung unter Berücksichtigung des klinischen Gesamtbildes (Ödeme, Körperhöhlenergüsse) natrium- und somit kochsalzarm sein (DROCHNER 1978, LEIBETSEDER 1988, MOSER 1989), wobei ein Gleichgewicht zwischen Natriumzufuhr und -ausscheidung über Harn und Kot anzustreben ist. Bei normgerechtem Grundnährstoff- und Vitamingehalt wird eine geringe Natriumkonzentration in der Nahrung durch Verwenden natriumarmer Eiweißträger, wie z.B. Milch und Milchprodukte, Quark, gekochtes Fleisch, erreicht. Die Kochbrühe ist jeweils zu verwerfen. Bilanzierte Rezepturen auf Fleischbasis können zur Herz- und Kreislaufdiät Verwendung finden, wenn der Eiweißträger Fleisch nicht roh, sondern gekocht und die Getreideprodukte ohne Schalen (z.B. Hafermark, Haferflocken-Instant-Haferschleimpulver, Reis und Reis-Instant-Reisschleimpulver) eingesetzt werden. Kochsalz und Mineralstoffträger sind gar nicht oder nur soweit einzusetzen, daß die Natriumzufuhr 8,0–10,0 mg/kg KM nicht überschreitet. Industriell hergestellte Fertigfuttermittel enthalten in der Regel relativ viel Natrium. Sie sind deshalb für herzkranke Hunde nur geeignet, wenn sie als Diätnahrung für diesen Zweck („Herz-Diät") hergestellt wurden. Energie- und eiweißarme, aber vitamin- und mineralstoffreiche Rohkost (natriumarm, kaliumreich) in Form von Gemüse- und Obstsalaten ist angezeigt. Da sich herzkranke Hunde weniger als gesunde bewegen, haben sie einen geringeren Energiebedarf. Dem ist durch Reduzierung der Tagesgesamtfuttermenge zu entsprechen, denn keinesfalls darf es zur Adipositas kommen. Zur Schonung von Herz und Kreislauf wird das Futter mehrmals täglich in kleinen Portionen verabreicht.

Bei der Prophylaxe von Herz- und Kreislauferkrankungen kommt der Ernährung eine große Bedeutung zu. Insbesondere zur Vermeidung der Arteriosklerose wird in der Humanmedizin verstärkt darauf verwiesen (HUNGER 1980, HEYDEN 1982).

Die **Ernährung bei Adipositas** muß, wenn endokrine Störungen ausgeschlossen wurden, das ursächliche Mißverhältnis zwischen Energiezufuhr und -verbrauch beseitigen. Dies ist durch Verminderung der Energieaufnahme, aber Erhöhung des Energieverbrauches möglich. Während bei jüngeren Tieren der Energieverbrauch durch mehr Bewegung gesteigert werden kann, ist dies bei älteren, z.T. mit Skelett- und Kreislaufschäden behafteten Hunden kaum möglich, so daß ihnen nur durch Reduzierung der Energieaufnahme mit dem Ziel einer negativen Energiebilanz geholfen werden kann (MEYER 1977, LEUGNER 1988). Dies ist durch langsame Verminderung der Tagesgesamtfuttermenge bei normgerechter Grundnährstoff-, Mineralstoff- und Vitamin-, aber bis zu 60,0% verminderter Energieversorgung zu erreichen (STEININGER 1981). Dadurch können nach MEYER (1977) Gewichtsabnahmen von 0,5–1,5 kg KM pro Woche erzielt werden. Kürzung des Nahrungsangebotes und Steigerung des Energieverbrauches sollen aber nur langsam, wöchentlich um ca. 10,0% erfolgen (LEWIS et al. 1989).

Zur Ausschaltung des Hungergefühls und des damit verbundenen „Bettelns" der Tiere sollte mehrmals täglich in kleinen Portionen gefüttert werden. Voluminöse und sättigend wirkende, aber energie- und nährstoffarme Rohkostsalate sind mit der reduzierten Tagesgesamtfuttermenge zu vermischen. Ist das angestrebte Körpergewicht erreicht, wird die Nahrungszufuhr langsam um ca. 10,0% wieder angehoben, bis sich ein konstant bleibendes Körpergewicht einstellt, was in der Regel bei 70,0–80,0% des Erhaltungsbedarfs erreicht wird (MEYER 1977).

Auf dem Markt befindliche „Reduktionsfuttermittel" („Abmagerungsdiät") mit vermindertem Energiegehalt, aber bedarfsgerechtem Volumen können bei der Behandlung der Adipositas sehr helfen. Diese kann insgesamt nur dann erfolgreich sein, wenn ihr ein fester Vorsatz und gemeinsamer Entschluß der gesamten Besitzerfami-

86   5. Ernährung und Diätetik

Tabelle 5.16. Durchschnittliche Tagesgesamtfutter- und Einzelfuttermittelmengen in g/1,0 kg KM einer bilanzierten, eiweißarmen **Leberschondiät** zur Absicherung des Bedarfs erwachsener Hunde in 5 Gewichtsgruppen ohne Leistungsanforderungen mit Angabe des Energie-, Nährstoff- sowie teilweisen Mineralstoff- und Vitaminangebotes pro 1,0 kg KM im Vergleich zum Bedarf einer Gewichtsgruppe

Futterzusammenstellung Einzelfuttermittel	⌀ Einzelfuttermittelmenge in g/1,0 kg KM[1]) Gewichtsgruppen (Größe) in kg KM					Energie-, Nährstoff, Mineralstoff- und Vitamingehalt pro 1,0 kg KM		
	sehr klein 1,0–5,0	klein 5,0–10,0	mittel-groß 10,0–20,0	groß 20,0–30,0	sehr groß 30,0–60,0	Bedarf	Ist	Gehalt pro 100,0 g[1]
Richtwerte:								
Eiweiß (Mindestbedarf)	1,1	1,0	0,9	0,7	0,7			
Energie (kJ)	460,0	350,0	287,0	247,0	218,0			
Quark, mager, roh	6,0	4,0	3,5	3,0	3,0			
Haferflocken-Mekorna, gekocht in:	6,8	4,7	4,0	3,5	3,5			
Wasser	30,0	30,0	30,0	30,0	30,0			
Öl, Speiseöl	1,0	1,3	1,3	1,0	1,0			
Zucker, Traubenzucker	20,0	15,0	11,0	10,0	8,0			
„Vitamin-Mineralstoff-Mischung für Kleintiere®"	1,5	1,5	1,5	1,5	1,5			
Vitamin-B-Komplex „Jenapharm" (ml)[2])	1,0	1,0	1,0	1,0	1,0			
Summe ⌀ Tagesgesamtfuttermenge pro 1,0 kg KM	66,3	57,5	52,3	53,0	48,0			

		Bedarf	Ist	Gehalt pro 100,0 g[1]
Richtwerte: Gewichtsgruppe „mittelgroß"				
Energie	(kJ)	287,0	289,0	552,5
Eiweiß	(g)	0,9	0,9	1,7
Fett	(g)	1,32	1,45	2,8
Kohlenhydrate	(g)	10,1	13,0	24,8
Wasser	(ml)	35,0	32,9	62,9
Ca	(mg)	264,0	266,2	508,9
P	(mg)	220,0	144,3	275,9
Ca:P		1,2:1,0	1,2:0,7	1,2:0,7
Vitamin A	(IE)	100,0	130,4	249,3
Vitamin D	(IE)	7,0	12,5	23,9
Vitamin-B-Komplex (mg)		67,0	64,9	124,1
Tagesgesamtfuttermenge (g)		30,0–60,0	52,3	–

[1]) Verdaulichkeitsverluste von 18,0% für Quark, 35,0% für Haferflocken-Mekorna und 20,0% für „Vitamin-Mineralstoff-Mischung für Kleintiere" berücksichtigt.
[2]) 1,0 ml ≙ 2,0 Dragees.

lie zugrunde liegen. Zentral wirkende Appetitzügler (Amphetamine, Ephedrinabkömmlinge, Morphinderivate), Diuretika und Schilddrüsenhormone zeigen beim Hund keine überzeugende Wirkung (POHL 1966, STEININGER 1982).

Die **Ernährung bei Leberkrankheiten** muß sich nach Art, Grad und Stadium der Erkrankung richten. Als Hauptstoffwechsel- und Entgiftungsorgan beeinflußt die Leber jede Zelle des Gesamtorganismus. Eine Leberschondiät muß dies berücksichtigen und aus möglichst leichtverdaulichen Eiweiß-, Fett- und Kohlenhydratträgern bestehen. Eiweiß- und Fettgehalt der Nahrung sollen den Mindestbedarf (Ammoniakanfall niedrig halten, Na-Retention verhüten) decken, der Kohlenhydratgehalt darüber hinaus auch den gesamten Energiebedarf (Glykogenspeicher erneuern). Als tierischer Eiweißträger ist Quark wegen seiner leberschonenden Eigenschaften aufgrund der lipotropen Aminosäuren Methionin und Cystin sowie wegen seines geringen Natriumgehaltes einzusetzen. Geeignete Kohlenhydratträger und Energiespender sind Traubenzucker, Zucker, Bienenhonig, Haferflocken- und Reis-Instanterzeugnisse sowie Hafermark. Es besteht ein verdoppelter Vitamin-B-Komplex-Bedarf, und die fettlöslichen Vitamine müssen ausreichend in der Diät vertreten sein. Leberschondiät und parenterale Leberschontherapie sind gut aufeinander abzustimmen und sollen sich ergänzen (s. Kapitel 18.).

Eine Leberschondiät-Rezeptur auf der Basis eines konventionellen Feuchtfutters, die nach obigen Vorgaben zusammengestellt ist, enthält die Tabelle 5.16. Unter Berücksichtigung der von MEYER (1981, 1983) angegebenen Minimalwerte für den verdaulichen Proteinbedarf des Hundes enthält sie die durchschnittlichen Einzelfuttermittel- und Tagesgesamtfuttermengen in g/kg KM für den Erhaltungsbedarf erwachsener Hunde verschiedener Gewichtsgruppen bei Berücksichtigung entsprechender Verdaulichkeitsverluste. Die Multiplikation der Einzelfuttermittelmengen mit dem Körpergewicht innerhalb der zutreffenden Gewichtsgruppe ergibt die erforderliche Tagesgesamtfuttermenge pro Tier. Mit abnehmender Lebererkrankung ist der Eiweißgehalt der Leberschondiät langsam wieder anzuheben, indem zunächst nur der Quarkanteil erhöht und Traubenzucker vermindert bzw. zusätzlich noch gekochtes und stark zerkleinertes Hühnerfleisch eingesetzt wird, und zwar bis zur Absicherung des optimalen Eiweißbedarfs von ⌀ 4,5 g je kg KM.

Bei wachsenden Hunden ist der verdoppelte Mindestbedarf zu berücksichtigen und die Tagesgesamtfuttermenge bei mehrmaligen Fütterungen pro Tag entsprechend zu steigern.

Die **Ernährung bei Hautkrankheiten** ist als therapieunterstützender Faktor von erheblicher Bedeutung. Weil ein großer Teil dieser Erkrankungen durch Ernährungsstörungen bedingt sein kann, ist zu Beginn einer Behandlung neben der Einleitung spezieller Untersuchungen (Haut- und Haarproben, Nieren-, Leber- und Pankreasfunktionsdiagnostik) vorrangig die Fütterung zu überprüfen und so umzustellen, daß neben hochwertigem Protein genügend Fett mit ungesättigten Fettsäuren, ausreichend fettlösliche Vitamine sowie Mineralstoffe und besonders Spurenelemente verabreicht werden (LLOYD 1989, THODAY 1989, LOGAS et al. 1991, ZENTEK 1992, KIENZLE 1992). Der mit 2,0% angegebene Normalbedarf an ungesättigten Fettsäuren wird durch Schweineschmalz, Fettgrieben, Rindertalg oder Pflanzenöl abgedeckt (3 Eßlöffel pro 10,0 kg KM und Tag) bzw. je nach dem Grad der Erkrankung überschritten, wobei der Fettgehalt in der Gesamtfuttermenge (s. Tabelle 5.4.) bis auf 20,0% erhöht werden kann. Wenn bei Urtikaria oder Ekzemen der Verdacht einer Futtermittelallergie besteht, müssen die Allergene durch Hautteste und Eliminationsdiäten ermittelt werden (s. futterallergische Hautkrankheiten). Die Berücksichtigung des ermittelten Allergens und sein Fehlen in der täglichen Nahrung werden dann die Behandlung der allergischen Hautkrankheiten unterstützen und ihr Auftreten verhindern (s. Kapitel 11.).

Die **Ernährung bei Pankreaserkrankungen** muß, wenn die Fettverdauung und -resorption gestört sind, fettarm und kohlenhydrat- sowie proteinreich sein. Die fehlenden Pankreasenzyme sind durch Medikamente zu ersetzen, der Energiebedarf ist durch besonders hochwertige Kohlenhydrate (Glucose, Saccharose, Reis) und Eiweiße (Quark, Eier) abzudecken (s. Kapitel 19.).

Beim **Diabetes mellitus** sind eine genau abgestimmte Diät und Ernährungsüberwachung erforderlich, wobei ein Gleichgewicht zwischen Menge und Kaloriengehalt des Futters, Leistung und Energieverbrauch des Tieres sowie Höhe und Häufigkeit der Insulinapplikation hergestellt werden muß. Bei drei Mahlzeiten pro Tag werden Nahrungsaufnahme und Energieverbrauch konstant gehalten und die erforderliche Insulinmenge darauf eingestellt. Grundsätzlich ist energiegerecht, fettarm sowie relativ kohlenhydrat-, rohfaser- und eiweißreich zu füttern, wodurch eine optimale Leistungsfähigkeit des Tieres garantiert werden kann. Da ein Mangel an Kohlenhydraten die Glukoneogenese fördern würde, sind sie zur Deckung von ca. 50,0% des Gesamtenergiebedarfs in Form hochmolekularer und schwer resorbierbarer Verbindungen und keinesfalls als Mono- oder Disaccharide einzusetzen. Fructose wird insulinunabhängig verarbeitet und kann bis zu 60,0 g täglich verfüttert werden. Wegen der Gefahr einer Ketoazidose ist der Fettgehalt möglichst gering zu halten. Als wichtiger Energieträger muß Fett aber bis zu 25,0% der Gesamtenergie im Futter enthalten sein. Der Einsatz von Diätfuttermitteln garantiert eine gleichmäßige Futterversorgung (s. auch Kapitel 19.).

Die **Ernährung vor und nach Operationen** hat große Bedeutung für die Lebenserhaltung und für den Heilungsverlauf operierter Tiere. Sie muß berücksichtigen, daß chirurgische Erkrankungen und die zu ihrer Behandlung erforderlichen Narkosen und Operationen sehr oft mit Inappetenz und Störungen der Nahrungsaufnahme sowie zahlreicher Stoffwechselvorgänge verbunden sind, die meist schon mehr oder weniger lange vor dem chirurgischen Eingriff bestanden haben und durch letzteren noch verstärkt wurden. Präoperative Inappetenz, Flüssigkeits- und Eiweißverlust intra operationem und postoperative Nahrungskarenz lösen in dem schon durch die Krankheit geschädigten Organismus zahlreiche metabolische Veränderungen aus, von denen besonders die Hypoproteinose, die Störung des Ionengleichgewichtes und der Flüssigkeitsverteilung im Organismus, Hypovitaminosen und der allgemeine Mangel an utilisierbarer Energie genannt seien. Daraus resultieren in der postoperativen Phase allgemeine Schwäche und verminderte Resistenz, schlechte Wundheilung, Nahtdehiszenzen, Ödeme, mangelhafte Blutregeneration, Muskelatrophie und Störungen der Hormon- und Enzymsynthese bzw. hormonal und enzymatisch gesteuerter Prozesse (WRETLIND 1968, BAUMANN et al. 1979, MUNDT und BRASS 1980, CROWE 1989).

Sollen Therapie und Heilung optimal verlaufen, muß der Organismus täglich adäquate, d.h. seinem durch Krankheit und Operationstrauma gesteigerten Katabolismus angepaßte Mengen an Energie, Nährstoffen, Elektrolyten, Mineralstoffen und Vitaminen erhalten, wobei die Substitution nach MORRIS und COLLINS (1967) möglichst frühzeitig einsetzen muß. Eine verminderte oder vollständig aussetzende Nahrungsaufnahme darf in der postoperativen Phase nicht hingenommen werden. Ohne Nahrungszufuhr wird der ständige Energiebedarf des Stoffwechsels zunächst durch den Abbau des Glykogenvorrats der Leber, dann durch den Verbrauch der Fettdepots und schließlich durch die Einschmelzung körpereigener Proteine gedeckt. Bei Fieber steigt der Erhaltungsbedarf beim Menschen pro 1°C erhöhter Körpertemperatur um 10,0% und nach Bauchoperationen um 15,0–30,0%, wobei der Flüssigkeitsbedarf um durchschnittlich 400,0 ml und der Proteinbedarf um 100,0% zunehmen (SEIFART 1970). Für den Hund resultiert nach mittleren bis schweren Operationen ein um ca. 50,0%, bei Protein um 100,0% über dem Erhaltungsbedarf liegender *Nährstoffbedarf in der postoperativen Phase*, wobei der Bedarf an Energie, Wasser, Elektrolyten und Vitaminen synchron um ebenfalls ca. 50,0% erhöht ist (s. Tabelle 5.11.).

Die Möglichkeiten der Zuführung essentieller Nahrungsfaktoren bei verminderter oder sistierender Nahrungsaufnahme sind die diätetische Ernährung, die Zwangsfütterung und Sondenernährung und die parenterale Ernährung.

Weil im Verlauf von Narkosen und Operationen die Gefahr des Erbrechens mit einer Verlegung der Atemwege besteht, wird nicht selten auf einer mindestens 24stündigen Nahrungskarenz vor Operationen bestanden. Es ist aber zu empfehlen, die bilanzierte Ernährung bis zu einem Tag vor geplanten Operationen aufrechtzuerhalten. Dann bekommt das zu operierende Tier die Diät der Tabelle 5.11. bei gleichzeitigem Zugang zu frischem Trinkwasser, bis zu 12 Stunden vor der Operation, evtl. in Form einer Zwangsfütterung. Infolge der hohen Verdaulichkeit dieser Diätrezeptur ist der Magen zum Zeitpunkt der Operation leer. Sofort nach dem Aufwachen aus der Narkose und dem Wiedereinsetzen von Schluckreflex und Magen-Darm-Peristaltik wird die Diätrezeptur in kleinen Portionen angeboten oder zwangsweise appliziert (auf Wiedereinsetzen der Peristaltik achten). Hält die Inappetenz an, ist zur Ausnutzung der natürlichen Darmfunktion weiterhin zwangszufüttern, wobei schrittweise auf selbständige Nahrungsaufnahme übergeleitet wird. Auf freien Zugang zu frischem Wasser oder mit Traubenzucker gesüßtem, schwarzem Tee muß geachtet werden.

Erst wenn die selbständige Nahrungsaufnahme eingesetzt und sich stabilisiert hat, kann in Abhängigkeit von der vorliegenden Erkrankung eine gezielte Diät verabreicht bzw. zum normalen Nahrungsangebot übergeleitet werden. Dabei richtet sich die Diät nach der Grundkrankheit. Wurde z.B. eine Fraktur operiert, wird die Diät derjenigen bei Infektionskrankheiten entsprechen. Wurde ein Darmverschluß durch Fremdkörperentfernung behoben, muß sich die Diät auf die geschädigte Darmschleimhaut einstellen und derjenigen bei Magen-Darm-Erkrankungen gleichen. Welche Diät und Ernährungsform jeweils richtig und wann wieder zur normalen Ernährung überzugehen ist, muß von Fall zu Fall entschieden werden.

Literatur

ALBRECHT, G., und LÜPKE, W. (1976): Zum spontanen klinischen Auftreten der Transmissiblen Gastroenteritis bei Hunden. Mh. Vet.-Med. **31**, 865–869.

ANDERSON, R. S. (1981): Der Wasserhaushalt bei Hund und Katze. Wien. tierärztl. Mschr. **68**, 101–107.

ARNDT, J., und SCHULZE, K. (1979): Ein Beitrag zur Aujeszkyschen Krankheit beim Hund. Kleintierpraxis **24**, 11–14.

BAUMANN, J., et al. (1979): Die Ernährung mit Berlamin® in der praeoperativen Phase. medicamentum (Berlin) **20**, 194–197.

BECKER, Gisela, und KRÄMER, H. H. (1983): Flüssigkeitssubstitution und orale Therapie bei Gastroenteritiden der Fleischfresser mit einer für Kälber empfohlenen Diättränke. Vortrag Jahreshaupttagung der Fachkommission Kleine Haus- und Pelztiere der WGV, Neubrandenburg.

BENTZ, H., und GRÜNBAUM, E.-G. (1982): Pharmakologie der Harnorgane. In: BENTZ, H. (1982): Veterinärmedizinische Pharmakologie. Gustav Fischer Verlag, Jena.

BÖHNING, R. H., et al. (1970): Pharyngostomie zur Erhaltung von anorektischen Tieren. J. Amer. Vet. Med. Assoc. **156**, 611.

BURGER, I. H., et al. (1978): Einfluß verschiedener Nahrungsfaktoren auf die Wasserbilanz bei Hund und Katze. Arch. f. tierärztl. Fortbildung **5**, 127–139.

CROWE, jr., D. T. (1989): Nutrition in critical patients: Administering the support therapies. Vet. Med. **84**, 152–180.

Documenta Geigy (1960): Wissenschaftliche Tabellen. 6. Auflage. J. R. Geigy A. G., Basel.

DROCHNER, W. (1977): Zur Konzentration einiger wichtiger Stoffwechselabbauprodukte in den Faeces des Hundes nach Zufuhr hoher Mengen nativer Stärke mit dem Futter. Kleintierpraxis **22**, 191–200.

DROCHNER, W. (1978): Natriumarme Ernährung bei chronischen Herzerkrankungen des Hundes. Effem-Report Nr. 7, 13–22.

DROCHNER, W., und MÜLLER-SCHLÖSSER, Susanne (1978): Verdaulichkeit und Verträglichkeit verschiedener Zucker bei der Katze. Vortrag Internat. Symposium Ernährung von Hund und Katze. Archiv f. tierärztl. Fortbildung **5**, 80–90.

EDNEY, A. T. B. (1976): Ernährung und Krankheit – Eine Zusammenfassung in England publizierter Berichte. Effem-Report Nr. 3, 8–10.

EDNEY, A. T. B. (1978): Dietary management in small animal practice. Vet. Rec., 543–545.

EDNEY, A. T. B. (1981): Ernährung und Krankheit. Wien. tierärztl. Mschr. **68**, 113–118.

FERSLEV, Gabriele (1982): Allergische Dermatosen bei Hund und Katze. Effem-Report Nr. 14, 14–21.

FINCO, D. R., et al. (1992): Effects of phosphorus/calcium-restricted and phosphorus/calcium-repleted 32% protein diets in dogs with chronic renal failure. Am. J. Vet. Res. **53**, 157–163.

FLASSHOFF, H.-J. (1977): Diarrhoeen bei Hunden und Katzen. Effem-Report Nr. 4, 15–20.

FLASSHOFF, H.-J. (1977): Pathogenetische Bedeutung von mikrobiellen Kontaminanten in Futtermitteln für Hunde. Effem-Report Nr. 5, 19–22.

FORTMEYER, H. P., und SKRDLIK, V. (1979): Über eine neue Diät zur prä- und postoperativen Ernährung von Hunden. Z. Versuchstierk. **21**, 197–204.

GALLWAS, K. (1980): Erworbene nutritiv-enterale Nahrungsmittelallergosen, besonders durch Getreideprodukte. Z. ärztl. Fortbild. **74**, 852–857.

GÖCKE, Anneliese (1970): Über die Zusammensetzung und Verdaulichkeit von Hundefertigfuttermitteln. Vet.-med. Diss., Hannover.

GREIFFENHAGEN-POTOCKI, Uta (1978): Beziehungen zwischen Fütterung und Allergien beim Hund. Vortrag Internat. Symposium Ernährung von Hund und Katze. Archiv f. tierärztl. Fortbildung **5**, 148–154.

GRÜNBAUM, E.-G. (1972): Zur Diätetik des Hundes. Vortrag Jahreshaupttagung der Fachkommission Kleine Haus- und Pelztiere der WGV, Dresden.

GRÜNBAUM, E.-G., et al. (1979): Erfahrungen bei der Bekämpfung der TGE des Hundes. Vortrag Jahreshaupttagung der Fachkommission Kleine Haus- und Pelztiere der WGV, Dresden.

GRÜNBAUM, E.-G. (1982): Ernährung und Diätetik von Hund und Katze. Gustav Fischer Verlag, Jena.

HAENEL, H. (1979): Energie- und Nährstoffgehalt von Lebensmitteln – Lebensmitteltabellen. Verlag Volk und Gesundheit, Berlin.

HÅKANSSON, I., et al. (1967): Untersuchungen über die komplette intravenöse Ernährung beim Hund. Fortschritte der parenteralen Ernährung. Pallas-Verlag, München.

HALLER, H. (1982): Gibt es eine optimale diätetische Behandlung der Adipositas? Medizin aktuell, Heft 2, 52–54.

HARTIG, W. (1979): Moderne Infusionstherapie. 4. Auflage. J. A. Barth, Leipzig.

HEINE, W. (1971): Empfehlungen für die parenterale Ernährung im Kindesalter. medicamentum **12**, 204–207.

HESSE, A. (1990): Canine urolithiasis: epidemiology and analysis of urinary calculi. J. Small Anim. Pract. **31**, 599–604.

HEYDEN, S. (1982): Zur Bedeutung der Ernährung bei der erfolgreichen Bekämpfung der ischämischen Herzkrankheit in den USA. Dt. Gesundh.-Wesen **37**, 1353–1360.

HIENZSCH, E., und SCHNEIDER, H.-J. (1973): Der Harnstein. Gustav Fischer Verlag, Jena.

HUNGER, K.-L. (1980): Ernährungsempfehlungen zur Prävention von Herz-Kreislauf-Krankheiten. Dt. Gesundh.-Wesen **35**, 1908–1911.

JOHANNSEN, A. (1965): Botulismus beim Hund. Nord. Vet. Med. **17**, 680.

KETZ, H.-A. (1990): Grundriß der Ernährungslehre. 3. Auflage. Gustav Fischer Verlag, Jena.

KIENZLE, Ellen (1985): Nutritiv bedingte Verdauungsstörungen und diätetische Maßnahmen bei Verdauungsstörungen. Prakt. Tierarzt **67**, 39.

KIENZLE, Ellen (1992): Bedeutung mehrfach ungesättigter Fettsäuren im Zusammenhang mit Hauterkrankungen bei Hund und Katze. Kleintierpraxis **37**, 145–155.

KILIAN, J. (1978): Der Wasser- und Elektrolythaushalt in der parenteralen Ernährung. In: SCHELLERER, W., und SCHILDBERG, F. W. (1978): Parenterale und diätetische klinische Ernährung. Chirurgie aktuell **3**, 7–13.

KÖHLER, B., und BURCKHARDT, A. (1983): Nachweis von Botulismus beim Hund und Urteil des Obersten Gerichts der DDR über Schadenersatzanspruch. Mh. Vet.-Med. **38**, 426–429.

LAWLER, D. F., and CHANDLER, M. L. (1992): Indications and techniques for tube feeding puppies. Canine Practice **17**, 20–23.

LEIBETSEDER, J. (1966): Richtlinien für die moderne Ernährung von Hund und Katze. Wien. tierärztl. Mschr. **53**, 40–50.

LEIBETSEDER, J. (1975): Wissenschaftliche Richtlinien für die Ernährung des Hundes. Effem-Report Nr. 1, 14–19.

LEIBETSEDER, J. (1981): Über die Vitaminversorgung des Hundes. Vortrag Kynolog. Weltkongreß, Dortmund, 112–124.

LEIBETSEDER, J., et al. (1982): Über den Einfluß hoher Bindegewebsgaben auf Verdaulichkeit und Kotflora beim Hund. Effem-Report Nr. 14, 1–13.

LEIBETSEDER, J. (1988): Die Ernährung von Hund und Katze bei Nieren- und Herzerkrankungen. Wien. tierärztl. Mschr. **75**, 29–35.

LEIBETSEDER, J. (1989): Ernährung des älteren Hundes. Wien. tierärztl. Mschr. **76**, 268–270.

LEUGNER, S. (1988): Die Ernährung bei Fettsucht. Wien. tierärztl. Mschr. **75**, 68–76.

LEWIS, L. D., et al. (1989): Adipositas: Grundlagen der diätetischen Ernährung von Hund und Katze. Schlütersche Verlagsanstalt, Hannover.

LEWIS, L. D., et al. (1990): Klinische Diätetik für Hund und Katze. Schlütersche Verlagsanstalt, Hannover.

LIPPERT, H., et al. (1979): Zur Anwendung von Berlamin® in der chirurgischen Intensivtherapie. medicamentum **20**, 200–202.

LLOYD, D. H. (1989): Essential fatty acids and skin disease. J. Small Anim. Pract. **30**, 207–212.

LLOYD, W. E. (1968): Ein neuer Weg zur Fütterung anorektischer und geschwächter Kleintiere. Vet. Med. Small Anim. Clin. **63**, 769.

LOGAS, D., et. al. (1991): Potential clinical benefits of dietary supplementation with marine-life oil. JAVMA **199**, 1631–1636.

MAYR, A., und BIBRACK, B. (1975): Infektionskrankheiten und Ernährung beim Hund. Effem-Report Nr. 2, 8–15.

MENGERT, Ute, und JANETSCHKE, P. (1990): Die *Clostridium perfringens*-Lebensmittelvergiftung. Mh. Vet.-Med. **45**, 156–161.

MEYER, H. (1977): Adipositas beim Hund. Effem-Report Nr. 5, 1–8.

MEYER, H. (1980): Kalzium- und Phosphorbedarf des Hundes. Effem-Report Nr. 10, 21–36.

MEYER, H. (1981): Ernährungsbedingte Hauterkrankungen beim Hund. Kleintierpraxis **26**, 429–434.

MEYER, H. (1981): Ernährung des Hundes. Wien. tierärztl. Mschr. **68**, 87–93.

MEYER, H. (1981): Fettsucht beim Hund. Vortrag Kynolog. Weltkongreß, Dortmund, 96–111.

MEYER, H. (1981): Milchmenge und Milchzusammensetzung bei der Hündin. Effem-Report Nr. 12, 1–10.

MEYER, H. (1983): Ernährung des Hundes. Ulmer Verlag, Stuttgart.

MEYER, H. (1986): Diätetische Maßnahmen bei Insuffizienz der Niere. Prakt. Tierarzt **67**, 45–46.

MEYER, H., et al. (1981): Zum Mineralstoffwechsel von Saugwelpen sowie graviden und laktierenden Hündinnen. Kleintierpraxis **26**, 115–120.

MEYER, H., und HECKÖTTER, E. (1983): Futterwerttabellen für Hunde. Schlütersche Verlagsanstalt, Hannover.

MORRIS, M. L., and PATTON, R. S. (1976): Diät bei Nierenerkrankungen. Vet. Med. Small Anim. Clin. **71**, 773–776.

MOSER, E. (1989): Dietary management of congestive heart failure. Vet. Med. **84**, 518–524.

MÜLLER, L. F. (1981): Ernährungsbedingte Krankheiten des Hundes. Vortrag Kynolog. Weltkongreß, Dortmund, 125–127.

MUNDT, H. C., und BRASS, W. (1980): Sondenernährung adulter Hunde – ein Beitrag zur peri- und postoperativen Ernährung. Kleintierpraxis **25**, 3–8.

MUNDT, H. C., et al. (1981): Zur Energie- und Eiweißversorgung von Saugwelpen über die Muttermilch. Kleintierpraxis **26**, 353–360.

National Research Council (1985): Nutrient Requirements of Domestic Animals: Nr. 8, Nutrient Requirements of Dogs. National Academy of Sciences. Washington D.C.

NEUFELD, K., und SAFER, M. (1989): Diätetische Maßnahmen bei Nierenfunktionsstörungen des Hundes. Wien. tierärztl. Mschr. **76**, 249–252.

Nutrient Requirements of Dogs (1962): Publication 989 of the National Academy of Sciences, Basic Guide to Canine Nutrition. New York, 1965.

OSBORNE, C. (1990): Konservative Behandlung von Harnsteinen. Gastvorlesung, Gießen.

PAATSAMA, S. (1981): Ernährungsabhängige Wachstumsstörungen beim Hund. Vortrag Kynolog. Weltkongreß, Dortmund, 142–152.

POHL, Ingrid (1966): Appetitzügler beim Hund. Kleintierpraxis **11**, 133.

REMILLARD, R. L. (1988): Making nutritional changes to manage a complicated case of nephrolithiasis. Vet. Med. **83**, 484–492.

SEIFART, W. (1970): Parenterale Ernährung. Steinkopff-Verlag, Dresden.

SOUCI, S.W., und BOSCH, H. (1978): Lebensmitteltabellen für die Nährwertberechnung. 2. Auflage. Wiss. Verlagsgesellschaft, Stuttgart.

STEININGER, E. (1981): Die Adipositas und ihre diätetische Behandlung. Wien. tierärztl. Mschr. **68**, 122–130.

STRASSER, H. (1964): Gewinnung und Aufzucht spezifisch pathogenfreier (SPF) Hundewelpen. Vet.-med. Habil.-Schrift, Frankfurt/M.

THODAY, K. L. (1989): Diet-related zinc-responsive skin disease in dogs: a dying dermatosis? J. Small Anim. Pract. **30**, 213–215.

THOMÉE, Annette (1978): Zusammensetzung, Verdaulichkeit und Verträglichkeit von Hundemilch und Mischfutter bei Welpen unter besonderer Berücksichtigung der Fettkomponente. Vet.-med. Diss., Hannover.

WAGNER-GEBAUER, Renate (1966): Beitrag zur Verdaulichkeitsprüfung von Hundefuttermitteln mit Hilfe einer Indikatormethode. Vet.-med. Diss., Gießen.

WIESEMÜLLER, W., und LEIBETSEDER, J. (Hrsg.) (1993): Ernährung monogastrischer Nutztiere. Gustav Fischer Verlag, Jena–Stuttgart.

WRETLIND, A. (1968): Vollständige parenterale Ernährung. Ernährungs-Umschau **15**, Nr. 11 und 12.

ZENTEK, J. (1992): Ernährungsbedingte Hauterkrankungen – Bedeutung von Spurenelementen und Vitaminen. Kleintierpraxis **37**, 157–162.

6. Gebräuchlichste Formen der Schmerzausschaltung

(G. Schmidt-Oechtering, Michaele Alef und E. Schimke)

6.1. Präanästhetische Untersuchung und Vorbereitung des Patienten

Die Entscheidung über die Art der Anästhesie und das Ausmaß der Überwachung ist abhängig vom Ergebnis der **präanästhetischen Untersuchung**. Sie ist Teil der Narkoseüberwachung und ist wie diese auf ein gewisses standardisiertes Vorgehen angewiesen. Eine präanästhetische Untersuchung sollte *bei jedem Patienten* und *vor jeder Narkose* durchgeführt werden. Sie erlaubt dem Tierarzt eine Einschätzung des **Narkoserisikos.**

In Anlehnung an die Einteilung der American Society of Anesthesiologists (ASA) werden auch in der Veterinäranästhesie *fünf Risikogruppen* unterschieden (Tabelle 6.1.). Bei dieser Einteilung werden einige das Narkoserisiko beeinflussende Faktoren jedoch nicht berücksichtigt. Dazu gehören das Alter des Patienten, Art und Dauer der geplanten Operation und die Erfahrung des Operateurs und Anästhesisten.

Die **Ausführlichkeit** der präanästhetischen Untersuchung wird sich von Fall zu Fall unterscheiden; man sollte jedoch ein gewisses Maß zur Routine werden lassen und dieses niemals unterschreiten. Die Frage nach dem Zeitpunkt der letzten Futteraufnahme, die Untersuchung der Schleimhäute, deren Farbe, die Prüfung der kapillären Rückfüllungszeit (KFZ), die Beschaffenheit des Hautturgors, die Bestimmung der Körpertemperatur, die Auskultation der Lunge sowie die Auskultation des Herzens mit gleichzeitiger Pulskontrolle zur Diagnose von Herzrhythmusstörungen (Pulsdefizit!) gehören zu den *Minimalforderungen*. Eine ausführliche Anamnese kann Hinweise auf innere Erkrankungen geben.

Eine routinemäßig durchgeführte, ausführliche präoperative *Laboruntersuchung* ist in der tierärztlichen Praxis aus personellen und wirtschaftlichen Gründen häufig nicht möglich. Im Einzelfall muß daher entschieden werden, welche Laboruntersuchungen bei Patienten mit erhöhtem Narkoserisiko durchgeführt werden sollen. Als aussagekräftige Untersuchungsparameter haben sich die Hämatokrit-, Hämoglobin-, Harnstoff- und Kreatininbestimmung, die Ermittlung der Erythrozyten- und Leukozytenzahl sowie die Enzymdiagnostik bewährt.

Gegebenenfalls muß der Patient erst durch gezielte Maßnahmen wie Volumsubstitution oder Korrektur klinisch relevanter Säure-Basen- bzw. Elektrolyt-Abweichungen in einen *narkosefähigen Zustand* gebracht werden.

Danach wird die *Art der Schmerzausschaltung* festgelegt. Die Anwendung eines starren Schemas bei der Wahl und Dosierung von Prämedikations- und Anästhesiemitteln ist oft die Ursache für spätere Komplikationen.

Zur exakten Dosierung von Anästhetika, Infusionen und Notfallmedikamenten sollte die *genaue Körpermasse* des Tieres vor jeder Anästhesie ermittelt werden.

Für die *allgemeine Vorbereitung des Patienten* wird gefordert, daß der Hund möglichst 12 Stunden vor der Allgemeinanästhesie kein Futter aufnehmen soll, um die Aspirationsgefahr zu minimieren. Wasser darf bis 3 Stunden vorher gegeben

Tabelle 6.1. ASA-Risikogruppen

1	Normaler, gesunder Patient
2	Leichte Allgemeinerkrankung ohne Leistungseinschränkung
3	Schwere Allgemeinerkrankung mit Leistungseinschränkung
4	Schwere Allgemeinerkrankung, die mit oder ohne Operation das Leben des Patienten bedroht
5	Moribund, Tod innerhalb von 24 Stunden mit oder ohne Operation zu erwarten

werden. Welpen dürfen bis kurz vor der Operation Muttermilch bzw. Wasser trinken.

Ein *venöser Zugang* ist heute bei allen Operationen obligat, ausgenommen sind nur kurze Eingriffe bei gesunden Patienten.

Gefahren und Komplikationen können durch *andere Arzneimittel* gegeben sein. Seit Jahren sind *Interaktionen* zwischen Anästhetika und *Antibiotika, Sulfonamiden* und *Muskelrelaxanzien* bekannt. Chloramphenicol, Streptomycin und Neomycin vor Allgemeinanästhesien können die Aufwachphase verlängern. Einige Antibiotika haben selbst eine muskelrelaxierende Wirkung (Streptomycin, Neomycin, Tetracyclin). Das kann zu einem Synergismus mit nicht depolarisierenden Muskelrelaxanzien (Dualblockbildung) führen.

Für eine *exzitationsfreie Einschlaf- und Aufwachphase* ist eine ruhige Umgebung in der perioperativen Phase entscheidend. Streßbedingte hohe endogene Catecholaminspiegel können sogar beim jungen gesunden Hund zu Narkosezwischenfällen (Kollabieren nach Acepromazin-Verabreichung) führen.

6.2. Injektionsanästhetika und Adjuvantien

Für das Verständnis der „modernen" Anästhesie ist es notwendig, verschiedene anästhesiologische Begriffe zu unterscheiden. Schon 1846 prägte OLIVER WENDELL HOLMES den Begriff *Anästhesie* zur Beschreibung des schon lange bekannten Phänomens der reversiblen Schmerzausschaltung. Anästhesie ist definiert als Bewußtlosigkeit aufgrund einer reversiblen, medikamenten-induzierten Intoxikation des Zentralnervensystems, in der Schmerzen weder empfunden werden noch mit Erinnerung verbunden sind. Bei den heute oft üblichen Anästhesieformen werden oft unterschiedliche pharmakologische Wirkungen verschiedener Medikamente zu einer „Anästhesie" kombiniert. Eine dieser Wirkungen ist die *Hypnose*. Sie ist definiert als medikamenten-induzierter Schlaf. Diskutiert wird, ob eine Operation in tiefer, mit Amnesie verbundener Hypnose ohne zusätzliche Schmerzausschaltung zeitgemäß ist oder ob generell ein schmerzausschaltendes Medikament kombiniert werden muß. Fehlende Schmerzempfindung wird als *Analgesie* bezeichnet.

Wenn der geplante Eingriff es erfordert, wird zusätzlich eine *Muskelrelaxation* angestrebt. Die *Dämpfung des vegetativen Nervensystems* soll die vegetative Reflexaktivität herabsetzen. Zur *Streßminderung* bei der Vorbereitung oder Einleitung der Narkose und *Reduzierung von Narkosekomplikationen* können im Rahmen der Prämedikation *Sedativa* verabreicht werden.

6.2.1. Anticholinergika

Zur Dämpfung der vegetativen Reflexaktivität werden Anticholinergika eingesetzt. Sie wirken durch kompetitive Hemmung der muscarinartigen Wirkungen von Acetylcholin in postganglionären cholinergen Nerven als Parasympatholytika. Beeinflußt werden unter anderem exokrine Drüsen, glatte Muskelzellen, das Herz-Kreislauf- und Zentralnervensystem.

• **Atropin**
Wirkungen. Durch die Wirkung von Atropin am Sinusknoten nimmt die *Herzfrequenz* zu, am Atrioventrikularknoten wird die *Leitungsgeschwindigkeit* gesteigert. Die Frequenzsteigerung kann mit einem Anstieg des Herzminutenvolumens verbunden sein. Atropin erniedrigt die *ventrikuläre Reizschwelle* und verhindert *vasovagale Reflexantworten*. Die *Sekretion* der Tränendrüsen, der Speicheldrüsen und der Drüsenzellen im Respirationstrakt wird reduziert, die *Viskosität* der Sekrete steigt. Atropin kann einen *Bronchospasmus* verhindern und senkt den Atemwegswiderstand. Die Motilität des *Magen-Darm-Trakts* wird herabgesetzt.

Klinische Anwendung. Ursprünglich setzte man Atropin ein, um die durch Äther hervorgerufene exzessive Speichelsekretion zu vermindern. Lange Zeit waren Anticholinergika obligatorischer Bestandteil der Prämedikation oder Narkose. Heute wird eine anticholinerge Medikation nur bei besonderer Indikation eingesetzt.

Atropin soll bei Verwendung von Substanzen, die eine *exzessive Salivation* auslösen (z.B. Ketamin), verabreicht werden. Empfehlenswert ist eine anticholinerge Prämedikation bei chirurgischer *Stimulation vagaler Reflexe* (Auge, Larynx).

Tabelle 6.2. Anticholinergika

Atropin	0,01–0,05 mg/kg KM 60–90 min Wirkdauer	s.c., i.m., i.v.
Glykopyrrolat	0,01 mg/kg KM 2–4 h Wirkdauer	s.c., i.m., i.v.

Die Manipulation am Auge kann zu einem über den Nervus vagus vermittelten Herzstillstand führen.

Große Bedeutung kommt Atropin bei der akuten Behandlung von *Bradykardien* und der Therapie von *Überleitungsstörungen* zu. Atropin wirkt bei bestehenden Rhythmusstörungen antiarrhythmisch, kann selbst jedoch initial zu Herzrhythmusstörungen führen (Tabelle 6.2.).

Bei routinemäßiger Verwendung von Atropin im Rahmen der Prämedikation kann es zu einer unerwünschten, lang andauernden Tachykardie *(Exzeßtachykardie)* kommen. Sie ist wegen der Gefahr der ischämischen Myokardschädigung vor allem beim Menschen (erhöhter myokardialer Sauerstoffbedarf bei Tachykardie in Kombination mit schlechter Koronardurchblutung bei koronarkranken Menschen) gefürchtet.

Kontraindiziert ist Atropin bei bestehender *Tachykardie*. Bei Patienten mit Glaukom sollte die Indikation gründlich geprüft werden.

Aus einer *Atropin-Überdosierung* resultieren trockene Schleimhäute, Dilatation der Pupille, Tachykardie und Übererregbarkeit.

Glykopyrrolat besitzt ein ähnliches Wirkungsspektrum, aber eine längere Wirkdauer als Atropin.

Fenpipramid ist eine atropinähnlich wirkende Substanz, die dem *l*-Methadon (0,125 mg Fenpipramidhydrochlorid in 1 ml *l*-Polamivet®) zugesetzt ist. Damit entfällt die Notwendigkeit einer weiteren anticholinergen Prämedikation bei Verwendung dieses Opioid-Analgetikums.

6.2.2. Sedativa

Sedativa werden im Rahmen der Prämedikation eingesetzt. Die Kombination mit einem analgetisch wirkenden Medikament ist in vielen Fällen sinnvoll (s. Kap. 6.3.).

6.2.2.1. Phenothiazine

Phenothiazine und Butyrophenone gehören zu den **Neuroleptika**. Sie vermindern den Antrieb sowie die spontane motorische Aktivität und dämpfen die affektive Erregbarkeit.

• **Acepromazin**
Wirkungen. Acepromazin wirkt *nicht analgetisch*, ist aber ein potentes Neuroleptikum und Sedativum. Es wirkt antiemetisch, anticholinerg und antihistaminerg. Phenothiazine setzen die *Reizschwelle für Krampfanfälle* herab. Sie hemmen katecholamininduzierte Arrhythmien.

Vor allem bei kleinen Tieren sollte beachtet werden, daß es über zentrale Beeinflussung der *Thermoregulation* zu lang anhaltender Absenkung der Körpertemperatur kommt. Oft werden nach langen Operationen trotz Heizkissen postoperativ Körpertemperaturen unter 33°C gemessen.

Auf die **Atmung** hat Acepromazin nur eine *geringe Wirkung*, es kann jedoch die atemdepressive Wirkung anderer Medikamente potenzieren. Acepromazin führt zu einer peripher und zentral vermittelten **ausgeprägten Kreislaufdepression**. Alle Phenothiazine führen über die *Blockade α-adrenerger Rezeptoren* zu einer langanhaltenden Dämpfung der peripheren Kreislaufregulation *(Alpha-Adrenolyse)*.

An den Blutgefäßen kann man zwei Typen von adrenergen Rezeptoren unterscheiden: $α_1$- (Gefäßverengung und damit Anstieg des Blutdrucks) und $β_2$-Rezeptoren (Gefäßerweiterung und damit Abfall des Blutdrucks). Schon geringe Mengen Acepromazin (oder Propionylpromazin) können zu einer lang anhaltenden Blockade der $α_1$-Rezeptoren führen. Dennoch kommt es nicht zwangsläufig zu einem Blutdruckabfall. Muß vom Organismus jedoch ein Volumenmangel (Blutung) durch Vasokonstriktion kompensiert werden, ist die Blutdruckregulation nicht mehr möglich, da die α-Rezeptoren durch Acepromazin blockiert sind.

Auch kleinere intraoperative Blutverluste können nach Acepromazin zu einer deutlichen *Hypotension* führen. Gefährdet sind auch Patienten, die bereits mit einem durch Vasokonstriktion kompensierten Volumenmangel (z.B. Exsikkose durch Fremdkörperileus) zur Operation kommen. Sie können nach Acepromazingabe in eine hypotone Krise bis hin zum Schock gelangen. Die Verabreichung von Acepromazin sollte beim *Risikopatienten* wegen der Beeinflussung der Blutdruckregulation unterbleiben.

Adrenalinumkehr. Adrenalin hat ausgeprägte α- und β-sympathomimetische Wirkungsqualitäten, periphere Vasokonstriktion und Vasodilatation sind etwa gleich stark ausgeprägt. Starke Erregung (Streß) führt zu einer Erhöhung des endogenen Catecholaminspiegels. Acepromazin blockiert jedoch die α-Rezeptoren, so daß allein die β-mimetische, vasodilatierende Wirkung von Adrenalin zum Tragen kommt. Dieser Mechanismus bedingt, daß erregte Tiere nach Gabe von vergleichsweise geringen Acepromazindosen im Volumenmangelschock kollabieren können. Zur Therapie muß durch (aggressive) Infusionstherapie (bis zu 50 ml/kg KM Vollelektrolytlösung) das „versackte" Blutvolumen wieder aufgefüllt werden.

Klinische Anwendung. Acepromazin ist das am meisten verwendete Phenothiazinderivat. Es reduziert auch in geringen Dosen den Bedarf an Anästhetika zur Allgemeinnarkose. Bei maximaler Acepromazinwirkung bedingt die Erhöhung der Dosis eine Verlängerung der *Wirkdauer* (Tabelle 6.3.). Ist die Wirkung nicht zufriedenstellend, sollte nicht die Dosis erhöht werden, sondern eine Kombination mit Opioiden erfolgen. Wichtig ist die Anpassung der Dosis an die *Stoffwechselaktivität* der Tiere. Sehr große Hunde benötigen verhältnismäßig geringe Dosen. Die Gefahr der *relativen Überdosierung* mit langer Nachschlafzeit ist bei diesen Tieren groß. Boxer scheinen auf Acepromazin besonders empfindlich zu reagieren. Die Dosis bei kleinen Hunden wie Yorkshire-Terrier oder Malteser orientiert sich dagegen an der oberen Grenze des Dosierungsspektrums.

Die Wirkdauer von Acepromazin beträgt bis zu 6 Stunden, in Einzelfällen sind Nachwirkungen bis zu 24 Stunden zu beobachten. Über die gesamte Zeit ist mit einer Einschränkung der Blutdruck- und Thermoregulation zu rechnen.

Propionylpromazin. Die Wirkungen und Nebenwirkungen von Propionylpromazin (Combelen®) entsprechen im wesentlichen denen von Acepromazin. Die Wirkdauer scheint etwas länger, die notwendige Dosis etwas höher.

Tabelle 6.3. Phenothiazine

Acepromazin	0,01–0,2 mg/kg KM	s.c., i.m., i.v.
	bis 6 h Wirkdauer (dosisabhängig)	
Propionylpromazin	bis 0,3 mg/kg KM	s.c., i.m., i.v.
	bis 6 h Wirkdauer (dosisabhängig)	

6.2.2.2. Butyrophenone

Wirkungen. Ähnlich wie Phenothiazine bewirken Butyrophenone *Sedation* und Abnahme der Spontanaktivität. In höheren Dosen können Muskelrigidität, Tremor und Katalepsie auftreten (extrapyramidale Wirkungen). Solche *adversen Reaktionen* kommen auch nach klinischen Dosen vor. Butyrophenone können bei alleiniger Gabe und in Kombination mit anderen Medikamenten *Aggressivität* verursachen. Die Wesensveränderung ist temporär und kann wenige Tage anhalten. Ursache und Häufigkeit sind nicht bekannt. Butyrophenone wirken *antiemetisch* und *sympatholytisch*. Andere Anästhetika und Narkotika werden potenziert.

Die **respiratorischen** und **kardiovaskulären** Effekte sind gering, die Blockade der α-Rezeptoren bewirken eine geringgradige Hypotension. Auch eine Abnahme der Herzfrequenz wird beschrieben.

Klinische Anwendung. Beim Hund wird *Dehydrobenzperidol* (Droperidol) hauptsächlich im Rahmen der Neuroleptanalgesie in Kombination mit Fentanyl (Thalamonal®) verwendet. Bemerkenswert an der Kombination mit einem Opioid ist die Tatsache, daß Droperidol die Sensitivität des Atemzentrums für Kohlendioxid steigert und damit der opioid-induzierten Atemdepression entgegenwirkt. Das Butyrophenonderivat *Fluanison* wird ausschließlich in Kombination mit Fentanyl als Hypnorm® angeboten.

6.2.2.3. α_2-Adrenozeptor-Agonisten

Xylazin wurde 1962 in Deutschland synthetisiert. Lange Zeit waren seine pharmakologischen Wirkungsqualitäten nur schwer zu erklären. Erst die Entdeckung der α_2-Rezeptoren und die Zuordnung von Xylazin zu den α_2-Adrenozeptor-Agonisten machte seine Wirkungen besser verständlich. 1992 wurde mit *Medetomidin* ein weiterer α_2-Adrenozeptor-Agonist in Deutschland zugelassen.

Adrenerge Rezeptoren werden von den Transmitterstoffen Adrenalin und Noradrenalin erregt. Durch den Einsatz selektiver Agonisten und Antagonisten konnten α_1-, α_2-, β_1- und β_2-Rezeptoren differenziert werden. α_2-Rezeptoren können im zentralen und peripheren Nervensystem prä- und postsynaptisch lokalisiert sein.

Periphere präsynaptische α_2-Rezeptoren sind an fast allen noradrenergen Nervenendigungen nachgewiesen worden. Sie wirken durch einen negativen Feedback-Mechanismus regulierend auf die Noradrenalinfreisetzung in den synaptischen Spalt. *Periphere postsynaptische α_2-Rezeptoren* und α_1-Rezeptoren befinden sich an der glatten Muskulatur der Gefäße. Bei einer Erregung dieser Rezeptoren kommt es zur Vasokonstriktion. Durch diesen Effekt entsteht bei der Anwendung von α_2-Adrenozeptor-Agonisten eine initiale Hypertension. Die im späteren Verlauf möglicherweise auftretende Hypotension ist dagegen durch zentrale α_2-Rezeptoren vermittelt. Auch andere Wirkungen der α_2-Adrenozeptor-Agonisten sind auf die Stimulation von peripheren postsynaptischen α_2-Rezeptoren zurückzuführen. So kann es zur Stimulation der Uterusmuskulatur, Hemmung der Magen-Darm-Tätigkeit sowie zur Freisetzung von Insulin (Hyperglykämie) und Hemmung der Reninabgabe kommen.

Zentrale α_2-Rezeptoren vermitteln Sedation, Analgesie und Muskelrelaxation. Bei Stimulation postsynaptischer zentraler α_2-Rezeptoren kommt es darüber hinaus zur Abnahme von Blutdruck und Herzfrequenz und dadurch zum Abfall des Herzzeitvolumens. Der Einfluß auf die Atemwege ist tierartlich unterschiedlich. Die Erregung postsynaptischer α_2-Rezeptoren kann zu Emesis und zu dosisabhängig ausgeprägter Hypothermie führen. Die Vasopressin-, Wachstumshormon-, ACTH- und Reninfreisetzung wird vermindert.

• **Xylazin**
Wirkungen. Xylazin wirkt *sedativ-hypnotisch* und *muskelrelaxierend*. Seine *analgetischen Eigenschaften* sind *tierartlich unterschiedlich* ausgeprägt. Beschrieben wird eine analgetische Wirkung vor allem im viszeralen Bereich.

Die **kardiovaskulären Wirkungen** können sehr unterschiedlich sein, da sowohl Sympathikus als auch Parasympathikus beeinflußt werden können. Xylazin bewirkt eine *Reduzierung der Herzfrequenz* bis hin zum AV-Block ersten und zweiten Grades. Ein initialer Blutdruckanstieg wird gefolgt von einer *hypotensiven Phase*. Die **Atemdepression** ist dosisabhängig.

Klinische Anwendung. Xylazin vereinigt in sich mehrere unterschiedlich stark ausgebildete anästhesiologisch nutzbare Eigenschaften. Abhängig von der Dosierung wirkt es sedativ, zentral relaxierend und analgetisch. Als Monoanästhetikum ist es ungeeignet. In Kombinationsanästhesien mit Morphinanalgetika oder Ketamin werden vor allem seine sedativen und relaxierenden Eigenschaften geschätzt. Xylazin kann emetisch wirken.

• **Medetomidin**
Die Bindung des α_2-Adrenozeptor-Agonisten Medetomidin an α_2-Rezeptoren erfolgt mit einer 10mal höheren Selektivität als bei Xylazin. Die Wirkdauer von Medetomidin ist länger.

Wirkungen. Medetomidin erzeugt beim Hund eine *dosisabhängige Sedation* und eine tierartlich unterschiedlich ausgeprägte *Analgesie*. Typisch für die Wirkung von α_2-Agonisten ist, daß manche Patienten durch Manipulationen weckbar sind. In den reizintensiven Phasen kann die Verstärkung der Sedation notwendig sein.

α_2-Adrenozeptor-Agonisten senken die **Atemfrequenz**. Bei einigen Hunden kann ein *periodischer Respirationstyp* mit schwankenden Atemzugvolumina beobachtet werden. Die **Kreislaufwirkungen** gleichen denen von Xylazin. Auch nach Verabreichung von Medetomidin kann es initial zum *Blutdruckanstieg* kommen, *Hypotension* und *Bradykardie* folgen.

Tabelle 6.4. α_2-Agonisten

Xylazin	0,2–2,0 mg/kg KM	i.m., i.v.
	bis 2 h Wirkdauer	
Medetomidin	5–80 µg/kg KM	i.m., i.v.
	bis 6 h Wirkdauer (dosisabhängig)	

Medetomidin hat eine geringere emetische Wirkung als Xylazin. Es hemmt in ähnlichem Ausmaß die Insulinfreisetzung und bedingt dadurch einen erhöhten Blutglucosespiegel. Ein Aspekt der bei der Blutentnahme in Narkose beachtet werden sollte.

Klinische Anwendung. Mit der verabreichten Medetomidindosis kann zwischen 10 und 80 µg/kg KM die Tiefe und die Dauer der Sedation beeinflußt werden. Die Nebenwirkungen werden schon im unteren Dosierungsbereich deutlich, sie nehmen jedoch bei Steigerung der Dosis in geringerem Maße zu.

Da die Medetomidinwirkung sehr stark von der Stoffwechselaktivität des Patienten abhängt, wird eine an der Körperoberfläche (KO) orientierte **Dosierung** empfohlen.

Medetomidin potenziert die Wirkung anderer Anästhetika sehr stark und senkt den Verbrauch an Narkosemitteln (z. B. Propofol, Halothan) deutlich. Dieser Effekt kann schon im Dosisbereich von 5–10 µg/kg KM Medetomidin genutzt werden.

• **Antagonisierung**
Ein Vorteil der Anwendung von α_2-Rezeptor-Agonisten stellt ihre mögliche Antagonisierung dar. Neben unspezifisch antagonistisch wirkenden Substanzen (4-Aminopyridin) und α-Blockern (Yohimbin, Tolazolin) stehen heute auch spezifische **α_2-Antagonisten** (Atipamezol) zur Verfügung.

Atipamezol wurde speziell für die Antagonisierung von Medetomidin entwickelt. Es wirkt potent und selektiv an zentral und peripher lokalisierten α_2-Adrenozeptoren. Der spezifische Antagonist besitzt eine sehr hohe α_2-Selektivität. Vollständig antagonisiert werden sedative und analgetische Effekte sowie die Bradykardie, andere kardiale Wirkungen (AV-Block) dagegen nur zum Teil.

Zur Antagonisierung von Medetomidin wird die intramuskuläre Applikation von Atipamezol empfohlen, die intravenöse Gabe wird ebenfalls beschrieben. Schon wenige Minuten nach intramuskulärer Applikation steigt die Herzfrequenz, einige Minuten später sind die Hunde vollständig wach. Ähnlich wie bei anderen Antagonisten ist auch bei α_2-Antagonisten eine Rückkehr der Schläfrigkeit nach einiger Zeit möglich. Um die *Dauer kardiovaskulärer Nebenwirkungen* zu verkürzen, wird die Antagonisierung von Medetomidin, unabhängig vom Sedationsgrad, am Ende jeder Operation empfohlen.

Die Dosierung von Atipamezol orientiert sich an der verabreichten Medetomidinmenge. In der Regel wird die 5fache Dosis appliziert (Volumengleichheit von Medetomidin und Atipamezol). Ist zwischen Medetomidinapplikation und Antagonisierung längere Zeit vergangen, wird von einigen Autoren die Reduktion der Atipamezoldosis empfohlen, um „überwache", aufgeregte Hunde zu vermeiden. Man geht davon aus, daß ein Teil des Medetomidins zum Antagonisierungszeitpunkt schon verstoffwechselt ist.

Da mit Atipamezol ein spezifischer α_2-Antagonist zur Verfügung steht, ist die Anwendung dieser Substanz auch nach *Xylazin-Applikation* möglich. Die empfohlene Dosis beträgt bis zu 200 µg/kg KM.

Die Antagonisierung kann dort problematisch werden, wo α_2-Adrenozeptor-Agonisten vor allem wegen ihrer muskelrelaxierenden Wirkung eingesetzt werden. So kann es durch Ketaminüberhang bei Kombination von Ketamin und α_2-Adrenozeptor-Agonisten nach der Antagonisierung zu tonisch-klonischen Krämpfen kommen.

Das α-Adrenolytikum **Yohimbin** bindet relativ selektiv an α_2-Rezeptoren, aber auch an α_1-Rezeptoren. Es verkürzt die Dauer der xylanzinbedingten Analgesie und Sedation und hebt dessen Kreislauf- und Atemwirkungen auf. Die Nebenwirkungen von Yohimbin sind sehr verschieden, beobachtet wird ein hypertensiver Effekt und eine zyklische Stimulation der Atmung.

Yohimbin antagonisiert partiell auch andere ZNS-deprimierende Stoffe wie Barbiturate und Benzodiazepine. Der Mechanismus dieser Wirkung ist nicht bekannt, in hohen Dosen besitzt Yohimbin jedoch eine Affinität für Serotonin- und Dopaminrezeptoren.

Der Dosierungsbereich von Yohimbin liegt zwischen 0,05 und 0,5 mg/kg KM. Bei einer Xylazindosis von etwa 2 mg/kg KM, werden 0,2 mg/kg KM Yohimbin empfohlen. Bei Xylazinüberdosierung können bis zu 0,5 mg/kg KM verwendet werden. Bei höherer Dosierung können Angstzustände, Diarrhoe und Krämpfe auftreten. Obwohl einige Autoren Yohimbin auch eine gewisse Ketaminantagonisierung nachsagen, wird die kataleptische Wirkung von Ketamin auf keinen Fall beeinflußt. Deshalb sollte beim Hund *nach Ketaminkombinationen Yohimbin mit Vorsicht* verwendet werden.

Tolazolinhydrochlorid ist ein nicht-selektiver α_1/α_2-Antagonist und wirkt sympathomimetisch, antihypertensiv und als Antihistaminikum. Tolazolin hat ähnliche, aber schwächere Effekte wie Yohimbin. Beim Hund werden 0,5 mg/kg KM Tolazolin zur Antagonisierung von etwa 1 mg/kg KM Xylazin eingesetzt.

4-Aminopyridin hat eine potente ZNS-stimulierende Aktivität. Es setzt Acetylcholin und andere Neurotransmitter im Gehirn frei, vereinfacht die Ca^{++}-Aufnahme und verursacht einen selektiven Block der K^+-Kanäle erregbarer Membranen. Bei Überdosierung entwickelt 4-Aminopyridin konvulsive Aktivitäten.

Beim Hund werden Dosen von 0,3–0,5 mg/kg KM Aminopyridin verwendet. In Kombination (0,3 mg/kg KM) mit Yohimbin (0,125 mg/kg KM) soll 4-Aminopyridin besonders wirkungsstark als Xylazinantagonist sein.

6.2.2.4. Benzodiazepine

Benzodiazepine gehören zu den *Tranquilizern*. In der Humananästhesiologie werden Benzodiazepine wegen ihrer schlaffördernden, anxiolytischen und amnestischen Wirkung zur Prämedikation von Patienten genutzt. Sie werden außerdem bei der Narkoseeinleitung, -erhaltung und zur Sedierung bei Regionalanästhesien appliziert. In der Veterinärmedizin werden Benzodiazepine, verglichen mit der Humanmedizin, sehr viel seltener eingesetzt. Genutzt wurde früher die antikonvulsive Wirkung bei der Behandlung von Krampfanfällen und die appetitanregende Wirkkomponente bei anorektischen Katzen. In den letzten Jahren werden Benzodiazepinderivate jedoch in der Veterinäranästhesie in zunehmendem Maße verwendet.

Tabelle 6.5. α_2-Antagonisten

Atipamezol	bis 200 µg/kg KM (0,2 mg/kg KM)	i.m. (i.v.)
Yohimbin	0,05–0,5 mg/kg KM	i.m., i.v.
Tolazolin	0,5 mg/kg KM	i.m., i.v.
4-Aminopyridin	0,3–0,5 mg/kg KM	i.m., i.v.

Benzodiazepine binden an spezifische mit GABA-Rezeptoren assoziierte Rezeptoren auf synaptischen Zellmembranen. Die Anwesenheit von γ-Aminobuttersäure, dem wichtigsten inhibitorischen Neurotransmitter im Zentralnervensystem der Wirbeltiere, ist für die dämpfende Wirkung der Benzodiazepine unbedingt erforderlich. Bei Bindung eines Benzodiazepins wird die GABAerge Neurotransmission wahrscheinlich durch Erhöhung der Affinität des GABA-Rezeptors verstärkt. Dieser spezifische indirekte Wirkungsmechanismus der Benzodiazepine erklärt die fehlende vegetative Beeinträchtigung und die geringe Toxizität bei Überdosierung. Die zentralen Wirkungen der Benzodiazepine scheinen von der Zahl der im Zentralnervensystem besetzten Rezeptoren abhängig zu sein. So wird ein antikonvulsiver Effekt eher erreicht als eine Anxiolyse oder eine Muskelrelaxation. Die muskelrelaxierende Wirkung unterscheidet sich in ihrem Wirkungsmechanismus, sie wird auf Rückenmarksebene durch Hemmung polysynaptischer Reflexe bedingt.

Wirkungen. Hauptwirkungen der Benzodiazepine sind *Sedierung*, *Hypnose* und *Anxiolyse*. Sie wirken außerdem *antikonvulsiv* und *muskelrelaxierend*, aber nicht *analgetisch*. Benzodiazepine potenzieren jedoch die analgetische Wirkung anderer Medikamente in unterschiedlichem Ausmaß.

Systemische Nebenwirkungen der Benzodiazepine treten in den Bereichen Atmung und Kreislauf auf. Die **Nebenwirkungen** sind in klinischen Dosen *minimal*. Bedeutend ist vor allem der **additive Effekt** der Benzodiazepine bei Kombination mit atem- oder kreislaufdepressiven Anästhetika. Die Kombination mit Opioiden kann zu einer ausgeprägten Atemdepression führen.

Die Benzodiazepine unterscheiden sich in ihrer Wirkungspotenz, -dauer, therapeutischen Breite und Wasserlöslichkeit. Das „klassische" Benzodiazepin ist **Diazepam**. Obwohl es im Humanbereich als langwirkendes Benzodiazepin eingestuft wird, ist seine Wirkung beim Hund meist *kurz bis mittellang*.

Die Substanz ist in Wasser unlöslich, deshalb wird ein organischer Lösungsvermittler verwendet. Der saure pH-Wert kann Schmerzreaktionen bei der Injektion auslösen. Diazepam soll nicht in einer Mischspritze mit anderen Medikamenten kombiniert werden, da es zu Ausfällungsreaktionen kommen kann. Seit einigen Jahren ist Diazepam auch in einer Öl-in-Wasser-Emulsion gelöst erhältlich. Diese Zubereitung verursacht keine Schmerzen bei der Injektion, ist jedoch teurer.

Midazolam ist wasserlöslich, Venenreizungen werden nicht beschrieben. Die Halbwertszeit ist kürzer als die von Diazepam.

Flunitrazepam ist wasserunlöslich. Seine Wirkung ist stärker als die von Diazepam. So erfolgt beim Menschen eine etwa 2mal stärkere Sedation, die schlafinduzierende Wirkung ist 5–10mal größer, die Relaxation etwa 10mal, der antikonvulsive Effekt 15–25fach gegenüber Diazepam.

Zolazepam steht nur als sedativ-muskelrelaxierende Komponente in der Kombination mit dem Phenzyklidinderivat Tiletamin zur Verfügung (Tilest®).

Klinische Anwendung. Die alleinige Verabreichung von Benzodiazepinen zur Sedation ist bei Hund, Katze und Pferd, anders als beim Menschen, unbefriedigend. Es besteht keine zuverlässige und vorhersehbare Wirkung. In Kombination mit anderen Injektionsanästhetika sind Benzodiazepine jedoch potente Sedativa/Hypnotika mit nur geringen kardiorespiratorischen Nebenwirkungen. In der Kleintieranästhesie wird vor allem Diazepam eingesetzt. Wegen seiner Wasserlöslichkeit wird in den letzten Jahren vereinzelt Midazolam verwendet. Flunitrazepam spielt beim Hund bisher eine untergeordnete Rolle.

Antagonisierung. Mit *Flumazenil* existiert ein kompetitiv wirkender Benzodiazepinantagonist. Durch Verdrängung am Rezeptor werden die sedativen und peripheren pharmakologischen Effekte von Benzodiazepinen dosisabhängig aufgehoben. Die antikonvulsive Wirkung wird nicht antagonisiert, Flumazenil selbst hat geringe antikonvulsive Wirkungen. In hohen Dosen werden auch die relaxierenden und anxiolytischen Effekte der Benzodiazepine aufgehoben. Beim Menschen werden adverse agonistische Effekte beschrieben.

Die Anwendung des Antagonisten erscheint beim Hund nicht notwendig, da Benzodiazepine in der Regel nur eine kurze Wirkung haben und bei Narkoseende nicht mit einem Benzodiazepinüberhang zu rechnen ist. Auch in der Humananästhesie werden Benzodiazepinantagonisten vor allem bei wiederholter Benzodiazepinapplikation eingesetzt. Einsatzgebiet von Flumazenil ist die relative und absolute Benzodiazepinüberdosierung. Zur routinemäßigen Antagonisierung besteht keine Indikation, auch ist sie ökonomisch kaum vertretbar, da Flumazenil ein sehr kostenintensives Produkt ist.

Tabelle 6.6. Benzodiazepine

Diazepam	0,5–1,0 mg/kg KM i.v., i.m. bis 1 h Wirkdauer
Midazolam	0,5–1,5 mg/kg KM i.v., i.m. bis 30 min Wirkdauer
Flunitrazepam	bis 0,2 mg/kg KM i.v., i.m. bis 30 min Wirkdauer

6.2.3. Analgetika

Als analgetische Komponente bei Kombinationsanästhesien werden die stark analgetisch wirkenden **Opioide** sowie die **Phenzyklidinderivate** Ketamin und Tiletamin eingesetzt. Neben diesen primär als Analgetika verwendeten Mitteln besitzen auch die α_2-Adrenozeptor-Agonisten analgetische Potenz.

6.2.3.1. Opioide

Opioide spielen in der Anästhesiologie schon seit über 800 Jahren eine bedeutende Rolle. Sie nehmen eine zentrale Stellung bei der intraoperativen und postoperativen Analgesie ein. Im deutschsprachigen Raum ist das in Deutschland synthetisierte Opioid *l*-**Methadon** beim Hund besonders verbreitet.

Die natürlich vorkommenden Opiate, Morphin und Codein, und die vollsynthetischen Opioide binden an spezifische Opiatrezeptoren in Rückenmark und Gehirn. Beschrieben wurden seit 1973 verschiedene stereospezifische Rezeptoren mit unterschiedlichen Wirkungsqualitäten. Als gesichert gelten drei Rezeptortypen: μ, δ und $\varkappa$. Der μ-Rezeptor ist die wesentliche Bindungsstelle für Opioide vom Morphintyp. Auf zerebraler Ebene vermittelt er Analgesie. Aber auch die unerwünschte Atemdepression, Toleranzentstehung und Entzugssymptome werden über den μ-Rezeptor vermittelt. δ-Rezeptoren bedingen wahrscheinlich ebenfalls eine zerebral vermittelte Analgesie, sie wirken aber auch auf spinaler Ebene. Ihre Aufgabe ist vor allem die Modulation der Aktivität des μ-Rezeptors. Der $\varkappa$-Rezeptor bewirkt Analgesie und Sedierung auf spinaler Ebene ohne oder mit nur geringer Atemdepression. Exzitatorische Effekte schreibt man der Aktivierung von σ-Rezeptoren zu.

Klassische Opioide wirken agonistisch am μ-, $\varkappa$- und vielleicht am δ-Rezeptor. Seit der Entdeckung verschiedener Rezeptortypen wurden diverse Opioide mit agonistischer, antagonistischer und partiell agonistischer Wirkung synthetisiert. Das Ziel ist ein ideales Opioid mit starker analgetischer Wirkung bei fehlender Atemdepression und Suchtgefahr. Ein solches Opioid wurde bisher nicht gefunden.

Wirkungen. Hauptwirkort der Opioide ist das Zentralnervensystem. Hauptwirkung ist die *Analgesie* durch ist die Erhöhung der Reizschwelle. Je nach verwendeter Substanz, Dosis und Tierart können *sedative* oder *exzitatorische Effekte* beobachtet werden. Wie einzelne Tierarten auf Opioide reagieren, hängt mit der jeweiligen Zahl der Opioidrezeptoren zusammen (hohe Zahl → Sedation). Individuelle Unterschiede treten bei der Reaktion vor allem auf akustische Reize auf, so reagieren einzelne Tiere mit einer *Hyperakusie*.

Die schon in klinischen Dosen a**usgeprägte Atemdepression** wird durch direkte Beeinflussung des Atemzentrums im Hirnstamm ausgelöst. Beeinflußt wird die *Regulation der Atmung*, so ist die Atemantwort auf eine erhöhte arterielle Kohlendioxidspannung vermindert. Die Folge ist ein stark reduziertes Atemminutenvolumen.

Durch die Abnahme der alveolären Ventilation wird das bei der Zellatmung entstehende Kohlendioxid nicht ausreichend eliminiert, seine Konzentration im Blut steigt an, eine *respiratorische Azidose* entsteht. Therapie kann nur die Verbesserung der alveolären Ventilation durch assistierte oder kontrollierte *Beatmung* sein. Die Gabe von alkalisierenden Substanzen wie *Natriumbikarbonat* ist wegen der weiteren Zunahme der CO_2-Konzentration *kontraindiziert.*

Opioide dämpfen den Hustenreflex. Diese Eigenschaft erleichtert die Intubation.

Unter dem Einfluß von Opioiden kommt es zu **keiner direkten Beeinflussung der Herz-Kreislauf-Funktion**. Durch parasympathische Stimulation ist eine Abnahme der Herzfrequenz möglich. Anticholinergika wirken der Sinusbradykardie entgegen. Einige Opioide, darunter Morphin, können beim Hund eine Histaminausschüttung, die zur Vasodilatation mit Blutdruckabfall führt, provozieren.

Opioide wirken abhängig von der Tierart und der verabreichten Substanz in unterschiedlichem Ausmaß emetisch. Die Magen-Darm-Motilität wird meist zunächst gesteigert, anschließend ist oft eine Abnahme der Motilität zu beobachten. Viele Opioide bewirken eine ADH-Freisetzung, die zu einer stark reduzierten Urinproduktion führt.

Morphin. Als Prototyp der Opiate besitzt Morphin eine gute analgetische und eine mittelgradig sedierende Wirkung. Die Kombination von analgetischem und sedativem Effekt erscheint zur Prämedikation sehr sinnvoll. Morphin wurde aber in der Kleintieranästhesie weitgehend von anderen Opioiden abgelöst, weil nach systemischer Morphinapplikation Vomitus und Kotabsatz einsetzen, Effekte die in der Praxis unerwünscht sind.

l-**Methadon.** Auf der Suche nach Alternativen für Morphin wurde 1941 in Deutschland Methadon synthetisiert. Lange wurde das Razemat der beiden Stereoisomeren als Analgetikum eingesetzt. Heute wird in Deutschland jedoch ausschließlich *l*-Methadon verwendet, da es etwa

25mal stärker analgetisch wirkt als das d-Isomer. *l*-Methadon hat eine geringere sedative Wirkung als Morphin, ist jedoch etwa 3–4mal stärker analgetisch. Das *Atemminutenvolumen* nimmt unter Methadon ab. Häufig kann man eine deutlich gesteigerte *Atemfrequenz* („Polamivet-Hecheln") bei reduziertem Atemzugvolumen beobachten.

Um eine vagal vermittelte *Bradykardie* und *Salivation* zu verhindern, enthält *l*-Polamivet das atropinartig wirkende Fenpipramid (s. S. 95). Die direkten Nebenwirkungen von Methadon am Herz-Kreislauf-System sind nur gering.

Das Hustenzentrum wird gedämpft. Der Tonus der Muskulatur im Magen-Darm-Trakt, vor allem der Sphinktertonus, ist erhöht, dadurch wird die normale Peristaltik gehemmt. Vomitus ist selten zu beobachten.

Die Wirkungen von *l*-Methadon halten bis zu 7 Stunden an.

Fentanyl. Dieses kurzwirkende Opioid besitzt eine große Affinität zum μ-Rezeptor. Es wirkt etwa 100mal stärker analgetisch als die äquivalente Morphindosis. Auch seine atemdepressive Wirkung ist sehr stark ausgeprägt. Sie kann länger anhalten als die Analgesie, ein Gesichtspunkt, der bei einer Nachdosierung dieses kurzwirkenden Opioids zu beachten ist.

Alfentanyl ist schwächer (1/4) und kürzer (1/3) wirksam als Fentanyl, **Sufentanyl** besitzt nur ein Zehntel der Analgesie und die halbe Wirkdauer. **Hydromorphon** ist ein gut analgetisches halbsynthetisches Morphinderivat, seine Wirkung hält etwa 5 Stunden an.

Buprenorphin ist ein synthetisches Opioid mit agonistisch-antagonistischen Eigenschaften. Es wirkt 30mal stärker analgetisch als Morphin. Die Affinität zum Rezeptor ist sehr groß. Daraus resultiert die lange Wirkdauer von 6–10 Stunden. Die Aufhebung der atemdepressiven Wirkung mit Opioidantagonisten wie Naloxon ist nicht möglich. Buprenorphin wird vor allem zur postoperativen Schmerzbekämpfung genutzt.

Tabelle 6.7. Opioide

Morphin	0,1–0,3 mg/kg KM 4 h Wirkdauer	(i.v.), i.m.
l-Methadon	0,1–0,75 mg/kg KM 7 h Wirkdauer	i.v., i.m., s.c.
Fentanyl	1–7 µg/kg KM 20–30 min Wirkdauer	i.v., i.m.
Buprenorphin	bis 6 µg/kg KM 6–10 h Wirkdauer	i.v., i.m.

Klinische Anwendung. Opioide werden wegen ihrer hervorragenden analgetischen Eigenschaften häufig im Rahmen einer *sedativ-analgetischen Prämedikation* oder einer *Neuroleptanalgesie* in Kombination mit sedativ-hypnotisch wirkenden Pharmaka wie Phenothiazinen, Benzodiazepinen oder α_2-Adrenozeptoragonisten eingesetzt. Kurzwirkende Opioide wie Fentanyl werden auch zur Supplementierung in der Erhaltungsphase der Narkose verwendet. Ihre geringen kardiovaskulären Wirkungen machen die Anwendung gerade beim Risikopatienten sinnvoll. Problematisch beim Einsatz von Opioiden ist ihre ausgeprägte atemdepressive Wirkung. Erschwerend für den Gebrauch von Analgetika, die euphorisierende Wirkungen beim Menschen hervorrufen, sind die strengen Bestimmungen des **Betäubungsmittelgesetzes.**

• **Antagonisierung**

Die Wirkungen und Nebenwirkungen der Opioide können durch Anwendung von **Antagonisten** aufgehoben werden. Die beiden bedeutendsten Opioid-Antagonisten sind **Naloxon**, ein vollständiger Antagonist, und **Levallorphan**, ein partieller Agonist.

Naloxon bindet kompetitiv an alle Opiatrezeptoren, hat selbst aber keine agonistische Wirkung. Im Gegensatz zu den partiellen Antagonisten wie Levallorphan verursacht es deshalb keine Atemdepression. Die Wirkungsstärke ist 6mal höher als die des partiellen Antagonisten Levallorphan. Naloxon antagonisiert alle Effekte der Opioid-Analgetika, also sowohl deren atemdepressive Wirkung als auch die erzeugte Analgesie und Sedation. Der emetische Effekt von Apomorphin wird nicht antagonisiert.

Naloxon antagonisiert zusätzlich auch nichtopioide, das ZNS dämpfende Stoffe. Beschrieben werden dopaminerge Mechanismen und eine Antagonisierung des bedeutendsten inhibitorischen Transmitters im ZNS, der γ-Aminobuttersäure (GABA). Bei Applikation hoher Dosen können wegen der GABA-Antagonisierung Effekte über die reine Antagonistenwirkung hinaus bis hin zu Krämpfen beobachtet werden.

Bei normotensiven Patienten bewirkt Naloxon keine Veränderung des Blutdrucks. Eine Verbesserung der kardiovaskulären Funktion wird bei verschiedenen Schockformen (hypovolämischer Schock, Endotoxinschock) und Spezies beschrieben. Diese Wirkung scheint einerseits katecholaminabhängig zu sein, andererseits ist sie durch die Antagonisierung körpereigener, hypotensiv wirkender Endorphine zu erklären.

Naloxon wird auch zur Behandlung einer nicht durch Opioide bedingten Apnoe bei Welpen (0,02 mg i.v. oder s.c.) und bei der Scheinträchtigkeit der Hündin eingesetzt. Beide Effekte stehen wahrscheinlich in Zusammenhang mit endogenen Opioiden (Endorphine).

Die *Applikation* von Naxolon ist subkutan, intramuskulär und intravenös möglich, ein direkter Effekt wird bei intravenöser Gabe sichtbar.

Die Dosis zur Aufhebung einer opioid-induzierten zentralen Dämpfung beträgt beim Hund bis zu 0,05 mg/kg KM. Sie ist abhängig von der Art und Dosis des verabreichten Opioids. Bei der intravenösen Applikation sollte Naloxon nach Wirkung injiziert werden. Eine 2–3malige Wiederholung im Abstand von 2–3 Minuten bis zum Eintreten des gewünschten Effektes ist möglich.

Die Wirkdauer von Naloxon beträgt 45–90 Minuten und ist damit kürzer als die der meisten Opioide. Danach kehren die zentralen Opioidwirkungen, und damit auch die Atemdepression, zurück. Aus diesem Grunde kann eine wiederholte Verabreichung notwendig sein. Durch zusätzliche intramuskuläre Gabe oder durch eine Verabreichung als Dauertropfinfusion kann eine Wirkungsverlängerung erzielt werden.

Da dosisabhängig auch die analgetische Wirkung der Opioide vollständig aufgehoben wird, ist die Antagonisierung, abhängig von der Art des operativen Eingriffs, aus Gründen des Tierschutzes problematisch. Nach Eingriffen, die zu einer ausgeprägten postoperativen Schmerzbelastung des Patienten führen, ist die Antagonisierung der Opioidwirkung nur zur Therapie einer Überdosierung vertretbar.

Levallorphan ist ein partieller Opioid-Antagonist, es besitzt selbst auch morphinartige Wirkungen. So wirkt Levallorphan nur wenig schwächer analgetisch und atemdepressiv als Morphin. Levallorphan wird in Dosen von 0,1–0,5 mg/kg KM (s.c., i.m. oder i.v.) beim Hund zur Aufhebung einer opioid-induzierten zentralen Dämpfung eingesetzt.

Wegen der partiell agonistischen Wirkung von Levallorphan ist seine Verabreichung bei nichtopioid bedingter Atemdepression (z.B. durch Barbiturate) *kontraindiziert*, da eine zusätzliche atemdepressive Komponente ergänzt wird. Auch die atemdepressive Wirkung niedriger Opioiddosen kann verstärkt werden. Wegen der ebenfalls nur kurzen Wirkung von Levallorphan, ist auch hier mit einem Opioidüberhang zu rechnen, so daß eine wiederholte Levallorphan-Verabreichung notwendig sein kann.

Nachdem mit Naloxon ein reiner Antagonist zur Verfügung steht, ist die Verwendung des partiellen Agonisten Levallorphan umstritten. Häufig stehen beim Einsatz von Levallorphan ökonomische Gesichtspunkte im Vordergrund. Verwendet man einen Opioid-Antagonisten um Patienten „aufzuwecken", kann Levallorphan eingesetzt werden.

Setzt man Antagonisten zur Therapie einer *Opioidüberdosierung* oder einer durch Opioide verursachten schweren Atemdepression ein, muß der reine Antagonist Naloxon appliziert werden. Die Verwendung von Levallorphan ist hier nicht zu empfehlen. Der Patient muß besonders sorgfältig auf Zeichen einer wiedereinsetzenden Atemdepression überwacht und Naloxon eventuell erneut verabreicht werden.

6.2.3.2. Phenzyklidinderivate

Das Phenzyklidinderivat **Ketamin** wird seit 1965 beim Menschen und seit 1970 in der Tiermedizin eingesetzt. Es ist wasserlöslich und kann intravenös, intramuskulär sowie subkutan verabreicht werden. Bei der intramuskulären oder subkutanen Applikation kann es wegen des niedrigen pH-Werts von 3,5–5,5 (10%ige Lösung) zu Schmerzreaktionen kommen.

Wirkungen. Ketamin verursacht eine *dissoziative Anästhesie*. Der Patient ist von seiner Umgebung abgekoppelt, ein normaler Schlafzustand tritt nicht ein. Die Wirkung erfolgt wahrscheinlich über eine multifaktorielle Beeinflussung von Neurotransmittern. Sie kommt nicht allein durch Hemmung zerebraler Funktionen, sondern auch durch Erregung von Hirnarealen zustande. Der *analgetische Effekt* von Ketamin ist gegenüber somatischen Schmerzen ausgeprägter als gegenüber viszeralen. Sedative und hypnotische Eigenschaften fehlen fast vollständig.

Lid- und Kornealreflex bleiben in Ketaminmononarkose ebenso erhalten wie Larynx- und Pharynxreflexe. Eine *Aspiration* kann jedoch nicht sicher verhindert werden. Bei Kombinationsnarkosen sind die Reflexantworten abhängig von den zusätzlich verwendeten Medikamenten.

Der Muskeltonus ist unter Ketaminwirkung er-

Tabelle 6.8. Opioid-Antagonisten

Naloxon	0,05 mg/kg KM	s.c., i.m., i.v.
Levallorphan	0,1–0,5 mg/kg KM	s.c., i.m., i.v.
	45–90 min Wirkdauer	

höht. Diskutiert wird ein direkter postsynaptischer Effekt. Beim **Hund** treten bei alleiniger Gabe von Ketamin **tonisch-klonische Krampfzustände** auf, die eine *Kombination mit relaxierenden Substanzen* wie Benzodiazepinen oder $α_2$-Adrenozeptor-Agonisten in der Regel *obligat* machen.

Als einziges Anästhetikum **stimuliert** Ketamin dosisabhängig das **Herz-Kreislauf-System**. Herzfrequenz und artieller Mitteldruck nehmen zu, das Herzzeitvolumen steigt leicht an oder bleibt unverändert.

Ketamin führt zu einer (vergleichsweise geringen) dosisabhängigen **Atemdepression**. Bei Kombination mit anderen atemdepressiven Medikamenten kann diese jedoch verstärkt werden. Je nach Dosis und Injektionsgeschwindigkeit kommt es nach der Injektion von Ketamin und -kombinationen zu einem *transienten Atemstillstand*. Ketamin verstärkt den Speichelfluß und die *Sekretion* im Bronchialbereich. Die Kombination mit einem *Anticholinergikum* erscheint deshalb sinnvoll.

Nach intravenöser Applikation beträgt die Wirkdauer etwa 10–15 Minuten. Benzodiazepine verlängern die Wirkung von Ketamin durch Hemmung des Abbaus.

Es wird angenommen, daß ein Teil des applizierten Ketamins unverändert längere Zeit in den Geweben verbleibt. Dieser Aspekt sollte bei wiederholter oder kontinuierlicher Applikation wegen der Kumulationsgefahr berücksichtigt werden.

Klinische Anwendung. Ketamin wird beim Hund vor allem als analgetische Komponente bei Kombinationsnarkosen eingesetzt. Wegen seiner kurzen Wirkung ist es relativ gut steuerbar. Indikationen sind Anästhesien für kurze, auch schmerzhafte Prozeduren und die Supplementierung von Injektions- und Inhalationsnarkosen bei unzureichender Analgesie. Um die kataleptische Ketaminkomponente abzuschwächen, sollte es in **Kombination** mit muskelrelaxierend wirkenden $α_2$-Adrenozeptor-Agonisten oder Benzodiazepinen eingesetzt werden. Ein Ketaminüberhang am Ende der Narkose muß wegen der Gefahr von tonisch-klonischen Krämpfen vermieden werden.

Tabelle 6.9. Phenzyklidine

Ketamin	3–10 mg/kg KM i.m., i.v.
	10–15 min Wirkdauer
Tiletamin	(nur in Kombination
	mit Zolazepam)

Tiletamin zeigt ähnliche Effekte wie Ketamin. Es erzeugt dissoziative Anästhesie, Katalepsie und gute Analgesie. Wichtigste Nebenwirkung ist die dosisabhängige Atemdepression. Die Wirkungen von Tiletamin halten stärker und länger an. Tiletamin ist nur in Kombination mit dem Benzodiazepin Zolazepam im Handel (Tilest®).

Tiefe und Länge der Anästhesie sind bei Verwendung von *Tilest®* dosisabhängig, so daß unter hohen Dosen auch längere Eingriffe möglich sind. Im oberen Dosierungsbereich sind die Nebenwirkungen jedoch deutlich ausgeprägt. Das Präparat ist in Deutschland nur für die Katze zugelassen. Injektionsnarkosen für den Hund werden jedoch beschrieben. Die Dosis beträgt 5 bis 20 mg/kg KM *Tilest®* intramuskulär und intravenös, die Wirkdauer beträgt abhängig von der verwendeten Dosis 20–60 min.

6.2.4. Intravenöse Hypnotika

Ein wichtiger Bestandteil der Anästhesie ist neben Analgesie, Muskelrelaxation und vegetativer Dämpfung die *Hypnose*. Gerade in der Veterinärmedizin spielt sie eine entscheidende Rolle, da viele Behandlungen, Untersuchungen und Operationen nur am schlafenden Patienten streßfrei durchgeführt werden können. **Barbiturate, Propofol** und einige **Imidazolderivate** besitzen primär hypnotische Wirkungen, aber auch Benzodiazepine wirken in hohen Dosen hypnotisch.

6.2.4.1. Barbiturate

Barbiturate sind die *ältesten Injektionsanästhetika*. Die früher praktizierte Barbituratmononarkose ist heute jedoch aufgrund ihrer Nebenwirkungen für längere Eingriffe nicht mehr zu befürworten. Ultrakurz wirkende Präparate können als Kurznarkose für nicht schmerzhafte Prozeduren eingesetzt werden. Kurz- bis mittellang wirkende Präparate dienen als hypnotische Komponenten in der Erhaltungsphase.

Viele Handelspräparate (Thiopental, Thiamylal, Methohexital) reagieren durch den Zusatz von Natriumkarbonat stark alkalisch (pH etwa 11). Die **paravenöse Injektion** führt zu Gewebereizungen und bei höher konzentrierten Lösungen auch zu Nekrosen.

Wirkungen. Die Applikation von Barbituraten führt zur reversiblen *Dämpfung aller erregbaren Gewebe*. Besonders empfindlich ist das Gehirn. Die Dämpfung des Zentralnervensystems bedingt eine sehr gute *hypnotische Wirkung*. Prinzipiell kann die Beeinflussung des ZNS dosisabhängig von der Sedation bis zum chirurgischen Toleranzstadium reichen.

Barbiturate wirken jedoch *nicht analgetisch.* Eine chirurgische Toleranz ist nur mit Dosen zu erreichen, die zu erheblichen Beeinträchtigungen der Herz-Kreislauf- und Atemfunktion führen. Sie sollten deshalb nur bei nicht schmerzhaften Eingriffen eingesetzt oder mit einer analgetischen Komponente kombiniert werden. Höhere und wiederholte Dosen führen zur **Kumulation** mit Verlängerung von Anästhesiedauer und Aufwachphase.

Barbiturate beeinträchtigen **dosisabhängig die Herz-Kreislauf-Funktion**. Es kommt zum dosisabhängigen *Blutdruckabfall* mit reflektorischer Tachykardie. Häufig normalisiert sich der Blutdruck während der Narkose. Das Herzzeitvolumen steigt initial an, kann dann aber um 25–50% absinken. Der myokardiale Sauerstoffverbrauch nimmt bis zu 50% zu.

Unmittelbar nach der Injektion können *Herzrhythmusstörungen,* meist ventrikuläre Extrasystolen im Bigeminusrhythmus (abwechselnde Normo- und Extrasystolen) auftreten. Mögliche Ursachen sind nach der Injektion auftretende Hypoxie und Hyperkapnie. Da Acepromazin am Herzmuskel antiarrhythmisch wirkt, kann die Prämedikation mit Acepromazin solche Arrhythmien verhindern oder zumindest in ihrer Häufigkeit verringern.

Alle Barbiturate dämpfen **dosisabhängig** das **Atemzentrum**. Die Reaktion auf Hyperkapnie und Hypoxie ist vermindert bis aufgehoben. Atemfrequenz und Atemzugvolumen sind unter Barbituraten reduziert. Barbiturate beeinflussen das **Thermoregulationszentrum**. Sie reduzieren außerdem den Grundumsatz. Die Folge ist eine Abnahme der Körpertemperatur, die durch die periphere Vasodilatation verstärkt wird.

Für die klinische Anwendung ist die *Klassifizierung* der Barbiturate nach ihrer Wirkdauer von Bedeutung. Etwa 10–20 Sekunden nach der Injektion eines **ultrakurzwirkenden Barbiturates** tritt der Schlaf ein. Die maximale Wirkung wird in der ersten Minute erreicht. Die Wirkdauer beträgt nur 5–20 Minuten. Dieser Gruppe gehören die *Thiobarbiturate* und die *methylierten Oxybarbiturate* an.

Die sehr kurze Wirkdauer der Thiobarbiturate ist auf ihre schnelle Umverteilung (Verteilungshalbwertzeit 2–6 Minuten) im Körper zurückzuführen, während die Wirkung der methylierten Oxybarbiturate durch Metabolisierung beendet wird.

Tabelle 6.10. Barbiturate

Thiopental	bis 15 mg/kg KM	i.v.
Thiamylal	bis 15 mg/kg KM	i.v.
Methohexital	4–6 mg/kg KM	i.v.
	5–20 min Wirkdauer	
Pentobartital	2–20 (30) mg/kg KM	i.v.
	20–120 min Wirkdauer	

Klinische Anwendung. Indikationen zur Anwendung ultrakurzwirkender Barbiturate sind die Einleitung einer Inhalationsanästhesie und die kurze Anästhesie für nichtschmerzhafte Eingriffe. Klinisch relevante Thiobarbiturate sind **Thiamylal-Natrium** (tiermedizinische Zubereitung) und **Thiopental-Natrium**. Thiamylal ist stärker wirksam als Thiopental und kumuliert weniger. Erregungszustände während der Einleitung und beim Erwachen sind seltener. Die Potenz initial Arrhythmien auzulösen, scheint stärker zu sein.

Als methyliertes Oxybarbiturat gehört das **Methohexital** ebenfalls zu den ultrakurzwirkenden Barbituraten. Seine Wirkung ist etwa doppelt so stark wie die von Thiamylal. Die Inzidenz von *Exzitationen* während der Aufwachphase ist relativ hoch. Vorteil von Methohexital ist die von Körpermasse bzw. Körperfett unabhängige Wirkdauer, die vor allem durch die Metabolisierung bestimmt wird.

Für die Aufrechterhaltung einer Narkose sind ultrakurz wirkende Präparate nicht geeignet, da hier Dosen erforderlich sind, die mit erheblichen Beeinträchtigungen der Herz-Kreislauf- und Atemfunktion einhergehen. Nachdosierung führt zur **Kumulation**. Die einmalige Verlängerung der Narkose mit bis zu einem *Drittel der Einleitungsdosis* ist dennoch möglich.

Bei **kurz- bis mittellang wirkenden Barbituraten** setzt die Wirkung innerhalb von 30–60 Sekunden ein und ist nach 1–2 Stunden beendet.

Klinische Anwendung. Kurz- bis mittellang wirkende Barbiturate werden in der Tiermedizin als hypnotische Komponente während der Erhaltungsphase angewendet. Die Ergänzung mit einem Analgetikum oder einer Lokalanästhesie sollte obligat sein. Nach wiederholter Applikation muß mit Kumulation und verlängerten Nachschlafphasen gerechnet werden.

Die **Anästhesietiefe, -dauer** und die **erforderliche Dosis** einer Barbituratnarkose sind sehr stark von pharmakodynamischen Effekten abhängig, die wegen ihrer klinischen Relevanz beim Einsatz dieser Stoffgruppe zu beachten sind.

Die zur Einleitung einer Injektions- oder Inhalationsanästhesie benötigte Barbituratdosis wird von Art und Ausprägung der *Prämedikation* sowie vom *Allgemeinzustand* des Patienten beeinflußt. So führt eine Azidose zu einem Anstieg der nichtionisierten Barbituratmoleküle im Blut und zu einer Reduktion der Plasmaproteinbindung. Beide Effekte bewirken eine Zunahme des pharmakologisch aktiven Barbituratanteils.

Die *Wirkungsdauer der Thiobarbiturate* wird hauptsächlich durch *Umverteilungsvorgänge* im Körper bestimmt. Kurz nach der Injektion werden im Gehirn und in anderen gefäßreichen Geweben hohe Barbituratspiegel erreicht, der Patient schläft ein. Danach wird das Barbiturat in fettarme Gewebe mit niedriger Durchblutung wie die Muskulatur verteilt. Dadurch sinkt die Konzentration im Gehirn, der Patient erwacht. Dann erfolgt die Umverteilung der gut fettlöslichen Barbiturate in das Körperfett. Von dort werden sie über einen längeren Zeitraum freigesetzt und metabolisiert. Die ungleichmäßige Verteilung der Barbiturate auf gefäßreiche Gewebe und das Fettgewebe bedingen eine relative Überdosierung adipöser Tiere. Nach der Injektion sind große Barbituratmengen im Gehirn verfügbar, da etwa 75% des Herzzeitvolumens in die gefäßreichen Gewebe fließen. Wegen der guten Fettlöslichkeit von Thiobarbituraten können adipöse Patienten insgesamt größere Barbituratmengen aufnehmen. Bei Tieren mit sehr niedrigem Körperfettanteil wird deshalb die Dauer der Anästhesie primär von der langsamen Metabolisierung bestimmt. Die *Wirkdauer von Methohexital und Pentobarbital* wird fast ausschließlich von der *Metabolisierungsrate* bestimmt.

Barbiturate sollten *dem Patienten individuell angepaßt* nach Wirkung dosiert werden. Neben dem Anteil an Körperfett bestimmen das Alter des Patienten (Unreife des Enzymsystems bei Welpen, Leberdystrophie beim alten Hund), die Leberfunktion (portosystemischer Shunt, Leberdystrophie), das Blutvolumen (Exsikkose, Hypovolämie), der Blut-pH (Urämie, Ileus), die Körpertemperatur, die Plasmaproteinkonzentration, der Erregungszustand des Patienten und eine zusätzliche Medikation mit Opioiden, Sedativa, Atropin u.a. die Wirkdauer bzw. die Dosis.

Problematisch beim **Risikopatienten** sind vor allem die kreislaufdepressiven und arrhythmogenen Effekte. Die Wirkdauer der ultrakurzwirkenden Barbiturate hingegen ist gerade beim Risikopatienten als positiv zu bewerten.

6.2.4.2. Propofol

Propofol (2,6-Di-isopropylphenol) ist ein relativ neues, rasch- und kurzwirkendes Hypnotikum. Da Propofol wasserunlöslich ist, liegt die Substanz in 1%iger isotoner Öl-in-Wasser-Emulsion vor. Die Emulsion ist zur **intravenösen** Verabreichung bestimmt. Eine paravenöse Injektion bewirkt im Gegensatz zu den Barbituraten jedoch keine Gewebereizung. Der Öl-in-Wasser-Emulsion ist kein Konservierungsmittel zugefügt, deshalb ist das Präparat zum unmittelbaren Verbrauch bestimmt.

Wirkungen. Propofol besitzt ein ähnliches Wirkungsspektrum wie Barbiturate. Es hat ausgezeichnete **hypnotische** und **keine analgetischen Eigenschaften**. Nach der intravenösen Applikation bewirkt Propofol innerhalb von etwa 30 Sekunden einen Bewußtseinsverlust, der abhängig vom Ausmaß der Prämedikation etwa 4–8 Minuten anhält. Auch wiederholte Gaben führen **nicht zur Kumulation**.

Die **Aufwachphase** ist kurz, ruhig und vollständig. Den Tieren ist in der Regel die vorangegangene Narkose nicht anzumerken. Vereinzelt kann es zu Unruheerscheinungen in der Aufwachphase kommen.

Propofol führt, den Barbituraten vergleichbar, zur **dosisabhängigen Kreislauf-** und **Atemdepression**. Die Kohlendioxid-Sensitivität des Atemzentrums ist unter Poropofol reduziert. Vereinzelt kann man bei Patienten nach klinischen Dosen eine *transiente Apnoe* (< 1 Minute) und selten eine ausgeprägte Zyanose beobachten. Kombinationen mit anderen atemdepressiven Medikamenten (z.B. Opioiden) können die Atemdepression verstärken.

Klinische Anwendung. Propofol kann bei Hund und Katze verwendet werden und ist mit allen anderen bei diesen Tierarten verwendeten Anästhetika verträglich. Es eignet sich zur Narkoseeinleitung vor Inhalationsnarkosen ebenso wie als Monoanästhetikum für kurze, wenig schmerzhafte Prozeduren. Da Propofol *beliebig oft nachinjiziert* werden kann, ohne daß sich die Aufwachzeiten verlängern, eignet es sich auch als hypnotische Komponente bei der Erhaltung einer Narkose. Die zusätzliche Gabe von Analgetika

Tabelle 6.11. Propofol

Propofol	2–7 mg/kg KM i.v.
	4–8 min Wirkdauer

oder einer Lokalanästhesie ist erforderlich. Leider sind die *kurze Haltbarkeit* und der relativ hohe *Preis* limitierende Faktoren für die Anwendung in der tierärztlichen Praxis. Hunde ohne Prämedikation benötigen relativ hohe Dosierungen, die *Kombination mit einer sedativ-analgetischen Prämedikation* reduziert die benötigte Dosis und damit die Kosten.

Das ähnliche Indikationsspektrum legt ein **Vergleich von Thiobarbituraten und Propofol** nahe. Beide Präparate wirken sehr gut hypnotisch, aber nicht analgetisch. Die dosisabhängige Atem- und Kreislaufdepression ist ähnlich stark ausgeprägt. Während Thiobarbiturate jedoch arrhythmogen wirken, besitzt Propofol keine arrhythmogene Potenz. Auch die Qualität von Einschlafphase und Erwachen ist bei beiden Medikamenten in der Regel sehr gut und die Wirkdauer kurz. Im Gegensatz zu den Thiobarbituraten führt die wiederholte Verabreichung von Propofol nicht zur verlängerten Nachschlafzeit. Die bessere Haltbarkeit der Lösung und die niedrigeren Medikamentenkosten sind bei den Thiobarbituraten als positiv zu beurteilen. Für die Anwendung von Propofol bei **Risikopatienten** spricht die fehlende arrhythmogene Wirkung, die fehlende Kumulation und das schnelle, vollständige Erwachen.

6.2.4.3. Imidazolderivate

Die beiden Hypnotika **Etomidat** und **Metomidat** gehören zu den anästhesiologisch nutzbaren Imidazolderivaten. Während Metomidat bei der Schweineanästhesie häufig das Medikament der Wahl ist, ist Etomidat vor allem in der Humananästhesie verbreitet. Beide Medikamente haben sich beim Hund nur begrenzt durchgesetzt.

Etomidat ist ein sehr kurz wirkendes intravenöses *Hypnotikum ohne analgetische Wirkung*. Die Dauer des Schlafes und der Aufwachphase ist abhängig von der verabreichten Dosis.

Die **respiratorischen** und **kardiozirkulatorischen Effekte** sind gering. Eine Abnahme des *Atemminutenvolumens* und *Apnoephasen* von bis zu 30 Sekunden können auftreten. In Kombination mit Opioiden kann der Patient eine ausgeprägte postoperative Atemdepression entwickeln. Beim Hund treten *Spontanbewegungen* und *Zittern* unter Etomidat auf. Dieser Effekt kann durch eine *Prämedikation* reduziert werden.

In der Humananästhesie hat sich Etomidat wegen der geringen Nebenwirkungen als Einleitungsanästhetikum für Risikopatienten durchgesetzt. Gelegentlich wird es als hypnotische Komponente in Kombination mit Opioiden verwendet. Von Nachteil ist die sehr kurze Wirkdauer. Da Etomidat die Nebennierenfunktion hemmt, wird von kontinuierlicher Applikation als Dauertropfinfusion abgeraten. In der Veterinärmedizin spielt Etomidat eine untergeordnete Rolle. Die Anwendung sollte nur in Kombination mit einer Prämedikation erfolgen.

Metomidat wirkt *hypnotisch*, zentral *muskelrelaxierend*, aber *nicht analgetisch*. Auch unter Metomidat tritt *Muskelzittern* auf, das teilweise einige Stunden anhält. Die *Wirkdauer* beträgt etwa 30–45 Minuten, bei wiederholter Applikation kann es zu *Kumulationserscheinungen* kommen. Metomidat supprimiert ebenfalls die Nebennierenrinde. Die *Kreislaufwirkungen* sind gering. Ein geringgradiger Abfall von Blutdruck, Herzfrequenz und Herzzeitvolumen tritt auf.

Beim Hund sollte die Applikation von Medomidat nur in Kombination mit einer sedativen und/oder analgetischen Prämedikation erfolgen. Die Injektion in kleine Venen kann schmerzhaft sein, ebenso die paravenöse Injektion.

6.2.5. Muskelrelaxanzien

Der Wunsch nach einer guten Muskelrelaxation kann sowohl *operationstechnische* als auch *anästhesiologische Gründe* haben. Viele dieser Aspekte spielen jedoch in der Kleintieranästhesie eine untergeordnete Rolle, so daß für die Anwendung von Muskelrelaxanzien sehr viel seltener eine Indikation besteht als beim Menschen.

Bei gut relaxierten Patienten kann sich der Operator bei Eingriffen im Bauch- oder Brustraum *besseren Einblick in das Operationsfeld* verschaffen. Thorax und Abdomen des Hundes lassen sich jedoch bei den meisten chirurgischen Eingriffen ohne Probleme ausreichend spreizen, in besonderen Fällen kann die Muskelrelaxation hilfreich sein. Die *Reposition von Frakturen oder Luxation* kann durch gute Muskelrelaxation vereinfacht werden.

Während der Mensch zur Vereinfachung der endotrachealen Intubation relaxiert wird, ist das Intubieren von Hunden in der Regel ohne Relaxierung möglich. In der Kleintieranästhesie werden Relaxanzien als Narkoseadjuvantien vor allem bei der kontrollierten Beatmung *zur Ausschaltung der Spontanatmung* verwendet. Im Gegensatz zum Menschen läßt sich bei Hunden die Spontanatmung jedoch relativ leicht durch Hyperventilation ausschalten, eine vollständige Relaxation ist nur selten erforderlich.

Zentrale Muskelrelaxanzien wie Guaifenesin werden beim Hund nicht als Narkoseadjuvantien eingesetzt, verwendet werden ausschließlich peripher wirkende Substanzen. Grundsätzlich unterscheidet man zwei Gruppen von **peripheren Muskelrelaxanzien**, *nichtdepolarisierende* und *depolarisierende* Stoffe.

Beide Gruppen haben einige Eigenschaften gemeinsam, so führen alle peripher wirkenden Relaxanzien zur **Atemlähmung**. Eine *Beatmung ist unbedingt notwendig*. Alle Präparate kommen nur nach *parenteraler Gabe* zur Wirkung. Sie zeigen keinen Effekt am Zentralnervensystem, da die *Blut-Hirn-Schranke* nicht penetriert wird. Auch die *Plazentarschranke* wird kaum überschritten.

Die Relaxation tritt stets in derselben Reihenfolge auf. Zunächst werden die kleinen, schnell beweglichen und dicht innervierten Muskeln (Auge, Zunge, Finger), dann die Nacken-, Stamm- und Extremitätenmuskulatur gelähmt. Zuletzt folgen Interkostal- und Zwerchfellmuskulatur. Die Wiederherstellung der Funktion verläuft in umgekehrter Reihenfolge.

Mögliche *Nebenwirkungen* der Muskelrelaxanzien können die Parasympatholyse, aber auch ein parasympathomimetischer Effekt sein. Weiterhin kann Ganglienblockade und, abhängig vom verwendeten Stoff, Histaminfreisetzung vorkommen. Die Medikamente unterscheiden sich in Wirkungsstärke, dem Wirkungseintritt, der Wirkdauer und den möglichen Nebenwirkungen.

Die Erregungsübertragung am Muskel läuft nach folgendem Schema ab: Der elektrische Impuls an der Nervenfaser bewirkt eine Ausschüttung von Acetylcholin aus den Vesikeln der terminalen Nervenfaser. Das Acetylcholin wird in den synaptischen Spalt abgegeben und diffundiert zur subsynaptischen Membran. Dort bindet es an spezifische Rezeptoren. Die Bindung führt zur Änderung der Permeabilität der Membran für Kationen. An der neuromuskulären Endplatte resultiert eine Depolarisation, die beim Überschreiten des Schwellenpotentials ein Aktionspotential und damit die Kontraktion der Muskelzelle bewirkt. Das Acetylcholin wird durch Cholinesterasen gespalten, die Spaltprodukte werden teilweise wieder zur Resynthese verwendet.

Depolarisierende Muskelrelaxanzien (Tabelle 6.12.) sind *acetylcholinähnliche Agonisten*. Sie binden an die Acetylcholinrezeptoren und bewirken eine längere Depolarisierung der motorischen Endplatte als Acetylcholin. Folge ist eine initiale Muskelfaserkontraktion gefolgt von Dauerdepolarisation mit Paralyse. Der Abbau der Substanzen erfolgt durch unspezifische Cholinesterasen. **Antagonisierung ist nicht möglich.** Vertreter dieser Gruppe sind das *Succinylcholin, Dekamethonium* und das *Hexacarbacholin*. Succinylcholin wird wegen seines schnellen Wirkungseintritts (1 min) und seiner kurzen Wirkdauer (5–15 min) vor allem zur *Erleichterung der Intubation* genutzt.

Tabelle 6.12. Depolarisierende Muskelrelaxanzien

Beispiel:	**Succinylcholin** 0,3 mg/kg KM i.v.
	Latenzzeit: 5–60 s
	Wirkdauer: 5–20 min

Postanästhetischer Muskelschmerz möglich!

Bei hoher Dosis oder wiederholter Gabe kann ein Dualblock entstehen. Der Depolarisationsblock geht über in einen Stabilisationsblock (curariformer Block, ähnlich den nichtdepolarisierenden Relaxanzien). Die Ursache ist nicht bekannt. Folge ist eine sehr lange Paralyse, der Patient ist beatmungspflichtig. Der Dualblock ist, im Gegensatz zum Depolarisationsblock, mit Cholinesterasehemmern teilweise antagonisierbar.

Die **nichtdepolarisierenden Muskelrelaxanzien** (Tabelle 6.13.) gehören zur sogenannten Curaregruppe. Sie wirken als *kompetitive Acetylcholin-Antagonisten* und besetzen die cholinergen Rezeptoren an der Endplatte. Folge ist die schlaffe Lähmung der Muskulatur. Die meisten nichtdepolarisierenden Muskelrelaxanzien werden in der Leber abgebaut und renal ausgeschieden. Ausnahme ist das Atracuriumbesilat, das einem passiven Zerfall (Hofmann-Abbau) unterliegt.

Antagonisierung. Die Wirkung der nichtdepolarisierenden Muskelrelaxanzien kann durch Antagonisierung aufgehoben werden. Indikation ist die Restcurarisierung des Patienten. Die **Aufhebung des neuromuskulären Blocks** (Decurarisierung) erfolgt durch *Acetylcholinesterase-Hemmer* (Neostigmin, Pyridostigmin, Edrophonium). Sie hemmen das Acetylcholin abbauende Enzym und führen damit zu einer Acetylcholinanreicherung. Der Transmitter ist dann in der Lage, die acetylcholinähnlichen Agonisten von den spezifischen Rezeptoren zu verdrängen (Tabelle 6.14.).

In der Anästhesie wird vor allem *Neostigmin* eingesetzt. Seine antagonistische Wirkung tritt nach etwa 3–4 Minuten ein. Eine Wiederholungsapplikation ist möglich. Überdosierung kann jedoch zum Dauerblock führen. Neostigmin wirkt parasympathomimetisch. Um unerwünschte Effekte wie Bradykardie, Salivation, Vomitus oder Diarrhoe zu vermeiden, sollte stets die Kombination mit Atropin erfolgen.

Edrophonium in der Dosis von 0,5 mg/kg KM besitzt eine dem Neostigmin vergleichbare Wirkung. Der etwas schnellere Wirkungseintritt vereinfacht die Titration des Medikaments bis zur vollständigen Aufhebung des Blocks. Zu geringe Dosen von Edrophonium wirken nicht lang genug, die Relaxierung kehrt zurück. Auch diese Substanz sollte mit einem Parasympatholytikum kombiniert werden.

Tabelle 6.13. Nichtdepolarisierende Muskelrelaxanzien

d-Tubocurarin
0,2–0,4 mg/kg KM i.v.
Latenzzeit: 2–3 min   Wirkdauer: 35–40 min

Wegen massiver Nebenwirkungen (Histaminfreisetzung usw.) nicht mehr auf dem Markt!

Gallamin
1 mg/kg KM i.v.
Latenzzeit: 2–4 min   Wirkdauer: 15–20 min

Cave bei Herzinsuffizienz, führt zur Bradykardie. Nicht mehr auf dem deutschen Markt!

Alcuronium
0,1 mg/kg KM i.v.
Latenzzeit: 60 s   Wirkdauer: 20–30 (70) min

Bei Nachinjektion durch Kumulation Probleme bei der Antagonisierung möglich.
Nachinjektion: 1/2 Initialdosis.

Pancuronium
0,04–0,1 mg/kg KM i.v.
Latenzzeit: 30–90 s   Wirkdauer: 20–60 min

Bei Nachinjektion Kumulation möglich.
Nachinjektion: 1/2 Initialdosis.

Vecuronium
0,06–0,1 mg/kg KM i.v.
Latenzzeit: 20–30 s   Wirkdauer: 10–20 min

Wegen der kurzen Wirkdauer zur Erleichterung der Intubation genutzt.

Atracurium
0,2 mg/kg KM i.v.
Latenzzeit: 20–30 s   Wirkdauer: 10–20 min

Nicht von einer Metabolisierung abhängig, zerfällt bei Körpertemperatur und -pH. Verlängerte Wirkdauer bei Hypothermie und pH-Veränderungen!

Tabelle 6.14. Decurarisierung

0,025–0,075 mg/kg KM Neostigmin i.v.
0,02–0,05 mg/kg KM Atropin i.v.

Klinische Anwendung:
  – zur Antagonisierung von nichtdepolarisierenden Muskelrelaxanzien
  – zur Teilantagonisierung eines Dualblocks bei Verwendung depolarisierender Relaxanzien

Die *Funktion des Zwerchfells* dient zur Überwachung der Relaxation mit klinischen Methoden. Dieser Muskel wird als letzter relaxiert, seine Funktion ist zuerst wieder hergestellt. Fehlt die Zwerchfellbewegung, ist die Relaxation vollständig. Reste einer Relaxierung sind im Kapnogramm oft deutlich wahrnehmbar.

Die Wirkung der Muskelrelaxanzien und die Rückkehr der Muskelfunktion kann individuell sehr unterschiedlich sein. Um die individuellen Reaktionen besser abschätzen zu können, wurden Geräte zur Überwachung der Relaxation entwickelt. Durch den Einsatz von **Nervenstimulatoren** kann das Ausmaß des neuromuskulären Blockes objektiv erfaßt und der Bedarf an Relaxans individuell ermittelt werden.

Beobachtet werden die Zuckungsreaktionen nach Stimulation eines peripheren Nerven mit Einzelreizen, Einzelreizen in Viererserie (train-of-four) und einem tetanischen Reiz. Aus der Reaktion kann auf die Art der neuromuskulären Blockade (Depolarisationsblock, Nichtdepolarisationsblock) und auf den Grad der Relaxation geschlossen werden. Die Nervenstimulatoren können auch beim Tier genutzt werden. Beim Hund wird der Nervus ulnaris im Bereich des medialen Condylus humeri stimuliert und die Reaktion der Pfote beobachtet. Im klinischen Bereich sind Geräte zur Überwachung der neuromuskulären Blockade bisher wenig verbreitet.

6.3. Prämedikation, Narkoseeinleitung und Injektionsanästhesie

6.3.1. Prämedikation und Sedation

Die Prämedikation umfaßt die präoperative Verabreichung bestimmter Medikamente, durch die der Patient *kooperativ* und *sediert* eine Narkoseeinleitung oder die Durchführung einer Lokal- oder Regionalanästhesie toleriert. Eine gezielte Prämedikation hilft *Exzitationen* während Einschlaf- und Aufwachphase zu verhindern.

Die Prämedikation kann die benötigte *Menge an Allgemeinanästhetika reduzieren*, so wird beispielsweise die Einleitungsdosis von Thiobarbiturat oder Propofol um 30–50% vermindert. Um *unerwünschte parasympathische Effekte* zu verhindern, kann bei Bedarf die sedative oder sedativ-analgetische Prämedikation durch sekretionshemmende Pharmaka ergänzt werden.

Die Ziele der Prämedikation sind in der Regel nicht durch eine Substanz allein, sondern nur durch die Kombination verschiedener Präparate erreichbar (Tabelle 6.15.). Dabei sollten die verwendeten Medikamente und Dosierungen nicht schematisch, sondern dem Zustand des Patienten und der geplanten Operation angepaßt verwendet werden.

Medikamente zur Prämedikation sollen immer so frühzeitig gegeben werden, daß sie bei Verabreichung anderer Pharmaka das Maximum ihrer Wirkung bereits erreicht haben. Bei vielen Kombinationen erzielt man in höherer Dosierung eine wirksame *Injektionsanästhesie*, so daß die Differenzierung zwischen Prämedikation und der eigentlichen Anästhesie oft schwierig ist.

Viele Hunde reagieren in der tierärztlichen Praxis mit Streß und Aufregung. Streß führt zu einem erhöhten *endogenen Catecholaminspiegel*, der die Gefahr von Narkosezwischenfällen vergrößert. Um die Handhabung für die Tiere selbst und für das Personal weniger belastend zu gestalten, ist die **Sedation** der Hunde einige Zeit vor der eigentlichen Narkose sinnvoll. Häufig wird bei aufgeregten Patienten zum Erreichen der gewünschten Narkosetiefe eine sehr viel größere Menge eines Anästhetikums benötigt oder das Toleranzstadium überhaupt nicht erreicht.

In der Regel reichen niedrige Dosen (Tabelle 6.16.) aus, um die streßfreie Handhabung und intravenöse Einleitung der Anästhesie zu ermöglichen. Um einen maximalen sedativen Effekt zu erreichen, sollte die Prämedikation 20–30 Minuten vor der geplanten Anästhesie vorgenommen werden. Die Applikation kann subkutan oder intramuskulär erfolgen. Danach sollte der Hund (eventuell mit Besitzer) in einen ruhigen Raum verbracht werden.

Der Dosierungsbereich von Sedativa ist relativ breit, die verwendete Dosis muß dem Zustand des Patienten angepaßt werden. Die Möglichkeiten zur Sedation sind sehr zahlreich, einige bewährte Konzepte werden im folgenden besprochen.

Eine **sedativ-analgetische Prämedikation** kann Grundlage für verschiedene Anästhesieformen sein. Sie kann mit einer Lokalanästhesie kombiniert oder als reine intravenöse Anästhesie fortgesetzt werden. Vor der Inhalationsnarkose vermindert sie die zur Einleitung notwendige Dosis des intravenösen Anästhetikums. Werden relativ hohe Dosierungen verwendet, können die Patienten unter Umständen sofort intubiert werden. Die Verabreichung eines typischen Einleitungsanästhetikums (ultra-kurzwirkende Barbiturate, Propofol) kann entfallen. Der Bedarf an volatilen Anästhetika wird wegen der ausgeprägten Grundsedation und -analgesie ebenfalls deutlich reduziert. Die Zahl der möglichen Kombinationen und Dosierungen ist groß.

Tabelle 6.15. Bei der Prämedikation verwendete Substanzen

Neuroleptika	Phenothiazine	Acepromazin, Propionylpromazin
	Butyrophenone	Dehydrobenzperidol, Fluanison
Sedativa	α_2-Agonisten	Xylazin, Medetomidin
Ataraktika	Benzodiazepine	Diazepam, Midazolam
Analgetika	Opioide	*l*-Methadon, Fentanyl
	Phenzyklidinderivate	Ketamin Tiletamin
Anticholinergika		Atropinsulfat, Glykopyrrolat

Tabelle 6.16. Medikamente und Dosierungen zur Sedation

0,02–0,05 mg/kg KM Acepromazin s. c., i. m.
 oder
1–3 mg/kg KM Acepromazin oral
 oder
0,2–1,0 mg/kg KM Xylazin i. m.
 oder
(5)–10–(40) µg/kg KM Medetomidin i. m.

Klinische Anwendung:

– Sedation und sedative Prämedikation

Tabelle 6.17. Sedativ-analgetische Prämedikation mit *l*-Methadon und Acepromazin

0,5–0,75 mg/kg KM *l*-Methadon i. v., i. m.
0,05–0,15 mg/kg KM Acepromazin i. v., i. m.

Klinische Anwendung:

– Kombination mit Lokal- oder Regionalanästhesie
– Grundlage einer Injektionsanästhesie
– Prämedikation/Einleitung vor der Inhalationsnarkose

Die Kombination von **Acepromazin** und ***l*-Methadon** kann beim gesunden Hund als sedativ-analgetische Prämedikation (Tabelle 6.17.) eingesetzt werden. Sie bewirkt einen 45–90 Minuten dauernden analgetischen Dämmerschlaf, der für Operationen kaudal des Zwerchfells mit einer lumbosakralen Epiduralanästhesie ergänzt werden kann. Auch die Fortführung der Anästhesie mittels Inhalation ist möglich. Durch die Prämedikation wird bereits ein intubationsfähiger Zustand erreicht, so daß die Verabreichung eines Einleitungsanästhetikums entfällt. Sedation und Analgesie bedingen einen geringen Verbrauch an volatilen Anästhetika. Problematisch kann die atemdepressive Wirkung des Opioids sein. Die Erhaltung der Anästhesie mittels Injektion ist ebenfalls möglich, so kann in schmerzhaften Phasen der Operation die Kombination von Ketamin (3 mg/kg KM) und Xylazin (0,3 mg/kg KM) verabreicht werden.

Hunde erhalten routinemäßig einen periphervenösen Zugang in die Vena cephalica oder die Vena saphena lateralis. In einer Mischspritze werden 0,5–0,75 mg/kg KM l-Methadon und 0,05 bis 0,15 mg/kg KM Acepromazin langsam intravenös verabreicht. Die Tiere legen sich in der Regel unter der Injektion hin, die Sedation vertieft sich in den nächsten 20 Minuten.

In der klinischen Praxis sollten l-Methadon und Acepromazin zur sedativ-analgetischen Prämedikation *nicht nach einem starren, nur auf das Körpergewicht ausgerichteten Schema* dosiert werden. Besonders bei der Dosierung von **Acepromazin** müssen wegen seiner Kreislaufwirkung *(α-Adrenolyse)* Rasse, Alter und Allgemeinzustand des Patienten berücksichtigt werden. Ein junger, gesunder Yorkshire-Terrier würde zur Sedation vor einer Epiduralanästhesie beispielsweise 0,2 mg/kg KM Acepromazin und 0,75 mg/kg KM l-Methadon benötigen, während eine 50 kg schwere Bernhardinerhündin in reduziertem Allgemeinzustand nach 0,03 mg/kg KM Acepromazin und 0,25 mg/kg KM l-Methadon für eine Regionalanästhesie völlig ausreichend prämediziert sein kann.

Bei **Risikopatienten** soll wegen der α-Adrenolyse auf Acepromazin verzichtet werden. Als hypnotisch-sedative Komponente setzen wir bei diesen Patienten Diazepam in einer Dosierung von 0,5–1,0 mg/kg KM i. v. in der Prämedikation ein (Tabelle 6.18.).

Der $α_2$-**Adrenozeptor-Agonist** Medetomidin besitzt sedative und analgetische Eigenschaften. Er potenziert darüber hinaus die Wirkung anderer Anästhetika. Medetomidin kann zur sedativ-analgetischen Prämedikation vor allem gesunder Patienten eingesetzt werden. Wegen der möglichen *vollständigen Antagonisierung* wird von einigen Autoren auch der Einsatz beim Risikopatienten empfohlen. Die Dosis von Medetomidin sollte anhand der *Körperoberfläche* (KO) berechnet werden, es kann aber auch eine Dosierung nach der Körpermasse erfolgen (Tabelle 6.19.).

Tabelle 6.18. Sedativ-analgetische Prämedikation für Risikopatienten

0,25–0,5 mg/kg KM *l*-Methadon i. v.
0,5–1,0 mg/kg KM Diazepam i. v.

Klinische Anwendung:

– Kombination mit Lokal- oder Regionalanästhesie
– Grundlage einer Injektionsanästhesie
– Prämedikation/Einleitung vor der Inhalationsnarkose

Tabelle 6.19. Sedativ-analgetische Prämedikation mit Medetomidin und Medetomidin-Kombinationen

Medetomidin

40–80 µg/kg KM Medetomidin i. v., i. m.
1000–2000 µg/m² KO Medetomidin i. v., i. m.

Medetomidin und Diazepam:

40 µg/kg KM Medetomidin i. v., i. m.
bei Bedarf:
0,2–0,4 mg/kg KM Diazepam i. v.

Medetomidin und l-Methadon:

40 µg/kg KM Medetomidin i. v., i. m.
0,2–0,4 mg/kg KM *l*-Methadon i. v., i. m.
bei Bedarf:
0,2–0,4 mg/kg KM Diazepam i. v.

Medetomidin und Ketamin:

40 µg/kg KM Medetomidin i. v., i. m.
2–3 mg/kg KM Ketamin i. v., i. m.

Klinische Anwendung:

– Kombination mit Lokal- oder Regionalanästhesie
– Prämedikation/Einleitung einer Inhalationsnarkose
– Injektionsanästhesie

Abhängig von der Dauer, Reizintensität und Schmerzhaftigkeit der Operation kann es notwendig werden, Medetomidin mit anderen Medikamenten zu kombinieren. Je nach Wahl der Kombination kann die sedative oder die analgetische Wirkungskomponente des $α_2$-Agonisten gezielt vertieft werden. So sind zur Verstärkung der sedativ-hypnotischen Komponente Kombinationen mit Benzodiazepinen, Barbituraten oder Propofol möglich, während Opioide oder Ketamin Einfluß auf die Analgesie nehmen.

Die in Tabelle 6.19. beschriebenen, sehr potenten Medetomidin-Kombinationen zeigen den fließenden Übergang zwischen sedativ-analgetischer Prämedikation und *Injektionsanästhesie*.

Die Kombination von *Medetomidin* und *Diazepam* kann für weniger schmerzhafte Eingriffe mit einer Anästhesiedauer bis zu einer Stunde verwendet werden, danach läßt die sedative Medetomidinwirkung nach. Mit Atipamezol (200 µg/kg KM) und Flumazenil (bis 0,3 µg/kg/KM) ist eine vollständige Antagonisierung möglich. In der Regel reicht die Antagonisierung mit Atipamezol aus.

Unter *Medetomidin* und *l-Methadon* sind auch längere, relativ schmerzhafte Eingriffe möglich. Nachteilig ist die *massive Atemdepression*. Die Anästhesie ist mit Atipamezol (200 µg/kg KM) und Naloxon (8–12 µg/kg KM) vollständig antagonisierbar.

Auch *Ketamin* kann zur Ergänzung der analgetischen Wirkkomponente eingesetzt werden. Bei Antagonisierung von Medetomidin können in der Aufwachphase durch die kataleptische Wirkung von Ketamin Exzitationen auftreten.

Auch *Xylazin/l-Methadon* kann als sedativ-analgetische Prämedikation genutzt werden (s. Kap. 6.3.3.2.: Injektionsanästhesie).

6.3.2. Intravenöse Einleitung einer Inhalationsanästhesie

Die Möglichkeiten zur intravenösen Einleitung der Narkose vor einer Inhalationsanästhesie sind zahlreich. Während lange Zeit die ultrakurzwirkenden Barbiturate als *typische Einleitungsanästhetika* galten, werden heute häufig *Kombinationsnarkosen* eingesetzt. So kann mit einer starken sedativ-analgetischen Prämedikation (*l*-Methadon/Acepromazin, *l*-Methadon/Diazepam, Medetomidin/*l*-Methadon, Medetomidin/Diazepam) in der Regel ein intubationsfähiger Zustand erreicht werden. Durch die erzielte Grundsedation und -analgesie wird die benötigte Konzentration an atem- und kreislaufdepressivem Inhalationsanästhetikum erheblich reduziert.

„Klassisch" werden Inhalationsanästhesien durch intravenöse Verabreichung von Hypnotika eingeleitet (Tabelle 6.20.). Neben den ultrakurzwirkenden Barbituraten kann das weniger arrhythmogen wirkende Propofol eingesetzt werden. Beide Medikamente können zur Reduzierung der notwendigen Dosis mit einer sedativen Prämedikation (Acepromazin, Propionylpromazin, Xylazin, Medetomidin) kombiniert werden.

6.3.3. Injektionsanästhesie

Problematik der Injektionsanästhesie für längere Eingriffe. Werden die zur Durchführung einer längeren Operation notwendige *Analgesie und Hypnose* allein durch die Gabe von Injektionsanästhetika erzeugt, so sind in der Regel *hohe Gesamtdosen* erforderlich. Die Folge kann eine massive Atem- und Kreislaufdepression sein, die wegen der schlechten Steuerbarkeit der „klassischen" Injektionsanästhesie mehrere Stunden über das Operationsende hinaus andauern kann.

Wegen der höheren Belastung für den Patienten ist die „reine" Injektionsanästhesie bei langen Eingriffen nicht mehr das Mittel der Wahl. Eine gute Alternative stellt die *Regionalanästhesie* in Verbindung mit kurz wirkenden Injektionsanästhetika mit großer therapeutischer Breite und fehlender Akkumulation dar. Wegen der lokalen Schmerzausschaltung ist bei diesem Anästhesieregime die Dosis der zentral wirkenden, atem- und kreislaufdepressiven Anästhetika reduziert. Auch die Verwendung kurzwirkender und damit relativ gut steuerbarer Injektionsanästhetika ist ohne Lokalanästhesie nicht unproblematisch, auch hier werden für die chirurgische Toleranz hohe Dosen mit zum Teil starken Nebenwirkungen benötigt.

Ein Widerspruch zu dieser kritischen Beurteilung der Injektionsanästhesie scheint jedoch der Trend in der Humanmedizin zu sein. Dort hat die *totale intravenöse Anästhesie* trotz der Nebenwirkungspotenz in den letzten Jahren durch die Entwicklung neuer Injektionsanästhetika einen Aufschwung auch für lange Operationen erfahren. Doch direkte Übertragung der Situation auf die Tiermedizin ist nicht möglich. *In der Humananästhesie werden bei langen Operationen alle Patienten künstlich beatmet*, unabhängig ob es sich um eine Inhalations- oder Injektionsanästhesie handelt. Eine

---

Tabelle 6.20. Intravenöse Einleitung einer Inhalationsanästhesie

Thiobarbiturate:
- ohne Prämedikation: 5–15 mg/kg KM i. v.
- mit Prämedikation: 3–8 mg/kg KM i. v.

Propofol:
- ohne Prämedikation: 4–7 mg/kg KM i. v.
- mit Prämedikation: 2–4 mg/kg KM i. v.

Die Reduktion der Einleitungsdosis ist abhängig von der Art der Prämedikation.

Atemdepression (in der Veterinärmedizin Hauptursache für Narkosezwischenfälle!) durch die verabreichten Inhalations- oder Injektionsanästhetika wird dadurch verhindert.

Trotz dieser Problematik besitzt in der tierärztlichen Praxis die Injektionsanästhesie auch für längere Eingriffe einen hohen Stellenwert. Ein wichtiger Grund ist vor allem der apparative Aufwand für die Inhalationsnarkose. Während bewährte Konzepte zur Prämedikation bzw. Einleitung von Injektionsanästhesien bestehen, wirft die *Erhaltung der Anästhesie* viele Fragen auf. Im Folgenden sollen einige Konzepte für die Erhaltung einer Injektionsanästhesie besprochen werden.

6.3.3.1. Erhaltung der Anästhesie bei längeren Eingriffen

Ist in der Erhaltungsphase einer Injektionsanästhesie eine Nachdosierung nötig, muß unterschieden werden, ob die *Sedation* oder die *Analgesie* unzureichend ist.

Bei **fehlender Sedation** oder **Hypnose** kann je nach „Restsedation" und Gesundheitszustand des Hundes sowie der noch zu erwartenden Operationsdauer *Diazepam, Propofol* oder *Pentobarbital* verwendet werden (Tabelle 6.21.).

Diazepam kann in der lärm-intensiven Phase der Operationsvorbereitung und intraoperativ bei fehlender Hypnose aber noch ausgeprägter Analgesie appliziert werden. Die Dosierung beträgt 0,5–1 mg/kg KM i.v., sollte jedoch 20 mg/Tier nur ausnahmsweise übersteigen. Auch andere Benzodiazepine (Midazolam, Flunitrazepam) können verwendet werden. Vorteil der Benzodiazepine sind ihre geringen Nebenwirkungen. Bei Kombination mit anderen Medikamenten kann deren atem- und kreislaufdepressive Wirkung jedoch verstärkt werden. Führt Diazepam nicht zu der gewünschten hypnotischen Wirkung, kann ein länger wirkendes Barbiturat gegeben werden.

Pentobarbital sollte als Monoanästhetikum nicht mehr verwendet werden, da bis zu 30 mg/kg KM notwendig sind, um eine operationstüchtige Allgemeinanästhesie zu erzeugen. In Kombination mit anderen Anästhetika wird bereits mit intravenösen Dosen von 3–5 mg/kg KM eine etwa 20–40 Minuten anhaltende hypnotische Wirkung erzielt. In diesem Dosisbereich ist nicht mit ausgeprägten Nebenwirkungen zu rechnen, dennoch sollte Pentobarbital beim kranken oder alten Hund mit Vorsicht eingesetzt werden. Bei wiederholter Nachdosierung muß wegen der *Kumulation* des Barbiturats mit einer verlängerten Nachschlafphase gerechnet werden.

Auch **Propofol** wird als kurzwirkendes Hypnotikum zur Erhaltung einer Injektionsanästhesie verwendet. Da Propofol nicht kumuliert, kann es beliebig oft in Dosen von 2–4 mg/kg KM nachinjiziert werden, ohne daß sich die Nachschlafphase verlängert. Das Medikament eignet sich hervorragend zur kontinuierlichen Applikation (s. S. 113).

Bei **fehlender Analgesie** kann **Ketamin** oder die Kombination von Ketamin und Xylazin zur Erhaltung der Anästhesie nach einer sedativ-analgetischen Prämedikation (z.B. l-Methadon und Acepromazin, l-Methadon und Diazepam) eingesetzt werden. Indikationen sind Operationen, bei denen eine Epiduralanästhesie nicht möglich ist, Eingriffe kranial des Zwerchfells ohne verfügbares Inhalationsnarkosegerät oder das Nachlassen der analgetischen Wirkung einer Lokal- oder Regionalanästhesie.

Während der Operation werden nach Bedarf 3 mg/kg KM Ketamin oder 3 mg/kg KM Ketamin mit 0,3 mg/kg KM Xylazin aus einer Mischspritze verabreicht. Je nach Intensität des Schmerzreizes wird alle 10–30 Minuten nachinjiziert. Durch eine sedativ-analgetische Prämedikation wird eine Basisanalgesie erreicht, so daß vor allem bei besonders schmerzhaften Manipulationen nachinjiziert werden muß. Nach der Verabreichung von Ketamin/Xylazin tritt häufig eine *transiente Apnoe* auf, die 30–60 Sekunden dauert, ein therapeutisches Eingreifen ist in der Regel nicht notwendig.

Ketamin und Ketamin/Xylazin können auch *intramuskulär* nachdosiert werden. Dosen bis

Tabelle 6.21. Erhaltung der Anästhesie nach einer sedativ-analgetischen Prämedikation

Fehlende Hypnose:
 0,5–1,0 mg/kg KM Diazepam i. v.
 oder
 2–4 mg/kg KM Propofol i. v.
 oder
 3–5 mg/kg KM Pentobarbital i. v.

Fehlende Analgesie:
 3 mg/kg KM Ketamin i. v. mit **0,3 mg/kg KM Xylazin i. v.**
 oder
 3 mg/kg KM Ketamin i. v.
 oder
 3–5 µg/kg KM Fentanyl i. v.

Tabelle 6.22. Erhaltung der Anästhesie nach Prämedikation mit Medetomidin oder Medetomidin-Kombinationen

Fehlende Hypnose:
0,2–0,4 mg/kg KM Diazepam i. v.
oder
0,2–0,5 mg/kg KM Propofol i. v.

Fehlende Analgesie:
1–2 mg/kg KM Ketamin i. v.

5 mg/kg KM Ketamin und 0,5 mg/kg KM Xylazin können appliziert werden.

Die Kombination mit Xylazin soll die Muskelrelaxation verbessern und tonisch-klonische Krämpfe durch Ketamin verhindern. Während der Operation kann auf die Applikation von kreislaufdepressivem Xylazin verzichtet werden und nur Ketamin nachdosiert werden. Es muß jedoch sichergestellt sein, daß es in der Aufwachphase nicht zu einem *Ketaminüberhang* kommt. Deshalb sollte bei Nachdosierung gegen Ende der Narkose Ketamin mit Xylazin oder einem Benzodiazepin kombiniert werden.

Das kurzwirkende Opioid **Fentanyl** kann bei fehlender Analgesie auch wiederholt intravenös verabreicht werden. Die analgetische Wirkung hält etwa 20 Minuten an. Bei der wiederholten Applikation ist jedoch zu beachten, daß die atemdepressive Wirkung von Fentanyl länger anhält als der analgetische Effekt.

Wurde eine **Prämedikation mit Medetomidin** gewählt, muß bei der Applikation von Medikamenten zur Erhaltung der Anästhesie die *Dosis reduziert* werden. Medetomidin *potenziert die Wirkung anderer Medikamente* sehr stark, ein Effekt der schon bei einer Prämedikation mit 10 µg/kg KM deutlich wird. Aus Tabelle 6.21. und 6.22. geht die Dosisreduktion nach Prämedikation mit Medetomidin hervor.

Kontinuierliche Applikation. Einige kurzwirkende Medikamente können zur Narkoseerhaltung auch kontinuierlich mit einer Infusions- oder Spritzenpumpe appliziert werden. Durch die Verwendung von Injektionsanästhetika mit *kurzer Wirkdauer, großer therapeutischer Breite* und *fehlender Akkumulation* erlangt auch die intravenöse Anästhesie eine **relative Steuerbarkeit**. In der Erhaltungsphase wird das verwendete Injektionsanästhetikum bei Bedarf nachdosiert, zum Operationsende wird die Zufuhr beendet. Die Patienten erwachen in Abhängigkeit von der Wirkdauer der verwendeten Medikamente.

Tabelle 6.23. Kontinuierliche Infusion von Propofol zur Narkose-Erhaltung

Nach Einleitung mit Propofol ohne Prämedikation:

Einleitung:	**4–7 mg/kg KM Propofol i. v.**
Erhaltung:	**bis 0,8 mg/kg/min Propofol i. v.** (4,8 ml/kg/h)

Nur für nicht schmerzhafte Eingriffe geeignet

Nach sedativ-analgetischer Prämedikation,
auch in Kombination mit einer Epiduralanästhesie

Einleitung/Erhaltung:	**bis 0,2 mg/kg/min Propofol i. v.** (1,2 ml/kg/h)

Nach sedativ-analgetischer Prämedikation mit Medetomidin

Einleitung/Erhaltung:	**bis 0,05 mg/kg/min Propofol i. v.** (0,3 ml/kg/h)

Die kontinuierliche Zufuhr des Anästhetikums gewährleistet im Gegensatz zur Bolusapplikation einen *gleichmäßigen Plasmaspiegel* der Substanz. Die Narkosetiefe bleibt konstant auf einem vom Anästhesisten bestimmten Niveau. Grundlage für die Dosierung des Medikamentes pro Zeiteinheit ist die Überwachung der Narkosetiefe.

Wegen seiner kurzen Wirkung und der fehlenden Kumulation bei wiederholter Gabe ist das Hypnotikum **Propofol** sehr gut zur kontinuierlichen Applikation geeignet (Tabelle 6.23.).

Eine kurze Wirkdauer und das Fehlen einer Akkumulation zeichnet auch das Phenzyklidinderivat **Ketamin** aus. Es besitzt hervorragende analgetische Wirkungen. Bei Hunden kann Ketamin zu tonisch-klonischen Krampfzuständen führen. Das mögliche Auftreten solcher Krampfzustände macht auch die Applikation via Spritzenpumpe problematisch. Es muß sichergestellt werden, daß ausreichende Muskelrelaxationen bis zum Abklingen der Ketaminwirkung gewährleistet ist.

Bei der Kombination von Ketamin mit anderen Anästhetika kann eine massive Atemdepression auftreten. Dieser Aspekt macht die in der Humanmedizin häufig genutzt Kombination des Hypnotikums Propofol mit dem analgetisch wirkenden Ketamin für die Anwendung in der Tiermedizin problematisch. Beim Menschen wird dieses Problem in der Regel durch die Beatmung kompensiert. Beim Hund können *bis zu 15 mg/kg KM/h* Ketamin appliziert werden.

In der Humananästhesie spielt das synthetische Opioid **Fentanyl** wegen seiner kurzen Wirkdauer als analgetische Komponente bei der totalen intravenösen Anästhesie eine große Rolle. Kombinationen mit Barbituraten oder Propofol als hypnotische Komponenten oder mit sedativ wirkenden Benzodiazepinen sind üblich.

Fentanyl kann auch beim Hund intraoperativ als Analgetikum eingesetzt werden *(bis 0,02 mg/kg KM/h).* Wegen seiner kurzen Wirkdauer ist die Gefahr der Kumulation gering. Kombinationen mit Neuroleptika (Dehydrobenzperidol, Fluanison), Benzodiazepinen (Diazepam, Midazolam), Hypnotika (Etomidat, Propofol) oder einer Inhalationsanästhesie sind möglich. Die atemdepressive Wirkung begrenzt jedoch seinen Einsatz ohne gleichzeitige Beatmung.

6.3.3.2. Injektionsanästhesie für kurze Eingriffe

Häufig wird in der tierärztlichen Praxis eine *kurzwirkende, gut steuerbare Anästhesie* benötigt. Oft müssen Untersuchungen in Narkose oder operative Eingriffe von kurzer Dauer durchgeführt werden. Der Patient soll möglichst vollständig wach und nach adäquater Zeit wieder entlassen werden können. Die unterschiedlichen Prozeduren, für die „Kurznarkosen" benötigt werden, stellen sehr differenzierte Anforderungen an die Anästhesie. Die Anästhesie für kurze operative Eingriffe soll hypnotische, analgetische und muskelrelaxierende Wirkungen haben, während für viele Untersuchungen nur ein schlafender Patient, also ausschließlich eine hypnotische Wirkung, benötigt wird. Bei der Wahl der Narkose müssen die *Leistungen des Anästhesieregimes und der geplante Eingriff aufeinander abgestimmt* werden. So benötigt die Entfernung von Zahnstein mit Ultraschallgeräten nur schlafende Patienten, während für die Extraktion von Zähnen das gewählte Anästhesieregime eine analgetische Wirkung besitzen muß.

• **Anästhesie für kurze, nicht oder wenig schmerzhafte Eingriffe.**
Ultrakurzwirkende **Barbiturate** (Tabelle 6.24.) und **Propofol** (Tabelle 6.25.) sind für eine gut steuerbare Anästhesie von kurzer Dauer geeignet. Die Patienten schlafen unter der intravenösen Injektion ein, die Wirkung hält einige Minuten an und kurze Zeit später sind die Patienten wieder wach. Beide Medikamente wirken jedoch ausschließlich hypnotisch, so daß sie nur bei nicht oder wenig schmerzhaften Eingriffen oder Untersuchungen verwendet werden sollen.

Im Gegensatz zu Propofol sind **Thiobarbiturate** für die **Aufrechterhaltung einer längeren Narkose** hingegen **nicht geeignet**, da hier Dosen erforderlich sind, die mit einer erheblichen Beeinträchtigung der Herz-Kreislauf- und Atemfunktion einhergehen. Nachdosierung führt zur **Kumulation**.

Tabelle 6.24. Kurznarkose mit Thiobarbiturat

Narkoseeinleitung:
5–15 mg/kg KM Thiobarbiturat i. v.
(1/2–2/3 rasch intravenös, den Rest nach Wirkung)

Wiederholungsdosis:
einmalig höchstens 1/3 der Initialdosis!

Klinische Anwendung:
– kurze, nicht oder wenig schmerzhafte Eingriffe

Tabelle 6.25. Kurznarkose mit Propofol

Narkoseeinleitung:
ohne Prämedikation: **4–7 mg/kg KM i. v.**
mit Prämedikation: **2–4 mg/kg KM i. v.**

Wiederholungsdosis: **2–4 mg/kg KM i. v.**

Klinische Anwendung:
– kurze, nicht oder wenig schmerzhafte Eingriffe

Die einmalige Verlängerung der Narkose mit bis zu einem Drittel der Einleitungsdosis ist jedoch möglich.

Propofol eignet sich gut als *Monoanästhetikum* für kurze, wenig schmerzhafte Prozeduren. Es kann *beliebig oft nachinjiziert* werden, ohne daß sich die Aufwachzeiten verlängern. Leider sind die schlechte Haltbarkeit und der relativ hohe Preis limitierende Faktoren. Hunde benötigen höhere Dosierungen als der Mensch. Die *Kombination mit einer sedativ-analgetischen Prämedikation* reduziert die benötigte Dosis und läßt Propofol für bestimmte Indikationen zur Bereicherung der Injektionsanästhesie beim Hund werden.

• **Anästhesie für kurze, schmerzhafte Eingriffe**
Als Beispiel für eine Anästhesie für kurze, schmerzhafte Eingriffe, die auch bei Hunden mit erhöhtem Narkoserisiko angewendet werden kann, soll die Injektionsanästhesie mit Ketamin, Xylazin und Diazepam sowie die Kombination von *l*-Methadon und Xylazin besprochen werden.

Injektionsanästhesie mit Ketamin, Xylazin, Diazepam. Ketamin wirkt hervorragend analgetisch, hat eine kurze Wirkdauer und kumuliert auch bei wiederholter Verabreichung kaum. Um die kataleptische Komponente von Ketamin abzuschwächen, wird es in **Kombination** mit muskelrelaxierend wirkenden α_2-Adrenozeptor-Agonisten wie Xylazin oder mit Benzodiazepinen ver-

Tabelle 6.26. Anästhesie für kurze, auch schmerzhafte Eingriffe mit Ketamin, Xylazin und Diazepam

Prämedikation:
0,5–1,0 mg/kg KM Diazepam i. v.
(max. 20 mg/Tier)
0,03–0,05 mg/kg KM Atropin i. v.

Einleitung und Erhaltung:
3 mg/kg KM Ketamin i. v. zusammen mit
0,3 mg/kg KM Xylazin i. v.
[nach Wirkung alle 10–20 Minuten]

Klinische Anwendung:
– schmerzhafte Eingriffe bis 30 min (60 min) Dauer

Tabelle 6.27. Intramuskuläre Anästhesie mit Ketamin und Xylazin

Prämedikation:
10 mg/kg KM Ketamin i. m.
1 mg/kg KM Xylazin i. m.

Erhaltung:
3–5 mg/kg KM Ketamin i. m., i. v. zusammen mit
0,3–0,5 mg/kg KM Xylazin i. m., i. v.

Klinische Anwendung:
– schmerzhafte Eingriffe bis 30 min (60 min) Dauer

Tabelle 6.28. Anästhesie mit *l*-Methadon und Xylazin

0,3–0,4 mg/kg KM *l*-Methadon i. m., i. v.
(≈ 0,15 ml/kg KM, maximal 15 mg/Hund)
1 mg/kg KM Xylazin i. m., i. v.
(0,05 ml/kg KM, maximal 40 mg/Hund)

Klinische Anwendung:
– schmerzhafte Eingriffe bis 40 min, auch in Kombination mit kurzwirkender Epiduralanästhesie

Durch die *Kombination von Ketamin mit Xylazin und Diazepam* (Tabelle 6.26.) tritt der durch Ketamin hervorgerufene erhöhte Muskeltonus nicht auf. Xylazin und Diazepam ergänzen sich in ihrer sedativ-hypnotischen Wirkung. Ketamin wirkt analgetisch, sein Effekt im Bereich der Körperoberfläche wird durch die viszerale Analgesie von Xylazin vervollständigt. Die Nebenwirkungen von Ketamin und Xylazin im Bereich des vegetativen Nervensystems werden durch die Gabe des Parasympatholytikums Atropin gemindert.

Die Hunde erhalten zunächst eine intravenöse *Prämedikation* mit 0,5–1 mg/kg KM Diazepam (maximal 20 mg/Tier) und 0,03–0,05 mg/kg KM Atropin (maximal 1 mg/Tier). Sie zeigen danach häufig ein für Diazepam typisches „suchendes Umherschnüffeln".

Zur *Einleitung* werden anschließend 3 mg/kg KM Ketamin und 0,3 mg/kg KM Xylazin in einer Mischspritze ebenfalls intravenös verabreicht. Zur *Erhaltung* werden 3 mg/kg KM Ketamin und 0,3 mg/kg KM Xylazin intravenös etwa alle 10 bis 20 Minuten nach Wirkung gegeben. *Es hat sich bewährt, pro 10 kg KM 1 ml Ketamin 10% und 0,5 ml Xylazin gemeinsam in einer Spritze aufzuziehen und hiervon jeweils 1/3 zu injizieren.* Die Narkoseeinleitung erfolgt sehr rasch und weich, ausgeprägte Analgesie und Muskelrelaxationen treten sofort ein. Die Aufwachphase ist ruhig und kurz.

Die Injektionsanästhesie mit Ketamin, Xylazin und Diazepam hat sich bei kurzen Eingriffen (mit einer je nach Indikation reduzierten Dosierung) auch bei alten Hunden mit kardiovaskulären Problemen, Epileptikern oder traumatisierten Hunden gut bewährt. Aufgrund der sehr guten Analgesie kann diese Kombinationsnarkose zur Wundbehandlung, Reposition von Frakturen und Luxationen, Exstirpation kleiner Tumoren, bei schmerzhaften Verbandwechseln ebenso eingesetzt werden wie zur Zahnsanierung und -extraktion. Die sehr gute Muskelrelaxation in Verbindung mit der analgetischen Wirkung ermöglicht eine optimale Lagerung bei der Röntgendiagnostik (Hüfte, Wirbelsäule, Ellbogen).

Ist eine intravenöse Applikation nicht möglich, kann die Kombination von Ketamin mit Xylazin auch *intramuskulär* verabreicht werden (Tabelle 6.27.).

Injektionsanästhesie mit *l*-Methadon und Xylazin. Zur intravenösen oder intramuskulären Applikation ist die Kombination von *l*-Methadon und Xylazin geeignet (Tabelle 6.28.). Das Opioid bedingt eine relativ gute Analgesie, Xylazin wirkt als sedative und muskel-relaxierende Komponente. Diese Kombinationsanästhesie ist wegen der guten Muskelrelaxation sehr gut für Untersuchungen und Röntgenaufnahmen in Narkose geeignet. Auch kurze operative Eingriffe (chirurgische Toleranz bis 40 Minuten) können durchgeführt werden, bei kurzen Eingriffen kaudal des Zwerchfells (Kastration Rüde, Zehenamputation) ist die Ergänzung durch Epiduralanästhesie möglich.

Bei intravenöser Applikation schlafen die Hunde unter der Injektion ein. Um eine Überdosierung zu vermeiden, sollte die Hälfte der Dosis aus einer Mischspritze relativ rasch intravenös appliziert werden, der Rest nach Wirkung.

Bei intramuskulärer Applikation kann die gesamte kalkulierte Dosis appliziert werden. Der Hund sollte dann in einen ruhigen Raum verbracht werden. Die Sedation ist zum Teil erst nach 20 Minuten maximal ausgeprägt. Die Kombination ist in ihrer sedativen Wirkung nicht so zuverlässig wie andere Kombinationen (z. B. l-Methadon/Acepromazin), bei einigen Hunden wird kein Toleranzstadium erreicht.

Antagonisierbare Injektionsanästhesien. Auch antagonisierbare Anästhesien sind geeignet zur Anwendung bei kurzen Eingriffen. Kombinationen von Opioiden, Benzodiazepinen und α_2-Adrenozeptor-Agonisten sind vollständig antagonisierbar. Bei der Anwendung von Antagonisten muß jedoch bedacht werden, daß deren Wirkung häufig kürzer ist, als die des verabreichten Medikaments. Die mögliche Rückkehr der Sedation und der Überhang nicht antagonisierbarer Medikamente (Ketamin) müssen Beachtung finden.

6.4. Inhalationsanästhesie

Die Inhalationsanästhesie kann bei entsprechenden personellen und apparativen Voraussetzungen als Methode der Wahl angesehen werden. Dieses Anästhesieverfahren findet immer häufiger Eingang in die Kleintierpraxen. Die Technik der Inhalationsanästhesie erfordert eine gewisse Einarbeitungszeit, Erfahrung und Kenntnisse auf dem Gebiet der Physiologie und Pharmakologie.

Mit der Inhalationsanästhesie sind über Stunden dauernde, schonende und gut steuerbare Anästhesien möglich.

6.4.1. Narkosesysteme

Während der Inhalationsanästhesie wird dem Patienten Narkosegas über ein Narkosesystem zugeführt. Die *technische Konzeption* des Narkosesystems beeinflußt zusammen mit dem Frischgasfluß in entscheidendem Maße die Zusammensetzung des Gases, das der Patient einatmet. Betrachtet man die beim Hund üblichen Narkosesysteme nach technischen Aspekten, so unterscheidet man **Rückatemsysteme** und **Nicht-Rückatemsysteme.**

Rückatemsysteme. Bei Verwendung eines Rückatemsystems wird dem Patienten die Ausatemluft nach Zumischung von Frischgas während der Inspiration wieder zugeleitet. Um eine Anreicherung des vom Patienten ausgeatmeten Kohlendioxids zu vermeiden, muß im Rückatemsystem eine Vorrichtung zur Kohlendioxidelimination vorhanden sein.

Das heute meist genutzte Rückatemsystem ist das **Kreissystem.** Bestandteile dieses Narkosesystems sind der Frischgaszufluß, der CO_2-Absorber, ein Schlauchsystem, zwei Richtungsventile (Ein- und Ausatemventil), ein Reservoirbeutel und das Überschußgasabströmventil. Durch die Richtungsventile wird das Gas im System im Kreis gelenkt. So atmet der Patient über das Einatemventil durch einen der Patientenschläuche kohlendioxidfreie Rückatemluft und Frischgas ein. Seine Ausatemluft wird durch den zweiten Patientenschlauch über das Ausatemventil und fakultativ über Volumeter und Beatmungsdruckmesser dem Kohlendioxidabsorber zugeleitet. Nach Absorption von Kohlendioxid wird das Gasgemisch als Rückatemanteil dem Patienten erneut zugeführt. Der Reservoirbeutel sichert ein für das Atemzugvolumen des Hundes ausreichendes Gasvolumen. Mit Hilfe dieses Beutels kann der Patient auch manuell beatmet werden. Damit bei ständigem Frischgaszufluß das überschüssige Gas aus dem System entweichen kann, ist ein Überschußgasabströmventil eingegliedert.

Das dem Patienten zugeführte **Frischgas** besteht aus *Träger-* und *Narkosegas*. Als Trägergase werden reiner Sauerstoff, sauerstoffangereicherte Luft und Sauerstoff-Lachgas-Gemische verwendet. Sauerstoff und Lachgas werden aus Spezialdruckbehältern über einen Druckminderer und ein Meßröhrenblock (zur genauen Dosierung des Gasstromes) in einen kalibrierten Narkosemittelverdampfer (der sich in der Regel im Nebenstrom befindet) geleitet. Nach Zumischung von Narkosegas wird das Frischgasgemisch dem Narkosesystem zugeleitet.

Alternativ zum Kreissystem kann ein **Pendelsystem** als Rückatemsystem genutzt werden. Bestandteile dieses Systems sind der CO_2-Absorber, der direkt am Absorber positionierte Reservoirbeutel, der Frischgaszufluß und ein Ausatemventil. Die Atemluft pendelt über den Absorber in den Reservoirbeutel, bei der Einatmung erfolgt der Gasstrom in umgekehrter Weise. Ein Teil der Ausatemluft gelangt über das Ausatemventil nach außen und wird durch Frischgas ersetzt. Nachteil dieses Systems ist die Zunahme des Totraums, wenn der patientennahe Absorberanteil verbraucht ist.

Die *Rückatmung* von Ausatemluft durch den Patienten hat verschiedene Vorteile. So führt die Reduktion des nutzlos aus dem System strömenden Überschußgases zu Einsparungen des Narkosemittelverbrauchs und zur Verminderung der Umweltbelastung. Die Einatemluft ist angefeuchtet und angewärmt.

Rückatemsysteme können, abhängig vom *Frischgasfluß*, unterschiedlich genutzt werden. Bei hohem Frischgasfluß (Frischgasfluß > Atemminutenvolumen) wird (abhängig von der Anordnung der Frischgaszufuhr und des Überschußgasabströmventils) der Rückatemanteil auf ein Minimum reduziert. Die Zusammensetzung der Einatemluft ist nahezu identisch mit der Frischgaszusammensetzung. Somit wird das Rückatemsystem als **halboffenes System** genutzt. Die Vorteile der Rückatmung werden kaum genutzt.

Ist der Frischgasfluß größer als die Gasaufnahme durch den Patienten, aber kleiner als das Atemminutenvolumen, wird die Ausatemluft nach Kohlendioxidabsorption partiell zurückgeatmet. Je höher der Frischgasfluß, desto größer ist das Überschußgasvolumen und desto kleiner ist der Rückatemanteil. In diesem Fall wird das Rückatemsystem als **halbgeschlossenes System** betrieben.

Entspricht die Frischgaszufuhr in Volumen und Zusammensetzung genau der Gasaufnahme durch den Patienten, wird die gesamte Ausatemluft zurückgeatmet. Diese Verwendung des Rückatemsystems als **geschlossenes System** nutzt die Vorteile der Rückatmung, vor allem die Reduktion des Narkosemittelverbrauchs, vollständig. Sie birgt jedoch die Gefahr der Sauerstoffverarmung und Anreicherung von Narkosegasen, Stickstoff oder Fremdgasen im System. Die technischen Anforderungen an das verwendete Narkosesystem, die notwendigen Überwachungsmaßnahmen sowie die nötige Aufmerksamkeit des Anästhesisten sind höher als bei halboffenen oder halbgeschlossenen Systemen.

Für die Veterinärmedizin werden mit niedrigem Frischgasfluß (ausschließlich Sauerstoff) zu betreibende Narkosesysteme mit Universalverdunster im Kreisatemsystem angeboten (STEPHENS Narkosesystem).

Nicht-Rückatemsysteme. Wird die gesamte Ausatemluft (mindestens der kohlendioxidbeladene Anteil) aus dem System entfernt und durch Frischgas ersetzt, handelt es sich um ein Nicht-Rückatemsystem. Bei diesem Narkosesystem ist kein Kohlendioxidabsorber notwendig.

Die Ausatemluft des Patienten wird beim *ventilgesteuerten Nicht-Rückatemsystem* über ein patientennahes Nicht-Rückatemventil an die Umgebung oder Absaugeinrichtung abgegeben. Der Patient atmet ausschließlich Frischgas ein. Rückatmung ist prinzipiell ausgeschlossen. Das System wird als halboffenes System genutzt, die Zusammensetzung des Inspirationsgases entspricht der des Frischgases. Viele moderne Humannarkosebeatmer nutzen dieses technische Konzept.

Beim *flowgesteuerten Nicht-Rückatemsystem* wird die Ausatemluft durch einen hohen Frischgasfluß aus dem System verdrängt. Der Inspirationsweg der Systeme ist nicht vom Exspirationsweg getrennt. Bei ausreichendem Frischgasfluß kommt es nicht zur Rückatmung, das System wird als halboffenes genutzt. Ist der Frischgasfluß unzureichend, kann es zur unerwünschten Rückatmung von kohlendioxidbeladener Ausatemluft kommen. Ist das Reservoirvolumen des Systems zu klein, kann der Sog der Einatmung zum Einströmen von Raumluft führen (offenes System). Flowgesteuerte Rückatemsysteme (Bain-System, Ayresches T-Stück, Kuhn-System) werden im englischsprachigen Raum häufig verwendet.

Systeme ohne Reservoir. Als Systeme ohne Reservoir werden verschiedene Vorrichtungen wie das Tropfnarkosesystem beschrieben. Das Fehlen eines Frischgasreservoirs ermöglicht das unkontrollierte Einströmen von Umgebungsluft. Die Narkosegaskonzentration ist nicht vorhersehbar. Systeme ohne Reservoir werden bei der Inhalationsnarkose des Hundes nicht mehr verwendet.

6.4.2. Inhalationsanästhetika

Inhalationsanästhetika werden über die Lunge aufgenommen und mit dem Blut in verschiedene Gewebe des Körpers verteilt. Hauptwirkort ist das Gehirn. Sie bedingen eine Allgemeinanästhesie, deren Tiefe leicht durch Veränderungen der inspiratorischen Anästhetikumkonzentration beeinflußt werden kann. Die Inhalationsanästhesie ist also gut steuerbar. Die wichtigsten Inhalationsanästhetika sind Halothan, Enfluran, Isofluran, Methoxyfluran und Lachgas. Zum Vergleich der Potenz verschiedener Inhalationsanästhetika dient die *minimale alveoläre Konzentration* (MAC). Sie ist als diejenige alveoläre Konzentration definiert, bei der 50 % der Probanden auf einen definierten Schmerzreiz (Hautschnitt) nicht mit einer Abwehrbewegung reagieren.

• Halothan
Der fluorierte Kohlenwasserstoff Halothan steht seit 1956 als erstes potentes, nichtexplosives Inha-

Tabelle 6.29. Eigenschaften von Halothan

Molekulargewicht	197,4
Siedepunkt	50,2 °C
Dampfdruck bei 20 °C	244,1 mm Hg
Blut/Gas-Verteilungskoeffizient	2,3
MAC-Wert	0,8 Vol.-% in 100 Vol.-% O_2

Tabelle 6.30. Eigenschaften von Enfluran

Molekulargewicht	184,5
Siedepunkt	56,5 °C
Dampfdruck bei 20 °C	171,8 mm Hg
Blut/Gas-Verteilungskoeffizient	1,8
MAC-Wert	1,68 Vol.-% in 100 Vol.-% O_2

lationsanästhetikum zur Verfügung. Es ist auch heute noch das in Veterinär- und Humananästhesie am häufigsten eingesetzte Inhalationsanästhetikum. Da Lichteinfall Halothan zersetzt, wird es durch Zusatz von 0,01% Thymol stabilisiert und in bernsteinfarbenen Flaschen abgefüllt (Tabelle 6.29.). Der Stabilisator kann zu Verharzungen in Halothanverdampfern führen.

Halothan reagiert nicht mit Absorberkalk, korrodiert in Anwesenheit einiger Metalle (nicht Kupfer und Chrom). Halothan löst sich gut in Gummi, schlecht in Polyäthylen. Eigenschaften, die bei der Konstruktion der Narkosegeräte und beim verwendeten Verbrauchsmaterial beachtet werden müssen.

Halothan hat gute *hypnotische*, jedoch keine *analgetischen und nur geringe muskelrelaxierende Eigenschaften*. Es gehört zu den stärksten Inhalationsnarkotika und ist bereits in Konzentrationen von 0,5–1 Vol.-% narkotisch wirksam. Um eine chirurgische Toleranz zu erreichen, müssen bei Spontanatmung von Sauerstoff oder Luft 1–3 Vol.-% verabreicht werden. Durch Zusatz von Lachgas kann die notwendige inspiratorische Halothankonzentration deutlich vermindert werden.

Die *Narkoseeinleitung* mit Halothan verläuft rasch, es tritt kein Exzitationsstadium auf. Die Beurteilung der Narkosetiefe anhand der Reflexe ist schwierig, in der Regel fällt der Lidreflex aus, die Bulbi rotieren nach ventral. Die Narkosetiefe unter Halothan wird an der Reaktion auf chirurgische Stimuli sowie der Kreislauf- und Atmungsparameter eingeschätzt.

Die *Narkoseausleitung* erfolgt aufgrund des Blut/Gas-Verteilungskoeffizienten ebenfalls rasch. Bei länger dauernden Narkosen kann es durch die langsame Entspeicherung des Fettgewebes zu längeren Aufwachzeiten kommen. Muskelzittern tritt nach einer Halothannarkose relativ häufig auf.

Die Ausscheidung des gesamten aufgenommenen Halothans dauert Tage. Etwa 20% werden metabolisiert, der Hauptmetabolit Trifluoressigsäure wird als Natriumsalz im Urin ausgeschieden.

Halothan vermindert die *Myokardkontraktivität*. Dosisabhängig kommt es zum Abfall des arteriellen Blutdrucks, des Herzzeitvolumens und des Schlagvolumens. Die Herzfrequenz nimmt ab oder bleibt unverändert. Halothan dämpft die Sympathikusaktivität, die dadurch überwiegende vagale Aktivität scheint die Bradykardie zu induzieren. Atropin beseitigt die Bradykardie. In der Halothannarkose wird das Myokard gegen endogene und exogene Catecholamine sensibilisiert. Eine gesteigerte Catecholaminausschüttung (Schmerzreiz) und die Applikation von Adrenalin können Tachyarrhythmien bewirken.

Alle dampfförmigen Inhalationsanästhetika führen dosisabhängig zu einer *Atemdepression*. Bei Spontanatmung in einer Halothannarkose steigt die Atemfrequenz, die Atemzüge werden flacher, der Kohlendioxidpartialdruck steigt. Halothan vermindert die Reaktion des Körpers auf einen Anstieg des Kohlendioxidpartialdrucks (Linksverschiebung der CO_2-Antwortkurve) und auf eine Hypoxämie. Die atemdepressive Wirkung von Halothan wird durch chirurgische Stimulation zum Teil antagonisiert. Wegen der halothan-induzierten Atemdepression ist die Beatmung in Narkose vorteilhaft.

Die Nierendurchblutung, glomeruläre Filtrationsrate und Urinausscheidung sind ebenso reduziert wie die Leberfunktion und -durchblutung. Die beim Menschen gefürchtete, aber sehr seltene Halothanhepatitis spielt beim Hund keine Rolle.

- **Enfluran**

Enfluran ist ein chemisch stabiler fluorierter Äther (Tabelle 6.30.). Es reagiert nicht mit Metallen, löst sich aber in Gummi.

Narkoseeinleitung und *-ausleitung* verlaufen mäßig rasch. In der Einleitungsphase sind inspiratorische Konzentrationen von bis zu 4 Vol.-% notwendig, die Aufrechterhaltung erfordert 1,5 bis 3 Vol.-%.

Die Unterschiede zwischen Enfluran und Halothan in der klinischen Anwendung sind gering. Die *Muskelrelaxation* unter Enfluran ist im Ge-

Tabelle 6.31. Eigenschaften von Isofluran

Molekulargewicht	184,5
Siedepunkt	48,5 °C
Dampfdruck bei 20 °C	239,5 mm Hg
Blut/Gas-Verteilungskoeffizient	1,4
MAC-Wert	1,15 Vol.-% in 100 Vol %.-O_2

Tabelle 6.32. Eigenschaften von Methoxyfluran

Molekulargewicht	165
Siedepunkt	104,7 °C
Dampfdruck bei 20 °C	22,8 mm Hg
Blut/Gas-Verteilungskoeffizient	12
MAC-Wert	0,16 Vol.-% in 100 Vol.-% O_2

gensatz zu Halothan gut. Es kommt nicht zur *Sensibilisierung des Myokards* gegen Catecholamine. Aber auch Enfluran wirkt in höherer Dosierung ausgeprägt *atem- und kreislaufdepressiv*. Bei einigen Tieren können Myoklonien und Dyskinesien der Muskulatur von Kopf, Hals und Extremitäten beobachtet werden.

- **Isofluran**

Isofluran ist das Strukturisomer von Enfluran (Tabelle 6.31.). Von allen dampfförmigen Anästhetika besitzt es den niedrigsten *Blut/Gas-Verteilungskoeffizienten*. Deshalb erfolgen die Narkoseeinleitung und die Elimination rasch. Die Unterschiede zum Halothan betragen jedoch nur wenige Minuten, so daß sie klinisch beim Hund von geringer Bedeutung sind.

In der Einleitungsphase sind Konzentrationen von 3–4 Vol.-% notwendig, wenn kein Lachgas verwendet wird. Mit Lachgas reichen in der Regel Konzentrationen von 1,5–3,5 Vol.-% aus. In der Erhaltungsphase variieren die notwendigen Werte relativ stark (0,6–1,5 Vol.-%).

Oft wird Isofluran im Vergleich zum Halothan generell eine deutlich *geringere Kreislaufdepression* zugeschrieben. Die kardiovaskulären Wirkungen von Isofluran sind jedoch komplex. Der arterielle Blutdruck nimmt dosisabhängig ab, die Herzfrequenz steigt. Isofluran ist dosisabhängig direkt negativ inotrop, Herzzeitvolumen und Schlagvolumen sind jedoch weniger reduziert als beim Halothan. Der periphere Widerstand dagegen scheint unter Isofluran stärker abzunehmen. Isofluran hat vermutlich eine geringere kardiodepressive Wirkung als Halothan oder Enfluran. Eine Sensibilisierung des Myokard gegen Catecholamine findet nicht statt. Isofluran hat keine arrhythmogene Wirkung. Es ist ein potenter Vasodilatator. Auch Isofluran wirkt dosisabhängig *atemdepressiv*, die Atemdepression ist stärker als unter Halothan und geringer als unter Enfluran.

Die relaxierende Wirkung ist gut. Die Effekte auf die Nieren entsprechen denen von Halothan.

Isofluran hat keine hepato- und nephrotoxische Wirkung. Die Metabolisierungsrate beträgt nur 0,2%.

Den klinisch beim *Routinepatienten* kaum erfaßbaren Vorteilen von Isofluran stehen *ökonomische Überlegungen* entgegen. Der hohe Preis empfiehlt eine Verwendung nur beim Risikopatienten und im geschlossenen oder halbgeschlossenen System mit niedrigem Frischgasfluß.

- **Methoxyfluran**

Methoxyfluran ist ein halogenisierter Äther (Tabelle 6.32.). Der stark gummilöslichen Substanz ist ein Stabilisator beigefügt.

Methoxyfluran ist das *potenteste dampfförmige Inhalationsästhetikum*. Durch den niedrigen Dampfdruck werden nur Konzentrationen von 3 Vol.-% in der Einatemluft erreicht. Der hohe Blut/Gas-Verteilungskoeffizient bedingt eine sehr langsame An- und Abflutung, so daß erst nach 20–30 Minuten eine chirurgische Toleranz erreicht wird. Die Narkoseausleitung wird zusätzlich durch die hohe Fettlöslichkeit verzögert.

Die *kardiovaskulären* und *respiratorischen Wirkungen* entsprechen im wesentlichen denen von Halothan. Methoxyfluran besitzt peripher und zentral muskelrelaxierende Wirkungen. 50–70% des aufgenommenen Methoxyflurans werden *in der Leber metabolisiert*, es entstehen u. a. nephrotoxisches Fluorid und Oxalsäure.

Von großer Bedeutung sind die Wirkungen auf die *Niere*. Die Nierendurchblutung, die glomeruläre Filtrationsrate und die Urinausscheidung nehmen ab. Methoxyfluran ist **nephrotoxisch**, der Metabolit Fluorid bewirkt eine direkte tubuläre Schädigung. Die Konzentrationsfähigkeit der Niere wird gestört, die Folge ist ein hypotoner Harn. Methoxyfluran darf deshalb nur in niedrigen Konzentrationen und für kurze Zeit angewendet werden.

Wegen der Gefahr der Nierenschädigung beim Patienten und beim anästhesierenden Personal sollte Methoxyfluran nicht mehr eingesetzt werden.

• Lachgas

Lachgas ist ein nicht entzündbares und nicht explosibles anorganisches Gas (Tabelle 6.33.). Es wird als farblose Flüssigkeit in grauen Stahlflaschen geliefert, in denen es unter einem Druck von 51 atm mit der Gasphase im Gleichgewicht steht. Der am Reduzierventil ablesbare Druck bleibt bei der Entnahme so lange konstant, bis der letzte flüssige Lachgasanteil in gasförmiges Lachgas übergeht. Der Flascheninhalt kann deshalb nicht über den Flaschendruck, sondern durch Gewichtsbestimmungen festgestellt werden. Beim Verdampfen von Lachgas wird der Umgebung Wärme entzogen.

Lachgas ist ein schwaches Anästhetikum. Aus diesem Grund wird es bei Mensch und Tier ausschließlich zur *Supplementierung* anderer Anästhetika eingesetzt. Bei der Inhalationsanästhesie ist vor allem seine MAC-reduzierende Eigenschaft von Bedeutung. Während beim Menschen 60 Vol.-% N_2O die benötigte Halothandosis um mehr als 50% reduzieren, ist der Effekt beim Hund mit 19–39% deutlich niedriger. Durch die Reduktion der Dosis dampfförmiger Inhalationsanästhetika sind die atem- und kreislaufdepressiven Wirkungen während der Anästhesie geringer und die Patienten erwachen schneller.

Die *kardiovaskulären Nebenwirkungen* sind klinisch in der Regel nicht nachweisbar. Beschrieben werden eine direkte negativ inotrope Wirkung und die Stimulation von Sympathikuszentren im ZNS. Lachgas bedingt keine oder eine geringe *Atemdepression*, die jedoch bei Kombination mit anderen Inhalationsanästhetika deutlicher auftreten kann.

Lachgas wird zum großen Teil über die Lungen ausgeschieden, ein geringer Teil diffundiert über die Haut, Metabolisierung erfolgt nicht.

Die Leber- und Nierenfunktion werden nicht beeinflußt. Bei chronischer Exposition kann Lachgas die Erythrozyten- und Leukozytenproduktion im Knochenmark durch Oxydation von Vitamin B_{12} beeinträchtigen.

Entscheidend bei der Verwendung von Lachgas sind einige Besonderheiten beim *Diffusionsverhalten*. So bedingt der *Blut/Gas-Verteilungskoeffizient* zu Beginn der Anästhesie die Aufnahme großer Mengen von Lachgas aus den Alveolen ins Blut. Die Folge ist ein vermindertes alveoläres Volumen und damit höhere Konzentrationen der verbleibenden Gase (Sauerstoff, Halothan, Kohlendioxid). Dadurch ist deren Partialdruckgefälle zwischen Alveole und Blut größer, die Aufnahme erfolgt schneller. Dieser *Second-Gas-Effekt* bewirkt eine kürzere Einleitungsphase als bei Verwendung von 100 Vol.-% Sauerstoff.

Der Blut/Gas-Verteilungskoeffizient bedingt bei der Beendigung der Lachgaszufuhr einen umgekehrten Effekt. In kurzer Zeit strömen große Mengen Lachgas aus dem Blut in die Alveole. Das alveoläre Gas wird mit Lachgas verdünnt. Bei niedriger inspiratorischer Sauerstoffkonzentration kann dieser Verdünnungseffekt zu alveolären Sauerstoffkonzentrationen unter 21 Vol.-% führen. Folge ist die sogenannte *Diffusionshypoxie*. Um dies zu verhindern, sollte am Ende der Narkose nach Beendigung der Lachgaszufuhr für einige Minuten reiner Sauerstoff zugeführt werden.

Klinisch bedeutend ist die *Diffusion von Lachgas in gasgefüllte Räume*. Lachgas diffundiert aus dem Blut solange in gasgefüllte Räume, bis ein Partialdruckausgleich erreicht ist. Im Austausch diffundiert Stickstoff in die entgegengesetzte Richtung. Durch die unterschiedlichen Blut/Gas-Verteilungskoeffizienten von Stickstoff (0,015) und Lachgas (0,47) kann Stickstoff nicht in der gleichen Geschwindigkeit diffundieren. Folge ist die Zunahme des Volumens des gasgefüllten Hohlraums bei konstantem Druck oder die Druckzunahme bei konstantem Volumen.

Beim Hund hat dieses Phänomen beim Magendilatations-/Torsionssyndrom, bei gasgefüllten Darmschlingen (Ileus), beim Pneumothorax sowie beim Pneumoperitoneum große Bedeutung. Das Volumen eines Pneumothorax kann sich durch Lachgasapplikation in 10 Minuten verdoppeln. Bei diesen Erkrankungen muß auf die Verwendung von Lachgas verzichtet werden.

Zur Nutzung der positiven Lachgas-Effekte (Reduktion der MAC, Schnelle An- und Abflutung) müssen bei der Inhalationsnarkose hohe Konzentrationen verwendet werden. Zur Sicherung der inspiratorischen Sauerstoffkonzentration sollte ein Verhältnis von 66 Vol.-% Lachgas und 33 Vol.-% Sauerstoff nicht unterschritten werden. Kann die inspiratorische Sauerstoffkonzentration kontinuierlich überwacht werden, können 75 Vol.-% Lachgas und 25 Vol.-% Sauerstoff gewählt werden.

Tabelle 6.33. Eigenschaften von Lachgas

Molekulargewicht	44
Blut/Gas-Verteilungskoeffizient	0,47
Fett/Gas-Verteilungskoeffizient	1,4
MAC-Wert	255 % (bei 1 atm)

6.4.3. Praxis der Inhalationsanästhesie

Bei der Inhalationsanästhesie können drei Phasen unterschieden werden: die *Narkoseeinleitung* und Intubation, *Narkoseerhaltung* sowie *-ausleitung*.

• **Narkoseeinleitung**
Beim Hund erfolgt die Einleitung von Inhalationsnarkosen in der Regel mit einem intravenösen Anästhetikum. Die Einleitung mit Inhalationsanästhetika via **Maske** ist beim Tier problematisch. Die Paßform der Masken ist durch die unterschiedlichen Schnauzenformen und -größen nicht so gut wie beim Menschen, so daß relativ viel Narkosegas entweicht und das Personal belastet wird. Gesunde unsedierte Hunde tolerieren die Maske in der Regel nicht für die notwendige Dauer. Die Einleitung via Maske wird häufig für Risikopatienten empfohlen. Streß bei der Maskennarkose führen jedoch zu erhöhten endogenen Catecholaminspiegeln, die gerade bei solchen Patienten die Gefahr von Narkosezwischenfällen vergrößern.

Durch die intravenöse Einleitung mit einem rasch wirkenden Anästhetikum (Thiobarbiturat, Propofol) bzw. einer Anästhetika-Kombination (Opioid-Kombinationen, Ketamin-Kombinationen) wird die Einleitungsphase erheblich verkürzt. Das Einschlafen erfolgt für den Hund relativ streßfrei und angenehm. Um die Handhabung der Tiere bei der intravenösen Injektion zu erleichtern, können Hunde vorher mit geringen Dosen eines Sedativums (Phenothiazine, α_2-Adrenozeptor-Agonisten) subkutan oder intramuskulär prämediziert werden.

Nach der intravenösen Einleitung wird die Inhalationsnarkose als Intubationsnarkose fortgeführt, weil die Maskennarkose wegen der frei werdenden Narkosegase eine unzumutbare Belastung für das Personal dargestellt.

• **Intubation**
Beim Hund erfolgt die Intubation in der Regel orotracheal. Wichtig ist die Wahl der richtigen *Tubusgröße*. Zur Minimierung des *Atemwegswiderstands* sollte ein Tubus mit möglichst großem Innendurchmesser verwendet werden. Die Passage der Stimmbänder muß aber ohne Probleme erfolgen. Gerade bei kleinen Hunden ist die Länge des Tubus entscheidend. Einerseits ist bei Verwendung eines zu langen Tubus die Gefahr der endobronchialen Intubation groß, andererseits führt ein zu langes orales Tubusende durch die Erhöhung des *Totraums* zur Kohlendioxidrückatmung. Tuben für kleine Hunde sollten deshalb auf optimale Länge gekürzt werden.

Verschiedene *Arten von Endotrachealtuben* stehen zur Verfügung. Neben Tuben aus Veterinärprogrammen, die zur langfristigen Nutzung und zur Hitzesterilisation geeignet sind, wird in den letzten Jahren vermehrt Einmalmaterial aus der Humananästhesie verwendet. Auch solche Tuben lassen sich mehrmals verwenden. Nach der Säuberung können sie in Desinfektionslösung eingelegt werden. Humantuben werden in verschiedenen Ausführungen angeboten. Vorteilhaft sind Tuben mit zusätzlicher seitlicher Öffnung (Murphy-eye), dies reduziert die Gefahr der Verlegung der vorderen Tubusöffnung. Tuben mit eingelagerter Metallspirale sollten bei bestimmten Lagerungen verwendet werden. Durch die Metallspirale ist ein Abknicken des Tubus mit Verlegung des Lumens kaum möglich. Vorsicht ist jedoch in der Aufwachphase geboten, weil sich durch einen Biß auf den Tubus die Metalleinlage verformen und zur vollständigen Verlegung des Lumens führen kann. Tuben ohne Manschette und mit einem Innendurchmesser bis 3 mm können zur oro- oder nasotrachealen Intubation von Welpen benutzt werden.

Vor der Intubation muß die *Dichtigkeit* der Tubusmanschette überprüft werden. Die Intubation sollte in *Rücken-, Brust- und Seitenlage* beherrscht werden, um in Notfallsituationen sofort ohne Umlagerung des Hundes intubieren zu können. Der Fang des Hundes wird von einem Helfer geöffnet. Mit Hilfe eines Maulspreizers oder eines röhrenförmigen Beißholzes, das über je einen Dens caninus des Ober- und Unterkiefers geschoben wird, kann man diese Stellung fixieren. Von einem Helfer wird die Zunge erfaßt, hervorgezogen und festgehalten, dabei sollten Verletzungen der Zungenunterseite durch die Unterkieferincisivi vermieden werden.

Mit der linken Hand wird ein *Laryngoskop* passender Größe mit geradem (nach MILLER) oder mit gebogenem Spatel (nach MACINTOSH) eingesetzt. Laryngoskope mit gebogenem Spatel werden vor die Epiglottis, also zwischen Epiglottis und Zungengrund eingeführt. Durch Zug in Griffrichtung des Laryngoskops gibt die Epiglottis den Blick auf die Stimmritze frei. Bei Verwendung eines Laryngoskopes mit geradem Spatel wird die Epiglottis direkt aufgeladen, d. h. der Spatel wird auf die laryngeale Fläche der Epiglottis geführt. Hierdurch wird die Sicht auf die Stimmritze wesentlich verbessert. Unter Sichtkontrolle führt man den Endotrachealtubus während einer Inspiration vorsichtig durch die geöffnete Glottis in den Kehlkopf so weit ein, daß die aufblasbare Manschette hinter dem Kehlkopf zu liegen kommt. Das Einführen des Tubus wird erleichtert, wenn er vorher befeuchtet oder mit einem anästhesierenden Gel gleitfähig gemacht wurde. Bei der Anwendung von Lokalanästhetika in Sprayform muß bei kleinen Tieren auf eine Überdosierung geachtet werden.

Danach füllt man die *Tubusmanschette* vorsichtig mit Hilfe einer Spritze mit Luft, so daß sie der Trachea dicht anliegt und keine Nebenluft mehr im Bereich der Manschette entweichen kann. Der Druck der Manschette auf die Trachealschleimhaut darf nicht zu hoch sein, da es sonst zur Schädigung der Schleimhaut kommen kann. Die Verwendung von Endotrachealtuben mit Niederdruckmanschetten verhindert dies. Besitzt das Blocksystem kein Ventil, muß die Manschettenzuleitung mit einer Klemme verschlossen werden.

Die *Fixation des Tubus* mit einer Mullbinde oder mit Klebeband und das Einsetzen eines Maulholzes verhindert das Herausrutschen, Abquetschen, Abknicken oder Abbeißen des Tubus. Falls kein Laryngoskop zur Verfügung steht, muß der Tubus unter guten Sichtverhältnissen mit Hilfe eines Spatels eingeführt werden. Bei einwandfreiem Sitz und richtiger Tubusgröße atmet der Patient ruhig durch die Tubusöffnung. Nach der Intubation sollte durch *Auskultation* beider Lungenseiten sichergestellt werden, daß nicht einseitig endobronchial intubiert wurde.

Die *Intubation in den Ösophagus* ist eine lebensbedrohliche Komplikation, die sofort beseitigt werden muß. Da beim intubierten Patienten die Atmung ausschließlich durch den Tubus erfolgen kann, ist die partielle oder komplette Verlegung des Tubus ebenfalls lebensbedrohlich. Die Verlegung ist durch Abknicken des Tubus, Sekrete, Blut oder Fremdkörper im Tubus sowie durch das Anliegen der distalen Tubusöffnung an der Trachealwand möglich. Bei zu starkem Druck in der Tubusmanschette kann es zur Einengung des Tubuslumens durch eine sogenannte Ballonhernie kommen. Die Verlegung des Tubus muß sofort beseitigt werden (Umlagerung, Absaugen, Reintubation).

Die Intubation sichert die Atemwege, verhindert eine Aspiration und ermöglicht die Durchführung von Inhalationsnarkose oder Beatmung.

• **Vertiefung der Narkose**

Bei der Einleitung der Narkose durch Inhalation und bei der Vertiefung der Narkose nach intravenöser Einleitung gelten ähnliche Grundsätze. So wird mit einer *initial hohen inspiratorischen Narkosegaskonzentration* die notwendige Narkosegaskonzentration im Gehirn und damit die angestrebte Narkosetiefe schnell erreicht.

Die zu Beginn der Narkose *notwendige Konzentration* ist abhängig von verschiedenen Faktoren wie Allgemeinzustand des Tieres, Sedationsgrad, verwendete Medikamente zur Prämedikation und Narkoseeinleitung.

So können Tiere *nach sedativ-analgetischer Prämedikation* mit niedrigen Narkosegaskonzentrationen angeflutet werden, während nach Einleitung mit einem Ultrakurzzeitbarbiturat ohne Prämedikation hohe Konzentrationen erforderlich sind. Werden die Tiere via Maske eingeleitet, so muß die inspiratorische Narkosegaskonzentration langsam gesteigert werden, um Abwehrbewegungen der Tiere durch den *Geruch des Inhalationsanästhetikums* zu verhindern.

Im *Rückatemsystem* senkt während der Anflutungsphase der *narkosegasarme Rückatemanteil* die inspiratorische Narkosegaskonzentration. Ein *hoher initialer Frischgasfluß* verringert den Rückatemanteil und bedingt somit höhere inspiratorische Narkosegaskonzentrationen. Durch die Wahl eines hohen Frischgasflusses wird die Einleitungs- bzw. Anflutungsphase verkürzt.

Die Aufnahme von Narkosegas aus den Alveolen in die Lungenkapillaren ist abhängig von der *pulmonalen Ventilation* und Perfusion. Durch Steigerung des Atemminutenvolumens wird die Narkoseeinleitung beschleunigt. Eine besondere Rolle spielt dies beim hechelnden Hund. Bei *Hechelatmung* wird fast ausschließlich das Totraumvolumen zurückgeatmet, es gelangt kein Frischgas mit Narkosegas in die Lunge. Die Narkose läßt sich auch mit hohen inspiratorischen Narkosegaskonzentrationen oder hohem Frischgasfluß nicht vertiefen, oder die Narkoseeinleitung beschleunigen. Nur die *Beatmung* des hechelnden Hundes kann ausreichende Narkosegasaufnahme bewirken.

Die Verwendung hoher Lachgaskonzentrationen (bis maximal 75 Vol.-%) beschleunigt die Narkosegasaufnahme durch den sogenannten *Second-Gas-Effekt*. Deshalb sind gerade in der Einleitungsphase Sauerstoff-Lachgas-Gemische sinnvoll, obwohl Lachgas beim Hund praktisch keine analgetische Wirkung hat.

- **Narkoseerhaltung**

Ist die gewünschte Narkosetiefe erreicht, wird die inspiratorische Konzentration des Inhalationsanästhetikums gesenkt. Die Narkose wird so flach wie möglich gehalten, ohne daß der Hund erwacht, Schmerzen verspürt, unerwünschte Stimulationen des Herz-Kreislaufsystems auftreten oder die Operation durch Abwehrbewegungen des Tieres gestört wird. *Die Narkosetiefe muß dem jeweiligen Operationsstimulus angepaßt werden.* Beurteilt werden kann die Narkosetiefe beim Hund vor allem an Veränderungen der Atem- und Herzfrequenz.

Die in der *Erhaltungsphase* notwendige Narkosegaskonzentration ist unter anderem abhängig vom chirurgischen Stimulus, der verwendeten Lachgaskonzentration und der Prämedikation bzw. Einleitung. So können nach Opioidprämedikation und bei 66 Vol.-% Lachgas im Frischgas Narkosegaskonzentrationen von unter einer MAC ausreichend sein, während ohne analgetische Prämedikation und Lachgas zum Teil Konzentrationen über 2 MAC erforderlich sind. Bei sehr *langer Operationsdauer* kann in der Regel nach einiger Zeit die inspiratorische Konzentration stark vermindert werden.

- **Ausleitungsphase**

Ziel einer gut steuerbaren Inhalationsanästhesie ist der ansprechbare Patient nach Beendigung der Operation. Schmerz- oder Manipulationsreize während der Aufwachphase fördern Exzitationen. Deshalb sollte die Narkose beim Anlegen von Verbänden oder bei postoperativen Röntgenaufnahmen noch ausreichend tief sein.

Wann die Zufuhr des Inhalationsanästhetikums beendet wird, hängt in entscheidendem Maße von der *Dauer der Narkose* ab. Bei langen Narkosen wurden große Narkosegasmengen von den Körpergeweben aufgenommen. Diese müssen bei Beendigung der Narkosgaszufuhr ins Blut und in die Alveolen diffundieren. Deshalb dauert die Abgabe des Narkosegases entsprechend lange, der Patient erwacht langsam.

Entscheidend ist auch das verwendete *Inhalationsanästhetikum*. Der Blut/Gas-Verteilungskoeffizient der Substanz entscheidet über die Schnelligkeit der Abgabe des Narkosegases. So können Hunde nach Isoflurannarkose innerhalb weniger Minuten erwachen, während Methoxyfluran sehr langsam abflutet.

Nach *Unterbrechung der Lachgaszufuhr* sollte den Patienten einige Minuten reiner Sauerstoff als Inspirationsgas angeboten werden, um eine Diffusionshypoxie durch große, in die Lunge diffundierende Lachgasmengen zu verhindern. Bei Verwendung von *Rückatemsystemen* spült ein *hoher Frischgasfluß* nach Beendigung der Narkosegaszufuhr das Narkosesystem frei von Halothan, Isofluran oder Enfluran. Dies reduziert die inspiratorische Narkosegaskonzentration, der Hund erwacht schneller.

Auch bei Ausleitung der Narkose kann ein *Exzitationsstadium* durchlaufen werden. Häufig tritt dies in Zusammenhang mit fortgeführten chirurgischen oder anästhesiologischen Reizen bei flacher werdender Narkose auf. Bei deutlich ausgeprägtem Exzitationsstadium ist die Gefahr von Laryngospasmen höher.

Nach Beendigung der Narkose bzw. Einsetzen der Spontanatmung beim beatmeten Patienten wird der Hund in den Aufwachraum transportiert. Dort erfolgen Lagerung, Überwachung und Nachsorge (s. Kap. 6.9.). Mit Einsetzen des *Schluckreflexes* und bei deutlichem *Tonus der Kiefermuskulatur* werden die Hunde extubiert, danach muß unbedingt auf Anzeichen eines (relativ selten vorkommenden) Laryngospasmus geachtet werden.

6.5. Atmung und Beatmung

Nicht erkannte oder nicht adäquat behandelte Atemdepressionen sind beim Tier die häufigste Ursache tödlicher Narkosezwischenfälle. Der Atemdepression folgen oft Atemstillstand und hypoxie-bedingter Herzstillstand. Da viele Anästhetika eine ausgeprägte Atemdepression bewirken, atmen Patienten in der Humananästhesie bei längeren Operationen nicht spontan, sondern ihre Atmung wird manuell oder maschinell kontrolliert.

6.5.1. Aufgaben und Steuerung der Atmung

Die Atmung hat zwei Aufgaben, Sauerstoff wird für die Zellatmung aufgenommen und von der Zelle produziertes Kohlendioxid abgegeben.

Sauerstoffaufnahme. Die atmosphärische Luft enthält 20,9 Vol.-% Sauerstoff, dies entspricht etwa einem Sauerstoffpartialdruck von 160 mmHg. Der Sauerstoff wird von der Luft über die Atemwege zu den Lungenalveolen gebracht. Auf diesem Weg reduziert sich der Sauerstoffpartialdruck durch Anfeuchtung der Atemgase im Bereich der oberen Luftwege auf einen alveolären Wert von etwa 100 mmHg. In der Alveole diffundieren die Sauerstoffmoleküle entlang eines Partialdruckgradienten durch die Alveolarmembran in die Lungenkapillaren.

Im Blut wird Sauerstoff zum größten Teil chemisch an Hämoglobin gebunden und nur zu einem gringen Teil physikalisch gelöst (0,3 ml O_2/100 ml Blut bei Atmung von Raumluft) zu den Geweben transportiert. Zwischen Kapillaren und Gewebe sowie in die Mitochondrien erfolgt der Sauerstofftransport durch Diffusion der O_2-Moleküle entlang eines Druckgefälles. In den Mitochondrien herrscht ein Sauerstoffpartialdruck von 4–20 mmHg. Der Sauerstoff dient dort der Synthese energiereicher Phosphate (ATP).

Kohlendioxidabgabe. Das bei der Zellatmung entstehende Kohlendioxid wird physikalisch gelöst, an Hämoglobin gebunden und in Form von Bikarbonat zur Lunge transportiert und abgeatmet.

Chemische Steuerung der Atmung. Die Atmung wird über zentrale und periphere Chemorezeptoren gesteuert. Diese erfassen zentral kontinuierlich die Kohlendioxidspannung und den pH-Wert. Peripher werden die Sauerstoffspannung und ebenfalls der pH-Wert bestimmt. Diese Rezeptoren beeinflussen medulläre Atemzentren, die wiederum die Aktivität der Atemmuskulatur steuern.

Am wachen, gesunden Patienten steigern die Zunahme der Kohlendioxidkonzentration **(Hyperkapnie)**, die Abnahme des pH-Wertes **(Azidose)** und die Abnahme der Sauerstoffspannung im Blut **(Hypoxie)** das Atemminutenvolumen. Änderungen der CO_2-Konzentration haben dabei den größten Einfluß. Die *Reaktion des Atemzentrums auf Hyperkapnie, Hypoxie und Azidose* wird unter dem Einfluß fast aller *Anästhetika* (Opioide, volatile Anästhetika, Barbiturate) beeinträchtigt. Dies hat zur Folge, daß der Organismus auf eine hohe CO_2-Konzentration im Blut nicht mit einer Steigerung des Atemvolumens reagiert, sondern daß eine Hypoventilation auftritt.

Atmen die Patienten während einer Anästhesie spontan Raumluft, besteht in der Regel eine **Globalinsuffizienz** der Atmung. Sauerstoffaufnahme und Kohlendioxidabgabe sind gestört (Hypoxie und Hyperkapnie). Eine **Partialinsuffizienz** liegt vor, wenn entweder Sauerstoffaufnahme oder Kohlendioxidabgabe gestört sind.

Hyperkapnie bedingt eine respiratorische Azidose und erhöhte endogene Catecholaminspiegel. Anhaltende **Hypoxie** kann zu anaerobem Stoffwechsel und metabolischer (Lactat-)Azidose führen. Azidose und Hypoxie können die Funktion intrazellulärer Enzymsysteme in allen Gebieten schädigen. Hyperkapnie, Hypoxie und hohe Catecholaminspiegel wirken am Herzen stark arrhythmogen.

6.5.2. Therapie der Atemdepression

Oft besteht Unklarheit darüber, ob und wann die Anreicherung der Inspirationsluft mit Sauerstoff ausreichend und wann eine Beatmung erforderlich ist.

Sauerstoffverbrauch und *Kohlendioxidentstehung* sind ursächlich miteinander verbunden. Sauerstoff wird für den aeroben Zellmetabolismus benötigt, zu dessen Endprodukten Kohlendioxid gehört. *Sauerstoffaufnahme* und *Kohlendioxidabgabe* sind jedoch grundsätzlich voneinander unabhängige Prozesse und können während der Anästhesie auch völlig unabhängig voneinander gestört sein.

Klinisches Zeichen der Hypoxie kann die Zyanose sein. *Eine Hyperkapnie ist mit klinischen Methoden kaum zu diagnostizieren. Bei spontan Raumluft atmenden Kleintierpatienten muß man jedoch davon ausgehen, daß bei Zyanose, als Zeichen einer Hypoxie, gleichzeitig eine Hyperkapnie besteht!* Ursache ist meist ein zu geringes Atemzeitvolumen *(Hypoventilation).* Sowohl die O_2-Aufnahme als auch die CO_2-Abgabe sind gestört.

Die Sauerstoffgabe kann in einem solchen Fall nur zur *teilweisen Besserung* führen. Die Hypoxie wird (in der Regel) behoben, die Hyperkapnie aber bleibt bestehen. Das Leitsymptom Zyanose verschwindet, damit wird die vollständige Therapie der Ateminsuffizienz vorgetäuscht. Die kausale Therapie kann nur in der Erhöhung des Atemzeitvolumens bestehen, denn die Elimination von Kohlendioxid ist allein von der alveolären Ventilation abhängig. *Das Atemzeitvolumen läßt sich in der Narkose nur durch Beatmung erhöhen.*

6.5.2.1. Beatmung am Kreissystem

Bei *Spontanatmung* dehnt die Atemmuskulatur den Thorax aus, durch den entstehenden *Unterdruck* strömt Luft in die Lungen ein. Bei der *Beatmung* erfolgt die Belüftung der Lungen durch *Überdruck.*

Suffiziente Beatmung kann nur *beim intubierten Tier* erfolgen. Masken sind in der Regel nicht ausreichend dicht. Manuell kann mit einem selbstfüllenden Beatmungsbeutel (Ambu-Bag®) oder am Inhalationsnarkosesystem beatmet werden.

Angestrebt werden **Atemzeitvolumina von 150 ml/kg KM/min** bei einer Frequenz von **8 bis 12 Atemzügen**. Bei kleinen Tieren sollte mit höherer Frequenz beatmet werden, während bei großen Hunden Frequenzen von 8 min^{-1} ausreichen.

Zur **Beatmung am halbgeschlossenen Narkosekreissystem** (Tabelle 6.34.) muß zunächst das System auf *Dichtigkeit* geprüft werden. Dann sollte man das ungefähr benötigte *Atemzugvolumen* berechnen. Als Richtwert dienen 15 ml/kg KM. Das Überdruckventil im Kreissystem wird von Spontanatmung (Markierung in der Regel bei 6 Uhr) auf Beatmung (Markierung bei 12 Uhr) gestellt.

Durch (gefühlvollen) Druck auf den Atembeutel wird die Lunge gebläht und das Atemzugvolumen am Volumeter abgelesen. Während der folgenden Beatmungshübe wird am Überdruckventil reguliert bis das gewünschte Atemvolumen erreicht ist. Bei zu großem Atemzugvolumen muß der am Ventil eingestellte Druck verringert, bei zu geringem Volumen erhöht werden. Die Beatmung erfolgt durch rhythmische Kompression des Atembeutels. Die eigene Atemfrequenz kann als Anhaltspunkt für die Frequenz dienen.

In der *exspiratorischen Pause* darf der Beutel *nicht prall* gefüllt sein, der Druck am Manometer muß Null betragen. Der *Atembeutel soll nicht völlig ausgedrückt werden*. Das über den eingestellten Druck verabreichte Volumen geht dem Kreissystem verloren. Füllt sich der Beutel zu schnell, kann der Frischgasfluß verringert werden.

Bei der Bestimmung des Atemzug- oder Atemminutenvolumens mit einem Volumeter am Narkosegerät sollte man die Konstruktion der Geräte beachten. Mechanische Volumeter zeigen in der Regel weniger als das tatsächliche Volumen an. Empfehlenswert sind Kinder-Volumeter (eine Zeigerumdrehung = 500 ml, sonst 1000 ml). Bei größeren Hunden werden bis zu 30% geringere Volumina angezeigt, bei sehr kleinen Hunden reicht mitunter das ausgeatmete Volumen nicht aus, um das Volumeter überhaupt zu bewegen.

• **Ausschaltung der Spontanatmung**
Soll die Beatmung vollständig vom Anästhesisten oder von einem Respirator übernommen werden, muß die Spontanatmung des Patienten ausge-

Tabelle 6.34. Manuelle Beatmung mit dem Kreissystem (halbgeschlossen)

– **Dichtigkeit** des Systems prüfen
– **Atemzugvolumen (15 ml × kg KM)** berechnen
– **Überdruckventil von Spontanatmung auf Beatmung** stellen
– **Überdruck** von etwa **15 cm H$_2$O** (mbar) einstellen
– **Lunge** durch Druck auf Atembeutel **blähen** und am Volumeter **ausgeatmetes Volumen** bestimmen
– **Überdruckventil nachregeln**
– Atembeutel rhythmisch etwa **8- bis 12 mal/Minute** zusammendrücken

schaltet werden. Der Übergang von spontaner zu kontrollierter Beatmung ist beim Tier in aller Regel ohne den Einsatz von Muskelrelaxanzien möglich. Kurzfristige manuelle Hyperventilation senkt den arteriellen CO$_2$-Partialdruck unter die Reizschwelle des Atemzentrums. Der Atemantrieb sistiert für wenige Minuten, bis sich wieder genügend Kohlendioxid gebildet hat, um die Spontanatmung zu induzieren.

• **Übergang zur Spontanatmung**
Am Ende jeder kontrollierten Beatmung muß die Atmung des Patienten wieder induziert werden. Während der Phase der Beatmung wurde der arterielle Kohlendioxidpartialdruck geringfügig unter der Reizschwelle für den spontanen Atemantrieb gehalten. Am Ende der Beatmung muß der arterielle Kohlendioxidpartialdruck langsam wieder erhöht werden, bis das Atemzentrum angesprochen wird. Dies wird durch langsame Verringerung des Atemzeitvolumens, sowohl durch Verlangsamung der Frequenz, als auch durch Reduzierung des Atemzugvolumens, erreicht.

Gleichzeitig sollte die Zufuhr von Anästhetika reduziert werden oder ganz unterbleiben. Nach längerer Beatmung kann der Übergang zur Spontanatmung mehrere Minuten in Anspruch nehmen. Bei abruptem Stopp der Beatmung kann der Patient in eine gefährliche Sauerstoffschuld kommen, bevor der natürliche Atemantrieb einsetzt.

6.5.2.2. Einteilung der Beatmungsformen

Kontrollierte Beatmung. Der Respirator bestimmt nach seiner Voreinstellung sowohl Atemfrequenz wie auch Atemzugvolumen (je nach Steuermechanismus Volumen, Druck oder Zeit,

s. u.) des Patienten. Diese Beatmungsform setzt voraus, daß die *Spontanatmung* des Patienten *ausgeschaltet* ist. Sie ist auch manuell durchführbar.

Assistierte Beatmung. Die *Spontanatmung* des Patienten ist *erhalten*. Der Patient verursacht durch eine spontane Atembewegung einen inspiratorischen Unterdruck im Beatmungssystem, dieser Sog startet eine Überdruckbeatmung durch den Respirator. Damit bestimmt der Patient die Atemfrequenz, der Respirator das Atemzugvolumen. Die assistierte Beatmung ist vom Geübten auch manuell durchführbar.

Assistiert-kontrollierte Beatmung. Als Sicherheitsmechanismus kann bei assistierter Beatmung ein unterer Grenzwert der Atemfrequenz gewählt werden. Fällt die spontane Atemfrequenz des Patienten unter diesen Grenzwert, erfolgt die Beatmung in der gewählten Frequenz.

PEEP – Positiver endexspiratorischer Druck. Bei intermittierender Überdruckbeatmung wird am Ende der Exspiration ein positiver Druck aufrechterhalten. Dieser Druck wird am Respirator oder am Überdruckventil des Narkosekreissystems eingestellt und liegt in der Regel zwischen 2 und 15 cm H_2O. Ein positiver endexspiratorischer Druck erhöht die funktionelle Residualkapazität, kann aber den venösen Rückstrom zum Herzen vermindern und so zu einer Beeinträchtigung des Herzzeitvolumens führen. In der Tiermedizin wird sehr selten mit PEEP beatmet. Nur bei Operationen am offenen Thorax hat sich PEEP-Beatmung bewährt, um das Kollabieren der Alveolen zu verhindern.

6.5.2.3. Maschinelle Beatmung

Bei manueller Beatmung wird vom Anästhesisten der Atembeutel in rhythmischen Abständen komprimiert und so die Patientenlunge belüftet. Bei der maschinellen Beatmung übernimmt der Respirator diese Arbeit. Dies ist vor allem bei längeren Narkosen von Bedeutung, weil so der Anästhesist nicht mehr am Narkosegerät „angebunden" ist, sondern die Möglichkeit hat, sich gleichzeitig um andere Belange der Narkoseführung und -überwachung zu kümmern. Bei der maschinellen Beatmung sind die verabreichten Beatmungsvolumina und -drücke über den gesamten Zeitraum konstanter als bei manueller Beatmung.

• Einteilung der Respiratoren

Respiratoren können nach dem Mechanismus, der die Umschaltung von In- zu Exspiration steuert und nach der Begrenzung der Inspirationsphase eingeteilt werden.

Druckgesteuerte Respiratoren. Die Einstellung des gewünschten *Beatmungsdruckes* erfolgt am Gerät. Wird in der Inspirationsphase der vorgegebene Druck erreicht, schaltet der Respirator auf passive Ausatmung um und beendet damit die Inspiration.

Bei *höherem Widerstand* im Beatmungssystem wird der vorgegebene Umschaltdruck schneller erreicht und das inspiratorische Volumen nimmt ab. Die Folge kann eine Hypoventilation des Patienten sein. *Undichtigkeiten* im System können bis zu einem gewissen Grad durch längere Inspiration ausgeglichen werden, eine Fehlfunktion des Beatmers (Beatmungsdruck wird nicht erreicht) ist ebenfalls möglich.

Volumengesteuerte Respiratoren. Die Inspiration wird beendet, wenn das vorher eingestellte Volumen vom Respirator abgegeben wurde. *Undichtigkeiten* im Beatmungssystem können bei der volumengesteuerten Beatmung nicht kompensiert werden. *Steigender Beatmungswiderstand* führt nicht zur Abnahme des Atemzugvolumens aber zur Erhöhung der Beatmungsdrücke. Schädigungen der Alveolen durch hohe Beatmungsdrücke sind möglich.

Zeitgesteuerte Respiratoren. Die vorgegebene Zeit bestimmt die Dauer der Inspirationsphase. Änderungen der *Widerstände* im Beatmungssystem führen zu keiner Änderung der verabreichten Volumina.

Bei vielen Respiratoren kann man eine zusätzliche **Begrenzung** wählen. Dies ist ein Wert, der vor Erreichen des vorgewählten Steuerungswertes die Umschaltung von In- auf Exspiration auslöst. Volumengesteuerte Respiratoren sind meist druckbegrenzt. Wird bei der Inspiration vor Erreichen des eingestellten Volumens ein kritischer Druck überschritten, schaltet das Gerät auf Exspiration um.

6.5.2.4. Nebenwirkungen der Beatmung

Nebenwirkungen der Beatmung entstehen vor allem durch die veränderten Druckverhältnisse im Thorax. Während bei Spontanatmung die intrathorakalen Drücke nur wenige Millibar (cm H_2O) um den Nullpunkt schwanken, entstehen bei intermittierender Überdruckbeatmung Drücke bis 25 mbar. Bei der spontanen Inspiration wird der venöse Rückstrom zum Herzen durch den Unterdruck erhöht, bei maschineller Beatmung jedoch durch den Überdruck reduziert. Die Verminderung des venösen Rückstroms führt zur Abnahme des Herzzeitvolumens.

6.6. Lokalanästhesie

Komponenten der Anästhesie sind Analgesie, Hypnose, Muskelrelaxation und vegetative Dämpfung. Während dies in der **Allgemeinanästhesie** durch Wirkung auf medulläre Zentren erreicht wird, erzeugt die **Lokalanästhesie** eine Schmerzfreiheit im Operationsgebiet durch die Wirkung auf periphere Nerven.

Die Formen der Lokalanästhesie lassen sich vom anatomischen Wirkungsort der Leitungsunterbrechung ableiten. Unterschieden werden die **Oberflächenanästhesie**, die **Infiltrationsanästhesie** sowie die **peripheren** und **zentralen Nervenblockaden**.

Lokalanästhetika unterbrechen bei direktem Kontakt mit Nervenfasern temporär die Funktionen der Leitungsbahnen. Es folgt die örtlich und zeitlich begrenzte *Betäubung der sensorischen* (afferenten) und *motorischen* (efferenten) *Nervenfasern* mit Ausschaltung aller Nervenimpulse (Sensibilität, Motorik, autonome Funktionen, Temperaturregelung).

In der Humananästhesie ermöglicht die Lokalanästhesie schmerzhafte Eingriffe ohne Schmerzempfindung und ohne Beeinträchtigung des Bewußtseins. Beim Hund ist in der Regel eine sedative Prämedikation notwendig, da Streßreaktionen und Abwehrbewegungen des Tieres den Operationserfolg gefährden können. Als Ausnahme gelten kleine Operationen bei ruhigen Tieren (z. B. Entfernung eines Atheroms) oder Eingriffe bei moribunden Patienten.

Lokalanästhesie in Verbindung mit einer auf den Patienten abgestimmten sedativen Prämedikation ermöglicht durch die Schmerzfreiheit im Operationsgebiet eine schonende Anästhesie auch für Risikopatienten.

6.6.1. Oberflächenanästhesie

Oberflächenanästhetika werden zur Schmerzausschaltung auf resorptionsfähigen Oberflächen am Auge, im Nasen-Rachen-Raum, Kehlkopf- und Trachealbereich, Ösophagus, Gelenken, Sehnenscheiden sowie dem Urogenitaltrakt verwendet. Das Anästhetikum diffundiert durch die Oberflächen und lähmt die sensiblen Nervenfasern im Ursprungsgebiet.

Oberflächenanästhetika werden aufgetropft (Auge), mit einem Tupfer oder Pinsel aufgetragen oder in Sprayform angewandt. Die maximale Wirkung ist etwa nach 5 Minuten erreicht. Verwendet werden je nach gewünschter Wirkdauer *Lidocain* (15–30 Minuten) oder *Tetracain* (60 Minuten). Die Verwendung von *Mepivacain* zur Oberflächenanästhesie ist umstritten (Tabelle 6.35.).

Die Substanzen werden schnell von Schleimhäuten resorbiert, so daß innerhalb von wenigen Minuten *hohe Plasmaspiegel* mit der Gefahr systemischer Wirkungen auftreten können. Die *Toxizität* der Lokalanästhetika nimmt vom Procain über Prilocain, Mepivacain, Lidocain, Bupivacain bis zum Tetracain zu.

Der Zusatz von *Vasokonstriktoren* wie Adrenalin oder Noradrenalin vermindert die lokale Durchblutung und senkt die Resorptionsrate sowie die Plasmaspiegel von Procain, Lidocain und Mepivacain, während die Wirkdauer verlängert wird. Diese Faktoren werden bei Bupivacain und Prilocain durch den Zusatz eines Vasokonstriktors nur wenig beeinflußt.

Am **Auge** wird *Oxybuprocain* als 0,4%ige Lösung verwendet. Es wirkt schnell (30 Sekunden), die Wirkungsdauer ist kurz. Bei schmerzhaften und längerdauernden Eingriffen muß wiederholt getropft werden. Selten treten leichte Reizerscheinungen an den Konjunktiven auf. Die Wirkung von *Proxymetacain* (0,5%ige Lösung) setzt nach 15–20 Sekunden ein und hält bis zu 20 Minuten an. Zur Verlängerung der Anästhesie sollte die Applikation alle 5–10 Minuten wiederholt werden.

Die älteste Form der Lokalanästhesie ist die Kälteanästhesie. Nach Aufsprühen von Chloräthyl kommt es beim Verdunstungsvorgang zur starken Abkühlung. Die Applikation sollte aus etwa 30 cm Entfernung für wenige Sekunden erfolgen. Die örtliche Chloräthylanästhesie ist etwa 2 Minuten wirksam und reicht nur für kleine, nicht in die Tiefe gehende Eingriffe aus (Abszeßinzisionen, Punktionen usw.). Sie darf nur auf der Haut, nicht auf Schleimhäuten angewendet werden. Bei längerer Einwirkung kommt es zu Schädigungen, die von Entzündungen bis zu Nekrosen reichen.

6.6.2. Infiltrationsanästhesie

Um bei der Infiltrationsanästhesie die *Intoxikationsgefahr* durch Resorption des Lokalanästhetikums zu verringern, soll die anästhesierende Wirkung mit möglichst niedrigen Konzentrationen und kleinen Mengen erreicht werden. Die schichtweise Infiltration des gesamten Operationsge-

Tabelle 6.35. Beim Hund verwendete Lokalanästhetika

Substanz	Klinische Anwendung	Konzentration %	Wirkungseintritt	Wirkungsdauer
Lidocain	Oberfläche	2,4	rasch	60–120 min
	Infiltration	0,5–1		
	Nervenblock	1–1,5		
	Epidural	1–2		
Butanilicain	Infiltration	0,5–1	rasch	60–120 min
	Nervenblock	1–2		
	Epidural	1–2		
Prilocain	Infiltration	0,5–1	relativ rasch	90–180 min
	Nervenblock	1		
	Epidural	2		
Mepivacain	Infiltration	0,5–1	relativ rasch	90–180 min
	Nervenblock	1–1,5		
	Epidural	1,5–2		
Bupivacain	Infiltration	0,25–0,5	langsam	4–8–12 h
	Nervenblock	0,25–0,5		
	Epidural	0,25–0,75		
Procain	Infiltration	0,5–1	langsam	30–45 min
	Nervenblock	1–1,5		
Tetracain	Oberfläche	0,5–1	langsam	lang
	Infiltration	0,1–0,2		
	Nervenblock	0,1–0,2		
	Epidural	0,25–0,5		

bietes wird als **direkte Infiltrationsanästhesie** bezeichnet. Bei der **indirekten Infiltrationsanästhesie** (Umspritzungsanästhesie) wird das gewählte Operationsgebiet, von zwei oder mehreren Einstichpunkten ausgehend, um- bzw. unterspritzt.

Soll in einer *Schnittlinie* infiltriert werden, muß je nach Tiefenausdehnung der Schnittführung das Lokalanästhetikum langsam und gleichmäßig in alle Schichten injiziert werden. Um den Schmerz zu vermindern, sollte die Kanüle erst nach Eintritt der Wirkung weiter vorgeschoben werden. Dieses Vorgehen ist zeitaufwendig und praktisch nur mit sehr schnell wirksamen Mitteln durchzuführen. *Größere Flächen* werden in Form des *Hackenbruchschen Vierecks* umspritzt. Der Einstich erfolgt an zwei oder mehreren Stellen.

Intravasale Injektionen sind zu vermeiden indem nur bei Bewegung der Kanüle injiziert und durch wiederholtes Aspirieren die Punktion von Gefäßen ausgeschlossen wird. Da zur Infiltrationsanästhesie größere Mengen an Lokalanästhetika benötigt werden, sollte die verwendete Konzentration niedrig (0,25%ig bis 1%ig) sein, um Intoxikationserscheinungen zu vermeiden.

Kontraindikationen für Infiltrationsanästhesien sind Überempfindlichkeit gegen Lokalanästhetika, Infektion bzw. Phlegmone im Operationsgebiet und die Gefahr der anämischen Nekrose (z. B. bei Lappenwunden). Nach Lokalanästhetika-Einwirkung mit Sperrkörperzusatz (Adrenalin, Noradrenlin) kann es zum örtlichen Weißwerden der Haare kommen.

6.6.3. Leitungsanästhesie

Mit peripheren Nervenblockaden können sehr effektive Schmerzausschaltungen bei nur geringem Verbrauch von Lokalanästhetika ausgeführt werden. Die Kombination mit einer sedativen Prämedikation ist obligat.

Leitungsanästhesien blockieren große Leitungsbahnen, oft weit entfernt vom Operationsgebiet. Relativ kleine Mengen eines höherkonzentrierten Lokalanästhetikums werden in unmittelbare Nähe des Nervenstamms injiziert. Durch Diffusion gelangt das Anästhetikum zum Wirkungsort und unterbricht die Erregungsausbreitung.

Als **Leitungsanästhesie am Kopf** kommt die Anästhesie in der *Fossa pterygopalatina (Foramen maxillare)* für Operationen an Gaumen, Nase, Oberlippe und zur Oberkiefer-Zahnbehandlung in Betracht. Die Anästhesie am *Foramen infraorbitale* ist leicht durchführbar. Das Anästhesiefeld erfaßt Incisivi, Canini, Nasenrücken, Nasenloch und Oberlippe.

Am **Unterkiefer** bietet sich die Anästhesie im Bereich des *Foramen mandibulare* als extraorale oder intraorale Methode an. Man erreicht damit die Schmerzausschaltung an den Zähnen des Unterkiefers, der Haut und Schleimhaut von Unterlippe und Kinn. Für die Betäubung der Haut und Schleimhaut von Unterlippe und Kinn, in vielen Fällen auch der Incisivi und Canini des Unterkiefers genügt die Anästhesie am *Foramen mentale*.

Am **Auge** ist bei Entropium und Ektropiumoperationen, Bulbusexstirpationen und Operationen am Bulbus die Anästhesie in der *Fossa pterygopalatina vor der Fissura orbitalis* möglich. Bei Bulbusexstirpationen empfiehlt sich auch die zirkuläre Abriegelung am Grunde der Orbita.

Am **Ohr** ist die Leitungsanästhesie umständlich und ebenso wie an den Extremitäten weniger zu empfehlen.

An den **Vorderextremitäten** ist die Infiltration des *Plexus brachialis* möglich. Sie hat jedoch aufgrund der möglichen Komplikationen (Punktion großer Venen, Hämatombildung, intravasale Injektion, Punktion des Thorax, direkte Punktion und Schädigung des Plexus brachialis) in der Kleintieranästhesie keine mit der Humananästhesie vergleichbare Bedeutung erlangt.

Diagnostische und therapeutische Anästhesien der **Gelenke** sind für die Lahmheitsdiagnostik und zur Behandlung von Gelenkerkrankungen, oft kombiniert mit Chemotherapeutika, eine wesentliche Bereicherung.

6.6.4. Epiduralanästhesie

Die Epiduralanästhesie (Synonyma: Extra-, Periduralanästhesie) gehört als rückenmarknahe Leitungsanästhesie zu den regionalen Anästhesietechniken. Die Regionalanästhesie umfaßt alle jene Verfahren der Lokalanästhesie, die ein größeres Gebiet oder eine Körperregion anästhesieren.

Die Epiduralanästhesie bewirkt eine ausgezeichnete Analgesie und Muskelrelaxation kaudal des Zwerchfells ohne zentrale Nebenwirkungen. Medulläre Atem- und Kreislaufzentren werden nicht beeinflußt.

Anatomische Grundlagen. Das Rückenmark ist von drei Häuten umgeben: *Dura mater*, *Arachnoidea* und *Pia mater*. Das äußere Blatt der Dura mater spinalis kleidet als Periost den Wirbelkanal aus, während das innere Blatt das Rückenmark umgibt. Beide Blätter vereinigen sich im Bereich des Foramen magnum. Zwischen dem inneren und äußeren Blatt der Dura mater liegt, vom Foramen magnum bis etwa zum vierten Kokzygealwirbel reichend, der *Epiduralraum*. Er wird ausgefüllt von einem ventralen Venensinus, lockerem Bindegewebe und Fettgewebe. Aufgrund der Verschmelzung der beiden Durablätter am Foramen magnum können epidural applizierte Medikamente nicht direkt zum Gehirn gelangen. Bei der Epiduralanästhesie werden die Spinalnerven in ihrem extraduralen Verlauf, abhängig von der injizierten Menge, im Bereich der *Cauda equina*, des *Conus medullaris* oder weiter *kranial* unterbrochen. Der Duralsack des Rückenmarks beim Hund beginnt sich vom 6. Lendenwirbel an zu verjüngen und reicht manchmal bis zur Mitte des Kreuzbeines. Er ist in Höhe des Spatium lumbosacrale bereits so eng, daß er bei der Punktion kaum angestochen werden kann.

Wirkungen. Die Epiduralanästhesie bedingt die Blockade der sensiblen Nervenfasern *(Analgesie)*, der motorischen Fasern *(Muskelrelaxation)* und der autonomen Nerven *(vegetative Blockade)*.

Abhängig von der Ausdehnung der Epiduralanästhesie, kommt es zum *Block der sympathischen Innervation* des *Splanchnikusgebietes* (letztes thorakale, erstes lumbale Segment). Die Vasodilatation im Bereich der Arteriolen bedingt die Versackung des Blutes im Splanchnikusgebiet. Der daraus resultierende Blutdruckabfall ist bei gesunden Hunden gering, die *Blutdruckregulation* ist jedoch durch die Lähmung der sympathischen Innervation der Blutgefäße der kaudalen Körperhälfte beeinträchtigt. Treten während der Operation Blutungen auf, ist das Tier nicht in der Lage durch Vasokonstriktion den aus der Hypovolämie resultierenden Blutdruckabfall zu kompensieren.

Die Epiduralanästhesie führt primär *nicht zu einer Beeinträchtigung der Atmung*. Bei Ausbreitung der Blockade bis in den Bereich der Thorakalsegmente bedingt die Lähmung der Interkostalmuskulatur eine geringgradige Ateminsuffizienz. Nur bei *extremer Überdosierung* bewirkt die weit nach kranial reichende Ausbreitung des Lokalanästhetikums eine Blockade der Zwerchfellinnervation durch Lähmung des Nervus phrenicus (C_{5-6}).

Technik der Epiduralanästhesie. Zur Epiduralanästhesie werden die sedierten Tiere in Brust-Bauch-Lage gebracht. Die Beine werden nach hinten gelagert oder von einem Helfer mit den Unterschenkeln senkrecht zum Tisch gehalten. Mit Daumen und Mittelfinger werden die Tuber sacrale (Spina iliaca dorsalis cranialis), mit dem Zeigefinger wird das *Spatium lumbosacrale* palpiert. An dieser Stelle werden die Haare entfernt, die Haut sorgfältig gereinigt und desinfiziert. Mit einer genügend langen Spinalnadel (50–100 mm, stumpf angeschliffen mit Mandrin) wird das Spatium lumbosacrale zwischen den Dornfortsätzen des siebenten Lendenwirbels und des ersten Kreuzwirbels punktiert. Die Kanüle wird senkrecht oder etwas nach kranial bis zum Durchdringen des Ligamentum flavum weitergeschoben. Nach Entfernung des Mandrins wird eine Glasspritze aufgesetzt und aspiriert. Strömt bei der Aspiration Blut oder Liquor ein, muß die Injektion unterbleiben.

Bei Verwendung einer Glasspritze bestätigt die *widerstandsfreie Injektion* den korrekten Sitz der Kanüle im Epiduralraum. Die Injektion des Anästhetikums soll sehr langsam und ohne Druckanwendung erfolgen. *Abnehmender Tonus* von Rute, Sphincter ani und Nachhandmuskulatur sowie *Sensibilitätsverlust* kündigen die erfolgreiche Epiduralanästhesie an. Der Ausfall des Patellarsehnenreflexes zeigt die epidurale Anästhesie sicher an. Fehlerhaft ausgeführte Epiduralanästhesien haben keine oder nur eine einseitige bzw. unvollständige Anästhesie zur Folge.

Wenn die Lagerung in Brust-Bauch-Lage nicht möglich ist, kann die Epiduralanästhesie auch in *Seitenlage* ausgeführt werden. Eine ungleichmäßige Verteilung des Lokalanästhetikums ist jedoch möglich.

Die *Ausbreitung des Anästhesie* ist vom injizierten Volumen abhängig (Tabelle 6.36.). Die *Dauer der Analgesie* wird dagegen durch den verwendeten Wirkstoff und dessen Konzentration bestimmt. Verwendet werden *Lidocain* in 1 bis 2%iger Lösung mit einer Wirkdauer bis zu einer Stunde und *Mepivacain* 2% für 1–2 Stunden dauernde Operationen. Mepivacain verursacht keine Vasodilatation, da es vasokonstriktorisch wirkt. *Bupivacain* in der Konzentration von 0,5% wirkt über 2 Stunden, die Muskelrelaxation ist unter Bupivacain geringer.

Der Zusatz eines *Vasokonstriktors* (Noradrenalin, Adrenalin) verstärkt bei einigen Lokalanästhetika die Intensität und Dauer der Blockade. Durch die geringere Resorptionsgeschwindigkeit wird die Toxizität der Lokalanästhetika vermindert. Verschiedene Autoren empfehlen die Applikation von Lokalanästhetika ohne Sperrkörperzusatz, um ischämischen Nervenschädigungen vorzubeugen.

Als *Kontraindikation* für Epiduralanästhesien gelten Patienten im Schock, Wirbelsäulenmißbildungen, -frakturen, Rückenmarkerkrankungen sowie septische Hauterkrankungen im Lumbalbereich.

Kokzygeale Epiduralanästhesie. Für verschiedene operative Eingriffe im Ruten-, Anal- oder Perinealbereich kann die sakrokokzygeale oder kokzygeale Epiduralanästhesie ausreichend sein. 1–3 ml eines Lokalanästhetikums werden in das Spatium zwischen dem 1. und 2. oder dem 2. und 3. Schwanzwirbel injiziert. Beim Auf- und Abbewegen der Rute können die Injektionsstellen mit dem Finger als Vertiefungen palpiert werden. Dort wird die Kanüle in der Medianlinie im spitzen Winkel in kranioventraler Richtung eingestochen und das Lokalanästhetikum injiziert. Vor jeder Injektion soll auch hier durch Aspiration geprüft werden, ob ein Blutgefäß angestochen wurde.

Epiduraler Dauerkatheter. Wiederholte Injektionen von *Bupivacain* oder *Morphin* über einen epiduralen Dauerkatheter ermöglichen eine Langzeit-Anästhesie und -*Analgesie* für langdauernde chirurgische Eingriffe kaudal des Rippenbogens sowie zur Behandlung chronischer und postoperativer bzw. posttraumatischer Schmerzzustände. Vor allem wegen hygienischer Probleme bei der Katheterpflege hat sich der Epiduralkatheter beim Hund in der Praxis jedoch nicht in dem Maße durchgesetzt wie in der Humananästhesie.

Nach Punktion des Epiduralraums mit einer Tuohy-Kanüle im Foramen lumbosakrale wird unter sterilen Kautelen ein Epiduralkatheter bis auf die Höhe des 4.–6. Lendenwirbels vorgeschoben. Das Katheterende wird schlingenförmig auf der geschorenen Haut fixiert. Die Verwendung von Bupivacain bewirkt eine Analgesie und Muskelrelaxation für mehr als 3 Stunden. Wegen der Lähmung der Hintergliedmaßen sollte Bupivacain nur zur intraoperativen Anästhesie verwendet werden.

Bereits 0,1 mg/kg KM epidural injiziertes *Morphin* (in 0,7 ml/10 cm Scheitel-Steiß-Länge isotoner Kochsalzlösung) setzen bei Hunden die Schmerzschwelle kaudal des Rippenbogens für mehr als 22 Stunden bis zur Analgesie herab, ohne die Hämodynamik und Atemfunktion wesentlich zu belasten, die Motorik bleibt erhalten. Die Kombination von Bupivacain und Morphin zur postoperativen Analgesie erscheint sinnvoll, da beide Substanzen sich in Wirkungseintritt, Dauer der Analgesie und Einfluß auf die Motorik ergänzen.

Tabelle 6.36. Dosierung der Lokalanästhetika für die Epiduralanästhesie

0,3–0,5 ml/10 cm Scheitel-Steiß-Länge	Lidocain 1%, 2%,
oder	Mepivacain 2%,
0,15–0,2 ml/kg KM	Bupivacain 0,5%
Maximal 6 ml/Hund	

6.6.5. Zwischenfälle bei der Lokalanästhesie

Lokalanästhetika beeinflussen in bestimmten Konzentrationen die Funktion aller erregbaren Gewebe. Nebenwirkungen treten hauptsächlich nach systemischer Verteilung der Lokalanästhetika auf. Vorausgehen kann die versehentliche intravaskuläre Injektion oder die Resorption großer Mengen von Lokalanästhetika aus dem Gewebe. Zwischenfälle durch Lokalanästhetika können vermieden werden, wenn kleine Mengen, geringe Konzentrationen und in indizierten Fällen ein Sperrkörperzusatz verwendet werden.

Klinisch relevant sind die Wirkungen der Lokalanästhetika auf das Zentralnervensystem, die Atmung und das Herz-Kreislauf-System. Zerebrale Reaktionen resultieren aus einem zu hohen Plasmaspiegel. Die dadurch verursachte Dämpfung kortikaler Zentren führt zur unkontrollierten Aktivität untergeordneter Zentren. Geprägt wird das Bild einer *Überdosierung* durch Unruhe, Muskelzittern, generalisierte Krämpfe, Koma und zentrale Atemlähmung.

Die *Behandlung* erfolgt symptomatisch bis ein Abbau der toxischen Stoffe im Organismus erreicht ist. Als wichtigste Maßnahme ist die *Aufrechterhaltung der Atmung* anzusehen. Die Krampfanfälle erhöhen den Sauerstoffbedarf des Gehirns, die Hypokapnie setzt die Krampfschwelle herauf. Beim Auftreten von Intoxikationserscheinungen muß der Patient unverzüglich intubiert und beatmet (Hyperventilation) werden.

Bei *Krämpfen* sollten Benzodiazepine eingesetzt werden, häufig reichen niedrige Dosierungen aus (0,1–0,5 mg/kg KM Diazepam). Kurzwirkende Barbiturate (bis 5 mg/kg KM) wirken ebenfalls antikonvulsiv, sie verstärken jedoch die hypnotischen und atemdepressiven Wirkungen der Lokalanästhetika. Auch der Einsatz von Sedativa und Muskelrelaxanzien kommt im Einzelfall in Betracht. Zentralwirkende Analeptika verschlimmern den Zustand. Bei *Lähmungserscheinungen* sind Narkotika kontraindiziert. Bei *Herzstillstand* muß eine kardiopulmonale Reanimation durchgeführt werden.

Lokalanästhetika wirken durch Beeinträchtigung der Myokardkontraktilität und der Erregungsleitung sowie durch Vasodilatation direkt *kreislaufdepressiv*. Ein indirekter Effekt auf den Kreislauf entsteht durch die zusätzliche Blockade autonomer Herz- und Gefäßnervenfasern. *Toxische Wirkungen* auf das Herz-Kreislauf-System können nur nach sehr hohen Lokalanästhetikadosen beobachtet werden.

Mögliche Folgen einer toxischen Wirkung auf das Herz-Kreislauf-System sind Blutdruckabfall, Sinusbradykardie, ventrikuläre Tachykardien, Schock, Kammerflimmern und Asystolie. Auch hier erfolgt die Therapie symptomatisch je nach Art und Grad der Störungen: Volumenzufuhr, Oxygenierung, Applikation von Vasopressoren oder inotropen Substanzen, bei ventrikulärer Tachykardie bzw. Kammerflimmern Defibrillation, bei Asystolie kardiopulmonale Reanimation.

Allergische Reaktionen können bei esterartigen Substanzen (Procain, Tetracain) auftreten, spielen in der Anästhesie des Hundes aber eine untergeordnete Rolle.

6.7. Patientenüberwachung

Narkosezwischenfälle können bei jeder Narkose auftreten, unabhängig vom Alter und Gesundheitszustand des Patienten, von der Anästhesiemethode und vom chirurgischen Eingriff. *Mangelhafte Überwachung gehört zu den häufigsten Ursachen tödlicher Narkosezwischenfälle.*

Das Spektrum der perioperativen Patientenüberwachung ist in der Veterinärmedizin sehr breit. Das Hauptinteresse während einer Operation gilt primär dem chirurgischen Vorgehen. Die Anästhesieüberwachung dagegen hat oft sekundären Charakter und erfolgt ohne jedes Hilfsmittel „nebenbei" durch den Chriurgen, da Anästhesist und Operateur häufig ein und dieselbe Person sind. In vielen Praxen wird die Patientenüberwachung von Helfern durchgeführt, nur selten von einem zweiten Tierarzt. Während an Kliniken in der Regel Anästhesisten und eine umfangreiche technische Ausstattung vorhanden sind, spielen in der Praxis bei der Anschaffung von Überwachungsgeräten finanzielle Gesichtspunkte öfter eine limitierende Rolle.

Der *Ausfall vitaler Funktionen* kündigt sich in der Regel vorher an. Der Zeitpunkt des Erkennens einer Notsituation beeinflußt entscheidend den Erfolg der Behandlung. Ziel der Überwachung ist deshalb eine frühzeitige Erkennung von Störungen des physiologischen Gleichgewichts des Körpers, um rechtzeitig therapeutisch eingreifen zu können. Die Überwachung umfaßt die Beobachtung, Messung und Registrierung veränderlicher Funktionen des Organismus mit den menschlichen Sinnen und mit speziellen Überwachungsgeräten. Sie muß systematisch erfolgen, die Ergebnisse müssen verläßlich sein, da sie die Grundlage therapeutischen Handelns sind.

Besonders sorgfältig sollte der Patient während der **Einleitung der Narkose** und der Vorbereitung zur Operation überwacht werden. Viele Narkosezwischenfälle treten gerade in dieser Phase auf, oft lenken Tätigkeiten wie Scheren und Lagern vom Zustand des Patienten ab. In der Einleitungsphase besteht durch die Wirkung der Anästhetika vor allem die Gefahr der Atemdepression mit daraus resultierender Hypoxie und/oder Hyperkapnie. Die Überwachung in dieser Phase erfolgt durch die palpatorische *Pulskontrolle*, die Beobachtung der *Schleimhautfarbe* und der *kapillären Rückfüllungszeit* sowie der *Atemtiefe* und *-frequenz*.

Die Schwerpunkte der **intraoperativen Patientenüberwachung** liegen beim *Zentralnervensystem*, der *Atmung*, dem *kardiovaskulären System*, der *Körpertemperatur* und der *Nierenfunktion*. Das *Ausmaß der Überwachung* sollte im Idealfall von dem Ergebnis der präanästhetischen Untersuchung sowie von Art und Dauer der Operation abhängen. Tierärzten sind oft Beschränkungen durch die personelle und apparative Ausstattung auferlegt. Durch kontinuierliche Überwachung mit einfachen Mitteln (Adspektion, Palpation, Auskultation) ist man jedoch in der Lage, die meisten Narkosekomplikationen rechtzeitig zu erfassen.

• **Narkosetiefe**
Die angestrebte **Narkosetiefe** ist abhängig von den Schmerzen, die durch den Eingriff verursacht werden. Die Beurteilung der Narkosetiefe erfolgt durch Kontrolle des *Lidreflexes*, der *Bulbusstellung* und des *Tonus der Kiefermuskulatur*. Sehr aussagekräftig sind Veränderungen der *Atemfrequenz* und des *Blutdrucks*, während die Herzfrequenz ein weniger verläßliches Kriterium ist. Die klassischen Narkosestadien nach GUEDEL gelten ausschließlich für die Äthernarkose ohne Prämedikation. Ihre Ausprägung ist bei den modernen Kombinationsnarkosen völlig unterschiedlich.

• **Atmung**
Da fast alle Anästhetika die Atmung deprimieren, kommt der **Überwachung der Atemfunktion** besondere Bedeutung zu. Sichergestellt werden muß, daß beide Funktionen der Atmung, die Sauerstoffaufnahme und die Kohlendioxidabgabe, den Anforderungen des Patienten entsprechen. Voraussetzung dafür ist ein adäquates Atemminutenvolumen.

Die Beobachtung der *Thoraxexkursionen* ermöglicht ebenso wie die Verwendung von *Atemmonitoren* ausschließlich die Bestimmung der *Atemfrequenz*. Die Qualität der Atemzüge ist jedoch nur in beschränktem Maße zu beurteilen. Die *Auskultation* ist vor allem mit dem Ösophagusstethoskop eine einfache Methode zur Bestimmung der Atemfrequenz und -geräusche. Die Messung des *Atemzug- und Atemminutenvolumens* erfolgt mit Hilfe von Volumetern oder Pneumotachographen.

Die Beurteilung der *Schleimhautfarbe* gibt Informationen über die Sauerstoffversorgung des Patienten und über die Funktion des peripheren Kreislaufs. Während der Narkose sind beim Hund vor allem die Backenschleimhaut bzw. die Gingiva und die Zunge zu beurteilen. Eine geringe Sauerstoffsättigung im arteriellen Blut zeigt sich durch eine *Zyanose* der Schleimhäute. Das Ausmaß des Sauerstoffmangels läßt sich mit dieser Methode jedoch nur sehr grob schätzen. Zum einen spielen Faktoren wie Farbe und Helligkeit des Umgebungslichts bei der Einschätzung der Schleimhautfarbe eine große Rolle. Zum anderen tritt Zyanose nur dann auf, wenn 5 g/dl Hämoglobin reduziert vorliegen. Beim anämischen Patienten sind auch bei katastrophaler Sauerstoffsättigung keine zyanotischen Schleimhäute zu beobachten. In jedem Fall soll die Beurteilung der Schleimhäute zum Minimalmonitoring gehören und in der perioperativen Phase regelmäßig durchgeführt werden.

Quantifizierbare Aussagen über den *Grad einer Atemdepression* können eine Blut- oder Atemgasanalyse geben, da nur die genaue Kenntnis des aktuellen Sauerstoff- und Kohlendioxidpartialdrucks Informationen darüber gibt, ob die Sauerstoffaufnahme und die Kohlendioxidabgabe den Bedürfnissen des Patienten entsprechen.

Arterielle Blutanalysen sind am aussagekräftigsten, sie erlauben die umfassende Beurteilung der Lungenfunktion. Beim Hund wird in der Regel die Arteria femoralis punktiert oder katheterisiert. Beschrieben wird auch die Punktion der Mittelfußarterie. Ersatzweise kann Kapillarblut aus dem Krallenbett für die Blutgasanalyse genutzt werden. Bei Entnahme von venösem Blut zur Blutgasanalyse ist die Punktion der ungestauten Vena jugularis der einer gestauten peripheren Vene vorzuziehen. Zur Beurteilung der Lungenfunktion sind venöse Blutproben nur beschränkt verwendbar.

Die **Kapnographie** ist die kontinuierliche Bestimmung der Kohlendioxidkonzentration bzw. des -partialdrucks in der Atemluft. Das *Meßprinzip* beruht auf der Absorption infraroten Lichtes durch Kohlendioxid. Die Messung kann im Hauptstrom- (Meßkopf direkt am Tubus) oder im Seitenstromverfahren erfolgen (Probengas gelangt über Tubuskonnektor und Probenschlauch zum Meßgerät).

Die endexspiratorische Kohlendioxidkonzentration ist abhängig von der im Körper produzierten Menge *(Metabolismus)*, vom Transport des Kohlendioxids zur Lunge *(Kreislauf)* und von der *Ventilation*. Die Überwachung der endexspiratorischen Kohlendioxidkonzentration ermöglicht es, Veränderungen im Bereich dieser Körperfunktionen aufzuzeigen. Die gemessene Konzentration sollte zwischen 4 und 5 Vol.-% liegen. Ein Anstieg über diesen Wert erfolgt, wenn das Atemminutenvolumen nicht ausreicht, um die zur Lunge transportierte Kohlendioxidmenge abzuatmen. Die Folge ist eine Anreicherung von Kohlendioxid im Blut und die daraus resultierende *respiratorische Azidose,* mit der Gefahr einer Beeinträchtigung der Herzmuskelfunktion, des Zentralnervensystems sowie der Bindung von Sauerstoff an Hämoglobin und Störungen des Elektrolythaushaltes.

Die Kontrolle der endexspiratorischen Kohlendioxidkonzentration hilft die Zahl der Blutgasanalysen zu reduzieren oder zu ersetzen. So kann die *Anpassung eines Beatmungsregimes* an die Anforderungen des Patienten in den meisten Fällen ausschließlich mit Hilfe der Kapnographie erfolgen. Die graphische Darstellung des Verlaufs der Kohlendioxidkonzentration in der Atemluft zeigt neben Atemfrequenz und -rhythmus auch Störungen im Bereich des Narkosesystems oder Beatmers (Undichtigkeit, Diskonnektion usw.).

Die kontinuierliche Überwachung der **inspiratorischen Sauerstoffkonzentration** soll bei Inhalationsnarkosen die Sauerstoffversorgung des Patienten sichern, da die Zusammensetzung des inspiratorischen Gasgemisches allein von der Funktion des Narkosegerätes und den Einstellungen des Anästhesisten abhängt. Sie vermeidet, daß durch Geräte- oder Anästhesiefehler die inspiratorische Sauerstoffkonzentration unter 21 Vol.-% sinkt.

Die **endexspiratorische Sauerstoffkonzentration** steht in direktem Zusammenhang mit dem alveolären und damit auch dem arteriellen Sauerstoffpartialdruck. Messungen dieser Konzentration können bei der Anästhesieüberwachung die Zahl der Blutgasanalysen vermindern. Die Bestimmung der exspiratorischen Sauerstoffkonzentration wird in zunehmendem Maße in modernen Überwachungskonzepten als sogenannter *Patientensauerstoff* angeboten.

Die Differenz zwischen in- und exspiratorischer Sauerstoffkonzentration, die **Sauerstoffausschöpfung der Atemluft**, zeigt eine ähnliche *Abhängigkeit von Metabolismus, Kreislauf und Ventilation* wie die endexspiratorische Kohlendioxidkonzentration. Sauerstoffausschöpfung und endexspiratorische Kohlendioxidkonzentration verhalten sich in der Regel ähnlich. Die Messung der Sauerstoffausschöpfung und die graphische Darstellung des Verlaufs gibt ebenso umfassende Informationen bei der Überwachung des Patienten wie die Kapnographie.

Seit einigen Jahren wird die **Pulsoxymetrie** auch in der Tiermedizin zur Überwachung der Atmungsfunktion genutzt. Die Pulsoxymetrie ist die kontinuierliche und nichtinvasive Bestimmung der arteriellen Sauerstoffsättigung des Hämoglobins durch spektrophotometrische Techniken.

Grundlage des *Meßprinzips* ist die unterschiedliche Lichtabsorption durch oxygeniertes und desoxygeniertes Hämoglobin bei verschiedenen Wellenlängen. Gewebe wird von Licht des roten (660 nm) und infraroten (880–940 nm) Spektralbereichs aus zwei lichtemittierenden Dioden (LED) durchstrahlt. Das transmittierte oder reflektierte Licht wird durch einen Photodetektor aufgenommen und durch den integrierten Mikroprozessor verrechnet. Nur der pulsierende Lichtanteil geht in die Berechnung ein, so daß die Sauerstoffsättigung im pulsierenden, also arteriellen Teil des Gewebebettes bestimmt werden kann.

Die lichtemittierenden Dioden und der Photodetektor sind Bestandteil des *Patientensensors*. In der Kleintieranästhesie sind vor allem Klipp- und Pädiatriesensoren verwendbar. Gute Ergebnisse werden bei Plazierung des Sensors an der Lefze oder der Zunge erzielt, weitere Plazierungsmöglichkeiten sind Ballen, Ohr oder Vulva.

Experimentell wurden gute Korrelationen zwischen der invasiv ermittelten arteriellen Sauerstoffsättigung des Hämoglobins und der Pulssättigung gefunden. Die Methode ist jedoch auf Verhältnisse beim Menschen adaptiert und besitzt gerade in der Veterinärmedizin einen hohen *Störindex* (Bewegungsartefakte, Sensorkonstruktion). So stört zum Beispiel die Behaarung nicht grundsätzlich die Messung, sondern verfälscht die Meßergebnisse durch den größeren Abstand zwischen Haut und Meßsensor und der resultierenden größeren

Streuung des Meßsignals. Die Verläßlichkeit der Messung ist deutlich höher bei Geräten die EKG-getriggert arbeiten.

Die Pulsoxymetrie ist derzeit die einzige nichtinvasive Methode zur kontinuierlichen Beurteilung der Sauerstoffversorgung im peripheren Gewebe. Voraussetzung für eine verläßliche Messung ist eine gewisse **Mindestdurchblutung**. Die Abnahme der peripheren Durchblutung durch Hypovolämie, Vasokonstriktion und Zentralisation beeinflußt die Signalqualität negativ. Zusätzlich zur Überwachung der Pulssättigung wird die Durchblutung am Meßort durch einen Leuchtdiodenstick dargestellt. Optimal sind Geräte die zur Kreislaufüberwachung zusätzlich die pulsplethysmographische Welle auf einem Monitor ausgeben.

Die Bedeutung der Pulsoxymetrie liegt in der frühzeitigen Erkennung perioperativ auftretender *Hypoxien*. Außerdem ist es möglich, die Effizienz einer Sauerstoff- oder Beatmungstherapie zu beurteilen. Die Pulsoxymetrie gehört deshalb in der Humanmedizin heute bei jeder Routineanästhesie zum Minimalmonitoring. Sie ermöglicht die Überwachung der Sauerstoffversorgung mit geringem Aufwand. Die Anwendung in der Veterinäranästhesie erscheint, trotz einiger Probleme, sehr vielversprechend.

• **Kreislauf**

Im Bereich der Herz-Kreislauf-Überwachung werden primär nichtinvasive Verfahren wie die *palpatorische Pulskontrolle*, die Bestimmung der *kapillären Rückfüllungszeit* und die *Auskultation des Herzens* genutzt. *Herzfrequenzmonitoren* oder *EKG-Geräte* stehen heute in vielen Praxen zur Verfügung.

Die **Pulspalpation** ist eine der ältesten, verläßlichsten und aussagekräftigsten Überwachungsmethoden. Beurteilt wird die Herzleistung anhand von Frequenz, Rhythmus und Füllungszustand der Arterie. Palpiert wird die Arteria femoralis oder in Narkose die Arteria lingualis.

Die **kapilläre Rückfüllungszeit** sollte beim gesunden Hund 1 bis 2 Sekunden nicht überschreiten. Im Schock oder bei ausgeprägter Exsikkose ist sie deutlich verzögert. Sie ist kein verläßliches Kriterium bei der Bestimmung des Todeszeitpunktes, da die kapilläre Rückfüllungszeit direkt post mortem wieder normal sein kann.

Zur **Auskultation** des Herzens während der Narkose ist die Verwendung eines Ösophagusstethoskops hilfreich. Es wird am anästhesierten Patienten im Ösophagus vorgeschoben, bis seine Spitze über der Herzbasis zu liegen kommt. Zusätzlich zur Herzaktion sind die Geräusche der Atmung hörbar. Die Auskultation mit dem Ösophagusstethoskop ist eine preiswerte, aussagekräftige und kontinuierliche Überwachungsmethode. Um eine zu starke Bindung des Anästhesisten an das Ösophagusstethoskop zu vermeiden, werden Stethoskope mit Verstärker angeboten, Herzaktion und Atemgeräusche können so über einen Lautsprecher abgehört werden.

Herzfrequenzmonitoren zeigen die einzelnen elektrischen Herzaktionen optisch und/oder akustisch an. Da die Anzeige eines QRS-Komplexes ausschließlich von der Höhe der Spannungsschwankungen abhängt, sind solche Geräte sehr störanfällig. So kann schon die Berührung einer ableitenden Elektrode ein Signal auslösen. Die Erfassung von Rhythmusstörungen ist damit sehr schwierig.

Informationen über die Art der Erregungsbildung und -ausbreitung am Herzen kann nur das auf einem Monitor oder Schreiber aufgezeichnete **Elektrokardiogramm** geben. Da für die Narkoseüberwachung die relativ störungsfreie Darstellung ausreichend großer Kammerkomplexe entscheidend ist, reicht eine bipolare Ableitung zwischen dem Manubrium sterni und einer Hinterextremität aus. Zur Ableitung werden Nadelelektroden oder Alligatorklemmen verwendet. Nadelelektroden haben den Vorteil der artefaktarmen, wenig traumatischen Anwendung. Zur Minderung des Hautwiderstandes müssen Alligatorklemmen während der Operation mit Alkohol oder Kontaktgel feucht gehalten werden.

Die **Pulsplethysmographie** ist ein einfaches, kontinuierliches Verfahren zur Überwachung des peripheren Blutflusses und bereichert die Möglichkeiten des nichtinvasiven Kreislaufmonitorings in der Veterinäranästhesie.

In der photoelektrischen Pulsplethysmographie wird die Absorption oder Reflexion *infraroten Lichtes* durch das pulsierende Gewebe bestimmt. Mit der Pulswelle ändert sich der periphere Gefäßdurchmesser und damit die Schichtdicke des durchstrahlten Gewebes sowie die Intensität des transmittierten oder reflektierten Lichtes. Der Verlauf der wechselnden Lichtintensität entspricht dem Spiegelbild der Pulskurve, die nach Umwandlung durch das Gerät auf dem Monitor dargestellt wird. Kernstück des Gerätes ist ähnlich wie bei der Pulsoxymetrie ein *Patientensensor* mit lichtemittierender Diode und Photodetektor.

Die Amplitude der Pulswelle zeigt Änderungen in der peripheren Zirkulation. Eine Vasokonstriktion (Hypovolämie, Zentralisation, Schmerz, Hypokapnie, Angst) bewirkt den Abfall der Amplitude. Die Vergrößerung der Amplitude läßt Vasodilatation (α-adrenolytische Phenothiazine, Hyperkapnie) erkennen.

Die plethysmographische Pulswelle zeigt Veränderungen des *pulsierenden Blutvolumens*, nicht jedoch Veränderungen des Blutdrucks. Die Pulsplethysmographie ist eine sinnvolle Methode zur Überwachung der perioperativen Therapie mit vasoaktiven Substanzen.

Die Überwachung der peripheren Durchblutung mit einem **Ultraschall-Doppler-Gerät** ist eine einfach anwendbare nichtinvasive Methode. Während unbewegtes Gewebe Ultraschallwellen in der Ausgangsfrequenz reflektiert, führt die Bewegung der Blutzellen zur Änderung der Ultraschallfrequenz (Doppler-Effekt). Die Differenz zwischen Ausgangsfrequenz und empfangener Frequenz wird über einen Verstärker hörbar gemacht, so daß Pulsaktionen als „zischende" Geräusche hörbar werden. Zur Patientenüberwachung wird ein kleiner Ultraschallkopf direkt über einer Arterie auf der geschorenen, mit Ultraschallkontaktgel versehenen Haut befestigt. Beim Hund sind die Arteria radialis, die dorsale Mittelfußarterie und Äste der Arteria saphena für die Überwachung mittels Ultraschall-Doppler-Gerät geeignet.

Der **arterielle Blutdruck** ist die treibende Kraft für die Durchblutung der Gewebe, er ist abhängig von der Auswurfleistung des Herzens und vom peripheren Gefäßwiderstand. Die **Blutdruckmessung** nimmt in der Humananästhesie eine Schlüsselstellung bei der Überwachung der Kreislauffunktion ein. Während beim Menschen indirekte, unblutige Methoden der Blutdruckmessung in einem weiten Druckbereich hinreichend genau sind, funktionieren viele dieser Methoden beim Tier nur unzureichend. Deshalb hat sich die routinemäßige Blutdrucküberwachung während der Narkose beim Hund nicht durchgesetzt. Nur mit einigen wenigen indirekten unblutigen Verfahren lassen sich hinreichend genaue systolische Blutdruckwerte ermitteln.

So kann mit *Ultraschall-Doppler-Geräten* durch die zusätzliche Verwendung einer Blutdruckmanschette mit Sphygmomanometer der systolische Blutdruck bestimmt werden. Vorteilhaft ist neben der einfachen Anwendung die relative Genauigkeit der Methode auch in niedrigen Druckbereichen.

Auch die unblutige Druckmessung mittels *oszillometrischer Technik* ergibt in der Regel hinreichend genaue systolische Blutdruckwerte. Der Blutdruck in der Diastole kann nicht oder nur mit Ungenauigkeit bestimmt werden. Die Meßgenauigkeit ist auch von der optimalen Manschettenbreite abhängig. Oszillometrische Blutdruckmeßgeräte messen automatisch in regelmäßigen Abständen oder auf Anforderung, so daß die manuelle Betätigung während der Narkose im Gegensatz zur Ultraschall-Doppler-Methode nicht notwendig ist.

Bei der **direkten arteriellen Blutdruckmessung** wird nach Punktion einer oberflächlichen Arterie (beim Hund die A. femoralis oder die dorsale Mittelfußarterie) die Verweilkanüle durch ein flüssigkeitsgefülltes Schlauchsystem mit der Meßvorrichtung verbunden. Dort wird die im Schlauch weitergeleitete arterielle Druckwelle in elektrische Signale umgewandelt. Systolischer und diastolischer Blutdruck werden gemessen und zusätzlich der Mitteldruck berechnet. Die direkte Blutdruckmessung spielt in der Routineanästhesie des Hundes wegen des apparativen, zeitlichen und personellen Aufwandes sowie der Problematik beim Katheterisieren von Arterien (Gefahr der Hämatombildung bei der Punktion der A. femoralis, Punktionsschwierigkeiten bei kleinen oder adipösen Hunden u.a.) keine Rolle. Die direkte Blutdruckmessung sollte jedoch auch beim Hund Teil einer anspruchsvolleren, erweiterten Überwachung für Risikopatienten und bei speziellen Operationen sein.

Der vor dem rechten Herzen gemessene **zentrale Venendruck** (ZVD) ist abhängig von der Menge des zirkulierenden Blutvolumens und von der Fähigkeit des Herzens, den venösen Rückstrom weiter zu pumpen. Er kann relativ einfach über einen Katheter in der V. jugularis externa gemessen werden. Die Spitze des Katheters sollte vor dem rechten Vorhof plaziert werden (Röntgenkontrolle). Nach dem Prinzip kommunizierender Röhren entspricht der Flüssigkeitsspiegel in einem mit dem Katheter verbundenen Schlauch dem Druck an der Katheterspitze vor dem rechten Herzen. Als Referenzpunkt für den Nullwert dient das Manubrium sterni.

Die physiologischen Werte liegen zwischen 2 und 4 cm Wassersäule. Bei exsikkotischen Patienten kann der ZVD unter minus 10 cm H_2O fallen. Die Aussagekraft der zentralvenösen Druckmessung liegt nicht in der einzelnen Messung, sondern in der *Verlaufskontrolle*. Mit wiederholten Messungen kann die Infusionsmenge und Infusionsrate den Bedürfnissen des Patienten angepaßt und eine Volumenüberladung auch bei großen Infusionsmengen sicher verhindert werden.

Die **Kapnographie** dient neben der Überwachung der Ventilation auch der Überwachung der Perfusion. Die exspiratorische Kohlendioxidkonzentration ist abhängig von der im Metabolismus gebildeten und der mit dem Kreislauf zur Lunge transportierten Menge Kohlendioxids sowie vom Atemminutenvolumen. Bei konstantem Atemminutenvolumen zeigt der Abfall der endexspiratorischen Kohlendioxidkonzentration eine Abnahme des Herzzeitvolumens.

Die Bestimmung des **Herzzeitvolumens** mit Thermodilutions- oder Farbstoffverdünnungsmethoden beschränkt sich auf spezielle Fragestellungen.

Die **Nierenfunktion** ist abhängig vom Blutdruck. Sinkt der arterielle Druck unter 60 mm Hg, ist die Nierenfunktion stark eingeschränkt, Oligurie und Anurie sind die Folge. Die Messung der Harnproduktion während der Narkose stellt beim Hund eine einfache Methode dar, um zu überprüfen, ob das Kreislaufsystem in der Lage ist, eine adäquate Nierenperfusion zu gewährleisten. Die normale Harnproduktion des Hundes beträgt 1–1,5 ml/kg KM pro Stunde.

- **Körpertemperatur**

Veränderungen der **Körpertemperatur** sind durch die Einwirkung von Narkose und Operation die Regel. Kleinere Hunde und vor allem Welpen sind wegen ihrer großen Oberfläche besonders von Auskühlung bedroht. Hinzu kommt die Wärmeabgabe über das Operationsgebiet – beispielsweise bei Laparotomien über die große Oberfläche des Darmkonvoluts. Auch in der perioperativen Phase kann durch Lagerung auf nichtisolierten Metalltischen und durch allzu großzügigen Umgang mit leicht verdunstenden und damit dem Körper Wärme entziehenden Flüssigkeiten (Desinfektionsmittel, Wasser) die Auskühlung unnötig gefördert werden. Temperaturen von 34 °C am Ende von Operationen sind keine Seltenheit und führen zur hämodynamisch relevanten Änderung der Blutviskosität.

Die Messung der Körpertemperatur erfolgt in der Regel im Rektum. Man sollte sich jedoch bewußt sein, daß die hier gemessenen Temperaturen abhängig von der Durchblutung der Schleimhaut, der Menge an isolierend wirkendem Kot und einer eventuell verabreichten Epiduralanästhesie sind und nicht der *Körperkerntemperatur* entsprechen. Diese ist nur mit Temperatursonden im unteren Ösophagus zu erfassen. Zur Überwachung der Körpertemperatur sind herkömmliche „Fieberthermometer" nicht geeignet; es ist notwendig, auch tiefe Temperaturen bis zu 33 °C messen zu können.

- **Anästhesieprotokoll**

Bei der Narkoseüberwachung sollte auch aus forensischen Gründen nicht auf das Führen eines **Anästhesieprotokolls** verzichtet werden. Nur so können der gesamte Narkoseverlauf beurteilt und nachvollzogen, Zwischenfälle analysiert und Fehler erkannt werden. Anästhesieprotokolle sollten die Ergebnisse der präanästhetischen Untersuchung, Art, Dosierung und Zeitpunkt der verabreichten Medikamente enthalten. Die Werte der überwachten Parameter können in zehn- bis fünfzehnminütigem Abstand notiert werden. Besonderheiten oder Zwischenfälle während der Narkose sowie die Ergebnisse der abschließenden Untersuchung sollten vermerkt werden.

6.8. Narkosezwischenfälle und Reanimation

In vielen Fällen ist die Anästhesie für den Patienten gefährlicher als die Operation. Jede Narkose ist mit einem Risiko verbunden. Auch ohne menschliche Fehler oder fehlerhafte Ausrüstung kommt es zu Todesfällen in der perioperativen Phase.

6.8.1. Narkosezwischenfälle und -komplikationen

Narkosezwischenfälle gehören zu den wichtigsten Ursachen von primär anästhesiebedingten Todesfällen. Neben den zum Tode des Patienten führenden Narkosezwischenfällen müssen **kritische Narkoseereignisse** und leichtere **Narkosekomplikationen** unterschieden werden.

Funktionsstörungen der Geräte spielen neben *Fehlern des Personals* eine wichtige Rolle. Einige Faktoren begünstigen zusätzlich das Auftreten von Narkosezwischenfällen. Die *mangelnde Überprüfung des Narkosezubehörs*, *Unaufmerksamkeit*, *Nachlässigkeit*, *Eile* und *Hektik* fördern kritische Situationen während der Narkose. Entscheidend ist die *Erfahrung* des Tierarztes mit der Anästhesie allgemein sowie mit der speziellen Notsituation. Sie beeinflußt eine schnelle zielgerichtete Reaktion und damit die Folgen der Störung für den Patienten.

Fehler und Versäumnisse in der präoperativen Phase können prädisponierend für Komplikationen oder Zwischenfälle während der Narkose sein. Gerade bei Notfallpatienten werden bei der präoperativen Untersuchung wichtige Befunde nicht wahrgenommen. So wird bei Ileuspatienten die vorliegende Exsikkose oft ebenso unterschätzt, wie die metabolischen Entgleisungen bei Patienten mit Pyometra. Oft müssen Patienten erst durch Volumenersatz und Korrektur metabolischer Entgleisungen in einen operations- bzw. narkosefähigen Zustand gebracht werden.

Narkosekomplikationen können im gesamten perioperativen Zeitraum auftreten, für die einzelnen Phasen sind jeweils bestimmte Vorkommnisse typisch:

Narkoseeinleitung. Die versehentliche *intraarterielle Injektion* spielt beim Hund keine Rolle. Die zur intravenösen Injektion genutzten Venen liegen oberflächlich, Arterien sind in der Nähe nicht zu punktieren.

Gefahr droht bei einer *paravenösen Injektion* vor allem durch Barbiturate. Der hohe pH-Wert (etwa 11) führt zur starken Gewebereizung, Folge kann eine ausgeprägte Thrombophlebitis sein. Wurde paravenös injiziert, wird durch Injektion von isotoner Kochsalzlösung durch die belassene Kanüle das applizierte Medikament verdünnt. Hyaluronidase kann zur Förderung der Resorption eingesetzt werden.

Während der Narkoseeinleitung kann es ebenso wie in der Aufwachphase zu *Exzitationen* kommen. Bei Einleitung der Narkose ist die Ursache häufig eine Unterdosierung. Um Exzitationen zu durchbrechen, sollte zunächst versucht werden, die Narkose zu vertiefen. Exzitationen entstehen auch durch individuelle Reaktionen auf bestimmte Medikamente. Bei der Vertiefung der Narkose wird dann auf ein anderes Präparat zurückgegriffen. Wegen ihrer sedativ/hypnotischen und muskelrelaxierenden Wirkung sind Benzodiazepine, Barbiturate und Propofol gut geeignet.

Kommt es nach der Einleitung der Narkose zur *Aspiration*, verbringt man den Patienten sofort in Kopf-tief-Lagerung und entfernt den aspirierten Mageninhalt durch Absaugen. Kleine Hunde können an den Hinterbeinen gehalten und durch Kompression des Thorax eine Art „Abhusten" erreicht werden. 5–10 mg/kg KM Prednisolon und ein wasserlösliches Antibiotikum (z.B. Ampicillin 30–50 mg/kg KM über 3 Tage) sollten intravenös verabreicht werden. *Notfall-, Ileuspatienten und Patienten mit Ösophagusdilatation oder -fremdkörper sind nie nüchtern!* Bei ihnen besteht eine besonders große Gefahr der Aspiration, sie sollten deshalb nach Möglichkeit intubiert werden.

Ist die **Intubation** nur schwer möglich, müssen Größe des Tubus, Narkosetiefe und anatomische Verhältnisse überprüft werden. In Notfallsituationen kann eine „par force"-Intubation notwendig werden, um das Leben des Patienten zu retten. Wenn keine Intubation möglich ist, muß bei Bedarf eine Tracheotomie durchgeführt werden. Dies ist jedoch nur in Ausnahmefällen notwendig. *Intubationsverletzungen* kommen selten vor.

Zur Vermeidung einer *ösophagealen* oder *endobronchialen Intubation* muß der Sitz des Tubus sofort nach der Intubation überprüft werden. Bei Verdacht auf Fehlintubation entfernt man den Tubus und intubiert neu.

Ein *abgeknickter* oder *verlegter Tubus* kann sich durch forcierte Atembewegungen des Patienten bemerkbar machen. Um der Abknickung vorzubeugen, sollte bei bestimmten Operationen ein Tubus mit integrierter Metallspirale verwendet werden. Ist der Tubus durch Schleim o.ä. verlegt (Rasselgeräusche bei der Atmung oder Beatmung), muß mit einem dünnen Katheter abgesaugt werden.

Zu *stark geblockte Tubusmanschetten* können zu Nekrosen der Trachealschleimhaut führen. Möglich sind auch sogenannte Ballonhernien, die das Tubuslumen stark einengen. Die Tubusmanschette sollte prinzipiell nur so gefüllt werden, daß sie der Trachea dicht anliegt und keine Nebenluft entweichen kann.

Komplikationen bei der **Inhalationsnarkose** beruhen oft auf technischen Fehlern. Leere Sauerstoffflaschen, falsch eingestellter Frischgasfluß, zu niedrige Sauerstoffkonzentration im Frischgas sowie Undichtigkeiten im Narkosesystem können Ursachen für *die Sauerstoffminderversorgung* des Patienten sein. *Erwacht der Patient*, ist häufig der Verdampfer leer oder eine Leckage im System. Bei *Rückatmung von Kohlendioxid* muß der Kohlendioxidabsorber ebenso kontrolliert werden wie die Funktion der Richtungsventile. Fehlende oder defekte Ventilplättchen können die Ursache sein. Wird der Reservoirbeutel am Narkosegerät prall und der *Druck im System* steigt, ist das Überdruckventil falsch eingestellt.

Tritt eine **Tachykardie** auf, muß die Ursache abgeklärt werden, erst dann kann gezielt therapiert werden. Zu *flache Narkose* führt beim Erwachen des Patienten oder bei Schmerzreizen ebenso zur Tachykardie, wie zu *tiefe Narkose*. Inhalationsanästhetika wirken kreislaufdepressiv, bei *Überdosierung* versucht der Körper den entstehenden Blutdruckabfall durch Steigerung der Herzfrequenz zu kompensieren. Ähnlich ist der Mechanismus einer durch *Hypovolämie* ausgelösten Tachykardie. Schließlich können auch eine *Hypoxie* und eine *Hyperkapnie* zu einer erhöhten Herzfrequenz führen.

Bei **Blutdruckabfall** sollte überprüft werden, ob eine *Anästhetikaüberdosierung* vorliegt. So wird manchmal vergessen, nach der Vertiefung der Narkose die inspiratorische Halothankonzentration wieder zu reduzieren. Auch eine *Hypovolämie* kann die Ursache eines Blutdruckabfalls sein. Durch Infusion und/oder Transfusion muß das zirkulierende Blutvolumen aufgefüllt werden. Vasoaktive Substanzen sollten nur unter Blutdruckkontrolle verwendet werden.

Bradykardie kann vagal bedingt sein. Bei einer Frequenz unter 50 min^{-1} oder bei *Überleitungsstörungen* (AV-Block I.–III. Grades) sollten 0,02 bis 0,05 mg/kg KM Atropin appliziert werden. Häufig treten bei stark **unterkühlten Patienten** atropinresistente Bradykardien oder **Überleitungsstörungen** auf.

Kommen im EKG einzelne **ventrikuläre Extrasystolen** vor, sind diese nicht therapiebedürftig. Treten diese Rhythmusstörungen jedoch in Salven auf, sollten 1–2 mg/kg KM Lidocain (ohne Sperrkörper) intravenös verabreicht werden. Bei wiederholtem Auftreten kann Lidocain als Dauertropfinfusion appliziert werden.

Bei **Injektionsanästhesien** können neben der paravenösen Injektion auch *Verwechslungen von Medikamenten* und *absolute* (absolute zu hohe Dosis) bzw. *relative Überdosierungen* (für diesen Patienten zu hohe Dosis) vorkommen. In solchen Fällen muß versucht werden, die Herz-Kreislauf- und Atmungsfunktion des Tieres stabil zu halten. Viele Anästhetika wirken stark atemdepressiv, die Beatmung bis zum Abklingen der Medikamentenwirkung kann notwendig werden. Bei antagonisierbaren Medikamenten sollte wenn möglich das Antidot verabreicht werden. Viele Antagonisten wirken jedoch kürzer als die entsprechenden Anästhetika und eine wiederholte Gabe kann notwendig sein.

In der **Aufwachphase** ist neben Exzitationen, Aspiration, Kreislauf- und Atemdepression die *Hypothermie* bedeutend. Je nach durchgeführtem Eingriff (Laparotomie, Thorakotomie, Zweihöhleneingriff), Körperoberfläche (gefährdet sind vor allem kleine Patienten) und Medikation (Acepromazin) können Temperaturen auch unter 34 °C gemessen werden. Gerade bei Patienten, die sehr langsam erwachen, sollte an eine Hypothermie gedacht werden.

6.8.2. Kardiopulmonale Reanimation

Der Erfolg einer Wiederbelebung wird entscheidend von der Schnelligkeit des therapeutischen Eingreifens bestimmt. Jeder Tierarzt sollte mit dem Ablauf einer kardiopulmonalen Reanimation vertraut sein und diese in der Praxis regelmäßig „trainieren".

Geschichte der Reanimation. Vorbild für Methoden und Technik der Wiederbelebung beim Kleintier ist die kardiopulmonale Reanimation beim Menschen. Obwohl einzelne Techniken der Wiederbelebung schon auf vorchristliche Zeiten zurückgehen, hat sich die heute praktizierte Form erst vor etwa 30 Jahren in der Humanmedizin entwickelt.

Bereits im TALMUD wird das *Freihalten der Atemwege* mit einem Schilfrohr beim Lamm beschrieben. Aufgegriffen wurde diese Idee erst in der Renaissance. Ein Meilenstein setzte im Jahre 1871 TRENDELENBURG mit der Entwicklung eines Tracheostomie-Tubus mit aufblasbarer Manschette. Der orotracheale Tubus mit Manschette wurde von EISENMENGER 1893 beschrieben. JACKSON entwickelte 1934 ein Laryngoskop zur Vereinfachung der endotrachealen Intubation.

Auch Techniken zur *Beatmung* wurden schon früh beschrieben. Im ALTEN TESTAMENT wird eine erfolgreiche Mund-zu-Mund-Beatmung durch den Propheten Elias im Jahre 850 v.Chr. geschildert. Im 17.–19. Jahrhundert wurde eine Vielfalt von manuellen Methoden der Thoraxkompression zur Beatmung Ertrunkener entwickelt. Moderne Techniken der Mund-zu-Mund-Beatmung basieren auf 1954 bzw. 1958 veröffentlichten Untersuchungen der Arbeitsgruppen um ELAM und SAFAR.

Im 2. Jahrhundert zeigte GALEN, daß die Lungen eines toten Tieres mit einem Blasebalg zu belüften waren. HOOKE beatmete 1667 einen Hund über eine Stunde erfolgreich mit einem Blasebalg. Erst 1957 wurde die manuelle Beatmung durch Einführung des selbstexpandierenden Beatmungsbeutels mit Einwegventilen durch RUBEN wesentlich erleichtert. Ausgehend von der im

Jahre 1838 von DALZIEL beschriebenen „Eisernen Lunge", ermöglichte die Entwicklung von Ventilatoren eine Sicherung der Atemfunktionen auch über längere Zeit.

Die Geschichte der *Herzmassage* ist ungleich kürzer. Die erste erfolgreiche direkte Herzmassage wird dem 17. Jahrhundert zugeschrieben. Anfang des 20. Jahrhundert häuften sich die Berichte über erfolgreiche direkte Herzmassagen bei Patienten. Lange Zeit blieb die offene Herzmassage Methode der Wahl.

Eine der ersten erfolgreichen externen Herzmassagen wurde von BALASSA im Jahre 1858 geschildert. Anfang des 20. Jahrhunderts begann die Entwicklung von mechanischen Kompressoren zur indirekten Herzmassage. Doch erst 1960 wurde die geschlossene externe Thoraxmassage durch KOUWENHOVEN, JUDE und KNICKERBOCKER wieder in die Klinik eingeführt. Die „moderne Reanimation" war entstanden.

Eine ausführliche Darstellung der *Geschichte der Reanimation* gibt PLANTA (1992). Obwohl erst 1960 das heute noch gültige Reanimationskonzept in der Humanmedizin eingeführt wurde, beschrieben schon 1961 WESTHUES und FRITSCH ein entsprechendes Vorgehen für Wiederbelebungsversuche beim Tier.

Folge eines Herzstillstandes ist das Sistieren der peripheren Sauerstoffversorgung. Der Körper kann die fehlende zelluläre Sauerstoffversorgung zunächst kompensieren. Der noch im Blut vorhandene Sauerstoff wird ausgeschöpft und damit die Organfunktion aufrechterhalten. Dieses *freie Intervall* ist relativ kurz und beträgt beim Gehirn nur 10 Sekunden. Danach steht den Zellen kein Sauerstoff für die Deckung ihres Energiebedarfs zur Verfügung. Die *anaerobe Glykolyse* stellt für begrenzte Zeit den Ausweg aus dieser Situation dar. Mit der bei der Glykolyse gebildeten Energie kann die Zellstruktur zunächst erhalten werden, die Funktion der Organe wird jedoch eingeschränkt. So folgt *10 Sekunden nach einem Herzstillstand die Bewußtlosigkeit* des Patienten als Zeichen einer Funktionseinschränkung des ZNS.

Die Funktion der Organe kann jedoch in einem gewissen Zeitraum wieder hergestellt werden, ohne daß irreversibel Schäden eintreten *(Wiederbelebungszeit)*. Die Wiederbelebungszeit ist für die einzelnen Organe sehr unterschiedlich lang, sie hängt vom Sauerstoffbedarf, der Durchblutung und Vorschädigung des Organs sowie von der Körpertemperatur, dem Alter und der Stoffwechselintensität ab. Für das Gehirn stehen nur 4–6 Minuten zur Verfügung.

Kann innerhalb der Wiederbelebungszeit der Patient erfolgreich reanimiert werden, nehmen die Organe ihre volle Funktion nach einer Erholungszeit wieder auf. Die Dauer der *Erholungszeit* steigt proportional mit der Dauer der Hypoxie. Ist eine Reanimation innerhalb der Wiederbelebungszeit jedoch nicht möglich, treten irreversible morphologische Zellschädigungen auf. Diese zellulären Schäden sind die Ursache für Spätfolgen wie neurologische Ausfälle, irreversibles Koma oder Hirntod.

Die Wiederbelebung kann nur dann Erfolg haben, wenn sofort gehandelt wird. Je früher die primär lebenserhaltenden Maßnahmen einsetzen, um so größer ist die Überlebensrate. Der Beginn von Wiederbelebungsmaßnahmen innerhalb der Wiederbelebungszeit ist die Voraussetzung zur vollständigen Wiederherstellung des Patienten. Wird dieser Zeitraum überschritten, bedeutet dies beim Tier in der Regel den Tod des Patienten.

6.8.2.1. Basisuntersuchung

Vor Beginn der Reanimationsmaßnahmen muß man nach einer knappen Basisuntersuchung und ohne großen diagnostischen Aufwand den Zustand des Patienten einschätzen (Tabelle 6.37.).

In der Tiermedizin erfolgen die meisten Wiederbelebungsversuche bei Patienten in Narkose. Die Beurteilung der *Bewußtseinslage* ist deshalb nicht oder nur begrenzt möglich und aussagekräftig. Die orientierende Untersuchung der Reflexe am Auge kann Hinweis auf den neurologischen Zustand des Patienten geben. Tiefe Bewußtlosigkeit oder Narkose ist gekennzeichnet durch den Ausfall des Lidreflexes und des Kornealreflexes. Weite, lichtstarre Pupillen können Ausdruck einer schlechten zerebralen Sauerstoffversorgung sein. Während der Reanimation zeigt sich die Besserung der Sauerstoffversorgung des Gehirns an der kleiner werdenden Pupille und am Wiedereinsetzen der Pupillen-Licht-Reaktion.

Tabelle 6.37. Basisuntersuchung bei kardiopulmaler Reanimation

– Atmung
– Puls
– Schleimhautfarbe
– Kapilläre Rückfüllungszeit
– Bewußtseinslage
– Lidschlußreflex
– Kornealreflex
– Pupillengröße
– Pupillen-Licht-Reaktion

Bei der **Basisuntersuchung** ist die Beurteilung der *Atem- und Herz-Kreislauf-Funktion* entscheidend. Da unnötige Wiederbelebungsversuche dem Patienten schaden, muß der Herz-Kreislauf-Stillstand vor Beginn der Reanimation zweifelsfrei festgestellt sein. *Pulslosigkeit* kann durch Palpation der Arteria femoralis sowie beim bewußtlosen oder narkotisierten Patienten auch an der Arteria lingualis diagnostiziert werden. Ist die Palpation des peripheren Pulses problematisch, kann die Palpation des Herzspitzenstoßes Informationen über die Herzaktion geben. Auch bei der Untersuchung des Herz-Kreislauf-Systems ist die Beurteilung der Schleimhautfarbe obligat und wird durch die Bestimmung der kapillären Rückfüllungszeit ergänzt.

Wird im Rahmen der Narkoseüberwachung ein *EKG* aufgezeichnet, ist dies ein zuverlässiges Verfahren zur Diagnose von Rhythmusstörungen oder eines Herzstillstands. Ausgeschlossen werden müssen jedoch technische Fehler. Lockere Elektroden, zu geringe Verstärkung oder nicht ausreichender Kontakt können Asystolie oder Extrasystolie vortäuschen.

Ein *Atemstillstand* kann durch Beobachtung der Thoraxexkursionen oder Auskultation diagnostiziert werden. Die Schleimhautfarbe sollte stets überprüft werden, um Auftreten und Grad einer Zyanose zu beurteilen.

Auch während der kardiopulmonalen Reanimation muß die Basisuntersuchung regelmäßig wiederholt werden, um den Therapieerfolg beurteilen zu können. Um den Patienten jedoch nicht zu gefährden, dürfen die Wiederbelebungsmaßnahmen nur wenige Sekunden unterbrochen werden.

6.8.2.2. Technik der kardiopulmonalen Reanimation

Die *Reanimationstechnik* und der *Zeitfaktor* sind für den Erfolg einer kardiopulmonalen Reanimation entscheidend. Damit die Wiederbelebung im Ernstfall korrekt und zügig durchgeführt werden kann, sollte sie einem Schema folgen. Alle beteiligten Personen müssen den Ablauf der Reanimation und ihre speziellen Aufgaben genau kennen. Gute Erfolge sind nur mit einem gut eingespielten Team möglich, „Ein-Mann-Reanimationen" sind meist zum Scheitern verurteilt.

Die kardiopulmonale Reanimation gliedert sich in verschiedene Abschnitte:

1. **lebensrettende Sofortmaßnahmen**,
2. **weiterführende Maßnahmen** und
3. **Intensivtherapie** nach erfolgreicher Reanimation.

Häufig ist schon das Basisprogramm ausreichend für einen Reanimationserfolg: Freimachen und Sichern der **A**temwege, **B**eatmung, Herzmassage (**C**ompression) (Tabelle 6.38.).

• **Atemwege**

Zunächst müssen die Atemwege kontrolliert und freigemacht werden. Ist bei der Adspektion von Mund- und Pharynxbereich Fremdmaterial, Erbrochenes oder Sekret sichtbar, wird die Atemwegsobstruktion durch Austupfen, Absaugen oder mit Hilfe einer Klemme bzw. Fremdkörperzange entfernt. Um freie Atemwege und eine adäquate Ventilation zu gewährleisten, ist die endotracheale Intubation notwendig. Die Beatmung über Masken ist bei Hund und Katze wegen deren schlechter Paßform stets insuffizient.

Da Patienten schon kurz nach einem Atemstillstand durch die zerebrale Hypoxie bewußtlos werden, ist die Intubation in der Regel mit Hilfe eines Laryngoskops ohne Probleme möglich. Gelingt die orotracheale Intubation nicht, muß möglichst bald eine Tracheotomie durchgeführt werden.

• **Beatmung**

Die Beatmung von Hunden kann vor der Intubation für kurze Zeit von Mund-zu-Nase erfolgen. Nur die Intubation stellt jedoch sicher, daß die

Tabelle 6.38. Primäre lebensrettende Sofortmaßnahmen (ABC)

Apnoe:
  Atemwege freimachen
    ⇒ endotracheale Intubation
  Beatmung
    ⇒ Mund-zu-Tubus, Beutel-zu-Tubus, Narkosegerät möglichst 100 Vol.-% Sauerstoff

Pulslosigkeit:
  Herzmassage (**C**ompression)
    ⇒ Präkordialer Schlag (1. Minute, einmal!)
    ⇒ **Externe Herzmassage:**
      – Patient in Seiten- oder Rückenlage
      – Kompressionsfrequenz 60–100 min^{-1}
      – Kompressionszeit = Relaxationszeit
      – Nur kurzzeitig unterbrechen!
    ⇒ Interne Herzmassage
Basisuntersuchung wiederholen!

eingeblasene Luft in die Lunge gelangt und nicht in den Ösophagus, wie es häufig für die Mund-zu-Mund- oder Mund-zu-Nase-Beatmung beim Menschen beschrieben wird. Nach der Intubation kann die Beatmung im einfachsten Falle Mund-zu-Tubus erfolgen. Da die sauerstoffarme Ausatemluft des Helfers zur Beatmung genutzt wird, beträgt die inspiratorische Sauerstoffkonzentration jedoch nur etwa 16 Vol.-%. Der in der Lunge erreichte Sauerstoffpartialdruck kann somit höchstens 80 mm Hg erreichen.

Eine einfache und wirkungsvolle Methode ist die Beatmung mit einem selbst füllenden Beatmungsbeutel mit Nichtrückatmungsventil (Ruben-Beutel, Ambu®-Bag). Der geübte Anwender kann mit einem solchen Beatmungsbeutel Patienten mit sehr unterschiedlichen Atemzugvolumina (Yorkshire-Terrier bis Dogge) adäquat beatmen. Bei kleinen Patienten muß jedoch auf den Beatmungsdruck geachtet werden, da viele Beatmungsbeutel keine Druckbegrenzung besitzen. Seit einigen Jahren werden auch Handbeatmungsbeutel mit Überdruckventil angeboten.

Der Atembeutel soll vorsichtig komprimiert und dann abrupt freigegeben werden, damit die Ausatemluft entweichen kann. An die meisten Beutel kann eine Sauerstoffquelle angeschlossen werden, so daß die Beatmung mit erhöhter inspiratorischer Sauerstoffkonzentration möglich ist. Um inspiratorische Sauerstoffkonzentrationen nahe 100 Vol.-% zu erreichen, muß der Sauerstoffluß mindestens dem Atemminutenvolumen entsprechen.

Bei der manuellen Beatmung über ein Narkosekreissystem verhindert das ins Kreissystem integrierte Überdruckventil zu hohe Beatmungsdrücke. Im Normalfall sollten 20 cm H_2O nicht überschritten werden. Im Einzelfall kann jedoch ein Beatmungsdruck von 40 cm H_2O notwendig werden.

Respiratoren werden während der Reanimation nur vereinzelt eingesetzt, weil eine individuelle Anpassung an die wechselnden Patientenverhältnisse nur begrenzt möglich ist. Die Erhöhung des intrathorakalen Druckes bei der externen Herzmassage kann zu einer Funktionsstörung der Beatmungsgeräte führen. Der Respirationszyklus wird durch die Drucksteigerung bei Kompression des Brustkorbs frühzeitig abgebrochen.

Die Aufgabe der Beatmung ist die Sicherung der Sauerstoffversorgung der Zelle und der Abgabe des dort produzierten Kohlendioxids. Als Richtwert dient ein Atemminutenvolumen von 150 ml pro kg KM. Etwa nach 5 Thoraxkompressionen sollte ein Beatmungshub erfolgen. Reanimiert ein Helfer allein, sollte die Herzmassage nach ca. 15 Kompressionen für 2 langsame Beatmungshübe unterbrochen werden.

• **Herzmassage**

Um den Patienten nicht zu gefährden, darf eine Herzmassage nur durchgeführt werden, wenn kein Puls vorhanden ist. *Die Kontrolle des Pulses vor Beginn der Herzmassage ist obligat.*

Unmittelbar nach Eintritt des Herz-Kreislauf-Stillstands kann die kardiopulmonale Reanimation durch einen **präkordialen Faustschlag** eingeleitet werden. Dieser sollte jedoch nur innerhalb der ersten Minuten nach Beginn des Herzstillstands und nur einmal angewendet werden. Tritt danach keine spontane Herzaktion auf, muß sofort mit der externen Herzmassage begonnen werden.

Die Technik der externen Herzmassage variiert mit der Größe des Tieres. Bei *sehr kleinen Hunden* wird der Thorax von ventral mit der Hand umschlossen und mit Daumen (linke Thoraxseite) und den restlichen Fingern (rechte Thoraxseite) komprimiert. *Mittelgroße* und *große Hunde* werden auf einem harten Untergrund in Seitenlage verbracht. Wenn möglich, sollten die Tiere auf der rechten Seite liegen. Externe Herzmassagen in Rückenlage des Patienten sind zum Scheitern verurteilt.

Die Kompression erfolgt lateral auf der Brustwand im Bereich der 4.–6. Rippe. Die Technik der Herzmassage entspricht beim Hund etwa der beim Menschen. Die Kompressionsbewegungen erfolgen mit gestreckten Armen aus dem Hüftgelenk des Helfers heraus. Nach jeder Kompression wird die Thoraxwand vollständig entlastet. Die Zeit für Kompression und Relaxation sollte gleich lang sein. Die Effektivität der Herzmassage muß durch Palpation des peripheren Pulses kontrolliert werden.

Die Effektivität der externen Herzmassage ist relativ gering. Bei **interner Herzmassage** sind zerebraler und koronarer Perfusionsdruck und Blutfluß höher. Trotzdem ist wegen der einfachen Durchführbarkeit der externen Herzmassage auch von nicht-ärztlichem Personal, dem verzögerungsfreien Beginn und der geringen Verletzungsgefahr die interne Herzmassage auch in der Humanmedizin weitgehend durch die externe abgelöst worden. Die Thorakotomie mit anschließender

Tabelle 6.39. Erweiterte lebensrettende Sofortmaßnahmen

Medikamente und Infusionen (**D**rogen):
Asystolie
⇒ Adrenalin 0,005–0,01 (–0,2) mg/kg KM intravenös oder endotracheal
Volumenersatz
40–60 ml/kg KM i. v.
**Ventrikuläre Extrasystolen,
Kammerflimmern, -tachykardie**
⇒ Lidocain 1–2 mg/kg KM i. v./e. t.
Bradykardie + Hypotension
⇒ Atropin bis 0,05 mg/kg KM i. v./e. t.
Metabolische Azidose
⇒ Natriumhydrogencarbonat bis 1mmol/kg KM i. v.
EKG
  Asystolie
  Kammerflimmern
  Elektromechanische Entkopplung
Flimmern
⇒ Elektrische Defibrillation
Basisuntersuchung wiederholen – Intensivtherapie!

interner Herzmassage wird von einigen Autoren in der Tiermedizin schon nach 2–5 Minuten erfolgloser externer Massage empfohlen.

Die interne Herzmassage ist jedoch nicht unproblematisch. So benötigt sie einige Vorbereitungen und ist damit an einen gewissen Personalstand gebunden. Tritt ein Herzstillstand während eines thorakalen oder abdominellen Eingriffs auf, ist die interne Herzmassage sicher die effektivste Methode zur Aufrechterhaltung der Zirkulation. Bei einem abdominellen Eingriff verschafft ein Schnitt durch das Zwerchfell innerhalb weniger Sekunden Zugang zum Herzen.

• **Medikamente**
Die Verabreichung von Medikamenten gehört zu den *weiterführenden Therapiemaßnahmen*. Wiederbelebung nur mit der Spritze ist nicht möglich. Medikamente sollten während einer Reanimation stets intravenös appliziert werden, nie subkutan oder intramuskulär. Subkutan oder intramuskulär verabreichte Substanzen werden bei Kreislaufzentralisation nicht resorbiert und kommen zunächst nicht zur Wirkung. Bei einer Besserung der Kreislaufsituation werden die Depots jedoch resorbiert und können gerade nach wiederholter Applikation zu toxischen Blutspiegeln führen.

Besteht kein venöser Zugang, lassen sich einige Substanzen (Adrenalin, Atropin) auch endotracheal verabreichen. Die große Oberfläche der Lunge garantiert eine ausreichende Resorption. Einige Autoren empfehlen dabei die doppelte Dosis im Vergleich zur intravenösen Applikation. Die „blinde" intrakardiale Injektion wird heute weitgehend abgelehnt, sie bleibt nach Ausschöpfung aller anderen Maßnahmen als letzte Möglichkeit. Wird jedoch eine interne Herzmassage durchgeführt, kann unter Sichtkontrolle intrakardial injiziert werden.

Adrenalin verengt als α-adrenerge Substanz die Arteriolen und erhöht den peripheren Gefäßwiderstand. Durch die Konstriktion venöser Kapazitätsgefäße nimmt der venöse Rückfluß zu. Die Folge ist eine selektive Steigerung der Hirn- und Herzdurchblutung. Unbestritten ist, daß die Anwendung von Adrenalin den Erfolg der kardiopulmonalen Reanimation steigert. Die Aussichten der Reanimation sind am größten, wenn der diastolische Blutdruck während der Herzmassage über 40 mm Hg beträgt. Dies ist ohne Adrenalingabe in der Regel nicht zu erreichen.

Bisher wurde eine Dosis von 0,005–0,02 mg/kg KM Adrenalin empfohlen (Tabelle 6.39.). Neuere Arbeiten beschreiben positive klinische Erfahrungen mit sehr viel höheren Dosen (bis 0,2 mg/kg KM).

Noradrenalin wird heute zunehmend als Mittel der ersten Wahl bei der kardiopulmonalen Reanimation empfohlen. Es wirkt stärker α-agonistisch. Die Gabe beim hypovolämischen Patienten ist kontraindiziert.

Orciprenalin und **Isoprenalin** waren bis 1982 Mittel der Wahl, sie gelten heute als *kontraindiziert* bei der kardiopulmonalen Reanimation. Sie senken den peripheren Widerstand durch Stimulation der β-Rezeptoren. Die Folge ist ein verminderter Perfusionsdruck und Abnahme der zerebralen und koronaren Durchblutung.

Lidocain vermindert die Erregbarkeit des Myokards. Es ist das Medikament der Wahl bei ventrikulären Extrasystolen und kann zur medikamentösen Defibrillation des beim Hund seltenen Kammerflimmerns eingesetzt werden. Initial werden 1–2 mg/kg KM als Bolus intravenös verabreicht, eine Wiederholung im Abstand von etwa 10 Minuten ist möglich. Bei Andauern der Arrhythmie sollte Lidocain kontinuierlich als Infusion verabreicht werden. Bei länger andauernder Therapie mit Lidocain muß sein negativ inotroper Effekt beachtet werden.

Das parasympatholytikum **Atropin** erhöht die Herzfrequenz durch Wirkung am Sinusknoten und verkürzt die atrioventrikuläre Überleitungszeit. Altropin sollte beim Auftreten einer Sinusbradykardie oder bei Überleitungsstörungen in einer Dosis bis zu 0,05 mg/kg KM appliziert werden.

Natriumhydrogencarbonat wurde über viele Jahre bei der Reanimation ohne Kontrolle des Säure-Basen-Haushaltes verabreicht. Man ging davon aus, daß bei der Deckung des zellulären Energiebedarfs durch die anaerobe Glykolyse saure Stoffwechselprodukte entstehen. Bei akutem Herz-Atem-Stillstand unter kardiopulmonalen Reanimation vergeht jedoch einige Zeit (bis zu 30 Minuten), bis eine metabolische Azidose entsteht. Die Natriumhydrogencarbonat-Applikation birgt einige Risiken (Hypernatriämie, Hyperkapnie, intrazerebrale Azidose, metabolische Alkalose usw.). Die Gabe von Hydrogencarbonat setzt zusätzlich Kohlendioxid frei und verstärkt damit die bestehende Hyperkapnie in den Organen und im venösen Blut.

Wichtiger als die Pufferung mit Natriumhydrogencarbonat ist die Bekämpfung der respiratorischen Azidose durch Beatmung. Besteht der Herzstillstand längere Zeit oder ist die Azidose nachgewiesen, sollte zunächst 1 mmol/kg KM Natriumhydrogencarbonat verabreicht werden

Die Zufuhr von **Flüssigkeit** ist zur Normalisierung des Blutvolumens meistens erforderlich. Eingesetzt werden je nach Indikation Vollelektrolytlösungen, kolloidale Lösungen und Blut. Zur schnellen Wiederherstellung des Blutvolumens können in der Anfangsphase bis zu 40–60 ml/kg KM/h infundiert werden.

• **Elektrokardiogramm**
Nach Einleiten der Basismaßnahmen sollte der Patient möglichst rasch an einen EKG-Monitor angeschlossen werden, um die Ursache der Pulslosigkeit zu erfassen und gezielte Therapiemaßnahmen einleiten zu können.

Beim Tier besteht in der Regel **Asystolie**. Daneben können **Kammerflimmern, -tachykardie** und **elektromechanische Entkopplung** vorkommen. Für das weitere therapeutische Vorgehen sind außerdem die Anzahl und Form von **Extrasystolen** (→ Lidocain), das Auftreten einer Sinusbradykardie oder eines **AV-Blockes** (→ Atropin) von Bedeutung.

Wichtig ist die Differenzierung von elektrischer und mechanischer Aktivität des Herzens. Ein normal erscheinendes Elektrokardiogramm sagt nichts über die Auswurfleistung des Herzens und damit über die periphere Durchblutung aus. Deshalb ist die palpatorische Pulskontrolle obligat.

• **Defibrillation**
Beim Menschen hat die elektrische Defibrillation überragende Bedeutung bei der kardiopulmonalen Reanimation, da sehr häufig Kammerflimmern die Ursache des Kreislaufstillstands ist. Die bei der Defibrillation eingesetzte Energie bewirkt die gleichzeitige *Depolarisation aller Myokardfasern* als Bedingung für das Wiedereinsetzen der Spontanaktivität. Voraussetzung ist jedoch die *ausreichende Sauerstoffversorgung* des Myokards. Beim Tier tritt selten Kammerflimmern auf. Bei der in der Regel primär auftretenden Asystolie der Hunde hilft Defibrillation nicht.

Besteht die Indikation und Möglichkeit zur Defibrillation, so kann mit einer *Energiemenge* von 2 Joule/kg KM bis 5 Joule/kg KM unter Verwendung von Gleichstrom eine Wiederbelebung versucht werden. Beim kleinen Hund werden 50 Joule, beim mittelgroßen Hund 100–200 Joule und beim großen Hund 200–400 Joule eingestellt. Da bei Asystolie oder elektromechanischer Entkopplung durch die Defibrillation keine weitere Schädigung des Herzens ausgelöst wird, kann auch dann defibrilliert werden, wenn kein EKG für die Diagnostik zur Verfügung steht. Bei solchen Patienten ist die Elektrotherapie unwirksam, wäre aber bei nichterkanntem Kammerflimmern sinnvoll.

Wichtig bei der Defibrillation ist der gute *Kontakt der Elektroden* mit der Brustwand. Die Elektroden sollten mit reichlich Kontaktgel versehen unter Druck auf die seitliche Brustwand gepreßt werden. Die negative Elektrode muß etwa in Höhe des 4. Interkostalraums seitlich an der Brustwand, die zweite in Höhe des linken 6. Interkostalraums nahe des Brustbeins angelegt werden.

Ist nach der Defibrillation kein Puls tastbar, muß unverzüglich die Beatmung und die Herzmassage fortgesetzt werden. Bei anhaltendem Kammerflimmern sollte die Defibrillation nach etwa einer Minute mit steigender Energiemenge wiederholt werden.

• **Intensivtherapie nach Reanimation**
Neben der Soforttherapie und den weiterführenden Reanimationsmaßnahmen spielt die Intensivbehandlung nach der Reanimation eine entscheidende Rolle. Sie ist auf Wiederherstellung der *normalen Gehirnfunktion* und *Stabilisierung von Herz-Kreislauf- und Atemfunktion* ausgerichtet. Viele in der Humanmedizin genutzten Diagnostik- und Therapiemöglichkeiten stehen dem Tierarzt nicht zur Verfügung, so daß gerade die Nachbehandlung komatöser Patienten oft unbefriedigend verläuft.

Wenn der Zustand des Patienten es erlaubt, ist eine frühzeitige *Röntgenaufnahme* des Thorax zum Ausschluß reanimationsbedingter Verletzungen (Pneumothorax, Rippenfrakturen) sinnvoll.

Durch Infusionstherapie muß versucht werden, Blutvolumen, Hämatokrit, Serumelektrolyte, Blutzucker und pH-Wert zu normalisieren. Der *mittlere arterielle Blutdruck* sollte um 90 mm Hg betragen, durch Flüssigkeitszufuhr (Elektroytlösung, kolloidale Lösungen) und durch den Einsatz vasoaktiver Medikamente kann dies erreicht werden. Allerdings sollten Vasoaktiva nicht ohne Blutdruckkontrolle angewendet werden. Die Blutdruckmessung ist beim Hund jedoch problematisch, so daß häufig auf den Einsatz vasoaktiver Medikamente verzichtet werden muß.

Wichtig sind die Kontrolle der *inneren Körpertemperatur* und eine eventuelle Wärmezufuhr. Angestrebt werden sollte die Normothermie des Patienten. Wegen des höheren Sauerstoffverbrauchs muß eine Hyperthermie vermieden werden.

Die Wirksamkeit von *Corticosteroiden* in der Postreanimationsphase ist nicht bewiesen, sie können jedoch fakultativ verabreicht werden. Initial kann eine hohe Dosis eines wasserlöslichen Präparats eingesetzt und die Therapie in niedrigen Dosen über 2–5 Tage fortgeführt werden. Ein wasserlösliches *Antibiotikum* sollte zur Prophylaxe von Affektionen der durch Beatmung und Thoraxkompression eventuell in Mitleidenschaft gezogenen Lunge appliziert werden.

Problematisch ist die Nachbeatmung des Patienten. Sie ist in der Regel nur über einen begrenzten Zeitraum (Stunden) möglich, da Beatmungsmöglichkeiten ähnlich der Humanintensivmedizin fehlen. Auch die Beurteilung neurologischer Ausfälle ist beim Tier unter Umständen schwierig, ihre Therapie oft unmöglich. Treten Krampfzustände auf, kann mit Barbituraten oder Benzodiazepinen behandelt werden.

6.8.2.3. Prognose

Der Erfolg einer Reanimation hängt entscheidend vom *Zeitpunkt* ab, zu dem der Narkosezwischenfall erkannt und therapiert wird. Der Ausfall vitaler Funktionen tritt in der Regel nicht ohne vorausgegangene Veränderungen ein, so daß durch adäquate *Überwachung* des Patienten die Vorboten des Narkosezwischenfalls erkannt werden können, bevor Atem- oder Herzstillstand eingetreten sind.

Auch die *Ursache des Zwischenfalls* bzw. die *Grunderkrankung* des Patienten beeinflußt die Überlebensrate in entscheidendem Maße. Ist unzureichende Sauerstoffversorgung in der Narkose die Primärursache eines Herz-Kreislauf-Stillstands, sind die Erfolgsaussichten bei sofort beginnender Beatmung und externer Herzmassage gut. Die Chancen des Patienten sind jedoch eher gering, wenn ein Multiorganversagen durch einen septisch-toxisches Geschehen (Pyometra, Torsio ventriculi) vorliegt.

Für den positiven Ausgang einer Reanimation ist neben der *Technik* der kardiopulmonalen Reanimation die Überwachung und Intensivtherapie nach der Reanimation entscheidend. Auf lange Sicht ist die Überlebensrate jedoch primär von der Grunderkrankung des Tieres abhängig.

Die *Grenzen der Wiederbelebung* beim Kleintier liegen zu einem großen Teil in der Nachbehandlung begründet. Die im Vergleich zur Humanmedizin viel schlechteren Überlebensraten nach kardiopulmonaler Reanimation hängen mit der Ursache des Kreislaufstillstandes zusammen. Beim Tier tritt in der Regel Asystolie auf, die therapeutisch sehr schwierig zu beeinflussen ist.

6.9. Postoperative Überwachung und Versorgung des Patienten

Um *postanästhetische Zwischenfälle* zu vermeiden, sollte die *Überwachung* der Patienten während der Aufwachphase bis zum Wiedererlangen des Bewußtseins fortgesetzt werden. Da die Atemdepression durch Anästhetika noch Stunden nach der Narkose ausgeprägt sein kann, in der Aufwachphase der Sauerstoffbedarf jedoch stark ansteigt, ist die Gefahr der Sauerstoffminderversorgung gerade in der postoperqativen Phase sehr hoch.

Intubierte Hunde müssen in der Aufwachphase besonders sorgfältig überwacht werden, da es durch Beißen auf den Tubus zur Verlegung des Tubuslumens sowie zur Aspiration oder zum Verschlucken von Tubusteilen kommen kann. Die *Extubation* des Hundes sollte mit Einsetzen des Schluckreflexes und bei deutlichem Tonus der Kiefermuskulatur erfolgen. Nach der Extubation muß auf Anzeichen eines Laryngospasmus geachtet werden, der bei richtig gewählter Tubusgröße selten vorkommt.

Um *postoperative Exzitationen* zu vermeiden sollten die Hunde in ruhigen, möglichst abgedunkelten Räumen aufwachen. Dem *Wärmehaushalt* ist besondere Aufmerksamkeit zu widmen. Die Tiere sind mit Decken, Wärmeschutzfolien, Heizkissen oder Rotlicht vor weiterer Auskühlung zu schützen. Nach Bauch-, Brust- oder Zweihöhlen-Eingriffen besteht häufig eine ausgeprägte Hypothermie, so können Temperaturen unter 33 °C gemessen werden. Deshalb muß in der Aufwachphase die Temperatur wiederholt (Thermometer mit einem Meßbereich ab 32 °C aufwärts) kontrolliert werden.

Zur *postoperativen Überwachung* sind neben den klassischen Methoden der Adspektion, Palpation und Auskultation vor allem nichtinvasive apparative Verfahren geeignet. Hunde tolerieren in der Aufwachphase die Klemmen eines EKG-Gerätes und Klemmsensoren zur Pulsoxymetrie oder Pulsplethysmographie relativ lange. Nach Torsio ventriculi ist eine Arrhythmiekontrolle bis zu 3 Tage post operationem sinnvoll, da noch nach dieser Zeit therapiebedürftige ventrikuläre Extrasystolen vorkommen.

Die Atmung kann im Aufwachraum bei noch intubierten Patienten mit Hilfe der Kapnographie überwacht werden. Die Zunge der nichtintubierten Hunde sollte auf der oben liegenden Seite aus der Maulhöhle gezogen werden, um eine Zyanose auf den ersten Blick sichtbar zu machen. In der Aufwachphase sind nichtinvasive Geräte zur Überwachung der Atemfrequenz wie spezielle Matten oder Brustbandsysteme hilfreich. Die Störanfälligkeit solcher Systeme ist jedoch relativ hoch.

Bei *Risikopatienten* (z. B. Niereninsuffinzienz), nach langen Operationen, nach Narkosezwischenfällen und bei Imbalancen im Flüssigkeits- und Elektrolythaushalt (Ileus, Torsio ventriculi, Pyometra) muß die *Infusionstherapie* in der postoperativen Phase fortgeführt werden. Zur Kreislaufstabilisierung und zum Ausgleich von Flüssigkeitsverlusten sind Infusionsraten von 10 bis 100 ml/kg KM/h notwendig. Verwendet werden sollte im Regelfall isotonische, isoionische Vollelektrolytlösung. Bestehen pH-Verschiebungen, wird zusätzlich eine Pufferlösung (Natriumhydrogencarbonat) infundiert. Bei Veränderungen der Elektrolytwerte müssen spezielle Elektrolytlösungen zum Ausgleich verwendet werden.

Die Infusionsrate kann mit Hilfe der Messung des *zentralen Venendruckes* überprüft werden. Dazu sind ein Katheter in der Vena jugularis möglichst vor dem rechten Herzen und eine relativ einfache Meßlatte notwendig. Meßwerte über 2–4 cm Wassersäule zeigen zu hohe Infusionsmengen bzw. -raten, Werte darunter sind bei Exsikkose zu beobachten.

Die Bestimmung von *Hämatokrit* und *Gesamteiweiß* ergänzen die Überwachung der Flüssigkeitszufuhr des Patienten und sind auch bei relativ einfach ausgestattetem Labor möglich. Auch pH-Wert, Blutzucker-, Harnstoff- und Kreatiningehalt können häufig in einer tierärztlichen Praxis gemessen werden, während Elektrolytwerte in der Regel nicht festgestellt werden können.

Große Bedeutung vor allem bei alten, niereninsuffizienten oder Schockpatienten hat die Überwachung der *Urinausscheidung* in der Aufwachphase. Werte von 1 ml/kg KM/h dürfen nicht unterschritten werden.

Die *abschließende Untersuchung von Kreislauf und Atmung* des wachen Hundes klärt, ob das Tier vom Besitzer abgeholt werden kann.

Literatur

AHA (1986): Standards and guidelines for cardiopulmonary Resuscitation and emergency cardiac care. JAMA **255**, 2905.

AHNEFELD, F.W., und LINDNER, K.H. (1985): Neue Aspekte der mechanischen kardiopulmonalen Reanimation. Anaesthesist **34**, 314.

ALEF, M. (1991): Kontinuierliche intravenöse Applikation kurzwirkender Anästhetika. 1. Gießener Veterinäranaesthesietage (1. GIVAT), 21.–22. August, Rauischholzhausen, Referateband, III.

ALEF, M. (1992): Die Überwachung der in- und exspiratorischen Sauerstoffkonzentrationen während der Narkose des Hundes. Vet.- med. Diss., Gießen.

ALEF, M., und SCHMIDT-OECHTERING, G.U. (1993): Injektionsanaesthesie für kurze Eingriffe. In: SCHMIDT-OECHTERING, G.U., und ALEF, M. (Hrsg.): Neue Aspekte der Veterinäranästhesie und Intensivtherapie. Paul Parey, Berlin, Hamburg, 34.

ALEF, M., und SCHMIDT-OECHTERING, G.U. (1993): Antagonisierbare Anästhesie. In: SCHMIDT-OECHTERING, G.U., und ALEF, M. (Hrsg.): Neue Aspekte der Veterinäranästhesie und Intensivtherapie. Paul Parey, Berlin, Hamburg, 75.

ALTEMEYER, K.H., MAYER, J., BERG-SEITER, S., und FÖSEL, T. (1986): Die Pulsoxymetrie als kontinuierliches, nichtinvasives Überwachungsverfahren. Anaesthesist **35,** 43.

AMELANG, D., GRÄSSER, F., ZÖLLNER, M., und BONATH, K.H. (1988): Xylazin-Antagonisation durch Tolazolin beim Hund. Teil 1: Beeinflussung der Xylazin-Schlafdauer sowie Xylazin-bedingter Nebenwirkungen auf Atem- und Stoffwechselfunktionen durch Tolazolin. Berl. Münch.Tierärztl.Wschr. **101**, 266.

AXT, U. (1992): Antagonisation der l-Methadon-Xylazin-Neuroleptanalgesie durch Naloxon und Yohimbin beim Hund. Vet.-med. Diss., Gießen.

BABBS, D. F., BIRCHER, N., BURKETT, D. E. et al. (1981): Effect of thoracic venting on arterial pressure, and flow during external cardiopulmonary resucitation in animals. Crit. Care Med. **9**, 785.

BARRINGTON, K. J., FINER, N. N., and RYAN, C. A. (1988): Evaluation of pulse oximetry as a continuous monitoring technique in the neonatal intensive care unit. Crit. Care Med. **16**, 1147.

BAUM, J. (1988): Praxis der Minimal-Flow-Anästhesie – Die Technik der Narkosen mit niedrigem Frischgasvolumen: Low-Flow-, Minimal-Flow- und die Anästhesie im Geschlossenen System. Thieme, Stuttgart, New York (Intensivmedizin Notfallmedizin Anästhesiologie 64).

BECKER, K., and SCHMIDT-OECHTERING, G. U. (1993): Medetomidine, *l*-Methadone, and diazepam as premedication for lumbosacral epidural Anaesthesia in dogs. J. Vet. Anaesth. 20 (im Druck).

BEDNARSKI, R. M., BEDNARSKI, L. S., and MUIR, W. W. (1984): Cost comparison of anesthetic regimens in the dog and cat. J. Amer. Vet. Med. Assoc. **185**, 869.

BENDIXEN, H. H., and DUBERMAN, ST. M. (1986): The Concept of Fail-Safe Monitoring. Sem. Anesth. **5**, 153.

BIRCHER, N., and SAFAR, P. (1981): Comparison of standard and 'new' closed chest CPR and open chest CPR in dogs. Crit. Care Med. **9**, 384.

BISSINGER, U., ROTHE, K. F., und LENZ, G. (1989): Überwachung der neuromuskulären Funktion. Teil II. Relaxometrische Befunde bei neuromuskulärer Blockade. Anästhesiologie und Intensivmedizin **30**, 164.

BJERTNAES, L. J. (1986): Volatile Anästhetika und ihr Effekt auf die Atmung. In: Peter, K., Brown, B. R., MARTIN, E., und NORLANDER, O.: Anaesthesiologie und Intensivmedizin 184 – Inhalationsanaesthetika – Neue Aspekte. Springer, Berlin, Heidelberg, New York, 119.

BONATH, K. H. (1986): Regionalanästhesie kontra Allgemeinnarkose – geeignete Anästhesieverfahren für den Hund als Risikopatienten. Kleintierpraxis **31**, 213.

BONATH, K. H., HERBERG, L., WORM, F., AMELANG, D., SALEH, S., and HOFER, R. (1987): The effect of epidural anaesthesia on plasma catecholamines, corticosteroids, respiration and circulation in non-sedated dogs (is epidural anaesthesia with bupivacain tolerable for the non-sedated dog?) Z. Versuchstierkd. **29**, 111.

BOOTH, N. H., and MCDONALD, L. E. (Eds.)(1988): Veterinary pharmacology and therapeutics. Iowa State University Press, Ames.

BRANDT, L., POKAR, H., und SCHÜTTE, H. (1983): 100 Jahre Intubationsnarkose – William Macewen, ein Pionier der endotrachealen Intubation. Anaesthesist **32**, 200.

BRANDT, U. (1986): Die Geschichte der Intubationsnarkose unter besonderer Berücksichtigung der Entwicklung des Endotrachealtubus. Anaesthesist. **35**, 523.

BROWN, C. G., TAYLOR, R. B., WERMAN, H. A., LUNN, T., SPITTLER, G., and HAMLIN, R. L. (1988): Effect of standard doses of epinephrin on myocardial oxygen delivery and utilization during cardiopulmonary resuscitation. Crit. Care Med. **16**, 536.

BROWN, C. G., KATZ, S. E., WERMAN, H. A., LUNN, T., DAVIS, E. A., and HAMLIN, R. L. (1987): The effect of epinephrin versus methoxamine on regional myocardial blood-flow and defibrillation rates following a prolonged cardiorespiratory arrest in a swine model. Am. J. Emerg. Med. **5**, 362.

CARDENAS, F. E. (1986): Non-invasive oximetry during Anaesthesia. In: Payne, J. P., and SEVERINGHAUS, J. W. (Eds.): Pulse oximetry. Springer, Berlin, Heidelberg, New York, 79.

CHAMBERS, J. P. (1989): Induction of anaesthesia in dogs with alfentanil and propofol. J. Vet. Anaesth. **16**, 14.

CLARKE, K. W. (1993): Premedication. In: SCHMIDT-OECHTERING, G. U., und ALEF, M. (Hrsg.): Neue Aspekte der Veterinäranästhesie und Intensivtherapie. Paul Parey, Berlin, Hamburg, 19.

CLARKE, K. W. (1993): Anaesthetic emergencies. In: SCHMIDT-OECHTERING, G. U., und ALEF, M. (Hrsg.): Neue Aspekte der Veterinäranästhesie und Intensivtherapie. Paul Parey, Berlin, Hamburg, 129.

CLARKE, K. W., and ENGLAND, G. C. W. (1989): Medetomidine, a new sedative-analgesic for use in the dog and its reversal with atipamezole. J. Small. Anim. Pract. **32**, 1459.

CLARKE, K. W., and HALL, L. W. (1990): A survey of anaesthesia in small animal practise: AVA/BSAVA report. J. Assoc. Vet. Anaesth. **17**, 4.

COOPER, J. B., NEWBOWER, R. S., and KITZ, R. J. (1984): An analysis of major errors and equipment failures in anesthesia management: Considerations of prevention and detection. Anesthesiology **60**, 34.

COZANITIS, D. A., und Krieg, N. (1983): Glycopyrrolat (Robinul), eine neue anticholinergisch wirkende Substanz. Anaesthesist **32**, 93.

CROWE, D. T. (1984): Cardiopulmonary resuscitation and advanced life support. In: ZASLOW, I. M. (Ed.): Veterinary Trauma and Critical Care. Lea & Febiger, Philadelphia, 507.

DE MOOR, A. (1987): Ist Halothan eine inerte Substanz? Übersicht und einige Untersuchungen. Berl. Münch. Tierärztl. Wschr. **100**, 181.

DE YOUNG, D. J., and SAWYER, D. C. (1980): Anesthetic potency of nitrous oxide during halothane anesthesia in the dog. J. Am. Anim. Hosp. Assoc. **16**, 125.

DOENICKE, A., KETTLER, D., LIST, W. F., TARNOW, J., und THOMSON, D. (Hrsg.) (1992): Anästhesiologie. Springer, Berlin, Heidelberg, New York.

DOHOO, S. E., MCDONELL, W. N., and DOHOO, I. R. (1982): A comparison of fresh gas flows during anaesthesia with nitrous oxide in the dog. J. Am. Anim. Hosp. Assoc. **18**, 900.

DONEGAN, J. H. (1986): Cardiopulmonary resuscitation. In: MILLER, R.D. (Ed.); Anesthesia. Churchill Livingstone, New York, Edinburgh, 2111.

DUBNER, R. (1987): Research on pain mechanisms in animals. J. Amer. Vet. Med. Assoc. **191**, 1273.

DULL, D. L., TINKER, J. H., CAPLAN, R. A., WARD, R. J., and CHENEY, F. W. (1989): ASA closed claims study: Can pulse oximetry and capnometry prevent anesthetic mishaps? Anesth. Analg. **68**, 1.

DYSON, D. H., und MATHEWS, K. (1992): Recommendations for intensive care management in small animals following anaesthesia. VCOT 5, 66.

EBERL-LEHMANN, P., TASSANI, P., KELLNER, B., ENZENBACH, R., und PETER, K. (1991): Natriumbicarbonat bei Reanimation. Anästh. Intensivmed. **32**, 174.

EGER, E. I. II (Hrsg.) (1985): Nitrous oxide/N_2O. Edward Arnold, London.

EGER, E. I. II (1986): Uptake and distribution of inhaled anesthetics. In: MILLER, R.D. (Ed.): Anesthesia. Churchill Livingstone, New York, Edinburgh, 625.

EL-SHIRBINY, A. M., SARHAN, D., and FAWZY, M. (1986): Postoperative oximetry after use of different opioids. In: PAYNE, J. P., and SEVERINGHAUS, J. W., (Eds.): Pulse oximetry. Springer, Berlin, Heidelberg, New York, 181.

ENGLAND, G. C. W., and K. W. CLARKE (1989): The effect of route of administration upon the efficacy of medetomidine. J. Ass. vet. Anaesth. **16**, 32.

ENGLAND, G. C. W., and K. W. CLARKE (1989): The use of medetomidine/fentanyl combinations in dogs. Acta Vet. Scand., Suppl. **85**, 179.

ERHARDT, W. (1990): Anästhesie beim Welpen. Kleintierpraxis **35**, 5, 217.

ERHARDT, W., LENDL, C., HIPP, R., SCHINDELE, M., und BLÜMEL, G. (1989): Die Pulsoximetrie – Ein nicht invasives Verfahren zur unmittelbaren und kontinuierlichen Überwachung von Sauerstoffsättigung und Pulsfrequenz – Vergleichsstudien zur Blutgasanalyse und Hämoreflektometer an Hund, Schwein und Schaf. Berl. Münch. Tierärztl. Wochenschr. **102**, 289.

ERHARDT, W., SCHMIDT-OECHTERING, G. U., LENDL, C., ALEF, M., SCHIMKE, E., und BLÜMEL, G. (1989): Die computerunterstützte, nichtinvasive, kontinuierliche Messung der Sauerstoffsättigung und der Plusplethysmographie – Zum Einsatz der Pulsoximetrie am Tier. Acta Chirurg. Austriaca **21**, Suppl. **82**, 10.

ERHARD, W., HABERSTROH, J., SCHINDELE, M., und BLÜMEL, G. (1988): Anästhesie bei Hund und Katze. Wien. tierärztl. Mschr. **75**, 394.

ERHARDT, W., STEPHAN, M., GEISSENDÖRFER, K., SCHINDELE, M., ASCHERL, R., und STEMBERGER, A. (1987): Zum klinischen Einsatz des Opioidantagonisten Naloxon beim Hund. Tierärztl. Prax. **15**, 213.

ERNST, E. A. (1985): Closed circuit anesthesia. In: LIST, F. W., und SCHALK, H. V.: Refresher-Kurs ZAK 85. Akademische Druck- und Verlagsanstalt Graz.

FARVER, T. B., HASKINS, ST. C., and PATZ, J. D. (1986): Cardiopulmonary effects of acepromazine and of subsequent administration of ketamine in the dog. Am. J. Vet. Res. **47**, 631.

FINCK, A. D. (1985); Nitrous oxide analgesia. In: EGER, E. I. II (Ed.): Nitrous oxide/N_2O. Edward Arnold, London, 41.

FORSTNER, K. (1989): Pulsoximetrie. Anaesthesist **38**, Suppl. 1, 72.

FORSTNER, K., und FAUST, U. (1989): Gemeinsame Erfassung der O_2-Sättigung und der Pulsperfusion. Biomed. Tech. (Berlin) **34**, Ergänzungsband, 83.

FORTH, W., HENSCHLER, D., RUMMEL, W., und STARKE, K. (Hrsg.) (1992): Allgemeine und spezielle Pharmakologie und Toxikologie für Studenten der Medizin, Veterinärmedizin, Pharmazie, Chemie, Biologie sowie für Ärzte, Tierärzte und Apotheker. BI-Wiss.-Verlag, Mannheim, Leipzig, Wien.

FRIESDORF, W., HÄHNEL, J., und KILIAN, J. (1989): Gerätemonitoring. Anaesthesist **38**, Suppl. 1.

FRIMMER, M. (1986): Pharmakologie und Toxikologie – Ein Lehrbuch für Veterinärmediziner und Naturwissenschaftler. Schattauer, Stuttgart, New York.

FRITSCH, R., und HAUSMANN, R. (1988): Zur indirekten Blutdruckmessung mit dem Dinamap 1255 Research Monitor. Tierärztl. Prax. **16**, 373.

GLEED, R. D. (1987): Tranquilizers and sedatives. In: SHORT, CH. E.: Principles and practise of veterinary anesthesia. Williams & Wilkins, Baltimore, London, Los Angeles, 16.

GOETTING, M. G., and PARADIS, N. A. (1989): High dose epinephrin in refractory pediatric cardiac arrest. Crit. Care Med. **17**, 1258.

GRANDY, J. L., und DUNLOP, C. I. (1991): Anesthesia of pups and kittens. J. Amer. Vet. Med. Assoc. **198**, 1244.

GRÄSSER, F., BONATH, K. H., AMELANG, D., ZÖLLNER, M., und STASSEN, U. (1988): Xylazin-Antagonisation durch Tolazolin beim Hund. Teil 2: Kardiale und zirkulatorische Effekte der Xylazin-Anästhesie und deren Beeinflussung durch Tolazolin. Berl. Münch. Tierärztl. Wschr. **101**, 271.

HALL, L. W., and CLARKE, K. W. (1991): Veterinary anesthesia. Baillière Tindall, London, Philadelphia, Toronto.

HÄMMERLING, G. (1985): Die Überwachung von Herz und Kreislauf im Operationsraum. Prakt. Tierarzt **8**, 636.

HARVEY, R. C. (1986): Anesthetic management for canine gastric dilatation-volvulus. Semin. Vet. Med. Surg. (Small Animal) **1**, 230.

HASKINS, ST. C. (1987): Monitoring of the anesthetized patient. In: SHORT, CH. E. (Ed.): Principles and practise of veterinary anestesia. Williams & Wilkins, Baltimore, 455.

HASKINS, ST. C., PATZ, J. D., and FARVER, T. B. (1986): Xylazine and xylazine-ketamine in dogs. Am. J. Vet. Res. **47**, 636.

HASKINS, ST. C., FARVER, T. B., and PATZ, J. D. (1986): Cardiovascular changes in dogs given diazepam and diazepam-ketamine. Am. J. Vet. Res. **47**, 794.

HEATH, R. B. (1986): The practicability of lumbosacral epidural analgesia. Semin. Vet. Med. Surg. (Small Animal) **1**, 245.

HEINRICHS, W., und DICK, W. (1988): Die Prämedikation zur Anästhesie. Arzneimitteltherapie **6**, 72.

HEMPELMANN, G., und BOLDT, J. (1988): Hämodynamische Wirkungen der Benzodiazepine. Anästh. Intensivther. Notfallmed. **23**, 132.

HOCHWARTER, J., SPIEGEL, F., KARAUSZ, A., und EKHART, W. (1989): Zwei Fälle von kurzdauernder Asystolie nach Prämedikation – möglicher Zusammenhang mit Thalamonal? Anaesthesist **38**, 629.

HÖRNCHEN, U., SCHÜTTLER, J., STOECKEL, H., und EICHELKRAUT, W. (1988): Pharmakokinetik und Dynamik von endogen freigesetztem und therapeutisch appliziertem Adrenalin unter Reanimationsbedingungen. Anaesthesist **37**, 615.

HÖRNCHEN, U., LAUVEN, P. M., SCHÜTTLER, J., DORER, A., und STOECKL, H. (1990): Pharmakokinetik von Lidocain unter Reanimationsbedingungen. Anaesthesist **39**, 107.

HUG, C. C. (1986): Monitoring. In: MILLER, R. D. (Ed.): Anesthesia. Churchill Livingstone, New York, Edinburgh, 411.

JENKINS, W. L. (1987): Pharmacologic aspects of analgesic drugs in animals: An overview. J. Amer. Vet. Med. Assoc. **191**, 1231.

JENNINGS, P. B. (1984): Monitoring: The measurement of clinically useful parameters in the veterinary critical care patient. In: ZASLOW, I. M. (Ed.): Veterinary trauma and critical care. Lea & Febiger, Philadelphia, 7.

JONES, R. M. (1985): Drugs for resuscitation. Anaesthesist **34**, 314.

JONES, R. S. (1985): Neuromuscular blocking action of vecuronium in the dog and its reversal by neostigmine. Research in Vet. Science **38**, 193.

JONES, R. S. (1989): Atmospheric pollution by inhalational anaesthetic agents. J. Ass. vet. Anaesth. **16**, 43.

JONES, R. S. (1992): Muscle relaxants on canine anaesthesia 1. History and the drugs. J. Small Anim. Pract. **33**, 371.

JONES, R. S., and YOUNG, L. E. (1991): Vecuronium infusion in the dog. J. Small Anim. Pract. **32**, 509.

KLOTZ, U. (1988): Wirkungen und Nebenwirkungen der Benzodiazepine. Anästh. Intensivther. Notfallmed. **23**, 122.

KNORR-HENN, S. (1986): Epidurale Morphinwirkung auf Hämodynamik und Atemfunktion des Hundes. Vet.-med. Diss., Gießen.

KOLATA, R. J. (1986): Induction of anesthesia using diazepam/ketamine in dogs with complete heart block – A preliminary report. Vet. Surg. **15**, 339.

KONIETZKE, D., GERVAIS, H., DICK, W., EBERLE, B., und HENNES, H.-J. (1988): Modelle und Methoden in der tierexperimentellen Reanimation. Anaesthesist **37**, 140.

KÖRNER, J.-M., WEDLER, W., und SPIEGELBERG, A. (1989): Eine neue Methode der Atmungsüberwachung für die Kleintierpraxis. Biomed. Technik **34**, Ergänzungsband, 105.

LARSEN, R. (1988): Propofol – kurz wirksames Anästhetikum. Arzneimitteltherapie **6**, 175.

LARSEN, R. (1990): Anästhesie. Urban & Schwarzenberg, München, Wien.

LATASCH, L., und CHRIST, R. (1986): Opiatrezeptoren. Anaesthesist **35**, 55.

LAUVEN, P. M. (1988): Benzodiazepine und Benzodiazepin-Antagonisten in Anästhesie und Intensivmedizin. Anästh. Intensivther. Notfallmed. **23**, 121.

LEHMANN, K. A., NEUBAUER, MARIE-LUISE, DAUB, D., und KALFF, G. (1983): CO_2-Antwortkurven als Maß für eine opiatbedingte Atemdepression – Untersuchungen mit Fentanyl. Anaesthesist **32**, 242.

LINDNER, K. H., AHNEFELD, F. W., DICK, W., und LOTZ, P. (1985): Natriumbikarbonatgabe während der kardiopulmonalen Reanimation. Anaesthesist **34**, 37.

LINKO, K., and PALOHEIMO, M. (1989): Monitoring of the inspired and end-tidal oxygen, carbon dioxid, and nitrous oxide concentrations: Clinical applications during anesthesia and recovery. J. Clin. Monit. **5**, 149.

LINKO, K., and PALOHEIMO, M. (1989): Inspiratory end-tidal oxygen content difference: A sensitive indicator of hypoventilation. Crit. Care Med. **17**, 345.

LIPPERT, A. C., EVANS, A. T., WHITE, B. C., and EYSTER, G. E. (1988): The effect of resuscitation technique and pre-arrest state of oxygenation on bloodgas values during cardiopulmonary resuscitation in dogs. Vet. Surg. **17**, 283.

LIVINGSTON, A., NOLAND, A., and WATERMAN, A. (1986/87): The Pharmacology of alpha$_2$ adrenergic agonist drugs. J. Vet. Anaesth. **14**, 3.

LUCE, J. M., ROSS, B. K., O'QUINN, R. J., et al. (1983): Regional blood flow during cardiopulomary resuscitation on dogs using simultaneous and nonsimultaneous compression and ventilation. Circulation **67**, 258.

LUMB, W. V., und JONES, E. (1984): Veterinary anesthesia. Lea & Febiger, Philadelphia.

MATTILA, M., KURKI, T., and MALINEN, S.: Interpreting the plethysmographic pulse wave. (Appliguide) Datex/Instrumentarium Corp. Helsinki.

MERTZLUFT, F. O., BRANDT, L., und NICK, D. (1989): Der Einsatz der Pulsoximetrie zur Erkennung von Störungen des arteriellen Sauerstoff-Status in der unmittelbaren postoperativen Phase am Beispiel von Kombinationsnarkosen mit Isofluran. Anästh. Intensivther. Notfallmed. **24**, 27.

MEURET, G. H., LENDERS, H. G., SCHINDLER, H. F. O. und SCHOLLER, K. L. (1983): Orciprenalin (Alupent®) in der Reanimation nach Kreislaufstillstand? Anaesthesist **32**, 353.

MEYER, R. E. (1987): Anesthesia for neonatal and geriatric patients. In: SHORT, Ch. E. (Ed.): Veterinary anesthesia. Williams & Wilkins, Baltimore, 330.

MILLER, R. D. (Ed.) (1986): Anesthesia. Churchill Livingstone, New York, Edinburgh, London.

MOENS, Y. (1988): Introduction to the quantitative technique of closed circuit anestesia in dogs. Vet. Surg. **17**, 98.

MOENS, Y., and VERSTRAETEN, W. (1982): Capnographic monitoring in small animal anesthesia. J. Am. Anim. Hosp. Assoc. **18**, 659.

MORGAN, R.V. (1989): Manual der Kleintiernotfälle. Enke, Stuttgart.

MUIR, W.W., and HUBBEL, J.A.E. (1985): Blood pressure response to acetylpromazine and lenperone in halothane anesthetized dogs. J. Am. Anim. Hosp. Assoc. **21**, 285.

MUIR, W.W., and HUBBEL, J.A.E. (1989): Handbook of veterinary anesthesia. Mosby, St. Louis, Washington, Toronto.

NEMES, C., NIEMER, M., und NOACK, G. (1985): Datenbuch Anästhesiologie: Grundlagen, Empfehlungen, Techniken, Übersichten, Grenzgebiete, Bibliographie. Fischer, Stuttgart, New York.

NIEMANN, J.T., ROSBOROUGH, J.P., NISKANEN, R.A., ALFERNESS, C., and CRILEY, J.M. (1985): Mechanical 'cough' cardiopulmonary resuscitation during cardiac arrest in dogs. Am. J. Cardiol. **55**, 199.

NUNN, J.F. (1987): Applied respiratory physiology. Butterworths, London, Boston.

ORKIN, F.K. (1986): Anesthetic systems. In: MILLER, R.D. (Ed.): Anesthesia. Churchill Linvingstone, New York, Edinburgh, London, 111.

OTTO, K. (1985): Kapnographie/Kapnometrie – Eine Methode zur Beurteilung der Ventilationslage unter Allgemeinanaesthesie. In: Deutsche Veterinärmedizinische Gesellschaft e.V.: 9. Arbeitstagung der Fachgruppe „Pferdekrankheiten", Münster/Westfalen, 29. Mai bis 1. Juni 1985, 68.

PADDLEFORD, R.R. (1986): Exposure of veterinary personnel to waste anesthetic gases: Is there a cause of concern? Semin. Vet. Med. Surg. (Small Animal) **1**, 249.

PADDLEFORD, R.R., und ERHARDT, W. (Hrsg.) (1992): Anästhesie bei Kleintieren. Schattauer, Stuttgart, New York.

PASCH, Th. (1986): Die Überwachung des Patienten in der Narkose. Anaesthesist **35**, 708.

PASCH, Th. (1989): Nichtinvasives Monitoring. Anästh. Intensivther. Notfallmed. **24**, 3.

PASCOE, P. (1987): Emergency care medicine. In: SHORT, Ch.E. (Ed.): Principles and practise of veterinary anesthesia. Williams & Wilkins, Baltimore, London, Los Angeles, 558.

PASCOE, P. (1993): Premedication and perioperative analgesia. In: SCHMIDT-OECHTERING, G.U., und ALEF, M. (Hrsg.): Neue Aspekte der Veterinäranästhesie und Intensivtherapie. Paul Parey, Berlin, Hamburg, 25.

PASCOE, P. (1991): Monitoring blood pressure in small animals. In: SCHMIDT-OECHTERING, G.U., und ALEF, M. (Hrsg.): Neue Aspekte der Veterinäranästhesie und Intensivtherapie. Paul Parey, Berlin, Hamburg, 127.

PAYNE, J.P., and SEVERINGHAUS, J.W. (Eds.) (1986): Pulse oximetry. Springer, Berlin, Heidelberg, New York.

PEISSNER, A. (1989): Untersuchung zur Plethysmographie an der Zunge narkotisierter Kleintiere. Vet.-med. Diss., Wien.

PLANTA, M. VON (1992): Kardiopulmonale Reanimation – Determinanten des Überlebens. VCH, Weinheim, Basel, Cambridge.

POPILISKIS, S., KOHN, D., SANCHEZ, J.A., and GORMAN, P. (1991): Epidural vs intramuscular oxymorphone analgesia after thoracotomy in dogs. Vet. Surgery **20**, 462.

RAFFE, M.R., WRIGHT, M., McGRATH, C.J., and CRIMI, A.J. (1980): Body temperature changes during general anesthesia in the dog and cat. Vet. Anesth. **7**, 9.

REID, J., and NOLAN, A.M. (1991): A comparison of the postoperative analgesic and sedative effetcs of flunixin and papaveretum in the dog. J. Small Anim. Pract. **32**, 603.

REINHART, K. (1988): Zum Monitoring des Sauerstofftransportsystems. Anaesthesist **37**, 1.

ROSENHAGEN, C., und SCHULTE, A. (1988): Monitorisierung der Atmung bei Hund und Katze – ein neuartiges Überwachungsprinzip. Kleintierpraxis **33**, 439.

ROSSI, R., LINDNER, K.H., LOTZ, P., und AHNEFELD, F.W. (1989): Voraussetzungen zur optimalen kardiopulmonalen Reanimation. Teil I. Anforderungen an Personal und Ausbildung. Anästh. Intensivmed. **30**, 158.

RUDE, J., und MERTZLUFFT (1988): Die Wahl des richtigen Meßortes bei der Anwendung der Pulsoxymetrie. Anaesthesist **37**, Supplement – Deutscher Anästhesiekongreß 1988, 92.

SCHAER, H., und PROCHASKA, K. (1990): Erholung, Amnesie und Befindlichkeit nach Propofol im Vergleich zu Thiopental. Anaesthesist **39**, 306.

SCHATZMANN, U., STRAUB, R., und STAUFFER, J.L. (1991): Grundlage der Narkoseverfahren beim Schockpatienten. Mh. Vet.-Med. **46**, 315.

SCHEIDEGGER, D. (1992): Kardiopulmonale Reanimation. In: DOENICKE, A., KETTLER, D., LIST, W.F., TARNOW, J., und THOMSON, D. (Hrsg.): Anästhesiologie. Springer, Berlin, Heidelberg, New York, 796.

SCHMIDT, G.U., FRUCHT, U., OECHTERING, R., und TRAUTVETTER, E. (1985): Die intravenöse Anaesthesie mit Ketamin, Xylazin und Diazepam beim Hund. In: Deutsche Veterinärmedizinische Gesellschaft e.V.: 31. Jahrestagung der Fachgruppe Kleintierkrankheiten, 3.–5. Oktober 1985 in Fellbach, 149.

SCHMIDT-OECHTERING, G.U. (1987): Untersuchung über die arterielle und gemischtvenöse Sauerstoffsättigung des Hämoglobins sowie andere Atmungs- und Kreislaufparameter unter dem Einfluß von l-Methadon, Acepromazin und der lumbosakralen Epiduralanaesthesie beim Hund. Vet.-med. Diss., FU Berlin.

SCHMIDT-OECHTERING, G.U., und TRAUTVETTER, E. (1987): Narkoseüberwachung bei Hund und Katze. Effem Report **25**, 15.

SCHMIDT-OECHTERING, G. U., und BECKER, K. (1992): Alte und neue α_2-Adrenozeptor-Agonisten. Teil I: Xylazin und Medetomidin. Tierärztl. Prax. **20**, 447.

SCHMIDT-OECHTERING, G. U., und ALEF, M. (1992): Injektionsanästhesie für längere Eingriffe. In: SCHMIDT-OECHTERING, G. U., und ALEF, M. (Hrsg.): Neue Aspekte der Veterinäranästhesie und Intensivtherapie. Paul Parey, Berlin, Hamburg, 46.

SCHMIDT-OECHTERING, G. U., ALEF, M., GREVEL, V., und SCHIMKE, E. (1990): Zur Problematik der Katecholamintherapie bei der kardio-pulmonalen Wiederbelebung von Hund, Katze und Pferd. Tierärztl. Prax. **18**, 436.

SCHMIDT-OECHTERING, G. U., ERHARDT, W., ALEF, M., und LENDL, C. (1989): Fortschritte bei der nichtinvasiven Patientenüberwachung: Pulsoximetrie und Pulsplethysmographie beim Kleintier. In: Deutsche Veterinärmedizinische Gesellschaft e.V.: 35. Jahrestagung der Fachgruppe Kleintierkrankheiten der DVG, 12.–14. Oktober 1989, Gießen, 222.

SCHUH, F. T. (1988): Atracuriumbesilat: Gut steuerbares Muskelrelaxans. Arzneimitteltherapie **6**, 67.

SCHWILDEN, H., und STOECKEL, H. (Hrsg.) (1987): Die Inhalationsnarkose: Steuerung und Überwachung. Thieme, Stuttgart (Intensivmedizin Notfallmedizin Anästhesiologie 58).

SENDAK, M. J., HARRIS, A. P., and DONHAM, R. T. (1988): Accuracy of pulse oximetry during arterial oxyhemoglobin desaturation in dogs. Anesthesiology **68**, 111.

SHORT, Ch. E. (1987): Neuroleptanalgesia and alpha-adrenergic receptor analgesia. In: SHORT, Ch. E.: Principles and practise of veterinary anesthesia. Williams & Wilkins, Baltimore, London, Los Angeles, 47.

SHORT, CH. E. (1987): Barbiturate Anesthesia. In: SHORT, Ch. E. (Ed.): Principles and practise of veterinary anesthesia. Williams & Wilkins, Baltimore, London, Los Angeles, 58.

SKARDA, R. (1989): Schmerzausschaltung, Sedation, Narkose. In: NIEMAND, H. G., und SUTER, P. F. (Hrsg.): Praktikum der Hundeklinik. Parey, Berlin, Hamburg, 102.

SMALHOUT, B. (1983): A quick guide to capnography and its use in differential diagnosis. Hewlett Packard, Böblingen.

STEFFEY, E. P., and EGER, E. I. II (1985): Nitrous oxide in veterinary practise and animal research. In: EGER, E. I. II (Ed.): Nitrous oxide/N_2O. Edward Arnold, London, 305.

STOPFKUCHEN, H. (1990): Kardiopulmonale Reanimation im Kindesalter – Pharmakologische Aspekte. Arzneimitteltherapie **8**, 286.

TACKE, S., SCHMIDT-OECHTERING, G. U., ALEF, M., und SCHIMKE, E. (1990): Pulse-plethysmography in dogs, cats and horses. Second European Symposium of Veterinary Anaesthesia, Gent, 6.–7. Dezember 1990.

TAYLOR, G. J., TUCKER, W. M., GREEN, H. L., RUDIKOFF, M. T., and WEISFELDT, M. L. (1977): Importance of prolonged compression during cardiopulmonary resuscitation in man. N. Engl. J. Med. **296**, 1515.

TRIM, C. M. (1992): Notfälle und Komplikationen während der Anästhesie. In: PADDLEFORD, R. R., und ERHARDT, W. (Hrsg.): Anästhesie bei Kleintieren. Schattauer, Stuttgart, New York, 191.

VÄHA-VAHE, T. (1989): Clinical evaluation of medetomidine, a novel sedative and analgesic drug for dogs and cats. Acta. Vet. Scand. **30**, 267.

VÄHA-VAHE, T. (1991): Pharmalogical restraint – reversal in dogs and cats using medetomidine and atipamezole. Vet.-med. Diss., Helsinki.

VAINIO, O. (1989): Introduction to the clinical pharmacology of medetomidine. Act Vet. Scand., Suppl. **85**, 85.

VAINIO, O. (1991): Propofol infusion anaesthesia in dogs premedicated with medetomidine. J. Vet. Anaesth. **18**, 35.

VAINIO, O., and L. PALMU (1990): Effects of medetomidine in dogs and influence of anticholinergics. Acta. vet. Scand. **30**, 401.

VIRTANEN, R. (1989): Pharmacological profiles of medetomidine and its antagonist, atipamezole. Act Vet. Scand., Suppl. **85**, 29.

VOORHEES, W. D., NIEBAUR, M. J., and BABBS, C. F. (1983): Improved oxygen delivery during cardiopulmonary resuscitation with interposed abdominal compression. Annals Emerg. Med. **12**, 128.

WEISFELDT, M. L., and HALPERN, H. R. (1986): Cardiopulmonary resuscitation: beyond cardiac massage. Circulation **63**, 1417.

WENDT, M., THY, H., REINHOLD, P., und LAWIN, P. (1986): Komplikationen mit Woodbridge-Tuben (Spiralfedertuben). Anaesthesist **35**, 320.

WITTKER, J. (1989): Antagonisation der Xylazin-Ketamin Neuroleptanalgesie und ihre Nebenwirkungen durch Yohimbin und 4-Aminopyridin bei der Katze. Vet.-med. Diss., Gießen.

YOUNG, L. E. (1992): Current developments in cardiopulmonary resuscitation. J. Small Anim. Pract. **33**, 138.

YOUNG, L. E., and R. S. JONES (1990): Clinical observations on medetomidine/ketamine anaesthesia and its antagonism by atipamezole in the cat. J. Small. Anim. Prac. **31**, 221.

YOUNG, L. E., BREARLEY, J. C., RICHARDS, D. L. S., BARTRAM, D. H., and JONES, R. S. (1990): Medetomindine as a premedicant in dogs and its reversal by atipamezole. J. Small Anim. Pract. **31**, 554.

YOUNG, S. S., BARNETT, K. C., and TAYLOR, P. M. (1991): Anaesthetic regimes for cataract removal in the dog. J. Small Anim. Pract. **32**, 236.

ZASLOW, I. M. (Hrsg.): Veterinary trauma and critical Care. Lea & Febiger, Philadelphia.

7. Antimikrobielles Regime und Grundzüge der operativen Technik

(E.-G. GRÜNBAUM und E. SCHIMKE)

Zu den Voraussetzungen für den Erfolg tierärztlicher Operationen und Behandlungen in veterinärmedizinischen Kleintiereinrichtungen gehören u. a.:

- das antimikrobielle Regime,
- die prä-, intra- und postoperative Patientenversorgung,
- die Grundausstattung für Operationen,
- die Operationstechnik.

7.1. Das antimikrobielle Regime

Das antimikrobielle Regime dient der Gewährleistung einer wirksamen Operations- und Behandlungshygiene in veterinärmedizinischen Kleintiereinrichtungen zur Vermeidung oder Bekämpfung eines Hospitalismus. Es umfaßt wichtige Maßnahmen des Schutzes der Mitarbeiter und Patienten vor Infektionen, Unfällen und Vergiftungen (WEUFFEN et al. 1982).

Unter dem Begriff **Hospitalismus** sind nach WEUFFEN et al. (1980) Schäden physischer und psychischer Natur zusammengefaßt, die durch Inanspruchnahme einer Gesundheitseinrichtung, also durch prophylaktische, diagnostische, therapeutische, pflegerische oder metaphylaktische Maßnahmen entstehen. Sinngemäß gilt diese Definition auch für die Veterinärmedizin (HUSSEL und GRUBE, 1974 WEUFFEN et al. 1980).

Nach seinen Ursachen wird der Hospitalismus unterteilt in den infektiösen (Krankheitserreger), traumatischen (Verletzungen, Unfälle), chemischen (chemische Schadstoffe) und physikalischen (physikalische Umweltfaktoren) Hospitalismus.

Im Rahmen der Behandlungs- und Operationshygiene ist der **infektiöse Hospitalismus**, die Hospitalinfektion, von besonderem Interesse. Man hat darunter in veterinärmedizinischen Kleintiereinrichtungen erworbene exogene oder endogene Wund- und Allgemeininfektionen zu verstehen, die durch krankheits- oder therapiebedingte Resistenzminderung, durch Anhäufung virulenter und/oder chemotherapieresistenter Erreger und durch erhöhte Kontakt- und Übertragungsmöglichkeiten begünstigt werden (WEUFFEN et al. 1980).

Als Infektionsquellen kommen die Tierärzte und ihre Mitarbeiter (Pflegepersonal, Operationsgruppe), die Behandlungs-, Operations- und übrigen Funktionsräume mit ihren Einrichtungsgegenständen, Staub und Schmutz, Waschbecken, Handtücher, Desinfektionslappen, Türklinken, Schrankgriffe, Arzneimittelflaschen, Instrumente, medizintechnische Geräte usw. in Frage. Das größte Keimreservoir ist aber in der Regel das erkrankte Tier selbst.

Nach SCHMITT (1979) waren die hauptsächlichsten Hospitalismuserreger bis in die Mitte der sechziger Jahre Streptokokken und Staphylokokken. Dann setzte ein Erregerwechsel zur gramnegativen Seite hin ein, so daß nunmehr *Escherichia coli, Proteus* und *Pseudomonas aeruginosa* sowie die anaeroben Clostridien vorherrschen. Damit ist neben Wundinfektionen und Septikämien auch mit einer Endotoxinämie, dem septischen Schock, zu rechnen.

Da allgemeine und lokale Antibiotikagaben im Kampf gegen Hospitalinfektionen mehr oder weniger unwirksam bleiben, richten sich die Antihospitalismus-Maßnahmen nach SCHMITT (1979) auf die

- Beseitigung der Infektionsquellen (Erregerreservoire),
- Unterbindung der iatrogenen, instrumentellen, apparativen oder sonstigen Erregerübertragung,
- Stärkung immunbiologischer Widerstandskräfte des Patienten.

Der Kampf gegen den infektiösen Hospitalismus ist also weniger ein bakterielles als ein hygienisches Problem (Schmitt 1979). Er ist Ursache, Zielstellung und Begründung für ein komplexes antimikrobielles Regime in veterinärmedizinischen Kleintiereinrichtungen, ohne das tierärztliche Behandlungen und Operationen in heutiger Zeit undenkbar sind.

Zum antimikrobiellen Regime gehören:

– die Keimzahlreduzierung,
– die Desinfektion,
– die Sterilisation.

7.1.1. Keimzahlreduzierung

Sie stellt nach Hussel und Grube (1974) die unterste Stufe aller keimwidrigen Maßnahmen dar und ist besonders dort, wo Verschmutzungen aller Art den Erfolg von Desinfektion und Sterilisation beeinträchtigen können, eine unerläßliche Vorbedingung für alle weiteren Verfahren des antimikrobiellen Regimes. Zu ihr zählen:

– Reinigungsmaßnahmen,
– Reinhaltungsmaßnahmen,
– UV-Strahlen zur Raumluftentkeimung,
– Antiseptik.

Unter **Reinigungsmaßnahmen** sind Handlungen zu verstehen, die eine Verschmutzung beseitigen und damit in Zusammenhang stehende Erregerbesiedlungen vermindern. Als *Grobreinigung* wird die mechanische Beseitigung anorganischer und organischer Verschmutzungen bezeichnet. Demgegenüber ist die Reinigung mit keimreduzierenden Komponenten eine *Spezialreinigung*. Hierbei enthält das Trägermedium (z.B. Wasser) keimwidrig wirkende Stoffe, z.B. spezielle Wasch- oder Desinfektionsmittel. Zur Desinfektion kommt es aber nicht, weil Konzentration und Einwirkungszeit nicht genügen (Hussel und Grube 1974).

In veterinärmedizinischen Kleintiereinrichtungen müssen alle Funktionsräume (Wartezimmer, Behandlungs-, Röntgen- und Operationsräume) vor der Desinfektion zunächst gereinigt werden. Dabei hat es sich bewährt, den in großer Menge anfallenden Schmutz (Sand, Haare) mit einem kräftigen Staubsauger wegzusaugen und dadurch die beim Auffegen unvermeidliche Staubentwicklung zu verhindern. Danach sollte sich als Spezialreinigung das Aufwischen mit einem keimwidrigen Desinfektionsmittelzusatz zum Wischwasser anschließen, bevor wirksam desinfiziert wird. Die Reihenfolge sieht somit vor:

Grobreinigung → Spezialreinigung → Desinfektion.

Zu den **Reinhaltungsmaßnahmen** sind alle Verfahren zu zählen, die der Aufrechterhaltung eines keimzahlreduzierten Zustandes dienen. Hierzu gehören:

– Distanzierung,
– keimzahlvermindernde Imprägnierung,
– Aseptik.

Bei der *Distanzierung* wird von kontaminierten oder infizierten bzw. Kontaminations- oder infektionsgefährdeten Objekten bewußt Abstand gehalten. Dies ist z.B. für das aktive Operationspersonal von Bedeutung, das vor beabsichtigten Operationen keine eiternden Wunden, verschmutzte Haut- oder Haarbereiche, Maulhöhlen (z.B. beim Intubieren), Exkremente usw. berühren sollte. Ist dies personalbedingt unvermeidbar, sind Gummihandschuhe zu tragen. Der Distanzierung dienen auch Schwenkhähne an Waschbecken, Tretmechanismen an Abfalleimern, Einwegmaterialien, Pinzetten oder andere Instrumente u.a.m.

Keimzahlreduzierende Imprägnierungen sind beispielsweise auf Fußbodenbelägen möglich oder durch Behandlung mit keimzahlverminderndem Bohnerwachs zu erreichen.

Die *Aseptik* hat in der Kleintierchirurgie sehr große Bedeutung. Man versteht darunter alle Maßnahmen, die durch Einhaltung möglichst steriler Arbeitsbedingungen der Verhütung von Wundinfektionen dienen (Weuffen et al. 1972). Aseptik bedeutet somit das Fernhalten jeglicher Infektionserreger von Operationswunden, und zwar durch konsequente Keimfreiheit aller mit ihnen in Berührung kommenden Dinge, wie Abdecktücher, Instrumente, Tupfer, Verbandstoffe, Hände der Operateure usw. Ein gründlich gereinigter und desinfizierter, aseptischer Operationsraum, das Abdecken der zu operierenden Patienten einschließlich des gesamten Operationstisches mit steriler Plastikfolie und sterilen Abdecktüchern, eine wirksame chirurgische Hände- und Operationsfelddesinfektion, das Tragen von sterilen Operationsmützen, Mundtüchern, langärmeligen Operationskitteln und Gummihandschuhen und eine kontrollierte Sterilität der für Operationen verwendeten Instrumente, Medikamente

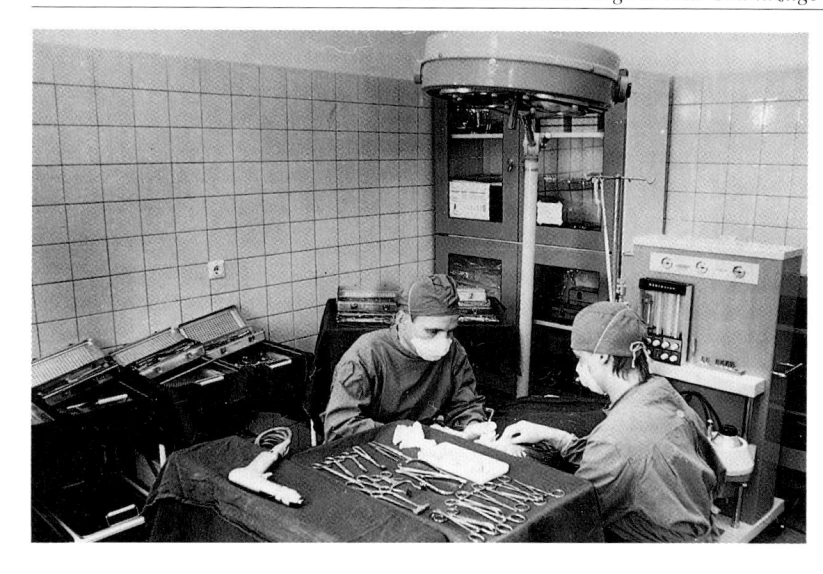

Abb. 7.1. Aseptischer Operationsraum mit steril abgedecktem Patienten (sterile Plastikfolie über dem ganzen Tier und darüber ein steriles Operationstuch), steril gekleideter Operationsgruppe und mit sterilen Tüchern belegten Instrumententischen. Einsatz einer fahrbaren Stativ-Operationsleuchte mit sterilem Griff.

(Wundspüllösungen) und Verbandstoffe sind dafür Vorbedingung (Abb. 7.1.).

UV-Strahlen wurden zur Keimzahlreduzierung in der Raumluft von Räumen mit erhöhtem hygienischem Risiko gern eingesetzt. Sie werden heute wegen ihrer Ozonbildung nicht mehr verwendet. UV-Strahler als Luftentkeimungsgeräte sind in Form von Pendel-, Stativ- oder Wandmodellen im Handel. Bewährt haben sich die Pendelstrahler, die – an der Raumdecke angebracht – ca. 45,0 m^3 Raumluft in 4–5 Stunden Dauerbetrieb entkeimen. Sind sie zur Decke gerichtet, resultiert eine UV-Indirektbestrahlung. Das erfordert einen möglichst die UV-Reflexion reduzierenden Deckenanstrich (Latex, helle Leimfarben), ermöglicht aber die kurzzeitige Anwesenheit von Menschen im Raum, was bei einer UV-Direktbestrahlung (UV-Strahler nach unten gedreht) ohne Schutzbekleidung nicht gestattet ist. Bakterien sind gegenüber UV-Strahlen empfindlicher als Viren, für die nach KEWITSCH und FRANKOVÁ (1974) die Kinetik der Inaktivierung dennoch einer Reaktion 1. Ordnung entspricht.

Die keimreduzierende Wirkung der UV-Strahlen beschränkt sich auf die Raumluft, nicht auf sedimentierte Erreger an den Oberflächen von Einrichtungsgegenständen (KOVÁCS et al. 1978). Es ist zu beachten, daß UV-Strahler altern und damit an Wirksamkeit verlieren. Eine mindestens einmal jährliche Überprüfung durch den Hersteller ist anzuraten.

Die **Antiseptik** umfaßt als letztes Verfahren der Keimzahlreduzierung die Anwendung mikrobiostatisch wirksamer Präparate auf der Körperoberfläche von Mensch und Tier zur Bekämpfung möglicher Krankheitserreger. Sie gehört zur täglichen Praxis der veterinärmedizinischen Kleintierbetreuung, wobei eine große Anzahl von Stoffen, Zubereitungen und Präparaten (Arznei- oder Tierarzneifertigwaren, Gesundheitspflegemittel) als sog. Antiseptika mit guter Haut-, Wund- oder Schleimhautverträglichkeit eingesetzt werden. Zielstellung antiseptischer Maßnahmen ist die Verminderung und möglichst anhaltende Vermehrungshemmung potentieller Krankheits- und Wundinfektionserreger auf der Körperoberfläche zur Verhinderung einer Infektion, Entzündung oder Eiterung (HUSSEL und GRUBE 1974, WEUFFEN et al. 1981).

Als besondere Formen der Antiseptik haben die hygienische und die antiseptische Händewaschung praktische Bedeutung.

Die *hygienische Händewaschung* sollte zu Arbeitsbeginn und -ende, vor und nach Essenpausen, nach einer Toilettenbenutzung und nach starker Händeverschmutzung erfolgen. Sie beansprucht Sorgfalt und muß mindestens 30 Sekunden andauern, wobei unter fließendem, warmem Wasser Hände und Unterarme mit hautschonenden Seifen auf der Basis von Tensidgemischen gereinigt und abschließend mit Einmalgebrauchshandtüchern getrocknet werden.

Die *antiseptische Händewaschung* ist ein besonderes Verfahren der hygienischen Händewaschung und unterscheidet sich von dieser lediglich durch die Verwendung von Seifen mit antiseptischen Zusätzen.

Nach einem mutmaßlichen Kontakt mit Infektionserregern reicht die hygienische und/oder antiseptische Händewaschung nicht aus. Dann ist die hygienische Händedesinfektion indiziert (s. S. 155). Voraussetzung für jede Händereinigung mit keimzahlreduzierender oder desinfizierender Wirkung ist eine physiologisch intakte Hautoberfläche. Der Schutz und die Pflege der Hände und Unterarme sind deshalb berufliche Pflicht, ebenso wie das Ablegen von Uhren, Ringen oder anderen Schmuckgegenständen während der Arbeitszeit (WEUFFEN et al. 1982).

7.1.2. Desinfektion

Die Desinfektion ist durch eine stärkere keimwidrige Wirkung gekennzeichnet als die Verfahren der Keimzahlreduzierung. Sie ist ein wichtiger Bestandteil des antimikrobiellen Regimes in veterinärmedizinischen Kleintiereinrichtungen. Desinfizieren bedeutet, Infektionserreger auf totem oder lebendem Material durch germizide (keimtötende) Mittel bzw. Verfahren abzutöten oder soweit zu schädigen, daß sie nicht mehr infektiös sind (HUSSEL und GRUBE 1974, WEUFFEN et al. 1982). Man unterscheidet physikalische und chemische Desinfektionsverfahren, deren Art und Anwendung sich nach den technischen Möglichkeiten, dem zu desinfizierenden Objekt und den Krankheitserregern richten.

Zu den **physikalischen Desinfektionsverfahren** gehören die Dampf- und die Strahlendesinfektion. Die *Dampfdesinfektion* ist sehr wirksam und evtl. in stationären Abteilungen von Kleintiereinrichtungen denkbar. Dabei wird auf vorher gereinigte Fußböden, Wände und Decken Wasserdampf verbracht. Zur *Strahlendesinfektion* werden UV-, Beta- oder Gammastrahlen verwendet (WEUFFEN et al. 1982).

Die **chemischen Desinfektionsverfahren** sind allgemein vorherrschend. Sie können nur erfolgreich sein, wenn die vorherige Reinigung sorgfältig erfolgte und die Wirksamkeit der Desinfektionsmittel wenig durch organische Bestandteile oder Seifen beeinträchtigt wird.

Die *Desinfektionsmittel* unterteilt man in Alkalien (z. B. Natronlauge, Kalilauge, Ätzkalk), Säuren (z. B. Peressigsäure), Aldehyde (z. B. Formaldehyd), Oxydantien (z. B. Chlorkalk), Phenole und Phenolderivate (Phenol, Kresol) und Tenside (z. B. quartäre Ammoniumverbindungen). Ihre Wirkung auf die große Zahl der unterschiedlichsten Krankheitserreger ist verschieden und stark abhängig von ihrer Konzentration und Einwirkungszeit.

Zur Auswahl geeigneter Präparate ist auf Spezialliteratur bzw. auf die jeweils gültige Liste der zugelassenen Desinfektionsmittel bei der Verhütung und Bekämpfung von Tierseuchen und Parasitosen zu verweisen.

Nach den *Desinfektionsaufgaben* unterscheidet man

– Flächendesinfektion,
– Wäschedesinfektion,
– hygienische Händedesinfektion,
– chirurgische Händedesinfektion,
– Haut- und Operationsfelddesinfektion,
– Instrumenten- und Spritzendesinfektion,
– Gerätedesinfektion,
– Desinfektionskontrolle.

Die **Flächendesinfektion** erfaßt alle Flächen eines Raumes, wie z. B. Fußböden, Wände, Türen, Türklinken, Fensterbretter, Einrichtungsgegenstände, Waschbecken, Behandlungs- und Operationstische. Dies erfolgt in der Regel in Form einer Scheuer- oder Wischdesinfektion, ist aber auch als Sprühdesinfektion (z. B. in Stallungen) möglich.

Die Auswahl der Präparate richtet sich nach den zu bekämpfenden Erregern. Bewährt haben sich die bakterien- und viruswirksamen Desinfektionsmittel (LUTZ 1987).

In veterinärmedizinischen Kleintiereinrichtungen muß virus- und bakterienwirksam, möglichst unter Verwendung der Zwei-Eimer-Methode, desinfiziert werden. Letztere besagt, daß frische Desinfektionslösung mit einem Aufwischlappen aus einem Eimer entnommen und nach Gebrauch als schmutzige Lösung durch Auswringen des Lappens in einen zweiten Eimer verbracht und dann verworfen wird.

Bei normaler Beanspruchung der Funktionsräume ist eine Reinigung der Fußböden, Türklinken, Schrankgriffe und Waschbecken mit anschließender Desinfektion ein- bis zweimal täglich erforderlich. Das hängt von der Dauer der Sprechstunden, der Zahl der Patienten und deren wetterbedingtem Fellzustand ab. Wände, Türen, Fensterbretter und Einrichtungsgegenstände sind in der Regel einmal pro Tag, die Behandlungstische nach jedem Patienten zu desinfizieren. Bei der Tischdesinfektion ist besonderer Wert auf eine Bakterien- und Viruswirksamkeit und auf eine regelmäßige Erneuerung der Wischlappen zu legen.

Kleintiereinrichtungen sind stark ektoparasitengefährdet. Deshalb ist eine Fußbodenbehand-

Abb. 7.2. Desinfektionsmittelspender.

lung mit antiparasitär wirkenden Mitteln (z.B. organische Phosphorsäureverbindungen) mindestens einmal wöchentlich zu empfehlen. Sie ist in erster Linie gegen Flöhe gerichtet. Da sich deren Larven mit Puppenkokons besonders in Fußbodenritzen entwickeln, sind baulich einwandfreie Fußböden (Fliesen, verschweißter Fußbodenbelag) mit intakter Oberfläche eine wirksame Prophylaxe (auch gegen Hospitalismus). Die Entwicklungsstadien der Flöhe werden nach MIELKE (1974) auch durch Grobdesinfektionsmittel auf Kresolbasis abgetötet.

Eine **Wäschedesinfektion** für die Berufs- und Operationswäsche erfolgt bei normaler Verschmutzung nicht bzw. durch maschinelles Waschen. Befinden sich Blut- oder Eiterflecke auf der Wäsche, sollte sie vor dem Waschen 24 Stunden in kalte Desinfektionslösung eingelegt und darin vorgewaschen werden.

Eine **hygienische Händedesinfektion** ist nach jedem Kontakt mit infektiösem oder potentiell infektiösem Material durchzuführen. Dabei ist die Reihenfolge:

Desinfizieren → Reinigen.

Das Händedesinfektionsmittel sollte möglichst einem Desinfektionsmittelspender (Abb. 7.2.) zu entnehmen sein. Geeignete Präparate sind 70%iges Ethanol, alkoholhaltige bzw. -artige Desinfektionsmittel u.a.m. Die Einwirkungszeit muß jeweils mindestens 1,0 Minute betragen.

Die **chirurgische Händedesinfektion** gehört zu jedem chirurgischen Eingriff. Hierbei ist die Reihenfolge:

Reinigen → Desinfizieren.

Nach WEUFFEN et al. (1982) ist die moderne Einreibmethode zu empfehlen, die folgendes vorsieht:

– Hände- und Unterarmreinigung unter fließendem, warmem Wasser mit weicher Bürste und Toiletten- oder antiseptischer Seife unter Beachtung der Fingernägel; 5,0 min
– Abtrocknen mit sterilem Handtuch
– Desinfektion von Händen und Unterarmen durch ständige Waschbewegungen bei ausreichender Benetzung mit dem Desinfektionsmittel aus einem Desinfektionsmittelspender (s.o.); 2,0 min
– Desinfektion der Nagelbereiche mit steriler Bürste; 1,0 min
– erneute Hände- und Unterarmdesinfektion; 2,0 min

Die chirurgische Händedesinfektion ergibt keine absolute Keimfreiheit. Deshalb ist es erforderlich, bei operativen Eingriffen sterilisierte Gummihandschuhe zu tragen.

Die **Haut- und Operationsfelddesinfektion** ist ein sehr wichtiger Bestandteil des antimikrobiellen Regimes vor Operationen. Die Reihenfolge ist hierbei:

Rasieren → Reinigen → Desinfizieren.

Zunächst wird die Haut im Operationsbereich großzügig bei sparsamer Seifen- und Wasseranwendung rasiert und anschließend mit Ether, Waschbenzin oder Alkohol gründlich gereinigt. Dazu sollten bereits sterile Tupfer Verwendung finden. Die Desinfektion erfolgt durch mehrmaliges Abreiben des Operationsfeldes von dem beabsichtigten Schnittbereich zur Peripherie hin mit sterilen, in Desinfektionslösung getränkten Tupfern, bei einer Einwirkungszeit von mindestens 2,0 Minuten (WEUFFEN et al. 1982). Sehr bewährt haben sich zur sterilen Abdeckung des Operationsfeldes industriell sterilisierte und steril verpackte Operationsabdeckfolien aus Polyethylen in den Größen 40,0 × 40,0 cm oder 40,0 × 60,0 cm. Sie werden mit einem Klebstoff fest auf die rasierte, gereinigte und desinfizierte Haut aufgeklebt und nach Abschluß der Operation mechanisch entfernt.

Auch vor Injektionen, Punktionen, Blutabnahmen oder Impfungen sind eine Hautreinigung (wenn erforderlich) und eine Hautdesinfektion durchzuführen. Hierfür eignen sich Sprays (Dosieraerosole), wenn der Desinfektionsmittelsprühstoß durch das Haarkleid auf die Haut der Tiere appliziert und die vorgeschriebene Einwirkungszeit von 1 Minute realisiert wird.

Eine **Instrumenten- und Spritzendesinfektion** ist nur erforderlich, wenn eine Kontamination mit Krankheitserregern zu vermuten ist bzw. vorliegt. Ansonsten werden Instrumente, Spritzen und Kanülen des täglichen Sprechstundenbedarfes gereinigt und sterilisiert (s. S. 157) bzw. Einmalgebrauchsartikel verwendet. Die Reihenfolge ist:

Desinfizieren → Reinigen → Sterilisieren.

Vor der Desinfektion müssen grobe Verunreinigungen (Blut, Eiter) durch Abspülen oder Durchspülen mit Desinfektionslösung beseitigt werden. Dann sind Instrumente und Spritzen soweit wie möglich auseinanderzunehmen und unter Beachtung eines vollständigen Oberflächenkontaktes (keine Luftblasen in Spritzenzylindern) in Desinfektionslösung einzulegen, wobei die Einwirkungszeit erst beginnt, wenn sich das letzte Instrument in der Lösung befindet. OCKENS und ANDREASSEN (1979) erprobten mit sehr gutem Erfolg das Präparat „Aldosan 2000" (1,0–2,0%/2,0–30,0 min).

Nach Ablauf der vorgeschriebenen Einwirkungszeit sind die Instrumente, Spritzen und Kanülen mit warmen Waschlösungen bei 40,0 °C zu reinigen, mit Leitungswasser abzuspülen, abzutrocknen und anschließend zu sterilisieren. Ein Auskochen, auch mit desinfizierenden Zusätzen, ist nur eine Methode der Desinfektion und keine Sterilisation (HEINRICH und STEIGER 1974).

Die **Gerätedesinfektion** wird notwendig, wenn Material und konstruktive Gestaltung eine Sterilisation nicht zulassen. Das betrifft z. B. optische Geräte (Endoskope), Narkosegeräte u. a. m. Da sie aber ebenso wie chirurgische Instrumente dekontaminiert werden müssen, ist auf Verfahren der Keimzahlreduzierung und Desinfektion zurückzugreifen.

Während die mit dem Patienten in Berührung kommenden Teile optischer Geräte noch weitestgehend sterilisierbar sind, ist dies bei Narkosegeräten nicht der Fall. Ihre kontaminationsgefährdeten Teile gehören hauptsächlich zum Atemkreislaufsystem und bestehen zum großen Teil aus empfindlichem Gummi, dessen antistatische Eigenschaften die üblichen Verfahren der Sterilisation nicht vertragen.

Als mögliche Infektionsquellen sind bei Narkosegeräten die Geräteoberfläche und das Atemkreislaufsystem zu berücksichtigen. Der Umfang erforderlicher Hygienemaßnahmen hängt von dem funktionsbedingten mikrobiellen Kontaminationsgrad ab. STOBER et al. (1981) haben Kontaminationsmessungen durchgeführt und fordern auf der Grundlage ihrer Erkenntnisse:

- eine Dekontaminierung der Geräteoberfläche mit Hilfe der bekannten antimikrobiellen Verfahren der Flächendesinfektion (Wischdesinfektion);
- eine Entkeimung des Atemkreislaufsystems durch Sterilisation der Intratrachealkatheter sowie der demontierbaren Metall- und Glasteile (Autoklav) und Desinfektion der antistatischen Gummi- und Plastikteile.

Während nach jeder Narkose Y-Stück, Exspirationsschlauch und Exspirationsventil gegen hygienisch aufbereitete auszutauschen sind, können der CO_2-Absorber bis zur Erschöpfung der Absorberfunktion und Volumeter wie Beatmungsdruckmesser ohne Dekontaminationsmaßnahmen eingesetzt werden. Eine gründliche Reinigung und Desinfektion der Geräteoberfläche und des Atemkreislaufsystems sollten am Ende eines jeden Operationstages erfolgen.

Zur Desinfektion der empfindlichen Gummi- und Plastikteile eignet sich nach KLINGEBIEL (1981) z. B. die Peressigsäure (0,5%/10 min) bei Beachtung eines ständigen Oberflächenkontaktes und der Notwendigkeit des Nachspülens mit sterilem, destilliertem Wasser. Sterilisierte und desinfizierte Narkosegeräteteile sind unter Schutz vor erneuter Kontamination zu lagern und unmittelbar vor Gebrauch mit sterilen Gummihandschuhen zu montieren (STEIGER 1974).

Nach STEIGER (1974) verfügen große humanmedizinische Anästhesieabteilungen über die Möglichkeit der Narkosegerätesterilisation mittels Gasumflutung und -durchspülung.

Eine **Desinfektionskontrolle** soll die Realisierung und Wirksamkeit der angewiesenen Desinfektionsmaßnahmen überprüfen. Sie liegt im Verantwortungsbereich des Leiters der veterinärmedizinischen Kleintiereinrichtung bzw. der von ihm beauftragten leitenden Mitarbeiter. Im einzelnen sind zu kontrollieren:

- die ordnungsgemäße und zeitgerechte Durchführung der Reinigungs- und Desinfektionsmaßnahmen mit Einhaltung der verbindlichen Desinfektionsmittelkonzentrationen und -einwirkungszeiten;
- die ausschließliche Verwendung zugelassener Desinfektionsmittel;
- der Kontaminationsgrad von Oberflächen in den Funktionsräumen.

Da dies erheblichen bakteriologischen Untersuchungsaufwand mit Verwendung von Indikatorkeimen (z. B. Salmonellen, *Staphylococcus aureus*, *Escherichia coli*, *Pseudomonas aeruginosa*, *Clostridium perfringens*) voraussetzt, wird es gar nicht bzw. in Form vereinfachter Screeningmethoden nur selten durchgeführt. Ein zwei- bis dreijähriger Kontrollrhythmus ist aber anzustreben (WÖRNER und SEIDEL 1973, MIELKE 1975, KÖHLER et al. 1978, SONNENBURG und SCHMIDT 1982).

7.1.3. Sterilisation

Veterinärmedizinische Sterilisationsaufgaben und -verfahren unterscheiden sich kaum von denen der Humanmedizin. Sie umfassen die Vorbereitung des Sterilisiergutes, die Durchführung und Überwachung der Sterilisation, die Entfernung von Rückständen und die Sterilhaltung des Gutes bis zu seiner Anwendung. Als steril dürfen Gegenstände, Stoffe und Zubereitungen nur bezeichnet werden, wenn sie frei von lebensfähigen Formen von Mikroorganismen sind. Unter Sterilisation ist somit „die Abtötung aller vegetativen Formen und aller Dauerformen von pathogenen und apathogenen Mikroorganismen" zu verstehen.

Im Rahmen des antimikrobiellen Regimes veterinärmedizinischer Kleintiereinrichtungen nimmt die Sterilisation als Voraussetzung für die Aseptik (s. S. 152) bei Operationen und Behandlungen einen sehr bedeutenden Platz ein.

Zur Vorbereitung des Sterilisiergutes gehören: Desinfektion (bei Erregerkontamination), Reinigung, Spülung, Trocknung, Prüfung auf Funktionsfähigkeit, bedarfsgerechte Zusammenstellung (Operationsbestecke, Sets), Verpackung. Von einer guten Vorbereitung ist der Sterilisationserfolg weitestgehend abhängig. Das Sterilisiergut muß so in den Nutzraum des Sterilisators gelegt werden, daß das wirksame Prinzip (gespannter, gesättigter Wasserdampf oder erhitzte, trockene Luft) optimalen Zutritt zu ihm hat (kurze Ausgleichzeit). Beim Nichteinhalten geforderter Parameter oder bei Unterbrechung der Sterilisation (z. B. infolge Energieausfall) ist sie zu wiederholen. Ebenso wie über die Desinfektion sollte auch über die Sterilisation eine Dokumentation geführt werden (BERGMANN und HARTMANN 1982, WEUFFEN et al. 1982).

Die Sterilisationsverfahren unterteilen sich nach WEUFFEN et al. (1982) in:

- Hitzesterilisation,
- Gassterilisation,
- Naß- oder chemische Sterilisation,
- Strahlensterilisation,
- Überwachung der Sterilisation.

Die **Hitzesterilisation** gilt noch immer als sicherstes Sterilisationsverfahren. Ihre Wirkung beruht auf der Koagulierung und somit irreversiblen Denaturierung des Eiweißes der Mikroorganismen. Sie besteht aus mehreren Phasen:

- der Anheiz- oder Erwärmungszeit (Zeit vom Einschalten des Gerätes bis zum Erreichen der Abtötungstemperatur im Inneren des Nutzraumes):
- der Ausgleichzeit (Zeit vom Erreichen der Abtötungs- oder Betriebstemperatur im Nutzraum bis zur gleichmäßigen Durchwärmung des Sterilisiergutes);
- Einwirkungs- oder Sterilisierzeit (Zeit der Erregerabtötung; setzt sich zusammen aus: Ausgleichzeit – Abtötungszeit – Sicherheitszuschlag);
- Abkühlzeit (Zeit vom Ausschalten des Gerätes bis zum Abfall der Temperatur auf einen festgelegten Wert).

Die richtige Einhaltung der erforderlichen und vorgeschriebenen Sterilisationsphasen bzw. -zeiten, die vom Gerätetyp und von der Art, Menge und Verpackung des Sterilisiergutes abhängen, ist Grundvoraussetzung für eine erfolgreiche Sterilisation. Bei größeren Geräten sind sie programmiert.

Zur Hitzesterilisation gehören:

- die Heißluftsterilisation,
- die Dampfsterilisation,
- die Verbrennung.

Bei der *Heißluftsterilisation* haben die Sterilisatoren eine elektrische Mantelheizung, die bei einem Kammervolumen über 15,0 l Zwangsluftumwälzung erfordert. Zum Abtöten der Mikroorganismen durch trockene Hitze muß diesen erst Wasser entzogen werden, was relativ hohe, für viele Materialien (Holz, Plastik, Papier, Gummi, Textilien) unverträgliche Temperaturen voraussetzt.

Kleinere Heißluftsterilisatoren sind dort angezeigt, wo vorwiegend kleine bis mittlere Instrumentenposten sowie Spritzen und Kanülen sterilisiert werden. Das trifft z.B. für die Tagesbestecke der Kleintiersprechstunden zu. Die Temperaturhöhe ist von der Sterilisierzeit abhängig und kann sich zwischen 160,0°C und 200,0°C bewegen (z.B. 180°C/30,0 min).

Sind das instrumentelle Tagesbesteck, die Spritzen und die Kanülen nicht infiziert, brauchen sie auch nicht desinfiziert zu werden. Obwohl dies mehr Sicherheit bieten würde, besteht ihre Vorbereitung auf die Sterilisation aus Reinigung (Spritzen und Kanülen mit fettlösender Waschmittellösung durchspülen, zerlegen und ca. 10 Minuten darin auskochen), Spülung in Aqua destillata, Trocknung und Verpackung (Sterilisierbehälter, Polyester- oder Aluminiumfolie). Die Sterilisierzeit ist bei geschlossener Verpackung auf 60 Minuten bei 180°C zu erhöhen. Spritzen, die diese Temperaturen nicht vertragen, sind einer Dampfsterilisation zu unterziehen.

Das Sterilisiergut muß nach BERGMANN und HARTMANN (1982) nicht unbedingt trocken eingelegt werden (z.B. Spritzen), wenn es vorher zur Vermeidung von Rückstandsbildungen mit Aqua destillata gespült wurde und die Sterilisierzeit auf 60 Minuten bei 180°C erhöht worden ist. Der Energiemehrverbrauch für die Naßsterilisation beträgt lediglich 2%.

Zur Lagerung sterilisierter Tagesinstrumente, Spritzen und Kanülen eignen sich neben geschlossenen Metallbehältern auch Glasschalen mit Deckeln, die ebenfalls sterilisiert sein müssen. Während der Sprechstunden sind die Schalen geschlossen zu halten. Eine Entnahme darf nur mit steriler Pinzette oder Spritzenfaßzange (siehe Abb. 7.27.) erfolgen. Grundsätzlich ist für jede Injektion eine neue, sterile Kanüle zu verwenden.

Eine Zwischenlagerung von Spritzen und Kanülen in Desinfektionslösung und Wiederverwendung ohne Sterilisation ist nicht möglich (HEINRICH und STEIGER 1974). Das einfachste und sicherste Verfahren ist die ausschließliche Verwendung industriell sterilisierter Einmalgebrauchsspritzen und -kanülen.

Kleintiereinrichtungen mit umfangreicher chirurgisch-operativer Tätigkeit können Heißluftsterilisatoren auch für das chirurgische Instrumentarium verwenden. Dazu sind aber größere Heißluftsterilisierautomaten erforderlich, die mit vorsortierten oder konfektionierten Operationsbestecks (Sets) in geeigneten Sterilisierbehältern beschickt werden sollten. Da die Gefahr der Rekontamination des Sterilisiergutes bei der gebräuchlichen Lagerung im Automaten (Ansaugen keimhaltiger Außenluft während der Abkühlung) bzw. bei der Entnahme eines Bestecks sehr groß ist, fordern BERGMANN et al. (1979), BERGMANN (1980) und BERGMANN und HARTMANN (1982) die grundsätzliche Verpackung des Sterilisiergutes in geschlossenen Sterilisierbehältern (z.B. Aluminiumbüchsen) bzw. wirksamen Umhüllungen (Polyester- oder Aluminiumfolie). Das Wärmeausgleichverhalten ist bei geschlossener Verpackung durch verzögerte Wärmeübertragung gekennzeichnet. Eine konstante Sterilisierzeit von 60 Minuten bei 180°C garantiert aber die verlangte Mindesteinwirkungszeit von 15 Minuten bei 180°C.

Nach SEEBER et al. (1980) sind die Polyethylenglycoltherephthalatfolie (PETP-Folie) und das Folienschweißgerät WIS 3 HV zur Sterilverpackung hervorragend geeignet. Zur Heißluftsterilisation sind aber auch Teflon-Folie (PTFE-Folie) und Aluminiumfolie verwendbar (WEUFFEN et al. 1982). Während BERGMANN und HARTMANN (1982) eine Dampfdurchlässigkeit der PETP-Folie bei Naßsterilisation beschreiben, wird dies von WEUFFEN et al. (1982) verneint. Auch Operationstücher in 4facher Lage und Spezialpapiere sind möglich. Die Lagerfristen von Sterilgut hängen von der Verpackungsart ab und schwanken zwischen 7 Tagen und 1 Jahr (WEUFFEN et al. 1982).

Die *Dampfsterilisation* beruht auf der hitzebedingten Erregerabtötung durch gespannten, gesättigten Wasserdampf. Sie erfolgt in druckfesten, verschließbaren Kammern (Autoklaven), in denen destilliertes Wasser verdampft wird und der unter Druck stehende, gesättigte Wasserdampf das Sterilisiergut umströmt. Da den Mikroorganismen vor der Abtötung kein Wasser entzogen werden muß, ist die Sterilisierzeit kürzer und die Wirkung sicherer als bei der Heißluftsterilisation. Die Sterilisierzeit beträgt bei 121–124 °C 12 Minuten und bei 134–136 °C 36 Sekunden.

Veterinärmedizinische Kleintiereinrichtungen mit größerer chirurgischer Tätigkeit sind auf einen Autoklaven zur Sterilisation empfindlicher Instrumente (z.B. Preßluftbohrmaschinen, A0-Instrumente mit Plastikgriffen), der Gummihandschuhe (nach Größen sortiert und paarweise zwischen Filterpapier gelegt) und der Operationswäsche (Abdecktücher, Operationskittel, Abdeckfolien, Tupfer und Verbandstoffe) angewiesen.

Eine Verpackung in Schimmelbusch-Trommeln (s. Abb. 7.31.) mit Filtertuchabdeckung (von Deckel und Boden) ist keine Steril-, sondern nur eine Schutzverpackung, die eine sterile Lagerung nicht zuläßt. Auch bei sofortiger Verwendung nach Sterilisation gilt das Sterilgut als kontaminiert, wenn einzelne Teile entnommen wurden (WEUFFEN et al. 1982).

Die *Verbrennung* kann auch der Sterilisation dienen, wenn kontaminiertes, relativ wertloses Material als Infektionsquelle ausgeschaltet werden soll. Das trifft z.B. auf tollwutinfizierte Hundehütten zu, die mit anderen Mitteln nur schwer dekontaminiert werden können (HUSSEL und GRUBE 1974).

Die **Gassterilisation** ist noch ein recht selten angewandtes Sterilisationsverfahren. Sie ist für thermolabile Gegenstände geeignet, mit apparativem und arbeitstechnischem Aufwand verbunden (intensive Sterilgutvorbereitung, hohe Arbeitsschutzanforderungen) und insgesamt weniger leistungsfähig als die Hitzesterilisation. Als Sterilisiermedium hat sich das giftige und explosive Ethylenoxidgas durchgesetzt. Es erfordert Auslüftungs- bzw. Desorptionszeiten, die den Gerätepapieren zu entnehmen und einzuhalten sind. Gassterilisatoren befinden sich in einigen Kleintiereinrichtungen zur Sterilisation optischer Geräte und thermolabiler Instrumente. Das Sterilisiergut ist in Polyethylenfolie oder Sterilisierpapier zu verpacken (WEUFFEN et al. 1982).

Zur **Naß- oder chemischen Sterilisation** gehört die *Peressigsäure-Sterilisation*. Sie sollte nur speziellen Indikationen vorbehalten bleiben, weil das Verfahren keine sterilhaltende Verpackung ermöglicht, so daß die Rekontaminationsgefahr sehr groß ist.

Peressigsäure tötet alle Erreger und deren Dauerformen nach einer Einwirkungszeit von maximal 15 Minuten bei einer Konzentration von 0,2% ab (= Sterilisation). Durch ihre starke Oxydationsfähigkeit ist sie korrosionsaggressiv und unterliegt in bezug auf Transport, Lagerung und Verdünnung der Stammlösung bestimmten Vorschriften (QUEISSER 1976). Wird das Sterilisiergut nicht sofort verwendet (z.B. Implantate), kann es nicht als sterilisiert, sondern nur als desinfiziert angesehen werden (WEUFFEN et al. 1982).

Die **Strahlensterilisation** mit Elektronen- oder Gammastrahlen wird für medizinische Einmalgebrauchsgegenstände eingesetzt. Wegen der apparativen Voraussetzungen kann sie nur industriell Verwendung finden.

Eine **Überwachung der Sterilisation** obliegt in veterinärmedizinischen Kleintiereinrichtungen der Eigenverantwortung des Leiters, der jedoch eine veterinärmedizinische Untersuchungseinrichtung (z.B. Veterinäruntersuchungsamt) einbeziehen wird. Sie besteht aus:

- Überprüfung der Sterilisatoren,
- laufender Sterilisationskontrolle.

Die *Überprüfung der Sterilisatoren* ist vor ihrer Inbetriebnahme, nach Reparaturen, vor der Einführung veränderter Betriebsweisen, bei Mängelverdacht sowie in regelmäßigen Abständen von 2 Jahren erforderlich.

Die *laufende Sterilisationskontrolle* umfaßt:

- die ordnungsgemäße Vorbereitung und Durchführung der Sterilisation unter Einhaltung der Betriebsdaten (z.B. Sterilisierzeit und -temperatur);
- die Reaktion mitgeführter Sicherheitsindikatoren am Sterilisiergut (KLINGEBIEL 1981); SCHREIBER und HAJDUK (1975) empfehlen Filterpapierstreifen, getränkt in einer Mischung von 1 Teil Plasma und 2 Teilen 20%iger Glucoselösung, die sich bei Hitzeeinwirkung braun färben;
- die Lagerung des Sterilgutes;
- die Sterilisationsdokumentation pro Sterilisator;
- die Keimfreiheit des Sterilgutes bzw. die Wirksamkeit der Sterilisation über Untersuchung von mitsterilisierter Sporenerde in größeren Abständen.

Die Maßnahmen des antimikrobiellen Regimes veterinärmedizinischer Kleintiereinrichtungen werden sich in Abhängigkeit von Größe, Patientenfrequenz, Aufgabenstellung und materiell-technischen Voraussetzungen von Fall zu Fall unterscheiden. Zielstellung ist es, Patienten und Mitarbeiter vor Infektionen zu schützen. Dem dienen konsequente antimikrobielle Maßnahmen in den Einrichtungen, entsprechende Aufklärungen der Patientenbesitzer bzw. Belehrungen der veterinärmedizinischen Fachkräfte sowie wirksame Immunisierungen der Hunde gegen die wichtigsten Infektionskrankheiten.

7.2. Prä-, intra- und postoperative Patientenversorgung

Hierzu zählen u. a.:

- Unterstützung der Herz- und Kreislauffunktion, symptomatische Pharmakotherapie und allgemeine Chemotherapie,
- Schutz vor Unterkühlung,
- prä- und postoperative Diät,
- Wundversorgung und allgemeine postoperative Pflege.

Unterstützung der Herz- und Kreislauffunktion, symptomatische Pharmakotherapie und allgemeine Chemotherapie: Sofortige Operationen, ohne jegliche Vorbereitung des Patienten, sind nur bei akuter Lebensgefahr (z.B. Verblutungsgefahr) indiziert. In den meisten Fällen bleibt genügend Zeit, um den allgemeinen Zustand des Tieres, Herz- und Kreislauf-, Leber- und Nierenfunktion zu untersuchen (z.B. EKG, Blutdruckmessung, Blutstatus mit Harnstoff-, Kreatinin-, Blutzucker-, Elektrolyt-, Säure-Basen- und Enzymbestimmung) und wenn erforderlich, spezifisch und symptomatisch zu behandeln.

Bewährt hat sich bei alten, krankheitsbedingt oder durch Herz-Kreislauf-Insuffizienz geschwächten Tieren die präoperative Einleitung einer für längere Zeit angelegten Herzglykosidbehandlung (s. Abschnitt 15.2.4.). Desgleichen sollten anämische bzw. exsikkotische Patienten prä- bzw. intraoperativ mit Blut oder Blutersatz bzw. Elektrolytlösungen im Dauertropf (s. Abschnitt 8.2.) versorgt werden. Hunde mit gestörter Leber- oder Nierenfunktion sind zunächst spezifisch und symptomatisch soweit zu behandeln, bis eine Operation auch Aussicht auf Erfolg haben kann. Dabei ist zu beachten, daß oral zu applizierende Medikamente für die Dauer der Narkosewirkung nicht bzw. nur parenteral gegeben werden können.

Eine allgemeine Chemotherapie ist im Zusammenhang mit Operationen nach ROTTER et al. (1979) und SCHMITT (1979) nur zur Bekämpfung einer bevorstehenden oder ausgebrochenen Infektion, einer Bakteriämie, einer Herdstreuung (Sepsis) oder bei allgemeiner Resistenzschwäche, keinesfalls aber zur Wundinfektionsprophylaxe, indiziert. Letztere kann nur aus optimaler Operationshygiene und -technik mit postoperativem Wundschutz (Ruhigstellung) bestehen. Lokale Antibiotikagaben sind wegen der Gefahr der Resistenzbildung (nicht ausreichend lange therapeutische Konzentration) sehr umstritten. SCHMITT (1979) hält sie nur gerechtfertigt

- zur Einbringung in präformierte Hohlräume und Abszeßhöhlen,
- zur Spülung von Fisteln zwecks Keimverarmung,
- zur intraoperativen Wundspülung bei Laparotomien und Thorakotomien sowie schichtweise beim Wundverschluß im Sinne einer biologischen Antiseptik, wenn verschmutzte bzw. mit pathogenen Keimen besiedelte Körperoberflächen oder Wundgebiete vorliegen.

Die allgemeinen Grundlagen der Chemotherapie mit Dosierungsangaben sind entsprechender Spezialliteratur zu entnehmen.

Schutz vor Unterkühlung: Mit Einleitung der Narkose müssen die Patienten vor Unterkühlung geschützt werden. So ist darauf zu achten, daß bei der Rasur des Operationsfeldes das angrenzende Haarkleid trocken bleibt (Vermeiden von Verdunstungskälte), Metallplatten von Operationstischen mit desinfizierbaren Kissen oder Wärmeschutzfolien (Verbundfolie aus Aluminium und Polyester, 70 × 100 cm) gegen Wärmeableitung isoliert sind und die Tiere während des postnarkotischen Nachschlafes abgedeckt auf einer warmen Unterlage und nicht im kalten Zwinger liegen. Wenn erforderlich, sollten zusätzliche Wärmequellen, z.B. Rotlichtstrahler, eingesetzt werden.

Prä- und postoperative Diät: Zur Vermeidung bzw. zum Ausgleich eines Eiweißdefizits mit seinen negativen Auswirkungen auf die Wundheilung und die Rekonvaleszenz der Tiere ist auf eine optimale Ernährung vor und nach operativen Eingriffen zu achten (s. S. 88).

Wundversorgung, Verbandstechnik und postoperative Pflege: Die Wundversorgung erfolgt nach den Regeln der allgemeinen Chirurgie (ROMATOWSKI 1989). Es hat sich bewährt, Operationswunden durch fetthaltige Salben geschmeidig zu halten und die Heilungsvorgänge durch tägliche Rotlichtbestrahlungen (s.S.55) zu fördern.

Postoperative Wundheilungsstörungen sind durch eine multifaktorielle Genese gekennzeichnet. Die größte Bedeutung haben Wundinfektionen als Folge von Fehlern im antimikrobiellen Regime (Desinfektion, Sterilisation), bei der operativen Technik (zu großes Operationstrauma, mangelhafte Blutstillung, ungünstige Schnittführung und Nahttechnik, ungeeignetes Nahtmaterial) und bei der postoperativen Wundpflege (mangelhafter Schutz vor Verschmutzung und Fremdeinflüssen, Fliegenlarvenbefall) (RIBBECK et al. 1979, SCHWETLING 1980, SENST et al. 1981, ROMATOWSKI 1989). Aber auch *mechanische Wundstörungen* (zu starker Verbandsdruck mit Beeinträchtigung der Blutzirkulation, Leck- und Kratzirritationen) kommen in Frage (SEDLARIK 1974) ebenso wie *wundferne Faktoren*. Zu ihnen zählen prädisponierende Komponenten (biologisches Alter, niedrige Umgebungstemperaturen, allgemeine Bindegewebsschwäche, Hypoproteinämien, Leberparenchymschäden, maligne Grundleiden), biochemisch-endokrine Faktoren (Veränderungen im Blutgerinnungssystem, Störungen der Fibrin- und Kollagenbildung durch Verminderung der Gerinnungsfaktoren und des Fibri-

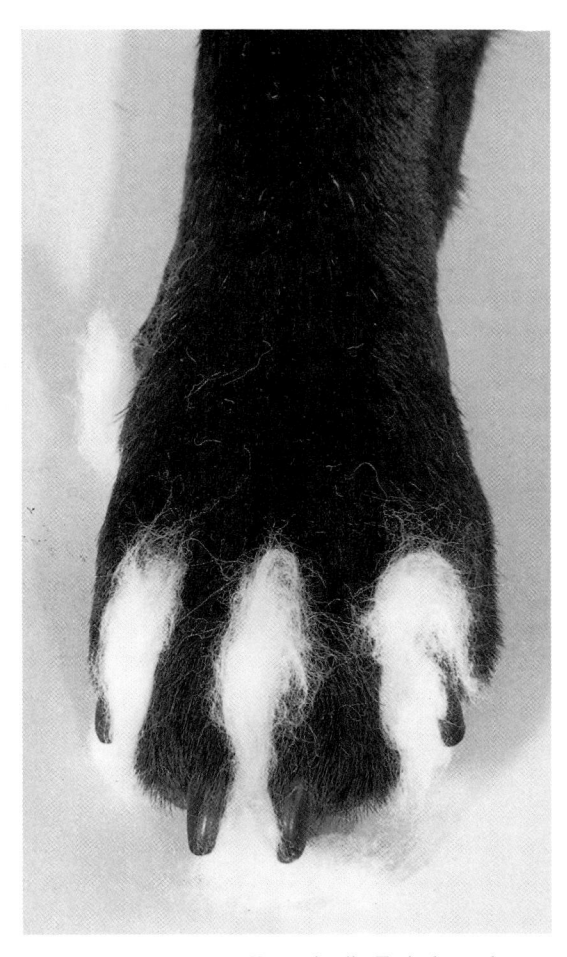

Abb. 7.3. Einlegen von Watte in die Zwischenzehenbereiche vor Anlegen eines Fußverbandes zur Vermeidung von Druck- oder Scheuerstellen.

Abb. 7.4. Fertig angelegter und durch Leukoplaststreifen gesicherter Verband.

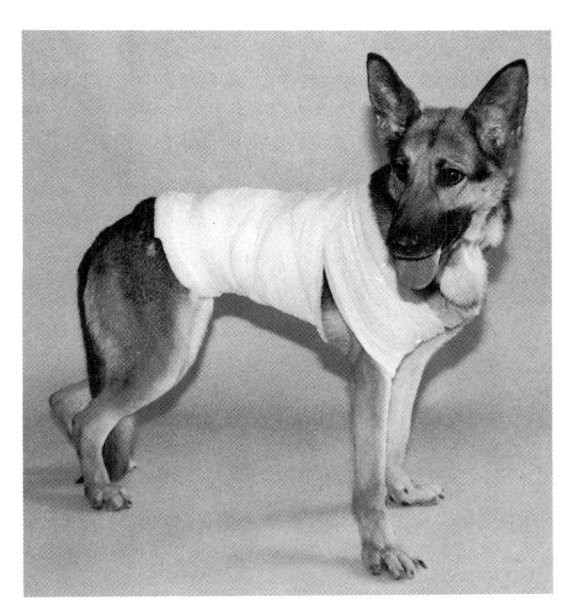

Abb. 7.5. Gut mit Zellstoffbinden gepolsterter Bauchverband in Kombination mit Widerristsattelverband.

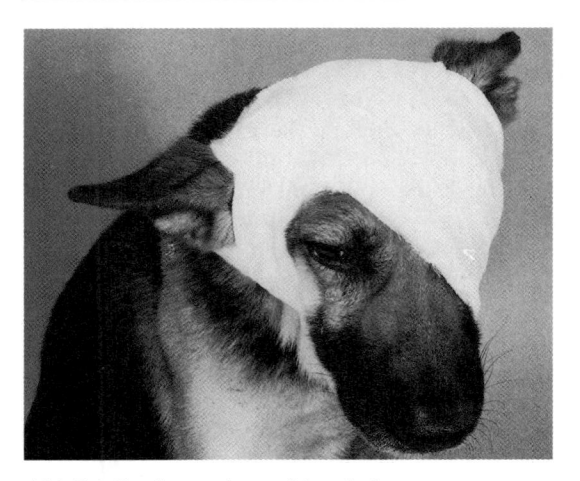

Abb. 7.6. Fertig angelegter Monokulus.

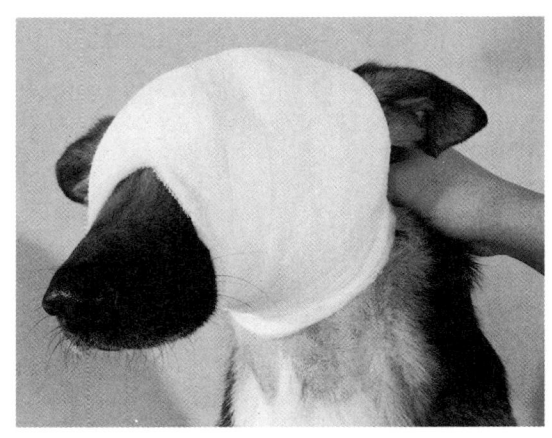

Abb. 7.7. Fertig angelegter Binokulus. Zusätzliche Sicherung durch Leukoplaststreifen ist anzuraten.

nogengehaltes, Vitamin-C-Mangel, Störung im Elektrolyt- und Flüssigkeitshaushalt, Sauerstoffmangel durch Anämie oder Blutzirkulationsstörungen usw.) und eventuelle pharmakologische Faktoren (Corticoidtherapie mit katabolen Wirkungen) (BORCHERT et al. 1978, LORENZ 1979, RAHFOT 1982, REDING und RIEMER 1982).

Treten Anzeichen von Wundheilungsstörungen auf (verstärkte Sekretion, Umgebungsentzündung, partielle Nahtdehiszenzen), ist nach LORENZ (1979) besonders bei Laparotomiewunden

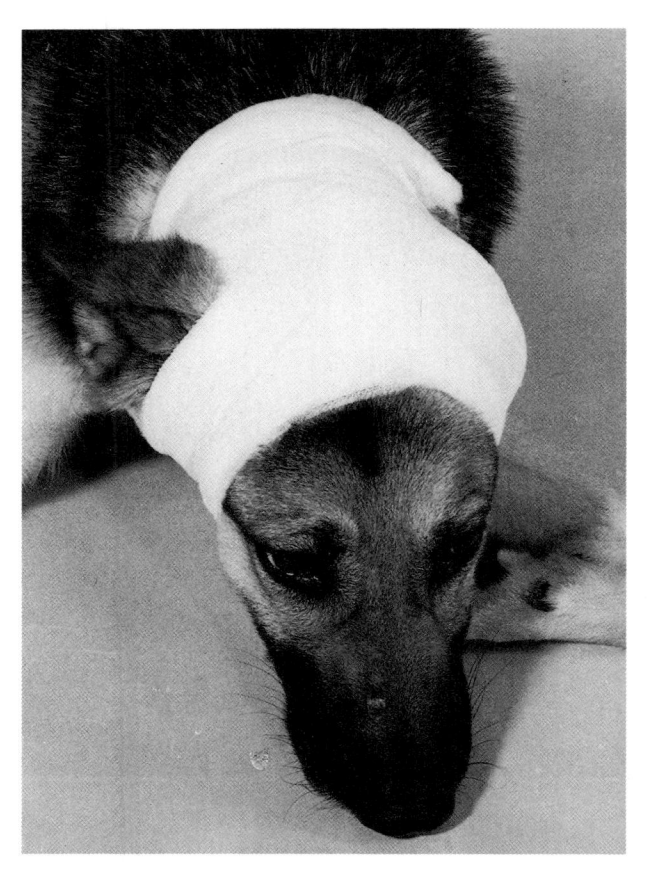

Abb. 7.8. Einseitiger Ohrverband.

7. Antimikrobielles Regime und Grundzüge der operativen Technik

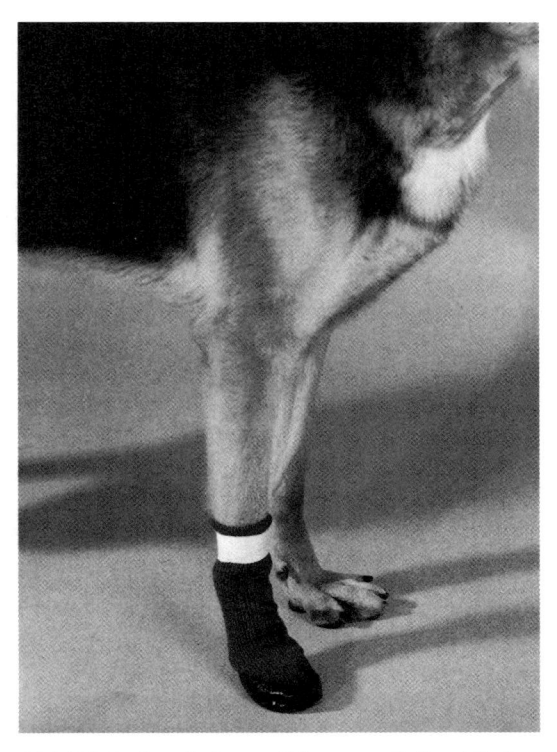

Abb. 7.9. Lederschuh zum Schutz von Fußverbänden.

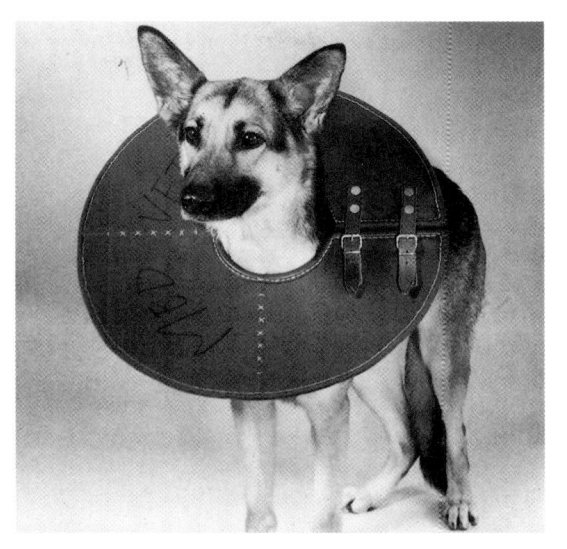

Abb. 7.10. Halskragen zur Verhinderung von Wundirritationen durch Kratzen oder Lecken und einer Zerstörung von Verbänden durch Benagen.

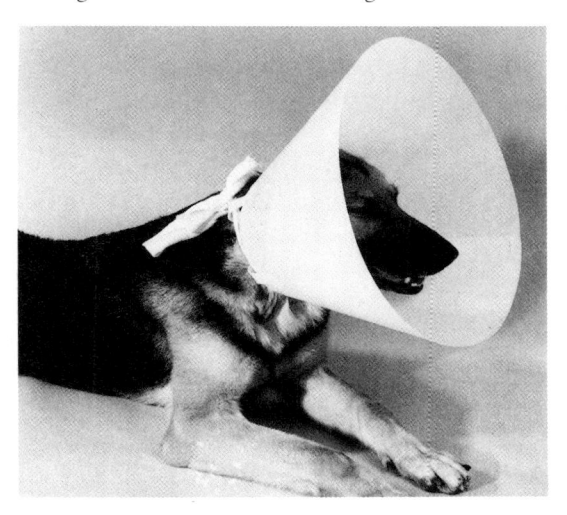

Abb. 7.11. Schutzkragen zur Verhinderung von Wundirritationen nach Eingriffen an Augen und Ohren.

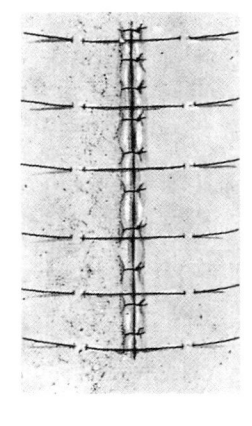

Abb. 7.12. Über der Hautnaht liegende Entspannungshefte, unter denen ein Mullstreifen durchgezogen werden kann, so daß eine Hautfaltendecknaht entsteht.

ein chirurgisch aktives Vorgehen nicht zu verzögern. Oftmals ist eine vollständige Wunddehiszenz aber dadurch zu verhindern, daß günstige Wundsekretabflußverhältnisse, entweder intra operationem durch Drainagen oder post operationem durch Öffnen einzelner Hefte, geschaffen werden.

Zur Gewährleistung einer störungsfreien Wundheilung sind die Wunden vor Leck- und Kratzirritationen durch leichte, luftdurchlässige, gut gepolsterte (Zellstoffbinden, Watte) und keinesfalls die Blutzirkulation beeinträchtigende Verbände (Abb. 7.3.–7.8.) zu schützen. Die Tierhalter müssen derartige Verbände vor Nässe bewahren und durch Ablenkung, Maulkorb oder Halskragen (Abb. 7.9.–7.11.) deren Zerstörung verhindern (s. auch Kapitel 2.). Zu empfehlen ist nach Laparotomien eine Hautfaltendecknaht. Dabei wird ein auf die Hautnaht aufgelegter Mullstreifen durch zusätzliche Entspannungshefte befestigt und gesichert (Abb. 7.12.), wodurch größere Bauchverbände wegfallen. Günstiger für die Blutzirkulation im Wundbereich sind Wundabdeckungen mit Schlauch-Trikot-Binden oder handelsüblichen Tüchern (Abb. 7.13., 7.14.). Sie sind für den Rumpf ebenso wie für die Extremitäten geeignet.

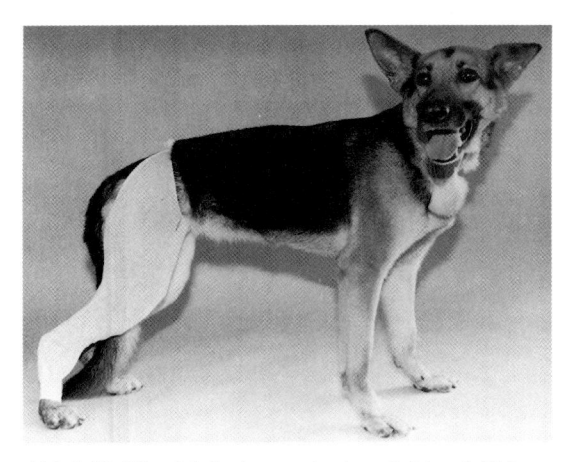

Abb. 7.13. Wundabdeckung mit einer Schlauch-Trikot-Binde an einer Extremität.

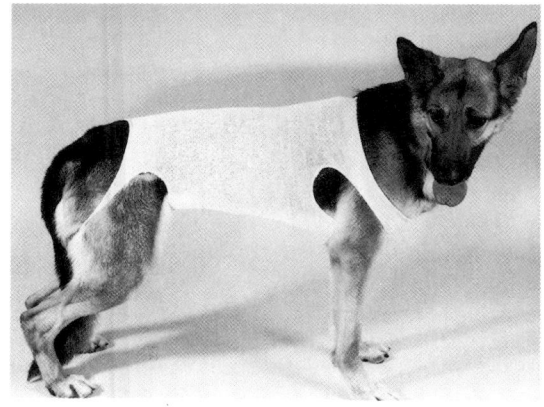

Abb. 7.14. Wundabdeckung mit einer Schlauch-Trikot-Binde an Thorax und Abdomen.

Abb. 7.15. Hinderungsschienenverband an einer Vorderextremität mit Befestigung am Halsband.

Nach Osteosynthesen, die zu einer Repositions-, nicht aber zur Belastungsstabilität geführt haben, sind mitunter Hinderungsschienenverbände erforderlich. Dabei werden mit Watte, Zellstoff- und Mullbinden gut gepolsterte Kramer- oder Holzschienen in gepolsterte Extremitätenverbände eingearbeitet. Sollte es das Temperament eines Patienten erforderlich machen, können derartig geschiente Extremitäten auch noch am Halsband (Vorderbeine) oder Rumpf (Hinterbeine) befestigt werden (Abb. 7.15.).

Im Rahmen der allgemeinen Pflege eines operierten Tieres ist auf die Wasser- und Nahrungsaufnahme (s. S. 88), den Harn- und Kotabsatz und auf die Ruhigstellung bzw. dosierte Bewegung zu achten. Letztere richtet sich nach dem Grad der Erkrankung, der Art der Operation, dem erzielten Operationserfolg (z. B. Repositions- oder Belastungsstabilität nach Osteosynthesen) und dem Allgemeinbefinden des Patienten. Da temperamentvolle Hunde Schmerzen bei Ablenkung schnell unbeachtet lassen, besteht immer die Gefahr der Überforderung von Operationswunden oder Operationsergebnissen (z. B. nach Osteosynthesen, Sehnennähten). Dem ist rechtzeitig durch die Applikation von beruhigenden Medikamenten (Sedativa), Bewegungseinschränkung (enger Zwinger, Hinderungsschiene) oder allgemeine Abschirmung zu begegnen.

7.3. Grundausstattung für Operationen

Zur Durchführung tierärztlicher Operationen muß die veterinärmedizinische Kleintiereinrichtung über eine Grundausstattung verfügen, zu der u. a. gehören:

- Operationsraum,
- Operationstische,
- chirurgisches Grundinstrumentarium.

Operationsraum: Obwohl es wünschenswert wäre, verfügt nicht jede Kleintiereinrichtung über einen gesonderten Operationsraum. So muß im Behandlungsraum operiert werden, was aber wirksame, keimzahlreduzierende Maßnahmen, Desinfektion, Sterilisation und entsprechende Arbeitsorganisation (Trennung von Operations- und Sprechstundenaufgaben, Schaffung eines Operationstages), d. h. weitestgehend keimreduzierte Verhältnisse, voraussetzt.

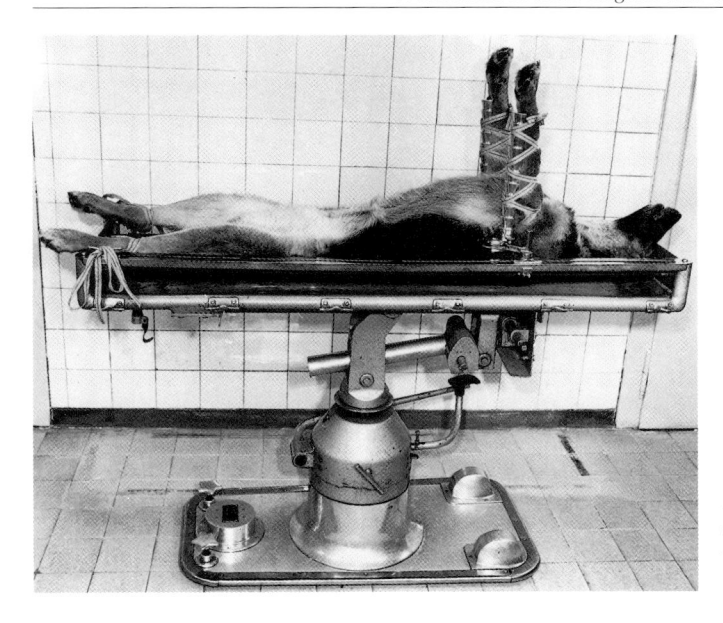

Abb. 7.16. Kleintieroperationstisch in der Modifikation nach ULLRICH mit verstellbaren Fixationsschienen für die Vorderextremitäten nach CHRISTOPH.

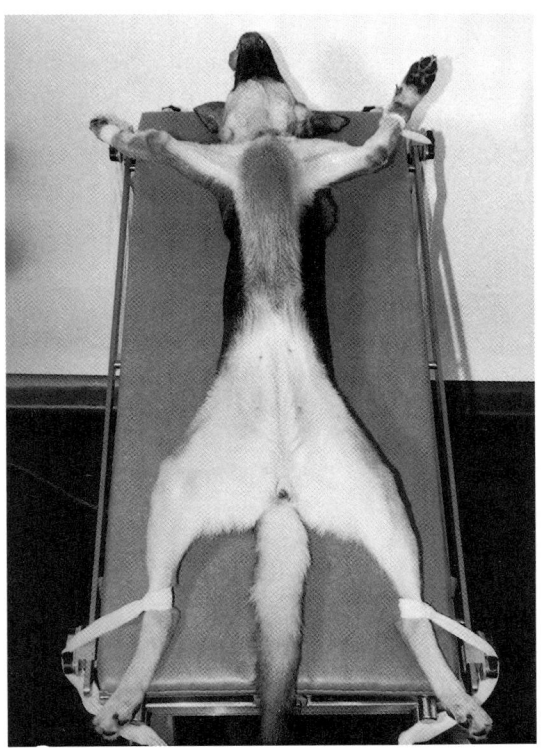

Abb. 7.17. Ausbindung in Rückenlage.

Für größere veterinärmedizinische Kleintiereinrichtungen mit umfangreicher chirurgischer Tätigkeit ist ein aseptischer Operationsraum erforderlich. Er sollte ausschließlich aseptischen Operationen vorbehalten bleiben und mit einem gut desinfizierbaren Fußboden sowie mit abwasch- und desinfizierbaren Wänden (mindestens 2 m hoch gefliest) ausgestattet sein (s. Abb. 7.1.). Türen und Fenster müssen gut schließen und die Einrichtungsgegenstände nur den Operationserfordernissen entsprechen. Neben einer guten Deckenbeleuchtung werden spezielle Operationslampen (Decken- oder Stativ-Operationsleuchte, Kugelspiegellampen) eingesetzt. Der aseptische Operationsraum darf nur zur unmittelbaren Durchführung der Operationen von der Operationsgruppe mit dem entsprechend vorbereiteten Patienten betreten werden. Alle in ihm verwendeten Kunststoff- und Gummigegenstände, z. B. Schuhe, Operationskissen, Wärmeschutzfolien, alle Einrichtungsgegenstände und Geräte sind vor den Operationen wirksam zu reinigen und wie unter „Flächen-" und „Gerätedesinfektion" beschrieben, zu desinfizieren (s. Abschnitt 7.1.2.). Während der Operationen müssen aseptische Bedingungen gewährleistet sein (s. S. 152).

Operationstische: Für Operationen eignen sich alle gut desinfizierbaren Behandlungstische. Bei Laparotomien haben sich der spezielle Kleintier-Operationstisch in der Modifikation nach ULLRICH, der mit einer Kipp- und einer hydraulischen Hebevorrichtung ausgerüstet ist (Abb. 7.16.), und bei Osteosynthesen der modifizierte und mit einem Hilfstisch zur Extremitätenlagerung versehene Behandlungstisch bewährt. Günstig sind beim ersten Operationstisch die verstellbaren Fixationsschienen nach CHRISTOPH für die Vorderextremitäten und beim zweiten die Ablagebrücke für die Bohrmaschine und kleinere Instrumente,

Abb. 7.18. Ausbindung in Bauchlage.

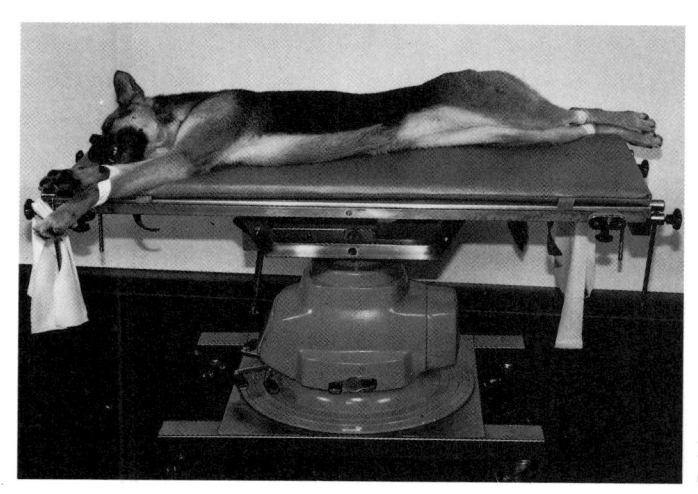

Abb. 7.19. Ausbindung in diagonaler Seitenlage. Ein zusätzliches Schulterband ist empfehlenswert.

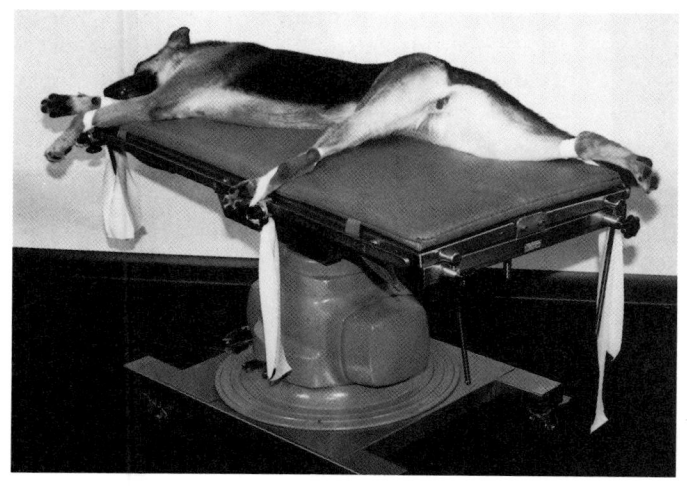

Abb. 7.20. Ausbindung in Seitenlage mit gespreizten Hinterextremitäten.

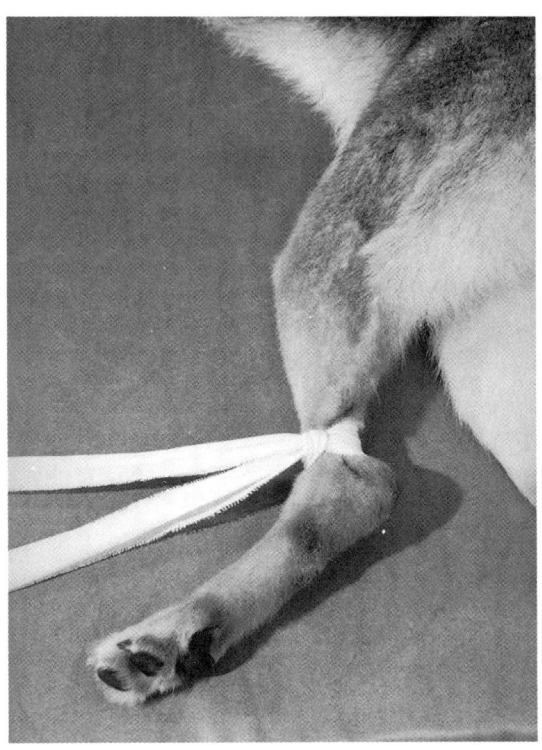

Abb. 7.21. Einfache Bandschlinge zum Fixieren einer Extremität.

Abb. 7.22. Doppelschlinge zum Fixieren von zwei Extremitäten.

mit Ösen zur evtl. Kopffixation oder Befestigung der Atemschläuche des Narkosegerätes.

Von den zahlreichen Ausbindemöglichkeiten werden hauptsächlich die Rückenlage (Abb. 7.17.), die Bauchlage (Abb. 7.18.), die diagonale Seitenlage (Abb. 7.19.) und die Seitenlage mit gespreizten Hinterextremitäten (Abb. 7.20.) angewendet. Zur Fixierung des Patienten sind einfache und doppelte Bandschlingen (Abb. 7.21., 7.22.) proximal der Karpal- oder Tarsalgelenke anzulegen und an den entsprechenden Fixiervorrichtungen der Tische schonend und leicht wieder lösbar (nur Schleifen, keine Knoten!) zu befestigen. Dafür eignet sich ca. 15 mm breites und 1–2 mm starkes, zugfestes Band. Bei unkupierten Rassen ist darauf zu achten, daß die Rute mit einem zusätzlichen Band an einer der Hinterextremitäten befestigt werden muß. Ausgebundene Tiere werden zur Operation möglichst großzügig steril abgedeckt (s. Abb. 7.1.).

Chirurgisches Grundinstrumentarium: Bei den meisten operativen Eingriffen kommt man mit wenigen Instrumenten aus, die als chirurgisches Grundinstrumentarium bezeichnet werden kön-

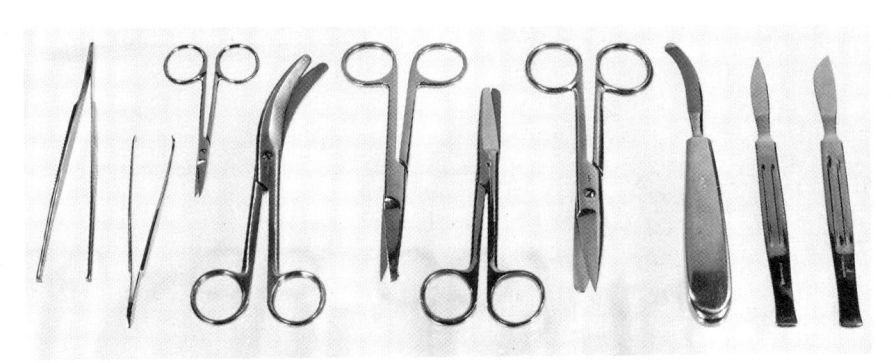

Abb. 7.23. Chirurgische Instrumente (von links nach rechts): chirurgische Pinzette; gerade Fixierpinzette; feine Schere; Ligaturschere; geknöpfte Schere; gerade Schere, stumpf; gerade Schere, stumpfspitz; geknöpftes Tenotom; spitzes Operationsskalpell; geballtes Operationsskalpell.

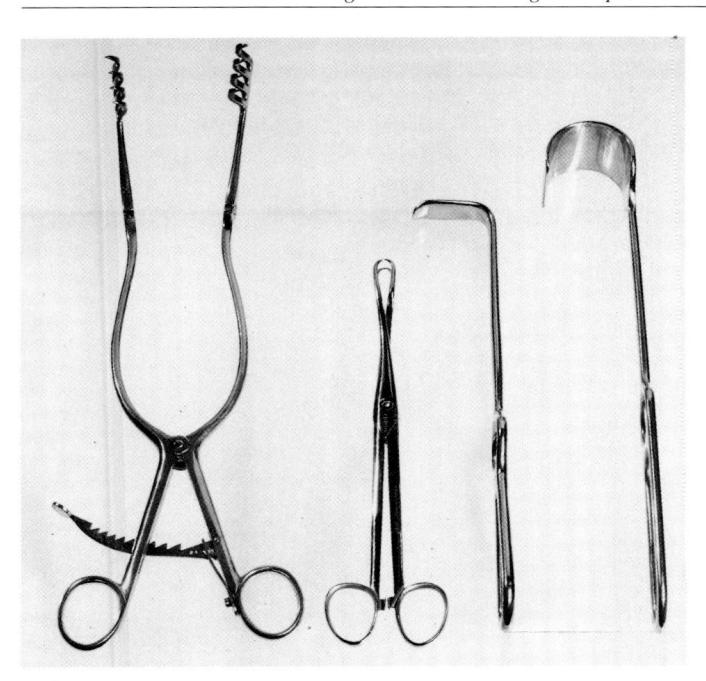

Abb. 7.24. Chirurgische Instrumente (von links nach rechts): scharfer Wundspreizer, selbsthaltend; zweizinkige Faßzange; Langenbeck-Wundhaken (stumpf); stumpfer Wundhaken.

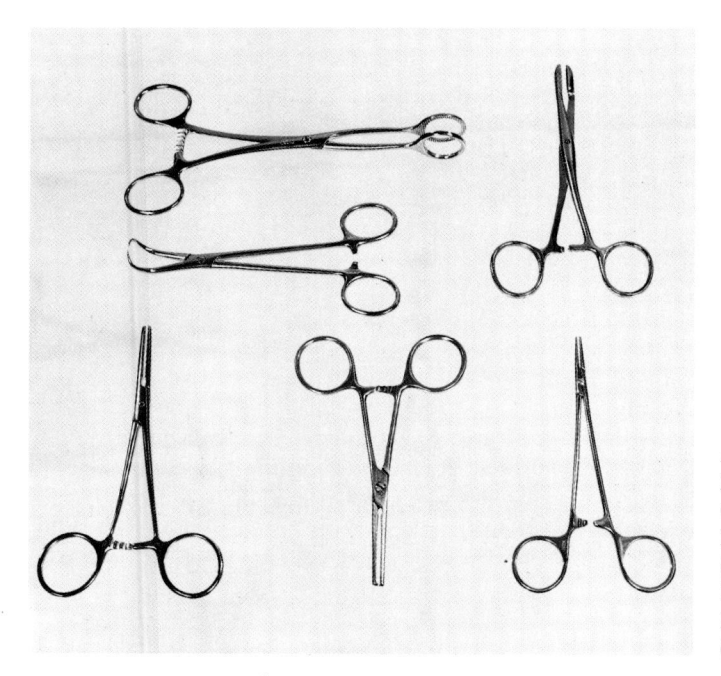

Abb. 7.25. Chirurgische Instrumente: oben: Zungenfaßzange nach COLLIN; rechts: Gefäßklemme nach PÉAN (kurzfassend); Mitte: Tuchklemme nach BACKHAUS; unten (von links nach rechts): Gefäßklemme nach PÉAN (langfassend); Gefäßklemme nach KOCHER; Gefäßklemme nach HALSTEAD (Moskitoklemme).

nen. Nur für spezielle Operationen, z. B. Osteosynthesen, Thorakotomien, sind besondere Instrumente erforderlich. Nach den Phasen des operativen Eingriffs, wie Zugang, Blutstillung, operativer Vorgang am Organ und Wundverschluß, kann man die instrumentelle Grundausrüstung in Instrumente zur Gewebetrennung, zur Blutstillung und zur Gewebevereinigung einteilen und sie je nach Bedarf durch Instrumente für den speziellen Eingriff am Organ ergänzen. Da es von jedem Instrument eine Vielzahl an Größen, Ausführungen und Modifikationen gibt, muß eine gewisse Auswahl getroffen werden.

Zur *Gewebetrennung* benötigt man schneidende Instrumente (Skalpelle, Tenotome, Scheren) sowie festhaltende und/oder weghaltende In-

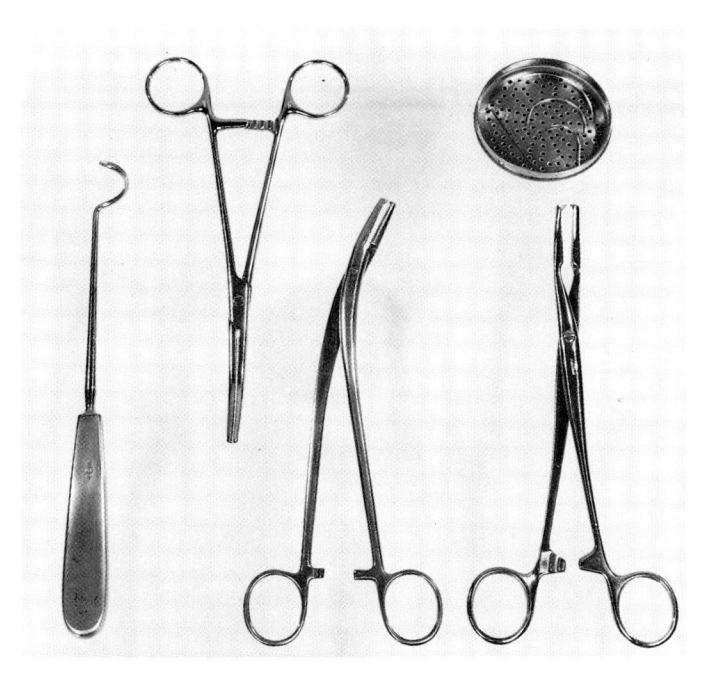

Abb. 7.26. Chirurgische Instrumente
(von links nach rechts): Unterbindungsnadel
nach DESCHAMPS (rechtsgekrümmt);
Gefäßklemme nach PÉAN, langfassend
gebogen; Peritonealklemme nach MIKULICZ;
Peritonealklemme nach MIKULICZ;
Nadeldose mit verschiedenen chirurgischen
Nadeln.

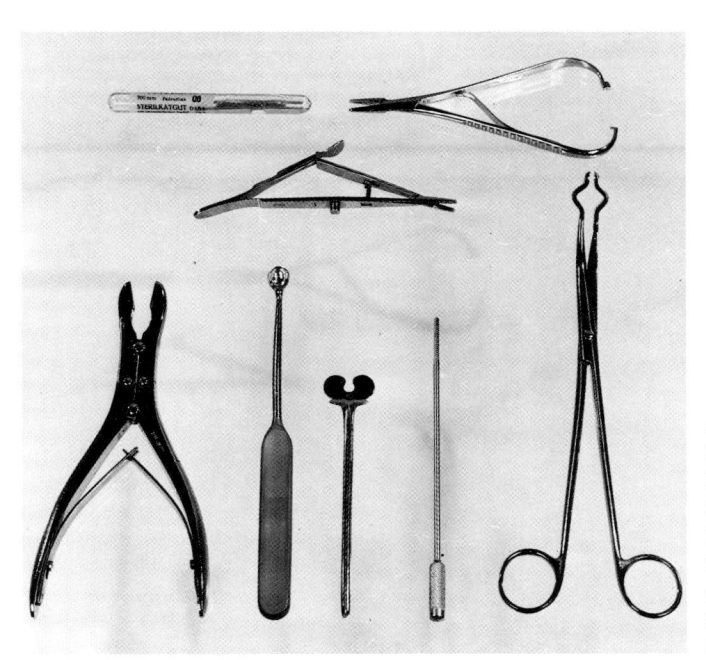

Abb. 7.27. Chirurgische Instrumente (von
links nach rechts): oben: atraumatisches
Nahtmaterial (Sterilcatgut); Nadelhalter
nach MATHIEU; Mitte: Nadelhalter nach
KALT (Augeninstrument);
unten: Hohlmeißelzange nach RUSKIN,
doppelt übersetzt; scharfer Löffel; Hohlsonde; Watteträger; Spritzen- und Kanülen-
faßzange.

strumente (Pinzetten, Faßzangen, Wundhaken, Wundspreizer; Abb. 7.23., 7.24.). Zur *Blutstillung* werden hauptsächlich Gefäßklemmen nach KOCHER, HALSTEAD und PÉAN sowie Unterbindungsnadeln nach DESCHAMPS (Abb. 7.25.) eingesetzt. Zur *Gewebevereinigung* sind chirurgische Nadeln (gerade, halbkreisförmige, angelhakenförmige) in scharfer oder drehrunder Ausführung, Nahtmaterial (Catgut, Polyester, Seide, Draht, Wundklammern) und Nadelhalter (in der Kleintierchirurgie besonders diejenigen nach MATHIEU und KALT) erforderlich (Abb. 7.26., 7.27.). Besondere Aufmerksamkeit verdient atraumatisches Nahtmaterial, das wegen der günstigen Vereinigung von Nadel und Faden für feinste Nähte, z. B. am Darm, geeignet ist (Abb. 7.27.).

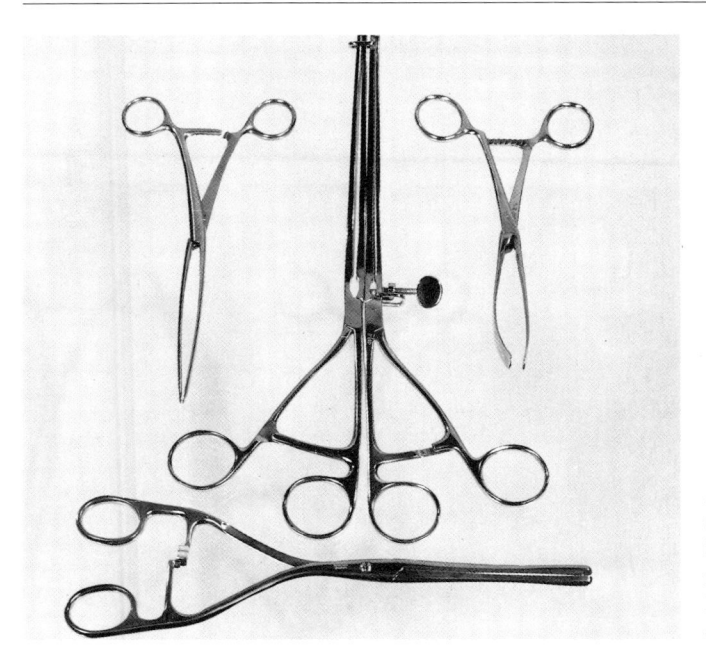

Abb. 7.28. Chirurgische Instrumente (von links nach rechts): oben: weiche Darmklemme, gerade; Magen-Darm-Klemme nach LANE; weiche Darmklemme nach DOYEN; unten: kräftige Klemme zum Darmquetschen.

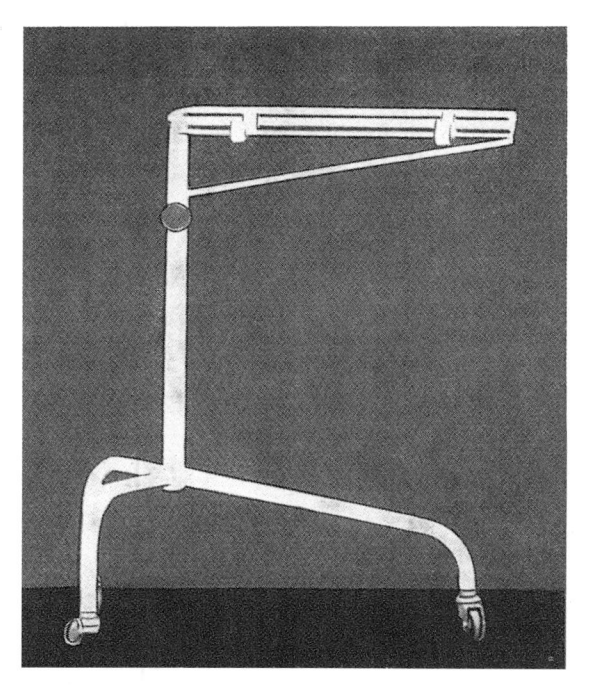

Abb. 7.29. Instrumententisch nach SONNENBURG.

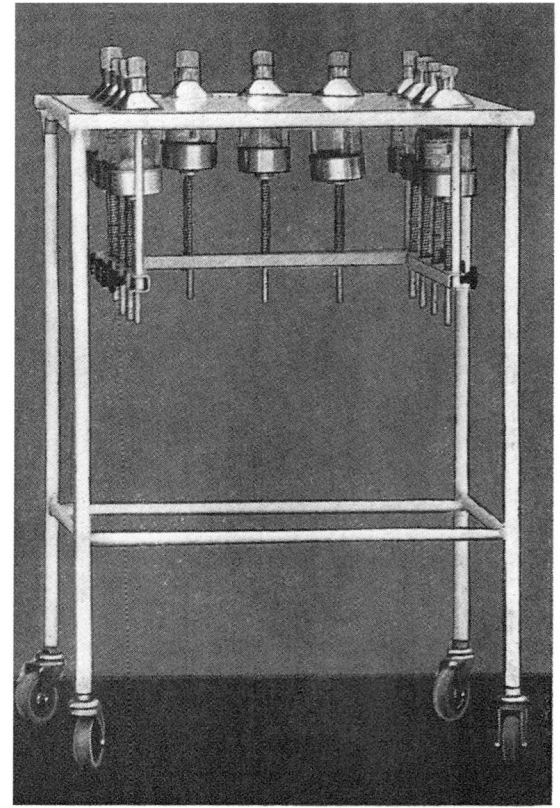

Abb. 7.30. Nahtmaterialtisch.

Für häufige Standardoperationen haben sich speziell zusammengestellte Grundbestecke bewährt. So sollte z.B. das **Grundbesteck für die Laparotomie** aus 10–12 Tuchklemmen nach BACKHAUS, 2–3 Operationsskalpellen (geballt und spitz), 3 Scheren (1 gerade Schere, stumpf-

bestecke (s. S. 158) mit den ordentlich sortierten Instrumenten dem Heißluftsterilisator entnommen und auf einen mit sterilisiertem Tuch abgedeckten Instrumententisch (z. B. nach SONNENBURG; Abb. 7.29.) gestellt. Es hat sich bewährt, eine leere Instrumentenschale zur Aufnahme gebrauchter Instrumente mitzusterilisieren. Das Nahtmaterial wird je nach Bedarf seinen Flaschen, die in einem speziellen Nahtmaterialtisch fixiert und mit sterilisierten Hülsen abgedeckt sind, entnommen (Abb. 7.30.). Die Operationswäsche liegt vorsortiert in Sterilisiertrommeln bereit und kann durch Betätigung des Fußhebels am Trommelständer (Abb. 7.31.) leicht erreicht werden.

7.4. Operationstechnik

Spezielle Operationstechniken sind den entsprechenden Kapiteln bzw. der Spezialliteratur zu entnehmen (BOJRAB 1981, BOJRAB et al. 1975; s. Kapitel 24.). Hier sollen nur die Grundbegriffe der Laparotomie und der Thorakotomie beschrieben werden.

7.4.1. Technik der Laparotomie

Der Schnitt verläuft je nach Operationsziel kranial oder kaudal des Nabels, median oder paramedian (3–5 mm rechts oder links neben der Linea alba), bei Rüden evtl. seitlich des im Verlauf der Operationsvorbereitungen mit einer Zungenfaßzange nach COLLIN (s. Abb. 7.25.) verschlossenen Präputiums. Die Wundränder werden entweder durch aufgeklebte Operations-Abdeckfolie oder durch Abdecktücher und Tuchklemmen nach BACKHAUS (s. Abb. 7.25.) gegenüber der sie umgebenden Haut gesichert. Mit einem geballten Skalpell durchtrennt man unter sorgfältiger Blutstillung (Gefäßklemmen, Unterbindung oder Elektrokoagulation) die tieferliegenden Gewebeschichten bis zum Peritoneum. Dieses wird mit einer chirurgischen Pinzette erfaßt, durch einen Scherenschlag eröffnet und mit je einer Peritonealklemme nach MIKULICZ sofort beidseitig fixiert. Darauf kann die Peritonealöffnung nach kranial und kaudal mit einer Ligaturschere oder einer geknöpften Inzisionsschere erweitert werden, wobei der Abdominalinhalt digital abzusichern ist. Ein Weggleiten des Peritoneums

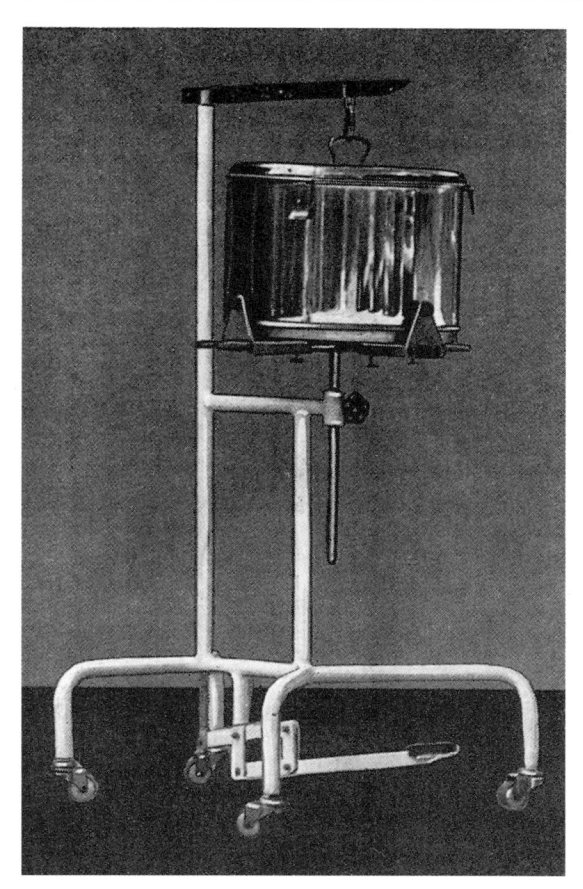

Abb. 7.31. Ständer für Sterilisiertrommeln mit Fußbedienung.

stumpf; 1 gebogene Schere, stumpf-spitz, 1 Ligaturschere), 2 Wundhaken, 3 Pinzetten (2 chirurgische, 1 anatomische), 6 Peritonealklemmen nach MIKULICZ, 5 Gefäßklemmen nach KOCHER, 5 Gefäßklemmen nach PÉAN, 3 Gefäßklemmen nach HALSTEAD, 1–2 Unterbindungsnadeln nach DESCHAMPS, diversen chirurgischen Nadeln in einer Nadeldose und 2 Nadelhaltern nach MATHIEU bestehen. Dieses Grundbesteck ist durch Spezialinstrumente entsprechend der Operationszielstellung zu komplettieren (Abb. 7.28.). Darüber hinaus sind Ersatzinstrumente für Zwischenfälle bereitzuhalten.

Als **Grundbesteck für kleinere operative Eingriffe** sollten 6 Tuchklemmen nach BACKHAUS, 2 Operationsskalpelle, 2 Scheren, 2–3 Pinzetten, 10 Gefäßklemmen, diverse chirurgische Nadeln und 1 Nadelhalter nach MATHIEU zusammengestellt werden.

Unmittelbar vor Operationsbeginn werden die sterilisierten und sicher verpackten Operations-

wird durch weitere Peritonealklemmen nach MIKULICZ verhindert. Um glatte Wundränder für die Bauchfellnaht zu erreichen, sollte das Ligamentum falciforme kranial vom Nabel gemeinsam mit dem retroumbilikalen Fettgewebe exzidiert werden.

Die Größe der Wundöffnung ist grundsätzlich dem Operationsziel anzupassen und bei schonendem, atraumatischem Vorgehen so klein wie möglich zu halten.

Schnittführungen in der Flanke oder parakostale Operationsschnitte, die bei speziellen Operationen indiziert und evtl. vorteilhaft sind, werden mit gleicher chirurgischer Grundtechnik wie beim Paramedianschnitt durchgeführt.

Der *Verschluß der Laparotomiewunde* erfolgt durch Knopfhefte oder Sultansche Diagonalnähte mit schwerresorbierbarem oder resorptionsverzögertem Catgut. Dabei wird mehrschichtig genäht, indem mit einer Naht Peritoneum und inneres Blatt der Rektusscheide und mit einer zweiten die übrigen Schichten der Bauchdecke (ohne die Haut) vereinigt werden. Zum Hautverschluß werden Knopfhefte oder rückläufige Nähte nach WOLF mit Polyester gesetzt.

Bei der *Sultanschen Diagonalnaht* durchsticht man zunächst die dem Operateur gegenüberliegende Wundseite von außen nach innen, führt dann den Faden diagonal auf die Seite des Operateurs und durchsticht hier den Wundrand von innen nach außen. Nun werden in gleicher Höhe der gegenüberliegende Wundrand erneut von außen nach innen durchstochen, der Faden diagonal auf die Seite des Operateurs zurückgeführt, der Wundrand hier wiederum von innen nach außen durchstochen und beide Fadenenden schließlich mit einem chirurgischen Knoten vereinigt.

Zum Schutz der Hautnaht vor Kratz- oder Leckirritationen können Entspannungshefte (s. Abb. 7.12.), eine Hautfaltendecknaht, ein Beetverband oder ein gut sitzender Bauchverband (s. Abb. 7.5.) angelegt werden. Für die Entspannungsnaht werden 3–6–8 Hefte quer zur Hautnaht gelegt, indem 3–5 cm seitlich von ihr ein- bzw. ausgestochen wird. Dann zieht man mit einer Pinzette unter den Fäden einen Mullstreifen (Tampon) hindurch und knüpft die Fadenenden darüber, wodurch eine „Hautfaltendecknaht" entsteht. Nach 1–5 Tagen wird die Entspannungsnaht entfernt.

7.4.2. Technik der Thorakotomie

Für die operative Eröffnung des Thorax ist eine Intubationsnarkose im geschlossenen System bei kontrollierter Beatmung erforderlich. Das Operationsfeld wird wie bei der Laparotomie vorbereitet. In den meisten Fällen erfolgt die Eröffnung im 5., 6. oder 7. Interkostalraum auf der linken Thoraxseite. Unter Schonung der Interkostalgefäße wird der Schnitt am kranialen Rand der kaudalen Rippe geführt, die Pleura freigelegt und in der Länge des angelegten Muskelschnittes eröffnet. Falls erforderlich, kann eine Rippe vom Köpfchen bis zum Knorpelansatz unter Schonung des Periostes reseziert werden, wodurch dann ausreichend Interkostalgewebe für den Wundverschluß zur Verfügung steht. Um ein übersichtliches Operationsfeld zu schaffen, sollte ein Rippensperrer eingesetzt und zur Verbesserung der Sichtverhältnisse die künstliche Beatmung jeweils kurzzeitig unterbrochen werden (Kollabieren der Lungen).

Der *Verschluß der Thorakotomiewunde* erfolgt durch Umschlingen der benachbarten Rippen mit Stahldraht in 3–6 Einzelheften, wobei die Nadel zur Vermeidung von Lungenverletzungen immer von innen nach außen geführt werden muß. Um Blutungen aus den kaudal der Rippen verlaufenden Interkostalgefäßen zu vermeiden, sticht man direkt von der kranialen und weit hinter der kaudalen Rippe ein. Beim Knüpfen der Hefte wird vor der Adaptation der Rippen die Luft aus dem Brustraum durch gleichzeitiges vorsichtiges Aufblähen der Lunge entfernt. Anschließend werden Muskulatur und Faszie mit runden atraumatischen Nadeln durch engsitzende Catgut-Knopfhefte vernäht. Vor dem Knüpfen der letzten 2 Hefte wird die Lunge nochmals schonend gebläht. Über eine vorsichtig eingeführte Kanüle kann nach dem Wundverschluß evtl. noch verbliebene Restluft abgesaugt werden. Die Hautnaht erfolgt mit Polyester in Form von Knopfheften.

Ein Zugang zum Thorax ist auch durch das Sternum möglich. Dazu muß dieses aber mit einer oszillierenden Säge durchtrennt werden. Die Art des Zugangs bestimmt das Operationsziel.

Literatur

BERGMANN, H.-J., et al. (1979): Untersuchungen über das Betriebsverhalten des Heißluftsterilisierautomaten MLW 9524 und den notwendigen Rekontami-

nationsschutz am Sterilgut. Z. ärztl. Fortbild. **73**, 836–841.
BERGMANN, H.-J. (1980): Untersuchungen über das Betriebsverhalten der Heißlufttischsterilisatoren Aero-Steril 724 B und 846 B und den notwendigen Rekontaminationsschutz am Sterilgut. Z. ärztl. Fortbild. **74**, 717–724.
BERGMANN, H.-J., und HARTMANN, Margot (1982): Untersuchungen über die Heißluftsterilisation von nassem Sterilisiergut. Z. ärztl. Fortbild. **76**, 268–271.
BORCHERT, K., et al. (1978): Untersuchungen über die Verbrauchsreaktion von Gerinnungsfaktoren bei chirurgischen Operationen. Anaesthesiol. u. Reanimat. **3**, 85–90.
HEINRICH, H., und STEIGER, E. (1974): Sterilisation von Spritzen und Kanülen. In: HORN et al.: Handbuch der Desinfektion und Sterilisation, Band III, 171–178. Verlag Volk und Gesundheit, Berlin.
HUSSEL, L., und GRUBE, D. (1974): Das antimikrobielle und antiparasitäre Regime im Veterinärwesen. In: HORN et al.: Handbuch der Desinfektion und Sterilisation, Band III, 340–398. Verlag Volk und Gesundheit, Berlin.
KEWITSCH, A., und FRANKOVÁ, V. (1974): Virusdesinfektion. In: HORN et al.: Handbuch der Desinfektion und Sterilisation, Band III, 1–24. Verlag Volk und Gesundheit, Berlin.
KLINGEBIEL, H.-J. (1981): Beispiel einer Hygieneordnung für eine größere ambulante Gesundheitseinrichtung. Z. ärztl. Fortbild. **75**, 102–106.
KÖHLER, Barbara, et al. (1978): Erfassung des Kontaminationsgrades von Oberflächen. Dt. Gesundh.-Wesen **33**, 1727–1728.
KOTULLA, Heidrun, et al. (1982): Wirkung der Peressigsäure auf die Gebrauchsfähigkeit verschiedener in der Anaesthesiologie verwendeter Materialien. Anaesthesiol. u. Reanimat. **7**, 361–367.
KOVÁCS, A., et al. (1978): Untersuchungen zur Wirksamkeit von bakteriziden Lampen in Operationsräumen und Krankenzimmern. Magyar Állatorvosok Lapja, 624–627.
LORENZ, W. (1979): Die komplette Wunddehiszenz (Wdh) im chirurgischen Versorgungskrankenhaus (eine 10-Jahres-Analyse). Z. ärztl. Fortbild. **73**, 65–67.
LUTZ, H. (1987): Welche Desinfektionsmittel können zur Abtötung von Viren an Böden, Wänden und Käfigen verwendet werden? Kleintierpraxis **32**, 350–351.
MIELKE, U. (1974): Gesundheitsschädlinge im Krankenhaus. Dt. Gesundh.-Wesen **29**, 1576–1584.
MIELKE, U. (1975): Aspekte des *Pseudomonas aeruginosa*-Hospitalismus. Dt. Gesundh.-Wesen **30**, 1992–1997.
MÜCKE, H. (1979): Eigenschaften und Praxis der Anwendung der Peressigsäure in der Medizin. Z. ärztl. Fortbild. **73**, 807–811.
OCKENS, N., und ANDREASSEN, M. (1970): Prüfung von ALDOSAN 2000 als Desinfektionsmittel. Kleintierpraxis **24**, 281–-284.

QUEISSER, E. (1976): Folgenschwerer Unfall beim Zerplatzen einer 10 l „Pomosa"-Rückenspritze. Mh. Vet.-Med. **31**, 835–836.
RAHFOTH, Barbara (1982): Fibronektin und seine Bedeutung für die Medizin. Dt. Gesundh.-Wesen **37**, 817–822.
REDING, R., und RIEMER, H. (1982): Wundheilung und Wundheilungsstörungen – Morphologie, Biochemie, Pathophysiologie und klinische Aspekte. Z. ärztl. Fortbild. **76**, 822–824.
RIBBECK, Regine, et al. (1979): *Lucilia-sericata*-Larven als Erreger von Wundmyiasis bei Hund und Katze. Mh. Vet.-Med. **34**, 383–384.
ROMATOWSKI, J. (1989): Prevention and control of surgical wound infection. JAVMA **194**, 107–114.
ROTTER, M., et al. (1979): Routinemäßige Chemoprophylaxe bei Intensivpatienten. Anaesthesiol. u. Reanimat. **4**, 175–186.
SCHMITT, W. (1979): Hospitalismus und Antibiotikatherapie unter den Bedingungen einer hochspezialisierten Einrichtung. Dt. Gesundh.-Wesen **34**, 9–11.
SCHREIBER, M., und HAJDUK, F. (1975): Zur gezielten Überwachung der Sterilisation. Dt. Gesundh.-Wesen **30**, 811–813.
SCHWETLING, R. (1980): Die postoperative Bauchwandruptur bei medianen Laparotomien. Z. ärztl. Fortbild. **74**, 844–845.
SEDLARIK, K. M. (1974): Die Wundheilung unter dem Einfluß des mechanischen Drucks. Dt. Gesundh.-Wesen **29**, 269–274.
SEDLARIK, K. M. (1978): Experimentelle Untersuchungen zur Frage der Wundkontraktion. Z. Exper. Chirurg. **11**, 377–384.
SEDLARIK, K. M. (1993): Wundheilung. 2. Aufl. Gustav Fischer Verlag, Jena–Stuttgart.
SEEBER, H., et al. (1980): Sterilhaltende Verpackung aus Klarsichtfolie mit Schutzverpackung in der Heißluftsterilisation. Dt. Gesundh.-Wesen **35**, 1223–1226.
SENST, W., et al. (1981): Moderne Wundbehandlung in der allgemein-medizinischen und ambulant-chirurgischen Praxis. Z. ärztl. Fortbild. **75**, 401–404.
SONNENBURG, M., und SCHMIDT, H. (1982): Mikrobiologische Umgebungsuntersuchungen im aseptischen Operationstrakt einer kieferchirurgischen Abteilung. Dt. Gesundh.-Wesen **37**, 459–463.
SPRÖSSIG, M., et al. (1979): Problemdesinfektion und Desinfektionsprobleme mit Peressigsäure. Dt. Gesundh.-Wesen **34**, 1570–1573.
STEIGER, E. (1974): Desinfektion und Sterilisation von Narkosegeräten. In: HORN, et al.: Handbuch der Desinfektion und Sterilisation, Band III, 179–191. Verlag Volk und Gesundheit, Berlin.
STOBER, H.-D., et al. (1981): Experimentelle Untersuchungen über die mikrobielle Kontamination von Narkosegeräten und Zubehör und die Bedeutung für den infektiösen Hospitalismus. 1. Mitteilung:

Probleme–Ergebnisse–Maßnahmen. Anaesthesiol. u. Reanimat. **6**, 46–49.

WERNER, E. (1982): Desinfektionsmittel. In: BENTZ, H.: Veterinärmedizinische Pharmakologie, 386–423. Gustav Fischer Verlag, Jena.

WEUFFEN, W., et al. (1972): Begriffe auf den Gebieten der Desinfektion, Keimzahlreduzierung und Entwesung. In: HORN et al.: Handbuch der Desinfektion und Sterilisation, Band I, 42–73. Verlag Volk und Gesundheit, Berlin.

WEUFFEN, W., et al. (1980): Definition des Begriffs Hospitalinfektion und damit eng im Zusammenhang stehender Begriffe. Dt. Gesundh.-Wesen **35**, 2097 bis 2099.

WEUFFEN, W., et al. (1981): Grundlagen der Antiseptik; Band I, Teil I. Verlag Volk und Gesundheit, Berlin.

WEUFFEN, W., et al. (1982): Desinfektion und Sterilisation. Verlag Volk und Gesundheit, Berlin.

Wörner, R., und SEIDEL, G. (1973): Bakteriologische Untersuchungen im Operationsbereich und am Patienten mit Hilfe von Abklatschproben zur Erkennung von Infektionsquellen. Vortrag Nr. 22, 19. Jahrestagung der Dtsch. Vet.-Med. Gesellschaft.

ZSOLDOS, L. (1977): Die bakterizide Wirkung und die Eignung zur chirurgischen Händedesinfektion der Perameisensäure. Magyar Állatovorsok Lapja, 393 bis 397.

8. Bluttransfusion und Infusionstherapie
(E.-G. GRÜNBAUM)

Eine gefahrlose und therapeutisch wirksame Übertragung von Blut und Blutbestandteilen ist heute auch beim Hund auf der Grundlage moderner Verfahren der Blutgewinnung, -konservierung und -transfusion sowie der serologischen und biologischen Verträglichkeitstestung möglich. Ihre therapeutische Indikation wird von der Wirkung her bestimmt und gliedert sich in die Substitution von Blutvolumen und Blutbestandteilen sowie in die Stimulation des hämo- und leukopoetischen Systems und der allgemeinen Widerstandskraft des Organismus im Sinne einer unspezifischen Reiztherapie.

Die **Indikationsgebiete** der Bluttransfusion beim Hund sind:
1. *Substitution des zirkulierenden Blutvolumens* bei akutem Blutverlust nach traumatisch oder operativ bedingten Blutungen durch prophylaktische bzw. therapeutische Bluttransfusion vor, während und nach Operationen sowie bei allen Schockformen mit und ohne Hämorrhagien.
2. *Substitution aller Blutbestandteile*, insbesondere der Plasmaeiweiße (Immunglobuline) und Blutzellen, und Steigerung der Sauerstoffbindungskapazität und Gerinnungsfähigkeit des Blutes bei Anämien aller Art, bei Blutgerinnungsstörungen, bei Dys- und Hypoproteinämien nach Hungerzuständen, Magen-Darm-Störungen oder chronischen Infektionskrankheiten, bei Verbrennungen, bei Agammaglobulinämien, bei Infektionskrankheiten, bei Intoxikationen sowie bei chronischen Parasitosen.
3. *Stimulation der Hämo- und Leukopoese* sowie der allgemeinen Widerstandskraft der Tiere (unspezifische Reiztherapie) bei Infektionskrankheiten, chronischen Erkrankungen, Alterserscheinungen, Strahlenschäden und verzögerter chirurgischer Rekonvaleszenz.

Da bei zahlreichen Transfusionsindikationen, z.B. leichten akuten Blutungen, Blutgerinnungsstörungen, statt Vollblut auch Blutplasma oder Plasmaersatzmittel eingesetzt werden können, sind vor jeder Blutübertragung Wert und Wirkung der einzelnen Mittel zu beachten und die Indikationen entsprechend festzulegen. Die angegebenen drei Hauptindikationsgebiete lassen jedoch unschwer die vorrangige und durch vergleichende Erfolgsuntersuchungen von Vollblut-, Plasma- und Plasmaersatzmittelinfusionen beim experimentellen hämorrhagischen Schock bestätigte Bedeutung der Vollbluttransfusion erkennen (TAMÁS et al. 1965). Besonders die klinische Symptomatik des großen Blutverlustes, wie Blässe der Schleimhäute, Dyspnoe, niedriger Blutdruck, erhöhte Pulsfrequenz sowie Harn- und Kotabsatz, erfordert nach evtl. anfänglicher Volumenauffüllung mit Plasma oder Plasmaersatzlösungen schnell einsetzende Bluttransfusionen (GAERISCH 1976).

8.1. Serologische Verträglichkeitstestung

Zur Vermeidung serologisch bedingter Unverträglichkeitsreaktionen und immunologischer Transfusionsfolgen sind beim Hund ebenso wie beim Menschen serologische und biologische Verträglichkeitsuntersuchungen vor Bluttransfusionen erforderlich. Sie müssen aus Blutgruppenbestimmung, Kreuzprobe und biologischer Probe nach OEHLECKER bestehen.

Die **Blutgruppen des Hundes** waren lange Zeit unbekannt, obwohl der Hund schon sehr früh zu Transfusionsversuchen und serologischen Testen herangezogen wurde (VON DUNGERN und HIRSCHFELD 1911). Erst Isoimmunisierungen und serologisch bedingte Komplikationen bei mehrmaligen Bluttransfusionen und Organtransplantationen zwischen Hunden veranlaßten ein Forscherteam der Universität von Rochester um SWISHER, YOUNG, CHRISTIAN, ERVIN, O'BRIEN, MILLER, YUILE und TRABOLD zur systematischen Untersuchung immunologischer und blutgruppenserologischer Reaktionen des Hundes. Das führte in den Jahren nach 1947 zur Ermittlung von bisher 7 Blutgruppensystemen, die in der Reihenfolge ihrer Auffindung mit den Buchstaben A–G bezeichnet wurden (YOUNG et al. 1952, SWISHER und YOUNG 1961, SWISHER et al. 1962). In neueren Arbeiten, insbesondere zur Spender-Empfänger-Auswahl für experimentalchirurgische Versuche (Transplantationen), wurde diese Nomenklatur verlassen. So werden heute die Blutgruppenantigene des Hundes als erythrozytäre Antigene = DEA (**d**og **e**rythrocyte **a**ntigen) bezeichnet und mit fortlaufenden Zahlen (z. B. DEA 1.1 für die Blutgruppe A_1) voneinander unterschieden (BELOTSKY et al. 1978, SCHIMMACK et al. 1982). Bis zur endgültigen internationalen Festlegung einer Nomenklatur werden nachfolgend noch die alten Blutgruppenbezeichnungen verwendet.

Blutgruppen sind eine sehr wichtige Eigenschaft der Erythrozyten. Von einzelnen oder mehreren Blutgruppenfaktoren gebildet, sind sie *Antigenkomplexe*, die sich als chemisch determinierte Verbindungen mit Polysaccharid- oder Aminosäurecharakter in der Gerüstsubstanz der Erythrozytenoberfläche befinden und nach parenteraler Applikation in anderen Organismen Antikörperbildung hervorrufen.

Antikörper sind somit streng spezifische, gegen bestimmte Antigene oder Blutgruppenfaktoren gerichtete Stoffe, die als Eiweißkörper den Globulinen angehören und normalerweise oder nach Immunisierungen im Serum bzw. in anderen Körperflüssigkeiten vorkommen. Sie sind mit ihren korrespondierenden Antigenen in vitro in Form der Antigen-Antikörper-Reaktion durch Agglutination oder Hämolyse nachzuweisen. Erbbiologisch gesehen sind Blutgruppen genetische, von einfachen oder multiplen Allelen eines bestimmten Gens kontrollierte Einheiten. Alle Blutgruppen, die durch die Allele eines Gens determiniert sind, werden in einem Blutgruppensystem zusammengefaßt, das seinerseits zu einem Genlocus gehört (SHOKRY und EZZAT 1969). Die bekannten Blutgruppenfaktoren der Erythrozyten eines Tieres ergeben zusammen die *Antigenformel* oder den *Bluttyp*.

Die Antikörper werden nach ihrer Entstehungsart unterteilt. Sind sie angeboren, werden sie als natürliche oder *Isoantikörper* bezeichnet, haben sie sich nach Immunisierungen entwickelt, werden sie erworbene oder *Immunantikörper* genannt. Isoantikörper sind gegen die Erythrozytenantigene der eigenen Tierart, Heteroantikörper gegen die Antigene anderer Tierarten gerichtet.

Für die praktische Serologie ist es von Bedeutung, daß die natürlichen Isoantikörper im Kochsalzmilieu bei niedrigen Temperaturen (0–4 °C – mit Ausnahme der menschlichen Anti-A- und Anti-B-Antikörper, die bis zu Zimmertemperaturen wirksam sind) und die Immunantikörper im Komplementmilieu bei höheren Temperaturen (38,5 °C) mit ihren korrespondierenden Antigenen reagieren. Die erstgenannten werden deshalb auch als komplette, bivalente und die letzteren als inkomplette, univalente Antikörper bezeichnet. Auf Grund ihrer Sedimentationskonstanten sind die natürlichen Antikörper 19-S-Makroglobuline und die Immunantikörper 7-S-Immunglobuline. Während die natürlichen Isoantikörper direkt im Kochsalzmilieu mit den antigenbeladenen Erythrozyten sichtbar reagieren, benötigen die Immunantikörper in vitro als Komplement bzw. Konglutinin Rinderalbumin, Gelatine oder frisches autologes Serum. Ein Teil von ihnen kann nur mit Hilfe des indirekten Antiglobulin- oder Race-Coombs-Testes sowie der Enzymteste zur sichtbaren Reaktion gebracht werden.

Bluttransfusionen sind in jedem Fall Antigenübertragungen, wobei **erythrozytäre Antigene** (DEA), lymphozytäre Antigene (**dog lymphocyte antigen** = DLA) und thrombozytäre Antigene (**dog platelet antigen** = DPA) zu unterscheiden sind. So muß in der Folge von Bluttransfusionen mit der Bildung von Immunantikörpern gerechnet werden, die sowohl gegen die Erythrozyten des Spenders als auch gegen seine Leukozyten und Thrombozyten gerichtet sein können (LEVERENZ und IHLE 1982). Dieses auch als *Immunisierung* oder *Sensibilisierung* bezeichnete Phänomen birgt große Gefahren bei Wiederholungstransfusionen in sich und kann nur durch optimal faktorenverträgliche, also weitestgehend blutgruppenserologisch voruntersuchte (Blutgruppenbestimmung) und serologisch abgesicherte (Kreuzprobe) Bluttransfusionen beherrscht werden.

Während den menschlichen AB0-Blutgruppen obligatorische, natürliche Antikörper gegenüberstehen, konnte dies beim Hund bisher nicht beobachtet werden. YOUNG et al. (1951) ermittelten bei 15 % der untersuchten Hunde sehr labile natürliche Antikörper, die sich auf die immunologisch bedeutungslosen Blutguppen D und B verteilten und keine Hämolyse unverträglicher Erythrozyten nach Bluttransfusionen hervorriefen.

Unter den in Rochester mit Hilfe von Isoimmunseren ermittelten Blutgruppenantigenen des Hundes steht das A-Antigen mit einer Frequenz von 62,6 % und einer errechneten Sensibilisierungshäufigkeit nach Bluttransfusionen ohne vorherige Blutgruppenbestimmung von 22 % an erster Stelle. Bei Wiederholungstransfusionen verursacht es zu 24,7 % hämolytische Transfusionsreaktionen. Demgegenüber weisen die anderen Antigene entweder hohe oder niedrige Frequenzen auf (Tabelle 8.1.) und kommen in zahlreichen Antigenkombinationen vor. Da sie somit nur äußerst selten Sensibilisierungen verursachen können und durch sie ausgelöste Unverträglichkeitsreaktionen lediglich in Form geringgradig verminderter Überlebenszeiten der übertragenen Erythrozyten ablaufen, sind sie für die praktische Bluttransfusion beim Hund von untergeordneter Bedeutung.

Tabelle 8.1. Prozentuale Verteilung der Blutgruppenantigene des Hundes nach SWISHER und YOUNG (1961) unter Einbeziehung der DEA-Nomenklatur

Antigen	Frequenz (%)	Antigen	Frequenz (%)
A = DEA 1	62,6	D = DEA 4	22,3
A_1 = DEA 1.1	44,6	E = DEA 5	73,1
A_2 = DEA 1.2	19,0		
B = DEA 2	5,5	F = DEA 6	99,4
C = DEA 3	98,4	G = DEA 7	88,8

Das A-Antigen spaltet sich in die Varianten A_1 und A_2. Weil bisher keine natürlichen Anti-A-Antikörper gefunden wurden, sind diese nur mit Hilfe isoimmunantikörperhaltiger Testseren anhand ihrer unterschiedlichen Reaktionsintensitäten im **direkten Agglutinationstest** und **indirekten Antiglobulintest (Coombs-Test)** zu differenzieren.

Für den *direkten Agglutinationstest* zum Nachweis des A_1-Antigens wird eine 4%ige Erythrozytensuspension in autologem Serum unmittelbar im Anschluß an die Blutgerinnung aus möglichst frisch entnommenen Blutproben hergestellt (1 Tropfen konzentrierte Erythrozyten plus 20 Tropfen klares Serum). Ist dies aus technischen Gründen (z.B. Postversand) nicht möglich, müssen Serum und Erythrozyten nach der Blutgerinnung voneinander getrennt und letztere dann ein- bis zweimal in physiologischer Kochsalzlösung gewaschen werden, bevor die 4%ige Erythrozytensuspension zubereitet werden kann. Von ihr wird ein Tropfen (serologische Pipette ca. 0,1 ml) mit der doppelten Menge des bereits in serologische Teströhrchen einpipettierten Anti-A-Testserums vermischt, mindestens 15 Minuten bei 38,5 °C (evtl. auch bei Zimmertemperatur) inkubiert und danach mit bloßem Auge auf Hämolyse untersucht. Zur Beschleunigung der Erythrozytensedimentation kann das Reaktionsgemisch nach der Inkubation eine Minute bei 500–1000 U/min zentrifugiert werden. Agglutinationen sind durch leichtes Schütteln der Proben und Beobachtung der Erythrozytenresuspension zu ermitteln.

Die hitzestabilen und kälteunempfindlichen Anti-A-Immunantikörper haben ihr Temperaturoptimum bei 38,5 °C. Sie wirken aber auch bei Zimmertemperatur im Kochsalz- und im Proteinmilieu als kräftige Agglutinine und Hämolysine. Nach STOHLMAN (1953) erfahren sie eine erhebliche Wirkungssteigerung durch die Anwesenheit eines hitzelabilen Komplementfaktors, der in frischem Hundeserum vorkommt, so daß für den direkten Agglutinationstest autologes Serum als Suspensionsmittel der Erythrozyten eingesetzt werden sollte.

Zur sicheren Differenzierung der A_1- und A_2-Antigenvarianten anhand der unterschiedlichen Reaktionsintensitäten muß der direkte Agglutinationstest im Titrationsversuch durchgeführt werden. Hierzu wird das Anti-A-Testserum in den Stufen einer geometrischen Reihe zunächst bis zur Titerstufe 1:512 mit physiologischer Kochsalzlösung verdünnt. Negative und zweifelhafte Resultate des direkten Agglutinationstestes müssen im indirekten Antiglobulintest überprüft werden.

Für den *indirekten Antiglobulintest* ist eine dreimalige Waschung der bereits mit dem Anti-A-Testserum inkubierten und somit eventuell sensibilisierten Erythrozyten in physiologischer Kochsalzlösung erforderlich, weil die agglutinierende Präzipitinwirkung des Antiglobulinserums von einem eiweißfreien Milieu abhängt. Nach Resuspension in physiologischer Kochsalzlösung und Zugabe von einem Tropfen eines Antihundeglobulinserums vom Kaninchen wird 5 Minuten bei Zimmertemperatur inkubiert und das Ergebnis ermittelt. Auch bei diesem Test kann die Erythrozytensedimentation nach der Inkubation durch leichtes Zentrifugieren für eine Minute bei 500–1000 U/min unterstützt werden (GRÜNBAUM 1969, DOHERR 1972, KOCH und NIESSEN 1973).

Bei allen serologischen Untersuchungen müssen Leerwerte in eigenem Serum und in physiologischer Kochsalzlösung mitgeführt werden. Sie ermöglichen die Feststellung eventueller Auto- oder Kälteagglutinationen bzw. -hämolysen und sind eine wichtige Kontrolle der eigenen Untersuchungstechnik.

A_1-positive Erythrozyten werden durch die Anti-A-Immunantikörper des Anti-A-Testserums im direkten Agglutinationstest agglutiniert, wobei starke Reaktionen mit kräftiger Agglutination und hohen Titern sowie schwache Reaktionen mit gering- bis mittelgradiger Agglutination und niedrigen Titern möglich sind (Tabelle 8.2.). Hämolysen treten in der Regel erst nach einer Inkubationszeit von über 30 Minuten bei 38,5 °C auf, brauchen aber nicht abgewartet zu werden, weil die nach 15minütiger Inkubation zu beobachtenden Agglutinationen positive Resultate bereits eindeutig und reproduzierbar anzeigen.

A_2-positive Erythrozyten werden im direkten Agglutinationstest nicht oder nur äußerst schwach agglutiniert, durch Anlagerung der Anti-A-Antikörper aber sensibilisiert. So können sie im indirekten Antiglobulintest zur sichtbaren Agglutination gebracht werden, wobei die Titer um durchschnittlich 4 Titerstufen über denen des direkten Agglutinationstestes liegen. Der Nachweis A_2-positiver Erythrozyten gelingt somit nur, wenn der indirekte Antiglobulintest bei allen negativen

Tabelle 8.2. Typische Reaktionen A_1- und A_2-positiver sowie A-negativer Erythrozyten im direkten Agglutinationstest, indirekten Antiglobulintest und Bromelintest bei Verwendung eines Anti-A-Testserums mit Angabe der Reaktionsintensitäten von Agglutination und Hämolyse im unverdünnten Testansatz sowie der erreichten Endtiter

Blutgruppe	Direkter Agglutinationstest			Indirekter Antiglobulintest			Bromelintest			Bemerkung
	Aggl.	Häm.	Titer	Aggl.	Häm.	Titer	Aggl.	Häm.	Titer	
A_1	++++	0	1:128	+	0	1:512	++++	0	1:512	starke Reaktion
A_1	++++	0	1:256	++	0	1:256	+++	0	1:256	starke Reaktion
A_1	+	0	1:2	+	0	1:8	+	0	1:4	schwache Reaktion
A_1	++	0	1:8	+	0	1:4	++	0	1:16	schwache Reaktion
A_2	+	0	1:1	++	0	>1:512	+++	0	>1:512	–
A_2	–	0	neg.	++	0	1:16	+++	0	1:512	–
A_{neg}	–	0	neg.	–	0	neg.	–	0	neg.	–

und schwach positiven Verdünnungsstufen des direkten Agglutinationstestes unmittelbar angeschlossen wird.

A-negative Erythrozyten dürfen weder im direkten Agglutinationstest noch im indirekten Antiglobulintest reagieren und sind somit ebenfalls nur durch die Kombination beider Teste sicher zu ermitteln.

Da es sich bei der Blutgruppenbestimmung um den Nachweis des A-Antigens mit Hilfe inkompletter Immunantikörper handelt, kann die Antigen-Antikörper-Reaktion durch die Enzymwirkung des Bromelins im **Bromelintest** erleichtert werden.

Der *Bromelintest* ist in seiner Reaktion von einem in frischem Serum vorkommenden Plasmafaktor abhängig, so daß er im Gegensatz zum indirekten Antiglobulintest keinerlei Waschung der Erythrozyten erfordert. Es werden lediglich eine 4%ige Erythrozytensuspension in frischem autologem Serum, eine 2%ige Bromelin-Gebrauchslösung in physiologischer Kochsalzlösung mit 1%iger Dinatrium-Ethylen-Diamintetraessigsäure und ein Anti-A-Testserum zu gleichen Teilen in Teströhrchen vermischt, 15 Minuten bei Zimmertemperatur inkubiert und das Ergebnis ermittelt. Der Bromelintest kann auch mit der Mikrotestmethodik auf Lauerplättchen durchgeführt werden (VETTER 1962, 1963, GRÜNBAUM 1969, DOHERR 1972).

Im Bromelintest reagieren A_1- und A_2-positive Erythrozyten gleich stark mit Agglutination und hohen Titern, während A-negative Erythrozyten nicht agglutiniert oder hämolysiert werden. Er zeigt somit nur das Vorhandensein oder Fehlen des A-Antigens an und ermöglicht nicht, wie der indirekte Antiglobulintest, seine Differenzierung in die Antigenvarianten A_1 und A_2.

Neben den serologischen Reaktionsintensitäten unterscheiden sich A_1- und A_2-positive Erythrozyten sehr gravierend durch ihre **Antigenität**. Während das A_1-Antigen eine starke Antikörperbildung bei A-negativen und A_2-positiven Hunden hervorruft, vermochte das A_2-Antigen in A-negativen Tieren bisher keine Anti-A-Immunantikörper zu erzeugen.

Wenn bei *Ersttransfusionen* A_1-positives Blut auf A-negative oder A_2-positive Empfänger übertragen wird, kommt es nach durchschnittlich 12 Tagen, in Abhängigkeit von der Immunisierungsfähigkeit des Antigens sowie der Ausgangslage und dem Antikörperbildungsvermögen des Empfängers, zur Anti-A-Immunantikörperbildung mit synchron verlaufender intravasaler Hämolyse der übertragenen Erythrozyten bei einer mittleren korrigierten Überlebenshalbwertszeit (radioaktive Etikettierung mit ^{51}Cr) von durchschnittlich 12,3 Tagen. A-negatives oder A_2-positives Blut kann demgegenüber reaktionslos und ohne immunologische Folgen vertragen werden. Bei *Wiederholungstransfusionen* von A_1-positivem Blut auf vorimmunisierte A-negative oder A_2-positive Empfänger kommt es zu serologischen Unverträglichkeitsreaktionen mit intravasaler Hämolyse der übertragenen Erythrozyten und unterschiedlicher klinischer Manifestation bei typischen, labordiagnostisch zu ermittelnden Veränderungen. Die mittlere korrigierte Überlebenshalbwertszeit beträgt hierbei durchschnittlich 2,3 Stunden.

Auch die Transfusion von immunantikörperhaltigem A-negativem oder A_2-positivem Blut vorimmunisierter Spender auf A_1-positive Empfänger führt zur intravasalen Hämolyse, bei einer mittleren korrigierten Überlebenshalbwertszeit von 6,6 Tagen. Weiterhin kommt es nach SWISHER und YOUNG (1954) zur hämolytischen Anämie bei Welpen sensibilisierter bzw. vorimmunisierter A-negativer oder A_2-positiver Mütter und A_1-positiver Väter, wenn sie die A_1-positive Blutgruppe des Vaters geerbt und die dagegen gerichteten Immunantikörper der Mutter mit der Kolostralmilch aufgenommen haben (HARVEY 1980).

Während die Blutgruppenbestimmung mehr der prognostischen Verhütung immunologischer Transfusionsfolgen dient, sind serologisch bedingte Unverträglichkeitsreaktionen nur durch kurz vor den Bluttransfusionen angesetzte **Kreuzproben** zu verhindern. Sie ermöglichen den Nachweis unbekannter agglutinierender und hämolysierender Antikörper im Empfänger- oder Spenderserum, die gegen unbekannte Antigene an den Spender- oder Empfängererythrozyten gerichtet sind. Dabei wird die Prüfung des Empfängerserums mit den Spendererythrozyten als *Major-Test* und die Untersuchung des Spenderserums mit den Empfängererythrozyten als *Minor-Test* bezeichnet.

Auch die *Kreuzprobe* sollte beim Hund mit 4%igen Erythrozytensuspensionen in frischem, autologem Serum durchgeführt werden, weil es in der Hauptsache auf den Nachweis inkompletter Immunantikörper ankommt und die für serologische Transfusionsnebenreaktionen bedeutungsvollen Anti-A-Immunantikörper durch ein komplementhaltiges Proteinmilieu besonders aktiviert werden. Nach Mischung von 3 Tropfen des zu untersuchenden Empfängerserums (Major-Test) oder Spenderserums (Minor-Test) mit einem Tropfen der Spender- oder Empfängererythrozytensuspension wird 15 Minuten bei Zimmertemperatur inkubiert, eine Minute bei 500–1000 U/min zentrifugiert und das Ergebnis abgelesen. Ebenso wie bei der Blutgruppenbestimmung müssen negative und zweifelhafte Reaktionen dem indirekten Antiglobulintest in der oben beschriebenen Art unterzogen werden. Auch bei der Kreuzprobe sind Kontrollansätze im eigenen Serum und in physiologischer Kochsalzlösung mitzuführen (GRÜNBAUM 1969, DOHERR 1972).

Bei Kombination des direkten Agglutinationstestes mit dem indirekten Antiglobulintest ermöglicht die Kreuzprobe im Titrationsversuch eine Unterscheidung von Antigenvarianten sowie die Beobachtung von Entstehung, Höhe und Verlauf der Immunantikörpertiter. Da einzelne Antigenunterschiede bei der praktischen Bluttransfusion aber nicht immer erforderlich sind, kann die Kreuzprobe auch als Bromelintest methodisch einfach, empfindlich und zuverlässig durchgeführt werden, wobei die Methodik der des oben beschriebenen Anti-A-Bromelintestes entspricht. Dadurch wird die serologische Verträglichkeitstestung erheblich verkürzt, so daß in bestimmten Notfallsituationen Blut schnell übertragen werden kann – allerdings ohne Berücksichtigung von Antigenvarianten oder immunologischen Transfusionsfolgen.

Die **Herstellung der Testseren** kann mit Hilfe der Kreuzprobe auch ohne den anfänglichen Einsatz eines fremden Testserums erfolgen. Dazu sind mehrere, in der Kreuzprobe mit angeschlossenem indirektem Antiglobulintest serologisch verträgliche Hunde gegeneinander zu immunisieren und die aktivsten Seren nach der Entstehung von Immunantikörpertitern zu gewinnen. Nach Inaktivierung, Absorption und Testung im direkten Agglutinations- und indirekten Antiglobulintest gegen eine Reihe verschiedener Erythrozyten sind Antigen und Antikörper der Blutgruppe A anhand der angegebenen Kriterien leicht zu erkennen, so daß man über ein eigenes immunantikörperhaltiges Anti-A-Testserum verfügt.

Steht jedoch ein fremdes Anti-A-Testserum zur Verfügung, kann die Herstellung eines eigenen immunantikörperhaltigen Anti-A-Testserums wie folgt verlaufen:
1. Ermittlung A_1- und A_2-positiver sowie A-negativer Hunde im Anti-A-Test durch Kombination des direkten Agglutinationstestes mit dem indirekten Antiglobulintest.
2. Isoimmunisierung eines bzw. mehrerer A-negativer Hunde durch eine einmalige Immunisierungstransfusion mit 10 ml/kg KM A_1-positivem Vollblut und durch intramuskuläre Nachimmunisierungsinjektio-

nen von jeweils 5 ml des gleichen Blutes im Anschluß an eine 12- bis 16tägige Pause bis zum Erreichen des erforderlichen Immunantikörpertiters von mindestens 1 : 256.
3. Gewinnung des immunantikörperhaltigen Serums und Inaktivierung im Wasserbad für 30 Minuten bei 56 °C.
4. Bestimmung der Anti-A-Spezifität durch Testung mit einer Gruppe A-positiver und A-negativer Erythrozyten und durch Vergleich mit einem bekannten Anti-A-Testserum.
5. Absorption unerwünschter Antikörper mit einer Reihe A-negativer Erythrozyten (falls erforderlich).
6. Lagerung des so gewonnenen Anti-A-Testserums in kleinen Portionen bei −20 °C.

Zur Herstellung eines *Antihundeglobulinserums* vom Kaninchen für den indirekten Antiglobulintest ist folgendes erforderlich:
1. Heteroimmunisierung von 1–2 Kaninchen durch intravenöse Applikation von 1 ml 1:4 mit physiologischer Kochsalzlösung verdünnten Hundeserums (zur Desensibilisierung) und nachfolgenden intravenösen Gaben von 0,5 ml des gleichen Serums am 2., 4. und 6. Tag.
2. Gewinnung von 2–3 ml Blut pro Kaninchen aus der Ohrvene ca. eine Woche nach der letzten Immunisierungsinjektion. Inaktivierung der 1:5 mit physiologischer Kochsalzlösung verdünnten Antiglobulinseren 30 Minuten bei 56 °C im Wasserbad. Endgültige Verdünnung bis zu einem Verhältnis von 1:20 mit physiologischer Kochsalzlösung und Überprüfung der Reaktionsintensität im Titrationsversuch gegenüber sensibilisierten A_2-positiven Erythrozyten (s. indirekter Antiglobulintest).
3. Falls erforderlich, intraperitoneale oder subkutane Nachimmunisierung bis zum Erreichen eines Endtiters von über 1:1280.
4. Abnahme größerer Blutmengen durch Herzpunktion und Gewinnung des Kaninchenantiglobulinserums. Inaktivierung 30 Minuten bei 56 °C und Verdünnung 1:5 mit physiologischer Kochsalzlösung.
5. Viermalige Absorption des Antiglobulinserums mit einem Erythrozytengemisch (Verhältnis 1:4) von 5 verschiedenen A-positiven und A-negativen Hunden 1, 15 und 30 Minuten bei 40 °C und 30 Minuten bei Zimmertemperatur zur Entfernung eventueller Heteroagglutinine.
6. Untersuchung des Antiglobulinserums auf Heteroagglutination mit Erythrozytensuspensionen von 10 verschiedenen A-positiven und A-negativen Hunden.
7. Verdünnung des Antiglobulinserums bis zu einem Verhältnis von 1:20 mit physiologischer Kochsalzlösung und Testung gegen sensibilisierte A_2-positive Erythrozyten im Titrationsversuch.
8. Lagerung des Antihundeglobulinserums vom Kaninchen in kleinen Portionen bei −20 °C (GRÜNBAUM 1969, DOHERR 1972).

Hämolytische Transfusionsreaktion: Die Übertragung von serologisch unverträglichem Blut führt auch beim Hund zur intravasalen Hämolyse der übertragenen Erythrozyten und somit zur hämolytischen Transfusionsreaktion. Dabei kommt es nicht zu so schweren Störungen des Allgemeinbefindens, zu schwersten Schocksymptomen oder zu klinischen Spätschäden, wie sie vom Menschen her bekannt sind. Klinisch zeigen die Hunde leichte Temperaturerhöhungen um maximal 0,8 °C, geringgradige Puls- und Atemfrequenzerhöhungen, Harn- und Kotabsatz, Erbrechen, Muskelzittern und nur vereinzelt leichte Schocksymptome, ohne daß dies obligatorisch oder im Sinne der biologischen Probe nach OEHLECKER sicher zu bewerten wäre. Demgegenüber sind labordiagnostisch alle Zeichen der intravasalen Hämolyse, wie Hämoglobin- und Bilirubinämie, das Auftreten eines Hämoglobin- Haptoglobin-Komplexes im Pherogramm, Erhöhungen des Serumgehaltes an Eisen, Kalium und anorganischem Phosphat, Aktivitätszunahme der Serumenzyme GOT (Glutamat-Oxalacetat-Transaminase), GPT (Glutamat-Pyruvat-Transaminase) und besonders der LDH (Lactatdehydrogenase) sowie Hämoglobin- und Albuminurie nachzuweisen. Das beim Menschen gefürchtete Leber- und Nierenversagen war auch nach mehreren hämolytischen Transfusionsreaktionen beim Hund bisher nicht nachzuweisen (GRÜNBAUM 1969, SCHIER et al. 1979). Da aber der therapeutisch hauptsächlich erwünschte Substitutionseffekt bei serologisch unverträglichen Bluttransfusionen ausbleibt und zusätzliche Belastungen für den Empfängerorganismus resultieren, sind sie durch die Bestimmung, Differenzierung und Berücksichtigung des A-Antigens mit Hilfe der Kombination von direktem Agglutinationstest und indirektem Antiglobulintest, entsprechend blutgruppengleicher oder A-negativer Transfusion und kurz vor der Blutübertragung angesetzten Kreuzproben zu verhindern.

Die **biologische Probe nach Oehlecker** ist vom Allgemeinbefinden der Empfänger, von der Transfusionsgeschwindigkeit, der Menge des transfundierten Blutes und von der Wartezeit abhängig. Ohne durch die Höhe eines vorhandenen Immunantikörpertiters wesentlich beeinflußt zu werden, zeigt sie beim Hund serologisch bedingte Transfusionsreaktionen mit sehr unterschiedlicher klinischer Intensität an. Als letztes biologisches Sicherungssystem ist sie auch nach serologischer Voruntersuchung der Spender und Empfänger von Bedeutung, ohne jedoch die serologische Verträglichkeitstestung ersetzen zu können. Sie ist in der Form durchzuführen, daß nach intravenöser Dauertropf- oder Sturzapplikation von 0,25–0,5 ml je kg KM des für die Transfusion vorgesehenen Spenderblutes 10 Minuten gewartet und dabei die klinischen Reaktionen des Empfängers aufmerksam verfolgt werden. Es wäre optimal, wenn gleichzeitig der Serumhämoglobingehalt labordiagnostisch überwacht werden könnte.

8.2. Blutgewinnung, -konservierung und -transfusion

Die **Blutgewinnung** hängt als grundsätzliche Voraussetzung jeder Bluttransfusion von der Auswahl und von dem Vorhandensein geeigneter Blutspender ab. Der relativ geringe Bedarf einer Praxis oder Klinik für ausschließlich therapeutische Zwecke kann durch klinisch, serologisch und blutgruppenserologisch voruntersuchte und frei von konstitutionellen und übertragbaren Erkrankungen befundene Dauerblutspender in Schäferhundgröße abgedeckt werden. Dazu sind jedoch entsprechende Vereinbarungen mit den Besitzern erforderlich. In Abhängigkeit vom Allgemeinbefinden, von der Reaktionslage des Organismus, der Erholungszeit zwischen den Blutentnahmen und der Entnahmehäufigkeit sollten nur die klinisch gut tolerierten Blutmengen von 13,0 bis 17,0 ml/kg KM ($\varnothing$ 14,0 ml/kg KM) entnommen und Erholungszeiten von 3–4 Wochen unter Berücksichtigung des Blutstatus eingehalten werden.

Der erheblich größere Bedarf der experimentellen Medizin und Veterinärmedizin an Hundeblutkonserven kann bei den angegebenen Entnahmemengen und -häufigkeiten nur durch die von Kubicz (1955), Theve (1956), Marcenac et al. (1964), Barth und Sager (1991) u.a. beschriebenen und empfohlenen *Hundeblutbanken* innerhalb veterinärmedizinischer Kliniken und Institutionen ökonomisch vertretbar abgesichert werden, wenn diese die Möglichkeit haben, neben blutgruppenserologisch ausgewählten Dauerblutspendern auch Euthanasiehunde zur Blutgewinnung heranzuziehen. Dabei sind die Vorteile der billigen Gewinnung von Blutmengen bis über 80 ml/kg KM und die Möglichkeit, durch schnell eingeleitete pathologisch-anatomische Untersuchungen die Übertragung eventueller Krankheiten zu verhüten, offensichtlich.

Die **Blutregeneration** nach Blutentnahmen und die Einsatzfähigkeit für erneute Spenden sollten bei Dauerblutspendern anhand des venösen Hämatokrits, des Hämoglobingehaltes im Blut, der Erythrozyten- und Leukozytenzahl, des Serumeisengehaltes sowie der errechneten Blutparameter MCHC (mittlere korpuskuläre Hämoglobinkonzentration eines Erythrozyten) beurteilt werden. Nur in Ausnahmefällen kann man sich auf die Bestimmung des venösen Hämatokrits oder des Hämoglobingehaltes im Blut beschränken. Die Blutregeneration wird durch protein-, vitamin- und mineralstoffreiche Nahrung wesentlich unterstützt. Darüber hinaus ist eine parenterale Applikation von beispielsweise 5mal 300 mg Eisen (III)/Tier und 5mal 5 ml Vitamin-B-Komplex jeweils im Abstand von 2 Tagen zu empfehlen (Grünbaum 1969, Grünbaum und Gotter 1973).

Die eigentliche *Blutgewinnung* erfolgt am zweckmäßigsten bei den Dauerblutspendern aus der V. jugularis externa und bei den Euthanasiehunden aus der A. carotis communis, A. femoralis oder durch Herzpunktion. Zur Vermeidung von Abwehrbewegungen sind potenzierte Narkosen mit einem Neuroplegikum und einem Analgetikum oder die Dämpfung der Spender durch intramuskuläre Applikation eines dieser Präparate, ca. 20 Minuten vor der Blutentnahme, zu empfehlen. Euthanasiehunde müssen zur operativen Gefäßpräparation und zur Entblutung in tiefer Barbituratnarkose gehalten werden.

Zur perkutanen Punktion der V. jugularis externa oder operativen Präparation der A. carotis communis werden die Tiere auf die Seite gelegt und der Kopf durch eine Halfterschlinge fixiert. Durch möglichst weit kaudal gezogene Vorderextremitäten wird der Hals maximal gestreckt, so daß die Haut über der mit einem Gummischlauch gestauten Vene mit einer Schere von Haaren befreit, gereinigt, desinfiziert und mit einem Iodanstrich versehen werden kann. Die Vene wird dann perkutan punktiert und die Kanüle manuell bzw. instrumentell fixiert. Die Blutentnahmen müssen unter streng aseptischen Kautelen erfolgen, wobei sich die Blutentnahmegeräte zum Einmalgebrauch, die steril verpackt und garantiert bakterien- und pyrogenfrei sind, gut eignen. Mit ihnen wird das Blut in sterilisierte, mit ACD-Stabilisator beschickte und leicht evakuierte Blutkonservenflaschen nach dem Prinzip der Vakuum- und der Schwerkraftfüllung übergeleitet (Abb. 8.1.). Bei langwierigen und umfangreichen Blutentnahmen ist zur Vermeidung von Gerinnungsstörungen die intravenöse Applikation von 150–300 IE/kg KM Heparin 5 Minuten vor der Blutentnahme zu empfehlen (Grünbaum und Gotter 1973, Wegener 1982).

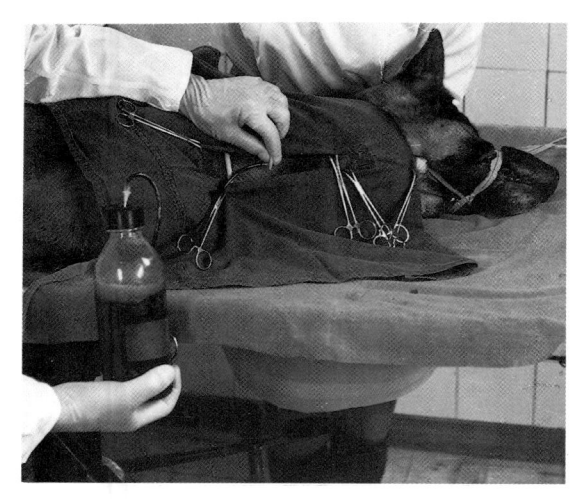

Abb. 8.1. Blutentnahme nach perkutaner Punktion der Vena jugularis externa.

Zur **Konservierung** des Hundeblutes eignen sich die handelsüblichen, standardisierten Blutkonservenflaschen aus Glas mit einem Fassungsvermögen von 120 ml, 300 ml, 500 ml oder entsprechende Plastikbeutel. Die darin enthaltenen Stabilisatoren sind zwar humanmedizinisch orientiert, zur Konservierung von Hundeblut aber auch geeignet.

Als Stabilisator ist u. a. auch der citratarme und die Blutisotonie berücksichtigende ACD-Stabilisator (Rezeptur III) nach HORSCH und WEGNER (1966) zu empfehlen. Er setzt sich zusammen aus:

Acid. citric. (Monohydrat)	4,8 g
Natr. citric. neutr. ($5^{1}/_{2}$ H_2O)	16,0 g
(oder 2 H_2O)	13,2 g
Glucos. dep. (Monohydrat)	25,0 g
Aqua ad inject.	ad 1000 ml

Mischungsverhältnis Stabilisator : Blut = 100,0 ml : 400,0 ml; 60,0 ml : 240,0 ml; 24 ml : 96,0 ml.

Dieser Stabilisator erbrachte im Vergleich mit den ACD-Stabilisatoren nach DAB 6 und DAB 7 und einem Adeninsulfat und Guanosin enthaltenden citratarmen ACD-Stabilisator die besten Konservierungsergebnisse von Hundevollblut (GRÜNBAUM und GOTTER 1973). NOLTE (1988) verwendete mit sehr gutem Erfolg Plastik-Blutbeutel mit CPDA-1-Stabilisator der Fa. Biotest. Dieser besteht aus 30,0 g Citronensäure, 26,3 g Natriumcitrat-2 H_2O, 2,2 g Natriumhydrogenphosphat-H_2O, 31,9 g Glucose-Monohydrat, 350,0 mg Adeninhydrochlorid auf 1000,0 ml Aqua ad injectionem.

Die *Reinigung der Blutkonservenflaschen* kann, wenn nicht handelsübliche Flaschen/Beutel jeweils neu verwendet werden, in Anlehnung an MÖLLER (1960) durch Spülung in klarem Leitungswasser, Einlegen in eine 0,5 %ige Peressigsäure-Lösung (mindestens 30 Minuten), erneute Spülung mit kaltem und warmem Leitungswasser sowie pyrogenfreiem, bidestilliertem Wasser und anschließender Sterilisation für ca. eine Stunde im Trockenschrank bei 180 °C erfolgen. Die Gummikappen und Schraubverschlüsse werden 30–45 Minuten in bidestilliertem Wasser gekocht. Danach wird der nach den Vorschriften für Infusionslösungen des Arzneibuches hergestellte ACD-Stabilisator unter möglichst sauberen und aseptischen Bedingungen in die Konservenflaschen eingefüllt, worauf die Flaschen verschlossen und im Autoklaven für 30 Minuten bei 120 °C sterilisiert werden. Zur Erzeugung eines Vakuums kann man die Gummiverschlüsse vor dem Autoklavieren mit einer feinen Injektionskanüle durchstechen und letztere sofort nach der Sterilisation wieder entfernen, so daß während der Abkühlung ein Unterdruck entsteht, der im allgemeinen zur vollständigen Flaschenfüllung mit Blut ausreicht. Ist dies nicht der Fall, müssen die Flaschen während der Blutentnahme beim Sistieren des Blutflusses entlüftet und nach dem Schwerkraftprinzip zu Ende gefüllt werden. Auch vollkommen durch Unterdruck gefüllte Konservenflaschen sind zur Entfernung eines evtl. vorhandenen Restvakuums zu entlüften. Fertige Konservenflaschen werden mit dem Namen (Nr.), der Rasse und der Blutgruppe des Spenders, dem Herstellungsdatum, der Art des verwendeten Stabilisators, der Blutmenge und der Nummer des Spendenkontrollbuches beschriftet (etikettiert) und bei 4 °C erschütterungsfrei in einem Kühlschrank gelagert, dessen Kühlkapazität eine schnelle Abkühlung der Hundeblutkonserven garantiert.

Die in der Humanmedizin viel verwendete Tieftemperatur- oder Kryokonservierung von Erythrozytenkonzentraten bei –196 °C wurde beim Hund wegen der erforderlichen Tiefgefrierapparatur nur experimentell eingesetzt (HACKENSELLNER und MATTHES 1980, 1981). Das Verfahren ist auch zur Konservierung von Leukozyten und Thrombozyten geeignet (TOURSEL 1980, ZAPFF und TOURSEL 1980). In der Veterinärmedizin wird der Einsatz von Kryopräzipitaten sowie von frischen oder gelagerten Blutkomponenten (Erythrozytenkonzentrat, Plasma, Thrombozytenplasma) von AUTHEMENT et al. (1988) empfohlen.

Wie bakteriologisch-mykologische und labordiagnostische Untersuchungen sowie Überlebenszeitbestimmungen mit der ^{51}Cr-Methodik (GRÜNBAUM 1969) ergaben, beträgt die *optimale Aufbewahrungszeit* ACD-stabilisierter Hundeblutkonserven in Übereinstimmung mit den Ergebnissen von COMBRISSON-LE BOLLOCH et al. (1964) 9–11 Tage und die *maximale* Konservierungsdauer 14–19 Tage. Beim Einsatz von mit CPDA-1-Stabilisator beschickten Plastik-Blutbeuteln erreichte NOLTE (1988) eine Lagerungszeit von 51 Tagen. Wegen der bei Hundeblutkonserven besonders großen Gefahr der bakteriellen und mykotischen Besiedlung sind stichprobenartige Sterilitätskontrollen von jeder Konservencharge unter aeroben und anaeroben Wachstumsbedingungen dringend zu empfehlen. Verkeimte Blutkonserven verursachen bakterielle Transfusionsnebenreaktionen mit oftmals tödlichem Ausgang und sind deshalb zu verwerfen. Als weitere Schutzmaßnahme vor bakteriellen Reaktionen können mikroskopische Kontrolluntersuchungen im Ausstrichpräparat kurz vor den Bluttransfusionen durchgeführt werden. Auch hämolytische Blutkonserven mit einem Hämoglobingehalt im Plasma von mehr als 50 mg/100 ml müssen verworfen werden. Dabei ist aber zu berücksichtigen, daß geringgradige Hämolysen in Hundeblutkonserven infolge der hohen Erythrozytenempfindlichkeit gegenüber den mechanischen Belastungen während der Blutentnahme schnell auftreten können (MUTO 1983). Der Hämolysegrad ist makroskopisch jedoch nicht zu ermitteln, weil sich das freie Hämoglobin zum großen Teil zwischen der Erythrozytenmasse befindet und den darüber liegenden Leukozytensaum kaum durchdringen kann. Nur die labordiagnostische Bestimmung des Hämoglobingehaltes im Konservenplasma nach gründlicher Resuspension der Erythrozyten ermöglicht eine exakte Bestimmung des Hämolysegrades und eine Beurteilung der Transfusionsfähigkeit gelagerter Hundeblutkonserven.

Nach BIRKIGT et al. (1980) verfügen stromafreie Hämoglobinlösungen über die Fähigkeit des Sauerstofftransportes. Nachdem RABINER et al. (1967) und SCHIER et al. (1979) der Nachweis gelang, daß extrazelluläres Hämoglobin keine Nierenschäden verursacht, werden stromafreie Hämoglobinlösungen als Blutersatzmittel eingesetzt. Dies setzt aber eine entsprechende Präparation und Sterilfiltration voraus.

Für die **Bluttransfusion** beim Hund sind die Blutübertragungsgeräte für Erwachsene zu empfehlen. Sie sind steril verpackt und als garantiert bakterien- und pyrogenfrei deklariert. Zur Vermeidung von Übertransfusionen und Citratintoxikationen sollte unter Berücksichtigung spezieller Indikationen möglichst im intravenösen Dauertropf mit einer Tropfgeschwindigkeit von nicht mehr als 60–80 Tropfen pro Minute und einer Richtdosierung von 10–20 ml/kg KM Blut transfundiert werden.

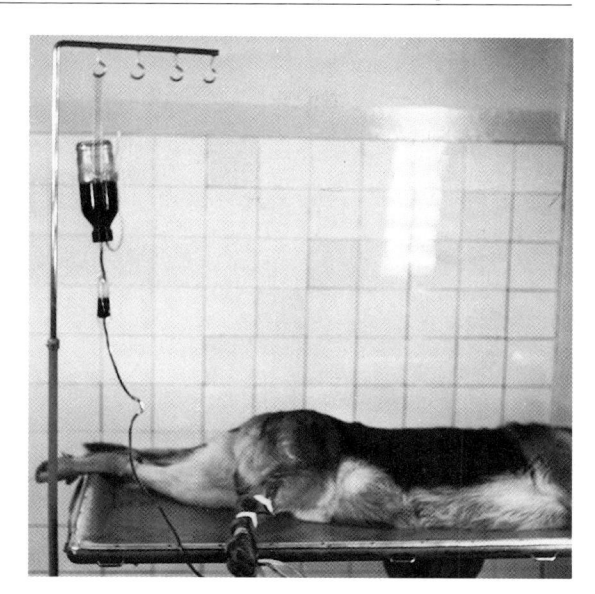

Abb. 8.2. Bluttransfusion in die Vena saphena parva.

Bei Jungtieren und Hunden mit kollabierten, perkutan nicht punktierbaren, peripheren Venen wird die operative Freilegung bzw. Venae sectio der V. jugularis externa oder der V. femoralis empfohlen. PENNY (1953) sowie DIETZ und NAGEL (1959) transfundierten intraosseal in die Tibia, CORLEY (1963) in das Femur und MÖLLER (1960) beim Menschen in das Sternum. Intraperitoneale Transfusionen sind wegen der langsamen Resorption nur bei chronischen Anämien indiziert, während subkutane und intramuskuläre Blutapplikationen nur zur unspezifischen Reiztherapie eingesetzt werden. PENNY (1953) erzielte beim hämorrhagischen Schock mit intraarteriellen Transfusionen gute Erfolge. Sie sind aber gefährlich und benötigen einen erheblichen technischen Aufwand.

Zur *intravenösen Bluttransfusion im Dauertropf* sollten die Empfänger, soweit sie nicht durch Krankheiten geschwächt oder apathisch sind, leicht sediert und sicher fixiert werden, damit die tief in eine der peripheren Venen, wie z.B. V. cephalica antebrachii oder V. saphena parva, eingeführten Infusionskanülen nicht durch Abwehrbewegungen herausgleiten. Es ist zweckmäßig, die Tiere in Seitenlage auszubinden und dabei die zur Bluttransfusion vorgesehenen Extremitäten noch gesondert zu fixieren (Abb. 8.2.). Die Punktionsstelle muß mit einer Schere von Haaren befreit, gereinigt und desinfiziert werden. Nach perkutaner Punktion werden Infusionskanüle und ein Teil des zu ihr führenden Transfusionsschlauches durch Arterienklemmen und Leukoplaststreifen an der äußeren Haut sicher befestigt. Die Bluttransfusion kann beginnen, wenn sich keine Luft mehr im Übertragungssystem befindet und muß abgebrochen bzw. beendet werden, wenn die Konservenflasche geleert ist. Die Tropfgeschwindigkeit wird durch teilweises Abdrücken des Transfusionsschlauches mit

Hilfe eines Aluminiumplättchens bzw. einer Klemmvorrichtung eingestellt.

Die Blutkonserven sind rechtzeitig aus dem Kühlschrank zu entnehmen und zur Vermeidung einer transfusionsbedingten Hypothermie mindestens auf Zimmertemperatur, möglichst auf Körpertemperatur zu erwärmen. Dies muß aber äußerst vorsichtig, am besten mittels eines dafür geeigneten Gerätes, geschehen. Am häufigsten verbreitet ist die Anwärmung mittels „Durchlaufanwärmer", wobei das Konservenblut beim Durchfließen des Schlauchsystems auf Körpertemperatur gebracht wird (Tontschev et al. 1977, 1980).

Als Alternative zur Fremdbluttransfusion wird in der Humanmedizin verstärkt die „Eigenbluttransfusion" eingesetzt. Dies ist möglich, wenn eine mit größerem Blutverlust einhergehende Operation geplant und entsprechend vorbereitet werden kann. Die Gewinnung autologer Blutkonserven erfolgt fraktioniert möglichst frühzeitig vor der Operation oder unmittelbar nach Narkoseeinleitung durch normovolämische Hämodilution, d.h. durch bilanzierte Blutentnahme bei gleichzeitiger Volumensubstitution (in die kontralaterale Vene) mit einem Plasmaersatzmittel. Voraussetzungen sind entsprechende Konstitution des Patienten und ein Hämatokritwert (**p**acked **c**ell **v**olume = PCV) von mindestens 0,37, der nicht unter 0,30 absinken sollte (Mikus und Müller 1980, Olthoff und Bucklitsch 1980, Cardeneo und Krieglsteiner 1988).

Eine Vorausberechnung des zu erwartenden Hämatokritwertes (PCV_n) nach der Hämodilution ist in Abhängigkeit von der Zahl der zu entnehmenden Blutkonserven (n) und der entnommenen Blutmenge (Blutkonservenvolumen), von dem Hämatokritwert vor der Blutentnahme (PCV_0) und dem Blutvolumen des Patienten (BV = durchschnittlich 97,0 ml/kg KM) in Anlehnung an Mikus und Brandstädter (1979) nach folgender Formel möglich:

$$PCV_n = PCV_0 \times \left(1 - \frac{Konservenvolumen}{Blutvolumen}\right)^n$$

Dazu ein Rechenbeispiel:
Patient = DSH mit 30,0 kg KM
Blutvolumen = 30,0 × 97,0 = 2910,0 ml
$PCV_n = 0,45$

Zahl der Blutkonserven = n = 2, Blutkonservenvolumen = 240,0 ml

$$PCV_n = 0,45 \times \left(1 - \frac{240,0}{2910,0}\right)^2$$
$$= 0,45 \times (1 - 0,082)^2$$
$$= 0,45 \times 0,843$$
$$PCV_n = 0,38$$

Die Eigenbluttransfusion hat den Vorteil, daß praktisch keine Gefahr der Isoimmunisierung oder Krankheitsübertragung besteht und technische Fehler der serologischen Voruntersuchung ausgeschlossen sind.

Da Hundeblutkonserven in der Regel von keiner Blutbank bezogen werden können, müssen sie jeweils selbst hergestellt werden. Insofern hat es sich für veterinärmedizinische Kleintiereinrichtungen bewährt, einige mit ACD-Stabilisator beschickte und sterilisierte Blutkonservenflaschen im Kühlschrank vorrätig zu halten. Sowohl Eigenblut- als auch Fremdbluttransfusionen sind grundsätzlich nach dem Verfahren der indirekten Blutübertragung (über die Herstellung von ACD-stabilisierten Blutkonserven) durchzuführen.

8.3. Infusionstherapie

Innere Erkrankungen mit Inappetenz, Diarrhoen und Vomitus sowie chirurgische Erkrankungen und die zu ihrer Behebung erforderlichen Narkosen und Operationen sind oft mit Störungen zahlreicher Stoffwechselvorgänge verbunden, deren Intensität von der Schwere und Dauer der Erkrankung und von der Höhe des Flüssigkeits- und Eiweißverlustes abhängt. Aus der Vielzahl ungünstiger metabolischer Störungen seien erwähnt:

– Hypoproteinose mit Hypoproteinämie und Hypoalbuminämie,
– Störungen des Ionengleichgewichtes und der Flüssigkeitsverteilung im Organismus (Mitchell 1991),
– Volumenmangelanämie,
– allgemeiner Mangel an utilisierbarer Energie.

Aus derartigen Störungen im Wasser-, Elektrolyt- und Säure-Basen-Haushalt, in der Stoffwechselbilanz und im Blutvolumen resultieren klinisch:

– Ödeme und/oder Dehydratation,
– allgemeine Schwäche, verminderte Widerstandsfähigkeit und Rekonvaleszenz,
– mangelhafte Wundheilung (Nahtdehiszenzen) und Blutregeneration,
– Schock mit metabolischer Azidose oder Alkalose (s. Kapitel 16.),
– Störungen in der Eiweiß-, Hormon- und Enzymsynthese (Hartig 1979, Gräfenstein und Duchna 1980).

Diese Störungen sollten weder im Verlauf innerer Erkrankungen noch in der postoperativen Phase als unausbleibliche Krankheitsfolge hingenommen, sondern im Rahmen der allgemeinen Infusionstherapie zielstrebig behandelt werden (GRÜNBAUM 1979, UHLIG 1980).

Zur labordiagnostischen Überwachung des Elektrolyt- und Flüssigkeitshaushaltes sind nach GRÄFENSTEIN und DUCHNA (1980) unter Praxisbedingungen folgende, in der Tabelle 8.3. aufgeführte Parameter geeignet. Da unter Praxisbedingungen nicht in jedem Fall die in der Tabelle 8.3. angegebenen labordiagnostischen Untersuchungsverfahren zur Verfügung stehen, muß unter Umständen auch ohne Zuhilfenahme entsprechender Werte therapeutisch vorgegangen werden. Nach PUNZET (1976), ROSSOW et al. (1979) und UHLIG (1980) sind Dehydratationen auf Grund folgender klinischer Parameter erkennbar:

– *leichte Dehydratation* (Reduktion der KM um ca. 5,0%) → leicht unelastische Haut. Wenig gestörtes Allgemeinbefinden. Akren warm durchblutet. Flüssigkeitsaufnahme vorhanden.

– *Mittlere Dehydratation* (Reduktion der KM um ca. 8,0–10,0%) → Unelastische, trockene Haut und trockene Schleimhäute. Gestörtes Allgemeinbefinden. Akren kühl. Trockener Nasenspiegel. Kaum Flüssigkeitsaufnahme.

– *Schwere Dehydratation* (Reduktion der KM um ca. 12,0%) → Unelastische, trockene Haut und Schleimhäute. Tiefliegende Augen. Apathie und schwankender Gang. Kühle Akren und Hautoberfläche. Schleimhäute zyanotisch. Keine Flüssigkeitsaufnahme.

Eine Unterteilung in hyper-, hypo- und isotone Dehydratation ist ohne labordiagnostische Untersuchungsergebnisse kaum möglich, wobei neben den in der Tabelle 8.3. aufgeführten Parametern noch die Osmolalität im Harn ermittelt werden sollte. Auch ist man bis heute nicht in der Lage, wiederholt und kurzfristig den Wassergehalt eines Lebewesens direkt zu ermitteln (GOLOSUBOW und GOLOSUBOW 1983). Lediglich der Vorbericht kann gewisse Anhaltspunkte geben. So ist z. B. in der Folge von starkem Vomitus (Elektrolytverluste) mit einer hypotonen, von starker Diarrhoe und Polyurie (Wasserverluste) mit einer hypertonen Dehydratation und von operativ bedingten Blutverlusten mit einem Blutvolumenmangel und isotoner Dehydratation zu rechnen. Nomogramme auf der Grundlage labordiagnostischer Parameter können eine gezielte und bilanzierte Therapie der Volumen-Flüssigkeits- und Elektrolytmangelerscheinungen erleichtern.

Tabelle 8.3. Parameter zur labordiagnostischen Überwachung des Elektrolyt- und Flüssigkeitshaushaltes in Anlehnung an GRÄFENSTEIN und DUCHNA (1980) mit Angabe der Veränderungen bei Dehydratation und der erforderlichen Korrektur-Infusionslösungen

Parameter	Hypertone Dehydratation (Wassermangel)	Hypotone Dehydratation (Elektrolytmangel)	Isotone Dehydratation (Wasser- und Elektrolytmangel)	Hypotone Hyperhydratation (Wasserintoxikation)
Natrium im Serum	↑↑	↓(↓↓)	↓	↓
Osmolalität im Serum	↑↑	↓	=	↓
Gesamt-Eiweiß im Serum	↑	↑	=	↓
HB im Blut	↑	↑	=↓	↓
Hämatokrit	=(↑)	↑↑	↑	=(↓)
MCHC	↑	↓	=	↓
Harndichte (Spezifisches Gewicht)	↑↑ (über 1,030)	↓ =	=	↓
Harnmenge	Oligurie obligat	Oligurie fehlt	Oligurie	Polyurie
Korrektur-Infusionslösungen	Elektrolytfreie Glucose- oder Sorbitol-Lösung	Natriumchlorid-Infusionslösung	Vollelektrolyt-Infusionslösung mit Sorbitol	Vollelektrolyt-Infusionslösung

Symbole: ↑ = Erhöhung   ↓ = Verminderung   = = keine Veränderung.

Nach PUNZET (1976) gelten folgende Richtlinien für die Dosierung von Infusionslösungen:

- leichte Dehydratation:
  60–80 ml/kg KM und Tag,
- mittelgradige Dehydratation:
  80–100 ml/kg KM und Tag,
- schwere Dehydratation:
  100–120 ml/kg KM und Tag.

Zur Infusionstherapie gehören:
- Infusionen von Plasmaersatzstoffen zur Behandlung eines Volumendefizits,
- Infusionen von Elektrolyt-Lösungen zur Behandlung von Flüssigkeits- und Elektrolytverlusten,
- Infusionen von Aminosäuren-, Fett- und Kohlenhydrat-Lösungen im Rahmen der parenteralen Ernährung (s. Kapitel 5.).

8.3.1. Plasmaersatzstoffe

Unter Plasmaersatzstoffen versteht man eine Gruppe onkotisch wirksamer Infusionslösungen, die durch Volumeneffekt Defizite an Blut oder Plasma ausgleichen und über einen gewissen Zeitraum im Blutkreislauf verbleiben, ohne selbst die Funktion des Sauerstofftransportes zu übernehmen (HARTIG 1979, BENTZ und LIPPMANN 1982). Zur Anwendung beim Hund stehen 2 Plasmaersatzstoffgruppen zur Verfügung:

1. *Dextrane:* Ihr kolloidosmotischer Druck entspricht dem des Blutplasmas. Hochmolekulare Dextrane (Molgewicht 60 000–85 000) haben einen großen Volumeneffekt und verbleiben längere Zeit im Kreislauf (nach 3 Tagen 10 bis 20% noch nachweisbar). Niedermolekulare Dextrane (Molgewicht 40 000–45 000) werden im Verlauf eines Tages bis zu 40% über die Nieren ausgeschieden. Sie stellen ein sehr gutes Medikament zur Behebung von Mikrozirkulationsstörungen (z. B. beim Schock) dar.
2. *Gelatine* (Polypeptid-Derivate): Sie ist als Oxypolygelatine, gereinigt und partiell abgebaut, oder als modifizierte flüssige Gelatine mit einem Molgewicht von 12 000 bis 15 000 zusammen mit einem 3,0- bis 3,5%igen Zusatz von Natriumchlorid als Plasmaersatzstoff geeignet (BENTZ und LIPPMANN 1982). Gelatinelösungen verteilen sich schnell im Extrazellularraum und sind deshalb weniger volumenwirksam als beispielsweise die hochmolekularen Dextrane.

Die Plasmaersatzstoffe werden jeweils mit 10–15 ml/kg KM im intravenösen Dauertropf dosiert (HAPKE 1991).

Zur Volumensubstitution eignen sich im Rahmen der Infusionstherapie auch *autologes* oder *homologes Blutplasma* sowie *stromafreie Hämoglobinlösungen*. Nach SCHIER et al. (1979) und BIRKIGT et al. (1980) haben letztere keinen negativen Einfluß auf die Nierenfunktion und sind in der Lage, Sauerstoff ins Gewebe zu transportieren. Ihre Anwendung befindet sich z. Z. noch im Experimentalstadium.

Plasmaersatzstoffe auf der Basis von Polyvinylpyrrolidon oder Kollidon sind beim Hund wegen der Auslösung allergischer Reaktionen nicht geeignet (HAPKE 1991).

8.3.2. Elektrolyt-Infusionslösungen

Bei der Anwendung von Elektrolyt-Infusionslösungen ist zu beachten, daß diese auf der Grundlage einer exakten Diagnose möglichst gezielt eingesetzt werden sollten und in der Regel mit Kohlenhydraten als Energiespender kombiniert sind. Folgende Gruppen sind zu unterscheiden:

- *Vollelektrolyt-Infusionslösungen:* Sie dienen dem Ersatz blutisotonischer Flüssigkeitsverluste (s. Kapitel 16.).
- *Nierenstarter-Infusionslösungen* (Halbelektrolytlösungen): Ihr Einsatz ist beim Vorliegen vorübergehender Nierenfunktionsstörungen, wie z. B. der postoperativen Oligurie, der Schockniere, mitunter lebensrettend (BENTZ und LIPPMANN 1982). Nierenstarter-Infusionslösungen müssen kaliumfrei (bei eingeschränkter Nierenfunktion keine Kaliumausscheidung → Gefahr der Hyperkaliämie) und hypoton sein. Ihre Anwendung ist an eine kontinuierliche Kontrolle der Diurese gebunden, wozu ein Harnkatheter in die Blase eingeführt und die abfließende Harnmenge gemessen werden muß. Die **normale Diurese** umfaßt beim Hund eine Mindestharnmenge von 0,7 (0,8–1,6) ml/kg KM und Stunde (UHLIG 1980).

Nierenstarter-Infusionslösungen werden zunächst mit 10–15–20 ml/Tier im intravenösen Dauertropf dosiert (Initialdosis). Erst nach

Einsetzen der Diurese können 10–20 ml/kg KM und Tag nachinfundiert werden.

– *Lösungen zur Osmotherapie:* Die heutigen Osmodiuretika oder -therapeutika sind nicht mehr hypertone Elektrolytlösungen, sondern vorwiegend hypertone Lösungen der Zuckeralkohole Mannitol und Sorbitol. Infolge ihrer hohen Blutkonzentration führen sie zur Gewebsentwässerung und Diurese (BENTZ und GRÜNBAUM 1982).

Die Dosierung umfaßt eine Initialdosis von 2–3 ml/kg KM über 15 Minuten. Erst nach Einsetzen einer Diurese von mindestens 1 ml/min kann bis zu 10 ml/kg KM und Tag weiter infundiert werden (UHLIG 1980).

Nach GOLOSUBOW und GOLOSUBOW (1983) können diese hypertonen Mannitol- oder Sorbitollösungen nach ihrer intravenösen Applikation beim Hund 3 Veränderungen der Hämodynamik und Nierenfunktion auslösen:

1. eine hypertone Hypervolämie,
2. eine hypertone Isovolämie,
3. eine Dehydratation als
   – isotone Isovolämie mit negativer Wasserbilanz,
   – isotone Hypovolämie,
   – hypertone Hypovolämie.

Unter der Infusion entsteht zunächst eine Erhöhung der Plasmaosmolalität und des zirkulierenden Blutvolumens (hypertone Hypervolämie) bei ausgeprägter Osmodiurese. Nach Beendigung der hypertonen Infusion vermindert sich das zirkulierende Blutvolumen und erreicht die Ausgangslage, während die Plasmaosmolalität noch erhöht ist (hypertone Isovolämie). Da die Diurese aber weiter anhält, führt der fortschreitende Wasserverlust zur Dehydratation, wobei zunächst das Blutvolumen normal ist und die Osmolalität der Ausgangslage entspricht (isotone Isovolämie mit negativer Wasserbilanz). Mit zunehmendem Flüssigkeitsverlust nimmt das zirkulierende Blutvolumen ab, was an einem erhöhten Hämatokritwert und vermindertem zentralvenösem Druck abzulesen ist (isotone Hypovolämie). Die schwerste Form der Dehydratation, die hypertone Hypovolämie, war experimentell nicht auslösbar, ist theoretisch aber denkbar und durch rechtzeitigen Abbruch der Osmotherapie zu vermeiden.

– *Basislösungen* (Halb-, Eindrittel-Elektrolytlösungen): Sie dienen der Zuführung eines täglichen Grundbedarfs an Elektrolyten sowie dem Ausgleich mäßiger Störungen im Elektrolyt- und Wasserhaushalt und können je nach Bedarf mit Zusätzen (KCl, NaCl, NaHCO$_3$ usw.) angereichert werden (Trägerlösungen für Elektrolytkonzentrate).

– *Korrigierende Lösungen:* Sie sind isoton und besonders reich an Kalium- oder Chloridionen, je nach Bedarf alkalisierend oder säuernd und somit zur Behandlung metabolischer Azidosen oder Alkalosen geeignet.

Handelspräparate (u.a.):
– *zur Kaliumzufuhr:*
  Kaliumchlorid-, -lactat-, -L-malat-Lösung
– *zur Alkalose-Therapie:*
  Natriumchlorid-, lactat-Lösung,
  L-Arginin-Hydrochlorid
– *zur Azidose-Therapie:*
  Natriumhydrogencarbonat-Lösung 8,4% oder 4,2%,
  Natriumhydrogencarbonat-Lösung 8,4%,
  Tris (THAM)
– *zur Peritonealdialyse*
  z. B. Peritosteril® oder Dianeal®

Die Dosierung richtet sich nach den Ergebnissen der Elektrolyt- bzw. Säure-Basen-Bestimmung. Als Richtdosis werden jeweils 10 ml/kg KM angegeben. Folgende Formeln sind anzuwenden:

– **Berechnung des Wasserbedarfs:**

$$\frac{Na^+Ist - Na^+Soll}{Na^+Soll} \times kg\,KM \times 0{,}2 = \text{extrazelluläres } H_2O\text{-Defizit in l/Tier}$$

$$\frac{Na^+Ist - Na^+Soll}{Na^+Soll} \times kg\,KM \times 0{,}6 = \text{Gesamtwasserdefizit in l/Tier}$$

– **Berechnung des Natriumbedarfs:**

$Na^+Soll - Na^+Ist \times kg\,KM \times 0{,}2 = Na^+$-Defizit in mmol/Tier

– **Berechnung des Kaliumbedarfs:**

$K^+Soll - K^+Ist \times kg\,KM \times 0{,}2/0{,}3 = K^+$-Defizit in mmol/Tier

– **Berechnung des NaHCO$_3$-Bedarfs:**

(bei metabolischer Azidose)
$BE \times kg\,KM \times 0{,}3 = NaHCO_3$-Defizit in mmol/Tier

– **Berechnung des NaCl-Bedarfs:**

(bei metabolischer Alkalose)

pro 1,0 mmol Hydrogencarbonat über der Norm 0,2–0,3 mmol Natriumchlorid (L-Arginin-Hydrochlorid)/kg KM

Infusionslösungen müssen über ein geeignetes Infusionsbesteck zum Einmalgebrauch im intravenösen Dauertropf appliziert werden. Die Punktion der Vena cephalica antebrachii oder der Vena saphena parva erfolgt so, wie bei der Bluttransfusion (s. S. 183) beschrieben. Bei langdauernden und zu wiederholenden Dauertropfinfusionen haben sich intravenöse Verweilkatheter bei Mensch und Tier bewährt (ROMMEL et al. 1978).

Für periphere Venenkatheter sind die Vv. cephalica antebrachii bzw. saphena parva und für zentralvenöse Dauerkatheter die Vv. jugulares externae geeignet.

Den Gefahren der intramuralen Ausbreitung des Katheters und der Fibrinabscheidung an seiner Spitze ist durch endständig offene Ringkatheter mit zusätzlichen Seitenöffnungen und Systemheparinisierung wirksam zu begegnen (PORSTMANN und ROMANIUK 1982).

Literatur

AUTHEMENT, J.M., et al. (1988): Canine blood component therapy: Product preparation, storage and administration. JAAHA 23, 483–493.

BARTH, G., und SAGER, M. (1991): Untersuchungen zum Aufbau einer regionalen Blutbank für Hunde. Kleintierpraxis 36, 347–354.

BELOTSKY, S.M., et al. (1978): Homologous Blood Syndrome in Dogs; Effect of Erythrocyte and Platelet Antibodies. Eur. surg. Res. 427.

BENTZ, H., und GRÜNBAUM, E.-G. (1982): Pharmakologie der Harnorgane. In: BENTZ, H.: Veterinärmedizinische Pharmakologie. Gustav Fischer Verlag, Jena, 208–218.

BENTZ, H., und LIPPMANN, R. (1982): Pharmakologie des Blutes, In: BENTZ, H.: Veterinärmedizinische Pharmakologie. Gustav Fischer Verlag, Jena, 219–233.

BIRKIGT, H.-G., et al. (1980): Zur Verwendung stromafreier Hämoglobinlösungen als Blutersatz. Z. Exper. Chirurg. 13, 230–234.

CARDENEO, H., und KRIEGLSTEINER, P. (1989): Eigenblut für elektive Operationen. Münch. med. Wschr. 131, 946–949.

COMBRISSON-LE BOLLOCH, A., et al. (1964): Étude du volume sanguin et de la durée de vie des hématies de chien. Press méd. (Paris) 72, 2775–2776.

CORLEY, E.A. (1963): Intramedullary transfusion in small animals. J. Amer. Vet. Med. Assoc. 142, 1005–1006.

DIETZ, O., und NAGEL, E. (1959): Gewinnung, Konservierung und Übertragung von Vollblut bei Pferd, Rind, Schwein und Hund. Mh. Vet.-Med. 14, 649–669.

DOHERR, W. (1972): Blutgruppenbestimmung und serologische Verträglichkeitstestung vor und nach verträglichen und unverträglichen Bluttransfusionen beim Hund. Vet.-med. Diss., Leipzig.

DUNGERN, E. VON, und HIRSCHFELD, L. (1911): Über blutgruppenspezifische Strukturen des Blutes. Z. Immunit. forsch. (Jena) 8, 526.

GAERISCH, F. (1976): Indikationen und Kontraindikationen für Transfusionen. Medizin aktuell 2, 52–53.

GOLOSUBOW, Gudrun, und GOLOSUBOW, A. (1983): Osmotherapie oder Dehydrationstherapie? Dt. Gesundh.-Wesen 38, 675–676.

GRÄFENSTEIN, K., und DUCHNA, W. (1980): Diagnostische Möglichkeiten von Störungen des Wasser- und Elektrolythaushaltes in einem Kreiskrankenhaus. Z. ärztl. Fortbild. 74, 483–484.

GRÜNBAUM, E.-G. (1969): Möglichkeiten und Grenzen der Bluttransfusion beim Hund. Vet.-med. Habil.-Schrift, Leipzig.

GRÜNBAUM, E.-G. (1976): Zur Infusionstherapie bei Hund und Katze. Vortrag WGV-Bez.-Sektion, Potsdam.

GRÜNBAUM, E.-G., und GOTTER, J. (1973): Die Bluttransfusion beim Hund. 1.Mitteilung: Der Einsatz von Dauerblutspendern zur Blutgewinnung; 2.Mitteilung: Die Konservierung von Hundeblut. Arch. exper. Vet. med. 27, 825–837, 839–854.

HACKENSELLNER, H.A., und MATTHES G. (1980): Stand und Probleme der Kryokonservierung in der Medizin. Dt. Gesundh.-Wesen 35, 979–987.

HACKENSELLNER, H.A., und MATTHES, G. (1981): Tieftemperaturkonservierung in der Medizin. Medizin aktuell 2, 59–62.

HAPKE, H.-J. (1991): Arzneimitteltherapie in der tierärztlichen Klinik und Praxis. 3. Aufl. F. Enke Verlag, Stuttgart.

HARTIG, W. (1979): Moderne Infusionstherapie. Parenterale Ernährung. 4. Auflage. J.A.Barth, Leipzig.

HARVEY, J. (1980): Canine hemolytic anemias. J. Amer. Vet. Med. Assoc. 176, 970–974.

HORSCH, W., und WEGNER, H. (1966): Zur optimalen Zusammensetzung der ACD-Stabilisatorlösung für die Blutkonservierung. Zschr. inn. Med. 21, 7–12.

KOCH, J., und NIESSEN, Christine (1973): Blutgruppenbestimmungen beim Hund. Dtsch. Tierärztl. Wschr. 80, 341–368.

KUBICZ, St. (1955): La banque de sang pour le chien. Alfort, Thèse Vétér. (Etat) Paris, No. 94.

LEVERENZ, Siegrid, und IHLE, R. (1982): Zum Auftreten und Verhalten leukozytärer Antikörper bei hämatologischen Patienten nach Transfusion von zellulären Blutbestandteilen. Dt. Gesundh.-Wesen 37, 2091–2095.

LÖWE, Gisa (1983): Nomogramme zur Ermittlung des Volumendefizits bei dehydrierten Tieren. Vortrag WGV-Jahrestagung, Fachkommission Kleine Haus- u. Pelztiere, Neubrandenburg.

MARCENAC, N., et al. (1964): La banque de sang de chien d'Alfort et de l'amphithéâtre des hôpitaux de Paris. Recueil méd. vét. (Paris) 140, 525–536.

MIKUS, E., und BRANDSTÄDTER, W. (1979): Konzeption zur einheitlichen Durchführung der präoperativen normovolämischen Hämodilution. Anaesthesiol. u. Reanimat. 4, 72–77.

MIKUS, E., und MÜLLER, Th. (1980): Die normovolämische Hämodilution – eine Alternative zur Fremdbluttransfusion. Z. ärztl. Fortbild. 74, 44–45.

MITCHELL, A.R. (1991): Regulation of salt and water balance. J. Small Anim. Pract. 32, 135–145.

MÖLLER, H. (1960): Physiologie und Klinik der

Bluttransfusion. 2. Auflage. Gustav Fischer Verlag, Jena.

MUTO, S. (1983): Untersuchungen über das Verhalten von Erythrozytenzahl, Hämatokritwert, Kaliumgehalt, Hämoglobingehalt, pH-Wert und Bakteriengehalt in Blutkonserven vom Hund. Vet.-med. Diss., Gießen.

NOLTE, I. (1988): Konservierung von Blut des Hundes für Transfusionszwecke in CPDA-1-Stabilisator beschicktem PVC-Beutel – Einfluß der Lagerung auf den Erhalt von Erythrozyten und Gesamteiweiß. Berl. Münch. Tierärztl. Wschr. **101**, 37–43.

OLTHOFF, Gisela, und BUCKLITSCH, W. (1980): Aspekte der Eigenbluttransfusion in der Gefäßchirurgie. Dt. Gesundh.-Wesen **35**, 554–556.

PENNY, S. G. (1953): Blood substitutes or plasma extenders for small animal practice. Vet. Med. **48**, 151–156.

PORSTMANN, W., und ROMANIUK, P. (1982): Vermeidbare Fehler bei der perkutanen Gefäßkatheterisierung. Dt. Gesundh.-Wesen **37**, 1436–1442.

PUNZET, G. (1976): Grundlagen und Praxis der Infusionstherapie. Wien. tierärztl. Mschr. **63**, 82–92.

RABINER, S. F., et al. (1967): Evaluation of a stroma-free hemoglobin solution for use as a plasma expander. J. exper. Med. **126**, 1127–1142.

ROMMEL, P., et al. (1978): Venenverweilkatheter zur permanenten Blutgewinnung beim Rind. Mh. Vet.-Med. **33**, 870–871.

Rossow, N., et al. (1979): Pathophysiologische und klinische Aspekte der Therapie von Dehydratationszuständen beim Kalb. Mh. Vet.-Med. **34**, 701–705.

Rossow, N., und HORVÁTH, Z. (Hrsg.) (1988): Innere Krankheiten der Haustiere. Band II: Funktionelle Störungen. Gustav Fischer Verlag, Jena.

SCHIER, J. F., et al. (1979): Influence of Stroma-free Hemoglobin Solution an Renal Function in Dogs. Z. Exper. Chirurg. **12**, 138–145.

SCHIMMACK, L., et al. (1982): Untersuchungen zur Optimierung der Histokompatibilitätstestung am Hund. Z. Exper. Chirurg. **14**, 117–123.

SHOKRY, H. K., and EZZAT, E. A. (1969): Study of the frequency of blood group antigen and their combinations in dogs. Zbl. Vet. Med. R. A. **16**, 712–716.

SHOKRY, H. K., and EZZAT, E. A. (1969): Evolution and heredity of blood groups in dogs. Zbl. Vet. Med. R. A. **16**, 717–722.

STOHLMAN, F. (1953): Enhancement of canine isohemagglutinin A by a heat labile serum factor, probably complement (20180). Proc. Soc. Exper. Biol. Med. N. Y. **82**, 562–566.

SWISHER, S. N., and YOUNG, L. E. (1954): Studies of the mechanism of erythrocyte destruction initiated by antibodies. Transact. Ass. Amer. Physicians **67**, 124–132.

SWISHER, S. N., and YOUNG, L. E. (1961): The blood grouping system of dog. Physiol. Rev. (Baltimore) **41**, 495–520.

SWISHER, S. N., et al. (1962): In vitro and in vivo studies of the behavior of canine erythrocyte isoantibody systems. Ann. N. Y. Acad. Sc. **97**, 15–25.

TAMÁS, L., et al. (1965): Über einige Wertbestimmungseigenschaften von Vollblut, homologem Plasma, physiologischer Kochsalzlösung, Periston-N und Plasmodex. I. Die Entwicklung des Blutdruckes und „Bleeding Volume Index"-Wertes. Acta vet. (Budapest) **15**, 117–127.

THEVE, N. O. (1956): Blodbank for hundav – nagra synpunkter. Nord. vet. med. **8**, 529–538.

TONTSCHEV, G., et al. (1977): Ein Beitrag zur Warmbluttransfusion. Anaesthesiol. u. Reanimat. **2**, 158–163.

TONTSCHEV, G., et al. (1980): Vergleichende experimentelle und klinische Erprobung verschiedener Blutanwärmungsgeräte. Anaesthesiol. u. Reanimat. **5**, 41–49.

TOURSEL, W. (1980): Anwendung tiefer Temperaturen im Transfusionsdienst. 1. Mitteilung: Tieftemperaturkonservierung von Erythrozyten bei –196 °C. Dt. Gesundh.-Wesen **35**, 987–992.

TOURSEL, W. (1980): Anwendung tiefer Temperaturen im Transfusionsdienst. 2. Mitteilung: Tieftemperaturkonservierung von Thrombozyten. Dt. Gesundh.-Wesen **35**, 1028–1032.

UHLIG, Ä. (1980): Zur Infusionstherapie bei Hündinnen mit Pyometra. Tierärztl. Umschau **35**, 495–500.

VETTER, O. (1962): Weitere Untersuchungen über die Gewinnung von Bromelin und seine Verwendung zum Nachweis fixierter erythrozytärer Immun- und Autoantikörper. Dt. Gesundh.-Wesen **17**, 641–646.

VETTER, O. (1963): Vergleichende Untersuchungen über den Coombs- und Bromelin-Test zum Nachweis erythrozytärer Auto-Antikörper. Zschr. inn. Med. **18**, 439.

WEGENER, Sibylle (1982): Die Blutspende (Spenderauswahl, Spender- und Empfängerschutz, Technik der Blutentnahme, mögliche Komplikationen, Methoden der Blutgewinnung). Z. ärztl. Fortbild. **76**, 77–82.

YOUNG, L. E., et al. (1951): Erythrocyte isoantibody reactions in dogs. Transact. N. Y. Acad. Sc. **13**, 209–213.

YOUNG, L. E., et al. (1952): Blood groups in dogs. Their significance to the veterinarian. Amer. J. Vet. Res. **13**, 207–213.

ZAPFF, G., und TOURSEL, W. (1980): Anwendung tiefer Temperaturen im Transfusionsdienst. 3. Mitteilung: Tieftemperaturkonservierung von Leukozyten. Dt. Gesundh.-Wesen **35**, 1067–1070.

9. Röntgentechnik
(H.J. FICUS)

9.1. Technische Grundlagen

Der Einsatz von Röntgenstrahlen ist heute ein selbstverständlicher Teil einer umfassenden Diagnostik. Besonders in den letzten 25 Jahren wurden das Anwendungsspektrum gefächert, die Untersuchungsverfahren wesentlich vervollkommnet und erleichtert, und der Diagnostiker wurde sich der Grenzen und der Gefahren beim Umgang mit dieser Materie ernsthaft bewußt.

Röntgenstrahlen entstehen dort, wo schnellfliegende gerichtete Elektronen durch den Aufprall auf eine harte Materie plötzlich abgebremst werden. Die Röntgenstrahlen haben eine sehr kurze Wellenlänge und eine hohe Energie. Ihre speziellen Eigenschaften sind Durchdringungsfähigkeit, Erzeugung von Fluoreszenz, Schwärzung von Fotoschichten und starke biologische Reaktionen. Eine weitere wichtige Eigenschaft ist die Erzeugung von Sekundär- oder Streustrahlen.

Treffen Röntgenstrahlen auf einen Körper auf, so dringen sie in diesen ein. Dabei wird ein Teil der Strahlung absorbiert. Durchdringungsfähigkeit und Absorption sind abhängig von der Masse des zu durchdringenden Körpers. Je dicker der Körper ist, um so stärker ist die Absorption und um so weniger Strahlen durchdringen das Objekt. Die Durchdringung ist ferner abhängig von der Stellung der zu durchdringenden Materie im Periodischen System. Je höher diese im System steht, um so geringer ist die Durchdringungsmöglichkeit. Dieser Umstand ist ein wichtiger Faktor für den Schutz gegen Röntgenstrahlen. Das Element Blei mit seinem hohen Stellenwert läßt selbst bei einer geringen Schichtstärke eine Durchdringung nicht zu. Die Durchdringungsfähigkeit von Röntgenstrahlen ist jedoch auch abhängig von ihrer Wellenlänge. Harte Strahlungen mit kurzer Wellenlänge durchdringen leichter bei großer Streuung, weiche dagegen mit größerer Wellenlänge durchdringen geringer bei größerer Absorption. Auf diesem Phänomen unterschiedlicher Durchdringbarkeit beruht die Möglichkeit, diese Strahlungen diagnostisch zu nutzen. Weiche Substanzen, wie Muskulatur und Fettgewebe, werden gut durchdrungen bei mäßiger Absorption, während feste, wie Knochengewebe, eine geringere Durchdringung bei stärkerer Absorption bedingen. Diese Wirkungsunterschiede führen zu dem beurteilbaren Effekt.

Die beim Auftreffen von Röntgenstrahlen auf eine Materie sich bildenden Sekundär- oder Streustrahlen sind im wesentlichen abhängig von der Strahlenhärte, der Dicke der bestrahlten Materie und deren substantiellen Dichte. Elektrischer Strom ist die Ausgangsmaterie oder Energie für die Erzeugung von Röntgenstrahlen. Die dafür ideale Stromart, der Gleichstrom, steht in der überwiegenden Zahl der Fälle technisch nicht zur Verfügung.

Der *Wechselstrom* als die heute allgemein gebräuchliche Energiequelle wechselt periodisch seine Flußrichtung. Der Wechsel von einer Plus-Phase zu der nächsten Plus-Phase bezeichnet man als *Periode*. Bei der Wechselstromversorgung wird mit 50 Perioden pro Sekunde, also 50 Hz (Hertz), eine konstante Schwingung programmiert.

Werden jedoch 3 Wechselströme, jeweils um eine Phase versetzt, miteinander verkoppelt, so entsteht ein *Drehstrom*. Der Vorteil des Drehstromes besteht darin, daß 2 Spannungen, 220 V und 380 V, aus dem Netz zur Verfügung stehen.

Für den Betrieb von Röntgendiagnostik-Kleingeräten ist die Versorgung mit 220 V Wechselstrom zumeist völlig ausreichend. Erst mit gesteigerter Leistungsfähigkeit größerer Röntgengeneratoren wird die Verwendung von Drehstrom erforderlich werden.

Röntgengeneratoren liefern dann die beste Leistung an Strahlungsintensität, wenn durch Gleichrichter die Wellen der Stromschwingung möglichst so applaniert werden, daß nahezu das Bild eines Gleichstromes entsteht. Je aufwendiger die technischen Voraussetzungen gestaltet werden, um so eher läßt sich dieses Ziel erreichen.

9.2. Apparative Ausrüstung und Zubehör

9.2.1. Röntgengeräte

Die kleinsten Röntgendiagnostikgeräte nutzen für die Erzeugung von Röntgenstrahlen nur die Sinusschwingung der Wechselstromwelle aus. Aus diesem Grunde spricht man bei ihnen von *Einpulsgeneratoren*. Bedingt durch die Schnelligkeit des Phasenwechsels, steht dennoch eine ausreichende Energie für eine akzeptable Leistung zur Verfügung. Die Leistungsgrenze dieser Geräte liegt etwa bei 25 mA und 75 KV (Abb. 9.1.)

Wird für die diagnostische Arbeit eine höhere Leistungsausbeute verlangt, wird man auf *Zweipulsgeneratoren* übergehen müssen. Durch Verwendung von Sperrschicht-Gleichrichtern werden hier beide Halbwellen der Wechselstromperiode nutzbar gemacht. Die Impulse, in denen Röntgenstrahlen erzeugt werden können, sind dadurch erheblich verkürzt, wodurch die Leistungsfähigkeit des Generators entscheidend erhöht werden kann. Die obere Leistungsgrenze dieser Geräte liegt bei etwa 300 mA und 125 KV. Dies stellt Werte dar, die für die Röntgendiagnostik am Kleintier in der Regel voll ausreichen (s. Abb. 9.1.).

Sechs- und *Zwölfpulsgeneratoren* mit Leistungen bis 2000 mA und 180 KV arbeiten nahezu unter Gleichstrombedingungen (s. Abb. 9.1.).

Das Maß für die Leistung eines Röntgengenerators wird in der Radiologie in Kilowatt = KW = 1000 Watt ausgedrückt. Die Leistung einer Anlage läßt sich nach folgender Formel errechnen:

$$KW = \frac{mA \times KV \times k}{100}$$, wobei der Faktor k mit 0,73 angesetzt wird.

Während durch den Generator die erforderliche Hochspannung abgegeben wird, werden die Röntgenstrahlen in der *Röntgenröhre* erzeugt. Elektronen entstehen an der Kathode und werden durch die dort angelegte Hochspannung, die bei der Röntgendiagnostik zwischen 30–125 KV = 30000–125000 Volt beträgt, beschleunigt. Die Kathode ist in einer Röntgenröhre als Spirale, der *Wendel*, ausgelegt. Diese ist aus härtestem Material gefertigt und wird unter der angelegten Spannung bei etwa 2000 °C weißglühend und trägt daher auch den Namen *Glühkathode*. Durch die spezifische Formgebung der Kathode wird der ausgehende Elektronenstrahl scharf gebündelt. Um den Flug der Elektronen widerstandsfrei zu gestalten, ist die Röntgenröhre als Hochvakuum ausgebildet. Die Elektronen treffen so ohne nennenswerten Reibungswiderstand auf die als Teller geformte Anode und werden dort bei ihrem Aufschlag abgebremst. Die mit einer Neigung von etwa 20° zur Flugbahn der Elektronen befestigte Anode ist aus Wolfram gefertigt. Da physikalisch gesehen die Elektronen korpuskuläre Elemente sind, die bei ihrem Aufschlag auf das Material zu dessen Beschädigung führen können, wird für den Anodenteller das widerstandsfähige Wolfram verwendet. Man bezeichnet die Aufschlagstelle der Elektronen auch als *Brennfleck*. Obwohl Wolfram die Ordnungszahl 74 besitzt und sein Schmelzpunkt bei 3400 °C liegt, wird der Brennfleck im Laufe der Zeit geschädigt und aufgerauht, was mit einem zunehmenden Verlust an entstehender Nutz-

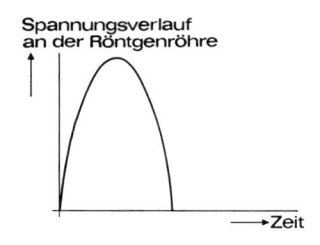

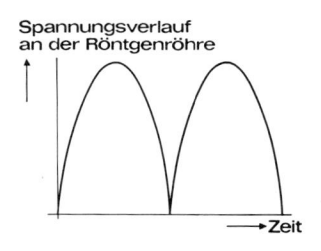

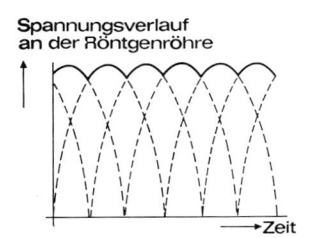

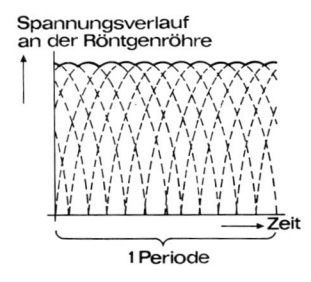

Abb. 9.1. Spannungsverlauf an der Röntgenröhre bei Einpuls-, Zweipuls-, Sechspuls- und Zwölfpulsgeneratoren. (Siemens).

9. Röntgentechnik

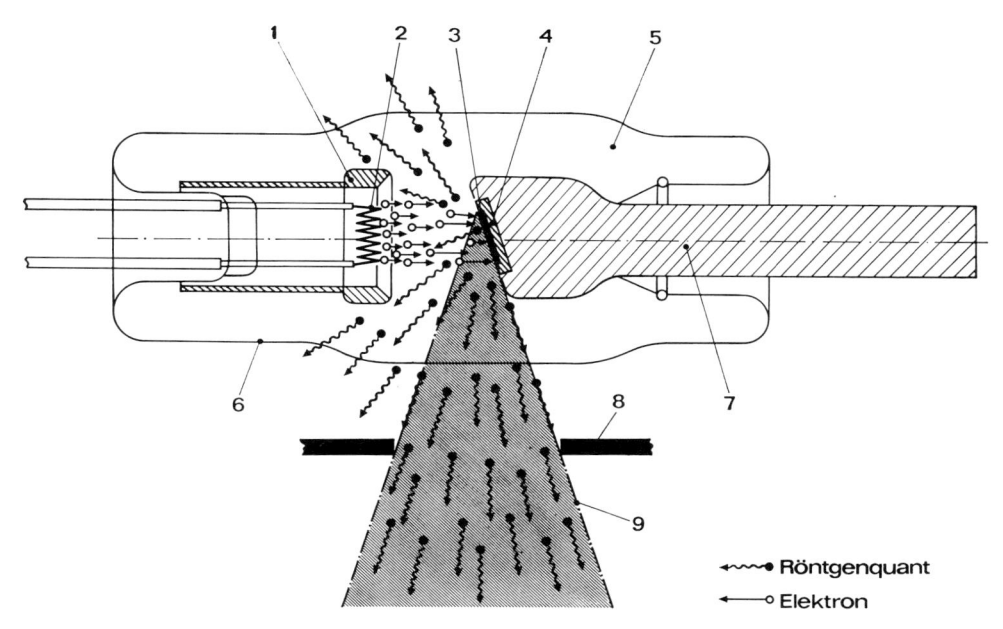

Abb. 9.2. Schematischer Aufbau einer Röntgenröhre. (Siemens).
1 = Kathode, 2 = Glühfaden (Elektronenquelle), 3 = (thermischer) Brennfleck, 4 = Wolframscheibe,
5 = luftleer gepumpter Raum, 6 = Kolben aus Hartglas, 7 = Anode (Kupferschaft),
8 = Primärstrahlenblende, 9 = Nutzstrahlenkegel (schraffiert).

strahlung verbunden ist. In der Diagnostik ist es daran zu erkennen, daß laufend höhere mAs- und KV-Werte vorgegeben werden müssen, um eine gleichbleibende Aufnahmequalität zu gewährleisten (Abb. 9.2.).

Bei leistungsschwachen Röntgenröhren ist die Anode als *Fest-* oder *Steh-Anode* ausgebildet. Um bei leistungsstärkeren Geräten einen frühzeitigen Verschleiß zu verhindern, wird der Anodenteller durch einen Elektromotor vor der Aufnahmebelastung in eine sehr schnelle Umdrehung versetzt. Der Elektronenstrahl trifft nunmehr nicht auf einen Punkt, sondern auf eine Kreisbahn auf. Besitzt eine derartige *Drehanodenröhre* zwei unterschiedlich große Wendeln, so projiziert man die entstehenden Brennflecken auf getrennt nebeneinander liegende Kreisbahnen.

Die aus Glas gefertigte Röntgenröhre wird von der *Schutzhaube* umgeben, die aus Blei zum Strahlenschutz angefertigt ist. Zwischen Röhre und Haube befindet sich eine Ölfüllung, die dazu dient, die bei der Aufnahme entstehende Wärme zur Kühlung aufzunehmen. In der Schutzhaube befindet sich in der Höhe der Anode ein Strahlenaustrittsfenster, das nur das erwünschte Nutzstrahlenbündel passieren läßt. Da sich die Röntgenstrahlen von dem *Fokus,* dem Brennfleck, gradlinig nach allen Richtungen hin ausbilden, steht am Ende als Nutzstrahlenbündel davon nur der 10. Teil zur Verfügung. Für die Erstellung einer optimalen Röntgenaufnahme tragen eine Anzahl von unterschiedlichen Faktoren bei.

Trifft eine Röntgenstrahlung auf einen Röntgenfilm,

so zeigt sich nach der Entwicklung eine Schwärzung, die um so intensiver ist, je stärker der Röhrenstrom und je länger die Belichtungszeit war. Diese beiden Faktoren beeinflussen also die Filmschichten in gleicher Weise. Sie werden darum als *Milliampere-Sekunden-Wert* (mAs) zusammengefaßt. Um diesen jedoch als festen Berechnungswert verwenden zu können, muß bei Umrechnungen die *Röhrenspannung* (KV) stets gleich bleiben.

Mit dem vorgegebenen mAs-Produkt lassen sich alle Belichtungsangaben mit den folgenden Formeln für das eigene Gerät umrechnen:

Röhrenstrom (mA) × Belichtungszeit (s) = mAs-Wert

$$\text{Belichtungszeit (s)} = \frac{\text{mAs}}{\text{Röhrenstrom (mA)}}$$

$$\text{Röhrenstrom (mA)} = \frac{\text{mAs}}{\text{Belichtungszeit (s)}}$$

Hierzu ein Beispiel:
Gerät A: Aufnahme erstellt mit 300 mA und 0,06 s = 18 mAs.
Gerät B: Es leistet nur 40 mA.
Die Umrechnung lautet: $\frac{\text{mAs (18)}}{\text{mA (40)}} = 0,45.$
Wird mit dem Gerät B die Aufnahme mit 40 mA und 0,45 s erstellt, so müßte sie qualitativ gleich sein.

Voraussetzung ist für diese Umrechnung allerdings, daß in beiden Fällen mit der gleichen Röhrenspannung, für das Beispiel 70 KV, gearbeitet wird. Es gilt der Satz:

13 Freudiger, Hundekrankheiten, 2. A.

Eine Zunahme der Röhrenspannung vermehrt die Schwärzung der Filmschichten, während eine Abnahme eine Schwärzung vermindern würde.

Ein weiterer wichtiger Faktor für die Erstellung einer guten Röntgenaufnahme ist der *Kontrast*. Als *objektiven Kontrast* bezeichnet man die Abstufung unterschiedlicher Schwärzungen, die nachmeßbar sind. Der *subjektive Kontrast* dagegen ist vom Auge des Betrachtenden abhängig. Er läßt sich dennoch positiv beeinflussen: einmal durch die Möglichkeit einer Helligkeitsabstufung in dem Betrachtungskasten, ferner durch das Einblenden von wichtigen Partien auf einer Röntgenaufnahme. Aber auch der objektive Kontrast läßt sich durch eine Reihe von Maßnahmen positiv beeinflussen. Der Weg dorthin führt über qualitativ hochwertiges Filmmaterial, frischen und korrekt erwärmten Entwickler und gute, nicht überalterte Verstärkerfolien ebenso wie über die Minderung schädlicher Streustrahlung, gut gewählte Strahlenhärte und günstigen mAs-Wert.

Als *harte Strahlen* bezeichnet man jene, die mit einer Röhrenspannung von 100–150 KV verbunden sind. *Hartstrahlaufnahmen* eignen sich für bestimmte Untersuchungsfälle bei Lunge, Magen und Darm. Weichere Strahlungen ergeben jedoch kontrastreichere Röntgenaufnahmen. *Weichstrahlaufnahmen* eignen sich besser für die Untersuchung des Knochengewebes, da sich die Feinstruktur besser abzeichnet. Die richtige Abstimmung von mAs-Wert und Röhrenspannung (KV) hat deshalb so große Bedeutung, weil das Röntgenfilmmaterial im Gegensatz zum Fotofilm nur einen sehr beschränkten Belichtungsspielraum besitzt.

Die *Schärfe* einer Röntgenaufnahme wird von dem mehr oder weniger scharfen Übergang von einer Schwärzung zur anderen bestimmt. Objektiv bestimmen jedoch die Größe des Brennfleckes der Röntgenröhre und die Qualität der Anode die Schärfe. Je kleiner ein Brennfleck, je glatter der Anodenteller, desto schärfer wird die Röntgenaufnahme sein.

Aber auch der Fokus-Objekt-Abstand (FOA), der Objekt-Film-Abstand (OFA) und besonders der Film-Fokus-Abstand (FFA) tragen, wenn sie optimal gewählt worden sind, nicht unerheblich dazu bei, gute und scharfe Röntgenaufnahmen zu erstellen (Abb. 9.3.).

Der in der Veterinärmedizin so häufige und schwerwiegende, jedoch nur schwer auszuschaltende Unschärfefaktor, die *Bewegungs-* und *Veratmungsunschärfe*, stellt den Untersuchenden vor schwierige Probleme, will man nicht jeden Patienten von vornherein sedieren. Leistungsstarke Röntgengeräte, hochverstärkende Folienkombinationen und die dadurch zu erreichende möglichst kurze Belichtungszeit vermögen Abhilfe zu schaffen.

Will man eine optimale Röntgendiagnostik betreiben, so ist die Wahl eines geeigneten Gerätes von entscheidender Bedeutung. Es stehen eine Fülle verschiedenster Apparaturen zur Verfügung, die sich in Leistung und Aufwand erheblich voneinander unterscheiden. Die Wahl eines Gerätes hängt letztlich ab von den zu stellenden Leistungsansprüchen, der Einsatzart, dem Raumbedarf und nicht zuletzt von den wirtschaftlichen Möglichkeiten. Aus diesem Grunde wird es und kann es nie ein Standardröntgengerät für die Veterinärmedizin geben. Für eine Praxis mit einem geringen röntgendiagnostischen Aufkommen wäre eine große und leistungsstarke Anlage sicher ungeeignet. Umgekehrt wäre es falsch, wollte man für einen großen Klinikbetrieb durch die verschiedensten Hilfsmittel ein Kleingerät zu einem halbwegs sinnvollen Gebrauch aufwerten.

Am Ende werden sich alle Überlegungen auf 6 wichtige Punkte konzentrieren:

1. Anforderung an die Leistungsfähigkeit des Generators.
2. Ist ein beweglicher oder stationärer Einsatz erforderlich?
3. Ist eine Aufnahme- und/oder Durchleuchtungsdiagnostik vorrangig?
4. Wie sind Raumbedarf und Raumangebot?
5. Ist ein optimaler Strahlenschutz zu realisieren?
6. Wie ist der wirtschaftliche Aspekt?

Nur wenn es gelingt, alle diese Faktoren in eine vernünftige Relation zueinander zu bringen, wird es zu einer qualitativ guten, wirtschaftlich tragbaren und somit auch befriedigenden Arbeit auf dem Gebiet der Röntgendiagnostik kommen können.

Die Anforderungen an die Leistungsfähigkeit eines Röntgengerätes hängen von der Art und dem Umfang der geforderten Röntgendiagnostik ab.

Die Frage, ob die Röntgenanlage beweglich oder stationär eingesetzt werden soll, beantwortet sich allein schon durch die Art des Patientenmaterials. Stationäre Röntgenanlagen erfordern Platz. Der Raumbedarf basiert nicht allein auf dem Umfang der Anlage, sondern schließt auch Forderungen des Strahlenschutzes mit ein. Je größer die Leistung der Anlage, desto größer der Raumbedarf.

Es gibt Röntgengeneratoren, die sowohl für Aufnahme- als auch für die Durchleuchtungsdiagnostik ausgelegt sind. Andere Geräte leisten nur das eine oder das andere. Man sollte vor der Einrichtung einer Anlage prüfen, ob man nur mit dem einem oder nur mit dem anderen auskommen kann. Ideal bleibt stets die Möglichkeit beider diagnostischer Wege.

Bei der endgültigen Auswahl sollten jedoch

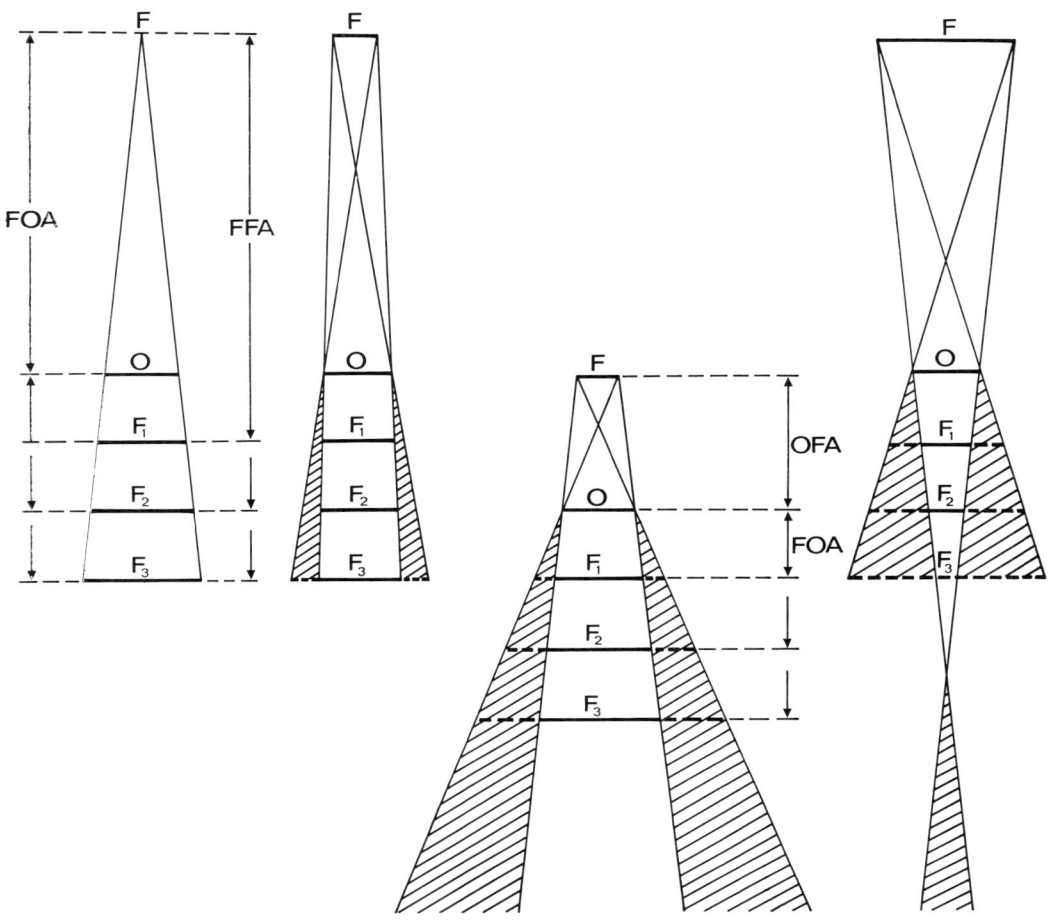

Abb. 9.3. Einfluß der Brennfleckgröße, des Fokus-Objekt- (FOA) und des Objekt-Film-(OFA) bzw. des Fokus-Film-Abstandes (FFA) auf die Unschärfe einer Röntgenaufnahme (abgesehen von der Bewegungsunschärfe). (Siemens).

wirtschaftliche Aspekte nicht im Vordergrund stehen. Ein Umtausch einer zu kleinen Anlage in eine leistungsstärkere ist am Ende sehr viel teurer, als wenn man gleich diesen Weg gewählt hätte.

Bei dem Gebrauch des Begriffes Röntgengerät gilt es grundsätzlich zu unterscheiden zwischen einem

1. Röntgendiagnostik-Gerät und einem
2. Röntgentherapie-Gerät.

Während in der Humanmedizin die Röntgentherapie einen hohen Stellenwert, besonders in der Tumorbehandlung, besitzt, ist ihr Einsatz in der Veterinärmedizin wissenschaftlich noch wenig fundiert und wird deshalb nur in einem relativ kleinen Umfang angewendet. Unterschiedliche Patientenverhältnisse lassen keinen direkten Vergleich mit den Erfahrungen am Menschen zu.

Das eigentliche Röntgengerät für die Diagnostik setzt sich stets aus mehreren Einzelteilen zusammen, nämlich dem Strahlenerzeuger mit der Halterung und dem Generator. Während bei kleinen Röntgendiagnostikgeräten diese Teile kompakt vereinigt sind, lassen sie sich bei größeren Geräten bausteinmäßig variabel zusammensetzen. Von ihrem Aufbau her kann man Röntgendiagnostikgeräte in 2 große Gruppen aufteilen:

a) bewegliche, zum Teil sogar zerlegbare Geräte,
b) stationäre Geräte.

Da mit der Zunahme der Leistungsfähigkeit eines Röntgengerätes sein baulicher Umfang wächst, werden größere und große Geräte stets als stationäre Anlagen ausgelegt sein.

Kleingeräte: Bei den kleinen Röntgengeräten mit einer geringen Dosisleistung handelt es sich in der Regel um *Einkessel-Einpulsgeneratoren*. Bei ihnen sind Röntgenröhre, Gleichrichter und Haube zu einer Einheit zusammengefaßt. Befestigt ist diese Einheit zumeist an einem fahrbaren Stativ. Die Bedienung dieser Geräte erfolgt über einen leichten Handzeitschalter, an dem Belichtungszeiten von 0,1–10 Sekunden abgerufen werden können. Die Röntgenröhre ist stets eine Stehanodenröhre mit einem mittelgroßen Brennfleck. Ihre Kühlung erfolgt über eine Ölfüllung in der Schutzhaube. Bei einigen Geräten ist das Fahrstativ so gefertigt, daß es sich leicht zerlegen läßt, was seinen Einsatz in der ambulanten Praxis ermöglicht. Die Einpulsgeräte benötigen zu ihrem Betrieb nur eine Anschlußmöglichkeit an das normale 220-V-Wechselstromnetz über eine Schuko-Steckdose. Die Aufnahmeleistung dieses Gerätetyps ist eng begrenzt. Die Röntgengeneratoren liefern meist zwischen 10 und 20 mA bei 60–70 kV. Aufnahmewerte lassen sich nur über einen Handschalter durch Zeitwerte differenzieren. mA und kV sind konstant vorgegeben. Zusatzgeräte lassen sich gar nicht oder nur in beschränktem Umfange verwenden. Für eine Durchleuchtungsdiagnostik eignen sich diese Geräte nicht. Das Einsatzspektrum dieser Röntgengeneratoren erstreckt sich in der Hauptsache auf die Unfalldiagnostik und die Diagnostik an den Gliedmaßen. Ihre Lebensdauer hinsichtlich der Röhrenleistung wie auch der bauliche Strahlenschutz sind gut.

Eine zum Teil beachtliche Leistungssteigerung erbringen die *Zweipulsgeneratoren*. In dieser Leistungsklasse findet man sowohl transportable als auch stationäre Generatoren, bei denen jedoch auch die Leistung beachtlich differiert. Unter den angebotenen Zweipulsgeneratoren findet man in jedem Falle ein den Anforderungen und Wünschen für die Röntgendiagnostik in der Kleintierpraxis entsprechendes Gerät. Der Raumbedarf und der wirtschaftliche Aufwand halten sich in Grenzen. Der Unterschied zwischen den einzelnen Generatorentypen liegt jedoch nicht allein in der Röntgenleistung, sondern vielmehr in ihrer Kombinations- und Ausbaufähigkeit. Spitzengeräte dieser Klasse lassen selbst spezielle Diagnostikwünsche kaum offen. Durch den Einsatz moderner Technologie sind einige Geräte dieser Leistungsklasse sogar transportabel, ja zum Teil sogar zerlegbar, so daß sie, mit Spezialstativen kombiniert, für den ambulanten Einsatz bestens geeignet sind (Abb. 9.4.).

Die nachfolgend beschriebenen Röntgendiagnostikgeräte aus der Klasse der Zweipulsgeneratoren sind nicht transportabel und erfordern damit einen gewissen Raumbedarf für die ortsfeste Montage. Anlagen dieser Art eignen sich sowohl für eine frequentierte Kleintierpraxis als auch für eine größere Klinik. Ihr gravierender Vorteil liegt aber zweifellos in der Möglichkeit, umfangreiche Zusatzausrüstungen zu integrieren, so daß nahezu jede nur denkbare Röntgendiagnostik damit durchzuführen ist.

Der grundlegende Unterschied zwischen diesen **stationären Röntgengeräten** und den kleineren transportablen besteht darin, daß jene Anlagen nicht von vornherein komplett und gebrauchsfähig zusammengestellt sein müssen. Die Grundstufe stellt der Röntgengenerator mit einem Schalttisch als das Gerät dar. Aus dem Angebot verschiedenster Möglichkeiten werden nun, ausgesucht nach den eigenen Ansprüchen, ein Strahlenerzeuger – Röntgenröhre mit Schutzhaube – und ein Stativ, das als Säulen-, Wand- oder Deckenstativ ausgelegt sein kann, mit dem Generator passend kombiniert. Ein spezieller Lagerungstisch, sinnvoll mit einem Katapultraster versehen, sollte das Gerät komplettieren. Denken

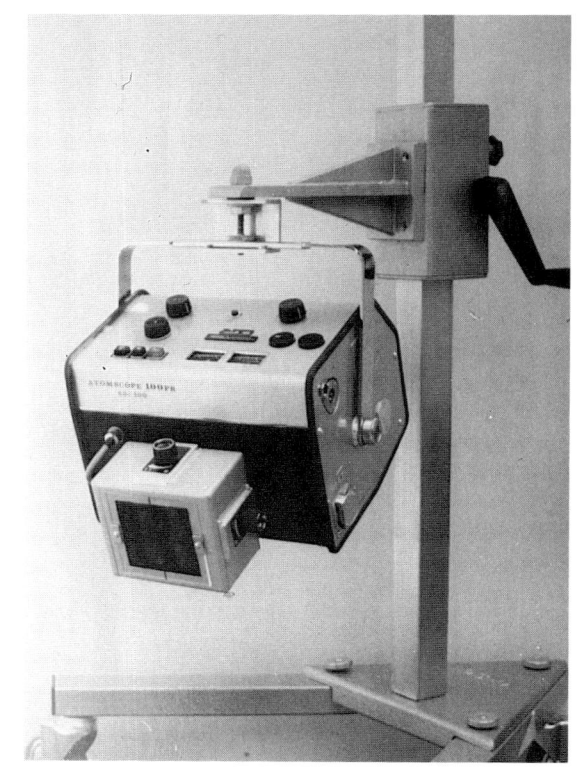

Abb. 9.4. Transportabler Zweipulsgenerator.

sollte man jedoch auch daran, daß zusätzlich die gesamte Hochspannungsverkabelung beschafft werden muß.

Der Vorteil dieses Aufwandes liegt darin, daß das endgültig entstandene Röntgengerät dann ganz nach den eigenen Wünschen, Erfordernissen und Möglichkeiten zusammengestellt werden kann. Zu beachten ist jedoch, daß es leistungsfähige Zweipulsgeneratoren gibt, deren Bleihauben nicht absolut öldicht ausgelegt sind. Aus diesem Grunde lassen sich mit derartigen Geräten nur Aufnahmen im senkrechten Strahlengang erstellen. Ein Kippen des Strahlenerzeugers für erwünschte Schräg- oder Horizontalaufnahmen ist nicht möglich.

Um noch höhere Leistungsansprüche in der Röntgendiagnostik zu erfüllen, stehen 6- oder 12-Puls-Röntgengeneratoren zur Verfügung. Ihr Leistungsspektrum reicht bis zu 2000 mA und 180 kV bei Schaltzeiten von 0,001 s. In räumlicher, noch mehr aber in wirtschaftlicher Hinsicht stellen diese Geräte allerdings erhebliche Ansprüche.

Noch vor 15–20 Jahren war es im medizinischen Sprachgebrauch üblich, bei der Besprechung leistungsfähiger Röntgengeneratoren den Begriff „6- oder 12-Ventiler" zu verwenden. Der Ausdruck bezog sich auf die für die Gleichrichtung des Wechselstroms erforderlichen großen gläsernen Ventilröhren, die zum einen einen erheblichen Platz erforderten, zum anderen sehr bruch- und störempfindlich waren. Einen großen Schritt zur Verbesserung apparativer Leistungsfähigkeit stellte die Verwendung von Sperrschichtgleichrichtern dar, die die gläsernen Ventilröhren ablösten. War so bei modernen Geräten der Platzbedarf der Sperrschichtgleichrichter vergleichsweise klein geworden, so stellte er aber dennoch einen unübersehbaren Faktor dar. Die moderne Elektronik führte über die Mikrocomputertechnik auf den Weg der Mittelfrequenz- oder Hochfrequenztechnik, durch die die Begriffe 6- oder 12-Puls wegfielen. Unter Verwendung normalen Drehstroms wird eine *Multipuls-Hochspannungsform* geschaffen, die kürzeste Aufnahmezeiten, Unterdrückung weicher Strahlenanteile, hohe Dosisausbeute und gleichzeitig eine erhebliche Reduzierung der Patientendosis erbringt. Neben diesen gravierenden Vorzügen kommt hinzu, daß diese neue Generation von Röntgengeneratoren trotz ihrer hohen Leistung als Einkesselgerät ausgelegt ist. Der Raumbedarf ist sehr gering, und die gesamte aufwendige Hochspannungsverkabelung entfällt. An dem zugehörigen Schaltpult lassen sich digital alle häufig erforderlich werdenden Aufnahmewerte einspeichern, wobei der Weg der individuellen Dateneingabe möglich bleibt. Zur Zeit stellen diese Röntgengeräte das Optimum in der Röntgendiagnostik dar. Durch den Einbau weniger Module läßt sich jede Art von Durchleuchtungsdiagnostik durchführen (Abb. 9.5.).

Eine große Anzahl von Röntgengeneratoren läßt sich sowohl für die Aufnahme- als auch für die Durchleuchtungsdiagnostik verwenden, wobei das für die Durchleuchtung erforderliche Zubehör stets getrennt beschafft werden muß. Es gibt jedoch auch Röntgengeneratoren, die primär für die Durchleuchtungsdiagnostik konzipiert worden sind, die sog. „C-Bögen". Derartige Geräte haben bevorzugt ihren Platz in Operationsräumen, wo sie bei Fremdkörperoperationen und bei der Osteosynthese Verwendung finden. Für eine Aufnahmediagnostik sind sie zwar einge-

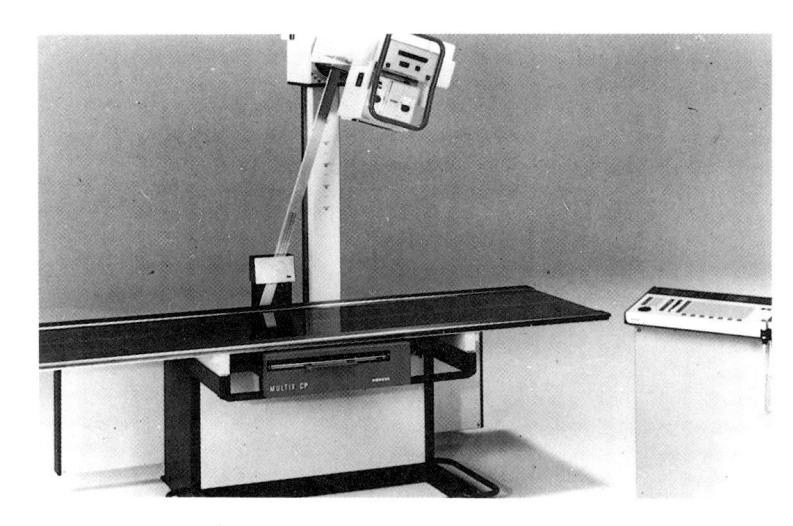

Abb. 9.5. Multipulsgenerator. (Siemens).

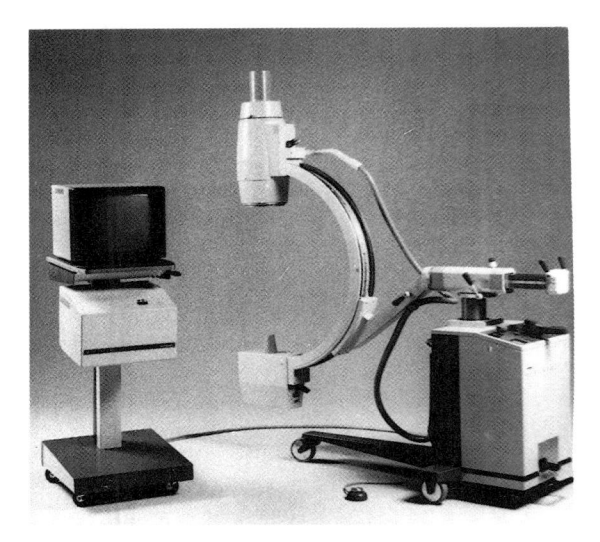

Abb. 9.6. BV-Röntgengenerator mit Fernsehmonitor (C-Bogen). (Siemens).

richtet, eignen sich jedoch dafür nur sehr bedingt. Allein schon die Tatsache, daß diese Geräte mit Bildverstärkern (BV) zusammen eingesetzt werden, bedingt eine nur geringe erforderliche Dosisleistung. Ihre mögliche Verwendung in sterilen Operationsräumen verspricht jedoch erheblichen Nutzen. Für eine Klinik sind sie die idealen Zweitgeräte (Abb. 9.6.).

9.2.2. Zubehör

Jede Röntgendiagnostikanlage kann gegebenenfalls durch ein sinnvolles Zubehör leistungsfähiger gemacht werden. Man darf jedoch nicht übersehen, daß nicht jeder Röntgengenerator mit jedem Zubehör verbunden werden kann, und weiter bedarf es genauer Überlegung, ob durch dessen Einsatz die Diagnostikarbeit wirklich verbessert oder aber erleichtert werden kann. Es ist durchaus vorstellbar, daß durch den Gebrauch eines durchaus wünschenswerten Zubehörs die Aussagekraft einer Röntgenaufnahme entscheidend gemindert wird.

Eine *Dosisautomatik*, gesteuert über Ionisierungskammern, erspart Fehlaufnahmen durch falsche Aufnahmewerte und vermindert die Patientenstrahlenbelastung auf das erforderliche Maß. Ihre Verwendung ist mit nahezu allen Röntgengeneratoren möglich.

Eine als *Lichtvisier* ausgebildete Streustrahlenschlitzblende vermindert unnötige Streustrahlung durch die erkennbare Einengung des Nutz-

strahlenkegels und verbessert dadurch die Aufnahmequalität. Eine Streustrahlenblende selbst ist aus Strahlenschutzgründen bindend vorgeschrieben.

Ein *Streustrahlenraster*, sei es als Fest- oder als Laufraster eingesetzt, verbessert die Aufnahmequalität. Für den Einsatz von Rastern gilt es aber zu bedenken, daß die Strahlenleistung erhöht werden muß. Zum anderen lassen sich Lauf- oder Katapultraster nicht mit jedem Generator kombinieren.

Ein *Stand-* oder *Wandstativ* zur vertikalen Kassettenhalterung bildet ein erwünschtes Zubehör, will man einen Patienten in aufrechter – stehender – Position röntgen. Die Verwendung ist mit jedem Röntgengerät möglich.

Spezialstative für die ambulante Verwendung, besonders zur Röntgendiagnostik an großen und nicht transportfähigen Hunden, lassen sich mit einer Anzahl von Kleingeräten gut kombinieren.

Für stationäre Röntgengeräte ist die Kombination mit speziellen *Röntgenuntersuchungstischen* nahezu obligatorisch (Abb. 9.7.). Nach den jewei-

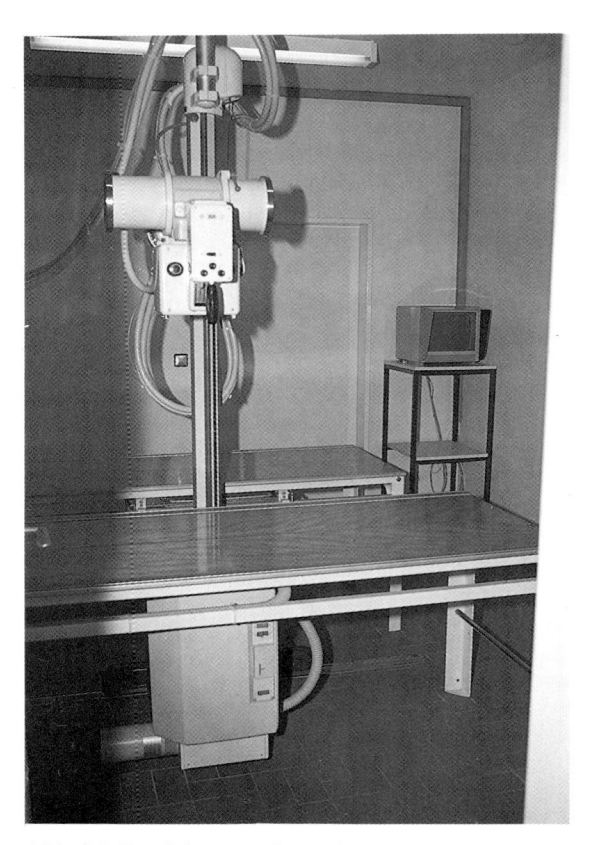

Abb. 9.7. Spezialröntgentisch mit herausgezogener Kassettenlade und eingelegter Kassette.

ligen Wünschen und Erfordernissen wird sich ihr Aufbau unterscheiden. Die Tischplatte kann fest in einem Rahmengestell verankert sein, wenn das Röntgengerät beweglich ist. Die Tischplatte kann beweglich – schwimmend – gelagert sein, wenn sie zusammen mit dem Patienten dem Strahlengang angepaßt werden soll. Wird die Filmkassette unter der Tischplatte gelagert oder soll ein Streustrahlenlaufraster zum Einsatz kommen, so werden erhöhte Anforderungen an das Tischplattenmaterial zu stellen sein. Es soll fehlerfrei strahlendurchlässig, stabil und verschleißfest sein. Geeignet dafür sind astfreies Spezialsperrholz, Spezialkunststoffplatten und für besonders hohe Ansprüche Kohlefaserplatten.

Wird eine intensive Röntgendiagnostik betrieben, so bietet sich der Einsatz von Serien-Aufnahmegeräten, Zielgeräten und Schichtbildanlagen an. Für eine normale Kleintierpraxis ist dieses Zubehör nur bedingt erforderlich und anzuraten.

Eine zusätzliche Nutzung eines Röntgengerätes für die *Durchleuchtungsdiagnostik* läßt sich auf zweierlei Wegen durchführen.

1. Die konventionelle Art der Röntgendurchleuchtung erfolgt mit einem *Bariumtetracyanoplatinat-Leuchtschirm* in einer Halterung, die mit dem Strahlenerzeuger gekoppelt ist. Er muß in seinen Dimensionen größer sein als der auf ihn auftreffende Röntgenstrahlenkegel. Der Leuchtschirm besteht aus etwa 1 cm dickem Bleiglas zum Schutz des Untersuchenden vor Strahlenschäden. Der Nachteil dieses Untersuchungsverfahrens liegt einmal in einer relativ hohen zur Untersuchung erforderlichen Strahlendosis, ferner in der Notwendigkeit, die Untersuchung in einem abgedunkelten Raum vorzunehmen. Eine kurzfristige Diagnostik ist dadurch erschwert, benötigt doch das menschliche Auge mindestens 10 Minuten für eine ausreichende Adaptation. Operationen unter einem Leuchtschirm sind nur sehr bedingt durchzuführen. Der Vorteil dieser Technik liegt jedoch darin begründet, daß viele Röntgengeneratortypen ohne allzu großen Aufwand für dieses Verfahren nachgerüstet werden können. Dennoch wird diese Art der Durchleuchtungsdiagnostik immer seltener zur Anwendung gelangen. Selbst bei korrekter Anwendung ist die Belastung durch die Primärstrahlung für den Patienten sowie durch die Sekundärstrahlung – Streustrahlung – für Untersucher und Personal mit dem heutigen Strahlenschutzverständnis zu hoch.

2. Ersetzt wird das Schirmbildverfahren heute durch den Röntgenbildverstärker (BV). Bei dieser Technik werden die einfallenden Röntgenstrahlen von einer Kamera aufgefangen und bei gleichzeitiger Hochverstärkung in elektrische Impulse umgesetzt. In einem *Sichtgerät (Monitor)* erfolgt die Rückverwandlung jener Impulse in Licht und Form eines runden Fernsehbildes. Dabei ergeben sich eine ganze Anzahl von Vorteilen. Durch die Hochverstärkung im Kamerateil ist eine sehr geringe Röntgenstrahlendosis für die Durchleuchtung erforderlich, was zu einer signifikanten Minderung der Strahlenbelastung für Patient und Untersucher führt. Da das Durchleuchtungsbild hell und brillant auf dem Fernsehmonitor erscheint, kann die Untersuchung bei vollem Tageslicht erfolgen. Über eine Dosisautomatik regelt sich die erforderliche Energie selbsttätig ein, was eine weitere Strahlenschutzmaßnahme darstellt. Daneben kann das Bild zoomartig vergrößert oder verkleinert und zusätzlich rechts-links umpositioniert werden. Durch die geringe für die Untersuchung erforderliche Strahlendosis ist eine operative Arbeit unter Durchleuchtungskontrolle überhaupt erst möglich geworden und auch zu verantworten. An eine Bildverstärkeranlage lassen sich mehrere Sichtgeräte anschließen, wodurch Untersuchungen auch außerhalb des Kontrollbereichs mit verfolgt und betrachtet werden können. Die noch vor wenigen Jahren gebräuchliche Betrachtungsform des BV-Durchleuchtungsbildes durch eine sog. „Lupe" ist aus Strahlenschutzgründen abzulehnen und durch Verordnungen auch schon verboten. Mit modernen und nicht zu leistungsschwachen Röntgengeneratoren lassen sich Röntgenbildverstärkeranlagen häufig nachträglich kombinieren.

Die Montage eines Zielgerät-Bildverstärkers unter einem festen Röntgentisch (System Ficus) ist technisch nicht schwierig durchzuführen (Abb. 9.8.).

Die Auslösung am Strahlenerzeuger ist nur möglich, wenn der Strahlenkegel genau auf den BV unter dem Tisch auftrifft. Das Sichtgerät kann auf einem Fahrtisch oder auf einer Wandkonsole aufgestellt werden. Wichtig ist nur die günstigste Position für eine gute und verzerrungsfreie Betrachtung des Bildes.

Auch die Arbeit mit dem Röntgenbildverstärker läßt sich durch Einsatz von Zubehör noch effektiver gestalten. Sollen wichtige Situationen während eines Durchleuchtungsvorganges

Abb. 9.8. Stationäres Röntgengerät mit BNV-Zielgerät unter dem Tisch und mit Monitor.

festgehalten werden, so kann dies mittels eines *Bildspeichers* erfolgen, der an einen Monitor angeschlossen werden kann. Auf Wunsch lassen sich jederzeit die gespeicherten Bilder abrufen. Bei Röntgenkontrastmitteluntersuchungen kann das von erheblicher Bedeutung sein.

Damit sind die Möglichkeiten aber noch nicht erschöpft. Durchleuchtungsbilder lassen sich über das Sichtgerät mit eingebauter Polaroid-Kamera, Video- oder Normalfilmgeräten aufzeichnen und somit dokumentieren. Die modernste Generation von Bildverstärkeranlagen ist in der Lage, das Fernsehmonitorbild stereografisch wiederzugeben und dies, durch eine sehr hohe Zeilenzahl, in einer kaum zu erwartenden Brillanz und Schärfe.

Bei der BV-Durchleuchtungsdiagnostik wird der Untersuchende leicht verleitet, den Untersuchungsvorgang über Gebühr auszudehnen. Aus zwei Gründen ist dies jedoch nicht wünschenswert. Zum einen wird die Röntgenröhre durch eine längere Durchleuchtungszeit thermisch sehr stark belastet, was zu einem sichtbaren Verschleiß führt. Zum anderen unterliegen Patient und Untersucher einer nicht unbedeutenden Strahlenbelastung.

Aus diesem Grunde wird geräteseitig die Durchleuchtungszeit limitiert. Dies kann optisch oder akustisch über einen Zeitschalter erfolgen. Es gibt aber auch Geräte, bei denen nach einer bestimmten Dauerdurchleuchtungszeit der Stromfluß unterbrochen wird.

9.3. Die Röntgenaufnahme

Die Röntgendurchleuchtung läßt eine sofortige Diagnostik, besonders auch von Bewegungsabläufen, zu. Das Bild ist jedoch flüchtig und dadurch eine intensive und sorgfältige Auswertung nicht möglich. Ebenso ist eine vergleichende Nachuntersuchung ausgeschlossen.

Die Röntgenaufnahme ergibt ein objektivierbares, archivierbares Ergebnis. Ihr Nachteil ist, daß Bewegungen nicht festzuhalten sind und im Augenblick der Aufnahme diese in der Qualität der Darstellung negativ beeinflussen.

Die Tatsache, daß Röntgenstrahlen Fotoschichten schwärzen, ist die Grundlage einer Röntgenaufnahme. Die unterschiedliche Durchdringbarkeit des zu röntgenden Objektes bedingt eine differenzierte Einwirkung der Strahlen auf das Aufnahmematerial.

Der *Röntgenfilm* besteht aus einem Zelluloidkörper, auf den, durch eine Haftschicht verbunden, beiderseits eine gelatinöse Schicht aufgegossen ist, die ihrerseits durch eine Schutzschicht nach außen abgedeckt wird. Die Gelatineschichten enthalten Bromsilber in Mikroemulsion. Der Zelluloidkörper kann aus einem klaren Material bestehen, er kann jedoch auch in Abstimmung mit bestimmten Verstärkerfolien blau oder grün eingefärbt sein.

Wird der Film von Röntgenstrahlen getroffen, so werden die Bromsilberkörnchen reduziert und bei der Entwicklung in metallisches Silber umgesetzt. Das unbelichtete Bromsilber wird bei der Fixation durch Natriumthiosulfat herausgelöst. Im Gegensatz zu normalem Licht durchdringen Röntgenstrahlen das gesamte Filmmaterial, und beide Schichten werden verändert. Dies führt dazu, daß eine Röntgenaufnahme kontrastreich erscheint. Je dicker jedoch die aufgegossenen Schichten sind, um so mehr nimmt die Zeichenschärfe ab.

Wird das Filmmaterial nativ verwendet, das heißt nur lichtdicht verpackt zum Einsatz gebracht, so spricht man von *Direktfilmen* oder *folienlosen Filmen*. Ihr Vorteil besteht in einer sehr detaillierten, feinkörnigen Darstellung dichtemäßiger Unterschiede, ihr Nachteil in einer sehr geringen Empfindlichkeit. Die daraus resultierenden langen Belichtungszeiten heben bei leistungsschwachen Röntgengeräten die zu erwartenden Vorzüge durch eintretende Bewegungsunschärfen jedoch leicht wieder auf.

Um die Expositionszeit zu verkürzen, muß man die Strahlenwirkung auf den Film verstärken. Die Möglichkeit dazu bieten die *Verstärkerfolien*, die je nach Art, Aufbau und chemischer Zusammensetzung eine geringere oder stärkere Fluoreszenz erzeugen, was zu einer intensiveren Lichteinwirkung auf den Film führt. Man unterscheidet bei den Folienkombinationen – es werden stets 2 Einzelfolien, eine Vorder- und eine Rückseitenfolie, benötigt – feinzeichnende, Universal- und hochverstärkende Folien. *Feinzeichnende* Folien haben ein sehr feines Korn, bieten eine sehr gute Differenzierung bei gutem Kontrast, verstärken jedoch nur geringgradig. Ihre Verwendung in Verbindung mit leistungsschwachen Röntgengeräten ist deshalb problematisch. Die *Universalfolie* bietet eine relativ gute Zeichnung bei einem mittleren Verstärkungseffekt. Da sie ein weites Spektrum von Aufnahmegebieten abdeckt, dürfte sie die am häufigsten verwendete Folienkombination in der Kleintierpraxis sein. Aus Gründen des Strahlenschutzes für den Patienten wurden in den letzten Jahren ständig neue Wege zu einer Dosiseinsparung gesucht. Die älteren *Rapidfolien* mit einem hohen Verstärkungsfaktor waren zu grobkörnig und befriedigten in ihrem Auflösungsvermögen nicht. Erst als diese CAWO (Calciumwolframat)-Beschichtung der Folien durch die „Seltenen Erden" (Gd_2O_2S) ersetzt wurde, ließ sich die Belichtungszeit und damit die Patientendosis ganz erheblich herabsetzen. Die praxisreife Entwicklung dieser *SE-Folien* (Seltene Erden) dauerte sehr lange. Geringe Lagerfähigkeit, grobes Korn und eine notwendige Anpassung an bestimmtes Filmmaterial waren die gravierenden Hindernisse. Heute jedoch werden SE-Folien angeboten, die eine brillante Feinzeichnung mit einer Hochverstärkung kombinieren. Die Höhe der Verstärkungswirkung läßt sich dazu für eine bestimmte Folienkombination abstufen, so daß Folien mit der Bezeichnung SE 4/SE 5 usw. bis SE 12 dem Untersucher die Größe des Verstärkerfaktors anzeigen. Sie sollten heute, bedingt durch ihre hochwertige Verstärkungsleistung bei ausreichend feinem Korn auch aus Strahlenschutzgründen, kurzfristig die CAWO-Folienkombinationen ersetzen.

Für die Anfertigung einer Röntgenaufnahme ist neben dem Film und der Verstärker-Folien-Kombination noch eine *Röntgenkassette* erforderlich, in der Film und Folien vor Lichteinfall geschützt gelagert werden. Der Aufbau einer Kassette, die es in den verschiedensten Formaten und Größen gibt, ist seit langem unverändert geblieben. Der Röntgenfilm liegt durch einen Anpreßmechanismus bedingt zwischen Vorder- und Rückfolie diesen plan an (Abb. 9.9.). Die Kassette selbst ist in der Regel aus Aluminium angefertigt, während der Kassettendeckel meist mit Blei ausgelegt ist. Diese gebräuchlichen Kassetten sind sehr stoßempfindlich und dabei verformbar, was die Planlage des Films und damit die Bildqualität nachhaltig beeinträchtigen kann. Um diesem Mißstand abzuhelfen, werden heute Kunststoffkassetten angeboten, die bruch- und verformungsfest sind. Sie sind darüber hinaus erheblich leichter und bürgen durch eine gefederte Andruckplatte für einen optimal planen Filmsitz.

Auf jeder Kassette sollte vermerkt werden, welche Folienkombination enthalten ist, um sonst mögliche Fehlbelichtungen zu vermeiden. In der Praxis jedoch erfordert die Verwendung unterschiedlicher Folientypen ein erhebliches Maß an Erfahrung des Untersuchenden.

Ist die Röntgenaufnahme erstellt, so muß als nächster Schritt der Film entwickelt werden. Da ein Röntgenfilm gegen Licht empfindlich ist, muß dieser Vorgang in einem dunklen Raum, der *Dunkelkammer*, stattfinden (Abb. 9.10.). Lediglich eine *Dunkelkammerlampe*, die mit einem speziellen Rot- oder Grüngelbfilter ausgestattet ist, er-

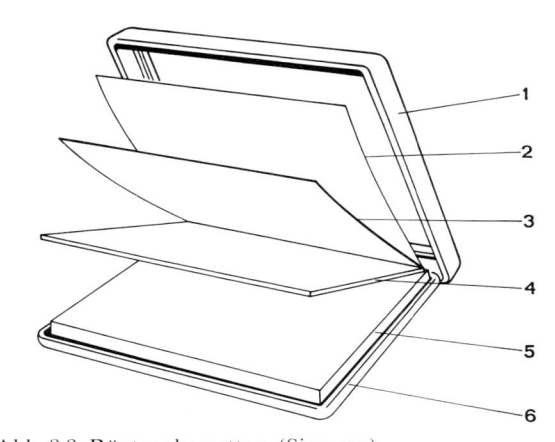

Abb. 9.9. Röntgenkassetten. (Siemens).
1 = Kassettenkörper (Kassettenboden), 2 = dünne Vorderfolie, 3 = Röntgenfilm, 4 = dickere Rückfolie, 5 = Andruckplatte, z. B. Schwammgummi, um einen guten und gleichmäßigen Kontakt der Folien mit dem Film zu gewährleisten, 6 = Kassettendeckel mit Blei oder einem bleiähnlichen Material (bei den Spezialkassetten für die Exploratoren ist der Kassettendeckel ohne Bleieinlage, um bei den gezielten Aufnahmen sehen zu können, was erfaßt worden ist, deshalb die Aufschrift „ohne Blei").

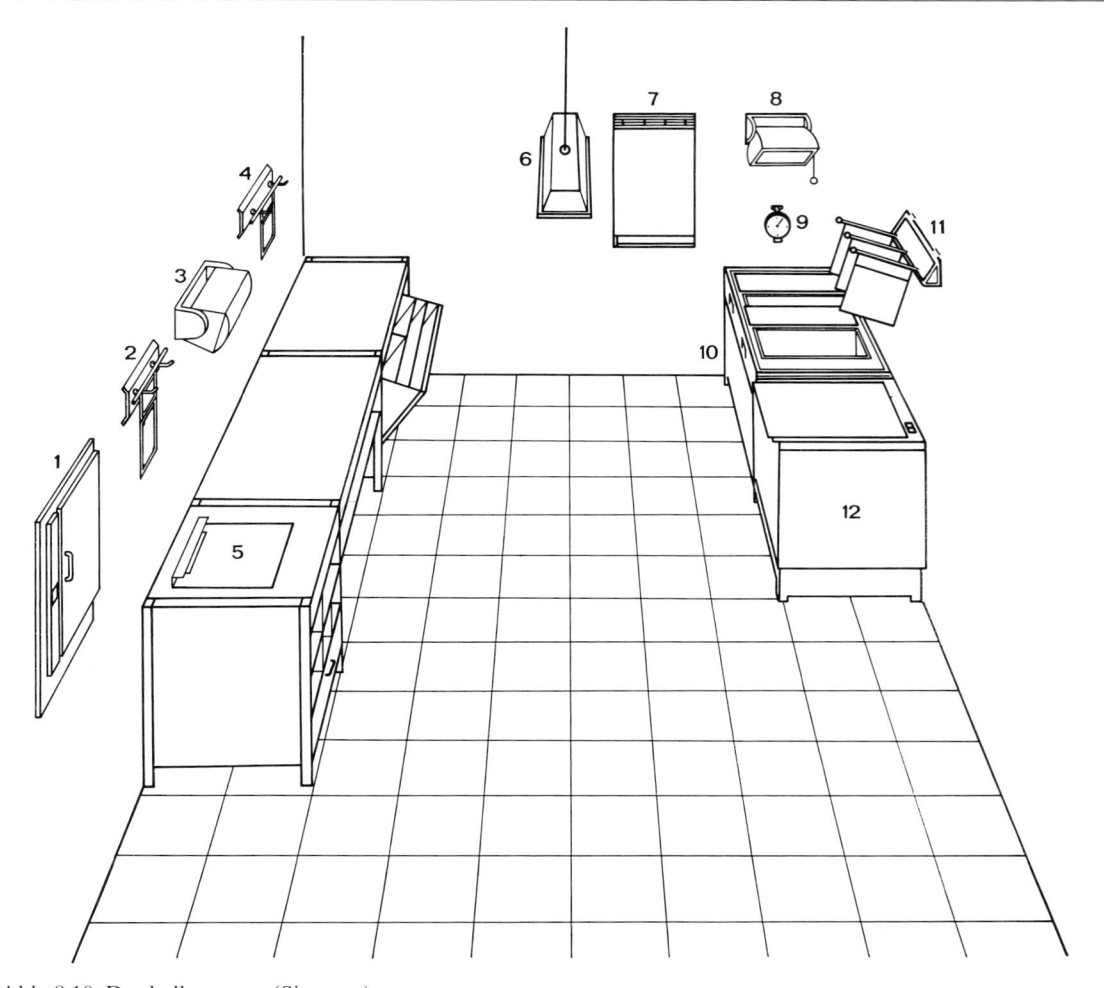

Abb. 9.10. Dunkelkammer. (Siemens).
„Trockener Arbeitsplatz": 1 = Kassettenschleuse, 2, 4 = Filmrahmen-Konsolen, 3 = Wandleuchte mit Sicherheitsfilter, 5 = Kassettenschrank, Zwischentisch mit Ablagefach und Filmkippschrank (in die Oberseite des Kassettenschrankes kann eine Vorrichtung zur Filmbeschriftung eingebaut werden), 6 = Langfeld-Laborleuchte mit grünem Sicherheitsfilter.
„Nasser Arbeitsplatz": 7 = Film-Schaukasten, 8 = Wandleuchte mit Sicherheitsfilter, 9 = Signaluhr für die Entwicklungszeit, 10 = Vierteil-Entwicklungseinheit, 11 = Abtropfleiste, 12 = Trockentruhe.

hellt den Raum und erleichtert die Arbeit. Der Röntgenfilm wird auf einer absolut sauberen und trockenen Arbeitsplatte der Kassette entnommen, in einen Stahldrahtrahmen gespannt und in den *Entwicklertank* (Abb. 9.11.) eingehängt. Das darin enthaltene Entwicklerbad arbeitet heutzutage auf der Basis von Phenidon-Hydrochinon. Es soll gute Kontraste ergeben und dazu noch leicht herstellbar sein. Aus diesen Erwägungen werden zumeist konzentrierte Stammlösungen verwendet, die durch Verdünnung mit Leitungswasser auf die erforderliche Konzentration gebracht werden. Die notwendige Gebrauchstemperatur soll zwischen 18 und 20 °C liegen. Höhere Temperaturen verkürzen den Entwicklungsprozeß, niedrigere verlängern ihn. Herrscht in einer Dunkelkammer normale Raumtemperatur, so kann man auf die Verwendung von Plattenthermostaten verzichten. Man sollte jedoch die Temperatur im Tank mittels eingehängten Thermometers unter Kontrolle halten. Ein Aufheizen einer Entwicklerlösung mit einem Tauchsieder ist ungeeignet, da durch die Kochtemperatur, die um den Tauchsieder entsteht, die Lösung geschädigt würde. Die Größe des Entwicklertanks muß so bemessen sein, daß Filme von der Größe

30 × 40 cm voll von der Lösung bedeckt werden. Die Entwicklerlösung aber unterliegt, selbst wenn der Tank sorgfältig durch einen Deckel verschlossen ist, einer Oxydation, die durch eine Braunfärbung erkennbar wird. Dadurch wird die Lebensdauer einer angesetzten Lösung neben dem Verbrauch durch die Filmentwicklung, die nach m^2 Filmfläche und nicht nach der Zahl entwickelter Filme berechnet werden muß, nicht unbedeutend verkürzt. Bei jeder Entnahme eines Films aus dem Entwickler zur Überführung in den nächsten Tank wird zusätzlich Entwicklerflüssigkeit verschleppt, so daß sich die Menge ständig verringert. Der erforderliche Ausgleich erfolgt jedoch nicht durch Wasserzusatz, sondern durch *Regeneratorflüssigkeit*, um die Konzentration und die Qualität zu erhalten. Die Entwicklungszeit für einen Film sollte mindestens 3 Minuten, im Höchstfall jedoch 8 Minuten betragen. Ist ein Film durch übermäßige Einstrahlung schnell entwickelt, wird eine korrekte Ausentwicklung nicht zu erreichen sein, ohne daß der Film danach völlig schwarz ist. Eine Differenzierung ist danach unmöglich. Ist dagegen eine Belichtung zu gering ausgefallen, so wird das Bild trotz verlängerter Entwicklungszeit dennoch kontrastarm und völlig flau bleiben. Beide Arten von Aufnahmen sind für eine Auswertung unbrauchbar.

Nach der abgeschlossenen Entwicklung des Filmes erfolgt die *Zwischenwässerung*. Bei diesem Vorgang, der wenigstens 30 Sekunden bei fließendem Wasser betragen sollte, wird die Entwicklerflüssigkeit von dem Film abgespült.

Nach der Zwischenwässerung wird der Film in das *Fixierbad* eingehängt. Die Fixierlösung löst durch den Gehalt an Natriumthiosulfat oder bei Schnellfixierlösungen durch Brenzkatechin die unbelichteten und dadurch unveränderten Bromsilberpartikel aus den Filmschichten heraus. Eventuell noch in den Filmschichten verbliebene Entwicklerlösung wird durch die alkalische Reaktion der Fixierflüssigkeit neutralisiert. Der Fixationsvorgang sollte mindestens 15 Minuten betragen. Bei der Verwendung von Schnellfixierlösungen verkürzt sich der Vorgang, und der Film kann bereits nach 2 Minuten kurzzeitig bei Licht betrachtet werden, was unter Umständen für eine notwendig schnelle Diagnostik von großem Vorteil ist. Für Fixierbäder werden heute ebenfalls konzentrierte Stammlösungen verwendet, die dann nach Vorschrift zu verdünnen sind. Auch Fixierlösungen unterliegen bei laufendem Gebrauch einem Verschleiß, der sich aber nicht durch eine Verfärbung ankündigt. Da dieser auch sonst nicht erkennbar ist, sollte die Gebrauchslösung zeitweilig durch Teststreifen, ähnlich dem Lackmuspapier, getestet werden. Verbrauchte Fixierbäder sind dadurch auffallend, daß der fixierte Film nahezu hochglänzend erscheint.

Das ausfixierte Röntgenbild wird nunmehr der *Endwässerung* zugeführt, durch die sämtliche Chemikalien abgespült werden sollen. Der Film muß dazu frei in dem Wassertank hängen und hier wenigstens 20 Minuten, möglichst bei fließendem Wasser, gewässert werden.

Ist auch dieser Vorgang abgeschlossen, so muß

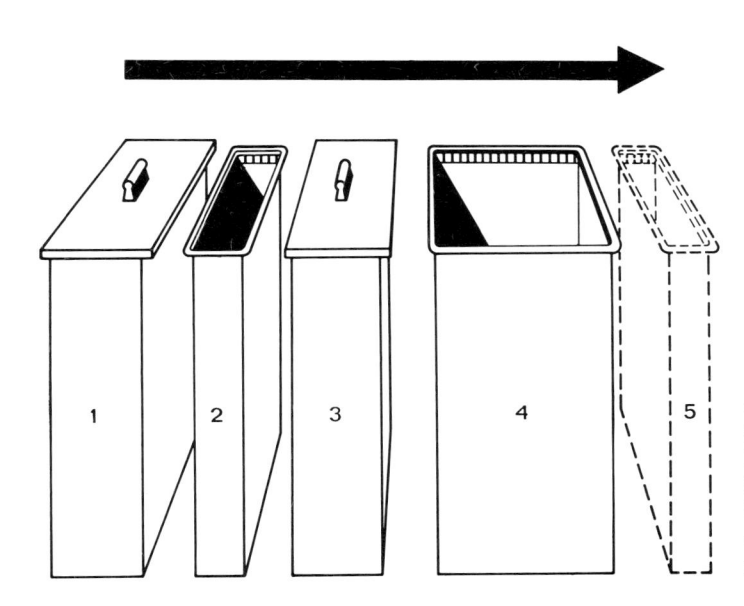

Abb. 9.11. Schema der Tankentwicklung. (Siemens).
1 = Entwicklungstank (mit Deckel), 2 = Zwischenwässerungstank, 3 = Fixierbadtank (mit Deckel), 4 = Schlußwässerungstank, 5 = gegebenenfalls Tank mit Netzmittelbad.

die Röntgenaufnahme getrocknet werden. Dies kann entweder bei Raumtemperatur in einem möglichst staubfreien Raum erfolgen, oder man verwendet einen speziellen *Trockenschrank*. In diesem wird der Film bei 30–35 °C in einem Luftstrom, ausgelöst durch ein Gebläse, erheblich schneller getrocknet. Nebenbei verbessert das Schranktrocknen noch die Qualität der Aufnahme.

Die Auswertung der fertigen Röntgenaufnahme erfolgt zweckmäßigerweise vor einem *Röntgenbildbetrachtungskasten*. Hier wird der Film durch stufenweise regelbare Leuchtstoffröhren, die hinter einer Milchglasscheibe sitzen, ausgeleuchtet. Eine Beurteilung kann sehr verbessert und erleichtert werden, wenn durch Jalousien das Lichtfeld allein auf den wichtigsten und zu beurteilenden Filmausschnitt eingeengt werden kann.

Eine andere, sehr empfehlenswerte Hilfe für die Betrachtung und Beurteilung wichtiger Kleindetails auf einer Röntgenaufnahme stellt die „*Irisblende*" dar. Hiermit kann durch die Verengung der Lamellenblende die Ausleuchtung auf einen ganz kleinen Fleck des Röntgenbildes begrenzt werden.

Röntgenaufnahmen sind Dokumente. Gesetzliche Vorschriften verlangen eine sorgfältige Archivierung. Zu diesem Zwecke müssen sie jedoch unverwechselbar gekennzeichnet sein. Nur so sind sie dann in Rechtsfällen Beweisstücke. Die Beschriftung einer Röntgenaufnahme mit Bleistift oder Kugelschreiber erfüllt diese Bedingung echter Kennzeichnung nicht.

Hierzu gibt es zwei praktikable Verfahren für Röntgenaufnahmen, die beide ihrerseits Vor- und Nachteile mit sich bringen.

Das *X-Rite-System* basiert auf der Verwendung rechteckiger Kunststoffplatten, auch Blocker genannt, die eingeprägt Namen und Adresse der Untersuchungsstelle tragen. Auf eine vorgesehene Aussparung in der Platte wird ein Kunststoffband geklebt, auf das die Aufnahmedaten mit Schreibmaschine oder Schreiber geschrieben sind. Der Blocker mit dem beschrifteten Band wird vor der Röntgenaufnahme auf der KassetTe befestigt und zusammen mit dieser belichtet. Der Röntgenfilm zeigt nach der Entwicklung Blocker und Schriftband als einen Teil der Aufnahme. Der Vorteil dieses Verfahrens liegt darin, daß mehrere gleichzeitig zur Entwicklung anstehende Kassetten und Filme nicht verwechselt werden können, da die Filme ja mit der Aufnahme unverwechselbar gekennzeichnet wurden. Ein unbestreitbarer Nachteil liegt jedoch in der Größe des Feldes, das durch den Blocker von der Aufnahme verlorengeht. Dies macht sich besonders bei kleinen Filmformaten bemerkbar. Ferner kann durch Überstrahlung die Beschriftung unleserlich werden. Man versucht durch unterschiedliche Blockerdicken diesem Mißstand zu begegnen.

Die Beschriftung eines Röntgenfilmes mit Hilfe des *Film-Scribor* ist sauberer und platzsparender, der Aufwand ist jedoch etwas größer. Der Film-Scribor selbst ist ein Kondensator-Belichtungsgerät. Benötigt werden ferner vorgefertigte Papierstreifen, die als Eindruck Namen und Adresse der Untersuchungsstelle tragen. Diese Streifen lassen sich mit Maschine oder von Hand leicht beschriften. Weiter müssen in der Kassette die gegenüberliegenden Schmalseiten einer Folienkombination mit einem Kunststoffband abgeklebt werden. Die Kennzeichnung des Röntgenfilms geschieht dadurch, daß nach der Röntgenaufnahme in der Dunkelkammer mit dem Film-Scribor der Text des Papierstreifens auf den durch die Folienabklebung unbelichteten Teil des Films einbelichtet wird. Danach wird der Film völlig normal entwickelt. Der Materialausfall auf dem Film ist nur sehr schmal, die Schrift stets sauber und gut zu lesen. Der Nachteil dieser Dokumentation liegt darin, daß sie erst in der Dunkelkammer unmittelbar vor der Entwicklung erfolgen kann. Stehen mehrere Kassetten gleichzeitig zur Entwicklung an, so muß durch einen Kreidevermerk, besser durch kleine Aufkleber, eine Verwechslung ausgeschlossen werden.

Für eine sichere Diagnostik und Interpretation einer Röntgenaufnahme sind Seiten- oder Lageangaben zwingend erforderlich, läßt sich durch die beiderseitige Filmbeschichtung nach der Entwicklung eine Zuordnung der Positionierung nicht mehr erreichen.

9.4. Filmfehler

Die Qualität einer Röntgenaufnahme und die dadurch bedingte diagnostische Aussagekraft können durch eine Reihe von Faktoren gemindert, bisweilen sogar bis zur Unbrauchbarkeit geschädigt werden.

Filmmaterial ist nur begrenzt lagerfähig. Der normale Alterungsprozeß kann durch unsachgemäße Lagerung in zu feuchten oder zu warmen Räumen stark verkürzt werden. Die Haltbarkeits-

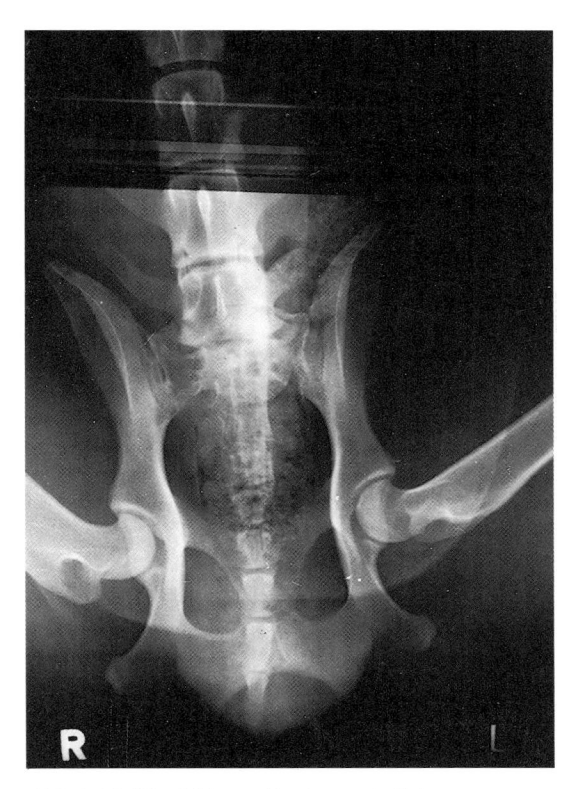

Abb. 9.12. Filmfehler: teilweise vorbelichteter Röntgenfilm.

aller oder einzelner Filme kommen. Ein derartiges Material ist begreiflicherweise nicht mehr brauchbar (Abb. 9.12.).

Lichteinwirkung auf Filme kann es auch in der Dunkelkammer selbst geben. Als Ursache findet man dann meist undichte oder unzweckmäßig abgefilterte Dunkelkammerlampen. Aber auch nicht restlos lichtsichere Fenster- und Türverschlüsse (Schlüssellöcher!) sind manchmal dafür verantwortlich. Hüten muß man sich auch vor einer Infrarotheizung in der Dunkelkammer. Das Glühen der Brenner führt ebenfalls zu einer Nachbelichtung der ungeschützten Filme. Werden Filme zu hastig aus den Gebinden gezogen, so kommt es durch Reibung leicht zu statischer Entladung. Diese als „Blitzfiguren" auf dem entwickelten Film zu erkennenden Vorbelichtungen stören bei der Auswertung sehr (Abb. 9.13.). Sind die Folien verschmutzt oder liegen Fremdkörper wie Haare oder Papierschnitzel der Filmverpackung zwischen Folie und Film, so bilden sich auf der belichteten und entwickelten Röntgenaufnahme Artefakte, die bei der Bildbetrachtung zu beachtlichen Fehlinterpretationen führen können.

Ungleichmäßig erwärmte Entwicklerflüssigkeit kann beim Entwicklungsablauf zu einer ausgeprägten Wolkenbildung durch einen unterschiedlichen Wirkungsgrad des Entwicklers auf dem Film führen (Abb. 9.14.). Ein gutes Durchmischen des Tanks vor der Arbeit hilft dies vermindern.

Werden Tanks mit zu vielen Filmrahmen sehr eng besetzt, so kommt es zum Verkratzen der

dauer der Filme unter normalen Bedingungen ist auf der Verpackung stets angegeben.

Wird Filmmaterial nicht sorgfältig vor Röntgenstrahlen geschützt aufbewahrt, kann es zu einer totalen oder auch partiellen Vorbelichtung

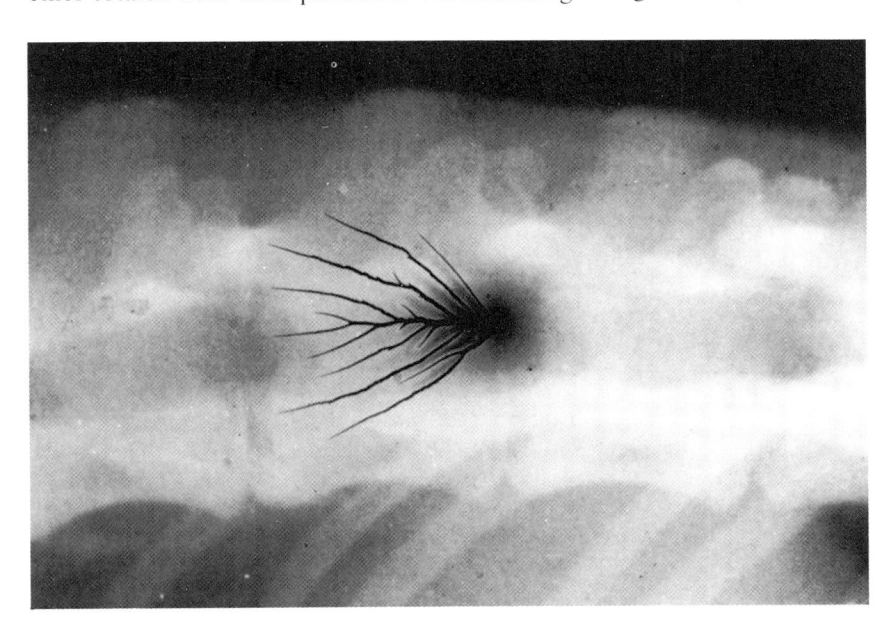

Abb. 9.13. Filmfehler: statische Entladung, „Blitzfigur". (Schwarte, Neustadt).

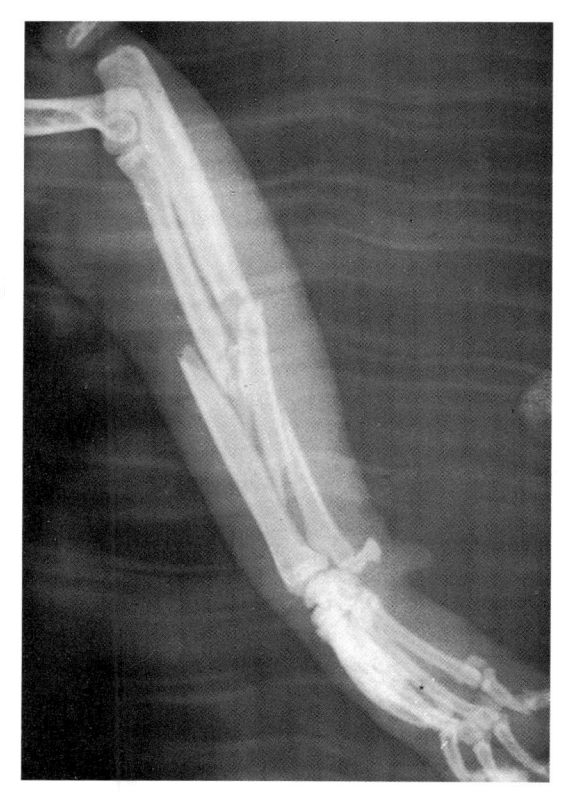

Abb. 9.14. Filmfehler: Wolkenbildung durch unterschiedliche Entwicklertemperatur. (Schwarte, Neustadt).

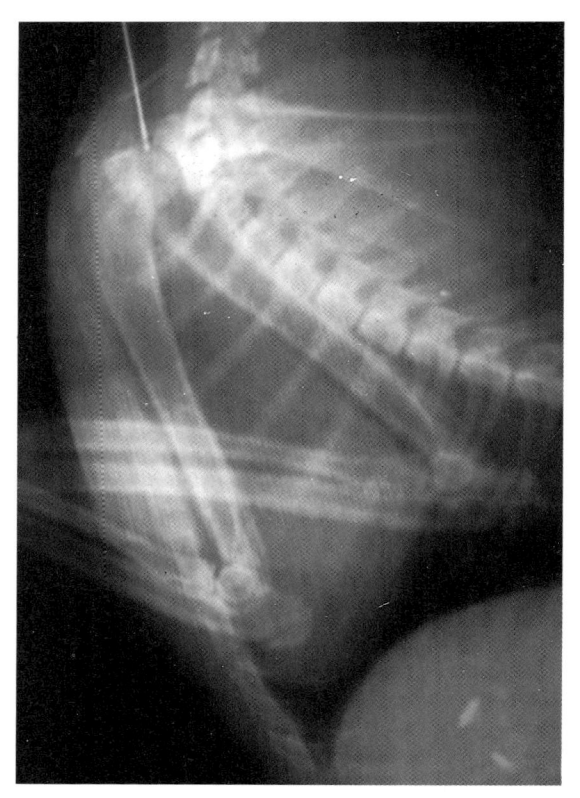

Abb. 9.16. Filmfehler: Rasterlinien durch fehlerhafte Rasterpositionierung.

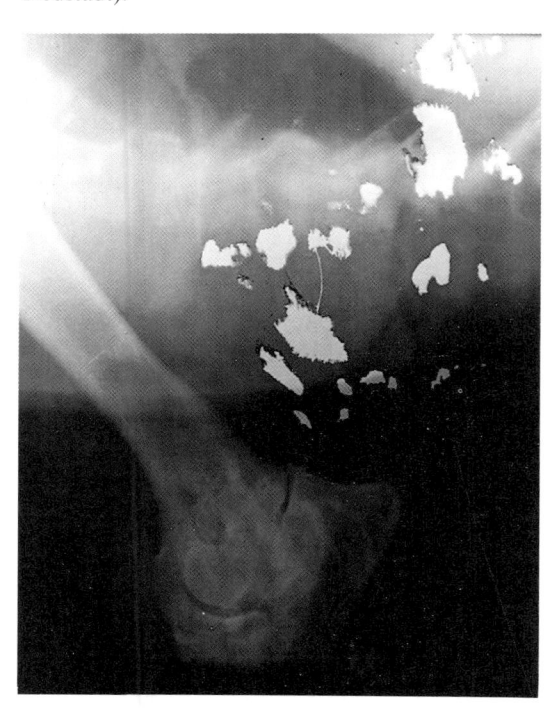

Abb. 9.15. Filmfehler: Bakterienfraß.

Filme. Die Interpretation kann dann fast unmöglich werden. Werden Filme zu lange im Endwässerungstank belassen, so beginnen die Filmschichten aufzuquellen, ja sie können nach einiger Zeit sogar abschwimmen. Nicht ausfixierte Filme zeigen die Tendenz, nach kurzer Zeit eine Gelbfärbung anzunehmen, während schlecht endgewässerte nach der Trocknung sehr bald kristalline Auflagerungen erkennen lassen. In beiden Fällen wird eine Aufbewahrung problematisch.

Stehendes und verbrauchtes Endwasser fördert ein Bakterien- und Algenwachstum. Diese Keime greifen die Gelatineschichten des Filmes an. Bakterienfraß kann eine Aufnahme völlig zerstören (Abb. 9.15.).

Streustrahlenraster dienen der Qualitätsverbesserung einer Röntgenaufnahme. Wird jedoch ein ungeeignetes Raster verwendet, ist die Positionierung des Rasters falsch, oder werden die Vorschriften für Projektion oder Abstand nicht beachtet, so können die auf der entwickelten Aufnahme sich abzeichnenden Rasterlinien die Lesbarkeit des Bildes empfindlich stören (Abb. 9.16.).

9.5. Die optimale Röntgenaufnahme

Durch eine Anzahl verschiedener Maßnahmen und durch das strenge Einhalten wichtiger Regeln läßt sich die Qualität einer Röntgenaufnahme noch sichtlich verbessern.

Die Ausschaltung schärfemindernder Streustrahlung läßt sich durch eine enge Einblendung des Nutzstrahlenkegels mit Hilfe einer *Bleischlitzblende* im *Lichtvisier* erreichen.

Die Zeichenschärfe einer Röntgenaufnahme läßt sich durch die Verwendung eines *Streustrahlenrasters* maßgeblich verbessern. Dieser Effekt kann jedoch nur dann eintreten, wenn alle Voraussetzungen für den Einsatz erfüllt sind. Ein Streustrahlenraster ist so konzipiert, daß durch eine große Anzahl aufrechtstehender, dem Zentralstrahl zugeneigter Bleilamellen eine weitgehende Abfilterung primärer und sekundärer Streustrahlen erreicht wird. Im Idealfall wird so nur das Nutzstrahlenbündel zur Belichtung des Röntgenfilms wirksam. Jedes Raster mit seinen zum Ende hin geneigten Lamellen kann seine Wirkung nur dann voll erfüllen, wenn der für das Raster berechnete Fokus-Film-Abstand strikt eingehalten wird. Dieser Wert ist auf jedem Raster deutlich vermerkt. Genauso wichtig ist es, daß die Rastermitte genau unter dem Zentralstrahllot gelagert wird (Abb. 9.17.).

Das Streustrahlenraster kann als Festraster zwischen dem Patienten und der Kassette plaziert werden. Der Nachteil dieser Einsatzart stellt die auf dem Film sichtbare Abbildung der Rasterlinien als feine Streifung dar. Bei einem passenden und qualitativ guten Raster werden diese Streifen die Auswertbarkeit des Bildes nicht beeinträchtigen. Zu bedenken ist aber auch, daß das Durchdringen eines Rasters Röntgenenergie verbraucht. Die Strahlendosis muß deshalb je nach Rasterdicke mehr oder weniger erhöht werden.

Günstiger ist die Verwendung eines Katapult- oder Laufrasters. Das eigentliche Raster ist mit dem Festraster nahezu identisch. Unterschiedlich ist nur, daß das Raster während der Röntgenaufnahme elektrisch oder durch Federzug schnell über die Kassette gezogen wird. Dadurch wird die Abbildung von Rasterlinien vermieden. Leider sind nicht alle Röntgengeneratoren mit einem Laufraster zu kombinieren (s. Abb. 9.7.).

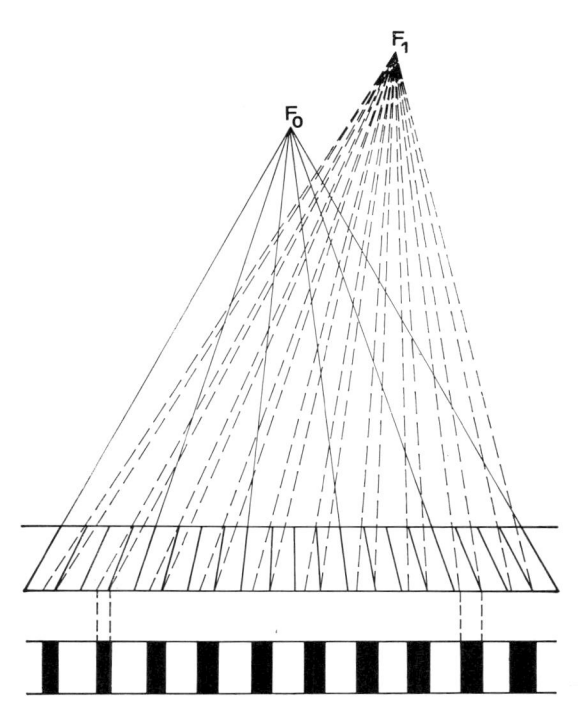

Abb. 9.17. Rasterfehler, Schema. (Siemens).

Maßgeblich für die Qualität der Röntgenaufnahme bleibt primär die Auswahl der optimalen Einstellwerte.

Die Strahlendosis richtet sich nach der Dicke und Dichte des zu untersuchenden Objekts. Eine Verkürzung der Belichtungszeit vermag, wenn technisch möglich, die negativen Auswirkungen von Bewegungs- und Veratmungsunschärfe zu mindern. Wird jedoch die Strahlendosis zu gering gewählt, so entstehen flaue, kontrastarme Bilder. Wird sie zu groß eingegeben, so wird die Röntgenaufnahme überstrahlt, zu dunkel und ohne die Möglichkeit einer brauchbaren Differenzierung. Für die Dosisauswahl ist jedoch stets das Objekt entscheidend, das radiologisch abgeklärt werden soll. Bei erforderlichen Weichteilaufnahmen werden Knochenstrukturen indifferent erscheinen, während bei Skelettaufnahmen die Organe des Brust- oder Bauchraumes überstrahlt und kaum zu bewerten sind.

Wichtig für die Güte einer Röntgenaufnahme ist ferner der gewählte Abbildungsmaßstab. In der Regel wird eine Abbildung im Verhältnis 1:1 die günstigste sein, läßt sie doch die bestehenden Verhältnisse ohne Umdenken erkennen. Verantwortlich dafür ist der *Film-Objekt-Abstand* (FOA), der möglichst klein gewählt werden sollte.

In bestimmten Untersuchungsfällen kann eine Vergrößerung des abzubildenden Objektes durchaus wünschenswert sein, um geringgradige Veränderungen deutlicher hervortreten zu lassen. Für derartige Aufnahmen wird der FOA größer gewählt, was technisch jedoch nicht immer leicht durchzuführen ist.

Aber auch die Verringerung des *Film-Fokus-Abstandes* (FFA) kann zu einer Vergrößerung herangezogen werden. In der Regel liegt der günstigste FFA, je nach Art des Gerätes, zwischen 0,75 und 1,10 m.

Eine korrekte Abbildung erfordert eine richtige Projektion des abzubildenden Objektes. Nur eine zentrale Projektion verhindert eine bildliche Verzerrung und läßt dadurch eine genaue Auswertung zu. Dabei ist es ohne Bedeutung, ob der Zentralstrahl den Patienten horizontal oder vertikal trifft. Bei der Form des Nutzstrahlenkegels muß jedoch daran gedacht werden, daß die Randbezirke einer Röntgenaufnahme, besonders größerer Formate, mehr oder weniger einer Verzerrung unterliegen. Dies ist der Grund, daß das Nutzstrahlenbündel möglichst eng eingeblendet werden sollte bei gleichzeitiger Wahl der kleinstmöglichen Röntgenkassette. Diagnostisch abzuklärende Bezirke müssen dabei das Zentralfeld des Filmes beinhalten. Es ist häufig günstiger, ein größeres Objekt mit zwei kleineren Filmformaten zu untersuchen, als der sich anbietenden Möglichkeit einer einzelnen großen Aufnahme zu erliegen.

9.6. Alternativen in der Filmentwicklung

Eine korrekte Filmentwicklung in einer Tankanlage dauert bis zur abgeschlossenen Trocknung etwa 1 Stunde. Das erstellte Röntgenbild kann frühestens 9 Minuten nach Beginn des Entwicklungsablaufes in der Dunkelkammer für kurze Zeit betrachtet werden. Wird nun ein Röntgenbefund schneller benötigt, oder soll bei einem Überweisungsfall die Aufnahme an den überweisenden Tierarzt mitgegeben werden, so läßt sich der gesamte Zeitaufwand durch den Einsatz einer *Entwicklungsmaschine* auf 2 Minuten reduzieren. Die Geräte arbeiten im Rollenverfahren und erfordern spezielle hochkonzentrierte Entwickler- und Fixierlösungen, die in der Maschine auf 38 °C erwärmt werden. Die Aufnahmen verlassen die Entwicklungsmaschine voll getrocknet (Abb. 9.18.). Aber auch Entwicklungsautomaten sind keineswegs problemlos. Ihre Anschaffungs- und Materialkosten sind nur dann sinnvoll eingesetzt, wenn mit ihnen wenigstens 10 Aufnahmen täglich entwickelt werden. Ihre eigentliche Problematik liegt jedoch darin, daß während des Entwicklungsvorganges etwaige Korrekturen ausgeschlossen sind. Gute Ergebnisse sind daher nur dann zu erwarten, wenn technisch einwandfrei erstellte Röntgenaufnahmen zur Entwicklung eingegeben werden. Dies erfordert aber von dem Untersuchenden eine beachtliche radiologische Erfahrung bei der Vielzahl möglicher, zur Röntgendiagnostik gelangender unterschiedlicher Objekte. Diese Probleme könnten durch die Kombination des Röntgengenerators mit einer Belichtungsautomatik sehr gemildert werden.

Schwierigkeiten kann eine Röntgendiagnostik auch in der ambulanten Praxis bereiten. Mit Hilfe transportabler Röntgengeneratoren lassen sich in der Wohnung des Patienten zwar die Aufnahmen erstellen, doch erst in der heimischen Dunkelkammer fällt die Entscheidung, ob die Aufnahme qualitativ gut ausfiel und Projektion und Ausschnitt des zu untersuchenden Objektes optimal gewählt worden sind. In nicht seltenen Fällen wird dann doch ein Nachröntgen erforderlich. Um hier eine brauchbare Alternative zu schaffen, wurde das Polaroid-Verfah-

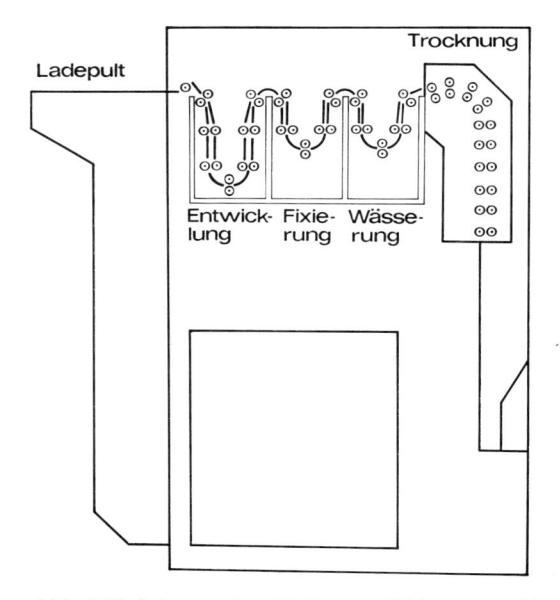

Abb. 9.18. Schema einer Rollenentwicklungsmaschine. (Siemens).

ren für Röntgenaufnahmen nutzbar gemacht. Bei dem *TPX-Verfahren* (Röntgen-Sofortbild-System) werden Spezial-Röntgenfilme verwendet, die in besonderen Kassetten völlig normal belichtet werden. Diese Filme werden bei vollem Tageslicht ohne Zusatz von Chemikalien in einem leicht mitführbaren Processor an Ort und Stelle entwickelt. Die Entwicklungszeit beträgt zwischen 1 und 2 Minuten. Bisher liegt ein Nachteil darin, daß nur Filmkassetten in der Größe 19 × 24 cm zur Verfügung stehen. Die Detailwiedergabe auf den Filmen entspricht der, die man bei konventionellen Aufnahmen gewohnt ist. Gewöhnen muß man sich jedoch an das Negativbild. Dichte Materie erscheint auf dem Bilde schwarz statt der gewohnten weißen Darstellung. Für eine Kombination mit stationären Röntgenanlagen ergibt sich durch dieses neue Entwicklungsverfahren kein Vorteil. Lediglich in einer Kleintierpraxis mit einem sehr geringen Röntgenaufkommen ließe sich damit die Einrichtung einer Dunkelkammer ersparen.

9.7. Archivierung von Röntgenaufnahmen

Als Dokumente müssen Röntgenaufnahmen für einen längeren Zeitraum archiviert werden. Das Filmmaterial ist jedoch sehr empfindlich, und deshalb müssen bestimmte Faktoren für die Lagerung und Aufbewahrung streng beachtet werden. Daß ein Röntgenfilm korrekt bearbeitet sein muß, wurde bereits erwähnt. In dem Raum, in dem die Filme gelagert werden sollen, darf die Luftfeuchte 60% nicht übersteigen. Die Raumtemperatur soll um 20 °C liegen. Größere Fehlabweichungen bei diesen Parametern würden einen Verderb der gesammelten Röntgenfilme nach sich ziehen.

Art und Form der Archivierung werden sich stets nach der Zahl der aufzubewahrenden Filme richten. So kann es sinnvoll sein, die Aufnahmen nach dem Alphabet zu ordnen. In anderen Fällen kann es jedoch auch günstiger sein, die Sortierung nach Monaten oder Jahrgängen vorzunehmen. Wichtig ist und bleibt dabei die Möglichkeit, ältere Filmaufnahmen schnell und sicher zu finden.

9.8. Röntgenuntersuchungen mit Kontrastmitteln

Eine normale Röntgenaufnahme ohne die Verwendung technischer oder chemischer Hilfsmittel wird in vielen Fällen zur Abklärung diagnostischer Fragestellungen ausreichend sein. Dies gilt in besonderem Maße bei der Untersuchung osteologischer Probleme an Skelett und Gliedmaßen. Aber auch in der Internistik sollte zuerst eine normale Röntgenaufnahme, die **Leeraufnahme**, zur Übersicht erstellt werden. Dennoch bereitet auf Grund viel geringerer Dichteunterschiede die Abklärung internistischer Fragenkomplexe weitaus mehr Schwierigkeiten. Hierbei genügt oft nicht nur das Erkennen von Größe, Lage und Gestalt eines Organs zur Erstellung einer Diagnose. Wünschenswert ist darüber hinaus eine Beurteilbarkeit der Funktionstüchtigkeit in qualitativer und zeitlicher Hinsicht. Um hierfür brauchbare Voraussetzungen zu schaffen, bedarf es spezieller Untersuchungsverfahren.

Kontrastmittel werden eingesetzt, um Organe oder Organgruppen radiologisch sichtbar zu machen und damit beurteilen zu können. Dies geschieht entweder durch Trennung und Differenzierung von unterschiedlich dichtem Gewebe, durch Füllung organischer Hohlräume oder durch die Eigenschaft bestimmter Organe, spezielle röntgenkontrastgebende chemische Substanzen anzulagern oder auszuscheiden und dadurch in Gestalt oder Funktion sichtbar zu werden.

Die einfachsten Röntgenkontrastmittel sind Luft oder Gase. Werden sie zu einer Differenzierung gebraucht, so spricht man vom Einsatz **negativer Kontrastmittel**.

Durch das Einbringen von Luft oder Gas in die freie Bauchhöhle lassen sich durch Isolierung und Aufhellung des umgebenden Milieus dichtere Organe des Intestinal- und Urogenitalsystems, wie Leber, Milz, Magen, Nieren und Blase, sichtbar machen. Dieses Verfahren wird als **Pneumoperitoneum** bezeichnet. Es läßt zwar eine etwas differenziertere, aber dennoch nur grobe Beurteilung der Organe zu. Die eingebrachte Luft oder das Gas reizt den Organismus nicht und wird relativ schnell absorbiert und ausgeschieden.

Die Füllung der Harnblase mit Luft nach vorheriger Entleerung trennt die Innenwände voneinander und läßt das Lumen und die Konsistenz der Wandbereiche relativ gut sichtbar werden. Eine Steindiagnostik wird so unter Umständen sehr erleichtert. Auch läßt die erkennbare Konfiguration des Blasenkörpers Rückschlüsse auf ein eventuelles Vorliegen von Neoplasmen oder Polypen zu.

Als ebenfalls mögliche Negativkontrastdarstellung bietet sich die Untersuchung der Hirnventrikel an.

Nahezu alle anderen radiologischen Organuntersuchungen erfordern die Verwendung **positiver Kontrastmittel**. An ein derartiges Präparat stellen sich zwingend folgende Forderungen: Es muß unschädlich und nicht resorbierbar sein, möglichst ohne Reizung schnell ausgeschieden werden und dabei einen deutlichen Röntgenkontrast abgeben. Als klassische Röntgenkontrastmittel kann man Präparate bezeichnen, die zwei chemischen Substanzgruppen zugeordnet werden können:

a) Barium sulfuricum (Bariumsulfat, $BaSO_4$) in verschiedenen Verabreichungsformen,
b) triiodierte Lösungen, die zumeist parenteral appliziert werden.

Darüber hinaus werden auch neuere Röntgenkontrastmittel verwendet. Positive Kontrastmittel stellen im weiteren Sinne auch Radionuklide dar, die jedoch bisher nur zögernd Einzug in die Röntgendiagnostik in der Veterinärmedizin gefunden haben.

Die nachfolgend beschriebenen Röntgenkontrastuntersuchungen erweitern und sichern eine internistische Diagnostik und sind darüber hinaus mit wenigen Einschränkungen in der Praxis durchzuführen.

- **Röntgenkontrastuntersuchungen des Verdauungsapparates**

Ösophaguspassage: Als Kontrastmittel wird Bariumsulfat in sämiger Konsistenz oder als fertige Zubereitung verwendet. Die Eingabemenge richtet sich nach der Größe des Patienten und liegt zwischen 5 und 50 ml. Die Applikation erfolgt per os und ohne Sedation.

Abklären lassen sich so der Abschluckvorgang, das Vorliegen von Ösophagusdivertikeln, Stenosen, Fremdkörpern, Ögophagusatonien, Läsionen durch Perforationen und ein resistierender Ductus Botalli. Die Kontrolle erfolgt durch Aufnahmen oder, hierbei fast günstiger, unter Durchleuchtung.

Magenuntersuchung: Als Kontrastmittel verwendet man Bariumsulfat, leicht angedickt, oder dessen fertige Zubereitungsformen. Für Schnelluntersuchungen stehen flüssige Kontrastmittel, wie das Amidotrizoat, zur Verfügung. Die benötigte Dosis beträgt, je nach Größe des Patienten, 30–150 ml. Die Eingabe erfolgt oral. Vor der Kontrastmitteluntersuchung sollte in jedem Falle eine Leeraufnahme erstellt werden, da Fremdkörper durch das Kontrastmittel überdeckt werden könnten. Die diagnostischen Aufnahmen sollten in linker Seitenlage erstellt werden. Die Zahl der Röntgenbilder richtet sich nach der diagnostischen Fragestellung und ihrer Abklärung. Röntgenaufnahmen, die kurz vor der Entleerung des Magens angefertigt werden, zeigen häufig gut das Bild der Magenschleimhautfalten (Abb. 9.19.).

Abklären lassen sich so Lage, Konfiguration und Größe des Magens, Kardiospasmus, Ulcera, Schleimhautveränderungen, Neoplasmen, Pförtnerpassagestörungen sowie Magentorsionen.

Darmuntersuchungen I: Für die Kontrastuntersuchung des Dünndarmkonvolutes verwendet man die gleichen Kontrastmittel wie zu einer Magenuntersuchung. Der Bariumsulfatbrei kann jedoch etwas dünnflüssiger angesetzt werden. Die Eingabe erfolgt per os. Nach einer vorhergehenden Leeraufnahme werden Röntgenaufnahmen im latero-lateralen und ventro-dorsalen Strahlengang angefertigt bis zur Abklärung der diagnostischen Fragestellung. Für eine Passage durch den gesamten Dünndarm sollten etwa 5–7 Stunden als normal gelten (Abb. 9.20.).

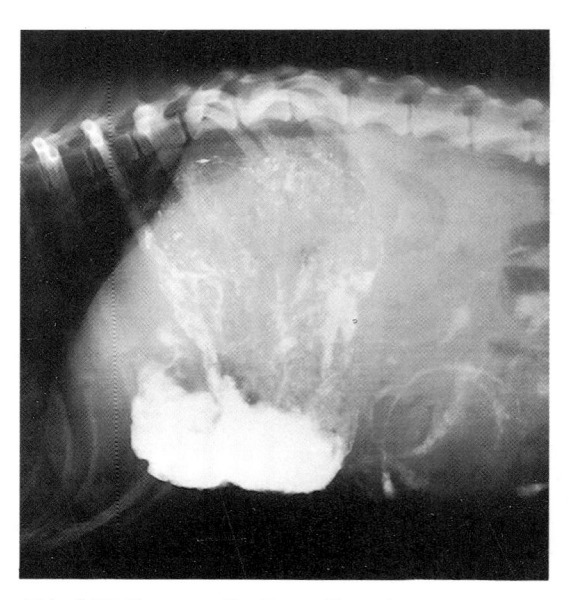

Abb. 9.19. Gastrografie. Darstellung der Magenschleimhaut.

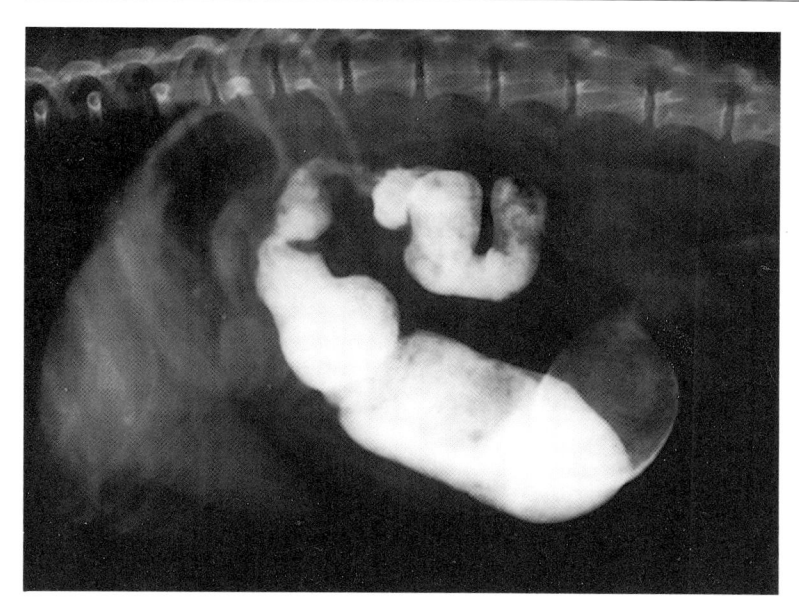

Abb. 9.20. Enterografie. Kontrastmittelstop bei Ileus.

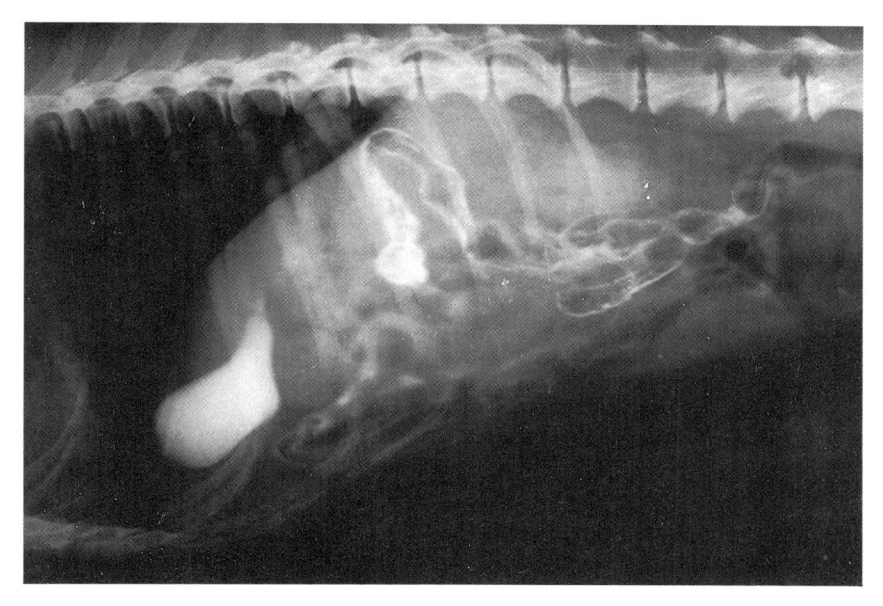

Abb. 9.21. Cholezystografie. Darstellung der Gallenblase.

Abzuklären sind Form, Lage und Lumen des Dünndarmes, ferner Stenosen, Invaginationen, paralytischer oder Fremdkörper-Ileus, Ulcera und Darmtorsionen. Besondere Beachtung erfordert die Passage durch das Ostium iliocaecale. Die Verwendung dünnflüssiger Röntgenkontrastmittel ist bei der Dünndarmdiagnostik etwas problematisch, da das Präparat durch seine leichte Passage inkompletter Darmverschlüsse zu Fehlinterpretationen führen kann.

Darmuntersuchungen II: Das Kolon wie auch das Rektum können durchaus im Anschluß an eine Dünndarmpassage beurteilt werden. Zielt jedoch eine Röntgenkontrastuntersuchung nur auf diese Darmabschnitte, wird die Kontrastfüllung richtiger von rektal über einen Einlauf vorgenommen. Zu beurteilen ist dann das gesamte Dickdarmgebiet bis hin zum Ostium iliocaecale. Auch hier ist das Bariumsulfat als sämiger Brei das Mittel der Wahl. Abzuklären sind hier ein Megakolon, Neoplasmen, Rektumfisteln und Perinealhernien. Auch zur Prostatadiagnostik kann diese Untersuchung mit herangezogen werden.

Untersuchung des Lebersystems: Die Untersuchung der Leber und der Gallenblase erfordert ein Röntgenkontrastmittel mit einer besonderen

Affinität zu diesem Organsystem. Hierzu eignen sich triiodierte, parenteral zu verwendende Substanzen, wie z. B. Adipiodon. Liegt der Schwerpunkt der Kontrastmitteluntersuchung in der Füllbarkeit der Gallenblase, deren Größe und Form sowie deren Entleerbarkeit, verwendet man für die Untersuchung die **Cholezystografie** (Abb. 9.21.).

Das Röntgenkontrastmittel (z. B. Iomeglam oder Iobenzaminsäure) wird als pulverige Aufschwemmung oder in Form von Dragees oral verabreicht, die erste Röntgenaufnahme nach einer strengen Nüchternphase von 8–10 Stunden erstellt. Mit Hilfe einer anschließenden Reizmahlzeit läßt sich die Ausschüttung kontrastmittelhaltiger Galle in das Duodenum verfolgen. Es ist empfehlenswert, noch eine Röntgenaufnahme nach nahezu völliger Entleerung der Gallenblase zu erstellen, da evtl. vorliegende Gallensteine, nunmehr mit Kontrastflüssigkeit getränkt, sichtbar werden könnten.

Durch die **Cholezystangiografie** dagegen läßt sich ein größeres diagnostisches Spektrum abklären (Abb. 9.22.). Hierzu wird ein flüssiges Röntgenkontrastmittel (z. B. Adipiodon), tunlichst unter Sedation, langsam intravenös appliziert. Das Kontrastmittel wird über die Leber ausgeschieden, und dabei stellen sich die Lebergefäße, die Gallengänge, besonders die großen, sowie die Gallenblase dar. Bei Störungen oder Schädigungen im Leberbereich lassen sich somit wichtige Rückschlüsse ziehen.

- **Untersuchungen der Nieren und Harnwege**

Die radiologische Diagnostik des Nierensystems wird mittels triiodierter Kontrastmittel, die unter Sedation intravenös verabreicht werden, möglich.

Bei der intravenösen **Urografie** verwendet man Substanzen, die bevorzugt über das Nierensystem zur Ausscheidung gelangen (z.B. Amidotrizoat). Bei diesem relativ schnell ablaufenden Untersuchungsverfahren stellen sich bei intakter Nierenfunktion Nierengewebe, Tubuli, Nierenkelche und Nierenbecken dar. Danach fließt der kontrastmittelhaltige Harn durch die Ureteren ab, die dadurch der Beurteilung zugänglich gemacht werden können. Obwohl bei normal gebauten Patienten der Röntgenkontrast dabei gut erkennbar ist, läßt sich durch eine mechanische Ureterkompression von ventral her durch die dadurch bedingte Aufstauung das Kontrastbild der Harnleiter noch deutlicher sichtbar gestalten. Durch die Sedation des Patienten ist diese Hilfsmaßnahme auch leicht durchzuführen. Der ablaufende kontrastmittelhaltige Harn füllt am Ende die Harnblase, die dadurch in Form, Größe und Lage zu beurteilen ist (Abb. 9.23., 9.24.).

Durch dieses Untersuchungsverfahren lassen sich folgende diagnostische Schlüsse ziehen: Vergleich beider Nieren in Hinsicht auf Lage, Größe und Konfiguration, Ausscheidungsfähigkeit, Form und Gleichmäßigkeit des inneren Aufbaus, Freiheit der Nierenbecken und Art des Abflusses. Ein Vorliegen von Nierensteinen oder von einer Hydronephrose ließe sich abklären. Ein weiterer

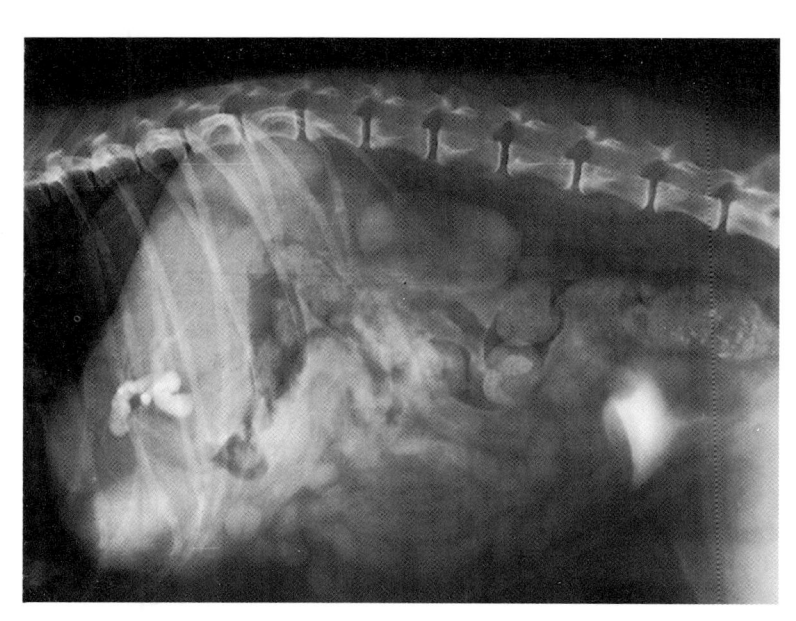

Abb. 9.22. Cholezystangiografie. Darstellung der großen Gallengänge.

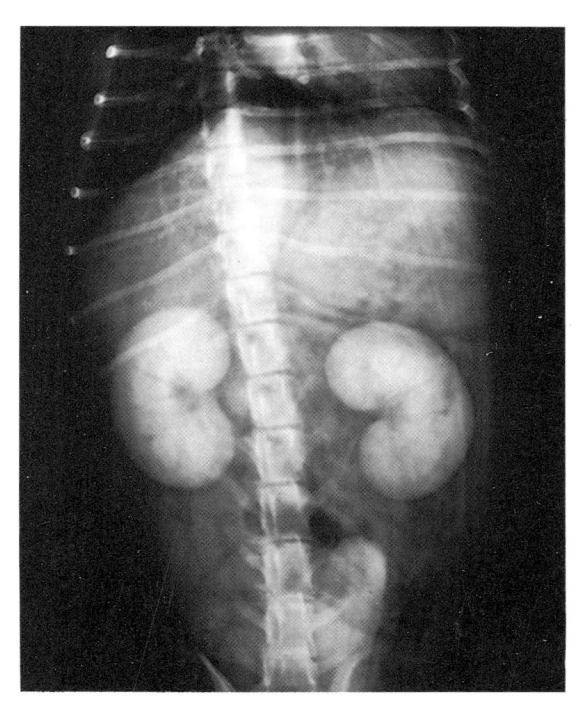

Abb. 9.23. Urografie. Darstellung des Nierenparenchyms.

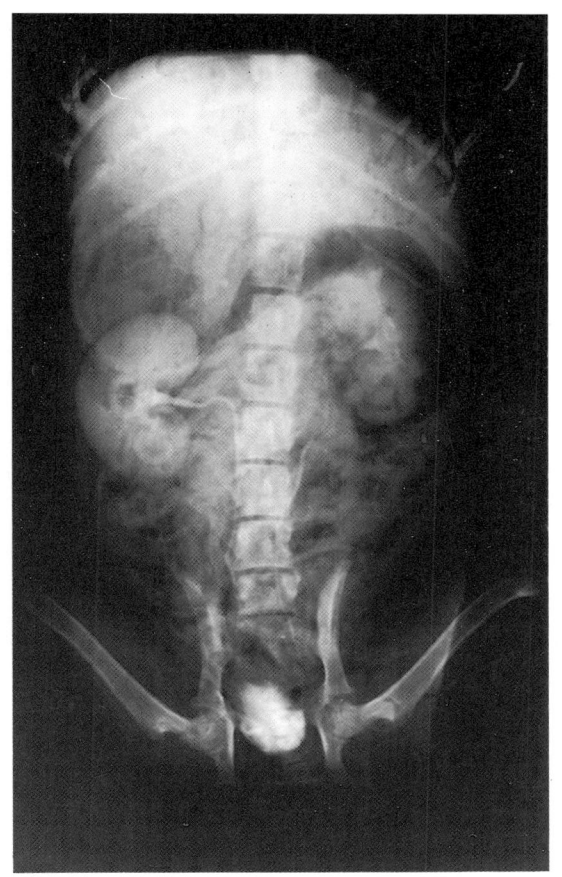

Abb. 9.24. Urografie. Darstellung des Ureters.

wichtiger Befund, der zu bestätigen oder auszuschließen wäre, ist ein Ureterdefekt nach Unfällen.

Bezieht sich die erwünschte Diagnostik nur auf die Blase, so wird eine **Zystografie** vorzuziehen sein. Ob man hierfür die Untersuchung mit einem negativen Kontrastmittel (Luft oder Gas), die positive Kontrastuntersuchung mit iodierten Kontrastmitteln oder aber eine Doppelkontrastuntersuchung wählt, wird von der diagnostischen Fragestellung abhängen. Die Harnröhre läßt sich mit röntgenfähigen Kathetern mit oder auch ohne Kontrastmittel relativ leicht untersuchen.

Abzuklären im Blasenbereich sind Schleimhaut- und Muskularisveränderungen durch Neoplasmen oder Polypen, die Verlagerung der Blase durch Neubildungen in der Umgebung und Verringerung des Blasenlumens durch Blasensteine oder Strikturen, die auch nervlich bedingt sein können.

- **Untersuchung des Genitale**

Will man das **weibliche Genitale** radiologisch untersuchen, so ist man in der Regel auf die Nativuntersuchung angewiesen. Die Kontrastmitteluntersuchung (z. B. mit Amidotrizoat) des Uterus eines Hundes läßt sich zwar über Spekulum und Katheter durchführen, was aber nicht unerhebliche Anforderungen im Hinblick auf die Technik stellt (Abb. 9.25.). Diese Untersuchung sollte möglichst unter Durchleuchtungskontrolle vorgenommen werden. Diese wird schon allein dadurch gefordert, daß Überfüllungen der Uterushörner vermieden werden müssen. Geschieht dies doch, so tritt Kontrastmittel zusammen mit evtl. pathologischem Uterusinhalt über die Fimbrientrichter in die freie Bauchhöhle ein. Dennoch läßt sich mit diesem Verfahren durch Veränderungen des Uteruslumens und der stärkeren Fältelung der Schleimhaut schon ein Frühstadium einer Endometritis erkennen. Das Röntgenkontrastmittel wird meist reaktionslos in 14 Tagen ausgeschieden.

Organe des **männlichen Genitale** sind radiologisch nur schwierig zu untersuchen. Allein schon die Prostata, deren Darstellung in der Röntgendiagnostik sehr wünschenswert wäre, ist normal nur im pathologischen Zustand und dann nur da-

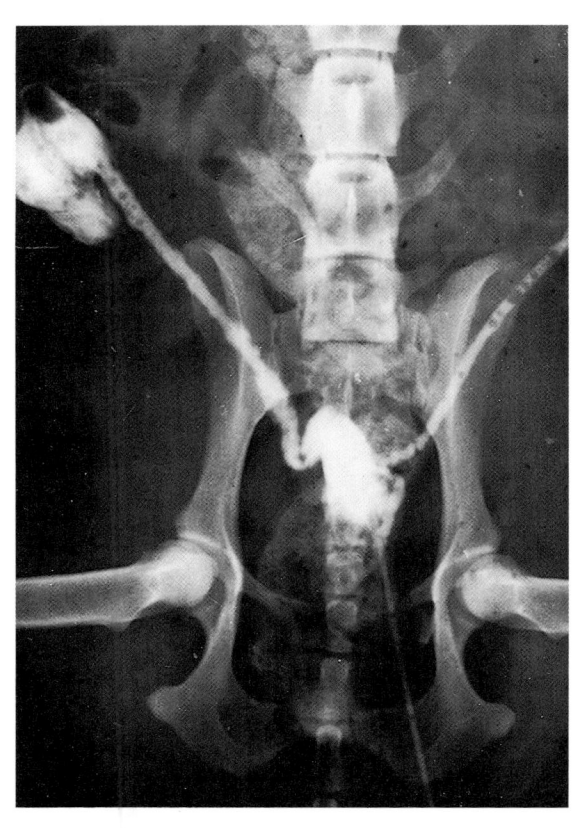

Abb. 9.25. Kontrastdarstellung des Uterus.

durch zu erkennen, daß das vergrößerte Organ andere Organe oder Organteile verlagert. Deutlich mittels Kontrastmittel die Prostata darzustellen, gelingt nur über den Weg der Gefäßdarstellung und ist in der Praxis kaum durchzuführen. Das gleiche gilt für Hodenkanäle, Samenblasen und deren Zusammenwirken.

• **Untersuchung der Wirbelsäule**

Für die Diagnostik von pathologischen Zuständen im Bereich der Wirbelsäule ist die subokzipitale oder lumbale Injektion flüssiger Röntgenkontrastmittel (z. B. Iokarminsäure) als **Myelografie** anzuwenden. Der freie Ablauf des unter streng sterilen Kautelen in Kopfhochlagerung applizierten Medikamentes ermöglicht Hinweise auf das Vorliegen einengender oder komprimierender Prozesse entlang des Rückenmarks; Knochenexostosen, Bandscheibenvorfälle und Neoplasmen lassen sich sichtbar machen. Inzwischen wurden hierzu Kontrastmittel entwickelt, welche die früher gefürchtete Gefährdung des Patienten bei der Untersuchung erheblich verringert haben (Abb. 9.26.).

• **Untersuchung der Blutgefäße**

Die radiologische Untersuchung der Blutgefäße hat sich in den vergangenen 10 Jahren auch in der Veterinärmedizin weitgehend durchgesetzt. Allerdings muß hier betont werden, daß nur ein Teil der Untersuchungsverfahren praxisnah ist, während der andere Teil durch aufwendige spezielle Röntgenkontrastuntersuchungen Fachkliniken vorbehalten ist.

Der Begriff **Angiografie** läßt sich noch unterteilen in das Gebiet der **Arteriografie** und der **Phlebografie** (Abb. 9.27.) je nach der diagnosti-

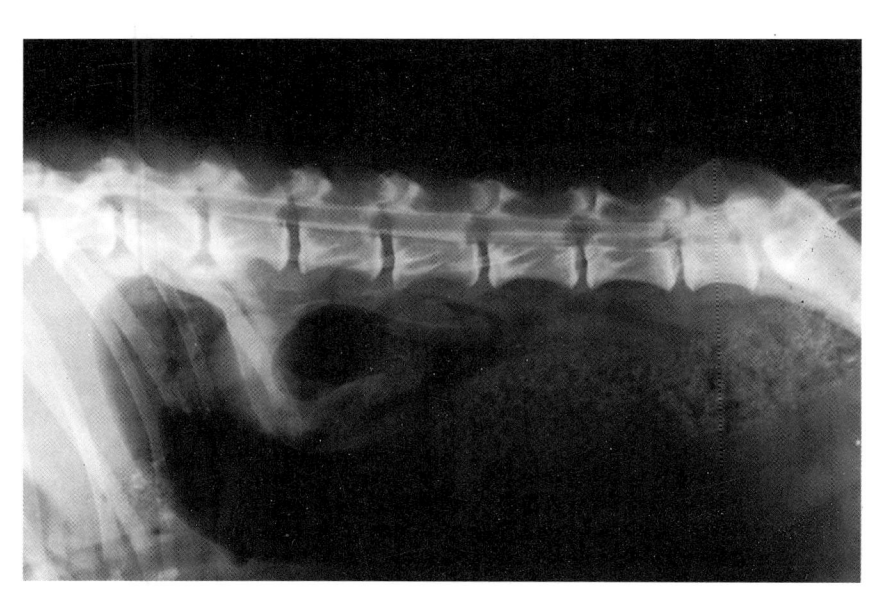

Abb. 9.26. Myelografie der Lendenwirbelsäule.

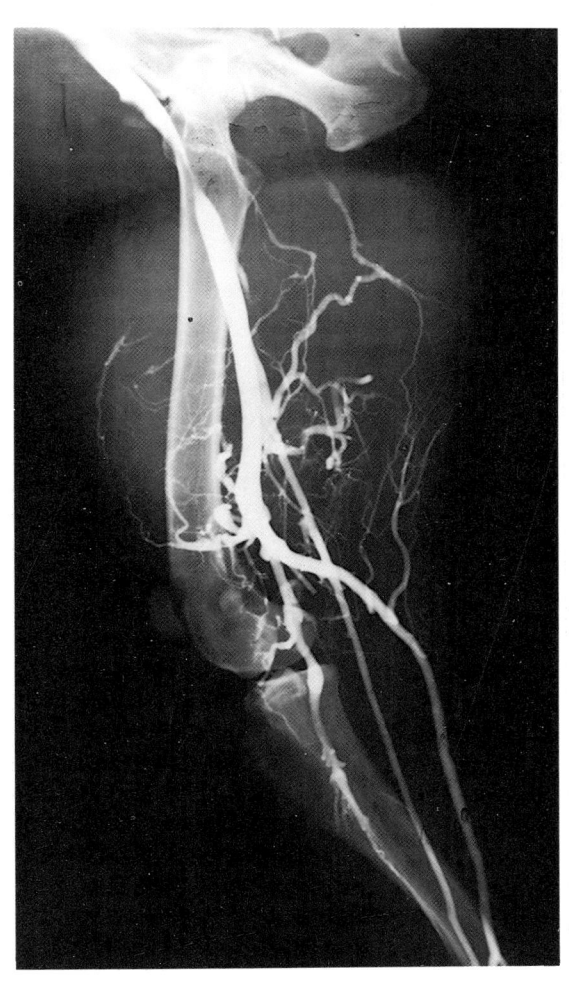

Abb. 9.27. Angiografie (Phlebografie). Darstellung der Femoralgefäße.

schen Fragestellung im Bereich des arteriellen oder venösen Gefäßsystems. In der Regel wird der Ausgangspunkt für die Untersuchungen im peripheren Bereich liegen. Durch Stauungsligaturen lassen sich selbst Kapillarbereiche durch das Kontrastmittel (z.B. Amidotrizoat, Totalamat) im Blutstrom beurteilen. Aber auch eine intraosseale Injektion von Röntgenkontrastmitteln kann erwünschte Aussagen im Gefäßbereich bringen. Über größere Gefäße ist eine Herz-Lungen-Diagnostik mit Hilfe der **Angiokardiografie** möglich (s. auch Kapitel 15.). Die zerebrale Angiografie hilft pathologische Veränderungen in der zerebralen Gefäßversorgung und dadurch resultierende Folgen erkennen. Werden jedoch genauere oder partielle Diagnosen erforderlich, wie Untersuchungen von Nierengefäßen, Gefäßen des Pfortadersystems oder Mesenterialgefäßen, so wird man ohne Verwendung von Kathetern nicht mehr auskommen. Die Untersuchungsverfahren setzen ein hohes Maß an Erfahrung und einen erheblichen apparativen Aufwand voraus. Die Auswertung der erstellten Befunde überschreitet zumeist das technische Können eines praktizierenden Tierarztes.

- **Untersuchung von Lunge und Bronchien**

Die Röntgendiagnostik der Atemwege bis hin zu den Bronchien erfolgt durch die **Bronchografie**. Diese stellt einen Untersuchungsvorgang dar, der nicht ohne Risiko für den Patienten ist, muß doch der Organismus die eingebrachten Kontrastmittel (z.B. Iopydol, Megluminamidotrizoat) wieder entfernen, ohne daß es zu einer Fremdkörper-Bronchopneumonie kommt. Die Kontrastmitteluntersuchung darf sich daher stets nur auf einen Lungenflügel ausrichten, um nicht zu Obturationen und damit zu schwerer Dyspnoe zu führen (Abb. 9.28.). Das technische Vorgehen ist nicht ganz einfach. Abklärbar sind mit Hilfe dieses Untersuchungsverfahrens Bronchiektasen, Atelektasen, Stenosen und Neoplasmen. Die völlige Kontrastmittelausscheidung sollte man mit 14 Tagen veranschlagen, da der Patient über diese Zeit antibiotisch versorgt werden muß (s. auch Kapitel 14.).

- **Weitere Kontrastmitteluntersuchungen**

Weniger aufwendig, jedoch oft diagnostisch hilfreich, ist die Kontrastmitteluntersuchung von Fistelgängen, die **Fistulografie**. Da Fisteln sehr häufig komplizierte und verschlungene Kanäle ausbilden, ist mit dieser Untersuchung, bei dem ein flüssiges Röntgenkontrastmittel in die Fistelöffnung instilliert wird (z.B. Megluminamidotrizoat), eine Abklärung des Fistelgrundes möglich.

Auch die radiologische Kontrastdarstellung von physiologischen Kanälen bietet diagnostische Hilfen. Als Beispiel sei nur die Untersuchung des Tränen-Nasen-Kanals genannt, bei der die Durchgängigkeit oder Sitz und Art eines Verschlusses abzuklären sind.

In der Lahmheitsdiagnostik ist das Sichtbarmachen von Gelenkhöhlen durch die **Arthrografie** eine Möglichkeit, Ursachen zu klären. Flüssige Röntgenkontrastmittel vermischen sich in den Gelenkhöhlen mit der Gelenkflüssigkeit. So lassen sich Ausdehnung und Abgrenzungen sichtbar machen. Sorgfalt und absolute Sterilität bei der Injektion verhindern mögliche Untersuchungsschäden.

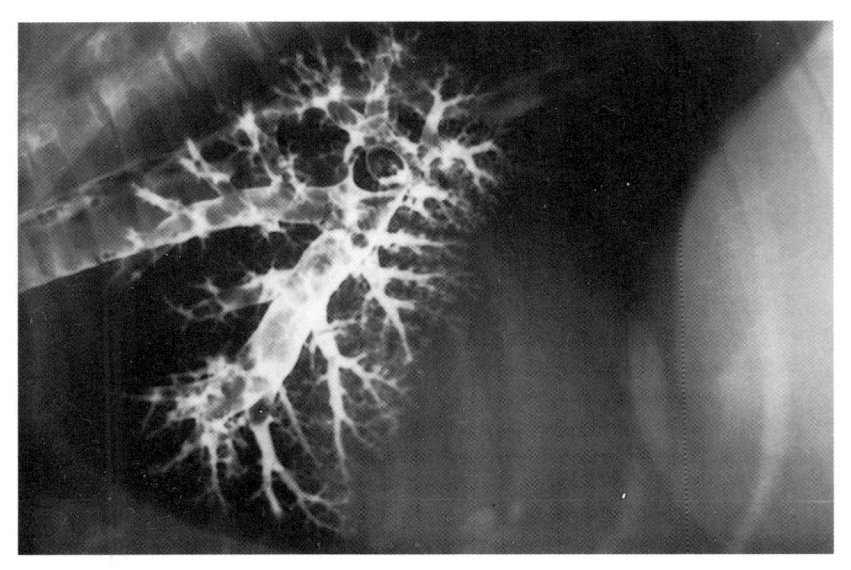

Abb. 9.28. Bronchografie. Kontrastmitteldarstellung eines Lungenflügels.

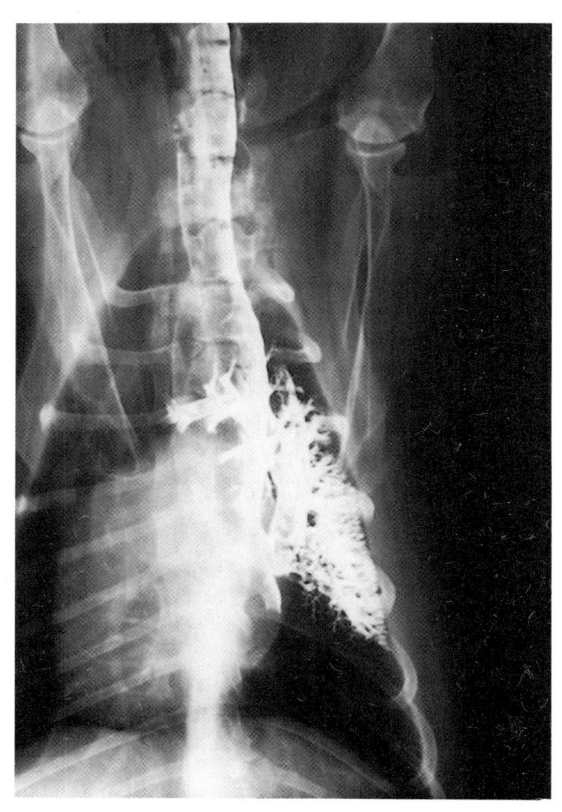

Eine weitere Gruppe spezieller Röntgenuntersuchungsverfahren soll hier nur angeführt werden, da sie für den Einsatz in der Praxis wenig geeignet sind.

Schichtaufnahmen lassen erwünschte Körpersegmente radiologisch scharf von ihrer Umgebung abgegrenzt erscheinen.

Eine moderne Form der Schichtaufnahmetechnik ist die **Computertomografie** (CT), bei der im Gegensatz zu dem klassischen Verfahren die Strahlenbelastung sehr viel geringer ist. Das Endbild setzt sich über eine aufwendige Elektronik aus einer Vielzahl von Tastimpulsen zusammen und läßt sich als schwarz-weißes oder farbiges Bild aufzeichnen und wiedergeben.

Ein weiteres Feld radiologischer Untersuchungs- und Diagnostikmöglichkeiten bietet die **Verwendung von Radionukliden**. Dieses in der Humanmedizin weitverbreitete Verfahren steckt in der Veterinärmedizin wegen der hohen Strahlenbelastung und der sehr aufwendigen Strahlenschutzmaßnahmen noch in den Anfängen. Wie weit sich diese Untersuchungsmöglichkeiten am Hund durchsetzen werden, ist heute noch nicht abzusehen.

Die **Sonografie (Ultraschall-Diagnostik)** hat sich auch in der Tiermedizin ihren festen Platz gesichert. Es hat sich aber auch bewahrheitet, daß es nicht heißen darf: Sonografie oder Röntgenuntersuchung, sondern Sonografie *und* Röntgendiagnostik. Beide Untersuchungsverfahren haben Ihren speziellen Spielraum, wo sie dem jeweils anderen gegenüber für die Diagnostik Vorteile bieten und daher vorzuziehen sind. Die Ultraschalldiagnostik bedarf jedoch intensiver, spezieller Einarbeitung. Ein sonografisches Bild ist auch nie direkt mit einer Röntgenaufnahme zu vergleichen. Aus der Herzdiagnostik ist die Ultraschalldiagnostik kaum noch wegzudenken.

9.9. Lagerung des Patienten

Die Röntgendiagnostik in der Veterinärmedizin ist ungleich schwerer durchzuführen als in der Humanmedizin. Man bedenke nur einmal die breite Palette der potentiellen Patienten. Von den Kleinvögeln reicht sie über die kleinen Haustiere wie Hund und Katze bis hin zu den Zoo- und Wildtieren mit der Grenze beim Elefanten. Betrachtet man dabei nur die Massen- und Dichteunterschiede, so läßt sich absehen, daß hier selbst der Technik Grenzen gesetzt sind. Ein wichtiger Punkt ist auch die Unruhe der Patienten, die nur unter Sedation eine Röntgenuntersuchung ruhig über sich ergehen lassen. In der großen Mehrzahl der Fälle müssen sie gehalten oder fixiert werden, was wieder Strahlenschutzprobleme für das Hilfspersonal auf den Plan ruft. Ein Teil der zu untersuchenden Tiere läßt sich, ähnlich dem Menschen, auf einem Untersuchungstisch liegend oder stehend radiologisch untersuchen. Andere dulden es nur in ihrer gewohnten Umgebung mit mehr oder weniger großem technischem Aufwand.

Doch bei all diesen Betrachtungen besteht eine Forderung. Wenn eine Röntgendiagnostik durchgeführt wird, so gibt es immer gewisse Standardpositionen, deren Begriffsbestimmungen aus der Humanmedizin übernommen sind.

Unter einem **latero-lateralen Strahlengang** versteht man das Durchdringen des Organismus von einer Außenseite zur anderen, unabhängig davon, ob der Patient liegend oder stehend untersucht wird (Abb. 9.29.).

Beim **dorso-ventralen Strahlengang** fällt der Zentralstrahl auf den Rückenteil des Patienten. Die Bezeichnung p. a. (postero-anterior) ist dafür ebenfalls gebräuchlich (Abb. 9.30.).

Der **ventro-dorsale Strahlengang** bedeutet den Einfall der Strahlen von der Bauchseite her. Auch hier gibt es die andere Bezeichnung a.p. (antero-posterior) aus der Humanmedizin (Abb. 9.31.).

Bei einer Schrägposition spricht man von einem **sagittalen Strahlengang** (Abb. 9.32.).

Bei den Gliedmaßenspitzen treffen die Strahlen **plantar** die Rückenpartie, **volar** die Ballenseite der Pfoten. Daneben gibt es noch weitere

Abb. 9.29. Lagerung für eine Beckenaufnahme im l-l-Strahlengang.

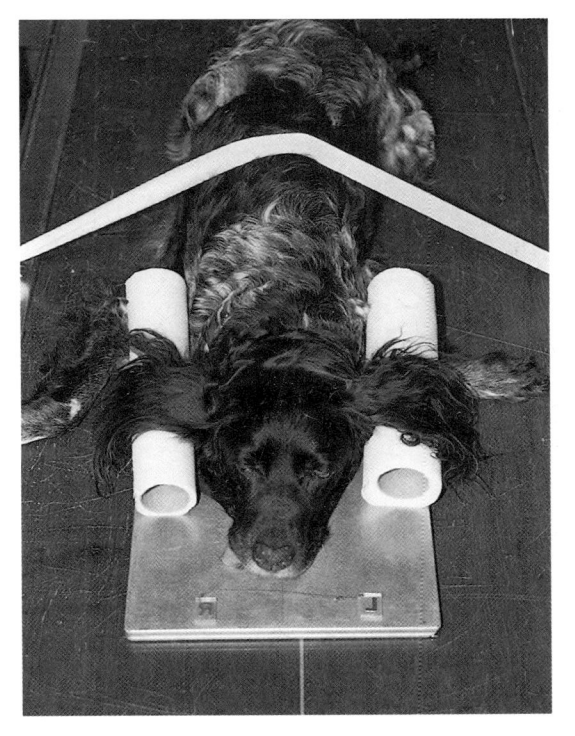

Abb. 9.30. Lagerung für eine Schädelaufnahme im d-v-Strahlengang.

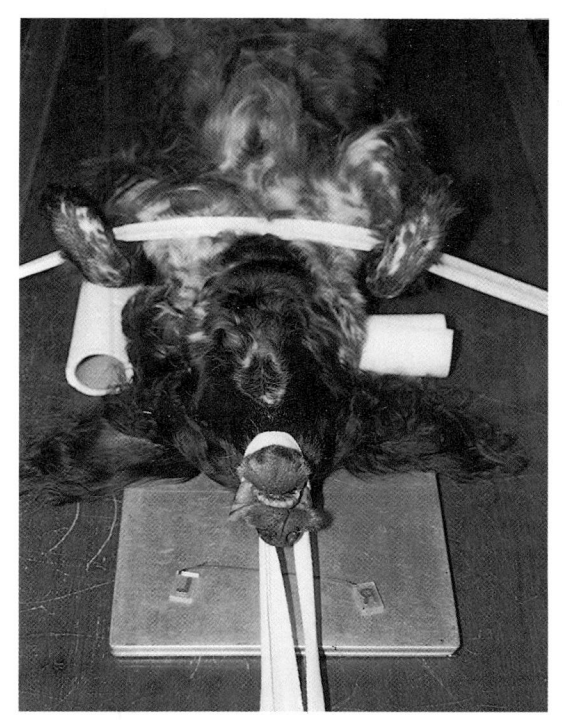

Abb. 9.31. Lagerung für eine Schädelaufnahme im v-d-Strahlengang.

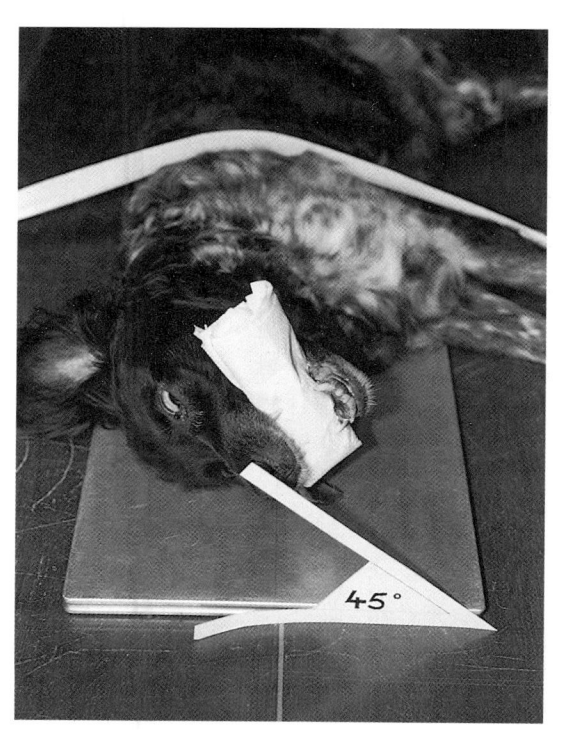

Abb. 9.32. Lagerung für eine Kieferaufnahme im sagittalen Strahlengang.

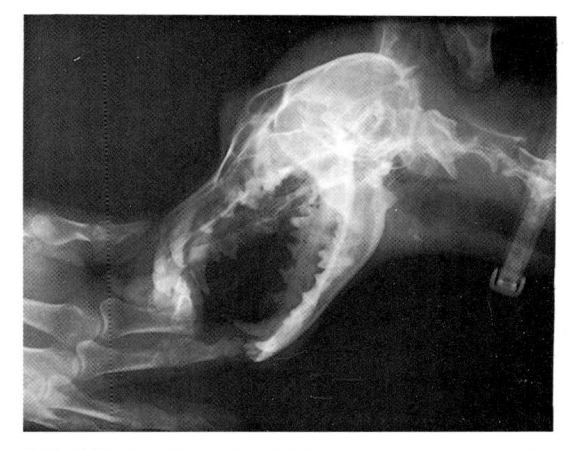

Abb. 9.33. Strahlenschutzfehler. Ungeschützte Hände des Haltenden im Zentralstrahl.

Begriffe, wie **frontal**, **axial** oder **tangential** für spezielle Untersuchungsvorgänge.

Muß ein Patient durch Hilfskräfte zur Untersuchung gehalten werden, so ist besonders auf eine scharfe Eingrenzung des Nutzstrahlenbündels zu achten, um die Helfer nicht einer unnötigen Strahlenbelastung auszusetzen.

Es zeugt von erheblicher Fahrlässigkeit, wenn man heute noch Röntgenaufnahmen zu sehen bekommt, auf denen die ungeschützten Hände des Haltenden in großer Ausdehnung zu erkennen sind (Abb. 9.33.).

Unruhe und hohe Atemfrequenz eines Tieres führen bei längerer Belichtungszeit zu Bewegungsunschärfen auf dem Röntgenbild. Aus diesem Grunde ist, wenn nicht klinische Argumente dagegenstehen, eine Sedation des Patienten anzuraten. Für eine Anzahl besonderer Untersuchungsverfahren ist eine Sedation sogar unumgänglich. In Sedation läßt sich der Patient dann mühelos durch Bänder oder Gurte, evtl. unterstützt durch Sandsäcke oder Kunststoffkeile, in korrekter Lagerung fixieren. Für andere Untersuchungsverfahren bieten sich zusätzliche Hilfsmittel zur Lagerung an. So wird die Durchführung einer Röntgenuntersuchung auf Hüftgelenkdysplasie (HD) durch die Lagerung des Hundes in einer Holzwanne mit konischem Profil sehr erleichtert.

Die Lagerung eines Patienten zu einer Röntgenuntersuchung erfordert eine genaue Überlegung darüber, was diagnostisch genau abgeklärt werden soll. Das zu untersuchende Gebiet sollte, wenn irgend möglich, nicht von anderen störenden Partien überlagert sein. Eine ideale Lagerung wird auf der Aufnahme das untersuchte Objekt fast isoliert erscheinen lassen und das Auge des Untersuchers auf sich zentrieren.

Für nahezu alle Untersuchungen sind zwei Röntgenaufnahmen in beiden Ebenen unverzichtbar. Es ist nicht selten zu beobachten, daß eine erste Aufnahme nur geringgradige Veränderungen ausweist, während eine zweite, aus einer anderen Position aufgenommen, schwerste Schädigungen erkennen läßt. In einer weiteren Anzahl diagnostischer Untersuchungen sind Bilder in rechter und linker Seitenlage aus Sicherheitsgründen wünschenswert. Man sollte sich jedoch nicht streng an die um jeweils 90° versetzte Aufnahmetechnik halten. In anderen Fällen erbringen sagittale, um 45° veränderte Aufnahmeebenen bessere Ergebnisse für eine Diagnostik. Die Kunst eines Radiologen sollte es sein, dies früh zu erkennen und sich beim Umgang mit dem Röntgengerät variabel zu zeigen. Der Anfänger dagegen sollte nicht enttäuscht darüber sein, daß es ihm nicht auf Anhieb gelingt, eine Röntgenaufnahme präzise „zu lesen". Man wird immer Erfahrungen sammeln müssen, und nur so wird der Umgang mit Röntgenstrahlen Erfolg in der Arbeit und damit auch letztendlich Befriedigung bringen.

9.10. Strahlenschutz

Der Umgang mit Röntgenstrahlen bedeutet stets eine latente Gefährdung für den Untersuchenden, das Hilfspersonal und den Patienten. Schäden, die durch die Strahlung entstehen, sind selten sofort zu empfinden, ihr Ausmaß kann dagegen erheblich sein. Die intensive Erforschung der biologischen Wirkung von Röntgenstrahlen führte darum auch zwangsläufig zu einer erheblichen Verschärfung gesetzlicher Strahlenschutzbestimmungen. Mögen sie auch von Staat zu Staat unterschiedlich sein, basieren sie jedoch in der Regel auf Empfehlungen der Internationalen Kommission für Strahlenschutz (ICRP).

Bei Strahlenschutzmaßnahmen sind nicht nur die somatischen, sondern auch die genetischen Wirkungen zu berücksichtigen. Um einen wirklich effizienten Strahlenschutz gewährleisten zu können, wurde die Zuständigkeit für die Durchführung aller Bestimmungen in die Hände der *Strahlenschutz-Verantwortlichen* gelegt. Diese müssen Personen sein, die die erforderlichen Fachkenntnisse der Röntgenaufnahme- und -durchleuchtungstechnik erworben und darüber eine staatlich anerkannte Prüfung abgelegt haben. Nur sie sind berechtigt, Röntgenstrahlen am menschlichen und tierischen Körper anzuwenden. Darüber hinaus sind sie befugt, Hilfspersonen, die über erforderliche Kenntnisse im Strahlenschutz verfügen, in eigener Verantwortung bei deren Arbeit zu beaufsichtigen.

Die Röntgenstrahlung ist eine *ionisierende Strahlung*. Ihre Maßeinheit war das Rem (R). Ab 1985 trat an ihre Stelle als Maß die *Ionendosis* (I). Diese ist ein Coulomb durch kg. Umrechnung: 1 R = 2,58 × 10^{-4} C/kg.

Für den praktischen Strahlenschutz sind folgende Begriffe von Bedeutung:

a) Ortsdosis = Energiedosis an einem bestimmten Ort,
b) Personendosis = an der Körperoberfläche gemessene Dosis,
c) Körperdosis = meist auf bestimmte Organe bezogene Dosis.

Der Schutz gegen Röntgenstrahlen umfaßt mehrere Komponenten.

Technischer Strahlenschutz: Hierzu gehören vor allem die Auflagen, die einem Hersteller von Röntgenstrahlern für den Bau gegeben werden, um Streustrahlungen, Durchlaßstrahlungen und Störstrahlungen zu verhindern. Genaue Vorschriften regeln auch das Ausmaß erlaubter sekundärer Streustrahlungen bei Über- und Untertischgeräten und fordern gegebenenfalls bauliche Schutzmaßnahmen. Dies gilt besonders für Geräte zur Röntgendurchleuchtungsdiagnostik, bei denen die Einstrahlungszeit länger anhält und der Untersuchende meist im Zentralstrahlenkegel steht. Die gesetzliche Forderung nach strahlungseinengenden Blendenausrüstungen, auch an Kleingeräten, findet hier ihre Begründung.

Zur weiteren Minderung von Strahlungseinflüssen dient die ebenfalls gesetzlich vorgeschriebene *Röntgenschutzbekleidung*. Schutzschürzen der verschiedensten Formen, aus einem Material gefertigt, das einen Bleigleichwert von mindestens 0,25 Pb haben muß, wie auch Schutzhandschuhe mit dem gleichen Bleigleichwert decken besonders strahlengefährdete und empfindliche Körperregionen ab. Hierbei wird jedoch nicht selten die direkte Schutzwirkung überbewertet. Röntgenschutzhandschuhe schützen keineswegs voll die Hände des Untersuchers, wenn sich dieser damit im Zentralstrahl befindet. Daß auf einer Röntgenaufnahme die Schutzwirkung als total erscheint, hat darin ihre Ursache, daß die Röntgenstrahlung bis zur Hand nur eine, bis zu dem Film jedoch beide Bleigummischichten eines Handschuhes zu durchdringen hat.

Auch bleiarmierte *Schutzschilde* oder *bewegliche Schutzwände*, deren Sichtfenster aus Bleiglas bestehen müssen, sind dem technischen Strahlenschutz zuzuordnen.

Baulicher Strahlenschutz: Vor der Errichtung einer Röntgenanlage muß ein *Strahlenschutzplan* ausgearbeitet werden, der einer behördlichen Genehmigung bedarf. Zunächst erfaßt man den *Kontrollbereich*, in dem der Röntgenstrahler betrieben wird. Dieser Bereich muß während der Einschaltzeiten mit einem deutlich sichtbaren Warnschild oder einer Warnlampe mit der Aufschrift: „KEIN ZUTRITT – RÖNTGEN" gekennzeichnet sein. Muß aus Gründen der Untersuchungstechnik die Röntgenaufnahme im Kontrollbereich ausgelöst werden, so muß die Möglichkeit bestehen, dies aus wenigstens 1,5 m Entfernung vom Strahler zu tun. Die Bleigummischürze muß getragen werden, wenn aus räumlichen Gründen dieser Abstand nicht eingehalten werden kann.

Die sich dem Kontrollbereich anschließenden Räumlichkeiten gelten als *Überwachungsbereiche*. Sie unterliegen der Kontrolle nur während der Einschaltzeiten. In diesem Zusammenhang ist es erforderlich, einen weit verbreiteten Irrtum auszuräumen. Röntgenstrahlung entsteht nur bei der Einschaltung. Eine nachträgliche „Strahlenverseuchung" der Räume dagegen gibt es nicht. Inwieweit der Kontrollbereich durch strahlungssichere Baumaterialien, die keineswegs aus Blei bestehen müssen, zum Überwachungsbereich hin abgesichert sein muß, ergeben gesetzlich vorgeschriebene Strahlungsmessungen. Normales Baumaterial in einer nach dem Strahlenschutzplan errechneten Wandstärke kann ohne weiteres diese Forderungen erfüllen.

Personenstrahlenschutz: Die Gesundheitsfürsorge für strahlungsexponierte Personen zwingt dazu, einen Grenzwert für eine maximale monatliche oder jährliche Strahlenbelastung vorzuschreiben.

Um die Einhaltung dieser Vorschriften überwachen zu können, bedient man sich der laufenden *Strahlendosismessung*.

Stabdosimeter zeigen durch Ionisierung mit Hilfe einer Skala und eines Meßfadens die Strahlenbelastung an. Durch ein zugehöriges Ladegerät lassen sie sich wieder in ihre Ausgangs-(0-)Stellung zurückversetzen und können dadurch laufend verwendet werden. Eine amtliche Eichung eines Strahlendosimeters ist vorgeschrieben.

Über die abgelesenen Werte, täglich oder monatlich, sind genaue Aufzeichnungen zu führen. Stabdosimeter werden sowohl für die Überwachung des Kontrollbereichs als auch zur Personendosismessung verwendet. Im letzteren Falle soll es am Rumpf, etwa in Brusthöhe, getragen werden. Trägt die so überwachte Person Röntgenschutzbekleidung, so ist das Stabdosimeter unter dieser zu tragen. Die Maßskala eines Dosimeters reicht in der Regel von 0–200 mR. Eine andere Form der Personendosismessung stellt die Verwendung von *Film-Dosimetern* dar. Bei diesen „Röntgenplaketten" befinden sich zwischen zwei Kunststoffhalbschalen eine Anzahl unterschiedlich dicker Metallplättchen. Zur Messung dient ein Spezialfilm, der in seiner Form einem Dentalfilm ähnelt. Bei Strahlungseinfall wird dieser Film auf Grund der Filterung durch die Metallplättchen unterschiedlich stark geschwärzt (Abb. 9.34.). Diese zu objektivierenden Grautonabstufungen bilden das Maß für den Strahlungsbelastungswert. Die Filme werden von Untersuchungsanstalten monatlich ausgewertet. Auch über diese Ergebnisse sind genaue Listen zu führen. Die Film-Personendosimeter sind gegebenenfalls auch unter der Röntgenschutzbekleidung in Brusthöhe zu tragen. Für Sonderfälle und spezielle Schutzmaßnahmen stehen *Fingerring-Dosimeter* zur Verfügung.

Werden Tierbesitzer zur Lagefixation des Patienten mit herangezogen, so müssen diese Hilfskräfte ebenfalls Röntgenschutzbekleidung anlegen. Aus Strahlenschutzgründen und zur Vermeidung von Regreßansprüchen sollte hierbei besonders sorgfältig verfahren werden. Ist jedoch, besonders in einer Kleintierpraxis, der Patient für die Röntgenuntersuchung sediert, so kann bei einer ausreichenden Fixation auf dem Untersuchungstisch auf eine haltende Hilfsperson verzichtet werden.

Personen, die sich ständig im Kontrollbereich aufhalten, müssen sich jährlich einer speziellen amtsärztlichen Untersuchung auf eventuelle Strahlenschädigungen unterziehen.

Personen, bei denen die jährlich zulässige Körperdosis von 5 rem (Gliedmaßen 60 rem) überschritten wird, unterliegen einem befristeten, gegebenenfalls sogar auf Lebenszeit ausgesprochenen Röntgenverbot.

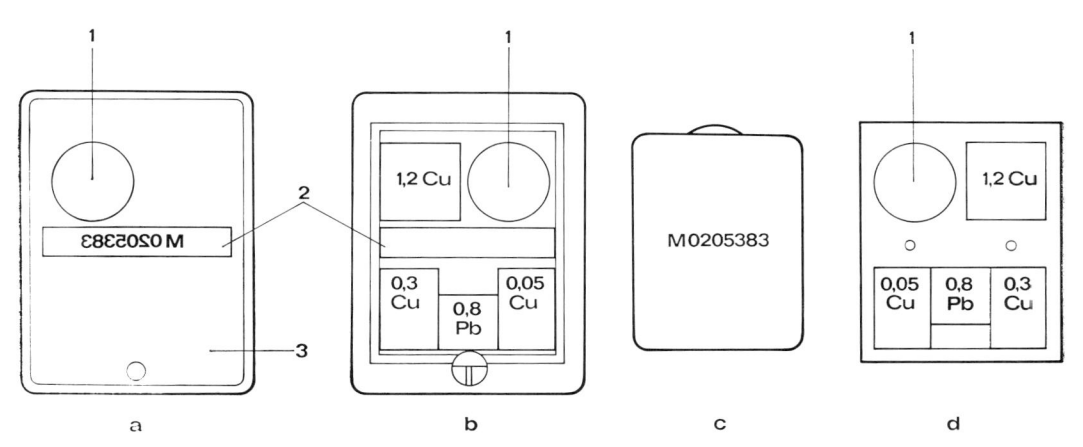

Abb. 9.34. Personendosimeter, Schema. (Siemens).
a) Vorderansicht, b) vordere Innenseite mit aufgeklebten Metallfiltern, c) Dosisfilmhülle mit Registriernummer, d) innere Rückseite des Deckels mit Filtersatz.
1 = rundes Fenster (Leerfilter), 2 = Fenster für Registriernummer (erscheint in Spiegelschrift), 3 = Hülle aus Hartplastik.

Die konsequente Einhaltung aller Strahlenschutzbestimmungen hat dazu geführt, daß Körperschäden beim Umgang mit Röntgenstrahlen in den letzten Jahren stark zurückgegangen sind.

Technischer Schutz bei der Verwendung von Röntgengeräten: Röntgengeneratoren werden mit Hochspannung betrieben. Es ist dabei für die Gefährdung des Menschen relativ ohne Bedeutung, daß die Stromstärke im Milliamperebereich liegt. Die Starkstromkabel größerer Röntgengeneratoren sind einer ständigen Beuge- und Verformungsbelastung ausgesetzt. Selbst bei der erheblichen Wanddicke der Isolation kann es zu Kabeldefekten kommen. Um die dadurch entstehenden Gefahren möglichst von vornherein auszuschalten, sollten Röntgengeräte in technischer Hinsicht in regelmäßigen Abständen überprüft werden. Für Kleingeräte, die an das normale Wechselstromnetz angeschlossen werden können, ist auf die vom Hersteller vorgeschriebene Art und Höhe der Absicherung unbedingt Wert zu legen. Für stationäre Röntgenanlagen empfiehlt es sich, einen *Notschalter* zu integrieren, der, gut erkennbar und leicht zu erreichen, im Notfall den gesamten Stromfluß abschalten kann.

Die moderne Strahlenschutzgesetzgebung fordert von dem Betreiber einer Röntgenanlage laufende Kontrollen durch den zuständigen TÜV (Technischen Überwachungs-Verein). Ebenso wird verlangt, daß der Betreiber die Bestätigung seiner Fachkenntnisse beim Gewerbeaufsichtsamt, das für die Betriebsgenehmigung zuständig ist, nachweist.

Literatur

O'Brien, T.R. (1978): Radiographic Diagnosis of Abdominal Disorders in the Dog and Cat. SV.University of California, Davis.
Burk, R.L., und Ackerman, N. (1991): Lehrbuch und Atlas der Kleintierradiologie, Fischer, Stuttgart.
Carlson, W. (1977): Veterinary Radiology. Lea and Febiger, Philadelphia.
Christoph, H.-J. (1973): Klinik der Hundekrankheiten. Fischer, Jena.
Douglas, S.W., Herrtage, M.E., und Williamson, H.D. (1991): Grundlagen der Röntgenologie in der Veterinärmedizin. Parey, Berlin.
Ewen, K., und Schmitt, G. (1975): Grundlagen des praktischen Strahlenschutzes an medizinischen Röntgeneinrichtungen. Enke, Stuttgart.
Ficus, H.J., Loeffler, K., Schneider-Haiss, M., und Stur, I. (1990): Hüftgelenksdysplasie bei Hunden. Enke, Stuttgart.
Ficus, H.J. (1973): Röntgendiagnostik von Organerkrankungen in der Kleintierpraxis. Tierärztl. Praxis **1–3**, 81.
Ficus, H.J. (1978): Röntgendiagnostik in der Kleintierpraxis. Enke, Stuttgart.
Hartung, K., und Münzer, B. (1983): Über die Eigentumsrechte an Röntgenaufnahmen. Prakt. Tierarzt **64**, 194–196.
Höxter (1972): Röntgenaufnahmetechnik. Siemens, Erlangen.
Kealy, J.K. (1991): Röntgendiagnostik bei Hund und Katze. Enke, Stuttgart.
Loeffler, K., und Mahler, D. (1978): Röntgendiagnostik vom Abdomen mittels Kontrastverfahren bei Hund und Katze. Tierärztl. Praxis **7**, 55.
Neue Röntgenverordnung (1987): Bibliomed.

OWENS, J. M. (1989): Röntgenbildinterpretation für den Kleintierpraktiker. Enke, Stuttgart.

POBISCH, R. (1980): Zur Röntgendiagnostik der Urolithiasis beim Hund. Wien. Tierärztl. Mschr. 67, 193.

RÜBEL, G. A., und ISENBÜGEL, E. (1991): Atlas der Röntgendiagnostik bei Heimtieren, Kleinsäugern, Vögeln, Reptilien und Amphibien. Schlüter, Hannover.

RYAN, G. D. (1981): Radiographic Positioning of Small Animals. Lea and Febinger, Philadelphia.

SCHEBITZ, H., und WILKENS, H. (1989): Atlas der Röntgenanatomie von Hund und Katze. Parey, Hamburg und Berlin.

SUTER, P. P. (1984): Thoracic Radiography, Thoracic Diseases in the Dog and Cat. SV.CH Wettwil.

TICER, J. W. (1975): Radiographic Technique in Small Animal Practice. W. B. Saunders, Philadelphia.

10. Methoden der Euthanasie
(E. SCHIMKE)

Sehr häufig wird vom Tierarzt das schmerzlose und sichere Töten der Hunde verlangt. Da in weiten Kreisen der Hundehalter die Meinung verbreitet ist, daß Tiere, die zum Töten gebracht werden, für irgendwelche Versuche weiterverwendet werden (dies wird besonders von Kliniken angenommen), sollte die Möglichkeit angeboten werden, bei der schmerzlosen Tötung anwesend zu sein oder sich nach erfolgter Euthanasie vom Tod des Tieres zu überzeugen.

Um das schmerzlose Töten eines Hundes zu garantieren und auf den Tierbesitzer überzeugend zu wirken, sind die mehr oder weniger brutalen Tötungsmethoden durch Gaben von Blausäure, Strychnin usw. sowie die Ausführung des „Okzipitalstiches" und der intrathorakalen bzw. intrakardialen Injektion von Mitteln ohne vorherige Sedierung oder Anästhesie des Patienten entschieden abzulehnen.

Neben der Gefährdung des Tierarztes und des Hilfspersonals durch Gifte oder durch Abwehrbewegungen der Tiere kommt es bei solchen Tötungsverfahren häufig zu spontanen Kot- und Harnabsatz der Patienten infolge von Angst, Schmerz, Erregung oder Gewaltanwendung. Das *verantwortungsbewußte, angst- und schmerzfreie Töten* von Tieren ist eine letzte ethische Verpflichtung, der sich kein Tierarzt entziehen darf.

Zur *schnellen und schmerzlosen Tötung* von Hunden haben sich *folgende Verfahren gut bewährt*: Nach der Prämedikation des Patienten mit Propionylpromazin (0,5 mg/kg KM), Prothipendyl (5–10 mg/kg KM) oder Chlorpromazin (2,5 bis 5 mg/kg KM), i.m. verabreicht, und der Beruhigung des Tieres (der Hund kann nach der Applikation vorerst unter Aufsicht des Besitzers bleiben) kann man ohne geschulte Assistenz 50 bis 100 mg/kg KM Pentobarbital, Methitural, Thiamylal, Thiopental usw. (auch Restampullen nutzen) zügig i.v. injizieren. Der Tod tritt nach Atemlähmung und Herzstillstand in tiefer Narkose schnell, schmerzlos und ohne Exzitationen ein. Zur Prämedikation kann auch eine i.m. Neuroleptanalgesie genutzt werden.

Aus ökonomischen Gründen kann an Stelle der genannten Narkosemittel mit gutem Erfolg gesättigte Magnesiumsulfat- oder Magnesiumchloridlösung in der Dosis von 10–30 ml pro Hund schnell i.v. verabreicht werden. Magnesiumsulfat- und Magnesiumchloridlösungen allein i.v. injiziert, führen einen schmerzlosen, aber nicht ganz exzitationsfreien Tod herbei.

Werden Barbiturate ohne Prämedikation i.v. gegeben, so empfiehlt es sich, bis zum tiefen Schlaf des Tieres langsam zu injizieren (etwa 1 ml pro Minute). Die verbleibende Restmenge gibt man als Sturzinjektion nach. Wird die gesamte errechnete Menge schnell injiziert, kann es zu Exzitationen kommen, die vom Tierbesitzer als Schmerz gedeutet werden können.

Um teure Präparate einzusparen, injiziert man nach der Einschlafdosis eines Barbiturates durch die in der Vene liegende Kanüle 10–30 ml Magnesiumsulfat- oder Magnesiumchloridlösung i.v. bzw. 5–10 ml Chloroform oder 10 ml Ether intrakardial. Die Injektion erfolgt an der linken Thoraxseite im Bereich des 4. bis 6. Interkostalraumes, an dem Punkt, wo der Herzspitzenstoß am deutlichsten wahrnehmbar ist. Die Injektionskanüle muß genügend lang sein, da das Herz infolge seiner Befestigung am Zwerchfell und der rechten Seitenlage des Tieres dem Druck der Kanüle ausweichen kann. Dies ist besonders dann zu erwarten, wenn die Herzpunktion zögernd ausgeführt wird. Um bei richtiger Lage der Injektionskanüle das Herausspritzen von Blut zu vermeiden, sollte immer mit aufgesetzter Injektionsspritze eingestochen werden. Am Eindringen von Blut in den Spritzenzylinder und an den Bewegungen der Kanüle im Rhythmus der Herzkontraktionen kann der richtige Sitz der Nadel überprüft werden.

Steht keine Assistenz zur Verfügung, kann nach Prämedikation mit einem starken Sedativum bzw.

Neuroleptanalgesie die intrakardiale Applikation von Chloroform, Ether, Magnesiumsulfat, Magnesiumchlorid oder Barbituraten oder einer Mischung von 10–20 mg/kg KM Pentobarbital und 100 mg/kg KM Magnesiumsulfat durchgeführt werden.

Bei entsprechenden Voraussetzungen kann unter Beachten bestimmter Sicherheitsvorkehrungen das Töten durch Erschießen (Gewehr, Pistole, Bolzenschußapparat) von hinten in das Foramen occipitale erfolgen. Handelt es sich um einen sehr aggressiven oder tollwutverdächtigen Hund, der nur aus einer gewissen Distanz erreicht werden kann, steht die Sicherheit des Menschen an erster Stelle. Ist der Schußwaffengebrauch nicht möglich, kann (möglichst nach Prämedikation) ein peripher angreifendes Muskelrelaxans i.m. verabreicht werden (Blasrohr, Gewehr). Es tritt neben der schnell einsetzenden Muskelrelaxation Atemlähmung ein.

Am immobilisierten Hund muß sofort eine intrakardiale oder intravenöse Barbituratinjektion folgen, um die Erstickungsangst abzukürzen. Ein solches Vorgehen darf sich nur auf äußerst gefährliche und komplizierte Situationen beschränken.

Neugeborene oder junge Welpen sollen weder ertränkt noch erschlagen werden. Einen schnellen Tod erreicht man durch Injektion von 5–10 ml Ether oder Chloroform durch die Fontanelle direkt ins Gehirn sowie durch intrapleurale Applikation von Barbituraten kurz nach der Geburt der Welpen.

11. Haut und Haarkleid
(Verena Schärer)

11.1. Anatomie und Physiologie der Haut

Die Haut als Organ hat zahlreiche Funktionen: Schutz des Körpers vor Austrocknung, mechanischen, thermischen und chemischen Noxen und vor dem Eindringen von Bakterien und anderen Mikroorganismen. Aufgrund des ausgedehnten Kapillarnetzes übt die Haut eine Steuerfunktion für den Blutdruck aus und – abhängig von der Länge und Dichte der Behaarung – ist auch eine Beteiligung an der Temperaturregulation (v.a. lokal) vorhanden. Die sensorische Funktion umfaßt die Wahrnehmung von Temperatur- und Druckschwankungen, Schmerz und Juckreiz. Über die auf der ganzen Körperoberfläche verteilten Talg- und Schweißdrüsen hat die Haut exkretorische und sekretorische Funktionen. Schließlich bleibt zu beachten, daß die Haut im Immunsystem eine Rolle spielt, indem u.a. die sog. Langerhansschen Zellen in der oberen Epidermis Fc-Fragmente von Antikörpern adsorbieren können.

Wegen der engen Beziehung zu allen anderen Organen, insbesondere dem Hormonstoffwechsel, muß bei Hauterkrankungen abgeklärt werden, ob die Haut primär als Einzelorgan betroffen oder sekundär ins Krankheitsgeschehen anderer Organe einbezogen worden ist. Die Haut ist ein Spiegel des Gesundheitszustandes des gesamten Körpers.

11.1.1. Aufbau der Haut

Die Haut wird in drei Schichten unterteilt (Abb. 11.1.): Epidermis, Korium (= Dermis) und Subkutis (= Hypodermis). Die Hautdicke ist je nach Körperregion unterschiedlich und zudem abhängig vom Alter (Altersatrophie, Baker 1967) und von der Rasse.

Die Epidermis ist mehrschichtig (Abb. 11.2.) und besteht: 1. aus Keratinozyten, die vom Stratum basale ausgehen und säulenartig gegen die Oberfläche zu ausdifferenzieren und verhornen, 2. aus Melanozyten, die sich im Stratum basale befinden, 3. den Langerhansschen Zellen, die intraepidermal verteilt sind und Eigenschaften von Makrophagen besitzen.

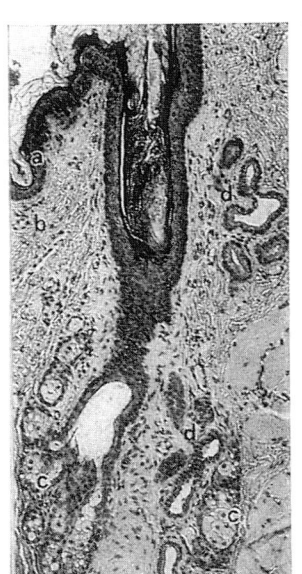

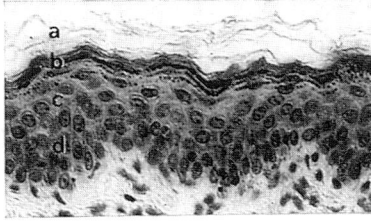

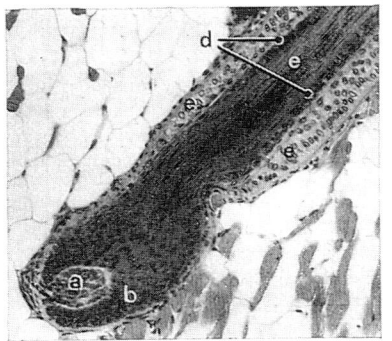

Abb. 11.1.–11.3. Anatomie der Haut: Zirkumanalregion, weiblich, 3J. (Fotos: R. Leiser, Institut für Tieranatomie, Bern).

Abb. 11.1. Aufbau der Haut mit angeschnittenem Haartrichter. Vergrößerung 105 ×.

a = Epidermis, b = Korium, c = Talgdrüsen, d = epitrichale Schweißdrüsen.

Abb. 11.2. Epidermis. Vergrößerung 327 ×.

a = Stratum corneum, b = Stratum granulosum, c = Stratum spinosum, d = Stratum basale (St. germinativum).

Abb. 11.3. Haarfollikel anagen. Vergrößerung 145 ×.

a = Papille, b = Bulbus, c = Medulla, d = Kortex, e = Wurzelscheide.

11.1.2. Hautdrüsen

In der Haut des Hundes finden sich mehrere Arten von Drüsen: Talgdrüsen (alveolär, holokrin), verteilt auf der gesamten Körperoberfläche und mit den Haarfollikeln zusammenhängend. An den Augenlidern (Tarsaldrüsen), an Präputium, Vulva und Anus sowie im äußeren Gehörgang sind freie Talgdrüsen vorhanden. Ihr öliges Sekret hält Haut und Haare geschmeidig und reguliert die Hautfeuchtigkeit. Die zahlreichsten und größten Talgdrüsen befinden sich an den Augenlidern, an Lippen, Vulva, Skrotum und Anus, ferner in der sternalen Region, am Nacken und in der Schwanzdrüse. Diese **Violsche Drüse**, auch dorsales Schwanzorgan genannt, befindet sich in rassemäßig und individuell unterschiedlicher Größe dorsal am proximalen Drittel des Schwanzes. Sie ist von länglich-ovaler Form und besteht aus zahlreichen Talgdrüsen, z.T. von hepatoider Struktur, sowie aus Schweißdrüsen. Bei einigen Hunderassen (z.B. Setter) sind in dieser Region manchmal nur wenige Haarfollikel ausgebildet, wodurch ein kahler Fleck erscheint. Die **Zirkumanaldrüsen** sind modifizierte Schweißdrüsen, während die tieferliegenden **Perianaldrüsen** von hepatoider Zellstruktur sind (modifizierte Talgdrüsen) und keine Ausführgänge besitzen. Sie scheinen eine Funktion im Steroidstoffwechsel zu haben (MOSIMANN 1982). Die paarig beidseitig neben dem Anus liegenden **Analbeutel** bestehen aus einer sackartigen Hülle von fibrösem Bindegewebe, die von einem verhornenden Plattenepithel ausgekleidet ist und sowohl Talg- als auch Schweißdrüsen enthält. Über je einen engen Ausführgang wird das Sekret (ein Gemisch aus penetrant riechenden, fettigen und wässerigen Drüsensekreten und Zelldetritus) bei Kontraktion des Analsphinktermuskels entleert.

„Apokrine" Schweißdrüsen sind auf der ganzen Hautoberfläche vorhanden, zusammenhängend mit den Haarfollikeln (epitrichial). Ihr Sekret ist proteinreich und wird durch Adrenalin stimuliert. Sie haben keinen Einfluß auf die zentrale Temperaturregulation, schützen aber die Haut vor lokaler Überhitzung. Die meisten Schweißdrüsen befinden sich in der Kopfhaut und in den Zwischenzehenhäuten. Merokrine (atrichiale) Schweißdrüsen kommen ausschließlich in den Pfotenballen vor; ihr Sekret ist wäßrig und wird durch Wärme stimuliert.

11.1.3. Haarwachstum

Dichte, Länge, Farbe und Struktur der Behaarung sind von der Rasse abhängig und zudem je nach Körperregion unterschiedlich. Pflege, Haltungsbedingungen und Ernährung beeinflussen die Qualität des Felles. Das Haarwachstum wird von vielen Faktoren beeinflußt, wie Dauer und Intensität der Belichtung, Umgebungstemperatur, biologischer Rhythmus, Sexualzyklus und Jahreszeit, hängt aber auch von der Versorgung mit Vitaminen, Spurenelementen, Mineralstoffen, Proteinen, essentiellen Fettsäuren und von verschiedenen Hormonen ab.

Die **Entwicklung des Haares** beim Hund verläuft in Zyklen.

Anagene Phase: Wachstumsphase. Bildung des Haares durch Zellteilung in der Papille (Abb. 11.3.).

Katagene Phase: Der Haarbulbus kontrahiert sich, der Haarfollikel verdickt sich distal und schiebt das ausgewachsene Haar (= Kolbenhaar) nach oben.

Telogene Phase: Ruhephase. Die Papille trennt sich ab. Das Kolbenhaar steckt im kurzen Haarfollikel bis zum Ausfallen. In der Papille kann wieder eine neue Wachstumsphase beginnen.

Das Deckhaar besteht aus einer Medulla (beim Primärhaar weit, bei den Sekundärhaaren schmal), der anliegenden Kortex und der darüberliegenden, aus dachziegelartig angeordneten Zellen bestehenden Kutikula. Lanugohaare (= Wollhaare) weisen keine Medulla auf.

Die Haare sind beim Hund bündelweise angeordnet, bestehend aus einem Primärhaar und mehreren Sekundärhaaren. Die rassetypische Art des Felles ist bedingt durch das Verhältnis von Primärhaaren zu Sekundärhaaren, von der Länge und Struktur der Sekundärhaare sowie vom Vorhandensein von Sekundärhaaren vom Lanugotyp (AL-BAGDADI und LOVELL 1979).

Der physiologische **Haarwechsel** scheint mehr von der Belichtungsdauer als von der Umgebungstemperatur abzuhängen. Die saisonal akzentuierte Härung im Frühjahr ist rasseunterschiedlich, betrifft v.a. die Wollhaare und tritt bei Hunden auf, die vorwiegend im Freien gehalten werden. In der Wohnung gehaltene Hunde hären mehr oder weniger während des ganzen Jahres. HALE (1982) fand einen Zusammenhang der Härung mit dem Sexualzyklus bei einer Hündin. Trächtigkeit, Streß und Krankheit führen zu Verkürzung des anagenen Wachstumsstadiums, wodurch viele Haare gleichzeitig ins Telogenstadium kommen und danach auch gleichzeitig ausfallen, was zu abnormem Haarausfall bis zu Alopezie führt. Haarausfall ist als pathologisch zu beurteilen, wenn die Haardichte merkbar abnimmt und die Haut durchzuscheinen beginnt.

11.2. Untersuchung der Haut

Voraussetzungen für die Beurteilung der Haut sind eine gute Lichtquelle und eine Lupe. Als Hilfsmittel für die Entnahme von Material für parasitologische, mykologische und bakteriologische Untersuchungen dienen eine Epilationspinzette und ein scharfer Löffel oder ein Skalpell. Hautbiopsien werden mit einer Biopsie-Stanze, ⌀6 mm (z.B. Biopsy-Punch®), oder, wo es die anatomischen Verhältnisse erlauben, durch lanzettförmige Exzision einer Hautläsion mit dem Skalpell vorgenommen.

Die Anfertigung eines **Hautgeschabsels** geschieht mit einem scharfen Löffel oder einer Skalpellklinge. Die Haare an der Entnahmestelle werden kurz abgeschnitten. Der scharfe Löffel wird mit einem Tropfen Glycerol angefeuchtet, damit das abgeschabte Material daran haftet. Die ausgewählte, ca. kleinfingernagelgroße Stelle wird solange abgeschabt, bis sie leicht blutig erscheint (Papillarkörper). Das abgeschabte Material wird mit Hilfe einer Nadel auf einem Objektträger zerzupft, mit einem Tropfen 10%iger Kalilauge versehen und mit einem Deckglas bedeckt. Bei Verdacht auf Milben empfiehlt es sich, das Präparat mit Übersichtsvergrößerung rasch durchzumustern und nach sich noch bewegenden Milben zu suchen. Anschließend muß stark pigmenthaltiges Material aufgehellt werden, indem der Objektträger über der Sparflamme des Bunsenbrenners kurz erwärmt wird oder indem man den Objektträger in eine feuchte Kammer verbringt und die Kalilauge einige Stunden einwirken läßt.

Auf der Hautoberfläche lebende Ektoparasiten können durch einen **Abklatsch** mit einem durchsichtigen Klebstreifen, z.B. Scotch Tape, der anschließend auf einen Objektträger geklebt wird, nachgewiesen werden.

Die **Wood-Lampe**, eine Ultraviolett-Lichtquelle mit einer Wellenlänge von 3660 Å, dient zum Nachweis des Dermatophyten *Microsporum canis*.

Die **Hautbiopsie** muß die ganze Hautdicke bis zur Subkutis umfassen. Um die Struktur der Hautoberfläche nicht zu beeinträchtigen, soll vor der Biopsie eine chirurgische Desinfektion unterlassen werden. Die Haare dürfen nicht geschoren, sondern nur mit der Schere gekürzt werden. Der Histologe muß sich anhand der Haarrichtung im Biopsiestück orientieren können. Eine subkutane, nicht aber intrakutane Lokalanästhesie ist erlaubt. Falls für die Biopsie eine Allgemeinanästhesie erforderlich ist, empfiehlt es sich, die gewählte Effloreszenz vorher mit einem Markierstift zu umranden, da frische lokale Hyperämien unter Sedierung verschwinden und daher die Läsion oft nicht mehr aufgefunden werden kann. Als Konservierungsmittel dient i.d.R. 4%iges Formalin. Für fluoreszenzhistologische Untersuchungen sind die Anweisungen des Histologen maßgebend. Die Wahl der Biopsiestelle beeinflußt die histologische Diagnose ganz wesentlich. Wichtig für die Diagnose sind frische, primäre, für das Krankheitsbild typische Läsionen. Vesikulöse und insbesondere bullöse Effloreszenzen müssen möglichst in toto exzidiert werden, denn nach Abfallen des Blasendaches ist eine präzise Diagnose nicht mehr möglich. Das bioptierte Hautstück darf nicht gezerrt und gequetscht werden. Mehrere Biopsien, separat und nach Entnahmestelle gekennzeichnet, erlauben eine sicherere Diagnose als eine Einzelprobe. Im Anschluß an die Biopsie wird die Hautstelle desinfiziert und mit einer Hautnaht verschlossen.

Zytologische Untersuchungen können mit dem Inhalt von Pusteln und Vesikeln, Fistelsekret sowie mit Punktaten aus Hautknoten vorgenommen werden. Eine Pustel oder Vesikel wird mit einer feinen Kanüle angestochen und der Inhalt auf einen sauberen entfetteten Objektträger ausgestrichen oder abgeklatscht. Für die Feinnadelaspiration wird eine 20-G- bis 21-G-Nadel mit aufgesetzter 5-ml-Spritze nach Desinfektion der Punktionsstelle in den Knoten eingestochen, die Spritze aspiriert, danach der Stempel losgelassen und die Nadel herausgezogen. Die Spritze wird von der Nadel getrennt und der Inhalt der Kanüle auf einen Objektträger ausgeblasen und sorgfältig ausgestrichen. Trocknen lassen, dann mit May-Grünwald-Giemsa-Lösung oder Diff-Quick®, für bakteriologische Untersuchungen auch nach GRAM oder ZIEHL-NEELSEN färben. Die Zytologie gibt Aufschluß über Art und Funktion von Zellen (polymorphkernige neutrophile Granulozyten, Eosinophile, Makrophagen, Lymphozyten, Mastzellen und Epithelzellen, v.a. sog. akantholytische Zellen, d.h. losgelöste Keratinozyten), Bakterien, Hefen (z.B. *Malassezia*) und Pilze. Es kann beurteilt werden, ob Bakterien von Granulozyten phagozytiert werden. Die Aspirationszytologie hilft unterscheiden zwischen entzündlicher und neoplastischer Genese eines Knotens und kann wertvolle Hinweise für die Diagnose geben, beispielsweise bei Mastozytomen und Lipomen.

Zum Nachweis von Allergien können der **Intrakutantest** und der **Prick-Test** (Atopien) sowie der **Patch-Test** [= Läppchentest] (Kontaktallergie) durchgeführt werden.

Eliminationsversuche und anschließende **Expositionsversuche** dienen vor allem der Ermittlung einer Futterallergie, können jedoch auch für die Abklärung anderer Allergieursachen, z.B. Milieuwechsel, nützlich sein (s. Abschnitt 11.9.).

Einen sehr wichtigen Anteil am Untersuchungsgang stellt die **Anamnese** dar. Es muß in Erfahrung gebracht werden, wann und wo die Hauterkrankung begonnen hat, wie die Veränderungen zuerst ausgesehen haben und wie der weitere Verlauf resp. die Ausbreitung vor sich gegangen ist. War die Erkrankung zu Beginn oder im weiteren Verlauf von Juckreiz begleitet? Bestand Haarausfall? Wie haben die Läsionen zu Beginn ausgesehen? Vorausgegangene Krankheiten und Behandlungen sind ebenso zu vermerken wie Angaben über das Sexualverhalten bei Rüden und den Zyklus bei Hündinnen. Schließlich bleibt Aufschluß zu gewinnen über bisherige Behandlungen der bestehenden Erkrankung (insbesondere mit Corticosteroiden), über Fütterung und Pflege des Tieres sowie über seine Umgebung und Haltung. Nicht zuletzt helfen Angaben über Hauterkrankungen bei Personen und/oder anderen Haustieren im Haushalt des Besitzers, das Vorliegen einer Zooanthroponose zu erkennen.

Die **Untersuchung** darf sich nicht nur auf die offensichtlich veränderten Hautstellen beschränken, sondern soll die ganze Körperoberfläche inklusive Pfotenballen, Krallen, Gehörgänge und auch die Schleimhäute umfassen. (Manche Hauterkrankungen, v. a. autoimmunbedingte, sind oft vorwiegend an Schleimhäuten, besonders an der Maulschleimhaut und an den mukokutanen Übergängen, lokalisiert.)

Der Adspektion der gesamten Körperoberfläche folgt das Erfassen der Einzelläsionen (Effloreszenzen): ihre Art, die Lokalisation und Verteilung auf der Körperoberfläche, ihre Begrenzung und ihre Anordnung, ob einzeln oder in Gruppen, haufenförmig, linear, mäanderförmig oder annulär. Weitere Kriterien sind Veränderungen der Behaarung, Haarverfärbungen sowie die Farbe, Dicke und Elastizität der Haut im Bereich der Effloreszenzen. Ein zusätzliches Hilfsmittel ist der Nachweis des Nikolski-Zeichens, indem mit dem Finger Druck auf veränderte oder normal scheinende Haut ausgeübt wird. Es wird als positiv gewertet, wenn die äußeren Hautschichten ohne Widerstand weggeschoben werden können, was auf einen ungenügenden Zusammenhang der Zellen hindeutet (z. B. beim Pemphigus). Zudem sind Veränderungen der Subkutis und der regionären subkutanen Lymphknoten zu beachten. Wichtig ist auch, ob die Erkrankung der Haut von Juckreiz, Schmerz oder von Störungen der Oberflächensensibilität begleitet ist.

11.3. Morphologie der Hautveränderungen

Das Bild einer Hauterkrankung wird geprägt vom Vorhandensein bestimmter Einzelerscheinungen von Hautveränderungen, den sog. **Effloreszenzen** („Hautblüten", Ausdruck der antiken Säftelehre). Synonym: Eruptionen. Die Konfiguration und Anordnung der Effloreszenzen, der Zeitpunkt ihres Auftretens und Verschwindens sowie das Verteilungsmuster auf dem Körper bilden die Grundlage zur morphologischen Diagnose einer Hautkrankheit. Diese ist wegweisend für weitere gezielte Untersuchungen zur Erfassung der Ätiologie. Wichtig sind vor allem die **primären** Effloreszenzen, welche die direkte Folge eines pathogenen Einflusses auf die Haut sind. Sekundäre Effloreszenzen entwickeln sich im Verlauf der Krankheit aus dem primären, sind meist unspezifisch und weitgehend durch Kratzen, Lecken, sekundäre Infektion und eingeleitete Therapien beeinflußt.

11.3.1. Primäre Effloreszenzen

Macula (Fleck); umschriebener, im Hautniveau liegender Bezirk, der sich nur durch die Farbe von der übrigen Haut unterscheidet. Pigmentmaculae durch lokale Hyper- oder Hypopigmentation. Lokale Hyperämie durch Erythem (aktive Hyperämie), Stauung, oder Teleangiektasie (bleibende Gefäßerweiterung), lokale Anämie sowie durch Blutungen: Petechien (stippchenförmig), Purpura (multiple kleine Blutungen), Sugillation, Ekchymosen (flächenhafte Blutungen), Suffusion, Hämatom (ausgedehnte Blutungen). Maculae durch Blutungen lassen sich im Gegensatz zu Hyperämien durch Druck auf die Hautoberfläche nicht verstreichen.

Papel (Knötchen): hirsekorn- bis erbsgroß über die Hautoberfläche vorragend. Meist aus Entzündungszellen aufgebaut (entzündliche Papel), in der Epidermis oder im Korium gelegen, oder durch umschriebene Zellhyperplasie in der Epidermis entstanden (epidermale Papel).

Tuberculum, Tumor, Phyma (Knoten, Knollen): mittelgroße bis große, meist aus Epidermis- oder Bindegewebszellen aufgebaute, gut- oder bösartige Neoplasien.

Urtica (Quaddel): beetartig erhoben, von kurzfristiger Dauer und evtl. von Juckreiz begleitet. Entsteht durch Gefäßpermeabilitätsstörung mit Austritt von Serum oder Blut ins perivaskuläre Gewebe. Ursache ist eine Histaminfreisetzung infolge von allergischen, chemischen oder physikalischen Einwirkungen. In kurzbehaarter Haut oft nur durch das Abstehen der Haare bemerkbar.

Vesikel (Bläschen): bis erbsgroßer Hohlraum, gefüllt mit Serum, Blut oder Lymphe. Je nach Lage in der Hautschicht subkorneal, intraepidermal, subepidermal.

Bulla (Blase): von gleicher Struktur wie die Vesikel, jedoch größer.

Pustel (Eiterbläschen): von gleicher Lage und Struktur wie die Vesikel, jedoch Eiter enthaltend. Kann auch als sekundäre Effloreszenz (Infektion einer Vesikel) vorkommen.

11.3.2. Sekundäre Effloreszenzen

Squama (Schuppe): Das Abstoßen einzelner Schuppen (Desquamatio insensibilis) ist physiologisch. Eine sichtbar vermehrte Schuppung entsteht entweder durch beschleunigten pathologischen Verhornungsprozeß (Proliferationshyperkeratose) oder durch Haftenbleiben der Hornschicht (Retentionshyperkeratose). Eine Schuppe kann auch aus dem Dach einer geplatzten Vesikel bestehen.

Schuppenkruste: von eingetrocknetem Sekret durchsetzte Schuppe.

Hyperkeratose: Verdickung der Hornschicht.

Parakeratose: abnormer Verhornungsprozeß, wobei kernhaltige Keratinozyten an die Hautoberfläche gelangen. Ursache ist ein stark beschleunigter Erneuerungsprozeß („Turnover") der Epidermis.

Akanthose: Verdickung der Epidermis, bedingt durch übermäßige Zellproliferation im Stratum basale mit Hyperplasie des Stratum spinosum, was sich in einer Verbreiterung der Retezapfen äußert.

Tylose (Schwiele, Tylom): lokale Hautverdickung durch chronische, mechanische Beanspruchung (z.B. Liegeschwielen am Ellbogen).

Erosion: oberflächlicher Gewebsverlust in der Epidermis, z.B. nach Platzen einer Vesikel entstanden.

Exkoriation: flächenhafte Abschürfung, die bis zum Stratum basale reichen kann, meist traumatisch oder durch Kratzen entstanden.

Ulkus: tiefe, bis ins Korium oder in die Subkutis hinabreichende Hautnekrose.

Rhagade (Schrunde, Fissur): Einriß der Haut infolge verminderter Elastizität.

Cicatrix (Narbe): Reparationsgewebe, infolge gestörter Heilung tiefer Wunden entstanden; atrophisch oder hypertroph (Keloid).

Atrophie: Abnahme der Dicke der Epidermis durch Verminderung der Zellgröße im Stratum spinosum.

Hypoplasie: Abnahme der Epidermisdicke durch Verminderung der Zellzahl.

Schuppen, Hypoplasie und Atrophie können auch primäre Effloreszenzen sein.

11.3.3. Abnorme Hautpigmentation

Die normale Hautfarbe hängt vom Melaningehalt, im weiteren auch vom Gehalt an Carotinen und Hämoglobin ab.

MSH (Melanin-stimulating Hormone, Melanotropin) und ACTH stimulieren die Hautpigmentation. Die Pigmentierung entsteht durch Bildung und Melanisation von Melanosomen in den Melanozyten. Melanosomen werden in die Keratozyten sezerniert, mit welchen sie in die Haut transportiert werden, wo sie in heller Haut abgebaut werden, während in dunkler Haut kein Abbau stattfindet. Die genetisch festgelegte Hautfarbe entsteht durch unterschiedliche Produktion und Transportgeschwindigkeit der Melanosomen, während die Zahl der Melanozyten in jeder Haut gleich ist (MOSIMANN 1981; MULLER et al. 1989).

Hyperpigmentation ist eine Verfärbung der Haut, die dunkler ist, als der normalen Hautfarbe an der betreffenden Körperstelle entspricht. Meist entsteht sie infolge einer endokrinen Störung.

Lentigo (Lentigines) sind selten vorkommende, einzeln oder multipel auftretende, scharf begrenzte schwarze Flecken. Im Gegensatz zu Melanonem verändern sie sich nicht in der Größe und werden beim Hund als benigne angesehen. Eine Therapie (Exzision, Radiotherapie) der Lentigo ist nicht notwendig, solange sie sich nicht in der Größe verändert.

Hypopigmentation (= Vitiligo) kann angeboren sein, generalisiert als Albinismus (hereditär) oder lokalisiert als weiße Flecken, meist an Lippen und Nase; bei verschiedenen Hunderassen (u.a. Dobermann) bekannt. Eine Entfärbung vorher normal pigmentierter Haut kann verschiedene Ursachen haben, wie Entzündungen, Traumen und Allergien. Depigmentierung an Lippen und Nasenspiegel wird auch im Zusammenhang mit Autoimmunkrankheiten (Lupus erythematodes, Pemphigus) gesehen. Oft ist die Ursache unbekannt. Verfärbung der Haare, z.B. Rötlichfärbung schwarzer Haare, wird unter anderem auf Spurenelementmangel zurückgeführt (Abb. 11.4., 11.5.).

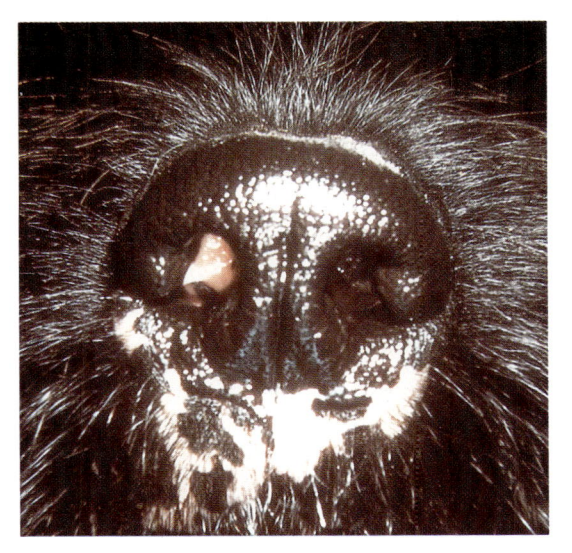

Abb. 11.4. Vitiligo an der Oberlippe. Riesenschnauzer, weiblich, $1^1/_2$ J.

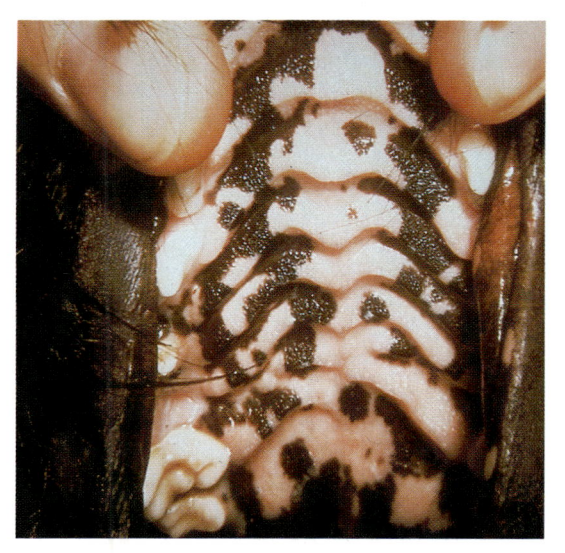

Abb. 11.5. Vitiligo an Palatum durum, Riesenschnauzer, weiblich, 1½ J. Ursache unbekannt. Keine weiteren Hautveränderungen.

11.3.4. Juckreiz

Der genaue Pathomechanismus des Juckreizes **(Pruritus)** ist nicht bekannt (Abb. 11.6.). Von spezifischen (nackt endenden) Nervenrezeptoren laufen die Reize über feine unmyelinisierte C-Fasern zum Rückenmark und von dort via hinterer ventraler Nukleus des Thalamus zum Kortex. Über die Mechanismen, wie die Rezeptoren, die vorwiegend am Übergang von der Epidermis zum Korium liegen, stimuliert werden, liegen nur Hypothesen vor; proteolytische Enzyme scheinen eine wichtige Rolle zu spielen (HALLIWELL 1974, IHRKE 1983). Psychische Faktoren, v.a. Langeweile und Nervosität, und neurogene Faktoren, sowohl zentrale als auch periphere (Neuropathien), können zur Verstärkung des Juckreizes beitragen.

Pruritus kann mannigfaltige Ursachen haben und im Zusammenhang mit verschiedenen Hautveränderungen auftreten (Abb. 11.7., Tabelle 11.1.), oder auch ohne Hautveränderungen bestehen (Pruritus sine materia), dies v.a. bei Allergien.

Tabelle 11.1. Hautkrankheiten mit starkem Juckreiz
(abgeändert nach P.J. IHRKE: Differential diagnosis of the pruritic dog)

Krankheit	Lokalisation des Juckreizes	Effloreszenzen
Flohekzem	Kruppe, Rücken, Hals, Schenkelhinterflächen, inguinal, generalisiert	Erythem, Papeln, Krusten, Lichenifikation
Skabies	Ohrmuschelränder, Vorderbeine, Ellenbogen, Bauch	Maculae, Papeln, Erythem, Haarausfall, Schuppung
Cheyletiella-Befall	Ohrmuscheln, Rücken	grobe Schuppen, Krusten, Haarausfall
Herbstgrasmilben	Pfoten, Bauch, generalisiert	Erythem, Papeln
Seborrhoe	Rücken, Ohrmuscheln, generalisiert	Schuppen, Krusten, Haarausfall
Pyodermien	inguinal, Axillen, Zwischenzehen, generalisiert	Pusteln, Furunkel, Krusten
Bakterienallergie	inguinal, Axillen, Bauch, generalisiert	Pusteln, Erythem, runde, hyperpigmentierte Flecken mit peripherem Schuppenkranz
Atopie	Kopf, Pfoten, dorsal, Axillen, generalisiert	keine oder Erythem, Haarausfall
Futterallergie	Kopf, Pfoten, generalisiert	Erythem, Papeln, Krusten, polymorph
Kontaktallergie	Pfoten, ventral, inguinal, Axillen, Skrotum, Ohren, generalisiert an wenig behaarten Stellen	Erythem, nässend, Papeln, Krusten, Hyperpigmentation
Arzneimittelallergie	überall	polymorph
Endokrine Dermatosen	überall, oft bilateralsymmetrisch	Schuppen, Krusten, Haarausfall, Hyperpigmentation, Lichenifikation
Subkorneale pustuläre Dermatose	generalisiert, v.a. Kopf, Ohrmuscheln	Papeln, Krusten, polymorph
Dermatitis herpetiformis	generalisiert, Kopf, Rumpf	Papeln, Pusteln, polymorph

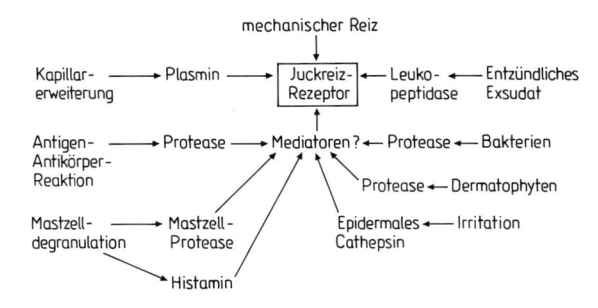

Abb. 11.6. Pathomechanismus des Juckreizes (nach HALLIWELL 1974).

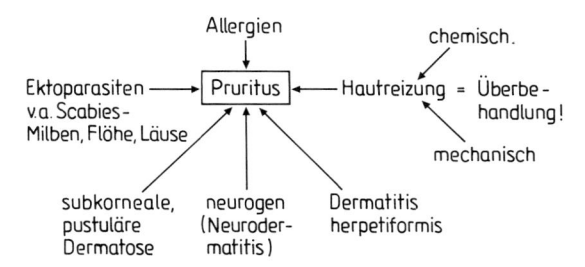

Abb. 11.7. Durch Pruritus gekennzeichnete Krankheitsbilder (nach MULLER 1979, abgeändert).

11.4. Allgemeine Prinzipien der topischen Behandlung von Dermatosen

Durch topische, symptomatische Behandlung soll eine Besserung der Hauptveränderungen erzielt werden, solange keine ätiologische Diagnose vorliegt, welche eine gezielte Therapie ermöglicht; im übrigen dient sie zur Unterstützung der systemischen Behandlung und soll die Abheilung der Hautveränderungen fördern. Wichtig ist, daß vor Einleiten jeglicher Therapie alle diagnostischen Untersuchungen (v.a. bakteriologische, mykologische und parasitologische, Biopsien) vorgenommen werden.

Die Lokaltherapie richtet sich nach der Morphologie, Lokalisation und Dauer der Hauterkrankung sowie nach der individuellen Verträglichkeit eines Medikamentes. Die gewählte Therapie soll mindestens eine Woche lang durchgeführt werden, solange keine Verschlechterung des Zustandes eintritt; falls die Krankheit in dieser Zeit nicht anspricht, wird das Medikament nach Überprüfung der Diagnose gewechselt.

In der Regel sind für akute, entzündliche und nässende Dermatosen feuchte Umschläge, Waschungen oder Medizinalbäder geeignet, Lotions oder wäßrige Emulsionen sind für subakute Veränderungen vorzuziehen, während fettige Salben und Ölemulsionen den chronischen, trockenen Veränderungen vorbehalten sind.

In vielen Fällen empfiehlt sich das **Ausscheren der erkrankten Hautbezirke** als erste Maßnahme, insbesondere bei nässenden Entzündungen an lang- und dichtbehaarten Körperstellen. Es begünstigt das Abtrocknen der erkrankten Haut, erlaubt eine gründliche Beurteilung des Krankheitsprozesses und ermöglicht die lokale Applikation von Medikamenten.

Bei akuten Hautveränderungen soll die Therapie mit milden Medikamenten begonnen werden.

Wäßrige sowie in Alkohol gelöste Therapeutika wirken kühlend, trocknend und reinigend. Bäder sind zudem für generalisierte Dermatosen geeignet und können an behaarter Haut angewendet werden. Demgegenüber wird die Haut durch fettige Medikamente abgeschlossen, und Sekretabfluß wird verhindert. Fetthaltige Präparate dringen gut in die Haut ein, machen die Haut geschmeidig und schützen die Hautoberfläche; sie können aber nur auf unbehaarte Haut appliziert werden, weil sie zu schmierigem Verkleben der Haare führen. Puder haben nur eine oberflächliche Wirkung. Ihre Anwendung beschränkt sich auf trockene oberflächliche Hautläsionen, das Trockenhalten von Hautfalten sowie als Träger von Antiparasitika (SCHWARTZMAN 1977, SCOTT 1979).

Eine Auswahl dermatologischer Präparate und Wirkstoffe:

• *Desinfektionsmittel*
Betadine® (Iodpolymer, Povidone-Iodine) als Lösung, verdünnt 1:1 bis 1:100.
Chlorhexidine 0,05- bis 1%ige Lösung (Hextril®, Hibitane®).
pH-iso Hex® (nicht in Umgebung der Augen verwenden).
Silbernitratlösung 0,5% (nur bei Verbrennungen).
Acidum aceticum (essigsaure Tonerde) 0,5%.
Kaliumpermanganat, 1 Teelöffel Kristalle in 5 dl Wasser (1:1000–30000).

• *Adstringentien*
Tannin 3–10% (z.B. Tanninspiritus)
Zinkoxid 15–25%
Aluminiumchlorid-Lösung 20–30%
Aluminiumacetat (Burowsche Lösung) 1:10–1:20
Kupfer-Zink-Lösung (Aqua d'Alibour)

- *Gegen Juckreiz und Entzündung*
Menthol 0,125–1 %   Ichthyol 3–10 %
Phenol 0,5–2 %   Naphthalan 5–25 %
Campher 0,125–1 %
Liquor carbonis detergens 3–10 %
Hydrocortison 1–2,5 %

- *Keratoplastika* (fördern die Dicke des Stratum corneum)
Salicylsäure 0,5–3 %
Teerpräparate 1–5 %

- *Keratolytika und Antiseborrhoika* (vermindern die Dicke des Stratum corneum, z.T. durch Schälwirkung):
Salicylsäure 5–20–40 %
Resorcin 5–20 %
Schwefel- und Selen-Präparate
Propylenglycol: 60 %
Benzoylperoxid 2,5–5 % (bakterizid)

- *Kaustika* (oberflächlich Protein ausfällend, demarkierungsfördernd)
Lotagen®, Höllenstein.

11.5. Kongenitale Mißbildungen der Haut

Sie sind sehr selten. Die **Epitheliogenesis imperfecta** wird autosomal rezessiv vererbt und äußert sich in scharf begrenzten Stellen fehlender Epidermis bei Geburt. Bei der **Ichthyosis** (Fischschuppenkrankheit) führt eine vererbte Störung der Verhornung zu borkig verdickter Epidermis. Ferner wurden Fälle von kutaner Asthenie, die dem **Ehlers-Danlos-Syndrom** beim Menschen gleicht, beschrieben: abnorme Rissigkeit und Elastizität der Haut (VERCELLI und CRAVERO 1981).

11.6. Erkrankungen der Haare

11.6.1. Haarbruch
(Trichorrhexis: Abbrechen, Trichoschisis: Aufspalten des Haares)

Entsteht meist infolge mechanischer Beanspruchung der Haut an Stellen, wo die Haut viel bewegt wird (Widerrist, Kruppe, Schwanz dorsal bei Hunden mit Ringelrute), an Liegestellen (Ellbogen, Knie lateral), ferner durch Scheuern, entweder wegen Pruritus (Ektoparasiten, Allergien) oder durch Halsband, Brust- oder Zuggeschirre sowie durch ungeeignete Pflege. Umschriebene Flecken mit Trichorrhexis können durch Dermatophyten (z.B. *Microsporum canis*) verursacht sein. Eine vermehrte Brüchigkeit der Haarschäfte kann im weiteren von Mangelerscheinungen (Fettsäuren, Proteine), beispielsweise im Zusammenhang mit Erkrankungen der Leber, chronischen Darmerkrankungen und Nierenerkrankungen herrühren.

11.6.2. Trichome
(Haarzotten)

Sie bilden sich durch Verfilzen langer feiner Haare infolge mangelhafter Pflege, begünstigt durch Hauterkrankungen. Prädilektionsstellen sind hinter den Ohrmuscheln und zwischen den Hinterbeinen bei langhaarigen Rassen (Neufundländer, Berner Sennenhund, unter vielen anderen), die langbehaarten Ohren, z.B. beim Spaniel, sowie der ganze Körper bei Rassen mit langem gewelltem Haar (Afghane). Bei ungarischen Hirtenhunden (Puli, Komondor) gehören Haarzotten zum Rassestandard. Im Frühstadium können Trichome durch Kämmen entwirrt werden, bei fortgeschrittener Verfilzung bleibt nur das vorsichtige Herausschneiden resp. Ausscheren der Trichome (cave Verletzung der Haut).

11.6.3. Alopezie

Alopezie bedeutet Haarausfall, ohne daß eine primär-entzündliche Hauterkrankung vorliegt. (Im Gegensatz dazu wird im angelsächsischen Sprachgebrauch Kahlheit jeder Genese als Alopezie bezeichnet.) Aplasie, Atrophie und Dystrophie der Haarfollikel oder Hemmung des Haarwachstums in der anagenen Phase sind mögliche Ursachen. Die Alopezie kann generalisiert oder lokal sein.

Eine **angeborene Alopezie** ist rassespezifisch bei den Nackthunden (mexikanischer und chinesischer Nackthund oder Schopfhund). Angeboren spärliche Behaarung frontoparietal sowie an den Außenflächen der Ohrmuscheln werden hin und wieder bei Kurzhaardackeln und anderen kurzhaarigen Zwergrassen gefunden. Über mehrere Fälle **angeborener Hypotrichose** berichteten STOGDALE et al. (1982). Selten ist die angeborene **Follikeldysplasie schwarzer Haare**, die sich bei schwarz-weiß gefleckten Hunden in Kahlheit der schwarz pigmentierten Hautstellen äußert. Ferner ist eine partielle kongenitale Kahlheit bei seltenen Farbschlägen einiger Hunderassen unter dem Namen **Color mutant Alopecia** bekannt, so beim blauen Dobermann und bei anderen blauen Farbschlägen sowie bei beigefarbenen Irish Settern (MULLER 1980).

Erworbene Alopezien sind am häufigsten durch hormonale Dysfunktion bedingt.

Andere erworbene Alopezien können generalisiert durch toxische Schädigung der Haarfollikel (u.a. durch Thallium), durch Hemmung des Haarwachstums (zellteilungshemmende Medikamente, Vitamin-B-Mangel) sowie lokal durch fortdauernde Applikation von corticoidhaltigen Präparaten auf der Haut oder subkutane Injektionen von Depotcorticoiden verursacht werden. Ferner bleiben nach irreversibler Zerstörung der Haarfollikel infolge von Traumen, tiefgreifenden chronischen Entzündungen, Dekubitus sowie nach Schädigung durch Röntgenstrahlen haarlose Flecken zurück.

Hormonale Alopezien. Typisch für eine hormonale Dysfunktion als Ursache der Alopezie ist ein bilateralsymmetrisches Auftreten des Haarausfalls. Eine Vielzahl endokriner Dysfunktionen verändern das Haarwachstum, die Hautdicke und Hautpigmentation sowie die Ausbildung und Sekretion der Hautdrüsen. Hormonal bedingte Dermatosen treten häufig, aber nicht in allen Fällen von endokrinen Störungen in Erscheinung. Manchmal sind sie das vorherrschende Symptom einer Hormonstörung, wobei auch atypische Hautveränderungen auftreten können. Die Entwicklung des Hautbildes hängt vom Grad und von der Dauer der endokrinen Dysfunktion ab. Die Diagnose muß sich auf die klinische Gesamterscheinung, die Laborwerte und geeignete Funktionsteste stützen (s. Kapitel Endokrinologie).

Einfluß von Hormonen auf die Haut:
Östrogene: stimulieren die Hautpigmentation und die Keratinisierung, verzögern das anagene Haarwachstum, die Haarwachstumsrate und die Talgproduktion.
Androgene: bewirken Verdickung der Epidermis, fördern und lokalisieren die Hautpigmentation, stimulieren die Talgproduktion, verzögern das anagene Haarwachstum.
Corticosteroide: vermindern die Mitoserate in der Epidermis (→ Hautatrophie).
Hypophysenhormone: steuern den Haarwechsel.
Thyroxin: fördert das anagene Haarwachstum und die Haarwachstumsrate.

Hypothyreose. Die Alopezie beginnt meistens ventral am Hals, auf dem Nasenrücken, an den

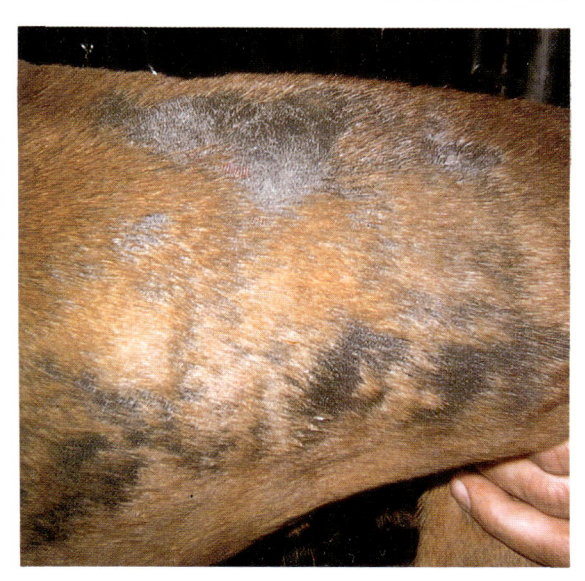

Abb. 11.8. Hypothyreose. Flanke links. Boxer, weiblich, 6 J.
Fleckenartige Alopezie; deutliche Hyperpigmentation.

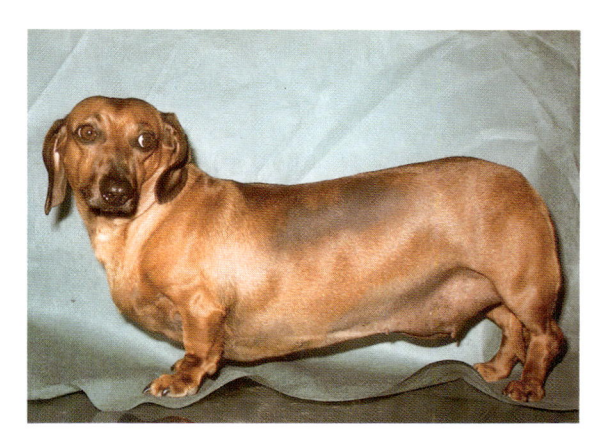

Abb. 11.9. Hypothyreose. Kurzhaardackel, weiblich, 6 J.

Ohrmuscheln, an der Vorderbrust und am Nacken und breitet sich später auf die Thoraxseiten, Flanken und Kruppe diffus oder fleckenförmig aus (Abb. 11.8.). Weitere Merkmale sind ein vorzeitiges Ergrauen der Haare am ganzen Körper (Canities praecox) und das Ausbleiben des Haarwachstums nach Schur (Abb. 11.9., 11.10.). Die Hautdicke ist unterschiedlich; vorerst wird die Epidermis atrophisch, die Haut scheint jedoch verdickt durch Entstehung eines Myxödems (Einlagerung von Mucopolysacchariden und Proteinen im Korium bewirkt eine vermehrte Wasserbindungskapazität). Mit zunehmender Kahlheit

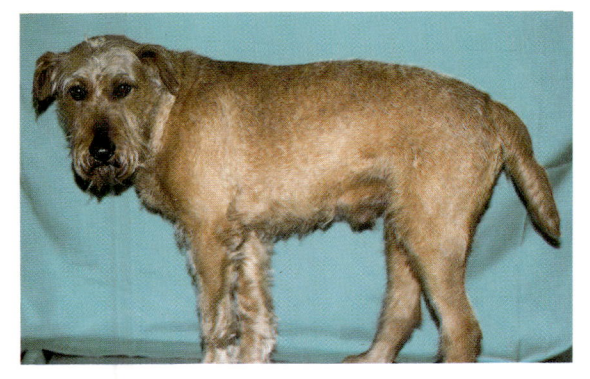

Abb. 11.10. Hypothyreose. Irish Terrier, männlich, 12 J. Generalisierte Seborrhoe, schüttere Behaarung.

wird die Haut hyperkeratotisch, akantotisch, trocken und hyperpigmentiert. Durch Bildung von Keratinpfropfen in den Haarfollikeln erhält die Haut ein warzenartiges Aussehen (Abb. 11.11.). In manchen Fällen wird das chronische Krankheitsbild durch eine Seborrhoe beherrscht, und infolge Neigung zu Sekundärinfektionen können Pyodermien entstehen. Bei großen Hunderassen (Bernhardiner, Dogge u.a.) sollen fleckige Alopezien mit Hyperkeratose und Hyperpigmentation an den Ober- und Unterschenkeln auf eine Hypothyreose hindeuten (MULLER 1980, SCOTT 1980). Die wesentlichsten histologischen Befunde sind Atrophie der Epidermis, Hyperkeratose und Hyperpigmentation, Atrophie und Keratinisierung der Haarfollikel und Hypertrophie der Musculi arrectores pili (SCOTT 1982).

Die Therapie besteht in der Substitution von T_4: Levothyroxin (Eltroxin®) 0,02 mg/kg tägl., T_3: Liothyronin (Cynomel®) 4,4 µg/kg, 3 × tägl. oder Thyreoidea-sicca-Präparaten (Thyranon®) 15 bis 20 mg/kg täglich (ROSYCHUK 1982).

Die Therapiedauer hängt von der Ätiologie ab; meistens muß sie lebenslänglich unterhalten werden, wobei die Dosis anhand der klinischen Symptome wie auch mit Hilfe des Cholesterolspiegels im Serum anzupassen ist.

Hyperadrenokortizismus (Morbus Cushing, Cushing-Syndrom). Die Alopezie tritt als diffuser Haarverlust am Rumpf, oft zuerst am Bauch, auf. Bei kurzhaarigen Rassen sieht das Fell häufig mottenfraßartig aus. Kopf und Gliedmaßenenden bleiben lange von den Haut- und Haarveränderungen verschont. Die Haut wird dünn, atrophisch, runzelig und verliert an Elastizität, was mit Dehydratation verwechselt werden kann. Die Pigmentierung ist variabel, kann normal oder sogar stellenweise vermindert sein; häufiger ist sie jedoch mit zunehmender Dauer der Erkrankung vermehrt, verbunden mit Hyperkeratose. Durch die verminderte Infektabwehr besteht eine Neigung zu sekundären Pyodermien. Die Wundheilung, wie auch das Nachwachsen der Haare nach Schur sind verzögert. In einem gewissen Prozentsatz der Fälle (4% nach LUBBERING) tritt eine klinisch manifeste **Calcinosis cutis** auf: herdförmige,

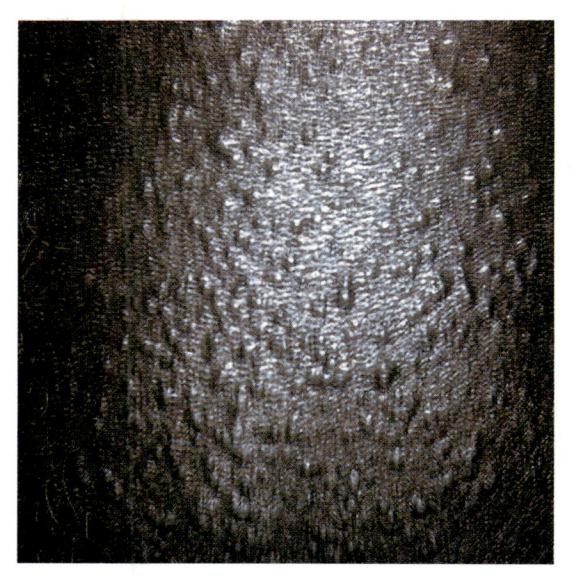

Abb. 11.11. Hypothyreose. Warzenartige Keratininpfropfen, Rücken. Mittelpudel, weiblich, 13 J.

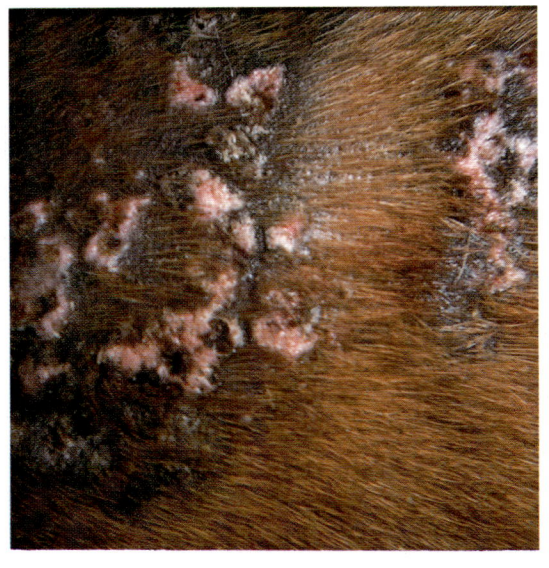

Abb. 11.12. Morbus Cushing. Calcinosis cutis am Rücken. Boxer, weiblich, 8 J.

von Entzündung begleitete Hautverdickungen, die zum Teil durch den eingelagerten Kalk hell erscheinen, meist aber ulzerieren und infolge Infektion wie eine Pyodermie aussehen (Abb. 11.12.). Diese, als pathognomonisch geltende Kalzinose wird durch dystrophische Verkalkung von Kollagen- und Elastinfasern verursacht. Lokalisationsorte sind i.d.R. über dem Widerrist, auf dem Rücken, in den Axillen und am Unterbauch. Viel häufiger finden sich diskrete dystrophische Verkalkungen im histologischen Bild (Scott 1982).

Die Atrophie der Haut und der Hautanhangsgebilde wird durch glucocorticoidbedingte Verminderung der Zellsynthese im Stratum germinativum, Verminderung der DNA-Synthese und Verminderung und Schrumpfung der Kollagensubstanz im Korium hervorgerufen. Iatrogen kann eine lokale Alopezie durch langdauernde lokale Applikation von corticoidhaltigen Hautpräparaten, selten durch oberflächlich injizierte Depotcorticoide entstehen. Die Therapie besteht entweder in der chirurgischen Entfernung des Nebennierenrindenadenoms oder -adenokarzinoms oder in der medikamentösen Sekretionsunterdrückung durch op-DDD (Lysodren®), welches selektiv die Zellen der Zona fasciculata und der Zona reticularis nekrotisiert. Die Ladedosis beträgt 50 mg/kg täglich, verteilt auf 2–3 Dosen über 10–14 Tage; zusätzlich ab 3. Behandlungstag Prednisolon, nach Wirkung 0,2–1 mg/kg täglich. Erhaltungsdosis: op-DDD 50 mg/kg pro Woche, Prednisolon nach Bedarf, 0,2–0,5 mg/kg jeden 2. Tag (Peterson 1981).

Hyperöstrogenismus entsteht bei der Hündin durch Überproduktion von Östrogenen in den Graafschen Follikeln, v.a. bei Follikelzysten und bei Granulosazelltumor. Verlängerte Läufigkeit und glandulär-zystische Endometriumhyperplasie weisen darauf hin. Beim Rüden sind Sertolizelltumoren die Ursache (s. unten). Iatrogene Ursache ist die langfristige Applikation von Östrogenen, v.a. in Form von Depotpräparaten.

Die hyperöstrogen-bedingte Alopezie setzt oft an den Flanken und auf der Kruppe ein, nicht selten als scharf begrenzte Flecken (z.B. Boxer, Airedaleterrier; Abb. 11.13.) oder an den Kniefalten (z.B. Setter, Deutscher Schäferhund) sowie perineal und um die Vulva. Das klinische Bild ändert sich anfänglich in zyklusabhängigen Phasen, indem die Alopezie während des Östrus zunimmt und im Anöstrus sich wieder bessert. Die nachwachsenden Haare sind dunkel pigmentiert, und auch die Haut bleibt hyperpigmentiert

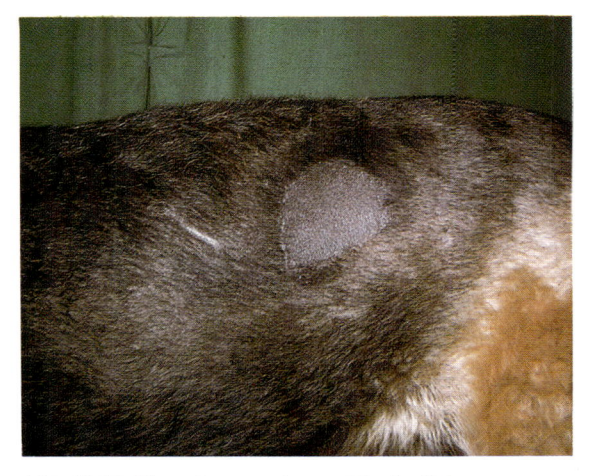

Abb. 11.13. Hyperöstrogenismus. Flanke links. Airedaleterrier, weiblich, 10 J.

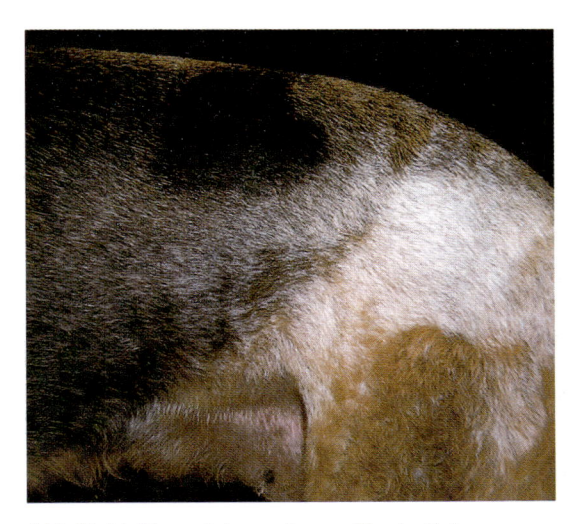

Abb. 11.14. Hyperöstrogenismus. Flanke links. Dunkel pigmentierte, nachgewachsene Haare nach Ovariohysterektomie.

(Abb. 11.14.). Weitere Anzeichen sind vergrößerte, zunehmend hyperkeratotische und hyperpigmentierte Vulva sowie vergrößerte, hyperkeratotische und von einem dunklen Hof umgebene Zitzen. Im Verlauf dehnt sich die Alopezie auf die Schenkelhinterflächen, Kniefalten und Axillae aus, und nicht selten kommt eine chronische ceruminöse Otitis externa hinzu. Im fortgeschrittenen Stadium ist die Haut verdickt, lichenifiziert, hyperkeratotisch und stark hyperpigmentiert (Abb. 11.15.). Es kann eine auf die betroffenen Hautstellen beschränkte, manchmal auch generalisierte Seborrhoe vorliegen. Durch vaginalzytologische Untersuchung sowie durch

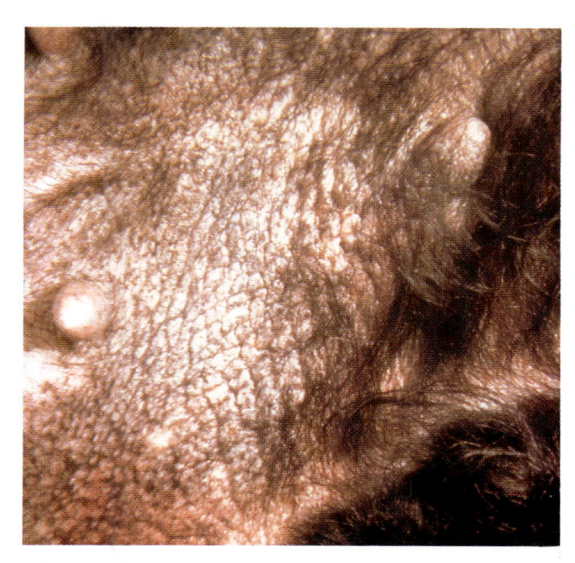

Abb. 11.15. Hyperöstrogenismus, inguinal. Felderung und Hyperpigmentation der Haut. Airedaleterrier, weiblich, 10 J.

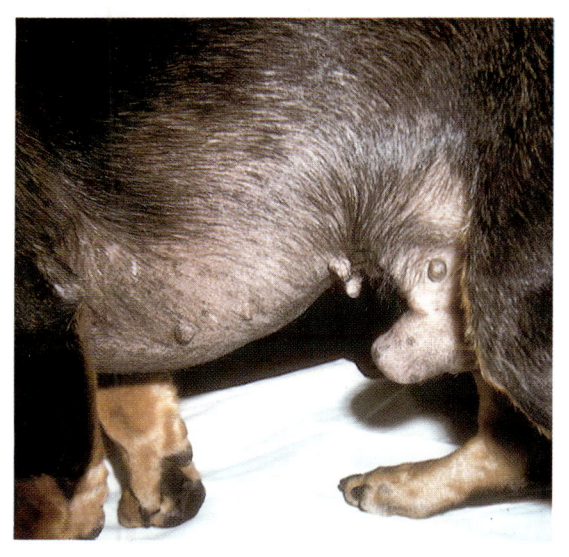

Abb. 11.16. Sertolizelltumor. Flanke rechts. Kurzhaardackel, männlich, 5½ J. Alopezie, deutliche Vergrößerung der Zitzen. Diese Veränderungen sind 8 Wochen nach der Kastration abgeheilt.

Bestimmung des Östrogengehaltes im Serum (der jedoch nicht obligat erhöht sein muß) kann die Diagnose erhärtet werden. Zu beachten ist, daß während längerer Zeit erhöhte Östrogenspiegel eine Knochenmarkhemmung (Panmyelophthise) hervorrufen können. Die *Therapie* besteht in Ovariohysterektomie resp. im Absetzen der Östrogenmedikation.

Sertolizelltumor und Feminisierungssyndrom beim Rüden. Als Ursache sind zu nennen:

– östrogenproduzierende Sertolizelltumoren,
– iatrogen durch Östrogentherapie (z. B. der Prostatahyperplasie),
– Hypoandrogenismus,
– unbekannt, wenn kein Hodentumor gefunden wird, die Plasmaspiegel von Östradiol und Testosteron normal sind und die Spermatogenese normal ist.

Zu Beginn der Erkrankung stellt sich an den Flanken, am Unterbauch, inguinal und perineal eine Alopezie ein. Mit der Zeit wird die Haut an diesen Stellen verdickt, akanthotisch, hyper- und parakeratotisch und stark hyperpigmentiert. In chronischen Fällen kann die Haut fettig-schuppend (seborrhoisch) werden. Oft ist eine ceruminöse Otitis externa vorhanden. Parallel zur Entwicklung dieses Hautbildes verläuft eine Veränderung der Geschlechtsmerkmale: Die Zitzen vergrößern sich, werden dunkel und hyperkeratotisch (Gynäkomastie), das Präputium wird schlaff, und Peniserektionen bleiben aus (Abb. 11.16.). Solche Rüden werden für andere Rüden attraktiv, ähnlich einer läufigen Hündin. Beim Sertolizelltumor wird der nicht befallene Hoden atrophisch.

Therapie: Beim Sertolizelltumor wie auch beim Feminisierungssyndrom wird die Kastration beider Hoden Therapie der Wahl sein, wobei nur eine gründliche pathologische Untersuchung auch kleine hormonal aktive Tumoren zum Vorschein bringen kann, denn die hormonalen Störungen hängen nicht von der Größe der Tumoren ab. Abgesehen davon, ist nicht jeder Sertolizelltumor hormonal aktiv. Die Prognose ist günstig, solange nicht eine östrogenbedingte Panmyelophtise vorliegt.

Beim Feminisierungssyndrom werden zur Weiterbehandlung Corticosteroide sowie eine lokale antiseborrhoische Hauttherapie empfohlen (s. Abschnitt 11.7.).

Bilateralsymmetrische Alopezie und Hyperpigmentation der Haut an Rumpf und Schwanz wurden auch beim **Seminom** beobachtet. Nach Kastration seien die Haare nachgewachsen, die Hyperpigmentation blieb (BARSANTI et al. 1979).

Hypoöstrogenismus äußert sich in einer glatten, dünnen Haut. Das Fell wird am Unterbauch und perineal oft schütter. Die Haare sind fein, wollig und meist glanzlos und ähneln Welpenhaaren. Am auffälligsten sind diese Veränderungen bei Hunden mit seidigen langen Haaren, wie z. B.

Langhaardackel und Setter. Die Veränderungen entwickeln sich mehrere Monate nach Kastration. Als *Therapie* kann die Substitution von Östrogen in kleinen Dosen über mehrere Monate hin erfolgreich sein (z. B. Östrostilben-Tabletten initial 0,1 mg/5 kg täglich, Erhaltungsdosis 0,1 mg/10 kg alle 1–3 Tage).

Somatotropinmangel-bedingte Alopezie (Pseudo-Cushing). Eine seltene und noch wenig abgeklärte Alopezie wird durch Somatotropinmangel beim ausgewachsenen Hund verursacht. Sie tritt i. d. R. bei jüngeren Hunden (1–3jährig) auf und zeigt sich an Rumpf, Hals und Oberschenkeln sowie an den Ohrmuscheln und am Schwanz. Sie wird von einer deutlichen Hyperpigmentation begleitet. Das übrige Fell ist glanzlos und trocken mit leicht ausziehbaren Haaren. Auffällig ist, daß die Haare zu Beginn der Erkrankung an Stellen, wo die Haut verletzt war, teilweise nachwachsen können, um nach einiger Zeit erneut auszufallen. Die Hautdicke ist meist unverändert; nach langer Krankheitsdauer wird die Haut dünn und schlaff. Außer den Hautveränderungen lassen sich keine weiteren Organfunktionsstörungen feststellen. Die Diagnose kann histologisch (Biopsie) anhand einer Verminderung des Gehaltes an Elastinfasern gestellt werden, ferner durch Bestimmung des Somatotropinspiegels, die jedoch gegenwärtig nur an vereinzelten Laboratorien möglich ist. Als *Therapie* wird die Substitution mit Schweinesomatotropin (5 IE pro Inj. jeden 2. Tag, 10mal) angegeben (PARKER und SCOTT 1980, EIGENMANN und PATTERSON 1984).

Ein spezifisches Krankheitsbild entwickelt sich beim **angeborenen Somatotropinmangel**, der hereditär beim Deutschen Schäferhund und beim Karelischen Bärenhund vorkommt. Er äußert sich in einem proportionierten Zwergwuchs, wobei der Wachstumsrückstand im Alter von 4 bis 5 Monaten in Erscheinung tritt, ferner in der Ausbildung eines fuchsartigen Kopfes und im Bestehenbleiben des Welpenhaares. Dieses beginnt im Alter von 8–10 Monaten auszufallen und wird nicht durch neue Haare ersetzt, was eine zunehmende Kahlheit zur Folge hat. Nur der Kopf und die distalen Extremitäten bleiben behaart (s. Kapitel 25.).

Acanthosis nigricans. Bei der Acanthosis nigricans handelt es sich um eine Hauterkrankung, deren Ätiologie nicht bekannt ist. Es wurden hormonale Dysfunktionen vermutet, aber nie bewiesen. Sie kommt am häufigsten beim Dackel vor.

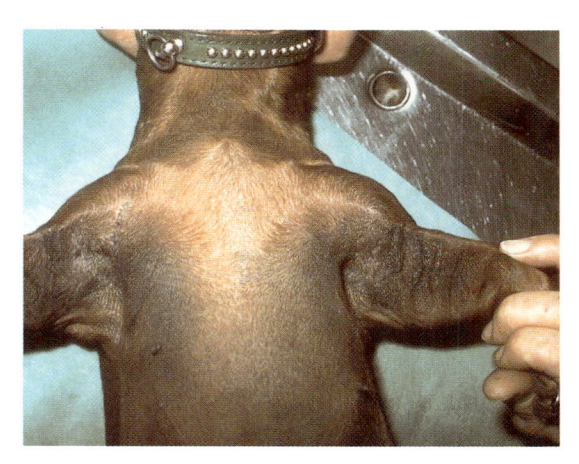

Abb. 11.17. Acanthosis nigricans, Axillae. Kurzhaardackel, weiblich, 6 J.

Der Beginn der Hautveränderungen liegt in den Axillen, im Gegensatz zur Hypothyreose und zu anderen endokrinen Störungen, bei denen die Hautveränderungen inguinal und perineal anfangen. Es setzen Haarausfall und eine zunehmend deutliche Hyperpigmentation ein (Abb. 11.17.).

Anschließend breitet sich die Acanthosis nigricans über den Bauch auf die Inguinal- und Perinealregion aus und erfaßt mit der Zeit die Rumpfseiten und die medialen Flächen der Gliedmaßen. Die Haut wird nach und nach verdickt, faltig, lichenifiziert und seborrhoisch, vor allem in den Axillae, wo die mechanische Friktion die Hauterkrankung verstärkt, und an den Gliedmaßen. Die Prognose ist sehr zweifelhaft. Als Therapie werden Corticosteroide während langer Zeit, am besten Prednisolon jeden 2. Tag empfohlen (Richtdosis 0,5 mg/kg), ferner Multihormonpräparate oder Thyroxinpräparate. Lokal ist auf gute Hygiene der Haut zu achten (Desinfektion mit Betadine® u. ä.). Corticosteroidhaltige Salben im Anfangsstadium und bei starker Seborrhoe Shampoos, welche Schwefel- und Teerverbindungen enthalten (Seleen®, Sebbix®, Poly-Tar®), können die Hautveränderungen in erträglichem Rahmen halten (KIRK 1979).

11.7. Seborrhoe

Seborrhoe bedeutet ein komplexes Krankheitsbild, welches einerseits durch vermehrte Talgabsonderung, andererseits durch gestörte Keratinisierung (Hyper- und Parakeratose) gekennzeich-

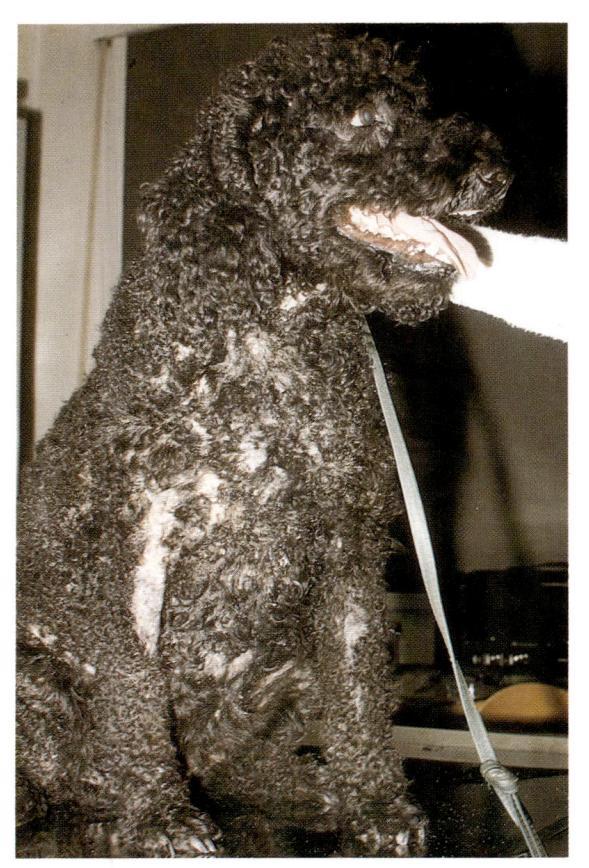

Abb. 11.18. Generalisierte Seborrhoe. Mittelpudel, weiblich, 13 J. Die Veränderungen bestanden seit 2 Jahren.

net ist. Klinisch zeigen sich eine stark vermehrte, mittelfeine bis grobe Schuppung (Pityriasis) und eine abnorme Talgsekretion, manchmal verbunden mit einem ranzigen Hautgeruch. Die Schuppen haften oft auf der Hautoberfläche, und die Talgkrüstchen kleben am Haargrund, zusammenhängend mit der Mündung der Haarbalgtrichter. Je nach Talggehalt und Feuchtigkeit der Haut wird von fettiger (Seborrhoea oleosa) oder trockener (Seborrhoea sicca) Seborrhoe gesprochen. Die Seborrhoe kann mit mehr oder weniger deutlichen Hautentzündungen einhergehen (seborrhoische Dermatitis) und von Juckreiz begleitet sein. Sie tritt lokalisiert (z. B. Ohrmuschelränder, Rücken) oder generalisiert auf (Abb. 11.18.). Die Ursachen sind vielfältig und lassen sich oft nicht mit Sicherheit feststellen. Im Vordergrund stehen primär metabolische und hormonale Störungen, wie Störungen im Fettstoffwechsel (Mangel an essentiellen Fettsäuren durch Diätfehler oder Malassimilation), Leber- und Nierenerkrankungen, Hypothyreose und Dysfunktion der Gonaden. Eine sekundäre Seborrhoe tritt im Verlauf von manchen Hautkrankheiten auf, v. a. Ektoparasitosen, chronischen Pyodermien und chronischen allergischen Dermatitiden. Bei der idiopathischen Seborrhoe können keine der erwähnten primären und sekundären Ursachen nachgewiesen werden; es wird eine hereditäre Disposition vermutet.

Die *Therapie* richtet sich in erster Linie nach der zugrunde liegenden Störung: Korrektur der Fütterung, Zusatz von ungesättigten Fettsäuren (z.B. kaltgepreßtes Distel- oder Sonnenblumenöl, für kleine Hunde 1–2 Teelöffel, für mittlere Hunde 1 Eßlöffel, für große Hunde 2 Eßlöffel täglich, oder Becel®-Margarine) zum Futter, Präparate mit essentiellen Fettsäuren (z. B. Efaderm®) sowie Behandlung der Grundkrankheit; lokale Hautpflege mit Medizinalshampoos gegen Seborrhoe auf Basis von Keratolytika, wie Teer-, Schwefel- und Selenverbindungen (z. B. Polytar®, Sebbix®, Seleen®, Sebolytic®).

Bei Seborrhoea sicca sind rückfettende Shampoos oder Öle zu verwenden (z. B. Pelsano®, Olatum-Öl®). Bäder vorerst 1–2mal wöchentlich, später alle 2–3 Wochen je nach Hautzustand. Ölemulsionen werden nach einem Reinigungsbad und gründlichem Spülen über das nasse Fell gegossen und vorsichtig einmassiert. Kein Spülen. Anschließend wird das Fell mit Frottiertüchern trockengetupft. Intensives Reiben und Trockenfönen sind zu vermeiden. Bei Pyodermie müssen zusätzlich Antibiotika eingesetzt werden, bei starkem Juckreiz sind vorübergehend Corticosteroide indiziert. Nicht selten ist die Seborrhoe, vor allem die idiopathische, eine chronische, unheilbare Erkrankung, die mit den erwähnten diätetischen und lokalen Behandlungen lediglich einigermaßen unter Kontrolle gehalten werden kann (IHRKE et al. 1979, IHRKE 1980, 1981).

Sebadenitis ist eine weitere Erkrankung mit gestörter Verhornung, verursacht durch eine chronische granulomatöse Entzündung und schließlich Degeneration der Talgdrüsen. Folge sind progressiver Haarausfall und Seborrhoe, wobei als auffälliges Merkmal ganze Haarbündel samt der Haarwurzel ausziehbar sind. Der Beginn ist oft am Schwanz und Kopf. Sebadenitis kommt in etwas unterschiedlicher Ausprägung beim Viszla, Pudel und Akita Inu gehäuft vor. Die Ätiologie ist unklar, es werden Autoimmunvorgänge vermutet. Die *Therapie* richtet sich vor allem auf Hautpflege und Vermeidung von Sekundärinfektionen. Empfohlen werden 50%iges bis 80%iges Propylenglycol in Wasser, täglich auf die betroffenen Hautbezirke aufsprayen, um die Hautfeuchtigkeit zu erhalten sowie Therapie gegen die Seborrhoe. Synthetische Retinoide, Isotretinoin (Ro-Accutane®), 1 mg/kg/Tag oder bei langhaarigen Rassen Etretinate (Tigason®) 1 mg/kg/Tag, über mehrere Wochen, nach Besserung 0,5 mg/kg jeden zweiten Tag als Erhaltung können erfolgreich sein. Diese Medikamente sind teuer und hochgradig teratogen, weisen jedoch beim Hund weniger Nebenwirkungen auf als beim Menschen (ROSSER 1993). Die Prognose ist zweifelhaft.

Andere, möglicherweise vererbte Keratinisationsstörungen sind das **Schnauzer-Komedo-Syndrom**, welches beim Zwergschnauzer auftritt und sich in Komedonen, Papeln, Pusteln und einer zunehmenden Seborrhoe, Krustenbildung und Hyperpigmentation auf dem Rücken äußert, ferner die **Ichthyose** bei Terrier-Rassen und die **Epidermis-Dysplasie** beim West Highland White Terrier (KWOCHKA 1993). Therapie wie bei der Seborrhoe. Retinoide können versucht werden.

11.8. Dermatose, Dermatitis und Ekzem

Dermatose: allgemeiner, übergeordneter Begriff einer Hauterkrankung.

Dermatitis: entzündliche Hautveränderung verschiedener Genese. Es wird unterschieden in oberflächliche (bis zum Papillarkörper reichend) und tiefe (bis in die Subkutis reichend) Dermatitiden einerseits sowie zwischen lokalisierter und generalisierter Dermatitis in bezug auf die Ausbreitung andererseits. Die genaue Klassifizierung wird nach der Ätiologie und Pathogenese vorgenommen, soweit diese eruierbar sind.

Kontaktdermatitis: Sie entsteht akut, wenn die einwirkende Substanz sofort nach dem Hautkontakt eine Entzündung bewirkt, oder chronisch, wenn erst wiederholter Kontakt mit dem Schadstoff eine Dermatitis auslöst. Davon abzugrenzen ist das Kontaktekzem (s. S. 243). Akute Kontaktdermatitis wird hervorgerufen durch ätzende Substanzen wie Säuren und Laugen, Beizmittel, chemische Lösungsmittel, wie z.B. Terpentinöl, usw. Zu denjenigen Stoffen, die erst nach wiederholtem Kontakt eine Dermatitis verursachen, gehören Seifen und Detergentien, u.a. Reinigungsmittel. Die akute Kontaktdermatitis ist als einmalige Episode auf die Hautstellen begrenzt, die mit dem Schadstoff in Berührung gekommen sind. Die chronische oder protrahierte Kontaktdermatitis zeigt sich generalisierter und bevorzugt spärlich behaarte Körperstellen wie Unterbauch, Leistenregion, Skrotum, Kinn und Plantar- resp. Volarflächen der Pfoten. Nach langdauernder Einwirkung des Schadstoffes oder wenn dieser in flüssiger Form vorliegt, können auch dicht- und langbehaarte Körperregionen betroffen werden. Futtergeschirr aus Weichplaste kann Hautveränderungen und Pigmentschwund an den Lippen verursachen. Das klinische Bild der akuten Kontaktdermatitis hängt vom Grad der Hautschädigung ab. In schweren Fällen unterscheidet sie sich nicht von Veränderungen, die durch **Verbrennung** oder **Erfrierung** verursacht werden: Zu Beginn wird die Haut erythematös und geschwollen, nässend, danach bilden sich Krusten, und je nach Tiefe der Schädigung können epidermale bis subepidermale Nekrosen entstehen (Eschara), die sich nach und nach abstoßen und hypopigmentierte, haarlose Stellen hinterlassen.

Die chronische Kontaktdermatitis ist klinisch kaum von einem Kontaktekzem zu unterscheiden. Die Haut ist anfänglich gerötet, weist Papeln seltener Vesikel auf und ist oft nässend. Später bilden sich Krusten und grobe Schuppen, nach deren Ablösung blasse Flecken zurückbleiben. Mit zunehmender Dauer entsteht eine Hyper- und Parakeratose, durchsetzt von neuen frischen Läsionen.

Die *Therapie* der akuten Kontaktdermatitis besteht im möglichst schonenden Abwaschen der noch auf der Haut befindlichen Schadstoffe, danach sind Pflege der Haut und Vorbeugung gegen Sekundärinfektionen wichtig. Auch bei der chronischen Kontaktdermatitis sind Auffinden und Eliminieren des Schadstoffes (Liegeplatz, Futtergeschirr usw.) grundlegend wichtig.

Ekzem: Es umschreibt eine mehr oder weniger generalisierte, vorwiegend oberflächliche Hautentzündung allergischer Ursache, welche in verschiedenen Stadien abläuft und mit deutlichem Juckreiz verbunden ist. Dadurch, daß unter dauernder oder wiederholter Einwirkung eines Allergens mehrere Stadien gleichzeitig nebeneinander vorliegen können, entsteht ein polymorphes Hautbild. Akutes Beginnstadium ist das Erythem (Hautrötung durch Hyperämie und Ödembildung in der Epidermis), gefolgt vom Stadium papulosum und/oder Stadium vesiculosum, gekennzeichnet durch das Vorliegen von entzündlichen Papeln resp. von Vesikeln. Nach Aufbrechen der Vesikel, wie auch durch Kratzen, tritt Serum aus, und die Hautoberfläche wird nässend (Stadium madidans). Durch das Eintrocknen des Sekretes bilden sich Krusten (Stadium crustosum). Schließlich erfolgt die Abheilung, oder es treten beim Weiterbestehen der Noxe neue akute Effloreszenzen auf. Akute Stadien in der Peripherie zeigen die Ausbreitung des Ekzems an. Durch sekundäre Infektion kann das Ekzem in das Stadium impetiginosum übergehen. Beim chronischen Ekzem zeigen sich in zunehmendem Maße Akanthose, Hyper- und Parakeratose bis zur Lichenifikation (übermäßige Verdickung und Felderung der Haut). Zudem stellt sich Haarausfall ein, und die Haut wird hyperpigmentiert. Ekzem ist ein rein morphologischer Begriff, unter dem heute ausschließlich eine allergische Dermatitis verstanden wird.

11.9. Allergische Hauterkrankungen

Die immunologischen Mechanismen, die u.a. zu Hauterkrankungen führen können, werden in vier Typen eingeteilt.

Typ I: **Anaphylaxie.** Produktion von IgE (Reagin), welches bei Kontakt mit einem Allergen Degranulation von Mastzellen und Gewebsbasophilen bewirkt. Dadurch werden verschiedene vasoaktive Substanzen wie Histamin, Serotonin, Bradykinin und proteolytische Enzyme freigesetzt. Folge ist eine Entzündung. An der Haut lokalisiert sich die Urtikaria, die Atopie sowie gewisse Futter-, Parasiten- und Medikamenten-Allergien.

Typ II: **Zytotoxischer Typ.** Antikörper (IgG, IgM) zerstören Zellen unter Mithilfe von Komplement oder durch Aktivierung von zytotoxischen Zellen. Dabei entstehen biologisch aktive Zellabbauprodukte, welche eine Entzündung auslösen. An der Haut entstehen auf diese Weise die bullösen Autoimmunkrankheiten.

Typ III: **Arthus-Reaktion.** Immunkomplex-Überempfindlichkeit. Im Gewebe abgelagerte Antigen-Antikörper-Komplexe bewirken eine Komplementfixierung. Das dadurch aktivierte Komplement zieht neutrophile Granulozyten an, welche proteolytische Enzyme freisetzen können, die zu Degranulation von Mastzellen führen. Gewisse Medikamenten- und Futtermittel-Allergien sowie der systemische Lupus erythematodes werden durch diesen Mechanismus verursacht.

Typ IV: **Verzögerter Typ.** Der Kontakt sensibilisierter T-Lymphozyten mit Antigen führt zur Freisetzung von vasoaktiven und chemotaktischen Lymphokinen, die eine Entzündung hervorrufen. Zu diesem Typ gehören die allergische Kontaktdermatitis und manche Parasiten-Allergien.

Für detaillierte Angaben sei auf TIZARD (1981), REEDY und MILLER (1989), HALLIWELL und GORMAN (1989) sowie BAKER (1990) verwiesen.

11.9.1. Urtikaria

Urtikaria ist meist eine Allergie vom Typ I, kann aber auch durch toxische, mechanische und – beim Menschen bekannt – psychosomatische Faktoren ausgelöst werden (WILLEMSE 1982). Die Freisetzung von Histaminen, Kininen und anderen vasoaktiven Substanzen bewirkt eine erhöhte Kapillarpermeabilität und dadurch ein Ödem. Insektengifte, Proteine aus Futtermitteln, chemische Substanzen und Medikamente sind die häufigsten Allergene.

Eine Urtikaria äußert sich durch das Auftreten kleinerer oder größerer Quaddeln und Papeln, meistens am Kopf, manchmal am ganzen Körper (Abb. 11.19.). Die Veränderungen sind bei glatt- und kurzhaarigen Hunden auffällig, bleiben dagegen bei lang und dicht behaarten Tieren oft verborgen. Es kann Juckreiz bestehen. Die Urtikaria klingt nach Verschwinden des Allergens häufig spontan ab, v.a. nach Insektenstichen. Bleiben die Veränderungen über Stunden hinweg bestehen, ist eine Therapie mit kurzwirkenden, wasserlöslichen Corticosteroiden, z.B. Ultracorten H® (Prednisolon), anschließend mit Prednisolon- oder Methylprednisolon (Urbason®) durchzuführen. Lokal helfen Kompressen mit essigsaurer Tonerde. Eine minutiöse Anamnese betreffs Nah-

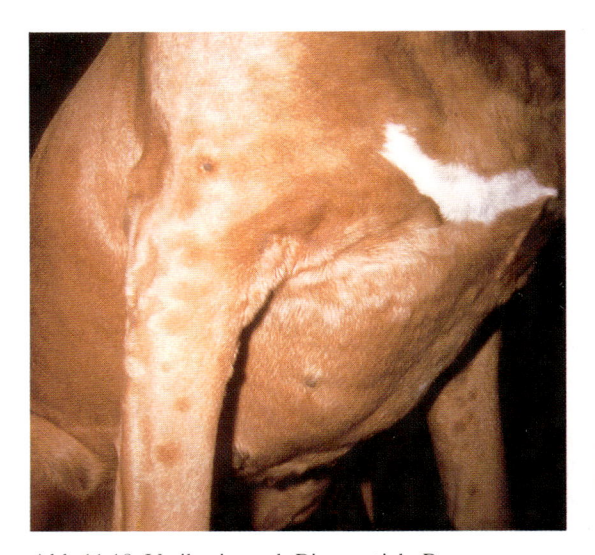

Abb. 11.19. Urtikaria nach Bienenstich. Boxer, weiblich, 9 J.

rungsaufnahme und Aufenthaltsorte hilft bei Rezidiven zur Ermittlung der Ursache. Auch nach Arzneimitteln sollte gezielt gefragt werden.

Angioödem (Oedema circumscriptum Quincke). Dem Quincke-Ödem liegen dieselben Pathomechanismen und Ursachen zugrunde wie der Urtikaria. Es äußert sich in auffälligen, manchmal hochgradigen Schwellungen der Augenlider, Lippen und Ohrmuscheln. Weiter können Schwellungen an den Extremitäten, selten auch am Rumpf vorhanden sein. Bedrohlich sind Schwellungen in Pharynx und Larynx. Hauptursache sind Insektenstiche. Bisse giftiger Schlangen können ähnlich aussehende, lokale, massive Schwellungen verursachen, die jedoch nicht nur aus einem Ödem bestehen, sondern wegen Gefäßschädigungen von Hämorrhagien begleitet sind (s. Kapitel 28.). *Therapie:* Ultracorten H® i.v., anschließend Weiterbehandlung mit Corticosteroiden bis zum Verschwinden der Symptome.

11.9.2. Atopie
(atopisches Ekzem, atopische Dermatitis, allergic inhalant dermatitis)

Unter dem Begriff Atopie – gleichbedeutend mit „seltsamer Krankheit" – beschrieb Coca 1922 eine Gruppe von drei familiär gehäuften allergisch bedingten Krankheitsbildern beim Menschen: Asthma, Heuschnupfen und atopische Dermatitis. 1941 wurde die atopische Dermatitis von Whittich auch beim Hund beschrieben (zit. bei LORENZ 1979 und REEDY 1980).

Die Prädisposition zur Atopie beruht auf der ererbten Fähigkeit der B-Lymphozyten, IgE in großer Quantität gegen potente Allergene in der Umwelt zu bilden und dadurch Allergien vom Typ I zu entwickeln. Nach Erstkontakt mit dem Allergen wird IgE in den B-Lymphozyten produziert und an Mastzellen in der Haut wie an Blutbasophile gebunden. Erneuter Kontakt mit dem Allergen, das via Inhalation, Ingestion oder perkutan auf dem Blutweg in die Haut gelangt, führt zur Degranulation der Mastzellen und zum Freisetzen von Histamin, Serotonin und proteolytischen Enzymen, welche für die Symptome verantwortlich sind. Häufigste Allergene sind Pflanzenpollen, Hausstaubmilben, Federn, Schimmel, Kapok, Wolle sowie Nahrungsmittel. Die Krankheit tritt meistens vorerst saisonal auf, wobei die Episoden zunehmend länger werden. Im späteren Verlauf kann sie das ganze Jahr über bestehenbleiben, da weitere neue Allergene den Krankheitsprozeß unterhalten. Die Atopie kann bereits im Alter von 1 Jahr, selten jünger und selten älter als 6jährig, auftreten. Ihr Verlauf ist chronisch-progressiv. Klinisches Hauptsymptom ist ein intensiver Juckreiz, der am ganzen Körper auftreten kann, jedoch häufig an Kopf, Axillen und Dorsalflächen der Zwischenzehenhäute lokalisiert ist. Selten besteht nur eine Otitis externa. Bei hellfarbigen Hunden verfärben sich die Haare durch das häufige Lecken braunrötlich. Die Hautveränderungen an den betroffenen Stellen sind sekundär durch Kratzen und Lecken verursacht: Rötung der Haut, Exkoriationen, Schuppen und Krusten. Bei chronischem Verlauf wird die Haut seborrhoisch, manchmal trocken, manchmal zeigt sich eine Hyperhidrosis (übermäßiges Schwitzen). In chronischen Fällen bilden sich lichenifizierte erythematöse, hyperpigmentierte Flächen brillenartig um die Augen, in den Axillen und inguinal. Weitere Symptome wie Rhinitis, Konjuktivitis und Asthma werden im Gegensatz zum Menschen kaum beobachtet.

Differentialdiagnostisch sind eine Reihe anderer Ursachen von Juckreiz auszuschließen: beim Junghund Endo- und Ektoparasitosen (v.a. Skabies und Cheyletiellen), beim adulten Hund neben Ektoparasitosen allergische Krankheiten anderer Genese, v.a. das Flohekzem, sowie die seborrhoische Dermatitis und die Dermatitis herpetiformis.

Zur Sicherung der Diagnose können **intradermale Allergieteste** durchgeführt werden. Voraussetzung dazu ist, daß die in Frage kommenden Allergene durch sorgfältige anamnestische Abklärung beschränkt werden können. Teste können nur durchgeführt werden, wenn die Hunde nicht unter dem Einfluß hormonaler Behandlungen stehen (keine Corticosteroide 1 bis 2 Wochen vor dem Test, bei Depotcorticoiden und nach Langzeittherapie muß bis 2 Monate gewartet werden). Hündinnen sollen weder läufig noch scheinträchtig sein (KÜCHLER 1977, BIGLER 1981).

Der Test wird folgendermaßen durchgeführt: Lateral am Thorax wird ein Feld von ca. 20 × 15 cm vorsichtig ausgeschoren, ohne Hautläsionen zu setzen. Die Haut an der betreffenden Stelle muß gesund sein. Die Injektionsstellen werden mit Filzschreiber umrandet. Die Allergene sowie eine positive (Histamin) und eine negative (NaCl 9‰) Kontrolle werden in der Dosis von 0,05 ml streng i.c. injiziert. Ablesen nach 15, 30 und 60 Minuten, bei Flohallergenen und Staphoid auch nach 12, 24 und 48 Stunden (Abb. 11.20.,

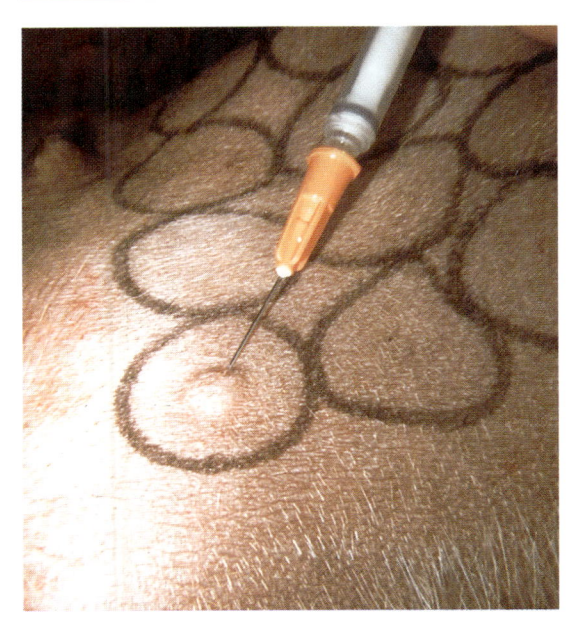

Abb. 11.20. Intrakutane Injektion der Testsubstanz.

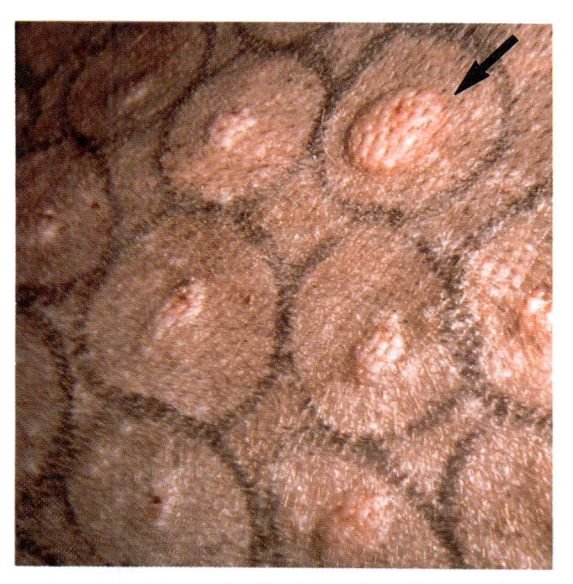

Abb. 11.21. Ablesen der Reaktion. Deutlich positive Reaktion im Feld oben rechts.

Abb. 11.20. und 11.21. Intrakutantest.

11.21.). Beim **Prick-Test** wird ein Tropfen des Allergens auf die Haut gebracht, anschließend wird mit einer speziellen Lanzette durch den Tropfen hindurch in die Haut eingestochen, wobei das Allergen durch Kapillarwirkung in die Haut eindringt. Überflüssige Allergenlösung wird nach 5 min abgetupft. Ablesen wie beim Intrakutantest.

Die Beurteilung der Reaktionen erfordert viel Erfahrung, ebenso die Auswahl der fraglichen Allergene, die je nach geographischer Region und Jahreszeit unterschiedlich sind. Greere®, Stallergène® und Bencard® sind bekannte Testsortimente. Allergieteste sowie die Hyposensibilisierung sind nach REEDY (1980) bestenfalls in 70–80% der Fälle erfolgreich.

Die *Therapie* besteht in der Vermeidung des Kontaktes mit dem Allergen, sofern dieses gefunden und ausgeschaltet werden kann. Ist das Allergen nicht vermeidbar, kann eine Desensibilisierung versucht werden (SCOTT 1978, KUNKLE 1980, FERSLEV 1982, REEDY und MILLER 1989, BAKER 1990, MULLER et al. 1993).

Das Prinzip der *Desensibilisierung* – besser als *Hyposensibilisierung* bezeichnet – besteht darin, dem Patienten das verantwortliche Allergen in ansteigender Dosierung parenteral zu verabreichen. Es wird angenommen, daß der Patient dadurch gegen das spezifische Antigen zirkulierende IgG-Antikörper produziert, welche das Allergen abfangen und fixieren, bevor es das gewebsgebundene IgE erreicht hat und eine Schadwirkung verursacht. Die eigentlichen Wirkungsmechanismen sind noch nicht genau bekannt. Die Hyposensibilisierung kann auf zwei Arten erfolgen, entweder mit wässerigen Extrakten oder mit Aluminium-Präzipitat-Extrakten. Die wässerigen Extrakte werden rasch absorbiert und erfordern daher häufige Injektionen (initial alle 2, später alle 10 Tage, Erhaltungsdosis alle 20–40 Tage), während die Aluminium-Präzipitat-Extrakte zu Beginn wöchentlich, später alle 2–4 Wochen verabreicht werden müssen. Von einer schnellen Hyposensibilisierung mit Injektionsintervallen von 3–4 Stunden wird abgeraten (KUNKLE 1980). Die Vakzine muß nach den individuellen Bedürfnissen anhand der Allergietest-Resultate zusammengestellt werden. Es dürfen maximal 10 Antigene enthalten sein, weil sonst das einzelne Antigen zu stark verdünnt wird oder weil die gesamte Antigenmenge zu hoch und damit zu gefährlich wird.

Die *Therapie* soll, wenn möglich, frühzeitig begonnen werden, so daß die Erhaltungsdosis mindestens einen Monat vor dem zu erwartenden Eintreten der Atopiesymptome erreicht ist. Die Therapiedauer sowie die Frequenz von Booster-Injektionen müssen von Fall zu Fall entschieden werden.

Medikamentös sprechen Atopiker gut auf Corticosteroide an (z. B. Prednisolon, initial 0,5 bis

1,0 mg/kg 2mal täglich während 5–7 Tagen, dann 1mal täglich bis zum Verschwinden der Symptome. Erhaltungsdosis: 0,25–0,5 mg/kg jeden 2. Morgen. Diese Therapie ist als Langzeittherapie den Depotpräparaten vorzuziehen (Gefahr eines iatrogenen Cushings und der NNR-Atrophie). Bei akutem Juckreiz kann zudem ein antipruriginöses Antihistaminikum eingesetzt werden, am besten kombiniert mit Prednisolon in niedriger Dosis; z.B. Promethazin (Phenergan®) 0,2 mg/kg p.o., Hydroxyzine (Atarax®) 2,2 mg/kg 3mal tägl. p.o., Terfenadine (Teldane®) 5 bis 10 mg/kg 2mal tägl. oder Clemastine (Tavegyl®) 0,05 bis 0,1 mg/kg 2mal tägl. Antihistaminika allein wirken nur ungenügend, können jedoch helfen, die Corticosteroiddosis niedrig zu halten (Paradis und Scott 1992).

11.9.3. Futterallergie

Sie ist eine allergische Reaktion vom Typ I oder Typ III und kann durch zahlreiche Allergene ausgelöst werden, u.a. durch Fisch (Fertigfutter enthalten nicht selten Fischmehl), Fleisch, Milch und Konservierungsmittel. Das klinische Bild tritt meistens 4–24 Stunden nach Einnahme des Allergens auf und ist vielfältig: Juckreiz ohne Hautveränderungen ist die häufigste Erscheinung, manchmal tritt eine Urtikaria auf oder allein eine Otitis externa. Generalisierte erythematöse, papulöse und schuppende Dermatitiden sind ebenfalls möglich. Zusätzlich können gastrointestinale Symptome vorhanden sein. Wird das Allergen nur gelegentlich und vorübergehend aufgenommen, verschwinden die Symptome im Verlauf von 24–48 Stunden, mit Ausnahme der sekundären Kratzverletzungen. Bei konstanter Exposition entwickelt sich eine chronische seborrhoische Dermatitis und infolge Kratzens eine sekundäre Pyodermie. Differentialdiagnostisch müssen im Beginnstadium intestinale Parasitosen ausgeschlossen werden. Im Gegensatz zur Atopie besteht keine jahreszeitliche Abhängigkeit. Zur Diagnosesicherung wird am besten während mindestens zwei Wochen eine **Eliminationsdiät** verfüttert, die nur aus einfachen Futterbestandteilen bestehen darf und keine bisherigen Fleischsorten enthalten soll. Geeignet ist ein Futter aus Huhn- oder Schaffleisch und Hüttenkäse, dazu Reis und Wasser. Diese Diät muß strikt und ohne jeglichen Zusatz (!) durchgeführt werden. Falls die Symptome verschwinden, werden in wöchentlichem Abstand je ein weiteres Futtermittel zur Eliminationsdiät zugesetzt. Durch diese graduelle **Exposition** läßt sich das Allergen ermitteln und in Zukunft vermeiden. Beim Erstellen eines Fütterungsplanes anhand der Eliminations-Expositionsdiät-Ergebnisse ist auf die adäquate Versorgung mit Vitaminen, Mineralstoffen und essentiellen Fettsäuren zu achten. Die Therapie mit Corticosteroiden ist v.a. in chronischen Fällen oft erfolglos.

11.9.4. Kontaktekzem

Es entsteht, im Gegensatz zur Kontaktdermatitis (s. S. 239), nicht durch direkte Schädigung der Haut durch einen Schadstoff, sondern stellt eine Typ-IV-Allergie dar, bei der die von außen in die Haut eindringende Substanz beim sensibilisierten Tier eine Antigen-Antikörper-Reaktion auslöst, welche die Dermatitis verursacht und unterhält. Die Auswahl der Stoffe, welche eine Allergie auslösen können, ist sehr groß. Einige Substanzen wirken sowohl direkt schädigend als auch allergisierend. Klinisch wie histologisch ist daher eine Unterscheidung nicht immer möglich. Symptome und Lokalisation des Kontaktekzems sind dieselben wie bei der chronischen Kontaktdermatitis, oft verbunden mit intensivem Juckreiz, was zu zusätzlicher Hautschädigung führt (Abb. 11.22, 11.23.).

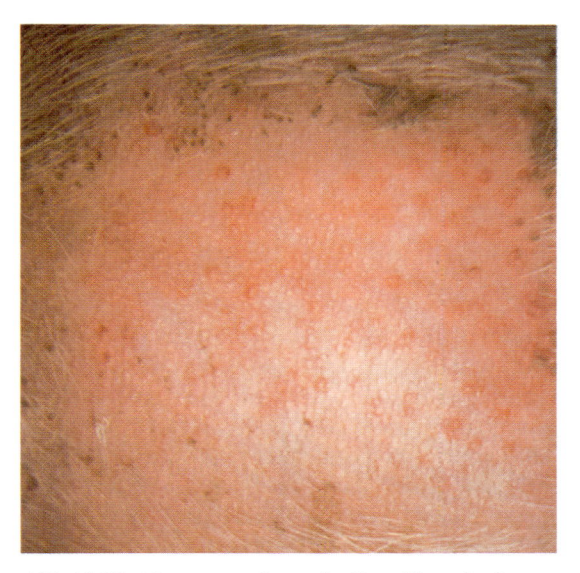

Abb. 11.22. Akutes papulo-vesikulöses Kontaktekzem, verursacht durch Heftpflasterverband. Jack-Russel-Terrier, weiblich, 6 J.

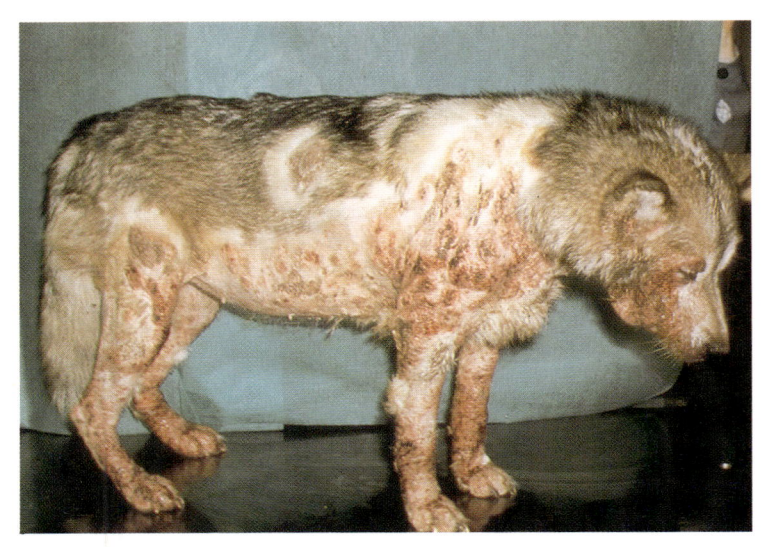

Abb. 11.23. Chronische allergische Kontaktdermatitis, verursacht durch Allergie auf Stroh. Fortgeschrittene sekundäre Kratzdermatitis. Akita Inu, männlich, 4 J. Abgeheilt nach Verbringen in andere Umgebung. Später – nach erneutem Platzwechsel mit Zwingerhaltung – Rezidiv.

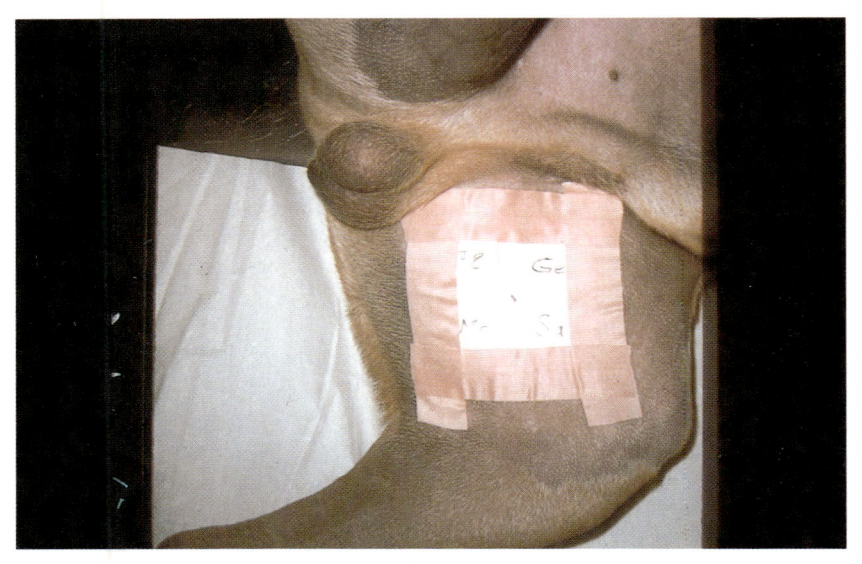

Abb. 11.24. und 11.25. Läppchentest (Patch-Test).

Abb. 11.24. Anbringen des Testpflasters medial am Oberschenkel.

Differentialdiagnostisch müssen die Atopie, Futterallergie sowie seborrhoische Dermatitis ausgeschlossen werden.

Die *Therapie* besteht in der Elimination des Schadstoffes, soweit dieser eruiert und eliminiert werden kann. Nur eine detaillierte Anamnese über die Haltung des Hundes und seine Umgebung sowie das Erfassen von Zusammenhängen zwischen einzelnen Dermatitisschüben mit Umgebungswechsel können verdächtige Allergene aufdecken. Zur Sicherung der Diagnose kann der Läppchentest (Patch-Test) beigezogen werden, und zwar unter denselben Bedingungen wie beim Intrakutantest. Die verdächtige Substanz wird auf einem speziellen Pflaster (z.B. von Lubapharm, Basel) an der Seitenbrust oder Schenkelinnenfläche aufgebracht und während mindestens 3 Tagen einmal täglich auf die erfolgte Hautreaktion kontrolliert (Abb. 11.24., 11.25). Die Schwierigkeit dabei ist, den Hund vom Abreißen oder Wegkratzen des Pflasters abzuhalten. Läßt sich der Schadstoff nicht finden, müssen Corticosteroide systemisch eingesetzt werden. Eine Hyposensibilisierung verspricht keinen Erfolg.

11.9.5. Staphylokokken-Allergie

Sie kommt bei Hunden vor, die lange Zeit gegen Pyodermien behandelt worden sind. Bakterien oder deren Stoffwechselprodukte wirken als Antigene oder Haptene und bewirken eine Allergie-

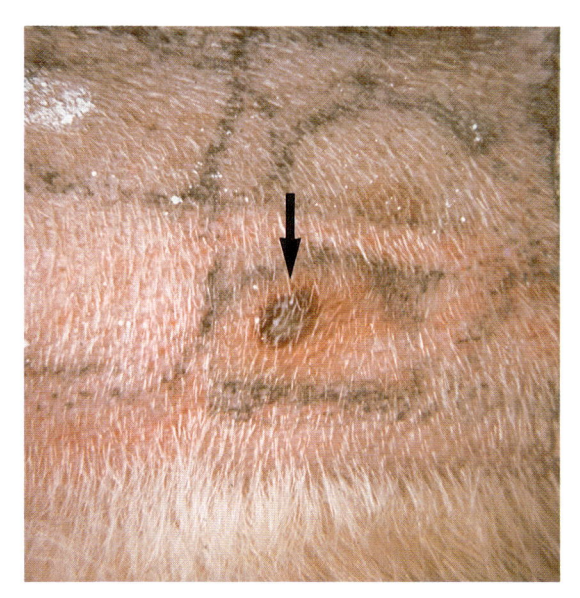

Abb. 11.25. Deutlich positive Reaktion mit Hautnekrose im unteren Feld rechts, verursacht durch ein Waschmittel.

Reaktion vom Typ III oder IV. Klinisch äußert sich dies in heftigem Juckreiz. Zudem bestehen Pusteln oder Follikulitiden, vorwiegend an den Schenkelinnenflächen und in den Axillae. Nach Aufbrechen der Pusteln resp. Follikel entstehen runde, verkrustete Flecke, die von einem roten Hof, später von einem Schuppenkranz umgeben sind und einer Dermatomykose ähneln.

Nach Abheilung bleiben runde, hyperpigmentierte Flecken zurück. Die Diagnose kann mit einem Intrakutantest mit Staphoid-AB, der dieselbe Reaktion wie das klinische Bild ergibt, präzisiert werden. Als *Therapie* müssen Antibiotika, gezielt nach Antibiogramm, während 1–2 Monaten verabreicht werden. Keine Corticosteroide! Eine Hyposensibilisierung mit Staphoid-AB kann zusätzlich versucht werden. Lokal können Präparate, die Teer und Salicylsäure enthalten, appliziert werden.

11.9.6. Hormonüberempfindlichkeit

Sie wird als Typ-VI-Reaktion aufgefaßt, die sich vor allem gegen endogene Östrogene, aber auch Gestagene und Androgene richtet (SCOTT 1978); sie äußert sich in Juckreiz, Papeln und Krusten perineal, um die Vulva und bilateralsymmetrisch an den Schenkelhinterflächen. Hinweisend ist die Zunahme der Symptome während der Läufigkeit oder Scheinträchtigkeit. Die Symptome werden mit zunehmendem Alter ausgeprägter. Als *Therapie* ist die Kastration indiziert.

11.9.7. Arzneimittelexanthem
(Drug eruption)

Es umfaßt eine morphologisch vielfältige Gruppe von Hautveränderungen, die nach Verabreichung von Medikamenten akut entstehen können, u.a. verursacht durch verschiedene Allergietypen. Sie können sich äußern in Form einer Urtikaria (u.a. Tetracycline, Vitamin K), als ekzematöse, erythematöse, akneähnliche und vesikulo-bullöse Hautkrankheiten, als Petechien und Pigmentstörungen, die lokalisiert oder generalisiert auftreten, unabhängig von der Applikationsweise des Medikamentes. Die (Verdachts-)Diagnose kann nur aufgrund einer sorgfältigen Anamnese gestellt werden und ist als Differentialdiagnose zu beachten (SCOTT 1980). Absetzen des verdächtigen Medikamentes und abwarten, ob die Veränderungen verschwinden, ist die einzige Möglichkeit, den Verdacht zu bestätigen. Bei Urtikaria kann in der dort angegebenen Weise behandelt werden.

11.9.8. Autoimmun-bedingte Hauterkrankungen

Das Immunsystem hat die Aufgabe, zwischen körpereigenen Substanzen (self) und körperfremdem Material (non-self) zu unterscheiden. Aus mehreren Gründen kann dieser Mechanismus versagen, und es kann zu schwerwiegenden Immunreaktionen gegen körpereigenes Gewebe kommen.

Autoimmun-bedingte Hautveränderungen finden sich häufig an den mukokutanen Übergängen. Oft, manchmal ausschließlich, ist die Maulschleimhaut betroffen. Ursache sind fixierte oder zirkulierende Auto-Antikörper, die gegen die einzelnen Hautstrukturen gerichtet sind (CONROY 1983, HALLIWELL und GORMAN 1989).

Pemphigus. Beim Hund sind bisher drei Untertypen bekannt und bewiesen:

1. **Pemphigus vulgaris.** Er wird hervorgerufen durch zirkulierende Antikörper gegen die interzelluläre Zementsubstanz. Dies führt zu primär vesikulo-bullösen (meist nur kurzfristig bestehenden), danach erosiven bis ulzerierenden Verän-

derungen, vorwiegend an mukokutanen Übergängen (Lippen, Augenlider, Anus, Vulva resp. Präputium), in der Maulhöhle (Gaumen), manchmal auch an den Krallenbetten, wo es zum Ausschuhen der Krallen führt (Abb. 11.26., 11.27.). Bakterielle Sekundärinfektionen verschlimmern die Krankheit, können Fieber und Störung des Allgemeinbefindens bewirken. Die Diagnose muß histologisch gesichert werden (Akantholysis direkt oberhalb des Stratum basale ist pathognomonisch, sie bewirkt intraepidermale Spaltbildung) sowie bei allen Pemphigustypen durch Immunfluoreszenz (positiv für IgG und C3 in Interzellularsubstanz). Immunkomplexdepots können mit direkter und indirekter Immunfluoreszenz nachgewiesen werden.

2. **Pemphigus foliaceus.** Mit gleicher Ätiologie und Pathogenese wie der P. vulgaris, weist der Pemphigus foliaceus Erythem, Erosionen und Krusten vor allem an der Nase, periorbital und an den Ohrmuscheln, aber auch generalisiert am Rumpf und an den Pfoten auf, weniger an den mukokutanen Übergängen. Keine Schleimhautlokalisation (Abb. 11.28., 11.29.). Der Verlauf ist meist weniger akut als bei P. vulgaris, dafür generalisierter; Sekundärinfektionen sind selten. Diagnostisch verdächtig sind Gruppen von akantholytischen Zellen bei der zytologischen Untersuchung von Pusteln. Histologisch ist eine subkorneale Akantholyse mit Spaltbildung unter dem Stratum corneum vorhanden.

3. **Pemphigus vegetans.** Er weist die gleichen Lokalisationen auf wie der Pemphigus vulgaris und wird als dessen günstiger verlaufende Variante angesehen.

Die Prognose ist, insbesondere für den Pemphigus vulgaris, zweifelhaft bis ungünstig, und es muß mit einer lebenslangen Behandlung gerechnet werden.

Die *Therapie* muß sofort begonnen werden, mit hohen Dosen von Corticosteroiden (Prednisolon 2–6 mg/kg/Tag), beim P. vulgaris zudem gleichzeitig mit Antibiotika, bis die Krankheit unter Kontrolle ist. Zu frühes Reduzieren der Corticoiddosis kann schwere Rückfälle zur Folge haben. Für die Langzeittherapie werden zusätzlich zur verminderten Corticoiddosis Immunsuppressoren eingesetzt: Cyclophosphamid (Endoxan®) 1,5 bis

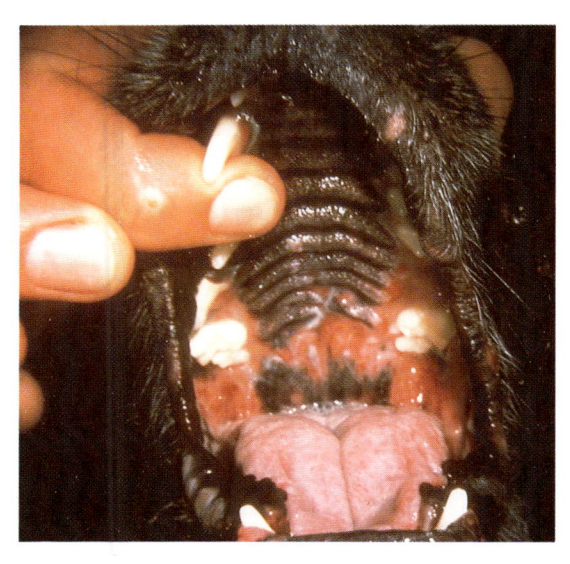

Abb. 11.26. Palatum und Gingiva.

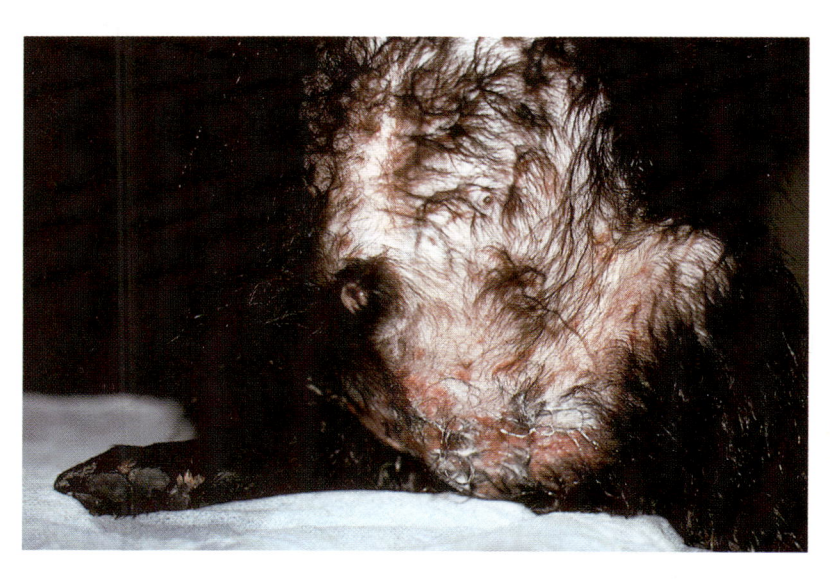

Abb. 11.26. und 11.27. Pemphigus vulgaris. Spitz, schwarz, männlich, 8 J.

Abb. 11.27. Inguinalgegend und Skrotum.

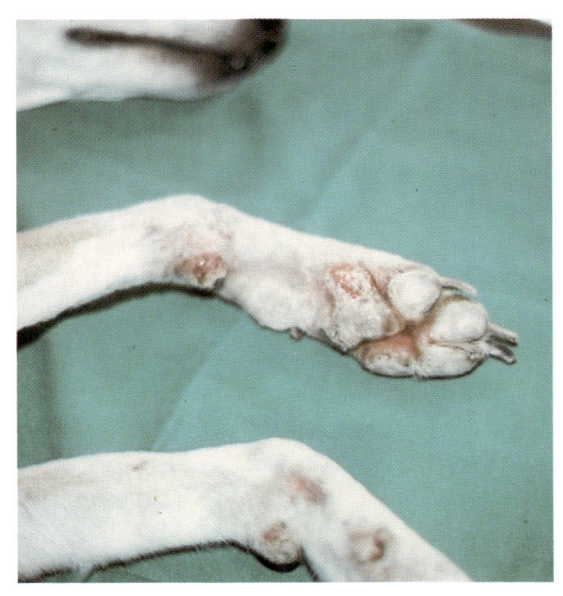

Abb. 11.28. Pemphigus foliaceus. Pfoten und Karpalballen, Greyhound, männlich.

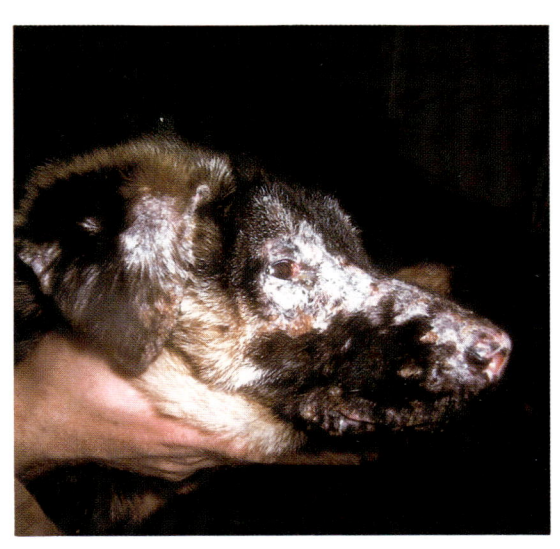

Abb. 11.29. Pemphigus foliaceus. Kopf. Deutscher Schäferhund, männlich, 6½ J.

2 mg/kg/Tag während 4 Tagen pro Woche oder Azathioprin (Imurek®) 1,5 mg/kg täglich. Bei P. vulgaris kann auch Aurothioglucose (Goldsalz) (Aureotan® 1 mg/kg/Woche) versucht werden (MANNING 1980, SCOTT 1983), nach Abklingen der Symptome alle 2–4 Wochen. Eine vorgängige Testdosis von 5 mg, nach 1 Woche 10 mg i.m., bei Hunden über 10 kg KG und von 1 mg resp. 2 mg bei Hunden unter 10 kg KG wird empfohlen.

Komplikationen sind durch Rezidive und durch iatrogenen M. Cushing zu erwarten.

Pemphigoid (bullöses Pemphigoid, canines Pemphigoid). Es ist gekennzeichnet durch Produktion von Autoantikörpern gegen Antigene in der Basalmembran. Blasen, Erosionen und Ulzerationen weisen die gleiche Lokalisation auf wie beim Pemphigus vulgaris. Sie sind häufig in der Maulschleimhaut lokalisiert, aber auch generalisiert, v.a. am Bauch und inguinal. Eine Differenzierung vom prognostisch ungünstigeren P. vulgaris ist vor allem im akuten Beginnstadium nur histologisch möglich. Die Vesikelbildung erfolgt subepidermal. Die Immunfluoreszenz ist positiv für IgG und C3 in der Basalmembran.

Die *Therapie* zu Beginn ist die gleiche wie für den Pemphigus, kann jedoch nach Abheilen der Symptome nach und nach abgesetzt werden. In chronischen Fällen genügt eine Lokalbehandlung mit corticosteroidhaltigen Präparaten (HALLIWELL 1979).

Systemischer Lupus erythematodes (SLE). Er ist eine äußerst komplexe Autoimmunkrankheit ungeklärter Ätiologie. Vermutet werden drei zusammentreffende Faktoren: genetische Prädisposition, Immundefekt (T-Zell-Defekt?) und als auslösender Faktor Viren (C-Typ-Viren). Es werden Antikörper gegen DNA (antinukleäre Antikörper, ANA) und gegen die Basalmembran der Epidermis sowie anderer Organe gebildet. Es besteht eine Prädisposition für Hündinnen. Die Hautveränderungen sind unterschiedlich, können durch Ulzera und Krusten an mukokutanen Übergängen dem Pemphigus gleichen, oder es sind Erytheme, Haarausfall, Krusten und Seborrhoe feststellbar, häufig am Kopf, aber auch am übrigen Körper. Zusätzlich können zahlreiche weitere Organmanifestationen auftreten: Glomerulonephritis, symmetrische Polyarthritis und Gliedmaßenödeme, hämolytische Anämie, Thrombopenie, Leber- und Milzvergrößerung, Fieber. Die Diagnose stützt sich auf verschiedene serologische Untersuchungen: Hypergammaglobulinämie in der Elektrophorese, Nachweis von LE-Zellen und ANA, Coombs-Test und Rheumafaktoren. Histologisch sind keine pathognomonischen Symptome vorhanden. Mit Immunfluoreszenz direkt können IgG und C3 in der Basalmembran der Epidermis und der Glomerula nachgewiesen werden. Mit dem indirekten Immunfluoreszenztest können Pemphigus und Pemphigoid ausgeschlossen werden. Die Prognose des SLE ist ziemlich ungünstig, da der Verlauf progressiv ist, allerdings mit spontanen Remissionen. Die *Therapie* besteht in der Verabreichung hoher Dosen von Corticosteroiden, später auch immunsuppressiven Medikamenten wie beim Pemphigus. Zudem symptomatische Therapie je nach vorliegenden Organerkrankungen (SCOTT 1983).

Diskoider (kutaner) Lupus erythematodes. Er ist beim Menschen eine chronisch verlaufende Hautkrankheit, die vor allem das Gesicht befällt und durch Sonnen- und UV-Bestrahlung verschlimmert wird. Sie wird durch Immunkomplexe verursacht. Beim Hund wird vermutet, daß Fälle von Solar-nasal-Dermatitis (Collie-Nose) und das Sheltie-Syndrom (Erythem, Haarausfall und Krustenbildung auf dem Nasenrücken und periorbital eine „Schmetterlingsform" bildend) mit dem diskoiden Lupus identisch sind. Beweis histologisch durch Verdickung der Basalmembran und Nachweis von IgG und C3 in der Balsamembran. MULLER (1981) vermutet, daß Fälle von Collie-Nose auch dem Pemphigus erythematodes zuzuordnen seien.

Der diskoide Lupus erythematodes beginnt mit Depigmentierung und Erythem, später auch Ulzerationen, an den Nasenflügeln und um die Nasenlöcher. Im Verlauf bilden sich erythematöse krustöse Veränderungen auch an den Lippen, Augenlidern, Ohrmuscheln und um den After (Abb. 11.30.). Die Prognose ist günstiger als für den systemischen Lupus.

Therapie: Corticosteroide und Schutz vor Sonnenbestrahlung.

Dermatitis herpetiformis. Sie wird beim Menschen den Autoimmunkrankheiten zugeordnet. Ein gleichartiges Krankheitsbild wurde beim Hund beschrieben (HALLIWELL et al. 1977), wobei der Nachweis von IgA und C3 direkt unter der Basalmembran (Immunkomplex-Ablagerungen von Gluten-Antigluten-Komplexen, die mit Retikulin in der Dermis reagieren) bisher nicht erbracht werden konnte. Klinisch zeigen sich von heftigem Juckreiz begleitete, kleine, erythematöse Maculae, später Vesikel, Papeln und Pusteln. Diese Veränderungen treten, oft in Gruppen angeordnet, vorwiegend am Rumpf, aber auch an den Beinen, Pfoten und am Kopf auf. Im Verlauf von 2–3 Tagen platzen die Pusteln, und es bilden sich von einem erythematösen Hof umgebene Krüstchen. Die Läsionen heilen in einigen Wochen ab, wobei hyperpigmentierte rundliche Flecken zurückbleiben. Histologisch zeigen sich subepidermale Vesikel und intraepidermale

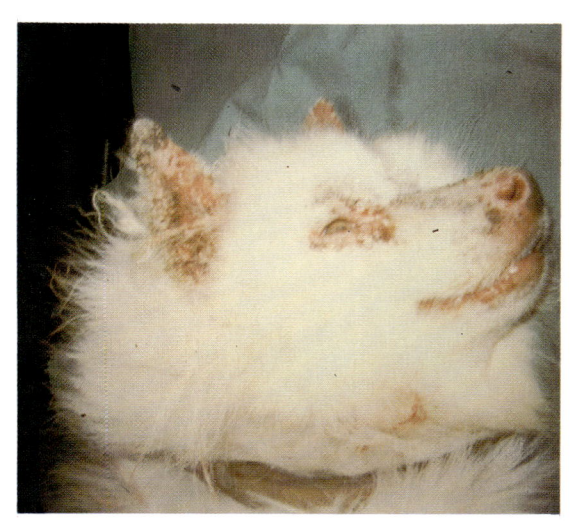

Abb. 11.30. Diskoider Lupus erythematodes. Spitz, männlich. 3 J. Auffällige Depigmentation von Nasenspiegel, Lippen und Augenlidern. Miterkrankung der Ohrmuscheln.

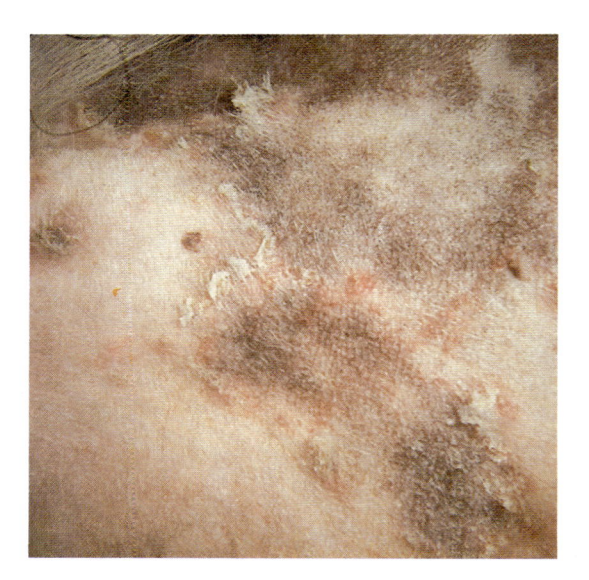

Abb. 11.31. Subkorneale pustulöse Dermatose, Rücken. Schäferhundbastard, männlich, 4 J.

Mikroabszesse mit neutrophilen und eosinophilen Granulozyten.

Klinisch kaum unterscheidbar ist die **subkorneale pustulöse Dermatose**, eine Hautkrankheit unbekannter Ätiologie, über die beim Hund u.a. MCKEEVER und DAHL (1977) sowie GREIFFENHAGEN-POTOCKI und HARTUNG (1978) berichteten. Als Haupteffloreszenzen treten primär sterile Pusteln auf, die gruppenweise ringförmig oder mäanderartig angeordnet sind. Nach deren Platzen bilden sich Krusten. Im Verlauf der Abheilung bleiben haarlose, hyperpigmentierte Flecken zurück, die von kragenartigen Schuppen umgeben sein können (Abb. 11.31.). Diese Krankheit ist ebenfalls von Juckreiz begleitet, der aber nicht so intensiv ist wie bei der Dermatitis herpetiformis. Histologisch liegen subkorneale Pusteln mit neutrophilen Granulozyten vor.

Die *Diagnose* kann bei beiden Erkrankungen nur mit Hilfe der histologischen Untersuchung gestellt werden.

Differentialdiagnostisch müssen andere mit Pruritus einhergehende Erkrankungen wie Allergien, Räude und atypische Dermatomykosen, aber auch vesikulöse und pustulöse Dermatosen anderer Genese, z. B. Pemphigus foliaceus, ausgeschlossen werden. Beide Krankheiten sprechen nicht auf Corticosteroide an. Die Behandlung erfolgt mit Dapson (Diaminophenylsulphon, Avlosulfon), initial 4 mg/kg täglich, verteilt auf 4 Dosen, nach Besserung der Veränderungen im Verlauf von 1–4 Wochen Dosis auf 0,3–0,6 mg/kg, 2–3mal täglich reduzieren.

Die *Therapie* muß bis zur gänzlichen Abheilung weitergeführt werden. Da Dapson Nebenwirkungen haben kann, wie Keratoconjunctivitis sicca, Thrombopenie, Leukopenie, Anämie und Leberschäden, soll diese Therapie nur bei gesicherter Diagnose angewendet werden.

Im folgenden sind seltene, den Autoimmunkrankheiten zuzuordnende Hautveränderungen aufgeführt.

Die **noduläre Pannikulitis**, eine weitere noch wenig abgeklärte Erkrankung, erwähnte HALLIWELL (1980). Als Ursache wird eine Autoimmunreaktion gegen das Haut-Fettgewebe vermutet. Klinisch äußert sich die Krankheit im akuten Auftreten von Knoten in der Subkutis, welche abszedieren und sekundär infiziert werden, verbunden mit einer Störung des Allgemeinbefindens. Die *Therapie* besteht in hohen Dosen von Corticosteroiden und Antibiotika.

Bei einigen weiteren, beim Hund beschriebenen, seltenen Hautkrankheiten werden immunologische Mechanismen als Ursache oder Teilursache vermutet.

Alopecia areata: fokale oder multifokale haarlose Flecken, vorwiegend an Kopf, Nacken und Hinterbeinen (CONROY 1979).

Toxische, epidermale Nekrolyse (Lyell disease): disseminierte, bullöse, erodierte und nekrotisierende, dolente Läsionen und Ulzera in Haut und Schleimhäuten. Differentialdiagnostisch dem Pemphigoid und Pemphigus vulgaris ähnlich (CONROY 1979).

Eine dem **Staphylococcal scalded skin syndrome** des Menschen ähnelnde Hauterkrankung fanden LOVE und DAVIS (1980) bei Greyhounds. Sie äußert sich in rasch auftretenden Blasen, deren Dach samt den darüberliegenden Haaren leicht abgezogen werden kann. Hauptlokalisation sind Nacken und Rücken. Als *Therapie* werden eine lokale Reinigung und Desinfektion mit Chlorhexidin sowie systemische Antibiotikagaben über 10 bis 14 Tage empfohlen.

Erythema multiforme: erythematöse Maculae oder ödematöse Plaques, beim Menschen im Anschluß an Infektionen oder durch Medikamente ausgelöst.

Ferner beschrieben MANNING et al. (1980) einen Fall von **kutaner leukozytoklastischer Vaskulitis**, charakterisiert durch multiple, teils dolente, teils juckende Ulzerationen an den Ohrmuschelrändern, den Oberlippen und Pfotenballen, begleitet von Fieberschüben, bei einer 7jährigen Dackelhündin. Auch diese, als autoimmun-bedingt klassifizierte Erkrankung konnte durch Dapson unter Kontrolle gebracht werden.

11.10. Parasitäre Dermatosen

Ektoparasiten können auf verschiedene Weise zu Hautveränderungen führen: Irritation durch das Herumwandern auf der Hautoberfläche, Auslösen von Papeln, Vesikeln oder Quaddeln mit Juckreiz durch die Stiche, dadurch sekundäre Hautbeschädigung und Infektionsgefahr durch Kratzen und Nagen. Bei einzelnen Individuen kommt es zu einer Sensibilisierung der Haut gegen Speichel und Exkremente der Parasiten, wodurch wenige Parasitenexemplare eine allergische Dermatitis auslösen und unterhalten können, selbst wenn sie nicht ständig auf dem Wirtstier anwesend sind.

Flöhe (*Ctenocephalides canis*) verursachen Juckreiz, der oft attackenartig auftritt. Auf der Haut zeigen sich vereinzelte Papeln und kleine Krüstchen. Durch Scheuern und Lecken kann sich eine Dermatitis mit Rötung, Erosionen, Krusten, Haarbruch und Haarausfall entwickeln (Flohdermatitis). Durch bakterielle Sekundärinfektion kann eine Pyodermie entstehen. Eine nicht seltene Komplikation ist die Sensibilisierung auf Flohspeichel: Die allergische Reaktion (Typ I und Typ IV) führt zu ausgedehnten papulokrustösen, nässenden Ekzemen **(Flohekzem)** (Abb. 11.32.). Prädilektionsstellen für Flohdermatosen sind Kruppe und Schwanzwurzelregion, über den Rücken fortschreitend, im weiteren Ohrbasis, Nacken und Hals. Bei Welpen kann massiver Flohbefall zur Ausprägung einer Anämie beitragen.

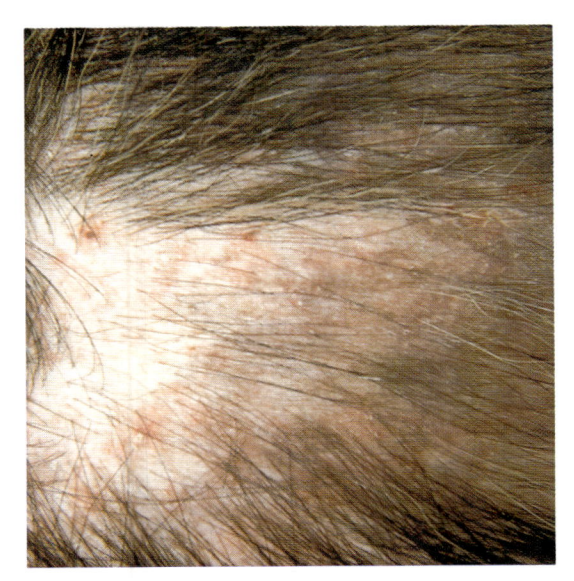

Abb. 11.32. Flohekzem an der Kruppe. Schäferhundbastard, männlich, 4 J.

Diagnose: anhand des Nachweises der kleinen dunkelbraunen Parasiten, die sich flink zwischen den Haaren fortbewegen, oder durch Flohexkremente, die als kleine dunkle Krümel v. a. an den Prädilektionsstellen zu finden sind und sich auf feuchtem, weißem Filter- oder Fließpapier zu braunroten Flecken auflösen.

Die *Therapie* richtet sich auf die Bekämpfung der Parasiten, einerseits auf dem Wirtstier, andererseits in den Brutstätten in Hundehaus oder Wohnung.

Bei massivem Befall, insbesondere bei langhaarigen Hunden, sind insektizidhaltige Bäder mit Phosphorsäureester oder Hexachlorcyclohexan (Antigal®, Ectofum®) am besten geeignet; 2–3malige Wiederholung in wöchentlichem Abstand. Gegen leichten Befall und als Prophylaxe gegen Wiederansteckung dienen Flohhalsbänder (enthalten Phosphorsäureester in Form von Dichlorvos, Diazinon Propoxur, neuerdings auch Amitraz) oder Flüssigkeit, welche zwischen die Schulterblätter gestrichen wird (Tiguvon®). Puder, Sprays und Schaumshampoos mit Insektizidzusatz sind v. a. bei kurzhaarigen Rassen geeignet. Vergiftungen können durch Ablecken, Anknabbern von Halsbändern sowie durch perkutane Resorption auftreten, besonders nach längerdauernder Anwendung (s. Kapitel 28.).

Für säugende Hündinnen und Welpen dürfen nur die wenig toxischen pyrethrumhaltigen Präparate (meist als Puder im Handel), empfohlen werden. Die schonendste, aber zeitaufwendigste Behandlung der Welpen besteht im Durchkämmen mit einem geeigneten Flohkamm und in manueller Beseitigung der Parasiten.

Heftiger und anhaltender Juckreiz durch Flohekzem kann durch Verabreichung von Prednisolon (0,5 mg/kg/Tag während einiger Tage) oder auch durch Vetaraxoid® bekämpft werden.

Bei Flohbefall muß daran gedacht werden, daß Flöhe Zwischenwirte des Bandwurms *Dipylidium caninum* sind.

Entseuchung der Umgebung: Hundehaus: Stroh usw. entfernen und verbrennen, Decken waschen. Haus auswaschen mit insektizidem Waschmittel, nachspülen. Wohnung: häufig staubsaugen, zusätzlich mit Insektizidsprays behandeln, v. a. die bevorzugten Liegeplätze (BLEDSOE et al. 1982). Cave: Zierfische und Vögel erst nach gründlichem Lüften wieder in die Wohnung bringen! In schlimmen Fällen Entseuchung der Wohnung durch spezielle Sanitätsinstitute. Medikamente, welche die Entwicklung der Flohlarven verhindern (z. B. Program®), sind nützlich, insofern nicht von außen immer wieder neue Flöhe eingeschleppt werden.

Bedeutung für den Menschen: Flöhe sind artspezifisch. Es ist jedoch möglich, daß einzelne Familienmitglieder durch Flohstiche belästigt werden. Durch Bestimmung der Flöhe kann auf den Herkunftswirt geschlossen werden. Dies spielt bei häufigen Reinfestationen zur Ermittlung der Quelle eine Rolle.

Läuse (*Linognathus setosus*) saugen Blut und verursachen heftigen Juckreiz. Prädilektionsstellen sind Oberlippe, Ohrgrund und Hals.

Haarlinge (*Trichodectes canis*) leben vorwiegend von Hautschuppen und verursachen Juckreiz durch Herumlaufen.

Diagnose durch Nachweis der adulten Parasiten (Laus schmalköpfig, Haarling breitköpfig) oder der Nisse, die als kleine, helle, schuppenartige Gebilde an den Haaren ankleben und unter dem Mikroskop typisiert werden können.

Therapie: wie Flohbefall.

Raubmilben (*Cheyletiella yasguri* beim Hund, selten *Cheyletiella parasitivorax*, übertragen durch Kaninchen und Meerschweinchen). Cheyletiellen leben von Schuppen, verursachen starken Juckreiz und feine bis mittellamelläre Schuppung, mit der Zeit auch eine Seborrhoe an den befallenen Hautbezirken. Prädilektionsstellen sind Ohrmuscheln, Gliedmaßen und der Rücken. Bevorzugt werden langhaarige Hunde resp. Körperstellen mit langer Behaarung. Zwinger-Endemie.

Diagnose: Nachweis der Parasiten mittels Abklatsch mit Scotch-Tape oder Hautgeschabsel, wobei die Milben durch ihre relative Größe und heftige Beweglichkeit auffallen.
Therapie: wie bei Flohbefall.

Bedeutung für den Menschen: Cheyletiellen können temporär auf den Menschen übergehen und eine juckende Dermatitis hervorrufen (MARCHAND 1979).

Die **Rote Vogelmilbe** *(Dermanyssus gallinae),* auch als Hühnermilbe bezeichnet, saugt Blut. Je nach Nährzustand ist sie weiß bis rot-braunrot gefärbt und geht ausnahmsweise von verlassenen Hühnerställen oder Vogelnestern aus auf Haustiere und Menschen über. Sie verursacht meist stark juckende, papulöse bis ekzemartige Hautveränderungen.
Diagnose: Die ausgewachsene Milbe ist relativ groß und mit bloßem Auge oder mit einer Lupe erkennbar.
Wichtigste *Therapie* ist das Bekämpfen der Ursache: Verbrennen der verlassenen Vogelnester, sonst Therapie wie bei Flohbefall.

Herbstgrasmilben *(Neotrombicula autumnalis)* bewirken eine Irritation durch Herumwandern auf der Haut wie auch durch Eindringen von Speichel in die Haut, wenn sie sich festsetzen. Dies verursacht eine papulöse, manchmal auch pustulöse juckende Dermatitis. Prädilektionsstellen sind Zwischenzehenhäute, Bauch, Schenkelinnenflächen, Skrotum und Ohrmuscheln (Abb. 11.33.).
Diagnose: Nachweis der kleinen, braunrötlichen Parasiten mit der Lupe. Die **Therapie** besteht in Bädern mit Phosphorsäureester-Präparaten.

Die **Hirschlausfliege** *(Lipoptera cervi)* lebt in Wald und Gebüsch und kommt v. a. nach warmen Wetterperioden im Spätsommer und Herbst regional gehäuft vor, wobei sie auch Hunde befallen kann. Sie saugt Blut und verursacht durch ihre Stiche langanhaltenden Juckreiz. Die Diagnose ist oft unmöglich, da der Parasit nur kurzfristig auf dem Hund bleibt.
Mücken. Mückenstiche treten an wenig behaarten Körperstellen, besonders an Nasenrücken und Unterbauch, auf und geben zu Juckreiz Anlaß.
Zecken: *Ixodes ricinus* ist die häufigste Art in Mitteleuropa; ferner *Dermacentor marginatus* („Freilandzecken") und *Rhipicephalus sanguineus* (Braune Hundezecke, „Hauszecke"). *Ixodes* befällt den Hund in hohem Gras und Gebüsch,

Abb. 11.33. Herbstgrasmilbe (Foto: B. HÖRNING, Bern, Institut für Tierpathologie, Parasitologische Abteilung).

gern in Nähe von Gewässern. Die Zecke spielt eine Rolle bei der Übertragung von Viren (Zeckenenzephalitis) und Bakterien (Lyme-Borreliose). Dasselbe gilt für *Dermacentor*. *Rhipicephalus* kommt überall auf der Welt vor, ca. zwischen dem 50. und 35. Grad südlicher Breite. Gelegentlich wird sie in nördlichere Gegenden eingeschleppt und kann sich in Zwingern und Wohnungen halten und vermehren. *Rhipicephalus* und *Dermacentor* dienen als Überträger von Viren, Rickettsien (*Ehrlichia*, vermutlich auch Hämobartonellen) sowie Protozoen *(Babesia canis)*. Im Gegensatz zu den anderen Zecken fällt *Rhipicephalus* durch ihren Drang auf, aufwärts zu kriechen (HARWOOD und JAMES 1979).

Therapie: In der Haut steckende Zecken (v. a. *Ixodes*) lassen sich am besten durch vorsichtiges „Herausdrehen" entfernen. Dagegen wird ein Betupfen der Zecke mit Öl nicht empfohlen. Durch den Einstich und wenn Teile der Mundwerkzeuge steckengeblieben sind, entstehen Papeln oder kleine Granulome, die oft wochenlang bestehenbleiben. Bei *Rhipicephalus*, der als Massenbefall auftreten kann, sind Bäder mit Phosphorsäureester-Präparaten mehrmals im Abstand von 10 bis 14 Tagen geeignet. Als Prophylaxe empfiehlt sich das Durchkämmen des Fells mit einem feinen Kamm nach der Heimkehr vom Spaziergang. Antiparasitensprays vor dem Ausführen und Flohhalsbänder können zur Vermeidung des Zeckenbefalls beitragen. Bei *Rhipicephalus* muß an die Möglichkeit der Wohnungsverseuchung gedacht werden.

Körperräude (Skabies) wird durch die Grabmilbe *Sarcoptes scabiei* var. *canis* verursacht. Die Milben dringen den Haarbälgen entlang in die Epidermis ein und graben im Stratum granulosum, seltener bis ins Stratum spinosum hinein, Bohrgänge, wo sie sich von Zellen ernähren und Eier legen. Ansteckung durch direkten und indirekten Kontakt (Zwingerverseuchung).

Symptome: Die Skabies beginnt am Kopf, vor allem an den Augenbogen und an den Ohrrändern (Abb. 11.34.). Erste Symptome sind kleine, von rotem Hof umgebene Papeln oder Pusteln und eine vermehrte Schuppung, dann, etwa 1 Monat nach der Ansteckung, setzt ein intensiver, vor allem in der Wärme ausgeprägter Juckreiz ein. Nach und nach wird die Haut verdickt, entzündet, von Krusten bedeckt und durch das ständige Kratzen lädiert. Haarausfall und sekundäre Infektion sind weitere Folgen. Vom Kopf her breitet sich die Räude auf die Beine (Prädilektionsstelle an den Ellbogen) und den Rumpf aus.

Die Skabies ist hochkontagiös für andere Hunde und kann vorübergehend auch auf den Menschen übergehen, wo sie kleine, rote, heftig juckende Papeln hervorruft. Es besteht keine Alters- und Rassedisposition.

Diagnose: Auffallend sind die krustösen entzündlichen Hautveränderungen mit Beginn am Kopf und Ohrmuscheln sowie der intensive Juckreiz. Nachweis der Milben oder deren Eier und Kot in Hautgeschabseln, die am Rand von frisch veränderten Hautstellen zu entnehmen sind. Ein Nachweis von Milben gelingt häufig nicht.

Differentialdiagnostisch sind Cheyletiellen auszuschließen, deren Prädilektionsstellen Ohrmuscheln und Rücken sind, ferner gleicht die Räude im Beginnstadium einem Ekzem, in späteren Stadien Dermatitiden und Pyodermien anderer Ursache.

Therapie: Bekämpfung der Milben auf dem Hund wie auch in seiner Umgebung. Geeignet sind Bäder mit akariziden Lösungen, anfangs 2mal wöchentlich, später alle 1–2 Wochen, bis die Symptome, vor allem der Juckreiz, verschwunden sind. Gut wirksam ist Ivermectin, 0,2 mg/kg p.o. oder s.c. (Ivomec®). Die Substanz ist jedoch nicht für Kleintiere registriert und darf nicht an Collies, Shelties und Bobtails verabreicht werden.

Es müssen alle Hunde, die in Kontakt miteinander stehen, behandelt werden. Umgebungssanierung wie für die Flohbehandlung angegeben. Gegen heftigen Juckreiz können vorübergehend Corticosteroide parenteral eingesetzt werden, um die mechanische Hautbeschädigung zu vermindern. Bei starker Schuppung und Hyperkeratose können abwechslungsweise auch keratolytische Shampoos (z.B. Seleen®) verwendet werden.

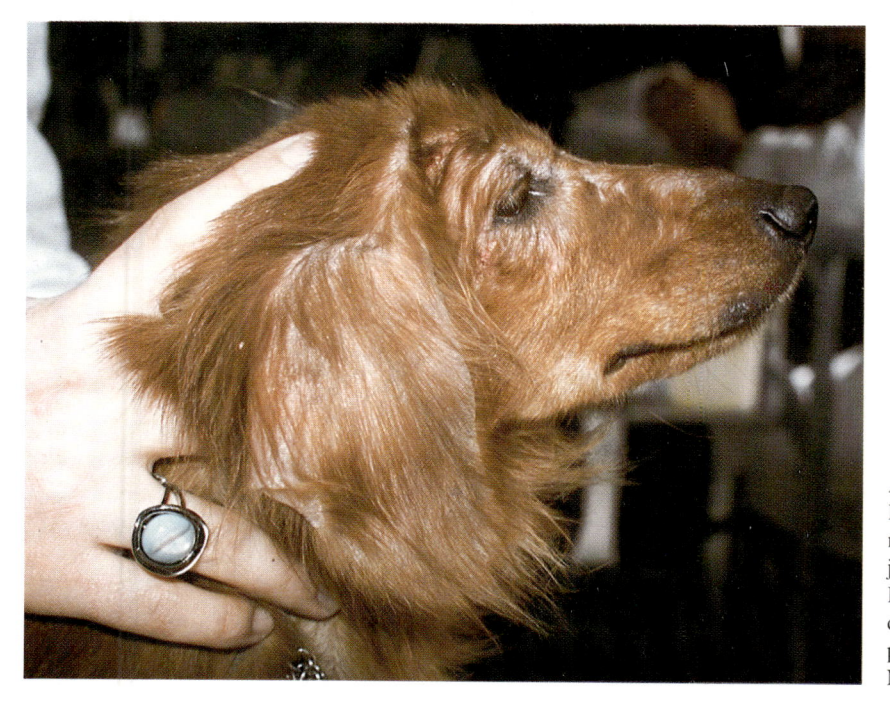

Abb. 11.34. Skabies. Langhaardackel, männlich, 7 J. Stark juckende, schuppende Hautveränderungen an den Ohrmuscheln, periorbital, an Stirn- und Nasenrücken.

Die *Prognose* ist günstig, solange nicht fortgeschrittene, chronische Hautveränderungen und Störungen des Allgemeinzustandes vorliegen.

Sehr selten können artfremde Grabmilben Räudesymptome hervorrufen. *Notoedres cati* kann von erkrankten Katzen vorübergehend auf Hunde, v.a. auf Welpen, übertragen werden, wo sie der Katzenräude vergleichbare Symptome verursacht. Gleiches gilt für die Fuchs- und Rinderräude. Ferner ist über einen Fall von *Scabies scabiei* var. *hominis* bei einem Hund berichtet worden (ANDERSON 1981).

Demodikose. Sie wird verursacht durch die Haarbalgmilbe *Demodex canis*. Diese lebt und vermehrt sich in den Haarfollikeln, was Haarausfall zur Folge hat, sowie gelegentlich in Talg- und Schweißdrüsen. Sie wurde auch in Lymphknoten, im Korium und in der Subkutis gefunden. Ein großer Prozentsatz der Hunde sind latente Träger. Die Übertragung erfolgt in den ersten Lebenstagen durch Kontakt mit der Hündin beim Säugen. Intrauterine und laktogene Übertragung konnte nicht bewiesen werden. Die Gefahr einer direkten oder indirekten Ansteckung nimmt mit dem Heranwachsen der Welpen ab, bleibt aber zu beachten, wenn resistenzgeschwächte Hunde einer Ansteckung ausgesetzt sind. Ältere Hunde, die an Demodikose erkranken, waren vermutlich schon als Jungtiere Träger. Nach den heutigen Kenntnissen beruht die generalisierte persistierende Demodikose auf einem Immundefekt (T-Zell-Suppression; SCOTT 1979). Eine Prädilektion besteht für Junghunde kurzhaariger Rassen. In oft atypischer Form kann die Demodikose aber in jedem Alter und bei jeder Rasse auftreten.

Klinisch unterscheidet man zwischen lokalisierter und generalisierter Demodikose, nach dem Hautbild zwischen der squamös-papulösen und der pustulösen Form.

Symptome: Die Demodikose beginnt meist am Kopf (periorbital, Wangen), befällt dann Vorderbeine, Pfoten (Zwischenzehenhäute!) und Rumpfseite in Form von kleinen, unscharf begrenzten, haarlosen Fleckchen, vereinzelt auftretend oder generalisiert, wobei das Fell ein mottenfraßartiges Aussehen bekommt. Die Haut zeigt eine leichte Rötung, mehr oder weniger auffällige Schuppung und vereinzelte Papeln (squamo-papulöse Form). Durch Sekundärinfektion (meist Staphylokokken) entstehen Pusteln, und mit der Zeit wird das Bild einer Pyodermie vorherrschend (pustulöse Form). Die Demodikose verläuft normalerweise ohne Juckreiz, außer bei Sekundärinfektion, wo die Hautentzündung durch Kratzen verschlimmert werden kann (Abb. 11.35.–11.38.).

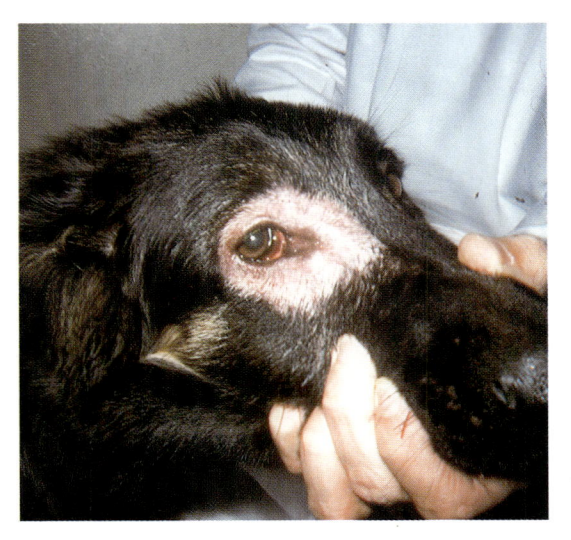

Abb. 11.35. Demodikose: lokalisiert, squamöse Form, periorbital. Deutscher Schäferhund, weiblich, 5 Monate.

Diagnose: Milbennachweis durch Auspressen von Hauttalg und Abstrich auf einen Objektträger, durch Hautgeschabsel oder durch Hautbiopsien. In der Regel werden zahlreiche Milben in allen Altersstadien gefunden. Schwieriger ist der Nachweis bei der Pyodermie-Form und bei Interdigitalpyodermien.

Therapie: Die leichtgradige, lokalisierte, squamöse Form (bis zu fünf Flecken) verschwindet bei Welpen und Junghunden oft spontan im Verlauf von 3–8 Wochen, während ein gewisser Prozentsatz der Fälle trotz intensiver Behandlung in die generalisierte Form übergeht (SCOTT 1979). Sobald sich eine Tendenz zur Ausbreitung oder Vermehrung der Flecken zeigt, sollte keine Behandlung des ganzen Tieres vorgenommen werden. Einzelflecken können täglich mit einer akariziden Flüssigkeit betupft werden. Vor Behandlung im Bereich der Augen muß eine schützende Augensalbe appliziert werden. Die Lokaltherapie führt anfänglich oft zu einer Verschlimmerung der Läsionen durch das mechanische Entfernen weiterer Haare aus den befallenen Haarfollikeln und durch Hautreizung der Präparate. Die Therapie der generalisierten Demodikose, insbesondere der pustulösen Form, bietet immer noch Schwierigkeiten, und die Prognose muß als zweifelhaft gestellt werden, nicht zuletzt deswegen, weil in jedem Fall mit einer langdauernden Behandlung zu

Abb. 11.36. *Demodex canis* in Hautgeschabsel (Foto: HÖRNING, Bern, Institut für Tierpathologie, Parasitologische Abteilung).

Abb. 11.37. Demodikose: generalisiert, pustulöse Form. Dalmatiner, weiblich, 6 J. Abgeheilt nach mehrwöchiger Therapie mit Amitraz.

rechnen ist, deren Resultat nicht vorausgesehen werden kann. Ungünstig ist das Auftreten einer Demodikose bei älteren Hunden, da sie als Folge anderer immunsuppressiver Krankheiten betrachtet werden muß. Um eine intensive Behandlung durchführen zu können, empfiehlt es sich, langhaarige Hunde zu scheren. Anschließend werden mit einer akariziden Lösung Ganzkörperwaschungen durchgeführt. Am besten eignen sich Präparate auf Diamidid-Basis wie Mitaban und Amitraz (Taktic® Intervet S.A. Angers F; Ectodex® Arovet). Es wird eine 0,025%ige–0,05%ige wäßrige Lösung auf den ganzen Körper aufgetragen, zuerst wöchentlich, nach Besserung alle 14 Tage. Die Behandlung muß mit Handschuhen in einem gut belüfteten Raum vorgenommen werden (BUSSIÉRAS 1981, BUSSIÉRAS und CHERMETTE 1986). Das Präparat kann neuroleptartige Nebenwirkungen haben, wie Müdigkeit und Benommenheit. Weitere Möglichkeiten sind Bäder mit Organophosphaten oder Hexachlorcyclohexan, welche jedoch weniger erfolgversprechend sind.

In jedem Fall kontraindiziert ist die lokale oder parenterale Verabreichung von Corticosteroiden! Bei Pyodermie ist eine zusätzliche Antibiotikatherapie, am besten anhand eines Antibiogramms und mit bakteriziden Präparaten, erforderlich. Therapiedauer 3–6 Wochen. Die vereiterte Haut muß täglich mit einem Antiseptikum (Betadine®, Chlorhexidin) gereinigt werden.

Die *Therapie* soll durch wöchentliche Hautgeschabsel kontrolliert werden, um feststellen zu können, ob noch lebende Milben und Larven vorhanden sind. Die Therapie muß solange fortgesetzt werden, bis drei Geschabsel negativ ausfallen; danach ist sie zweimal, später einmal pro Monat zu wiederholen, bis die Haare nachgewachsen sind, um Rezidiven vorzubeugen.

Differentialdiagnostisch gleicht die lokalisierte Form beim Welpen den Narben von Kratzverletzungen, die beim Spielen entstehen, und der Akne. Die generalisierte Form kann mit einer seborrhoischen Dermatitis oder einer Pyodermie verwechselt werden.

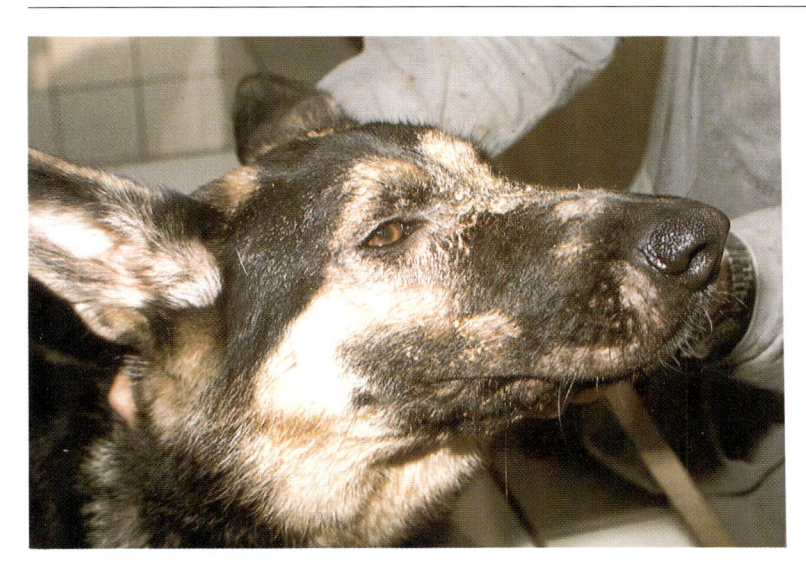

Abb. 11.38. Demodikose: generalisiert mit tiefer Pyodermie. Deutscher Schäferhund, männlich, 8 J. Nach erfolglosen Therapieversuchen euthanasiert.

Weitere parasitäre Dermatosen
Hakenwürmer: *Ancylostoma-caninum*-Larven können perkutan in den Körper einwandern und verursachen erythematöse, stark juckende Hautveränderungen, v. a. an Zwischenzehenhäuten und Pfoten. Dieselben Veränderungen werden von *Uncinaria-stenocephala*-Larven berichtet.

Larva migrans: Eindringen von Fremdwirt-Askariden-Larven in die Haut; kommt ausschließlich in Regionen vor, wo sich Hunde in stark fäkalien-kontaminiertem Boden aufhalten können.

Dirofilaria repens: Der Helminth gleicht im Aussehen der *Filaria immitis* (Herzwurm) und kommt z. T. in denselben Regionen vor (Südeuropa). Überträger sind Mücken (*Aedes maculipennis* und *A. aegypti*). *D. repens* verursacht eine papulöse bis kleinknotige, später krustöse und ulzerierende Dermatitis mit Juckreiz. Sie beginnt oft auch am Kopf und an den Gliedmaßen und gleicht daher der Skabies.
Diagnose: anhand von Hautbiopsien und Blutausstrichen. Anamnestisch Aufenthalt in endemischen Regionen (Südeuropa).

Leishmaniose. Sie wird durch *Leishmania infantum* und *L. donovani* verursacht und kann verschiedenartige Hautveränderungen hervorrufen. Zu Beginn äußert sie sich in einem schütter behaarten, glanzlosen, schuppenden Fell, in Brillenbildung sowie vereinzelten entzündeten, ulzerierenden Knötchen. Später kann es zu stellenweise asbestartiger Schuppung, dünner, pergamentähnlicher Haut, Hyperkeratose der Pfotenballen und abnorm langen Krallen kommen. Weitere Symptome sind Depigmentation des Nasenspiegels, ähnlich einem diskoiden Lupus, sowie Uveitis und Keratokonjunktivitis (Cabassu et al. 1988).

11.11. Dermatomykosen

Weitaus am häufigsten werden Hautpilzerkrankungen beim Hund durch *Microsporum canis* verursacht (95,8% nach Kristensen 1981, 66% nach Thomsett 1977), seltener durch *Trichophyton mentagrophytes*. Infektionen durch andere *Microsporum*- und *Trichophyton*-Arten (*M. gypseum, T. quinckeanum, T. verrucosum*) sind selten.

Hefe- und Schimmelpilze sind nicht primär pathogen, können aber als Sekundärerreger entzündete, vorgeschädigte Hautstellen befallen und die Entzündung unterhalten oder verschlimmern. Infektion und Verlauf einer Dermatomykose hängen von der Funktion des Abwehrsystems ab. So weisen viele Hunde eine natürliche Resistenz gegen Pilzerkrankungen auf, oder es kommt nicht zu klinischen Erscheinungen, während die Infektion bei anderen Tieren zu Ausbreitung oder Rezidiven neigt. Aus demselben Grund kann eine latente Pilzinfektion zum Ausbruch kommen, wenn die Resistenz des Tieres durch Krankheit oder unter Corticosteroidtherapie geschwächt wird.

Die Infektion erfolgt durch direkten Kontakt mit einem infizierten Tier oder indirekt über Fellpflegegeräte, Liegestellen usw. Die Dermatophyten befallen die Keratinschicht des Haares, selten auch der Haut und wachsen entlang des Haarschaftes in die Epidermis hinein. Dies geschieht ausschließlich während der Wachstumsphase des Haares. Die Pilzhyphen dringen zwischen die dachziegelartige, äußere Kutikula ein

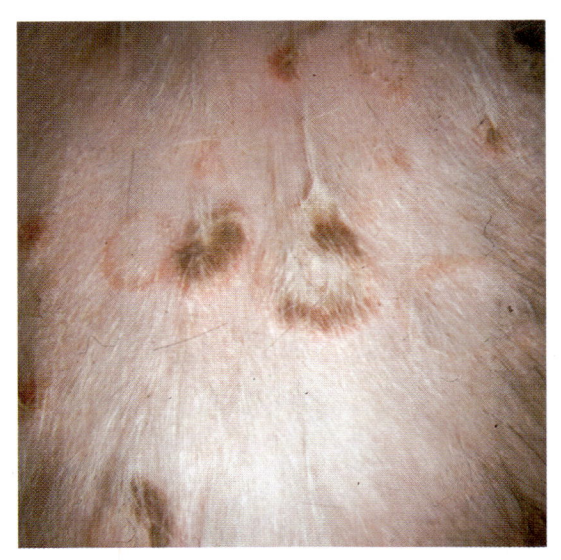

Abb. 11.39. Dermatomykose *(Microsporum canis)*: oberflächlich, Abdomen. Bearded Collie, männlich, 6 J.

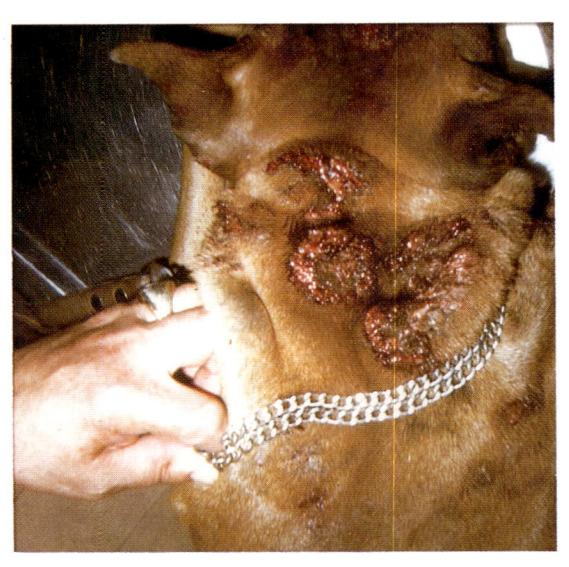

Abb. 11.40. Dermatomykose *(Microsporum canis)*: tief. Boxer, weiblich, 3 J.

und schwächen den Haarschaft, bis er bricht. Stoffwechselprodukte des Pilzes dringen in den Haarfollikel ein und führen zu Entzündungen (Follikulitis), die zum Teil auf allergische Reaktionen vom verzögerten Typ zurückgeführt werden. Durch die Follikulitis kommt es zum Stillstand des Haarwachstums, damit auch des Pilzwachstums, und die Infektion geht auf die benachbarten Haare über, was die zirkuläre Ausbreitung erklärt. An dichtbehaarten Körperstellen dringen Pilzinfekte oft in die tieferen Hautschichten ein (semiprofund bis profund), während sie an unbehaarten Stellen meist oberflächlich bleiben. Sie verursachen normalerweise keinen Juckreiz. Bakterielle Sekundärinfektion der pilzbefallenen Follikel führt zu Pyodermie.

Das klinische Erscheinungsbild kann je nach Art des Hautpilzes unterschiedlich sein. Vielfach kann jedoch keine sichere Unterscheidung erfolgen. Klassisches Merkmal ist in allen Fällen ein rasch wachsender, rundlicher, scharf begrenzter Hautfleck mit Haarbruch und einem von Papeln und haftenden Schuppen durchsetzten geröteten Ring an der Peripherie.

Mikrosporie. Sie wird verursacht durch *M. canis*, das hauptsächlich von Katzen beherbergt wird, meist ohne daß diese klinisch feststellbare Erscheinungen aufweisen. Die Krankheit äußert sich beim Hund in runden Flecken mit Haarbruch wenige Millimeter über der Hautoberfläche. Darunter ist die Haut schuppend, später verkrustet. Peripher ist die Haut gerötet, mit Schuppen, Papeln, manchmal Pusteln durchsetzt. Im Verlauf wird die Haut im Zentrum kahl, trocken schuppend, später normalisiert sie sich, während sich der Fleck zentrifugal ausdehnt. Durch das Konfluieren mehrerer Stellen entstehen große Flecken mit einer bogenförmigen Begrenzung (Abb. 11.39., 11.40.). Als einziger Dermatophyt spaltet *M. canis* aus dem Keratinabbau einen Tryptophanmetabolit ab, der im UV-Licht einer Wellenlänge von 3660 Å (Wood-Lampe) eine typische gelbgrüne Fluoreszenz ergibt, was diagnostisch wertvoll ist.

Trichophytie. Sie zeigt sich in unregelmäßig verteilten, rundlichen Hautstellen mit Haarausfall, die verdickt und gerötet sind (Abb. 11.41.). Oft sind sie von Krusten bedeckt, unter denen nässende Erosionen liegen.

Prädilektionsstellen für alle Dermatomykosen sind der Kopf, v.a. Lippen und Nasenrücken, dann die distalen Gliedmaßen, Bauch und Rumpf. Jungtiere erkranken häufiger als adulte (NICOLET 1981).

Die *Diagnose* kann gestellt werden: 1. mit Hilfe einer Wood-Lampe (nur für *M. canis* positiv), 2. mikroskopisch an abgebrochenen Haarstummeln und im Hautgeschabsel (Kalilaugenpräparat) von der Peripherie einer Läsion, die nicht sekundär infiziert ist, durch den Nachweis der Pilzsporen bei 400facher Vergrößerung (*M. canis*: kleine Sporen, manschettenförmig um das Haar

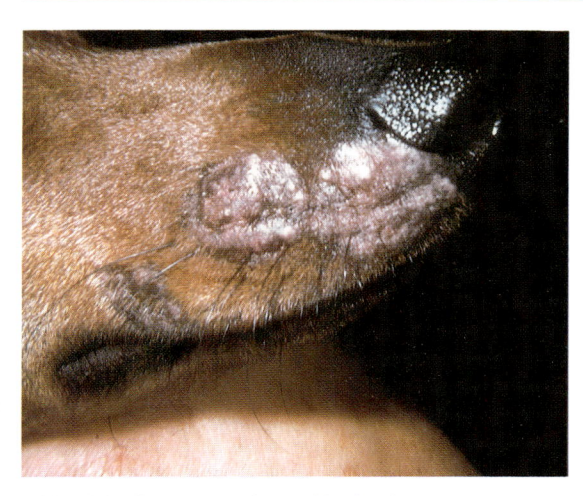

Abb. 11.41. Dermatomykose *(Trichophyton mentagrophytes)*: Oberlippe. Kurzhaardackel, weiblich, 4 J.

gelagert oder mosaikartig verteilt; *T. mentagrophytes:* Sporenketten, außerhalb des Haares); 3. mit Hilfe der Pilzkultur, die frühestens nach 5–10 Tagen beurteilt werden kann. Für die Praxis sind fertige Indikator-Selektiv-Nährböden im Handel (Dermatoslide®, Fungassay®), oder das Material wird an ein Speziallabor eingesendet, besonders wenn eine genaue Bestimmung der Pilzart notwendig ist.

Differentialdiagnostisch kommen eine Reihe von Krankheiten in Betracht, die ebenfalls rundliche, haarlose Veränderungen hervorrufen, wie Staphylokokken-Allergie, Acne purulenta, Kontaktdermatitis, endokrine Erkrankungen und Demodikose, welche aber nicht scharf abgegrenzte Läsionen aufweist. Andererseits kann eine Dermatomykose atypisch verlaufen, besonders nach vorangegangener unspezifischer Behandlung. Selten kommt eine isolierte Onychomykose (Pilzinfektion der Krallen) vor; sie befällt i.d.R. alle Pfoten. Die Krallen brechen ab, wachsen unregelmäßig und splittern bis zum Nagelfalz auf. Durch Krallenbettentzündung werden Schmerzen verursacht. Ein Nachweis gelingt nur im Material vom Krallenbett, nicht im toten Krallenhorn.

Die *Therapie* der Dermatomykosen ist unabhängig von der Art des Dermatophyten. Sie besteht vorerst im Ausscheren der veränderten Hautstellen. Für die lokale Behandlung sind zahlreiche Medikamente geeignet, wie Povidon-Iod (Betadine®), Phenolderivate, Imidazole und Benzimidazole: Econazol (Pevaril®), Oxiconazol (Myfungar®) Enilconazol (Imaverol®). Systemisch werden Griseofulvin mikronisiert, initial 60 mg/kg tägl., Erhaltung 30 mg/kg tägl. p.o. mit fettreichem Futter, über 6–8 Wochen, oder Ketokonazol (Nizoral® Janssen, 7–15 mg/kg/Tag) verwendet. Griseofulvin soll wegen möglicher teratogener Nebenwirkungen nicht an trächtige Hündinnen verabreicht werden. Da Dermatomykosen Zooanthroponosen sind, muß auf die Anteckungsgefahr aufmerksam gemacht werden. Der Desinfektion der Umgebung ist Beachtung zu schenken, v.a. den Pflegeutensilien des Hundes, der Schermaschine, dem Liegeplatz usw. (MEIER 1975).

11.12. Pyodermie
(bakterielle, eitrige Infektion der Haut)

Die Einteilung der Pyodermien kann auf verschiedene Weise erfolgen: nach dem Verlauf: akut–chronisch; nach der Verteilung auf der Körperoberfläche: lokalisiert–generalisiert; nach der Ätiologie, ob die Infektion primär in der gesunden Haut entstanden ist oder sekundär eine vorbestehende Hautkrankheit kompliziert. Häufige Ursache ist beispielsweise die Infektion nach Selbstbeschädigung der Haut durch intensives Kratzen wegen Juckreiz. Für die Klinik wesentlich ist die Beurteilung der Tiefe der Infektion in der Haut, denn Prognose und Therapie richten sich danach, ob sich eine Infektion auf der Hautoberfläche, in den äußeren Hautschichten oder in der Tiefe der Kutis bis in die Subkutis hinein abspielt. Je tiefer die Pyodermie in die Haut eingedrungen ist, desto zweifelhafter wird die Prognose und desto langdauernder und intensiver muß die Therapie durchgeführt werden. Bei immundefizienten Hunden mit einem Immundefekt neigen auch sekundäre, lokalisierte und oberflächliche Pyodermien zur Ausbreitung.

Primäre Pyodermien werden gewöhnlich nur durch eine einzelne Keimart verursacht, während bei Sekundärinfektionen oft Mischinfektionen vorliegen. Bei der bakteriologischen Untersuchung von tiefen Pyodermien muß beachtet werden, daß die Probeentnahme nicht durch Sekundärerreger von der Hautoberfläche kontaminiert wird.

Häufigster Keim ist *Staphylococcus intermedius*, der fleischfresser-artspezifisch ist und sich von *Staph. aureus* des Menschen wie auch anderer Tierarten unterscheidet (NICOLET 1981). Selten sind Monoinfektionen durch β-Streptokokken. Diese wie auch die Darmbakterien *Proteus mira-*

bilis, *Escherichia coli* und *Klebsiella* sowie u. a. die saprophytären *Pseudomonas aeruginosa* sind normalerweise nur vorübergehend und in kleiner Zahl als Hautbewohner zu finden, können aber sekundäre Mischinfektionen verursachen.

Grundsätzliches zur Behandlung von Pyodermien: Intensität und Dauer der *Therapie* hängen von der Ausdehnung, besonders aber von der Tiefe und der Krankheitsdauer der Pyodermie ab. Je tiefer und älter die Pyodermie ist, desto länger muß die Therapiedauer veranschlagt werden. Die Antibiotikatherapie muß bei oberflächlichen Pyodermien durchschnittlich 2–4 Wochen, bei tiefen 6–8 Wochen lang aufrechterhalten werden. Werden die Medikamente zu früh abgesetzt, treten hartnäckige Rezidive auf. Dasselbe gilt, wenn Antibiotika zu niedrig dosiert und die Erreger resistent werden. Die Hunde sind zur richtigen Berechnung der Dosis zu wiegen.

Bei der Wahl des Antibiotikums ist zu beachten, daß *Staph. intermedius* in einem hohen Prozentsatz der Fälle gegen Penicillin resistent ist (NICOLET 1981). Ampicillin, Tetracycline und Sulfonamide sind ebenfalls häufig unwirksam. Nach dem gegenwärtigen Stand sind Erythromycin®, Lincomycin® und Cloxacillin® Mittel der Wahl. Ausweichmöglichkeiten bieten Chloramphenicol®, (nur für oberflächliche Pyodermien), Tribrissen® (Trimethoprim/Sulfadiazin), Cephalexin (Cephaseptin®), Enrofloxacin (Baytril®) und ausnahmsweise Gentamicin.

Anhand des Antibiogramms soll ein möglichst sicheres Antibiotikum mit engem Spektrum gewählt werden. Bei Verdacht auf eine Immundefizienz sind bakterizide Antibiotika den bakteriostatischen vorzuziehen. Tritt nach einer Woche Behandlungsdauer mit dem gewählten Medikament keine Besserung auf, soll auf ein anderes umgestellt werden, nachdem die Diagnose nochmals gründlich überprüft worden ist.

11.12.1. Pyodermien auf der Hautoberfläche

Pyotraumatische Dermatitis (Hot spots, akute, nässende Dermatitis, früher auch als Sommerekzem bezeichnet). Die pyotraumatische Dermatitis ist eine der häufigsten Pyodermien und tritt vorwiegend bei lang- und dichtbehaarten Rassen (Berner Sennenhund, Bernhardiner, Neufundländer, Deutscher Schäferhund) im Sommer gehäuft auf. Die Ursache ist nicht bekannt, jedoch

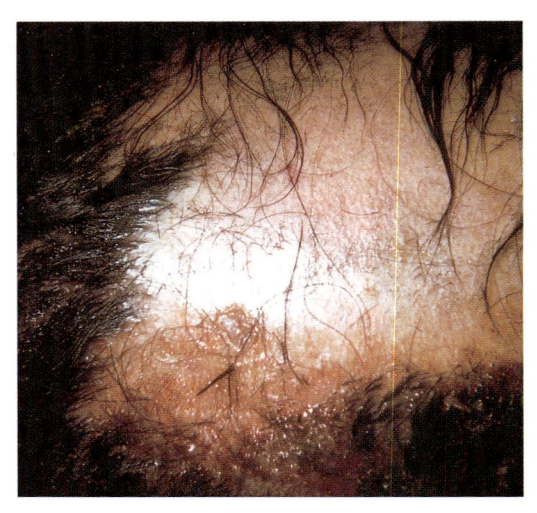

Abb. 11.42. Akute pyotraumatische Dermatitis (Hot spot), Lende. Deutscher Schäferhundbastard, männlich, 8 J.

dürften kleine versteckte Traumen, Ektoparasitenstiche (Flöhe), Allergien, Veränderungen des Haut-pH-Wertes, Trichombildungen und Reizung durch Pflanzengrannen bei der Auslösung eine Rolle spielen. Die Läsionen treten akut auf, einzeln oder an mehreren Stellen, und nehmen durch intensives Belecken und Kratzen rasch an Umfang zu. Die Haare werden weggescheuert, die Haut darunter ist leicht verdickt, gerötet und nässend und oft sehr dolent. Das umgebende Fell ist durch Wundsekret und Speichel durchnäßt und verklebt, was die bakterielle Besiedelung und weitere Ausbreitung begünstigt (Abb. 11.42.). Bevorzugte Lokalisationen sind Kruppe, Oberschenkel, Nacken, Hals, Oberkopf und Wangen. Die Erkrankung zeigt gute Heilungstendenz, neigt aber zu häufigen Rezidiven, insbesondere wenn die auslösenden Faktoren nicht behoben werden können. *Differentialdiagnostisch* ist bei der Lokalisation in der Umgebung der Ohren eine durch Otitis externa verursachte Kratzdermatitis auszuschließen.

Wichtigste *therapeutische Maßnahme* ist das Ausscheren der betroffenen Hautbezirke, damit sie austrocknen können. Anschließend wird die Haut vorsichtig mit milden Antiseptika und bei eitrigen Belägen vorher mit 2–3 % H_2O_2 gereinigt, wenn nötig unter einer Kurzzeitnarkose. Anschließend Lokalbehandlung mit wässerigen Antiseptika und milden Adstringentien. Bei heftiger Entzündung und Juckreiz können vorübergehend corticoidhaltige Lösungen, Emulsionen oder Cremes (z. B. Delmeson-Neomycin Schaum®, Synalar-Lösung®, Locacorten-Neomycin Creme®) aufgetragen werden. Nach Abtrocknen der Läsionen Weiterbehandlung mit hautpflegenden Cremes bis zum Nachwachsen der Haare. Bei multiplen oder großen Läsionen sind parenterale Antibiotikagaben und bei starkem Juckreiz kurzzeitig auch Corticosteroide angezeigt. Gegen das Belecken der Haut ist anfänglich ein Halskragen nützlich.

Hautfaltenpyodermien (Intertrigo). Sie entstehen sekundär infolge anatomisch bedingter Anordnung von Hautfalten. Feuchtigkeit, Wärme und Luftabschluß in den Falten fördern das Wachstum von Bakterien. Es entstehen Friktionsinfektionen durch das Reiben der Hautflächen aufeinander.

Prädilektionsstellen sind die *Lippenfalten* an der Unterlippe, v.a. beim Cocker-Spaniel, die *Nasenfalten* bei brachyzephalen Rassen, die *Schwanzfalten* bei stummelschwänzigen Rassen (z.B. Englische Bulldogge, Mops) und die *Vulvafalten* (Differentialdiagnose: Pruritus vulvae hormonaler Genese). Die beiden letzteren Lokalisationen sind besonders bei adipösen Hunden ausgeprägt. Ferner können bei Hunden mit viel lockerer Haut (z.B. Basset, Bernhardiner) auf gleiche Weise Pyodermien ventral am Hals entstehen.

Die *Therapie* wird in gleicher Weise wie für die pyotraumatische Dermatitis durchgeführt. Bei ausgeprägten Lippenfaltenpyodermien ist die zusätzliche perorale Verabreichung von *Spiramycin* (Rovamycin®, Stomamycin®) 30–50 mg/kg/tägl. in 2–3 Dosen nützlich. Zur Verhütung von Rezidiven müssen die Hautfalten gründlich mit milden Antiseptika gereinigt und mit Puder (z.B. Fissan®, Merfen®) trockengehalten werden. Bei Lippenfaltendermatitis ist zudem auf eine regelmäßige Zahnsteinentfernung zu achten. Wo möglich, sind die Hautfalten chirurgisch zu entfernen, sobald die floride Pyodermie unter Kontrolle ist; dies gilt besonders für die Lippenfalten. Unter Allgemeinnarkose wird die Hautfalte elliptisch umschnitten und das Hautstück sorgfältig und möglichst oberflächlich von der Subkutis mit einer Präparierschere abgelöst, ohne die darunterliegenden Gefäße zu verletzen. Adaptation der Haut mit einigen subkutanen Einzelknopfnähten (z.B. Vicryl 3-0) und Hautnaht mit Einzelknopfnähten (z.B. Ticron 4-0). Ein Schutz der Wunde vor Kratzen ist notwendig (Halskragen). Hautfalten an den anderen Körperstellen können auf gleiche Weise chirurgisch entfernt werden.

11.12.2. Epidermale Pyodermien
(superfizielle Pyodermie, superficial pyoderma)

Im Gegensatz zu den vorgenannten Pyodermien dringt hier die Infektion nicht von der Hautoberfläche her ein, sondern entsteht primär in Form von subkornealen Mikroabszessen oder primär wie sekundär von den Haarfollikeln ausgehend in den oberen Hautschichten. Eine solche primäre oberflächliche Pyodermie ist die **Impetigo** (superfiziale pustulöse Pyodermie). Impetigo ist gekennzeichnet durch subkorneale Pusteln, vorwiegend am Unterbauch und in den Axillae, seltener an anderen wenig behaarten Körperstellen. Im Beginnstadium treten multiple, kleine rote Maculae auf, aus denen sich Pusteln entwickeln. Nach deren Platzen tritt gelbes Sekret aus und bildet honigfarbene Krüstchen. Die Abheilung dauert in der Regel 10 Tage und hinterläßt keine Narben. Normalerweise besteht kein Juckreiz. Impetigo ist vorwiegend eine Erkrankung von Welpen und Junghunden, die durch Mangel- oder Fehlernährung, Haltung in schmutziger Umgebung und durch Endoparasitenbefall, aber auch durch Infektionskrankheiten (z.B. Staupe) geschwächt sind. Die *Therapie* besteht vor allem in der Korrektur der Haltungsbedingungen und Bekämpfung der Endoparasiten. Lokale Reinigung der Haut mit milden Antiseptika (Betadine®, Chlorhexidin, Physohex®). In schweren Fällen, bei Tendenz zur Ausbreitung, sind parenterale Antibiotikagaben während 7–10 Tagen indiziert.

Eine ernsthaftere Erkrankung als die Impetigo ist die **Follikulitis**. Sie entsteht, sowohl primär wie sekundär, in Form kleiner Abszesse in Haarfollikeln und ihrer Umgebung. Diese Mikroabszesse sind im Beginnstadium nur im histologischen Bild erkennbar. Primär kommt die Follikulitis vorwiegend bei Junghunden und kurzhaarigen Hunderassen vor, wo sie hauptsächlich am Rücken, an den Thoraxseiten und Seitenflächen der Extremitäten resp. an Körperstellen mit kurzer Behaarung (Axillen, Schenkelfalten) auftreten. Ferner entsteht sie bei bakteriellen Allergien, wo sie mit erheblichem Juckreiz einhergehen kann. Sekundär kann die Follikulitis bei vielen Hautkrankheiten entstehen, beispielsweise beim Flohekzem und bei anderen allergischen Dermatosen. Das klinische Bild ist vielfältig. Es bilden sich kleine Papeln und Pusteln im Bereich der Haarfollikel, wobei das Haar aus der Pustel herausragt (Abb. 11.43.). Durch die Entzündung fallen die

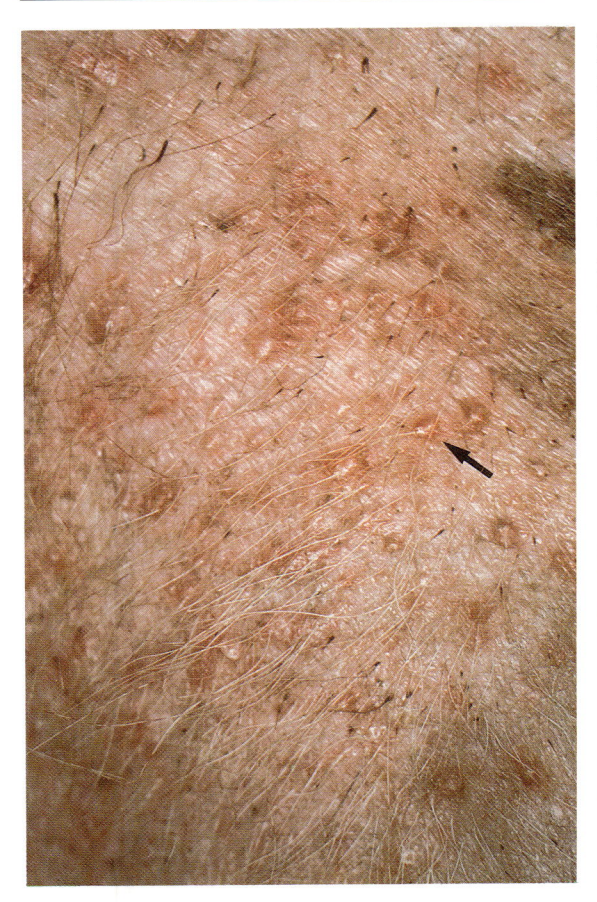

Abb. 11.43. Follikulitis, inguinal. Rottweilerbastard, männlich, 1½ J. Typisches Austreten von Haaren aus Papeln und Pusteln.

Haare aus, was ein mottenfraßähnliches Bild erzeugen kann. Die *Therapie* besteht in täglicher Hautreinigung mit einem Antiseptikum. Übermäßiges Bürsten und Kämmen sollen vermieden werden. Falls innerhalb einiger Tage keine deutliche Besserung eintritt, muß systematisch mit Antibiotika während mindestens zwei Wochen – oft länger – behandelt werden. Vor allem die sekundären Follikulitiden neigen zu Rezidiven, wenn die Grundursache nicht gefunden wird. Eine weitere Therapiemöglichkeit sind Bäder mit Ethyl-Lactat (Lactaderm®, Etiderm®), täglich bis wöchentlich.

11.12.3. Tiefe Pyodermien

Tiefe Pyodermien erfassen Talg- und Schweißdrüsen, die Basis der Haarfollikel und dringen bis ins Korium, manchmal bis in die Subkutis (Phlegmone) hinab. Prädisponierend sind Defekte in der Immunabwehr sowie Immunsuppression (z. B. langdauernde Corticoidtherapie), aber auch hormonale Störungen wie Hypothyreose und M. Cushing. Sie können sowohl primär entstehen als auch sekundär infolge mangelnder Eigenabwehr des Körpers von oberflächlichen Pyodermien ausgehen. Die Hautveränderungen bestehen in der Bildung von Furunkeln, Fisteln und Hautnekrosen, aus denen blutig-eitriges Sekret auspreßbar ist. Meist sind die regionären Lymphknoten geschwollen. Bei ausgedehnten Veränderungen entsteht das Bild einer Sepsis mit Fieber und Störung des Allgemeinzustandes; im Blutbild zeigt sich eine Leukozytose mit Neutrophilie und Linksverschiebung.

Acne purulenta. Akne entsteht durch Talgretention und Ausweitung der Talgdrüsen. Durch Talgabbau und Bakterieneinwanderung entstehen Pusteln: Acne purulenta. Es werden v. a. kurzhaarige Hunderassen befallen. Hauptlokalisation sind Körperstellen mit reichlich Talgdrüsen: Kinn, Lippen, Schenkelinnenflächen und Schwanz. Akne kommt meist bei Junghunden vor und verschwindet nicht selten spontan nach Erreichen der Geschlechtsreife. Bei älteren Hunden kann der Verlauf hartnäckig und langdauernd sein. Klinisch äußert sich die Akne durch Entstehen von Pusteln und Komedonen an Kinn und Oberlippe.

Therapie: tägliche Reinigung mit antiseptischen, keratolytischen und entfettenden Präparaten, z. B. Physohex®, Betadine®, Benzoyl-Peroxide. In hartnäckigen Fällen sind parenterale Antibiotikagaben über längere Zeit angezeigt. Retinoide, lokal (Retin-A Lotion®) 1–2mal täglich, oder systemisch Isotretinoin (Ro-Accutane®) 1 mg/kg tgl. werden ebenfalls empfohlen.

Dermatitis acuta juvenilis purulenta (juvenile Pyodermie, juvenile Cellulitis, Hundedruse). Diese Welpenkrankheit wird heute nicht mehr den Pyodermien zugeordnet. Es handelt sich um eine primär sterile granulomatöse Dermatitis und Lymphadenitis unbekannter Ätiologie. In der Regel tritt sie im Alter von 1–4 Monaten auf, meist nur bei einzelnen Welpen im Wurf. Es bilden sich Papeln und Schwellungen zuerst an den Lippen und Augenlidern, dann an Ohrmuscheln und Gehörgangsmündung und später an den anderen mukokutanen Übergängen und an den Krallenfalzen (Abb. 11.44.). Diese Veränderungen gehen mit massiven Schwellungen und Abszedierungen der subkutanen Lymphknoten einher. Im fortgeschrittenen Stadium, vor allem nach Sekundär-

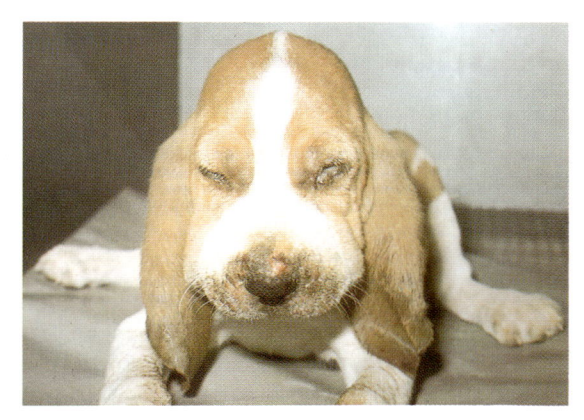

Abb. 11.44. Juvenile Pyodermie. Schweizer Laufhund, männlich, 3 Monate.

infektion, werden die Läsionen dolent, es treten Fieber, Inappetenz und Apathie auf. Das Blutbild zeigt eine Leukozytose mit Linksverschiebung. Die Prognose ist quoad vitam ziemlich günstig, wegen der oft langen Behandlungsdauer, des Zurückbleibens im Wachstum und der Möglichkeit, daß der Erkrankung ein Immundefekt zugrunde liegt, als zweifelhaft zu bewerten. Parasitenbefall und unausgewogene, quantitativ und/oder qualitativ ungenügende Ernährung sowie schlechte Haltungsbedingungen leisten der Krankheit Vorschub.

Die *Therapie* besteht in der Verabreichung von Corticosteroiden (Prednisolon, 1–2 mg/kg, initial 2mal, dann 1mal täglich) und von Antibiotika (Cloxacillin, Amoxicillin-Clavulansäure) sowie in Hautpflege. Schonende Reinigung mit milden Antiseptika (Chlorhexidin, Betadine®), später Pflege mit epithelisierenden Salben (Bepanthen®, Vita Merfen®, Solcoseryl®) und Spülung der fistulierenden Abszesse. Bei starker entzündlicher Schwellung der Haut sind vorübergehend auch entzündungshemmende Lotions oder Cremes nützlich. Bei älteren Welpen und beim Persistieren von Hautveränderungen ist differentialdiagnostisch an Demodikose zu denken.

Trockene Form der juvenilen Pyodermie. Sie weist dieselben Lokalisationen und Altersdispositionen auf wie die vorgenannte Krankheit, verläuft jedoch milder mit mehr Krustenbildung und borkiger Schuppung (Abb. 11.45.). Die Haut darunter ist gerötet und nässend, die ebenfalls stark vergrößerten Lymphknoten abszedieren nicht. Die Prognose ist günstiger als für die abszedierende Form, die Therapie unterscheidet sich nicht (ANDERSON 1977). Als Differen-

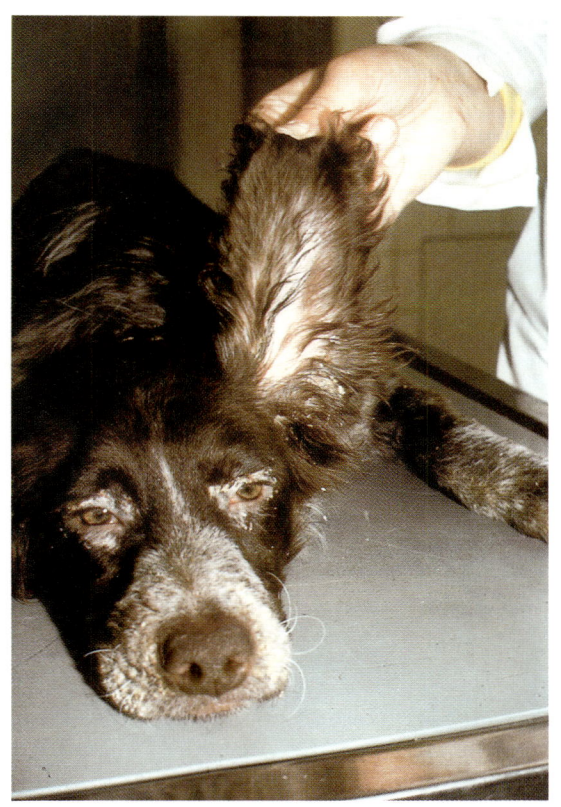

Abb. 11.45. Juvenile Pyodermie, trockene Form. Kleiner Münsterländer, männlich, 4 Monate. Klebrige, borkige Schuppung an Lippen, Augenlidern, Ohrmuscheln und distalen Gliedmaßen.

tialdiagnose kommt die zinkresponsive Dermatose infrage.

Nasenrückenpyodermie. Sie äußert sich zunächst in Pusteln und Krusten um den Nasenspiegel und über dem Nasenrücken, später ist die Haut geschwollen, von Furunkeln und Rhagaden durchsetzt, verkrustet und dolent (Abb. 11.46.). Die Ursache ist nicht bekannt; kleine Verletzungen beim Graben in Erde und Schnee sowie Insektenstiche dürften zur Erkrankung beitragen. Die Pyodermie kann den ganzen Nasenrücken, die Umgebung der Nasenflügel und Augen erfassen, greift aber nicht auf den Nasenspiegel über.

Differentialdiagnostisch sind vor allem Dermatomykosen und Autoimmunkrankheiten (besonders Pemphigus foliaceus, diskoider Lupus erythematodes) sowie die nasale Solardermatitis (Collie-Nose) abzugrenzen.

Therapie: vorsichtige lokale Reinigung mit milden Antiseptika oder Benzoyl-Peroxid 2,5%; später Locacorten®-Creme oder andere antibiotisch-

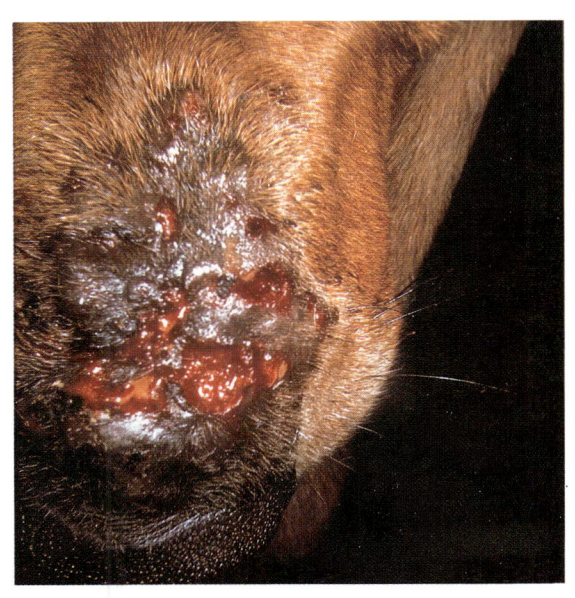

Abb. 11.46. Nasenrückenpyodermie. Furunkulose und Ulzerationen. Basset, männlich, 3 J.

antiinflammatorische Lotions oder Cremes auftragen. Bei starker Verkrustung bewähren sich lauwarme Kompressen, z. B. mit essigsaurer Tonerde. Dazu parenterale Chemotherapie, gezielt nach Antibiogramm und solange, bis die Hautveränderungen abgeheilt sind. Mechanische Reize wie Kratzen und Graben mit der Nase vermeiden (Halskragen).

Ulzerierende Pyodermie. Eine mit Ulzerationen und Nekrosen verlaufende tiefe Pyodermie findet man beim Deutschen Schäferhund, seltener bei anderen Rassen. Sie geht von Dekubitusstellen an Ellbogen, Tarsi, Carpi und Pfoten aus, dehnt sich dann auf alle Auflageflächen der Haut auf dem Boden aus, wie Knie- und Hüftseite, Schultern, Seitenbrust und Sternallage, Kopfseite, erfaßt schließlich generalisiert den ganzen Körper. Die Haut ist geschwollen, oft dolent und weist Ulzera mit blutig-eitrigem Sekret auf. Es können konfluierende, tiefe Nekrosebezirke entstehen (Abb. 11.47., 11.48.). Die Lymphknoten sind vergrößert, und vor allem an den Gliedmaßen können phlegmonöse Schwellungen auftreten. Im fortgeschrittenen Zustand sind Störungen des Allgemeinzustandes und Sepsis möglich. Die Grundursache ist unbekannt. Es wird ein Defizit oder eine Suppression im Immunsystem, vor allem ein T-Zell-Defekt angenommen. *Differentialdiagnostisch* muß an Demodikose gedacht werden. Die *Prognose* ist zweifelhaft. Eine lange Behandlungsdauer und die ständige Rezidivgefahr müssen beachtet werden.

Therapie: vorsichtige Reinigung und Scheren der erkrankten Hautbezirke, was wegen der Dolenz meistens nur unter Narkose möglich ist. Toilettierung der nekrotischen Hautstellen. Anschließend lokale Antiseptika zur Hautreinigung, möglichst als Wirlpool-Bäder oder Waschungen, Hautpflege mit hydrophilen Emulsionen, solange die Hautveränderungen nässend sind, später epithelisierende Salben (Vita Merfen®, Solcoseryl® u.a.). Langzeitige Chemotherapie entsprechend den vorherrschenden Keimen nach Antibiogramm ist nötig. Zusätzlich können Autovakzinen versucht werden. Die Verabreichung von Immunstimulantien, z. B. Levamisol® (5–10 mg/kg jeden 2. Tag p. o.) ist umstritten.

Liegeschwielen. Sie entstehen an Körperstellen, wo die Haut über Knochenvorsprüngen beim

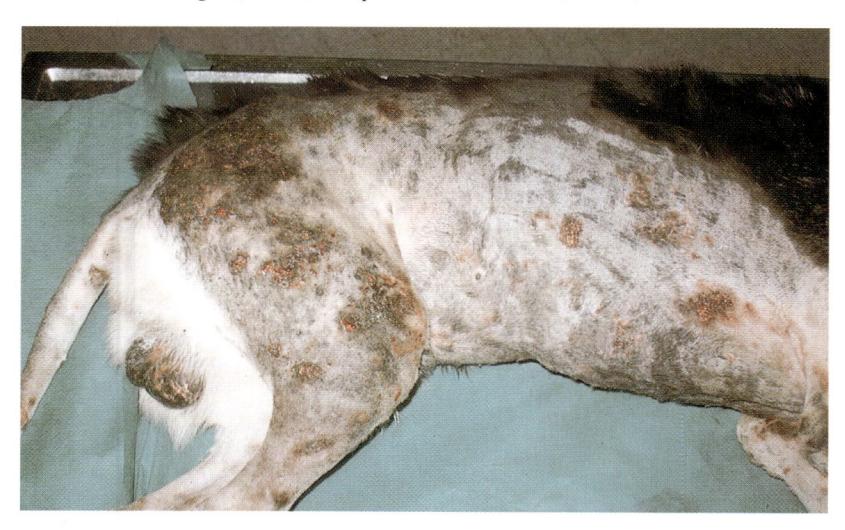

Abb. 11.47. Ulzerierende Pyodermie (nach Schur). Deutscher Schäferhund, männlich, $5^{1}/_{4}$ J.

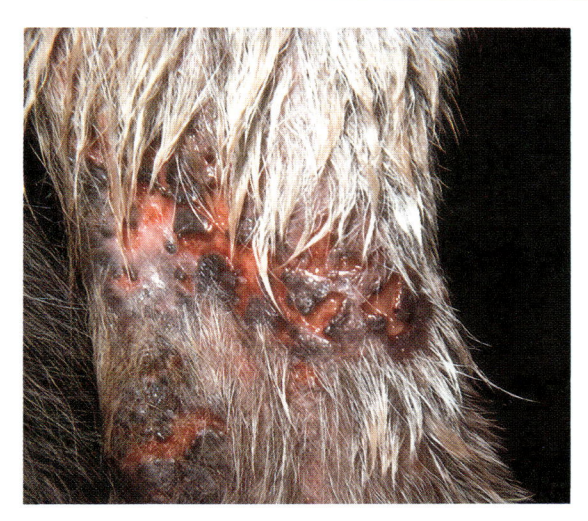

Abb. 11.48. Ulzerierende Pyodermie. Metatarsus. Deutscher Schäferhund, männlich, 5$\frac{1}{4}$ J.

Liegen starker mechanischer Beanspruchung ausgesetzt ist, vorwiegend an den Ellbogen lateral, bei großen Rassen auch an Carpi und Tarsi lateral, bei Hunden mit tiefem Thorax zudem über dem Sternum. Die Haut an diesen Stellen weist eine zunehmende Hyper- und Parakeratose auf, wird haarlos, hyperpigmentiert und faltig. Es kann sich eine sekundäre, tiefe Pyodermie entwickeln, v.a. über den Ellbogen und dem Sternum.

Therapie: Im frühen Stadium kann die Ausbildung der Schwielen durch Hautpflege und weiches Polster aufgehalten werden; bei oberflächlicher Entzündung sind antiseptische Cremes, evtl. unter Zusatz von Corticosteroiden, später ständige Pflege mit Salben, um die Haut geschmeidig zu erhalten (z.B. Vita Merfen®, Bepanthen®, Melkfett), geeignet. Schwielen mit starker Hautverdickung neigen zu Sekundärinfektionen und müssen exzidiert werden. Postoperativ sind die Wunden durch gepolsterte Schutzverbände abzudecken. Prophylaktisch muß der Hund vom Liegen auf hartem, rauhem Boden abgehalten werden oder Schutzpolster tragen.

Zwischenzehendermatitis. Sie kann verschiedene Ursachen haben, wie Verletzungen nach Rennen durch Stoppelfelder im Herbst (Jagdhunde), Kontaktdermatitis, Allergien (v.a. die Atopie), Demodikose und Herbstgrasmilben. Sie äußert sich in Rötung und Exsudation, Bildung von Furunkeln, Abszessen und Fisteln, meist an mehreren Pfoten. Bei Verletzungen und Kontaktdermatitiden finden sich die Veränderungen vorwiegend an den Volar- resp. Plantarflächen der Zwischenzehenhäute, während bei allergischen Prozessen und Hautparasitenbefall eher die Dorsalflächen betroffen sind. Kurzhaarige Rassen zeigen eine Prädisposition, v.a. Dackel, Boxer, Bulldoggen, Doggen.

Chronische Interdigitalpyodermien befallen oft auch die Nagelbetten (Paronychie), was eine Störung des Krallenwachstums zur Folge haben kann.

Differentialdiagnostisch müssen eingedrungene Fremdkörper (Metall- und Glassplitter, Grannen, Dornen) abgegrenzt werden, die aber nur auf eine Stelle beschränkt sind. Bei der generalisierten Paronychie muß an eine Onychomykose (Krallenmykose) gedacht werden.

Der *Verlauf* ist unterschiedlich. Wenn der Interdigitalpyodermie eine Immundefizienz oder eine Allergie zugrunde liegt, ist der Verlauf langwierig und Rezidive sind sehr häufig.

Die *Therapie* besteht aus Toilettierung der Abszesse und Fisteln, am besten unter Kurzzeitnarkose. Anschließend täglich Bäder mit antiseptischen Lösungen. Vermeiden von zusätzlicher Verschmutzung der Läsionen durch Anziehen von Schuhen während des Auslaufes. Sandböden und scharfkantige Kiesböden meiden. Wichtig ist eine systemische Antibiotikatherapie, ausgewählt anhand eines Antibiogramms und über lange Zeit. Ist eine allergische Genese wahrscheinlich, sind zudem Corticosteroide und eine strikte Eliminationsdiät indiziert. Bei ersten Anzeichen von Rezidiven muß sofort erneut mit systemischer und lokaler Therapie begonnen werden.

Akrale Leckdermatitis. Sie ist keine eigentliche Pyodermie und äußert sich durch kahle, begrenzte Hautstellen mit zunehmender Hautverdickung und langsam zunehmender Größe. Die Haut ist im späteren Verlauf oberflächlich erodiert und nässend. Die Veränderungen entstehen durch ständiges Belecken. Häufigste Lokalisationen sind die Dorsalflächen der Carpi und Metacarpi, ein-, manchmal auch beidseitig oder überspringend, seltener Tarsi und Metatarsi (Abb. 11.49.). Die Ursache ist nicht bekannt, jedoch wird ein Leckdrang aus Langeweile oder eine Verhaltensstörung vermutet.

Der Erfolg einer *Therapie* hängt davon ab, ob die Verhaltensstörung behoben werden kann. Anfänglich heilen die Läsionen von selbst ab, wenn das Belecken verhindert werden kann. Fortgeschrittene Hautveränderungen können exzidiert werden, solange sie nicht zu groß sind, andernfalls müßte der Defekt durch eine Verschiebelappen-

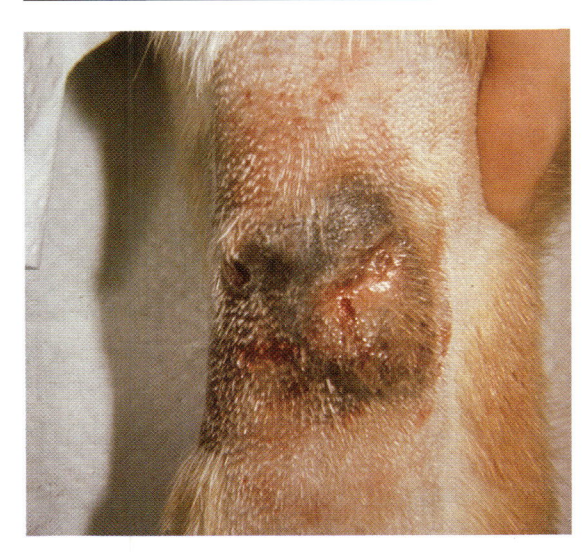

Abb. 11.49. Leckdermatitis, Carpus. Deutscher Schäferhund, männlich, 2½ J.

11.13. Dermatitis solaris nasi
(solar nasal dermatitis, Collie-Nose)

Beginnend am Rand zum Nasenspiegel, erfaßt die Dermatitis solaris nasi Nasenrücken, Nasenspiegel, Nasenflügel und deren Umgebung bei unpigmentierter Haut nach starker Sonnenbestrahlung (Abb. 11.50.). Die Hautveränderungen bestehen in Rötung und Bildung von Krusten, darunter befinden sich nässende Exkoriationen und Ulzera.

Differentialdiagnostisch ist in erster Linie der diskoide Lupus erythematodes abzugrenzen, der eine gleiche Lokalisation und dieselben Hautveränderungen verursacht, jedoch auch die Augenlider und Periorbitalregion ergreift, was ein schmetterlingsartiges Verteilungsmuster ergibt. Verdächtig ist zudem eine Depigmentierung der erkrankten Haut. Die sog. „Collie-Nose" (Rassedisposition für Collies und Shelties) wird heute dieser Krankheit zugeordnet.

Ferner ist die Nasenrückenpyodermie abzugrenzen, die jedoch akuter verläuft, den Nasenspiegel selbst nicht ergreift und keine Depigmentation verursacht. Weiter sind Dermatomykosen auszuschließen, die auch nicht auf den Nasenspiegel übergreifen und im Beginnstadium rundlich-fleckenförmig sind.

Die *Therapie* besteht in systemischer Verabreichung von Corticosteroiden und bei Sekundärinfektion auch von Antibiotika, bis die Läsionen

Hauttransplantation verschlossen werden. Konservativ können die lokale Unterspritzung mit Antibiotika (am besten Penicillin oder Streptomycin/Penicillin) und Corticosteroiden (z.B. Triamcinolon), mehrmals bis zum Abklingen der Entzündung, sowie Verbände mit Antiseptika nützlich sein.

Für ausgedehnte Granulome ist auch die Röntgenstrahlentherapie zu empfehlen (MULLER et al. 1993).

Phlegmone (Cellulitis). Es handelt sich um eine tiefe, in die Subkutis reichende, sich rasch ausbreitende eitrige Entzündung. Sie geht von tiefen, ulzerierenden Pyodermien aus, insbesondere von Liegeschwielen-Pyodermien, Interdigitalpyodermien und pustulöser Demodikose, kann aber auch nach stichförmigen Hautverletzungen, z.B. nach Bißwunden, auftreten. Die *Therapie* richtet sich nach der Ursache und besteht in systemischer Antibiotikaverabreichung, lokaler Toilettierung von Abszessen und Bädern mit antiseptischen Lösungen.

Hidradenitis suppurativa. Sie stellt eine seltene, bakterielle Infektion der Schweißdrüsen dar. Die Ätiopathogenese ist unbekannt (Autoimmunkrankheit?). Sie soll vorwiegend beim Collie vorkommen und sich in oft bilateralsymmetrischen, erythematösen, nässenden, mäanderartig angeordneten Plaques in den Axillen und in der Inguinalregion äußern.

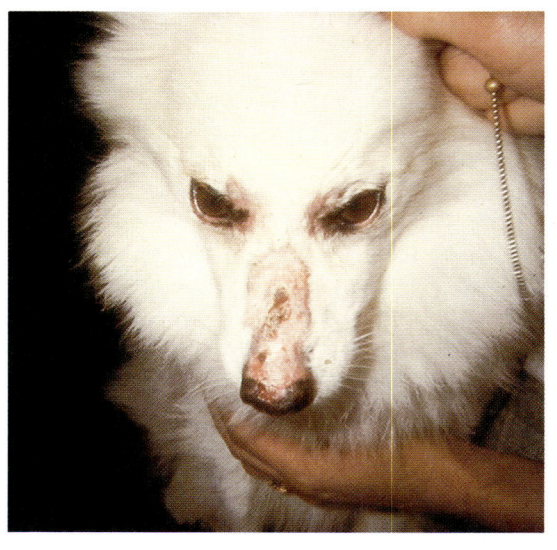

Abb. 11.50. Dermatitis solaris nasi. Spitz, männlich, 6 J.

abgeheilt sind. Intensive Sonnenexposition, vor allem an Stränden und im Gebirge, sind zu vermeiden. Lokal sind nur eine vorsichtige Hautreinigung mit milden Antiseptika und Hautpflege indiziert. Um den Nasenspiegel werden die aufgetragenen Medikamente sofort abgeleckt, und der Reiz zu lecken hemmt die Abheilung. Sonnenschutzpräparate, Lichtschutzsalben und lokal Corticosteroidpräparate (z.B. Synalar®, Locacorten®, Panalog®) können versucht werden. Als Prophylaxe vor Rezidiven wird das Tätowieren der pigmentlosen Hautbezirke unter Vollnarkose genannt; dies darf erst vorgenommen werden, nachdem die Hautentzündungen abgeklungen sind (PATTERSON 1978, IHRKE 1980). Im übrigen kann ein **Sonnenbrand** bei kurzhaarigen oder frisch geschorenen, hellhäutigen Hunden nach intensiver Sonnenbestrahlung, insbesondere auf dem Rücken, auftreten.

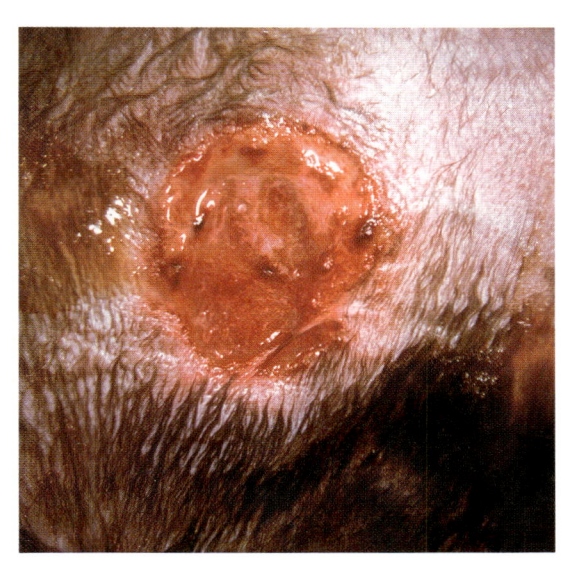

Abb. 11.51. Nocardiose, Thoraxseite. Greyhound, männlich, 3$^{1}/_{2}$ J.

11.14. Hautfisteln

Hautfisteln werden nicht den klassischen Pyodermien zugeordnet. Chronische oder chronisch-rezidivierende Fistelbildungen rühren von entzündlichen Prozessen her, die sich in der Tiefe der Subkutis oder im darunterliegenden Gewebe, bis in die Körperhöhlen hinein, abspielen. Mögliche Ursachen sind eingedrungene Fremdkörper (Holzsplitter, Getreidegrannen, Nadeln), Zahnwurzelentzündungen (Fisteln im Bereich des Oberkiefers, Diagnose durch Zahnröntgen), spezifische Infektionen mit Bakterien (Nocardien, *Actinomyces*, *Bacteroides*, selten Mykobakterien) oder systemische Mykosen (Sporotrichose und in bisher außereuropäischen endemischen Regionen Blastomykose, Coccidioidomykose und Histoplasmose). Ferner können Fisteln in den Flanken, ein- oder beidseitig, nach Ovariohysterektomie entstehen, wenn für die Ligaturen am Mesovar nicht-resorbierbares Nahtmaterial aus Kunststoff oder Seide verwendet worden ist (Anamnese). Seltene Ursachen sind Knochensequester und Osteomyelitis (Lahmheit, Röntgenbild) und Verletzung tiefliegender Drüsen (Speicheldrüsen).

Nocardiose (kutane Form). Durch *Nocardia asteroides* verursacht, welche meist durch stichförmige Hautperforationen oder zusammen mit Fremdkörpern in die Unterhaut eindringen. Sie äußert sich durch strangförmig-fibrosierende und granulomatös-knotige Entzündung der Unterhaut mit Abszedierung und oft multipler Fistelbildung (Abb. 11.51.).

Therapie: vorerst chirurgische Toilette und Drainage, Spülungen mit Betadine® sowie antibiotische Dauertherapie bis zur Abheilung mit Sulfonamiden (Sulfadiazin 40 mg/kg, 3mal tägl. p.o., Sulfadimethoxin 24 mg/kg, 3mal tägl. p.o.), Sulfonamid-Trimethoprim-Präparate, Penicillin hochdosiert (100000–200000 IE i.m. tägl. oder 300000–400000 IE 4mal tägl. p.o.; cave Resistenz), ferner Clindamycin. Die Nocardiose kann als systemische Erkrankung mit staupeähnlichen Symptomen oder als Ursache von Pyothorax (KAPPES 1972) auftreten.

Klinisch nicht unterscheidbar sind Infektionen mit *Actinomyces viscosus*, *Fusobacterium necrophorum* und *Bacteroides* spp. Diagnostische Hilfsmittel sind eine spezifische bakteriologische Untersuchung des Sekretes und von Biopsiematerial aus der Tiefe der Fistel (das Sekret ist oft mit sekundären Mischerregern kontaminiert), eine histologische Untersuchung (Ausschluß von Neoplasien, tiefen Mykosen) sowie eine röntgenologische Darstellung des Fistelkanals ohne und mit Kontrastmittel. Die *Prognose* hängt von der Lokalisation, d.h. von der Zugänglichkeit zu den Infektionsherden, ab.

Therapie: Eine oft monatelange Antibiotikatherapie muß in Betracht gezogen werden. Nach Möglichkeit sind die Herde chirurgisch zu entfernen.

Perianalfisteln stellen eine spezifische Erkrankung dar. Sie können von Entzündungen der Analbeutel mit Abszedierung und Fistulierung ausgehen oder mit Hyperplasien und Adenomen der Zirkumanaldrüsen und Perianaldrüsen einhergehen. Beim Deutschen Schäferhund entstehen multiple, tiefe perianale Fisteln unbekannter Ätiologie.

Die *Therapie* besteht in chirurgischer Toilettierung der Fisteln und nach Abklingen der eitrigen Entzündung in der Exzision der Analbeutel. Zudem Antibiotika und Gestagene (Chlormadinonacetat in kristalliner Form i. m.). Beim Deutschen Schäferhund sind Rezidive häufig. Hier werden Kryotherapie, Laser- und Radiotherapie als weitere Möglichkeiten in Erwägung gezogen (MULLER et al. 1993). Die Prognose ist zweifelhaft.

11.15. Hautemphysem

Ein Hautemphysem wird durch Ansammlung von Gas oder Luft in der Unterhaut verursacht und äußert sich in Knistern bei der Palpation. Die *Ursache* ist entweder eine Infektion mit Gasbranderregern, die meist wenige Tage nach einem Trauma auftritt, oder Folge einer Verletzung der Luftwege (Trachea, Mediastinum, Pleura, Brustwand). Im letzteren Fall geht das Emphysem vom Hals- oder Thoraxbereich aus. Bei frischen Brustwandverletzungen kann manchmal ein atemsynchrones Austreten von Luft an der Rißstelle beobachtet werden.

Die *Therapie* richtet sich nach der Ursache. Bei Gasbrandinfektion besteht sie in Wundtoilette, geeigneter, rigoroser Antibiotikatherapie (Penicillin) und Bekämpfung eines Endotoxinschocks. Bei Verletzungen der Luftwege können in leichten Fällen der spontane Verschluß und die Resorption der Luft abgewartet werden. Bei Thoraxwandverletzungen kann leichtes (die Atmung nicht behinderndes!) Bandagieren die Abheilung fördern. Bei erheblichem Luftaustritt muß die Läsion chirurgisch verschlossen werden.

11.16. Hautödem

Das Hautödem äußert sich in einer teigigen, durch Fingerdruck eindellbaren Anschwellung der Haut und Subkutis. Bei einem lokalisierten Ödem ist die Ursache in einer Behinderung der Lymphdrainage oder des venösen Rückflusses zu suchen. Entzündliche Ödeme sind vermehrt warm, phlegmonös und dolent. Generalisierte Ödeme treten, meist zusammen mit einem Aszites, bei Hypoproteinämie und selten auch bei Herzinsuffizienz auf, ferner bei toxischer Schädigung der Kapillaren.

11.17. Ernährungsbedingte Dermatosen

Dermatosen infolge Malnutrition treten meistens nach anhaltender Anorexie sowie bei Maldigestion/Malabsorption auf; selten sind sie durch einseitige qualitativ und/oder quantitativ ungenügende Fütterung bedingt. Sie werden verursacht durch Mangel an Proteinen und Fetten, vor allem essentiellen Fettsäuren, ferner Vitaminen (besonders A, B, selten C) und Spurenelementen. Da bei Malnutrition ein Mangel an mehreren Nährstoffen besteht, gibt es in der Praxis kein einheitliches, für einen bestimmten Mangel typisches klinisches Bild.

Mangel an Fettsäuren kann außer durch Malabsorption durch ausschließliches Verfüttern von fettarmem oder durch Überlagerung ranzig gewordenem Fertigtrockenfutter hervorgerufen werden. Wichtigste Fettsäuren sind Linol- und Arachidonsäure, deren Anteil im Futter mindestens 1% der Futtertrockensubstanz betragen soll (GLÄTTLI 1973, LEWIS 1981). Der Fettgehalt sollte mindestens 5%, besser 7–9% der Futtertrockenmasse betragen. Erstes Symptom des Fettsäuremangels ist ein glanzloses, trockenes Fell mit zunehmend vermehrter Schuppung. In späteren Stadien kommt es zu Haarausfall, Hyperkeratose und fettiger Seborrhoe, was zu oberflächlichen Pyodermien prädisponiert.

Proteinmangel, sowohl quantitativ als auch qualitativ, hat ebenfalls Hyperkeratose und Haarausfall bei verlängerter Härungsperiode zur Folge, zudem werden die Haare depigmentiert, dünn, glanzlos und brüchig. Besonders ausgeprägt sind die Symptome bei Welpen, wo sich krustöse Hautveränderungen an den distalen Extremitäten bilden können. Für den wachsenden Hund soll der Proteingehalt in der Futtertrockenmasse mindestens 25% betragen.

Die Symptome bei **Vitaminmangel** sind ebenfalls unspezifisch und äußern sich vorwiegend in

Hyperkeratose, schütterer Behaarung mit vermehrter Schuppung, beim Vitamin-B-Mangel (vor allem Biotin) zudem durch Rhagaden in den Maulwinkeln und Risse in den Pfotenballen. Zur *Diagnose* eines Vitaminmangels müssen dessen Auswirkungen auf die anderen Organsysteme herangezogen werden. Biotinmangel kann durch Verfüttern von viel rohem Eiklar entstehen. Die *Therapie* besteht im Beheben der Grundursachen resp. in der Korrektur der Fütterung. Bei Fettsäuremangel empfehlen sich die Beigabe von kaltgepreßtem Sonnenblumenöl (1–2 Teelöffel bis 1–2 Eßlöffel täglich, je nach Größe des Hundes) zum Futter oder essentielle Fettsäuren (Efaderm®), ferner Präparate wie Mirra Coat®.

Fälle von Kupfermangel- und Zinkmangeldermatosen sind von LEWIS (1981) beschrieben worden. Kupfermangel führt zu abnormer Pigmentation der Haare, da Kupfer in Enzymen, die den Melaninstoffwechsel steuern, enthalten ist. Zinkmangeldermatosen äußern sich einerseits bei Welpen in krustösen, schuppenden Hautveränderungen, vorwiegend am Kopf und an den Extremitäten, sowie Hyperkeratosen der Pfotenballen mit Bildung von Rhagaden, andererseits wurde ein Zinkmangelsyndrom mit krustösen Hautveränderungen an Kopf und Pfoten beschrieben, das vorwiegend bei Huskies und Alascan Malamutes vorkommen soll. Als *Therapie* wird Zinksulfat, 10 mg/kg/tägl. im Futter angegeben, wobei im Verlauf von 7–10 Tagen eine deutliche Besserung eintreten soll. Lokaltherapie wie bei Seborrhoe.

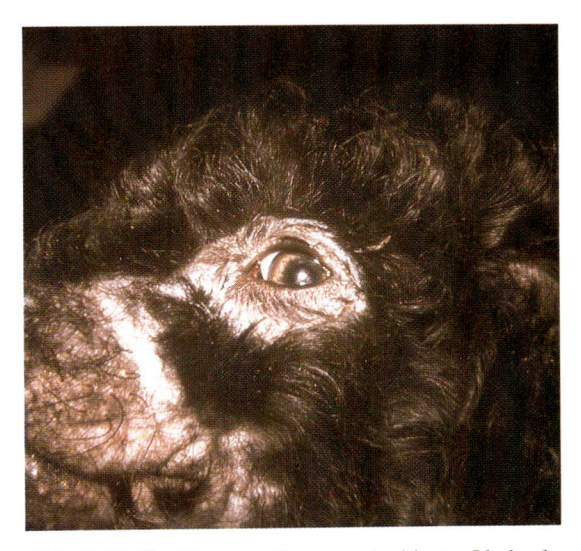

Abb. 11.52. Thalliumvergiftung, protrahierter Verlauf mit Alopezie. Zwergpudel, männlich, 3 J.

11.18. Toxische Dermatosen

Hautveränderungen werden vor allem bei Schwermetallvergiftungen, insbsondere bei **Thalliumvergiftung**, beobachtet. Diese führt zu erythematösen, geschwollenen, später krustösen Entzündungen an den mukokutanen Übergängen (Lider, Lippen, Anus, Präputium/Vulva). In schweren Fällen bilden sich ulzeröse Entzündungen an mechanisch beanspruchten Körperstellen. In leichten, protrahiert verlaufenden Fällen können Alopezien hauptsächlich an Kopf, Hals und kranialem Thorax vorkommen (s. Kapitel 28., Abb. 11.52.).

11.19. Neoplasien der Haut

Die Haut ist beim Hund eines der am häufigsten von Tumoren befallenen Organsysteme. Hauttumoren sind jedoch leichter erkennbar als Tumoren anderer Organe und dadurch früh chirurgisch entfernbar (SCHNEIDER 1978, zit. bei LUGINBÜHL 1981, LUKE 1982).

Durch klinische Adspektion und Anamnese über die Wachstumsgeschwindigkeit allein kann die Tumorart meist nicht oder nur als Verdacht diagnostiziert werden. Die zytologische Untersuchung von Aspiraten kann Hinweise geben. Die präzise Diagnose, damit auch die Dignität, d.h. das benigne oder maligne Verhalten des Tumors, ist nur aufgrund der histologischen Untersuchung möglich. Langsames, expansives Wachstum und gute Abgrenzbarkeit vom umliegenden Gewebe deuten auf Gutartigkeit hin, wogegen infiltratives, rasenartiges Wachstum in die Peripherie, rasche Ausdehnung und Ulzeration, v.a. an Körperstellen, die keiner mechanischen Beanspruchung unterliegen, für Malignität verdächtig sind. Für die Untersuchung ist entweder der ganze Tumorknoten oder eine Biopsie vom Rande der Neoplasie (übergehend in gesunde Haut und Subkutis) in 4%igem Formalin erforderlich. Ulzerierte Neoplasmen sind oberflächlich sekundär infiziert. In Biopsien, welche an solchen ulzerierten Stellen entnommen werden, überwiegen entzündliche Reaktionen, wodurch die Grundursache verdeckt werden kann.

Bei Verdacht auf Malignität eines Hauttumors ist eine gründliche Allgemeinuntersuchung angezeigt; insbesondere sollen die regionären Lymphknoten und die Lunge auf das Vorliegen von Metastasen untersucht werden, bevor eine Therapie eingeleitet wird. Die Klassifikation der Hauttumoren erfolgt anhand der Zellen, von denen die Neoplasie ausgeht, resp. anhand des Gewebes, aus dem der Tumor aufgebaut ist. Wie in allen Organsystemen gibt es primäre, von Hautstrukturen ausgehende, und sekundäre, in die Haut eingewanderte (metastasierte) Tumoren (CONROY 1983).

- **Epitheliale Hauttumoren**
Basaliom: häufig, Korium-Subkutis, oft an Kopf und Nacken, solitärer, umschriebener Knoten, meist oberflächlich ulzeriert. Kann rezidivieren, metastasiert kaum.
Plattenepithelkarzinom: ziemlich häufig im Alter. Prädilektionsstellen sind Rumpf, Beine, Pfoten, Lippen, Skrotum. Meist solitär, derb, schlecht begrenzt, breitbasig, Oberfläche schrundig-ulzeriert, kraterförmig, Ränder unregelmäßig. Metastasierung an Rumpf und Kopf ziemlich spät, an den Gliedmaßen früh!
Papillom (Warzen): häufig. Klein, blumenkohlartig, benigne. Im Alter oft multipel am ganzen Körper.
Orale Papillomatose: sehr selten. Verursacht durch ein DNA-Virus, Kontaktinfektion mit einer Inkubationszeit von 4–8 Wochen. Krankheitsdauer 1–3 Wochen. Multiple, kleine Warzen an Maulschleimhaut und Lippen, selten auch an Augenlidern, Nase und in der Inguinalgegend. Meist spontane Abheilung.
Talgdrüsen: Hyperplasie. Nodulär, solitär oder multipel, klein. Adenome: größer, derber, manchmal ulzeriert, beide häufig. Benigne. Adenokarzinom: selten. Neigung zum Metastasieren.
Hepatoide Drüsen (Perianaltumoren): Hyperplasien und Adenome: häufig, vor allem bei alten Rüden. Solitär oder multipel um den After, oft sekundär ulzeriert, benigne. Scheinbare Rezidive durch Neubildung weiterer Adenome. Die *Therapie* mit Gestagenen oder die Kastration bringt oft gute Resultate. *Karzinome:* selten, infiltrativ. Metastasieren. Hepatoide Drüsen kommen zudem in der Violschen Schwanzdrüse, am Präputium und im Lumbosakralgebiet vor.
Schweißdrüsen: papilläres Syringadenom (Ausführgänge), Cystadenom, Spiradenom (Drüsenendstücke), Mischtumoren und Karzinom. Selten. Zystös, von unterschiedlicher Größe.
Haarfollikel: *Trichoepitheliom* (Haarfollikel).

Nekrotisierendes, verkalkendes Epitheliom (Pilomatrixom), beide solitär, benigne.
Intrakutanes, verhornendes Epitheliom: vorwiegend bei jüngeren Rüden. Prädilektionsstellen sind Hals, Rücken, Schultern und Thorax. Solitär oder multipel-generalisiert. Kleine, bis einige cm große Knoten mit Öffnung gegen die Hautoberfläche, welche von Keratinpfropfen verlegt ist. Bei fehlender Öffnung keratingefüllte Zyste. Benigne. Neubildungen möglich.

Zysten sind keine Neoplasien, sehen aber tumorartig aus. Sie können angeboren oder erworben sein und entstehen epidermal = *Epidermoidzyste* (keratingefüllt) oder dermal = *Dermoidzyste* (gefüllt mit Keratin, Talg, Haaren). *Follikelzysten* bilden sich aus dem Epithel der äußeren Wurzelscheide im Haarfollikel. Inhalt: Keratin, im Alter oft verkalkt. *Atherom:* Anschoppung von Talgdrüsen. Ein Platzen der Zystenwand kann zu Fremdkörperreaktionen im umliegenden Gewebe führen mit sekundärer Entzündung, manchmal Abszedierung. Unterscheidung aller Zysten nur histologisch anhand des Aufbaus der Zystenwand.

Hyperplasie der Violschen Schwanzdrüse: Sie äußert sich in einer zunehmenden Umfangsvermehrung der dorsalen proximalen Drittel des Schwanzes. Die Anschwellung ist weich bis derbelastisch. Durch Friktion auf dem Boden kann sich eine sekundäre Infektion einstellen mit Furunkelbildung, später Nekrose und Ulzeration. Im Beginnstadium läßt sich das hyperplastische Gewebe exzidieren, bei Sekundärinfektion muß mit systemischer Antibiotikatherapie und lokaler Toilette mit Antiseptika vorbehandelt werden; mit Verbänden ist vor weiterer Traumatisierung zu schützen. Gestagene Hormone (Chlormadinonacetat) können zusätzlich versucht werden. Bei rezidivierenden, tiefgreifenden und mit Hautnekrose einhergehenden Entzündungen ist die Amputation des Schwanzes ultima ratio.

Tumoren des melanogenen Systems (Melanome): *benigne Melanome* in Form schwarzer, wenig über das Hautniveau ragender Flecken; bis haarloser, weicher, gut begrenzter bis erbsgroßer Knoten, meist solitär (histologisch zellulär oder fibromatös). *Maligne Melanome* sind infiltrativ, größere Knoten bildend, oft ulzeriert, manchmal pigmentarm, neigen zu Metastasierung. Melanome der Schleimhäute sind größtenteils sehr maligne (histologisch epitheloid, spindelzellig, dendritisch, wirbelbildend oder gemischt). Prädisposition beim Riesenschnauzer (Pfoten).

• **Mesenchymale Tumoren**
Ausgehend von Bindegewebe, Fettzellen, Muskulatur, Blut- und Lymphgefäßen, vom retikuloendothelialen System und von Mastzellen.

Bindegewebstumoren: *Fibrome* und *Myxome* treten solitär als kugelige, derb-elastische bis weiche Knoten auf. Benigne oder selten als maligne Fibrosarkome.

Hämangioperizytome werden ebenfalls den Bindegewebstumoren zugeordnet, häufig bei alten Hündinnen. Lokalisation meist an den Gliedmaßen. Sie wachsen langsam und können sehr groß, knotig-lobuliert werden. Rezidive häufig.

Lipome: häufig bei alten Hunden. Größe unterschiedlich, solitär oder multipel. Können durch das Eindringen zwischen die Muskulatur als schlecht begrenzt erscheinen. Rezidive möglich. Sehr selten sind maligne *Liposarkome*, die lokal infiltrativ sind, aber kaum metastasieren.

Tumoren der Blut- und Lymphgefäße:
Hämangiom: aus Gefäßendothelzellen. Meist kavernös, solitär wie auch multipel, als dunkel gefärbte Knoten bis einige cm groß. Sie sind gut begrenzt und rezidivieren nicht.

Hämangioendotheliom (Hämangiosarkom): aus unreifen Endothelzellen. Meist zusammen mit Hämangiosarkomen innerer Organe. Sie sind von unterschiedlicher Größe, schlecht begrenzt, schwammig. Prognose ungünstig.

Mastozytom: häufig. Rassedisposition für Boxer, Boston-Terrier, Bullterrier und Foxterrier. Prädilektionsstellen sind die Hintergliedmaßen und das Skrotum. Mastozytome treten einzeln oder multipel als expansiv wachsende umschriebene Knoten auf, die manchmal bis in die Subkutis vordringen können (Abb. 11.53.). Sie müssen als potentiell maligne angesehen werden, können Histamin und Heparin produzieren und dadurch gastrointestinale Störungen, Immundefekte und Koagulationsstörungen zur Folge haben; bei der Exzision ist Vorsicht geboten (Histaminausschüttung).

Histiozytome treten häufiger bei jungen Hunden auf, mit Rassedisposition für Boxer und Dackel. Meist solitär und an der vorderen Körperhälfte. Sie wachsen rasch, erreichen selten eine Größe von mehr als 2 cm, metastasieren nicht und können spontan verschwinden.

Eine der **Mycosis fungoides** beim Menschen gleichende Erkrankung, verursacht durch eine Infiltration der Dermis mit polymorphen Histiozyten und lymphoretikulären Zellen (T-Lymphozyten), ist beim Hund beschrieben. Es handelt sich um eine letal endende neoplastische Erkrankung der Haut und des lymphatischen Gewebes. Klinische Symptome sind multiple Plaques und Knoten, die gerötet sind, verkrusten und im Verlauf ulzerieren (ZENOBLE und GEORGE 1980).

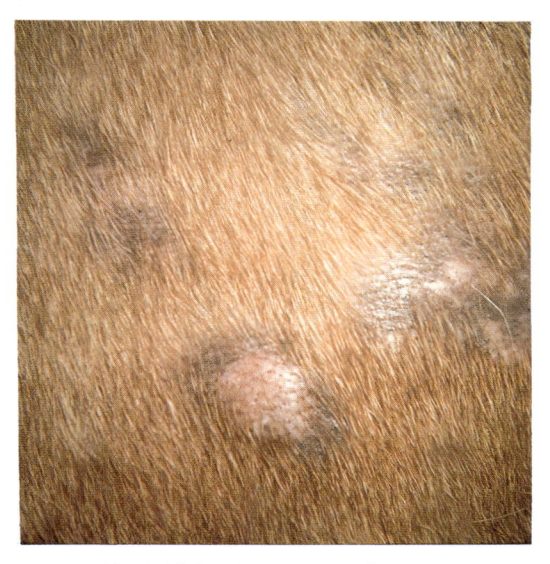

Abb. 11.53. Multiple Mastozytome. Boxer.

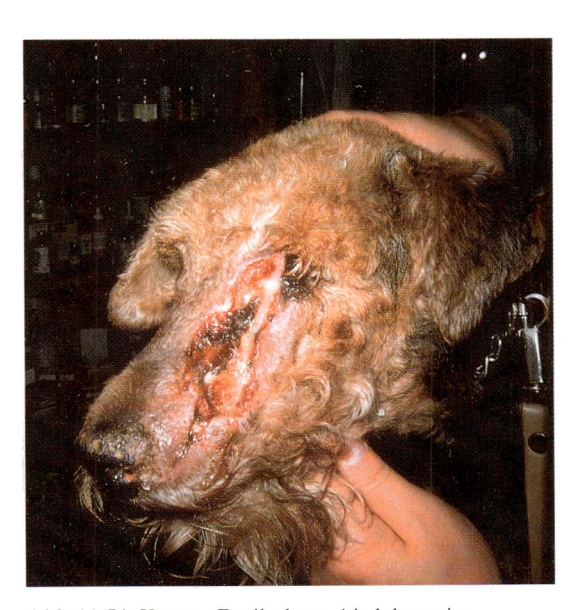

Abb. 11.54. Kutane Retikulose. Airdaleterrier.

Kutane Retikulose (Retikulosarkom): tritt als solitäre oder multiple maligne Neoplasie meist bei älteren Hunden auf, in Form von zuerst erythematösen Hautbezirken, die entzündet sind, später erodieren und ulzerieren. Diese Erkrankung wird als spezielle Form des Lymphosarkoms angesehen (Abb. 11.54.).

Neurogene Tumoren (Neurofibrom): ausgehend von den Schwannschen Zellen. Rezidivieren häufig.

• **Sekundäre Hauttumoren**

Sekundäre Hauttumoren (Metastasen) werden am häufigsten durch Mammatumoren verursacht. Meistens äußern sich Mammatumormetastasen in rasenartiger Infiltration der Haut, welche verdickt und sekundär entzündet wird (Abb. 11.55.). Lungenmetastasen zeigen sich in diesen Fällen als diffuse interstitielle Infiltrate.

Tumorähnliche, knotige Gebilde können durch Keloide, intrakutane granulomatöse Papeln, z.B. nach Einspießen von Fremdkörpern oder nach Zeckenbefall, nach Injektionen sowie durch die Calcinosis circumscripta verursacht werden. Bei der **Calcinosis circumscripta** handelt es sich um subkutane, umschriebene, derbe Knoten mit Kalkeinlagerung, meistens an den distalen Gliedmaßen über Knochenvorsprüngen. Selten treten Kalkknoten auch an Zunge und Ohren auf. Die Kalkeinlagerung läßt sich im Röntgenbild darstellen. Die Ursache ist unbekannt. Die Erkrankung tritt bei jungen Hunden großer Rassen auf mit Prädisposition für den Deutschen Schäferhund. Es wurde auch über mehrere Fälle von **eosinophilem Granulom** bei verschiedenen Hunden berichtet (SCOTT 1983). Dieses äußert sich als plaque-artige, manchmal ulzerierte, flache, gerötete Knoten in der Maulhöhle (Zungenunterseite, Gaumen),

am Unterbauch und an den Pfoten. Die *Diagnose* ist nur histologisch möglich.

Die **Therapie von Hauttumoren** wird bestimmt durch die Art des Tumors (Verdachtsdiagnose), seine Größe und Lokalisation sowie davon, ob er solitär oder multipel auftritt. Sie besteht in der Regel in der chirurgischen Exzision, die besonders bei Verdacht auf Malignität weiträumig im gesunden Gewebe erfolgen soll. Bei großen, vor allem subkutanen Defekten nach der Exzision ist auf ein gutes Verschließen der Subkutis und Vermeidung von Höhlenbildung durch Fixieren der Haut auf der Subkutis mit Einzelknopfnähten (walking sutures) zu achten, um Sekretansammlungen zu vermeiden. Bei ausgedehnten oder topographisch ungünstig gelegenen Neoplasmen richtet sich die Therapie nach der histologischen Diagnose anhand einer Biopsie. Große Hautdefekte müssen durch Hautmobilisation in der Umgebung und wo dies nicht genügt, durch Verschiebelappenplastik verschlossen werden. Bei Neoplasien an den Lippen, am After und den Pfoten bieten die Kryotherapie und die Strahlenbehandlung zusätzliche Möglichkeiten (BIERY 1977, KRAHWINKEL 1980). Warzen sowie kolbenartige, schmalbasige, epitheloide Polypen können durch Kauterisieren (Thermokauter, Elektrokauter) entfernt werden. Anhand der histologischen Diagnose läßt sich entscheiden, ob zusätzliche Therapien, z.B. mit Zytostatika, angezeigt sind.

11.20. Hautverletzungen

Traumatisch bedingte Hautveränderungen können auf vielfältige Weise entstehen. Am häufigsten sind Bißwunden, die von kleinen Schürfwunden über perforierende Stich- und Rißwunden bis zu ausgedehnten tiefen Trümmerwunden alle Grade der Zerstörung zeigen können. Auf Verletzung tiefliegender Gewebe, wie größerer Gefäße, Nerven, Knochen und innerer Organe (z.B. Darmquetschung), ist zu achten. Hautperforierende Wunden müssen vorsichtig sondiert werden, um Verlauf, Tiefe und Unterminierung der Haut zu erfassen, denn die Bildung von subkutanen Kavernen mit Sekretansammlung muß vermieden werden, da daraus Abszesse entstehen können. Von der Unterlage abgerissene Haut nekrotisiert, wenn die Gefäßversorgung durch Zerren und Quetschen beeinträchtigt worden ist. Durch Verschmutzung der Wunde und Verkleben

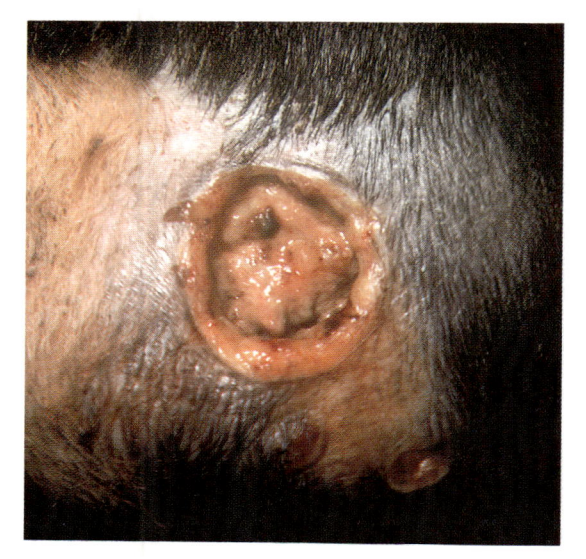

Abb. 11.55. Sarkommetastase, Sitzbeinhöcker. Tief fistulierend, ausgehend von anaplastischem Sarkom am Tuber ischiadicum.

der Hautoberfläche können in der Tiefe schwerwiegende Anaerobierinfektionen entstehen.

Die *Therapie* hängt vom Ausmaß und Alter der Verletzung ab. 4–6 Stunden nach dem Unfall kann eine Wunde durch Debridement und Auswaschen dekontaminiert werden. Von diesem Zeitpunkt an muß durch die starke Vermehrung der eingedrungenen Bakterien mit einer Infektion der tieferen Wundbezirke und des umliegenden Gewebes gerechnet werden. Die Infektion wird durch schlechte Blutversorgung und Quetschung des Wundgebietes begünstigt. Die Wundtoilette besteht im Ausscheren des Wundgebietes, um Verklebungen der Haare und Sekretdermatitis zu vermeiden und um den Luftzutritt zur Wunde zu verbessern. Kleine, stichförmige, nicht unterminierte Wunden werden mit einem Antiseptikum, z.B. 0,5% Chlorhexidinlösung oder 1:10 verdünnter Betadinlösung, gespült, danach wird 2–3mal täglich eine Antibiotikalösung oder -salbe instilliert, bis die Wunde von innen heraus geschlossen ist. Während antiseptische Puder auf oberflächlich abgeschürfter, trockener Haut nützlich sind, verursachen sie – in die Tiefe einer Wunde gestreut – Schäden durch Austrocknung des Gewebes sowie Fremdkörpergranulome, die nicht selten ein erhebliches Ausmaß erreichen können. Detergentienhaltige Antiseptika, wie Phisohex® oder Betadine®-Seife, sind ebenfalls nicht zur Wundreinigung geeignet, da sie gewebsschädigend sein können und dadurch die Wundheilung verzögern. Für die Reinigung größerer, verschmutzter Wunden wird am besten physiologische Kochsalzlösung verwendet. Das Debridement umfaßt das Begradigen der Hautränder und die Exzision von devitalisiertem Unterhautgewebe. Bei lappenförmigen Wunden ist auf eine adäquate Blutversorgung des Hautlappens zu achten, da sich sonst Hautnekrose und Nahtdehiszenz einstellen. Der Wundverschluß wird zuerst durch subkutane Nähte vorgenommen, welche 1. die Haut auf der Unterlage fixieren sollen, um die Bildung von Höhlen zu vermeiden, 2. die Wundränder adaptieren sollen, damit die Hautnaht keiner Spannung unterworfen ist. Als Nahtmaterial sind resorbierbare, nicht zu rasch abbaubare Fäden geeignet, z.B. Vicryl, Dexon oder Chromcatgut, 2/0–3/0. Darüber wird eine Hautnaht mit nicht resorbierbarem Nahtmaterial (möglichst monofil) 2/0–4/0 angebracht. Bei tiefreichenden, infizierten und stark sezernierenden Wunden kann das vorübergehende Einlegen eines Drains (Redon oder Penrose) nützlich sein.

Eine systemische Antibiotikatherapie ist bei großen oder multiplen infizierten Wunden notwendig, insbesondere bei Patienten, deren Abwehrsystem wegen Krankheit oder Alter beeinträchtigt ist. Tiefe, stichförmige Wunden können eine Infektion mit *Clostridium tetani* auslösen.

Erlaubt es der Allgemeinzustand eines Patienten nicht, eine große Wunde sogleich chirurgisch zu versorgen, wird ein Besprühen mit einer Antibiotikalösung (Neomycin, Bacitracin, Tetracyclin) empfohlen, um das Bakterienwachstum in der Wunde zu hemmen. Darüber wird ein luftdurchlässiger Schutzverband angelegt, um eine weitere Verschmutzung der Wunde zu verhindern und Wundsekrete aufzusaugen (SWAIM 1980). Diese Behandlung muß bis zur chirurgischen Versorgung täglich wiederholt werden. Dasselbe gilt für entzündete, infizierte Wunden, die geschwollen, hyperämisch und dolent sind und nicht chirurgisch behandelt werden dürfen.

Ausgedehnte **Hautriß- und Quetschwunden** entstehen beispielsweise an den Gliedmaßen, wenn diese unter bremsende Räder geraten, und durch Einklemmen in Rolltreppen, seltener durch Hängenbleiben an spitzen Einzäunungen. Die Therapie besteht bei frischen Wunden in Toilettierung mit möglichst geringem Gewebsverlust, Annähen und wenn möglich Verschließen der Hautränder durch Mobilisation der umgebenden Haut und Fixation der losgelösten Haut auf der Unterhaut unter Schonung der Gefäße. Hautdefekte werden mit nicht klebenden, luftdurchlässigen Gazekompressen (Neobiogaze®, Fucidingaze®, Betadine-Gaze®, u.ä.) bedeckt und mit einem lockeren, die Zirkulation nicht behindernden luftdurchlässigen Verband bedeckt (z.B. Tube-Gaze®). Bei starker Sekretbildung und/oder Eiterung sind die Verbände täglich, später alle 2–3 Tage zu wechseln, bis die Wunde durch neues Epithel bedeckt ist. Granulationsfördernde Medikamente (z.B. Solcoserylsalbe) können die Wundheilung beschleunigen. Günstig ist auch Protamin-Zink-Insulin, 20–30 IE täglich, lokal in die Wunde geträufelt oder mit Salbe vermischt aufgetragen.

Nekrotisierende, ulzerierende Hautläsionen entstehen u.a. nach Abszeßbildung, nach Verbrennungen, Verbrühungen und durch Dekubitus sowie nach subkutaner Injektion gewebeschädigender Medikamente (z.B. Calciumpräparate).

Verbrennungen können bei narkotisierten oder im Schock liegenden Tieren durch Wärmelappen

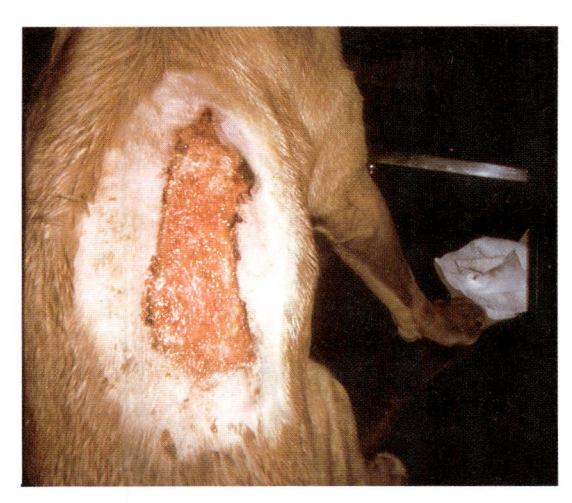

Abb. 11.56. Verbrennung, Thoraxseite rechts, verursacht durch Wärmelampe.

oder Heizkissen hervorgerufen werden, bedingt durch gestörte Hautzirkulation und Ausfall der lokalen Temperaturregulation (Abb. 11.56.). Die Behandlung besteht vorerst in Wundreinigung mit milden Antiseptika oder H_2O_2 2–3%, abwechselnd mit physiologischer NaCl-Lösung, bis die Infektion abgeklungen ist und die nekrotischen Bezirke demarkiert sind. Weiterbehandlung der offenen Wunde mit Wundreinigung und Gazekompressen, bis sich ein gesundes Granulationsgewebe gebildet hat und die Hautränder nicht mehr unterminiert sind. Je nach Größe und Lage der Wunde sowie fortschreitender Epithelisation kann die Abheilung abgewartet werden oder ein Wundverschluß durch Hautmobilisation oder Hautlappentransposition angestrebt werden.

Eine ausführliche Beschreibung der Wundheilungsmechanismen, der Wundbehandlung sowie der chirurgischen Wiederherstellung von Hautdefekten finden sich bei SWAIM (1980).

Schwierigkeiten bietet die Behandlung von **Schnittwunden** an Zehen- und Sohlenballen, da die Wunden durch die Polsterwirkung beim Belasten auseinanderklaffen und zu Nahtdehiszenz führen. Abrasionswunden und kleine, oberflächliche Schnittwunden werden am besten mit einem Schuh vor Verschmutzung geschützt, bis sich eine belastungsfähige neue Hornschicht gebildet hat. Tiefe Wunden müssen mit Einzelknopfnähten im Ballenpolster und Hautnähten verschlossen werden. Um eine Nahtdehiszenz zu vermeiden, muß die Wunde mit einem gepolsterten Schienenverband entlastet werden, oder der Hund muß durch Hochbinden der Gliedmaße am Belasten gehindert werden, dies während 2–3 Wochen, je nach Heilungsverlauf (SWAIM 1980).

11.21. Schwanzspitzenulkus

Es entsteht durch wiederholtes Anschlagen der Schwanzspitze, vorwiegend bei langschwänzigen, kurzhaarigen Hunderassen, wie Doggen, Dalmatinern oder Greyhounds. Durch Verletzung entsteht eine aszendierende, eitrige und ulzerierende Entzündung der Schwanzspitze. Schmerz, Juckreiz, möglicherweise auch Parästhesien reizen den Hund zum Benagen des Schwanzes, das bis zur Automutilation gehen kann. Seltenere Ursachen sind Zirkulations- und Innervationsstörungen nach Einklemmen der Rute, Rückenmarkerkrankungen wie z. B. das Cauda-equina-Syndrom sowie tiefe Pyodermien (Furunkulose).

Differentialdiagnostisch muß an eine Verhaltensstörung („dem Schwanz nachrennen" aus Langeweile) gedacht werden. Die Behandlung besteht im Anfangsstadium in Wundversorgung, Abdecken der Läsion mit Neobiogaze® und Schutzpolster mit Schaumstoff. Dabei muß beachtet werden, daß der Verband den Luftzutritt zur Wunde gewährleistet und die zur Fixation nötigen Pflaster die Blutzirkulation im Schwanz nicht beeinträchtigen, da sonst die Nekrose der Schwanzspitze gefördert wird; zudem muß der Hund am Abreißen des Verbandes durch geeignete Halskragen gehindert werden. Zur Lokaltherapie kommt eine systemische Antibiotikatherapie, und – vorübergehend – evtl. Beruhigungsmittel. Bei fortgeschrittener Läsion bleibt nur die Amputation des Schwanzes im gesunden Gewebe, d.h. 2–3 Wirbel proximal vom Rande des entzündeten Schwanzbezirkes. Nachbehandlung mit Antibiotika (bakterizide sind vorzuziehen) und einem lockeren Schutzverband.

11.22. Bursahygrom am Ellenbogen

Es tritt bei Hunden großer Rassen auf und wird begünstigt durch häufiges Liegen auf hartem Boden. Wiederholte Irritation kann zu faustgroßen Schwellungen über dem Processus olecrani führen. Gefährliche Komplikationen sind eine Friktionsinfektion und die Nekrose und Ulzeration der darüberliegenden Haut, letzteres zeigt sich vor allem nach Nahtdehiszenz und Exzision. Im Beginstadium kann versucht werden, die Hygrome durch Punktion unter sterilen Kautelen (Infektionsgefahr!), danach Anlegen einer elastischen Bandage und gepolsterter Ärmel, die über dem Widerrist zusammengebunden werden, damit sie nicht abrutschen, zum Verschwinden zu bringen. Kleine, den Hund nicht störende Hygrome werden am besten nicht behandelt, sondern nur durch prophylaktische Maßnahmen vor Komplikationen geschützt (gepolsterte Ärmel, Vermeiden harter Liegeplätze). Große Hygrome können entweder durch Entleeren und Einlegen eines Penrose-Drains während 2–3 Wochen (JOHNSTON 1975), darüber ein lockerer Verband und Schutz durch Halskragen, evtl. Beruhigungsmittel, oder durch Exzision und Polsterverband behandelt werden. Liegt bereits ein Ulkus vor, muß eine Exzision des entzündeten, nekrotischen Gewebes vorgenommen werden. Der Hautdefekt muß durch Mobilisation von Haut dorsal und kranial des Defektes verschlossen werden (SWAIM 1980). Durch Einlegen eines Penrose-Drains kann eine Sekretansammlung in der entstandenen Wundhöhle vermieden werden.

Literatur

AL-BAGDADI, F., and LOVELL, L. (1979): The Integument. In: MILLER's Anatomy of the Dog (EVANS, H.E., and CHRISTENSEN, G.C.). W.B.Saunders Co., Philadelphia, London, Toronto.

AL-BAGDADI, F., TITKEMEYER, C.W., and LOVELL, J.E. (1979): Histology of the hair cycle in male Beagle dogs. Am. J. Vet. Res. **40**, 1734–1741.

ANDERSON, R.K. (1977): A crusted skin disease resembling dry juvenile pyoderma: a case report. JAAHA **13**, 701–703.

ANDERSON, R.K. (1981): Norvegian scabies in a dog: a case report. JAAHA **17**, 101–104.

AUGUST, J.R. (1982): The reactions of canine skin to the intradermal injection of allergenic extracts. JAAHA **18**, 157–163.

AUGUST, J.R. (1982): The intradermal test as a diagnostic aid for canine atopic disease. JAAHA **18**, 164–171.

BAKER, K.P.: (1967): Senile changes of dog skin. J. small Anim. Pract **8**, 49–54.

BAKER, B.B., STANNARD, A.A., YASKULSKI, S.G., et al. (1976): Evaluations of topical applications of Ronnel Solution for generalized Demodicosis in dogs. JAVMA **168**, 1105–1107.

BAKER, E. (1990): Small Animal Allergy. Lea & Febiger, Philadelphia, London.

BARSANTI, J.A., DUNCAN, J.R., and NACHREINER, R.F. (1979): Alopecia associated with a seminoma. JAAHA **15**, 33–36.

BIERY, D.N. (1977): Radiation therapy in dermatology. In: KIRK, R.M.: Current Vet. Therapy VI. W.B. Saunders Co., Philadelphia, London, Toronto, 527–528.

BIGLER, B. (1981): Allergien. In: Jahresversammlung Schweiz. Vereinigung für Kleintiermedizin, 100–119.

BLEDSOE, B., FADOK, V.A., and BLEDSOE, M.E. (1982): Current therapy and new developments in indoor flea control. JAAHA **18**, 415–422.

BROWN, N.O., NESBITT, G.H., PATNAIK, A.K., et al. (1980): Cutaneous lymphosarcoma in the dog: A disease with variable clinical and histological manifestations. JAAHA **16**, 565–572.

BUSSIÉRAS, J. (1981): La démodécie canine: Connaissances nouvelles sur l'épidémiologie et le traitement. L'animal de comp. **16**, 153–157.

BUSSIÉRAS, J., and CHERMETTE, R. (1986): Amitraz and Canine Demodicosis. JAAHA **22**, 779–782.

CABASSU, J.P., GERVAIS, P., et SEGURET, N. (1988): Manifestations cliniques de la Leishmaniose canine. Pratiq. médic. et chirurg. de l'Anim. de Cie. **23** N° spécial, 29–34.

CENTURIER, C. (1981): Zeckeninfestationen bei Hund und Katze. Referateband der 27. Jahresversammlung der DVG, Fachgruppe Kleintierkrankheiten. Demeter Verlag, Gräfeling, 246–250.

CONROY, J.D. (1979): Dermatopathologic signs of internal causation. Vet. Clin. North America **9**, 133–140.

CONROY, J.D. (1983): Immune mediated diseases of skin and mucous membranes. In: ETTINGER S.J.: Textbook of Veterinary Internal Medicine. W.B. Saunders Co., Philadelphia, London, Toronto, 2140–2158.

CONROY, J.D. (1983): Canine skin tumors. JAAHA **19**, 91–114.

EIGENMANN, J.E., and PATTERSON, D.F. (1984): Growth hormone deficiency in the mature dog. JAAHA **20**, 741–746.

EYRE, P. (1980): Pharmacology of antipruritic drugs. In: KIRK, R.W.: Current Vet. Therapy VII. W.B. Saunders Co., Philadelphia, London, Toronto, 497–503.

FADOK, V.A. (1982): Zinc responsive dermatosis in a great dane: a case report. JAAHA **18**, 409–414.

FELLER, M.J. (1981): Adverse drug reactions. In: Comprehensive Immunology, 7: Immunodermatology by SAFAI, B., and GOOD, R.A. Plenum Medical Book Co., New York, London, 217–227.

FERSLEV, G. (1982): Allergiediagnostik heute. Kleintierpraxis **27**, 165–220.

GLÄTTLI, H.R., SCHATZMANN H., und ZINTZEN, H. (1973): Diätetische Maßnahmen und essentielle Wirkstoffe in der Behandlung von Hautkrankheiten des Hundes. Kleintierpraxis **18**, 203–210. .

GREIFFENHAGEN-POTOCKI, U., und HARTUNG, J. (1978): Eine Dermopathie beim Hund, ähnlich der Pustulo-

sis subcornealis beim Menschen. Kleintierpraxis **23**, 189–192.
HALE, P.A. (1982): Periodic hair shedding by a normal bitch. J. small Anim. Pract. **23**, 345–350.
HALLIWELL, R.E.W. (1974): Pathogenesis and treatment of pruritus. JAVMA **164**, 793–796.
HALLIWELL, R.E.W. (1977): Hyposensitization in the treatment of atopic disease. In: KIRK, R.M.: Current Vet. Therapy VI. W.B. Saunders Co., Philadelphia, London, Toronto.
HALLIWELL, R.E.W. (1977): Steroid therapy in skin disease. In: KIRK, R.M.: Current Vet. Therapy VI. W.B. Saunders Co., Philadelphia, London, Toronto
HALLIWELL, R.E.W. (1978): Autoimmune skin diseases in the dog. Adv. Vet. Sc. and Comp. Med. **22**, 221–263.
HALLIWELL, R.E.W. (1979): Skin diseases associated with autoimmunity. Vet. Clin. North America **9**, 57–71.
HALLIWELL, R.E.W. (1980): Autoimmune skin diseases. In: KIRK, R.M: Current Vet. Therapie VII. W.B. Saunders Co., Philadelphia, London, Toronto.
HALLIWELL, R.E.W., and GORMAN, N.T. (1989): Veterinary Clinical Immunology. W.B. Saunders Co., Philadelphia, London, Toronto.
HALLIWELL, R.E.W., SCHWARTZMAN, R.M., IHRKE, P.J., et al. (1977): Dapsone for treatment of pruritic dermatitis (Dermatitis herpetiformis and subcorneal pustular dermatosis) in dogs. JAVMA **170**, 697–703.
HARWOOD, R.F., and JAMES, M.T. (1979): Entomology in Human and Animal Health. 7th Ed. Baillière and Tindall, London.
IHRKE, P.J. (1980): Differential diagnosis of the pruritic Dog. AAHA's 47th annual Meeting Proc., 157–162.
IHRKE, P.J. (1980): Seborrhoe. AAHA's 47th annual Meeting Proc., 147–153.
IHRKE, P.J. (1981): Seborrhoe. In: Referatesammlung der Jahresversammlung der Schweiz. Vereinigung für Kleintiermedizin, 139–143.
IHRKE, P.J. (1982): Canine Seborrhea, Diagnosis and Management. In: 28. Jahrestagung der Fachgruppe Kleintierkrankheiten DVG, Gießen.
IHRKE, P.J. (1983): Pruritus. In: ETTINGER, S.J.: Textbook of Veterinary Internal Medicine. W.B. Saunders Co., Philadelphia, London, Toronto, 115–121.
IHRKE, P.J., HALLIWELL, R.E.W., and DEUBLER, M.J. (1977): Canine Pyoderma. In: KIRK, R.M.: Current Veterinary Therapy VI. Small Anim. Pract. W.B. Saunders Co., Philadelphia, London, Toronto, 513–519.
IHRKE, P.J., SCHWARTZMAN, R.M., and HALLIWELL, R.E.W. (1979): Effects of hormonal therapy on the microbiology of seborrheic dogs. Am. J. Vet. Res. **40**, 1495–1497.
JOHNSTON, D.E. (1975): Hygroma of the elbow in dogs. In: BOJRAB, M.J.: Current Techniques in Small Animal Surgery I. Lea & Febiger, Philadelphia, 293–295.
KAPPES, H. (1972): Nocardiose beim Hund. Kleintierpraxis **17**, 227–230.

KATZ, S.L. (1981): Dermatitis herpetiformis. In: Comprehensive Immunology: Immunodermatology by SAFAI, B., and GOOD, R.A. Plenum Medical Book Co., New York, London, 217–227.
KIRK, R.W. (1979): Acanthosis nigricans. Vet. Clin. North America, Small Anim. Pract. **9**, 49–56.
KRAHWINKEL jr., D.J. (1980): Cryosurgical treatment of skin diseases. Vet. Clin. North America, Small Anim. Pract. **10**, 787–801.
KRISTENSEN, S., and KROGH, H.V. (1981): Dermatomykosen. Nord. Vet. Med. **33**, 134–140.
KÜCHLER, P. (1977): Allergieteste beim Kleintier. Inaugural-Diss., Vet.-med. Fakultät, Univ. Bern und Kleintierpraxis **22**, 112–117.
KUNKLE, G.A. (1980): The treatment of canine atopic disease. In: KIRK, R.M.: Current Veterinary Therapy VII. Small Anim. Pract. W.B. Saunders Co., Philadelphia, London, Toronto, 453–458.
KWOCHKA, K.W. (1993): Seborrhea. In: GRIFFIN, C.F., KWOCHKA, K.W., and MACDONALD, J.M.: Current Veterinary Dermatology. Mosby Year Book, St. Louis, London, Toronto.
LEWIS, L.D. (1981): Cutaneous manifestations of nutritional imbalances. AAHA's 48th annual meeting Proc., 263–272.
LEWIS, R.M., and HATHAWAY, J.E. (1967): Canine systemic lupus erythematosus. J. small Anim. Pract. **8**, 273–284.
LORENZ, M.D. (1979): Atopy. Vet. Clin. North America, Small Anim. Pract. **9**, 117–132.
LORENZ, M.D. (1980): The management of flea allergic dermatitis. In: KIRK, R.M.: Current Veterinary Therapy VII. Small Anim. Pract., W.B. Saunders Co., Philadelphia, London, Toronto.
LOVE, D.N., and DAVIS, P.E. (1980): Isolation of *Staphylococcus aureus* from a condition in Greyhounds histologically resembling „staphylococcal scaled skin syndrome" of man. J. small Anim. Pract. **21**, 351–357.
LUBBERING, A.A.M.E. (1977): Diagnosis and treatment of canine Cushing Syndrome. Thesis, Utrecht.
LUKE, V.M. (1982): In: Notes on pathology for small animal clinicians. Wrigth PS6 Bristol.
LUGINBÜHL, H. (1981): Tumoren der Haut. In: Referatesammlung der Jahresversammlung der Schweiz. Vereinigung für Kleintiermedizin.
MANNING, T.O., SCOTT, D.W., KRUTH, S.A., et al (1980): Three cases of canine pemphigus foliaceus and observations on chrysotherapy. JAAHA **16**, 189–202.
MARCHAND, A. (1979): Les cheyletielloses des carnivores domestiques et leur transmission à l'homme. L'animal de comp. **14**, 553–558.
MASON, K.V. (1990): Cutaneous drug eruptions. Vet. Clin. North America, Small Anim. Pract. **20**, 1633–1653.
MCKEEVER, P.J., and DAHL, M.V. (1977): A disease in dogs, resembling human subcorneal pustular dermatosis. JAVMA **170**, 704–708.
MEIER, K.H. (1975): Parasitäre Dermatopathien der

Heimtiere und ihre Bedeutung für den Menschen. Kleintierpraxis 20, 37–47.

MOORE, J.D. (1976): Canine systemic Lupus erythematosus. J. S. Afr. vet. Ass. 47, 267–275.

MOSIMANN, W. (1981): Die Haut als pluripotentes Organ. In: Referatesammlung der Schweiz. Vereinigung für Kleintiermedizin, 1–7.

MOSIMANN, W. (1982): mündl. Mitteilung.

MULLER, G.H. (1979): Pituitary Dwarfism. Vet. Clin. North America, Small Anim. Pract. 9, 41–48.

MULLER, G.H. (1980): Hereditary hair and pigment abnormalities. In: KIRK, R.W.: Current Vet. Therapy VII. Small Anim. Pract. W.B. Saunders Co., Philadelphia, London, Toronto, 487–490.

MULLER, G.H. (1983): Amitraz treatment of demodicosis. JAAHA 19, 435–441.

MULLER, G.H., KIRK, R.W., und SCOTT, D.W. (1993): Kleintier-Dermatologie. Deutsche Ausgabe nach der 4. engl. Gustav Fischer Verlag, Stuttgart–Jena–New York.

NESBITT, G.H., and SCHMITZ, J.A. (1977): Contact dermatitis in the dog: a review of 35 cases. JAAHA 13, 155–163.

NICOLET, J. (1981): Dermatomykosen. In: Jahresversammlung der Schweiz. Vereinigung für Kleintiermedizin, 131–136.

NICOLET, J. (1981): Bakterielle Dermatosen. In: Jahresversammlung der Schweiz. Vereinigung für Kleintiermedizin, 58–64.

PARADIS, M., and SCOTT, D.W. (1992): Nonsteroidal therapy for canine and feline pruritus. In: KIRK, R.M., and BONAGURA, J.D.: Current Vet. Therapy XI. W.B. Saunders Co., Philadelphia, London, Toronto.

PARKER, W.M., and SCOTT, D.W. (1980): Growth hormone responsive alopecia in the mature dog: A discussion of 13 cases. JAAHA 14, 824–828.

PATTERSON, J.M. (1978): Nasal solar dermatitis in the dog: A method of tatooing. JAAHA 14, 370–372.

PETERSON, M.E. (1981): Canine Cushing Syndrome. AAHA's 48th Annual Meeting Proc., 155–160.

REEDY, L.M. (1980): The diagnosis of canine atopic disease. In: KIRK, R.M.: Current Veterinary Therapy VII. W.B. Saunders Co., Philadelphia, London, Toronto, 450–453.

REEDY, L.M., and MILLER jr., W.H. (1989): Allergic Skin Diseases of Dogs and Cats. W.B. Saunders Co., Philadelphia, London, Toronto.

ROSSER, E.J. (1993): Sebadenitis. In: GRIFFIN, C.E., KWOCHKA, K.W., and MACDONALD, J.M.: Current Veterinary Dermatology. Mosby Year Book, St. Louis, London, Toronto.

ROSYCHUK, R.A.W. (1982): Thyroid Hormones and Antithyroid Drugs. Vet. Clin. North America, Small Anim. Pract. 12, 111–148.

SCHWARTZ, A., and KEHOE, J.M. (1983): Fundamental Principles of Immunology. In: ETTINGER, S.J.: Textbook of Veterinary Internal Medicine. W.B. Saunders Co., Philadelphia, London, Toronto.

SCHWARTZMAN, R.M. (1977): Topical Dermatologic Therapy. In: KIRK, R.M.: Current Vet. Therapy VI, Small Animal Pract. W.B. Saunders Co., Philadelphia, London, Toronto, 506–513.

SCOTT, D.W. (1978): Immunologic Skin Disorders in the Dog and Cat. Vet. Clin. North America 8, 641–664.

Scott, D.W. (1979): Topical Cutaneous Medicine. AAHA's 46th Annual Meeting Proc., 89–101.

SCOTT, D.W. (1979): Canine Demodicosis. Vet. Clin. North America 9, 79–92.

SCOTT, D.W. (1980): Bald ain't beautiful. AAHA's 47th Annual Meeting Proc., 155–156.

SCOTT, D.W. (1981): Observations on canine atopy. JAAHA 17, 91–100.

SCOTT, D.W. (1981): Examination of the integumentary system. Vet. Clin. North America, Small Animal Pract. 11, 499–510.

SCOTT, D.W. (1982): Histopathologic findings in endocrine skin disorders of the dog. JAAHA 18, 173–183.

SCOTT, D.W. (1983): Chrysotherapy. In: KIRK, R.W.: Current Vet. Therapy VIII, Small Anim. Pract. W.B. Saunders Co., Philadelphia, London, Toronto, 448–449.

SCOTT, D.W. (1983): Cutaneous eosinophilic granulomas with collagen degeneration in the dog. JAAHA 19, 529–532.

SCOTT, D.W., MILLER, W.H., LEWIS, R.M., et al. (1980): Pemphigus erythematosus in the dog and cat. JAAHA 16, 815–823.

SCOTT, D.W., MANNING, T.O., SMITH, C.A., and LEWIS, R.M. (1982): Pemphigus vulgaris without mucosal or mucocutaneous involvement in two dogs. JAAHA 18, 401–404.

SCOTT, D.W., WALTON, D.K., MANNING, T.O., et al. (1983): Canine lupus erythematosus. JAAHA 19, 461–488.

SHADDUCK, J.A. (1979): A canine cutaneous lymphoproliferative disorder resembling human mucosis fungoides. Vet. Clin. North America, Small Anim. Pract. 9, 107–116.

SIEGEL, E.T. (1982): Endokrine Krankheiten des Hundes. Paul Parey, Berlin, Hamburg.

STOGDALE, L., BOTHA, W.S., and SAUNDERS, G.N. (1982): Congenital hypotrichosis in a dog. JAAHA 18, 184–187.

SWAIM, S.F. (1980): Surgery of traumatized skin. W.B. Saunders Co., Philadelphia, London, Toronto.

SWAIM, S.F., HENDERSON, R.A., and SUTTON, H.H. (1980): Correction of triangular and wedgeshaped skin defects in dogs and cats. JAAHA 16, 225–232.

THOMSETT, L.R. (1977): The diagnosis of ringworm infection in small animals. J. small Anim. Pract. 18, 803–814.

TIZARD, I.R. (1981): Einführung in die Veterinärmedizinische Immunologie. Paul Parey, Berlin, Hamburg.

VERCELLI, C., et CRAVERO, G.O. (1981): Un cas d'asthénie cutanée congenitale du chien. L'animal de comp. 16, 159–164.

VÖLKER, L. (1979): Einfluß von Biotin auf Haut und Haarveränderungen beim Hund. In: Archiv für tierärztl. Fortbildung „Ernährung von Hund und Katze", Schlütersche, Hannover, 155–160.

WILLEMSE, A. (1982): Acquired cold urticaria in a dog. JAAHA **18**, 961–964.

WEISS, E. (1982): Grundlagen der Allergie. In: 28. Jahrestagung der Fachgruppe Kleintierkrankheiten der Deutschen Vet.-med. Gesellschaft, Gießen.

ZENOBLE, R. D., and GEORGE, J. W. (1980): Mycosis fungoides-like disease in a dog. JAAHA **16**, 203–208.

12. Ohren

(Von H.-J. Christoph † und U. Freudiger)

Bei Ohrenerkrankungen muß der Behandlung immer eine gute Adspektion beider Ohren vorausgehen. Die grobe Besichtigung wird mit einer genügend hellen Lichtquelle durchgeführt. Im Anschluß daran soll ein Otoskop mit schwenkbarem Lupenaufsatz Verwendung finden. Wichtig ist, daß die Otoskoptrichter genügend lang und schlank sind; die in der Humanmedizin verwendeten sind gänzlich ungeeignet. Zum Einführen des Trichters wird das Ohr nach oben und lateral gestreckt. Dadurch wird die Gehörgangsknickung gegradet. Der ganze Gehörgang und das Trommelfell (Spannung, Farbe, Auflagerungen, Perforationen) können nun besichtigt werden. Bei widersetzlichen Hunden ist manchmal eine gute Sedierung nötig. Verschmutzte Ohren müssen vorgängig gereinigt werden.

12.1. Erkrankungen des äußeren Gehörganges

Die Erkrankungen des äußeren Gehörganges (**Otitis externa**) machen je nach Gegend 8–23% der Konsultationen einer Praxis und Klinik aus (Dürr und Freudiger 1976, Berg 1951, Korte 1962, Scupin und Scupin 1971).

Ätiologie. Die Otitis externa ist eine Faktorenkrankheit. Zahlreiche *anatomische Besonderheiten* begünstigen die Entstehung einer Otitis. Insbesondere der gegenüber anderen Tierarten lange Gehörgang und dessen ausgeprägte ventrale Knickung erschweren die spontane Sekretentfernung und Belüftung des Gehörganges (Abb. 12.1.). Weitere Faktoren sind die starke Behaarung des Gehörganges und des Meatus exter-

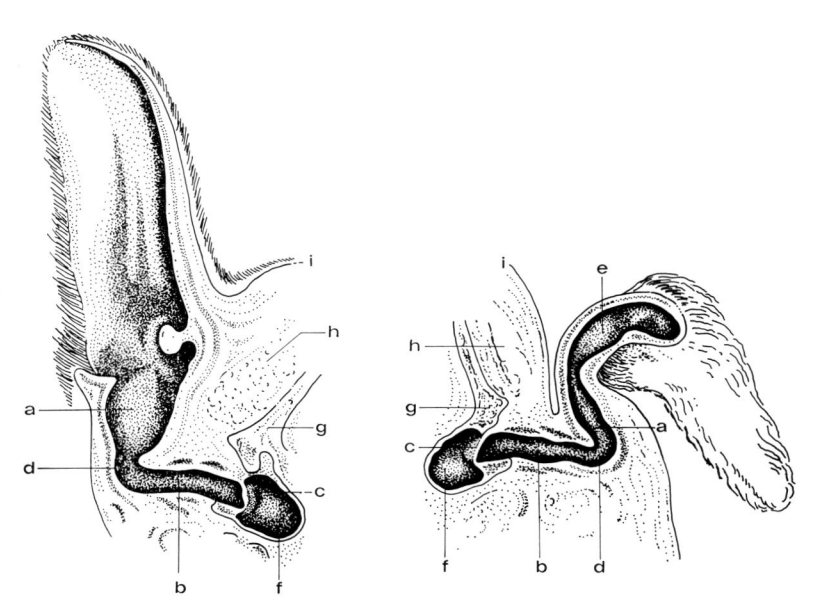

Abb. 12.1. Längsschnitt durch das normale Ohr des Hundes.
a = äußerer Teil des Gehörganges, b = innerer, horizontaler Teil, c = Trommelfell, d = Knick zwischen den beiden Teilen des Gehörganges, e = zusätzlicher Knick im Hängeohr, f = Paukenhöhle, g = Schädelknochen, h = Muskulatur, i = äußere Haut (nach Moltzen 1962).

nus (Pudel, drahthaarige und Bedlington-Terrier, Schnauzer, rauhhaarige Vorstehhunde), die Stellung und Form der Ohrmuschel (Laufhunde, Basset, Irish Setter), besonders noch wenn, wie beim Cocker-Spaniel, die Behänge tief angesetzt, schwer und auf der Innenseite stark behaart sind. Die Weite des Meatus und der Gehörgänge ist ebenfalls von Rasse zu Rasse unterschiedlich. Eine Verengung des Meatus durch stark ausgeprägten Tragus (Deutsche und Belgische Schäferhunde, Akita Inu) und englumige Gehörgänge infolge tiefer Knorpelfalten (drahthaarige Terrier, Neufundländler, Münsterländer, Sennenhunde, Bernhardiner) oder infolge dicker Gehörgangsauskleidung (Spaniel) sind weitere Prädispositionen. Diese anatomischen Besonderheiten bedingen ein ungünstiges Mikroklima des Gehörganges und erschweren die spontane Sekretentleerung. Weitere Ursachen sind *physikalisch-chemische Schädigungen*: Irritation durch lose Haare im Gehörgang, Fremdkörper (Grasgrannen usw.), unsachgemäße Ohrtoilette, Bißverletzungen, übermäßige Cerumensekretion, wobei das Cerumen liegenbleibt, Eindringen von Wasser (Jagdhunde, Reinigungsbäder). Ferner ist besonders bei beidseitiger Otitis externa zu bedenken, daß die Gehörgangsauskleidung nicht selten alleiniger oder gleichzeitig mit der Haut Lokalisationsort *allergischer Reaktionen* (Atopie, Futterallergien, Kontaktekzem; AUGUST 1988) ist. Endokrinopathien (z. B. Hypothyreose) können mitverantwortlich für den chronischen Verlauf sein (ROTH 1988). Die Bedeutung der *Bakterien*, ob primär oder sekundär die Otitis verursachend, ist im Einzelfall schwer abschätzbar. Der gesunde Gehörgang kann dieselbe Bakterien- und Pilzbesiedelung (*Malassezia*, weniger auch *Candida* spp.) aufweisen wie der erkrankte (KOWALSKI 1988, MULLER et al. 1993), wobei es sich bei der normalen Flora v. a. um grampositive (Staphylokokken, Streptokokken u. a.), selten um gramnegative Keime *(Proteus mirabilis, Pseudomonas, E. coli)* handelt (SCUPIN und SCUPIN 1971, STEINBACH 1962, RYCROFT und SABEN 1977, GRONO und FROST 1969). Die Häufigkeit des *Ohrmilbenbefalls (Otodectes cynotis)* ist regional sehr unterschiedlich.

Wir müssen zwei große Gruppen unterscheiden: die **Otitis externa nonparasitaria** und **parasitaria**.

12.1.1. Otitis externa nonparasitaria

Die Otitis externa nonparasitaria, die durch die verschiedensten Einflüsse (s. o.) oder auch in seltenen Fällen durch Fremdkörper (Spelzen, Grannen, Splitter) verursacht wird, unterscheidet man nach den bekannten Entzündungsformen.

Klinisches Bild. Bei der **Otitis externa erythematosa squamosa** besteht mäßiger Juckreiz. Der Hund schüttelt öfters mit dem Kopf und reibt sich mit den Pfoten in der Ohrgegend. Die Innenfläche der Ohrmuschel erscheint vermehrt warm, verdickt und ist gerötet. Bei der Reinigung werden feine grauschwarze Schuppen entfernt.

Die **Otitis externa erythematosa ceruminosa** zeichnet sich durch eine starke Ansammlung von pastenähnlichem Cerumen (braunschwarz) aus. Starker Juck- und Schüttelreiz ist vorhanden, dadurch kommt es zur Entzündung (Verdickung, Rötung und Sekretion). Wird der Gehörgang von außen palpiert, so entstehen quatschende Geräusche.

Bei der **Otitis externa squamo-crustosa** zeigen die Innenflächen der Ohrmuschel und der äußere Gehörgang deutliche Beweise der Entzündung. Stärkere Epitheldefekte werden teilweise von Krusten abgedeckt. Der Juck- und Schüttelreiz ist außerordentlich stark. Während des Reibens und Kratzens in der Ohrgegend geben die Patienten Schmerzlaute von sich.

Bei der **Otitis externa verrucosa sive proliferans** kommt es zu tumorähnlichen Granulationen oder einer enormen Dickenzunahme der Falten in der Ohrmuschel und im Gehörgang, der mitunter vollkommen obliteriert ist (Abb. 12.2.). Der Juck- und Schüttelreiz ist stark ausgeprägt.

Die **Otitis externa ulcerosa sive purulenta** ist durch Geschwürsbildung im Gehörgang gekennzeichnet. Es wird ein blutig-eitriges Sekret abgesondert. Stärkster Juck- und Schüttelreiz, der aber manchmal wegen der Schmerzhaftigkeit des Prozesses unterdrückt werden kann, wird beobachtet. Die Palpation des Gehörganges löst ebenfalls Schmerzen aus.

Die einzelnen Formen der Otitis externa treten nicht immer so klar und deutlich auf wie eben beschrieben, es gibt auch fließende Übergänge.

Auch ein **Fremdkörper im äußeren Gehörgang** löst eine Otitis externa aus. Typisch dafür ist das einseitige Auftreten des Krankheitsbildes mit all den beschriebenen Erscheinungen einer Otitis. Ursache sind Grassamen oder -spelzen, seltener

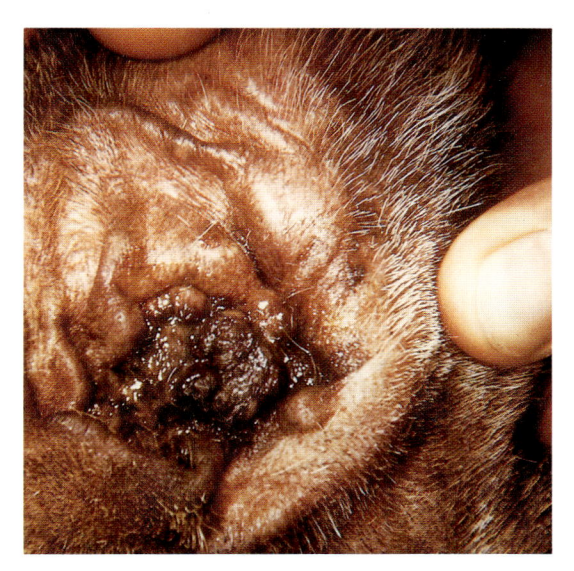

Abb. 12.2. Otitis externa verrucosa bei einem Welsh-Terrier.

auch andere Fremdkörper. Deshalb wird man besonders im Spätsommer und Herbst mit diesem Krankheitsbild zu rechnen haben.

Therapie. Stark mit Cerumen oder Eiter verschmutzte Gehörgänge sind vorgängig mit Spülflüssigkeiten und mit Hilfe unter Otoskopsicht eingeführter Watteträger zu reinigen. Dazu eignen sich: 3%iges H_2O_2, physiologische NaCl-Lösung, Chlorhexidin, Polyvinylpyrrolidon iodi usw. oder handelsübliche Ohrenreinigungsmittel, z. B. Otifree® Albrecht, das aus einer Kombination bakteriologisch hochwirksamer Alkohole, einer bakterizid und fungizid wirksamen, kationenaktiven Stickstoffverbindung, entzündungshemmendem Guajazulen und rückfettenden, hautfreundlichen Fettsäureestern besteht (FREDE 1976). Der Gehörgang wird ein- bis mehrmals gefüllt, von außen massiert und das aufgelöste Cerumen mit Watte entfernt. Bei behaartem Meatus und Gehörgängen ist besonderes Gewicht auf das sorgfältige Auszupfen der Haare und Entfernung der losen Haare im Gehörgang mittels einer feinen Polypenzange zu legen. Regelmäßige Haarentfernung stellt eine wichtige prophylaktische Maßnahme dar.

Die Behandlung der Otitis erfolgt durch täglich ein- bis zweimaliges Einträufeln von handelsüblichen Ohrentropfen oder dünnflüssigen dermatologischen Salben. Die handelsüblichen Ohrmedikamente enthalten meist mehrere Wirksubstanzen: ein oder mehrere Antibiotika (Neomycin, Chloramphenicol, Polymyxin, Oleandomycin, Thiostrepton, Gentamicin usw.) und meist auch Corticosteroide (Hydrocortison, Triamcinolon, Dexamethason, Fluocinolon-acetonid usw.). Weitere Wirksubstanzen, die einzelnen Präparaten beigemischt sind: Lokalanästhetika, Antimykotika (Nystatin, nur gegen Hefepilze oder Imidazol-Derivate gegen Hefepilze und Dermatophyten), Antiparasitika (Benzylbenzoat, Phosphorsäureester, Crotamitonum) sowie DMSO zur Verbesserung der Hautabsorption. Die Auswahl erfolgt nach der Entzündungsform und der Ätiologie (eitrig, parasitär, mykotisch). In therapieresistenten Fällen ist eine bakteriologische Untersuchung mit Antibiogramm vorzunehmen. Ohrpuder verwenden wir nur selten und nur bei stark exsudativen Formen. Unerläßlich ist, daß die Puderreste regelmäßig entfernt werden. Sonst können sie zur Pfropfbildung und Irritation führen. Bei heftigen Entzündungen sind manchmal oral oder parenteral verabfolgte Antiphlogistika (Corticosteroide usw.) angezeigt. Der Nutzen einer systemischen Chemotherapie ist fraglich.

Besonders bei chronischer Otitis sollten stark behaarte Ohrmuscheln und die Meatus-Umgebung mit der Tondeuse geschoren und/oder über den Oberkopf zusammengelegt und mit Heftpflaster fixiert während 10 und mehr Tagen belassen werden. Dies führt zur Verbesserung der Ventilation der Gehörgänge.

Liegt eine chronische Otitis externa vor, die der konservativen Therapie standhält, dann ist in Erwägung zu ziehen, ob nicht ein besserer Erfolg mit chirurgischen Methoden herbeigeführt werden kann. Vor allen Dingen stellen die verruköse und die ulzeröse Otitis Indikationen für einen chirurgischen Eingriff dar. In diesen Fällen ist der Gehörgang mit Neubildungen ausgepolstert, was zu einer allseitigen Entzündung führt, die wiederum den Druck im Gehörgang erhöht und dadurch die Gewebsneubildung anregt und die Sekretentfernung erschwert (Circulus vitiosus). Nach der Eröffnung des Gehörganges läßt dieser Innendruck sofort nach und damit auch der Reiz, der zur Entzündung und damit zur Neubildung führt. Eine weitere Indikation zum chirurgischen Eingriff stellen die Fremdkörper dar, die auf konservativem Wege nicht zu entfernen sind. Auch Tumoren (VAN DER GAAG 1986) im Gehörgang können in den meisten Fällen erst nach einer Eröffnung des Gehörganges exstirpiert werden.

Wir haben bisher mit der Methode nach HINZ befriedigende Heilungen erzielt, so daß wir trotz Empfehlungen anderer Operationsverfahren

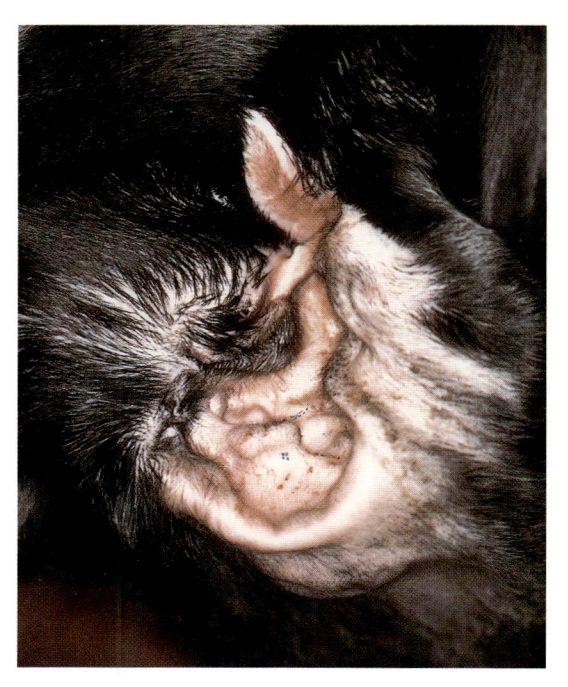

Abb. 12.3. Otitisoperation nach ZEPP.

diese Methode beibehalten. Wir variieren sie nach ÜBERREITER, der ein keilförmiges Stück aus dem äußeren Gehörgang oder nach NIEMAND, der ein Teilstück entfernt, das parabelähnliche Form hat. Die Methode nach ZEPP hat als plastisches Operationsverfahren gegenüber den oben genannten Methoden unzweifelhaft mehrere nicht zu übersehende Vorteile, setzt aber eine völlig aseptische Operation und auch eine solche Nachbehandlung voraus, damit der Plastiklappen reaktionslos einheilen kann. Durch die Knorpelplastik wird der waagerechte Teil des Meatus acusticus externus freigelegt (Abb. 12.3.). Die Besitzer der Hunde waren bei den von uns operierten Tieren, besonders von stehohrigen Rassen, mit dem kosmetischen Erfolg nicht immer restlos einverstanden.

Technik der Otitisoperation nach Hinz: Zur Durchführung einer Otitisoperation ist der Patient in eine reflexlose Narkose zu legen. Das zu operierende Ohr ist gründlichst zu reinigen. Die Gegend unterhalb vom Tragus wird rasiert und desinfiziert. Der Patient befindet sich in Seitenlage. Vom Assistenten wird das Ohr so gestrafft, daß der Gehörgang gestreckt wird und der Ope-

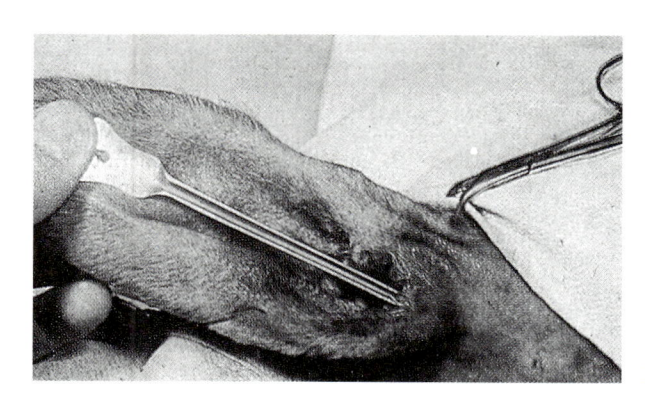

Abb. 12.4. Otitisoperation nach HINZ. Einlegen der Sonde in den Gehörgang.

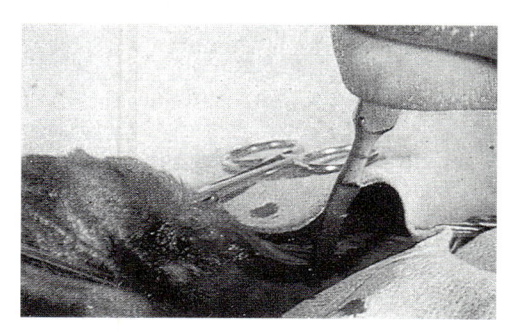

Abb. 12.5. Otitisoperation nach HINZ. Eröffnen des Gehörganges mit einem geknöpften, gebogenen Tenotom.

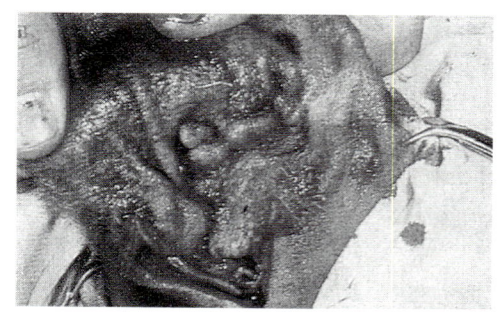

Abb. 12.6. Otitisoperation nach HINZ. Operationssituation nach Eröffnung des Gehörganges.

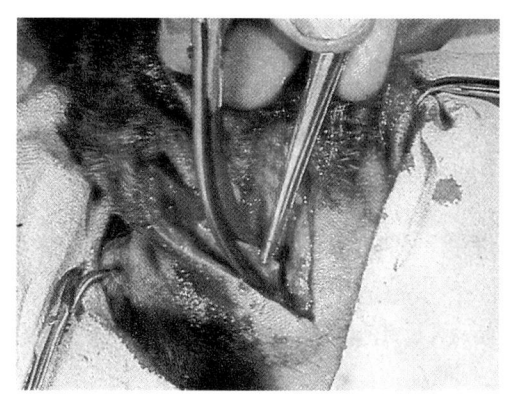

Abb. 12.7. Otitisoperation nach HINZ. Herausschneiden eines Knorpeldreiecks beiderseits im unteren Wundwinkel.

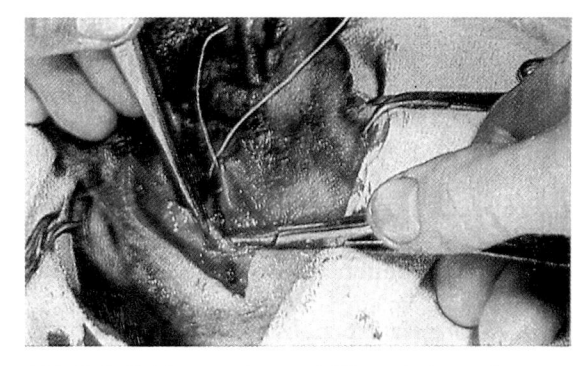

Abb. 12.8. Otitisoperation nach HINZ. Anlegen der Einzelknopfhefte im unteren Wundwinkel mit Angelhakennadel.

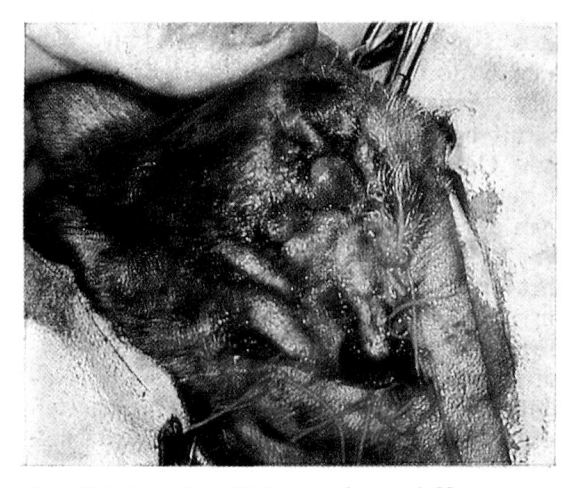

Abb. 12.9. Beendete Otitisoperation nach HINZ.

rateur eine Hohlsonde tief in den Gehörgang einlegen kann (Abb. 12.4.). Auf dieser Hohlsonde wird ein gebogenes, geknöpftes Tenotom bis tief in den Gehörgang hineingeführt und mit einer Hebelbewegung (Tenotom in der Faust halten) auf sich zu umgelegt (Abb. 12.5.). An Stelle des Tenotoms kann die Spaltung auch mit der Schere erfolgen. Es wird mit einem Schnitt der Gehörgang eröffnet; stark blutende Gefäße werden sofort mit einer Arterienklemme gestillt. Kleinere Blutungen werden mit Stieltupfern beherrscht. Der Assistent spreizt mit beiden Händen die Ohrmuschel, um durch das Auseinanderhalten der Wundränder eine gute Übersicht des Operationsfeldes zu gewährleisten (Abb. 12.6.). Wegen des eventuellen Vorliegens eines Fremdkörpers muß nun der Gehörgang genau besichtigt werden. Danach erfaßt der Operateur im tiefsten Teil der Wunde (Wundwinkel) nacheinander auf jeder Seite mit der Pinzette ein Stück Knorpel und trägt mit der Schere jeweils ein Dreieck davon ab (Abb. 12.7.). Dieses beiderseitige Herausschneiden eines Knorpeldreiecks bewirkt einen Substanzverlust im Wundwinkel, wodurch dessen Tendenz zum Zusammenheilen ganz beträchtlich eingeschränkt wird. Im Anschluß daran kann man von den beiden Wundrändern jeweils noch etwas abtragen. Eine Modifikation stellt das Herausschneiden eines Keiles (ÜBERREITER) oder eines parabelförmigen Stückes (NIEMAND) aus dem Gehörgang dar.

Die Naht soll im Idealfalle die Innenauskleidung mit der äußeren Haut zur Adaptation bringen. Da aber in den meisten Fällen die Innenauskleidung recht oft durch die bereits lange konservativ nicht zu beeinflussende Entzündung in ihrer Widerstandskraft ganz erheblich eingebüßt hat, empfiehlt es sich, die Naht auch mit durch den Ohrknorpel zu legen, um ihr eine größere Haltbarkeit zu geben. Die nun zu setzenden einzelnen Knopfhefte sollen nicht zu straff angezogen werden, da sie sonst infolge der in den nächsten Tagen einsetzenden Wundschwellung gesprengt werden. Die Naht beginnt immer im Wundwinkel. Es werden in der Tiefe mit einer extrem gebogenen und starken Nadel (Angelhakenform) zwei Hefte gesetzt, die angezügelt und noch nicht geknüpft werden (Abb. 12.8.); anschließend erfolgt die Naht mit Einzelknopfheften. Sind sämtliche Hefte gesetzt und geknüpft, werden auch die beiden untersten Hefte geknotet (Abb. 12.9.).

Liegen polypöse Wucherungen im Gehörgang vor, werden sie mit der Schere, dem Thermokauter oder der Kaltkaustik (Explosionsgefahr bei Narkosen mit Ethergemischen!) abgesetzt. Flächenblutungen können mit Eisenchloridwatte (Liquor ferri sesquichlorati) beherrscht werden. Die Eisenchloridwatte muß nach 24 Stunden entfernt werden, da es sonst zu Verätzungen kommt.

Die *Nachbehandlung* geschieht in der Weise, daß die operierten Ohren vom 4.–5. Tage post op. ab täglich vorsichtig gesäubert und anschließend mit einem Wundpuder (oder -salbe) beschickt

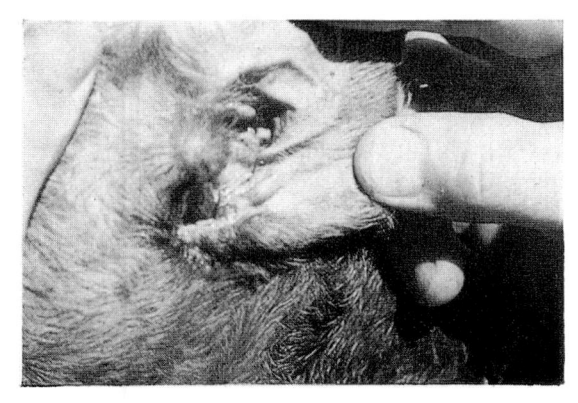

Abb. 12.10. Otitisoperation nach HINZ. Zustand nach Abheilung.

werden. Die Wundumgebung ist wegen des Entstehens einer Sekretdermatitis mit Lebertranzinkpaste abzudecken. Ab 7. Tag post op. können schon einzelne Hefte gezogen werden. Erfolgt keine Heilung per primam, muß man mit einer Behandlungsdauer von 3–4 Wochen rechnen. Dann sollte auch etwa 8–10 Tage post op. der tiefe Wundwinkel mit Lapis infernalis regelmäßig geätzt werden, um ein teilweises Zusammenheilen beider Wundränder zu verhindern. Aus diesen Gründen ist es empfehlenswert, die Nachbehandlung selbst durchzuführen und sie nicht dem Besitzer zu überlassen (Abb. 12.10.).

12.1.2. Otitis externa parasitaria

Die Otitis externa parasitaria steht in der Zahl ihres Vorkommens in keinem Verhältnis zur Otitis externa nonparasitaria. Als Erreger der Ohrräude finden wir die Ohrmilbe, *Otodectes cynotis*; Katzen erkranken sehr häufig daran. Im Gegensatz dazu liegen beim Hund nicht immer besondere Veränderungen in der Ohrmuschel und dem Gehörgang vor. Manchmal kann nur eine verstärkte Cerumenbildung festgestellt werden. Gegen diesen fast negativen klinischen Befund im Ohr ist der Juck- und Kratzreiz immer massiv ausgebildet. Die sich bewegenden Milben sind bei der Otoskopie mit aufgesetzter Lupe leicht erkennbar.

Die *Behandlung* wird mit einem Kontaktakarizid durchgeführt.

12.1.3. Otomykose

Otomykosen mit Dermatophyten (*Microsporum* spp., *Trichophyton* spp.) oder Schimmelpilzen (*Aspergillus* spp.) sind selten. Hingegen werden bei Otitis externa sehr häufig bakterielle Infektionserreger zusammen mit *Malassezia* spp. gefunden. Die pathogene Bedeutung dieser auch saprophytär vorkommenden Pilze ist umstritten. Die *Behandlung* erfolgt, falls nötig, topisch mit Lösungen von Polyvinylpyrrolidon iodi oder Chlorhexidin und diejenige der Dermatophyten mit Miconazolpräparaten. Bei chronischen Otitiden, die lange Zeit nicht behandelt wurden, ist ein Durchbruch des Trommelfells möglich. Dieser Zustand tritt aber relativ selten ein.

12.2. Otitis media

Die Otitis media ist beim Hund häufiger, als sie diagnostiziert wird. Erreger sind in der Regel Staphylokokken und Streptokokken. Die Erreger dringen meist vom Außenohr über das Trommelfell in das Mittelohr ein (Otitis externa, Trommelfellperforationen; SCHUNK und AVERILL 1983, SHELL 1988) oder bei entzündlichen Prozessen im Pharynx aszendierend über die Tuba Eustachii (MOLTZEN 1962) in die Paukenhöhle. Es kommt dann schnell zu einem Verschluß der Tuba Eustachii, die sehr eng ist und durch Ödematisierung und Exsudation blockiert wird (TOYO et al. 1985). Der dritte Infektionsweg durch hämatogene Streuung dürfte sehr selten sein.

Eine Otitis media kann akut oder chronisch verlaufen. Bei der aszendierenden Form sind die klinischen Anfangssymptome oft nur schwach ausgeprägt und unspezifisch (Rötung des Rachenraumes, mäßige Tonsillitis), mitunter Kopfschiefhaltung nach der erkrankten Seite und am auffälligsten Schmerzhaftigkeit bei Druck auf den Ohrgrund und auf die Bulla ossea sowie gedämpftes Allgemeinbefinden. Fieber kann vorhanden sein oder fehlen.

Nach SPREULL (1974) wiesen 16% der Hunde mit akuter Otitis externa und etwa 50% der Patienten mit chronischer Otitis externa auch Symptome einer Mittelohrentzündung auf. Wegen des Verlaufes der Hirnnerven V, VI, VII im Bereich des Mittelohres kann es im Verlaufe einer Otitis media auch zu einer Facialisparese, seltener auch zu einem Horner-Syndrom kommen (VANDE-VELDE und FANKHAUSER 1987).

Otoskopisch kann man, falls der Gehörgang frei von Sekret ist, ein verfärbtes, gespanntes, konvexes Trommelfell sehen.

Kommt es zur spontanen Perforation des Trommelfells, dann ist das klinische Bild eindeutig. Das Allgemeinbefinden ist nicht gestört, der Kopf wird heftig geschüttelt, evtl. ist ein vorsichtiges Kratzen am Ohr zu beobachten. Der Ohrausfluß kann serös-hämorrhagisch oder auch mehr oder weniger eitrig sein. Otoskopisch ist es wegen des Exsudates mitunter sehr schwer oder unmöglich, das Trommelfell sichtbar zu machen, um die Perforation zu erkennen. Eine Sedation ist unumgänglich. Wesentlich zuverlässiger ist die Tympanometrie (LITTLE und LANE 1989).

Für die Diagnose der chronischen Mittelohrentzündung wertvoll sind die latero-laterale Röntgenaufnahme und eine Aufnahme im frontalen Strahlengang durch das geöffnete Maul (BURK und ACKERMAN 1991). Akute Mittelohr- und Innenohrveränderungen sind röntgenologisch nur selten und schlecht darstellbar.

Die *Therapie* ist neben der lokalen und systemischen (Resistenzprüfung) Antibiotikabehandlung darauf gerichtet, die verschlossene Tuba Eustachii wieder durchgängig zu machen. Dies kann man mit Durchblasen oder Durchspülen erreichen. Dazu wird ein Gummiballon (etwa 100 ml Fassungsvermögen) mit langer, weicher Spitze verwendet. Damit die einzublasende Luft auf etwa 40 °C erwärmt ist, wird der Gummiballon eine gewisse Zeit in heißes Wasser gehalten. Dann drückt man ihn fest mit seiner Spitze in den vorher gereinigten Gehörgang. Ein kurzes Zusammendrücken des Ballons bewirkt das Durchblasen der Eustachischen Röhre, dabei hört man einen charakteristischen Pfeifton. Führt man Spülungen mit antibiotischen oder nichtreizenden antiseptischen Lösungen durch (Erwärmung auf 40 °C), muß anschließend die Spülflüssigkeit aus den Nasenlöchern ausfließen. Ist das Trommelfell intakt, wird man mit einem mäßigen Druck nie eine Perforation bewerkstelligen können (MOLTZEN 1962). Ist die Tuba Eustachii wieder durchgängig, kann man damit rechnen, daß bei sinnvoller Therapie das Trommelfell nach 1–2 Wochen wieder verheilt ist.

Falls bei röntgenologisch festgestelltem Flüssigkeitserguß im Mittelohr das Trommelfell intakt ist, ist oft eine Parazentese (Myringotomie) zur Probenentnahme, Druckentlastung und Spülung angezeigt. Spülungen können mit physiologischer Kochsalzlösung oder Antibiotikalösungen durchgeführt werden. Größte Vorsicht ist angebracht mit der topischen Anwendung von potentiell ototoxischen Desinfizienzien und Antibiotika (Iod, quaternäre Ammoniumverbindungen und Chlorhexidin; Aminoglykoside, Streptomycin, Neomycin, Chloramphenicol).

12.3. Otitis interna

Greift die Entzündung auf das *Innenohr* über, treten infolge Schädigung des N. statoacusticus die typischen Symptome der Otitis interna auf: labyrinthäre Ataxie mit unsicherem, breitspurigem Gang, Umfallen, besonders beim Kopfschütteln, Nystagmus horizontalis oder rotatorius, Mydriasis und Tortikollis. Nystagmus und Mydriasis verschwinden nach einigen Tagen, die Ataxie wird zusehends geringer. Als Dauerschaden bleibt meist die Kopfschiefhaltung, selten auch Taubheit zurück. Abb. 12.11. zeigt eine Sklerosierung der Bulla ossea. *Differentialdiagnostisch* sind das *periphere Vestibulärsyndrom* (meist Otitis media und O. interna: Röntgenbefund, häufig Otitis externa, Trommelfellveränderungen, Fehlen von Hirnstammsymptomen) und das *geriatrische Vestibulärsyndrom* (Alter) vom *zentralen Vestibulärsyndrom* (auch Nystagmus verticalis, Hirnstammsymptome) abzugrenzen. Bei *Empyem der Bulla ossea* (Röntgen!) kann diese trepaniert werden (schwierige Operation!). *Therapie:* zusätzlich Glucocorticoide oder Phenylbutazone systemisch.

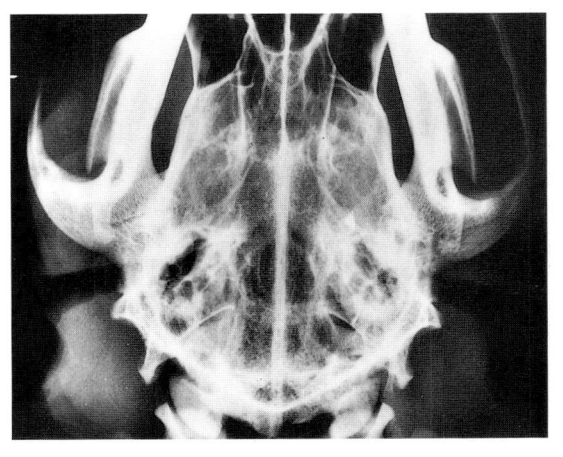

Abb. 12.11. Otitis interna. Sklerosierung der Bulla ossea.

12.4. Schwerhörigkeit, Taubheit

Partielle Beeinträchtigung der Hörfähigkeit ist beim Hund schwer erkennbar. *Ursachen* können sein: 1. Verschluß der Gehörgänge durch Cerumen, Granulationen, 2. Schalleitungsstörungen infolge Erkrankungen des Mittelohres und 3. Schallempfindungsstörungen nach Erkrankungen des Innenohres. Ursachen der letzteren können sein: das Übergreifen einer Meningoenzephalitis auf die Hörnerven, toxische Schädigungen (Chinin, Salicylate, ototoxische Antibiotika, Blei, Kohlenmonoxid), direkte Labyrinthschädigungen bei Schädelfrakturen oder indirekte infolge heftiger Stoß-, Schlag- oder Schalleinwirkungen. Von Bedeutung ist die *genetisch bedingte Taubheit* bei gesprenkelten und getigerten Rassen (Collie, Sheltie, Teckel, Merle-Faktor) und bei Dalmatinern. Solche Tiere sind von der Zucht auszuschließen.

Bei akut auftretender Schwerhörigkeit können Vitamin-B_1-, -B_6- und -B_{12}-Präparate in hoher Dosierung und Phenylbutazone versucht werden.

12.5. Othämatom

Das Othämatom entsteht bei Erkrankungen am Kopf (Otitis, Ekzem), wenn damit ein ausgeprägter Schüttelreiz verbunden ist. Durch Anschlagen einer Ohrmuschel an einen festen, meist kantigen Gegenstand bildet sich infolge einer Gefäßruptur ein Hämatom aus. Hauptsächlich werden Rassen mit Hängeohren betroffen. Das Othämatom kommt aber auch beim Stehohr vor. Die *Traumapathogenese* bleibt jedoch eine nicht bewiesene Hypothese. KUWAHARA (1986) vermutet, daß es sich bei der Othämatom-Entstehung um einen *autoimmun-bedingten Vorgang* handelt. Er stützt sich dabei auf die Art der Beschaffenheit der Hämatomflüssigkeit (Plasmazell-Infiltrate) und den Nachweis von Antigen und Autoantikörpern im betroffenen Hautgewebe.

Zum *klinischen Bild* gehört beim frisch entstandenen Othämatom die Anschwellung der Ohrmuschel, je nach Rasse bis auf Kinderfaustgröße. Die Schwellung fühlt sich festweich und vermehrt warm an. Das erkrankte Ohr wird bei stehohrigen Rassen seitlich abgewinkelt und der Kopf schief gehalten. Die Schüttelversuche mit dem Kopf sind außerordentlich vorsichtig (Zeitlupe).

Die *Therapie* kann verschiedene Wege gehen. Man kann abwarten, bis sich die Blutmassen im Othämatom organisiert haben. Dieser Vorgang sollte evtl. noch mit kühlenden Umschlägen unterstützt werden. Bei dieser Therapie wird sehr oft eine erhebliche Deformation der erkrankten Ohrmuschel nach Ablauf dieses Resorptionsprozesses infolge bindegewebiger Einschmelzung eintreten. Dieser kosmetisch negative Erfolg hat zur Erarbeitung verschiedenster Methoden geführt, die nicht eine derartige Verunstaltung zur Folge haben. So modifizierte PRIEUR (1960) die Methode nach GARBUTT. Hierbei wird der Hämatominhalt durch einen kleinen Schnitt in der Nähe der Ohrbasis mitsamt dem gebildeten fibrösen Ge-

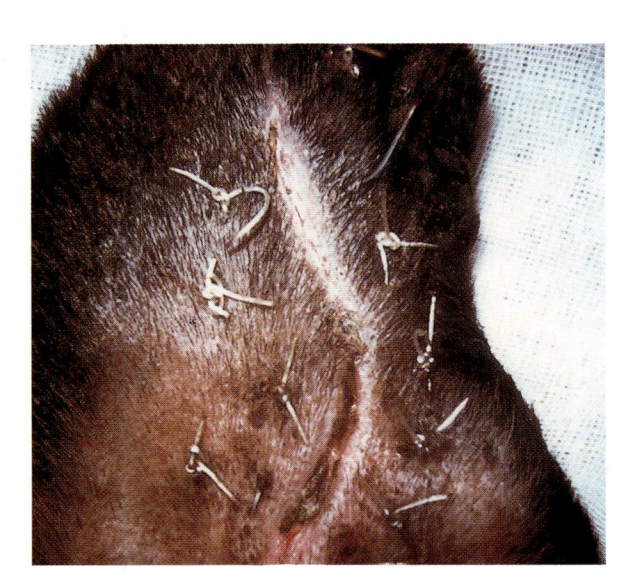

Abb. 12.12. Othämatom. Naht des S-förmigen Inzisionsschnittes.

webe entfernt, in die Ohrinnenhaut eine Anzahl Löcher gestanzt und das Ohr durch einen Druckverband fixiert. Nachfließendes Blut sickert durch die Löcher ab, ohne das Perichondrium vom Knorpel abzuheben.

Evans und auch Roy empfehlen die Verwendung halbbiegsamer Plastikplatten, die nach der Form der Ohrmuschel zurechtgeschnitten werden. Für jede Ohrmuschel sind zwei Platten erforderlich. Durch entsprechend vorgebohrte Löcher werden die Fäden des Nahtmaterials geführt, mit denen die Platten an beiden Flächen der Ohrmuschel festgehalten werden. Das Hämatom wird durch einen geraden proximo-distalen Schnitt eröffnet und der Inhalt entfernt. Bei dem solideren Material von Evans müssen auf den Platten mehrere runde Löcher angebracht werden, damit die Ohrmuschelfläche eine bessere Ventilation erhält. Roy spricht bei seinem schaumigen Material nicht von derartigen Löchern, verwendet jedoch unter den Plastikplatten auf jeder Seite der Ohrmuschel ein dünnes steriles Polster. Ein Verband wird nicht für erforderlich gehalten.

Wille modifizierte den Eingriff nach Zepp. An der Innenfläche der Ohrmuschel erfolgt ein S-förmiger Schnitt. Zunächst werden sog. Situationshefte gelegt, die quer zur Schnittrichtung sitzen. Anschließend werden durch die Ohrmuschel mehrere Knopfhefte über die gesamte Fläche des Othämatoms gesetzt, um eine Sekretstauung zu verhindern (Abb. 12.12.). Danach wird ein gut gepolsterter Verband angelegt, der erst nach 5 Tagen gewechselt wird. Christoph empfiehlt als Behandlung, nach 5–7 Tagen den Hämatominhalt durch Punktion abzusaugen und anschließend 10 mg Prednisolon und 100000 IE Penicillin zu instillieren. Diese Manipulationen sind in 5–7tägigen Abständen bis zur Abheilung zu wiederholen. Unter Druckverband erfolgte in der Mehrzahl der Fälle keine Ohrdeformierung. Kuwahara (1986) sowie Ernst et al. (1988) haben mit der Corticosteroidtherapie wesentlich bessere Resultate als mit der Operation erzielt. Statt Prednisolon verwenden sie Dexamethason. Nach Leerpunktion des Hämatoms injizieren Ernst et al. 1–3 mg Dexamethason in die Hämatomhöhle, legen einen Druckverband an, verabfolgen täglich 0,25 mg Dexamethason/10 kg KM per os. Kuwahara: 2 mg Dexamethason/kg KM / die i.v. plus 4 mg/kg Gentamicin i.v. ohne Druckverband. Die besten Resultate erzielte er mit Leerpunktion und anschließender Spülung mit physiologischer NaCl-Lösung zur Entfernung der Fibrin- und Blutgerinnsel und täglicher Injektion von 0,25 mg Dexamethason in 0,4–1,8 ml physiologischer NaCl-Lösung in die Hämatomhöhle ohne Druckverband. Sehr oft wird vom Besitzer nach abgeheiltem Othämatom ein operativer Eingriff zwecks Wiederaufstellung der deformierten Ohrmuschel (z. B. Deutscher Schäferhund) verlangt. Derartige Versuche führen zu keinem Ergebnis und sollten deshalb abgelehnt werden.

12.6. Ohrrandgeschwür

Während einer Otitis oder nach Beißereien kann es zur Ausbildung eines Ohrrandgeschwürs kommen. Durch das dauernde Schütteln kommt diese Hautläsion niemals zur Ruhe und damit auch nicht zur Abheilung. Zur Ruhigstellung der Ohrmuschel wird ein Netz angelegt. Die erkrankten Stellen werden mit abdeckenden und granulationsanregenden Salben (Lebertranzinksalbe) schonend behandelt.

12.7. Kippohr

Bei bestimmten Terrierrassen, auch beim Collie und Sheltie, tritt nicht das dem Rassestandard entsprechende Kippohr in Erscheinung, sondern die Ohren bleiben aufgerichtet, so daß besonders die davon betroffenen Terrier ein fledermausartiges Aussehen haben (Abb. 12.13.). Durch die

Abb. 12.13. Terrier mit Stehohren.

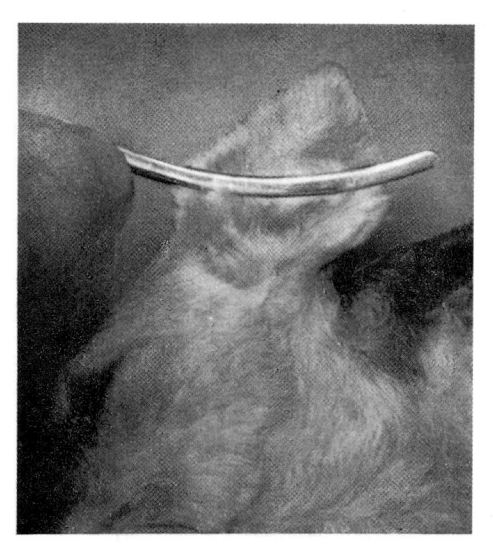

Abb. 12.14. Anlegen der Doyenschen Klemme zur Kippohroperation.

Herausnahme eines schmalen Knorpelstreifens aus der Ohrmuschel verliert das Stehohr seinen Halt und wird zum Kippohr **(Kippohroperation)**.

Technik: Zur Schmerzausschaltung wird die potenzierte Narkose eingesetzt. Der Patient wird in Seitenlage ausgebunden. Das Operationsfeld liegt an der Innenseite des Ohres. Eine gebogene Darmklemme (nach DOYEN) wird quer an die Ohrmuschel angelegt, und zwar so, daß die Konkavität der Klemme zur Ohrspitze zeigt. Am medialen Ohrrand wird die Klemme so fixiert, daß sie etwa 1cm vom Ansatzpunkt des Ohres am Kopf liegt. Am lateralen Ohrrand soll sie so angebracht werden, daß sie etwa mit dem oberen Winkel des „Balkons" (Hauttasche) abschließt. Die herausstehende Ohrspitze darf nun keinesfalls ein gleichschenkliges Dreieck bilden, sondern der laterale Schenkel muß eine Kleinigkeit kürzer als der mediale sein (Abb. 12.14.). Wird dies nicht beachtet, kann das gekippte Ohr Neigung zum Flatterohr zeigen, was dann nicht dem Rassestandard des Terriers entspräche. Nach beendeter Operation soll die Spitze des gekippten Ohres auf den lateralen Augenwinkel zu gerichtet sein. Nach dem richtigen Sitz der Klemme wird der freistehende Teil der Ohrmuschel mit Zeigefinger und Daumen der haltenden Hand angespannt. Der Assistent kann die Klemme noch geringfügig anwinkeln, damit an der vorgesehenen Schnittfläche eine größtmögliche Spannung entsteht. Man führt nun ein kurzes und spitzes Skalpell an der konkaven Fläche der Darmklemme entlang. Der Schnitt beginnt etwa 1 cm vom lateralen Ohrrand entfernt und endet wieder 1 cm vor dem medialen Rand der Ohrmu-

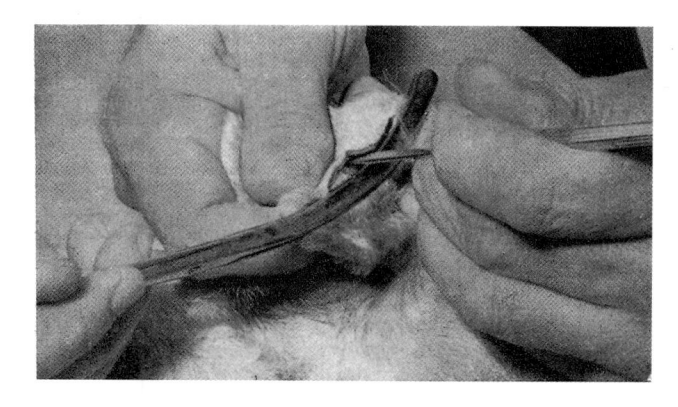

Abb. 12.15. Unterminieren des herauszuschneidenden Knorpelstreifens.

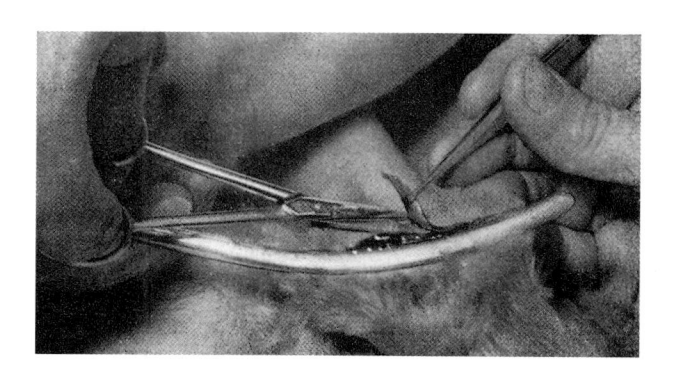

Abb. 12.16. Herausschneiden des abpräparierten Knorpelstreifens.

Abb. 12.17. Zustand unmittelbar nach der Operation bei einem Jagdterrier.

Abb. 12.18. Derselbe Terrier wie auf Abb. 12.13., 6 Wochen nach der Operation.

verletzt. Ist dies eingetreten, kann in extremen Fällen eine Totalnekrose der Ohrmuschel bis zur Schnittlinie eintreten.

Wurde der Knorpel etwa 3 mm breit in der Länge der Schnittfläche von der äußeren Haut getrennt, erfaßt man diesen Streifen mit einer Augenpinzette und trägt ihn mit einer spitzen Schere ab (Abb. 12.16.). Der Kopf des auf der Seite liegenden Patienten wird nun aufgestellt, um sich zu überzeugen, ob das operierte Ohr in der verlangten Weise kippt (Abb. 12.17.). Ist dies nicht der Fall, muß an beiden Schnittenden ein wenig nachgeschnitten werden. Hierbei ist besonders zu beachten, daß am medialen Ohrrand nicht zu viel entfernt wird, da sonst das Ohr zu spitz, zu eckig kippt. Nach Vornahme des gleichen Eingriffs am anderen Ohr werden beide Schnittwunden mit einem mit Salbe beschickten Mullstreifen versorgt und die Ohrmuschel in der Form, wie sie später liegen soll, unter Verband gebracht. Nach 24 Stunden wird der Verband entfernt und eine offene Wundbehandlung bis zur endgültigen Abheilung fortgeführt (Abb. 12.18.).

Beim Collie und Sheltie verlangt der Rassestandard, daß nur die Ohrspitzen kippen. Ist das nicht der Fall, kann man auch hier in der gleichen Weise vorgehen, nur muß die Klemme etwa 1–3 cm unter der Ohrspitze angelegt werden. Hierbei soll aber der herausstehende Teil ein gleichschenkliges Dreieck bilden.

Kippohren bei stehohrigen oder kupierten Rassen sind nicht erwünscht. Der Hund wird in einem Alter von 5–7 Monaten mit dem Vorbericht vorgestellt, daß entweder die Ohren oder nur ein Ohr noch nie gestanden hätten oder erst nach der Dentition abgekippt wären.

Die zahlreichen Methoden, die zur Korrektur beschrieben wurden, weisen deutlich auf die Problematik hin. Es seien nur zwei angeführt. Wenn das Ohr am Ohrmuschelansatz kippt, kann die Methode nach RUTKOWIAK versucht werden. Hierbei werden eine Kürzung und Lageveränderung des Musculus scutuloauricularis superficialis dorsalis, der die Funktion des oberen Einwärtsziehers ausübt, herbeigeführt. Der Muskel wird nach Hautschnitt längs am Rande des medialen Ansatzes der Ohrmuschel freipräpariert. Dann wird der kraniale Rand des Muskels in kaudomedialer Richtung verlegt und mit dem Musculus interscutularis durch Knopfnähte verbunden. Dieses Kürzen und Verlegen des freien Randes des Musculus scutuloauricularis superficialis dorsalis ergibt die Veränderung der Position der Ohrmuschel aus der hängenden in die stehende Stellung. Kippt das Ohr in der Höhe des „Balkons", ist die Implantation eines porösen Polyethylen-Plättchens (biopor® Ohrmuschel-Implantat), das auf die gewünschte Form und Größe zurechtgeschnitten wird, angezeigt. Die Hautinzision kann auf beiden Seiten des Ohres durchgeführt werden. Anschließend wird die Haut vom Ohrknorpel abgelöst, um ein Bett für das

schel. Zuerst wird nun vorsichtig die Haut geritzt, so daß der darunterliegende Knorpel sichtbar wird. Dann wird an einer Stelle der Knorpel durchgeschnitten und ca. 3 mm von seiner Unterlage abgetrennt (Abb. 12.15.). Dieser erste Durchstoß durch den Knorpel sollte am besten in der Mitte der Ohrmuschel vorgenommen werden, da am Rande die Gefahr besteht, ein die Ohrmuschel versorgendes Gefäß zu verletzen. Nach Perforation des Ohrknorpels wird er von dorther vorsichtig nach beiden Seiten zu von seiner Unterlage (Innenseite der äußeren Haut der Ohrmuschel) abpräpariert. Hierbei ist peinlichst darauf zu achten, daß man nicht die bereits erwähnten Versorgungsgefäße in der Nähe der Ränder (Rami der Arteria und Vena auricularis magna)

Implantat zu formen. Das in Kochsalzlösung getränkte Implantat wird mit der porösen Seite gegen den Ohrknorpel zu in das Bett eingeschoben und die Haut vernäht.

Ehe wir jedoch bei einem Jagdhund eine operative Korrektur der Ohrenstellung durchführen, lassen wir vom Tierbesitzer regelmäßig (täglich) eine Massage der äußeren Ohrmuskeln, die als Ohrheber fungieren, vornehmen. Wenn die Ohren bei einem Hund bis zum 1. Lebensjahr trotz Massage nicht zum Stehen gekommen sind, ist kaum zu erwarten, daß sie die gewünschte Stellung noch einnehmen werden. Dann kann man eines der geschilderten operativen Verfahren anwenden.

12.8. Kupieren der Ohren

Das Kupieren der Ohren ist nicht, wie besonders von kynologischer Seite behauptet wurde, eine Prophylaxe gegen Otitis externa, sondern eine reine Modeangelegenheit des durch die Rassestandards geprägten Schönheitsideals. Seit einigen Jahren ist es wegen der nicht gerechtfertigten Schmerzzufügung besonders in der postoperativen Heilphase durch die Tierschutzgesetze verschiedener Staaten, so auch der Schweiz und Deutschlands, verboten.

Historisch gesehen hat das Kupieren, das bereits im alten Ägypten wie auch im klassischen Altertum geübt wurde, noch andere Beweggründe. Kupiert wurden Jagd- und Kampfhunde, um ihnen eine kleinere Angriffsfläche gegenüber Bären und Wildschweinen zu gewähren. Diese Rechtfertigung dürfte heute ohnehin wegfallen. Schwerere Ohrenverletzungen infolge von Beißereien unter Hunden sind im Verhältnis zu Verletzungen anderer Körperstellen selten und kommen sowohl beim kupierten wie beim unkupierten Ohr vor.

Weitere Beweggründe entsprangen z.T. dem Aberglauben (FLEMMING, im „Vollkommenen Teutschen Jäger", 1749: So sie [die englischen Doggen] über $1/2$ Jahr oder noch läppisch sind, müssen ihnen die Ohren gestutzt, gebraten und zu fressen gegeben werden. Man hält davon, sonderlich, wenn sie im Rachen schwarz, dass sie böse werden sollen), dem Wunsch nach Verbesserung der Hörfähigkeit (FRENZEL, 1795: Praktisches Handbuch für Oekonomen und Thierärzte) und z.T. seuchenpolizeilichen Gesichtspunkten (nach einer weimarischen Verordnung von 1736: des leichteren Erkennens wegen einem Haushund der Schwanz abgeschnitten, einem Schäferhund die Ohren und einem Metzgerhund Ohren und Schwanz).

Es stimmt, daß einige der kupierten Rassen, wie z.B. der Deutsche Boxer, weniger häufig an Otitis erkranken als einige nichtkupierte Rassen. Diese Feststellung ist richtig, aber die Schlußfolgerung falsch. Der nichtkupierte Boxer erkrankt nicht häufiger an Otitis externa als der kupierte (BERG 1951, DÜRR und FREUDIGER 1976).

Vom Tierarzt, der eine Allgemeinpraxis betreibt, kann nicht verlangt werden, daß er die erforderlichen Kleinigkeiten des Exterieurs bestimmter Rassen immer gegenwärtig hat. Wenn er aber die Grundforderungen der Stellung des kupierten Ohres und die Grundbegriffe des Ohrenkupierens kennt und beherrscht, kann er sich durch ein vorher mit dem Züchter geführtes Gespräch sehr schnell über dessen spezielle Wünsche unterrichten, die er dann auch beachten sollte.

Zur groben Orientierung seien einige Forderungen, die an das kupierte Ohr gestellt werden, und eine rassenmäßige Aufstellung wiedergegeben. In der Regel werden die Ohren $1/3–2/5$ gekürzt. Rüdenohren sollen wuchtig, die Ohren der Hündinnen grazil wirken.

Die Ohrform kann in zwei Typen unterteilt werden (Abb. 12.19.).

1. Typ: Schnittlinie gerade mit leicht betonter Spitze. Allgemein soll die Form des kupierten Ohres schlank sein. Riesenschnauzer und Dobermann werden ziemlich lang, Mittel- und Zwergschnauzer, Reh-, Zwerg- und Affenpinscher, Brüsseler und Brabanter Griffon werden relativ kürzer kupiert. Die Boxer nehmen eine Zwischenstellung ein.

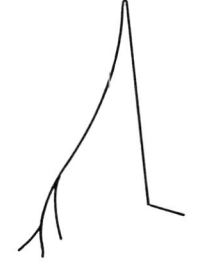

Abb. 12.19. Die zwei Typen des kupierten Ohres.

2. Typ: Schnittlinie lang und S-förmig geschwungen, besonders spitz auslaufend. Das Ohr soll möglichst lang kupiert werden, damit die Form einer Flamme symbolisiert wird. Dies trifft für die Doggen zu.

Die Ohren sollen nur bei klinisch gesunden Hunden kupiert werden, da die Beanspruchung des Körpers nach dem Kupieren außerordentlich groß ist, auch sollen sich die Welpen in einem völlig nüchternen Zustand befinden. Es sind schon Verschluckpneumonien beobachtet worden, die zum Tode des Tieres führten (Regreßansprüche). Der Zeitpunkt des Kupierens wird vom Züchter möglichst noch vor Abgabe der Hunde verlangt (8–10 Wochen alt).

Technik: Eine genügende Schmerzausschaltung durch Neuroleptanalgesie ist unerläßlich.

Für die oben aufgeführten zwei Typen der Ohrform sind verschiedene Kluppen im Handel. Für den 1. Typ verwenden wir eine gerade, während für den 2. Typ eine konkave Kluppe zur Verfügung steht. Bei einiger Übung kann man aber auch die jeweils gewünschte Ohrform mit einer geraden Kluppe erreichen. Um sie am zu kupierenden Ohr besonders straff anziehen zu können, wurden sie mit Flügelschrauben versehen. In diesem Zusammenhang sei die Ohrkluppe von ULLRICH mit erwähnt. Sie stellt eine gerade Kluppe dar, die an einer Seite ein Scharniergelenk hat, so daß beim Schließen nur eine Schraube betätigt werden muß. Hervorzuheben ist die Halteplatte, die ein Verletzen des Assistenzpersonals beim Abschneiden der überstehenden Ohrmuschel ausschließt. Die Ohrenkluppen nach BALK sind im unteren Drittel abgebogen, so daß es möglich ist, hiermit den sog. „Balkon" sofort mit einzubeziehen, damit er später nicht extra abgesetzt werden muß.

Literatur

ASCHER, F., MAYNARD, L., HERVÉ, D., et al. (1988): Mis en point et étude experimentale d'une formulation destinée au traitement des otites externes du chien et du chat. Partie 1: Epidemiologie et microbiologie. Pratique médicale et chirurgicale de l'animaux de compagnie **23**, 267.

AUGUST, J. R. (1988): Otitis externa. A disease of multifactorial etiology. Vet. Clinics, North Am./Small Anim. Pract. **18**, 731.

BERG, O. A. (1951): Ohrenkupieren und Gehörgangsentzündungen. Nord. Vet. Med. **3**, 394.

BURK, R. L., und ACKERMAN, N. (1991): Lehrbuch und Atlas der Kleintierradiologie. Gustav Fischer, Stuttgart–Jena–New York.

DÜRR, A., und FREUDIGER, U. (1976): Ist Ohrenkupieren eine Prophylaxe gegen Otitis externa? Schweiz. Arch. Thkde **118**, 239.

ERNST, E., EINWALD-ERNST, M., und DIRKS, C. (1988): Neue Aspekte der Othämatomtherapie des Hundes. Kleintierpraxis **33**, 273.

FREDE, H. (1976): Neuartiges Ohrenreinigungsmittel für Hunde. Kleintierpraxis **21**, 312.

GRONO, L. R., and FROST, A. J. (1969): Otitis externa in the dog. Aust. Vet. J. **45**, 420.

KORTE, G. (1962): Der Antibiotika-Test und die Therapie der Otitis externa beim Hund. Kleintierpraxis **7**, 209.

KOWALSKI, J. J. (1988): The microbial environment of the ear canal in health and disease. Vet. Clinics North Am./Small Anim. Pract. **18**, 743.

KUWAHARA, J. (1986): Canine and feline aural hematomas. Results of treatment with corticosteroids. JAAHA **22**, 641.

LITTLE, K. J. L., and LANE, J. G. (1989): An evaluation of tympanometry, otoscopy and palpation for assessment of the canine tympanic membrane. Vet. Rec. **124**, 5.

MOLTZEN, H. (1962): Otitis media bei Hund und Katze. Dtsch. tierärztl. Wschr. **69**, 193.

MOLTZEN, H. (1969): Canine ear disease. J. small. Anim. Pract. **10**, 589.

MULLER, G. H., KIRK, R. W., und SCOTT, D. W. (1993): Kleintier-Dermatologie. Deutsche Ausgabe der 4. engl. Gustav Fischer, Stuttgart–Jena–New York.

PRIEUR, W. D. (1960): Eine neue Methode zur Operation der Othämatome. Kleintierpraxis **5**, 51.

ROTH, L. C. (1988): Pathologic changes in the otitis externa. Vet. Clinics N. Am./Small Anim. Pract. **18**, 755.

RUTKOWIAK, B. (1970): Der chirurgische Eingriff bei Mangel an kosmetischem Effekt kupierter Ohren. Kleintierpraxis **14**, 110.

RYCROFT, A. K., and SABEN, H. S. (1977): A clinical study of otitis externa in the dog. Can. Vet. J. **18**, 64.

SCHUNK, K. L., and AVERILL, D. R. (1983): Peripheral vestibular syndrome in the dog. JAVMA **182**, 1354.

SCUPIN, E., und SCUPIN, E. (1971): Ein Beitrag zur Otitis des Hundes. Kleintierpraxis **16**, 4.

SHELL, G. C. (1988): Otitis media and otitis interna. Vet. Clinics North Am./Small Anim. Pract. **18**, 885.

SPREULL, J. S. A. (1974): Otitis media in the dog. In: R. W. KIRK: Current Vet. Therapy V. W. B. Saunders, Philadelphia.

STEINBACH, Th. (1962): Mykologische und bakteriologische Untersuchungen bei der Otitis externa des Hundes. Vet.-med. Diss., Hannover.

TOYO, M., MATSUDA, F., FUKUI, K., et al. (1985): Experimental induction of secretory and purulent otitis media by the surgical obstruction of the eustachian tube in dogs. J. small Anim. Pract. **26**, 81.

VAN DER GAAG, I. (1986): The pathology of external ear canal in dogs. Vet. Quarterly **8**, 307.

VANDEVELDE, M., und FANKHAUSER, R. (1987): Einführung in die veterinärmedizinische Neurologie. Paul Parey, Berlin–Hamburg.

13. Augen
(VERA SCHMIDT)

Der Kliniker ist gut beraten, wenn er neben den am Auge selbständig ablaufenden pathologischen Vorgängen dieses Organ als diagnostisch aufschlußreichen Teil des Gesamtorganismus in die allgemeine klinische Befunderhebung stets einbezieht.

13.1. Augenuntersuchung

Der Augenuntersuchung sollte immer eine sorgfältig zu erhebende *Anamnese* vorangestellt werden, die auf allgemeine Beobachtungen des Gesamtzustandes und -verhaltens des Tieres hinzielt. Ebenso ist die Frage an den Besitzer nach den an einem oder beiden Augen konstatierten morphologischen oder funktionellen Veränderungen sowie auf vorangegangene allgemeine oder örtliche Behandlungen unerläßlich. Beachtenswert sind ferner im Hinblick auf eine Krankheitsdisposition die Rassezugehörigkeit und das Alter des Tieres.

Die eigentliche Augenuntersuchung gliedert sich in einen morphologischen und einen funktionellen Teil. Sie sollte tunlichst nach einem systematisch abzuarbeitenden *Untersuchungsgang* erfolgen, wobei es lohnenswert ist, in ruhiger Umgebung und in entspannter Verfassung des Tieres, zunächst möglichst ohne den Gebrauch zusätzlicher Zwangs- und Fixiermittel, zu arbeiten.

Bei der *morphologischen Untersuchung* hat der Grundsatz zu gelten, zunächst immer die *Adspektion* auszuführen und dieser die *Palpation* und erst dann bestimmte spezielle oder zusätzliche Manipulationen, wie die digitale Erweiterung der Lidspalte, das Evertieren der Membrana nictitans oder ähnliches, mit oder ohne Verwendung spezieller Hilfsmittel, anzuschließen.

Unerläßliche Voraussetzungen für die Augenuntersuchung sind ausreichende Beleuchtung und optische Vergrößerungsmöglichkeiten des Objekts sowie dessen Zugänglichkeit für die Untersuchung (Schmerzfreiheit, geöffnete Lidspalte, weitgestellte Pupille). Mit handlichen Beleuchtungsquellen, deren Lichtstrahlen durch Zwischenschalten einer Sammellinse gebündelt werden können, mit einem elektrischen Augenspiegel und einer Lupe beziehungsweise Lupenbrille, ist man bereits befriedigend ausgerüstet. Oberflächenanästhetika lindern Schmerzen und ermöglichen die Adspektion und die Anwendung mechanischer Hilfsmittel wie Lidpinzette, Lidhalter, Lidspreizer für die Augenuntersuchung. Die Pupille wird für diagnostische Zwecke durch Verwendung kurzwirkender Mydriatika erweitert.

Zur Sicherung der *Diagnose* ist es möglich, sich weiterer Untersuchungsverfahren zu bedienen. Hornhautepithelläsionen, die Durchgängigkeit der tränenableitenden Wege und das Blut-Kammerwasser-Schrankensystem lassen sich mit Hilfe des wasserlöslichen Fluoresceins prüfen. Die konjunktivale Applikation kann durch das Einlegen eines farbstoffimprägnierten Teststreifens oder durch das Träufeln einer 0,22%igen Fluoresceinnatrium-Lösung erfolgen. Für die intravenöse Verabreichung kommt eine 10%ige sterile Fluoresceinlösung (25 mg/kg KM) in Anwendung. Die *Tränenproduktion* wird mit Hilfe des Schirmer-Tränen-Testes (STT) am nicht oberflächlich anästhesierten und offenen Auge (Schirmer I) gemessen. Durchfeuchtungswerte des außerhalb des Lidrandes abgeknickten Streifens von 9 bis 20 mm/min sind physiologisch. Die *Röntgenografie* dient der Darstellung der Augenhöhle und ihrer knöchernen Umgebung. Mit einer positiv kontrastierenden Flüssigkeit gelingt die röntgenografische Darstellung der tränenableitenden Wege. Die *Ultraschalldiagnostik* gibt auf dem Wege der oszillografischen oder akustischen Ortung Auskunft über intraokuläre Abweichungen, die ophthalmoskopisch nicht erfaßbar sind.

Die *funktionelle Untersuchung* dient der Ermittlung der Sehfunktion. Hierfür eignen sich sog. *Sehproben*, die weder spezielle Hilfsmittel noch

Spezialkenntnisse des Untersuchers erfordern. Sie sind allerdings nur im Falle ausgeprägter Sehstörungen (Amblyopie) oder bei Blindheit (Amaurosis) eines oder beider Augen aussagekräftig. Sie erfassen kaum die Sehbehinderung geringeren Ausmaßes (Schwachsichtigkeit = Asthenopie), die Weit- oder Kurzsichtigkeit (Refraktionsanomalien) oder Störungen der Einstellung des Auges auf einen Fixpunkt (Akkommodation). Zeit und Ruhe sind bei der Befragung des Besitzers oder der eigenen Beobachtung hinsichtlich des Verhaltens des Tieres bei Tages- und Dämmerungslicht gegenüber gewohnten oder ungewohnten Reizen in unterschiedlicher Umgebung (häusliches Milieu, Zwinger, fremdes Territorium, in den Weg gestellte Hindernisse usw., frei herumlaufend oder an langer Leine) aufzubringen. Dabei ist dem Gang (sicher, zögernd, tappend, stolpernd, suchend), der Kopfhaltung (schief, vorgestreckt), dem Ohrenspiel und der olfaktorischen Aktivität besondere Bedeutung zu widmen.

Zusätzlich eignet sich der *Wattetest* als Sehprobe. Bei dem auf dem Tisch sitzenden Tier wird ein Wattebausch ca. 30 cm vor dem Kopf des Tieres von vorn-oben und vorn-seitlich geworfen bzw. fallen gelassen. Bei intakter visueller Funktion wird das Tier den Wattebausch optisch fixieren und verfolgen. Ein leichtes Ohrenspiel ist zudem aufschlußreich. Bei fixiertem Kopf ist es möglich, auf diese Weise anhand der *Augapfelmotilität* Schlüsse auf das Sehvermögen zu ziehen und den visuellen Aktionsradius des jeweiligen Auges annähernd zu erfassen.

Bedingt aussagekräftig ist die *physiologische Pupillenreaktion*. Unter der Voraussetzung einer unbehinderten Aktionsfähigkeit der Pupille (Beeinflussung durch Synechie, erhöhten Sympathikotonus oder pupillenverändernde Pharmaka) lassen sich auf Grund von Schnelligkeit und Ausmaß der Pupillenreaktion Aussagen lediglich über die Intaktheit des Reflexbogens (Weg des Lichtreizes über Retina, N. opticus, Chiasma, Tractus opticus, Corpora quadrigemina, Schaltneuronensystem, N. oculomotorius, G. ciliare, Iris), nicht aber über die Sehfähigkeit des Tieres treffen. Dagegen vermitteln bestimmte Augenreflexe, wie der Kornealreflex, der Palpebralreflex, der Abducensreflex, die willkürlichen und unwillkürlichen Augenbewegungen sowie die Lakrimation wertvolle Hinweise für die koordinierte Tätigkeit der Kranialnerven und des Sehzentrums. Sie sind Gegenstand einer speziellen neuroophthalmologischen Untersuchung und gestatten Aussagen über den Sitz außerhalb des Augapfels liegender, für die Funktion des Auges bedeutsamer Läsionen.

Zu den *objektiven* Möglichkeiten der Ermittlung optisch-nervaler Funktionen im Sehprozeß dient u. a. die *Elektroretinographie (ERG)*. Sie beruht auf der Erfassung meßbarer bioelektrischer Potentiale, die im fotochemischen Prozeß des Verbrauchs und der Regeneration lichtempfindlicher Elemente der Netzhaut entstehen und in Abhängigkeit von Intensität und Frequenz von Lichtreizen zu interpretierbaren Reaktionskurven führen.

13.2. Erkrankungen der Augenlider

Die **Augenlider** dienen dem Schutz des Augapfels vor mechanischen Insulten und Austrocknung. Bei ihrer Untersuchung interessieren insbesondere die Lidspalte, die Stellung und Beschaffenheit des Lidrandes und die Bewegungsfreiheit der Lider.

Angeborene Fehlbildungen der Augenlider sind mannigfaltig. Sie resultieren aus der Lidentwicklung (mesodermale Ringbildung mit ektodermaler Ausbuchtung und Einstülpung).

Die **Atresia palpebrarum (Fehlen der Lidspalte durch Verwachsung)** ist bei regelrechter Anlage aller Lidanteile zunächst bei Geburt physiologisch. Die definitive Lidspalte öffnet sich durch Lösung der zarten epithelialen Verklebung um den 12. Lebenstag. Bleibt die spontane Lidöffnung aus, können Fehlbildungen anderer Teile des Auges wie Mikrophthalmus, Symblepharon usw. vermutet werden. Man sollte nicht vor dem 13. Tag nachhelfen. Mitunter reicht das manuelle Spreizen der Lider hierfür aus. Deutet sich eine kleine Öffnung an, geht man mit einer Knopfsonde oder einer geknöpften Augenschere vorsichtig unter Schonung der Hornhaut ein. Meistens reicht der dadurch erzeugte Zug auf die zarte Epithelbrücke aus, um sie zu sprengen.

Bei der **Ophthalmitis neonatorum**, die auf eine intrauterine metastatische oder fortgeleitete Infektion des Auges zurückzuführen ist, treten eitrige Sekrettropfen aus der partiell geöffneten Lidspalte nur wenige Tage alter Welpen – Zeitraum vor der physiologischen Lidspaltenöffnung – aus. In diesem Fall sollte die Lidspalte vorzeitig geöffnet werden. Nach reinigenden und desinfi-

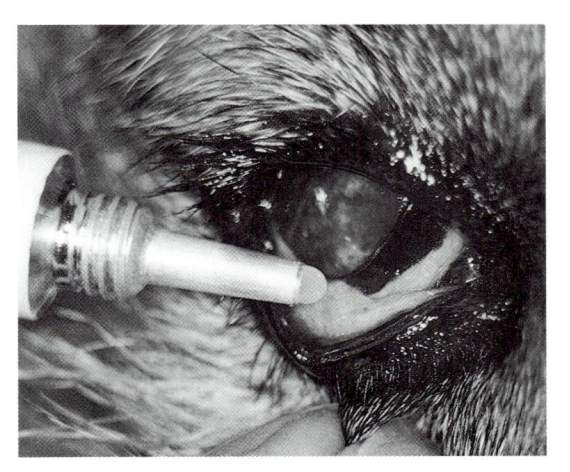

Abb. 13.1. Konjunktivale Applikation einer Augensalbe.

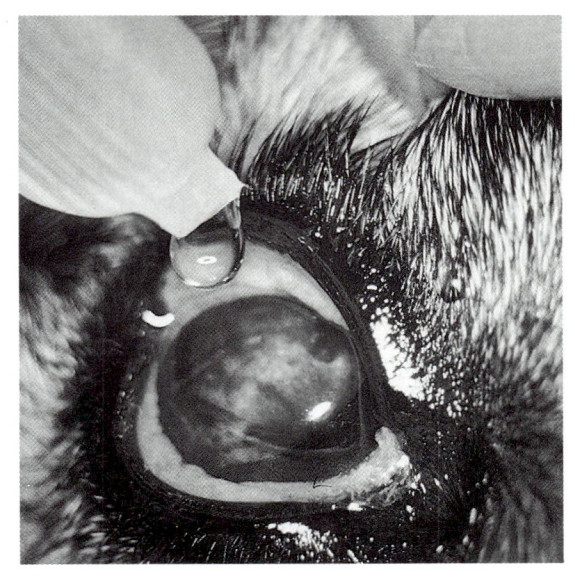

Abb. 13.2. Konjunktivale Applikation (Träufeln) einer Flüssigkeit.

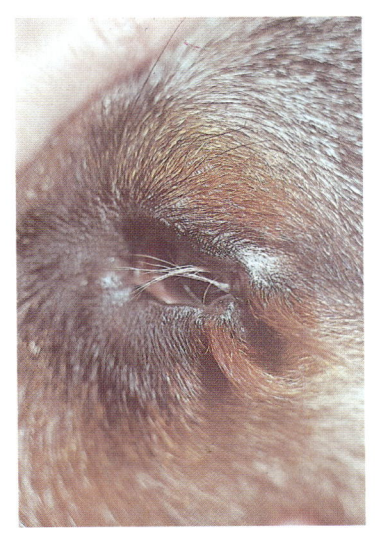

Abb. 13.3. Lidkolobom.

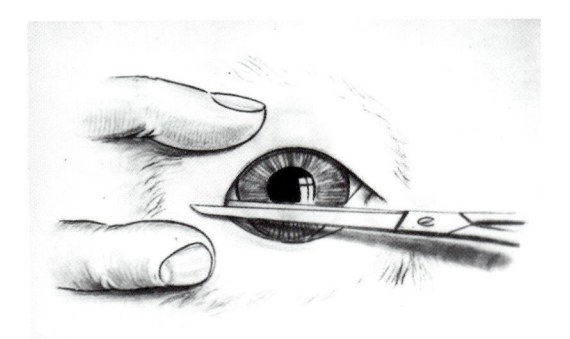

Abb. 13.4. Kanthotomie.

zierenden Spülungen ist das Auge einer intensiven *Breitbandantibiose* zu unterziehen. Die konjunktivale Applikation antibiotischer Augensalben hat alle 4 Stunden, die antibiotischer Suspensionen alle 3 Stunden zu erfolgen (Abb. 13.1., 13.2.) und sollte mit dem Besitzer des Tieres trainiert werden. Infektionsbedingte intraokuläre Schäden sind bei der Krankheit nicht auszuschließen.

Ein **Coloboma palpebrarum (spaltenförmiger Liddefekt)** äußert sich in unterschiedlichem Ausmaß durch mangelhaften Lidschluß (Abb. 13.3.) und damit nachteilige Beeinflussung des Auges (Sekret- und Tränenfluß, partielle Austrocknung der Hornhaut, Keratitis). Die Kontinuität des Lidrandes ist unbedingt herzustellen. Hierfür sind *blepharoplastische Maßnahmen* vonnöten.

Die **Blepharophimosis**, eine **zu kleine Lidspalte**, ist mitunter häufiger beim Bullterrier, Kerry-blue-Terrier und beim Chow-Chow zu beobachten. Ein ähnlicher Zustand kann vorliegen, wenn durch eine senkrecht verlaufende Hautfalte die Lidspalte de facto verkleinert wird (Epicanthus lateralis bzw. medialis). In diesem Fall führt die *chirurgische Exzision* der Hautfalte zu physiologischen Verhältnissen. Ist die Lidspalte absolut zu klein, muß eine *Kanthotomie* (Abb. 13.4.) bzw. bei zu geringer Ausbildung der Bindehaut eine *Kanthoplastik* (Transplantation von autologer Schleimhaut) durchgeführt werden.

Eine **angeborene Haarwuchsanomalie** des Lidrandes präsentiert sich in Gestalt der **Distichiasis**. Sie ist durch sehr feine und kurze Härchen (Distichien) gekennzeichnet, die am inneren Lidrand aus den Meibomschen Drüsen entspringen und

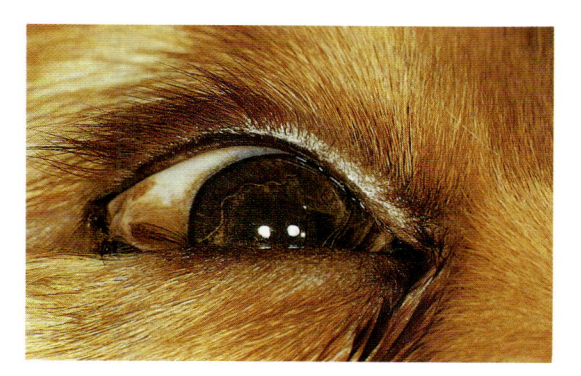

Abb. 13.5. Distichiasis. Feine, hornhautwärts gerichtete Härchen im Bereich der nasalen Hälfte des Unterlidrandes.

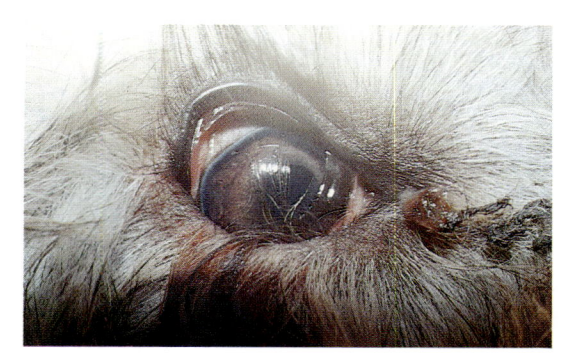

Abb. 13.7. Entropium des Unterlides, konjunktivale Gefäßinjektion, muköse Sekretion.

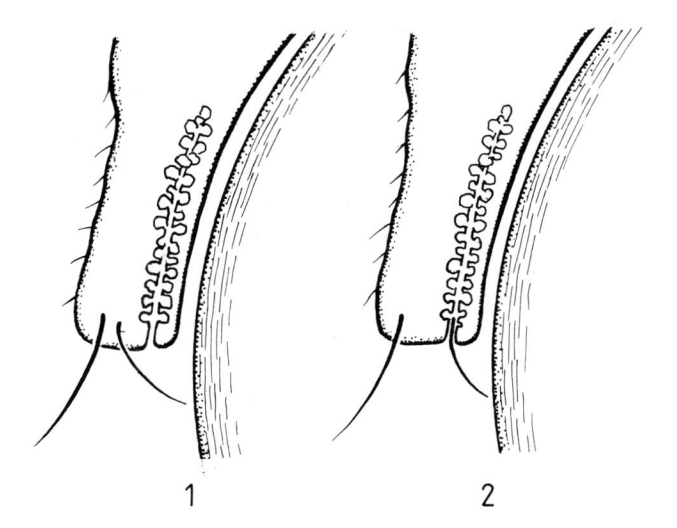

Abb. 13.6. Schematische Darstellung der Trichiasis *(1)* und der Distichiasis *(2)*.

hornhautwärts gerichtet sind (Abb. 13.5.). Der einfarbig rote Cocker-Spaniel und der American Cocker Spaniel scheinen hierfür eine Disposition aufzuweisen. Die Anomalie tritt allerdings auch bei anderen Rassen auf. Die Härchen erzeugen Reizzustände an der Hornhaut, die sich *klinisch* durch Lakrimation und Konjunktivitis oder Keratitis äußern und bei wenig pigmentierter Haut kosmetisch störende bräunliche Sekretspuren in der Nasen-Augen-Falte erzeugen.

Die *Härchen* lassen sich – allerdings nur mit vorübergehendem Erfolg – mechanisch mit Hilfe einer geeigneten Pinzette *epilieren*. Dagegen lassen sich durch Einführen feinster Nadelelektroden jeweils in den Ausführungsgang der betreffenden Meibomschen Drüse ihre Wurzeln elektrisch zerstören. Eine *Arealbehandlung* reihenweise angeordneter Härchen führt durch lokale und dosierte Einwirkung tiefer Temperaturen *(Kryotherapie)* zur Verödung der Wurzeln.

Des weiteren sind *chirurgische Maßnahmen* (intermarginale Longitudinalinzision mit Kürettage oder Exzision der Haarwurzeln) möglich.

Eine **Trichiasis** besteht, wenn normal angelegte Zilien einwärts gedreht sind (Abb. 13.6.). Der Zustand entwickelt sich stationär z.B. im Gefolge einer narbigen Retraktion von Lidrandgewebe oder temporär bei Sekretverkrustungen des Lidrandes. Die *Therapie* ist auf die Ursache auszurichten.

Beim Klein- und Zwergpudel sowie beim Cocker-Spaniel führt die abnorme Drehung lidrandnaher Haare zu ähnlichen *klinischen* Erscheinungen. Empfehlenswert ist in diesen Fällen, die Härchen mit eingefetteter Fingerkuppe aus dem Lidspaltenbereich zu streichen.

Zu den **Anomalien der Lidstellung** gehört das **Entropium**, das meistens das Unterlid betrifft. Es ist durch mehr oder weniger starke Einwärtsdrehung des Lidrandes ausgewiesen (Abb. 13.7.), was auch für die Wimpern zutrifft. Sie schleifen bei jeder Lidbewegung auf der Hornhaut und bedingen Reizzustände, die sich durch Blepharospasmus (krampfhafter Lidschluß) und Lichtscheue äußern und Entzündungszustände an der Hornhaut und Bindehaut hervorrufen und unterhalten. Die andauernden Schmerzzustände verursachen bei dem erkrankten Tier zusätzliche Irritationen am Auge, wie Kratzen, Reiben, Scheuern. Die Rassen Rottweiler, Chow-Chow, Deutsch-Drahthaar, Englischer Setter, Bullterrier, Dalmatiner weisen hierfür eine Disposition auf (züchterische Konsequenzen unterstützen). Die Abgrenzung eines angeborenen von einem erworbenen Entropium ist mitunter schwierig. Zeitpunkt des Auftretens des Entropiums, Alter des Tieres und Rassezugehörigkeit sind hinweisend. Läßt sich der fast immer vorhandene **Blepharospasmus (Entropium spasticum)** durch kontrollierte Applikation eines wenig oder nicht epithelschädigenden Oberflächenanästhetikums lösen und zugleich eine vorübergehende exakte Lidstellung erzeugen, liegt sehr wahrscheinlich ein *erworbenes* Entropium vor. Für die Therapie muß in diesem Fall die Ursache des permanenten Reizzustandes erkannt und beseitigt werden. Es kommen in Frage: in der Bindehaut oder auf der Hornhaut liegende Fremdkörper, Staub, Dunst, Dämpfe, Zugluft, allergisierende Noxen, Konjunktivitis, Keratitis. Durch eine kausale *Therapie* kann der Circulus vitiosus Noxe – Reiz – Blepharospasmus – Reiz unterbrochen werden. Zur Erzielung der Normalstellung des mäßig eingerollten Lidrandes wird die kutane Massage des Lides, das Anlegen von Heftpflaster oder eine Situationsnaht empfohlen. Bei ausgeprägten oder verschleppten Fällen bleibt nur die *chirurgische Korrektur* übrig, die je nach Lage und Ausmaß des Entropiums modifiziert wird.

Allen *Operationen* gemeinsam sind die Raffung der Lidhaut durch Exzision eines entsprechend großen Anteils, die Vereinigung der Wundränder durch Naht und der zu erwartende Narbenzug (Abb.13.8.). Zu beachten ist, daß parallel zum Lidrand verlaufende Schnittführungen nicht weiter als 3 mm von diesem entfernt sein sollten. Als günstig erweist sich insbesondere für den Ungeübten eine Infiltrationsanästhesie der Lidhaut, die nicht nur eine örtliche Betäubung bewirkt, sondern auch eine bessere Schnittführung in dem sehr lockeren und verschiebbaren Gewebe gestattet. Bei Vorliegen einer Conjunctivitis follicularis ist die Nickhaut zu kürettieren und zu touchieren.

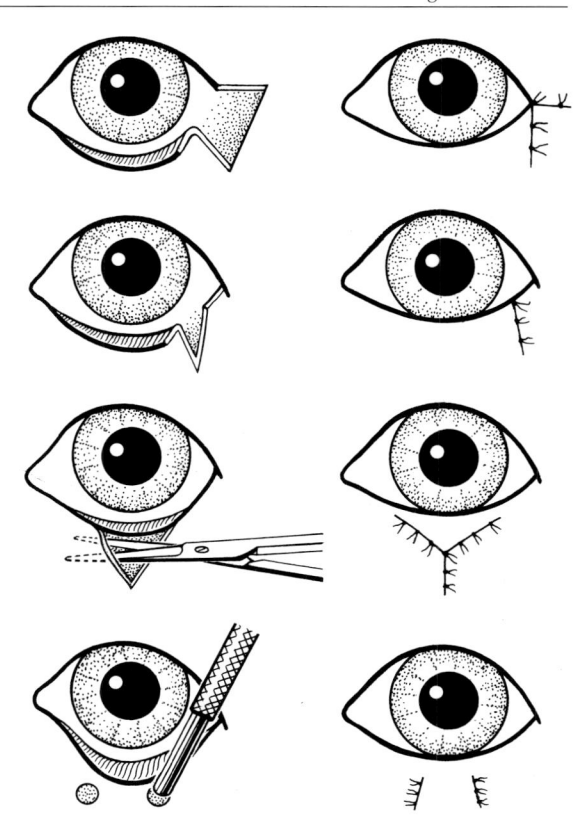

Abb.13.8. Möglichkeiten der chirurgischen Korrektur eines Entropiums.

Das Auge sollte in den ersten 4 postoperativen Tagen mit antibiotikumhaltigen Arzneizubereitungen versorgt werden, später rangiert die örtliche entzündungswidrige Therapie (Zinksulfat, Zinkadrenalin, kolloidale Silberverbindungen, dagegen zunächst keine Corticosteroide) an erster Stelle. Am 7. postoperativen Tag werden die Nähte behutsam entfernt. Im Falle eines angeborenen Entropiums ist die chirurgische Korrektur von vornherein angezeigt.

Das **Ektropium** zeichnet sich durch eine partielle oder totale Auswärtsdrehung meistens des unteren Augenlidrandes aus (Abb.13.9.). Als **Ectropium subcutis hyperplasticum** ist es eine *angeborene* Form und tritt als Merkmal bestimmter Hunderassen, so beim Bernhardiner und Neufundländer, auf. Ferner kommt es nicht selten bei solchen Hunderassen vor, die, wie Boxer und Spaniel, ein offenes Auge haben. Im übrigen kann es sowohl als *spastisches* Ektropium im Zusammenhang mit entzündlichen Veränderungen der Bindehaut als auch als *paralytisches* Ektropium im Gefolge einer N.-facialis-Lähmung

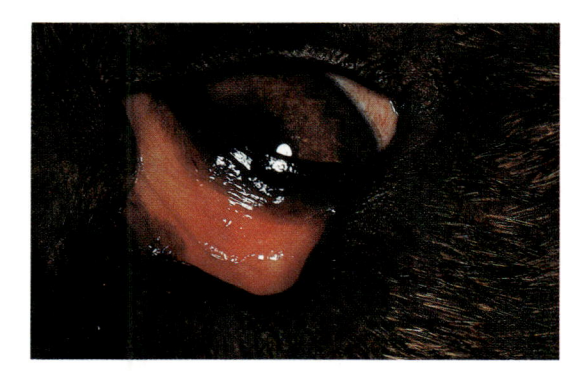

Abb. 13.9. Ektropium des Unterlides, konjunktivale Gefäßinjektion.

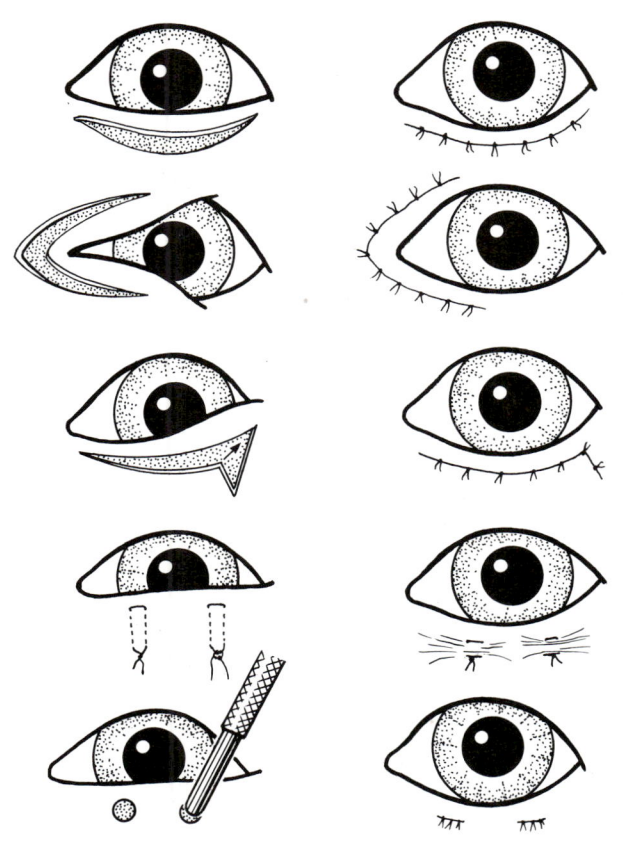

Abb. 13.10. Möglichkeiten der chirurgischen Korrektur eines Ektropiums.

Keimen darstellt, ist als Folge des Ektropiums immer mit einer Konjunktivitis zu rechnen. Aus diesem wie aus kosmetischen Gründen ist die *chirurgische Korrektur* anzustreben (Abb. 13.10.). Wird der Lidrand in die Korrektur einbezogen, so ist eine Intermarginalnaht anzulegen (Abb. 13.11.). *Nachbehandlung* siehe Entropium.

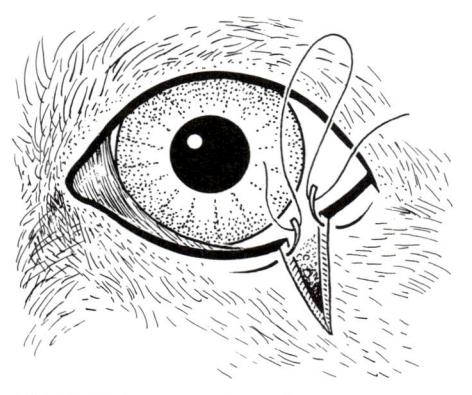

Abb. 13.11. Intermarginalnaht.

Lidwunden (Zusammenhangstrennungen der Lider) sind auf mechanische Insulte unterschiedlicher Art und Stärke zurückzuführen. Hornhaut und Sklera sind im Hinblick auf tiefergehende perforierende Verletzungen mit Sorgfalt zu untersuchen. Die Lidwunden werden am immobilisierten Tier unter Schonung und Erhaltung des vorhandenen Gewebes *chirurgisch* (nahttechnisch ohne Wundkamm und mit sehr feinem Nahtmaterial) mit der Zielstellung versorgt, den Gewebeverband entsprechend der anatomischen Ausgangssituation wiederherzustellen. Mögliche Zusammenhangstrennungen der Konjunktiva müssen nicht unbedingt genäht werden. Konjunktivale antibiotische Therapie über mindestens 4 Tage.

Blepharitis (Lidentzündung) tritt diffus (Abb. 13.12.), im Zusammenhang mit Hauterkrankungen des Kopfes (Exanthema juvenilis infectiosa, allergisches Ekzem, Milben- oder Pilzbefall usw.) auf. Die klinischen Symptome entsprechen der Grundkrankheit (Abb. 13.13.). Sowohl von der Haut als auch von der Konjunktiva ausgehend, kann sich die Entzündung auf den Lidrand konzentrieren **(Blepharitis marginalis)**. Eine entzündliche Hyperämie führt hier zur vermehrten Talgabsonderung. Andererseits kann das Bild einer schuppigen, borkigen Veränderung entstehen. Bei Miterkrankung der Haarbälge sind

auftreten. Schließlich können Narben oder Tumoren Ursache einer Auswärtsdrehung des Lides sein.

Da die hierdurch partiell freiliegende Konjunktiva überaus stark äußeren Einwirkungen ausgesetzt ist, zudem die abgehobene Lidtasche einen geeigneten Boden für die Ansiedlung von

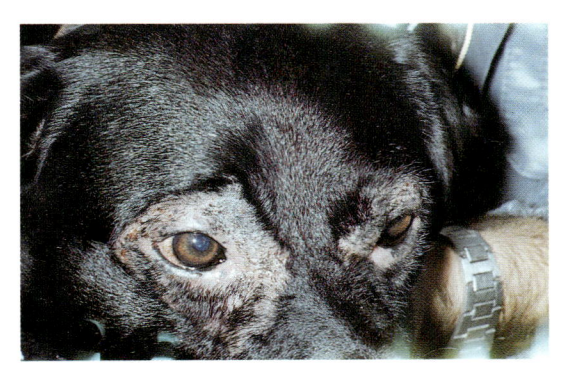

Abb. 13.12. Blepharitis diffusa (Lidekzem, Haarausfall).

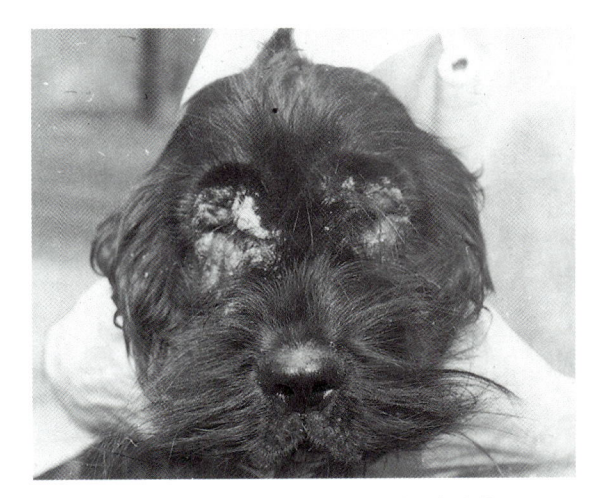

Abb. 13.13. Blepharitis bei Ektoparasitenbefall.

bei Anwesenheit von Eitererregern (insbesondere *Staphylococcus aureus*) unter den Borken kleine Abszesse auffindbar **(Blepharitis ulcerosa)**, sie führen zum Ausfall der Zilien **(Madarosis)**.

Die *Behandlung* gestaltet sich entsprechend der Grundkrankheit. Der zarte Lidrand wird zusätzlich sorgfältig von Krusten, Borken, Eiterbestandteilen befreit, wozu sich warme, mit Fencheltee getränkte Kompressen eignen, ebenso die Verwendung von ölgetränkten Wattebauschen (Vitamin A, Oliven- oder Rizinusöl). Die verdickte Lidhaut und der Lidrand werden durch Oculentum acidi borici 1%ig oder Oculentum ammonii sulfobituminosi 2%ig günstig beeinflußt. In Eiter stehende Haare sind zu entfernen, und in den Konjunktivalsack werden Breitbandantibiotika, möglichst in Salbenform, mindestens 4mal täglich verbracht.

Gelangen Erreger, vornehmlich Staphylokokken, in die Lidranddrüsen, entstehen umschriebene eitrige Entzündungen, als **Gerstenkorn** oder **Hordeolum** bezeichnet (Abb. 13.14.). Sie entleeren sich über die Drüsenöffnung oder durchbrechen nach innen die Konjunktiva. Ihre Entleerung wird durch Auflegen feuchtwarmer Kompressen begünstigt. Die Instillation antibiotikumhaltiger Augensalben verhindert die Ausbildung neuer Gerstenkörner **(Hordeolosis)**.

Tumoren des Augenlides (Abb. 13.15.) nehmen häufig ihren Ausgang vom Epithelgewebe des Lidrandes oder dem der Meibomschen Drüsen. Sie führen zur mechanischen Behinderung der Lidfunktion oder bedingen entzündliche Prozesse von Augenlid oder Bindehaut. Da man in ihrem geweblichen Aufbau mit malignen Bestandteilen rechnen muß, ist bei ihrer *Exzision* auf eine sorgfältige Wundumschneidung zu achten. Hierfür bietet sich die keilförmige Exzision an. Breit aufsitzende Tumoren erfordern blepharoplastische Maßnahmen. Gute *Behandlungserfolge* sind auch durch die *Kryotherapie* (Kontakt- oder Spray-Freezing) zu erzielen.

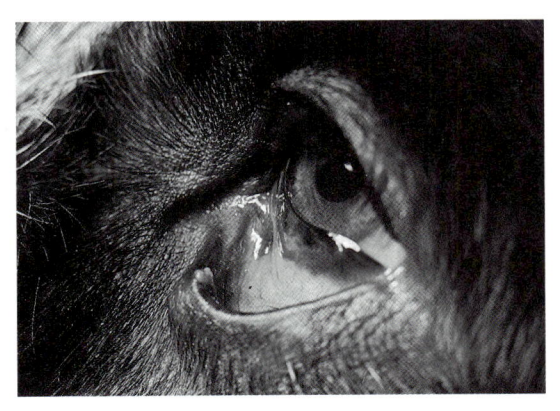

Abb. 13.14. Hordeolum internum am Unterlid.

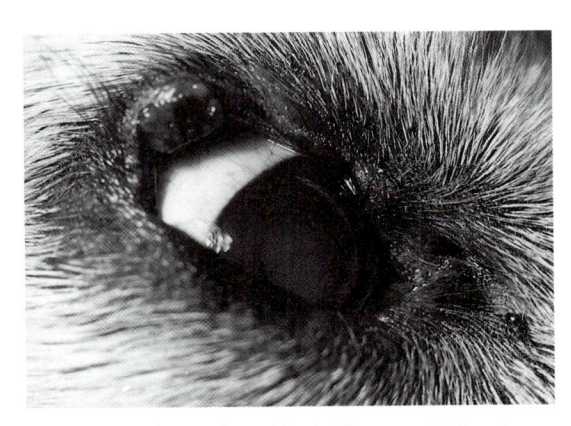

Abb. 13.15. Pigmentierte Neubildung am Lidrand.

13.3. Erkrankungen der Bindehaut

Die **Bindehaut** hat als Schleimhaut des Auges die Gleitfähigkeit der Lider zu gewährleisten. Mittels ihrer speziellen, von Knorpel gestützten Duplikatur, der Nickhaut (Membrana nictitans), übt sie eine wesentliche mechanische Schutzfunktion für den Augapfel aus. Ihr Plasmazell- und Lymphozytenreichtum verleiht ihr eine besondere Bedeutung im entzündlichen Abwehrgeschehen des Auges.

Bei der *Inspektion* wird das Unterlid leicht abgehoben oder heruntergezogen, zur *Besichtigung* der Fornix conjunctivae muß das Lid ektropioniert werden, wozu sich der Lidhalter nach DESMARRES (Abb. 13.16.) eignet. Das *Betrachten* der Nickhautoberfläche erfolgt nach einer vorherigen Anästhesie (Wirkungseintritt abwarten) durch Hervorziehen der Nickhaut mittels einer breit fassenden Pinzette (Abb. 13.17.). Zur Beurteilung kommen Farbe, Glanz und Oberfläche der Augenschleimhaut und die Art ihrer Exsudation. Wirkt die Bindehaut trocken, ist der Tränentest angezeigt.

Das konjunktivale **Dermoid**, eine der **angeborenen Krankheiten**, ist bei vielen Hunderassen, z. B. Bernhardiner, Cocker-Spaniel, Teckel, Englischer Setter, Beagle, Bassethound, Deutscher Schäferhund, eine häufig auftretende Fehlbildung von hautähnlicher Beschaffenheit. Es ist ausgestattet mit einem oberflächlich liegenden, mitunter verhornten Plattenepithel und mit einer darunter befindlichen Schicht fibrösen Bindegewebes, das Fettzellen, Haare, Talg- oder Schweiß-

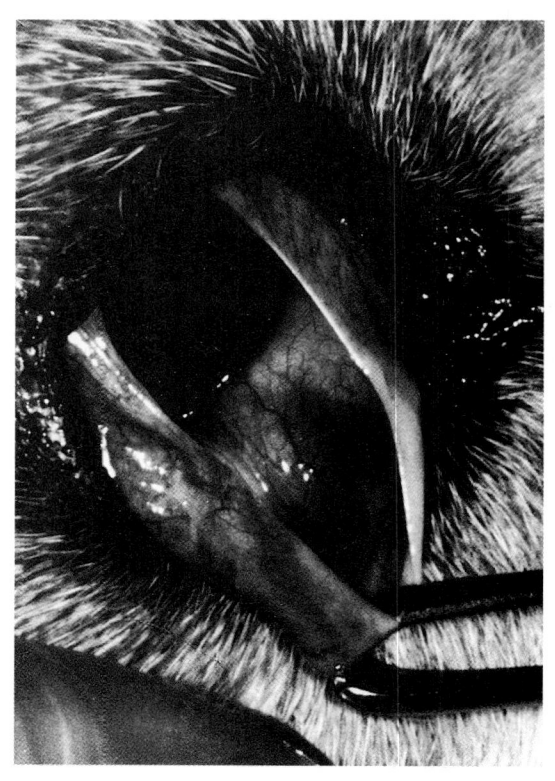

Abb. 13.17. Anheben der Nickhaut mittels Pinzette.

drüsen, seltener Knorpel, Knochen oder Zahnkeimanlagen enthalten kann. Palpebral liegende Dermoide erstrecken sich mitunter bis in den Lidrand, epibulbäre bis in die Hornhaut (Abb. 13.18.) und führen hier zur kornealen Gesichtsfeldeinengung. Die wulstige Gewebezubildung, insbesondere aber die Dermoidbehaarung üben einen permanenten Reiz auf das Auge aus und unterhalten

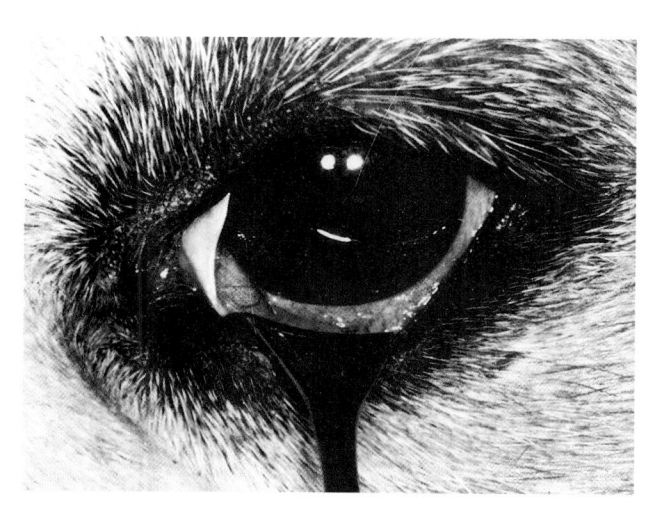

Abb. 13.16. Ektropionieren des Unterlides mit dem Lidhalter nach DESMARRES.

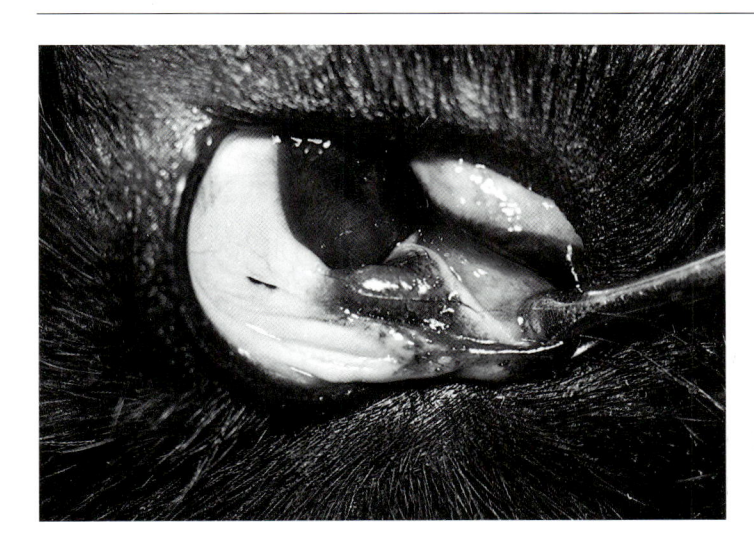

Abb. 13.18. Konjunktivales Dermoid am Übergang von der medialen Nickhautoberfläche zur Hornhaut (Nickhaut abgehoben).

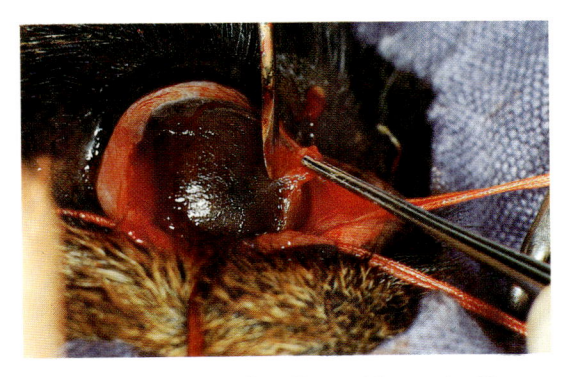

Abb. 13.19. Abtragen eines Dermoids von der Hornhaut.

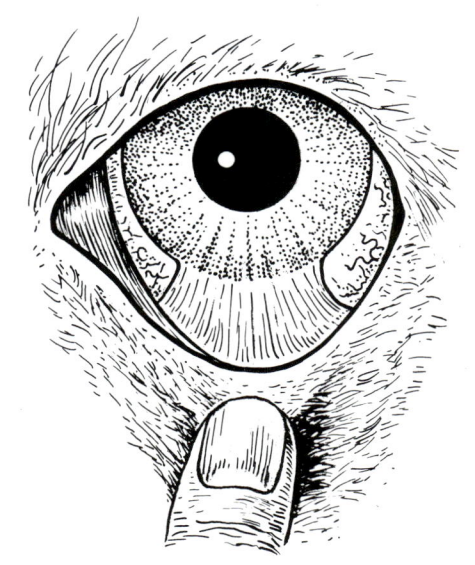

Abb. 13.20. Symblepharon.

eine katarrhalische bis eitrige Konjunktivitis. Je nach Größe ihrer Ausdehnung auf der Hornhaut engen sie das optische Gesichtsfeld ein. Sie sind unter Berücksichtigung ihrer gesamten Breiten- und Tiefenausdehnung sorgfältig bei ruhig gestelltem Operationsfeld (allgemeine Anästhesie) zu *exzidieren*; dies geschieht bei in der Konjunktiva liegenden durch Umschneidung und Unterminierung mit einer scharfen kleinen Augenschere und bei denen, die auf Sklera oder Hornhaut vorhanden sind, durch *Sklerektomie oder Keratektomie* (Abb. 13.19.). Postoperative, über mindestens 4 Tage währende *örtliche Antibiose*, nötigenfalls bei Hornhautübertragung nach Wiederherstellung des Epithelzellverbandes (negative Fluoresceinprobe) örtlich Corticosteroide.

Beim **Symblepharon** handelt es sich um einen *angeborenen* oder *erworbenen*, mit Schrumpfung verbundenen Verwachsungszustand (Wunden, Verbrennungen, Verätzungen) der tarsalen mit der bulbären Bindehaut (Abb. 13.20.). Durch *Autotransplantation* von Mundschleimhaut kann ein artifizieller Lidbindehautsack hergestellt werden.

Die häufigste **erworbene Erkrankung** der Bindehaut ist die **Entzündung**. Wegen der engen geweblichen und nutritiven Beziehungen zur Hornhaut kommen nicht selten gleichzeitig Binde- und Hornhautentzündungen vor bzw. erfassen Bindehautentzündungen relativ leicht auch die Hornhaut.

Bei der **Conjunctivitis catarrhalis (katarrhalische Bindehautentzündung)** handelt es sich sowohl bei der akuten als auch bei der chronischen Verlaufsform um einen oberflächlichen, im

Epithel ablaufenden Prozeß. Ursächlich kommen physikalische Schadwirkungen (Sand, Staub, Wind), Stellungsanomalien der Lider oder Lidhaare, Licht- oder UV-Strahlen, allergisierende Stoffe (Blütenpollen), Bakterien, Pilze, Arzneimittel (wie Lokalanästhetika, Pilocarpin), chemische Noxen (Desinfektionsmittel, Dämpfe) in Frage. Auffallend ist die konjunktivale Gefäßinjektion; ziegelrot erscheinende, geweitete Gefäße sind in ihrem Verlauf zu verfolgen, die Schleimhaut ist gerötet, zunächst stark durchfeuchtet, geschwollen mit muköser Exsudation. Beim Übergang ins *chronische* Stadium wird der Zustand schlaff, verwaschen, rosarot, und die Exsudation ist bei bakterieller Sekundärinfektion schleimigeitrig. Photophobie, Lakrimation und Blepharospasmus sind Ausdruck eines aktiven Schmerzzustandes.

Der *Verlauf* ist vom Zeitpunkt des Therapieeinsatzes abhängig. Wird die Ursache der Entzündung nicht erkannt, erfolgt demzufolge keine kausale Therapie, besteht die Gefahr, daß die Entzündung chronisch und die Exsudation pseudomembranös bis eitrig wird. Die entzündliche Hypertrophie der Bindehaut mündet zusätzlich in einen Follikularkatarrh. Der permanente Reizzustand kann zum spastischen Entropium führen. In ungünstigen Fällen wird die Hornhaut in die Entzündung einbezogen. Die *Behandlung* ist kausal zu gestalten. Prinzipiell sollte die unkompliziert verlaufende Entzündung zunächst mit möglichst mild wirkenden Adstringenzien und Desinfizienzien behandelt werden, bei längerer Dauer der Krankheit ist ein Wechsel in der Wahl der Mittel empfehlenswert. Wiederholte Spülungen des Konjunktivalsackes unter Einbeziehung des Tränennasenganges mit körperwarmen Lösungen von Hydrargyrum oxycyanatum, Kalium permanganatum, Akridinfarbstoffen, physiologischer Kochsalzlösung usw. Als sehr wirksam erweisen sich die kolloidalen Silberverbindungen, wie die 2%ige Lösung von Diacetyl-Tannin-Protein-Silber oder die 0,25%ige wäßrige Argentum-nitricum-Lösung. Erfolgreich kann eine wiederholte energische Behandlung durch Touchieren mit 2%iger Argentum-nitricum-Lösung oder kristallinem Kupfersulfat sein. (Vorsicht, anschließend mit 1%iger Kochsalzlösung spülen!).

Spastische Zustände lassen sich vorübergehend, vor allem zur Unterbrechung des Circulus vitiosus Reiz – Spasmus – Reiz, durch Oberflächenanästhetika lösen. (Oberflächenanästhetika gehören nicht in die Hand des medizinischen Laien).

Reizmildernd sind auch Oliven-, Rizinus- oder Erdnußöl oder vitamin-A-haltige Salben.

Die **allergische Konjunktivitis** erfährt durch kühlende Kompressen und durch corticoid- oder antihistaminhaltige Ophthalmika rasche Linderung.

Wird eine **Infektion** vermutet, so läßt sich die *Diagnostik* durch mikrobiologische und zytologische Untersuchungen wesentlich bereichern. Bei der Interpretation der Befunde ist zu beachten, daß im Bindehautsack eine physiologische Keimflora vorhanden ist, das mikrobiologische Bild durch Überwuchern sog. opportunistischer Keime beeinflußt wird, Pilze und Viren nur durch bestimmte Isolierungsverfahren zu ermitteln sind. Im Falle *bakterieller* Infektionen sind möglichst gezielt nach Erregernachweis und Resistenzbestimmung antibiotikum- oder sulfonamidhaltige Zubereitungen anzuwenden. Eine *systemische Therapie* führt zur Resistenzentwicklung und ist kontraindiziert.

Virusinfektionen trotzen nach anfänglicher Besserung einer Breitspektrumantibiotika-Therapie. Hier sind Virustatika bis zu 6maliger Applikation/die notwendig.

Eine besondere Form des Bindehautkatarrhs ist die **Conjunctivitis follicularis (follikulare Entzündung)**. Sie ist durch das zusätzliche Auftreten stecknadelkopfgroßer, glasiger, harter, subepithelial gelegener Knötchen gekennzeichnet, die vornehmlich an der Medialfläche der Nickhaut in großer Anzahl zu einem flachen Paket mit unregelmäßiger, gekörnter Oberfläche von hellroter Farbe (Abb. 13.21.) und in den übrigen Bindehautanteilen einzeln, verstreut angeordnet sind. *Histologisch* bestehen diese Knötchen aus einer Anhäufung von Lymphozyten und Plasmazellen im subepithelialen Gewebe.

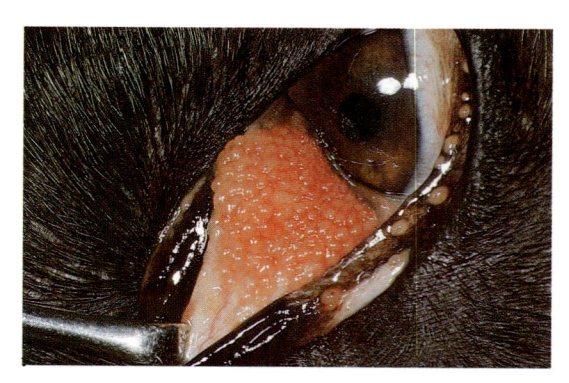

Abb. 13.21. Follikularkatarrh auf der medialen Nickhautoberfläche.

Der Follikularkatarrh entsteht aus einer chronischen Bindehautentzündung. Da er fast bei jedem zweiten an Bindehautentzündung erkrankten Hund anzutreffen ist, muß an eine konstitutionell bedingte reaktive Hyperplasie der lymphatischen Elemente des Bindehautgewebes auf bestimmte, vorrangig exogene Reize gedacht werden.

Die *Behandlung* gestaltet sich wie bei der chronischen katarrhalischen Bindehautentzündung. Die Follikel müssen einer energischen Sonderbehandlung unterzogen werden, indem sie mehrmals nach Oberflächenanästhesie mit kristallinem Kupfersulfat oder mit 2%iger AgNO$_3$-Lösung betupft und anschließend mit physiologischer Kochsalzlösung abgespült werden. Das Follikelpaket der bulbusseitigen Fläche der Nickhaut wird bei gut sitzender Oberflächenanästhesie und nach Evertieren der Nickhaut mit einem scharfen Augenlöffel möglichst unter Lupenkontrolle hornhautwärts kürettiert (Abb. 13.22.), anschließend mit einer 2%igen AgNO$_3$-Lösung touchiert und nach 1–2 Minuten Einwirkungszeit mit Kochsalzlösung inaktiviert. Zur Verhinderung von Sekundärinfektionen sind weiterhin mindestens über 3 Tage antibiotikumhaltige Arzneizubereitungen zu instillieren. Weiterbehandlung mit einer 1%igen Zincum-sulfuricum-Lösung. Die Behandlung muß erforderlichenfalls nach Ablauf von 12–14 Tagen wiederholt werden, möglicherweise reicht dann das Touchieren aus.

Für die **Conjunctivitis purulenta (eitrige Bindehautentzündung)** ist das Auftreten eines eitrigen, häufig zähen, klebrigen Exsudates *symptomatisch*. Die Schleimhaut ist verwaschen rot und faltenreich; Sekretkrusten führen zur Lidrandentzündung. Die Tiere leiden unter Lichtscheue, Schmerzen und Appetitlosigkeit. In ungünstigen Fällen besteht Hornhautbeteiligung mit zelligen Infiltraten, Vaskularisationen bis hin zu geschwürigem Zerfall. Die Ursachen gleichen denen der katarrhalischen Konjunktivitis.

Örtliche Resistenzminderung begünstigt das Aufkommen hartnäckiger Sekundärerreger, unter anderem von *Pseudomonas*.

Im Vordergrund der *Behandlung* steht die gezielte lokale Zufuhr von Breitbandantibiotika, möglichst nach Anfertigung eines Antibiogramms, unterstützt durch desinfizierende Spülungen und hyperämisierende tonisierende Maßnahmen (subkonjunktivale Injektion von 1%iger Kochsalzlösung, Augenbäder und Kompressen). Kaustik der Bindehaut mit kristallinem Kupfersulfat oder 2%iger AgNO$_3$-Lösung erbringen nach Ablösen der artifiziell verätzten Epithellage eine bessere Aufnahmefähigkeit für die Antibiotika. (Vorsicht, Gefahr der Hornhautverätzung, Spülen notwendig!).

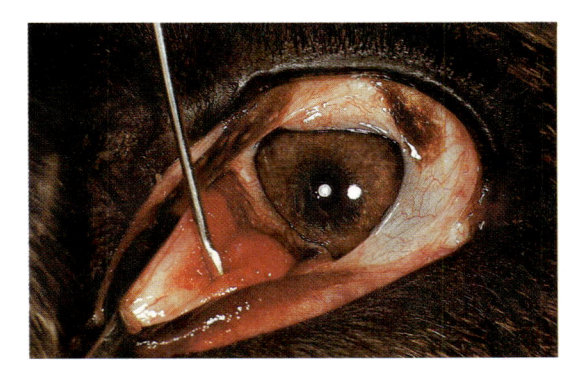

Abb. 13.22. Kürettage der Nickhautfollikel.

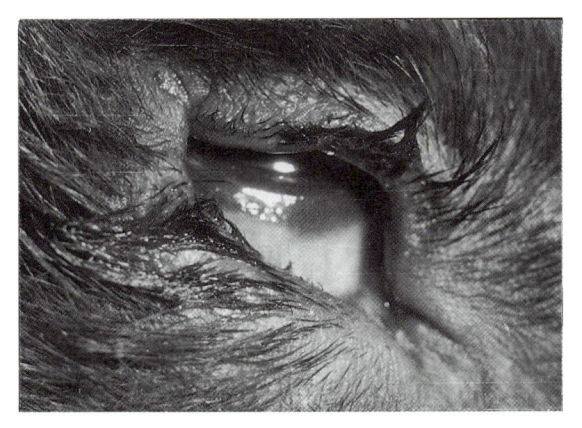

Abb. 13.23. Nickhautvorfall infolge von spastischem Enophthalmus bei Entropium.

Beim **Prolapsus membranae nictitantis (Nickhautvorfall)** wird der nicht pigmentierte Teil der Nickhaut ungewöhnlich breit und deutlich sichtbar (Abb. 13.23.). Er tritt mechanisch einerseits bei Bulbusverkleinerung, bei aktiver oder passiver Bulbusretraktion (Schmerzzustände, Tetanus), andererseits bei entzündlicher oder neoplastischer Volumenzunahme des peribulbären Gewebes (Myositis eosinophilica, retrobulbäre Tumoren) oder bei Dickenzunahme der Nickhaut (Hyperplasie von Elementen der Nickhaut, Blinzknorpelanomalien, Tumoren) auf, oder er ist Zeichen einer Innervationsstörung (Horner-Syndrom, Neuroleptikaverabreichung, Allgemeinerkrankungen).

Behandlung und *Prognose* richten sich nach der auslösenden Ursache.

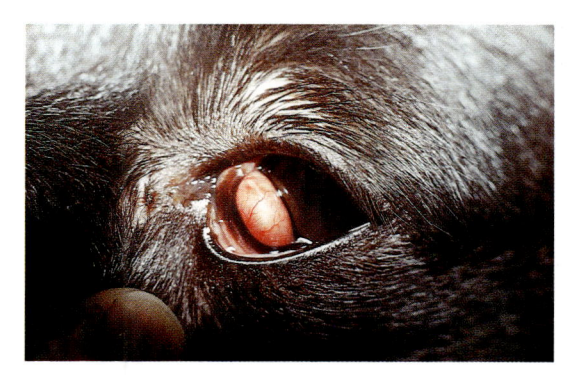

Abb. 13.24. Hyperplasie der Nickhautdrüse.

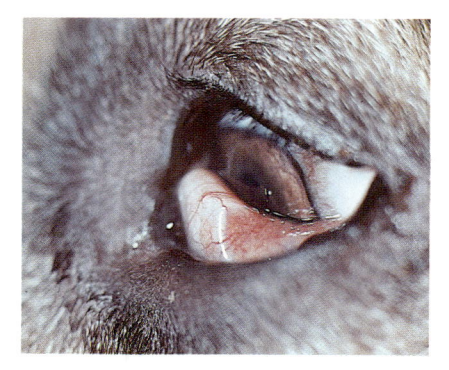

Abb. 13.25. Umstülpung des Nickhautknorpels nach innen.

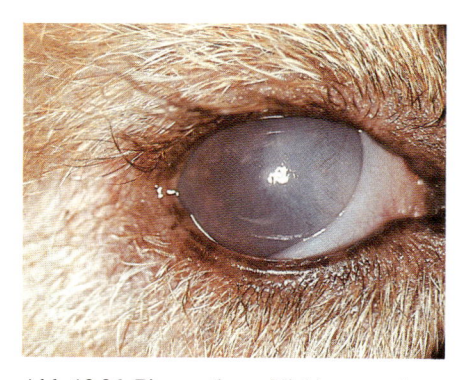

Abb. 13.26. Pigmentloser Nickhautrand.

Die **Hyperplasie der Glandula membranae nictitantis** präsentiert sich als feuchtglänzendes, hellrotes, kugeliges, über den Nickhautrand vorwulstendes Drüsengewebe (Abb. 13.24.). Das hypertrophierte Drüsengewebe wird unter Schonung der darüber liegenden Konjunktiva, aber unter Einbeziehung von Teilen des Blinzknorpels mittels einer Augenschere *exstirpiert*. Blutungen stehen nach kurzzeitiger Kompression. Antibiotische Nachbehandlung.

Eine **Umstülpung des Nickhautknorpels** äußert sich im Ein- oder Auswärtsdrehen des Nickhautrandes (Abb. 13.25.). Der Zustand ist beim Weimaraner, Bernhardiner, Dobermann, bei Deutscher Dogge als angeboren beschrieben worden, zeigt sich aber auch bei Vertretern anderer Rassen, mitunter im Gefolge von entzündlichen und spastischen Bindehautentzündungen.

Bei der *operativen Behandlung* wird der umgedrehte Teil des Knorpels zirka 2 mm basalwärts von der Scheitellinie durchtrennt und nach schonendem Abpräparieren der Bindehaut – die Bindehaut des Nickhautrandes sollte möglichst im Geweberverband erhalten bleiben – *exstirpiert*. Die Wundränder der Bindehaut adaptieren sich gut und schnell nach kurzzeitiger digitaler Kompression der Nickhaut. Antibiotische Nachbehandlung.

Der nicht selten beobachtete **ein- oder beidseitige Pigmentmangel** des Nickhautrandes (Abb. 13.26.) ist entweder angeboren (die übrigen Anteile des Auges sind ohne pathologische Veränderungen mit Ausnahme beim Collie, hier kann er Symptom der Collie-eye-Anomalie sein) oder Folge entzündlicher Zustände an der Bindehaut oder der Hornhaut. Der Depigmentierung liegt in diesem Fall eine Abwanderung der Pigmentzellen in die chronisch entzündeten Teile des Auges zugrunde. Nach erfolgreicher *Behandlung* des Grundleidens kehrt das Pigment langsam in den Nickhautrand zurück. Im Falle des *angeborenen* Pigmentmangels wird die Tätowierung des Nickhautrandes empfohlen.

Die **plasmazelluläre Infiltration der Nickhaut** tritt fast ausschließlich beim Deutschen Schäferhund als alleinige Erkrankung, manchmal im Zusammenhang mit der Keratitis superficialis chronica oder als deren erstes Symptom auf. Sie ist durch eine wulstige, graurosa, gering pigmentierte, unebene partielle oder komplette Verdickung des Nickhautrandes gekennzeichnet (Abb. 13.27.), der histologisch massenhaft subepitheliale Plasmazellansammlungen zugrunde liegen.

Der zu Rezidiven neigenden Erkrankung liegen immunpathologische Vorgänge zugrunde, denen man in Ablösung der bislang empfohlenen örtlichen Corticosteroidgabe durch Dauertherapie cyclosporin-A-haltiger Ophthalmika (Dosierungsfrequenz zunächst tägl. 3mal, nach Abklingen der akuten Erscheinungen tägl. 1mal) mit gutem Erfolg begegnen kann. Nur beim Vorlie-

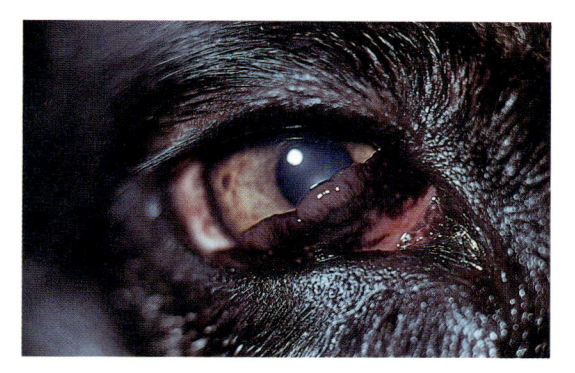

Abb. 13.27. Plasmazelluläre Nickhautinfiltration.

gen sehr massiver Zellpakete empfiehlt sich deren Entfernung mit Hilfe eines kleinen scharfen Löffels unter weitgehender Erhaltung der Kontinuität des Nickhautrandes.

13.4. Erkrankungen des Tränenapparates

Der **Tränenapparat** besteht aus dem tränenproduzierenden und dem tränenableitenden Teil (Abb. 13.28.). Die Tränenflüssigkeit hat die Aufgabe, Hornhaut und Bindehaut vor der Austrocknung zu bewahren, den vorderen Teil des Augapfels reinigend zu umspülen und der Hornhaut als Bestandteil des präkornealen Tränenfilms (maßgeblicher Mittler des kornealen Stoffwechsels) Schutz zu verleihen.

Bei der *Untersuchung* interessiert zunächst die Funktionsfähigkeit der tränenproduzierenden Teile. Hierzu dient der Tränentest, der mit Hilfe eines in den unteren Fornix gelegten und am Lidrand umgeschlagenen Testpapiers erfolgt. Nach 3 Minuten müssen mindestens 9 mm des heraushängenden Teils des Streifens durchnäßt sein (Abb. 13.29.). Die Durchgängigkeit der tränenableitenden Wege wird durch Spülung von den Tränenpünktchen her nach vorheriger Oberflächenanästhesie geprüft (Abb. 13.30., 13.31.). Bei dieser Gelegenheit lassen sich auch Anomalien, wie Atresie der Tränenpünktchen oder der Ductuli ermitteln. Als Spülflüssigkeit dient körperwarme 0,9%ige NaCl-Lösung, die mittels einer stumpfen Spezialkanüle, die möglichst flexibel mit einer Spritze verbunden sein sollte, von jeweils einem Tränenpünktchen aus in den Tränennasengang zu verbringen ist. Das andere Tränenpünktchen wird durch leichten Druck mit der

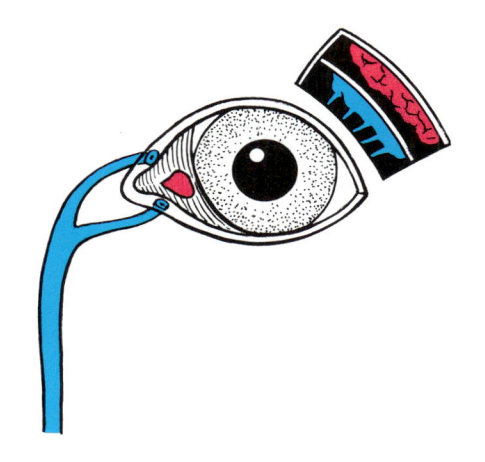

Abb. 13.28. Schematische Darstellung des Tränenapparates.
Rot = tränenproduzierender Teil, blau = tränenableitender Teil des Tränenapparates.

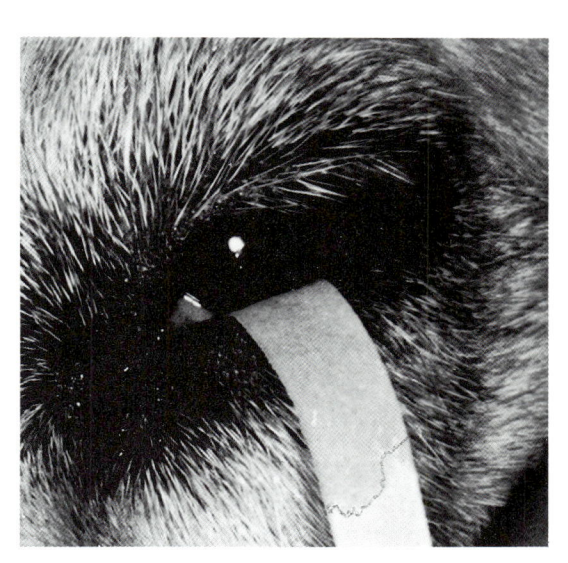

Abb. 13.29. Tränentest: im Bindehautsack eingehängter und befeuchteter Fließpapierstreifen.

Fingerkuppe verschlossen, damit die Flüssigkeit in den Tränennasengang gelangen kann.

Beachte: Bei brachyzephalen Rassen kann der Tränennasengang in der Nasenhöhle enden!

Einfacher, jedoch nicht immer eindeutig, läßt sich die Durchgängigkeit der tränenableitenden Wege durch 1–2 Tropfen konjunktival geträufelter Fluoresceinlösung nachweisen. Es entsteht eine Grünfärbung des vor den Nasenlöchern gehaltenen Zellstoffblättchens. Herabgesetzte oder

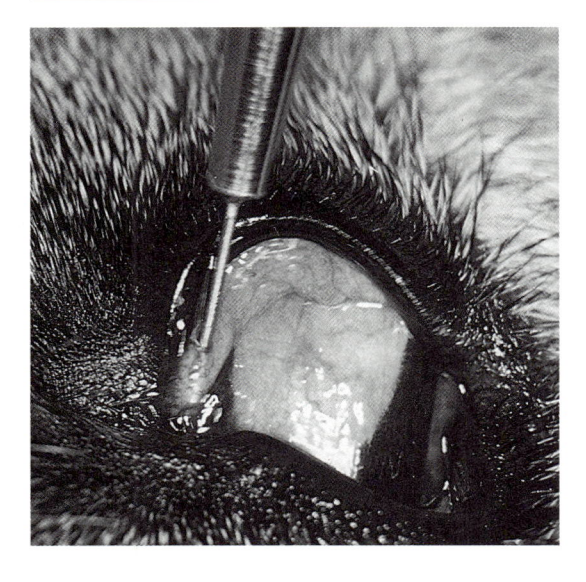

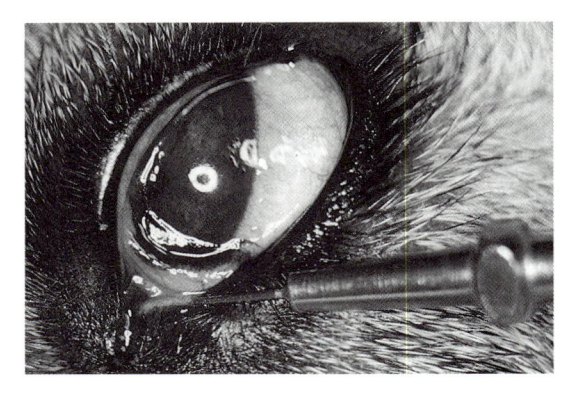

Abb. 13.30. und 13.31. Spülung der tränenableitenden Wege vom oberen und vom unteren Tränenpünktchen.

fehlende Tränensekretion ist mit Ausnahme des Schlafzustandes Ausdruck einer Insuffizienz sowohl der Aktivität der Gl. lacrimalis als auch der Gl. membranae nictitantis. Bei Ausfall nur einer Drüse übernimmt die andere kompensatorisch die Funktion.

Ursächlich kommen Schädigungen des Drüsenparenchyms oder der die Drüsen versorgenden Nervenäste (N. trigeminus) durch Intoxikationen, Infektionen (Staupe), Arzneimittelwirkung (Langzeitbehandlung mit Sulfonamiden), Vitamin-A-Mangel, kongenitale Hypoplasie tränenproduzierenden Gewebes oder auch Immundefekte (vornehmlich beim West Highland Terrier, Lhasa Apso) in Frage.

Der **Ausfall oder Mangel an Tränenflüssigkeit** führt zum Bild der **Keratoconjunctivitis sicca** (KCS), einer abnormen Trockenheit der Binde- und Hornhautoberfläche. Die fehlende Geschmeidigkeit der Bindehaut und der gestörte präkorneale Tränenfilm führen zunächst zu Reizerscheinungen (Blinzeln, Juckreiz), später stellen sich schwere entzündliche Veränderungen in der trockenen und faltenreichen Bindehaut und in der Hornhaut ein. Das spärliche Bindehautexsudat ist zähklebrig, bräunlich, das sich der Binde- und Hornhaut fest anlegt und mitunter auf der Hornhaut und am Lidrand schwer entfernbare krustige Auflagerungen erzeugt (Abb. 13.32.). Bei Aufkommen der am Auge ubiquitär vorhandenen Keime kompliziert sich der Vorgang durch Sekundärinfektion. Aufgrund des fehlenden präkornealen Tränenfilms wird der Stoffwechsel der Hornhaut empfindlich gestört. Die zusätzlichen mechanischen Irritationen, die proteolytische Wirkung des eitrigen Sekrets führen zu bedrohlichen Hornhauteinschmelzungen, die von heftiger entzündlicher Infiltration umgrenzt werden. Fehlende Tränenflüssigkeit führt zur Verkrustung der Nasenöffnung der erkrankten Seite und zur Trockenheit des Nasenspiegels. Die Tiere leiden erheblich unter Schmerzen, hinweisend hierfür sind Lichtscheue, Enophthalmus und gestörtes Allgemeinbefinden.

Die *Diagnose* fällt bei einem so ausgeprägten *klinischen* Bild nicht schwer. Man sollte schon bei herabgesetztem Glanz der Hornhautoberfläche, bei multiplen Epithelerosionen der Hornhaut oder bei Reizerscheinungen ohne vermehrten Tränenfluß an eine Insuffizienz der tränenproduzierenden Gewebe denken und den Tränentest durchführen (Werte <9 mm/min sind pathologisch).

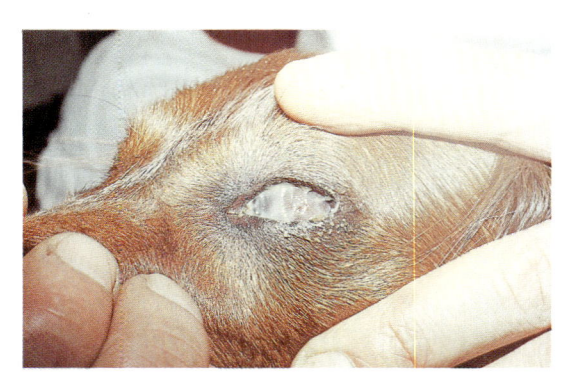

Abb. 13.32. Zähklebrige Bindehautexsudation bei Keratoconjunctivitis sicca.

Die *Therapie* hat sich sowohl *kausal* als auch *symptomatisch* zu gestalten. Um weiteren Schäden vorzubeugen, ist die Gleitfähigkeit der Bindehautanteile der Lider durch häufig zu wiederholendes Träufeln artifizieller Tränenlösungen (Methyl- oder Ethylcelluloselösungen 0,5–1,0%ig oder Polyvinylpyrrolidon) zu begünstigen. Bei Sekundärinfektion eignen sich zunächst antibiotikumhaltige Öle oder Salben. Die Entfernung des zähflüssigen, nicht selten in den Schleimhautnischen klebenden Exsudats läßt sich durch Mukolytika, z. B. eine 2%ige Acetylcysteinlösung, erleichtern.

Die *Regeneration* des Drüsengewebes ist durch örtlich *hyperämisierende Maßnahmen* (Rotlicht, Kompressen, Massage der betreffenden Kopfseite) zu unterstützen sowie durch Vitamin-A- und Vitamin-B-Komplex-Substitution bei Verdacht nervaler Insuffizienz. Die spezielle Stimulation potentiell funktionsfähiger Drüsenanteile läßt sich mit der oralen Verabreichung von Pilocarpin versuchen (2mal täglich 0,25 mg/kg KM oder 2 Tropfen der 2%igen Pilocarpinhydrochloridlösung. Cave bei Herzinsuffizienz: Nebenwirkungen auf den Magen-Darm-Trakt beachten). Im Falle immunogen bedingter KCS bringt die örtliche Dauerbehandlung cyclosporin-A-haltiger Ophthalmika befriedigende Ergebnisse.

Bleibt der Therapieerfolg aus, liegen chronische, schwerwiegende Veränderungen an der Binde- und Hornhaut vor, und will man sich dem Zwang der regelmäßigen Instillation artifizieller Tränenlösungen entziehen, kann durch Transposition der Ausführungspapille des Ductus parotideus in den Bindehautsack (Abb. 13.33.) das der Tränenflüssigkeit ähnliche Sekret der Gl. parotis dem Auge relativ kontinuierlich zugeleitet werden.

Pathologisches Tränenträufeln (Epiphora) ist Symptom für die Hypersekretion von Tränenflüssigkeit oder für Störungen des Tränenflusses.

Ein- oder beiderseitige Hypersekretion kann Folge oder Ausdruck reflektorischer Einflüsse, hervorgerufen durch mechanische, entzündliche oder chemische Reize, Fremdkörper, Haaranomalien, Stellungsanomalien der Lider oder der Nickhaut, Konjunktivitis, Keratitis, Blepharitis, Iritis, Glaukom und Verätzungen sein. Beim Hund sollen auch psychische Einflüsse vermehrtes Tränenträufeln erzeugen.

Die *Therapie* richtet sich vordergründig gegen das Grundleiden. Mitunter erkennt man es erst nach wiederholter sorgfältiger Untersuchung, z. B. im Falle einer Zilienektopie oder einer Distichiasis. Bis dahin ist zur Minderung der Sekundärfolgen (pigmentierte Sekretbahnen [Abb. 13.34.] und Ekzeme) auf die behaarte Haut entlang der Sekretbahn schützende Vaseline aufzutragen. Das Bleichen sekretveränderter heller Haare ist abzulehnen. Auch die Entfernung der Nickhautdrüse hätte keinen Sinn, da die verbleibende Lakrimaldrüse fortan kompensatorisch mehr sezerniert.

Störungen des Tränenabflusses werden durch die Verlegung der tränenableitenden Gänge erzeugt. Dazu werden Obturationsstenosen infolge von Fremdkörpern oder Entzündungsprodukten sowie Kompressionsstenosen durch entzündliche oder tumoröse Gewebebildungen gerechnet. Man versucht, Obturationen durch mehrmalige Spülungen des Tränennasenkanals von einem der Trä-

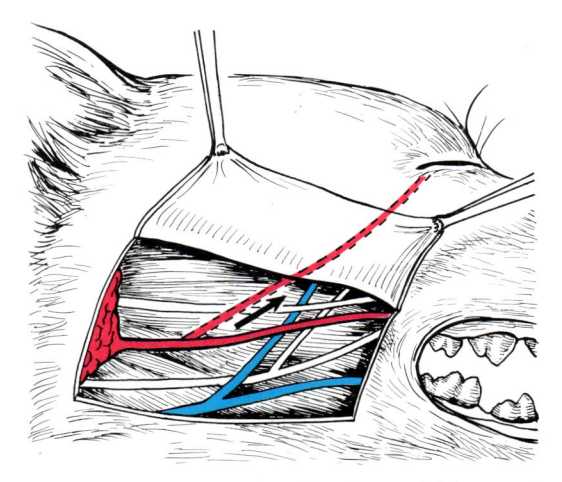

Abb. 13.33. Schematisierte Situation nach Transposition des Ductus parotideus; rot = Ductus parotideus, physiologischer Verlauf; rot-gestrichelt = derselbe nach Transposition; blau = Vene.

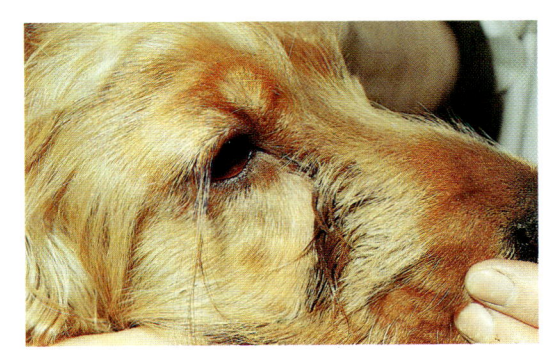

Abb. 13.34. Sekretrinne bei Epiphora.

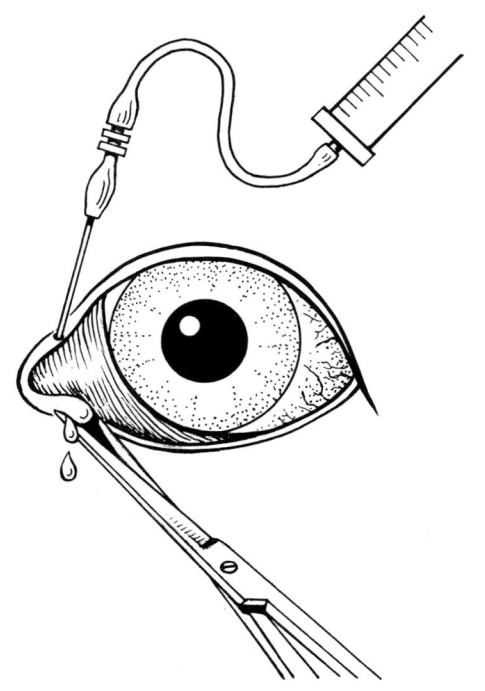

Abb. 13.35. Anlegen eines artifiziellen Tränenpünktchens am unteren Augenlid.

gestellt. Hierzu wird eine retrograde Spülung vom Tränennasenkanal oder vom vorhandenen korrespondierenden Tränenpünktchen des gleichen Auges her durchgeführt.

Die Atresie wird behoben, indem man das ballonierende Schleimhautstückchen exzidiert (Abb. 13.35.). Mitunter ist der Erfolg dieses Eingriffs nicht erwartungsgemäß, da die aktive Pumpwirkung des Tränenpünktchens fehlt. Wiederholte Spülungen mit adstringierenden milden Lösungen oder die mehrmalige Anwendung eines geeigneten Dilatators verhindern das Verkleben oder Verwachsen der artifiziellen Öffnung.

Bei einer **Atresie des Tränennasenganges** wird die Konjunktivorhinostomie empfohlen. Prinzip des Eingriffs ist die Einlagerung eines PVC-Tubus, der vom ventromedialen Augenwinkel seinen Ausgang nimmt, im Cavum nasi endet und einen artifiziellen Tränennasengang darstellt.

nenpünktchen her mit körperwarmen desinfizierenden oder wäßrigen antibiotischen Lösungen nach vorheriger Oberflächenanästhesie der Bindehaut zu beheben. Zur Vermeidung des Flüssigkeitsrückstaus sollte das zweite Tränenpünktchen digital komprimiert werden.

Beim Bedlington-Terrier, Sealyham-Terrier, Malteser und Pudel, seltener bei Vertretern anderer Rassen, ist bei einer Epiphora – insbesondere dann, wenn sie bereits im jugendlichen Alter der Tiere beobachtet wurde – an eine **Atresie eines oder beider Tränenpünktchen** zu denken.

Die *Diagnose* wird mit Hilfe eines Flüssigkeitsdruckes, der die Schleimhaut des nach außen verschlossenen Kanälchens ballonierend emporhebt,

13.5. Erkrankungen des Augapfels

Der **Augapfel** differiert in seiner Größenausdehnung rassespezifisch. Seine Ausmaße werden in Meßlinien oder -punkten angegeben (Abb. 13.36.). Er besteht aus drei konzentrisch angeordneten Hüllen, nämlich der formgebenden, äußeren Tunica fibrosa (Sklera und Hornhaut), der mittleren, gefäßführenden Augenhaut (Iris, Ziliarkörper, Chorioidea) und der inneren Tunica nervalis (Netzhaut). Durch die äußeren Augenmuskeln (4 gerade, 2 schräge und einen Zurückzieher) wird er bewegt. Der Augapfel ist in die becherförmige Augenhöhle (Orbita) eingebettet, deren freier Rand (Anulus orbitalis) zum großen Teil knöchern, nur im temporalen Anteil bindegewebig (Ligamentum orbitale) ist. Nach vorn zu erhält er Schutz durch die Lider und die Bindehaut.

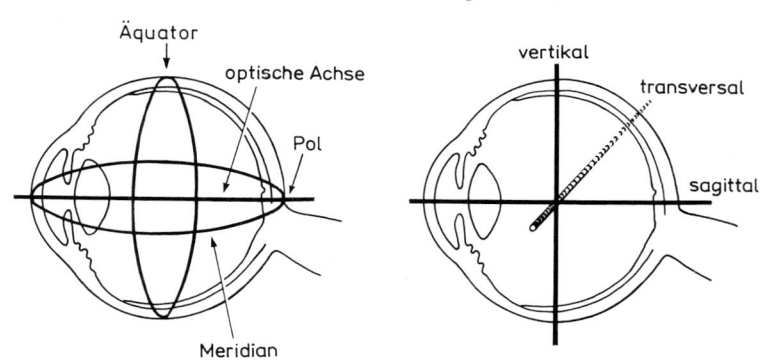

Abb. 13.36. Meßlinien des Augapfels.

Bei der *Untersuchung* wird zunächst die Umgebung des Augapfels aus einiger Entfernung und vergleichend mit der anderen Kopfseite betrachtet. Dabei fallen Asymmetrien der betreffenden Kopfseite oder des knöchernen Augenbechers in Gestalt von Vorwölbungen, Auftreibungen oder auch Eindellungen auf. Zu beachten sind Hautveränderungen, unter anderem in Form von Abschürfungen, Narben und Sekretbahnen.

Der Augapfel wird unter Berücksichtigung der Rassespezifik in seiner Größe (Mikrophthalmus, Makrophthalmus), in seiner Motilität (Nystagmus) und in der Stellung seiner Augenachse (Strabismus) beurteilt. Sein Innendruck wird mit Hilfe unterschiedlicher Techniken (*Impressions-* oder *Applanationstonometrie*) gemessen. Der physiologische Augeninnendruck beträgt 15–30 mm Hg.

Die engen topografischen Beziehungen und Wechselverhältnisse zwischen Augapfel und Orbita bedingen und erklären gemeinsam auftretende **Entwicklungsanomalien**.

Einem **angeborenen fehlenden Augapfel (Anophthalmus congenitus)** liegen ursächlich Störungen in der fetalen Entwicklung zugrunde, die entweder durch exogene Einwirkungen (Mangel an Vitamin A, Sauerstoff) oder durch hereditäre Einflüsse bedingt sind. Der Zustand ist durch eine verkleinerte und leere Augenhöhle gekennzeichnet, in der Reste der konjunktivalen Schleimhaut nachweisbar sind (Abb. 13.37.) und der sich von außen die Augenlider fest anlegen. Nicht selten ist die Anomalie mit weiteren Mißbildungen der Orbita oder des Gehirns gekoppelt.

Eine **Verkleinerung des Augapfels** wird bei proportionaler Ausbildung aller Teile des Bulbus als **Microphthalmus congenitus** bezeichnet. Das Auge hat ein herabgesetztes oder aufgehobenes Sehvermögen. Zwergschnauzer, Pudel, rauhhaarige Collies sind für diese Mißbildungen prädestiniert. Beim Australischen (Kalifornischen) Schäferhund, wo die Mißbildung mit einer Heterochromia iridis, mit Mikrokornea, Staphylom und Katarakt einhergeht, wurde Erblichkeit mit autosomal rezessivem Erbgang ermittelt. Der Zustand ist von einer **Phthisis bulbi** zu unterscheiden. Sie ist die Folge erworbener destruierender Prozesse im Augapfel, die zu einer Schrumpfung und damit zur Verkleinerung führen.

Ein **abnorm vergrößerter, proportionierter Augapfel** wird als **Macrophthalmus congenitus**, **Gigantophthalmus** oder **Megalophthalmus** bezeichnet. Er ist *nicht* identisch mit einer Bulbusvergrößerung infolge intraokulärer Druckerhöhung (Glaukom) oder intraokulärer Neubildungen.

Unter einem **Exophthalmus** oder einer **Protrusio bulbi** versteht man eine Vorverlagerung des Augapfels. Ursächlich entsteht er durch raumfordernde Prozesse der Augenhöhle (Entzündung, Blutung, Neubildung), durch Vergrößerung des Augapfels (Makrophthalmus, Glaukom, intraokuläre Gewebezubildung) oder ist Ausdruck einer flachen Orbitalhöhle (rassebedingter Kurzschädel beim Pekinesen, Mops, Kavalier-King-Charles, Malteser usw.).

Bei den *raumfordernden Prozessen* spielen Vorgänge eine Rolle, die durch das Übergreifen von Entzündungen aus der Orbitaumgebung, insbesondere im Zusammenhang mit Zahnerkrankungen des Oberkiefers (P 4 und M 1) und bei infizierten Wunden des Nasen-Rachen-Raumes entstehen. Sie führen zu einer das Auge gefährdenden **Orbitalphlegmone (Cellulitis orbitae)**, die durch starke Schmerzen, Körpertemperaturanstieg, eitrige Einschmelzung des retrobulbären Gewebes und starke Schwellung der Augenumgebung gekennzeichnet ist. Der Bulbus wird vorgedrängt, in seiner Bewegung eingeengt und seitlich verschoben (mechanischer Strabismus). Bei mangelndem Lidschluß besteht die Gefahr der Hornhautaustrocknung. Das Sehvermögen ist stark beeinträchtigt bis erloschen. In ungünstigen Fällen greift die Entzündung auf den Augapfel über **(Panophthalmitis)**.

Neben der *Beseitigung* der *Ursache* (Zahnextraktion, Wundversorgung) ist eine lokale und systemische, über Tage währende *Chemotherapie* angezeigt. *Lokale hyperämisierende Maßnahmen* (Kompressen, Rotlichtbestrahlung bei geschlossener Lidspalte) lokalisieren oder eliminieren den eitrigen Einschmelzungsprozeß. Eine *antiglaukomatöse Therapie* beeinflußt stauungsbedingte Tensionserhöhungen im Bulbus. Die Hornhaut wird durch Auftragen von antibiotischen Un-

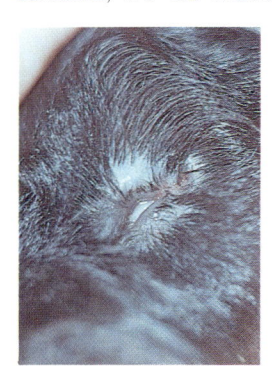

Abb. 13.37. Fehlender Augapfel, rudimentärer Bindehautsack.

guenta vor Austrocknung und zugleich bakterieller Sekundärinfektion geschützt. Abszedierende Einschmelzungen sind zu spalten und nach allgemeinen *chirurgischen* Grundsätzen offen zu versorgen.

Ein **traumatischer Exophthalmus** (Abb. 13.38.) bildet sich durch einen Bluterguß infolge Läsion der an den Augapfel gelangenden Blutgefäße. Der Bulbus ist in diesem Zustand so stark prolabiert **(Luxatio bulbi)**, daß die Lider weder aktiv noch passiv geschlossen werden können. Die ebenfalls vorgefallene Bindehaut wulstet sich dann zwischen den Augenlidern vor, sie ist von blauroter Färbung, ödematös, sulzig und verdickt. Im weiteren *Verlauf* wird die Hornhaut infolge des fehlenden Lidschlages und der fehlenden Tränenflüssigkeit trocken, stumpf und brüchig. Durch die *Behandlung* mit kalten Kompressen, die mit physiologischer Kochsalzlösung getränkt sind und auf die betreffende Kopfseite verbracht werden, lassen sich neben der Ruhigstellung des Auges weitere Blutungen stoppen, ödematöse Schwellungen mindern und die Hornhautoberfläche feucht halten. Zuvor sollte die Hornhaut mit einer dicken Schicht antibiotikumhaltiger Augensalbe belegt werden.

Sodann versucht man, zugleich unter instrumentellem Auswärtsdrehen der Lidränder, den Bulbus unter gleichmäßig verteiltem Druck in dorsoorbitale Richtung zurückzuverlagern. Erweist sich die Lidspalte infolge der ödematösen Schwellung als zu eng, erfolgt eine *Kanthotomie*. Nach Rückverlagerung des Bulbus wird diese wieder durch Naht geschlossen. Eine zusätzliche Sicherung des Bulbus in seiner Position, zugleich auch ein Schutz der Hornhaut, wird durch Nahtverschluß der Lidränder erzielt. Feuchtwarme Umschläge begünstigen die Resorption von Blut- und Flüssigkeitsextravasaten. Das Auge muß lokal intensiv mit *Breitbandantibiotika* versorgt werden.

Bei **traumatischer Destruktion der Augeninnenstrukturen** ist, soweit rekonstruktive *Maßnahmen* nicht angezeigt erscheinen, der Augapfel zu entfernen. Folgende Operationsverfahren sind gebräuchlich:

Exstirpatio bulbi oder *Exenteratio orbitae*. Parallel zum Lidrand des oberen und unteren Augenlides wird ein Schnitt durch die Haut gelegt. Beide Schnitte treffen sich am lateralen und medialen Lidwinkel. Mittels einer Schere wird die Konjunktiva vom umliegenden Bindegewebe sorgfältig getrennt. Sie verbleibt gemeinsam mit der Gl. lacrimalis am Bulbus. Nachdem die äußeren

Abb. 13.38. Luxatio bulbi infolge Trauma.

Augenmuskeln und das feste Fasziengewebe im Bereich des Anulus orbitalis durchschnitten wurde, gelangt man, der Kurvatur des Augapfels folgend, an den Sehnerv mit den ihn begleitenden Blutgefäßen. Nunmehr kann eine Ligatur angelegt werden. Schließlich wird der Augapfel vom Nerv, von den Blutgefäßen und dem M. retractor abgesetzt und aus der Orbitalhöhle entfernt. Sofern keine Ligatur gelang, ist die sprudelnde Blutung der A. ophthalmica externa durch Drucktamponade schnell zu stillen. Nach Einlegen eines Tampons werden die Lider durch Knopfnähte zu einem Ankyloblepharon vereinigt. Der Tampon ist nach 24 Stunden aus dem nasalen Wundwinkel zu ziehen.

Exenteratio bulbi. Durch Kreuzschnitt der Hornhaut wird der Bulbus eröffnet. Mit dem scharfen Löffel werden alle inneren Teile des Auges aus der Sklera entfernt. Tamponade und provisorischer Verschluß der Höhle durch Nahtadaptation der verbliebenen Hornhautteile.

Enucleatio bulbi. Zirkuläres Durchschneiden der Conjunctiva bulbi dicht am Hornhautrand. Nach Abpräparieren der Bindehaut von der Bulbusoberfläche und Durchschneidung der an den Augapfel tretenden Muskeln, Nerven und Gefäße wird der Bulbus unter Zurücklassung aller Weichteile einschließlich der Tenonschen Kapsel aus der Orbita herausgenommen. Tamponade und Konjunktivalnaht.

Die beiden letztgenannten Operationsverfahren (Exenteratio und Enucleatio bulbi) sind nur dann indiziert, wenn Prothesen verwendet werden sollen. Unter den bislang bekannten Verfahren scheinen die *Dacron-Implantationsprothesen* die einzigen zu sein, die vom Hund toleriert werden.

Im Falle der Exenteratio orbitae sinken nach Abheilen der Operationswunde die verwachse-

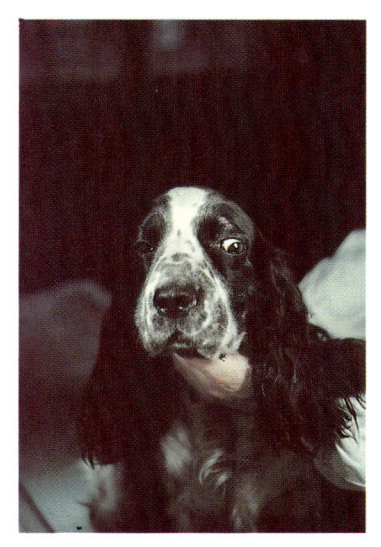

Abb. 13.39. Exophthalmus und Strabismus mechanicus infolge retrobulbärer Neubildung (Aufnahme: CHRISTOPH).

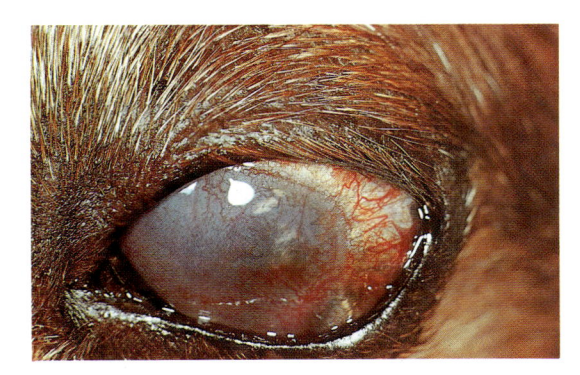

Abb. 13.40. Intraokulärer, von der Iris ausgehender Tumor.

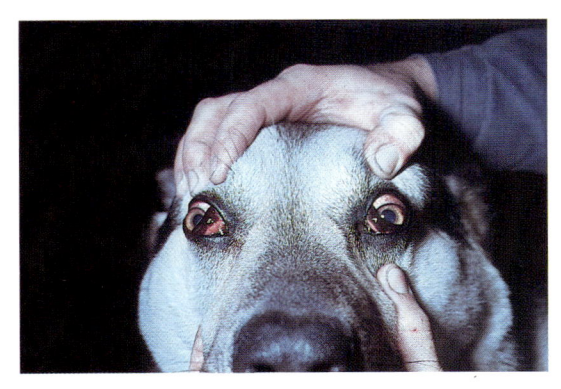

Abb. 13.41. Exophthalmus und Nickhautvorfall bei eosinophiler Myositis eines Deutschen Schäferhundes.

nen Lider in die Augenhöhle zurück. Der kosmetische Effekt gestaltet sich jedoch meistens zufriedenstellend durch das Nachwachsen der Lidhaare. Das Heben der Lider durch Unterspritzen bindegewebszubildender Stoffe oder polymerisierender Plastesubstanzen birgt die Gefahr einer Infektion der Orbitalhöhle in sich und ist zudem im Effekt unsicher.

Der **Exophthalmus infolge entzündlicher Vorgänge** ist mitunter schwer von retrobulbär liegenden Neubildungen abzugrenzen. Um so wichtiger ist die genaue Ermittlung der Ursache für die Vorverlagerung des Augapfels. Neubildungen nehmen häufig ihren Ausgang vom retrobulbären Gewebe oder von den Nasennebenhöhlen. Neben der unterschiedlich ausgeprägten Abdrängung des Bulbus ist mit einer Verschiebung der Blickachse (Strabismus mechanicus; Abb. 13.39.) und einer teilweise oder voll entwickelten Immobilisation der Bulbusbewegung bei zunächst noch vorhandenem Sehprozeß zu rechnen. Nickhaut und Konjunktiven wulsten sich durch die Stauung vor. Bei fehlendem Lidschluß trocknet die Hornhaut aus. Gut zugängliche Tumoren lassen sich im Anfangsstadium durch *chirurgische, radiologische* oder *kryochirurgische Maßnahmen* beseitigen. Tumoren, die im oder hinter dem Augapfel liegen, machen eine möglichst frühzeitige Exenteratio orbitae erforderlich (Abb. 13.40.).

Exophthalmus infolge extrabulbärer Gewebezubildung ist *symptomatisch* für bestimmte Systemerkrankungen. Handelt es sich um eine *eosinophile Myositis*, kommt es zur entzündlichen Schwellung der Augenmuskeln, insbesondere des Bulbusretraktors. Der Augapfel wird nach vorn oder zur Seite abgedrängt (Abb. 13.41.). Die *Therapie* ist auf das Grundleiden auszurichten. Nach Abklingen wiederholter Anfälle sinkt der Augapfel infolge Muskelatrophie in die Orbita zurück, es entsteht ein Enophthalmus. Bei der *Basedowschen Krankheit* sind für den Exophthalmus eine starke Blutfüllung der Orbitalgefäße, Vermehrung des retrobulbären Fettgewebes, Ödematisierung und fibrinöse Schwellung der Augenmuskeln, zuweilen mit Lähmungszuständen einhergehend, maßgeblich. Der Exophthalmus kann auch nach erfolgreicher Behandlung des Grundleidens aufgrund der irreversiblen Veränderungen bestehenbleiben.

Der **rassebedingte Exophthalmus** einiger Hunderassen beruht auf einem angezüchteten Kurzschädel mit abnorm flacher Orbita. Der Augapfel ist nur gering in die schützende Augenhöhle eingebettet und entbehrt somit zu einem gewissen Teil seines Schutzes und Haltes. Schon bei geringen traumatischen Insulten (mitunter bei geringem Fingerdruck auf die geöffneten Augenlider) kann der Bulbus vorfallen. Der damit auftretende mangelhafte Lidschluß führt an der Hornhaut zu Läsionen und Austrocknungserscheinungen. Nicht zuletzt ist dieser rassespezifische Exophthalmus auch ohne Vorfall hornhautgefährdend. Dies ergibt sich aus der großen Lidspalte, der in ihrer gesamten Zirkumferenz freiliegenden Hornhaut, ihrer starken Wölbung. Hierdurch wird die Kontinuität des präkornealen Tränenfilms erheblich belastet. Bei zusätzlichen traumatischen Einwirkungen, etwa durch die behaarte Nasenfalte einer Reihe kurzköpfiger Rassen, führen die ständigen Irritationen zu entzündlichen Hornhautreaktionen.

Die *Behandlung* erstreckt sich auf indifferente hornhautabdeckende Substanzen wie vitamin-A-haltige Öle oder Salben. Nötigenfalls ist die Exzision der Hautfalte erforderlich.

Eine **Vergrößerung des Augapfels** ruft zwangsläufig, da der Augapfel nunmehr in der Orbita nur unzureichende Ausdehnungsmöglichkeiten besitzt, eine Vorverlagerung in axialer Richtung hervor. Häufigste Ursache einer solchen Vorverlagerung ist das Glaukom.

Glaukom (Hypertonia bulbi oder **Grüner Star)** ist der *klinische* Sammelbegriff für alle Krankheitszustände des Auges, deren Haupt- oder Leitsymptom eine *pathologische Druckerhöhung* im Augapfel ist. Ihr liegt ein verminderter Abfluß des Kammerwassers zugrunde, der entweder durch Behinderung des pupillären Kammerwasserumlaufs von der hinteren zur vorderen Augenkammer oder durch eine Insuffizienz des im Kammerwinkel gelegenen Filtrations- und Abflußsystems verursacht wird. Nach der *Pathogenese* wird eine Unterteilung in das Sekundärglaukom und in Primärglaukome vorgenommen. Das **Primärglaukom** ist das Resultat anatomischer und/oder physiologischer Defekte im iridokornealen Winkel. Man unterscheidet das *Glaukom des geschlossenen Winkels* von dem des *offenen*. Dem Glaukom des geschlossenen Winkels, auch als **Winkelblockglaukom** bezeichnet, liegt eine Verengung des Kammerwinkels mit oder ohne Dysplasie des Ligamentum pectinatum zugrunde. Es kommt zu einem akuten Kammerwinkelblock in allen Quadranten mit ziliarer und peripherer vorderer Synechie.

Es wurde vornehmlich beim Englischen und Amerikanischen Cocker-Spaniel, beim Samojedenspitz und beim Zwergpudel beobachtet. Hierfür dürfte wahrscheinlich der relativ hohe Verbreitungsgrad dieser Rassen in bestimmten Ländern (England, USA, Österreich) maßgebend sein. Beim Cocker-Spaniel und beim Bassethound wird eine erbliche Disposition für den Defekt vermutet.

Der *Krankheitsverlauf* eines akuten Winkelblockglaukoms ist durch einen plötzlich eintretenden anfallartigen Stau gekennzeichnet. Mitunter löst sich der Block, um später rezidivierend ein- oder mehrmals wieder aufzutreten. Damit wiederholen sich die Anfälle, sehr oft stürmischer und heftiger. Es entwickelt sich das **chronische Winkelblockglaukom (Stauungsglaukom)**. Allerdings kann es auch von Anfang an einen chronischen Charakter haben. Die Krankheit erfaßt beide Augen, zeitlich nicht immer synchron.

Wenn das *klinische Leitsymptom* des erhöhten intraokulären Drucks erfahrungsgemäß fast ausschließlich erst im mittleren bis höheren Lebensalter – die Spanne beträgt 3–12 Jahre – in Erscheinung tritt, spricht dies für das Wirksamwerden zusätzlicher auslösender Faktoren. So werden lokale oder allgemeine Zirkulationsstörungen, zentrale hypothalamische Dysregulationen, vegetative und innersekretorische Fehlleistungen *(neurovaskuläre Theorie)*, altersbedingte intraokuläre Strukturveränderungen wie Linsenvergrößerung und Katarakt, die zur Abflachung der Vorderkammer führen *(mechanische Theorie)*, verantwortlich gemacht.

Die *klinischen Zeichen* des akuten Glaukoms äußern sich in Schmerzanfällen, gestörtem Allgemeinbefinden, Lichtscheue, erhöhtem Augeninnendruck, Vergrößerung des Augapfels und der Lidspalte, vermehrter Füllung des episkleralen Gefäßkranzes, Ödematisierung der Horn- und Bindehaut, Schwellung der Iris, Abflachen des Irisreliefs, Trübung und Abflachung der vorderen Augenkammer, dilatierter Pupille, verzögertem oder ausbleibendem Pupillenreflex, Venenstauung und Papillenödem im Augenfundus, Beeinträchtigung des Sehvermögens.

Die *klinischen Zeichen* des chronischen Stauungsglaukoms ähneln zunächst denen des akuten. Eine entzündliche Hornhauttrübung mit kranzförmiger Hornhautvaskularisation (Pannus glaucomatosus) weist auf länger anhaltende Stauungen und reaktive Prozesse hin (Abb. 13.42.). Der erhöhte Druck kann nach dem Abklingen eines Anfalls bestehenbleiben und führt neben einer

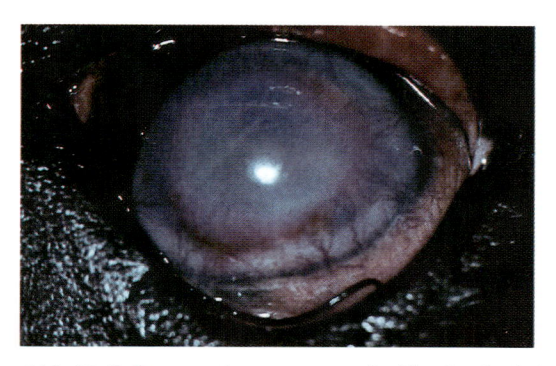

Abb. 13.42. Pannus glaucomatosus (heftige konjunktivale und ziliare Gefäßinjektion, Hornhautödem). (Aufnahme: CHRISTOPH).

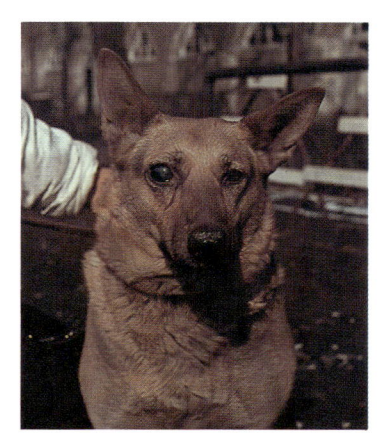

Abb. 13.43. Sekundärglaukom.

bleibenden Bulbusvergrößerung zu Durchblutungs- und Druckschäden an der Netzhaut und am Sehnerv. Der Grad der visuellen Ausfallserscheinungen richtet sich nach dem Ausmaß und der Länge des Zeitraumes der Druckerhöhung.

Das **Glaukom des offenen Winkels** ist durch einen schleichenden *Verlauf* gekennzeichnet. Es beruht auf Defekten des Trabekelmaschenwerks und des inneren skleralen Gewebes. Dieser Glaukomtyp wird vornehmlich beim Beagle, beim Zwergpudel und beim Norwegischen Elchhund beobachtet. Beim Beagle ist er autosomal rezessiv vererbbar. Der Krankheitsprozeß ist durch einen langsam ansteigenden inneren Druck beider Augäpfel ausgewiesen und führt schließlich zum Verlust des Sehvermögens. Infolge der stetigen Tensionserhöhung kommt es zur Linsenluxation. Nunmehr stellen sich weitere intraokuläre Veränderungen in Gestalt von Synechien ein, die das *klinische* Bild eines akuten Zustandes mit Blepharospasmus, Mydriasis, Hornhautödem und episkleraler Gefäßinjektion bewirken. Papillenatrophie und Netzhautablösungen sind für das Endstadium charakteristisch.

Ein **Sekundärglaukom** liegt vor, wenn die intraokuläre Drucksteigerung als Komplikationsmoment bei oder nach anderen Krankheiten oder Schäden des Augapfels entsteht. Es wird in den meisten Fällen nur an einem Auge angetroffen. Der Druckerhöhung liegt eine mechanische Behinderung des Kammerwasserumlaufs oder -abflusses durch Einlagerung entzündlicher Produkte in den Kammerwinkel bei Keratitis oder Uveitis zugrunde. Ferner führen intraokuläre Synechien im Gefolge infektiös-toxischer Prozesse (Exsudation, Blutungen) oder chirurgischer Bulbuseingriffe, intraokulärer Neubildungen oder Linsenverlagerungen zur Störung der Filtrationsvorgänge im Kammerwinkel. Je nach der Art und dem Ausmaß der Abflußbehinderung des Kammerwassers wechseln die Symptome und ähneln denen eines akuten, eines subakut rezidivierenden oder eines schleichenden Glaukoms. Oft wird das Tier erst zur tierärztlichen Untersuchung vorgestellt, wenn ein absolutes Glaukom besteht (Abb. 13.43.). Vergrößerte Lidspalte, abnorme Hornhautwölbung, einhergehend mit reaktiven entzündlichen Hornhautveränderungen bis hin zum Pannus glaucomatosus erschweren die ophthalmoskopische Erfassung der eigentlichen Ursache. Das Ausmaß der Schmerzerscheinungen ist individuell unterschiedlich ausgeprägt. Es gibt Tiere, die unruhig sind und „wandern", bei Traumatisierung des glaukomatösen Auges werden Schmerzlaute oder Schmerzäußerungen wahrnehmbar. Manchmal stellen sich Wesensveränderungen ein, wie gedrücktes Verhalten, Labilität und Aggressivität.

Für die *Objektivierung des Befundes* sind die Messung des intraokulären Drucks und für die Ermittlung des Zustandes des Kammerwinkels die Betrachtung mit der Lupenbrille bei starkem und fokussiertem Licht, besser die *Gonioskopie* angebracht. Letztere ist allerdings nur solange aufschlußreich, wie noch keine sekundären, durch den erhöhten inneren Druck bedingten Strukturveränderungen im Kammerwinkel vorliegen. Hierin ist auch die Schwierigkeit der Unterscheidung von primärem und sekundärem Glaukom begründet. Die *Untersuchung* des zweiten Auges, das im Falle des Winkelblockglaukoms nicht unbedingt einen erhöhten Druck, wohl aber die morphologisch erkennbare Anomalie aufweist, erleichtert die *Diagnose*. Da die Fehlbildung im

Bereich der Kammerbucht bereits im frühen Lebensalter erkennbar ist, würde die Untersuchung potentiell für die Zucht vorgesehener jüngerer Tiere glaukombelasteter Rassen oder Linien züchterische Konsequenzen erleichtern.

Klares *Therapieziel* aller Arten von Glaukomen ist die Druckentlastung. Sie kann auf *medikamentösem* oder *chirurgischem* Wege erfolgen. Es bieten sich prinzipiell zwei Möglichkeiten an:

1. die reduzierte Kammerwasserproduktion,
2. die Erhöhung des Kammerwasserabflusses.

Erstere ist für die Prophylaxe des Winkelblockglaukoms bei potentiellen Patienten und für die Langzeittherapie des Glaukoms mit offenem Winkel geeignet. In Anwendung kommen die *Carboanhydrasehemmer* Acetazolamid, 10 mg/kg KM oral 3mal 8stündlich, später 5 mg/kg KM alle 12 h; Methazolamid 25 mg/10 kg KM alle 8 h; Diclofenamid 10 mg/kg KM 2–3mal täglich. Die *Sympathomimetika* Epinephrinhydrochlorid 1:1000 in wäßriger Lösung oder Phenylepinephrinhydrochlorid in 0,5–2%iger Konzentration werden alle 12–24 Stunden geträufelt. Sie reduzieren die Kammerwasserproduktion um etwa 30%. *Miotika* führen im Anfangsstadium des Offenwinkelglaukoms durch die Schaffung der großen Irisoberfläche in Kombination mit einer Vasodilatation zur Begünstigung des Kammerwasserabflusses. Sie sind auch von Erfolg beim Winkelblockglaukom, da sie den Kammerwinkel öffnen. Bei komplettem Verschluß des Kammerwinkels ist ihr Effekt allerdings gering. In Anwendung kommen *Parasympathomimetika*. Pilocarpin durchdringt in 1–2%iger Konzentration die Hornhaut relativ schnell. Es wird zunächst bis zur Herstellung einer Miosis alle 30 Minuten instilliert und dann täglich 3–4mal. Unter den synthetischen Derivaten des Acetylchlorids rangiert Carbachol an erster Stelle. *Cholinesterasehemmer* rufen eine spastische Miosis hervor, was bei Langzeittherapie zur okulären Irritation führen kann. Physostigminsalicylat wird 0,25–1%ig alle 4–6 Stunden appliziert; Neostigminbromid ist 3–5%ig anzuwenden. Diisopropylfluorphosphat (DFP) wirkt stark. Es wird in 0,1%iger wäßriger Lösung nur 1–2mal täglich geträufelt, ähnlich Demakariummethylat, mit dem man in 0,25%iger bis 1%iger wäßriger Lösung 1–2mal täglich auskommt. Die zusätzliche allgemeine *Osmotherapie* führt zur Reduzierung des gestauten okulären Blutvolumens. An erster Stelle rangiert Mannitol, das in 20%iger Konzentration in einer Dosierung von 2,5–10 ml/kg KM als Tropfinfusion verabreicht wird und über 6–10 Stunden seinen diuretischen Effekt beibehält.

Die medikamentöse Therapie muß mit der regelmäßigen Tonometrie und Gonioskopie gekoppelt werden. Läßt sich der innere Augendruck nicht oder nur vorübergehend senken, sind chirurgische Methoden angezeigt.

Chirurgische Therapie: Eine Reduzierung der Kammerwasserproduktion läßt sich auf dem Wege der *Zyklodiathermie* oder der *Zyklokryotherapie* durch partielle Zerstörung des Ziliarkörpers erreichen. Eingriffe mit filterndem Effekt führen Kammerwasser ab. Hierfür eignen sich die *basale Iridektomie*, die *Zyklodialyse*, die hintere *Sklerotomie* oder die *Iridenkleisis*. Beim *Sekundärglaukom* drängt sich die Notwendigkeit zur chirurgischen Therapie auf, wenn durch die Beseitigung einer mechanischen Abfluß- oder Umlaufbehinderung des Kammerwassers (z.B. bei Linsenluxation) eine Tensionsregulierung zu erwarten ist. Der chirurgische Eingriff muß allerdings umgehend stattfinden. Beim absoluten Glaukom sollte die *Exenteratio orbitae* in Erwägung gezogen werden. Nicht selten leben die Tiere nach der Bulbusexstirpation merklich auf und geben auf diese Weise zu erkennen, daß der Krankheitszustand das Tier stärker belastete, als dies für den Beobachter offensichtlich wurde.

Ein **Enophthalmus (Rückverlagerung des Bulbus)** hat beim Hund seine häufigste Ursache in der spastischen Kontraktion des M. retractor bulbi bei schmerzhaften Prozessen an den Augenadnexen (Conjunctivitis follicularis, Fremdkörper im Bindehautfornix oder hinter der Nickhaut), an der Hornhaut (Entzündung, Fremdkörper, Erosio), seltener im Gefolge retrobulbären Gewebeschwundes oder beim Horner-Syndrom.

Auffallende Symptome sind Nickhautvorfall und Verengung der Lidspalte.

Für die *Therapie* gilt, die Ursache zu ergründen und abzustellen.

Unter den **Motilitätsstörungen** spielt der **Strabismus congenitus (Schieläugigkeit)** häufig beim Pekinesen, Boston-Terrier, Chihuahua eine Rolle. Mitunter ist der Defekt Begleitsymptom eines angeborenen Hydrozephalus. Eine einseitig auftretende Fehlstellung des Augapfels (Deviation) kann durch raumfordernde Prozesse in der Orbita (Neubildungen, Blutungen, Entzündungen) oder durch Muskelriß im Gefolge einer Protrusio bulbi hervorgerufen sein. Die *Therapie* ist auf das Grundleiden auszurichten.

Der **Nystagmus (Augenzittern)** ist durch schnell aufeinanderfolgende, unwillkürliche rhythmische Bewegungen beider Augäpfel gekennzeichnet. Als *angeborene* Anomalie ist er bei minderwertigen Augen mit retinalen Dysplasien zu beobachten. In seiner *erworbenen* Form kann er durch exogene oder endogene Toxikosen (Kochsalz, Strychnin, Askaridenabbauprodukte), bei Gehirnerkrankungen (Enzephalitis, Meningitis, Epilepsie), nach Hirnverletzungen und bei Narkosebeginn und -ende verursacht werden. Die *Therapie* ist bei den erworbenen Formen auf das Grundleiden auszurichten. *Symptomatisch* sind Beruhigungsmittel (Barbiturate, Tranquilizer) zu verabreichen.

13.6. Erkrankungen der Hornhaut

Die **Hornhaut** ist ein zellarmer, speziell für den Lichtdurchtritt konstruierter Teil der Tunica fibrosa des Auges mit einem Durchmesser von 12,5–27,0 mm je nach Größe des Augapfels und einer Dicke von 0,95 mm. Im *histologischen* Schnitt sind von außen nach innen ein geschichtetes Plattenepithel, das den Hauptteil der Hornhautdicke ausmachende Hornhautparenchym, eine strukturlose innere Grenzmembran (Descemet) mit besonderer Elastizität und das der Vorderkammer zugewandte Endothel zu unterscheiden. Die Hornhaut besitzt weder Blut- noch Lymphgefäße. Ihre Ernährung und Sauerstoffversorgung erfolgen über das Epi- und Endothel sowie vom skleralen Randschlingennetz her. Störungen des präkornealen Tränenfilms, Schädigungen des Epithels oder des Randschlingennetzes müssen demzufolge tiefgreifende Stoffwechselstörungen nach sich ziehen.

Die *Besichtigung* der Hornhaut geschieht, nachdem man sich bei Tageslicht einen Überblick verschafft hat, möglichst im Dunkelraum bei auffallendem und fokussiertem, durchfallendem Licht. Hinsichtlich der Beurteilung des Glanzes und der Ebenheit der Oberfläche bedient man sich optisch reflektierender Gegenstände (Konturen der Lichtquelle, Fensterkreuz, Keratoskop). Verzerrungen der Konturen bei rauher Oberfläche lassen einen lädierten Epithelzellverband vermuten (Abb. 13.44.). In diesem Fall ist die *Fluoresceinprobe* auszuführen. Eine durchsichtige Hornhaut vermittelt freien Blick in die Vorderkammer, Trübungen sollten sorgfältig mit einer Lupenbrille oder Spaltlampe betrachtet werden. Wölbungsanomalien werden bei seitlicher Durchleuchtung offensichtlich. Für die Lagebezeichnung von Veränderungen wird die Hornhaut in vier Quadranten eingeteilt. Randständige Veränderungen lassen sich in ihrer Lage gemäß dem Zifferblatt der Uhr beschreiben.

Unter den **angeborenen Anomalien** spielt das **Dermoid** eine Rolle. Es kann die Hornhaut allein betreffen oder sich bis in den Bereich der Conjunctiva bulbi erstrecken. Da hieraus erhebliche Reizzustände resultieren, ist es *chirurgisch* zu entfernen (s. Abb. 13.19.).

Hornhautverletzungen (Laesiones corneae) entstehen durch mechanische Einwirkungen wie Quetschungen, Riß, Stich, Schnitt, Schuß, Schlag, bei brachyzephalen Rassen durch den behaarten Nasenwulst, durch Fremdkörper, durch chemische oder thermische Einwirkungen oder Strahlungsenergie.

Oberflächliche Verletzungen führen zu Abschürfungen des Hornhautepithels, die fluoresceinpositiv sind (Abb. 13.45.), oder weisen unregelmäßig geformte Zusammenhangstrennungen von Hornhautgewebe auf, deren Ränder sich unmittelbar nach dem Entstehen der Wunde infolge Ödematisierung hellgrau verfärben und aufwerfen (Abb. 13.46.). Ziel der *Behandlung* muß nach Abstellen der Ursache sein (z. B. chirurgisches Exzidieren der Nasenfalte bei brachyzephalen Rassen, Entfernen von Fremdkörpern), die Wiederherstellung des Epithelzellverbandes zu unterstützen. Das Auge ist vor starkem Lichteinfall zu schützen. Feuchtwarme Kompressen auf die geschlossenen Augenlider lindern Schmerzzustände und begünstigen die Streckung und Teilung der intakten Epithelzellen in der Wundperi-

Abb. 13.44. Hornhautspiegelbild (Fensterkreuz) zur Beurteilung der Oberfläche. 1 = Hornhaut glatt, glänzend; 2 = Epithel defekt, Reflex stumpf, verzerrt; 3 = Hornhaut infolge wiederhergestellten Epithelzellverbandes glatt, jedoch uneben nach früheren Defekten.

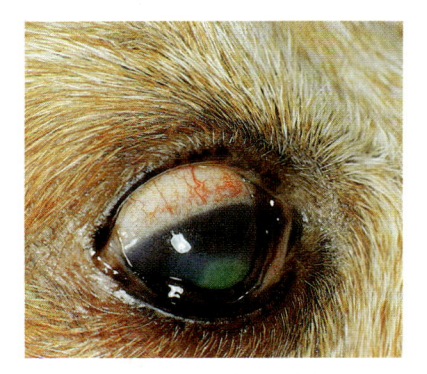

Abb. 13.45. Fluorescein-positiver Hornhautdefekt.

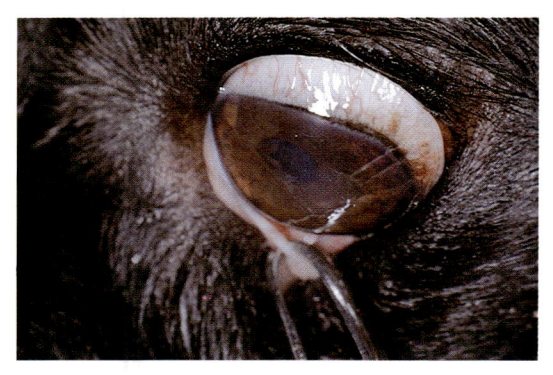

Abb. 13.46. Flächiger Hornhautdefekt (verzerrtes Spiegelbild).

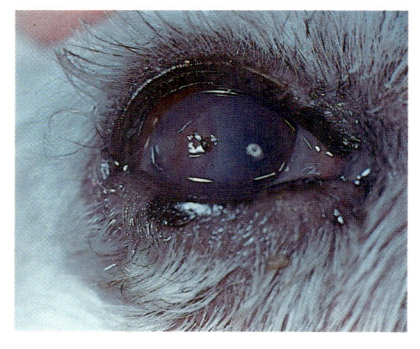

Abb. 13.47. Reaktive Entzündung der Hornhaut infolge eines Fremdkörpers.

pherie. Antibiotische Augensalben decken den Wundbereich schützend ab und verhindern die Ausbreitung von Sekundärerregern im Wundgebiet. Schleimig-eitrige Konjunktivalexsudate wirken proteolytisch. Sie sind wiederholt aus dem Auge mit Hilfe aufsaugenden Materials (Docht-wirkung) durch leichten Druck auf das Unterlid und den nasalen Augenwinkel zu entfernen.

Spülungen sind kontraindiziert! Sie vertiefen die Ödematisierung der epithelentblößten Hornhaut und wirken so der Epithelregeneration entgegen.

Erosionen und oberflächliche Wunden heilen, sofern die Epithelregeneration nicht gestört wurde, ohne Vaskularisation ab und hinterlassen keine Narben. Wundheilungsvorgänge mit Vaskularisation gehen mit entzündlichen Zellinfiltraten einher. Nach Wiederherstellung des Epithelzellverbandes sind in diesen Fällen zur Aufhellung narbiger Trübungen konjunktival Corticosteroide zu verabreichen.

Fremdkörper rufen erhebliche Schmerzen hervor. Sie können oberflächlich mit Teilen ihrer Ränder in die Hornhaut eingekeilt (z.B. Samenschalen) oder mehr oder weniger tief in die Hornhaut eingedrungen sein (Metall- oder Glassplitter, Dornenspitzen). Wird ein Fremdkörper übersehen, so entwickelt sich am Ort der Einbettung ein Trübungshof, der durch Ödematisierung und später durch zellige Infiltration und Vaskularisation gekennzeichnet ist (Abb. 13.47.). In komplizierten Fällen kommt es infolge Erregeransiedlung zum *geschwürigen Hornhautzerfall*. Bei ruhiggestelltem Operationsfeld (Sedierung des Tieres oder Kurznarkose, Oberflächenanästhesie) ist unter Fokalbeleuchtung und Lupenkontrolle der Fremdkörper mittels spezieller Instrumente (Lanze, Kürette, Spatel, Pinzette, Nadel) sorgfältig zu mobilisieren und zu entfernen. Eine mehrtägige *antibiotische Salbenbehandlung* bewahrt vor Sekundärinfektionen und deckt den durch den Fremdkörper und durch die Manipulation entstandenen Defekt ab.

Perforationswunden sind komplizierte Wunden. Handelt es sich um eine sehr kleine, punktförmige Zusammenhangstrennung des kornealen Gewebes ohne Substanzverlust, so ist von der Vorderkammer her ein spontaner Verschluß der Wunde durch geronnenes Fibrin, das dem nachgebildeten Kammerwasser entstammt, möglich. Eine Spülung würde diesem spontanen Wundverschluß schaden! Unter Aktivierung der fixen und mobilen Hornhautzellen (Fibroblasten) und der Vaskularisation kommt es zur Ausbildung eines Granulationsgewebes, das sich in ein belastungsfähiges Narbengewebe umwandelt. *Therapeutisch* reicht für die Vermeidung von Sekundärinfektionen eine über 6 Tage währende intensive lokale Antibiotikumgabe aus. Zur Vermeidung von Syn-

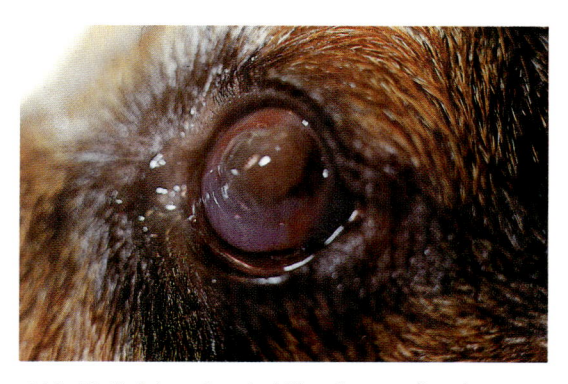

Abb. 13.48. Irisprolaps bei Hornhautperforation.

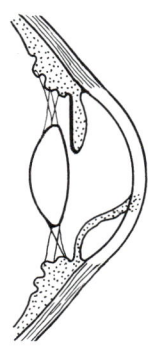

Abb. 13.49. Hornhautleukom und vordere Synechie.

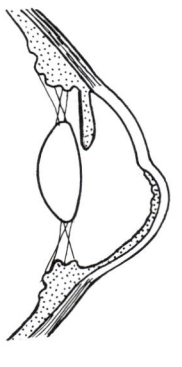

Abb. 13.50. Hornhautstaphylom.

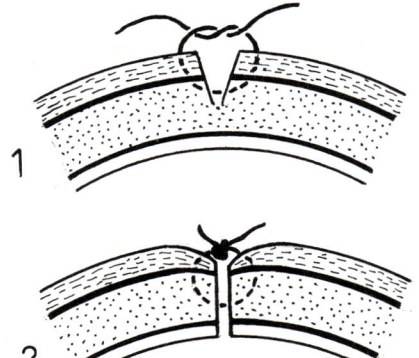

Abb. 13.51. Technik der Hornhautnaht bei Wunden ohne Substanzverlust (oben einfache Wunde, unten perforierende).

echien ist die Pupille bei zentral gelegenen Hornhautwunden zu dilatieren (Mydriatika), bei peripher liegenden engzustellen (Miotika).

Hornhautwunden größeren Ausmaßes neigen zu klaffenden Wundrändern mit Aufwulstungen, zum wiederholten Abfluß von Kammerwasser und zum mechanischen Vorfall der Iris in die Wundöffnung (Abb. 13.48.). Die Iris kann im weiteren Verlauf in die Hornhautheilung einbezogen werden. Es bilden sich dann ein Leucoma adhaerens corneae und eine vordere Synechie aus (Abb. 13.49.). Legt sich die Iris nach Prolaps in weiten Teilen ihrer Ausdehnung der Hornhaut an, so entwickelt sich neben einer ausgedehnten Synechie ein Hornhautstaphylom, das durch ein ektatisches und sehr dünnes Narbengewebe charakterisiert ist (Abb. 13.50.).

Eine sorgfältige *chirurgische Versorgung* der Wunde ist erforderlich, die am immobilisierten Tier vorgenommen wird. Bei Wunden ohne Substanzverlust ist mit feinen Einzelnähten und nicht resorbierbarem Material (Stärke 8/0) die Adaptation der Wundränder unter Aussparen des Endothels zu erzielen (Abb. 13.51.). Sind Iristeile bereits vorgefallen, so sind diese mit Hilfe eines spatelähnlichen Instruments zurückzuverlagern, gelingt dies nicht, mit einer Irisschere abzutragen oder auch mittels Kauter abzubrennen; dies insbesondere dann, wenn das Irisgewebe verschmutzt oder zundrig ist.

Starker Kammerwasserverlust kann durch Auffüllen mit Ringer-Lactat-Lösung ausgeglichen werden. Zugleich kontrolliert man hierdurch den exakten Sitz der Naht (Nahtinkongruenzen „beuteln" sich auf). Eine in der Vorderkammer eingebrachte Luftblase verhindert Verklebungen der Iris mit der Wunde und weitet den Kammerwinkel.

Wunden mit Substanzverlust müssen abgedeckt werden. Für diesen Zweck eignet sich die Bindehaut, die der Hornhaut von außen in Gestalt einer durch Naht fixierten Nickhaut angelegt (Abb. 13.52.) oder die durch Transposition bulbärer Anteile und Fixation über dem Defekt gewonnen wird (Abb. 13.53.). Auf diese Weise wird die Hornhautwunde von außen schützend abgedeckt, sie wird druckentlastet, und es entsteht im defekten Bereich ein Ansatzpunkt für das aus dem Kammerwasser abgeschiedene Fibrin, das den primären Wundverschluß und den Ausgangspunkt für ein belastungsfähiges Narbengewebe darstellt. Örtliche (Neomycin-Polymyxin oder Gentamicin) und allgemeine (Oxytetracyclin) Antibiose über mindestens 4 Tage, Mydriatika bei zentral gelegenen, Miotika bei peripheren Wunden und zur Reduzierung einer Iritis Dexamethason-Augentropfen. Nach Verlauf von etwa 10 Tagen kann die Naht oder die Bindehautabdeckung entfernt werden. Ist das Granulationsgewebe bereits epithelisiert, ist lokale Corticosteroidbehandlung zur Regression der entzündlichen Trübung angezeigt.

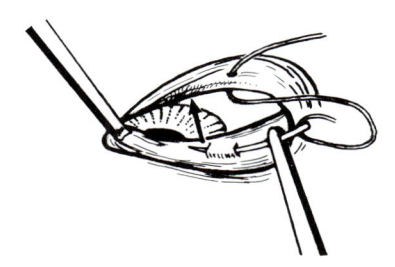

Abb. 13.52. Bindehautdeckung der Hornhaut durch die am Oberlid fixierte Nickhaut.

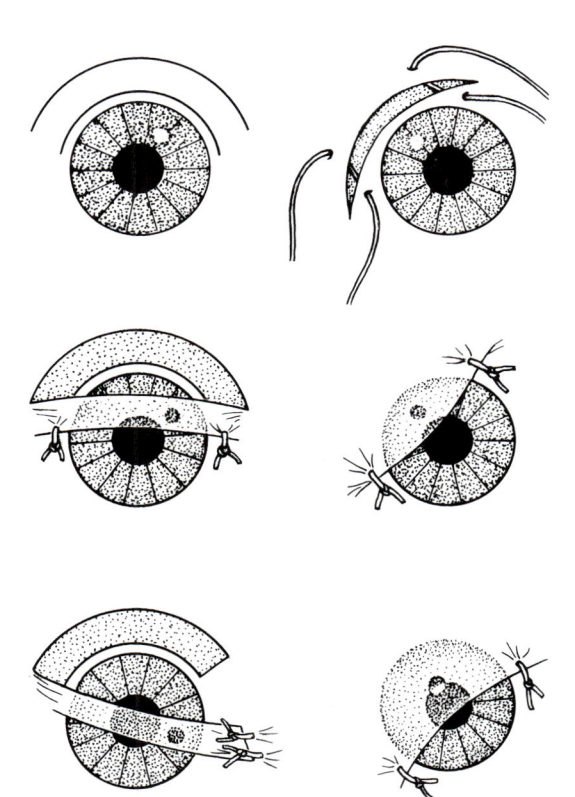

Abb. 13.53. Möglichkeiten der Bindehautdeckung der Hornhaut:
1 = durch mobilisierten Bindehautlappen,
2 = durch Brückenlappen bzw. zungenförmigen Lappen.

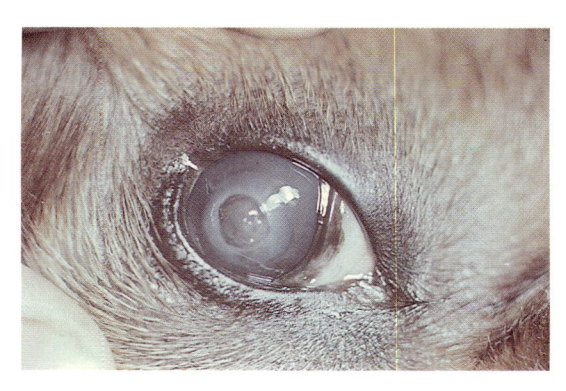

Abb. 13.54. Zentral gelegenes Hornhautgeschwür mit ödematisiertem Rand.

Hornhautwunden sind nicht selten Eintrittspforten für Bakterien. Unter dem Bild eines kraterförmigen Gewebezerfalls entwickelt sich ein **Hornhautgeschwür**, das von einem durch Ödematisierung aufgeworfenen Randbezirk deutlich begrenzt wird (Abb. 13.54.). Im übrigen kann sich ein Geschwür auch „von innen heraus" durch die besondere Gewebeaffinität spezifischer Erreger, z. B. Herpesviren, entwickeln. Der *Verlauf* wird bedrohlich, wenn die Phase des Gewebezerfalls nicht gestoppt werden kann. Die widerstandsfähige Descemetsche Membran kann zwar zunächst der Einschmelzung standhalten, doch sie buckelt sich bei größerem Substanzverlust bedrohlich stark vor (Abb. 13.55.) und birgt so die Gefahr einer Hornhautperforation in sich. Bei Erregerverbreitung im Augapfel entsteht eine Panophthalmitis.

Die *Behandlung* erstreckt sich auf eine intensive lokale Breitbandantibiose, bei Beteiligung der Uvea kann diese auch zusätzlich systemisch gestaltet sein. Die proteolytisch wirkenden Zell- und Bakterientrümmer sind aus dem Bindehautsack zu entfernen. Hierfür bewähren sich Spülungen mit chemisch und bakteriologisch reinen Ölen (Vitamin A, Rizinus). Im Falle einer Uveitis sind Atropin-Augentropfen angezeigt. Die durch sie erzielte Mydriasis verhindert zudem bei zentral gelegenen Ulcera und einer Perforation die Entstehung einer Synechie. Bei ausgedehnter Keratozele empfiehlt sich die Bindehautabdeckung der Hornhaut (s. Abb. 13.53.). Zur Anregung der Hornhautregeneration eignet sich Iodtinktur, die auf den Geschwürsrand aufgetupft wird; außerdem sind wärmende Kompressen oder Rotlichtbestrahlung auf die betreffende Kopfseite bei geschlossenen Lidern angebracht.

Verätzungen der Hornhaut durch Säuren (Schwefel-, Salz-, Salpeter-, Essigsäure) und Phenol fällen das Eiweiß aus und rufen eine Koagulationsnekrose hervor. Unter Ausbildung von Azidalbumat bildet sich ein Ätzschorf, der das weitere Eindringen der schädigenden Säure verhindert.

Verätzungen der Hornhaut mit Laugen, unter anderem mit Putz- und Waschmitteln, führen dagegen zur Kolliquationsnekrose und zu einer protrahierten, fortschreitenden Gewebedurchtränkung und Gewebezerstörung mit der Gefahr eines Hornhautdurchbruchs (Abb. 13.56.). Erste und wichtigste Maßnahme ist die Entfernung bzw. Verdünnung der ätzenden Substanz durch intensive Spülungen mit frischem Leitungswasser. Säuren lassen sich durch eine 2%ige wäßrige Lösung von besonders gereinigtem Natriumhydrogencarbonat oder einer 1%igen Lösung von Natriumtetraborat, Laugen durch 1%ige Essigsäurelösung, 3%ige Gerbsäurelösung oder 5%ige Ascorbinsäurelösung neutralisieren. Zur Vermeidung von Sekundärinfektionen intensive lokale Antibiotikumzufuhr über mindestens 6 Tage. Zur Aktivierung des Randschlingennetzes Wärme durch Kompressen, Rotlichtbestrahlung, 10%ige Lösung von Tolazolinhydrochlorid und Ethylmorphinhydrochlorid 5%ig. Epithelisierungsfördernd sind vitamin-A-haltige Augenöle oder eine 3–5%ige panthenolhaltige Augensalbe. Nach der Epithelisierung Glucocorticoide zum Eindämmen von Leukomen.

Die **Entzündung der Hornhaut (Keratitis)** ist ein komplexer Vorgang, der in sich sehr unterschiedliche Krankheitsbilder, wie Ödem, perikorneale oder korneale Gefäßinjektion, zellige Infiltrationen oder Gewebezerfall aufweist. Sie entsteht durch physikalische Einflüsse auf der Grundlage einer Schädigung ihrer Oberfläche (präkornealer Tränenfilm und Epithel), durch fortgeleitete, vorrangig infektiös-entzündliche Prozesse aus der Bindehaut einerseits oder der Uvea andererseits, sie wird durch Allergene provoziert, oder es handelt sich um eine spezifische, meist rassegebundene Neigung zu einem Entzündungstyp. In Abhängigkeit von der geweblichen Herkunft (Ektoderm oder Mesoderm) und von der Pathogenese vollziehen sich die entzündlichen Vorgänge vorzugsweise innerhalb bestimmter Schichten, was maßgeblich durch die Art der Vaskularisation (konjunktivale, episklerale oder ziliare Gefäßinjektion) *klinisch* erkennbar und damit im Hinblick auf die Ursache erklärbar wird.

Prinzip der *Therapie* muß sein, die entzündungsauslösende bzw. unterhaltende Ursache auszuschalten, bei Zell- oder Gewebeverlusten die Hornhautregeneration zu unterstützen und bei vaskulären oder zelligen Infiltraten die Durchsichtigkeit der Hornhaut wiederherzustellen.

Eine spezielle, vornehmlich beim Deutschen Schäferhund auftretende oberflächlich ablaufende Entzündung ist die **Keratitis superficialis chronica** (ÜBERREITER). Immer von der bulbären Bindehaut ausgehend, dringt der pathologische Prozeß in der Regel vom unteren äußeren Quadranten her weiter in das Hornhautgewebe vor. Erkrankte Tiere werden meist erst dann vorgestellt, wenn sich in Limbusnähe auf der Hornhaut ein mehr oder weniger großer, kirschrot gefärbter, undurchsichtiger und unebener, oberflächlich glänzender, fluorescein-negativer Fleck zeigt, dem von dem nahegelegenen Limbusteilen prall gefüllte, geschlängelt verlaufende, aus der Conjunctiva bulbi stammende Blutgefäße zustreben

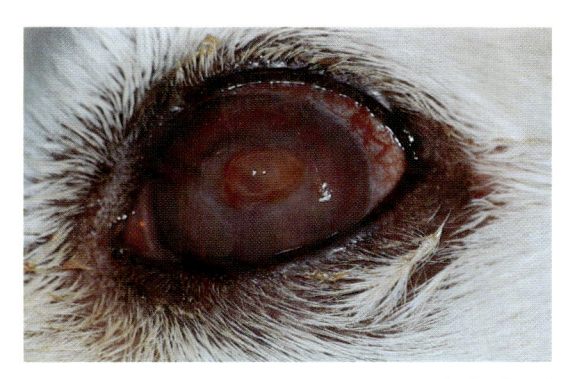

Abb. 13.55. Zentral gelegene Keratozele mit ringförmigem Begrenzungsgefäß.

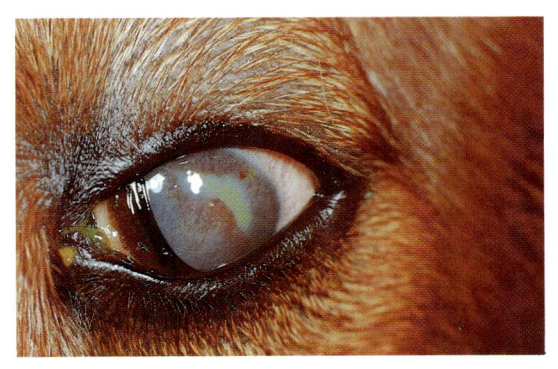

Abb. 13.56. Umfangreiches Verätzungsgeschwür der Hornhaut mit heftiger reaktiver Entzündung (Fluoresceinfärbung).

(Abb. 13.57.). Im weiteren *Verlauf* vergrößert und verbreitert sich der Prozeß, schiebt sich gegen den Hornhautpol vor und weiter über die ganze Hornhaut fort. Manchmal setzen die pathologischen Erscheinungen von zwei gegenüberliegenden Seiten ein und konfluieren schließlich im Hornhautzentrum. Nicht selten scheint es, als eilten dem sich zungenförmig verbreiternden kranken Gewebe kleine sproß- oder drusenförmige Ableger voraus. Der Übergang zwischen krankem und gesundem Gewebe ist durch einen feinen grauweißen Saum gekennzeichnet. In späteren Stadien der Krankheit erscheint das anfangs kräftig rote Gewebe mehr graurosa. Die vom Hornhautrand her einsetzende massive Pigmentierung gibt dem erkrankten Bereich ein fleckiges, braunschwarz marmoriertes Aussehen (Abb. 13.58.). Die unebene Oberfläche kann in diesem Krankheitsstadium partiell stumpf und fluorescein-positiv sein. Die Konjunktiven sind gerötet und an der Innenfläche der Membrana nictitans fast immer follikulär geschwollen. Der Pigmentsaum der Membrana nictitans ist aufgelockert, mitunter wulstig verdickt. Es besteht ein schleimiger Augenausfluß. Der dichte pannoide Hornhautüberzug erstreckt sich schließlich über die gesamte Hornhaut und führt zu kornealer Erblindung. Nur selten bestehen Schmerz- oder Reizsymptome. Die Lidspalte wird in jeder Phase der Krankheit weit geöffnet, allerdings meiden erkrankte Tiere das Sonnenlicht.

Ätiologisch scheint nach neueren Auffassungen festzustehen, daß eine zellvermittelte Immunantwort auf UV-Strahlen-Exposition besteht. Aufgrund von Abstammungsrecherchen wird vermutet, daß der Keratopathie ein rezessiver Erbgang mit variabler Penetration und Expressivität zugrunde liegt. Somit kann geschlußfolgert werden, daß ein genetisch fixierter, durch Milieufaktoren ausgelöster Defekt immunkompetenter Zellen vorliegt.

Die hartnäckige, fortschreitende Entzündung und die ausgeprägte Rezidivneigung erlauben eine nur zweifelhafte *Prognose*. Die Erblindung des Tieres kann nur verhindert werden, wenn die Krankheit frühzeitig erkannt und der *Behandlung* zugeführt wird. Sofern die pathologischen Veränderungen nicht weit über den Korneo-Skleralrand hinausgehen, läßt sich allein mit konservativen Behandlungsmethoden das Krankheitsgeschehen stoppen und möglicherweise beseitigen. Hierfür läßt sich mit gutem Erfolg Cyclosporin A, das ausgeprägte immunsuppressive Wirkungen auf

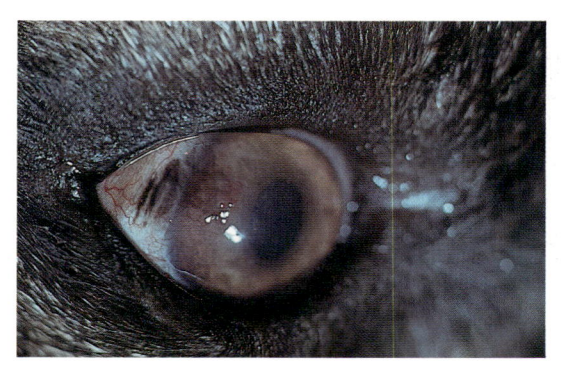

Abb. 13.57. Pannoide Hornhautentzündung mit oberflächlicher Vaskularisation und limbaler Pigmentierung.

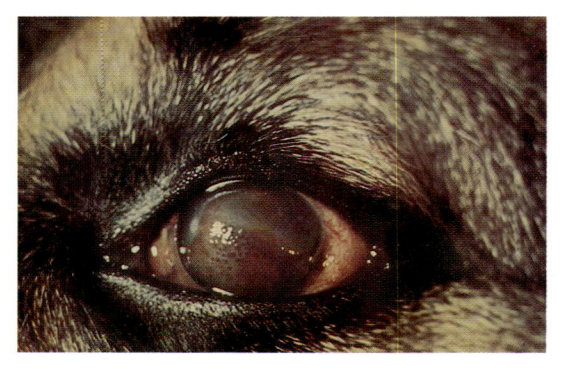

Abb. 13.58. Entzündliche Veränderung des temporalen unteren Hornhautquadranten mit weißem Begrenzungsstreifen.

T-zellvermittelte Immunreaktionen ausübt, anwenden. Die aus 1,5 ml Sandimmun® mit 8,5 ml Oliven- oder Maiskeimöl hergestellte 1,5%ige Suspension wird über längere Zeiträume (bis zu Monaten oder gar Jahren), zunächst 2mal täglich, konjunktival eingebracht. Bei kontinuierlicher Anwendung zeigen die entzündlichen Veränderungen nach ca. 1–2 Monaten deutliche Regressionstendenz, später betrifft diese sogar die korneale Pigmentierung.

Bei Aussetzen der Therapie sind Rezidive allerdings unvermeidbar. Im Gegensatz zu den früher empfohlenen örtlichen Glucorticoid-Daueraplikationen sind bei der genannten Dosierung des Cyclosporin A keinerlei örtliche oder systemische Nebeneffekte zu befürchten. Für fortgeschrittene Krankheitsfälle können kombinierte *chirurgisch-medikamentöse Maßnahmen* angezeigt sein. Die erkrankten Hornhautbereiche werden durch Keratektomie radikal abgetragen. Der hierdurch breitflächig entstehende Gewebeverlust mit allen

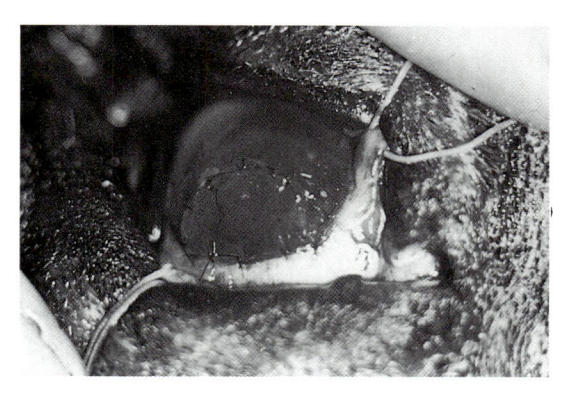

Abb. 13.59. Lamellärer Hornhautaustausch.

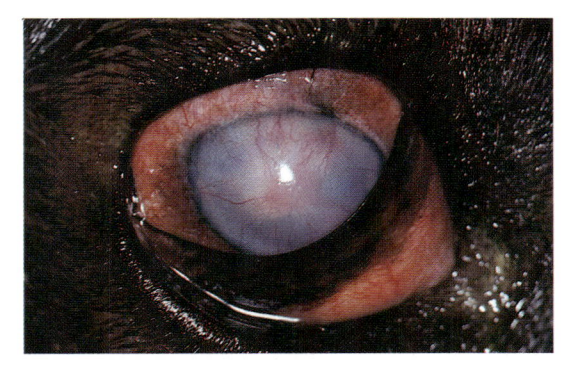

Abb. 13.60. Hornhauttrübung mit ziliarer Gefäßinjektion. (Aufnahme: CHRISTOPH).

Konsequenzen der intensiven postoperativen Therapie (Aufbau gesunden Hornhautgewebes, Wiederherstellung des Epithelzellverbandes) ist problematisch. Eine zweite Möglichkeit der *chirurgischen Therapie* besteht in einem lamellären Hornhaut- oder Hornhaut-Sklera-Austausch mit homologem Material im Sinne einer therapeutischen *Keratoplastik* (Abb. 13.59.). Jede Behandlungsmaßnahme erfordert eine kontinuierliche Nachbehandlung mit Cyclosporin. Die Tiere sollten vor UV-Licht geschützt werden. Systemische Substitution mit Vitamin A, B und C ist vorteilhaft. Man sollte sich auf eine kontrollierte und abgestufte lokale Langzeittherapie mit Cyclosporin A einstellen.

Die **Keratitis profunda** spielt sich vornehmlich im Hornhautstroma und im Hornhautendothel ab. Ödematisierung und zellige Infiltration des Parenchyms ergeben eine partielle oder eine diffuse, dichte, grauweiße Trübung (Abb. 13.60.).

Die in der entzündeten Hornhaut auffindbare Vaskularisation entstammt dem tiefen ziliaren Gefäßsystem, ein Zeichen für die Beteiligung der Uvea anterior am Krankheitsgeschehen. Nicht selten sind aus dem konjunktivalen Gefäßnetz über den Limbus verlaufende Gefäße zu verfolgen (gemischte Vaskularisation). Das Epithel ist intakt, aber infolge der entzündlichen Infiltrate uneben. Ursächlich kommen in Frage: spezifische Krankheiten wie Staupe, Hcc, Toxoplasmose, Toxine bei Vorhandensein pyogener Herde (Tonsillen, Prostata, Analbeutel), verschleppte Formen der ulzerösen Keratitis und verschleppte Formen der oberflächlichen Keratitis, Immunopathien.

Die *Behandlung* richtet sich, sofern zu erkennen, gegen das Grundleiden. Eine intensive konjunktivale bzw. subkonjunktivale Corticosteroidbehandlung, erforderlichenfalls Cyclosporin, reduzieren die entzündliche Vaskularisation und Zellinfiltration des Hornhautgewebes. Die Uveitis wird hierdurch, wie auch durch Atropinapplikation, günstig beeinflußt. Nicht selten stellt sich jedoch nach vorübergehender Besserung *Therapieresistenz* ein. Zur Umstimmung des Prozesses sind neben einer allgemeinen unspezifischen Eiweißtherapie vorübergehend örtlich *hyperämisierende Maßnahmen*, wie feuchtwarme Kompressen, Ethylmorphinhydrochlorid-, Ammoniumsulfobituminosum- oder Iodoform-Augensalben in Anwendung zu bringen, um den Hornhautstoffwechsel anzuregen und die Resorption der zelligen Infiltrate zu begünstigen. In einer Art „Schaukeltherapie" gestaltet sich dann die wiederholte Corticosteroidgabe effektiver. Die *tiefe* Keratitis neigt zur Rezidivierung. Aufgrund des Verbleibs der Gefäßendothelschläuche im Hornhautgewebe kann es in überraschend kurzer Zeit zu einer erneuten Inflammation mit massiver Vaskularisation des Gewebes kommen.

Die **Keratitis parenchymatosa**, eine spezielle Erkrankung der Hornhaut des Langhaarteckels, hat ihren Sitz in den oberen Stromalagen. Es erkranken beide Augen, in der Regel in einem Lebensalter von 1–3 Jahren. Erste *Krankheitszeichen* äußern sich durch Lichtscheue, ziliare Gefäßinjektion und mukopurulente Konjunktivaexsudation. Häufig werden diese ersten Symptome übersehen, zumal sie nach einigen Tagen spontan zurückgehen können. Im weiteren Verlauf treten zwei klinische Bilder in Erscheinung: die entzündliche Form und die ulzerierende Form.

Bei der *entzündlichen Form* besteht in der akuten Phase eine diffuse, umschriebene Trübung der

Hornhaut mit starken Reizerscheinungen. Bei fokaler Beleuchtung ist in diesem Zustand eine gemischte Vaskularisation der Hornhaut erkennbar. Mitunter ist der intraokuläre Druck vorübergehend erhöht, die Fluoresceinprobe fällt negativ aus. Unter Abnahme der Reizerscheinungen geht der Prozeß in ein chronisches Stadium über. Die anfänglich stark gefüllten Blutgefäße wachsen zu langgestreckten, den gesamten Hornhautdurchmesser durchziehenden, gut erkennbaren Schläuchen aus. Daneben sind tiefliegende, feine, gespinstartige, blutführende Gefäße mit der Spaltlampe zu erkennen. An die Stelle der anfänglich diffus getrübten Hornhautbereiche treten jetzt umschriebene, flecken- oder streifenförmige, durch zellige Infiltration verursachte Trübungen in der unmittelbaren Umgebung der Blutgefäße hervor. Massive Pigmentansammlungen können im weiteren Verlauf die Trübungen überdecken und beim medizinischen Laien den Eindruck eines „gesunden, braunen Auges" vortäuschen.

Die Krankheitsform ist durch Entzündungsschübe charakterisiert. Das Auftreten neuer entzündlicher Infiltrationen und das Hinzukommen neuer Pigmentierung können zur kornealen Erblindung des Tieres führen.

Die *ulzerierende Form* (auch Keratitis punctata genannt) ist durch plötzlich einsetzende Trübung der Hornhaut infolge Ödematisierung, dann durch Zerfall von Hornhautgewebe – zunächst ohne entzündliche Reaktion – gekennzeichnet. Es entsteht ein größeres Ulcus, öfter jedoch bilden sich mehrere kleine Ulcera aus, die über die Hornhaut verstreut liegen und entweder Tendenz zur Konfluenz, Vertiefung und zum Hornhautdurchbruch zeigen oder längere Zeit reaktionslos als Facetten bestehenbleiben. Im weiteren ist allerdings mit plötzlicher Zerfallstendenz des Hornhautgewebes zu rechnen.

Bei einem Hornhautdurchbruch wandelt sich der schlaffe Zustand schlagartig, und es setzt eine heftige Hornhautvaskularisation ein, die eine schnelle Heilung und solide Vernarbung des Hornhautgewebes begünstigt.

Die *Diagnose* der Erkrankung wird erschwert, wenn sich das Tier, durch Reizerscheinungen bedingt, Läsionen der Hornhautoberfläche zugezogen hat. Alter und Rasse, Krankheitsverlauf, die Art der Gefäßanordnung (Abb. 13.61.), die Erkrankung beider Augen und die Pigmentierung als Folgeerscheinung chronischer Entzündungsvorgänge (Abb. 13.62.) sind aussagekräftige Hinweise.

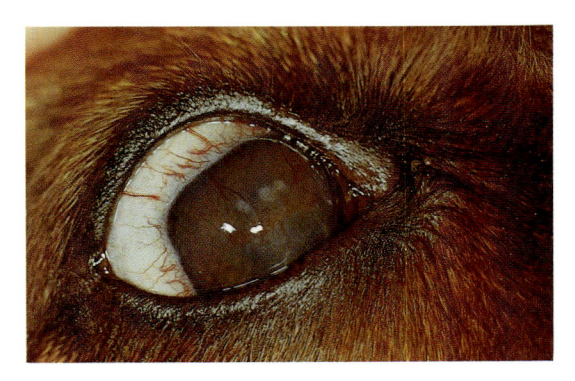

Abb. 13.61. Partielle parenchymatöse Hornhautentzündung mit tiefer Gefäßinjektion und intakter Oberfläche.

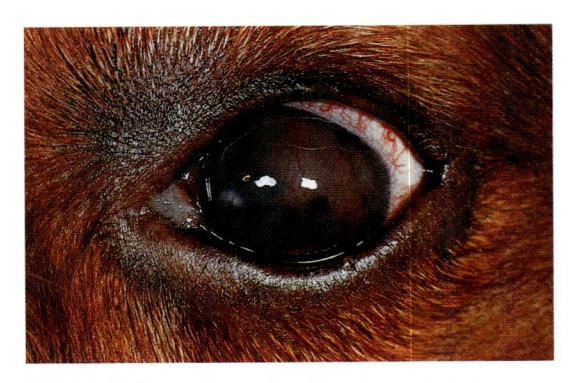

Abb. 13.62. Parenchymatöse Hornhautentzündung mit Pigmentierung.

Ätiologisch handelt es sich höchstwahrscheinlich um eine Immunopathie, wofür Erblichkeit mit vermutlich bifaktoriellem Erbgang nachgewiesen werden konnte. Krankheitsauslösend scheint insbesondere UV-Strahlenexposition zu sein.

Die *Prognose* ist im Hinblick auf völlige Wiederherstellung der Hornhautdurchsichtigkeit zweifelhaft.

Für die *Therapie* hat sich bislang die intensive örtliche Glucocorticosteroid-Dauerbehandlung bewährt. Sehr erfolgreich gestaltet sich neuerdings die örtliche Behandlung mit Cyclosporin A, zudem ist diese Behandlung mit keinen systemischen und örtlichen Nebeneffekten belastet. Man verabreicht in der akuten Phase die 1,5%ige Suspension 2mal und geht dann zur Überwindung letzter entzündlicher Erscheinungen und zur Rezidivprophylaxe auf einmal täglich (über lange Zeiträume) zurück.

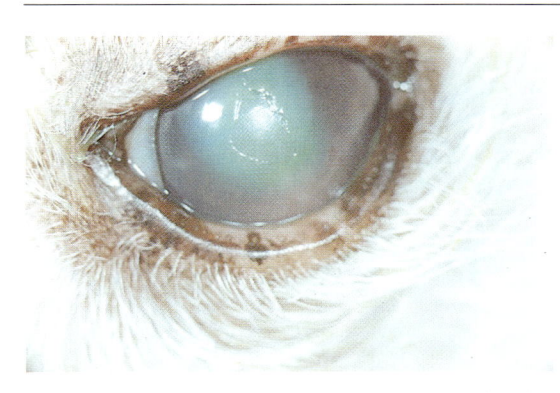

Abb. 13.63. Reaktionsloser zentraler Hornhautbereich mit kreisrundem Epitheldefekt. Die Fluoresceininfiltration des peripheren Bereiches weist auf eine umfangreiche Auflockerung des Hornhautstromas hin.

Abb. 13.64. Zentral gelegener, breitflächiger Epitheldefekt mit aufgerollten Rändern.

Die **oberflächliche, chronische ulzerierende Keratitis**, auch als „**indolente korneale Ulzeration**" bezeichnet, ist durch einen umschriebenen Zerfall des Hornhautepithels charakterisiert, der jegliche Heilung und Regenerationstendenz vermissen läßt. Die Krankheit wird vornehmlich beim Deutschen Boxer, aber auch beim Pudel, Boston-Terrier und Teckel beobachtet. Die *klinischen Symptome* äußern sich durch starke subjektive Beschwerden, Tränenfluß, Lichtscheue und Lidkrampf. Unter Zuhilfenahme einer Lupe erkennt man bei fokaler Beleuchtung einen regelmäßig geformten, mehr oder weniger großen, blaugrau stippchenartig getrübten Hornhautbezirk. Er ist fluorescein-positiv (Abb. 13.63.) und nicht selten von aufgezwirbelten, aufgerollten Teilen des Epithelzellverbandes, der sich im Zentrum des getrübten Bezirks von seiner Unterlage gelöst hat, begrenzt. Bei der **Keratitis filamentosa** fehlen jegliche reaktiven Entzündungserscheinungen; sie macht zunächst einen schlaffen Eindruck (Abb. 13.64.). Erst später gelangen von den benachbarten Limbusteilen zahlreiche oberflächliche Gefäße an den Krankheitsherd und ästeln sich unmittelbar an seinem Rande auf. Der Prozeß zeigt keine Tendenz zur Ausbreitung, aber auch keine zur Spontanheilung. Es wird vermutet, daß eine zeitweise Störung des präkornealen Tränenfilms, eine hierdurch hervorgerufene Sauerstoffunterbilanz der Hornhaut oder fortgesetzte Irritationen der Hornhautoberfläche diese Krankheit auslösen. Die *Ätiologie* ist ungeklärt.

Im Frühstadium, bei noch kleinen Epithelläsionen, kann eine *Therapie* mit 3%iger Diethylmorphinhydrochlorid-Augensalbe und mit warmen Kompressen erfolgreich sein. Mitunter gelingt es, durch Betupfen des epithelentblößten Bereiches und seiner Ränder mit Iod die Wiederherstellung des Epithelzellverbandes zu erzielen. Bleiben diese Maßnahmen ohne Erfolg, ist eine *Keratektomie* unter sorgfältiger Einbeziehung aller losen Epithelbereiche vorzunehmen. Nach 5–7 Tagen hat sich ein gesundes, fest auf die Unterlage haftendes Epithel gebildet. Die Aufhellung zunächst vorhandener zarter Trübungen erfolgt ohne Vaskularisation im Verlaufe weniger Tage. Waren bereits Blutgefäße vorhanden, können nach Wiederherstellung des Epithelzellverbandes kontrolliert und kurzfristig örtlich Glucocorticoide zur Aufhellung der Hornhaut eingesetzt werden. Mitunter kommt es zu Rezidiven.

Unter den **degenerativen Hornhauterkrankungen** ist die **Hornhautlipidose** verbreitet. *Histochemisch* handelt es sich um neutrale Fette und Cholesterolkristalle, die sich in den oberen Stromalagen absetzen. Sie erscheinen als runde oder ovale, perlmuttartig schimmernde, reaktionslose Trübungsbezirke von Stecknadelkopfgröße, die sich in ovalen oder sichelförmigen Verbänden (Abb. 13.65.) hauptsächlich in der unteren Hornhauthälfte und beiderseitig symmetrisch anordnen. Das darüberliegende Epithel ist spiegelnd, glänzend, oft durch Eindellung uneben. Die Oberflächensensibilität ist in diesen Bereichen herabgesetzt. Trübungen kleineren Ausmaßes können wieder verschwinden, persistieren in gleicher Größe über einen längeren Zeitraum oder werden langsam größer. Eine reaktive Vaskularisation entsteht, wenn über größeren Trübungsbereichen das Epithel brüchig wird. Die Ablagerungen werden als Symptom einer veränderten Stoffwechsellage im Gefolge des Ausfalls von Schilddrüsenhormon oder einer langzeitig wir-

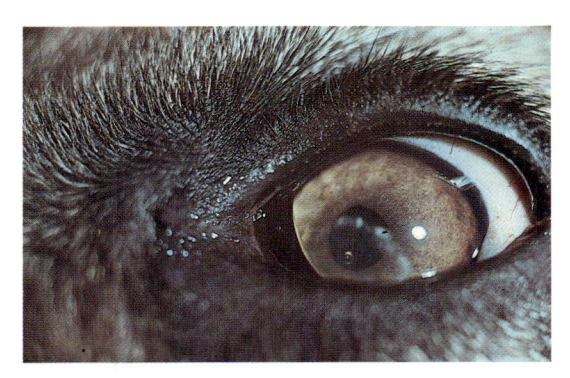

Abb. 13.65. Reaktionslose, ringförmig angeordnete Hornhautablagerungen.

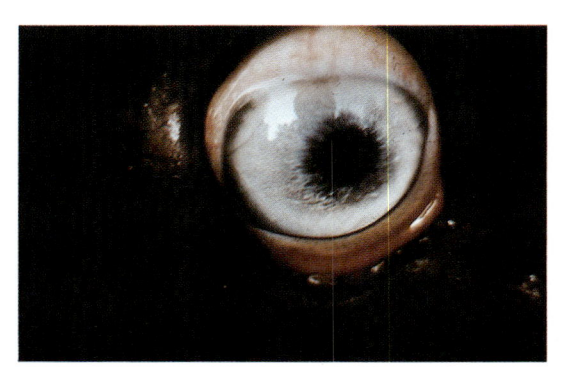

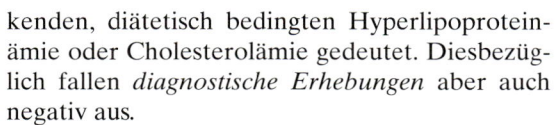

Abb. 13.66. Albinismus iridis. (Aufnahme: CHRISTOPH).

kenden, diätetisch bedingten Hyperlipoproteinämie oder Cholesterolämie gedeutet. Diesbezüglich fallen *diagnostische Erhebungen* aber auch negativ aus.

Die *Behandlung* ist, sofern sich entsprechende labordiagnostische Hinweise ergeben, kausal zu gestalten. Bei Epithelläsionen und Vaskularisation ist die Keratektomie des Trübungsbereiches mit sich anschließender epithelregenerierender Therapie angezeigt. Reaktionslose Trübungen kleineren Ausmaßes behindern das korneale Sehvermögen wenig, sie können unbehandelt bleiben, sollten aber einer regelmäßigen Kontrolle im Hinblick auf ihre Verdichtung oder Ausbreitung unterliegen.

13.7. Erkrankungen der Gefäßhaut

Die **Gefäßhaut des Auges**, die **Uvea**, setzt sich aus Den drei Anteilen Regenbogenhaut (Iris), Ziliarkörper (Corpus ciliare) und Aderhaut (Chorioidea) zusammen. Sie besitzt ein reichhaltiges Gefäßnetz, das der Ernährung aller zum Augapfel gehörenden Anteile dient. Besonders eng sind die nutritiven Beziehungen zur Netzhaut. Für den Stoffaustausch und die Regulierung des intraokulären Druckes erzeugt sie das notwendige Kammerwasser (Liquor intraocularis). Ihre dichte Pigmentierung ist für die Irisfarbe und für die besondere Farbzeichnung des Augenfundus maßgebend. Die in der Iris und im Ziliarkörper angelegten und vegetativ innervierten Muskeln gewährleisten die Pupillenbewegung und Akkommodationstätigkeit des Auges. Die *Untersuchung* erfolgt zunächst bei hellem Raumlicht.

Beurteilt werden in der vergleichenden Betrachtung beider Augen die Irisfarbe sowie die Form und Größe der Pupille. Sodann werden im lichtabgeschirmten Raum mit Hilfe einer fokussierten kräftigen Lichtquelle das Irisrelief (oberflächliche Feinzeichnung des Irisgewebes) und die direkte und konsensuelle Pupillenreaktion geprüft. Für die Betrachtung der Chorioidea muß die Pupille medikamentös mit kurzwirkenden Mydriatika (Tropikamid, Phenylephrin, Homatropin) weitgestellt werden. Die Untersuchung kann mit einem Hohlspiegel erfolgen, dessen fokussiertes Licht durch die Pupillenöffnung hindurch auf den Augenhintergrund gelenkt wird. Mit einem elektrischen Augenspiegel steht ein handliches Instrument zur Verfügung, das neben einem 2–5fachen Vergrößerungseffekt mit Hilfe eines eingebauten Linsensystems die Feineinstellung auf unterschiedliche optische Ebenen am Augenfundus ermöglicht. Eine spezielle Aussagekraft besitzt die *Fluoreszenzangiografie*. Bei der Untersuchung interessieren die Farbe des tapetalen und nichttapetalen Anteils des Fundus, die Anzahl, das Kaliber und die Randkontur der Blutgefäße sowie ihr Verlauf, besonders im Bereich des Sehnervenkopfes (Papille).

Unter den **angeborenen Anomalien der Gefäßhaut** rangieren beim Hund **Pigmentabweichungen der Iris** an erster Stelle. Sie äußern sich bei *Fehlen* des Irispigments **(Albinismus iridis)** durch eine bläulichgraue bis grauweiße Verfärbung (Abb. 13.66.). Ein *diffuser* Pigmentmangel bedingt „**Glas- oder Fischäugigkeit**", ein *partieller* wird als „**Birkauge**" bezeichnet. Eine „**Iris bicolor**" weist zwei verschiedene Färbungen auf, und eine **Heterochromia iridum** liegt vor, wenn die Färbung der einen Iris von der der anderen abweicht. Dieser Zustand tritt häufiger bei den

Deutschen Doggen auf und wird hier züchterisch geduldet, während der Albinismus iridis als zuchtausschließend gewertet wird. Fehlt auch dem retinalen Anteil der Iris das Pigment, so erscheint die Iris rot. Beim diffusen **Albinismus chorioideae** leuchtet der rote Augenfundus durch die Pupille auf.

Unter den möglichen Spielarten des Erscheinungsbildes **persistierender fetaler Gefäßmembranen** treten Reste der **Membrana capsulopupillaris**, eine fetale Gefäßversorgung des vorderen Teils der Linse, der Iris und der Hornhaut, am häufigsten auf. Sie werden mitunter als Zufallsbefund anläßlich *ophthalmoskopischer Untersuchungen* festgestellt und zeigen sich in Gestalt hirsekorn- bis linsengroßer, unregelmäßiger, konturierter, pigmentierter Bereiche, die der Linsenvorderfläche aufliegen. Als **Membrana pupillaris corneae adherens persistens** treten die Überreste als fädige, die Vorderkammer durchziehende Gebilde auf, die der Hornhaut von innen anhaften und hier unterschiedlich große, graubraune Trübungsbezirke erzeugen (Abb.13.67.). Die **Anomalie** wurde beim Basenji und beim Dobermann als dominant vererbbares, nicht geschlechtsgebundenes Leiden, das häufig noch mit anderen Defekten des Auges einhergeht, nachgewiesen. Der Grad der optischen Leistungsbeeinflussung hängt vom Ausmaß und von der Anordnung der Fäden, Membranen und Trübungen ab. Zarte, fädige Reste können sich im Verlauf einer größeren Zeitspanne spontan zurückbilden. Resorptionsbegünstigende *Maßnahmen*, zunächst durch Hyperämisierung des Auges, dann Glucocorticoide unterstützen den Rückbildungsprozeß.

Häufiger sind **erworbene pathologische Abweichungen** der Uvea. **Blutungen per rhexin** in die vordere Kammer oder auch in den Glaskörper können ihren Ursprung in **Gefäßverletzungen** des zarten Uveagewebes infolge *traumatischer* Insulte (Schlag, Stoß, Aufprall, Stich, Schuß) haben. Bei Bulbuseröffnung steht neben der *lokalen* und *allgemeinen Breitbandantibiose* das *chirurgische* Verschließen der Wunde im Vordergrund der *Therapie*. Zusammenhangstrennungen der Hornhaut oder Sklera werden durch Naht beseitigt. Bei Substanzverlust und Vorverlagerung innerer Augensubstanzen sind rekonstruktive *Maßnahmen* wie Abtragung oder Rückverlagerung vorgefallener Irisanteile, Vitrektomie, Kerato- oder Skleroplastik angezeigt. Blutkoagula sollten, da sie Verklebungen und Verwachsungen der Iris mit der Hornhaut **(Synechia anterior)** oder der Iris mit der Linse **(Synechia posterior)** begünstigen, mittels auf- und ansaugender feiner Gelatineschwämmchen aus dem Bulbus entfernt werden. Zum Eindämmen von Nachblutungen eignen sich neben der Ruhigstellung des Auges kalte Kompressen, zur Förderung der Blutgerinnung Vitamin K, Rutin, zur Gefäßabdichtung Calcium und Vitamin C. Später muß die Resorption der Extravasate durch Hyperämisierung gefördert werden. Dies geschieht *physikalisch* mit Wärme durch Kompressen oder Bestrahlung, *physikalisch-osmotisch* durch subkonjunktivale und retrobulbäre Injektion von hypertonischer NaCl-Lösung und *medikamentös* durch iod- und diethylmorphinhaltige Instillationen.

Die *Prognose* ist vom Ausmaß der primären oder sekundären Veränderungen im Augapfel abhängig. In den meisten Fällen gestaltet sie sich im Hinblick auf die Wiederherstellung der Sehfunktion des Auges ungünstig. Im weiteren *Verlauf* kann sich ein Sekundärglaukom oder auch ein Mikrophthalmus entwickeln.

Blutungen per diapedesin treten bei Koagulopathien infolge von Infektionen, z.B. Hcc und Leptospirose, oder Intoxikationen (Cumarin, Cumarinderivate) auf (Abb.13.68.). Sie sind ein Zeichen der spezifischen Empfindlichkeit des Uvealtraktes gegenüber exogenen oder endogenen Noxen und müssen als **entzündliche Reaktion (Iritis**

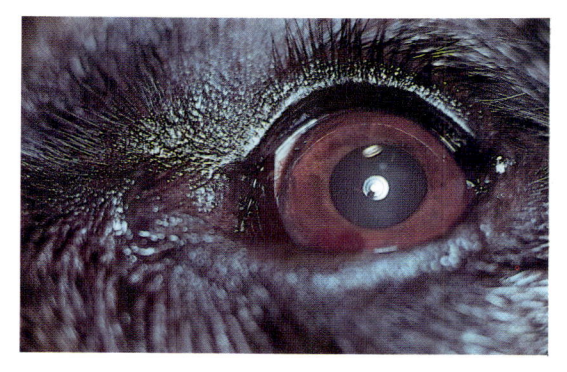

Abb. 13.68. Irisödem, verschwommenes Irisrelief, Hämorrhagie, Verklebung zwischen Pupillarrand und Linse.

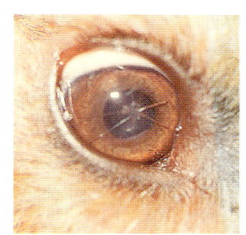

Abb. 13.67. Persistierende Arteria hyaloidea.

haemorrhagica) gewertet werden. Neben der *Kausalbehandlung* sind hier die oben genannten gerinnungsfördernden und gefäßabdichtenden *Maßnahmen* einzuleiten. Für die *Synechieprophylaxe* eignen sich 1 %ige Atropin-Augentropfen, die 3mal täglich über 2 Tage konjunktival zu applizieren sind. Bei Infektionen ist zudem eine lokale *Antibiotikatherapie* angezeigt.

Entzündliche Reaktionen der Iris sind aufgrund der geweblichen, anatomischen und nutritiven Gemeinsamkeiten mit den anderen Teilen der Gefäßhaut (Uvea) relativ selten allein anzutreffen. Meistens ist eine **Iritis** mit einer **Zyklitis** vergesellschaftet, der sich zeitlich etwas nachhinkend eine **Chorioiditis** hinzugesellt **(Irido-Zyklo-Chorioiditis, Uveitis, Panuveitis)**.

Die *pathologischen Veränderungen* sind jedoch zunächst und hauptsächlich an der Iris erkennbar. Sie betreffen die Irisfarbe, das Irisrelief und die Pupille. Mit der entzündlichen Blutfülle erscheint sie zunächst farblich dunkler nuanciert, nach Einsetzen der Exsudation matter. Durch Auflagerung entzündlicher Exsudate werden die sonst deutlichen erkennbaren Vertiefungen zwischen den Gewebefalten ausgefüllt und abgeflacht, das Irisrelief ist undeutlich und verschwommen. Infolge der Vermehrung von Eiweißkörpern im Liquor intraocularis erscheint die Vorderkammer bei seitlichem Einfall fokussierten Lichtes leicht getrübt *(Tyndall-Phänomen)*. Konglomerieren die Eiweißkörper unter Beimengung von Zelltrümmern und Fibrin, so treten sie als Kammerstaub in Erscheinung. Die Partikel präzipitieren und legen sich dem Hornhautendothel und der Linsenvorderfläche an. Bei Abscheiden eines fibrinösen Exsudats ist die Vorderkammer erheblich getrübt. Das Irisgewebe wird infolge der entzündlichen Schwellung in seiner Beweglichkeit mechanisch behindert. Hinzu kommt die entzündliche Reizung des kräftiger angelegten M. sphincter pupillae, die zu einer spastischen Miosis führt. Damit entsteht zwischen der Iris und der Linse eine relativ große Berührungsfläche, die bei Anwesenheit der entzündlichen Exsudation (serös, fibrinös, eitrig, hämorrhagisch) **Verklebungs- und Verwachsungsvorgänge (Synechien)** begünstigt. Als Zeichen der entzündlichen Vorgänge ist zudem ein strotzend gefüllter perilimbaler Gefäßkranz erkennbar (Abb. 13.69.). Synechien, ödematöse Verdickung des Irisgewebes und dem Kammerwinkel angelagerte Exsudate behindern den Kammerwasserumlauf, die Gefahr der Entstehung eines Sekundärglaukoms ist gegeben. Der

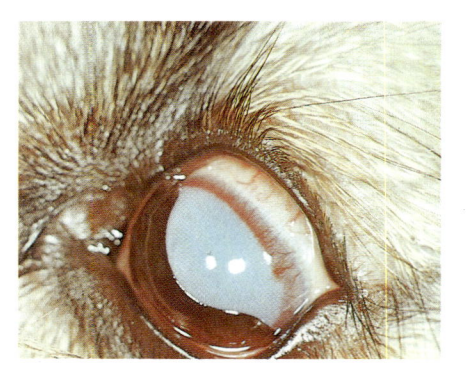

Abb. 13.69. Perilimbaler, ziliarer Gefäßkranz; Hornhautödem, konjunktivale Injektion.

Zustand ist sehr schmerzhaft und äußert sich durch Lichtscheue und gestörtes Allgemeinbefinden.

Ätiologisch stehen Infektionen, insbesondere die Hepatitis contagiosa canis, die Leptospirose, die Staupe, die Parvovirose, Tuberkulose und Mykosen an erster Stelle, ferner kommen exogene Intoxikationen in Frage. Nicht selten ist die Uveitis Ausdruck einer immunologischen Reaktion im Gefolge einer Vakzination oder Infektion.

Gleichlaufend mit der *Kausalbehandlung* ist unverzüglich die *symptomatische Therapie* vonnöten, um irreversible Schäden am erkrankten Auge zu verhindern. Sie unterliegt einer dreigeteilten Zielstellung, nämlich der allgemeinen und örtlichen Schmerzbekämpfung und Ruhigstellung, der Resorptionsbegünstigung und der Entzündungsbekämpfung. So ist das Tier vor optischen und akustischen Reizen abzuschirmen. Feuchtwarme Kompressen mildern die Schmerzen und begünstigen die Resorption. Das Auge wird atropinisiert. Hierdurch kommt es zur *medikamentösen Ruhigstellung der Iris*, der Entspannung des Ziliarmuskels und zur Resorptionsverbesserung. Die intensive Corticosteroidzufuhr auf dem Wege der konjunktivalen oder subkonjunktivalen Applikation dämmt die entzündlichen Prozesse ein. Bei Infektionen ist sie mit Chemotherapeutika zu kombinieren. Die *systemische Behandlung* mit Antiallergika und Antihistaminika drosselt immunologische Reaktionen. Die unspezifische Eiweißtherapie kann sich in hartnäckigen Fällen zur Umstimmung eines schlaffen, schwer beeinflußbaren Prozesses eignen. Die *Prognose* hängt vom Zeitpunkt des Einsatzes der Therapie ab. Sie ist im Hinblick auf die volle Wiederherstellung der optischen Funktion des Auges zweifelhaft zu stellen.

13.8. Erkrankungen der Linse

Die **Linse (Lens)** ist das einzige sich auf Lichtbrechung aktiv einstellende, durchsichtige Medium des Auges. Ein lebenslanger Aufbau von Linsensubstanz aus dem äquatorial vorhandenen Linsenepithel verleiht ihr zwiebelschalenartigen Aufbau der äußeren Zonen, während in der kompakten Kernzone Schrumpfungsprozesse vor sich gehen. Sie ist gefäßlos und gewinnt ihre Nährstoffe vornehmlich durch Diffusion aus dem Kammerwasser. Um sie in ihrer annähernd gesamten Ausdehnung durchmustern zu können, muß für ihre *Untersuchung* die Pupille weitgestellt sein. Hierzu eignet sich die konjunktivale Applikation eines kurzwirkenden Mydriatikums (Tropikamid, Phenylephrin, Homatropin; Wirkungseintritt ±25 min abwarten!). Vor allem interessieren die Durchsichtigkeit und die Lage der Linse.

Jede *optische Inhomogenität* der Linse gilt als **Linsentrübung**. Rauchige oder milchige Trübungen betreffen die Linsenstrukturen, sie werden als **Grauer Star (Cataracta)** bezeichnet. Auf der Linsenkapsel liegende Trübungen entstehen durch Auflagerungen, z.B. von Entzündungsprodukten. Sind sie pigmentiert, handelt es sich um Reste embryonaler Gefäße (Membrana pupillaris persistens) oder um Irisgewebe. Beim Hund kommt sowohl der angeborene Star (Cataracta congenita) als auch der erworbene (Cataracta acquisita) vor.

Die **Cataracta congenita** resultiert aus Ursachen, die zu einem relativ frühen Zeitpunkt des Embryonallebens auf die Linsenanlage eingewirkt haben, wie durch Intoxikationen oder Infektionskrankheiten des Muttertieres, Stoffwechselstörungen, entzündliche Intrauterinprozesse, Vitaminmangel während der Trächtigkeit, oder aber es bildet sich ein von vornherein minderwertiges Gewebe mit regelwidriger Apposition der Linsenfasern, mit Wasserspalten oder eingelagerten Flüssigkeitstropfen aus.

Bei einer beträchtlichen Anzahl von Rassen (u.a. Boston- und Staffordshire Bull Terrier, Welsh Springer Spaniel, Deutscher Schäferhund, Zwergschnauzer, Afghane, Irish Shetter, Bobtail, Sibirischer Husky, Zwerg- und Standardpudel, Golden- und Labrador-Retriever, American Cocker Spaniel) konnte der Nachweis als Erbleiden mit rezessivem Erbgang (beim Beagle dominant) erbracht werden.

Der *Verlauf* der angeborenen Form der Linsentrübung gestaltet sich unterschiedlich. Sehr häufig ist sie nicht unmittelbar nach Öffnen der Lidspalte, sondern erst während der ersten 3–4 Lebensmonate erkennbar. Mitunter tritt sie auch erst nach Verlauf der ersten Lebensjahre auf. Sie wird – sofern alle anderen in Frage kommenden Ursachen einer Linsentrübung ausgeschlossen werden können – beim Hund bis zum 6. Lebensjahr als *juvenile* Katarakt aufgefaßt.

Angeborene erbliche Katarakte treten bilateral auf, ihr klinisches Erscheinungsbild und die Progredienz der Trübung können allerdings asymmetrisch ausgeprägt sein. Bei den meisten der genannten Rassen ist der Verlauf langsam progredient und erstreckt sich über 2–3 Jahre, er ist beim Afghanen und Irish Setter rasch progredient, oder er stagniert, wie beim Beagle. Doch auch Spontanresorption ist möglich. Sie wurde bei Jagdhunden der Rassen Irish Setter, Zwerg- und Standardpudel, Afghane wiederholt beobachtet. Diese aktive Resorption deutet sich klinisch durch eine linseneiweiß-induzierte milde Uveitis bei gefältelt erscheinender Linsenkapsel an. Tiere mit einem solchen Krankheitsverlauf sollten lokal mit 1%iger Atropinlösung und mit nicht steroidalen Ophthalmika behandelt und regelmäßiger veterinärophthalmologischer Kontrolle unterzogen werden.

Eine häufigere Form der **erworbenen Linsentrübung** ist beim Hund der **Altersstar**, die **Cataracta senilis**. Sie entsteht auf der Grundlage einer Sauerstoffunterbilanz im Linsengewebe, die zu den morphologisch faßbaren Veränderungen in Gestalt von Vakuolisierung, Sklerosierung und kristallinen Einlagerungen führt. Der *Verlauf* der Eintrübung ist individuell unterschiedlich lang. Zunächst ist die Linse bei Vorhandensein sehr feiner Trübungen noch durchsichtig. Etwas später sieht man im auffallenden Licht in der Pupillenregion eine rundliche, zentral gelegene, hellgraue Trübung, lediglich der periphere Linsenbereich ist noch durchsichtig, der Fundus ist partiell undeutlich erkennbar. Im weiteren Verlauf wird die zentral gelegene Trübung dichter, und es treten Marmorierungen auf, teils punkt- oder streifenförmig (Abb. 13.70.), manchmal mit radiär gestellten, speichenartigen Verdichtungslinien. Die Pupille ist dann weit geöffnet. Anläßlich der *ophthalmoskopischen Untersuchung* reagiert sie allerdings prompt und vollständig bei Intaktheit der Retina und des Pupillenreflexbogens.

Die **Cataracta symptomatica** tritt im Verlaufe oder im Gefolge von Krankheiten (z.B. Diabetes), Mangelzuständen (z.B. B-Vitamine), Re-

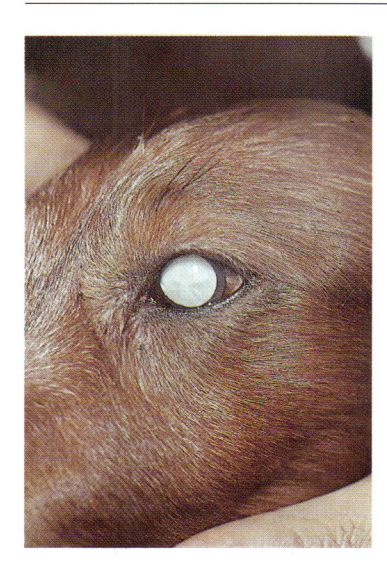

Abb. 13.70. Cataracta senilis.

sorption oder Aufnahme toxischer Substanzen (z.B. Harnstoff, Naphthalene, Thallium) oder nach Langzeitanwendung von Arzneistoffen (z.B. Corticosteroide, Kontrazeptiva, Chlorpromazin) auf.

Eine **Cataracta complicata** ist das Begleitsymptom im Auge ablaufender entzündlicher Prozesse (Uveitis, Retinitis) und das Ergebnis mangelnder oder veränderter Stoffwechselprozesse in der Linse infolge Veränderung der Zusammensetzung des Kammerwassers. Hierdurch ist das Linsenparenchym von der Trübung betroffen. Trübungen der Kapsel *(Cataracta spuria)* resultieren aus entzündungsbedingten Auflagerungen oder Verklebungen.

Eine **Cataracta consecutiva (secundaria)** ist das Begleitsymptom primär erblicher Augenveränderungen. So wird beim Zwergschnauzer und Cavalier King Charles Spaniel beiderseitige *nukleäre* Katarakt in Gemeinschaft mit Mikrophthalmus, und (mitunter) Nystagmus rezessiv vererbt. Ähnliche, mit rezessivem Erbgang nachgewiesene Kombinationen sind vom Bobtail (Old English Sheepdog), zusätzlich mit Anisokorie (asymmetrische Pupillenweite) und Retinadysplasie bekannt. Bei anderen Rassen (English Cocker Spaniel, West Highland White Terrier, Beagle, Golden-Retriever) wurden sie ebenfalls beobachtet. Hier fehlt allerdings Kenntnis über den Erbgang.

Im *Kortex* beginnende Kataraktausbildung tritt in Gemeinschaft mit rezessiv vererbbarer retinaler Dysplasie in den Rassen Sealyham und Bedlington-Terrier, English Springer Spaniel und Labrador-Retriever auf. Bei noch durchsichtiger Linse sind bei dieser Krankheit möglicherweise im tapetumfreien Fundusteil Netzhautfalten als Symptom dysplasiebedingter fehlender Anheftung von Netzhautarealen erkennbar.

Beim Zwerg- und Standardpudel und beim English Cocker Spaniel mittleren Lebensalters entwickelt sich die beiderseitige Katarakt im Zusammenhang mit der progressiven Retinaatrophie (PRA). Sofern die betroffenen Tiere nicht einer regelmäßigen ophthalmoskopischen Frühuntersuchung unterlagen, ist mitunter erst die Konsekutivkatarakt dem Besitzer Veranlassung, das Tier vorzustellen. Die sorgfältige Anamnese kann erbringen, daß schon geraume Zeit vor der für den Besitzer offensichtlichen Linsentrübung Sehbehinderung, insbesondere bei Dämmerung und in der Nacht *(Hemeralopie)*, zu bemerken war. Sofern man durch die Linse des „nachhinkenden" Auges noch den Fundus erkennen kann, präsentiert sich dieser durch hyperreflektiven Tapetumanteil, durch Marmorierung des nichttapetalen Fundus und durch Kaliberverengung der retinalen Gefäße. Der Pupillenreflex kann voll funktionieren oder aber verzögert oder unvollständig sein. Objektivierbaren diagnostischen Aufschluß über die primäre Netzhauterkrankung erbringt das Elektroretinogramm.

Seltener vorkommend, aber ähnlich im Verlauf ist die *zentrale* progressive Retinaatrophie (CPRA) beim Labrador-Retriever, Golden-Retriever, Border-Collie, Glatthaar-Collie, Sheltie, Briard.

Eine besondere primäre Form des Grauen Stars ist die durch meist einseitige Traumen hervorgerufene **Cataracta traumatica**. Als *Kontusionsstar* ist er die Folge von stumpfen Gewalteinwirkungen und Erschütterungen, die zur Auflockerung des Linsenepithels und nach Ablauf eines gewissen Zeitraums zu Trübungen des kortikalen Linsenanteils führen. Gewalteinwirkungen, die mit einer Zusammenhangstrennung der Kapsel einhergehen, bedingen einen *Perforationsstar*. Das in die Linse eindringende Kammerwasser führt zur Quellung der Linse, zur Lösung der wasserlöslichen Linseneiweiße, es kann eine *linseneiweißinduzierte Uveitis* entstehen. Kapselwunden werden durch Proliferation des Linsenepithels verschlossen, es verbleiben jedoch umschriebene Trübungen in der kortikalen Zone, die als **Nachstar** bezeichnet werden. Ein Nachstar kann sich auch nach *extrakapsulärer Linsenextraktion* bei Verbleiben von Kapselresten im Augapfel entwickeln.

Therapie der Katarakt: Die *konservative Therapie* der Linsentrübung ist aufgrund der irreversiblen Schäden in der Linse fraglich. Bei der juvenilen Cataracta kann die mögliche Spontanresorption abgewartet werden. Sie wird forciert durch Zufuhr von Selen in Kombination mit Vitamin E oder proteinfreiem Pferdeserumextrakt, der mit einer Strahlenpilzkultur vorbehandelt wurde. Ferner wird die örtliche (konjunktivale) Applikation von Thyreotropin-Releasing-Hormon empfohlen. *Ziel* der Therapie ist die Auflockerung der Linsenkapsel. Die zu erwartende Uveitis ist durch Atropininstillation und Glucocorticoidzufuhr zu mildern.

Die *Entfernung* der getrübten Linse ist nur dann angezeigt, wenn alle anderen Augenstrukturen ohne pathologische Veränderungen sind, ebenso die unverminderte Leistungsfähigkeit der Netzhaut und des Sehnerven sowie die Intaktheit der Sehbahn bestehen. Hierdurch schränkt sich die Möglichkeit der *chirurgischen Therapie* bei symptomatischen Katarakten von selbst erheblich ein. Ein möglicher, allerdings sehr begrenzt aussagefähiger Hinweis für die Intaktheit der Retina und des Sehnerven sowie des Pupillenreflexbogens ist die *Lichtreaktion*. Ist sie nicht, nur verzögert oder unvollständig auszulösen, so sind neurophthalmologische Schäden nicht auszuschließen; das ist ganz besonders wichtig für die Differenzierung Altersstar – Konsekutivstar bei Rassen mit erblicher Belastung für Augenanomalien. Die endgültige Klarheit über die Funktionsfähigkeit der Netzhaut erbringen in einem solchen Fall ein *Elektroretinogramm* und – sofern Störungen im zentralen visuellen System vermutet werden – die *VECP*-Werte (visuell evozierte Potentiale).

Jeder *Staroperation* beim Hund sind grundsätzlich folgende Überlegungen vorauszuschicken: Die Operation ist mit einem Risiko verbunden, sie ist kein dringender Eingriff, intra- und postoperative Komplikationen können den Erfolg in Frage stellen. Das Tier sollte vom Alter und vom Allgemeinzustand her noch eine gewisse Lebenserwartung aufweisen. Bei nur einseitig vorliegendem Star kann man zunächst abwartende Haltung einnehmen. Bei beiderseitiger Katarakt älterer Hunde gibt die Entfernung nur einer Linse dem Tier ausreichende visuelle Orientierung zurück. Dagegen sollte bei jüngeren Tieren und solchen, die im Schutzdienst oder in der Jagd Einsatz leisten, zur Herstellung synchroner dioptrischer Bedingungen beiderseits zugleich oder nacheinander die Linse entfernt werden. Allerdings haben die Tiere bei fehlender Augenlinse (Aphakie) nur in etwa 10 m Entfernung ein scharfes Bild; Gegenstände vor oder hinter dieser Distanz werden nur schattenhaft optisch wahrgenommen. Der Verlust der Akkommodationsfähigkeit fällt jedoch beim Hund als einem ohnehin akkommodationsträgen Tier aufgrund der hohen Kompensationsfähigkeit der anderen Sinnesorgane vermutlich weniger stark ins Gewicht. Die Möglichkeit der *optischen* Korrektur ist allerdings durch speziell angefertigte *Kontaktlinsen* gegeben. Der hohe Aufwand und die Gefahr des unbemerkten Verlierens der Linse dürften hierfür limitierend sein. Dagegen kann die intraokuläre, kapselgestützte Linse Zukunftschancen haben. Die *chirurgische Behandlung* der Linsentrübung ist ausschließlich die *Linsenextraktion*. Die früher beschriebene Möglichkeit der Linsendiszision, insbesondere bei juveniler Katarakt, sollte wegen des Verbleibs von Linseneiweißen im Augapfel und der daraus resultierenden Gefahr einer Uveitis nicht mehr Anwendung finden. Die Linsenextraktion wird in Narkose und bei weitgestellter Pupille vorgenommen.

Für die Entbindung der Linse steht die intra- oder extrakapsuläre Technik zur Verfügung; die intrakapsuläre bietet den Vorteil der Entfernung der gesamten Linse. Nachteilig ist, daß die hintere Kapsel häufig mit der Glaskörpermembran verbunden ist. Hieraus resultiert, daß die hintere Kapsel im Auge verbleibt und Anlaß zu einem Nachstar gibt. Eine weitere Komplikationsmöglichkeit besteht darin, daß mit der Linsenextraktion Zugkräfte auf die festhaftende Glaskörpermembran ausgeübt werden, die Membran einreißt und ein partieller Glaskörpervorfall in die Vorderkammer erfolgt. Synechien und Sekundärglaukom können die Folge sein.

Somit erscheint aus neuerer Sicht die extrakapsuläre Entbindung der Linse sinnvoller. Allerdings müssen die im Linsenäquator liegenden germinativen Linsenzellen der Kapselzone durch Spülung und Absaugen sorgfältig entfernt werden, um der Entstehung eines Nachstars zu begegnen. Der verbleibende Kapselanteil bietet sich für die Aufnahme einer alloplastischen Implantationslinse mit 30–35 Dioptrien Brechkraft an.

Lageveränderungen der Linse entstehen durch Defekte ihres Aufhängapparates. Diese werden durch *traumatische Insulte*, durch *infektiöse* oder *toxische Schädigung* der zarten Eiweißfäden, durch mechanische Verdrängung (Blut, Exsudate, entzündliche Schwarten, Neubildungen, intraokuläre Druckerhöhung) hervorgerufen. Für die bei Terriern (Fox-, Welsh-, Jagd- und Sealyhamterrier) häufiger vorkommenden **Linsenluxatio-**

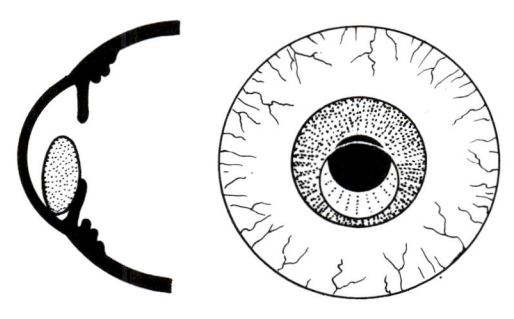

Abb. 13.71. Luxatio lentis anterior.
1 = Seitenansicht, 2 = Ansicht von vorn.

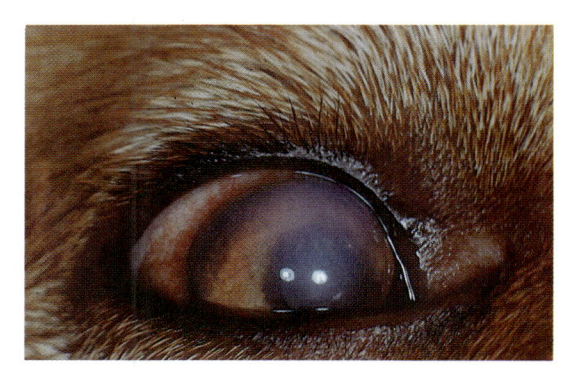

Abb. 13.72. Partielles Hornhautödem und vertiefte Vorderkammer nach Abgleiten der nach vorn luxierten Linse in den Glaskörper.

nen werden **angeborene erbliche Defekte** des Aufhängeapparates der Linse – wie Ungleichheit und partielles Fehlen – als Ursache und ungewöhnliche traumatische Insulte als auslösendes Moment angesehen. Sie treten bei dieser Rasse, allerdings zeitlich nacheinander, an beiden Augen auf. Sofern die Luxation sekundär und auf andere intraokuläre Veränderungen zurückzuführen ist (entzündliche, exsudative oder hypertone Zustände), werden die Symptome der jeweiligen Grundkrankheit im Vordergrund stehen. In diesem Fall ist die Pathogenese der Linsenluxation schwer abklärbar, zudem ist der Zustand mitunter nicht eindeutig erkennbar.

Für die durch **Trauma** hervorgerufene und die bei den Terriern auftretende Linsenluxation sind folgende *klinische Symptome* zu erwarten: Die Linse kann durch die Pupillenöffnung hindurch in die vordere Augenkammer luxieren **(Luxatio lentis anterior)**, sie liegt aufgrund ihrer Schwerkraft fast immer im unteren Teil der Vorderkammer (Abb. 13.71.). Man erkennt bei durchfallendem Licht ihren vor dem oberen Pupillenrand liegenden Äquator recht gut, zumal sich dahinter ein sichelförmiger Streifen des grünlich aufleuchtenden Tapetums deutlich darstellt. Von der Seite gesehen, erscheint die Vorderkammer durch das Abdrängen des Irissegels vertieft. Die mäßig weite, manchmal verzerrte Pupille reagiert verzögert, unvollständig oder überhaupt nicht. Zu diesem Zeitpunkt zeigt das Tier Lichtscheue und vermehrten Tränenfluß. Sehr bald trübt sich die Hornhaut im Bereich der anliegenden Linse ein. Es handelt sich hierbei zunächst um ein **Hornhautödem**, das durch Sprengung der Interzellularbrücken des Hornhautendothels entsteht. Sehr bald bildet sich hieraus eine **reaktive Keratitis**. Die *Diagnosestellung* gestaltet sich nun schwierig. Nicht selten kommt es zu Fehlschlüssen, und der Zustand wird lediglich als Keratitis diagnostiziert und behandelt. Damit geht für die Erhaltung des Auges wertvolle Zeit verloren. Bei *Untersuchung* im abgedunkelten Raum ist bei seitlichem Einfall eines starken und gebündelten Lichtstrahls die luxierte Linse in der Vorderkammer als Schatten erkennbar. Sie tritt deutlich hervor, wenn man bei leichtem Andrücken des Unterlides gegen die Hornhaut von unten her ihre Lage möglicherweise etwas verändern kann. Erhöhter innerer Augendruck und ziliarer Blutandrang sind immer ernstzunehmende Hinweise auf eine Linsenluxation und daraus resultierende Abflußbehinderungen des Kammerwassers. Mitunter verändert die Linse ihre Lage und gelangt durch die Pupillenöffnung in den Glaskörper. Das zurückbleibende partielle Hornhautödem, die vertiefte vordere Kammer und eine „schlotternde" Iris (gut zu erkennen bei ruckartiger Bulbusbewegung) sind wichtige Hinweise (Abb. 13.72.).

Die *Behandlung* hat im Hinblick auf die Blockierung des Kammerwinkels und die sich daraus ergebende Gefahr des Sekundärglaukoms unverzüglich zu erfolgen. Eine *Glaukomprophylaxe* mit Miotika ist kontraindiziert, da die Kontaktfläche der Iris mit der Linse einerseits und der Linse mit der Hornhaut andererseits vergrößert und damit der Kammerwinkel verlegt wird. Wurde die Linsenluxation rechtzeitig erkannt, liegt noch kein Sekundärglaukom vor, ist die *Exstirpation* der luxierten Linse die *Therapie der Wahl*. Der Bulbus wird lobär durch einen *kornealen* oder *skleralen Schnitt eröffnet*. Mit Hilfe einer Linsenschlinge (Abb. 13.73.) oder einer Kryosonde wird die Linse aus dem Augapfel entfernt. *Postoperativ* ist für die Regulierung des intraokulären Flüssigkeitsumlaufs Sorge zu tragen.

Das aphake Auge weist fortan Refraktionsanomalien auf. Bei Tieren im Jagdgebrauch (Jagdterrier) entsteht hierdurch ein Handicap, das beim Führen des Hundes beachtet werden sollte. Besteht bereits seit geraumer Zeit ein ausgeprägtes Sekundärglaukom, wäre die Entfernung der Linse sinnlos, da das Auge ohnehin durch Druckatrophie der Netzhaut für den Sehprozeß verloren ist. Soll der Augapfel aus kosmetischen Gründen erhalten bleiben, sind *druckentlastende chirurgische Maßnahmen* (s. Therapie Sekundärglaukom) in Erwägung zu ziehen. Man bewahrt das Tier allerdings vor weiteren Schmerzen und Belastungen, indem der vergrößerte und harte Augapfel entfernt wird *(Bulbusexstirpation)*.

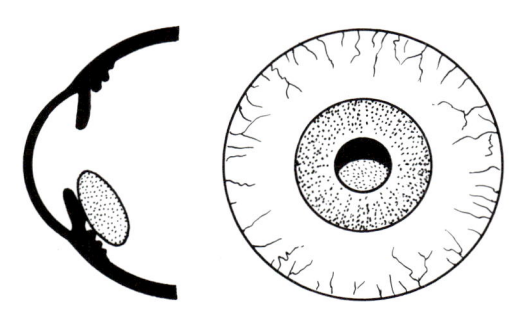

Abb. 13.74. Luxatio lentis posterior.
1 = Seitenansicht, 2 = Ansicht von vorn.

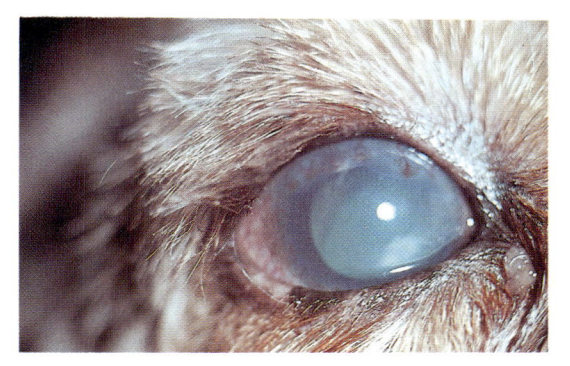

Abb. 13.75. Luxatio lentis posterior. Sichelförmiges Aufleuchten des Tapetums. Reaktive Hornhautvaskularisation.

Abb. 13.73. Exstirpation der luxierten Linse mittels Schlinge.

Bei der **Luxatio lentis posterior** ist die verlagerte Linse hinter der Pupille in ihrer äquatorialen Begrenzung als konvexer Bogen zu erkennen (Abb. 13.74.). Der darüberliegende linsenfreie Teil der Pupille erscheint sichel- bis halbmondförmig und läßt im durchfallenden Licht Details des Fundus mit bloßem Auge sichtbar aufleuchten (Abb. 13.75.). Aufgrund der nebeneinanderliegenden unterschiedlichen Brechungsebenen sieht man bei der *ophthalmoskopischen Untersuchung* das Fundusbild doppelt. Die Pupille ist erweitert, bei Bulbusbewegung sind mitunter am Pupillenrand rupturierte, gequollene Zonulaknäuel als wolkige oder fädige Gebilde zu erfassen. Ist die Linse tief in den Glaskörper gesunken, besteht das Krankheitsbild der *Aphakie*. Die vordere Kammer wirkt tiefer, die Iris schlottert, der mit bloßem Auge erkennbare Fundus ist in weiten Teilen übersehbar.

Die *Extraktion* einer in den Glaskörper luxierten Linse gestaltet sich schwierig. Als schonende Methode bietet sich für das Auffinden, Erfassen und Extrahieren der Linse die *Kryosondentechnik* mit intraokulärer Beleuchtung an. Da diese Technik nur wenigen Spezialeinrichtungen zur Verfügung steht, sollte man zunächst eine nach hinten verlagerte Linse dort belassen, indem die Pupille ständig *medikamentös* enggestellt wird und das Auge unter kontinuierlicher tierärztlicher Kontrolle bleibt.

Im Falle einer Verlagerung der Linse aus dem Glaskörperraum in die Vorderkammer ist sofort zur *Extraktion* der luxierten Linse zu schreiten. Da zugleich mit einem Glaskörpervorfall gerechnet werden muß – erfahrungsgemäß ist die zarte Glaskörpermembran durch die verlagerte Linse rupturiert –, ist auch dieser zum Teil mit zu entfernen *(partielle Vitrektomie)*.

13.9. Erkrankungen des Augenfundus

Die **Netzhaut (Retina)** ist mit ihren Zellen für die Aufnahme von Lichtreizen, ihre Umbildung zu Nervenimpulsen und deren Weiterleitung über den Sehnerv an das Gehirn zuständig. Ihre Sinnesepithelien werden durch die Stäbchen und Zapfen beim Hund im Verhältnis 18:1 dargestellt. Die Funktion der Sinnesepithelzellen ist an die Anwesenheit bzw. ständige Regeneration des vom Pigmentepithel gebildeten Sehpurpurs gebunden.

Bei der *ophthalmoskopischen Untersuchung* des Augenhintergrundes wird die Netzhaut im Bereich des Tapetums nicht erkennbar, da sie hier als eine sehr dünne und durchsichtige Schicht durch die kräftigen Pigmentgranula der darunterliegenden Chorioidea durchleuchtet wird. Dagegen tritt sie im nichttapetalen Teil des Fundus durch ihr stark pigmentiertes Epithel, das rassebedingt von Hell- über Mittel- bis Dunkelbraun variiert, in Erscheinung. Der unmittelbaren Betrachtung ist der Sehnervenkopf (Papille) zugänglich. *Diagnostisch* aufschlußreich sind seine Form, Farbe und Gefäßzeichnung (Abb. 13.76.).

Blutungen im Fundus entstammen zunächst und hauptsächlich dem dichten Kapillarnetz der Chorioidea, zeitlich nachhinkend können auch die retinalen Gefäße betroffen sein. Es handelt sich fast ausschließlich um Diapedesisblutungen, die durch Koagulopathien im Zusammenhang mit Krankheiten des Blutgefäßsystems (Thrombozytopenie, Lupus erythematodes, Makroglobulinämie, hämolytische Anämie), Infektionskrankheiten (Staupe, infektiöse Leberentzündung), Vergiftungen (Harnstoff, Cumarine) entstehen. Sie stellen sich als mehr oder weniger stark rötlich verfärbte, umschriebene Bereiche dar; mitunter ist der gesamte Fundus rötlich oder rotorange verfärbt. Sind Gefäße noch erkennbar, so erscheinen ihre Konturen unscharf, die Farbe des grünlichgelb leuchtenden Tapetums ist verschwommen, die Pigmentgranula sind in ihrer Begrenzung nicht wahrzunehmen. Die *Therapie* ist auf das Grundleiden auszurichten, und im Hinblick auf den Augenfundus sind systemisch gefäßabdichtende und gerinnungsfördernde *Maßnahmen* (Vitamin K, Vitamin C und Ca-Präparate) einzuleiten. Eine allgemeine *Osmotherapie*, z.B. intravenöse Verabreichung hochprozentiger Zuckerlösungen, oder die orale Glyceroltherapie begünstigen die Resorption der Extravasate.

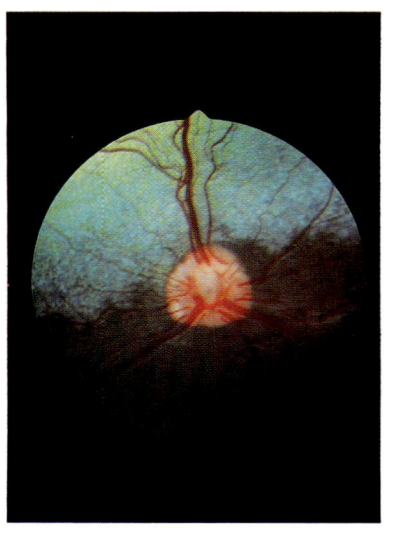

Abb. 13.76. Gesunder Augenfundus eines Rauhhaarteckels. (Foto: NEUMANN, Gießen).

Entzündliche Vorgänge im Augenfundus betreffen aufgrund des innigen geweblichen und nutritiven Kontaktes von Chorioidea und Retina meistens beide Anteile (**Chorioretinitis, Retinochorioiditis**). Viele Fälle sind idiopathisch, doch es gibt einige bekannte *Ursachen*. So entwickeln sich Entzündungen des Fundus durch Fortleitung (Enzephalomeningitis, Sinusitis, Zellulitis), durch hämatogene Ausbreitung und Ansiedlung von Infektionserregern (Staupevirus, *Rickettsia rickettsi*) oder Parasiten und Algen *(Toxocara canis, Prototheca)*, durch hämatogenen Transport endogener und exogener Gifte (Harnstoff, Blei, Arsen, Herbizide), durch Wirkstoffe, oder sie sind immunvermittelt (z.B. Uveodermatologisches Syndrom beim Akita Inu).

Klinisch können (aber müssen durchaus nicht) in der *akuten* Entzündungsphase Zeichen von Sehbehinderung auftreten. Mitunter zeigen die Tiere lediglich Lichtscheue und suchen abgelegene Plätze auf. Die Pupille ist halbweit und reaktionsträge. Ophthalmoskopisch imponieren Areale herabgesetzter Tapetumreflexion und verwaschener Gefäßgrenzen mit Aufhellungen in deren unmittelbarer Peripherie. Infolge des retinalen Ödems wirkt der nichttapetale Fundus verwaschen braun oder fleckig. Größere Exsudatansammlungen zwischen Pigmentepithel und Photorezeptorenlage können zur **Netzhautablösung** führen. Diese äußert sich ophthalmoskopisch durch flache oder auch bullöse, mitunter blasigundulierende Abhebungen mit stark geschlängelten retinalen Blutgefäßen.

Im Stadium der *inaktiven* Chorioretinitis erscheint der Augenfundus über weite Bereiche wieder klarer. Es sind verstreut liegende und vielgestaltige hyperreflektive Areale mit pigmentiertem Zentrum erkennbar. Das Tapetum erhält ein gesprenkeltes Aussehen. Die nichttapetalen Teile wirken durch Depigmentierung und pathologische Repigmentation marmoriert. Das erkrankte Tier wird häufig erst in diesem Stadium infolge der nunmehr deutlich bemerkbaren Sehverschlechterung oder gar Erblindung vorgestellt. Die Pupillen bleiben konstant geweitet. Aufgrund systemisch wirkender Ursachen sind immer beide Augen betroffen.

Eine besondere Form umschriebener entzündlicher Veränderungen der Netzhaut stellt die **Retinochorioiditis maculosa disseminata** dar. Hier kommt es zu verstreut liegenden, meist aber an Gefäße gebundenen entzündlichen Infiltraten der Netzhaut, die später den degenerativen Untergang der betreffenden Netzhautareale bedingen.

Die *Therapie* hat sich im Stadium des akuten entzündlichen Geschehens neben der kausalen (z.B. Antibiotika) vordergründig auf die Eindämmung der entzündlichen Exsudationen auszurichten. Sie gestaltet sich nach den unter „Blutungen" gegebenen Hinweisen. Essentiell ist die intensive systemische und zusätzlich lokale Corticosteroidtherapie.

Die **Degeneration** der Netzhaut ist eine relativ häufige Erkrankung des hinteren Augensegmentes. In ihrer *erworbenen* Form ist sie fast ausschließlich Endzustand einer Chorioretinitis, deren klinisches Leitsymptom *akut eintretender Sehverlust* ist. Sie steht mit diesem klinischen Bild im Gegensatz zu *angeborenen* Formen der Netzhautdegeneration. Hier ist, z.B. im Falle der totalen Retinadysplasie, angeborene Blindheit vorhanden oder, wie im Falle der Progressiven Retinaatrophie, ein *chronisch-progressiver Sehverlust* zu erwarten.

Angeborene und erbliche Netzhautdegenerationen werden unter dem Sammelbegriff **Progressive Retinaatrophie** geführt. Sie stellen sich beim Hund histologisch in 2 Typen dar: 1. die generalisierte PRA, 2. die zentrale PRA (CPRA; neuerdings Pigmentepitheldysplasie = PED). Letztere wurde im deutschsprachigen Raum bislang sehr selten beobachtet. Die **generalisierte PRA** umfaßt von der *Pathogenese* her die Stäbchendysplasie, die beim Norwegischen Elchhund vorrangig beobachtet wird, die Stäbchen-Zapfen-Dysplasie, insbesondere beim Irish-Setter gefunden, und die Stäbchen-Zapfen-Degeneration, die bei mehreren Rassen, unter anderem auch beim Pudel, verbreitet ist. Die *klinischen Symptome* der hereditären Netzhautatrophie stellen sich nach und nach ein. Sie können sich zunächst in einem scheuen Verhalten des Tieres, in Unsicherheit besonders in fremder Umgebung und herabgesetztem Sehvermögen in der Dämmerung und Dunkelheit äußern. Im frühen Stadium wirken die Pupillen nur wenig erweitert, ihre Reaktion ist träge, am Fundus muß noch keine Abweichung zu erkennen sein. Eine zunehmende visuelle Unsicherheit kann sich nunmehr auch bei Tageslicht bemerkbar machen. Nicht selten wird dieser Zustand vom Besitzer zunächst kaum erkannt, da das Tier den ausfallenden Visus durch andere Sinnesorgane (Geruch, Gehör, Gefühl) kompensiert. Die Pupillen sind im weiteren Verlauf stark erweitert und zeigen eine stark herabgesetzte bis aufgehobene Reaktion auf Lichtreize. Der Tapetumreflex ist deutlich ausgeprägt, es sind Farbabweichungen des Tapetums unter Verlust der granulären Struktur vorhanden. Die retinalen Gefäße scheinen in der Zahl und ihrem Kaliber vermindert. Die Papille ist graurosa bis grau, mitunter durch einen stark pigmentierten Ring begrenzt; die in der Papille vorhandenen Gefäße sind zahlenmäßig verringert und kleinkalibrig. Der Venenring der Papille geht verloren (Abb.13.77.). Im Endstadium ist die Papille grauweiß, Gefäße sind nicht mehr nachweisbar, der Fundus erscheint im nichttapetalen Teil durch

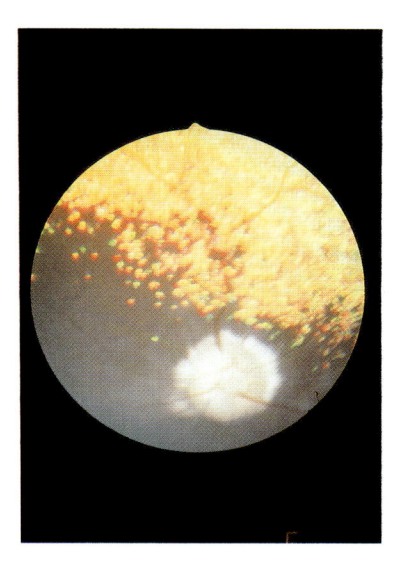

Abb.13.77. Retina- und Papillenatrophie bei einem Pudel. (Foto: NEUMANN, Gießen).

Depigmentierungsherde mit dunklem Rand marmoriert und weist in anderen, helleren Bereichen silbrigen Glanz auf. Zu diesem Zeitpunkt sind die Tiere vollkommen erblindet. Der *Zeitraum* der *progredienten Veränderungen* kann unterschiedlich lang sein. Mitunter währt er über Jahre, in anderen Fällen ist das Endstadium innerhalb weniger Wochen erreicht. Bei einem bestimmten Anteil von Erkrankungen stellt sich im Verlaufe des Prozesses eine **sekundäre Katarakt** ein, und die zunehmenden Blindheitssymptome werden fälschlich hierauf zurückgeführt. Die *Extraktion* der Kataraktlinse trägt in diesem Falle nicht zur Verbesserung des Sehvermögens bei. Die *differentialdiagnostische Abgrenzung* einer primären von einer sekundären Katarakt wird einzig durch die *Elektroretinografie* erbracht. Eine *Therapie* mit Vitaminen, insbesondere Vitamin A und Vitamin-B-Komplex, kann in frühen Stadien lediglich den Zeitpunkt der Erblindung etwas hinauszögern, die Krankheit aber keinesfalls heilen.

Bei der **Collie-Augenanomalie (Collie-eye anomaly = CEA)** handelt es sich um angeborene, rezessiv vererbbare Defekte des Augenhintergrundes, die beim Collie und Sheltie beiderlei Geschlechts und aller Farben zu einem hohen Prozentsatz auftreten. Der Anomalie, die sich um den 30. Embryonaltag entwickelt, liegen Differenzierungsstörungen des Pigmentepithels zugrunde, die ihrerseits infolge des induktiven Formationsreizes des Pigmentepithels auf die mesodermalen Anteile des Auges an der Chorioidea und Sklera zu Fehlbildungen in Gestalt atypischer *Kolobome* führen. Die *ophthalmoskopisch* erfaßbaren Veränderungen variieren und werden in Abhängigkeit von ihrem Ausmaß in verschiedene Grade differenziert, wobei jede der Veränderungen für sich allein oder in Kombination mit einer oder mehreren anderen auftreten kann. In der Regel sind beide Augen erkrankt, die Veränderungen sind oftmals nicht symmetrisch ausgebildet. Eine ungewöhnliche und starke Windung der retinalen Gefäße wird bereits als ein Symptom angesehen (einige Autoren definieren diese Erscheinung allerdings als Rasseeigentümlichkeit des Collies).

Auffallend und am häufigsten vertreten sind sog. **chorioretinale Dysplasien**, die sich durch mehr oder weniger große Defekte des pigmentierten Tapetums bzw. des nichttapetalen Teils präsentieren. Hierdurch werden die an Zahl verminderten Gefäße der Chorioidea, die dem weißen skleralen Untergrund anliegen, sichtbar (Abb. 13.78.). Den Veränderungen liegen *histolo-*

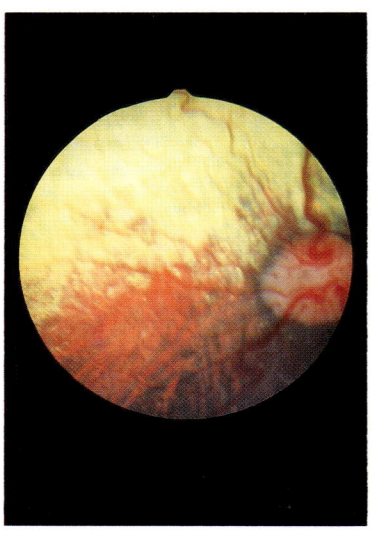

Abb. 13.78. Fehlendes Pigment im nichttapetalen Teil des Fundus. Diffuse rote Aderhaut temporal der Papille. (Foto: NEUMANN, Gießen).

gisch hypoplastische Chorioidalausbildungen zugrunde, die insbesondere das Pigmentepithel betreffen. **Sklerale Ektasien** sind ein weiteres Merkmal der CEA (Abb. 13.79.). Sie können eine Tiefe von –5 bis –30 D aufweisen. Befindet sich die Ektasie im Bereich des Sehnervenkopfes, so wirken die über den Rand der Ektasie hinweglaufenden Blutgefäße wie abgeknickt (Abb. 13.80.). Im Bereich der ektatischen Niveauunterschiede kann es zu retinalen Einrissen, sekundär zur Ausbildung eines fibrösen Ersatzgewebes oder zur Retinaablösung kommen. Auf die gleiche Weise entstehen auch Rupturen von chorioidealen oder retinalen Blutgefäßen. Das austretende Blut führt zur **retinalen Ablösung**, oder es gelangt in den Glaskörper und bedingt umfangreiche **intraokuläre Blutansammlungen**. Die *klinischen Symptome* sind vom Grad der Fundusabweichungen abhängig. Intraokuläre Blutungen oder ausgedehnte Netzhautablösungen rufen Blindheit des betreffenden Auges hervor. Chorioretinale Dysplasien führen, wenn größere Areale betroffen sind, zu Sehfeldausfällen, das gleiche ist bei skleralen Ektasien zu erwarten. Sklerale Ektasien kleineren Ausmaßes bedingen partielle *Refraktionsanomalien*. Die Krankheit hat keinen progredienten Verlauf, es können sich jedoch im Laufe des Lebens sekundäre Veränderungen (Blutungen oder Retinaablösungen) einstellen.

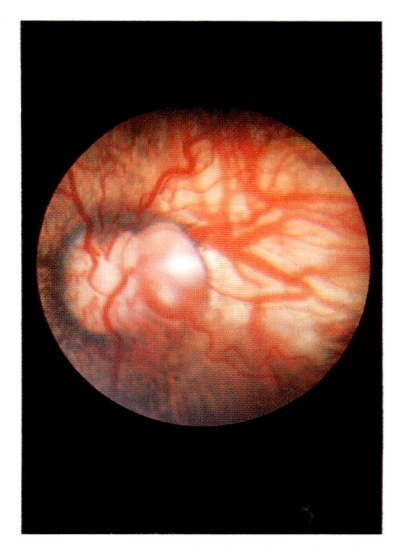

Abb. 13.79. Partielle Papillenektasie, chorioretinale Hypoplasie temporal der Papille. (Foto: NEUMANN, Gießen).

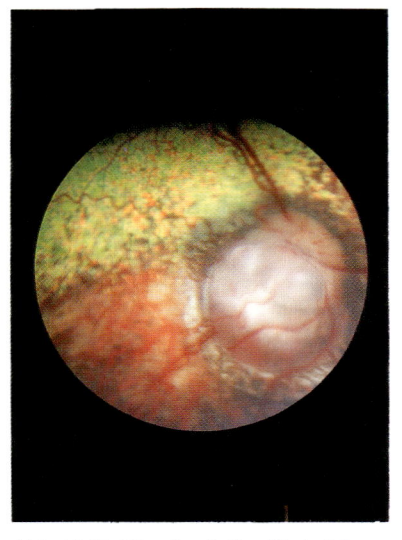

Abb. 13.80. Unscharfe Papille infolge ausgedehnter Ektasie, am Rande der Papille abgeknickt erscheinende retinale Gefäße. Temporal der Papille chorioretinale Dysplasie. (Foto: NEUMANN, Gießen).

Die *Prognose* ist bei Veränderungen geringeren Ausmaßes im Hinblick auf die Sehfunktion günstig zu stellen. Inwieweit Refraktionsanomalien zur Leistungsminderung des Collies als Gebrauchshund eine Rolle spielen, ist noch ungeklärt. Aufgrund der Erblichkeit des Leidens sollten *zuchtausschließende Maßnahmen* für Merkmalsträger angestrebt werden.

Eine *Therapie* erübrigt sich, sie gestaltet sich bei sekundären Komplikationen *symptomatisch*.

Literatur

ARCHIBALD, J. (1974): Canine Surgery. 2nd Ed. American Veterinary Publications Inc. Drawes KK, Santa Barbara/California.

AXENFELD, Th. (1973): Lehrbuch und Atlas der Augenheilkunde. Gustav Fischer Verlag, Stuttgart.

BLOGG, J. R. (1980): The Eye in the Veterinary Practice. Extraocular Diseases. W. B. Saunders, Philadelphia–London–Toronto.

CLERC, B., und A. KRÄHENMANN (1990): Augenheilkunde Hund und Katze. Parey, Berlin und Hamburg.

DOLDER, R., und SKINNER, F. S. (1983): Ophthalmika. Pharmakologie, Biopharmazie und Galenik der Augenarzneimittel. Wiss. Verlagsgesellschaft m.b.H., Stuttgart.

GELATT, K. N. (1991): Textbook of Veterinary Ophthalmology. Lea & Febiger, Philadelphia.

KIRK, R. W. (Ed.) (1980): Current Veterinary Therapy. VII. Small Animal Practice. W. B. Saunders, Philadelphia–London–Toronto.

MAGRANE, W. G. (1977): Canine Ophthalmology. Lea & Febiger, Philadelphia.

PEIFFER, R. L. (1991): Ophthalmologie bei Kleintieren. Schattauer, Stuttgart–New York.

RUBIN, L. F. (1974): Atlas of Veterinary Ophthalmology. Lea & Febiger, Philadelphia.

SAUNDERS, L. Z., and RUBIN, L. F. (1975): Ophthalmic Pathology of Animals. An Atlas and Reference Book. Karger, Basel.

SCHMIDT, V. (1988): Augenkrankheiten der Haustiere. Gustav Fischer Verlag, Jena.

WALDE, I., SCHÄFFER, E. H., und KÖSTLIN, R. (1989): Atlas der Augenkrankheiten bei Hund und Katze. Schattauer, Stuttgart–New York.

WYMAN, M. (1986): Manual of Small Animal Ophthalmology. Churchill Livingstone, New York–Edinburgh–London–Melbourne.

14. Respirationsapparat

(E.-G. GRÜNBAUM)

14.1. Untersuchungsmethoden

Zum Respirationsapparat gehören:

– die Luftwege
  obere Luftwege: Nase, Nasenhöhlen, Nasennebenhöhlen, Kehlkopf und zervikale Trachea;
  untere Luftwege: thorakale Trachea bis zu den kleinen Bronchien,
– die Lungen (mit Lungenparenchym, Thorax und Zwerchfell).

Nach Erheben der Anamnese besteht die Untersuchung aus:

– Adspektion,
– Palpation,
– Auskultation,
– Perkussion,
– Röntgenuntersuchung und Sonographie,
– Endoskopie, d.h. Laryngo-, Tracheo-, Bronchoskopie mit Biopsie,
– speziellen Laboruntersuchungen,
– Probepunktion des Thorax.

Erkrankungen des Atmungsapparates können sich auf den Verdauungsapparat (z.B. Passagebehinderung im Ösophagus, Zwerchfellriß mit Vorfall von Magen- oder Darmteilen in den Thorax), das Herz und den Blutkreislauf, das Allgemeinbefinden und die Leistungsfähigkeit des Tieres auswirken.

Auf Erkrankungen der Luftwege und des Lungenparenchyms weisen als Leitsymptome hin:

– Veränderungen der Atmung,
– Husten,
– Atemnot (Dyspnoe), besonders beim Liegen (Orthopnoe), mit dem Versuch der Atemerleichterung durch Stehen oder Sitzen mit abduzierten Vorderextremitäten.

14.1.1. Adspektion

Untersuchung des *Nasenspiegels* und der *Nasenöffnungen.* Der Nasenspiegel ist zumeist pigmentiert, feucht und kühl. Ein trockener und warmer Nasenspiegel wird gern als Zeichen erhöhter Körpertemperatur gewertet, was keinesfalls zutreffend sein muß.

Eine *Beurteilung der Atmung* erfolgt zunächst aus der Distanz bei weitestgehender Ruhe des Tieres, danach auf dem Untersuchungstisch (schräg hinter dem Hund stehend), evtl. auch nach Bewegung. Dabei werden Frequenzen (10–30 Atemzüge pro Minute), Rhythmik, Tiefe und Typ der Atmung sowie das Vorhandensein einer Dyspnoe ermittelt. Beschleunigte Atmung *(Tachypnoe)* ist bei Erregung, nach Belastung usw. normal. Eine verlangsamte Atmung *(Bradypnoe)* ist selten und kommt evtl. im Verlauf von Narkosen vor. Hecheln tritt bei Erregung und Wärme auf und schließt eine Beurteilung der Atmung aus. Die Inspiration erfolgt aktiv, die Exspiration durch die Elastizität von Thorax und Lungen passiv und ist dadurch länger. Leichte Rhythmusstörungen können willkürlich bedingt und somit normal sein. Größere Rhythmusschwankungen und ein Aussetzen der Atmung über mehr als 10 bis 20 Sekunden (Cheyne-Stokessche Atmung, synkoptische, Kussmaulsche Atmung) sind krankhaft und pathognomonisch für eine Empfindlichkeitsverminderung des Atemzentrums. Die Tiefe der Atmung ist an der Bewegung des Rippenbogens abzulesen. Sie kann oberflächlich, normal oder vertieft sein. In der Ruhe ist sie flach, bei körperlicher Leistung tiefer, nicht aber unbedingt frequenter. Aus einer vertieften Atmung bei erhöhter Frequenz resultiert eine Steigerung des Atemminutenvolumens.

Folgende **Atmungstypen** sind zu unterscheiden:

– **kostoabdominale Atmung** (inspiratorische Erweiterung des Thorax bei gleichzeitiger Vergrößerung des Bauchumfanges infolge Zwerchfellabflachung: normal).

- **Abdominale Atmung** (Zwerchfellatmung, z. B. bei reflektorischer oder mechanischer Behinderung der kostalen Atmung infolge von Schmerzen am Thorax oder Geschwülsten bzw. Flüssigkeitsansammlungen im Thorax; auch zur Unterstützung einer behinderten Expiration).
- **Kostale Atmung** (reflektorisch bei Schmerzen im Abdomen bzw. erhöhtem intraabdominalem Druck, z. B. bei Trächtigkeit, Flüssigkeitsansammlungen, Tumoren, Pyometra oder Hernien. Betont kostale Atmung mit Backenblasen tritt auch bei Zwerchfellähmung infolge zentralnervöser Entzündungen im Verlauf von Staupe, Tollwut usw. auf).
- **Atemnot oder Dyspnoe** (krankhaft angestrengte, vertiefte und erschwerte Atmung):
  - *inspiratorische Dyspnoe*, d. h. verlängerte und vertiefte Inspiration, z. B. bei Ödemen oder Entzündungen der oberen Luftwege, zu langem Gaumensegel, starker Tonsillitis, Fremdkörpern, Tumoren, Exsudaten in Trachea oder Bronchien, Halsbandstrangulation usw.;
  - *exspiratorische Dyspnoe*, d. h. verlängerte und durch die Bauchmuskulatur (Bauchpresse, Dampfrinnenbildung) unterstützte Exspiration, z. B. bei allen Behinderungen einer normalen Ausatmung infolge akuter oder chronischer Bronchitis mit Bronchiektasien oder Lungenemphysem;
  - *gemischte Dyspnoe*, d. h. verstärkte Inspiration und Exspiration, z. B. bei mechanischen Verlegungen der oberen Luftwege (Stenosen, Tumoren, Fremdkörper), bei Azidosen (s. Kapitel 16.), bei Erhöhung des CO_2- und Verringerung des O_2-Gehaltes im Blut, z. B. infolge von Herz- und Kreislaufschwäche bzw. -versagen (Schock; s. Kapitel 16.), bei Bronchopneumonien, Lungenödem, Pneumo- oder Hämothorax, Zwerchfellriß usw.

Bei jeder Form der Atemnot ist die Adspektion auf eine klinische Untersuchung der oberen Luftwege mit Öffnen des Fanges und Kontrolle des Rachens bis zum Kehlkopf auszudehnen.

- **Extrathorakal bedingte Atemstörungen:**
  - *Cheyne-Stokessche Atmung*, d. h. Atempausen mit langsam einsetzender und sich vertiefender Atmung, z. B. bei Herzversagen, Hirnödem;
  - *Kussmaulsche Atmung*, d. h. verlangsamte, vertiefte und arrhythmische Atmung, z. B. bei Azidose, urämischem oder diabetischem Koma, Schock.

14.1.2. Palpation

Nase, Kehlkopf, Trachea und Thorax sind palpabel. Speziell bei der *Palpation von Kehlkopf oder Trachea* ist Husten auslösbar. **Husten** kann bedingt sein durch:

- akute Entzündungen von Rachen, Tonsillen, Kehlkopf, Trachea und Bronchien (trockener Husten);
- Druck auf Trachea oder Bronchien, z. B. durch Tumoren, Lymphknotenschwellungen (trockener Husten);
- vaskuläre Lungenstauung und Lungenödem, z. B. bei Herzinsuffizienz (feuchter, rasselnder Husten, evtl. mit Abhusten von schaumig-rötlichem Sekret);
- Sekretansammlung in Trachea und Bronchien, z. B. bei Bronchopneumonien, chronischer Herzinsuffizienz (feuchter, lockerer Husten mit Abhusten von Sekret – nicht sichtbar, da sofort abgeschluckt).

Abgehusteter Auswurf wird vom Tierhalter oftmals als „Erbrochenes", starker Würgehusten als Erbrechen mißdeutet. Durch die Palpation von Kehlkopf oder Trachea ausgelöster Husten ist normalerweise trocken.

Die *Palpation des Thorax* erfolgt von hinten mit beiden flach an die Brustkorbseiten angelegten Händen. Dabei sind Temperaturunterschiede, Schmerzen (z. B. infolge von Rippenfrakturen, Hämatomen, Entzündungen der Zwischenrippenmuskulatur, subkutanen Injektionen), Elastizitätseinschränkungen und lokale Umfangsvermehrungen (z. B. durch Abszesse, Hämatome, Tumoren) zu beurteilen.

14.1.3. Auskultation

Sie erfolgt mit Hilfe eines Phonendoskops (mit Membran) oder Stethoskops (ohne Membran). Zu empfehlen ist ein Einschlauch-Phonendoskop mit Doppelansatz (Abb. 14.1.). Der eine, mit einer Membran versehene Ansatz ist für hohe Frequenzen geeignet, wobei störende Haarknistergeräusche durch festes Andrücken oder leichtes Anfeuchten der Haare zu vermeiden sind (teilweise können sie auch überhört werden), während der andere membranlose Ansatz für tiefe Tonfrequenzen und zur Lokalisation akustischer Besonderheiten zu verwenden ist. Zur Auskultation benötigt man möglichst viel Ruhe im Raum.

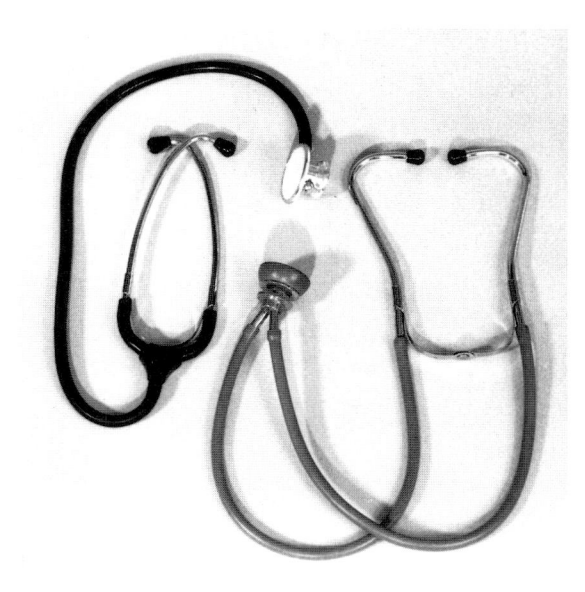

Abb. 14.1. Einschlauch-Phonendoskop mit Doppelansatz (links) und Doppelschlauch-Stethoskop (rechts).

Anamnestische Bemerkungen der Tierhalter sind zu unterbinden und die Tiere durch physiologische Körperhaltung (evtl. auf dem Fußboden stehend) und Fixation durch die Besitzer zu beruhigen. Oftmals muß Hecheln durch Zuhalten des Fanges unterbunden und/oder eine forcierte Atmung durch Verschließen eines Nasenloches mit einem Finger oder durch vorherige Bewegung ausgelöst werden. Beide Thoraxseiten sind systematisch und gründlich auszukultieren, wobei der Umfang veränderter Bezirke festzustellen ist.

Folgende Atemgeräusche sind wahrnehmbar:

– **vesikuläres Atemgeräusch:** Es hat den Klangcharakter eines langgezogenen „W" bzw. „F", leicht zischend, deutlicher bei der Inspiration, schwächer bei der Exspiration; es entsteht als physiologisches Atemgeräusch durch Luftwirbel in den terminalen Bronchien und den Alveolareingängen bzw. durch Blasegeräusche in den terminalen Strömungsgebieten der Bronchuli und Alveolen. Bei der In- und Exspiration vermischt es sich mit dem Strömungsgeräusch aus den größeren Bronchien und der Trachea, das besonders bei einem kleinen Thorax vorherrschend sein kann und zum physiologischen, leicht bronchialen Atemgeräusch kleiner Rassen führt.

Das vesikuläre Atemgeräusch kann sich in seiner Intensität verändern. Es ist *verschärft* bei forcierter Atmung oder bei einer Vergrößerung des Interstitiums mit gleichzeitiger Einengung des Lumens der Bronchien oder Alveolargänge, z. B. infolge eines interstitiellen Emphysems, Lungenödems oder einer Bindegewebszubildung bei chronisch-interstitiellen Pneumonien. Eine Steigerung der verschärften Atmung ist das *rauhe vesikuläre Atemgeräusch*.

– **Bronchiales Atemgeräusch:** Es hat den Klangcharakter eines langgezogenen „Ch" und ist ein Strömungs- und Stenosegeräusch der Atemluft in den Bronchien und der Trachea. Bei verdichteter und somit besser schalleitender Lunge ist dieses Atemgeräusch vorherrschend und verdeckt das vesikuläre. Ist die Lungenverdichtung gering, kann durch Mischung beider Geräuscharten ein *unbestimmtes Atemgeräusch* hörbar sein.

Veränderungen des physiologischen Atemgeräusches sind bei einiger Übung, gutem Gehör, geeignetem Phonendoskop und ruhiger Umgebung besonders im dorsokaudalen Lungenfeld (Zwerchfellappen; stauungsbedingte Lungengeräusche) bzw. im präkardialen Lungenfeld (Spitzenlappen; primär infektiös entzündliche Prozesse) feststellbar, wobei andere Lokalisationen natürlich auch möglich sind (TRAUTVETTER 1979). Wir unterscheiden:

– **Rasselgeräusche,** die durch Flüssigkeitsansammlungen (z. B. Transsudat beim Ödem, Exsudat bei Bronchitis, Blut usw.) in den Bronchien bzw. in der Trachea entstehen und in Abhängigkeit von der Viskosität als *feuchte* oder *trockene Rasselgeräusche* zu unterscheiden sind. *Knisternde Rasselgeräusche* entstehen durch das atmungsbedingte Auseinanderreißen von mit fibrinhaltigem Exsudat verklebten Bronchioli.

– **Reibegeräusche,** die durch ein Aneinanderreiben infolge pathologischer Auflagerung rauh gewordener Pleurablätter entstehen und synchron zur Atmung immer in der gleichen Atmungsphase zu ermitteln sind.

– **Sukkussionsgeräusche,** die als Plätschergeräusche durch die Bewegung von Flüssigkeit mit freier Oberfläche (Flüssigkeitsergüsse nach Thorax- oder Lungenverletzungen, Lufteintritt in die Pleurahöhle) entstehen.

– **Stenosengeräusche,** z. B. bei gemischter Dyspnoe. Sie kommen häufig bei brachiozephalen Rassen infolge von Nasengangsverengungen, zu langem Gaumensegel, Kehlkopfödem und bei allen anderen Hunden infolge der bei gemischter Dyspnoe beschriebenen Ursachen (s. S. 336) vor.

14.1.4. Perkussion

Durch die Perkussion können die Größe des Lungenfeldes, die Lungengrenzen und pathologische Veränderungen im Thorax (z. B. Herzvergrößerung, größere Tumoren, Verlagerung von Abdominalorganen in den Thorax bei Zwerchfellrissen, Flüssigkeitsansammlungen) bestimmt werden.

Sie wird in Form der Finger-Finger-Perkussion durchgeführt, indem z. B. die Mittelfingerkuppe der linken Hand fest an den Thorax angelegt und mit der hakenförmig gebogenen Kuppe des Mittelfingers der rechten Hand beklopft wird. Der Klopfstoß soll kurz und locker aus dem Handgelenk erfolgen. Zur Vermeidung von Schwingungsdämpfungen ist der klopfende Finger schnell zurückzuziehen. Nach jeweils zwei gleichstarken Klopfschlägen wird die angelegte Fingerkuppe in den nächsten Interkostalraum verschoben, wobei auf beiden Seiten in jeweils senkrechten Linien von dorsal nach ventral vorzugehen ist und die oberen Lungengrenzen durch eine abschließende waagerechte Perkussion bestimmt werden.

Das *Lungenperkussionsfeld* wird nach JAKSCH (1973) kaudal im 11. Interkostalraum durch die Hüfthöckerlinie (gedachte, vom ventralen Hüfthöckerrand waagerecht nach kranial verlaufende Linie), im 9. Interkostalraum durch die Buggelenklinie (vom Buggelenk waagerecht nach kaudal verlaufend) und im 6. Interkostalraum durch die Olekranonlinie (vom Olekranon waagerecht nach kaudal verlaufend) begrenzt. Dorsal wird es durch die Rücken-, kranial durch die Schultermuskulatur abgeschlossen, kann aber durch Vorziehen der Vorderextremität etwas vergrößert werden.

Liegen physiologische Lungenverhältnisse und ein normaler Ernährungszustand des Tieres vor, ist ein *heller* und *lauter Schall* auszulösen, der bei mageren Tieren oder beim Lungenemphysem *überlaut* sein kann. Ein starkes subkutanes Fettpolster führt zu einem *verkürzten Schall*, während ein *absolut gedämpfter Schall* durch fehlenden Luftgehalt in dem untersuchten Lungenteil hervorgerufen und als *tympanitisch* bezeichnet wird. Dies kann bei sehr kleinen Hunden auch physiologisch sein, so daß der Perkussion beim Hund infolge der Kleinheit des Lungenfel-

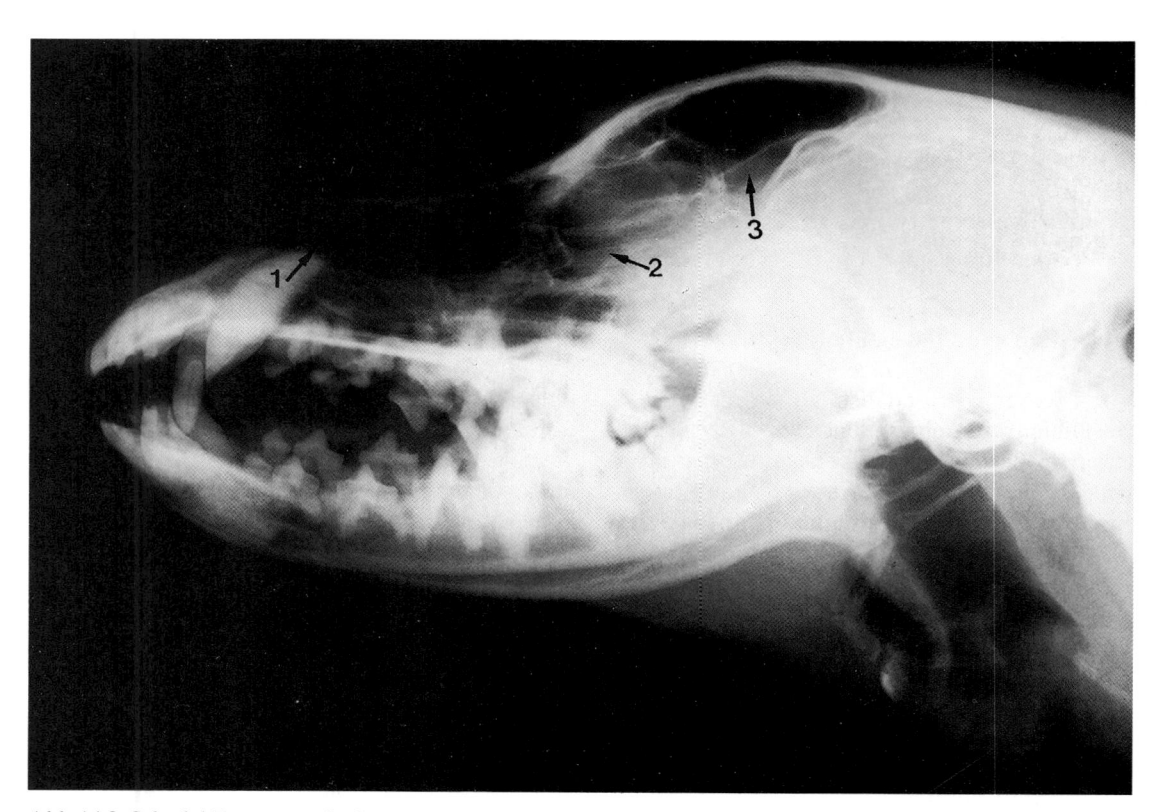

Abb. 14.2. Schädel-Röntgenaufnahme von einem gesunden Deutschen Schäferhund (männlich, 2 Jahre) im latero-lateralen Strahlengang.
1 = Nasenhöhle, 2 = Kieferhöhle, 3 = Stirnhöhle.

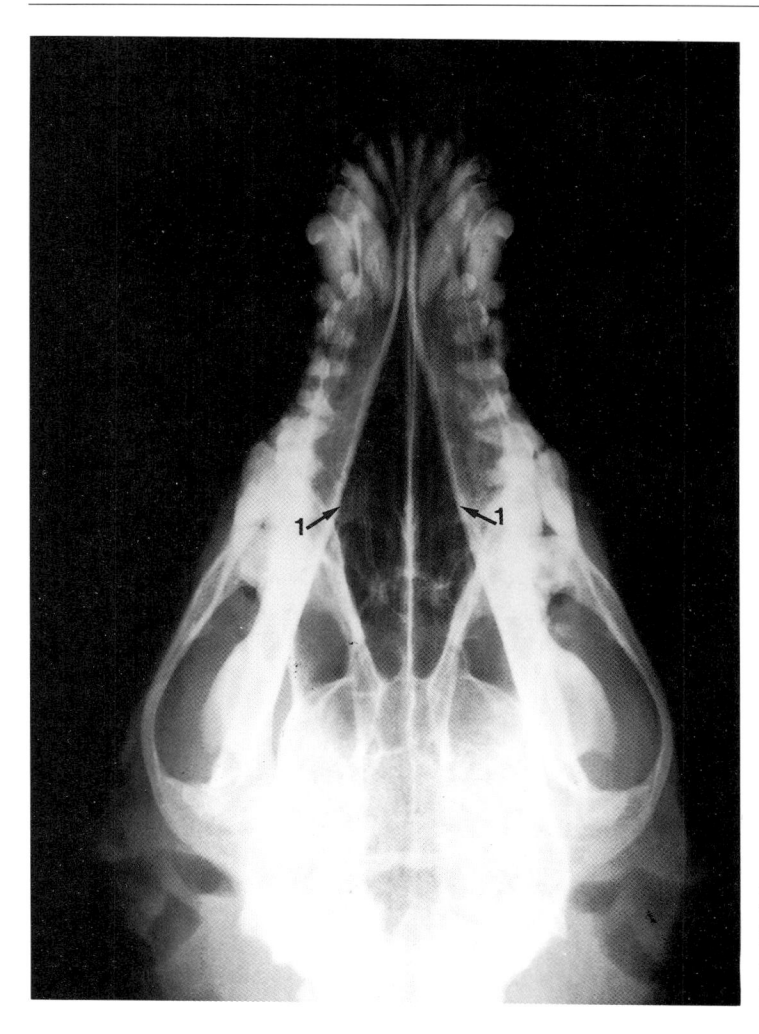

Abb. 14.3. Schädel-Röntgenaufnahme von einem gesunden Deutschen Schäferhund (männlich, 2 Jahre) im dorso-ventralen Strahlengang.
1 = Nasenhöhle.

des nicht zu große Bedeutung beizumessen ist. Sie läßt nur großflächige Veränderungen im Thorax erkennen und ist sehr hilfreich bei der Diagnostik eines Pneumothorax, einer Herzvergrößerung, einer Flüssigkeitsansammlung im Thorax (dorsale, horizontale Begrenzung) sowie eines ausgeprägten Lungenemphysems.

14.1.5. Röntgenuntersuchung

Zur Röntgenuntersuchung des Thorax sind zu verwenden:
– die Durchleuchtung,
– die Röntgenaufnahme.

Die *Durchleuchtung* erfordert besondere apparative Voraussetzungen und kann unter Beachtung der entsprechenden Arbeitsschutzbestimmungen (s. Kapitel 9.) im Bereich von Kopf und Hals im latero-lateralen Strahlengang und im Bereich des Thorax am liegenden oder stehenden Tier im latero-lateralen, ventro-dorsalen oder dorso-ventralen Strahlengang erfolgen. Sie ermöglicht die Ermittlung von Fremdkörpern, Lungeninfiltraten, Herzveränderungen und -bewegungen, Stauungserscheinungen, Bronchitiden, Flüssigkeitsergüssen sowie eine Beurteilung der Zwerchfellbewegungen.

Die *Röntgenaufnahme* liefert bleibende Röntgenbilder und ist in Verbindung mit der klinischen Diagnostik hervorragend zur Untersuchung der Atemwege (Nasen-, Nasennebenhöhlen und Stirnhöhlen des Kopfes [Abb. 14.2., 14.3.], Kehlkopf, Trachea und Bronchien), des Lungenparenchyms und der sonstigen Organe im Thorax geeignet (s. Abb. 14.4., 14.5.).

14. Respirationsapparat

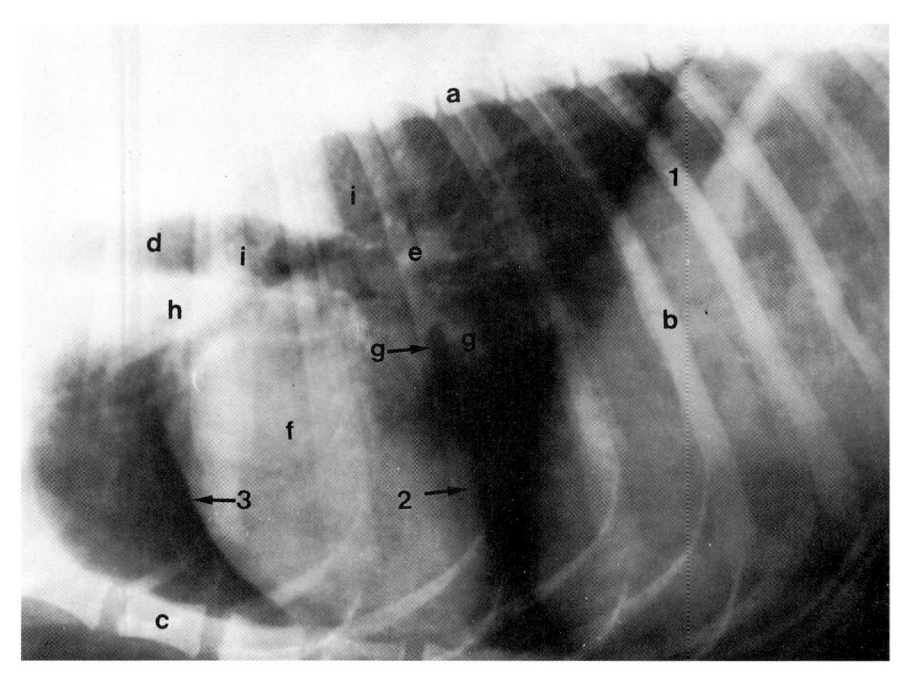

Abb. 14.4. Thorax-Röntgenaufnahme von einem gesunden Deutschen Schäferhund (männlich, 2 Jahre) im latero-lateralen Strahlengang.
a = Brustwirbelsäule, b = Rippen, c = Sternum, d = Trachea, e = Hilus, f = Herzschatten, g = V. cava caudalis, h = V. cava cranialis und Mediastinum, i = Aorta thoracica.
1 = Zwerchfellappen, 2 = Mittellappen, 3 = Spitzenlappen.

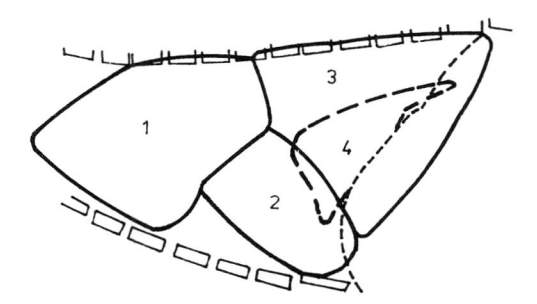

Abb. 14.5. Schematische Darstellung der Lungenlappen bei latero-lateraler Sicht in Anlehnung an GUTBROD (1981).
1 = Spitzenlappen, 2 = Mittellappen, 3 = Zwerchfell-Lappen, 4 = Anhangslappen.

Röntgenaufnahmen des Respirationsapparates sollen grundsätzlich auf der Höhe der Inspiration in zwei Ebenen (latero-lateral und dorso-ventral bzw. ventro-dorsal) angefertigt und beurteilt werden. Bei der *Seitenlagerung* (latero-lateraler Strahlengang, auch im Stehen sowie in rechter und linker Seitenlage möglich; BILLER und MYER 1987) ist darauf zu achten, daß die Vorderextremitäten weit nach vorn gezogen und leicht von der Tischplatte angehoben werden, damit nicht die Schultermuskulatur den Bereich des Lungenspitzenlappens überdeckt und der Herzschatten infolge der natürlichen Schräglage des Thorax verzerrt dargestellt wird. Eine gute Seitenlage ohne Längsachsenrotation ist dann erreicht, wenn die Rippenbögen im Röntgenbild nicht über die Brustwirbelkörper projiziert werden. Auch bei der *Rückenlagerung* (ventro-dorsaler Strahlengang) oder der *Brustlagerung* (dorso-ventraler Strahlengang) ist eine korrekte Lage des Patienten von Bedeutung, was an einer exakten Überlagerung von Brustwirbelkörpern und Sternum im Röntgenbild zu kontrollieren ist. Abweichungen davon sind nur zu tolerieren, wenn beide noch Kontakt miteinander haben, ansonsten muß die Röntgenaufnahme wiederholt werden, um eine eindeutige Beurteilung des Herzschattens zu ermöglichen. Welche von beiden Lagerungen zu bevorzugen ist, hängt auch von der klinischen Verdachtsdiagnose ab. Sind z. B. Flüssigkeitsergüsse zu vermuten, sollte in der etwas aufwendigeren Rückenlage geröntgt werden, da hierbei die zwischen den Pleurablättern schwimmende Flüssigkeit bis in die kaudale Ausdehnung der Rippenbögen abfließt und die Lungenlappen von der Pleura abdrängt, was röntgenologisch gut sichtbar wird. In Brustlage wäre dies nicht der Fall, weil die im ventralen Bereich des Brustkorbes angesammelte Flüssigkeit entweder von Sternum verdeckt oder als Verschattung des gesamten Thoraxraumes dargestellt wird. (MÜNZER 1983).

Bei der Begutachtung von Röntgenaufnahmen des Thorax ist zu berücksichtigen, daß neben den

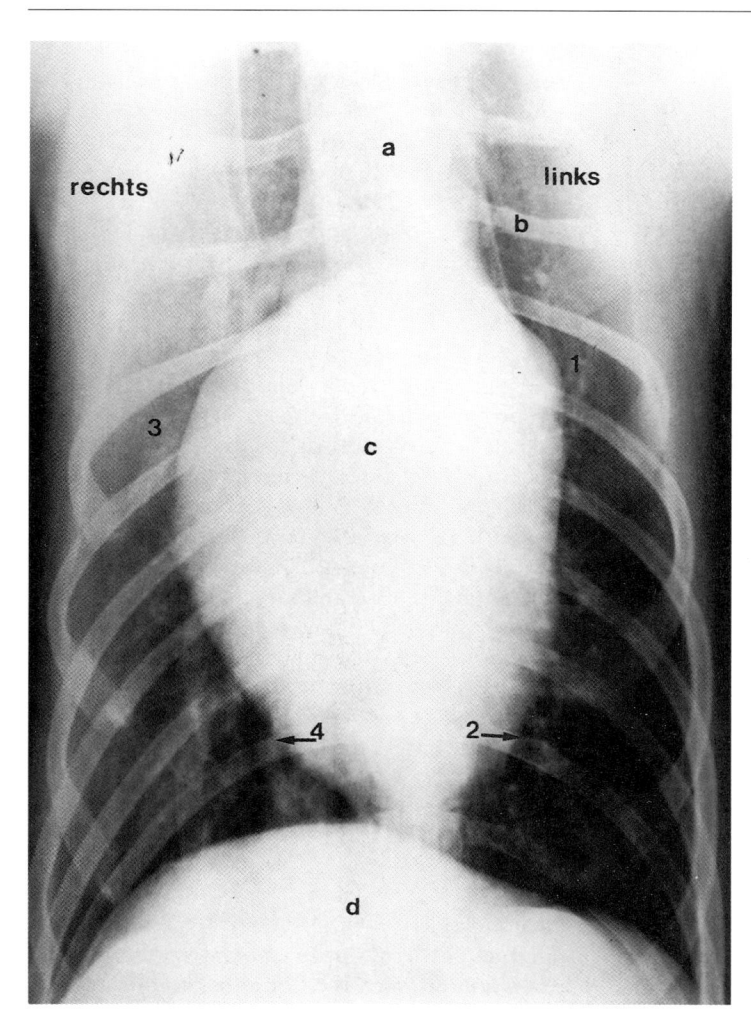

Abb. 14.6. Thorax-Röntgenaufnahme von einem gesunden Deutschen Schäferhund (männlich, 2 Jahre) im dorso-ventralen Strahlengang.
a = Brustwirbelsäule, b = Rippen, c = Herzschatten, d = Leberschatten. 1 = linker Spitzenlappen, 2 = linker Zwerchfellappen, 3 = rechter Spitzenlappen, 4 = rechter Zwerchfellappen.

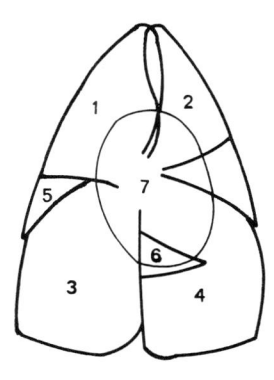

Abb. 14.7. Schematische Darstellung der Lungenlappen bei ventro-dorsaler Sicht in Anlehnung an GUTBROD (1981).

1 = rechter Spitzenlappen, 2 = zweigeteilter linker Spitzenlappen, 3 = rechter Zwerchfellappen, 4 = linker Zwerchfellappen, 5 = rechter Mittellappen, 6 = Anhangslappen, 7 = Herzschatten.

Herz-, Lungen- und Gefäßschatten auch diejenigen der Brustwand, ihrer Knochen und Muskeln abgebildet werden. Beim Hund ermöglicht die latero-laterale Röntgenaufnahme des Thorax eine gute Übersicht, obwohl beide Lungenhälften übereinander projiziert werden und somit ein Summationsbild ergeben (Abb. 14.4.). Die linke Lunge besteht aus einem zweigeteilten Spitzen- und einem Zwerchfellappen, die rechte Lunge aus Spitzen-, Mittel-, Zwerchfell- und Anhangslappen (Abb. 14.5.). Bei der dorso-ventralen oder ventrodorsalen Röntgenaufnahme ist ein großer Abschnitt des Lungenfeldes vom Herzschatten verdeckt, trotzdem sind die rechten und linken Spitzen- und Zwerchfellappen gut zu beurteilen (Abb. 14.6., 14.7.).

Der natürliche Kontrast einer Thoraxaufnahme wird durch die Luftfüllung des Lungenparenchyms bestimmt und läßt viele Einzelheiten erkennen. Nach SUTER (1979) sollten Röntgenaufnahmen systematisch beurteilt werden, und zwar zuerst die extrathorakalen Strukturen, wie Wirbelsäule und Thoraxwand, dann die Trachea, das Mediastinum, der Ösophagus, das Zwerchfell, das Herz und zuletzt die Lunge und der Pleuralraum.

Im einzelnen sind sie nach MÜNZER (1983) wie folgt zu beurteilen:

Trachea: Sie ist ein zur Brustwirbelsäule in einem konstanten Winkel verlaufendes, luftgefülltes Rohr (s. Abb. 14.4.). Bei normaler Größe und Lage des Herzens ist ihre Aufteilung in die beiden Stammbronchen, die Bifurcatio tracheae, nicht zu erkennen. Verlagerungen der Trachea nach dorsal kommen bei raumfordernden Prozessen im kranialen Mediastinum oder bei einer Herzvergrößerung bzw. -verlagerung vor.

Mediastinum: Es bildet im kranio-dorsalen Bereich des Thorax einen breiten, dichten Weichteilschatten (s. Abb. 14.4.), der von der Apertura thoracis cranialis bis über die Herzbasis reicht und im Röntgenbild nicht zu erkennende Lymphknoten, Blutgefäße und bei Jungtieren den aktiven Thymus enthält.

Ösophagus: Die Speiseröhre ist ohne pathologische Veränderungen nicht zu erkennen. Mitunter zeichnet sich in ihr eine kleine Luftblase ab. Große Luftansammlungen und massive Verschattungen im Ösophagus kommen beim Ösophagusdivertikel, bei Fremdkörperobstipationen und bei der Ösophagusdilatation (s. Kapitel 17.) vor.

Zwerchfell: Es trennt den Thorax vom Abdomen und ist in physiologischem Zustand auf dem Röntgenbild nicht erkennbar. Kommt es infolge von Zwerchfellhernien oder -rissen zur Verlagerung von Abdominalorganen in den Thoraxraum, sind diese als Weichteilschatten mit oder ohne Luftfüllung im kaudo-ventralen Thoraxbereich erkennbar (s. Kapitel 17.).

Herz und große Blutgefäße: Die Lage des Herzens, seine Größe, Dichte und äußere Form geben Aufschluß über eventuelle Abweichungen vom Normalen. In der latero-lateralen Projektion (s. Abb. 14.4.) ist der Herzschatten zwischen dem kranial gelegenen Spitzenlappen der Lunge und den kaudal gelegenen Anhangs- bzw. Mittellappen zu erkennen. Die kraniale Kontur des Herzschattens wird vom Komplex der rechten Vor- und Herzkammer gebildet, die kaudale vom Komplex der linken. Nach kranial verläuft von der Herzbasis ausgehend die Vena cava cranialis, nach kaudal die zur Brustwirbelsäule hinziehende und dann dicht unter ihr liegende Aorta thoracica, darunter in Höhe der Herzbasis der tannenbaumartig sich aufzweigende Gefäßstamm des Hilus (Pulmonalarteriensegment) und darunter die Vena cava caudalis.

Auf der Röntgenaufnahme in ventro-dorsaler bzw. dorso-ventraler Projektion (s. Abb. 14.6.) ist der Herzschatten dominierend. Die nach kranial verlaufenden Gefäße sind mehr oder weniger von der Wirbelsäule bzw. dem Sternum verdeckt, die nach kaudal verlaufende Vena cava caudalis ist deutlich erkennbar, in vielen Fällen auch der Aortenbogen (s. Abschnitt 15.1.8.).

Lungenstruktur: Auf der latero-lateralen Röntgenaufnahme stellt sich die Lungenstruktur als eine Vielzahl vom Hilus ausgehender Schattenstreifen dar, die zur Peripherie hin an Dichte abnehmen. Dies sind vorwiegend Blutgefäße, die sich durch ihren Inhalt vom lufthaltigen Lungenparenchym abheben und den Verlauf der Bronchien, die sie begleiten, kennzeichnen. Nur die größten Bronchien sind anhand ihrer Luftfüllung zu erkennen (s. Abb. 14.4.).

Eine Verbreiterung und Verdichtung der Lungenzeichnung kommt bei Bronchitis (Verdickung der Bronchialschleimhaut), bei interstitieller Pneumonie und Lungenödem (Infiltration des Interstitiums) und bei Lungenhyperämie und -stauung (vermehrte Blutgefäßfüllung) vor. Nicht immer deutet der Röntgenbefund zweifelsfrei auf die Art der pathologisch-anatomischen Veränderungen hin. Nach SUTER und CHAN (1968) und SUTER (1979) sind Lungenverschattungen in

– generalisierte, großflächige Verschattungen,
– lokale und lobäre Verschattungen

einzuteilen.

Bei den *generalisierten, großflächigen Lungenverschattungen* gibt es 4 Grundmuster:

1. alveoläre Verschattungen: Verlust der Alveolarluft und Ausfüllung der Alveolen mit Flüssigkeit (Transsudat, Exsudat, Blut) verursachen weichteildichte Schatten, die von Aufhellungsstreifen oder lufthaltigen Bronchienlichtungen durchzogen werden. Die deutlich fleckigen Weichteilverdichtungen können großflächig sein oder sich auf Lungenlappen oder -läppchen beschränken. In Abhängigkeit von der Größe der verschatteten Fläche werden Luftbronchogramme wie schwarze Straßen auf hellem Untergrund sichtbar, weil sich die noch lufthaltigen Bronchien und Bronchuli von dem dichteren Lungengewebe abheben. Breiten sich die alveolären Verschattungen von der Herzbasis symmetrisch perihilär aus, sind es durch Herzinsuffizienz hervorgerufene Ödeme. Kranio-ventrale Verschattungen entstehen meist infolge sekundärer bakterieller Bronchopneumonien. Kaudo-ventrale Verschattungen sprechen für Aspirationspneumonien, kleinflächige, wolkige Schatten über der ganzen Lunge, besonders aber im Zwerchfelllappen, für Blutungen oder thromboembolisch-septische Pneumonien.

2. **Interstitielle Verschattungen:** Durch ein verstärktes Blutvolumen im kapillären Bereich oder eine vermehrte Ansammlung von Zellen und Flüssigkeit im Interstitium entsteht eine verstärkte Grunddichte der Lunge, d.h., die Gefäße heben sich weniger klar vom Hintergrund ab, eine diffus verminderte Lungenschwärze mit reduziertem Kontrast zwischen den Blutgefäßen und dem sie umgebenden Gewebe läßt das Lungenbild insgesamt heller, verschleiert oder verwischt erscheinen. Dies weist auf die Initialstadien von interstitiellen Ödemen, Pneumonien und fibrotischen Veränderungen hin. Mehr oder weniger viel knötchenartige Verschattungen des Interstitiums treten bei Mykosen, Tuberkulose und Lungentumoren auf.

Die erhöhte Lungendichte ist vom exspiratorischen Bild der Lunge zu unterscheiden, da in dieser Phase der verminderte Luftgehalt die Lungendichte anhebt. Desgleichen sind Unterbelichtungen abzugrenzen.

3. **Vaskuläre Strukturen und Rundschatten:** Rundschatten sind annähernd kreisrunde Herde, deren Größe zwischen wenigen Millimetern und einigen Zentimetern schwanken kann. In der Regel sind es Lungengefäße, die sich aber auch als peripher verjüngende Streifen darstellen. Bei einer Vermehrung oder Verminderung der Gefäßstrukturen sollte ermittelt werden, ob Arterien, Venen oder beide Blutgefäßarten betroffen sind, was anhand der Lokalisation zu den Bronchialwänden möglich ist. Arterien verlaufen parallel zu den Bronchien und liegen bei latero-lateraler Projektion dorsal der Venen, bei dorso-ventraler Projektion dagegen lateral der Venen, von denen sie durch einen dazwischenliegenden Bronchus getrennt sind.

Rundschatten im perihilären Lungenbereich sind fast ausschließlich Blutgefäße, selten einmal vergrößerte Lymphknoten, im peripheren Lungenfeld Tumormetastasen, kleine verknöcherte Herde (Osteome) oder Entzündungsherde. Ausgebreitete miliare Herde entstehen bei massiver Aussaat von Tumoren, bei Mykosen oder Tuberkulose (SUTER 1979). Vermehrte und vergrößerte Gefäßstrukturen deuten, handelt es sich um Arterien, auf Dirofilariose oder einen persistierenden Ductus arteriosus, sind es Venen, auf eine Mitralklappenfibrose oder Linksherzinsuffizienz hin. Verminderte Gefäßstrukturen kommen z.B. beim hypovolämischen Schock, schwerer Dehydratation oder Rechtsherzinsuffizienz vor (GUTBROD 1981).

4. **Bronchiale Strukturen und Ringschatten:** Kleine Ring- oder Kreisschatten und parallel verlaufende, leicht konvergierende und sich verzweigende Doppellinien („Straßenbahnschienen") sind Bronchienwände. Treten sie auf, spricht man vom Bild einer „alten Lunge". Bei älteren Tieren kommt es zu Verkalkungsvorgängen der Bronchiengänge, so daß sich derartige Doppellinien besonders im Hilusbereich physiologischer Weise abzeichnen. Verdichtete, undeutlich abgegrenzte Kreisschatten und Doppellinien, von verminderter Lungenschwärzung umgeben, sind Zeichen chronischer Bronchitiden. Große Ringschatten mit einem Durchmesser von mehreren Zentimetern und regelmäßigem Rand sind Zysten, Lungenrisse, Abszesse oder bullöse Empyhsem-Aufhellungen. Sind sie unregelmäßig begrenzt und dickwandig, können es Kavernen, Abszesse oder Tumoren mit nekrotischem, in die Bronchien entleertem Zentrum sein.

Soweit als irgend möglich sollten die generalisierten, großflächigen Lungenverschattungen auf Thoraxaufnahmen nach diesen vier Grundmustern eingeteilt und bezeichnet werden. Da die Lunge ein großes Organ mit zusammenhängendem Gewebe ist, sind Vermischungen der Muster, sogenannte „gemischte Verschattungen", möglich. Sie sind dann als solche auch anzugeben.

Dasselbe gilt für die *fokalen und lobären Verschattungen*. So ist es z.B. empfehlenswert, lokale oder fokale Herdprozesse mit unscharfen Rändern und unregelmäßigen Formen als „fokale Konsolidationen" oder „fleckige Verschattungen" zu bezeichnen. Sie weisen auf pneumonische Herde, Infarkte, Blutungen oder Granulome hin. Haben sie scharf abgegrenzte Ränder und kreisrunde Struktur, verweisen sie als „runde Fokalherde" auf Abszesse, Hämatome, Tumoren oder Granulome. Bei allen Fokalherden ist zu beachten, daß eventuelle Hautknoten oder -tumoren und schattengebende Haarkleidverschmutzungen in den Brustraum projiziert sein können und dann fälschlich als Lungentumor diagnostiziert werden, was allerdings durch eine gründliche klinische Voruntersuchung vermieden werden kann.

Röntgenaufnahmen der Thoraxorgane sind weder einfach anzufertigen noch zu beurteilen. Sie sind weitestgehend abhängig von einer korrekten Lagerung des Tieres, vom Atmungszustand der Lungen (Inspirationsphase!), von optimalen Belichtungswerten und von der Ausschaltung Fehldeutungen verursachender Fehler (Hauttumoren oder Weichteilschwellungen an der Thoraxwand, Atelektasen der unten liegenden Lungenlappen am narkotisierten Patienten usw.). Da eine Lungendiagnostik heutzutage ohne Röntgenaufnahmen nicht mehr denkbar ist, sollte sich jeder bemühen, durch Einhaltung der oben beschriebenen Prämissen so weit als möglich standardisierte Röntgenbilder anzufertigen (MÜNZER 1983).

Zur Diagnose von Bronchiektasien, Bronchialkarzinomen und nicht schattengebenden Fremdkörpern ist unter Umständen eine Bronchographie (Röntgendarstellung des Bronchialbaumes durch Einbringen eines Kontrastmittels, z. B. Amidotrizoat, über einen Trachealkatheter) erforderlich.

Ultraschalluntersuchungen **(Sonographie)** des Thorax eignen sich zur Diagnostik von Thoraxergüssen, Mediastinal-, Pleura- und Lungentumoren sowie Zwerchfellhernien (STOWATER und LAMB 1989).

14.1.6. Endoskopie, Bronchoskopie mit Biopsie

Endoskopische Arbeitsmethoden haben für die Diagnostik und Therapie von Erkrankungen der Luftwege und der Lungen in Form der Laryngo-, Tracheo- und Bronchoskopie große Bedeutung erlangt. Mit Hilfe dünnwandiger, weitlumiger Rohrinstrumente kann im Rahmen der *Bronchoskopie* peripherwärts bis in die großen Bronchien, mittels flexibler Glasfiberoptiken bis in die bronchiale Peripherie vorgedrungen werden. Die *Indikation* zur Bronchoskopie besteht darin, aus dem Bereich der oberen und unteren Luftwege

– lebensbedrohliche Fremdkörperobstruktionen zu beheben und große oder kleine Fremdkörper sicher zu entfernen,
– Sekret-, Blut- oder Aspiratüberflutungen abzusaugen,
– Bronchialblutungen durch Koagulation oder Tamponaden zu stillen,
– Bronchialrupturen durch endotracheale Katheter bis zur endgültigen operativen Versorgung zu überbrücken,
– Ödem- oder Tumorobstruktionen durch Katheterbougierung vorübergehend bzw. durch Dauerdilatationstherapie mit Endoprothesen andauernd offen zu halten,
– Papillome oder andere Tumoren am Larynx ohne Tracheotomie zu behandeln,
– durch sterile Bronchialsekretgewinnung, Gewebepunktion und transbronchiale Zangenbiopsien bakteriologische, mykologische, zytologische und histomorphologische Diagnoseverfahren zu ermöglichen (BRANDT 1984).

In den letzten Jahren wurden die endoskopische Diagnostik und Therapie durch die Einführung der Glasfaserlichtleittechniken mit optimaler Bildvermittlung und Objektbeleuchtung wirkungsvoll verbessert. Mit Hilfe flexibler Glasfiberbronchoskope und ihres Zubehörs, wie flexible Zangen, Kürettelöffel, Absaugrohre, Watteträger und Punktionstrokare, kann bis in die Subsegment- und Spitzenlappenbronchien eingesehen und diagnostisch und therapeutisch gearbeitet werden.

Zur Bronchoskopie beim Hund haben sich flexible (aber auch starre) Endoskope bewährt (BALLAUF 1988, KUTSCHMANN 1989). Als Lichtquelle dient ein Kaltlichtprojektor. Spül-, Absaug- und Biopsiekanäle sollten vorhanden sein (s. Abb. 14.8.).

Für die Bronchoskopie ist der Patient wirksam zu immobilisieren (z. B. Neuroleptanalgesie, s. Kapitel 6.) und in Bauch- oder Seitenlage auszubinden; sein Fang ist durch einen Maulspreizer zu öffnen und der hintere Rachenraum mit einem Oberflächen-Anästhesiespray unempfindlich zu machen. Mit oder ohne Laryngoskop wird ein gleitfähig gemachter Bronchoskoptubus allein oder mit aufgesetztem Bronchoskopkopf sehr vorsichtig und unter Vermeidung geringster Traumatisierungen bei leichten Drehbewegungen in den Kehlkopf eingeführt. Nun kann das Laryngoskop entfernt und der Tubus bei gestrecktem Kopf und richtungskorrigiertem Hals unter ständiger Sichtkontrolle und Beachtung jeglicher Krankheitsanzeichen im Lumen bis zur Bifurkation vorgeschoben werden. Hier wird die

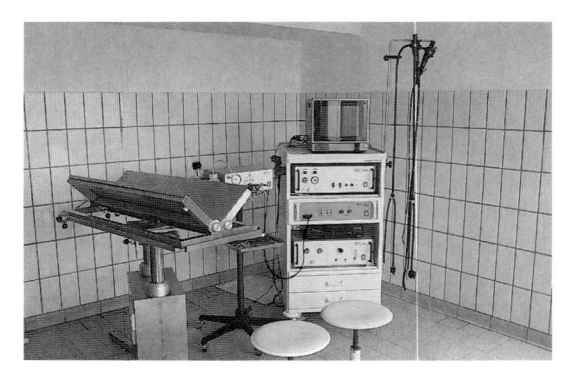

Abb. 14.8. Endoskopie-/Bronchoskopie-Arbeitsplatz.

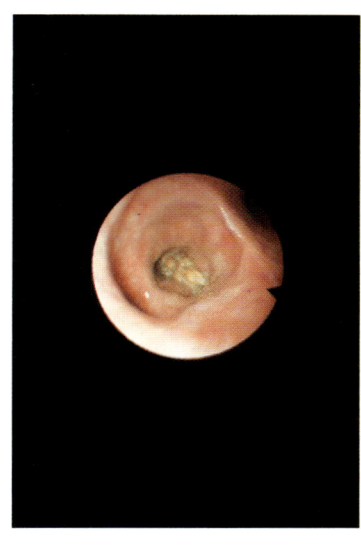

Abb. 14.9. Bronchoskopische Darstellung eines Fremdkörpers im Bronchus.

Carina in bezug auf Farbe, Lageveränderungen, Form, Auflagerungen, Entzündungserscheinungen und Obstruktionen beurteilt. Darauf wird zunächst die gesunde Lungenseite, danach die veränderte bzw. erkrankte untersucht, indem nach entsprechender Richtungsänderung über den Hauptbronchus die Ostien und die Abgänge der Segmentbronchien bis hin zu den Subsegmentostien eingesehen und kontrolliert werden. Bei entsprechender Indikation sind Schleimhautbiopsieproben zu entnehmen und zur histologischen Untersuchung weiterzuleiten. Bei entsprechender Zielstellung besteht die Möglichkeit, dokumentationswürdige Befunde mit einer Endophotographie- oder Videoeinrichtung photographisch festzuhalten. Zur Untersuchung der funktionellen Verhältnisse der Lunge und des Bronchialbaumes ist es günstig, wenn die Spontanatmung erhalten bleibt. Durch Sauerstoffhyperventilation kann ein zeitlich begrenzter Atemstillstand erreicht werden, um ohne Störungen durch die Lungenbewegungen gezielte Manipulationen durchführen zu können. Zur Verwendung der Apnoe-Technik nach BARTH ist ein Muskelrelaxans zu injizieren (s. Kapitel 6.), 3–5 Minuten mit reinem Sauerstoff im halboffenen System zu beatmen (Entfernung von Stickstoff aus den Alveolen) und danach eine Sauerstoffinsufflation über den Bronchoskoptubus durchzuführen. Dadurch wird ein nach auswärts gerichteter Gasstrom mit apnoischer Sauerstoffdiffusion (Diffusionsatmung) erreicht, der bis zu 10 Minuten übersichtliche Arbeitsverhältnisse in der Lunge schafft (SCHIMKE 1979).

Ein unter bronchoskopischer Kontrolle in einem Bronchus 2. Ordnung entdeckter Fremdkörper (Ähre) ist in der Abb. 14.9. dargestellt. Nicht leicht ist es, schon längere Zeit in den Luftwegen befindliche und durch zähen Schleim bzw. Granulationsgewebe „eingemauerte" Fremdkörper zu extrahieren.

Ein gutes diagnostisches Verfahren zur Aufdeckung disseminierter, interstitieller Lungenkrankheiten ist die *bronchoalveoläre Lavage*. Sie wurde durch die moderne Fiberbronchoskopie möglich und bedeutet, daß durch ein Bronchoskop 5,0–20,0 ml sterile, physiologische Kochsalzlösung in die Alveolen eingespült und wieder abgesaugt werden. Die zurückgewonnene Spülflüssigkeit ist repräsentatives Material für den Nachweis von zellulären Bestandteilen (Makrophagen, Lymphozyten, eosinophile und neutrophile Granulozyten, in Zukunft sogar Bestimmung der Makrophagenaktivität), Proteinen (Immunglobuline) und Enzymen (WIESNER 1984, HAWKINS und DENICOLA 1990).

Lungenfunktionsprüfungen wurden von CORCORAN (1991) näher beschrieben.

14.1.7. Spezielle Laboruntersuchungen

Nach REICHELT et al. (1981) gibt es keine objektivierten und optimierten labordiagnostischen Parameterpaletten für die Basisdiagnostik, Differentialdiagnostik und Therapiekontrolle bei Lungenkrankheiten. Priorität bei der Ermittlung von Lungenerkrankungen haben beim Hund die klinischen und röntgenologischen Untersuchungsverfahren und beim Menschen diejenigen der Röntgen- und Funktionsdiagnostik sowie der morphologischen Untersuchung.

Zur Unterstützung der klinischen und röntgenologischen Diagnostik von Erkrankungen der Atmungsorgane sind folgende labordiagnostische Parameter zu empfehlen:

– als Basisdiagnostik die unspezifischen Entzündungsparameter im Blut, z. B. die Erythrozytensenkungsgeschwindigkeit, die Leukozytenzahl, die Leukozytendifferentialzählung, Gesamteiweiß im Plasma. Sie zeigen bei akut fieberhaften Erkrankungen Abweichungen vom Normalen, bei chronischen oder durch Sekundärinfektionen langsam sich entwickelnden Erkrankungen keine oder nur sehr geringe Reaktionen.
– Als spezialisierte Diagnostik und Therapiekontrolle z. B. die Parameter des roten Blutbildes (Zahl der Erythrozyten, Hämoglobin, Hämatokrit), der Säure-Basen-Status, der Sauerstoffpartialdruck, ein Tuberkulin-Intrakutantest, parasitologische und mikrobiologische Sputumuntersuchungen und alle erforderlichen Therapieüberwachungsparameter, wie z. B. Throm-

bozytenzahl, Blutgerinnungsparameter, ASAT und ALAT, Harnstoff und Kreatinin im Serum, Blutglucose, Eiweiß im Harn usw.

Die Aussagekraft der labordiagnostischen Parameter ist unterschiedlich und nur im Zusammenhang mit den klinisch und röntgenologisch ermittelten Veränderungen zu bewerten.

14.1.8. Probepunktion des Thorax (Thorakozentese)

Die Probepunktion des Brustraumes ist zur Diagnostik von vermuteten Flüssigkeitsansammlungen im Thorax (Chylo-, Hämo-, Pyo-, Hydrothorax, Pleuraempyem) und zu deren Entleerung indiziert. Es kann am sitzenden Tier im 5.–6. Interkostalraum, am stehenden Tier im ventralen Drittel des 8. Interkostalraumes oder am liegenden Tier an der tiefsten Stelle des 7. Interkostalraumes bei über den Tischrand gezogenem Thorax punktiert werden. Vor dem Einstich sollten die Haare mit einer Schere entfernt, die Haut desinfiziert und beim unruhigen Tier eine Lokalanästhesie gesetzt werden. Mit aufgesetzter luftfreier Spritze und einer 0,5–1,0 mm dicken und ca. 3,0–5,0 cm langen, sterilen Kanüle wird zunächst die Haut durchstoßen, die Kanülenspitze subkutan 1–3 cm verschoben und dann am kranialen Rand der kaudalen Rippe etwa 1,0–2,0 cm tief eingestochen. Das Erreichen des Pleuraspaltes ist an der plötzlichen Abnahme des Einstichwiderstandes bzw. am Auftreffen der Nadel auf das derbelastische Lungengewebe zu erkennen. Wurde die Lunge getroffen, ist dies an Pendelbewegungen zu merken, die von der Kanüle im Atemrhythmus vollzogen werden. Dann ist sie etwas zurückzuziehen. Bei richtigem Sitz der Kanüle kann, wenn vorhanden, Flüssigkeit in eine sterile 5,0- oder 10,0-mm-Spritze aspiriert werden (CROW und WALSHAW 1987).

Vom abgesaugten Punktat werden 0,5 ml zur mikrobiologischen Untersuchung abgefüllt. Der Rest wird für die zytologische und chemische Untersuchung mit EDTA stabilisiert und abzentrifugiert. Von der überstehenden Flüssigkeit werden das spezifische Gewicht und der Eiweißgehalt bestimmt. Das Sediment ist auf Leukozyten, Mesothelien und Tumorzellen zu untersuchen.

Transsudate sind nach JAKSCH (1973) zumeist zellfrei, klar und haben ein spezifisches Gewicht von <1,016 sowie einen Eiweißgehalt von unter 20,0 g/l. **Exsudate** sind trüb und weisen ein höheres spezifisches Gewicht und einen Eiweißgehalt von über 40,0 g/l auf. Im Sediment sind viele Leukozyten, und die Rivaltasche Probe (1 Tropfen des Punktatüberstandes wird in eine Lösung von 2 Tropfen Eisessig auf 200,0 ml Wasser gegeben) ist mit milchigen, bandartigen Trübungen hinter dem absinkenden Tropfen positiv. Blut ist an seiner Farbe und den Erythrozyten im Sediment zu erkennen. Chylöses Transsudat hat einen sehr hohen Fettgehalt und viele Leukozyten, pseudochylöses Transsudat dagegen viel Eiweiß. Beide sind trüb und durch die Etherschüttelprobe, bei der das chylöse Transsudat klar wird, zu differenzieren. Die zytologische Diagnostik aus dem Punktatsediment ist nur positiv, wenn tatsächlich maligne Zellen gefunden werden. Zytologisch negative Befunde müssen keinesfalls gegen einen Tumor sprechen und sind möglichst durch die Untersuchung von Biopsie-Gewebsproben zu überprüfen (TRAUTVETTER 1979, FORRESTER et al. 1988).

14.2. Erkrankungen von Nase und Kehlkopf

Die Nase wird durch Adspektion des Nasenspiegels und des Naseneinganges, durch Prüfen der Durchgängigkeit der Atemluft, durch Adspektion der Nasengänge mittels Spreizspekulum oder Rhinoskop (Otoskop), durch Perkussion des Nasendaches und durch Röntgen in 2 Ebenen untersucht. Rachenraum (Pharynx) und Kehlkopf (Larynx) können bei ruhigen Hunden bis zu den Stimmbändern durch den manuell geöffneten Fang ohne weitere Hilfsmittel betrachtet werden (Herunterdrücken der Epiglottis mit einem Finger oder Spatel). Zur Adspektion des Kehlkopfinnenraumes und der sich anschließenden Trachea ist ein Endoskop (Laryngoskop, Bronchoskop) erforderlich.

Auf Erkrankungen der Nase verweisen:

– Niesen,
– Nasenausfluß (ein- oder beidseitig, ständig oder schubweise, in geringer oder großer Menge, serös, schleimig, eitrig, blutig oder jauchig),
– Mundatmung.

Auf Erkrankungen des Pharynx und des Larynx weisen hin:

– Husten,
– erschwertes Abschlucken der Nahrung, Inappetenz und Apathie,
– Tonsillitis,
– inspiratorische Dyspnoe.

14.2.1. Ulcera des Nasenspiegels

Trockene, brüchige, rissige und ulzeratöse Nasenspiegel kommen als Folge von Tumoren oder im Verlauf von Infektionskrankheiten (Staupe, Hepatitis), allgemeinem Kräfteverfall oder sui generis (*idiopathische Ulcera*, besonders bei alten Hunden, Schäferhunden, Collies und Labradors) vor.

Nasenrückenpyodermie (s. Kapitel 11., Abb. 11.46.): Beim Collie kann ein Lichtekzem des Nasenrückens und des Nasenspiegels *(Collie-Nase)* mit Rötung, nässendem Ekzem, Haar- und Pigmentverlust, Krustenbildung und Ulzeration auftreten.

Therapie: Glucocorticoide und/oder Vitamin A enthaltende Salben und Öle; evtl. Keilexzision. Beim Lichtekzem (Collie-Nase): Sonnenschutzcreme oder ölige Glucocorticoide-Präparate.

14.2.2. Nasenbluten (Epistaxis)

Nasenbluten ist vorwiegend die Folge traumatischer Einwirkungen, wird aber auch durch Fremdkörper, Ulcera oder ulzerierende Tumoren, Parasiten (Leishmanien) sowie sehr heftiges Niesen (z.B. bei Rhinitiden) ausgelöst und tritt bei hämorrhagischen Diathesen (Cumarinvergiftungen, Hcc) oder nach Zahnextraktionen im Oberkiefer mit Durchbruch in die Nasenhöhle auf. Nicht immer ist die Ursache trotz Rhinoskopie, Röntgen- und Labordiagnostik eindeutig zu klären. Differentialdiagnostisch ist der dunkelrote, blutige Nasenausfluß bei Nasenbluten vom hellroten, schaumigen Lungenblut nach Lungenverletzungen (Rasselgeräusche in der Lunge) bzw. vom mit Speichel versetzten, blutigen Nasenausfluß bei Rachenverletzungen (Rachenblutungen) zu unterscheiden.

Die *Therapie* richtet sich nach der Ursache und sollte bestehen aus:

- Ruhigstellung des Tieres (Sedierung),
- Beseitigung der Ursachen,
- operativer Versorgung bei Traumen, Fremdkörpern oder Tumoren,
- lokaler Anwendung von Hämostyptika, evtl. mit Nasenloch-Tamponade (Gelatineschwamm) und Zunähen eines oder beider Nasenlöcher.
- parenteraler Applikation von Vitamin K (Phytomenadion, Menadion) und Calcium, enteraler Verabreichung von Pectin,
- spezifischer Leishmaniose-Behandlung (s. Kapitel 26., 27.).

14.2.3. Nasenkatarrh (Rhinitis)

Die Rhinitis kommt häufig im Verlauf von Infektionskrankheiten (Staupe, Hcc), seltener bei Einwirkung von Staub, Rauch, Desinfektionsmitteln (z.B. in Tierheimen), Parasiten *(Linguatula serrata)*, Resistenzminderung bei Endoparasitenbefall, Verpilzung *(Rhinitis mycotica;* RUDOLPH et al. 1974, SHARP et al. 1991), als Folge einer Erkältung oder einer Allergie sowie als Begleitsymptom von Nasennebenhöhlenempyem, Tumoren, Fremdkörpern in der Nase (einseitiger Nasenausfluß), atrophischer Turbinalia, Gaumensegelveränderungen und Gaumenspalten (Palatoschisis) mit wiederholtem Eindringen von Futter in die Nasengänge und bei Zahnwurzelvereiterungen mit Durchbrüchen in die Nase (Canini des Oberkiefers) vor.

Das *klinische Bild* wird durch Niesen, „Ausprusten", Nasenreiben, Dyspnoe und Nasenausfluß, zuerst serös *(Rhinitis catarrhalis)*, dann schleimigeitrig *(Rhinitis purulenta)* mit Verkrustung der Nasenlöcher beherrscht. Später können Nasenspiegelulcera oder Konjunktividen mit Tränenspuren infolge der Verstopfung des Tränennasenkanals hinzukommen. Einseitiger Nasenausfluß mit heftigem Niesen, plötzlichem Erbrechen und starkem Reiben des Kopfes bzw. der Nase deutet auf die Aspiration eines Fremdkörpers (Grashalm, Grasähren, Holzstückchen, Metallspäne) hin. Eine Adspektion der Nasengänge (Rhinoskop, Otoskop), evtl. mit Spiegelung vom Rachen aus (retrograde Rhinoskopie), ist anzuraten.

Die *Therapie* besteht in erster Linie in der Beseitigung der Ursache bzw. der Behandlung des Grundleidens. Verkrustungen der Nasenlöcher müssen beseitigt und durch häufiges Einfetten des Nasenspiegels (Vaseline, Borsalbe, Babyöl) vermieden werden. Antibiotikahaltige Augenöle haben sich zur lokalen Antibiotikatherapie der Rhinitis (mindestens alle 6 Stunden 2–3 Tropfen in jedes Nasenloch während der Inspiration) bewährt. Allergien sind mit Antiallergika (z.B. Promethazin, Prednisolon) und mit lokal anzuwendenden Epinephrin-Kombinationen, mykotische Rhinitiden mit Antimykotika (z.B. Miconazol, Griseofulvin) zu behandeln (SHARP et al. 1991).

14.2.4. Mißbildungen

Die *Atrophie der Turbinalia* wurde beim Irischen Wolfshund beschrieben und durch züchterische Selektion bekämpft (JAKSCH 1973).

Eine *angeborene Verengung der Nasenlöcher* kommt häufig bei brachyzephalen Hunderassen (z. B. Französische und Englische Bulldogge) vor und verursacht eine inspiratorische Dyspnoe. Plastische Operationen können versucht werden.

Ebenfalls bei brachyzephalen Hunderassen, beim Teckel und gelegentlich auch bei Hunden anderer Rassen können nach LÖFFLER et al. (1981) die mediale und nasale Stirnhöhle, mitunter sogar beide, fehlen. Dies hat zwar keine klinischen Folgen, ist aber bei der Röntgendiagnostik der Nasen-, Nasenneben- und Stirnhöhlen zu beachten.

14.2.5. Fremdkörper und Tumoren im Nasengang

Grasähren, Grannen, Grashalme, Getreideähren, Holzsplitter oder Metallstückchen kommen als Fremdkörper im Nasengang vor, wobei Jagdhunde wegen ihres intensiven Stöberns durch Wald und Flur besonders gefährdet sind. *Klinisch* dominiert eine plötzlich einsetzende, meist einseitige Rhinitis mit heftigem Niesen und Nasenreiben. Der Nasenausfluß ist zuerst blutig-serös, später wird er blutig-eitrig. Symptomatische Behandlungsversuche bleiben erfolglos. *Differentialdiagnostisch* sind **Tumoren im Nasengang** auszuschließen. Die von ihnen ausgelöste Rhinitis beginnt langsam und hat einen mehr chronischen Verlauf. Sie sind beim Hund nicht selten, meist maligne, kommen in den Nasen- und Nasennebenhöhlen vor, greifen auf die Umgebung über und dringen bis in die Stirnhöhlen vor (LÖFFLER et al. 1981, MOORE et al. 1991, HAHN et al. 1992).

Die *Diagnose* wird durch Adspektion des Nasenganges mit einem Spreizspekulum, einem **Rhinoskop** oder einem Otoskop mit dünnem Trichter (Lokalanästhesie mit Oberflächenspray) gestellt bzw. durch Biopsie (WITHROW et al. 1985) gesichert, wobei ein Beschlagen der Optiken durch vorherige orotracheale Intubation (s. Kapitel 6.) vermieden werden kann. Schattengebende Fremdkörper und Tumoren sind auch röntgenologisch zu ermitteln (Abb. 14.10.). Methoden zur röntgenologischen Untersuchung der Nasen-, Nasenneben- und Stirnhöhlen mittels Kontrastmitteldarstellung beschrieben LÖFFLER et al. (1981).

Nativaufnahmen im latero-lateralen und ventrodorsalen Strahlengang bei korrekter Position des sedierten Hundes (Unterlegen eines Gummiklötzchens unter die Nase zur jeweils waagerechten Ausrichtung der Nasenhöhlen, Zentralstrahl auf die Mediane zwischen den Processus zygomatici der Stirnbeine richten; s. Abb. 14.2., 14.3.) können in Ausnahmefällen durch Kontrastmitteldarstellungen der Nasen- und Nasennebenhöhlen ergänzt werden. Hierzu ist allerdings das Os frontale zu trepanieren und je 1,5–2,5 ml des Kontrastmittels (Megluminamidotrizoat) zu instillieren.

Die *Therapie* besteht in einer Entfernung der Fremdkörper oder Neoplasmen aus dem Nasengang. Ist dies durch die Nasenöffnung, z. B. mit einer Polypenzange nach HARTMANN, oder durch Rhinoskopie nicht möglich, muß operativ vorgegangen werden. Eine Methode zur schonenden Freilegung der Nasen- und Nasennebenhöhlen durch Eröffnen des Os nasale, 4,0–5,0 mm bzw. 1,0 cm vom Septum entfernt bis zur Höhe der medialen Augenwinkel, beschreibt KOMÁROMY (1981).

Dazu werden ein medianer Hautschnitt auf dem Nasenrücken von der Höhe der medialen Augenwinkel bis zum Nasenspiegel angelegt, die Hautränder und das Periost beiderseits nach lateral abpräpariert und das Os nasale freigelegt. An der periostfreien Knochenoberfläche wird der abzuhebende Knochenanteil mit der oszillierenden Säge bei schräg nach innen und unten gerichteter Schnittführung nicht perforierend (Schonen der Choanen) unter fortdauernder Kühlung umschnitten, mit einem scharfen Meißel vorsichtig abgetrennt und vom medialen Augenwinkel beginnend zur Nase hin aufgeklappt. Nach entsprechender Blutstillung sind eine gute Orientierung und leichte Entfernung eventueller Fremdkörper oder Tumoren möglich. Eine Eröffnung des Sinus maxillaris kann sich, wenn erforderlich, anschließen. Der Verschluß der Wunde erfolgt dadurch, daß der hochgeklappte Knochenteil zurückgelagert und eingepaßt wird. Vorher ist jedoch eine Tampondrainage bis ins Nasenloch einzulegen. Verschlußnähte für Periost und Haut und Anlegen eines Beetverbandes (s. Kapitel 7.) mit leichtem Anpreßdruck schließen die Operation ab. Der Tampon wird 2 Tage post operationem entfernt, und die Nasenhöhlen werden mehrmals täglich antibiotisch (z. B. Penicillin-Augenöl) versorgt.

14.2.6. Parasiten im Nasengang

Der Nasenwurm (*Linguatula serrata* bzw. *rhinaria*) ist in Europa sehr selten. Hunde infizieren sich im Ausland durch Aufnahme von larvenhal-

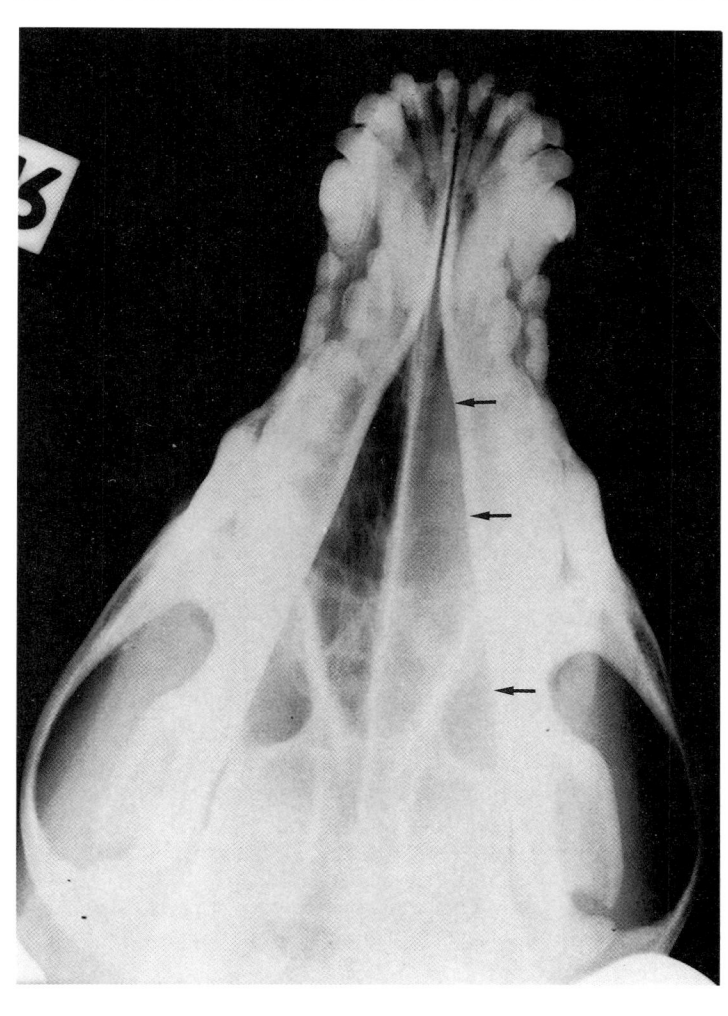

Abb. 14.10. Schädel-Röntgenaufnahme mit Weichteilschatten (Tumor) im linken Nasengang (Pfeile) bei dorso-ventralem Strahlengang.

tigem Fleisch, evtl. auch von Ratten und Mäusen. Der Nasenwurm verursacht eine chronische Rhinitis mit Fremdkörpersymptomatik. Die *Diagnose* wird durch den Nachweis des Parasiten (Rhinoskopie) oder seiner Eier im Nasenausfluß bzw. Kot (Nasenausfluß wird auch abgeschluckt) gestellt. Die *Therapie* besteht in der Entfernung des Parasiten aus der Nase (mechanisch, Auslösen sehr kräftigen Niesens durch Pinsel- oder Niespulverreize, operativ) oder in seiner Abtötung durch ein Kontaktinsektizid (Aerosol).

Während Hautmyiasis und Pseudomyiasis beim Hund bereits länger bekannt sind, berichteten CENTURIER und ACKERMANN (1979) von einem Fall einer *nasalen Myiasis* durch die Larven III von *Oestrus ovis*. Die Symptome sind Inappetenz, Fieber, inspiratorische Dyspnoe, einseitiger, schleimig-eitriger Nasenausfluß und Niesen. Eine spezifische *Therapie* hängt von der Diagnose ab, die erst mit dem Abgang der Parasiten möglich ist.

Da dann eine Selbstheilung eintritt, wird sie sich nur als symptomatische Therapie einer Rhinitis gestalten.

14.2.7. Sinusitis maxillaris und frontalis, Empyem

Entzündungen der Nebenhöhlen des Kopfes, der Kiefernhöhle *(Sinusitis maxillaris)* und Stirnhöhle *(Sinusitis frontalis)* bzw. *Empyeme* kommen im Verlauf von Infektionskrankheiten (Staupe), bakteriellen Sekundärinfektionen (beidseitig), Tumorbildung, perforierenden Traumen, Zahnwurzelerkrankungen usw. (einseitig) vor. *Klinisch* ist ein zähflüssiger, schleimig-eitriger Nasenausfluß, z.T. schubweise mit schleudernden Kopfbewegungen abgesondert, vorherrschend. Die regionären Lymphknoten sind vergrößert und schmerzhaft, die entsprechende Kiefer- oder

Stirnhöhlengegend ist evtl. vorgewölbt. Die *Diagnose* wird durch Röntgenaufnahmen (s. Abschnitt 14.2.5.) abgesichert.

Die *Therapie* muß in erster Linie eine Beseitigung des Ausgangsherdes (Zahnextraktion, Tumorentfernung) bzw. eine Heilung der Primärerkrankung anstreben. Symptomatisch und lokal sind Inhalationen und Aerosole, Wärmeapplikation (Rotlichtbestrahlung, Umschläge, Kurzwelle; s. Kapitel 4.) anzuwenden. Eine allgemeine Chemotherapie führt nur selten zum Ziel. Wird sie versucht, sollten der Erreger vorher ermittelt und ein Antibiogramm angefertigt werden. Bleibt dies alles erfolglos, ist die befallene Höhle nach exakter, von LÖFFLER et al. (1981) beschriebener Diagnostik zu trepanieren, täglich zu spülen und direkt antibiotisch zu versorgen.

14.2.8. Laryngitis, Laryngo-Pharyngitis

Auf Erkrankungen des Rachenraumes verweisen:
– Inappetenz, Apathie und Fieber,
– Husten (bei Pharyngitis durch manuellen Druck auf den Kehlkopf schwer, bei Laryngitis leicht auslösbar),
– Schluckbeschwerden (besonders bei Pharyngitis),
– Lymphknotenschwellungen und Tonsillitis.

Ursachen der zumeist als *Laryngo-Pharyngitis* oder in Verbindung mit einer Tonsillitis als Angina (s. Kapitel 17.) auftretenden Entzündungen des Rachenraumes sind Infektionskrankheiten (Tollwut, Staupe, infektiöse Tracheobronchitis) sowie mechanische, thermische oder chemische Belastungen, z.B. Fremdkörper, langanhaltendes Bellen (z.B. in Tierheimen), eiskaltes Futter oder Trinkwasser, Schneeaufnahme, Austrocknung bei dauerndem Hecheln oder Luftzug (Kopf aus dem offenen Autofenster), Baden in zu kaltem Wasser, dauernder Zug an der Halskette, Verätzungen usw. In Verbindung mit anderen Erkrankungen des Respirationsapparates ist eine Laryngo-Pharyngitis keinesfalls selten. *Klinisch* imponieren als frühe Symptome der Laryngitis der Verlust oder die Heiserkeit der Stimme (Achtung: Tollwut!) und Husten. Bei der Adspektion des Rachenraumes sind Rötung der Schleimhaut, weißschaumiger Schleim und evtl. geschwollene Tonsillen zu ermitteln. *Differentialdiagnostisch* sind Erkrankungen anderer Abschnitte des Respirationsapparates sowie die oben angegebenen Infektionskrankheiten zu berücksichtigen.

Die *Therapie* besteht aus einer Behandlung des Grundleidens (s. dort), Beseitigung der Ursachen und symptomatischer Behandlung. So ist z.B. andauerndes Bellen durch einen Wechsel des Aufenthaltsortes oder durch medikamentöse Sedierung (Tranquilizer, wie z.B. Diazepam, Meprobamat, Chlordiazepoxid) abzustellen. Fremdkörper sind unter Neuroleptanalgesie zu entfernen, alle anderen auslösenden Faktoren zu vermeiden, und die Fütterungs- und Haltungshygiene (s. Kapitel 5.) muß optimiert werden. Die symptomatische Behandlung kann aus lokaler Wärmeapplikation (Prießnitz-Umschläge, Kurzwellenbestrahlung der oberen Halsgegend; s. Kapitel 4.) und der Anwendung von Antitussiva und Laryngologika (z.B. Codein, Acriflaviniumchlorid), von Bronchosekretolytika/Expektorantien (z.B. Ammoniumchlorid, Bromhexin, Guajacol) und von lokal zum Austouchieren des Rachens einzusetzenden antiphlogistischen Dermatika (z.B. Jodglycerin, Argentum nitricum in 2,0%iger Lösung) bestehen. In chronischen und therapieresistenten Fällen können auch Glucocorticoide in Kombination mit Antibiotika versucht werden.

Eine **Kehlkopflähmung** (laryngeale Paralysis) mit schwerem inspiratorischem Stridor infolge starker Verengung der oberen Luftwege kann als Folge von Infektionskrankheiten (Achtung: Tollwutgefahr!), Traumen und Tumoren, genetisch und/oder idiopathisch bedingt vorkommen. Als operatives Therapieverfahren beschrieben WHITE (1989) und LATTUE (1989) die unilaterale crico-arytenoide Laryngoplastik, die sie mit 90% bzw. 100% Erfolg durchführten.

14.2.9. Larynxverschluß (Ödem, zu großes Gaumensegel)

Im Verlauf allergischer Erkrankungen, bei Laryngo-Pharyngitis, Insektenstichen, Fremdkörpern, Abszessen, Hitzschlag oder nach orotrachealer Intubation kann sich ein *laryngeales Ödem* entwickeln, das zu erheblicher Dyspnoe und laryngealer, inspiratorischer Stenose führt. Besonders gefährdet sind brachyzephale Hunderassen, bei denen das laryngeale Ödem schon als Folge einfacher Narkosen oder chirurgischer Eingriffe entstehen kann. Das *klinische Bild* ist gekennzeichnet durch die hochgradige Dyspnoe,

Abb. 14.11. Operation zur Kürzung eines zu langen Gaumensegels. Dreieckiges Stück mit einer Péan-Klemme erfaßt.

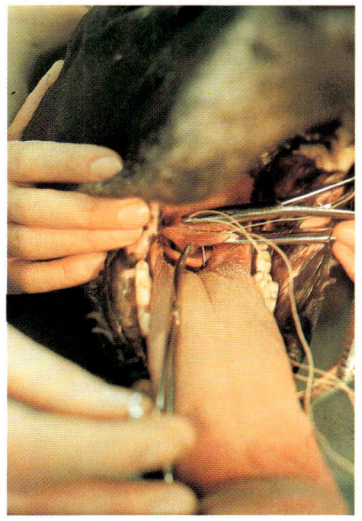

Abb. 14.12. Operative Kürzung des Gaumensegels. Setzen von rückläufigen Catgutheften.

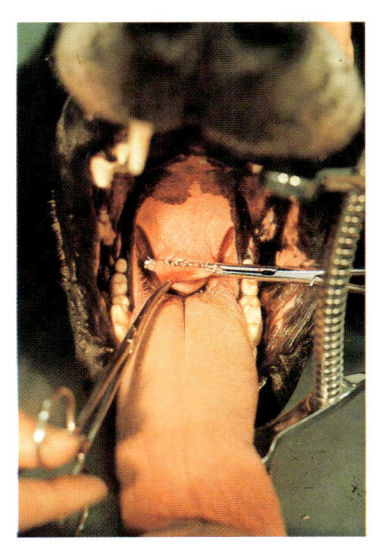

Abb. 14.13. Operative Kürzung des Gaumensegels. Zustand vor Absetzen eines dreieckigen Stückes nach Abschluß der Naht und vor Abnahme der Péan-Klemme.

Schwellung der Kehlkopfschleimhaut und sehr enger Stimmritzenöffnung. Sehr ähnliche Symptomatik verursachen *Fremdkörper* und *Tumoren* im Larynx sowie ein *Glottiskrampf*. Die Diagnose wird durch Adspektion (nach digitalem Herabdrücken der Epiglottis oder mit einem Laryngo- bzw. Bronchoskop) des Larynx gesichert.

Die *Therapie* muß mit schnell wirkenden Injektionen von Glucocorticoiden (Cortison, Prednisolon) und/oder Antiallergika (Promethazin, Diphenhydramin) sowie Calcium eingeleitet werden. Wird die Atemnot nicht beherrscht, ist zunächst eine orotracheale Intubation (kleinster bis kleiner Tubus) zu versuchen. Ist sie nicht mehr möglich, muß eine ventrale Tracheotomie unter Verwendung humanmedizinischer Tracheotuben oder genügend großer Gummi- bzw. Plastikkatheter durchgeführt werden. Auch die Exzision eines oder beider Stimmbänder von der Mundhöhle aus oder durch ventrale Eröffnung des Larynx (Haut- und Muskelschnitt, Eröffnen des Kehlkopfes, Stimmband exzidieren, Muskel- und Hautnaht) ist möglich (SUTER 1989).

Zum Verschluß des Larynx mit gleicher Symptomatik kann es auch kommen, wenn eine *übermäßig bewegliche Epiglottis* bei der Inspiration „angesaugt" wird, beim *Kollaps der Kehlkopfknorpel* infolge einer Dilatation der Stimmbandtaschen und beim *zu großen Gaumensegel* (Velum palatinum). Auch hiervon sind speziell die brachyzephalen Hunderassen betroffen. Während das Ansaugen der Epiglottis und der Kollaps der Kehlkopfknorpel durch sofortige Intubation beherrscht und durch ständige medikamentöse Beruhigung der Tiere vermieden werden können, ist ein zu langes Gaumensegel, das auch bei den großen, fleischigen Hunderassen (z. B. Neufundländer, Hovawart, Berner Sennenhund) vorkommt und von uns auch beim Chow-Chow, Deutschen Schäferhund und Wolfsspitz beobachtet wurde, operativ zu kürzen. Die *Symptome*, wie inspiratorische Stenose- und exspiratorische Schnarchgeräusche mit starker Speichelschaumbildung und zyanotischen Schleimhäuten, treten zunächst nur bei Belastung, später auch im Ruhezustand auf. Ursache dafür ist eine starke Überlappung von Velum palatinum und Epiglottis, die sich normalerweise nur an der Epiglottisspitze leicht berühren. Die pathologisch-anatomischen Verhältnisse werden noch durch z. T. hochgradig geschwollene Tonsillen verschlechtert (GRÜNBAUM und DOHERR 1979).

Das Tier wird unter Neuroleptanalgesie in Bauchlage orotracheal intubiert und der Tubus sorgfältig durch Füllen der Aufblasmanschette gesichert. Darauf ist die Überlappungsfläche von Epiglottis und Gaumensegel auf letzterem mit einem Iodtupfer zu markieren. Während SUTER (1989) die Kürzung nach LEONHARD mittels Thermokauter empfiehlt, fixieren wir das dreieckige Stück des Gaumensegels mit einer gebogenen, langfassenden Gefäßklemme nach PÉAN (Abb. 14.11.), setzen direkt vor der Péan-Klemme rückläufige Wolfsche Hefte aus resorbierbarem Nahtmaterial (Abb. 14.12.) und tragen dann erst das dreieckige Gaumensegelstück mit einer Schere ab (Abb. 14.13.). Das verhindert Blutungen so wirkungsvoll, daß auf eine Intubation im Interesse der Übersichtlichkeit des Operationsfeldes unter Umständen verzichtet werden kann. Die Operation wird mit beidseitiger Tonsillektomie (s. Kapitel 17.) beendet.

14.3. Erkrankungen der Luftröhre

Die Luftröhre (Trachea) wird durch Palpation, Adspektion (Tracheoskopie) und Anfertigung von Röntgenaufnahmen (im latero-lateralen Strahlengang) untersucht.

Auf Erkrankungen der Luftröhre weisen hin:
– Husten (trocken, anfallsweise),
– Schmerzen bei der Palpation,
– inspiratorische Dyspnoe, evtl. gemischte Dyspnoe.

14.3.1. Infektiöse Tracheobronchitis

Eine Luftröhrenentzündung *(Tracheitis)* kann im Verlauf von Infektionskrankheiten entstehen oder nach SUTER (1989) durch aerogene Reizstoffe, Parasitenlarven mit Lungenpassage *(Toxocara canis, Ancylostomum caninum, Strongyloides stercoralis)*, in den Luftwegen angesiedelte Parasiten *(Crenosoma vulpis, Filaroides osleri, Capillaria aerophila)*, Parasiten in den Lungengefäßen *(Angiostrongylus vasorum, Dirofilaria immitis)*, die allgemeine Resistenz mindernde Faktoren und Stauungen im kleinen Kreislauf verursacht und mit einer Laryngitis oder Bronchitis verbunden sein. Die *Behandlung* entspricht der unter Pharyngitis/Laryngitis (s. Abschnitt 14.2.8.) bzw. Bronchitis (s. Abschnitt 14.4.1.) aufgeführten.

Die im anglo-amerikanischen Raum oft beschriebene *infektiöse Tracheobronchitis* (Kennel cough = Zwingerhusten) ist durch kurzen, trockenen und anfallsweise auftretenden Husten gekennzeichnet, der durch Druck auf die Trachea auszulösen ist. Als Erreger wird ein Herpesvirus vermutet, einige Autoren fanden bei Ausbrüchen von „Upper Respiratory Diseases" auch Parainfluenza-, Adeno- und Myxoviren sowie Mykoplasmen (JAKSCH 1973) und werten sie als Wegbereiter für bakterielle Sekundärinfektionen (s. auch Kapitel 27.). Auch hier entspricht die *Behandlung* der unter Laryngo-Pharyngitis (s. Abschnitt 14.2.8.) bzw. Bronchitis (s. Abschnitt 14.4.1.) beschriebenen. Während diese Erkrankung im deutschsprachigen Raum bisher selten auftrat, wurde sie in letzter Zeit immer häufiger. Wegen der Virus-Mischinfektion mit bakteriellen Sekundärinfektionen werden Rekonvaleszentenserum und Paramunitätsinducer, Breitbandantibiotika und Glucocorticoide empfohlen. Auch eine aktive Immunisierung ist möglich (s. Kapitel 27.).

14.3.2. Tracheaverlagerungen und -verformungen

Durch

– *intratracheale Obstruktion* (Fremdkörper, Tumoren, Ansammlungen von viel klebrigem Schleim, Spasmen),
– *extratracheale Kompression* und *Tracheaverlagerung* (Tumoren, Struma, Lymphknotenvergrößerungen, Abszesse, Hämatome, Herzvergrößerung),
– *Insuffizienz der Trachealknorpel* (dorsoventrale Tracheaabflachung bei kleineren Hunderassen [Yorkshire-Terrier, Zwergspitz, brachyzephale Hunderassen; DALLMAN et al. 1988], kongenitale Tracheahypoplasie mit Trachealkollaps bei Bulldoggen [Englische Bulldogge, Boston-Terrier; COYNE und FINGLAND 1991] im Hals-, Brusteingangs- und Thoraxbereich der Trachea)

kommt es zum anfallsweisen, chronischen und therapieresistenten Husten mit Atemnot, Erstickungsanfällen und zyanotischen Schleimhäuten.

Intratracheale Obstruktionen sind röntgenologisch und tracheoskopisch nachweisbar, desgleichen die extratrachealen Kompressionen und Tracheaverlagerungen (Abb. 14.14., 14.15.), während die Trachealknorpelinsuffizienz durch palpatorische (leichte Deformation der Trachealringe bei Fingerdruck) und röntgenologische Untersuchung (Abb. 14.15.) (bei der Inspiration Abflachung der Trachea im Bereich des Halses und des Brusteinganges, bei der Exspiration im intrathorakalen Trachealbereich) ermittelt werden können.

Die *Therapie* besteht in:

– Beseitigung der Ursachen (Fremdkörper und Tumoren entfernen, Schleim durch Bronchosekretolytika, z.B. Bromhexin, Guajacol, Kaliumiodid, Ammoniumchlorid, medikamentös verflüssigen);
– medikamentöser Therapie (Beruhigung der Tiere durch Tranquilizer, Einsatz von Antitussiva, z.B. Codein; Verwendung von bronchodilatatorisch wirkenden Medikamenten, Broncholytika/Antiasthmatika, wie z.B. Aminophyllin; Digitalisierung des Herzens; s. Kapitel 15.);
– operativer Behandlung der Trachealknorpelinsuffizienz durch Raffung überdehnter Trachealmuskeln und Stabilisierung des Trachealquerschnittes (FINGLAND et al. 1989, HARVEY 1989).

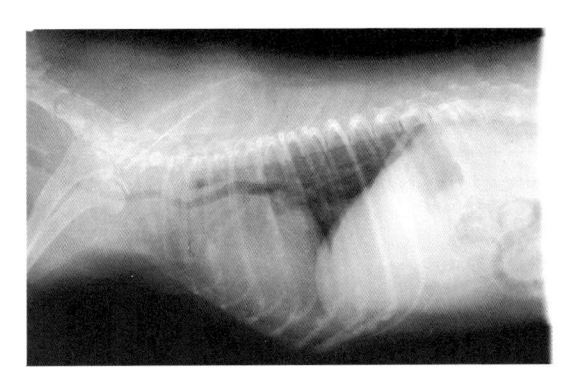

Abb. 14.14. Verlagerung der Trachea nach dorsal durch präkardiale Neubildung im Herzbasis- und Hilusbereich. Thorax-Röntgenaufnahme im latero-lateralen Strahlengang.

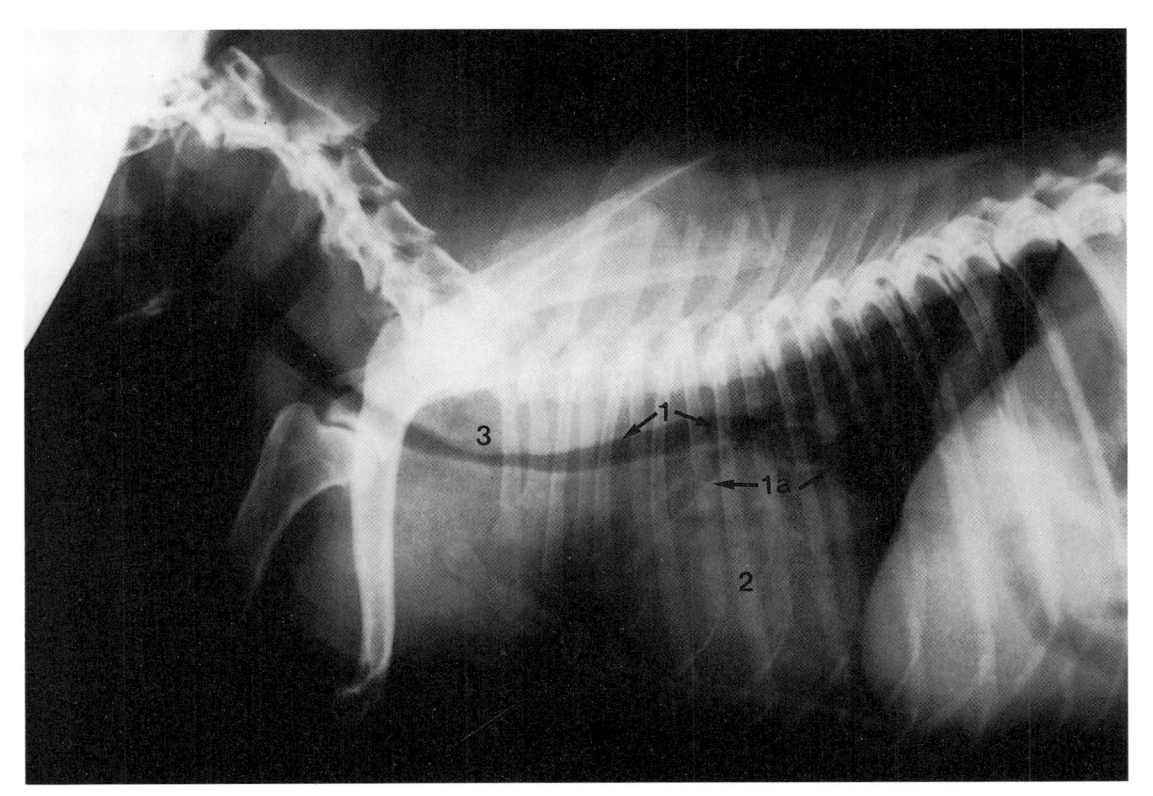

Abb. 14.15. Dorsalverlagerung von Trachea und Lunge infolge hochgradiger Herzvergrößerung und Trachealknorpelinsuffizienz. Thorax-Röntgenaufnahme im latero-lateralen Strahlengang (Zwergspitz, weiblich, 14 Jahre).
1 = nach dorsal verlagerte Trachea. 1a Lunge mit starker Gefäßzeichnung und Luftbronchogrammen,
2 = vergrößerter Herzschatten, 3 = Trachealknorpelinsuffizienz mit Abflachung der Trachea.

14.3.3. Fremdkörper und Tumoren in der Trachea

Sowohl Fremdkörper als auch Tumoren (u.a. eosinophiles Granulom; BROVIDA und CASTAGNARO 1992) kommen in der Trachea häufiger vor, als vermutet wird. Sie verursachen Husten (bei Fremdkörpern plötzlich einsetzend) und gemischte Dyspnoe mit unterschiedlich starken Stenosegeräuschen. Tumoren bleiben relativ lange symptomlos. Die *Diagnose* wird durch Röntgenuntersuchung und/oder Tracheoskopie gestellt. Die *Therapie* besteht in einer Entfernung der Fremdkörper, z.B. mit Hilfe eines Tracheoskops/Bronchoskops, bzw. in einer operativen Tumorentfernung. Eine sekundär entstandene Tracheitis wird wie unter Abschnitt 14.3.1. beschrieben, behandelt.

14.4. Erkrankungen der unteren Luftwege und der Lunge

Die Erkrankungen der unteren Luftwege und der Lunge haben dieselben, unter Abschnitt 14.3.1. für die Tracheitis beschriebenen Ursachen. Am häufigsten entstehen sie infolge von Infektions- und Invasionskrankheiten. Folgende *Symptome* weisen auf sie hin:

– Husten (anfallsweise, trocken bzw. feucht-locker mit Abhusten von Sekret),
– verschärft vesikuläre bis bronchiale Atemgeräusche, Rasselgeräusche,
– Verbreiterung und Verdichtung der Lungenzeichnung auf Röntgenaufnahmen mit großflächigen, alveolären und interstitiellen Verschattungen, bronchialen Strukturen und Ringschatten (s. Abschnitt 14.1.5.).

14.4.1. Akute Bronchitis

Der akute Bronchialkatarrh ist die häufigste Erkrankung des Respirationsapparates der Hunde, entsteht sehr oft im Verlauf von Infektionskrankheiten und ist nicht selten mit Pneumonien verbunden. Bei akuter Infektion sind fieberhafte Körpertemperaturen möglich, Dyspnoe tritt im akuten Stadium nicht auf. Das gravierendste *Symptom* der akuten Bronchitis ist ein kräftiger, anfallsweiser, feucht-lockerer Husten bei zuerst noch ungestörtem Allgemeinbefinden. Besonders am Morgen und beim ersten Einatmen frischer Luft beim Spazierengehen tritt er auf und ist durch das Abhusten von viel, zum größten Teil sofort abgeschlucktem Schleim charakterisiert. Das Atemgeräusch schwankt zwischen „verschärft vesikulär" und Rasselgeräuschen. Kommt es zum Befall der kleinen Bronchien, treten schwere Störungen des Allgemeinbefindens, Fieber, trockener Husten, Dyspnoe und kleinblasige Rasselgeräusche auf. Oftmals leitet die Bronchitis in eine Pneumonie (Bronchopneumonie) über. Die akute Bronchitis kann aber auch nach 2–3 Tagen abklingen, wobei der Husten noch bis zu 3 Wochen bestehenbleibt, und/oder sich zu einer chronischen Bronchitis weiterentwickeln.

Röntgenuntersuchungen sind bei der akuten Bronchitis in der Regel negativ. Die *Diagnose* wird auf Grund der klinischen Symptomatik und fehlender pneumonischer Erscheinungen im Röntgenbild gestellt.

Die *Therapie* besteht in:

– Ruhigstellen der Patienten und Verbesserung des sie umgebenden Mikroklimas,
– Applikation von Bronchosekretolytika, z.B. Ammoniumchlorid, Kaliumiodid, Bromhexin, Guajacol, Menthol,
– Anwendung von Antitussiva, z.B. Codein,
– Chemotherapie bei bakteriellen Infektionen mit z.B. Benzylpenicillin, Phenoxymethylpenicillin, Oxytetracyclin, Chloramphenicol (möglichst nach Antibiogramm; HANDRICK et al. 1983),
– kardialer Glykosidtherapie (s. Kapitel 15.),
– physikalischer Therapie (Mikro-/Kurzwelle, Prießnitz-Umschläge, s. Kapitel 4.).

14.4.2. Chronische Bronchitis

Bleibt eine Bronchitis länger als 8 Wochen bestehen, ist sie als chronisch anzusehen. Die chronische Bronchitis entwickelt sich in der Regel aus der akuten Bronchitis und ist *klinisch* durch einen kurzen, trockenen und tonlosen Husten mit gelegentlich schleimigem bis schleimig-eitrigem Nasenausfluß, Therapieresistenz und Komplikationen, wie Atelektasen, Emphysem, Bronchiektasien und Lungenfibrose, charakterisiert. Auskultatorisch sind „verschärft vesikuläre" bis Rasselgeräusche zu hören. Röntgenologisch sind bronchiale Strukturen und verdichtete, undeutlich abgegrenzte Ringschatten mit Doppellinien (s. Abschnitt 14.1.5.) sowie vermehrte Lungendichte (verminderter Luftgehalt der Lunge) und eine Herzvergrößerung zu sehen. Die Tiere ermüden sehr schnell (besonders bei der Stauungsbronchitis) und sind bei leichter bis mittlerer Dyspnoe zyanotisch.

Als *Ursachen* kommen langandauernde, unhygienische Haltung, vernachlässigte akute Bronchitiden, Infektionskrankheiten und Allergien in Frage. Herzerkrankungen (Linksherzinsuffizienz; Stauungsbronchitis), Insuffizienz der Trachealknorpel (s. Abschnitt 14.3.2.), parasitäre Invasionskrankheiten und Umweltschäden (Einatmen von Reizstoffen) müssen als Mitursachen in Betracht gezogen werden.

Die *Therapie* entspricht derjenigen der akuten Bronchitis, wobei die Prognose als zweifelhaft und die Behandlung als sehr langandauernd einzustufen ist. Der abgehustete Auswurf muß bakteriologisch und mykologisch untersucht und ein Antibiogramm angefertigt werden. Danach richtet sich die oftmals über Monate durchzuhaltende Chemotherapie (z. B. mit Sulfamerazin + Trimethoprim, Oxytetracyclin, Ampicillin; HERRMANN 1982). Glucocorticoide können kurzzeitig versucht werden, alle Möglichkeiten der physikalischen Therapie sind einzusetzen (s. Kapitel 4.); eine Herz-Kreislauf-Therapie (Herzglykoside kombiniert mit einem Broncholytikum/Antiasthmatikum, wie z. B. Aminophyllin) ist einzuleiten. Antitussiva (s. Abschnitt 14.4.1.) sollten nur nachts eingesetzt werden, damit tagsüber der Sekretstau abgehustet werden kann.

14.4.3. Allergische Bronchitis

Die allergische Bronchitis kommt akut im Verlauf von Medikamenten- (Analgetika) oder Insektenstich-Allergien und chronisch bei Umwelt-Allergien (Pflanzen-, Nahrungsmittelallergene) vor (HUMMEL und SLAPKE 1984). Sie ist durch plötzliche oder langsam sich verschlechternde Dyspnoe, röntgenologisch auffällige Bronchialstrukturen mit Ringschatten und durch die beschriebenen Symptome der Bronchitis (s. Abschnitte 14.4.1. und 14.4.2.) gekennzeichnet. Die *Therapie* besteht in einer Anwendung von Glucocorticoiden (Cortison, Dexamethason, Prednisolon, Triamcinolon).

Als Sonderform der allergischen Bronchitis wird das **PIE-Syndrom** (**P**ulmonale **I**nfiltrate mit **E**osinophilie) insbesondere bei Tieren mit atopischer Reaktionsweise als Überempfindlichkeitsreaktion gegenüber pflanzlichen, bakteriellen, viralen und chemischen Noxen beschrieben. Hierbei treten allmählich oder plötzlich Dyspnoe (asthmaähnlich) mit oder ohne Husten, Fieber und röntgenologisch nachweisbare, diffuse oder knotige, interstitielle Verschattungen in der Lunge, Leukozytose und Eosinophilie auf. Die Diagnose erfolgt über den Ausschluß anderer Lungenerkrankungen anhand der Eosinophilie und der eosinophilen Granulozyten im Bronchialsekret (Lavage). Das PIE-Syndrom spricht sehr gut auf Glucocorticosteroide bei gleichzeitiger Eliminierung des vermuteten Allergens (z. B. Pilze, Dirofilarien) und auf Antiasthmatika an (KIRSTEN und SCHMIDT 1979, CORCORAN et al. 1991, MOON 1992).

14.4.4. Fremdkörper in den Bronchien

Fremdkörper können bis in die unteren Luftwege gelangen (Grannen, Gras- und Getreideähren, Koniferennadeln). Sie lösen plötzlich sehr starken Hustenreiz aus (s. auch Abschnitt 14.3.3.); durch diesen werden sie in der Regel wieder ausgestoßen. Sind sie verkeilt, mit Widerhaken versehen oder mit Schleim verklebt, kommt es nach einem vorübergehenden symptomfreien Intervall von 1–3 Tagen zur eitrigen Bronchitis und in der Folgezeit zur chronischen Bronchopneumonie, zu Bronchialabszessen oder Fremdkörpergranulomen mit chronisch feuchtem Husten, eitrig-blutigem Auswurf und einem langsamen Kräfteverfall. Die *Diagnose* wird durch Röntgenuntersuchung (bei sekundären Komplikationen runde, herdförmige Lungenverschattungen oder fokale, lobäre Verschattungen) oder Bronchoskopie gesichert.

Die *Therapie* besteht in:

– Entfernung der Fremdkörper mittels Bronchoskop (s. Abschnitt 14.1.6.),
– Applikation von Antitussiva (Codein),
– operativer Entfernung des befallenen Lungenlappens.

14.4.5. Bronchopneumonie (katarrhalische Lungenentzündung)

Die Bronchopneumonie ist die häufigste Lungenentzündung der Junghunde und entsteht vorwiegend im Verlauf bakterieller Sekundärinfektionen virusbedingter Infektionskrankheiten bzw. im Anschluß an eine akute Bronchitis (s. Abschnitt 14.4.1.). Folgende *Symptome* sind zu beobachten:

- Apathie, Fieber, allgemeine Schwäche, Inappetenz,
- Husten (feucht; schleimig-eitrig), vesikulär abgeschwächte Lungengeräusche bis Rasselgeräusche,
- perkutorische Dämpfung (bei ausgedehnten, lobären Infiltrationen),
- Dyspnoe mit Kreislaufinsuffizienz.
- *Röntgenologisch* nachweisbar: lobäre Verschattungen und/oder großflächige alveoläre Verschattungen mit Luftbronchogrammen (s. Abschnitt 14.1.5.) und Verlust der Gefäßzeichnung in den verschatteten Partien, besonders in den Spitzen- und Mittellappen der Lunge (Abb. 14.16., 14.17.),
- Leukozytose und beschleunigte Blutsenkungsreaktion,
- Symptomatik der Grundkrankheit,
- schleppender, therapeutisch schwer zu beeinflussender Verlauf.

Die *Therapie* muß wie bei der akuten Bronchitis bestehen in:

- Ruhigstellen des Patienten und Verbesserung der Umweltverhältnisse,
- Behandlung der Primärerkrankung, optimaler Ernährung (s. Kapitel 5., Diät bei Infektionskrankheiten),
- Chemotherapie, mindestens über 8 Tage mit Breitbandantibiotika (z.B. Oxytetracyclin, Ampicillin, Gentamicin, Doxycyclin),

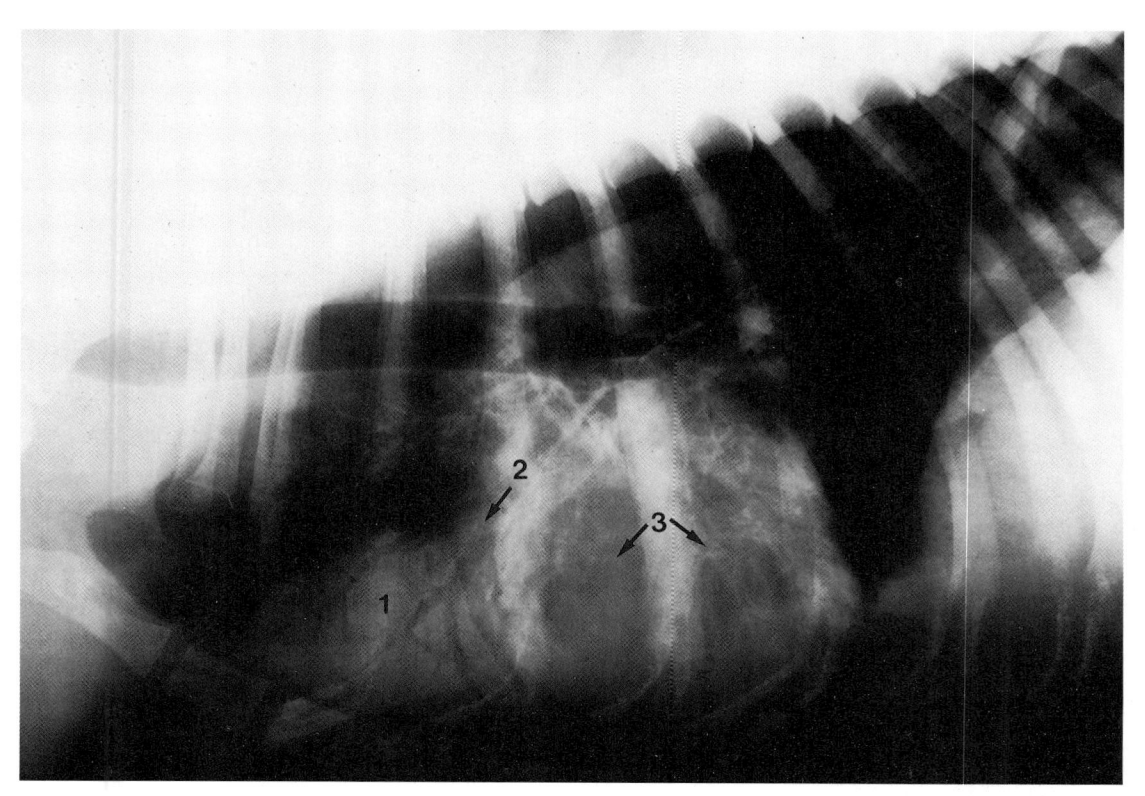

Abb. 14.16. Bronchopneumonie und Herzvergrößerung. Thorax-Röntgenaufnahme im latero-lateralen Strahlengang.
1 = großflächige, alveoläre Verschattung des Spitzenlappens, 2 = Luftbronchogramme,
3 = breitaufliegendes, vergrößertes Herz.

– kardialer Glykosidtherapie mit Digoxin und evtl. Einsatz von Glucocorticoiden.

Eine besondere Form der Bronchopneumonie ist die Verschluck- oder Aspirationspneumonie (s. S. 361).

14.4.6. Parasitäre Bronchitis und Bronchopneumonie

Sie kann durch Lungenwürmer *(Capillaria aerophila, Crenosoma vulpis, Filaroides osleri)*, d.h. in den Luftwegen angesiedelte Parasiten, oder durch Parasitenlarven mit Lungenpassage *(Toxocara canis, Ancylostomum caninum)* hervorgerufen werden, wobei resistenzmindernde Faktoren und bakterielle Sekundärerreger eine Bronchitis zur Bronchopneumonie verschlechtern können. *Klinisch* imponieren die Symptome der chronischen Bronchitis (s. Abschnitt 14.4.2.) bzw. der Bronchopneumonie (s. Abschnitt 14.4.5.). Die *Diagnose* wird durch den Nachweis von Parasiteneiern im Sputum oder Kot und durch röntgenologisch erkennbare, lobär-fokale, disseminierte Verschattungen erhärtet. Die *Therapie* ist die gleiche wie bei der Bronchopneumonie, unterstützt durch anthelminthische Behandlung, z.B. mit Levamisol bei *Crenosoma vulpis* und *Filaroides osleri*, mit Methyridin bei *Capillaria aerophila* und mit Disophenol, Piperazin bei Nematodenlarven mit Lungenpassage (s. auch Kapitel 17.).

14.4.7. Lungenemphysem (alveolär, interstitiell)

Eine Überdehnung der Alveolen und Zerstörung der Alveolenwände infolge hochgradiger Dyspnoe mit erschwerter Inspiration oder zu starkem Exspirationsdruck führen zum *alveolären Lungenemphysem* **(Emphysema pulmorum)**. Als *Ursachen* kommen in Frage:

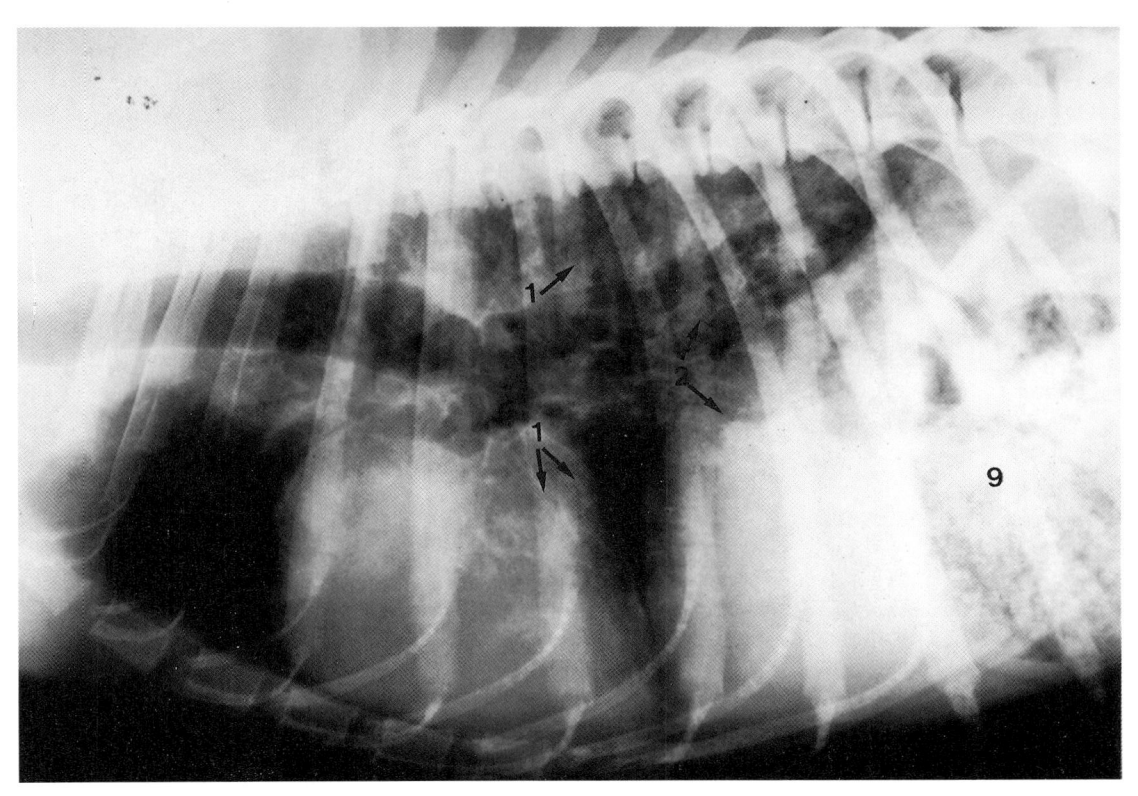

Abb. 14.17. Bronchopneumonie. Thorax-Röntgenaufnahme im latero-lateralen Strahlengang.
1 = großflächige, alveolär-interstitielle Verschattung im Zwerchfell- und Mittellappen,
2 = Ringschatten nach peripher ausstrahlend.

- Stenosen der oberen Luftwege (z. B. infolge von Fremdkörpern, Tumoren, Larynxverschluß, Tracheaverformungen, Bronchitis, fahrlässig abgebundenem Fang bei übererregten und bissigen, brachyzephalen Hunderassen, übermäßigem Bellen),
- Sekretansammlungen in den unteren Luftwegen (z. B. bei akuter und chronischer Bronchitis, Bronchopneumonie, Bronchiektasie),
- Verengungen der Mikrobronchien (z. B. Bronchospasmen, Bronchitiden, Allergien).

Somit gehört das Lungenemphysem zu den Komplikationen von bzw. nach Lungenerkrankungen. Die *klinischen Erscheinungen* sind:

- exspiratorische Dyspnoe bei abdominalem Atmungstyp (Bauchpresse),
- stark verschärftes vesikuläres Atemgeräusch, Rassel-, Stenosen- und Knistergeräusche (chronisches Emphysem: abgeschwächtes vesikuläres Atemgeräusch),
- seltener, kraftloser, kurzer, stoßweiser und quälender Husten (trocken),
- Betonung des zweiten Herztons und Cor pulmonale (kompensatorische Rechtsherzhypertrophie infolge der Drucksteigerung im kleinen Kreislauf),
- überlauter Perkussionsschall,
- *röntgenologisch:* überdehnte, vergrößerte, stärker lufthaltige Lunge mit bronchialen Strukturen, großen Ringschatten und verminderter Gefäßzeichnung. Durch Lungenüberlagerung verminderter Herzschatten. Abgeflachtes Zwerchfell.

Durch Traumen mit plötzlicher Drucksteigerung in den Lungen entsteht ein *interstitielles Lungenemphysem*, durch lokal begrenzte Zerstörung der Alveolarwände ein *bullöses Lungenemphysem* mit zystösen Hohlräumen. Reißen diese Hohlräume bei kräftigen Hustenstößen ein, kann ein spontaner Pneumothorax oder ein Pneumomediastinum mit Unterhautemphysem im Halsbereich entstehen. Das bei alten Hunden mitunter zu beobachtende *pulmonäre Randemphysem* hat keine wesentliche klinische Bedeutung (SUTER 1989).

Die *Therapie* besteht in:

- Beseitigung der Ursachen (Fremdkörperentfernung, Bronchosekretolytika, Broncholytika/Antiasthmatika, wie z. B. Aminophyllin; s. Abschnitte 14.4.1., 14.4.2. und 14.4.10.),
- Ruhigstellen des Tieres (Sedierung),
- Herz- und Kreislaufbehandlung (Digitalisierung des Herzens, s. Kapitel 15.).

Akute Lungenemphyseme verheilen meist komplikationslos, chronische sind demgegenüber schwer beeinflußbar.

14.4.8. Lungenatelektase

Eine wichtige Ursache für Dyspnoe und Zyanose und schwere Komplikation von Lungenerkrankungen ist die Lungenatelektase. Hierunter ist ein Kollaps einzelner Lungenabschnitte oder -lappen durch totalen Bronchienverschluß, äußere Kompression der Lungenlappen (Pleuraergüsse, Pneumothorax oder Tumoren), Verklebung der Alveolenwände und Lungengewebsfibrose zu verstehen. Die Alveolen eines atelektatischen Lungenbezirkes sind zusammengefallen oder -gedrückt, enthalten keine Luft und beteiligen sich nicht am Gasaustausch. Nach Inhalations- und/oder Allgemeinnarkosen in langdauernder Seitenlage ist mit einer spontanen Atelektase der unten liegenden Lungenlappen zu rechnen.

In den von der Ventilation abgeschnittenen Lungenlappen entwickeln sich sekundäre Pneumonien, ausgelöst durch Sekretstau und Ödembildung hinter der Verlegungsstelle. *Klinisch* imponiert die Lungenatelektase ähnlich der Pneumonie mit Tachy- und Dyspnoe, schwachem Husten, Fieber und Fehlen vesikulärer Atemgeräusche. *Röntgenologisch* ist die Lungenatelektase durch Verschattung und Verkleinerung des befallenen Lungenbezirkes bzw. -lappens (lobäre Verschattung) mit Verschiebung der Lungenlappengrenzen, durch kraniale Verlagerung des Zwerchfells (ventro-dorsaler Strahlengang) und durch Verschiebung von Herz oder Mediastinum in Richtung des atelektatischen, d. h. verschatteten Lungenteils gekennzeichnet. Dabei wird die Weichteildichte der Lunge durch Luftverlust, Ödembildung und Sekretstau verursacht.

Als *Therapie* ist die Applikation von Bronchosekretolytika (s. Abschnitt 14.4.1.) und Broncholytika/Antiasthmatika (z. B. Aminophyllin; s. Abschnitt 14.4.10.) zu nennen. Kommt es zur Abszedierung eines atelektatischen Lungenlappens, ist dieser zu lobektomieren (Thorakotomie s. Kapitel 7.).

14.4.9. Bronchiektasien

Als weitere Komplikation von Lungenerkrankungen kommen Bronchiektasien, d.h. lokale oder generalisierte, röhrenförmige oder sackartige Erweiterungen der Bronchien durch Schwund ihrer elastischen und muskulären Wandbestandteile mit Emphysemen, Pneumonie und nachfolgender Atelektase vor. Die Ursachen entsprechen denen des Lungenemphysems (s. Abschnitt 14.4.7.), sind aber zumeist in verschleppten Bronchitiden, Tumoren der Bronchien und rassespezifischer Disposition (Sibirischer Husky) zu suchen. Das *klinische Bild* entspricht dem einer schweren, chronisch rezidivierenden, therapieresistenten Bronchitis, mit feuchtem Husten, blutig-eitrigschleimigem Auswurf, Leistungsschwäche und Tachypnoe/Dyspnoe nach Belastung. Auskultatorisch sind Rassel- und Knistergeräusche über emphysematösen Bezirken und bronchiale bzw. fehlende Atemgeräusche über pneumonischen bzw. atelektatischen Lungenabschnitten wahrnehmbar. *Röntgenologisch* werden bronchiale Strukturen (Doppellinien) mit großen, unregelmäßig begrenzten Ringschatten sowie emphysematöse und atelektatische Lungenbezirke (s. Abschnitte 14.4.7. und 14.4.8.) vor dem Hintergrund einer interstitiell verschatteten Lunge wahrgenommen. Die *Diagnose* ist durch Bronchoskopie (Erkennen von Frühstadien) und Bronchographie (s. Kapitel 9.) zu erhärten.

Eine *Therapie* kann bei zurückhaltender Prognose mit chemotherapeutischer Allgemeinbehandlung (Antibiogramm von Sekretproben), Bronchosekretolytika (s. Abschnitt 14.4.1.), physikalischen Therapieformen (s. Kapitel 4.), Herz- und Kreislaufbehandlung (s. Kapitel 15.) und evtl. Lobektomie (Thorakotomie s. Kapitel 7.) versucht werden.

14.4.10. Asthma bronchiale

Anfallsweise auftretende Spasmen der Bronchialmuskulatur (Bronchialspasmen), Schwellungen der Bronchialschleimhaut und Bronchienverlegung durch zähflüssigen, klebrigen Schleim führen zu hochgradiger Dyspnoe mit krampfhaft verlängerter Exspiration und Erstickungsanfällen, d.h. zu dem in der Humanmedizin als Asthma bronchiale bezeichneten Krankheitsbild. Beim Nachlassen des Krampfes findet man im zähschleimigen Auswurf typische Schleimfäden mit eosinophilen Granulozyten und nadelförmigen Kristallen. Auch ist im Blut eine Eosinophilie nachzuweisen. Asthma bronchiale ist nach JAKSCH (1973) eine klinische, jedoch keine ätiologische Einheit. Ursächlich werden Allergieformen (mit exogenen oder endogenen Allergenen) und subjektive Faktoren (individuelle Disposition) diskutiert.

Inwieweit beim Hund echte Asthma-bronchiale-Anfälle auftreten, ist nicht zweifelsfrei geklärt. Experimentell konnten sie nach SCHÄFER (1983) ausgelöst und pathologisch-anatomisch nach JAKSCH (1973) nachgewiesen werden. Die meisten dem Asthma bronchiale ähnlichen Anfälle des Hundes sind in Herzinsuffizienz, chronischen und allergischen Bronchitiden, Bronchopneumonien und ihren Komplikationen, chronischen Nephritiden und allgemeinen Allergien begründet.

Zur *Primär-Behandlung* derartiger Erstickungsanfälle sind Glucocorticoide, Herzglykoside und Broncholytika/Antiasthmatika (Aminophyllin, Isoprenalin, Orciprenalin, Ephedrin) einzusetzen (FISCHER et al. 1983). In den anfallsfreien Intervallen sind Bronchosekretolytika (s. Abschnitt 14.4.1.) indiziert und die Ursachen soweit wie möglich abzuklären.

Nach KIRSTEN und MEISTER (1979) sind folgende Organerkrankungen *differentialdiagnostisch* zu berücksichtigen:

– Lungen- und Bronchialerkrankungen (chronische und allergische Bronchitis, Lungenemphysem, Bronchiektasien, Lungenfibrose, Lungenatelektase, Tumoren, Pneumothorax),
– Herzerkrankungen (Asthma cardiale, Herzinsuffizienz),
– andere Erkrankungen (Adipositas, Tetanien, Analgetikaintoleranz).

14.4.11. Lungenhyperämie und Lungenödem

Lungenhyperämie und Lungenödem können sich aktiv durch Entzündungen oder passiv infolge von Stauungen entwickeln. Perivaskuläre (interstitielle) Flüssigkeitsansammlungen dringen bei Bestehenbleiben der Ursachen in die Alveolen und unteren Luftwege ein und führen zum *alveolären Lungenödem*. Die *Ursachen* sind:

- dieselben wie bei der Bronchopneumonie (s. Abschnitt 14.4.5.),
- Linksherzinsuffizienz (Mitralinsuffizienz mit oder ohne Arrhythmien, Ischämie und Kardiomyopathie),
- Flüssigkeitsretention bei Niereninsuffizienz oder Flüssigkeitsüberangebot bei Transfusionen bzw. Infusionen,
- Schädigung der Kapillarendothelien und Alveolarmembranen durch Hämostase bei allen Formen des Schocks (s. Kapitel 16.), bei Einwirkung endogener und exogener Toxine, bei Allergien und Traumen,
- Hypalbuminämie durch Albuminverluste bei Nephrosen, Lebererkrankungen, Infektionskrankheiten, Resorptionsstörungen,
- kurzzeitige Kreislaufüberlastung bei Aufregung und Überanstrengung,
- gleichzeitiges Auftreten mehrerer ursächlicher Faktoren.

Klinisch zeigen sich bei *Lungenstauung* Leistungsschwäche, leichte, sich bei Bewegung schnell intensivierende, von feuchtem Würgehusten unterbrochene Dyspnoe und leichte Zyanose. Auskultatorisch sind verschärfte vesikuläre Atemgeräusche und systolische Herzgeräusche im linken Thoraxraum, evtl. mit Arrhythmien, hörbar. Palpation der Trachea und Perkussion des Thorax lösen Husten aus. *Röntgenologisch* sind diffus interstitielle Verschattungen, bei kardiogenen Störungen vom Herzbasisbereich zur Peripherie auslaufend und evtl. gestaute Lungenvenen erkennbar (Abb. 14.18.).

Die *Therapie* der Lungenhyperämie (-stauung) besteht in der Verordnung von Ruhe mit mäßiger Bewegung, von oralen Diuretika (z.B. Hydrochlorothiazid, Furosemid), von Theophyllinderivaten (Aminophyllin) und Herzglykosiden (s. Kapitel 15.).

Das *alveoläre Lungenödem* ist *klinisch* durch wesentlich stärkere Symptome charakterisiert, wie hochgradige, gemischte Dyspnoe und Tachypnoe, Zyanose der Schleimhäute, Husten mit Auswurf von rötlichem Schaum und Backenbla-

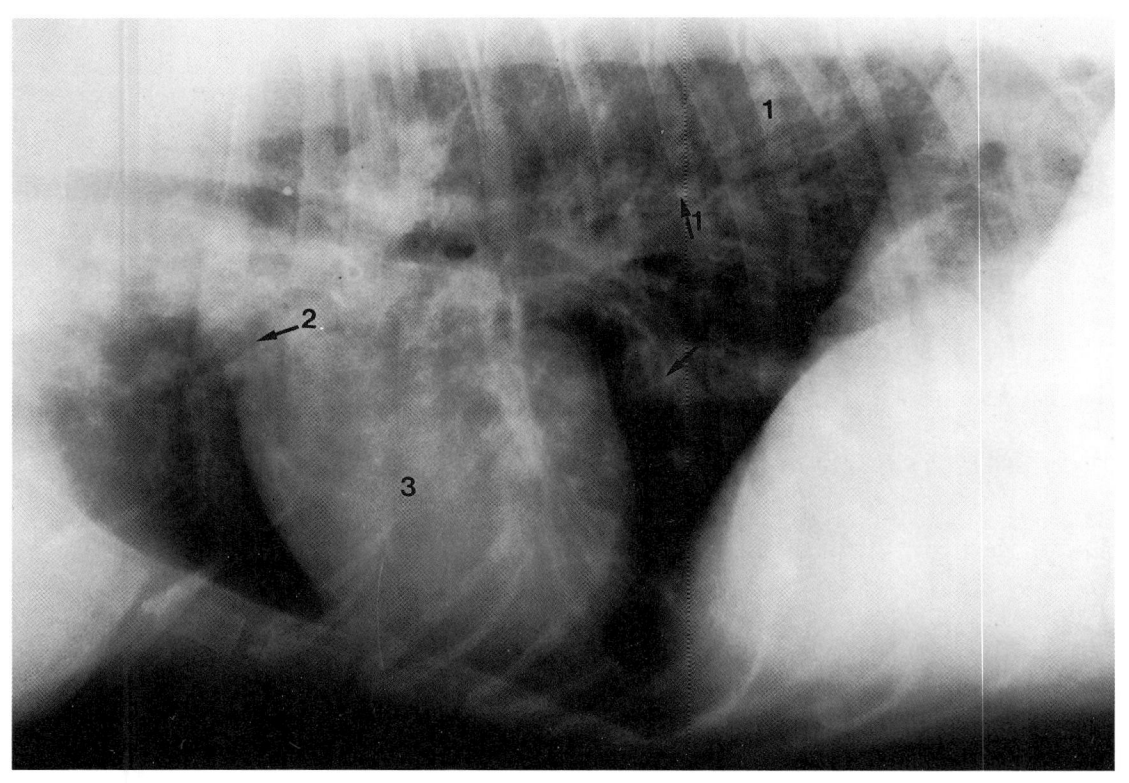

Abb. 14.18. Alveoläres Lungenödem. Thorax-Röntgenaufnahme im latero-lateralen Strahlengang (Rottweiler, weiblich, 15 Monate).

1 = diffus interstitiell verschatteter Zwerchfellappen mit Ring- und Rundschatten, 2 = Luftbronchogramm, 3 = Herzschatten, 4 = hyperventilierter Spitzenlappen.

sen. Die Tiere legen sich nicht mehr hin und versuchen im Stehen oder Sitzen mit abduzierten Vorderextremitäten Erleichterung beim Atmen zu bekommen. Bei kardial bedingten Lungenödemen sind feuchte Rasselgeräusche, Tachykardie und systolische Mitralklappengeräusche auskultatorisch feststellbar. Im Röntgenbild sind beim kardiogenen Ödem ein vergrößerter Herzschatten und symmetrisch um die Herzbasis herum zur Peripherie ausstrahlend diffus interstitielle, z.T. fokale und schlecht abgegrenzte Verschattungen mit Luftbronchogrammen und vergrößerten oder gar keinen Blutgefäßen zu sehen (s. Abb. 14.18.). Bei nicht kardiogenen Lungenödemen sind die Verschattungen mehr in der Peripherie konzentriert, und es besteht keine Herzvergrößerung. Ihr Röntgenbild ist von demjenigen der Pneumonie schwer zu unterscheiden.

Die *Therapie* des Lungenödems muß vorsehen:

- Stärkung von Herz und Blutkreislauf durch Herzglykoside und Theophyllinderivate zur Broncho- und Vasodilatation,
- Entlastung des Blutkreislaufs und Ausschwemmung von Flüssigkeit durch Diuretika (s.o.),
- Sauerstoffsubstitution (O_2-Zelt, orotracheale Intubation mit kurzzeitiger O_2-Überdruckbeatmung; nicht immer erfolgreich),
- bei nicht kardial bedingten Ödemen symptomatische Behandlung unter Berücksichtigung der Ursache (bei Lungenentzündung Antiphlogistika).

14.4.12. Lungenblutung

Zu einer Lungenblutung kommt es in der Regel nach Traumen (Verkehrsunfälle) oder bei Blutgefäßschäden (Hämangioendotheliom) und Gerinnungsstörungen (z.B. bei Hcc, Vergiftung mit Cumarinderivaten, hämorrhagischen Diathesen, intravaskulärer Verbrauchskoagulopathie). Im ersten Fall wird hellrotes, kleinschaumiges Blut, im zweiten evtl. Blut ohne Schaumbildung abgehustet, wobei gleichzeitig Unterhaut-, Schleimhaut- und Darmblutungen auftreten. *Klinisch* imponiert eine erschwerte Atmung mit knisternden Rasselgeräuschen und Tachypnoe, der Puls ist beschleunigt, und die Schleimhäute werden blaß. Zur *Behandlung* sind blutstillende Medikamente, Hämostyptika, wie z.B. Menadiol, Phytomenadion, Tranexamsäure, Thrombin, sowie Bluttransfusionen (s. Kapitel 8.) und evtl. Thorakotomie zu empfehlen.

14.4.13. Fettembolie

Nach Unfällen mit oder ohne Frakturen und Operationen können Fetttröpfchen in die Blutgefäße gelangen, feinste Kapillaren in den Lungen verlegen und somit zur Fettembolie führen. Während dies in der Humanmedizin eine erhebliche Bedeutung hat, konnte SCHOFER (1981) bei traumatisierten Hunden zu 77,1% stärkere Fettembolien in den Lungenkapillaren feststellen, ohne jedoch Anhaltspunkte dafür zu finden, daß ihnen eine ursächliche Bedeutung bei der Todesursache zukäme. Nur ein Hund von insgesamt 109 Tieren zeigte eine Fettembolie höheren Grades. Frakturen hatten weder auf die Häufigkeit noch auf die Intensität der Fettembolien Einfluß, wohl aber Leberrupturen gemeinsam mit Frakturen und der hypovolämische Schock. Somit hat die Fettembolie der Lunge beim Hund wohl keine klinische Relevanz.

14.4.14. Lungenentzündung (Pneumonie)

Spezifische Pneumonie: Die spezifischen Lungenentzündungen sind bei den einzelnen Infektionskrankheiten im Kapitel 27. abgehandelt.

Aspirationspneumonie: Diese ist eine besondere Form der Bronchopneumonie (s. Abschnitt 14.4.5.) und tritt auf, wenn bei Schluckbeschwerden (Erkrankungen des ZNS), Erbrechen, Bewußtlosigkeit, Narkoseeinleitung mit vollem Magen, Zwangsernährung in der postoperativen Phase und noch fehlendem Schluckreflex usw. Nahrungsbrei über die Trachea in die Bronchien gelangt. *Klinisch* herrscht Atemnot vor, röntgenologisch sind alle Zeichen der Bronchopneumonie sichtbar, wobei die Lokalisation von der Lagerung des Tieres während der Aspiration abhängt. Aspiration bei stehendem Hund führt zu bronchopneumonischen Verschattungen im ventrokranialen Bereich des Spitzen-, Zwerchfell- und Mittellappens. *Therapeutisch* sollten sofort Trachea und Bronchien mit Natriumhydrogencarbonat-Lösung wechselseitig gespült und abgesaugt sowie die bei der Bronchopneumonie aufgeführten Maßnahmen (s. Abschnitt 14.4.5.) eingeleitet werden.

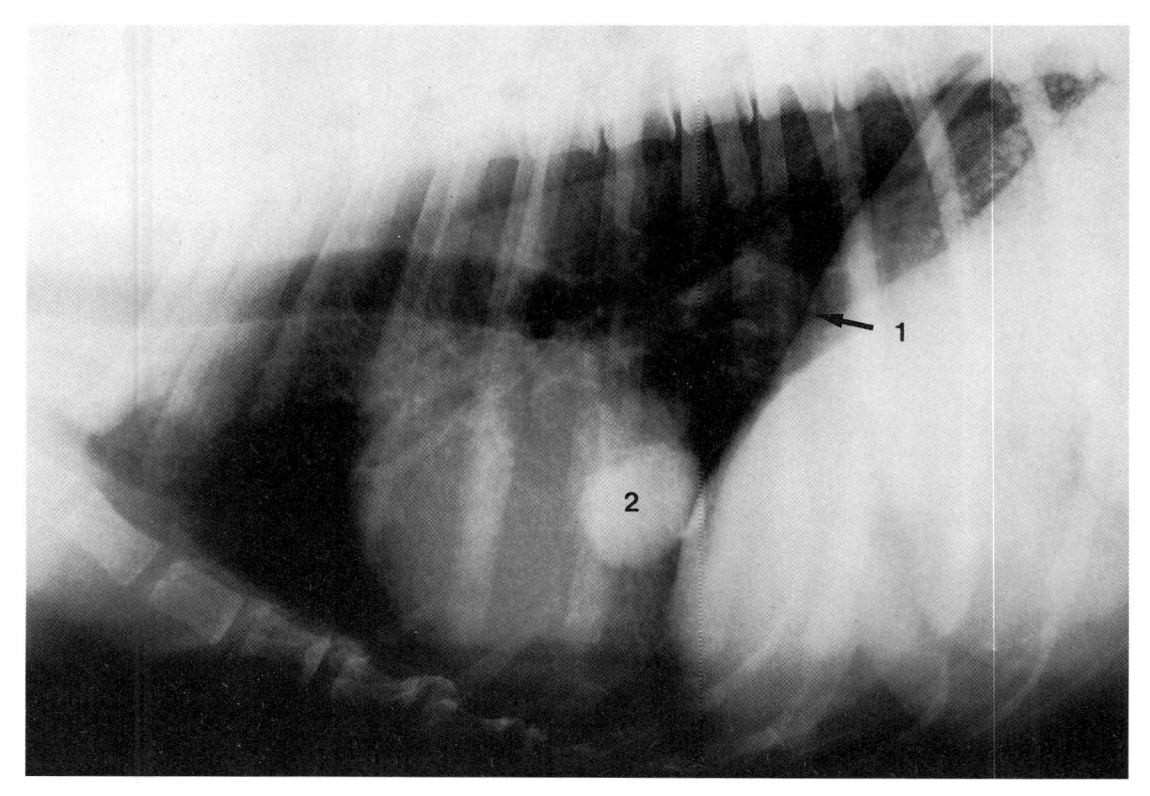

Abb. 14.19. Metastasierende Lungentumoren im Mittel- und Zwerchfellappen. Thorax-Röntgenaufnahme im latero-lateralen Strahlengang (Pudelpointer, weiblich, 8 Jahre).
1 = abgegrenzter Rundschatten im Hilusbereich, 2 = abgegrenzter Rundschatten im Mittellappen.

Septische Pneumonie: Durch Reaktivierung klinisch symptomloser Infektionsherde (z. B. *E. coli*, Streptokokken, Staphylokokken) oder hämatogene Erregeraussaat, z. B. bei Durchbrüchen von Fokalinfektionen und im Verlauf von Septikämien, können septische Pneumonien entstehen. *Ursachen* dafür sind Resistenzschwächung, allgemeiner Kräfteverfall, Überanstrengung, operative Eingriffe und die Applikation resistenzmindernder Medikamente, wie z. B. Glucocorticoide und Zytostatika. *Klinisch* sind die Symptome der Septikämie mit Fieber, Inappetenz und Apathie dominierend, begleitet von Husten und Dyspnoe. *Röntgenologisch* können disseminierte, schlecht abgegrenzte, fleckige Verschattungen besonders in den Zwerchfellappen ermittelt werden.

Die *Behandlung* ist vorwiegend chemotherapeutisch auf der Basis eines Antibiogramms (aus Blutkulturen) auszurichten. Herz und Blutkreislauf sind zu stützen (Herzglykoside, Theophyllinderivate) und die Möglichkeiten der physikalischen Therapie (s. Kapitel 4.) zu nutzen.

Mykosepneumonie: Mykosepneumonien können im Verlauf von

- primären, systemischen Mykosen (Nocardiose, Streptotrichose, Blastomykose, Histoplasmose, Aktinomykose, Kokzidioidomykose und Kryptokokkose), beschränkt auf bestimmte klimatische Zonen,
- sekundären Mykosen (z. B. mit *Candida albicans*, *Aspergillus*-Arten, *Mucor*-Arten, Saprophytenmykosen)

entstehen (PÖHLER und BOLCK 1975, CLINKENBEARD et al. 1988, STAMPLEY und BARSANTI 1988). Chronisch therapieresistenter Verlauf bei gleichzeitiger Lymphknotenschwellung und Fistelbildung sind typisch. *Röntgenologisch* sind nur bei den primären Mykosepneumonien Veränderungen in Form von Vergrößerungen der Mediastinallymphknoten und Verschattungen im Hilusbereich, evtl. mit disseminierten Fokalherden (bei massiver Aussaat), zu erwarten. Der Nachweis einer Mykosepneumonie erfolgt durch mykologi-

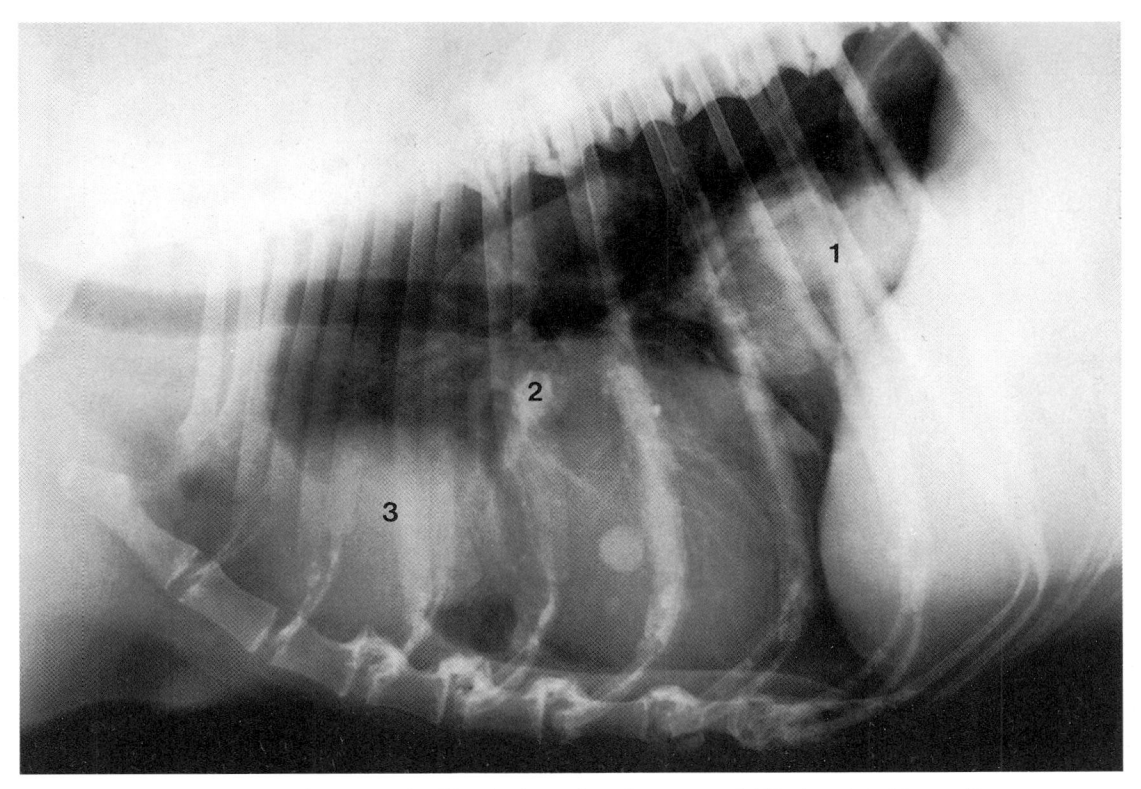

Abb. 14.20. Solitär-Tumoren der Lunge im Herzbasis-, Spitzenlappen- und Hilusbereich. Thorax-Röntgenaufnahme im latero-lateralen Strahlengang (Irish-Setter, männlich, $10^{1}/_{2}$ Jahre).
1 = große, unscharf begrenzte Verschattung im Hilusbereich, 2 = Verschattung an der Herzbasis,
3 = große runde Verschattung im Spitzenlappen.

sche Untersuchung von Fistelexsudaten oder Bronchialsekreten.

Neben der symptomatischen *Therapie* muß sich die spezifische Behandlung nach dem Erreger richten. Nocardiose und Aktinomykose werden mit Antibiotika und/oder Sulfonamiden (Chloramphenicol, Oxytetracyclin, Sulfamerazin + Trimethoprim), die Sporotrichose mit Kaliumiodid und Griseofulvin, die Kokzidioidomykose, Histoplasmose und Blastomykose mit Amphotericin B und die Kryptokokkose mit Nystatin und Amphotericin B behandelt. Für die sekundären Schimmelpilzmykosen stehen zur internen Anwendung Amphotericin B oder Kaliumiodid zur Verfügung.

14.4.15. Torsion von Lungenlappen

In der Reihenfolge ihrer Aufzählung werden der rechte Mittel- und Spitzenlappen, der linke Spitzen- und beide Zwerchfellappen von Lappentorsionen betroffen. Sie entstehen bei rassespezifischer Disposition (Afghane, Collie und Barsoi) nach Traumen, insbesondere mit Zwerchfellrissen, nach Pleuraergüssen und allgemein chirurgischen Eingriffen. Therapieresistente lobäre Verschattungen sind für Lungenlappentorsionen verdächtig. *Klinisch* kommt es beim akuten Verlauf zu Dyspnoe, Kreislaufschwäche, Husten und Thoraxschmerz, bei chronischem Verlauf nur zu Inappetenz, Apathie und leichter Dyspnoe. Als Komplikation kann sich eine Bronchienruptur mit Pneumomediastinum entwickeln.

Die *Therapie* besteht in einer Lobektomie (Thorakotomie s. Kapitel 7.).

14.4.16. Lungentumoren

Tumoren der Lungen und des Mediastinums können besonders bei älteren Hunden als Primärtumoren (selten; GEISEL 1980, ROSIN et al. 1986, HESSMAN 1988) oder als Metastasen (häufig) von

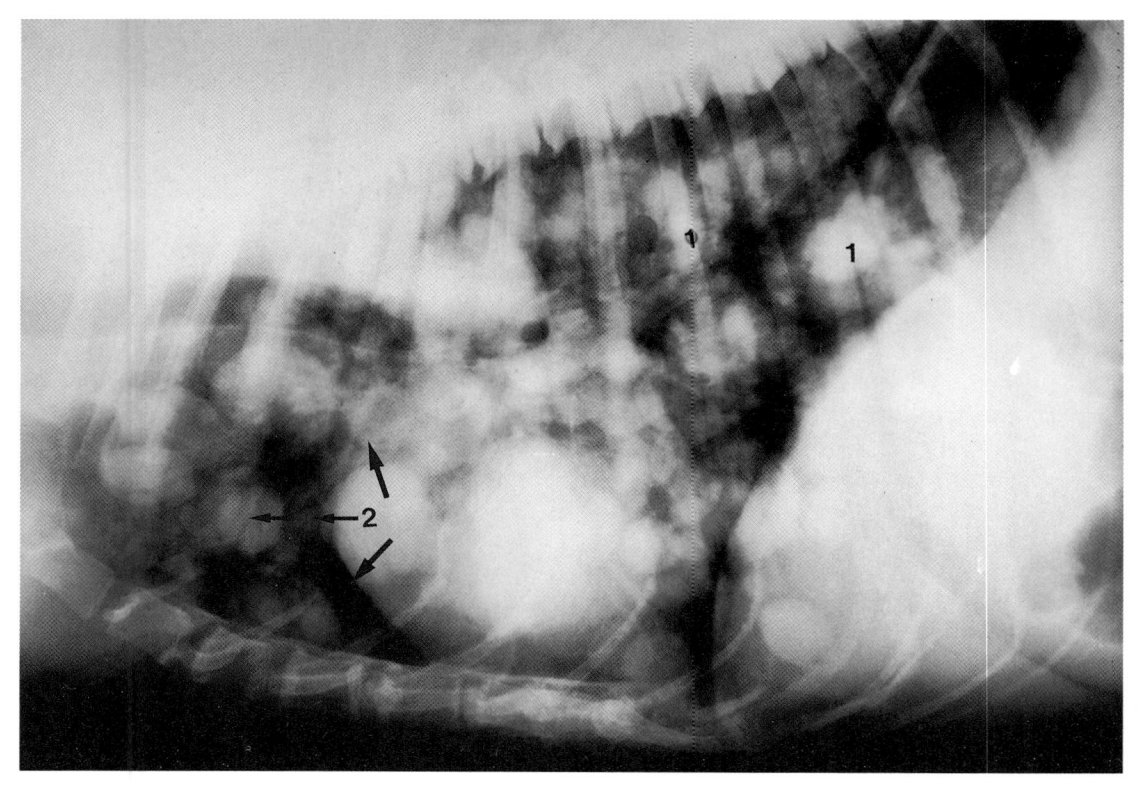

Abb. 14.21. Multiple Lungentumoren in der gesamten Lunge. Thorax-Röntgenaufnahme im latero-lateralen Strahlengang.
1 = leicht unscharf begrenzte Rundschatten (infiltratives Wachstum), 2 = große runde Verschattungen im Spitzenlappen.

z.B. Schilddrüsen-, Mamma-, Prostata-, Nieren- und Knochenkarzinomen, -sarkomen und -melanomen vorkommen (PRANGE et al. 1988). *Klinisch* sind alle Symptome der Lungenerkrankungen möglich, wobei die allgemeinen Erscheinungen des bei bösartigen Tumorerkrankungen üblichen katabolen Stoffwechsels, wie Kachexie, Apathie und Leistungsschwäche, auffallen. Je nach Größe und Verteilung des oder der Tumoren in Lunge oder Mediastinum kommt es zur Dyspnoe, perkutorischen Dämpfungen und bronchialen Atemgeräuschen. Im Endstadium sind die therapieresistenten Komplikationen der Lungenerkrankungen, wie chronische Bronchitis und Bronchopneumonie, Lungenemphysem, Lungenatelektase und Bronchiektasien mit Pleuraergüssen und hohen Körpertemperaturen möglich (GEISEL 1980, ROSENBRUCH und KLEIN 1980, TEUNISSEN und STOKHOF 1981).

Die *Diagnose* wird röntgenologisch gestellt, wobei Fehldeutungen häufig sind. Lungenmetastasen zeigen multiple, über das gesamte Lungenfeld verstreute, zumeist peripher angesiedelte, deutlich abgegrenzte Rundschatten (miliare Verschattungen) unterschiedlicher Größe (Abb. 14.19., 14.22.). Fokale Konsolidationen mit unscharfen Rändern (fleckige Verschattungen) sind auch möglich, aber weniger pathognostisch und entstehen bei Lungentumoren durch Übereinanderprojektionen mehrerer Fokalherde (Abb. 14.20.). Primärtumoren stellen sich als solitäre oder multiple runde Schatten in der Größe von wenigen Millimetern bis zu mehreren Zentimetern dar. Selten kommt es zur infiltrierend fortschreitenden Metastasierung, bei der dann keine scharf begrenzten Verschattungen mehr auftreten (Abb. 14.21.). Zu beachten ist, daß bei Lungentumoren im angrenzenden Gewebe alle röntgenologisch nachweisbaren Erscheinungen der Lungenerkrankungen sichtbar sein können (SUTER et al. 1974). Die *Diagnose* kann durch zytologische Untersuchung von Bronchialsekret und Pleuraflüssigkeit sowie histologische Untersuchung von Probepunktaten oder -aspiraten (bei peripher gelegenen Solitärtumoren z.B. Nadelaspirationsbiopsie) abgesichert werden.

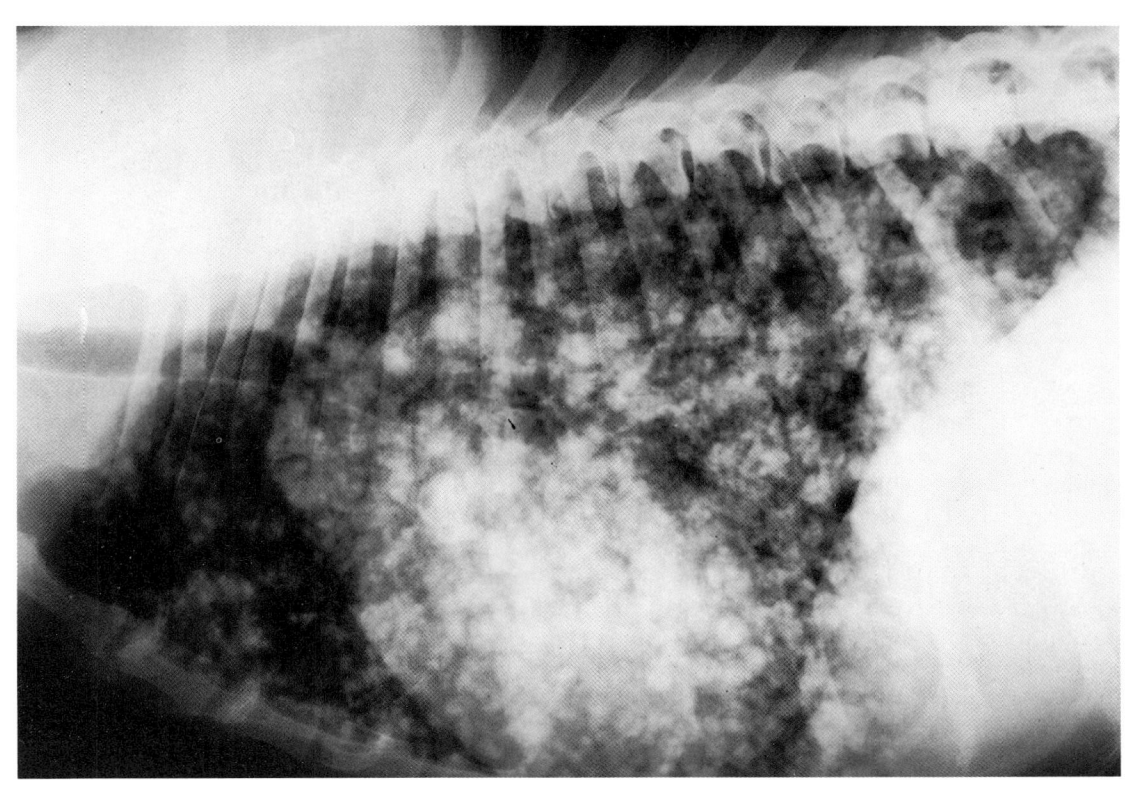

Abb. 14.22. Lungentumorose (Abdominaltumor-Metastasen). Thorax-Röntgenaufnahme im latero-lateralen Strahlengang (DSH, männlich, 8 Jahre).

Mediastinale Tumoren liegen kranial des Herzens, distal der Trachea sowie über der Herzbasis (hier auch Hämangiosarkome möglich) bis hin zum Hilus. Bei jüngeren Tieren können es Thymustumoren, bei älteren Lymphknotenentartungen und leukotische Tumoren sein. Sie sind röntgenologisch unter anderem auch durch die Verschiebungen von Trachea und Ösophagus nachweisbar.

Die Möglichkeiten der *Therapie* sind stark begrenzt, da Lungentumoren vorwiegend bösartig sind. Nur solitäre, abgegrenzte und möglichst peripher gelegene Tumoren können bei gutem Allgemeinbefinden des Tieres operativ entfernt werden. Ansonsten ist die Prognose ungünstig zu stellen und das Tier symptomatisch lebensverlängernd zu behandeln. Sind Mediastinaltumoren leukotischer Natur, können spezifische medikamentöse Maßnahmen eingeleitet werden (s. Kapitel 26.). Lebensverlängerung und -erleichterung sind bei allen Lungentumoren unter Umständen auch durch Zytostatika, chemotherapeutische Behandlung bakterieller Sekundärinfektionen und durch Glucocorticoide zu versuchen.

14.5. Erkrankungen des Brustfells und des Thorax

Erkrankungen des Brustfells und des Thorax kommen im Verlauf von Infektionskrankheiten und Lungenerkrankungen sowie nach Thoraxtraumen vor. Die klinische Untersuchung erstreckt sich von der Adspektion über Palpation, Auskultation und Perkussion bis hin zur Röntgenuntersuchung und Probepunktion bzw. Biopsie (s. Abschnitte 14.1.1. bis 14.1.5.; JAKSCH 1973, TEUNISSEN 1978, KAGAN 1980, GUTBROD 1981, SCHEBITZ et al. 1983, CROW und WALSHAW 1987).

14.5.1. Pleuritis

Die Brustfellentzündung entsteht im Verlauf von Infektionskrankheiten, durch Übergreifen von pneumonischen oder ösophagealen Entzündungen und im Gefolge von Traumen oder hämatogen/lymphogen entstandenen bakteriellen/mykotischen Infektionen (Strepto-, Staphylokokken, Proteus, Klebsiellen, Pseudomonas, Mykobakterien, Anaerobier). Nicht selten (Jagdhunde) sind thorakale Einschmelzungseinbrüche nach Gelegenheitsinfektionen mit Nocardien (sagokornartige Drusen im Sediment des eitrig-jauchigen, rotbräunlichen Exsudates) oder Aktinomyzeten. Das *klinische Bild* der akuten Form ist anfänglich durch Apathie, Inappetenz, Fieber und schmerzhaften Husten gekennzeichnet. Druck auf die Interkostalräume löst Schmerzen aus, der Atmungstyp ist abdominal. Liegt eine *trockene Pleuritis* **(Pleuritis sicca)** vor, sind Reibegeräusche synchron zur Atmung auszukultieren. Entwickelt sich eine *exsudative Pleuritis* **(Pleuritis exsudativa)** mit evtl. Pyothorax, gehen die Reibegeräusche infolge des Auseinanderdrängens beider Pleurablätter durch Exsudat zurück. Bei starken *Pleuraergüssen* kommt es zur Tachypnoe und besonders im Liegen zur Dyspnoe mit Zyanose. Herz- und Atemgeräusche sind bei horizontaler Begrenzung gedämpft, evtl. sogar Sukkussionsgeräusche (s. Abschnitt 14.1.3.) hörbar. Auch der Perkussionsschall ist gedämpft. Die Tiere verschaffen sich durch Atmen im Sitzen oder Stehen mit abduzierten Vorderextremitäten Atmungserleichterung, wagen sich nicht mehr hinzulegen und erscheinen ruhelos. Je chronischer der Verlauf, um so langsamer entwickeln sich die klinischen Symptome.

Röntgenologisch sind bei fibrinösen Pleuraauflagerungen und geringen Ergüssen scharf begrenzte Schattenstreifen zwischen den Lungenlappen (Interlobulärspalten) zu sehen. Bei geringen Flüssigkeitsmengen und nur leichter Atemnot sollte im ventro-dorsalen Strahlengang (Rückenlage) geröntgt werden (s. Abschnitt 14.1.5.). Bei gestörtem Allgemeinbefinden und hochgradiger Dyspnoe sind Röntgenaufnahmen im Stehen (latero-lateraler Strahlengang) indiziert, da hierbei die horizontale Begrenzung der ventralen Verdichtungen des Lungenbildes deutlich wird. Auch dorso-ventrale oder latero-laterale Aufnahmen sind hilfreich und verdeutlichen die Interlobulärspalten sowie die Abdrängung der Lungenränder von der Brustwand (Rücken- oder Bauchlage). Bei Seitenlage sind die ventralen Herzkonturen verwischt, in Bauchlage (dorsoventraler Strahlengang) ist der Herzschatten undeutlich bzw. gar nicht erkennbar. Durch Probepunktion (s. Abschnitt 14.1.8.) ist die Diagnose abzusichern und die Art des Exsudates zu bestimmen.

Akute Pleuritiden verlaufen schnell mit unterschiedlichem Ausgang, *chronische Pleuritiden* langsam, über mehrere Wochen. Differentialdiagnostisch sind Hydrothorax und Hämothorax (s. Abschnitte 14.5.2., 14.5.3.) vom Pyothorax (exsudative Pleuritis), Chylo- sowie Pseudochylothorax abzugrenzen.

Die *Therapie* sollte im Anfangsstadium Analgetika (z.B. Phenylbutazon, Metamizol), Antitussiva (s. Abschnitt 14.4.1.), Antibiotika (nach SEMRAD und BYARS [1989] sind u.a. geeignet: Amikacin, Ampicillin, Chloramphenicol, Erythromycin, Penicillin und als Sulfonamid Trimethroprim-Sulfadiazin; möglichst Antibiogramm anfertigen lassen) sowie Herzglykoside vorsehen. Bei großen, eitrigen Pleuraergüssen ist nach SUTER (1989, TURNER und BREZNOCK 1987) eine Thorakozentese (Punktion der Brusthöhle, s. S. 346) durchzuführen, die zur Atmungserleichterung sowie zur Entfernung von Bakterien und Toxinen führt und eine direkte, lokale Antibiotikatherapie eröffnet (angenähten Drainageschlauch mit Unterdruck einlegen; TURNER und BREZNOCK 1987, CROWE 1988).

14.5.2. Brusthöhlenwassersucht
(Hydro- oder Liquidothorax, Chylothorax, Pseudochylothorax)

Unter Hydro- oder Liquidothorax ist eine Ansammlung von Flüssigkeit in der Pleurahöhle zu verstehen, die durch Stauungen bei Herzinsuffizienz, durch erhöhte Kapillarpermeabilität, Blutgefäßstauungen und durch Störungen der Blutosmolalität in den Kapillaren (Hypoalbuminämie bei Nie-ren-, Darm-, Lebererkrankungen) entsteht (Abb. 14.23.). Die Kompression (durch mediastinale Tumoren) oder Ruptur des Ductus thoracicus führt zu einem Flüssigkeitserguß mit Lymphflüssigkeit = *Chylothorax*. Die *klinischen Erscheinungen* entsprechen denen der Pleuritis exsudativa mit beiderseits horizontaler Herz- und Lungendämpfung, die beim Verändern der Körperhaltung (Stehen, Sitzen) horizontal bleibt. In Abhängigkeit von der Flüssigkeitsmenge bestehen Tachy- und Dyspnoe, jedoch ohne Fieber oder wesentliche Beeinträchtigung des Allgemeinbefindens, was allerdings von Art und Intensität der Primärerkrankung bzw. vom Umfang der Flüssigkeitsansammlung abhängt. Die *Diagnose* wird durch Röntgenuntersuchung (horizontale Begrenzung ventraler Verdichtungen im Stehen wie im Sitzen, evtl. laterale Schrägaufnahme;

HARTUNG 1989) und Probepunktion des Thorax gesichert und die Primärerkrankung durch zusätzliche klinische, labordiagnostische, physikalische (EKG) und röntgenologische Untersuchungen ermittelt.

Die *Behandlung* wird vorwiegend vom Grundleiden bestimmt. Bei starker Flüssigkeitsansammlung ist eine Thorakozentese in Form einer Aspirationspunktion, evtl. in mehreren Sitzungen, indiziert. Eiweißverluste sind diätetisch auszugleichen und beim Chylothorax langkettige Fettsäuren in der täglichen Nahrung zu vermeiden. Diuretika können zur Rückresorption von Pleuraergüssen führen bzw. ihre Neuentstehung reduzieren.

Beim **Chylothorax** besteht die intrathorakale Flüssigkeit aus Lymphe, die durch Fetttröpfchen milchig-trüb erscheint. Letztere sind mit Sudan III anfärbbar. Triglyceride sind in einer höheren und Cholesterol in einer niedrigeren Konzentration als im Serum/Plasma nachweisbar. Da sich die Fetttröpfchen (Chylomikronen) in Ether lösen, führt eine Etherschüttelprobe zur Aufhebung der Trübung.

Zum **Pseudochylothorax** kommt es im Verlauf von Tumorerkrankungen und mild verlaufenden Infektionen. Hier besteht die milchig-trübe intrathorakale Flüssigkeit nicht aus Lymphe, sondern enthält Cholesterol (mehr als im Serum) und Lecithin, die sich in Ether nicht lösen (Etherschüttelprobe negativ; FORRESTER et al. 1988).

14.5.3. Hämothorax

Der Hämothorax oder Bluterguß in die Pleurahöhle hat dieselben Ursachen wie die Lungenblutung (s. Abschnitt 14.4.12.) bzw. ist eine Folgeerscheinung von ihr. Die *klinische Symptomatik* entspricht der des Hydro-/Liquidothorax mit zusätzlichen Anzeichen weiterer Blutungen, einer Anämie bzw. eines hypovolämischen oder posttraumatischen Schocks. Die *Behandlung* richtet sich nach der Ursache (operative oder medikamentöse Blutstillung; Thorakotomie) und muß für ausreichend Blutersatz sorgen (CROWE 1988; s. Kapitel 8.).

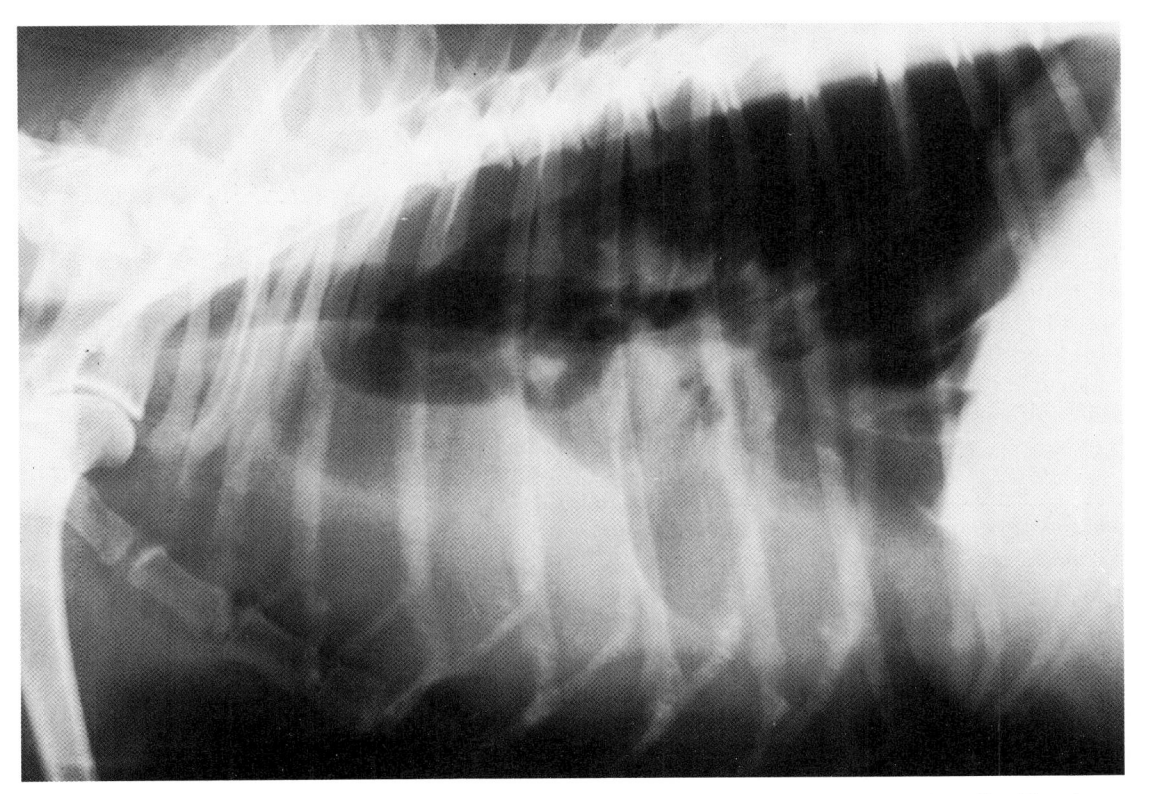

Abb. 14.23. Liquidothorax. Thorax-Röntgenaufnahme im latero-lateralen Strahlengang. Hochgradige Verschattung im ventralen Thorax, Verdeckung der Herzsilhouette, Lungenlappenzeichnung.

14.5.4. Pneumothorax und Pneumomediastinum

Ein Pneumothorax entsteht durch Eindringen von Luft in eine oder beide Pleurahöhlen und führt zum vollständigen oder teilweisen Lungenkollaps. Zu unterscheiden sind:

1. Der *offene Pneumothorax*: Außenluft dringt durch eine perforierende Thoraxverletzung in den Pleuraraum, z. B. nach Unfällen mit Biß-, Riß-, Stoß- oder Schußverletzungen.
2. Der *geschlossene Pneumothorax*: Atmungsluft dringt durch eine Lungenverletzung mit Riß der Pleura pulmonalis bei intakter Thoraxwand in den Pleuraraum, z. B. nach stumpfen Traumen mit Lungen- oder Bronchienrissen, evtl. verbunden mit gedeckten Rippenfrakturen, nach Platzen emphysematöser Lungenbezirke oder Lungenzysten infolge schwerer Hustenanfälle (Spontanpneumothorax) und nach Zwerchfellrissen (s. Kapitel 17.).
3. Der *Spannungspneumothorax*: Die sich bei der Inspiration durch eine Lungenverletzung im Pleuraraum ansammelnde Atmungsluft kann bei der Exspiration nicht vollständig entweichen, so daß der Druck in der Pleurahöhle ansteigt und den Druck der Außenluft übertrifft (Ventilpneumothorax), wodurch die Lunge und die Venen komprimiert werden. Das führt zum schnellen Erstickungstod, z. B. nach stumpfen Thoraxtraumen.
4. Das *Pneumomediastinum*: Die Atmungsluft dringt bei einem Lungenriß mit noch intakter Pleura pulmonalis über das peribronchiale Gewebe subpleural bis ins Spatium mediastini und von hier über die Fascia intermuscularis in die Halssubkutis (Halsunterhautemphysem) oder durch Platzen des Mediastinums in die Pleurahöhlen (geschlossener Pneumothorax; VAN DEN BROEK 1986, FAGIN 1988).

Während beim unkomplizierten geschlossenen Pneumothorax Luftansammlungen bis zu 30% des Pleuraraumes symptomlos vertragen und langsam wieder resorbiert werden können, führen größere Luftansammlungen in Abhängigkeit vom Umfang des Lungenkollaps zu Atemstörungen (Dyspnoe, abdominale Atmung; BENNETT et al. 1989). Der Thorax erscheint vergrößert und ist im Bereich des Traumas schmerzhaft. Die Perkussion ergibt einen überlauten, tympanitischen Schall und die Auskultation unterdrückte, gedämpfte Herz- und Lungengeräusche. Gleichzeitig bestehende Wunden, Rippenfrakturen und Lungenblutungen verursachen die dafür typischen klinischen Symptome (s. Abschnitt 14.4.12. und Kapitel 24.).

Die *Diagnose* wird durch Röntgenaufnahmen gesichert. Nach TEUNISSEN (1978), KAGAN (1980), GUTBROD (1981), SCHEBITZ et al. (1983), VAN DEN BROEK (1986) und FAGIN (1988) treten folgende Röntgensymptome auf:

– beim *offenen oder geschlossenen Pneumothorax*: zwischen Lunge und Zwerchfell sowie Lunge und Brustwand Aufhellungen (Schwärzungen), in denen keine Gefäßstrukturen mehr sichtbar sind. Das weniger lufthaltige Lungengewebe ist etwas strahlendichter (= „verschattet"). Die kollabierten Lungenlappen sind noch weniger lufthaltig, verdichtet (atelektatisch) und geben einen Weichteilschatten ab (Spitzen der Lungenlappen werden sichtbar; Abb. 14.24.). Im latero-lateralen Strahlengang ist das Herz deutlich vom Brustbein durch einen dazwischen liegenden Luftstreifen abgehoben (Verlust des Vakuums zwischen ventralem Perikard und Sternum). Beim einseitigen Pneumothorax sind Herz und Mediastinum (ventro-dorsaler oder dorso-ventraler Strahlengang) zur kranken Lungenseite hin verlagert. Der phreniko-vertebrale Winkel ist je nach Umfang der eingelagerten Luft nach kaudal vergrößert. Eventuell ist die undichte Stelle in der Thoraxwand oder der Lunge durch einen Kontusionsbezirk gekennzeichnet.
– Beim *Spannungspneumothorax*: Asymmetrie des Brustkorbes mit Verbreiterung der Interkostalräume an der erkrankten Seite. Verlagerung der kollabierten Lunge zum Mediastinalschatten und des Mediastinums sowie des Herzens zur gesunden Seite hin. Asymmetrie der Zwerchfellkuppel mit Tiefstand auf der betroffenen Seite (Röntgenaufnahme in Rückenlage).
– Beim *Pneumomediastinum*: Darstellung der im Mediastinum gelegenen und sonst nicht sichtbaren Strukturen von Ösophagus, Vena cava cranialis und Arterien. Die Trachea ist von Luftstreifen umgeben. Abgegrenzte Aufhellungen am Hals durch Luft zwischen Muskulatur und Haut (subkutanes Emphysem).

Die *Therapie* besteht beim **leichten Pneumothorax** aus einer Ruhigstellung des Tieres und sorgfältigem Verschluß einer perforierenden Thoraxwunde,

beim **schweren Pneumothorax** aus
- Schockbehandlung (s. Kapitel 16.) und Sauerstoffzufuhr (Intubation, O_2-Zelt/Maske) und Chemotherapie,
- Thorakozentese (Aspirationspunktion des Thorax im 7. oder 8. Interkostalraum) mit vorsichtigem, gegebenenfalls längerem Absaugen nach sorgfältigem operativem Verschluß einer perforierenden Thoraxwunde (s. S. 346, CROWE 1988, FORRESTER 1992),

beim **Spannungsthorax** aus
- Schockbehandlung, Sauerstoffzufuhr und Chemotherapie,
- sorgfältiger Druckentlastung durch Thorakozentese mit kontrolliertem Absaugen, evtl. Drainage,

beim **Pneumomediastinum** aus
- Schockbehandlung, Sauerstoffzufuhr und Chemotherapie,
- Thorakozentese und Absaugen (nur bei lebensbedrohlichem Zustand),
- operativem Verschluß eines Lungenrisses, geplatzten Bronchus oder einer Tracheaverletzung mittels Thorakotomie.

Die *Technik der Thorakotomie* mit interkostalem und sternalem Zugang ist im Kapitel 7. beschrieben.

In Kombination mit traumatisch bedingtem Pneumohämothorax oder Lungenkontusion beobachteten ARON und KORNEGAY (1983) **traumatische Lungenzysten**, die röntgenologisch gut nachweisbar und von schwerer Dyspnoe mit oder ohne Schocksymptomatik begleitet waren. Bei der schlechten Prognose war eine intensive symptomatische Behandlung erforderlich.

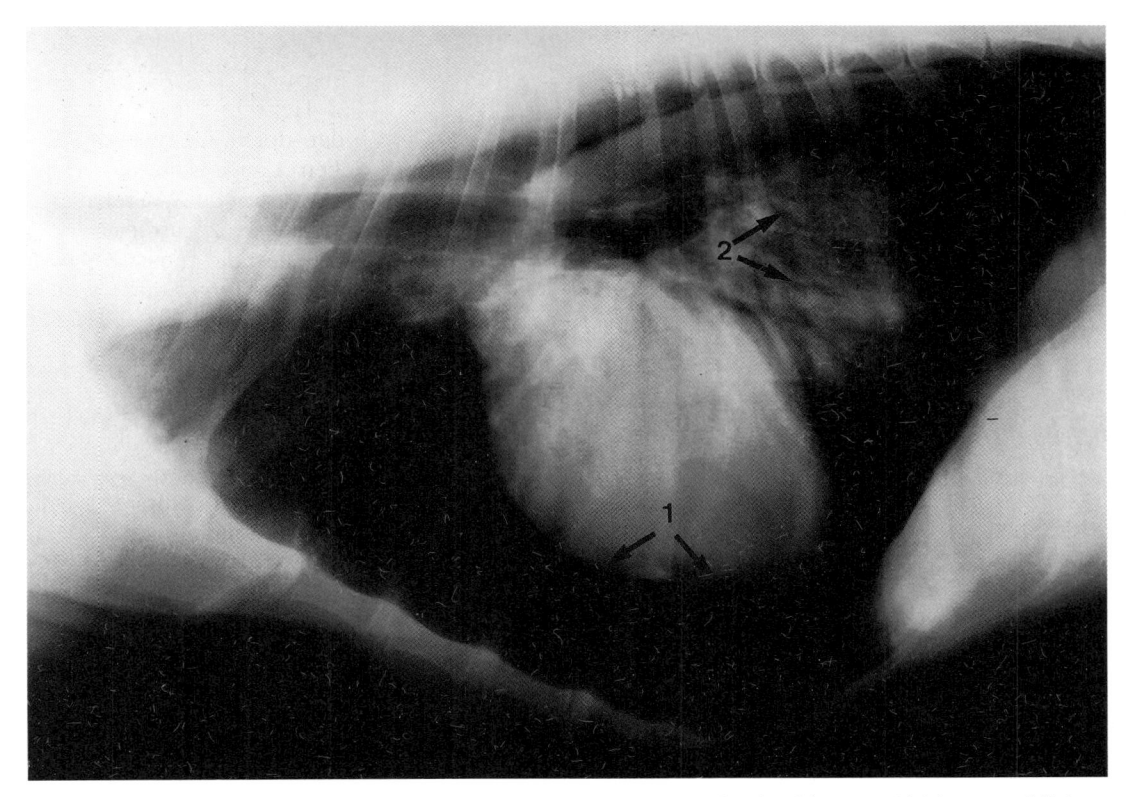

Abb. 14.24. Pneumothorax. Thorax-Röntgenaufnahme im latero-lateralen Strahlengang (Afghane, weiblich, 12 Jahre).
1 = Luftstreifen zwischen Herz und Sternum und deutlich vom Sternum abgehobenes Herz, 2 = teilweise kollabierter Zwerchfellappen.

14.5.5. Tumoren der Brusthöhle

Tumoren in der Brusthöhle sind selten und wenn sie vorkommen, zumeist Mesotheliome, Lipome oder Metastasen von Lungen- bzw. Mediastinaltumoren. Zu ihrer Unterscheidung von äußeren Brustwandtumoren sind Röntgenaufnahmen im ventro-dorsalen oder dorso-ventralen sowie latero-lateralen Strahlengang erforderlich (WILSON und HAWE 1986). Eine *Therapie* ist chirurgisch möglich, wegen der ungünstigen Prognose aber oftmals nur symptomatisch durchzuführen (TEUNISSEN und STOKHOF 1981).

Zwerchfellrupturen und **-hernien** s. Kapitel 17.7.

Literatur

ARON, D.N., und KORNEGAY, J.N. (1983): The clinical significance of traumatic lung cysts and associated pulmonary abnormalities in the dog and cat. JAAHA **19**, 903–912.

BALLAUF, Brigitte (1988): Bronchoskopie bei Hund und Katze. Vet.-med. Diss., München.

BALLAUF, Brigitte (1992): Endoskopie der Atemwege bei Hund und Katze – Möglichkeiten eines diagnostischen Verfahrens. Kleintierpraxis **37**, 5–8.

BENNETT, R.A., et al. (1989): Cardiopulmonary changes in conscious dogs with induced progressive pneumothorax. Am. J. Vet. Res. **50**, 280–284.

BILLER, D.S., and MYER, C.W. (1987): Case examples demonstrating the clinical utility of obtaining both right and left lateral thoracic radiographs in small animals. JAAHA **23**, 381–386.

BRANDT, R.H. (1984): Zur aktuellen Bedeutung der Tubusendoskopien der Luft- und Speisewege. Z. ärztl. Fortbild. **78**, 597–598.

BROEK, A. VAN DEN (1986): Pneumomediastinum in seventeen dogs: aetiology and radiographic signs. J. Small. Anim. Pract. **27**, 747–757.

BROVIDA, C., and CASTAGNARO, M. (1992): Tracheal obstruction due to an eosinophilic granuloma in a dog: Surgical treatment and clinicopathological observations. JAAHA **28**, 8–12.

CENTURIER, C., und ACKERMANN, Ursula (1979): Ein Fall von nasaler Myiasis *(Oestrus ocis)* beim Hund. Kleintierpraxis **24**, 325–326.

CLINKENBEARD, K.D., et al. (1988): Disseminated histoplasmosis in dogs: 12 cases (1981–1986). JAVMA **193**, 1443–1447.

CORCORAN, B.M. (1991): Static respiratory compliance in normal dogs. J. Small. Anim. Pract. **32**, 438–442.

CORCORAN, B.M., et al. (1991): Pulmonary infiltration with eosinophils in 14 dogs. J. Small. Anim. Pract. **32**, 494–502.

COYNE, B.C., and FINGLAND, R.B. (1991): Hypoplastic trachea in the dog: 13 cases (1974–1990). Vet. Surgery **20**, 333.

CROW, S.E., and WALSHAW, S.O. (1987): Performing a pleural biopsie. Visceral core biopsies (closed techniques). Manual of clinical procedures in the dog and cat. J.B. Lippincott, Philadelphia, 207–209.

CROW, S.E., and WALSHAW, S.O. (1987): Centesis. Manual of clinical procedures in the dog and cat. J.B. Lippincott, Philadelphia 192–193.

CROWE, D.T. (1988): Help for the patient with thoracic hemorrhage. Vet. Med. **83**, 578–588.

DALLMAN, M.J., et al. (1988): Histochemical study of normal and collapsed tracheas in dogs. Am. J. Vet. Res. **49**, 2117–2125.

FAGIN, B.D. (1988): A radiographic approach to diagnosing pneumomediastinum. Vet. Med. **83**, 571–577.

FINGLAND, R.B., et al. (1989): Clinical and pathologic effects of spiral and total ring prostheses applied to the cervical and thoracic portions of the trachea of dogs. Am. J. Vet. Res. **50**, 2168–2175.

FISCHER, J.-F., et al. (1983): Rationelle medikamentöse Asthmatherapie. Z. ärztl. Fortbild. **77**, 283–290.

FORRESTER, S.D., et al. (1988): Pleural effusions: pathophysiology and diagnostic considerations. Comp. Cont. Educ. **10**, 121–136.

FORRESTER, S.D., et al. (1992): Pneumothorax in a dog with a pulmonary abscess and suspected infective endocarditis. JAVMA **200**, 351–354.

GEISEL, O. (1980): Primäre Lungensarkome beim Hund. Berl. Münch. Tierärztl. Wschr. **93**, 174–177.

GUTBROD, F. (1981): Zum stumpfen Thoraxtrauma beim Hund. Vet.- med. Diss. München.

GRÜNBAUM, E.-G., und DOHERR, W. (1978): Kürzung des Gaumensegels zur Behandlung von Atmungsstörungen beim Hund. Vortrag Jahrestagung der WGV-Fachkommission „Kleine Haus- und Pelztiere", Gera.

HACH, V., und LENEHAN, T. (1991): Fallbericht: Torsion des Lungenlappens beim Hund. Kleintierpraxis 36, 373–379.

HAHN, K.A., et al. (1992): Clinical response of nasal adenocarcinoma to cisplatin chemotherapy in 11 dogs. JAVMA **200**, 355–357.

HANDRICK, W., et al. (1983): Mikrobiologische Diagnostik und Chemotherapie der Pneumonie im Kindesalter – eine Übersicht. Dt. Gesundh.-Wesen **38**, 1309–1314.

HARTUNG, K. (1989): Die röntgenologische Darstellung von Pleuraergüssen unter besonderer Berücksichtigung einer zusätzlichen Projektion. Tierärztl. Prax. **17**, 119–123.

HARVEY, C.E. (1989): Inherited and congenital airway conditions. J. Small Anim. Pract. **30**, 184–187.

HAWKINS, E.C., and DENICOLA, D.B. (1990): Cytologic analysis of tracheal wash specimens and bronchoalveolar lavage fluid in the diagnosis of mycotic infections in dogs. JAVMA **197**, 79–83.

HERRMANN, H. (1982): Die chronische Bronchitis im Erwachsenenalter. Z. ärztl. Fortbild. **76**, 483 bis 486.

HESSMAN, B.J. (1988): Diagnosing primary pulmonary alveolar bronchogenic carcinoma. Vet. Med. **83**, 274–278.

HUMMEL, S., und SLAPKE, J. (1984): Intoleranz von Nahrungsmitteladditiva bei Asthma bronchiale-Patienten. Dt. Gesundh.-Wesen **39**, 1235–1237.

JAKSCH, W. (1973): Atmungsorgane. In: CHRISTOPH, H.-J. (1973): Klinik der Hundekrankheiten. Gustav Fischer Verlag, Jena.

KAGAN, K.G. (1980): Thoracic Trauma. Vet. Clin. of North America: Small Anim. Pract. **10**, 641–653.

KING, L.G., et al. (1991): Static thoracic compliance as a measurement of pulmonary function in dogs. Am. J. Vet. Res. **52**, 1597–1601.

KIRSTEN, D., und MEISTER, W. (1979): Fehldiagnose „Asthma bronchiale". Dt. Gesundh.-Wesen **34**, 1420–1424.

KIRSTEN, D., und SCHMIDT, H. (1979): Das PIE-Syndrom – ein Beitrag zur Differentialdiagnose der Eosinophilie. Dt. Gesundh.-Wesen **34**, 646–648.

KOMÁROMY, J. (1981): Einfache und schonende Freilegung der Nasen- und -nebenhöhlen beim Hund, Kleintierpraxis **26**, 361–364.

KUTSCHMANN, K. (1989): Experimentelle Untersuchungen zum intrabronchialen Fremdkörper beim Hund. Arch. exper. Vet. med. **43**, 215–222.

LATTUE, T.R. (1989): Treatment of laryngeal paralysis in dogs by unilateral cricoarytenoid laryngoplasty. JAAHA **25**, 317–324.

LÖFFLER, K., et al. (1981): Nasennebenhöhlen beim Hund im Röntgenbild mit besonderer Berücksichtigung rassespezifischer Merkmale. Kleintierpraxis **26**, 199–208.

MOON, M. (1992): Pulmonary infiltrates with eosinophilia. J. Small Anim. Pract. **33**, 19–23.

MOORE, M.P., et al. (1991): MR, CT and clinical features from four dogs with nasal tumors involving the rostral cerebrum. Vet. Rad. **32**, 19–25.

MÜNZER, Beate (1983): Röntgendiagnostik des Katzenthorax. Kleintierpraxis **28**, 411–423.

PÖHLER, H., und BOLCK, M. (1975): Das Lungenaspergillom – ein röntgenologisch-serologischer Beitrag zur Diagnostik. Dt. Gesundh.-Wesen **30**, 1384–1388.

PRANGE, H., et al. (1988): Zur Verbreitung, Epizootiologie und Röntgendiagnostik intrathorakaler Geschwülste beim Hund. Arch. exper Vet. med. **42**, 637–649.

REICHELT, D., et al. (1981): Optimierung der Laboratoriumsdiagnostik bei Lungenerkrankungen. Z. med. Labor.-Diagn. **22**, 67–75.

ROSENBRUCH, M., und KLEIN, H. (1980): Vergleich von klinischen und pathomorphologischen Befunden bei Brusthöhlentumoren des Hundes. Kleintierpraxis **25**, 471–478.

ROSIN, Anne, et al. (1986): Malignant histiocytosis in Bernese Mountain Dogs. JAVMA **188**, 1041 bis 1045.

RUDOLPH, R., et al. (1974): Rhinitis mycotica durch Aspergillus fumigatus FRESENIUS beim Hund – Diagnose und Differentialdiagnose unter besonderer Berücksichtigung des Röntgenbildes. Berl. Münch. Tierärztl. Wschr. **86**, 87–91.

SCHÄFER, M. (1983): Asthma bronchiale. In: WIESNER, E., und R.RIBBECK (1991): Wörterbuch der Veterinärmedizin. 3. Auflage. Gustav Fischer Verlag, Jena–Stuttgart.

SCHEBITZ, H., et al. (1983): Zum stumpfen Thoraxtrauma beim Hund. Kleintierpraxis **28**, 141–152.

SCHIMKE, E. (1979): Erfahrungen mit der Bronchoskopie beim Hund. Vortrag Jahrestagung der WGV-Fachkommission „Kleine Haus- und Pelztiere", Dresden.

SCHOFER, Monika (1981): Fettembolie in der Lunge des Unfallhundes. Vet.-med. Diss., München.

SEMRAD, Susan D., and BYARS, T.D. (1989): Pleuropneumonia and pleural effusion: Diagnosis and treatment. Vet. Med. **84**, 627–635.

SHARP, N.J.H., et al. (1991): Treatment of canine nasal aspergillosis/penicilliosis with fluconazole (UK-49,858). J. Small Anim. Pract. **32**, 513–516.

STAMPLEY, A.R., and BARSANTI, J.A. (1988): Disseminated Cryptococcosis in a dog. JAAHA **24**, 17–21.

STOWATER, J.L., and LAMB, C.R. (1989): Ultrasonography of noncardiac thoracic diseases in small animals. JAVMA **195**, 514–520.

SUTER, P.F., and CHAN, K.F. (1968): Disseminated pulmonary diseases in small animals: A radiographic approach to diagnosis. J. Am. Vet. Radiol. Soc. **9**, 67–78.

SUTER, P.F., et al. (1974): Radiographic recognition of primary and metastatic pulmonary neoplasmas of dogs and cats. J. Am. Vet. Radiol. Soc. **15**, 3–24.

SUTER, P.F. (1979): Röntgendiagnose der Respirationserkrankungen. Vortrag auf dem Fortbildungskurs „Kleintierkrankheiten" in St. Moritz.

SUTER, P.F. (1989): Atmungsapparat. In: NIEMAND, H.G.: Praktikum der Hundeklinik. 6. Auflage. Paul Parey, Berlin und Hamburg.

TEUNISSEN, G.H.B. (1978): Traumata der Brustwand und der Brusthöhle. Kleintierpraxis **23**, 51–64.

TEUNISSEN, G.H.B., und STOKHOF, A.A. (1981): Tumoren in der Brusthöhle. Kleintierpraxis **26**, 501–506.

TRAUTVETTER, E. (1979): Atmungsapparat; klinische Untersuchung, interne Diagnose und Therapie. Vortrag auf dem Fortbildungskurs „Kleintierkrankheiten" in St. Moritz.

TURNER, W.T., and BREZNOCK, E.M. (1987): Continuous suction drainage for management of canine pyothorax – a retrospective study. JAAHA **24**, 485 bis 494.

WHITE, R.A.S. (1989): Unilateral arytenoid lateralisation: An assessment of technique and long term results in 62 dogs with laryngeal paralysis. J. Small Anim. Pract. **30**, 543–549.

WIESNER, B., et al. (1984): Bronchoalveoläre Lavage – Entwicklung, Stand, Perspektiven. Dt. Gesundh.-Wesen **39**, 1205–1209.

WILSON, D. S., and HAWE, R. S. (1986): Intrathoracic lipoma in a dog. JAAHA **22**, 95–97.

WITHROW, S. J., et al. (1985): Aspiration and punch biopsy techniques for nasal tumors. JAAHA **21**, 551–554.

15. Herz und Blutkreislauf
(E. Trautvetter)

15.1. Untersuchungsmethoden

15.1.1. Adspektion

Die visuelle Untersuchung gilt der Farbe der sichtbaren Schleimhäute, dem Atemtyp und der Atemfrequenz. Die äußere Form des Thorax und das Abdomens wird beurteilt, um beispielsweise Formveränderungen durch große Tumoren, Hepatomegalie oder einen Aszites zu erkennen. Häufig ist bei kurzhaarigen, schmalbrüstigen Tieren in guter Kondition auch der Herzspitzenstoß links sichtbar, der im übrigen durch die Palpation der seitlichen Brustwand in der Herzgegend beurteilt wird. Außerdem ist auf eventuelle Ödeme am Kehlgang, an der Unterbrust und an den Extremitäten zu achten, wobei in Spätstadien einer Stauungsinsuffizienz die Flüssigkeitsansammlungen in der Unterhaut vor allem der Sprunggelenkgegend auffällig sein können.

15.1.2. Palpation

Rechts und links werden die Hände flach auf die Herzgegend gelegt. Im allgemeinen ist der Herzspitzenstoß links stärker zu fühlen als rechts. Rechtslage des Herzens, Tumoren, Thorax- und Perikardergüsse können das punctum maximum und die Intensität verändern.

Lautere Herzgeräusche verursachen hauptsächlich bei den angeborenen Herzanomalien wie Pulmonalstenosen, Aortenstenosen, Ventrikelseptumdefekt und persistierender Ductus arteriosus ein Schwirren (fremitus, thrill), das über dem punctum maximum am deutlichsten fühlbar ist.

15.1.3. Perkussion

Die Perkussion eignet sich besonders zur Feststellung von Flüssigkeitsansammlungen, ausgeprägten Herzvergrößerungen und größeren Tumormassen im Thorax. Verlagerte Baucheingeweide nach Zwerchfellrupturen können vermutet werden. Die Interpretation von Perkussionsbefunden bedarf erheblicher Erfahrungen mit dieser Untersuchungsmethode, die sich aber jeder Untersucher durch die Praxis ohne fremde Hilfe aneignen kann.

Obwohl durch Röntgenaufnahmen klarere und detailliertere Informationen zu erhalten sind, sollte die Perkussionstechnik nicht vollständig vernachlässigt werden, zumal orientierende Befunde, auch im Notfall, schnell zu erhalten sind.

15.1.4. Punktion

Flüssigkeitsansammlungen im Thorax oder Perikard können kardial oder extrakardial bedingt sein. Zum Zwecke einer exakteren Beurteilungsmöglichkeit, oder um labordiagnostische (zytologische) Untersuchungen durchzuführen, können Probepunktionen vorgenommen werden. Die Perikardpunktion wird an dem stehenden oder in rechter Seitenlage befindlichen Tier durchgeführt. Eine ausreichend lange Kanüle mit kurzer Spitze wird von links lateral etwas oberhalb der Herzspitze mit aufgesetzter Spritze durch die Thoraxwand gestochen, das Perikard mit der Kanüle ertastet und der Herzbeutel punktiert. Bei der Perikarditis ist der erhöhte Widerstand des entzündlich verdickten Perikards charakteristisch. Die versehentliche Punktion des linken Ventrikels ist wegen seiner Wandstärke ebenso wie die Verletzung einer Koronararterie kaum möglich. Eine Punktion von links kranial oder von der rechten Seite birgt die Gefahr der versehentlichen Punktion des rechten Ventrikels und der Verletzung des Kammerseptums, da das Durchdringen der dünnen Wand des rechten Ventrikels von außen nicht sicher zu kontrollieren ist. Eine elektrokardiographische oder sonographische Kontrolle der Punktion ist möglich. Dies geschieht durch Verbindung der Punktionskanüle mit einer EKG-Elektrode bzw. – die sonographische Untersuchung – während der Punktion, d. h. unter visueller Kontrolle.

15.1.5. Auskultation

Mit Hilfe eines Stethoskops können die Herztöne, pathologische Klappengeräusche oder Geräusche, die durch andere Anomalien entstehen, wahrgenommen werden. Für die Untersuchung von Kleintieren ist ein Stethoskop mit einer Membran am Hörtrichter, einem nicht zu langen und nicht zu weichen Verbindungsschlauch sowie Oliven aus festem Material vorzuziehen. Gummimanschetten am Hörtrichter sind wegen der zusätzlichen Dämpfung der Herztöne oder Geräusche abzulehnen.

Der erste Herzton fällt mit der Öffnung der Semilunarklappen und dem Schluß der Atrioventrikularklappen zeitlich zusammen, während der zweite Herzton zeitgleich mit dem Schluß der Semilunarklappen und der Öffnung der Atrioventrikularklappen zu hören ist. Herzgeräusche können systolisch, diastolisch oder kontinuierlich auskultiert werden. Systolische Geräusche überwiegen beim Hund bei weitem.

Die puncta maxima zur Lokalisation der Geräusche (Abb. 15.1.) sind für die:

Pulmonalarterie	der 3. linke Interkostalraum (ICR) dicht oberhalb des Sternums,
Aorta	der 3./4. linke ICR etwa an der Grenze zwischen knöchernem und knorpeligem Rippenteil,
Bikuspidal-(Mitral-)klappe	der 5./6. linke ICR in der Gegend der kostalen Knochen-Knorpel-Grenze,
Trikuspidalklappe	der 3./4. rechte ICR in der Gegend der kostalen Knochen-Knorpel-Grenze.

Diese puncta maxima sind Anhaltspunkte zur Lokalisation von Herzgeräuschen; sie können sich durch Thoraxdeformationen, Herzverlagerungen und hochgradige Herzvergrößerungen etwas verschieben. Generell gilt: Geräusche aus dem Bereich des Aorten- oder Pulmonalarterienostiums werden nach kranial und Atrioventrikularklappengeräusche eher nach kaudal lauter. Vor allem leise bis mittellaute Geräusche lassen sich gut über dem punctum maximum der jeweiligen Klappenregion orten. Aortengeräusche lassen sich auch im 2./4. ICR rechts und über der A. carotis deutlich wahrnehmen. Leise Aortenstenosengeräusche lassen sich häufig nur im 2. ICR links auskultieren, indem man den Hörtrichter etwas nach kranial und unter das Schulterblatt drängt.

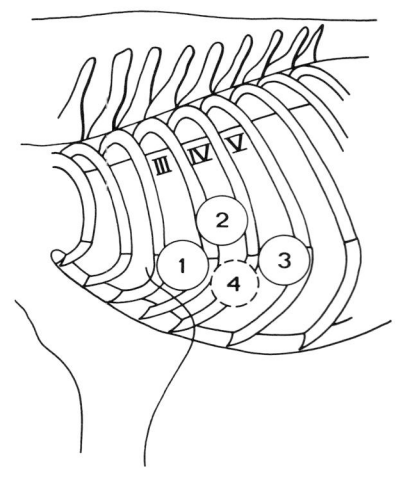

Abb. 15.1. Auskultation, puncta maxima der einzelnen Klappenfelder an der seitlichen Thoraxwand.
1 = Pulmonalklappen, 2 = Aortenklappen,
3 = Bikuspidalklappe, 4 = Trikuspidalklappe (rechts).

Systolische Geräusche werden im wesentlichen durch stenotische Veränderungen an den Ostien der Aorta oder der Pulmonalarterie oder durch Insuffizienzen der AV-Klappen verursacht. Während Aorten- oder Pulmonalarterienstenosen Austreibungsgeräusche mit Crescendo-Decrescendo-Charakter verursachen, sind die Insuffizienzgeräusche der AV-Klappen gleichförmig während der gesamten Systole.

Diastolische Geräusche sind beim Hund seltener zu hören. Sie können durch Insuffizienzen der Semilunarklappen oder AV-Klappen-Stenosen hervorgerufen werden. Gelegentlich treten bei Hunden mit Aorten- bzw. Pulmonalstenosen auch diastolische Geräuschanteile auf, wenn die stenosierenden Prozesse auch den Klappenschluß verhindern. Dies ist z. B. bei extrem verdickten, starren oder bei miteinander verbundenen Semilunarklappen (Klappendiaphragma mit zentraler Öffnung) der Fall.

Systolisch-diastolische, kontinuierliche „Maschinen"-Geräusche werden durch Persistieren des Ductus arteriosus mit Links-Rechts-Shunt verursacht. Beim Persistieren des Ductus arteriosus mit Rechts-Links-Shunt kann infolge der pulmonalen Hypertonie ein gespaltener 2. Herzton auskultiert werden. Auch andere Ursachen pulmonalen Hochdruckes (z. B. Dirofilariose) können zur Spaltung des 2. Herztones führen.

Die Lautstärke eines Geräusches kann nach Graden eingeteilt werden (DETWEILER et al. 1979):

Grad 1: ein leises, nach längerem Auskultieren gerade hörbares Geräusch;
Grad 2: ein leises, nach einigen Sekunden deutlich hörbares Geräusch;
Grad 3: ein sofort hörbares Herzgeräusch über einem größeren Auskultationsfeld;
Grad 4: ein lautes Geräusch, das noch hörbar ist, wenn das Stethoskop die Brustwand gerade noch berührt;
Grad 5: ein lautes Geräusch, das auch nach Abheben des Stethoskopes von der Brustwand noch hörbar ist.

Leise bis mittellaute Geräusche (Grad 1, Grad 2 oder 2–3) liegen im Bereich der Hörgrenze vieler Menschen, ihre Wahrnehmung und Lokalisation erfordern beträchtliche Übung. Im allgemeinen deuten laute Geräusche auf schwerere und leise auf leichtere Herzfehler hin. Abweichungen von dieser Regel sind zu beobachten; so können ehemals laute Geräusche z. B. mit zunehmender Insuffizienz (abnehmender Pumpkraft) wieder leiser werden.

15.1.6. Phonokardiographie

Das Phonokardiogramm zeichnet die akustischen Vorgänge während der Herzkontraktion in Form einer Kurve auf, so wie das Elektrokardiogramm eine Kurve der elektrischen Vorgänge der Herzaktion darstellt. Ein Körperschallmikrophon setzt die mechanischen Schwingungen in äquivalente elektrische Schwingungen um. Diese werden von parallel geschalteten Filtern in hohe, mittlere und tiefe Frequenzbereiche zerlegt, einzeln verstärkt und von einem Registriergerät dargestellt. Zusätzlich kann ein ungefilterter, gehörähnlicher Kanal registriert werden. Eine gleichzeitige EKG-Aufzeichnung ermöglicht die zeitliche Zuordnung der Schallphänomene (Abb. 15.2.).

Der **erste Herzton** besteht aus einem niederfrequenten Vorsegment, einem höherfrequenten Hauptsegment und einem niederfrequenten Nachsegment. Sein Entstehungsmechanismus ist umstritten. Nach der Klappentheorie sind der Schluß der Atrioventrikularklappen und die Öffnung der Semilunarklappen für sein Zustandekommen verantwortlich. Nach der Anspannungstheorie wird der erste Herzton durch den plötzlichen Andruck der gesamten Ventrikelwand um den inkompressiblen Inhalt verursacht. Der Zeitraum zwischen der Kammeranfangsschwankung im EKG und der Anfangsschwankung des ersten Herztones bezeichnet man als *elektromechanische Latenz*. Bei einem gesunden Herzen beträgt sie ungefähr 0,02 Sekunden.

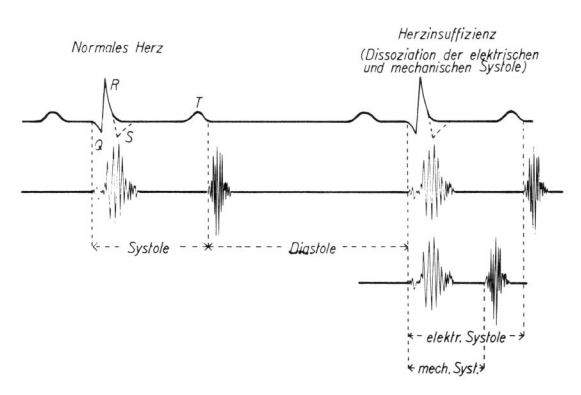

Abb. 15.2. Normales Phonokardiogramm (links) mit zeitlicher Zuordnung zum EKG, Verkürzung der mechanischen Systole bei energetisch-dynamischer Herzinsuffizienz (rechts). (JAKSCH, Wien).

Der **zweite Herzton** entsteht durch die Anspannung der bereits geschlossenen Aorten- und Pulmonalklappen bei plötzlichem Druckabfall in den Ventrikeln. Zeitlich fällt er mit dem Ende der T-Welle zusammen.

Die Untersuchung wird in einem möglichst ruhigen, schallgeschützten Raum durchgeführt. Der Patient kann zur Schallschreibung in Seitenlage, sitzender oder stehender Stellung gehalten werden. Die seitliche Lagerung erlaubt die sicherste Fixierung und eine störungsfreie EKG-Aufzeichnung. Es hat sich bewährt, den Hund von einer Hilfsperson halten zu lassen und den Besitzer, der durch seine bloße Anwesenheit zur Beruhigung des Tieres beiträgt, an den Kopf des Hundes zu setzen. Dies ist von Wichtigkeit, da unruhige, hechelnde oder zitternde Tiere eine Schallschreibung unmöglich machen. Scheren, Einfetten oder Anfeuchten der Haare sind in der Regel nicht notwendig, bei langhaarigen Hunden genügt eine Scheitelung des Fells. Ausgeprägte Adipositas erschwert die Abnahme des Herzschalls. Die günstigste Stelle zum Aufsetzen des Mikrophons wird zunächst durch die Auskultation bestimmt. Zur Kontrolle der Schallschreibung empfiehlt es sich,

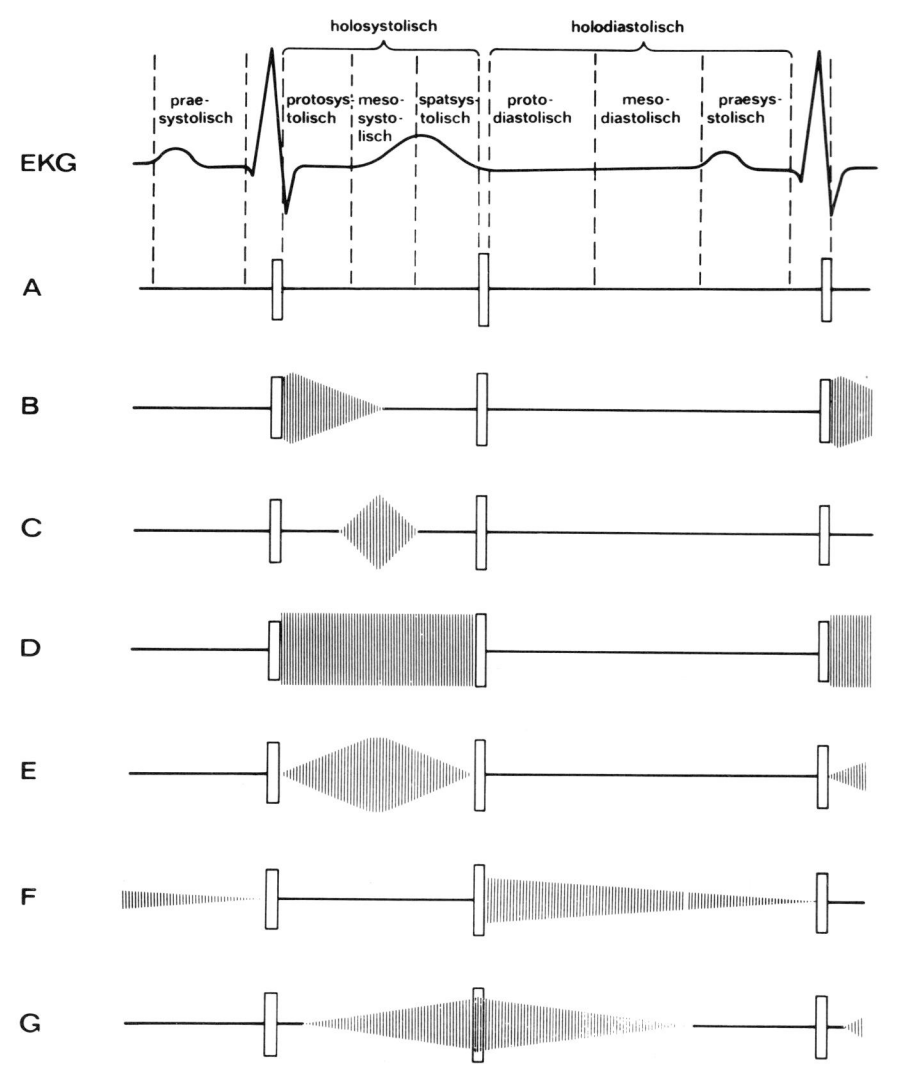

Abb. 15.3. Schematische Darstellung von EKG und Phonokardiogramm (Herztöne: schmale weiße Rechtecke). A = zeitliche Lage des ersten und zweiten Herztones; B = kurzes protosystolisches Decrescendo-Geräusch (z. B. AV-Klappen-Insuffizienz); C = mesosystolisches, spindelförmiges Austreibungsgeräusch (z. B. Aortenstenose); D = holosystolisches, bandförmiges Geräusch (z. B. Ventrikelseptumdefekt); E = holosystolisches, spindelförmiges Geräusch (Pulmonalstenose); F = holodiastolisches Decrescendo-Geräusch (z. B. Aorteninsuffizienz); G = kontinuierliches Geräusch, „Maschinengeräusch" (z. B. persistierender Ductus Botalli). (Modifiziert nach HOLLDACK und WOLF 1976).

die Aufnahme über einen am Verstärker angeschlossenen Kopfhörer zu überwachen. Dies ist die einfachste Möglichkeit, Artefakte zu erkennen, die durch Atemgeräusche oder ein Verrutschen des Mikrophons entstehen. Diagnostisch interessante Geräusche können zusätzlich mit einem Tonband aufgezeichnet werden.

Die Herzgeräusche werden nach ihrem Erscheinungsbild im Phonokardiogramm in spindel- oder bandförmig und nach zu- oder abnehmender Intensität in Crescendo- oder Decrescendo-Geräusche eingeteilt. Die Beschreibung von Beginn und Dauer eines Geräusches richtet sich nach der Füllungsphase des Herzens. Man unterscheidet zwischen systolischen und diastolischen Geräuschen. Im einzelnen kann man prä-, proto-, meso- und spätsystolische oder, wenn ein Geräusch während der ganzen Systole zu hören ist, auch holosystolische Geräusche differenzieren. Diastolische Geräusche teilt man in proto-, meso- oder holodiastolische ein.

Die graphische Darstellung erlaubt eine genaue Beurteilung von Beginn, Dauer und Form eines Geräusches und eignet sich auf Grund der guten Anschaulichkeit auch für Lehr- und Dokumentationszwecke. In der Herzdiagnostik kann das Phonokardiogramm die Auskultation ergänzen, keinesfalls aber ersetzen (Abb. 15.3.).

15.1.7. Elektrokardiographie

Das Elektrokardiogramm liefert beim Hund wertvolle Informationen im Hinblick auf Brady- oder Tachykardien, Überleitungs-, Erregungsausbreitungs- oder Rhythmusstörungen. Es läßt Abweichungen von einer normalen Muskelmassen-Verteilung (Vergrößerung bzw. Hypertrophie des rechten oder linken Ventrikels) vermuten und erlaubt gelegentlich Rückschlüsse auf bestimmte Stoffwechselsituationen, wie z. B. auf eine Hyperkaliämie mit „Vorhofstillstand". Zur **EKG-Ableitung** hat sich ein aus 10 Standardableitungen bestehendes System bewährt.

Extremitätenableitungen
3 bipolare Einthoven-Ableitungen:
Abl. I: rechter Arm – linker Arm,
Abl. II: rechter Arm – linkes Hinterbein,
Abl. III: linker Arm – linkes Hinterbein.
3 unipolare (augmented) Goldberger-Ableitungen:
Abl. AVR: rechter Arm,
Abl. AVL: linker Arm,
Abl. AVF: linkes Hinterbein (linker Fuß).

Brustwandableitungen
CV_{6LL} (V_2) im 6. linken Interkostalraum direkt dorsal des Sternums,
CV_{6LU} (V_4) im 6. linken Interkostalraum an der Grenze zwischen knöcherner und knorpeliger Rippe,
CV_{5R} (rV_2) im 5. rechten Interkostalraum direkt dorsal des Sternums,
V_{10} über dem Dornfortsatz des 7. Brustwirbels.

In Klammern die – aus vergleichend medizinischen Gründen – empfohlenen Bezeichnungen für die Brustwandableitungen.

Andere Ableitungssysteme sind gelegentlich angewendet worden. Aus Gründen der Vergleichbarkeit und Standardisierung sollten jedoch für kardiologische Routineuntersuchungen die hier beschriebenen 10 Ableitungen benutzt werden.

Die bevorzugte Körperposition ist die rechte Seitenlage. Die Vorderextremitäten müssen parallel zueinander im rechten Winkel zur Körperlängsachse (Wirbelsäule) gehalten werden (HILL 1968b). EKG-Registrierungen in Brust-Bauch-Lage und im Stehen verändern den QRS-Komplex nur wenig und können notwendigenfalls vor allem zur Feststellung und Kontrolle von Rhythmusstörungen benutzt werden. Auch bei diesen Körperpositionen sollte auf parallel gerichtete Vorderbeine geachtet werden. Als Elektroden werden überwiegend Krokodilklemmen verwendet. Die Applikationsstellen werden mit Alkohol und/oder Elektrodenpaste angefeuchtet.

Bei regulärer Tätigkeit des Sinusknotens kommt es mit jedem Impuls zunächst zur Vorhofkontraktion, deren Ausdruck im EKG die P-Welle ist. Sie ist beim Hund, mit Ausnahme der Abl. AVR, V_{10} und evtl. AVL, in der Regel positiv. Der P-Welle folgt der Kammerkomplex QRS. Q ist die stets negative Anfangsschwankung, der als erste positive Zacke R folgt. Erscheint danach eine negative Zacke, wird sie mit S bezeichnet. Tritt vor S eine deutliche zweite positive Zacke auf, wird diese R' genannt. Diese Nomenklatur ist international üblich und sollte als verbindlich angesehen werden. T als Zeichen der Repolarisation ist im Hunde-EKG vielgestaltig (Abb.15.4.). Es kommen sowohl positive als auch negative und biphasische T-Wellen vor. Diagnostisch verwertbar sind unter bestimmten Umständen die Form und Amplitude von T. Neben den Amplituden der einzelnen Zacken und Wellen kann neben der Dauer von P und T auch das PQ-, QRS- und QT-Intervall gemessen werden. Als ungefähre Norm können die in der Tabelle 15.1. angegebenen Werte angesehen werden.

Nicht alle EKG-Veränderungen sind als sicher pathologisch anzusehen, sondern es können einige auch als biologische Varianten ohne aus-

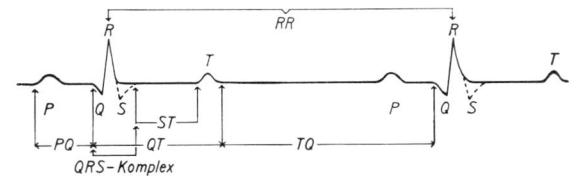

Abb.15.4. Schematische Darstellung der einzelnen Wellen, Zacken und Intervalle im EKG. (JAKSCH, Wien).

Tabelle 15.1. Zeitwerte in Abl. II/s (modifiziert nach KÜHN 1968; s. auch WERNER et al. 1972)

		P	PQ	QRS	QT	RR	Herzschläge/min
niedrige Schlagfrequenz	$\bar{x}$	0,044	0,127		0,222	0,832	72,2
	s_x		0,021		0,015	0,040	
				0,035 bis 0,055			
höhere Schlagfrequenz	$\bar{x}$	0,043	0,111		0,204	0,464	129,7
	s_x		0,017		0,012	0,016	

kultatorischen oder röntgenologischen Befund auftreten. In jedem Fall sollten bei solchen Normabweichungen zusätzliche Untersuchungen und wiederholte EKG-Registrierungen durchgeführt werden, bevor sie als individuelle EKG-Varianten eingeordnet werden. Im einzelnen können folgende Änderungen der Wellen und Zacken als Abweichungen von der Norm angesehen werden, die auf eine Herzerkrankung hinweisen.

P-Welle: P ist positiv in allen Ableitungen mit überwiegend positiven Kammerkomplexen. Sehr kleine bis isoelektrische P-Wellen können beobachtet werden. Respiratorische Schwankungen der Amplituden treten häufig auf. Hierbei können auch biphasische oder leicht negative P-Wellen auftreten, sie sind durch Beobachtung der Atmung oder respiratorisch bedingte Bewegungen der Grundlinie leicht als physiologisch zu erkennen. Hyperkaliämien führen zur Amplitudenabnahme von P bis zum Verschwinden dieser Welle. Die von einigen Autoren als sicher pathologisch angesehenen gekerbten, hohen und spitzen (P-pulmonale) sowie breiten (P-mitrale) Formen sind auch bei gesunden Hunden zu finden.

P-Amplituden über 0,4 mV und eine P-Dauer über 0,04/0,06 s gelten als pathologisch und weisen auf eine Vergrößerung des rechten (Amplitude) und linken Atriums (Amplitude + Dauer) hin.

QRS-Komplex: Q-Zacken sind mit Ausnahme von Abl. CV₅RL und AVR regelmäßig im EKG des Hundes zu beobachten. Ihre größte Amplitude haben sie in Abl. II, III, AVF und V$_{10}$. Sehr tiefe Q-Zacken bei ansonsten überwiegend positiven QRS-Komplexen in Abl. I treten bei Kardiomyopathien und Atrioventrikularklappen-Insuffizienzen häufiger auf.

Die R-Zacke ist in der Abl. II und in den der Ableitlinie von Abl. II benachbarten Abl. III, AVF sowie in den linken Brustwandableitungen am größten. Im CV₅R kann R ebenfalls hoch sein, wird jedoch regelmäßig von einer ähnlich tiefen S-Zacke gefolgt. Beide Ausschläge können äquipotential sein. Durch geringe Fehler beim Anlegen der Ableitelektrode kann der Kammerkomplex (das R/S-Verhältnis) von CV₅R stark verfälscht werden.

S-Zacken sind in Abl. I selten und werden in V$_{10}$ kaum registriert. Ihre Amplituden sind in den Ableitungen mit überwiegend positiven Kammerkomplexen gering, in AVR und CV₅R dagegen größer. Bei der Befundbeschreibung werden die Kammerkomplexe entsprechend der Größe der einzelnen Zacken mit großen und kleinen Buchstaben bezeichnet. Als z. B. qRs für einen Kammerkomplex mit kleiner Q-, großer R- und kleiner S-Zacke. QS-Komplexe bestehen lediglich aus einem negativen Ausschlag (Abb. 15.5., 15.6.).

T-Welle: Die T-Welle ist – wie bereits erwähnt – im Hunde-EKG polymorph. Es kommen sowohl positive als auch negative und biphasische T-Wellen vor. Diagnostisch verwendbar sind unter bestimmten Umständen Form und Amplitude von T. Sehr hohe T-Wellen, die sich der R-Amplitude in

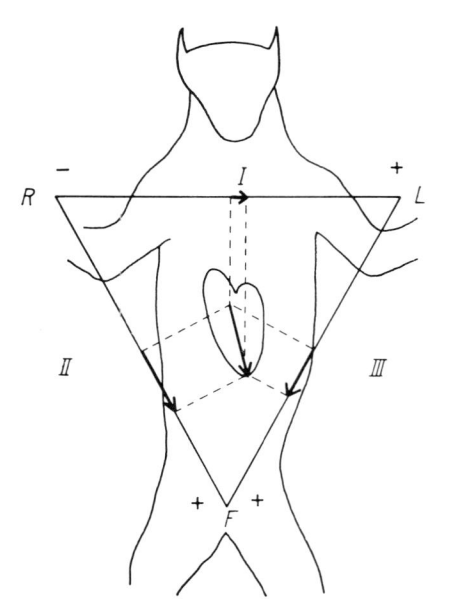

Abb. 15.5. Konstruktion der elektrischen Herzachse im Einthoven-Dreieck. (JAKSCH, Wien).

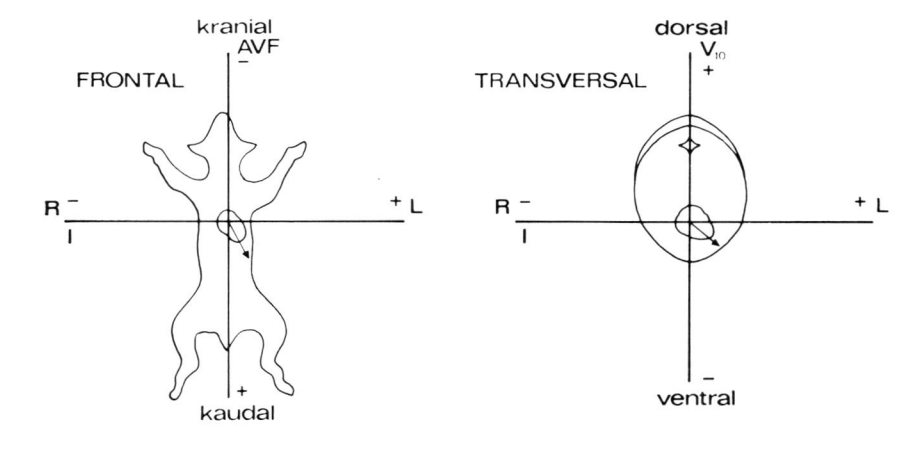

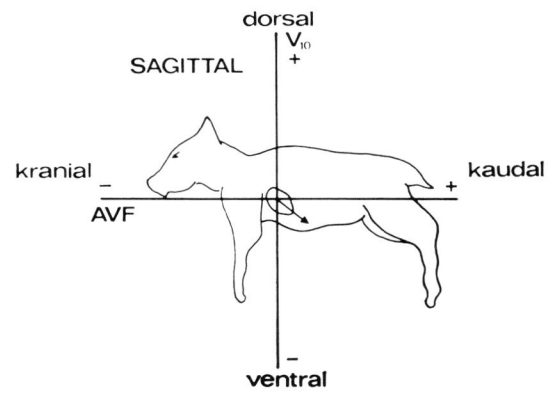

Abb. 15.6. Konstruktion des modalen QRS-Vektors (QRS-Hauptvektor) mit Hilfe der QRS-Summe aus der Abl. I und AVF für die frontale, aus den Abl. I und V_{10} für die transversale und aus den Abl. AVF und V_{10} für die sagittale Ebene. Elektrische Herzachse und modaler QRS-Vektor in der Frontalebene sind nach links kaudal gerichtet.

Abl. II, III oder AVF nähern bzw. dieselbe erreichen oder übersteigen, können in der Regel als pathologisch angesehen werden.

Die vektorielle Interpretation des EKG: In normalen Säugetierherzen ist die Muskelmasse des linken Ventrikels bedeutend größer als die des rechten. Dementsprechend sind beim Hund die elektrischen Hauptkräfte während der Kammerdepolarisation in der Frontalebene nach links und kaudal gerichtet. Daraus resultieren normalerweise überwiegend positive Kammerkomplexe (QRS) in den Ableitungen I, II, III, AVF und in den linken Brustwandableitungen sowie überwiegend negative Kammerkomplexe in AVR und V_{10}. In den Ableitungen AVL und CV_{5R} variiert die Form der Kammerkomplexe am stärksten, wobei ungefähr gleichgroße (äquipotentiale) positive und negative Ausschläge häufig vorkommen (qr und rs in AVL; RS in CV_{5R}). Andererseits kann der Kammerkomplex in AVL auch überwiegend negativ und in CV_{5R} überwiegend positiv sein.

Grundsätzlich genügt es, diese vorherrschenden Muster der Kammerkomplexe zu kennen und zu berücksichtigen, um Anzeichen für eine Hypertrophie der rechten Kammerwand zu erkennen und vom normalen EKG oder linksventrikulären Hypertrophien zu unterscheiden.

Die Konstruktion der mittleren elektrischen Herzachse aus den R-Zacken der Abl. I, II und III im Einthovenschen Dreieck ist die klassische Methode zur Erkennung von Kammerwandhypertrophien bzw. Ventrikelvergrößerungen. Eine für klinische Zwecke einfache, schnelle, ausreichend zuverlässige sowie informative Methode ist die Konstruktion der modalen QRS-Achse, des modalen QRS-Vektors aus den QRS-Summen der Abl. I und AVF in der Frontalebene, der Abl. I und V_{10} in der Tranversalebene sowie der Abl. AVF und V_{10} in der Sagittalebene (s. Abb. 15.6.). Aus denselben skalaren EKG-Ableitungen lassen sich auch, unter Umständen mit Hilfe zusätzlicher Ableitungen, Vektorschleifen konstruieren, die darüber hinaus einen Eindruck von der Drehrichtung im Erregungsablauf vermitteln (DETWEILER et al. 1979). Vektorschleifen lassen sich direkt auf einem Kathodenstrahloszilloskop abbilden und auf photomechanischem Wege registrieren. Hierfür existieren verschiedene Ableitungssysteme (Wilson-, McFee-, Franck-System), jedoch hat sich in der klinischen Routine keines dieser vektorkardiographischen Verfahren durchgesetzt.

Nach HILL (1968a) liegen 80–90% der modalen QRS-Vektoren (-Achsen) zwischen +45° und 90° für die Frontalebene, zwischen 0° und +90° in der Transversalebene und zwischen 0° und +90° in der Sagittalebene. Die Vektoren deuten also hauptsächlich nach links und kaudal (frontal), nach links und ventral (transversal) sowie nach kaudal und ventral (sagittal). Zwischen dem in rechter Seitenlage und in Brustbauchlage abgeleiteten EKG differiert die mittlere elektrische Herzachse, konstruiert mit Hilfe des Einthovenschen Dreiecks, nur wenig (KÜHN 1968; x̄ RSL: 74°; x̄ BBL: 76°).

Zeichen der Rechtsherzvergrößerung bzw. Rechtshypertrophie (RVH) im EKG: Als empfindlichste Ableitungen für das Erkennen oder den Beginn einer rechtsventrikulären Belastung bzw. Hypertrophie können die linken Brustwandableitungen angesehen werden. Tiefe S-Zacken in diesen Ableitungen und ein R/S-Verhältnis von 1,0 oder darunter deuten auf eine Druckbelastung des rechten Ventrikels hin. Diese Druckbelastung kann sowohl pulmonal als auch kardial bedingt sein. Kleiner werdende S-Zacken (Rs oder R-Komplexe) in der rechten Brustwandableitung sind dagegen nicht regelmäßig zu beobachten. Eine qR-Konfiguration in CV_{5R} gilt dagegen als sicherer Hinweis auf eine ausgeprägte Hypertrophie der rechten Kammerwand. Wie bereits erwähnt, gelten zunehmende Negativität der QRS-Komplexe in den Abl. I, II, III, AVF und zunehmende Positivität in AVR als Rechtshypertrophie-Zeichen. Der Größe der S-Zacken entsprechend, wird bei Konstruktion des R- oder QRS-Vektors dadurch der Vektor weiter rechts und kaudal bzw. sogar nach rechts und kranial (Abb. 15.7.) verschoben. Treten überwiegend negative QRS-Komplexe lediglich in Abl. III oder AVF auf, drehen sie die Hauptausschlagrichtung nach links und kranial.

Zeichen der Linksherzvergrößerung bzw. Linkshypertrophie im EKG: Abweichungen der QRS-Achse nach links und kranial sind selbst bei hochgradigen Hypertrophien der linken Kammerwand nicht regelmäßig vorhanden. Häufiger treten hohe Amplituden (R: >3,0 mV) in Abl. II, III, AVF und in den linken Brustwandableitungen auf, z. B. beim persistierenden Ductus arteriosus oder bei Aortenstenosen. Da solche Amplituden aber auch bei gesunden jungen und vor allem bei trainierten Hunden vorkommen, können sie nicht als zuverlässige Kriterien der Linkshypertrophie gelten.

Trotz dieser Einschränkungen ermöglicht das EKG in der Regel eine Differenzierung systolischer Geräusche in den Semilunarklappenregionen, je nach dem Vorherrschen rechts- oder linksbetonter EKG-Bilder. Unter Einbeziehung der röntgenologischen Informationen lassen sich Pulmonalstenosen und Aortenstenosen klinisch meist einwandfrei voneinander unterscheiden und diagnostizieren.

15.1.8. Röntgen

Röntgenaufnahmen von ausreichender Qualität sind für zuverlässige kardiologische Diagnosen stets notwendig. Ohne Röntgenaufnahmen lassen sich meist nur ungenügende Vermutungen und Aussagen über Art und Ausmaß einer Herz-

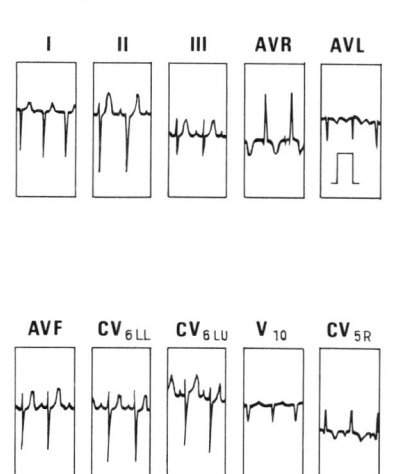

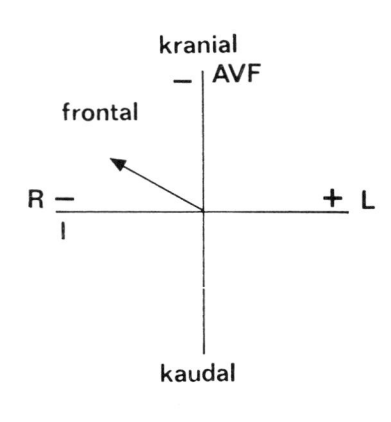

Abb. 15.7. Typische Zeichen der Rechtshypertrophie im EKG eines Welpen mit schwerer Pulmonalstenose, ausgeprägte Negativitätsbewegungen in den Abl. I, II, AVF, CV_{6LL} und CV_{6LU}. qR-Komplexe in AVR und CV_{5R}. Daneben der modale QRS-Vektor in der Frontalebene. Die Hauptkräfte während der Kammerkontraktion deuten nach rechts und kranial.

krankheit treffen. Als Mindestanforderung ist eine Aufnahme im latero-lateralen Strahlengang in liegender Position anzufertigen. Abgesehen von den diagnostisch häufig klaren Atrioventrikularklappen-Erkrankungen und rein myogenen Kardiopathien, sollten auch Aufnahmen im dorso-ventralen Strahlengang zur Routineuntersuchung gehören. Darüber hinaus lassen sich häufig auch pulmonale Prozesse, die als Folge einer Herzkrankheit oder koinzidierend auftreten, in Thoraxaufnahmen mit dorso-ventralem Strahlengang besser beurteilen bzw. differenzieren. Bei seitlichen Röntgenaufnahmen liegt die rechte Herzhälfte im kranialen Teil und die linke Herzhälfte im kaudalen Teil des Herzschattens. Besonders deutlich wird dies in den Abb. 15.8.–15.10., welche die verschiedenen kontrastmittelgefüllten Herzabschnitte im Verlauf einer Angiokardiographie zeigen.

Die Abb. 15.8. zeigt nach Injektion in die Vena cava cranialis die in extremer Diastole dargestellte rechte Herzhälfte mit Atrium und Ventrikel. Im weiteren Verlauf ist das mit Kontrastmittel vermischte Blut weitgehend über die Pulmonalarterie in die Lunge gelangt (Abb. 15.9.). Wenige Sekunden nach der Injektion befindet sich Kontrastmittel in den Pulmonalvenen im linken Atrium und im linken Ventrikel (Abb. 15.10.). Mit Hilfe der Kontrastdarstellung lassen sich Atrien und Ventrikel einwandfrei lokalisieren, Gestalt- und Formveränderungen von Gefäß- oder Herzpartien sowie Shunts diagnostizieren. Sie ist damit eine Untersuchungsmethode, die sich vornehmlich zur Diagnose oder zum Ausschluß kongenitaler Herzanomalien eignet. Tumoren, Thromboembolien, obstruktive und/oder einseitig hypertrophe Formen der Kardiomyopathie sowie raumfordernde Endokardveränderungen (Fibroelastose) lassen sich ebenfalls nachweisen.

Grundsätzlich gilt für die Beurteilung jeder Thoraxaufnahme – wie bei anderen Röntgenaufnahmen –, daß aus einiger Entfernung das gesamte Röntgenbild betrachtet wird, um alle Strukturen insgesamt und gegeneinander bewerten zu können. Die Konzentration auf offensichtliche – ins Auge springende – Veränderungen kann von wesentlichen, aber weniger auffälligen Veränderungen ablenken und zu falschen Interpretationen führen. Im besonderen sind Herzhöhe und Herzbreite, Formveränderungen im Bereich der Vorkammern und des Anfangsteils der

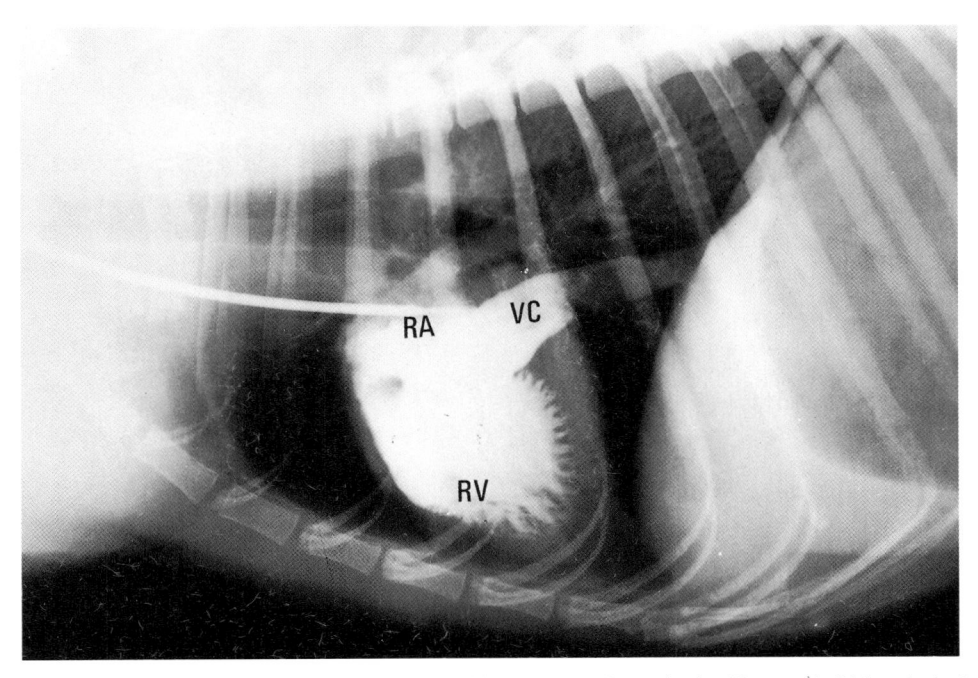

Abb. 15.8. Thoraxaufnahme im seitlichen Strahlengang; Katheter in der V. cava via V. jugularis. Injektion des Kontrastmittels in das rechte Atrium (RA), teilweise Füllung der V. cava caudalis (VC) und Darstellung des kontrastmittelgefüllten rechten Ventrikels (RV) in extremer Diastole.

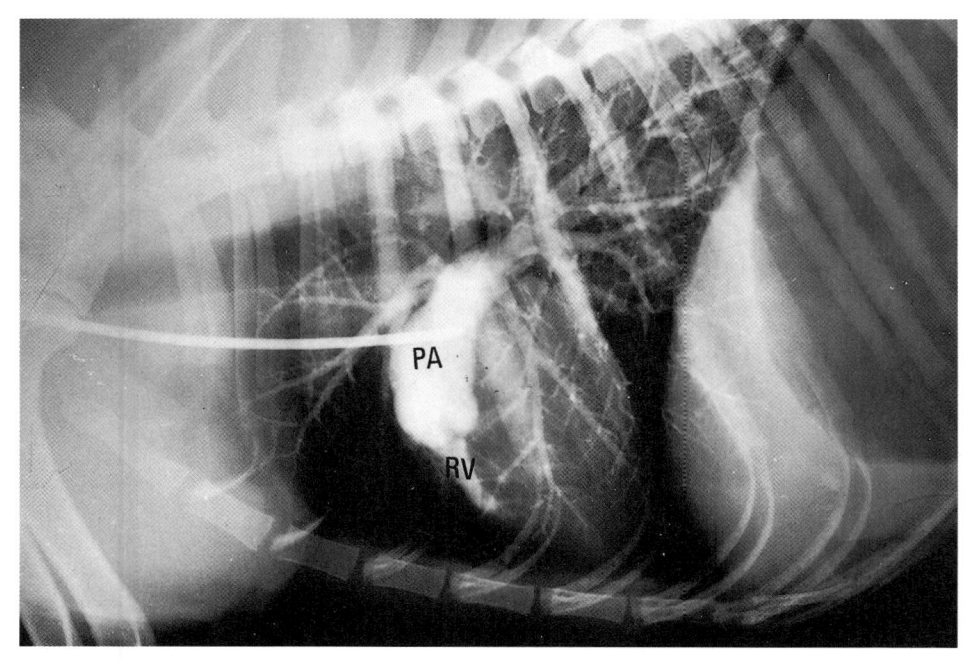

Abb. 15.9. Technik wie Abb. 15.8.; das Kontrastmittel hat den rechten Ventrikel (RV) weitgehend verlassen; Pulmonalarterienstamm (PA) und Pulmonalarterienäste sind dargestellt.

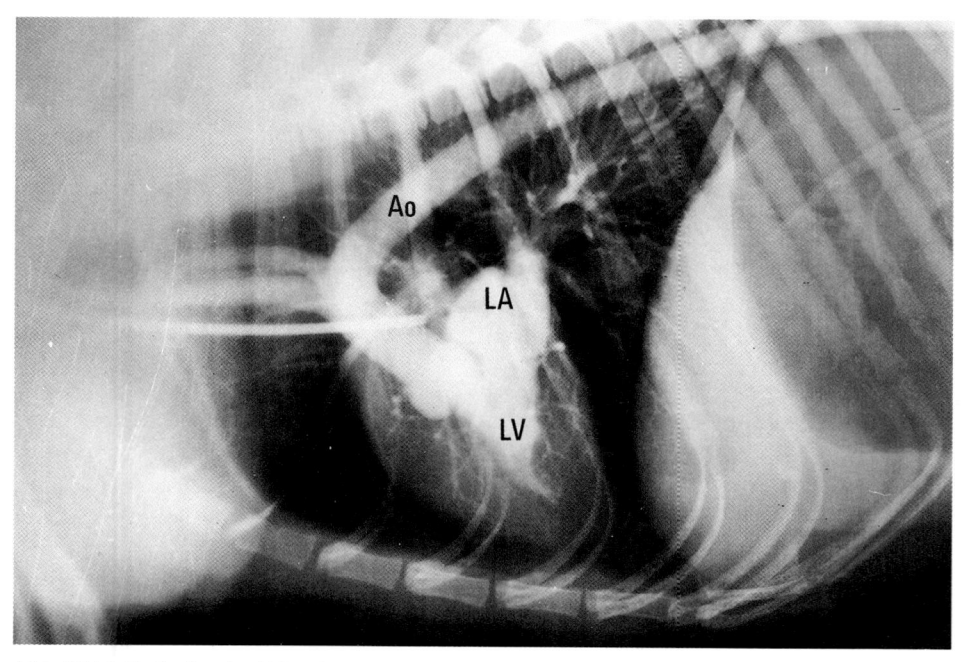

Abb. 15.10. Technik wie Abb. 15.8.; nach Lungenzirkulation sind die Pulmonalvenen, das linke Atrium (LA), der linke Ventrikel (LV, in Systole) sowie die Aorta (Ao) mit den nach kranial abzweigenden Gefäßen zu erkennen.

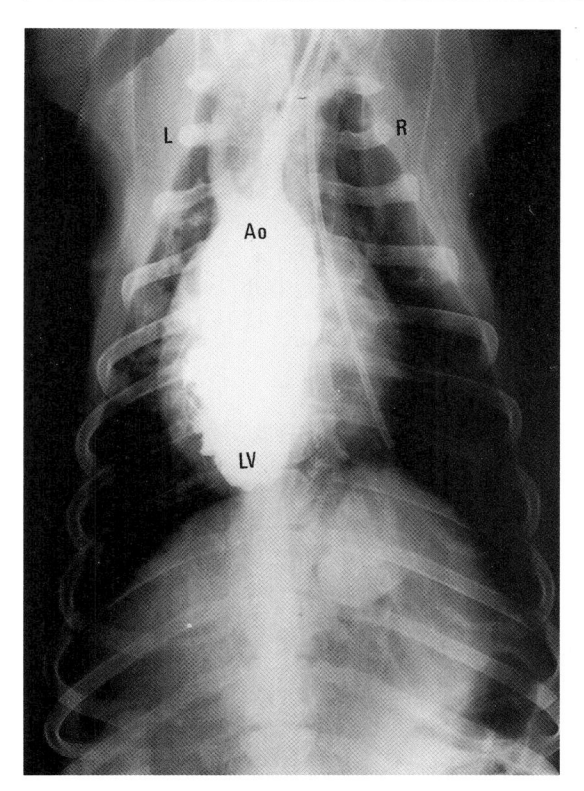

Abb. 15.11. Thoraxaufnahmen im dorso-ventralen Strahlengang; Kontrastmittelinjektion in den linken Ventrikel (LV) über einen A.-carotis-Katheter. Aortenbogen und Beginn der Ao. descendens sind sichtbar (Ao.).

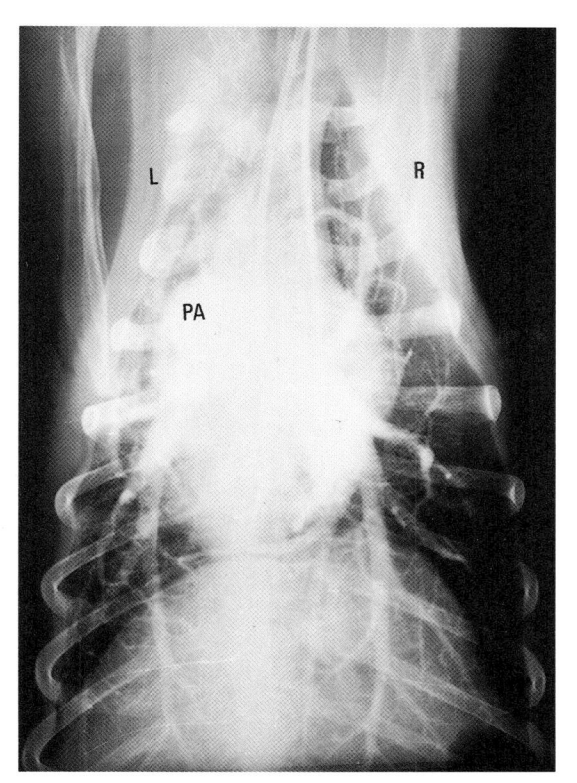

Abb. 15.12. Technik wie Abb. 15.11.; Kontrastmittelinjektion in den rechten Ventrikel über einen Jugulariskatheter. Die Pulmonalarterie (PA) mit ihren Ästen ist mit kontrastmittelvermischtem Blut gefüllt.

großen Gefäße, Verlauf der Trachea, Lage der Bifurkation, Durchmesser, Verlauf und Schattendichte der Aorta, der Lungengefäße und der Vena cava caudalis, der Ventilationsgrad der Lungen sowie Lage, Art und Ausprägung von pathologischen Verschattungen zu erfassen und ggf. zu beschreiben.

Thoraxaufnahmen im dorso-ventralen Strahlengang werden für die kardiologische Diagnostik in Brust-Bauch-Lage angefertigt. Sternum und Wirbelsäule sollten exakt übereinander projiziert sein. Während sich die Atrien und Ventrikel im latero-lateralen Strahlengang relativ gut einzeln beurteilen lassen, überlappen sie sich im dorso-ventralen Bild nahezu vollständig. Normalerweise liegt die Hauptmasse des Herzens in der linken Thoraxhälfte, die Herzspitze deutet nach kaudolateral (Abb. 15.11.). Erhebliche Links- oder Rechtsherzvergrößerungen lassen sich durch Annähern der Herzsilhouette an die laterale Thoraxwand bzw. eine unterschiedlich stark ausgeprägte Rechtslage besser als in seitlichen Aufnahmen erkennen. Ausbuchtungen des Pulmonalarterienstammes oder der Aorta ascendens deuten auf poststenotische Dilatationen infolge absolut oder relativ zu enger Semilunarostien hin. Verlauf, Durchmesser und Schattendichte der Pulmonalgefäße lassen sich vor allem im Gebiet der Zwerchfellappen exakt beurteilen, und einseitige Gefäß- oder Lungenveränderungen erlauben eine genaue Lokalisation (Abb. 15.12.).

15.1.9. Herzkatheterismus

Das Katheterisieren einzelner Herzabschnitte und herznaher Gefäße zu diagnostischen Zwekken erlaubt Druckmessungen, die Bestimmung der Sauerstoffsättigung sowie die gezielte Injektion von Indikatoren (Thermodilution, Farbstoffverdünnungsmethode) und Kontrastmittellösungen (Angiokardiographie). Im einfachsten Fall werden Einmal-Katheter, wie sie für Infusionen oder zur Messung des zentralen Venendrucks üblich sind, benutzt. Thermoplastische Katheter erlauben permanent gebogene Katheterenden, die das Erreichen bestimmter Herz- oder Gefäßabschnitte und das Passieren der aortalen Semilunarklappen erleichtern. Mit Hilfe von Einschwemmkathetern mit und ohne Ballon lassen sich rechtes Atrium, rechter Ventrikel sowie die Pulmonalarterie ohne zeitraubende Manipulation erreichen. Vor allem für die schnelle Injektion von viskösen Kontrastmitteln sind größtmögliche Durchmesser zu wählen. Als Gefäße zur transkutanen Einführung eignen sich die V. jugularis, die V. cephalica antebrachii, die V. saphena oder evtl. die V. femoralis und A. femoralis. Die A. carotis ist nur auf präparativem Wege zu katheterisieren. Das Freilegen der Gefäße erlaubt die Verwendung größerer Katheterdurchmesser und den raschen Wechsel von Kathetern während einer Untersuchung.

Gefäßwahl und Gefäßzugang richten sich nach der jeweiligen Fragestellung und den Gewohnheiten des Untersuchers. Druckmessungen sind von besonderem diagnostischem Wert bei Pulmonal- und Aortenstenosen mit Nachweis eines systolischen Druckgradienten zwischen Pulmonalarterie und rechtem Ventrikel sowie zwischen linkem Ventrikel und Aorta. Shunts können mit Indikatoren, z. B. gekühlter NaCl-Lösung sowie Ascorbinsäure, oder angiokardiographisch nachgewiesen werden. Desgleichen kann ein erhöhter oder verminderter Sauerstoffgehalt bei Links-Rechts- bzw. Rechts-Links-Shunts Aufschluß über die Flußrichtung des Shuntblutes geben. Alle Parameter können sich durch die meist notwendige Narkose mit reiner Sauerstoffatmung wesentlich von den Verhältnissen bei einer alltäglichen Belastung unterscheiden. Das vorübergehende Einatmen von Raumluft nach Trennung vom Narkosegerät ermöglicht in solchen Fällen die Registrierung realistischerer Meßwerte.

15.1.10. Kreislaufzeiten

Durch Kreislaufzeitmessungen lassen sich in Zweifelsfällen Herzinsuffizienzen von anderen Stauungsursachen unterschieden. Mit Hilfe von Wiederholungsmessungen kann der Therapieerfolg kontrolliert werden. Zur Messung der „peripheren" Kreislaufzeit werden Farbstoffe in die Blutbahn injiziert und ihr Erscheinen am Auge, an den Lefzen, an der Zunge oder am Ohr gemessen. Bei der Verwendung von Na-Fluorescein kann die Kreislaufzeit (Arm-Lippen-Zeit) unter UV-Licht visuell bestimmt werden (DIETZEL et al. 1972, HÖFER 1980). Andere Farbstoffe wie Evans-Blau und Cardiogreen erfordern eine Photozelle zur Feststellung der Farbstoffankunft am Meßort. Die Messung innerhalb bestimmter Kreislaufabschnitte (zentrale Kreislaufzeit, Herz-Lungen-Zeit) erlaubt, wie andere Indikatorverdünnungstechniken auch, die Entdeckung von kongenitalen Vitien mit Shunt, wie z. B. die Diagnose von Ventrikel- und Vorhofseptumdefekten.

15.1.11. Echokardiographie

Als nichtinvasive, gefahrlose kardiologische Untersuchungsmethode ohne Strahlenbelastung hat die Diagnostik mittels Ultraschall Einzug auch in die Kleintierkardiologie gehalten.

Die Echokardiographie erlaubt die Diagnose bzw. den Ausschluß der meisten kardialen Erkrankungen bei Welpen und adulten Hunden. Neben der Größe und der Beweglichkeit einzelner Herz- bzw. Gefäßabschnitte können die Dicke der Herzklappen und Herzwände gemessen bzw. Oberflächenstrukturen beurteilt werden. Auch zur Kontrolle des Therapieerfolges ist die Sonographie äußerst hilfreich. Die Untersuchung kann beliebig oft wiederholt werden. Obwohl die Echokardiographie wie kein anderes nichtinvasives Verfahren über die Beschaffenheit und Lokalisation kardialer Strukturen informiert, sollte sie nur eine ergänzende Untersuchungsmethode sein. Alle „klassischen" diagnostischen Methoden, wie z. B. Auskultation, EKG und Röntgen, können durch sie nicht ersetzt werden. Andernfalls ist die Gefahr einer Fehlbeurteilung der sonographischen Ergebnisse sehr groß. Wichtig sind gute anatomische Kenntnisse. Nachteil der Echokardiographie ist neben dem mit relativ hohen Kosten verbundenen apparativen Aufwand die relativ lange Einarbeitungszeit.

Prinzip der Sonographie. In einem Schallkopf (Transducer) werden mittels eines piezoelektrischen Kristalls Schallwellen erzeugt. Der abgegebene Ultraschall wird an allen Grenzflächen zwischen zwei Medien unterschiedlicher Durchdringungsfähigkeit (akustische Impedanz) reflektiert. Die reflektierten Schallwellen – das Echo – werden vom Transducer empfangen, in elektrische Impulse umgewandelt und auf einem Monitor dargestellt. Die Bilder lassen sich auf photomechanischem Wege registrieren. Die Reflexionsgrenzen am Herzen sind das Perikard, das Endokard, die Herzklappen und die Wände der großen Gefäße. Während Flüssigkeit den

Schall gut leitet, stellen Knochen und Luft aufgrund hoher Absorption bzw. Reflexion Hindernisse für den Schallweg zum Herzen dar. Folglich muß der Schallkopf in den Interkostalräumen angelegt werden, in denen das Herz der Brustwand direkt anliegt. Dieser Bereich wird auch als „Schallfenster" bezeichnet.

Für jedes Tier muß das Ultraschallgerät individuell eingestellt werden. Die Auswahl der Schallköpfe richtet sich nach der Größe der Patienten. Für Welpen und Zwergrassen bzw. Katzen ist besonders ein 7,5-MHz-, für alle übrigen Hunde meist ein 5,0-MHz-Schallkopf geeignet.

Während der Untersuchung sollte der Hund auf einem Tisch in Seitenlage gehalten werden. Vorteilhaft ist es, wenn in die Tischplatte ein Loch geschnitten wurde, so daß der Schallkopf von unten durch das Loch auf der rechten bzw. linken Thoraxseite aufgesetzt werden kann. Um den Schallkopf akustisch optimal an die Haut zu koppeln, ist es, besonders bei kurzhaarigen Rassen, notwendig, das Fell im Bereich des Schallfensters zu entfernen. Als günstig hat es sich erwiesen, bereits einige Minuten vor Aufsetzen des Schallkopfes in der entsprechenden Interkostalregion Kontaktgel aufzutragen. Eine Sedation des Tieres ist meist nicht erforderlich, besonders da das Ultraschallgerät in einem ruhigen, abgedunkelten Raum stehen sollte.

Die Beurteilung von Bewegungsanomalien der Herzklappen und -wände bzw. die Messung von Wanddicken oder z. B. der Kontraktionskraft des Herzens erfordert neben dem eigentlichen Ultraschallbild auch die EKG-Aufzeichnung, wobei eine Ableitung II die Zuordnung zum jeweiligen Herzzyklus erleichtert.

Zur Dokumentation ist besonders aufgrund der Reproduzierbarkeit des bewegten Bildes die Videoaufzeichnung günstig. Papierbildausdrucke sind auch möglich.

Grundsätzlich sind drei verschiedene echographische Darstellungsmethoden, die sich in ihrer Aussage ergänzen, zu unterscheiden:

1. **M-Mode-Technik** (Time-Motion-Technik, eindimensionale Technik): Das Herz wird dabei vom Schallfenster aus mit einem Schallstrahlenbündel durchstrahlt. Vom Schallstrahl getroffene Strukturen verschiedener Echodichte reflektieren den Schallstrahl entsprechend ihrer Distanz zum Schallkopf. Es folgt eine Registrierung von Echolinien der hintereinanderliegenden reflektierenden Strukturen in Abhängigkeit von der Zeit, so daß Bewegungsänderungen der beschallten Struktur wiedergegeben werden.

2. **2D-Technik** (Sektorscanning, zweidimensionale Technik): Dieses Verfahren erbringt eine Bildzusammensetzung der beschallten Ebene, vergleichbar einem Röntgenbild, und ermöglicht eine anatomisch genaue räumliche Orientierung, da im Gegensatz zum M-Mode auch nebeneinanderliegende Strukturen getrennt darstellbar sind. Dies gelingt, indem vom Schallkopf auf mechanischem oder elektronischem Weg durch das Schallfenster hindurch ein fächerförmiger Schallsektor aufgebaut wird. Auf diese Weise entsteht ein Bild, das, wenn auch nur in zwei Ebenen, dem Bild durch ein Schlüsselloch ähnelt: ein in der Spitze des Sektors gelegenes enges Nahfeld und eine in größeren Schalltiefen zunehmende Information über untereinanderliegende Strukturen.

3. **Doppler-Technik:** Mit Hilfe der Doppler-Echokardiographie können Aussagen über Geschwindigkeit, Richtung und Qualität des Blutflusses gemacht werden. Es gelingt über die Morphologie hinaus, Informationen über die hämodynamischen Folgen stenosierter bzw. insuffizienter Herzklappen oder intrakardialer Shuntvitien zu erhalten. Da diese Methode vorerst apparativ und dementsprechend kostenaufwendiger ist als die beiden anderen Ultraschalltechniken, ist sie zur Zeit nur wenigen Kliniken vorbehalten.

Um das Herz und die beiden herznahen Gefäße (Aorta und Pulmonalarterie) darzustellen, bieten sich verschiedene Bereiche für die Ultraschalluntersuchung an. Diese Zugänge nennt man, wie bereits erwähnt, Schallfenster oder akustische Fenster. In der Humanmedizin wurden für die Zweidimensional-Echokardiographie von der American Society of Echocardiography (ASE) die Ebenen und die Terminologie festgelegt, die jedoch aufgrund der unterschiedlichen Thoraxformen bei Tieren so für die Veterinärmedizin nicht übernommen werden kann. Herzgröße und Herzlage im Thorax können deutlich variieren. Eine genaue Festlegung des Ansatzpunkts des Schallkopfes ist daher nicht möglich. Dies gilt sowohl im Hinblick auf den zu wählenden Interkostalraum als auch auf die Höhe und den anzulegenden Neigungswinkel. Dementsprechend muß die Schallkopfposition vom Untersucher so verändert werden, daß die gewünschten Strukturen in standardisierter Weise sichtbar werden. Eine optimale Dokumentation der zweidimensionalen Echokardiographie ist nur im bewegten Bild (z. B. Video) möglich.

Generell werden schallkopfnahe Strukturen an der Sektorspitze, also oben im Bild, dargestellt,

25 Freudiger, Hundekrankheiten, 2. A.

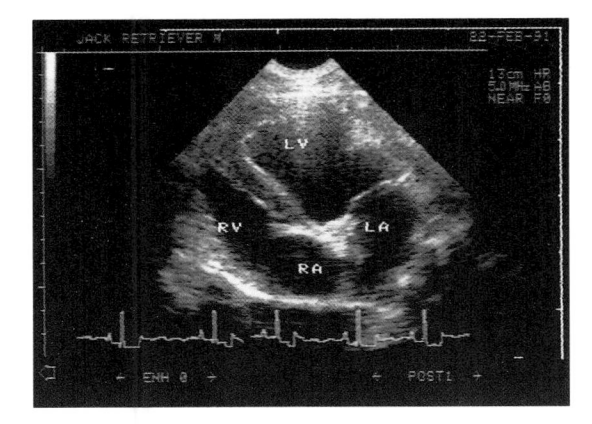

Abb. 15.13. Vierkammerblick.
Schallkopfposition: 5.–6. Interkostalraum, links parasternal; die Schallwellen sind senkrecht zur Längsachse des Tieres geringgradig kraniodorsal gerichtet. Linke Herzhälfte rechts und rechte Herzhälfte links im Bild. Form, Größe bzw. Funktion des linken (LV) bzw. des rechten Ventrikels (RV) und linken (LA) bzw. rechten Atriums (RA) sowie der AV-Klappenapparate sind gleichzeitig zu beurteilen.

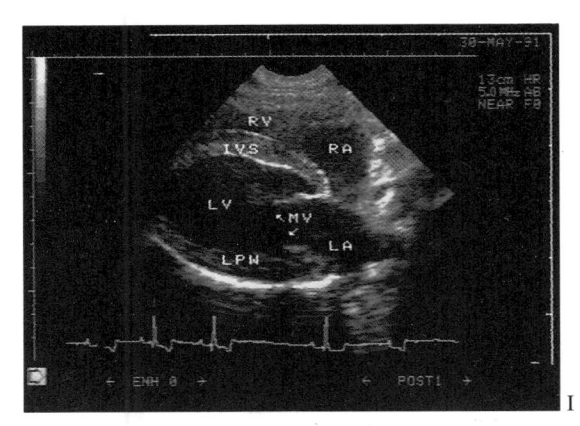

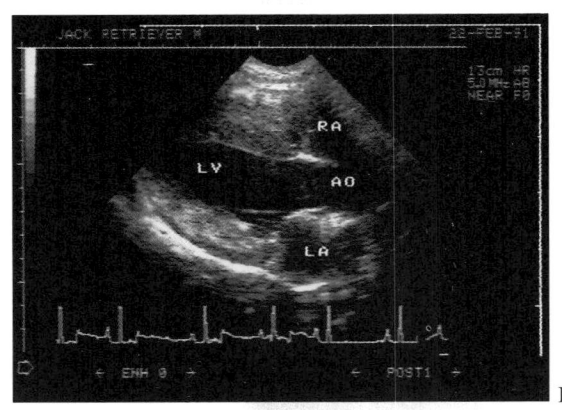

Abb. 15.14. Längsachsendarstellung eines gesunden Herzens. Schallkopfposition: 3.–5. Interkostalraum, rechts parasternal; die Schallwellen sind senkrecht zur Längsachse des Tieres gerichtet. (I) die linksventrikuläre Hinterwand (LPW), der linke Ventrikel (LV) und Atrium (LA), das intraventrikuläre Septum (IVS) und die beiden Mitralklappensegel (MV) sind deutlich, rechter Ventrikel (RV) und rechtes Atrium (RA) nur teilweise sichtbar. (II) Linksventrikulärer Ausflußtrakt, Aortenwurzel (Ao) und linker Vorhof (LA) werden durch weiteres Drehen des Schallkopfes um 30–60° im Uhrzeigersinn und Kippen nach kraniodorsal dargestellt.

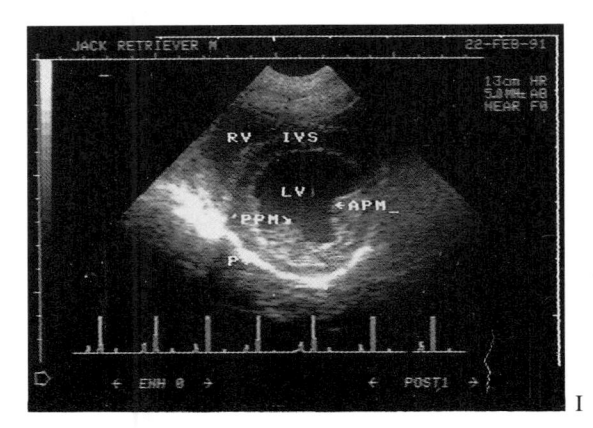

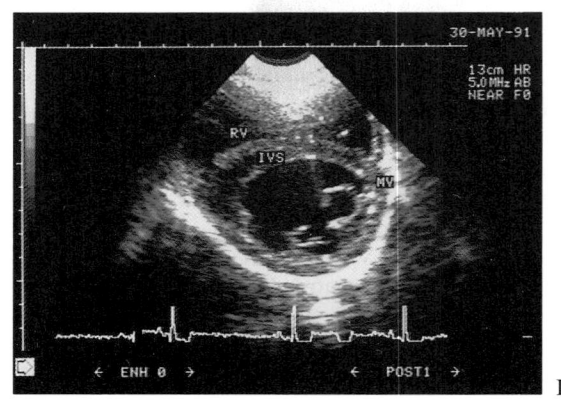

Abb. 15.15. Querachsendarstellung eines gesunden Herzens. Schallkopfposition: 3.–5. Interkostalraum, rechts parasternal; nach Darstellung der Längsachse wird der Schallkopf um 90° im Uhrzeigersinn gedreht. (I) Durch Schwenken des Schallkopfes nach ventral werden beide Ventrikel (RV, LV) und das intraventrikuläre Septum (IVS) auf Höhe der linksventrikulären Papillarmuskeln (PPM, APM) sichtbar. (II) Durch Schwenken des Transducers nach dorsal ist die Mitralklappe (MV) bzw. die Herzbasis erkennbar.

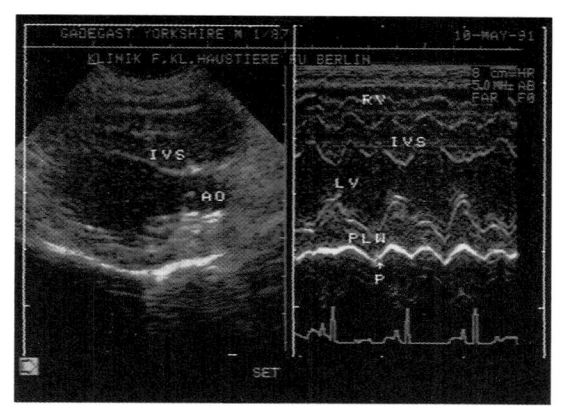

Abb. 15.16. Längsachsendarstellung eines gesunden Herzens. M-Mode- und 2D-Echokardiographie. Schallkopfposition: 2.–3. Interkostalraum, links parasternal; im zweidimensionalen Bild sind der linke Ventrikel, das intraventrikuläre Septum (IVS) und die Aorta (Ao) mit linksventrikulärem Ausflußtrakt erkennbar. Zur M-Mode-Darstellung dient ein das intraventrikuläre Septum (IVS), die linksventrikuläre Kammer (LV) und Hinterwand (PLW) senkrecht treffender Schallstrahl, und zwar am Übergang des vorderen Mitralsegels in die Chordae tendineae. Das Perikard (P) ist als sehr echogene Linie zu sehen.

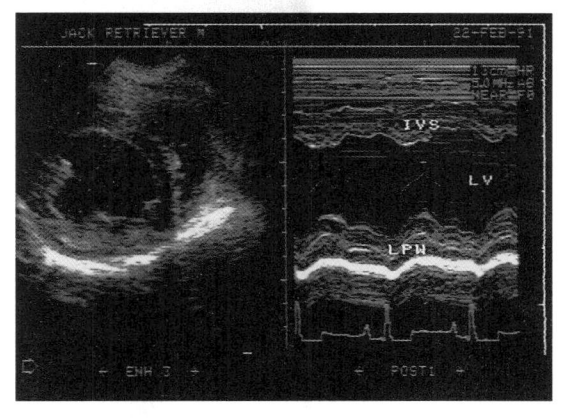

Abb. 15.17. Querachsendarstellung eines gesunden Herzens. M-Mode- und 2D-Echokardiographie. Schallkopfposition: 2.–3. Interkostalraum, links parasternal; im ein- und zweidimensionalen Bild sind der linke Ventrikel (LV), das intraventrikuläre Septum (IVS) und die linksventrikuläre Hinterwand (LPW) erkennbar.

dementsprechend schallkopfferne Strukturen am unteren Bildrand.

Der Schallkopf sollte so auf den Thorax aufgesetzt bzw. gedreht werden, daß das anatomisch links liegende Herz bzw. Gefäßanteile immer rechts im Bild dargestellt werden. In den Abb. 15.13.–15.15. sind die wichtigsten Basisschnittebenen wiedergegeben. Hiermit ist in der Regel eine gute Beurteilung des Herzens im 2D-Bild möglich.

Zur quantitativen Beurteilung einzelner Herzabschnitte (Aorta, Atrien, Ventrikel) sowie der Wanddicken und der Kontraktionskraft des Herzens ist die M-Mode-Echokardiographie am günstigsten, nicht zuletzt, da aus technischen Gründen das eindimensionale Bild eine bessere Schärfe der Konturen aufweist und eine zeitliche Zuordnung der Vorgänge während des Herzzyklus ermöglicht.

Untersuchungen des Herzens allein mit der M-Mode-Technik werden nur noch selten durchgeführt. Die meisten neueren Ultraschallgeräte bieten durch gleichzeitige ein- und zweidimensionale Darstellung die Möglichkeit, aus dem 2D-Sektorbild einen Schallstrahl zur M-Mode-Registrierung beliebig auszuwählen. Dies erleichtert die anatomische Zuordnung der eindimensional erkennbaren Strukturen außerordentlich.

Von großer Bedeutung ist die M-Mode-Echokardiographie zur quantitativen Beurteilung der Ventrikelwandstärken und des Kammerdurchmessers bzw. der linksventrikulären Funktion. Weiterhin können Klappenbewegungen (AV- und SL-Klappen), Gefäß- und Vorhofdurchmesser bestimmt werden.

Zur Analyse der linksventrikulären Funktion wird das Herz im 2D-Bild rechts parasternal in der Längsachse (Abb. 15.16.) oder im Querschnitt (Abb. 15.17.) dargestellt. Die M-Mode-Linie wird so gewählt, daß der Schallstrahl das intraventrikuläre Septum und die linksventrikuläre Hinterwand möglichst senkrecht am Übergang des vorderen Mitralsegels in die Chordae tendineae trifft.

Der maximale diastolische linksventrikuläre Innendurchmesser (EDD) wird bei gleichzeitiger EKG-Registrierung zu Beginn der R-Zacke gemessen. Der endsystolische Innendurchmesser (ESD) entspricht der kürzesten senkrechten Verbindung zwischen Septum und linksventrikulärer Hinterwand.

Die prozentuale systolische Durchmesserverkürzung, auch als Verkürzungsfraktion bzw. fractional shortening (FS) bezeichnet, berechnet man nach der Formel:

$$\%FS = \frac{EDD - ESD}{EDD} \times 100$$

In der gleichen Schnittebene können mit der eindimensionalen Echokardiographie auch die Messungen der linksventrikulären Hinterwanddicke und des intraventrikulären Septums durchgeführt sowie der Herzbeutel beurteilt werden (PIPERS et al. 1981, THOMAS 1984, BONAGURA und HERING 1985a, b, FEIGENBAUM 1986).

15.1.12. Puls, Blutdruck

Entsprechend dem durch die Herzkontraktion ausgeworfenen Blutquantum entsteht die **Pulswelle**, die beim Hund am besten an der A. femoralis zu palpieren ist. Die Amplitude der Pulswelle entspricht dem systolischen Druckanstieg in der Meßarterie. Vor allem während der Narkose und im Schock kann die Zungenarterie zur Beurteilung des Pulses benutzt werden. Die Palpation des Pulses an der A. femoralis kann u. a. durch Adipositas, Hecheln und Zittern erschwert sein. Zu beurteilen sind die Frequenz, der Rhythmus, die Qualität, die Gleichmäßigkeit, die Gefäßfüllung und die Gefäßspannung der Pulsarterie. Der Rhythmus folgt im allgemeinen dem Herzrhythmus im EKG. Frustrane „Kontraktionen" können bei verschiedenen Arrhythmieformen, beispielsweise Extrasystolien und Vorhofflimmern, beobachtet werden. Sie führen zu einem Pulsdefizit. Bei ruhigen Hunden ist die respiratorisch gekoppelte Sinusarrhythmie auch beim Pulsfühlen festzustellen. Die erhöhte Pulsfrequenz kann unter Umständen als Indiz für eine äußerlich kaum erkennbare Aufregung benutzt werden. Pulsbeschleunigungen treten darüber hinaus u. a. bei Herzerkrankungen, Fieber und nach körperlicher Belastung auf. Die Pulswelle sollte von gleichmäßiger Kraft (Qualität) sein, d. h., die einzelnen Schlagvolumina sollen für eine gleichmäßig gute Gefäßfüllung sorgen. Mit der Gefäßfüllung geht in der Regel die Wandspannung konform. Vasokonstriktion und Vasodilatation verändern den Palpationsbefund für die Wandspannung häufig in Abhängigkeit von einem geänderten Füllungsgrad der Gefäße.

Die Farbe der Schleimhäute gilt als Maß für eine gute kapillare Durchblutung und ausreichende Sauerstoffsättigung. Die kapillare Füllungszeit nach kurzer Kompression eines Schleimhautbezirks an der Gingiva beträgt normalerweise 1–2 s.

Blutdruckmessung: Der arterielle Blutdruck kann direkt (blutig) und indirekt (unblutig) gemessen werden.

Für die direkte Meßmethode wird eine Verweilkanüle oder ein Katheter in eine periphere Arterie (A. femoralis) eingeführt. Der Druck wird über ein flüssigkeitsgefülltes Schlauchsystem mit Druckmeßwandlern (Statham-Element) ermittelt. Katheter mit eingebautem Druckmeßfühler an der Katheterspitze sind ebenfalls erhältlich.

Die auskultatorische Meßmethode nach RIVA-ROCCI kann bei Hunden über 15 kg Körpergewicht angewendet werden. Als Meßarterie zum Aufsetzen des Stethoskops wird die A. femoralis an der Hinterextremität bevorzugt. Als Manschetten kommen 2,5–5,0 cm breite Kindermanschetten zur Anwendung.

Verschiedene indirekte Methoden sind beim Hund in den letzten Jahren geprüft worden. Dabei hat sich die Ultraschall-Meßsonde als brauchbarste Meßapparatur erwiesen.

Eine Orientierung, vor allem im Notfall, bietet dem Erfahrenen die **Pulspalpation**. Systolische Drucke von 70 mm Hg sind gerade oder schwach palpabel, Drucke um 50 mm Hg sind nicht mehr palpabel, sie gelten als prognostisch ungünstiges Hypotensionszeichen. Systolische Drucke um 100 mm Hg und darüber lassen sich bei gut gefülltem und gespanntem Gefäß schnell und deutlich ertasten. Derartige Aussagen, z. B. an Schockpatienten, sind nur bei entsprechender Erfahrung und einigen Meßvergleichen an ruhigen oder narkotisierten Hunden möglich. Man sollte sich bewußt sein, daß es sich dabei um grobe Schätzwerte für die oben angegebenen Bereiche handelt.

Aufregung, Unruhe und Muskelzittern beeinträchtigen unter klinischen Untersuchungsbedingungen alle Meßmethoden in Anwendung und Ergebnis. Normalwerte sind daher beim Blutdruck noch problematischer als für die Herzschlagzahlen usw. (DETWEILER und TRAUTVETTER 1980). Bei Hunden, die an die Untersuchungsbedingungen gewöhnt sind, lassen sich Mittelwerte von 148 und 83 mm Hg für den systolischen und diastolischen Druck annehmen (ZAPP 1949). WERNER et al. (1977) nehmen als Normalwerte für den ruhigen, eingewöhnten Hund Werte von 120 ± 10 für den systolischen und 75 ± 10 mm Hg für den diastolischen Blutdruck an. Diese Werte stimmen mit der empirischen Meßpraxis gut überein. Hinsichtlich der Schwankungsbreite sind die Werte verschiedener Untersucher ziemlich unterschiedlich (DETWEILER et al. 1979).

15.2. Erworbene Herzkrankheiten

15.2.1. Herzklappen

Atrioventrikularklappen-Insuffizienz. Die häufigsten erworbenen Herzfehler sind die durch Fibrosierung der AV-Klappen bedingten AV-Klappen-Insuffizienzen. Je nach dem Grad der Schließungsinsuffizienz strömen kleinere oder größere Blutmengen systolisch in die Vorkammern und die einmündenden Venen zurück. Durch die zwischen Ventrikel und Atrium bestehende Druckdifferenz entsteht neben der Volumenbelastung der Atrien eine Druckbelastung, die vor allem auf die Vorkammerwand wirkt. Diese Druck-Volumen-Belastung wird vom Herzen meist lange Zeit kompensiert: Ein adäquates Zeitvolumen (Herzminutenvolumen) kann über eine gesteigerte Herzschlagfrequenz ausgeglichen werden, wodurch der Verlust des zwischen Atrien und Ventrikeln hin- und herströmenden Blutes (Pendelblut) ausgeglichen wird. Die Dauer der Kompensation hängt u. a. ab von der Progredienz der fibrotischen Klappenveränderungen, von der Haltungsart und damit von der Belastung des Hundes, von der Kondition (Adipositas?) sowie von möglichen Begleiterkrankungen.

Ursachen: Die Ursachen (ätiologische Faktoren) für die Entwicklung einer AV-Klappen-Fibrose sind nicht exakt bekannt. Umfangreiche Untersuchungen zu diesem Thema haben gezeigt, daß entzündlich-infektiöse Allgemeinerkrankungen, die bislang häufig als Hauptursache angesehen wurden, für die große Zahl von AV-Klappen-Fibrosen ursächlich kaum in Frage kommen. Nach diesen Untersuchungen der Hannoveraner Schule mögen Störungen im Stoffwechsel des Klappengewebes in Abhängigkeit vom Alter, endokrine Störungen, immunpathologische Prozesse und Streßfaktoren bei der Entstehung der AV-Klappen-Fibrose eine wesentliche Rolle spielen. Alle Untersuchungen zu diesem Thema legen eine multifaktorielle Ätiologie nahe. Histochemisch lassen sich in dem dystrophisch, proliferativ veränderten Klappengewebe saure Mucopolysaccharide nachweisen (SOKKAR und TRAUTWEIN 1970, 1971).

Erkrankungshäufigkeit und Vorkommen: Die AV-Klappen-Fibrose, auch als Klappenendokardiose bezeichnet, tritt bei allen Rassen sowie bei Mischlingen auf; ca. 30% der Hunde über 9 Jahre leiden an den dadurch bedingten AV-Klappen-Insuffizienzen. Der Erkrankungsbeginn, d.h. eine Zunahme in der klinischen Feststellung von systolischen AV-Klappen-Geräuschen, zeigt sich im Alter von 5–8 Jahren. Eine weitere Zunahme ist in der Altersgruppe der 9–12jährigen Hunde festzustellen.

Bei einigen Hunderassen (Cocker-Spaniel, Pudel und Teckel) scheint dieser Herzfehler häufiger vorzukommen, als es dem prozentualen Anteil dieser Rassen an der Hundepopulation oder besser an Klinikpopulationen nach zu vermuten wäre (BUCHANAN 1977). Nach einer klinisch-epidemiologischen Untersuchung von SKRODZKI (1990) zeigen vor allem Teckel, aber auch Cocker-Spaniels, Pudel und Terrier überdurchschnittlich oft Symptome einer AV-Klappen-Insuffizienz.

Klinische Zeichen/Anamnese: Klinische Zeichen für das Versagen der Kompensationsfähigkeit des Herzmuskels, also für eine Stauungsinsuffizienz, entwickeln sich allmählich oder plötzlich im Verlauf einer körperlichen Belastung (z.B. Ausdauertraining neben dem Fahrrad, Jagd). Die objektive Früherkennung einer beginnenden Herzinsuffizienz ist beim Hund schwierig und der optimale Zeitpunkt für den Therapiebeginn nicht leicht zu bestimmen.

Leichte Ermüdbarkeit oder Nachlassen der körperlichen Leistungsfähigkeit, vor allem bei trainierten Schutz- und Gebrauchshunden, sind zwar unspezifische, aber häufige Anzeichen einer beginnenden Herzinsuffizienz. Nicht selten gewöhnen sich Besitzer an eine nachlassende Belastbarkeit ihrer Hunde. Nächtliche Unruhe, Dyspnoe und Husten sind dann meist die ersten Symptome, die zum Tierarzt führen. Aszitesbildung und Ödeme an der Unterbrust und an den Extremitäten sind weitere, späte Zeichen, die zum Bild der Stauungsinsuffizienz gehören.

Diagnose: Auskultatorisch sind bei Insuffizienzen der AV-Klappen systolische Herzgeräusche unterschiedlicher Intensität festzustellen. Geräusche der Bikuspidalklappe (Mitralis) sind am deutlichsten an der linken seitlichen Brustwand, Geräusche der Trikuspidalklappe an der rechten seitlichen Brustwand zu hören. Gelegentlich können auch sehr laute AV-Klappen-Geräusche ein Schwirren an der linken seitlichen Brustwand verursachen.

Im *EKG* lassen sich keine vitientypischen Veränderungen erkennen. Tiefe Q-Zacken und hohe bzw. breite P-Zacken werden ziemlich häufig beobachtet. Überleitungsstörungen und Arrhythmien können in späten Stadien hinzukommen. Vor allem bei großen Hunden treten Vorhofextrasystolen und Vorhofflimmern im Endstadium der AV-Klappen-Insuffizienz auf.

Röntgen: Im Röntgenbild lassen sich dagegen vor allem bei den Bikuspidalklappen-Insuffizienzen bei Aufnahmen im seitlichen Strahlengang typische Veränderungen nachweisen. Die dorsokaudal im Herzschatten gelegene linke Vorkammer vergrößert sich allmählich. Durch die Vergrößerung wird die Trachea mit der Bifurkation angehoben. Bei schweren Fällen mit hochgradigen Dilatationen des linken Atriums liegt die Trachea schließlich dicht unterhalb der Wirbelsäule, die beiden Stammbronchien werden auseinandergedrängt und sind deutlich sichtbar (Abb. 15.18.).

Die Entwicklung der verschiedenen Formen des Blut- und Flüssigkeitsrückstaus in der Lunge läßt sich mit Hilfe von Röntgenaufnahmen des Thorax ebenfalls gut verfolgen. Zunächst markieren sich die gestauten Blutgefäße deutlicher als normal. Danach kommt es zu streifigen Verschattungen, die vornehmlich im Bereich der beiden Zwerchfellappen infolge eines interstitiellen Ödems entstehen. Schließlich kommt es über fleckförmige Verschattungen durch Bildung eines alveolären Ödems zu einer diffusen Verschattung der gesamten Lungenfläche durch Konfluieren einzelner fleckförmiger Schatten. Kleinfleckige Verschattungen – vor allem im Spitzenlappengebiet – lassen an eine Sekundärinfektion der ungenügend beatmeten Lunge denken. In fortgeschrittenen Stadien können sich Ergüsse im Abdomen, im Perikard und im Thorax bilden. Dadurch kommt es zur Vergrößerung der Herzsilhouette und bei Röntgenaufnahmen in Seitenlage zu diffusen Verschattungen im Bereich der großen Körperhöhlen. Bei Aufnahmen am stehenden Tier sind Spiegelbildungen im Thorax und im Abdomen zu erkennen. Geringere Flüssigkeitsmengen können sich im Thorax in Form des sog. interlobären Ergusses zeigen, dabei ziehen sich scharfkonturierte Schattenlinien zwischen die einzelnen Lungenlappen. Trikuspidalklappen-Insuffizienzen führen zur Dilatation des rechten Atriums, wobei in schweren Fällen eine Ausbuchtung der Herzsilhouette nach kranial zu beobachten ist. Eine Zunahme im Durchmesser und in der Dichte des Röntgenschattens der Vena cava caudalis sind dagegen regelmäßig zu verzeichnen.

Mit zunehmender Herzinsuffizienz kommt es vornehmlich bei den kombinierten AV-Klappen-Fibrosen zur generalisierten Herzvergrößerung mit Beteiligung aller Herzabschnitte. Auch isolierte Mitralklappeninsuffizienzen können durch die Erhöhung des Lungenwiderstandes zur generalisierten Herzvergrößerung und zu Stauungserscheinungen im großen Kreislauf führen.

Echokardiographisch sind die Fibrosen der Mitralis (Abb. 15.19.) bzw. der Trikuspidalis anhand ungleichmäßig verdickter Klappenechos nachweisbar. Eine Quantifizierung der Regurgi-

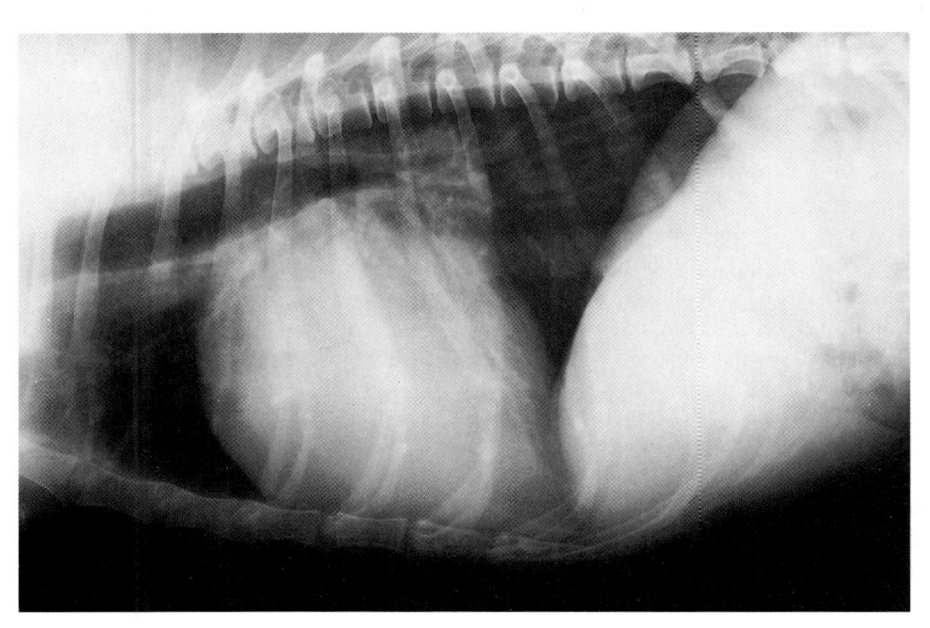

Abb. 15.18. Generalisierte Herzvergrößerung bei AV-Klappen-Insuffizienz mit besonderer Beteiligung des linken Atriums (Rauhhaarteckel, ♂, 9 J.). Die Trachea ist maximal angehoben, die Stammbronchien sind gegeneinander verschoben. Die Vena cava caudalis ist gestaut und verbreitert.

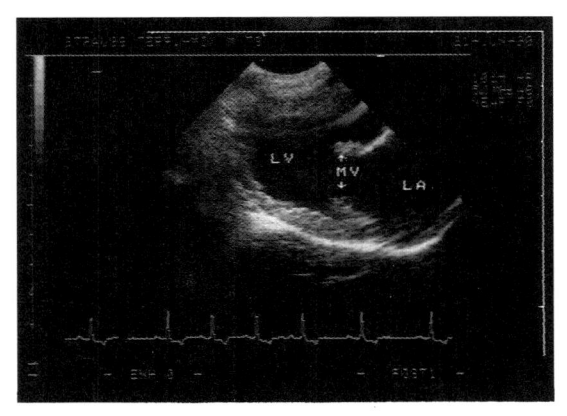

Abb. 15.19. Mitralklappenfibrose.
In rechts parasternaler Längsachsendarstellung sind die hochgradig verdickten Mitralklappensegel (→MV←) und das deutlich vergrößerte linke Atrium (LA) mit dilatiertem linkem Ventrikel (LV) erkennbar (Terrier-Bastard, ♂, 12 J.).

tation bei einer AV-Insuffizienz ist dagegen weder mit der eindimensionalen noch mit der zweidimensionalen Technik möglich. Dagegen sind die in ihrer Ausprägung sehr variablen Sekundärerscheinungen gut zu erkennen. Hierzu gehören die Dilatation und Wanddickenveränderungen der Atrien bzw. Ventrikel, abnorme Septumbewegungen oder Flatterbewegungen der AV-Klappen während der Systole. Aus therapeutischer Sicht ist die Beurteilung der ventrikulären Funktion besonders wichtig. Ein Maß hierfür ist die Verkürzungsfraktion, die bei reinen AV-Insuffizienzen meist im Bereich der Norm, oft sogar darüber liegt. Eine subnormale Verkürzungsfraktion muß als Zeichen einer myogenen Insuffizienz mit den entsprechenden therapeutischen Konsequenzen gewertet werden. Infolge einer AV-Insuffizienz kann es zur Ruptur eines oder mehrerer Chordae tendineae kommen, die am besten im parasternalen Längsschnitt oder im Vierkammerblick nachweisbar ist. Diastolisch ist eine unregelmäßige Klappensegelbewegung, systolisch der Klappenprolaps in das entsprechende Atrium zu sehen.

Herzkatheterismus: Angiokardiogramme mit Plazierung des Katheters im linken Ventrikel können vor allem zu Lehrzwecken oder in Zweifelsfällen den ständigen Rückstrom von Blut aus dem linken Ventrikel in das linke Atrium demonstrieren (Abb. 15.20.). Videoaufnahmen oder Cineangiokardiographien erlauben eine durchgehende Beobachtung der Herzfunktion und sind daher besonders anschaulich.

Therapie: Eine kausale Therapie der AV-Klappen-Fibrose ist wie bei den meisten anderen Herzkrankheiten des Hundes nicht möglich. Dagegen kann durch Digitalisierung die Kontraktionskraft des Herzmuskels positiv beeinflußt und so auf medikamentösem Wege eine Rekompensation erreicht werden. Ist ein Herzfehler, wie z.B. eine AV-Klappen-Insuffizienz, längere Zeit bekannt, stellt sich die Frage, ob die Therapie erst mit dem Auftreten von Symptomen der Stauungsinsuffizienz einsetzen soll oder evtl. früher, beispielsweise, wenn bei Röntgenaufnahmen eine Herzvergrößerung und Gefäßstauung festgestellt werden. Eine generelle Antwort ist hier kaum möglich, Haltungsart und Besitzermentalität müssen dabei berücksichtigt werden. Wesentlich ist, daß eine begonnene Digitalisbehandlung konsequent durchgeführt wird und nur therapeutisch wirksame Dosen zur Anwendung gelangen. Jede Digitalisierung ist ein Behandlungsversuch und bedarf der klinischen Kontrolle. Ob und wie lange Diuretika eingesetzt werden, hängt vom Ausmaß der Flüssigkeitsretention bzw. von der Suffizienz der Digitalisierung ab. Theophyllin kann die Pumpkraft positiv beeinflussen und die Diurese verstärken.

Alle leichten Formen der Herzinsuffizienz können zunächst mit Ruhe und einer natriumarmen

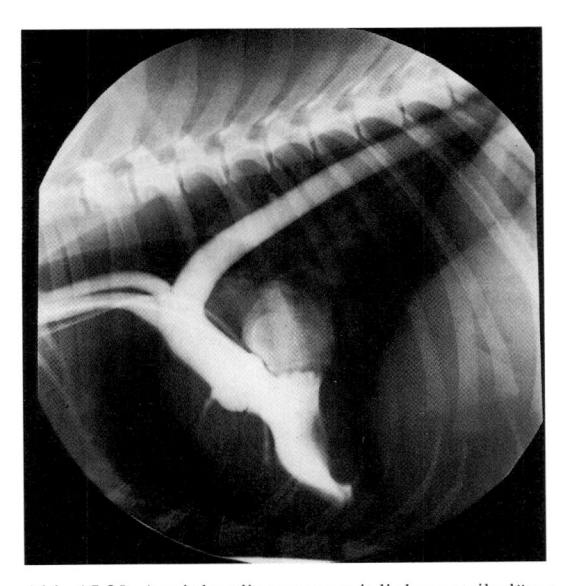

Abb. 15.20. Angiokardiogramm mit linksventrikulärer Katheterlage und Injektion (Lävogramm; Schnauzerbastard, ♂, 7 J.). Regurgitation von kontrastmittelvermischtem Blut über die schlußunfähige Mitralklappe. Leichte Vergrößerung des linken Atriums. Herzsilhouette noch im Bereich der Norm.

Diät gebessert werden (s. Kapitel 5.). Da die meisten Hunde und Besitzer dazu tendieren, nach eingetretener Besserung wieder zu vorherigen Gewohnheiten zurückzukehren, ist der Erfolg in der Regel nur vorübergehend. Zur Unterstützung der medikamentösen Behandlung sollte aber auf diätetische Maßnahmen und eine eingeschränkte Belastung geachtet werden. Wie bereits erwähnt, besteht jede Digitalisierung in dem Versuch, einen therapeutischen Effekt – eine therapeutisch wirksame Dosis – ohne toxische Nebenwirkungen zu finden. Generell ist Digoxin bei allen Herzinsuffizienzen mit hohen Herzschlagzahlen oder mit tachykarden Arrhythmien indiziert.

Bakterielle Endokarditis. Die sichere Diagnose einer akuten, bakteriell bedingten Endokarditis ist beim Hund schwierig. Die Symptome sind wie bei den Myokarditiden eher allgemeiner Natur. Schwäche, Apathie, die Unfähigkeit zu laufen oder unklare Lahmheiten können ebenso wie febrile Temperaturen, Dyspnoe und Arrhythmien beobachtet werden. Die Rhythmusstörungen können zu Synkopen führen. Thromboembolien in den Extremitäten entstehen durch proliferatives Gewebe, das vom Endokard bzw. von den Herzklappen abgesprengt wird und in distale Gefäßabschnitte gelangt. Die wechselnden Lahmheiten sind die Folge dieser Gefäßverschlüsse. Klinisch können sie den Charakter von Paresen haben (Überköten!).

Wegen der Zellproliferationen wird diese Endokarditisform auch als vegetative oder Thrombendokarditis bezeichnet. Tonsilitiden, Stomatitiden, Bronchopneumonien, Prostatitiden, Endometritiden, Polyarthritiden und Analbeutelentzündungen können die Basis für eine endokardiale Manifestation der Infektion sein (TRAUTWEIN et al. 1973). Hämolysierende Streptokokken, Staphylokokken, *Pseudomonas*, *Escherichia coli* u. a. sind bei bakteriellen Endokarditiden nachgewiesen worden.

Die Verdachtsdiagnose infektiöse Endokarditis gründet sich auf die klinischen Symptome, eventuelle EKG-Veränderungen, das Auftreten von Klappengeräuschen, röntgenologisch faßbare Gestaltänderungen des Herzens bzw. veränderte Schattendichte der Lunge und auf den Erregernachweis in einer Blutkultur. Exazerbationen alter Klappenfehler können die Diagnose wegen des bereits vorher bekannten Auskultationsbefundes erschweren. Solche wiederaufflackernde oder aufgepfropfte Infektionen können z.B. bei Urämien oder nach chirurgischen Eingriffen auftreten. Nach den Untersuchungen von ERNST et al. (1973) treten die meisten pathologisch-anatomisch als Endokarditis diagnostizierten Klappenveränderungen auf der Grundlage einer bereits bestehenden Endokardiose auf. Besonders mit Hilfe der 2D-Echokardiographie können Vegetationen in Form von Mehrfachechos an den Herz- und Gefäßklappen nachgewiesen werden, wobei die Darstellung an der Aortenklappe meist einfach ist. Bei AV-Klappen-Endokarditiden können bezüglich der differentialdiagnostischen Abgrenzung gegenüber der chronischen AV-Fibrose Schwierigkeiten auftreten. Da sich beide Klappenerkrankungen im Ultraschallbild gleich darstellen können, ist eine Abgrenzung nur aufgrund der unterschiedlichen klinischen Symptomatik möglich.

Bis zum Erregernachweis mit Antibiogramm ist Ampicillin in hohen Dosen für antibiotische Therapie am besten geeignet. Negative Blutkulturen schließen eine bakterielle Endokarditis nicht aus. Antipyretika und Analgetika können zusammen mit Schonung des Patienten (Käfigruhe) verordnet werden. Eine evtl. erforderliche antiarrhythmische Behandlung (s. S. 404) sollte der registrierten Rhythmusstörung entsprechen.

Relative AV-Klappen-Insuffizienz. BRASS (1972) hat in einer Foxhound-Meute eine größere Zahl von Hunden mit relativen (extravalvulären, funktionellen) AV-Klappen-Insuffizienzen beobachtet. Anzeichen einer Stauungsinsuffizienz traten nur im Verlauf ungewöhnlicher Belastungen auf. Systolische Herzgeräusche zwischen Grad 1 und 3 wurden auskultiert. In einigen Fällen ließen sich röntgenologisch Linksherzvergrößerungen diagnostizieren. Pathologisch-anatomisch zeigten die schlußunfähigen AV-Klappen keine Fibrosen, das relative Herzgewicht der betroffenen Foxhounds lag deutlich oberhalb der Norm. Ähnliche Klappeninsuffizienzen treten bei Kardiomyopathien sowie bei Pulmonal- oder Aortenstenosen infolge hoher Ventrikeldrucke und allmählicher Erweiterung des Klappenringes auf.

15.2.2. Myokard

Kardiomyopathien. Das Myokard als Gewebe mit den höchsten funktionsbedingten Ansprüchen ist ebenso leistungs- wie widerstandsfähig. Es erkrankt im Verhältnis zu seiner Beanspruchung relativ selten. Verschlußkrankheiten der großen

Koronararterien infolge ausgedehnter atherosklerotischer Prozesse treten beim Hund im Gegensatz zum Menschen kaum auf. Schädigungen des Myokards durch intramurale Gefäßveränderungen kommen jedoch vor.

Umstritten wie der Begriff Kardiomyopathie (Myokardiopathie, Myokardschaden, Myokarditis, Myokardiose, Myodegeneration) sind vor allem die Einteilung und pathophysiologische Unterscheidung der verschiedenen Formen der Kardiomyopathie. Im Hinblick auf die Entstehungsursache werden von einigen Autoren primäre und sekundäre Kardiomyopathien unterschieden, also Schädigungen des Myokards, die zuerst und vor allem den Herzmuskel betreffen, und andere Kardiomyopathien, die zusammen mit anderen Krankheiten oder Intoxikationen bzw. als deren Folge auftreten. Andererseits kann man Kardiomyopathien nach ihrem morphologisch-pathophysiologischen Erscheinungsbild in eine dilatative, eine hypertrophe und eine restriktiv-konstriktive oder obliterative Form unterteilen. Vor allem die dilatative Form, die vorwiegend bei Riesenrassen und großen Hunden vorkommt, wird auch als kongestive Form bezeichnet. Kongestionen, d. h. also Stauungsinsuffizienzen, können aber letztendlich bei jeder anderen Form im Finalstadium vorkommen. Die dilatative, u. a. auch als idiopathische Form bezeichnete Kardiomyopathie kommt beim Hund am häufigsten vor. Auch die hypertrophe Kardiomyopathie mit hauptsächlicher Beteiligung des interventrikulären Septums ist beim Hund beschrieben (LIU et al. 1979). Inwieweit Übergänge zwischen diesen beiden Erscheinungsformen bestehen und ob sich aus einer (latent?) hypertrophen Form eine kongestiv-dilatative Kardiomyopathie entwickeln kann, muß zur Zeit als ungeklärt angesehen werden.

Weitere systematische klinische und pathologisch-anatomische Untersuchungen sind notwendig, um diese z. B. für Mensch und Katze gültige Einteilung auch für den Hund als verläßlich anerkennen zu können. Vor allem echokardiographische und angiokardiographische Untersuchungen sind erforderlich, um dem Morphologen die nötigen Informationen im Hinblick auf eine gezielte postmortale Befundsammlung zu geben.

Die restriktiv-konstriktive, obliterative Kardiomyopathie, z. B. in Gestalt der endokardialen Fibroelastose, ist beim Hund extrem selten. Fälle mit konstriktiver Perikarditis, bei denen nach Resektion des Perikards eine Epikardiomyokarditis weiter fortschreitet, dürften klinisch nahezu identische Krankheitsbilder produzieren, die ohne ausreichende Anamnese schwer gegen eine restriktiv-konstriktive Kardiomyopathie abzugrenzen sind.

Im folgenden werden die klinischen Befunde bei diagnostisch nicht näher abzugrenzenden „idiopathischen" Kardiomyopathien wiedergegeben. Überwiegend dürfte es sich dabei um kongestiv-dilatative Formen handeln.

Anamnese: Im Vorbericht werden am häufigsten leichte Ermüdbarkeit, vermindertes Leistungsvermögen, nächtliche Unruhe, Dyspnoe, Zunahme des Bauchumfangs und synkopale Anfälle erwähnt. Nicht selten tritt eine plötzliche Zustandsverschlechterung der bis dahin unbemerkten oder unterschätzten Herzerkrankung ein. Physische Belastungen und hohe Temperaturen bzw. Luftfeuchtigkeit mögen dabei prädisponierend wirken. Erklärungen des Tierarztes, daß es sich bei diesen kollapsähnlichen Verschlechterungen infolge zunehmender Dekompensation um das Endstadium einer wahrscheinlich lange bestehenden Krankheit handelt, werden vom Tierbesitzer häufig ungläubig aufgenommen. Betroffene Tiere können alle Symptome der generalisierten Herzinsuffizienz zeigen. Typische Anzeichen für ein Rechtsherzversagen wie Ödembildung und Aszites kommen vor, wobei die Lungenstauung und der daraus resultierende Husten klinisch nicht im Vordergrund stehen und bis zur finalen Verschlechterung seltener vorkommen, während Rhythmusstörungen fast regelmäßig zu beobachten sind und bereits lange vor dem Auftreten massiver stauungsbedingter Krankheitserscheinungen das Krankheitsbild prägen.

Auskultation: Auskultatorisch dominieren Tachykardien mit verschiedenen Arrhythmieformen. Relativ häufig ist die absolute Arrhythmie. Systolische Geräusche, verursacht durch eine koinzidierende AV-Klappen-Fibrose oder funktionelle Klappeninsuffizienz, sind wegen der hohen Schlagfrequenzen schwer wahrzunehmen.

EKG: Im EKG dominieren Tachyarrhythmien sowie ventrikuläre Extrasystolen in Serien bis zu längeren Paroxysmen. Ventrikuläre Extrasystolen bis zum Kammerflattern und Vorhofflimmern sind am häufigsten zu finden. Oft gehen bei länger beobachteten Patienten dem Vorhofflimmern Vorhofextrasystolen und supraventrikuläre Paroxysmen voraus, die zu einem sehr unregelmäßigen Kurvenbild führen. Bradykarde Rhythmusstörungen sind dagegen seltener. Außerdem sind

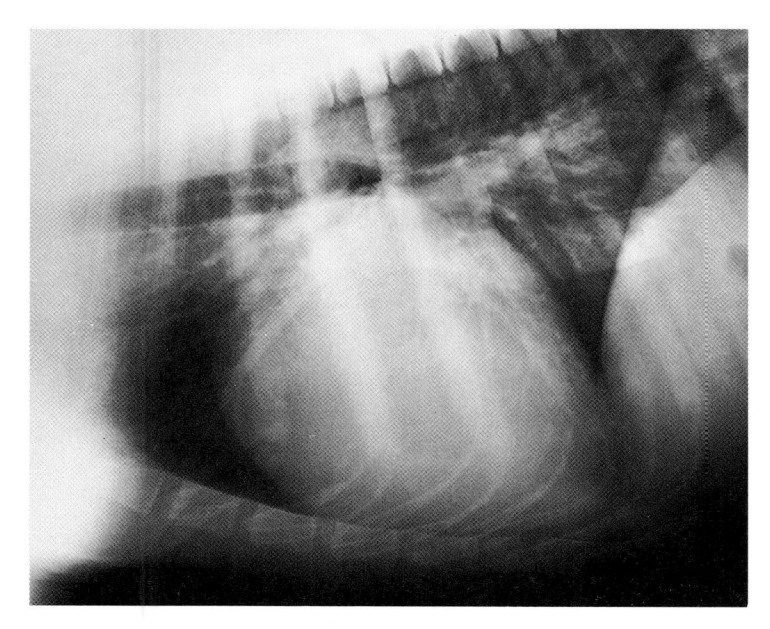

Abb. 15.21. Kongestiv-dilatative (idiopathische) Kardiomyopathie (Dogge, ♂, 2 J.); generalisierte Herzvergrößerung, Lungenstauung. Außerdem: Hydrops ascites, Vorhofflimmern.

Erregungsausbreitungsstörungen und mitunter Niedervoltagen zu beobachten. Die niedrigen Amplituden können auch ohne perikardialen, thorakalen oder abdominalen Erguß auftreten.

Röntgen: Röntgenologisch imponiert die Herzvergrößerung. Auch in Frühstadien der Erkrankung ohne deutliche klinische Symptome kann die Herzsilhouette im Röntgenbild bereits erheblich vergrößert sein. Als Folge der funktionellen AV-Klappen-Insuffizienz kommt es zur Dilatation der Vorhöfe. Dementsprechend können im Spätstadium Stauungserscheinungen vor allem im dorso-kaudalen Lungenfeld bis zum alveolären Ödem auftreten. Die Vena cava caudalis ist ebenfalls gestaut (Abb. 15.21.).

Echokardiographisch lassen sich die verschiedenen Formen einer Kardiomyopathie gut voneinander differenzieren. Der Schweregrad der Herzmuskelerkrankung ist zu bestimmen, der

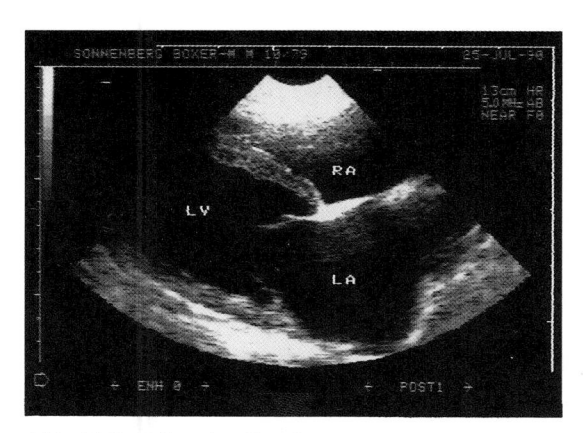

Abb. 15.22. Dilatative Kardiomyopathie. Längsachsendarstellung; im zweidimensionalen Bild ist die ausgeprägte Dilatation des linken Ventrikels (LV) und linken Atriums (LA) bei unveränderter Mitralklappe sichtbar (Boxer, ♂, 11 J.).

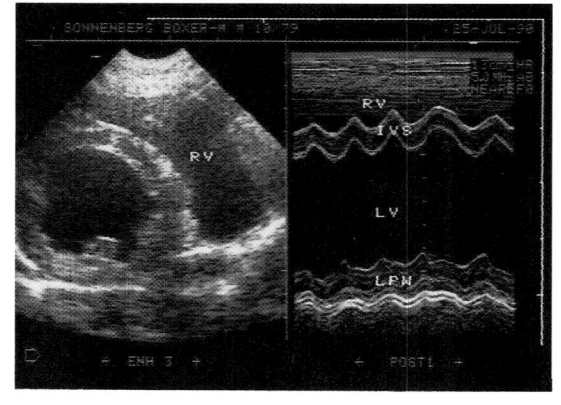

Abb. 15.23. Dilatative Kardiomyopathie. Querachsendarstellung; das intraventrikuläre Septum (IVS) und die linksventrikuläre Hinterwand (LPW) sind auffällig dünn, der dilatierte linke Ventrikel (LV) ist sowohl im M-Mode als auch im 2D-Bild sichtbar. Die Hypokinesie, besonders der linksventrikulären Hinterwand, ist im M-Mode-Echokardiogramm dargestellt. Das Septum (IVS) läßt eine etwas bessere Kontraktilität erkennen (Boxer, ♂, 11 J.).

eventuelle Therapieerfolg zu kontrollieren und eine exaktere Prognose zu stellen. Die dilatative Kardiomyopathie ist durch ein weites Kammerlumen mit schmalem Septum und dünnen Ventrikelwänden charakterisiert (Abb. 15.22.). Auch alle übrigen Herzhöhlen können dilatiert sein. Sowohl im M-Mode als auch im 2D-Bild (Abb. 15.23.) kann der in seiner Kontraktilität mehr oder weniger deutlich reduzierte Ventrikel (Hypokinesie) dargestellt werden. Die quantitative Analyse der linksventrikulären Funktion ergibt einen subnormalen Wert für die Verkürzungsfraktion. Wiederholte Messungen sind therapeutisch und prognostisch äußerst hilfreich.

Therapie: Die therapeutischen Maßnahmen richten sich nach den dominierenden Krankheitssymptomen. Die Digitalisierung ist in der Regel zweckmäßig (s. S. 398 f.). Eventuell werden Diuretika eingesetzt. Falls notwendig, müssen auch antiarrhythmische Medikamente zur Anwendung kommen. Eine ergänzende Vasodilatatorentherapie ist möglich.

Die sog. idiopathische oder auch kongestivdilatative Kardiomyopathie, die vor allem bei großen und übergroßen Hunden vorkommt, wird meist bei Tieren mittleren Alters klinisch manifest. In unserer Klinikpopulation sind Doggen, Riesenschnauzer, Bernhardiner (und verwandte Rassen), Rottweiler, Boxer, Schäferhunde und große Bastarde von dieser Herzmuskelerkrankung am häufigsten betroffen. Diese Herzkrankheit beeinträchtigt die durchschnittliche Lebenserwartung der betroffenen Einzeltiere und Rassen erheblich. Dieselbe Kardiomyopathie mag auch bei weniger großen Hunden vorkommen (z. B. Setter, Afghanen, Vorstehhunde und große Pudel bzw. Terrier); bei diesen Tieren ist die Unterscheidung von anderen Formen der Herzmuskelerkrankung noch schwieriger und unsicherer.

Die Diagnose „idiopathische" dilatative Kardiomyopathie stützt sich beim Fehlen anderer Krankheitsursachen vor allem auf die Tatsache, daß Angehörige der erwähnten Rassen überproportional häufig an primär myokardial bedingten Herzinsuffizienzen erkranken, deren Ätiologie bisher unklar ist.

Dagegen ist die hypertrophe Kardiomyopathie echokardiographisch durch eine meist symmetrische Verdickung des Kammerseptums und der linksventrikulären Hinterwand gekennzeichnet. In manchen Fällen bildet sich subaortal ein septaler Muskelwulst, der zur Einengung des Ausflußtraktes führt. Das Cavum des linken Ventrikels ist bei gesteigerter Bewegung (Hyperkinesie) der Kammerwände verkleinert.

Thallium-Myokardiopathie: Das zu den Schwermetallen gehörende Thallium wird auch heute noch als Rodentizid benutzt. Seine Verwendung in Fraßködern unterliegt offenbar erheblichen regionalen Unterschieden. Im Berliner Raum kommen Thalliumvergiftungen bei kleinen Haustieren relativ häufig vor. Das klinische Bild der Thalliumvergiftung ist außerordentlich vielfältig (s. Kapitel 28.). Die häufigsten Symptome sind Inappetenz, Vomitus, Obstipation, Meteorismus, abdominale Schmerzen, Exsikkose und ekzematöse Hautveränderungen. Organschäden sind hauptsächlich an Herz, Lunge, Niere und Leber zu beobachten (SCHWARTZ-PORSCHE 1969). Vor allem bei den protrahiert verlaufenden Intoxikationen lassen sich Toxinwirkungen auf den Herzmuskel nachweisen. Erregungsunabhängige Tachykardien werden am häufigsten registriert. Danach können Überleitungsstörungen und Arrhythmien entstehen, die fast das gesamte Spektrum solcher Störungen des Herzschlagrhythmus umfassen. So konnten wir bei einem Patienten im Verlauf von mehreren Wochen 9 verschiedene Formen brady- und tachykarder Arrhythmien nachweisen. Bei einem anderen Hund entwickelte sich innerhalb von 6–12 Monaten nach der Giftaufnahme eine Kardiomegalie, die schließlich zum tachykarden Vorhofflimmern und zur Herzinsuffizienz führte.

Während in der akuten Phase der Intoxikation der Flüssigkeitsersatz sowie eine eventuelle Gabe von Berliner Blau (Antidotum Thallii) und Aktivkohle im Vordergrund der therapeutischen Bemühungen stehen (s. Tabelle 28.2.), sollte im weiteren Verlauf der Erkrankung auf eine mögliche Kardiopathie geachtet werden. Nötigenfalls muß eine Behandlung der Arrhythmien sowie der kongestiv-myogenen Herzinsuffizienzen erfolgen (s. S. 404 f.).

Myokarditis: Spezifische (Virus-) Myokarditiden, wie sie z. B. beim Menschen und beim Schwein lange bekannt sind, kamen bis vor einigen Jahren in Mitteleuropa kaum vor. Bakterielle oder virale Begleitinfektionen des Myokards sind jedoch immer möglich. Die klinische Diagnose Herzmuskelentzündung stützt sich bei vorher herzgesunden Hunden elektrokardiographisch auf das Vorhandensein von Rhythmusstörungen, ST-Senkungen (Progredienz der ST-Veränderungen kontrollieren!) und Erregungsausbreitungsstörungen. Im Röntgenbild kann die Herzsilhouette normal sein oder eine Kardiomegalie mit oder ohne Stauungserscheinungen in der Lunge beobachtet werden.

Die allgemeinen klinischen Symptome sind sehr unspezifisch: Schwäche, Mattigkeit, Unvermögen zu laufen, Fieber sowie Stauung und arrhythmiebedingte Ausfallerscheinungen können auftreten.

Seit der weltweiten Ausbreitung der Parvovirusinfektion sind vor allem bei Saugwelpen tödlich verlaufende Myokarditisfälle beschrieben worden (BESTETTI et al. 1979, JEZYK et al. 1979). Darüber hinaus muß auch bei älteren Welpen und bei Junghunden, die eine Parvovirusinfektion durchmachen oder überstanden haben bzw. latent infiziert sind, mit virusbedingten Myokarditiden oder daraus entstehenden bzw. sich daran anschließenden Kardiomyopathien gerechnet werden (v. SANDERSLEBEN und KRIEGLEDER 1979, CIMPRICH et al. 1981). Anzeichen einer kardiopulmonalen Erkrankung oder Insuffizienz bei Welpen und Junghunden mit parvovirusverdächtigen Erkrankungen sollten in jedem Fall Anlaß zu elektrokardiographischen und röntgenologischen Untersuchungen sein. Ein Hämagglutinationshemmungstest auf Parvoviren ist durchzuführen. Über die klinischen Anzeichen und den Verlauf einer eventuellen kardiopulmonalen Komplikation bei der gastrointestinalen Form der caninen Parvovirose hat BAATZ (1989) eine zusammenfassende Studie vorgelegt.

Eine kausale *Therapie* ist nicht möglich. Neben der symptomatischen Behandlung der eventuellen Virusinfektion (gastrointestinale Symptomatik, Kaliumverlust) gelten bei den chronischen Kardiomyopathieformen alle Regeln der Herzinsuffizienz-Behandlung (s. S. 398 ff.). Die vorsorgliche Immunisierung der Zuchthündinnen und Welpen bietet den besten Schutz auch gegen diese Form oder Komplikation der Parvovirusinfektion (s. Kapitel 27.).

Neoblastome. Abgesehen von Hämangiosarkonen im rechten Vorhof (s. Perikard) sind Neubildungen im Herzmuskel selten. Eine Metastasierung in den Herzmuskel kann dagegen gelegentlich beobachtet werden. Desgleichen treten Infiltrate von Leukosen oder anderen multiplen Neoplasmen auf.

Herzbasistumoren führen zu Stauungserscheinungen durch Kompression auf die großen Gefäße oder die Vorhöfe und zu Perikardergüssen. Versprengte Thyreoidea- und Parathyreoidea-Anlagen einerseits sowie Chemorezeptoren der Adventitia des arteriellen Truncus andererseits stellen ungefähr gleich häufig das Ausgangsgewebe für diese Neoblastome dar.

Extrasystolen multifokalen Ursprungs und in Form der fixen Kopplung werden gelegentlich bei EKG-Registrierungen beobachtet.

15.2.3. Perikard

Verschiedene Erkrankungen des Perikards bzw. innerhalb des von ihm umschlossenen Raumes führen zur Bildung eines Ergusses in der Perikardhöhle. Eine erhebliche Vermehrung der Perikardflüssigkeit verursacht eine Dämpfung der Herztöne, eine Niedervoltage im EKG und eine häufig als kürbisförmig bezeichnete Herzvergrößerung im Röntgenbild (Abb. 15.24.). In der Diagnostik besonders geringfügiger Perikardergüsse ist die Echokardiographie allen übrigen Untersuchungstechniken überlegen. Der Erguß ist als echofreier bzw. echoarmer Raum zwischen der links- bzw. rechtsventrikulären Wand und dem Perikard dargestellt (Abb. 15.25.). Im bewegten Bild ist besonders bei größeren Flüssigkeitsmengen das „schwingende" Herz zu erkennen. Eine Differenzierung der unterschiedlichen Ursachen ist jedoch sonographisch seltener möglich (TRAUTVETTER und BOB 1986). Durch die Behinderung des venösen Rückflusses und der Pumparbeit des Herzens steigt der zentrale Venendruck, als Folge können Ergüsse in den Körperhöhlen und periphere Ödeme auftreten. Aufschluß über die Farbe und Beschaffenheit der Ergußflüssigkeit erhält man durch eine Probepunktion. Sie erlaubt labordiagnostische Untersuchungen der gewonnenen Flüssigkeit. Das Herz wird durch die Entfernung der Flüssigkeit entlastet.

Perikarditis. Sie kann als sog. „benigne Form" (DETWEILER et al. 1979) und als konstriktive Form auftreten. Bei der letzteren gehen die entzündlichen Veränderungen auf das Epi- und Myokard über. Die Kontraktionsfähigkeit des Herzens wird bei der konstriktiven Perikarditis – außer durch den Erguß – hauptsächlich durch die extreme Verdickung des Perikards und die fibrotische Umwandlung des Epikards beeinträchtigt. Die Ergußflüssigkeit ist in beiden Fällen dunkel- bis braunrot. Die Ursachen für beide Formen sind unklar, verschiedentlich konnten Mikroorganismen aus Perikardergüssen isoliert werden, deren ätiologische Bedeutung nicht sicher ist. Häufig

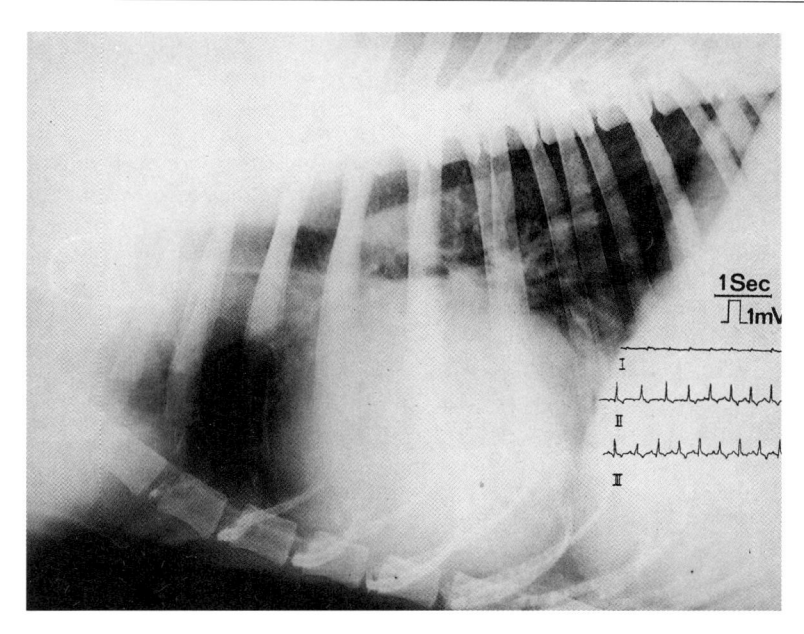

Abb. 15.24. Perikarderguß bei Perikarditis; runde, dorsal abgeflachte, „kürbisförmige" Herzsilhouette, breite V. cava caudalis (Deutscher Schäferhund, ♂, 6 J.). Über dem Leberschatten die EKG-Abl. I, II und III, ausgeprägte Niedervoltage; R.-Amplitude in II = 0,7 mV.

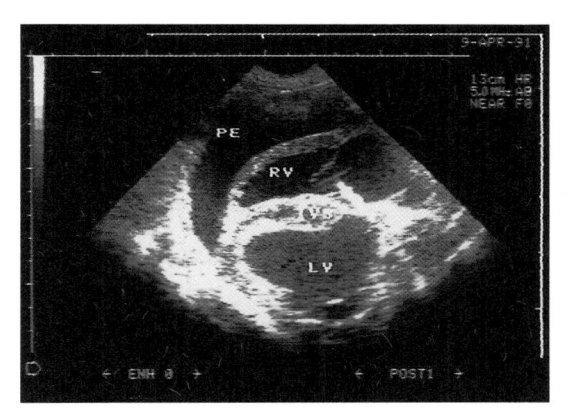

Abb. 15.25. Benigne Perikarditis (Deutscher Schäferhund, ♂, 4 J.). Linksparasternale Längsachsendarstellung des Herzens. Der Perikarderguß (PE) stellt sich als echofreier Raum dar. Linker (LV) und rechter Ventrikel (RV) sowie das intraventrikuläre Septum (IVS) sind sichtbar.

sind die Ergüsse steril. Infektionskrankheiten (Staupe, Leptospirose usw.) wurden und werden als Grundkrankheit im Zusammenhang mit Perikarditiden erwähnt. Ein kausaler Zusammenhang ist jedoch nach unserer Erfahrung im Einzelfall kaum erkennbar. Möglicherweise handelt es sich vor allem bei den sog. benignen Formen um mild verlaufende Myo-Perikardiopathien, als deren Ursache Viruserkrankungen in Frage kommen.

Wird eine Perikarditis als Ursache für einen Perikarderguß erkannt, kann allein durch die mehrmalige Perikardiozentese der Prozeß ausheilen. Werden Keime aus dem Erguß isoliert, ist eine zusätzliche Antibiotikabehandlung möglich. Auch die alleinige Behandlung mit Digoxin und Diuretika (s. S. 398 f.) bringt in der Regel Besserung oder führt sogar zu Remission. Die besten und dauerhaftesten Erfolge lassen sich mit der halbseitigen Entfernung des Perikards erzielen. Dies gilt insbesondere auch für die konstriktive Form, wenn die entzündlichen Veränderungen noch nicht zu stark auf das Epi- und Myokard übergegriffen haben. Neben der Resektion sorgt auch die Fenestration des Perikards für den Abfluß und Abtransport der Ergußflüssigkeit. Die Fenestration birgt jedoch die Gefahr der Divertikelbildung durch Einstülpung des Herzens in das Perikardfenster.

Stauungsbedingte Perikardergüsse. Sie sind meist wäßrig, bernsteinfarben und nur gelegentlich leicht rötlich. Sie unterscheiden sich damit makroskopisch erheblich von der Ergußbeschaffenheit bei Perikarditiden. Neben einer eventuellen Entlastungspunktion im akuten Stadium werden stauungsbedingte Perikardergüsse zusammen mit den übrigen Stauungserscheinungen durch Glykoside und Diuretika behandelt (s. Kapitel 15.2.4.).

Neoblastome. Perikardergüsse, die durch Neoblastome verursacht werden, sind in der Regel stärker bluthaltig als Stauungsergüsse. Bei Blutungen aus Hämangiosarkomen kann die „Ergußflüssigkeit" aus mehr oder weniger reinem

Blut bestehen. Eine zytologische Untersuchung des Punktatsediments kann Aufschluß über das Vorhandensein eines Tumors und die Herkunft des neoplastischen Gewebes geben. Die soliden Herzbasistumoren sowie Hämangiosarkome geben allerdings selten Zellen in die Ergußflüssigkeit ab. Größere Tumoren geben sich röntgenologisch durch Ausbuchtungen der Herzsilhouette, unterschiedliche Schattendichte oder Verlagerung der Trachea zu erkennen. Im 2D-Echokardiogramm sind dagegen auch noch sehr kleine Neoblastome sichtbar. Soll ein Operationsversuch bei solitären Tumoren sowie bei zweifelhaften Fällen unternommen werden, sind Röntgenaufnahmen mit einem Pneumoperikard möglich. Zu diesem Zweck wird nach Punktion des Herzbeutels über einen Katheter Luft oder Sauerstoff in den Perikardspalt insuffliert.

Vorhofrupturen. Nach Vorhofrupturen, wie sie bei schweren AV-Klappen-Insuffizienzen vorkommen, befindet sich geronnenes oder nicht geronnenes Blut im Perikard. Kleinere Risse mit geringen Blutungen können spontan ausheilen. Größere Blutmengen führen zu einer plötzlichen Beeinträchtigung der Pumparbeit des Herzens, zur Herzbeuteltamponade. Herzbeuteltamponaden können auch traumatisch durch penetrierende Verletzungen der Herzwände entstehen.

Hernien und Perikardspalten. Sehr selten sind *peritoneoperikardiale Hernien* mit Dislokation von Dünndarmteilen oder Leberlappen in den Herzbeutel. Durch die Abschnürung vorgefallener Leber- oder Darmteile zeigen solche Tiere eher gastrointestinale Symptome als eine Beeinträchtigung von Herz und Kreislauf. Perikardrisse oder *angeborene Perikardspalten* können zur Ausstülpung von Herzwandteilen in der entsprechenden Region führen. So kann sich beispielsweise ein Divertikel der rechten Ventrikelwand bilden. Kommt es zur Abschnürung der Divertikel, können systolische Geräusche entstehen. Charakteristisch sind die während der Durchleuchtung zu erkennenden Ausbuchtungen der Herzsilhouette im Verlauf der Herzkontraktion (BOHN 1978). Am einfachsten und schnellsten sind *Perikardhernien und -spalten* mit der zweidimensionalen Echokardiographie zu diagnostizieren. Die in den Herzbeutel vorgefallenen Organe (Leber!) bzw. aus dem Perikard verlagerten Herzanteile können eindeutig identifiziert werden.

15.2.4. Therapie der Stauungsinsuffizienz

Digitalisierung. Den verschiedenen Digoxinverbindungen und den unterschiedlichen klinischen Erfahrungen damit entsprechen durchaus variierende Empfehlungen hinsichtlich der Digitalisierungsmethode. Wir bevorzugen Metildigoxin und verordnen dabei 0,02 mg/kg und Tag für die ersten 72 Stunden (Sättigungsdosis) und 0,01 mg/kg und Tag (Erhaltungsdosis) im Anschluß daran. Mit dieser Form der Digitalisierung wird eine Digitalisintoxikation fast immer vermieden und andererseits meist eine therapeutische Wirkung erzielt. Dieses Vorgehen wird auch von KERSTEN und KWIK (1974) empfohlen und ist für alle Patienten mit weniger schweren Herzinsuffizienzen anzuraten, vor allem, wenn die Patienten nicht in kürzeren Abständen nach Therapiebeginn kontrolliert werden können. In schweren Fällen und wenn das oben erwähnte Verfahren nicht zum gewünschten Erfolg führt, erhöhen wir die Metildigoxin-Dauerdosis bis zur Verdoppelung oder Verdreifachung der Erhaltungsdosis, also bis auf 0,02–0,03 mg/kg und Tag. Unter Umständen muß die höchste tolerierte Dosis alternierend (tageweise oder mehrtägig) mit einer niedrigeren angewendet werden. Hunde, die solche Höchstdosen erhalten, müssen regelmäßig untersucht, und es müssen Kontroll-EKG angefertigt werden. Häufig ergeben sich bei der Digitalisierung je nach dem verwendeten Medikament und je nach Wirkstoffgehalt pro Tablette Dosen, die nur näherungsweise im empfohlenen Bereich liegen, also etwa 0,0125 mg/kg und Tag für einen 16 kg schweren Hund, der zwei Digoxin-Tabletten mit einem Wirkstoffgehalt von 0,1 mg/Tablette erhält. Wir ziehen es in solchen Fällen vor, die errechnete Dosis geringfügig zu überschreiten, anstatt Tabletten zu halbieren oder zu vierteln.

DETWEILER et al. (1979) empfehlen für die orale Digitalisierung mit Digoxin folgendes Vorgehen: als Sättigungsdosis 0,066 mg/kg und Tag, geteilt in 3 Dosen für die ersten 24 Stunden und 0,022 mg/kg und Tag als Erhaltungsdosis. Bei diesem Vorgehen ist eine regelmäßige EKG-Kontrolle notwendig. Für leichtere Fälle, die nicht so regelmäßig kontrolliert werden können, soll von Beginn an eine Dauerdosis von 0,022 mg/kg und Tag gegeben werden.

Für die *parenterale Digitalisierung* mit Digoxin oder Strophanthin bei schweren Stauungsinsuffizienzen gilt folgendes Schema: Strophanthin 0,022–0,033 mg/kg oder Digoxin 0,022 bis 0,044 mg/kg als intravenöse Injektion, geteilt in 3 Dosen über 24 Stunden. Zu beachten ist, daß die orale Applikation weniger gefährlich ist als die intravenöse Anwendung. Intramuskuläre Injektionen sind ebenfalls möglich, können jedoch zu lokalen Gewebsirritationen führen. Die Injektion des ausschließlich intravenös wirksamen Strophanthins muß sehr langsam, möglichst unter Rhythmuskontrolle erfolgen und sollte bei Patienten mit Arrhythmien nicht angewendet werden.

Als Maß für eine ausreichende Digitalisierung gelten: deutliche Abnahme der Herzschlagfrequenz, Diurese, Nachlassen oder Verschwinden von Husten und Flüssigkeitsretention (Lungenstauung, Aszites, periphere Ödeme). Ist ein finales Stadium der Herzmuskelinsuffizienz erreicht, kann häufig nur eine Stagnation des Zustandes erreicht werden. Häufig verlangt der Besitzer in diesem Stadium bzw. bei weiterer Verschlechterung die Euthanasie.

Die erfolgreiche Behandlung herzkranker Hunde verlangt ein offenes, auf die Mentalität des Besitzers abgestelltes Therapiegespräch. Dabei sollte darauf hingewiesen werden, daß die Behandlung eine Dauertherapie mit zuverlässig regelmäßiger Medikamenteneingabe erfordert und die verordneten Medikamente und Dosen nicht selbständig abgesetzt oder geändert werden dürfen. Erfahrungen mit einer Kontrolle der Plasmakonzentrationen an größeren Patientengruppen fehlen bisher. Anzunehmen ist aber, daß wie bei anderen Dauertherapien auch bei der Digoxintherapie nicht selten mit ungenügend regelmäßiger Tabletteneingabe gerechnet werden muß.

Digitalis-Intoxikationen lassen sich durch regelmäßige EKG-Kontrollen verhindern bzw. rechtzeitig erkennen. PQ-Veränderungen im Sinne einer unterschiedlichen AV-Blockierung gehören zu den häufigsten Zeichen einer Digitaliswirkung oder -intoxikation (DETWEILER und TRAUTVETTER 1980, SCHÜTT und WASSIF 1981, WACHHAUS-CHILCOTT 1981). Anorexie, Vomitus und Diarrhoe sowie ventrikuläre Extrasystolen sind Zeichen einer erheblichen Digitalis-Intoxikation. Solche Nebenwirkungen sind klinisch unerwünscht und zwingen zur Unterbrechung der Digitalisgabe für 24–48 Stunden je nach Schwere der Symptome. Die Bestimmung der Serumdigoxinkonzentration bietet die Möglichkeit, Digoxinkonzentrationen auch im klinischen Fall zu kontrollieren (WASSIF 1981).

Diuretika. Diuretika, wie z. B. Furosemid und Bumetanid, können sowohl zur initialen Verbesserung schwerer Stauungsinsuffizienzen als auch bei ungenügendem Behandlungseffekt trotz hoher Digoxindosen angewendet werden. Wir bevorzugen Furosemid 1–4 mg/kg i. v. oder s. c. oder Bumetanid in ca. 6stündigen Abständen bis zur Zustandsverbesserung oder orale Dosen von 1 bis 4 mg/kg Furosemid bzw. 0,05–0,1 mg/kg Bumetanid. In finalen Stadien und bei ungenügender Digoxinwirkung versuchen wir mit tageweise wechselnden Diuretikagaben oder diuretikafreien Tagen eine terminale Verschlechterung hinauszuzögern, was häufig über Wochen bis Monate möglich ist. In den meisten Fällen treten bei diesem Vorgehen keine dramatischen Kaliumverluste ein. Ist die Kontrolle der Plasma-K-Konzentration nicht möglich, ist eine K-Substitution an 2–3 Wochentagen oder auch täglich ratsam. Patienten unter kontinuierlicher intensiver Diuretikatherapie bedürfen einer Überwachung der Plasma-K-Konzentration und/oder einer regelmäßigen K-Substitution.

Vasodilatatoren. Seit einiger Zeit wird die Behandlung mit Glykosiden und Diuretika auch in der Kleintiermedizin ergänzt durch die chemisch heterogene Gruppe der Vasodilatatoren (MCINTOSH 1981). Ihr Wirkungsmechanismus besteht in einer Reduktion der Vor- und Nachbelastung (Pre- and Afterload) des insuffizienten Herzens. Eine arterioläre Dilatation vermindert den peripheren Widerstand und erleichtert somit den linksventrikulären Blutauswurf (Senkung der Nachbelastung). Eine gefäßerweiternde Wirkung auf der venösen Seite führt zu einem „venösen pooling", einer Abnahme des venösen Rückstroms zum Herzen und damit zu einer geringeren Lungenstauung (Senkung der Vorbelastung). Die Reduktion der Vor- und Nachbelastung durch Vasodilatatoren verschafft dem insuffizienten Herzmuskel somit bessere ökonomische Bedingungen.

KREUZER (1980) hat dieses Prinzip recht anschaulich am vereinfachten Beispiel einer Hubkolbenpumpe dargestellt. Die Pumpleistung ist dabei – vergleichbar der Herzleistung – abhängig von drei Variablen:

1. Zahl und/oder Größe der Hübe,
2. Größe und Tiefe des Reservoirs,
3. Höhe der Förderung und Widerstand am Ausflußrohr.

Entsprechend ihrer Angriffspunkte lassen sich die vasodilatatorisch wirksamen Pharmaka in 3 Gruppen einteilen:

a) überwiegend arteriolär wirksam – Hydralazin,
b) überwiegend venös wirksam – Nitrate,
c) sowohl arteriolär als auch venös wirksam – Prazosin, Phentolamin.

Hydralazin/Captopril. Auf einzelnen klinischen Studien und Beobachtungen aufbauend, sind in letzter Zeit einige Substanzen aus dieser Gruppe auch beim Hund häufiger angewendet worden. Unsere eigenen Erfahrungen beschränken sich im wesentlichen auf den Einsatz von Hydralazin und Captopril. Vor allem beim *Hydralazin* haben wir positive Effekte bei der Behandlung von Stauungsinsuffizienzen beobachten können. Hydralazin wird entweder allein (leichtere Stauungsinsuffizienzen) oder in Kombination mit Digoxin und Furosemid (ausgeprägte Stauungsinsuffizienzen) verordnet. Unter Hydralazin-Dosierungen von 0,5–1 mg/kg 2–3mal täglich können sich auch hartnäckige Lungenstauungen bessern. Höhere Dosierungen bis zu 3 mg/kg 2mal täglich wurden empfohlen (WARE und BONAGURA 1988).

Captopril gehört in die Gruppe der Angiotensin-II-Converting-Enzyme-Antagonisten (ACE-Inhibitors). Im Gegensatz zum Hydralazin treten nach unseren Erfahrungen selbst bei niedrigen Dosierungen häufiger Nebenwirkungen, wie ausgeprägt ruhiges Verhalten, Inappetenz, Erbrechen und Durchfall auf. Tägliche Gaben von 2–3mal 0,5 mg/kg können bei ausgewählten Patienten zur Besserung des klinischen Bildes beitragen. Dosierungen bis zu 2,0 mg/kg 3mal täglich werden von anderen Autoren angegeben (KITTLESON 1988).

Theophyllin. Dagegen wird Theophyllin als bronchial- und gefäßerweiterndes Medikament seit einiger Zeit zunehmend propagiert und angewendet. Es hat außerdem eine positiv inotrope und diuretische Wirkung. Wegen seiner arrhythmogenen Komponente kann es bei hohen Digoxindosen oder Digitalis-Intoxikationen zusätzlich schaden. Theophyllin wird bei therapieresistentem „Herzhusten" und beim Cor pulmonale empfohlen. Wegen einer Halbwertszeit von ca. 6 Stunden muß Theophyllin 4mal täglich in einer Dosis von 10 mg/kg eingegeben werden (DAVIS 1980).

15.2.5. Störungen der Erregungsüberleitung und der Erregungsbildung

Irreguläre, arrhythmische Intervalle zwischen einzelnen Herzaktionen, die im Verlauf längerer palpatorischer, auskultatorischer oder elektrokardiographischer Rhythmuskontrollen wahrnehmbar sind, können durch Störungen der Erregungsüberleitung oder der Erregungsbildung verursacht sein. Detailinformationen zu diesem Thema finden sich bei TILLEY (1989).

15.2.5.1. Überleitungsstörungen

Atrioventrikuläre (AV-) Blockierungen. Mit diesem Begriff werden mehr oder minder stark ausgeprägte Verzögerungen bzw. das Fehlen der atrioventrikulären Überleitung bezeichnet. Man unterscheidet zwischen verschiedenen Graden und Formen des partiellen AV-Blocks und der vollkommenen Unterbrechung beim sog. totalen AV-Block. Neben deskriptiven Klassifizierungen wie u. a. Überleitungsstörung mit PQ-Verlängerung bzw. PQ-Verlängerung mit QRS-Ausfall wird im allgemeinen folgende Einteilung vorgenommen:

AV-Block 1. Grades: partieller AV-Block mit Verlängerung des PQ-(PR-)Intervalls (PQ $\geq$ 0,14 s).

AV-Block 2. Grades: partieller AV-Block mit Verlängerung des PQ-Intervalls und zeitweiligem Ausfall eines QRS-Komplexes.

Je nach Art der PQ-Verlängerung vor Ausfall von QRS und nach dem Verhältnis zwischen übergeleiteten und nicht übergeleiteten Sinusimpulsen werden verschiedene Formen des partiellen AV-Blocks unterschieden, von denen hier nur der partielle AV-Block mit Wenckebach-Perioden erwähnt werden soll. Der Wenckebach-Block, partieller AV-Block mit Wenckebachscher Periodik, wird charakterisiert durch zunehmend verlängerte PQ-Intervalle vor dem QRS-Ausfall (Abb. 15.26.).

AV-Block 3. Grades: totaler AV-Block ohne Überleitung der Sinusimpulse. Die Kammern und Vorkammern schlagen unabhängig voneinander. Wegen der höheren Impulsfrequenz des Sinusknotens treten P-Wellen im EKG häufiger als Kammerkomplexe auf (s. Abb. 15.26.).

Sowohl der partielle AV-Block 1. als auch 2. Grades können bei gesunden Hunden vorkom-

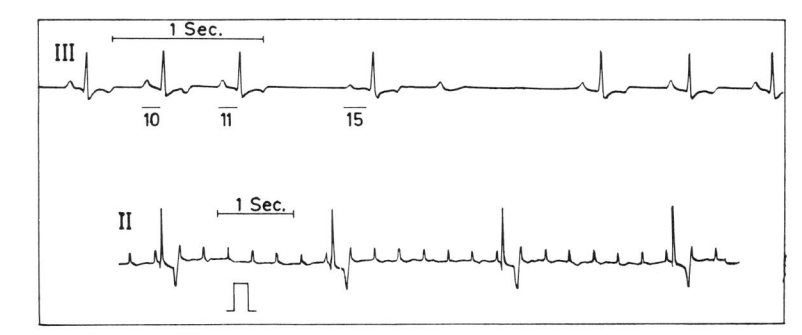

Abb. 15.26. Partieller AV-Block mit Wenckebachscher Periodik; Zunahme des PQ-Intervalls von 0,10 auf 0,15 s vor dem QRS-Ausfall (obere Zeile).
Totaler AV-Block, Sinusfrequenz 190/min, ventrikuläre Schlagfrequenz 30/min (untere Zeile).

men. Als wesentliches Kriterium gilt die Schlagfrequenz. AV-Blockierungen bei niedrigen Herzschlagzahlen können als normal angesehen werden, wenn sie bei Belastung verschwinden bzw. andere Anzeichen einer Herzkrankheit oder einer medikamentösen Intoxikation (Digitalis, Chinidin) fehlen.

Partielle AV-Blockierungen 2. Grades können aber auch im Verlauf einer Herzinsuffizienz, z.B. bei 130–140 Schlägen/min, beobachtet werden und sind dann als pathologisch einzuordnen. Nach ausreichender Digitalisierung verschwinden diese AV-Blocks gelegentlich zusammen mit den Stauungserscheinungen.

Der totale AV-Block gilt als sicheres Zeichen einer Herzerkrankung. Er kommt jedoch auch allein als angeborene Anomalie des Erregungsleitungssystems vor. Bei diesen Tieren erlaubt die Schlagfrequenz der Kammern häufig eine hämodynamisch genügende Versorgung der Peripherie im Stadium der Ruhe und während einer limitierten Belastung.

Therapie: Der partielle AV-Block 1. und 2. Grades muß nicht notwendigerweise behandelt werden. Herzinsuffiziente Patienten sind schonend zu digitalisieren bzw. mit anderen Kardiaka zu therapieren. Zur medikamentösen Behandlung vor allem des totalen AV-Blocks wird Isoprenalin empfohlen (ETTINGER und SUTER 1970). Dabei soll mit einer intravenösen Infusion (1 mg/200 ml Glucoselösung) oder als Bolusinjektion 0,05 mg begonnen werden. Danach schließen sich subkutane Injektionen von 0,1–0,2 mg viermal täglich an. Bei Ansteigen der Kammerschlagfrequenz bzw. Anzahl der Überleitungen oder bei Erreichen eines normalen Rhythmus soll danach mit Tabletten 15–30 mg Isoprenalin 4–6mal täglich weitertherapiert werden. Den dauerhaftesten Erfolg erreicht man durch Implantation eines Schrittmachers, wenn die Grundkrankheit (AV-Klappen-Fibrose?, Kardiomyopathie?) nicht zu progredient verläuft

(BUCHANAN et al. 1968, LOMBARD und BUCHANAN 1976, STOKHOF 1979). Die Schrittmacherimplantation ist das Mittel der Wahl für Hunde mit totalem kongenitalem AV-Block und Insuffizienzerscheinungen, die lediglich oder überwiegend auf die niedrige Schlagfrequenz zurückzuführen sind.

Sinuatrialer (SA-) Block. Diese Form der Überleitungsstörungen tritt beim Hund im Vergleich zu den AV-Blockierungen relativ selten auf. Der Ausfall von P und QRS im EKG, gefolgt von einer Pause mit doppeltem RR-Abstand, charakterisiert einen SA-Block. Die Unterscheidung zur normalen respiratorisch bedingten Sinusarrhythmie mag gerade beim Hund Schwierigkeiten bereiten und beim Fehlen anderer Symptome einer Herzkrankheit zweifelhaft sein. Verschiedene Formen von SA-Blockierungen wurden jedoch bei Zwergschnauzern mit Mitralinsuffizienzen und Symptomen des Adams-Stokes-Syndroms beschrieben worden (HAMLIN et al. 1972).

Schenkelblock. Als Schenkelblock werden EKG-Veränderungen bezeichnet, die durch Unterbrechung der Erregungsleitung im rechten oder linken Schenkel des His-Bündels zustande kommen.

Der *Linksschenkelblock* ist durch eine QRS-Verbreiterung bei positiven Kammerkomplexen in Abl. I, II, III und AVF charakterisiert. Linksschenkelblöcke wurden fast ausschließlich bei herzkranken Hunden beschrieben. Sie kommen u.a. bei schweren Stenosierungen des linksventrikulären Ausflußtraktes vor.

Der *Rechtsschenkelblock* führt zu negativen QRS-Komplexen in Abl. I, II, III und AVF, wobei W-förmige QS-Komplexe oder kleine R-Zacken mit plumpen, breiten S-Zacken entstehen. Dementsprechend ist der Kammerkomplex in AVR überwiegend positiv. Rechtsschenkelblock-Bilder im EKG werden auch bei Hunden ohne sonstige Anzeichen einer Herzerkrankung beobachtet.

Präexzitations- oder Wolff-Parkinson-White (WPW)-Syndrom. Im Gegensatz zum AV-Block handelt es sich hierbei um eine früh- oder vorzeitige Erregung der Kammermuskulatur, die auch als Antesystolie bezeichnet wird. Direkte akzessorische Leitungsbahnen, die den AV-Knoten umgehen, wie James-, Mahaim- oder Kent-Bündel, werden u.a. dafür verantwortlich gemacht. In Verbindung mit hochfrequenten paroxysmalen Tachykardien kann die Präexzitation der Kammern zu hämodynamisch bedingten synkopalen Ausfallerscheinungen führen. Beim Hund gilt die EKG-Diagnose WPW-Syndrom als ausgesprochene Seltenheit und muß im Einzelfall als angeborene Anomalie der Erregungsleitung angesehen werden (BOINEAU und MOORE 1970, DETWEILER et al. 1979).

15.2.5.2. Schlagfrequenzänderungen und Erregungsbildungsstörungen

Bradykardie und Tachykardie sind beim Hund keine starr zu definierenden Begriffe. Auch die generell zu beobachtenden Unterschiede zwischen kleineren Rassen mit höheren Schlagfrequenzen und größeren Rassen mit niedrigeren Schlagfrequenzen können z.B. durch die untersuchungsbedingte Aufregung verwischt werden.

Bradykardie/Tachykardie. Als **Bradykardien** können Herzschlagzahlen von 60/min und darunter angesehen werden. Jedoch können trainierte ruhige Hunde durchaus solche Werte aufweisen (Vagotonus). Um eine Sinusbradykardie von Bradykardien mit ektopen Schrittmachern zu unterscheiden, bedarf es einer EKG-Registrierung. **Sinustachykardien** bedürfen ebenfalls der elektrokardiographischen Bestätigung eines normotopen Erregungsimpulses. Schlagfrequenzen von etwa 160/min und darüber gelten als tachykard. Gesunde nervöse Hunde können Schlagzahlen zeigen, die über diesem Wert liegen (Sympathikotonus!).

Charakteristisch für den gesunden ruhigen Hund ist die atmungsabhängige Sinusarrhythmie mit exspiratorischen Pausen oder Frequenzerniedrigungen und inspiratorischer Zunahme der Herzaktionen (NÖRR 1935, WERNER et al. 1969, Abb. 15.27.; s. auch Kapitel 16.).

Rhythmusstörungen infolge von Extrasystolen. Hierbei handelt es sich um verfrühte Herzkontraktionen, die durch Impulse eines in der Regel ektopen Schrittmachers ausgelöst werden. **Sinusale Extrasystolen** kommen vor; sie werden regelmäßig von einer kompensatorischen Pause mit doppeltem RR-Abstand gefolgt. Bei **Vorhofextrasystolen** gleicht der QRS-Komplex weitgehend dem der sinusalen Impulse. Die P-Wellen können leichte Formveränderungen aufweisen. Die Schrittmacherimpulse für **AV-Extrasystolen** stammen aus dem AV-Knoten oder seiner Umgebung. Je nach dem Ort der Erregungsbildung können P-Wellen unmittelbar vor QRS auftreten, im QRS-Komplex verborgen sein oder danach auftreten. Sind P-Wellen auszumachen, können sie in den Abl. I, II, III und AVF negativ sein oder anderweitig von der normalen P-Wellen-Form abweichen. Der Kammerkomplex kann geringgradige Formveränderungen aufweisen. **Ventrikuläre Extrasystolen** zeichnen sich je nach ihrem Ursprungsort mehr oder weniger stark durch ihre bizarre, plumpe, von normotopen Kammererregungen abweichende Form aus. Treten Extrasystolen in regelmäßigen, „fixierten" Abständen von Normosystolen auf, sprechen wir von *gekoppelten Extrasystolen* oder *fixer Kopplung*. Gleichen sich alle Extrasystolen in einem EKG, was besonders häufig bei gekoppelten Extrasystolen der Fall ist, entspringen sie demselben ektopen Fokus. Unterscheidet sich die Form der Extrasystolen innerhalb einer EKG-Registrierung erheblich voneinander, haben sie einen unterschiedlichen Ursprungsort, sind sie multifokal. Ventrikuläre Extrasystolen können in Serien und Salven auftreten und leiten damit zu den paroxysmalen Rhythmusstörungen oder Frequenzänderungen

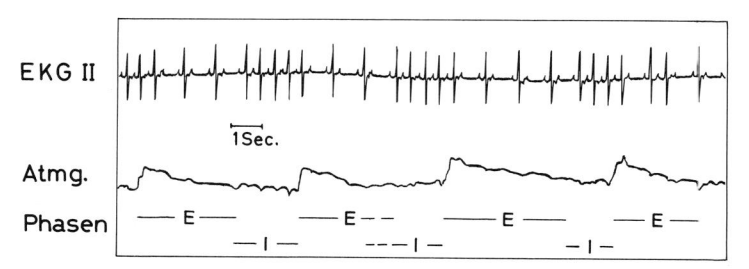

Abb. 15.27. Respiratorische Sinusarrhythmie, inspiratorische Beschleunigung und exspiratorische Verlangsamung der Herzschlagfrequenz. Atmungskurve und Bezeichnung der Atmungsphasen 3. und 4. Zeile. I = Inspiration, E = Exspiration (s. auch WERNER et al. 1969).

über. So wie Extrasystolen abhängig von ihrer Anzahl den vorherrschenden Schlagrhythmus mehr oder minder unterbrechen bzw. stören, können Schlagfrequenzänderungen langzeitig oder dauernd bestehen bzw. anfallsweise (paroxysmal) auftreten.

Vorhoftachykardien, Vorhofflattern und Vorhofflimmern können sowohl ständig vorhanden sein als auch vorübergehend auftreten. Derartige Paroxysmen können Sekunden oder wenige Minuten ebenso wie viele Minuten oder Stunden dauern.

Vorhoftachykardien erreichen Schlagfrequenzen von 200–300/min und sind wie alle supraventrikulär zu lokalisierenden Rhythmusstörungen ein ernstes Krankheitszeichen, ohne unbedingt alarmierend für den Untersucher hinsichtlich therapeutischer Konsequenzen zu wirken. Sie kommen beim herzkranken Hund relativ häufig vor.

Vorhofflattern tritt als spontaner EKG-Befund beim Hund selten auf. Es ist gekennzeichnet durch hochfrequente regelmäßige Flatterwellen, die im artefaktfreien EKG zweifelsfrei nachweisbar sein müssen. Die Ventrikel schlagen regelmäßig, wobei die Kammerfrequenz meist die Hälfte oder ein Drittel der Vorhofschwankungen beträgt.

Vorhofflimmern ist die häufigste tachykarde Vorhofarrhythmie beim Hund. Es gilt generell als schweres, prognostisch ungünstiges Zeichen einer Herzerkrankung und wird überwiegend bei älteren Rüden großer Rassen beobachtet (DETWEILER et al. 1979, BOHN et al. 1971). Vorhofflimmern hat bei den Riesenrassen eine vergleichsweise etwas günstigere Prognose als bei Hunden kleinerer und mittlerer Rassen. Bei den letztgenannten tritt Vorhofflimmern meist im Finalstadium einer Herzinsuffizienz auf, und die Überlebenszeit beträgt in der Regel nur Tage bis Wochen. AV-Klappen-Fibrosen, Kardiomyopathien und Aortenstenosen sind die häufigsten Grundkrankheiten. Die Abstände zwischen den einzelnen R-Zacken sind absolut irregulär (absolute Arrhythmie). Die P-Wellen im EKG fehlen, und deutliche Flimmerwellen sind nur bei sehr schnellem Papierlauf oder bei der seltenen langsamen Form des Vorhofflimmerns erkennbar. Wie andere Vorhoftachykardien kommt Vorhofflimmern auch als paroxysmale Arrhythmie vor (Abb.15.28.).

Je nach Progredienz der Grundkrankheit, dem Stadium der Herzinsuffizienz und der Kammerfrequenz besteht bei Hunden mit Vorhofflimmern ein Pulsdefizit von 2:1–4:1, d.h., nur jede zweite bis vierte Kammerkontraktion löst eine deutlich palpable Pulswelle aus. Mitunter sind unterschiedliche Pulsqualität und Gefäßfüllung im Verlauf einer längeren Pulskontrolle bemerkbar. Gelegentlich kann der Kliniker eine Mischform

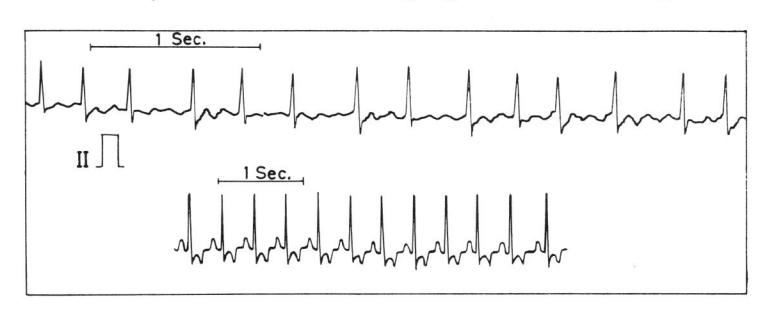

Abb.15.28. Paroxysmales Vorhofflimmern (obere Zeile), das nach einigen Stunden spontan in den Sinusrhythmus übergeht (untere Zeile).

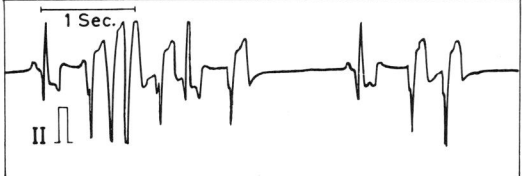

Abb.15.29. Multifokale Extrasystolen und Salven von ventrikulären Extrasystolen.

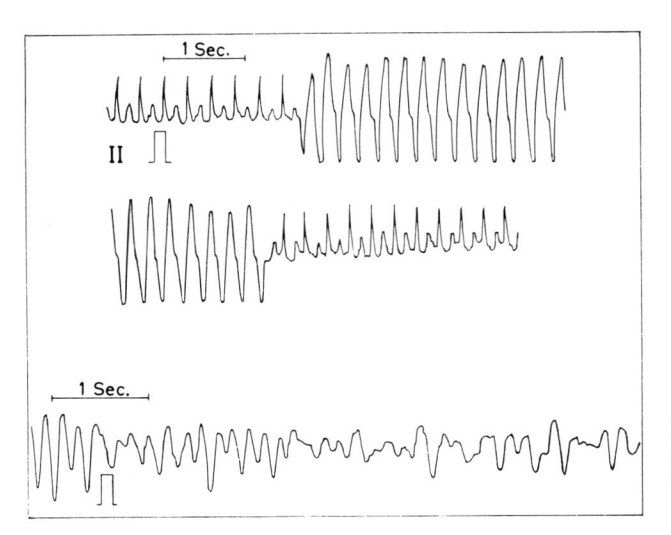

Abb. 15.30. Ventrikuläre Tachykardie (obere Zeilen); Übergang von Kammerflattern in Kammerflimmern (untere Zeile).

von Sinusimpulsen, vielgestaltigen Vorhofextrasystolen und kurzen Salven von Vorhoftachykardien als sog. *präfibrillatorisches Stadium* registrieren.

Ventrikuläre Tachykardien (Abb. 15.29., 15.30.), Serien oder Salven von ventrikulären Extrasystolen bzw. länger anhaltende Paroxysmen ventrikulärer Extrasystolen können zur erheblichen Einschränkung der Förderleistung des Herzens führen. Neben Herzerkrankungen können z. B. stumpfe Thoraxtraumen ventrikuläre Tachykardien auslösen. Mit iatrogenen Kammertachykardien, die auch letale Folgen haben können, muß gelegentlich bei intravenöser Anwendung von Sympathomimetika oder Strophanthin gerechnet werden.

Alle ventrikulären Tachykardien können in **Kammerflattern** mit regelmäßigen, großen, „haarnadelförmigen" Komplexen oder **Kammerflimmern** mit unregelmäßigen, plumpen und unterschiedlich großen Flimmerwellen übergehen (s. auch Kapitel 16.).

Therapie der Erregungsbildungsstörungen und Schlagfrequenzänderungen: Während Sinusbradykardien meist keiner Therapie bedürfen, sollte bei niederfrequenten AV-Ersatzrhythmen eine Behandlung mit Sympathomimetika (Isoprenalin 15–30 mg, 4mal täglich) oder Parasympatholytika (Atropin 0,4 mg/kg 4mal täglich) versucht werden. Dies gilt auch für kontinuierliche Bradykardien beim sog. „sick sinus syndrome". Ist die Schädigung des betroffenen Schrittmachergewebes von Dauer, ist der Erfolg einer derartigen Therapie zweifelhaft. Besteht der Verdacht einer akuten Myokarderkrankung (Myokarditis?), sollten Ruhe und die Behandlung einer eventuellen Grundkrankheit vorrangig sein.

Bei supraventrikulären Tachykardien kann auch im Paroxysmus eine Unterbrechung durch Bulbusdruck oder Carotissinus-Druck probiert werden. Besteht eine Stauungsinsuffizienz oder eine beeinträchtigte Herzleistung infolge der hohen Frequenz, geht in jedem Fall die Digitalisierung (s. S. 398) jeder weiteren antiarrhythmischen Behandlung voraus. Führt die Digitalisbehandlung nicht zum gewünschten Erfolg, können frequenzsenkende Mittel wie β-Rezeptoren-Blocker eingesetzt werden (z.B. Propranolol 20 bis 60 mg/Tier in 4 Tagesdosen). Auch Procainamid und Chinidin sind vor allem bei Patienten mit Vorhofflimmern anwendbar. Für Chinidin wird dabei folgende Behandlungsmethode empfohlen: Testdosis 50–100 mg; nach ca. 4 Stunden 6 bis 12 mg/kg alle 2 Stunden, 4–5mal täglich. Diese Dosierung sollte für 3 Tage beibehalten werden. Besteht die Arrhythmie weiter, kann die Dosis erhöht und für weitere 3 Tage gegeben werden. Dieses Vorgehen wird bis zur Beseitigung der Arrhythmie oder bis zum Auftreten von Intoxikationszeichen (u. a. Erregungszustände, Ödeme, Koordinationsstörungen, Krämpfe) beibehalten (DETWEILER et al. 1979). Procainamid ist auch intravenös anwendbar und kann sowohl prophylaktisch bei Herzkatheteruntersuchungen als auch zum Entflimmern bei paroxysmalem und stationärem Vorhofflimmern benutzt werden (TRAUTVETTER et al. 1971). Zur Behandlung von gehäuft auftretenden ventrikulären Extrasystolen und kürzeren Paroxysmen kann Mexiletin (3–6 mg/kg, 4mal täglich) zusätzlich zum Digoxin versucht werden. Das Mittel der Wahl zur Kontrolle oder Prophylaxe von ventrikulären Tachykardien ist Lidocain. Da Lidocain zur Lokalanästhesie mit Epinephrinzusatz hergestellt wird, ist darauf zu achten, daß in der Injektionslösung zur Arrhythmiebehandlung lediglich Lidocain enthalten ist. Lidocain kann intravenös in einer Dosis 2–6 mg/kg innerhalb von 1–2 min injiziert werden. Während der Injektion ist eine Rhythmuskontrolle über einen Schreiber mit langsamem Papierlauf oder ein Oszilloskop wünschenswert. Bei intravenöser Anwendung wirkt Lidocain mehr oder weniger momentan. Die Injektionen können je nach Bedarf (Monitorkontrolle!) wiederholt werden. Besteht keine Hypervolämie (Stauungsinsuffizienz?), sollte eine Dauerinfusion mit isotonischer Glucoselösung, die 2 mg/ml Lidocain enthält, zum Einsatz kommen (PYLE 1980).

Verapamil. Der Calcium-Antagonist (Calcium-Blocker) Verapamil ist in Deutschland seit mehreren Jahrzehnten auf dem Markt. Auf der Überlegung basierend, daß alle Calcium-Antagonisten bei bestehender Herzinsuffizienz kontraindiziert sind, wurde die Substanz beim Hund nur selten und sehr zurückhaltend, z.B. bei Tachyarrhythmien, angewendet. Nach Zulassung von Verapamil in den USA ist das Medikament auch in der Veterinärmedizin wieder populär geworden. Verapamil hat sich vor allem bei Hunden mit Vorhofflimmern an einem größeren Patientengut bewährt. Wir setzen Verapamil in dieser Indikation in Dosen von 1–2 mg/kg 2mal täglich ein. Wesentlich ist, daß alle herzinsuffizienten Patienten vor der Verapamilanwendung digitalisiert werden. Nach erzielter Sättigung muß die Digoxindosis bei Verordnung von Verapamil um ca. ein Drittel reduziert werden. Eine gleichzeitige Furosemidgabe hat sich therapeutisch als günstig erwiesen. Verapamil kann bei Hunden mit dekompensierten Herzinsuffizienzen schwere Zustandsverschlechterungen auslösen (kardiogener Schock); dasselbe gilt für digitalisierte Patienten bei Anwendung höherer Dosierungen. Elektrolytinfusionen und Calciumlösungen sollten bei akutem Herz-Kreislauf-Versagen eingesetzt werden (BONAGURA und MUIR 1989).

In bedrohlichen Situationen (Kammerflimmern) kann eine elektrische Defibrillation mit 80–400 Watt-Sekunden bei externer Anwendung erfolgen. Besondere Beachtung bei jeder Arrhythmiebehandlung sollte einem eventuellen Kaliumverlust gelten. Dabei kann es sich um Kaliumverluste in den Myokardzellen handeln, die sich nicht unbedingt in niedrigen Plasma-K-Werten zeigen. Selbst bei noch normalen oder unbekannten Plasma-K-Werten kann daher eine gleichzeitige Kaliumgabe die Behandlungschancen verbessern.

Inwieweit Tranquilizer beim Hund tachykarde Paroxysmen beeinflussen bzw. verhindern können, die vorwiegend erregungsbedingt auftreten, ist bisher nicht sicher zu entscheiden. Spricht die Anamnese z.B. bei Gebrauchs- oder Rennhunden für eine nervale Ursache, kann ein solcher Behandlungsversuch jedoch angezeigt sein.

15.2.5.3. Synkopen, Adams-Stokes-Syndrom

Anfälle mit vollständigem oder teilweisem Verlust des Bewußtseins, mit Krämpfen und anderen Symptomen zerebralen Versagens können beim Hund vielfältige Ursachen haben. Neben der primär zerebral bedingten Epilepsie treten kardial bedingte Anfälle sicher am häufigsten auf. Darüber hinaus führen u.a. auch Hypoglykämien, Hypokalzämien und portosystemische Shunts zu paroxysmalen Erscheinungen, die mit primär zerebral bedingten Anfällen verwechselt werden können. Im allgemeinen ähneln jedoch kardiogene Bewußtseinsstörungen am ehesten Epilepsien vom Petit- oder Grand-mal-Typ. Dem Anfallgeschehen können dabei verschiedene Funktionsstörungen und Mechanismen zugrunde liegen. Je nach dem Grad der zerebralen Durchblutungsstörungen unterscheiden sich auch die Anfallbilder. Plötzliches und vollständiges Sistieren der Gehirndurchblutung führt auch zum schlagartigen Zusammenbrechen; solche Zustände können z.B. durch einen kurzfristigen Ventrikelstillstand ausgelöst werden. Wird eine Mindestdurchblutung während paroxysmal auftretender Brady- oder Tachykardien aufrechterhalten, variieren die Anfallbilder erheblich – je nach Dauer und Schweregrad des Paroxysmus bzw. der Arrhythmie. Benommenheit, Schwanken und allmähliches Zusammensinken treten dagegen häufiger bei ständig bestehenden Arrhythmien, wie z.B. Vorhofflimmern oder totalem AV-Block auf, wenn das Herzzeitvolumen auf Grund der durch die Arrhythmie fixierten Herzschlagfrequenz und der gleichzeitig bestehenden Herzinsuffizienz nicht den Anforderungen während einer körperlichen Belastung oder bei Erregung angepaßt werden kann (TRAUTVETTER und BOB 1982).

Neben der Anamnese und dem zeitlichen Zusammenhang zwischen Anfallsymptomen und körperlicher Belastung oder Aufregung liefern die Kontrolle des Pulses oder des Herzspitzenstoßes sowie das EKG die verläßlichsten Informationen über paroxysmale Störungen der Herztätigkeit. Ist die Diagnose durch die EKG-Registrierung während eines spontanen oder provozierten Anfalls nicht möglich, kann der Tierbesitzer durch die palpatorische Kontrolle der Herzaktionen wesentlich zur Klärung der Anfallursache beitragen. Mitunter mag die Unterscheidung zwischen Epilepsie und kardiogenen Anfällen auch nach gründlicher klinischer Untersuchung schwierig sein. Genuine Epilepsie und synkopale Anfälle treten in seltenen Fällen koinzidierend auf und erfordern dann eine gleichzeitige Therapie.

Die Therapie des Adams-Stokes-Syndroms (ASS) richtet sich nach der zugrunde liegenden Arrhythmie (Tabelle 15.2.). Bradykarde Formen können mit Atropin bei gesteigertem Vagustonus oder mit Sympathomimetika zur Verbesserung der Überleitung bei AV-Blockierungen behandelt werden. Bei den tachykarden Formen des ASS können Chinidin, Procainamid oder Propranolol (Vorhofflimmern, supraventrikuläre Tachykardien) bzw. Lidocain sowie Mexiletin (ventrikuläre Tachykardien) angewendet werden (TRAUTVETTER und BOB 1982). Vor allem bei den tachykarden Rhythmusstörungen ist wegen der Grundkrankheiten und der negativ inotropen bzw. blutdrucksenkenden Eigenschaften der Antiarrhythmika eine vorausgehende Digitalisierung erforderlich (s. S. 398). Die Implantation von Schrittmachern ist möglich (BUCHANAN et al. 1968, LOMBARD und BUCHANAN 1976, STOKHOF 1979). Sie wird aber wegen des hohen medizintechnischen Aufwandes und der damit verbundenen Kosten nur selten durchgeführt.

AV-Klappen-Fibrosen, Kardiomyopathien, angeborene Vitien wie Aortenstenosen, Herzbasistumoren und kongenitale Anomalien des Erregungsleitungssystems sind die dominierenden Grundkrankheiten bei Patienten mit synkopalen Anfällen (HAMLIN et al. 1972, POIRSON et al. 1976). Progrediente Herzinsuffizienzen limitieren die therapeutischen Möglichkeiten bei der Behandlung der Rhythmusstörungen erheblich. Dem Tierbesitzer können für Notfallsituationen, vor allem beim temporären Herzstillstand, Schläge mit der flachen Hand auf die seitliche Brustwand des Hundes und die externe Herzmassage empfohlen werden.

15.2.5.4. Herzstillstand

Die Maßnahmen, die bei einem Herzstillstand (fehlender Puls, Asystolie, Kammerflimmern) in der Praxis notwendig sind, sollen hier als Notfall-ABC zusammengefaßt werden:

A Atemwege freimachen, Fang öffnen, Zunge herausziehen;
B Beatmung: Mund-zu-Mund-Beatmung, Intubation und Überdruckbeatmung mit einem Notfallatembeutel oder apparativ;
C Compression des Herzens, externe Herzmassage 50–90mal/Minute, evtl. häufiger;
D Drogen = Medikamente:
Adrenalin i.v. oder intrakardial, handelsübliche 1:1000-Lösung 1:10 verdünnen, davon 0,5 bis 1,0 ml evtl. wiederholt injizieren,
Orciprenalin (Alupent®) 0,5–1,0 mg i.v.;
E EKG: elektrische Aktivität des Herzens kontrollieren.
Asystolie?
Kammerflimmern?
F Fibrillation: Defibrillation mit einem Elektro-Defibrillator, 100–400 W/s extern;
G genaue Ursache des Herzstillstandes festhalten, intensive Therapie einleiten, Verweilkanüle, Venenkatheter, evtl. Venae sectio, Medikamente, Infusionen (Glucose 5%, NaCl-Lösung 0,9%, Ringerlösung, Blut; s. auch Kapitel 16.).

Tabelle 15.2. Adams-Stokes-Syndrom (Erscheinungsformen im EKG)

Form des Syndroms	Erscheinungsformen im EKG
asystolische Form	temporärer Kammerstillstand
bradykarde Form	totaler AV-Block
	langsames Vorhofflimmern
	AV-Ersatzrhythmus
tachykarde Form	Sinustachykardie?
	„Vorhofanarchie" = zahlreiche AV-Extrasystolen (präfibrillatorisches Stadium?)
	Vorhofflattern, Vorhofflimmern, supraventrikuläre Tachykardie, Präexzitationssyndrom (Antesystolie, Wolff-Parkinson-White-Syndrom)
	ventrikuläre Tachykardie, Kammerflattern

Bei kleinen und mittelgroßen Hunden kann die externe Herzmassage durchgeführt werden, indem der seitlich zwischen Daumen und Fingern gelegene Thorax in der Herzgegend rhythmisch zusammengepreßt wird. Bei größeren Hunden muß die Massage von sternal mit Druckrichtung Wirbelsäule oder von lateral gegen eine feste Unterlage mit der gesamten Handfläche erfolgen.

Nach einer Notthorakotomie mit Perikarderöffnung (Besteck bereithalten!) ist eine direkte manuelle Herzmassage möglich. Wiederbelebungsmaßnahmen sollten innerhalb von 30 Sekunden nach dem Herzstillstand beginnen. Nach 3–4minütiger Unterbrechung der Blutzirkulation sind die Schäden am Gehirn und Herzmuskel irreversibel. Die Wiederbelebungsversuche sollten mindestens 15 Minuten unter zeitgerechter Einhaltung der dringenden Notfallmaßnahmen andauern, um Erfolg oder Mißerfolg beurteilen zu können.

Viele tödlich verlaufende Zwischenfälle, z. B. während einer Narkose, können vermieden werden, wenn die entsprechenden vorbeugenden Maßnahmen bereits getroffen sind: Intubation, venöser Zugang, Bereitstellen des Defibrillators und der Notfallmedikamente. Bei drohenden Arrhythmien kann ein prophylaktische Behandlung mit Procainamid oder eine Lidocaininfusion eingeleitet werden (Herzkatheteruntersuchung!).

15.3. Herz-Kreislauf-Syndrome

15.3.1. Extrakardial bedingte EKG-Veränderungen

Änderungen im Natrium-, Kalium- und Calciumgehalt des Blutplasmas sowie des Harnstoff- und Glucosegehaltes haben teilweise erheblichen Einfluß auf die Herztätigkeit und das EKG. Die Veränderungen des K-Gehaltes verursachen die auffälligsten und typischsten EKG-Befunde, die mit den vom Menschen bekannten EKG-Veränderungen am ehesten übereinstimmen (POIRSON et al. 1974, KERSTEN et al. 1975, FELDMAN 1980).

Hyperkaliämie. Das auffälligste Merkmal ist die Abflachung bzw. das Verschwinden der P-Welle, gefolgt von der Amplitudenzunahme der T-Welle. Änderungen der ST-Strecke, QRS-Verbreiterung und Rhythmusstörungen können vorkommen. Die verschiedenen Stadien des hyperkaliämischen EKG lassen sich experimentell und klinisch gut dokumentieren.

Hypokaliämie. Die Veränderungen im EKG sind nicht so eindeutig wie bei der Hyperkaliämie. Die T-Welle wird flacher, und die QRS- und PQ-Dauer nehmen zu. Die Zunahme von PQ ist besonders bei gleichzeitiger Digoxinbehandlung von Bedeutung. AV-Blockierungen 1. und 2. Grades mit PQ-Verlängerung bis 0,24 s sind Ausdruck einer gesteigerten Digoxinempfindlichkeit bzw. Digoxinwirkung.

Als Zeichen einer energetisch-dynamischen Herzinsuffizienz kommt es zu einer Verkürzung der mechanischen Systole (Hegglin-Syndrom). Dieses Phänomen läßt sich durch gleichzeitige Registrierung von EKG und Phonokardiogramm nachweisen (s. Abb. 15.2.).

Hypokalzämie/Hyperkalzämie. Die hypokalzämischen EKG-Veränderungen sind durch frequenzunabhängige QT-Verlängerungen gekennzeichnet.

Bei der Hyperkalzämie kann es zu disproportionalen QT-Verkürzungen kommen. Die Verkürzungen sind weniger deutlich als die Verlängerungen beim hypokalzämischen EKG.

Hyperglykämie/Hypoglykämie/Urämie. Die EKG-Veränderungen sind meist durch gleichzeitig auftretende Störung der Elektrolytbalance geprägt. Hyperglykämien können zu Blockbildung führen, während Hypoglykämien noch symptomärmer sind, QT-Verlängerungen kommen vor. Die EKG-Kurven von Urämikern werden vor allem durch die begleitende Hypo- oder Hyperkaliämie verändert. Auch bei Urämikern läßt sich eine Verkürzung der mechanischen Systole als Ausdruck einer hypodynamischen Kontraktionsstörung beobachten.

15.3.2. Cor pulmonale

Widerstandserhöhungen im Lungenkreislauf bedingen eine vermehrte Pumparbeit des rechten Ventrikels; die sich daraus ergebende Funktionsbeeinträchtigung des rechten Herzens wird als Cor pulmonale bezeichnet.

Die Definition des Begriffes Cor pulmonale variiert auch im veterinärmedizinischen Schrifttum. Während einerseits nur die durch primäre Lungenerkrankungen bedingten Auswirkungen auf das rechte Herz als Cor pulmonale bezeichnet werden (SPAULDING 1980), können andererseits die durch kongenitale Vitien oder Tracheomalazien verursachten Widerstandserhöhungen einbezogen werden (ETTINGER und SUTER 1970, DETWEILER et al. 1979). Hier soll dieser Begriff als Syndrom verstanden werden, das durch verschiedene Erkrankungen der Luftwege, der Lunge und des Herzens entsteht.

Chronisch entzündliche Lungenerkrankungen dürften für den größten Teil der eher milden Form des Cor pulmonale verantwortlich sein. Tracheomalazie mit Tracheokollaps sowie chronische Störungen der Lungenventilation durch stenosierende Erkrankungen der oberen Luftwege können ähnliche Auswirkungen nach sich ziehen. Die Dirofilariose spielt in Mitteleuropa eine geringere Rolle. Die schwersten Formen der Rechtsherzbelastung und der ventrikulären Rechtshypertrophie entstehen durch kongenitale Herz- und Gefäßanomalien mit Rechts-Links-Shunt. Das Weiterbestehen eines Rechts-Links-Shunts post partum scheint dabei die Regel zu sein (PATTERSON et al. 1971, TRAUTVETTER et al. 1981b). Das heißt, es kommt nicht zur Shuntumkehr vom Links-Rechts- zum Rechts-Links-Shunt, sondern die das Fortbestehen eines Rechts-Links-Shunts bedingenden Lungengefäßveränderungen entstehen im allgemeinen bereits während des fetalen Lebens. Thromboembolien der Pulmonalarterien, wie sie beim Cushing-Syndrom, bei Nierenerkrankungen mit und ohne Amyloidose und anderen Erkrankungen diagnostiziert werden, können ebenfalls zum Cor pulmonale führen (BURNS et al. 1981, SLAUSON und GRIBBLE 1971).

Klinisch stehen beim fortgeschrittenen Cor pulmonale die Dyspnoe und die Zyanose im Vordergrund. Stauungserscheinungen können auftreten. Röntgenologisch sind leichte bis hochgradige Rechtsherzvergrößerungen und gewundene, gestaute Lungengefäße als Anzeichen einer eventuellen pulmonalen Hypertonie zu beobachten. Je nach Schwere der primären oder sekundären Lungenveränderungen können mehr oder weniger deutliche Zeichen der Rechtshypertrophie im EKG vorkommen. Bei chronisch entzündlichen Veränderungen sind tiefe S-Zacken in den linken Brustwandableitungen meist die ersten Hinweise auf einen rechtsventrikulären Druckanstieg. Hohe und spitze P-Wellen (P-pulmonale) mögen vorkommen, sind aber nicht regelmäßig anzutreffen.

Die Prognose des Cor pulmonale hängt von der Grundkrankheit ab. Während infektionsbedingte Alterationen sowie die durch Dirofilarien verursachten Thromboembolien sich bei entsprechender Behandlung zurückbilden können, sind die übrigen Grundkrankheiten als prognostisch infaust zu beurteilen.

15.3.3. Dirofilariasis, Herzwurmkrankheit

Dirofilaria immitis kommt in den gemäßigten Klimazonen Mitteleuropas nicht vor. Hunde, die aus feuchtwarmen Gegenden Südeuropas oder Nordamerikas stammen bzw. sich dort längere Zeit aufhalten, können jedoch adulte Dirofilarien beherbergen und eine Mikrofilariämie durchmachen.

Ein starker Befall mit adulten Dirofilarien führt zu ausgeprägten Thromboembolien in der Lunge durch abgestorbene Herzwürmer. Dirofilarien verursachen darüber hinaus in den Lungenarterien Proliferationen, die schließlich eine pulmonale Hypertonie verursachen.

Röntgenologisch imponieren in solchen Fällen die schattendichten, gewundenen Lungengefäße, die Rechtsherzvergrößerung und evtl. die gestaute Vena cava. Im EKG entwickeln sich alle Anzeichen einer Rechtshypertrophie. Im Verlauf des Rechtsherzversagens können Symptome einer Stauungsinsuffizienz (Stauungsleber, Aszites, periphere Ödeme) auftreten. Im Echokardiogramm kann die Dilatation des rechten Ventrikels, des rechten Atriums und der Pulmonalarterie bei gleichzeitiger Hypertrophie der linken Kammer und Vorkammer dokumentiert werden. Eine paradoxe Bewegung des intraventrikulären Septums ist nicht selten. Einzelne adulte Herzwürmer stellen sich im Bereich der rechten Herzhälfte oder innerhalb der Pulmonalarterie als fadenförmige, echogene Strukturen dar; bei einem massiven Wurmbefall können Mehrfachechos unterschiedlicher Ausdehnung sichtbar werden.

Die im Blutstrom von Hunden und wildlebenden Caniden kreisenden Mikrofilarien werden durch Stechmücken aufgenommen und entwickeln sich in der Mücke zum Larve-III-Stadium. Durch neuerliches Stechen werden diese infektionstüchtigen Larven dann wieder auf Hunde übertragen. Nach einer weiteren Entwicklung im subkutanen Gewebe (ca. 80 Tage) wandern die Filarien in das Venensystem und gelangen in das rechte Herz sowie in die Pulmonalarterie. Hier reifen sie binnen 5–7 Monaten zum adulten Herzwurm heran. Adulte Weibchen entlassen Mikrofilarien in das Gefäßsystem des Wirtstieres.

Werden diese durch blutsaugende Stechmücken aufgenommen, ist der Entwicklungszyklus des Parasiten geschlossen.

Zur Prophylaxe hat sich die orale Verabreichung von Ivermectin (6–12 µg/kg, 1 x monatlich) als das Mittel der Wahl erwiesen. Milbemycin gilt in dieser Indikation als ebenso wirksam.

Zur vorbeugenden Behandlung für Hunde, die dauernd oder vorübergehend in Dirofilariengebieten leben, ist Diethylcarbamazin ebenfalls geeignet (5 mg/kg/die, oral). Diethylcarbamazin soll bei Hunden mit positivem Mikrofilariennachweis nicht angewendet werden. Gegen adulte Dirofilarien wird Thiacetarsamid (0,2 mg/kg in 2 Dosen/die) i. v. für 2–3 Tage injiziert (BORING 1977). Nach den adulten Dirofilarien können die Mikrofilarien mit Dithiazin abgetötet werden. Für die Behandlung beider Filarienformen wird Levamisol empfohlen (10,0 mg/kg für maximal zwei Wochen).

Hunde am Rande oder im Stadium der Stauungsinsuffizienz, die große Mengen adulter Dirofilarien beherbergen, sind keine Kandidaten für die Behandlung mit Thiacetarsamid. Befinden sich größere Ansammlungen von adulten Dirofilarien in der Vena cava caudalis und in den Lebervenen, können die Wirtstiere akut schwer erkranken. Sie sterben am „Vena-cava-Syndrom" (JACKSON 1969) infolge Herz- und Leberversagens. Bei Tieren mit massenhaftem Dirofilarienbefall ist die chirurgische Entfernung aus dem rechten Ventrikel und der Vena cava gelegentlich durchgeführt worden.

15.3.4. Hypotonie

Hypotonien kommen beim Hund als chronische Verlaufsformen einer Erkrankung kaum vor. Akute Hypotonien können z. B. während einer Narkose und im Schock auftreten. Eine intravenöse Infusion mit isotonischen Lösungen ist in jedem Fall angezeigt. Der Einsatz von Medikamenten hängt von der Ausgangssituation ab. Sympathomimetika sollten – wenn überhaupt – nur zurückhaltend angewendet werden und können kontraindiziert sein (Halothannarkose, Neuroleptanalgesie). Im Finalstadium der Herzinsuffizienz kommt es zum Abfall des arteriellen und zum Anstieg des zentralvenösen Druckes. Die klassische Form einer hypotonen Krise kann auch beim Hund durch eine Nebennierenrindeninsuffizienz (Morbus Addison) verursacht werden. Hypothermie, Hypovolämie und Hyperkaliämie mit Bradykardie und „Vorhofstillstand" sind weitere Symptome dieser Krankheit. Zur Behandlung können zunächst Na-Malat oder 10–20 %ige NaCl-Lösungen injiziert werden, danach ist eine Substitutionstherapie mit Mineralo- und Glucocorticoiden erforderlich.

15.3.5. Hypertonie

Neben den meßtechnischen Schwierigkeiten hat hauptsächlich die untersuchungsbedingte Aufregung bei Hunden die Ermittlung von verläßlichen Normwerten behindert. Die Tabellen 15.3. und

Tabelle 15.3. Blutdruck, indirekte Methode (mm Hg)

Anzahl der Hunde	Eingewöhnung oder Narkose	Methode	systolischer Druck		diastolischer Druck		Autor[1]
			Mittelwert	Schwankungsbreite	Mittelwert	Schwankungsbreite	
100	nicht angegeben	Riva-Rocci	140	100–180	90	60–120	WAKERLIN (1943)
6	eingewöhnt	Riva-Rocci	148	114–180	83	56–105	ZAPP (1949)
22	Narkose, Pentobarbital-Natrium	Riva-Rocci	149	100–187	104	79–127	ROMAGNOLI (1953)
203	nicht eingewöhnt	Riva-Rocci	136	94–178	81	51–111	DETWEILER et al. (1979)
305	nicht eingewöhnt	Ultraschall	164	100–255	91	50–150	KNIGHT et al. (1975)

[1] Literaturangaben bei DETWEILER und TRAUTVETTER (1980).

Tabelle 15.4. Blutdruck, direkte Punktion (mm Hg)

Anzahl der Hunde	Eingewöhnung oder Narkose	Arterie	Mittelwert ($\bar{x}$, U, SA, SF)	Blutdruck systolischer ($\bar{x}$, U, SA, SF)	Blutdruck diastolischer ($\bar{x}$, U, SA, SF)	Autor[1]
43	nicht eingewöhnt	Thoracica int.	95–114 U			O'Rourke und Bishop (1971)
26	eingewöhnt	Aorta thor.	98 ± 2 SF	127 ± 2 SF	76 ± 1 SF	Cox et al. (1976)
16	Acepromazin	Femoralis	91 ± 14 SA	131 ± 18 SA	71 ± 12 SA	Huisman (1968)
26	Pentobarbital-Natrium	Femoralis	117 ± 17 SA	146 ± 21 SA	102 ± 16 SA	Huisman (1968)
34	eingewöhnt	Arcus aortae	85	119	68	Olmstead und Page (1965)
13	eingewöhnt	Aorta	70–100 U	100–140 U	50–80 U	Lupu et al. (1972)
23	eingewöhnt	Femoralis	98			Lupu et al. (1972)
	nicht eingewöhnt, erregt		120–147 U	200–240 U	80–100 U	Lupu et al. (1972)

$\bar{x}$ = Mittelwert; U = Schwankungsbreite; SA = Standardabweichung; SF = Standardfehler.
[1]) Literaturangaben bei Detweiler und Trautvetter (1980).

15.4. fassen die Werte verschiedener Autoren mit indirekten und direkten Meßmethoden zusammen. Obwohl die routinemäßige Blutdruckmessung beim Hund bisher nicht üblich ist, kann man sagen, daß Hypertonien wesentlich seltener vorkommen als beim Menschen. Mittelgradige Blutdruckerhöhungen werden bei Hunden mit chronischen Nierenerkrankungen (interstitielle Nephritis, Glomerulonephritis) beobachtet (Valtonen und Oksanen 1972). Auch Hunde mit Cushing-Syndrom haben einen erhöhten Mitteldruck. Die sog. essentielle Form der Hypertonie ohne organische Grundkrankheit konnte beim Hund bisher nicht sicher nachgewiesen werden. Einige Hunderassen sind jedoch auf der Basis eines genetisch fixierten höheren Grundwertes prädisponiert für die spontane Entstehung oder experimentelle Erzeugung von Hypertonien. So unterscheidet sich z. B. der mittlere Blutdruck von Windhunden (Greyhound) mit 118 mm Hg von dem gleichgroßer mischrassiger Hunde und Schäferhunde mit 97 bzw. 98 mm Hg erheblich (Detweiler und Trautvetter 1980).

Netzhautablösungen können ein auffälliges klinisches Symptom für eine Hypertonie sein. Die Untersuchung des Augenhintergrundes kann daher als geeignete Suchmethode zur Ermittlung von Hypertonien angesehen werden. Ophthalmoskopisch vermutete Hypertonien bedürfen einer Verifizierung durch direkte oder indirekte Blutdruckmessung.

15.3.6. Angiopathien, Thromboembolien

Arteriosklerotische Gefäßveränderungen beschränken sich beim Hund in der Regel auf kleine intramurale Gefäße des linken Ventrikels. Die Papillarmuskeln sind am stärksten betroffen (Luginbühl und Detweiler 1965). Große Herzinfarkte sind sehr selten, sichere Kriterien für ihre klinische Diagnose existieren nicht. Zerebrovaskuläre Sklerosierungen werden bei alten Hunden häufiger beobachtet. Atherosklerosen als generalisierte Erkrankung sind dagegen die Ausnahme (Fankhauser et al. 1965).

Thromboembolische Gefäßverschlüsse wurden hauptsächlich in der Lunge und an der Endaufzweigung der Aorta beschrieben (Bohn und Rhodes 1970, Grevel und Trautvetter 1981, Burns et al. 1981, Krieger-Huber et al. 1981). Nieren- und Darmgefäße können beteiligt sein (Slauson und Gribble 1971). Je nach Lokalisation sind die klinischen Symptome mehr oder weniger typisch. Während Pulmonalarterienverschlüsse klinisch schwer von anderen Herzerkrankungen abzugrenzen sind, haben Thromboembolien der aortalen Endaufzweigung eine relativ typische Symptomatik.

Als Grundkrankheiten für beide Formen von Verschlußkrankheiten werden Cushing-Syndrom und chronische Nierenkrankheiten am häufigsten

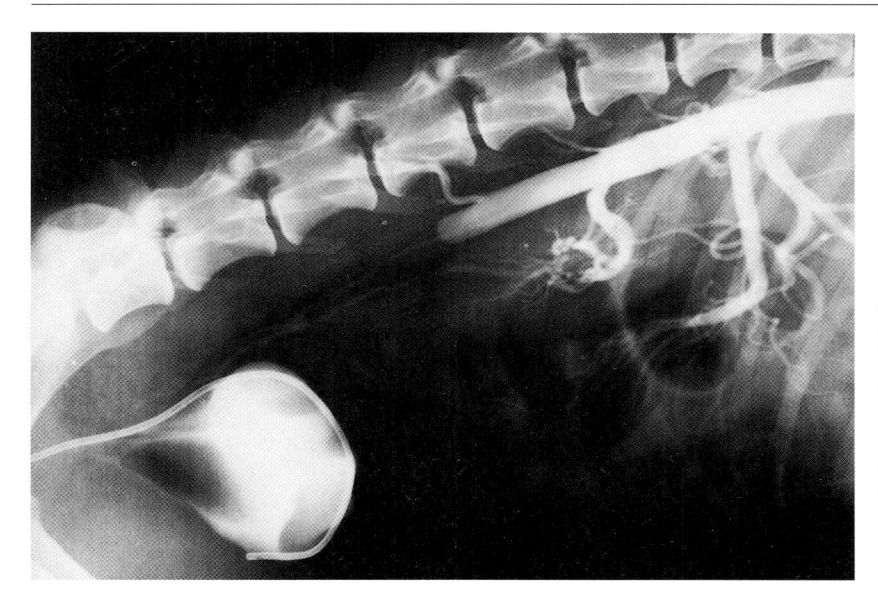

Abb. 15.31. Aortogramm mit Aortenverschluß; Katheterisierung via A. carotis (Dalmatiner, ♂, 8 J.). Kontrastmittelstopp auf Höhe des 4. Lendenwirbels, Ausscheidung des Kontrastmittels über die Niere nach vorausgegangener erster Injektion (KAUFMANN und BOB 1983).

erwähnt. Amyloid- und Hyalinablagerungen sind in diesen Zusammenhang gelegentlich beschrieben worden. Bei nierenkranken oder Cushing-Syndrom-Patienten, die plötzlich kardiopulmonale Symptome wie systolische Herzgeräusche, Dyspnoe und Stauungserscheinungen zeigen, ist an einen Verschluß größerer oder kleiner Lungenarterien zu denken. Unklare Lahmheitserscheinungen, steifer Gang, Schmerzen beim Berühren der Hinterextremitäten, fehlender Femoralispuls, kühle Extremitäten und Zyanose im Bereich der Krallen oder Ballen zeigen einen Verschluß des kaudalen Aortenendes an. Reichen die Thromben bis in die Nierengegend, können Störungen der Nierenfunktion beobachtet werden. Die Diagnose kann bei jeder Lokalisation durch eine Angiographie gesichert werden (Abb. 15.31.). Therapeutische Maßnahmen wie die chirurgische Entfernung des Thrombus und/oder die Behandlung mit Antikoagulantien erscheinen in Anbetracht der meist fortgeschrittenen Grundkrankheit nur in Ausnahmefällen erfolgversprechend.

15.4. Kongenitale Herzfehler

Im folgenden sollen die beim Hund häufigsten angeborenen Herzanomalien beschrieben werden. Hierbei kann es sich um einzelne Fehlentwicklungen im Laufe der embryonalen Entwicklung aufgrund infektiöser oder chemisch-toxischer Noxen handeln. Die meisten beim Hund näher untersuchten kongenitalen Herzanomalien sind jedoch hereditär bedingt. Sie kommen in bestimmten Rassen relativ häufig vor: z.B. Aortenstenosen beim Boxer, Aortenbogenanomalien (persistierender Ductus arteriosus und rechter Aortenbogen) beim Deutschen Schäferhund. Den Gepflogenheiten der Hundezucht entsprechend, kann ein unerkannter oder spät erkannter Merkmalsträger als prämierter Deckrüde einen bestimmten Herzfehler – wie andere genetisch fixierte Defekte – in einer Rasse stark verbreiten. Neben der Bedeutung für eine fundierte Prognose und für eine eventuelle Behandlung kommt diesem züchterischen Aspekt die größte Bedeutung bei einer exakten kardiologischen Diagnose zu.

Der Aufwand für diese Diagnose kann also nicht als l'art pour l'art angesehen werden, sondern ist die Grundlage für eine saubere, abgesicherte kardiologische Beurteilung. Dies gilt auch, wenn man berücksichtigt, daß unsere therapeutischen Möglichkeiten bei den meisten angeborenen Vitien limitiert sind. Allein die Erkennung und Differenzierung der angeborenen Anomalie von erworbenen Herzkrankheiten und von anderen Krankheitszuständen, die eine ähnliche Symptomatik haben können, fordern geradezu ausreichende Kenntnisse und Fähigkeiten auf diesem Gebiet. Als Beispiel sei hier nur die Notwendigkeit zur Klärung einer Anfallursache erwähnt oder an die Möglichkeit eines, wenn auch seltenen persistierenden Ductus arteriosus mit Rechts-Links-Shunt erinnert, wobei klinisch

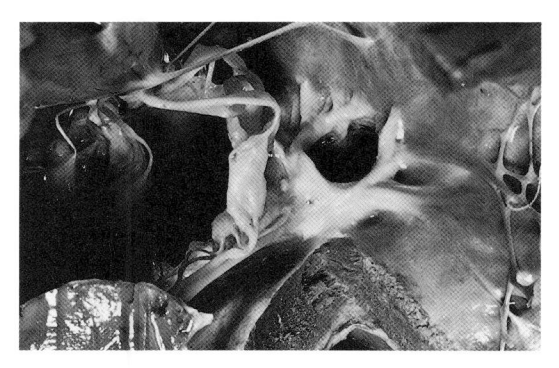

Abb. 15.32. Subvalvuläre Aortenstenose (Boxer, ♂, 1 J.). Blick auf den linksventrikulären Ausflußtrakt; rigider fibröser Ring, dessen versteifende Züge auch an das septale Mitralklappensegel ziehen.

das Zusammenbrechen in der Hinterhand durch Hypoxämie der kaudalen Körperpartien am auffälligsten ist.

Stenosen der Semilunarostien. Stenosen im Ausflußtrakt des rechten und linken Ventrikels werden topographisch in *subvalvuläre, valvuläre* und *supravalvuläre Pulmonal- bzw. Aortenstenosen* eingeteilt. Je nach dem Grad der Einengung führen sie zu vermehrter Pumparbeit mit Dickenzunahme der Ventrikelwand, der Rechts- oder Linkshypertrophie. Abgesehen von erworbenen Klappenstenosen infolge einer Klappenendokarditis, sind alle anderen Stenosearten zu den kongenitalen Herzfehlern zu zählen.

Aortenstenosen: Am häufigsten kommt beim Boxer, Deutschen Schäferhund und beim Neufundländer der subvalvuläre Typ, meist in Gestalt des fibrösen Rings vor (Abb. 15.32.). Das Myokard im Ausflußtrakt des linken Ventrikels kann, besonders bei den hochgradigen Stenosen, mit zur Stenosierung beitragen. Dies gilt besonders für die trichter- oder tunnelförmigen Stenosen. Isolierte valvuläre Aortenstenosen treten ebenfalls auf, supravalvuläre Stenosen sind kaum bekannt. Gelegentlich kommen Aortenstenosen in Kombination mit anderen kongenitalen Herzanomalien vor, vor allem Vorhofseptumdefekte und Pulmonalstenosen seien in diesem Zusammenhang erwähnt (PYLE und PATTERSON 1972). Beim Neufundländer und Boxer muß die Vererbung der Aortenstenose als gesichert bzw. sehr wahrscheinlich angesehen werden (PYLE et al. 1976, TRAUTVETTER und POIRSON 1975). Die Vorkommenshäufigkeit ist geographisch und innerhalb der betroffenen Rassen unterschiedlich. In der Bundesrepublik Deutschland erkranken Boxer besonders häufig. Zwischen den verschiedenen Zuchtverbänden und Zwingern schwankt der Prozentsatz der betroffenen Tiere erheblich und kann ein Drittel und mehr der Rassenpopulation betragen. Leichte und mittelschwere Stenosen überwiegen. Tiere mit hochgradigen Aortenstenosen haben eine wesentlich reduzierte Lebenserwartung.

Klinische Zeichen: Anamnestisch werden Leistungminderung, dyspnoische Zustände und Synkopen am häufigsten erwähnt. Im fortgeschrittenen Stadium können alle Zeichen der Stauungsinsuffizienz auftreten.

Auskultation: Das systolische Geräusch der Aortenstenose hat den Charakter eines Austreibungsgeräusches (crescendo-decrescendo). Besonders leise und mittellaute Geräusche sind gut im Aortenfeld (3./4. Interkostalraum links) lokalisiert. Manche Geräusche sind etwas weiter kranial, etwa im 2. Interkostalraum links, besser auszukultieren. Lautere Geräusche sind rechts im 2.–4. Interkostalraum gleichlaut wahrzunehmen. Auch über den arteriellen Halsgefäßen sind solche Geräusche hörbar. Sehr laute Geräusche (Grad 4–5) sind über dem gesamten Lungenfeld auskultierbar und verursachen ein palpierbares Schwirren im Aortenfeld.

EKG: Wie bereits erwähnt, sind zuverlässige Kriterien für eine Linkshypertrophie beim Hund noch nicht erarbeitet. Hohe Amplituden (>3 mV in II, AVF und in den linken Brustwandableitungen) sind bei allen schweren Stenosen im Stadium der Kompensation die Regel. Tiefe R-Aufsplitterungen, besonders in den Abl. III und AVF, kommen häufig vor. ST-Senkungen als Zeichen der Myokardschädigung treten auf. Wichtig für eine sachlich fundierte Prognose sind wiederholte Untersuchungen, wobei auf die Progredienz der einzelnen EKG-Veränderungen zu achten ist. Verschiebungen des QRS-Vektors nach links und kranial sind relativ selten, Lokalisationen zwischen +40° und 0° dagegen häufig.

Im fortgeschrittenen Stadium ist ein breites Spektrum von Arrhythmien zu beobachten; Kammerextrasystolen und Vorhofflimmern sind öfter zu registrieren (Abb. 15.33.). Paroxysmale Rhythmusstörungen können zu den Symptomen des Adams-Stokes-Syndroms führen.

Röntgen: Bei schwer erkrankten Tieren mit schnell voranschreitenden Linkshypertrophien wird zuerst eine Zunahme des Höhendurchmessers deutlich. Später kommt es auf Grund der funktionellen Mitralklappeninsuffizienz zur

Abb. 15.33. Verschiedene Formen der fixen Kopplung bei Extrasystolie. Oben links: 2 Normosystolen/1 Extrasystole; oben rechts: 3 Normosystolen/1 Extrasystole; unten links: 1 Normosystole/2 Extrasystolen (Trigeminie); unten rechts: 1 Normosystole/3 Extrasystolen.

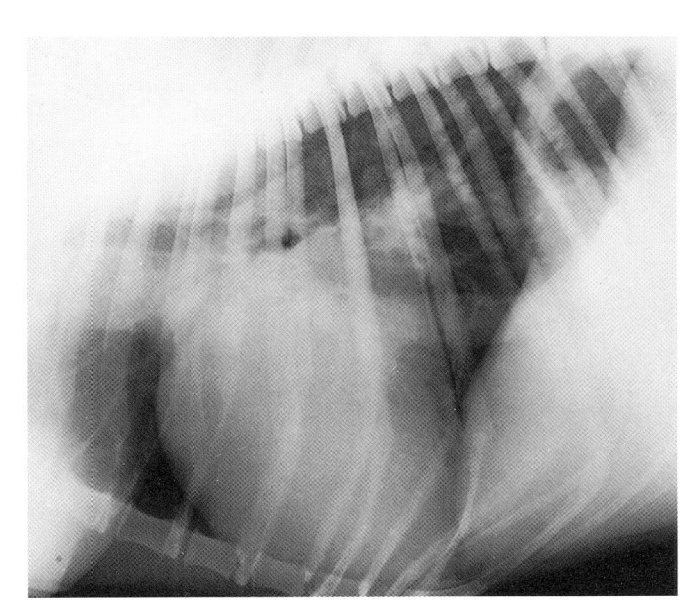

Abb. 15.34. Subvalvuläre Aortenstenose mit funktioneller Mitralklappeninsuffizienz (Boxer, ♂, 3 J.). Deutliche Vergrößerung des linken Atriums. Zunahme des Höhen- und Breitendurchmessers am Herzen. Breite gestaute V. cava caudalis, relativ schmale Aorta descendens.

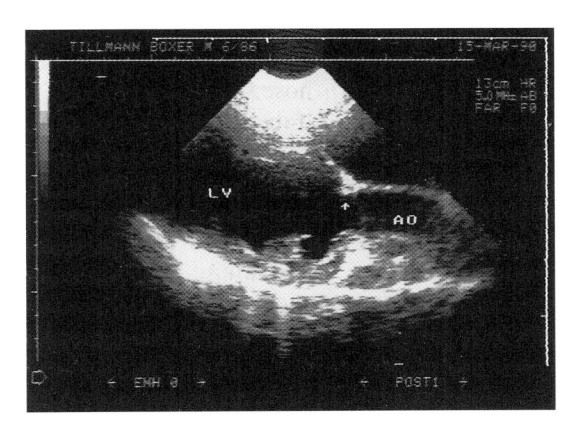

Abb. 15.35. Subvalvuläre Aortenstenose – Längsachsendarstellung. Im zweidimensionalen Bild ist anhand des unterhalb des septalen Aortenklappensegels gelegenen Mehrfachechos die subvalvuläre Stenose sichtbar. Aorta (Ao) und linker Ventrikel (LV) sind unverändert (Boxer, ♂, 4 J.).

Dilatation und Vorwölbung der linken Vorkammer mit zunehmender Lungenstauung (Abb. 15.34.).

Schließlich zeigt sich eine generalisierte Herzvergrößerung. Im dorso-ventralen Strahlengang fällt die Vergrößerung des linken Ventrikels mit Annäherung der Herzsilhouette an die linke Thoraxwand und Vorwölbung des Aortensegments auf. Auch in der latero-lateralen Aufnahme kann die Aorta ascendens dilatiert erscheinen (poststenotische Dilatation) und den kraniodorsalen Teil des Herzens verbreitern bzw. ausbuchten.

Elektrokardiographie: Im Ultraschallbild kann die Stenosierung des aortalen Ostiums als Mehrfachecho, je nach Lokalisation unterhalb (Abb. 15.35.), oberhalb bzw. an den Aortenklappen selbst, erkennbar sein. Der direkte Nachweis der Einengung des linksventrikulären Ausflußtraktes gelingt echokardiographisch jedoch nicht immer.

Eine Schweregradbestimmung der Aortenstenose ist ausschließlich mit der Dopplermethode möglich. So sind besonders leichte Formen der Aortenstenose ohne bemerkenswerte kardiale Folgen mit der M-Mode- und 2D-Technik kaum zu diagnostizieren. Sichtbare Veränderungen sind die Hypertrophie der linken Hinterwand und des interventrikulären Septums bei normaler bis erhöhter Verkürzungsfraktion. Während der Aortendurchmesser meist systolisch und diastolisch vergrößert ist, ist eine poststenotische Dilatation der Aorta, besonders bei Boxern, häufig nicht vorhanden.

Herzkatheteruntersuchung: Die morphologischen Veränderungen, die auf Nativ-Röntgenaufnahmen mehr oder weniger klar zu erkennen sind, lassen sich angiokardiographisch am besten dokumentieren. Grad und Lokalisation der Stenose lassen sich mit einer linksventrikulären Kontrastmittelinjektion gut nachweisen. Semiselektive Angiokardiographien mit Injektion in die Vena cava oder den rechten Vorhof sind möglich. Hierbei ist die Bildqualität maßgeblich von der Injektionszeit, d.h. einer Injektion als Bolus abhängig. Kurze Injektionszeiten lassen sich mit größtmöglichen Katheterdurchmessern erreichen.

Je stärker der Ausflußtrakt des linken Ventrikels eingeengt ist, desto größer ist der systolische Druck, der im linken Ventrikel erzeugt werden muß. Systolische Ventrikeldrucke bis 200 mm Hg und darüber können gemessen werden. Wird während der Druckmessung der Katheter aus dem Ventrikel herausgezogen, zeigt sich ein Drucksprung (Gradient), nachdem die Katheterspitze die Stenose passiert hat. Während der systolische Druck im Ventrikel beispielsweise 200 mm Hg erreicht, kann der in der Aorta nur 100 mm Hg betragen. Die Höhe des Druckgradienten wird als Gradmesser für den Schweregrad angesehen. Durch allmähliche Dilatation des linken Ventrikels kommt es zur Dehnung des Mitralklappenringes und damit zur funktionellen Mitralinsuffizienz. Der Mitralklappenschluß kann auch durch partielle Einbeziehung des septalen Klappensegels in besonders rigide subvalvuläre fibröse Ringe mechanisch behindert oder unmöglich sein.

Therapie: Eine kausale Therapie ist nicht möglich, obwohl die chirurgische Korrektur der ringförmigen Stenosen bei entsprechenden Voraussetzungen theoretisch denkbar ist. GERLACH et al. (1988) haben einen apico-aortalen Bypass entwickelt, der nach chirurgisch-technischer Vervollkommnung für Hunde mit schweren Aortenstenosen günstigere Überlebenschancen bieten kann. In der Regel wird nur eine symptomatische Behandlung durchgeführt, die aus Digitalisierung (im Stadium der Dilatation und Stauungsinsuffizienz), Diuretika sowie dem eventuellen Einsatz von Antiarrhythmika besteht (s. S. 404).

Pulmonalstenosen: Bei den Stenosen der Pulmonalarterie dominieren die valvulären Formen. Die Enge des Semilunarostiums kann sowohl durch stark verdickte starre Klappen als auch durch teilweise oder ganz miteinander verschmolzene Klappen verursacht werden. Für diese Form der beim Beagle erblichen Klappenanomalie haben PATTERSON et al. (1981) die Bezeichnung „Dysplasie der Pulmonalklappen" vorgeschlagen (Abb. 15.36.). Außerdem kommen subvalvuläre Stenosen, die durch einen fibrösen Ring verursacht werden, sowie muskuläre Stenosen im Infundibulum des rechten Ventrikels vor. Eine Sonderform stellt die Abtrennung des Ausflußtraktes vom übrigen Ventrikel durch einen fibromuskulären Ring dar. Pulmonalstenosen treten auch in Kombination mit anderen kongenitalen Herzfehlern auf. Zusammen mit dem VSD und der reitenden Aorta entsteht eine komplexe Fehlbildung, die *Fallotsche Tetralogie*. Sie gehört zum Formenbild der sog. Conus-truncus-Septumanomalien (PATTERSON et al. 1974). Beim Keeshond tritt diese Kombination von Herzanomalien als genetisch fixierter Defekt auf. Bei den Nachkommen betroffener Elterntiere kann neben dem Vollbild der Fallotschen Tetralogie jede Mißbildung auch einzeln auftreten. Dabei können in einem Wurf Nachkommen mit isolierter Pulmonalstenose bzw. mit isoliertem Ventrikelseptumdefekt oder anderen klinisch stummen Anomalien vorkommen. Sehr selten werden Pulmonalstenosen zusammen mit subvalvulären Aortenstenosen beobachtet.

Auskultation: Typischerweise ist ein systolisches Geräusch mit punctum maximum im Pulmonalklappenfeld und Crescendo-Decrescendo-Charakter zu hören. Bei nahezu unbeweglichen Klappen bzw. beim sog. Klappendiaphragma mit mittelständiger Öffnung kann das Geräusch auch eine diastolische Komponente durch ungenügenden Klappenschluß haben. Ist die akustische Zuordnung eines Geräusches zu einem der beiden Semilunarklappenfelder nicht sicher möglich, kann mit Hilfe des EKG eine Differenzierung erfolgen.

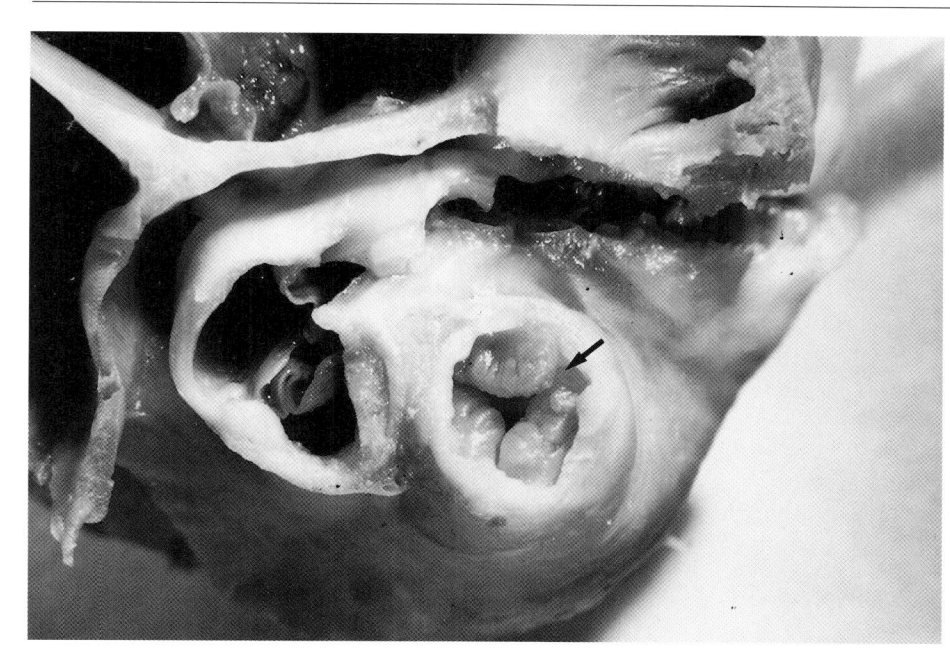

Abb. 15.36.
Schwere valvuläre Pulmonalstenose (neugeborener Beaglewelpe, ♂). Wulstig-derbe, dysplastische Semilunarklappen der A. pulmonalis (Pfeil). Vergleiche die normalen Aortenklappen links daneben.

EKG: Elektrokardiographisch sind je nach dem Schweregrad der Stenosierung Anzeichen für eine Hypertrophie der rechten Ventrikelwand zu finden. Tiefe S-Zacken in den Abl. I, II, III, AVF, CV_{6LL} und CV_{6LU} mit mehr oder weniger negativen Kammerkomplexen deuten auf eine schwere Pulmonalstenose hin. Der modale QRS-Summenvektor (DETWEILER 1979) ist nach rechts und kaudal oder sogar nach rechts und kranial gerichtet. Dagegen können in Abl. AVR hohe R-Zacken und in Abl. CV_{5R} qR–R- bzw. Rs-Komplexe auftreten.

Bei schweren Stenosen ist bereits kurz nach der Geburt eine Unterscheidung zwischen den EKG-Kurven mit Zeichen einer pathologischen Rechtshypertrophie bei den betroffenen Welpen und der postnatalen „physiologischen Rechtshypertrophie" im EKG der gesunden Welpen möglich (TRAUVETTER et al. 1981 a, b; s. Abb. 15.7.). Extrasystolen sowie Sinusbradykardien kommen vor.

Röntgen: Als Zeichen der Rechtsherzvergrößerung liegt die Herzsilhouette dem Sternum breiter auf. Die Herzkonturen ähneln häufiger einem Viereck mit abgerundeten Ecken. Die Lungengefäßzeichnung ist durch die Minderversorgung der Lungen mit Blut fein und wenig schattengebend. Die dorso-ventrale Aufnahme zeigt ein prominentes Pulmonalsegment und eine Verlagerung des Herzschattens nach rechts, wobei die Orientierung der Herzspitze nach links und kaudal vollständig verlorengehen kann. Die echokardiographische Darstellung der Pulmonalarterie und des rechtsventrikulären Ausflußtraktes kann aus anatomischen Gründen schwieriger sein als die der Aorta. Dennoch ist mit der 2D-Technik im linksparasternalen Querachsenschnitt eine valvuläre Pulmonalstenose an den unregelmäßigen Mehrfachechos im Bereich der Pulmonalklappe sowie an der poststenotischen Gefäßdilatation meist erkennbar. Obwohl der Schweregrad der Stenose auch hier nur mit der Dopplertechnik quantifiziert werden kann, ist das zweidimensionale Bild bei der Beurteilung der übrigen Herzabschnitte therapeutisch und prognostisch äußerst wichtig.

Herzkatheteruntersuchung: Der intraventrikuläre Druck in der rechten Kammer ist erhöht. Wird der Katheter in die Pulmonalarterie vorgeschoben und anschließend zurückgezogen, besteht ein Druckgradient zwischen dem systolischen Druck im Pulmonalarterienstamm und dem Ventrikel nach Passieren der Stenose. Angiokardiographisch läßt sich bei rechtsventrikulärer Injektion die Stenose gut darstellen und lokalisieren, der Anfangsteil der Pulmonalarterie ist dilatiert (poststenotische Dilatation). Der Lungengefäßbaum zeichnet sich zart und fein verästelt ab (Abb. 15.37.). Hochgradige Stenosen verhindern eine belastungsgemäße Anpassung des Blutflusses und können durch dieses limitierte Herzzeitvolumen zu einer hypoxisch bedingten Anfallsymptomatik führen.

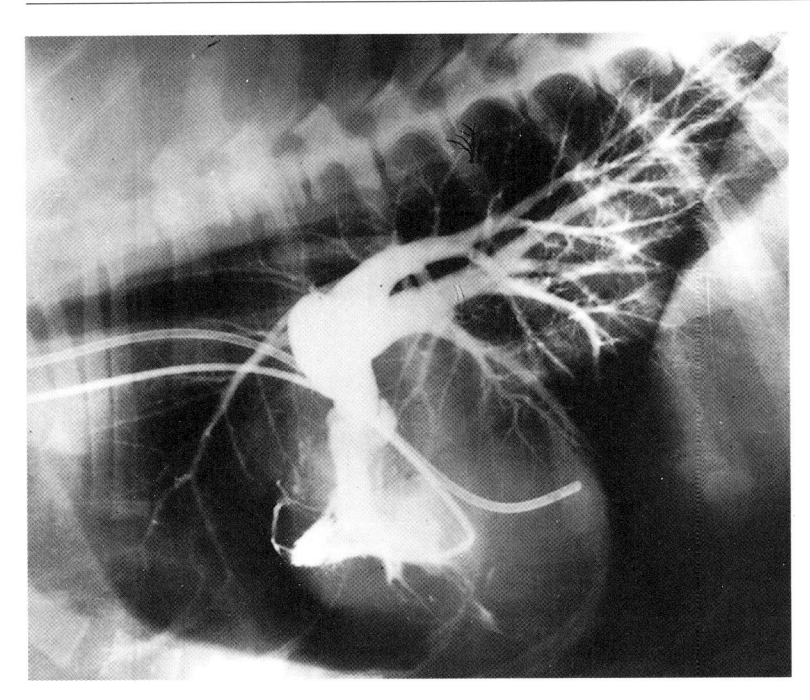

Abb. 15.37. Angiokardiogramm mit rechtsventrikulärer Injektion (Schäferhund, ♂, 6 Monate); Stenosierung des Semilunarostiums mit poststenotischer Dilatation der Pulmonalarterie.

Therapie: Entwickelt sich eine Rechtsherzinsuffizienz, muß sie symptomatisch mit Diuretika und Digitalisierung (s. S. 398 f.) behandelt werden. Insbesondere valvuläre Stenosen mit einem Klappendiaphragma können chirurgisch behandelt, d.h. gesprengt werden. Nach linksseitiger Thorakotomie wird ein geeignetes Instrument über eine Ventrikulotomie eingeführt. Der Einschnitt in den rechten Ventrikel wird mit einer Tabaksbeutelnaht gesichert. Die Valvulotomie oder Sprengung eines stenosierenden Ringes wird, soweit möglich, unter manueller Kontrolle durchgeführt (BUCHANAN und LAWSON 1974).

Persistierender Ductus arteriosus (PDA). Normalerweise kommt es bereits kurz nach der Geburt zur Konstriktion des Ductus arteriosus. Innerhalb von 24–72 Stunden ist der Ductus arteriosus funktionell geschlossen. Kommt es nicht zur Konstriktion, bleibt der Ductus patent, und in der Regel entwickelt sich ein Links-Rechts-Shunt. Bei Pudeln, Schäferhunden und Collies kommt der persistierende Ductus am häufigsten vor, auch Cocker-Spaniels und Irische Setter scheinen öfter als der Durchschnitt der übrigen Rassen zu erkranken. Morphologische Eigentümlichkeiten, wie die Abnahme des Anteils glatter Muskelzellen in der Wandstruktur des Ductus, mögen hauptsächlich verantwortlich sein für das Persistieren der Gefäßverbindung zwischen Aorta und Pulmonalarterie (BUCHANAN 1978). Beim Pudel wird der PDA als polygenes Schwellenmerkmal vererbt (PATTERSON et al. 1971). PDA mit Rechts-Links-Shunt kann bei wenige Tage bis Wochen alten Welpen beobachtet werden. Diese Tiere behalten infolge einer pulmonalen Hypertension die fetale Shuntrichtung bei und zeigen zu keiner Zeit einen Links-Rechts-Shunt mit nachfolgender „Shuntumkehr".

Klinische Zeichen: Sie können in der Entwicklung einer Lungenstauung mit allen Folgen für die Leistungsfähigkeit und Lungenventilation bestehen. Reduzierte Belastbarkeit, nächtliche Unruhe und Husten sind häufige Symptome. Nicht selten wird ein PDA zufällig entdeckt. Nach unserer Erfahrung besteht eine Neigung zu Lungeninfektionen. Hunde mit einem Rechts-Links-PDA haben eine Zyanose kaudal der Einmündung des Ductus in die Aorta. Zyanotische Schleimhäute am After, an der Vulva bzw. am Präputium sowie Zusammenbrechen in der Hinterhand sind typische klinische Befunde.

Auskultation: Das kontinuierliche systolisch-diastolische „Maschinengeräusch" des PDA mit Links-Rechts-Shunt gehört zu den auskultatorisch charakteristischsten Befunden in der Veterinärkardiologie. Es handelt sich meist um „Maschinengeräusche" der Lautstärke Grad 4–5 mit einem deutlich palpablen Schwirren über dem punctum maximum. Bei Hunden, deren PDA nur relativ englumig ist, kann die leisere diastolische

Geräuschkomponente überhört weden, da sie nur innerhalb eines begrenzten Bezirkes an der linken seitlichen Brustwand, dem direkten Pulmonal-Aortenfeld, auskultierbar sein kann. Beim PDA mit Rechts-Links-Shunt existiert kein Geräusch. Wie bei anderen Formen der pulmonalen Hypertonie ist der zweite Herzton gespalten.

EKG: Hohe Potentiale mit großen R-Amplituden in Abl. II, III und AVF sowie in den linken Brustwandableitungen (>3 mV) sind die Regel. Bei älteren Hunden mit PDA können Arrhythmien, wie z. B. ventrikuläre Extrasystolen und Vorhofflimmern, auftreten. Hunde mit einem Rechts-Links-Shunt zeigen ausgeprägte Rechtshypertrophie-Zeichen im EKG.

Bei wiederholten EKG-Untersuchungen betroffener Welpen mit Links-Rechts-PDA ist die Amplitudenzunahme in den ersten 8–12 Lebenswochen im Vergleich zu gesunden Wurfgeschwistern besonders deutlich. Die EKG-Bilder von Welpen mit Rechts-Links-Ductus ähneln denen gesunder Welpen zum Zeitpunkt der Geburt. Innerhalb weniger Wochen entwickeln sich jedoch alle Zeichen einer pathologischen Rechtshypertrophie. Der normale Wechsel von ursprünglich rechts- zu linksorientierten QRS-Vektoren findet nicht statt (TRAUTVETTER et al. 1981a, b).

Röntgen: Auch beschwerdefreie Tiere haben häufig eine vergrößerte Herzsilhouette. Dilatation des linken Vorhofs und alle Stadien der Lungenstauung bzw. des Lungenödems sind zu beobachten. In der dorso-ventralen Aufnahme fällt der dilatierte Pulmonalarterienstamm auf, dessen vorgewölbte Konturen den Herzschatten zwischen 1 und 2 Uhr überragen. Die Linkshypertrophie kann zur Annäherung der linksseitigen Herzkonturen an die linke Brustwand führen. Beim PDA mit Rechts-Links-Shunt fallen die Rechtsherzvergrößerung sowie die gewundenen und gestauten Pulmonalarterien auf.

Herzkatheteruntersuchung: Bei Injektion des Kontrastmittels in die Aorta ascendens oder in den linken Ventrikel läßt sich der Ductus meist gut darstellen. Die Diagnose kann auch durch Passieren des Ductus und Erreichen des rechten Ventrikels gestellt werden, wenn als Zugang die A. femoralis gewählt wird. (Abb. 15.38., 15.39.).

Beim PDA mit Rechts-Links-Shunt stellt sich bei rechtsatrialer oder ventrikulärer Injektion unmittelbar nach Injektionsende die über die Pulmonalarterie und den Ductus kontrastgefüllte Aorta descendens dar. Zur Sicherung der „Links-Rechts-PDA"-Diagnose ist eine Herzkatheteruntersuchung in der Regel nicht notwendig. Sie kann bei klinisch unklaren Fällen oder zum Ausschluß zusätzlicher Vitien aber wünschenswert sein. Mit Druckerhöhung im rechten Ventrikel ist vor allem beim PDA mit Rechts-Links-Shunt zu rechnen.

Therapie: Eine symptomatische Behandlung der Stauungserscheinungen und eventueller Arrhythmien ist möglich. Die Digitalisierung ist in jedem Fall auch als präoperative Maßnahme anzuraten (s. S. 398). Wegen des dauerhaften Erfolges ist eine chirurgische Korrektur die Methode

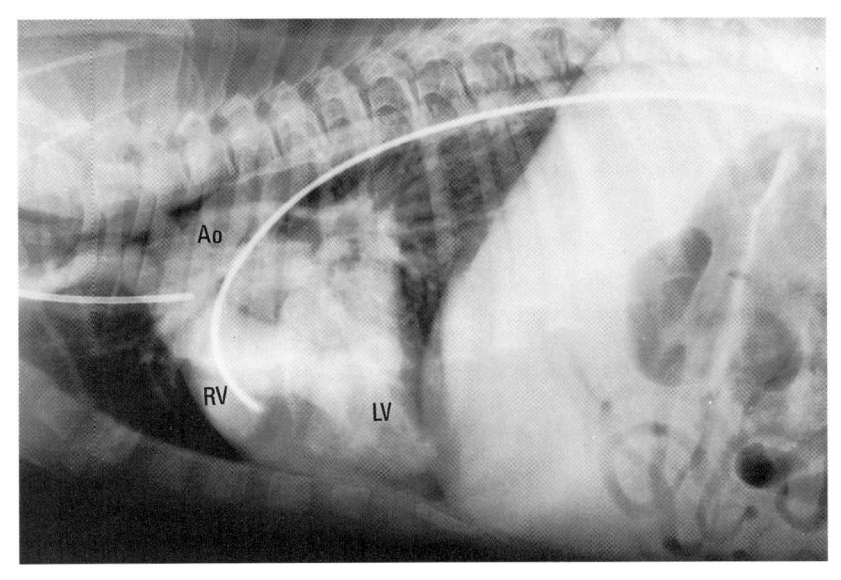

Abb. 15.38. Persistierender Ductus arteriosus (Schäferhund, ♂, 5 Monate). Diagnose durch Katheterlage; der über die A. femoralis eingeführte Angiokardiographie-Katheter verläßt die Aorta (Ao) am Ausgang des Aortenbogens und ist über den patenten Ductus und die Pulmonalarterie in den rechten Ventrikel (RV) gelangt.

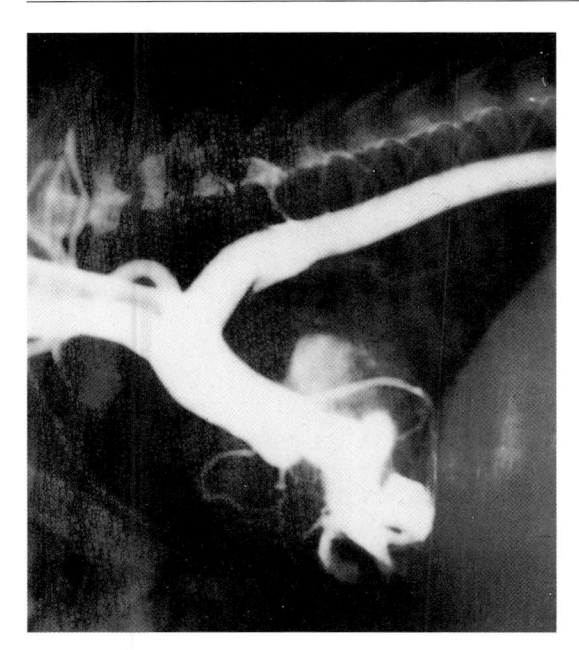

Abb. 15.39. Kontrastdarstellung des linken Ventrikels und der Aorta. Am Ausgang des Aortenbogens unvollständiger Verschluß des Ductus arteriosus mit Ausbildung eines aortenseitigen Ductus-Divertikels.

der Wahl. Das Operationsrisiko hängt wesentlich vom Trainingsgrad des operierenden Teams und dem Zustand des Patienten ab. Ältere Hunde mit erheblichen Folgezuständen sowie Junghunde mit Pneumonien und/oder zusätzlichen Anomalien haben geringere Überlebenschancen.

Als Zugang wird der 4. oder 5. linke Interkostalraum gewählt. Die Lunge wird zur Seite geklappt und der N. vagus mobilisiert und sanft nach dorsal oder ventral gezogen. Zum Zweck einer eventuellen Notfallintervention bei stärkeren Blutungen sollten die Aorta und die A. pulmonalis freipräpariert und entsprechende atraumatische Klemmen bereitgehalten werden. Danach wird der Ductus durch Fingerpalpation (Schwirren!) lokalisiert und vorsichtig stumpf freigelegt. Dabei können verschieden geformte Ligaturträger eingesetzt werden. Ist der Ductus ausreichend präpariert, wird nichtresorbierbares Nahtmaterial genügender Stärke unter dem Ductus hindurchgeführt. Die aortenseitige Ligatur wird zuerst geknüpft, die Pulmonalarterien-Seite folgt. Beide Ligaturen sind mit der gebotenen Vorsicht festzuziehen. Eine Transfixationsligatur zwischen beiden Ligaturen kann zur Verhinderung einer Rekanalisierung angebracht werden. Nutzen und zusätzliches Risiko sind dabei zu bedenken. Ebenso ist eine Durchtrennung des Ductus nach vorherigem Abklemmen mit anschließender Gefäßnaht möglich. Der Thorax wird wie üblich verschlossen (s. Kapitel 7.). Detailliertere Schilderungen des Operationsverlaufs finden sich bei BUCHANAN (1986), BUCHANAN und LAWSON (1974) sowie EYSTER et al. (1976).

Nach erfolgreicher Operation nehmen die Herzgröße und der Durchmesser der Lungengefäße ab. Die Veränderungen können in wiederholten Röntgenaufnahmen kontrolliert werden. Ein leises bis mittellautes systolisches Herzgeräusch als Folge der funktionellen Mitralklappeninsuffizienz besteht meist noch lange. Wird lediglich eine Doppelligatur zur Unterbindung angelegt, kommt es gelegentlich zur Rekanalisation mit geringem Shuntvolumen. Hunde mit einem Rechts-Links-Shunt-PDA sind keine Kandidaten für die chirurgische Korrektur dieser Anomalie.

Ventrikelseptumdefekt (VSD). Bei weitem am häufigsten sind Defekte im membranösen Teil des interventrikulären Septums direkt unterhalb des Aortenaustritts. Im rechten Ventrikel liegen sie ebenfalls unterhalb des Austritts der Pulmonalarterie bzw. in der Gegend des infundibulären Papillarmuskels. Bei kleinen und mittelgroßen Defekten kann membranöses Gewebe den Defekt postmortal optisch verkleinern und auch in vivo die Shuntgröße beeinflussen. Durch entzündliche Reaktionen kann es zur Verkleinerung bzw. zum funktionellen Verschluß des Defektes kommen. Sehr große VSD mit reitender Aorta haben eine unterschiedliche Hämodynamik und verursachen unterschiedliche klinische Symptome.

Klinische Zeichen: Das klinische Bild wird in erster Linie von der Shuntgröße und der überwiegenden Shuntrichtung bestimmt. Größere Shuntmengen beim VSD mit Links-Rechts-Shunt verursachen eine Volumenüberlastung der Lunge mit den eventuellen Folgen der Lungenstauung und Zunahme des Lungenwiderstandes. Große Defekte mit reitender Aorta führen bereits früh während des Lebens zu Lungengefäßveränderungen und zum Rechts-Links-Shunt mit peripherer Zyanose.

Auskultation: Das systolische Geräusch ist links und rechts gut hörbar. Gewöhnlich liegt das punctum maximum im 2.–3. Interkostalraum rechts. Dort und über der Pulmonalarterie kann häufig auch ein Schwirren gefühlt werden. Im Phonokardiogramm ist das Geräusch holosystolisch und bandförmig.

EKG: Kleine und mittlere Defekte können annähernd normale Kurvenzüge haben. Bei größeren Defekten und Shunts können sich mäßige Anzeichen der Rechtshypertrophie zeigen oder entwickeln. Bei Welpen kann die Evolution zu links gerichteten QRS-Vektoren verhindert oder verzögert sein.

VSD mit Rechts-Links-Shunt haben die charakteristischen EKG-Veränderungen einer ausgeprägten Rechtshypertrophie bzw. Rechtsherzvergrößerung (s. S. 380).

Röntgen: Die Herzsilhouette kann ihre ovale Form verlieren, das Ausmaß der Rechtsherzvergrößerung ist unterschiedlich. Je nach dem Grad der Volumenbelastung ist die Lungengefäßzeichnung mehr oder weniger stark verändert. Beim Rechts-Links-Shunt kommt es infolge des veränderten Lungenwiderstandes zu gewundenen Lungengefäßen. In der dorso-ventralen Projektion fällt die Vorwölbung der Pulmonalarterie auf, die durch die Dilatation des Pulmonalarterienstammes verursacht wird (relative Pulmonalstenose!). Die meist subaortal gelegenen VSD stellen sich abhängig von ihrer Größe *echokardiographisch* als echoarmer Spalt bzw. echofreie Lücke im membranösen Septum direkt unterhalb der Aorta dar. Die physiologische Bewegung des Septums kann gestört sein.

Herzkatheteruntersuchung: 1. *großer VSD mit Rechts-Links-Shunt:* Bei der über einen rechtsventrikulären Katheter durchgeführten Angiokardiographie füllen sich Pulmonalarterie und Aorta gleichzeitig mit Kontrastmittel. Der Druck im rechten und linken Ventrikel ist in Ruhe meist etwa gleich hoch. Vor allem während physischer Belastung übersteigt der rechtsventrikuläre Druck den Druck im linken Ventrikel. Wird sowohl ein venöser als auch ein arterieller Katheter eingeführt, können beide Katheter über den hochsitzenden VSD in einen Ventrikel gelangen. Dadurch kann allein anhand der Katheterlage die Diagnose gesichert werden. 2. *Kleiner und mittelgroßer VSD mit Links-Rechts-Shunt:* Der linksventrikuläre Druck ist normal, der Druck im rechten Ventrikel bewegt sich ebenfalls im Normbereich oder ist leicht erhöht. Angiokardiographisch läßt sich der Shunt über eine linksventrikuläre Kontrastmittelinjektion darstellen und die Lage des VSD lokalisieren. Besonders eindrucksvoll ist der ständige Übertritt kontrastmittelvermischten Blutes unter fortlaufender Durchleuchtungskontrolle mit Hilfe eines Bildverstärkers zu beobachten und über eine eventuelle Videoaufzeichnung zu dokumentieren.

Therapie: Die meisten Hunde mit VSD und Links-Rechts-Shunt sind lange Zeit asymptomatisch und bedürfen dann keiner Therapie. Entwickelt sich eine Stauungsinsuffizienz, können Digoxin und Diuretika eingesetzt werden. Um den Blutfluß in die Lungen und damit die Größe des Shunts zu reduzieren, kann eine Pulmonalarterien-Bandage durchgeführt werden. Sie hat die Wirkung einer künstlichen Pulmonalstenose und reduziert das Shuntvolumen durch eine Erhöhung des Drucks im rechten Ventrikel.

Vorhofseptumdefekt (ASD). Defekte im interatrialen Septum kommen als Löcher oder Lücken mit verschiedener Lokalisation vor. Die tiefen, ventrikelnahen Defekte werden als *Septum-primum-Defekte* und die Löcher in der Gegend der Fossa ovalis als *Defekte vom Septum-secundum-Typ* bezeichnet. Als Voraussetzung für die Bezeichnung *persistierendes Foramen ovale* sehen einige Autoren die Lokalisation in der Fossa ovalis und das Vorhandensein der Valvulae foraminis an; hierbei handelt es sich um einander überlappende Membranen, die das Foramen kurz nach der Geburt funktionell verschließen. Besonders bei den großen Vorhofseptumdefekten ist eine Typisierung für den Nichtspezialisten schwierig.

Klinisch stehen Symptome, die als Folge der Volumenüberlastung im Lungenkreislauf anzusehen sind, im Vordergrund. Außer unspezifischen Anzeichen, wie Nachlassen der körperlichen Leistung und Dyspnoe, können sich schließlich alle Symptome einer Stauungsinsuffizienz entwickeln.

Das meist mittellaute systolische Geräusch im Pulmonal-Aortenfeld entsteht durch die relative Enge des Pulmonalostiums für den um das Shuntvolumen vergrößerten Blutfluß in die Lungen. *Röntgenologisch* kommt es zur Rechtsherzvergrößerung und zur Dilatation des Pulmonalarterienstammes. Auffällig sind die meist deutlich verbreiterten Lungengefäße. Im *EKG* finden sich mildere Veränderungen im Sinne einer Rechtsherzbelastung. Negative P-Wellen in den Ableitungen mit normalerweise positiven P-Wellen sind beschrieben (PYLE und PATTERSON 1972, TRAUTVETTER et al. 1972).

Bei *Katheterisierung* des Herzens ist das Passieren des Defektes mit einem Jugularvenen-Katheter in das linke Atrium bzw. in den linken Ventrikel beweisend. Über einen via A. carotis ins linke Atrium vorgeschobenen Katheter läßt sich der ASD angiokardiographisch eindeutig diagnostizieren. Diagnostisch ähnlich gute Aussagen lassen sich mit der Indikatorverdünnungstechnik wie Thermodilution, Ascorbinsäuretest oder mit der Farbstoffverdünnungsmethode treffen. Dies gilt in gleicher Weise für den VSD. Treten als Folge der Lungenüberlastung Symptome der Stauungsinsuffizienz auf, ist eine symptomatische Therapie angezeigt.

Fallotsche Tetralogie. Als Fallotsche Tetralogie wird die Kombination eines großen VSD mit reitender Aorta (d.h. die Aortenöffnung liegt dicht über dem VSD) und einer Pulmonalstenose mit Rechtshypertrophie bezeichnet. Infolge des hohen Drucks im rechten Ventrikel besteht ein Rechts-Links-Shunt mit Zyanose. Die Fallotsche Tetralogie gehört zu den sog. Conus-truncus-Septumanomalien; sie ist das Vollbild dieser Herzmißbildung. Tiere aus solchen Hundefamilien können auch isolierte Ventrikelseptumdefekte und Pulmonalstenosen neben anderen klinisch stummen Anomalien aufweisen (z.B. Fehlen des Papillarmuskels im Infundibulum des rechten Ventrikels, membranöses Septumaneurysma; PATTERSON et al. 1974).

Zyanose, verminderte Leistungsfähigkeit und Dyspnoe stehen im Vordergrund des *klinischen Bildes*. *Elektrokardiographisch* finden sich überwiegend negative Kammerkomplexe in Abl. I, II, AVF und in den linken Brustwandableitungen als Ausdruck der Rechtshypertrophie. Der QRS-Vektor ist mehr nach rechts, evtl. sogar nach kranial gerichtet.

Röntgenologisch fällt neben unterschiedlich starken Herzvergrößerungen die hypovaskularisierte Lunge auf. Es besteht eine poststenotische Dilatation der Pulmonalarterie. *Angiokardiographisch* lassen sich diese Veränderungen bei rechtsventrikulärer Kontrastmittelinjektion gut darstellen. Eine *Therapie* ist kaum möglich, sie würde eine vollständige chirurgische Korrektur am offenen Herzen erfordern. Bei sehr schweren Pulmonalstenosen kann nach Mobilisieren und Durchtrennen der A. subclavia dieses Gefäß zur besseren Blutversorgung der Lungen in die A. pulmonalis eingepflanzt werden. Eine ähnliche Funktion kann ein persistierender Ductus arteriosus erfüllen, der als zusätzliche Anomalie gelegentlich vorkommt.

Persistierender rechter Aortenbogen (PRAB). Zu den in der Regel hämodynamisch irrelevanten Herz- bzw. Gefäßanomalien gehört das Persistieren des rechten Aortenbogens. Während sich die Aorta normalerweise embryonal aus der vierten *linken* Kiemenbogenarterie entwickelt, bildet die vierte *rechte* Kiemenbogenarterie den fehlseitigen rechten Aortenbogen.

Zwischen der rechtsseitigen Aorta, der Pulmonalarterie, dem Ligamentum arteriosum Botalli und der Herzbasis entsteht ein Gefäßring, der zur Einengung des Ösophagus führt. Gelegentlich kann statt des Ligamentum arteriosum ein persistierender Ductus arteriosus den einengenden Ring mitformen. In diesen Fällen können außer der Abschnürung des Ösophagus alle Symptome eines persistierenden Ductus arteriosus mit Links-Rechts-Shunt gefunden werden. Wegen der häufigen Lungenkomplikationen beim PRAB kann die auskultatorische Diagnose des meist engerlumigen Ductus erschwert sein. Von sieben Deutschen Schäferhundwelpen mit PRAB an unserer Klinik in drei Jahren wiesen zwei einen persistierenden Ductus mit Links-Rechts-Shunt auf. Neben dem Deutschen Schäferhund sind vor allem Irische Setter von dieser Gefäßanomalie betroffen (BUCHANAN und LAWSON 1979, PYLE 1977). Gewöhnlich treten die ersten Krankheitssymptome beim Übergang von rein flüssiger Nahrung (Saugwelpe, Muttermilch) zu festerem Futter auf. Je enger der Gefäßring, um so gravierender ist in der Regel die Regurgitation und um so ausgeprägter die präkardiale Divertikelbildung des Ösophagus. Hochgradige Strikturen führen auch zu einer Einengung der Trachea. Im präkardialen dilatierten Teil des Ösophagus sammelt sich ein übelriechender, fauliger Futterbrei. Die Gefahr der Aspiration beim Regurgitieren ist groß. Sehr junge Welpen mit engen Gefäßringen, ausgeprägten Dilatationen und Aspirationspneumonien haben ein vergleichsweise höheres Operationsrisiko (SHIRES und LIU 1981). In der Anamnese wird meist von „Erbrechen" (Regurgitieren) festen Futterbreis, von körperlicher Minderentwicklung und relativ häufig von dyspnoischen Zuständen oder Husten berichtet.

Die *Diagnose* wird durch Röntgenaufnahmen des Thorax gestellt. Die präkardiale Ösophagusdilatation ist charakteristisch. Bestehen hinsichtlich der Lokalisation und des Ausmaßes der Ösophagusdilatation Zweifel, ist eine Kontrastmitteluntersuchung mit Bariumsulfat möglich (Abb. 15.40.).

Therapie: Die Ringstruktur kann durch chirurgische Durchtrennung des Ligamentum arteriosum über eine linksseitige Thorakotomie im 4./5. Interkostalraum beseitigt werden. Das gleiche gilt für das gleichzeitige Persistieren des Ductus arteriosus. Die aortenseitigen und pulmonalarterienseitigen Stümpfe sollten nach Ligatur und Durchtrennung des Ductus übernäht werden. Falls genügend Raum vorhanden ist, können auch Transfixationsligaturen mit Durchstechen der Ductusenden gelegt werden. Gleichzeitig mit einer fehlseitigen Aorta kann eine retroösopha-

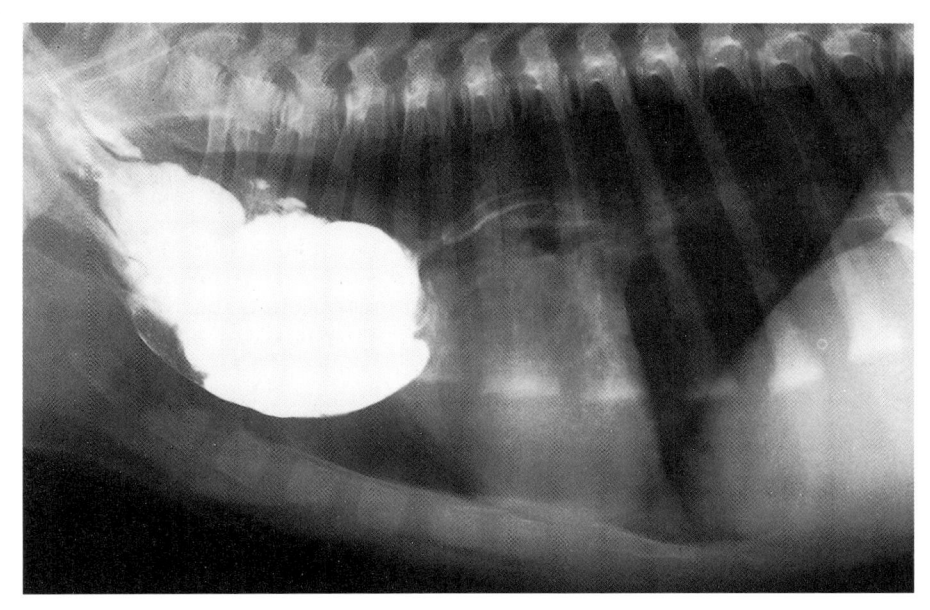

Abb. 15.40. Präkardiale Ösophagusdilatation infolge eines persistierenden rechten Aortenbogens (Deutscher Schäferhund, ♀, 5 Wochen). Am kaudalen Ende der Dilatation über der Herzbasis setzt sich der englumige Ösophagus fort.

geale A. subclavia sinistra auftreten und den Ösophagus abschnüren (BUCHANAN 1968). Diese Anomalie kann allein mit einer normalen linksseitigen Aorta zu ähnlichen Symptomen führen. Die retroösophageale A. subclavia sinistra muß dann freigelegt, ligiert und durchtrennt werden. Der Druck des darauf „hängenden" präkardialen Ösophagusteils läßt die beiden getrennten Gefäßenden weit auseinanderschnellen.

Der Zugang zum Ligamentum arteriosum oder zum persistierenden Ductus kann durch eine **Vena cava cranialis sinistra persistens** (Vccsp.) erschwert werden, als Gefäßanomalie ist sie ebenfalls hämodynamisch ohne Bedeutung (BUCHANAN 1963). Das meist weitlumige Gefäß liegt jedoch links seitlich der Herzbasis und damit direkt im Operationsgebiet. Die Vccsp. kann freipräpariert und nach sternal oder dorsal gezogen werden. Soll ein Herzkatheter in den rechten Vorhof oder in die rechte Kammer über die linke V. jugularis vorgeschoben werden, behindert die kaudal über der Herzbasis umbiegende Vccsp. gegebenenfalls das Erreichen der rechten Herzhälfte. In diesen Fällen muß der Zugang über die rechte V. jugularis gewählt werden. Soll die Vccsp. aus operationstechnischen Gründen ligiert werden, hat man sich von der Existenz einer rechtsseitigen kranialen Vena cava zu vergewissern (TRAUTVETTER et al. 1972).

Allen früheren und derzeitigen Mitarbeitern danke ich für ihre Unterstützung und Hilfe bei den Untersuchungen und Arbeiten, die die Niederschrift dieses Kapitels möglich gemacht haben. Verschiedenen Verlagen und Herausgebern danke ich für die Genehmigung, Abbildungen aus früheren Publikationen benutzen zu dürfen. Mein besonderer Dank für die überarbeitete, 2. Auflage gilt Dr. MARIANNE SKRODZKI, die alle echokardiographischen Ergänzungen geliefert hat.

Literatur

BAATZ, G. (1989): Kardiologische Verlaufsuntersuchung während und nach der gastrointestinalen Form der caninen Parvovirus Typ 2-Infektion. Vet.-med. Diss., Berlin (Freie Universität).

BESTETTI, G., HÄNI, H., DUDAN, F., MEISTER, V., WABER, S., und LUGINBÜHL, H. (1979): Panleukopenieähnliche Enteritis und plötzliche Todesfälle bei Welpen infolge Myokarditis, wahrscheinlich verursacht durch Parvoviren. Schweiz. Arch. Tierheilk. **121**, 663.

BOHN, F. K., and RHODES, W. H. (1970): Angiograms and angiocardiograms in dogs and cats: Some unusual filling defects. J. Amer. Vet. Radiol, Soc. **11**, 21.

BOHN, F. K., PATTERSON, D. F., and PYLE, R. L. (1971): Atrial fibrillation in dogs. Brit. Vet. J. **127**, 485.

BOHN, F. K. (1978): Eine klinisch diagnostizierte Perikardruptur beim Hund. Prakt. Tierarzt **59**, 513.

BOINEAU, J. P., and MOORE, E. N. (1970): Evidence for propagation of activation across an accessory atrioventricular connection in types A and B pre-excitation. Circulation **41**, 375.

BONAGURA, J. D., and HERRING, D. S. (1985a): Echocardiography: Congenital Heart Disease. Vet. Clin. North Am.: Small. Anim. Pract. **15**, Number 6, 1195.

BONAGURA, J. D., and HERRING, D. S. (1985b): Echocardiography: Acquired Heart Disease. Vet. Clin. North Am.: Small. Anim. Pract. **15**, Number 6, 1209.

Bonagura, J.D., und Muir, W.W. (1989): Therapie der Herzarrhythmien. In: EKG bei Hund und Katze (Tilley, L.P.). Schlütersche Verlagsanstalt.

Boring, J.G. (1977): Heartworm disease. In: Current Vet. Therapy VI, Ed. R.W.Kirk. Saunders. Philadelphia, London, Toronto.

Brass, W., Horzinek, I., und Sterner, W. (1972) Relative (extravalvuläre) Mitralinsuffizienz bei Meutehunden. Berl. Münch. Tierärztl. Wschr. **85**, 208.

Buchanan, J.W. (1963): Persistent left cranial vena cava in dogs. Vet. Radional. **4**, 1.

Buchanan, J.W. (1968): Patent ductus arteriosus and persistent right aortic arch surgery in dogs. J. Small Anim. Pract. **9**, 409.

Buchanan, J.W., Dear, M.G., and Pyle, R.L. (1968): Medical and pacemaker therapy of complete heart block and congestive heart failure in a dog. JAVMA **152**, 1099.

Buchanan, J.W., and Lawson, D.D. (1974): Cardiovascular surgery. In: Canine surgery. Ed. E.J.Catcott. Amer. Vet. Publ., St.Barbara, Ca./USA.

Buchanan, J.W. (1977): Chronic valvular disease in dogs. Advances Vet. Science Comp. Med. **21**, 75.

Buchanan, J.W. (1978): Morphology of the ductus arteriosus in fetal and neonatal dogs genetically predisposed to patent ductus arteriosus. Birth defects **14**, 349. The National Foundation.

Burns, M.G., Kelly, A.B., Hornoff, W.J., and Howerth, E.W. (1981): Pulmonary artery thrombosis in three dogs with hyperadrenocorticism. JAVMA **178**, 388.

Cimprich, R.E., Robertson, J.L., Kutz, S.A., Struve, P.S., Detweiler, D.K., de Baecke, P.J., and Street, C.S. (1981): Degenerative Cardiomyopathy in experimental Beagles following Parvovirus exposure. Toxicol. Pathology **9**, 19.

Davis, L.E. (1980): Pharmacodynamics of digitalis, diuretics and antiarrhythmic drugs. Current Vet. Therapy VII. Ed. R.W.Kirk. Saunders, Philadelphia.

Detweiler, D.K. (1979): Circulation. In: Best and Taylors Physiological basis of medical practice. Ed. J.R.Brobeck. Williams und Wilkins, Baltimore.

Detweiler, D.K., Patterson, D.F., Buchanan, J.W., and Knight, D.H. (1979): The cardiovascular system. In: Canine Medicine. Ed. E.J.Catcott. Am. Vet. Publ., St.Barbara, Ca./USA.

Detweiler, D.K., und Trautvetter, E. (1980): Bluthochdruck – Vorkommen und klinische Bedeutung. Kleintierpraxis **25**, 227.

Detweiler, D.K., und Trautvetter, E. (1980): Ein EKG-Punktsystem zur Erkennung von Digoxin- bzw. Digitalisintoxikation. Berl. Münch. Tierärztl. Wschr. **93**, 424.

Dietzel, L., Trautvetter, E., v. Recum, A., Poirson, J.P., und Werner, J. (1972): Die Arm-Lippen-Zeit bei gesunden und herzkranken Hunden. Dtsch. tierärztl. Wschr. **79**, 61.

Ernst, E., Schneider, P., und Trautwein, G. (1973): Untersuchungen zur Ätiologie und Pathogenese der Endokardiose und Endokarditis des Hundes (Pathologisch-anatomische Befunde). Dtsch. tierärztl. Wschr. **80**, 322.

Ettinger, S., and Suter, P. (1970): Canine Cardiology. Saunders, Philadelphia, London, Toronto.

Eyster, G.E., Eyster, J.T., Cords, G.B., and Johnston, J. (1976): Patent ductus arteriosus in the dog. JAVMA **168**, 435.

Fankhauser, R., Luginbühl, H., and McGrath, J.T. (1965): Cerebrovascular disease in various animal species. Ann. N.Y. Acad, Scie. **127**, 817.

Feigenbaum, H. (1986): Echokardiographie. Perimed Fachbuch-Verlagsgesellschaft mbH, Erlangen. 3. Auflage als Nachdruck der 2., völlig neubearbeiteten Auflage.

Feldman, E.C. (1980): Influence of non-cardiac disease on the heart. In: Current Vet. Therapy VII. Ed. R.W.Kirk, Saunders, Philadelphia, London, Toronto.

Gerlach, K.F., Henning, E., Trautvetter, E., and Röcken, F. (1988): Preliminary results with an Apico-Aortic Valved Conduit (AAVC) using Polyurethane and Aortic Allograft Valves. J. Investigative Surgery **1**, 299–307.

Grevel, V., und Trautvetter, E. (1981): Angiographie – Technik und Anwendung. Kleintierpraxis **26**, 13.

Hamlin, R.L., Smetzer, D.L., and Breznock, E.M. (1972): Sinoatrial syncope in Miniature Schnauzers. JAVMA **161**, 1022.

Hartmann, H., und Meyer, H. (Hrsg) (1993): Klinische Pathologie der Haustiere. Gustav Fischer Verlag, Jena–Stuttgart.

Hill, J.D. (1986a): The electrocardiogram in dogs with standardized body and limb positions. J. Electrocardiology **1**, 175.

Hill, J.D. (1986b): The significance of foreleg positions in the interpretation of electrocardiograms and vectorcardiograms from research animals. Am. Heart J. **75**, 518.

Höfer, H. (1980): Die Arm-Lippen-Zeit bei Hunden mit kompensierten und dekompensierten Herzfehlern. Vet.-med. Diss., Freie Universität Berlin.

Holldack, K., und Wolf, D. (1976): Atlas und kurzgefaßtes Lehrbuch der Phonokardiographie. G.Thieme, Stuttgart.

Jackson, R.F. (1969): The venae cavae or liver failure syndrome of heartworm disease. JAVMA **154**, 384.

Jaksch, W., und Glawischnig, E. (1981): Klinische Propädeutik. Parey, Berlin und Hamburg.

Jezyk, P.F., Haskins, M.E., and Jones, C.L. (1979): Myocarditis of probable viral origin in pups. JAVMA **174**, 1204.

Kaufmann, W., und Bob, M. (1983): Renale Amyloidose als Ursache einer Thromboembolie bei einem Hund. Berl. Münch. Tierärztl. Wschr. **96**, 13.

KERSTEN, U., und KWIK, L. (1974): EKG-Untersuchungen an Hunden während einer Behandlung mit β-Methyldigoxin. Kleintierpraxis **19**, 141.

KERSTEN, U., KAEMMERER, H., und STIGLIC, V. (1975): Kardiologische Untersuchungen an Hunden mit Veränderungen der Serumkaliumkonzentration. Arch. f. tierärztl. Fortbildg. – Kleintierkrankheiten, 215.

KITTLESON, M. D. (1988): Management of heart failure. In: Canine and Feline Cardiology (Ed. P. R. Fox). Churchill Livingstone, New York, Edinburgh, London, Melbourne.

KITTLESON, M. D., JOHNSON, L. E., and OLIVIER, N. B. (1985): Acute hemodynamic effects of hydralazine in dogs with chronic mitral regurgitation. J. Am. Vet. Med. Assoc. **187**, 285.

KREUZER, H. (1980): Möglichkeiten und Grenzen einer Behandlung mit Vasodilatatoren. In: Vasodilatatoren. Ed. K.-W. WESTERMANN. Witzstrock Verlag, Baden-Baden, Köln, New York.

KRIEGER-HUBER, S., WINTER, H., und TRAUTVETTER, E. (1981): Pulmonalarterienverschluß bei einem Cockerspaniel. Kleintierpraxis **26**, 125.

KÜHN, D. (1968): Die Vektoren im EKG des gesunden Hundes. Vet.-med. Diss., Freie Universität Berlin.

LIU, S. K., MARON, J. B., and TILLEY, L. P. (1979): Canine hypertrophic cardiomyopathy. JAVMA **147**, 708.

LOMBARD, Ch., und BUCHANAN, J. W. (1976): Implantation eines elektronischen Schrittmachers bei einem Fall von AV-Block III. Grades beim Hund. Berl. Münch. tierärztl. Wschr. **86**, 362 und 371.

LUGINBÜHL, H., and DETWEILER, D. K. (1965): Cardiovascular lesions in dogs. In: Comparative Cardiology. Ann. N. Y. Acad. Sci. **127**, 517.

MCINTOSH, J. J. (1981): The use of vasodilators in treatment of congestive heart failure: A review. JAAHA **17**, 255.

NÖRR, J. (1935): Über Atmungsarrhythmie bei Caniden. Verh. Dt. Ges. Kreislaufforschg. **8**, 144.

PATTERSON, D. F., PYLE, R. L., BUCHANAN, J. W., TRAUTVETTER, E., and ABT, D. A. (1971): Hereditary patent ductus in the dog and its sequelae. Circ. Res. **29**, 1.

PATTERSON, D. F., PYLE, R. L., VAN MIEROP, L., MELBIN, J., and OLSON, M. (1974): Hereditary defects of the conotruncal septum in Keeshond dogs. Amer. J. Cardiol **34**, 187.

PATTERSON, D. F., HASKINS, M. E., and SCHNARR, W. R. (1981): Hereditary dysplasia of the pulmonary valve in Beagle dogs. Amer. J. Cardiol. **47**, 631.

PIPERS, F. S., BONAGURA, J. D., HAMLIN, R. L., and KITTLESON, M. (1981): Echocardiographic abnormalities of the mitral valve associated with left-side heart diseases in the dog. JAVMA **179**, 580.

POIRSON, J. P., TRAUTVETTER, E., KÜHN, U., und WERNER, J. (1974): EKG-Veränderungen bei Störungen der Elektrolytbalance bei Diabetes mellitus und Urämie. Arch. tierärztl. Fortbildg. – Hunde und Katzen.

POIRSON, J. P., TRAUTVETTER, E., und v. RECUM, A. (1976): Adams-Stokes-Syndrom beim Hund. Tierärztl. Praxis **4**, 359.

PYLE, R. L., and PATTERSON, D. F. (1972): Multiple cardiovascular malformations in a family of Boxer dogs. JAVMA **160**, 965.

PYLE, R. L., PATTERSON, D. F., and CHACKO, S. (1976): The genetics and pathology of discrete subaortic stenosis in Newfoundland dogs. Amer. Heart J. **92**, 324.

PYLE, R. L. (1977): Common congenital heart defects. In: Current Vet. Therapy VI. Ed. R. W. KIRK. Saunders, Philadelphia, London, Toronto.

PYLE, R. L. (1980): Tachyarrhythmia. In: Current Vet. Therapy VII. Ed. R. W. KIRK, Saunders, Philadelphia, London, Toronto.

V. SANDERSLEBEN, J., und KRIEGLEDER, H. (1979): Plötzliche Todesfälle bei Welpen infolge Myokarditis. Schweiz. Arch. Tierheilk. **121**, 615.

SCHÜTT, J., und WASSIF, M. M. (1981): Untersuchungen über Metildigoxin-Serumspiegel nach Gabe von Metildigoxin bei gesunden und herzkranken Hunden. Tagungsbericht Jahrestag. Fachgr. Kleintierkrankheiten. DVG München, 278.

SCHWARTZ-PORSCHE, D. (1969): Thalliumvergiftung bei Hund und Katze. Kleintierpraxis **14**, 4.

SHIRES, P. K., and LIU, W. (1981): Persistent right aortic arch in dogs: A long term follow-up after surgical correction. JAAHA **17**, 773.

SKRODZKI, M. (1990): Untersuchungen zum Vorkommen von Atrioventrikularklappen-Erkrankungen bei Hunden. Vet.-med. Diss., Berlin (Freie Universität).

SLAUSON, D. O., and GRIBBLE, D. H. (1971): Thrombosis complicating renal amyloidosis in dogs. Vet. Path. **8**, 352.

SOKKAR, S. M., und TRAUTWEIN, G. (1970): Die Endokardiose der AV-Klappen des Hundes. Morphologische und histochemische Untersuchungen. Zbl. Vet.-Med. A **17**, 757.

SOKKAR, S. M., und TRAUTWEIN, G. (1971): Die Endokardiose der AV-Klappen des Hundes. Papier- und immunelektrophoretische Untersuchungen. Zbl. Vet.-Med. A **18**, 1.

SPAULDING, G. L. (1980): Cor pulmonale. In: Current Vet. Therapy VII. Ed. R. W. KIRK, Saunders, Philadelphia, London, Toronto.

STOKHOF, A. (1979): Klinische Erfahrungen mit Herzschrittmachern. Abstr. 25. Jahrestag. d. Fachgr. Kleintierkrankh., DVG, Berlin.

TILLEY, L. P. (1989): EKG bei Hund und Katze. Schlütersche Verlagsanstalt.

THOMAS, W. P. (1984): Two-dimensional, real-time echocardiography in the dog: Technique and anatomic validation. Vet. Radiol. **25**, 50.

TRAUTVETTER, E., POIRSON, J. P., und WERNER, J. (1971): Zur Procainamidbehandlung des Vorhofflimmerns beim Hund. Berl. Münch. Tierärztl. Wschr. **84**, 321.

TRAUTVETTER, E., DETWEILER, D. K., WERNER, J., V. RECUM, A., GRAPENTIN, W., und OPITZ, M. (1972): Vorhofseptumdefekt und Vena cava cranialis sinistra persistens. Zbl. Vet.-Med. A **19**, 380.

TRAUTVETTER, E., und POIRSON, J. P. (1975): Vorkommen und Typ der Aortenstenose beim Boxer. Archiv f. tierärztl. Fortbildung – Hunde und Katzen – 207. Schlütersche Verlagsanstalt, Hannover.

TRAUTVETTER, E., DETWEILER, D. K., and PATTERSON, D. F. (1981): Evolution of the electrocardiogram in young dogs during the first 12 weeks of life. J. Electrocardiology **14**, 267.

TRAUTVETTER, E., DETWEILER, D. K., BOHN, F. K., und PATTERSON, D. F. (1981): Evolution of the electrocardiogram in young dogs with congenital heart disease leading to right ventricular hypertrophy. J. Electrocardiology **14**, 275.

TRAUTVETTER, E., und BOB, M. (1982): Epilepsie – Anfallskrankheiten. Kardial bedingte Anfälle beim Hund. Tierärztl. Prax. **10**, 501.

TRAUTVETTER, E., und BOB, M. (1986): Zur Diagnose des Perikardergusses mit Hilfe der zweidimensionalen Echokardiographie. Berl. Münch. Tierärztl. Wochenschr. **99**, 308–310.

TRAUTWEIN, G., BRASS, W., KERSTEN, U., ERNST, E., SCHNEIDER, P., SCHULZ, L.-Cl., AMTSBERG, G., BISPING, W., KIRCHHOFF, H., und SCHOLE, J. (1973): Untersuchungen zur Ätiologie und Pathogenese der Endokardiose und Endokarditis des Hundes. Dtsch. tierärztl. Wschr. **80**, 507.

VALTONEN, M. H., and OKSANEN, A. (1972): Cardiovascular disease and nephritis in dogs. J. Small Anim. Pract. **12**, 687.

WACHHAUS-CHILCOTT, A. (1981): Untersuchungen über die Serumdigoxinkonzentration bei gesunden Hunden nach intravenöser Digoxinbehandlung. Prakt. Tierarzt **12**, 1033.

WARE, A. W., and BONAGURA, J. D. (1988): Pulmonary edema (Fox, P. R. Ed.: Canine and Feline Cardiology). Churchill Livingstone, New York, Edinburgh, London, Melbourne.

WASSIF, M. M. (1981): Serumkonzentrationen und EKG-Untersuchungen gesunder und herzkranker Hunde unter Behandlung mit Metildigoxin. Vet.-med. Diss., Tierärztliche Hochschule Hannover.

WERNER, J., v. RECUM, A., TRAUTVETTER, E., und SKLASCHUS, H. (1969): Der Ruherhythmus des Herzens beim Hund. Zschr. Kreisl.forsch. **58**, 593.

WERNER, J., TRAUTVETTER, E., und SCHÄFFER, E. (1977): Zur unblutigen Blutdruckmessung an Haustieren. II. Normalwerte, veränderte Drucke und Meßpraxis. Zbl. Vet.-Med. A **24**, 269.

WERNER, J., TRAUTVETTER, E., v. RECUM, A., POIRSON, J. P., und SKLASCHUS, H. (1972): Über das normale und das veränderte EKG des Hundes. I. Ableittechnik, Rhythmus- und Formkriterien sowie Zeiten. Wiener Tierärztl. Mschr. **59**, 49.

WERNER, J., TRAUTVETTER, E., v. RECUM, A., POIRSON. J. P., KÜHN, D., und SKLASCHUS, H. (1972): Über das normale und das veränderte EKG des Hundes. II. Potentialgrößen und Vektoren. Wiener Tierärztl. Monatsschr. **59**, 92.

ZAPP, J. A. (1949): Blood pressure of normal dogs observed over a twelve-month period. Amer. J. Physiol. **159**, 598.

16. Schock und Schocktherapie

(E. SCHIMKE und E.-G. GRÜNBAUM)

16.1. Pathophysiologische, diagnostische und klinische Aspekte

(E. SCHIMKE)

16.1.1. Begriffsbestimmung

Im deutschsprachigen Schrifttum waren, im Gegensatz zur angelsächsischen Literatur, lange Zeit die Begriffe „Schock" und „Kollaps" nebeneinander gebräuchlich.

Während der Schock bzw. das Schocksyndrom ein komplexes Geschehen umfaßt, ist der *Kollaps* durch einen Kreislaufzustand unterhalb einer kritischen Blutdruckgrenze, meist als kurzzeitige hämodynamische Störung, charakterisiert. Unter Kollaps versteht man eine besondere Hypotonieform im Sinne der orthostatischen Kreislaufregulation (THIELE 1974). Der Terminus Schock umfaßt ähnlich wie der Begriff Fieber einen Komplex von Erscheinungen. Im klinischen und pathophysiologischen Sinne sollte das polyfaktorielle, komplexe Geschehen besser als *Schocksyndrom* bezeichnet werden.

Wenn man davon ausgeht, daß sich der Sinn des Kreislaufes in den Austauschvorgängen seiner Peripherie erfüllt, dann muß die Definition der akuten Kreislaufinsuffizienz in diesem Gebiet ansetzen. Schock ist demnach ein mehr oder minder akutes Kreislaufversagen, bei dem in den Organen die Kapillardurchblutung akut unter den Durchblutungsbedarf absinkt. Hypoxie und Azidose sind Folgeerscheinungen, Lactatanstieg in der Zelle, im Interstitium und im Blut ist der obligate und nachweisbare Indikator für eine ineffektive Mangeldurchblutung. Die *Mikrozirkulation* ist Dreh- und Angelpunkt einer gestörten Wechselwirkung. Schock ist somit nur ein bildhafter Ausdruck für die Dramatik einer akuten, allgemeinen Störung der Hämodynamik mit unzureichender Durchblutung des austauschintensiven Teils des Gefäßsystems. Dabei ist die Relation zwischen Stromzeitvolumen sowie Sauerstoff- und Energiebedarf einschließlich des Abtransportes von Metaboliten gestört. Das Stromzeitvolumen muß aber nicht unbedingt vermindert sein („low cardiac output shock syndrome"). Auch bei normalem oder erhöhtem Stromzeitvolumen („high cardiac output shock syndrome") kann durch gesteigerte Shuntdurchblutung eine Reduktion der nutritiven Organdurchblutung eintreten (septischer Schock, Peritonitis) (HARTIG 1979).

Das *Stromzeitvolumen* ist als venöser Rückstrom, Herzminutenvolumen oder als Durchblutungsgröße einzelner Organe meßbar. Nach SCHEUCH et al. (1977) kann der Schock vereinfacht durch *Hypovolämie, Hypotonie, Hypoxie* und *hypoxischen Stoffwechsel* charakterisiert werden. Das Kriterium hypoxischer Stoffwechsel ist dabei ausschlaggebend, weil damit die Abgrenzung von Definitionen erreicht wird, die allein von einem Mißverhältnis zwischen zirkulierender Blutmenge und vorhandener Gefäßkapazität ausgehen.

Entscheidend ist im Schockgeschehen der gestörte Metabolismus, der zur Schädigung von Funktionen und Struktur der Zellen und damit der Organe führt.

In diesem Bereich ist auch die Problematik für die Schwere, den Verlauf und den Übergang zum irreversiblen Schock zu suchen. Ein Schock entwickelt sich in Abhängigkeit vom Zeitfaktor. Das klinische Bild wird bestimmt durch Ursache, körpereigene Kompensationsmechanismen, generelle und lokale Folgen, die sich zum Teil in einem Circulus vitiosus rückschließen (LASCH 1979).

Da nicht nur verschiedene Formen des Schocks abgegrenzt, sondern ein Patient innerhalb eines Schockzustandes verschiedenen Phasen mit fließenden Übergängen zugeordnet werden kann, wird eine Definition streng genommen nur einem definierten Augenblick gerecht.

16.1.2. Ätiologie des Schocksyndroms

Beim Schocksyndrom können vier große Ursachenkomplexe unterschieden werden.

1. *Kardiale Ursachen:* akutes Herzversagen, brady- oder tachykarde Rhythmusstörungen, Herzflimmern, Herzflattern, akute Überlastung des Herzens (Lungenödem), inadäquate Koronardurchblutung, Myokardschäden.

2. *Volumenverluste:*
   - Blutverluste nach außen oder innen (traumatische oder operative Einwirkungen auf Gefäße, Weichteile, Knochen; durch Organrupturen),
   - hämorrhagischer Schock,
   - Plasmaverluste (Verbrennungen, massive Quetschungen),
   - Wasser- und Elektrolytverluste (Diarrhoe, Erbrechen, Peritonitis, hohes Fieber, langes Dursten, Nephropathien).
3. *Toxische und septische Faktoren:* bakterielle Toxine, Toxine anderer Herkunft.
4. *Anaphylaktische Reaktionen, neurogene Faktoren:* Arzneimittel, Seren, Insektenstiche, Bluttransfusion, Kontrastmittel, Ganglienblocker, Spinalanästhesie, Mono- und Kombinationsanästhesien.

Im Ursachenspektrum unterscheidet LASCH (1979) zwischen Schockformen, die über eine primäre Störung in der Makrozirkulation erst sekundär die Mikrozirkulation erfassen, und solchen, die primär an der Mikrozirkulation angreifen.

Der *kardiogene Schock und der hypovolämische Schock* gehören zur ersten Gruppe. Zur zweiten Gruppe, deren Ursachen primär in der Mikrozirkulation ansetzen, gehört der *septische Schock*.

Durch die Mikrozirkulation ist die Makrozirkulation mit dem Zellstoffwechsel verbunden. Im Schock werden beide Systeme zunehmend voneinander getrennt (konstriktorische Einflüsse auf die prä- und postkapillären Sphinkter, arteriovenöser Shuntflow, Kreislaufzentralisation); das führt zur mangelhaften Sauerstoff- und Energieversorgung der Gewebe sowie verminderter Gewebsdrainage (HARTIG 1979).

In der Praxis sind eine strikte Differenzierung und Einordnung in die beiden Gruppen nicht immer möglich, weil häufig Mischformen vorkommen. So sind beim *traumatischen Schock* Volumenmangel, neurogene Ursachen und Mischinfektionen kombiniert (LASCH 1979).

16.1.3. Formen des Schocks

Aus dem heterogenen Ursachenspektrum lassen sich vier Schockformen ableiten:

1. kardiogener Schock,
2. hypovolämischer Schock,
3. septischer Schock, endotoxischer Schock (periphere Form),
4. anaphylaktischer Schock.

Obwohl sich die verschiedenen Schockformen in eigenständigen Krankheitsbildern manifestieren, liegen ihnen gemeinsame pathogenetische Mechanismen zugrunde, die durch verschiedene ätiologische Faktoren ausgelöst werden und durch spezifische pathophysiologische Hintergründe charakterisiert sind.

16.1.4. Pathogenese des Schocksyndroms

Im Schock sind drei Schockphasen mit fließenden Übergängen zu unterscheiden. Wenn nicht wirksame körpereigene Gegenregulationen oder therapeutische Maßnahmen den dramatischen Verlauf einer Schockphase stoppen, kommt es lawinenartig zur Eskalation in die nächsthöhere Phase. In der 3. Phase treten irreversible Veränderungen ein (Abb. 16.1.)

Nach dem Grad der Kompensation lassen sich drei Stadien abgrenzen: der *kompensierte Schock,* der *teilweise kompensierte Schock* und der *dekompensierte Schock.*

Erste Phase des Schocks: Verminderung der Herzleistung, Volumenverlust oder Vasodilatation führen zur Verkleinerung des venösen Rückstroms und somit zum Abfall des Stromzeitvolumens. Es resultiert eine generelle Hypotonie. Mit Hilfe nervaler und humoraler Impulse leitet der Organismus die Gegenregulation ein. Als Folge der sympathoadrenergen Reaktion kommt es entweder zur peripheren Vasokonstriktion oder Umverteilung der Blutreserven aus den Kapazitätsgefäßen. Weiterhin strömt interstitielle Flüssigkeit in das Gefäßsystem ein. Mit diesen Regulationsmechanismen kann der Abfall des Stromzeitvolumens bzw. die akute Kreislaufinsuffizienz kompensiert werden. Ist dies erfolgreich oder führt die eingeleitete Therapie unterstützend zum Ziel, dann wird die pathologische Kreislaufsituation beherrscht, anderenfalls entwickelt sich die zweite Phase des Schocks.

Zweite Phase des Schocks: Durch die sympathoadrenerge Reaktion kommt es zur maximalen Steigerung des Sympathikotonus mit Stimulation der Nebennierenrinde und genereller Catecholaminfreisetzung. Dies bewirkt in den Organen, abhängig vom Verteilermuster der Alpha- und Beta-Rezeptoren, eine unterschiedliche Vasokonstriktion und Umverteilung des Herzzeitvolumens. Die Splanchikuszirkulation sowie Nieren, Haut und Muskulatur haben eine starke Alpha-Aktivität und werden am frühesten und stärksten in der Blutversorgung gedrosselt. Dagegen werden Herz und Gehirn sowie die Nebennieren noch längere Zeit ausreichend durchblutet. Der periphere Widerstand steigt an. Somit wird ein ausreichender Druck für längere Zeit erhalten, der die Durchblutung lebenswichtiger Organe (Herz, Gehirn) sichert. Diese Organe verfügen über eigene

16. Schock und Schocktherapie

1. Schockphase
- Herzleistungsabfall
- Vasodilatation
- Volumenverlust

→ verminderter venöser Rückstrom → generelle Hypotonie → Verminderung des Stromzeitvolumens → **Gegenregulation**
- nervale Impulse
- humorale Impulse (sympathoadrenerge Reaktion)

→ Einstrom interstitieller Flüssigkeit ins Gefäßsystem *und/oder* Umverteilung der Blutreserven aus Kapazitätsgefäßen *oder* periphere Vasokonstriktion

→ Normalisierung des Stromzeitvolumens (Stabilisierung)

2. Schockphase

→ Zentralisation des Kreislaufs → Hypoxidose durch Mangeldurchblutung → Mikrozirkulationsstörungen
- anaerobe Glykolyse
- Energieverarmung
- generelle Azidose
- Hypoxidose

→ metabolische Azidose

→ Verschlechterung der Blutfließeigenschaften → disseminierte intravasale Gerinnung

→ Verschiebung im intrazellulären und extrazellulären Mineralstoffwechsel

- Zellödem
- irreversible Zellschädigung

→ Organschäden
→ Funktionsstörungen (irreversibel)

3. Schockphase

Schockauslösende Faktoren werden zur Schockfolge
- Herzleistungsabfall
- Vasodilatation
- Volumenverlust

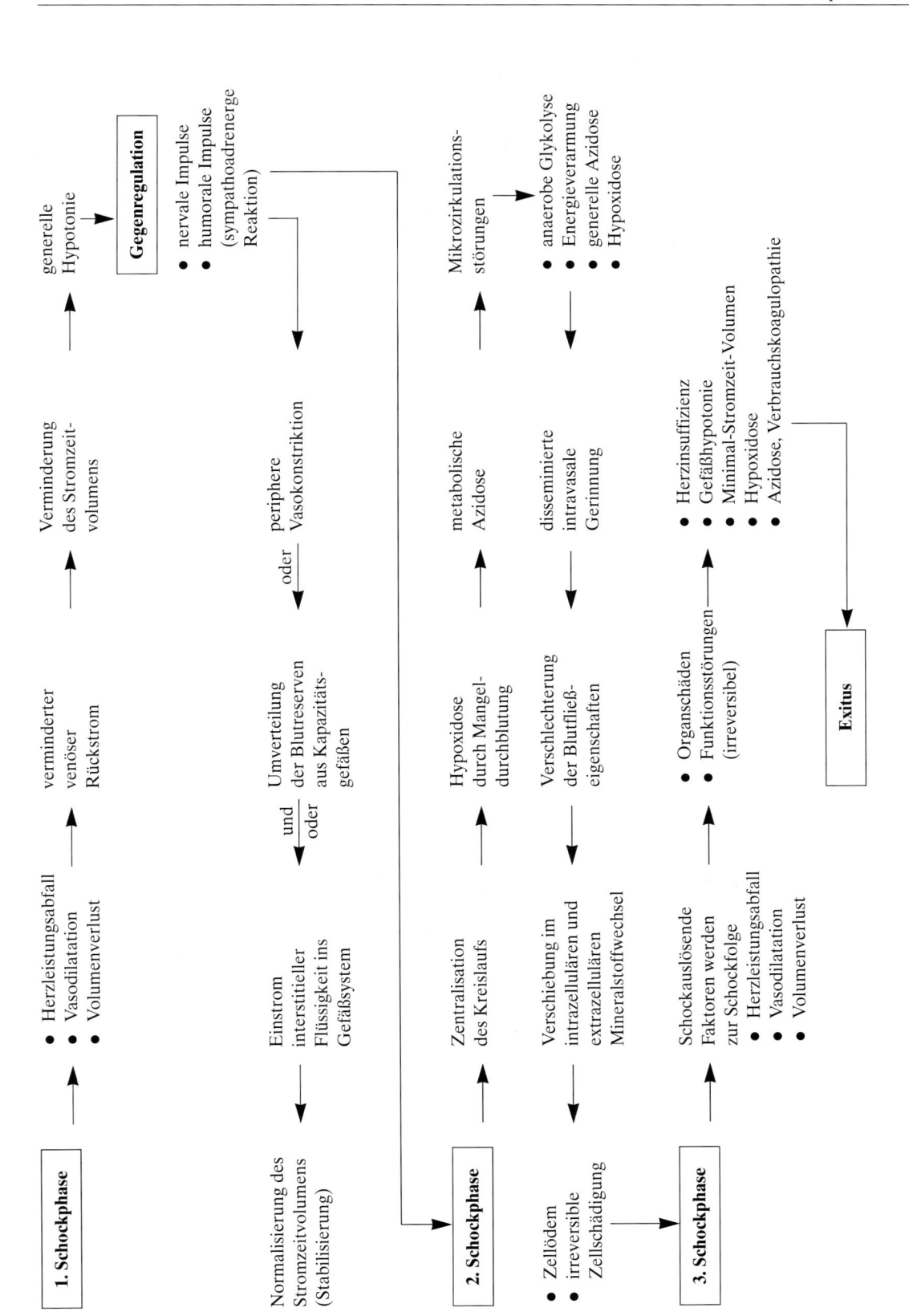

- Herzinsuffizienz
- Gefäßhypotonie
- Minimal-Stromzeit-Volumen
- Hypoxidose
- Azidose, Verbrauchskoagulopathie

→ **Exitus**

Abb. 16.1. Die drei Phasen des Schocksyndroms.

autoregulative Mechanismen (Beta-Rezeptoren) und sind von der Drosselung primär ausgenommen.

Die Vorgänge sind als *„Zentralisation"* des Kreislaufes bekannt, aber letztendlich für den Gesamtorganismus nicht sinnvoll, weil es in Abhängigkeit von der Intensität und Dauer infolge Mangeldurchblutung in den „Drosselgebieten" zu einer unzureichenden Sauerstoffversorgung mit schweren funktionellen und morphologischen Schäden an den Organen durch metabolische Entgleisung kommt, die wiederum Rückwirkung auf das Schockgeschehen haben (Perpetuierung) (LASCH 1979).

Gelingt es in dieser Phase des Schocks nicht, die Ursachen zu beseitigen und die funktionellen Veränderungen durch körpereigene Regulationen oder therapeutische Maßnahmen zu kompensieren, tritt das Schockgeschehen in einen verhängnisvollen *Circulus vitiosus*. Nach Minderung der Herzleistung führt die ursprünglich zur Kompensation erfolgte Zentralisation selbst zum progressiven Schock (LASCH 1979).

Im Frühstadium des Schocks kann der Blutdruck in den großen Arterien bei gleichzeitig erheblich verminderter Durchblutung der Endstrombahn noch normal sein. Im „Low-flow-Zustand" kommt es zu erhöhter Viskosität und somit zur Erhöhung des peripheren Widerstandes mit weiterer Abnahme der Fließgeschwindigkeit. Schließlich erfolgt ein Stehenbleiben der Blutsäule, was neben der Venolenkonstriktion zusätzlich den kapillären Ausstrom behindert. Während der low-flow-bedingten Veränderungen tritt eine Entmischung des Blutes (Plasmascimming) ein. Durch dieses Phänomen kommt es neben den arteriovenösen Shunts zu einer Perfusionsumverteilung. Im Verlauf der zweiten Schockphase verlagern sich die Vorgänge immer mehr in die Endstrombahn und wirken von dort zurück auf die Makrozirkulation. Im Mikrozirkulationsbereich bestimmen neben dem sympathoadrenergen System örtliche Faktoren wie CO_2, Lactat, Adenosin, Histamin, Prostaglandine und Kinine die schockspezifische Vasomotorik der Endstrombahn.

Die Vasokonstriktion betrifft zunächst gleichzeitig Arteriolen und Venolen, wodurch in den Kapillaren der Filtrationsdruck sinkt, Flüssigkeit aus dem Interstitium einströmt und der Hämatokrit fällt. Somit wird eine intrakapilläre Hämodilution erreicht. Gelingt es in diesem Stadium, die Vasokonstriktion zu durchbrechen, können nach Abnahme des Strömungswiderstandes der venöse Rückfluß zunehmen und das Herzzeitvolumen wieder angehoben werden.

Hält die prä- und postkapilläre Vasokonstriktion dagegen weiter an, so wird der positive Effekt der intrakapillären Hämodilution durch die Folgen der sich fortschreitend entwickelnden Gewebshypoxie und Azidose völlig überdeckt (MESSMER und BRENDEL 1971). Neben der Vasomotorik der Endstrombahn sind die Vorgänge am Gefäßinhalt, an den zellulären und plasmatischen Anteilen des Blutes im Strömungsmechanismus der Mikrozirkulation von Bedeutung. Erythrozyten blockieren die Durchströmung im Kapillargebiet. Die vasomotorisch induzierte Ein-, Durch- und Ausstrombehinderung wird durch die zunehmende Viskosität verstärkt. Es kommt zum „Sludge-Phänomen" (Stase mit Zellaggregation) und nachfolgender Mikrothrombenbildung. Außer dem „roten Sludge" (Erythrozytenaggregation) bestehen Aggregationen von Thrombozyten („weißer Sludge"). Neben dem hämodynamischen Faktor haben die Plättchen als Transportorgan vasoaktiver Substanzen wichtige lokale Funktionen (LASCH 1979).

Strömungsverlangsamung im Schock verstärkt das Plasmascimming, so daß es zu einer fast vollständigen Trennung von Plasma und Erythrozyten kommt.

Bei normalen Hämatokritwerten in der Makrozirkulation kann in einzelnen Gefäßbezirken die Erythrozytenkonzentration und damit die Viskosität des Blutes so ansteigen, daß vollständige Stase (Strömungsstillstand) eintritt.

Da bestimmte Kapillarbezirke nur von Plasma durchströmt werden, bedeutet Plasmascimming im Schock eine zusätzliche Störung der Gewebsperfusion. Der Metabolitenabtransport ist damit zwar in gewissem Umfang gewährleistet, aber die Sauerstoffversorgung unterbrochen oder minimal.

Plasmascimming und Erythrozytenaggregation beeinflussen sich gegenseitig (NEUHOF et al. 1979).

Vasokonstriktion, Blutstase und Strömungsbeeinträchtigung im Endstromgebiet bedingen eine starke Einschränkung der transkapillären Austauschflächen und somit auch einen ungenügenden Abtransport von Metaboliten, die im Gewebe entstehen. Saure Metabolite häufen sich in den Geweben an und gelangen infolge darniederliegender Zirkulation nicht ins strömende Blut (Hidden-Azidose), können also hier auch nicht nachgewiesen werden (LASCH 1979).

Die Existenz derartig „versteckter Änderungen" kann direkt nur durch Messungen im Gewebe gefunden werden oder indirekt nach Normalisierung der Mikrozirkulation durch Auslösung des „Wash-out-Phänomens". Diese Tatsache ist bei der Schockdiagnostik zu berücksichtigen.

Im weiteren Verlauf dieser Schockphase entwickelt sich in den mangelhaft durchbluteten „Drosselgebieten" unter dem vorherrschenden Sauerstoffdefizit ein Zustand zunehmender Azidose und Energieverarmung. Die Zelle verarmt an Substraten, wie Glucose, Fettsäuren, Aminosäuren, Glycerol und Sauerstoff.

Die örtliche Verminderung des Sauerstoffangebotes zwingt die Gewebe, ihre energiereichen Metabolite Kreatinphosphat und Adenosintriphosphat zu verbrauchen und ihren Energiestoffwechsel auf unökonomische anaerobe Glykolyse umzustellen. Dabei entstehen lokal saure Metabolite, wie Pyruvat und Lactat. Zur Lactatazidose kommt es, wenn die Kompensationsmechanismen des Organismus nicht mehr ausreichen.

Die so erzeugte und verstärkte örtliche metabolische Azidose spiegelt sich bei blockierter Mikrozirkulation ebensowenig im peripheren Blut und in der Makrozirkulation wider wie die gleichzeitig bestehenden massiven Veränderungen im Gewebselektrolythaushalt.

Der erhöhte Lactatgehalt ist für die Gewebsanoxie so typisch, daß die Lactatbestimmung als wichtiger Gradmesser für die Schwere eines Schocks (Zustandsbestimmung) bzw. seine Reversibilität oder Irreversibilität (Prognose) und bei der Anwendung therapeutischer Maßnahmen benutzt werden kann.

Infolge des Energiedefizits treten Verschiebungen im intra- und extrazellulären Mineralstoffwechsel ein. Kalium wandert in den Extrazellularraum, Natriumionen gelangen in die Zelle. Das führt zum Zellödem und zu irreversiblen Schädigungen.

Intrazelluläre Azidose und ATP-Mangel aktivieren lysosomale Enzyme, die bei erhöhter Durchlässigkeit der intrazellulären Membranen austreten. An die Wirkung lysosomaler Enzyme, besonders im Magen-Darm-Bereich und Pankreas, ist wahrscheinlich die Freisetzung bzw. Aktivierung kreislaufwirksamer Substanzen (MDF, Kinine, Histamin, Serotonin) gekoppelt.

Mit der Entwicklung einer allgemeinen Azidose im weiteren Verlauf des Schockgeschehens wird die Kraftentwicklung des Myokards (negativ inotrop) beeinträchtigt, eine Herzdilatation und Herzmuskelschädigung begünstigt, was die Hypoxie in der Peripherie weiter verstärkt.

Auch am Herzen selbst kommt es zunehmend zu nutritiven hypoxischen Schädigungen (Perpetuierung des Schockverlaufs).

Die Ansprechbarkeit der Endstrombahn auf Catecholamine wird durch die Azidose verändert. Die präkapillären Sphinkter sind gegenüber endogenen Catecholaminen refraktär geworden und dilatieren, während die Konstriktion der postkapillären Venen weiter bestehenbleibt. Mit der zunehmenden Azidose ist neben der weiteren Aktivierung der Catecholaminsekretion eine Aktivierung des Blutgerinnungssystems vorhanden, was zur disseminierten intravasalen Gerinnung führen kann (WERLE 1971).

Das System zellulärer und plasmatischer Gerinnungsfaktoren steht in enger Korrelation zur Gefäßwand. In eng gestellten Gefäßen der Peripherie nimmt die Strömungsgeschwindigkeit des Blutes immer mehr ab, bis schließlich Stase mit Zellaggregation, Sludge-Phänomen und Plasmaskimming eintreten. Die alte klinische Erfahrung, daß eine langsame Zirkulation zur vermehrten Gerinnungsneigung (Hyperkoagulabilität) führt, findet hier ihre pathogenetische Erklärung (LASCH 1969, 1970, NEUHOF et al. 1979).

Mit der Mikrothrombenbildung werden Thrombozyten, Fibrin und Gerinnungsfaktoren verbraucht, woraus eine Verbrauchskoagulopathie resultiert, die sich in hömorrhagischer Diathese äußern kann. Jede Schockform geht mit einer initialen Hyperkoagulabilität des Blutes einher, die mit zunehmender Dauer des Schocks von einer Hypokoagulabilität abgelöst wird.

Dieser komplizierte Prozeß wird nach dem morphologischen Substrat als „disseminierte intravaskuläre Gerinnung" und von LASCH als „Verbrauchskoagulopathie" bezeichnet (WERLE 1971). Folgen der Verbrauchskoagulopathie, besonders im dekompensierten Stadium, sind Blutungen, die den Zusammenbruch der Hämostase zeigen (LASCH 1979).

Energieverarmung und metabolische Stoffwechselstörungen verursachen im weiteren Schockgeschehen Zellschäden, die zu einer Exsudation von Serum aus den Gefäßen führen können und somit das zirkulierende Blutvolumen wiederum verkleinern.

Darüber hinaus kommt es zu Myokardveränderungen durch Schädigung des Myokardstoffwechsels, Herzdilatation durch Mehrarbeit bis hin zur Herzinsuffizienz.

Beim Endotoxin- und kardiogenen Schock konnte ein sog. *myocardial depressant factor (MDF)* im ischämischen Pankreas von Katzen nachgewiesen werden. Es ist ein Peptid, das einen negativ inotropen Effekt auf das Herz ausübt, zur Konstriktion der Abdominalgefäße führt und wahrscheinlich zur retikuloendothelialen Blockade beiträgt. MDF beschleunigt die Entwicklung des Schocks. An den Gefäßen tritt infolge Stoffwechselstörung Weitstellung ein. Das Stromzeitvolumen fällt unter seine kritische Grenze ab, und der Schock tritt in die dritte Phase.

Dritte Phase des Schocks: Die dritte Schockphase wird auch als irreversible Phase oder als „refraktärer Schock" (Dekompensation) bezeichnet. Sie ist durch Herzinsuffizienz, Gefäßhypotonie, Abfall des Stromzeitvolumens auf ein Minimum, Hypoxidose, Azidose und Verbrauchskoagulopathie charakterisiert. Die schockauslösenden Faktoren (Volumenmangel, Vasodilatation, Herzinsuffizienz) treten jetzt als Schockfolge auf. Es resultieren schwere Organschäden (Schocklunge, Schockniere, Schockleber, Herz im Schock). Nach Funktionsausfall und Zelltod folgt schnell der Tod der Tiere.

16.1.5. Schockmediatoren

Mediatoren sind Wirkstoffe, die auch beim Schocksyndrom aus Geweben freigesetzt oder aus Vorläufern neu gebildet werden. Sie entfalten schon in geringen Dosen große Wirkungen auf den Stoffwechsel und vitale Lebensfunktionen und haben vor allem eine pathogenetische Bedeutung (SCHEUCH et al. 1977, GIERTZ 1979). Neben den *Catecholaminen* sind *Histamin, Endotoxin, MDF* und besonders das *Kallikrein-Kinin-System* bedeutungsvoll (SCHEUCH et al. 1977).

Die Rolle eines Mediators für ein Krankheitssyndrom ist schwer zu ermitteln, weil stets mehrere Mediatoren nebeneinander vorkommen. Bei verschiedenen Schockformen treten wahrscheinlich gleichzeitig *Histamin, Bradykinin* und *Prostaglandine* auf und führen durch Vasodilatation zu Blutdrucksenkung sowie Erhöhung der Gefäßpermeabilität im Mikrozirkulationsbereich. Mit den Mediatoren werden Wirkstoffe freigesetzt, die deren Wirkung hemmen oder aufheben. So wirkt bei allen Schockformen die Ausschüttung von Sympathomimetika in das Blut der gefäßerweiternden Wirkung der Mediatoren entgegen.

Beim kardiogenen und hämorrhagischen Schock spielen Mediatoren eine kleinere Rolle als beim Endotoxinschock, allergischen Schock oder Verbrennungsschock (GIERTZ 1979).

16.1.6. Diagnostik und Überwachung des Schocks

Mit Hilfe der klinischen Untersuchung und einer Vielzahl möglichst fortlaufend zu bestimmender labordiagnostischer Parameter können Schockformen und Schockphasen unterschieden werden. Für den Kliniker ist es schwer, vor dem komplexen pathophysiologischen Hintergrund des Schocksyndroms Form, Phase, Schweregrad und Verlauf richtig zu beurteilen. Beschränkung auf ein Untersuchungsspektrum, das unmittelbar zur Verfügung steht (Minimalprogramm, z. B. Puls, Atmung, Temperatur), reicht nicht aus. Hoher Aufwand (Maximalprogramm, z. B. invasive Methoden, Ventrikeldruck, Herzminutenvolumen, pulmonaler Gefäßwiderstand, Blutgase, Säure-Basen-Status) einer Intensivüberwachung ist selten praktikabel. Es müssen also aussagekräftige Untersuchungsparameter ausgewählt werden, die vorhandene Möglichkeiten berücksichtigen. Wir unterscheiden Meßmethoden, die Aussagen über die Makrozirkulation zulassen, von solchen, die Veränderungen der Mikrozirkulation direkt oder indirekt erfassen.

– Diagnose des kardiogenen und hypovolämischen Schocks

Im Vordergrund stehen Veränderungen, wie sie für die erste und zweite Phase des Schocks beschrieben werden. Das *Versagen der Herzfunktion* wird sehr schnell durch folgende Symptomatologie bestimmt: Schwanken, Taumeln, Unruheerscheinungen, Schmerzäußerungen, Krämpfe (Adams-Stokes-Anfälle), Bewußtlosigkeit, Sistieren der Atmung, irreversible zerebrale Schäden nach etwa 4 Minuten.

Meist wird erst die letzte Schockphase als ausgeprägtes Schockbild erkannt. Wir unterscheiden fünf Kardinalsymptome des akuten Herzstillstandes: Bewußtlosigkeit, Pulslosigkeit, blaß-zyanotische Haut-(Schleimhaut)farbe, Atemstillstand, weite, reaktionslose Pupillen.

Beim *ausgeprägten hypovolämischen Schock* sind folgende Hauptsymptome festzustellen: blasse, kühle Haut (Schleimhaut), kalte periphere Körperteile (Akren), große Temperaturdifferenz zwischen Körperschale und Körperkern, blasse, welk erscheinende Zunge, verlängerte kapilläre Füllungszeit, schwacher frequenter Puls, oberflächliche frequente Atmung, allgemeine Körperschwäche, Somnolenz, Bewußtlosigkeit ohne Reaktion auf äußere Reize, Koma.

Alle Vitalfunktionen sind in der zweiten Schockphase dekompensiert.

– Diagnose des septischen Schocks

Beim septischen Schock (bakterieller oder infektiöser Schock) handelt es sich ätiologisch um eine Überschwemmung des Organismus mit Endotoxinen gramnegativer, seltener grampositiver Erreger sowie Sproßpilzen.

Nach der Endotoxineinschwemmung kommt es beim experimentellen Endotoxinschock durch Freisetzung bzw. Aktivierung gefäßaktiver Substanzen (Histamin, Serotonin, Kinine) und direkte Alterationen des Endothels zu Durchblutungsänderungen in der terminalen Strombahn (HARTIG 1979).

Die entscheidende pathophysiologische Störung vollzieht sich im Mikrozirkulationsbereich und zeigt sich als Verteilungsstörung und Verminderung der nutritiven Kapillarperfusion. Als zweiter fundamentaler Pathomechanismus muß die Störung des Gerinnungssystems angesehen werden.

Im Gegensatz zu anderen Schockformen sieht man häufig eine hyperdyname Phase (hyperkinetisches Schocksyndrom), die später in eine hypodyname Phase (hypokinetisches Schocksyndrom) übergeht und sich dann nicht mehr von anderen Schockformen unterscheidet (LASCH 1979).

Während der initialen hyperdynamen Verlaufsform fehlen die Symptome des klassischen Schocks. Die Haut ist trocken, warm und rosig. Die hämodynamischen Parameter zeigen oft erhöhtes Zeitvolumen, erhöhten zentralen Venendruck und verkleinerten peripheren Widerstand bei bestehender Hypotonie. Es fehlt das bekannte Bild der Zentralisation.

Der primäre Angriffspunkt in der Peripherie bewirkt eine hypoxische Situation in der Zelle mit Lactatanstieg und Oligurie, dazu respiratorische Alkalose durch Hyperventilation und die typische Abnahme der arteriovenösen Sauerstoffdifferenz. Der anflutende Sauerstoff wird von den Geweben nicht aufgenommen. Besonders im Stromgebiet der Lunge treten im septischen Schock viele arteriovenöse Kurzschlußmechanismen in Funktion.

Beim Übergang von der hyperdynamen in die hypodyname Phase fallen Herzzeitvolumen und Blutdruck ab, aber der periphere Widerstand steigt an. Die Perpetuierung des Schocks in der Mikrozirkulation nimmt nun wieder den bekannten Verlauf (LASCH 1979).

Klinische Symptome im Initialstadium des septischen Schocks: Körpertemperaturerhöhung, erhöhte Atemfrequenz, Somnolenz, warme, trockene Haut, Schüttelfrost, verminderte Urinausscheidung, respiratorische Alkalose, keine Zentralisation.

Klinische Symptome beim dekompensierten septischen Schock: Bewußlosigkeit, zyanotisch kalte Haut, Sistieren der Urinausscheidung, starke Körpertemperaturerhöhung, flache frequente Atmung. Neben den Schock-Untersuchungsparametern sind für die Diagnostik Blutkulturen vor Beginn der Antibiotikatherapie erforderlich. Auch aus Urin und Wundsekret sollen Erreger angezüchtet werden.

– **Diagnose des anaphylaktischen Schocks**

Anaphylaktische Schockzustände werden immer öfter gesehen. Antibiotika, Röntgenkontrastmittel, Serumgaben, Bluttransfusionen, Insektenstiche (Bienen- und Wespenstiche), verschiedene Arzneimittel und deren Kombinationen können im Organismus nach erneuter Einwirkung beim sensibilisierten Patienten im Sinne einer Antigen-Antikörper-Reaktion Histamin freisetzen.

Klinische Symptome am Respirationstrakt und kardiovaskulären System treten neben Krampferscheinungen und allgemeinen Symptomen oft sehr schnell auf.

Bronchopulmonale Symptome entstehen durch Ödematisierung der Schleimhaut des Respirationstraktes und vermehrte Schleimbildung in den Bronchien und Bronchiolen. Erschwerte Exspiration, später lautes Röcheln mit schwerer Dyspnoe, Überblähung der Lungen und Erstickungsanfälle kennzeichnen den klinischen Verlauf.

Als kardiovaskuläres Symptom imponiert die ausgeprägte Hypertonie. Histamin, verstärkt durch Plasmakinin, provoziert eine generalisierte Hypotonie und erhöhte Gefäßpermeabilität mit großem Plasmaverlust. Herzmuskelschädigungen und Herzrhythmusstörungen stellen sich ein. Als Folge der Verringerung von Stromzeitvolumen, Vasodilatation und Herzinsuffizienz sowie der Störungen im Mikrozirkulationsbereich mündet der Schockverlauf in den bekannten Circulus vitiosus. Durch primäres oder sekundäres Hirnödem werden Krampfanfälle ausgelöst, die den Ablauf des anaphylaktischen Schocks weiter komplizieren.

Die Anamnese nimmt eine Schlüsselstellung ein. Alle Symptome werden erfaßt und neben den Schock-Untersuchungsparametern zur Diagnostik herangezogen.

16.1.7. Schock-Untersuchungsparameter

1. Hautfarbe und Hauttemperatur.
2. Frequenz und Effektivität der Atmung: Quantität, Qualität, Atemminutenvolumen, Blutgasanalyse.
3. Pulskontrolle: Quantität und Qualität, Herzfrequenzkontrolle durch EKG oder Auskultation (Pulsdefizit).
4. Kapilläre Füllungszeit. Die kapilläre Füllungszeit nach Druck auf das Zahnfleisch bzw. die Lippen-Mundschleimhaut (bis zur Wiedereinfärbung der Schleimhaut) soll nicht länger als 1–2 Sekunden dauern.
5. Blutdruckmessung. Unblutige Messung (SKLASCHUS und WERNER 1970, SCHMIDTKE et al. 1977, KÜHN et al. 1979).
6. Schockindex. In der Regel verlaufen im Schock Blutdruck- und Pulskurve divergent. Aus dem Quotienten beider Werte (Pulszahl pro Minute, arterieller Mitteldruck in mm Hg) können orientierende Rückschlüsse auf die Schocksituation gezogen werden.

Beispiele:

Normalzustand $\frac{Puls}{BD} = \frac{80}{120}$ Index 0,7

drohender Schock $\frac{Puls}{BD} = \frac{100}{110}$ Index 1,0

manifester Schock $\frac{Puls}{BD} = \frac{200}{70}$ Index 2,8

7. Zentraler Venendruck. Normalwert 2–10 cm Wassersäule, Erniedrigung und Anstieg weisen auf Diskrepanz zwischen Herzleistung und venösem Rückstrom und haben Volumenmangelzustände oder Übertransfusion als Ursache.
8. Hämatokrit, Hämogobin. Mikrohämatokritmethode, Cyanhämoglobinverfahren. Aussa-

gen über Bluteindickung oder -verdünnung, prozentualer Anteil der Erythrozytenmasse am Gesamtblut, Hinweis auf Menge des zirkulierenden Sauerstoffträgers im Gefäßsystem, therapeutische Hinweise (Blut, Plasma oder Plasmaersatzstoffe).

9. Thrombozytenzahl, Thrombelastogramm, Gerinnungsstatus. Zur Erfassung der Verbrauchskoagulopathie, Blutungszeit erfaßt schwere Gerinnungsstörungen nur grob (Blutung steht nach 1–3 Minuten).
10. Wasser- und Elektrolythaushalt. Elektrolyte (Na, K, Chlorid, Ca, Mg) im extra- und intrazellulären Raum, Dehydratation, Hyperhydratation.
11. Säure-Basen-Status. Diagnostik von respiratorischen und nichtrespiratorischen (metabolischen) Störungen im Säure-Basen-Gleichgewicht.
12. ALAT, ASAT, GLDH, ICDH, Kallikrein. Enzyme können als indirekte Indikatoren der Mikrozirkulation genutzt werden.
13. Lactatbestimmung (prognostisch und therapeutisch wichtiger Parameter).
14. Harnzeitvolumen (Urinproduktion). Stündliche Urinausscheidung (Dauerkatheter) als wichtiges Kriterium der Nierenfunktion.
Normalbereich: 40–1500 ml/Tag; durchschnittlich 30 ml/kg KM in 24 Stunden; 0,8–1,6 ml/kg KM/Stunde; Minimalharnfluß: 0,6 ml/kg KM Urin/Stunde (DÜRR und KRAFT 1981). Diese einfache Methode ist so aussagekräftig, daß in der Praxis nicht mehr darauf verzichtet werden sollte.
Kreatinin- und Harnstoffbestimmungen lassen auf die Nierenfunktion schließen.
15. Elektrokardiogramm (EKG). Dem EKG kommt eine dominierende diagnostische Bedeutung zu. Es soll bei allen Schockformen möglichst fortlaufend über einen Monitor verfolgt und im Bedarfsfalle registriert werden. Das EKG informiert insbesondere über Rhythmusstörungen und den Zustand des Myokards.
16. Blutvolumenbestimmung.
17. Herzminutenvolumenbestimmung. Die arteriovenöse Sauerstoffgehaltdifferenz gibt eine rasche Information über den effektiven Flow. Je größer die Differenz, desto kleiner ist das Herzzeitvolumen (MEYER et al. 1977).

16.2. Schocktherapie
(E.-G. GRÜNBAUM)

Der Schock ist eine akute hämodynamische Störung mit Verminderung der Gewebsdurchblutung (Verminderung des Stromzeitvolumens = Minderstromsyndrom) und der Sauerstoffversorgung lebenswichtiger Organe (TAKACS 1970, THIELE 1974, HAPKE 1975, LOHMANN et al. 1977, HARTIG 1979, SVENDSEN und HJORTKJAER 1979, HEINRICHS 1982, NEUGEBAUER et al. 1989). Als Ursachen kommen in der Hauptsache eine Verminderung der Herzleistung, des Blutvolumens oder des venösen Rückflusses (infolge toxischer, anaphylaktischer oder neurogen bedingter Vasodilatation) in Frage. Daraus leiten sich die vier Hauptformen des Schocks ab, und zwar

– der kardiogene Schock,
– der hypovolämische Schock,
– der septische Schock,
– der anaphylaktische Schock.

Zielstellung der Schocktherapie ist die Durchbrechung des Circulus vitiosus zwischen gestörter Mikrozirkulation und entgleistem Gewebsstoffwechsel. Dabei sind die körpereigenen Kompensationsmechanismen, das Unvermögen einer direkten pharmakologischen Beeinflussung des Schocks und die in der Regel fehlende Möglichkeit für eine langandauernde Intensivtherapie zu berücksichtigen. Einer vorbeugenden Basistherapie schockgefährdeter Patienten ist deshalb besondere Beachtung zu schenken (HAPKE 1975).

Die Schockbehandlung muß anstreben:

– Vermeidung des Überganges in die nächst schwerere Schockphase durch sofortige symptomatische Therapie und Abstellung der Ursachen,
– Wiederherstellung des Patienten und Abwehr möglicher Schockfolgen.

Aus den Ursachen des Schocks ergeben sich nach THIELE (1974), HAPKE (1975), PUNZET (1976), HUTSCHENREUTER (1977), HAJEK et al. (1978), v. KNORRE (1978), HARTIG (1979), DE VRIES et al. (1980), HEINRICHS (1982), SCHWENDER und PETER (1989) die in Tabelle 16.1. dargestellten fünf Grundpfeiler der Schocktherapie.

Bei jeder Schockform werden einige oder mehrere dieser fünf Grundbehandlungsarten verwendet, wobei die jeweilige Schockphase und das allgemeine Schockgeschehen die Reihenfolge bestimmen.

Tabelle 16.1. Schockursachen und Schockfolgen mit den sich daraus ergebenden 5 Grundpfeilern der Schocktherapie

Schockursachen	Therapie
Verminderung der Herzleistung	1 Herzbehandlung
Verminderung des Blutvolumens bzw. der zirkulierenden Blutmenge	2 Volumensubstitution und Verbesserung der Mikrozirkulation
Verminderung des venösen Rückflusses infolge Vasodilatation durch toxische, anaphylaktische und neurogene Faktoren	3 Kreislaufbehandlung
Schockfolgen:	4 Behandlung der Gewebsstoffwechselstörungen
– metabolische Azidose	– Beseitigung der metabolischen Azidose
– An- oder Oligurie	– Beseitigung der An- oder Oligurie
	5 Einsatz spezifischer Pharmaka
– Schmerzen	– Sedativa und Anästhetika
– intravasale Gerinnung	– Antithrombotika und Fibrinolytika, Proteaseinhibitoren
– Kinin- und Histaminbildung	– Glucocorticosteroide

Da die therapeutischen Maßnahmen fast immer unter Zeitnot festgelegt werden müssen, ist die Einrichtung eines „Schockfaches" im Kühlschrank, in dem die erforderlichen Medikamente griffbereit aufbewahrt werden, zu empfehlen.

16.2.1. Therapie des kardiogenen Schocks

Der kardiogene Schock entsteht primär durch Herzversagen und führt sekundär zur Mangeldurchblutung in der Peripherie. Infolge kardialer Ursachen kommt es durch reduzierte Herzleistung zur Verminderung des Stromzeitvolumens. Dabei entspricht insbesondere die systolische Förderleistung nicht dem diastolischen Blutzufluß, woraus bei unzureichendem systolischem Druck ein erhöhter enddiastolischer Druck im linken Ventrikel resultiert (HAPKE 1973, 1975, LÖWE 1978, SCHWENDER und PETER 1989).

Die kardialen Ursachen beruhen auf einer akuten bis perakuten Herzinsuffizienz, verursacht durch

– Herzmuskelschäden,
– Arrhythmien (Fehlen neuraler Stimulation),
– mechanische Faktoren (Herzklappenfehler),
– biochemische Faktoren (Nährstoffmangel, Utilisationsstörungen),
– Kombination mehrerer Faktoren

(MORAILLON 1975, DETWEILER 1980, THIELE 1982, BOHN 1992).

Die Therapie hat neben dem Primat der prophylaktischen Verhinderung des kardiogenen Schocks die in der Tabelle 16.2. aufgeführten Zielstellungen.

Eine **Verbesserung der Herzleistung** durch *Stärkung des Myokards* ist mit Herzglykosiden zu erreichen. Ihr Einsatz wurde durch DE RICK et al. (1978) mit Hilfe der Serumspiegelbestimmung im Radioimmunassay objektiviert und optimiert. Die im Kapitel 15. und in der Tabelle 16.2. angegebenen Dosierungen entsprechen den experimentellen Untersuchungen von WACHHAUS (1981) und führen bei individuellen Unterschieden zum therapeutischen Serumspiegel von 1,0–2,0 ng/ml. Dabei ist zu beachten, daß auch die erforderlichen Langzeitdosierungen von nur 0,01 mg/kg KM und Tag (Erhaltungsdosis) Unverträglichkeitserscheinungen nach mehreren Monaten verursachen können, die sich in Apathie, Inappetenz, Speicheln, Vomitus, Depression, Zittern, tonisch-klonischen Krämpfen und Magen-Darm-Störungen manifestieren (LEHMANN 1980, WACHHAUS 1981). Therapiepausen, Dosisreduzierungen und orale Kaliumapplikation (z. B. Kalium citricum 20,0%ig, 2–3mal täglich $1/4$–$1/2$ Teelöffel/Tier) und Antiarrhythmika sind dann indiziert. Die positiv inotrope, negativ chronotrope und negativ dromotrope Wirkung[1]) der Herzglykoside wird ausführlich von HAPKE (1979, 1980) und BENTZ et al. (1982) beschrieben.

Der evtl. erforderliche Einsatz eines Diuretikums zur Herzentlastung bei Herzinsuffizienz (URBASZEK und SPRINGFELD 1982) ist im Kapitel 15. erläutert.

Eine Verbesserung der Herzleistung durch *Behebung von Herzrhythmusstörungen* erfolgt durch den Einsatz von Antiarrhythmika. Die beim Hund vorkommenden hypodynamen (bradykar-

---

[1]) Es betreffen: inotrop = Herzkraft; chronotrop = Herzfrequenz; dromotrop = Leitungsgeschwindigkeit; bathmotrop = Erregbarkeit.

Tabelle 16.2. Therapeutische Zielstellungen und medikamentöse Therapie des kardiogenen Schocks

Therapeutische Zielstellung	Arzneimittelvorschlag und Dosierung
1. Verbesserung der Herzleistung durch:	
– Stärkung des Myokards	**Herzglykoside** Digoxin: Initialdosis = 0,02 mg/kg KM und Tag — per os, verteilt auf 2mal täglich Erhaltungsdosis = 0,01 mg/kg KM und Tag Sättigungsdosis = 0,022–0,044 mg/kg KM i.v., geteilt in 3 Dosen/24 h
– Behebung von Rhythmusstörungen	**Antiarrhythmika** Chinidin: Testdosis 50,0–100,0 mg/Tier per os am 1. Tag, dann 5,0–15,0 mg/kg KM per os alle 2–8 Std. über 3 Tage Procainamid: 2,0–2,5 mg/kg KM i.v. Lidocain: 1,0–2,0 mg/kg KM i.v. (DT.) **β-Rezeptoren-Blocker** Talinolol: 0,1–0,5 mg/kg KM i.v. Propranolol: 0,5–1,0 mg/kg KM i.v.
– Verbesserung der Koronardurchblutung	**Koronarvasodilatatoren** Glyceroltrinitrat: 0,1–0,5 mg/kg KM i.v. Dipyridamol: 0,1–0,3 mg/kg KM i.v.
– herzwirksame Adrenergika	**Sympathomimetikum** Dopamin: 10,0 µg/kg KM und min i.v. (DT.) ("5,0–50,0 mg/Tier) oder 50,0 mg/Tier in 125,0 ml Infusionslösung bis zur Wirkung
2. Therapie bzw. Prophylaxe des Herzstillstandes	= s. Tabelle 16.4.
3. Beeinflussung des Blutkreislaufes	**β-Rezeptoren-Stimulatoren** Isoprenalin: 0,1 mg/kg KM i.v. oder 1,0 mg/Tier i.v. in 200,0 ml 5%iger Glucose-Lösung bis zur Wirkung Dopamin: 10,0 µg/kg KM und min i.v. (s. oben) Dextran (niedermolekular): 10,0 ml/kg KM i.v. (DT.)
4. Volumensubstitution	**Plasmaersatzstoffe** Dextran (niedermolekular): 10,0 ml/kg KM i.v. (DT.) **Bluttransfusion** ACD-stabilisiertes Vollblut: 10,0 ml/kg KM i.v. (DT.)
5. Beseitigung der metabolischen Azidose	**Antazida** Natriumhydrogencarbonat-Lösung 8,4/4,2%: 3,0–6,0–10,0 mmol/kg KM i.v. (s. auch Kapitel 8.)
6. Diureseförderung	**Nierenstarter-Infusion** Halbelektrolyt-Infusionslösung: ca. 10,0–50,0 ml/kg KM **Osmodiuretika** Mannitol-Infusionslösung (10,0%:20,0%): 1,0–2,0 g/kg KM i.v. (DT.) Sorbitol-Infusionslösung (40,0%): 10,0–20,0 ml/kg KM i.v. (DT.) (Achtung: Jeweils nach Initialdosis von 10,0–50,0 ml/Tier Diurese kontrollieren!)
7. Hemmung der Blutgerinnung, Thrombolyse	**Antithrombotika** Heparin: 200,0 IE/kg KM i.v. **Fibrinolytika** Streptokinase: ID = 250 000 IE/Tier i.v.; ED = 100,0–150,0 IE/Tier i.v. über 6 Tage
8. Proteasehemmung	**Proteaseinhibitoren** Aprotinin: 2000–50 000 E/Tier i.v.
9. Schmerzbekämpfung	**Analgetika** Levomethadon: 0,5–1,0 mg/kg KM i.v., i.m. Metamizol: 0,5–2,5 g/Tier i.v., i.m.

ID = Initialdosis, ED = Erhaltungsdosis, KM = Körpermasse, DT. = Dauertropf

Tabelle 16.3. Stimulation und Blockade adrenerger Rezeptoren

Art der Beeinflussung	Wirkstoff	Präparatebeispiele	Beeinflussung der adrenergen Rezeptoren		
			α	β_1	β_2
Stimulation	–	–	Vasokonstriktion (peripher)	Herzwirkung positiv inotrop, chronotrop, bathmotrop, dromotrop	Vasodilatation, Bronchodilatation
Stimulatoren (Adrenergika)	Epinephrin	„Adrenalin®" „Suprarenin®"	~	~	~
	Levarteronol	„Arterenol®"	~	(~)	–
	Isoprenalin	„Novodrin®"	–	~	~
	Orciprenalin	„Alupent®"	–	~	~
	Dopamin	„Dopamin®"	~	~	~ Nieren-, Gehirn-, Mesenterial- und Koronargefäße
	Dobutamin	„Dobutrex®"	–	~	(~)
β-Rezeptoren-Blocker	Propranolol	„Obsidan®" „Dociton®" „Propanolol®"	–	~	~
	Talinolol	„Cordanum®"	–	~	–

den) und hyperdynamen (tachykarden) Arrhythmien mit dem Sonderfall des Adams-Stokes-Syndroms und des AV-Blockes werden im Kapitel 15. beschrieben.

Antiarrhythmika wirken negativ inotrop, chronotrop, dromotrop und bathmotrop. Zu ihnen gehören

– Alkaloide mit antiarrhythmischem Effekt (Chinidin, Ajmalin),
– Paraaminobenzoesäure-Verbindungen und Stoffe ähnlicher Wirkung (Procainamid, Lidocain),
– Hydantoinderivate (Phenytoin),
– β-Rezeptoren-Blocker (Talinolol, Propranolol);

(s. Tabelle 16.2.; ROTHE und THORMÄHLEN 1980, BENTZ et al. 1982, SCHWENDER und PETER 1989).

Zur Verbesserung der Herzleistung durch *Steigerung der Koronardurchblutung* eignen sich die antianginösen Pharmaka oder Koronardilatatoren. Sie dienen der Beseitigung eines funktionell bedingten, myokardialen Sauerstoffmangels und müssen nicht unbedingt Koronardilatatoren sein.

Zu den antianginösen Pharmaka gehören u. a. (s. auch Kapitel 15.):

– Nitrite und Nitrate (sie vermindern den venösen Rückstrom zum Herzen),
– Dipyridamol (Koronardilatator),
– Prenylamin,
– Oxyfedrin;

(s. Tabelle 16.2.; BENTZ et al. 1982, SCHWENDER und PETER 1989).

Eine Verbesserung der Herzleistung durch *herzwirksame Adrenergika* ist möglich, wenn diese adrenerge β-Rezeptoren stimulieren (BORCHERT und FREITAG 1982, SCHWENDER und PETER 1989, CURTIS et al. 1989). Sie wirken positiv inotrop, chronotrop, bathmotrop und dromotrop bei gleichzeitiger Kreislaufzentralisation durch periphere Vasokonstriktion (Tabelle 16.3.). Ihre Indikation ist deshalb streng auf akute Herzschwäche und hypodynamen Herzstillstand zu beschränken

(HAPKE 1979). Besondere Vorsicht ist geboten, wenn die autoregulative Kompensation durch körpereigene Noradrenalinausschüttung eingesetzt hat; dann besteht für die Adrenergika eine Kontraindikation.

Eine moderne adrenerge Therapie ermöglicht die körpereigene Vorstufe des Noradrenalins, das Dopamin (HAPKE 1976, PIESCHE et al. 1980, BORCHERT und FREITAG 1982). Es wirkt über die α-Rezeptoren vasokonstriktorisch in der Peripherie, aber durch Stimulation bisher unbekannter Rezeptoren vasodilatatorisch an den Nieren-, Koronar- und Mesenterialgefäßen. Durch Erregung der adrenergen β-Rezeptoren kommt es zur positiv inotropen und chromotropen Herzbeeinflussung, Broncholyse und Mydriasis.

Die **Therapie und Prophylaxe des Herzstillstandes** sind ein wichtiger Bestandteil der Therapie des kardiogenen Schocks, bei dem immer die Gefahr eines akuten Herzstillstandes besteht. Dieser Gefahr ist vor der Durchführung weiterer Maßnahmen zunächst prophylaktisch und notfalls auch therapeutisch zu begegnen, wobei der Schwerpunkt aller Maßnahmen auf der Vermeidung (Prophylaxe) des Herzstillstandes liegt.

Zwei Formen des Herzstillstandes sind zu unterscheiden:

- die *Asystolie* = Herzstillstand = adyname Form (z.B. infolge Vagusreizung, elektrischen Unfalls, Myokardhypoxie, Intoxikationen, Adams-Stokes-Syndrom),
- die *Tachysystolie* = Herzflimmern (z.B. infolge paroxysmaler Kammertachykardie, Narkotika-Intoxikation, Catecholamin-Intoxikation).

Zur Behandlung beider Formen des Herzstillstandes gibt es folgende, in der Tabelle 16.4. aufgeführte Möglichkeiten (s. auch Kapitel 15., S. 406):

Notkreislauf durch
- Herzmassage (in Seitenlage 50–90 Brustkorbkompressionen/min);
- Sauerstoffapplikation (Freilegen der Atemwege, Intubation, Atemspende, Überdruckbeatmung) (PALIEGE et al. 1982, BOHN 1992).

Elektrische Stimulation durch
- Herzschrittmacher (Pacemaker) bei Asystolie (extern und temporär oder intrakardial) (ARNDT 1973, LOMBARD et al. 1981, SCHWENDER und PETER 1989);
- Defibrillatoren bei Tachysystolie = Gleichstromimpulsgeräte für externe oder interne (z.B. transösophageale) Anwendung (BONELL 1982, VOLKMANN et al. 1982).

1 Stromstoß von 100–400 W/s bewirkt: plötzliche Depolarisation aller Herzfasermembranen mit langer Refraktärzeit, in der die Sinusknotenautomatik wieder einsetzt; Bremsung der ektopischen Reizbildung; Vagusstimulation.

Medikamentöse Therapie bei Asystolie mit Adrenergika (s. Tabellen 16.2. und 16.3.) und Calciumthiosulfat, bei Tachysystolie mit Antiarrhythmika (s. Tabellen 16.2. und 16.3.).

Die **Beeinflussung des Blutkreislaufs** hat die Zielstellung:

- eine autoregulative, überschießende Kreislaufzentralisation mit peripherer Vasokonstriktion, Hypoxidose und metabolischer Azidose sowie Hämostase und Verbrauchskoagulopathie z.B. durch den Einsatz des β-Rezeptoren-Stimulators Isoprenalin (s. Tabellen 16.2.–16.4.) zu lösen;
- die autoregulative Kreislaufzentralisation und Durchblutung lebenswichtiger Organe durch periphere Vasokonstriktion, positiv inotrope und chronotrope Herzbeeinflussung und Vasodilatation im Nieren- und Koronarbereich z.B. durch den Einsatz der Adrenergika (s. Tabelle 16.3.) zu unterstützen;
- die Mikrozirkulation z.B. durch intravenöse Dauertropfinfusion von niedermolekularem Dextran (Parenteral D40®, „Rheomacrodex®") zu verbessern (s. Tabelle 16.2.).

Eine **Volumensubstitution** dient:
- dem Ausgleich des Blutvolumens und somit der Verbesserung der Auswurfleistung des Herzens und der Vermehrung des Stromzeitvolumens (in der 2. und 3. Schockphase),
- der Verbesserung der Mikrozirkulation und Gewebsperfusion (THIELE 1974, HAPKE 1975, HARTIG 1979, HANKES et al. 1992).

Dazu sind folgende Medikamente einsetzbar (s. Tabelle 16.2.):

- Plasmaersatzstoffe (niedermolekulares Dextran = Parenteral D40®, „Rheomacrodex®" sowie Gelatinelösungen = „Gelafundin®", „Haemaccel®"),
- Bluttransfusion (s. Kapitel 8.).

Die **Beseitigung der metabolischen Azidose** ist insofern von Bedeutung, als die Verminderung des Stromzeitvolumens und die periphere Vasokonstriktion eine Mangeldurchblutung und periphere Hypoxidose mit Energieverarmung auslösen. Daraus resultiert anaerobe Glykolyse mit intrazellulärer Azidose und extrazellulärer Azidämie, zusammengefaßt als metabolische Azidose bezeichnet (THIELE 1974). Zu ihrer optimalen Behandlung sind Säure-Basen-Bestimmungen erforderlich. Aber auch ohne entsprechende Meßwerte muß therapeutisch vorgegangen werden, wobei nach HAPKE (1975) davon ausgegangen werden kann, daß sich in 3 Stunden ein Basendefizit von ca. 50,0–100,0 mmol entwickelt.

Zur Verhütung und Beseitigung einer metabolischen Azidose sind folgende Medikamente verfügbar:

– Natriumhydrogencarbonat-Lösung (8,4%, 4,2%, 1,4%). Ihre Wirkung ist extrazellulär.
– Trispuffer-THAM-Infusionslösung. Sie hat eine hohe Alkalität und wirkt extra- wie intrazellulär (s. Tabelle 16.2.).

Eine **Diureseförderung** ist zur Beseitigung von An- oder Oligurie, einer Folge der Minderdurchblutung (Schockniere), erforderlich. Zur Förderung der Nierenfunktion und Ausschwemmung von Ödemen sind osmotisch wirksame Diuretika einzusetzen. Zu ihnen zählen u. a.:

– Mannit-Infusionslösung 10% oder 20%,
– Sorbit-Infusionslösung 40.

Sie werden nach einer Initialdosis von 10,0 bis 50,0 ml/Tier erst mit Einsetzen der Diurese (Katheter) weiter infundiert (s. Tabelle 16.2.).

Bei vollständiger Anurie können vorher evtl. „Nierenstarter-Infusionslösungen" appliziert werden (s. Tabelle 16.2.).

Der **Einsatz von Antithrombotika und Fibrinolytika** ist in der 2. Schockphase von Bedeutung, wenn infolge der peripheren Vasokonstriktion Blutstase mit Zellaggregation (Sludge-Phänomen) mit nachfolgenden Mikrothromben und teilweiser Blockade der Mikrozirkulation droht. Dem beugt eine frühzeitige thrombolytische Therapie vor und beseitigt auch bereits entstandene Mikrothromben. Als Thrombolytikum hat sich die Streptokinase bewährt, die frische Blutgerinnsel durch Plasminaktivierung zur Auflösung bringt (s. Tabelle 16.2.).

Die **Applikation von Proteaseinhibitoren** dient der Hemmung der Proteaseaktivität zur Bildung von Kininen (Kinine = Vorstufen der Histamine). Die Kinine verstärken die Mangeldurchblutung des Gewebes durch Blutdrucksenkung, Vasodilatation und Ödembildung (HAPKE 1975). Außerdem fördern sie den sich negativ auswirkenden Anstieg freier Fettsäuren im Blut (TEICHERT und JULIUS 1974). Als Proteaseinhibitor zur Reduzierung der Kininbildung hat sich Aprotinin bewährt (s. Tabelle 16.2.).

Eine **Schmerzbekämpfung** ist im Verlauf der einzelnen Schockphasen und zur Immobilisation der Tiere als Voraussetzung für Dauertropfinfusionen mitunter erforderlich. Bewährt haben sich die Applikation der Analgetika Levomethadon und Metamizol (s. Tabelle 16.2. und auch Kapitel 6.).

16.2.2. Therapie des hypovolämischen Schocks

Der hypovolämische Schock wird durch Blut-, Plasma-, Wasser- oder Elektrolytverluste verursacht. Seine Behandlung besteht in:

– **Beseitigung der Ursachen:** Blutungen, Diarrhoen, chronisches oder unstillbares Erbrechen, langes Dursten u. a. m. sind als mögliche und immer wieder verkannte Schockursachen abzustellen bzw. zu behandeln.
– **Volumensubstitution** zur Verbesserung der Mikrozirkulation. Sie hat zum Ziel, die verlorengegangene Flüssigkeit zu ersetzen. Das heißt:

– *Plasmaersatzstoffe* nach Blut- und Plasmaverlusten bei Hämatokritwerten noch über 0,30 und einem Hämoglobingehalt noch über 6,2 mmol/l. Am besten eignen sich die Dextrane (ca. 10,0 ml/kg KM; s. Tabelle 16.2.).
– *Bluttransfusion* bei größeren Blut- und Plasmaverlusten (s. Kapitel 8.).
– *Infusionslösungen* mit viel frei verfügbarem Wasser nach Wasserverlusten (Dehydratation). Nach HARTIG (1979) und HANKES et al. (1992) sind bei einer Dosierung von jeweils ca. 10,0–88,0 ml/kg KM im intravenösen Dauertropf anzuraten:
  – bei hypertoner Dehydratation = reiner Wassermangel
    Halbelektrolytlösungen mit Kohlenhydraten (z. B. Sterofundin HG5; HL5),
  – bei isotoner Dehydratation = Wasser- und Elektrolytmangel
    Vollelektrolytenlösung (z. B. „Ringer-Lactat-Lösung®"),
  – bei hypotoner Dehydratation = Elektrolytmangel z. B. isotone Kochsalzlösung, Vollelektrolytlösung, Elekrolytkonzentrate.

- **Beseitigung der metabolischen Azidose** (s. Tabelle 16.2.).
- **Diureseförderung** (s. Tabelle 16.2.).
- **Schmerzbekämpfung** (s. Tabelle 16.2.).
- **Glucocorticosteroid-Therapie** (z.B. 2,0–5,0 bis 10,0 mg/kg KM i.v. in Form von Prednisolon (-Succinat). Untersuchungen von HUTSCHENREUTER (1977) und HANKES et al. (1992) haben ergeben, daß die Überlebenschancen von Hunden beim hypovolämischen Schock durch Glucocorticosteroide eventuell verbessert werden, wenn die Dosierung relativ hoch ist und früh appliziert wird.
- Beseitigung der peripheren Vasokonstriktion durch α-Rezeptoren-Blocker.

16.2.3. Therapie des septischen Schocks

Die Therapie des septischen Schocks besteht in:

- **chirurgischer Intervention,**
- **Applikation von Antipyretika und Breitbandantibiotika,**
- **Volumensubstitution,**
- **Beseitigung der An- oder Oligurie,**
- **Schmerzbekämpfung,**
- **Einsatz von Antithrombotika und Fibrinolytika.**
- **Glucocorticosteroid-Therapie** (s. oben). Wegen der Unterdrückung der Prostaglandin- und Thromboxan-Freisetzung nach PESKAR (1982, NEUGEBAUER et al. 1989) eindeutige bis fragliche Verbesserungen der Überlebensrate; desgleichen durch Indometacin.
- **Einsatz von Proteasehemmern** (Tabelle 16.2.).
- α-Rezeptoren-Blocker in hyperdynamer Phase.

Die einzelnen Schritte der therapeutischen Intervention beim septischen Schock richten sich nach dem vorliegenden Erkrankungsbild und entsprechen im wesentlichen denen beim kardiogenen bzw. hypovolämischen Schock (s. Tabelle 16.2.).

16.2.4. Therapie des anaphylaktischen Schocks

Der anaphylaktische Schock kommt nach parenteraler oder oraler Zufuhr von Antibiotika, Kontrastmitteln, Seren, unspezifischen Reiztherapeutika, Giften u.a.m. vor. Seine Ursache ist eine allergische Reaktion während oder sofort nach der Allergenzufuhr mit Histaminfreisetzung (Antigen-Antikörper-Reaktion) und massiver Prostaglandin- und Thromboxanfreisetzung (PESKAR 1982).

Die Behandlung richtet sich nach der klinischen Symptomatik, die von plötzlicher starker Unruhe, Hautquaddelbildung und Pruritus über kühle Akren bis hin zum Atem- oder Herzstillstand reicht. Zur Therapie gehören:

- **künstliche Beatmung** mit Sauerstoffapplikation (Intubation) und **Herzmassage.**
- **Herz- und Kreislauftherapie** zur Behebung von:
  - starker Vasodilatation und Hypotonie,
  - erhöhter Gefäßpermeabilität und Verminderung des Stromzeitvolumens,
  - Herzrhythmusstörungen.
- **Volumensubstitution.**

Tabelle 16.4. Therapie des Herzstillstandes (*Achtung!* Sofort Notkreislauf durch Herzmassage und O_2-Applikation!)

Asystolie (= Herzstillstand)		Tachysystolie (= Herzflimmern)	
– Herzschrittmacher		– Defibrillator	
– β-Rezeptoren-Stimulator	– Isoprenalin 0,1 mg/kg KM s. Tabelle 16.2.	– Antiarrhythmika	
		– Procainamid	2,0–2,5 mg/kg KM
		– Lidocain	2,0–6,0 mg/kg KM
– α- und β-Rezeptoren-Stimulatoren	– Epinephrin 0,1–0,5 ml/Tier (1:1000)	– Talinolol	0,1–0,5 mg/kg KM
	– Dopamin 10 μg/kg und min s. Tabelle 16.2.	– Propranolol	2,0 mg/kg KM
– Calciumthiosulfat 10,0%ig	1,0–5,0 ml/Tier		
Applikation i.c. und Herzmassage		Applikation i.c. oder i.v.	

- **Diuresekontrolle und -förderung** zur Gehirn- und Lungenödemausschwemmung.
- **Glucocorticosteroid-Therapie** (1,0–2,0 mg/kg KM i. v., Achtung: nicht als Mischinjektion mit einem Antihistaminikum).

Die Glucocorticosteroide sind Histaminantagonisten mit lokalanästhetischen, spasmolytischen und adrenolytischen Nebenwirkungen. Sie bewirken auch eine Hemmung der Prostaglandin- und Thromboxanfreisetzung (PESKAR 1982).

- **Antihistaminika** (Promethazin: 5,0–10,0 mg/kg KM ad 10,0 ml physiologische Kochsalzlösung langsam i. v.).
- **Proteaseinhibitor-Applikation.**
- **Fibrinolytika-Gaben.**
- **Sedierung und Schutz vor Unterkühlung** (s. Tabellen 16.2.–16.4.).

Die einzelnen Maßnahmen zur Bekämpfung des anaphylaktischen Schocks sind denen des kardiogenen Schocks ähnlich und können mit den Dosierungen der einzusetzenden Medikamente den Tabellen 16.2.–16.4. entnommen werden.

Literatur

ARNDT, G. (1973): Möglichkeiten und Grenzen der elektrischen Herzkonversion beim Hund. Vortrag Nr. 10, 19. Jahrestagung der Dtsch. Vet.-med. Gesellschaft.

BARTEL, J. (1972): Zur Pathogenese des septisch-toxischen Schocks. Z. ärztl. Fortbild. **66**, 753–758.

BENTZ, H., et al. (1982): Pharmakologie des Herzens. In: BENTZ, H.: Veterinärmedizinische Pharmakologie. Gustav Fischer Verlag, Jena, 188–207.

BOHN, F. K. (1992): Befunde bei synkopal-vasomotorischen Anfällen bei nicht sedierten oder anästhesierten Hunden. Prakt. Tierarzt **73**, 201–206.

BOLCIĆ-WICKERHAUSER, J. (1977): Die Schocklunge. Anaesthesia Kongreßbericht **1**, 316–323.

BONELL, R. (1982): Tragbarer Batterie-Defibrillator WRK-331. Medizintechnik (Berlin) **22**, 61–64.

BORCHERT, K., und FREITAG, B. (1982): Möglichkeiten der medikamentösen Beeinflussung des Sympathikotonus in der Intensivtherapie. Anaesthesiol. u. Reanimat. **7**, 67–84.

CURTIS, M. B., et al. (1989): Cardiovascular effects of vasopressors in halothane-anesthetized dogs before and after hemorrhage. Am. J. Vet. Res. **50**, 1859–1865.

DAUBERSCHMIDT, R., et al. (1982): Pathophysiologie und Biochemie beim akuten Atemnotsyndrom – tierexperimentelle Untersuchungen. Z. med. Labordiagn. **23**, 104–109.

DETWEILER, D. K. (1980): Therapiegrundlagen der Stauungsinsuffizienz des Hundes. Kleintierpraxis **25**, 293–302.

EMMRICH, R., und LEMBCKE, W. (1974): Schock und Schocktherapie. Georg Thieme, Leipzig.

FIEDLER, H. (1982): Labordiagnostik und Verlaufskontrolle des septischen Schocks. Z. ärztl. Fortbild. **7**, 311–313.

GIERTZ, H. (1979): Mediatoren des Schocks. In: Schock und Intensivmedizin. Gustav Fischer Verlag, Stuttgart, New York.

GRÜNBAUM, E.-G., und SCHIMKE, E. (1977): Schock und Schocktherapie bei Hund und Katze. Vortrag WGV, Magdeburg.

GRÜNBAUM, E.-G. (1979): Das Schocksyndrom bei Hund und Katze – Therapeutische Aspekte. Fachtierarzt-Abschlußarbeit, Leipzig.

HAJEK, M., et al. (1978): A Model of Experimental Endotoxin Shock in Monkeys and Its Therapeutic Control. Z. Exper. Chirurg. **11**, 317–321.

HANKES, G. H., et al. (1992): Effects of lactated Ringer solution and prednisolone sodium succinate on dogs with induced hemorrhagic shock. Am. J. Vet. Res. **53**. 26–33.

HAPKE, H.-J. (1971): Schock und Kollaps in neuer Sicht. Dtsch. Tierärztl. Wschr. **78**, 633–638.

HAPKE, H.-J. (1973): Die Behandlung von Herz und Kreislauf. 2. Herzmittel. Tierärztl. Praxis **1**, 381 bis 399.

HAPKE, H.-J. (1975): Pharmakologische Grundlagen der Schocktherapie. Dtsch. Tierärztl. Wschr. **82**, 245–249.

HAPKE, H.-J. (1976): Die Verwendung von Dopamin in der Schocktherapie. Berl. Münch. Tierärztl. Wschr. **89**, 432–437.

HAPKE, H.-J. (1980): Arzneimitteltherapie in der tierärztlichen Klinik und Praxis. Enke-Verlag, Stuttgart.

HARTIG, W. (1979): Moderne Infusionstherapie. Parenterale Ernährung, 4. Auflage. Johann Ambrosius Barth Verlag, Leipzig.

HARTMANN, H., und MEYER, H. (Hrsg.) (1993): Klinische Pathologie der Haustiere. Gustav Fischer Verlag, Jena–Stuttgart.

HEINRICHS, Ch. (1982): Pathomechanismus der Verbrauchskoagulopathie – Theoretische Grundlagen für Diagnostik und Therapie. Anaesthesiol. u. Reanimat. **7**, 229–244.

HERZOG, H. (1979): Klinik und Pathophysiologie der Schocklunge. In: Schock und Intensivmedizin. Gustav Fischer Verlag, Stuttgart, New York.

HUTSCHENREUTER, K. (1977): Die Bedeutung von Glucocorticoiden in der Schocktherapie. Anaesthesiol. u. Reanimat. **2**, 234–238.

KNORRE, G. H. VON (1978): Zur Pathophysiologie des kardiogenen Schocks beim akuten Myokardinfarkt als Grundlage therapeutischer und prophylaktischer Maßnahmen. Anaesthesiol. u Reanimat. **3**, 9–15.

KRAFT, W., und DÜRR, U. M. (1981): Kompendium der klinischen Laboratoriumsdiagnostik bei Hund, Katze und Pferd. 2. Auflage. Schaper, Alfeld-Hannover.

KÜHN, A., SCHMIDTKE, H.-O., und SCHMIDTKE, D. (1979):

Unblutige Blutdruckmessungen an unsedierten Hunden. Kleintierpraxis **24**, 81–84.

KÜHNE, H., und SCHEUCH, D.W. (1979): Kallikreinaktivität bei unterschiedlicher Dauer bzw. Tiefe des experimentellen Schocks. Z. med. Labor.-Diagn. **20**, 20–30.

KÜHNE, H., und SCHEUCH, D.W. (1979): Kallikreinaktivität und unspezifische esterolytische Aktivität der Proteasen bei unterschiedlicher Dauer bzw. Tiefe des experimentellen hämorrhagischen Schocks. Z. med. Labor.-Diagn. **20**, 20–23.

KÜHNE, H., und SCHEUCH, D.W. (1982): Kallikrein-Kinin-System und Schock. Z. med. Labor.-Diagn. **23**, 75–84.

LASCH, H.-G. (1979): Klinik und Pathophysiologie des Schocks. In: Schock und Intensivmedizin. Gustav Fischer Verlag, Stuttgart, New York.

LEHMANN, H.D. (1980): Zur experimentellen und veterinär-klinischen Pharmakologie der Herzglykoside. Prakt. Tierarzt **61**, 579–588.

LÖWE, H. (1978): Stand und Möglichkeiten einer medikamentösen Therapie der ischämischen Herzkrankheit. Dt. Gesundh.-Wesen **33**, 1395–1400.

LOHMANN, D., et al. (1977): Symptome und Diagnostik innerer Krankheiten. 2. Auflage. Johann Ambrosius Barth Verlag, Leipzig.

LOMBARD, C.W., et al. (1981): Pacemaker Implantation in the Dog: Surgery and Literature Review. J. Amer. Anim. Hosp. Ass. **17**, 751–758.

MARX, F.J., HOFSTETTER, A., und SCHILLING, A. (1977): Urosepsis bis septischer Schock. II. Pathophysiologie der Hämostasestörungen. Urologe A **16**, 241–243.

MESSMER, K., und BRENDEL, W. (1971): Pathophysiologische Aspekte des hypovolämischen, kardiogenen und bakteriotoxischen Schocks. Medizinische Welt **22**, 1159–1164.

MEYER, M., DAUBERSCHMIDT, R., HIERONYMI, U., und KUCKELT, W. (1977): Die Differenzierung von Schockzuständen und ihre Bedeutung für Diagnose und Therapie. Anaesthesia Kongreßbericht **2**, 595–606.

MORAILLON, R. (1975): Herzinsuffizienz des Hundes. Récu. Méd. vétér. (Paris) **151**, 713–722.

MROCHEN, H., MEYER, M., und HIERONYMI, U. (1977): Zur prognostischen Aussagefähigkeit klinischer Parameter. Anaesthesia Kongreßbericht **2**, 559–567.

MÜLLER, J.H.A., et al. (1982): Lokale intrakoronare Fibrinolysetherapie bei akutem Myokardinfarkt. Dt. Gesundh.-Wesen **37**, 861–863.

NEUGEBAUER, E., et al. (1989): Cortison: Standards und neue Tendenzen. Münch. med. Wschr. **131**, 907–910.

NEUHOF, H., MITTERMAYER, Ch., und FREUDENBERG, N. (1979): Makro- und Mikrozirkulation im Schock. In: Schock und Intensivmedizin. Gustav Fischer Verlag, Stuttgart, New York.

OTTO, K.-B., et al. (1976): Elektrotherapie des Herzens – Technischer Stand und Entwicklungsaussichten. Medizintechnik **16**, 113–120.

PALIEGE, R., et al. (1982): Die Faust als Herzschrittmacher – Untersuchungen zur mechanischen Notfallstimulation des Herzens. Dt. Gesundh.-Wesen **37**, 1094–1100.

PESKAR, B.A. (1982): Die pathophysiologische und pharmakologische Bedeutung von Prostaglandinen bei verschiedenen Formen des Schocks. Wien. tierärztl. Mschr. **69**, 69–75.

PIESCHE, L., et al. (1980): Hemmstoffe der Dopamin-β-Hydroxylase: Ein neuer Typ von Antihypertensiva? Medizin aktuell, 324–325.

POIRSON, J.P., et al. (1976): Adams-Stokes-Syndrom beim Hund. Tierärztl. Prax. **4**, 359–375.

PUNZET, G. (1976): Diagnose und Therapie des hämorrhagischen Schocks beim Hund. Wien. tierärztl. Mschr. **63**, 59–60, 62–65.

RICHTER, B., und ORLIK, H. (1979): Das Verhalten lysosomaler Enzyme im experimentellen hämorrhagischen Schock. Vortrag beim Colloquium „Pathobiochemie des Schocks", Dresden.

RICK, A. DE, et al. (1978): Plasma Concentrations of Digoxin and Digitoxin during Digitalisation of Healthy Dogs and Dogs with Cardiac Failure. Amer. J. veter. Res. **39**, 811–815.

RÓKA, L. (1979): Pathophysiologie des Schocks – Metabolische Aspekte. In: Schock und Intensivmedizin. Gustav Fischer Verlag, Stuttgart, New York.

RONTE, O., und THORMÄHLEN, D. (1980): Die Wirkung von Antiarrhythmika im Experiment und in der Praxis. Prakt. Tierarzt **61**, 568–578.

SANDRITTER, W. (1979): Einführung in das Thema Schock und Intensivmedizin. In: Schock und Intensivmedizin. Gustav Fischer Verlag, Stuttgart, New York.

SCHEUCH, D.W., HÄCKER, R., KÜHNE, H., and ORLIK, H. (1978): Importance of enzymes in experimental and clinical shock. Z. med. Labor.-Diagn. **19**, 351–362.

SCHEUCH, D.W., et al. (1977): Zur pathologischen Biochemie des Schocks. Anaesthesia Kongreßbericht, 464–491.

SCHEUCH, D.W. (1979): Zur pathologischen Biochemie des Schocks. Vortrag beim Colloquium „Pathobiochemie des Schocks", Dresden.

SCHIMKE, E. (1979): Das Schocksyndrom bei Hund und Katze. Fachtierarzt-Abschlußarbeit, Leipzig.

SCHIMKE, E. (1968): Möglichkeiten für die Patientenüberwachung in der Anästhesie – am Beispiel des Hundes. Vet.-med. Habil.-Schrift, Leipzig.

SCHILLING, A., HOFSTETTER, A., und MARX, F.J. (1977): Urosepsis bis septischer Schock. I. Allgemeine und spezielle Pathophysiologie des septischen Schocks. Urologe A **16**, 238–240.

SCHMIDTKE, H.-O., SCHMIDTKE, D., und KÜHN, A. (1977): Unblutige Blutdruckmessung bei sedierten und anästhesierten Hunden und Katzen. Kleintierpraxis **22**, 14–19.

SCHMIER, J. (1969): Mechanismus des kardiogenen Schocks. Z. Prakt. Anästhesie und Wiederbelebung **4**, 72–78.

SCHWENDER, D., und PETER, K. (1989): Neue Aspekte

der kardiopulmonalen Wiederbelebung. Münch. med. Wschr. **131**, 644–647.

SKLASCHUS, H., und WERNER, J. (1970): Ein einfaches, transistorverstärktes Anzeigegerät zur unblutigen Messung des systolischen und des mittleren Blutdrucks bei Hund und Katze. Berl. Münch. Tierärztl. Wschr. **83**, 47–50.

SVENDSEN, C. K., und HJORTKJAER, R. K. (1979): Shock – En oversigt, a review. Nord. Vet.-Med. **31**, 321–336.

TAKÁCS, L. (1970): Der Schock im Tierexperiment: Einige Probleme der Regulation des kleinen und großen Kreislaufes. Ber. Ges. Inn. Med. **7**, 159–165.

TEICHERT, Ch., und JULIUS, U. (1974): Fett- und Kohlenhydratstoffwechsel beim Schock und Herzinfarkt. Dt. Gesundh.-Wesen **29**, 1105–1108.

THIELE, R. (1974): Das Schocksyndrom, Teil 1. Z. ärztl. Fortbild. **68**, 772–779.

THIELE, R. (1974): Das Schocksyndrom, Teil 2. Z. ärztl. Fortbild. **68**, 826–830.

THIELE, R. (1974): Das Schocksyndrom, Teil 3. Z. ärztl. Fortbild. **68**, 884–888.

THIELE, R. (1982): Pathophysiologie und Differentialtherapie des kardiogenen Schocks. Z. ärztl. Fortbild. **76**, 538–542.

UNGER, M., und MATAUSCHEK, J. (1977): Die Patientenüberwachung – Ein Problem der klinischen Prozeßkontrolle. Anaesthesia Kongreßbericht **2**, 548 bis 557.

URBASZEK, W., und SPRINGFELD, K. (1982): Aktuelle Fragen zur Diagnostik und Therapie der Herzinsuffizienz. Z. ärztl. Fortbild. **76**, 477–482.

VOLKMANN, H., et al. (1982): Transösophageale Elektrostimulation zur Initiierung und Terminierung von tachykarden Rhythmusstörungen. Dt. Gesundh.-Wesen **37**, 1888–1893.

VRIES, H. W. DE, et al. (1980): Die Erstversorgung von Not- und Traumafällen. Kleintierpraxis **25**, 11 bis 18.

WACHHAUS, Annette (1980): Serumspiegelbestimmungen von Digoxin bei gesunden und herzkranken Hunden, durchgeführt mit einem Enzymimmunoassay. Vet.-med. Diss., Gießen.

WEBER, H., und ZILCHER, H. (1983): Moderne Aspekte des kardiogenen Schocks. Z. ges. inn. Med. **38**, 133–142.

WERLE, E. (1971): Schock. Z. ges. inn. Med. **7**, 134 bis 140.

WERNER, J. (1972): Methodische Untersuchungen zur unblutigen Messung des Blutdruckes beim Hund. Zbl. Vet.-Med. A **19**, 142–192.

17. Verdauungsorgane, Abdomen, Hernien
(H.-J. FLASSHOFF)

Das Kapitel ist unterteilt in Mundhöhle, Ösophagus, Magen, Darm sowie Abdomen und Hernien. Anatomie und Pathophysiologie aus klinischer Sicht wurden im vorgegebenen Rahmen besonders berücksichtigt.

17.1. Erkrankungen der Mundhöhle

Untersuchungsgang: Die Untersuchung der Mundhöhle beginnt bei geschlossenem Fang mit Adspektion sowie Palpation und sollte auf den Orbitalbereich, die Kiefergelenke, die regionären Lymphknoten im Hals- und Unterkieferbereich sowie auf die Speicheldrüsen ausgedehnt werden. Schmerzhaftigkeit und Umfangsvermehrung geben erste diagnostische Anhaltspunkte. Durch Hochziehen der Lefzen kann der Zustand der Mundschleimhaut und des Zahnfleisches (Gingiva) beurteilt werden; dabei ist auf die Durchblutung der sichtbaren Schleimhäute, auf Veränderungen der bukkalen Zahnflächen, auf Zahnstein usw. zu achten. Bei geöffnetem Fang werden dann Ober- und Unterkiefer, Zähne, Gaumen, die Schleimhäute sowie die Zunge untersucht und der Stand der Zähne durch Aufeinanderdrücken der Kiefer ermittelt. Ein Herunterdrücken des Zungengrundes mit dem Zeigefinger oder einem Spatel ermöglicht die Beurteilung der Tonsillen und der sichtbaren Abschnitte des Pharynx. Röntgenuntersuchungen können bei Erkrankungen der knöchernen Anteile der Mundhöhle oder bei Fremdkörpern in den Weichteilen und vor allem bei Zahnerkrankungen diagnostische Hilfe leisten.

Eine Adspektion der Mundschleimhaut und des Zahnfleisches kann Hinweise zur Beurteilung des Kreislaufs auf eine Anämie oder einen Schockzustand liefern. Die Schleimhaut ist in solchen Fällen blaß, im Gegensatz zu einer Entzündung, bei der sie rot, geschwollen oder ulzerös sein kann. Durch Druck eines Fingers auf die Schleimhaut läßt sich die Fähigkeit zur Wiederdurchblutung beurteilen. Normalerweise erfolgt diese sofort nach Beseitigung des Druckes. Ist sie verzögert, läßt dies auf eine Kreislaufinsuffizienz oder auf eine Anämie schließen. Die Diagnose wird durch die Bestimmung eines Blutbildes und des Hämoglobin-Wertes erhärtet. Bei Verdacht auf innere Blutungen ist eine mehrmalige Bestimmung des Hämatokrit-Wertes in kürzeren Abständen hilfreich.

17.1.1. Stomatitis

Ätiologie und Krankheitsbild: Eine Stomatitis kann als primäre Erkrankung (unsachgemäße Zubereitung des Futters, Fremdkörper in der Mundhöhle, Zahnstein, Zahnverletzungen, Vitamin- und Eisenmangel) oder als Symptom einer übergeordneten Erkrankung (Allergien, Infektionen, Anämie, Urämie, gestörte immunologische Abwehr, Leukämie) auftreten. Lokal können mikrobielle Einwirkungen durch Streptokokken, Fusobakterien, Spirochäten, *Candida albicans*, Viren sowie verschiedene Chemikalien eine Entzündung der Schleimhaut hervorzurufen. Darüber hinaus gibt es noch Stomatitiden unbekannter Genese. Im Anfangsstadium ist die Mundschleimhaut gerötet und geschwollen (**Stomatitis catarrhalis**), im weiteren Verlauf kann es zu Bläschen-, Knötchen- oder Geschwürbildung kommen (**Stomatitis ulcerosa, Stomatitis gangraenosa**; Abb. 17.1.). Chemische Stoffe wie Iodide, Bismut, Quecksilber oder Blei können eine **Stomatitis medicamentosa** verursachen. Eine durch Papillomaviren hervorgerufene Veränderung stellt die **Stomatitis papillomatosa** dar. Hierbei handelt es sich um die Ausbreitung warzenartiger Gebilde im Bereich der Mundschleimhaut (Abb. 17.2.). Eine **Gingivo-Stomatitis** entsteht, wenn als Folge einer Gingivi-

444   17. Verdauungsorgane, Abdomen, Hernien

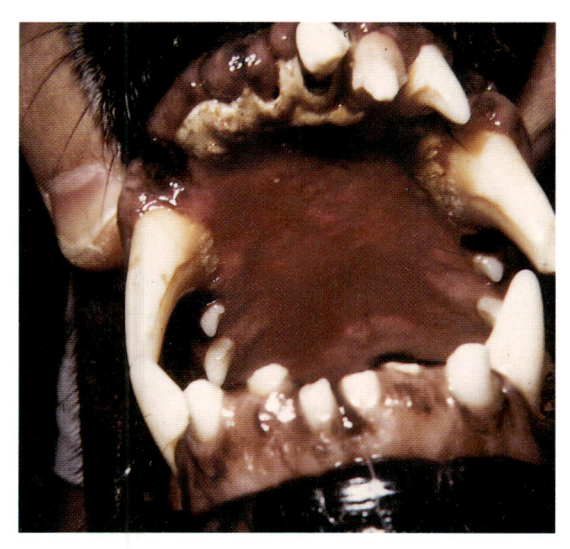

Abb. 17.1. Stomatitis ulcerosa im Frontzahngebiet mit nekrotischer Gingiva und freigelegtem Maxillarknochen. (SCHLUP, Bern).

tis nekrotische Veränderungen vom Zahnfleischsaum auf die Mundschleimhaut übergreifen. Eine Ausbreitung der Stomatitis auf die äußere Haut beginnt oft im Lefzenwinkel.

Diagnose: Im Vordergrund der Symptomatik steht meist eine Salivation in Verbindung mit Foetor ex ore. Eine generelle Untersuchung ist zur Erkennung von übergeordneten Krankheiten, die von einer Stomatitis begleitet sind, erforderlich. Durch bakteriologische oder mykologische Untersuchung von Abstrichen der erkrankten Schleimhautstellen kann ein Erreger evtl. identifiziert werden. Dabei ist notwendig, daß mehrere Abstriche von verschiedenen Stellen angefertigt werden. In einigen Fällen sind weitere Laboruntersuchungen, wie Harnstoffbestimmung, Blutbild oder Knochenmarkpunktat, angebracht.

Therapie: Lokale Ursachen einer Stomatitis wie Zahnstein oder Zahnveränderungen müssen beseitigt werden, Allgemeinerkrankungen sind kausal zu therapieren. Eine spezifische Therapie ist bei Lokalinfektionen angezeigt. Neben den bei der **Gingivitis** genannten Behandlungsformen (s. S. 454) eignet sich auch eine 1%ige H_2O_2- oder Alaunlösung zur Spülung der Mundhöhle. Die lokale Anwendung durch Einreiben einer Breitbandantibiotikum-Suspension (einmal täglich) führt in vielen Fällen zum Erfolg. Darüber hinaus sind Gaben von Vitamin C, B_{12} sowie weiteren Vitaminen des B-Komplexes unterstützende Maßnahmen. NIEMAND (1980) empfiehlt in schweren Fällen das Kauterisieren sowie die orale Anwendung von Spiramycin oder Doxycyclin. Sprechen antibiotische Maßnahmen nicht an, so kann das Einreiben von Triamcinolon(-Acetonid)-Haftsalbe erfolgreich sein. Zur Behandlung einer Pilzinfektion eignen sich Spülungen mit einer desinfizierenden Lösung (Phenylquecksilber(-Borat) 1–2%ig); reicht dieses Vorgehen nicht aus, sind fungizide Präparate (z. B. Nystatin-Suspension) erforderlich. In therapieresistenten Fällen führt die Extraktion der sich im Bereich

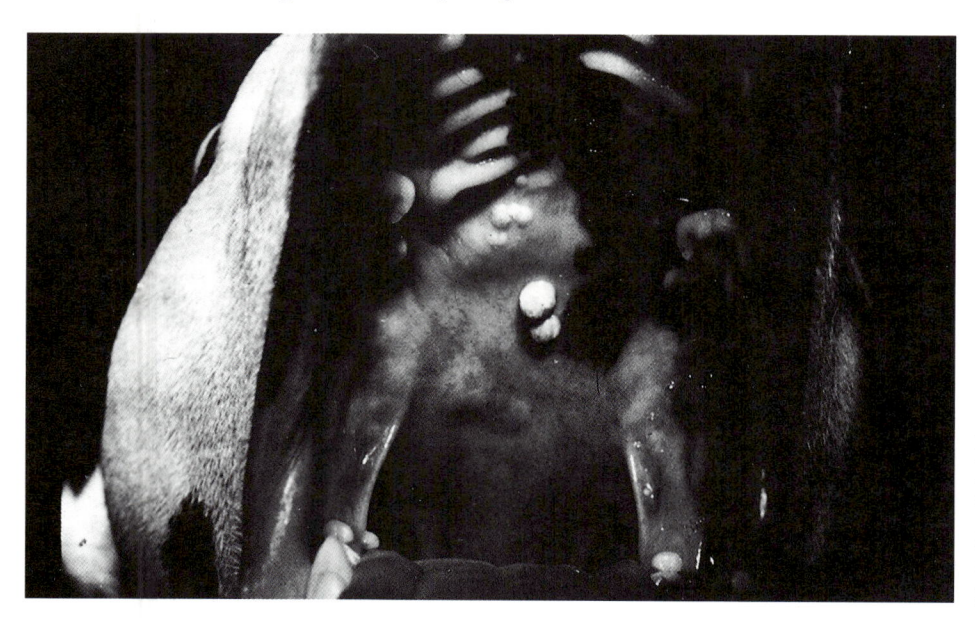

Abb. 17.2. Stomatitis papillomatosa bei einem Schäferhund. (BARTELS, Frankfurt/M.).

der Stomatitis befindenden Zähne meist zur Abheilung der Entzündung. Bei dieser Maßnahme ist darauf zu achten, daß keine Wurzelreste zurückbleiben, die zu Rezidiven führen. Die Therapie einer Stomatitis papillomatosa besteht in der elektrochirurgischen Entfernung der Neubildungen. Bei der Exstirpation ist das Belassen von ein oder zwei Papillomen in der Mundschleimhaut zur Therapiekontrolle zu empfehlen. Von einigen der entfernten Geschwülste wird eine Vakzine hergestellt, die in steigenden Dosen (1–3 ml) im Abstand von 3–4 Tagen zehnmal subkutan injiziert wird. Die in der Schleimhaut belassenen Papillome bilden sich dadurch zurück, und auch Rezidive werden verhindert.

– **Noma (Stomatitis gangraenosa)**
Ätiologie und Krankheitsbild: Beim Noma breiten sich ulzeröse Veränderungen flächenhaft auf der Mundschleimhaut aus (Cancer aquaticus); die gangränösen Zerfallsprozesse können auf das Zahnfleisch, den harten Gaumen oder auf die Zunge übergreifen. Die Schleimhautveränderungen werden vornehmlich durch Spirochäten *(Spirochaeta plaut-vincenti)* und fusiforme Bakterien hervorgerufen, aber auch infektiös-toxische Ursachen und Traumen können zu einem Noma führen. Darüber hinaus vermögen sich gangränöse Schleimhautprozesse aus einer Parodontose zu entwickeln. Für die Pathogenese kommen auch Vergiftungen (Schwermetalle) sowie Verätzungen und Vitaminmangelzustände (B-Komplex) in Frage. Die meist scharf umschriebenen Geschwürbildungen weisen einen graugrünen, weichen Belag auf. Der ausgeprägte Foetor ex ore ist aashaft bis urämisch. In schweren Fällen bestehen Symptome einer Allgemeininfektion mit Schwellung der mandibularen und evtl. auch der retropharyngealen Lymphknoten.

Therapie: Eine Säuberung der Geschwürsflächen und der Zahntaschen mit einer 3%igen H_2O_2-Lösung leitet die Therapie ein. Zahnstein muß entfernt werden, kranke Zähne und lockere Zähne sind zu extrahieren. Pinselungen der erkrankten Schleimhautpartien mit 1–10%iger Kupfersulfat-Lösung sind weitere Therapiemöglichkeiten. Alternative Maßnahmen sind orale Antibiotikagaben (Spiramycin oder Doxycyclin); der Einsatz eines parenteralen Breitbandantibiotikums (Tetracyclin) sollte möglichst frühzeitig erfolgen. Einreibungen mit Triamcinolon(-Acetonid)-Haftsalbe ergänzen die antibiotische Therapie. Bei Verdacht auf eine Pilzinfektion sind Pilzkulturen anzulegen und gegebenenfalls pilzwirksame Medikamente einzusetzen. Zur Förderung des Zellstoffwechsels können hohe Dosen Vitamin C und Vitamine des B-Komplexes verabreicht werden. Das elektrochirurgische Abtragen von nekrotischem Gewebe (Thermokauter oder Hochfrequenzschlingenmesser) ist eine erfolgversprechende Maßnahme und schafft übersichtliche Wundverhältnisse.

17.1.2. Glossitis

Ätiologie und Krankheitsbild: Akute oder chronische Entzündungen der Zunge entstehen als primäre Erkrankungen oder sind das Symptom eines übergeordneten Krankheitsablaufs. Häufige Ursachen sind lokale, bakteriologische und mykologische (Soor) Einwirkungen sowie mechanische Insulte (scharfe Zahnkanten, Bißverletzungen, Verbrennungen, chemische Reize). Zu den pathogenetischen Faktoren werden auch Avitaminosen, insbesondere des B-Komplexes (Schwarzzunge), Anämie und Urämie gerechnet. Aphthöse Infektionen werden meist durch Streptokokken verursacht, weiße Beläge weisen auf Soor hin. Die klinische Erscheinungsform der Glossitis ist unterschiedlich, und die Ausmaße der Läsionen stehen häufig nicht im Verhältnis zur Heftigkeit der Symptome. Bei einer schweren,

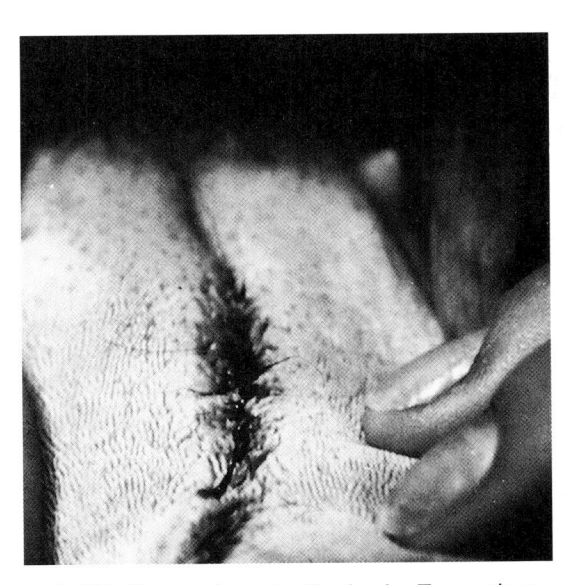

Abb. 17.3. Haarwuchs in der Raphe der Zunge eines Scotch-Terriers. (BARTELS, Frankfurt/M.).

akuten Glossitis schwillt die Zunge stark an, so daß die Gefahr einer Blockade der Atemwege mit dadurch bedingten Erstickungsanfällen besteht. Kau- und Schluckbewegungen verursachen Schmerzen und sind manchmal nicht durchzuführen. Die Entzündung kann auch auf den Zungenrand beschränkt bleiben und hier Nekrosen hervorrufen.

In seltenen Fällen wird eine **Haarzunge** diagnostiziert, die jedoch ohne Symptome bleibt. Diese Veränderung auf der Zunge (Abb. 17.3.) wird durch ein profuses Wachstum der Papillae filiformes im medialen Bereich des hinteren Zungendrittels hervorgerufen; die Ursache ist weitgehend unbekannt, ebenso wie die der **Zungen-Kalzinose** mit Calciumeinlagerungen an den Zungenrändern und der Zungenspitze (Abb. 17.4.).

Bei einer **Makroglossie** ist die Zunge stark angeschwollen, meist dunkelrot verfärbt und weist häufig Eigenbißverletzungen auf. Die Ursache ist oft eine Strangulation der Zunge im Bereich des Zungengrundes durch einen ringförmigen Fremdkörper (Gummiring, Tracheraing). Eine derartige Strangulation ist auch durch Aufnahme von Schnüren möglich, die sich um die Zunge am Zungengrund wickeln. Dabei braucht es nicht zu einer Makroglossie zu kommen, aber es besteht eine mehr oder weniger ausgeprägte Behinderung beim Abschlucken der Nahrung und des Speichels. Die Hunde zeigen Heißhunger bei Unvermögen, die Nahrung aufzunehmen, und magern innerhalb kurzer Zeit stark ab. Zu einem ähnlichen Krankheitsbild führt auch das Eindringen einer Nadel in die Zunge.

Diagnose: Da in vielen Fällen die Zunge eine übergeordnete Erkrankung widerspiegelt, ist eine Allgemeinuntersuchung von großer Bedeutung. Die Anamnese gibt häufig auch Aufschluß über evtl. aufgenommene Reizmittel. Kontaktallergene spielen in seltenen Fällen eine Rolle, ebenso unverträgliche Arzneimittel. Eingedrungene Fremdkörper können röntgenologisch diagnostiziert werden, zur Bestimmung der genauen Lage sind Röntgenaufnahmen in verschiedenen Ebenen erforderlich.

Therapie: Im allgemeinen entspricht die Behandlung nach Beseitigung der auslösenden Agenzien derjenigen der Stomatitis bzw. Gingivitis. Auf eine optimale Pflege der Mundschleimhaut durch Spülungen muß im akuten Stadium hingewiesen werden, ebenso sind Zahnsteinentfernung und die Beseitigung scharfer Zahnkanten

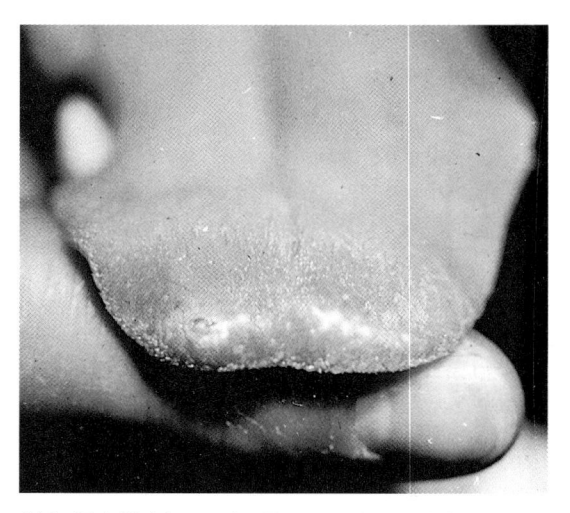

Abb. 17.4. Kalzinose der Zungenspitze bei einem jungen Schäferhund. (BARTELS, Frankfurt/M.).

notwendig. Die Nahrung sollte möglichst breiig bis flüssig gereicht werden. Bei schmerzhaften Zuständen sind Analgetika einzusetzen. Eine Tracheotomie wird erforderlich, wenn ein schweres Zungenödem die Atemwege zu verlegen droht. Die Zungenrandnekrose bedarf keiner besonderen Therapie, da die Demarkation häufig selbständig erfolgt.

Zur Entfernung von Nadelfremdkörpern ist in Narkose die Zunge so zu strecken, daß diese gut durchtastet werden kann. Wird die Nadel lokalisiert, muß die Zunge in diesem Bereich im gespannten Zustand abgeknickt werden. Dabei ist es oft möglich, mit einem geeigneten Instrument oder dem Fingernagel ein Nadelende nach auswärts zu drücken, um dieses dann mit einer stumpfen Klemme zu erfassen und herauszuziehen. Ein chirurgisches Vorgehen sollte nur in hartnäckigen Fällen in Erwägung gezogen werden, da der Eingriff mit starken Blutungen verbunden ist. Besteht bei eingetretener Makroglossie eine Nekrose, kommt es unter Umständen an der Stelle des Fremdkörpersitzes zur Demarkation der Zunge. Mit einem Teilverlust der Zunge kann der Hund leben, vorausgesetzt, daß der Zungenwulst erhalten bleibt. Fehlt dieser, ist ein normales Abschlucken nicht mehr möglich, und es kommt nach kurzer Zeit zu einer tödlich verlaufenden Schluckpneumonie.

Zungenlähmung: Eine ein- oder beidseitige Lähmung des Nervus hypoglossus, der im Kehlgang verläuft, hat eine Inaktivität der Zunge zur Folge. Die Ursache sind Beißereien, Unfälle oder

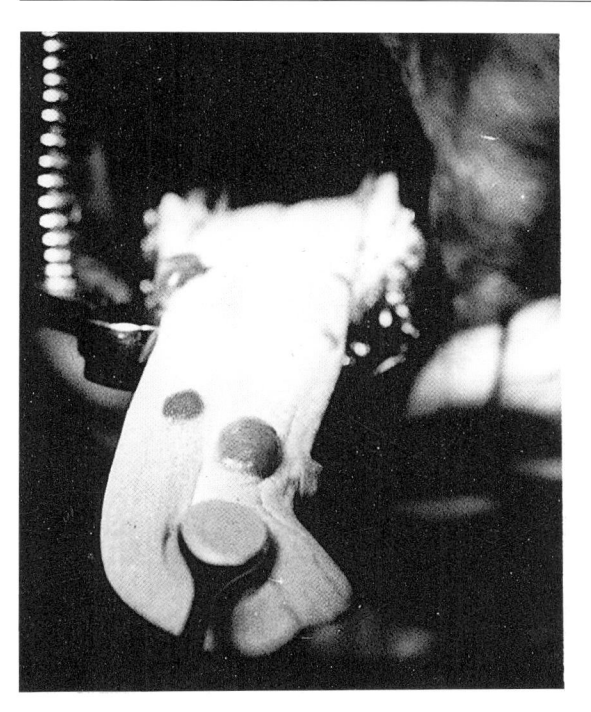

Abb. 17.5. Amelanotisches Melanom an der Zunge. (BARTELS, Frankfurt/M.).

lokal auftreffende Insulte. Bei einseitiger Lähmung hängt die Zunge der gelähmten Seite gegenüber heraus, bei einer beidseitigen Lähmung kann die Zunge nicht mehr in den Fang zurückgezogen werden. Zur *Therapie* empfiehlt sich eine Behandlung mit Neostigmin oder Strychnin, unterstützt von hohen Dosen Vitamin B_1 und B_{12} sowie Vitamin E.

Neubildungen an der Zunge: Hierbei handelt es sich meist um Tumoren, aber auch um aktinomykotische Prozesse, die jedoch selten vorkommen. Befindet sich die Neubildung apikal vom Zungenwulst (Abb. 17.5.), so kann sie durch Keilexzision entfernt werden. Dabei ist die Amputation der Zungenspitze mit vorzunehmen.

Operatives Vorgehen: Bei der Keilexzision wird von oben hinter der abzusetzenden Neubildung ein Schnitt nach hinten etwa bis zur Zungenmitte angelegt, ein weiterer Schnitt muß anschließend von unten nach hinten durchgeführt werden. Der zu entfernende Zungenteil soll die Form eines Keils haben. Die Wundränder werden mit tiefgreifenden, engsitzenden Knopfnähten vereinigt (CHRISTOPH 1973).

17.1.3. Pharyngitis

Ätiologie und Krankheitsbild: Eine Entzündung der Rachenschleimhaut kann die gleichen Ursachen haben wie eine Stomatitis oder Laryngitis, sie kommt insbesondere bei Virusinfektionen vor oder wird durch β-hämolysierende Streptokokken verursacht, entsteht aber auch durch Ausbreitung einer Tonsillitis. Gelegentlich kann das Einatmen oder Verschlucken von Reizstoffen eine Pharyngitis auslösen. Fieber, Schluckbeschwerden, Husten, Inappetenz, eine Rötung und mehr oder weniger ödematöse Schwellung der Pharynxschleimhaut sowie Lymphknotenschwellungen im Halsbereich gehören zu den wesentlichen Symptomen. Streptokokken, aber auch Hefen, verursachen manchmal membranöse Auflagerungen. Retropharyngeale Abszesse können sich bei Verletzungen der Pharynxschleimhaut durch Fremdkörper oder bei einer Tonsillitis bilden. Eine chronische Pharyngitis ist oft die Folge anhaltender Reizzustände, die sowohl zu hypertrophischen als auch zu atrophischen Veränderungen führen können. Tumoren am Pharynx sind selten.

Therapie: Wärmebehandlung (Mikrowellen, feuchtwarme Umschläge; s. Kapitel 4.) ist in den meisten Fällen erfolgreich. Bei schmerzhaften Schluckbeschwerden sind Analgetika einzusetzen. Zur Dämpfung des Hustenreizes eignen sich codeinhaltige Präparate. Eine lokale Behandlungsmöglichkeit besteht im Bepinseln mit einer 5–10%igen Iod-Glycerol-Lösung. Sind Fremdkörper die Ursache der Entzündung oder eines retropharyngealen Abszesses, so müssen der Fremdkörper entfernt und der Abszeß chirurgisch geöffnet werden. Läßt sich der Fremdkörper nicht ertasten, ist eine Röntgenuntersuchung im latero-lateralen Strahlengang vorzunehmen. Pyogene Infektionen erfordern den Einsatz von Antibiotika.

17.1.4. Tonsillitis

Ätiologie und Krankheitsbild: Die Tonsillen sind Teil des lymphatischen (Waldeyerschen) Rachenringes, der schützend den Nasen-Rachen-Raum und den Schlund umgibt. Nicht selten sind die Gaumenmandeln Sitz lokaler, bakterieller Infektionen, begünstigt durch Schneefressen, Wetterwechsel und starkes Hecheln, oder sie sind bei Allgemeininfektionen miterkrankt (Staupe, Hcc, Leptospirose).

Eine **akute Entzündung der Tonsillen** beginnt gewöhnlich mit plötzlich einsetzendem, hohem Fieber (40,5–41,5°C) und schmerzhaften Schluckbeschwerden. Die mandibularen Lymphknoten (am Kieferwinkel) sind häufig geschwollen, ebenso der Rachenring, wodurch Würgebewegungen und auch Hustenreize ausgelöst werden. Ein Hund mit Tonsillitis zeigt Inappetenz, wirkt müde und unlustig.

Diagnose: Bei der Untersuchung erscheinen die Tonsillen meist vergrößert, gerötet (himbeerfarben) oder mit gelb-weißlichem Exsudat bedeckt. Die Mandeln treten dabei aus den umgebenden Taschen hervor und sind von zähem, weißlichem Schleim umgeben. Differentialdiagnostisch ist an Staupe zu denken, insbesondere dann, wenn nicht nur die Tonsillen, sondern auch die Umgebung diffus geschwollen und gerötet sind. Durch starke bakterielle Einwirkungen können die Tonsillen als lymphatisches Organ, das die Bakterien abfängt, aufnimmt und phagozytiert bzw. mit dem Säftestrom fortschafft, sich so stark vergrößern, daß es zu einer weitgehenden Einengung des Rachenraumes kommt. Ein Symptom der Einengung ist häufiges Gähnen, durch das sich der Hund Erleichterung verschaffen will. Immunologische Vorgänge spielen bei der Abwehrleistung gegenüber Krankheitserregern eine wesentliche Rolle.

Bei Junghunden (besonders von Zwergrassen) treten gerötete Tonsillen normalerweise leicht aus den Taschen hervor. Hier ist von einer Tonsillitis erst dann zu sprechen, wenn klinische Symptome wie Belag oder zäher, weißlicher Schleim um die Mandeln herum diagnostiziert werden und Allgemeinsymptome mit Apathie und Fieber bestehen. Bei allen Tonsillitiden sollten wegen mitbeteiligter Infektionskrankheiten Laboruntersuchungen wie Blutbild (Linksverschiebung), BSG (beschleunigt), Leukozytenbestimmung und Harnstatus mit herangezogen werden.

Fremdkörper in den Tonsillentaschen (Spelzen, Gras, Ähren) sind kein seltener Befund, und auf sie ist bei der Untersuchung ebenfalls zu achten. Häufiges leichtes Husten und Wischbewegungen, auf den Halsbereich gerichtet, liefern anamnestische Hinweise.

Eine **chronische Tonsillitis** ist die Folge wiederholter, akuter Infektionen des Waldeyerschen Rachenringes. Chronisch erkrankte Gaumenmandeln können lokale, allgemeine, fokale oder auch allergische Krankheitsgeschehen sowie Herzklappeninsuffizienzen verursachen. Zu den Symptomen einer akuten Mandelentzündung kommen übler Geruch sowie Speichelfluß aus dem Fang. Die Tonsillen sind auch in den fieberfreien Phasen mehr oder weniger stark vergrößert, zeigen jedoch eine blasse Farbe. Der Appetit ist vermindert, ebenso die Bewegungsfreudigkeit, und das Haarkleid erscheint stumpf und struppig.

Häufig entzündete Tonsillen neigen zu malignen Entartungen, die auch beidseitig auftreten können. Solche tumoröse Veränderungen haben meist eine Metastasenbildung in den regionären Lymphknoten sowie in der Lunge zur Folge. Beim Vorliegen eines malignen Lymphoms sind die Mandeln ebenfalls vergrößert.

Bei allen therapieresistenten, entzündlichen Organerkrankungen sowie Gelenkentzündungen oder auch Myalgien sollte auf eine Tonsillitis geachtet werden, da von den Tonsillen ein fokales Geschehen ausgehen kann. Bei therapeutisch schwer zu beeinflussenden Tonsilliden ist auch eine Tuberkulose in die diagnostischen Überlegungen einzubeziehen, vor allem dann, wenn eine einseitige Tonsillitis (Primärkomplex) besteht.

Therapie: Zur lokalen Behandlung der akuten Tonsillitis eignen sich Pinselungen mit Iod-Glycerol (Iod subl. puri 1,0 g, Kaliumiodid 3,0 g, Glycerol ad 30 ml). Besteht eine Allgemeininfektion, so ist diese vorrangig zu behandeln. Bei einer akuten oder chronischen Tonsillitis sind antibiotische Maßnahmen einzusetzen, möglichst nach Abstrich zur Erfassung bakteriell oder mykologisch beteiligter Keimspezies. Die anschließende Erstellung eines Antibiogramms ermöglicht eine gezieltere Therapie. Dabei ist eine gewachsene Mischflora für die Resistenzbestimmung ohne Wert, ein überwiegendes Wachstum, z.B. von Streptokokken der Gruppe A, eignet sich zur antibiotischen Austestung. In vielen Fällen zeigen auch Sulfonamid-Präparate gute Wirkungen.

Ist eine Mandelentzündung chronisch und therapeutisch nicht zu beheben, oder zeigen sich Neubildungen, muß eine Tonsillektomie vorgenommen werden. Eine Entfernung der Mandeln ist kontraindiziert bei Infektionskrankheiten (Staupe, Leptospirose, Hcc) oder bei Erkrankungen der blutbildenden Organe (Leukose). Eine Nachbehandlung ist neben einem antibiotischen Schutz meist nicht erforderlich; in den ersten Tagen nach der Operation sollte dem Hund nur breiige bis flüssige Nahrung vorgesetzt werden.

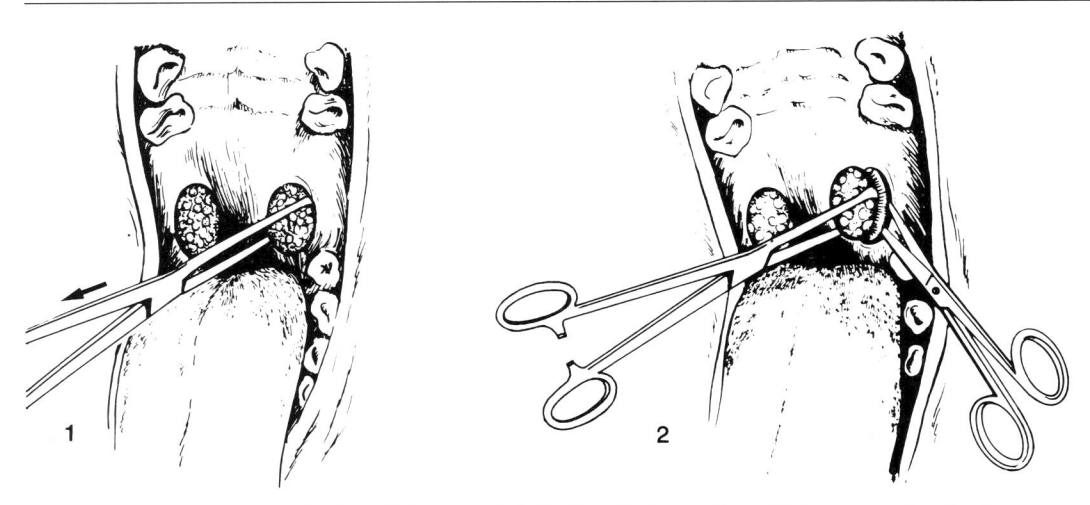

Abb. 17.6. Tonsillektomie: Mit einer Faßzange wird die Tonsille in medialer Richtung aus der Tasche herausgezogen (1) und dann von lateral nach medial freipräpariert (2). (DAVID, Wien).

Technik der Tonsillektomie: Eine Tonsillektomie (Abb. 17.6.) erfolgt bei ausreichender Sedierung und Lokalanästhesie oder Vollnarkose. Um eine Blutaspiration zu vermeiden, sollte ein Orotracheal-Katheter mit aufblasbarer Manschette in die Trachea eingeschoben und der kaudale Pharynx mit Tupfern abgedichtet werden. Der Hund liegt dabei mit tiefer gelagertem Kopf und gespreiztem Kiefer in Rückenlage auf einem um 10–20° geneigten Tisch, die Zunge muß fixiert und angezogen werden. Mittels einer Klemme wird die Tonsille erfaßt und aus ihrer Tasche herausgezogen. Das lymphatische Gewebe wird mit einer gebogenen Präparierschere oder dem Elektrotom von lateral nach medial freipräpariert und so flach wie möglich abgesetzt. Dabei ist darauf zu achten, daß keine Reste zurückbleiben. Stärker blutende Gefäße werden abgeklemmt und koaguliert, da Unterbindungen in der Tiefe schlecht anzubringen sind und leicht abgleiten. Kleine Blutungen aus den Kapillaren können durch Aufdrücken eines Tupfers über einige Minuten zum Sistieren gebracht werden, stärkere Gefäße sind mit 3–0 Catgut-Ligaturen zu unterbinden. Ein Verschluß der Wundränder muß nicht erfolgen. Bis zum Wiederauftreten des Würgereflexes bleibt das Tier intubiert, der Kopf soll bis zum Erwachen aus der Narkose tiefer als der Körper liegen. Wird eine antibiotische Therapie erforderlich, ist zuvor die bakteriologische Untersuchung des Tonsillengewebes anzuraten. Von der Verwendung eines Tonsillektoms ist abzuraten, da bei dem Abklemmvorgang zu viel orale Mucosa und Faszie erfaßt werden kann und somit ein zu großer Defekt entsteht.

17.1.5. Fremdkörper in der Mundhöhle oder im Pharynx

Fremdkörper wie Knochen- oder Holzsplitter setzen sich häufig zwischen den Zähnen, den beiden Zahnreihen des Oberkiefers sowie am harten Gaumen fest oder dringen auf der äußeren Seite der Zahnreihen in die Mundschleimhaut ein. Oft sind sie fest eingekeilt und können vom Hund mit der Zunge nicht gelöst werden. Durch Wischbewegungen des Fangs auf dem Boden oder mit der Pfote versucht der Hund, den Fremdkörper zu entfernen. Eine starke Salivation sowie Unruhe sind weitere Symptome. Neben sperrigen Fremdkörpern werden in der Mundschleimhaut, im Pharynx oder im Anfangsteil des Ösophagus öfters auch eingedrungene Nadeln diagnostiziert. Reflektorisch ausgelöste Würgebewegungen begünstigen dabei das Eindringen in die Weichteile. Neben starker Salivation stehen in der Symptomatik Würgebewegungen, Nahrungsverweigerung und Schmerzempfindlichkeit, die durch Palpation verstärkt wird, im Vordergrund. Oft ist die Nadel durch Palpieren nicht zu lokalisieren und nur feststellbar, wenn noch ein mit der Nadel verbundener Faden zu sehen ist. Eine Röntgenuntersuchung in zwei Ebenen ermöglicht eine genaue Lokalisation. Werden Steck- oder Nähnadeln ohne Faden aufgenommen, so können diese auch ohne Behinderung abgeschluckt werden und passieren häufig symptomlos den Verdauungskanal.

Therapie: In der Mundhöhle festsitzende Knochen- oder Holzsplitter werden mit einem Hebel entfernt. Eine Analgesie ist normalerweise nur zur Beseitigung einer eingedrungenen Nadel erforderlich. Dazu wird die Nadel fixiert, bis sie von einer gebogenen Kornzange erfaßt werden kann. Ins Gewebe eingedrungene Nadeln, die von außen nicht mehr erreicht werden können, erfordern einen vorsichtigen Einschnitt in das verdeckende Gewebe, jedoch nur so weit, daß eine möglichst dünne Klemme stumpf an die Nadel herangeführt werden kann. Dieser Eingriff muß eventuell unter Röntgen-Sichtkontrolle erfolgen (Bildverstärker).

17.1.6. Erkrankungen am Gaumen

Krankheitsbild und Diagnose: Defekte am Gaumen können angeboren oder erworben sein. Angeborene **Mißbildungen**, z.B. die Gaumenspalte *(Palatoschisis)*, sind selten und kommen meist nur bei kurzköpfigen Rassen vor. Ein *Palatum fissum* (kleine Gaumenspalte) tritt besonders beim Kleinpudel am weichen Gaumen (Palatum molle) auf (NIEMAND 1980). **Traumatische Einwirkungen** nach Beißereien, Stürzen, Zahnextraktionen oder durch Fremdkörper können zu Verletzungen mit Spaltbildung am harten Gaumen führen. Je nach Ausbildungsgrad der *Gaumenspalte* ist der Hund nicht in der Lage, festes Futter normal abzuschlucken, dafür wird flüssige Nahrung leichter aufgenommen, die jedoch teilweise aus den Nasenöffnungen wieder herauslaufen kann. Speichelfluß sowie Schluck- und Würgebewegungen sind weitere Symptome. Vereinzelt werden auch **Neubildungen** am weichen Gaumen diagnostiziert. Bei längerem Bestehen einer Gaumenanomalie magern die Hunde zunehmend ab.

Therapie: Kleine Gaumenspalten am weichen Gaumen oder nach Traumen entstandene Spalten im Bereich des harten Gaumens (Abb. 17.7.) können nach Lösung der Schleimhaut und Erhöhung der Schleimhautelastizität durch Injektionen von Hyaluronidase sowie Schaffung von frischen Wundrändern durch Nähte geschlossen werden.

Operation der traumatischen Gaumenspalte: Die Mucosa wird beiderseits des Traumas entlang des oralen Zahnrandes bis auf den Knochen durchtrennt. Die Schnitte sollten etwas länger als die Gaumenspalte angelegt werden (Abb. 17.8.). Mit dem Raspatorium wird die Mucosa subperiostal von der knöchernen Unterlage gelöst, bis sie sich leicht verschieben läßt. Dabei müssen die aus den Foramina palatina austretenden Gefäße und Nerven, die in der Mitte zwischen Spalt und Zahnrand auf der Höhe der kaudalen Hälfte des vierten Prämolaren liegen, geschont werden. Der Verschluß des nasalen Mucosa-Anteils erfolgt mit 2–0 chrom. Catgut-Einzelnähten und der des oralen Mucosa-Anteils und des Periosts mit 4–0 Draht-Einzelnähten. Die Durchführung einer Pharyngostomie ist bei größeren Traumen empfehlenswert.

Abb. 17.7. Operationsbild einer traumatischen Gaumenspalte mit bilateralen Entlastungsschnitten. (BARTELS, Frankfurt/M.).

Technik der Pharyngostomie: Die Operation erfolgt in Vollnarkose mit einem kurzwirkenden Anästhetikum. Vorbereitend wird die Haut kaudal des Kieferwinkels geschoren und desinfiziert; ein Spreizer hält die Mundhöhle offen. Die laterale Pharynxwand des Hyoids kann mit einem Finger ertastet und die Fingerspitze in eine Auswölbung geschoben werden, die kaudal durch das Hyoid und kranial durch die Zungenbasis begrenzt wird (Fossa piriformis). Ein verstärkter Druck macht auf der Haut eine Vorwölbung sichtbar. Eine gebogene Klemme schiebt man nun entlang des Fingers ein; die Spitze der Klemme ersetzt den Fingerdruck. Mit dem Skalpell wird die Haut über der Wölbung eingeschnitten, und mit der Spitze der Klemme kann das zarte Gewebe der Pharynxwand durchtrennt und mittels Schere erweitert werden, so daß mit der Klemme die Spitze einer Magensonde erfaßt und diese in den Pharynx hineingezogen werden kann. Nach Entfernen der Klemme führt ein Finger die Sondenspitze in den Ösophagus-Eingang, um die Sonde in den Magen einzuschieben. Dabei richtet sich die Sondengröße nach der Größe des Hundes, wobei die eingeführte Sondendistanz vom Kieferwinkel bis zur letzten Rippe reichen soll. Ein Heftpflasterstreifen wird nun um die Sonde geklebt und an der Haut vernäht. Das herausragende Ende der Sonde ist entsprechend zu kürzen und mit einem Pfropfen zu verschließen, der nur zur Ernährung und zur Flüssigkeitszufuhr entfernt wird. Wird die Sonde nicht mehr

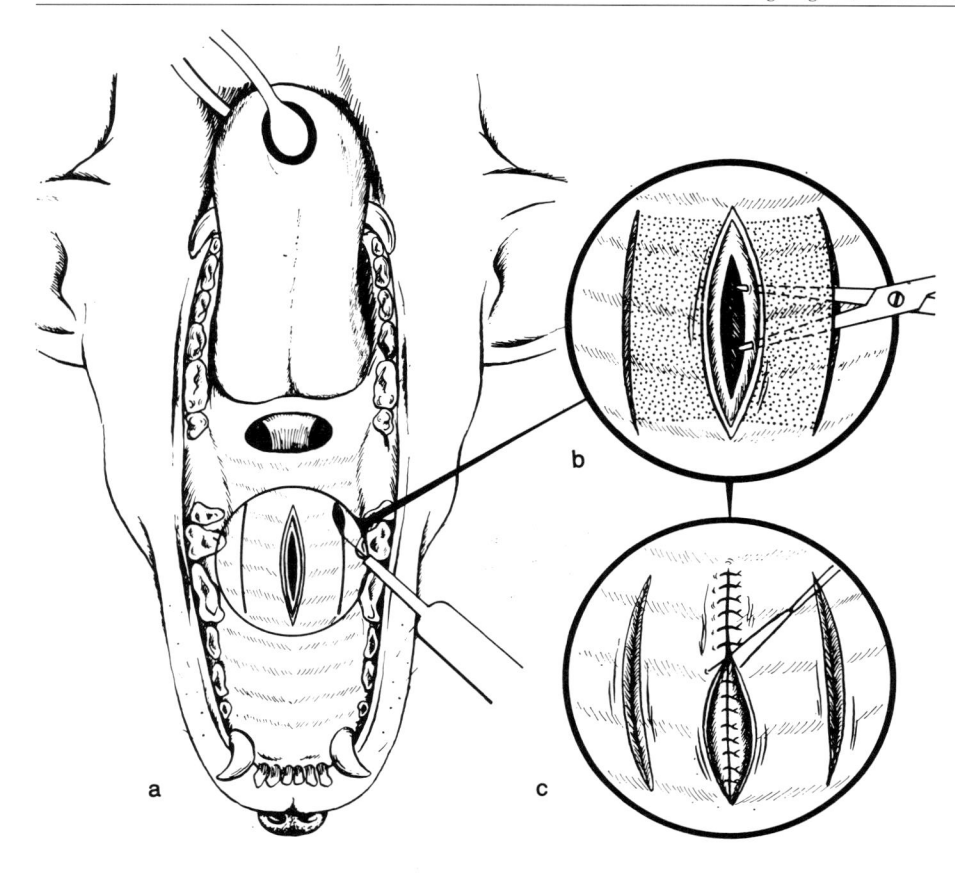

Abb. 17.8.
Operation einer traumatischen Gaumenspalte:
a – bilaterale, paramediane Entlastungsschnitte;
b – Lösen der Mucosa und des Periosts;
c – Verschluß des nasalen und des oralen Anteils der Mucosa mit Einzelnähten. (DAVID, Wien).

benötigt, so kann diese nach Lösen der Fixationsnaht herausgezogen werden. Ein Verschluß der Pharynxwand ist danach nicht mehr nötig.

Bei Neubildungen besteht das operative Vorgehen in einer radikalen Entfernung der Geschwulst. Je nach Größe des Tumors fällt dabei ein Teil des weichen Gaumens dem chirurgischen Vorgehen zum Opfer, so daß der so entstandene Gaumenspalt nicht mehr geschlossen werden kann. Die Konsequenz ist, daß vom Zungenwulst Teile der Nahrung beim Abschlucken in die Nasengänge gedrückt und dadurch sekundäre Komplikationen ausgelöst werden. Bei größeren Neubildungen ist eine Euthanasie anstatt einer Operation in Erwägung zu ziehen. Gleichfalls ist es ratsam, Welpen mit angeborener Gaumenspalte einzuschläfern.

17.1.7. Erkrankungen der Speicheldrüsen

Anatomische Anmerkungen und Krankheitsbild: Der Hund besitzt vier doppelseitig angelegte Speicheldrüsen, die Gll. parotis und zygomatica sowie die Gll. mandibularis und sublingualis monostomatica. Die dreizipfelige Gl. parotis liegt ventral des Ohrgrundes. Ihr Ausführungsgang überquert das ventrale Drittel des M. masseter und mündet an der Papilla parotica gegenüber dem vierten Prämolaren bzw. gegenüber dem ersten Molaren. Medial der rostralen Wurzel des Jochbogens liegt die Gl. zygomatica. Sie besitzt vier bzw. fünf Ausführungsgänge, die gemeinsam gegenüber dem zweiten Molaren an der Papilla zygomatica enden. Walnußgroß ist die Gl. mandibularis, die rostroventral des Atlasflügels im Teilungswinkel der V. jugularis externa liegt. Sie besitzt eine kräftige Bindegewebskapsel, und ihr langer Ausführungsgang endet innerhalb der Plica sublingualis, und zwar allein oder gemeinsam mit dem Gang der Gl. sublingualis monostomatica (PREUSS und HENSCHEL 1978).

Von krankhaften Veränderungen und von entzündlichen Prozessen, die in der Umgebung ablaufen, sowie durch Gewalteinwirkungen (z.B. beim Apportieren und im Schutzdienst) können die Ausführungsgänge oder die Drüsen betroffen werden. Eine Lumenverlegung der Speicheldrüsengänge kann durch Fremdkörper (Gras, Ähren, Futterpartikel) oder auch durch Speichelsteine (Sialolithen) erfolgen; in den meisten Fällen bleibt die Ursache jedoch unbekannt. Von einer Verlegung sind besonders die Ausführungsgänge der Parotis betroffen. Die Bildung von Speichelsteinen beginnt häufig mit dem Eindringen von kleinen Fremdkörpern oder Futterpartikeln in die Speicheldrüsengänge, die dort den Kristallisationspunkt für den Speichelstein bilden. Die Folge sind meist Speichelgangszysten. Bei stark geöffnetem Fang sind die Mündungen der Ausführungsgänge auffindbar und für eine schwache Knopfkanüle passierbar (Möglichkeit der Injektion eines Kontrastmittels zur Darstellung der Ausführungsgänge).

Eine **Parotitis** ist in vielen Fällen die Folge von Entzündungsvorgängen, die im umgebenden Unterhautbindegewebe ablaufen und dann auf die Parotis übergreifen (sekundäre Parotitis). Im Verlauf des entzündlichen Geschehens kann es zur Abszedierung der Drüsen kommen. Solche Vorgänge können im Zusammenhang mit eitrigen, ulzerösen Otitiden stehen, insbesondere dann, wenn die Ulzerationen flächenhaft auf die tiefen Schichten des Gehörganges übergreifen und der Papillarkörper freiliegt. NIEMAND (1980) berichtet von hämatogen-metastatischen Entzündungen der Parotis, insbesondere bei jungen Hunden. Zum Symptombild einer Parotitis gehören Schwellung, Hyperämie mit Schmerzen, die auch durch eine Palpation sowie beim Öffnen des Fanges auszulösen sind.

Tumoröse Veränderungen der Speicheldrüsen sind selten, meist epithelialen Ursprungs und neigen zu infiltrativem Wachstum.

Therapie: Eine Behandlung der beteiligten oder auslösenden Erkrankungen steht bei einer Entzündung der Speicheldrüsen oder ihrer Gänge im Vordergrund. Für die Infektionsbekämpfung sind Antibiotika, evtl. ergänzt durch Glucocorticosteroide, angezeigt. Bei schmerzhaften Zuständen sind Analgetika anzuraten. Die konservative Behandlung ist durch Wärme (Mikrowellen, s. Kapitel 4.) zu ergänzen. Hat die Entzündung zu einem Abszeß geführt (Fluktuation), so ist dieser zu spalten. Nur selten kommt es zu einer Fistelbildung. Eine Fistel kann entstehen, wenn bei der Spaltung des äußeren Gehörganges anläßlich einer Otitis-externa-Operation die Drüsenkapsel oder das Drüsenparenchym verletzt wird. Die so entstandene Fistel ist an einer rezidivierenden Otitis externa zu erkennen, wobei ein wäßriges, farbloses Sekret im verbliebenen Gehörgang angetroffen wird (CHRISTOPH 1973).

Erkrankungen der Gl. mandibularis und Gl. sublingualis monostomatica gehen meist von Entzündungen mit Lumenverlegungen der zugehörigen Ausführungsgänge aus; dadurch kommt es zur Ausbildung einer Stenose mit Speicheleindickung im drüsenwärts gelegenen Ductusabschnitt. An der Verlegung des Ductus können auch Fremdkörper oder Konkremente beteiligt sein. Eine Zunahme des Speichelstaus führt zur Entstehung einer **Speichelgangszyste** (Retentionszyste), die sich in wenigen Tagen oder erst nach einem längeren Zeitraum bildet. Je nach Sitz der Stenose oder Verlegung lokalisiert sich eine Retentionszyste im Bereich des Unterkiefers oder des Kehlganges. Liegt die Obturation nahe der Gangmündung, so wird der Speichelgang seitlich der Zunge Sitz der Zyste *(Ranula)* sein. Besteht die Obturation des Speichelganges weiter drüsenwärts, so stellt sich der Speichelstau als Anschwellung im Bereich des Kehlganges oder Halses dar. Eine Zystenbildung im Drüsenkörper kann in Form einer Hals- oder Unterhalszyste *(Meliceris)* in Erscheinung treten.

– **Ranula (Sublingualzyste)**
– **Meliceris (Halszyste)**

Eine Stenose oder Obturation infolge Fremdkörper oder Quetschung im Mündungsbereich der Ausführungsgänge der Gll. mandibularis und sublingualis monostomatica hat oft die Bildung einer Gangzyste (Froschgeschwulst) zur Folge, die seitlich vom Zungenbändchen liegt und je nach Füllungsgrad die Zunge seitwärts abdrängt. Die Meliceris (Halszyste; Abb. 17.9.) unterscheidet

Abb. 17.9. Halszyste bei einem Jagdhund.

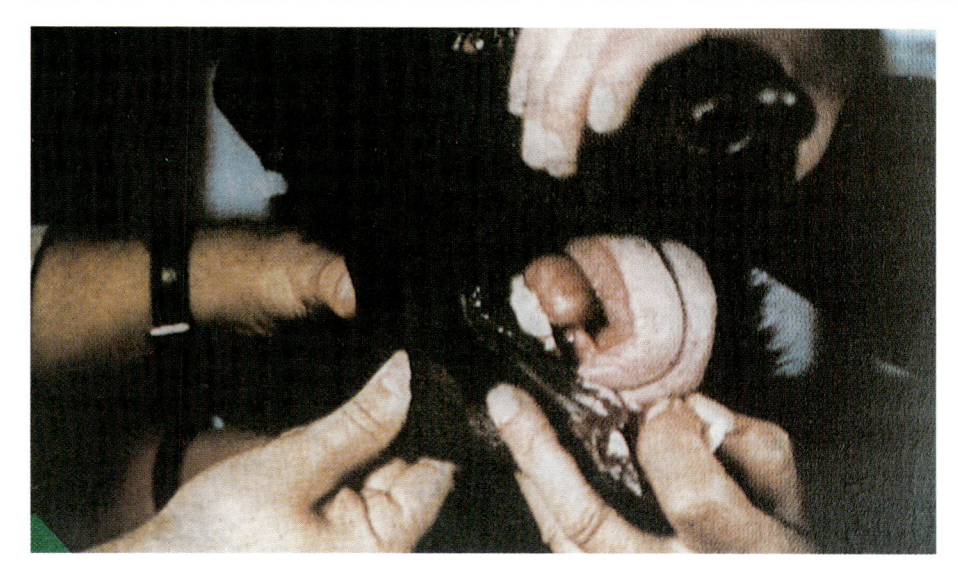

Abb. 17.10.
Ranula bei einem
Schäferhund.

sich von einer Ranula (Abb. 17.10.) durch den Sitz der Stenose oder Obturation, der im drüsennahen Bereich der Speicheldrüsen-Ausführungsgänge liegt. Der Speichelstau führt zu einer fluktuierenden oder derben, jedoch nicht schmerzhaften Anschwellung im Kehlgang oder Halsbereich. Retentionszysten können sich sehr langsam (je nach Obturationsgrad) entwickeln. In einigen Fällen kommt es gleichzeitig zur Ausbildung einer Ranula und einer Meliceris. Dabei steht die Ranula mit der Halszyste durch einen derben bindegewebigen Strang in Verbindung, der den gestauten Speichelgang darstellt. Beim Zysteninhalt handelt es sich um eingedickten Speichel von trüber bis braungelber oder rötlicher Färbung. Das Allgemeinbefinden ist meist weder bei einer Ranula noch bei einer Meliceris gestört, lediglich die Futteraufnahme kann behindert sein.

Die *Therapie* besteht in der Exstirpation der Gll. mandibularis und sublingualis monostomatica mit anschließender Spaltung der Zyste. Die alleinige Spaltung der Zyste führt zu keinem ausreichenden Erfolg, ausgenommen die Spaltung einer Ranula, da hier über die entstehende Fistel der Speichel in die Mundhöhle abfließen kann. In den Gang aufsteigende Entzündungen führen in vielen Fällen zu Komplikationen, so daß die alleinige Spaltung keine andauernde Heilung bringt.

Exstirpation der Glandula mandibularis und Gl. sublingualis monostomatica: Die Operation erfolgt in Vollnarkose. Nach Rasur und Desinfektion eines ausreichend großen Hautbezirkes über den Drüsen werden das Operationsfeld abgedeckt und die Vena jugularis gestaut, um ihre Gabelung in die Vena maxillaris externa

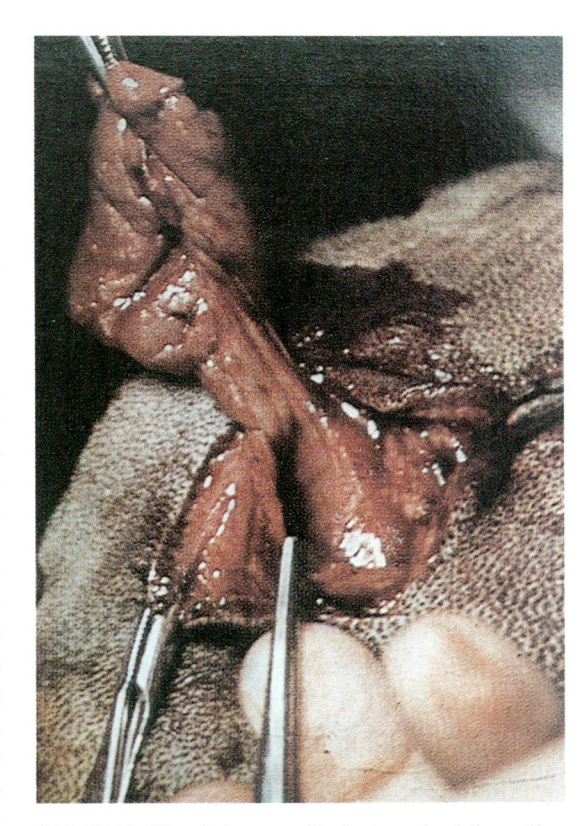

Abb. 17.11. Glandulae mandibularis und sublingualis monostomatica sind stumpf aus der Kapsel herauspräpariert worden und können nach Ligatur abgesetzt werden.

und Vena maxillaris interna sichtbar zu machen. Über der Gabelung legt man einen 5–7 cm langen Hautschnitt an und spaltet die darunterliegende Muskulatur vorsichtig in der gleichen Schnittlinie. In der Bifurkation wird die Kapsel der Gl. mandibularis sichtbar, die ebenfalls eingeschnitten wird. Nun kann die Drüse mit einer Klemme gefaßt und vorsichtig aus der Kapsel herauspräpariert werden. Die von medial in die Drüse führenden Gefäße sind zu unterbinden oder zu koagulieren. Die kraniale Verbindung zwischen Kapsel und Drüse muß sehr sorgfältig gelöst werden, damit danach durch vorsichtiges Ziehen am Drüsengang die Gl. sublingualis monostomatica mit in den Operationsbereich hineingezogen und entfernt werden kann. Ist es nicht möglich, die Gl. sublingualis in toto herauszuziehen, wird der Gang kranial durchschnitten, ohne die darunterliegenden Läppchen der Gl. sublingualis sowie deren Ausführungsgänge zu verletzen. Die verbliebene Drüse wird dann soweit wie möglich kranial in das Operationsgebiet hineingezogen, mit einer Klemme gefaßt, abgebunden und abgetragen (Abb. 17.11.). Die Wundhöhle wird tamponiert (Jodoformgazestreifen) und verschlossen. Der Tampon wird nach 24 Stunden entfernt. Erst nach Beendigung der Operation ist die Halszyste zu spalten.

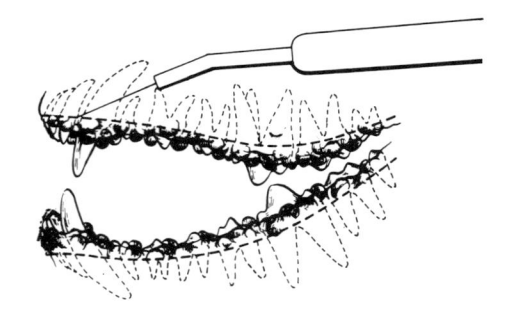

Abb. 17.12. Gingivektomie. Elektrochirurgische Durchtrennung und Abtragung von Zahnfleischwucherungen. (DAVID, Wien).

17.1.8. Gingivitis

Krankheitsbild und Diagnose: Eine Gingivitis kann durch lokale Einwirkungen oder als Folge übergeordneter Krankheiten entstehen, dabei ist das den Zahnhals umgebende Zahnfleisch hellrot, mehr oder weniger geschwollen, und schon durch geringe mechanische Berührungen werden Blutungen ausgelöst. Weitere Symptome sind starke Salivation, Foetor ex ore und eine vorsichtige Futteraufnahme. Die Ursache einer akuten Gingivitis sind Zahnstein oder Futterreste sowie kleine Fremdkörper (kurze Haare), die sich in den Zahnfleischtaschen festsetzen und mitunter zu einem Eiterherd führen können. Eine akute Entzündung ist nahezu schmerzlos und bildet sich oft ohne Behandlung wieder zurück, sie kann jedoch auch in eine chronische Verlaufsform mit Hyperplasie der Gingiva übergehen. Beim Übergreifen auf das knöcherne Parodontium zeigen sich Veränderungen auf dem Röntgenbild.

Therapie: Die Grundlage einer erfolgreichen Behandlung besteht in der Entfernung lokaler Ursachen und Reize sowie prädisponierender Faktoren. Dazu gehört vor allem die Entfernung von Zahnstein. Unerwünschte Arzneimittelnebenwirkungen, Ernährungsmängel und weitere Ursachen, die eine chronische Entzündung unter-

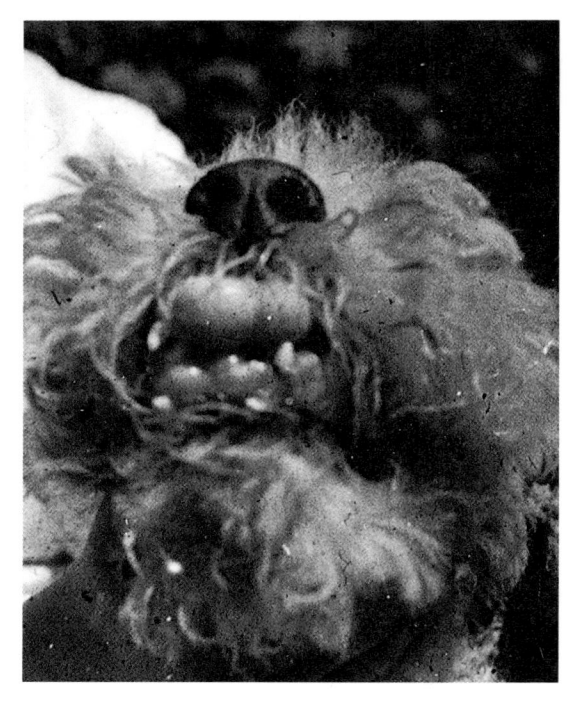

Abb. 17.13. Multiple Epuliden. (BARTELS, Frankfurt/M.).

halten können, sind soweit wie möglich auszuschalten. CHRISTOPH (1973) empfiehlt Pinselungen der erkrankten Stellen mit einer 10%igen Chromsäurelösung in wöchentlichen Abständen. Da Chromsäure toxisch wirkt, ist eine vorsichtige Behandlung notwendig. Eine zusätzliche Verordnung von Vitamin C, B_{12} sowie weiteren Vitaminen des B-Komplexes ist empfehlenswert. In schweren und chronischen Fällen kann die Entfernung des hyperplastisch gewordenen Zahnfleisches durch Gingivektomie (Abb. 17.12.) erfolgreich sein.

Zahnfleischblutungen: Die Ursache ist in den meisten Fällen im Zahnfach zu suchen, die hier auftretenden Sickerblutungen können zu großen Blutverlusten führen. Der Hund schluckt das Blut ab, so daß die Blutungen häufig nur dadurch festgestellt werden, daß sich auf der Liegestelle des Hundes blutige Spuren zeigen. Bei länger anhaltenden Blutungen kann es zu Bluterbrechen, einer Anämie und infolge des Blutverlustes zur Hinfälligkeit oder sogar zum Tod des Hundes kommen.

Die *Therapie* besteht zumeist in der Extraktion des betroffenen Zahnes mit Tamponade der Alveole. Hierzu eignet sich Gelatine oder Bienenwachs. Die Tamponade muß durch Andrücken fest eingepaßt werden. Vor einer Exstirpation kann die Stillung der Blutung durch Entfernung des Zahnsteines und durch gründliche Reinigung der Zahntaschen mit 1–2%igem Wasserstoffperoxid versucht werden. Eine antibiotische Unterstützung dieser Therapie ist selten erforderlich.

17.1.9. Epulis

Pathogenese und Krankheitsbild: Eine Wucherung des Zahnfleisches geht entweder von der Schleimhaut, vom Periost oder vom Alveolarfortsatz aus; betroffen sind meist brachyzephale Rassen (Boxer). Das klinische Bild kann gestielte oder breit aufsitzende Wucherungen zeigen. In einigen Fällen entstehen multiple Fibrome, welche die Zähne fest umschließen oder gar verdrängen. Epuliden können solche Ausmaße annehmen, daß sie bei geschlossenem Fang zwischen den Lefzen hervortreten (Abb. 17.13.). Bösartige Geschwülste (Karzinome) oder vom Knochen ausgehende Tumoren (Sarkome) sind selten. Wird eine solche Diagnose gestellt, müssen die regionären Lymphknoten auf Metastasen untersucht werden.

Therapie: Die Behandlung besteht in der elektrochirurgischen Entfernung der Zahnfleischwucherungen in Vollnarkose. Mittels eines Hochfrequenzmessers werden die Wucherungen abgetragen (s. Abb. 17.12.). Bei dieser Abtragungsmethode sind Rezidive seltener als bei der Verwendung der Messerexzision mit anschließender Kauterisation. Ist die Möglichkeit einer Kauterisation nicht gegeben, sind örtlich blutstillende Maßnahmen mit Liquor ferri sesquichlorati anzuwenden. Eine Behandlung oder Extraktion evtl. miterkrankter Zähne ist in das chirurgische Vorgehen einzubeziehen. Bei tiefreichenden Neubildungen, die vom Knochen ausgehen, wird die noch im gesunden Bereich liegende Knochenlamelle mit herausgemeißelt. Schwer stillbare Blutungen sind zu kauterisieren. Bleibt diese Maßnahme ohne Erfolg, muß der Knochenraum mittels Drucktamponade (Bienenwachs) ausgefüllt werden.

17.1.10. Parodontale Erkrankungen

Pathogenese und Krankheitsbild: Unter Parodontopathie versteht man eine Entzündung **(Parodontitis)** oder auch Degeneration **(Parodontose)** des den Zahn umgebenden Gewebes (Gingiva, Alveole, Wurzelhaut). Charakteristisch ist eine Schwellung der Gingiva bzw. eine Atrophie oder Resorption des knöchernen Zahnfachs. Ein auffallendes Symptom ist die Entstehung einer Tasche bzw. einer Vertiefung des Zahnfleischulcus über das normale Maß (2 mm) hinaus. Durch Ansiedlung von Mikroorganismen, Fremdkörpern (Spelzen, Grannen, Haare, Futterreste) sowie Zahnstein und in seltenen Fällen auch durch Karies werden Parodontopathien stark begünstigt. Allgemeine Faktoren, wie Hypovitaminosen, Mangel an Calcium und Phosphor, allergische Reaktionen, endokrine Störungen (Diabetes), Schwermetalle und chronische Erkrankungen, fördern parodontale Veränderungen oder sind an deren Entstehung beteiligt. Eine Parodontitis beginnt mit Rötung und Schwellung sowie Blutungsbereitschaft bei fortschreitender Vergrößerung der Zahnfachtaschen. Im weiteren Verlauf kommt es zur Parodontose mit Rückbildung des Zahnfleisches, das vom Zahnhals abgedrängt wird, ein Vorgang, der bis an die Zahnwurzel heranreichen kann. Folgen sind eine Lockerung der Zähne sowie ein entzündlicher Abbau des Alveolarknochens (Abb. 17.14.). Die Knochenresorption wird von der Dauer und Schwere der Parodontose bestimmt. Zusätzlich kann sich dem chronischen Prozeß eine akute Infektion aufpfropfen. Die individuelle Heilungskraft spielt bei einer Parodontose eine wesentliche Rolle, da durch die anhaltende Toxinbildung immunologische Abwehrmechanismen stark beansprucht sind.

Bei der Entstehung der Parodontose hat der alimentäre Hyperparathyreoidismus als Folge eines Ungleichgewichtes des Calcium-Phosphor-Verhältnisses (normal 1,2:1) eine nicht zu unterschät-

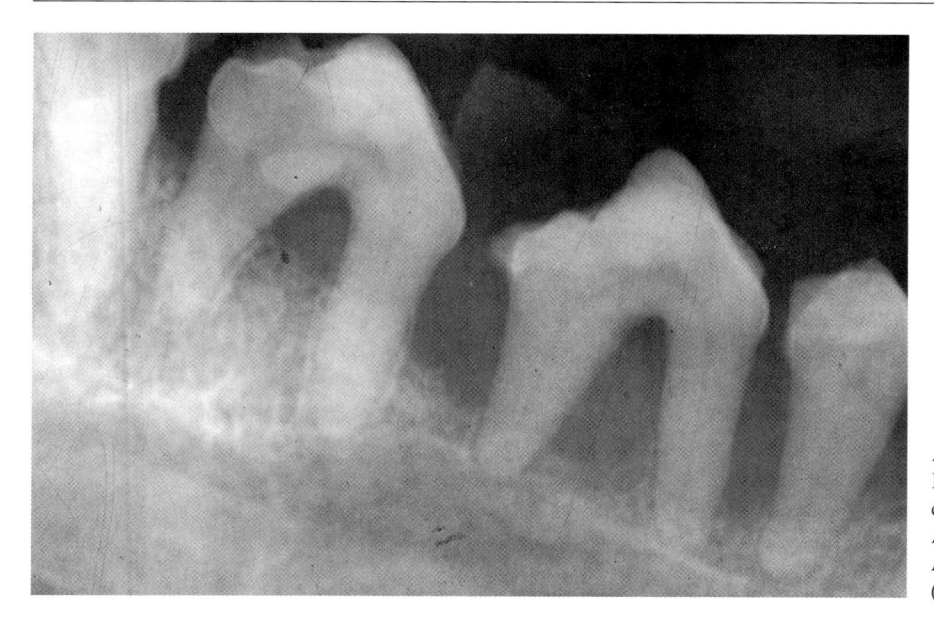

Abb. 17.14.
Röntgenaufnahme
einer Parodontose mit
Abbau des
Alveolarknochens.
(BIGLER, Bern).

zende Bedeutung. Dieses Mißverhältnis in der Nahrung führt zur Aktivierung von Parathormon, wodurch es zum Abbau von Knochensubstanz aus dem Kiefer kommen kann. Daher ist auch bei der Behandlung der Parodontose auf eine ausgewogenen Ernährung hinzuweisen.

Therapie: Parodontitis im Anfangsstadium ist wie eine Gingivitis zu behandeln, in fortgeschrittenen Fällen bleibt als einzige Möglichkeit die Extraktion des Zahnes oder der Zähne. Bei der langwierigen Behandlung der progressiven Parodontitis sind Adstringentien oder lokale Antibiotikagaben wie Spiramycin und Sulfonamide (Trimethoprim) von geringem Wert, da sie nicht ausreichend an den Zähnen haften. EISENMENGER und ZETNER (1982) haben eine antibakterielle Haftsalbe (Vetiplac®) entwickelt, die erfolgreich angewandt werden kann. Parodontaloperationen, besonders die **Gingivoplastik** und die **Gingivektomie** sowie die Zahnhalskorrektur, haben sich bewährt. Eine Operation wird notwendig, wenn die Taschen bis zur Mucogingivalgrenze vorreichen.

Operationstechnik: Die Tiefe der Taschen wird durch Einstiche mit einer Injektionsnadel markiert, die Blutungspunkte dienen als Anhaltspunkte für die Schnittführung mittels Skalpell oder Elektrotom. Sind die Zahntaschen radikal entfernt worden, so bleibt meist an der Grenze zwischen Krone und Wurzel ein Schmelzwulst bestehen, der dem Zahnfleischansatz diente. Nach der Gingivektomie wird dieser Wulst abgeschliffen, damit sich keine Futterreste festsetzen können.

17.1.11. Zahnerkrankungen

Bei der Behandlung von Zahnerkrankungen stehen die Zahnextraktion sowie zahnkonservierende Maßnahmen nach Frakturen obenan. Bei der Zahnextraktion ist sowohl die Zahl als auch die Stellung der Zahnwurzeln von großer Bedeutung, um das Verbleiben von Wurzelresten zu vermeiden. Bei den zwei- und dreiwurzeligen Zähnen stehen die Wurzeln mehr oder weniger divergierend im Zahnfach, so daß bei einer Extraktion gegebenenfalls der Zahn gespalten werden muß, damit die Wurzeln einzeln entfernt werden können (s. Abb. 17.15.). Die beiden Wurzeln des unteren Reißzahns (M_1) belassen dem Unterkiefer im Bereich der Alveole nur eine dünne seitliche Compacta, daher kann hier bei unsachgemäßer Extraktion der Unterkiefer frakturieren.

Schmerzausschaltung: Für Zahnoperationen, insbesondere am Oberkiefer, ist eine Allgemeinnarkose oder eine Neuroleptanalgesie ratsam. Für eine lokale Schmerzausschaltung im Bereich der Oberkiefer-Prämolaren reicht eine Betäubung des N. infraorbitalis durch Einstich ins Foramen infraorbitale (1–2 ml Lidocain u.a.) aus. Am Unterkiefer ist der N. alveolaris mandibularis zu anästhesieren. Die Anästhesie erfolgt durch Einstich am Foramen mentale und reicht bis zum unteren Reißzahn (M_1).

Extraktion (Abb. 17.15.): Mittels eines Beinschen oder Butelschen Hebels ist das Zahnfleisch behutsam abzulösen, und danach sind die periodontalen Fasern, die den Zahn mit der Alveole

17. Verdauungsorgane, Abdomen, Hernien 457

dezähne. Sind Wurzelteile im Kiefer verblieben, werden sie nur dann entfernt, wenn eine Stellungsanomalie des nachkommenden Zahnes zu befürchten ist. Sonst kann davon ausgegangen werden, daß die verbleibende Wurzel eines Milchzahnes resorbiert wird.

Bei einer *Extraktion des Caninus* ist zu beachten, daß im Unterkiefer eine Fraktur des Kieferknochens besonders leicht entsteht. Kann der Eckzahn wegen einer zu befürchtenden Fraktur nicht gezogen werden, so ist seitlich am Caninus in Richtung des Wurzelverlaufes (Abb. 17.16.) mit einem Skalpell die Gingiva zu durchtrennen. Nach Abpräparation des Zahnfleisches in beide Richtungen wird die Alveolenwand freigelegt und mittels eines schmalen Hohlmeißels im Wurzelbereich ein Knochenspalt herausgemeißelt. Danach kann der Zahn unter Zuhilfenahme einer Zange mit vermehrt nach lateral gerichteter Einwirkung ausgehebelt werden. Die entstandene Wundhöhle wird in Selbstheilung zugranulieren, nachdem die Zahnfleischlappen durch Naht adaptiert wurden (s. Abb. 17.15.). Ein nach einem Un-

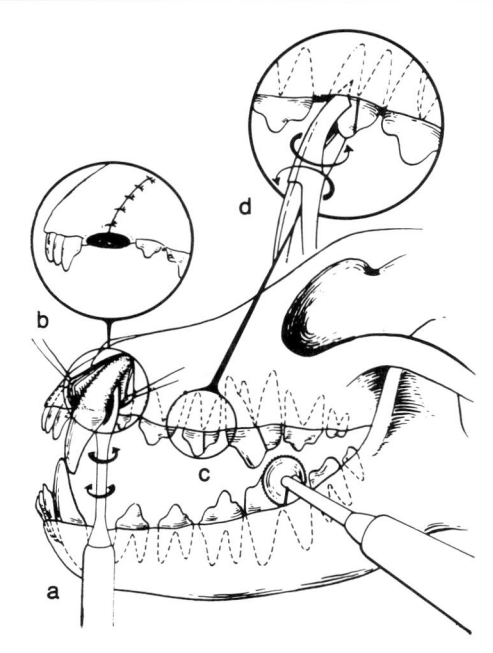

Abb. 17.15. Zahnextraktion: a – Spaltung des Zahnfleisches über dem Zahnhals des Caninus sowie Lösen des Periosts und Durchtrennung der Alveolarwand und Wurzellockerung mittels Beinschen Hebels; b – Verschluß des Zahnfleisches nach Extraktion mit Einzelnähten; c – vertikale Durchtrennung mehrwurzeliger Zähne; d – Extraktion. (DAVID, Wien).

verbinden, zu durchtrennen, damit die Zange den Zahnhals tief erfassen kann. Danach wird der Zahn unter leicht rotierenden Bewegungen in die Alveole hineingedrückt, um ihn so vom fixierenden Gewebe zu lösen. Wird dies bei sehr vorsichtigem Vorgehen erreicht, kann die Extraktion erfolgen, und zwar in Verlängerung des Wurzelverlaufs. Dabei ist darauf zu achten, daß die Zangenbacken nicht zu stark zugedrückt werden, um ein Abbrechen des Zahnes zu verhindern. Bricht die Zahnkrone von der Wurzel ab, müssen die verbliebenen Wurzelteile mit der Wurzelzange unter Zuhilfenahme eines Beinschen oder Butelschen Hebels entfernt werden. In einigen Fällen wird dazu eine Spaltung des Zahnfleisches und des Kieferknochens erforderlich. Nach Adaptation des Zahnfleisches ist eine Nachbehandlung meist nicht notwendig, da die Selbstreinigung durch den Spüleffekt des Speichels ausreicht. Bei Entzündungen, insbesondere eitrigen Prozessen, empfehlen sich jedoch lokale Antibiotikagaben, bei starker Blutung eine Tamponade (Gelatine). Zur *Extraktion eines Milchbackenzahnes* eignet sich eine Extraktionszange für Schnei-

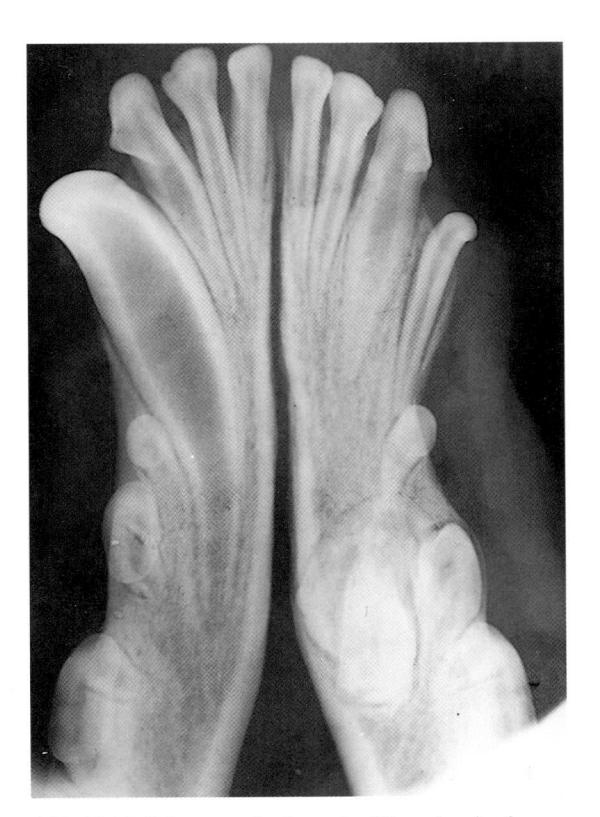

Abb. 17.16. Röntgenaufnahme des Wurzelverlaufs eines Caninus (links), rechts retinierter Caninus. (DINC, Bern).

458   17. Verdauungsorgane, Abdomen, Hernien

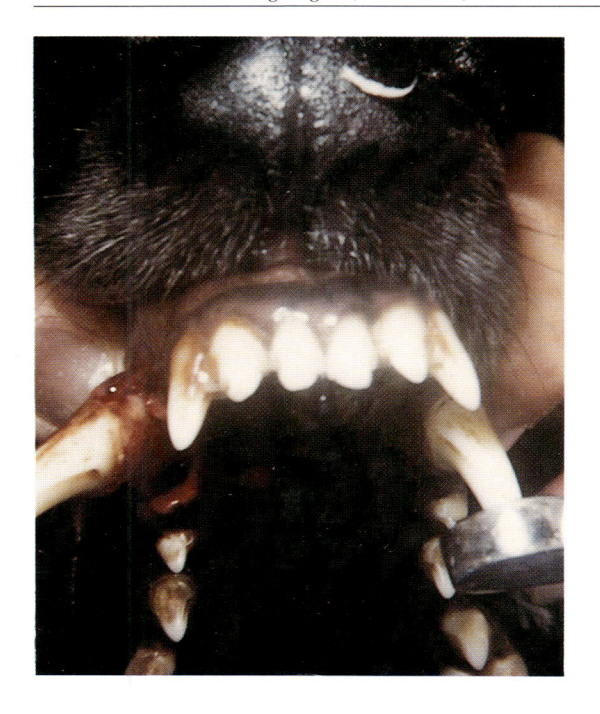

fall dislozierter Caninus kann nach Fixation mittels Drahtligatur in vielen Fällen erhalten werden (Abb. 17.17.)

Muß einer der Molaren oder der vierte *Prämolar* (P_4) extrahiert werden, so sind diese mittels Bohrmaschine und Nylon- oder Diamantscheibe zuvor in Querrichtung zu spalten, damit danach jede Zahnhälfte mit Wurzel einzeln gezogen werden kann (s. Abb. 17.15.). Fehlt die Möglichkeit der Zahnspaltung, so kann auch mit einem geraden Meißel und vorsichtigem Aufschlagen mittels elastischen Hammers eine Durchtrennung erreicht werden.

Zahnfisteln bilden sich meist an den weit nach dorsal reichenden Wurzeln des P_4 und M_1 im Oberkiefer. Das klinische Bild ist häufig durch eine einseitige Fistelöffnung gekennzeichnet. Entzündliche Knocheneinschmelzung als Folge eines Granuloms (s. Abb. 17.19.) oder einer Pulpitis können unterhalb des medialen Augenwinkels zum Durchbruch nach außen führen (**extraorale Fistel**; Abb. 17.18.), wobei schon Wochen vorher

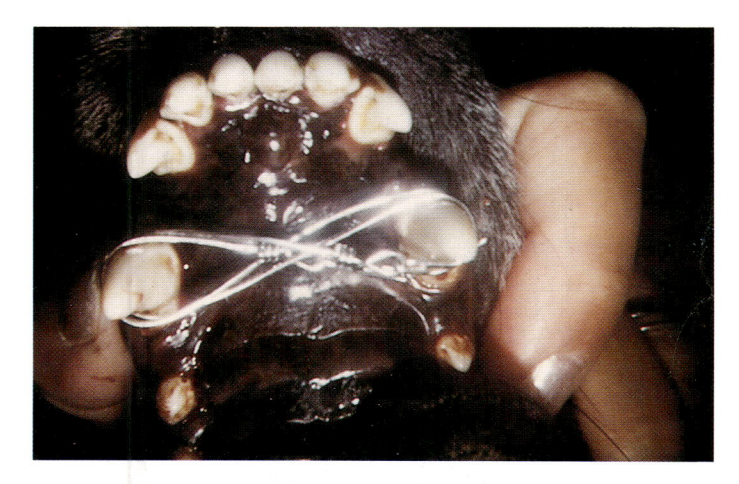

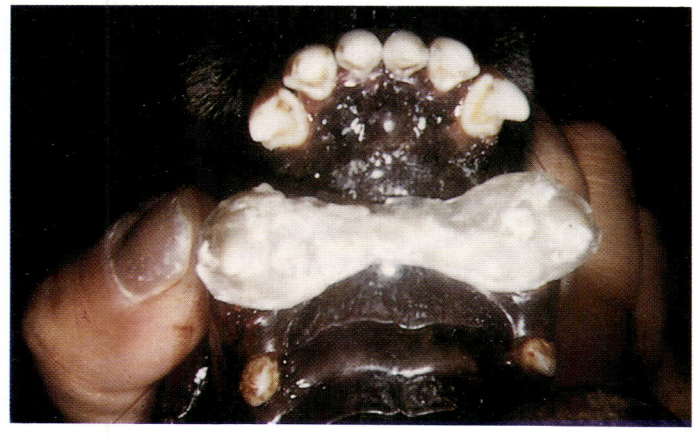

Abb. 17.17.
Dislozierter Caninus (oben)
und Fixation mit Drahtligatur (Mitte)
sowie Kunststoff-Abdeckung (unten).
(SCHLUP, Bern).

17. Verdauungsorgane, Abdomen, Hernien

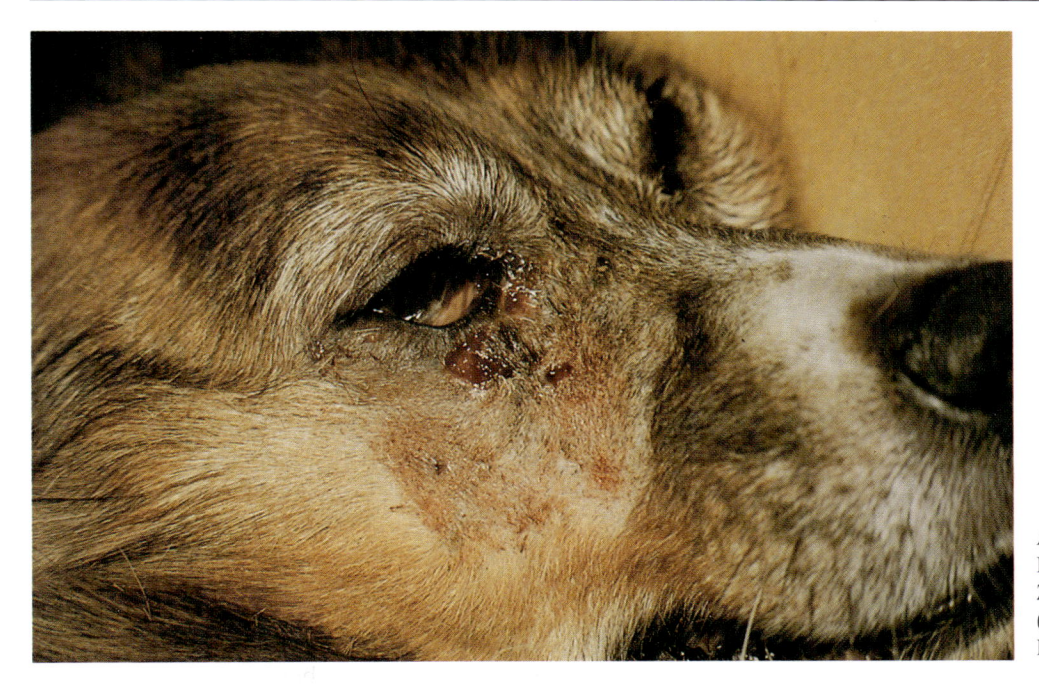

Abb. 17.18. Extraorale Zahnfistel. (BIGLER, Bern).

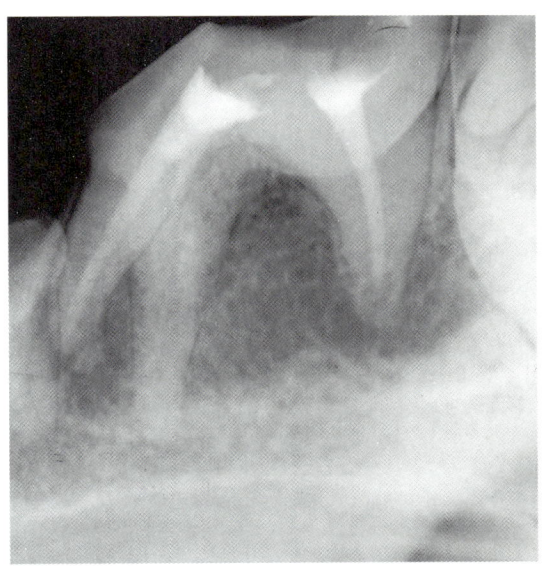

Abb. 17.19. Röntgenaufnahme eines Zahngranuloms. (BIGLER, Bern).

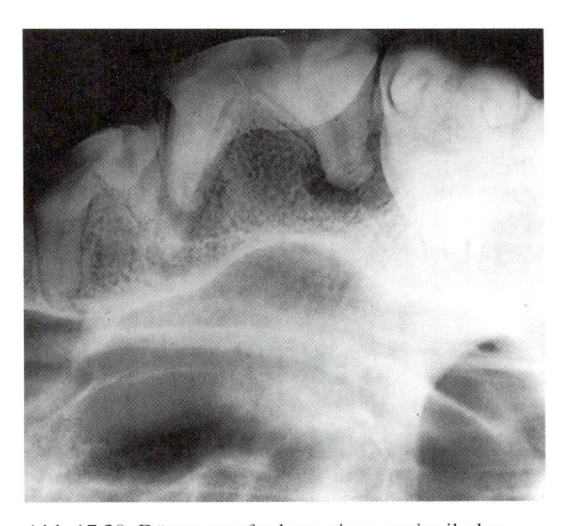

Abb. 17.20. Röntgenaufnahme eines periapikalen Abszesses am Molar. (DINC, Bern).

eine schmerzhafte Schwellung unter dem Auge festzustellen ist. Bei Sondierung des Fistelkanals weist die Sonde auf den erkrankten Zahn, der meist noch fest sitzt, jedoch verfärbt und schmerzempfindlich ist. Der Schmerz kann durch leichtes Aufklopfen mit einem metallenen Gegenstand ausgelöst werden. In vereinzelten Fällen sind Fistelbildungen auch am Unterkiefer festzustellen. Differentialdiagnostisch ist die Unterscheidung einer Zahnfistel von einem Tumor der Kieferknochen zu beachten. Die *Therapie* bei einer Zahnfistel besteht in der Extraktion des betroffenen Zahnes. Die Versorgung des Fistelkanals erfolgt durch Einziehen eines Mullstreifens, der nach 24 Stunden entfernt werden kann. Eine antibiotische Wundbehandlung ist meist nicht erforderlich.

Zahngranulome sind beim Hund kein seltener Befund. Die Diagnose wird jedoch meist als Zu-

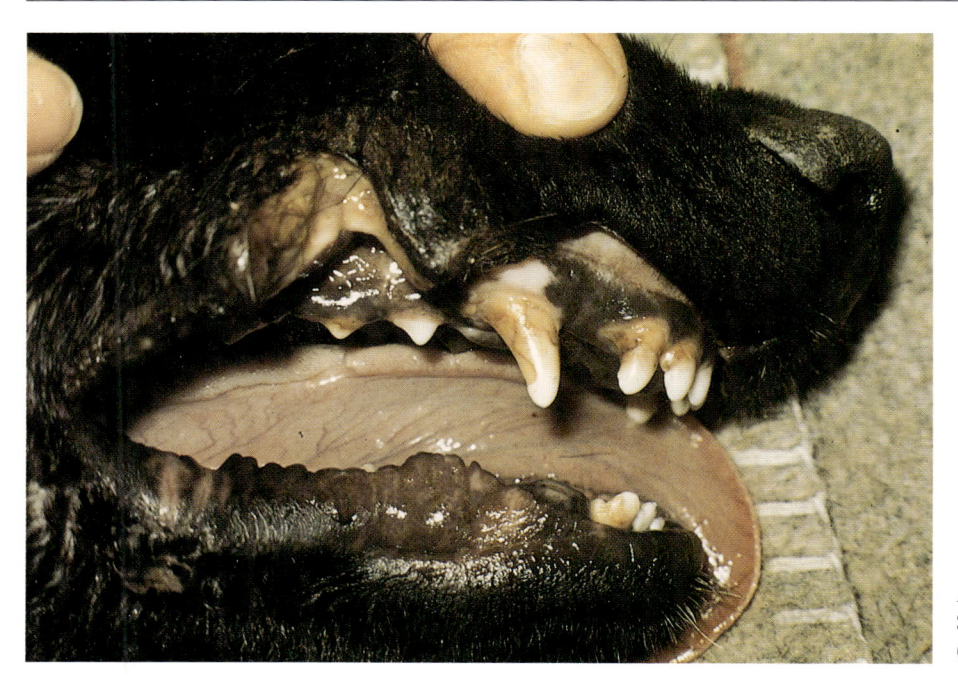

Abb. 17.21.
Staupegebiß.
(BIGLER, Bern).

fallsbefund nach Zahnextraktionen, die aus anderen Gründen erfolgten, gestellt. Die Bedeutung der Granulome als streuender Fokus und ihr Zusammenhang mit anderen Erkrankungen sind noch nicht in vollem Umfang geklärt. Die Diagnose kann röntgenologisch gestellt werden (Abb. 17.19., 17.20.). Die *Therapie* besteht zumeist in der Extraktion des Zahnes, aber auch eine Resektion der betroffenen Wurzelspitzen mit retrograder Füllung des Pulparaumes kann zur Heilung führen (EISENMENGER und ZETNER 1982).

Zahnstein (Odontolithiasis) bildet sich aus Speichel mit Fibrinausscheidungen, Bakterien, abgestoßenen Epithelien und Futterpartikeln, in die sich Mineralien wie Apatit und Calciumphosphat einlagern. Die Vorstufe des Zahnsteines ist der sog. weiche Zahnbelag, der sich vor allem an den Außenseiten der Zähne und weniger an den Innenseiten festsetzt. Bevorzugte Lokalisationsstellen befinden sich in der Nähe der Ausführungsgänge der Speicheldrüsen, im Oberkiefer sind das die bukkalen Flächen der Prämolaren und Molaren, im Unterkiefer die Canini sowie die lingualen Flächen der Schneidezähne. Mit Zunahme der Zahnsteinbildung kommt es zu einer Gingivitis und später zu einer Parodontopathie, da sich der Zahnstein unter das von der Gingiva gebildete Lig. anulare schiebt. Die rauhe Oberfläche der Zahnbeläge, die Kontakt mit der Mundschleimhaut hat, verursacht an ihr entzündlich-erosive Herde. Differentialdiagnostisch ist auch an eine Urämie zu denken.

Die *Therapie* besteht in der Entfernung des Zahnsteines. Bei dicken und harten Belägen ist eine Absplitterung mittels Zahnwurzelzange empfehlenswert, da hierbei kein Druck gegen den Zahn bzw. gegen die Zahnwurzel ausgeübt wird. Die Nachsäuberung kann dann mit einem Zahnsteinentferner erfolgen. Die Verwendung von Ultraschall zur Zahnsteinentfernung stellt die schonendste Therapie dar. Nach EISENMENGER und ZETNER (1982) eignet sich zur prophylaktischen Gebißpflege eine spezielle Zahnpasta für Tiere; aber auch eine 2%ige Chlorhexidin-Haftsalbe verzögert die Entstehung von Zahnbelag.

Schmelzhypoplasien: Bei Schmelzdefekten ist zu unterscheiden zwischen einer Störung der Mineralisation und einer vorzeitigen Abnutzung infolge starker Beanspruchung. Kommt es im Verlauf der Dentition beim Hund zu einer Infektion (Staupe, Abb. 17.21.; Hcc), zu Dysproteinämien, Dysfunktionen der Hypophyse, Hyperparathyreoidismus oder Schilddrüsenerkrankungen, können Strukturveränderungen des Zahnschmelzes erfolgen. Zum anderen gibt es Schmelzdefekte oft an den hinteren Zahnflächen der Eckzähne, wenn die Hunde viel an harten Gegenständen beißen oder nagen, wodurch es auch zu einer

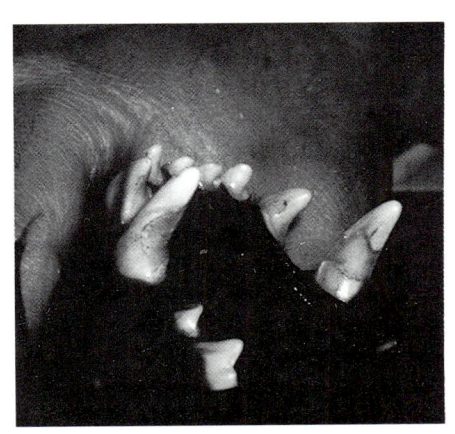

Abb. 17.22. Schmelzdefekt am Caninus. (DINC, Bern).

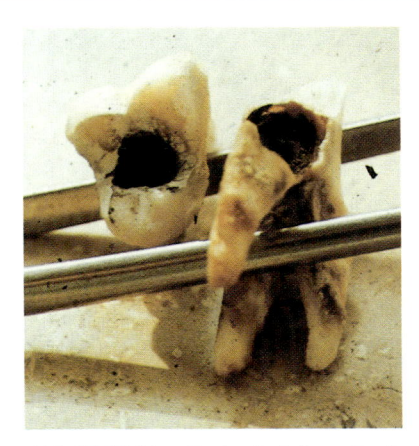

Abb. 17.23. Von Karies befallene Backenzähne. (BARTELS, Frankfurt/M.).

frühzeitigen Abnutzung der Incisivi kommt. LOEFFLER und MAHLER (1979) beschreiben Zahnhypoplasien durch Aufnahme von fluorhaltigen Holzimprägnierungsmitteln. Zähne mit Zahnschmelzhypotrophie sind braunschwarz verfärbt, haben eine matte und rauhe Oberfläche sowie Exkavationen. Schmelzdefekte dieser Genese sollten nicht verwechselt werden mit Verfärbungen, die nach Tetracyclingaben bei Hunden, deren Zähne sich noch in der Wachstumsphase befanden, auftreten. Eine Behandlung mit Tetracyclin bei tragenden Hündinnen sollte aus diesem Grunde unterbleiben. Zähne mit Schmelzdefekten (Abb. 17.22.) neigen besonders zur Karies und deren Folgeerkrankungen.

Therapie: Die Therapie besteht in einem Abschleifen (Karborundstein) der unebenen Flächen mit nachfolgender Politur und anschließender Beschichtung mit einem Fluoridierungslack (Natriumfluorid). NIEMAND (1980) beschreibt die erfolgreiche Ätzung mit Phosphorsäure (Ätzgelee), die jedoch wegen ihrer toxischen Wirkung vom Hund nicht aufgenommen werden darf. Die geätzten Flächen müssen anschließend mit Wasser abgewischt und mittels Gebläse getrocknet werden. Entstehen Hohlräume, werden diese mit Composite-Füllungsmaterial ausgeglichen, dabei sollen zwei Schichten aufgetragen werden; die erste muß eine dünnflüssige Konsistenz aufweisen, die zweite sollte mehr pastös sein. Die Härtezeit beträgt 4–5 Minuten. Geätzte Flächen dürfen nach der Trocknung und vor dem Auftragen der Schutzschicht nicht mehr berührt werden. Eine Politur der Zahnflächen muß nach der Härtung erfolgen.

– **Zahnkaries**

Ätiologie und Pathogenese: Unter Karies versteht man die allmähliche Zersetzung und Auflösung des Zahnschmelzes und der Dentin- sowie der Zementschicht (Abb. 17.23.). Bakterien (z. B. *Lactobacillus acidophilus*), Streptokokken und Hefen, die in der Mundhöhle einen pH-Wert von unter 5,5 hervorrufen, begünstigen den Zerstörungsprozeß, der meist von außen nach innen erfolgt. Als Substanz für die Mikroorganismen, die als Endprodukt Milchsäure erzeugen, sind enzymatisch abbaufähige Kohlenhydrate anzusehen. Streptokokken, vornehmlich anaerob wachsende, bilden extrazelluläre Polysaccharide, die als Bakterienplaques an den Zahnoberflächen haften; dadurch wird die spülende und puffernde Wirkung des Speichels unwirksam. Im Verlauf der Karies wird der Zahnschmelz mit seinem hohen Gehalt an organischen Substanzen entkalkt und löst sich auf. Proteolytische Prozesse werden wirksam, wenn die Zersetzung des Zahnes das Dentin erreicht, daraus kann sich eine Pulpitis entwickeln. Bei Hunden tritt Karies meist als feuchte Karies, aber auch als Okklusionskaries, insbesondere an den Kauflächen, auf und vor allem dann, wenn die Tiere konditionsschwach sind. Brachyzephale Rassen leiden nur selten an Karies.

Therapie: Ist es bei der Karies zur Plaquebildung gekommen, so müssen die Plaques schonend, aber gründlich entfernt werden. Die kariöse Stelle wird mit einem Bohrer exkaviert. Sind die Schmelzdefekte tiefreichend, so gleicht man die ausgebohrten Stellen nach Desinfektion mit Composite-Füllungsmaterial oder Silikat-Zement aus.

Pulpitis: Das gefäßreiche, mit Nervenfasern durchsetzte Bindegewebe im Cavum dentis (Pulpa) sowie das benachbarte parodontale Gewebe vermögen Sitz entzündlicher Reaktionen zu sein. Eine Pulpitis kann sich durch traumatische oder bakterielle Einwirkungen entwickeln und auf den Knochen übergreifen. Die häufigste Ursache ist Karies.

Zur *Diagnostik* sind eine Röntgenaufnahme sowie die Perkussion oder Sondierung heranzuziehen. Dabei sind Schmerzäußerungen oft schwer zu lokalisieren.

Therapie: Meist ist es erforderlich, das erkrankte Pulpagewebe zu entfernen (s. Mortalamputation) oder den Zahn zu extrahieren. In ausgeprägten Fällen ist eine antibiotische Nachbehandlung notwendig.

Zahnfrakturen: Bei Zahnfrakturen, die fast ausschließlich durch Traumen entstehen, ist zu unterscheiden zwischen Frakturen mit und ohne Pulpaverletzung. In den meisten Fällen wird eine Fraktur ohne Eröffnung der Pulpa angetroffen. Reicht die Verletzung bis in die Nähe der Pulpa, so scheint diese rötlich durch (Abb. 17.24.). Durch äußere, sekundäre Noxen kann in solchen Fällen als Folge eine Pulpitis auftreten.

Bei den Canini des Unterkiefers sowie der Reißzähne des Oberkiefers kommt es meist zu einer Schräg-, Quer- oder Splitterfraktur, die stets mit einer Eröffnung der Zahnhöhle verbunden ist. Die Verletzung der Pulpa führt zu einer Pulpitis, und der mechanischen Schädigung des Pulpagewebes folgt meist die toxisch-enzymatische (bakterielle) Zerstörung, die das gesamte Pulpagewebe erfassen kann.

Die *Therapie* der Zahnfraktur besteht im Abschleifen scharfer Kanten und im Abdichten evtl. freiliegender Dentinkanälchen. Geeignete Abdeckungsmittel sind z. B. Hydroxyline®, wobei die Dentinabdeckung mehrmals vorgenommen werden muß. Besteht diese Behandlungsmöglichkeit nicht, kann eine Abdeckung auch mit einer 5–10%igen Silbernitratlösung erfolgen. Größere Defekte sollten nach sorgfältiger Vorbereitung (s. Zahnschmelzdefekte) mit Composite überzogen werden *(indirekte Pulpaüberkappung).*

Bei der *direkten Pulpaüberkappung* wird die Pulpa freigelegt, entstehende Blutungen werden mit Adrenalin gestillt. Danach wird Calciumhydroxid ohne Andrücken auf die Pulpa gebracht. Mit einem Unterfütterungszement (Tenet®, Revcap®) sollte die Öffnung dünn beschichtet werden. Die Kavität wird oft provisorisch verschlossen, bis feststeht, daß sich Reizsymptome nicht einstellen. Meist ist es jedoch vertretbar, auf eine provisorische Füllung zu verzichten und einen definitiven Verschluß sogleich mit einem Composite vorzunehmen (EISENMENGER und ZETNER 1982). Die antibakteriell-antiphlogistische Wirkung der verwendeten Mineralien fördert die Heilung der Pulpawunde und das Calciumhydroxid die Bildung von Ersatzdentin.

Konservierende Zahnbehandlung: Pulpaverletzungen, die eine Vital- oder Mortalamputation oder Pulpaexstirpation erfordern, bedürfen eines spezialisierten und geübten Vorgehens. Zur Herstellung der vollen Gebrauchsfähigkeit des Gebisses ist auch bei Jagd- und Polizeihunden nach TRIADAN (1972) die fachgerechte Versorgung der eröffneten Pulpa ohne Wiederherstellung der äußeren Zahnform ausreichend. Zur Präparation der Kavitäten bei Frakturflächen, aber auch bei Karieläsionen, ist eine kastenförmige Ausbohrung der Zahnsubstanz mit Einschnitten zur Verfestigung der Füllung vorzunehmen.

Ist die Pulpa eröffnet, empfehlen EISENMENGER und ZETNER (1982) die *Vitalamputation*, wenn es sich um einen geringfügigen Schädigungsgrad handelt. Dazu ist es erforderlich, den Kronenteil der Pulpa zu entfernen sowie gründlich, z. B. mit Phenylquecksilber (-Borat), zu desinfizieren und entweder eine Antibiotika-Corticosteroid-Einlage vorzunehmen oder eine Calciumhydroxid-Einlage nach Abdeckung. Der provisorische Verschluß kann mit Zinkphosphatzement erfolgen. Zur Einbringung eines Dauerfüllmaterials (Silikat-Zement) ist eine Unterfütterung mit Zinkoxid-Eugenol oder einem anderen Unterfütterungszement nötig.

Eine *Mortalamputation* der Pulpa wird besonders beim Caninus angewandt. Dabei ist es not-

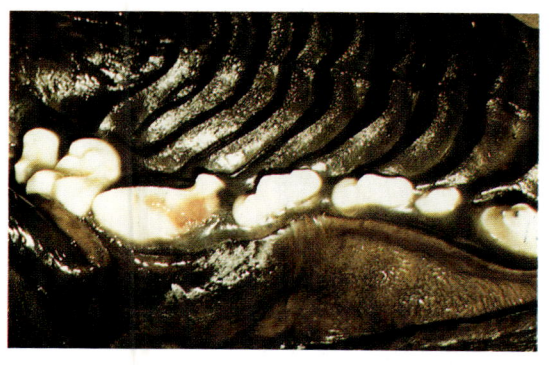

Abb. 17.24. Fraktur eines Molaren mit eröffneter Pulpa. (DINC, Bern).

wendig, die Pulpa zu mumifizieren und Bakterien abzutöten. Zur Erreichung der Wurzelspitze ist eine Bohrung an der medialen Seite des Zahnes erforderlich (TRIADAN und DINC 1974). Der Ausräumung folgt eine Desinfektion, danach wird der Kanal mit Wurzelfüllmaterial und Guttaperchastiften versorgt. Die Abdeckung erfolgt mit einem Unterfütterungszement, auf den die Dauerfüllung kommt. Dazu eigenet sich u.a. Silikat-Zement oder der selbsthärtende Kunststoff Adaptic® (Composite), der über eine gute Isolation gegenüber thermischen Reizen verfügt. Schleifen und Polieren schließen die Behandlung ab.

17.2. Erkrankungen des Ösophagus

17.2.1. Achalasie des Ösophagus

Definition und Ätiologie: Die Achalasie des Ösophagus *(Kardiaspasmus, idiopathische Ösophagusdilatation, funktioneller Megaösophagus)* ist die Folge einer neuromuskulären Dysfunktion, bei der die cholinergische Koordination und Innervation gestört sind. Es fehlt die weiterbefördernde Peristaltik des Ösophagus bei verminderter Erschlaffung des unteren Sphinkters. Die beiden verbreiteten, neuromuskulären Erkrankungen des Ösophagus sind der **idiopathische Megaösophagus** (Abb. 17.25.) und die **erworbene Achalasie**.

Die Ätiologie der Achalasie ist weitgehend unbekannt; psychische und erbliche Ursachen sowie Intoxikationen und Traumen werden angenommen. Die Erkrankung wird bei Welpen zum Zeitpunkt der Nahrungsumstellung auf festes Futter beobachtet, kommt aber auch bei erwachsenen Hunden (bis zu 7 Jahren) vor. Deutsche Schäferhunde und Deutsche Doggen stehen in einer Fallstatistik von 79 Hunden obenan, Hündinnen erkranken häufiger als Rüden (HARVEY et al. 1974).

Pathogenese und Pathophysiologie: Bei einer Achalasie kommt es zur allseitigen Erweiterung der Speiseröhre mit Parese oder Paralyse in der ganzen Ausdehnung infolge einer tonischen Dauerkontraktion bei fehlendem Öffnungsreflex der Kardia (idiopathische Ösophagusdilatation, funktioneller Megaösophagus). Der Sitz der Erweiterung ist häufig vor Prädilektionsstellen, insbesondere vor dem Hiatus oesophageus (Zwerchfellenge), aber auch vor der Brustapertur oder vor der Herzbasis. Die neuromuskuläre Dysregulation führt zu einer morphologisch faßbaren, meist irreparablen Veränderung am terminalen Ösophagus. Einzelne Muskelfasern zeigen hier eine myeline oder fettige Degeneration und werden durch kollagenes Bindegewebe ersetzt. Die Folge ist eine Kardiasklerose bzw. Kardiafibrose. In den letzten zwei Dritteln der Speiseröhre stellen sich degenerative Veränderungen der Nervenfasern

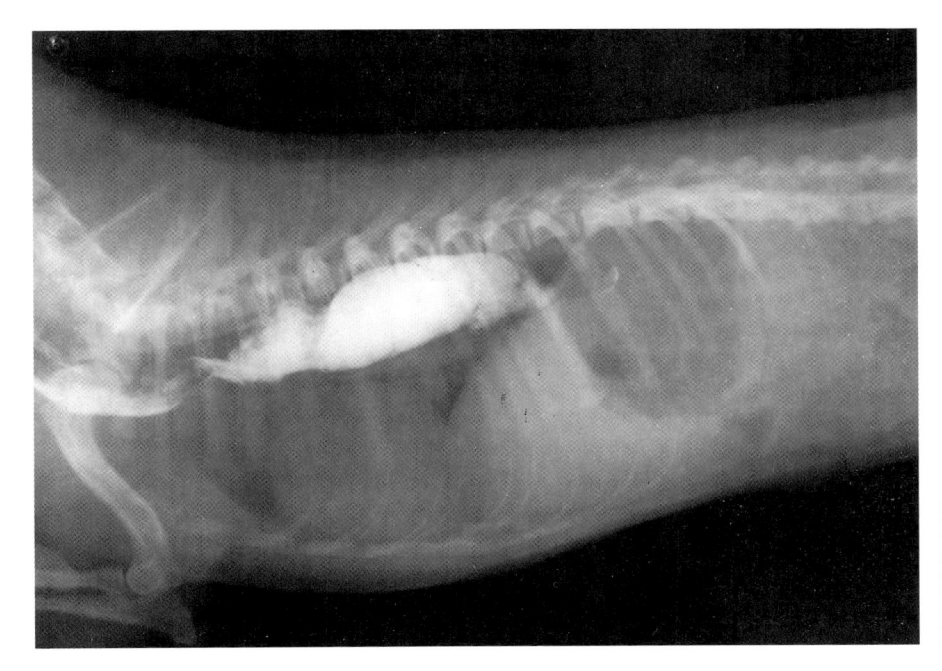

Abb. 17.25. Kontrastmitteldarstellung eines Megaösophagus. (Klinische Radiologie, FU Berlin).

am Auerbachschen und Meißnerschen Plexus ein.

Anamnese und Krankheitsbild: Der Schluckakt ist gestört, und oft unmittelbar – aber auch Stunden nach der Futteraufnahme – erfolgt Erbrechen des nicht anverdauten Futters. In der Konsequenz sind anamnestisch eine Gewichtsabnahme bei gutem Appetit, mitunter sogar bei Heißhunger, und im späteren Verlauf eine Exsikkose zu erwarten. Die Nahrungsaufnahme erfolgt meist ohne Schwierigkeiten, beim Erbrechen sind Schmerzäußerungen nicht erkennbar. Anamnestisch ist auch zu erheben, daß der Hund plötzlich mit vorgestrecktem Kopf vom Futternapf zurücktritt und durch Würgebewegungen das Futter wieder ausstößt.

Drei Ausbildungsformen des Krankheitsbildes sind zu unterscheiden: plötzlicher Beginn, gekennzeichnet durch Erbrechen von Futter und Schleim. Bei der Röntgenkontrastmitteluntersuchung findet man nur einen geringgradig dilatierten Ösophagus, die Peristaltik und Entleerungszeit sind verzögert. In der zweiten Ausbildungsform nimmt die Dilatation der Speiseröhre zu, die Entleerung ist auffällig verzögert, und in der dritten Ausbildungsform kommt es vermehrt zu spontanem Erbrechen. Die Röntgenaufnahme zeigt eine massive Dilatation.

Befunde und Differentialdiagnose: Die Palpation bleibt auf den Halsteil beschränkt, dabei ist ein sog. schwappender Sack häufig zu ertasten. Das Einführen einer Magensonde ist oft durch den **Kardiaspasmus** erschwert, und die Sonde kann nur bei spürbarem Widerstand in den Magen geschoben werden. Jedoch haben Druckmessungen in der Kardia ergeben, daß trotz bestehender Achalasie die Kardiafunktion normal sein kann (FREUDIGER 1981). Der Röntgenkontrastbrei gelangt je nach Ausbildungsgrad des Kardiaspasmus nur zu einem geringen Teil durch die Kardia in den Magen, der größere Teil verbleibt im Ösophagus, der sich dilatiert darstellt (s. Abb. 17.25.). Peristaltische Wellen sind im Anfangsstadium der Erkrankung abgeschwächt noch zu erkennen, aber die Ösophagusmotorik reagiert nur schwach und bleibt für den Weitertransport der Nahrung ohne Wirkung. Differentialdiagnostisch muß auf anders geartete Erkrankungen der Speiseröhre (z. B. Fremdkörper), aber auch auf Störungen im Magen- und Darmtrakt geachtet werden. Zur Klärung von Passagehindernissen können Bariumsulfat- oder Amidotrizoat-Kapseln in unterschiedlicher Größe verwendet werden (HOLT 1957), obwohl die Applikation von Kapseln bei Erkrankungen der Speiseröhre im allgemeinen kontraindiziert ist. Zu beobachten sind im Bereich des Ösophagus auch Spasmen unbekannter Genese, z. B. bei zu hastigem Abschlucken der nicht ausreichend zerkleinerten Nahrung. Die Ursache spastisch verengter Ösophaguspartien ist ebenfalls unbekannt.

SOKOLOWSKY (1967) beschreibt die **krikopharyngeale Achalasie**, bei der das Futter meist in voller Menge und in unveränderter Konsistenz regurgitiert wird. Der Grund ist, daß sich der Anfangsabschnitt des Ösophagus nicht ausweiten kann, und zwar wegen einer Hypertrophie der krikopharyngealen Muskeln. Jenseits dieser insuffizienten Stelle vermag die Nahrung jedoch ganz normal den Ösophagus zu passieren. Charakteristisch ist, daß der Versuch, die Nahrung abzuschlucken, mit kurzen, deutlichen Bewegungen der Zunge und des Unterkiefers verbunden ist. Auch Flüssigkeiten werden regurgitiert und fließen oft durch die Nase heraus. Beim Röntgen zeigt sich der obere Ösophagus stark mit Luft angefüllt; der größte Teil eines Kontrastmittels (Bariumbrei) bleibt bis zur Regurgitation im Schlund.

Verlauf und Prognose: Der Verlauf ist abhängig vom Ausbreitungsgrad der Erkrankung und von der Beachtung konsequent anzuwendender, konservativer Behandlungsmethoden. In ausgeprägten Fällen ist die Prognose ungünstig und verschlechtert sich durch Hinzukommen von Komplikationen, insbesondere im Lungenbereich (Aspiration von Futter).

Therapie: Nach intraluminaren, manometrischen Untersuchungen kann Urecholin erhöhte Kontraktionsamplituden und eine Steigerung der motorischen Aktivitäten in nicht funktionierenden Segmenten hervorrufen, bleibt aber ohne Einfluß auf die motorische Reaktion (DIAMANT et al. 1974). Frische oder psychisch bedingte Fälle sollten konservativ behandelt werden. Die Nahrung muß inhaltsreich, jedoch flüssig und in kleinen Portionen häufiger am Tage vorgesetzt werden, und zwar in hochgestellten Näpfen (evtl. an einer Treppe). Eine kräftige, entfettete Fleischbrühe ist sinnvoll, da Peptone den Muskeltonus der Kardia und das Pylorus fördern. Neben der konservativen Behandlung sollte jedoch die mechanische *Kardiadehnung* im Vordergrund stehen.

In ausgeprägten Fällen ist eine *Kardiaplastik* notwendig. Die Kardiaplastik wird auf transthorakalem Wege durchgeführt. Dabei ist der spastisch verdickte Muskelanteil der Kardia bis auf die Mucosa zu durchtrennen und in Querrichtung zu vernähen. Die operative Behandlung durch Kardiamyotomie ist nach Harvey et al. (1974) mit höherer Mortalität verbunden als die konservative Behandlung.

Die *Therapie* der krikopharyngealen Achalasie erfolgt durch Operation nach Sokolowsky (1967), bei der die krikopharyngeale und kraniale Ösophagusmuskulatur in der Medianebene bis auf die Mucosa durchschnitten und diese dann abpräpariert wird.

Mechanische Behandlung der Ösophagusdilatation: Dehnung des ösophagokardialen Schließmuskels durch Einführen einer Magensonde oder von Bougies entsprechender Größe.

Medikamentöse Behandlung: intravenöse Gaben eines Ganglienblockers, z.B. TEAB = Tetraethylammoniumbromid über 5–6 Wochen, 7 mg/kg KM langsam i.v. als Mischspritze mit Traubenzucker oder i.m. (Überdosierung führt zum Kollaps); Noramidopyrinmethansulfonat-Natrium über Wochen sowie in den ersten Tagen Atropin (cave Atropin: senkt die Peristaltik), dazu Vitamine E und B_{12} in hohen Dosen, z.B. Biodyl® (Mischpräparat: Desoxyribonucleinsäure, Ma + K, D,L-Aspartat, Cyanocobalamin, Na-Selenit).

Zur Therapie von Spasmen unbekannter Genese Noramidopyrinmethansulfonat-Natrium, Diazepam, zusätzlich Biodyl®.

17.2.2. Stenose des Ösophagus

Ätiologie: Die Stenose des Ösophagus ist die Folge verschiedener pathologischer Prozesse, wie Fremdkörperläsionen (Abb. 17.26.), Ösophagusspasmus, Kardiaspasmus, Kompression der Speiseröhre durch eine anormale Aorta oder ihrer Äste (persistierender Ductus arteriosus) sowie Neubildungen und *Spirocerca-lupi*-Infektionen. Weiterhin werden Verlegungen der Speiseröhre im Bereich der Tracheabifurkation bei ausgeprägtem Kropf, bei Tumoren des Thymus sowie an der Herzbasis und bei Lymphknotenvergrößerung (Leukose oder Tuberkulose) festgestellt.

Persistierender Aortenbogen: Angeborene Anomalien des Aortenbogens und der von ihm ausgehenden Gefäße vermögen zur Kompression des proximalen Speiseröhrenabschnitts und der Trachea zu führen, die sich in ihrer Symptomatik als Dysphagie und beim Atmen mit einem pfeifenden Geräusch (Stridor) äußert. Dieses Krankheitsbild wird bei Welpen und jungen Hunden beobachtet (Abb. 17.27.). Der Ösophagus kann durch den Ductus arteriosus (Botalli) bzw. das Ligamentum arteriosum oder die nach dorsal verlagerte Arteria subclavia dextra bei normalem linksseitigem Aortenverlauf eingeschnürt werden.

Die operative Behandlung des persistierenden Aortenbogens mit präkardialer Ösophagusdilatation besteht in der Durchtrennung des Ductus arteriosus im Bereich der Stenose.

Neubildungen: Vom Epithel ausgehende, gutartige Tumoren werden selten beobachtet. Adenome können von Schleimhautdrüsen oder von heterotopen Schleimhautteilen ausgehen. Das Ösophaguskarzinom scheint unter den bösartigen Geschwülsten die häufigste Tumorart zu sein. Fibro- und Osteosarkome in der Speiseröhre sind nicht selten mit einer *Spirocerca-lupi*-Invasion verbunden (Carb und Goodman 1973).

Spirocerca-lupi-Parasiten (Filarien): Vorkommen bei Hunden in Südosteuropa, Nordafrika und Amerika, insbesondere im Südosten Amerikas (Abb. 17.28.). Durch Einsatz von Nematiziden scheint die Verbreitung abzunehmen. In Europa sind diese Parasiten meist nur bei Importhunden anzutreffen. Während der Entwicklung der *Spiro-*

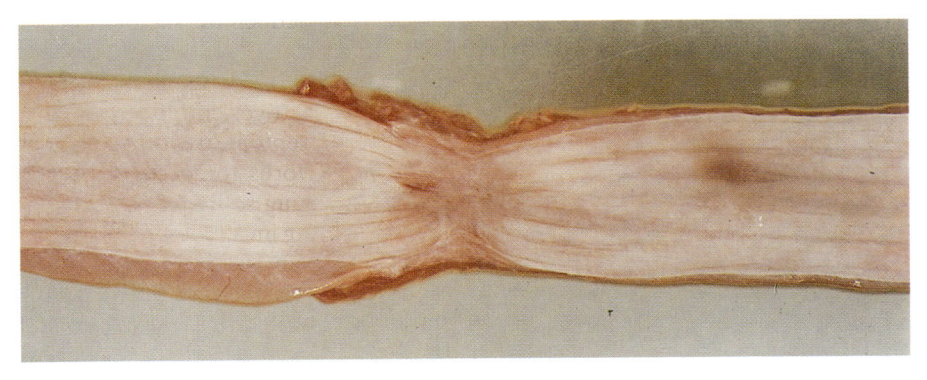

Abb. 17.26. Ösophagusstenose mit Narbenstrukturen infolge eines Fremdkörpers bei einer einjährigen Spanielhündin. (Mouwen und Van der Gaag, Utrecht).

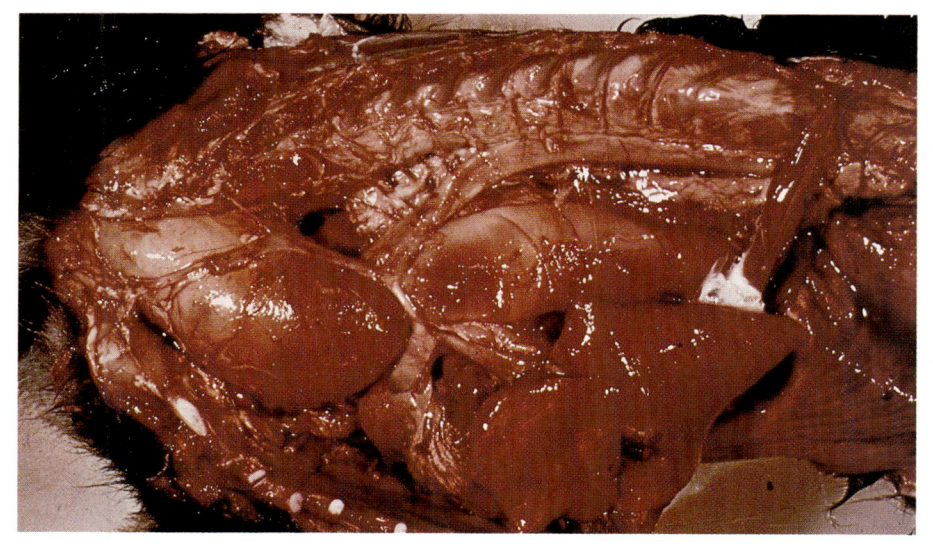

Abb. 17.27. Kompression des Ösophagus durch rechten Aortenbogen der Arteria pulmonalis und des Ductus arteriosus bei einem sechs Wochen alten Welpen. (MOUWEN und VAN DER GAAG, Utrecht).

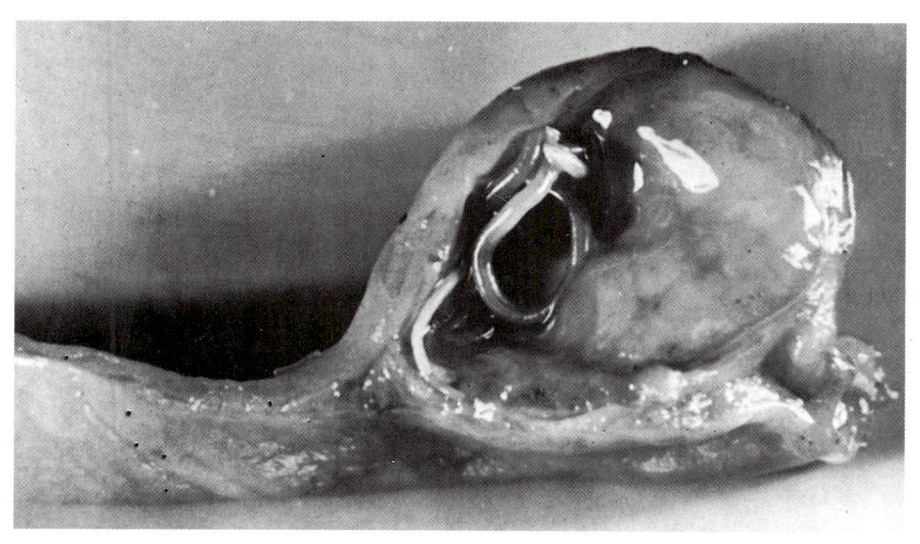

Abb. 17.28. *Spirocerca-lupi*-Knoten im Ösophagus. (KÖHLER, Wien).

cerca lupi verursachen die Filarien einen extensiven Schaden an der Aorta. Entwicklungsformen der Würmer können die Speiseröhre bis zum 76. Tag erreichen. In der Wand der Speiseröhre entwickelt sich um die Nematoden ein Granulom. Die Fibroblasten können metaplastisch sein und gleichen dem Übergangsstadium zwischen Granulom und Sarkom (BAILEY 1972).

Krankheitsbild und Diagnose: Die anfänglichen Symptome äußern sich als Dysphagie, gelegentlich wird auch Husten beobachtet. Im weiteren Krankheitsverlauf bildet sich oberhalb der Stenose eine Ösophagusdilatation aus, und die aufgenommene Nahrung wird meist nach Verzögerung wieder herausgewürgt. Röntgenologisch und endoskopisch zeigen sich Verdickungen im Bereich der Ösophagusschleimhaut, die bis zur Einengung der Speiseröhre führen können. Durch Spirocercose hervorgerufene Granulome haben ein blumenkohlartiges Aussehen.

Bei einer angeborenen Anomalie erbrechen die Welpen häufig, und zwar unmittelbar nach der Nahrungsaufnahme. Da die Menge der abgeschluckten Milch größer ist, als durch die stenosierte Speiseröhre abfließen kann, kommt die Milch auch aus der Nase heraus. Beim Zufüttern von fester Nahrung werden die Symptome deutlicher. Die Tiere magern bei bestehendem Heißhunger ab. Da eine Stenose des Ösophagus auch zur Strangulation der Trachea führen kann, werden oft auch Atembeschwerden (Stridor) diagnostiziert. Wichtig für die Diagnose einer Ösophagusstenose ist der röntgenologische Nachweis eines prästenotischen Divertikels direkt über der Herzbasis.

Therapie: Ein chirurgisches Vorgehen bei benignen und malignen Veränderungen ist grundsätzlich zu erwägen. Liegt eine Dilatation unbekannter Genese vor, so kann eine medikamentöse Behandlung mit Metamizol-Natrium über mehrere Wochen versucht werden, mit zusätzlichen Injektionen von Biodyl®.

Für die medikamentöse Therapie der Spirocercose eignen sich: Disophenol; Diethylcarbamazin oder Dithiazaniniodid (in England als Telmid-Lilly®; 20 mg/kg in 7- bis 10tägigem Abstand; NIEMAND 1980).

17.2.3. Ösophagusdivertikel

Definition und Ätiologie: Bei einem Diverticulum oesophagei handelt es sich um eine abgegrenzte kleine Ausbuchtung im Bereich der Speiseröhre, die sich durch Einlagerung und Druck der abgeschluckten Nahrung vergrößert. Ein Ösophagusdivertikel kann angeboren (sehr selten) oder erworben sein (Abb. 17.29.). Zwei Formen sind zu unterscheiden: Pulsations- und Traktionsdivertikel. **Pulsationsdivertikel** entstehen durch veränderten intraluminalen Druck als Folge von Muskelspasmen oder motorischen Störungen. Die Konsequenz ist ein „transmuraler" Druckanstieg, dem die Schleimhautaussackung an der schwächsten Stelle der Ösophagusmuskulatur folgt. Ein **Traktionsdivertikel**, gewöhnlich in der Mitte des Ösophagus, wird durch Entzündungsprozesse, die eine Verzerrung der Speiseröhre verursachen, hervorgerufen, entsteht aber auch nach mechanischer Verletzung. Eine Erklärung dafür bietet die hypothetische Annahme, daß eine entzündliche oder mechanische Reizeinwirkung zu einer chronischen Ösophagitis führen kann, die das Gewebe schwächt und Ausbuchtungen hervorruft (HILL und CHRISTIE 1979).

Anamnese und Krankheitsbild: Die klinischen Anzeichen sind meistens unabhängig von der Größe des Divertikels. Es bestehen die Symptome einer „spastischen Dysphagie" mit Erbrechen von flüssiger und fester Nahrung. Röntgenologische Befunde geben besonders im Anfangsstadium keine oder nur minimale Anhalte. Im weiteren Verlauf kommt es zur Vergrößerung der Ausbuchtung und zur Entzündung durch Nahrungsretention. In diesem Stadium ermöglicht eine Röntgenuntersuchung mit Kontrastmittelgabe oder eine Endoskopie eine definitive Diagnose. Das Pulsationsdivertikel stellt sich als hän-

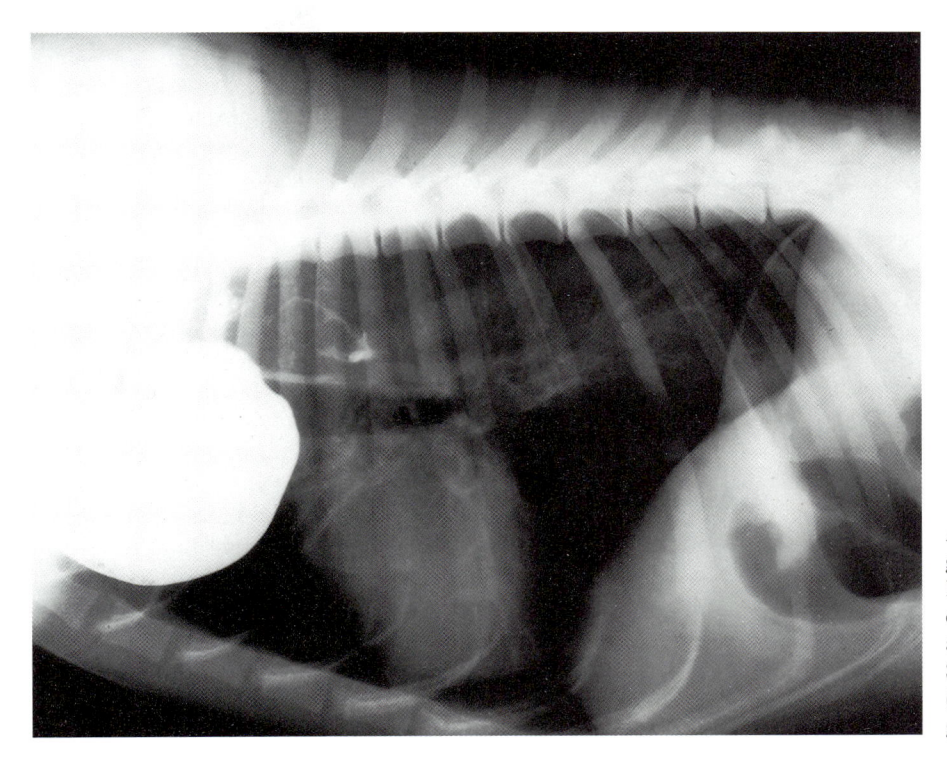

Abb. 17.29. Ösophagus-Divertikel mit Ringanomalie bei einem acht Monate alten Deutschen Schäferhund. (Klinische Radiologie, FU Berlin).

gender Sack aus normaler Schleimhaut mit dünnen Muskelfasern dar, das Traktionsdivertikel hat eine breite, mundartige Form und besteht aus allen Schichten des ösophagealen Gewebes. Viele Ösophagusdivertikel bleiben unentdeckt, da die Fernsymptome überwiegen, so z.B. rezidivierende Bronchopneumonie oder Erbrechen von Mageninhalt.

Therapie: Bei Divertikeln im Halsbereich ist eine operative Entfernung angezeigt, auch wenn die Beschwerden anfangs gering sind. Tiefer sitzende Divertikel sind ebenfalls, jedoch nach kritischer Abwägung, chirurgisch zu entfernen.

17.2.4. Ösophagitis

Definition und Ätiologie: Die Ösophagitis ist eine Entzündung der kutanen Schleimhaut der Speiseröhre. Leichte Formen sind gekennzeichnet durch zelluläre Infiltrationen der Tunica propria bei intakter Schleimhaut. Kommt es zu einem Epitheldefekt, so entstehen Erosionen, und tiefer reichende Prozesse führen zu Ulzerationen. Physikalische, chemische, aber auch infektiöse Noxen sind an der Entstehung einer Ösophagitis beteiligt, die auch die Folge einer organisch oder funktionell bedingten Stenose (Stase und Zersetzung der Nahrung) sein kann. Nach mechanischer Läsion, verursacht z.B. durch das Einführen einer Magensonde, kann eine sekundäre Entzündung auftreten. Außerdem vermag ein Reflux von Magensaft eine Ösophagitis zu begünstigen, da die Ösophagusschleimhaut von der peptischen Einwirkung des Magensaftes nicht im gleichen Maße geschützt ist wie die Magenschleimhaut. Die Reflux-Ösophagitis steht im Zusammenhang mit einer Druckminderung des Ösophagussphinkters, der vom Gastrin stimuliert wird (ROGERS und DONOVAN 1973). Im allgemeinen sind Entzündungen der Speiseröhrenschleimhaut seltener als solche der Magenschleimhaut.

Pathogenese und Pathophysiologie: Zu einer Ösophagitis mit anschließender Strikturbildung kann es nach histamin-induzierter Magensekretion mit einem *p*H von unter 2,5 und einer Einwirkungsdauer von über 20 Minuten kommen, besonders dann, wenn eine Exposition durch Ösophagusulzerationen vorliegt. Als weitere Ursache einer Ösophagitis wird ein zu häufiger Reflux aus dem Magen mit gleichzeitig gestörter Reinigungsfunktion der Speiseröhre angenommen. Nach Untersuchungen von EHRLEIN et al. (1979) führt der interdigestive myoelektrische Komplex (IDMEK) zu einer deutlichen Entleerung des Magens. Ein Ausfall dieses motorischen Phänomens läßt demnach eine Anhäufung von Sekreten im Magen erwarten. Somit könnte eine verminderte Selbstreinigungsfunktion des Magens durch Fehlen des IDMEK einen Teilfaktor bei der Entstehung der Reflux-Ösophagitis darstellen. PEARSON et al. (1978) beschreiben bei mehreren Hunden im Anschluß an eine Ösophagitis Strikturen am Ösophagus, die wenige Tage nach einer Vollnarkose aufgetreten sind; sie folgern daraus, daß auch eine Narkose Ursache eines gastro-ösophagealen Refluxes sein kann.

Anamnese und Krankheitsbild: Charakteristische, über eine Entzündung hinausgehende Symptome sind bei einer Ösophagitis nicht aufzuführen. Allgemeine Hinweise geben Schluckstörungen, Würgebewegungen und Brechreiz (Erbrechen von klarer, zäher Flüssigkeit, häufig mit etwas frischem Blut). Die Röntgenuntersuchung liefert nur Anhalte auf Begleit- und Folgeerscheinungen, endoskopische Untersuchungen sind bei entzündlichen Manifestationen diagnostisch hilfreicher, ebenso bakteriologische und mykologische Laboruntersuchungen.

Therapie: Die Therapie ist zunächst konservativ auszurichten (Wärme, breiiges Futter und Fleischbrühe, Analgetika) bei gleichzeitiger Behandlung einer eventuellen Basiserkrankung. Bakteriologische und insbesondere mykologische Befunde sind heranzuziehen. Besteht eine Reflux-Ösophagitis, so ist die Nahrung häufig und in kleinen Portionen anzubieten, bei gleichzeitiger Verordnung von Antazida. Von Anticholinergika ist abzuraten, da sie zwar einem spasmolytischen und sekretionshemmenden Effekt haben, jedoch den Reflux durch Verringerung des Sphinktertonus und des interdigestiven myoelektrischen Komplexes steigern. Auch Atropin kann den Reflux von Magensaft fördern, da es ebenfalls den Tonus des Ösophagussphinkters vermindert. Durch Antazida dagegen kann der ösophageale Sphinkterdruck gesteigert werden, da der *p*H-Wert im Magen sich erhöht und so die antrale Sekretion von Gastrin angeregt wird. Erhöhte Peptongaben (entfettete Fleischbrühe) vermögen diese Vorgänge zu unterstützen. Pepton führt über eine erhöhte Gastrinfreisetzung zu einer Tonussteigerung des ösophagealen Sphinkterdruckes (KOELZ et al. 1978). Metoclopramid in einer Dosierung von 0,2–0,5 mg/kg KM, möglichst in Tropfenform, fördert die Refluxminderung.

17.2.5. Hiatushernie

Definition und Ätiologie: Die Ursache ist eine Entwicklungsstörung, als deren Folge Teile der den Ösophagus hufeisenförmig umschließenden Hiatusmuskulatur fehlen. Dadurch verlagert sich die Pars abdominalis des Ösophagus bzw. ein proximaler Magenabschnitt durch den Hiatus oesophageus in das Cavum mediastini serosum (Bursa intracardiaca = Sußdorfscher Raum). Der stark erweiterte Hiatus oesophageus stellt die Bruchpforte dar (PREUSS und HENSCHEL 1968).

Pathogenese und Pathophysiologie: Eine Hernia hiatus oesophagei ist bei Hunden selten. Zu unterscheiden sind drei Ausbildungsformen: paraösophageale Hernie, eingeschobene Hernie (Sliding-Hernie) und Invagination des Magens. Bei der paraösophagealen Hernie reicht ein Teil des dorsalen Magenabschnittes neben dem Ösophagus in die Brusthöhle. Die Sliding-Hernie ist durch ein Vordringen der Kardia und eines Teils des Magens in die Brusthöhle gekennzeichnet, und die dritte Form der krankhaften Veränderung ist eine Invagination des Magens, manchmal auch von Milz und Pankreas, in die Speiseröhre. Diese Invagination wird vor allem bei Hunden im Alter von 2–3 Monaten beobachtet und mit einer Dilatation des Ösophagus in Zusammenhang gebracht (TEUNISSEN 1976). GEMBARDT (1971) sieht als Ursache eine übersteigerte Magenperistaltik bei bestehender Ösophagusdilatation sowie mechanischer und funktioneller Dysfunktion von Hiatus oesophageus und Ösophagus. Geburtswehen vermögen die Invagination zu fördern.

Paraösophageale Hernie: Futter und/oder klarer gelber Schleim werden schnell erbrochen.

Eingeschobene Hernie: im Anfangsstadium spontanes Erbrechen sowie Schmerzäußerungen und Unruhe. Gelangt Mageninhalt in die Speiseröhre, so entsteht eine Reflux-Ösophagitis mit Erbrechen von blutigem Schaum.

Invagination des Magens: Die Hunde erbrechen unmittelbar nach dem Abschlucken des Futters. Auch Speichel kann nicht immer kontinuierlich geschluckt werden. Im Erbrochenen zeigen sich Blutbeimengungen. Der Krankheitsverlauf schreitet sehr schnell fort und entzieht sich dadurch häufig der klinischen Diagnose.

Diagnose: **Paraösophageale Hernie:** Im Röntgenbild kann nach Kontrastmittelgabe ein Teil des Magens im Thorax neben der Speiseröhre gesehen werden, der untere Teil der Speiseröhre ist erweitert, die Kardia seitlich verlagert. Ist der Rand des Hiatus sehr schwach, so vermag der dislozierte Teil des Magens leicht wieder zurückzugleiten, und der Röntgenbefund bleibt infolge der dann eingetretenen normalen Lagerung ohne Aussage. **Eingeschobene Hernie:** Nach Kontrastmittelgabe ist die Kardia mit Magenteilen seitlich des Ösophagus im Brustraum zu erkennen (Abb. 17.30., 17.31.). **Invagination des Magens:** Beim Röntgen (Kontrastmittel) stellt sich der Ösophagus stark erweitert dar, im präkardialen Abschnitt ist eine Aussparung zu erkennen, die in ihrer

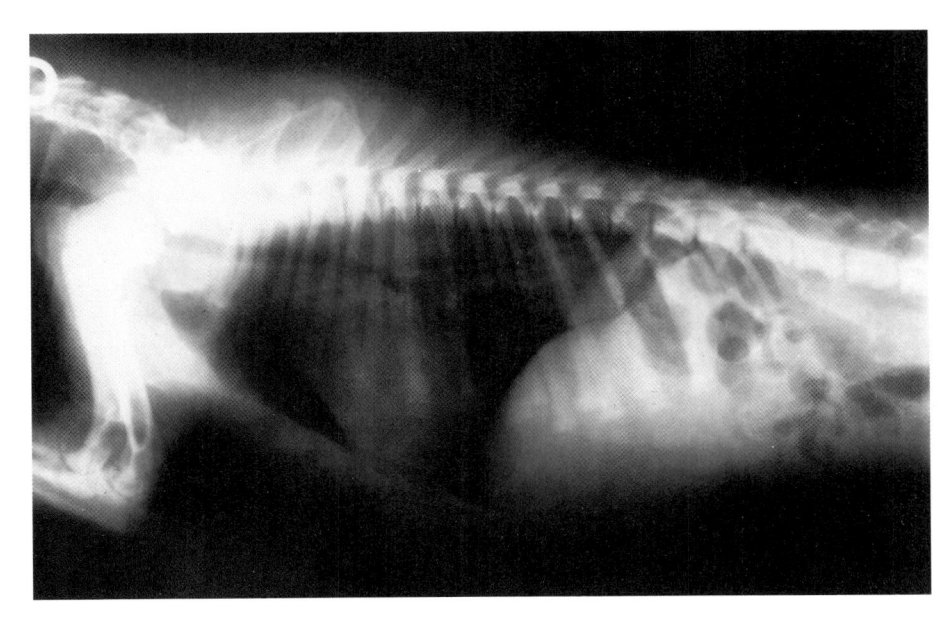

Abb. 17.30. Röntgen-Leeraufnahme einer Hiatushernie: Verschattung im thorakalen Bereich. (Klinische Radiologie, FU Berlin).

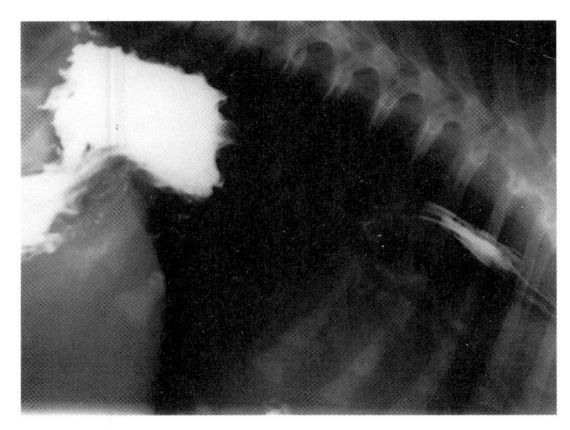

Abb. 17.31. Hiatushernie nach Kontrastmittelgabe: Das grobe Schleimhautrelief zeigt, daß es sich um einen in den Brustraum vorgefallenen Magenanteil handelt. (Klinische Radiologie, FU Berlin).

Größe und Form dem vorgefallenen Magenteil entspricht. Der eingeschobene Teil zeigt sich als Negativbild (Abb. 17.32., 17.33.). Gesichert wird die Diagnose durch eine Probelaparotomie. Durch Einstülpung der ventralen Magenwand mit ein oder zwei Fingern in den Ösophagus kann die Zwerchfellmuskulatur deutlich gespürt werden, wenn diese den Finger umschließt.

Therapie: Die Behandlung einer Hiatushernie erfolgt operativ durch Verengung des Hiatusringes, wobei mittels Matratzennähten die Muskulatur um die Kardia zusammengezogen wird. Dabei sollte weder das Lumen der Kardia eingeengt noch die Ausdehnungsfähigkeit des Zwerchfells beeinträchtigt werden, jedoch muß sich die Hiatusmuskulatur als vollständiger Ring darstellen.

17.2.6. Obturation durch Fremdkörper, Perforation des Ösophagus

Ätiologie: Verletzungen der Speiseröhre werden meist durch voluminöse, sperrige Fremdkörper hervorgerufen, z.B. durch Knochen (Wirbelstücke; Abb. 17.34.), feste Fleischbrocken, die unzureichend zerkleinert sind, oder auch durch Gummi- oder Plastikteile, die geschluckt werden (s. Kapitel 5.). Eine Obturation kann zu Läsionen der Schleimhaut und zur Perforation des Ösophagus führen. Schleimhautverletzungen sind oft die Folge unsachgemäßer Extraktionsversuche von

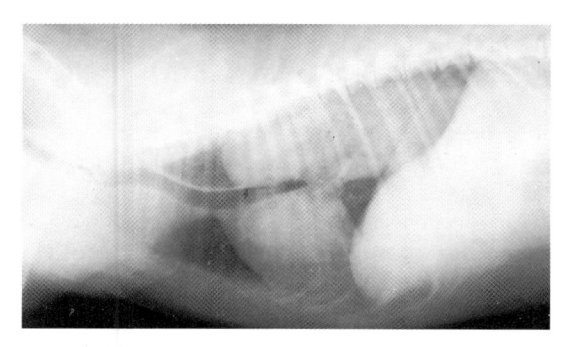

Abb. 17.32. Röntgen-Leeraufnahme einer gastroösophagealen Invagination mit Verschattung im Bereich des Ösophagus. (Klinische Radiologie, FU Berlin).

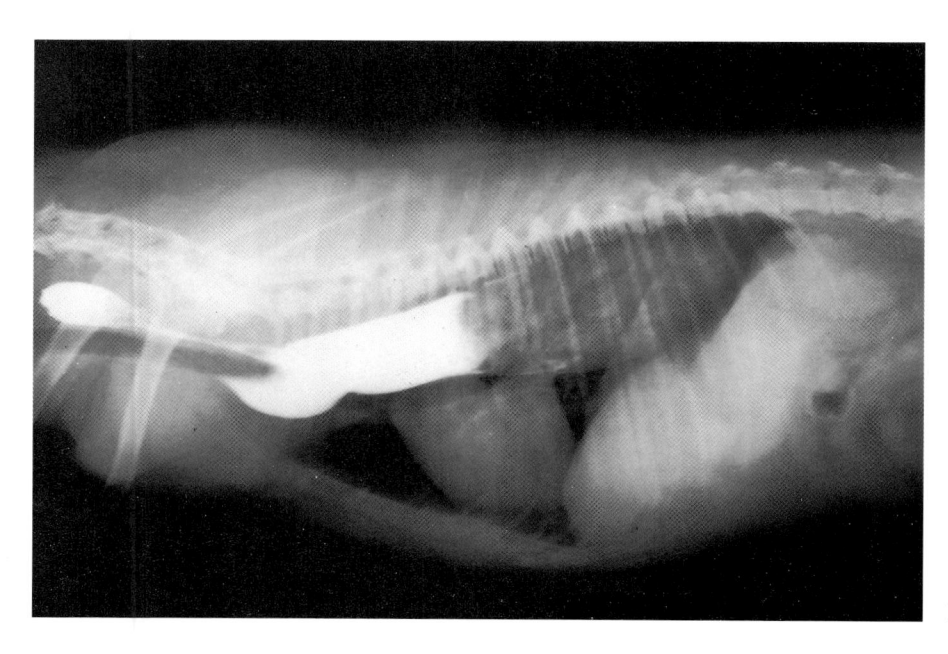

Abb. 17.33. Kontrastmitteldarstellung einer gastroösophagealen Invagination. (Klinische Radiologie, FU Berlin).

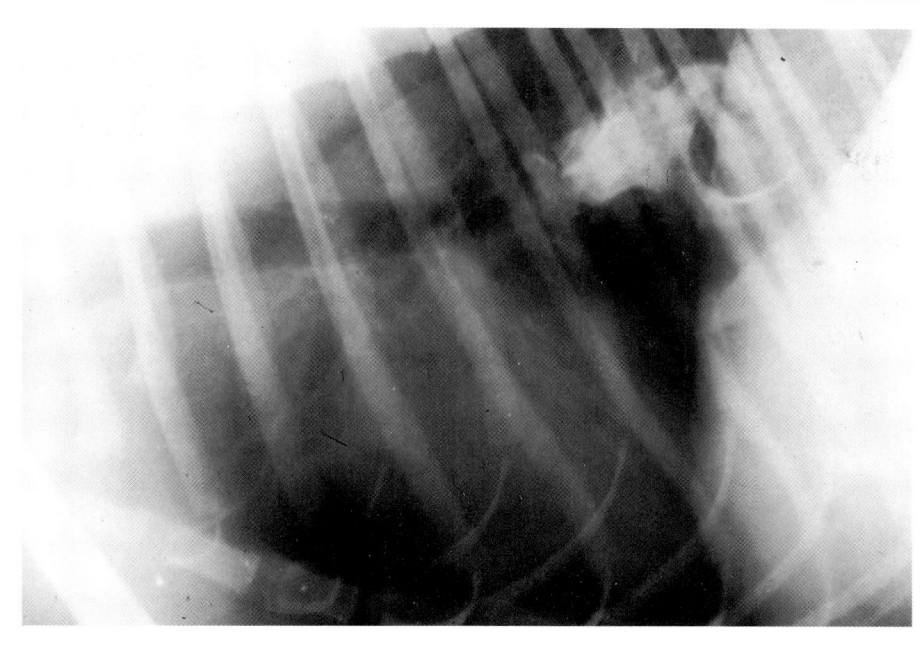

Abb. 17.34.
Fremdkörper
(Wirbelknochen)
im Ösophagus.
(Klinische
Radiologie,
FU Berlin).

Fremdkörpern. Auch bei der Sondierung, Bougierung oder einer Endoskopie können, werden sie nicht behutsam durchgeführt, Verletzungen entstehen. Von außen verursachte Läsionen der Schleimhaut sind nach Biß- und Schußtraumen möglich. Bei alten Fällen von Obturationen kann es ebenfalls zur Perforation des Ösophagus kommen, aus der sich ein Ösophagusdivertikel, eine Bronchialfistel oder auch eine Ösophagus-Trachea-Fistel entwickeln können. Obturationsbegünstigende Prädilektionsstellen sind: die Apertura thoracis, da hier der Verlauf der Speiseröhre eine kleine Krümmung zeigt, zusätzlich besteht eine Minderung der Elastizität, und zwar durch eine Knochenbegrenzung, die vom ersten Rippenpaar, Sternum und Halswirbel gebildet wird. Die zweite Stelle liegt im vorderen Brustabschnitt über dem Herzen, und die dritte befindet sich vor dem Durchtritt des Ösophagus durch das Zwerchfell.

Anamnese und Krankheitsbild: Sofort auftretende Symptome sind Würge- und Brechreiz, feste Nahrung wird umgehend erbrochen. Je nach Lage und Größe des Fremdkörpers ist die Flüssigkeitsaufnahme erschwert oder unmöglich. Im weiteren Verlauf wird glasiger, farbloser Schleim erbrochen. Das Allgemeinbefinden des Hundes verschlechtert sich schnell.

Diagnose: Bei einer Untersuchung mittels Sonde kann diese, je nach Form und Lage des Fremdkörpers, oft ohne Widerstand daran vorbeigeführt werden. Daher sollte die Sondenuntersuchung unter Röntgen-Sichtkontrolle erfolgen. Bei nicht schattengebenden Fremdkörpern fließt der Kontrastbrei um den Fremdkörper herum.

Therapie: An erster Stelle steht die behutsame, mechanische Entfernung mittels der Beckerschen Fremdkörperzange (Abb. 17.35.) oder der Stadtlerschen Kugelzange; der Hund sollte dazu sediert werden. Die Stadtlersche Zange wird auf 60 bzw. 90 cm eingestellt und in zwei bis drei Phasen eingeführt (evtl. mit Röntgen-Sichtkontrolle). Durch leichtes Drehen werden die Ausmaße des Fremdkörpers ermittelt und dieser dann so plaziert, daß er mit seinem kleinsten Durchmesser quer zur Ösophagusrichtung zu liegen kommt. In der Schleimhaut festsitzende Spitzen sind mit dem frei beweglichen Zangenarm herauszumanipulieren. Durch leicht undulierende Bewegungen erreicht man beim Entfernen des Fremdkörpers, daß die elastische Schleimhaut über die Unebenheiten des Fremdkörpers hinweggleitet. Bleibt der Fremdkörper an einer Engstelle im Halsteil hängen, so läßt man ihn von außen fixieren und erfaßt ihn von neuem mit der Zange. Gelegentlich ist es jedoch leichter, einen Fremdkörper in den Magen zu schieben, als ihn herauszuziehen. Ist eine Extraktion mit der Zange nicht möglich, weil der Fremdkörper im Halsteil des Ösophagus festsitzt, so muß eine Ösophagotomie durchgeführt werden. Liegt ein Fremdkörper schon länger im Brustabschnitt des Ösophagus, kann dieser eine Perforation verursachen, durch die es zur Keimwanderung in den Thorax und damit zur Ausbil-

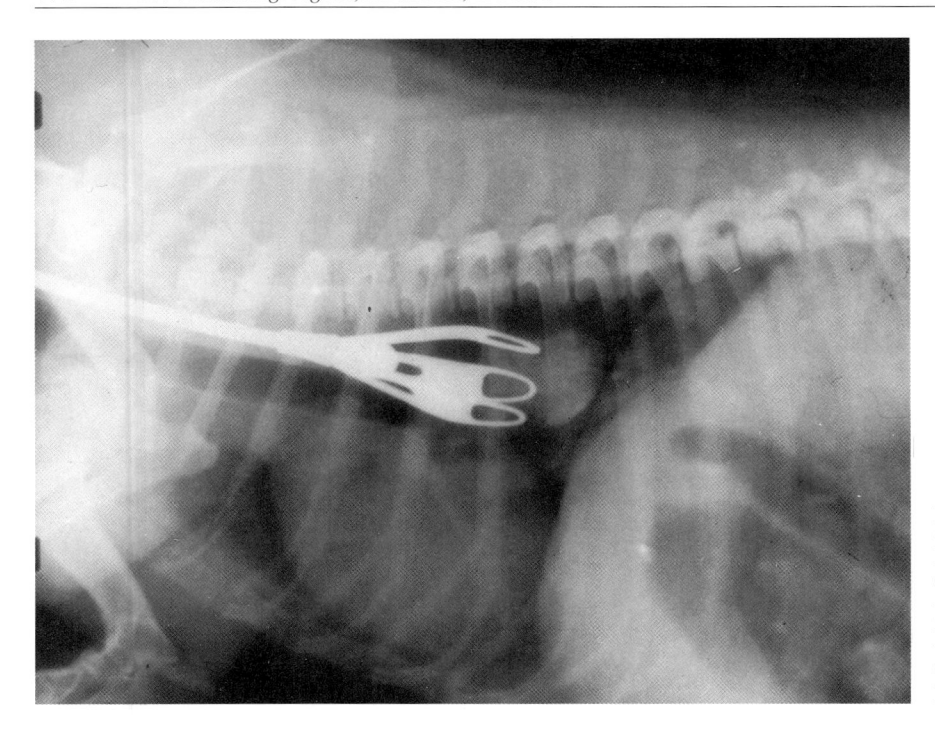

Abb. 17.35.
Entfernung eines
Fremdkörpers im
Ösophagus mittels der
Beckerschen
Fremdkörperzange.
(Klinische Radiologie,
FU Berlin).

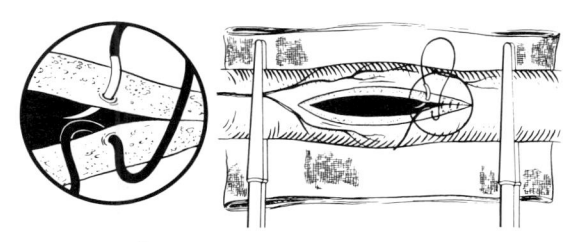

Abb. 17.36. Ösophagotomie: Verschluß des Ösophagus. Die Knoten der Einzelnähte liegen im Ösophaguslumen. (DAVID, Wien).

dung einer Pleuritis kommt. Eine Perforation entsteht meist nicht spontan, sondern erst durch Drucknekrose.

Bei einer **Perforation der Speiseröhre** ist eine chirurgische Versorgung mit übersichtlicher Freilegung der Perforationsöffnung erforderlich.

Die Nachbehandlung einer mechanischen Fremdkörperextraktion besteht im Angebot einer flüssigen Nahrung über 2–3 Tage, danach 5 Tage breiige Kost. Antibiotika sollten nur bei bestehender Indikation verabreicht werden. Nach einer Ösophagotomie muß der Hund 2–3 Tage post operationem fasten. Wasser kann nach 24 Stunden angeboten werden. Eine antibiotische Versorgung ist in die therapeutischen Überlegungen einzubeziehen.

Technik der Ösophagotomie im Halsbereich (Abb. 17.36.): Nach Einführen einer dicken Schlundsonde zur Markierung des Ösophagus wird dieser mit einem Hautschnitt auf der linken Seite parallel zur Trachea dargestellt. Der Längsschnitt im Ösophagus erfolgt über dem Fremdkörper unter Schonung der den Ösophagus begleitenden Leitungsstrukturen. Ist das Ösophagusgewebe stark verändert, wird der Schnitt kranial von dem veränderten Ösophagusanteil im gesunden Gewebe durchgeführt. Entfernen des Fremdkörpers mittels Kugelzange. Bei Verwendung von Klemmen sind die Schenkel mit weichem Gummischlauch zu überziehen. Die Mucosa wird mit Einzelheften (chrom. Catgut 5–0) genäht, wobei die Knoten im Ösophaguslumen liegen sollen. Die Submucosa und Muscularis werden ebenfalls mit Einzelheften (Kunststoff 5–0) genäht, und zwar mit Erfassen unterschiedlicher Anteile der längs verlaufenden Muskelfasern.

Technik der Ösophagotomie im präkardialen Bereich: Die Operation ist nur bei Intubationsnarkose mit geschlossenem System möglich. Eingang von links im vierten oder fünften Interkostalraum. Abdrängen der Lungenlappen mit feuchten Tüchern und Öffnung des Mediastinums. Einschnitt und Verschluß des Ösophagus wie vorstehend angegeben. Entfernen der Tücher, Auffüllen der Lungenlappen durch Beatmung, Entlüftung des Thorax sowie Verschluß der Thoraxwunde beenden die Operation.

Technik der Ösophagotomie im postkardialen Bereich: Der operative Eingriff erfolgt im achten, neunten oder zehnten Interkostalraum. Das weitere Vorgehen ist vorstehend beschrieben.

17.3. Erkrankungen des Magens

Anatomie und Funktion: Der Magen liegt im intrathorakalen Teil der Bauchhöhle quer zur Längsachse und ragt bei starkem Füllungszustand mehr oder weniger kaudal über die Querebene des Nabels hinaus. Er wird unterteilt in die Pars cardiaca, die sich an der Eintrittspforte des Ösophagus in den Magen befindet, in den Magenfundus, der links ans Zwerchfell stößt, in das Corpus, das sich dem Fundus anschließt und auf dem retrosternalen Fettkissen ruht, sowie in das Antrum, das rechts an den Corpusabschnitt angrenzt, und in die Pars pylorica, die sich nach rechts fortsetzt und bis zur Höhe der Leberpforte reicht.

Die Magenschleimhaut wird von mukoiden Zellen gebildet, unter dem Oberflächenepithel liegen in den verschiedenen Abschnitten die Magendrüsen (Abb. 17.37.). Die Belegzellen produzieren Salzsäure (HCl), die Hauptzellen Pepsinogen, dessen optimale Umwandlung in Pepsin bei einem *p*H von 1–2 erfolgt. Die endokrinen Zellen am Drüsengrund bilden Polypeptidhormone. Der Glykoproteine und Mucopolysaccharide enthaltende Schleim schützt die Mucosa vor den Einwirkungen der Salzsäure und des Pepsins. Gastrin, Cholecystokinin und Histamin sind sekretionsstimulierende Hormone für die Magensäurebildung. Normalerweise ist der Hundemagen infolge der devitalisierenden und abtötenden Wirkung der Salzsäure keimfrei. Die Magenentleerung wird über einen gastralen Reflex reguliert.

17.3.1. Untersuchungsgang, Diagnostik

Am Anfang der Untersuchung steht die Palpation, der die Röntgenuntersuchung, die Gastroskopie sowie die Azititätsbestimmung des Magensaftes folgen sollen. Bei der Palpation ist Geduld erforderlich, da sie nur bei entspannter Bauchdecke des Hundes diagnostische Hinweise zu liefern vermag. Der Untersuchende steht hinter dem Hund, setzt beidseitig die Hände flach an der Rippenweiche an, schiebt sie dann ausgestreckt vorsichtig nach vorn und versucht, das Organ zu ertasten. Ist die Bauchdecke entspannt, können der Füllungsgrad des Magens beurteilt und möglicherweise Fremdkörper ertastet werden. Viel Erfahrung setzt die Unterscheidung zwischen bei einer Palpation ausgelösten Schmerzzuständen und einer spontanen, reflektorischen Kontraktion der Bauchmuskulatur voraus.

Bei der **Röntgendarstellung des Magens** zeigt sich dieser dorsal und kaudal gerichtet, dem Leberschatten anliegend. Eine fast immer anzutreffende Gasblase ist bei Rechtslage des Hundes im Magenfundus und bei Linkslage nahe dem Pylorus zu sehen (PREUSS und HENSCHEL 1968). Wird der Hund im ventro-dorsalen Strahlengang geröntgt, so stellen sich nach Kontrastmittelgabe Kardia- und Pylorusanteil dar; der Fundus erscheint stärker mit Kontrastmittel gefüllt. Liegt der Hund auf der rechten Seite, stellt sich der Pylorus dar, bei Linkslagerung der Kardiabereich (LOEFFLER und MAHLER 1979). Beim Röntgen in Rückenlage des Hundes, und zwar um 15° zur rechten Seite geneigt, werden die Schleimhautfalten im Magenfundus deutlicher sichtbar. Diese Übersicht wird durch Aufnahmen in korrekter Rücken- und Seitenlage ergänzt.

Bei der Röntgen-Leeraufnahme zeigen sich strahlenundurchlässige Fremdkörper im Magen und später im Darm. Erscheint auf der Leeraufnahme vermehrte Gasbildung, so muß an einen Fremdkörper, eine Aerophagie (s. Abb. 17.43.) oder an einen Hungerzustand gedacht werden. Die Diagnose eines Ileus, hervorgerufen durch

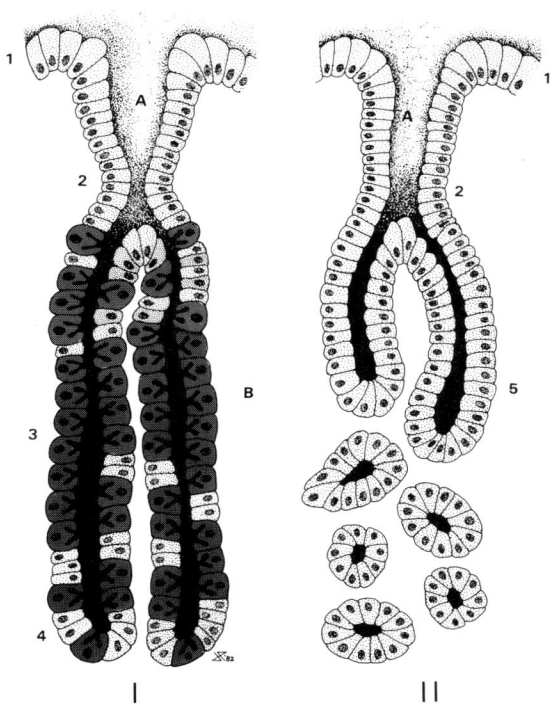

Abb.17.37. Magendrüsen des Hundes: Fundusdrüse (I), Pylorusdrüse (II). A – Magengrübchen (Foveolae gastricae). 1 – Oberflächenepithel, 2 – Epithel des Drüsenhalses, 3 – Belegzellen, 4 – Hauptzellen, 5 – Epithel des Drüsenkörpers. (MOUWEN und VAN DER GAAG, Utrecht).

einen strahlenundurchlässigen Körper, sowie die Beurteilung der Motorik sind auf einem Bildschirm nach Eingabe eines dünnflüssigen Kontrastbreies möglich. Bariumbrei hat eine leicht peristaltiksenkende Wirkung. Die Entleerung des Magens beginnt im Normalfall 5–10 Minuten nach der Eingabe und dauert 3–4 Stunden. In spätestens 24 Stunden muß der Kontrastbrei den Darm durchwandert haben. Nach NIEMAND (1980) beträgt die Entleerungszeit für den Magen 2 Stunden, die Passage bis zum Enddarm wird mit 6–8, spätestens mit 16 Stunden angegeben. NICOLAI (1979) beobachtete, daß das Kontrastmittel nach 90 Minuten das Colon transversum erreicht.

Der zum Röntgen übliche Bariumkontrastbrei besteht aus 60 g $BaSO_4$ und 90 ml Wasser und kann, wenn dünnflüssiger Kontrastbrei benötigt wird, bis auf 250 ml verflüssigt werden. Soll die Passagezeit verlängert werden, so empfiehlt ZOUTINE (1973) Triflupromazin i.v. Wird eine beschleunigte Passagezeit gewünscht (Fremdkörperverdacht, Ileus, obturierende Neubildung), so ist diese durch orale Gaben von Metoclopramid zu erreichen. Kommt es nur darauf an, das Schleimhautrelief des Magens darzustellen, so wird das Kontrastmittel im Verhältnis 1:1 (Kontrastmittel:Wasser) gemischt. Um entzündliche Zustände im Magen zu diagnostizieren, hat der Einsatz gastroskopischer Techniken an Bedeutung gewonnen.

Zur **Feststellung der Magensaftsekretion** werden nur wenige Schlucke Kontrastbrei nüchtern eingegeben. Nach einiger Zeit ist beim stehenden Hund im Magen eine Dreischichtung erkennbar: Die tiefste Schicht besteht aus sedimentiertem Kontrastmittel, die mittlere aus Kontrastmittel mit Magensaft und die obere aus Luft (Magenblase). An der Höhe der mittleren Schicht läßt sich die Menge der Magensaftsekretion ablesen. Bei bestehender atrophischer Gastritis bzw. Achlorhydrie (Salzsäuremangel) ist die Magenentleerung verlangsamt. Eine beschleunigte Magenentleerung wird bei einer Oberflächengastritis sowie bei vermehrter Magensaftsekretion beobachtet. Der Gewinnung des Magensaftes hat eine 12stündige Fastenzeit vorauszugehen, Wasser sollte jedoch nicht vorenthalten werden. Vor einer Stimulation der Magensaftsekretion mit Pentagastrin muß der Magen entleert und evtl. vorhandenes Basalsekret des Magensaftes abgehebert werden. Normalerweise sezernieren die Magendrüsen des leeren Magens beim Hund nicht. Um eine maximale Stimulation der Magendrüsen zur Sekretion zu erreichen, wird subkutan Pentagastrin in einer Dosierung von 6 μg/kg KM verabreicht.

Bestimmung der Säuresekretion: 15 Minuten nach Injektion von Pentagastrin wird eine mit 2–3 Öffnungen versehene Magensonde in den Magen eingeführt und mit einer Waschflasche/Wasserstrahlpumpe-Kombination verbunden. Durch Verlagerung der Sondenspitze kann der Mageninhalt aufgesucht und aspiriert werden. Während des Abheberns ist darauf zu achten, daß das erzeugte Vakuum nicht zu groß wird, da sonst durch Anlagerung an die Magenwand die Öffnungen der Sonde verstopfen. Nach Abheberung des Inhaltes wird die Sonde wieder entfernt. In 15minütigem Abstand werden drei weitere Proben entnommen. Von jeder Probe müssen das Volumen, der pH-Wert und die Farbe bestimmt werden. Mit einem Teststreifen wird zusätzlich die Probe auf Blut untersucht. Anschließend werden die Proben filtriert und jeweils ein Anteil unter Zusatz von Phenolrot als Indikator mit einer 0,1 n NaOH-Lösung titriert. Die verbrauchten Milliliter 0,1 n NaOH, bezogen auf 100 ml Magensaft, entsprechen zahlenmäßig der Säurekonzentration in mval/l.

Die in 15 Minuten sezernierte Säuremenge (n) errechnet sich aus dem Volumen (V) des abgeheberten Magensaftes und der Säurekonzentration (c):

$$\text{Säuremenge (n)} = \frac{V \times c}{1000} \text{ mval } H^+/15 \text{ min.}$$

Insgesamt werden vier 15-Minuten-Proben bestimmt. Um die Sekretionsleistung des Hundemagens beurteilen zu können, wird die Gipfelsekretion (PAO = Peak acid output) in mmol/Stunde errechnet. Hierzu müssen die Säuremengen der beiden aufeinanderfolgenden 15-Minuten-Fraktionen mit der größten Säuresekretion addiert und das Ergebnis mit zwei multipliziert werden. Der Normalwert für die Sekretionsrate des gesunden Hundemagens in mmol/h stimmt weitgehend mit dem Körpergewicht des Tieres in Kilogramm überein. Mit zunehmendem Alter nimmt die Sekretionsrate ab. Deutlich herabgesetzte Sekretionsraten sprechen für eine Sub- bis Anazidität und erhöhte Sekretionsraten für eine Hyperazidität (SCHALL und WIRTH 1975). Gleichzeitig mit der Säurebestimmung kann auch der pH-Wert des Magensaftes mit einem gewöhnlichen pH-Indikationspapier oder einem pH-Meter gemessen werden. Normalbereich: 1,0–3,0 pH-Einheiten.

17.3.2. Klinisches Bild (Hauptsymptome)

Bei Erkrankungen des Magens stehen leichtere Entzündungsformen der Schleimhaut, die sich im Bereich des Epithels abspielen, obenan, gefolgt von katarrhalischen Veränderungen unter Einbeziehung der Dünndarmabschnitte. Massive Entzündungen werden seltener diagnostiziert. Das klinische Bild zeigt in seiner leichtesten Form Inappetenz ohne weitere auffällige Symptome. Bei ausgeprägtem Krankheitsablauf, insbesondere bei Ausdehnung auf Darmabschnitte, kommt es über die Inappetenz hinaus zum Erbrechen und zu einer Veränderung der Kotkonsistenz. Bei tiefergreifender Entzündung, die im Magen und Darm über die Schleimhaut hinausgeht, vergrößert sich der Symptomenkomplex durch ein gestörtes Allgemeinbefinden mit Fieber, Schmerzäußerungen, veränderter Pulsfrequenz und -qualität.

Inappetenz läßt als Symptom unterschiedliche Deutungen zu. Sie kann psychisch (Milieuwechsel) oder auch idiopathisch (Zwerg- und kleinere Hunderassen) bedingt sein. Bei Gastroenteritis, Nephritis, Fieber, Ileus, Urämie oder Pankreatitis ist Inappetenz die Folge einer dieser übergeordneten Erkrankungen.

Die *Therapie* muß sich nach der Primärerkrankung ausrichten, unter Vorrang diätetischer Maßnahmen. Diese bestehen in einem Nahrungsentzug über 1–2 Tage; die angebotene Trinkflüssigkeit sollte aus abgekochtem Wasser oder Tee bestehen. Reicht die Flüssigkeitsaufnahme nicht aus, so muß eine parenterale Elektrolytlösung als Tropf (auch als subkutaner Tropf) erfolgen. Wird eine Zwangsernährung erforderlich oder der Patient wieder auf Nahrung eingestellt, empfiehlt sich ein Füttern mit entfetteter Fleischbrühe, anschließend leicht verdauliches Futter in kleinen Portionen und mehrmals am Tage (s. auch Kapitel 5.). Fett erhöht die Verweildauer des Nahrungsbreies im Magen und schränkt die Salzsäureproduktion ein (Enterogastrinwirkung). Zur Anregung der Magensekretion dienen Stomachika ($^1/_2$ Stunde vor der Mahlzeit), außerdem Enzympräparate, die allerdings keine Gallensalze enthalten sollten (Kombinationspräparate), denn Gallensalze reizen die Magenschleimhaut und fördern die Durchfallneigung.

Allotriophagie bei Hunden besteht in der Neigung zur Aufnahme von Erde, Holz, Steinen (Abb. 17.38.) oder Exkrementen (von Mensch und anderen Hunden; Koprophagie). Eine Allotriophagie ist als unphysiologisch anzusehen, und primär gilt es, die Ursache zu beseitigen. Hierzu zählen Hypersekretion von Magensaft, Hyperazidität oder auch Hypazidität, Parasitenbefall (insbesondere Bandwürmer), Fäulnis- oder Gärungszustände im Dünn- bzw. Dickdarmbereich. Allotriophagie wird auch bei Tollwut und Enzephalopathien beobachtet.

Unter einer **Aerophagie** (s. Abb. 17.43.) ist das Abschlucken von Luft zu verstehen mit der Folge einer deutlichen Luftansammlung im Magen.

Polyphagie ist nur in seltenen Fällen das Symptom einer übergeordneten Erkrankung. „Fresser werden nicht geboren, sondern erzogen", heißt es

Abb. 17.38. Mageninhalt (Steine) eines Schäferhundes mit Allotriophagie. (BARTELS, Frankfurt/M.).

sogar im Volksmund. Oft mangelt es auch an ausreichender Bewegung. Freßsucht kann auch die Folge von Senilität, zentralnervalen und psychischen Störungen sein oder durch Diabetes mellitus, Schilddrüsenfunktionsstörungen und andere hormonale Insuffizienzen ausgelöst werden.

Vomitus (Emesis): Erbrechen ist neben einem gut entwickelten Schutzreflex ein vieldeutiges Symptom, und die Ätiologie ist erst durch Erhebung der klinischen Fakten zu ergründen. Man unterscheidet zwischen dem zentralen Erbrechen, das im Brechzentrum des Gehirns als Reaktion auf Medikamente oder Chemikalien ausgelöst wird, und dem reflektorischen Erbrechen, das durch das Reflexzentrum im Rückenmark nach Stimulation peripherer Rezeptoren vom gastralen oder auch vom intestinalen Bereich her erfolgt. Reflektorisches Erbrechen tritt bei Erkrankungen des Magen-Darm-Traktes, der Leber, des Pankreas, des Zwerchfells, der Speiseröhre, der serösen Häute usw. auf, darüber hinaus auch bei Pharyngitiden und Mandelentzündung. Es kann außerdem ausgelöst werden durch allergieerzeugende Substanzen (bestimmte Getreidearten, Futtermilben, Fisch, Milch usw.), Fremdkörper, Spul- und Bandwurmbefall, Hyperchlorhydrie sowie durch neurogene oder psychogene Faktoren. Hunde, die zu hastig ihr Futter schlingen, zeigen ebenfalls häufig ein reflektorisches Erbrechen. Bei den genannten Reflexmechanismen kommt es zum Phänomen des gastro-ösophagealen oder gastro-duodenalen Refluxes, der seinerseits wiederum die Brechbereitschaft fördert. Bei länger anhaltendem Erbrechen senkt sich die Reizschwelle so, daß das Erbrechen schon bei unterschwelligen Reizen wieder ausgelöst wird. Neben einer diätetischen *Therapie* kann in der Anfangsphase zusätzlich Atropin oder ein Spasmolytikum verabreicht werden. Besteht keine übergeordnete Organerkrankung mit Urämie oder erhöhten Leber-Werten, weder Ileus noch eine Infektion, so vermag eine Magen-Darm-Spülung mit lauwarmer, 1,2%iger Kochsalzlösung wirksam zu sein. Durch Abhebern der Kochsalzlösung und Reste von Mageninhalt erreicht man einen sog. retrograden Output. Diesem steht der physiologische Output (periodisch erzeugter Ausstoß des Magen-Darm-Sekretes, von abgeschilferten Darmepithelien, Bakterien, Toxinen sowie Futterresten) gegenüber. Gefördert wird dieser physiologische Vorgang durch Gaben von Metoclopramid. Klinische Anzeichen beim Erbrechen sind Unruhe, Kau-, Schling- und Würgebewegungen, hinzu kommt vermehrte Speichelsekretion. Zumeist nimmt der Hund eine breitbeinige Haltung mit stark geneigter Kopf- und Halspartie ein, um mit Hilfe der Bauchpresse zu erbrechen.

Physiologischer Vorgang des Erbrechens: Der Magenfundus erschlafft, die peristaltischen Antrumbewegungen sistieren, der Pylorus kontrahiert, und der Fundus füllt sich mit Mageninhalt. Daraufhin öffnet sich die Kardia, und durch die Bauchpresse sowie krampfartige Kontraktionen des Zwerchfells wird der Mageninhalt in die Speiseröhre gedrückt. Das Antrum bleibt währenddessen kontrahiert. Der sich in der Speiseröhre angesammelte Mageninhalt wird nach Exspiration bei Glottis-Verschluß ausgestoßen. Gehen mit dem Erbrochenen große Flüssigkeitsmengen verloren, hat dies einen Cl-, Na- und K-Verlust zur Folge und führt bei weiterem Erbrechen zur Dehydratation und Alkalose. LUGINBÜHL et al. (1981) verwiesen auf eine Störung der Eisen- und Kaliumresorption beim chronischen Erbrechen infolge des HCl-Mangels.

Morgendliches Nüchternerbrechen ohne weitere Symptome ist die Folge einer Hypersekretion der Magendrüsen. Zur Vorbeugung eignen sich aluminiumhydroxid-haltige Antazida vor der Nachtruhe, alternativ Verfüttern einer Scheibe Brot mit fetthaltiger Streichwurst.

Unter **Hyperemesis** (unstillbarem Erbrechen) versteht man wiederholtes Erbrechen an einem oder mehreren Tagen. Ein deutliches Symptom besteht im Unvermögen, aufgenommene Flüssigkeit bei sich zu behalten. Eine Hyperemesis ist immer als bedenklich anzusehen. Von der Konsistenz des Erbrochenen sind Rückschlüsse auf übergeordnete Erkrankungen möglich. Weist das Erbrochene Kotgeruch auf, ist anzunehmen, daß der Krankheitsprozeß in tieferen Darmabschnitten abläuft. Prognostisch ist dieses Symptom meist ungünstig.

Regurgitieren ist vom Vomitus zu unterscheiden. Beim Regurgitieren gelangen die Nahrung oder abgeschluckte Teile nicht in den Magen, sondern werden im Anschluß an den Schluckakt ohne erkennbare Beschwerden wieder ausgestoßen. Antiperistaltische Bewegungen der Ösophagusmuskulatur finden normalerweise nicht statt, aber infolge Rückstoßkontraktion können entgegengesetzte Bewegungen dadurch entstehen, daß die peristaltische Welle an der Obturationsstelle des Ösophagus aufgehalten wird und antiperistaltisch wirkt.

17.3.3. Gastritis

Definition und Ätiologie: **Akute** oder auch **chronische Gastritiden** sind gekennzeichnet von entzündlichen Vorgängen in der Magenschleimhaut. Es bestehen ausgeprägte Epithelveränderungen (hypertrophische Gastritis; Abb. 17.39.) sowie eine starke Hyperämie mit Blutungsbereitschaft in das Gewebe oder in das Magenlumen. Ätiologisch muß zwischen exogenen und endogenen Ursachen unterschieden werden: Exogene Veränderungen werden durch örtlich schädigende Noxen (z. B. nach Schneefressen), chemische Substanzen (Salicylate, Butazolidin, Antibiotika), allergisierende Stoffe (Fremdeiweiß), durch Vergiftungen (Herbizide, Insektizide) oder mechanische Einflüsse hervorgerufen. Dabei ist die Schädigung der Magenschleimhaut zunächst auf das Epithel beschränkt, aber im weiteren Verlauf werden auch tiefere Schichten der Schleimhaut angegriffen. Die reaktive Säurefreisetzung kann anfänglich gesteigert sein, sinkt dann aber unter die Norm. Eine endogene Gastritis ist die Folge von Infektionskrankheiten (Virus-, bakterielle und Pilzinfektionen), kann aber auch durch Toxine ausgelöst werden, insbesondere, wenn Futtermittel mit *Staphylococcus aureus* kontaminiert waren. Dabei ist nicht die Keimzahl ausschlaggebend, sondern die Menge der gebildeten Exotoxine. Sind in das entzündliche Geschehen neben der Mucosa auch die Submucosa und die Lamina muscularis einbezogen, handelt es sich um eine **Pangastritis**. Eine Gastritis ist als Primärerkrankung seltener als die Gastroenteritis. Untersuchungen ergaben, daß die entzündlichen Veränderungen in den meisten Fällen kaudal beginnen, also vom Ileozökalbereich her aufsteigen.

Eine Gastritis mit ihren pathologisch-anatomischen sowie pathologisch-histologischen Veränderungen kann in eine chronische Form übergehen und zu einer Rarefizierung des Funktionsgewebes führen. Eine **chronische Gastritis** kommt bei Hunden häufig vor, wird aber meist spät diagnostiziert, da die Veränderungen an der Magenschleimhaut nicht während ihrer Entstehung, sondern erst als unspezifische Folgestadien erkannt werden. Eine chronische Gastritis kann alle wesentlichen Funktionen des Magens beeinträchtigen. Am Anfang steht die Verringerung der Motilität, später vermindern ausgedehnte Entzündungsprozesse die Sekretionstätigkeit der Mucosa. Die Magenschleimhaut proliferiert, und dies bedingt eine Verzögerung der Magenentleerung.

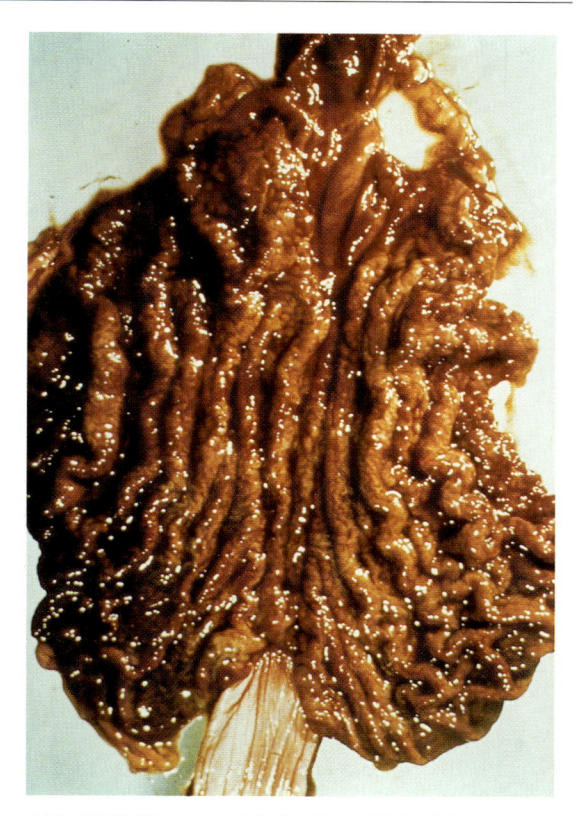

Abb. 17.39. Hypertrophische Gastritis im Magenkorpus eines zweijährigen Deutschen Schäferhundes. (MOUWEN und VAN DER GAAG, Utrecht).

Chronische Reizeinwirkungen auf die Magenschleimhaut haben eine Hypertrophie oder Hyperplasie zur Folge, von der auch die Pars pylorica betroffen werden kann (Abb. 17.39., 17.40.). Die Retention der Magenperistaltik stimuliert zudem die Freisetzung von Gastrin, einem trophischen Hormon für die Mucosa, und wirkt im Sinne eines Circulus vitiosus zusätzlich hypertrophierend auf die Schleimhaut. Hypertrophische bzw. hyperplastische Schleimhautveränderungen sind meistens mit entzündlichen Infiltrationen verbunden, die ihrerseits wieder die Peristaltik des Magens reduzieren (LUGINBÜHL et al. 1981). Begleitende Faktoren einer chronischen Gastritis sind: Verlust der normalen Schleimschicht auf der Mucosa, Salzsäure-Überproduktion (auch bei Niereninsuffizienz durch verzögerte Gastrin-Ausscheidung), Durchblutungsstörungen der Magenschleimhaut, hämorrhagische Diathese und Blutungen der Magenschleimhaut, Urämie sowie ein gastroduodenaler Reflux. Beim Reflux von Dünndarmsekret in den Magen wirkt die im Sekret

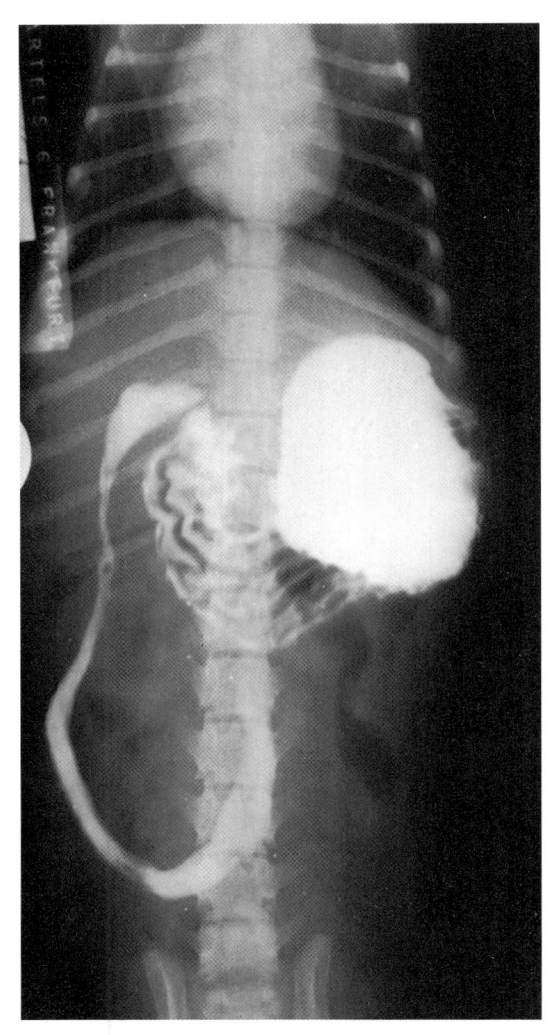

Abb. 17.40. Röntgenaufnahme einer hypertrophischen Gastritis. (BARTELS, Frankfurt/M.).

enthaltene Galle besonders ulzerogen (Schädigung der Lipidzellmembran durch Gallensäuren, danach Autodigestion der Schleimhaut durch Pepsin).

Das klinische Bild einer chronischen Gastritis kann ebenso Ausdruck einer Schleimhautatrophie sein, die gekennzeichnet ist von einer Verminderung der Magensaftsekretion mit vermehrter Ansiedlung von Bakterien und Pilzen. Eine mikrobielle Besiedlung des Magens geht meist mit einer mikrobiellen Besiedlung der normalerweise keimarmen oberen Dünndarm-Abschnitte (Duodenum, Jejunum) einher, so daß es zu einer chronischen Gastroenteritis kommen kann.

Die **urämische Gastritis** nimmt ihren Verlauf in der Lamina propria, die Schädigungen sind auf eine Anoxie zurückzuführen. Auffällig ist der hohe Ammoniakgehalt im Magen, der durch Diffusion von Harnstoff im Magen entsteht. Die Umwandlung von Harnstoff in Ammoniak erfolgt durch Urease, ein Enzym, das von Bakterien und auch von Magenschleimhautzellen gebildet wird. Erhöhte Harnstoff-Konzentrationen können somit für die Mucosazellen toxisch werden.

Anamnese und Krankheitsbild: Die akute Gastritis zeigt sich klinisch durch Erbrechen (gelegentlich morgens nüchtern) bei wechselhafter oder anhaltender Inappetenz. Das Erbrochene besteht aus glasigem, schaumigem, manchmal gelblichem Schleim. Wird das Krankheitsbild chronisch, so magern die Hunde ab und werden zunehmend lethargisch. Magenerkrankungen, deren Ursache Funktionsstörungen sind, können zu einer Hypochlorhydrie (Verminderung der Salzsäure), einer Achylia gastrica (Fehlen der Salzsäure), einer Hyperchlorhydrie (Überschuß an Salzsäure) führen. Bei der **Hypochlorhydrie** erfolgt das Erbrechen mehr oder weniger bald nach der Nahrungsaufnahme, das erbrochene Futter ist kaum anverdaut. Eine **Hyperchlorhydrie** ist durch Nüchternerbrechen gekennzeichnet, das Erbrochene ist klar und wäßrig bis schaumig. Auffällig ist vermehrtes Grasfressen (sog. Grasen der Hunde). Eine Übersäuerung des Mageninhalts kann auch durch kurzkettige Fettsäuren infolge bakterieller Fermentation entstehen. Neben Essig- und Propionsäure handelt es sich dabei insbesondere um Milchsäure. Dem Anstieg von ungesättigten Fettsäuren geht eine Verdauungsinsuffizienz mit Dyskinesien der Magen-Darm-Motorik voraus (ROGOLSKY und VAN KRUININGEN 1978).

Diagnose: In schweren Fällen zeigen sich im Blutbild eine Anämie, eine Hypochromasie, eine Anisozytose und eine Poikilozytose. Eine Hypalbuminämie kann im noch späteren Stadium folgen. Das Röntgenbild ist gekennzeichnet durch eine auffällige Faltenbildung im Bereich der großen Kurvatur. Die Passagezeit eines Kontrastmittels ist bei einer Hypochlorhydrie verzögert und bei einer Hyperchlorhydrie beschleunigt. Die Erfassung von Störungen in der Säureproduktion kann durch eine Sekretionsbestimmung erfolgen (s. S. 474). Akute Symptome mit Erbrechen sollten immer im Zusammenhang mit Allgemeinerkrankungen, die den Magen in Mitleidenschaft ziehen, gesehen werden. Treten bei Gastritiden oder bei Gastroenteritiden Blutungen auf, so ist an tiefer greifende Schleimhautprozesse (Pangastritis) zu denken. In sehr vielen Fällen kommt es bei entsprechenden Behandlungen, beispielsweise mit Vitamin K, zum Sistieren der Blutungen. Blutungen darüber hinaus aus weiteren Körperöffnungen, auf Schleimhäuten und in der Haut geben Hinweise auf eine Dicumarol-Vergiftung (s. Kapitel 28.).

Therapie: Mit dem Erbrochenen werden im Magen befindliche Noxen zum größten Teil ausgestoßen, das gilt insbesondere für beim Fressen aufgenommene Schadstoffe. Sind ätzende Stoffe die Ursache einer akuten Gastritis, so ist die Verabreichung von neutralisierenden Mitteln, evtl. in Verbindung mit Magenspülungen, erforderlich (Verabfolgung der neutralisierenden Spülflüssigkeit mittels Magensonde und Abhebern unter Verwendung einer Vakuumpumpe, evtl. auch Wasserstrahlpumpe, mit zwischengeschalteter Waschflasche). Akute Vergiftungen können den Einsatz von Apomorphinhydrochlorid erfordern (s. Kapitel 28.). Besteht keine exogene Gifteinwirkung, kann bei leichter Gastritis abgewartet werden. Dabei ist Fasten zwingend (s. diätetische Maßnahmen). Störungen im Wasser- und Elektrolythaushalt durch Erbrechen sind durch Elektrolytgaben zu kompensieren.

Bei Hypazidität (Achylia gastrica) sind Applikationen von Verdauungsenzymen (z.B. Pepsin) oder Stomachika vor dem Füttern angezeigt. Die Nahrung muß leicht verdaulich sein und auf drei kleinere Portionen verteilt angeboten werden (keine Knochenfütterung). Der Bindegewebsanteil im Futter soll stark eingeschränkt werden und außerdem abgekocht sein, um durch den Kochvorgang das Denaturationsvermögen des Magensaftes in etwa auszugleichen, da im Verlauf der Verdauung die Proteasen vornehmlich am denaturierten Protein angreifen. Bei Hyperazidität sind Antazida, z.B. Aluminiumhydroxid und Calciumcarbonat, angezeigt. Die Nahrung soll betont proteinhaltig unter Verzicht auf Kohlenhydrate sein, eventuell kann sie mit geringen Mengen Kartoffelbrei angereichert werden. Das Füttern muß bereits frühmorgens und in kleinen Portionen wenigstens dreimal am Tage erfolgen (s. auch Kapitel 5.).

Exogene Gastritis durch ätzende Stoffe: bei Säuren – Milch oder Aluminiumhydroxid; bei Alkali – verdünnter Essig, Zitrusfruchtsaft, Milch, u.U. Olivenöl; bei Arsenverbindungen – Magenspülung mit Natriumhydrogencarbonat 1%ig, danach Gabe von Ferrichlorid und Natriumhydrogencarbonat (beide 1%ig); Bleivergiftungen und Phosphorsäureester (Insektizide) – Magenspülung mit 1–2%iger Magnesiumsulfat- oder Natriumsulfatlösung. Bei Ätzungen ohne genaue Kenntnis wiederholte Magenspülungen mit einer Medizinalkohlesuspension (10 g Kohle pro 1 l Wasser; s. Kapitel 28.).

Im Gegensatz zu toxisch wirkenden Metallionen, z.B. Blei, wird Phosphorsäure als organische Verbindung schnell im Körper, vor allem in der Leber, um- und abgebaut. Aus diesem Grund eignet sich die Leber nicht zum Giftnachweis. Bei Vergiftungsverdacht sind Magen- und Darminhalt, evtl. auch das Erbrochene, zur chemischen Untersuchung einzusenden (s. Kapitel 28.).

Bei plötzlichem und kurz anhaltendem Erbrechen mit weitgehend ungestörtem Allgemeinbefinden werden in den meisten Fällen diätetische Grundregeln als Therapie ausreichen (s. Kapitel 5.).

Diätetische Maßnahmen: Bei der Therapie gastritischer bzw. gastroenteritischer Erkrankungen stehen Diätmaßnahmen im Vordergrund: Hierzu gehören Fasten über einen Zeitraum von ein bis zwei Tagen sowie Wasserentzug, dafür sollte Tee oder Mineralwasser angeboten werden. Bei Spaziergängen ist darauf zu achten, daß der Hund kein Wasser aus Pfützen usw. oder Schnee aufnimmt. Nach dem Fasten muß vorsichtig mit der Fütterung begonnen werden, die Kost sollte weich, leicht verdaulich und von hoher biologischer Wertigkeit sein (gekochtes, mageres Fleisch, Hüttenkäse, Quark, weichgekochte Eier, Kartoffelbrei oder breiig gekochter, ungeschälter Reis). Erst im Verlauf von Tagen kann das gewohnte Futter dieser Diät beigemengt werden, jedoch unter der Voraussetzung, daß es keine Substanzen enthält, die zum Erbrechen geführt haben. Bei zusätzlichem Salzen sollte auf den Ausschluß einer Nephritis geachtet werden. Ist die Magenentleerungszeit verlängert, muß die Kost betont fettarm sein, ist sie verkürzt, darf nur gekochtes Futter angeboten werden. Bei einer Anämie wird das Futter mit Hämatin-Konzentraten angereichert, die Eisen und weitere Faktoren der roten Blutkörperchen enthalten. Bei allergischen Reaktionen gegenüber Fremdeiweiß ist eine Kost mit Substanzen anzubieten, die normalerweise im Tierfutter nicht enthalten sind, z.B. gekochte Kartoffeln und Reis, gekochtes Schaffleisch, gekochter Fisch (s. auch Kapitel 5.).

17.3.4. Ulcus ventriculi

Definition und Ätiologie: Als Ulcus ventriculi wird eine erosive Läsion der Magenschleimhaut angesehen, die durch Einwirkung des sauren Magensaftes entstanden ist (peptisches Ulcus). Betroffen sind vornehmlich die nichtaziden Partien des Magens, so die kleine Kurvatur, der Pylorusbereich und im weiteren Verlauf das Duodenum. Die Schleimhautläsionen variieren sowohl in der flächigen Ausdehnung als auch in der Tiefe. Tiefreichende Ulcera zerstören die Schleimhaut, so daß die Ulcusbasis schleimhautfrei sein kann. Eine Granulation und Ausheilung der geschwürig veränderten Schleimhaut werden durch den Salzsäuregehalt des Magensaftes stark verzögert oder gar verhindert. Eine ätiologische Klärung des peptischen Ulcus ist noch nicht erfolgt, jedoch konnten bei einer experimentell hervorgerufenen Hyperazidität bei Welpen Duodenalgeschwüre erzeugt werden (DODGE 1970). Histaminüberproduktion wurde von HOWARD und SAWA (1969) mit der Entstehung von Ulzerationen in Verbindung gebracht. Dabei wird davon ausgegangen, daß Histamin eine chronische Hyperazidität und Hypermotilität des Magens verursacht. Auch Gefäßläsionen unter der Schleimhaut könnten eine Rolle spielen. MAX und MENGUY (1970) sehen Corticosteroide als Ursache peptischer Geschwüre an. Dabei wird davon ausgegangen, daß die Umsatzrate des Schleimhautepithels stark herabgesetzt ist und dadurch der natürlichen Regeneration entgegengewirkt wird. Darüber hinaus müssen metabolische Fernwirkungen, beispielsweise durch ein Inselzellkarzinom, in die Pathogenese einbezogen werden (JONES et al. 1976).

Neben Zusammenhängen zwischen Tumoren im gastroduodenalen Bereich und peptischen Ulzerationen im Magen wurden auch Zusammenhänge zwischen Lebererkrankungen und Magenbzw. Duodenalgeschwüren festgestellt. Bei 16 von 22 Hunden mit peptischen Ulzerationen sind auffallende Leberbefunde erhoben worden, wie degenerative Leberveränderungen, zum Teil mit Zirrhose, sowie Leberzellnekrose. Darüber hinaus haben experimentelle Untersuchungen ergeben, daß Gallengangsveränderungen peptische Ulzerationen zu induzieren vermögen. Auch durch Streß verursachte Magengeschwüre wurden von MURRAY und ROBINSON (1972) diskutiert.

Anamnese und Krankheitsbild: Das Krankheitsbild beim Ulcus ventriculi reicht von gastrointestinalen Störungen bis zum plötzlichen Kollaps. Erbrechen nach der Nahrungsaufnahme steht im Vordergrund des Krankheitsbildes, der Appetit ist wechselhaft. Zu den Symptomen gehören auch Anämie, Bluterbrechen sowie Gewichtsabnahme. Bei ulzerativen Veränderungen, die tief in die Magenschleimhaut hineinreichen, sind Schmerzäußerungen zu beobachten und durch Palpation auszulösen. Penetriert ein Ulcus, so kann dies zu einer Peritonitis sowie zum Tode durch Blutverlust oder Schock führen.

Diagnose: Nicht immer kann die Diagnose durch eine röntgenologische Untersuchung unter Verwendung eines Kontrastmittels gestellt werden, denn kleinere Läsionen bleiben oft verborgen. Auch eine Gastroskopie vermag nicht immer deutliche Hinweise zu geben. Zur Erhebung der sicheren Diagnose ist die explorative Laparotomie erforderlich.

Therapie: Die Behandlung eines Ulcus ventriculi kann konservativ ausgerichtet sein. Durch Gaben von Antazida, z. B. Aluminiumhydroxid und Calciumcarbonat, oder von einem Ulcustherapeutikum in Verbindung mit einer schleimigen Nahrung von ausreichender biologischer Wertigkeit können oberflächliche Ulzerationen abheilen. Eine Mikrowellenbehandlung (s. Kapitel 4.) vermag diese Therapie zu unterstützen. Wenn diese Maßnahmen jedoch nicht ausreichen oder tiefere Prozesse vorliegen, ist eine teilweise Gastrektomie (s. Therapie der Magentorsion) in Betracht zu ziehen. Die Prognose ist ungewiß und hängt vornehmlich von der Lage und dem Umfang des Ulcus sowie von begleitenden Erkrankungen ab.

17.3.5. Fremdkörper im Magen

Ätiologie und Anamnese: Beim Apportieren oder Spielen abgeschluckte, unverdauliche Gegenstände, wie beispielsweise Steine, Holz, Stoffetzen, Näh- und Stecknadeln, können im Magen verbleiben und durch den ständigen Reiz zu einer Gastritis führen. Das klinische Bild zeigt Erbrechen von gelblich-grünlichem Schleim, das je nach Größe des Fremdkörpers und dem Umfang der Magenstörung in unterschiedlichen Abständen erfolgt. Inappetenz oder auch Nahrungsverweigerung sowie eine zunehmende Apathie gehören zum klinischen Bild. Fremdkörper verursachen nicht immer funktionelle Störungen, sie werden nicht selten als Zufallsbefunde diagnostiziert.

Diagnose: Die Diagnose wird durch Röntgenuntersuchung oder Gastroskopie gestellt. Mittels Palpation kann nur bei sehr mageren oder sehr kleinen Hunden sowie bei entsprechender Größe des Fremdkörpers dieser ertastet werden. Bei gut genährten Hunden ist dies selten möglich, da der leere Magen die ventrale Bauchwand nicht erreicht und sich auf der linken Seite zwischen Bauchwand und Magen Leber- und Milzanteile einschieben. Nur sehr schwere Fremdkörper können infolge ihres Gewichtes den Magen nach ventral an die Bauchwand drücken und werden so ertastbar. CHRISTOPH (1973) hat die Folgen verschluckter Nadeln untersucht und kam zu dem Ergebnis, daß deshalb nicht unmittelbar Lebensgefahr bestehen muß. Diese Tatsache erklärte GRAU (1970) dadurch, daß eine Nadel an der Magenwand mit der zweischichtigen Lamina subglandularis (Stratum granulosum, Stratum compactum) nicht ohne weiteres eine Perforation verursacht, und die Magenperistaltik für eine Weiterbeförderung in den Darm sorgen kann. Bereits 1932 erklärte ÜBERREITER die Durchwanderung des Darmes mit einem Reflexzentrum im Plexus submucosus, das auf die Muscularis mucosae wirkt. Wird die Darmschleimhaut berührt, kommt es an dieser Stelle zu einer Erschlaffung der Muscularis mucosae. Benachbarte Muskelabschnitte bilden dabei durch Kontraktion einen Wall, von dem die Spitze einer Nadel so abgelenkt wird, daß sie meist mit dem stumpfen Ende voraus durch die Peristaltik den Darm passiert und ausgeschieden wird. Daher kann auch bei spitzen Gegenständen, vorausgesetzt sie haben keine Widerhaken, erst einmal abgewartet werden, ob sie per vias naturales den Darm verlassen.

Eine Notsituation besteht bei einer Magenperforation, die ein sofortiges Eingreifen verlangt; dabei ist die Prognose vorsichtig zu stellen. Der Grund liegt in der Verunreinigung im Oberbauch durch Mageninhalt, der schlecht auszuwaschen ist, da er dem Netz anhaftet und zu einer Peritonitis der kranialen Bauchhöhle führt. Dieser schließt sich häufig ein Pyothorax an, da über die Lymphgefäße die Infektion in den Thorax gelangt.

Therapie: Voluminöse Fremdkörper im Magen müssen alsbald entfernt werden, zumal durch Eindringen in den Dünndarm ein Obturationsileus entstehen kann. Die Gastrotomie (s. Therapie der Magentorsion) hat gegenüber den konservativen Methoden eine vorrangige Bedeutung. Zwei Möglichkeiten der konservativen Entfernung

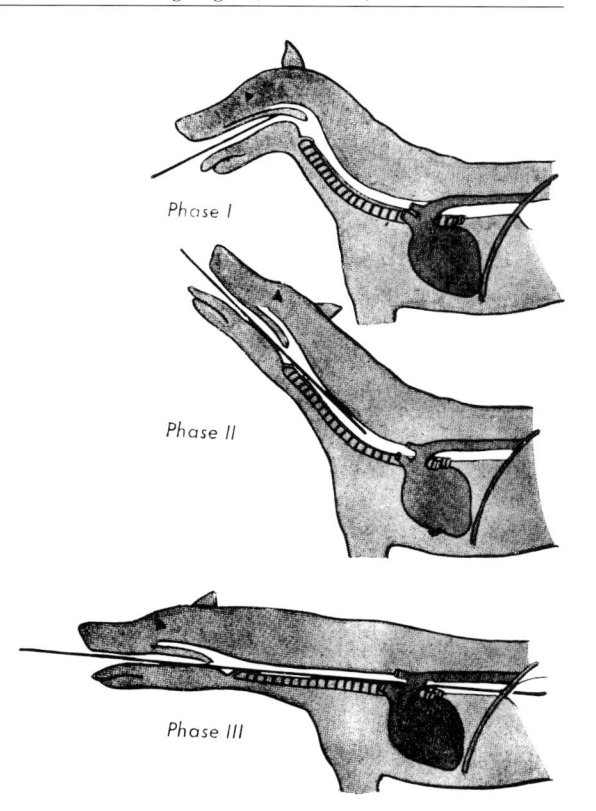

Abb. 17.41. Die drei Phasen des Einführens einer Fremdkörperzange in den Magen.

eines Fremdkörpers im Magen sind erfolgversprechend: Die eine besteht in der Verabfolgung eines voluminösen Futters mit anschließender Injektion von Apomorphinium hydrochloricum (1 bis 2 mg s.c.). Tritt das Erbrechen ein, kann durch Hochhalten der Hinterbeine des Hundes die Magenentleerung unterstützt werden. Der zweite Weg besteht im Entfernen des Fremdkörpers mittels geeigneter Zangen (Beckersche Fremdkörperzange oder Stadtlersche Zange, auf 60–90 cm verlängert; Abb. 17.41.) in Vollnarkose oder bei ausreichender Sedierung des Hundes (s. Kapitel 6.).

17.3.6. Dilatatio ventriculi

Definition und Ätiologie: Die Magendilatation besteht in einer gasenthaltenden Auftreibung entweder des ganzen Magens oder nur der Magenblase (Fornix). Die Milz liegt in normaler Lage auf der linken Seite, kann sich aber bei ausgeprägter Erweiterung des Magens nach ventral verschieben. Die Ursache der plötzlichen Gasansammlung ist nicht überzeugend geklärt, eine bakterielle Beteiligung ist jedoch nachgewiesen, und zwar durch Milchsäurebakterien und Streptokokken. Durch Fermentationsprozesse dieser Bakterien erhöht sich der Milchsäuregehalt des Magensaftes, der bei einer Dilatatio ventriculi deutlich die Normalwerte übersteigt. Toxinbildende Clostridienstämme wurden bei eigenen Untersuchungen nicht nachgewiesen. Andere Untersucher beschreiben das Vorkommen von toxinbildenden *Clostridium-perfringens*-Stämmen sowohl bei gesunden als auch bei kranken Hunden (WARNER und VAN KRUININGEN 1978). Als weitere Ursache einer Magendilatation wird eine Aerophagie (s. Abb. 17.43.) angenommen, die durch

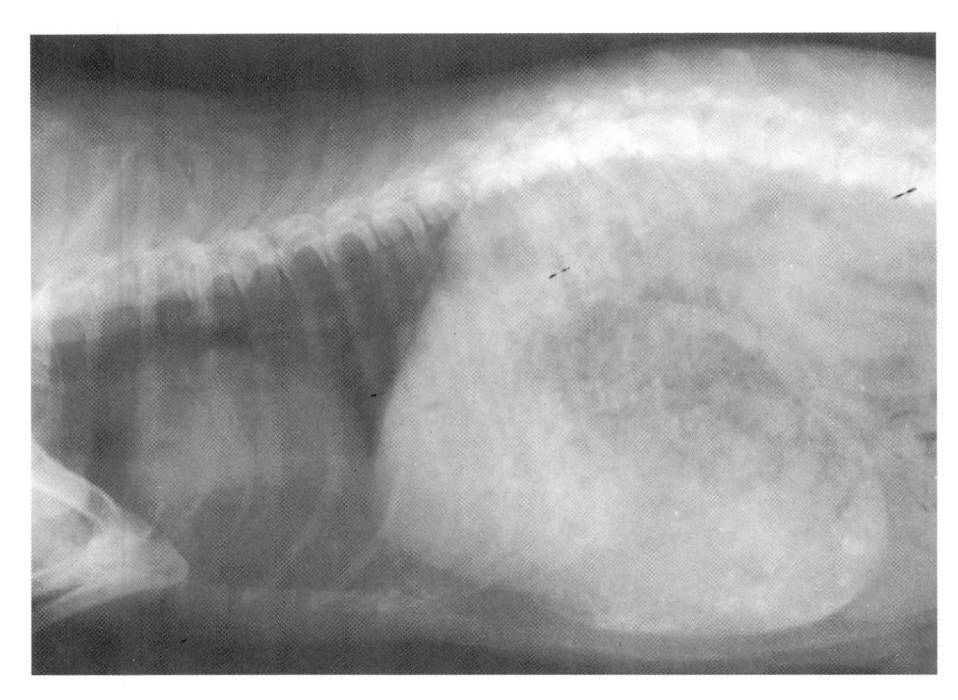

Abb. 17.42. Röntgendarstellung einer Magenüberladung. (Klinische Radiologie, FU Berlin).

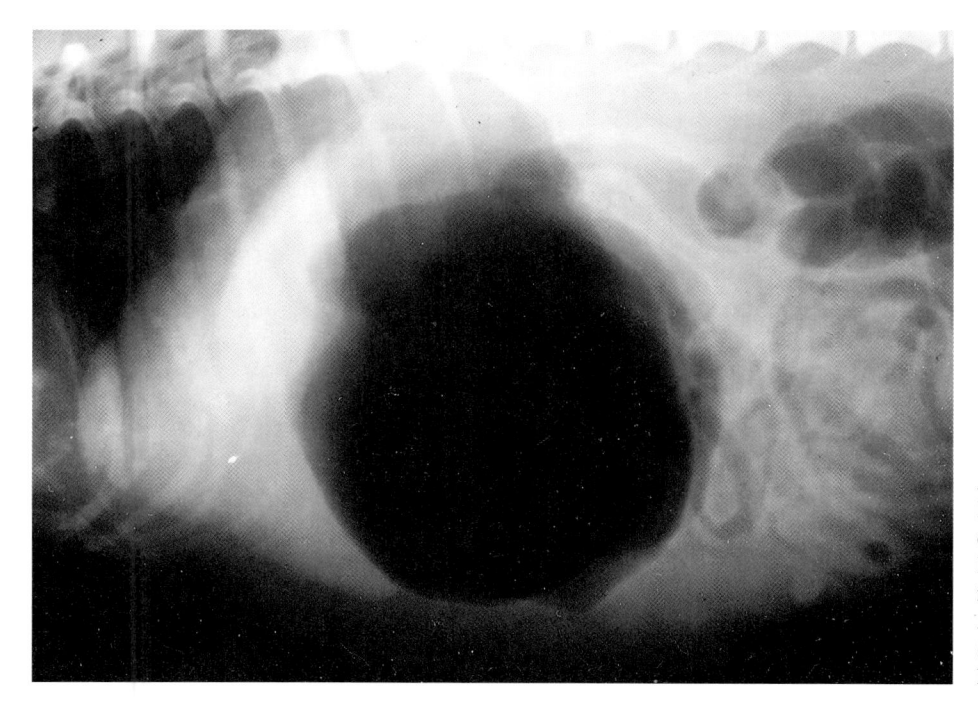

Abb. 17.43. Röntgendarstellung einer Luftansammlung im Magen infolge Aerophagie. (Klinische Radiologie, FU Berlin).

Nagen an oder Ablecken von festen Gegenständen sowie Erkrankungen im Rachenraum begünstigt wird. Eine Magenerweiterung kann auch durch Allotriophagie (s. Abb. 17.38.) sowie durch Aufnahme großer Futtermengen (s. Abb. 17.42.) mit anschließender extremer Bewegung entstehen. Hohe Kohlenhydratanteile in der Nahrung (über 60 %) verlängern die Verweildauer des Magenbreies im Magen und vermögen so zu einer Dilatation beizutragen. Eine chronisch gewordene Dilatation ist meist verbunden mit einem chronischen Magen-Darm-Katarrh, woraus ein schlechter Ernährungs- und Allgemeinzustand resultieren. Prädisponierende Faktoren einer Dilatation reichen mitunter bis ins Welpenalter zurück; so werden z. B. bei der Umstellung von Muttermilch auf feste Kost oft zu große Mengen verfüttert, die eine sprunghafte Erweiterung des Magens zur Folge haben, die später zu einer chronischen Magenüberdehnung führen kann. Diese wiederum bewirkt eine Verminderung der Magensaft- sowie Salzsäureproduktion und hat eine Atonie der Magenmuskulatur zur Folge. Die damit verbundene funktionelle Störung wird auch beim Pylorusspasmus, bei der Pylorusstenose und bei komprimierenden Erkrankungen am Pylorus beobachtet (Traumen, Neubildungen). Schwere Fremdkörper, aber auch eine Ansammlung von Sand im Magen bei verminderter Output-Funktion, vermögen durch ihr Gewicht über eine längere Zeit einen Druck auf die Magenwand auszuüben und stellen eine begünstigende Disposition für die Magenerweiterung oder für eine Divertikelbildung dar. Eine durch ein Divertikel entstandene Nische in der Magenwand kann als Gärkammer fungieren und zum Herd für Gärungen größeren Ausmaßes werden.

Krankheitsbild und Diagnose: Die dominierenden Symptome einer Dilatatio ventriculi sind häufiges Aufstoßen, Erbrechen und Inappetenz. Durch eine Sonde, die in den Magen eingeschoben wird, kann je nach Schichtung des Mageninhaltes mehr oder weniger Gas entweichen. Bei bestehendem Überdruck werden Magensekret oder Futterreste aus dem Magen herausgedrückt. Bei der Röntgenuntersuchung stellt sich der dilatierte Magen dar, Kontrastmittel verlassen den atonischen Magen langsam und in kleinen Mengen.

Therapie: Das Futterangebot darf nur in kleinen Portionen mehrmals am Tag erfolgen, außerdem sollen zwischen den Mahlzeiten Pausen von mehreren Stunden liegen. Medikamentös ist Neostigmin einzusetzen.

17.3.7. Torsio ventriculi

Ätiologie und Anamnese: Die Ursache einer Magendrehung bzw. einer Magenverlagerung ist noch nicht voll geklärt. Hunde großer Rassen mit tiefer Brust, wie z. B. der Deutsche Schäferhund, der Bernhardiner, die Dogge und auch der Setter, sind besonders gefährdet; außerdem Rüden doppelt so häufig wie Hündinnen. Die Torsion tritt vornehmlich bei wenig gefülltem Magen auf, eine Gewebsschwäche der Aufhängesysteme des Magens bei gleichzeitiger Magenatonie scheint eine prädisponierende Voraussetzung zu sein (STÜNZI et al. 1955, ANDREWS 1970).

Ätiologisch kann angenommen werden, daß durch eine Magenatonie die Entleerung des Magens verlängert und die Selbstreinigungsfunktion gestört ist. Das führt dazu, daß gasbildende Keime (Streptokokken, Milchsäurebakterien, Clostridien, Hefen) in den mikrobiellen und unphysiologischen Umbau des Mageninhaltes eingreifen. Bei diesem mikrobiellen Metabolismus kommt es zu einer gesteigerten Gasbildung, die einen erhöhten Druck auf die Magenwand ausübt und eine Atonie der Magenmuskulatur verstärkt. In nicht wenigen Fällen ist nur der Fornix aufgebläht und zusammen mit der Milz gegen die Linea alba (bei der 90°-Drehung) gekippt. Bei der 180°-Drehung verlagert sich die Milz auf die rechte Seite. Durch die Blähung des Magens kommt es zu einer mechanischen Obstruktion der Pfortader und in der Folge zur portalen Hypertonie und venösen Stauung im Magen-Darm-Trakt. Dies führt zu einer Absonderung von Gewebsflüssigkeit in Magen und Darm sowie in die Bauchhöhle. PREUSS und HENSCHEL (1968) beschreiben die Magendrehung des Hundes aus der Sicht der angewandten Anatomie: Der Magentorsion geht eine Kaudalverlagerung der Pars pylorica voran, wobei Pylorus und Kardia sich nähern, so daß die Hakenform des Magens, die dieser im nüchternen oder wenig gefüllten Zustand aufweist, in eine Schleifenform übergeht. Diese Schleife dreht sich, von kaudal gesehen, bei Rechtstorsion bis 270°, wodurch das Duodeum ventral des Bauchösophagus zu liegen kommt. Bei Linkstorsion um 90° verschiebt sich das Duodenum dorsal vom Bauchösophagus. Die häufigere Rechtstorsion ist zugleich die gefährlichere, weil u.a. die zuführenden Gefäße stranguliert werden. Bei beiden Torsionsarten zeigt die Parietalfläche des Magens nach rechts und die große Kurvatur nach ventromedian, so daß letztere sich bei ventromedianer

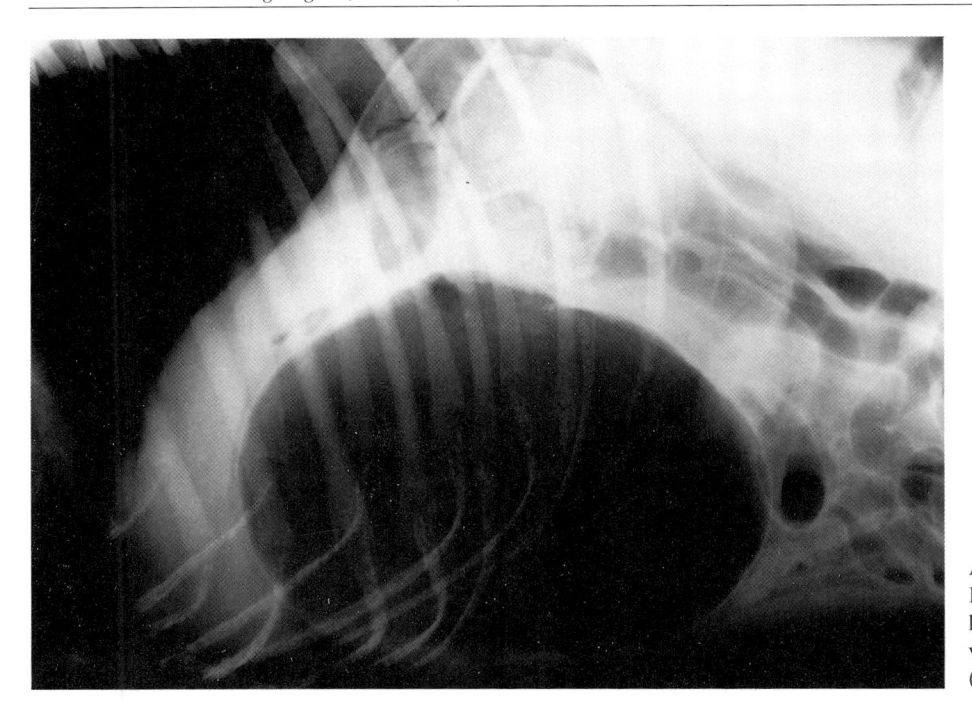

Abb. 17.44. Röntgendarstellung einer Torsio ventriculi. (FICUS, Bremen).

Laparotomie in die Schnittwunde schiebt. Bei Rechtstorsion ist auch die Parietalfläche vom großen Netz überzogen, durch welches darum der Magenschnitt erfolgen sollte.

Klinisches Bild: Das klinische Bild ist gekennzeichnet durch starkes Geblähtsein. Die Rippenbögen weichen nach außen aus, und die Regio epigastrica ist prall gespannt. Infolge des schnellen Aufblähens und des Staues aller ab- und zuführenden Gefäße kommt es zur Kreislaufschwäche, die zum irreversiblen Schock führen kann. Die Kreislaufstörungen haben Blutdruckabfall und eine Reduzierung des Minutenvolumens des Herzens zur Folge (MÜLLER und WERNER 1970). Der erkrankte Hund liegt viel und zeigt Unruhe. Um dem Druckgefühl zu entgehen, versucht er, über Würgebewegungen Mageninhalt zu erbrechen. Insbesondere bei einer Linksdrehung ist durch Stauung die Milz stark vergrößert. Bei diesem klaren Krankheitsbild kann häufig auf das Röntgen verzichtet werden (Abb. 17.42.–17.44.).

Therapie: Die Torsion muß umgehend behoben werden. In den meisten Fällen ist zur Reposition des Magens und anderer dislozierter Organe, insbesondere der Milz, ein chirurgisches Vorgehen zwingend. Schockprophylaxe und -bekämpfung sowie Stützung des Kreislaufs sind Maßnahmen, die schon bei der Operationsvorbereitung anzuwenden sind (s. Kapitel 15. und 16.). Dies geschieht durch Anlegen einer Infusion mit Gelatinelösung oder Dextranlösung. Bei einer weniger gestörten Kreislaufsituation kann auch eine Natriumchlorid- bzw. Ringer-Lactat- oder eine Ringer-Hydrogencarbonat-Lösung infundiert werden. Zur Stützung der Herzfunktion ist Strophanthin zu injizieren, jedoch keine vasokonstriktorisch wirkenden Kreislaufmittel. Eine weitere, oft wesentliche Maßnahme zur Schockbekämpfung (s. Kapitel 16.) besteht in der gleichzeitigen Verabfolgung hochdosierter Gaben von Corticosteroiden. Eventuell ist eine Förderung der Diurese angezeigt. Bei Komplikationen durch eine aufkommende Azidose wird eine Infusion von Natriumhydrogencarbonat erforderlich. Besteht die Gefahr einer Magenruptur, so ist mittels Punktion durch die Haut eine Entlastung des Magens anzustreben. Die Punktion erfolgt mit einer Injektionsnadel, die einen Durchmesser von 1,5–2,0 mm hat. Die Nadel wird in die rechte Flanke eingeführt, und zwar in einem Bereich mit deutlichem tympanitischem Schall (durch Perkussion zu ermitteln). Dabei sollte das Tier in aufrechter Position stehen. Wenn das Gas entwichen ist, wird die Nadel entfernt, der Hund in eine seitlich liegende Stellung gebracht, und eine nochmalige Punktion erfolgt je nach Lage des Magens an der rechten oder linken Seite (BAUMBERGER 1979).

Fälle, bei denen eine Magensonde eingeführt werden kann: Nach Markierung der Entfernung von Nase bis zur dreizehnten Rippe auf einer

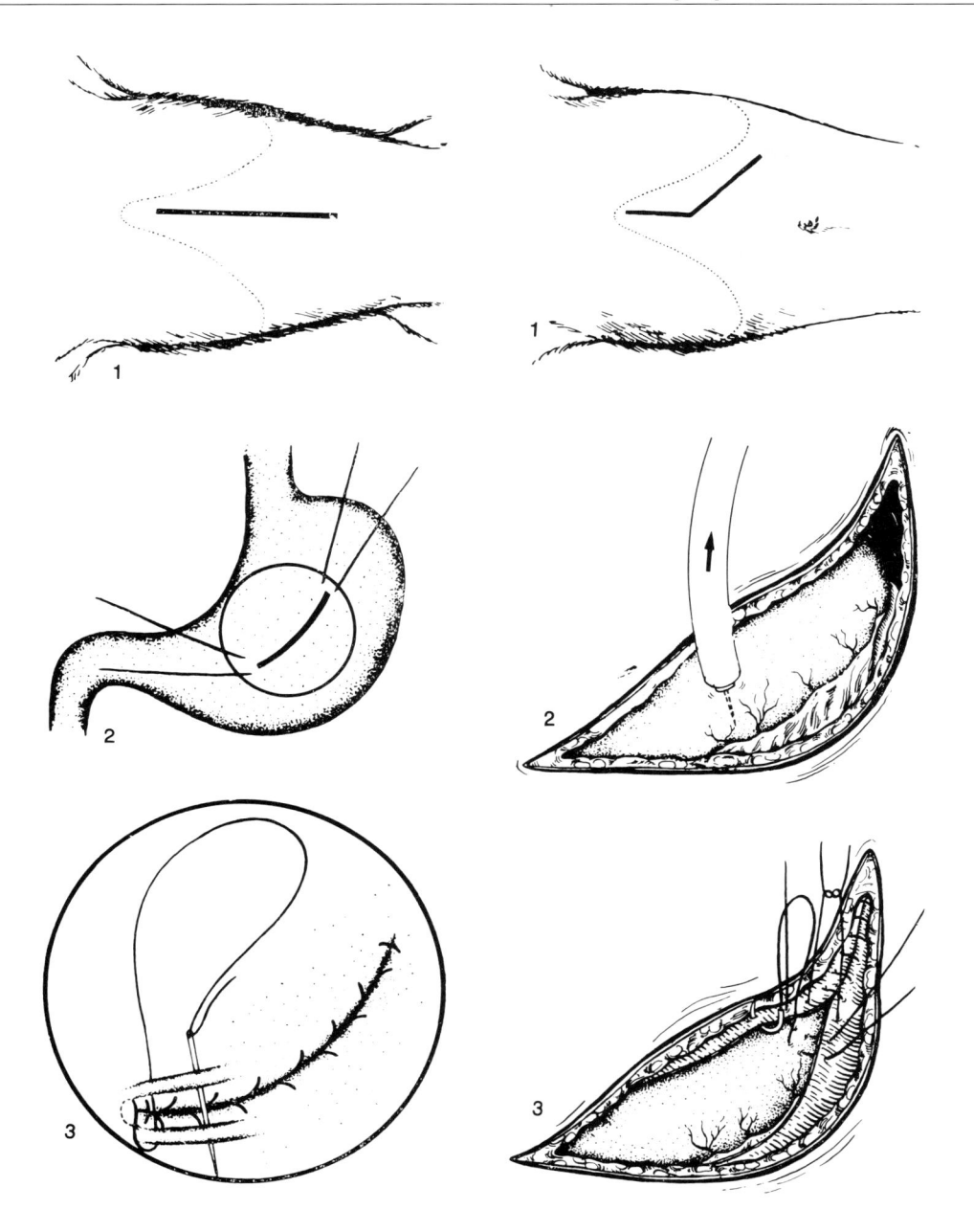

Abb. 17.45. Gastrotomie: Eröffnung der Bauchhöhle in der Linea alba (1); Magenschnitt parallel zur Curvatura major (2); Verschluß des Magens mittels Schmieden-Naht (3) und anschließender fortlaufender Lembert-Naht. (DAVID, Wien).

Abb. 17.46. Gastropexie (nach Magentorsion): Eröffnung der Bauchhöhle mit Kehrscher Schnittführung (1); Punktion des Magens mittels Kanüle (2); Fixation der Magenwand am Peritoneum mittels Einzelnähten (3). (DAVID, Wien).

weitlumigen Magensonde wird versucht, diese in den Magen vorzuschieben und vorhandenes Gas abzulassen. Gelingt dies, so ist eine Magenspülung (s. Therapie der Gastritis) vorzunehmen. Widersetzt sich das Tier dem Einführen der Sonde, er-

folgt dies unter kurzwirkender Barbituratnarkose (s. Kapitel 6.). Beim Einführen der Sonde muß der Kopf tiefer gelagert sein, um eine Aspiration von Mageninhalt zu vermeiden. Stabilisiert sich das Allgemeinbefinden des Tieres, verkleinern sich

Magen und Milz und konnte die Dilatation durch die Sonde beseitigt werden, ist über eine Röntgenkontrastaufnahme abzuklären, ob sich der Magen wieder in die normale anatomische Lage zurückverlagert hat. Bleibt der Magen verlagert (Pylorus ist auf der Aufnahme nach links und ventral gerichtet), so sind eine operative Reposition und Gastropexie vorzunehmen.

Technik der Gastrotomie und Gastropexie (Abb. 17.45., 17.46.): Die Eröffnung der Bauchhöhle erfolgt zur Entfernung eines Fremdkörpers durch medianen Hautschnitt vom Xiphoid bis zum Nabel oder tiefer und bei Magentorsion mit Kehrscher Schnittführung. Bei einer Torsion wird vorhandenes Gas mittels Kanüle, die über einen Schlauch mit einer zwischengeschalteten Saugflasche und einer Wasserstrahl- oder Vakuumpumpe verbunden ist, abgesaugt. Danach werden Milz und Magen reponiert und auf Nekrosen oder Infarkte untersucht. Weist die Milz viele Infarkte auf, oder sind die meisten Gefäße thrombosiert, empfiehlt sich die Splenektomie. Die Milz soll jedoch keinesfalls entfernt werden, solange ihre Regeneration möglich erscheint. Die Gastrotomie erfolgt zwischen Curvatura major und Curvatura minor. Ist der Magen eröffnet, wird der feste Mageninhalt sorgfältig entfernt. Der Verschluß der Gastrotomiewunde wird zweischichtig angelegt. Die erste Schicht wird mit einer Schmieden-Naht (3–0 chrom. Catgut) und die zweite mit einer Lembert-Naht geschlossen (s. gastrointestinale Nähte).

Bei vorhandener Magenwandnekrose ist statt der Gastrotomie eine partielle Gastrektomie durchzuführen; die Wunde wird wie bei der Gastrotomie im vitalen Gewebe routinemäßig geschlossen. Vor dem Verschluß der Laparotomiewunde wird der Magen durch vorsichtigen Zug am Pylorus in die anatomisch normale Situation rückverlagert und dann an der Bauchwand fixiert (Gastropexie). Die seromuskuläre Schicht der Curvatura major des Magens wird mit 6–8 Einzelnähten (2–0 chrom. Catgut) am Peritoneum unter Einbeziehung der Faszie angeheftet und die Laparotomiewunde routinemäßig geschlossen (s. gastrointestinale Nähte).

Eine sorgfältige postoperative Überwachung des Patienten ist notwendig (s. Kapitel 7.). Dazu gehören Erwärmung des Körpers, beispielsweise mittels Wärmematte, Kontrolle der Atmung und der Herz-Kreislauf-Funktion, Ausgleich von Flüssigkeits- und Elektrolytverlusten mit auf 38 °C erwärmter Elektrolytlösung als Dauertropfinfusion. Gegebenenfalls muß die Diurese angeregt werden. Nahrungsentzug über 48 Stunden. Nach 24–36 Stunden können kleine Teemengen angeboten werden, die später durch eine fettarme, leicht gesalzene Fleischbrühe ersetzt werden sollen (s. Kapitel 5.). Antibiotikagaben sind über mindestens 8 Tage angezeigt.

Eine *konservative Behebung der Torsion* gelang HENSCHEL (1981) wiederholt durch Einführung der Nasen-Schlund-Sonde. Dabei wurde der sedierte Hund senkrecht am Kopf hochgehalten, und das Einführen der Sonde erfolgte durch vorsichtig bohrende Drehungen nach rechts und links. Angesichts der häufigeren Rechtstorsion ist dabei auf Rechtsdrehungen besonders zu achten. Da der gefüllte Magen durch die Haltung des Tieres in der Verlängerung des Ösophagus hängt, kann es gelingen, die Sonde in den Magen zu führen. Der Erfolg ist gekennzeichnet durch Abgang von Gasen. Danach wird der Mageninhalt am liegenden Tier abgehebert, worauf es zur spontanen Rückdrehung des Magens kommen kann, wie es auch bei der operativen Behandlung nach Entleerung des Magens häufig der Fall ist.

Nach einer erfolgreich behandelten Magentorsion sollte zur Rezidivprophylaxe das Futter über Monate aus gekochten, leicht verdaulichen Substanzen bestehen, die Portionen sind klein zu halten und mehrmals am Tag vorzusetzen (Fütterungsintervall ca. 5 Stunden). Vor jeder Fütterung kann mit einem Stomachikum die Magensekretion angeregt werden. Wichtig ist, daß sich der Hund nach der Futteraufnahme zwei Stunden lang wenig bewegt. Die Flüssigkeitsaufnahme sollte ebenfalls gesteuert werden, d. h. mehrmals täglich nur kleinere Mengen aufnehmen lassen.

17.3.8. Pylorusspasmus, Pylorusstenose

Ätiologie: Beim idiopathischen Pylorusspasmus und der Pylorusstenose handelt es sich um eine nervale Dysfunktion der Zirkulärmuskulatur, die zur Verkrampfung bzw. zur Hypertrophie des Pylorusmuskels führt. Da sowohl eine Pylorusstenose als auch ein Pylorusspasmus häufig bei Welpen (z. B. bei Umstellung auf festes Futter) und Junghunden bis zu sechs Monaten vorkommen, muß eine angeborene Funktionsstörung angenommen werden. Ebenso wird auf eine Rassedisposition, insbesondere bei brachyzephalen Rassen (z. B. Boxer), geschlossen (LAKATOS und RUCKSTUHL 1977). Ein Pylorusspasmus kann jedoch auch bei sensiblen Hunden infolge Schockwirkung (Unfall, Beißereien) auftreten, und Hypertrophien der Pylorusmuskulatur werden auch nach Verletzungen oder Entzündungen beobachtet sowie mitunter bei Magenulzerationen und Neoplasmen. Die Muskelhypertrophie führt zu

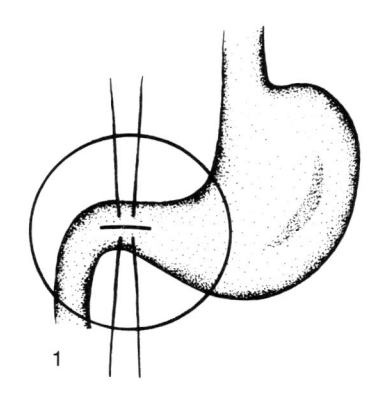

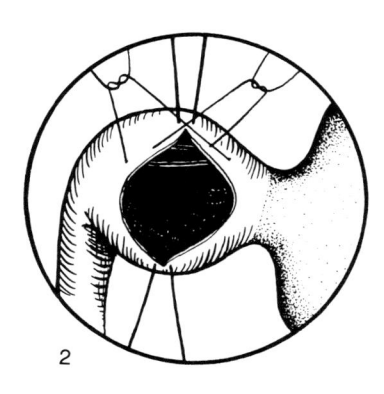

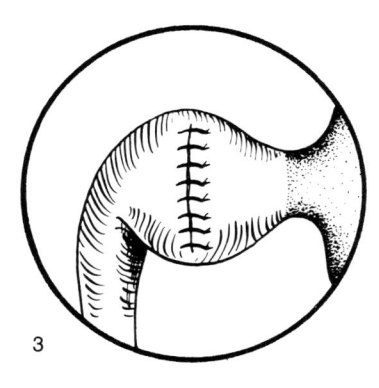

Abb. 17.47. Pylorusplastik: Längsinzision durch Serosa, Muscularis und Mucosa (1); zwei Haltefäden ziehen die Wunde so auseinander (2), daß eine Quervereinigung mit Einzelnähten (3) möglich ist. (DAVID, Wien).

einer Einengung (Stenose) des Pyloruslumens und damit zu einer verzögerten Magenentleerung mit mehr oder weniger ausgeprägter Erweiterung und Überlastung des Magens. Der kompletten Obstruktion scheint eine relative Stenosierung vorauszugehen. Mit fortschreitender Einengung des Pförtnerlumens bleiben zunehmend Nahrungsreste im Magen, die durch bakterielle Einwirkung eine Störung der Magenverdauung hervorrufen.

Anamnese und Krankheitsbild: Beim idiopathischen Pylorusspasmus zeigen Welpen schon ab dem Zeitpunkt des Zufütterns intermittierendes Erbrechen (oft 10–20mal am Tag). Das Erbrechen ist meist nicht mit Würgebewegungen verbunden, sondern erfolgt so nebenher aus der Bewegung heraus, häufig ein bis zwei Stunden nach der Nahrungsaufnahme. Das Abdomen wirkt tonnenförmig, durch Druck aufs Abdomen kann Erbrechen ausgelöst werden. Die pathophysiologische Situation ist unterschiedlich: Sie reicht vom leichten Spasmus bis zum totalen Pylorusverschluß. Je nach Häufigkeit des Erbrechens und der Durchlässigkeit des Pylorus für die Nahrung bleiben die Hunde in ihrer Entwicklung zurück und werden exsikkotisch. Charakteristisch für eine Pylorusstenose ist anhaltendes Erbrechen.

Diagnose: Bei der Röntgenuntersuchung fällt schon bei der latero-lateralen Übersichtsaufnahme die durch Gasinhalt erweiterte Magenblase auf. Nach Kontrastbreigabe ist am Anfang der Erkrankung eine besonders ausgeprägte Peristaltik zu erkennen, die jedoch nachlassen und in eine Atonie übergehen kann. Der Pylorus zeigt sich stark verengt und strichförmig. Ein typisches Merkmal für einen Spasmus ist eine sanduhrförmige Einziehung im Bereich der Pars pylorica. Die Lumenstrecke ist länger als normal, häufig ist eine Magenerweiterung sichtbar. Bariumreste verbleiben oft im Ösophagus, und in der Pars pylorica ist eine Ansammlung von Kontrastmittel nachweisbar. Injektionen eines Ganglienblockers (TEAB = Tetraethylammoniumbromid) oder eines Spasmolytikums gestatten weitere diagnostische Hinweise, da nach Verabfolgung eine Besserung durch Lösung des Spasmus eintreten kann. Besteht jedoch eine Obstruktion, so ist der Durchfluß eines Kontrastmittels je nach Ausbildungsgrad vermindert.

Therapie: Eine konservative Behandlung ist auf eine Lösung des Spasmus ausgerichtet und über einen längeren Zeitraum durchzuführen. Injektionen eines Spasmolytikums sind angezeigt (Noramidopyrinmethansulfonat-Natrium). Reicht eine spasmolytische Therapie allein nicht aus, so sollte im Wechsel ein Spasmolytikum mit Neostigmin injiziert werden. Man beginnt mit einem Spasmolytikum und verabfolgt nach 1½ bis 2 Stunden Neostigmin, um wiederum nach 1½ bis 2 Stunden ein Spasmolytikum zu injizieren. Diese

Behandlung kann 3–4mal erfolgen. Auf Verabreichung von Anticholinergika (atropinähnliche Präparate) ist zu verzichten, da diese die Peristaltik herabsetzen. Ein weiteres Augenmerk ist auf die Hebung des Allgemeinbefindens zu richten. Die Ernährung muß leicht verdaulich und möglichst dünnbreiig sein. Das Futter ist auf den Tag zu verteilen, zwischen dem Füttern sollten Pausen von ca. 5 Stunden liegen. Eine physikalische Therapie (Mikrowellen; s. Kapitel 4.) kann die Heilung fördern.

Bleibt die konservative Behandlung ohne Erfolg oder liegt eine Stenose oder eine Kompression vor, ist eine Pyloromyotomie zu erwägen.

Technik der Plorusplastik (*Pyloromyotomie;* Abb. 17.47.): Der Pylorus wird in die Bauchwunde mit Hilfe von Haltefäden vorgelagert, nachdem er vom Lig. hepatogastroduodenale (kleines Netz) gelöst wurde. Dabei darf der Gallengang, der bei einigen Tieren nahe diesem Band liegt, nicht beschädigt werden. Das Operationsfeld wird gegen die Bauchhöhle mittels feuchter Tücher isoliert. Auf der ventralen Seite vom Übergang Duodenum–Pylorus wird bis zum Übergang Pylorus–Magen der Pylorus mit einem bis in das Lumen reichenden Schnitt eröffnet. Danach wird ein Faden an den Schnittwinkeln durch Serosa, Muscularis und Mucosa geführt, angezogen und verknüpft. Dabei entsteht aus dem Längsschnitt ein Querschnitt, der das Lumen vergrößert. Der Schnitt wird nun mit einigen Einzelnähten (3–0 chrom. Catgut) geschlossen, wobei auf guten Verschluß bei den Schnittenden zu achten ist.

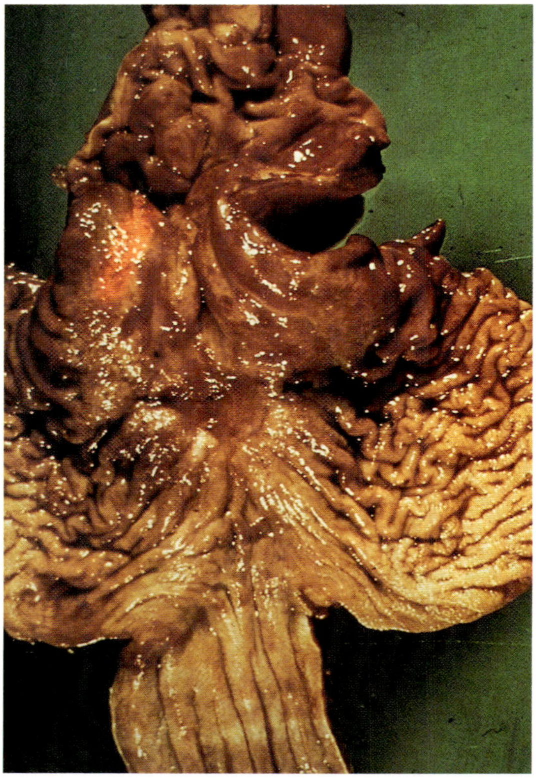

Abb. 17.48. Stenosierendes Adenokarzinom mit Ulzerationen am Übergang vom Magenkorpus zum Antrum bei einer 9jährigen Dalmatiner-Hündin. (Mouwen und Van der Gaag, Utrecht).

17.3.9. Neoplasmen des Magens

Pathogenese: Die primäre Magenneoplasie ist bei Hunden selten. In der Fallhäufigkeit handelt es sich um Karzinome, Leiomyome und Lymphosarkome (Tabellen 17.1., 17.2.). Else und Head (1980) berichteten, daß Magen-Dünndarm-Karzinome (Abb. 17.48.) seltener auftreten als Dickdarmtumoren. Zum gleichen Ergebnis kommt Bartels (1978), der von selten vorkommenden und schwer diagnostizierbaren Magentumoren berichtet, die dann häufig breitflächig der Magen-

Tabelle 17.1. Altersverteilung von Hunden mit Magenneoplasmen (nach Patnaik)

Alter (Jahre)	Obduktionen	Gesamtzahl der Tumoren	Adenom	Karzinom	Leiomyom	Leiomyosarkom	Lymphosarkom
1–2	1956						
3–4	914						
5–6	963	5	1	1	1	2	
7–8	1040	8	1	6	1		
9–10	1258	8		6		1	1
11–12	1160	9		7	1		1
13–14	756	9	2	2	5		
15–16	319	5		1	4		
17–18	93	3			3		
19–20	7	2		1	1		

wand anliegen. Bei Kardiakarzinomen ist auffällig, daß sie meist diffus in die Magenwand hineinwachsen; diese Tendenz zeigen ebenso Lymphosarkome. Die Tumorpathogenese basiert auf einer Veränderung im genetischen Material, es wird aber auch davon ausgegangen, daß eine Tumorentstehung nicht nur eine Ursache hat, sondern mehrere Faktoren zusammenwirken. Das heißt, daß zu genetischen Dispositionen exogene Faktoren hinzukommen, wie z.B. physikalische und chemische Noxen. Weiterhin müssen von Bakterien und Pilzen stammende Toxine sowie „onkogene" Viren in die Pathogenese einbezogen werden.

Anamnese: Hunde mit Magenneoplasien zeigen in ihrer Vorgeschichte Erbrechen, das im Verlauf von Wochen oder Monaten häufiger auftritt. Dabei ist oft auffallend, daß das Erbrochene „wurfartig" ausgestoßen wird, insbesondere, wenn sich ein Tumor in Pylorusnähe entwickelt und eine Verlegung des Pyloruslumens eingetreten ist. Je nach Sitz der Neubildung ist das Schlingvermögen gestört und von Klagelauten begleitet. Schmerzäußerungen können auch durch Palpieren der Magengegend ausgelöst werden. Der Tumor selbst ist dabei meist nicht zu ertasten, es sei denn, er hat schon eine tastbare Größe erreicht. Tumorzellen vermögen Substanzen freizusetzen, die den Appetit vermindern und so die Kachexie fördern. Auch sind bei Tumorerkrankungen systemische Komplikationen zu beobachten, hierzu zählt die verminderte Resistenz gegenüber Infekten (LUGINBÜHL et al. 1981).

Diagnose: Zur Diagnose kann das Röntgenkontrastverfahren herangezogen werden, obgleich die Anomalien nicht immer deutlich erkennbar sind. Die Gastroskopie ist meist hilfreicher, eine zytologische Untersuchung von abgehebertem Magennüchterninhalt ist nur bei positivem Befund verwertbar. In den meisten Fällen muß eine explorative Laparotomie zur Klärung der Diagnose erfolgen. Makroskopische Merkmale sind eine Fibrose sowie eine Verdickung des Pylorusbereiches. An den durch den Tumor veränderten Magenpartien fühlt sich die Magenwand fester an als normal. Da die Gewebsverhärtung um den Tumor herum häufig zur Verformung des Magens führt, empfiehlt sich eine sorgfältige Abtastung, um die Verformung von der normalen Anatomie abzugrenzen. Laborwerte sind nicht immer zuverlässig, charakteristisch sind jedoch eine Anämie, eine erhöhte Blutsenkung (BSG ~5/50) und eine Leukozytose (über 100,0 Gpt/l).

Therapie und Prognose: Beim operativen Vorgehen sollte die Prognose vorrangig sein, denn meist sind die Veränderungen zum Zeitpunkt des klinischen Eingreifens schon recht ausgedehnt und von vielen Metastasen begleitet, vor allem in den regionären Lymphknoten und der Leber.

Tabelle 17.2. Rassenverteilung bei Hunden mit Magenneoplasmen (nach PATNAIK)

Rasse	Obduktionen	Gesamtzahl der Tumoren	Adenom	Karzinom	Leiomyom	Leiomyosarkom	Lymphosarkom
Basset	45	1	–	1	–	–	–
Boxer	366	4	–	2	2	–	–
Collie	194	2	–	2	–	–	–
Dobermann	236	2	–	1	–	–	1
English Setter	21	1	–	1	–	–	–
Deutscher Schäferhund	1151	1	–	1	–	–	–
Mischrasse	2363	14	2	9	1	1	1
Pudel	1505	11	2	3	5	1	–
Schnauzer	230	3	1	2	–	–	–
Scotch Terrier	56	2	–	2	–	–	–
Foxterrier	182	4	–	1	2	–	1
unbekannt	952	3	–	1	1	1	–
Chihuahua	157	3	–	–	3	–	–
Cocker-Spaniel	304	2	1	–	1	–	–
Zwergpinscher	25	1	–	–	1	–	–
York-Terrier	171	1	–	–	1	–	–

– **Gutartige Neoplasmen**
Ätiologie und Definition: Die Berichte über gutartige Tumoren sind in der veterinärmedizinischen Literatur uneinheitlich. Insbesondere ist es die Definition des Begriffes Polyp, die eine Diskussion unterhält. Ein Teil der Autoren ordnet polypoide Läsionen entzündlichen Hyperplasien der Schleimhaut zu, andere halten die Zuordnung zu den Adenomen für angebracht. Letzteres scheint dann gerechtfertigt, wenn eine Zellunregelmäßigkeit und vermehrte mitotische Zelltätigkeit im Vergleich zum tumorumgebenden Gewebe bestehen. Gutartige Knoten in der Magenschleimhaut *(Leiomyome)* sind meist scharf abgegrenzte Veränderungen, die einzeln oder multipel auftreten können. Diese Neubildungen heben sich von der Magenschleimhaut gut ab, jedoch nicht von der Muscularis mucosae.

Diagnose und Therapie: Gutartige Tumoren werden in der Praxis selten diagnostiziert, da sie oft symptomlos bleiben. Symptome sind erst dann zu erwarten, wenn die Neoplasien sehr groß sind und im Kardiabereich (meistens) oder im Pylorusbereich (seltener) auftreten. Da Leiomyome vielfach bei älteren Hunden vorkommen, bedarf ein chirurgisches Vorgehen der fallweisen Abwägung. Eine Schleimhauthypertrophie, die eine polypoide Form annimmt, verläuft in der Regel komplikationslos, anders ist es mit flächenhaft sich ausbreitenden Schleimhauthypertrophien, die immer mit den klinischen Symptomen einer Dysfunktion des Magens einhergehen.

17.4. Erkrankungen des Dünn- und Dickdarmes

Anatomische und physiologische Anmerkungen: Der Darm des Hundes ist topographisch dreiteilig und besteht aus zwei dorsal liegenden Darmschlingen (Duodenal- und Kolonschlinge mit Ileum und Caecum) sowie dem Jejunum, einer ventral liegenden Darmschlinge. Das Ileum endet an der Ileozökalgrenze, und das Jejunum hängt mit langem Gekröse in die Bauchhöhle hinein. Der Dünndarm (Duodenum, Jejunum und Ileum) hat beim Hund eine Länge von 180–480 cm, der Dickdarm dagegen ist mit 20–60 cm recht kurz. Die Schleimhaut des Dünndarmes verfügt über eine hohe Konzentration innersekretorischer Zellen und Rezeptoren für die Freisetzung von Verdauungshormonen, und ihre Oberfläche ist gekennzeichnet durch starke Faltenbildung (Zotten und Krypten), durch die sie erheblich vergrößert wird. Die Schleimhaut ist vierschichtig und besteht aus der Mucosa, der Submucosa, der Muscularis und der Serosa.

Die **Mucosa** setzt sich aus der Lamina epithelialis, der Lamina propria und der Muscularis mucosae zusammen und dient der Sekretion, der Resorption sowie als immunologische Barriere. Die Lamina epithelialis (zylindrische Epithelzellen oder Enterozyten) hat die eigentliche resorbierende und sezernierende Funktion. Durch einen ihr zugeordneten Bürstensaum (Mikrovilli), in dem auch Enzyme zum Abbau von Di- und Oligosacchariden sowie von Peptiden gebildet werden, vergrößert sich die Schleimhaut noch mehr. Außerdem sind Becherzellen in die Lamina epithelialis eingestreut, die Schleim sezernieren. Die Epithelien der Krypten dienen zur Erneuerung des Zottenepithels und gehen aus den Enteroblasten (unreife Kryptenepithelien) hervor. Am Grund der Krypten liegen die Panethschen Körnerzellen (Lieberkühnsche Zellen), die Peptidasen absondern. Weiterhin sind in die Epithelschicht enterochromaffine Zellen eingelagert, die ebenfalls biologisch aktive Peptide zu bilden vermögen. Die Regenerationsrate der Schleimhautzellen ist sehr hoch und dauert nur ca. 3–5 Tage. An der Zottenspitze (Extrusionszone) werden die zu erneuernden Zellen abgestoßen.

In der **Submucosa** liegen die zu- und abführenden Blut- und Lymphgefäße, und in der dritten Dünndarmschicht, der **Muscularis**, vollzieht sich im Zusammenwirken mit der parasympathischen und sympathischen Innervation die Peristaltik. Gastrointestinale Hormone (Pentagastrin, Cholecystokinin), aber auch endogene Amine wirken als Neurotransmitter. Die einhüllende Dünndarmschicht ist die **Serosa**.

Eine optimale Verdauung im Dünndarm ist vor allem abhängig von der Regulation des Nährstoffübertrittes vom Magen in den Darm unter reflektorischer Freisetzung von Enterogastron. Dabei ist es der Chymus, der diese Reflexe steuert und während der Verdauung im Dünndarm die Magenmotilität herabsetzt.

Die physiologische Schleimhautfunktion ist für eine ausreichende Gallensekretion in den Dünndarm von Bedeutung. Die Duodenalschleimhaut kann über das Hormon Cholecystokinin die Abgabe von Gallensaft regulieren und erfüllt somit eine wesentliche Voraussetzung für eine geregelte Fettverdauung, da Gallensäuren die Pankreaslipase aktivieren, Fette emulgieren und die Oberfläche für das Angreifen der Lipase vergrößern. Eine ausreichende Stimulation der Gallensekretion kann auch in Zusammenhang mit der Proteinverdauung gebracht werden, da die Aktivierung des Trypsinogens zum Trypsin über die ebenfalls vom Cholecystokinin stimulierte Enterokinase erfolgt. Mittel- und langkettige Fettsäuren, die durch bakterielle Hydrolyse von Triglyceriden entstehen, hemmen die Resorption von Flüssigkeit im Dünn- bzw. Dickdarm, regen die Sekretion des Darmsaftes an und führen darüber hinaus zur Schädigung der Darmschleimhaut.

Der Intestinaltrakt ist ein außerordentlich und permanent belastetes Kontaktorgan. Immunologische

Funktionen und Reaktionen sind es, die die Belastungen des Darmes durch Mikroorganismen, Nahrungsantigene und onkogene Substanzen abbauen. OTTO (1980) ist der Ansicht, daß beim Menschen 90% aller im Organismus gebildeten Immunglobuline gegen intestinale Antigene gerichtet sind, und davon kann auch beim Hund ausgegangen werden. Beim darmeigenen Immunsystem handelt es sich um das sekretorische IgA (s-IgA), das in allen Schleimhäuten gebildet wird und ein wesentlicher Bestandteil des Mucosa-Blocks ist, da es das Haften von Bakterien und die Absorption von Antigenen aus der Nahrung verhindert. STROMBECK (1981) erwähnt eine bakterielle IgA-Protease (z. B. *Pseudomonas* ssp.), die zu Immunglobulinverlusten auf der Schleimhautoberfläche führt. Darüber hinaus sind einige Bakterientoxine *(E. coli)* nicht in der Lage, Immunreaktionen zu stimulieren.

In vielen Fällen kommt es bei einer Störung der darmeigenen Regulation zu einer Überstimulation des lokalen Immunsystems, d. h. zu einem immuninflammatorischen bzw. immunproliferativen Prozeß. Der Begriff der immuninflammatorischen Erkrankung beinhaltet eine Koppelung von Morphologie und Funktion. Das bedeutet, daß einerseits Immunreaktionen immer mit morphologischen Veränderungen der betroffenen Schleimhaut einhergehen, andererseits die daraus sich ergebenden zellulären Veränderungen des Immunsystems stets funktionelle Auswirkungen haben. Eigene Untersuchungen zeigten nach Ausarbeitung einer Bestimmungsmethode zum Nachweis von sekretorischem IgA in den Faeces und im Vergleich mit morphologischen Befunden, daß bei entzündlichen oder proliferativ ablaufenden Darmschleimhauterkrankungen im erhöhten Maße sekretorisches IgA freigesetzt wird. Die Höhe des s-IgA-Gehaltes hängt mit dem Grad und dem Umfang der morphologisch nachgewiesenen Veränderungen zusammen. LUGINBÜHL et al. (1981) stellten zum Unschädlichmachen von Fremdsubstanzen ein weiteres Abwehrsystem heraus, und zwar Ansammlungen von B-Lymphozyten in den gastrointestinalen Lymphfollikeln. Nach Kontakt mit Antigenen proliferieren die B-Lymphozyten, verlassen die Peyerschen Platten über intestinale Lymphgefäße sowie Mesenteriallymphknoten und gelangen über den Ductus thoracicus in die Lamina propria und synthetisieren dort IgA. T-Lymphozyten fungieren zusätzlich als Träger der zellgebundenen Immunität.

Bedeutung der Elektrophysiologie der intestinalen Muskelzelle: Rhythmische Kontraktionen im Dünndarm des Hundes wurden bereits 1869 von LEGROS beschrieben. Bei darauf aufbauenden Untersuchungen sind beim Hund Fronten segmentaler Kontraktionen mit aboraler Wanderungstendenz beobachtet worden. SZURSZEWSKI (1969) definierte den phasenhaften Ablauf der Nüchternmotilität beim Hund. Eine segmentale, regelmäßige Kontraktionswelle läuft alle 17–20 Minuten mit einer distal gerichteten Ausbreitungsgeschwindigkeit von 10 cm pro Minute im oberen Dünndarm ab und erreicht in 80% innerhalb von drei Stunden das Ende des Dünndarmes. Erst dann entsteht eine neue Aktivitätsfront im Duodenum. Dieser interdigestive myoelektrische Komplex (IDMEK) hat im Duodenum eine Dauer von 4,8–7 Minuten und stellt die Phase 3 der interdigestiven Motilität dar, an die sich die Phase 1 mit nahezu absoluter Ruhe anschließt. Diese Phase wird abgelöst von der Phase 2 mit einer unregelmäßigen, motorischen Aktivität und mündet schließlich wieder in die Phase 3. Der interdigestive myoelektrische Komplex beim Hund ist an die Nüchternphase gebunden und von einer Stimulation der Pepsin- und Säuresekretion des Magens begleitet. FIORAMONTI und RUCKEBUSCH (1977) fanden im Zusammenhang mit dem IDMEK auch eine erhöhte intestinale Sekretion. Das Zusammenwirken von Motilität und Sekretion läßt derzeit nur spekulative Äußerungen zu; demnach wird dem IDMEK bei der Reinigung des oberen Dünndarmabschnittes von Bakterien eine Bedeutung zugeschrieben, auch werden Nahrungsrückstände, abgeschilferte Zellen und Sekretionsreste nach kaudal befördert (Zusammenspiel der terminalen Phasen 2 und 3). Intestinale Messungen haben gezeigt, daß der Inhalt des Dünndarmes nicht während der Phase 3, sondern am Ende der Phase 2 am schnellsten nach distal weitergeleitet wird. Die rhythmischen Kontraktionen verhindern ein Zurückfließen in Darmregionen, die sich bereits in der Ruhepause (Phase 1) befinden. Die Theorie der Reinigungsfunktion (Homekeeper-Function) wurde auch von VANTRAPPEN et al. (1977) aufgezeichnet. Bemerkenswert ist, daß Hunde mit einem unphysiologischen Keimwachstum im Dünndarm („Bacterial Overgrowth") keinen interdigestiven myoelektrischen Komplex zeigen; aber auch eine antibiotische Sanierung des Dünndarmes kann den IDMEK nicht auslösen.

Ätiologie: Dünndarmerkrankungen weisen Veränderungen auf, die oberflächlich oder tief, katarrhalisch, fibrinös, diphtheroid-nekrotisierend, hämorrhagisch oder granulomatös sein können; meistens sind die Übergänge jedoch fließend. Bei subakuten bis chronischen Verlaufsformen ist häufig der Magen einbezogen (Gastroenteritis) oder auch der Dickdarm (Enterokolitis), insbesondere bei Entzündungen der distalen Dünndarmabschnitte (Ileum). Es kann davon ausgegangen werden, daß sich viele Darmentzündungen von distal nach proximal ausbreiten, also vom Dickdarm in den Dünndarm hinein (DÄMMRICH 1979). Bei diesem retrograden Verlauf ist der interdigestive, myoelektrische Komplex herabgesetzt.

Am Anfang einer Entzündung steht eine Reizung der Darmschleimhaut, vor allem durch das Aufsteigen schädigender Noxen, wie Bakterien (insbesondere Salmonellen, *Proteus* spp., *Pseudomonas* spp., *Escherichia coli, Campylobacter*, Yer-

Tabelle 17.3. Zusammensetzung der Fäkalflora beim Hund (nach BISPING)

Mikroorganismen	Keimzahl/g Kot (log)	Nachweishäufigkeit (%)
Bacteroides	10	100
Lactobacillus	9–10	100
Peptostreptokokken	9	100
Streptokokken	9	100
E. coli	4–10	100
Cl. perfringens	3–7	62
andere Clostridien	9	39
Staphylococcus	4	85
Spirillaceae	8	15
Hefen	3	31

sinien, *Clostridium* spp.), von Hefen und anderen Pilzen vom Dickdarm in den normalerweise keimfreien Dünndarm (Duodenum, Jejunum). Die Bakterienstämme können ein invasives Verhalten zeigen, indem sie in die Schleimhaut eindringen. Gebildete Exo- oder Endotoxine greifen dann in die Krankheitsabläufe mit ein. Stark begünstigt werden Aufkommen und Ausbreitung entzündlicher Manifestationen durch ein Futterangebot, das durch seine Zusammensetzung (viel Elastine, Chondrine und Osseine) die Verdauungsleistung überfordert, so daß z.B. infolge einer unzureichenden Magenverdauung sowie einer Überbeanspruchung der Ab- und Umbauvorgänge im Dünndarm vermehrt Metabolite entstehen, die wiederum Leber und Niere übermäßig beanspruchen. Darüber hinaus kommt es im Darm zu einer Milieuveränderung, die eine stark vermehrte Besiedlung des Dünndarmabschnittes zur Folge haben kann. Normalerweise ist der Dickdarm stark und der Dünndarm im Verlauf von kaudal nach kranial weniger stark von Darmbakterien (aerobe und anaerobe Keimspezies; Tabelle 17.3.) besiedelt. Magen, Duodenum und Jejunum sind in der Regel keimarm bis keimfrei, d.h. frei von vermehrungsfähigen Keimen, da diese durch Magen- und Gallensäuren devitalisiert werden.

17.4.1. Verdauungsstörungen

Anhaltende Verdauungsstörungen, die oft symptomarm verlaufen (gelegentlich Durchfall und stumpfes Haarkleid), haben nicht nur eine Veränderung der Zusammensetzung der Darmbakterienflora (Vermehrung einzelner Spezies) zur Folge, sondern auch ein unphysiologisches Aufsteigen von Bakterienstämmen in die Dünndarmbereiche. Eine derartige Situation wird aus bakteriologischer Sicht als **Dysbiose** bezeichnet, im Gegensatz zur **Eubiose**, einem Begriff, der für das physiologische Zusammenwirken der Darmflora steht (Tabelle 17.4.). Je nach dem Überwiegen einer Mikrobenspezies und deren aktiver Beteiligung an der gestörten Verdauungsleistung spricht man von einer Fäulnisdyspepsie (Vermehrung von Proteolyten wie *Proteus* spp., *Pseudomonas* spp., *E. coli*, *Clostridium* spp. u.v.a.) oder von einer Gärungsdyspepsie (Vermehrung von Saccharolyten wie Milchsäurebakterien, Streptokokken, *Clostridium* spp., Hefen). Ob auch anaerobe Keimgruppen an einer mikrobiellen Dysformation beteiligt sind, wurde beim Hund bisher noch nicht ausreichend untersucht.

Fäulnisdyspepsie (proteolytische Dysbakterie) ist verbunden mit einer Anhäufung von Aminosäuremetaboliten (biogene Amine, Nitrosamine, Indol, Phenole, Ammoniak usw.). Eine proteolytische Darmflora führt zu Fäulniszuständen in unphysiologischem Ausmaß sowie an einem unphysiologischen Ort und hat eine vermehrte Bildung von Endo- und Exotoxinen zur Folge. Dabei ist charakteristisch, daß die exotoxinbildenden Bakterien nicht in die Schleimhautoberfläche eindringen. Reaktiv will sich der Körper gegen die hohe Konzentration der angeführten Substanzen im Sinne eines Verdünnungseffektes durch Wassersekretion in den Darm hinein schüt-

Tabelle 17.4. Einwirkung mikrobieller Enzyme auf Verdauungsorgane (nach BISPING)

Substrat	Metabolismus	aktive Substanz	Wirkung
Eiweiß	Decarboxylierung	Indol, Skatol, Diamine u.a.	Hemmung der Wasserresorption
Peptide	Desaminierung		
Aminosäuren			
konjugierte Gallensäuren	Dekonjugation	dekonjugierte Gallensäuren	Steigerung der Wasser- und Elektrolytsekretion
ungesättigte Fettsäuren	Hydroxylation	Hydroxyfettsäuren	osmotische Effekte
Kohlenhydrate	Hydrolyse	Disaccharide	

Störungen bei der Proteinverdauung

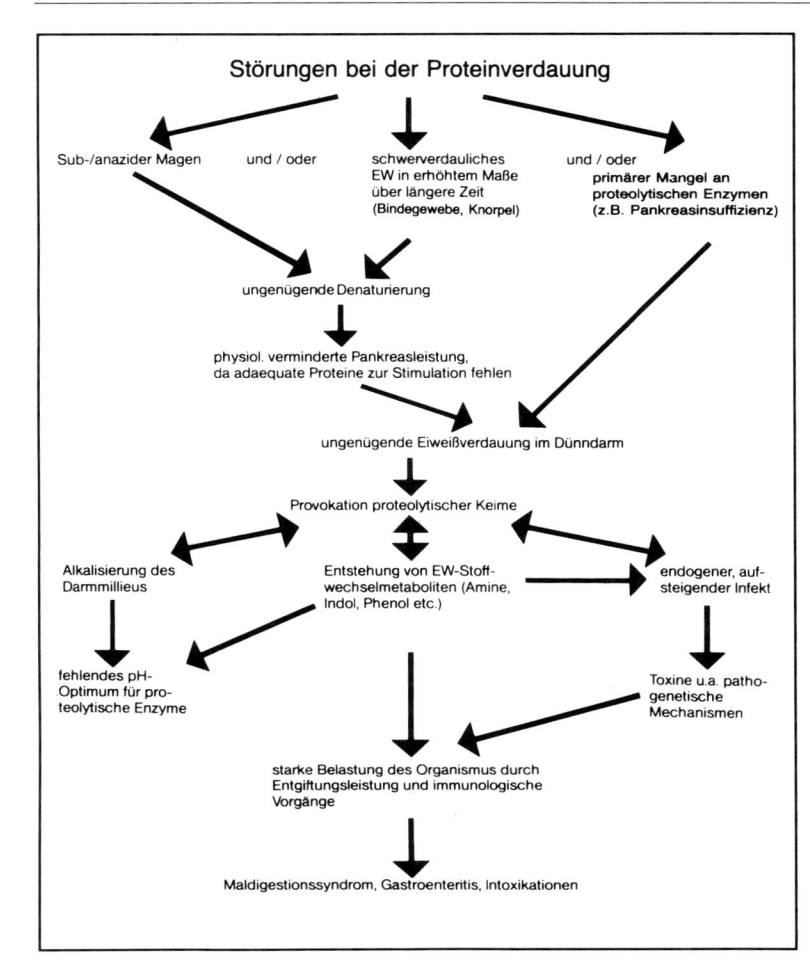

```
Sub-/anazider Magen   und / oder   schwerverdauliches        und / oder   primärer Mangel an
                                   EW in erhöhtem Maße                    proteolytischen Enzymen
                                   über längere Zeit                      (z.B. Pankreasinsuffizienz)
                                   (Bindegewebe, Knorpel)

                          ungenügende Denaturierung
                                    ↓
                     physiol. verminderte Pankreasleistung,
                     da adaequate Proteine zur Stimulation fehlen
                                    ↓
                     ungenügende Eiweißverdauung im Dünndarm
                                    ↓
                        Provokation proteolytischer Keime

Alkalisierung des        Entstehung von EW-Stoff-         endogener, auf-
Darmmillieus             wechselmetaboliten (Amine,       steigender Infekt
                         Indol, Phenol etc.)
     ↓                                                          ↓
fehlendes pH-                                             Toxine u.a. patho-
Optimum für pro-                                          genetische
teolytische Enzyme                                        Mechanismen

                     starke Belastung des Organismus durch
                     Entgiftungsleistung und immunologische
                                  Vorgänge
                                    ↓
                   Maldigestionssyndrom, Gastroenteritis, Intoxikationen
```

Schema 17.1. Mögliche Verdauungsstörungen beim Abbau schwerverdaulicher Proteine, die vor allem im Bindegewebe und in Gerüstsubstanzen vermehrt enthalten sind. Roh verfüttert, werden diese Substanzen nicht ausreichend durch die Magensäure denaturiert, darüber hinaus kommt es aufgrund ihres Aminosäurenmusters nicht zu einer adäquaten Stimulation des exokrinen Pankreas. Die Folge ist eine ungenügende enzymatische Eiweißverdauung im Dünndarm mit der Konsequenz einer Provokation proteolytischer Darmkeime und somit der Entstehung bakterieller Metabolite, insbesondere von Ammoniak und Phenolen.

zen. Zum anderen werden Endo- und Exotoxine immunologisch neutralisiert, und die Amine durch Aminooxydase oxydiert. Eine enzymatische Dysfunktion (Ernährungsstörungen, infektiöser oder parasitologischer Streß während der Entwicklung des Immunsystems beim Welpen bis zur 10. Woche) kann zu einer bleibenden Depression der zellgebundenen Immunität führen.

Verdauungsstörungen mit den sich daraus ergebenden Konsequenzen (Enteritis) treten besonders dann auf, wenn der körpereigene Abwehrmechanismus auf die Einwirkungen der schädlichen Substanzen nicht mehr ausreichend reagieren kann, wenn also Anzahl und Art der Amine die Oxydation dieser Substanzen übertreffen oder eine Depression immunologischer und humoraler Abwehrmechanismen vorliegt. Somit ist nicht nur die produzierte Menge, beispielsweise der Amine oder der schädigenden Noxen, maßgebend, sondern ebenso das Ausmaß der Abwehrfunktion innerhalb der Darmschleimhaut

oder die Aktivität der Aminooxidase in der Niere.

Substanzen, die bei einem Überangebot eine erhöhte Fäulnis im Darm begünstigen oder hervorrufen können, sind Elastine, Kollagene und Reticuline. Elastine (Bestandteile der elastischen Fasern) werden vom Trypsin des Pankreassaftes nur langsam verdaut, und Kollagene (Hauptbestandteile der Bindegewebsfibrillen in Lunge, Sehnen, Bändern, Knorpeln, Knochen) sind trypsin-resistent. Die Reticuline bilden die Grundsubstanz des retikulären Bindegewebes des lymphatischen Apparates, kommen aber auch in Leber und Milz vor und werden im Verdauungskanal nicht vollwertig verdaut; sie unterliegen daher vermehrt der mikrobiellen Zersetzung. Diese Substanzen führen vor allem bei roher Verfütterung zu Fäulniszuständen, da so die Proteine in nativer Form vorliegen und die körpereigenen Proteasen nur dürftig wirksam werden können (Schema 17.1.). Wenn durch proteolytische

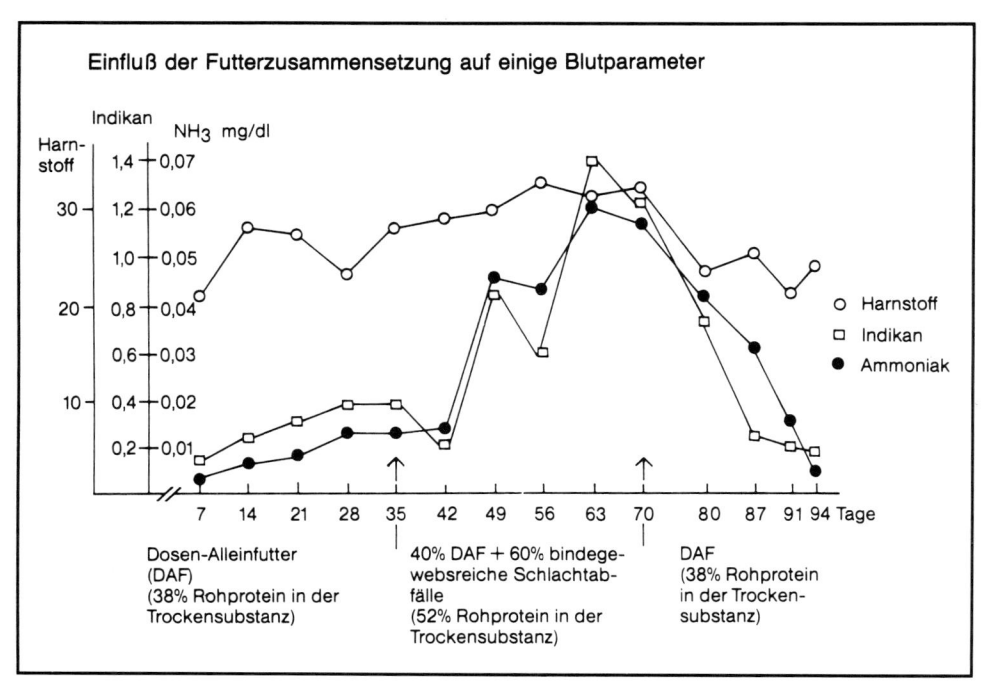

Einfluß der Futterzusammensetzung auf einige Blutparameter

[Grafik: Verlauf von Harnstoff, Indikan und Ammoniak im Blut über 94 Tage bei verschiedener Fütterung: Dosen-Alleinfutter (DAF) (38% Rohprotein in der Trockensubstanz), ab Tag 35: 40% DAF + 60% bindegewebsreiche Schlachtabfälle (52% Rohprotein in der Trockensubstanz), ab Tag 70: DAF (38% Rohprotein in der Trockensubstanz).]

Einfluß der Futterzusammensetzung auf einige Blutparameter: Anstieg der Blutparameter Ammoniak, Indikan und Harnstoff bei bindegewebsreicher Fütterung. In den ersten 35 Tagen lagen die gemessenen Werte im Normbereich bei Fütterung von Dosen-Alleinfutter. Zu einem deutlichen Anstieg besonders von Ammoniak und Indikan kam es bei Verfütterung bindegewebsreicher Schlachtabfälle. Die Werte normalisierten sich bei der Rückkehr zu Dosen-Alleinfutter.

Darmbakterien Elastine, Kollagene und Reticuline in Fäulnisprodukte übergehen, kommt es vermehrt zur Bildung von Mercaptan, Phenol, Kresol, Indol, Skatol und sogar von Diaminen. Außerdem entsteht bei Fäulnis im Darm aus der für Hunde lebenswichtigen Aminosäure Histidin durch CO_2-Abspaltung Histamin (bakterielle Decarboxylierung), dem eine Beteiligung beim Aufkommen allergischer Symptome zugeschrieben werden muß. Die Entstehung toxischer Histaminkonzentrationen kann auch durch eine bakterielle Zersetzung der Nahrung erfolgen.

Charakteristisch für eine Fäulnisdyspepsie sind die Erhöhung des Indikans und des Ammoniaks im Serum sowie ein Anstieg der Gesamtphenole in Serum und Harn. Die obige Grafik zeigt auch, daß der Anstieg dieser Parameter um so deutlicher ist, je höher die bakteriellen Aktivitäten über den Ileozökalbereich hinaus in den Dünndarm reichen (LEIBETSEDER und FLASSHOFF 1981).

Gärungsdyspepsie (saccharolytische Dysbakterie): Eine geringe mikrobielle Gärung gehört zu den normalen Verdauungsabläufen, denn sie hält durch die Bildung von Gärungssäuren die Eiweißfäulnis in Grenzen und wirkt so einer unphysiologischen Alkalisierung des Dünndarmmilieus entgegen. Auch beim Abbau von Kohlenhydraten sind neben Enzymen Mikroorganismen beteiligt. Aber ein Überangebot an Kohlenhydraten, besonders an schwer verdaulichen (viel Cellulose), läßt ähnlich wie bei der Eiweißverdauung den physiologischen Abbau in einen unphysiologischen abgleiten. Dabei kommt es zur Bildung typischer, bakteriell bedingter Gärungsprodukte, wie Milchsäure, Essigsäure, Buttersäure, Aldehyde und Wasserstoff, die die Peristaltik des Darmes anregen. Dadurch wird die Verweildauer des Nahrungsbreies am Ort der Hauptverdauung herabgesetzt, und die α-Amylase der Bauchspeicheldrüse kann beim Abbau der Kohlenhydrate nicht voll wirksam werden. Die Folge ist, daß sich die Mikroökologie des Darmes auf diese Vorgänge einstellt (s. Abb. 17.56.). Normalerweise wird Stärke durch das Enzym Amylase in Disaccharide gespalten, diese werden durch Disaccharidasen, die in den Dünndarmzotten gebildet werden, zu Monosacchariden abgebaut. Bei einer Gärungsdyspepsie sinkt der pH-Wert in den Faeces deutlich unter 5,5 ab; in ausgeprägten Fällen zeigen sich beim Röntgen kleinflächige Gasansammlungen im Dünndarm.

Eine Störung im Eiweiß-, Kohlenhydrat- und Fettstoffwechsel kann einen Komplex darstellen. So bewirkt z. B. die Aktivierung der Proteolyten im Zusammenhang mit einer Fäulnisdyspepsie und einer Schädigung der Epithelzelle einen Disaccharidasemangel, wobei sich die Disaccharidase-Aktivität um 50% reduzieren kann. Bei einem Disaccharidase-Mangel ist die Maltase-Aktivität stärker eingeschränkt als die Lactase- oder Invertase-Aktivität. Chronischer Eisenmangel vermag bei wachsenden Hunden, wie auch ein Parasitenbefall, zu einem Disaccharidase-Aktivitätsverlust zu führen (STROMBECK 1981). Somit hat eine Dysbakterie mit ihren Auswirkungen nicht zwangsläufig und sofort eine Diarrhoe zur Folge, sondern es können Vorstadien entstehen mit Konsistenz- und Geruchsabweichungen des Kotes, die aber oft zu Darmerkrankungen führen.

17.4.2. Enteritis, Gastroenteritis, Enterokolitis

Anamnese und Krankheitsbild: Auf Erkrankungen des Dünndarmes mit oder ohne Magen- und Dickdarmbeteiligung weisen Durchfall, Erbrechen, Inappetenz sowie ein aufgeblähtes Abdomen und eventuelle Schmerzäußerungen hin, denen eine Polydipsie und Dehydratation folgen. Durchfall (Diarrhoe) gilt als das Hauptsymptom einer Enteritis und kann vielerlei Ursachen haben: Ernährungsfehler, Sekretionsanomalien (Leber- und Pankreasinsuffizienzen), Leukose (Abb. 17.49.), Tuberkulose, Unterkühlung des Abdomens sowie infektiös oder toxisch bedingte Störungen. Neben einer bakteriellen oder viralen Genese können auch Parasiten (Rundwürmer, Bandwürmer oder Protozoen) eine Enteritis hervorrufen, ebenso Allergene aus Fremdeiweißen sowie Vergiftungen (Arsen, Thallium, Schwermetalle, Phosphorsäureester, Cumarin u. a.).

Pathophysiologie der Diarrhoe: Eine Änderung der normalen, physiologischen Abläufe im Verdauungstrakt führt meist zur Diarrhoe. Normalerweise passiert der Nahrungsbrei innerhalb von 8–10 Stunden den Dünndarm, dabei werden 80% des Wassers resorbiert. Die im Dickdarm ankommenden Ingesta haben noch eine flüssige Konsistenz. Im Enddarm wird die Wasserresorption fortgesetzt, so daß es zur Festigung des Kotes kommt. Bei einer Diarrhoe werden dem Dickdarm Ingesta mit einem höheren Wassergehalt angeboten, als er rückresorbieren kann. Die Ursache liegt in einer beschleunigten Peristaltik und somit in einer verkürzten Verdauungszeit, verbunden mit einer Resorptionsstörung. LUGINBÜHL et al. (1981) beschreiben die pathogenetischen Vorgänge als Hypermotilität, erhöhte Permeabilität, Hypersekretion sowie Malabsorption und Maldigestion (s. Kapitel 17.4.4.).

Bei einer *Hypermotilität* ist die Verweildauer für den Nahrungsbrei und die Resorption der verdauten Nahrungsbestandteile verkürzt. Eine Verstärkung der Peristaltik erfährt der Darm durch Gallensäuren, wenn diese dekonjugiert den Dickdarm erreichen. Anaerobier, wie *Bacteroides*, Clostridien, aber auch Laktobazillen können durch Taurin- bzw. Glycin-Deaminasen Gallensäuren dekonjugieren. Für die dekonjugierten Gallensäuren wurde nachgewiesen, daß sie einen hemmenden Einfluß auf die Wasserrückresorption haben und gleichzeitig eine aktive Sekretion von Wasser und Elektrolyten in den Darm bewirken. Ein längerer Kontakt der Darmepithelien

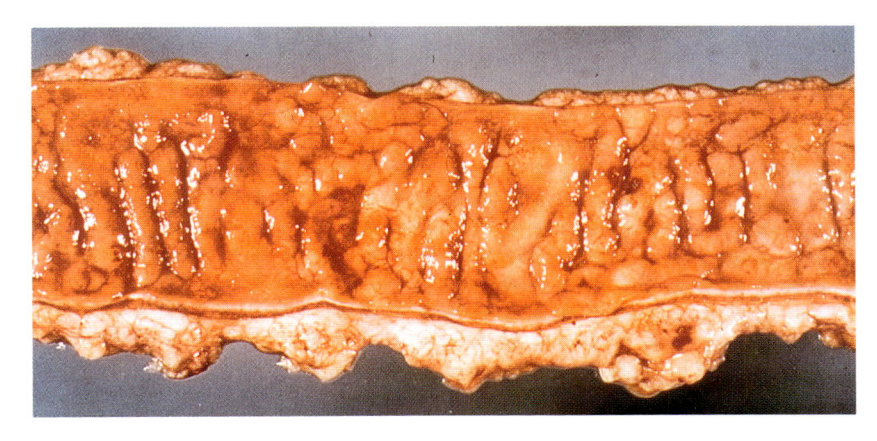

Abb. 17.49. Leukose im Jejunum. Weißliche, sich flächenhaft ausbreitende Verdickungen der Schleimhaut bei einer 7jährigen Bastard-Hündin. (MOUWEN und VAN DER GAAG, Utrecht).

mit dekonjugierten Gallensäuren, der beim bakteriellen Überwuchern des Dünndarmes auftreten kann, führt zu elektronenmikroskopisch erfaßbaren, schweren Strukturveränderungen an der Epithelzelle (BISPING 1979). Bei entzündlichen Veränderungen an der Darmschleimhaut oder bei einem Überangebot toxisch wirkender Substanzen ist die *Permeabilität* der Darmschleimhaut erhöht, und es kommt zu einer stark vermehrten Flüssigkeitsausscheidung in den geschädigten Schleimhautbezirken. Bei längerem Fortbestehen des Flüssigkeitsverlustes werden hochwertige Plasmaproteine mit ausgeschieden (exsudativer Eiweißverlust).

Einige Bakterien haften an der Schleimhautoberfläche, ohne in diese einzudringen und erzeugen durch Freisetzung eines Exotoxins Diarrhoe, und zwar durch *vermehrte Sekretion*; dabei bleibt die absorbierende Funktion der Zelle erhalten. Salmonellen und einige *E.-coli*-Stämme sowie *Proteus*, Klebsiellen, *Enterobacter*, *Citrobacter*, *Serratia*, *Yersinia enterocolitica*, *Pseudomonas*, Clostridien und Staphylokokken können Exo- bzw. Endotoxine erzeugen. Die Fähigkeit, Exotoxine zu bilden, kann durch Plasmide von einer Bakterienart auf die andere übertragen werden.

Schädigende Einwirkungen erreichen die Darmschleimhaut aus dem Darmlumen oder auf hämatogenem sowie lymphogenem Wege. Zunächst wird das Zotten- und Kryptenepithel angegriffen, bei tiefer führenden Prozessen erreichen die Schäden die Zellen der Lamina propria sowie die der versorgenden Gefäße. Das kann zu Atrophie, Degeneration sowie Nekrose des Oberflächenepithels und in der Folge zu Schleimhauterosionen und -ulzerationen führen (Abb. 17.50.). Ulzerationen stehen häufig im Zusammenhang mit urämischem Geschehen und können durch Kontrastmitteldarstellung röntgenologisch erfaßt werden. Nach O'BRIEN (1969) reicht die Röntgenuntersuchung nicht zur Unterscheidung wirklicher Ulzerationen von Scheinulzerationen in der Darmschleimhaut aus.

Nach Verschwinden der schädigenden Insulte vermag sich die Darmschleimhaut zu regenerieren. Diese Regeneration ist mit einer Zottenneubildung, die sich aus den Kryptenepithelien entwickelt, verbunden. Der Umfang der Schleimhautregeneration ist somit abhängig vom Schädigungsgrad der Krypten. Morphologische Veränderungen müssen nicht mit funktionellen Störungen einhergehen und umgekehrt. Der Grad der Funktionsstörung wird mehr bestimmt durch die Ausbreitung morphologischer Veränderungen als durch deren Intensität.

Bakterielle Beteiligung an Enteritiden. Dringen Bakterien bis in die Schleimhaut oder gar Submucosa vor, können sie ihre pathogene Wirkung besonders entfalten. Das gilt für obligat pathogene Bakterien, wie Salmonellen, pathogene Colikeime, *Campylobacter*, aber auch für fakultativ pathogene Bakterien. Unter fakultativ pathogenen Bakterien sind solche Keimspezies zu verstehen, die, behalten sie ihren Sitz im Dickdarm oder im zökalen Bereich, in diesen Darmabschnitten weitgehend toleriert werden.

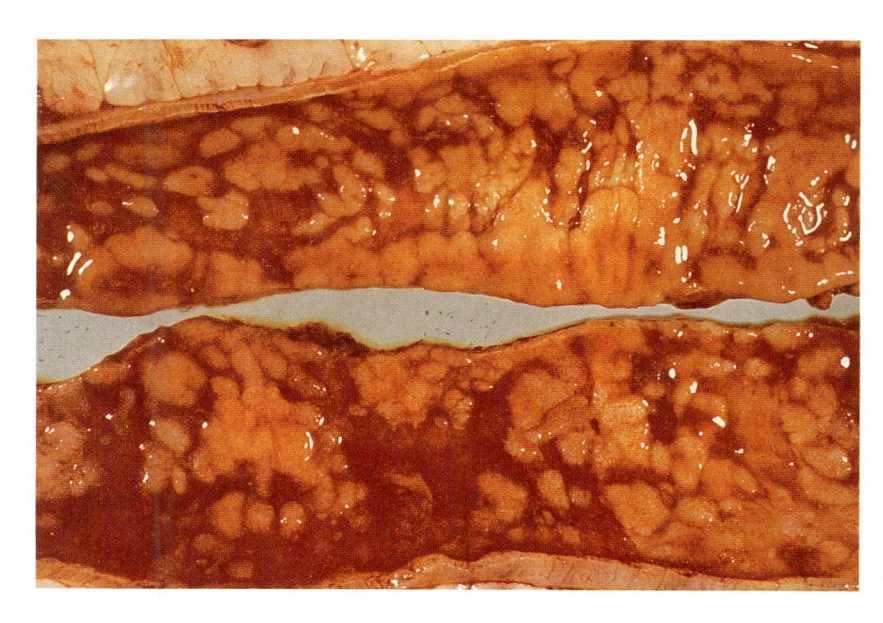

Abb. 17.50. Ulzerative Enteritis im Jejunum bei einer 7jährigen Collie-Hündin. (MOUWEN und VAN DER GAAG, Utrecht).

Tabelle 17.5. Wirksamkeit von Antibiotika gegen Bakterien im Darmtrakt

	Penicillin G	Ampicillin	Aminoglykoside (Kanamycin, Gentamicin)	Chloramphenicol
Aerobier				
E. coli und coliforme Keime	–	+	+ +	(+)
Salmonellen	–	+ +	+	+ + (nicht für Ausscheider)
Streptokokken	+ +	+ +	–	+
Enterokokken	+	+ +	–	–
Anaerobier				
Bacteroides	+ + (nicht *B. fragilis*)	+	–	+ +
Peptostreptokokken	+ +	+	–	+
Fusobakterien	+ +	+	–	+
Clostridien	+ +	+ +	–	+

Hierzu zählen u. a. *E.coli*, *Proteus* spp., *Pseudomonas* spp., *Klebsiella* spp., Staphylokokken, Clostridien. Ist die bakterielle Besiedlung mit einzelnen Keimspezies jedoch zu groß, so kann dies die Abwehrmechanismen überfordern, wodurch es in manchen Fällen zur Bildung resistenter Stämme kommt (insbesondere nach Antibiotikagaben). Dabei verdient das Phänomen Beachtung, daß eine Bakterienspezies ihre erworbene Resistenz auf andere übertragen kann. Somit ist bei einem antibiotischen oder chemotherapeutischen Vorgehen immer zu erwägen, ob eine solche Maßnahme erforderlich ist und gegen welche Keimspezies sie gerichtet sein soll (Erstellung eines Antibiogramms; s. Tabelle 17.5.).

In der Regel erfolgt die Keimbesiedlung des Dünndarmes nicht vom Magen her, sondern aufsteigend vom Dickdarm. Keime, die im Magen die Salzsäureeinwirkung überstanden haben, sind zahlenmäßig so gering, daß sie an der Darmschleimhaut durch die normale Schutzfunktion keine Schädigungen hervorrufen. Es handelt sich meistens um grampositive Bakterien, wie Streptokokken, Staphylokokken, Laktobazillen und Clostridien, aber auch um Hefen und Pilze. Erst in den distalen Abschnitten des Jejunums kommt es zur Besiedlung durch gramnegative Bakterien aus der Gruppe der Enterobacteriaceen. Distal der Ileozökalregion überwiegen die anaeroben oder fakultativ anaeroben Bakterien. Hier handelt es sich besonders um *Bacteroides*, Laktobazillen, Peptostreptokokken und Streptokokken. Individuell unterschiedlich, insbesondere aber abhängig vom Futter (roh oder gekocht) und den einzelnen Futtersubstanzen, kommen darüber hinaus mit wechselnden Keimzahlen noch *Clostridium* spp., Spirillen und Hefen vor. *Clostridium perfringens* kann Lebensmittelvergiftungen und Enterotoxämien sowie hämorrhagische Enteritiden verursachen.

Spirillen- und Spirochäten-Infektionen sind im Zusammenhang mit therapieresistenten Erkrankungen zu sehen (meist bei Welpen oder Junghunden). Der infizierte Darmkanal enthält besonders in den hinteren Abschnitten des Kolons blutigen Inhalt; makroskopisch erscheint die Darmschleimhaut normal, histologisch werden nekrotische Gewebsveränderungen gesehen. Häufig sind Spirillen- und Spirochäten-Infektionen vergesellschaftet mit anderen potentiellen Krankheitserregern wie *Clostridium perfringens*, coliformen Bakterien, vereinzelt mit Salmonellen, aber auch mit Rundwürmern und Kokzidien. Es ist daher ungewiß, ob die Spirillen im primären Zusammenhang mit einer Infektion stehen oder ob Bakterien und andere Noxen zu einer ersten Schädigung der Darmschleimhaut führen, die dann den Spirillen ihre Entfaltung ermöglicht. GEHRING und MAYER (1972) berichteten über das Auftreten von Spirillen-Infektionen mit subakutem bis chronischem Verlauf, die mit schweren Durchfallerscheinungen, Abmagerung und Anämie einhergingen. Für die Diagnose empfiehlt sich die Untersuchung von ausgeschiedenen Schleimhautteilchen mittels Phasenkontrastmikroskopie. Tetracyclinhydrochlorid in Verbindung mit Vitaminen des B-Komplexes hat sich als Therapie gut bewährt.

Die pathogene Bedeutung von Spirochäten ist noch weitgehend unbekannt, allerdings wurde beobachtet, daß der Erreger der Schweinedysenterie *(Borrelia hyodysenteriae)* auch bei Hunden zu Erkrankungen führen kann. *Campylobacter-jejuni*-Infektionen mit schwerer hämorrhagischer Gastroenteritis wurden bei Mensch und Hund nachgewiesen. Der Erregernachweis erfolgt im Kot sowie anläßlich der Sektion in Leber, Darminhalt und Blutresten im Herzen. Bei der „Salmon Disease" (Lachskrankheit), die vor allem in Amerika vorkommt, handelt es sich um eine Rickettsien-Infektion.

Diagnose: Bakteriell bedingte Darmerkrankungen werden durch die bakteriologische Kotuntersuchung diagnostiziert. Um endogene Infektionen zu erfassen, sollten die obligat pathogenen wie auch die fakultativ pathogenen Darmkeime bestimmt werden. Hierzu zählen Salmonellen (ca. 50 Serotypen sind bekannt, am häufigsten *Salmonella typhimurium* und *Salmonella anatum*), exotoxinbildende Colistämme, *Yersinia enterocolitica* u. a. Erschwerend stellt sich beim diagnostischen Bemühen die Tatsache dar, daß der bakteriologische Kotbefund keine Rückschlüsse auf die bakteriologische Situation im Dünndarmbereich zuläßt, so daß man sich mit diagnostischen Hypothesen begnügen muß. Setzt man beim darmgesunden und ausgewogen ernährten Hund in einer 1:10-Kotverdünnung die aerobe und gramnegative Darmflora gleich 100% *E. coli*, so lassen sich andere Keimspezies in Relativprozent daran messen. Wird gegenüber *E. coli* ein hoher Anteil z. B. an *Proteus* spp. oder *Klebsiella* spp. ermittelt, gestatten solche Befunde Rückschlüsse auf die bakterielle Situation in den proximalen Darmabschnitten und geben in Verbindung mit den anamnestischen sowie klinischen Befunden und unter Berücksichtigung der zur Ernährung angebotenen Substanzen weniger diagnostische als therapeutische und diätetische Hinweise.

Endogene Infekte bei Hunden haben nicht selten eine alimentäre Ursache (s. Kapitel 5.). Ein Überangebot an schwer verdaulichen Proteinen oder Kohlenhydraten sowie an bakteriell oder mykologisch kontaminierten Futtermitteln führt zu einer qualitativ wie quantitativ veränderten Darmflora. Stoffwechselprodukte der hierdurch begünstigten Bakteriengruppen verändern das Darmmilieu zum alkalischen oder sauren Bereich, so daß es zu einer bakteriellen Verschiebung der Mikroökologie des Darmes mit Tendenz zum Aufsteigen der Bakterien in höher gelegene Dünndarmabschnitte kommt. In die diagnostische Bewertung muß ebenfalls *Clostridium perfringens* einbezogen werden. Bei diesem Keim handelt es sich um einen atypischen Proteolyten, d.h., er vermag seine Stoffwechselaktivitäten sowohl im proteolytischen als auch im saccharolytischen Milieu zu entfalten. Eine toxinbildende Eigenschaft besitzt der Typ A von *Clostridium perfringens*. Clostridien, die in 70–80% der Hundefaeces nachgewiesen wurden, konnten nur in wenigen Fällen dem Typ A zugeordnet werden. Bei darmgesunden, ausgewogen ernährten Hunden werden in einer Kotverdünnung von 1:100000 Clostridien nicht mehr ermittelt. Werden sie dennoch gefunden, so sollten sie bei der Therapie von Darmerkrankungen berücksichtigt werden.

Therapie: Das Hauptbemühen bei der Behandlung sowohl akuter als auch chronischer Enteritiden ist in der Ausschaltung des verursachenden Agens zu sehen. In Fällen von **akuter Diarrhoe** sollte die symptomatische Behandlung sofort beginnen, um Flüssigkeitsverluste und Elektrolytstörungen zu verhindern. Daneben sind Medikamente zu wählen, die adsorbierend wirken und die Heilung der entzündeten Darmschleimhaut unterstützen (z.B. Aktivkohle). Antibiotische oder chemotherapeutische Maßnahmen sollten nur erfolgen, wenn enteropathogene oder fakultativ pathogene Mikroorganismen nachgewiesen wurden und ein Aufsteigen in die proximalen Dünndarmabschnitte angenommen werden muß. Dabei kann sich die antibiotische Therapie auf schwere enteritische Verlaufsformen beschränken und muß gezielt ausgerichtet sein auf die Beseitigung der Keimbesiedlung des Dünndarmes durch Einsatz antibiotischer Präparate (Tabelle 17.5.).

Penicillin G ist höher zu dosieren als Penicillin V infolge der schlechteren Resorption und wegen der Verluste durch Hydrolyse im Magen.

Eine antibiotische Maßnahme gegen *Clostridium perfringens* besteht in oralen Gaben von Penicillin, Metronidazol und Tylosintartrat. Am Anfang sollte der Hund fasten, danach Übergang zu kleinen Nahrungsportionen mehrmals am Tag. Ist davon auszugehen, daß bei fieberhaften Darmerkrankungen invasive Bakterienstämme in die Darmschleimhaut eingedrungen sind, so ist parenterale Gabe antibiotischer oder chemotherapeutischer Präparate der oralen Applikation vorzuziehen. Flankierend wäre eine Substitution mit Verdauungsenzympräparaten, die keine Gallensalze enthalten sollten, empfehlenswert (Gallensalze, die den Dickdarm erreichen, können Diarrhoe verursachen). Muß davon ausgegangen werden, daß proteolytische Darmbakterien am Krankheitsgeschehen beteiligt sind, so sollte sich der antibiotischen Versorgung über mehrere Wochen die Verabfolgung von Milchzucker-Präparaten anschließen. Milchzucker (Lactose) oder die schwer resorbierbare Lactulose fördert die Vermehrung der Milchsäurebakterien. Durch Stoffwechselprodukte dieser Bakteriengruppe vollzieht sich eine pH-Verschiebung zuungunsten der Proteolyten, wodurch ein erneutes Aufsteigen der proteolytischen Bakterien in den Dünndarmbereich verhindert wird. Zu berücksichtigen ist bei Milchzucker, daß dieser nur sehr langsam hydrolysiert wird. Da die Hydrolyse individuell unterschiedlich abläuft, muß durch vorsichtige Dosierung die verträgliche Menge herausgefunden werden; dabei bestimmt die Konsistenz des Kotes die Höhe der Dosierung. In diesem Zusammenhang ist zu erwähnen, daß antibiotische Maßnahmen gegen einige Salmonellenstämme keinen wünschenswerten Einfluß auf den Verlauf der Gastroenteritis nehmen, sondern eher dazu geeignet sind, einen Dauerausscheider zu erzeugen. In solchen Fällen empfiehlt sich eine proteinreduzierte Ernährung bei gleichzeitiger Erhöhung der Kohlenhydratanteile (Kartoffelbrei, Reis) und Gaben von Milchzucker.

Bestehen Spasmen oder schmerzhafte Zustände im Magen-Darm-Bereich, sind Spasmolytika mit Analgetika angezeigt (Noramidopyrinmethansulfonat). Atropin kann die Behandlung durch seine motilitäts- und sekretionshemmende Wirkung unterstützen. Besteht kein Erbrechen, so sind diätetische Maßnahmen nach einer Fastenzeit von ein bis zwei Tagen ausreichend. Gegen Diarrhoe wird Rotwein mit Gelatine gekocht verabreicht (nach Erkalten in Würfel schneiden), bei hämorrhagischen Enteritiden gibt man Vitamin-K_1-Präparate. Von guter antidiarrhoischer Wirkung sind Dichlorhydroxychinolin-Präparate, die von Hunden gut vertragen werden, jedoch nicht die iodierte Form wie Iodchlorhydroxychinolin, das beim Hund stark toxisch wirkt.

Chronische Enteritiden sind meist medikamentös schwer zu beeinflussen, und es ist darauf zu achten, daß eine eingeleitete Behandlung die Ursache der Erkrankung nicht verschleiert. Bei der Behandlung bakteriell unterhaltener Enteritiden können nachstehende Maßnahmen erfolgreich sein: parenterale Gaben eines Breitbandantibiotikums; Verabfolgung eines Spasmolytikums und Analgetikums; Fasten über 2–3 Tage; Inaktivierung gebildeter Toxine durch geeignete Stoffe (Pektin und Attapulgit); Schutz der Schleimhautoberfläche und somit Förderung der Regeneration durch einhüllende Substanzen. Aktivkohle oder Bismutnitrat-Kombinationen sind geeignete Kombinationspräparate.

Diätetische Maßnahmen haben bei der Behandlung von Darmerkrankungen (s. auch Kapitel 5.) eine vorrangige Bedeutung und sind auf den Schutz des Schleimhautepithels und dessen Regeneration auszurichten. Vor dem Beginn einer leicht verdaulichen Diät ist Fasten über ein bis drei Tage zwingend. Das anschließend angebotene Futter muß frei von Substanzen sein, die mechanisch die Darmschleimhaut reizen können und sollte aus einer Proteinquelle (Quark, Hüttenkäse, gekochte Eier, mageres, gekochtes Muskelfleisch) und einer Kohlenhydratquelle (Kartoffelbrei, Reis) bestehen. Auch ist darauf zu achten, daß durch kleine Portionen, die mehrmals am Tag dem Hund vorgesetzt werden, keine osmotische Überlastung des Darmes entsteht. Viele Proteine enthalten hohe Phosphatanteile, die schlecht von der Darmschleimhaut resorbiert werden, so daß Wasser zurückgehalten wird. Der Proteinanteil an der Nahrung darf daher 60% nicht überschreiten. Dabei kommt es insbesondere auf die biologische Verwertbarkeit der Proteine an. Das Eiweißangebot kann bei einer gestörten Proteinverdauung auf etwa 0,5 g pro kg KM herabgesetzt werden, wenn gleichzeitig die Nahrung durch eine ausgewogene Aminosäurenmischung ergänzt wird. Dieses diätetische Vorgehen sollte bei Verdauungsstörungen besonders berücksichtigt werden, da eine optimale Proteinverdauung die Voraussetzung für einen ungestörten Kohlenhydrat- und Fettstoffwechsel ist. Nach Beseitigung der Diarrhoe kann auf normale Kost übergegangen werden. Um Rezidive zu vermeiden, sollten auch in den ersten Wochen noch mehrere kleine Portionen über den Tag verteilt verfüttert werden. Handelsübliches Futter enthält in der Regel eine ausgewogene und nach festen Rezepten hergestellte Zusammensetzung mit den Mindestmengen an erforderlichen Bestandteilen. Die Analysenangaben ermöglichen eine variable Fütterung in bezug auf Proteine oder Kohlenhydrate, je nach individueller Verdauungsleistung.

Virale Infektionen: Eine virale Beteiligung an Enteritiden ist zwar nicht selten, trotzdem kann nicht davon ausgegangen werden, daß es sich in allen Fällen um die primär pathogenen Erreger handelt. Die Viren sind meist Wegbereiter für sekundär bakterielle Infekte.

Die *Parvovirus-Enteritis* beim Hund (Panleucopenia canis) wurde in den letzten Jahren häufiger

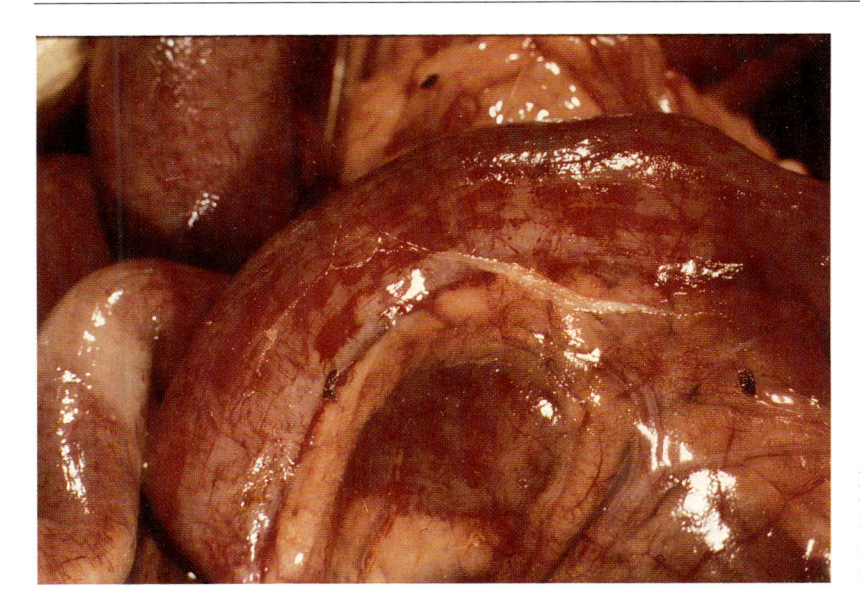

Abb. 17.51. Parvovirus-Enteritis: Aufblähung des Darmes mit Blutungen. (MOUWEN und VAN DER GAAG, Utrecht).

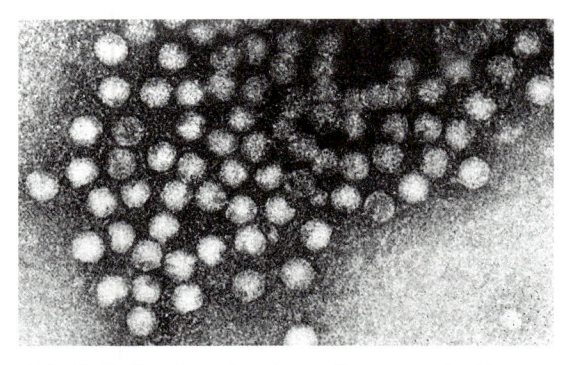

Abb. 17.52. Direktnachweis von Parvovirus im Kot eines an hämorrhagischer Enteritis erkrankten Hundes. Die Viruspartikel sind durch Parvovirus-Antiserum (Feliserin®) aggregiert. Maßeinheit: 50 nm. (ARENS und KRAUSS, Gießen).

diagnostiziert (s. auch Kapitel 27.). Die Infektion manifestiert sich meist in den tieferen Schichten der Mucosa oder gar der Submucosa. Das histologische Bild ist den Symptomen der Katzenseuche sehr ähnlich. Aus Sektionsmaterial, aber auch aus Kot erkrankter Tiere, wurde ein dem Parvovirus der Katze verwandter Virustyp isoliert. Besonders schwer können Welpen erkranken, wobei es zum plötzlichen Tod kommen kann, ohne daß zuvor besondere Krankheitssymptome bemerkt wurden. Nach LUGINBÜHL et al. (1981) steht bei diesen Tieren eine Myokarditis im Vordergrund, wobei große basophile Kerneinschlußkörperchen aus Parvoviruspartikeln in den Myokardfasern nachgewiesen wurden. Parvoviruserkrankungen werden jedoch auch bei älteren Hunden beobachtet. Die Symptome beginnen meist mit plötzlich einsetzendem, starkem Erbrechen, dem bald ein profuser, später blutig werdender Durchfall folgt. Das Allgemeinbefinden der Tiere verschlechtert sich rapide, denn durch die häufigen und explosionsartigen Kotentleerungen kommt es schnell zu einer Dehydratation, der Gewichtsverlust und Kreislaufinsuffizienz folgen. Nach einer Studie von KRAFT et al. (1980) zeigten sich von 22 Hunden mit akuter hämorrhagischer Enteritis nach einer virologischen Untersuchung 15 Hunde parvovirus-positiv (Abb. 17.51., 17.52.).

Corona- und Rotavirus-Infektionen verursachen eine leicht verlaufende Enteritis und werden vornehmlich bei Hunden unter einem halben Jahr diagnostiziert; Erkrankungen älterer Hunde sind jedoch auch möglich. Coronavirus-Infektionen unterscheiden sich von Parvovirus-Infektionen durch Zottenatrophie bei Verlängerung der Krypten.

Diagnose: Bei einer akut und schwer verlaufenden Gastroenteritis, die mit Fieber einhergeht, sollten immer weitere diagnostische Parameter herangezogen werden. Bei einer Parvovirus-Enteritis zählen dazu die Erfassung einer Leukopenie sowie auch die Ermittlung der Hämokonzentration (Hämatokrit-Wert). Auf eine Leukopenie hinweisende Leukozytenzahlen betragen 3,4 ± 0,6 Gpt/l. Es muß jedoch berücksichtigt werden, daß die Leukozyten nach wenigen Tagen Krankheitsdauer auf Werte, die im Normalbereich liegen, ansteigen oder sogar darüber liegen können (Normalbereich 6,0–12,0 Gpt/l). Nach NIEMAND (1980) kann der Granulozytenanteil bis zu 0,40 betragen. Der Hämatokrit-Wert ist bei parvovirus-positiven Hunden im akuten Stadium mäßig bis stark erhöht (Normalwert: 0,44–0,52) und liegt zwischen 0,54 und 0,64. Der Wert normalisiert sich jedoch meist nach ein bis drei Tagen. Die rektal gemessene Körpertemperatur liegt im akuten Stadium zwischen 39,2 und 40,5 °C, kann jedoch, wenn die Reaktionslage des Körpers absinkt, unter 36 °C abfallen. Bei Hunden, die das infektiöse Geschehen überleben, normalisiert sich die Körpertemperatur innerhalb weniger Tage.

Der Nachweis von Parvoviren im Kot erfolgt mittels immunelektronenmikroskopischer Untersuchung oder durch Virusisolierung in einer Zellkultur. Im Sektionsmaterial (Dünndarm, Knochenmark) ist der Antigennachweis durch den Immunfluoreszenztest von zuverlässiger diagnostischer Aussage. Nach BESTETTI et al. (1979) genügt der elektronenmikroskopische Virusnachweis allein nicht, vielmehr muß er mit schweren, degenerativen Veränderungen im Gewebe einhergehen.

Therapie: Infolge der starken und anhaltenden Diarrhoe ist eine Elektrolytsubstitution erforderlich. KRAFT et al. (1980) machen die Dosierung vom Grad der Hämokonzentration abhängig, den sie am Hämatokrit abschätzen. Die infundierte Menge an Elektrolytlösungen sollte bei einer Parvovirus-Infektion höher liegen als bei Substitutionen bei häufigem Erbrechen und bei Diarrhoen. Sie liegt bei einem schweren enteritischen Geschehen im akuten Stadium bei ca. 40 ml pro kg KM als Dauerinfusion. Es müssen Elektrolytlösungen verwandt werden, die alle erforderlichen Elektrolyte (s. Therapie der Kolitis) enthalten. Bei der Nachbehandlung kann die Applikation in geringerer Dosierung subkutan erfolgen. Zu Beginn der Erkrankung wird die subkutane Verabfolgung von Hochimmunsera Erfolge zeigen, und zwar von neutralisierenden Antikörpern gegen felines Parvovirus (Feliserin®) sowie vom Pferd stammendes γ-Globulin in einer Dosierung von 2–5 ml, alternativ γ-Globulin vom Hund (Stagloban®) in gleicher Dosierung. Der von MAYR und BIBRACK entwickelte Kombinationsimpfstoff gegen virusbedingte Erkrankungen des Hundes (Pind-Avi®) kann sowohl in der Bekämpfung als auch in der Prophylaxe eingesetzt werden. Die Dosierung beträgt 1–2 ml und ist über 1–2 Tage täglich ein- bis zweimal zu injizieren. γ-Globuline wie auch Paramunitätsinducer sollten möglichst in der akuten Phase eingesetzt werden. Um Sekundärinfektionen vorzubeugen, empfiehlt sich die parenterale Verabfolgung eines Breitbandantibiotikums (s. Therapie der Enteritis) und Metoclopramid.

Prophylaxe: Eine passive Immunisierung mit Immunseren gegen die feline infektiöse Panleukopenie gewährt nur einen kurzen Schutz und muß nach 8 Tagen wiederholt werden. Zur aktiven Immunisierung eignen sich Lebend- und Totimpfstoffe. Wiederholungsimpfungen sind erforderlich, da der Impfschutz nach wenigen Monaten nachlassen kann. Mit dem Hämagglutinationstest lassen sich Seren auf Parvovirusantikörper untersuchen. Die Antikörpertiter können von 1:40 bis 1:2000 reichen.

Hefen und andere Pilze im Intestinaltrakt: Hefen und andere Pilze wie *Candida* spp., *Mucor*, *Geotrichum candidum* werden allgemein der normalen Darmflora zugeordnet. *Candida* spp. rufen in der Regel keine gastrointestinalen Störungen hervor, wenn diese Keime in Futtermitteln enthalten sind. Jedoch bei übergeordneten Erkrankungen oder nach einer Antibiotika- oder Corticosteroidbehandlung kann es zu einer Vermehrung der Hefen *(Candida)* kommen. Die Folge ist, daß Hefen und andere Pilze in die Schleimhaut oder darüber hinaus in die Blutbahn eindringen, um sich in anderen Körperregionen anzusiedeln. Eine pathogenetische Beteiligung an Darmschleimhautentzündungen wurde wiederholt beobachtet. *Candida*-Infektionen verursachen auf der Schleimhaut vorwiegend diphtheroid-nekrotisierende Veränderungen, *Mucor* dagegen hämorrhagisch-nekrotisierende. *Geotrichum candidum* vermag Schleimhautirritationen zu unterhalten.

Diagnose und Therapie: Der Pilznachweis in den Faeces erfolgt auf selektiven Pilznährmedien (Sabouraud-Agar). Der Nachweis von *Candida* bzw. *Mucor* und *Geotrichum candidum* braucht nicht sofort zu einer Behandlung mit antimykotischen Präparaten zu führen. Eine Futterumstellung durch Reduktion der Kohlenhydratanteile sowie Verabfolgung leicht verdaulicher Proteine verhindern in der Regel ein verstärktes Wachstum der Pilze. Bestehen leichte Verdauungsstörungen, so ist die Eingabe eines Stomachikums 15 Minuten vor der Nahrungsaufnahme zur Anregung der Magensaftsekretion empfehlenswert. Bei massenhaftem Pilzbefall sind Gaben von Nystatin erfolgreich.

Erkrankungen durch Mykotoxine: Oft dramatisch ablaufende Krankheitsbilder werden durch Mykotoxine hervorgerufen, die von verderbniserregenden Schimmelpilzen gebildet werden, so z.B. vom Aflatoxin B_1, das in subletalen Dosen vor allem hepato- und nephrotoxisch wirkt sowie blutbildende Zentren und das Nervensystem schädigt. Noch verstärkt wird die Wirkung von Mykotoxinen auf den Organismus bei einem Eiweißmangel. In Tierexperimenten (GEDEK 1978) wurde nachgewiesen, daß bei einer einmaligen Aflatoxin-B_1-Gabe 90% der Toxinmenge innerhalb von 48 Stunden über Atemluft, Harn, Faeces oder Milch wieder ausgeschieden wurden, über den Verbleib der restlichen 10% besteht noch Unklarheit. Da die durch Pilztoxine hervorgerufenen Schädigungen nicht von der aufgenommenen Keimzahl abhängig sind, kann eine kumulative Wirkung durch mykologisch kontaminierte Futtermittel erfolgen, zumal die Toxine relativ hitzestabil sind und auch durch Kochen nicht vernichtet werden. Man erkennt die toxinbildenden Pilze daran, daß sie auf der Oberfläche eines Futtermittels mehr oder weniger gefärbte Beläge oder Überzüge bilden. Zeigt ein Pilzrasen bei Berührung eine Staubentwicklung, oder reagiert er auf Anblasen mit einer Veränderung seines äußeren Erscheinungsbildes, dann handelt es sich um Schimmelpilze, unter denen sich gefährliche Toxinbildner befinden können. Liegen dagegen die Pilzrasen kompakt der Oberfläche eines Futtermittels auf, so sind sie in der Regel den Hefen zuzuordnen, die als Toxinbildner keine Bedeutung haben.

Gewebsveränderungen durch Phytomykosen können den Verdacht einer malignen Neoplasie hervorrufen. Eine operative Entfernung des mykotischen Gewebes kann zur Heilung führen.

Alimentär bedingte Verdauungsstörungen: Futter, das quantitativ wie auch qualitativ schwer verdauliche Substanzen enthält oder infolge bestehender Verdauungsinsuffizienz im Magen-Darm-Trakt nicht ausreichend aufgeschlossen wird, kann beim Hund Störungen verursachen, die dem Symptomenkomplex Maldigestion bzw. Malabsorption zuzuordnen sind und je nach Schwere und Dauer der alimentären Belastung sowie der bakteriellen Beteiligung zur Gastroenteritis oder zur Enterokolitis führen (Tabelle 17.6.).

Zu den Futtersubstanzen, die in erhöhten Mengen vom Hund unzureichend abgebaut werden, gehören unter den Kohlenhydraten Saccharose und Lactose, wobei Saccharose besser als Lactose verdaut wird. Maltose wie auch Stärke werden gut gespalten, eine Dextrinierung der Stärke ist jedoch für die ausreichende Verdauung notwendig. Bei Stärkeanteilen im Futter von über 60% (in der Trockensubstanz) ist der Verdauungsapparat

Tabelle 17.6. Pathogenese alimentär bedingter Diarrhoen beim Hund (nach MEYER)

I. Dünndarm Unvollständige Verdauung und Absorption im proximalen Teil des Darmkanals durch	– fehlende Abbaufähigkeit (Lactose, Pektine usw.)
	– begrenzte Abbaufähigkeit (Saccharose, native Stärke, pflanzliches Protein)
	– Vorkommen von enzymresistenten Verbindungen (überhitzte Eiweiße)
	– Trypsinhemmstoffe (rohes Eiklar)
	– plötzlichen Futterwechsel oder zu große Futtermengen
II. Dickdarm Verstärkte bakterielle Umsetzungen im distalen Bereich des Darmkanals sind u.a. abhängig von	– Menge und Art der im proximalen Darmabschnitt unverdauten Nährstoffe
	– Passagegeschwindigkeit des Chymus
	– sonstigen chemisch-physikalischen Bedingungen (pH, Wasserbindung)
III. Wirkungsmechanismen Organische Säuren, NH_3, H_2S, dekonjugierte Gallensäuren sowie Enterotoxine bewirken	
	– Störungen des osmotischen Gleichgewichts
	– Förderung von Sekretion und Motilität
	– Hemmung der Na- und Wasserabsorption
	– erhöhten Wassergehalt in den Faeces

überfordert. Die Verdauung der reinen Cellulose erfolgt nicht durch körpereigene Enzyme, sondern allein durch Enzyme der Mikroorganismen im Darm. Vom Tier stammendes Eiweiß (Fleisch, Pansen, Milchprodukte usw.) führt in normalen Mengen nicht zu Verdauungsstörungen, bei einseitiger Verfütterung vermag es jedoch zu gesteigerten Fäulnisprozessen zu kommen, da die Passagezeit durch das Fehlen von Ballaststoffen verlangsamt wird. Die Verdaulichkeit von tierischen Proteinen kann durch Trypsinhemmstoffe (Eiklar) oder durch zu hohe und zu lange Temperatureinwirkungen (Trocknung von Eiweißfuttermitteln) vermindert werden. Pflanzliche Proteine werden vom Hund nicht so gut wie tierische Eiweißsubstanzen vertragen, obwohl ein Zusatz von ca. 10% als Proteinquelle aus ernährungsphysiologischer Sicht vertretbar ist. Größere Mengen an pflanzlichem Eiweiß führen jedoch zu verstärkter Fäulnis- und Gärungsbildung im Dünn- bzw. Dickdarmbereich. Nach MEYER et al. (1978) kommt es bei der Verfütterung von Sojaeiweiß in einer Menge von 5 g/kg KM zu Diarrhoen. Fette (Rindertalg, Hammelfett) rufen in der Regel keine Verdauungsstörungen hervor, da ihre Verdauungskapazität sehr hoch ist. Die Verdauungskoeffizienz z.B. bei Rindertalg beträgt 10 g/kg KM beim Welpen und 16 g/kg KM beim adulten Hund (s. auch Kapitel 5.).

17.4.3. Allergien

Ätiologie und Pathophysiologie: Die Bedeutung des Verdauungskanals für allergische Vorgänge ist gekennzeichnet durch seine Fähigkeit, exogene Allergene zu resorbieren und mit allergischen Reaktionen zu antworten. Reaktionsorgane innerhalb des Verdauungstraktes sind die Mundhöhle, der Magen sowie der Dünn- und Dickdarm. Begünstigende Vorschädigungen sind in einer Irritation oder Schädigung der Schleimhaut und ihrer Schutzmechanismen zu sehen, hervorgerufen durch eine Dysfermentie als Folge von Sekretionsanomalien oder durch bakterielle, aber auch mykologische Störungen. Ein mangelhafter Schleimhautschutz ermöglicht auch das Einwandern allergotroper Fremdstoffe, die zur Sensibilisierung führen. Eine Sensibilisierung gegen Allergene erfolgt, wenn diese häufiger mit dem Futter aufgenommen werden. Größere Mengen Allergene, die selten verfüttert werden, rufen demgegenüber nicht so schnell eine allergische Reaktion hervor. Eine Reaktion auf pathogene Allergene vollzieht sich in den Schleimhautepithelien und an der Darmmuskulatur. An den Epithelien kommt es zur Hypersekretion und an der Muskulatur zu Funktionsstörungen, die sich klinisch als Passagebeschleunigung zeigen. In den Bindegewebsanteilen der Mucosa und Submucosa bilden sich Ödeme und Hyperämien. Die allergischen Reaktionen beschränken sich am Anfang auf den Kontaktort mit dem Allergen, aber im weiteren Verlauf kann es zur Reaktionsausbreitung und sogar zum Schock kommen. Gekennzeichnet sind die Beschwerden durch Symptome, die sich in der Regel ein bis zwei Stunden nach dem mit dem Futter aufgenommenen pathogenen Allergen einstellen. Der Verlauf ist stürmisch, jedoch von kurzer Dauer; die Reaktion klingt nach 24–36 Stunden ab. Bleibt die Allergenzufuhr weiterhin bestehen, so wird kein beschwerdefreies Intervall mehr beobachtet, und das Bild einer subakuten bis chronischen Darmerkrankung steht im Vordergrund.

Das klassische experimentelle Modell beim Hund ist in der **Enteritis anaphylactica** zu sehen. Bei einer möglichen, protrahierten Symptomatik setzen die Beschwerden erst nach Stunden oder gar nach Tagen ein. Ursache der allergischen Symptomatik ist die Allergen-Antikörper-Reaktion. An den immunologischen Vorgängen der Antigenerkennung und der Bildung spezifischer Immunglobuline sind die in der Darmwand vertretenen Plasmazellen und Lymphozyten beteiligt. In den Wandgeweben des menschlichen Dünndarms (Duodenum, Jejunum) ist die Zahl der Plasmazellen, die die Antikörper der Klasse IgA und IgG enthalten, um das ca. 6fache größer als die Zahl der Zellen, die Antikörper der Klasse IgE und IgM produzieren (WERNER 1967). Von ähnlichem Antikörperverhalten kann auch beim Hund ausgegangen werden.

Futtermittel bestehen aus einer Vielzahl allergener Faktoren. Die individuelle Empfindlichkeit kann sich gegen ein Allergen oder gegen mehrere Einzelfaktoren und auch gegen fermentative Abbaustufen richten. Als pathogene Allergene überwiegen Milch und Milchprodukte, rohes Hühnereiweiß, Pferde- und Schweinefleisch, Getreidesorten und Getreidemilben. Milch z.B. enthält 7 Einzelallergene. Lipoproteide sind schwache Allergene. Durch das Erhitzen von Milch und ihre fermentative Veränderung (Kondensmilch, Joghurt, Käseprodukte) werden die allergenen Bestandteile zersetzt. Eiklar und Eidotter enthalten ebenfalls mehrere allergene Einzelfaktoren. Rohes Hühnereiweiß wirkt stärker allergisierend als erhitztes. Fleisch- und Serumgaben der gleichen Tierart können eine tierspezifische Sensibilisierung veranlassen, die durch Futteraufnahme zu intestinalen Reaktionen und nach Serumgabe zu anaphylaktischem Schock führen kann. Oral verabfolgte chemische Substanzen (Antibiotika, Sulfonamide, Salicylate, Barbiturate usw.) führen beim Hund selten zur Allergie (s. auch Kapitel 5.).

Diagnose und Therapie: Allergische Reaktionen zeigen sich an Veränderungen der Haut oder durch gastroenterale Störungen. Plötzlich einsetzende Verdauungsstörungen, die oft mit Hautveränderungen und starkem Juckreiz einhergehen, sind typische Hinweise. Allergie-anfällig sind oft junge Hunde. Tiere mit Symptomen einer allergischen Genese sollten über mehrere Tage auf eine ungewohnte Diät gesetzt werden. Diese kann aus Hammelfleisch und Hammelfett mit gekochtem Reis oder Kartoffelbrei ohne Milchzusatz, mit wenig Salz, jedoch ohne Gewürze bestehen. Diese Fütterung ist beizubehalten, bis alle klinischen Symptome abgeklungen sind. Werden allergische Zusammenhänge angenommen, sollte in 8tägigen Abständen dem Futter das Protein in größeren Mengen zugesetzt werden, das die Störungen verursachenden Allergene enthalten kann, um pathogene Allergene herauszufinden (s. auch Kapitel 5.). In diesem Bemühen ist es wichtig, daß Tierarzt und Hundebesitzer zusammenwirken, da allergie-erzeugende Stoffe auch aus der Umgebung des Hundes stammen können. Wenn die allergische Pathogenese nicht zu klären ist und Antihistamin-Calcium-Injektionen erfolglos bleiben, sind eine symptomatische Behandlung und der Einsatz von Vitamin B_{12} und weiteren Vitaminen des B-Komplexes sowie von Vitamin C Maßnahmen, um subakute und chronische Verlaufsformen zu bekämpfen. Die Applikation von Corticosteroiden ist in vielen Fällen vertretbar, und zwar bei ein- und ausschleichender, vorsichtiger Dosierung.

17.4.4. Maldigestion und Malabsorption

Ätiologie und Pathophysiologie: Mit **Maldigestion** wird ein mehr oder weniger ausgeprägtes Unvermögen zur ausreichenden Verdauung von Nahrungsstoffen bezeichnet, und unter **Malabsorption** ist eine Störung der Resorption von Nahrungsbestandteilen, vor allem im Dünndarm, zu verstehen (Tabelle 17.7.). Zur Maldigestion oder Malabsorption kommt es neben extraintestinalen Insuffizienzen (Leber, Pankreas) auch durch

Tabelle 17.7. Ursachen von Malabsorption

1. Maldigestion von Fett, Kohlenhydraten und/ oder Eiweiß Defizienz von	– Pankreasenzymen und Hydrogencarbonat
	– Gallensäuren
	– Disaccharidasen
	– Peptidasen
	– Enterokinasen
2. Verringerung des resorbierenden Darmepithels	– Resektion
	– Atrophie der Villi
3. Störung des Transportes der	– α- und β-Lipoproteine
	– Glucose/Galactose
4. Exsudation	– intestinaler Verlust von Plasma, Lymphe

schwere hypotrophische Schleimhautveränderungen, die mit einer Rarefizierung des Bürstensaumes und der Zotten verbunden sind (Abb. 17.53., 17.54.). Dadurch entsteht ein Mangel an darmeigenen Enzymen (Proteasen, Disaccharidasen, Lactase).

Die Absorption im Dünndarm erfolgt einmal durch aktiven Transport durch die Zellmembran mit Hilfe von Verdauungsenzymen und zum anderen durch passive Diffusion aufgrund eines Konzentrationsgefälles unter Beteiligung elektrochemischer und elektrostatischer Mechanismen sowie durch Perfusion. Unter *Perfusion* ist ein Durchdringen korpuskulärer Partikel (bis 120 μm), wie Stärkekörner, Hefezellen usw., zu verstehen. Die Perfusion erfolgt an den Zottenspitzen in die Darmwand. Bei der *Pinozytose* dagegen dringen in Bläschen eingehüllte Teilchen, wie z. B. Fettsäuren und konjugierte Gallensäuren, in die Epithelzelle ein (JEFFRIES et al. 1969). Der Weitertransport aus der Epithelzelle erfolgt über die Mesenterialvenen (Elektrolyte, Monosaccharide, kurzkettige Fettsäuren und Wasser) in die Pfortader oder über die Darmlymphbahnen zum Ductus thoracicus. Monosaccharide werden hauptsächlich im oberen Jejunum, Eisen im Duodenum, Fettsäuren und Aminosäuren sowie Vitamine im mittleren Jejunum, Vitamin B_{12} und Gallensäuren im Ileum absorbiert. Sind die Resorptionsbereiche für viele Metabolite austauschbar, Jejunum beispielsweise für das untere Ileum, so ist die Absorption von Vitamin B_{12} und von Gallensäuren auf das Ileum angewiesen. Da das Ileum beim Hund häufig stark bakteriell kontaminiert ist, auch mit Vitamin B_{12} metabolisierenden Keimen, ist die parenterale Zufuhr von Vitamin B_{12} bei Darm- und Verdauungsinsuffizienzen angezeigt.

Konjugierte Gallensäuren sind für die Fettsäureresorption unerläßlich. Die Dekonjugation der Gallensäuren erfolgt durch bakterielle Umwandlung im Dickdarm; bei unphysiologisch hohen Mengen erzeugen sie über verschiedene Mechanismen Durchfall.

Abb. 17.53. Dünndarmbiopsie mit normalem Zottenbild bei 1½jährigem Hund. (MOUWEN und VAN DER GAAG, Utrecht).

Abb. 17.54. Dünndarmbiopsie mit Zottenatrophie bei einem 7jährigen Hund. (MOUWEN und VAN DER GAAG, Utrecht).

Weist der Dünndarm (insbesondere das Jejunum) eine pathologisch bakterielle Besiedlung (*Bacteroides*, Clostridien, Laktobazillen und Kokken, nicht jedoch *E. coli*) auf, so findet die Dekonjugation der Gallensäuren bereits im Dünndarm statt. Dabei wird beispielsweise Desoxycholat, eine dekonjugierte Gallensäure, produziert, welche die Absorption von Monosacchariden sowie Natrium hemmt und ausgedehnte, strukturelle Veränderungen im Dünndarm bewirkt. Desoxycholat bremst auch die Aktivität aller Bürstensaumenzyme und einiger lysosomaler Enzyme der Schleimhautzellen. Somit wirken sich überschüssige, dekonjugierte Gallensäuren auf die Absorption aller Nährstoffe aus, insbesondere auf die Fette, was zu einer Steatorrhoe führen kann. Dekonjugierte Gallensäuren rufen in den absorbierenden Zellen morphologische Veränderungen wie verminderte Größe und Verlust von Mikrovilli hervor. Gallen- und Fettsäuren erhöhen die Permeabilität des Dickdarmes und vermehren damit die Oxalatabsorption. Gesteigerte Absorption von Oxalaten kann zu Nephrolithiasis führen (STROMBECK 1981).

Anamnese und Krankheitsverlauf: Malabsorption kann die Folge von Bauchoperationen sein, insbesondere Dünndarmresektionen, fieberhaften Gastroenteritiden mit oder ohne Blutbeimengungen im Kot, oralen Gaben hoher Dosen von Antibiotika, z.B. Neomycin, Kanamycin, oder von Allergien.

Diagnose: Trotz guter Futteraufnahme magern Hunde bei einer Malabsorption oder Maldigestion fortschreitend ab (Kachexie). Das Allgemeinbefinden ist anfangs ungestört, eine Dehydratation kommt im späteren Krankheitsverlauf hinzu. Die Stuhlkonsistenz ist meist normal, jedoch insbesondere bei der Malabsorption voluminöser. Labordiagnostiken liefern ausschlaggebende Hinweise. Hierzu zählen: D-Xylose-Toleranztest, Kot-Kalorimetrie und die Fett-Stickstoff-Bestimmung in der 24-Stunden-Faeces-Menge sowie die Bestimmung des Stuhl-Chymotrypsins. Mehrfach durchzuführende, parasitologische Untersuchungen sind darüber hinaus notwendig, wobei durch Kotkontrolle auch auf abgehende Bandwurmglieder zu achten ist.

Therapie: Die Behandlung besteht in einem Angebot von leicht verdaulicher Nahrung (Quark, Hüttenkäse, Reis, Kartoffelbrei) und Verabfolgung mittelkettiger Triglyceride, ergänzt durch kombinierte Enzympräparate. Eine parenterale Ernährung mit Aminosäuren und Infusionen von Zucker- und Elektrolytlösungen sind bei der Therapie schwerer Formen von Maldigestion und Malabsorption anzuraten. Der Einsatz eines Breitbandantibiotikums (s. Therapie der Enteritis) dient der Beseitigung des bakteriellen „Owergrowth" im Dünndarm. Im Anschluß an die antibiotische Behandlung ist eine Nachbehandlung mit einem Metoclopramid-Präparat und Pankreatin angezeigt. Zur Bindung von Gallensäuren im Dickdarm und damit zur Behandlung etwaiger Diarrhoen eignet sich Aluminiumhydroxid wegen seiner adsorbierenden und neutralisierenden Wirkung.

17.4.5. Enterales Proteinverlust-Syndrom

Ätiologie und Pathophysiologie: Die Ursachen einer exsudativen Enteropathie reichen von angeborenen Fehlbildungen der Lymphgefäße über entzündliche oder hyperplastische Erkrankungen des Magen-Darm-Traktes bis hin zu unbekannten Genesen. Eine Einteilung in symptomatische oder idiopathische Formen der exsudativen Proteinverluste beim Hund bedarf noch der weiteren wissenschaftlichen Abklärung. Als auslösende Faktoren sind in Betracht zu ziehen: organische Erkrankungen mit Schleimhautveränderungen des Magens als Folge von gutartigen, polypösen Tumoren, von Karzinomen oder von Lymphosarkomen, Schleimhautveränderungen des Darmes bei Allergien, schweren Enteritiden mit Malabsorption oder Kolitiden. Auch Lymphstauungen im Bereich des Darmes (intestinale Lymphangiektasie, Lymphosarkome, Karzinome) sowie intestinale Lymphknotenveränderungen und Herzerkrankungen können ein enterales Proteinverlust-Syndrom auslösen.

Anamnese und Diagnose: Anamnestisch stehen Diarrhoen im Vordergrund, die jedoch nicht immer ein regelmäßiges Symptom sind. Als Folge und bei einer länger andauernden Erkrankung stellen sich Ödeme, Aszites oder evtl. Hydrothorax ein. Bewegungsunlust und Inappetenz bei zunehmendem Gewichtsverlust sind die Spätsymptome. Eine Hypoproteinämie bei einem exsudativen Geschehen mit Werten zwischen 4 und 2 g% Gesamteiweiß im Serum bei gleichzeitiger Neigung zur Ödembildung und in Verbindung mit einer Verminderung des Albumins sowie der Globulinfraktionen gibt diagnostische Hinweise. Im Gegensatz zum nephrotischen Syndrom (fehlender Harnbefund, keine verstärkte Proteinurie), kommt es nicht zum Anstieg von α_2-Globulin und β-Lipoprotein, da der Proteinverlust durch Austreten von Lymphe in die Intrazellularräume erfolgt und hochmolekulare Proteine ausgeschieden werden. In der Elektrophorese sind die α- sowie β- und γ-Globuline vermindert (Abb. 17.55. und Tabelle 17.8.). Stark erniedrigte Calcium- bzw. Eisenwerte sind weitere Merkmale.

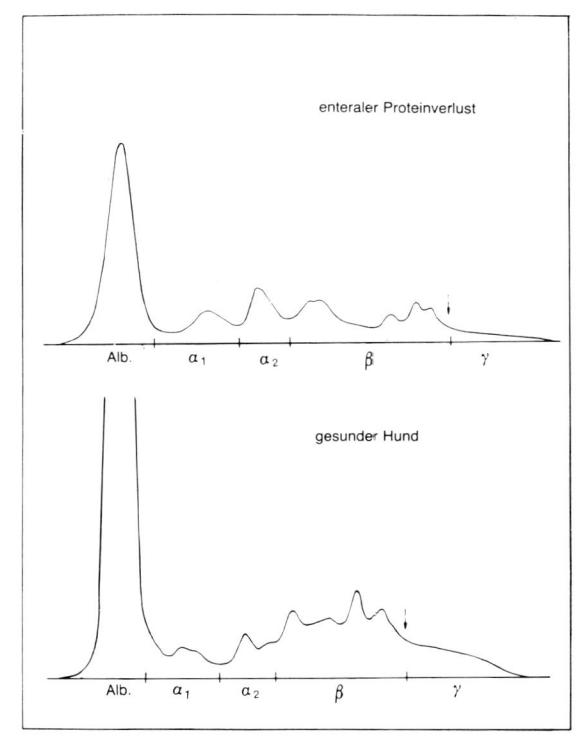

Abb. 17.55. Serumeiweißbild beim enteralen Proteinverlust. (WIEME und SCHWARTZ-PORSCHE, Berlin).

Tabelle 17.8. Relative Werte der Serumeiweißfraktionen beim enteralen Proteinverlust; Agarosegel-Elektrophorese (nach SCHWARTZ-PORSCHE)

	Gesamteiweiß g%	Albumin	Globuline				
			α_0 α_1 %	α_2		β	γ
Normwert (n = 13)	7,0 ± 0,6	56,5 ± 2,4	8,3 ± 1,6	5,8 ± 1,3		19,0 ± 2,3	10,3 ± 1,7
Patient							
1	2,3	43,4	11,3	6,8		34,6	3,8
2	2,5	41,9	10,2	9,4		34,5	4,0
3	2,1	44,1	11,2	11,2		29,0	4,5

Bei einer Lymphangiektasie liegt häufig auch eine Lymphozytopenie vor. Letztere entsteht möglicherweise durch die Lymphstauung im Ductus thoracicus, dem Hauptlymphweg für den Transport der Lymphozyten in die Blutbahn. Nach Untersuchungen von SCHWARTZ-PORSCHE et al. (1970) ist die Bauchhöhlen-Punktionsflüssigkeit wasserklar, zellarm, von geringem spezifischem Gewicht (bis zu 1010) und hat einen niedrigen Eiweißgehalt (0,2 g%). Neben einer Anämie und unterschiedlichen Leukozytenzahlen zeigt sich im Differentialblutbild eine Lymphozytopenie.

Die Bestimmung der fäkalen Stickstoffausscheidung bei einem Proteinverlust-Syndrom zeigt nach Verfütterung einer standardisierten Kost mit bekanntem Proteingehalt eine verstärkte Proteinausscheidung (Normalwert bis zu 2,5 g/24-h-Faeces-Menge). Eine nachgewiesene Hypolipidämie, Hypocholesterolämie sowie erhöhte Stickstoffausscheidung mit den Faeces sind die markantesten diagnostischen Merkmale.

Therapie: Der Behandlungserfolg eines exsudativen Geschehens mit Proteinverlusten ist fraglich und sollte darauf gerichtet sein, Durchfälle zu bekämpfen und einen Rückgang der Ödeme zu erreichen. Infusionen von Lävulose und Fructose sind für die parenterale Verabreichung besser geeignet als Glucose, da die Metabolisierung von Glucose insulinabhängig ist (KERSTEN 1979); Sorbit und Xylit eignen sich ebenfalls zur parenteralen Ernährung (s. Kapitel 5.). Xylit kann zusammen mit Aminosäuren infundiert werden, Lävulose und Glucose jedoch nicht, da toxische Verbindungen bei Erwärmung entstehen können (Maillard-Produkte – Karamelisierungsreaktionen). Aminosäuren und Kohlenhydratlösungen sollten getrennt appliziert werden, aber Kombinationen von Glucose, Fructose und Xylit sind bei erforderlicher Hochdosierung anzuraten. Die Verabfolgung eines einzelnen Zuckers ist nicht empfehlenswert, z.B. wegen des Lactat-Anstiegs nach Fructose-Zufuhr. Für die parenterale Aminosäuren-Therapie stehen Hydrolysate zur Verfügung, gebräuchlicher sind synthetisch hergestellte Aminosäuren, denn Hydrolysate können noch Reste niedermolekularer Peptide enthalten, die eine Anaphylaxie auszulösen vermögen.

Eine intravenöse Verabreichung von Neutralfetten kann zu irreversiblen Hyperlipidämien führen mit den Konsequenzen von Leberzellverfettungen und Unverträglichkeitsreaktionen. Außerdem gelangen die Fette in unphysiologischer Weise ins Blut und lagern sich erst später im Gegensatz zu den im Darm resorbierten Fetten am Eiweiß an. Im Darm werden die Fette als Chylomikronen über den Pfortaderkreislauf in die Leber transportiert. Müssen Fette infundiert werden, so können mittelkettige Triglyceride mit Aminosäuren im Verhältnis 1:2 kombiniert werden. Statt der Nahrungsfette sollten mittelkettige Triglyceride verordnet werden, die nicht über das Lymphgefäßsystem, sondern über die Vena portae abtransportiert werden. SCHWARTZ-PORSCHE et al. (1970) beobachteten bei Hunden mit Proteinverlust-Syndrom, daß das Nachlassen der Durchfälle im Zusammenhang mit einer fettarmen Diät stand.

17.4.6. Labordiagnose bei Darmerkrankungen

Bei Störungen im Verdauungstrakt sollten Laborteste zur Erstellung der Diagnose herangezogen werden; sie dienen nicht nur zur Erfassung der Ursache, sondern auch, um eine Vielzahl von pathogenetischen Möglichkeiten auszuschließen. Geeignete Verfahren sind: die Erstellung eines Blutstatus mit Differentialblutbild, Zählen der Leukozyten, Messen der Blutkörperchensenkungsgeschwindigkeit, des Hämoglobingehaltes und des Hämatokrit-Wertes sowie die Feststellung wesentlicher Serumparameter, wie Harnstoff, Blutzucker, Bilirubin, GLDH, ALT, γ-GT, alkalische Phosphatase, Gesamteiweiß, Serumelektrophorese, Triglyceride und Cholesterol, aber auch Elektrolyte sowie der D-Xylose-Test zur Bestimmung der Kohlenhydrat-Absorption.

Neben diesen im Blut zu erhebenden Werten kommen für die Diagnostik von Verdauungskrankheiten Untersuchungen in den fäkalen Ausscheidungen hinzu. Hier handelt es sich um bakteriologische und parasitologische Tests. Bewährte halb-quantitative und qualitative Untersuchungsmethoden in den Faeces sind: mikrobiologische Stuhluntersuchung mit Keimdifferenzierung; Lactase-Bestimmung zur Erfassung eines Lactasemangels. Zur parasitologischen Stuhluntersuchung gehören die Flotationsmethode (Anreicherungsverfahren mit gesättigter Zinkchlorid- und Natriumchloridlösung) sowie die Merthiolat-Iod-Formaldehyd-Konzentration (Anreicherungsverfahren für Zysten von Darmprotozoen, aber auch von Wurmeiern und -larven). Weitere Untersuchungen sind: Kotkontrastfärbung zur

Feststellung unverdauter Muskelfasern, Bindegewebe, Fett, Stärke, Epithelzellen, Leukozyten, Schleim und Hefezellen; Lugolgefärbter Kotausstrich zur Darstellung einer saccharolytischen Darmflora; Bestimmung der D- und L-Form der Milchsäure in den Faeces (D- und L-Lactat); Bestimmung des Gesamtstickstoffgehaltes sowie der Gesamtfettsäuren in der 24-Stunden-Kotmenge.

D-Xylose-Test (MILLER 1974): Der D-Xylose-Test ist eine indirekte Methode zur Prüfung der intestinalen Resorptionsfunktion. Der Ausscheidungstest wird nach oraler Verabreichung von 0,5 g D-Xylose/kg KM als 5%ige Lösung über eine Magensonde verabreicht, vorauszugehen hat 24stündiges Fasten. Der Anstieg der Xylose-Konzentration im Blut gibt Aufschluß über die intestinale Resorption. Die Grundlage für diesen Test ist der proportionale Anstieg der resorbierten Menge im Blut. Nach einer oralen Xylose-Belastung erreicht dieser im Blut nach ein bis zwei Stunden seinen Höchststand und fällt bis zum Ende der dritten Stunde wieder auf den Ausgangswert ab. Da Xylose über die Nieren mit dem Urin ausgeschieden wird, kann die intestinale Absorption dieses Zuckers auch im Urin gemessen werden. Hierzu ist erforderlich, daß während einer 5-Stunden-Phase nach Verabreichung der D-Xylose der gesamte Harn gesammelt wird. Dieser Test hat den Nachteil, daß infolge unterschiedlicher renaler Funktionen die Werte schwanken können. Die D-Xylose-Bestimmung im Blut ist daher zu bevorzugen. Vor der Verabfolgung von D-Xylose sowie ein, zwei und drei Stunden danach werden Blutproben für die Xylose-Bestimmung gesammelt.

Ansatz für Serum	Analyse	Reagenzien-Leerwert	Standard
p-Bromanilin-Reagens (ml)	1,0	1,0	1,0
Überstand (ml)	0,1	–	–
Trichloressigsäure (ml)	–	0,1	–
Xylose-Standard II (ml)	–	–	0,1

Ansatz für Urin	Analyse	Reagenzien-Standard	Standard
p-Bromanilin-Reagens (ml)	5,0	5,0	5,0
Urin (ml)	0,02	–	–
Aqua dest. (ml)	–	0,02	–
Xylose-Standard I (ml)	–	–	0,02

Methodik: a) *Serum* (Vollblut, Plasma): Enteiweißen mit Trichloressigsäure: 0,4 ml Trichloressigsäure + 0,2 ml Serum gut mischen und 5 Minuten stehenlassen, danach mit hoher Umdrehungszahl zentrifugieren.

Der Ansatz wird gut gemischt und im Wasserbad 10 Minuten bei 70°C inkubiert; danach 60 Minuten bei Zimmertemperatur im Dunkeln die Reaktion ablaufen lassen. Der Küvetteninhalt nimmt eine rosa Färbung an. Die Extinktionen sind bei 546 nm innerhalb 30 Minuten gegen destilliertes Wasser zu messen (Schichtdicke: 1 cm). Ist die Extinktion zu niedrig, kann bei einer kürzeren Wellenlänge abgelesen werden, ist sie zu hoch, bei einer längeren Wellenlänge (z.B. 578 nm).

b) *Urin:* Trüber Urin ist zuvor zu filtrieren, klarer Urin kann direkt verwendet werden.

Die weitere Verarbeitung erfolgt, wie unter Serumanalyse angegeben.

Berechnung:
E(A) = Extinktion der Analyse,
E(RL) = Extinktion des Reagenzien-Leerwertes,
E(S) = Extinktion des Standards,
V = Harnvolumen,
a = absolute Xylose-Ausscheidung:
$$g\ Xylose = \frac{E(A) - E(RL)}{E(S) - E(RL)} \cdot 0{,}005 \cdot V$$
b = Xylose-Konzentration im Serum:
$$mg\ Xylose/100\ ml = \frac{E(A) - E(RL)}{E(S) - E(RL)} \cdot 30$$

Bewertung der Testergebnisse: Bei gesunden Hunden ist der Anstieg der Konzentration im Blut steil (Werte über 45 mg/100 ml). Bei Hunden mit intestinaler Resorptionsstörung zeigt sich ein flacher Kurvenverlauf; der Wert von 0,45 wird in den meisten Fällen nicht erreicht. Zu bemerken ist, daß Seren von Hunden mit Pankreasinsuffizienz normale Werte ergeben können. In einigen Fällen von intestinaler Malabsorption kann der D-Xylose-Test ebenfalls normal ausfallen, da es noch zur Resorption geringer Xylosemengen neben anderen Sacchariden kommen kann.

Bei der Beurteilung ist zu beachten: 1. Durch die Testdosis von Xylose kann eine intestinale Hypermotilität mit Durchfällen ausgelöst werden (osmotischer Effekt). Die Verkürzung der Kontaktzeit hat eine Verminderung der Resorption zur Folge. 2. Eine verzögerte Magenentleerung führt zu einer Verzögerung der D-Xylose-Resorption. 3. Erbrechen während des Testes (teilweiser Verlust der verabfolgten Testdosis). 4. Verminderung der Stoffwechselrate der resorbierten Xylose bei Lebererkrankungen. 5. Bei einer bakteriellen Besiedlung des oberen Dünndarmes können Teilmengen der Xylose-Testdosis abgebaut werden und eine Xylose-Resorptionsstörung vortäuschen.

Lactase-Bestimmung: Als spezifisch beim Lactasemangel ist der Lactose-Belastungstest anzusehen. Dieser Test soll in einem diarrhoefreien Zeitraum durchgeführt werden, um zu verhindern, daß infolge gesteigerter Darmperistaltik die Verweildauer und damit die Resorption nach Aufspaltung der Lactose in Glucose und Galactose verkürzt werden.

Zur Durchführung des Testes werden 1,5 g Milchzucker pro kg Körpermasse in 50–200 ml Wasser gelöst (je nach Größe des Hundes) und mittels Magen-Schlund-Sonde verabreicht. Dem Test sollte eine 24stündige Nahrungskarenz vorausgehen. Vor Testbeginn muß der Nüchtern-Glucose-Wert im Blut ermittelt werden. Erst danach wird die Lactose-Lösung innerhalb von 5–10 Minuten dem Hund eingegeben; 60 Minuten nach Verabreichung wird der Blut-Glucose-Wert erneut bestimmt, um den Glucose-Anstieg zu ermitteln, der aus dem Lactoseabbau unter Einwirkung des Enzyms Lactase resultiert. Im Normfall, d.h. bei ausreichender Konzentration dieses Enzyms, ist ein Blut-Glucose-Anstieg um 25% vom Ausgangswert zu erwarten. Ein Anstieg, der deutlich unter 15% liegt, ist als Ausdruck einer Lactose-Intoleranz zu werten.

Die Bestimmung der Milchsäure im Kot ist wegen der komplexen Zusammenhänge kein spezifischer Parameter für die Erfassung eines Lactasemangels. Eine angeborene Lactase-Defizienz beim Hund ist durch die Literatur belegt. Die erworbene Lactase-Defizienz wird jedoch in der Praxis häufiger gesehen, z.B. nach Parasitenbefall, schweren Darminfektionen, vor allem bei chronischen Verlaufsformen, oder nach einer Antibiotikatherapie (insbesondere Neomycin und Kanamycin), die sich über einen längeren Zeitraum erstreckt oder wiederholt durchgeführt wird.

Parasitologische Kotuntersuchung. *Flotationsmethode:* Dieses Verfahren wird für Routineuntersuchungen verwendet und basiert darauf, daß das spezifische Gewicht der Eier kleiner ist als das des Suspensionsmediums. Benötigte Reagenzien: gesättigte Zinkchlorid($ZnCl_2$)-Lösung und gesättigte Natriumchlorid(NaCl)-Lösung. Von diesen Lösungen wird eine Mischlösung hergestellt, und zwar ein Volumenteil $ZnCl_2$ und zwei Volumenteile NaCl. Diese Mischlösung muß ein spezifisches Gewicht von 1,3 aufweisen (Bestimmung mit der Dichtespindel).

Methodik: 1. 3–5 g Kot (walnußgroß) mit der Mischlösung versetzen und homogenisieren. 2. Über einen Trichter in ein Zentrifugenröhrchen sieben (z.B. engmaschiges Kaffeesieb). 3. 5 Minuten zentrifugieren (~300 g). 4. Mit einer 7 mm weiten Drahtöse von der Oberfläche die Proben nehmen und auf einen Objektträger bringen, mit Deckglas abdecken.

Merthiolat-Iod-Formaldehyd-Konzentration (SAATHOFF 1978): Anreicherungsverfahren für Zysten von pathogenen Darmprotozoen, Wurmeiern und Wurmlarven.

Untersuchungsgang: Zusammensetzung der Stammlösung (MIFK): 250 ml Aqua dest. + 200 ml Thiomersal (Verdünnung 1:1000 in Aqua dest.) + 25 ml Formaldehyd (36–40%ig) + 5 ml Glycerol = 480 ml Stammlösung, die in einer braunen Flasche aufzubewahren ist. Dazu frische 5%ige Lugolsche Lösung (nicht älter als drei Wochen).

Herstellung der Lugolschen Lösung: 7,5 g Kaliumiodid in 18 ml destilliertem Wasser lösen, dann 5 g Iod darin auflösen und mit destilliertem Wasser auf 100 ml auffüllen; in brauner Flasche aufbewahren.

Erst unmittelbar bevor eine Kotprobe verarbeitet werden soll, wird die MIFK-Lösung der Lugolschen Lösung beigefügt, es werden in ein Becherglas 4 ml MIFK-Stammlösung zu 1 ml Lugolscher Lösung gegeben. Eine kleine Kotprobe (0,5 g einer größeren, gut gemischten Kotprobe entnehmen) wird dann gründlich in dieser Lösung verrührt, danach durch doppelt gelegte Gazestreifen in ein Zentrifugenröhrchen filtriert. Dieser Suspension werden 6 ml Ether (Temperatur 4°C) beigegeben. Das Zentrifugenröhrchen wird mit einem Gummistopfen verschlossen, der wegen der Expansion des Gemisches mit dem Daumen festgehalten werden muß. Das Röhrchen wird kräftig geschüttelt und zwischendurch kurz belüftet. Danach darf sich obenauf kein Ether mehr absetzen. Gegebenenfalls muß etwa 1 ml Wasser hinzugefügt und nochmals geschüttelt werden. Der Stopfen wird dann entfernt, und das Röhrchen bleibt 2 Minuten stehen; eine Entmischung darf nicht mehr eintreten. Die so vorbehandelte Probe muß dann 5 Minuten lang bei ungefähr 3000 Umdrehungen zentrifugiert werden. Mit Hilfe eines Stäbchens wird der Detrituspfropf zwischen Ether und MIFK-Zone von der Röhrchenwand gelöst und dekantiert. Im Sediment befinden sich sowohl Wurmeier als auch Protozoenzysten.

Kotkontrastfärbung: Das Testpräparat muß eine gleichmäßige Konsistenz besitzen, fester Kot ist mit etwas isotonischer Kochsalzlösung zu einem dünnen Brei zu verrühren, dünnflüssiger oder wäßriger Kot wird zentrifugiert oder sedimentiert. Ein Tropfen dieser Kotsuspension wird auf einem Objektträger verrieben, mit einem Deckglas abgedeckt und bei 10- bis 40facher Vergrößerung mikroskopiert.

Muskelfaserreste sind bei regelrechter Verdauung als rundliche Schollen zu sehen. Dabei sind die Querstreifung der Fasern und auch die Zellkerne kaum zu erkennen. In pathologischen Fällen zeigen die Muskelfaserreste eine eckige Struktur mit deutlicher Querstreifung.

Insbesondere bei einer ausgeprägten Verdauungsinsuffizienz sind die Zellkerne sichtbar (Pankreas-Dünndarm-Erkrankungen, Steatorrhoe). Durch Einwirkung der Gallenfarbstoffe werden die Muskelfaserreste gelb bis gelbbraun gefärbt.

Bindegewebe zeigt im mikroskopischen Bild eine zartfaserige Struktur.

Elastische Fasern erscheinen doppelt konturiert (Lichtbrechung). Bei Zugabe von Essigsäure verschwindet die Struktur des Bindegewebes, dagegen kommen die elastischen Fasern deutlicher zum Vorschein.

Stärkekörner stellen sich ungefärbt rund bis oval dar. Meist zeigen sie eine exzentrische Schichtung. Der Kotausstrich wird mit 1–2 Tropfen Lugolscher Lösung gemischt. Freie Stärke färbt sich blau bis violett-schwarz. In Cellulosehüllen eingeschlossene Stärke ergibt keine Färbung.

Fett, Fettsäuren, Kalkseifen: Geringe Mengen Fett sind im normalen Kot immer vorhanden, als Neutralfett in Form von Tropfen oder Schollen, als freie Fettsäuren in Form von zierlich gebogenen Nadeln oder Nadelbüscheln und in geringer Menge als Kalkseifen in Form von kurzen, plumpen Nadeln oder Schollen. Etwas Kot wird mit 2–3 Tropfen Sudan-III-Lösung auf einem Objektträger verrieben und mit einem Deckglas abgedeckt. Vor dem Mikroskopieren soll das Präparat vorsichtig erwärmt werden. Neutralfette stellen sich als orange bis dunkelrote Tropfen dar. Da durch die Erwärmung Neutralfett und Fettsäuren zu Tropfen zusammenschmelzen, ist es erforderlich, sich vor dem Erwärmen des Präparates über die ungefähre Zahl der Neutralfett-Tröpfchen zu informieren. Nach dem Erkalten nehmen die Tropfen die ursprüngliche Form wieder an. Wird eine Kotaufschwemmung mit 1–2 Tropfen Essigsäure (d = 1,040–1,042) versetzt und vorsichtig erwärmt, schmelzen auch die Seifen zu Tropfen zusammen. Dabei werden Fettsäuren frei. Nach dem Abkühlen bilden sich Fettsäurenadeln.

Schleim erscheint im mikroskopischen Präparat strukturlos und transparent. Im Schleim bzw. in den Schleimflöckchen sind häufig Leukozyten, Epithelzellen und Kristalle eingelagert.

Farblösung zur Kotkontrastfärbung: 2,0 ml konzentrierte alkoholische Dimethylaminoazobenzol-Lösung. Zum Ansetzen ist absoluter Alkohol zu verwenden, mit 2,0 ml 0,5%iger Eosin-Lösung in 70%igem Alkohol, 2,0 ml konzentrierte Essigsäure, 20 Tropfen Iod-Lösung (kristallines Iod 0,5 g, Kaliumiodid 2,0 g, Glycerol 20,0 ml) sowie 20 Tropfen einer konzentrierten, wäßrigen Mucicarmin-Lösung mischen.

Lugol-gefärbter Kotausstrich: Ein dünner Kotausstrich wird auf einem Objektträger getrocknet, dieser anschließend dreimal durch die Flamme gezogen und so hitzefixiert. Das so vorbereitete Präparat wird mit Lugolscher Lösung (2 Volumenteile Wasser und 1 Volumenteil Lugolsche Stammlösung) ca. 5 Minuten gefärbt und vorsichtig unter Leitungswasser abgespült. Nach

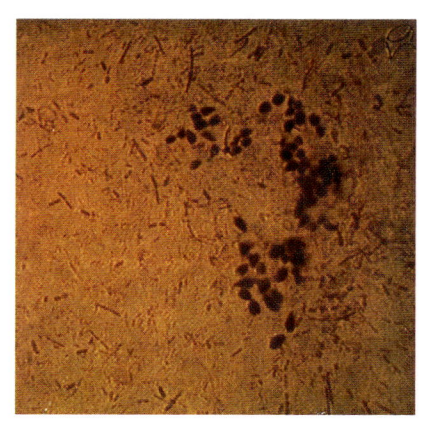

Abb. 17.56. Lugol-gefärbter Stuhlausstrich; Clostridien und saccharolytische Bakterienspezies (iodophile Keime).

Trocknung des gefärbten Kotausstriches wird das Präparat bei 1000facher Vergrößerung (Ölimmersion) mikroskopiert. Bakterien und Sporen sind bei einer betont saccharolytischen Darmflora blau gefärbt (Abb. 17.56.).

Bestimmung der D- und L-Form der Milchsäure: Erhöhte Milchsäurewerte im Kot werden bei Fäulnis- und Gärungszuständen gefunden, jedoch auch bei Disaccharidase(Lactase)-Mangel sowie bei Lactose-Resorptionsstörungen. Normalerweise wird das Gros der Kohlenhydrate in Monosaccharide aufgespalten. Bei Verdauungs- und Resorptionsstörungen gelangen die unvollkommen verdauten Kohlenhydrate in die Ileozökalregion sowie in den Dickdarm und unterliegen dort dem mikrobiellen Aufschluß, wobei es u.a. zur Bildung von Milchsäure und Essigsäure kommt. Im Gegensatz zur Essigsäure findet sich die Milchsäure bei gesunden Hunden kaum im Kot. Aber ein verminderter Disaccharidasegehalt in der Dünndarmmucosa führt zu einer Erhöhung insbesondere der L-Form der Milchsäure. Einen weiteren Lieferanten von Milchsäure findet man in den Mucopolysacchariden des Darmschleims. Durch hyaluronidasebildende Darmbakterien (Streptokokken, Staphylokokken, Clostridien) wird der Darmschleim aufgelöst, wodurch Glucosamin und Acetylglucosamin frei werden, aus denen nach Fermentation durch gesteigerte Aktivitäten einiger Darmbakteriengruppen insbesondere Milchsäure entsteht (s. Schema 17.2.).

Schema 17.2. **Bakterieller Abbau von intestinalem Schleim**

Bakterielle Mucinase
(Hyaluronidase von Streptokokken,
Staphylokokken, Clostridien usw.)
|
Glucuronsäure, Glucosamine usw.
|
Bakterielle Enzyme
(von Milchsäurebakterien)
|
Milchsäure
(Essigsäure, Buttersäure, Propionsäure usw.)

Methodik: Die Bestimmung erfolgt photometrisch in einem fett- und proteinfreien Stuhlfiltrat (VAN DE KAMER 1973).

Herstellung des Filtrates: 10 g Stuhl werden in 50–75 ml entsalztem Wasser gut gemixt und in einen 100-ml-Meßkolben überführt. Nach mehrmaliger Durchmischung werden 3 ml einer Eisen(III)chlorid-Lösung ($FeCl_3$) zugesetzt und der Inhalt mit entsalztem Wasser aufgefüllt. Danach Zugabe von 3 g Calciumhydroxid ($Ca(OH)_2$). Nach sehr intensivem Schütteln 5 Minuten stehenlassen und dann über einen Büchner-Filter mit Filterpapier ($\varnothing$ 9 cm) filtrieren. Die höheren Fettsäuren fallen in Form von Calcium-Seifen aus. Die niederen Fettsäuren bleiben im Filtrat zurück.

Herstellung der Eisenchloridlösung: 10 g $FeCl_3$ in Wasser lösen und ad 100,0 ml auffüllen. Zuvor 2 Tropfen konzentrierte Salzsäure zugeben.

Zur weiteren Verarbeitung der Kotprobe sind folgende Lösungen und Suspensionen erforderlich:

Lösung (1; Puffer): Glycin 22,8 g, Hydrazinhydrat 50,0 ml. Der Ansatz wird mit 550 ml Aqua bidest. verdünnt. Sollwert *p*H 9,0. Bei ca. +4 °C lagern, Haltbarkeit 6 Monate.

Lösung (2): 2700 mg Nicotinamidadenosindinucleotid (NAD^+) in 90,0 ml Aqua bidest. lösen. Lagerung bei +4 °C, Haltbarkeit 4 Wochen.

Suspension (3): 1 ml L-Lactatdehydrogenase (10 mg/2 ml) unverdünnt verwenden. Lagerung bei ca. +4 °C, Haltbarkeit 4 Wochen.

Suspension (4): 1 ml D-Lactatdehydrogenase (5 ml/ml). Lagerung bei +4 °C, Haltbarkeit 4 Wochen.

L-Lactat-Bestimmung (gleich in die Küvette pipettieren)

	Analyse	Leerwert
Lösung 1 (Puffer)	2,8 ml	3,2 ml
Probe	0,4	–
Lösung 2 (NAD^+)	0,2	0,2
gut mischen und E_1 messen.		
Suspension 3 L-LDH	0,02 ml	0,02 ml

gut mischen, 1 Stunde bei 25 °C inkubieren, E_2 messen. Extinktionsdifferenz des Leerwertes von der E-Differenz der Probe abziehen = ΔE L-Lactat, $(E_2-E_1)_P-(E_2-E_1)_L = \Delta E$ L-Lactat, P = Probe, L = Leerwert.

Faktor: 233,5 für Messungen bei 366 nm
$\Delta E \times$ Faktor = mg L-Lactat pro 100 g Faeces.

D-Lactat-Bestimmung:

	Analyse	Leerwert
Lösung 1 (Puffer)	2,8 ml	3,2 ml
Probe	0,4 ml	–
Lösung 2 (NAD^+)	0,2	0,2
gut mischen und E_1 messen.		
Suspension 4 D-LDH	0,02 ml	0,02 ml

gut mischen, 1 Stunde inkubieren, E_2 messen.
ΔE und Faktor s. L-Lactat-Bestimmung.

Messung: Wellenlänge 366 nm, Küvette mit 1 cm Schichtdicke, Inkubation 1 Stunde bei ca. 25 °C im Wasserbad, Messung gegen Luft. Für jede Meßreihe getrennt nach L- und D-Lactat einen Leerwert ansetzen.

Milchsäurewerte von über 30 mg/100 g Faeces (Summe beider Milchsäureformen) weisen auf eine gestörte Kohlenhydratverdauung oder -absorption hin. Werte über 150 mg/100 g gestatten Hinweise auf ein enterokolitisches Geschehen.

Bestimmung des Gesamtstickstoffgehaltes: Dieser Labortest dient der Erfassung einer Maldigestion und/oder einer Malabsorption (Probekost mit standardisiertem Dosenfutter).

Durch das Veraschen mit konzentrierter Schwefelsäure (H_2SO_4) werden alle organischen Verbindungen „zerstört". Der Kohlenstoff entweicht in Form von Kohlendioxid (CO_2), der Stickstoff wird in Ammoniumsulfat (($NH_4)_2SO_4$) überführt und verbleibt im Reaktionsgemisch ebenso wie alle nichtflüchtigen Bestandteile als Sulfate. Zugesetztes Kaliumsulfat (K_2SO_4) dient zur Siedepunkterhöhung und hat eine wasserentziehende Wirkung. Kupfersulfat ($CuSO_4$) wirkt als Katalysator. Bei der Wasserdampfdestillation setzt die starke Base (NaOH) die schwache Base (NH_4OH) aus dem Ammoniumsulfat frei. Dabei wird das entstandene Ammoniak durch einen Wasserdampfstrom mitgerissen und in der vorgelegten Schwefelsäure neutralisiert. Ammoniak liegt damit wieder als Ammoniumsulfat vor. Die überschüssige Schwefelsäure wird zurücktitriert.

Methodik: 2 g Kot werden in ein chemisch neutrales Wägeschiffchen eingewogen und zusammen mit 3 g $K_2SO_4/CuSO_4$-Gemisch und 3–4 Siedesteinchen in einen Kjeldahl-Kolben vorgelegt. Danach setzt man 10 ml konzentrierte Schwefelsäure zu und bringt die Lösung in einem Kjeldahl-Apparat zum Kochen (langsam mit 30 °C beginnen, um Siedeverzug zu verhindern). Mit Erhöhung der Temperatur wird gleichzeitig die Wasserstrahlpumpe zum Absaugen der Dämpfe langsam stärker gestellt. Sobald die Probe klar, d.h. grünblau ist, noch eine Stunde sieden lassen. Der Inhalt des Kjeldahl-

Kolbens wird durch möglichst häufiges Auswaschen mit Aqua dest. in einen 50-ml-Meßkolben überführt und mit destilliertem Wasser aufgefüllt. Von diesen 50 ml wird ein Aliquot (10 ml) in einen Wasserdampf-Destillationsapparat pipettiert. Anschließend werden 20 ml einer 32%igen NaOH zugegeben. In der Vorlage (Auffanggefäß) befinden sich 15 ml einer 0,1 N H_2SO_4. Die überschüssige H_2SO_4 in der Vorlage wird mit 0,1 N NaOH zurücktitriert (Indikator = Mischindikator).

Herstellung des Aufschlußgemisches: Ansatz von $K_2SO_4/CuSO_4 \cdot 5 H_2O$: 97,5 g K_2SO_4 + 2,5 g $CuSO_4$ + 5 H_2O mischen.

Berechnung:

$$\frac{V \cdot 350 \cdot \text{24-h-Faecesmenge}}{100 \cdot 1000} = \text{g Stickstoff in 24-h-Faecesmenge}$$

V = „Verbrauch" an 0,1 N H_2SO_4 (als $(NH_4)_2SO_4$ gebunden): 15 ml 0,1 N H_2SO_4 minus Verbrauch an 0,1 N NaOH zur Rücktitration. Die Differenz („Verbrauch") ist der „gebundene" Ammoniak-Anteil.

350 = $\frac{5 \cdot 0,1 \cdot 14 \cdot 100}{2}$
5 = 10 ml · 5 = 50 ml aufgeschlossene Menge,
0,1 = Normalität der NaOH,
14 = Atomgewicht des Stickstoffs,
100 = Bezug auf 100 g Faeces,
1000 = bezogen auf g,
2 = eingewogene Faecesmenge in g.

Pathologischer Bereich: über 2,5 g/24-h-Faecesmenge.

Bestimmung der Gesamtfettsäuren: Eine gestörte Digestion oder Resorption von Fett führt zur Steatorrhoe, die bei Maldigestion, bei Malabsorption, jedoch auch bei chronischer Enteritis, bei Pankreasinsuffizienz sowie Gallensäurendefizit auftritt.

Prinzip: Neutralfette sind Triglyceride, sie werden durch Kochen in alkalischer Kalilauge (Hydrolyse) chemisch gespalten. Danach liegen die Fettsäuren in Form ihrer Kalisalze vor. Die überschüssige Kalilauge wird durch Salzsäure neutralisiert (KCl fällt aus). Hierbei werden die Salze in die freien Fettsäuren überführt. Diese freien Fettsäuren gelangen durch Extraktion mit Petrolether in die Petrolether-Phase. Die organische Phase wird abgezogen, eingedampft und im Gemisch mit Alkohol gegen Natronlauge titriert (Indikator Thymolblau).

Methodik: In ein chemisch neutrales Wägeschiffchen werden 5 g Kot eingewogen und in einen Rundkolben gegeben unter Hinzufügung von 4–5 Siedesteinchen. Dann pipettiert man 10 ml 33%ige Kalilauge und 40 ml Ethanol/Amylalkohol (99,6/0,4 Gewichtsanteile). Den Kolbeninhalt am Rückflußkühler 20 Minuten sieden lassen. Nach dem Abkühlen den Kolben vom Rückflußkühler trennen und 17 ml 25%ige Salzsäure langsam zugeben (Neutralisationswärme). Dann wieder gut abkühlen lassen. Nach diesem Vorgang sind 50 ml Petrolether (Siedepunkt 60–80 °C) hinzuzufügen und der Kolben mit einem Schliffstopfen zu verschließen: gut schütteln (zwischendurch belüften) und so lange stehenlassen, bis eine glatte Oberfläche im Kolben zu erkennen ist. Vom Überstand 25 ml abpipettieren und in einem Rundkolben am Rotationsverdampfer unter Vakuum das Lösungsmittel verdampfen lassen, sodann Rückstand in 10 ml Ethanol (neutralisiert) aufnehmen, 3 Tropfen Thymolblau dazugeben und gegen 0,1 N Natronlauge titrieren (VAN DE KAMER 1973).

Herstellen der Lösungen: a) 33%ige Kalilauge (KOH): 33 g KOH reinst mit destilliertem Wasser ad 100 g. b) Ethanol/Amylalkohol: 99,6 g Ethanol (96% reinst) +0,4 g Amylalkohol (reinst).

Berechnung:

Berechnungsformel: $\frac{A \cdot 284 \cdot 1,04 \cdot 2 \cdot 100}{10000 \cdot Q}$

$= \frac{5,91 \cdot A}{Q}$ = g Fettsäuren/100 g Faeces

Anzuwendende Formel:

$\frac{5,91 \cdot A}{Q} \cdot \frac{\text{24 h-Faecesmenge}}{100}$

= g Fettsäuren/24-h-Faecesmenge

A = ml Verbrauch von 0,1 N NaOH (Titration),
Q = eingewogene Faecesmenge,
284 = mittleres Molekulargewicht der Fettsäuren,
1,04 = Korrekturfaktor für 2 verschiedene unmischbare Flüssigkeiten (Alkohol-Wasser-Phase, Petrolether-Phase).

Nachweisbereich: physiologischer Bereich bis 3,5 g/24-h-Faecesmenge, fraglicher Bereich von 4–5 g/24-h-Faecesmenge, pathologischer Bereich über 5 g/24-h-Faecesmenge.

17.4.7. Darmparasiten

Parasiten stehen häufig mit Störungen im Intestinaltrakt im Zusammenhang, es ist jedoch nicht immer davon auszugehen, daß Parasitenbefunde die alleinigen Ursachen von Magen- und Darmerkrankungen sind. Bei den **Helminthen** im Digestionstrakt handelt es sich meist um *Toxocara canis, Toxascaris leonina, Uncinaria stenocephala, Trichuris vulpis, Dipylidium caninum, Taenia pisiformis, Taenia hydatigena*, seltener um *Ancylostoma caninum, Strongyloides stercoralis, Spirocerca lupi, Diphyllobothrium latum, Mesocestoides lineatus*, andere *Taenia*-Arten und *Echinococcus granulosus*.

17. Verdauungsorgane, Abdomen, Hernien   513

In erster Linie werden Welpen bzw. junge Hunde von Darmparasiten befallen. Nach SCHAWALDER (1976) wurden 78,06% aller Ascariden-Befunde bei Hunden festgestellt, die jünger waren als ein Jahr, 10,97% bei ein- bis zweijährigen Hunden. Bei Hakenwürmern und Trichuriden liegen die Verhältnisse ähnlich, 60% entfallen auf die Altersklasse jünger als ein Jahr, 10% auf Tiere zwischen dem 1. und 2. Lebensjahr und unbedeutende Prozentzahlen auf ältere Tiere.

Bei den *Spulwürmern* unterscheidet man zwei Arten: *Toxocara canis* (Abb. 17.57.) und *Toxascaris leonina* (Abb. 17.58.). Zum Entwicklungszyklus von *Toxocara canis* gehört eine viszerale Wanderung mit dem Weg über Pfortader, Leber und Lunge. Dabei können sich die Larven in Muskeln oder Organteilen ansiedeln (Abb. 17.59.) und nach längerer Verweildauer, insbesondere vor oder nach der Geburt, aktiviert werden, wodurch es zu einer transplazentaren und galaktogenen Infektion kommt. Der Lebenszyklus von *Toxascaris leonina* im Hund beschränkt sich bei der Entwicklung der Larvenstadien auf die Darmwand. Hündinnen bilden gegen adulte *Toxocara canis* eine steigende Immunität aus, und zwar vom 5. Lebensmonat an, beim Rüden erst ab dem 8. Monat und gelegentlich noch später. Daraus folgt, daß ein Rüde länger adulte Stadien von *Toxocara canis* beherbergen kann (FRIEDHOFF 1982).

Von *Hakenwürmern* werden vorwiegend Junghunde befallen, und zwar nördlich der Alpen insbesondere von Uncinarien (Abb. 17.60.). Mit dem Befall geht eine zunehmende Immunitätsbildung einher, die mit dem Alter steigt. Eine Geschlechtsdisposition ist nicht vorhanden. Larven

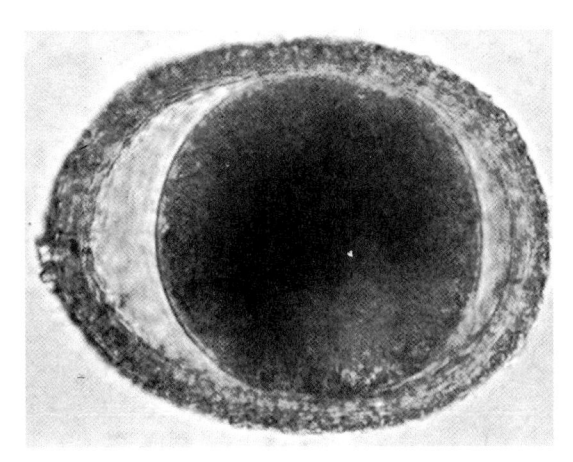

Abb. 17.57. *Toxocara-canis*-Ei. (STOYE, Hannover).

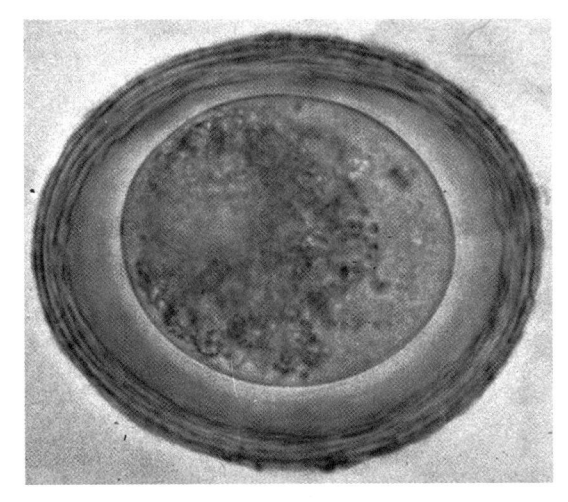

Abb. 17.58. *Toxascaris-leonina*-Ei. (STOYE, Hannover).

Abb. 17.59. Parenchymdefekt durch Larven von *Toxocara canis*. (STOYE, Hannover).

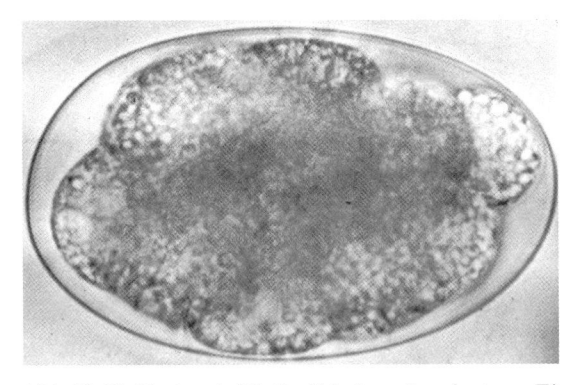

Abb. 17.60. *Uncinaria*-Ei, ähnlich dem *Ancylostoma*-Ei, beide morphologisch nicht zu unterscheiden. (STOYE, Hannover).

Zu den **Protozoen** gehören *Giardia canis* und Kokzidien (*Cystoisospora canis, C. ohioensis, C. burrowsi, Hammondia heydorni, Sarcocystis* spp.), seltener Amöben *(Entamoeba histolytica).*

33 Freudiger, Hundekrankheiten, 2. A.

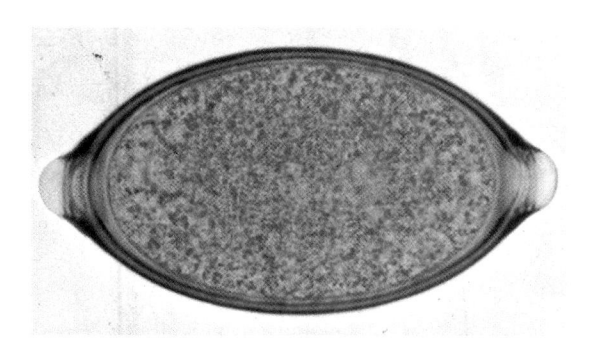

Abb. 17.61. *Trichuris*-Ei. (Institut für Parasitologie, Hannover).

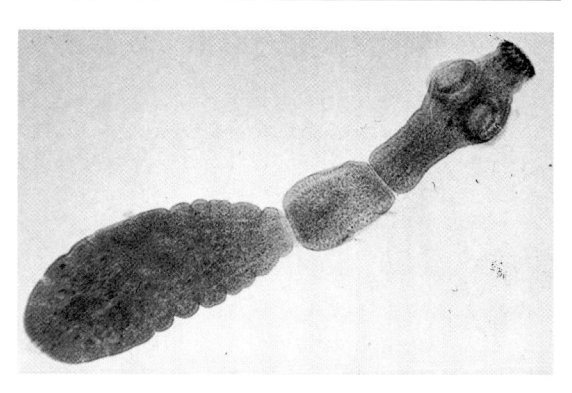

Abb. 17.64. *Echinococcus granulosus*. (Institut für Parasitologie, Hannover).

Abb. 17.62. *Trichuris* spec. (Institut für Parasitologie, Hannover).

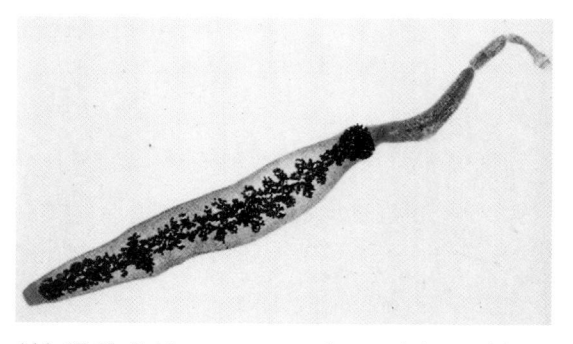

Abb. 17.65. *Echinococcus granulosus*, adult, gravid. (Institut für Parasitologie, Hannover).

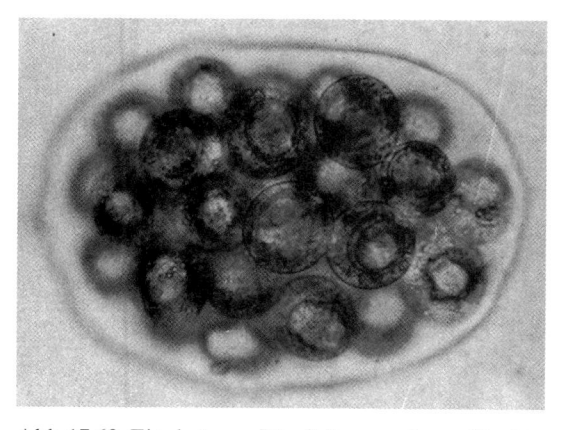

Abb. 17.63. Eipaket von *Dipylidium caninum*. (Institut für Parasitologie, Hannover).

von *Ancylostoma caninum* und *Uncinaria stenocephala* können über die Haut in den Körper eindringen, sie vermögen auch beim Menschen eine viszerale Wanderung zu unternehmen und im Gewebe zu persistieren, ähnlich wie Larven von *Toxocara canis*. Nach oraler Infektion bleibt eine viszerale Wanderung meist aus, es kommt zur unmittelbaren Ansiedlung im Dünndarm. Perkutan aufgenommene Larven dringen in den Blut-Lungen-Kreislauf ein. Zu einer galaktogenen Larvenübertragung kommt es nicht nur nach erfolgter Infektion, sondern auch nach Reaktivierung im Muttertier; denn bei Infektion einer Hündin ist bei mehreren aufeinanderfolgenden Laktationen eine galaktogene Infektion möglich. Die Larvenausscheidung beginnt gleich nach der Geburt, erreicht in den ersten Wochen post partum den Höhepunkt und fällt danach wieder ab. Wenn Hakenwürmer eine akute Diarrhoe begleiten und zu enteritischen Veränderungen führen, muß die Infektion sehr ausgeprägt sein.

Peitschenwürmer (*Trichuris vulpis*; Abb. 17.61., 17.62.) vermögen primär eine meist chronisch verlaufende Enterokolitis zu unterhalten. Bei Hunden, die älter als zwei Jahre sind, werden Trichuriden seltener gefunden. Auch hier konnte eine Rassen- und Geschlechtsdisposition nicht beobachtet werden. Die Eier dieses Parasiten sind – außer gegen Hitze und Austrocknung – sehr widerstandsfähig, und die Larven im Ei können mehrere Jahre leben.

Fadenwürmer (*Strongyloides stercoralis*) werden am häufigsten bei Welpen gefunden, die in Zwingern aufgewachsen sind, in denen unhygienische Verhältnisse herrschen. Die Infektion ist meistens die Ursache einer Diarrhoe. Dieser Parasit vermag auch den Menschen zu infizieren.

Bandwürmer kommen seltener als andere Helminthen vor. Die Ursache dafür ist die Abhängigkeit vom Lebensraum der obligaten Zwischenwirte. Die häufigste Verbreitung findet *Dipylidium caninum* (Abb. 17.63.), da bei ihm Flöhe oder Haarlinge zu den ubiquitären Zwischenwirten zählen.

Dem Bandwurm *Mesocestoides lineatus* dienen als erster Zwischenwirt eine Hornmilbe und als zweiter Amphibien, Reptilien und kleinere Wirbeltiere oder milbenfressende Vögel (Haushuhn, Pute usw.).

Diphyllobothrium latum benötigt als ersten Zwischenwirt den Wasserfloh und als zweiten einen Fisch.

Echinococcus granulosus (Abb. 17.64.–17.66.) hat aus humanhygienischer Sicht die größte Bedeutung, da die Larven nicht nur Tiere, sondern auch Menschen befallen können und schwere, mitunter sogar tödlich ausgehende Erkrankungen hervorrufen. Diesem Bandwurm dienen als Zwischenwirt Haus- und Wildtiere. Eine Aufnahme der Finnen durch den Hund ist möglicherweise bei Hausschlachtungen gegeben. Der Hund scheidet nach Echinokokken-Befall winzige, nur wenige Millimeter lange Proglottiden mit dem Kot aus, die makroskopisch kaum auffallen.

Taenia hydatigena: Dieser Bandwurmart dienen als Zwischenwirt Pflanzenfresser, die Finnen sitzen vornehmlich in der Leber und im Gekröse.

Taenia pisiformis (Taenia serrata; Abb. 17.67., 17.68.): Zwischenwirte sind Hasen, Kaninchen sowie Nager. Durch Aufnahme des rohen Aufbruches wird dieser Bandwurm insbesondere bei Jagdhunden gefunden. Die gleichen Zwischenwirte hat *Taenia serialis* (*Multiceps serialis*). *Taenia cervi* wird ebenfalls meist bei Jagdhunden an-

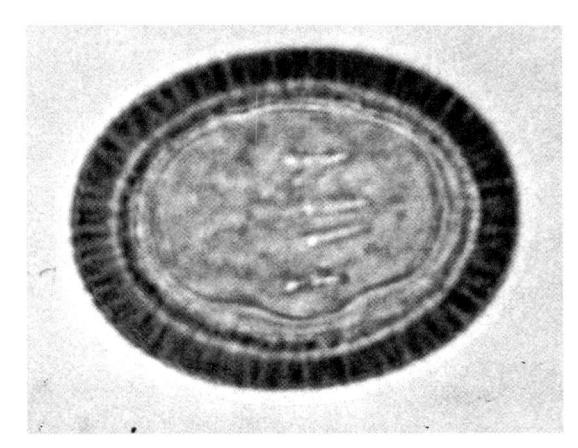

Abb. 17.66. Ei von *Echinococcus granulosus*. (Institut für Parasitologie, Hannover).

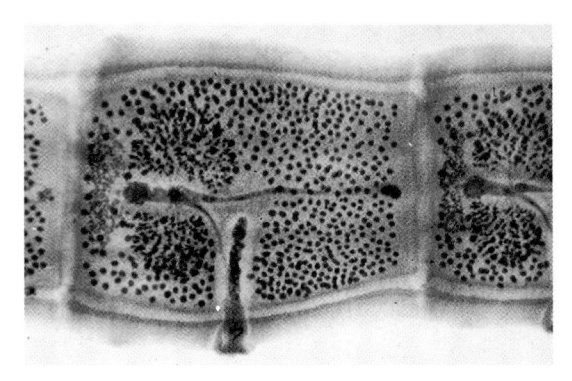

Abb. 17.67. *Taenia pisiformis*, geschlechtsreif. (STOYE, Hannover).

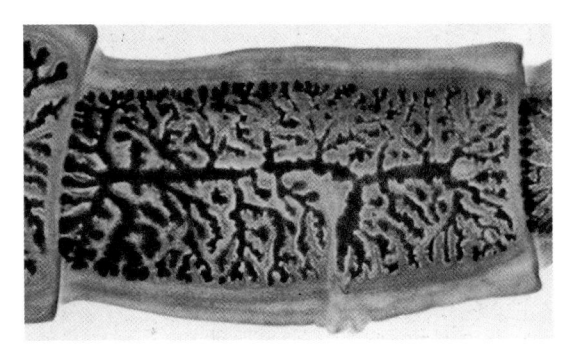

Abb. 17.68. *Taenia pisiformis*, gravid. (STOYE, Hannover).

getroffen, da das Reh-, Rot- und Damwild Zwischenwirt ist. *Taenia ovis* hat als Zwischenwirt kleine Wiederkäuer (Schaf, Ziege).

Protozoen-Infektionen durch *Amöben* (*Entamoeba histolytica*) oder *Flagellaten* (*Giardia in-*

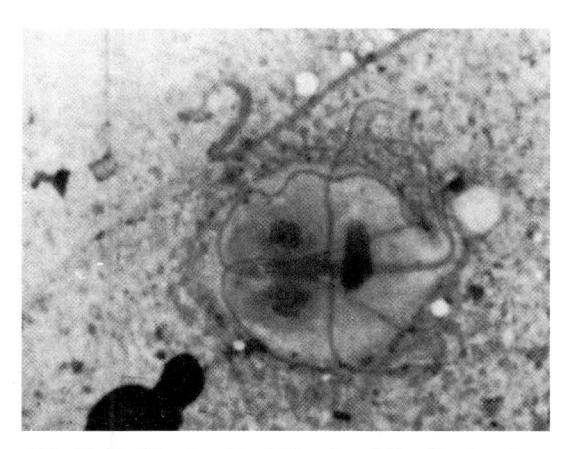

Abb. 17.69. *Giardia chinchillae*, Lamblia. (Institut für Parasitologie, Hannover).

testinalis) sowie *Kokzidien* haben häufiger einen Zusammenhang mit gastrointestinalen Störungen, als allgemein angenommen wird. Kokzidien kommen besonders bei jungen Hunden vor und bleiben bei erwachsenen Tieren meist ohne klinische Symptome. Dies wird auf eine erworbene Immunität zurückgeführt, die sich bei mehrmaligen leichtgradigen Infektionen einstellen kann. Protozoen wie *Giardia* (Abb. 17.69.) werden bei Hunden auch im normalen Kot gefunden, bei Versuchshunden sind Giardien gelegentlich innerhalb der Darmzotten-Zwischenräume und auf den epithelialen Zellen der Darmzotten festgestellt worden, ohne daß sie eine Diarrhoe verursacht hatten. Ist jedoch die Besiedlung sehr groß, und überwuchern die Giardien in großem Umfang die Epithelschicht, kann eine Diarrhoe ausgelöst werden. Obwohl nicht bekannt ist, daß Giardien die Fähigkeit zum Eindringen in die Zelle besitzen, werden doch Antikörper gegen sie produziert. Eine Wechselwirkung zwischen der Mikroflora und den Protozoen scheint zu bestehen, da die Protozoen durch die bakteriellen Stoffwechselaktivitäten in ihrer Entwicklung unterdrückt werden. Mit einer Veränderung der normalen Mikroflora kommt es zu einer Erhöhung der Protozoenzahlen. Da Giardien wahrscheinlich nicht sehr wirtsspezifisch und für den Menschen pathogen sind, müssen Giardien-Befunde beim Hund als Infektionsreservoir angesehen werden (FRIEDHOFF 1982).

Kokzidien können bei Hunden Diarrhoen verursachen. Sehr häufig liegen bei einer Kokzidiose primäre Grunderkrankungen des Darmes vor; eine Eosinophilie kann mit einer Kokzidiose einhergehen. Diese Protozoen vermehren sich in den Epithelien und subepithelialen Zellen. Erwachsene Tiere entwickeln nach der Infektion eine Immunität gegen Kokzidien. Am häufigsten sind *Sarcocystis*-Infektionen, seltener werden *Cystoisospora*-Arten, *Isospora burrowsi* und *Hammondia heydorni* nachgewiesen (Abb. 17.70. bis 17.72.). *Sarcocystis*- und *Hammondia*-Infektionen verlaufen beim Hund fast stets inapparent. *C. ohioensis* und besonders *C. canis* können bei stärkerem Befall Inappetenz, Apathie, Fieber und Abmagerung verursachen. Diarrhoe tritt auch bei Befall mit *C. ohioensis* auf. Mischinfektionen mit beiden *Cystoisospora*-Arten können sogar zu blutigem Durchfall führen (BECKER 1980). Hunde infizieren sich indirekt durch Aufnahme von Frischfleisch (*Sarcocystis, Hammondia*), Mäusen (*Cystoisospora*) oder direkt durch Aufnahme versporter Oozysten mit kontaminiertem Futter u. a. (*Cystoisospora*). Erhitztes oder tiefgefrorenes Fleisch ist unbedenklich. Eine Kontamination mit

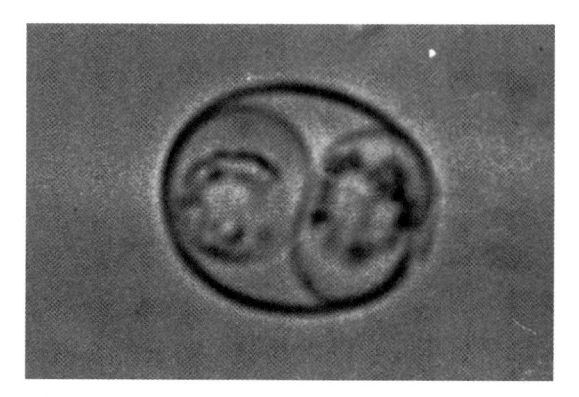

Abb. 17.70. *Hammondia* spec., Oozyste versport. (Fotoarchiv, Hannover).

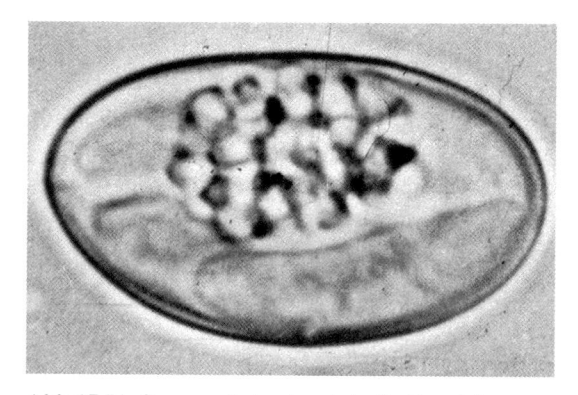

Abb. 17.71. *Sarcocystis bovicanis* (s. *fusiformis*), Sporozyste. (Institut für Parasitologie, Hannover).

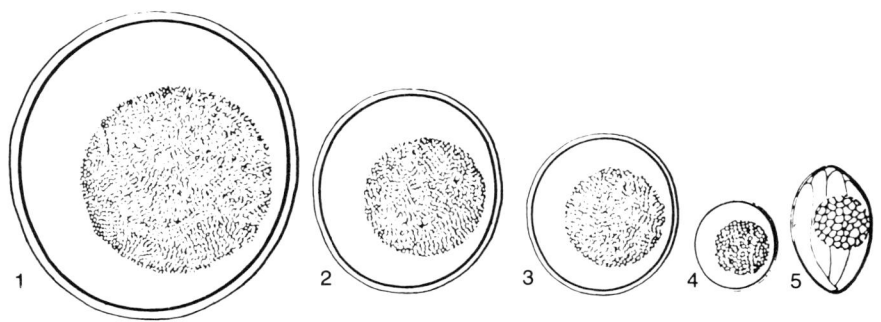

Abb. 17.72. Kokzidien im frischen Hundekot:
1. *Cystoisospora canis* (ca. 38 μm);
2. *C. ohioensis* (ca. 25 μm);
3. *C. burrowsi* (ca. 20 μm);
4. *Hammondia heydorni* (ca. 12 μm);
5. *Sarcocystis* spec.

Oozysten läßt sich bei hygienischer Haltung weitgehend verhindern.

Entamoeba histolytica wird vor allem im Mittelmeerraum gefunden, ist jedoch weiter verbreitet, als allgemein angenommen wird. Die Amöben dringen in die intestinale Schleimhaut ein und verursachen dadurch Diarrhoe.

Balantidium coli wird selten angetroffen. Nach STROMBECK (1981) wurde in mehreren Fällen eine Beteiligung an akuter ulzeröser Kolitis festgestellt. Das Eindringen könnte jedoch auch sekundär erfolgt sein.

Diagnose: Im Vordergrund stehen Darmstörungen, die mit mehr oder weniger ausgeprägten Durchfällen, die auch blutig sein können, einhergehen. Die Futteraufnahme kann normal, aber auch gestört sein. Bei Fortbestehen der Wurminfektion oder bei massivem Befall erscheint insbesondere bei Welpen der Bauch aufgetrieben, das Tier magert zunehmend ab. Bei hochgradigem Befall kommt es zur Anämie. Sichere diagnostische Hinweise liefern Laboruntersuchungen.

Kotuntersuchung auf Parasiten: Hierzu ist in jedem Fall eine Anreicherung der Wurmeier erforderlich. Diese kann durch Flotation (Auftrieb) oder durch die MIFK-Methode erreicht werden (s. S. 509).

Therapie: Eng verbunden mit der Therapie ist die Prophylaxe. Muttertiere und Welpen sind frühzeitig zu entwurmen. Die Bekämpfung der *Toxocara-canis-* und *Ancylostoma-caninum*-Infektion ist durch eine regelmäßige Behandlung des infizierten Muttertieres oder durch wiederholte, frühzeitige Behandlung der infizierten Welpen möglich. Die inhibierten Larven in der Hündin sind durch tägliche Behandlung mit 100 mg/kg KM Fenbendazole, Panacur® vom 30. Tag der Gravidität bis zur Geburt erreichbar. Die erste Behandlung der Welpen sollte im Alter von 14 Tagen erfolgen. Um die weitere Larvenübertragung zu unterbinden, sind Behandlungen in wöchentlichen Abständen bis zwei oder drei Wochen nach dem Absetzen notwendig (mit Mebendazol oder Pyrantel). Gegen *Trichuris*-Spezies empfiehlt sich als Anthelminthikum Mebendazol. Eine Therapie gegen die in Welpen nachgewiesenen Fadenwürmer (*Strongyloides stercoralis*) ist mit Thiabendazol angezeigt. Die Behandlung soll wiederholt erfolgen, und zwar nach einer dreimaligen Verabreichung 6 behandlungsfreie Tage.

Therapie bei Bandwurmbefall: Ein bevorzugtes Bandwurmmittel ist Praziquantel, das gegen alle Bandwürmer (auch gegen *Echinococcus granulosus*) voll wirksam und darüber hinaus gut verträglich ist. Weiterhin können Niclosamid (bei *Dipylidium* nicht immer, bei *Echinococcus* und *Mesocestoides* nicht wirksam) und Mebendazol angewendet werden.

Zur *Bekämpfung der Kokzidiose* des Hundes eignet sich Sulfadimethoxin. Dem Amprolium (Amprolvet®) wird ebenfalls eine gute Wirksamkeit zugesprochen. Zur Therapie einer durch Flagellaten hervorgerufenen Enteritis (Giardiasis = Lambliasis) ist Metronidazol oder Diloxanitfuroat (Furamide®) nur bedingt geeignet und sollte schweren Verlaufsformen vorbehalten bleiben.

17.4.8. Darmobturation, Ileus, Invagination, Volvulus

Ätiologie und Pathophysiologie: Eine Verlegung des Darmlumens erfolgt durch funktionellen oder durch Obstruktionsileus, durch Ineinanderschieben von Darmteilen (Invagination), durch Adhäsion, Torsion, durch Volvulus oder durch Einschieben von Darmteilen in abdominale Bruchpforten (Inkarzeration). Beim funktionellen Ileus ist zwischen einem paralytischen Ileus (z. B. nach Bauchoperationen; Abb. 17.73.) und einem spastischen Ileus (nach Schock infolge von Unfällen

518 17. Verdauungsorgane, Abdomen, Hernien

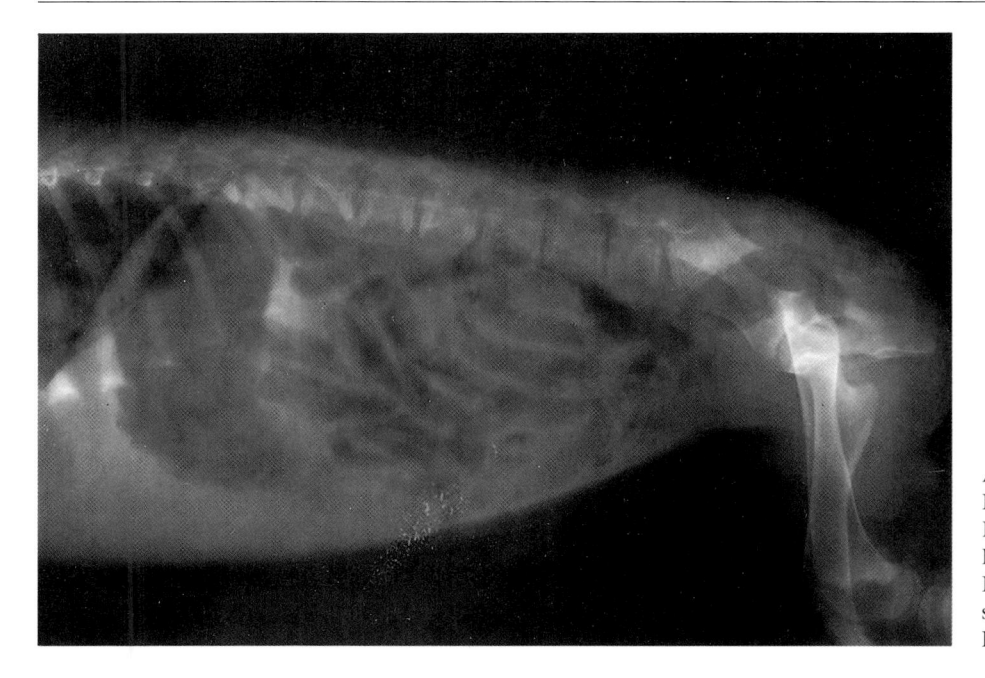

Abb. 17.73. Paralytischer Ileus eines drei Monate alten Hundes. (Klinische Radiologie, FU Berlin).

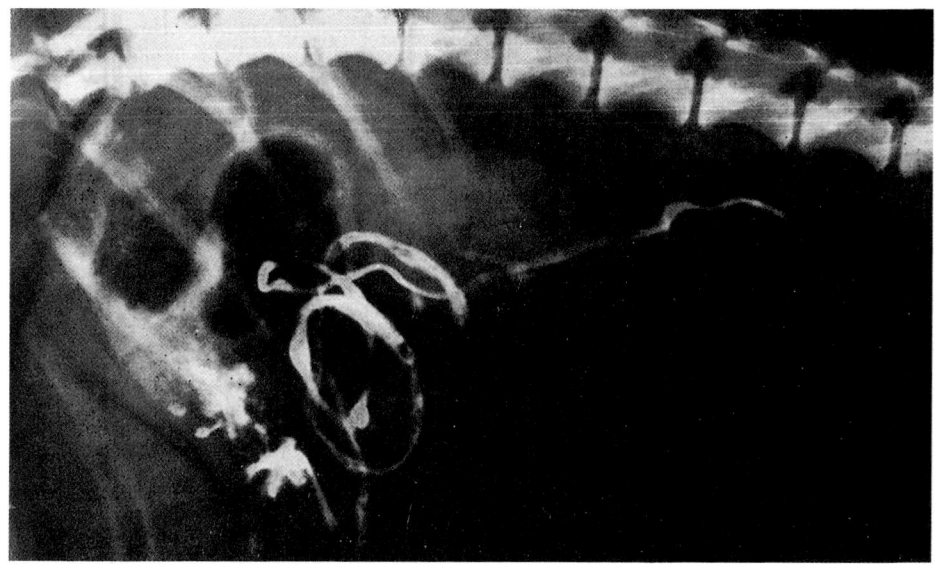

Abb. 17.74. Darmspasmus des Duodenums und von Teilen des Jejunums. (HENSCHEL, Berlin).

oder Beißereien; Abb. 17.74.) zu unterscheiden. Der Obstruktionsileus wird durch Fremdkörper oder durch Wurmanschoppungen, vor allem bei Welpen, ausgelöst (Abb. 17.75., 17.76.). Zu einem Strangulationsileus kann es durch Verwachsungen nach Bauchoperationen kommen, z.B. mit dem Stumpf des Mesovariums nach Ovariohysterektomie. Verschluckte Schnüre vermögen einen partiellen oder totalen Ileus hervorzurufen. Eine Invagination des Darmes erfolgt häufig am Übergang vom Ileum in das Zäkum und kommt überwiegend bei Welpen vor. Die Ursache liegt in einer sehr starken Verwurmung oder einer schweren Enteritis. Kleinere und weiche Fremdkörper, die sich dem Darmlumen zunächst anpassen (Stoffteile, Verbandmaterial, Strümpfe, Plastikteile, Korken usw.) und nicht sogleich zum Ileus führen, können ebenfalls eine Invagination auslösen. Adhäsionen treten mitunter als Folge von Bauch- oder Darmoperationen auf oder stehen im

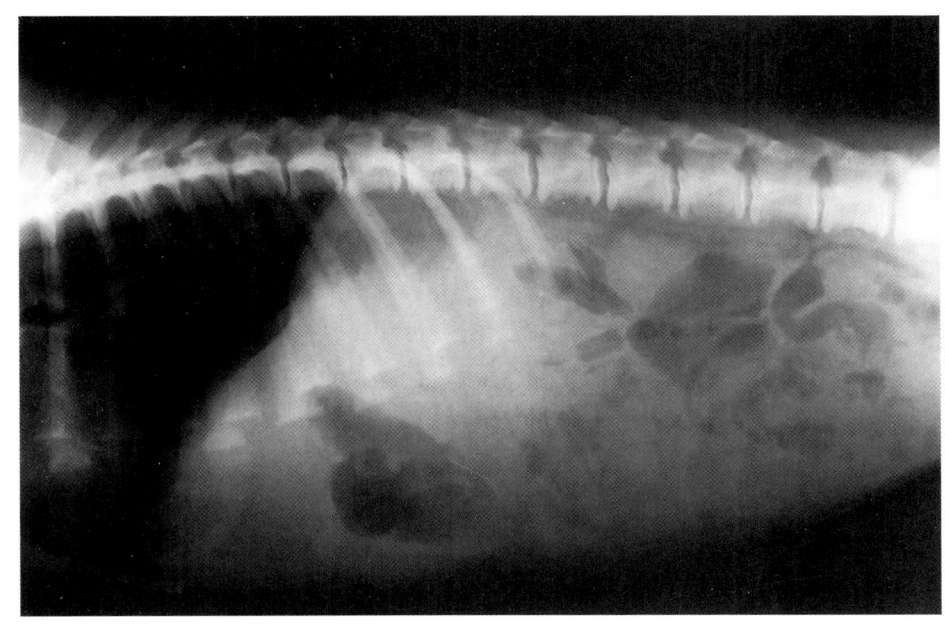

Abb. 17.75. Obstruktionsileus bei einem vier Monate alten Hund. Im Bereich des ventralen Leberabschnitts stellt sich eine Nadel dar. (Klinische Radiologie, FU Berlin).

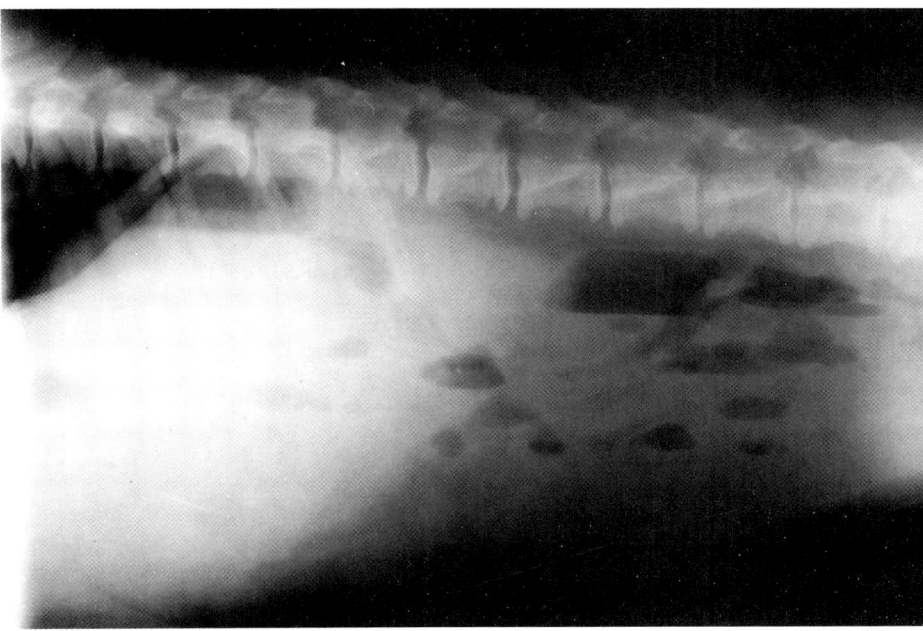

Abb. 17.76. Typische Gaskappenbildung bei einem Obstruktionsileus. Die Röntgenaufnahme erfolgte beim stehenden Hund. (Klinische Radiologie, FU Berlin).

Zusammenhang mit umfangsvermehrenden Prozessen. Im Gegensatz zur Torsion handelt es sich beim Volvulus um eine Zudrehung des Dünndarmes unter Einbeziehung des Mesenteriums. Bei einer Verlegung des Darmlumens erfolgt ein extrazellulärer Flüssigkeitsaustritt, dadurch kommt es durch Elektrolytverlust (Hydrogencarbonat) zur Exsikkose und später zur metabolischen Azidose. Bei allen Ileus-Formen und Invaginationen treten infolge venösen Staus bzw. Ischämie der Darmwand Bakterien und deren Toxine aus dem Darmlumen in die Bauchhöhle. Durch Resorption über das Peritoneum kann dies zu einem enterotoxämischen Schock führen.

Anamnese und Krankheitsbild: Das klinische Bild im akuten Stadium ist gekennzeichnet von Inappetenz, Erbrechen (auch Bariumbrei beim Röntgen) und sistierendem Kotabsatz. Im weiteren Verlauf kommt Apathie hinzu. Oft zeigen die Tiere Unruhe, stöhnen und nehmen häufig die sog. Gebetsstellung ein (bei hochgestellter Hinterhand bleiben die Tiere auf den Vordergliedmaßen liegen), um durch Entlasten der Bauchdecke die Schmerzen im Abdomen zu lindern. Bei der Palpation des Abdomens im akuten Zustand ist die Bauchmuskulatur stark angespannt und sind Schmerzäußerungen auszulösen. Später (bis zu 3 Tagen) erschlafft die Bauchmuskulatur, so daß Veränderungen des Darmes oder gar ein Fremdkörper ertastet werden können. Besteht eine Invagination, so ist ein derbzylindrischer Strang (Abb. 17.77.) zu fühlen, der sich seitwärts verschieben, aber im Gegensatz zu einer Kotanschoppung nicht eindrücken läßt. Bei einer Invagination mit noch offenem Lumen ist der Allgemeinzustand besser als beim vollständigen Ileus. BARTELS (1978) stellt beim Ileus die Lage der Verschlußstelle besonders heraus. Je näher diese dem Magen liegt, um so schwerwiegender können die Folgen sein. Bei einer Obturation im Duodenum beträgt die Überlebenszeit ohne Operation 3–4 Tage und bei einer im Ileum 5–7 Tage. Besteht eine vollständige Verlegung des Darmlumens, so sammeln sich vor der Obturationsstelle Sekrete, Futterreste und Gase an. Eine Parese des Dünndarmes gehört im weiteren Krankheitsverlauf zu den Komplikationen. Der Volvulus, meist im Ileum auftretend, ist gekennzeichnet durch plötzliche Schmerzäußerung, die auch durch Palpation ausgelöst werden kann, sowie durch Aufblähung des Bauches und schnelles Eintreten einer Kreislaufschwäche. Blutstau in den betroffenen Darmteilen und Toxinwirkung stehen im Vordergrund des Krankheitsgeschehens.

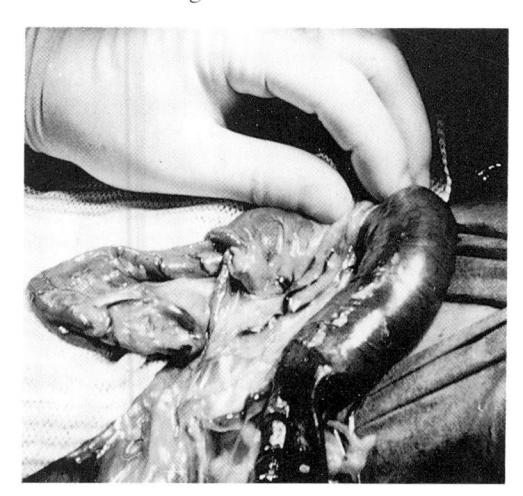

Abb. 17.77. Operationsaufnahme einer Darminvagination, bei der Palpation als derber Strang zu fühlen. (BARTELS, Frankfurt/M.).

Diagnose: Die Diagnose wird insbesondere in akuten Fällen röntgenologisch gestellt. Beim gesunden Hund ist der gesamte Dünndarm meist nach $2^1/_2$–$3^1/_2$ Stunden mit Kontrastmittel gefüllt. Wenn sich das Zäkum zu füllen beginnt, kann das Ileum als der Dünndarmabschnitt identifiziert werden, der an der Grenze zwischen Zäkum und Kolon in den Dickdarm mündet. An den Dünndarmschlingen vor dem Verschluß erkennt man oft ein enges, mit Bariumsulfat gefülltes Lumen und gelegentlich verdickte Wände. In den Darmschlingen sind teilweise vermehrt Gasansammlungen (Abb. 17.78.), die im Dünndarm bläschenhaft und im Dickdarm als mehr oder weniger große Blasen verteilt sind (LOEFFLER und MAHLER 1979). Bei Verwendung der Kontrastmitteldarstellung läßt sich die Lokalisation einer Verlegung durch Gasansammlungen nicht feststellen, da die Gasblasen mit dem Kontrastmittel weiterwandern. Besteht ein Fremdkörperileus, so gelangt der Kontrastbrei nur selten an den Fremdkörper; er bleibt vielmehr in den vorliegenden Darmabschnitten liegen, wobei sich im vorderen Bereich des mit Kontrastmittel gefüllten Darmlumens oft eine Gasblase zeigt. Im Magen stellt sich eine Sedimentierung des nicht ausreichend weitertransportierten Kontrastmittels dar. Ist das Darmlumen nicht vollständig verlegt, so fließt das Kontrastmittel am Fremdkörper vorbei und macht diesen so sichtbar (Abb. 17.79.). Verschluckte Schnüre oder Stoffteile können einen partiellen oder totalen Ileus hervorrufen. Lange Schnüre oder Fäden führen zur Auffädelung des Darmes (Abb. 17.80.), wenn die Peristaltik über einen festsitzenden Schnurteil weiter abläuft. Differentialdiagnostisch muß hier an eine Invagination gedacht werden, da sich u. U. die aufgereihten Darmteile als zylindrischer Strang anfühlen (BARTELS 1978). In die Untersuchung sind immer die Mundhöhle und der Zungengrund einzubeziehen, um eine eventuelle Fixierung der Schnur festzustellen. Ein unter Spannung stehender Fremdkörper (z.B. abgeschluckter Gummiball) kann eine Drucknekrose an der Darmschleimhaut hervorrufen.

Serumparameter bei Obstruktionsileus: Bei einem experimentell erzeugten Dünndarmverschluß sind durch laborchemische Serumuntersuchungen Parameter für einen Obturationsileus des Dünndarmes ermittelt worden. Die klinisch-chemischen Parameter wurden aus peripherem Venenblut erhoben: Nach akuter Dünndarmobturation ließen sich eindeutig biphasische Verläufe von Parametern, wie Gesamteiweiß, organisches Phos-

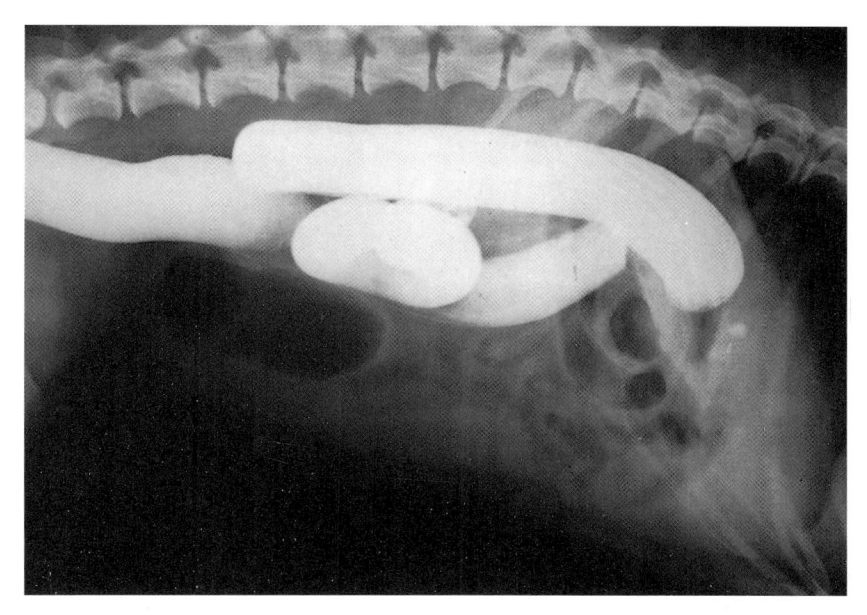

Abb. 17.78. Prästenotische Aufgasung im Jejunum. Retrograde Auffüllung des gesamten Dickdarmes erfolgte, um den erweiterten Darmabschnitt als dem Dünndarm zugehörig zu erkennen. (HENSCHEL, Berlin).

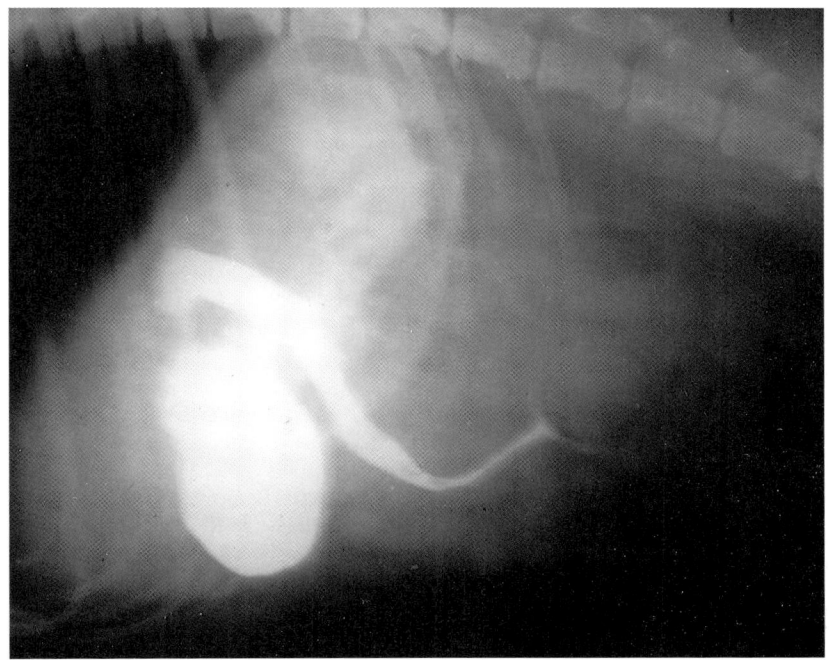

Abb. 17.79. Nicht schattengebender Fremdkörper (Eichel) im Duodenum, der vom Kontrastmittelbrei leicht nachgezeichnet wird. (Klinische Radiologie, FU Berlin).

phat, Kreatin und Harnstoff ermitteln. Gesamteiweiß, Bilirubin und Kalium steigen nach dieser Studie kontinuierlich an: Gesamteiweiß auf 80–100 g/l (Normalwert $\bar{x}$ 66,0; S $\bar{x}$ 3,0), Bilirubin auf 10,2–15,4 μmol/l (Normalwert $\bar{x}$ 5,13; S $\bar{x}$ 0,5) und Kalium auf 5–9 mmol/l (Normalwert $\bar{x}$ 4,5; S $\bar{x}$ 0,1). Demgegenüber weisen die Bestimmungen von Natrium und Chlorid einen ständigen Konzentrationsabfall auf und waren gegenüber der Norm erniedrigt; Natrium bis 110 mmol/l (Normbereich $\bar{x}$ 137; S $\bar{x}$ 2,4), Chlorid bis 60 mmol/l (Normbereich $\bar{x}$ 111,0; S $\bar{x}$ 1,6). Anorganisches Phosphat, Kreatin und Harnstoff zeigten bis etwa 48 Stunden vor dem Exitus keine pathologischen Veränderungen, um dann exponentiell über die Norm anzusteigen: Harnstoff auf 18,0–89,0 mmol/l (Normalbereich $\bar{x}$ 10,3; S $\bar{x}$ 0,5), Kreatin auf 265,0–442,0 mmol/l (Normalbereich $\bar{x}$ 88,4; S $\bar{x}$ 0,88), anorganisches Phosphat auf 1,6 bis 4,8 mmol/l (Normalbereich $\bar{x}$ 1,48; S $\bar{x}$ 0,06). Cholinesterase, γ-GT, alkalische Phosphatase und Calcium zeigten sich im Verlauf der Studie unverändert (WILLMEN et al. 1975).

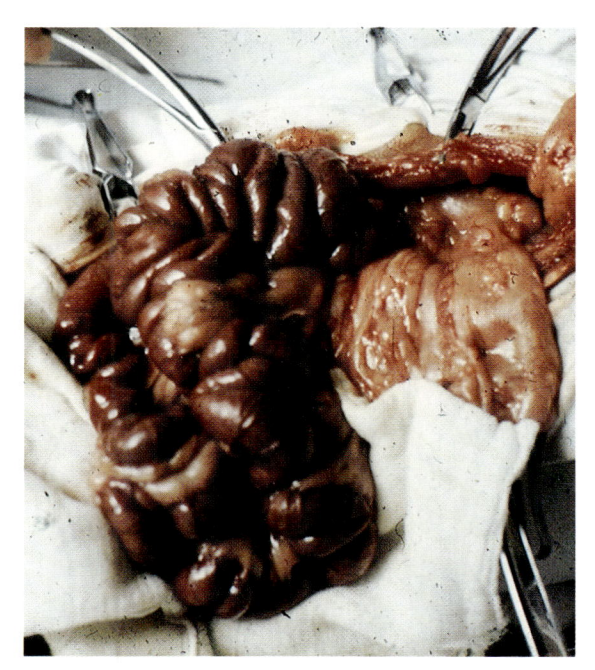

Abb. 17.80. Auf einen Faden aufgereihter Darm. (BARTELS, Frankfurt/M.).

Ein Volvulus wird differentialdiagnostisch durch die Erstellung eines Blutbildes von einer Vergiftung abgegrenzt. Beim Volvulus sinken die Leukozyten deutlich ab, und es zeigen sich viel jugendliche Formen. Auch der Hämoglobin-Wert sinkt, und zwar innerhalb weniger Stunden auf Werte unter 5,0 mmol/l. Differentialdiagnostisch ist weiter an eine Durchtrennung infolge stumpfer Traumen oder an eine Ruptur des gefüllten Darmes nach Unfällen zu denken (s. Abb.17.96.). Als Hauptsymptom zeigt sich eine Bauchdeckenspannung; die Punktion der Bauchhöhle liefert ein entzündliches Punktat.

Therapie: Besteht ein Ileus, so ist in den meisten Fällen die Enterotomie erforderlich. Bei weichen Fremdkörpern (Stoffteilen) kann über ein Druckklysma der retrograde Ausstoß des Fremdkörpers erreicht werden. Liegt der Fremdkörper bereits im Kolon, so können konservative Möglichkeiten (Klysmen, Paraffinöl) in Erwägung gezogen werden, um den Abgang per vias naturales zu erreichen. Ein Fremdkörper im Enddarmbereich kann mit der Beckerschen oder Stadtlerschen Fremdkörperzange entfernt werden. Die Therapie einer Invagination besteht in der Resektion des betroffenen Darmabschnittes, da ein manuelles Lösen der Invagination sehr häufig zur Reinvagination führt (FREUDIGER 1981). Sowohl vor der Enterotomie als auch vor der Resektion empfiehlt sich zur Stabilisierung des Kreislaufs eine Infusion von Ringer-Lactat-Lösung bzw. Natriumhydrogencarbonat. Als Nachbehandlung sind antibiotische Maßnahmen und im Einzelfall die Verabfolgung von Corticosteroiden zu erwägen.

Technik der Laparotomie (s. auch Kapitel 7.): Die Schnittführung erfolgt in der Medianlinie (Linea alba, prä- oder postumbilikal) mit oder ohne Resektion des Lig. falciforme. Nach Abdecken der Wundränder mit feuchten Tüchern und Einsetzen eines selbsthaltenden Retraktors wird der betroffene Darmabschnitt nach außen verlagert (bei Darmabschnitten mit kurzem Gekröse nur schwer oder nicht möglich), gegen die Bauchhöhle mit feuchtwarmen Tüchern isoliert und der Retraktor gespannt. Starke Gas- und Flüssigkeitsansammlungen im Darmlumen werden durch eine Kanüle abgesaugt, dadurch beschleunigt sich die Wiederherstellung der Darmmotilität.

Nach Beendigung des Eingriffs wird der Darm mit warmer physiologischer Kochsalzlösung abgespült und dann in die Bauchhöhle zurückverlagert. Ist Darminhalt in die Bauchhöhle geflossen, wird diese mehrmals durch Füllen und Absaugen mit steriler, warmer (38°C) physiologischer Kochsalzlösung ausgewaschen. Der Verschluß der Bauchdecke erfolgt mit 2–0 chrom. Catgut oder 2–0 Kunststoff-Fäden. Bei größeren Hunden ist eine zweischichtige Naht, bei der die untere Naht die oberflächliche Bauchmuskulatur faßt, vorzuziehen. Verschluß der Unterhaut mit 3–0 chrom. Catgut und der Haut mit feinem, nicht resorbierbarem Material.

Technik der intestinalen Nähte: Die Submucosa als einzige Darmschicht, in der Nähte mit der notwendigen Festigkeit halten, sollte immer in die Darmnaht einbezogen werden. Geeignete Techniken sind Nähte nach SCHMIEDEN sowie LEMBERT und die eingestülpt verlaufende seromuskuläre Matratzennaht.

Gastrointestinale Naht nach Schmieden: Die Wundränder werden nach einer Längsinzision des Darmes immer schräg von der Mucosa in Richtung Serosa angestochen. Am Ende der Naht wird der Faden angezogen und verknotet (Abb.17.81.).

Gastrointestinale Naht nach Lembert: Bei jedem Wundrand wird quer zur Inzision eine Darmwandfalte – Serosa-Muscularis-Serosa – angestochen. Der Faden wird am Ende der Naht angezogen und verknotet (Abb.17.82.).

Einstülpende, fortlaufende, seromuskuläre Matratzennaht: Es wird parallel zum Darmschnitt eine fortlaufende Matratzennaht so durchgeführt, daß nur die Serosa und Muscularis angestochen werden und dabei die Mucosa nicht verletzt wird. Am Ende der Naht wird der Faden angezogen und verknüpft (Abb.17.83.).

Zum Verschluß der Darmwunde stehen zwei Möglichkeiten zur Verfügung: 1. Der Längsschnitt wird mit zwei Haltefäden so angezogen, daß eine Querwunde entsteht, die mit einfachen atraumatischen 3–0 chrom.

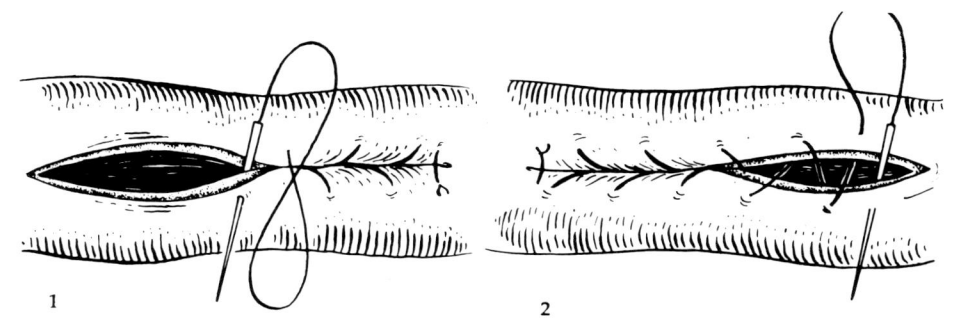

Abb. 17.81. Gastrointestinale Naht nach SCHMIEDEN: Die Nadelführung erfolgt schräg von der Mucosa in Richtung Serosa (1), der Faden wird am Ende der Naht verknotet (2). (DAVID, Wien).

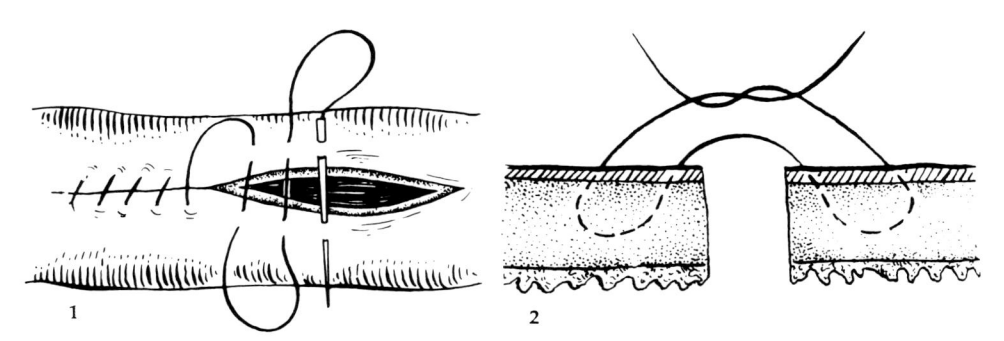

Abb. 17.82. Gastrointestinale Naht nach LEMBERT: Nadelführung erfolgt quer zur Inzision mit Erfassung von Serosa-Muscularis-Serosa (1 und 2). (DAVID, Wien).

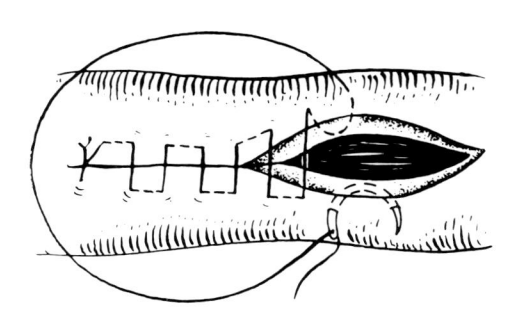

Abb. 17.83. Einstülpende, fortlaufende, seromuskuläre Matratzennaht: Die Naht erfaßt Serosa und Muscularis, ohne die Mucosa zu verletzen. (DAVID, Wien).

Catgut-Einzelnähten verschlossen wird. 2. Der Längsschnitt wird mit einer Reihe einstülpender 3–0 chrom. Catgut-Schmieden-Naht und mit einer zweiten Reihe Lembert-Naht verschlossen. Um die Darmnaht zusätzlich abzusichern, kann das Netz mit einigen Tropfen Gewebekleber um die Darmwunde befestigt werden.

Der Vorteil der ersten Methode ist, daß eine Verengung des Darmlumens durch die Quervernähung des Längsschnittes vermieden wird. Eine zweischichtige Darmnaht verengt (besonders bei kleinen Hunden) das Darmlumen und kann zu einer Stenose führen. Der sorgfältige, einschichtige Verschluß mit *Einzelheften* ist völlig ausreichend. Die Nadel wird etwa 3 mm vom Wundrand eingestochen, und die Nadelhefte haben einen Abstand von knapp 3 mm. Als Nahtmaterial findet 3–0 chrom. Catgut Verwendung, bei ausgeprägter Entzündung 3–0 Kunststoff.

Technik der Enterotomie (zur Entfernung von Fremdkörpern; Abb. 17.84.): Der Darminhalt wird aus dem vorgelagerten Darmabschnitt in Richtung Magen herausgestrichen und das Lumen mit einer Darmklemme nach DOYEN verschlossen, eine zweite Darmklemme wird hinter dem Fremdkörper angesetzt. Ein Längsschnitt gegenüber dem Mesenterium-Ansatz im gesunden Gewebe eröffnet das Lumen, aus dem der Fremdkörper mittels Kornzange entfernt wird. Eventuelle Verunreinigungen werden abgetupft oder mit steriler, warmer (38 °C) physiologischer Kochsalzlösung abgewaschen. Der Verschluß des Darmes erfolgt mittels intestinaler Nähte (s. Technik der intestinalen Nähte).

Technik der Enterektomie: Eine Darmresektion sollte nicht übereilt werden, da durch Baden des veränderten Darmabschnittes in steriler, warmer (38 °C) physiologischer Kochsalzlösung sich dieser wieder erholen kann und normale Durchblutung sowie normale Peristaltik

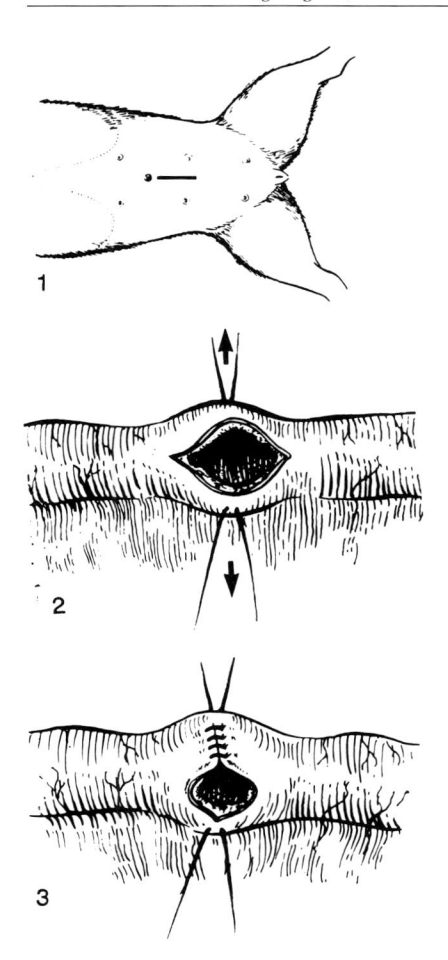

Abb. 17.84. Enterotomie: Eröffnung der Bauchhöhle durch postumbilikalen Bauchschnitt (1); zwei Haltefäden ziehen die Darmwunde so auseinander (2), daß eine Quervereinigung mit Einzelnähten möglich ist (3). (DAVID, Wien).

wieder auftreten. Erst wenn die Verfärbung des Darmes nach 5 Minuten unverändert blauschwarz bleibt, ist das geschädigte Darmstück zu entfernen, wobei die Resektion ca. 4 cm vom veränderten Darmstück entfernt im gesunden Gewebe erfolgt. Nach doppelter Unterbindung der versorgenden Mesenterialgefäße, auch der längs der Mesenterialanheftung verlaufenden Vasa recti, wird der Darminhalt nach proximal und distal ausgestrichen und das Darmlumen mit je einer Darmklemme in beide Richtungen verschlossen. Zwei weitere Klemmen verschließen das Lumen des zu resezierenden Segmentes. Mit zwei glatten Schnitten wird der Darm einschließlich des zugehörigen Mesenteriums bis zu den Gefäßunterbindungen abgesetzt. Dabei ist darauf zu achten, daß nach der Darmresektion die Blutversorgung der Darmstümpfe gewährleistet ist. Die Stümpfe einschließlich ihrer Lumina werden durch Auswaschen mit

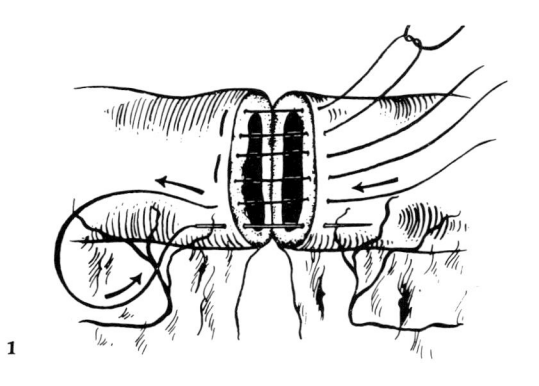

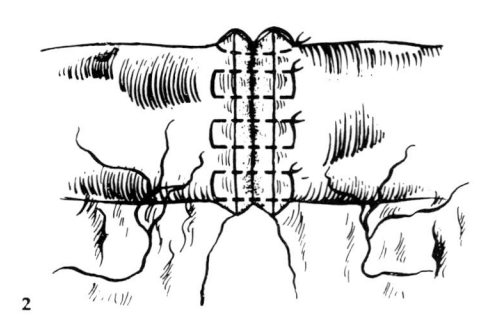

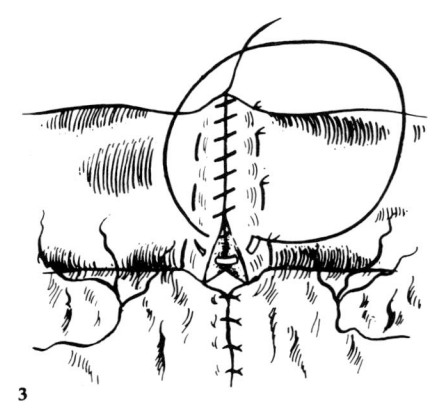

Abb. 17.85. End-zu-End-Darmanastomose: Einzelmatratzennähte werden dicht aneinandergelegt; gute Vereinigung der Darmenden nach schrägem Einstechen der Nadel und Erfassung von mehr Serosa als Mucosa (1 und 2); fortlaufende Naht als abdeckende Nahtreihe und Verschluß des Mesenteriums mit Einzelnähten (3). (DAVID, Wien).

steriler physiologischer Kochsalzlösung auf eine Anastomose vorbereitet.

Technik der End-zu-End-Anastomose (Abb. 17.85.): Bei der offenen End-zu-End-Anastomose werden die Darmenden mit zwei Nahtreihen vereinigt. Die erste Nahtreihe besteht aus Einzelheften einer Matratzennaht (3–0 chrom. Catgut), die mit einem Abstand von ca. 3 mm in die Darmwand gesetzt werden. Dabei wird durch schräges Einstechen der Nadel mehr Serosa als Mucosa erfaßt. Über die Matratzennaht werden seromuskuläre Einzelhefte oder eine fortlaufende Naht angelegt. Chrom. Catgut-Einzelhefte verschließen das Mesenterium. Bei stark geschädigtem Darmgewebe empfiehlt sich das Fixieren von Netzanteilen über dem operierten Darmsegment.

Technik der Seit-zu-Seit-Anastomose (Abb. 17.86.): An beiden Stümpfen wird das Darmlumen mit einer Schmieden-Naht verschlossen und eine Lembert-Naht darübergesetzt. Die Stümpfe werden aneinandergelegt, so daß sie sich auf 10–12 cm Länge berühren, und die Darmwände mit einer fortlaufenden seromuskulären chrom. Catgut-Naht (3–0) fixiert. Zwei 6–8 cm lange Längsschnitte, in gleicher Entfernung von der Serosanaht angelegt, öffnen die Darmlumen beider Stümpfe. Nach sorgfältiger Reinigung werden die hinteren Wundränder mit einer rückläufigen, fortlaufenden Naht adaptiert. Daran anschließend vereinigt man die vorderen Wundränder mit einer fortlaufenden, seromuskulären Matratzennaht und verknotet die Fadenenden. Zur Sicherheit werden beide Stümpfe noch mit einer seromuskulären, fortlaufenden Lembert-Naht übernäht. Nach Schließen des Mesenteriums mit Einzelheften wird die Anastomose durch Aufnähen von Netzanteilen zusätzlich gesichert.

17.4.9. Kolitis

Ätiologie und Pathophysiologie: Bei einer Kolitis handelt es sich um entzündliche Veränderungen der Dickdarmschleimhaut, die zumeist im distalen Teil ablaufen, aber auch das Ileum einschließen können. Segmentäre Formen, die weder den Ileozökalbereich noch das Rektum betreffen, sind selten, kommen jedoch bei Parasitenbefall, Allergien oder Neubildungen vor. Die Entzündung erfaßt erst im fortgeschrittenen Stadium die tiefer gelegenen Schleimhautschichten. Da Kolitiden bei bestimmten Hunderassen, insbesondere bei Boxern und Schäferhunden, vermehrt auftreten, sind die Ursachen auch in genetischen Faktoren zu suchen.

Makroskopisch gesehen, ist die Dickdarmschleimhaut im akuten Entzündungsschub gerötet und geschwollen, außerdem besteht die Tendenz zur spontanen Blutung. Eine geschwürige

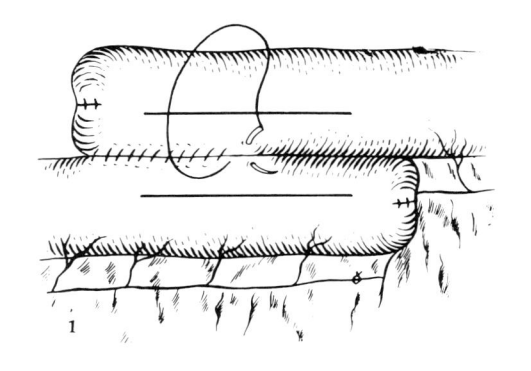

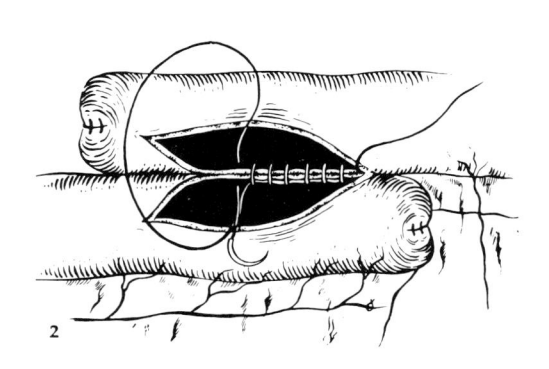

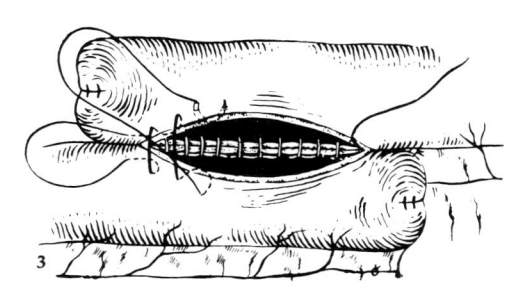

Abb. 17.86. Seit-zu-Seit-Darmanastomose: Vereinigung der geschlossenen Darmenden mit fortlaufender Naht und Längsinzision zur Eröffnung der Darmlumina (1); Verschluß der hinteren Wundränder mit rückläufiger, fortlaufender Naht (2); Verschluß der vorderen Wundränder mit fortlaufender, seromuskulärer Naht (3). (David, Wien).

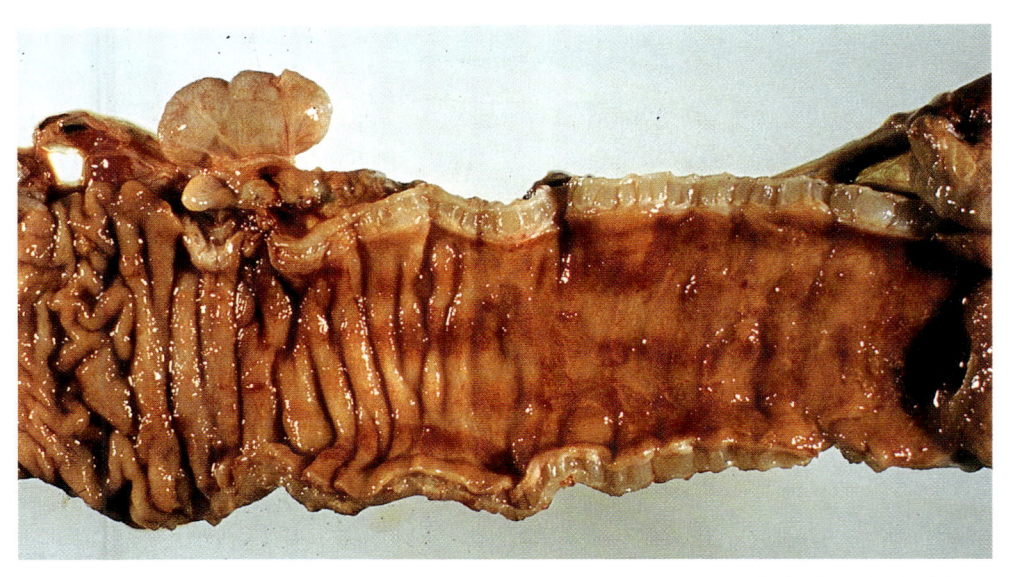

Abb. 17.87. Proliferative Entzündungen mit Ulzeration im Kolon und chronische Lymphadenitis bei einem dreijährigen Boxer. (MOUWEN und VAN DE GAAG, Utrecht).

Veränderung der Mucosa kann zu Beginn einer Kolitis makroskopisch nicht immer erkannt werden, erst in fortgeschrittenen Stadien bilden sich Schleimhautdefekte, deren Umgebung sich als entzündlicher, ödematös geschwollener Wall mit Blutungsbereitschaft zeigt und eine **Colitis ulcerosa** darstellt (Abb. 17.87.). Histologisch ist eine verstärkte Blutanhäufung in den Kapillaren der Mucosa und Submucosa zu erkennen. Später bilden sich lymphozytäre Schleimhautinfiltrate, die auch zahlreiche eosinophile Zellen enthalten können. Zum histologischen Bild gehören eine Degeneration der Epithelzellen und granulozytenreiche Mikroabszesse in den Krypten. Die Abszesse werden als Ausgangspunkt der Ulzerationen unter bakterieller Beteiligung im Sinne einer Superinfektion angesehen. Eine primäre, viral oder bakteriell ausgelöste Ursache einer Colitis ulcerosa konnte bisher nicht bestätigt werden. Nach der heutigen Auffassung liegt der Ätiologie ein Autoimmunprozeß zugrunde.

WATSON (1965) erbrachte am Menschen den Nachweis, daß sich Lymphozyten von Kolitis-Patienten gegenüber normalen Kolonepithelien zytotoxisch verhalten.

Fremdallergene aus Futtermitteln vermögen eine ulzeröse Kolitis zu verursachen, dabei kommt es in fortgeschrittenen Stadien zur Bildung von Granulationsgewebe, das zur Wandfibrose führen kann. Die Kolonwand ist in solchen Fällen verdickt. Nach einer von LUGINBÜHL et al. (1981) angeführten Fallstatistik handelte es sich in 40% der Fälle um eine ulzeröse und in 60% um eine chronisch-proliferative Kolitis.

Der akuten **hämorrhagischen Enterokolitis** kann kein entzündliches Agens zugeordnet werden. Auffallend ist, daß diese Erkrankung vornehmlich bei sog. behüteten Hunden vorkommt. Pathogene oder fakultativ pathogene Mikroorganismen und deren Toxine verursachen keine so ausgeprägten morphologischen Schleimhautentzündungen, wie sie bei einer akuten hämorrhagischen Enterokolitis bestehen. Hämorrhagische Läsionen entwickeln sich, wenn nach einer Ischämie erneut Blut in das irreversibel geschädigte Gewebe eindringt. Ohne diesen Vorgang bleibt der Darmbereich in einem ischämischen Zustand, der erst über eine Nekrose in der Schleimhaut zur Hämorrhagie führt. Anfallende Exo- und Endotoxine im Darm werden zumeist von der ischämischen Schleimhaut absorbiert und führen zu einem endotoxischen Schock. Da die Absorption erst nach Schädigung der Schleimhaut erfolgt, ist es unwahrscheinlich, daß Toxine die primäre Ursache einer akuten hämorrhagischen Enterokolitis sind (STROMBECK 1981). Jedoch ein Schock, der eine intestinale Ischämie hervorruft, könnte eine akute hämorrhagische Enterokolitis einleiten. Jede experimentell verursachte hämorrhagische Enterokolitis wurde durch einen Schock ausgelöst. In den klinisch manifesten Fällen kommt es jedoch erst zur blutigen Diarrhoe und dann unter Umständen zum Schock. Die Pathogenese einer hämorrhagischen Enterokolitis wird darum in einer anomalen Immunreaktion gesehen.

Anamnese und Krankheitsbild: Blutige Diarrhoen können mitunter bei Hunden plötzlich einsetzen und ohne gezielte Therapie innerhalb von 24 Stunden wieder abklingen. In den meisten Fällen ist der blutige Durchfall jedoch ein ernst zu nehmendes Symptom. Der abgesetzte Kot kann deutlich blutig oder himbeerfarben sein, und im Rektum befindet sich zäher, blutig gefärbter Schleim. Im Anfangsstadium zeigt sich gelegentlich Erbrechen, dessen Häufigkeit im weiteren Krankheitsverlauf zunimmt und mit Inappetenz verbunden ist; das Allgemeinbefinden der Hunde verschlechtert sich rasch. Die Palpation des Abdomens löst mehr oder weniger schmerzhafte Reaktionen aus. Das Kolon fühlt sich gebläht oder erweitert und teigig an. Die Vorgeschichte bringt selten Hinweise, in den meisten Fällen handelt es sich um gut gepflegte Hunde, die zuvor keine Symptome einer Erkrankung zeigten.

Diagnose: Die Diagnose einer Kolitis ist auf die morphologische Erfassung entzündlicher Veränderungen der Schleimhaut auszurichten. Röntgenuntersuchungen liefern keine deutlichen Hinweise auf die hämorrhagische Enterokolitis. Rektoskopische oder endoskopische Untersuchungen sind geeignete diagnostische Hilfsmittel, jedoch ist bei der Durchführung zu beachten, daß dadurch möglicherweise eine geschädigte Darmschleimhaut zusätzlich verletzt werden kann. Labordiagnostisch liefert die Bestimmung von Albumin und der Globuline in den Faeces mittels Gelelektrophorese Hinweise auf eine verstärkte Plasmaprotein-Ausscheidung in das Darmlumen. Mit der Bestimmung von Lysozym in den Faeces ist ein weiterer Parameter als diagnostischer Screening-Test bei entzündlichen Dickdarmerkrankungen gegeben. Bildungsstätten für dieses Enzym sind segmentkernige, neutrophile Granulozyten, aber auch Monozyten.

Bei der Untersuchung des Blutes werden infolge des Flüssigkeitsverlustes Erhöhungen des Hämatokrit-Wertes und der Serumproteine gefunden. Die Bestimmung der Elektrolyte zeigt das Bild einer *Hypokaliämie,* da vermehrt Kalium durch das entzündliche Gewebe verlorengeht. Verschlechtert sich das Krankheitsbild beispielsweise durch Schock, so kann eine *Azidose* entstehen. In diesem Stadium tritt Kalium aus den Zellen in die Blutbahn, woraus eine *Hyperkaliämie* resultiert. Mit weiteren Serumparametern, GLDH, γ-GT und ALT, lassen sich sekundäre Leberzellschäden diagnostizieren, deren Ursache toxische Einwirkungen oder eine Hypoxie sein können. Erhöhte Harnstoffwerte weisen auf eine prärenal entstandene Urämie hin, die durch eine mangelhafte Blutversorgung der Nieren entsteht. Eine Verringerung der Thrombozytenzahl, verminderter Fibringehalt und eine verlängerte Gerinnungszeit sind Ausdruck einer ausgeprägten intravasalen Koagulation.

Therapie: Eine antibiotische Therapie muß so frühzeitig wie möglich einsetzen, um eine bakterielle Belastung der geschädigten Darmschleimhaut zu verringern. Die Präparate sollten auch gegen die hohe Zahl an Anaerobiern unter den Darmkeimen wirksam sein. Dafür eignen sich Moxalactan®, Vancomycin, Tylosin, Tetracyclin, Lincomycin oder Choramphenicol. Hohe Dosen Penicillin richten sich ebenfalls gegen die meisten anaeroben grampositiven und gramnegativen Keime im Kolon (s. Tabelle 17.5.), ebenso Gentamicin, das jedoch nur in kritischen Situationen angewandt werden sollte, da es nephrotoxisch wirken kann, insbesondere wenn durch Schock die Nierenfunktion eingeschränkt ist. Die Verabfolgung antibiotischer Präparate muß parenteral erfolgen, damit die tieferen Schleimhautschichten erreicht werden. Oral verabfolgte Antibiotika sind oft wirkungslos und können u. U. sogar eine weitere toxische Schädigung der Schleimhaut hervorrufen.

Infusionen, die die entstandenen Flüssigkeits- und Elektrolytverluste ausgleichen, sollten bei der Therapie mit den Antibiotikagaben einhergehen. Die im Darmlumen verlorene Flüssigkeit ähnelt in der Zusammensetzung der extrazellulären Flüssigkeit. Sie kann ersetzt werden durch eine ausgewogene Elektrolytlösung. Besteht eine Hyperkaliämie, ist die Infusion einer physiologischen Elektrolytlösung anzuraten; eine vermehrt Kalium enthaltende Elektrolytlösung könnte in solchen Fällen zu einem extrem absinkenden Kaliumspiegel führen, dessen Ursache noch ungeklärt ist. Bei einer Hypokaliämie dagegen muß durch eine betont kaliumhaltige Elektrolytlösung das Defizit ausgeglichen werden. Der Einsatz einer Dextrose- oder Glucose-Lösung, die kein Kalium enthält, ist kontraindiziert, da Dextrose oder Glucose eine Hypokaliämie verschlimmern kann; die Lösungen dürfen nur bei nachgewiesener Hyperkaliämie verwandt werden. Auch bei bestehendem Blutvolumenmangel oder Schock (s. auch Kapitel 16.) müssen Elektrolytlösungen verabfolgt werden; dabei ist davon auszugehen, daß die betroffenen Hunde schnell an Elektrolyten verarmen. Pulsdruck und -frequenz, aber auch die Urinmenge, können trotz Ermangelung der Messung des zentralen Venendrucks Anhalte liefern. Experimentelle Untersuchungen haben gezeigt (STROMBECK 1981), daß eine geschädigte Darmschleimhaut durch eine Elektrolytlösung einen durch Perfusion erfolgenden Schutz erfährt. Diese Perfusion kann im therapeutischen Bemühen dadurch erreicht werden, daß oral oder als Einläufe Elektrolytlösungen verabfolgt werden, die von der Menge her die Absorptionsleistung des Darmes übertreffen.

Corticosteroide werden häufig zur Behandlung von entzündlichen Darmerkrankungen herangezogen, denn sie greifen in die Abläufe ein, die zum Schocksyndrom führen. Aber sie setzen auch die natürlichen Abwehrreaktionen des Organismus herab und begünstigen so das Wirksamwerden schädigender Agenzien.

Für die medikamentöse Behandlung eignet sich bei einem entzündlichen Schub Prednisolon. Wasserlösliches Prednisolon (5–20 mg in 50–100 ml Wasser gelöst) kann als Einlauf therapeutisch eingesetzt werden. Eine Behandlung chronischer Fälle mit Salazosulfapyridin ist empfehlenswert. Die Therapie sollte jedoch nach 10–14 Tagen abgesetzt werden, um Folgeschäden (Keratoconjunctivitis sicca) zu vermeiden. Nach einer behandlungsfreien Phase von 3–4 Wochen kann Salazosulfapyridin erneut verordnet werden. Eine manchmal gewünschte Langzeitbehandlung mit diesem Präparat ist sehr vorsichtig vorzunehmen. Darmmotilitätshemmende Medikamente, z.B. Atropin, sollten bei einer hämorrhagischen Enterokolitis nicht verordnet werden, da sich das Kolon bereits im Zustand der Hypomotilität befinden kann, was das Einwirken von Bakterien, Toxinen und sonstigen Noxen begünstigt. Adsorbentien können erfolgreich sein, wenn diese Toxine binden und Bakterien devitalisieren (Aktivkohle). Dabei sollte auch auf die Bindung von Gallensäuren im Dickdarm geachtet werden, um eine entzündliche Reizung der Kolonschleimhaut zu verringern. Hierzu eignen sich Aluminiumhydroxid oder eventuell Cholestyramin.

Bei der Behandlung eines hämorrhagischen Geschehens im Kolon ist Fasten über zwei bis drei Tage zwingend, damit sich die Schleimhaut regenerieren kann. Zu berücksichtigen ist, daß sich in einem entzündeten Kolon eine verstärkte Absorption von Antigenen vollzieht. Dabei können Proteine, die mit der Nahrung aufgenommen wurden, antigen wirken und zur Sensibilisierung führen. Dies dürfte ein Grund dafür sein, daß Hunde nach Überstehen einer hämorrhagischen Enterokolitis gegenüber bestimmten Nahrungssubstanzen (z.B. Proteinen) überempfindlich sind. Darum ist besonders darauf zu achten, daß bei Beginn der Fütterung die Nahrung keine Substanzen enthält, gegen die vorher schon überempfindliche Reaktionen beobachtet wurden. Reis und Kartoffeln sollten anfangs als Kohlenhydratquelle dienen, gekochtes Hammelfleisch, gekochtes Ei oder evtl. Hüttenkäse als Proteinquelle.

Auch für die erfolgreiche Behandlung einer Colitis ulcerosa ist wichtig, daß Nahrungsangebot so auszuwählen, daß allergen wirkende Substanzen (Proteine, insbesondere Milch) durch andere Substanzen ausgetauscht werden, so z.B. gewohntes Fleisch gegen Hammelfleisch. Die Industrie bietet dafür auch diätetisches Dosenfutter an.

Die Behandlung einer Azidose erweist sich in der Praxis als schwierig, da die Ermittlung einer azidotischen Stoffwechsellage nur in spezialisierten Laboratorien möglich ist. Die Anwendung von Natriumhydrogencarbonat zur Beseitigung einer Azidose sollte erfolgen, wenn sich das vorliegende Defizit durch Bestimmung der Plasmahydrogencarbonat-Konzentration errechnen läßt. Es besteht jedoch kein besonderes Risiko, wenn Hydrogencarbonat zum Ausgleich kleiner Defizite mit infundiert wird.

17.4.10. Proktitis

Die hauptsächlichen Ursachen einer Proktitis sind spezifische oder unspezifische Entzündungen im Rektumbereich als Folge von Proktokolitis, Analfissuren und Verletzungen durch Fremdkörper oder Rektumdivertikel. Der ständige Reiz kann zu Analekzemen, Dermatitiden und auch zu einer Sphinkterinsuffizienz führen. Das wesentliche Symptom einer Proktitis ist Schmerzäußerung bei der Defäkation; weitere Hinweise liefern Tenesmen, Durchfall oder Obstipation. In ausgeprägten, chronischen Fällen erfolgen schleimigblutige Kotentleerungen. Die Diagnose stützt sich auf die Proktoskopie (Rektoskopie), dabei kann sich der Sphinkter als spastisch verengt erweisen, die Schleimhaut stellt sich hämorrhagisch bis ulzerös dar.

Tabelle 17.9. Rassenaufteilung bei intestinalen Tumoren (nach PATNAIK)

Rasse	Adenokarzinom	Karzinoid	Leiomyosarkom	Lymphosarkom	Gesamt
Airedale-Terrier	1	–	–	–	1
Basset	1	1	–	–	2
Cocker-Spaniel	1	–	–	–	1
Collie	3	–	2	–	5
Dobermann	1	–	–	–	1
Foxterrier	2	–	–	–	2
Deutscher Schäferhund	9	1	5	1	16
Dogge	1	–	–	1	2
Irish Setter	1	–	–	–	1
Mischrasse	9	2	8	1	20
Pudel	5	–	–	–	5
Dachshund	–	–	1	1	2
Boxer	–	–	2	–	2
Gesamt	34	4	18	4	60

Therapie: Entzündliche Formen werden mit Heilsalben sowie glucocorticosteroidhaltigen Zäpfchen (Scheriprokt®) behandelt, ulzeröse Veränderungen rektal mit kolloidalen Lösungen aus Argentum und Kupfer (Ventrase®). Der Kotabsatz muß bei fester Kotkonsistenz durch Gleitmittel unterstützt werden (Laxantien, Leinsamenaufguß ins Futter). Antibiotika und Sulfonamide (schwer resorbierbare Präparate) sind vornehmlich rektal anzuwenden.

17.4.11. Neoplasmen des Darmes

Gutartige Darmtumoren (Polypen): Die Bezeichnung Polyp ist in erster Linie ein klinischer Begriff ohne pathologische Relevanz. Darmpolypen werden beim Hund selten diagnostiziert und wenn, handelt es sich meist um hyperplastische Polypen, die vom Epithel des Kryptengrundes oder vom Zottenepithel ausgehen (Tabellen 17.9., 17.10.). Die histologische Untersuchung gestattet die Abgrenzung der malignen Geschwülste von den benignen Polypen. Durch Röntgen können nur große Polypen festgestellt werden.

Die Therapie besteht in der mechanischen Entfernung durch Kauterisation, wenn der Polyp rektoskopisch erreichbar ist. Größere, insbesondere nicht gestielte Polypen sind operativ zu entfernen, da diese maligne entarten können.

Nach LUGINBÜHL et al. (1981) haben weniger als die Hälfte der gastrointestinalen **Karzinome** beim Hund (Tabelle 17.11.; Abb.17.88.) ihren Sitz im Kolon bzw. Rektum, betroffen sind vorwie-

Tabelle 17.10. Lokalisation von intestinalen Tumoren (nach PATNAIK)

Segment	Adenokarzinom	Karzinoid	Leiomyosarkom	Gesamt
Duodenum	7	2	3	12
Jejunum	4	–	6	10
Ileum	1	–	1	2
Zäkum	–	–	4	4
Kolon	9	2	3	14
Rektum	10	–	–	10
Gesamt	31	4	17	52

Tabelle 17.11. Gastrointestinale Tumoren (nach LUGINBÜHL)

Epitheliale Tumoren	Adenom Adenokarzinom mucinöses Adenokarzinom Siegelringzell-Karzinom
Tumoren lymphatischer und verwandter Gewebe	multizentrische Lymphosarkome lokalisierte Lymphosarkome Mastzelltumoren
Weichteiltumoren	Leiomyom, Leiomyosarkom Leiomyoblastom kavernöses Hämangiom Lipom und Lipomatose Liposarkom Mesotheliom Fibrosarkom
tumorähnliche Veränderungen	hyperplastischer Polyp benigner lymphoider Polyp

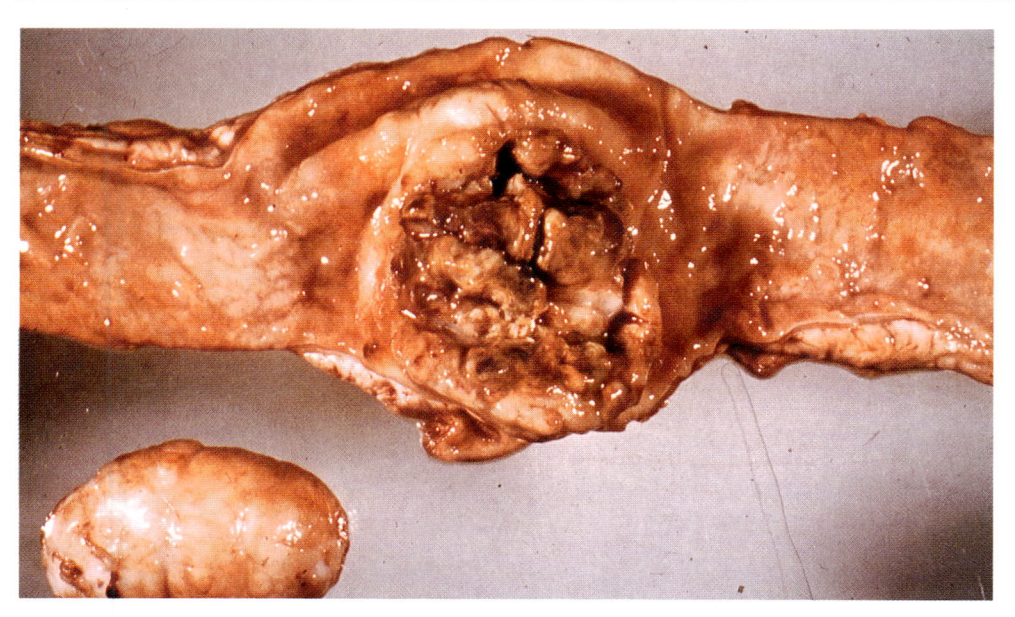

Abb. 17.88. Leiomyosarkom im Jejunum mit Metastasen in den mesenterialen Lymphknoten. Infiltrativ wachsender Tumor mit Ulzerationen bei einem 9 Jahre alten Boxer.
(MOUWEN und VAN DER GAAG, Utrecht).

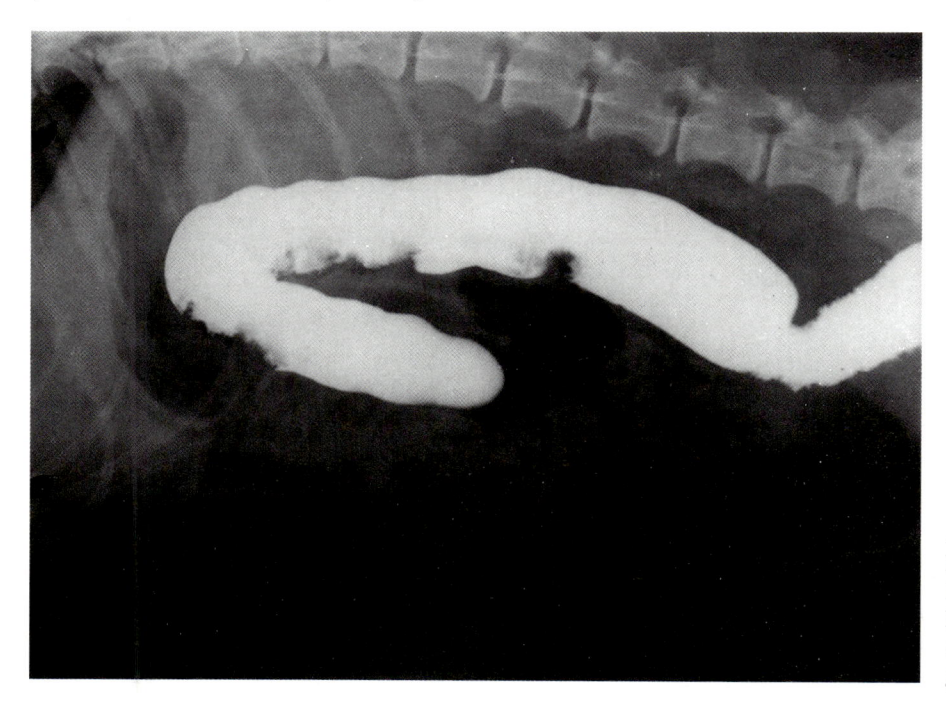

Abb. 17.89. Neubildungen im Kolon, sichtbar nach Bariumeinlauf. (Klinische Radiologie, FU Berlin).

gend alte Hunde, ohne Geschlechtsunterschiede. Meist sind die Tumoren zum Zeitpunkt der Diagnosestellung bereits inoperabel, oder es bestehen Metastasen in regionären Lymphknoten, in der Leber, im Pankreas oder in der Lunge. Auch das Peritoneum kann Metastasen aufweisen (Implantationsmetastasen).

Die Diagnose stützt sich auf die histologische Untersuchung von chirurgisch exzidiertem Gewebe oder ausgewaschenen Zellen aus dem Verdauungstrakt. Der röntgenologische Nachweis (s. auch Kapitel 9.) muß sich auf die erfaßbaren Veränderungen im Darm nach oraler und retrograder Kontrastmittelgabe oder auf

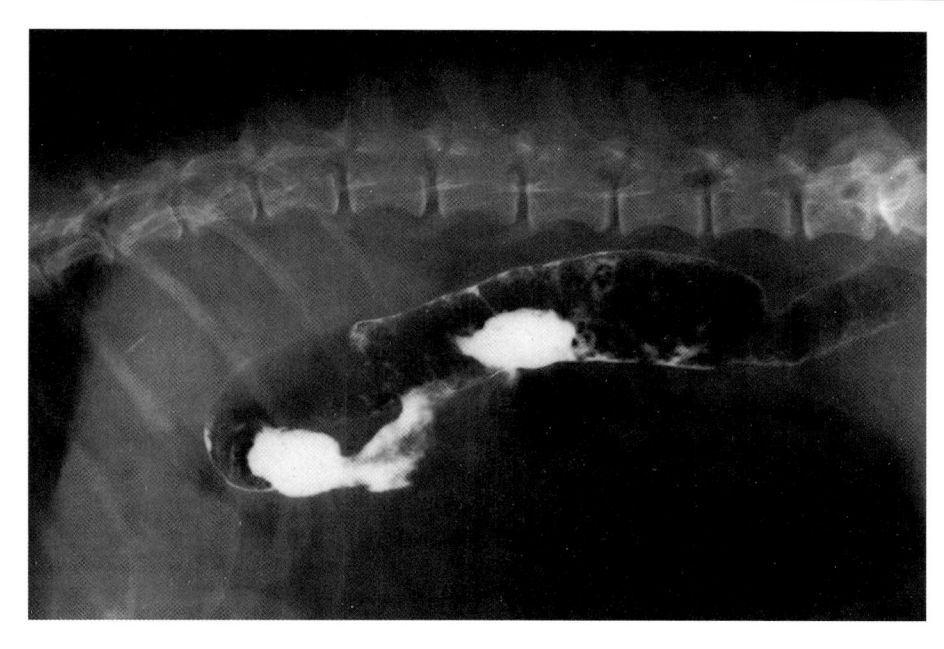

Abb. 17.90. Doppelkontrastaufnahme von Neubildungen im Kolon. Das Kontrastmittel bleibt an der rauhen Oberfläche der Neubildungen haften. (Klinische Radiologie, FU Berlin).

das Doppelkontrastverfahren beschränken (Abb. 17.89., 17.90.). Zusätzliche diagnostische Verfahren bestehen in der Rektoskopie und in Techniken mittels Ultraschall. Hämatologische Parameter sind in der Tumordiagnostik recht unspezifisch.

17.4.12. Funktionelle Darmerkrankungen

Ätiologie und Pathophysiologie: Funktionelle Störungen des Dickdarmes sind bei Hunden häufig zu beobachten. Obenan steht die neurogen bedingte Diarrhoe, die auch ohne erkennbare Schleimhautveränderung durch Unterkühlung des Abdomens, Bewegung bei naßkaltem Wetter oder durch Aufnahme von kaltem Wasser sowie Schnee begünstigt werden kann und zu einer Störung der Darmfunktion, insbesondere einer Steigerung der Motorik sowie der Sekretion führt. Die Funktionsstörung des Darmes wird durch Hemmung der Reizleitung des Darmes oder durch Erregung übergeordneter Zentren des zentralen Nervensystems ausgelöst.

Anamnese und Krankheitsbild: Die **neurogene Diarrhoe** ist charakterisiert durch explosionsartige Darmentleerungen ohne krankhafte Befunde im Bereich des Gastrointestinaltraktes. Der Kot ist meist breiig bis flüssig. Bei einer Colica mucosa kommt es zur Absonderung von glasigem Schleim oder grauweißen Pseudomembranen. Das Allgemeinbefinden der Tiere ist meist ungestört.

Diagnose: Im Dünn- sowie Dickdarm ist bei einer neurogenen Diarrhoe eine Motilitätssteigerung durch Auskultation festzustellen. Der Röntgenbefund zeigt eine starke Beschleunigung der Darmpassage. Differentialdiagnostisch ist daran zu denken, daß organische Erkrankungen des Darmes und der funktionell mit ihm verbundenen Organe auch Diarrhoen auslösen können.

Therapie: Für die Behandlung der neurogenen Diarrhoe und der Colica mucosa eignen sich Präparate, die die gesteigerte Darmperistaltik herabsetzen, z.B. eine Zubereitung von Bismutum subgallicum (20 g) und Calc. carbonici (40 g). Von dieser Zusammensetzung zwei- bis dreimal täglich einen Teelöffel mit etwas warmer Flüssigkeit vermischt in die Lefzentasche eingeben. Tannin-Präparate schränken die Hypersekretion ein. Eine Verordnung von Diazepam vermag eine neurogene Diarrhoe günstig zu beeinflussen. Bei unspezifischen Enterokolitiden ist die Verabfolgung von Bismutnitrat-Kombinationen mit dem Futter angezeigt. Cellulosehaltige Futtersubstanzen können einen unerwünschten Reiz der entzündlich veränderten Darmschleimhaut zur Folge haben und sollten daher in der akuten Phase nicht verfüttert werden.

17.4.13. Megakolon

Ätiologie und Pathogenese: Die Erweiterung des Kolons wird bei Hunden selten beobachtet. Das Megakolon ist gekennzeichnet durch Fehlen der intramuralen Ganglienzellen des Auerbachschen Plexus (Plexus myentericus) und des Meißnerschen Plexus (Plexus submucosus). Dadurch kann es neben spastischen Kontraktionen zu einer funktionellen Obstruktion und proximal davon sekundär zur Dilatation kommen.

Das **Megacolon congenitum** (Hirschsprungsche Krankheit) entsteht durch Hypoplasie oder durch Aplasie der intramuralen Ganglienzellen und ist angeboren.

Anamnese und Krankheitsbild: Eine deutlich erschwerte Kotentleerung ist das Hauptsymptom eines Megakolons. Im weiteren Verlauf kommt es zur Ausbildung eines aufgeblähten Abdomens und zum Erbrechen. Bei Welpen oder jungen Hunden kann die Wachstumsphase gestört werden.

Diagnose: Röntgenologisch stellt sich ein abnorm erweiterter Dickdarm dar (Abb. 17.91.). Damit nur das verengte Segment und der Umfang des Megakolons sichtbar gemacht werden, sollte das Kontrastmittel Amidotrizoat in kleinen Mengen eingegeben werden. Das atonische Megakolon ist an der Kotanschoppung im Rektum und auch im Kolon zu erkennen.

Therapie: Die Therapie besteht in täglichen Einläufen mit Gleitmitteln und Laxantien nach vorausgegangener Entfernung der Koprostase. CHRISTOPH (1973) empfiehlt das operative Vorgehen durch Einengung des vergrößerten Kolonabschnittes.

17.4.14. Diverticulum recti

Rektumdivertikel werden vornehmlich bei Rüden gesehen und entstehen durch einen Riß in der Rektummuskulatur. Dadurch kommt es zur Ausbildung einer sackartigen Ausbuchtung, in die sich Rektumschleimhaut sowie periproktales Bindegewebe hineinschieben. Durch Palpation per rectum kann die Ausstülpung ertastet werden. Vorher muß jedoch das mit Kot gefüllte Divertikel geleert werden. In vielen Fällen ist auch eine Hervorwölbung der Haut im Analbereich zu erkennen, die von einer Perinealhernie unterschieden werden muß. Eine röntgenologische Darstellung des Divertikelausmaßes kann nach Kontrasteinlauf erfolgen.

Therapie: Die Therapie besteht in der chirurgischen Entfernung des Divertikels.

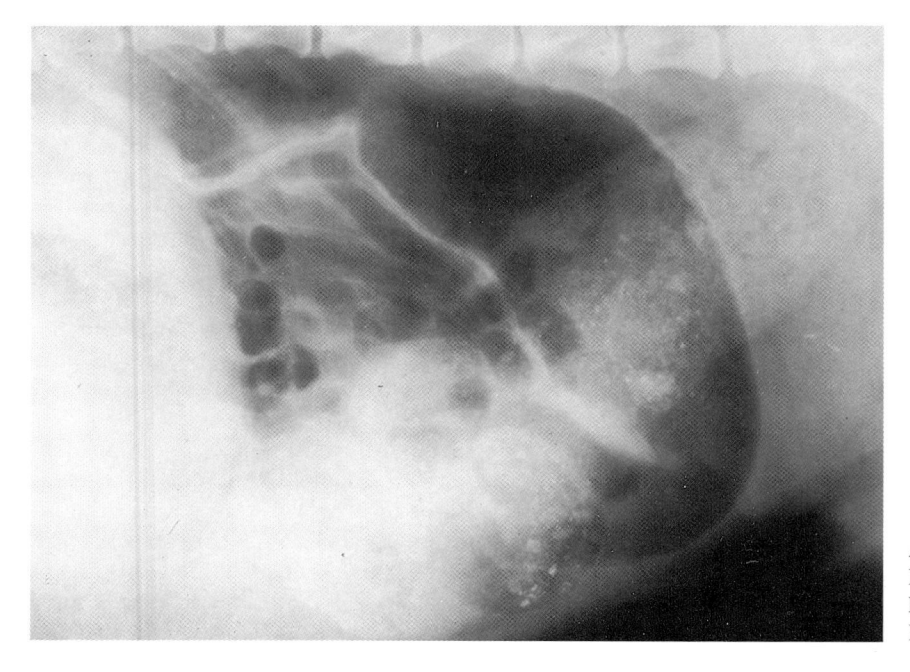

Abb. 17.91. Röntgen-Leeraufnahme eines Megakolons. (Klinische Radiologie, FU Berlin).

17.4.15. Prolapsus ani, Prolapsus recti

Enteritiden oder Tenesmen sowie über längere Zeit bestehende Obstipation vermögen eine Sphinkterschwäche zu verursachen, die zu einem Mastdarmvorfall führen kann. Ist nur der Endteil des Mastdarmes vorgefallen (Prolapsus ani), ist eine rötlich bis bläulich verfärbt erscheinende Umfangsvermehrung am After zu erkennen. Beim Vorfall größerer Rektumanteile (Prolapsus recti) erscheint die Umfangsvermehrung als zylindrisches Gebilde von mehreren Zentimetern Länge. Bei beiden Formen besteht die Oberfläche aus der Rektumschleimhaut, die ödematisiert und gespannt ist sowie glänzend erscheint und oft geschwürige oder nekrotische Veränderungen aufweist. Kot kann in den meisten Fällen nur schwer oder gar nicht abgesetzt werden.

Therapie: Eine Rückverlagerung des ausgetretenen Rektums kann nach Epiduralanästhesie (s. Kapitel 6.) erfolgen. Zuvor sollte die Schleimhaut mit einer 0,9–1,5%igen NaCl-Lösung als kalte Kompresse zum Abschwellen gebracht werden. Nach erfolgter Rückverlagerung muß die Sphinkterfunktion durch eine Tabaksbeutelnaht unterstützt werden. Dazu sollte die Naht ca. 8 Tage bestehenbleiben. Die Verknotung wird nur zum Kotabsatz ein- bis zweimal täglich gelöst. Die Kost muß leicht verdaulich sein und der Kotabsatz durch Gleitmittel, die per rectum verabfolgt werden, erleichtert werden. Eine alternative Methode, die sich bei einem leichteren Vorfall eignet, besteht in dem Anlegen einer Tabaksbeutelnaht nach Einführen eines Stabes von der Dimension eines Fieberthermometers, um eine kleine Öffnung für den Kotabsatz zu erhalten. Bleibt der Erfolg aus, so ist eine Rekto- oder Kolopexie vorzunehmen.

Technik der Kolopexie (Abb. 17.92.): Der hintere Bereich des Abdomens wird bis zum Schambein in der Medianebene laparotomiert, das Colon descendens erfaßt und durch vorsichtiges Ziehen nach proximal der Prolaps reponiert. Vom kaudalen Wundwinkel ausgehend, werden 4–5 chrom. Catgut-Einzelnähte (2–0) durch das Peritoneum sowie durch die Serosa und Muscularis des Kolons gesetzt. Die Mucosa darf dabei nicht verletzt werden. Von einer Resektion des vorgefallenen Darmes soll, wenn möglich, abgesehen werden, weil diese durch Schädigung des N. pudendus zu einer Sphinkterinsuffizienz führen kann.

In der postoperativen Phase sollte der Hund drei Tage fasten und über Wochen nach der Operation am unteren Bedarf mit leicht verdaulichem Futter ernährt werden, dem ein Aufguß von Leinsamen mit heißem Wasser zugefügt wird. Um Strikturen zu vermeiden, ist in mehrtägigen Abständen digital oder instrumentell der Anus zu dehnen. In der Nachfolgezeit sind Untersuchungen auf Strikturen oder eine eventuelle Spangenbildung, wie bei allen entzündlichen Prozessen im Rektumbereich, notwendig.

17.4.16. Tenesmus (Kot- oder Harndrang)

Als Folge eines Reizzustandes im Enddarmbereich oder im Urogenitalsystem kann beim Hund ein Tenesmus entstehen, der häufig in Verbindung mit entzündlichen Veränderungen im Enddarm beobachtet wird, aber auch das Symptom einer Perianalerkrankung, einer Perinealhernie, von Fistelbildungen, Abszessen, Tumoren und Prostatahypertrophien sein kann. Bei einem

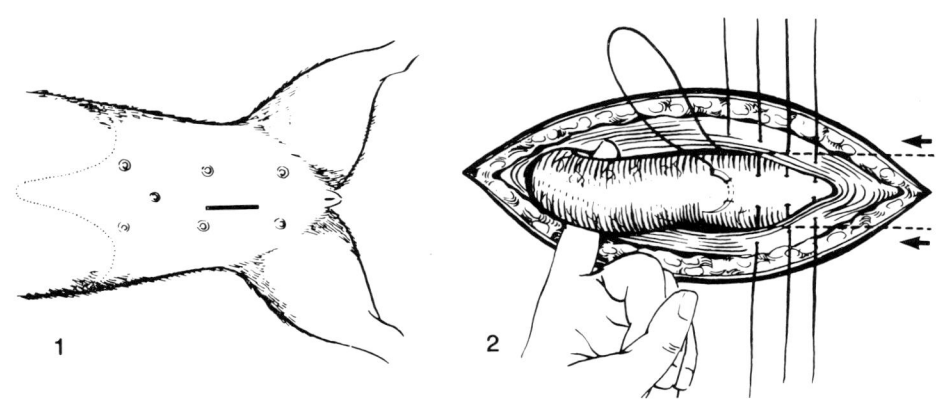

Abb. 17.92. Kolopexie: Bauchschnitt in der Linea alba vor dem Os pubis (1); vom kaudalen Wundwinkel aus werden Einzelnähte durch das Peritoneum sowie durch die Serosa und Muscularis des Kolons gesetzt (2). (DAVID, Wien).

Tenesmus sollte sowohl der Darm als auch der Urogenitalbereich in den Untersuchungsgang einbezogen werden. Das Vorfinden von festen Kotmassen in der Ampulle ist nicht unbedingt als Ursache von Tenesmen zu deuten. Die Beschaffenheit der ertastbaren Rektumwand sowie deren Tonus sollten durch vorsichtiges Einführen und langsames Zurückziehen des untersuchenden Fingers mit kontrolliert werden. Ein „idiopathischer Tenesmus" ohne pathologischen Befund und somit ohne Klärung der Ursache wird gelegentlich beobachtet.

17.4.17. Obstipation

Bei einer Verstopfung im Enddarmabschnitt verbleibt der Darminhalt zu lange im Dickdarmbereich und ist dadurch einer verstärkten Wasserresorption ausgesetzt. Die Folgen sind trockner, harter Kot und eine erschwerte Defäkation. Die äußere Symptomatik ist gekennzeichnet durch häufige Versuche der Kotentleerung mit einsetzendem Tenesmus. Als auslösende Ursachen einer Obstipation sind mechanische Verlegung, falsche Fütterung sowie neurogene Faktoren anzusehen. Mechanische Ursachen bestehen in einer Einengung des Dickdarmes durch Divertikel, Hernien oder eine Prostatahypertrophie.

Durch Ernährungsfehler kommt es zur Obstipation, wenn zu schwere oder unverdauliche Substanzen, z. B. Knochen, verfüttert werden, insbesondere bei älteren Hunden, in Verbindung mit Bewegungsmangel (s. auch Kapitel 5.). Schmerzhafte Veränderungen im Zirkumanalbereich, der Prostata oder der Wirbelsäule rufen mitunter neurogen ausgelöste Obstipationen hervor. Auch nervale Anomalien, die den motorischen Dickdarmreflex stören, können zum Stocken des Kotabsatzes führen, und zwar durch eine allgemeine oder lokale Minderung der Peristaltik.

Bei einer Obstipation ist es meist nicht notwendig, gesamtdiagnostische Parameter heranzuziehen. Mit der Inspektion der Analgegend und der digitalen Untersuchung des Rektums wird eine Obstipation ermittelt. In der normalerweise leeren Ampulla recti ist harter Kot anzutreffen. Der Kotstrang ist auch bei einer Palpation zu ertasten. Eine Röntgen-Leeraufnahme gibt weitere Hinweise auf das Ausmaß der Verstopfung (Abb. 17.93.). Blutspuren am Kot oder am Untersuchungsfinger geben Veranlassung zur weiteren Klärung durch Rektoskopie. Eine Intoxikation durch verhaltene Kotmassen ist unwahrscheinlich. Bei anhaltender Obstipationsneigung sollte jedoch auf eine umfassende Untersuchung nicht verzichtet werden.

Therapie: Die Therapie der Obstipation muß mit der Beseitigung angeschoppter Kotmassen

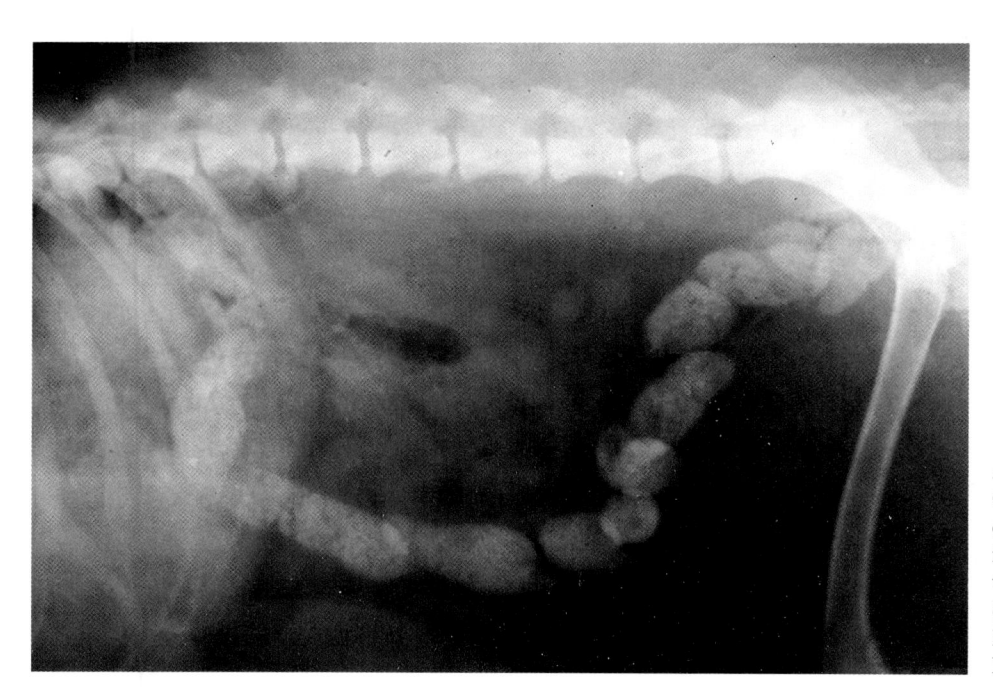

Abb. 17.93. Obstipation; der Enddarm ist nach ventral verlagert. (Klinische Radiologie, FU Berlin).

beginnen. Reichen wiederholte Klysmen mit physiologischer Kochsalzlösung oder Paraffinöl nicht aus, so ist die mechanische Entfernung manuell oder mittels einer Kot- oder Fremdkörperzange vorzunehmen (ausreichende Sedierung oder Epiduralanästhesie). Wenn konservative Maßnahmen keinen Erfolg zeigen, ist eine Enterotomie zu erwägen.

Nach Beseitigung der Obstipation muß das Nahrungsangebot überprüft und evtl. korrigiert werden. Das Futter sollte gut ausgewogen sein, ein Leinsamenaufguß kann beigegeben werden (2–3 Eßlöffel geschroteten Leinsamen mit kochendem Wasser übergießen und über Nacht stehenlassen). Zusätzlich ist die Verordnung von Gleitmitteln (Samenschale von *Plantago ovata*) sinnvoll, auch Paraffinum liquidum kann vorübergehend verabfolgt werden. In schweren Fällen sind Parasympathomimetika (Neostigmin) nach vorausgegangener Koterweichung angezeigt. Ein regelmäßig über den Tag verteiltes Angebot von kleineren Futterrationen trägt dazu bei, Rezidive zu verhindern. Bei ausreichender Bewegung durch freien Auslauf muß der Hund Gelegenheit zur mehrmaligen Kotentleerung am Tage erhalten.

Pseudoobstipation unterscheidet sich von der echten Obstipation durch eine Verklebung des Afters infolge von mit Kot verkrusteten Haaren, wodurch es dem Tier oft nicht möglich ist, Kot abzusetzen. Bei einer Pseudoobstipation sind in der Ampulle angesammelte Kotmassen meist nicht verhärtet, sollten aber dennoch durch ein leichtes Klysma entfernt werden. Die am Anus entstandenen Verklebungen müssen beseitigt und eventuelle Entzündungen behandelt werden.

17.5. Erkrankungen des Zirkumanalbereiches

Anatomische Vorbemerkungen: Im Bereich des Afters sind drei Drüsengruppen angeordnet: die Analdrüsen, die Zirkumanaldrüsen und die Analbeuteldrüsen. Die Analdrüsen sitzen in der Afterschleimhaut und gehen in die Zirkumanaldrüsen über, die sich rings um die Afteröffnung befinden. Wenige Millimeter beiderseits der Afteröffnung enden die ausführenden Gänge der Analbeutel mit der sie auskleidenden Analbeuteldrüsen, die das Analsekret aus modifizierten Talg- und Duftdrüsen absondern, und zwar passiv durch den Druck des Kotes.

Ätiologie und Pathogenese: Ist die Entleerungsfunktion der Analbeutel über längere Zeit nicht gegeben, so dickt das Drüsensekret ein, geht von einer wässerig-trüben in eine pastenartige oder eitrig-schleimige Konsistenz über und wird meist nicht auf natürliche Weise abgesondert. Nach CHRISTOPH (1973) kann das bakteriell zersetzte Drüsensekret zu einem Fokalherd werden und über eine Fernwirkung zur Ekzembildung und auch zu Myalgien führen.

Anamnese und Krankheitsbild: Bei Erkrankungen des Zirkumanalbereiches sind das Belecken des Afters, plötzliches Einziehen der Rute und Sichsetzen typisch. Ein weiteres Symptom ist das sog. Schlittenfahren der Hunde, die damit anfangs dem Juckreiz und später dem Schmerz begegnen wollen. Die Palpation der Analbeutel von außen durch Daumen und Zeigefinger oder durch den Anus bei hochgehaltener Rutenwurzel zeigt meist eine pralle Füllung beider Analbeutel. Wird die Entzündung über längere Zeit nicht beachtet, so können sich am Analbeutel Abszesse oder Fisteln bilden.

Erkrankungen der Zirkumanaldrüsen kommen meist bei älteren Hunden und vornehmlich bei Rüden vor. Eine Form der Zirkumanaldrüsen-Erkrankung besteht in einer ringförmigen Schwellung. Die entzündeten Drüsen treten deutlich hervor und können abszedieren. Bei länger anhaltenden Entzündungen bilden sich oft kleine Tumoren, die meist eine geringe Wachstumstendenz haben und oft spät entdeckt werden. Mitunter wachsen die Tumoren jedoch sehr schnell und sind fest mit dem unter ihnen liegenden Gewebe verwachsen (Adenome).

Therapie der Analbeutel-Erkrankungen: Wenn keine starke Entzündung vorliegt, können Analbeutelerkrankungen durch in mehrtägigen Abständen zu wiederholende, manuelle Entleerungen behoben werden. Dazu wird wie bei der Palpation mit dem Daumen der Analbeutel gegen den Untersuchungsfinger gedrückt und so entleert; dabei muß der Rutenansatz hochgehalten werden, um die Ausführungsgänge des Analbeutels deutlich hervortreten zu lassen. Erst wenn das Drüsensekret entzündlich verändert ist, sollte der Analbeutel mit einer Sulfonamid- oder Antibiotikum-Suspension gefüllt werden. Eine Zwischenbehandlung mit Framycetin-Trypsin-Kombination hat sich bewährt. Langanhaltende Analbeutelerkrankungen haben meist starke Veränderungen am Drüsengewebe zur Folge, so daß eine Verödung durch Instillation einer Lugolschen Lösung oder einer 1:2 verdünnten Metakresolsulfonsäure + Formaldehyd-Lösung erforderlich wird. Die Behandlung sollte an drei aufeinanderfolgenden Tagen und später in wöchentlichen Abständen wiederholt werden. Das Eingehen in den Analbeutel über die Ausführungsgänge erfolgt mit einer Knopfkanüle in kranio-ventraler Richtung. Bestehen bereits Durchbrüche, so kann die Auffüllung durch die Fistelöffnung erfolgen. Reichen konservative Methoden nicht zur Heilung aus, so ist die Exstirpation der Analbeutel in Erwägung zu ziehen.

Technik der Analbeutel-Exstirpation: Der Hund liegt in Bauchlage, der Schwanz ist auf dem Rücken fixiert. Der After sollte mit einer Tabaksbeutelnaht umstochen und temporär verschlossen werden. Vor der Exstirpation werden die Analbeutel mit Wachs oder plastikartigem Material gefüllt. Die Haut wird über dem Analbeutel bis auf den äußeren Sphinkter eingeschnitten und dieser in Faserrichtung stumpf bis auf den sich grau vom roten Muskelgewebe abhebenden Analbeutel gespalten. Der Beutel wird vorsichtig mit einer Klemme gefaßt und aus den umgebenden Muskelfasern herauspräpariert. Häufig kommt es dabei zu einer Blutung der kaudalen Rektumarterie, welche den Analbeutel versorgt. Diese Arterie ist sorgfältig zu unterbinden. Der Analbeutel wird am Ausführungsgang ligiert und abgesetzt. Zerreißt der Analbeutel, müssen die auf der Innenseite grau schillernden Anteile sorgfältig entfernt werden. Zwei bis drei Catgut-Hefte adaptieren die Muskelfasern. Die Hautwunde wird mit nicht-resorbierbarem Material verschlossen. Der Sphinkter darf, um eine Insuffizienz zu vermeiden, niemals durchschnitten werden.

Therapie der Zirkumanaldrüsen-Erkrankungen: Für die einleitende Therapie eignen sich heiße Kamillenumschläge mit anschließender lokaler antibiotischer Behandlung. Aufgetretene Durchbrüche müssen mittels Kauterisation verödet werden. Bestehen Fisteln, so ist durch Operation das umgebende Fistelgewebe zu entfernen, dabei ist auch darauf zu achten, daß Fistelbildungen bis in den Darm hineinreichen können. Die operative Versorgung muß also auch bis in den Darm hineinreichen und die Wunde von der Muscularis her wieder verschlossen werden. Die Heilung erfolgt per primam oder secundam (Ausreißen der Fäden). In der letzten Heilphase ist auf die Erweiterung durch digitale oder instrumentelle Dehnung des Schließmuskels zu achten. Veränderungen durch Zirkumanaldrüsentumoren erfordern ein chirurgisches Vorgehen. In Fällen, die nicht mehr zu operieren sind, kann eine Hormonbehandlung mit Östrogenen versucht werden. Die Dosierung beträgt nach CHRISTOPH (1973) 20 bis 200 mg. EISENMENGER et al. (1967) berichten von guten Erfolgen mittels Strahlentherapie, da die Adenome der Zirkumanaldrüsen als strahlenempfindlich angesehen werden.

17.6. Erkrankungen des Abdomens

17.6.1. Akutes Abdomen

Ätiologie: Beim akuten Abdomen handelt es sich um ein plötzliches Auftreten von Erkrankungen der Bauchorgane, die das Bauchfell mit erfassen können. Die ätiologische Zuordnung schließt das therapeutische Handeln ein und führt in den meisten Fällen zu chirurgischen Konsequenzen, und zwar bei Obstruktionsileus, paralytischem Ileus oder Invagination (Abb. 17.94.), Magentorsion, Bauchtraumen (Abb. 17.96.), Hernien (s. Abb. 17.100. und 17.103.) und Pyometra sowie Plazentageschwür. Zum Bild eines akuten Abdomens gehören auch Erkrankungen, die der internistischen Behandlung bedürfen; hierzu zählen akute Pyelonephritis, Enterokolitis, Pankreatitis, Peritonitis und Graviditätsstörungen. Darüber hinaus sind extraabdominale Ursachen in Erwägung zu ziehen, so ausgeprägter Diabetes, akuter Blutverlust und Vergiftungen.

Krankheitsbild und Diagnose: Die Pathogenese und das Krankheitsbild werden von der Grunderkrankung bestimmt. Zu den Hauptsymptomen zählen Schmerzäußerungen, vornehmlich vom Bauchraum ausgehend, Apathie und Hinfälligkeit. Erbrechen ist kein regelmäßiges und typisches Symptom. Häufig ist eine Trias aus entlastender Körperstellung, abdominaler Abwehrspannung sowie fehlender Peristaltik festzustellen. Neben der Palpation und der Auskultation sollten Laboruntersuchungen zur Ermittlung beispielsweise einer Nephritis oder einer Pankreatitis in das diagnostische Vorgehen einbezogen werden. Eine Röntgenuntersuchung nach Luftinsufflation in die Bauchhöhle eignet sich für die diagnostische Kontrastdarstellung einzelner Organe. Zum Ausschluß einer Zwerchfellhernie ist zuvor eine Röntgenaufnahme des Thorax notwendig. Mittels Laparotomie können die Organe des Bauchraumes, wie Bauchfell, Leber, Gallenblase, Netz, Magen, Darm, Milz und Nieren, beurteilt werden.

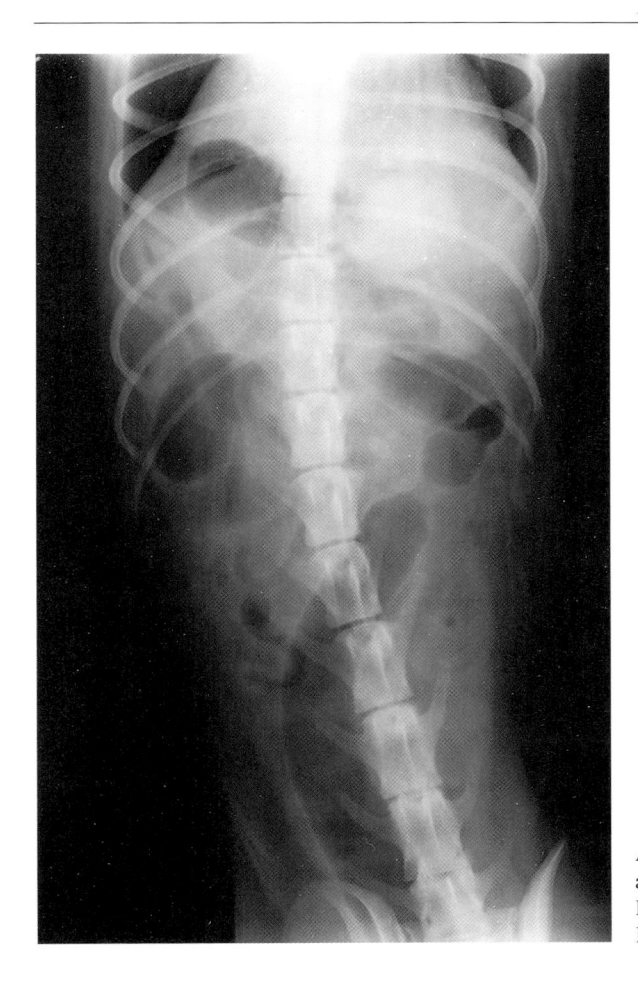

Abb. 17.94. Koloninvagination bei einem 8 Monate alten Collie. Die Leeraufnahme zeigt Luftfüllung des Kolons vor und hinter der Invagination. (Klinische Radiologie, FU Berlin).

Für die Diagnose oder Differentialdiagnose geben beim akuten Abdomen Labortests wertvolle Hinweise. Zu den erforderlichen Laboruntersuchungen zählen Urinstatus (spezifisches Gewicht, pH, Eiweiß, Glucose, Ketonkörper, Blut, Gallenfarbstoffe, Sediment), Untersuchung auf Indikan in Harn oder Serum und Blutuntersuchungen (Blutbild, Blutkörperchensenkungsgeschwindigkeit, Hämatokrit), Blutzuckerbestimmung, Harnstoffbestimmung, Lipase (Amylase), Elektrolyte (K, Na, Ca, P, Cl), Bilirubin, Glutamyl-Transferase (γ-GT), Glutamat-Pyruvat-Transaminase (GPT/ALT), Glutamat-Dehydrogenase (GLDH) und Gesamteiweiß.

Der Verlauf des akuten Abdomens wird durch das Grundleiden und unter Umständen durch ein rechtzeitiges chirurgisches Eingreifen bestimmt.

17.6.2. Verletzungen der Bauchhöhle

Traumen am Abdomen werden vor allem nach Unfällen oder nach Beißereien diagnostiziert. Liegt eine Öffnung der Bauchhöhle vor, so muß die Behandlung mit Reinigung und Rasur der weiteren Umgebung beginnen. Dabei soll der Hund nach den Regeln der Asepsis bzw. Antisepsis auf eine Bauchoperation vorbereitet werden. Vorgefallene Teile der Bauchorgane müssen nach gründlicher Reinigung und Untersuchung auf Verletzungen zurückverlagert werden. Bestehen Organschädigungen (z. B. am Darm), so ist ein operatives Vorgehen (evtl. Resektion) notwendig. Um mehr Übersicht über den Grad der Verletzung zu erhalten oder um bessere Voraussetzungen für eine Per-primam-Heilung durch Naht der Gewebsschichten zu schaffen, ist es häufig erforderlich, die Verletzung an der Bauchwand zu vergrößern. Bei Verunreinigung der Bauchhöhle müssen die kontaminierten Partien mit einer ste-

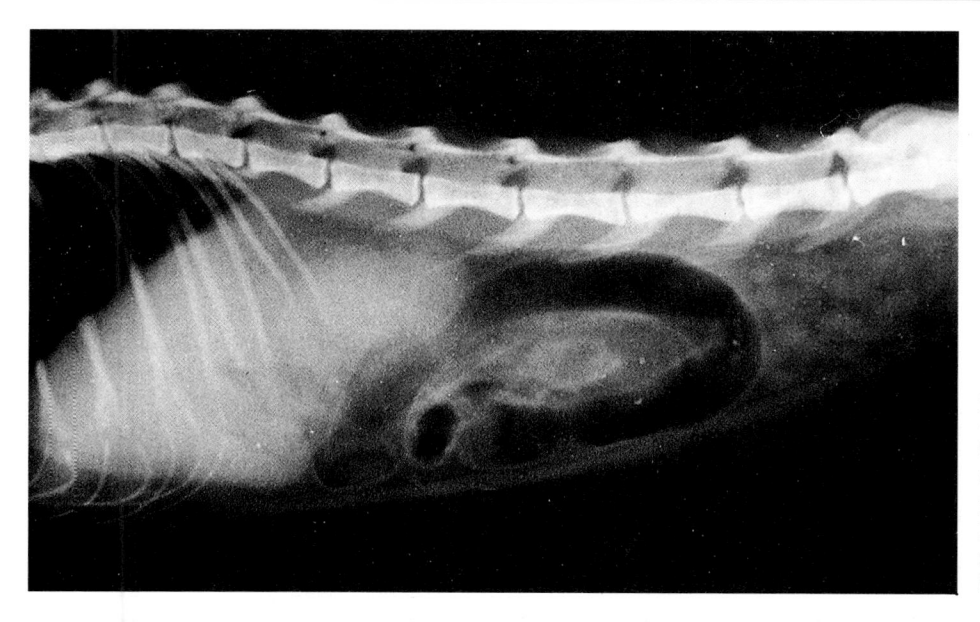

Abb. 17.95. Röntgenaufnahme des erweiterten proximalen Darmabschnittes. (BARTELS, Frankfurt/M.).

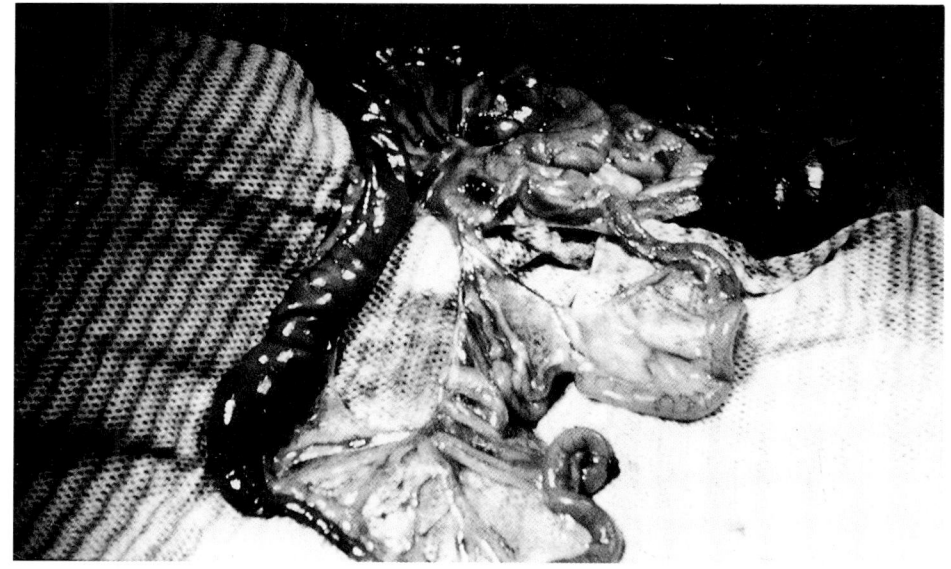

Abb. 17.96. Riß im Mesenterium und Unterbrechung der Blutversorgung infolge eines stumpfen Bauchtraumas; Sturz aus großer Höhe. (BARTELS, Frankfurt/M.).

rilen physiologischen Kochsalzlösung (38 °C) gesäubert werden. Zur Vermeidung einer Peritonitis ist stets eine parenterale oder lokale antibiotische Versorgung angezeigt.

Stumpfe Verletzungen, die auf das Abdomen lokal oder breitflächig auftreffen, führen zum Bild des sog. *stumpfen Bauchtraumas* (Abb. 17.95. bis 17.97.). Hierbei kann es zur abrupten Verschiebung der Bauchorgane gegen die Wirbelsäule und gegen das Becken kommen. Die Hauptursachen sind Unfälle. Das Bauchtrauma birgt drei Risiken: einmal innere Blutungen durch Ruptur parenchymatöser Organe oder Gefäße, zum anderen eine Peritonitis nach Perforation (Abb. 17.98.) oder Wandnekrose im Bereich des Magen-Darm-Traktes und drittens eine Urämie durch Quetschung der Niere, der Harnwege oder der Harnblase. Eine Ruptur im Dünndarmbereich kann sich auf die Serosa beschränken oder auch tiefere Schichten verletzen, dabei wird gelegentlich das Gekröse in Mitleidenschaft gezogen. Eine Dünndarmquetschung führt in den meisten Fällen zur Nekrose und Perforation. Nach PUNZ (1971) lassen sich bei isolierten Darm- bzw. Mesenterialverletzungen zwei Frühphasen und eine Spätphase unterscheiden. Die erste Phase dauert bis zu acht

Abb. 17.97.
Nekrotischer
Darmteil nach
Riß des Mesen-
teriums. Der
proximale
Darmabschnitt
ist erweitert.
(BARTELS,
Frankfurt/M.).

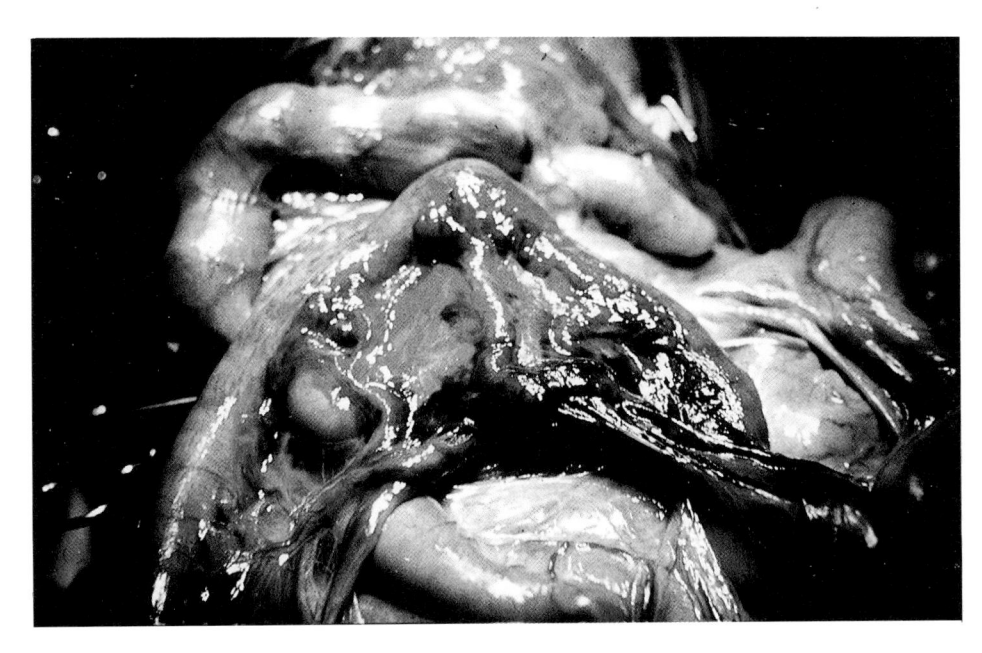

Abb. 17.98.
Darmperfora-
tion nach stump-
fem Bauch-
trauma.
(BARTELS,
Frankfurt/M.).

Stunden nach dem Unfall; in dieser Phase entsteht umschriebener Druckschmerz im Verletzungsgebiet. Ein weiteres Symptom ist ein gekrümmter Rücken mit aufgezogenem Bauch. Beobachtet wird oft eine vorübergehende, jedoch kurzfristige Besserung, der wieder eine Verschlechterung des Allgemeinbefindens folgt. In der zweiten Phase werden frisches Blut in der Ampulle und nach Dünndarminhalt riechendes Bauchpunktat ermittelt. Im Verlauf dieser Phase wird die Bauchdecke gespannter und der Hund hinfällig. Die dritte Phase ist gekennzeichnet von Symptomen einer Peritonitis. In der Ampulle befindet sich teerartiger und übelriechender Kot. Ein operatives Vorgehen kann bis zum Beginn der zweiten Phase erfolgversprechend sein.

17.6.3. Peritonitis

Ätiologie: Das Peritoneum (Pars visceralis und Pars parietalis) besteht aus einer bindegewebigen Basal- sowie einer Mesothelschicht der Tunica-Serosa und enthält ein dichtes Geflecht von Blut- und Lymphgefäßen. Entzündliche Erkrankungen des Bauchfells können als Folge einer bakteriellen

Infektion auf hämatogenem Wege oder durch Kontakt mit infizierten Gewebsteilen (Abszesse) einzelner Bauchorgane sowie nach chirurgischem Eingriff (Nahtdehiszenzen), Punktion und unter Umständen nach Laparotomie entstehen. Eine Peritonitis steht häufig auch im Zusammenhang mit stumpfen Traumen, Fremdkörperperforationen, Tuberkulose, inkarzerierten Hernien, Tumoren, aber auch mit Erkrankungen des Uterus, z.B. nach der Geburt (Puerperalsepsis), Plazentageschwür und Uterusperforation (Pyometra). Das Resorptionsvermögen des Bauchfells ist stark ausgeprägt, so daß schon örtlich ablaufende Entzündungsprozesse zu allgemeinen Krankheitserscheinungen führen können. Leichte Reizungen des Peritoneums verursachen eine vermehrte Exsudation der Serosa, die gekennzeichnet ist durch ein seröses und später serofibrinöses Exsudat mit viel polymorphkernigen Leukozyten und zunehmender Zahl der Makrophagen. Eine Organisation fibrinöser Exsudate führt zur Fibrose des Bauchfells.

Krankheitsbild: Eine **akute Peritonitis** verläuft in der Regel hochfieberhaft, kann beim Hund aber auch afebril sein, ist schmerzhaft, und das Abdomen erscheint hochgezogen (aufgeschürzt). Eine Umfangsvermehrung des Abdomens ist bei der akuten Peritonitis nicht festzustellen. Infolge der Schmerzen bewegen sich die Hunde wenig, auch wird der Kot- und Harnabsatz unterdrückt. In den meisten Fällen besteht Brechreiz. Die Atmung erfolgt betont kostal, da auch die abdominale Atmung vermieden wird. Die Pulsfrequenz ist gesteigert, jedoch schwach und fadenförmig. Der Hund wirkt apathisch.

Bei der **chronischen Peritonitis** zeigt sich eine Umfangsvermehrung des Bauches, die Bauchmuskulatur ist meist erschlafft, und eine Palpation wird nicht als schmerzhaft empfunden. Allgemeinsymptome fehlen, insbesondere dann, wenn eine stumme Verlaufsform vorliegt. In vielen Fällen wird eine chronische Peritonitis erst bei einer Laparotomie oder bei der Laparoskopie diagnostiziert.

Diagnose: Bei einer akuten Peritonitis ist durch Punktion der Bauchhöhle in den meisten Fällen ein blutig-trübes bis eitriges, mit Fibrin durchsetztes Exsudat zu gewinnen. Die Blutuntersuchung weist eine beschleunigte Blutkörperchensenkungsgeschwindigkeit (BKS) sowie eine Leukozytose mit Vermehrung der jugendlichen und stabkernigen Leukozyten auf. Bei der Eröffnung der Bauchhöhle aus chirurgischen Gründen ist bei beginnender Bauchfellentzündung das Peritoneum stark gerötet und matt, zeigt fibrinöse Auflagerungen oder Blutungen. Die Organe können ebenfalls fibrinöse Beläge aufweisen, auch haben sich oft Exsudate bereits im Bauchraum angesammelt.

Therapie: Die Behandlung muß sich in erster Linie an der Primärerkrankung orientieren. Zu den medikamentösen Maßnahmen zählen Antibiotikagaben, evtl. in Verbindung mit Glucocorticoiden. Bei schwerem Verlauf sind Strophanthin und Infusionen von Elektrolytlösungen angezeigt. Peripher wirkende Kreislaufmittel sind zur Unterstützung des Kreislaufs mit heranzuziehen. Bei ausgeprägter Kreislaufinsuffizienz sollten Plasmaexpander verabreicht werden. CHRISTOPH (1973) empfiehlt bei einer Peritonitis oder nach chirurgischen Eingriffen im Bauchraum, die eine Peritonitis zur Folge haben können, das Einlegen eines sterilen Tampons (gekantete Mullbinde, 4 m lang). Bei Verschluß der Laparotomiewunde wird im kaudalen Wundwinkel die letzte Naht ausgelassen und durch diese Öffnung der mit Antibiotika getränkte Tampon eingelegt. Der Tampon wirkt wie ein Docht, saugt die im Abdomen anfallenden Exsudate auf und leitet sie nach außen. Dieser Tampon wird vier Tage lang täglich um einen Meter herausgezogen. Besteht bereits eine fibrinöse Peritonitis, so wird vor Verschluß der Bauchhöhle versucht, möglichst viel Exsudat mit steriler physiologischer Kochsalzlösung (38°C) herauszuwaschen. Zur Instillation eignet sich eine Tetracyclin-Lösung (10 mg/kg KM) in die Bauchhöhle.

17.6.4. Umbilikalfistel

Das klinische Bild einer Umbilikalfistel entsteht durch eine Dermatitis im Nabelbereich oder durch eine Infektion, die bis in die Bauchhöhle hineinreichen kann. Ursache ist meist eine bakterielle Entzündung durch ständige Verunreinigung der Nabelgegend, hervorgerufen durch eine mangelnde Rückbildung des Ductus omphalomesentericus, der in der embryonalen Entwicklung die Verbindung zwischen Mitteldarm und Dottersack schafft. Wenn diese Gangverbindung postnatal nicht atrophiert, können seröse Flüssigkeiten sowie Darminhalt nach außen in die Nabelöffnung abfließen und dort Entzündungen hervorrufen.

Die *Therapie* besteht in der operativen Entfernung der Fistelöffnung (Exzision) im Nabelbereich mit anschließender Enterotomie an der Basis des persistierenden Ductus und Entfernung des Fistelganges.

17.6.5. Aszites (Bauchwassersucht)

Ätiologie und Pathophysiologie: Ein Ascites abdominalis ist immer die Folge einer übergeordneten Erkrankung. Pathogenetisch stehen Insuffizienzen der Niere, der Leber und des Herzens im Vordergrund. Schwere sowie anhaltende Ernährungsstörungen, starker Parasitenbefall und dadurch bedingter Proteinmangel können jedoch auch zum Aszites führen, und zwar durch Veränderungen der Blutzusammensetzung. Darüber hinaus kommen als Primärerkrankungen Leukose, Tuberkulose und Streptotrichose sowie der Druck wachsender Tumoren auf große Gefäße in Betracht. Infolge einer Hypalbuminämie entsteht eine Verminderung des onkotischen Druckes (kolloidosmotischer Druck), der zum Austritt gestauter Lymphe führt. Als wichtige Komponente, die einen Aszites unterhält, wird der sekundäre Aldosteronismus angesehen. Das Steroidhormon Aldosteron (Nebennierenrinde) fördert die tubuläre Na^+-Rückresorption sowie die K^+-Exkretion.

Anamnese und Krankheitsbild: Die Ansammlung seröser Flüssigkeit in großer Menge im Bauchraum führt zu einem Ascites abdominalis, der bei längerem Bestehen und Fortschreiten ein Nachlassen der Spannkraft der Bauchmuskulatur zur Folge hat, so daß es zur Ausbildung eines Hängebauches mit eingefallenen Flanken kommt. Die Tiere sind meist stark abgemagert (Abb. 17.99.). Durch Palpation am stehenden Hund mit einer Hand gegen die flach anliegende andere sind Undulationen im Abdomen spürbar. Mit aus dem Handgelenk erfolgtem Beklopfen läßt sich eine Wellenbewegung auslösen, die sich innerhalb der Flüssigkeit fortsetzt und von der flach aufgelegten anderen Hand gut wahrgenommen wird. Durch Perkussion ist die obere Flüssigkeitsgrenze nicht exakt zu ermitteln, da die leicht gasig aufgetriebenen Darmschlingen den Perkussionsschall verwischen. Infolge des erhöhten Druckes im Abdomen ist die Zwerchfellatmung eingeschränkt, dagegen die kostale Atmung stark ausgeprägt. Die Körpertemperatur ist meist normal. Die Umfangsvermehrung des Bauches ist symmetrisch, im Gegensatz zu einer Umfangsvermehrung infolge einer Pyometra, bei der eine Symmetrie nicht zu bestehen braucht. Auch sind hier tastbare Wellenbewegungen nicht zu ermitteln.

Diagnose: Durch Röntgenuntersuchung am stehenden Tier kann der obere Flüssigkeitsrand festgestellt werden. Das Anlegen eines Pneumoperitoneums kann nach Entlastungspunktion zur Ursachenabklärung (Tumoren, Lebererkrankungen) wertvoll sein. Eine Untersuchung des Bauchhöhlenpunktats auf zellige Bestandteile ist in die Diagnostik einzubeziehen. Der Bodensatz der Punktionsflüssigkeit ergibt nach Pappenheim-Färbung Aufschluß über zellige Elemente. Bei Zellverbänden, deren einzelne Zellen größer als Leukozyten sind, muß auf Tumoren in der Bauchhöhle geachtet werden. Wichtig ist auch die Gesamteiweißbestimmung im Serum zur Erfassung einer Hypoproteinämie infolge übergeordneter Erkrankungen, z. B. Nephrose (FREUDIGER 1981).

Empfohlen wird als diagnostisches Hilfsmittel die Rivaltasche Probe mit Bauchhöhlenpunktat. In 1–2 Tropfen Eisessig ad 100 ml Aqua bidest. wird ein Tropfen der zu untersuchenden Flüssigkeit gegeben; die Beurteilung erfolgt bei Licht vor dunklem Hintergrund: Bei durchsichtiger Schlierenbildung handelt es sich um ein Transsudat (zellarme, meist seröse Flüssigkeit nichtentzündlicher Genese) und bei einem rauchähnlichen Niederschlag um ein Exsudat (trübe, mehr oder weniger zellhaltige, eiweißreiche Flüssigkeit [~13 g%], die infolge Entzündung aus den Gefäßen austritt). Ein Transsudat spricht für eine Nephrose, für eine Leberzirrhose oder für einen Herzfehler, ein Exsudat für eine Peritonitis, für Tumorerkrankungen, Blutungen nach Unfällen

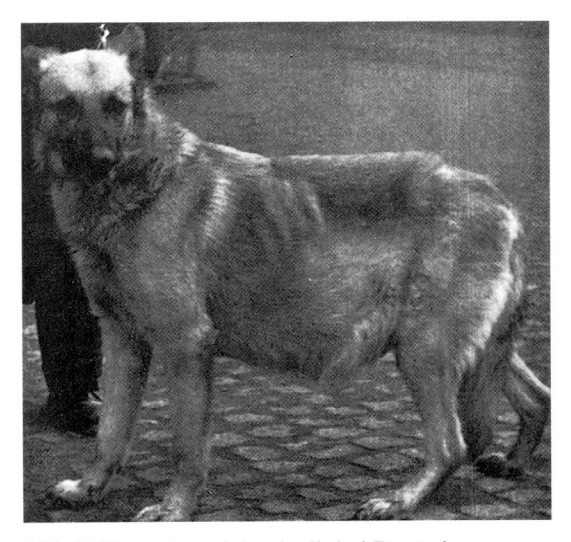

Abb. 17.99. Ascites abdominalis bei Deutschem Schäferhund.

(Milz- und Leberruptur) oder Chylusbeimischungen (Ascites chylosus). Besteht die Bauchwassersucht seit längerer Zeit, so kann durch Eiweißdenaturierung die Punktionsflüssigkeit ein chylöses Aussehen bekommen (pseudochylöser Aszites), ohne daß auf eine Beteiligung der intestinalen Lymphgefäße geschlossen werden kann. Das chylöse Transsudat hat einen hohen Fettgehalt, während das pseudochylöse Globuline enthält. Die Ether-Schüttelprobe ermöglicht die Unterscheidung: Chylöses Transsudat wird klar, pseudochylöses Transsudat bleibt milchig.

Therapie: Die Therapie des Aszites muß bei der auslösenden Erkrankung beginnen. Darüber hinaus stehen im Vordergrund der Behandlung Maßnahmen zur Behebung des Eiweißmangels. Dazu eignen sich eine eiweißreiche und leicht verdauliche Diät sowie versuchsweise die Verabfolgung von Anabolika. Die Gabe von Aminosäurederivaten sowie von lipotropen oder entgiftenden Substanzen wie Methionin und Cholin wird empfohlen. Eine Entfernung der Bauchhöhlenflüssigkeit durch Punktion soll nur erfolgen, wenn eine sehr ausgeprägte Behinderung der Atmung vorliegt, da mit dem Transsudat bzw. Exsudat ein nur sehr schwer zu ersetzender Eiweißverlust entsteht. Bei einer Aszites-Punktion ist die Unterstützung des Kreislaufs anzuraten, auch darf die Bauchhöhlenflüssigkeit nur langsam abfließen. Durch die Kombination des Aldosteron-Antagonisten Spironolacton mit dem am Nierentubulus angreifenden Saluretikum Furosemid läßt sich die Bauchwassersucht in vielen Fällen erfolgreich behandeln. Aldosteron-Antagonisten führen bei sinnvoller Dosierung nicht zu vermehrter Kaliumausscheidung im Gegensatz zu Saluretika, die zur Hypokaliämie führen können. Wichtig ist, daß die diuretische Therapie nicht ununterbrochen über lange Zeit erfolgt, da sonst eine Hyponatriämie und Hyperkaliämie mit Herz- oder Nierenversagen die Folge sein können. Empfehlenswert sind wöchentliche Zyklen mit Pausen von 3–4 Tagen. Hohe Dosen der diuretischen Kombination über wenige Tage sprechen gut an und werden meist auch gut vertragen. Bei Herzinsuffizienzen empfiehlt sich die zusätzliche Verordnung von Herzglykosiden.

Punktion der Bauchhöhle: Die Punktion wird am seitlich liegenden Hund vorgenommen, und zwar zwischen Nabel und Symphyse und ca. zwei Finger breit seitlich der Linea alba. Nach Vorbereitung der Punktionsstelle (Rasur, Desinfektion, Lokalanästhesie) wird der Trokar, dessen Größe sich nach der Größe des Hundes richtet, eingestochen, wobei er so in die Hand genommen werden muß, daß ein Finger die Einstichtiefe markiert. Nach Entfernen des Trokars aus der Hülse kann die Flüssigkeit aus der Bauchhöhle abfließen. Mittels eines an der Hülse angelegten sterilen Tupfers läßt sich die Ausflußgeschwindigkeit regulieren. Netz- oder Darmteile, die sich vor die Hülse legen, können den Abfluß behindern; mit steriler Knopfsonde wird die Hülsenöffnung wieder freigelegt. Ist die Punktion beendet, so wird der Trokar wieder in die Hülse eingeführt und mit ihr gemeinsam durch schnelles Herausziehen entfernt. Die Punktionsstelle muß anschließend mit einem in Desinfektionsmittel getränkten Tupfer für eine Weile stark angedrückt werden.

17.6.6. Tumoren des Bauchfells

Primäre Tumoren des Bauchfells kommen selten vor, und auf Grund der mesothelialen Abstammung des Bauchfells sind bindegewebige Geschwülste wie Lipome, Fibrome sowie Leiomyome zu erwarten. Diese Tumoren können sowohl vom Mesenterium als auch vom sub- und retroperitonealen Gewebe ausgehen.

Diagnose: Symptome werden meist erst bemerkt, wenn durch die Größe des Tumors ein Druck auf die Umgebung ausgelöst wird. Die Diagnose erfolgt durch Palpation sowie über Kontrastmitteldarstellung des Magens, der Niere oder durch die diagnostische Laparotomie. Differentialdiagnostisch ist auf Nieren- oder Ovarialtumoren zu achten.

Sekundäre Tumoren entstehen als Metastasen, die vom Magen, Darm und u.a. vom Ovar ausgehen. Kontaktmetastasen sind ebenfalls möglich. Die Diagnose kann hier ergänzt werden durch Aszitespunktion mit anschließender Zytodiagnostik. Klinisch steht ein Aszites mit deutlicher Abmagerung des Hundes im Vordergrund. Bei bimanueller Palpation ist ein mehr oder weniger großes Gebilde in der Bauchhöhle tastbar.

Therapie: Primäre Peritonealgeschwülste werden chirurgisch radikal vom Bauchfell und von der Bauchdecke entfernt. Das Eingehen in die Bauchhöhle hat so zu erfolgen, daß der Schnitt nicht in der Medianen, sondern als Lappenschnitt im Tumorbereich angelegt wird. Auf sorgfältige Unterbindung aller zuführenden Gefäße ist besonders zu achten. Auch Behandlung mit Röntgenstrahlen oder Zytostatika kann versucht werden. Die Prognose ist allerdings ungünstig.

17.7. Hernien

Ätiologie: Für die Entstehung der Hernien sind weniger die Druckverhältnisse in der Bauchhöhle maßgebend als vielmehr eine unzureichende Fixation des Mesenteriums sowie angeborene oder erworbene Defekte der Bauchwand. Dadurch bilden sich Nischen und Taschen, die Bruchpforten prädisponieren, so daß ein von Peritoneum umgebener Gewebsvorfall durch die Bauchwand möglich wird. Das trifft zu für Hernien an der kranialen und kaudalen Begrenzung des Bauchraumes. Aber auch innerhalb der freien Bauchhöhle können Peritonealaussackungen bestehen, die eine unphysiologische Lage des Darmes begünstigen und zu einer sog. inneren Hernie führen.

Hernien beim Hund: Hernia umbilicalis (Nabelbruch), Hernia inguinalis (Leistenbruch), Hernia inguinalis interstitialis, Hernia scrotalis, Hernia ventralis (Bauchbruch), Hernia perinealis, Hernia diaphragmatica (Zwerchfellhernie), Zwerchfellrupturen und Hernia mesenterialis (Gekrösebruch) sowie Hiatus-Hernie (s. Ösophagus).

Krankheitsbild: Das hauptsächliche Symptom ist der akute oder chronisch-rezidivierende Volvulus. Klinisch und anamnestisch können Schmerzäußerungen, Aufblähen des Bauches sowie Ileus-Erscheinungen mit Erbrechen festgestellt werden. Gelegentlich kommt es zu einer Behinderung der Magen-Duodenal-Entleerung.

Diagnose: Durch Ertasten des mit Eingeweideinhalt oder Organteilen gefüllten Bruchsackes und evtl. durch Ertasten der Bruchpforte kann eine Hernie diagnostiziert werden. Bei der Röntgenuntersuchung ist eine Verlagerung der Magen-Dünndarm-Abschnitte in andere Regionen festzustellen.

Therapie: Jede sich offenkundig darstellende Hernie, soweit die Bruchausbildung reponierbar ist, sollte operativ beseitigt werden, da stets mit einem akuten Ileus gerechnet werden muß.

Eine **Hernia umbilicalis** (Nabelbruch) kommt beim Hund häufig vor und stellt einen Vorfall von präperitonealem Fettgewebe oder Netz durch die nicht ganz geschlossene Nabelpforte dar. Als Entstehungsursachen werden eine zu kurze Abnabelung, aber auch Veranlagung angenommen. Bei kleineren Nabelbrüchen von Junghunden, bei denen nur etwas präperitoneales Fettgewebe (Lig. falciforme) vorgefallen ist, kann auf eine Operation verzichtet werden. Größere Nabelbrüche sollten operiert werden, bevor Darmteile inkarzerieren. Ist jedoch bereits eine Verwachsung des präperitonealen Fettgewebes erfolgt und der Bruchinhalt dadurch schwer zu reponieren, kann ein operatives Vorgehen auch unterbleiben. Die Annahme, ein Nabelbruch dieser Art könne bei Hündinnen anläßlich einer späteren Trächtigkeit zu Komplikationen führen, ist nicht erwiesen.

Operationstechnik bei Umbilikalhernie: Kleinere Hernien werden durch einen Schnitt eröffnet, während bei größeren die Haut mit einem Ellipsenschnitt entfernt wird. Das vorgefallene Peritoneum wird eröffnet und der Inhalt reponiert. Der verdickte Rand der Bruchpforte muß exzidiert und die Wunde mit einer Catgut-Matratzennaht oder Kunststoff-U-Nähten geschlossen werden. Ist die Öffnung sehr groß, werden 15–30 mm davon längs verlaufende Entlastungsschnitte

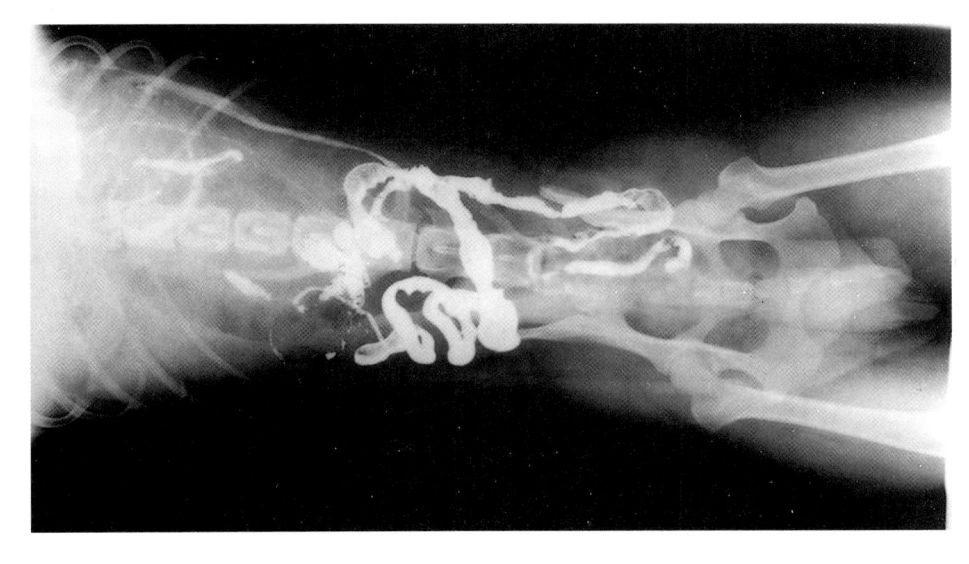

Abb. 17.100. Hernia inguinalis; das Duodenum liegt seitlich außerhalb des Beckens. (Klinische Radiologie, FU Berlin).

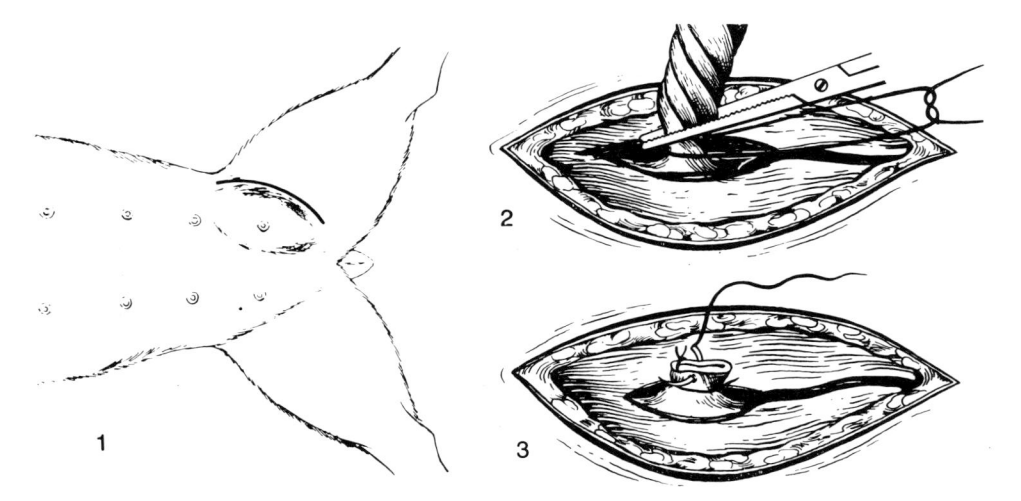

Abb. 17.101. Operation einer Inguinalhernie: bogenförmige Inzision am äußeren Leistenring (1); Abdrehen und Abbinden des freipräparierten Bruchsackes (2); Vernähen des Stumpfes (3). (DAVID, Wien).

in der äußeren Rektusscheide angelegt, um einen spannungsfreien Verschluß zu erreichen.

Eine **Hernia inguinalis** (Leistenbruch) ist charakterisiert durch Austritt von Baucheingeweiden durch den Leistenkanal, wobei sich Bauchinhalt durch das Ostium vaginale in den Processus vaginalis schiebt, der den Bruchsack bildet (Abb. 17.100.). Der Grund für das gehäufte Vorkommen der Leistenhernien bei Hündinnen liegt in der anatomischen Besonderheit des Processus vaginalis, der eine kleine, sackartige Erweiterung hat, in der sich etwas Fettgewebe befindet und in die das Lig. teres uteri hinreicht (daher Vorsicht bei der Operation von Mammatumoren im Inguinalbereich). Bei einem Leistenbruch ist die Bruchpforte für ein bis zwei Finger passierbar und die Umfangsvermehrung in der Leistengegend meist reponierbar. Als Bruchinhalt kommen in Frage: Netz, Darm, Uterus oder auch die Blase. Sind nur Netzteile vorgefallen, so kann eine Vergrößerung des Bruchsackes durch wachsendes Fettgewebe erfolgen. Diese Form der Bruchausbildung ist bei längerem Bestehen nicht mehr zu reponieren. Zu den selteneren Möglichkeiten zählt der Vorfall des graviden Uterus infolge Zuges des Lig. teres uteri. Mit zunehmender Trächtigkeitsdauer nimmt der Processus vaginalis an Umfang zu, bis es zur Inkarzeration kommt.

Operationstechnik bei Inguinalhernie (Abb 17.101.): Über dem äußeren Leistenring erfolgt ein bogenförmiger Hautschnitt. Danach werden der Bruchsack freipräpariert und der Abdominalinhalt reponiert. Mittels Klemme faßt man den Bruchsack, dreht ihn mehrmals um die eigene Achse, damit er an seiner Basis abgeklemmt und abgebunden werden kann. Nach Absetzen des Bruchsackes wird der Stumpf vernäht (2-0 chrom. Catgut) und versenkt. Anschließend wird die Bruchpforte mit ein bis zwei Nahtreihen (3-0 Kunststoff-Einzelnaht) zwischen dem Lig. inguinale, dem M. obliquus internus abdominis und dem M. rectus abdominis unter Schonung der großen Gefäße verschlossen. Bei fetten und bei großen Hunden ist es ratsam, ein oder zwei Redon-Drains zu legen. Die Subkutannaht sollte das darunterliegende Gewebe mit erfassen, um einer Serombildung vorzubeugen. Abschließend erfolgt die Hautnaht (4-0 Kunststoff-Fäden).

Die **Hernia inguinalis interstitialis** ist den Abdominalhernien zuzuordnen. Bei dieser Form der Bruchausbildung stülpt sich Abdominalinhalt neben dem Scheidenhautsack aus. Der innere Bruchsack fehlt, da in den meisten Fällen das Peritoneum eingerissen ist und so ein Prolaps entsteht. Der Bruchinhalt liegt unter der Haut neben dem Processus vaginalis. Eine Hernia inguinalis interstitialis kommt beim Rüden selten vor. Ist ein solcher Bruch jedoch eingetreten, so ist er in der Leistengegend nuß- bis faustgroß zu erkennen. Senkt sich der Bruchinhalt weiter in die Tiefe, so entsteht die **Hernia scrotalis**, bei der die Gefahr der Inkarzeration mit Ileus besonders gegeben ist. Bei der Hernia scrotalis ist der Hodensack wie beim ektopischen Hoden vergrößert. In den meisten Fällen kann bei der Palpation die ausgeweitete Tunica vaginalis mit verschiebbarem Inhalt (Darm, Netz) ertastet werden.

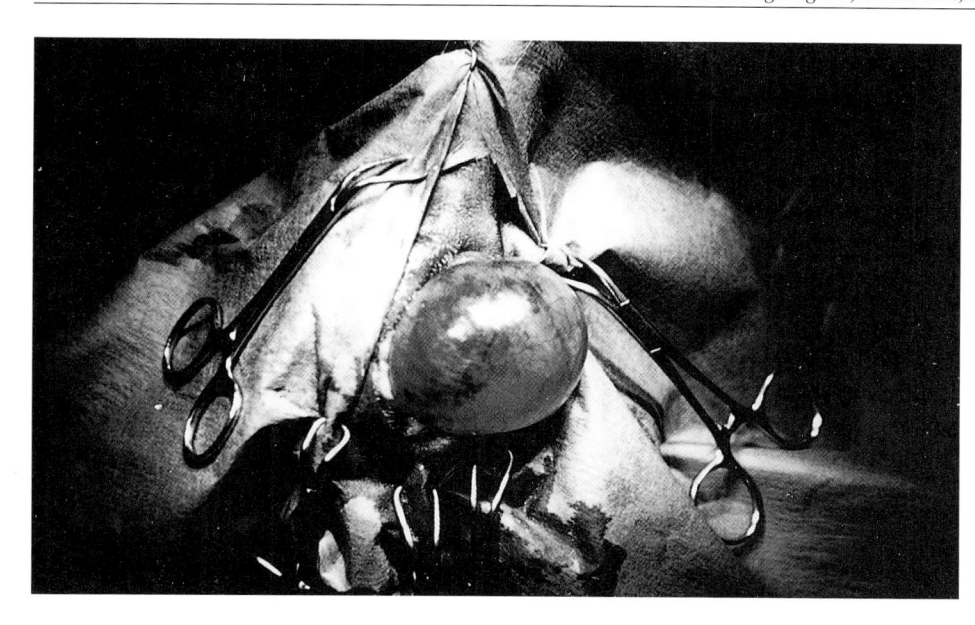

Abb. 17.102. Perinealhernie mit inkarzerierter Harnblase. (BARTELS, Frankfurt/M.).

Operationstechnik bei Skrotalhernie: Der Hautschnitt erfolgt über dem Bruchsack, der nach Freilegung um die eigene Achse gedreht und dann an der Basis abgeklemmt sowie abgebunden wird. Daran anschließend erfolgt das Abtragen des Bruchsackes einschließlich des Hodens; der Stumpf wird vernäht und versenkt. Der Verschluß der Bruchpforte sowie die Subkutan- und Hautnaht erfolgen wie bei der Inguinalhernie.

Bei der **Hernia ventralis** (Bauchbruch) handelt es sich um eine Bruchausbildung im Bereich der Bauchwand, bei der der Durchtritt von Abdominalinhalt nicht durch eine präformierte Öffnung erfolgt. Die Ursache sind meist Traumen nach Unfällen oder Beißereien. Wird nur die Bauchmuskulatur beschädigt, tritt Bauchinhalt mit Peritoneum nach außen vor (innerer Bruchsack), ist jedoch das Bauchfell mit eingerissen, so entsteht ein subkutaner Prolaps von Abdominalinhalt. Bei älteren Fällen kann eine Bindegewebsbildung einen inneren Bruchsack bei der Palpation vortäuschen. Nach Reposition der vorgefallenen Teile ist die Rißstelle zu ertasten. Da je nach Einwirkung der Traumen Muskelschichten an verschiedenen Stellen zerreißen, kann auch ein schräg verlaufender Bruchkanal vorliegen. Fehlt der innere Bruchsack, so verklebt der Bruchinhalt schnell mit der Muskulatur bei gleichzeitiger Neubildung von Bindegewebe.

Eine Spontanheilung ist bei akuten Fällen durch konservative Maßnahmen (straffe Verbände nach Tamponade der Bruchöffnung) evtl. möglich. Bei jedem Bauchbruch ist jedoch auf Verletzungen innerer Organe oder auf Inkarzerationen zu achten, die unverzüglich ein chirurgisches Vorgehen erfordern.

Eine **Hernia perinealis** entsteht durch Vorschieben von Abdominalinhalt durch die Beckenhöhle in die Perinealgegend. Dabei sucht sich der Bruchinhalt (Fettgewebe, Darm- oder Blasenteile) den Weg durch eine präformierte Lücke des Bauchfells (Abb. 17.102., 17.103.). Die Mm. levator ani und coccygeus sind meist atrophiert. Die Perinealhernie wird in der Mehrzahl bei älteren Rüden angetroffen, obwohl auch Fälle bei Hündinnen beschrieben sind (PETIT 1960). Als Ursache wird eine Störung im Sexualhormonhaushalt angenommen. Aber auch durch Tenesmen, chronische Obstipation, Rektumdivertikel, Prostatahypertrophie wird eine Perinealhernie begünstigt. Die Ausbildung erfolgt meist einseitig, ist aber auch beidseitig möglich. Nach außen zeigt sich eine reponierbare Umfangsvermehrung neben bzw. unter der Analöffnung. Die Bruchpforte ist gut palpabel. Eine retroflexierte Harnblase kann durch Einführen eines Harnkatheters diagnostiziert werden, da der Katheter im Bruchinhalt zu ertasten ist (s. Abb. 17.103.). Bei Abknickung der Harnblase am Blasenhals ist der Harnabsatz gestört. Je nach dem Grad der Blasenfüllung vergrößert oder verkleinert sich der Bruchsack. In wenigen Fällen ist es möglich, daß ein Rektumdivertikel mit in den Bruchsack hineinreicht, aber meist handelt es sich um eine Rektumschlinge, die ein Divertikel vortäuscht (CHRISTOPH 1973). Besteht jedoch durch Riß der Darmmuskulatur ein Rektumdivertikel mit lateraler

546 *17. Verdauungsorgane, Abdomen, Hernien*

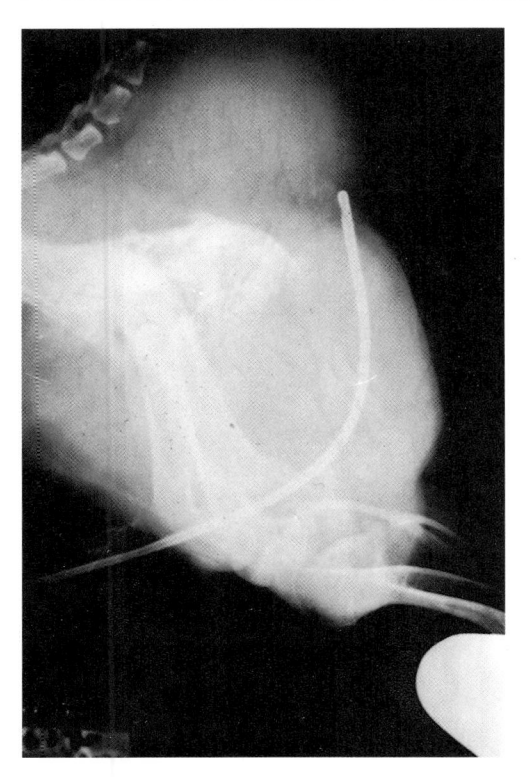

Abb. 17.103. Röntgenaufnahme einer Perinealhernie mit inkarzerierter Harnblase; Harnkatheter markiert die Lage. (BARTELS, Frankfurt/M.).

Vorwölbung der Mucosa, so ist darin eine Komplikation der Perinealhernie zu sehen (BELLINGER 1980). Differentialdiagnostisch muß vor Erstellung der Diagnose ein periproktaler Abszeß ausgeschlossen werden.

Die *Therapie* erfordert ein operatives Vorgehen. Besteht eine Prostatahypertrophie, so ist die Rückbildung der Drüse anzustreben. Da als Hauptursache eine Störung im Sexualhormonhaushalt angesehen wird, muß bei Rüden die Kastration erfolgen, um einem Rezidiv vorzubeugen.

Operationstechnik bei Perinealhernie: Ziel des Eingriffes ist es, das Diaphragma pelvis wiederherzustellen. Das Tier liegt in schräger Bauchlage, Kopf nach unten. Der Hautschnitt verläuft lateral des mit einer Tabaksbeutelnaht verschlossenen Anus über die Vorwölbung der Hernie. Nach Zurückverlagerung von Viscera und Lösung von Netzverwachsungen wird der M. sphincter ani externus mit dem M. levator ani, M. coccygeus, Lig. sacrotuberale und dann ventral mit dem M. obturator internus mit 3–0 Kunststoff-Einzelnähten vereinigt. Erst nachdem alle Nähte gelegt sind, werden diese verknüpft, da sonst die letzten Hefte schlecht zu setzen sind. Dabei dürfen der im unteren Wundwinkel liegende N. pudendus, die A. und V. pudenda interna nicht beschädigt werden. Als zweite Nahtreihe wird die Perinealfaszie beiderseitig freipräpariert und mit Einzelnähten (2–0 chrom. Catgut) vereinigt. Die Hautaussackung wird exzidiert, und eine Subkutan- sowie eine Hautnaht werden angelegt.

Bei einer **Hernia diaphragmatica** (Zwerchfellhernie) muß zwischen einer Hernie im eigent-

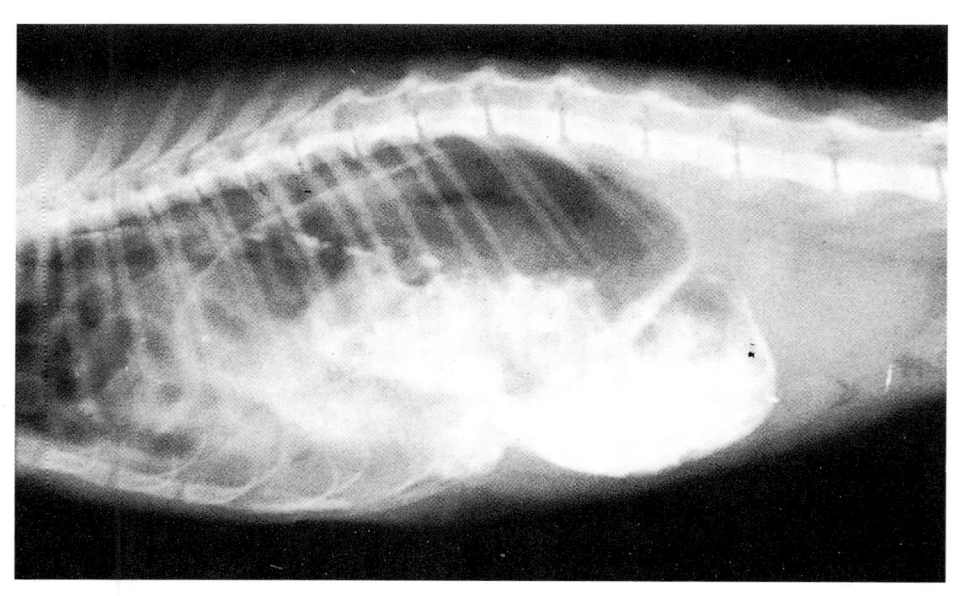

Abb. 17.104. Röntgenaufnahme einer Zwerchfellruptur nach Unfall. Kontrastmittelgefüllte Magen- und Darmteile sind in den thorakalen Raum vorgefallen. (BARTELS, Frankfurt/M.).

lichen Sinne und einer Zwerchfellruptur unterschieden werden. Im Diaphragma-Bereich auftretende Hernien sind: **Hernia diaphragmatica pleuralis, Hernia diaphragmatica pericardialis, Hernia diaphragmatica paraoesophagealis s. intramediastinalis.** Erworbene oder angeborene Lücken sowie Muskelinsuffizienzen im Diaphragma machen es möglich, daß Baucheingeweide in die Brusthöhle oder in die Herzbeutelhöhle gelangen. Die Bruchpforte kann auch der erweiterte Hiatus oesophageus sein. In solchen Fällen verlagert sich der Bruchinhalt in den kaudalen Mittelfellspalt, dessen Blätter den Bruchsack bilden. Ansonsten besteht der Bruchsack entweder aus dem Peritoneum oder aus Peritoneum und Pleura oder dem Perikard. Auch das stark verdünnte muskelfreie Zwerchfell kann an der Bildung des Bruchsackes beteiligt sein. Zwerchfellhernien bleiben oft symptomlos und stellen häufig Zufallsbefunde beim Röntgen des Digestionstraktes dar.

Zwerchfellrupturen sind meist die Folge von Traumen nach Unfällen oder Beißereien und führen zu auffälligen klinischen Erscheinungen, die um so ausgeprägter sind, je mehr Abdominalinhalt (Magen, Darm, Milz, Leber) in den Thoraxraum vorgefallen ist (Abb. 17.104.). Hauptsymptom ist eine deutliche Dyspnoe bei vorwiegend kostaler Atmung, außerdem ist das Abdomen stark aufgeschürzt. Bei der Palpation fühlt sich der Bauchraum unausgefüllt an; die im Bauchraum verbliebenen Organe sind als strangförmige Anteile zu ertasten. Bei Vorfall der Leber und der Milz sowie bei starker Ansammlung von Bauchhöhlenflüssigkeit ergibt die Perkussion einen gedämpften Schall; ist der Magen und Darm vorgefallen, so ist ein tympanitischer Schall zu erheben. Die Auskultation läßt im Bereich der vorgefallenen Organe keine Atemgeräusche erkennen, jedoch im Thoraxbereich sind für den Bauchraum typische Geräusche zu hören. Mit Hilfe einer Kontrastmitteldarstellung kann eine Zwerchfellruptur beim Röntgen eindeutig diagnostiziert werden.

Die Zwerchfellruptur macht ein operatives Vorgehen mit Intubationsnarkose im geschlossenen System erforderlich. Je ausgeprägter die Dyspnoe, um so weniger Zeit sollte verstreichen, da die Gefahr der Abschnürung und Stauung einzelner Organe (Magen, Leber, Milz) gegeben ist. Der abdominale Zugang über die Linea alba ist gegenüber thorakalen Zugängen vorteilhafter, weil er besser erlaubt, unterschiedliche Formen des Zwerchfellrisses zu versorgen. Die in die Brusthöhle vorgefallenen Organe werden vorsichtig zurückgezogen, evtl. nach Erweiterung des Zwerchfellrisses. Die Naht mit nicht resorbierbarem Material beginnt am schlechter zugänglichen Ende des Risses. Vor Verknüpfen des letzten Fadens wird durch Blähen der Lunge die Luft aus dem Thorax entfernt.

Bei einer **Hernia mesenterialis** (Gekrösebruch) ermöglicht eine präformierte Spalte im Mesenterium ein Durchtreten von Dünn- oder Dickdarm. Das klinische Bild ist charakterisiert durch Symptome eines Ileus, jedoch zeigt sich bei der röntgenologischen Untersuchung, daß meist die für einen Ileus typische Gasauftreibung des Darmes fehlt. Auch vermag in einzelnen Fällen Kontrastbrei die verlagerten Darmschlingen zu durchwandern, die zwar abgeknickt, aber nicht inkarzeriert sind. Durch Palpation sind mehr oder weniger weiche Gewebeteile zu ertasten, ohne daß diese genau lokalisiert werden können. Bei einer Probelaparotomie wegen Verdachts auf eine Hernia mesenterialis muß das Mesenterium exakt auf präformierte Öffnungen untersucht werden.

Die *Therapie* besteht in operativer Rückverlagerung des Darmes und im Verschluß des Defektes im Mesenterium.

Literatur

ANDREWS, A.H. (1970): A study of ten cases of gastric torsion. Vet. Rec. **86**, 689–693.

BAILEY, W.S. (1972): *Spirocerca lupi*, a continuing inquiry. J. Parasitol. **58**, Nr. 1.

BARTELS, P. (1978): Magen- und Darmerkrankungen aus der Sicht des Chirurgen. Kleintier-Praxis **23**, 33–38.

BAUMBERGER, A. (1979): Die Magendrehung des Hundes. Schweiz. Arch. Tierheilk. **121**, 179–185.

BECKER, Ch. (1980): Untersuchungen zur Pathogenität und Immunologie experimenteller Kokzidieninfektionen beim Hund. Vet.-med. Diss., München.

BELLINGER, C. (1980): Perineal hernia and diverticulum of the rectum in the dog. Veterinär-chirurg. Vortragsabende, Waldenburg.

BESTETTI, G., et al. (1979): Panleukopenie-ähnliche Enteritis. Schweiz. Arch. Tierheilk. **121**, 663–672.

BISPING, W. (1979): Gastrointestinale Störungen. Report Effem-Forschung für Kleintier-Nahrung **8**, 1–8.

CARB, A.V., and GOODMAN, D.G. (1973): Oesophageal carcinoma in the dog. J. Small Anim. Pract. **14**, 91–99.

CHRISTOPH, H.-J. (1973): Klinik der Hundekrankheiten. Gustav Fischer Verlag, Jena.

DÄMMRICH, K. (1979): persönliche Mitteilung. Institut für Veterinär-Pathologie, Freie Universität Berlin.

DIAMANT, N., et al. (1974): Canad. Vet. J. **3**, 66–71.

DODGE, J.A. (1970): Nature **225**, 284.

EHRLEIN, H.J., et al. (1979): Studies of the function of the

pyloric sphincter, 7. Int. Symposium of Gastrointestinal Motility, Iowa.
EISENMENGER, E., et al. (1967): Tierärztl. Umschau **22**, 59 und 65.
EISENMENGER, E., und ZETNER, K. (1982): Tierärztliche Zahnheilkunde. Parey, Berlin–Hamburg.
ELSE, R. W., und HEAD, K. W. (1980): Pathologische Konditionen im Hundemagen. Vet. Annual **20**, 66–81.
FIORAMONTI, J., et RUCKEBUSCH, Y. (1977): Potential transmural et profil moteur de l'intestin. Cr. Soc. Biol. **172**, 186.
FLASSHOFF, H.-J., und HEUSINGER, A. (1990): Krankheiten des Pankreas und das differentialdiagnostische Umfeld beim Hund. Der Praktische Tierarzt **6**, 5–11.
FLASSHOFF, H.-J., und NOACK, M. (1987): Bestimmung von Lysozym und PMN-Elastase in den Faeces als Screening in der Diagnostik entzündlicher Dickdarm-Erkrankungen. Schwerpunkt-Medizin Selecta **10**/2, 26–29.
FREUDIGER, U. (1981): persönliche Mitteilung. Klinik für kleine Haustiere, Universität Bern.
FRIEDHOFF, K. T. (1982): schriftliche Mitteilung. Institut für Parasitologie der Tierärztlichen Hochschule Hannover.
GEDEK, B. (1978): persönliche Mitteilung. Institut für Medizinische Mikrobiologie, Fachbereich Tiermedizin, Ludwig-Maximilians-Universität München.
GEHRING, H., und MAYER, H. (1972): Über das Vorkommen von intestinalen Spirillosen bei Hunden. Kleintierpraxis **17**, 7, 197–205.
GEMBARDT, Ch. (1971): Invagination des Magens in den Ösophagus. Berl. Münch. Tierärztl. Wschr. **23**, 476.
GRAU, H. (1970): Lehrbuch der Histologie und vergleichenden mikroskopischen Anatomie der Haustiere. 10. Aufl. Parey, Berlin–Hamburg.
HARTMANN, H., und MEYER, H. (Hrsg.) (1993): Klinische Pathologie der Haustiere. Gustav Fischer Verlag, Jena–Stuttgart.
HARVEY, C. E., et al. (1974): J. Amer. Vet. Med. Assoc. **165**, 5, 443–446.
HENSCHEL, E. (1981): persönliche Mitteilung. Institut für Veterinär-Anatomie, Freie Universität Berlin.
HILL, F., and CHRISTIE, B. (1979): An oesophageal diverticulum in a dog. Aust. Vet. J. **4**, 184–187.
HOLT, P. E. (1957): Vet. Rec. **69**, 902.
HOWARD, E. B., and SAWA, T. R. (1969): Path. Vet. **6**, 146.
JEFFRIES, G. H., et al. (1969): Malabsorption. Gastroenterology **56**, 777.
JONES, B. R., et al. (1976): Small Animal Pract. **17**, 593.
KERSTEN, U. (1979): Klinische Aspekte bei gastrointestinalen Erkrankungen. Report Effem-Forschung für Kleintier-Nahrung **8**, 9–13.
KOELZ, H. R., et al. (1978): Effect of intraduodenal peptone on the lower oesophageal sphincter pressure in the dog. Gastroenterology **2**, 283–285.
KRAFT, W., et al. (1980): Parvovirus-Enteritis des Hundes. Kleintierpraxis **25**, 81–90.

LAKATOS, L., und RUCKSTUHL, B. (1977): Hypertrophische Pylorusstenose. Schweiz. Arch. Tierheilk. **119**, 155–160.
LEGROS, H. (1969): Recherches expérimentales sur le mouvements de l'intestin. J. Analyt. Physiol. **6**, 37.
LEIBETSEDER, J., FLASSHOFF, H.-J., et al. (1982): Über den Einfluß von Bindegewebsgaben auf Verdaulichkeit und Kotflora beim Hund. Effem-Report **14**/XII, 1–13.
LOEFFLER, K., et al. (1979): Fluorose beim Hund. Kleintierpraxis **24**, 167–171.
LOEFFLER, K., und MAHLER, D. (1979): Röntgendiagnostik im Abdomen. Tierärztl. Praxis **7**, 55–79.
LUGINBÜHL, H., et al. (1981): Vortrag Kleintierkrankheiten, 2. Fortbildungskurs, St. Moritz.
MAX, M., and MENGUY, R. (1970): Gastroenterology **58**, 329.
MEYER, H., et al. (1978): Zur Pathogenese alimentär bedingter Verdauungsstörungen. Vortrag Intern. Symposium, Hannover.
MILLER, B. (1974): persönliche Mitteilung. Gastroenterologische Abteilung der Medizinischen Klinik der Universität Düsseldorf.
MÜLLER, L. F., und WERNER, J. (1970): Elektrokardiogramm und Blutdruck nach Magentorsionen. Berl. Münch. Tierärztl. Wschr. **82**, 51–55.
MURRAY, M., and ROBINSON, B. P. (1972): Peptic Ulceration in the Dog. Vet. Rec. **91**, 441–447.
NICOLAI, J. W. (1979): Beschleunigung der Magen-Darm-Passage durch Metoclopramid-dihydrochlorid. Kleintierpraxis **24**, 217–220.
NIEMAND, H.-G. (1980): Praktikum der Hundeklinik. 4. Auflage. Parey, Berlin–Hamburg.
O'BRIEN, T. R. (1969): Pseudoulcers in the Duodenum of the Dog. J. Amer. Vet. Med. Assoc. **155**, 713–716.
OTTO, H. F. (1980): Pathologische Anatomie der Dünn- und Dickdarmerkrankungen, 11. Bad Mergentheimer Stoffwechseltagung.
PATNAIK, A. K., et al. (1978): Canine Gastrointestinal Neoplasms. Vet. Path. **14**, 547–555.
PEARSON, H., et al. (1978): Reflux oesophagitis and stricture formation after anaesthesia. J. Small. Anim. Pract. **19**, 507–519.
PETIT, G. (1960): Perineal hernia in the Beach. Canad. Vet. J. 504.
PREUSS, F., und HENSCHEL, E. (1968): Praktikum der angewandten Veterinär-Anatomie. Teil 1. Institut für Veterinär-Anatomie der Freien Universität Berlin.
PUNZ, E. T. G. (1971): Stumpfe Verletzung des Dünndarms und des Mesenteriums. Wiener Tierärztl. Mschr. **10**, 58.
ROGERS, W., and DONAVAN, E. (1973): Peptic Oesophagitis in a Dog. J. Amer. Vet. Med. Assoc. **163**, 462 bis 464.
ROGOLSKY, B., and KRUININGEN, H. J. VAN (1978): Short-chain fatty acids and bacterial fermentation. J. Amer. Anim. Hosp. Ass. **14**, 504–515.

SAATHOFF, M. (1978): schriftliche Mitteilung. Institut für Parasitologie, Universität Bonn.

SCHALL, H., und WIRTH, W. (1975): Magenfunktionsdiagnostik beim Hund mit Pentagastrin. Kongreßberichte Welttierärzte-Kongreß, Thessaloniki.

SCHAWALDER, P. (1976): Schweiz. Arch. Tierheilk. **118**, 203–216.

SCHWARTZ-PORSCHE, D.-M., et al. (1970): Enterales Protein-Verlust-Syndrom. Zbl. Vet.-Med. **8**, 665 bis 684.

SOKOLOWSKY, V. (1967): Crico-pharyngeale Achalasie. J. Amer. Vet. Med. Assoc. **150**.

STROMBECK, D.R. (1981): Akute und chronische Diarrhoe bei Hunden. Vortrag 27. Jahrestagung DVG, München.

STÜNZI, H., et al. (1955): Zur Pathologie und Therapie der akuten Magendrehung beim Hund. Schweiz. Arch. Tierheilk. **97**, 312–317.

SZURSZEWSKI, J.H. (1969): A migrating electric complex. Amer. J. Physiol. 217, 1757.

TEUNISSEN, G.H.B. (1976): Hernia hiatus oesophagei. Kleintierpraxis **22**, 85–128.

TRIADAN, H. (1972): Zahnerhaltung bei Affen und Raubtieren. Schweiz. Arch. Tierheilk. **114**, 292–316.

TRIADAN, H., and DINC, C. (1974): Dentistry in small animal practice. Vortrag Voojaarsdagen Amsterdam.

ÜBERREITER, O. (1932): Die Indikation zum operativen Eingriff bei Fremdkörpern im Magen und Darm des Hundes. Wiener Tierärztl. Wschr. 449, 481.

KAMER, J. VAN DE (1973): persönliche Mitteilung. Waterweg 227, De Bilt/Niederlande.

VANTRAPPEN, G., et al. (1977): The interdigestive motor complex of normal subjects and patients with bacterial overgrowths of the small intestine. J. Clin. Invest. **59**, 1158.

WARNER, N.S., and KRUININGEN, H.J. VAN (1978): The incidence of clostridia in the canine stomach. J. Amer. Anim. Hosp. Ass. **14**, 618–623.

WATSON, D.W. (1965): The cytotoxicity of circulating lymphocytes from ulcerative colitis-patients for human colon epithel cells. J. Lab. Clin. Med. **66**, 1030.

WERNER, M. (1967): Krankheiten infolge peroraler Allergie-Invasion. Lehrbuch der klinischen Allergie. Thieme, Stuttgart.

WILLMEN, H.R., et al. (1975): Serumparameter bei hohem Obstruktions-Ileus des Dünndarms. Zbl. Chir. **100**, 608–617.

ZOUTINE, W.J. (1973): Effect of chemical restraint drugs on the passage of barium sulfate. J. Amer. Vet. Med. Assoc. **166**, 878–884.

Bildnachweis

ARENS, M., und KRAUSS, H.: Institut für Hygiene und Infektionskrankheiten der Tiere. Justus-Liebig-Universität Gießen.

BARTELS, P.: Tierärztliche Kleintierklinik. Frankfurt/M.

BIGLER, B.: Klinik für kleine Haustiere. Universität Bern.

CHRISTOPH, H.-J.: Klinik der Hundekrankheiten. Teil 2. Gustav Fischer Verlag, Jena 1973.

DAVID, Th.: Atlas der Kleintierchirurgie. Schlüter, Hannover 1977.

DINC, C.: Klinik für kleine Haustiere. Universität Bern.

GAAG, I. VAN DER: Institute of Veterinary Pathology. University of Utrecht.

FICUS, H.-J.: Kleintierklinik. Bremen 1982.

Fotoarchiv Hannover: Institut für Parasitologie der Tierärztlichen Hochschule Hannover.

HENSCHEL, E.: Institut für Veterinär-Anatomie. Freie Universität Berlin.

Institut für Parasitologie der Tierärztlichen Hochschule Hannover.

Klinische Radiologie, Freie Universität Berlin.

KÖHLER, H.: Institut für Pathologie und gerichtliche Tierheilkunde. Veterinärmedizinische Universität Wien.

MOUWEN, J.M.: Institut of Veterinary Pathology. University of Utrecht.

SCHLUP, D.: Klinik für kleine Haustiere. Universität Bern.

STOYE, H.: Institut für Parasitologie der Tierärztlichen Hochschule Hannover.

WIEME, H., und SCHWARTZ-PORSCHE, D.-M. (1970): Enterales Protein-Verlust-Syndrom. Zbl. Vet.-Med. **8**, 665–684.

18. Leber
(H. Eikmeier)

18.1. Physiologie

Die Leber, das größte drüsige Organ des Organismus, wird häufig als Anhangsdrüse des Verdauungsapparates bezeichnet. Diese anatomische Zuordnung gibt die Funktionen der Leber aber nur sehr unvollständig wieder. Nur ein bescheidener, allerdings wichtiger Teil der Leberaufgaben steht im Dienste der Verdauung. Die Leber ist das zentrale Stoffwechselorgan des Organismus. Neben der Produktion der Galle erfüllt sie wichtige Aufgaben im Kohlenhydrat-, Protein-, Lipid- und Nukleotidstoffwechsel (Bildung von Glycogen, Umwandlung von Glycogen in Glucose, Glukoneogenese – Synthese von Plasmaproteinen, Auf-, Ab- und Umbau von Aminosäuren – Bildung von Fettsäuren, Fett, Cholesterol, Gallensäuren, Denaturierung von Fetten – Bildung von Harnsäure, Allantoin u.a.). Von besonderer Bedeutung ist die Fähigkeit zur Unschädlichmachung bzw. Ausscheidung von Stoffwechselschlacken, Medikamenten und Giften (Entgiftung, Transformation). Ein hoher Prozentsatz dieser Stoffe wird in der Leber durch Synthese, Konjugationen, Oxydationen, Reduktionen und Hydrolysen ausscheidungsfähig gemacht. Weitere Leberfunktionen dienen der Hämatopoese sowie der Speicherung von Blut, Glycogen, Proteinen, Vitaminen, Eisen u.a.

Infolge dieser zahlreichen Aufgaben hat die Leber einen hohen Blutbedarf, der durch zwei Gefäße, die Arteria hepatica und die Vena portae, gedeckt wird. Durch diese Gefäße werden der Leber ca. 25–35% des vom Herzen geförderten Blutes zugeführt.

Eine Besonderheit der Leber ist ihre große Regenerationsfähigkeit mittels Hypertrophie und Proliferation. Nach einer partiellen Entfernung der Leber bis zu 60% wird beim gesunden Hund schon nach fast 6 Wochen die Regeneration erreicht. Erstaunlich ist auch das Kompensationsvermögen, weshalb Lebererkrankungen nicht selten erst in einem weit fortgeschrittenen Stadium in Erscheinung treten.

Die Vielfalt der Leberaufgaben erklärt nicht nur die verschiedensten Symptome im Krankheitsfalle, sondern auch die große Anzahl von Funktionsproben, die zur Diagnostik von Leberschäden entwickelt wurden.

18.2. Krankheitsursachen

Primäre Krankheiten der Leber sind beim Hund im Gegensatz zum Menschen selten. Cholezystitis, Cholangitis und Cholelithiasis besitzen – anders als beim Menschen – ebenfalls kaum eine Bedeutung. Nach unseren Erfahrungen finden sich Lebererkrankungen in erster Linie bei Infektionen wie Leptospirose, Hcc, Herpes, FIP, bei Septikämien, Pyämien, bei Magen- und Darmstörungen der verschiedensten Art, ferner bei Adipositas, Diabetes mellitus, höhergradigen Anämien und Hämolysen. Weitere wichtige Ursachen sind Tumoren (Adenome, Karzinome, Hämangioendotheliome), Leukose und die Rechtsinsuffizienz des Herzens. In ätiologisch unklaren Fällen muß auch an die Möglichkeit der Schädigung des Leberparenchyms durch Medikamente gedacht werden. Da bei Vergiftungen die Leber an dem Abbau und Umbau der Giftstoffe wesentlich beteiligt ist, gehören Leberschäden zum Bild vieler Vergiftungen (z.B. Kupfer). Allerdings läßt sich die Beteiligung der Leber häufig nur mit Hilfe von Leberfunktionsproben feststellen. Karzinogene Stoffe gefährden vielfach primär die Leber.

Parasitäre Lebererkrankungen spielen im deutschsprachigen Raum eine geringe Rolle. *Opisthorchis felineus*, ein Parasit der Gallengänge, hat sein Verbreitungsgebiet von Frankreich und Italien über Osteuropa bis Asien. Entsprechend seinem Entwicklungszyklus über Fische kommt er besonders im Bereich größerer Flüsse vor.

Die durch die Leber wandernden Spulwurmlarven verursachen in der Regel keine auffälligen Lebersymptome. Adulte Spulwürmer, die in den Gallengang einwandern und den Gallenabfluß behindern, werden wohl häufiger in der Literatur erwähnt, als sie in Wirklichkeit vorkommen.

Zunehmende Bedeutung besitzt die aus südlichen Ländern eingeschleppte Babesiose.

Eine Leberbeteiligung kommt auch bei Toxoplasmose und Leishmaniose vor.

18.3. Symptome der Lebererkrankungen

Die Symptome der Leberkrankheiten sind, abgesehen vom Ikterus, uncharakteristisch. Beobachtet werden gestörtes Allgemeinbefinden, Leistungsminderung, Inappetenz, Abmagerung, Erbrechen, Durchfall, Meteorismus, auffallend heller oder dunkler Kot, Umfangsvermehrung des Abdomens im Epigastrium, Bauchwassersucht, Ödeme der Hintergliedmaßen, Blutungen, Haut- und Haarkleidveränderungen, zentralnervale Störungen. (Chronische Stauung, Zirrhose und Tumoren der Leber stehen als Ursache der Bauchwassersucht an erster Stelle!)

Wegen der Unspezifität der genannten Symptome sollte deshalb bei unklarer Ätiologie immer an die Möglichkeit einer Lebererkrankung gedacht und die Leberfunktion überprüft werden.

Lebererkrankungen können auch längere Zeit symptomlos bzw. vom Besitzer unbemerkt bestehen. Es kommt nicht selten vor, daß ein Leberschaden zufällig bei einer Routineuntersuchung festgestellt wird oder chronische Veränderungen, z. B. Tumoren, für den Besitzer als plötzliche schwere Krankheit in Erscheinung treten.

18.4. Klinische Untersuchung, Röntgen- und Ultraschalldiagnostik

Infolge der anatomischen Lage sind der klinischen Untersuchung der Leber enge Grenzen gesetzt. Am wichtigsten ist die Palpation. Sie läßt bei entsprechender Übung Vergrößerungen, Oberflächenbeschaffenheit, Konsistenz sowie eine etwaige Schmerzempfindlichkeit erkennen. Die erfolgreiche Palpation setzt voraus, daß die Bauchdecken entspannt und der Magen-Darm-Trakt leer sind. Die Untersuchung erfolgt am stehenden Patienten. Zur besseren Bauchdeckenentspannung sollen Vorder- und Hintergliedmaßen möglichst einander angenähert sein. Beide Hände möglichst weit nach kranial unter den Rippenbogen vorschiebend, versucht man, im ventralen Epigastrium die Leberlappen zu palpieren. Besonders bei Hunden mit langem Brustkorb kann es vorteilhaft sein, den Patienten in der Vorhand anzuheben, wodurch die Leberlappen zurückfallen und leichter palpierbar werden. Sicher sind nur Lebervergrößerungen zu erkennen. Bei mageren Hunden mit lockeren Bauchdecken kann die vergrößerte Leber auch deutlich sichtbar sein.

Gelegentlich bereitet die Unterscheidung, ob im Epigastrium tastbare Umfangsvermehrungen zur Leber gehören, Schwierigkeiten. Von der Leber ausgehende Neubildungen lassen sich nicht oder nur ganz geringgradig nach kaudal verschieben.

Knistergefühl bzw. Geräusche bei der Palpation weisen auf fibrinöse Verklebungen der Leber hin.

Höhergradige Adipositas, starke Bauchdeckenspannung und Bauchhöhlenergüsse können die Leberpalpation unmöglich machen.

Eine weitere Möglichkeit zur Feststellung der Lebergröße, teilweise auch der Oberflächenbeschaffenheit, bietet die **Röntgenuntersuchung** (Abb. 18.1., 18.2.). Wegen des Fehlens deutlicher Kontraste zu den übrigen Bauchorganen ist das Ergebnis aber oft unbefriedigend. Nur in günstigeren Fällen sind die einzelnen Leberlappen mit ihren Konturen gut sichtbar. Die Aufnahme erfolgt im allgemeinen mit Raster in Seitenlage bei leerem Magen-Darm-Kanal.

Zur Verbesserung der Röntgendiagnostik der Leber und der anderen Bauchorgane wird die Anlage eines *Pneumoperitoneums* empfohlen. Hierzu werden dem sedierten Patienten bei leerem Magen-Darm-Kanal je nach Größe bis zu 1000 ml Luft oder CO_2 in die Bauchhöhle injiziert. Um sicherzustellen, daß die Luft in die freie Bauchhöhle und nicht in das oft stark ausgebildete retroperitoneale (umbilikale) Fettgewebe gelangt, wählt man als Injektionsort zweckmäßigerweise nicht die Linea alba, sondern in Rückenlage des Hundes den Bereich zwischen Linea alba und rechter, im allgemeinen gut sichtbarer Arteria epigastrica etwas kranial des Nabels. Bei rich-

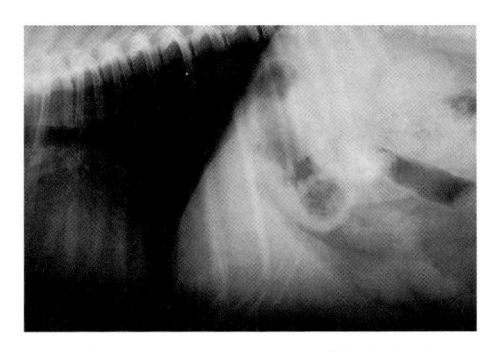

Abb. 18.1. Lebervergrößerung (Fettleber).

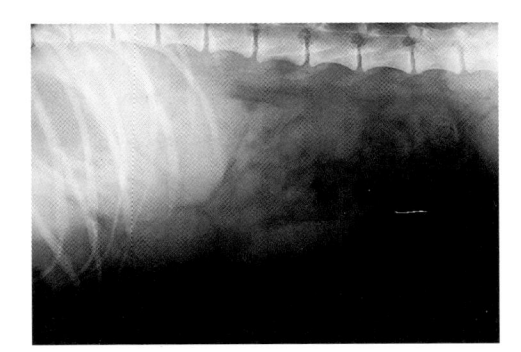

Abb. 18.2. Lebertumor.

tigem Sitz der Kanüle muß sich die Bauchhöhle gleichmäßig mit Luft füllen. Da sich die Luft immer im oberen Bereich der Bauchhöhle ansammelt, ist es zur Leberdarstellung zweckmäßig, die Aufnahme am in der Vorhand hochgehobenen Patienten im latero-lateralen Strahlengang vorzunehmen. Trotz einzelner guter Ergebnisse mit dem etwas umständlichen Verfahren entspricht die Darstellung der Leber leider häufig nicht den Erwartungen.

Wegen der Seltenheit der Erkrankungen der Gallenblase und der größeren Gallengänge ist der Indikationsbereich für die Cholezystographie und die Cholezystoangiographie sehr begrenzt. Über Einzelheiten unterrichtet Kapitel 9. und die Publikation von FICUS (1978). Bei schweren Funktionsstörungen der Leber sollten Kontrastdarstellungen nicht durchgeführt werden.

Zunehmende Bedeutung hat in den letzten Jahren die **Ultraschalldiagnostik** erlangt. Die Methode ist ungefährlich und belastet den Patienten kaum. Nachteilig ist, daß im Untersuchungsbereich die Haare geschoren werden müssen. Die Sonographie eignet sich gut zur Feststellung von Größe und Lage der Leber, zur Erkennung von Tumoren, Stauungen, Ödemen, Steinen, Gewebsverdichtungen und Flüssigkeitsansammlungen in der Bauchhöhle. Sie erlaubt die gezielte Probenentnahme. Wichtigste Indikation ist die Tumordiagnostik. Entzündlich-degenerative Prozesse ohne deutliche makroskopische Veränderungen lassen sich nicht erkennen. Der Wert der sonographischen Diagnostik wird nachhaltig durch die Erfahrung des Untersuchers bestimmt.

18.5. Labordiagnostik

Entsprechend den vielfältigen Aufgaben der Leber wurden zahlreiche Untersuchungsverfahren entwickelt. Bei den Funktionsproben sind pathologische Werte nur dann zu erwarten, wenn etwaige Schädigungen nicht durch noch vorhandenes gesundes Lebergewebe kompensiert werden. Ein weiterer Nachteil einzelner Teste (z. B. Enzymdiagnostik) liegt darin, daß sie nicht streng leberspezifisch sind. Aus diesen Gründen empfiehlt es sich, immer mehrere Proben durchzuführen.

Bilirubinstoffwechsel. Die Bestimmung der Konzentration des Bilirubins im Serum zählt zu den aufschlußreichsten und wichtigsten Proben. Die Normalkonzentration (Gesamtbilirubin) ist sehr niedrig und beträgt nur 0–5,0 μmol/l. Werte von 5,0–7,0 μmol/l sind für einen Leberschaden verdächtig, sollten kontrolliert werden und den Anlaß zur Durchführung weiterer Funktionsproben geben. Ein Bilirubinspiegel über 7,0 μmol/l ist sicher pathologisch. Über die diagnostische Bedeutung der Differenzierung des Gesamtbilirubins in direktes (konjugiertes) und indirektes (unkonjugiertes) siehe unter „Ikterus" (18.7.).

Im Gegensatz zum großen diagnostischen Wert der Serumbilirubinbestimmung besitzt der Nachweis der Gallenfarbstoffe im Harn eine wesentlich geringere Bedeutung. Auf keinen Fall dürfen die beim Menschen gewonnenen Erfahrungen mit den verschiedenen Urinproben kritiklos auf den Hund übertragen werden. Zur Erkennung latenter Leberschäden ist beim Hund der Urobilinogen- und Urobilinnachweis ungeeignet. Geringgradige Bilirubinurien werden auch bei lebergesunden Hunden beobachtet, so daß nur höhergradige Bilirubinausscheidungen als sicher pathologisch bewertet werden dürfen.

Proteinstoffwechsel. Alle Eiweißproben sind nicht leberspezifisch. Die bei leberkranken Hunden häufigsten Befunde – Albuminverminderung, Vermehrung der β- und γ-Globuline – finden sich auch bei zahlreichen anderen Erkrankungen.

Reine γ-Globulin-Vermehrungen stehen nicht so im Vordergrund wie beim Menschen. Prognostisch muß ein starker oder zunehmender Albuminabfall bei Lebererkrankungen immer ungünstig beurteilt werden.

Das toxische Eiweißabbauprodukt Ammoniak wird in der Leber zu ungiftigem Harnstoff abgebaut. Ammoniakerhöhungen >120 μg/dl finden sich bei akuter Leberzellnekrose und bei Pfortaderanomalien, bei denen das Pfortaderblut unter Umgehung der Lebersinusoide direkt in die Hohlvene fließt (Leberkoma, hepatoenzephales Syndrom, portosystemische Shunts). Sicherere Ergebnisse als die Ammoniakbestimmung liefert der Ammoniumchloridbelastungstest. Er ist beim Verdacht hepatogener zentralnervaler Symptome indiziert.

Bei eingeschränktem Ammoniakabbau in der Leber kann die Harnstoffkonzentration im Blut deutlich erniedrigt sein.

Störungen in der Bildung der verschiedenen Blutgerinnungsfaktoren treten erst bei schweren Leberparenchymschäden auf und sind zusammen mit hohen Bilirubin- und Transaminasewerten ein sehr ernstes Symptom. Als einfache Probe empfiehlt sich der Quick-Test (Prothrombinzeit, Thromboplastinzeit). Normalwert: 8–12 Sekunden.

Fett- und Kohlenhydratstoffwechsel. Die hierher gehörenden Proben, wie Cholesterolbestimmung, Galactosetest, besitzen heute keine praktische Bedeutung mehr.

Ausscheidung körperfremder Stoffe. Am gebräuchlichsten ist der **Bromsulphalein-Test** (Bromthalein-Test, BSP-Test). Bromsulphonphthalein, ein Farbstoff, wird nahezu vollständig durch die Leber in die Galle ausgeschieden.

Die Durchführung des Testes erfolgt im allgemeinen so, daß dem Patienten 5 mg Bromsulphonphthalein/kg KM streng i.v. injiziert werden. Nach 45 Minuten wird der noch im Blut vorhandene Farbstoff fotometrisch bestimmt. Normal liegt die Retention nach 45 Minuten unter 5%. Bei einiger Übung lassen sich stärkere Retentionen auch grobsinnlich beurteilen.

Die Verträglichkeit der Probe ist gut. Nachteilig wirkt, daß Herz- und Kreislauferkrankungen die Ausscheidung verzögern können. Deshalb gilt hier ebenso wie bei allen mit Ikterus verlaufenden Leberschäden die Probe als nicht indiziert.

Bestimmung der Enzymaktivitäten
Leberzellenzyme. Wenn der Leberzellverfall das physiologische Maß (Zellmauserung) infolge entzündlicher oder degenerativer Prozesse übersteigt, gelangen größere Mengen von Leberzellenzymen ins Blut. Da bereits örtlich begrenzte Leberzellschädigungen zum Freisetzen von Enzymen führen, sind die Enzymbestimmungen für Diagnostik und Verlaufskontrolle sehr empfindliche und wertvolle Proben. Bei Heilung der Leberzellschädigung werden keine neuen Enzyme mehr freigesetzt, die vorhandenen verschwinden allmählich aus dem Blut, so daß sich die Werte wieder normalisieren. Die Halbwertszeiten der Enzyme betragen einige Stunden bis Tage. Bleiben die Enzymwerte längere Zeit erhöht, weist dies auf einen chronischen oder rezidivierenden Prozeß hin.

Die Enzymdiagnostik wäre ideal, wenn es Enzyme gäbe, die nur in der Leber und in keinem anderen Organ vorkommen. Leider ist dies nicht ganz der Fall. Komplizierend kommt hinzu, daß die Bildung von Enzymen durch verschiedene Faktoren induziert werden kann, z.B. ALT-Induktion durch Barbiturate, Corticosteroide, Pestizide, Tumoren u.a. Am besten eignen sich folgende Enzymbestimmungen:

– ALAT ALT (SALT, GPT), Alanin-Aminotransferase
– GLDH (GLD), Glutamat-Dehydrogenase
– AP (SAP), Alkalische Phosphatase

ALAT kommt vorwiegend im Zytoplasma der Leberzellen vor. Erhöhungen sind deshalb weitgehend spezifisch für akute oder chronische Leberzellschäden. Infolge kürzerer Halbwertszeit können sich die Werte rasch normalisieren.
Normalbereich: <50 IU/l.

GLDH ist ebenfalls überwiegend leberspezifisch und findet sich in hoher Konzentration in den Mitochondrien. Deshalb weist ein Anstieg auf schwere Leberschäden hin.
Normalbereich: <6 IU/l.

AP kommt zwar in zahlreichen Organen vor, stärkere Erhöhungen weisen bei erwachsenen Hunden aber in erster Linie auf cholestatische Lebererkrankungen hin. Bei geringeren Erhöhungen und bei negativen Ergebnissen der übrigen Leberteste ist besonders an Knochenerkrankungen, aber auch an eine Induzierung durch Medikamente (Corticosteroide) zu denken.
Normalbereich: >9 Monate <190 IU/l.

Die vielfach üblichen GOT- und GGT-Bestimmungen sind in der Regel entbehrlich. GOT findet sich außer in der Leber auch in großen Mengen in der Skelett- und Herzmuskulatur. GGT kommt überwiegend in Pankreas- und Nierenzellen vor.

Von den aufgeführten Untersuchungsmöglichkeiten empfehlen sich für die Praxis bei Verdacht einer Leberschädigung als *Kurzprogamm*: Bilirubinnachweis in Blut und Harn sowie ALAT-, GLDH- und AP-Bestimmung.

18.6. Laparoskopie, Leberpunktion

Bei der Bewertung der Leberfunktionsproben muß beachtet werden, daß ihr positiver Ausfall nur die Störung bestimmter Funktionen anzeigt und damit den allgemeinen Hinweis für eine Leberschädigung gibt. Die wichtige Frage nach der Art der Lebererkrankung bleibt durch die Funktionsproben weitgehend unbeantwortet. Völlig verschiedenartige morphologische Veränderungen der Leber können mit den gleichen Funktionsstörungen verlaufen. Eine befriedigende Diagnose hat die Kenntnis der morphologischen Veränderungen zur Voraussetzung.

Hierzu ist die **Laparoskopie** (Bauchspiegelung) die Methode der Wahl. Am sedierten Hund wird mit Luft oder CO_2 ein Pneumoperitoneum angelegt, das in Rückenlage des Patienten die Bauchdecken von den darunterliegenden Organen abhebt. Nach Einführung des optischen Instrumentes in den mit Luft gefüllten Raum der Bauchhöhle lassen sich große Teile der Leberoberfläche, die Gallenblase und fast alle weiteren Organe der Bauchhöhle zumindest teilweise besichtigen.

Kontraindiziert ist die Laparoskopie bei Patienten mit höhergradiger Dyspnoe und beim Verdacht von Zwerchfellrupturen oder -hernien. Verwachsungen nach vorangegangenen Laparotomien erschweren in der Regel in erheblichem Maße den Überblick.

Unter der laparoskopischen Kontrolle können gezielte **Leberpunktionen** durchgeführt werden. Gezielte Punktionen bieten gegenüber den Blindpunktionen so zahlreiche Vorteile, daß mit Blindpunktionen, besonders bei kleineren Hunden, Zurückhaltung geboten erscheint. Über Einzelheiten der Laparoskopie und der Leberpunktion siehe EIKMEIER (1960) und LETTOW (1962, 1963, 1974). Laparoskopische Befunde zeigen die Abb. 18.3.–18.7.

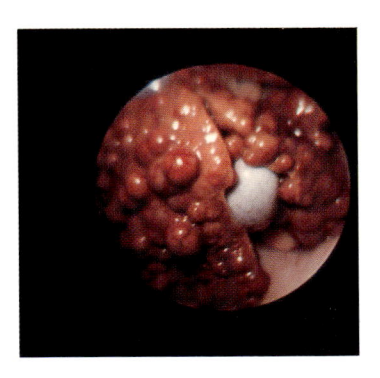

Abb. 18.3. Laparoskopischer Befund: Leberzirrhose.

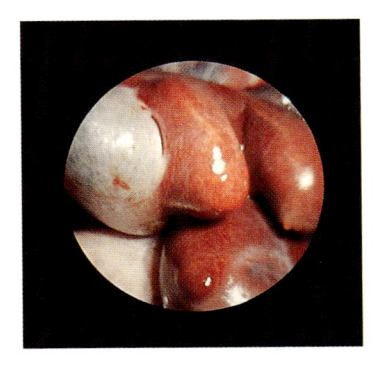

Abb. 18.4. Laparoskopischer Befund: Fettleber.

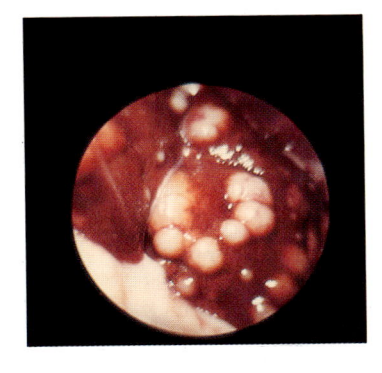

Abb. 18.5. Laparaskopischer Befund: Leberkrebs.

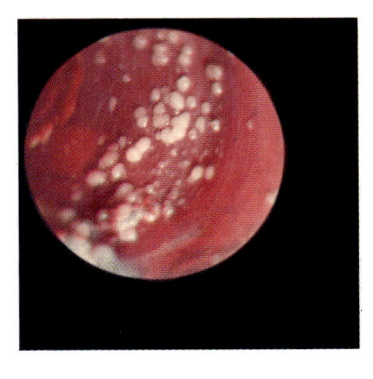

Abb. 18.6. Laparoskopischer Befund: Krebsmetastasen auf dem Zwerchfell.

Abb. 18.7. Laparoskopischer Befund: Pankreaskarzinom mit gestauter Gallenblase.

18.7. Ikterus

Der nicht durch Hämolyse verursachte Ikterus ist das charakteristischste, aber leider nicht obligate Symptom der Lebererkrankungen. Bei vielen Leberschäden, besonders chronischen wie Zirrhose, Fettleber, Stauungsleber, Geschwülsten, Leukose, kann er fehlen oder nur sehr geringgradig ausgebildet sein. Ein deutlicher Ikterus tritt erst bei Serumbilirubinwerten über 51,0 μmol/l auf. Da die physiologische Serumbilirubinkonzentration beim Hund mit 0–5,0 μmol/l sehr niedrig liegt, müssen auch die geringgradigsten, gerade noch erkennbaren Gelbfärbungen der Conjunctiva sclerae als pathologisch angesehen werden.

Ein Ikterus kann sich sehr rasch von einem Tage zum anderen entwickeln. Deshalb sollte in unklaren Krankheitsfällen täglich auf ikterische Verfärbungen untersucht werden. Plötzlich sich entwickelnde hochgradige Ikterusfälle sind für Leptospirose verdächtig.

Entsprechend der Pathogenese lassen sich drei Ikterusformen unterscheiden.

1. Prähepatischer, hämolytischer Ikterus, Superfunktionsikterus. Er entwickelt sich durch das bei Hämolysen entstehende Überangebot von Bilirubin, das in der Leber nicht verarbeitet werden kann. In reiner Form kommt er sehr selten vor. Die wichtigsten Ursachen sind Bluttransfusionszwischenfälle (s. Kapitel 8.), autoimmunbedingte Prozesse und Intoxikationen. Als auffällige Begleitsymptome werden Milztumor, Anämie und sehr dunkler Kot beobachtet.

2. Intrahepatischer, hepatischer, hepatozellulärer Ikterus, Parenchymikterus. Diese beim Hund häufigste Form entsteht durch die Schädigung der Leberzellen selbst.

3. Posthepatischer, mechanischer Ikterus, Verschluß-, Stauungsikterus. Diese sehr seltene Form wird in der Regel durch den Gallenabfluß behindernde Tumoren verursacht. Gallensteine, Entzündungen der Gallenwege oder Parasiten spielen keine Rolle.

Die oft schwierige *Differentialdiagnose* der 3 Ikterusformen kann durch die Differenzierung des Serum-Gesamtbilirubins in direktes und indirektes erleichtert werden. Der hämolytische Ikterus ist durch die fast ausschließliche Vermehrung des indirekten (unkonjugierten) Serumbilirubins leicht zu erkennen. Bei den beiden anderen Formen erhöht sich vorwiegend das direkte (konjugierte) Serumbilirubin. Da der Stauungsikterus kaum vorkommt, handelt es sich bei einem Ikterus mit erhöhtem direktem Bilirubin in der Regel um die hepatische Form. Gleichzeitige Erhöhung von direktem und indirektem Bilirubin spricht für eine Mischform von prä- und intrahepatischem Ikterus, bei der Leberzellen und Erythrozyten gemeinsam geschädigt wurden.

Die Behandlung der Gelbsucht richtet sich nach den Ursachen. Zur Unterstützung kann die sog. *Leberschutztherapie* versucht werden. Sehr hohe Serumbilirubinwerte (über 425,0 μmol/l) scheinen sich durch Prednisolon (ca. 1 mg/kg KM) günstig beeinflussen zu lassen.

18.8. Akute und chronische Hepatopathien, Zirrhosen, Leberinsuffizienz

Wie oben schon erwähnt, sind sowohl die Ursachen als auch die Symptome der dem Sammelbegriff Hepatopathie zugrunde liegenden Leberzellschädigungen sehr verschieden.

Wichtigstes therapeutisches Ziel müssen die Ausschaltung bzw. Bekämpfung der leberschädigenden Faktoren und die Schonung des erkrankten Organs sein. Daneben versucht man die sog. **Leberschutztherapie**, die die Leberfunktionen verbessern, Zellschädigungen verhindern und die reparatorischen Vorgänge begünstigen soll (s. auch Kapitel 27.). Die Wirksamkeit der hierfür benutzten Arzneimittel ist teilweise wenig gesichert oder umstritten. Sicherlich profitieren viele Behandlungsvorschläge von der guten Regenerationsfähigkeit der Leber und der Tendenz zur Selbstheilung, besonders bei akuten Zellschädigungen.

Leider bleibt in vielen Fällen die Ursache der Hepatopathie unbekannt, so daß sie sich nicht beeinflussen läßt. Um so notwendiger wird dadurch die Schonung der Leber. Hierzu empfehlen sich folgende Maßnahmen:

1. körperliche Schonung;
2. diätetische Schonung durch ausreichende Eiweißzufuhr mit Ausnahme bei der Leberinsuffizienz (s. auch Kapitel 5.), ausreichende Kohlenhydratzufuhr, Einschränkung von Fett;
3. Vermeidung von leberschädigenden Faktoren.

Die körperliche Schonung ist bei allen floriden Prozessen indiziert, weil stärkere Belastungen sich nachteilig auf den Verlauf auswirken können.

Der Eiweißgehalt des Futters richtet sich nach dem Zustand der Leberfunktion. Bei den kompensierten Erkrankungen sollen nicht weniger als 2,5 g Eiweiß/kg KM, am besten in Form von magerem Fleisch oder fettarmem Quark, verabreicht werden (s. Kapitel 5.).

Da bei allen schweren Leberschäden die Ammoniakentgiftung (Harnstoffsynthese) eingeschränkt oder aufgehoben ist, verlangen diese Fälle eine strikte Eiweißreduktion bzw. ein strenges Eiweißverbot. Aus dem gleichen Grunde gilt auch die Methionintherapie bei dekompensierten Lebererkrankungen als nicht indiziert.

Viele Arzneimittel belasten die Leber. Deshalb ist mit allen nicht der Lebertherapie dienenden Verordnungen Zurückhaltung geboten. Beim Ikterus sind Cholezystographie und Bromthalein-Test zu vermeiden.

Neben der Schonung kommen folgende weitere Maßnahmen in Betracht:

Wärmetherapie zur Erzeugung einer Hyperämie der Leber in Form von feuchtwarmen Umschlägen, Kurzwelle (s. Kapitel 4.).

Zuckertherapie: anstelle der früher viel verwendeten Laevulose wird heute die Glucose bevorzugt in Form von 5%igen Infusionen oder 10–20%igen Injektionen.

Vitamintherapie, vor allem Vitamin-B-Mischpräparate täglich i. v., auch Vitamin C. Bei Blutungen oder Abfall der Prothrombinzeit Vitamin K_1 (Phytomenadion). Normalisiert sich die Prothrombinzeit nach 1–2maliger i. v. Injektion nicht, beruht die Blutungsbereitschaft nicht auf gestörter Resorption, sondern auf einer schweren Leberzellschädigung, und die weitere Vitamin-K_1-Therapie bringt keinen Nutzen.

Leberextrakte und *Hydrolysate:* besonders bei Zirrhosen und anderen chronischen Erkrankungen (z. B. Prohepar-Nordmark).

Corticosteroide: bei schweren Leberzellschädigungen mit hohen Bilirubin- und Transaminasewerten, bei Zirrhosen.

Lipotrope Substanzen zur Verbesserung der Fettverarbeitung bei Fettleber, akuten und chronischen Hepatopathien: ungesättigte Fettsäuren, Cholin, Methionin (z. B. Essentiale-Nattermann, Hepsan-Minden, Becel-Margarine). Der Nutzen der Methionin- und Cholintherapie wird heute als gering beurteilt.

Cholagoga (Choleretika): bei Verdacht auf Cholostase (heller Kot), z. B. Cholestyramin.

Diuretika bei mit Aszites verlaufenden Zirrhosen und chronischer Stauungsleber. Punktionen sollten wegen des Eiweißverlustes nur zu diagnostischen Zwecken und bei Versagen der diuretischen Therapie angewandt werden. Gut bewährt zur Diurese hat sich Furosemid, auch in Kombination mit Aldosteron-Antagonisten (Spironolacton). Gleichzeitig natriumarme Ernährung.

Über Silymarin- und Orotsäurepräparate fehlen noch ausreichende Erfahrungen.

18.9. Leberkoma, Hepatoenzephales Syndrom

Bei schweren Störungen der Leberfunktion können toxische Substanzen (besonders Ammoniak), die aus dem bakteriellen Eiweißabbau aus dem Darm stammen, infolge der fehlenden Entgiftung bzw. Metabolisierung in der Leber in den Kreislauf und damit in das ZNS gelangen. Auch ein persistierender Ductus venosus und andere Pfortaderanomalien, die einen Durchfluß des Pfortaderblutes durch die Lebersinusoide verhindern oder einschränken (Portovenographie), kommen als seltene Ursache der zentralen Störungen infrage. Das klinische Bild beschränkt sich nicht auf das Koma, sondern umfaßt alle Möglichkeiten zentralnervaler Störungen.

Bei Ausfall der Leberfunktion können die Reinigung des Darmes von stickstoffhaltigem Inhalt durch Einläufe und Abführmittel sowie die Reduzierung der Darmflora durch schlecht resorbierbare Chemotherapeutika, z.B. Neomycin, versucht werden. Laktulose und Sauermilch sollen das Wachstum von pathologisch aktiven Darmbakterien hemmen. Die Prognose ist schlecht.

Gelingt es, die Pfortaderanomalien operativ zu beseitigen, sind rasche Heilungen möglich.

18.10. Neubildungen der Leber und des Gallengangsystems

Verdächtig sind knotige Vergrößerungen der Leber mit oder ohne Aszites, Abmagerung. Die Diagnose wird, da für den Besitzer erkennbare Krankheitserscheinungen vielfach erst in einem fortgeschrittenen Stadium auftreten, meist so spät gestellt, daß operative Maßnahmen nicht mehr in Frage kommen.

18.11. Chronische Stauungsleber

Neben den Symptomen der Herzinsuffizienz besteht eine deutliche Vergrößerung der glattwandigen Leber mit oder ohne Aszites, seltener auch mit Ödemen der Hintergliedmaßen.
Therapie: Digitalisierung, ACE-Hemmer, Leberschutztherapie, ggf. Diuretika. Mit der diuretischen Therapie soll erst begonnen werden, wenn sich durch die Digitalisierung die Leistungsfähigkeit des Herzens gebessert hat (s. Kapitel 15. und 20.).

18.12. Leukose der Leber

Die Vergrößerung der Leber kann bei der nicht seltenen Leukose besonders auffällig sein. Meist ist die Milz mit betroffen.
Therapie: Corticosteroide, Chlorambucil.

18.13. Leberegelkrankheit

Lebervergrößerung, Ikterus, Anämie, Verdauungsstörungen, Aszites. Zur Sicherung der Diagnose Einachweis im Kot. Möglichkeit der Ansteckung mit *Opisthorchis felineus* bei Mitnahme des Hundes ins Ausland.
Therapie: Hexachlorophen 20 mg/kg KM.

18.14. Leberruptur

Rupturen kommen vor allem nach Verkehrsunfällen vor. Im Verdachtsfalle frühzeitige Bauchhöhlenpunktion. Bei blutigem Punktat Versuch der operativen Behandlung. Spontanblutungen in die Bauchhöhle werden häufiger bei Hämangioendotheliomen beobachtet.

18.15. Gallenblasenruptur

Die in der Regel traumatisch bedingten Rupturen haben den Abfluß von Galle in die Bauchhöhle zur Folge. Es entwickelt sich allmählich ein galliger Erguß mit Umfangsvermehrung des Abdomens, Inappetenz, Abmagerung, Apathie und Ikterus.
Therapie: Versuch der operativen Behandlung.

Literatur

ARNOLD, U. (1986): Die Wertigkeit der Serum-Gamma-Glutamyl-Transferase-Aktivität für die Diagnose der Hepatopathien des Hundes. Kleintierpraxis **32**, 49–55.

EICHELBERG, H., und POHL, U. (1990): Literaturübersicht Kupfertoxikose. Kleintierpraxis **35**, 137–139.

EIKMEIER, H. (1960): Diagnostische Untersuchungen über die Lebererkrankungen des Hundes. Zbl. Vet.-Med. **7**, 22–58.

FICUS, H. J. (1978): Röntgendiagnostik in der Kleintierpraxis. Enke, Stuttgart.

FIEBIGER, I., BUESIS, L., FLASSHOFF, H.-J., KRAFT, W., und PARRISIUS, R. (1985): Zum Hepatoenzephalen Syndrom (HE) beim Hund und seiner Behandlung. Berl. Münch. Tierärztl. Wschr. **98**, 155–160.

FREUDIGER, U. (1970): Leberkrankheiten bei Hund und Katze. Kleintierpraxis **16**, 89–98.

JAKSCH, W. (1974): Diagnose und Therapie von Lebererkrankungen bei Kleintieren. Wien. tierärztl. Mschr. **61**, 127–138.

KRAFT, W., GHERMAI, A. K., WINZINGER, H., und KNOLL, L. (1983): Vergleich der Serumaktivitäten von AST, ALT, GLDH, AP und GGT in der Diagnostik von Lebererkrankungen des Hundes. Berl. Münch. Tierärztl. Wschr. **96**, 421–431.

KUNTZ, E. (1991): Grundsätzliche und aktuelle Betrachtungen zur Lebertherapie. Medwelt **42**, 668–673.

LETTOW, E. (1962): Experimentelle und klinische Untersuchungen zur Diagnose der Lebererkrankungen des Hundes. Zbl. Vet.-Med. **9**, 75–108, 109–157.

LETTOW, E. (1963): Die blinde Leberpunktion nach

Menghini beim Hund. Dtsch. tierärztl. Wschr. **76**, 273–277.

LETTOW, E. (1974): Lebererkrankungen beim Hund (1). Tierärztl. Praxis **2**, 321–343.

LETTOW, E. (1974): Lebererkrankungen beim Hund (2). Tierärztl. Praxis **2**, 419–433.

LETTOW, E. (1975): Lebererkrankungen beim Hund (3). Tierärztl. Praxis **3**, 67–73.

LOHSS, E. (1989): Abdominelle Sonographie beim Kleintier. Teil II: Untersuchungstechnik. Tierärztl. Praxis **17**, 313–318.

PARRISIUS, R., BUESIS, L., FLASSHOFF, H.-J., FIEBIGER, I., und KRAFT, W. (1985): Hepatoenzephalopathie bei der Katze. Kleintierpraxis **30**, 67–75.

SCHMIDT, H., and SUTTNER, P.F. (1980): Angiography of the hepatic and portal venous system in the dog and cat: an investigative method. Vet. Radiol. **21**, 57–77.

SCHMIDT, S. (1987): Zur Ultraschalluntersuchung der Leber bei Hund und Katze. Tierärztl. Praxis **15**, 57–62.

SOVA, Z., KOMÁREK, J., und JICHA, J. (1964): Der Bromsulphaleintest in der Diagnostik der inneren Krankheiten beim Hund. Kleintierpraxis **9**, 189–199.

19. Pankreas

(U. FREUDIGER)

Dem Pankreas, einem Organ, das nur 0,13–0,36% des Körpergewichtes ausmacht (NICKEL et al. 1960), kommen die wesentlichsten Funktionen im intermediären Stoffwechsel (endokrines Pankreas) und in der Verdauung (exokrines Pankreas) zu.

19.1. Erkrankungen des endokrinen Pankreas

19.1.1. Diabetes mellitus

Diabetes mellitus ist eine chronische Regulationsstörung des intermediären Stoffwechsels, v. a. der Leber, der Muskulatur und des Fettgewebes infolge unzureichender Bildung, Freisetzung oder Wirksamkeit von endogen produziertem Insulin. Die herabgesetzte Glucosetoleranz führt zur Hyperglykämie und, falls die tubuläre Rückresorptionskapazität der Niere überschritten wird, zur Glukosurie. Der Diabetes kann in einen *latenten* (während eines früheren Geschehens abnorme Glucosetoleranz), einen *subklinischen* (herabgesetzte Glucosetoleranz bei normalen oder nur leicht erhöhten Nüchtern- und postprandialen Blutzuckerwerten) und einen *manifesten* eingeteilt werden. Die beiden ersten Formen werden beim Hund selten diagnostiziert. Beim manifesten Diabetes mellitus ist zwischen dem *unkomplizierten* und dem *komplizierten, ketoazidotischen* zu unterscheiden.

Auf Grund der *Insulinsekretionsverhältnisse* nüchtern und nach intravenöser oder oraler Glucosebelastung können auch beim Hund 3 Diabetestypen unterschieden werden (BECKER 1971, KANEKO et al. 1977): Am häufigsten ist **Typ I**, der dem *juvenilen Diabetes* des Menschen entspricht. Er ist gekennzeichnet durch fehlendes oder niedriges Basisinsulin und fehlende Insulinantwort. **Typ II** zeigt normales oder hohes Basisinsulin, aber fehlende Insulinantwort, und **Typ III**, bei dem es sich wahrscheinlich um das Initialstadium, das später in einen der anderen Typen übergeht, handelt, zeigt einen nur mäßig erhöhten Nüchternblutzucker, leicht herabgesetzte Glucosetoleranz und vorhandene Insulinantwort.

Von diesem *pankreatogenen* ist der *nichtpankreatogene Diabetes* infolge kontrainsulinärer Hormone abzugrenzen. Von Bedeutung ist nur der Hyperadrenokortizismus (M. Cushing).

Die *Diabetes-Morbidität* der Hundepopulation wird unterschiedlich mit 1:200 bis 1:2000 angegeben (WILKINSON 1960, DIXON und SANDFORD 1961, LING et al. 1977). Wahrscheinlich ist der Diabetes auch beim Hund seit dem 2. Weltkrieg häufiger geworden (JOSHUA 1963). Er kommt viel häufiger bei der Hündin als beim Rüden (NIEMAND 1959) und meistens im mittleren bis fortgeschrittenen Lebensalter vor. Nach unseren und anderen Beobachtungen (JOSHUA 1963, WILKINSON 1960) sind kleine Rassen (Dackel, Pudel, Spaniel) häufiger erkrankt als große.

Die *Ätiologie* ist noch wenig bekannt. Die Rassendisposition und verschiedentlich beobachtetes gehäuftes familiäres Auftreten von Diabetes (TEUNISSEN 1966, 1972) lassen an eine genetische Disposition denken. Überernährung kann diabetes-auslösend sein. Sicher spielen auch hormonale Faktoren eine wichtige Rolle: häufigeres Auftreten bei Hündinnen als bei Rüden und oft in Zusammenhang mit Brunst, Scheinträchtigkeit, Trächtigkeit oder nach Gestagenverabreichung, erhöhter Insulinbedarf der Diabetiker während dieser Zustände. Der Diabetes dieser Hündinnen ist gekennzeichnet durch Hyperglykämie trotz erhöhten Basis-Insulinspiegeln und fehlendem oder nur geringgradigem Insulinanstieg nach Glucosebelastung (SLOAN und OLIVER 1975, EIGENMAN 1981, ZANESCO und FREUDIGER 1986). Die Hyperinsulinämie ist auf einen gestagen-vermittelten Wachstumshormonüberschuß zurückzuführen. Das Wachstumshormon bewirkt über eine Abnahme der Insulinrezeptorkonzentration an den Erfolgsgeweben eine Insulinresistenz und auf

Glukoneogenese zum Blutzuckeranstieg und, falls die Nierenschwelle überschritten wird, zur Glukosurie. Die Hyperglykämie führt zur Hyperosmolalität des extrazellulären Raumes und dadurch zur zellulären Dehydratation. Mit der Zuckerausscheidung gehen dem Organismus Kalorien verloren. Dies führt zum Kaloriendefizit und dadurch zur Polyphagie. Da der Energiebedarf nicht mehr aus Glucose gedeckt werden kann, müssen Fette abgebaut werden. Infolge der erhöhten Konzentration an freien Fettsäuren kann das beim Fettabbau gebildete Acetyl-Coenzym A nicht in den Citronensäurecyclus eingeschleust werden. Dadurch fallen vermehrt Ketonkörper als Zwischenprodukte des Fettstoffwechsels an. Diese werden anfänglich durch das Natriumhydrogencarbonat neutralisiert (kompensierte metabolische Azidose). Übersteigt der Ketonkörperanfall die Pufferungskapazität, entwickelt sich eine Ketoazidose. Der anfänglich kompensierte geht in den *dekompensierten, ketoazidotischen Diabetes mellitus* über. Es droht das hyperglykämische Koma. Beim Diabetes ist ebenfalls der Eiweißstoffwechsel nach der katabolen Seite verschoben. Die Proteinsynthese ist gehemmt, der -abbau verstärkt. Bei der Glukoneogenese fallen vermehrt Aminosäuren an, die in der Leber desaminiert werden, so daß der Rest-N zunimmt.

Die auffälligsten *Symptome* sind Polyurie und Polydipsie. Der Nährzustand ist anfänglich normal oder gar übergewichtig. Infolge des durch die Harnzuckerausscheidung bedingten Kalorienverlustes zeigen die Tiere anfänglich gesteigerten Appetit und sogar Heißhunger. Trotz der vermehrten Futteraufnahme tritt beim nichtbehandelten Diabetes allmählich eine Abmagerung auf, und vermehrte Ermüdbarkeit, Muskelschwäche machen sich bemerkbar. Es kommt zum massiven Blutzuckeranstieg und zur *Ketoazidose*. Die Atmung wird beschleunigt und verstärkt. Acetongeruch. Der Allgemeinzustand verschlechtert sich. Die Tiere sind apathisch, anorektisch, die Reflexe Krämpfe fehlen, im Gegensatz nischen Koma. Durch das Erbresätzlich Wasser und Elektrolyte kose und schließlich Exitus im n sind die Folgen.

kheiten sind zu nennen: Leberverepatomegalie, Nierenverfettung, infolge renaler Schädigungen enaler hypovolämischer Nierenektanfälligkeit, eitrige und uliden, Zystitis (besondere Form: , vermehrter Haarausfall bis zur eit, die nach Einstellung der diaechsellage wieder verschwindet. Ferner kommt es bei einigen Tieren zu einer rasch sich entwickelnden Katarakt (Abb. 19.1.). Die Katarakt ist irreversibel. Manchmal tritt sie erst nach Einstellung des Patienten auf.

Für die *Diagnose* und die Therapieüberwachung unerläßlich sind die Blutzuckerbestimmung (photometrisch oder mit Teststreifen) und die Untersuchung des Harnes auf Glucose und Ketonkörper (Teststreifen).

Die *Differentialdiagnose* gegen andere Polyurieursachen bietet wegen der Glukosurie und Hyperglykämie keine Schwierigkeiten mit Ausnahme der Hyperglykämie bei M. Cushing. Hier ist der Blutzucker meist jedoch nur mäßig erhöht, das Blutbild weist eine Lympho- und Eosinopenie auf. Die Diagnosesicherung erfolgt über den ACTH- und Dexamethason-Hemmtest.

Abb. 19.1. Diabetische Katarakt, plötzlich aufgetreten. Blutzucker: 27,1 mmol/l. Berner Sennenhund, weiblich, $10^{1}/_{2}$ J.

Therapie: Für die Therapie ist zwischen dem unkomplizierten und dem entgleisten, komplizierten Diabetes zu unterscheiden. Ein Therapieversuch ist nur sinnvoll, wenn der Besitzer kooperativ ist. Der diabetische Hund erfordert meist täglich und lebenslänglich Insulininjektionen. Es ist wichtig, daß der Besitzer über das Diabetes-Geschehen aufgeklärt wird. Das ermöglicht ihm, die tägliche Insulin-Dosis nach Bedarf zu modifizieren, eine allfällige Entgleisung rechtzeitig zu erkennen und den Tierarzt zu konsultieren. Die Therapie des unkomplizierten Diabetes gliedert sich in: 1. Diät und Regulierung des Körpergewichtes, 2. Insulin, 3. Haltung der Tiere, 4. Behandlung der Folgekrankheiten sowie nach Möglichkeit 5. Ovariohysterektomie (ein spontanes Verschwinden des Diabetes nach der Operation ist, solange der B-Zellapparat nicht irreversibel geschädigt ist, möglich).

Orale Antidiabetika (FORSTER 1975) sind nur in wenigen Fällen wirksam (Typ-III-Diabetes), da die meisten Diabetes-Fälle dem juvenilen Typ des Menschen entsprechen: Die Insulinsekretion der geschädigten Inselzellen fehlt oder ist minimal. Außerdem wirken Sulfonylharnstoff-Präparate (Tolbutamid) hepatotoxisch. In Frage kämen Biguanide.

Die *Einstellung des Diabetikers* mit Insulin erfordert meist mehrere Tage. Die verschiedenen Insuline unterscheiden sich zeitlich in Wirkungsbeginn (WB), Wirkungsmaximum (WM) und Wirkungsdauer (WD). Altinsulin (WB 1/4, WM 2–4, WD 6–8 Stunden post injectionem), NPH-Insulin® (3, 8–10, 18–24 Std.), Lente-Insuline (3, 10–12, 18–33 Std.), ultralente Insuline (3–4, 14–20, 24–36 Std.). Für die *Einstellung und Behandlung des unkomplizierten Diabetes* ist ein Insulin mit einer Wirkungsdauer von ca. 24 Stunden (z.B. NPH-Insulin® 40 Lilly; Depot-Insulin) geeignet. Es kann täglich zur selben Tageszeit injiziert werden. Geht der Diabetes in das *komplizierte, ketoazidotische Stadium* über, ist die Behandlung mit dem rasch wirkenden Altinsulin einzuleiten. Nach erfolgter Kompensation wird mit NPH-Insulin weiterbehandelt. Wichtig ist, daß die Fütterung mit dem Wirkungsbeginn und dem Wirkungsmaximum des Insulins korreliert wird (FELDMAN 1977). Bei Verwendung von NPH-Insulin soll ca. 30 Minuten nach der Injektion $1/4$ und ca. 8 Stunden nach der Injektion $3/4$ der Tagesration gefüttert werden. Wird Altinsulin verwendet, soll kurz vor der Injektion gefüttert werden. Dadurch können *Hypoglykämien*, die sich durch Unruhe, Muskeltremor bis zu tonisch-klonischen Krämpfen, Bewußtseinsstörungen äußern, vermieden werden.

Feste Dosierungsregeln gibt es nicht. Die Dosierung ist durch Erfolg und Mißerfolg ständig anzupassen. Meist wird mit $1/2$–1 IE pro kg KM begonnen. Die Wirkung ist durch mehrtägige Nüchternblut- und Harnzuckerbestimmungen sowie durch Blutzuckerbestimmungen zur Zeit des Wirkungsmaximums zu überprüfen. Die Einstellung ist korrekt, wenn der Nüchtern-Blutzucker zwischen 4,4 und 7,2 mmol/l und der Blutzuckerspiegel z.Z. des Wirkungsmaximums weniger als 11,1 mmol/l beträgt. Falls mehr, soll die Insulin-Dosis bei über 5 kg schweren Hunden 1–2 IE/5 kg erhöht werden. Bei Nüchtern-Blutspiegeln unter 4,4 mmol/l ist die Dosis entsprechend zu vermindern. Bei Hunden unter 5 kg beträgt die Dosis-Erhöhung bzw. -Reduzierung $1/4$–$1/2$ IE. Häufig erfolgt die *Einstellung des Diabetikers allein über die Beurteilung des Zuckergehaltes im Morgenharn.* Nach diesem Verfahren muß dann auch später der Besitzer die adäquate tägliche Insulindosis bestimmen (Tabelle 19.1.).

Richtige Einstellung bedeutet nicht Glucosefreiheit, sondern nachweisbare Spuren von Glucose im Harn. Der Harnzucker im Morgenurin läßt nicht unbedingt Rückschlüsse auf den Blutzucker-Nüchternwert zu. Beim Morgenurin handelt es sich um einen Sammelurin (vom letzten Harnabsatz am Abend bis zum Morgen). Ein zuckerhaltiger Morgenurin schließt eine inapparente nächtliche Hypoglykämie infolge zu hoher Insulindosierung nicht aus. Die Hypoglykämie kann bei stoffwechsellabilen Diabetikern zu reaktiven morgendlichen Hyperglykämien und Glukosurien Anlaß geben (sog. Somogyi-Effekt). Fälschliche Insulin-Dosiserhöhung kann zum hypoglykämischen Koma führen. Eine nächtliche Blutzuckerbestimmung ist für die richtige Beurteilung dieser Fälle ausschlaggebend. Bei stärkeren Schwankungen des Blutzuckers ist an folgende Möglichkeiten zu denken: 1. Dosierungs-

Tabelle 19.1. Anpassung der täglichen Insulin-Dosis auf Grund des Harnzuckers (10-kg-Hund)

Harnzucker	Dosisveränderung
2 %	+ 2E
1 %	+ 1E
$1/2$ %	+ $1/2$E
$1/4$–$1/10$ %	unveränderte Dosis
negativ	–2E

fehler von Insulin, 2. verfallenes oder nicht korrekt gelagertes Insulin, 3. Diätfehler, 4. Streß-Situationen, 5. Läufigkeit, Scheinträchtigkeit und Trächtigkeit, 6. Behandlung mit kontraindizierten Medikamenten (Cortison, Chlorthiazide), 7. Antikörperbildung gegen Insulin.

Fütterungszeiten, Futterzusammensetzung und -menge sollen möglichst konstant gehalten werden. Das Futter soll mindestens 10% Rohfaser (Trockengewicht) enthalten (MORRIS et al. 1987, REMILLARD et al. 1991). Alleinige Fleischfütterung ist abzulehnen (s. Kapitel 5.). Am besten geeignet ist ein kommerzielles, standardisiertes Dosenfutter (ANDERSON 1980/81) oder g/d bzw. r/d diet®. Anzustreben ist eine Normalisierung des Körpergewichtes.

Die *Behandlung des ketoazidotischen, komplizierten Diabetes* im komatösen Zustand ist außerordentlich zeitaufwendig.

Die Therapie erfordert regelmäßige, anfänglich 2–4 stündliche Kontrollen des Blutzuckers, der Ketonkörper im Harn, der Serumelektrolyte (Na, K), des Blut-pH und Hydrogencarbonats und durch Anlegen eines Verweilkatheters die Überwachung der Diurese. Ziel der Behandlung ist: 1. die rasche Reduktion der Hyperglykämie mit Altinsulin auf Werte von 11,1–13,9 mmol/l, 2. die Korrektur der Ketoazidose, 3. die Behebung der Dehydratation durch intravenöse Flüssigkeits- und Elektrolytzufuhr (Hydrogencarbonat, evtl. später auch Kalium). Initial werden 1–2 IE Altinsulin/kg KM, wovon $^1/_4$ i.v. und $^3/_4$ s.c. injiziert. Falls der Blutzucker nach 2–4 Stunden noch über 13,9 mmol/l beträgt, soll erneut Altinsulin verabfolgt werden (LING 1980). Die Rehydratation des meist stark exsikkotischen Patienten soll über 6–12 Stunden dauern. In der ersten Stunde soll rasch (20–30 ml/kg KM/Std.), nachher langsamer infundiert werden; ca. die Hälfte des errechneten Flüssigkeitsbedarfs ist in den ersten 8 Stunden zu verabfolgen. Die Berechnung des Flüssigkeitsbedarfs stützt sich auf den Grad der Dehydratation (5–12% der Körpermasse) und der zusätzlichen Wasserverluste über die Harnausscheidung, durch Erbrechen und Durchfall. Bei der Dehydratation handelt es sich meistens um eine hypertone (s. auch Kapitel 8.), da infolge der hohen Harnzuckerkonzentration mehr Wasser als Elektrolyte verlorengehen. Deshalb ist eine hypotone Elektrolytlösung vorzuziehen (sog. Drittellösung: $^1/_3$ NaCl 0,9%, $^1/_3$ Natriumhydrogencarbonatlösung 1,4% und $^1/_3$ Aqua dest.). Hydrogencarbonat-Additiv darf nie einer isotonen Infusionslösung beigefügt werden, da sonst eine hypertone Lösung entsteht. Sobald der Blutzucker auf unter 13,9 mmol/l gesunken ist, wird auf eine Mischung von 2 Teilen Glucose und 1 Teil NaCl 0,9% umgestellt. Infolge des azidose-bedingten Austrittes von intrazellulärem Kalium in den extrazellulären Raum kann trotz normalem Serum-Kalium ein Defizit vorhanden sein.

3–4 Stunden nach Beginn der Flüssigkeitstherapie können pro 250 ml Infusionsflüssigkeit 7 mval Kalium beigegeben werden (FELDMAN 1977). Die Tiere sind antibiotisch abzuschirmen.

19.1.2. Insulinom

Das Insulinom ist eine selten diagnostizierte Erkrankung. Gutartige und bösartige Tumoren der Beta-Zellen führen zu einer vom Blutzuckerspiegel unabhängigen erhöhten Insulinsekretion (HILL et al. 1974, MATTHEEUWS et al. 1976, TEUNISSEN et al. 1980). Dies führt zu tiefen (insbesondere Nüchtern-) Blutzuckerwerten. Die *Symptome* treten anfallsweise auf und können verschieden stark ausgeprägt sein. Das Symptomenbild kann von anfallsweiser Ruhelosigkeit und Benommenheit oder Nachhandschwäche, Ataxie und Muskeltremor bis zum epileptiformen Anfall und Übergang in das hypoglykämische Koma wechseln.

Die *Diagnose* (CHRISMAN 1979) gründet sich auf Nüchern-Blutzuckerwerte von weniger als 2,8 mmol/l. Zeitweilig können aber auch normale Nüchtern-Blutzuckerwerte bestehen. Zur Diagnosesicherung am besten geeignet ist der *Fastentest* (KELLER 1980): Fastenlassen mindestens 16–48 Stunden, anschließend Blutzucker- und evtl. Insulinbestimmung. Der Fastentest wird beim Hund immer mehr und erfolgreich angewendet. Die Glucose- und Insulinkonzentrationen werden in regelmäßigen Zeitintervallen unter strenger Überwachung des Patienten bestimmt. Beim Insulinompatienten führt das Fasten, wegen der ungehemmten, autonomen Insulinsekretion des B-Zelltumors, nach einer unterschiedlichen Dauer zur Hypoglykämie. Als wertvoller Parameter, um das Mißverhältnis zwischen Glucose- und Insulinkonzentration besser zu übersetzen, gilt die Berechnung des einfachen Insulin-Glucose-Quotienten

$$\frac{\text{Seruminsulin (uU/ml)} \times 100}{\text{Plasmaglucose (mg/dl)}}$$

oder des nach TURNER et al. (1971) modifizierten Quotienten, der unter dem Namen „amended insulin – glucose ratio" bekannt ist (AIGR):

$$\frac{\text{Seruminsulin (uU/ml)} \times 100}{\text{Plasmaglucose (mg/dl)} - 30}$$

Werte bis 30 für die AIGR und bis 52 für den einfachen Insulin-Glucose-Quotienten werden als normal angegeben (TURNER et al. 1971, MAT-

THEEUWS et al. 1976, JOHNSON 1977). Bei Insulinom sind die Quotienten erhöht (ZANESCO und FREUDIGER 1986).

Die *Differentialdiagnose* gegenüber den anderen Nüchternhypoglykämie-Ursachen (schwere Leberdystrophie, Nebennierenrindeninsuffizienz) ist wegen der zusätzlichen Symptome nicht schwierig. Ohne Insulinbestimmung unmöglich ist aber die Differentialdiagnose gegenüber den seltenen *extrapankreatischen* (meist Leber-) *Tumoren*, die ein *insulinähnliches Hormon* (NSILA-IGF, „nonsuppressible insuline-like activity", dem Somatomedin zugehörig; MEGYESI et al. 1974, FROESCH 1978, ZANESCO und FREUDIGER 1986) sezernieren. Die Symptome sind die gleichen wie beim Insulinom, die Basisinsulinwerte sind jedoch erniedrigt statt erhöht. Die *Therapie* besteht, sofern nicht schon Metastasen bestehen, in der operativen Entfernung. Ist dies nicht möglich, soll mehrmals täglich ein Futter mit geringer Insulinsekretionsstimulierung ($^1/_3$ fettes Fleisch und $^2/_3$ Stärke; TEUNISSEN et al. 1980) verabreicht werden. Zur Blutzuckererhöhung kann oral Prednisolon gegeben werden.

19.1.3. Zollinger-Ellison-Syndrom

Ein weiterer endokriner Pankreastumor, der das Zollinger-Ellison-Syndrom verursacht, soll nur kurz erwähnt werden. Es sind vereinzelte Fälle beim Hund bekannt (JONES et al. 1976, STRAUSS et al. 1977, HAPPÉ et al. 1980). Die *Hauptsymptome* dieses Gastrin sezernierenden Tumors bestehen in Vomitus, Diarrhoe, Inappetenz, Abmagerung, hypertropher Gastritis und Ulcera in Ösophagus, Magen und Dünndarm.

19.2. Erkrankungen des exokrinen Pankreas

Dem exokrinen Pankreas kommen die wesentlichsten Funktionen in der Verdauung zu. Die exokrinen Pankreaserkrankungen können wir vom klinischen Standpunkt aus unterteilen in:

1. **akute Pankreatitis** mit verschiedenen Schweregraden, die vom Grad und von der Ausdehnung und der Lokalisation der Zelldestruktion abhängig sind;
2. **chronisch-rezidivierende Pankreatitis**, die schubweise, meist unter gastrointestinalen Störungen auftritt und deren Ursachen diagnostisch meist nicht oder nicht sicher zu erfassen sind;
3. **chronische Pankreatitis**, bei der meistens der Diabetes mellitus das Symptomenbild beherrscht;
4. **chronische exokrine Pankreasinsuffizienz (CPI)** infolge einer chronischen oder chronisch-rezidivierenden Pankreatitis (meistens handelt es sich aber um eine primär nichtentzündliche Pankreasatrophie) und
5. **Pankreastumoren.**

19.2.1. Akute Pankreatitis

Die akute, klinisch manifeste Pankreatitis (autolytische Nekrose, hämorrhagische Nekrose) ist eine seltene und noch seltener klinisch diagnostizierte Erkrankung. ANDERSON (1971) fand unter 45 000 Hunden und Katzen 11 Fälle, und STROMBECK (1979) gibt die Morbidität mit 3,2‰ an. Es erkranken vor allem adipöse Tiere vom mittleren Lebensalter an.

Die *Ätiologie* der spontanen Pankreatitis ist noch wenig geklärt.

Experimentell kann eine Nekrose gesetzt werden durch intraduktale Injektion oder durch direkte Gewebsinjektion von Galle, Trypsin, Pankreassaft, Darminhalt, Fettsäuren, Chloroform usw., Ligatur der Ausführungsgänge, Veränderung der Blutzirkulation des Pankreas, Immunmechanismen, Bakterien und deren Toxine, Endotoxine, Traumatisierung usw. (SCHILLER et al. 1974).

Wegen der anderen anatomischen Verhältnisse als beim Menschen (MITZLAFF 1909, NIELSEN und BISHOP 1954, EICHHORN und BOYDEN 1955) ist beim Hund ein Gallereflux als Ursache kaum wahrscheinlich. Der Hauptausführungsgang ist beim Hund stets der „Ductus minor", der etwa 2–3 cm distal von der Choledochusmündung eintritt. Oft fehlt der mit oder neben dem Choledochus mündende, stets kleinere „Ductus major". Von besonderer Bedeutung beim Hund dürfte eine übermäßige Stimulierung der Pankreassekretion nach Fasten und Verabreichung überreicher und fetthaltiger Nahrung sein. Ebenfalls zu denken ist an Pankreassekretstauung infolge Duodenitis und Papillitis. Stumpfe oder operative Traumen führen selten zu Pankreatitis. Inwieweit im Verlauf eines Hyperparathyreoidismus eine

Pankreasnekrose auftreten kann (SCHAER 1979), ist nicht gesichert. Beim Menschen wird ein Zusammenhang mit gewissen Medikamenten (Corticosteroide, Isoniazid, Chlorothiazid usw.) vermutet. Bei einem unserer Hunde entwickelte sich eine Pankreasnekrose während einer Langzeitbehandlung mit Corticosteroiden. Hämatogene oder Infektionen per continuitatem mit Eitererregern können zur eitrigen und nekrotischen Pankreatitis führen.

Für die *Pathogenese der akuten Pankreatitis* und deren Folgen sind verschiedene Faktoren und Ablaufsstufen verantwortlich (Abb. 19.2.). Die primäre Noxe, gleich welcher Art und wie sie das Pankreas erreicht, führt zu interstitiellem Ödem, Veränderung der Azinuszellmembran-Permeabilität und Zellschädigung. Die nächsten Schritte sind die Enzymaktivierung und der Enzymaustritt ins Interstitium und via Lymphgefäße in die Blutbahn. Die proteolytischen Enzyme und die Phospholipase führen zur Autolyse des Organs und zu Gerinnungsstörungen, Thrombenbildung und Hämorrhagien. Die Lipase verursacht Fettgewebsnekrosen. Für die *Schockgenese* v.a. von Bedeutung ist die Aktivierung des Kallikreinogens zu Kallikrein, das vasoaktive Polypeptide, die sog. Kinine, freisetzt. Der Schock wird verstärkt durch die Plasmaverluste, die einerseits entstehen infolge von pankreasenzym-bedingtem Aszites, aber auch infolge der schweren gastrointestinalen Wasserverluste (s. Kapitel 16.). Die gastrointestinalen Störungen sind weitgehend verursacht durch das Übergreifen der entzündlichen Prozesse auf die Magen- und Darmwand, aber auch durch Toxinämie.

Das *Symptomenbild* ist außerordentlich variabel und hängt ab von der Schwere und Ausdehnung des Zellschadens, aber auch von der Lokalisation der Veränderungen. Leichtere Pankreatitiden, v.a. herdförmige, können ohne erkennbare Störungen oder aber unter vorübergehenden gastroenteritischen Beschwerden verlaufen. Es kann sich eine rezidivierende oder chronische Pankreatitis anschließen, die häufiger zum Diabetes mellitus und selten zur chronischen exokrinen Insuffizienz mit oder ohne Diabetes führt.

Das *Vollbild der akuten Pankreatitis* kann am besten unter dem Begriff des *akuten Abdomens* charakterisiert werden. Der Beginn ist plötzlich mit heftigem Erbrechen, Sistieren des Kotabsatzes oder – seltener – z.T. blutigen Durchfällen, gespannten oder gasig aufgetriebenen Bauchdecken. Meist ist die Palpation im Epigastrium schmerzhaft, und es läßt sich eine dolente, nicht abgrenzbare Weichteilmasse im Epigastrium palpieren. Einige Tiere zeigen Gebetsstellung. Im Röntgen sind gasig geblähte, atonische Darmschlingen, verzögerte Magen- und/oder Darmentleerung des Kontrastbreies erkennbar (GIBBS et al. 1972). Infolge der topographischen Beziehung des Pankreas zu Duodenum, Pylorus, Curvatura major, Caecum und Colon kommt es durch Übergreifen der Prozesse zu lokalen oder ausgedehnten peritonitischen Erscheinungen, und zum Teil

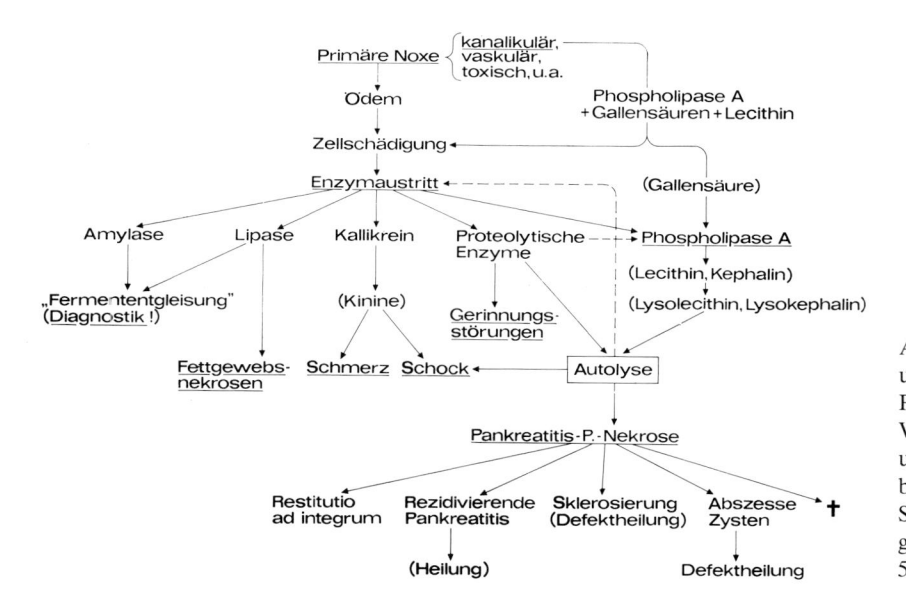

Abb.19.2. Pathogenese und Verlaufsformen der Pankreatitis (nach W. CREUTZFELDT, in: GROSS und SCHÖLMERICH: Lehrbuch der Inneren Medizin, Schattauer-Verlag, Stuttgart, New York 1977, 5. Auflage).

zu ausgeprägten serös-blutigen oder exsudativen Ergüssen. Die hervorstechenden Symptome sind meist die der Gastroenteritis, des Pylorusspasmus oder eines Ileus und unbehandelt das rasche Eintreten des Schockzustandes. Oft kommt es zu einem transitorischen, seltener zu einem permanenten Diabetes mellitus. Infolge Fernwirkung der freigesetzten proteolytischen und lipolytischen Enzyme entstehen Leber- und Nierenparenchymschädigungen (Ikterus, stark erhöhte Leberenzyme im Serum, Azotämie und Proteinurie) und Fettgewebsnekrosen. Die häufig vorhandene Azotämie ist jedoch meist ganz oder teilweise extrarenal, hypovolämisch bedingt (Schock, Dehydratation). Anfänglich besteht meist Fieber, im späteren Verlauf Untertemperatur.

Die *Diagnose* wird leider oft erst bei der Sektion gestellt.

Die Röntgenuntersuchung (*Leeraufnahme:* unscharf begrenzte Weichteilverschattung im rechten Epigastrium; *Kontrastpassage:* v.-a. gestrecktes, nach rechts verdrängtes spastisches Duodenum descendens, das über längere Zeit bestehenbleibt [GIBBS et al. 1972, O'BRIEN 1978], stark verzögerte Magen-Darm-Passage) liefert gute Hinweise. Mit der Ultrasonographie ist die Darstellung des normalen Pankreas wegen der gleichen Echogenität wie die umliegenden Gewebe schwierig. Bei akuter Pankreatitis kann das Pankreas hypoechogene Strukturen aufweisen (NYLAND et al. 1983, LAMB 1990). Die Überlagerung des Pankreas durch gashaltigen Magen und Darm erschwert oder verhindert jedoch die Diagnose (FLÜCKIGER 1991).

Von größter diagnostischer Aussage ist immer noch die Bestimmung der *Serum- und Harn-Amylase-* sowie der *-Lipaseaktivität* (FREUDIGER 1972, KELLER 1981, FREUDIGER 1991).

Die Lipase ist häufiger und oft stärker erhöht als die Amylase.

Bei experimentell gesetzten Pankreasnekrosen (KLING et al. 1963, BROBST et al. 1970, MIA et al. 1978) wird innerhalb von Stunden ein deutlicher Anstieg beider Enzyme (>4fach) mit Normalisierung innerhalb von 3–5 Tagen festgestellt. Dies ist auch bei den spontanen Erkrankungen oft der Fall. Normale oder erniedrigte Enzymaktivitäten erlauben aber wegen der kurzen Dauer der Hyperenzymämie allein keinen Diagnoseausschluß, und Hyperenzymämie allein ist nicht beweisend für eine akute Pankreatitis. Nicht pankreatogen bedingte Hyperenzymämie (NOTHEMAN und CAL-LOW 1971, BOYD et al. 1961, HIATT 1961, BUSER und FREUDIGER 1973, SALT und SCHENKER 1976) kann bei Niereninsuffizienz, Gastroenteritis, Ileus, perforiertem Ulcus, diabetischer Ketoazidose, nach Medikamentengabe (Opiate, Corticosteroide, Furosemid, Cimetidin) (GOLDBERG und SPOONER 1975) usw. vorkommen. Weitere häufige Laborbefunde sind stark erhöhte SAP, Hyperlipidämie, Hyperglykämie und deutliche Leukozytose mit starker Linksverschiebung und toxischer Granulierung.

Differentialdiagnose: Schwierigkeiten bereitet v.a. die Abgrenzung gegenüber Gastroenteritiden, Ileus, Pylorusspasmus, Vergiftungen und Parvovirose.

Die *Prognose* ist zweifelhaft. Die Letalität liegt bei 50% und mehr (ANDERSON und STRAFUSS 1971, SCHAER 1979).

Die *Therapie* hat folgende Kriterien zu beachten: 1. Sekretionshemmung, 2. Schockbekämpfung, 3. Schmerzbekämpfung, 4. Sepsisbekämpfung bzw. -prophylaxe. Ob alle oder welche dieser Kriterien zu befolgen sind, hängt von der Schwere der Symptome ab. Bei leichteren Symptomen, insbesondere bei rezidivierenden Schüben, wird die Sekretionshemmung allein, evtl. zusammen mit Schmerzbekämpfung, ausreichen.

1. *Sekretionshemmung.* Diese ist sehr wesentlich, sie wirkt einer erneuten Enzymfreisetzung entgegen. Die Sekretionshemmung erfolgt durch:

a) *vollständigen Nahrungs- und Flüssigkeitsentzug.* Erhalt und Ersatz durch subkutane oder intravenöse Glucose- und Elektrolytinfusionen. Alleiniger Nahrungsentzug genügt nicht. Flüssigkeitsaufnahme bewirkt im Magen Gastrinsekretion, die zur Pankreasstimulierung führt.

b) Die *Sekretionshemmung durch Anticholinergika,* insbesondere Atropin, gehört zur Standardtherapie. Die Wirksamkeit der Atropintherapie ist in der Humanmedizin heute umstritten (SINGER und VESPER 1979). Atropin hemmt nur die basale, vagale Sekretion, nicht aber die Sekretion auf exogene Stimulation durch Sekretin und Pankreozymin.

Da *Anticholinergika* die Magen-Darm-Motilität herabsetzen, wirken sie bei zu hoher Dosierung begünstigend auf die Entstehung eines Ileus. Starke Sekretionshemmer sind Glucagon und Somatostatin (GYR et al. 1977, SUSINI et al. 1978, FREUDIGER und BIGLER 1977). Therapeutische Erfahrungen beim Hund sind nicht bekannt. In den letzten Jahren wurde der Einsatz von *Protease-*

inhibitoren (Aprotinin) beim Menschen empfohlen und auch beim Hund eingeführt.

2. Zur *Schockbekämpfung* eignen sich Dauertropfinfusionen mit Glucose und Elektrolytlösungen und/oder Plasmaexpandern. Unter den Plasmaexpandern sind Dextranlösungen empfehlenswert. Diese vermindern die Blutviskosität und die Thrombusbildung. Dadurch verbessert sich die Pankreasmikrozirkulation. Corticosteroide sind bestenfalls nur bei Schockzuständen indiziert (s. auch Kapitel 16.).

3. Zur *Schmerzbekämpfung* sind Spasmoanalgetika (Noramidopyrinmethansulfonat-Natrium, Butylscopolamin usw.) angezeigt. Morphinderivate sind beim Menschen und wahrscheinlich auch beim Hund kontraindiziert. Sie können Papillenspasmus und damit Gallen- und Pankreassaft-Retention bewirken.

4. Das nekrotische Pankreas ist ein Locus minoris resistentiae für bakterielle Infektionen. Makro- und Mikroabszedierung ist nicht selten. Deshalb sollen die Tiere *antibiotisch* abgeschirmt werden.

Nach Überstehen einer Pankreatitis ist der *Nahrungszusammensetzung und -menge* Beachtung zu schenken. Mehrmalige kleine Mahlzeiten, fettarm und nur mäßig eiweißhaltig, sind anzuordnen. Die *Prognose* der akuten Pankreatitis ist zweifelhaft, diejenige der chronisch-rezidivierenden Pankreatitis günstiger.

19.2.2. Chronische exokrine Pankreasinsuffizienz (CPI)

Die chronische exokrine Pankreasinsuffizienz ist vor allem eine Erkrankung des Deutschen Schäferhundes mit einer Morbidität von 8‰. Bei den anderen Rassen tritt sie viel weniger häufig (0,3‰) auf und dann vor allem als Folge einer chronischen Pankreatitis (FREUDIGER 1976). Beim Deutschen Schäferhund ist die CPI fast ausschließlich die Folge einer Pankreasatrophie, die nicht angeboren, sondern meistens im Alter von 1–4 Jahren, seltener schon während des Wachstumsalters oder erst ab dem mittleren Lebensalter auftritt. Das Pankreas weist keine wesentlichen Entzündungsprozesse auf, ist aber hauchdünn bei normaler Länge und mäßiger Breitenreduktion. Das Gangsystem ist vorhanden. Meistens ist das ganze Organ, seltener nur Teile, atrophisch. Vereinzelt tritt die CPI auch bei anderen Rassen auf: Laufhunde, Mittel- und Riesenschnauzer, Irish-Setter, Cocker-Spaniel, Collie, Maremmaner Hirtenhund und Beagle (DOEGLAS und TEUNISSEN 1956, HOLROYD 1968, FREUDIGER 1971, 1975, 1976, PRENTICE et al. 1980). Die CPI infolge chronischer Pankreatitis tritt meistens erst im mittleren bis höheren Alter auf. Eine Geschlechtsdisposition besteht nicht (KÖHLER und STAVROU 1964, FREUDIGER 1971, SÄTERI 1975).

Die *Ätiologie* der CPI infolge chronischer Pankreatitis wurde bereits bei der akuten Pankreatitis erwähnt. Kaum je bewirkt ein Pankreastumor CPI (EIKMEIER 1964, FREUDIGER 1971). Die häufigste Form, die Pankreasatrophie des Deutschen Schäferhundes, ist genetisch bedingt. Das Leiden wird autosomal rezessiv vererbt (WEBER und FREUDIGER 1978, WESTERMARCK 1980). WESTERMARCK et al. (1989) beobachteten auch bei Collies in Finnland vermehrtes Auftreten von CPI, das wahrscheinlich ebenfalls rezessiv autosomal vererbt ist. Da es sich nicht um eine Hypoplasie (HOLROYD 1968, JUBB und KENNEDY 1970), sondern um eine erst in der Zeit nach der Geburt auftretende Atrophie (ARCHIBALD und WHITEFORD 1953, THORDAL-CHRISTENSEN 1956, FREUDIGER 1971, HILL et al. 1971, HASHIMOTO et al. 1979) handelt, muß ein bisher unbekannter, die Atrophie auslösender Mechanismus vorhanden sein. Wir vermuten einen kongenitalen Enzymdefekt als Atrophieursache.

Pathophysiologie: Enzym- und Hydrogencarbonat-Mangel bewirken eine Maldigestion. Voluminöse, säuerlich riechende, schaumige Stühle sind die Folge. Die Maldigestion führt zur Malabsorption und diese zur Malnutrition mit den Symptomen des Heißhungers und der zunehmenden Abmagerung (s. Kapitel 5.). Obschon licht- und elektronenmikroskopisch Veränderungen der Inselzellen festgestellt werden können (PFISTER et al. 1980), genügt die Insulinsekretion zur Aufrechterhaltung des intermediären Stoffwechsels. Manifester Diabetes mellitus bei CPI ist selten. Subklinische Störungen lassen sich jedoch häufig mit dem intravenösen Glucosetoleranztest (leichte Verlängerung der Halbwertszeit, Abnahme des Glucose-Assimilationswertes) erheben (ZANESCO und FREUDIGER 1985).

Die *Symptome* sind, wenigstens was die Atrophie betrifft, meist typisch. Die *Symptomentrias*: Abmagerung trotz Heißhunger, oft mit Koprophagie, und die auffallende Kotbeschaffenheit sind charakteristisch.

Die Kotbeschaffenheit ist abhängig von der Futterzusammensetzung, insbesondere vom Fettgehalt und Kohlenhydratgehalt der Nahrung. Die Kotmenge ist stark vermehrt. Der Kot wird ent-

Abb. 19.3. Typischer Pankreasstuhl mit unverdauten Getreidekörnern.

weder in zahlreichen kleinen oder in wenigen und auffallend großen Portionen abgesetzt. Er sieht feuchtglänzend-schaumig und je nach Fettgehalt entfärbt grau-gelb, lehmfarben bis pastös bleifarben aus und ist von auffallend säuerlichem Geruch. In diesen Pankreasstühlen fallen oft unverdaute Futterbestandteile (Abb. 19.3.), wie Getreidekörner und Kartoffelstücke, auf. Durch diese Symptomentrias ist das klinische Bild schon recht gut umschrieben. An weiteren Symptomen sind die mit der zunehmenden Abmagerung und der Malnutrition einhergehenden Haut- und Haarveränderungen zu nennen. Bei der Bauchpalpation kann der mit weichem, schaumigem Kot angefüllte Dickdarm palpiert werden. Infolge der Gärungs- und Fäulnisprozesse sind oft gurrende und plätschernde Peristaltikgeräusche hörbar. Die Tiere verbreiten durch den Abgang von Winden Gestank. Auffallend ist die Tendenz zur Bradykardie mit einem vollen und eher langsamen Puls. Das Allgemeinbefinden bleibt lange Zeit wenig gestört oder ungestört. Erbrechen fehlt meistens oder tritt nur vereinzelt auf.

Weniger charakteristisch kann die Symptomentrias bei der *Pankreasinsuffizienz infolge chronischer Pankreatitis* sein. Der Kot ist hier häufig wenigstens zeitweise geformt, oder er kann stinkend durchfallartig sein. Meist besteht ausgeprägte Flatulenz.

An *Laborwerten* ist vor allem der Lipidstatus auffallend. Bei der Pankreasatrophie, weniger deutlich bei Pankreatitis, sind Cholesterol und Gesamtlipide erniedrigt, seltener tiefnormal, ferner besteht, ebenfalls nur bei der Atrophie, häufig eine leichte Bluteosinophilie. Der übrige Blutstatus, Leberenzyme, Elektrolyte, Blutzucker sind normal. Serum-Amylase und -Lipase sind oft erniedrigt (FREUDIGER 1972, SÄTERI 1975).

Diagnose: Die Symptomentrias zusammen mit Hypocholesterolämie ist stark verdächtig für CPI. Zur Sicherung sind einige Laboruntersuchungen, die Aussagen über Pankreasenzymmangel liefern, nötig (FREUDIGER 1979). Die einfachen Verdauungsuntersuchungen des Kotes (Sudan-, Lugolprobe, mikroskopische Untersuchung auf unverdaute Muskelfasern) sind wenig zuverlässig, ebenso die Bestimmung der „tryptischen Aktivität" (Filmtest: 1 Tropfen einer Kot-Natriumhydrogencarbonat [5%ig]-Emulsion auf Röntgenfilm; 1 Stunde bei 37 °C bebrüten; falls Trypsin vorhanden, Andauung der Filmgelatineschicht).

Die quantitative, spezifische Bestimmung der *Trypsin- und Chymotrypsinaktivität im Kot* ist auf spezialisierte Laboratorien beschränkt.

Die Methode beruht darauf, daß die synthetischen Peptide N-Acetyl-L-tyrosin-ethylester spezifisch durch Chymotrypsin und p-Toluol-sulfonyl-L-arginin-methylester spezifisch durch Trypsin gespalten werden. Die enzymatisch aus dem Substrat freigesetzte Säure wird kontinuierlich mit NaOH titriert. Die zur Erhaltung einer konstanten, optimales pH benötigten Menge NaOH pro Zeiteinheit ist proportional der im Kot enthaltenen Enzymaktivität, die mit Hilfe von Eichkurven direkt in μg kristallisiertes Trypsin bzw. Chymotrypsin umgerechnet werden kann (AMMANN et al. 1964).

Der TLI-Test (Trypsin-like Immunoreactivity) bezieht sich auf die Serum-Proteinkonzentration, die durch Antikörper gegen Trypsin gerichtet ist. Gesunde Hunde: 5,0–35,0 $\mu g/l$; CPI-Hunde <7 $\mu g/l$ (WILLIAMS und BATT 1983, WILLIAMS 1991).

Chymotrypsinwerte unter 30 $\mu g/g$ Kot und Trypsinwerte unter 150 $\mu g/g$ Kot sind pathologisch (FREUDIGER und BERGER 1971). Falsch-positive wie auch falsch-negative Werte sind möglich und können durch Kontrolluntersuchungen erst richtig interpretiert werden. Die Kotenzymaktivitäten können von Tag zu Tag beträchtlich schwanken. Als Ursache falsch-positiver Werte sind anzuführen: mangelnde neurohormonale Pankreasstimulation (Fasten, Anorexie), Mangel an verfügbarem Eiweiß zur Enzymsynthese, Enzymkonzentrationsabnahme im Darmlumen infolge Verdünnung (Durchfall), verlängerte Verweildauer des Kotes mit erhöhtem Enzymabbau und Darmparasiten.

Ein sehr zuverlässiger, praxisreifer Test ist der *PABA-Test* (FREUDIGER und BIGLER 1977, FREUDIGER 1979). Er beruht auf einem ähnlichen Prinzip wie der obige: Das mit Paraaminobenzoesäure gekoppelte Peptid N-Benzoyl-L-Tyrosyl wird im Darm spezifisch durch Chymotrypsin gespalten und die freigesetzte Paraaminobenzoesäure aus dem Darm in das Blut resorbiert. Bei pankreasgesunden Hunden erfolgt ein deutlicher, bei CPI-Hunden kein Blutspiegelanstieg der Paraaminobenzoesäure (Abb. 19.4.).

Die Testdurchführung ist einfach: Eingabe von 15 mg Testsubstanz/kg/KM (N-Benzoyl-L-tyrosyl-p-aminobenzoesäure Natriumsalz®, Fluka AG, Buchs SG, Schweiz), gelöst in 200 ml Wasser, anschließend zur Pankreasstimulierung ein rohes Ei. Blutentnahmen zum Zeitpunkt 0, 90, 150 Minuten. Die PABA-Bestimmung im Plasma geschieht mit der Bratton-Marshall-Reaktion (RICHTERICH 1968), wobei aber abweichend von der Originalmethode statt 0,1 ml 0,25 ml (enteiweißtes) Plasma und ein Standard von 0,6 mg statt 1 mg/100 ml verwendet werden.

Die einfachere *photometrische Chymotrypsinbestimmung* scheiterte lange Zeit daran, daß bis zu 50% des Chymotrypsins an Kotpartikel gebunden werden und deshalb der Bestimmung entgehen. DELMAR et al. entwickelten 1979 eine photometrische Methode, bei der mit einer 2%igen Detergenslösung die Bindung von Chymotrypsin an die Kotpartikel aufgehoben wird und so 95–100% der Chymotrypsin-Aktivität nachweisbar werden (Monotest® Chymotrypsin, Boehringer Mannheim).

Beim Hund ist im Gegensatz zum Menschen diese Methode wegen der tiefen unteren Normalwertgrenze (1,5 U/g Kot) und der dadurch bedingten nicht seltenen Überschneidung der Resultate bei normalen und pankreasinsuffizienten Hunden wenig zuverlässig (KERBER PINHO und WIRTH 1986, FREUDIGER 1991).

Differentialdiagnose: Abzugrenzen sind chronische Enteritiden der verschiedenen Ursachen, das Malabsorptionssyndrom (Xylose-Resorptionstest), Leberaffektionen und Polyphagien anderer Ursache.

Prognose und Krankheitsverlauf: Es handelt sich um ein irreversibles Leiden. An Komplikationen mit letalem Ausgang haben wir vereinzelt Darminvaginationen, Pneumonien und Herzversagen gesehen. Bevor wir das Futter extrakorporal vorverdauen ließen, hatte die Diagnosesicherung meist die Euthanasie zur Folge. Mit der extrakorporalen Vorverdauung kann über Jahre eine Besserung bis Normalisierung des Körpergewichtes und der Kotbeschaffenheit erzielt werden.

Therapie: Die Therapie hat die Substitution der Pankreasenzyme zum Ziel. Das Futter ist auf mehrere, mindestens 2 Portionen zu verteilen und soll arm an Fett und reich an gut verdaulichem Eiweiß sein. Dadurch können die Gärungs- und Fäulnisprozesse im Darm gemildert werden. Zusätzliche Vitamingaben, insbesondere von fettlöslichen Vitaminen, sind angezeigt. Mittellangkettige Triglyceride (MCT-Öl), die im Dünndarm ohne Mitwirkung von Gallensäuren und bei Anwesenheit von nur geringen Lipasemengen direkt resorbiert werden, dienen zur Deckung des Fett-

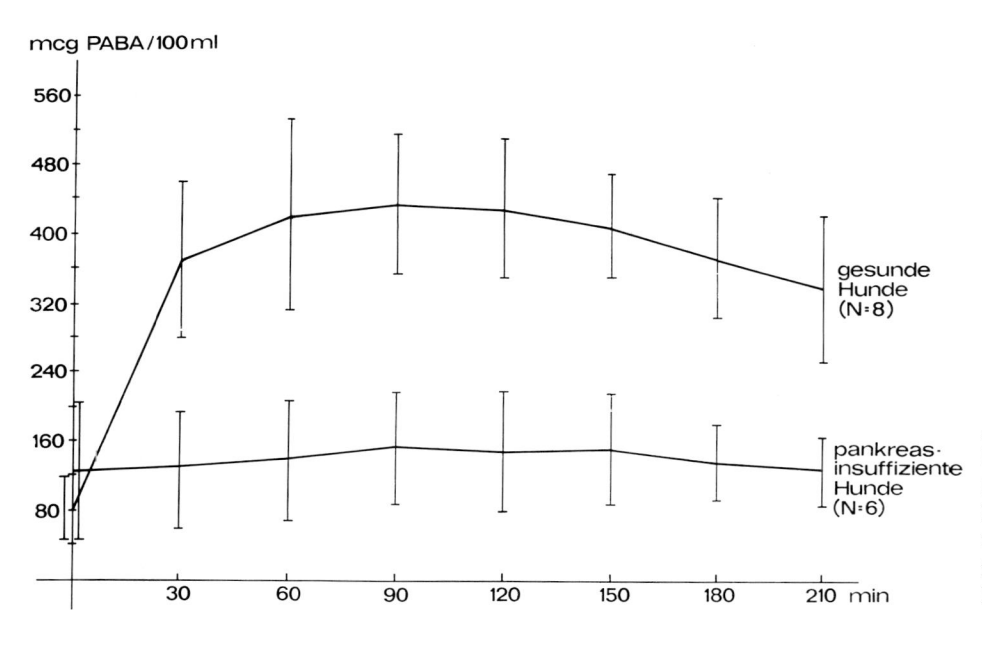

Abb. 19.4. PABA-Test. Mittelwertskurve gesunder und pankreasinsuffizienter Hunde.

bedarfs. Leider werden sie aber wegen ihres Geschmacks oft verweigert. Für die Enzymsubstitution stehen zahlreiche Pankreasenzym-Präparate (z. B. Pankreatin) in Form von Dragees, Tabletten, Granulat oder Pulver zur Verfügung. Theoretisch sollten solche mit einem Säureschutzfilm, die erst im Duodenum freigesetzt werden, gewählt werden, da durch die Magensäure wesentliche Aktivitätsverluste, insbesondere der Lipase (bis zu 60%) und des Trypsins (bis zu 40%), eintreten (IBER 1968). Präparate mit hohem Enzymgehalt, insbesondere an Lipase, sind empfehlenswert. Die Enzympräparate werden mit oder während jeder Fütterung verabfolgt. Die Dosierung erfolgt nach Wirkung (Kotmenge und -beschaffenheit, Verlauf des Körpergewichtes). Meistens sind mehrere Tabletten notwendig.

Der Therapieerfolg ist meistens trotz hoher Dosierung nur gering, besonders bei der Atrophieform. Das Versagen der Substitution liegt wahrscheinlich darin, daß der CPI-Hund den sauren Magensaft nicht neutralisieren kann. Das Wirkungsoptimum der Pankreasenzyme liegt bei einem pH von 7–9. Duodenal-pH-Messungen bei CPI ergaben aber nur pH-Werte zwischen 4,8 und 7,0 (FREUDIGER 1976). Eine Alkalisierung kann durch Natriumhydrogencarbonat oder Cimetidin versucht werden.

HARDY und STEVENS (1975) empfehlen pulverförmige Präparate, die 30–60 min vor der Fütterung mit dem Futter vermischt werden, was eine bessere Durchmischung des Futters mit den Verdauungsfermenten bewirkt. Ferner führt dies bereits zu einer Art Vorverdauung. Noch wirksamer ist es, wenn das Enzympulver 2–4 Stunden vor der Fütterung beigemischt und bei Zimmertemperatur stehengelassen wird.

19.2.3. Neoplasmen des exokrinen Pankreas

Neoplasmen des exokrinen Pankreas sind selten. Die meist solitär vorkommenden **Adenome** bleiben symptomlos.

Karzinome, die von den Gangepithelien oder den Azinuszellen ausgehen, sind meist multipel angelegt. Sie kommen vorwiegend bei älteren Hunden vor (ANDERSON et al. 1967). Implantationsmetastasen ins Netz und Peritoneum sowie hämatogene oder lymphogene Metastasierung in die Lymphknoten, Leber und Lunge sind häufig. Der Primärtumor ist häufig im proximalen Teil des rechten Lappens und im Pankreasscheitel gelegen. Gallengangobstruktion und Stauungsikterus können die Folge sein. Der Krankheitsverlauf bis zur Euthanasie ist meistens nur kurz, einige Tage bis zu einigen Wochen (HOLROYD 1968).

Die *Symptome* sind uncharakteristisch, von Fall zu Fall wechselnd. Die Tiere werden in schlechtem Allgemein- und Nährzustand vorgestellt. Erbrechen und Durchfälle, Inappetenz bis Anorexie und Ikterus sind die häufigsten Symptome. In anderen Fällen ist vor allem der leicht hämorrhagische Aszites die auffälligste Veränderung. Palpation und Röntgenaufnahme ergeben Tumormassen im rechten Epigastrium. Eine Organzuordnung ist nur durch Laparotomie möglich. An Laborbefunden auffällig ist die starke Erhöhung der alkalischen Phosphatase im Serum bei normalen oder bis mittelgradig erhöhten Transaminase-Aktivitäten; ein Befund, der aber auch bei Lebertumoren gesehen wird. Die Serum-Amylase und -Lipase sind oft erhöht. Bei Aszites kann die Bestimmung dieser Enzyme im Punktat zur Organlokalisation dienen.

Die *Prognose* ist wegen der starken Malignität und der hohen Metastasierungstendenz ungünstig.

Literatur

- *Endokrines Pankreas*

ANDERSON, R.S.C. (1980/81): Dietary aspects of diabetes mellitus in the dog. Pedigree Digest **7** (Nr. 4), 5–7.

BECKER, D. (1971): Radioimmunologisch meßbares Insulin im Serum klinisch gesund erscheinender Hunde und bei Hunden mit Diabetes mellitus, Hypercorticismus und bei exkretorischer Pankreasinsuffizienz. Vet.-med. Diss., FU Berlin.

CHRISMAN, Ch.L. (1979): Diagnostic techniques for insulinoma. AAHA's 46th Meeting Proceed., 195–196.

DIXON, J.B., and SANFORD, J. (1961): Canine diabetes mellitus, a report of fourteen cases. J. small Anim. Pract. **2**, 9–17.

EIGENMAN, J.E. (1981): Diabetes mellitus in elderly female dogs: Recently findings on pathogenesis and clinical implications. JAVMA **17**, 805.

FELDMAN, E.Ch. (1977): Diabetes mellitus. In: R.W. KIRK, Current Veterinary Therapy VI. Saunders Company, Philadelphia, London, Toronto.

FORSTER, S.J. (1975): Diabetes mellitus, a study of the disease in the dog and cat in Kent. J. small Anim. Pract. **16**, 295–315.

FROESCH, E.R. (1978): Entdeckung und Aufklärung des neuen Hormons: Insulin-ähnlicher Wachstumsfaktor (NSILA-IGF). Medita **10**, 65–67.

Happé, R. P., Gaag, van der I., Lamers, C. B. H. W., Toorenburg, van J., Rehfeld, J. F., and Larsson, L. I. (1980): Zollinger-Ellison Syndrome in three dogs. Vet. Path. **17**, 177–186.

Hill, F. W. G., Pearson, H., Kelly, D. F., and Weaver, B. M. G. (1974): Functional islet tumor in the dog. J. small Anim. Pract. **15**, 119–127.

Johnson, R. K. (1977): Insulinoma in the dog. Vet. Clin. North Amer. **7**, 629.

Jones, B. R., Nicholls, R. M., and Badman, R. (1976): Peptic ulceration in a dog associated with an islet-cell carcinoma of the pancreas and an elevated plasma gastrin level. J. small Anim. Pract. **17**, 593–598.

Joshua, J. O. (1963): Some clinical aspects of diabetes mellitus in the dog and cat. J. small Anim. Pract. **4**, 275–280.

Kaneko, J. J., Mattheeuws, D., Rottiers, R. P., and Vermeulen, A. (1977): Glucose tolerance and insulin response in diabetes mellitus of dogs. J. small Anim. Pract. **18**, 85–94.

Keller, U. (1980): Hypoglykämie: Abklärung und Ursachen. Schweiz. med. Wschr. **110**, 495–498.

Lewis, D. L., Morris, M. L., und Hand, M. S. (1991): Klinische Diätetik für Hund und Katze. Kieler Verlagsauslieferung, Kiel.

Ling, G. V. (1980): Management of canine diabetes mellitus and canine Cushing syndrome. AAHA's 47th Annual Meeting Proceed., 235–238.

Ling, G. V., Lowenstine, L. J., Pulley, L. Th., and Kaneko, J. J. (1977): Diabetes mellitus in dogs: A review of initial evaluation, immediate and long-terme management and outcome. JAVMA **170**, 521–530.

Mattheeuws, D., Rottiers, R., de Rijcke, J., de Rick, A., and de Schepper, J. (1976): Hyperinsulinism in the dog: due to pancreatic islet-cell tumor: a report on three cases. J. small Anim. Pract. **17**, 313–318.

Megyesi, K., Kahn, C. R., Roth, J., and Gordon, Ph. (1974): Hypoglycemia in association with extrapancreatic tumours: demonstration of elevated plasma NSILA-s by a new radioreceptor assay. Clin. Endocrinol. Metab. **38**, 931–934.

Nickel, R., Schummer, A., und Seiferle, E. (1960): Lehrbuch der Anatomie der Haustiere. Bd. II: Eingeweide. Parey, Berlin, Hamburg.

Niemand, H.-G. (1959): Diabetes mellitus beim Hund und seine Therapie. Kleintierpraxis **4**, 2–5.

Remillard, R. L., Matz, M. E., Shell, L. G., and Rigg, D. L. (1991): Nutritional management of complicated cases of canine diabetes mellitus. Con. Educ. **13**, 549.

Sloan, J. M., and Oliver, I. M. (1975): Progesteron-induced diabetes in dogs. Diabetes **24**, 337.

Strauss, E., Johnson, G. F., and Yalow, R. S. (1977): Canine Zollinger-Ellison syndrome. Gastroenterology **72**, 380–381.

Teunissen, G. H. B. (1972): Diabetes mellitus: de kliniek. Proceed. Gaines Europ. Vet. Symposium Amsterdam, 2–5, Bruxelles.

Teunissen, G. H. B., and Block-Schuring, P. (1966): Diabetes mellitus bei Hund und Katze. Schweiz. Arch. Thkde **108**, 409–427.

Teunissen, G. H. B., Hendriks, H. J., und de Bruijne, J. J. (1980): Hypoglykämie und Insulinom. Kleintierpraxis **25**, 447–454.

Turner, R. C., Oakley, N. W., and Nabarro, J. D. N. (1971): Control of basal insulin secretion with special reference to diagnosis of insulinomas. Brit. Med. J. **2**, 132.

Wilkinson, J. S. (1960): Spontaneous diabetes mellitus. Vet. Rec. **72**, 548–555.

Zanesco, S., und Freudiger, U. (1986): Der intravenöse Glucosetoleranztest und die Insulin-Antwort bei Hunden. 2. Mitt.: Hunde mit Diabetes mellitus. Kleintierpraxis **31**, 49.

Zanesco, S., und Freudiger, U. (1986): Der intravenöse Glucosetoleranztest und die Insulin-Antwort bei Hunden. 3. Mitt.: 3 Fälle von Insulinom und 1 Fall von extrapankreatischem Tumor bedingter Hypoglykämie. Kleintierpraxis **31**, 213.

- *Exokrines Pankreas*

Ammann, R. W., Dyck, W., Rosenmund, H., und Ben Avraham, R. (1964): Bestimmung der Trypsin- und Chymotrypsinaktivität im Stuhl. Klin. Wschr. **42**, 553–555.

Anderson, N. V. (1964): Acute pancreatitis in the dog. Proceed. Annual Meeting, Americ. Vet. Med. Assoc., Chicago 19.–23. July, 180–185.

Anderson, N. V., and Johnson, K. H. (1967): Pancreatic carcinoma in the dog. JAVMA **150**, 286–295.

Anderson, N. V., and Strafuss, A. C. (1971): Pancreatic disease in dogs and cats. JAVMA **159**, 885–891.

Archibald, J., and Whiteford, R. D. (1953): Canine atrophic Pancreatitis. JAVMA **122**, 119–125.

Boyd, Th. F., Traad, E. M., and Byrne, J. J. (1961): Serum amylase levels in experimental intestinal obstruction. J. Surg. Res. **1**, 128–131.

Brobst, D., Ferguson, A. B., and Carter, J. M. (1970): Evaluation of serum amylase and lipase activity in experimental induced pancreatitis in the dog. JAVMA **157**, 1697–1702.

Buser, J.-C., et Freudiger, U. (1973): L'amylase et la lipase chez le chien, leur role dans diverses maladies, spécialement dans les affections pancréatiques. Schweiz. Arch. Thkde **115**, 81–94.

Delmar, E. G. C., Largman, C., Brodrick, J. W., and Gedkas, M. (1979): A sensitive new substrate for chymotrypsin. Anal. Biochem. **90**, 316.

Doeglas, A., en Teunissen, G. H. B. (1956): Pancreas-Deficientie (Atrophie) bij de Hond. Tijdschr. Diergeneesk. **81**, 233–241.

Eikmeier, H. (1964): Zur Klinik der Pankreaserkrankungen des Hundes. BMTW **77**, 425–427.

Eichhorn, E. P., and Boyden, E. A. (1955): The choledochoduodenal junction in the dog. Am. J. Anat. **97**, 431–451.

Flückiger, M. (1991): Ultraschalldiagnostik bei Hund

und Katze. 2.Klinische Anwendung – Eine Übersicht. Schweiz. Arch. Thkde **133**, 101.

FREUDIGER, U. (1971): Die Erkrankungen des exokrinen Pankreas des Hundes. Kleintierpraxis **16**, 201–211, 229–234.

FREUDIGER, U. (1972): Enzymdiagnostik der Pankreaserkrankungen. BMTW **85**, 61–67.

FREUDIGER, U. (1975): Untersuchungen über die chronische exokrine Pankreasinsuffizienz, speziell des Deutschen Schäferhundes. In: Hunde und Katzen. Innere Medizin, Stoffwechselerkrankungen, Knochen- und Gelenkchirurgie, 76–91. Archiv für tierärztliche Fortbildung, Bd. 1. Schlütersche Verlagsanstalt, Hannover.

FREUDIGER, U. (1976): Epidemiologie, Ätiologie, Klinik und Diagnose der chronischen exokrinen Pankreasinsuffizienz. Prakt. Tierarzt **57**, 301–308.

FREUDIGER, U. (1979): Die Diagnose der chronischen exokrinen Pankreasinsuffizienz. Kleintierpraxis **24**, 375–387.

FREUDIGER, U., und BERGER, G. (1971): Über die Bestimmung der Trypsin- und Chymotrypsinaktivität im Kot von Hunden und die Bedeutung für die Diagnose der chronischen exokrinen Pankreasinsuffizienz. Schweiz. Arch. Thkde **113**, 169–183.

FREUDIGER, U., und BIGLER, B. (1977): Die Diagnose der chronischen exokrinen Pankreasinsuffizienz mit dem PABA-Test. Kleintierpraxis **22**, 73–79.

FREUDIGER, U. (1991): Physiologie, Pathologie, Labor und Therapie der exokrinen Erkrankungen der Bauchspeicheldrüse beim Hund. Kleintierpraxis **36**, 5–16.

GIBBS, Chr., DENNY, H.R., MINTER, H.M., and PEARSON, H. (1972): Radiological features of inflammatory conditions of the canine pancreas. J. small Anim. Pract. **13**, 531–544.

GOLDBERG, D.M., and SPOONER, R.J. (1975): Amylase, Isoamylase and Macroamylase. Digestion **13**, 56–75.

GYR, K., KAYASSEH, L., STALDER, G.A., RITTMANN, W.-M., and GIRARD, J. (1977): Influence of glucagon on exocrine pancreatic function as determined by the Lundh-test in dogs. Am. J. Vet. Res. **38**, 1949–1952.

HARDY, R.M., and STEVENS, J.B. (1975): Exocrine pancreatic diseases. In: ETTINGER, St.J.: Textbook of Veterinary internal medicine. Vol. 2. W.B. Saunders, Philadelphia, London, Toronto.

HASHIMOTO, A., KITA, I., OKADA, K., and FUJIMOTO, Y. (1979): Juvenile acinar atrophy of the pancreas of a dog. Vet. Pathol. **16**, 74–80.

HIATT, N. (1961): Investigation of the role of the small intestine in the maintenance of the serum amylase level of the dog. Ann. Surgery **154**, 864–873.

HIATT, N., and BONORRIS, G. (1966): Removal of serum amylase in dogs and the influence of reticuloendothelial blockade. Am. J. Physiol. **210**, 133–138.

HILL, F.W., OSBORNE, A.D., and KIDDER, D.E. (1971): Pancreatic degenerative atrophy of dogs. J. Comp. Pathol. **81**, 321.

HOLROYD, J.B. (1968): Canine exocrine pancreatic disease. J. small Anim. Pract. **9**, 269–281.

IBER, F.L. (1968): Topics in clinical medicine: Treatment of pancreatic insufficiency. John Hopkins Med. J. **122**, 172.

JUBB, K.V.F., and KENNEDY, P.C. (1970): Pathology of domestic animals. 2nd ed., vol. 2. Academic Press, New York and London.

KELLER, P. (1981): Enzyme activities in the dog: Tissue analyses, plasma values, and intracellular distribution. Am. J. Vet. Res. **42**, 575–582.

KERBER PINHO, M., und WIRTH, W. (1986): Zur Diagnostik der chronischen exokrinen Pankreasinsuffizienz des Hundes. Kleintierpraxis **31**, 137.

KLING, J.M., BURNS, M.J., and CLARK, C.H. (1963): Treatment of dogs with experimentally induced achylia pancreatica. JAVMA **143**, 281–294.

KÖHLER, H., und STAVROU, D. (1964): Ein Beitrag zur Pankreasatrophie beim Hund. DTW **74**, 150–153.

LAMB, C.R. (1990): Abdominal ultrasonography in small animals: Examination of the liver, spleen and pancreas. J. small Anim. Pract. **31**, 6.

MIA, A.S., KOGERT, D., and TIERNEY, M.M. (1978): Serum value of amylase and pancreatic lipase in healthy mature dogs and dogs with experimental pancreatitis. Am. J. Vet. Res. **39**, 965–969.

MITZLAFF, M. (1909): Leber, Milz, Magen und Pankreas des Hundes. Vet.-med. Diss., Leipzig.

NIELSEN, S.W., and BISHOP, E.J. (1954): The duct system of the canine pancreas. Am. J. Vet. Res. **15**, 266–271.

NOTHEMAN, M.M., and CALLOW, A.D. (1971): Investigations on the origin of amylase in serum and urine. Gastroenterology **60**, 82–89.

NYLAND, T.G., MULVANY, M.H., and STROMBECK, D.R. (1983): Ultrasonic features of experimentally induced acute pancreatitis. Vet. Radiol. **24**, 260.

O'BRIEN, T.R. (1978): Radiographic diagnosis of abdominal disorders in the dog and cat. W.B. Saunders, Philadelphia, London, Toronto.

PFISTER, K., ROSSI, G.L., FREUDIGER, U., and BIGLER, B. (1980): Morphological studies in dogs with chronic pancreatic insufficiency. Virchows Arch. A. Path. Anat. and Histol. **386**, 91–105.

PRENTICE, D.E., JAMES, R.W., and WADSWORTH, P.F. (1980): Pancreatic atrophy in young Beagle dogs. Vet. Pathol. **17**, 575–580.

RICHTERICH, R. (1968): Klinische Chemie. 2. Aufl., S. Karger, Basel, New York.

SALT, W.B., and SCHENKER, St. (1976): Amylase, its clinical significance: a review of the literature. Medicine **55**, 269–289.

SÄTERI, H. (1975): Investigations on the exocrine pancreatic function in dogs suffering from chronic exocrine pancreatic insufficiency. Acta Vet. Scand. Suppl. **53**, 1–86.

SCHAER, M. (1979): A clinicopathologic survey of acute pancreatitis in 30 dogs and 5 cats. JAAHA **15**, 681–687.

SCHILLER, W., SURRYAPA, Ch., and ANDERSON, M.C. (1974): A review of experimental pancreatitis. J. surgical Res. **16**, 69–90.

SINGER, M.V., und VESPA, J. (1979): Wirkung von Atropin auf das Pankreas. Schweiz. med. Wschr. **109**, 1454–1460.

STROMBECK, D.R. (1979): Small animal gastroenterology. Stonegate Publishing Davis CA.

SUSINI, C., BOMMELAER, G., ESTEVE, J., PRADAYROL, L., and VAYSSE, N. (1978): The effect of synthetic somatostatin on canine pancreatic exocrine secretion and its comparison with a duodenal somatostatin-like immunoreactive extract. Metabolism **27**, Suppl. 1, 1341–1344.

THORDAL-CHRISTENSEN, A., and COFFIN, D.L. (1956): Pancreatic diseases in the dog. Nord. Vet.-Med. **8**, 89–114.

WEBER, W., und FREUDIGER, U. (1977): Erbanalytische Untersuchungen über die chronische exokrine Pankreasinsuffizienz beim Deutschen Schäferhund. Schweiz. Arch. Thkde **119**, 257–263.

WESTERMARCK, E. (1980): The hereditary nature of canine pancreatic degenerative atrophy in the German shepherd dog. Acta vet. scand. **21**, 389–394.

WESTERMARCK, E., PAMILO, P., and WIBORG, M. (1989): Pancreatic atrophy in the collie breed. J. Vet. Med. A. **36**, 544.

WILLIAMS, D.A. (1991): Neue Tests zur Beurteilung von Pankreas- und Dünndarmfunktionen. Vet. **6**, Nr. 2.

WILLIAMS, D.A., and BATT, R.M. (1983): Diagnosis of canine pancreatic insufficiency by the assay of serum trypsine like immunoreactivity. J. small Anim. Pract. **24**, 583.

ZANESCO, S., und FREUDIGER, U. (1985): Der intravenöse Glucosetoleranztest und die Insulin-Antwort bei Hunden: I. Mitt.: Gesunde und Hunde mit chronischer Pankreasinsuffizienz. Kleintierpraxis **30**, 333.

20. Nieren und Harnwege

(U. FREUDIGER)

20.1. Untersuchungsmethoden

Der Untersuchungsgang gliedert sich in:
1. Anamnese, 2. internistische Patientenuntersuchung unter spezieller Berücksichtigung der Harnorgane und der akzessorischen Geschlechtsorgane, 3. Harnuntersuchung und je nach Indikation zusätzliche Blutuntersuchungen, 4. evtl. Funktionsteste und 5. evtl. Röntgenuntersuchungen.

Eine sorgfältige **Anamnese**, insbesondere nach der Menge der Flüssigkeitsaufnahme und des ausgeschiedenen Harnes, nach der Frequenz des Harnabsatzes und dem Miktionsverhalten, und falls der Harn blutig ist, ob bereits während des Pressens vor dem Harnabgang oder während der ganzen Dauer des Harnabsatzes oder erst am Ende Blut abgeht, ergibt wesentliche Hinweise auf Erkrankungen der Nieren oder der Harnwege und auf den Funktionszustand der Nieren. Polyurie und Polydipsie und Nykturie sind bei chronischen Niereninsuffizienzen nicht selten die einzigen deutlichen Störungen. Harnabsatzbeschwerden (Pollakisurie, Dysurie, Strangurie, Tenesmus, Harninkoninenz) und/oder Blutbeimengungen erfordern eine besonders gründliche Untersuchung der abführenden Harnwege und der Geschlechtsorgane. Man sollte in diesen Fällen sich nicht mit der Anamnese begnügen, sondern selber den Harnabsatz beobachten.

Eine sorgfältige **klinische Allgemeinuntersuchung** ist unerläßlich, da Nierenkrankheiten und Nierenfunktionsstörungen häufig nicht primär, sondern als Folge von Allgemeinerkrankungen (Infektionskrankheiten, endokrine Störungen [Parathyreoidea, Diabetes, M. Cushing]) oder als Folge von Störungen anderer Organe (Herz, Leber) auftreten und Nierenerkrankungen häufig Auswirkungen auf den Gesamtorganismus haben.

Erbrechen, aber auch Durchfälle, z.T. von hämorrhagischem Charakter, sind oft Symptome von akuten oder chronischen Nierenerkrankungen, aber auch Obstipation kann vorkommen. Blasse Schleimhäute als Folge der progressiven aregenerativen Anämie werden bei chronischen Urämien häufig festgestellt und sollten Anlaß zu zusätzlichen Untersuchungen (Erythrozyten- und Retikulozytenzahl, Hämatokrit, ESR, Harnstoff, Kreatinin, Calcium, Phosphor, Blutgase, Blut-pH, Harnuntersuchung) sein.

Es muß zwischen Nierenerkrankungen mit und solchen ohne Störungen der Nierenfunktion unterschieden werden. Bei Niereninsuffizienz (Urämie) wird die Homöostase mehr oder weniger gestört sein, so daß die Niereninsuffizienz Störungen anderer Organe zur Folge hat. Nur eine gründliche internistische Untersuchung, zusammen mit Laboranalysen, schafft Klarheit. Bei der Abdominalpalpation kann etwa v.a. die linke Niere palpiert werden. Es ist besonders auf die Form, Oberfläche, Größe und Schmerzhaftigkeit zu achten. Akute Nephritiden verursachen Palpationsschmerz und oft auch eine Schmerzausstrahlung auf die vordere Lendengegend. Eine Nachhandlähmung kann vorgetäuscht werden. Die Palpation des hinteren Abdomens ergibt Angaben über die Lage und den Füllungszustand und falls entleert, über die Dicke der Blasenwand. Eventuell können Konkremente palpiert werden. Besonders bei kleineren Hunden kann die Harnblase durch Anlegen der Hand unter den Bauch und gleichzeitiges Einführen des Zeigefingers der anderen Hand in das Rektum in die Beckenhöhle verlagert und so besser beurteilt werden. Bei Harnwegserkrankungen muß stets auch die Prostata bzw. die Vaginalhöhle exploriert und durch Einführen eines Katheters die Durchgängigkeit der Urethra geprüft werden. Röntgenaufnahmen der Wirbelsäule sind zur Abklärung von Miktionsstörungen unerläßlich.

Routinemäßig gehört zu jeder internistischen Untersuchung als Suchtest die Harnanalyse und meistens auch der Blutharnstoff. Pathologische Harnbefunde allein gestatten keine genügenden

Aussagen über die Art und Schwere des Nierenschadens und insbesondere nicht, ob und in welchem Maße die Nierenfunktionen gestört sind. Außerdem können bei extrarenalen Nierenfunktionsstörungen die Harnbefunde normal sein. Wichtiger als die morphologische Betrachtungsweise ist die funktionelle.

Die **Harngewinnung** kann entweder über den Spontanurin, die Katheterisation oder durch Blasenpunktion erfolgen. Beim Spontanurin sollte vorgängig das Präputium bzw. die Vagina desinfiziert werden. Um Verunreinigungen und Kontamination aus der Harnröhre zu vermeiden, sollte der Mittelstrahlurin (MSU), v.a. falls eine bakteriologische Untersuchung vorgenommen wird (steriles Auffanggefäß!), aufgefangen werden. Bei Trübungen oder Hämaturie kann die Zwei- oder Drei-Gläser-Probe (Anfangsstrahl, Endstrahl, evtl. auch Mittelstrahl) Auskunft über die Herkunft der pathologischen Bestandteile geben. Bei Herkunft aus der Harnröhre ist die erste Portion am stärksten verändert. Sind alle Proben gleichmäßig verändert, ist die Herkunft oberhalb der Blase zu lokalisieren. Falls die letzte Harnportion am stärksten verändert ist, ist an Harnblasenveränderungen zu denken.

Infolge der Schwierigkeit des Auffangens des Spontanurins wird meistens katheterisiert. Wichtig ist ein streng aseptisches Vorgehen (Desinfektion der Urethramündung, sterile Katheter [Einlegen in Desinfektionslösungen genügt nicht]). Trotzdem droht die Gefahr einer Katheterinfektion der Harnblase, da besonders der untere Teil der Harnröhre keimhaltig ist.

Zur *Katheterisierung* der stehenden *Hündin* werden verschieden große geschlitzte Spekula verwendet, die mit dem Schlitz nach dorsal eingeführt und dann um 180° gedreht werden, so daß die Harnröhrenmündung plastisch in den Schlitz des Spekulums vorfällt (Abb. 20.1.). Nach dem Einführen des Metallkatheters wird das Spekulum entfernt (Abb. 20.2.) und der Harn aus dem Katheter abtropfen gelassen oder mit der Spritze aspiriert. *Rüden* werden meist in stehender Position, seltener in Seitenlage (Abb. 20.3.) mit maximal abgebeugten Hinterextremitäten katheterisiert. Dazu wird der Penis zu etwa einem Viertel seiner Länge aus dem Präputium ausgeschachtet und der Katheter eingeführt. Wichtig, um Infektionen zu vermeiden, ist, daß der Katheter nirgendwo anstößt und auch nicht mit unsterilen Fingern angefaßt wird (Händedesinfektion, evtl. sterile Gummihandschuhe oder Katheter nur wenig

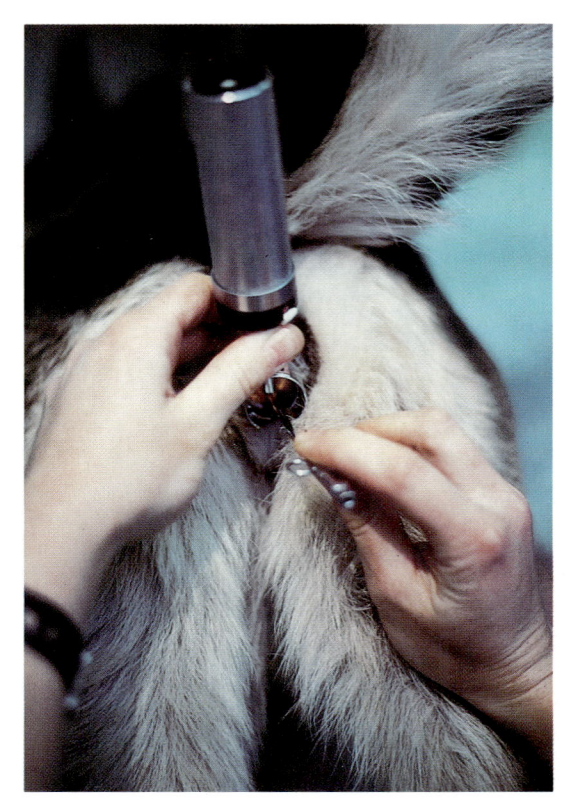

Abb. 20.1. Katheterisierung der Hündin.

Abb. 20.2. Katheterisierung der Hündin.

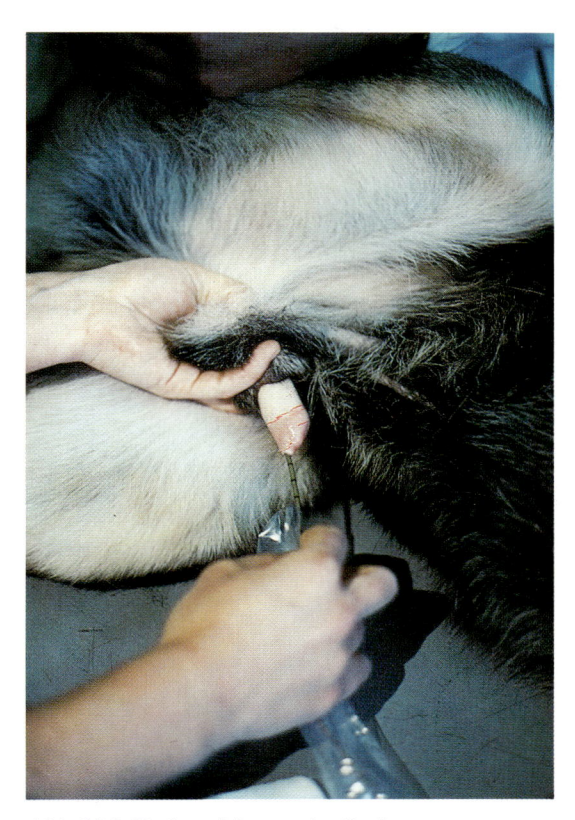

Abb. 20.3. Katheterisierung des Rüden.

aus der Sterilumhüllung zum Einführen vorschieben und dann sukzessives Weitereinführen ohne Berührung des Katheters). Zum Katheterisieren verwenden wir humane Ureterenkatheter aus thermoplastischem Kunststoff verschiedener Charrière-Größen. Diese sind bei Zimmertemperatur starr und werden in der Urethra sofort biegbar. Die Katheterisation empfiehlt sich vor allem, wenn neben der konventionellen auch bakteriologische Harnuntersuchungen durchgeführt werden. CARTER et al. (1978) fanden bei Untersuchungen an Hunden ohne Verdacht auf Harnwegsinfektionen im MSU in 44%, im Katheterurin (KU) in 20% Bakteriurien, wobei aber die Keimzahlen in allen Fällen nicht signifikant (<100000/ml) waren. Um die exogene und/oder urethrale Kontamination zu vermeiden, empfiehlt sich die Harngewinnung durch suprapubische Blasenpunktion. Diese, in der Humanmedizin (AUGUSTIN et al. 1978, VORBURGER 1978) übliche Gewinnungsart hat jedoch wegen der Notwendigkeit einer Neuroleptanalgesie wenig Verbreitung in der Kleintierpraxis gefunden, trotz der erhöh-

ten Zuverlässigkeit in der Erfassung von Harnwegsinfektionen. SCHAEFER et al. (1978) fanden bei 53 von 70 Hunden im KU Keime, dagegen nur bei 20 von den 53 positiven KU ebenfalls im Blasenpunktaturin (BPU), 7 von den falsch-positiven KU wiesen Keimzahlen bis 10^3 (nicht relevant), zwei 10^4 (verdächtig) und vier 10^5 (relevant) auf. In den oben bereits zitierten Untersuchungen von CARTER waren nur noch 12% der BPU gegenüber 20% der KU bzw. 44% der MSU keimhaltig.

Die **Harnuntersuchung** umfaßt: 1. Harnmenge, 2. Harntransparenz, 3. Harnfarbe, 4. spezifisches Gewicht, 5. chemische und mikroskopische Untersuchung, 6. bakteriologische Untersuchung.

1. Die *Harnmenge* ist außer von der Intaktheit der tubulären und glomerulären Funktionen abhängig vom Wasserbedarf und Hydrierungszustand des Organismus, von der aufgenommenen Flüssigkeitsmenge (Trockenfutter, Feuchtfutter), Umgebungseinflüssen (Temperatur und Feuchtigkeit), extrarenalen Flüssigkeitsverlusten über Magen und Darm (Erbrechen, Durchfall), in Körperhöhlen und Organen (Ergüsse, Pyometra), Hecheln sowie vom Funktionszustand der Hormondrüsen. Oligurien und Anurien (renal wie auch extrarenal bedingte, s. Niereninsuffizienzen) kommen häufiger vor, als sie beobachtet werden (Schwierigkeit bis Unmöglichkeit des Sammelns des 24-Stunden-Urins, mangelhafte Beobachtung). Sehr häufig und oft lange Zeit das einzige auffallende Symptom einer chronischen Niereninsuffizienz sind Polyurie und Nykturie. Die normale durchschnittliche Harnmenge eines gesunden Hundes beträgt etwas 25–40 ml/kg KM/24 Std. (SPECTOR 1965). *Polyurien* können verschiedene Ursachen haben: chronische Nephritiden, Nephrocalcinosis, polyurisches Stadium akuter Nephritiden und Nephrosen, Diabetes insipidus, Dipsomanie, Diabetes mellitus, M. Cushing, Pyometra, Therapie mit Corticosteroiden und mit Diuretika.

2. Der normale Hundeurin ist klar. *Trübungen* können auf Kristallausfällungen (Carbonate, Phosphate: Aufhellung nach Essigsäurezugabe) beruhen und sind nicht immer von pathologischer Bedeutung, werden aber nicht selten bei Erkrankungen der Harnwege festgestellt. Ferner können Trübungen durch Beimengung von Schleim, Bakterien, Leukozyten, Erythrozyten und Epithelien verursacht sein. Sie weisen auf entzündliche Prozesse der Niere und der Harnwege hin. Zur Lokalisation des Ursprungsortes dienen die Zwei- bzw.

37 Freudiger, Hundekrankheiten, 2. A.

Drei-Gläser-Probe und die Harnsedimentuntersuchung (Zylinder = Niere!).

3. *Harnfarbe*. Die normale Harnfarbe ist v.a. durch die Urochrome bedingt. Ihre Intensität ist gegensätzlich zum Harnvolumen und abhängig von der Konzentration des Harnes und damit vom spezifischen Gewicht und von der Harnmenge. Bei chronischen Niereninsuffizienzen und Diabetes insipidus finden wir einen auffallend hellen, entfärbten Urin. Ein im Verhältnis zum tiefen spezifischen Gewicht auffallend gelb gefärbter Harn tritt bei Diabetes mellitus auf. Zahlreiche endogene (Gallenfarbstoffe, Hämoglobinderivate usw.) und exogene (Nahrung, Medikamente) Pigmente können zu Harnverfärbungen führen.

4. Wichtige Hinweise, insbesondere für die Diagnose und Differentialdiagnose der Niereninsuffizienzen und des Diabetes insipidus, ergibt die Bestimmung des *spezifischen Gewichtes*. Chronische renale Niereninsuffizienzen, besonders gegen das Endstadium zu, aber auch akute renale und extrarenale Insuffizienzen im polyurischen Stadium zeigen einen isosthenurischen (1012) oder hyposthenurischen (<1012) Harn. Da aber auch beim nierengesunden Individuum das spezifische Gewicht je nach der ausgeschiedenen Harnmenge stark variiert (1,001 bis 1060), gestattet ein tiefes spezifisches Gewicht allein deshalb noch keinen Rückschluß auf verminderte tubuläre Funktionen der Konzentration und Wasserrückresorption. Weitere Untersuchungen (aufgenommene Flüssigkeitsmenge, Harnvolumen, Hydrierungszustand des Körpers, Blutharnstoff, Durst-Konzentrationsversuch, ADH-Versuch usw.) sind anzuschließen.

5. Die *chemische Harnuntersuchung* ist seit der Einführung der Teststreifen und -tabletten sehr vereinfacht worden und benötigt nur wenig Harn. Je nach Teststreifen können innerhalb von 30 bis 60 Sekunden mehrere Parameter (*p*H, Eiweiße, Glucose, Ketonkörper, Urobilinogen, Bilirubin, Blut, Hämoglobin, Nitrit) qualitativ und z.T. auch semiquantitativ bestimmt werden.

Für die Harnorgan-Diagnostik besonders wichtig ist die Bestimmung des *p*H und der Harneiweiße. Bei insuffizienten Nephritiden ist der Harn meist sauer, bei Zystitiden in der Regel neutral oder alkalisch. Bei der Interpretation eines positiven Eiweißnachweises im Harn müssen wir uns von den veralteten Vorstellungen freimachen. Das Glomerulumfiltrat enthält normalerweise geringe Mengen vor allem von niedrigmolekularen Eiweißen, die größtenteils tubulär rückresorbiert werden. Bei Überschreiten der tubulären Rückresorptionskapazität kann es bei den heutigen empfindlichen Nachweismethoden (Nachweisgrenze 10 mg/100 ml Harn) auch bei intakten Nieren zu schwach-positiven Testausfällen kommen. Der Ausfall der Eiweißreaktion geht nicht parallel mit der Schwere des Nierenschadens, ist also allein betrachtet kein prognostisches Kriterium. Proteinurie ist nicht gleichbedeutend mit Nephritis. Es ist zwischen renalen und extrarenalen Proteinurien zu differenzieren. Hierzu sind weitere Untersuchungen, wie z.B. Harnsediment, Blutharnstoff, Funktionsproben, Untersuchung der abführenden Harnwege und Geschlechtsorgane, notwendig.

Extrarenale Proteinurien können vorkommen bei Fieberzuständen, physischen und psychischen Streß-Situationen, Para- und Dysproteinämien, v.a. aber durch Beimengung von Sekreten aus männlichen und weiblichen Geschlechtsorganen oder Blut und bei Erkrankungen der ableitenden Harnwege und Geschlechtsorgane (Prostata!).

Renale Proteinurien sind entweder glomerulär (Glomerulonephritis, Nephrose) oder tubulär (Pyelonephritis, interstitielle Nephritis) bedingt. Die diagnostisch sehr wertvolle Unterscheidung der Herkunft der Proteine ist mit Hilfe der SDS-Polyacrylamidgel-Elektrophorese (MÜLLER-PEDDINGHAUS und TRAUTWEIN 1977, 1978) möglich, bei der die Auftrennung nicht nach Fraktionen, sondern nach Molekulargewicht erfolgt. Bei glomerulären Schädigungen treten vorwiegend großmolekulare, bei tubulären niedrigmolekulare Proteine auf. Da die Methode aber arbeits- und apparateintensiv ist, bleibt sie wenigen spezialisierten Instituten vorbehalten.

Die konventionelle Elektrophorese der Harn- und Serumproteine (HARVEY et al. 1966, GROULADE und GROULADE 1967, GUELFIN und FLORIO 1974) erbringt wenig Nutzen. Dasselbe gilt für die Harnenzyme und Serumenzyme (HARVEY 1967, KELLER und FREUDIGER 1984). Bei schweren Nierenerkrankungen können SAP, SGOT und SGPT erhöht sein. Da aber meistens gleichzeitig Leberschädigungen bestehen, ist eine Interpretation schwierig. Bei experimentellen Tubulusschädigungen mit Ochratoxin und Mykotoxinen trat eine rasche Erhöhung der Aktivitäten von LDH, ICDH und GOT im (dialysierten) Harn ein (SZECZECH et al. 1974). Für die Praxis ist jedoch der diagnostische Wert vorläufig noch gering.

Eine weitere wesentliche Untersuchung für die Diagnose und Differentialdiagnose ist die *mikro-*

skopische Sedimentuntersuchung des zentrifugierten Harnes. An Sedimentbestandteilen sind zu unterscheiden: 1. *Zellen* (Erythrozyten, Leukozyten, Epithelien). Vereinzelte Zellen können auch bei gesunden Tieren gefunden werden. Eine sichere Unterscheidung der Nierenepithelien (ungefähr Leukozytengröße, aber großer, runder Zellkern) von den Rundepithelien der ableitenden Harnwege ist schwierig (MÜLLER 1966) bis unmöglich. Plattenepithelien stammen aus den ableitenden Harnwegen oder Geschlechtsorganen. 2. *Zylinder*, 3. *Harnkristalle*, 4. *Schleim, Fetttröpfchen, Spermien, Hefen, Bakterien, Verunreinigungen*. Zylinder sind stets renaler Herkunft.

Bei Verdacht auf Harnwegsinfektion ist eine *bakteriologische Harnuntersuchung* mit Keimzahlbestimmung/ml und im positiven Fall zusätzlich ein *Antibiogramm* zu veranlassen, damit eine gezielte Chemotherapie vorgenommen werden kann. Wichtig ist, daß der steril entnommene und steril aufbewahrte Harn möglichst frisch untersucht wird. Bei langer Aufbewahrungszeit entstehen infolge Keimvermehrung Fehlresultate. Der Harn kann entweder an ein Untersuchungsinstitut gesandt oder selber untersucht werden. Heute sind Objektträgerkulturen (Urotube®, Micur® u.a.) im Handel, die die Untersuchung im Praxislabor gestatten.

Nach 16–24stündigem Bebrüten (bei 34–37°C) läßt sich auf Grund des Wachstums auf den einzelnen Agarschichten (CLED-Agar: Gesamtkeimzahl, MacConkey-Agar: selektiv gramnegative, PS-Agar: *Pseudomonas* spp.) die Gesamtkeimzahl und bedingt auch die Keimart bestimmen (HEINZMANN-KEIL 1974, HÄUSERMANN und ZANESCO 1981).

Die Harnuntersuchung allein ergibt nur ungenügende Auskünfte. Unerläßlich sind zusätzliche **Untersuchungen des Blutes und der Nierenfunktion**.

Serumharnstoff: Urease-Methode photometrisch oder für die Praxis durchaus ausreichend, semiquantitativ mit Teststreifen. Die Harnstoffbestimmung ergibt Angaben über die glomeruläre Filtration. Harnstofferhöhung tritt erst bei einer wesentlichen Einschränkung der Nierenfunktion (>60%) auf! Normaler Harnstoff ist also nicht gleichbedeutend mit normalen Nieren oder normaler Nierenfunktion. Umgekehrt ist eine Harnstofferhöhung nicht gleichbedeutend mit Nephritis. Die Blutharnstoffkonzentration ist abhängig vom Eiweißgehalt der Nahrung und von der Stoffwechsellage des Organismus. Die Harnstoffkonzentration steigt nach der Fütterung an, bei eiweißreicher Fütterung evtl. sogar in den unteren pathologischen Bereich (ANDERSON und EDNEY 1969). Zerfall von Körpergewebe kann eine Harnstofferhöhung bewirken. Harnstofferhöhungen (Azotämie) können prärenal, renal oder postrenal bedingt sein (s. Niereninsuffizienz). Wegen der fütterungsbedingten Beeinflussung des Harnstoffes wird der Serumkreatininbestimmung der Vorzug gegeben (GABRISCH 1973). Die tageszeitlichen Schwankungen fehlen, und die Konzentrationen sind vorwiegend vom Muskelstoffwechsel, nicht aber von der Fütterung abhängig. Nach unseren Erfahrungen, die sich mit denen von HOE und O'SHEA (1965) und FINCO und DUNCAN (1976) decken, ist die Kreatininbestimmung der einfacheren Harnstoffbestimmung nicht überlegen.

Weitere diagnostisch und für das therapeutische Vorgehen bei entsprechenden Indikationen wichtige *Bestimmungen* sind: Serumchloride und/oder -natrium (v.a. zur Abklärung extrarenaler Niereninsuffizienzen), Blutgasanalyse, Blut-pH und Hydrogencarbonat (metabolische Azidose? bei Niereninsuffizienz und eventuelle Korrektur durch Infusionstherapie), Serum-Phosphor und -Calcium (sekundärer Hyperparathyreoidismus bei chronischer Niereninsuffizienz), Serumcholesterol (Nephrose) und Gesamteiweiß (erniedrigt bei gewissen Glomerulonephritiden und nephrotischem Syndrom), Papierelektrophorese (v.a. nephrotisches Syndrom).

Ferner gehört zur Abklärung der Grundursachen und auch der Folgen der Niereninsuffizienz (häufige Anämie-Ursache) ein vollständiger *Blutstatus* inklusive Blutkörperchensenkungsgeschwindigkeit.

Nierenfunktionsdiagnostik. Ein sehr wichtiger Test zur Prüfung der tubulären Funktionen ist der *Konzentrationstest*. Die Tiere werden über mehrere Stunden dursten gelassen. Bei Versuchsbeginn und während des Versuches werden die sezernierte Harnmenge, das spezifische Gewicht und/oder die Osmolalität des Harnes bestimmt. Vor und während des Versuches ist das Körpergewicht genau zu bestimmen. Der Versuch ist abzubrechen bei einem Gewichtsverlust von ca. 5%. Dies kann bei Verlust der Konzentrierungsfähigkeit innerhalb weniger Stunden eintreten (MÜLLER 1966). Bei nierengesunden Hunden wird die maximale Harnkonzentration (spezifisches Gewicht: 1050–1076, $\varnothing$1062 ± 0,007; Osmolalität: 1768–2738 mOsm/kg, $\varnothing$2289 ± 251 mOsm/kg) erst nach 41,9 ± 18 Stunden erreicht (HARDY und

Tabelle 20.1. Normalwerte der Clearances beim gesunden Hund (Methoden nicht standardisiert)

Autor	C_{Inulin}			C_{PAH}			$C_{Kreatinin}$		
	ml/min	ml/min/kg	ml/min/m²	ml/min	ml/min/kg	ml/min/m²	ml/min	ml/min/kg	ml/min/m²
ASHEIM (1963) (1)	75 + 11			284 ± 56					
ROSSOW (2)				240 ± 19		248 + 20			
EWALD (1967) (1)		11,59 ± 1,08		104,7 ± 9,1		251,8 ± 24,6	39,4 ± 1,23	4,35 ± 0,26	94,6 ± 3,95
BÄRISWYL (1963)									15 - 64
FINCO (1971)								2,98 ± 0,96	60 ± 22
SCHWARTZ-PORSCHE et al. (1972)									
(1)			91,9 ± 22			300 ± 83,5			
(2)			99,5 ± 24,3			334 ± 89,5			
OSBORNE et al. (1972) (2)		4	84,4 ± 19		13,5 ± 3,3	266 ± 66		2,98 ± 0,96	60 ± 22

(1) = klassische (renale) Clearance, (2) = Totalclearance

OSBORNE 1979). Der Test ist geeignet zur Abklärung von Polyurien. Bei chronischen Nephritiden, die noch ohne Azotämie verlaufen, ist die Konzentrierungsfähigkeit oft schon eingeschränkt, das spezifische Gewicht steigt aber etwas über 1010, bei Diabetes insipidus bleibt das spezifische Gewicht unverändert, und die Urin-Osmolalität am Ende des Durstversuches ist tiefer als die Osmolalität des Blutplasmas. Leider ist der Test in bezug auf Zeitdauer und normale Ausfälle noch nicht standardisiert. Gesunde Hunde sollten nach 16–24 Stunden den Harn mindestens auf ein spezifisches Gewicht von 1040 oder mehr konzentrieren können.

Wertvolle Aussagen über die Nierenfunktionen ergeben die *Clearance-Untersuchungen*. Geeignet sind die *Inulin- und Kreatinin-Clearance* zur Erfassung der Glomerulumfiltrations-Rate (GFR) und die Paraaminohippursäure (PAH)-Clearance für den renalen Plasmafluß. Der Quotient $\frac{Inulin}{PAH}$ (Filtrationsfraktion: FF) gibt den filtrierten Anteil des durch die Glomerulumkapillarschlingen zirkulierenden Plasmas an (Normalwert: 0,30 ± 0,08; ASHEIM 1963).

Die *klassischen (renalen) Clearances* sind, obschon exakter, für klinische Zwecke ungeeignet, da sie einer Ruhigstellung der Patienten, einer konstanten Zufuhr der Clearance-Substanzen über die Tropfinfusion und eines Verweilkatheters zur streng quantitativen Harnentnahme (mehrere Harnsammelperioden) bedürfen. Geeignet, aber immer noch aufwendig, ist die *Totalclearance*. Die Clearance-Substanzen (PAH 40 mg/kg KM, Inulin 100 mg/kg KM) werden intravenös verabfolgt. Die Totalclearance beruht auf der Konzeption, daß der Blutspiegel der Testsubstanzen nach der initialen Verteilungsphase, die ca. 15 Minuten dauert, nach den Gesetzen einer Exponentialfunktion abfällt. Mit Hilfe der Blutspiegelbestimmungen können die Halbwertszeit und die Totalclearance (s. Tabelle 20.1.) bestimmt werden. Die Tiere sollen 16–24 Stunden gefastet haben, und unmittelbar vor Testbeginn soll die Diurese durch orale Wassergabe angeregt werden. Doch auch die Totalclearance ist noch zeitaufwendig und deshalb für die Praxis wenig geeignet.

Einfach ist die *endogene Kreatinin-Clearance*. Zwei quantitative Harnsammelperioden von beliebiger Dauer (z.B. 20 und 40 Minuten) und eine Blutentnahme für die Kreatininbestimmung sind erforderlich. Die Kreatinin-Clearance-Werte nierengesunder Hunde variieren von Autor zu Autor beträchtlich (Tabelle 20.1.). Clearance-Veränderungen sind empfindlicher als die Harnstoff- oder Kreatinin-Blutspiegel.

Eine Kreatinin-Blutspiegel-Erhöhung (Normalwert nach CHEW und DI BARTOLA 1986: 0,3 bis 1,3) auf 2 bzw. 4 mg/dl stimmt ziemlich gut mit einer Abnahme der glomerulären Filtration von 50% bzw. 75% überein. Jedoch kann ein Kreatininwert von 1–2 mg/dl sowohl bei normaler Clearance als auch bei bis zu 50% erniedrigter Clearance vorkommen (BOVÉE und JOYCE 1979, GRAUER 1985). Ebenfalls besteht bei Kreatininwerten von über 4 mg keine lineare Beziehung mehr zur Kreatinin-Clearance (RIVIERE 1984).

Die Clearance-Untersuchungen eignen sich gut bei akuten Nephropathien zur Unterscheidung der glomerulären von den vaskulär-tubulären Nephropathien. Bei chronischen Nephropathien ist dies nicht mehr so der Fall: Die Gewebedestruktion und die Funktionsausfälle betreffen gleichermaßen beide Teile.

Einfache Nierenfunktionsproben sind der *Paraaminohippursäure-Retentionstest* und die *Phenolrotprobe*. Da beide Substanzen fast ausschließlich renal ausgeschieden, d.h. zum kleineren Teil glomerulär filtriert, zum größeren aber aktiv tubulär sezerniert werden, geben sie Auskunft über die tubulären Funktionen und den renalen Plasmafluß. Für den PAH-Retentionstest werden 40 mg/kg KM PAH in 20%iger Lösung i.v. injiziert und Blutproben zur Bestimmung der PAH-Konzentration nach 10 und 40 Minuten entnommen. Bei gesunden Hunden beträgt der nach der Formel

$$W\% = \frac{P\ 40\ min}{P\ 10\ min} \times 100$$

berechnete Retentionswert $39,3 \pm 3\%$, bei nierengeschädigten war der Wert deutlich höher und vom Grad der Schädigung abhängig (FILAR 1971).

Für die **Phenolrotprobe** werden entweder die nach 30 Minuten im Harn ausgeschiedene Phenolrotmenge (BÄRISWYL 1961, FINCO 1971) oder die Farbstoffkonzentrationen im Serum nach 30 bzw. 60 Minuten und die Halbwertszeit bestimmt (GREIFFENHAGEN et al. 1976). Die Harnausscheidung nach 30 Minuten beträgt bei gesunden Hunden 35–60%. Die Verzögerung der Ausscheidung stimmt ungefähr mit dem Ausmaß der tubulären Schädigungen überein. Die Bestimmung der Ausscheidung kann durch Herstellung einer Serie von Vergleichslösungen erfolgen (MORGAN 1968). Die maximalen Blutspiegel betragen nach 30 Minuten 113 μg/100 ml, nach 60 Minuten 46 μg/100 ml und die Halbwertszeiten 30 bis maximal 38 Minuten.

Wesentliches zur Diagnose und Differentialdiagnose v.a. der Harnwegserkrankungen ergibt die

Röntgenuntersuchung. Schon auf der Leeraufnahme können oft die Lage und Umrisse der Nieren und der Harnblase festgestellt werden. Das Pneumoperitoneum ist u.a. besonders geeignet zur Darstellung der Lage, Form, Oberfläche und Größe der Nieren. Die intravenöse Pyelographie, Ausscheidungspyelographie (Abb. 20.4.), ist vor allem indiziert bei Verdacht auf Nierenbeckenveränderungen und zur Darstellung des Verlaufs und der Gestalt der Ureteren. Die Harnblase kann sowohl durch Luftinsufflation (ca. 5 ml/kg KM) als auch durch Einbringen eines iodhaltigen Kontrastmittels dargestellt werden. Die negative Kontrastdarstellung ist vor allem zur Identifikation der Harnblase, zur Diagnose einer Blasenruptur und zur besseren Darstellung von wenig kontrastgebenden Konkrementen geeignet. Der positive Kontrast eignet sich zur Beurteilung der Blasenwand, zur Erkennung von Einengungen am Blasenhals (Prostatavergrößerungen), von Blasentumoren und des persistierenden Urachus. Es wird manchmal angezeigt sein, den positiven mit dem negativen Kontrast zu kombinieren (BURK und ACKERMAN 1991).

Zunehmend diagnostische Bedeutung bekommt die **Ultraschalluntersuchung** (FLÜCKIGER 1991). Indikationen dazu sind palpatorisch oder

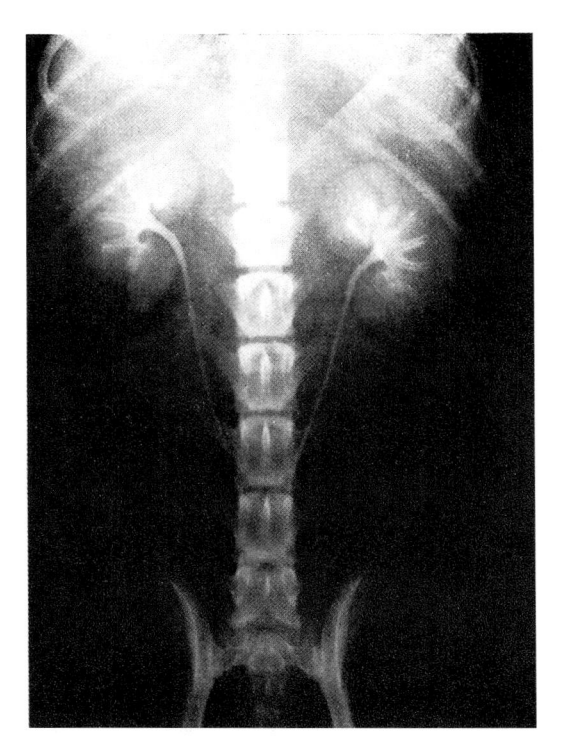

Abb. 20.4. Ausscheidungspyelographie.

röntgenologisch faßbare Nierenveränderungen, wie fokale oder diffuse Tumoren, Nierenzysten, -abszesse, Nierenbeckenkonkremente, Hydronephrose. Rinde, Mark und Nierenbecken sind gut unterscheidbar, während diffuse Nierenparenchymveränderungen (Glomerulonephritis und interstitielle Nephritis, Tubulusnekrosen und Nephrokalzinose) wenig aussagekräftige Befunde ergeben und zur Diagnose einer unter Ultraschallsicht durchzuführenden **Biopsie** bedürfen. Die dorsale Blasenwand und pathologischer Inhalt können nur bei gefüllter Harnblase gut beurteilt werden. Sowohl röntgendichte als auch röntgendurchlässige Konkremente und Blasengrieß sind darstellbar.

Die **Nierenbiopsie** (während Laparotomie oder perkutan nach Möglichkeit unter sonographischer Sichtkontrolle mit Feinnadelaspirationskanüle) eignet sich für die ätiologische und morphologische Diagnose von diffusen Nierenerkrankungen (v. a. Glomerulopathien). Für herdförmige Nephropathien ist sie jedoch nur bedingt und unter Sichtverhältnissen geeignet. Die Vornahme einer Biopsie setzt eine gründliche klinische und labormäßige Patientenuntersuchung und ein Abwägen des voraussichtlichen diagnostischen und therapeutischen Nutzens bzw. Schadenrisikos voraus. Absolute Kontraindikationen sind Blutgerinnungsstörungen und zu hohes Narkoserisiko (Herzinsuffizienz, mittlerer Urämiegrad, Nierenzysten, bakterielle Nephropathie). Für eine aussagekräftige Bioptatuntersuchung werden mindestens 10 Glomerula benötigt (PAGÈS und TROUILLET 1990, GRÜNBAUM et al. 1991).

20.2. Nierenerkrankungen

Nierenerkrankungen kommen beim Hund sehr häufig vor. BLOOM (1954) fand histologisch bei 55% aller sezierten, bei den über 8jährigen Hunden sogar in 80% mehr oder weniger ausgeprägte entzündliche Nierenveränderungen. Ebenfalls von klinischer Seite wird immer wieder die hohe Frequenz an Nierenerkrankungen hervorgehoben: MÜLLER (1966) fand bei 27% der weniger als 2 Jahre alten, bei 43% der 2–8 Jahre und bei 52% der über 8 Jahre alten Hunde Proteinurie und Zylindrurie. Ähnliche Prozentsätze melden mit 47% GÄRTNER (1967), mit 13% DE SCHEPPER (1977) und andere. *Mit der morphologischen Diagnose Nephritis ist jedoch wenig erreicht. Die Mehrzahl der morphologischen Nierenveränderungen verläuft ohne jegliche Einschränkung der Nierenfunktionen und ist klinisch bedeutungsarm, kann aber oft als Zufallsbefund zu Fehlbeurteilungen führen. Erst die Beurteilung der Nierenfunktionen ergibt eine richtige Bewertung der Situation.*

20.2.1. Niereninsuffizienz (Urämie)

Die globale *Niereninsuffizienz (Urämie)* ist eine häufige Todesursache. 1% der weniger als 5 Jahre alten, 8% der 5–8 Jahre und sogar 15% der über 8 Jahre alten Hunde starben an Urämie (Low 1961).

Die Niere ist eines der wesentlichsten Organe zur Aufrechterhaltung der Homöostase. Entsprechend der physiologischen Rolle der Niere für die Exkretion und für die Aufrechterhaltung der Homöostase wird durch die Niereninsuffizienz die Zusammensetzung des Harnes und der Körperflüssigkeit verändert. Über diese Wege hat die Niereninsuffizienz Auswirkungen auf den Gesamtorganismus und die Funktionen der anderen Organe des Körpers.

Pathophysiologie der Niereninsuffizienz (Urämie): Die pathophysiologischen Erscheinungen und die klinischen Auswirkungen sind die Folgen von Störungen sowohl der glomerulären Filtration wie der tubulären Funktionen (Resorption, Sekretion). Eine Niereninsuffizienz kann durch verschiedene Ursachen zustande kommen (Tabelle 20.2.):

a) Die Ursache liegt in der Niere selbst = **renale Niereninsuffizienz** (interstitielle Nephritis, Glomerulonephritis, Pyelonephritis, akute toxische Tubulonekrose usw.).

b) Die Ursachen liegen außerhalb der Nieren = **extrarenale Niereninsuffizienz**: renale Minderdurchblutung (Hypovolämie, Herzinsuffizienz, Kreislaufkollaps) = **prärenale Niereninsuffizienz** oder aber Harnrückstauung, Blasenruptur = **postrenale Niereninsuffizienz**.

Je nach der Geschwindigkeit der Entwicklung kann sich eine **akute** oder **chronische Niereninsuffizienz** entwickeln. Stets sind aber am Zustandekommen alle Abschnitte der Nephrone beteiligt. Bei langsamem Eintritt werden die Gegenregulationsmechanismen des Organismus wirksam, so daß oft eine weitgehende Kompensation und Anpassung eintreten. Die klinischen

Tabelle 20.2. Niereninsuffizienzen

	Form	Ursachen	Pathogenese	Verlauf
akut	**Prärenal**	1. Dehydration infolge von Wasser-, Elektrolytverlusten nach Erbrechen, Durchfällen 2. Blutverluste (Blutungen aller Genese) 3. Plasmaverlust (Verbrennungen) 4. Herzinsuffizienz, v. a. Linksinsuffizienz 5. Kreislaufkollaps (peripheres Vasomotorenversagen)	Hypovolämie Abnahme der glomerulären Durchblutung, Verminderung des hydrostatischen Druckes in Glomerula mit Folge der Verminderung der glomerulären Filtration	reversibel nach Rehydratation, Auffüllung des Kreislaufvolumens, Normalisierung des Kreislaufs
	Postrenal	1. Verlegung der abführenden Harnwege (Urethrasteine, Prostatahypertrophie, -karzinom, Blasenparese mit Sphinkterspasmus, Diskusprolaps, Spondylose) 2. Harnblasenruptur	Harnrückstau in Nierenbecken, Anstieg des Druckes in Tubuli bedingt Abfall des glomerulären Filtrationsdruckes peritoneale Resorption	reversibel nach Behebung der Obstruktion reversibel nach Blasennaht
akut	**Renal**	Nierenparenchymschädigung: a) Infektion (Leptospiren u. a. Bakterien) b) Nephrotoxine (Acetylenglycol, CCl$_4$, HgCl$_2$, Medikamente u. a.) c) Medikamentös-allergische Vaskulitis d) Hämolyse e) Schockniere	kortikale Ischämie, Versiegen der glomerulären Filtration, abnorme Permeabilität der Tubuli mit Rückdiffusion des Filtrates?	irreversibel oder reversibel je nach Dauer der Ischämie und Grad der Gewebsschädigung
chronisch	**Renal**	1. Nephrosklerose: a) chronisch-interstitielle Nephritis b) chronische Glomerulonephritis c) chronische Pyelonephritis d) chronisch-vaskuläre Nephropathien e) kongenitale Nierenrindenhypoplasie 2. Zystennieren	Untergang von Nephren und Ersatz durch Bindegewebe = Einschränkung der glomerulären Oberfläche, Hyperperfusion	irreversibel, progredient

Störungen können dann gering sein oder fehlen und die Blutspiegel der harnpflichtigen Stoffe normal oder erhöht sein. Einzige Symptome sind oft Polydipsie und Polyurie und Isosthenurie. Zusätzliche renale Schädigungen (akuter Schub) oder extrarenale Belastungen können zur Dekompensation und Urämie Anlaß geben.

1. **Chronische Niereninsuffizienz** (Tabellen 20.3., 20.4.). Chronische Entzündungsprozesse führen zu zunehmendem Untergang von Nephren und Ersatz durch Bindegewebe (Nephrosklerose). Die Funktionen der ausgefallenen Nephren müssen durch die erhalten gebliebenen übernommen werden. Diese hypertrophieren und weisen eine Steigerung der einzelnen glomerulären und tubulären Funktionen auf. Wenn mehr als $^2/_3$ des funktionellen Nierengewebes ausgefallen ist, werden die erhalten gebliebenen Nephren überfordert. Insuffizienzerscheinungen treten auf. Die filtrierende glomeruläre Oberfläche ist zu klein geworden. Die Folge ist eine Retention der harnpflichtigen Substanzen. Die Hyperperfusion hat eine Überforderung der maximalen tubulären Transportmechanismen zur Folge. Die nicht resorbierbaren Solute (v.a. Harnstoff, Natrium und Hydrogencarbonat) reißen aus osmotischen Gründen eine adäquate Wassermenge mit sich. Der Harn wird isoton mit dem Blutplasma (Isosthenurie). Die Niere hat die Konzentrationsfähigkeit mehr oder weniger verloren: Zwangspolyurie. In weit fortgeschrittenen Stadien verlieren die distalen Tubuli die Ansprechbarkeit auf ADH. Es kommt nun zur Hyposthenurie.

Im folgenden sollen noch kurz das Zustandekommen und die Auswirkungen der Einschränkung einiger Einzelfunktionen besprochen werden.

Die Verminderung der Anzahl funktionstüchtiger *Glomerula* führt zu einer <u>Abnahme der filtrierenden Oberfläche</u> mit den Folgen der *Retention* (Harnstoff, Kreatinin, Phosphor, Sulfate, Phenole, Indole usw.). Die Ausscheidung der Solute ist abhängig vom Produkt Glomerulumfiltrationsrate mal Plasmakonzentration. Bei gleichbleibender Filtration stellt sich ein neues Gleichgewicht ein, das erst gestört wird, wenn die glomeruläre Filtration infolge Untergangs weiterer Nephren oder häufig infolge extrarenaler Ursachen weiterhin abnimmt. Die Blutspiegel steigen wieder an, bis sich ein neues Gleichgewicht einstellt.

Die zweite wesentliche Folge der Niereninsuffizienz ist der Verlust der *Konzentrationsfähigkeit* der Niere. Polyurie und ein Harn von einem dem enteiweißten Blutplasma angeglichenen spezifischen Gewicht um 1010 resultieren daraus (Tabellen 20.3., 20.4.). Die Gefahren dieses Defektes für den Körper liegen darin, daß es bei zu großer H_2O-Zufuhr zur Überwässerung und bei zu geringer oder Wasserverlusten durch Erbrechen usw. zur Dehydratation kommt. Pathophysiologisch läßt sich der Konzentrationsverlust durch die bereits erwähnte Erhöhung der osmotischen Konzentration des glomerulären Filtrates erklären. Vor allem die Harnstoffkonzentration im Filtrat führt aus osmotischen Gründen zu einer verringerten Rückresorption des osmotisch gebundenen Wassers und damit zu einem großen Filtratvolumen pro Nephron. Dieses größere Filtratvolumen bewirkt eine beschleunigte Durchströmung der Henleschen Schleifen. Infolge der hohen Strömungsgeschwindigkeit ist der Aufbau eines osmotischen Gradienten zwischen dem Tubuluslumen und dem Interstitium nicht möglich. Das Überfahren des Haarnadel-Gegenstrom-Systems verhindert die H_2O-Rückresorption und bewirkt die Zunahme des Endharnvolumens und die Isosthenurie.

Die osmotische Diurese führt ebenfalls zur verminderten Rückresorption von Na und Chlor. Da das totale Glomerulumfiltrat aber vermindert ist, braucht es bei der nur pro Nephron erhöhten NaCl-Ausscheidung nicht zu einer Elektrolytverarmung des Plasmas zu kommen. Bei der chronisch-interstitiellen Nephritis tritt nicht selten zu dieser passiven, aus osmotischen Gründen erfolgenden vermehrten Ausscheidung noch eine zusätzliche, durch Schädigung des tubulären NaCl-Rückresorptionsmechanismus hinzu (*Salzverlust-Nephritis*). Die Elektrolytverluste des Blutplasmas führen zur Hypovolämie und damit zu einer weiteren Verschlechterung der Nierendurchblutung und glomerulären Filtration. Zur renalen tritt noch eine extrarenale, die sog. *hypochlorämische Urämie* hinzu. Die therapeutische Konsequenz besteht in der i.v. Injektion einer hypertonen NaCl-Lösung.

Die *Kaliumkonzentration* der Körperflüssigkeiten bleibt im Verlaufe der Urämie lange Zeit konstant und wird meist erst terminal erhöht, wenn die glomeruläre Filtration massiv eingeschränkt ist oder aber durch die katabole Stoffwechsellage viel zelluläres Kalium frei wird. Man nimmt an, daß zur Konstanthaltung der Kaliumkonzentration in den intakten Tubuli die K-Sekretion an Stelle eingeschränkter H-Ionen-Sekretion verstärkt wird.

Im Verlaufe der chronischen Niereninsuffizienz entwickelt sich eine *metabolische Azidose*, die aber lange Zeit durch Ausnutzung der Puffersysteme kompensiert werden kann. Diese ist vor allem eine Folge der tubulären Insuffizienz und weniger, wie man früher vermutete, der glomerulären Retention von Phosphaten, Sulfaten und organischen Anionen. Die im Stoffwechselgeschehen gebildeten H-Ionen können nicht mehr genügend durch die Nieren ausgeschieden werden.

Veränderungen im <u>*Calcium-Phosphat-Stoffwechsel* sind häufig, werden aber meistens erst in den Spätstadien manifest.</u> Infolge gestörter Calciumresorption aus dem Darm und Vitamin-D-Resistenz entwickeln sich trotz erhöhter tubulärer Calciumrückresorption eine leichte Hypokalzämie und Hyperphosphatämie (s. Tabelle 20.7.). Die Hypokalzämie bewirkt eine Stimulierung der Parathyreoidea. Der resultierende sekundäre Hyperparathyreoidismus hat eine fortschreitende Cal-

Tabelle 20.3. Charakteristische Veränderungen der Nierenfunktion bei chronischer Niereninsuffizienz

1. Proportional der Nierenschrumpfung bzw. der Zahl funktionierender Nephrone eingeschränkte Funktionen	Glomerulumfiltrat vermindert	Anstieg von Schlackenprodukten des Eiweißstoffwechsels (Harnstoff, Harnsäure, Kreatinin) im Blutplasma
	effektive Plasmadurchströmung vermindert, Transport maximal für sezernierte und resorbierte Substanzen vermindert	C_{Inulin}, $C_{Kreatinin}$ vermindert C_{PAH} vermindert Phenolrot-Retention erhöht, evtl. Glukosurie
2. Qualitativ veränderte Funktionen	Zunahme der NaCl-Ausscheidung pro Einzelnephron, Zunahme der Phenolrot-Ausscheidung pro Einzelnephron, Zunahme der Phosphat-Ausscheidung pro Einzelnephron, Zunahme der K-Sekretion pro Einzelnephron, Zunahme der Harnsäure-Ausscheidung pro Einzelnephron, Zunahme des Endharnvolumens pro Einzelnephron	Kompensationsmechanismen zur Ausscheidung einer dem Nierengesunden annähernd vergleichbaren Menge von Wasser und gelösten Bestandteilen trotz verminderten Glomerulumfiltrats zwecks Konstanthaltung der Homöostase Polyurie
3. Funktionsdefekte	Einschränkung der maximalen Ammoniakausscheidung, Einschränkung des Konzentrierungsvermögens, Verlust der Fähigkeit, kochsalzfreien Harn auszuscheiden, terminale renale Glukosurie	urämische Azidose Isosthenurie (Hyposthenurie) Hypochlorämie Glukosurie

Tabelle 20.4. Zusammenfassung der hauptsächlichen klinisch-chemischen Befunde bei der dekompensierten chronischen Niereninsuffizienz

a) Harn:
  1. Farbe: farblos bis hellgelb
  2. *p*H: deutlich sauer
  3. spezifisches Gewicht: ca. 1010 (nicht selten zusätzlich renaler Diabetes insipidus mit spezifischem Gewicht um 1002)
  4. Eiweiß: mäßig (Zunahme der Proteinurie bei nephrotischen Schüben)

b) Konzentrationsversuch nach VOLHARD: keine (wesentliche) Erhöhung des spezifischen Gewichts

c) Blut:
  1. starke Verminderung der glomerulären Filtration (Kreatinin-Clearance vermindert),
  2. starke Verminderung des effektiven Plasmastromes (PAH-Clearance vermindert, Phenolrot-Test positiv, PAH-Retentionsprobe positiv),
  3. Retention harnpflichtiger Substanzen: Harnstoff und Kreatinin im Serum erhöht,
  4. Störungen des Elektrolytstoffwechsels: Hyperkaliämie (meist erst terminal),
                                       Hyperphosphatämie (erst in fortgeschrittenen Stadien),
                                       Hypokalzämie (bei Hyperparathyreoidismus auch Hyperkalzämie),
                                         Hyponatriämie (nicht obligat),
                                         Hypochlorämie (nicht obligat)
  5. Metabolische Azidose
  6. Hypo-normochrome aregenerative Anämie

ciummobilisierung aus dem Knochengewebe zur Folge (s. Tabelle 20.7.). In extremen Fällen kommt es zum Bild der *Osteodystrophia fibrosa generalisata renalis* (s. auch Kapitel 24. und 25.). Selten und meist erst in den Terminalstadien treten als Folge der Hypokalzämie fibrilläre Muskelzuckungen oder Tetanien ein.

Die *Auswirkungen der Niereninsuffizienz auf den Gesamtorganismus* sind verursacht durch die Folgen der ungenügenden Ausscheidung, die Folgen der geschädigten Regulationsmechanismen der Niere und die Sekundäreffekte der resultierenden Stoffwechselstörungen (z.B. Azidose, Anämie). Ein eigentliches Urämiegift existiert nicht. Die Harnstoff- und Kreatininretention ist Symptom und wichtiges Diagnostikum, nicht aber Ursache der Urämie.

Das Urämiesyndrom dürfte durch das Zusammenwirken verschiedener Faktoren (Störungen des Wasser- und Elektrolyt- und des Säure-Basen-Haushaltes, Toxizität verschiedener Substanzen) verursacht sein. Häufige und schwere Störungen betreffen den *Gastrointestinaltrakt*. Infolge Ausscheidung von Harnstoff und Zersetzung zu Ammoniak kommt es zu Erbrechen, Durchfällen (z.T. blutigen), Anorexie und seltener zu Ulcera im Verdauungstrakt und in der Maulschleimhaut. Die zusätzlichen gastrointestinalen Wasser- und Elektrolytverluste verstärken die Azidose und führen zu einer weiteren Abnahme der glomerulären Filtration. Durch die extrarenale Verschlimmerung der Urämie wird ein Circulus vitiosus mit erneutem Erbrechen in Gang gesetzt. Im Laufe der Niereninsuffizienz entwickelt sich zunehmend eine aregenerative *Anämie*, die auf Knochenmarkhemmung und Erythropoetinmangel und Hämolyse beruht.

Häufig sind Symptome von seiten des *Kreislaufs* vorhanden: Tachykardie, evtl. Erregungsbildungs- und -leitungsstörungen sind die Folgen der Hypovolämie, der Anämie und eventueller Elektrolytveränderungen sowie toxischer Myokardschädigungen. Ungeklärt ist, ob die häufig sich ausbildende Herzhypertrophie (v.a. des linken Herzens) gleich wie beim Menschen durch eine *renale Hypertonie* verursacht ist. Diesbezügliche Untersuchungen sind spärlich und widersprüchlich (SPÖRRI und LEEMANN 1961, DOEGLAS 1952, ANDERSON und FISHER 1968). PERSSON et al. (1961) erklären die Herzhypertrophie als Folge der durch die Anämie verursachten Veränderung des Schlagvolumens. Ebenfalls eine Rolle dürfte die toxämische Myokardschädigung spielen. Im Gegensatz zu den oben angeführten Autoren messen LEWIS et al. (1991) der Hypertonie eine wesentliche Bedeutung für die Entwicklung der Nephrosklerose zu. Bei über 60% der chronischen Niereninsuffizienzen soll Hypertonie bestehen (COGWILL und KALLETT 1983). Deshalb sei die Kochsalzaufnahme einzuschränken. Die Auswirkungen auf das Skelett sind andernorts beschrieben.

2. Akute Niereninsuffizienz. Akute Niereninsuffizienzen können *renal* oder *extrarenal* (prärenal oder postrenal) verursacht sein. Die wichtigsten Ursachen sind in Tabelle 20.2. zusammengefaßt. Die akuten, besonders die prärenalen Niereninsuffizienzen werden oft nicht erkannt, da die Symptomatologie der Krankheitsbilder beherrscht wird durch die Erscheinungen der Primärstörungen, beispielsweise des Blutverlustes, der Gastroenteritis, der Sepsis, des Schocks, der wiederum selten im Vollbild, sondern häufiger mehr oder weniger maskiert auftritt, oder der Herzinsuffizienz. Ferner ist die initiale Oligurie oder Anurie beim Hund schwer zu entdecken (ungenügende Beobachtung, Schwierigkeit bis Unmöglichkeit des quantitativen Harnsammelns). Ferner wird, infolge des häufigen Vorkommens der chronischen Niereninsuffizienz, eine akut hinzutretende extrarenale Insuffizienz infolge urämischer Gastroenteritis, ungenügender Wasser- und Elektrolytzufuhr, urämischer Herzinsuffizienz, physischer oder psychischer Streßzustände usw. als solche oft verkannt. Die rechtzeitige Erkennung einer akuten extrarenalen Niereninsuffizienz oder einer extrarenalen Verschlechterung einer chronischen Niereninsuffizienz ist aber entscheidend für das Schicksal des Patienten. Die akuten, besonders die extrarenalen Niereninsuffizienzen sind unmittelbar reversibel, sofern durch konsequente Behandlung (Infektionsbehandlung, Schockbekämpfung, Wiederherstellung der Normovolämie durch adäquaten Wasser- und Elektrolytersatz, Verbesserung der Herzleistung, Beseitigung der Harnabflußbehinderung) die Ursache behoben wird. Ist dies nicht der Fall, kommt es infolge der ungenügenden Nierendurchblutung zu hypoxämischen, degenerativen Nierenschädigungen. Die reversible extrarenale ist in eine irreversible renale Niereninsuffizienz übergegangen. Typisches Beispiel ist die Schockniere.

Während bei der *chronischen Niereninsuffizienz* das Wesentliche in der Pathogenese die Hyperperfusion der (zu wenigen) erhalten gebliebenen Nephrone ist, wird die akute Nieren-

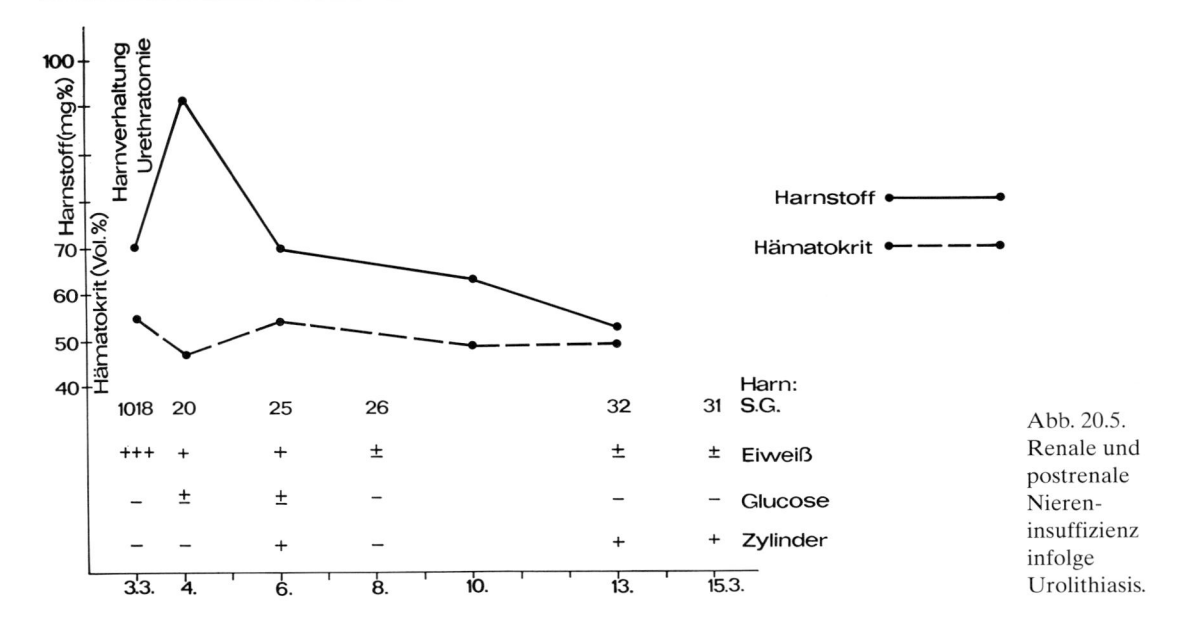

Abb. 20.5. Renale und postrenale Niereninsuffizienz infolge Urolithiasis.

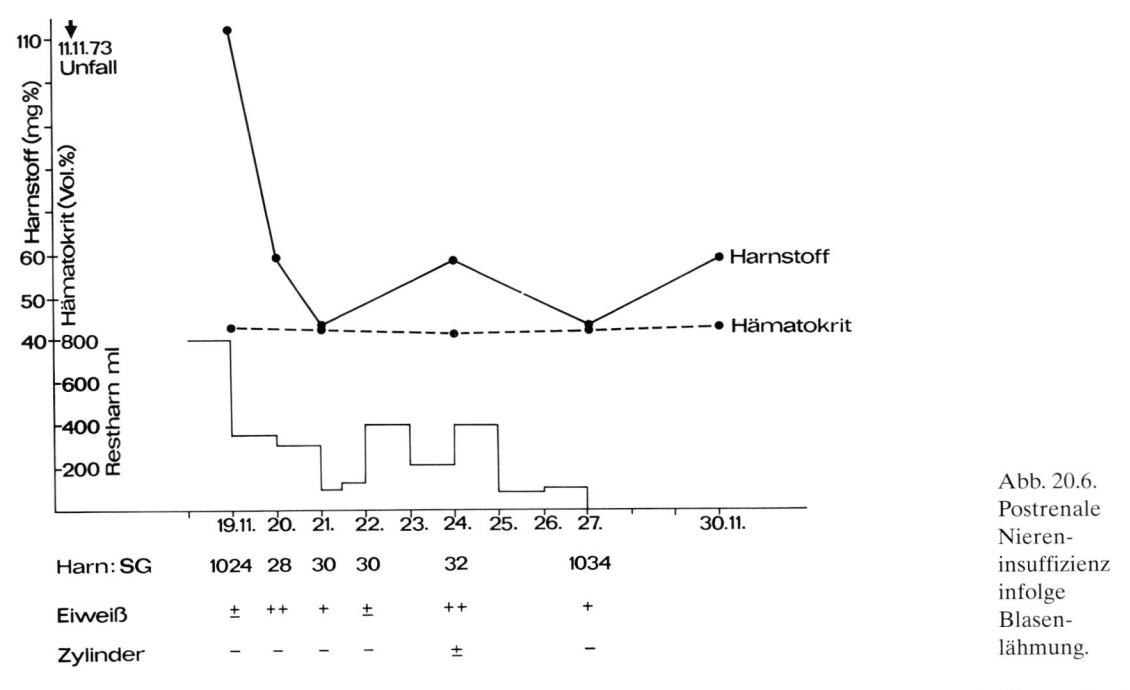

Abb. 20.6. Postrenale Niereninsuffizienz infolge Blasenlähmung.

insuffizienz durch eine Einschränkung der filtrierenden Oberfläche infolge entzündlicher und/oder degenerativer Glomerulumveränderungen (renale Insuffizienz) oder durch die ungenügende Nierendurchblutung (Hypoperfusion) verursacht.

Der Ablauf der akuten Niereninsuffizienz erfolgt in *4 Stadien. 1. Stadium (Grundstörung):* entzündliche Nierenerkrankungen, toxische und allergische Nephropathien (= renale Niereninsuffizienzen); Hypovolämie, Schock, akutes Herzversagen, Verminderung des venösen Rückstroms zum Herzen (prärenale Niereninsuffizienz), Harnabflußbehinderung mit Erhöhung des intrarenalen Druckes (= postrenale Niereninsuffizienz).

2. Stadium: Die ungenügende Nierendurchblutung und der Blutdruckabfall setzen die Gegenregulationsmechanismen in Gang. Es erfolgt eine reaktive Vasokonstriktion und dadurch eine Drosselung der glome-

Abb. 20.7. Postrenale Niereninsuffizienz nach Blasenruptur.

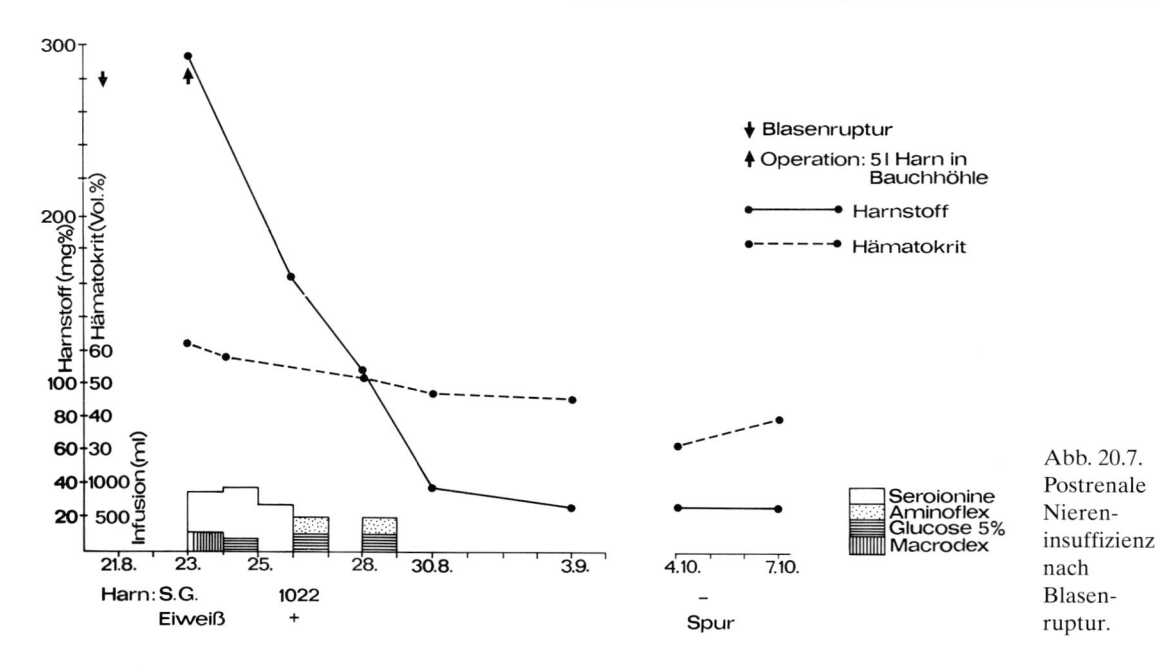

Tabelle 20.5. Differentialdiagnose der Niereninsuffizienzen

Typ der Nieren- insuffizienz	Poly- urie	Oligurie	Anurie	Dysurie	Dehydrata- tion	Spezifisches Gewicht des Harnes (S.G.)	Harn- stoff, Krea- tinin	aregene- rative Anämie
Prärenal	–	+	selten	–	+ oder –	~1025	↗	–
Primär renal								
akut	+ (spät)	+ (früh)	selten	–	– oder +	1008–1012[1])	↗	–
chronisch	+	+ (ter- minal)	–	–	– oder +	1012	↗	+
Postrenal								
obstruktiv	–	evtl. +	+	–	– oder +	variabel	↗	–
Ruptur	–	selten	+	– oder +	– oder +	variabel	↗	–

[1]) manchmal auch höher

rulären Filtration mit Oligurie/Anurie. Je nach der Schwere des Ereignisses sind ebenfalls die tubulären Funktionen mehr oder weniger gestört. Der wenige ausgeschiedene Harn ist entweder isosthenurisch oder normal oder hochkonzentriert. Infolge der Retention steigt der Serumharnstoff an, evtl. bis zur urämischen Intoxikation. Im günstigen Fall setzt die Diurese wieder ein = *3. Stadium (kompensatorische Polyurie)*. Da die tubulären Funktionen, v.a. die Konzentrierung, gestört sind, kann bereits eine geringgradige Diuresesteigerung zur Polyurie führen. Es wird ein isosthenurischer Harn ausgeschieden, und der Harnstoff kann trotz Polyurie weiter ansteigen. Allmählich erfolgt eine mehr oder weniger vollständige Restitution der funktionellen und morphologischen Schädigungen = *4. Stadium*.

Während den prärenalen Insuffizienzen eine Verminderung der glomerulären Durchblutung zugrunde liegt, wird bei den *postrenalen* die glomeruläre Filtration infolge Zunahme des hydrostatischen Druckes im glomerulären Kapselraum gedrosselt. Eine gleichzeitige Verlegung der Abflußwege beider Nieren führt zum Harnrückstau und damit zur intrarenalen Druckerhöhung, die dem Filtrationsdruck entgegenwirkt (Abb. 20.5., 20.6.).

Blasenrupturen führen über die peritoneale Harnstoffresorption zu einem raschen und massiven Blutharnstoffanstieg (Abb. 20.7.).

Die *Diagnose* und Differentialdiagnose der Niereninsuffizienzen stützen sich neben der klinischen Untersuchung vor allem auf die Harn- und Blutuntersuchungen (Harnstoff, Kreatinin, Phosphor, Elektrolyte, Hämatokrit).

Wichtig ist vor allem eine Differenzierung zwischen akut und chronisch, renal und extrarenal (Tabelle 20.5.). In dieser Tabelle wird der Übergang einer extrarenalen in eine renale Urämie nicht berücksichtigt, ebenfalls nicht, daß sich zusätzlich zu einer bestehenden renalen eine extrarenale Insuffizienz einstellen kann. Nach adäquatem Wasser- und Elektrolytausgleich bzw. nach Normalisierung der Kreislauffunktionen sieht man dann ein Absinken des Harnstoffs auf die renal bedingten Ausgangswerte.

20.2.2. Nephritis

Bis vor wenigen Jahren herrschte die Ansicht, die Nephritis des Hundes sei fast ausschließlich eine interstitielle (BLOOM 1954). Diese Meinung muß heute revidiert werden. Die Anwendung moderner Untersuchungstechniken wie Immunfluoreszenzhistologie, Dünnschnittechnik und Elektronenmikroskopie hat ergeben, daß eine größere Anzahl der bisher auf Grund lichtmikroskopischer Untersuchungen als interstitielle Entzündungen diagnostizierten primäre Glomerulonephritiden sind (RENK und JAHN 1975, MÜLLER-PEDDINGHAUS et al. 1975, 1977, MORRISON und WRIGHT 1976, KROHN et al. 1971, SLAUSON und LEWIS 1979, KURTZ et al. 1972, OSBORNE und VERNIER 1973, BROWN 1977, PAGÈS und TROUILLET 1990) und sowohl in ätiologischer wie pathogenetischer Beziehung den menschlichen Krankheitsformen entsprechen. Ferner scheint unter den interstitiellen Nephritiden die Pyelonephritis häufiger als bisher angenommen vorzukommen (PACHALY et al. 1967, CROWELL und FINCO 1975, RENK 1971). Trotz dieser neuen Erkenntnisse sind wir *aber meistens noch nicht in der Lage, die einzelnen morphologischen Entzündungsformen klinisch zu unterscheiden.* Dies beruht zum Teil darauf, daß das Nephron eine Funktionseinheit ist und Störungen des einen Teils auch zu morphologischen Veränderungen und Funktionsbeeinträchtigung der anderen führen und, besonders bei den chronischen Nephritiden, zu den glomerulären zunehmend auch tubuläre (und umgekehrt) Funktionsstörungen hinzukommen. Ferner bestehen meistens gleichzeitig in derselben Niere verschiedene Entzündungsformen. Außerdem werden die wenigsten Nephritiden im akuten Beginnstadium, sondern erst im chronischen oder sogar erst im terminalen Endstadium klinisch manifest. Des weiteren kann eine chronische Nephritis mit akuten entzündlichen oder nephrotischen Schüben verlaufen oder durch extrarenale Faktoren verschlimmert werden.

20.2.2.1. Glomerulonephritiden

Diese treten meist diffus auf und dürften in der Regel durch immunpathologische Prozesse verursacht sein, während bei den herdförmigen auch direkte Schädigungen durch Erreger oder Toxine gesetzt werden.

Ausschließliche Glomerulonephritiden sind eher selten. Meistens bestehen gleichzeitig auch interstitielle und/oder pyelonephritische Veränderungen. Dies erschwert oder verhindert eine klinische Differenzierung und führte zur alten Lehrmeinung der Seltenheit der Glomerulonephritiden. Eine Glomerulonephritis kann durch zwei verschiedene Immunreaktionen verursacht werden:

1. **die Antibasalmembran-Glomerulonephritis (Masugi-Nephritis).** Aus unbekannten Gründen nimmt die Basalmembran antigene Eigenschaften an und bindet die zirkulierenden Antikörper (Autoimmunisierung). Bei Immunfluoreszenz lassen sich die Immunglobuline als feine, diffuse, lineare Einlagerungen im endothelseitigen Teil der Basalmembran erkennen. Spontane Fälle sind bisher beim Hund nicht bekannt geworden (JERGENS 1987). Hingegen kann dieser Typ experimentell durch Injektion von heterologem Antihundenieren-Kaninchenserum sowie durch Injektion von homologem Antibasalmembran-Material erzeugt werden (WRIGHT et al. 1973, MCPHAUL et al. 1974).

2. Bisher konnte beim Hund ausschließlich die **Immunkomplex-Glomerulonephritis** festgestellt werden. Antigen-Antikörper-Komplexe mit AK-Überschuß sind unlöslich und werden durch Phagozytose über das MPS entfernt. In Situationen mit nur leichtem Antigenüberschuß aber bleiben die Komplexe in Lösung und können, wenn in Geweben abgelagert, entzündliche Reaktionen vom Typ III verursachen. Immunfluoreszenzhistologisch lassen sich die Immunkomplexe (IgG, IgA, C3) als schollige Ablagerungen in der epithelseitigen Basalmembran erkennen (Abb. 20.8.). Die

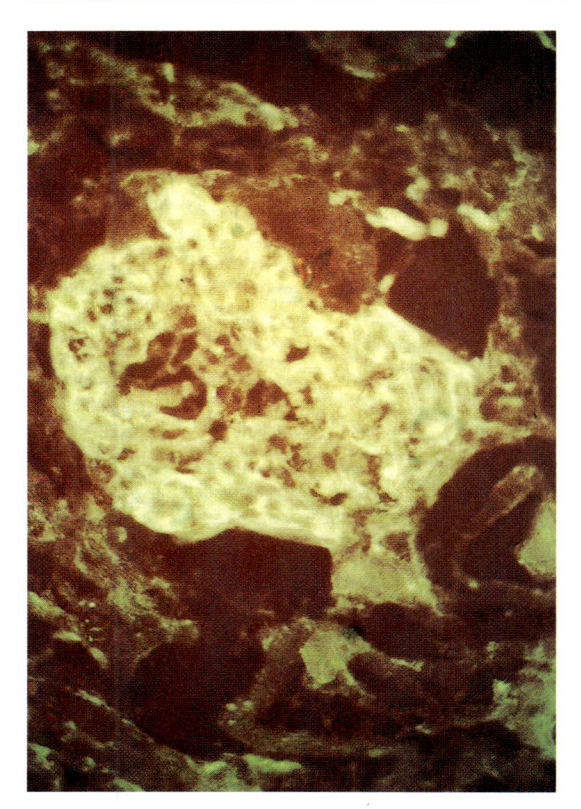

Abb. 20.8. Immunkomplex-Glomerulonephritis. Immunfluoreszenz. Afghane, männlich, 4 J. (Foto: Institut für Tierpathologie der Universität Bern).

Komplexe aktivieren das Komplementsystem, und über biologisch aktive Mediatoren werden degenerative und entzündliche Veränderungen an den Basalmembranen und/oder den Endo- und Epithelien der Glomerula gesetzt. Als *mögliche Antigene* werden diskutiert: Viren (Hcc, Staupe, Herpes) und Bakterien (Leptospiren), *Dirofilaria immitis* (bei uns selten), Pyometra, systemischer Lupus erythematodes und maligne Tumoren (OsBORNE und VERNIER 1973). Nichtentzündliche Glomerulumveränderungen können im Gefolge eines Diabetes mellitus und einer Amyloidose auftreten. OBEL et al. (1964) fanden bei PyometraHunden nach Ovariohysterektomie reversible, histologisch und klinisch typische Glomerulonephritiden. Experimentell erwiesen sind vorübergehende glomerulonephritische Veränderungen bei Infektionen mit dem caninen Adenovirus 1, dem Erreger der Hcc (WRIGHT et al. 1971, MORRISON und WRIGHT 1976). Die Frage, ob das HccVirus für die häufigen chronischen Nephritiden verantwortlich ist, wird immer wieder diskutiert, dürfte aber verneint werden. Das gleiche gilt von den Leptospiren-Infektionen (FREUDIGER 1968). Ebenso wenig bewiesen ist die Frage, ob durch die Impfung mit attenuiertem Hcc-Lebendimpfstoff vom Typus CAV 1 Nephritiden verursacht werden (WRIGHT et al. 1976). Ebenfalls scheint das Staupevirus keine große Bedeutung zu haben (MÜLLER-PEDDINGHAUS et al. 1977).

Morphologisch läßt sich die Glomerulonephritis einteilen in:

1. membranöse Glomerulonephritis,
2. membranoproliferative Glomerulonephritis,
3. mesangial-proliferative Glomerulonephritis,
4. chronisch-sklerosierende Glomerulonephritis.

Klinisch ist eine Unterscheidung nicht sicher möglich, mit Ausnahme stark ausgeprägter membranöser Formen, die zu massiver Proteinurie bis hin zum nephrotischen Syndrom führen können. Glomerulonephritiden können, mit Ausnahme von Proteinurie, ohne klinische Störungen (STUART et al. 1975, DI BARTOLA et al. 1980, SLAUSON und LEWIS 1979) oder unter dem Bild einer akuten oder chronischen Nephritis mit oder ohne Niereninsuffizienz verlaufen.

Das *Hauptsymptom* ist die persistierende Proteinurie. Während MÜLLER-PEDDINGHAUS et al. (1976) keine Korrelation zwischen Schwere und Grad der histologischen Glomerulumveränderungen und dem Grad der Proteinurie feststellten, wird von anderen Autoren eine Beziehung angegeben (OSBORNE und VERNIER 1973, KRAKOWKA 1978, DI BARTOLA et al. 1980). Die Proteinurie (v. a. Albumine, aber auch Globuline) ist die Folge von entzündlichen Ausschwitzungen und Permeabilitätsstörungen infolge Einlagerungen und Verdickung der Basalmembranen sowie Erweiterung der Poren. Proliferative Glomerulonephritiden zeigen eine geringere Proteinurie als membranöse und membranoproliferative. Mit zunehmender Sklerosierung nimmt der Grad der Proteinurie ab. Die Sedimentbefunde sind nicht obligat. Die Hämaturie fehlt meistens (LEWIS und CENTER 1984) oder beschränkt sich auf eine Mikrohämaturie. Dasselbe gilt von der Leukozyturie. Nach älteren Untersuchungen von GÄRTNER (1956) überwiegt die Hämaturie über die Leukozyturie. Serum-Harnstoff und -Kreatinin sind bei den membranösen Formen oft normal oder nur leicht erhöht, während bei den proliferativen eine Retention bis hin zur Urämie häufiger ist. Durch die zellige Proliferation und entzündlichen Ausschwitzungen mit Schlingenverklebungen sowie Thrombenbildung kommt es zur Verminderung der glomerulären Durchblutung und damit zur Drosselung der glomerulären Filtration. Bei frischen Fällen kann das spezifische Gewicht des Harnes normal oder sogar hoch sein, da die tubulären Funktionen noch genügend erhalten geblieben sind (sog. glomerulo-tubuläres Ungleichgewicht). Mit zunehmendem Untergang von Nephren und Ersatz durch Bindegewebe (Schrumpfnierenbildung) machen sich immer stärker die Symptome der chronischen Niereninsuffizienz mit Iso-, Hyposthenurie, Polyurie, Polydipsie, Nykturie, Azotämie usw. bemerkbar. Eine klinische Differenzierung gegenüber anderen chronisch-sklerosierenden Nierenerkrankungen ist nicht mehr möglich (WRIGHT et al. 1976). Weitere häufige, aber nicht obligate biochemische Symptome sind Hypoproteinämie und Hypercholesterolämie (s. nephrotisches Syndrom) und bei Schrumpfnieren aregenerative Anämie sowie mehr oder weniger ausgeprägte Symptome des sekundären Hyperparathyreoidismus bis hin zum renalen osteodystrophen Syndrom.

20.2.2.2. Interstitielle Nephritis und Pyelonephritis

Die beiden Begriffe sind immer noch nicht scharf getrennt. Im engeren Sinn versteht man unter einer **interstitiellen Nephritis**, die diffus oder herdförmig vorkommen kann, entzündliche Veränderungen, die primär im Niereninterstitium entstehen und vorwiegend zu Störungen der tubulären Funktionen führen. Im weiteren Verlauf, besonders bei Zerstörung der Nephren und Ersatz durch Bindegewebe, treten dann zunehmend auch glomeruläre Funktionseinbußen auf. Nach ZOLLINGER (1945) sollen die Infiltratzellen (lympho-plasmazelluläre Infiltrate) ihren Ursprung aus den wenig differenzierten Mesenchymzellen der Gefäßadventitia nehmen. Die Noxen werden vorwiegend hämatogen antransportiert, so daß meist beide Nieren gleichsinnig verändert sind.

Sekundär können sich interstitielle Nierenentzündungen nach zirkulationsbedingten Nierenfunktionsstörungen oder nach toxischen Tubulusepithelschädigungen entwickeln **(Begleitnephritis)**. Diese sekundären interstitiellen Begleitnephritiden sind klinisch und meist auch histologisch nicht mehr von den primären zu unterscheiden. Die Läsionen der interstitiellen Nephritis sind vor allem in der Nierenrinde und der Rinden-Mark-Grenze lokalisiert (BLOOM 1954, MÜLLER-PEDDINGHAUS et al. 1977).

Die **Pyelonephritis** ist als besondere Form der interstitiellen Nephritis zu betrachten. Pyelonephritische Veränderungen, meist ohne klinische Störungen, kommen beim Hund an einer oder beiden Nieren vor: in unausgewählten, histologisch untersuchten Populationen wird die Häufigkeit mit 19% (CROWELL und FINCO 1975) bzw. 48% (PACHALY et al. 1967) bzw. 41% (MÜLLER-PEDDINGHAUS et al. 1977) angegeben. Nach modernen histologischen Kriterien überwiegt unter den interstitiellen Nephritiden die Pyelonephritis (PACHALY et al. 1967, RENK 1971). Sie wurde ursprünglich, besonders im deutschen Sprachbereich, als urinogen-aszendierende Infektion des Nierenbeckens und des Nierengewebes betrachtet. Heute wird aber, auch bei vorbestehender Harnwegsinfektion und Abflußbehinderungen, dem hämatogen-lymphogenen Infektionsweg vermehrte Bedeutung beigemessen.

Damit es zum Haften der Infektion und zu entzündlichen Veränderungen des Nierengewebes kommt, sind vermutlich zusätzliche prädisponierende Faktoren nötig. Infektionen gehen im Nierenmark leichter an als in der Rinde (FREEDMAN und BELSON, zit. nach GLOOR 1961). Der Grund dürfte in der geringeren Durchblutung und vor allem in der Hypertonizität des Markes liegen, durch die die Phagozytose der Blutzellen beeinträchtigt wird. Der Begriff der Pyelonephritis ist z.Z. beim Hund vorwiegend ein morphologischer und definiert durch das gleichzeitige Vorkommen von Entzündungen sowohl im Nierenbecken wie im Nierenparenchym. Die primäre *Ursache* ist bakteriellen Ursprungs, wobei aber die Keime ziemlich rasch eliminiert werden können (GOLD et al. 1968, FINCO und BARSANTI 1979). Es besteht eine Korrelation zwischen dem Vorkommen der Pyelonephritis und Erkrankungen des Urogenitalapparates (Zystitis, Urolithiasis, Prostatitis, Endometritis). Dies sind aber nicht die einzigen Infektionsquellen für das Nierengewebe.

Als *Ätiologie der interstitiellen Nephritiden* kommen in Frage (FREUDIGER 1968):

1. *infektiöse und infektiös-toxische Noxen*. Die Gewebeschädigungen können entweder durch direkte Erregerwirkung oder durch deren Toxine oder durch Sensibilisierung der Gewebe mit nachfolgenden Immunreaktionen erfolgen. Viel diskutiert wird die Rolle der Hcc-Infektion für die Genese der chronischen interstitiellen Nephritis. Im Verlaufe der Infektion treten sowohl interstitielle als auch glomeruläre fokale Entzündungsherde auf, die aber nicht zu Funktionseinbußen führen.

Für die chronische Nephritis scheint das Virus nicht von Bedeutung zu sein. Es bestehen keine signifikanten Unterschiede in der Häufigkeit chronischer Nephritiden zwischen serologisch Hcc-positiven und -negativen Hunden (PERSSON et al. 1961). Dasselbe gilt für die Leptospiren-Infektionen (FREUDIGER 1955), wobei jedoch akute Leptospirosen schwere interstitielle und glomeruläre Entzündungen mit akuter Niereninsuffizienz verursachen. Von 36 von uns untersuchten akuten Nephritiden waren 13 durch Leptospiren verursacht. Eine wesentliche Bedeutung ist den urinogen, hämatogen oder lymphogen in die Nieren gelangten Bakterien beizumessen; dies, obwohl selbst bei Pyelonephritis die Nieren bakteriologisch meist steril sind. Die durch die Keime gesetzte Entzündung schreitet auch nach Eliminierung der Keime durch hypoxämisch-dysorische Gewebemembranveränderungen (DAHME 1955) und evtl. durch Immunprozesse (FINCO und BARSANTI 1979) fort. Der am häufigsten isolierte Keim ist *E. coli*, daneben finden sich aber auch Streptokokken, Staphylokokken, *Enterobacter*, *Pseudomonas*, Corynebakterien usw.

2. *Allergische Ursachen*. In den letzten Jahren wird immunpathologischen Vorgängen auch für die Genese der interstitiellen Nephritis vermehrte Bedeutung beigemessen. Diese können ausgelöst werden durch Erreger, Eiweißabbauprodukte, toxische Substanzen und Medikamente (KUHLMANN et al. 1978). Beim Hund ist noch wenig darüber bekannt. Nach MORRISON und WRIGHT (1976) sowie ENGELHARDT und BROWN (1987) soll es sich bei der Hcc-Nephritis um eine zelluläre immunologische Spätreaktion vom Typ IV handeln. Eine immunologisch vermittelte interstitielle Nephritis kann in seltenen Fällen auch durch Penicilline ausgelöst werden (BROWN und ENGELHARDT 1987).

3. *Chemische und physikalische Traumen*. Es sind zahlreiche endogene und exogene Toxine und Medikamente bekannt, die nephrotoxisch wirken (DUBACH 1964, 1965, ENGELHARDT und BROWN 1987). Nach BLOOM (1954) und PEARSON (1961) sollen traumatische Nierenschädigungen eine Rolle spielen. Die Rolle der traumatischen Nierenschädigung wird durch experimentelle Untersuchungen bestätigt. Experimentelle Infektionen mit *E. coli* führten erst nach Nierenschädigungen durch Fingerdruck zur interstitiellen Nephritis (CECIL et al. 1955, MIESCHER et al. 1958).

4. *Physiologische und ethologische Besonderheiten*. Diesen kommt wahrscheinlich, besonders für die Pyelonephritis, eine große prädisponierende Bedeutung zu. In erster Linie ist der *vesikoureterale Reflux* (GOULDEN 1968) zu nennen (Abb. 20.9.). Er kommt häufig und in mit zunehmendem Alter absteigender Frequenz vor (79% bei 3 Monate alten, 27% bei jungen adulten und 10% bei über 7 Jahre alten Hunden; CHRISTIE 1973). Bei gleichzeitigem Bestehen einer Harnwegsinfektion kann es zur Keimverschleppung mit den Folgen einer Nephritis kommen.

Die Hundeniere weist gegenüber anderen Spezies eine relativ geringe renale Blutdurchströmung bei relativ hoher glomerulärer Filtrationsrate auf (GÄRTNER 1960). Zirkulationsstörungen und Hypovolämien (s. extrarenale Niereninsuffizienz) können so leicht zu hypoxämischen Schädi-

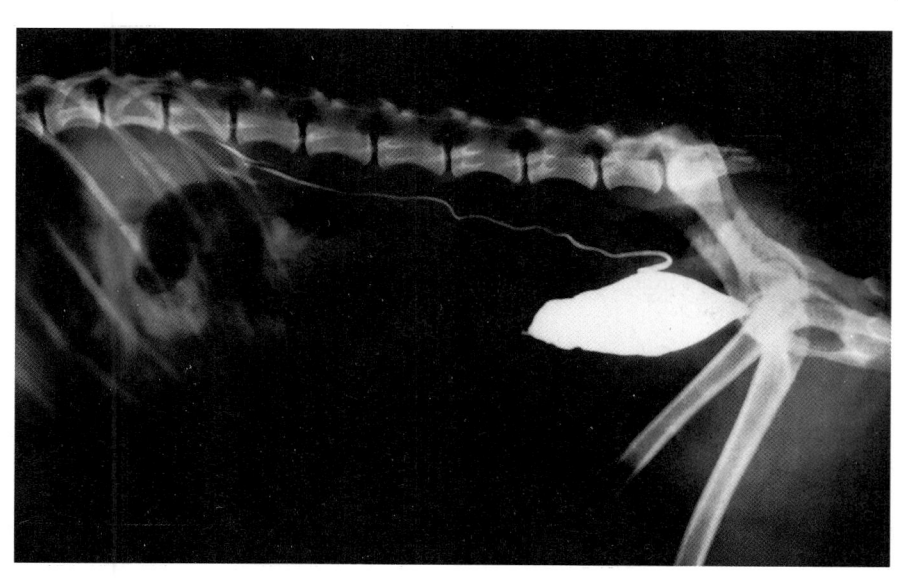

Abb. 20.9. Vesiko-ureteraler Reflux. Zwergpudel, weiblich, 2 J. (Mexaform®-Vergiftung).

gungen führen, denen sich entzündliche Veränderungen anschließen können. Schließlich dürfte das typische Miktionsverhalten des portionenweise Harnabsetzens, besonders des Rüden, begünstigend für das Angehen von Harnwegsinfektionen sein.

Symptome der interstitiellen Nephritis. Wie bei der Glomerulonephritis beginnen die meisten interstitiellen Nephritiden subklinisch. Mehr oder weniger ausgeprägte Proteinurie und ein mehr oder weniger ausgeprägter Sedimentbefund (Epithelien, Leukozyten, weniger auch Erythrozyten und Zylinder) sind die einzigen Symptome. Bakteriurie kann vorkommen oder auch bei Pyelonephritis fehlen. Seltener sind die akuten klinischen Nephritiden mit Störung des Allgemeinbefindens, Inappetenz, Erbrechen oder Gastroenteritis verbunden, manchmal mit blutigen Durchfällen und urämischen Maulschleimhaut-Ulcera, Schmerzausstrahlung in die Lendengegend und deshalb aufgekrümmtem Rücken und klammem Gang. Die Skleren sind oft verwaschen, die Körpertemperatur ist je nach Ursache normal, erhöht oder bei Urämie, besonders terminal, unternormal. Die Palpation der Nierengegend zeigt oft vergrößerte und schmerzhafte Nieren. Der Grad der akuten Niereninsuffizienz kann mehr oder weniger ausgeprägt sein. Im Anfang besteht Oligurie mit dunklem und konzentriertem Harn, später Polyurie und Isosthenurie. Da meist auch glomeruläre Störungen vorkommen, besteht oft eine deutliche bis starke Proteinurie. Bakteriurie weist auf eine Pyelonephritis hin, ist jedoch nicht pathognomonisch. Durch eine sorgfältige klinische Untersuchung sind andere Urogenitalinfektionen auszuschließen. Die Keimzahlbestimmung ist wesentlich für die Beurteilung, ob es sich um eine akzidentelle Infektion oder um einen Harnwegs- bzw. Niereninfekt handelt. Ausscheidungsurographien können evtl. Angaben über die Nierengröße und Nierenbecken-Dilatationen ergeben.

20.2.2.3. Chronische Nephritis und Endstadiumniere

Die chronische Nephritis ist die häufigste Form. Oft wird sie erst im weit fortgeschrittenen Stadium der Nierenschrumpfung (Nephrosklerose, Endstadiumniere) mit mehr oder weniger ausgeprägten Symptomen der chronischen Niereninsuffizienz (s. S. 584) festgestellt. Unter dem Begriff der **Endstadiumniere** werden unabhängig von der Pathogenese und Ätiologie alle entzündlichen und ischämischen generalisierten und progressiven Nierenerkrankungen, die zu Parenchymschwund und Ersatz durch Narbengewebe geführt haben, zusammengefaßt. Es ist dann klinisch und meist auch morphologisch nicht mehr möglich zu unterscheiden, ob dem Prozeß primär eine Glomerulo-, interstitielle oder Pyelonephritis oder eine Ischämie zugrunde gelegen hat. Zur Endstadiumniere führen auch die *kongenitale Nierenrindenhypoplasie* und *Vitamin-D-Hypervitaminose*, die im Gegensatz zu den Nephritiden sich meist schon im jugendlichen und jungen adulten Alter manifestieren, sowie die *Calcium-Nephropathien* (primärer und Pseudo-Hyperparathyreoidismus) und die chronische *Amyloidose*. Meist handelt es sich um alte bis mittelalte Tiere. Das Krankheitsbild kann sich progressiv im Anschluß an die akute Nephritis entwickeln (OSBORNE et al. 1969). Häufiger verläuft aber die Nephritis von Anfang an schleichend. Klinische und biochemische Symptome treten erst nach Monaten oder Jahren ein, wenn mehr als $3/4$ des Nierengewebes zerstört ist (Tabelle 20.6.). Bei langsamem Verlauf treten zu-

Tabelle 20.6. Stadien der chronischen Niereninsuffizienz

Stadium	Parenchymverlust, Serum-Kreatinin		Funktionsstörung
I	2/3	<2 mg/dl	Harnkonzentration ↓, Polyurie-Polydipsie; Isosthenurie
II	3/4	<2,5 mg/dl	Retention von Harnstoff, Kreatinin, Phosphor, keine oder milde klinische Symptome, Parathormon ↑, → beginnende Demineralisation
III	3/4–4/5	2,5–5 mg/dl	Erythropoetin ↓, → beginnende Anämie Urämietoxine ↑, → verminderte Ausscheidung der Medikamente
IV	9/10	5–10 mg/dl	Schwere Urämiesymptome Dehydratation Metabolische Azidose Anämie ↑
V		>10 mg/dl	Endstadiumniere

nehmend Kompensationsmechanismen in Funktion. Man ist oft erstaunt über die Diskrepanz zwischen Höhe der Harnstoffspiegel und Fehlen oder Geringgradigkeit der Symptome. Trinkwassereinschränkung oder zusätzliche körperliche Beanspruchung (psychische, physische Streß-Situationen, Operationen, v. a. Narkosen) oder hinzutretende andere Erkrankungen können dann zur plötzlichen Dekompensation (urämische Krise) der bis dahin mehr oder weniger kompensierten Insuffizienz führen.

Die auffälligsten *Symptome* sind Polyurie, Polydipsie und Nykturie. Der Harn ist auffallend hell, das spezifische Gewicht erniedrigt (beginnender Konzentrationsverlust der Niere). Die Proteinurie ist geringgradig oder kann zeitweilig auch fehlen. Ebenfalls der Sedimentbefund ist wenig auffallend, das Harn-*pH* meist sauer. Der Blutharnstoff kann in diesen „frühen" Stadien normal oder nur leicht erhöht sein. Die einzigen Symptome sind dann die Polyurie, Polydipsie und Isosthenurie. Mit zunehmender Nephrosklerose kommt es zur Iso- und später Hyposthenurie. Serum-Harnstoff und -Kreatinin steigen an. Die Körpertemperatur wird subnormal.

Differentialdiagnostisch sind die übrigen Polyurieursachen abzugrenzen (s. Kapitel 25.2.). Leicht wird die *Diagnose*, wenn die geschrumpften, harten, nicht dolenten und manchmal höckerigen Nieren palpiert werden können. Die Tiere zeigen zunehmende Verschlechterung der Kondition, sind wenig leistungsfähig und ermüden rasch. Foetor uraemicus ist auch bei wesentlich erhöhtem Harnstoff nicht immer feststellbar. Lippenschleimhaut-Ulcera brauchen nicht unbedingt urämischer Ursache zu sein (Zahn- und Zahnhalteapparat-Erkrankungen!). Das Haarkleid kann matt und struppig werden, die Haut trocken, schuppend. Die Schleimhäute (Konjunktiven!) werden blaß und bei urämischen Krisen verwaschen. Bei der Blutuntersuchung läßt sich meist eine aregenerative progrediente Anämie feststellen. Der Puls wird klein und frequent. Gastrointestinale Symptome sind sehr häufig: zeitweiliges oder gehäuftes Erbrechen (Ausscheidungsgastritis), seltener auch Durchfälle oder Obstipation. Häufig werden diese leider nur symptomatisch behandelt und die renale Ursache nicht erkannt.

Besonders bei gastrointestinalen (Flüssigkeits- und Elektrolytverluste) Störungen oder ungenügender Flüssigkeitszufuhr droht die Gefahr einer Dehydratation. Hypovolämie und Blutdruck-

Tabelle 20.7. Biochemische Befunde bei den verschiedenen Formen des Hyperparathyreoidismus und bei Hypervitaminosis D

	Ca	P	SAP	Harnstoff
Primärer Hyperparathyreoidismus	↗	↙[1])	N-↗	N[1])
Pseudo-Hyperparathyreoidismus	↗	↙[1])	N-↗	N[1])
Sekundärer Hyperparathyreoidismus	N-↙	↗	N-↗	↗
Tertiärer Hyperparathyreoidismus	↗	↗	↗	↗
Vitamin-D-Intoxikation	↗	N	↗	↗

[1]) mit fortschreitender Nephrokalzinose ↗

abfall bedingen zusätzlich eine extrarenale Insuffizienz. Das terminale Stadium endet im *Coma uraemicum*.

Im Verlauf der chronischen Niereninsuffizienz kann sich ein *sekundärer Hyperparathyreoidismus* entwickeln, der jedoch selten zum klinisch manifesten Bild des *osteorenalen Syndroms* (Osteodystrophia generalisata fibrosa) fortschreitet (s. Kapitel 24.). Das Knochengewebe wird demineralisiert, porös und ersetzt durch ein fibröses Gewebe. Dies ist in fortgeschrittenen Fällen besonders deutlich an den Schädel- und Kieferknochen erkennbar. Der Unterkiefer bekommt eine gummiartige Konsistenz und läßt sich bei Druck auf die Canini zusammendrücken, die Zähne lockern sich und fallen aus. Frühstadien können röntgenologisch erfaßt werden (Porosierung der Schädelknochenplatten, der Rippen, seltener auch der Gliedmaßen, und Verbreiterung des Zwischenraumes von Zahn und Kieferknochen). Der sekundäre kann in den tertiären Hyperparathyreoidismus übergehen. Die Hyperkalzämie führt zu metastatischen Kalkniederschlägen in den Nieren, Gefäßen und anderen Organen. Für die Diagnose und Differentialdiagnose wichtig sind neben der Röntgenuntersuchung v. a. die Bestimmung des Blut-Calciums und -Phosphors (Tabelle 20.7.).

20.2.2.4. Nephrotisches Syndrom

Der Nephrose-Begriff (besser nephrotisches Syndrom) des Klinikers ist nicht immer identisch mit demjenigen des Pathologen. In der *pathologischen Anatomie* sind die Nephrosen definiert als doppelseitige, nichtvaskuläre und nicht eindeutig entzündliche Nierenerkrankungen primär degenerativer Art oder durch Speicherung von tubulär resorbierten endogenen und exogenen Stoffen bedingt. Nur ein Teil dieser morphologischen Nephrosen verläuft unter dem Bild des *klinischen nephrotischen Syndroms*, der andere m.o.w. symptomlos oder unter dem Bild der Niereninsuffizienz. Das nephrotische Syndrom erfaßt einen Symptomenkomplex, der primär durch eine Veränderung der glomerulären Permeabilität zustande kommt und histologisch entzündlicher oder degenerativer Natur sein kann (ZOLLINGER 1962). Er ist charakterisiert durch die Symptome: Proteinurie, Hypoproteinämie, Ödemneigung und Hypercholesterolämie. Morphologische Grundlage ist meistens eine Immunkomplex(membranöse)-Glomerulonephritis, seltener eine Glomerulonephrose (v.a. Amyloid-Niere). Bei der Amyloidose wird ebenfalls eine Immungenese diskutiert. Die *Amyloidose* kann idiopathisch oder häufiger im Verlaufe von chronischen Eiterungen mit Gewebezerfall und Neoplasien auftreten. Ausgangspunkt der *Pathogenese* des nephrotischen Syndroms (Abb. 20.10.) ist die gestörte Permeabilität der Glomerulumkapillarwände, die durchlässig für Proteine, v.a. Albumine werden. Die starken renalen Albuminverluste führen zur Hypoproteinämie und Dysproteinämie und damit zur Senkung des onkotischen Plasmadruckes. Dies erklärt teilweise die Ödembildung. Infolge der Hypovolämie kommt es zu einer verminderten Nierendurchblutung und glomerulären Filtration. Im Sinne der Gegenregulation wird vermehrt tubulär Natrium rückresorbiert und das Renin-Angiotensin-Aldosteron-System sowie die ADH-Sekretion stimuliert und dadurch die Ödembildung gefördert. Die Ursache der Hyperlipidämie (Hypercholesterolämie) ist noch unklar (verminderte Bindungsmöglichkeit an Plasmaproteine?, vermehrte Bildung von Lipiden im Rahmen der gesteigerten Albuminsynthese?).

Symptome: Das Allgemeinbefinden ist z.T. kaum, z.T. schwer gestört. Gastroenteritis kann vorkommen oder fehlen. Meist bestehen Polyurie und Polydipsie. Häufiger Konsultationsgrund ist das durch Aszitesbildung zunehmend größer werdende Abdomen. Nur selten werden periphere Ödeme beobachtet.

Typisch ist die persistierende mittelgradige bis starke Proteinurie bei über lange Zeit normalem oder hohem spezifischem Gewicht, das aber bei zunehmender Nephrosklerose auch iso- oder hyposthenurisch werden kann. Der Sedimentbefund ist in der Regel geringgradig: wenig Erythrozyten und Leukozyten, wenig Rundepithelien und ebenfalls nicht regelmäßig Zylinder. Thromboembolische Komplikationen (Lunge, Nieren, Darm) werden, besonders bei der Amyloidose, in der Literatur als nicht selten beschrieben (SLAUSON und GRIBBLE 1971). Typisch sind ebenfalls die Blutveränderungen: Hypoproteinämie, wobei die Elektrophorese v.a. eine starke Abnahme der Albumine und weniger regelmäßig auch der γ-Globuline und Vermehrung der α- und β-Globuline ergibt. Bei Verminderung des Plasmaalbumins unter 20 g/l, manchmal aber schon bei einer weniger stark ausgeprägten Verminderung, tritt Transsudation auf. Die ESG ist häufig stark beschleunigt, Anämie nicht selten. Der Blutharnstoff und das Kreatinin sind erst in fortgeschrittenen Fällen stark erhöht, sonst aber über lange Zeit normal

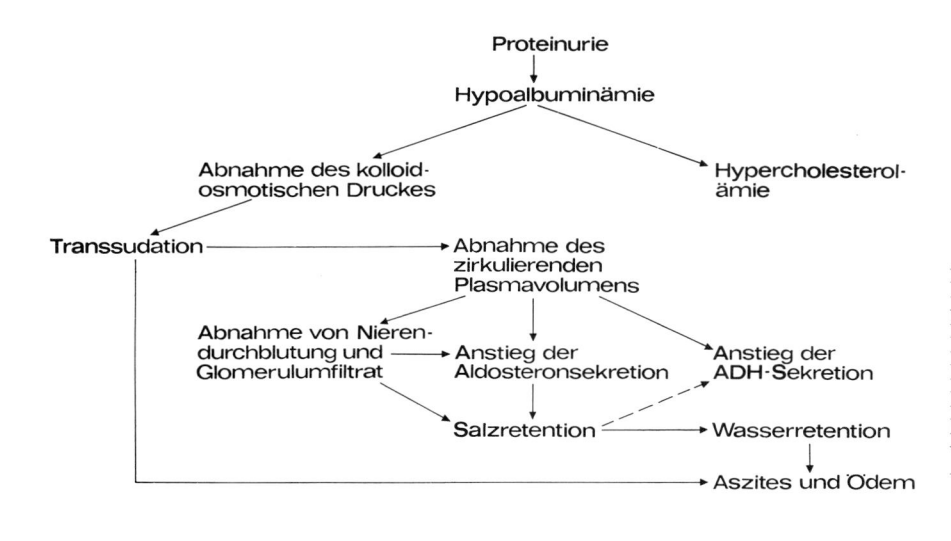

Abb. 20.10. Pathogenese der Nephrose (aus: R. GROSS und P. SCHÖLMERICH; Lehrbuch der Inneren Medizin, Schattauer Verlag, Stuttgart, New York).

oder mäßig erhöht. Diagnostisch wertvoll ist die Hypercholesterolämie.

Die *Diagnose* stützt sich auf das Vorkommen der Proteinurie, Hypoproteinämie, Hypercholesterolämie und meistens auch der Transsudate (Aszites). Eine Differenzierung zwischen Glomerulonephritis und Glomerulonephrose (Amyloidose) wäre nur durch Nierenbiopsie möglich. Der intravenöse Kongorot-Test ist nicht zuverlässig (OSBORNE et al. 1968). Häufiger als das nephrotische Syndrom ist die chronische *Nephritis mit nephrotischem Einschlag*. Meist infolge akuter Parenchymnekrose kommt es im Verlauf einer chronischen Nephritis zu einer plötzlichen Verschlechterung des Allgemeinzustandes, zu Erbrechen und starkem Harnstoffanstieg, starker Proteinurie und Sedimentbefund bei niedrigem spezifischem Gewicht. Ödeme treten kaum auf. Die Elektrophorese wird sowohl durch die chronischen Entzündungsprozesse als auch durch die Nephrose bestimmt (MOEGLE et al. 1956).

20.2.3. Hereditäre und kongenitale Nephropathien

Einseitige **Nierenaplasie** und **-dysgenesie** tritt symptomlos gehäuft in gewissen Beagle-Zuchten auf (ROBBINS 1965, VYMETAL 1965, TUCH und MATTHIESEN 1978). Sie wird als Zufallsbefund bei der Sektion oder bei der Ausscheidungspyelographie (DE SCHEPPER et al. 1975) auch bei anderen Rassen festgestellt.

Die **kongenitale Nierenrindenhypoplasie** beim Cocker-Spaniel wird aus verschiedenen Ländern (KROOK 1957, PERSSON et al. 1961, FREUDIGER 1965, BRUYÈRE et al. 1975, DE SCHEPPER et al. 1975) gemeldet. Ähnliche Krankheitsbilder wurden ebenfalls beim Alaskan Malamute (KAUFMANN et al. 1969), Keeshond (KLOPFER und NEUMANN 1975), Lhasa Apso (OSBORNE et al. 1972, HOPPE et al. 1990), bei der Deutschen Dogge (NORRDIN 1975) und beim Norwegischen Elchhund (FINCO et al. 1970, 1976) beschrieben. Neuere Untersuchungen (FINCO et al. 1977) haben jedoch ergeben, daß beim Norwegischen Elchhund die Anzahl angelegter Glomerula normal ist und erst mit der Zeit vermindert wird, es sich also nicht um eine kongenitale Nierenrindenhypoplasie handelt. Ebenfalls bei Pekinesen haben wir mehrere Fälle gesehen. Familiäre Häufungen von Nephropathien wurden ferner beim Briard (GYSLING und HOFER 1986) sowie beim Bullterrier (HOOD et al. 1991) gemeldet.

Die Krankheit manifestiert sich im jungen Alter (2 Monate bis 2 Jahre, selten älter). Das gehäufte Auftreten in gewissen Zuchtlinien weist auf Erbfaktoren für die Entstehung der Hypoplasie hin, obschon der Erbgang bisher nicht ermittelt ist.

Die *Symptome* sind die einer zunehmenden Niereninsuffizienz mit Polyurie, Polydipsie, Isosthenurie, Proteinurie, zeitweiliges Erbrechen und Durchfälle, mehr oder weniger gestörtes Allgemeinbefinden, Anämie und Harnstofferhöhung. Im Terminalstadium kommt es zur Hypothermie, zu schwerem Erbrechen und oft auch

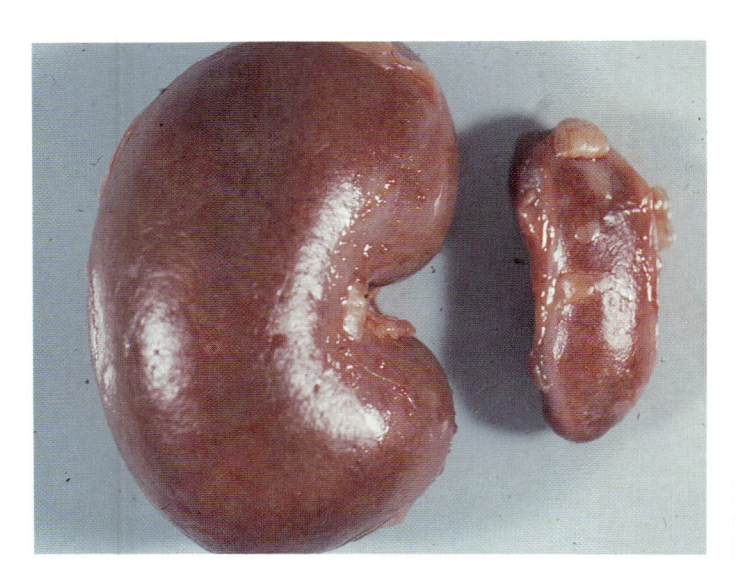

Abb. 20.11. Einseitige kongenitale Nierenrindenhypoplasie (linke Niere). Cocker-Spaniel, blauschimmel, weiblich, 2 J.

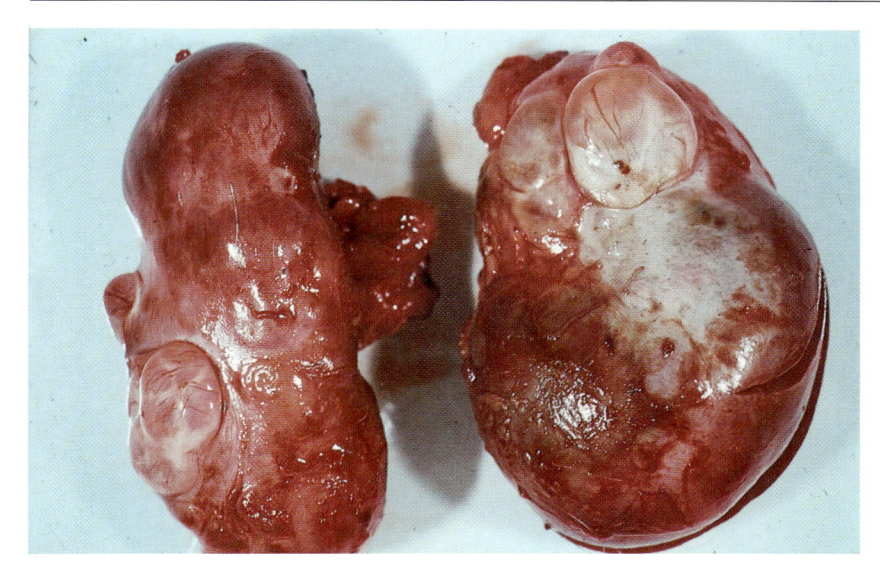

Abb. 20.12. Nierenschrumpfung, multiple Nierenzysten von 0,5–1 cm Durchmesser. Deutscher Boxer, weiblich, 15 Monate (Foto: Institut für Tierpathologie der Universität Bern).

blutigen Durchfällen, Körpergewichtsverlust, Dehydratation und zum Exitus im urämischen Koma. Der Krankheitsverlauf dauert einige Wochen bis Monate. Weniger ausgeprägte Hypoplasien zeigen über Jahre nur geringgradige und intermittierende Symptome der Nierenfunktionseinbuße mit nur leicht erhöhtem Harnstoff, zeitweiligem Erbrechen und Apathie, schlechtem Haarkleid und z.T. nur zeitweiliger Proteinurie (FREUDIGER 1965).

Die *Diagnose* kann mit Sicherheit erst autoptisch (Abb. 20.11.) gestellt werden (verschmälerte Nierenrinde, Nephrosklerose mit häufig nur leichten entzündlichen Infiltraten). Der Verdacht ergibt sich aus der Rassendisposition, dem familiär gehäuften Auftreten, dem Auftreten im jugendlichen Alter und den negativen bakteriologischen und serologischen (Leptospiren) Befunden.

Bei den selten vorkommenden **Zystennieren** (ein- oder beidseitig) handelt es sich um Mißbildungen, indem zwischen den harnbildenden und harnableitenden Harnwegen keine Verbindung besteht. Meist treten zahlreiche bis einige mm große Zysten (Abb. 20.12.) in beiden Nieren auf. Seltener wird eine solitäre, meist am Nierenpol gelegene und einige cm umfassende Zyste gesehen. Die Palpation ergibt eine höckerige Oberfläche. Klinische Störungen (Urämie) treten nur und meist im jugendlichen Alter bei ausgedehnten Veränderungen oder bei bakterieller Infektion der Zysten (Proteinurie, Leukozyturie, Hämaturie) auf. *Differentialdiagnostisch* abzugrenzen sind Zysten, die im Verlauf chronischer, sklerosierender Nephritiden entstehen.

Über **primäre tubuläre Transportdefekte** ist beim Hund wenig bekannt. Die **Cystinurie** beruht auf einem hereditären Defekt der tubulären Rückresorption von Cystin und anderen Aminosäuren (Threonin, Serin, Lysin). Eine geschlechtsgebundene Vererbung dieser fast nur bei Rüden (vorwiegend beim Dackel und Basset, aber auch bei anderen Rassen) vorkommenden und zu Cystinsteinbildung im Nierenbecken oder häufiger in der Harnblase führenden Anomalie wird vermutet (CLARK und CUDDEFORD 1971, TSAN et al. 1972). Als Prophylaxe wird die Langzeitgabe von D-Penicillamin empfohlen (ALBRECHT 1974). Nebenwirkungen (Leukopenien, Thrombozytopenien, Nephrose, Exantheme) sind durch regelmäßige Kontrollen frühzeitig zu erfassen.

Sehr selten ist die renale **Glykosurie**. Die Differentialdiagnose gegenüber dem Diabetes mellitus bietet durch die normalen Blutzuckerwerte keine Schwierigkeit (EASLEY 1976, BOVÉE et al. 1979).

20.2.4. Hydronephrose

Bei Harnwegsverlegungen sezerniert die betroffene Niere anfänglich weiter. Es kommt zur Harnstauung und Ausweitung des Nierenbeckens und manchmal auch des Ureters **(Hydroureter)**. Wird der Verschluß nicht rechtzeitig behoben, entsteht ein Druckatrophie des Nierenparenchyms. Die Harnsekretion sistiert. Der Verschluß kann im Nierenbecken (Steine, Tumoren), im Ureter (entzündliche Stenosen [Abb. 20.13.], versehentliches

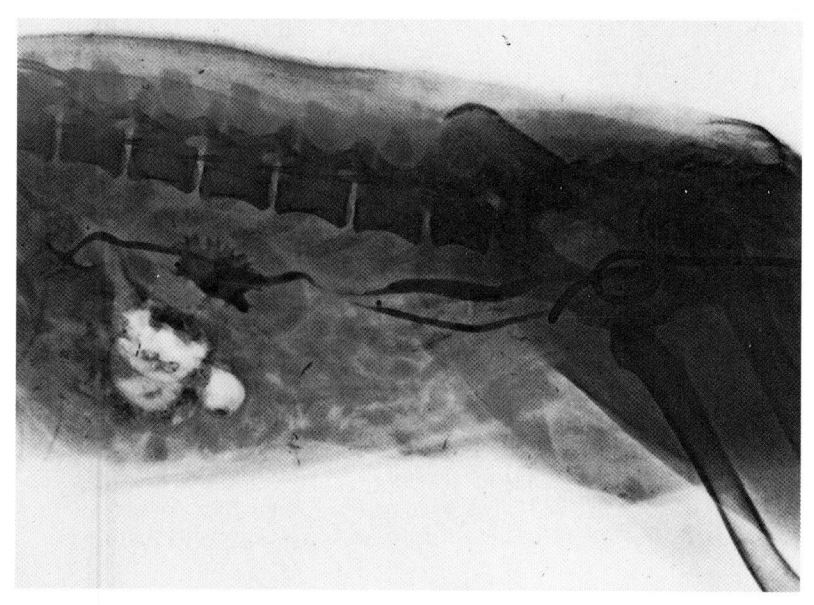

Abb. 20.13. Hydronephrose und Hydroureter (rechte Niere) nach Verpflanzung des ektopischen rechten Ureters. Golden Retriever, weiblich, 1 J.

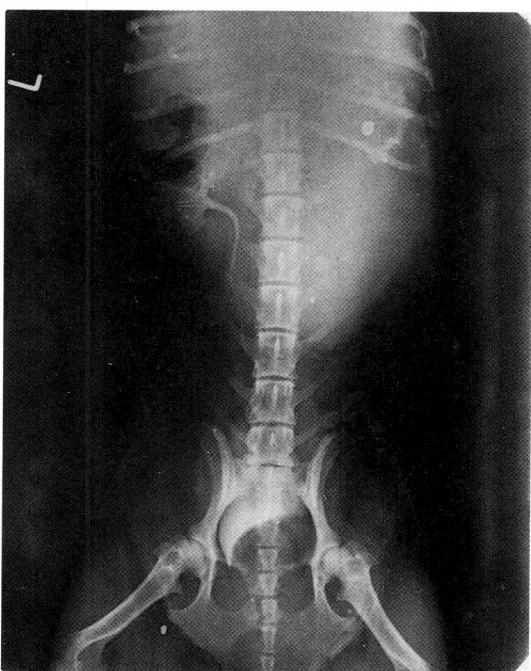

Abb. 20.14. Hydronephrose der rechten Niere. Homogene ovale Verschattung im rechten Epi-Mesogastrium, fehlende Kontrastmittelausscheidung rechts. Kurzhaar-Teckel, weiblich, 8 Monate.

Abbinden des Ureters bei der Ovario-Hysterektomie, Kompression von außen durch Tumoren, Granulome, kongenitale oder erworbene Abknickung des Ureters, entzündliche Ostienstenose), in der Harnblase (Steine, Tumoren, Sphinkterstenose, Blasenlähmung) oder in der Urethra (Steine, Prostatakompression, Strikturen) liegen. Je nach dem Ort der Abflußstörung entwickelt sich eine ein- oder beidseitige Hydronephrose. Eine einseitige Hydronephrose kann, falls die andere Niere normal ist, infolge Kompensation ohne Störungen verlaufen und als Zufallsbefund bei der Sektion, Röntgenuntersuchung (Abb. 20.14., 20.15.) oder Bauchpalpation entdeckt werden. Beim Menschen sind auch nicht obstruktive, paralytische Hydronephrosen bekannt. Ein entsprechender Fall bei einem jungen Deutschen Schäferhund wurde von RAWLINGS (1969) beschrieben.

Die *Symptome* sind meistens von der Primärkrankheit beherrscht. Ein vergrößertes Abdomen kann Anlaß zur Konsultation sein. Bei der Palpation können manchmal riesig vergrößerte, fluktuierende oder pralle Nieren festgestellt werden. Bauchbeschwerden und gastrointestinale Störungen sind möglich. *Differentialdiagnostisch* ist an Nierenzysten und -tumoren zu denken. Die Röntgenaufnahme zeigt vergrößerte Nierenschatten. Zur Organlokalisation sind ein Pneumoperitoneum und die Ausscheidungspyelographie nützlich. Die Kontrastmittelausscheidung stellt das dilatierte Nierenbecken dar oder fehlt bei stark ausgeprägten Hydronephrosen. Bei Infektion (**Pyonephrose**) treten Fieber, Senkungsbeschleunigung und Leukozytose hinzu. Die frühzeitige Diagnose einer Hydronephrose ist wesentlich, da durch rechtzeitige Behebung der Abflußbehinderung die Prozesse reversibel sind. Bei ausgedehnter Hydronephrose ist die Nephrektomie angezeigt.

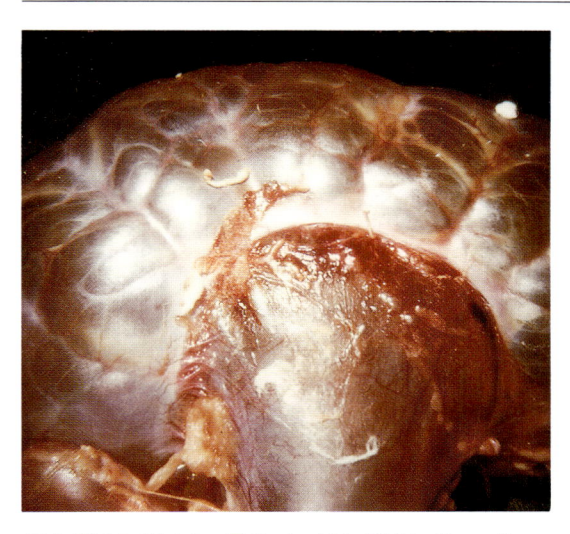

Abb. 20.15. Gleicher Fall wie Abb. 20.14.: Operationspräparat. Hydronephrose und Hydroureter.

20.2.5. Nierentumoren

Nierentumoren kommen selten und vorwiegend bei älteren Hunden vor. Bei den *primären* (0,3 bis 1,5% aller Tumoren beim Hund; BASKIN und DE PAOLI 1977), überwiegend einseitig, einzeln oder multipel auftretenden Neoplasmen handelt es sich meistens um Karzinome (papilläre, tubuläre, solide und Klarzell-Karzinome), noch seltener sind Nephroblastome. Sie sind meistens in der Rinde und nierenpolwärts lokalisiert, können klein sein oder ein Mehrfaches der normalen Nierengröße betragen. Hämatogene Metastasierungen erfolgen v.a. in die Lungen und Lymphknoten (LUCKE und KELLY 1976), Leber und Nebennieren. Häufiger sind sekundäre Nierenneoplasmen solitär und multipel. Der Primärtumor kann irgendwo, häufig in den Milchdrüsen und der Haut (BLOOM 1954), liegen. Weniger häufig als bei der Katze wird bei der lymphatischen Leukämie und Lymphosarkomatose auch die Niere diffus oder tumorartig infiltriert.

Kleine Tumoren können ohne *Symptome* von seiten der Niere verlaufen. Bei massiver tumoröser Zerstörung von Nierengewebe kommt es zu zunehmender Niereninsuffizienz. Besonders bei Karzinomen werden häufig eine persistierende Makro- oder Mikrohämaturie (abzugrenzen gegen extrarenale und glomerulonephritische Hämaturie) und Proteinurie bei normalem oder nur leicht erhöhtem Blutharnstoff und Kreatinin bemerkt. Für die *Diagnose* wichtig ist der Palpationsbefund einer vergrößerten, knotigen Niere (abgrenzen gegenüber Zystenniere, pyelonephritischer Schrumpfniere, Hydronephrose). Die Leer-Röntgenaufnahme kann Tumorverschattungen in der Nierengegend ergeben. Pneumoperitoneum und/oder Ausscheidungsurographien (Abb. 20.16.) sind von diagnostischer Bedeutung. Die Diagnosesicherung erfolgt meistens durch Laparotomie. Vermehrt sollte im gefärbten Harnsediment-Ausstrich nach Tumorzellen gesucht werden. Bei einseitigen, noch nicht metastasierten Tumoren ist die Nephrektomie angezeigt, sofern der Blutharnstoff normal ist.

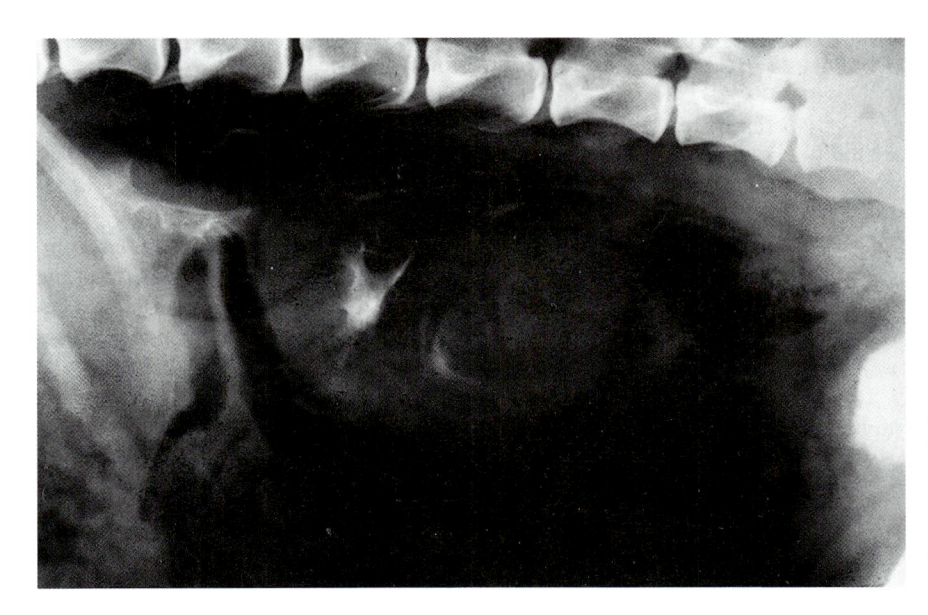

Abb. 20.16. Vom Nierenbecken ausgehendes Karzinom. Pyelographie: linke Niere und linkes Nierenbecken normal, rechtes Nierenbecken deformiert, Niere tumorös vergrößert.

20.3. Therapie der Nierenerkrankungen

Ein einheitliches Therapieschema läßt sich nicht erarbeiten. Die Behandlung hängt von der Ursache (infektiös, allergisch, toxisch, stoffwechselbedingt) und vom Stadium (akut, subakut, chronisch) ab; ferner, ob es sich um eine idiopathische oder um eine Nierenerkrankung infolge anderer infektiöser oder nichtinfektiöser Krankheiten handelt. Ganz wesentlich ist die Feststellung des Grades der Nierenfunktionsstörungen (kompensiert, dekompensiert) und ob diese renal oder extrarenal bedingt sind oder ob zur renalen auch extrarenale Funktionsstörungen hinzugekommen sind. Bei den akuten renalen, vor allem aber bei den extrarenalen ist im günstigsten Fall und bei rechtzeitig einsetzender Therapie eine funktionelle und oft auch morphologische Restitutio ad integrum möglich. Die Behandlung hat sich hier vor allem auf die Beseitigung der Ursachen zu konzentrieren. Chronische Nierenerkrankungen sind in bezug auf die morphologischen und zum guten Teil auch funktionellen Veränderungen jedoch stets irreversibel und häufig progressiv. Das Hauptgewicht der Behandlung liegt hier in der Verbesserung der Nierenfunktion und der Behandlung der Auswirkungen der Niereninsuffizienz auf den Gesamtorganismus und die Organapparate sowie in der Vermeidung bzw. Behebung hinzutretender extrarenaler Beeinträchtigung der Nierenfunktionen.

20.3.1. Konservative Therapie

Die meisten morphologischen Nierenerkrankungen werden als Zufallsbefund bei der Harnuntersuchung (Eiweiß, Sedimentbefund) und Bauchpalpation entdeckt und bedürfen, sofern sie keine klinischen, bakteriologischen (bakteriologische Harnuntersuchung) und biochemischen Symptome verursachen, keiner besonderen Behandlung. Bei hochgradigen Urämien mit schweren Symptomen ist durch gründliche Untersuchungen (Patientenuntersuchung, Labor, evtl. Funktionsproben) vor einem Therapieversuch die Prognose abzuklären.

Wesentlich für das Überleben und den Verlauf ist die *Haltung* der Tiere. Besonders bei chronischen kompensierten Niereninsuffizienzen ist jede physische und psychische Überforderung zu vermeiden. Streß-Situationen können zur Dekompensation führen. Durchnässung und Unterkühlung sind zu vermeiden. Operative Eingriffe können durch Blutverschiebung und narkosebedingten Blutdruckabfall zu einer zusätzlichen Verminderung der Nierendurchblutung und der glomerulären Filtration und damit zur Oligo-Anurie und urämischen Krise Anlaß geben. Wasser- und Elektrolytdefizite, Azidose, Kreislaufinsuffizienzen usw. müssen vorgängig kontrolliert und ausgeglichen werden. Die Diurese ist intra und post operationem zu überprüfen und – falls nötig – durch entsprechende Maßnahmen (Infusionen, Diuretika) zu fördern (s. Kapitel 16.).

Wichtig ist die regelmäßige Kontrolle des Hydratationszustandes (Körpergewichtskontrolle, Hautturgor, Hämatokrit). Chronisch nierenkranken polyurischen Tieren ist Trinkwasser ad libitum vorzusetzen. Jede Einschränkung, etwa von den Besitzern wegen der lästigen Nykturie vorgenommen, kann zur Dekompensation führen. Bei eingeschränkter Trinkwasserzufuhr scheidet die Niere unvermindert Harn aus (osmotische Diurese, Zwangspolyurie). Dies führt zur Hypovolämie und Verminderung der Nierendurchblutung und damit zum Anstieg harnpflichtiger Solute im Blut.

Die **Ernährung** ist individuell zu gestalten. In der Behandlung der chronischen Nephritis kommt der Diätetik die größte Bedeutung zu: Der Protein-, Phosphor- und von Fall zu Fall auch der Natriumgehalt der Nahrung ist zu reduzieren. Das Ausmaß der Reduktion hängt vom Nährzustand und Allgemeinbefinden und vor allem vom Grad der Urämie (Blutharnstoff- und Blutkreatininkonzentration) ab.

1. *Orale oder parenterale Ernährung:* Im allgemeinen wird oral ernährt. Bei heftigem Erbrechen ist dies aber kontraindiziert. In diesem Fall ist ebenfalls das Trinkwasser stark einzuschränken oder völlig zu entziehen, da sonst das Erbrechen gefördert wird und erneute Wasser- und Elektrolytverluste eintreten. Durch subkutane Injektionen oder besser in Form der Tropfinfusionen polyionischer, lactat- und glucose- bzw. dextrose-haltiger Elektrolytlösungen ist der Wasser-, Elektrolyt- und Kalorienbedarf zu decken.

2. *Eiweißgehalt der Nahrung:* Nierenkranke Tiere mit normalem Blutharnstoff können normal gefüttert werden. Die Nierenfunktionen sind zu kontrollieren (Serumharnstoff). Bei insuffizienten Tieren ist folgendes zu berücksichtigen. Die

Eiweißzufuhr soll den Proteinbedarf des Körpers decken und nicht zum Energiebedarf benutzt werden. Dieser ist durch Kohlenhydrate und Fette zu decken. Durch Eiweiß entstehen N-haltige, über die Nieren auszuscheidende Metabolite, Phosphor und nichtflüchtige organische Säuren. Der Eiweißbedarf muß, um den N-Metabolite-Anfall gering zu halten, durch Proteine von hoher biologischer Wertigkeit (Muskelfleisch, gekochte Hühnereier, Hühnerfleisch, Quark) gedeckt werden. Der durchschnittliche Eiweißbedarf eines gesunden erwachsenen Hundes beträgt 4,8 g/kg KM/Tag (GAINES 1977).

Der Mindestbedarf an hochwertigem Eiweiß (Verdaulichkeit: 85–100 %; MEYER 1983) beträgt für den gesunden Hund 1,5 g/kg metabolische Lebendmasse/Tag und für die gesunde Katze 2,1 bis 2,4 g/kg/Tag (OSBORNE et al. 1982).

Niereninsuffiziente Hunde und Katzen benötigen mehr Eiweiß: Hunde 2 g, Katzen 3,3–3,8 g/kg/Tag hochverdauliches Eiweiß mit ausreichendem Gehalt an essentiellen und nichtessentiellen Aminosäuren (LEWIS et al. 1991). Beträgt die Verdaulichkeit nur 75 %, steigt der Mindestbedarf auf 3,5 g/kg/Tag an. Damit steigt aber auch die Menge der über die Nieren auszuscheidenden Metabolite an.

Die Diät kann nach Anweisung selber zusammengestellt werden. Einfacher ist jedoch die Fütterung mit im Handel befindlichen Nierendiäten für Hunde, z.B. k/d Hills®, Medium Protein®, Waltham. Diese Diäten enthalten ca. 14–17 % hochwertiges Protein in der Trockensubstanz. Ziel der Diättherapie ist, den Blutharnstoff unterhalb 19,9 mmol/l zu halten. Wenn der Harnstoff trotz dieser Diät weiter ansteigt, treten klinische Urämiesymptome auf. Um dies zu verhindern, muß eine noch eiweißärmere Nahrung verabreicht werden mit nur noch ca. 10 % Protein in der Trockensubstanz, beispielsweise u/d Hills® oder Low Protein®, Waltham.

Wann mit der Diättherapie begonnen werden soll, ist umstritten (BOVÉE et al. 1979, EPSTEIN et al.1984, POLZIN und OSBORNE 1986). Gesichert ist, daß diese bei eingeschränkter Nierenfunktion indiziert ist und das Fortschreiten der Nierenfunktionsstörung verlangsamt, eventuell sogar gestoppt werden kann.

Der vermehrte Anfall von Stickstoffmetaboliten und Phosphor führt nach der **Einzelnephron-Hypothese** nicht nur zu einer Hypertrophie der übriggebliebenen Glomerula, sondern auch zu einer vermehrten glomerulären Durchblutung und glomerulären Filtration. Die Hyperfiltration hat strukturelle und funktionelle Schädigungen der Glomerula zur Folge, die zu Permeabilitätsstörungen, vermehrter Proteinurie und Speicherung von großmolekularen Eiweißmolekülen, zur Proliferation des Mesangiums und schlußendlich zur Glomerulosklerose führt.

Bei der Abschätzung des Eiweißbedarfs sind der Grad der Urämie und das Ausmaß der Eiweißverluste über den Harn, aber auch über den Darm und Transsudate (Nephrose) zu berücksichtigen. Bei starken Eiweißverlusten (chronische, kompensierte Niereninsuffizienzen, v.a. aber Nephrose) soll normal oder eiweißreich (Nephrose) gefüttert werden.

Der **Phosphorgehalt der Diätnahrung** sollte beim Hund auf 0,27–0,15 % im Trockengewicht reduziert werden. Damit kann ein **renaler Hyperparathyreoidismus** mit den Folgen der Osteoporose und der Nephrokalzinose verhindert werden. Schon bei Ausfall von 50 % der Nierenfunktion sollte deshalb ein Futter, das weniger als 0,35 mg/kJ Phosphor enthält, gefüttert werden. Die Bestimmung des Nüchtern-Serumphosphorgehaltes und der SAP zur Verlaufsuntersuchung gibt wichtige Hinweise. Bei erhöhten Werten ist vorerst zu versuchen, durch Anpassung der Diät eine Normalisierung zu erzielen. Erst wenn das nicht genügt, sind Phosphatbinder indiziert (LEWIS et al. 1991) mit der Dosis von 3mal tgl. 100 mg Aluminiumhydroxid per os.

3. Über die **Bedeutung des Kochsalzes in der Diät** bestehen noch unterschiedliche Ansichten (MEYER 1983, LEWIS et al. 1991). Besonders im amerikanischen Schrifttum herrscht die Ansicht vor, daß die Na- und Chlorzufuhr stets nach und nach zu senken sei. Beim Mensch ist gut bekannt, daß es bei chronischen Nierenerkrankungen zu Natriumretention und zu hypertonie-bedingter Nephrosklerose kommt.

Die orale oder intravenöse Kochsalzzufuhr ist unterschiedlich, je nachdem, ob es sich um oligo- oder polyurische Patienten handelt, ob eine Hypo-, Normo- oder Hypernatriämie besteht, ob der Patient dehydratiert oder normal hydratiert ist und ob es sich um einen Patienten mit Erbrechen und/oder Durchfall handelt. Bei oligurischen Patienten ist eine starke Einschränkung der Natriumzufuhr angezeigt, um eine Hyperhydratation zu vermeiden. Bei polyurischen chronischen Niereninsuffizienzen, besonders wenn sich durch urämisch bedingtes Erbrechen und/oder Durchfälle eine Hyponatriämie und Hypovolämie entwickeln, ist eine NaCl-Substitution angezeigt. Ferner sind orale Vitamingaben (v. a. Vitamin-B-Komplex und Vitamin-C-Gaben) bei selbsbereiteten Diäten angezeigt.

20.3.2. Medikamentöse Therapie

Chemotherapie ist angezeigt bei Harnwegsinfektionen oder bei Nephritiden im Gefolge von Infektionskrankheiten (Leptospirose!). Bei Nephritiden werden im allgemeinen Antibiotika den Sulfonamiden vorgezogen, obschon die bei älteren Sulfonamiden gefürchtete intratubuläre Auskristallisation heute zu vernachlässigen ist.

Die *Wahl des Chemotherapeutikums* hängt von verschiedenen Faktoren ab: Erregerart, Antibiogramm, potentielle Nephrotoxizität, Preis. Die *Dosierung* der meisten, v. a. aber der vorwiegend über die Nieren ausgeschiedenen Antibiotika ist abhängig vom Funktionszustand der Nieren. Mit zunehmender Insuffizienz (Harnstoff-, Kreatininanstieg!) kommt es bei den meisten Antibiotika zu einer m.o.w. ausgeprägten Verlängerung der Halbwertszeiten, die das Vielfache der normalen betragen können. Wird dies nicht berücksichtigt, und werden die normalen Dosen und Applikationsfrequenzen angewendet, können infolge Kumulation toxische Effekte eintreten. Mit zunehmender Insuffizienz sind deshalb nach normaler Initialdosis die Dosen entsprechend zu reduzieren und/oder die Dosisintervalle zu verlängern. Beim Menschen sind für die einzelnen Antibiotika tabellarische Übersichten über das Verhalten der Halbwertszeiten bei Verminderung der Kreatinin-Clearance erstellt (LANG 1976) und Therapieschemata entwickelt worden. Beim Hund ist diesbezüglich wenig bekannt.

Nach LANG (1976) ist für den Menschen folgende Gliederung zur praktischen Steuerung der Antibiotikagaben bei Niereninsuffizienz nützlich:

„1. Antibiotika, die bei Niereninsuffizienz in normaler oder nur geringfügig reduzierter Dosierung verabreicht werden dürfen: Cefalotin, Doxycyclin, Makrolidantibiotika, Minocyclin, Penicilline und Lincomycin sowie Chloramphenicol. (Die antibiotisch unwirksamen Abbauprodukte von Chloramphenicol dagegen kumulieren stark!)

2. Antibiotika, die stark kumulieren und zu Dosisreduzierung beziehungsweise zur Verlängerung der Dosisintervalle zwingen: Aminoglykoside (Gentamicin, Kanamycin, Streptomycin, Tobramycin usw.), Cefaloridin, Cefazolin, Vancomycin, übrige Tetracycline und gewisse Sulfonamide.

3. Substanzen, die praktisch nur mit dem Harn ausgeschieden werden, ohne ins Gewebe zu diffundieren: Nitrofurantoin, Nalidixinsäure, Polymyxine und Kurzzeitsulfonamide. Ihre Verwendbarkeit bei Niereninsuffizienz ist kaum zu verantworten."

Für stark kumulierende Antibiotika und Sulfonamide ist eine genaue Anpassung der Dosis und/oder des Applikationsintervalls nach dem Grad der Nierenfunktionsstörung nötig. Die Berechnung der Dosis bzw. der Intervalldauer stützt sich auf den Wert der endogenen Kreatinin-Clearance (SENIOR 1979, RIVIERE und COPPOC 1981, RIVIERE 1984):

$$T_{ni} = T_{nor} \times \frac{Cl_{no}}{Cl_{Pat}}$$

$$D_{ni} = D_{nor} \times \frac{Cl_{Pat}}{Cl_{no}}$$

T = Intervall   ni = Niereninsuffizienz
D = Dosis   no = normal

Steht der Clearance-Wert nicht zur Verfügung, kann dieser anhand des Serum-Kreatinins geschätzt werden.

Für Penicilline kann entweder die Dosis halbiert oder die Intervalldauer verdoppelt werden. Die Initialdosen sind zur Erzielung therapeutischer Blutspiegelwerte stets in normaler Höhe zu verabreichen.

Corticosteroide sind wegen des katabolen und damit Urämie fördernden Effektes kontraindiziert, außer beim Schock und beim nephrotischen Syndrom (1 mg Prednisolon/kg KM/Tag).

Diuretika (v. a. Furosemid, bei parenteraler Applikation nicht über 50 mg/Dosis) sind indiziert bei oligo-anurischen Insuffizienzen und bei Nephrose. Bei chronisch polyurischen Zuständen sind sie kontraindiziert, da zusätzliche Wasser- und Elektrolytverluste und damit Dehydratation die Folge sein können. Bei längerer Anwendung sollten die Serumkaliumwerte kontrolliert und evtl. mit Kalium-chloratum-Dragées substituiert werden.

Bei Niereninsuffizienzen mit gleichzeitiger *Herzinsuffizienz* fördern Herzglykoside (z. B. Digoxin 0,01–0,02 mg/kg KM per os, verteilt auf 2 Gaben) durch Verbesserung der Herzleistung die Diurese.

Anabolika können verabfolgt werden bei Nephrose, bei chronischer Niereninsuffizienz und bei Anämie. Ihre Wirksamkeit ist aber nicht bewiesen.

Bei chronischen Nephritiden mit erhöhtem Harnstoff und wenig gestörtem Allgemeinbefinden verwenden wir mit gutem *harnstoffsenkendem Effekt* einen Extrakt aus dem nordamerikanischen Schmetterlingsblütler *Lespedeza capitata* (Lespenephryl®, 10–40 Tropfen 1–3mal täglich über lange Zeit). Obschon die Wirkungsweise nicht geklärt ist (MERTZ und KEINE 1964), sind die therapeutischen Erfahrungen positiv.

Wichtig ist, daß bei *Erbrechen* der Circulus vitiosus: Erbrechen → Verschlechterung der Nierenfunktionen → Erbrechen zu stoppen versucht wird. Dies kann vielfach schon erreicht werden durch Ausgleich des Flüssigkeits- und Elektrolytdefizits mit der i. v. Injektion von 5–10%iger NaCl-Lösung (bis 20 ml) und/oder Infusion von Elektrolytlösungen. Als auf das Brechzentrum wirkende Antiemetika verwenden wir v. a. Meclozin, meistens in Form von Suppositorien (z. B. Peremesin®), und Phenothiazine (Torecan®).

20.3.3. Infusionstherapie der Niereninsuffizienz (Urämie)

Wesentlich für die Behandlung ist die vorgängige Abklärung, ob es sich um eine renale, prä- oder postrenale Insuffizienz handelt; ferner, ob eine akute oder chronische und bei letzterer eine einigermaßen kompensierte oder eine dekompensierte Insuffizienz und ob eine Oligo-Anurie oder Polyurie besteht.

Bei *akuten Insuffizienzen* ist das Hauptziel, die Diurese wieder in Gang zu setzen (Kontrolle durch Verweilkatheter) und die azidotische Stoffwechsellage zu korrigieren.

Bei den *postrenalen Urämien* ist die Harnstauung zu beseitigen (Urethratomie, Zystotomie bei Steinen, Behandlung der der Blasenlähmung zugrunde liegenden Ursachen und, bis das erreicht ist, regelmäßiges Leerkatheterisieren) oder Naht der rupturierten Harnblase.

Bei den *prärenalen Urämien* ist eine Normalisierung der verminderten Nierendurchblutung (Hypoperfusion) anzustreben, bei *Herzinsuffizienz* durch Digitalisierung, bei Schockzuständen je nach Schockart durch Bluttransfusionen, Plasmaexpander oder Ringer-Lactat-Lösungen und peripher wirksame Kreislaufmittel (z. B. Etilefrin). Bei den häufigeren *Hypovolämien infolge von Wasser- und Elektrolytverlusten* sind diese durch Infusionen von isotonen, polyionischen Elektrolytlösungen (z. B. Ringer-Lactat-Lösung) zu korrigieren. Die Korrektur soll nicht auf einmal, sondern über 48 Stunden erzielt werden (50% des Defizites in den ersten 9 Stunden, 75% in den ersten 24 Stunden, 100% in 48 Stunden). Die Diurese ist, um Überhydratation zu vermeiden, zu kontrollieren.

Bei der *renalen akuten oligurischen Niereninsuffizienz* und *oligurischen Schüben chronischer Niereninsuffizienzen* ist die Diurese vor allem durch Diuretika anzuregen. Unter Praxisbedingungen geschieht dies vorwiegend mit Furosemid i. v. oder i. m. Injektionen. Zeitaufwendiger ist die osmotische Diureseanregung durch Infusion hypertoner Mannitollösungen nach folgendem Vorgehen (OSBORNE et al. 1972):

1. 0,25–0,5 g/kg KM Mannitol als 20%ige Lösung innerhalb von 3–5 Minuten i. v.
2. Falls Diurese einsetzt, 10%ige Mannitollösung (2–5 ml/Minute) als Tropfinfusion weitergeben; wenn 30 Minuten nach der Testgabe keine signifikante Diurese erzielt ist, Absetzen der Infusion, da sonst Gefahr der Überhydratation besteht.

Bei oligurischen Patienten ist die Wasser- und Elektrolyttherapie vorsichtig und unter Kontrolle des Hydratierungszustandes (KM, Hämatokrit, Serumelektrolyte, falls möglich, auch Blut-*p*H) zu gestalten. Verluste sind auszugleichen, Überwässerung (Gefahr: kongestive Herzinsuffizienz, Ödeme) ist strengstens zu vermeiden.

Bei schwerer *Azidose* reicht das Lactat der Infusionslösungen zur Korrektur nicht aus. Der Infusionslösung muß Natriumhydrogencarbonat-Additiv beigegeben werden. Bei bekanntem Serumhydrogencarbonat kann die benötigte Additiv-Menge (Korrektur innerhalb 48 Stunden, nicht auf einmal) nach folgender Formel errechnet werden: benötigte mAeq = KM × 0,3 × Hydrogencarbonatdefizit (Hydrogencarbonatdefizit = 25 mAeq – Plasmahydrogencarbonat-Konzentration).

Bei unbekannter Natriumhydrogencarbonat-Konzentration kann nach OSBORNE et al. (1972) der Bedarf nach Tabelle 20.8. geschätzt werden.

Tabelle 20.8. Natriumhydrogencarbonat-Substitution

Urämiegrad	vermutetes HCO$_3$-Defizit (mAeq/l)	benötigtes HCO$_3$- (mAeq/kg KM)
leicht	5	3
mittel	10	6
schwer	15	9

Hyperkaliämie kann durch Peritonealdialyse, durch Glucose-, Dextroseinfusionen, durch Kationenaustauscher per os (keine eigenen Erfahrungen) normalisiert werden, Hyperphosphatämie durch orale Gabe von Aluminiumhydroxid.

Bei *kompensierten polyurischen Insuffizienzen* ist in der Regel eine Infusionstherapie nicht notwendig. Die Behandlung erfolgt nach den auf S. 600 beschriebenen Grundsätzen. Kommt es infolge neuer Nephritisschübe oder extrarenaler Störungen (Erbrechen, Durchfälle, Herzinsuffizienz, Streß usw.) zur *Dekompensation* mit Dehydratation und Urämiesymptomen, sind die Defizite und die gestörte Homöostase durch Infusionen auszugleichen. Menge und Zusammensetzung der Infusionslösungen hängen vom Ausmaß der Defizite und der urämischen Störungen, insbesondere auch von der Azidose ab. Eine sorgfältige klinische und Laboruntersuchung ist wichtig.

20.3.4. Dialyse-Verfahren

Die Hämodialyse (künstliche Niere), bei der das Blut extrakorporal dialysiert wird, wurde infolge der teuren Apparate und der fehlenden Kooperation der Tiere beim Hund nur vereinzelt angewandt. (MacDougall et al. 1977). Praxisreif ist jedoch die **Peritonealdialyse** (s. Kapitel 28.). Hier wird entweder über eine Injektionskanüle oder aber durch einen handelsüblichen Peritonealdialyse-Katheter innerhalb von ca. 20 Minuten eine körperwarme kommerzielle Dialyselösung in die Bauchhöhle (Punktionsstelle etwas kaudal des Nabels) instilliert. Das Peritoneum wirkt als semipermeable Membran zwischen der extrazellulären Flüssigkeit des Körpers und der Dialyselösung in der Bauchhöhle. Es erfolgt ein Konzentrationsausgleich, und damit werden dem Blut retinierte Schlackenstoffe entzogen. Die Dialyseflüssigkeiten entsprechen im Elektrolytgehalt mit Ausnahme des Kaliums (kaliumfrei) der Plasmazusammensetzung. Je nachdem, ob dem Körper gleichzeitig noch Wasser entzogen werden soll oder nicht, enthalten sie 7,7% oder 2% Glucose. Meist benötigt man eine hypotone (2%ige Glucose-) Lösung. Nach 30–120 Minuten wird die Dialyselösung wieder abgelassen und anschließend das Verfahren evtl. einmal bis mehrmals wiederholt (Verwendung eines Dialysekatheters).

Die Peritonealdialyse ist eine wirksame, aber selten indizierte Methode zur Urämiebehandlung. Indiziert ist sie nur bei den seltenen akuten oligo-anurischen renalen Urämien zur Überbrückung der Zeit, bis die normale Diurese in Gang gesetzt werden kann. Bei chronischen Urämien ist sie wegen des raschen Wiederanstiegs der Retentionsprodukte sinnlos (Thornhill 1983, Carter et al. 1989).

20.4. Erkrankungen der ableitenden Harnorgane

20.4.1. Uretererkrankungen

Uretererkrankungen sind sehr selten. Nach Sturz oder Einwirkungen stumpfer Gewalt kann es zur **Ureterruptur**, meist am Nierenbecken, seltener nahe der Harnblase (Überreiter 1930) kommen. Ausgeprägte Druckdolenz der Lendengegend, Apathie bis Lethargie sind die Hauptsymptome. Urämie fehlt meistens. Bei der Ausscheidungspyelographie tritt Kontrastmittel ins perirenale Gewebe, der distale Teil des Ureters füllt sich nicht. Peritonitis oder Aszites infolge Harnsekretion in die Bauchhöhle sind selten (Putnam et al. 1969). Nephrektomie wäre die Therapie.

Ureterobstruktionen infolge Urolithen, Abdominalneoplasmen oder versehentlichen Ligierens während Abdominaloperationen führen zu Hydroureter und Hydronephrose (s. Abb. 20.13.). Bei normaler Funktion der anderen Niere entwickeln sich keine Niereninsuffizienzsymptome. Die Diagnose kann, bei noch sezernierenden Nieren, durch Ausscheidungspyelographie gestellt werden.

Ektopische Ureteren, meist einseitig, seltener beidseitig (Rothuizen 1980), treten selten auf. Die meisten Fälle sind bei der Hündin und nur vereinzelte beim Rüden (Lettow et al. 1974, Osborne et al. 1975, Klein und Klein 1991) beschrieben worden. Der ektopische Ureter kann distalwärts von der normalen Eintrittsstelle in die Blase oder meistens in die Urethra und seltener in die Vagina (Abb. 20.17.) münden. Es handelt sich um eine angeborene Mißbildung. Die *Symptome* sind die einer Incontinentia urinae mit ständigem tropfenweisen Abgehen von Harn. Diese Symptome sind schon im Welpenalter vorhanden. Häufig kommt es zu Harnwegsinfektionen und Pyelonephritiden. Die *Diagnose* ist durch die Aus-

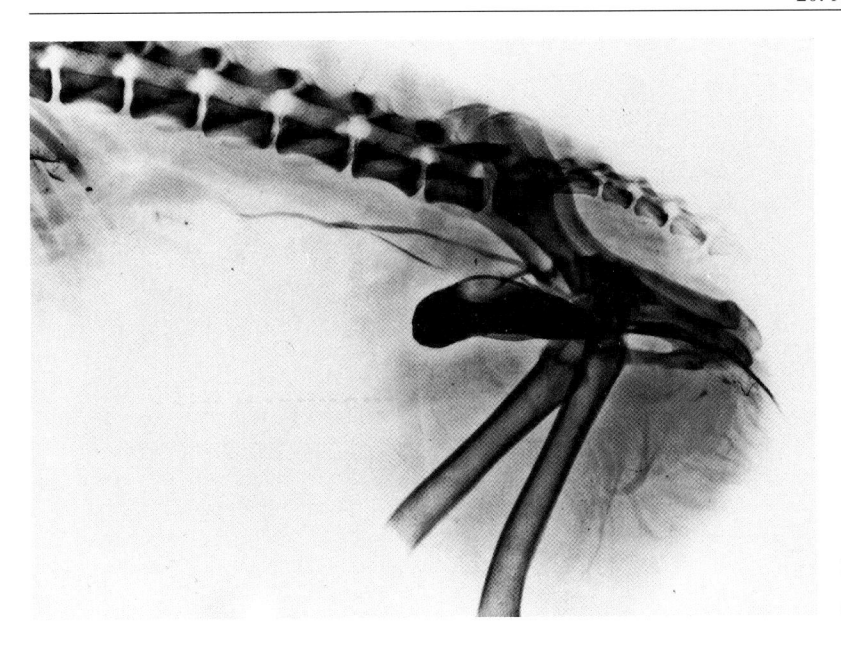

Abb. 20.17. Ektopischer rechter Ureter, in die Vagina mündend. Golden Retriever, weiblich, 1 J.

scheidungsurographie zu stellen. Der ektopische Ureter tritt meistens an der normalen Stelle in die Blasenwand ein und verläuft in der Submucosa bis zur ektopischen Eintrittsstelle weiter. Dadurch kann er komprimiert werden, was zu Harnrückstau und Dilatation von Ureter (Hydroureter) und Nierenbecken führt. Die *Therapie* besteht entweder in der Nephrektomie und Ureterektomie oder in der Reimplatation des Ureters in die Harnblase.

20.4.2. Persistierender Urachus und Urachuszysten

Der epithelbekleidete Harnblasen-Allantoisgang (Urachus) wird bei der Geburt mit dem Abriß des Nabelstranges zerrissen und verödet. Die Harnableitung übernehmen nun die Ureteren. In seltenen Fällen bleibt er jedoch bestehen. Harntröpfeln und mit Harn verschmierte und entzündete Nabelgegend sind die Symptome. In anderen, ebenfalls seltenen Fällen bleibt nur der blasennahe Teil bestehen und weitet sich divertikelartig aus. Eine Urachuszyste kann sich aber auch ohne Verbindung mit der Blase vor deren Scheitel bilden. Die Urachuszysten bleiben meist ohne klinische Störungen, oder sie können bei Infektion zu einer therapieresistenten chronischen Zystitis führen. Die Diagnose erfolgt durch die Röntgenuntersuchung (Leer- und Kontrastaufnahmen). Eine mehr oder weniger ausgeprägte divertikelartige Ausweitung des Blasenscheitels fällt auf.

20.4.3. Zystitis

Die meisten Zystitiden sind durch *Bakterien* verursacht. Der häufigste Infektionsweg ist der aszendierende. Seltener gelangen die Bakterien hämatogen, lymphogen oder per continuitatem aus entzündlichen Herden der Umgebung in die Blase.

Einer aszendierenden Infektion aus der normalerweise mit saprophytischen und pathogenen Keimen besiedelten distalen Urethra und der Keimvermehrung der in die Blase gelangten Erreger wirken verschiedene physiologische Schutzmechanismen entgegen (BUSH 1976, POLZIN und JERAJ 1979). An erster Stelle sind hier die Keimverminderung und Keimausschwemmung mit dem Harnstrahl zu nennen. Verminderung der Harnmenge oder der Miktionsfrequenz sind prädisponierende Faktoren. Ebenfalls begünstigend wirkt sich eine neurogene (Blasenlähmungen) oder nicht neurogene (Obstruktion der Urethra durch Konkremente, Strikturen, Tumoren, Beckenfrakturen, ektopische Ureter, persistierender Urachus) als Harnentleerungsstörung aus. Die Abwehrmechanismen der intakten Blasenschleimhaut („intrinsic defence mechanism") sind bei Epithelläsionen (Katheterverletzungen, Blasenkonkremente, traumatische Schädigungen der Harnblase) gestört. Eine wesentliche Rolle für die Keimbesiedlung und Keimvermehrung kommt dem Harn-*p*H zu. Ein Harn-*p*H von weniger als 6,0 hemmt das Bakterienwachstum. Dies kann durch Ansäuern des Harnes therapeutisch genutzt werden. Häufig besteht ein Zusammenhang einer Zystitis mit Erkrankungen des Genitalapparates (Prostatitis, Balanoposthitis, Vaginitis, Endometritis), seltener mit einer Pyelonephritis. Sowohl grampositive wie gramnegative Keime können Harnwegsinfektionen bewirken. Häufig handelt es sich um normale Dickdarm- und Hautbesiedler. Am häufigsten werden *E. coli* und coliforme Keime sowie *Proteus mirabilis* isoliert, in absteigender Frequenz auch Staphylokokken, Streptokokken, *Pseudomonas aeruginosa*, Klebsiellen, *Enterobacter* u. a., meist in Mono-, seltener in Mischkultur (WEBER 1971, BUSH 1976, WOOLEY und BLUE 1976, LING et al. 1979). Wenig bekannt sind *Blasenmykosen* (*Candida* spp.). Selten können, meist ohne klinische Störungen, Eier oder Larven von *Capillaria plica* (Zwischenwirt: Regenwurm) im Sediment gefunden werden. Seltener sind *Zystitiden mit bakteriologisch negativem Harnbefund*. Als Ursachen kommen in Frage: Blasentraumen, Irritation der Schleimhaut durch Konkremente, Unterkühlung; alles Faktoren, die auch das Angehen einer Blaseninfektion begünstigen. Ferner ist bekannt, daß auch chemische Substanzen in zu hoher Konzentration im Harn zur Zystitis führen können: Terpentinöl, Cantharidin, Bismut, Sublimat und Cyclophosphamid (CROW et al. 1977).

Symptome: Die Anamnese lautet oft, daß die Tiere nicht mehr stubenrein seien oder blutigen Harn absetzten. Im Vordergrund der akuten Zystitis stehen Beschwerden des Harnabsatzes: häufige kleine Miktionen (Pollakisurie), oft schmerzhaft mit starkem Nachdrängen und aufgekrümmtem Rücken (Dysurie, Tenesmus vesicae). Die Abdominalpalpation ergibt bei der primären Zystitis eine kleine derbe Blase und ist bei schweren Entzündungen schmerzhaft. Fieber besteht meist nicht. Das Allgemeinbefinden ist nicht oder wenig gestört. Der Harn ist mehr oder weniger getrübt und dunkel, in der Transparenz vermindert und kann Schleimfetzen oder Eiterflocken enthalten. Häufig besteht eine Makrohämaturie, die manchmal erst am Ende des Harnabsatzes auftritt (3-Gläser-Probe!). Der Geruch ist oft stechend, ammoniakalisch, das *p*H meist amphoter oder alkalisch, seltener sauer. Proteinurie kann fehlen oder geringgradig, seltener stark ausgeprägt sein. Das Harnsediment ist vermehrt und enthält Schleim, vermehrt Plattenepithelien, oft in Zellverbänden, und bei tieferen Entzündungen auch Rund- und geschwärzte Epithelien, Leukozyten, Erythrozyten und vermehrt Salze in amorpher und/oder kristalliner Form. Bei der *chronischen Zystitis* sind die Symptome gleich, häufig aber milder. Es kann zur Balkenblasenbildung kommen. In seltenen Fällen kann sich die Entzündung und entzündliche Wandverdickung auf einen umschriebenen Wandbezirk beschränken (*lokale Zystitis*; TEUNISSEN 1981). Rezidive sind nicht selten, sei es, daß der Harnwegsinfekt vorübergehend wohl eingedämmt, aber nicht vollständig behoben ist oder daß Infektionen mit anderen Keimen haften.

Die Zystitis kann nach den Symptomen und den anatomischen Veränderungen unterteilt werden in: *katarrhalische, hämorrhagische, ulzeröse, purulente* und *eitrig-fibrinöse Zystitis*.

Die *Diagnose* bietet in der Regel auf Grund der Miktionsstörungen und der Harnbefunde keine Schwierigkeiten. Wichtig ist, daß andere Harnwegsinfekte, wie akute Pyelonephritis (Nierenpalpationsschmerz, Fieber, Fehlen von Plattenepithelien im Sediment, Zylindrurie), Prostatitis (Palpation), Ureteritis infolge ektopischen Ureters, abgegrenzt werden. Ferner müssen die *primären* von den *sekundären Zystitiden* (Urolithiasis, Blasentumoren, neurogene und obstruktive Blasenentleerungsstörungen) differenziert werden. Bei letzteren ist die Blase bei der Palpation oft nicht wie bei der primären leer, sondern groß bis überdehnt. Bei chronischen oder rezidivierenden, insbesondere hämorrhagischen, therapieresistenten Zystitiden ist besonders an Blasensteine oder -tumoren zu denken.

Die Röntgenuntersuchung (Leeraufnahme, Kontrastaufnahme) dient vor allem zur Differentialdiagnose (Urolithiasis, Blasentumoren) und zur kausalen Abklärung von Zystitiden infolge Blasenentleerungsstörungen. Zwei seltene Sonderformen, die *polypoide Zystitis* (JOHNSTON et al. 1975) und die *bullöse emphysematöse Zystitis* (POBISCH 1960, HARTIG und HEBOLD 1971, ROOT und SCOTT 1971) können nur durch die Röntgenaufnahme erfaßt werden. Infolge Anwesenheit von gasbildenden Bakterien (*E. coli, Aerobacter aerogenes,* seltener *Proteus*, Staphylokokken oder Streptokokken) kommt es zur Gasbläschenbildung in erweiterten Lymphgefäßen und Gewebespalten. Die Blasenwand erscheint bei der *Cystitis bullosa* unregelmäßig verdickt und wabig aufgehellt. In einem Teil der Fälle leiden die Tiere an einem Diabetes mellitus. Die *polypoide Zystitis* ist röntgenologisch nicht von Blasentumoren abzugrenzen.

Die *Therapie* umfaßt die Chemotherapie, die Harnansäuerung und evtl. Blasenspülungen, Instillation von Medikamenten in die Blase und die Sanierung von extravesikalen Keimherden (Prostata, Uterus, Vagina) und von Harnabflußbehinderungen. Die *Chemotherapie* soll nach Möglichkeit gezielt auf Grund der Antibiogramme erfolgen. Dies ist besonders bei chronischen Zystitiden unerläßlich. Es ist allerdings zu bedenken, daß die nierengängigen Antibiotika einen 10–100fach höheren Harn- als Blutspiegel erreichen und deshalb evtl. auch bei In-vitro-Resistenz wirksam sein können. Die *Therapiedauer* ist individuell zu gestalten und der Verlauf durch bakteriologische Harnuntersuchungen und Harnstatus zu kontrollieren. Als Regel gelten für akute Zystitis 2–3 Wochen, für chronische 4–6 Wochen. Falls kein Antibiogramm verfügbar ist, soll mit einem Breitbandantibiotikum behandelt werden. Besonders hohe Resistenzquoten und häufige Mehrfachresistenz zeigen *E. coli, Pseudomonas, Enterobacter, Proteus* und *Klebsiella*. Am empfindlichsten sind Staphylokokken und Streptokokken (WEBER 1971, WOOLEY und BLUE 1976, WEAVER und PILLINGER 1977).

Das *Ansäuern des Harnes* mit Ammonium chloratum (3–4mal täglich per os, Dosierung nach Wirkung: pH-Kontrollen mit Indikatorpapier) wirkt sich hemmend auf das Bakterienwachstum aus und erzeugt für gewisse Antibiotika (Penicillin, Ampicillin, Nitrofurantoin) ein optimales Wirkungsmilieu. Gentamicin, Streptomycin und Kanamycin haben dagegen ihr Wirkungsoptimum in alkalischem Urin. Die Wirksamkeit von Chloramphenicol, Cephalothin, Polymyxin B und Tetracyclin ist unabhängig vom Harn-pH.

Wichtig sind die Gelegenheit zu häufigem Harnabsatz und viel Flüssigkeitsaufnahme. Bei stark trübem und sedimenthaltigem Harn können Blasenspülungen mit lauwarmer physiologischer Kochsalzlösung und anschließend Instillation von Antibiotika (Neomycin) und bei hämorrhagischer Zystitis von Thrombokinaselösungen nützlich sein.

20.4.4. Urolithiasis

Harnsteine, v.a. in der Blase und Urethra, zählen zu den häufigeren Erkrankungen der ableitenden Harnorgane. Frequenz und Steinzusammensetzung scheinen regional etwas unterschiedlich zu sein. Bezogen auf die Klinikpopulationen, wird die Frequenz mit 0,6% (KRABBE 1949) bis 2,8% (BROWN et al. 1977) aller Patienten angegeben. Harnsteine kommen ungefähr gleich häufig bei Hündinnen wie Rüden vor (WHITE 1966, BROWN et al. 1977), wobei aber je nach Steinzusammensetzung Geschlechts- und Rassendispositionen deutlich erkennbar sind (HESSE und BRÜHL 1990). Cystinsteine treten (fast) ausschließlich bei Rüden (ALBRECHT 1974), Calciumoxalatsteine (CLARK 1974) und Uratsteine häufiger bei Rüden (WHITE 1966), Phosphatsteine häufiger bei der Hündin (WHITE 1966, WEAVER 1970) auf. Zwergschnauzer, Dackel, Dalmatiner, Möpse, Bulldoggen, Welsh Gorgi, Beagle und Basset-Hunde weisen infolge Stoffwechselstörungen eine höhere Steinfrequenz als andere Rassen auf (BROWN et al. 1977), während nach FINCO et al. (1970) und OSBORNE et al. (1972) Pudel, Labrador Retriever, Deutscher Schäferhund, Boxer und Bastarde weniger oft Harnsteine bilden. Cystinsteine beim Dackel und Basset sind die Folge eines hereditär bedingten tubulären Transportdefektes. Uratsteine kommen gehäuft beim Dalmatiner vor, der als einzige Hunderasse die im Intermediärstoffwechsel gebildeten Purine nicht zu Allantoin abbauen kann, sondern als Harnsäure ausscheidet. Harnsteine treten selten im jungen Alter auf, sondern meistens im mittleren und höheren Alter. Das mittlere Steinalter hängt von der Steinzusammensetzung ab: Durchschnittsalter für Cystinsteine 4,8 Jahre, Uratsteine 5,5, Phosphatsteine 6,0, Oxalatsteine 7,8, Carbonatsteine 12,3 Jahre (BROWN et al. 1977).

Über den *Ort der Steinbildung* ist beim Hund wenig bekannt. Jener muß nicht mit der Steinlokalisation identisch sein. Beim Hund dürfte die Steinbildung, insbesondere der Tripelphosphat-Steine, meistens in der Harnblase erfolgen. Die häufigste *Steinlokalisation* ist die Harnblase und/oder beim Rüden die Urethra. Nierenbeckensteine sind selten, aber nicht ganz so selten, wie oft angenommen. Uretersteine gelten als Ausnahme. Die Häufigkeit von Nierenbeckensteinen scheint regional verschieden zu sein: PERTSCH (1967, Deutschland) 2,4%, WHITE (1966, Liverpool) 5%, BROWN (1977; New York) 4,3%, HESSE und SANDERS (1987, Deutschland) 1,9%. Die klinischen Störungen alleiniger Becken- und Ureterensteine werden selten richtig erkannt. Die Steindiagnose wird meist als Zufallsbefund bei Röntgenaufnahmen oder Sonographien oder erst bei der Sektion gestellt. Von 23 autoptisch festgestellten Urolithiasen wurden von den 12 Fällen

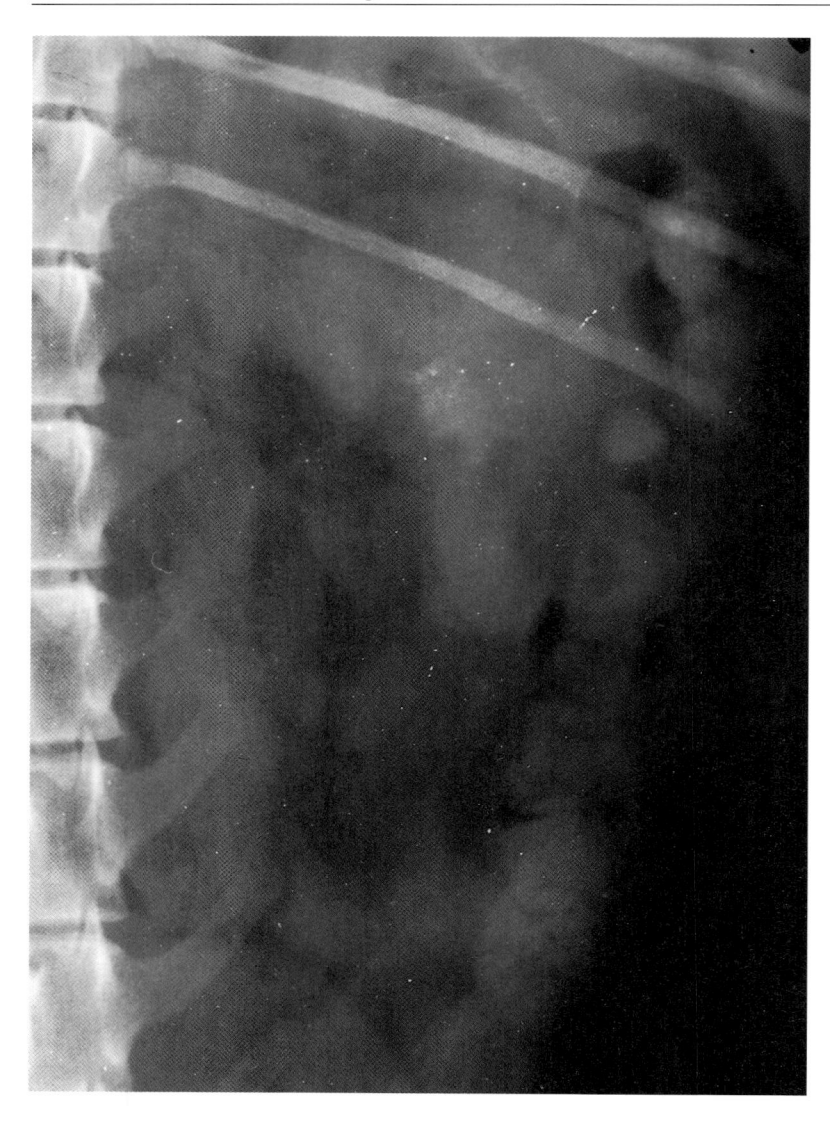

Abb. 20.18. Nierenbeckensteine.
Mops-Bastard, weiblich, 7 J.

mit Blasen- bzw. Urethrasteinen deren 10 bereits intra vitam, von den 11 Nephrolithiasen dagegen nur 2 intra vitam und 9 erst post mortem festgestellt (FINCO et al. 1970).

Die Harnsteine bestehen aus einer organischen Matrix als Kern, an den sich schalenartig entweder Kristallschichten und/oder organische Substanzen (Cystin, Urate) anlagern. Steine nur aus einer Kristallart (monomineralische Steine) sind selten. In der Regel handelt es sich um Mischsteine. Entsprechend ihren mineralischen Hauptkomponenten lassen sich Harnsteine unterteilen in: *Phosphat-, Oxalat-, Carbonat-, Cystin-* und *Uratsteine*. Sehr selten sind *Carbonat-, Xanthin-* und *Silikatsteine* (MCCULLAGH und EHRHART 1974). Die Häufigkeit der einzelnen Steine ist ab-

hängig von verschiedenen Faktoren, v.a. von der Rassenhäufigkeit in einer Population (Cystin-, Uratsteine). Am häufigsten sind die Phosphatsteine (Magnesiumammoniumphosphat, sog. Tripelphosphat, Calciumphosphat), die 60% und mehr aller Steine ausmachen, gefolgt von Oxalatsteinen (Calciumoxalat) 3–30% und Carbonatsteinen (Carbonatapatit); seltener sind Cystinsteine 0–20% und Uratsteine 0–20% (BRODEY 1955, ULLER 1959, WEAVER et al. 1961, GULDEN 1968, WEAVER 1970, HESSE und BRÜHL 1990).

Die *formale und kausale Pathogenese* ist noch wenig geklärt. Für die formale Genese stehen zwei Haupttheorien zur Diskussion. Nach der *Kolloidtheorie* wird durch Kolloidkörperchen (Mucopolysaccharide) eine Matrix gebildet, um die herum es zur Kristallisation und

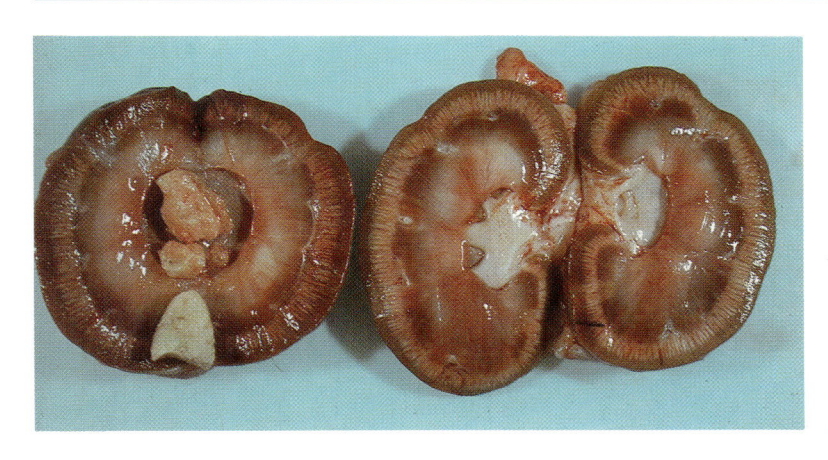

Abb. 20.19. Nierenbeckensteine. Mittelpudel, schwarz, weiblich, 8 J. (Foto: Institut für Tierpathologie der Universität Bern).

schließlich zur Steinbildung kommt. Es werden quantitative oder qualitative Störungen in der Mucoproteidausscheidung vermutet. Die *Kristallisationstheorie* macht für die Steinbildung primär die Ausfällung von Kristallen in dem mit Salzen dieser Kristalle übersättigten Harn verantwortlich, wobei die Bildung des organischen Gerüstes nur durch Mitfällung bedingt wäre (FLEISCH und BISAZ 1966). Der Harn stellt eine übersättigte Lösung an Salzen dar. Ob es zur Ausfällung von Salzen und zur Steinbildung kommt, ist von zahlreichen Faktoren und von der Salzart abhängig. Die *Löslichkeit* eines Salzes ist durch dessen Löslichkeitskonstante bedingt. die Konzentration eines Salzes kann durch erhöhte Flüssigkeitszufuhr gesenkt werden. *Komplexbildner* haben die Eigenschaft, Ionen so zu binden, daß diese chemisch nicht mehr reagieren können. Sie wirken auf diesem Wege steinverhütend. Als Komplexbildner mit Calcium sind Citronensäure, Glycin, Glucuronsäure und Magnesium, das ebenfalls Oxalat bindet, bekannt. Ebenfalls wird die Rolle von Hemmkörpern für die Steinbildung diskutiert. Die Rolle der sog. *Schutzkolloide* (Chondroitinschwefelsäure, Glucuronsäure, Hyaluronsäure und andere hydrophile Kolloide) ist umstritten (SCHLAAFF 1959, TREACHER 1966): Ultrafiltrierter oder dialysierter, also kolloidfreier Harn war für Calciumsalze genauso stabil wie unfiltrierter. Dies führte zur Folgerung, daß eine nicht-kolloidale Substanz als Hemmkörper vorhanden sein müsse. Als Hemmkörper von Bedeutung gilt anorganisches Pyrophosphat (FLEISCH und BISAZ 1966). Einen wesentlichen Einfluß auf die Löslichkeit bzw. Ausfällung von Salzen hat das *Harn-pH*. Alkalisierung fördert die Ausfällung von Calciumphosphat und Tripelphosphat. Harnwegsinfektionen mit harnstoffspaltenden Keimen (*E. coli, Proteus, Klebsiella, Aerobacter,* Enterokokken, Staphylokokken, *Pseudomonas*) induzieren oder befördern auf diesem Wege die Steinbildung. Entzündungsprodukte (z. B. nekrotische Epithelien, Fibrin, Blutgerinnsel) können ebenso wie die Mucoproteide als Kondensationskerne für die Kristallanlagerung dienen. Umgekehrt wird die Ausfällung von Harnsäure und Cystin durch Ansäuerung begünstigt.

Noch weniger, besonders im Einzelfall, bekannt ist die *kausale Genese*. Bei den Urat- (Dalmatiner) und Cystinsteinen liegt der Steinbildung eine Stoffwechselstörung zugrunde. Ein Teil der Calciumsteine kann erklärt werden durch eine vermehrte Kalziurie (Hyperparathyreoidismus, Osteoporose, vermehrtes Calciumangebot mit der Nahrung, gesteigerte intestinale Resorption, verminderte tubuläre Rückresorption). Bei den Phosphatsteinen spielen Harnwegsinfektionen eine wesentliche Rolle. Bei all diesen Faktoren muß aber festgehalten werden, daß jeder nur bei einem Teil der Individuen zur Urolithbildung führt.

Die *Symptomatologie* ist je nach Lokalisation und Größe, Form und Oberflächenbeschaffenheit verschieden. In den meisten Fällen von Tripelphosphatsteinen und in einem Teil der anderen Steinarten besteht eine Harnwegsinfektion.

Nierenbeckensteine (Nephrolithiasis). Nierenbeckensteine (Abb. 20.18., 20.19.) können längere Zeit unbemerkt bleiben oder aber zu zeitweiliger oder dauernder Hämaturie und/oder Bakteriurie und Pyurie (Pyelitis, Pyelonephritis) führen. Bei Abflußbehinderung kann sich eine Hydro- bzw. Pyonephrose anschließen. Beim Festklemmen werden kolikartige Bilder mit heftigen Schmerzen, aufgekrümmtem Rücken und heftiger Druckdolenz der Nieren und Lendengegend (Fehldiagnose Diskusprolaps) gesehen. Dieselben Symptome treten bei der äußerst seltenen Lokalisation im Ureter **(Uretersteine)** auf.

Blasen- und Urethrasteine. Blasensteine treten bei der Hündin häufig solitär, beim Rüden meist multipel auf. Die Symptome sind diejenigen einer Zystitis, wobei v.a. bei der Hündin zeitweilige oder therapieresistente Hämaturie auftritt. Mit der Zeit kommt es zur Hypertrophie der Blasenmuskulatur (Balkenblase). Aszendierende oder hämatogene Nierenbesiedelung und Pyelonephri-

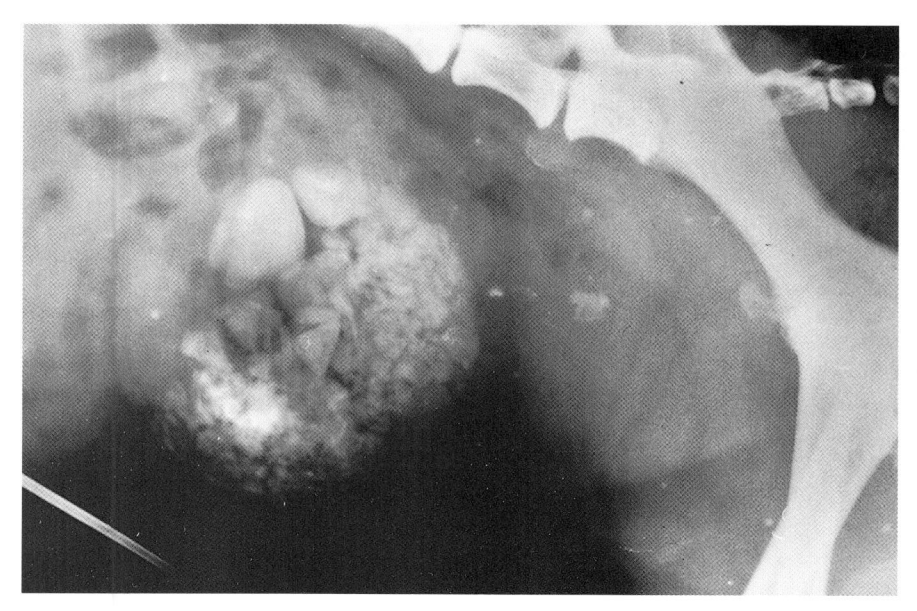

Abb. 20.20. Blase mit verschieden großen Steinen gefüllt. Foxterrier, männlich, 12 J.

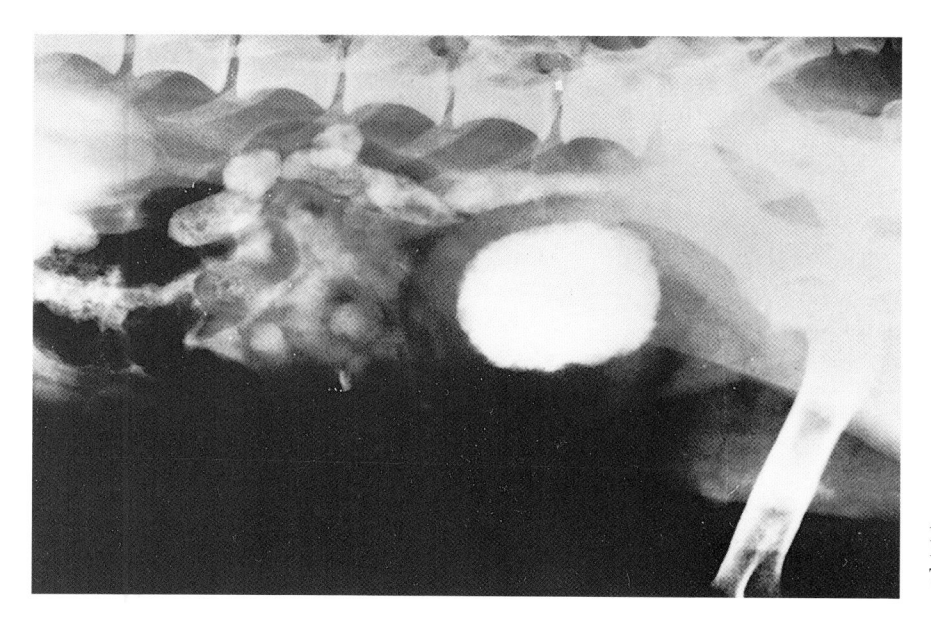

Abb. 20.21. Blasenstein. Kurzhaar-Teckel, weiblich, 3 J.

tis sind möglich. Heftige, akute Symptome treten beim Festklemmen von Steinen in der Urethra auf, was wegen der kurzen und dehnbaren Urethra bei der Hündin kaum, beim Rüden häufig vorkommt. Aus anatomischen Gründen verteilen sich die Steine vorwiegend zwischen dem Sitzbeinausschnitt und dem hinteren Teil des Os penis. Die Harnröhrenverlegung kann partiell oder vollständig sein. Es kommt zu Dysurie und Strangurie und starker Beteiligung der Bauchpresse, wobei kein Harn abgeht oder nach längerem Pressen der oft blutige Harn tropfweise oder im unterbrochenen dünnen Strahl abgeht. Bei der Bauchpalpation fühlt man die pralle, vergrößerte, schmerzhafte Blase. Die Katheterisation ist nicht oder über dem Konkrement erst nach Überwinden eines Widerstandes (knirschendes Gefühl) möglich. Wird die Harnröhrenverlegung nicht innerhalb kürzerer Frist behoben, entwickelt sich rasch eine postrenale Urämie, da es infolge Rückstaus zum Sistieren der Harnsekretion kommt oder selten zu einer Blasenruptur. Schon kleinste Konkremente können zum Festklemmen in der Urethra Anlaß geben.

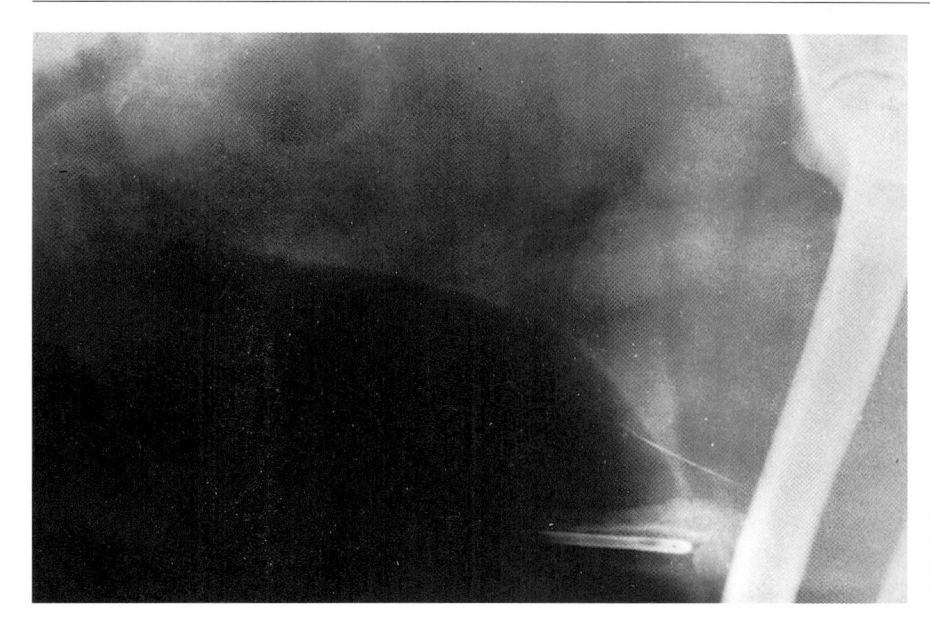

Abb. 20.22. Urethrastein, vor Os penis eingeklemmt (Cystinstein). Pinscherbastard, männlich, 7 J.

Die *Diagnose* der *Nierensteine* erfolgt meist erst post mortem oder als Zufallsbefund bei Röntgenaufnahmen. Bei Hämaturie und/oder Pyurie, besonders zusammen mit unklaren Abdominalschmerzen, ist differentialdiagnostisch an Nephrolithiasis zu denken.

Blasensteine werden häufig, besonders bei der Hündin, nicht erkannt und als chronische Zystitis behandelt. Bei intermittierenden oder therapieresistenten Hämaturien ist stets neben Blasentumoren, Prostataerkrankungen auch an Blasensteine zu denken. Vielfach können bei der Abdominalpalpation die Steine palpiert werden. Die Diagnosesicherung erfolgt durch Röntgenaufnahme in latero-lateraler und in ventro-dorsaler Position (Abb. 20.20., 20.21.) oder bei der Ultraschalluntersuchung. Der Darm ist vorher durch Abführmittel und Einläufe zu leeren. Bei ventrodorsalem Strahlengang soll das Abdomen leicht schräg gelagert werden, so daß die Blase neben der Wirbelsäule dargestellt wird. Bei symmetrischer Lagerung können die Steine durch die Wirbelsäule überdeckt werden. Stets sollte auch die Nierengegend beurteilt werden. Die meisten Steine sind bereits auf der Leeraufnahme darstellbar. Am besten darstellbar sind Calcium-, Phosphat- und Oxalatsteine, während Harnsäure-, Xanthin- und Cystinsteine nicht oder schwach kontrastgebend sind. Da es sich meistens um Mischsteine handelt, entspricht der Steinschatten häufig nicht der tatsächlichen Größe und Form. Durch Luftinsufflation in die Blase können auch schlecht darstellbare Konkremente sichtbar gemacht werden.

Urethrasteine (Abb. 20.22.) sind durch ihre typischen Symptome leicht diagnostizierbar. Wichtig ist der Katheterisationsbefund (Hindernis, Steinknirschen).

Harn- und Blutuntersuchungen (Harnstoff) sind zur Beurteilung des Gesamtzustandes und der Therapie (Alkalisieren, Ansäuern) unerläßlich, ebenso eine bakteriologische Harnuntersuchung mit Antibiogramm.

Die *Prognose* hängt vom Allgemeinzustand und vor allem vom Nierenfunktionszustand und von der postoperativen Steinprophylaxe ab. Die Letalität während und in den ersten Tagen nach der Operation liegt bei 15% (WEAVER 1970, CLARK 1974) und ist vor allem durch Urämie bedingt. Die Rezidivquote ist trotz Prophylaxe groß. Sie beträgt 50 und mehr Prozent. Besonders häufig rezidivieren Urat- und Cystinsteine, während bei konsequenter Prophylaxe Phosphatsteine deutlich weniger häufig rezidivieren. Rezidivsteine können von anderer Zusammensetzung sein als die ursprünglichen (STOCKMAN 1972).

Für die Beurteilung der Prognose und die Einleitung der Steinprophylaxe ist die chemische Steinanalyse wichtig. Pulverisiertes Steinmaterial wird über dem Bunsenbrenner erhitzt (CHRISTOPH 1973).

Besser ist die chemische Steinanalyse mit handelsüblichen Sets (z. B. Merckognost® Harnstein-Analyse), mit denen die prozentualen Anteile der einzelnen Steinkomponenten bestimmt werden können.

Vereinfachtes Schema der Steinuntersuchung

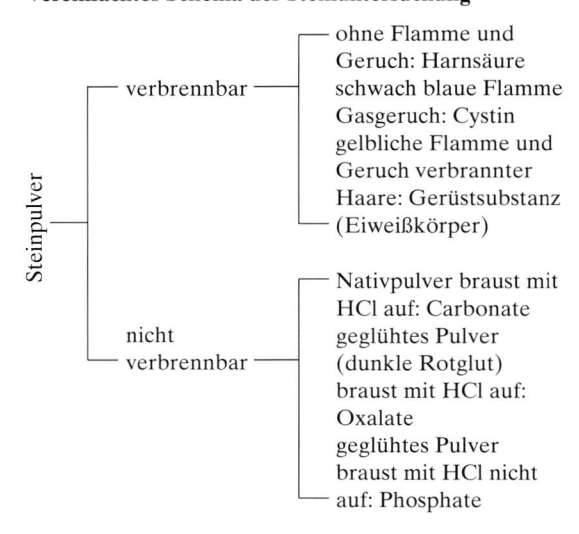

Steinpulver
- verbrennbar
  - ohne Flamme und Geruch: Harnsäure
  - schwach blaue Flamme Gasgeruch: Cystin
  - gelbliche Flamme und Geruch verbrannter Haare: Gerüstsubstanz (Eiweißkörper)
- nicht verbrennbar
  - Nativpulver braust mit HCl auf: Carbonate
  - geglühtes Pulver (dunkle Rotglut) braust mit HCl auf: Oxalate
  - geglühtes Pulver braust mit HCl nicht auf: Phosphate

Therapie und Prophylaxe: Die Therapie ist vor allem die operative. Bei kleinen, in der Urethra festgeklemmten Steinen kann nach vorheriger Injektion eines Spasmolytikums versucht werden, durch Instillation eines in der Geburtshilfe üblichen Gleitschutzmittels oder von Paraffinöl den Stein und die Urethra gleitfähig zu machen. Anschließend wird unter Druck, bei gleichzeitigem Verschluß durch Fingerkompression der Beckenurethra und der Urethramündung, physiologische Kochsalzlösung instilliert und abrupt, je nach Lage des Steines (Os penis, Sitzbeinausschnitt), entweder die Kompression der Urethramündung oder der Beckenurethra aufgehoben. Auf diese Weise gelingt es manchmal, mitunter erst nach mehrmaligen Manipulationen, den Stein nach außen oder in die Blase zurückzubefördern (PIERMATTEI und OSBORNE 1971). Von der medikamentösen Steinauflösung (Hexakalium-hexanatrium-pentacitrat: Harnsäure-, Cystinsteine; Renasidin®: Calcium-, Tripelphosphatsteine, aber Verweilkatheter nötig) halten wir nichts. Das operative Vorgehen erfordert meistens eine Zystotomie (meistens mehrere Steine in Blase und Urethra) und/oder Urethrotomie. Gelingt es prae oder intra operationem, die Steine aus der Urethra zu entfernen, kann manchmal auf letztere verzichtet werden. Wegen der Rezidivhäufigkeit empfiehlt es sich aber, gleichzeitig auch die Urethrotomie, evtl. unter Anlegen einer Dauerfistel, durchzuführen.

Technik der Zystotomie: Da der Operateur nach Eröffnung der Harnblase im unsterilen Milieu arbeiten muß, sollte die Blase durch vorherige antiseptische Spülungen keimarm gemacht werden. Wenige Stunden vor der Operation wird sie mit einer wirksamen Dosis eines Antibiotikums aufgefüllt. Unmittelbar vor der Operation wird wieder ein Katheter in die Urethra verbracht, der während der Operation liegenbleibt. Die Vorbereitung des Patienten geschieht in der im Kapitel 7. beschriebenen Weise. Zur Schmerzausschaltung ist nach Sedation (s. Kapitel 6.) die lumbosakral gesetzte Epiduralanästhesie (s. S. 129) ausreichend. Man kann auch eine Neuroleptanalgesie oder Intubationsnarkose anwenden. Der Laparotomieschnitt wird möglichst weit kaudal (zwischen Symphyse und Nabel) und nicht zu lang (etwa 7 cm) angelegt. Da die Mehrzahl der Steine bei Rüden gefunden wird, muß dort der Schnitt paramedian (seitlich entlang des Penis) vorgenommen werden. Nachdem die Harnblase aus der Wunde hervorgelagert und die Wunde allseitig mit Mull abgedeckt wurde, kann sie an der Gefäßscheide (Blasenfundus) eröffnet werden. Meist ist die Blasenwandung stark verdickt (Zystitis), so daß mit Sickerblutungen zu rechnen ist. Die Länge des Schnittes richtet sich immer nach den Ausmaßen des größten vorliegenden Steines. Die Schleimhaut der Blase wird nun an beiden Wundrändern mit 2 Péans erfaßt und von der Assistenz auseinandergehalten. Anschließend werden die vorliegenden Steine vom Operateur mit einer kräftigen Arterienklemme aufgenommen und entfernt. Kleinere Steine fallen leicht in den Blasenhals zurück, so daß sie mit der Klemme nicht erfaßt werden können; deshalb muß der in der Urethra und Blase liegende Katheter vor der Zystotomie so weit zurückgezogen werden, daß er nur noch in der Urethra liegt. Dann wird ein Mulltupfer in die Blase gelegt. Nun wird eine antiseptische Lösung unter Druck durch den Katheter in die Blase infundiert. Dadurch werden die im Blasenhals liegenden Steine aufgewirbelt und vom eingelegten Mulltupfer zusammen mit der Flüssigkeit angesaugt. Genügt dieser Druck nicht, um die Steine hochzuwirbeln, wird durch die Blasenwunde eine Knopfkanüle bis zum Blasenhals eingeführt und mit Hilfe einer Rekordspritze antiseptische Lösung unter Druck eingespritzt. Diese Flüssigkeit (mit kleinen Steinchen bzw. Harngrieß) wird ebenfalls von sterilen Tupfern aufgesaugt. Ist die Blase geleert, wird der Wundverschluß ausgeführt. Liegt eine normale Wandung vor, kann die doppelte Lembertsche Einstülpungsnaht angewendet werden. Bei stark verdickter Wand wird die Naht nach ÜBERREITER angelegt. Es werden dichtsitzende, tieffassende Knopfhefte gesetzt, um die Wundränder zur Adaptation zu bringen. Zwischen diesen Nähten werden zum völligen Wundverschluß seicht fassende Knopfhefte angebracht (Abb. 20.23.). Anschließend wird die Blase mit physiologischer Kochsalzlösung von Blutkoagula gereinigt und eine Omentoplastik über die Naht gelegt. Versenkung der Blase und Verschluß der Wunde (s. Kapitel 7.) beenden die Operation. Auch hier wird, wie bei anderen Eingriffen in die Bauchhöhle, vor Verschluß der Wunde eine angemessene Menge physiologischer Kochsalzlösung infundiert; evtl. können

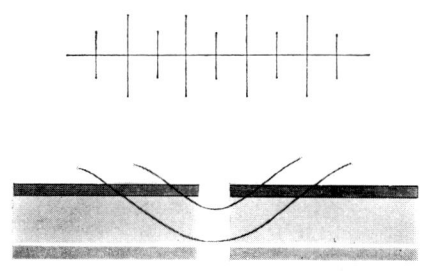

Abb. 20.23. Blasennaht nach ÜBERREITER.

noch in physiologischer Kochsalzlösung gelöste Antibiotika beigegeben werden.

Statt der operativen Entfernung von Struvitsteinen (Tripelphosphat) kann auch eine ansäuernde, kochsalzreiche, protein-, phosphor- und magnesiumarme Diät (s/d Hills®) verabreicht werden. Durch Röntgenaufnahmen ist die Steinauflösung zu kontrollieren. Diese Diät eignet sich auch zur postoperativen Steinprophylaxe (HOPPE 1989, LEWIS et al. 1991).

Technik der Urethrotomie beim Rüden: Zur Schmerzausschaltung reicht nach Sedation (s. Kapitel 6.) die lumbosakral gesetzte Epiduralanästhesie aus. Der Patient wird in Rückenlage ausgebunden. Es erfolgen dann Rasur, Säuberung und Desinfektion des Operationsfeldes. Um eine genaue Lokalisation des Operationsgebietes zu erhalten, wird eine Metallsonde bis zur Obstruktion in die Urethra eingeführt, die Länge von der Penisspitze bis zum Verschluß markiert, dann die Sonde herausgezogen und am Penis angelegt. Etwa 1 cm weiter proximal liegt dann der Punkt, auf dem eingeschnitten werden soll. Der Penis wird nun mit Daumen und Zeigefinger einer Hand erfaßt und die darüber liegende Haut gespannt. Mit dem Skalpell wird parallel seines Verlaufes auf der Raphe eingeschnitten. Nach Durchtrennung der Haut liegt die Urethra vor, die ebenfalls längs gespalten wird. Hierbei treten immer Blutungen auf, da die Harnröhre des Rüden allseitig von einem kavernösen Muskel umgeben ist. Die Harnröhrenschleimhaut fixiert man mit Moskitoklemmen und hebt die vorliegenden Steine mit einem kleinen Löffel heraus. Ist die Harnröhre frei, was man durch widerstandsloses Einführen des Katheters sehr leicht feststellen kann, wird die Wunde in der Form versorgt, daß man mit feinen Perlonheften die Schleimhaut mit der äußeren Haut vereinigt und so eine Harnröhrenfistel anlegt. Im Laufe der Zeit (6 Monate) kommt es zu einem langsamen Verschluß der Fistel; der Harn wird wieder normal abgesetzt.

Da bei den meisten Fällen von Urolithiasis gleichzeitig ein Harnwegsinfekt besteht, ist für die *Prophylaxe* größtes Gewicht auf die *Chemotherapie* (gezielt nach Antibiogramm, über längere Zeit, Kontroll-Harnstatus, bakteriologische Kontrolluntersuchungen) zu legen. Darüber hinaus soll die *Flüssigkeitsaufnahme* groß gehalten (Naßfutter, Kochsalz in Trinkwasser und Futter), die Zufuhr der steinbildenden Substanzen durch entsprechende *Diät* (s. Kapitel 5.) vermindert und der Harn auf ein *p*H, das die Salzausfällung verhindert, eingestellt werden (LEWIS et al. 1991). Die Dosierung der ansäuernden (Ammonium chloratum) bzw. alkalisierenden (Natriumhydrogencarbonat) Medikamente ist durch regelmäßige *p*H-Kontrolle des Harnes individuell zu gestalten. Bei Calciumphosphat und Tripelphosphatsteinen ist ein *p*H von 6,0 anzustreben. Bei Harnsäuresteinen und Cystinsteinen ist eine leichte Alkalisierung (*p*H 6,2–6,5) anzuraten. Bei zu starker Alkalisierung besteht die Gefahr der Phosphatsteinbildung. Geeignet dazu ist Hexakaliumhexanatrium-pentacitrat. Bei Uratsteinen kann Allopurinol (10 mg/kg KM 8stündlich initial, später Reduktion der Dosis auf 1–3 mg/kg KM 8stündlich) oder Natriumcitrat bzw. eine Kombination verordnet werden. OSBALDISTON und LOWREY (1971) konnten einen bereits 4mal wegen Uratsteinen operierten Dalmatiner während der einjährigen Beobachtungszeit steinfrei halten. Da das Medikament aber lebenslänglich verabfolgt werden muß, ist diese Prophylaxe nur für spezielle Fälle geeignet. Allopurinol hemmt spezifisch das Enzym Xanthinoxidase und damit die Oxydation von Hypoxanthin über Xanthin zur Harnsäure.

20.4.5. Retentio urinae und Incontinentia urinae

Es ist zwischen neurogenen und nichtneurogenen **Blasenentleerungsstörungen** zu unterscheiden (OLIVER und OSBORNE 1980, OSBORNE et al. 1980, VANDEVELDE und FANKHAUSER 1987).

Neurogene Entleerungsstörungen haben ihre Ursachen in Innervationsstörungen der Harnblase. Die Harnentleerung erfolgt durch Reflexe und wird durch Willkürreaktionen gesteuert. Der Detrusor ist parasympathisch, der Beckenboden mit Sphinkter somatisch und sympathisch innerviert. Rezeptoren in der Blasenwand registrieren den Spannungszustand und melden ihn via N. pelvicus (Parasympathikus) und N. hypogastricus (Sympathikus) über den peripheren Plexus vesicalis in die Sakral- und Lumbalzentren des Rückenmarks. Diese Rückenmarkzentren stehen unter dem Einfluß übergeordneter Zentren im Mittelhirn (autonome Zentren) und in der

Großhirnrinde (willkürliche Zentren). Infolge dieser vielseitigen Innervationsverhältnisse kann der *Sitz der Störung* an verschiedenen Lokalisationen sein: Blasenmuskulatur (Rezeptoren), periphere Nervenstämme, Plexus vesicalis, Rückenmarkzentren und Spinalwurzeln, Cauda equina, Mittelhirn, Großhirnrinde. Am häufigsten wird die neurogene Störung durch Rückenmarkschädigungen und Kompression der Spinalwurzeln verursacht (Diskusprolaps, Spondylitis deformans der Lendenwirbel und des Lumbosakralgelenks, spontane und traumatische Blutungen, Wirbelluxationen und -frakturen, degenerative und entzündliche Rückenmarkerkrankungen, Tumoren).

Die *Symptome* bestehen je nach Art der Innervationsstörungen, d. h. je nachdem, ob der Detrusor- oder Sphinkterreflex oder beide fehlen, in Retention, Inkontinenz oder beidem *(Überlaufblase)*. Bei fehlendem Detrusor- und erhaltenem Sphinkterreflex kann die Blase nicht vollständig entleert werden. Die Restharnmenge ist durch Leer-Katheterisieren zu bestimmen. Bei Dyssynergie wird erst nach längerem Pressen Harn im dünnen und unterbrochenen Strahl abgesetzt (willkürliche Miktion), oder der Harnstrahl wird beim Leerdrücken plötzlich unterbrochen. Durch Beobachtung der Miktion kann differenziert werden, ob diese willkürlich kontrolliert wird oder passiv, der willkürlichen Kontrolle entzogen, erfolgt. Eine volle Blase, die bei der Palpation nicht oder nur schwer leerzudrücken ist, verweist auf einen erhöhten Sphinktertonus und auf eine Lokalisation der Läsion zwischen der Pons und dem 7. Lumbalsegment, eine leicht leerzudrückende Blase auf herabgesetzten oder fehlenden Sphinktertonus und auf eine Läsion im Sakralmark oder N. pudendus. Eine gute neurologische Untersuchung ist für die Lokalisation der Schädigung unerläßlich. Die Röntgenuntersuchung gestattet die Feststellung von Wirbelsäulenveränderungen und den Ausschluß von nichtneurogenen Störungen: Prostata, Urolithiasis, isolierte Urachuszysten, Verlagerung der Blase durch Tumoren, Paraprostatazysten usw. Harn- und Blutuntersuchungen sind unerläßlich zur Erfassung von Sekundärfolgen der Entleerungsstörung, wie Zystitis, Pyelonephritis, postrenale Niereninsuffizienz. Eine nicht behebbare Retention kann zur Blasenruptur führen.

Die *Diagnose* Entleerungsstörung ist leicht zu stellen. Schwierig ist oft die Lokalisation des Entstehungsortes der Störung. Eine neurogene Inkontinenz kann auch durch erworbene Verhaltensstörungen (Neurosen) vorgetäuscht sein.

Die *Prognose* ist am günstigsten bei Entleerungsstörungen infolge Kompression des Rückenmarks oder Nervenwurzeln. Bei den anderen Fällen ist sie zweifelhaft bis ungünstig.

Therapie. Im Vordergrund steht die Behandlung der ursächlichen Störung, von deren Erfolg vielfach die Versibilität abhängt. Bei Retention und Restharnbildung ist die Blase regelmäßig durch Katheterisieren und/oder Ausdrücken zu entleeren. Damit kann eine zusätzliche Blasenüberdehnung verhindert werden und wird der Gefahr des Hinzutretens einer Harnwegsinfektion und postrenalen Urämie vorgebeugt. Trimethoprim-Sulfonamid oder Antibiotika sind prophylaktisch oder therapeutisch gegen Harnwegsinfekte indiziert. Starke Sphinkterspasmen werden manchmal durch Diazepam oder Spasmolytika gemildert. Ferner verabreichen wir häufig hochdosierte Vitamin $B_1/B_6/B_{12}$-Kombinationen. Die früher viel geübte Strychnin-Medikation ist nicht nur sinnlos, sondern auch gefährlich.

Nichtneurogene Blasenentleerungsstörungen: *Retention* kann verursacht sein durch: Urolithiasis, Urethrastrikturen, Prostatahyperplasie, -tumoren und andere raumbeanspruchende Prozesse in der Beckenhöhle, in die Bauchhöhle vorgefallene Prostata, Blasentumoren im Trigonumgebiet, Blasenverlagerungen in Inguinalhernie oder durch Paraprostata-Zysten (Abb. 20.24.).

Inkontinenz: Krankheitszustände mit Pollakisurie, ektopische Ureteren, persistierender Urachus, in Perineal- und Inguinalhernie verlagerte Blase (Inkontinenz v. a. bei Bewegung und Liegen). Gelegentlich wird *Inkontinenz nach Ovariohysterektomie* gesehen. Die Pathogenese der Incontinentia urinae nach Ovariohysterektomie ist noch nicht geklärt. Offen bleibt, ob es sich um eine operative Schädigung oder um die Folgen des Hormonausfalls handelt. Für letzteres spricht, daß ein großer Teil der Tiere auf die meist lebenslang notwendige Estrogensubstitution gut anspricht: Diethylstilbestrol, 0,1–1 mg täglich per os während 3–7 Tagen, anschließend jeden 2. oder 3. Tag, später evtl. 1mal wöchentlich. Die minimal wirksame Erhaltungsdosis ist individuell zu suchen. Bei Nichtansprechen kann Ephedrinum hydrochloratum (1–2 mg/kg KM per os) versucht werden.

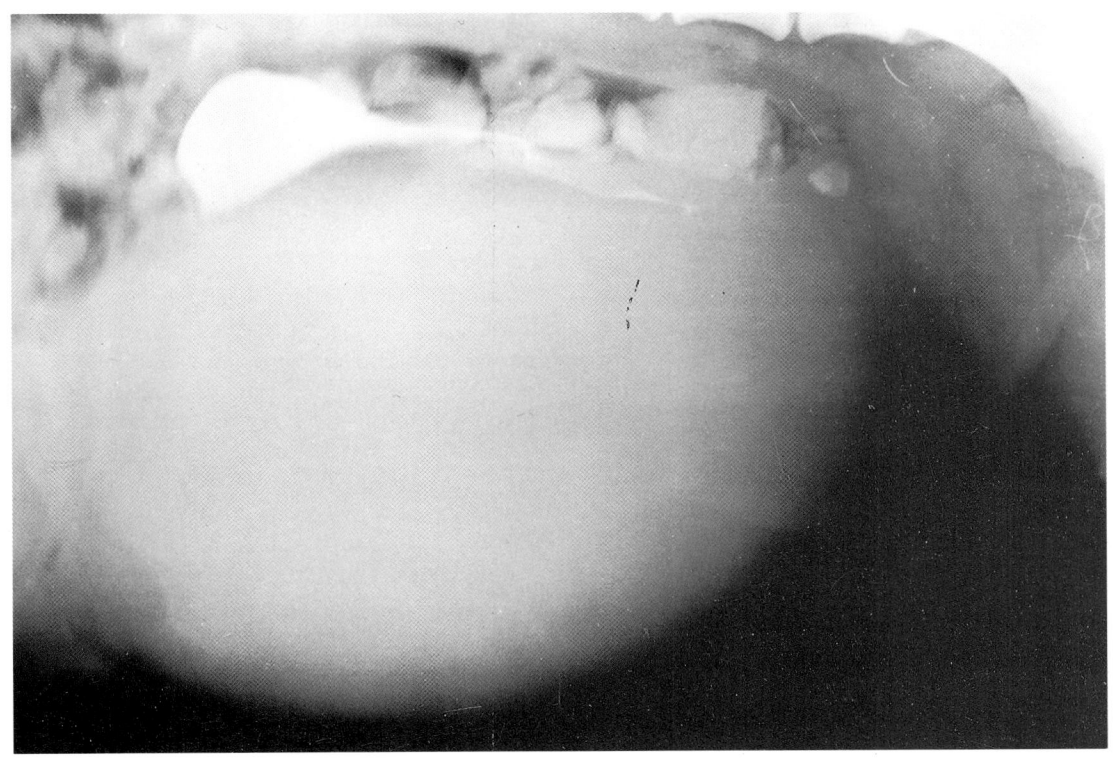

Abb. 20.24. Para-Prostatazyste, Harnretention nach Katheterisieren von 1 l Harn, retrograde Blasendarstellung. Blase nach dorsal verdrängt. Berner Sennenhund, männlich, 7 J.

20.4.6. Blasentumoren

Blasentumoren machen nur etwa 0,5% des gesamten Tumormaterials bei Hunden aus (OSBORNE et al. 1968, STRATFUSS und DEAN 1975). Meist handelt es sich um primäre, selten um sekundäre Tumoren. Die Lokalisation ist häufig im Blasenhals und Trigonum (TEUNISSEN 1976). Gutartige Tumoren (Papillome, Fibrome, Leiomyome) kommen weniger häufig vor als bösartige. Unter den bösartigen sind die meisten (ca. 60%) epithelialer Natur: Übergangszellkarzinome, seltener Plattenepithel- oder Adenokarzinome (BLOOM 1954, OSBORNE et al. 1968). Das mittlere Tumoralter liegt bei 7–10 Jahren. Rhabdomyosarkome wurden auch bei 1–1$\frac{1}{2}$ Jahre alten Hunden beschrieben (KELLY 1973). Eine Geschlechts- oder Rassendisposition besteht nicht.

Die *Ätiologie* spontaner Fälle ist unbekannt. Experimentell konnten Tumoren durch verschiedene kanzerogene Chemikalien (industrielle Amine, wie Benzidin, Toluidin, Xenylamin usw.; BROSIG 1973) erzeugt werden.

Die *Symptome* sind diejenigen einer chronischen Zystitis. Häufig besteht chronische, therapieresistente oder rezidivierende Hämaturie. Palpatorisch kann etwa die tumorös verdickte Blase festgestellt werden. Ferner können Pollakisurie, Dysurie und bei Tumoren im Trigonumgebiet Retentio urinae auftreten.

Die *Diagnose* stützt sich auf die Hämaturie und die retrograde Kontrastzystographie (Abb. 20.25., 20.26.). In der *Differentialdiagnose* sind v.a. Blasensteine und Balkenblasen, selten auch polypoide und lokale Zystitiden abzugrenzen.

Die *Prognose* hängt von der Operabilität der Tumoren und von evtl. bereits bestehenden Metastasen ab. Die *Therapie* ist operativ. Viele Karzinome sind jedoch ausgesprochen infiltrativ und deshalb nicht operabel.

20.4.7. Harnblasenverletzungen

Verletzungen sind meistens traumatischer Natur, am häufigsten infolge Einwirkung stumpfer Gewalt (Überfahrenwerden, Sturz), seltener durch spitze Frakturfragmente oder unsachgemäßes Ka-

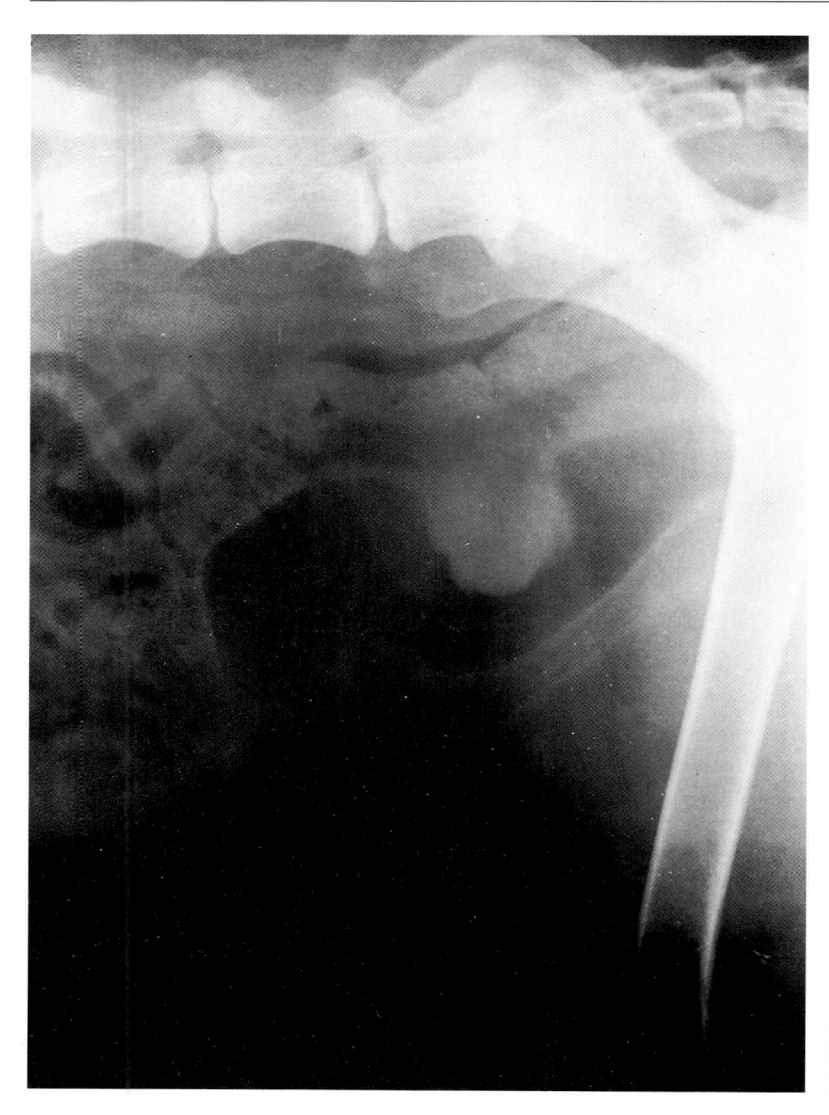

Abb. 20.25. Papilliformes Übergangsepithelkarzinom, vom Blasendach ins Lumen wuchernd. Deutscher Schäferhund, weiblich, 12 J.

theterisieren. Bei Unfällen ist die Art der Verletzung abhängig vom Füllungszustand der Blase. Bei leerer oder wenig gefüllter Blase erfolgen v. a. Quetschungen und Blutungen der Blasenwand, bei voller Blase Rupturen, fast ausschließlich am Blasenscheitel (ÜBERREITER 1930).

Symptome können bei *Quetschungen* fehlen oder erst später unter dem Bild einer Peritonitis und Urämie infolge Blasenwandnekrose eintreten. Das häufigste Symptom ist blutiger Harn. Anamnese, sonstige Verletzungsfolgen und Kontraströntgen zur Abgrenzung gegenüber Rupturen führen zur Diagnose. *Rupturen* bieten ein vielfältiges Symptomenbild. Oft besteht erfolgloses Drängen auf Harn oder fällt dem Besitzer auf, daß kein Harn abgesetzt wird. Diese sog. „Anurie" kann aber auch fehlen. Es wird noch wenig, manchmal blutiger Harn abgesetzt. In der Regel kommt es sehr rasch zu einer zunehmenden Verschlechterung des Allgemeinbefindens, zu Erbrechen, massivem Harnstoffanstieg und anderen Urämiesymptomen. Die *Diagnose* sollte möglichst frühzeitig durch eine retrograde negative und/oder positive Zystographie (Abb. 20.27.) gestellt werden. Man sieht dann die kontrahierte Blase und das in die Bauchhöhle ausgetretene Kontrastmittel. Der Katheterisierungsbefund genügt nicht zum Ausschluß der Diagnose. Katheterharn und Fehlen von Blut schließen die Diagnose nicht aus. Die *Therapie* muß operativer Art sein.

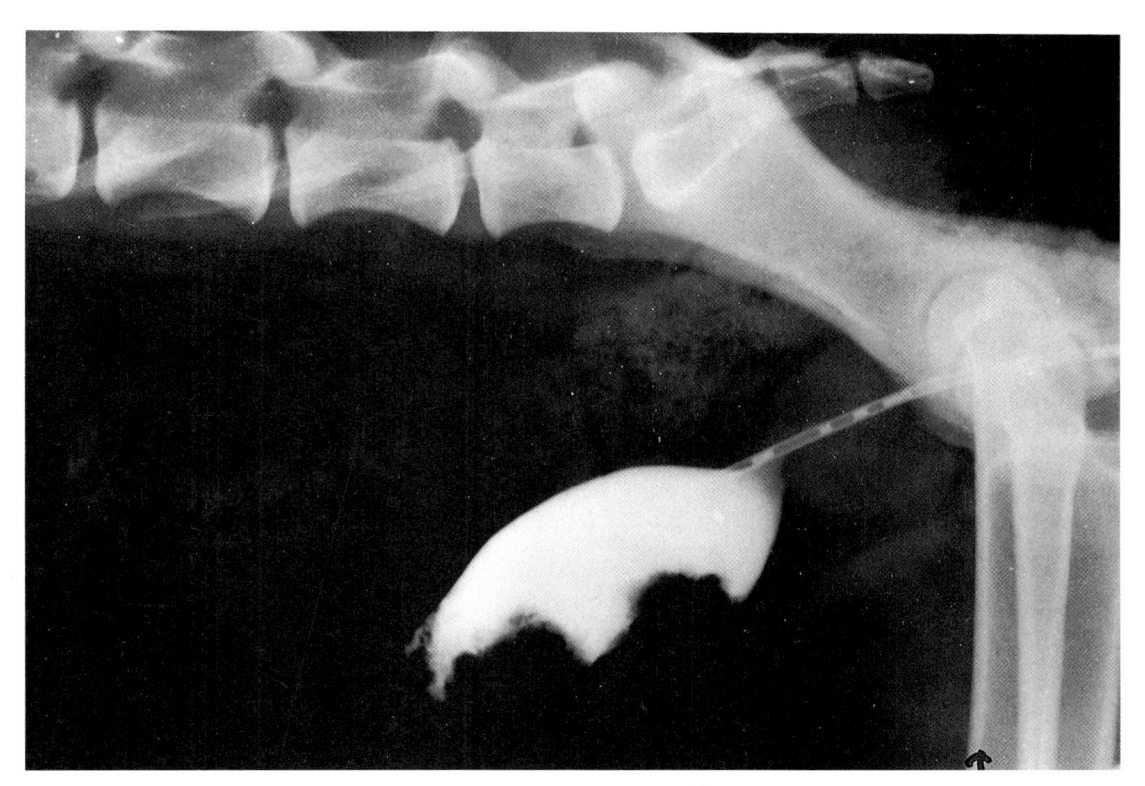

Abb. 20.26. Papilliformes Adenokarzinom der Harnblase, Urografin®, 76%, Dalmatiner, männlich, 11¹/₂ J.

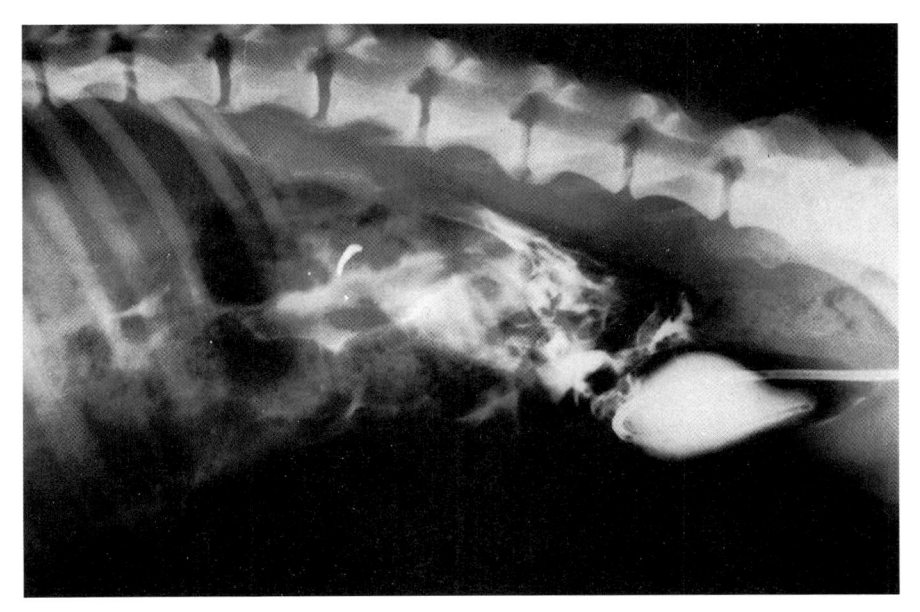

Abb. 20.27. Ruptur der Harnblase; von Auto angefahrener Hund. Urografin®, 76%, in Bauchhöhle ausgetreten.

20.4.8. Harnröhrenerkrankungen

Harnröhrenerkrankungen sind mit Ausnahme der Urethrasteine selten. *Strikturen* (meist traumatisch) führen zu dünnem und meatusnahe zum gedrehten und geteilten Harnstrahl. *Urethritis*, selten isoliert, meist zusammen mit Zystitis, Prostatitis, Konkrementen, ist beim Rüden durch den bei Penisspitzenmassage auspreßbaren Eitertropfen gekennzeichnet. *Urethrakarzinome* (TARVIN et al. 1978) sind äußerst selten. Bei einigen Hunden haben wir intermittierende *Blutungen aus der Harnröhre* bei normalem urologischem Prostatabefund gesehen. Diese traten in Zusammenhang mit Erektionen (Diagnose durch manuell erzeugte Erektion) auf. *Therapie* mit Depot-Gestagenen oder Kastration ist erfolgreich.

Literatur

- *Untersuchungsmethoden und Niere*

ALBRECHT, F. (1974): Beitrag zur Symptomatik, Diagnostik und Therapie der Cystinurie des Hundes. Kleintierpraxis **19**, 202.

ANDERSON, L.J., and FISHER, E.W. (1968): The blood pressure in canine interstitial nephritis. Res. vet. Sci. **9**, 304.

ANDERSON, R.S., and EDNEY, A.T.B. (1969): Protein intake and blood urea in the dog. Vet. Rec. **84**, 348.

ASHEIM, A. (1963): Renal injury in dogs with pyometra. Almqvist u. Wiksells, Uppsala.

AUGUSTIN, R., SEYBOLD, G., WITZENHAUSER R., HESSLER, M., und NIEMEYER, G. (1978): Quantitative und qualitative bakteriologische Untersuchungen an gleichzeitig gewonnenen Blasenpunktat- und Mittelstrahl-Urinen. Schweiz. med. Wschr. **108**, 943.

BÄRISWYL, K. (1961): Die Nierenfunktionsprobe mit Phenolrot beim Hund, verglichen mit dem histologischen Nierenbefund. DTW **68**, 578.

BÄRISWYL, K. (1963): Kreatininclearance, Phenolrottest und Harnstoffbestimmung beim Hund, verglichen mit dem histologischen Nierenbefund. Schweiz. Arch. Thkde **105**, 128.

BASKIN, G.B., and DE PAOLI, A. (1977): Primary renal neoplasma of the dog. Vet. Pathol. **14**, 591.

BLOOM, F. (1954): Pathology of the dog and cat. The genitourinary system, with clinical considerations. Am. Vet. Publications, Inc. Evanston, Illinois.

BOVÉE, K.C., ABT, D., and KRONFELD, D.S. (1979): The effect of dietary protein intake on renal function in dogs with experimentally reduced renal function. JAAHA **15**, 9.

BOVÉE, K.C., and JOYCE, T. (1979): Clinical evaluation of glomerular function: 24 hour creatinine clearance in dogs. JAVMA **174**, 488.

BOVÉE, K.C., JOYCE, Th., BLAZER-YOST, B., GOLDSCHMIDT, M.S., and SEGAL, St. (1979): Characterization of renal defects in dogs with a syndrome similar to the Fanconi syndrome in man. JAVMA **174**, 1094.

BROWN, P.C. (1977): Glomerulonephritis in the dog: A clinical review. J. small Anim. Pract. **18**, 93.

BROWN, S.A., and ENGELHARDT, J.A. (1987): Drug related nephropathies. Part I: Mechanisms, diagnosis and management. Cont. Educ. **9**, 148.

BRUYÈRE, P., POSADA, A., et GOUFFAUX, M. (1975) Hypoplasie du cortex renal chez le chien. Ann. Méd. Vét. **119**, 23.

BURK, D.L., und ACKERMAN, N. (1991): Lehrbuch und Atlas der Kleintier-Radiologie. Gustav Fischer, Stuttgart–Jena.

BUSH, B.M. (1972): A review of the treatment of canine renal disease. Vet. Rec. **90**, 669.

CARTER, J.M., KLAUSNER, J.S., OSBORNE, C.A., and BATES, F.J. (1978): Comparison of collecting techniques for quantitative urine culture in dogs. JAVMA **173**, 296–298.

CARTER, L.J., WINGFIELD, W.E., and ALLEN, T.A. (1989): Clinical experience with peritoneal dialysis. In: Small animals. Cont. Educ. **11**, 1335.

CECIL, L.M., BREISNARD, H., CLARK, R., und SCAPARONE, M.C. (1955): zit. nach MIESCHER, P. (1958), Schweiz. med. Wschr. **88**, 432.

CHEW, D.J., and DI BARTOLA, S.B. (1986): Manual of Small Animal Nephrology and Urology. Churchill Livingstone.

CHRISTIE, B.A. (1973): Vesicoureteral reflux in dogs. JAVMA **162**, 772.

CLARK, W.T., and CUDDEFORD, A. (1971): A study of the amino-acids in urine from dogs with cystine urolithiasis. Vet. Rec. **88**, 414.

COGWILL, L.D., and KALLETT, A.J. (1983): Recognition and management of hypertension in the dog. In: KIRK, R.W.: Current Vet. Therapy VIII, Saunders Comp., Philadelphia.

CROWELL, W.A., and FINCO, D.R. (1975): Frequency of pyelitis, pyelonephritis, renal perivasculitis and renal infarction in dogs. Am. J. Vet. Rec. **36**, 111.

DAHME, E. (1955): Morphologische Studien zur formalen Genese der Schrumpfniere des Hundes. Mh. Thkde **7**, 17.

DE SCHEPPER, J. (1977): Nieraandoeningen bij de hond: Duizend klinische Gevallen. Vlaams Diergeneesk. Tijdschr. **46**, 18.

DE SCHEPPER, J., VAN DER STOCK, J., METTHEEUWS, D., DE RICK, A., VERLEYEN, P., en VAN BREE, H. (1975): Niercortexhypoplasie bij de hond. Vlaams Diergeneesk. Tijdschr. **44**. 169–174.

DE SCHEPPER, J., VAN BREE, H., VAN DER STOCK, J., MATTHEEUWS, D., VERLEYEN, P., and DE RICK, A. (1975): In-vivo diagnosis of right renal aplasia in a pekinese bitch. Vet. Rec. **97**, 475.

DI BARTOLA, S.P., SPAULDING, G.L., CHEW, D.J., and LEWIS, R.M. (1980): Urinary Protein Excretion and Immunopathologic Findings in Dogs with Glomerular Disease. JAVMA, **177**, 73.

DOEGLAS, A. (1952): En methode tot klinische bloeddruk-bepaling bij honden. Tijdschr. Diergeneesk. **77**, 123.

DUBACH, U.C. (1964): Niere und Medikament. Schweiz. med. Wschr. **94**, 1509.

DUBACH, U.C. (1965): Nephrotoxine. Schweiz. med. Wschr. **95**, 702.

EASLEY, J.R. (1976): Glucosuria associated with renal tubular dysfunction in three Basenji dogs. JAVMA **168**, 938.

ENGELHARDT, J.A., and BROWN, S.A. (1987): Drug-related nephropathies. Part II: Commonly used drugs. Cont. Educ. **9**, 281.

EPSTEIN, B.S., BARSANTI, J.A., FINCO, D.R., et al. (1984): Postprandial changes in plasma urea nitrogen and plasma creatinine concentrations in dogs fed commercial diets. JAAHA **20**, 779.

EWALD, B.H. (1967): Renal function tests in normal Beagle dogs. Am. J. Vet. Res. **28**, 741.

FILAR, J. (1971): Die p-Aminohippursäure-Retentionsprobe als Nierenfunktionstest beim Hund. WTM **58**, 435.

FINCO, D.R. (1971): Simultaneous determination of phenolsulfonthalein excretion and endogenous creatinine clearance in the normal dog. JAVMA **159**, 336.

FINCO, D.R. (1976): Familial renal disease in norwegian elkhound dogs. Am. J. Vet. Rec. **37**, 87.

FINCO, D.R., KURTZ, H.J., LOW, D.G., and PERMAN, V. (1970): Familial renal disease in norwegian elkhound dogs. JAVMA **156**, 747.

FINCO, D.R., and DUNCAN, J.R. (1976): Evaluation of blood urea nitrogen and serum creatinine concentrations as indicators of renal dysfunction. JAVMA **168**, 593.

FINCO, D.R., DUNCAN, J.R., CROWELL, W.A., and HUSLEY, M.L. (1977): Familial renal disease in norwegian elkhound dogs. Am. J. Vet. Rec. **38**, 941.

FINCO, D.R., and BARSANTI, J.A. (1979): Bacterial glomerulonephritis. Vet. Clinics North. Am. **9**, 645.

FLÜCKIGER, M. (1991): Ultraschalldiagnostik bei Hund und Katze. 2. Klinische Anwendung. Schweiz. Arch. Thkde **133**, 101.

FREEDMAN und BELSON, zit. nach GLOOR, F. (1961).

FREUDIGER, U. (1955): Zur Leptospirose des Hundes. Epidemiologie, Serologie, Pathologische Anatomie, Klinik und Pathogenese. Arch. exper. Vet. med. **9**, 769, 796.

FREUDIGER, U. (1965): Beobachtungen über eine erblich bedingte Nephropathie beim Cocker Spaniel. Kleintierpraxis **10**, 189.

FREUDIGER, U. (1965): Die kongenitale Nierenrindenhypoplasie beim bunten Cocker Spaniel. Schweiz. Arch. Thkde. **107**, 547.

FREUDIGER, U. (1967): Ätiologie und Pathogenese der Nephritis des Hundes. Kleintierpraxis **12**, 131.

FREUDIGER, U. (1968): Ätiologie der Nierenerkrankungen bei Hund und Katze. Schweiz. Arch. Thkde **110**, 275.

FREUDIGER, U. (1973): Pathogenese und Pathophysiologie der Urämie des Hundes. T. U. **28**, 371.

FREUDIGER, U. (1975): Extrarenale Nierenfunktionsstörungen. Kleintierpraxis **20**, 245.

GABRISCH, K. (1973): Serumharnstoff und Serumkreatinin als Indikatoren der Nierenfunktion beim Hund. Kleintierpraxis **18**, 133.

GAINES (1977): Basis guide to canine nutrition. 4th ed., Gaines Professional Services, New York.

GÄRTNER, K. (1956): Klinische Erscheinungsformen der hämatogenen Nierenerkrankungen des Hundes. Mh. Vet.-Med. **11**, 479.

GÄRTNER, K. (1960): Funktionsstörungen der Niere beim nephritiskranken Hund. Kleintierpraxis **5**, 55.

GÄRTNER, K. (1967): Untersuchungen zur Verbreitung, Differentialdiagnostik, Ätiologie und Pathogenese der spontanen Nephritiden beim Hund. Schaper, Hannover.

GLOOR, F. (1961): Die doppelseitige chronische nichtobstruktive interstitielle Nephritis. Erg. Allg. Path. Anat. **41**, 64.

GOLD, A.C., JEFFS, R.D., and WILSON, R.B. (1968): Experimental pyelonephritis in dogs. Can. J. Comp. Med. **32**, 450–453.

GOULDEN, B.E. (1968): Vesico-ureteral reflux in the dog. New Zealand Vet. **16**, 167.

GRAUER, G.F. (1985): Clinicopathologic evaluation of early renal disease in dogs. Cont. Educ. **7**, 32.

GREIFFENHAGEN, U., WIRTH, D., und MÜLLER-PEDDINGHAUS, R. (1976): Der intravenöse Phenolrot-Test beim Hund. Kleintierpraxis **21**, 118.

GROULADE, J., et GROULADE, P. (1967): L'électrophorèse dans les nephrites chez le chien. Bull. Acad. vét. France **40**, 479.

GRÜNBAUM, E.-G., FRESE, K., und POPP, J.-P. (1991): Praktische Aspekte der Nierendiagnostik. Kleintierpraxis **36**, 49.

GUELFI, J.F., et FLORIO, R. (1974): De l'électrophorèse des protéines sériques et urinaires en pathologie canine. Rev. méd. vét. **125**, 1.

GYSLING, Ch., und HOFER, A. (1986): Renale Dysplasie beim Briard im Vergleich zu anderen Nephropathien beim Hund. Kleintierpraxis **31**, 1.

HARDY, R.M., and OSBORNE, C.A. (1979): Water deprivation test in the dog: maximal normal values. JAVMA **174**, 479.

HARVEY, D.G. (1967): Some biochemical aspects of urology in the dog. J. small Anim. Pract. **8**, 337.

HARVEY, D.G., and HOE, C.M. (1966): The use of paper electrophoresis for the routine identification of urinary proteins in the dog. J. small Anim. Pract. **7**, 431.

HÄUSERMANN, L., und ZANESCO, S. (1981): Vergleichende Untersuchung beim Hund mit Urotube Vet. Roche bzw. Bactrim Urotube und bakteriologischen Standardmethoden. Schweiz. Arch. Thkde **123**, 483.

HEINZMANN-KEIL, F.C. (1974): Bakteriologische Harnuntersuchung bei Hund und Katze mit Urotube®, Roche. Kleintierpraxis **19**, 147.

HOE, C.M., and O'SHEA, J.D. (1965): The correlation of biochemistry and histopathology in kidney disease in the dog. Vet. Rec. **77**, 210.

HOOD, J.C., ROBINSON, W.F., CLARK, W.T., et al. (1991): Proteinuria as an indicator of early renal disease in bullterriers with hereditary nephritis. J. small Anim. Pract. **32**, 241.

HOPPE, A., SWENSON, L., JÖNSSON, L., et al. (1990): Progressive nephropathy due to renal dysplasia in shie tzu dogs in Sweden. J. small Anim. Pract. **31**, 83.

JERGENS, A.E. (1987): Glomerulonephritis in dogs and cats. Cont. Educ. **9**, 904.

KAUFMANN, C.F., SOIREZ, R.F., and TASKER, J.P. (1969): Renal cortical hypoplasia with secondary hyperparathyreoidism in the dog. JAVMA **155**, 1679.

KLOPFER, U., and NEUMANN, F. (1975): Renal cortical hypoplasia in a Keeshond litter. Vet. Med./SAC **70**, 1081.

KRAKOWKA, St. (1978): Glomerulonephritis in dogs and cats. Vet. Clinics North Am. **8**, 629.

KROHN, K., MATTI, M., OKSANEN, A., and SANDHOLM, M. (1971): Immunologic observations in canine interstitial nephritis. Am. J. Pathol. **65**, 157.

KROOK, L. (1957): The pathology of renal cortical hypoplasia in the dog. Nordisk. Vet. Med. **9**, 161.

KUHLMANN, U., FONTANA, A., BRINER, J., STEINEMANN, U., und SIEGENTHALER, W. (1978): Akute interstitielle Nephritis mit oligurischem Nierenversagen nach Phenylbutazon-Medikation. Schweiz. med. Wschr. **108**, 494.

KURTZ, J.M., RUSSELL, St.W., LEE, J.C., SLAUSON, D.O., and SCHECHTER, R.D. (1972): Naturally occurring canine glomerulonephritis. Am. J. Pathol. **67**, 471.

LANG, E. (1976): Antibiotikatherapie. 3. Aufl. Werk-Verlag Dr. E. Banaschewski, München-Gräfelfing.

LEWIS, L.D., MORRIS, M.L., und HAND, M.S. (1991): Klinische Diätetik für Hund und Katze. KVA, Kiel.

LEWIS, R.M., and CENTER, S.A. (1984): Primary diseases affecting glomeruli. In: BOVÉE, K.C.: Canine nephrology. Harwal Publishing.

LOW, G.D. (1961): Chronic canine renal failure. Proceedings 21th Annual Meeting AAHA, 74.

LUCKE, V.M., and KELLY, D.F. (1976): Renal carcinoma in the dog. Vet. Pathol. **13**, 264.

MACDOUGALL, D.F., POWNALL, R., and CRIGHTON, G.W. (1977): A single catheter technique for haemodialysis in the dog. Vet. Rec. **100**, 200.

MCPHAUL, J.J., GREY, G.J., WAGNER, D.F., et al. (1974): Nephrotoxic canine glomerulonephritis. Kidney Int. **6**, 123.

MERTZ, D.P., und KEINE, H.C. (1964): Änderungen von Nierenpartialfunktionen unter dem Einfluß eines Extraktes aus Lespedeza capitata. Arzneimittel-Forschung **14**, 155.

MEYER, H. (1983): Ernährung des Hundes. Ulmer, Stuttgart.

MIESCHER, P., SCHNYDER, U., und KRECH, U. (1958): Zur Pathogenese der interstitiellen Nephritis bei Abusus phenacetin-haltiger Analgetika. Schweiz. med. Wschr. **88**, 432.

MOEGLE, H., BOGUTH, W., und BIERBAUM, A. (1956): Serumeiweißuntersuchungen bei nierenkranken Hunden unter besonderer Berücksichtigung des nephrotischen Syndroms. Zbl. Vet.-Med. **3**, 662.

MORGAN, H.C. (1968): Estimation of renal function using phenolsulfonphthalein. Vet. Med./SAC **63**, 356.

MORRISON, W.I., and WRIGHT, N.G. (1976): Immunopathological aspects of canine renal disease. J. small Anim. Pract. **17**, 139.

MÜLLER, L.F. (1966): Die Diagnostik der Nierenkrankheiten des Hundes. WTM **53**, 740.

MÜLLER-PEDDINGHAUS, R., SCHAEFER, B., GREIFFENHAGEN, U., WIRTH, W., und TRAUTWEIN, G. (1975): Beitrag zur Pathologie, Klinik und Ätiologie der Glomerulonephritis und interstitiellen Nephritis des Hundes. BMTW **89**, 7, 21.

MÜLLER-PEDDINGHAUS, R., and TRAUTWEIN, G. (1977): Spontaneous Glomerulonephritis in Dogs. I. Classification and Immunopathology. Vet. Pathol. **14**, 1.

MÜLLER-PEDDINGHAUS, R., and TRAUTWEIN, G. (1977): Spontaneous Glomerulonephritis in Dogs. II. Correlation of glomerulonephritis with age, chronic interstitial nephritis and extrarenal lesions. Vet. Pathol. **14**, 121.

MÜLLER-PEDDINGHAUS, R., and TRAUTWEIN, G. (1977): Harnanalyse mittels SDS-Polyacrylamidgelelektrophorese beim Hund. Zbl. Vet. Med. A, **24**, 731.

MÜLLER-PEDDINGHAUS, R., SCHMIDT, U., und TRAUTWEIN, G. (1977): Immunopathologische Befunde an Nieren von Beagles mit experimenteller Staupevirusinfektion. BMTW **90**, 457.

MÜLLER-PEDDINGHAUS, R., KIRPAL, G., SCHAEFER, B., und TRAUTWEIN, G. (1977): Untersuchungen über die Pyelonephritis des Hundes. Zbl. Vet.-Med. B, **24**, 198.

MÜLLER-PEDDINGHAUS, R., und TRAUTWEIN, G. (1978): Differenzierung von Proteinurien mittels SDS-Polyacrylamidgelelektrophorese. Fortschr. Vet.-Med., Heft 28, 12. Kongreßbericht, 292, DVG.

NORRDIN, R.W. (1975): Fibrous osteodystrophy with facial hyperostosis in a dog with renal cortical hypoplasia. Cornwell Vet. **65**, 173.

OBEL, A.L., NICANDER, L., and ASHEIM, A. (1964): Light and electron microscopical studies of the renal lesions in dogs with pyometra. Almqvist u. Wiksells, Uppsala 1963.

OSBORNE, C.A., JOHNSON, K.H., PERMAN, V., and SCHALL, W.D. (1968): Renal amyloidosis in the dog. JAVMA **153**, 669.

OSBORNE, C.A., LOW, D.G., and FINCO, D.R. (1969): Reversible versus irreversible renal disease in the dog. JAVMA **155**, 2062.

OSBORNE, C.A., LOW, D.G. and FINCO, D.R. (1972): Ca-

nine and feline urology. W.B. Saunders, Philadelphia/London/Toronto.
OSBORNE, C.A., POLZIN, D.J., ABDULLHI, S., et al. (1982): Role of diet in management of feline chronic renal failure. JAAHA **18**, 11.
OSBORNE, C.A., and VERNIER, R.L. (1973): Glomerulonephritis in the dog and cat. A comparative review. JAAHA **9**, 101.
OSBORNE, C.A., FINCO, D.R., and LOW, D.G. (1975): Renal failure, diagnosis, treatment and prognosis, 1465. In: ETTINGER, St.J.C. (1975): Textbook of Veterinary Internal Medicine. Vol. II. W.B. Saunders Comp. Philadelphia/London/Toronto.
PACHALY, L., VIVALDI, E., und BELMAR, M. (1967): Spontane Pyelonephritis des Hundes. Zbl. Vet.-Med. A, **14**, 371.
PAGÈS, J.-P., and TROUILLET, J.-L. (1990): Anatomopathological study of 142 cases of feline and canine nephropathies: usefulness of renal biopsies in everyday practice. Europ. J. Companion Anim. Pract. **1**, 13.
PEARSON, P.T. (1961): Acute renal failure. Proceed. 21th Meeting Am. Anim. Hosp. Ass., 65.
PERSSON, F., PERSSON, S., and SIBALIN, M. (1961). The aetiological role of Hepatitis contagiosa canis in chronic nephritis in dogs. Acta vet. Scand. **2**, 137.
PERSSON, F., PERSSON, S., and ASHEIM, A. (1961): Bloodpressure in dogs with renal cortical hypoplasia. Acta vet. scand. **2**, 129.
POLZIN, D.J., and OSBORNE, C.A. (1986): Update-conservative medical management of chronic renal failure. In: KIRK, R.W.: Current Vet., Therapy. Saunders Comp., Philadelphia.
RAWLINGS, C.A. (1969): Bilateral hydronephrosis and hydroureter in a young dog. JAVMA **155**, 26.
RENK, W. (1971): Beziehungen von Veränderungen der Prostata und Metritiden zu den Entzündungen des Harnapparates beim Hund. BMTW **84**, 281.
RENK, W., und JAHN, W. (1975): Glomerulonephritis beim Hund. 1. Mittl.: Literaturübersicht. BMTW **88**, 210.
RENK, W., und JAHN, W. (1975): Glomerulonephritis beim Hund. 2. Mitt.: Morphologische Befunde. BMTW **88**, 332.
RENK, W., und JAHN, W. (1975): Glomerulonephritis beim Hund. 3. Mitt.: Differentialdiagnose – Histometrische Untersuchungen – Pathogenese. BMTW **88**, 471.
RIVIERE, J.E. (1984): Calculation of dosage regimens of antimicrobial drugs in animals with renal and hepatic dysfunction. JAVMA **185**, 1094.
RIVIERE, J.E., and COPPOC, G.L. (1981): Dosage of antimicrobial drugs in patients with renal insufficiency. JAVMA **178**, 70.
ROBBINS, G.R. (1965): Unilateral renal agenesis in the Beagle. Vet. Rec. **77**, 345.
RUBIN, St.I., and PAPICK, M.G. (1987): Acute renal failure in dogs. A case of gentamycin toxicity. Cont. Educ. **9**, 510.

SCHAEFER, B., KIRPAL, G., PANTEL, M., und MÜLLER-PEDDINGHAUS, R. (1978): Die Bedeutung des Katheterisierens für das bakteriologische Ergebnis der Harnuntersuchung. Kleintierpraxis **23**, 181.
SCHWARTZ-PORSCHE, D.-M., BOTSCH, H., und SCHOLZ, A. (1972): Simultane Clearancebestimmungen mit ^{51}Cr-EDTA, Inulin, ^{125}I-Hippuran und PAH beim Hund. Zbl. Vet.-Med. A, **19**, 193.
SENIOR, D.F. (1979): Drug therapy in renal failure. Vet. Clin. North Am. **9**, 805.
SIEBERTH, H.-G. (1977): Erkrankungen der Niere. In: GROSS, R., und SCHÖLMERICH, P.: Lehrbuch der Inneren Medizin, 869. Schattauer Verlag, Stuttgart–New York.
SLAUSON, D.O., and GRIBBLE, D.H. (1971): Thrombosis complicating renal amyloidosis in dogs. Vet. Pathol. **8**, 352.
SLAUSON, D.O., and LEWIS, R.M. (1979): Comparative pathology of glomerulonephritis in animals. Vet. Pathol. 135.
SPECTOR, W.S. (1965): Handbook of biological data. W.B. Saunders Comp., Philadelphia/London.
SPÖRRI, H., und LEEMANN, W. (1961): Das Verhalten des Blutdruckes bei Hunden mit chronisch interstitieller Nephritis. Zbl. Vet.-Med. **8**, 523.
STUART, B.P., PHEMISTER, R.D., and THOMASSEN, R.W. (1975): Glomerular lesions associated with proteinuria in clinically healthy dogs. Vet. Pathol. **12**, 125.
SZECZECH, G.M., CARLTON, W.W., and LUND, J.E. (1974): Determination of enzyme concentrations in urine for diagnosis of renal damage. JAAHA **10**, 171.
THORNHILL, J.A. (1983): Continuous ambulatory peritoneal dialysis. In: KIRK, R.W.: Current Vet. Therapy, Saunders Comp., Philadelphia.
TSAN, M.F., JONES, T.C., and WILSON, H.T. (1972): Canine cystinuria: intestinal and renal amino acid transport. Am. J. Vet. Res. **33**, 2463.
TSAN, M.F., JONES, T.C., THORNTON, G.W., LEVY, H.L., GILMORE, Ch., and WILSON, T.H. (1972): Canine cystinuria: its amino acid pattern and genetic analysis. Am. J. Vet. Res. **33**, 2455.
TUCH, K., und MATTHIESEN, Th. (1978): Einseitige Anomalie der Niere beim Beagle. BMTW **91**, 365.
VORBURGER, C. (1978): Bakteriurie – Richtstrahl oder Irrlicht? Schweiz. med. Wschr. **108**, 941.
VYMETAL, F. (1965): Renal aplasia in beagles. Vet. Rec. **77**, 1344.
WRIGHT, N.G. (1976): Canine adenovirus: its role in renal and ocular disease. J. small Anim. Pract. **17**, 25.
WRIGHT, N.G., CORNWELL, H.J.C., and THOMPSON, H. (1971): Canine adenovirus nephritis. J. small Anim. Pract. **12**, 657.
WRIGHT, N.G., THOMPSON, H., and CORNWELL, H.J.C. (1973): Canine nephrotoxic glomerulonephritis. Vet. Path. **10**, 69.
WRIGHT, N.G., FISHER, E.W., MORRISON, W.I., THOMPSON, W.B., and NASH, A.S. (1976): Chronic renal failure in dogs. Vet. Rec. **98**, 288.

Zollinger, H. U. (1945): Die interstitielle Nephritis. S. Karger, Basel/New York.
Zollinger, H. U. (1962): Die Morphologie der Niere beim nephrotischen Syndrom. Schweiz. med. Wschr. **92**, 735.

- *Harnwege*

Albrecht, F. (1974): Beitrag zur Symptomatik, Diagnostik und Therapie der Cystinurie des Hundes. Kleintierpraxis **19**, 202.
Bloom, F. (1954): Pathology of the dog and cat. The genitourinary system. Am. Vet. Publications, Inc. Evanston, Illinois.
Brodey, R. S. (1955): Canine urolithiasis. JAVMA **126**, 1.
Brosig, W. (1973): Blasentumoren. In: Alken, C. E., und Staehler, W.: Klinische Urologie. Georg Thieme, Stuttgart.
Brown, N. O., Parks, J. L., and Greene, R. (1977): Canine urolithiasis. Retrospective analysis of 438 cases. JAVMA **170**, 414.
Bush, B. M. (1976): A review of the aetiology and consequences of urinary tract infections in the dog. Br. vet. J. **132**, 632.
Christoph, H.-J. (1973): Klinik der Hundekrankheiten. Gustav Fischer Verlag, Jena.
Clark, W. T. (1974): The distribution of canine urinary calculi and their recurrence following treatment. J. small Anim. Pract. **15**, 437.
Crow, St. E., Theilen, G. H., Madewell, B. R., Weller, R. E., and Henness, A. M. (1977): Cyclophosphamide-induced cystitis in the dog and cat. JAVMA **171**, 259.
Finco, D. R., Rosin, E., and Johnson, K. H. (1970): Canine urolithiasis. A review of 133 clinical and 23 necropsy cases. JAVMA **157**, 1225.
Fleisch, H., und Bisaz, S. (1966): Übersicht Pathophysiologie und Therapie der Urolithiasis. Z. Urologie **59**, 785.
Goulden, B. E. (1968): Clinical obervations on the role of urinary infection in the aetiology of canine urolithiasis. Vet. Rec. **83**, 509.
Hartig, F., und Hebold, G. (1971): Urocystitis bullosa beim Hund. BMTW **84**, 308.
Hesse, A., und Brühl, M. (1990): Urolithiasis beim Hund – epidemiologische Daten und Analyse der Steine. Kleintierpraxis **35**, 505.
Hesse, A., und Sanders, G. (1987): Urolithiasis beim Hund. Effem Report, Nr. 24, 1.
Hoppe, A. (1989): Empfehlungen für die nichtchirurgische Entfernung der Struvit- und Cystinurolithiasis beim Hund. Animalis familiaris (Waltham) **4**, Nr. 1, 4.
Johnston, S. D., Osborne, C. A., and Stevens, J. B. (1975): Canine polypoid cystitis. JAVMA **166**, 1155.
Keller, P., und Freudiger, U. (1984): Enzymaktivitäten im Urin, im Liquor cerebrospinalis, in der Blasengalle, im Speichel und im Ejakulat des Hundes. Kleintierpraxis **29**, 15.
Kelly, D. F. (1973): Rhabdomyosarcoma of the urinary bladder in dogs. Vet. Path. **10**, 375.
Klein, H., und Klein, F. (1991): Hydroureter und Hydronephrose beim Hund. Kleintierpraxis **36**, 571.
Krabbe, A. (1949): Urolithiasis in dogs and cats. Vet. Rec. **61**, 751.
Kruzik, P., Rautschka, R., und Weiser, M. (1991): Harnsteine beim Hund: Chemische Zusammensetzung und Analyse ausgewählter Spurenelemente. Wiener tierärztl. Mschr. **78**, 408.
Lettow, E., Schwartz-Porsche, D.-M., von Recum, A., und Jahn, W. (1974): Ektopische Ureterenmündung in den Harntrakt und Nierendystopie beim Hund. Zbl. Vet.-Med. A, **2**, 39.
Ling, G. V., Biberstein, E. L., and Hirsh, C. H. (1979): Bacterial pathogens associated with urinary tract infections. Vet. Clinics North Am. **9**, 617.
McCullagh, K. G., and Ehrhart, L. A. (1974): Silica urolithiasis in laboratory dogs fed semisynthetic diets. JAVMA **164**, 712.
Oliver, J. E., and Osborne, C. A. (1977): Neurogenic urinary incontinence. In: Kirk, R. W.: Current Veterinary Therapie. Saunders Company, Philadelphia. 1159.
Oliver, J. E., and Osborne, C. A. (1980): Neurogenic urinary incontinence. In: Kirk, R. W.: Current Vet. Therapy VII. Saunders Company, Philadelphia.
Osbaldiston, G. W., and Lowrey, J. L. (1971): Allopurinol in the prevention of hyperuricemia in dalmatian dogs. Vet. Med./SAC **66**, 711.
Osborne, C. A., Low, D. G., Perman, V., and Barnes, D. M. (1968): Neoplasms of the canine and feline urinary bladder. Am. J. Vet. Res. **29**, 2041.
Osborne, C. A., Low, D. G., and Finco, D. R. (1972): Canine and feline urology. W. B. Saunders Company, Philadelphia.
Osborne, C. A., Oliver, J. E., and Polzin, D. E. (1980): Non-neurogenic urinary incontinence. In: Kirk, C. A.: Current Vet. Therapy. Saunders Company, Philadelphia.
Osborne, C. A., Dietrich, H. F., Hanlon, G. F., and Anderson, L. D. (1975): Urinary incontinence due to ectopic ureter in a male dog. JAVMA **166**, 911.
Pertsch, R. (1967): Urolithiasis beim Hund und Versuch einer Prophylaxe. Kleintierpraxis **12**, 167.
Piermattei, D. L., and Osborne, C. A. (1971): Nonsurgical removal of calculi from the urethra of male dogs. JAVMA **159**, 1757.
Pobisch, R. C. (1960): Röntgenologische Beobachtungen über die Cystitis emphysematosa des Hundes. Wiener tierärztl. Mschr. **47**, 524.
Polzin, D. J., and Jeraj, K. (1979): Urethritis, Cystitis and Ureteritis. Vet. Clinics North Am. **9**, 661.
Putnam, R. W., Pennock, P. W., and Archibald, J. (1969): Emergency surgery following urogenital trauma. Modern Vet. Pract. **50**, 34.
Root, Ch. R., and Scott, R. C. (1971): Emphysematous

cystitis and other radiographic manifestations of diabetes mellitus in dogs and cats. JAVMA **158**, 721.

Rothuizen, J. (1980): Ureter-Ektopie des Hundes. 26. Jahrestagung Fachgruppe Kleintierkrankheiten der DVG. Kongreßbericht. DVG, Gießen.

Schlaaff, S. (1959): Zur Urolithiasis bei Hund und Katze. BMTW **72**, 121.

Stockman, V. (1972): Surgery of urolithiasis in the male dog. J. small Anim. Pract. **13**, 635.

Strafuss, A. C., and Murray, J. D. (1975): Neoplasms of the canine urinary bladder. JAVMA **166**, 1161.

Tarvin, G., Patnaik, A., and Greene, R. (1978): Primary urethral tumors in dogs. JAVMA **172**, 931.

Teunissen, G. H. B. (1976): Erkrankungen der harnableitenden Organe. Kleintierpraxis **21**, 253.

Teunissen, G. H. B., und Teunissen-Strik, A. L. (1981): Lokalisierte hämorrhagische Cystitis. Kleintierpraxis **26**, 507.

Treacher, R. J. (1966): Urolithiasis in the dog. II. Biochemical aspects. J. small Anim. Pract. **7**, 537.

Überreiter, O. (1930): Die stumpfen Verletzungen der Bauchhöhle beim Hunde. Schaper Verlag, Hannover.

Uller, E. (1959): Ein Beitrag zur chirurgischen Behandlung des Harnsteinleidens der kleinen Haustiere. WTM. **46**, 130.

Vandevelde, M., und Fankhauser, R. (1987): Veterinärmedizinische Neurologie. Parey, Berlin.

Weaver, A. D. (1970): Canine urolithiasis; incidence, chemical composition and outcome of 100 cases. J. small Anim. Pract. **11**, 93.

Weaver, A. D., and Pillinger, R. (1977): Lower urinary tract pathogens in the dog and their sensitivity to chemotherapeutic agents. Vet. Rec. **101**, 77.

Weber, A. (1971): Ein Beitrag zu den bakteriell bedingten Harnwegserkrankungen des Hundes unter Berücksichtigung des Resistenztestes. Kleintierpraxis **16**, 234.

White, E. G. (1966): Symposium on urolithiasis in the dog. I. Introduction and incidence. J. small Anim. Pract. **7**, 529.

White, E. G., Treacher, R. J., and Porter, P. (1961): Urinary calculi in the dog. I. Incidence and chemical composition. J. comp. Path. **71**, 201.

Wooley, R. E., and Blue, J. L. (1976): Bacterial isolations from canine and feline urine. Modern Vet. Pract. **57**, 535.

21. Gynäkologie
(M. Berchtold)

21.1. Physiologie der Fortpflanzung

21.1.1. Geschlechtsreife, Zuchtreife

Der Eintritt der Geschlechtsreife (Pubertät) ist gekennzeichnet durch das erstmalige Auftreten einer **Läufigkeit**. Dieser Zeitpunkt ist nicht nur ein rassespezifisches Merkmal, sondern innerhalb einer Rasse vor allem vom Erreichen eines bestimmten Körpergewichts abhängig. Daneben spielen auch Haltungseinflüsse (Licht, Bewegung, Artgenossen, Klima usw.) eine gewisse Rolle. Zudem besteht eine erhebliche individuelle Variabilität, die zum Teil genetisch bedingt ist. Infolge der Vielzahl der Einflüsse unterliegt der Eintritt der Pubertät einer großen Schwankungsbreite. Im allgemeinen tritt die erste Läufigkeit im Alter von 6–12 Monaten auf, wobei kleine Rassen meistens früher geschlechtsreif werden als große. Bezüglich des Alters zur frühesten Zuchtbenutzung bestehen bei verschiedenen Zuchtverbänden Vorschriften. Im allgemeinen sollten Hündinnen jedoch mindestens 1 Jahr alt sein. Dies bedeutet, daß praktisch frühestens die 2. Läufigkeit zur Zucht ausgenützt wird.

21.1.2. Sexualzyklus

Die Hündin gehört zu den saisonal monöstrischen Tieren. Das Intervall zwischen zwei Läufigkeiten beträgt im Durchschnitt 6–7 Monate, wobei jedoch erhebliche Unterschiede zwischen den Rassen und innerhalb einer Rasse vorkommen. Läufigkeitsabstände von 4 Monaten (vor allem kleine Rassen) sind ebenso möglich wie solche von 12 Monaten (z. B. Basenji). Das Einzeltier jedoch weist relativ konstante Brunstintervalle auf.

Die Einteilung des Sexualzyklus in verschiedene Phasen erfolgt am zweckmäßigsten aufgrund äußerer Symptome und endokriner Veränderungen. Die wesentlichen Kriterien sind in Tabelle 21.1. synoptisch zusammengefaßt.

Proöstrus. Die Vorbrunst ist gekennzeichnet durch das Anschwellen der Vulva und das Auftreten von fleischwasserähnlichem, blutigem Ausfluß, der in der Menge von Hündin zu Hündin stark variiert, von kaum wahrnehmbar bis auffällig und permanent. Rüden werden von den Sekreten angelockt, von der Hündin jedoch noch abgewehrt. Die Dauer des Proöstrus unterliegt einer großen Schwankungsbreite, mit Extremen von 4 und 21 Tagen.

Östrus. Das Auftreten der eigentlichen Brunst ist charakterisiert durch die Bereitschaft der Hündin, das Besprungenwerden durch Rüden zu dulden. Diese Phase dauert 2–12 Tage. Bei Anwesenheit eines Rüden präsentiert die Hündin die Nachhand, hält den Schwanz zur Seite, hebt das Perineum an und „entblößt" die Vulva. Der Vaginalausfluß wird heller (strohfarben bis grau) und schleimiger; bei einzelnen Hündinnen jedoch persistiert der blutige Ausfluß. Die Ovulationen beginnen meist schon im ersten Drittel der eigentlichen Brunst und können sich über 24 Stunden erstrecken. Bevor die ovulierten Eizellen jedoch befruchtungsfähig sind, muß zunächst die erste Phase der Meiose (Bildung des ersten Polkörperchens) abgeschlossen werden, ein Prozeß, der 24–48 Stunden dauert.

Proöstrus und Östrus werden zusammen als „Läufigkeit" bezeichnet.

Metöstrus. Die an die Läufigkeit sich anschließenden Phasen werden in der Literatur recht unterschiedlich bezeichnet und definiert. Aus endokrinologischer Sicht erscheint es zweckmäßig, den Metöstrus mit der Zeit der lutealen Aktivität der Corpora lutea gleichzusetzen. Diese Phase dauert 9–12 Wochen. Da die histologisch nachweisbaren Rückbildungs- und Regenerationsvorgänge am Uterus jedoch länger dauern, wird von einigen Autoren die Länge des Metöstrus mit 18–20 Wochen angegeben.

Tabelle 21.1. Einteilung des Sexualzyklus bei der Hündin

Zyklus-phase	Dauer[1]	Äußere Merkmale	Vaginoskopische Befunde	Vaginalzytologie
Proöstrus	7–13 Tage	Vulvaödem; blutiger bis fleischwasserfarbener Scheidenausfluß; Rüden werden abgewehrt	Schleimhaut rosarot, ödematisiert, gefeldert	überwiegend Intermediärzellen, im weiteren Verlauf zunehmend Superfizialzellen mit Anzeichen von Karyopyknose und Karyorhexis und azidophiler Färbung; massenhaft Erythrozyten
Östrus	3–8 Tage	Vulvaödem; Vaginalausfluß wird heller, schleimiger, in der Menge abnehmend; Deckbereitschaft	Schleimhaut auffällig hell, ausgeprägte dichte Falten (schollenartiges Aussehen)	Vorherrschen großer azidophiler Superfizialzellen mit Karyorhexis oder kernlos und mit aufgeworfenen Rändern
Metöstrus	9–12 Wochen	Vaginalausfluß sistiert, Abschwellen der Vulva; evtl. Anzeichen einer Pseudogravidität	Schleimhautfelderung verschwindend; Farbe blaßrosa; Oberfläche mäßig feucht	Auftreten von segmentkernigen neutrophilen Granulozyten, Verschwinden der azidophilen Superfizialzellen; zunehmend basophile Intermediärzellen; Bakterien
Anöstrus	2–4 Monate	Vulva klein, von den umgebenden Haaren verdeckt	Schleimhaut rosa, glatt, mäßig feucht	Ausstrich zellarm; in der Regel keine Leukozyten; fast ausschließlich basophile Parabasal- und Intermediärzellen

[1]) ohne Extremwerte

Anöstrus. Die anöstrische Phase ist gekennzeichnet durch das Fehlen jeglicher Anzeichen eines inneren oder äußeren Sexualzyklus. Die Dauer ist außerordentlich variabel (2–4 Monate oder mehr), weswegen auch die Läufigkeitsintervalle enormen Schwankungen unterliegen.

21.2. Die gynäkologische Untersuchung

21.2.1. Untersuchungsgang

Anamnese. Ein sorgfältig und gezielt erhobener Vorbericht vermag oft entscheidende Hinweise für die Reihenfolge weiterer diagnostischer Maßnahmen zu geben. Zu den wichtigsten Informationen gehören Auskünfte über das Allgemeinbefinden (Freßlust, Polydipsie, Harn- und Kotabsatz), Zeitpunkt und Verlauf der letzten Läufigkeit, Art und Zeitpunkt vorangegangener Hormonbehandlungen (Läufigkeitsunterdrückung, Nidationsverhütung, Laktationshemmung), Verlauf früherer Trächtigkeiten und Geburten.

Adspektion. Aus gynäkologischer Sicht interessieren besonders folgende Abweichungen: Veränderungen des Haarkleides (übermäßiges Wachstum des Wollhaares nach Kastration; symmetrische Alopezien bei ovarial-endokrinen Störungen); Vergrößerung der Vulva (außerhalb der Brunst beinahe pathognomonisch für ovarielle Dysfunktion); Vaginalausfluß (Brunst, Puerperium, Endometritis, Vaginitis, Vaginaltumoren, Zystitis, Ovarialtumoren); Gesäuge (Größe, Laktation, umschriebene Veränderungen).

Palpation. Die nichtgraviden Uterushörner weisen etwa den Durchmesser eines Strohhalmes (kleine Rassen) bis eines Bleistiftes (große Rassen) auf. Vergrößerungen lassen sich nachweisen bei unterschiedlichen Stadien der Gravidität (s. Graviditätsdiagnose) sowie bei Metropathien (Endometritis, Pyometra, Uterustumoren). Das Ausmaß einer Umfangsvermehrung ist palpato-

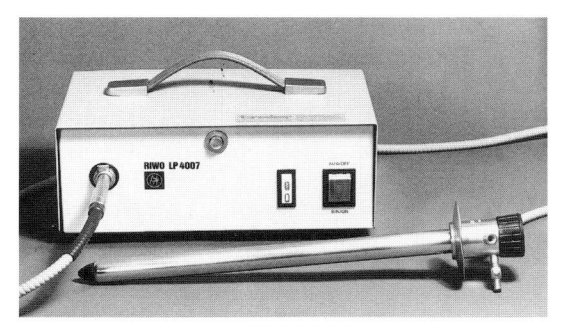

Abb. 21.1. Fiberglasvaginoskop mit ringförmigem Lichtaustritt am distalen Ende, Kaltlichtprojektor und Lichtleitkabel.

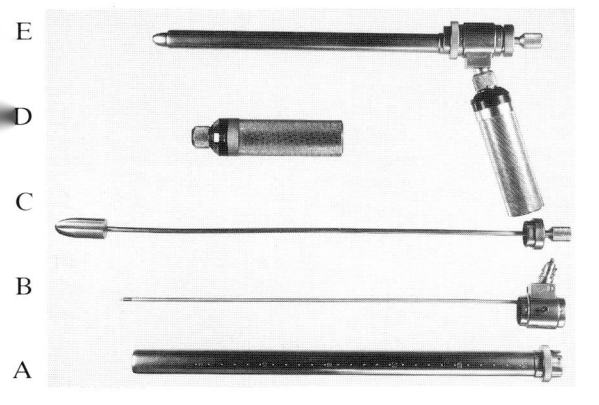

Abb. 21.2. Vaginoskop. A = Röhrenspekulum, B = Lampenträger, C = Mandrin, D = Batteriestab, E = zusammengesetztes Vaginoskop.

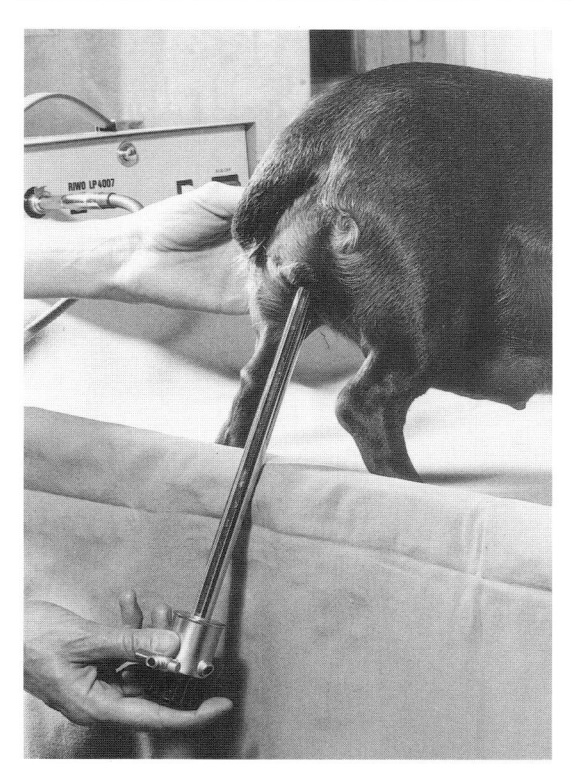

Abb. 21.3. Einführen des Vaginoskops.

risch schwierig abzuschätzen, wenn der Uterus dünnwandig und der Inhalt leicht verschieblich ist. Bei Hündinnen, die auf die Palpation mit einer übermäßigen Anspannung der Bauchdecken reagieren, ist die Anwendung eines Tranquilizers in Erwägung zu ziehen.

Vaginoskopie. Die Adspektion der Vagina mit einem geeigneten Spekulum vermag in vielen Fällen entscheidende Informationen über den gynäkologischen Status einer Hündin zu liefern. Am besten geeignet sind aus der Humanmedizin übernommene modifizierte Rektoskope mit einer Leuchtquelle, die entweder über ein Glasfiberbündel die kraniale Öffnung des Spekulums auszuleuchten vermag (Abb. 21.1.) oder die an der Spitze eines eingebauten Leuchtstabes sitzt (Abb. 21.2.). Als Energiequellen dienen entweder Netzstrom oder aufladbare Batterien.

Die Vaginoskopie erfolgt an der stehenden Hündin. Vor dem Einführen ist das Spekulum anzuwärmen und gut gleitfähig zu machen. Das Einführen erfolgt, nach Spreizen der Labien, zunächst in dorsaler Richtung, da das Vestibulum über den Arcus ischiadicus nach ventral zieht (Abb. 21.3.). Nach Passieren des Hymenalringes, der dem Vaginoskop einen leichten Widerstand entgegensetzt, wird das Vaginoskop in die Horizontale gekippt und langsam, schonend und unter leichtem Drehen nach kranial geschoben. Erst dann wird der Mandrin entfernt (Abb. 21.4.).

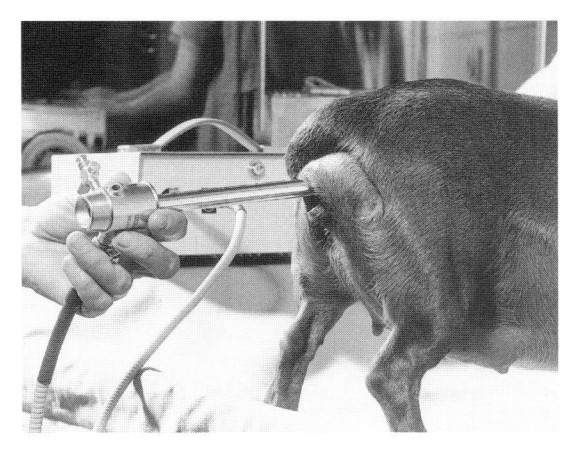

Abb. 21.4. Vaginoskop in horizontaler Lage zur Betrachtung des kranialen Scheidenabschnittes. Der Mandrin ist entfernt.

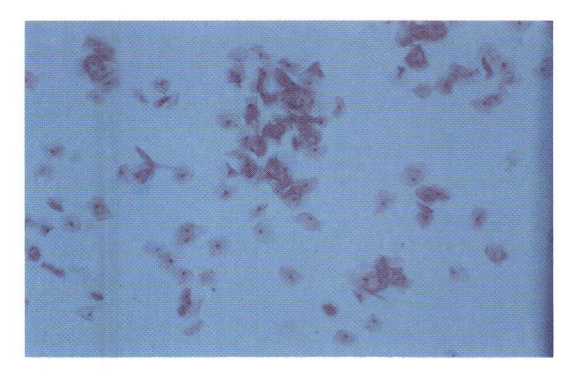

Abb. 21.5. Vaginalabstrich. Papanicolaou-Färbung. Östrus. Azidophile Superfizialzellen mit pyknotischen Kernen.

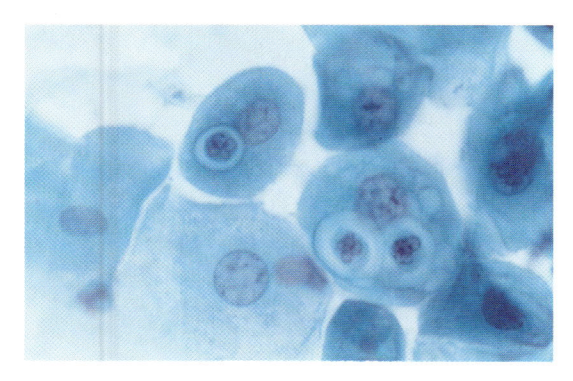

Abb. 21.6. Vaginalabstrich. Papanicolaou-Färbung. Metöstrus. Vorwiegend basophile Intermediärzellen, zum Teil mit infiltrierten neutrophilen Granulozyten.

Beurteilt werden der Fornix vaginae mit der Portio vaginalis cervicis sowie Farbe und Beschaffenheit der Vaginalschleimhaut und evtl. vorhandener Sekrete.

Vaginalzytologie. Die mikroskopische Beurteilung von Schleimhautabstrichen aus der Scheide bildet das Mittel der Wahl zur Objektivierung des optimalen Decktermins und zur Erkennung von hormonalen Störungen der Sexualfunktionen. Die Entnahme einer Probe erfolgt am besten entweder mit einer Drahtöse, wie sie für bakteriologische Untersuchungen verwendet werden, oder mit einem Wattestäbchen, das zuvor mit physiologischer Kochsalzlösung angefeuchtet wurde. Die Zuhilfenahme eines Spreiz- oder Schlitzspekulums ermöglicht die Probenahme aus dem Bereich der dorsalen Vaginalschleimhaut und ohne Kontamination mit Zellen aus dem Vestibulum.

Nach dem Abrollen des Tupfers bzw. dem Ausstreichen der Öse auf einem Objektträger wird der Ausstrich sofort, solange die Zellen noch feucht sind, fixiert (Ether-Alkohol āā) und anschließend gefärbt. Eine optimale Differenzierung der Zellen gewährleistet die Papanicolaou-Färbung (Abb. 21.5., 21.6.), die jedoch sehr aufwendig ist. Für die Routinepraxis genügt auch eine Schnellfärbung, z.B. eine modifizierte Shorr-Färbung. Die Beurteilung der Zellen erfolgt nach den Kriterien, wie sie von SCHUTTE (1969) angegeben wurden.

Die im Vaginalabstrich sich manifestierenden Veränderungen im Verlauf eines Zyklus sind in Tabelle 21.2. zusammenfassend dargestellt. Bei der Interpretation von Schleimhautabstrichen ist zu berücksichtigen, daß die Übergänge zwischen einzelnen Zyklusphasen fließend sind und oft auch innerhalb eines Ausstrichs recht unterschiedliche Verteilungsmuster vorliegen.

Tabelle 21.2. Häufigkeitsverteilung (%) der verschiedenen Zellen im Vaginalabstrich im Verlauf des Sexualzyklus

Zellen	Proöstrus (früh)	Östrus	Metöstrus	
			früh	spät
Erythrozyten	+ +	+	–	–
Leukozyten	±	–	+	+ +
Azidophile (keratinisierte) Superfizialzellen	10	90	30	0
Basophile Superfizialzellen	30	8	20	10
Intermediärzellen	50	2	20	30
Parabasalzellen	10	0	30	60

21.2.2. Graviditätsdiagnose

Nachweis oder Ausschluß einer Trächtigkeit stehen am Anfang jeder gynäkologischen Untersuchung. Wird dieser Grundsatz mißachtet, so werden früher oder später Befunde falsch interpretiert, da Vorberichte oft ungenau oder irreführend sind. Die verschiedenen Möglichkeiten zur Feststellung einer Trächtigkeit sind abhängig vom Stadium der Gravidität. Folgende Grenzbereiche können als Richtlinie genommen werden:

3 Wochen: Ultraschall (Sonographie)
4 Wochen: Palpation (Ampullenstadium)
5 Wochen: Ultraschall-Doppler-Methode
6 Wochen: Röntgen

7 Wochen: Palpation (Feten)
8 Wochen: Auskultation der fetalen Herztöne.

Palpation. Die abdominale Palpation ist die Methode der Wahl zum Nachweis einer Frühgravidität. Die zitronenförmigen Fruchtkammern, die bis etwa zum 32. Tag der Trächtigkeit durch stark kontrahierte Uterussegmente voneinander getrennt sind (Abb. 21.7.), lassen sich bei den meisten Hündinnen als kugelige bis länglich-ovale, relativ feste Gebilde palpatorisch abgrenzen. Die günstigste Zeit liegt zwischen dem 24. und 30. Tag der Trächtigkeit. Schwierigkeiten können sich ergeben bei aufgeregten Hündinnen, die auf die Palpation mit einer abnormen Bauchdeckenspannung reagieren, sowie bei adipösen Tieren. Enthält ein Uterus nur sehr wenige Fruchtkammern, so können diese wegen ihrer Glätte und der großen Zwischenräume sehr leicht unter den palpierenden Fingern weggleiten, so daß sie evtl. nicht erkannt werden.

Mit zunehmender Dauer der Trächtigkeit verlängern sich die Fruchtkammern, die Zwischenräume verschwinden, und die Uterushörner bilden schließlich einen gleichförmigen Schlauch (Abb. 21.8.), der palpatorisch oft nicht interpretierbar ist und vor allem keine Abgrenzung gegenüber einer Pyometra erlaubt. Der Palpationsbefund wird erst wieder eindeutig positiv, wenn die Früchte direkt auf Grund ihrer festen Konsistenz palpierbar werden (etwa ab 50. Tag). Abb. 21.9. zeigt einen Fetus am 35. Tag der Gravidität.

Ultraschall. Unter den verschiedenen Methoden der Ultraschalldiagnostik gewinnt die Sono-

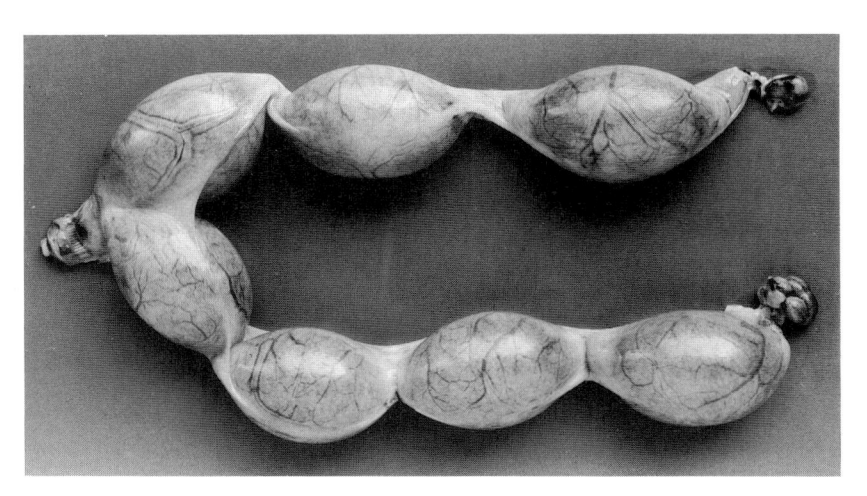

Abb. 21.7. Trächtigkeit, 28 Tage, Ampullenstadium.

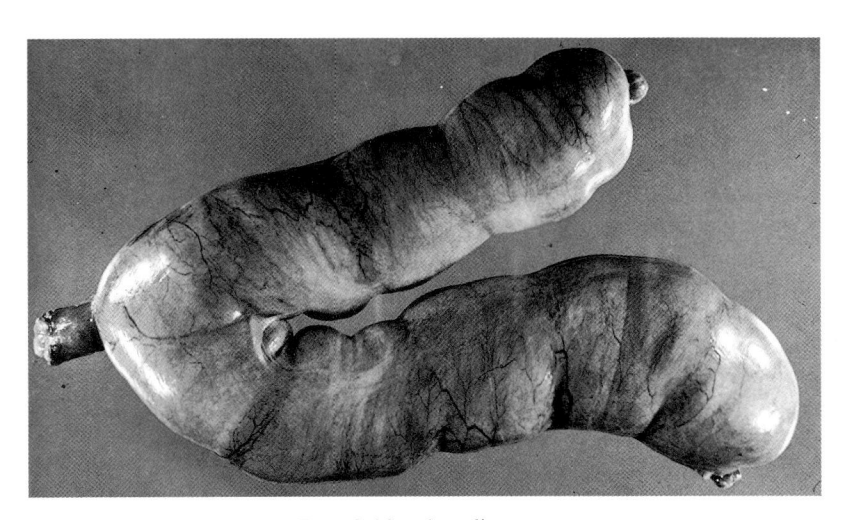

Abb. 21.8. Trächtigkeit, 47 Tage, Schlauchstadium.

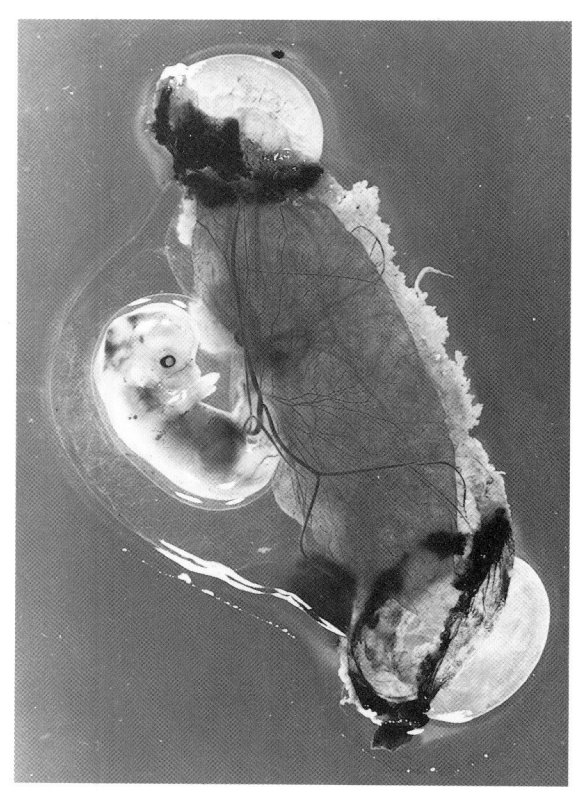

Abb. 21.9. Fetus, 35. Tag der Gravidität, nach Entfernung der Uteruswand und des Chorions im Bereich der Gürtelplazenta. Deutlich unterscheidbar sind Allantois, Amnion, Dottersack mit Blutgefäßen sowie die Randhämatome der Plazenta.

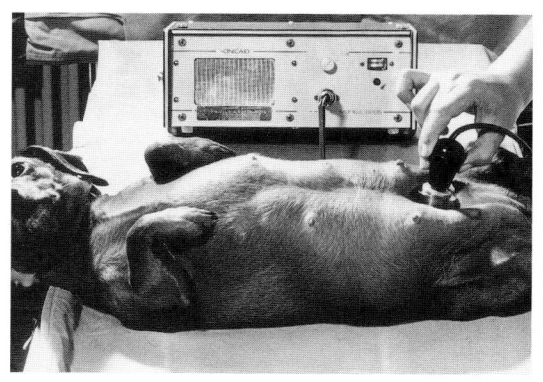

Abb. 21.10. Ultraschallgerät zum Nachweis der Gravidität.

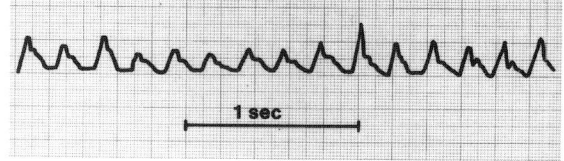

Abb. 21.11. Aufzeichnung der am fetalen Herzen reflektierten Ultraschallwellen, 12 Tage ante partum.

graphie (bildgebendes Ultraschallverfahren) zunehmend an Bedeutung. Zur Frühträchtigkeitsuntersuchung beim Kleintier eignen sich vor allem Geräte mit einem sog. Sector-Scanner, die im positiven Fall bereits ab dem 19. Tag nach der Bedeckung die Fruchtanlagen erkennen lassen (FLÜCKIGER et al. 1988). Geräte auf der Basis des Doppler-Prinzips (Abb. 21.10. und 21.11.) erlauben die Registrierung der fetalen Herztätigkeit und Pulsation der Nabelarterien ab dem 32. Tag post conceptionem. Die fetale Herzfrequenz beträgt mehr als 200/min.

Röntgen. Der radiologische Nachweis einer Gravidität ist möglich, sobald das fetale Skelett zu verknöchern beginnt. Unter durchschnittlichen Bedingungen lassen sich Wirbelsäule, Rippen, Schädel und Gliedmaßen etwa ab dem 42. Tag der Trächtigkeit im Röntgenbild erkennen (Abb. 21.12.). Auf Röntgenaufnahmen vor dem 40. Tag post conceptionem bildet sich der trächtige Uterus als gleichförmige Verschattung ab (Abb. 21.13.), die sich nicht von derjenigen bei einer Pyometra unterscheiden läßt (s. Abb. 21.20.).

Auskultation. In der letzten Woche der Gravidität lassen sich in der Regel die fetalen Herztöne auskultatorisch feststellen. Das Phonendoskop wird am stehenden Tier entweder in der Flanke oder in der Medianen aufgesetzt. Der fetale Puls hat eine wesentlich höhere Frequenz als der mütterliche.

Hilfskriterien. Neben den vorstehend beschriebenen Kriterien, die im positiven Fall beweisend für das Vorliegen einer Gravidität sind, gibt es eine Reihe zusätzlicher Merkmale, die letztlich aber nur den Charakter von hinweisenden Kriterien haben. Bereits ab der 3. Woche nach der Konzeption fällt bei der Vaginoskopie auf, daß der Dorsalwulst an der Portio vaginalis cervicis etwas vergrößert ist und ein zähpappiger, graugelblicher Schleim den äußeren Muttermund bedeckt. Mit zunehmender Dauer der Trächtigkeit und der damit verbundenen Verlagerung des Uterus gegen die ventrale Bauchwand zu erfährt das Abdomen im Querschnitt eine birnenförmige Erweiterung. Etwa ab dem 45. Tag wird auch das Gesäuge größer, die Zitzen werden zylindrisch und stehen leicht ab. Gegen Ende der Gravidität nimmt die Hündin offensichtlich an Gewicht zu und wird ruhiger. Einzelne Tiere zeigen gelegentlich bei sonst

21. Gynäkologie 631

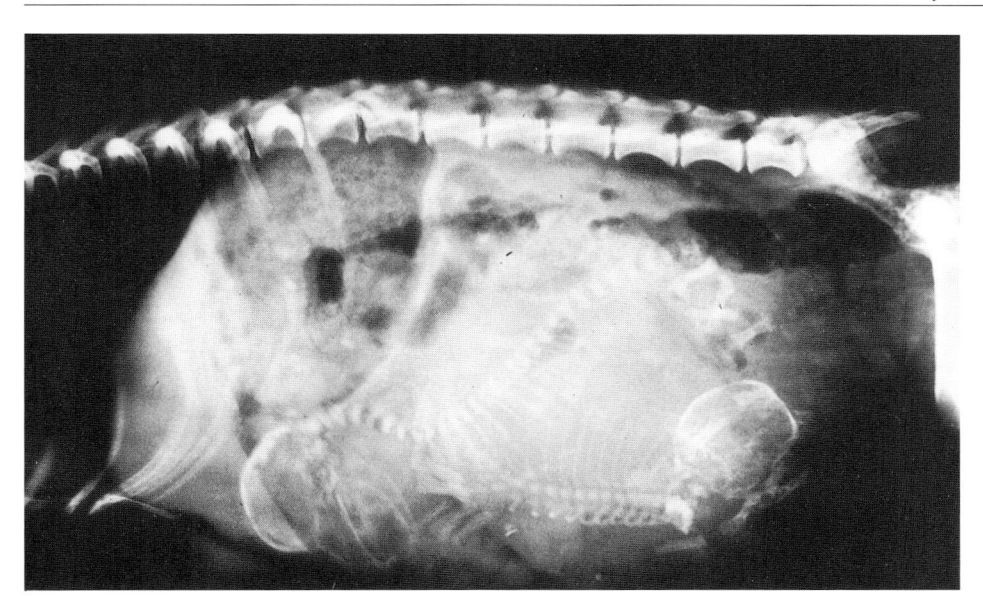

Abb. 21.12. Gravide Hündin, 60 Tage p. c., Röntgenaufnahme.

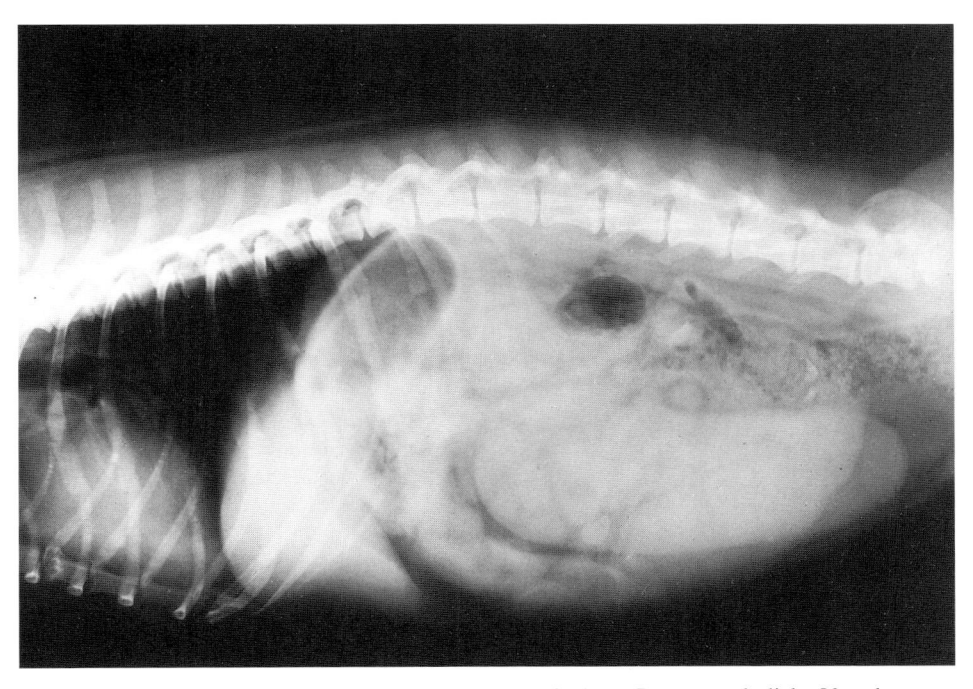

Abb. 21.13. Gravide Hündin, 40 Tage p. c., Röntgenaufnahme. Pyometraähnliche Verschattung.

ungestörtem Allgemeinbefinden Erbrechen. In den meisten Fällen setzt die eigentliche Milchsekretion erst im Zusammenhang mit der Geburt ein. Mitunter läßt sich jedoch, namentlich bei pluriparen Tieren, schon mehrere Tage vor dem Werfen Milch aus den Zitzen abpressen.

21.3. Läufigkeitsstörungen

21.3.1. Anöstrie

Das Ausbleiben äußerer Brunstsymptome (Anöstrie, Anaphrodisie) ist bei der Hündin in der Regel die Folge einer Unterfunktion oder Afunktion der Ovarien. Die Azyklie äußert sich entweder in Form einer verspäteten Pubertät, als abnorm verlängertes Läufigkeitsintervall oder als Ausbleiben einer Läufigkeit nach einer Gravidität. Bei Hündinnen, die nicht zur Zucht vorgesehen sind, erübrigt sich jegliche Maßnahme. Bei Junghunden mit ausbleibender Läufigkeit trotz normaler Gewichtsentwicklung sollte aus zuchthygienischen Gründen von einer Behandlung abgesehen werden.

Bei Hündinnen, die bereits einmal läufig gewesen sind, läßt sich in der Phase der Anöstrie ein Zyklus vielfach durch wiederholte Verabreichung von Serumgonadotropin, evtl. nach vorangegangener „Konditionierung" mit Östrogenen, in Gang setzen. Für eine Hündin mittlerer Größe (20 kg) können folgende Dosierungen als Richtlinie genommen werden: einmalige intramuskuläre Injektion von 0,05 mg Östradiol, gefolgt von intramuskulären Injektionen von je 20 IE PMSG pro Tag während 5 Tagen. Am letzten Tag der PMSG-Verabreichung werden zusätzlich 500 IE HCG intramuskulär injiziert. Dieses Behandlungsschema wurde verschiedentlich modifiziert. Die Sicherheit der Brunstauslösung ist gut.

Läufigkeitssymptome manifestieren sich ab dem 4. Tag der Behandlung. Die Hündinnen sind zwischen dem 12. und 17. Tag nach Behandlungsbeginn deckbereit (ARNOLD et al. 1989). Die Konzeptionsrate beträgt unter Praxisbedingungen etwa 50%.

21.3.2. Verlängerte Läufigkeit

Bei der großen Variabilität der verschiedenen Zyklusphasen und der relativ begrenzten Aussagekraft äußerer Symptome bezüglich des Läufigkeitsbeginns und des Ovulationszeitpunktes ist es außerordentlich problematisch, den Begriff „verlängerte Läufigkeit" zu definieren. Unter Zugrundelegung der am häufigsten beobachteten Verlaufsformen und unter Einbeziehung vaginalzytologischer Untersuchungen lassen sich drei Gruppen von Läufigkeitsanomalien voneinander unterscheiden: verlängerter Proöstrus, verlängerter Östrus und sog. „Split-Östrus".

Verlängerter Proöstrus. Die Hündin zeigt die charakteristische Proöstrusblutung während mehr als 21 Tagen. Im Unterschied zu Hündinnen mit blutigem Ausfluß während des eigentlichen Östrus ist das vaginalzytologische Bild geprägt durch das Vorherrschen von basophilen Superfizialzellen bei einem Anteil von weniger als 50% azidophiler Zellen. Betroffene Hündinnen sind auch nicht deckbereit. Der Störung liegt vermutlich eine ungenügende endogene Ausschüttung von gonadotropen Hormonen zugrunde. Als Therapie empfiehlt sich die subkutane Verabreichung von 0,01–0,02 mg Östradiol, gefolgt von 200 bis 500 IE HCG nach 24 Stunden.

Verlängerter Östrus. Dauert die Deckbereitschaft bei einer Hündin länger als 12 Tage, so spricht man von einem verlängerten Östrus. Betroffene Tiere weisen häufig einen blutig-wäßrigen Scheidenausfluß auf. Gelegentlich persistiert jedoch der eher graue, schleimige Östrusfluor. Im Scheidenabstrich dominieren die azidophilen Superfizialzellen.

Derartig persistierende Östrussymptome konnten wiederholt auch bei Hündinnen beobachtet werden, die bereits länger als eine Woche zuvor erfolgreich gedeckt worden waren. Zum Teil bleibt bei Tieren mit verlängertem Östrus die Ovulation jedoch aus. Einzelne ovarielle Follikel persistieren, und infolge der verlängerten Östrogeneinwirkung kommt es schließlich zur Entstehung einer glandulär-zystischen Hyperplasie des Endometriums (s. 21.7.2.2.).

Zur Behandlung des verlängerten Östrus werden allgemein Gestagene (z.B. 20–50 mg Medroxyprogesteronacetat s.c.) oder HCG (50–100 IE s.c.) empfohlen. Bei beiden Behandlungen besteht jedoch das Risiko, daß in Fällen von gestörten Ovarialfunktionen, die vielfach mit abnormen Sekretionsverhältnissen im Endometrium vergesellschaftet sind, anschließend eine Endometritis oder Pyometra entsteht. Die Besitzer sind daher auf mögliche Komplikationen und deren Anzeichen aufmerksam zu machen. Als Alternative ist die Verabreichung minimaler Dosen von Östrogenen (0,01–0,02 mg pro Tier) in Erwägung zu ziehen. 1–3 Tage nach dieser Behandlung verschwindet der blutige Fluor, wobei vermutet wird, daß die Östrogene einen positiven Feedbackmechanismus im Hinblick auf die übergeordneten Regulationszentren auslösen. Nach einer Östrogenbehandlung können aber ebenfalls Metropathien auftreten, auch wenn das Risiko im Vergleich zu den anderen Behandlungen etwas geringer zu sein scheint.

Split-Östrus. Nach einem normal verlaufenen Proöstrus und Einsetzen typischer Östrussymptome weist die Hündin die Rüden plötzlich ab. Das vaginalzytologische Bild läßt erkennen, daß die erste kurze Phase der Deckbereitschaft verfrüht war. Die eigentliche Östrusphase setzt erst nach einem Intervall von einigen wenigen Tagen ein, wobei zu diesem Zeitpunkt im allgemeinen normale Konzeptionschancen bestehen.

Gelegentlich wird auch eine zweigeteilte Proöstrusphase mit nachfolgendem normalem Östrus beobachtet.

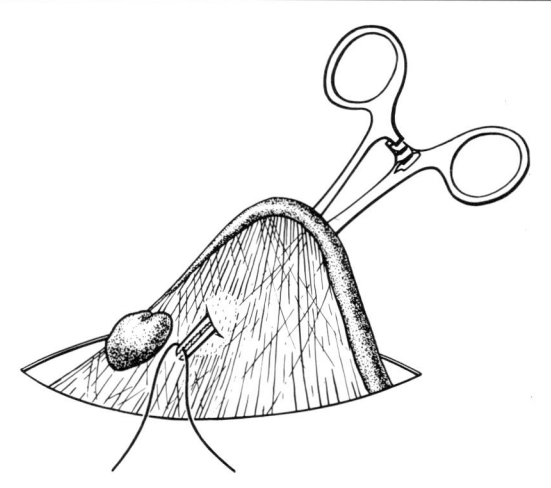

Abb. 21.14. Ovarektomie. Einziehen eines doppelten Fadens durch das Mesometrium.

21.4. Unterdrückung der Läufigkeit

Aus der Sicht der Praxis müssen folgende Begriffe unterschieden werden:

- Verhinderung der Läufigkeit: totale Unterdrückung der Sexualfunktionen über Jahre (Kastration oder Depot-Gestagene),
- Verschiebung der Läufigkeit: kurzfristiges Hinausschieben einer Läufigkeit um einige Tage oder Wochen,
- Unterbrechung der Läufigkeit: Unterdrückung einer bereits eingetretenen Läufigkeit.

Jeder tierärztliche Eingriff in den Sexualzyklus der Hündin ist mit einem gewissen Risiko hinsichtlich Nebenwirkungen oder Komplikationen verbunden. Vor- und Nachteile einer Behandlung sind gegeneinander abzuwägen, wobei die Anliegen des Besitzers angemessen berücksichtigt werden müssen.

21.4.1. Kastration

Ovarektomie. Bei Hündinnen, die nicht zur Zucht vorgesehen sind, ist zur dauernden Verhinderung der Läufigkeit in erster Linie die Kastration in Betracht zu ziehen. Dabei genügt es, die Ovarien zu entfernen. Der Uterus kann ohne erhöhtes Risiko belassen werden.

Technik: Allgemeinnarkose. Mediane Laparotomie. 4–7 cm langer Schnitt, beginnend hinter dem Nabel. Extraabdominale Vorlagerung der kranialen Abschnitte der Uterushörner, indem man mit dem gekrümmten Finger zunächst der Bauchwand entlang in die Tiefe tastet, dann den Finger zur Medianen dreht und zurückzieht. Einziehen eines doppelten, chromierten Catgutfadens mittels Péan oder Déchamps-Nadel durch die meist deutlich sicht- oder palpierbare fettarme Stelle am Übergang vom Mesovar zum Mesometrium (Abb. 21.14.). Die eine Ligatur wird möglichst nah bei den Nieren gesetzt, die andere Ligatur erfolgt im Bereich der Uterushornspitze (Abb. 21.15.). Beim Absetzen des zwischen den Ligaturen sitzenden Gewebes ist darauf zu achten, daß die Ovarien vollständig entfernt werden. In Zweifelsfällen ist es vorteilhaft, durch Öffnen der Bursa ovarica sich über Lage und Ausdehnung der Eierstöcke zu orientieren. Verschluß der Bauchdecke in 3 Schichten: Musculus rectus abdominis, zusammen mit Bauchfell; subkutane Raffungsnaht; Hautnaht.

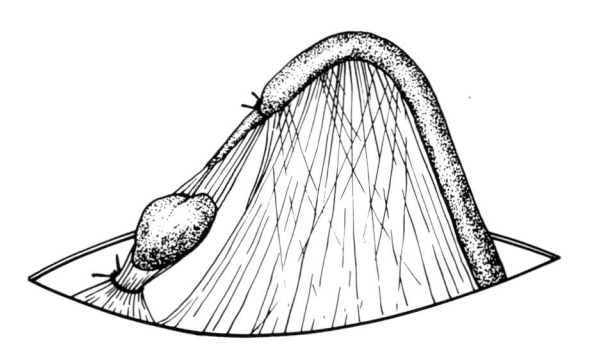

Abb. 21.15. Ovarektomie. Schematische Darstellung der Ligaturen vor dem Absetzen des Ovars.

Ovariohysterektomie. Bei Hündinnen mit Anzeichen einer Uterusveränderung ist auch die Gebärmutter zu exstirpieren.

Der Bauchschnitt wird etwa bis auf die Höhe der vorletzten Zitze geführt. Nach dem Abbinden des Ovars wie bei der Ovarektomie wird am Übergang vom Uterushorn zum Eileiter eine Klemme gesetzt, um die Blutzufuhr von kaudal her zu unterbinden. Dann werden die Aufhängebänder des Ovars mit der Schere durchtrennt. Anschließend erfolgt das stumpfe Loslösen des Mesometriums vom Uterushorn unter Schonung der A. uterina, die in einer Entfernung von 1–4 cm dem Uterus entlang verläuft.

Auf der Gegenseite wird gleichermaßen verfahren. Die Mesometrien sind bis zur Zervix zu durchtrennen. Das aus dem Mesometrium sich abspaltende und zum inneren Leistenring ziehende Ligamentum teres uteri ist mitunter kräftig ausgebildet und enthält oft auch ein stärkeres Gefäß. In diesen Fällen empfiehlt es sich, um das Band eine Ligatur zu setzen, bevor es durchtrennt wird. Die losgelösten Uterushörner werden über den kaudalen Wundwinkel zurückgeschlagen. Dann wird kaudal von der Zervix eine Massenligatur mit einem langen, chromierten Catgutfaden gesetzt. Um die Gefahr des Rutschens der Ligatur zu vermindern, kann zunächst auch das eine Gefäßpaar seitlich der Vagina umstochen und ligiert werden. Die langen Fadenenden werden anschließend doppelt um das Scheidenrohr geführt und chirurgisch verknotet. Nach Setzen einer kräftigen Klemme im Bereich des Corpus uteri erfolgt das Absetzen des Uterus und wenn möglich auch der Zervix. Zum Schutz gegen eventuelle Verunreinigungen mit Uterusinhalt sind die Abdominalorgane durch Tupfer abzudecken. Der Schleimhautrand des Stumpfes wird mit der Schere exzidiert und der verbleibende Trichter mit Iodtinktur ausgetupft. Vor dem Abschneiden der Fadenenden sind die Stümpfe bezüglich Sickerblutungen zu überprüfen. Dann wird das Netz über die Abdominalorgane zurückgezogen und die Bauchwunde verschlossen.

Kastrationsnebenwirkungen. Die Vorteile der Kastration (einmaliger Eingriff, zuverlässige Ausschaltung der Sexualfunktionen) können durch eine Reihe von unerwünschten Nebenwirkungen geschmälert werden:

Incontinentia urinae: Das Harnträufeln ist die häufigste unerwünschte Spätfolge (bei 5 bis 20% der ovarektomierten Hündinnen), beginnt meist innerhalb der ersten zwei Jahre p. op. und tritt oft nur schwach oder intermittierend in Erscheinung. Besonders gefährdet sind große Rassen (Vorkommen: >20%). Das Harnträufeln zeigt sich nur im Schlaf. Die Pathogenese ist unbekannt. Bei Hündinnen, die mehr als 20 kg wiegen und nachts im Hause gehalten werden, ist daher als Alternative zur Kastration die Behandlung mit einem Depotgestagen in Erwägung zu ziehen.

Die kastrationsbedingte Incontinentia urinae läßt sich am besten durch die orale Verabreichung eines Sympathomimetikums, z.B. täglich 25 bis 50 mg Ephedrin-HCl oder 3mal täglich 1,5 mg Phenylpropanolamin/kg KM, behandeln. Als Alternative kommt die orale Behandlung mit Östrogenen in Frage, z.B. mit einem Stilben (Initialdosis für Diethylstilbestrol 0,04–0,06 mg pro Tier, täglich oral verabreicht; nach 1 Woche Fortsetzung der Therapie in abnehmenden Dosierungen bis zu 0,01 mg/Tag). Gut bewährt hat sich auch die orale Behandlung mit Estradiolvalerat in Form von Tropfen, die hinsichtlich der empirisch zu ermittelnden minimalen wirksamen Dosierung Vorteile aufweisen. Bei langfristigen Östrogenbehandlungen sind Nebenwirkungen nicht auszuschließen.

Da die Erfolgssicherheit der verschiedenen Behandlungsarten wegen der unterschiedlichen Ansprechbarkeit der Hündinnen nicht vorhersehbar ist, muß im Einzelfall das optimale Behandlungsschema empirisch ermittelt werden.

Eine effiziente Behandlung der kastrationsbedingten Sphinkterinkompetenz besteht darin, daß in der Urethra unter Sichtkontrolle (Cystoskop) etwa 1,5 cm distal vom Blasenhals 3 submuköse Depots einer 50%igen Teflonlösung gesetzt werden, die zu einer Verengung der Harnröhre führen (ARNOLD et al. 1989).

Gewichtszunahme: Nach Ovarektomie neigen manche Hündinnen zu einem erhöhten Futterverzehr bei gleichzeitig besserer Futterverwertung. Limitiertes Nahrungsangebot und ausreichende Bewegung vermögen einer Adipositas vorzubeugen (s. auch Kapitel 5.).

Haarkleidveränderungen: Bei langhaarigen Hündinnen (besonders Spaniels und Lang-

Abb. 21.16. Spaniel. Übermäßiges Wachstum des Wollhaares nach Kastration.

haardackel) kommt es in seltenen Fällen zu einem übermäßigen Wachstum des Wollhaares (Abb. 21.16.). Gelegentlich werden aber auch bilateralsymmetrische Alopezien beobachtet. Behandlung mit Östrogenen wie bei Incontinentia urinae.

Die Transplantation von autologem Ovargewebe unter die Serosa des Magens (LE ROUX und VAN DER WALT 1977) zur Vermeidung von unerwünschten Kastrationsfolgen hat sich in der Praxis nicht bewährt (ARNOLD et al. 1988).

21.4.2. Verhinderung der Läufigkeit durch Depot-Gestagene

Als Alternative zur Kastration bietet sich die regelmäßige Verabreichung von Depot-Gestagenen an (Dosierungen s. Tabelle 21.3.). Dabei sind die folgenden Richtlinien zu beachten.

- Nach Möglichkeit erste und zweite Läufigkeit ohne Behandlung vorübergehen lassen, um eine Information über Verlauf und Dauer der Läufigkeit sowie über die zu erwartenden Brunstintervalle zu erhalten.
- Behandlungsbeginn in einer Phase der vollkommenen Ovarruhe: frühestens 3 Monate nach einer beobachteten und spätestens 1 Monat vor einer erwarteten Läufigkeit. Erstbehandlung von trächtig gewesenen Hündinnen etwa 60 Tage nach dem Werfen. Eine Ausnahme bildet Proligeston, das praktisch während des ganzen Metöstrus und Anöstrus ohne erhöhtes Risiko verabreicht werden kann (VAN OS und OLDENKAMP 1979).

Kontraindikationen: nicht genau bekannter Zeitpunkt der vorangegangenen Läufigkeit; nicht bekannter Zeitpunkt der letztmaligen Gestagenbehandlung; vorangegangene Nidationsverhütung mit Östrogenen; abnormer Verlauf der vorangegangenen Läufigkeit; Hündinnen mit Vaginalausfluß oder mit Anzeichen eines Diabetes mellitus.

Komplikationen: a) *Durchbrüche:* Im allgemeinen bewirkt die Verabreichung eines Depot-Gestagens eine Ruhigstellung für eine Dauer von 6–9 Monaten. Gelegentlich kann aber bereits innerhalb von 3–4 Monaten nach der Injektion eine erneute Läufigkeit eintreten. Ursachen: Dosierungsfehler; Inhomogenität der Suspension (daher vor Gebrauch gut schütteln); abnorm schneller Abbau des Gestagens; unvollständige Injektion infolge Abwehrbewegungen des Tieres.

b) *Metropathien:* In einzelnen Fällen kommt es nach wiederholter Verabreichung von Depot-Gestagenen zur Ausbildung einer Pyometra (Abb. 21.17.), Mukometra (Abb. 21.18.) oder glandulär-zystischen Hyperplasie (s. 21.7.2.2.), die eine Ovariohysterektomie erforderlich machen. Besonders gefährdet scheinen Hündinnen zu sein, bei denen die Behandlung kurze Zeit vor oder nach einer Läufigkeit stattgefunden hat.

c) *Stimulierung des Wachstumshormons,* verbunden mit Akromegalie, inspiratorischem Stridor, Bildung von Hautfalten, Weitstellung der Zähne, Aktivierung von Mammatumoren (EIGENMANN 1984). *Therapie:* Ovariohysterektomie.

Tabelle 21.3. Übersicht über Art und Dosierung von Gestagenen zur medikamentösen Verhinderung der Läufigkeit

Gestagen	Präparat	Dosierung		Intervalle
		pro kg KM	pro Tier	
Medroxyprogesteron-acetat	Depo Provera Perlutex Supprestral	2–3 mg s. c. oder im.	25–75 mg	5 Monate
Chlormadinonacetat	Chlormadinon Gestafortin[1])	1–2 mg i. m.	20–40 mg	4 Monate
Delmadinonacetat	Tardastren Tardastrex	1,5–2 mg s. c. oder i. m.	20–60 mg	5 Monate
Proligeston	Delvosteron	12–30 mg s. c.	100–600 mg	3–4–5 … Monate

[1]) Kristallsuspension

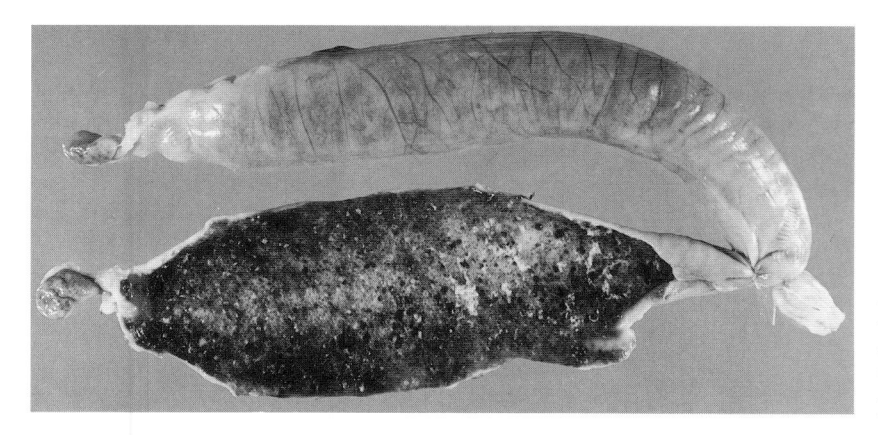

Abb. 21.17. Pyometra nach wiederholter Verabreichung von Depot-Gestagenen zur Verhinderung der Läufigkeit.

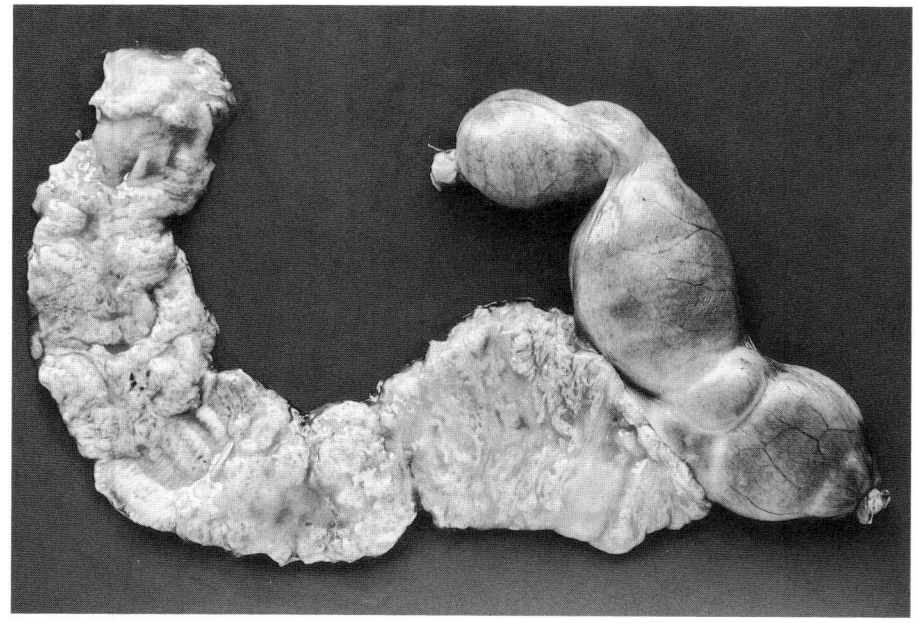

Abb. 21.18. Mukometra nach wiederholter Verabreichung von Depot-Gestagenen zur Verhinderung der Läufigkeit.

21.4.3. Verschiebung der Läufigkeit

Gelegentlich werden Maßnahmen gewünscht, um die zeitliche Koinzidenz einer Läufigkeit mit einem äußeren Ereignis, wie Ausstellung, Leistungsprüfung, Jagd, Ferien usw. zu vermeiden. Zu diesem Zweck eignen sich die verschiedensten oral wirksamen Gestagene. Nach Möglichkeit sollte mindestens 10 Tage vor dem erwarteten Einsetzen der Östrussymptome mit der Behandlung begonnen werden. Das Auftreten der ersten Brunst nach Absetzen der Tabletten ist sehr variabel und vor allem abhängig von der Behandlungsdauer. Je länger Gestagene verabreicht werden, desto größer ist das Intervall bis zum Wiedereintritt einer Läufigkeit.

Medikamente: Medroxyprogesteronacetat, täglich 5 mg; Megestrolacetat, täglich 2–5 mg, per os.

21.4.4. Unterbrechung der Läufigkeit

Beim Auftreten der ersten Läufigkeitsanzeichen, spätestens jedoch am 3. Tag der Proöstrusblutung, ist es möglich, durch Verabreichung von Gestagenen die Läufigkeit zu unterbrechen. Grundsätzlich werden die gleichen Medikamente eingesetzt wie zur Verschiebung der Läufigkeit, zu Beginn der Behandlung (3–4 Tage) jedoch in doppelter Dosierung.

Da die Verabreichung von Gestagenen bei einer Hündin, die bereits unter Östrogeneinfluß steht, das Risiko für die Entstehung einer Metropathie beträchtlich erhöht, ist der Besitzer auf mögliche Komplikationen aufmerksam zu machen. Bei Zuchthündinnen sollte grundsätzlich auf die hormonale Läufigkeitsunterbrechung verzichtet werden.

21.5. Maßnahmen bei fehlgedeckten Hündinnen

Problematik. Die Verhinderung oder das Abbrechen einer unerwünschten Gravidität gehört zu den häufigsten Problemen in der Gynäkologie beim Hund. Es gibt derzeit kein Verfahren, das wirklich zu befriedigen vermag. Von den verschiedenen Methoden, die zur Behandlung von unerwünscht gedeckten Hündinnen schon empfohlen wurden, hat sich praktisch nur die **Nidationsverhütung** mittels Östrogenen durchgesetzt. Die Verabreichung von Östrogenen in der Lutealphase ist aber außerordentlich problematisch, da es in einem erheblichen Prozentsatz zur Entwicklung einer Metropathie kommt (s. Endometritis-Pyometra-Komplex, s. 21.7.2.). Anamnestische Erhebungen an verschiedenen Kliniken haben gezeigt, daß mindestens bei jeder 7. Hündin mit einer Pyometra zuvor eine Nidationsverhütung durchgeführt worden war.

Praktisches Vorgehen. Bevor eine hormonale Nidationsverhütung eingeleitet wird, sind durch die Erhebung einer sorgfältigen Anamnese die äußeren Umstände und die Motivationen des Besitzers abzuklären: Ist die Hündin tatsächlich gedeckt worden? Wann ist sie gedeckt worden? Vor wieviel Tagen hat die Läufigkeitsblutung angefangen? Warum wird eine Nidationsverhütung gewünscht? Soll mit der Hündin noch gezüchtet werden? In vielen Fällen ist es gar nicht sicher, daß eine Hündin wirklich gedeckt wurde, oder die Wahrscheinlichkeit ist sehr klein, daß sie konzipiert hat. In diesen Fällen ist es am zweckmäßigsten, vorerst gar nichts zu unternehmen und die Hündin 4 Wochen nach dem vermuteten Deckakt auf Trächtigkeit zu untersuchen. Hat die Hündin tatsächlich konzipiert, so sollte man sie normal austragen lassen. Bei der Geburt werden alle Welpen sofort von der Hündin getrennt und euthanasiert, bevor auf das Gesäuge ein Saugreiz ausgeübt wird. Das Risiko, das man mit dieser Empfehlung eingeht, besteht in möglichen Geburtskomplikationen. Diese sind jedoch sehr viel seltener als die Komplikationen nach einer hormonalen Nidationsverhütung.

Hatte ein Besitzer ohnehin vor, die Hündin gelegentlich kastrieren zu lassen, um die mit jeder Läufigkeit sich wiederholenden Probleme zu vermeiden, so kann auch bei einer graviden Hündin ohne erhöhtes Risiko eine Ovariohysterektomie durchgeführt werden.

Bleibt bei einer Besprechung der Probleme der Wunsch nach einer Nidationsverhütung bestehen, so kann eine der folgenden Behandlungen durchgeführt werden:

Mehrfachbehandlung: Erstinjektion am 1., 2. oder 3. Tag post coitum 0,2 mg Östradiolbenzoat/10 kg KM im. Nachbehandlung zweimal im Abstand von 48 Stunden in halber Dosis.

Einzelbehandlung: am 1. oder 2. Tag post coitum 0,5–3 mg Östradiolvalerat im. oder sc.

Kontraindikationen: Zuchthündinnen; ältere Tiere; Tiere mit Läufigkeitsanomalien; Erstbehandlung später als 16 Tage nach Beginn der Läufigkeit oder später als 3 Tage post coitum.

Mögliche Nebenwirkungen: verlängerte Läufigkeit oder erneutes Auftreten von Läufigkeitsanzeichen, zum Teil mit Deckbereitschaft (jedoch ohne Konzeptionen); Metropathien (vor allem wenn die Behandlung erst nach dem 16. Tag der Läufigkeit einsetzt); Knochenmarkdepression (Panmyelophthise).

Artifizieller Abort. Die Auslösung eines Abortes ist ab dem 35. Tag der Trächtigkeit durch wiederholte Verabreichung von Prostaglandinen möglich (HUBLER et al. 1990). Dosierungsschema: 3mal täglich, in Abständen von 8 Stunden, je 20 μg Prostaglandin $F_{2\alpha}$ pro kg KM bis zur vollständigen Ausstoßung der Welpen (4–11 Tage nach Behandlungsbeginn).

21.6. Ovarialtumoren

Neubildungen am Ovar sind bei der Hündin eher selten. Am häufigsten wird der Granulosazelltumor beobachtet, der in der Regel gutartig ist. Metastasierungen über die Lymphgefäße oder durch direkten Kontakt mit Abdominalorganen dürften eine große Ausnahme sein. Da die Granulosazellen meistens noch zur Synthese von Östrogenen fähig sind, entsteht das klinische Bild einer hormonal bedingten Endometritis (s. 21.7.2.2.). Hin-

Abb. 21.19. Cystadenokarzinom des Ovars.

weisend sind eine auffällig vergrößerte Scham, symmetrische Haarkleidveränderungen oder vorzeitig auftretende läufigkeitsähnliche Symptome. Der Uterus zeigt oft das Bild einer glandulär-zystischen Hyperplasie (s. 21.7.2.2.).

Gelegentlich werden auch andere Neubildungen beobachtet: Adenome, Cystadenokarzinome (Abb. 21.19.), Dysgerminome und Teratokarzinome. Neubildungen mit progredientem Wachstum können zu Verwachsungen mit der Umgebung oder zu einer Beeinträchtigung der räumlich eingeengten Abdominalorgane führen. In solchen Fällen ist auch das Allgemeinbefinden gestört: Abmagerung, struppiges Haarkleid, evtl. Erbrechen.

Diagnose: Zusammen mit den klinischen Symptomen und dem Palpationsbefund erlaubt das Röntgenbild meistens eine eindeutige Diagnose. In Zweifelsfällen ist eine Probelaparotomie in Erwägung zu ziehen.

Behandlung: Da in den meisten Fällen auch der Uterus verändert ist, stellt die Ovariohysterektomie das Mittel der Wahl dar. Behandlungen mit Zytostatika sind unter den Bedingungen der Praxis kaum realisierbar. Die Exstirpation großer und mit der Umgebung verwachsener Tumoren ist mitunter sehr aufwendig. Besonderes Augenmerk ist auf die sorgfältige Ligatur der oft stark erweiterten Gefäße zu legen.

21.7. Erkrankungen des Uterus

21.7.1. Mißbildungen

Kongenitale Entwicklungsstörungen im Bereich der Genitalorgane treten bei der Hündin selten klinisch in Erscheinung. Beim Vorliegen von gonosomalen Aberrationen (XX/XY-Chimärismus, XXY-Triploidie) können die verschiedenartigsten Divergenzen zwischen den Gonaden und den sekundären Geschlechtsmerkmalen beobachtet werden (CHAFFAUX et al. 1980). Falls Teile des Müllerschen Gangsystems ausgebildet sind, können bei diesen Intersexualitätstypen auch endokrin bedingte Metropathien auftreten, die eine operative Entfernung der Gonaden und des „Uterus" erforderlich machen.

Neben diesen Intersexualitätstypen gibt es aber auch Fälle von segmentärer Aplasie, unvollständiger Kanalisierung oder unvollständiger Verschmelzung der Müllerschen Gänge. Diese Anomalien werden meist zufällig bei einer vaginoskopischen Untersuchung, bei einer routinemäßigen Kastration oder einer Laparotomie aus anderer Ursache festgestellt. Klinische Störungen können auftreten, wenn bei normalen ovariellen Funktionen und intaktem Endometrium die Läufigkeitssekrete nicht nach außen abfließen können. Septenartige Querwände im Bereich der Scheide werden bei der vaginoskopischen Untersuchung erkannt. Bei weiter kranial liegenden

Abflußstörungen läßt sich die Erweiterung des Uterus auf dem Röntgenbild erkennen.

Eine unvollständige Verschmelzung der Müllerschen Gänge äußert sich entweder als Cervix duplex, als doppelter äußerer Muttermund oder als vertikale Spange im Bereich der Portio vaginalis cervicis oder der Scheide (Vagina subsepta). Derartige Veränderungen ziehen in der Regel keine Störungen nach sich.

21.7.2. Endometritis-Pyometra-Komplex

Problematik. Die beinahe zahllosen verschiedenen Formen von entzündlichen Veränderungen im Uterus, die Vielfalt der klinischen Verlaufsformen und die nur fragmentarischen Kenntnisse über die Pathogenese haben im Laufe der Jahre zu einem verwirrenden Bild von Begriffen und Einteilungen geführt. Das Fehlen von ausreichend empfindlichen Methoden zum Nachweis hormonaler Dysfunktionen bietet zudem unbegrenzte Möglichkeiten für Hypothesen und Spekulationen. Bei dieser Ausgangslage scheint es am zweckmäßigsten, die Problematik unter praktisch-klinischen Gesichtspunkten und Fragestellungen abzuhandeln.

Auf Grund klinischer Beobachtungen und experimenteller Untersuchungen ist davon auszugehen, daß die Endometritis der Hündin ein polyfaktorielles Geschehen darstellt. Die anamnestische und morphologische Auswertung von Endometritisfällen läßt erkennen, daß grundsätzlich zwei große Gruppen unterscheidbar sind: Tiere mit normalen Ovarialfunktionen (typische Pyometra) und Tiere mit endokrinen Störungen (hormonal bedingte Endometritis). Diese beiden Gruppen lassen sich meistens auch klinisch (Vorbericht, Symptome, Verlauf) voneinander abgrenzen. Es gibt aber nicht selten auch Zwischen- und Übergangsformen, die sich auf Grund der klinischen Befunde nicht eindeutig einer der beiden Gruppen zuordnen lassen.

21.7.2.1. Typische Pyometra

Pathogenese: Unter typischer Pyometra ist die Ansammlung von eitrigen oder blutig-eitrigen Exsudaten im Uterus bei verschlossener Zervix zu verstehen. In den meisten Fällen einer spontan entstandenen Pyometra dürfte es sich primär um eine lokale Infektion handeln, die am Ende des Östrus, wenn die Zervix noch nicht keimdicht verschlossen ist, stattgefunden hat. In dieser Phase der ansteigenden Progesteronspiegel nimmt die Resistenz des Endometriums gegen Infektionserreger ab, die Keime vermehren sich, und ihre Toxine veranlassen das Endometrium zu einer vermehrten Exsudation und Sekretion. Diese akute Phase der Entzündung geht ohne klinische Symptome einher. Da sich unter dem Einfluß des Progesterons die Zervix schließt, kommt es zu einer Ansammlung der Sekrete im Uterus. Die Zerfallsprodukte der Bakterien und der neutrophilen Granulozyten verstärken den Reiz auf das Endometrium. Die Exsudation nimmt zu. Es entsteht ein Circulus vitiosus. Die entzündlichen Reaktionen bewirken eine Erweiterung der Drüsen und eine zunehmende Füllung des Uterus mit eitrigen Sekreten. Es entsteht eine typische Pyometra. Experimentelle Infektionen mit *E. coli* im frühen Metöstrus bei 5 geschlechtsgesunden, normal zyklischen Hündinnen haben in jedem Fall zur Entstehung einer Pyometra geführt (BERCHTOLD und BARANDUN 1979). Charakteristisch für diese Entstehungsart sind der normale Verlauf der vorangegangenen Läufigkeit, das Vorhandensein von multiplen Corpora lutea an den Ovarien, die zunächst verschlossene Zervix und das Fehlen von Hinweisen auf eine hormonale Störung.

Für die Hypothese einer bakteriellen Besiedlung des Uterus im frühen Metöstrus als primärer Ursache der typischen Pyometra sprechen auch die Untersuchungen von SANDHOLM et al. (1975).

Das klinische Bild einer geschlossenen Pyometra kann aber auch im Nachgang zu einer Läufigkeitsverschiebung bzw. -unterdrückung mit Depot-Gestagenen (s. 21.4.3.) auftreten. Das Intervall zwischen der vorangegangenen Behandlung und dem Auftreten der klinischen Symptome kann dabei bis zu 5 Monate oder mehr betragen. Vielfach ist der Uterusinhalt dünnschleimig bis zähpappig (Mukometra), die Uteruswand ist entweder dünn und geschwürig verändert (s. Abb. 21.17.) oder hochgradig hypertrophiert mit auffälligen zottenartigen Wucherungen (s. Abb. 21.18.).

Symptome: Vorherrschende klinische Symptome sind ein leicht- bis hochgradig gestörtes Allgemeinbefinden und eine auffällige Polydipsie und Polyurie, 3–8 Wochen nach einer normalen Läufigkeit oder einige Wochen bis Monate nach einer Gestagenbehandlung. Diese Form wird vor allem bei älteren Hündinnen beobachtet. Häufige Begleiterscheinungen sind eine erhöhte Erythrozytensenkungsreaktion, eine Leukozytose mit

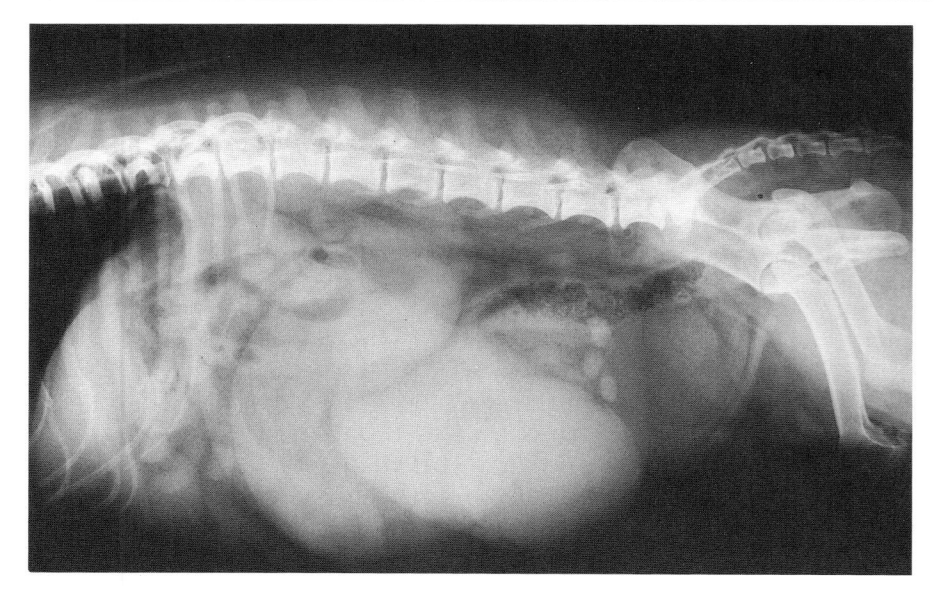

Abb. 21.20. Dackel, Pyometra, Röntgenaufnahme.

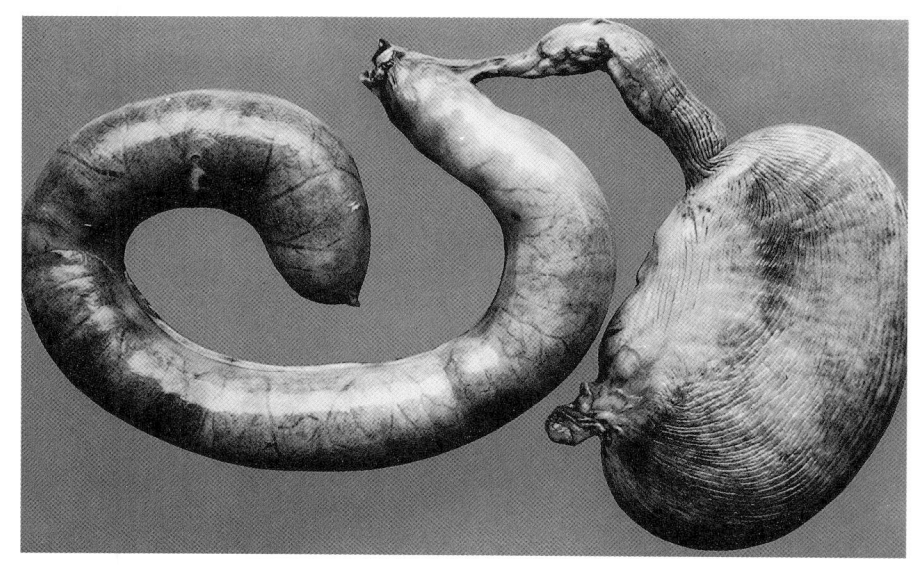

Abb. 21.21. Asymmetrische Pyometra.

Linksverschiebung und erhöhte Harnstoffwerte. Betroffene Tiere zeigen bisweilen eine BauchumfangsvermehruNg oder eine auffällige Schwäche der Nachhand. Die Schamlippen sind unverändert oder nur leichtgradig geschwollen. Die abdominale Palpation ergibt einen vergrößerten Uterus, dessen Durchmesser sich aber nur schwer abschätzen läßt, da der Inhalt bei der Palpation leicht ausweicht. Eine zweifelsfreie Diagnose der geschlossenen Pyometra ist nur durch eine Röntgenaufnahme zu stellen (Abb.21.20.).

Häufig kommt es zu einer spontanen Entleerung des Uterus, bevor andere Krankheitsanzeichen sich manifestieren (offene Form der Pyometra). Betroffene Tiere zeigen plötzlich starken Scheidenausfluß, der graugelb bis gelbgrün, schleimig-eitrig oder, bedingt durch Blutbeimengungen aus der oft geschwürig veränderten Schleimhaut, kakaoähnlich sein kann.

Die Uteruswand ist in der Regel dünn, und das Bild gleicht dem einer Trächtigkeit. Oft weisen die Uterushörner eine auffällige Asymmetrie (Abb. 21.21.) oder ampullenartige Erweiterungen auf (Abb. 21.22.). Bisweilen ist nur ein Uterushorn oder nur ein Segment eines Uterushornes betroffen.

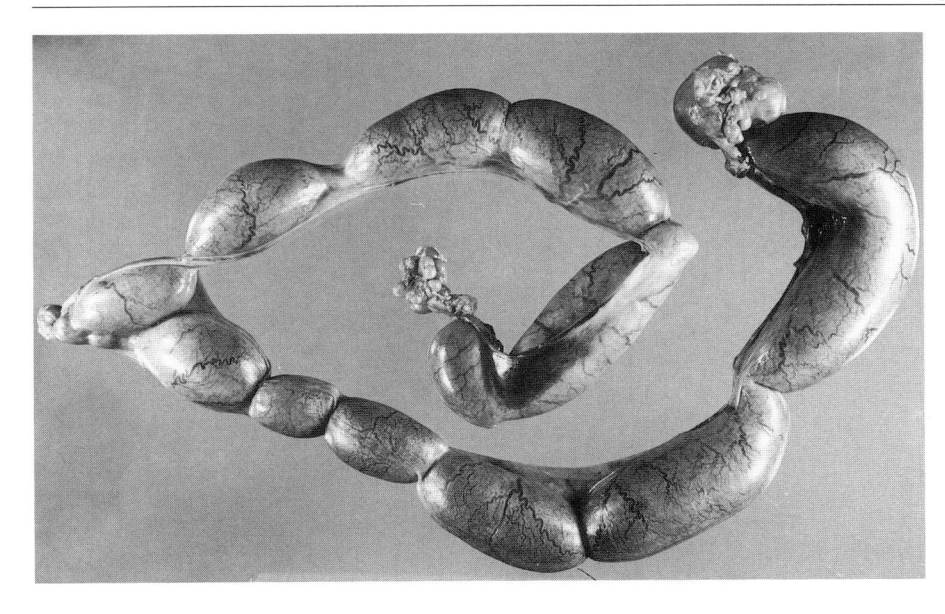

Abb. 21.22.
Pyometra mit
Ampullenbildung.

Die bakteriologische Untersuchung von aseptisch entnommenem Uterusinhalt verläuft gelegentlich negativ. In rund 90% der Fälle lassen sich jedoch unspezifische Keime nachweisen (vorwiegend *E. coli*, daneben aber auch Streptokokken, Staphylokokken, Klebsiellen, Pasteurellen und andere Bakterien).

Therapie: Das Mittel der Wahl ist die sofortige Ovariohysterektomie unter gleichzeitiger Infusion von Elektrolyten und Glucoselösung zur Stabilisierung des Kreislaufs. Jedes weitere Zuwarten in der Absicht, durch Verabreichung von Antibiotika und Uterustonika eine Infektion zu bekämpfen und eine Entleerung des Uterus zu erzielen, verschlechtert nur die Ausgangslage für einen operativen Eingriff.

Bei besonders wertvollen Zuchthündinnen mit einer offenen Form der Pyometra (Ausfluß) kann zunächst eine konservative Therapie versucht werden. Sie besteht in der wiederholten Verabreichung von Prostaglandin $F_{2\alpha}$. Dosierungsschema: siehe artifizieller Abort (s. 21.5.). Die Prostaglandinbehandlung wird mit einer oralen Antibiotikabehandlung kombiniert. Die Entleerung des Uterus erfolgt innerhalb von 4–8 Tagen. Solange am Endometrium keine irreversiblen Veränderungen vorliegen, kann mit einer Restitutio ad integrum gerechnet werden. Zur Vermeidung von Rezidiven sollte die Hündin in der nächstfolgenden Läufigkeit belegt werden. Bei etwa zwei Drittel der Tiere ist wegen einer unvollständigen Uterusrückbildung bis zum 8. Tag nach Behandlungsbeginn nachträglich doch noch eine Ovariohysterektomie durchzuführen (HUBLER et al. 1991).

Voraussetzung für eine konservative Therapie ist ein nur geringgradig gestörtes Allgemeinbefinden der betroffenen Tiere. Die Besitzer sind auf mögliche Komplikationen (Ausbleiben der Uterusentleerung, Verschlechterung des Allgemeinbefindens, Rezidive) aufmerksam zu machen.

21.7.2.2. Hormonal bedingte Endometritis

Pathogenese: Neben der typischen Pyometra gibt es auch chronische Endometritiden, an deren Entstehung primär hormonale Faktoren beteiligt sind. Dabei handelt es sich teilweise um spontane Entgleisungen der endokrinen Regelmechanismen. In solchen Fällen findet man an den Ovarien persistierende Follikel, zystös degenerierte Follikel, zystöse Corpora lutea oder gleichzeitig Gelbkörper und zystöse Follikel. Vereinzelt liegt dem Erscheinungsbild eine tumoröse Entartung der Ovarien zugrunde: Granulosazelltumor oder Cystadenokarzinom (Abb. 21.23.).

Zum Teil kommt es aber auch iatrogen als Folge von Hormonbehandlungen (Nidationsverhütung, Läufigkeitsunterdrückung, Laktationshemmung) zu endokrinen Entgleisungen, die dann sekundär zu einer Metropathie führen. Entsprechend der Vielfalt der möglichen, spontanen oder provozierten Verschiebungen des Verhältnisses zwischen Östrogenen und Gestagenen sind auch die histopathologischen Veränderungen am Uterus

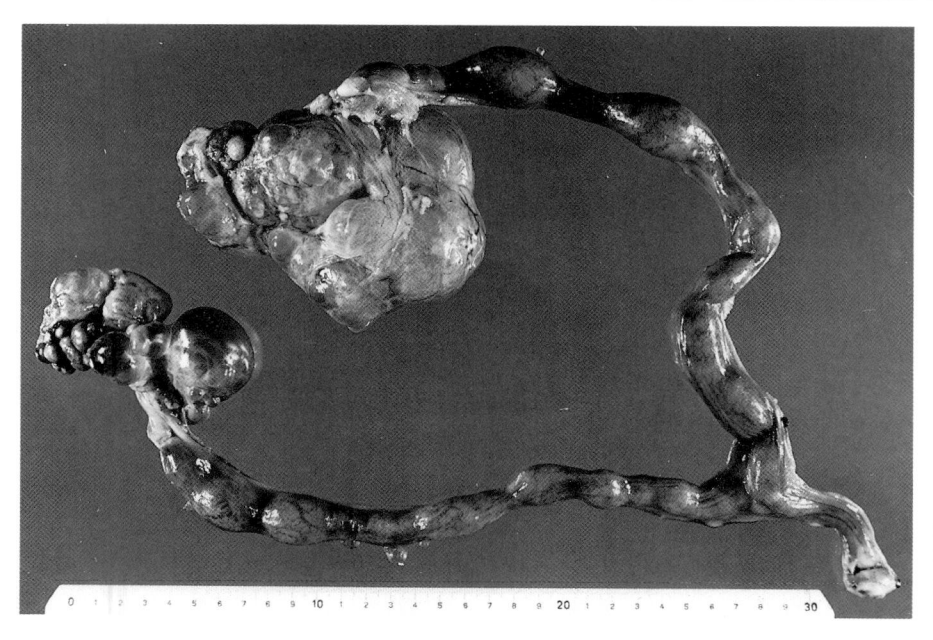

Abb. 21.23. Chronische Endometritis bei einer Hündin mit beiderseitigem Cystadenokarzinom.

nicht einheitlich. Zusätzlich scheinen sekundäre bakterielle Besiedlungen den klinischen Verlauf zu beeinflussen.

Symptome: Betroffene Hündinnen werden primär wegen des abnormen Scheidenausflusses vorgestellt. Dieser ist entweder fleischwasserähnlich oder mehr braunrot und mit kleinen, schwarzroten Blutkoagula durchsetzt oder graugelb, schleimig bis schleimig-eitrig. Aus dem Vorbericht ergibt sich meist, daß der Ausfluß schon kurz nach einer normalen oder verlängerten Läufigkeit aufgetreten ist und schon seit Tagen und Wochen andauert oder daß zuvor eine hormonale Behandlung durchgeführt worden ist. Manche Hündinnen locken auch wieder Rüden an, lassen sich jedoch nicht decken.

Regelmäßig fällt bei der Adspektion die deutlich vergrößerte Scham auf, die sich entweder teigig-ödematös oder derb-hyperplastisch anfühlt. Tiere mit länger bestehenden Störungen weisen mitunter symmetrischen Haarausfall oder Hyperpigmentation im Bereich der Kruppe oder der Oberschenkel auf.

Bei der Palpation erweist sich der Uterus deutlich vergrößert, drehrund und derb. Die vaginoskopische Untersuchung ergibt eine hyperplastische Schleimhaut mit mehr oder weniger deutlichen Anzeichen einer Felderung. Im Vaginalabstrich fallen azidophile Zellen auf, die im Metöstrus eindeutig auf das Vorliegen einer abnormen östrogenen Situation schließen lassen. Der Ausfluß aus der Zervix kann schleimig-eitrig, eitrig-blutig, blutig-wäßrig oder fast rein blutig sein. Menge und Beschaffenheit des Uterusinhaltes sind von den sekundär mitbeteiligten Bakterien abhängig. Bei nur geringgradig geöffneter Zervix kann es mitunter zu einer erheblichen Umfangsvermehrung des Uterus kommen, so daß die Unterscheidung zwischen einer offenen Form der Pyometra und einer primär hormonal bedingten Endometritis schwierig ist.

Die Beschaffenheit der zervikalen Sekrete weist gelegentlich eine beeindruckende Divergenz zum Uterusinhalt auf: Der beobachtete blutig-wäßrige Ausfluß stammt nur aus einer oft nußartig vergrößerten Zervix, während der Uterus nur geringgradig vergrößert ist und nur wenig schleimig-eitriges Sekret enthält.

Das Allgemeinbefinden der Tiere variiert sehr stark. In einzelnen Fällen ist es kaum betroffen; in anderen wiederum ist es hochgradig gestört, obwohl die Umfangsvermehrung des Uterus im Gegensatz zu einer Pyometra nur wenig auffällig ist.

Eine Sonderform der endokrin bedingten Metropathien stellt die **glandulär-zystische Hyperplasie des Endometriums** dar, die in der Regel auch mit entzündlichen Veränderungen und abnormem Vaginalfluor einhergeht (Hyperplasia glandularis cystica endometrii). Klinisch läßt sie sich kaum von anderen chronischen Endometritiden unterscheiden. Die Ovarien weisen aber regelmäßig Anzeichen gestörter Funktionen auf: persistierende oder zystös degenerierte Follikel, zum Teil mit partieller Luteinisierung, allein oder zusammen mit Corpora lutea. Die Gebärmutterhörner sind etwa 1–2 Finger stark, die Uteruswand ist dick und derb und nicht selten eng segmentiert, so daß kleine, ampullenähnliche Bildungen entstehen. Die deutlich proliferierte Schleimhaut ist dicht besetzt mit multiplen, sagokornähnlichen, meist grauschimmernden Bläschen (Abb. 21.24.). Diese Form der chronischen Endometritis wird nicht selten nach hormonalen Behandlungen beobachtet. Die Vermutung liegt nahe, daß durch das gleichzeitige Einwirken von Östrogenen und Progesteron das Endometrium sowohl proliferative als auch sekretorische Aktivitäten entfaltet. In der Folge kommt es zu einem Verschluß der Drüsenausführungsgänge, zu einer zystösen Erweiterung der Drüsen und nach sekundären bakteriellen Infektionen, die durch den geöffneten Zervikalkanal begünstigt werden, zu entzündlichen und exsudativen Veränderungen im Sinne einer chronischen Endometritis.

Bei der glandulär-zystischen Hyperplasie des Endometriums kann es in seltenen Fällen zum ulzerativen Durchbruch in die Bauchhöhle kommen. Betroffene Hündinnen zeigen plötzlich ein hochgradig gestörtes Allgemeinbefinden und auffallend gespannte Bauchdecken, unter Umständen auch Erbrechen oder sogar schockartige Symptome.

Therapie: Hormonale Behandlungen wie bei der verlängerten Läufigkeit (s. 21.3.2.) können bei jungen Hündinnen, die frühzeitig vorgestellt werden, gelegentlich zu einer Heilung führen. Bei länger bestehendem Vaginalausfluß sowie bei Tieren mit Hautveränderungen ist jedoch davon auszugehen, daß die mit abnormen Ovarfunktionen einhergehenden chronischen Endometritiden irreversibel sind. Selbst wenn der Vaginalausfluß zunächst sistiert, ist das Risiko eines Rezidivs verhältnismäßig groß. In den meisten Fällen ist daher die Ovariohysterektomie als Mittel der Wahl anzusehen.

21.7.3. Uterustumoren

Neubildungen im Uterus sind selten. Sie gehen vorwiegend von der glatten Muskulatur aus und sind in der Regel gutartig (Leiomyome). Störungen können auftreten, wenn bei starker Umfangsvermehrung andere Bauchorgane in ihren Funktionen beeinträchtigt werden oder auf Grund der ständigen mechanischen Reizung Verklebungen und Verwachsungen im Abdomen entstehen. Mitunter führt ein Uterustumor auch zu einer vermehrten endometrialen Sekretion und damit zu Vaginalausfluß außerhalb einer Läufigkeit (Abb. 21.25.).

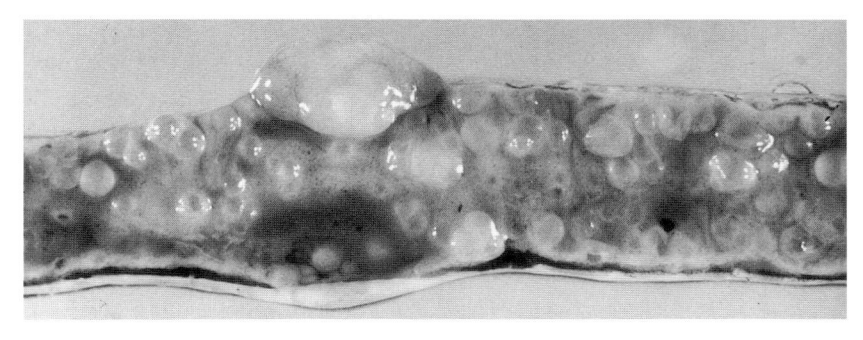

Abb. 21.24. Glandulärzystische Hyperplasie des Endometriums.

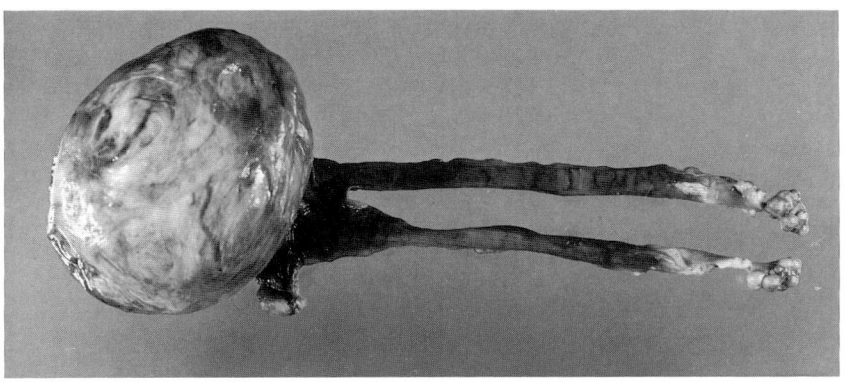

Abb. 21.25. Vom Corpus uteri ausgehender Tumor bei einer 12jährigen Schäferhündin.

Das sehr selten auftretende Adenokarzinom kann infolge ulzerativer Vorgänge blutigen Scheidenausfluß oder, bedingt durch Metastasen in verschiedenen Organen, ein gestörtes Allgemeinbefinden zur Folge haben.

21.8. Erkrankungen von Vagina, Vestibulum und Vulva

21.8.1. Entzündungen

Entzündungen der Scheide (**Vaginitis**) und des Scheidenvorhofs (**Vestibulitis**) kommen bei juvenilen (Abb. 21.26.), virginellen und graviden Tieren vor. In Zwingern können mitunter gleichsam „Enzootien" beobachtet werden, namentlich unter den Welpen und Junghunden (Säuglings- oder Junghundvaginitis).

Ätiologie: Die wichtigste Ursache für Scheidenentzündungen bilden Infektionen mit ubiquitären, unspezifischen Erregern (Staphylokokken, Streptokokken, coliforme Keime usw.). Damit eine Infektion zu einer Erkrankung führt, bedarf es zusätzlicher Faktoren: Resistenzminderung durch andere Erkrankungen (z.B. Staupe), ungünstige Haltungsbedingungen, Fütterungsfehler usw. Entzündliche Reaktionen der Vaginalschleimhaut können aber auch bedingt sein durch Vaginaltumoren, entzündliche Exsudate aus dem Uterus, Deckverletzungen, vaginoskopische Untersuchungen oder von Laien durchgeführte Scheidenspülungen.

Symptome: leichte Schwellung und Rötung der Scham (bedingt durch das häufige Lecken); tropfenweises Abgehen von gelblichem, schleimigeitrigem Sekret; Schamhaare verklebt und mit Sekretspuren bedeckt. Beim Spreizen der Schamlippen erkennt man die entzündliche, streifige oder fleckige Rötung der Schleimhaut, die in akuten Fällen vermehrt empfindlich ist. Bei der vaginoskopischen Untersuchung stellt man fest, daß sich die entzündliche Rötung in die Scheide hinein fortsetzt. Die Schleimhaut ist unregelmäßig überzogen mit schleimig-eitrigen Sekreten, die auch den äußeren Muttermund bedecken und dadurch den Eindruck erwecken können, daß eine Endometritis vorliegt. Falls eine Vaginitis mit Juckreiz verbunden ist, neigen betroffene Tiere zum Rutschen auf dem Gesäß („Schlittenfahren").

Therapie: Viele Vaginitiden sind gutartig und heilen spontan ab, wenn es gelingt, die begünstigenden Faktoren auszuschalten: Verbesserung der Haltung, Optimierung der Fütterung (evtl. Substitution von Spurenelementen und Vitamin-Kombinationen unter besonderer Berücksichtigung von Vitamin A). Bei Welpen und Junghunden verschwinden Vulvovaginitiden meist mit dem Einsetzen der Pubertät, so daß vielfach auf eine Therapie verzichtet werden kann.

In akuten Fällen empfiehlt sich die lokale Behandlung mit einer Emulsion, die antibakterielle, antiphlogistische und analgetische Komponenten enthält. Geeignet sind Kombinationen von Phenylbutazon oder Glucocorticoiden mit einem nicht reizenden Chemotherapeutikum. Bei chronischen eitrigen Vulvovaginitiden ist eine wiederholte Spülung mit einer milden Desinfektionslösung (z.B. Polyvidon-Jod, Kaliumiodid, 1:10 verdünnt) in Abständen von etwa 3 Tagen angezeigt. In besonders therapieresistenten Fällen vermag mitunter eine bakteriologische Untersuchung von aseptisch gewonnenen Proben (Spreizspekulum) unter Einbeziehung eines Antibiogramms Hinweise für eine gezielte antibiotische Therapie zu geben.

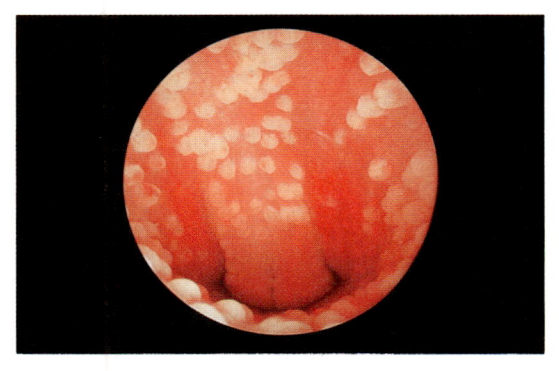

Abb. 21.26. Chronische follikuläre Junghundvestibulitis bei einer halbjährigen Berner Sennenhündin. (Foto: Gynäkologische Tierklinik Zürich).

21.8.2. Vaginaltumoren

Neubildungen im Bereich der Scheide kommen vor allem bei älteren, nicht kastrierten Hündinnen vor, während sie bei ovarektomierten Tieren wesentlich seltener beobachtet werden. In den meisten Fällen handelt es sich um gutartige Neubildungen (Fibrome, Leiomyome, Lipome), die solitär oder multipel auftreten und die verschiedensten Formen aufweisen können: gestielt (Polypen) oder kugelig, gut abgesetzt oder breitflächig aufsitzend, mit glatter oder zerklüfteter, blumenkohlartiger oder warzenartiger Oberfläche. Mitunter handelt es sich aber auch um bösartige Neubildungen (Sarkome, Karzinome), die infiltrativ wachsen und eine Neigung zu Metastasen (Lunge) aufweisen. Im Anfangsstadium fällt oft nur eine Umfangsvermehrung im Perineal- und Perilabialbereich oder ein leichter Vaginalfluor auf. In fortgeschrittenen Fällen können Kot- und Harnabsatzschwierigkeiten auftreten. Gestielte Tumoren treten oft plötzlich zwischen den Schamlippen als kugelige oder keulenartige Gebilde in Erscheinung. Begünstigt wird das Austreten eines Tumors aus der Vulva im Zusammenhang mit der Erschlaffung des perivaginalen Bindegewebes während einer Läufigkeit, so daß differentialdiagnostisch ein Läufigkeitsprolaps abzugrenzen ist.

Therapie: Sofern nach Erfassen des Tumors mit einer Kornzange und leichtem Zug die Basis der Neubildung zugänglich wird, erfolgt die Entfernung unter lokaler Infiltrationsanästhesie. Bei dünnen gestielten Tumoren genügt eine Massenligatur. Bei dicken gestielten Tumoren ist es empfehlenswert, durch die Mitte der Basis einen kräftigen doppelten Faden zu ziehen und dessen Enden nach entgegengesetzten Seiten zu verknoten. Der Tumor wird anschließend mit der Schere abgesetzt und der Stumpf antibiotisch versorgt. Bei breitaufsitzenden Tumoren ist die Entfernung unter Allgemeinnarkose vorzunehmen. Kranial oder ausgesprochen perivaginal gelegene Tumoren sind in der Regel erst nach einer Episiotomie ausreichend zugänglich. Bevor jedoch ein operativer Eingriff durchgeführt wird, ist abzuklären, ob nicht bereits Metastasen vorliegen.

Technik: Allgemeinnarkose; Rückenlage mit erhöhtem Becken; Hintergliedmaßen nach vorn ausgebunden. Nach Öffnung des Vestibulardaches durch einen Schnitt in der Medianen des Perineums werden die Tumoren zugänglich. Einlegen eines Katheters in die Harnröhre zur Orientierung. Einschneiden der Schleimhaut über dem Tumor und möglichst stumpfes Herauslösen der Geschwulst unter laufender Blutstillung. Vernähen der Wundränder. Verschluß des Vestibulardaches in drei Schichten: Schleimhaut (kranial und im Lumen des Vestibulums beginnend, so daß die Schleimhaut lumenwärts eingestülpt wird), Subkutis, äußere Haut.

Eine Sonderform der tumorösen Entartung der Vulva und Vaginalschleimhaut bildet die **venerische Lymphosarkomatose** oder das **Sticker-Sarkom**. Es handelt sich dabei um eine ansteckende Erkrankung, die vor allem in tropischen und subtropischen Gegenden Afrikas und Amerikas beobachtet wird, in europäischen Ländern dagegen kaum in Erscheinung tritt. Die Übertragung erfolgt beim Deckakt durch infektiöses Zellmaterial. Innerhalb weniger Wochen kommt es zu einer von der Submukosa ausgehenden Anbildung von rasch größer werdenden Knoten, die schließlich das Epithel durchbrechen und in die Scheide hineinwachsen. Bedingt durch oberflächliche Ulzerationen, entsteht eine zerklüftete, blumenkohlartige Oberfläche, verbunden mit einem übelriechenden, blutig-eitrigen Scheidenausfluß. Spontane Rückbildungen innerhalb einiger Monate sind möglich. Vielfach ist jedoch die operative Entfernung unumgänglich.

21.8.3. Prolapsus vaginae

Bei der Hündin kommt der Scheidenvorfall vorwiegend im Zusammenhang mit der Läufigkeit vor: **Läufigkeitsprolaps**. Prädisponiert sind vor allem junge Hunde größerer Rassen, insbesondere Boxer, Doggen und Bernhardiner. In seltenen Fällen kann ein Prolapsus vaginae auch bei anderen Zuständen, die mit einem Hyperöstrogenismus verbunden sind, auftreten, z.B. am Ende der Trächtigkeit bzw. intra partum oder bei Hündinnen mit einem Granulosazelltumor an einem Ovar.

Der Läufigkeitsprolaps ist immer vergesellschaftet mit einer hochgradigen Hypertrophie der Schleimhaut, wobei vor allem die ventralen, kranial des Ostium urethrae gelegenen Teile betroffen sind. In leichten Fällen wölbt sich die hypertrophierte Schleimhaut wie eine Halbkugel zwischen den Schamlippen vor. Nach Abklingen der Östrussymptome bildet sich die Schleimhaut wieder zurück, und der Vorfall kann spontan verschwinden. In den meisten Fällen ist die Hypertrophie jedoch so stark, daß die Schleimhaut tumorartig vorfällt (Abb. 21.27.). Sind auch die Seitenwände des Vaginalrohres einbezogen, so manifestiert sich der Vorfall als ein typisches, dreilappiges Gebilde. Wird das Scheidendach ebenfalls mit nach außen gedrängt, so entsteht ein ringförmiger, rosettenartiger Vorfall mit radiär verlaufenden Rinnen.

Die prolabierte Schleimhaut ist anfänglich rosarot, feuchtglänzend und von teigiger Konsistenz. Bei längerem Bestehen des Vorfalls kommt es zu Stauungserscheinungen, die Oberfläche der

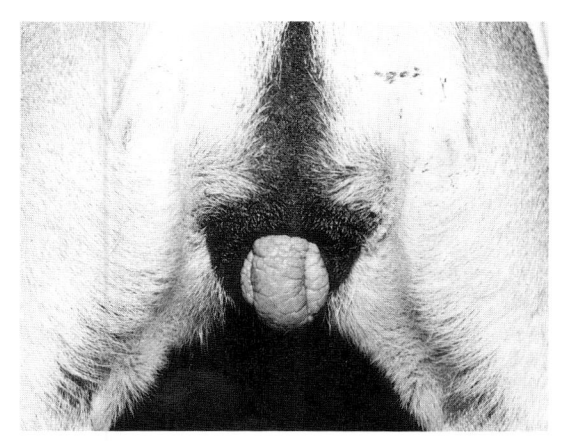

Abb. 21.27. Prolapsus vaginae während der Läufigkeit.

Schleimhaut trocknet aus, und es entstehen Nekrosen, Rhagaden und krustöse Auflagerungen. Der intra partum auftretende Scheidenvorfall ist in der Regel ebenfalls ringförmig, die Austreibung der Früchte jedoch nicht zwangsläufig beeinträchtigt.

Behandlung: In leichtgradigen Fällen, die frühzeitig vorgestellt werden, ist evtl. eine konservative Behandlung ausreichend: Reinigung der prolabierten Schleimhaut mit einer milden antiseptischen Lösung, Auftragen einer Salbe mit antiphlogistischen Komponenten und Reposition des Vorfalls. Die im Metöstrus einsetzenden Rückbildungsvorgänge im Bereich der Vagina begünstigen auch die Rückbildung der vorgefallenen Schleimhaut.

Bei den typischen Läufigkeitsvorfällen ist jedoch meistens nur von einer plastischen Operation ein befriedigendes Ergebnis zu erwarten.

Der Eingriff erfolgt in Allgemeinnarkose, Rückenlage der Hündin und Beckenhochlagerung. Um eine Verletzung oder spätere Stenosierung der Harnröhre zu vermeiden, wird zur Orientierung ein Katheter in die Urethra eingelegt. Bei alleinigem Vorfall des Scheidenbodens wird die Schleimhaut kranial und kaudal von der Basis des Prolapses quer zum Vaginalrohr ellipsenförmig eingeschnitten. Wegen der starken Blutungstendenz empfiehlt sich das schrittweise Abtragen der hypertrophierten Schleimhaut, wobei die Wunde laufend mit eng gesetzten Nähten verschlossen wird. Die Blutungsgefahr läßt sich auch dadurch auf ein Minimum reduzieren, daß vor der Resektion des vorgefallenen Gewebes an der Basis etappenweise kleine Rückstichnähte gesetzt werden. In manchen Fällen ist eine ausreichende Resektion der hypertrophierten Schleimhaut ähnlich wie bei der Exstirpation von Vaginaltumoren erst nach Durchführung einer Episiotomie möglich.

Beim dreilappigen Vorfall wird die Schleimhaut kleeblattförmig reseziert, so daß nach der Naht der Wundränder und der Reposition der Schleimhaut drei divergent von der Harnröhrenöffnung nach kranial gerichtete „Strahlen" entstehen. Beim ringwulstartigen Vorfall erfolgt die Naht kreisförmig entlang der Vulva.

Bei einem intrapartal auftretenden Prolapsus vaginae, der zu einer Störung des Geburtsablaufs führt, ist in der Regel eine Schnittentbindung mit nachfolgender Ovariohysterektomie unumgänglich.

Die Disposition zum Prolapsus vaginae ist zum Teil erblich bedingt. Betroffene Tiere sollten daher nicht zur Zucht verwendet werden. Wird bei Hündinnen mit manifestem Läufigkeitsprolaps die Ovariohysterektomie durchgeführt, so bildet sich der Vorfall innerhalb von 4–8 Tagen zurück.

21.9. Erkrankungen des Gesäuges

21.9.1. Mastitis

Entzündungen des Gesäuges werden vor allem im Anschluß an das Werfen beobachtet. Sie können aber auch bei scheinträchtigen Hündinnen sowie nach Verletzungen gelegentlich auftreten. Klinisch können alle Formen von einer latenten Infektion über leichtgradige Schwellungen bis zu schweren phlegmonösen Entzündungen, die mit fieberhaft gestörtem Allgemeinbefinden einhergehen, beobachtet werden. Bei einer akuten Mastitis finden sich alle Kardinalsymptome einer Entzündung: Schwellung, Wärme, Schmerz, Rötung und abnorme Funktion in Form eines wäßrigen, eitrigen oder blutigen Sekrets. Meistens sind nur einzelne Gesäugekomplexe betroffen. Postpartale Mastitiden können gelegentlich Ursache eines Welpensterbens sein.

Die Behandlung besteht in der parenteralen Verabreichung von Antibiotika (nach Möglichkeit gezielt auf Grund der Ergebnisse einer bakteriologischen Untersuchung) und Glucocorticoiden sowie evtl. in der lokalen Applikation einer antiphlogistischen Salbe.

Phlegmonöse Mastitiden können zu eitriger Einschmelzung, verbunden mit Abszeßbildung oder Nekrosen führen. Abszesse werden zur Reifung gebracht (Ammoniumsulfobituminat), gespalten und mit 3%iger H_2O_2-Lösung gespült. In Einzelfällen erfolgt eine Demarkation der veränderten Partien, wobei nach Abstoßen des toten Gewebes die Wunde verhältnismäßig rasch und komplikationslos ausgranuliert und vernarbt.

21.9.2. Mammatumoren

Vorkommen: Innerhalb der Gesamtheit der Neubildungen, die bei der Hündin beobachtet werden, stehen die Mammatumoren mit einem Anteil von mehr als 20% an der Spitze. Sie treten vor allem bei Hündinnen, die älter als 6 Jahre sind, in zunehmendem Maße in Erscheinung. Bei Hündinnen, die bereits vor oder kurz nach der ersten Läufigkeit ovarektomiert werden, beträgt das Risiko für die Entstehung eines Mammatumors nur einen Bruchteil im Vergleich zu intakt belassenen Tieren. Hündinnen, die wiederholt geworfen und gesäugt haben, werden etwas seltener von Mammatumoren betroffen als virginelle Tiere. Für die weit verbreitete Ansicht, daß Hündinnen mit gestörten Sexualfunktionen (Zyklusunregelmäßigkeiten, Scheinträchtigkeit, glandulär-zystische Hyperplasie des Endometriums usw.) besonders für Mammatumoren disponiert seien, konnten bislang auf Grund sorgfältiger Vergleichsuntersuchungen mit normalzyklischen Tieren keine Hinweise gefunden werden. Dagegen scheinen wiederholte Gestagenbehandlungen das Auftreten von Mammatumoren zu begünstigen. Bezüglich der Lokalisation der Tumoren besteht ein zunehmendes Risiko von den axillaren zu den inguinalen Gesäugekomplexen. Unter Berücksichtigung histopathologischer Kriterien handelt es sich bei etwa 50–70% der Neubildungen um maligne Tumoren (Karzinome, Sarkome, Mischgeschwülste).

Bei Mammakarzinomen findet man Metastasen in abnehmender Häufigkeit in folgenden Organen: regionäre Lymphknoten, Lunge, Nieren, Leber sowie in Milz, Skelett, Pleura, Gehirn und Subkutis. Klinische Kriterien für die Bösartigkeit eines Tumors (die nicht immer mit den histopathologischen Malignitätskriterien zusammenfallen) sind: rasches Wachstum; geringe Verschieblichkeit und schlechte Abgrenzbarkeit (infiltratives Wachstum); Haut über der Geschwulst nicht abhebbar, sondern ödematisiert, zyanotisch oder ulzerös-nekrotisch.

Die *Diagnose* bereitet in der Regel keine Schwierigkeiten. Differentialdiagnostisch abzugrenzen sind die nekrotisierende Mastitis eines einzelnen Gesäugekomplexes sowie bei Umfangsvermehrungen in der Leistengegend die Inguinalhernie (s. Kapitel 17.).

Therapie: Tumoren, die kleiner als eine Haselnuß sind, erfordern zunächst keine Behandlung. Größere oder schnellwachsende Geschwülste sind operativ zu entfernen (Abb. 21.28.). Vorgängig ist abzuklären, ob nicht bereits ausgedehnte Lungenmetastasen vorliegen (Röntgenaufnahme). Gutartige Tumoren bereiten operationstechnisch kaum Schwierigkeiten. Sie können weitgehend stumpf freipräpariert werden. Bei frühzeitigem Unterbinden der Hauptgefäße entstehen praktisch keine Blutungen. Bei größeren Gewebeverlusten empfiehlt sich vor dem Verschluß der Wundränder das Anlegen einer subkutanen Raffungsnaht.

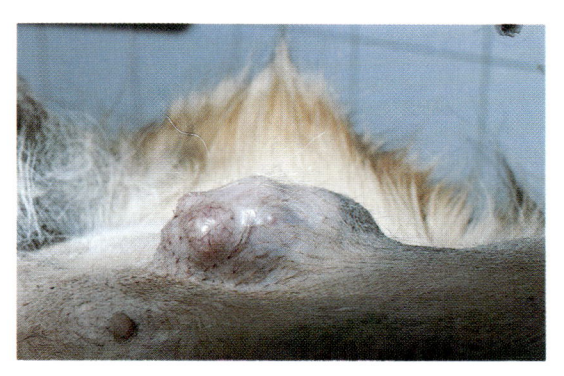

Abb. 21.28. Mammakarzinom bei einer 13jährigen Hündin.

Bei bösartig scheinenden Tumoren muß der Hautschnitt unbedingt im gesunden Gewebe erfolgen. Da beim Freipräparieren der Geschwulst und des zugehörigen Mammagewebes (Mastektomie) mitunter größere Blutverluste nicht zu vermeiden sind, sollte rechtzeitig an die intravenöse Zufuhr von Blutersatzlösungen gedacht werden. Bei infiltrativ wachsenden Tumoren in den kaudalen Gesäugeabschnitten ist die sog. Block-Exstirpation zu erwägen: tumorös veränderter Mammakomplex bis zum mit dem oberflächlichen Inguinallymphknoten. Die Entfernung der gesamten Milchleiste, ein- oder beidseitig, ist nur in Ausnahmefällen indiziert (mehrere Gesäugekomplexe betroffen; ausreichend gesunde Haut für den Verschluß der Wunde). Im Unterschied zur Frau ist bei der Hündin die Beteiligung der regionären Lymphknoten nur von geringer prognostischer Bedeutung.

21.9.3. Scheinträchtigkeit

(Pseudograviditat, Lactatio sine graviditate, Lactatio falsa, Laktomanie; englisch: Pseudocyesis)

Scheinträchtigkeit ist ein Syndrom, bestehend aus psychischen und physischen Veränderungen, die meistens 4–9 Wochen nach einer Läufigkeit auftreten und 2–3 Wochen oder länger andauern.

Pathogenetisch die größte Bedeutung hat die ungewöhnlich lange Persistenz der Corpora lutea, deren gestagene Aktivität bei nicht gedeckten oder nicht trächtig gewordenen Hündinnen ähnlich lange dauert wie bei graviden Tieren. Alter, Rasse und vorangegangene Trächtigkeiten scheinen keine Rolle zu spielen. Angaben über das Vorkommen bei nicht ovarektomierten Hündinnen variieren zwischen 15 und 50%. Leichte Fälle werden von manchen Züchtern als nicht ungewöhnlich angesehen und gar nicht dem Tierarzt vorgestellt. Auffälligstes Symptom ist die Anschwellung des Gesäuges, verbunden mit einer leicht- bis hochgradigen Milchsekretion. In unterschiedlicher Ausbildung manifestieren sich Wesensänderungen: Unruhe, Reizbarkeit, Nestbau, Umhertragen von Spielsachen, Hüten von Gegenständen. Gelegentlich wird auch eine abdominale Umfangsvermehrung beobachtet.

Therapie: Leichte Fälle erfordern keine Behandlung. Bei ausgeprägten Erscheinungen sind vor allem ablenkende Maßnahmen angezeigt: Bewegung, Änderung der Fütterungsgewohnheiten, Wegräumen von Spielsachen usw. Bei extremer Wesensänderung sind Tranquilizer zu verabreichen (z.B. Diazepam).

Zur Unterdrückung der Milchsekretion sind die verschiedensten Hormone empfohlen worden: Östrogene, Gestagene, Androgene. Bei der ungewöhnlichen Empfindlichkeit der Hündin gegen exogen zugeführte Sexualsteroide sollte jedoch darauf verzichtet werden. Zu unterlassen ist das Ausmelken, da dadurch die Milchsekretion erst recht angeregt wird. Eine Milchstauung ist ungefährlich und führt am ehesten zur Involution des Drüsenparenchyms. Auftragen kühlender Salben und Anlegen eines Verbandes wirken „lindernd" und verhindern das Selbstaussaugen.

Der Einsatz von Prolactin-Inhibitoren (z.B. täglich 0,01 mg Bromocriptinmesilat/kg KM per os) führt zu einer Unterdrückung der Milchsekretion und zu einer Normalisierung des Verhaltens.

Bei ständig wiederkehrenden Scheinträchtigkeiten oder bei besonders schwerwiegenden Verhaltensstörungen ist die Ovarektomie in Erwägung zu ziehen. Die prophylaktische Verabreichung von Depot-Gestagenen zur Läufigkeitsunterdrückung bewirkt eine drastische Verminderung der Fälle von Scheinträchtigkeit, ist aber in einzelnen Fällen wirkungslos.

21.10. Pathologie der Gravidität

21.10.1. Hyperfetation

Die physiologische Anzahl der Feten ist ein rassespezifisches Merkmal, wobei auch innerhalb einer Rasse eine erhebliche Variationsbreite nicht ungewöhnlich ist. Bei extremen Abweichungen vom Durchschnitt ist jedoch mit Störungen zu rechnen, bedingt durch die Einengung der Abdominalorgane und des Brustraumes sowie durch die abnorme Belastung des Muttertieres (Kreislauf, Abgabe von Nährstoffen an die Feten, Ausscheidung der fetalen Stoffwechselendprodukte).

Symptome: Atemnot, Inappetenz, Erbrechen, Erschöpfung. Eine Röntgenaufnahme liefert Aufschluß über den Grad der Hyperfetation.

Maßnahmen: optimale Fütterung (ausgewogene, gehaltreiche, wenig voluminöse Nahrung). Kreislaufunterstützung. Bei bedrohlichen Zuständen (Kollapsneigung, rezidivierende „Eklampsie") vermag nur eine vorzeitige Schnittentbindung das Muttertier zu retten.

21.10.2. Inguinalhernie

Bei graviden Hündinnen mit einer Inguinalhernie (s. auch Kapitel 17.) treten gelegentlich Teile des Uterus durch die Bruchpforte aus. Der Bruchsack kann dabei bis zu drei Feten enthalten. Bei zunehmender Dauer der Gravidität erhöht sich das Risiko für das Absterben der Früchte und für die Entstehung einer Inkarzeration. Daher ist in den meisten Fällen ein operativer Eingriff notwendig.

Nach Anlegen eines Hautschnittes über der Hernie wird der Bruchsack freipräpariert und geöffnet. Ergibt der Vergleich der vorgefallenen Uterusampullen mit den intraabdominalen keine Hinweise für eine Störung der Trächtigkeit, so wird der Uterus in die Bauchhöhle zurückverlagert. Gelegentlich ist dazu eine Erweiterung der Bruchpforte notwendig. Nach Reposition des Bruchinhaltes wird der Bruchsack teilweise amputiert. Anschließend erfolgt der Verschluß der Bruchpforte durch Einzelnähte.

Befinden sich in den vorgefallenen Uterusabschnitten mazerierte oder mumifizierte Früchte, so ist es in der Regel empfehlenswert, eine Ovariohysterektomie durchzuführen (s. 21.4.1.).

21.10.3. Extrauteringravidität

Primäre ektopische Graviditäten sind bei der Hündin nicht bekannt. Dagegen werden gelegentlich sekundäre Bauchhöhlengraviditäten festgestellt. Ursachen für das Austreten von Früchten mitsamt den Eihäuten sind Uterusrupturen, die sich spontan ereignen oder nach Gewalteinwirkung (Unfälle) bzw. nach Überdosierung von Oxytocin entstehen. Die ausgetretenen Eihäute verkleben rasch mit den Abdominalorganen, wodurch es zum Absterben der Feten kommt. Klinisch treten jedoch meist keine Störungen in Erscheinung. Erfolgt die Uterusruptur in der ersten Hälfte der Gravidität, so mumifizieren die ausgetretenen Früchte. Am Uterus ist oft kaum mehr eine Narbe zu erkennen. Bei Uterusrupturen unmittelbar vor der Geburt oder intra partum ist der Geburtsablauf jedoch in der Regel gestört. Bei der geburtshilflichen Laparotomie wird dann die Extrauteringravidität erkannt.

21.10.4. Verwerfen

Spontane Aborte sind bei der Hündin sehr selten. Möglicherweise wird ein Teil der Fälle übersehen, da die abortierten Feten durch das Muttertier unter Umständen aufgefressen werden. Unter den infektiösen Noxen, die zum Verwerfen führen können, sind in erster Linie folgende in Betracht zu ziehen: *Brucella canis* und canines Herpesvirus (s. 21.13.4.), Salmonellen, Toxoplasmen, Staupe-Virus, β-hämolysierende Streptokokken.

Verwerfen ist ferner möglich im Zusammenhang mit Erkrankungen, die mit hoch fieberhaft gestörtem Allgemeinbefinden einhergehen. Unter den nichtinfektiösen Noxen spielen vor allem Vergiftungen sowie Unfälle eine gewisse Rolle. Faktoren, die sich auf einzelne Früchte auswirken (z. B. letale Embryopathien), bleiben in der Regel ohne klinische Folgen, da die übrigen fetoplazentären Einheiten das Fortbestehen der Gravidität zu sichern vermögen.

Wichtigstes Anzeichen für einen drohenden Abort (Abortus imminens) oder einen beginnenden Abort (Abortus incipiens) ist ein abnormer Scheidenausfluß. Die tierärztlichen Maßnahmen sind abhängig von der Qualität der vaginalen Sekrete und vom Allgemeinbefinden des Muttertieres. Bei nicht oder nur wenig gestörtem Allgemeinbefinden und bei schleimigem oder schleimig-eitrigem Ausfluß ist eine Gestagentherapie angezeigt (50–100 mg Progesteron in öliger Lösung). Bei Verwendung von Präparaten mit Depotwirkung besteht die Gefahr einer abnormen Verlängerung der Trächtigkeit.

Zeigt eine Hündin putriden Ausfluß und gestörtes Allgemeinbefinden, so ist rechtzeitig die Ovariohysterektomie durchzuführen, um Intoxikationen zu vermeiden, die oft letal verlaufen.

Bei Abgang von blutigen Sekreten in größeren Mengen ist an die Folge einer Vergiftung mit dicumarol-haltigen Rattenvertilgungsmitteln zu denken (s. auch Kapitel 28.). Konservative Maßnahmen (Blutersatz, gerinnungsfördernde Mittel, Gestagene, Antibiotika) sind verantwortbar, solange das Allgemeinbefinden (Kreislauf) nur wenig beeinträchtigt ist.

Fehlgeburten können sich unter Umständen über mehrere Tage erstrecken, wobei gegen Ende der Gravidität neben toten Früchten mitunter auch noch lebende Welpen geboren werden.

21.10.5. Torsio uteri

Uterustorsionen sind bei der Hündin selten. Sie sind nur möglich, wenn einzelne Uterusabschnitte deutlich vergrößert sind (Trächtigkeit, Pyometra, Neubildungen) und betreffen in der Regel nur einen Teil der Gebärmutter (Abb. 21.29.). Infolge der rasch einsetzenden Stauungserscheinungen kommt es schnell zur Ausbildung akuter klinischer Symptome: schmerzhaftes Abdomen, gespannte Bauchdecken, aufgekrümmter Rücken, frequenter, fadenförmiger Puls, Inappetenz. Bei intra partum auftretenden Torsionen ist es möglich, daß zunächst Feten aus dem nicht verdrehten Uterushorn geboren werden.

Da aufgrund klinischer Symptome nur eine Verdachtsdiagnose möglich ist, ist zur Abklärung der Ursache des „akuten Abdomens" eine Laparotomie durchzuführen. Ergibt die Exploration der Bauchhöhle das Vorliegen einer Torsio uteri, so ist in den meisten Fällen eine Ovariohysterektomie angezeigt. Bei einer intra partum aufgetretenen Verdrehung ist – nach operativer Entfernung der Früchte – eine Retorsion unter Belassung des Uterus nur verantwortbar, wenn der verdrehte Abschnitt unbedenklich erscheint (gute Kontraktion, nur leichtgradige Stauungserscheinungen).

Abb. 21.29. Torsion des linken Uterushornes bei einer Hündin mit Pyometra.

21.10.6. Mumifikation

Kommt es bei Abwesenheit von pyogenen Bakterien zum Fruchttod, so trocknen Frucht und Eihäute ein. In den meisten Fällen sind nur einzelne Feten betroffen, so daß die Gravidität ohne klinische Störungen normal weiterläuft. Bei der Geburt werden die Mumien neben den normal entwickelten Welpen ausgestoßen. In seltenen Fällen (möglicherweise nach Einwirken teratogener Noxen) kann ein ganzer Wurf betroffen sein, wodurch unter Umständen auch der Geburtsmechanismus gestört ist.

21.11. Pathologie der Geburt

21.11.1. Normaler Ablauf der Geburt

Gegen Ende der Trächtigkeit werden bei der Hündin verschiedene Veränderungen bemerkbar, die auf die nahende Geburt hinweisen: auffälliges Wachstum des Gesäuges, beginnende Milchsekretion, geringgradige Ödemisierung der Vulva, leichtgradiger Vaginalausfluß (bedingt durch die zunehmende Verflüssigung des Zervikalschleims), Erschlaffung der Beckenbänder. Am zuverlässigsten läßt sich eine unmittelbar bevorstehende Geburt jedoch am Verlauf der Körpertemperatur erkennen (Abb. 21.30.). Bereits 8 bis 10 Tage ante partum sinkt die Temperatur auf etwa 38 °C. Etwa 12–24 Stunden vor der Geburt kommt es noch einmal zu einem auffälligen Temperaturabfall um etwa 1 °C oder mehr. Mit dem Einsetzen der Öffnungsphase beginnt auch die Temperatur wieder anzusteigen, und gegen Ende der Austreibung können bisweilen subfebrile Temperaturen gemessen werden.

Die Geburt beginnt mit der **Öffnungsphase**, die etwa 6–12 Stunden dauert. Diese Phase ist gekennzeichnet durch die Dilatation der Zervix, das Abgehen von Zervikalschleim, das Einsetzen der Wehen (äußerlich nicht erkennbar) und die Weitung des weichen Geburtsweges durch die Fruchtblasen des ersten Welpen. Manche Hündinnen zeigen in dieser Phase ein verändertes Verhalten: Verweigerung der Futteraufnahme, Unruhe, Ängstlichkeit, Aufsuchen eines abgeschiedenen Platzes, Nestbau, gelegentlich auch Erbrechen.

Sobald der erste Welpe durch die Zervix hindurchtritt, setzt reflektorisch die Bauchpresse ein. Damit beginnt die **Austreibungsphase**. Das Einreißen des Chorions führt dazu, daß der Fetus zunächst noch von beiden Fruchtblasen umhüllt bleibt. Dadurch wird eine schonende Weitung der Zervix sichergestellt. Die Allantois reißt meistens schon innerhalb der Vagina, oder sie wird von der Hündin durch Lecken oder Beißen geöffnet, sobald sie durch die Vulva austritt. Das eigentliche Ausstoßen des Welpen, der noch ganz vom Amnion umschlossen ist, erfolgt in der Regel mit einigen wenigen kräftigen Kontraktionen der Bauchmuskulatur. Allantois- und Amnionflüssigkeit sind farblos bzw. leicht grau opalesierend. Sobald sich jedoch die erste Plazenta löst, werden die Fruchtwässer grünlich verfärbt, bedingt durch das Freiwerden der Blutabbaustoffe aus den Randhämatomen der Plazenta.

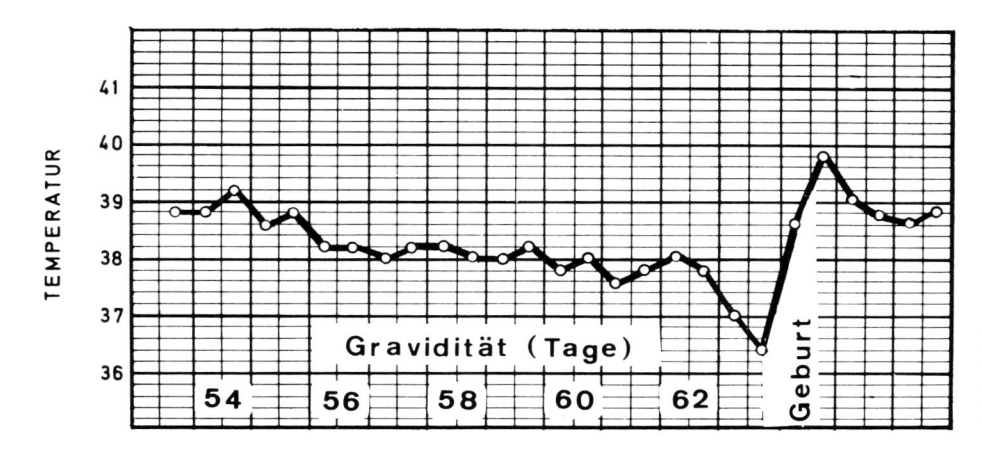

Abb. 21.30. Peripartaler Verlauf der Körpertemperatur.

Nach der Geburt des Welpen beißt die Hündin mit den Schneidezähnen das Amnion auf, legt durch Lecken zunächst den Kopf und dann den übrigen Körper des Feten frei und beißt schließlich die Nabelschnur durch. Die Nachgeburt wird in der Regel innerhalb von 15 Minuten ausgestoßen und von der Hündin aufgefressen. Mitunter können aber auch zwei Welpen unmittelbar nacheinander zur Welt kommen, bevor anschließend die zugehörigen Plazenten ausgestoßen werden. Die zeitlichen Intervalle zwischen einzelnen Welpen betragen im allgemeinen etwa 30 Minuten. Sie können aber auch nur wenige Minuten oder aber mehrere Stunden betragen. Etwa 40% der Welpen werden in Hinterendlage geboren.

21.11.2. Übertragen

Die durchschnittliche Trächtigkeitsdauer bei der Hündin beträgt 63 Tage. Wird eine Hündin wegen „Übertragen" (verlängerte Trächtigkeit) vorgestellt, so sind folgende Ursachen abzuklären: Nichtträchtigkeit; biologische Variabilität der Trächtigkeitsdauer (59–68 Tage); nicht genau registrierter Decktermin; wiederholtes Decken; Einfrüchtigkeit. Vor dem 69. Tag der Trächtigkeit besteht bei Tieren mit ungestörtem Allgemeinbefinden keine Notwendigkeit zu einem Eingriff, zumal es keine Möglichkeit gibt, in analoger Weise wie in der Humanmedizin eine Geburt medikamentös einzuleiten. Die Verabreichung von Oxytocin bei einer nicht in der Geburt stehenden Hündin ist ein Kunstfehler.

Aufgrund des Verlaufs der Körpertemperatur (zweimal täglich messen) ergeben sich rechtzeitig Hinweise bezüglich einer bevorstehenden Geburt. Steigt die Körpertemperatur über 39 °C an, oder weist eine Hündin ein gestörtes Allgemeinbefinden auf, so ist eine eingehende geburtshilfliche Untersuchung angezeigt. In den meisten Fällen liegt eine Indikation zur Schnittentbindung vor. Längeres Abwarten, auch unter Antibiotikaschutz, verbessert die Aussichten auf eine komplikationsfreie Geburt nicht, führt aber unter Umständen zu einem erhöhten Operationsrisiko.

Echtes, als pathologisch zu bezeichnendes Übertragen wird fast ausschließlich bei Einfrüchtigkeit (Röntgenaufnahme!) beobachtet. Solange das Allgemeinbefinden ungestört ist, besteht keine Notwendigkeit zum Eingreifen. In den meisten Fällen kommt es einige Tage nach dem errechneten Geburtstermin zum Geburtseintritt, so daß dann entschieden werden kann, ob eine Geburt per vias naturales möglich ist oder nicht. Zuwarten ist insbesondere gerechtfertigt, wenn der Besitzer keinen Wert auf einen lebenden Welpen legt. Ist dem Besitzer jedoch viel an einem lebenden Welpen gelegen, so ist zu berücksichtigen, daß bei einem „überreifen" Feten die Überlebenschancen mitunter reduziert sind. In solchen Fällen ist daher eine Schnittentbindung in Erwägung zu ziehen, auch wenn am 69. Tag der Trächtigkeit noch keine Geburtsanzeichen feststellbar sind.

21.11.3. Die geburtshilfliche Untersuchung

Wird eine Hündin vorgestellt, weil die Geburt nicht vorangeht, so ist zunächst abzuklären, ob sich das Tier überhaupt in der Geburt befindet. Entscheidende Kriterien sind neben der Anamnese und der Allgemeinuntersuchung die Ergebnisse der vaginalen Untersuchung, die zunächst digital am stehenden Tier vorgenommen wird. Mit dem gut gleitfähig gemachten Zeigefinger tastet man sorgfältig den Geburtsweg im Bereich der Beckenhöhle ab. Man überprüft Weite und Erschlaffungsgrad des Vaginalrohres, Feuchtigkeit und Gleitfähigkeit der Schleimhaut sowie Weite und eventuelle Asymmetrien oder Verengungen des knöchernen Beckens (verheilte Frakturen). Unter Umständen spürt man mit der Fingerspitze Fruchtteile oder die Kuppe einer Fruchtblase. Ergibt die Exploration keine Hinweise für die Ursache der Geburtsstörung, so hebt man mit der anderen Hand die Bauchdecke der Hündin an. Befindet sich eine Frucht im Bereich des Beckeneinganges, so wird sie dadurch meistens tastbar, und mit der Fingerspitze lassen sich vielfach Lage-, Stellungs- und Haltungsanomalien feststellen.

Das Einführen eines Fingers in die Vagina löst oft reflektorisch Preßwehen aus. Dadurch wird eine vor dem Beckeneingang sich befindende Frucht evtl. tastbar. Gleichzeitig ist das Einsetzen einer kräftigen Bauchpresse ein Hinweis dafür, daß eher an eine Störung von seiten der Frucht als von seiten des Muttertieres zu denken ist.

Läßt sich die Ursache einer *Dystokie* (Geburtsstörung) mittels digitaler Exploration nicht feststellen, so empfiehlt sich die schonend durchzuführende Untersuchung mit einem Vaginoskop, das ausreichend lang und weitlumig sein muß. Dadurch läßt sich der Öffnungsgrad der Zervix bzw. das Einstehen von Fruchtblasen auch bei größeren Hündinnen beurteilen, bei denen mit dem Finger der kraniale Rand des Beckens oft nicht erreichbar ist.

Ist es aufgrund der digitalen und vaginoskopischen Untersuchung nicht möglich, die Ursache einer Dystokie zu ermitteln, so sind Röntgenaufnahmen in zwei Ebenen (latero-lateral und ventro-dorsal) anzufertigen. Diese Bilder geben Aufschluß über Lage- und Haltungsanomalien sowie über eventuelle emphysematöse Veränderungen.

21.11.4. Geburtshilfliche Maßnahmen

Die Wahl der Maßnahmen richtet sich nach den individuellen Gegebenheiten. Besonders zu berücksichtigen sind: Verlauf früherer Geburten, Alter und weitere Zuchtbenutzung der Hündin, Allgemeinbefinden, Zuchtwert der Welpen, Wehentätigkeit, Ergebnis der speziellen geburtshilflichen Untersuchung, Ursache der Geburtsstörung.

Dystokien (Geburtsstörungen) lassen sich nach verschiedenen Kriterien einteilen, z.B. nach maternalen und fetalen Ursachen; nach Geburtsphasen, in denen die Störungen auftreten, oder nach der Lokalisation einer Funktionsstörung (Uterus, Zervix, Vagina, Vestibulum, Vulva). Vielfach liegen Kombinationen verschiedener Faktoren vor, oder es ist im Einzelfall gar nicht möglich, die Ursache einer Dystokie durch eine klinische Untersuchung eindeutig zu bestimmen (Übersicht s. BENNETT 1974). Im Hinblick auf die Bedürfnisse der Praxis scheint es daher sinnvoll, zu unterscheiden zwischen Dystokien, die vor der Geburt des ersten Welpen auftreten, und solchen, die sich erst im Verlaufe des weiteren Geburtsvorganges manifestieren.

21.11.5. Störungen vor der Geburt des ersten Welpen

Geschlossene oder unvollständig geöffnete Zervix. Bei geschlossener Zervix und ungestörtem Allgemeinbefinden darf davon ausgegangen werden, daß sich die Hündin noch nicht in der Geburt befindet. Es sollte daher noch zugewartet werden (s. Übertragen, 2.11.2.). Ist das Allgemeinbefinden dagegen gestört (Fieber, Apathie, Abdominalschmerzen), so liegt eine ernsthafte Komplikation vor. Ursächlich zu berücksichtigen sind vor allem die Torsio uteri sowie Intoxikationen. Im Interesse des Lebens des Muttertieres sowie um die Welpen nicht zu gefährden, sollte rechtzeitig eine Schnittentbindung durchgeführt werden.

Bei beginnender Öffnung der Zervix und gutem Allgemeinbefinden sollte sowohl mit medikamentöser wie mit manueller Hilfe abgewartet werden, bis die Zervix verstrichen ist.

Eingetretene Frucht. Befindet sich die Frucht in einer normalen Längslage, und ist sie bereits ins mütterliche Becken eingetreten, so ist beim Sistieren des Austreibungsvorganges eine Unterstützung angezeigt. Die Gleitfähigkeit der Vagina ist zu verbessern durch Einbringen eines möglichst dickflüssigen Fruchtwasserersatzes (z.B. Gestinal®, Embryosol® vet. oder Paraffinöl) mittels kleiner Gummischläuche oder einer Knopfkanüle unter digitaler Kontrolle.

Ist ein Welpe bereits mit dem Kopf oder bei Hinterendlage mit dem Becken aus der Vulva ausgetreten, so bedarf es nach entsprechender Sicherstellung der Gleitfähigkeit in der Regel nur einer leichten manuellen Zughilfe, die jeweils synchron mit der Bauchpresse erfolgen muß. Dabei ist die natürliche Führungslinie zu beachten. Der Zug an dem bereits ausgetretenen Teil der Frucht erfolgt nach ventral, während die Finger der anderen Hand die dorsale Kommissur der Vulva und damit auch das Vestibulardach nach dorsal über die Frucht zurückstreifen.

Bei einer Frucht, die ins mütterliche Becken eingetreten, aber in der Vagina „steckengeblieben" ist, bleibt in der Regel nur die Extraktion per vias naturales übrig. Bei großen Hündinnen versucht man, Fruchtteile mit den Fingern zu erfassen. Ist dies nicht möglich, so ist die Anwendung einer Hundegeburtszange zu erwägen (Modelle: NIEMAND, ULLRICH, RAMPLEY). Voraussetzung dafür ist, daß das Anlegen der Zange digital überprüft werden kann, so daß das Erfassen oder Einklemmen einer Schleimhautfalte mit Sicherheit ausgeschlossen ist. Die Zughilfe ist mit großer Geduld und unter äußerster Schonung von Muttertier und Frucht zu leisten. Durch leichten Zug an der Frucht wird meistens reflektorisch eine Bauchpresse ausgelöst, während der man den Zug leicht verstärkt. Dann ist eine angemessene Pause einzulegen, bis spontan eine neue Preßwehe einsetzt oder durch leichten Zug ausgelöst wird. Das Weiten des weichen Geburtsweges erfordert relativ viel Zeit. Der Versuch, durch stärkeren Zug die Austreibungsphase abzukürzen, ist abzulehnen, da dadurch die Dehnungsfähigkeit der Scheide verlorengeht und das Risiko einer Verletzung der Schleimhaut sich erhöht.

Sind die vaginalen Sekrete bereits vor der Geburt des ersten Welpen grün verfärbt, so ist dies ein Hinweis dafür, daß an der Plazenta bereits Lösungsvorgänge eingesetzt haben und der zur Geburt anstehende Welpe möglicherweise nicht mehr lebt. Eindeutige Anzeichen einer toten Frucht sind emphysematöse Veränderungen, das Ausgehen der Haare und übelriechende Fruchtwässer. In diesen Fällen wird ein in der Vagina steckender Welpe am zweckmäßigsten unter digitaler Kontrolle mit einer langfassenden, gezähnten Arterienklemme erfaßt.

Bei sich bereits abzeichnenden Fäulniserscheinungen läßt sich vielfach eine subkutane Fetotomie durchführen. Nach Abdrehen einer Gliedmaße oder Einschneiden der Haut lassen sich weitere Knochenteile subkutan mit einer gezähnten Arterienklemme fixieren und herausschälen. Die damit verbundene Zerstörung des Skelettes ermöglicht, evtl. nach Evisceration von Brust- und Bauchhöhlenorganen, anschließend die Extraktion des Restkörpers.

Liegt die Ursache des Sistierens der Austreibung in einer abnorm engen Vulva, so ist eine Episiotomie zu erwägen. Der Dammschnitt beginnt an der dorsalen Kommissur der Vulva und wird in der Medianen 1–2 cm lang Richtung Anus geführt. Nach Beendigung der Geburt wird die Wunde mit einer doppelten Naht verschlossen: Schleimhautnaht (Einstülpung lumenwärts) und Hautnaht.

Das weitere Vorgehen richtet sich nach dem Allgemeinbefinden des Muttertieres, der Zahl der Welpen (Röntgenaufnahme) und dem erneuten Einsetzen der Wehentätigkeit (Bauchpresse). Sistiert der Geburtsvorgang trotz Wehentätigkeit, oder zeigt die Hündin Anzeichen einer sekundären Wehenschwäche, so ist im allgemeinen die Schnittentbindung anderen Maßnahmen vorzuziehen.

Vorgetretene Frucht. Vermag eine Frucht trotz guter Wehentätigkeit und deutlicher Bauchpresse der Hündin nicht in das Becken einzutreten, so ist an eine Störung von seiten des Welpen zu denken: zu große Frucht, Haltungsanomalien (Seitenkopfhaltung, Brustkopfhaltung), Lageanomalien (Querlage) sowie schwere Mißbildungen (Hydrocephalus, Doppelmißbildungen). Untere Stellungen oder beiderseitige Hüftgelenkbeugehaltung (Hinterendlage) bzw. beiderseitige Schulterbeugehaltung (Vorderendlage) sind, namentlich bei pluriparen Hündinnen, kein absolutes Geburtshindernis, können aber zu einer Verzögerung der Austreibung führen.

Bei diesen mechanischen Störungen des Geburtsablaufes sind oft Fruchtteile tastbar, und die Hündin zeigt mehr oder weniger starke Preßwehen, wobei die Pausen mit zunehmender Dauer der Geburt länger werden. Können Haltungs- und Lageanomalien korrigiert werden, ist ein normaler Ablauf der Geburt möglich. Häufig sind aber Vagina und Beckeneingang für eine manuelle Hilfeleistung zu eng.

Kann bereits die erste Frucht trotz anhaltender Wehentätigkeit und äußerlich erkennbarer Bauchpresse nicht in das Becken eintreten, sollte rechtzeitig ein Kaiserschnitt durchgeführt werden. Das blinde Erfassen von Welpen, die noch vor dem Beckeneingang liegen, mit Instrumenten ist abzulehnen. Einerseits besteht das Risiko, daß Schleimhautteile miterfaßt werden. Andererseits führt wiederholtes und längerdauerndes Manipulieren in der Vagina schnell zu Schwellungen und Elastizitätsverlusten und verschlechtert die Aussicht für die Entwicklung weiterer Welpen per vias naturales. Der Verzicht auf eine konservative manuelle Geburtshilfe drängt sich vor allem auf, wenn bei Rassen mit bekanntem Mißverhältnis zwischen der Weite des knöchernen Geburtsweges und der Breite des Kopfes (z. B. gewisse brachyzephale Rassen) bereits der erste Welpe trotz deutlicher Wehentätigkeit nicht in das mütterliche Becken einzutreten vermag.

Störungen von seiten des Muttertieres. Sind bei einer Hündin Fruchtwässer abgegangen, ohne daß es zum Einsetzen der Bauchpresse kommt, so liegt meistens eine Störung von seiten des Muttertieres vor. Ursächlich zu berücksichtigen sind: **primäre Wehenschwäche** (Alter, Krankheit, Hyperfetation, Hydrops amnii, Hypokalzämie, Hypoglykämie); Uterusrupturen (nicht selten nach Oxytocinverabreichung bei nicht geöffneter Zervix oder in zu hohen Dosen), Torsio uteri, schmerzhafte Zustände im Abdomen, Störung des Geburtsmechanismus (Einfrüchtigkeit), Uterusspasmus, Adipositas, „psychische" Störungen des Muttertieres, Umweltfaktoren (z. B. Wechsel vom Zwinger in einen Wohnraum oder umgekehrt bei einem in die Familie integrierten Hund das Verbringen in ein eigenes „Geburtszimmer").

Maßnahmen: Bei ungestörtem Allgemeinbefinden ist die Verabreichung von Oxytocin (0,25 bis 1 IE) angezeigt. Vielfach ist der Erfolg eines Wehenmittels besser, wenn zuvor ein Uterusrelaxans (Tokolytikum) injiziert wird (z. B. Monzal® 10,0 bis 50,0 mg/Tier i.m., Isoxsuprin, Fenoterol, Buphenin). Da mitunter die primäre Wehenschwäche auf einer subklinischen Hypokalzämie beruht, empfiehlt sich bei Nichtansprechen auf die Oxytocinbehandlung die langsame intravenöse Verabreichung von 3–10 ml einer 10%igen körperwarmen Lösung von Calciumgluconat und/oder die Verabreichung von 5–15 ml einer 10%igen Glucoselösung. Bleibt der Versuch zu einer medikamentösen Behebung einer Wehenschwäche erfolglos, so liegt meistens eine ernsthafte Störung vor, die im Hinblick auf die weiteren Früchte die rechtzeitige Durchführung eines Kaiserschnitts angeraten erscheinen läßt.

21.11.6. Störungen nach der Geburt des ersten Welpen

Allgemeine Beurteilung. Hat eine Hündin bereits einen oder mehrere Welpen geworfen, so kann davon ausgegangen werden, daß primär von seiten des Geburtsweges keine Hindernisse vorliegen. Die Ursache der Dystokie liegt entweder auf der Seite der Frucht (Größe, Lage-, Stellungs- und Haltungsanomalien, Mißbildungen) oder ist sekundär erst als Folge des Geburtsvorganges eingetreten (sekundäre Wehenschwäche infolge Erschöpfung des Muttertieres bzw. Überbeanspruchung des Uterus). Die geburtshilfliche Untersuchung erfolgt, wie im vorangegangenen Abschnitt beschrieben. Die grünliche Verfärbung der Vaginalsekrete ist in diesem Fall jedoch ohne Aussagekraft bezüglich des Lebens der Früchte, da die Fruchtwässer mit Sicherheit bereits durch die Plazenten der schon geborenen Welpen kontaminiert worden sind. Dagegen sind wäßrigblutige und übelriechende Sekrete ein Anzeichen dafür, daß die Geburt übergangen ist und bereits eine erhebliche bakterielle Besiedlung des Geburtsweges stattgefunden hat.

Störungen von seiten der Frucht. Falls eine abnorm große, ins mütterliche Becken eingetretene Frucht zum Sistieren des Geburtsvorganges führt, kann versucht werden, Zughilfe zu leisten (s. eingetretene Frucht, 21.11.5.). Bleibt ein Extraktionsversuch erfolglos, oder handelt es sich um eine Störung von seiten der Frucht, die von vornherein eine Entwicklung per vias naturales ausschließt (s. vorgetretene Frucht, 21.11.5.), so ist rechtzeitig die Schnittentbindung durchzuführen.

Störungen von seiten des Muttertieres. Bei ungewöhnlich lange dauernden Geburten (viele Welpen) oder nach einer verzögerten Austreibung infolge ungünstiger Relation zwischen der Größe einer Frucht und der Weite des Geburtsweges kommt es nicht nur zu einer Erschöpfung des Muttertieres, sondern auch zu einem Sistieren der Wehentätigkeit infolge Überbeanspruchung der Uterusmuskulatur. Es entsteht das Bild der **sekundären Wehenschwäche**.

Die Abgrenzung zwischen einer noch als physiologisch anzusehenden Pause zwischen zwei Austreibungen und sekundärer Wehenschwäche ist nicht immer einfach. Bei Hündinnen mit großen Würfen ist es normal, daß zunächst mehrere Welpen in Abständen von 10–30 Minuten zur Welt kommen und dann eine Pause von 2–4 Stunden eintritt, bevor die restlichen

Welpen, oft in etwas längeren Intervallen, geboren werden.

Liegt eine sekundäre Wehenschwäche vor, so wird zunächst ein Uterusrelaxans verabreicht. 10 bis 15 Minuten später werden je nach Gewicht der Hündin 0,15–1 IE Oxytocin s.c. oder i.m. injiziert. Durch diese kombinierte Behandlung wird die Passage der in den kranialen Abschnitten der Uterushörner liegenden Früchte durch den langen Geburtsschlauch besser gefördert als nach alleiniger Verabreichung von Wehenmitteln. Bei Schnittentbindungen kann oft festgestellt werden, daß die Uteruswand sich beinahe krampfartig um die Welpen anlegt und die Verschiebung der Früchte dadurch enorm erschwert ist.

Bleibt die kombinierte Behandlung mit einem Spasmolytikum und Oxytocin sowie die Verabreichung einer Calciumlösung erfolglos, so ist das weitere Vorgehen von der Zahl der noch im Uterus vorhandenen Früchte, deren Zuchtwert sowie dem Allgemeinbefinden des Muttertieres abhängig. Bei einer Hündin mit ungestörtem Allgemeinbefinden ist eine über mehr als 12 Stunden sich erstreckende Geburt keine Seltenheit. Ein Zuwarten mit Wiederholung der Oxytocinbehandlung ist vor allem dann angezeigt, wenn nur noch eine Frucht geboren werden muß. Dagegen sollte bei Tieren mit gestörtem Allgemeinbefinden sowie in Fällen, in denen noch mehrere Welpen zu erwarten sind oder wenn die Fruchtwässer mißfarben und übelriechend sind, rechtzeitig eine Schnittentbindung vorgenommen werden.

Voraussetzungen für die Verabreichung von Oxytocin. Der Abusus von Oxytocin unter der Geburt ist weit verbreitet. Häufig wird schon durch den Besitzer bei Geburtsschwierigkeiten ohne Rücksicht auf die Ursache Oxytocin verabreicht. Dies kann zu schweren Komplikationen führen, die unter Umständen das Leben der Welpen und des Muttertieres gefährden. Folgende Bedingungen müssen erfüllt sein, ohne die Oxytocin nicht verabreicht werden darf:

– Die Zervix muß offen sein.
– Es dürfen keine mechanischen Geburtshindernisse vorliegen (z.B. Lage- oder Haltungsanomalien, zu große Frucht usw.).
– Das Allgemeinbefinden darf nicht gestört sein.

Die Dosierung pro Injektion beträgt 0,15–1 IE. Die Applikation kann s.c., i.m. oder i.v. erfolgen. Spricht eine Hündin auch nach einer Vorbehandlung mit Spasmolytika und Calcium nicht auf Oxytocin an, sollte die Behandlung nicht wiederholt werden. Eine zu hohe Dosierung führt zu Spasmen der Uterusmuskulatur und in extremen Fällen sogar zur Uterusruptur. Dasselbe gilt für die Anwendung von Oxytocin bei Hündinnen mit geschlossener Zervix oder bei Vorliegen von mechanischen Geburtshindernissen (zu große Frucht, Lage- oder Haltungsanomalien, abnorme Enge des knöchernen Geburtsweges).

21.11.7. Schnittentbindung (Sectio caesarea)

Die operationstechnischen Fortschritte während der letzten 15 Jahre und das immer breiter werdende Spektrum an Medikamenten zur prä- und postoperativen Versorgung haben dazu geführt, daß das Indikationsgebiet für den Kaiserschnitt immer größer wird und konservative geburtshilfliche Maßnahmen mehr und mehr an Bedeutung verlieren. Die Operation ist für Muttertier und Welpen sehr oft mit geringeren Risiken behaftet als länger dauernde Manipulationen mit Geburtszangen oder anderen Instrumenten.

Vorbereitung. Zunächst sind mit dem Besitzer das geburtshilfliche Problem und das weitere Vorgehen zu besprechen. Dabei ist abzuklären, ob primär eine konservative Sectio caesarea vorgenommen werden soll oder ob die Ovariohysterektomie gewünscht wird. Da die Schnittentbindung immer mit einer erheblichen Kreislaufbelastung verbunden ist und Hündinnen mit Geburtskomplikationen besonders gefährdet sind, sollte grundsätzlich eine Dauertropfinfusion gesetzt werden. Für die Welpen wird eine spezielle Wärmeschale oder ein Plastikbecken mit Heizkissen und darüber gelegtem Zellstoff bereitgestellt.

Anästhesie. Eine optimale Schmerzausschaltung ist erreichbar über eine Prämedikation mit Levomethadon, 0,2 ml/kg KM, mit anschließender Intubation und Inhalation eines Halothan-Lachgas-Gemisches. In der Praxis sind aber auch mit den verschiedenen „Injektionsnarkosen" sehr gute Ergebnisse zu erreichen (s. Kapitel 6.). Wichtig ist dabei, daß nicht die volle Dosis, wie sie für chirurgische Eingriffe bei gesunden Hunden erfahrungsgemäß notwendig ist, verabreicht wird, sondern zunächst nur etwa die Hälfte davon und daß je nach Bedarf die Dosis ergänzt wird.

Diese Vorsichtsmaßnahme ist angezeigt, weil bei einer in der Geburt stehenden Hündin die Metabolisierung und Ausscheidung eines Narkotikums grundsätzlich langsamer erfolgen. Zusätzlich ist zu bedenken, daß das Narkotikum diaplazentar auf die Welpen übertritt und bei diesen zum Teil sogar in höheren Konzentrationen als beim Muttertier vorliegt. Dadurch wird, namentlich bei einer schon länger anstehenden Geburt, das Ingangkommen der Spontanatmung bei den Neugeborenen erschwert. Bei einer Hündin mit stark gestörtem Allgemeinbefinden genügt unter Umständen sogar eine gute Sedierung mit nachfolgender lokaler Infiltration der Schnittstelle.

Operation: Die Laparotomie erfolgt am besten in der Linea alba. Diese Stelle ist verhältnißmäßig blutleer, weil keine Muskeln durchtrennt werden müssen, und beide Uterushörner sind optimal zugänglich. Darüber hinaus ist eine Narbe in der Medianen weniger auffällig als nach einem Flankenschnitt. Befürchtungen, daß die Wundheilung durch die saugenden Welpen gestört werden könnte, sind nicht berechtigt. Es gibt auch keine Hinweise dafür, daß nach einer Laparotomie in der Linea alba das Säugen beeinträchtigt wird.

Der Hautschnitt beginnt kurz hinter dem Nabel und wird höchstens bis zur letzten Zitze geführt. Beim Durchtrennen der Subkutis ist darauf zu achten, daß man konsequent im Sulcus intermammaricus bleibt, bis die Linea alba sichtbar wird. Diese wird vorsichtig mit dem Skalpell durchtrennt. Anschließend wird die Wunde mit der Schere nach beiden Seiten erweitert. Das Abtrennen der Reste des Ligamentum vesico-umbilicale von den Wundrändern erleichtert später den Verschluß der Bauchdecke.

Nach Öffnung der Bauchhöhle erfaßt man den Uterus über einer Frucht. Durch vorsichtigen Zug wird dieser Abschnitt eines Uterushornes extraabdominal vorgelagert und auf das mit physiologischer Kochsalzlösung durchtränkte Abdecktuch gelegt. Diese Vorlagerung muß sehr schonend erfolgen. Bei zu kräftigem Ziehen, oft wegen eines zu kurzen Hautschnittes, kommt es leicht zu einem Zirkulärabriß des Uterushornes.

Sectio caesarea conservativa. Der Uterusschnitt erfolgt im bifurkationsnahen Abschnitt eines Uterushornes, gegenüber dem Ansatz des Ligamentum latum und unter Schonung der Plazentationsstelle. Nach vorsichtiger und ausreichender, der Größe des Welpen angemessener Durchtrennung der dünnen Uteruswand erfaßt der Operateur den von den Eihäuten noch eingeschlossenen Welpen und verlagert ihn außerhalb der Uteruswunde. Dann werden die Fruchthüllen geöffnet, und der Welpe wird durch eine Hilfsperson erfaßt. Das Abnabeln erfolgt entweder durch einfaches Durchreißen des Nabelstranges oder nach Setzen einer Klemme, etwa 1,5 cm vom Hautnabel entfernt, mittels Schere (plazentawärts von der Klemme).

Die Plazenta wird durch vorsichtigen Zug an der Nabelschnur bei gleichzeitiger leichter Druckmassage von außen auf das Uterushorn über der Gürtelzone gelöst. Ist dies nicht leicht möglich, oder entstehen dabei Blutungen, so ist es vorteilhaft, die Nachgeburt im Uterus zu belassen.

Die Welpen werden nacheinander an die Uteruswunde geschoben und in analoger Weise entwickelt. Falls es nicht möglich ist, die Früchte des anderen Hornes über die Bifurkation zu schieben, wird eine zweite Inzision gesetzt.

Für den Verschluß des Uterus hat sich eine zweischichtige Naht bewährt. Nach Einlegen einer antibiotikahaltigen Kapsel in jedes Uterushorn (z. B. 50–100 mg Chloramphenicol oder Tetracycline) wird zuerst eine Schmiedensche Naht angelegt. Darüber werden einzelne seromuskuläre Nähte nach LEMBERT gesetzt. Die Kontraktion der Gebärmutter wird durch Injektion von 1 bis 2 IE Oxytocin in die Uterusmuskulatur, parallel zur Wundlinie, angeregt. Anschließend wird die Gebärmutter mit physiologischer Kochsalzlösung gereinigt, in die Bauchhöhle zurückverlagert und das Netz über den Wundbereich gezogen. Der Verschluß der Bauchhöhle erfolgt wie bei der Kastration.

Die Welpen werden von einer Hilfsperson trockengerieben. Eventuell in den oberen Luftwegen vorhandenes Fruchtwasser kann durch vorsichtige Schleuderbewegungen herausbefördert werden. Bei Anzeichen einer perinatalen Depression (Asphyxie) empfiehlt sich die bukkale Verabreichung eines Atemstimulans (z. B. 1–2 Tropfen Bemegrid oder Prethcyamid).

Sectio caesarea radicalis (Sectio porro). Das Vorgehen hängt davon ab, ob noch Aussicht besteht, lebende Welpen zu gewinnen oder ob die Früchte bereits abgestorben sind (Torsio uteri, übergangene Geburt) bzw. nicht aufgezogen werden sollen. Im letzteren Fall kann versucht werden, den Uterus nicht erst zu öffnen, sondern ihn in toto mitsamt dem Inhalt zu entfernen. Zunächst werden beide Uterusarterien kaudal der Zervix umstochen und abgebunden. Anschließend wird wie bei der Ovariohysterektomie verfahren. Häufig ist es jedoch aus operationstechnischen Gründen unumgänglich, zuerst die Welpen zu entwickeln.

Sollen die Welpen am Leben bleiben, so wird zunächst wie bei der konservativen Schnittentbindung vorgegangen. Erst nach Entwicklung aller Welpen erfolgen das Setzen der Ligaturen und die Exstirpation des Uterus (s. Ovariohysterektomie, 21.4.1.).

21.12. Pathologie des Puerperiums

21.12.1. Normales Puerperium

Bei gesunden Hündinnen mit ungestörtem Ablauf der Geburt erfolgt nach der Austreibung des letzten Welpen und dem Abgang der zugehörigen Nachgeburt eine starke Kontraktion der Gebärmutter. Damit verbunden sind eine auffällige Verkürzung der Uterushörner, eine Verdickung der Uteruswand und eine Verkleinerung der Oberfläche des Endometriums. Bei der abdominalen Palpation spürt man die Uterushörner als dicke, derbe Stränge. Die Lochien sind zunächst noch schwarzgrün gefärbt, von schleimig-wäßriger Konsistenz, geruchlos und mit Blutgerinnseln durchsetzt. Mit fortschreitender Involution des Uterus nimmt der Vaginalfluor mengenmäßig sehr schnell ab. Die Farbe wechselt ins Rötlichbraune, und zu Beginn der zweiten Woche post partum werden nur noch geringe Mengen eines schleimigen, oft noch rötlich gefärbten Sekretes abgesetzt. Die Lochien treten nach außen kaum auffällig in Erscheinung, da sie von der Hündin weggeleckt werden. Die makroskopische Involution des Uterus ist etwa nach 4 Wochen abgeschlossen.

21.12.2. Geburtsverletzungen

Geburtsbedingte Verletzungen betreffen vorwiegend den weichen Geburtsweg und die Vulva. Dabei können alle Übergangsformen, von leichten, oberflächlichen Drucknekrosen bis zu vollständigen Zusammenhangstrennungen, beobachtet werden.

Uterusrupturen. Die meisten Uterusperforationen sind iatrogenen Ursprungs. Sie ereignen sich infolge unsachgemäßer Anwendung von Oxytocin oder nach Versuchen, vorgetretene Früchte mit Hilfe von Zangen zu erfassen. Uterusrupturen können ausnahmsweise auch spontan auftreten, z. B. durch extrem kräftige Wehentätigkeit bei verlagerten oder mißgebildeten Feten oder wenn die Uteruswand besonders brüchig ist (verschleppte Geburt; Torsio uteri; Hyperfetation; dünnes Narbengewebe nach vorausgegangener Schnittentbindung). Betroffene Tiere zeigen meist ein stark gestörtes Allgemeinbefinden, leicht erhöhte Temperatur, Apathie, erhöhte Pulsfrequenz, gespannte Bauchdecken und gelegentlich auch Erbrechen. Typisch ist das vollständige Sistieren der Wehentätigkeit. Im Röntgenbild sind evtl. peritonitische Verschattungen erkennbar.

Besteht Verdacht auf das Vorliegen einer Uterusperforation, so ist die sofortige Ovariohysterektomie angezeigt.

Scheidenverletzungen. Oberflächliche Drucknekrosen im Bereich von Vestibulum und Vagina können gelegentlich nach Spontangeburten beobachtet werden. In den meisten Fällen entstehen sie jedoch, wenn beim Vorliegen einer eingetretenen, in der Scheide steckengebliebenen Frucht Zughilfe geleistet werden muß.

Symptome: Die Scheidenschleimhaut fühlt sich bei der digitalen Exploration trocken, rauh und starr an. Beim Spreizen der Labien werden flächenhafte oder streifenförmige, blutige bis zyanotische Läsionen sichtbar. Die Schleimhaut ist mit fibrinösen oder nekrotischen, diphtheroiden Auflagerungen bedeckt. Ist die Schleimhaut stärker verletzt, so entsteht sehr schnell eine perivaginale Phlegmone. Das Vaginallumen ist eingeengt, die Palpation schmerzhaft, die Vulva geschwollen. Führt die eitrige Entzündung zur Einschmelzung von Gewebe, so kann es auch 8–10 Tage post partum zum Durchbruch im Bereich des Dammes kommen.

Therapie: Scheidenläsionen zeigen im allgemeinen eine gute Heilungstendenz. Bei nicht perforierenden Schleimhautverletzungen wird die Scheide zunächst mit einer milden, warmen, antiseptischen Lösung gespült, um die krankhaften Sekrete zu entfernen. Anschließend wird eine Salbe mit antiphlogistischen, antimikrobiellen und analgetischen Wirkstoffen aufgetragen. Bewährt haben sich Kombinationen von Phenylbutazon oder Glucocorticoiden mit einem Chemotherapeutikum. Die parenterale Verabreichung eines Phenylbutazonpräparates vermag die Ausbreitung der Phlegmone zu hemmen und wirkt gleichzeitig schmerzlindernd. Die Hündinnen sind während einiger Tage unter Antibiotika zu halten.

Bei perforierenden Schleimhautverletzungen sind Scheidenspülungen zu unterlassen, um zu vermeiden, daß verletzungsbedingte perivaginale Taschen zusätzlich mit abgestorbenem Gewebe und keimhaltigen Sekreten kontaminiert werden.

21.12.3. Puerperale Komplikationen

Prolapsus uteri. Der Gebärmuttervorfall ereignet sich meistens erst nach Abschluß der Geburt im Zusammenhang mit den Nachwehen. Gelegentlich kann es aber auch intra partum zum Uterusprolaps kommen. Dabei können alle Übergänge beobachtet werden, vom geringfügigen, ringwulstartigen Austreten der Zervix bis zur Umstülpung beider Hörner, an denen die gürtelförmigen Plazentationsstellen deutlich in Erscheinung treten.

In leichtgradigen Fällen kann nach Sedierung des Tieres, sorgfältigem Reinigen des vorgefallenen Gewebes und der Kontrolle auf Unversehrtheit die Reposition versucht werden. Bei ausgedehnten Vorfällen, beim Vorliegen starker Schwellungen, bei tiefgreifenden Nekrosen oder dem Vorhandensein von Verletzungen ist die Laparotomie mit anschließender Ovariohysterektomie durchzuführen. Falls der Uterus im Hinblick auf die Erhaltung der Zuchtfähigkeit belassen wird, ist eine ausreichende lokale und systemische Versorgung mit Antibiotika sicherzustellen.

Retentio secundinarum. Sofern nicht Plazentareste in der Vagina spürbar oder vaginoskopisch sichtbar sind, ist aufgrund einer klinischen Untersuchung nur eine Verdachtsdiagnose möglich. Hinweisende Kriterien sind: schwarz-grüner Ausfluß während mehr als 18 Stunden, segmentale Verdickung eines Uterushornes, auffällig wäßrige oder übelriechende Lochien, subfebrile Temperatur. Differentialdiagnostisch ist stets an eine nicht ausgetriebene Frucht zu denken. In Zweifelsfällen ist eine Röntgenaufnahme erforderlich. Behandlung: s. puerperale Intoxikation.

Puerperale Intoxikation und Metritis (Lochiometra). Die meisten puerperalen Komplikationen, die mit einer Störung des Allgemeinbefindens einhergehen, sind die Folge einer Uterusatonie und der damit verbundenen verzögerten Involution. Folgende Faktoren sind ursächlich in Betracht zu ziehen: abnorm große Zahl von Welpen, übermäßig lange dauernde Geburt, herabgesetzte Resistenz (konstitutionell bedingt oder bei gleichzeitigem Vorliegen einer Allgemeinerkrankung). Infolge der Atonie kommt es zur Ansammlung von Lochien im Uterus und zur Entstehung von toxisch wirkenden Abbauprodukten, die nach Resorption zu einer fieberhaften Allgemeinstörung führen. Wenn Toxine über die Milch ausgeschieden werden, kann es auch zu einer Gefährdung der Welpen kommen. Auffällig ist das Persistieren eines mißfarbenen, übelriechenden, wäßrigen Scheidenausflusses, der gelegentlich nekrotische Krümel enthält. Die Welpen sind oft unruhig und schreien. Die Palpation des Abdomens ergibt vergrößerte, auffällig schlaffe Uterushörner. Je nach Art der im Uterus vorhandenen Bakterien und von deren Toxinen ist das Allgemeinbefinden leicht bis mittelgradig gestört.

Gelegentlich bleiben die entzündlichen Veränderungen nicht auf das Endometrium beschränkt, sondern erfassen auch die tieferen Schichten. Es entsteht eine puerperale Metritis, die immer mit einem schwer gestörten Allgemeinbefinden einhergeht. Gelangen Bakterien in die Blutbahn, so entsteht eine Sepsis.

Art und Intensität der Behandlung richten sich nach dem Ausmaß der Störung. Zur Förderung der Uteruskontraktion werden Oxytocin (täglich 2–3mal 1–3 IE s.c.) und Mutterkornalkaloide (z.B. Ergometrin, 0,2 mg/10 kg KM) verabreicht. Die lokale Versorgung des Uterus mit Antibiotika ist möglich durch Instillation von 5–10 ml einer antibakteriellen Suspension (100000–500000 IE Penicillin oder 100–500 mg Tetracyclin). Das Einführen eines Katheters erfolgt unter Sichtkontrolle nach Einführen eines weitlumigen Spekulums und Hochhalten des Beckens der Hündin. Die lokale Therapie wird durch eine systemische Behandlung mit Antibiotika, Antihistaminika und eventuell Elektrolyt- und Glucoselösungen ergänzt.

Plazentarnekrose. Die auch als Plazentargeschwür oder als Subinvolution der Plazentationsstellen bezeichneten Veränderungen werden vor allem bei Hündinnen, die jünger als $2^1/_2$ Jahre sind, beobachtet. Die Ursache ist nicht bekannt. Möglicherweise wird der normale Involutionsvorgang durch persistierende Trophoblastzellen gestört. Auffälligstes Symptom ist das Persistieren eines blutig-wäßrigen, geruchlosen Scheidenausflusses nach der Geburt bei zunächst ungestörtem Allgemeinbefinden. Die ursprünglichen Plazentationsstellen bleiben kugelig vergrößert, und bei der Untersuchung des Endometriums beobachtet man fokale Blutungen und Nekrosen (Abb. 21.31.). Gelegentlich können die geschwürigen Veränderungen auch zum Durchbruch in das Abdomen führen. In solchen Fällen tritt eine plötzliche Verschlechterung des Allgemeinbefindens ein, die eine sofortige Ovariohysterektomie erfordert.

Die Plazentarnekrose ist medikamentös nicht zu beeinflussen. Spontanheilungen sind möglich.

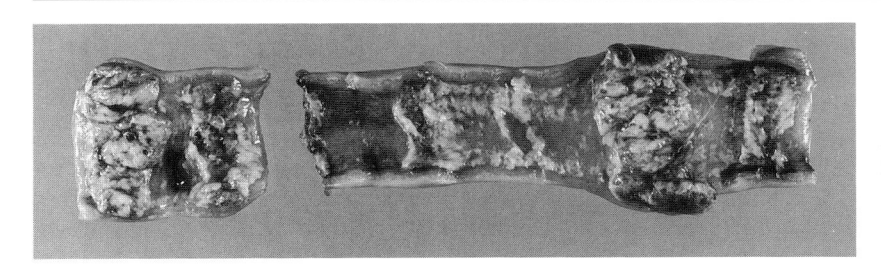

Abb. 21.31. Plazentarnekrose. Aufgeschnittener Uterus von einem einjährigen Spaniel, 2 Monate post partum.

In der Regel ist jedoch die Ovariohysterektomie empfehlenswert, damit nicht das Risiko einer Uterusperforation in Kauf genommen werden muß.

Puerperale uterine Hämorrhagie. Persistierende postpartale Blutungen aus dem Uterus sind selten, können aber sehr hartnäckig und letztlich lebensbedrohend sein. Der fast rein blutige Ausfluß beginnt meist erst mehrere Tage nach einer normal verlaufenen Geburt. Betroffene Hündinnen weisen ein ungestörtes Allgemeinbefinden auf und säugen ihre Jungen ganz normal. Schubweise geht jedoch frisches Blut aus der Scheide ab, das teilweise koaguliert ist. Namentlich am Morgen können auf dem Lager Blutlachen festgestellt werden. Die Verabreichung von Hämostyptika, Oxytocin oder von Mutterkornalkaloiden ist wirkungslos. Dagegen führt die subkutane Injektion von Medroxyprogesteronacetat oder einem analogen Depot-Gestagen in einer Dosis von 25 bis 75 mg innerhalb von 2 Tagen zu einem Sistieren der Blutungen. Fruchtbarkeit und nachfolgende Geburten scheinen nicht beeinträchtigt zu werden (ARBEITER 1975).

Puerperale Tetanie. Es handelt sich um eine Stoffwechselstörung, deren Hauptmerkmal die Hypokalzämie ist. Die Krankheit wird allgemein auch als *Eklampsie* bezeichnet, obwohl Ursache und Verlauf der Krämpfe völlig anderer Art sind als bei der Eklampsie der Frau, bei der eine Schwangerschaftstoxikose zu einem charakteristischen Krankheitsbild führt.

Betroffen werden vor allem Hündinnen kleiner Rassen mit überdurchschnittlich guter Laktation. Die Störung manifestiert sich meist 2–5 Wochen post partum, selten früher und nur ausnahmsweise peripartal. Das Prodromalstadium ist gekennzeichnet durch eine gewisse Nervosität, Ängstlichkeit, gelegentlich begleitet von Wimmern, beschleunigter Atmung und Muskelzittern. Der Gang wird steif, und schließlich setzen tonisch-klonische Krämpfe ein, so daß die Tiere nicht mehr zu stehen vermögen. Während eines Anfalles ist die Atmung keuchend. Der Puls ist beschleunigt, wegen der Muskelzuckungen jedoch meistens nicht fühlbar. Die Temperatur ist auffällig erhöht (oft über 41 °C). Das Bewußtsein scheint jedoch nicht beeinträchtigt. In schweren Fällen ist auch die Kaumuskulatur von den Krämpfen betroffen, und die Tiere zeigen schaumiges Speicheln.

Behandlung: langsame intravenöse Verabreichung von 3–10 ml einer körperwarmen 10%igen Lösung von Calcium gluconicum. Eine zu schnelle Injektion kann zu Erbrechen führen. Gewöhnlich tritt unmittelbar nach der Injektion eine vollständige Normalisierung des Zustandes ein.

Bei unbefriedigendem Ansprechen auf die Calciuminfusion kann die Behandlung ergänzt werden durch Injektion von Glucose- und Natriumhydrogencarbonatlösungen, da die Hypokalzämie vielfach mit einer Hypoglykämie und einer Azidose vergesellschaftet ist. In besonders schweren Fällen ist auch die zusätzliche Verabreichung von Morphinderivaten (z.B. Levomethadon) oder von Barbituraten angezeigt. Im Anschluß an die Infusion wird Calcium bzw. eine passende Vitamin-Mineralstoff-Mischung (s. Kapitel 5.) oral zugeführt (z.B. täglich 3mal je 0,1–0,3 g Calciumlactat). Die zusätzliche Verabreichung von Vitamin D_3 verbessert die Resorption von Calcium aus der Nahrung. Beim Auftreten von Rezidiven ist das Zufüttern oder Absetzen der Welpen in Erwägung zu ziehen.

21.12.4. Gestörtes Brutpflegeverhalten

Kronismus. Das Verzehren der eigenen Jungen wird vor allem beobachtet, wenn von den Welpen keine oder nur ungenügende, das Brutfürsorgeverhalten auslösende Reize ausgehen. In der Regel werden nur tote, lebensuntaugliche, verletzte oder kranke Welpen an- oder aufgefressen. Ausnahmsweise erfolgt aber auch das Auffressen normaler Neugeborener, nachdem sie durch das Muttertier getötet worden sind. In solchen Fällen liegt eine schwerwiegende Verhaltensstörung vor, die es angezeigt erscheinen läßt, die Hündin von der Zucht auszuschließen.

Fehlende Brutfürsorge. Dem partiellen oder totalen Versagen des Brutpflegeinstinktes können verschiedene Ursachen zugrunde liegen. Am häufigsten werden derartige Störungen bei primiparen Hündinnen beobachtet, vor allem wenn sie sehr stark auf Menschen geprägt sind. Ein Desinteresse an den Neugeborenen kommt gelegentlich auch nach Schnittentbindungen vor. Mitunter ist das gestörte Verhalten mit Milchmangel verbunden. Verwehrt die Hündin den Welpen nur das Saugen, so ist an schmerzhafte Zustände am Gesäuge zu denken.

Bei ausschließlich auf den Menschen geprägten Tieren, die vielfach als Kindersatz behandelt werden, vermag unter Umständen die Anwesenheit des Besitzers und seine Mithilfe (Anlegen der Welpen) das Verhalten der Hündin zu korrigieren. In den meisten Fällen jedoch muß man zur mutterlosen Aufzucht der Welpen übergehen.

Übertriebene Jungenfürsorge. Gelegentlich beobachtet man Hündinnen, die ihre Neugeborenen so intensiv belecken, daß es schließlich zu Verletzungen im Bereich des Nabels, zur Öffnung der Bauchhöhle und anschließend zum Auffressen der Welpen kommt. Eine andere Form der Verhaltensstörung äußert sich als ständiges Herumtragen der Welpen, die dadurch schließlich geschwächt oder durch das Gebiß der Hündin verletzt werden. Anbieten eines ausreichend großen Wurflagers und Ausschalten störender Umweltreize vermögen meist Abhilfe zu schaffen.

21.12.5. Mutterlose Welpenaufzucht

Indikationen. Tod des Muttertieres, relativer oder absoluter Milchmangel, Mastitis, gestörtes Brutpflegeverhalten, Allgemeinerkrankungen, puerperale Tetanie (Eklampsie). Der beste Indikator für die Notwendigkeit einer Zufütterung der Welpen bei einer säugenden Hündin ist die Gewichtsentwicklung bei den Neugeborenen. Bei Verdacht auf eine unzureichende Ernährung der Welpen (Unruhe, Lautgebung) ist der ganze Wurf zweimal täglich zu wiegen. Bei gesunden Welpen einer normal säugenden Hündin nimmt das Gewicht täglich um etwa 10% zu, so daß im Durchschnitt innerhalb von 8 Tagen das Geburtsgewicht verdoppelt ist. Nimmt das Gewicht ab, so sollte sofort mit der Zufütterung begonnen werden, da es sonst sehr schnell zu einer Dehydratation, verbunden mit einer Hypoglykämie und einer Azidose, kommt (s. auch Kapitel 5.).

Fütterung. Die Welpen sollten nach Möglichkeit unmittelbar nach der Geburt 2–4 ml Kolostrum erhalten. Ist dies wegen des Todes des Muttertieres nicht möglich, so kann die passive Immunisierung durch die Verabreichung von Immunglobulinen erreicht werden.

Als Ersatzmilch eignen sich am besten spezielle Milchpulver, die nach den Empfehlungen der Hersteller mit Wasser aufgelöst werden, z. B. ESBILAC (Borden), WELPI (Asid), GUIGOZ ORANGE (Guigoz SA). Befriedigende Ergebnisse wurden aber auch beobachtet bei Verwendung eines Milchaustauschpräparates für Kälber und einem Milchpulver für menschliche Säuglinge (RÜSSE 1966). Diese Milchersatzpräparate werden in der Regel im Verhältnis von 1 Teil Pulver zu 2 Teilen Wasser aufgelöst. Es gibt aber auch Rezepturen (s. Kapitel 5.) zur Anpassung von Kuhmilch an die speziellen Bedürfnisse der Welpen (GRÜNBAUM 1982). Die Ersatzmilch ist tagsüber in Abständen von etwa 2–3 Stunden warm (37°C) anzubieten. Die Welpen werden aus der Flasche mit einem langgestreckten Gummisauger für Babys bis zur Sättigung gefüttert. Die aufgenommene Menge ist abhängig von der Größe der Welpen und ihrem Appetit und schwankt zwischen 10 und 70 ml (RÜSSE 1968). Nachts kann eine Pause von anfangs 4–6, später 6–8 Stunden eingelegt werden. Während des Saugens soll den Welpen durch gerollte Textilien, Entgegenhalten des Unterarmes usw. die Möglichkeit des „Tretens" geboten werden (Abb. 21.32.). Bei guter Sauglust und befriedigender Gewichtsentwicklung werden die Fütterungsintervalle allmählich auf 4 Stunden vergrößert. Künstlich aufgezogene Welpen nehmen täglich um etwa 5–6% zu und verdoppeln ihr Geburtsgewicht durchschnittlich nach etwa 14 Tagen. Die pro Tag vorzusehende Milch beträgt, unter Berücksichtigung fütterungstechnischer Verluste, etwa ein Drittel des Körpergewichts.

Bis zum 10. Lebenstag ist nach jeder Fütterung der Harn- und Kotabsatz anzuregen, indem man mit einem mit lauwarmem Wasser angefeuchteten Wattebausch sorgfältig die Perinealgegend und das Abdomen massiert (s. auch Kapitel 5.).

Gesunde Welpen weisen einen „vollen" Bauch auf. Nimmt man sie in die Hand, so erwecken sie das Gefühl einer gewissen „Sperrigkeit". Schlaffheit und leeres Abdomen sind Hinweise dafür, daß eine Störung vorliegt.

Nach 3 Wochen wird die Milch zunehmend durch feste Nahrung ersetzt. Geeignet sind geschabte Leber (wenig), Hackfleisch oder Hundefertigfutter, die mit Milch zu einem Brei angerührt und in einem Napf angeboten werden. Man ersetzt vorerst eine, dann zwei und schließlich drei der täglichen Mahlzeiten durch diese Fleisch-

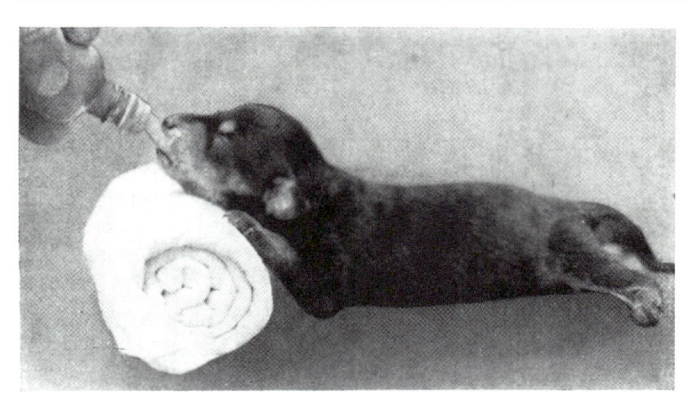

Abb. 21.32. Künstliche Welpenernährung. Während des Saugens soll den Jungen durch ein Stoffröllchen die Möglichkeit des „Tretens" geboten werden. (ARBEITER, Wien).

breie, denen in Abständen von 2–3 Tagen ein verquirltes Ei beigegeben wird. Mit der 6. Lebenswoche sollen die Welpen gänzlich auf Normalkost umgestellt und nur noch 3–4mal täglich gefüttert werden (s. Kapitel 5.).

Haltung. Die Welpen werden entweder in einer speziellen, elektrisch heizbaren Wärmeschale gehalten oder in einer Plastikschüssel, die auf ein Heizkissen gestellt und deren Boden mit Zellstoff ausgelegt wird. Die Bodentemperatur soll etwa 30 °C betragen.

Bis zum Ende der 3. Lebenswoche kann die Temperatur allmählich auf 24 °C gesenkt werden. Bei Raumtemperaturen unter 20 °C empfiehlt es sich, über den Welpen eine Wärmelampe aufzuhängen.

Ist ein Milchmangel oder mangelndes Interesse an den Neugeborenen der Grund für die Zufütterung der Welpen, so wird die Plastikschüssel mit den Welpen im Sicht-, Riech- und Hörbereich der Hündin aufgestellt, damit die Mutter-Kind-Beziehungen sich optimal entwickeln können.

21.13. Fruchtbarkeitsstörungen

21.13.1. Normaler Deckvorgang

Das Paarungsverhalten der Hunde unterliegt einer erheblichen Variabilität. Normalerweise zeigt die Hündin die Deckbereitschaft an, indem sie bei Anwesenheit eines Rüden ruhig stehenbleibt, das Beschnuppertwerden ohne Abwehrbewegungen duldet, die Rute zur Seite hält und gleichsam die Vulva „entblößt". Die meisten Rüden engagieren sich zunächst in einer Art „Vorspiel", an welchem sich vielfach auch die Hündin beteiligt, so daß es zu einer wechselseitigen Stimulation kommt. Oft bespringen die Rüden aber auch eine Hündin ohne weitere Präliminarien.

Nach dem Einführen des Penis und einigen Friktionsbewegungen setzt die Ejakulation ein. Damit verbunden ist eine massive Schwellung der Glans penis, die dazu führt, daß der Rüde nach dem Absteigen von der Hündin hängenbleibt. Dabei dreht sich der Rüde von der Hündin weg, so daß die Hinterteile der Partner einander zugekehrt sind (Abb. 21.33.). Dieses „Hängen" dauert in der Regel zwischen 10 und 30 Minuten. Es kann aber auch bis zu einer Stunde dauern oder nur 3–4 Minuten betragen. Da die Ejakulation der spermienreichen Fraktion bald nach den ersten Friktionsbewegungen einsetzt, sind normale Konzeptionsraten auch möglich, wenn nach der Paarung das Phänomen des Hängens überhaupt nicht eintritt.

Die Vorstellung, daß bei einer unerwünschten Paarung die Trächtigkeit verhindert werden kann, indem die Hunde gewaltsam getrennt oder mit kaltem Wasser abgespritzt werden, ist abwegig. Derartige Maßnahmen können zu gravierenden

Abb. 21.33. Paarung zwischen Irish-Setter-Hündin und Dalmatiner-Rüden. „Hängen".

Verletzungen führen, bleiben jedoch ohne Einfluß auf den Vorgang der Befruchtung.

21.13.2. Störungen bei der Paarung

Störungen bei der Paarung lassen sich in folgende Kategorien einteilen:

- mangelnde Libido des Rüden (Hodenhypoplasie, Hodendegeneration, Alter, schmerzhafte Zustände im Bereich der Nachhand),
- „psychische" Störungen (Angst, fremde Umgebung, Verhalten der Besitzer),
- individuelle „Idiosynkrasien",
- falscher Deckzeitpunkt (zu früh, zu spät),
- Enge des Introitus vaginae bei der Hündin (Schmerz beim Einführen des Penis).

Um mögliche Probleme auf ein Minimum zu reduzieren, empfiehlt es sich, virginelle Hündinnen mit einem erfahrenen Deckrüden zu paaren und umgekehrt einem jungen Rüden zunächst eine erfahrene Hündin zuzuführen. Die zu paarenden Tiere sollten nicht zu lange beieinander gelassen werden, da sonst der Rüde unter Umständen das Interesse an der Hündin verliert. Zwangsmaßnahmen (z.B. Anlegen eines Beißkorbes) können Paarungsprobleme ebenso verstärken wie ein direktes Bemühen der Besitzer, beim Deckvorgang behilflich zu sein. Bei Hündinnen mit sehr engem Hymenalring kann versucht werden, durch Einführen von gut gleitfähig gemachten Röhrenspekula von zunehmendem Durchmesser eine gewisse Aufweitung zu erzielen. Für die Festlegung des optimalen Decktermins sind zwei Kriterien entscheidend: die Bereitschaft der Hündin, den Deckakt zu dulden (Stehen), und das vaginalzytologische Bild (s. 21.2.1.). Mitunter läßt eine Hündin eine individuelle Abneigung gegen einen bestimmten Rüden erkennen. Trotz typischer Östrussymptome und Deckbereitschaft zeigt sie eine gewisse Aggressivität, welche den Rüden vom Decken abhält. Kommt ein Wechsel des Rüden nicht in Frage, so ist die Hündin zu besamen.

21.13.3. Unfruchtbarkeit der Hündin

Anamnese. Wird eine Hündin vorgestellt, weil sie nicht konzipiert hat, so ist zunächst ein möglichst ausführlicher und exakter Vorbericht zu erheben. Bei einer Hündin, die schon einmal geworfen hat, interessieren vor allem folgende Kriterien: Verlauf der vorangegangenen Trächtigkeit, Verlauf der Geburt und des Puerperiums, Vitalität der Welpen, Wiedereinsetzen der Läufigkeit nach dem Absetzen der Jungen. Peripartale und puerperale Komplikationen können mitunter zu Unfruchtbarkeit führen.

Gezielt zu erfragen sind des weiteren die besonderen Umstände der vorangegangenen Paarung: Dauer und Intensität von Proöstrus und Östrus; Zeitpunkt der Belegung innerhalb der Läufigkeit; Anzahl der Paarungen; Befruchtungserfolge des Rüden bei anderen Hündinnen, die etwa zur gleichen Zeit gedeckt wurden; Fruchtbarkeit anderer Hündinnen des gleichen Besitzers.

Spezielle Untersuchung. Die diagnostischen Möglichkeiten zur Abklärung einer Sterilität bei der Hündin sind sehr begrenzt. Aussagen über den Funktionszustand des Endometriums, der Eileiter und der Ovarien sind praktisch nicht möglich. Somit konzentrieren sich die diagnostischen Maßnahmen auf die Untersuchung der Scheide unter spezieller Berücksichtigung des vaginoskopischen Bildes, der Vaginalzytologie und des Keimgehaltes. Die enorme Variabilität dieser Befunde läßt es wünschenswert erscheinen, eine Hündin wiederholt zu untersuchen. Dadurch läßt sich feststellen, ob gewisse Abweichungen vom „Erwartungsbild" als zufällig zu interpretieren sind oder ob sie persistieren und dadurch an Gewicht gewinnen. Eine erste Untersuchung sollte kurz vor einer erwarteten Läufigkeit, eine zweite Untersuchung am 3.–4. Tag des Proöstrus erfolgen.

Vaginale Infektionen. Vergleichende Untersuchungen bei geschlechtsgesunden Hündinnen und bei Tieren mit Anzeichen einer Störung (Vaginitis, Zervizitis, vorausgegangener Abort, Konzeptionsschwierigkeiten) haben ergeben, daß das bakterielle Spektrum bei beiden Gruppen weitgehend identisch ist (OSBALDISTON 1978, PLATT und SIMPSON 1974). Auch bei gesunden Hündinnen lassen sich in der Scheide in mehr als 90% der Fälle Bakterien nachweisen, wobei es sich meistens um Mischinfektionen mit ubiquitären oder fakultativ pathogenen Keimen handelt. Aus dem Nachweis von Bakterien bei einer Hündin, die erfolglos gedeckt worden ist, darf daher nicht automatisch auf einen Kausalzusammenhang geschlossen werden.

Folgende Kriterien können auf die Pathogenität eines Erregers hinweisen: massenhaftes Wachstum, Reinkultur und wiederholte Isolierung. In solchen Fällen empfiehlt sich die gezielte, lokale und systemische Behandlung mit Antibiotika auf Grund einer Resistenzprüfung. Die Behandlung hat während mehrerer Tage zu erfolgen.

Ungünstiger Deckzeitpunkt. Bei Hündinnen mit undeutlichen oder überdurchschnittlich lang dauernden Läufigkeitssymptomen kann es leicht vorkommen, daß zum Decken ein nicht optimaler Zeitpunkt gewählt wird. In solchen Fällen vermögen die Vaginoskopie und das vaginalzytologische Bild wertvolle Hinweise zu geben. Die Belegung ist dann anzuraten, wenn die Schleimhaut blaß, „trocken" und deutlich gefeldert erscheint und der Vaginalabstrich praktisch nur aus Superfizialzellen besteht, von denen mehr als 80% verhornt sind. Läßt sich 3 Tage nach dem Decken das gleiche Bild nachweisen, so empfiehlt sich eine wiederholte Belegung mit gleichzeitiger Verabreichung von 50–100 IE HCG.

Eine recht gute Bestimmung des optimalen Deckzeitpunktes erlaubt in Ergänzung zur Vaginalzytologie die wiederholte Ermittlung der Progesteronkonzentration im Serum mit Hilfe eines praxisgerechten Schnelltests (TARGET canine ovulation timing test). Sobald die Progesteronkonzentration im Serum den Wert von etwa 5 ng/ml übersteigt (meistens 5–6 Tage nach Beginn des Progesteronanstiegs), ist der optimale Deckzeitpunkt erreicht (GÜNZEL-APEL et al. 1990).

21.13.4. Spezifische Genitalinfektionen

Canines Herpesvirus. Seit der erstmaligen Beschreibung der caninen Herpesvirus-Infektion in den USA 1965 wurde die fast ausschließlich bei Welpen sich manifestierende Erkrankung auch in verschiedenen anderen überseeischen Ländern und in Europa diagnostiziert.

Bei erwachsenen Hunden verläuft die Infektion gewöhnlich klinisch inapparent. Gelegentlich werden Anzeichen einer leichten serösen Rhinitis oder Vaginitis beobachtet. Besonders gefährdet sind Welpen im Alter von 1–3 Wochen, bei denen die Infektion unter dem Bild einer Septikämie meist tödlich verläuft.

Die Infektion der Neugeborenen erfolgt gewöhnlich aerogen oder alimentär während oder nach der Geburt durch infektiöse Ausscheidungen des Muttertieres (Vaginal-, Mund- und Nasensekrete). Auch eine transplazentare Infektion scheint möglich zu sein. Bei erwachsenen Hündinnen kann die Infektion zu Aborten, Totgeburten und Unfruchtbarkeit führen.

Da der direkte Virusnachweis meist nicht möglich ist, basiert die Diagnose auf der Feststellung von intranukleären Einschlußkörperchen in Zellen aus der Peripherie von fokalen Nekrosen in Nieren oder Leber. Bei einem akuten Infektionsgeschehen in einem Zwinger läßt sich die Diagnose über den Nachweis einer Serokonversion von spezifischen Antikörpern sichern.

Eine gezielte Prophylaxe oder Therapie ist nicht möglich. Im Verdachtsfall empfiehlt sich die prophylaktische Verabreichung eines Paramunitätsinducers nach folgendem Schema: trächtige Hündin 1 Woche vor dem errechneten Wurftermin; Welpen: Erstinjektion unmittelbar nach der Geburt; Zweitinjektion im Abstand von 24 Stunden (MAYR 1979).

Canine Brucellose. Während die canine Brucellose in den USA relativ weit verbreitet ist, liegen aus europäischen Ländern nur vereinzelte Berichte vor. Der Erreger, *Brucella canis*, weist biochemische, kulturelle und antigene Unterschiede zu *B. abortus*, *B. melitensis* und *B. suis* auf. Hauptsymptom ist das Verwerfen nach dem 30. Tag der Trächtigkeit, meistens zwischen dem 45. und 55. Tag. Gelegentlich treten auch Frühgeburten, Totgeburten und frühembryonaler Fruchttod auf. Betroffene Rüden können unfruchtbar sein, wobei sie meist auffällige Veränderungen im Spermiogramm aufweisen (Mißbildungen der Spermien, Agglutinationen). Gelegentlich werden aber auch Anzeichen von Epididymitis oder testikulärer Degeneration, verbunden mit Hodenatrophie und Azoospermie, beobachtet. Die Diagnose beruht auf dem klinischen Bild (Aborte, Unfruchtbarkeit) und den Ergebnissen kultureller und serologischer Untersuchungen (CARMICHAEL und KENNY 1968).

Die natürliche Übertragung und Weiterverbreitung der Brucellose erfolgt zur Hauptsache über infektiöse Ausscheidungen (abortierte Feten, Eihäute, Vaginalausfluß). Daneben ist auch eine Übertragung beim Deckakt möglich.

Literatur

ARBEITER, K. (1975): The use of progestins in the treatment of persistent uterine hemorrhage in the postpartum bitch and cow: a clinical report. Theriogenology **4**, 11–13.

ARNOLD, S., ARNOLD, P., CONCANNON, P. W., et al. (1988): Effect of duration of PMSG treatment on induction of oestrus, pregnancy rates and the complications of hyper-oestrogenism in dogs. J. Reprod. Fertil. Suppl. **39**, 115–122.

ARNOLD, S., HUBLER, M., CASAL, M., LOTT-STOLZ, G., HAUSER, B., und RÜSCH, P. (1988): Transplantation von autologem Ovargewebe zur Verhinderung von unerwünschten Kastrationsfolgen bei der Hündin (Überprüfung von Patienten mehrere Jahre nach der Operation). Schweiz. Arch. Tierheilk. **130**, 369–379.

ARNOLD, S., JÄGER, P., BARTOLA, S. P., et al. (1989): Treatment of urinary incontinence in dogs by endoscopic injection of Teflon. J. Amer. Vet. Med. Assoc. **195**, 1369–1374.

BENNETT, D. (1974): Canine dystocia – a review of the literature. J. Small Anim. Pract. **15**, 101–117.

BERCHTOLD, M., und BARANDUN, C. (1979): Experimentelle Untersuchungen zur Pathogenese der Pyometra bei der Hündin. Zuchthyg. **14**, 88.

BUSCH, W., und SCHULZ, J. (Hrsg.) (1993): Geburtshilfe bei Haustieren. Gustav Fischer Verlag, Jena–Stuttgart.

CARMICHAEL, L. E., and KENNY, R. M. (1968): Canine abortion caused by *Brucella canis*. J. Amer. Vet. Med. Assoc. **152**, 605–616.

CHAFFAUX, S., MAILHAC, J. M., CRIBIU, E. P., POPESCU, C. P., et COTARD, J. P. (1980): L'intersexualité chez le chien. Rec. Méd. vét. **156**, 179–192.

EIGENMANN, J. E. (1984): Akromegalie bei der Hündin. Tierärztl. Praxis **12**, 59–63.

FLÜCKIGER, M., KRAMERS, P., HIRT, U., HUTER-WISSLER, K., und ARNOLD, S. (1988): Früherfassung der Trächtigkeit bei der Hündin mittels Ultraschall. J. Vet. Med. A **35**, 450–454.

GRÜNBAUM, E.-G. (1982): Ernährung und Diätetik von Hund und Katze. Gustav Fischer Verlag, Jena.

GÜNZEL-APEL, A.-R., SIEME, H., und HOPPEN, H.-O. (1990): Erfahrungen mit einem „schnellen" Progesterontest zur Bestimmung des Bedeckungs- oder Besamungszeitpunktes beim Hund. Kleintierpraxis **35**, 301–308.

HUBLER, M., ARNOLD, S., CASAL, M., FLÜCKIGER, M., et al. (1991): Anwendung von niedrig dosiertem Prostaglandin $F_{2\alpha}$ bei der Hündin. Schweiz. Arch. Tierheilk. **133**, 323–329.

LE ROUX, P. H., and VAN DER WALT, L. A. (1977): Ovarian autograft as an alternative to ovariectomy in bitches. J. South Afr. Vet. Assoc. **48**, 117–123.

MAYR, A. (1979): Erfahrungen mit dem Paramunitätsinducer PIND-AVI in der Tiermedizin. Prakt. Tierarzt, Sondernummer Collegium veterinarium **60**, 35–40.

OS, J. L. VAN, und OLDENKAMP, E. P. (1979): Proligeston – ein sicheres injizierbares Progesteron-Derivat zur Östrusregulation. Kleintierpraxis **24**, 225–228.

OSBALDISTON, G. W. (1978): Bacteriological studies of reproductive disorders of bitches. J. Am. Animal Hospital Ass. **14**, 363–367.

PINEDA, M. H., KAINER, R. A., and FAULKNER, L. C. (1973): Dorsal median postcervical fold in the canine vagina. Am. J. Vet. Res. **34**, 1487–1491.

PLATT, A. M., and SIMPSON, R. B. (1974): Bacterial flora of the canine vagina. Southwest. Vet. **27**, 76–77.

RÜSSE, I. (1966): Über die mutterlose Aufzucht von Hundewelpen. Zbl. Vet.-Med. B **13**, 127–131.

RÜSSE, I. (1968): Wachstum und Versorgung der Welpen nach Sectio caesarea beim Hund. Berl. Münch. tierärztl. Wschr. **81**, 240–243.

SANDHOLM, M., VASENIUS, H., and KIVISTÖ, A.-K. (1975): Pathogenesis of canine pyometra. J. Amer. Vet. Med. Assoc. **167**, 1006–1010.

SCHUTTE, A. P. (1967): Canine vaginal cytology. J. Small Anim. Pract. **8**, 301–317.

22. Andrologie
(M. BERCHTOLD)

22.1. Unfruchtbarkeit des Rüden

22.1.1. Untersuchungsgang

Anamnese: Wird ein Rüde wegen Unfruchtbarkeit vorgestellt, so sind zunächst durch sorgfältige Erhebung des Vorberichts folgende Probleme abzuklären: juvenile Entwicklung, Deckverhalten, Anzahl erfolgreich oder erfolglos gedeckter Hündinnen, Größe der Würfe.

Hat ein junger Rüde noch gar nicht erfolgreich gedeckt (Impotentia generandi oder coeundi), so liegt meistens eine angeborene Anomalie oder eine präpubertäre Entwicklungsstörung im Bereich der primären oder sekundären Geschlechtsorgane vor (Hodenhypoplasie, Kryptorchismus oder Maldescensus testis, Intersexualitätsformen).

Handelt es sich jedoch um eine erworbene Unfruchtbarkeit, so sind folgende Faktoren hinsichtlich einer eventuellen ursächlichen Bedeutung abzuklären: abrupte Umweltveränderungen, Alter (Präsenilität), sexuelle Überbeanspruchung, Intoxikationen, skrotale Dermatitis, Orchitis, Epididymitis, Tumoren, schmerzhafte (akute) Balanoposthitis.

Adspektion. Die andrologische Untersuchung des Rüden beginnt mit der Adspektion der äußeren Geschlechtsorgane: Skrotum (Effloreszenzen, Verletzungen), Hoden (Größe, Form, Symmetrie); Präputialöffnung (Sekretspuren, Narben, Schwellungen); Penis: extrapräputiale Verlagerung zur Beurteilung der Schleimhaut sowie evtl. vorhandener Sekrete. Der Penis sollte innerhalb des Präputiums frei verschiebbar sein. Das Ausschachten gelingt am besten, wenn das Präputium mit einer Hand beckenwärts gerafft wird, während man mit der anderen Hand den Penis durch mäßigen Druck auf die Beckenflexur nach vorn schiebt, bis der Schwellkörper vollständig aus dem Präputium ausgetreten ist.

Palpation. Vorsichtiges Abtasten des extrapelvikalen Anteils des Penis. Es ist speziell auf normale Entwicklung, Schmerzhaftigkeit, Schwellungen und Unversehrtheit des Penisknochens zu achten. Palpation der Hoden: Größe, Form, Konsistenz, Empfindlichkeit, Symmetrie, Verschiebbarkeit. Bei sehr jungen Hunden können im Zustand der Erregung oder bei Einwirkung äußerer Reize (Schreck, Kälte, Berührung) die Hoden vorübergehend in den Leistenkanal hochgezogen werden. Die Samenstränge sind als runde, feste Stränge im Collum scroti tastbar. Sie werden auf Ödemisierung, Erweiterungen und Schmerzhaftigkeit untersucht. Die Palpation der Prostata erfolgt digital. Der mit einem Fingerling geschützte und gut gleitfähig gemachte Zeigefinger wird schonend in das Rektum eingeführt. Gleichzeitig wird mit der anderen Hand durch sorgfältigen Druck auf die Bauchdecke gegen den Beckeneingang zu die Prostata nach kaudal geschoben, damit sie möglichst vollständig bezüglich Form, Größe und Konsistenz überprüft werden kann.

Besondere Vorsicht ist beim Vorliegen einer Perinealhernie geboten, da wegen der damit verbundenen Divertikelbildung des Rektums die Gefahr der Darmperforation besteht.

Spermauntersuchung. Der normale Ablauf eines Deckvorganges oder die Tatsache, daß ein Rüde bereits erfolgreich gedeckt hat, schließen eine Fertilitätsstörung von seiten des Rüden nicht aus. Männliche Tiere können innerhalb von 14 Tagen völlig unfruchtbar werden, ohne daß an den äußeren Geschlechtsorganen Veränderungen nachweisbar sind. In Verdachtsfällen sollte daher eine Spermauntersuchung durchgeführt werden (s. S. 675).

22.1.2. Genitale Mißbildungen

Da die Differenzierung des Geschlechts von verschiedenen Faktoren abhängig ist (H-Y-Antigen des Y-Chromosoms, Anti-Müller-Hormon, Androgene, Östrogene, Androgenrezeptoren), können Störungen im Bereich dieser Faktoren zu einer Vielzahl verschiedener Intersexualitätsformen führen. Bei Intersexualitätstypen mit männlich geprägten äußeren Genitalorganen sind der Penis und das Präputium mitunter hypoplastisch. Nicht selten liegt auch ein- oder beiderseitiger Kryptorchismus vor. Wenn gleichzeitig Teile des Müllerschen Gangsystems ausgebildet sind, kann es zur Entstehung pyometraähnlicher Zustände kommen. Betroffene Tiere zeigen Veränderungen wie Hündinnen mit endokrin bedingten Metropathien: symmetrische Alopezien, Anziehung von Rüden, sekretgefüllter Uterus. Eventuell kann eitriger Ausfluß aus der Urethra beobachtet werden. Nach Entfernung der abdominalen Gonaden, die oft bisexuell angelegt (Ovotestis), degeneriert oder tumorös entartet sind, sowie des „Uterus" stellt sich schnell eine vollständige Heilung ein.

22.2. Erkrankungen der Hoden und Nebenhoden

22.2.1. Kryptorchismus und Maldescensus testis

Für die Beurteilung von Lageanomalien der Hoden sowie hinsichtlich der Interpretation von Behandlungserfolgen ist es wichtig, die normalen Vorgänge beim Descensus testis zu kennen. Beim neugeborenen Welpen (1. Lebenswoche) hebt sich die Regio scroti weder durch spärlichere Behaarung noch durch ein unterschiedliches Niveau von der umgebenden Regio perinealis ab. Erst in der 4. Lebenswoche kommt es zur Ausbildung von Skrotalwülsten, zur Abnahme der Behaarung und zur Ausbildung einer Raphe scroti. Nach 5 Wochen haben die Hoden in der Regel den Leistenspalt passiert. Der Fundus des Skrotums wird jedoch erst zu Anfang des 3. Lebensmonats erreicht (MEYER 1972). Im Hinblick auf rassebedingte und individuelle Schwankungen sollte eine Diagnose bezüglich Lageanomalie der Hoden daher erst nach diesem Zeitpunkt gestellt werden. Dabei ist zu berücksichtigen, daß die Hoden bis zum Einsetzen der Pubertät spontan in den Leistenspalt retrahiert werden können.

Die Vielfalt der Hodendystopien läßt sich in drei Gruppen zusammenfassen: Kryptorchismus, Retentio testis, Ectopia testis. In der Mehrzahl der Fälle handelt es sich um einseitige Anomalien. Als Ursache des Maldescensus testis sind vor allem die Hodenhypoplasie sowie genetische Defekte in Betracht zu ziehen.

Kryptorchismus. Ein oder beide Hoden liegen vollständig intraabdominal, in der Nähe der ursprünglichen Lokalisation, kaudoventral von den Nieren. Sie lassen sich palpatorisch nicht feststellen. Echter, abdominaler Kryptorchismus ist medikamentös nicht beeinflußbar. Da abdominale Hoden eine Tendenz zu tumoröser Entartung aufweisen und betroffene Rüden im Alter zu Bösartigkeit neigen, ist die Kastration angezeigt.

Retentio testis. Der Abstieg des Hodens ist unvollständig erfolgt. Inguinal gelegene Hoden können auf der Höhe des Schambeinrandes festgestellt werden, wenn man den Leistenkanal durch eine streichende Bewegung mit den Kuppen des Daumens und Zeigefingers von kranial nach kaudal abtastet.

Zur Behandlung von Inguinalhoden wurde früher vor allem HCG empfohlen: 4 Injektionen von 25–100 IE in Abständen von 3–4 Tagen. Von länger dauernden Behandlungen ist abzuraten, da mit der Bildung von Antikörpern und dadurch mit einem Wirkungsverlust gerechnet werden muß. Verschiedentlich wurde über gute Erfolge nach wiederholter Verabreichung von GnRH (in Abständen von 2–6 Tagen 2–6mal je nach Größe 50–300 μg s.c. oder i.v.) berichtet (HUMKE 1977, SCHÖRNER 1975).

Betroffene Rüden sollten von der Zucht ausgeschlossen werden, da die Disposition für dieses Leiden vererbt wird.

Ectopia testis. Bei der Hodenektopie liegt der Testikel extraabdominal, jedoch nicht im Hodensack, sondern z.B. an der Innenseite des Oberschenkels oder suprafaszial im Bereich des äußeren Leistenrings, neben dem Penis. Ektopische Hoden sind meist gut verschieblich. Eine operative Entfernung ist angezeigt, wenn die Ektopie zu Störungen des Verhaltens oder zu einer Entartung des Hodens führt.

22.2.2. Hodenhypoplasie

Da über die Größe der Hoden in Abhängigkeit von Rasse und Alter der Tiere keine Angaben vorliegen und eine Unterentwicklung der Hoden ganz unterschiedliche Grade annehmen kann, ist die Diagnose der testikulären Hypoplasie mitunter problematisch. In den meisten Fällen ist die Libido nicht beeinträchtigt, dagegen enthält das Ejakulat entweder keine Spermien (Azoospermie), nur wenige (Oligospermie) oder gehäuft mißgebildete Spermien (Teratospermie).

Die Ursache einer Hodenhypoplasie ist in der Regel nicht eruierbar. Spekulative Behandlungen mit gonadotropen Hormonen (200–500 IE PMSG in Abständen von 3–6 Tagen) sind in den meisten Fällen erfolglos. Ein Therapieversuch lohnt sich höchstens, wenn lediglich eine Oligospermie vorliegt. Da die Samenbildungs- und Transportzeit rund 2 Monate beträgt, ist frühestens nach dieser Zeit eine Verbesserung des Spermiogramms zu erwarten.

22.2.3. Orchitis

Ursachen: Hodenentzündungen entstehen meist als Folge eines Traumas (Verletzungen) oder einer hämatogenen Infektion (*Brucella canis*, *Mycoplasma* spp., Streptokokken, Staphylokokken, Staupevirus). Retrograde Infektionen, ausgehend von der Urethra oder den sekundären Geschlechtsorganen (Prostata, Samenleiter), dürften die Ausnahme sein. Dagegen ist die Orchitis häufig vergesellschaftet mit einer Epididymitis, wobei es meistens nicht möglich ist zu entscheiden, welches Organ zuerst betroffen war.

Symptome: In der akuten Phase der Entzündung sind die betroffenen Hoden geschwollen und vermehrt warm. Die Palpation ist schmerzhaft. Die Rüden weisen meistens Fieber und ein stark gestörtes Allgemeinbefinden auf. Sie bewegen sich sehr vorsichtig und nehmen bevorzugt eine sitzende Stellung ein.

Kleinere, verletzungsbedingte Entzündungen können vollständig ausheilen. Nach hämatogenen Infektionen dagegen ist meist mit einer irreversiblen Unfruchtbarkeit zu rechnen. Nach Abklingen der entzündlichen Veränderungen kommt es zu einer Fibrosierung der Hoden, evtl. verbunden mit einer Hodenverkleinerung. Das Spermiogramm zeigt auffällige Abweichungen: Azoospermie oder gehäuft tote und mißgebildete Spermien, Entzündungszellen.

Therapie: In der akuten Phase der Entzündung ist die parenterale Verabreichung von Antibiotika angezeigt. Bei schweren Veränderungen (Nekrosen, Abszesse, Phlegmonen), oder wenn die Tiere auf die Behandlung nicht ansprechen, ist die Kastration durchzuführen.

22.2.4. Epididymitis

Nebenhodenentzündungen sind vorwiegend bakteriell bedingt. Die Infektion erfolgt entweder hämatogen, lymphogen oder per continuitatem als Folge einer Orchitis oder Prostatitis. Eine besondere Affinität zu den Nebenhoden scheint *Brucella canis* zu besitzen.

Bei chronischen oder abgeheilten Entzündungen fühlen sich die Nebenhoden oft ungleichmäßig vergrößert und verhärtet an. Nicht selten kommt es auch zu einem Verschluß des Lumens und als Folge davon zur Bildung von Spermatozelen oder Mikroabszessen.

22.2.5. Tumoren

Primäre testikuläre Tumoren werden vor allem bei älteren Rüden beobachtet, wobei die Ausgangszellen meistens spezifische Hodenelemente betreffen: Leydigzellen, Sertolizellen, Keimepithel.

Am häufigsten kommen Leydigzelltumoren (Interstitialzellen-Adenome) vor. Diese **Zwischenzelltumoren** entstehen bisweilen in Form von miliaren Knötchen, die palpatorisch gar nicht abgrenzbar sind. Sie können aber auch solitär, ein- oder beiderseitig auftreten (Abb. 22.1.). Die Tumoren wachsen langsam und führen sukzessive zu

Abb. 22.1. Dackel mit malignem Zwischenzelltumor im rechten Hoden (Foto: Gynäkologische Tierklinik Zürich).

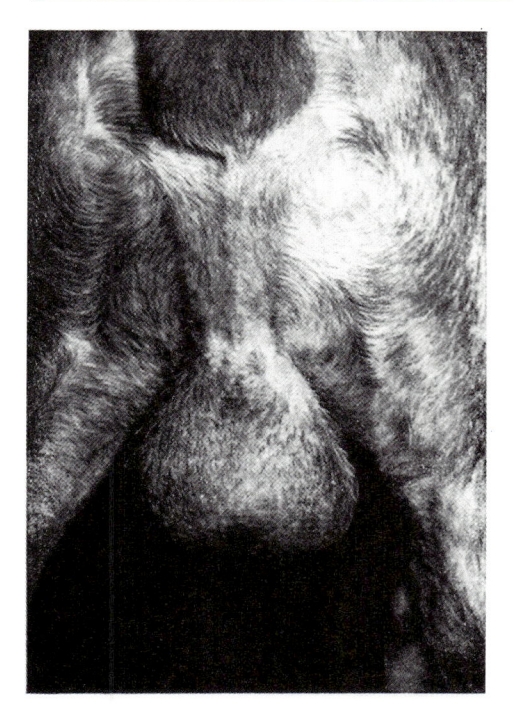

Abb. 22.2. Seminom bei einem Boxer.

eher selten. Die betroffenen Hoden sind vergrößert und produzieren vermehrt Östrogene, was sekundär zu einer Feminisierung führen kann: Attraktivität für andere Rüden, Verminderung der Libido, symmetrische Alopezien, Hyperpigmentierung der Haut, Atrophie des nicht betroffenen Hodens, Präputialschwellung, Entwicklung der Milchdrüse (Gynäkomastie), Hyperplasie oder Metaplasie der Prostata. Mitunter kommt es sogar zu einer Knochenmarkdepression oder zur Panmyelophthise.

Therapie: Das Mittel der Wahl bildet die beiderseitige Exstirpation der Hoden. Sekundäre tumorbedingte Veränderungen verschwinden meistens innerhalb von 4–6 Wochen. Ist dies nicht der Fall, oder kommt es zu Rezidiven, so ist mit hormonal aktiven Metastasen zu rechnen.

einer Atrophie des normalen Hodengewebes. Infiltratives Wachstum oder Metastasen sind selten. Dagegen kommt es im Zusammenhang mit diesen Tumoren bisweilen zu einer Hyperplasie und bakteriellen Besiedlung der Prostata oder zu einer gewissen Feminisierung.

Seminome entstehen aus den Zellen des Keimepithels, wobei häufig eine multifokale Entstehung beobachtet wird (Abb. 22.2.).

Sertolizelltumoren (Abb. 22.3.) sind beim Hund

Abb. 22.3. Haarkleidveränderungen (Alopezie und Hyperpigmentation) bei einem Bernhardiner-Rüden mit einseitigem Kryptorchismus und östrogenproduzierendem Sertolizelltumor (Foto: Gynäkologische Tierklinik Zürich).

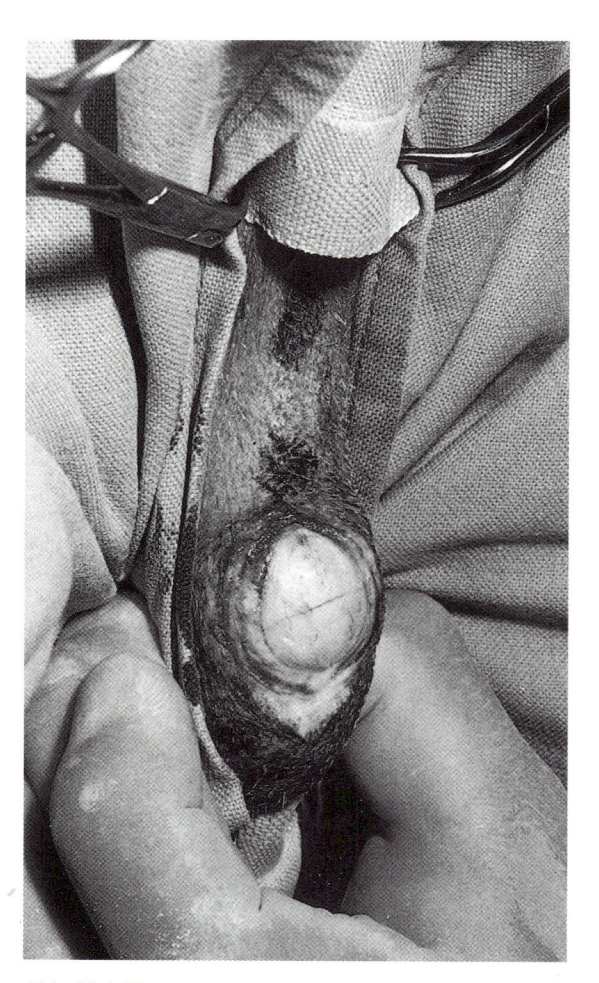

Abb. 22.4. Herauspressen des rechten Hodens nach Durchtrennen der Haut und des Stratum subdartoicum.

22.2.6. Dermatitis am Skrotum

Die Skrotalhaut ist sehr empfindlich gegen chemische und physikalische Noxen. Reizungen führen sehr schnell zu entzündlichen Veränderungen, die durch das unablässige Lecken des Patienten noch verstärkt werden. Falls nicht rechtzeitig eine Behandlung erfolgt, können massive Schwellungen und umschriebene Nekrosen der Haut oder durch das Benagen sogar schwere Verletzungen (Automutilation) entstehen.

Die Therapie besteht im Auftragen einer kühlenden, nichtreizenden, antibiotisch-antiphlogistischen Salbe und in der Verabreichung eines Tranquilizers. Wichtig ist das Anlegen eines Halskragens zur Verhinderung des Leckens.

22.2.7. Kastration

Indikationen. Häufigster Grund für die Kastration eines Rüden ist die Manifestation unerwünschter Verhaltensweisen: Streunen, Aggressivität (besonders gegenüber anderen Rüden), Harnmarkierungen (innerhalb und außerhalb des Hauses), Bespringen anderer Hunde oder Aufspringen auf Personen und Gegenstände, Angstbeißen. Weitere Indikationen bilden Hodenerkrankungen (Entzündungen, Tumoren), Erkrankungen der Prostata sowie die Unterbindung der Fortpflanzungsfähigkeit.

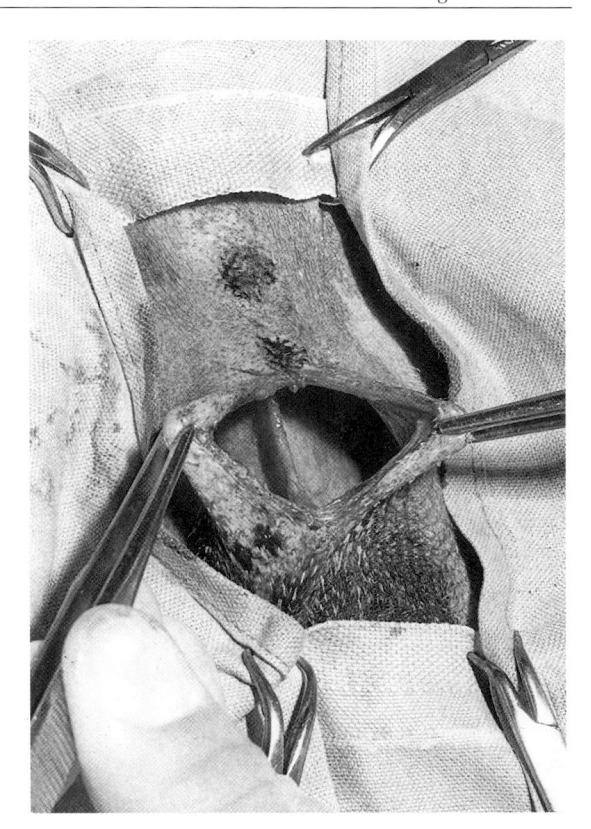

Abb. 22.6. Situation nach der Entfernung beider Hoden durch den gleichen Hautschnitt.

Da das Verhalten nicht nur von den testikulären Hormonen abhängt, sondern durch eine Vielzahl anderer Faktoren geprägt wird (Sozialisierungsprozesse während der 3.–12. Lebenswoche, Kontaktmöglichkeiten mit anderen Hunden und mit Menschen, genetische Disposition, Erziehung in der Pubertätsphase, besondere Bedingungen der Haltung), ist es verständlich, daß die Kastration nicht immer zum gewünschten Erfolg führt. In einer retrospektiven Analyse von 42 Fällen von verhaltensgestörten Rüden stellten HOPKINS et al. (1976) fest, daß die Kastration praktisch immer zu einem Sistieren des Streunens führt. Urinmarkierung, Aggressivität gegenüber anderen Rüden und abnormes „Aufreiten" verschwanden in 50–70% der Fälle, zum Teil bereits innerhalb von 2 Wochen, zum Teil innerhalb eines halben Jahres. Unbeeinflußt blieben die „territoriale Aggressivität" und das „Angstbeißen". Das Alter der Rüden zum Zeitpunkt der Kastration scheint wenig Einfluß auf die Sicherheit des Erfolges zu haben.

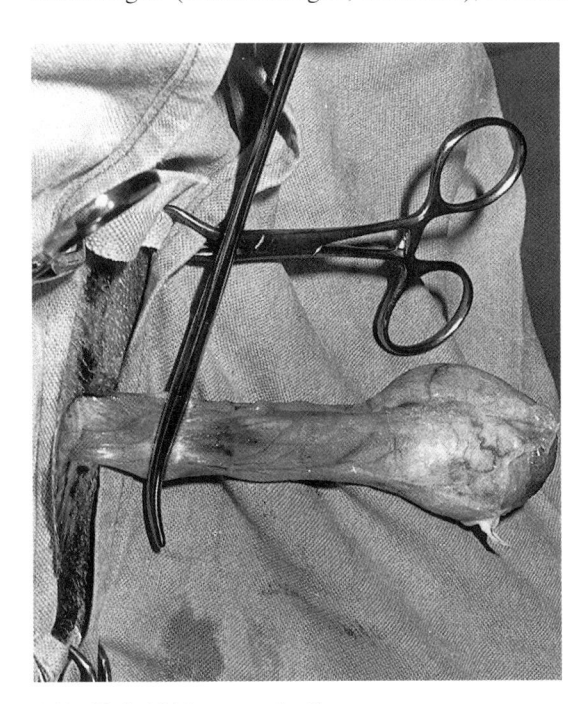

Abb. 22.5. Abklemmen des Samenstranges.

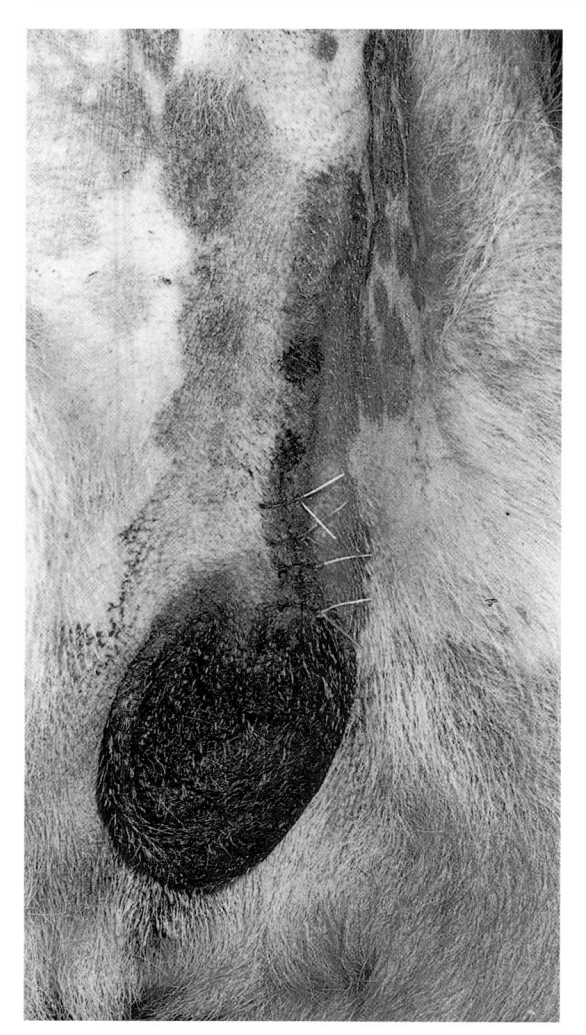

Abb. 22.7. Hautnähte nach beendeter Kastration.

Technik: Allgemeinnarkose, Fixierung des Hundes in Rückenlage. 2–3 cm langer Hautschnitt unmittelbar vor dem Skrotum in der Medianen. Sorgfältiges Freipräparieren (Skalpell) der Tunica vaginalis über dem nach kranial in den Wundbereich gedrückten Hoden (Abb. 22.4.). Stumpfes Freilegen des Processus vaginalis. Setzen einer Klemme über dem bedeckten Samenstrang in einer Entfernung von 4–6 cm vom Hoden (Abb. 22.5.). Ligatur proximal von der Klemme. Durchtrennen des Samenstranges mit der Schere zwischen Klemme und Ligatur. Anschließend analoges Absetzen des anderen Hodens von der gleichen Hautwunde her. Fortlaufende subkutane Raffungsnaht unter Einbeziehung der medianen Scheidewand (Abb. 22.6.). Einzelne Hautnähte (Abb. 22.7.). Anlegen eines Halskragens.

Hormonale Behandlung der Hypersexualität. Als Alternative oder als Ergänzung zur Kastration besteht die Möglichkeit der Anwendung von Hormonen mit antiandrogener oder zentral blockierender Wirkung. Im Vordergrund stehen Depot-Gestagene, z. B. Chlormadinon- oder Delmadinon-acetat (2–3 mg/kg KM s. c.) oder Medroxyprogesteronacetat (3–5 mg/kg KM s. c.). Eine deutliche und anhaltende Dämpfung der Hypersexualität wurde auch nach 10tägiger Verabreichung des Antiandrogens Cyproteronacetat (25–50 mg pro Tier und Tag) beobachtet (SCHÖRNER 1978).

22.3. Erkrankungen der Prostata

22.3.1. Klinische Untersuchung

Krankhafte Veränderungen der Prostata können einerseits zu einer Beeinträchtigung der Samenqualität und damit der Fruchtbarkeit führen (Beimengung von Entzündungszellen, Bakterien), andererseits sind sie nicht selten die Ursache von Harndrang wegen einer Zystitis oder von zunächst unklaren Symptomen. Aus diesem Grund ist eine sorgfältige Untersuchung unerläßlich.

Die normale Prostata liegt innerhalb der Beckenhöhle. Die Pars externa bildet einen kugeligen Drüsenkörper, der die Harnröhre und den Einmündungskanal des Samenleiters umschließt. Die Drüse ist von derber Konsistenz. Ihr Umfang ist sehr stark vom Alter und von der Rasse des Tieres abhängig und variiert zwischen Haselnuß- und Kastaniengröße. Die Oberfläche ist normalerweise glatt; eine leichte Rinne deutet die Trennung der beiden symmetrischen Lappen an. Größe, Form und Konsistenz lassen sich mittels digitaler rektaler Untersuchung abklären (s. S. 675 f.). Schmerzäußerungen sind nur dann aussagekräftig, wenn sie nach direktem digitalem Druck auf die Prostata ausgelöst werden.

In einer normalen Röntgenaufnahme ist die Prostata meistens nicht eindeutig erkennbar. Das Einbringen eines Kontrastmediums oder von Luft in die Harnblase ermöglicht jedoch eine gute Abgrenzung gegenüber anderen Verschattungen im Abdominalbereich.

Zusätzliche Information läßt sich durch eine zytologische und bakteriologische Untersuchung von Prostatasekret erhalten. Da sich bei der direkten Massage in der Regel nur wenig Flüssigkeit gewinnen läßt, ist es vorteilhaft, nach Reinigung der Präputialöffnung und der Penisspitze einen Harnkatheter so weit in die Urethra einzuführen, bis sich die Öffnung im Bereich der Ausführungsgänge der Prostata befindet, und unter Massage der Drüse das Sekret mit einer Spritze zu aspirieren.

Die meisten Prostataerkrankungen gehen mit einer Vergrößerung der Drüse einher. Ein häufiges und charakteristisches Begleitsymptom bilden Blutungen aus der Urethra, die unabhängig von den Miktionen auftreten. Bei starken Größenzunahmen kann es zu einer mechanischen Störung des Harn- und Kotabsatzes kommen. Entzündliche Veränderungen oder bösartige Tumoren können zu Störungen des Allgemeinbefindens führen.

Unter dem klinischen Leitsymptom der „Prostatavergrößerung" sind folgende Krankheiten zu differenzieren:

– benigne Hyperplasie,
– Zysten und Abszesse,
– akute oder chronische Prostatitis,
– squamöse Metaplasie,
– Tumoren.

22.3.2. Benigne Prostatahyperplasie

Benigne Hyperplasien werden vor allem bei älteren Rüden beobachtet. Die Pathogenese ist nicht genau bekannt; es wird jedoch allgemein angenommen, daß eine Veränderung des Androgen-Östrogen-Quotienten ursächlich eine Rolle spielt.

Diagnostische Kriterien: Die Vergrößerung der Prostata ist symmetrisch. Sie vollzieht sich „zentrifugal" und führt daher nur ausnahmsweise zu einer Einengung der Urethra. Die Konsistenz ist meistens wenig verändert; gelegentlich können zystöse Erweiterungen der Drüsenendstücke zu einer schwammigen Struktur führen. Die Palpation ist schmerzlos. Das Sekret enthält weder Bakterien noch Entzündungszellen. Klinische Störungen treten erst auf, wenn eine abnorme Vergrößerung zu einer mechanischen Behinderung des Kotabsatzes führt: Verstopfung, schmerzhafter Stuhldrang.

Therapie: Die zuverlässigste Wirkung ist von einer Kastration zu erwarten. Ist diese unerwünscht, so ist eine Behandlung mit Gestagenen angezeigt. Bei Verwendung der Delmadinonacetat-Kristallsuspension beträgt die Dosierung 1 bis 2,5 mg/kg KM (BRASS et al. 1971).

Von der immer wieder empfohlenen Östrogentherapie ist aus grundsätzlichen Erwägungen abzuraten. Einerseits sind die Erfolge nicht besser als nach Gestagenbehandlungen, andererseits besteht bei Hunden eine individuell unterschiedliche Empfindlichkeit gegenüber Östrogenen. Selbst bei „normalen" Dosierungen kann es zu Komplikationen kommen (Prostatametaplasie, Prostatitis, irreversible Knochenmarkschädigung).

22.3.3. Prostatazysten

Die Pathogenese der Prostatazysten ist nicht bekannt. Auffällig sind die meist massive Vergrößerung der Prostata, die oft weit in das Abdomen hineinreicht, und die fluktuierende Konsistenz. In seltenen Fällen kann die Zystenwand Verknöcherungen aufweisen (Abb. 22.8.). Die Identifizierung der abdominalen „Geschwulst" bzw. ihre Zuordnung zur Harnblase erfolgt am zweckmäßigsten durch Katheterisieren und Kontrastmittelfüllung (Luft) der Blase. Die Palpation ist in der Regel nicht schmerzhaft und das Allgemeinbefinden nicht gestört. Gelegentlich können jedoch Harnabsatzbeschwerden beobachtet werden.

Die Punktion mit einer sehr feinen Kanüle zur bakteriologischen und zytologischen Untersuchung des Punktates vermag differentialdiagnostische Hinweise bezüglich entzündlicher oder neoplastischer Prozesse zu geben. Die Punktion erfolgt am sedierten Tier, von der Flanke her, unter ultrasanographischer Kontrolle.

Da sich Zysten nach der Punktion immer wieder füllen, ist eine chirurgische Behandlung unerläßlich. Sie besteht im Abtragen oder Veröden der Zysten nach Öffnung der Bauchhöhle oder in der Drainage nach Annähen der Zystenwand an die Bauchwand (Marsupialisierung; GOURLEY und OSBORNE 1969, ROBERTSON 1990).

22.3.4. Prostataentzündung

Prostataentzündungen sind vorwiegend bakteriellen Ursprungs. Die akute Phase ist unter Umständen nur kurzdauernd und wird vom Besitzer gar nicht registriert. In schweren Fällen einer **akuten Prostatitis** zeigen betroffene Tiere ein gestörtes Allgemeinbefinden (Fieber, Inappetenz, Mattigkeit), Bewegungsunlust oder gestelzten Gang, Harndrang sowie spontanes Abtropfen von eitrigen oder blutigen Exsudaten aus dem Penis, unabhängig von der Miktion. Die Prostata ist schmerzhaft vergrößert, und das Sekret enthält

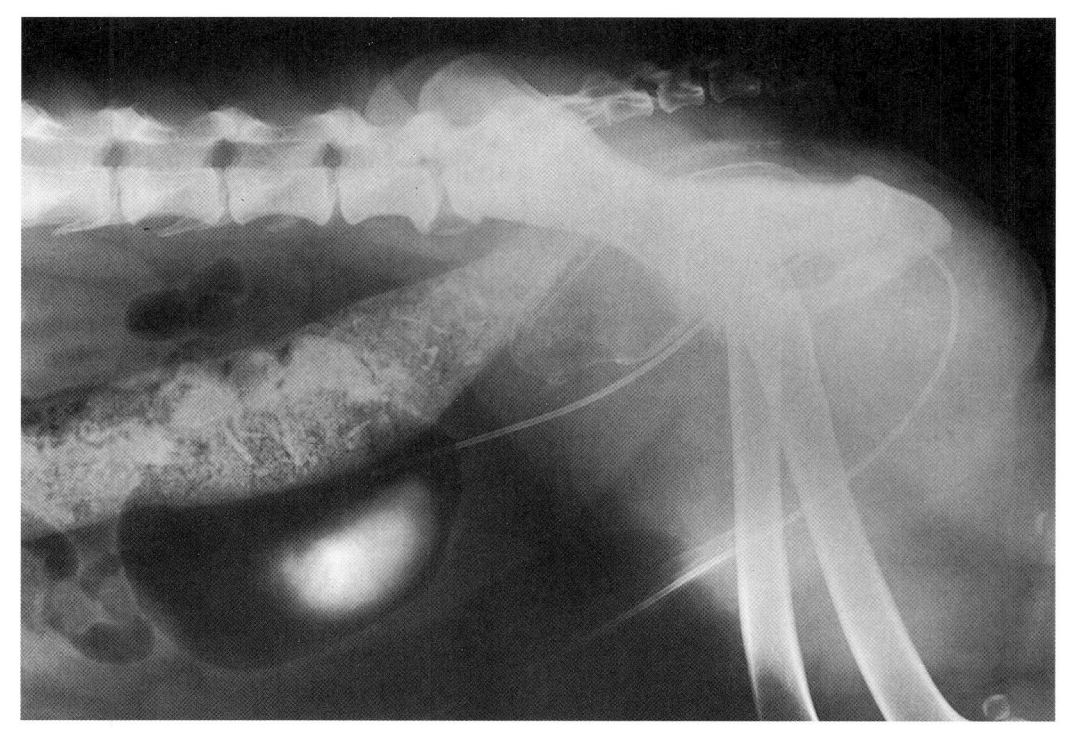

Abb. 22.8. Prostatazyste mit Verknöcherung der Wand. Röntgenaufnahme.

Entzündungszellen. Die Gewinnung eines Ejakulats ist wegen der schmerzhaften Veränderungen meistens nicht möglich.

Die **chronische Prostatitis** verläuft in der Regel ohne klinisch auffällige Veränderungen. Die Rüden werden dem Tierarzt vorgestellt, weil im Morgenharn blutige oder eitrige Beimengungen beobachtet werden oder aus dem Penis unabhängig vom Harnabsetzen gelegentlich eitriges Sekret abtropft. Die Prostata ist unterschiedlich stark und vielfach asymmetrisch vergrößert. Die Palpation ist nicht oder nur geringgradig schmerzhaft. Bei Vorliegen von herdförmigen Eiteransammlungen oder eigentlichen Abszessen ist die Konsistenz ungleichmäßig. Eventuell können fluktuierende Stellen palpiert werden. Die mikroskopische Untersuchung des Prostatasekretes ergibt das Vorliegen von Entzündungszellen. In der Regel lassen sich auch Bakterien isolieren.

Die *Behandlung* der Prostataentzündung besteht in der konsequenten Verabreichung von Antibiotika, nach Möglichkeit gezielt auf der Basis einer mikrobiologischen Untersuchung und eines Antibiogramms. Dabei ist speziell Rücksicht zu nehmen auf die unterschiedlichen Diffusionsraten der verschiedenen Antibiotika und Chemotherapeutika. Besonders geeignet scheinen folgende zu sein (BARSANTI und FINCO 1986): Trimethoprim, Erythromycin, Chloramphenicol. Die Antibiotikatherapie sollte im Minimum einen Zeitraum von zwei Wochen umfassen.

22.3.5. Prostataabszeß

Prostataabszesse können ähnlich wie Zysten zu einer erheblichen Vergrößerung des Organs führen. Die Palpation ist schmerzhaft. Betroffene Rüden weisen meist ein stark gestörtes Allgemeinbefinden (Fieber) auf. Gelegentlich kommt es zur Harnretention. Die Samengewinnung ist kaum möglich (Schmerzhaftigkeit).

Konservative Maßnahmen (Wärme, Antibiotika) sind in der Regel erfolglos. Die Abszesse müssen gespalten und drainiert werden. Am zweckmäßigsten erfolgt dies über die Marsupialisierung (s. Prostatazysten). Abszesse, die vom Rektum her palpierbar sind, können auch nach perinealer Freilegung der Prostata geöffnet werden. Dabei ist darauf zu achten, daß der sich entleerende Eiter nicht das periproktale Gewebe kontaminiert. Der Harnabsatz ist postoperativ zu überwachen.

22.3.6. Squamöse Metaplasie

Die squamöse Metaplasie des Gangsystems und der Azini der Prostata ist die Folge eines Hyperöstrogenismus. Ursächlich in Frage kommen der Sertolizelltumor des Hodens sowie die exogene Östrogenzufuhr. Die Prostata ist symmetrisch, meist nur geringgradig vergrößert, nicht schmerzhaft und fühlt sich derb an. Betroffene Tiere zeigen oft auch noch andere östrogenbedingte Symptome (s. S. 671). Nach Beseitigung der Ursache kommt es zur Regression der metaplastischen Veränderungen.

22.3.7. Tumoren

Die häufigste Neubildung ist das Adenokarzinom, das vorwiegend bei Rüden beobachtet wird, die älter als 8 Jahre sind. Durch das infiltrative Wachstum werden nicht selten auch die Urethra, die Harnblase und das knöcherne Becken in die krankhaften Prozesse einbezogen.

Die klinischen Symptome hängen vom Ausmaß der krankhaften Veränderungen und von der Beteiligung benachbarter Organe ab. Bis die Veränderungen erkannt werden, haben sich oft schon Metastasen in der Lunge, in den regionären Lymphknoten oder in den Lendenwirbeln gebildet.

Die Prognose ist ungünstig. Eine vorübergehende Erleichterung kann erreicht werden durch die Kastration, gefolgt von einer Östradiolbehandlung (in Abständen von 3–6 Wochen 0,5 bis 2 mg eines Depot-Östrogens i. m.).

22.4. Erkrankungen von Penis und Präputium

22.4.1. Präputialkatarrh

Die häufigste Störung im Bereich von Penis und Präputium ist der sogenannte Präputialkatarrh. Es handelt sich um die Manifestation einer vermehrten Sekretion der Drüsen des Parietalblattes des Präputiums. Dabei fehlen in der Regel die Kardinalsymptome einer Entzündung (vermehrte Wärme, Rötung, Schwellung, Schmerz).

Der Präputialkatarrh kann ganz unterschiedliche Grade erreichen; er wird bei Rüden jeden Alters beobachtet und bildet ein Ärgernis für den Besitzer, da ständig gelblich-grünes Sekret aus der Präputialöffnung tropft.

Die Pathogenese ist noch weitgehend unklar. Möglicherweise spielen prädisponierende Faktoren (hormonaler Status, Haltung usw.) eine gewisse Rolle.

Therapie: Der Präputialkatarrh ist therapeutisch kaum zu beeinflussen. Lokale oder systematische Behandlungen mit Antibiotika sind wirkungslos. Im Vordergrund stehen hygienische Maßnahmen (regelmäßige Waschungen oder Spülungen mit milden desinfizierenden Lösungen, z. B. Betadine oder Kaliumpermanganat. In besonders unangenehmen und hartnäckigen Fällen führt die Kastration in der Regel zum Verschwinden der Symptome.

22.4.2. Entzündungen

Entzündliche Veränderungen an der Schleimhaut des Penis (**Balanitis**) und des Präputiums (**Posthitis**) kommen in der Regel gleichzeitig vor (**Balanoposthitis**). Sie werden bei Rüden jeden Alters beobachtet. Wird der Penis aus der Vorhaut herausgeschoben, stellt man fest, daß die Schleimhaut unregelmäßig gerötet und mit schleimigeitrigen Sekreten bedeckt ist. In chronischen oder hochgradigen Fällen kommt es zur entzündlichen Schwellung der Lymphfollikel. Durch die multiplen, hochroten, bis stecknadelkopfgroßen Knötchen erhält die Schleimhaut ein reibeisenähnliches Aussehen. Die bakteriologische Untersuchung ergibt meistens das Vorliegen einer Mischinfektion mit ubiquitären, fakultativ pathogenen Bakterien.

Therapie: Zunächst ist durch eine sorgfältige Untersuchung abzuklären, ob nicht etwa Fremdkörper in der Präputialhöhle (Grannen, Haare, Holzwollteilchen usw.) Ursache der chronischen Entzündung sind.

Die Behandlung besteht in täglichen Waschungen des Penis bzw. Spülungen der Präputialhöhle mit milden antiseptischen Lösungen. Anschließend wird die Präputialhöhle mit einer antibiotischen Salbe versorgt, die zusätzlich eine antiphlogistische Komponente enthält (z. B. Prednisolon). Die Behandlungen sind bis zum völligen Verschwinden der Symptome zu wiederholen. In hartnäckigen Fällen empfiehlt sich eine bakteriologische Untersuchung mit Resistenzbestimmung.

Beim Vorliegen einer Balanoposthitis follicula-

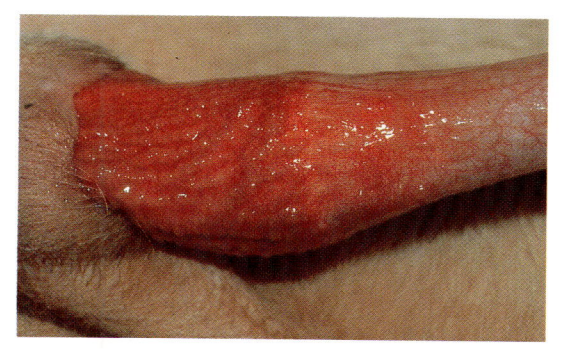

Abb. 22.9. Chronische folliculäre Balanoposthitis bei einer halbjährigen Bordeaux-Dogge. (Foto: Gynäkologische Tierklinik Zürich).

ris (Abb. 22.9.) wird die Schleimhaut mit einer adstringierenden Lösung betupft (2% Kupfersulfat oder 2% Silbernitrat) und anschließend mit physiologischer Kochsalzlösung abgespült.

In therapieresistenten Fällen oder bei Rezidiven, welche die Haltung eines Rüden unzumutbar erscheinen lassen, ist die Kastration angezeigt, die in den meisten Fällen zum Verschwinden der Symptome führt.

22.4.3. Phimose

Unter Phimose versteht man eine Verengung der Vorhautöffnung, die verhindert, daß der erigierte Penis ausgeschachtet werden kann. Es handelt sich dabei entweder um eine kongenitale Fehlbildung oder um die Folge von entzündlichen Veränderungen nach infektiösen oder traumatischen Einwirkungen (Narbenstriktur). Die Verengung beeinträchtigt meist auch den Harnabfluß. Es kommt zur Urinretention und als Folge davon zu einem stark urinösen Geruch sowie zu entzündlichen Veränderungen an der Schleimhaut von Penis und Präputium (Balanoposthitis).

Therapie: Phimosen sind operativ zu behandeln. Zur Orientierung wird eine Hohlsonde in das Präputium eingeführt. Die Beseitigung der Verengung erfolgt entweder durch eine kreisförmige Exzision an der Präputialöffnung oder durch einen kurzen Längsschnitt (Abb. 22.10.). Der Wundrand der Schleimhaut wird mit Einzelnähten an die äußere Haut genäht. Die Resektion ist so zu bemessen, daß es im Anschluß an die Operation nicht zu einem permanenten Penisvorfall kommt.

22.4.4. Paraphimose

Bei der Paraphimose wird der ausgeschachtete Penis durch die zu enge Vorhautöffnung hinter der Glans penis ringförmig abgeschnürt, so daß er nicht mehr ins Präputium zurückgleiten kann. Als Ursache kommt vor allem eine eingeschränkte Dehnungsfähigkeit der Präputialöffnung als Folge einer Entzündung oder einer Narbenstriktur in Frage. Durch die venöse Stauung ist die Glans penis erheblich vergrößert, dunkelblaurot verfärbt und prall-hart. Bei längere Zeit anhaltenden Abschnürungen können Gewebszerreißungen und infolge der Durchblutungsstörungen nekrotische und gangränöse Veränderungen eintreten.

Therapie: Zunächst wird mit feuchtkalten Kompressen eine Abschwellung der Glans penis angestrebt. Nach Schmerzausschaltung (Neuroleptanalgesie oder Narkose) wird die Präputialöffnung mit 2 Pinzetten etwas aufgespreizt. Dann wird versucht, den gut gleitfähig gemachten Penis, der mit den Fingern manschettenartig komprimiert wird, in das Präputium zurückzuverlagern. Ist die Reposition auf konservativem Wege nicht möglich, wird die Präputialöffnung ventral eingeschnitten oder V-förmig exzidiert und nach der Zurückverlagerung des Penis wieder vernäht. Irreversible Gewebeveränderungen erfordern die Amputation des Penis (HOPSON 1990).

22.4.5. Tumoren

Neubildungen am Penis sind vorwiegend Fibropapillome, die häufig im Bereich der Penisspitze vor-

Abb. 22.10. Phimoseoperation. Einschneiden der Präputialöffnung.

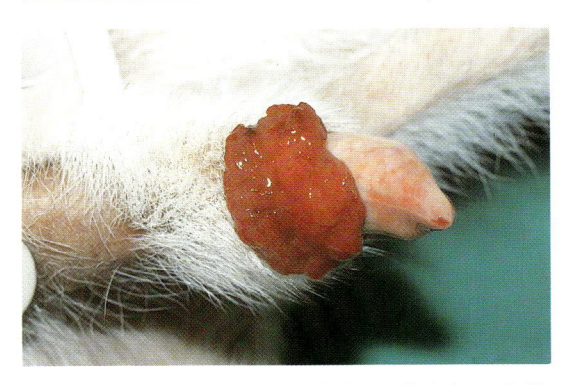

Abb. 22.11. Sticker-Sarkom bei einem 2jährigen Collie-Rüden. (Foto: Gynäkologische Tierklinik Zürich).

kommen. Form, Größe und Konsistenz können recht variabel sein. Gelegentlich manifestieren sich Tumoren auch als multiple oder blumenkohlartige Wucherungen. Die Veränderungen können zu Schwierigkeiten beim Ausschachten des Penis oder zu blutigem Präputialausfluß führen.

Eine Sonderform bildet der transmissible Tumor (Sticker-Sarkom; Abb. 22.11.), der vorwiegend bei Hunden in warmen Klimazonen vorkommt (s. S. 645). Auffällige Merkmale sind die Übertragbarkeit beim Deckakt und der reduzierte Chromosomensatz in den Tumorzellen (57–62 statt 78). Beim Rüden manifestieren sich die Veränderungen am Penis oder am Präputium, wobei eine erhebliche Variabilität zu beobachten ist, von einzelnen kleinen hyperämischen Knötchen bis zu großen, blumenkohlartig gelappten und ulzerierenden Tumoren.

Therapie: Tumoren werden nach Möglichkeit chirurgisch abgetragen. Dabei ist speziell auf die Harnröhre Rücksicht zu nehmen (Einlegen eines Katheters als Orientierungshilfe). Breitaufsitzende Neubildungen oder stark infiltrativ wachsende Tumoren können unter Umständen die Penisamputation erforderlich machen.

Beim venerischen Tumor werden neben der operativen Entfernung auch Behandlungen mit Zytostatika und Röntgenbestrahlungen sowie die lokale und systemische Verabreichung von Antibiotika empfohlen.

22.4.6. Verletzungen

Verletzungen im Bereich von Präputium und Penis entstehen meist im Zusammenhang von Raufereien (Bißwunden) oder Unfällen (Überfahrenwerden, Überspringen eines Zaunes). Die durch das Trauma ausgelösten Hämorrhagien führen zu Schwellungen, Blutungen aus dem Penis und Harnabsatzbeschwerden.

Nichtblutende Verletzungen werden mit einer antibiotischen Salbe, die zusätzlich ein Antiphlogistikum enthält, abgedeckt. Dadurch verringert sich auch das Risiko der Entstehung von Adhäsionen. Die Verabreichung von Acetylpromazin begünstigt die Ruhigstellung der Wunde und reduziert über die blutdrucksenkende Wirkung die Hämorrhagien. Bei stark blutenden Penisverletzungen ist meistens die chirurgische Versorgung (Ligieren der Gefäße, Naht der Tunica albuginea) in Allgemeinnarkose erforderlich.

Penisknochenfrakturen lassen sich auf Grund der Krepitation und einer Röntgenaufnahme erkennen. Vielfach ist die Harnröhre für einen Katheter nicht mehr passierbar. Spontanheilungen sind möglich. Zur Stabilisierung des Penisknochens kann ein Katheter eingelegt und an der Penisspitze fixiert werden. Unter Umständen erweist sich das Anlegen einer Harnentleerungsfistel als unumgänglich.

22.5. Künstliche Besamung

Indikationen. In der Praxis beschränkt sich die Durchführung der künstlichen Besamung im allgemeinen auf Fälle, in denen die natürliche Paarung aus „psychischen" oder physischen Gründen nicht möglich ist (s. S. 662). Die übrigen Indikationen (bessere Ausnutzung eines besonders wertvollen Rüden, Versand von Sperma, Anlage von Samendepots) sind von untergeordneter Bedeutung. Bevor eine Samenübertragung durchgeführt wird, sind die zuchthygienischen Aspekte angemessen zu berücksichtigen. Beim Vorliegen einer Paarungsstörung kann die Insemination unter Praxisbedingungen mit unverdünntem Sperma unmittelbar im Anschluß an die Samengewinnung durchgeführt werden.

Spermagewinnung. Zur Gewinnung von Samen stehen verschiedene Methoden zur Verfügung: künstliche Vagina, Elektroejakulation, Anwendung eines Vibrators, Eichel- und Penismassage (Masturbation). Am einfachsten ist sicher die Massagemethode: Der Rüde wird am besten auf einen Tisch mit einem rutschfesten Belag gestellt. Die Anwesenheit einer läufigen Hündin wirkt unter Umständen stimulierend auf die Libido des Rüden, ist aber nicht Voraussetzung für den Erfolg der Manipulationen. Zum getrennten Auffangen von Vorsekret, Hauptfraktion und Prostatasekret werden im Wasserbad (37°C) vorgewärmte tulpenförmige Samenauffanggläser, wie sie zur Samengewinnung bei Bullen verwendet werden, oder Reagenzgläser mit Glastrichter bereitgehalten. Die Präputialöffnung wird trocken gereinigt.

Die Peniserektion beim Rüden wird ausgelöst, indem man die Vorhaut zwischen Daumen und Zeigefinger nimmt und über der Eichel und dem Penis leicht hin- und herbewegt. Nach einigen Massagebewegungen verstärkt sich die Erektion, die Eichel beginnt anzuschwellen, und es tropft Vorsekret ab. Der Rüde reagiert seinerseits mit Friktionsbewegungen.

Das Präputium wird nun so weit nach kaudal geschoben, daß Daumen und Zeigefinger den Penisschwellkörper am hinteren Rand ringförmig umfassen können. Die übrigen Finger umschließen den Bulbus glandis, der dem hinteren Teil des Penisknochens aufsitzt.

Nach dem Abtropfen des wäßrigen Vorsekrets (wenige Tropfen bis 2,5 ml) sistieren meistens die Friktionsbewegungen des Rüden, und es erfolgt das Absetzen der grauweißen bis milchigen, spermienreichen Fraktion (0,5–3 ml). Der anschließende Übergang zum wäßrig-serösen Prostatasekret, dessen Volumen 3–25 ml betragen kann, deutet sich oft dadurch an, daß die Rüden ein Hinterbein anheben, als ob sie von der Hündin absteigen wollten. Nun sollte der Penis nach kaudal abgebogen und in dieser Lage festgehalten werden, bis das Prostatasekret, das nicht zur Insemination verwendet wird, vollständig abgegeben ist.

Die Qualität des Spermas wird mikroskopisch überprüft. Die Spermiendichte in der ersten Hauptfraktion sollte zwischen 0,2–1,2 Mio/μl betragen. Der Anteil vorwärtsbeweglicher Spermien unmittelbar nach der Samengewinnung sollte nicht unter 70% liegen, bei maximal 20% Samenzellen mit morphologischen Abweichungen.

Samenübertragung. In den meisten Publikationen über die Samenübertragung beim Hund wird die intrauterine Insemination empfohlen. Auf Grund der besonderen anatomischen Situation im Bereich des Fornix vaginae sowie der Enge und des Verlaufs des Zervikalkanals ist das Einführen einer Pipette in den Uterus am nichtnarkotisierten Hund in der Regel jedoch nicht möglich. Das Sperma kann in den meisten Fällen lediglich im Bereich des Fornix vaginae deponiert werden.

Die Besamungspipette wird unter Zuhilfenahme eines Vaginoskops eingeführt, wobei es empfehlenswert ist, den Hinterkörper der Hündin hochzuhalten. Am einfachsten ist es, wenn die Hündin mit den Vorderbeinen am Boden und mit den Hinterbeinen auf einem entsprechend hohen Tisch steht. Zur Samenübertragung geeignet sind dünne Glas- oder Kunststoffpipetten, auf die direkt oder über ein Zwischenschläuchlein eine Injektionsspritze aufgesetzt wird.

Für die Besamung wird ausschließlich die spermienreiche Fraktion verwendet. Da die Trennung der Fraktionen mitunter schwierig ist, muß gelegentlich auch noch ein Teil des Prostatasekrets einbezogen werden. Die Besamungsdosis sollte bei einem Volumen von 1–5 ml eine Gesamtzahl von etwa 150 Mio lebenden Spermien enthalten. Die Instillation des Spermas soll langsam erfolgen.

Nach der Insemination wird die Hündin noch während 10–15 Minuten hinten hochgehalten, um das Zurückfließen von Sperma auf ein Minimum zu reduzieren. Das Konzeptionsergebnis kann verbessert werden, wenn die Insemination nach 2 Tagen wiederholt wird.

Literatur

BARSANTI, J. A., and D. R. FINCO (1986): Canine prostatic diseases. In: MORROW, D. A. (Ed.): Current Therapy in Theriogenology. 2. Aufl., S. 553–560. W.B.Saunders Company, Philadelphia.

BOJRAB, M. (1981): Praxis der Kleintierchirurgie. Ferdinand Enke Verlag, Stuttgart.

BRASS, W., FICUS, H. J., und JÖCHLE, W. (1971): Antiandrogen-Behandlung der Prostatavergrößerung beim Hund. Kleintierpraxis **16**, 95–99.

GOURLEY, I. M. G., and OSBORNE, C. A. (1969): Marsupialization – A treatment for prostatic abscess in the dog. J. Am. Anim. Hosp. Assoc. **2**, 100.

HOPKINS, S. G., SCHUBERT, T. A., and B. L. HART (1976): Castration of adult male dogs: effect on roaming, aggression, urine marking and mounting. J. Amer. Vet. Med. Assoc. **168**, 1108–1110.

HOPSON, H. P. (1990): Surgical procedures of the penis. In: BOJRAB, M. J. (Ed.): Current Techniques in Small Animal Surgery. 3. Aufl., S. 423–430. Lea and Febiger, Philadelphia, London.

HUMKE, R. (1977): Behandlungsergebnisse nach Einsatz des LH-FSH-Releasinghormons beim Maldescensus testis des Rüden. Kleintierpraxis **22**, 315–322.

MEYER, P. (1972): Palpatorische Befunde zum Descensus testis beim Deutsch Kurzhaar. Dtsch. tierärztl. Wschr. **79**, 590–597.

ROBERTSON, J.H. (1990): Surgical management of prostatic disease. In: BOJRAB, M.J. (Ed.): Current Techniques in Small Animal Surgery. 3. Aufl., S. 393–397. Lea and Febiger, Philadelphia, London.

SCHÖRNER, G. (1975): Gestörter Descensus testis beim Rüden und therapeutische Maßnahmen. Wien. tierärztl. Mschr. **62**, 426–427.

SCHÖRNER, G. (1978): Hypersexualität beim Rüden. Kleintierpraxis **23**, 257–312.

23. Zentrales und peripheres Nervensystem
(R. Fankhauser und M. Vandevelde)

Es kann ohne Übertreibung gesagt werden, daß Erkrankungen oder Symptome von seiten des Zentralnervensystems, weniger der peripheren Nerven, beim Hund eine wesentliche praktische Rolle spielen. Die diagnostischen Schwierigkeiten, denen sich der Tierarzt dabei gegenübergestellt sieht, verleiten gelegentlich dazu, sich mit oberflächlichen („nervöse Störung") oder unbegründeten, phantastischen Diagnosen (wie etwa Apoplexie oder „multiple Sklerose") aus der Sache zu ziehen. Dem kann nur durch sachliche Information abgeholfen werden, d.h., der Tierarzt muß die Grundtatsachen der Neuroanatomie und Physiologie kennen und vor allem ein ausreichendes Wissen von den durch die pathologische Anatomie und Histologie erfaßbaren Krankheitsbildern und Läsionen haben. Es ist diagnostisch viel nützlicher, am Einzelfall die nach Rasse, Alter und Gesamtbild hauptsächlich in Frage kommenden differentialdiagnostischen Möglichkeiten gut zu kennen, als Einzelsymptome wie ein Puzzle zusammenstücken zu wollen. Nur diese Kenntnisse vermögen in Verbindung mit der sorgfältigen Verfolgung der klinischen Symptome bis zu einem gewissen Grad die enge Begrenzung unserer klinisch-diagnostischen Möglichkeiten auszuweiten. Wir bemühen uns, alles Spekulative wegzulassen und eine vereinfachte, aber aus der Praxis sich ergebende Darstellung zu liefern. Es scheint uns wichtig, daß auch der Praktiker viele seiner Patienten, die nicht einer Heilung zugeführt werden können (und gerade bei Nervenkrankheiten ist dieser Anteil betrüblich hoch!), pathologisch-anatomisch nachprüfen läßt, um seine klinischen Diagnosen zu objektivieren, denn nur auf diesem Weg ist eine echte Erfahrungsgrundlage zu schaffen.

Ziel der **neurologischen Untersuchung** ist eine Artdiagnose (also z.B. „Enzephalitis", „Tumor"), eine Ort- oder topographische Diagnose (z.B. Sitz der Läsion im Kleinhirn, im Rückenmark) und, wo überhaupt möglich, eine ursächliche oder ätiologische Diagnose (im Falle einer Enzephalitis etwa Staupe, Toxoplasmose oder metastatisch-bakteriell).

Für die *Artdiagnose* sind das Wissen um die möglichen zu erwartenden Krankheitsprozesse und ihre eventuelle Gebundenheit an eine bestimmte Rasse oder ein Lebensalter sowie die sorgfältige Durchführung der Allgemeinuntersuchung besonders wichtig (Beispiele: relative Häufigkeit von Gliomen bei Boxer und Boston-Terrier; Diskushernie besonders bei Dackel, Spaniel, Pekinese und Beagle im zweiten und dritten Lebensdrittel; Verdacht auf Hirnmetastase beim Vorliegen z.B. eines Mammakarzinoms; Enzephalitis bei oder nach Symptomen einer Staupe).

Die *topographische Diagnose* bereitet oft große Schwierigkeiten, und dies besonders bei einem disseminierten (z.B. entzündlichen) oder einem multilokulären (z.B. Tumormetastasen) Prozeß. Sie ist in diesem Fall meist auch unvollständig, da sie bestenfalls auf der Zuordnung erfaßbarer Symptome zu bestimmten Teilen des Zentralnervensystems beruhen kann. Am einfachsten ist sie bei Lähmungen peripherer Nerven (Einseitigkeit, Beschränkung auf eine Gliedmaße oder Muskelgruppe) und bei Schädigungen im Bereich des Rückenmarks (Beidseitigkeit, aber keine Anzeichen einer Beteiligung des Gehirns). Bei disseminierten Prozessen (etwa Enzephalomyelitis) ist es praktisch unmöglich, Motilitäts-, Sensibilitäts- und Reflexstörungen lokalisatorisch auszuwerten.

Im Bereich des Gehirns wird man sich oft mit der lokalisatorischen Unterscheidung „vordere oder hintere Schädelgrube" bescheiden müssen, je nachdem, ob neben objektiv-neurologischen Symptomen verschiedener Art und Mischung die psychischen Störungen dominieren oder ob bei ungestörtem Verhalten eine Ataxie zerebellären Typs (s. später) vorliegt. Gelegentlich kann beim Fehlen oder Zurücktreten psychischer Störungen und auffälliger Dominanz endokriner und vegetativer Symptome wie Adipositas, Polyurie mit niedrigem spezifischem Harngewicht, Polydipsie, Alopezie, Pigmentationsstörungen, Sexualstörungen an einen Prozeß in Zwischenhirn und/oder Hypophyse (am häufigsten Adenome mit Kompression oder Invasion) gedacht werden. Einseitige Lähmungen von Hirnnerven, insbesondere Nervus facialis und Nervus trigeminus, beruhen meist auf peripheren Schädigungen, wogegen Beidseitigkeit eher an einen intrakraniellen Prozeß denken läßt, einen solchen aber nicht beweist. Bei Unterkieferlähmung ist Myositis der Kaumuskeln differentialdiagnostisch in Betracht zu ziehen. Eine *ätiologische Diagnose* kann sich aus der Anamnese (Trauma, Vergiftung) oder aus einzelnen Ergebnissen der Untersuchung (Wirbelfraktur: Röntgen), bei infektiösen Prozessen aus Gesamtbild und Verlauf (Staupe) oder aus gewissen Laboruntersuchungen (Blutbild, Senkung, bakteriologisch, serologisch) ergeben. Oft ist aber eine ätiologische Diagnostik nicht möglich oder steht gar nicht zur Diskussion, wie bei endogenen degenerativen Prozessen, Mißbildungen, Tumoren.

Die *Bedeutung der Allgemeinuntersuchung* veranschaulichen folgende Beispiele: Im Verlauf von Leukosen kann es zur Infiltration von spinalen und kranialen Meningen, Spinalwurzeln und Gefäßscheiden des Parenchyms mit wechselnder und komplizierter Symptomatologie kommen. Übersehen des Grundleidens (Lymphknoten, Milz, evtl. Blutbild) wird auf eine völlig falsche Spur lenken. Hypoglykämie (endokrin aktive Inselzelladenome, Überdosierung von Insulin, Lebererkrankung) kann zu Krämpfen und Koma führen, deren Ursache ohne Blutzuckerbestimmung unentdeckt bleibt. Schwere Parasitosen bei Jungtieren können neurologische Symptome hervorrufen. Hunde mit angeborenen Herzanomalien oder ältere Tiere mit Kreislaufinsuffizienz können Hirnschäden durch Mangeldurchblutung und schwer zu interpretierende neurologische Symptome aufweisen, die sich ohne gute kardiologische Untersuchung einer Erklärung entziehen.

Es ist auch daran zu erinnern, daß Verhaltensstörungen ohne organische Grundlage oder aus Ursachen, die nicht im Zentralnervensystem zu suchen sind (schmerzhafte Zustände, Fremdkörper im Ohr, defekte Zähne), auftreten können. Oft dürfte ein „abnormes" Verhalten für den Hund selbst durchaus adäquat, für seine Umgebung aber unbequem sein (z. B. Aggressivität), was sich besonders drastisch bei den Tollwut-Verdachtsdiagnosen zeigt (FANKHAUSER 1976).

23.1. Neurologischer Untersuchungsgang

Anamnese: Beginn der Krankheit oder Störungen, sämtliche vom Besitzer beobachteten Symptome, Trauma, allenfalls Bekanntes über Heredität, Impfungen (Art und Zeitpunkt), bereits durchgemachte oder den neurologischen Störungen vorangegangene Krankheiten, evtl. ähnliche Erkrankungen bei Hunden der Umgebung, Herkunft des Tieres, kürzliche Reisen (Übersee, Tropen).

Allgemein: Körpergröße, -gewicht, -bau, -form in Relation zu Alter, Geschlecht und Rasse; Nährzustand; Puls, Temperatur, Atmung; Haarkleid, unbehaarte Haut; Blutstatus einschließlich Senkungsgeschwindigkeit, Blutzucker; Elektrolyte (Ca!), Harn; Auskultation von Herz und Lungen, Perkussion der Lungen; Palpation von oberflächlichen Lymphknoten und erreichbaren Bauchorganen; evtl. Röntgen von Brust- und Bauchhöhle.

Prinzip: Die Untersuchung ist um so weiter zu treiben, je länger der Fall unklar bleibt.

Psyche: Durch den Wegfall von sprachlicher Kommunikation und bewußtem Mitgehen des Patienten, d.h. das Fehlen des geistigen Prinzips beim Tier, beschränkt sich die Untersuchung auf Abweichungen vom Artverhalten und von individuellen Verhaltensweisen (Affektivität, Gehorsam, angelernte Fähigkeiten, Erkennen von Personen, Sauberkeit). Hier sind eine kritische Auswertung der Anamnese sowie gelegentlich längere Beobachtung wichtig.

Niedergeschlagenheit, Bewegungsscheu, Apathie, Somnolenz, Koma im Sinne der Herabsetzung, Übererregbarkeit, Reizbarkeit, Aggressivität, Bewegungs- oder Entweichungsdrang, Schreckhaftigkeit, Tobsucht usw. im Sinne der Steigerung der psychischen Gesamtlage sind einige Beispiele von Verhaltensstörungen, deren Zahl im übrigen Legion ist.

Die diagnostische Verwertung psychischer Abweichungen kann problematisch sein. Insbesondere kann Herabsetzung der psychischen Aktivität (Depression usw.) bei vielen extraneuralen Erkrankungen ohne (mit den konventionellen Methoden!) nachweisbare organische Hirnschädigung auftreten. Im Verein mit organisch-neurologischen Symptomen deuten sie aber auf einen krankhaften Prozeß vorwiegend im Bereich des Großhirns (FANKHAUSER 1976).

Sinne: Die Möglichkeiten sind sehr beschränkt,

meist auf eine Ja/Nein-Antwort, beispielsweise selbst bei dem so wesentlichen Riechvermögen.

Geruch: verstecktes Aufstellen von stark oder ungewohnt riechenden Substanzen in einem Raum (Lavendel, Asa foetida, Fleisch, Katzenharn usw.).

Geschmack: Aufbringen saurer oder süßer konzentrierter Lösung auf die Zunge. Praktisch wertlos, weil kaum interpretierbar.

Gehör: Erzeugen verschieden lauter, ungewohnter oder vertrauter Geräusche (ohne Erschütterung!) im Rücken des Tieres.

Gesicht: lautloses Zeigen oder Bewegen von Dingen, die geeignet sind, Affekte auszulösen, wenn nötig durch ein Fenster, um Geruchsreize auszuschließen (anderer Hund, Katze, vertraute Gestalt). Watteflocken zu Boden sinken lassen. Führen gegen Hindernisse, über Treppen, Aufleuchtenlassen einer Taschenlampe im verdunkelten Raum (Prüfung mit abwechselndem Zubinden der Augen problematisch; viele Tiere suchen sich zu befreien und zeigen völlig abnormes Verhalten).

Positive Antwort sagt stets mehr aus als negative. Viele Hunde reagieren aus unterschiedlichen Gründen (Ablenkung, Eingeschüchtertsein, Interesselosigkeit, Benommenheit) nicht, ohne daß ein Schaden in den für die jeweilige Sinnestätigkeit zuständigen Organen, Bahnen oder Zentren vorliegt.

Augenuntersuchung: Über Sehprüfung siehe oben. Bestimmung von Gesichtsfeldausfällen nicht möglich (bewußte Mitarbeit und sprachlicher Kontakt!). Beim Hund kreuzen nur die Fasern eines kleinen nasalen Netzhautsektors im Chiasma opticum. Einseitige Blindheit bei negativem Augenbefund: Schädigung in der gleichseitigen Sehbahn vom Sehnerven bis zur kortikalen Repräsentation im Okzipitallappen. Im Verein mit Störungen der Bulbus- und Pupillenmotorik weist zentrale Blindheit auf einen Prozeß im Bereich Thalamus-Mittelhirn-Brücke hin. Der N. oculomotorius versorgt alle Augenmuskeln mit Ausnahme des äußeren geraden (N. abducens) und des schiefen Aufwärtsdrehers (N. trochlearis), ferner den M. sphincter pupillae (Miosis, Verengung) und den Heber des oberen Augenlides (bei Lähmung Herabhängen: Ptosis). Pupillenerweiterung (Mydriasis): durch sympathische Fasern vom Centrum cilio-spinale aus gesteuert.

Prüfung: Beobachtung der Augenbewegungen (Strabismus, Schielen bei Lähmungen; Nystagmus: Augenzittern, etwa bei Reizzuständen, vestibulären Prozessen), des Lidschlusses: „Drohreflex", d.h. Lidschluß bei raschem Annähern der Hand gegen das Auge (Reflexbogen: primäre Sehbahn – N. oculomotorius); Kornealreflex durch leichtes Berühren der Hornhaut: Ramus ophthalmicus des N. trigeminus, N. oculomotorius; Orbicularis-oculi-Reflex durch Beklopfen des Orbitarandes: Trigeminus-Oblongata-Fazialis. Prüfung der Pupillenreaktion direkt und konsensuell, d.h. Reaktion auf der nicht belichteten Seite durch Verbindung der beidseitigen Okulomotoriuskerne: a) im Dunkelraum mit Augenlampe (Zeiss-Materialprüfungslampe), b) am Tageslicht. Atropinisierung ist oft zu empfehlen. Ausleuchten des Augenhintergrundes: Pupille, Iris, durchsichtige Medien, Hintergrund (Teile der Retina mit Tapetum lucidum, Füllung der Netzhautgefäße, Zustand der Sehnervenpapille). Diagnostische Ausbeute relativ gering (Verfärbungen und Unschärfe der Papille bei Mitbeteiligung an entzündlichen Prozessen wie Staupeenzephalitis; möglicherweise Chorioretinitis bei Toxoplasmose; Unregelmäßigkeiten, Kleinheit bei angeborener Sehnervenhypoplasie: Collie; selten Schwellung bei erhöhtem Hirndruck: Stauungspapille).

Motorik: Körperhaltung und Bewegungsabläufe und deren Störungen; beim Tier wichtigster Teil der neurologischen Untersuchung. Voraussetzung: Kenntnis art- und z.T. rassebedingter Besonderheiten. Abgrenzung nervöser Störungen gegen die durch Schädigungen des Bewegungsapparates selbst bedingten Lahmheiten.

1. Ausfallserscheinungen (Lähmungen, Hypo-, Akinesien). 2. Reizerscheinungen (Krämpfe, Hyperkinesien). 3. Fehlleistungen (Koordinationsstörungen, Ataxien).

Überschneidungen kommen vor, z.B. häufig Kombination von Ataxie und Tremor.

1. **Lähmungen:** Funktionsausfälle ganzer Körperteile, einzelner Gliedmaßen, Muskelgruppen oder Muskeln, bedingt durch Schädigung irgendeines Teils des zugehörigen (Reflexbogen) oder übergeordneten nervösen Apparates. Lähmungen einzelner Gliedmaßen, Muskelgruppen oder Muskeln, grundsätzlich durch eine Unterbrechung im zugehörigen Reflexbogen, d.h. meist im peripheren Nerven, evtl. in den entsprechenden Rückenmarksegmenten. Da aber auf diesem Niveau selten derart streng umschriebene Schädigungen vorliegen, sind spinale Lähmungen fast immer mehr oder weniger beidseitig (Paraplegie des Hinterkörpers bei Schädigung unterhalb, Te-

traplegie aller vier Gliedmaßen bei Schädigung in oder oberhalb der spinalen Zentren für die Vorderbeine, C_6–Th_2). Lähmung bei Unterbrechung im Reflexbogen schlaff (tonuslos), bei Ausfall weiter kranialwärts gelegener (sog. übergeordneter) Bahnen und Kerne spastisch (Beispiel: „Enthirnungsstarre" bei experimenteller Durchtrennung auf dem Niveau des Mittelhirns). In praxi leider nicht so klar. Vereinfachend: Plötzlich oder rasch einsetzende Paraplegie oder Tetraplegie ohne begleitende Hirnsymptome spricht für traumatische Schädigung des Rückenmarks (Verletzung, rasche Kompression durch Wirbelverschiebung oder Bandscheibenruptur), langsamer auftretende Lähmungen erwecken Verdacht auf zunehmende Kompression (z. B. Tumor; selten!) oder diffusen, z. B. entzündlichen Prozeß (Weiteres s. bei Rückenmark). Im Kopfbereich gibt es typische Lähmungsbilder (Lippe und evtl. Ohr: N. facialis; Augenlider: N. facialis, N. oculomotorius; Unterkiefer: N. trigeminus; Kopfschiefhaltung, evtl. Roll- oder Kreisbewegungen: N. vestibularis – Innenohr).

2. **Krampfformen** (Muskelzuckungen, Myoklonien, psychomotorische Anfälle, lokalisierte Krämpfe, epileptiforme oder Grand-mal-Anfälle) und **Zwangsbewegungen** (Drangwandern als Manegebewegung, Zeigerbewegung usw.): ausgelöst durch sehr verschiedenartige Hirnprozesse (Näheres s. bei Epilepsie). Myoklonien einzelner Muskeln oder Muskelgruppen oft bei entzündlichen Prozessen (sog. Staupe-Tic); lokalisatorischer Wert kommt ihnen nicht zu. Tremor: oft bei zerebellärer Ataxie.

3. **Koordination** und zweckmäßige **Adaptation der Bewegungsabläufe** und Aufrechterhaltung adäquater Körperstellungen sind abhängig von der Tiefensensibilität, den damit funktionell verbundenen Bahnen und Zentren (insbesondere Kleinhirn) und dem Vestibularapparat. Schwankender Gang besonders der Nachhand, evtl. aller vier Beine mit Störungen von Haltungs- und Stellreaktionen kann durch einen Rückenmarkprozeß (spinale Ataxie), aber auch zerebral bedingt sein. Vorhandensein oder Fehlen weiterer Hirnsymptome sind zur Unterscheidung wichtig. Typisch ist das Bild der zerebellären Ataxie mit Schwanken, verbreiterter Standbasis, ausfahrenden, das Ziel verfehlenden Bewegungen, Wackeltremor des Kopfes, häufig Hypotonie. Auch hier sind Haltungs- und Stellreaktionen gestört.

Bei vestibulären Prozessen oft Schiefhaltung des Kopfes, evtl. Dreh- oder Falltendenz nach der gleichen Seite, unsicherer Gang, aber ohne Hyper- und Dysmetrie; selten Nystagmus.

Sensibilität: prüfbar praktisch nur Ja/Nein-Antwort auf Schmerzreize (Stechen mit feiner Injektionsnadel, Kneifen mit kleiner Zange). Berührungs- und Temperatursinn bis zu einem gewissen Grad testbar (positive Reaktion auf nicht schmerzhafte Berührung, positive oder negative auf Berührung mit heißem Gegenstand); praktische Bedeutung gering. Herabsetzung oder Aufhebung der Schmerzempfindung bei Ausfall peripherer Nerven und kaudal von der Läsionsstelle bei Unterbrechungen des Rückenmarks (Wirbelbruch mit Kompression, Diskusprolaps), mit grob lokalisatorischem Wert. Herabsetzung oder Steigerung aber auch bei zerebralen Prozessen mit Einschränkung des Sensoriums oder Übererregtheit. Vorsicht: Bei eingeschüchterten, ängstlichen, wohldressierten (harten) oder indolenten Hunden ist die Schmerzprüfung unzuverlässig.

Reflexe: anatomisches Substrat des Reflexes: afferente (sensible, sensorische) Bahnen; Reflexzentrum; efferente (somato- und visceromotorische) Bahnen. Von Impulswelle durchlaufener Weg: Reflexbogen. Zahl der Reflexe enorm, verhältnismäßig wenige von konstanter klinischer Brauchbarkeit. BAESSLER (1961) gruppierte sie in Muskelstreckreflexe, Oberflächenreflexe, pathologische Reflexe, Haltungs- und Stellreaktionen und vegetative Reflexe. Nachfolgende Aufzählung erfaßt die bei nicht weniger als 75% der normalen Hunde auslösbaren, folglich klinisch brauchbaren Reflexe. Für jeden wird Auslösungsart, Erfolgsreaktion, Reflexzentrum und -bogen angegeben. Wesentlich ist, daß die Tiere entspannt und ruhig sind.

Muskelstreckreflexe: Quadriceps (Patellar-)-Reflex: Seitenlage, oben liegende Hintergliedmaße locker unterstützend anheben. Beklopfen des mittleren geraden Kniescheibenbandes mit Reflexhammer – Kontraktion des M. quadriceps, ruckartiges Nach-vorn-Schleudern des Unterschenkels: L_2–L_6, N. femoralis (Abb. 23.1.).

Orbicularis-oculi-Reflex: Beklopfen der Umgebung des Orbitarandes – Lidschluß: Medulla oblongata, N. trigeminus, N. facialis.

Adduktoren-Reflex: Hund in Rückenlage mit nach hinten gezogenen Hinterbeinen. Schlag auf Symphysis pubis – Adduktion der Oberschenkel – L_1–L_6, N. obturatorius, N. femoralis (Abb. 23.2.).

Tibialis-anterior-Reflex: Seitenlage, gestrecktes Sprunggelenk der oben liegenden Gliedmaße locker tragen, trockener Schlag auf M. tibialis an-

23. Zentrales und peripheres Nervensystem   683

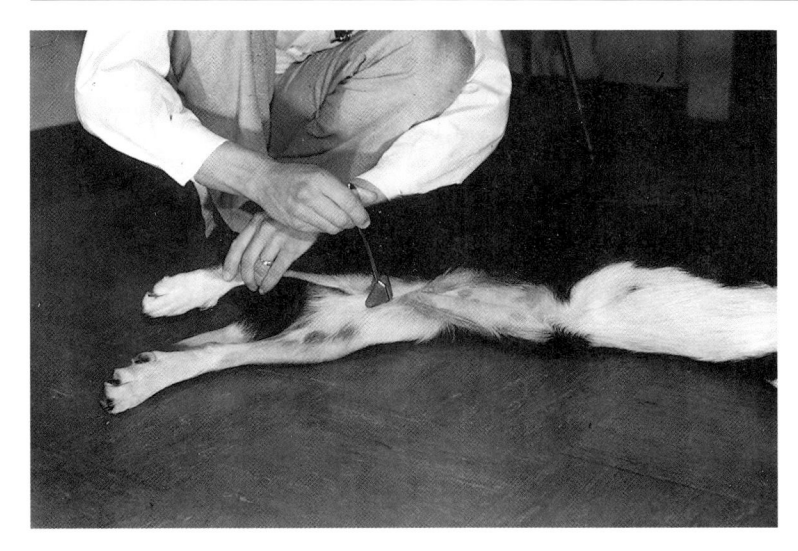

Abb. 23.1. Prüfung des Quadriceps-Reflexes am liegenden Hund.

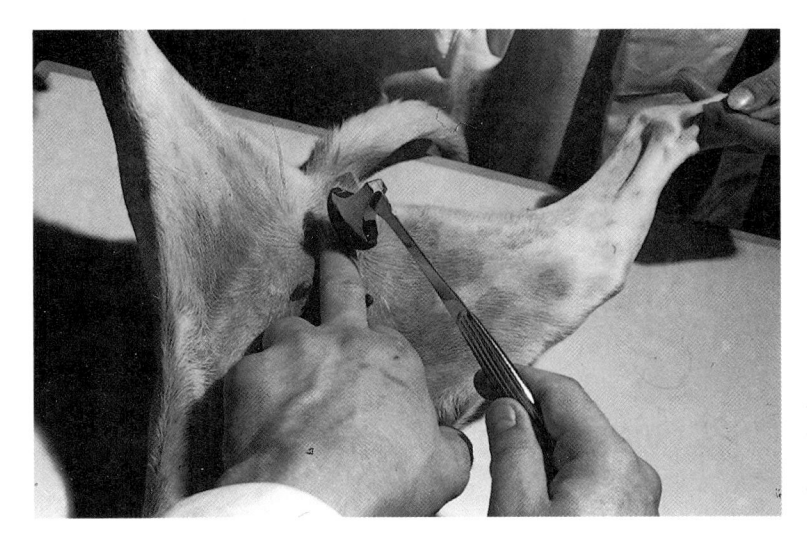

Abb. 23.2. Prüfung des Adduktoren-Reflexes (Zwischenschalten des Fingers zwischen Reflexhammer und Symphyse).

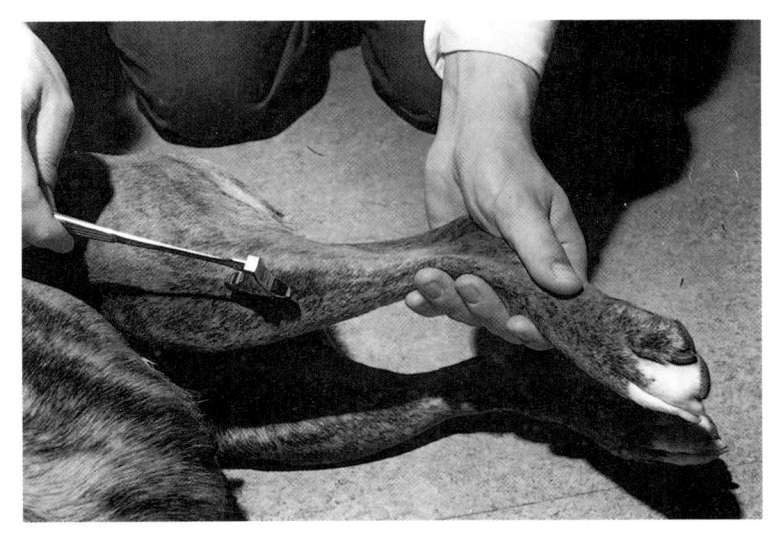

Abb. 23.3. Prüfung des Tibialis-anterior-Reflexes.

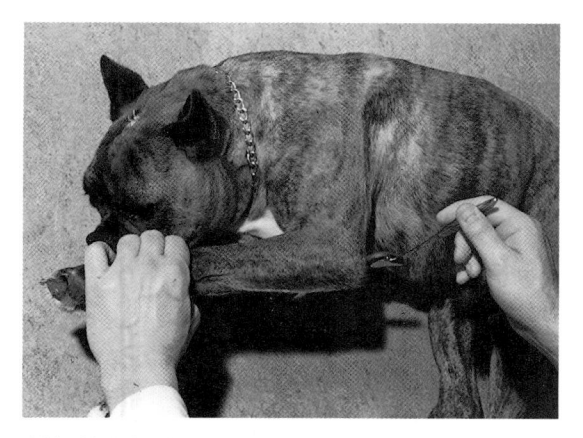

Abb. 23.4. Prüfung des Triceps-Reflexes.

terior (dorsolateral im oberen Drittel des Unterschenkels) – Beugung im Sprunggelenk. L_6–S_2, N. peroneus (Abb. 23.3.).

Bauchmuskel-Reflex: in Rückenlage mit nach hinten gezogenen Hinterbeinen, Auflegen eines Fingers 1–2 cm kranial von Poupartschem Band, Schlag auf Finger – ruckartiges Anspannen der Bauchdecken (oft besser durch lockeres Umfassen tast- als sichtbar). Th_9–L_3, Rami ventrales der Nn. thoracici, N. iliohypogastricus, N. ilioinguinalis.

Triceps-Reflex: Seitenlage, Vorderbein leicht nach vorn ziehen und pronieren, Ellenbogen rechtwinklig (Abb. 23.4.). Trockener Schlag auf Tricepssehne knapp über Olekranon – Streckung des Ellenbogens, C_8–Th_1, N. radialis (auslösbar bei 75% der normalen Hunde).

Oberflächenreflexe: Anal- und Perineal-Reflex: leichtes Stechen, Kratzen oder Berühren der Anal- oder Perinealgegend – Kontraktion der Schließmuskeln und Niederdrücken des Schwanzes. Sakralmark, Sakralnerven.

Panniculus(Hautmuskel-)-Reflex: leichtes Stechen seitlich entlang der Rückenlinie thorakolumbal (Dermatome), beantwortet durch Kontraktion der Hautmuskulatur mit motorischem Zentrum C_8–Th_1.

Palatum-durum-Reflex: Maulöffnen bei Fingerdruck auf harten Gaumen; Medulla oblongata, N. trigeminus, N. glossopharyngicus.

Vulva-Reflex: ausgelöst wie Anal-Reflex an Vulva; leichte Kontraktion und Dorsalverschiebungen der Vulva (bei läufigen Hündinnen verstärkt).

Flexor-Reflex: in Seitenlage Kneifen der Zehen oder Fußballen oder Bestreichen der Zwi-

Abb. 23.5. Unterstützungsreaktion: beim Berühren des Bodens Streckung der Hintergliedmaßen.

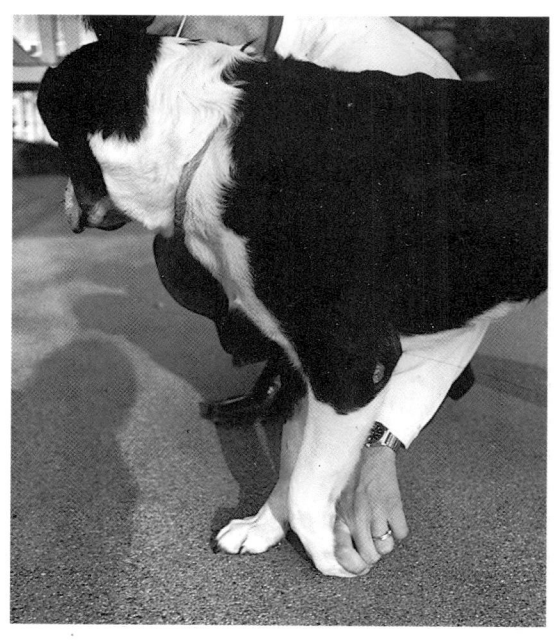

Abb. 23.6. Korrekturreaktion.

Abb. 23.7. Aufrichtungsreaktion: Streckung des Halses bei abwärts hängendem Körper.

Abb. 23.8. Hüpfreaktion auf einer Vordergliedmaße.

schenzehenhaut mit Nadel (manchmal nur Berühren nötig) – ruckartiges Anziehen der Gliedmaße. Dieser Reflex ist stark von psychischen Faktoren abhängig und erschöpft sich bei Wiederholung rasch. Er kann ebensogut als Ausweich- oder Abwehrreaktion bezeichnet werden. C_6–Th_2 und L_1–S_3.

Pathologische Reflexe: Bei spinalen Querschnittsläsionen kranial vom Lumbalmark können auftreten:

– *Streck- oder Spreizreflex:* in Seitenlage plötzliches Pressen der Sohle mit flacher Hand oder Spreizen der Zehen – Streckung der Gliedmaße.

– *Gekreuzter Streckreflex:* bei Auslösung des Flexor-Reflexes gleichzeitige Streckung der kontralateralen Gliedmaße.

Haltungs- und Stellreaktionen: Prüfung verschafft begrenzten Einblick in die komplizierte Regulation normaler und krankhafter Bewegungsvorgänge und Körperhaltungen. Sie gehören mehreren Bewegungskategorien an (Reflex-, automatische, Ausdrucks-, Triebbewegungen), weshalb alle Niveaus des ZNS daran beteiligt sind. Klinische Auswertung schwierig. Bei einer Symptomatologie, die für eine umschriebene Schädigung auf einem bestimmten Niveau (z. B. Kleinhirn), aber nicht für ein anderes Niveau (z. B. Großhirn) spricht, sind gestörte Haltungs- und Stellreaktionen ein weiteres Argument für die versuchsweise lokalisatorische Diagnose. Je zahlreicher *gut registrierte*, wiederholt festgestellte Abweichungen der Haltungs- und Stellreaktionen mit pathologisch-anatomischen Befunden korreliert werden können, desto besser wird ihr lokalisatorischer (auch seitenlokalisatorischer) Wert. Bei disseminierten Prozessen lokalisatorischer Wert gering. Ausführung einzelner Proben gelegentlich wegen Widersetzlichkeit, Ängstlichkeit usw. erschwert, bei großen Hunderassen (Gewicht!) z. T. unmöglich.

Unterstützungsreaktion: Tier mit frei hängenden Vorder- oder Hinterbeinen dem Boden nähern, bis die Pfoten diesen berühren; Streckung und Tonisierung des betreffenden Gliedmaßenpaares, Auffußbewegung (Abb. 23.5.).

Korrekturreaktion: Beibringen unphysiologischer Gliedmaßenstellungen (z. B. Überkreuzen) am stehenden Tier (Abb. 23.6.).

Aufrichtungsreaktion: Tier an Oberschenkeln oder Beckenpartie hochheben, mit abwärts hängendem Kopf; es versucht, Kopf in waagerechte Haltung zu bringen (Abb. 23.7.).

Stellreaktionen, Tischkantenprobe: optisch: bei Annäherung der Vorderpfoten an Tischrand auffußen; taktil: bei Berühren der Kante mit Pfotenrücken anheben und auffußen (Abb. 23.7.).

Nachfolgend geben wir als mögliches Muster des neurologischen Untersuchungsganges das von uns verwendete Protokoll wieder.

Neurologische Untersuchung

Besitzer: Kliniknummer:
Signalement: Datum:

- Grund der Einweisung:
- Dauer:
- Erste Symptome:
- Anfang: akut – schleichend
- Verlauf: progressiv, stationär, Remissionen, Verbesserung
- Behandlung:
- Wesen: Appetit: Durst: Kot: Urin:
- Frühere Krankheiten:
- Impfungen:
- Familiengeschichte:

- Psychischer Zustand:
- Bewegungsablauf:

Haltungs-/Stellreaktionen   **Kopfnerven:**

- Gehen auf Vorderbeinen:
- Stehen auf 2 Beinen: L: R: II:
- Gehen auf 2 Beinen: L: R: – Drohreflex: L: R:
                         V: H: – Nachfolgen:
- Hüpfen: LV: RV: LH: RH: – Hindernisse:
- Korrektur: LV: RV: LH: RH: III: Pupillar: direkt   L: R:
- Unterstützung: konsensuell   L: R:
- Aufrichtung: Horner:
- Tischkante: Ventro-lateraler Strabismus
     optisch   LV: RV: LH: RH: IV:
     taktil   LV: RV: LH: RH: V: Motorisch (Kiefer)
- Tonisch, Nacken   Sensorisch: (V + VII)
- Tonisch, Augen   Korneal: direkt   L: R:
                                                             konsensuell   L: R:

```
0 = abwesend
1 = herabgesetzt
2 = normal
3 = gesteigert
4 = stark gesteigert
```
                                                  Palpebral: L: R:
                                            VI: Medialer Strabismus:
                                            VII: (Gesichts-Tonus):
                                                  Lippen, Ohr
                                            VIII: Gehör
                                                   Gleichgewicht (Kopfhaltung):
                                                   Nystagmus:
                                            IX: X: XI: XII:
                                                   Zunge:
                                                  Schlucken:

– Muskeltonus:
– Spinale Reflexe:

Hinten   Vorn

– Patellar: L: R: Triceps: L: R:
– Achilles: L: R: Biceps: L: R:
– Flexor: L: R: Flexor: L: R:
– Panniculus:
– Analreflex:
– Abnormale Reflexe:
– Schmerzempfindlichkeit:

Anfallsleiden

– Alter beim ersten Anfall:
– Anzahl Anfälle bis jetzt:
– Frequenz: – Tageszeit:
– Zusammenhang mit: Fütterung, körperlicher Anstrengung, Aufregung, Trächtigkeit.
– Prodromale Symptome: Angst, Verhaltensstörungen, Bewegungsscheu.
– Anfall: – Generalisiert   – Fokal:
         – Haltung:
         – Tonisch-klonisch, tonisch, andere:
         – Salivation, Kot-, Urinabsatz
         – Bewußtlosigkeit
         – Kann Besitzer Verlauf beeinflussen?:
         – Atmung: Tempertur: Schleimhäute:
         – Dauer:

– Nach Anfall: – Neurologische Ausfälle:
         – Hunger: Durst:
         – Verhalten:
         – Dauer:

– Allgemeiner metabolischer Zustand:
– Behandlung bis jetzt:

Liquor: /3 mm³;   Pandy: ;   mg% Protein;   evtl. Zytologie

Andere Untersuchungen:

Diagnose:

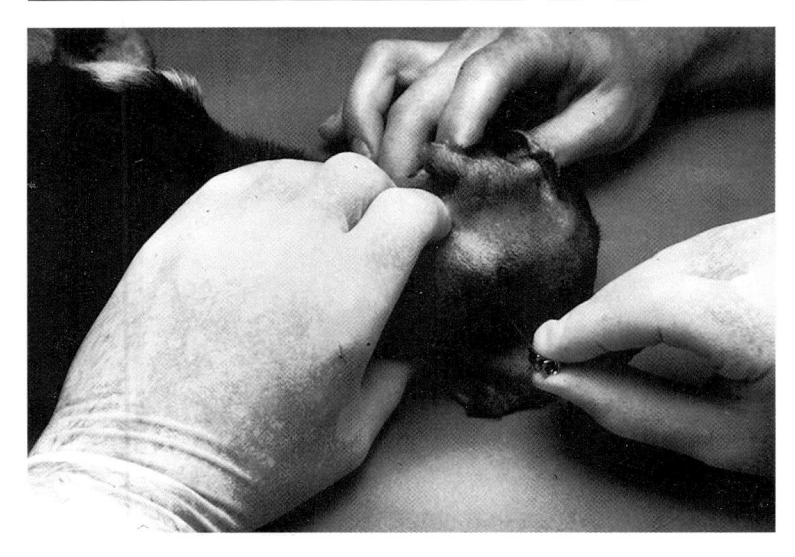

Abb. 23.9. Subokzipitalpunktion.

Hüpfreaktion: Dem Hund werden drei Beine angehoben, bei passiver Verschiebung Hüpfen mit dem allein fußenden Bein (Abb. 23.8.).

Vegetative Reflexe: Mastdarm- und Blasenfunktion (Inkontinenz, Retention), Sexualreflexe (z. B. Priapismus). Störungen häufig bei Rückenmarkschädigungen.

Zusammenfassung: *Reflexstärkung:* evtl. normalerweise bei sehr sensiblen Tieren mit erhöhter Reflexbereitschaft; bei Ausfall reflexhemmender Impulse (Unterbrechungen im Rückenmark, Läsionen im Gehirn); Vergiftung mit Strychnin, Tetanus.

Reflexabschwächung oder Areflexie: recht häufig bei sehr ängstlichen Hunden; bei Schädigung im Reflexbogen (periphere Nerven, spinal oder Hirnstammkerne); Muskelerkrankungen; bei plötzlichen Querschnittsschädigungen des Rückenmarks sind im Stadium des „spinalen Schocks" Reflexe abgeschwächt bis aufgehoben, nach seinem Abklingen (in Stunden) distal der Läsion verstärkt. Beachte: bei länger bestehenden Nachhandlähmungen Muskelatrophie und Bandverkürzungen mit erneuter Unauslösbarkeit der Reflexe.

Hilfsmethoden: Leider haben manche von ihnen (Ventrikulographie: Einbringen von Luft oder Gas zur Kontrastdarstellung der Liquorräume; Angiographie: Injektion von Röntgenkontrastmitteln in die Carotis interna zur Darstellung des Gefäßbaumes; Elektroenzephalographie: Ableitung von Aktionspotentialen der Großhirnrinde von der Kopfhaut; Szintigraphie) nicht nur den Nachteil des oft unverhältnismäßigen apparativen Aufwandes. Das neurologische Material der meisten Hundekliniken erlaubt kaum, an einem Ort eine ausreichende Erfahrungsbasis zu schaffen, um die Methoden sinnvoll zur Anwendung zu bringen. Sinnvoll hieße, an einer großen Zahl von Fällen die Ergebnisse dieser Methoden mit den späteren autoptischen und histologischen Befunden zu korrelieren. Eine zusammenfassende Darstellung des heutigen Standes der Elektroenzephalographie beim Hund stammt von REDDING (1978).

Eine Ausnahme ist oder könnte sein die *Untersuchung des Liquor cerebrospinalis.* Gewinnung: durch Punktion im Spatium occipito-atlantoideum. Seitenlage in Narkose oder tiefer Dämpfung, für rechtshändigen Operateur Nase des Hundes gegen seine linke Hand, Kopf gegen Hals ca. 90° abgewinkelt, Kopf-Hals-Achse möglichst horizontal. Rasieren des Operationsfeldes, Desinfektion, Einstich dicht vor Atlasbogen-Vorderrand in leicht schräg ventro-kranialer Richtung. Wir ziehen dünne Injektionsnadeln mit Mandrin und mit kurzer Spitze (Länge und Kaliber je nach Rasse und Alter) vor. Da Liquor sofort nach Eindringen in die Zisterne austritt (Kontrolle durch Erfolg), nicht ansaugen; Blutungsgefahr! Nachherige Ruhigstellung in verdunkeltem Raum zu empfehlen. Übung kann an Euthanasiefällen erworben werden (Abb. 23.9.).

Eigenschaften: farblos, wasserklar: Druck variabel (Beurteilung: schwach oder schnell abtropfend, ausfließend, ausspritzend genügt; manometrische Messung ohne praktische Bedeutung); je nach Größe 1–2–10 ml entnehmbar. Zellen: 0–10 pro µl (Retikulumzellen, kleine und große Lymphozyten); Gesamteiweiß: unter 40 mg/100 ml;

Zucker: um 70 mg/100 ml; Eiweißreaktion nach NONNE, PANDY und WEICHBRODT: negativ.

Pathologische Abweichungen: Zellzunahme (Pleozytose) bei entzündlichen Prozessen (Meningitis, Enzephalitis), Enzephalomalazien, gelegentlich Tumoren. Meist damit einhergehend Zunahme des Eiweißgehaltes mit Positivwerden der entsprechenden Reaktionen. Mikrobiologische Untersuchung (Kultur, Tierversuch) kann gelegentlich ätiologische Aufschlüsse geben (metastatische bakterielle Meningoenzephalitis, Toxoplasmose). Bluthaltiger Liquor (meist mit Überdruck) bei Schädeltraumen (nicht verwechseln mit Punktionsblutung!). Die Liquorzytologie dürfte bei genügender Erfahrung größere diagnostische Bedeutung erlangen. Zu empfehlen sind das Millipore-Filterverfahren nach BISCHOFF oder die Sedimentkammermethode nach SAYK.

Quintessenz: Die Liquoruntersuchung ist eine sehr sinnvolle Hilfsmethode, „macht" aber allein keine Diagnose (FANKHAUSER und VANDEVELDE 1979, MAYHEW und BEAL 1980).

Röntgenuntersuchung (es wird auch auf das Kapitel 9., Röntgentechnik, verwiesen). Leeraufnahmen können bei einwandfreier Technik und kompetenter Beurteilung in geeigneten Fällen wertvolle Aufschlüsse geben, d.h. wenn sie Veränderungen kontrastgebender Strukturen aufzeigen (Schädel, Wirbelsäule). Bei sicherem oder vermutetem Trauma ist die Röntgenuntersuchung unerläßlich, muß aber nicht notwendig ein positives Ergebnis haben (s. später). Bauanomalien, Schädelfrakturen, Wirbelfrakturen oder -verschiebungen, Osteomyelitis, schattengebende oder die knöchernen Hüllen des ZNS infiltrierende oder verdrängende Prozesse, bis zu einem gewissen Grad auch Diskusprolaps, sind feststellbar.

Zur genauen Lokalisation von kompressiven Prozessen im Bereich des Rückenmarks ist oft die **Myelographie** (Einbringung kontrastgebender Substanzen in den spinalen Leptomeningealraum) angezeigt, die natürlich nur bei einwandfreier Technik von Nutzen ist. Wir verweisen auf die Autoren FUNKQUIST (1975), LUTTGEN et al. (1980) und WRIGHT et al. (1979, 1981) im Literaturverzeichnis.

An vereinzelten Kliniken wurde ansatzweise die **Szintigraphie** vor allem zur Diagnose raumfordernder oder anderer herdförmiger Prozesse im Bereich des Gehirns herangezogen, doch sind gut kontrollierte Erfahrungen bisher noch sehr spärlich. Für Literatur s. KALLFELZ et al. (1978).

Wir verfügen durch Zusammenarbeit mit der Humanneurologie über positive Erfahrungen mit dem Computertomographen, doch ist sein Einsatz in der Tiermedizin ökonomisch bedingt bisher auf Ausnahmefälle begrenzt.

Elektrophysiologische Methoden (Messung der Nervenleitgeschwindigkeit, Elektromyographie usw.) setzen nicht nur die Präsenz von entsprechenden Apparaturen voraus, sondern auch von Personen, die sie fachgerecht einzusetzen und die Resultate kompetent zu beurteilen wissen. Wichtigste Voraussetzung für diese Kompetenz ist die Konzentration – an einem Ort – einer großen Zahl untersuchter Fälle, die später fachgerecht neuropathologisch abgeklärt werden, d.h. also die einwandfreie klinisch-pathologische Korrelation. Diese Bedingungen dürften an verhältnismäßig wenigen Orten gegeben sein, und es fragt sich, ob alsdann das Einzugsgebiet und damit das erreichbare Krankengut ausreichend sein werden.

23.2. Mißbildungen

Verbildungen der Körperform und einzelner oder verschiedener Organe kommen vermutlich auch beim Hund recht oft vor. Die mißgebildeten Neugeborenen werden aber vielfach aus Interesselosigkeit oder aber gerade aus falsch verstandenem „Züchterinteresse" beseitigt, was zu bedauern ist. Der Kleintierspezialist kann hier aufklärend wirken (FANKHAUSER und WIEDEKING 1975).

Schwere Verbildungen insbesondere im Kopfbereich **(Zyklopie, Gesichtsspalten, Arrhinenzephalie)**, die meist mit Hirnmißbildungen verbunden sind, verbieten ein längeres Überleben. Das gleiche gilt für die **Anenzephalie** (gänzliches oder weitgehendes Fehlen des Gehirns nasal von der Medulla oblongata). Ein solcher Fet (Abb. 23.10.) hat bei uns 42 Stunden gelebt und eine Reihe interessanter Lebensäußerungen gezeigt, so Saugreflex und Schreien bei Schmerzreizen.

Spina bifida (Offenbleiben von Wirbelbogen und Zentralkanal des Rückenmarks im Sakralbereich) kann auch beim Hund mit der **Arnold-Chiarischen Hirnmißbildung** verbunden sein (Kleinheit der vorderen Schädelgrube mit Verlagerung der Okzipitalpole des Großhirns in die hintere Schädelgrube und von hinterem Hirnstamm und Kleinhirnteilen in die zwei ersten Halswirbel). Die stets vorhandene **Platybasie** (Flachheit der Schädelbasis) ist ein weiteres Anzeichen für die Synchronisationsstörung im

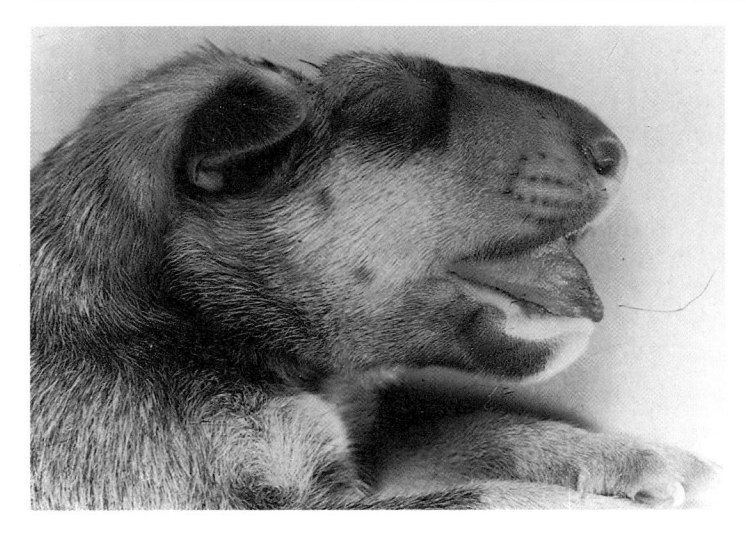

Abb. 23.10. Anenzephalie bei einem neugeborenen Hund.

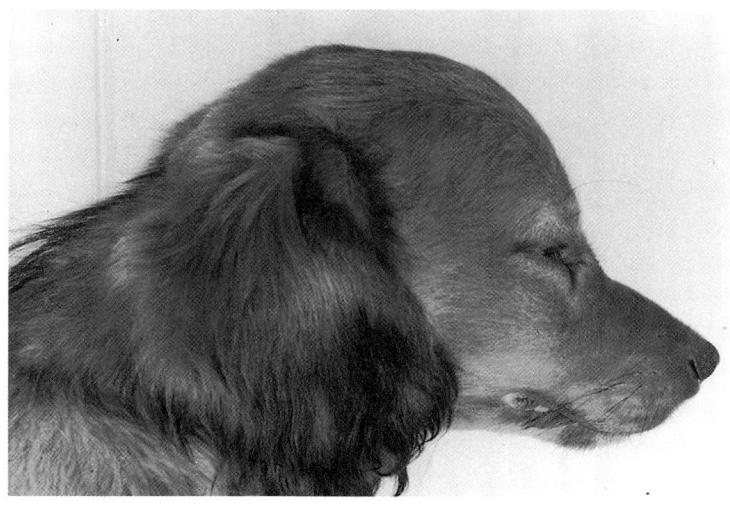

Abb. 23.11. Hydrocephalus internus bei einem Cocker-Spaniel-Welpen.

Wachstum von Neuralplattenmaterial und umgebendem Mesenchym.

Eine recht häufige, meist konnatale, aber im frühen Welpenalter dem Besitzer oft nicht auffallende Fehlbildung ist der **Wasserkopf (Hydrocephalus internus)**. Er ist meist progressiv und verursacht an Schwere verschieden rasch sich verstärkende Symptome (Zunahme des Hirnschädelumfanges, Verflachung der Orbita mit Exophthalmus, psychische Veränderungen vor allem im Sinne von Abstumpfung und Verblödung, Drangwandern, Manegebewegungen, Ataxie, gestörte Haltungs- und Stellreaktionen; Abb. 23.11.). Bei feststehender Diagnose (Röntgen ist nützlich: Abb. 23.12.) ist Euthanasie zu empfehlen. Drainage des Aquädukts im Mittelhirn, wo die Stenose gewöhnlich liegt, ist schon mit Erfolg ausgeführt worden, hat aber nur experimentelle Bedeutung.

Da wir nicht selten bei der histologischen Hirnuntersuchung entzündliche Prozesse feststellen, ist an perinatale oder intrauterine Infektionen ursächlich ebenso zu denken wie an genetisch bedingte Anlagestörungen (WOUDA et al. 1981).

Hypoplasie und Atrophie des Kleinhirns, wesentlich häufiger bei Katzen beobachtet, verursachen das Bild der zerebellären Ataxie mit schwankendem, torkelndem Gang, häufigem Hinstürzen nach allen Seiten, besonders rückwärts; oft Unfähigkeit, vom Fleck zu kommen, abwechselnd mit Propulsion; ausfahrende, ungezielte Bewegungen der Gliedmaßen und des Kopfes; Wackeltremor des Kopfes, häufig deutliche Hypotonie (hauptsächlich der Stammuskulatur); Unfähigkeit zu schwimmen. Psyche ungestört, keine Lähmungen. Nach Untersuchungen bei Katzen (Panleukopenievirus) kommt ursächlich u. a. eine Em-

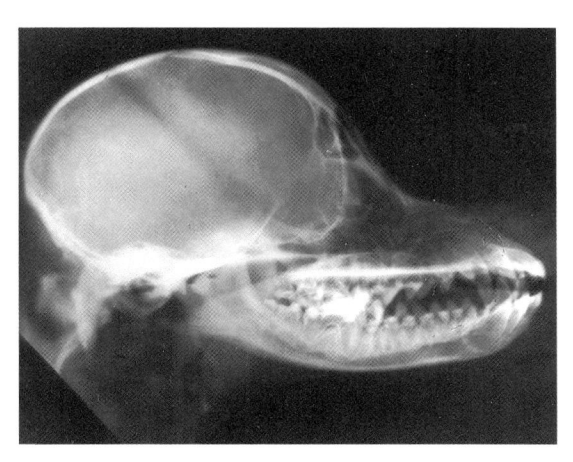

Abb. 23.12. Hydrocephalus internus. Typische Röntgenveränderungen: Ausweitung des Hirnschädels, flache Schädelbasis, dünne Schädeldecke; milchglasähnliche Verschattung des Schädelinhaltes. Abbildung freundlicherweise zur Verfügung gestellt von Dr. Johann LANG, Klinik für kleine Haustiere, Universität Bern.

Tabelle 23.1. Bildungsstörungen des Kleinhirns bei Hund und Katze (nach DE LAHUNTA 1980, vereinfacht)

- **Perinatale Syndrome**

  Symptome bei der Geburt oder bei Erwerbung des freien Ganges auffallend.

  A. Virale Infektionen
      Katze: Panleukopenie
      Hund: Herpes canis

  B. Mißbildungen
      Kleinhirn-Hypoplasie/Dysplasie mit Lissenzephalie
          Drahthaar-Foxterrier
          Irish Setter
      Kleinhirn-Hypoplasie
          Chow-Chow
      Verschiedene Defekte
          Hund

  C. Abiotrophien
      Beagle — möglicherweise vererbt
      Samojede — möglicherweise vererbt
      Irish Setter — autosomal rezessiv
      Katze — olivo-ponto-zerebelläre Atrophie

- **Postnatale Syndrome/Abiotrophien**

  Symptome Wochen oder Monate nach der Geburt einsetzend.

  Autosomal rezessiv: Kerry-Blue-Terrier
                      Rauhhaardackel
  Mögliche Vererbung:
      Gordon-Setter
      Airedale-Terrier
      Finnish Harrier
      Berner Sennenhund

bryopathie in Frage, z. B. durch das canine Herpesvirus. Auf der anderen Seite sind eine ganze Reihe zerebellärer Störungen mit gesichertem oder vermutetem genetischem Hintergrund bekannt (Tabelle 23.1.).

Kongenitale Atrophie oder **Hypoplasie der Retina und der Sehnerven** sowie weitere Augenanomalien (z. B. Mikrophthalmie) sind recht verbreitet bei Collies, kommen aber auch bei anderen Rassen (z. B. Bedlington-Terrier, Berner Sennenhund, Bastarde) vereinzelt vor (GELATT 1981; s. auch Kapitel 13.).

Systematische ophthalmoskopische Untersuchungen würden nach unserer Erfahrung gelegentlich Anomalien bei Hunden aufdecken, die keine vom Besitzer bemerkte Sehschwäche, manchmal aber unerklärbare Verhaltensstörungen zeigen.

Eine syringomyelie-artige, **dysraphische Mißbildung** (Höhlenbildung mit Gliose) **des Rückenmarks** wurde von MCGRATH (1965) bei Weimaranerhunden beschrieben. Es scheint sich um ein genetisches Leiden zu handeln mit Beginn in der pränatalen Periode, aber möglicherweise Weiterentwicklung der Läsionen postnatal. Klinisch fallen hüpfender Gang, pathologische Flexor- und Kratzreflexe und eine Vielzahl von Haltungs- und Stellanomalien auf. Häufig bestehen dazu Skoliose der kaudalen Wirbelsäulenhälfte, Deformationen des Brustbeines, geknickter Schwanz und abnormale Haarwirbel in der Nackenregion.

Umschriebene Wirbelsäulenmißbildungen, wie etwa Keilwirbel mit z. T. erheblichen dorso-ventralen Knickbildungen, Einengung des Wirbelkanals und Anomalien (oder sekundären Schädigungen des Rückenmarks) sind manchmal äußerlich nicht deutlich erkennbar, wohl aber im Röntgenbild. Sie können symptomlos bleiben oder aber – manchmal mit fortschreitendem Wachstum sich verstärkende – spinale Ataxie und Parese verursachen.

Bei Zwergrassen, wie Yorkshire-Terriern, können Anlagestörungen im Bereich des Okzipitalgelenks und der zwei obersten Halswirbel zu Wirbel-Instabilität und damit zu Schädigungen des obersten Halsmarkes führen mit z. T. plötzlich auftretender Ataxie, Tetraparese oder -plegie.

23.3. Metabolische und degenerative Krankheiten

Unter dieser Sammelbezeichnung sind klinisch, ätiologisch und morphologisch sehr unterschiedliche Prozesse abzuhandeln, wobei der gemeinsame Nenner in den – angeborenen oder induzierten – Abweichungen von normalen Stoffwechselvorgängen liegt. Einzelne sollen nur dem Namen nach angeführt werden, da ihre Besprechung in anderen Kapiteln bei der Behandlung der Grundleiden erfolgt.

Störungen des lysosomalen Katabolismus. Wie beim Menschen und bei verschiedenen Tierarten sind auch beim Hund bereits eine ganze Anzahl von Stoffwechselstörungen bekannt geworden, für die der Ausfall lysosomaler Enzyme nachgewiesen oder wahrscheinlich ist. Infolge solcher „inborn errors of metabolism" (GARROD) kommt es meist zu Anhäufungen eines nicht weiter transformierten Metaboliten in gewissen Zellsystemen. Diese führen im allgemeinen mit der Zeit zu Schädigungen der Trägerzellen und damit zu Funktionsstörungen. Infolge ihrer langen Lebensdauer (lebenslang) sind die Neurone des Nervensystems solchen Speicherkrankheiten (Thesaurismosen), auch bei sehr langsamem Ablauf, besonders unterworfen (RUTGERS und GRUYS 1979).

Die Tabelle 23.2. nennt die bisher beim Hund bekannt gewordenen Formen. Es fällt auf, daß sie meist familiär und damit rassegebunden sind.

Obschon es sich durchwegs um selten anzutreffende Krankheiten handelt, sollte der Kleintierpraktiker um ihre Existenz bei den verschiedenen Hunderassen wissen. Die Bedeutung dieser tierischen Speicherkrankheiten ist eine zweifache, wobei allerdings die Interessen der vergleichenden Medizin den tierzüchterischen diametral entgegenstehen: Als Modellkrankheiten sind sie von hohem Wert zum Studium pathogenetischer Abläufe bis hin zur Möglichkeit der Enzymersatztherapie. Tierzüchterisch dagegen ist die Ausmerzung der Erbanlage anzustreben, was deren klinische Erfassung durch Bestimmung des jeweiligen Enzymdefektes voraussetzt. Heterozygote Träger sind alsdann von der Fortpflanzung auszuschließen.

Dies ist zum Beispiel geschehen mit der α-Mannosidose bei Aberdeen-Angus-Rindern in Australien und Neuseeland. Die Enzymstörung dieser schon lange als „Pseudolipidose" bekannten Krankheit ist im letzten Jahrzehnt abgeklärt und damit die Möglichkeit der Elimination der Erbträger geschaffen worden (JOLLY und HARTLEY 1977).

Tabelle 23.2. Störungen des lysosomalen Katabolismus und weitere metabolische Erkrankungen des ZNS (nach JOLLY und HARTLEY 1977, modifiziert)

Krankheit	Rasse	Speichermaterial	Enzymdefekt
Glykogen-Speicherkrankheit	Diverse	Glykogen	α-Glucosidase[1])
GM_1-Gangliosidose	Beagle-Kreuzung	GM_1-Gangliosid	β-Galactosidase
GM_2-Gangliosidose	Deutscher Vorstehhund	GM_2-Gangliosid	Hexosaminidase A[1])
Globoidzell-Leukodystrophie (Krabbe)	Westhighland White Terrier und Cairn-Terrier; Zwergpudel; Beagle; Blue Tick Hound dog; Mischlinge	Galactosylceramid	Galactosylceramid-β-Galactosidase
Morbus Gaucher	Hund	Glucosylceramid	β-Glucosidase[1])
Ceroid-Lipofuszinose	English Setter (KOPPANG 1970); Spaniel; Dackel; weitere Rassen		
Fibrinoide Leukodystrophie	Labrador		
Cavitäre Leukodystrophie	Dalmatiner		
Spinale Leukodystrophie	Afghane; Kooiker		
Spongiforme Degeneration der weißen Substanz	Samojede		
Hypomyelinogenese bzw. retardierte Myelinisation	Springer-Spaniel; Chow-Chow		

[1]) Enzymdefekt noch nicht gesichert

Die **globoidzellige Leukodystrophie** wurde erstmals 1963 von FANKHAUSER et al. beim Hund festgestellt, nachdem sie beim Menschen bereits ein halbes Jahrhundert bekannt war. Seither sind etwa zwei Dutzend Fälle bekannt geworden, vorwiegend bei Cairn- und Westhighland White Terriern, aber auch bei einigen weiteren Rassen. Die klinischen Symptome setzen gewöhnlich im Alter von 2–8 Monaten ein, die Krankheitsdauer beträgt etwa 1–4 Monate. Aufsteigende Parese, die manchmal in völlige Lähmung übergeht, Ataxie, Intentionstremor und Erblindung wurden beobachtet. Ein allgemeiner Kräfteverfall kontrastiert mit dem lange ungestört bleibenden Verhalten. Im Liquor können gelegentlich globoide Elemente mit PAS-positivem Material gefunden werden. Die Vererbung erfolgt autosomal rezessiv. Klinisch kranke Tiere erreichen die Reproduktionsfähigkeit nicht. Im zentralen und peripheren Nervensystem finden sich ausgedehnte Entmarkungen und (meist gefäßnahe) Ansammlungen rundlicher (= globoider) Zellen, die ein PAS-positives Material speichern.

Erworbene Stoffwechselstörungen. Eine ganze Reihe extraneuraler Erkrankungen kann auf metabolischem Wege zu zentralnervalen Symptomen Anlaß geben. Hier wird allein die gründliche Allgemeinuntersuchung Aufschlüsse über die Zusammenhänge liefern können. Als Beispiel seien die hypoglykämischen Krisen (epileptiforme Anfälle, Koma) erwähnt, die infolge mangelhafter Glucoseversorgung des Gehirns auftreten können bei Überdosierung von Insulin (Diabetes, s. Kapitel 19.), bei hormonal aktiven Inselzelltumoren des Pankreas, evtl. bei Lebererkrankungen. Tetanische Krämpfe können bei Hypokalzämie auftreten. Zur Tetanie und Eklampsie siehe die entsprechenden Kapitel.

Als Folge tiefgreifender oder langdauernder Leberfunktionsstörungen können toxische Substanzen, besonders Ammoniak, in den Kreislauf gelangen und das Gehirn schädigen. Die Depression der Hirntätigkeit mit Stupor, Krampfanfällen oder Koma kann anfallsweise auftreten und durch eiweißreiche Mahlzeiten provoziert werden. Derartigen Störungen können entweder Gefäßmißbildungen (portocavaler Shunt) oder aber fortgeschrittene Lebererkrankungen mit Zerstörung des Parenchyms zugrunde liegen. Für die klinische Diagnose einer hepatogenen Enzephalopathie ist neben den neurologischen Symptomen die Überprüfung der Leberfunktion (Ammoniaktoleranztest; Ammoniakgehalt des Blutes; evtl. Leberbiopsie; s. Kapitel 18.) sowie im Falle eines portocavalen Shunts dessen radiologische Darstellung entscheidend. Die Behandlung besteht im wesentlichen im Einhalten einer eiweißarmen Diät.

Im Sinne einer pathologischen Einwirkung auf den Metabolismus (oft Enzymstoffwechsel) des Nervensystems sind auch viele **Vergiftungen** zu interpretieren. Wir erwähnen hier nur die wichtigsten und verweisen auf Kapitel 28.

Bakterielle Toxine: Tetanus- und Botulinustoxin sind ausgesprochene Nervengifte, hinterlassen aber bei eventueller Abheilung keine mit den konventionellen morphologischen Methoden faßbaren Veränderungen. Das gleiche gilt für Substanzen wie *Strychnin* (tetanische Krämpfe) und *Metaldehyd* (Meta), das sowohl als fester Brennstoff für Touristenkocher (Jagd!) als auch als aktive Substanz von Schneckenvertilgungsmitteln in den Handel kommt. Dominierende Symptome der akuten Metavergiftung sind Exzitation, Hyperventilation, Hecheln, Tetraplegie, tonische oder tonisch-klonische Krämpfe. Zur Therapie der Metaldehyd-Vergiftung sei auf das Kapitel 28. hingewiesen. Wichtige Maßnahmen sind von Fall zu Fall: Auslösen von Erbrechen, Magenspülungen mit Hydrogencarbonatlösung, Unterdrückung von Krämpfen und Bekämpfung der Azidose, ferner Kreislaufmittel (JACQUIER 1978).

Eine in den vergangenen Jahrzehnten wiederholt zur Beobachtung gekommene Vergiftung, die gelegentlich zu schweren degenerativen Veränderungen im Gehirn, besonders im Gebiet des limbischen Systems führte, war verursacht durch *Iodoxychinoline* (als Kliochinol aktive Substanz vieler „Darmantiseptika" wie Enterovioform®, Mexaform® usw.). Die (bei normaler oder zu hoher Dosierung) ausgeprägte Überempfindlichkeit einzelner Hunde ist bis heute nicht befriedigend abgeklärt. Die Vorschrift auf den Verpackungsprospekten solcher Präparate, sie nicht Hunden oder Katzen einzugeben, wurde oft gerade von Medizinalpersonen nicht beachtet. Hauptsymptome der stets akuten Vergiftung sind lokalisierte (z. B. Kiefer-) oder generalisierte Krämpfe und Verhaltensstörungen. Die Prognose ist bei geeigneter und rascher Behandlung besser, als vielfach angegeben wurde (KAMMERMANN-LÜSCHER 1974).

In letzter Zeit scheinen Vergiftungsfälle dieser Art selten geworden zu sein. Die entsprechenden Präparate, vielfach beim Menschen in profuser und unkontrollierter Weise über längere Zeit verwendet, sind z.T. unter Rezeptpflicht gestellt oder aus dem Verkehr gezogen worden. Dies vor allem unter dem Druck von – allerdings kontroversen – Beobachtungen besonders in Japan, wonach diese Substanzen für eine chronisch-denegerative Erkrankung des Zentralnervensystems beim Menschen (subakute myelo-optische Neuropathie, SMON) verantwortlich zu machen seien.

Bei *Cumarinvergiftungen* (Rodentizide) kommt es in seltenen Fällen zu Blutungen ins Auge oder in Meningealräume und Gehirn, wobei entsprechende Symptome (abgesehen vom ophthalmoskopischen Befund) durch die allgemeine Apathie und Schwäche bei meist schwerer, akuter Anämie überlagert werden (KAMMERMANN-LÜSCHER 1978, s. auch Kapitel 28.).

Schwermetallvergiftungen (z.B. *Blei*) können degenerative Veränderungen an peripheren Nerven, aber auch Myelopathien verursachen. Sie sind beim Hund wohl sehr selten und abhängig von besonderen lokalen oder konstellationsbedingten Expositionsmöglichkeiten (GÖCK et al. 1974).

Altersveränderungen. Wie die anderen Organsysteme, so erleidet auch das Zentralnervensystem mit dem Alter zunehmende Veränderungen, wobei kaum eine scharfe Trennung zwischen „normalen" Rückbildungsprozessen (also Altern im engeren Sinne) und der altersabhängigen Häufigkeitszunahme pathologischer Vorgänge möglich ist. Damit können klinische Erscheinungen psychischer und organischer Natur einhergehen, die aber nicht ausschließlich vom Nervensystem abhängen (BRUNNER 1981).

Neben Veränderungen des äußeren Habitus (vgl. Altersbestimmung) können die motorische Aktivität, die Affektivität und die Sinnestätigkeit eingeschränkt werden (der Gesichtssinn natürlich vorwiegend durch Veränderungen an den durchsichtigen Medien des Auges). Nicht selten wird auch aus diesen Gründen allein, ohne das Vorliegen einer zwingenden organischen Erkrankung oder von offensichtlichem Leiden des Tieres, von den Besitzern die Tötung verlangt. Eigentliche senile Demenzen, wie sie in verschiedenen Verlaufsformen beim Menschen beobachtet werden, sind beim Tier nicht nachgewiesen; ihre geistigen Aspekte können auch gar nicht vorhanden sein (FRAUCHIGER 1953). Auf der morphologischen Seite entspricht das dem Fehlen ausgeprägter hirnatrophischer Vorgänge. Die mäßige Zunahme des rasseabhängigen Hydrocephalus internus bei Boxern und anderen brachyzephalen Rassen kann nicht damit in Parallele gesetzt werden.

Eine Reihe altersabhängiger Veränderungen des Gehirns (und Rückenmarks) ist auch bei Hunden festzustellen: Zunahme von Lipoidpigmenten in Nervenzellen, Fibrose von Adergeflechten und weichen Hirnhäuten, Schwund von Nervenzellen und Auftreten fettiger Abbauprodukte, die sich in Makrophagen (Abräumzellen) um die Gefäße ansammeln, sowie verschiedene Veränderungen an extra- und intrazerebralen Gefäßen (Fibrose, Amyloidablagerungen). Auch kleine Amyloidablagerungen in der Großhirnrinde sind oft vorhanden. Kalkausfällungen und knöcherne Metaplasien in der kranialen und spinalen Dura mater sind häufig.

Bei manchen Veränderungen ist nicht auszumachen, wieweit sie „rein altersbedingt" und wieweit sie von irgendwelchen Grundleiden abhängig sind (Nephro-, Kardiopathien).

In Abhängigkeit von der Häufigkeitszunahme bestimmter Krankheiten mit vorrückendem Alter nimmt auch die eventuelle Beteiligung des Zentralnervensystems zu: Zunahme von Hirnmetastasen in Abhängigkeit von der Altersverteilung bösartiger Neubildungen; von Hirninfarkten in Abhängigkeit von den Kreislaufschwächen; von Spinalwurzel- und Rückenmarkschädigungen in Abhängigkeit von Wirbelsäulenveränderungen (Spondylose) und Diskopathien (FANKHAUSER 1972).

23.4. Epilepsie

Anfallskrankheiten, am häufigsten vom Typ der „Grand-mal"-Anfälle, sind in der Hundepraxis nicht allzu selten. Wichtig ist dabei, zwischen primärer Epilepsie (mit züchterischen Konsequenzen trotz der grundsätzlichen Möglichkeit einer erfolgreichen Behandlung) und sekundärer zu unterscheiden, der ein erfaßbarer zerebraler oder extraneuraler Krankheitsprozeß zugrunde liegt. Wir entnehmen (mit freundlicher Genehmigung der Schriftleitung der „Tierärztlichen Praxis") das Folgende unserer Darstellung von 1981 (FANKHAUSER und VANDEVELDE).

Pathogenese: Ausgelöst werden die epileptischen Anfälle – unkontrollierte, tonische und klonische, lokale oder generalisierte Muskelkontraktionen mit oder ohne Bewußtseinsverlust und abnorme Sensationen – auf dem Niveau des Großhirns, des Cortex und des Vorderhirnstamms, d.h. Thalamus und Substantia reticularis. Es handelt sich um lokalisiert bleibende oder sich ausbreitende und dann oft generalisierte „Entladungsgewitter" in eng begrenzten oder ausgedehnten Nervenzellverbänden. Grundsätzlich ist auch gesundes Gehirn – geeignete und genügend starke Einwirkungen vorausgesetzt (Elektroschock, Insulinschock, Gifte) – zu derartigen Vorgängen fähig. Beim „epilepsiebereiten" Gehirn mit erniedrigter „Krampfschwelle" können geringfügige, vom normalen Gehirn ohne weiteres tolerierte Einflüsse krampfauslösend wirken, oder es braucht überhaupt keine erkennbaren derartigen Anstöße. Geschieht dies ohne erfaßbare strukturelle Veränderungen im Gehirn, so spricht man von *primärer Epilepsie*; liegt dagegen ein organischer Hirnprozeß vor, spricht man von *sekundärer Epilepsie*. Es sind, besonders auch durch tierexperimentelle Forschungen, gewisse Vorgänge bekannt geworden, welche die Bereitschaft zerebraler Neurone zur Produktion und Ausbreitung „epileptischer Entladungen" begünstigen oder schaffen, die während des Ablaufs der Anfälle festgestellt werden können. Änderungen der Elektrolyt- und Wasserverteilung in Neuronen und Gliazellen bzw. Ionenbewegungen durch die Zellmembranen mit Polarisationsverschiebungen scheinen wesentliche Faktoren zu sein.

Diese Auffassung wird bestärkt durch die Beobachtung, daß Ödematisierung im Bereich des Großhirns, etwa nach Traumen oder in der Umgebung von Tumoren, beim Hund häufig zu generalisierten Krämpfen Anlaß gibt.

Interessanterweise trifft dies nicht zu beim idiopathischen Hirnödem des Rindes und ebensowenig bei der Hirnschwellung (Dummkoller) des Pferdes, was offenbar für unterschiedliche Krampfbereitschaft der verschiedenen Spezies spricht.

Gut bekannt sind die elektrophysiologischen Phänomene während des Anfalls, aber auch jene, die das ruhende epilepsiebereite Gehirn insbesondere bei nichtkrampfauslösenden Stimulationen (photische, akustische usw.) charakterisieren. Diese Kenntnisse bilden die Grundlage zum Einsatz der Elektroenzephalographie in der Epilepsiediagnostik und -überwachung des Menschen.

Allem Detailwissen zum Trotz ist das Wesen der Epilepsie noch weitgehend unverstanden, es fehlt sozusagen „das geistige Band".

Erscheinungsformen: Beim Hund unterscheidet man eine partielle und eine generalisierte Epilepsie.

Partielle Epilepsie: Die partielle Epilepsie tritt nach einer fokalen Entladung auf und äußert sich meist in kurzen (Sekunden/Minuten), wiederholten Kontraktionen einzelner Muskelgruppen, z.B. tonisch-klonische Bewegungen in einem Bein, ruckartiges Biegen des Körpers nach einer Seite und nicht selten Kaubewegungen oder Kopfschütteln. Je nach Lokalisation äußert sich die partielle Epilepsie oft komplexer: plötzlich auftretendes abnormales Verhalten, unmotiviertes, zielloses Davonrennen, Fliegenschnappen und andere Störungen wie „Absenzen" und Angstzustände. Der partielle Anfall kann in einen generalisierten übergehen.

Generalisierte Epilepsie: Die generalisierte Epilepsie beginnt mit einer tonischen Phase, wobei das Tier steif auf die Seite fällt und das Bewußtsein verliert. Anschließend folgt eine klonische Phase: heftige, zuckende Krämpfe, vor allem in Gliedmaßen- und Kopfmuskulatur. Nach Sekunden bis Minuten gehen die klonischen Krämpfe in Laufbewegungen über; einige Zeit später versucht das Tier wieder aufzustehen. Es kann sich innerhalb von Minuten völlig erholen. Manchmal jedoch bleiben Desorientiertheit, Müdigkeit, Teilnahmslosigkeit und neurologische Ausfälle (besonders Ataxie) stundenlang bestehen. Dem generalisierten Anfall kann eine sog. Aura vorangehen, wobei die Tiere sich in einem in unterschiedlicher Weise veränderten psychischen Zustand befinden. Diese Grand-mal-Anfälle können wenige bis 5 oder mehr Minuten dauern. Man spricht von *Status epilepticus*, wenn der generalisierte Anfall nicht aufhört oder die Anfälle sich in kurzen Abständen wiederholen, ohne daß das Bewußtsein wiedererlangt wird.

Die Narkolepsie (von griechisch „Erstarrung" und „Anfall"), immer in Verbindung mit Kataplexie (von griechisch „Niederschlagen"), ist eine recht seltene, von Epilepsie abzugrenzende Anfallskrankheit beim Hund, die durch plötzlich auftretende, sekunden- oder minutenlange Episoden von Schlaffheit, Paralyse mit oder ohne Schlafverhalten gekennzeichnet ist. Ursache und Pathogenese der Krankheit, die erblich sein kann, sind völlig unbekannt.

Ursachen: Beim Menschen lassen sich die Anfallskrankheiten wie folgt gruppieren:

1. **primäre Epilepsie** (idiopathische, genuine) mit sicherer genetischer Komponente. Sie kann sich äußern als: Grand mal (generalisierter tonisch-klonischer Anfall mit Bewußtseinsverlust); Petit mal (Absencen mit oder ohne lokalisierte Krämpfe, etwa der Gesichts- oder Augenmuskeln); Myoklonien; akinetische Anfälle.

2. **Sekundäre Epilepsie**, stets mit hirnpathologischer Grundlage, die fokal oder diffus sein kann. Bei fokaler Ursache sind möglich: fokale Anfälle; sich ausbreitende kortikale (sog. Jacksonsche) Anfälle, also z.B. von der Schulter über den Arm

bis in die Hand ausstrahlend; Übergreifen der Erregung auf den Hirnstamm und Grand-mal-Anfall.

Bei diffusen pathologischen Veränderungen: fokale Anfälle mit oder ohne Grand mal; Myoklonien; tonische Krämpfe.

Eine beim Menschen häufige Form fokal bedingter Epilepsie ist die Temporallappenepilepsie, bei der pathologische Sensationen, sensorische Halluzinationen, Gedächtnisstörungen, affektive Störungen, Dämmerzustände typisch sind.

Primäre Epilepsie: Es besteht kein Zweifel, daß bei Tieren und besonders beim Hund die primäre Epilepsie vorkommt. Gewisse Rassen (mit geographischen Unterschieden, deshalb eher gewisse Blutlinien innerhalb von Rassen) sind stärker betroffen. Einwandfreie genetische Unterlagen liegen aber nur für Laboratoriumsrassen vor. Manche Hunde, die über kürzere oder längere Zeit periodisch Grand-mal-Anfälle hatten, zeigen bei sorgfältiger, systematischer histologischer Untersuchung des Gehirns keine pathologischen Veränderungen. Diese Aussage wird nicht entkräftet durch den Umstand, daß Hunde mit klinisch scheinbar primärer Epilepsie überraschenderweise einen hirnorganischen Prozeß aufweisen können. Unsere klinisch-diagnostischen Möglichkeiten sind zu beschränkt, um eine absolut zuverlässige Diagnose zu gestatten.

Sekundäre Epilepsie:
a) *Organische Hirnläsionen*
   – Mißbildungen (z.B. Hydrozephalus),
   – Enzephalitiden,
   – Speicherkrankheiten (Lipidosen, Leukodystrophien),
   – Trauma (posttraumatische Enzephalopathie),
   – Enzephalomalazie/Ödem,
   – Vergiftungen (Pb, Hg, Organo-P, Iodoxychinoline, Metaldehyd),
   – Tumoren.

b) *Extraneurale Ursachen*
   – Erkrankungen der Nieren,
   – Erkrankung des Herzens und andere Kreislaufstörungen,
   – Erkrankung der Leber (NH_3),
   – Hypokalzämie und andere Störungen des Elektrolythaushaltes (Na, K, Mg), z.B. im Zusammenhang mit Trächtigkeit, Geburt, Parasitosen,
   – Hypoglykämie, Pankreastumor.

Nach bisher vorliegenden Zusammenstellungen scheint die Häufigkeit von (primärer und sekundärer) Epilepsie beim Hund mit ca. 0,5% in der gleichen Größenordnung zu liegen wie beim Menschen.

Untersuchung: Bei der Untersuchung eines Hundes, der wegen „Anfällen" vorgestellt wird, ist eine genaue Anamnese unerläßlich: Art, Häufigkeit, Zeit des Auftretens, Dauer, evtl. Tagesrhythmus, evtl. auslösende Situationen der Anfälle. Es ist in der Praxis sehr oft nicht möglich, die Anfälle selbst zu beobachten. Diesbezügliche Familienanamnese ist zu erheben und Auskunft über vorausgegangene oder weiter zurückliegende Krankheiten, Traumen, Impfstatus, Möglichkeit von Giftaufnahme wie bei jeder Allgemeinuntersuchung einzuholen.

Die Allgemeinuntersuchung zielt vor allem darauf, mögliche extrazerebrale Ursachen der Anfälle zu erfassen, insbesondere:

Kreislaufstörungen (Anfälle nach körperlicher Belastung?),
Leberaffektionen,
Nierenerkrankungen,
Pankreastumor,
funktionelle metabolische Störungen.

Zur Präzisierung können Spezialuntersuchungen nötig werden (Bestimmung von Serumelektrolyten, besonders Calcium, von Blutglucose und -harnstoff, NH_3, Leberenzymen, EKG).

Neurologische Untersuchung: Die neurologische Untersuchung soll zeigen, ob neben den Anfällen andere neurologische Abweichungen bestehen, was auf eine hirnorganische Ursache der Epilepsie deuten würde. Die Untersuchung soll nicht kurz nach einem generalisierten Anfall erfolgen, da vorübergehend postikale neurologische Ausfälle bestehen können.

Wenn eine oder mehrere deutliche neurologische Abweichungen vorliegen, sind pathologische Veränderungen des Gehirns als Ursache der Epilepsie sehr wahrscheinlich.

Weitere Anhaltspunkte kann die Untersuchung des Liquor cerebrospinalis ergeben. Wenn er verändert ist (Pleozytose, Eiweißvermehrung), kann mit Sicherheit auf eine organische Hirnläsion geschlossen werden.

Eine Untersuchung, die alle möglichen Ursachen der Epilepsie erfassen soll, ist sehr aufwendig (Tabelle 23.3.). Deshalb ist bei Tieren, die erst einen oder wenige Anfälle erlitten haben, eine vereinfachte Technik angebracht, einschließlich einer allgemeinen physischen Untersuchung mit Blut- und Harnstatus.

Bei wiederholten Anfällen werden eine eingehendere Allgemeinuntersuchung mit Bestimmung von Leberenzymen, Elektrolyten und anderen Metaboliten im Blut und eine gründlichere neurologische Untersuchung

Tabelle 23.3. Differentialdiagnose der sekundären Epilepsie

Speicherkrankheiten (Lipidosen, Leukodystrophie)	Jungtiere bestimmter Rassen; sehr selten; evtl. Hirnbiopsie
Hydrozephalus	Sehr jung, Kopfform, Schädelröntgen; andere neurologische Symptome (Motorik, Verhalten)
Enzephalitis (Tollwut, Toxoplasmose, Staupe)	Weitere systemische oder neurologische Symptome, Verhalten, Liquor
Tumoren	Eher ältere Tiere; oft brachyzephale Rassen (Gliome), weitere neurologische Symptome (Hirnnerven, Haltungs- und Stellreaktionen); Liquor
Trauma	Vorgeschichte (evtl. vor Jahren), Kopfröntgen, Liquor
Vergiftungen:	
Metaldehyd	Vorgeschichte (Aufnahme von Metatabletten), Metanachweis im Mageninhalt (Erbrochenes, Spülflüssigkeit)
Mexaform u.a.	Nach Behandlung von Durchfall bei Hund oder Katze mit Mexaform®/Enterovioform® usw.
Blei	Vorgeschichte, basophile Punktierung der Erythrozyten, evtl. Pb im Blut; Röntgen: Bleilinie in Metaphyse; Verhalten!
Insektizide	Zusammenhang mit Ektoparasiten-Behandlung
Strychnin	Streckkrämpfe, verstärkt durch akustische und andere Provokation
Nierenkrankheit	Harnstoff im Blut, sonstige Anzeichen gestörter Nierenfunktion
Leberkrankheit	Leberenzyme, Blut-NH_3-Gehalt (portocavaler Shunt)
Hypoxie	Herzfunktion (Herz-Kreislauf-Untersuchung)
Hypokalzämie	Im Zusammenhang mit Partus und Laktation; Parasitosen
Hypoglykämie	Nach extremer Anstrengung; Pankreastumor. Niedriger Glucosespiegel im Blut (unter 50 mg%); hochgradige Parasitosen (besonders Jungtiere)
Tetanus	Kiefersperre, dauernd erhöhter Muskeltonus der betroffenen Partien; Nickhautvorfall, Bewußtsein ist erhalten

nötig. Ist alles im Bereich der Norm, so kann mit einer symptomatischen antiepileptischen Behandlung begonnen werden. Wenn diese erfolglos bleibt, sind weitere Spezialuntersuchungen, wie Liquorpunktion, Elektrokardiographie, Blut-NH_3-Bestimmung, Glucosetoleranztest und Insulinbestimmung, evtl. Kontrastradiologie, zu erwägen.

Bei einem organischen Hirnprozeß werden im allgemeinen früher oder später weitere Symptome dazukommen und die Anfälle mehr oder weniger therapieresistent bleiben. Je nach Einstellung des Besitzers und den äußeren Umständen werden dann bald weitere Entscheidungen gefällt werden müssen.

Therapie: Wir beschränken uns auf einige grundsätzliche Bemerkungen, die sich auf eigene Erfahrungen in der Praxis stützen.

Einzige Notfallsituation ist der Status epilepticus, die pausenlose Wiederholung von Grandmal-Anfällen. Hier ist entscheidend, eine evtl. exogene Ursache, z.B. die Metavergiftung, rasch zu erkennen und adäquat zu behandeln. Auch alle anderen sekundären, besonders extrazerebral bedingten Anfälle (andere Vergiftungen, Kreislaufstörungen, Elektrolythaushalt) sind kausal anzugehen.

Der Status epilepticus ist zu unterbrechen, da sehr rasch eine gefährliche metabolische Situation (Azidose: Hyperventilation, Muskelaktivität) eintreten kann. Diazepam i.v. oder i.m., dann Barbiturate i.v. sind die Mittel der Wahl.

Bei überwiesenen Tieren stellt man oft fest, daß Untersuchung und Anamnese zu wünschen übrig lassen. Die Therapie ist oft schematisch oder aber arbiträr. Etablierte Antikonvulsiva (wie Primidon) werden manchmal stark unterdosiert, besonders bei großen Hunden (falsche ökonomische Überlegungen). Man kann ohne weiteres mit einem billigen Barbiturat (Phenobarbital) beginnen und erst etwas Teureres versuchen, wenn jenes nicht wirkt.

In der Humanepileptologie gibt es eine Fülle von Antikonvulsiva, die verschiedenen Gruppen angehören (Barbiturate, Hydantoine, Oxazolidindione, Succinimide, Carbamazepin, Acetazolamide, Benzodiazepine), welche je nach Epilepsieform gezielt eingesetzt werden. Eine möglichst systematische Überwachung der Therapieergebnisse (und evtl. unerwünschter Nebenwirkungen) trägt dazu bei, die Wahl des Medikamentes (evtl. von Medikamentenkombinationen) und der Dosierung zu steuern.

In der tierärztlichen Praxis ist in erster Linie die Unterscheidung von primärer und sekundärer Epilepsie anzustreben. Bei sekundärer Epilepsie ist die Prognose auf die Dauer fast immer ungünstig, sofern ein organischer Hirnschaden zugrunde liegt.

Etwas besser ist vielleicht die Situation, wenn extrazerebrale Grundleiden (etwa Kreislaufstörungen) der Behandlung zugänglich sind.

Ist die Diagnose einer primären Epilepsie sicher oder wahrscheinlich, muß vor allem der Besitzer über die Situation aufgeklärt werden. Von der Zucht scheiden derartige Tiere aus. Die Behandlung ist eine auf Dauer, erfordert vom Besitzer Disziplin und Geduld und hat finanzielle Konsequenzen, besonders bei großen Hunden. Dauernde tierärztliche Überwachung ist nötig (Nebenwirkungen), manchmal muß wie beim Menschen die Dosis variiert, das Medikament gewechselt, eine Kombination versucht werden.

Es ist zu bedenken, daß auch heute noch um die 20% der menschlichen primären Epilepsien nicht befriedigend auf die zur Verfügung stehenden Medikamente ansprechen; daher die fortdauernde Arbeit an neuen Verbindungen, aber auch Maßnahmen der Ultimo ratio, wie hirnchirurgische Eingriffe.

Valproinsäure ist bei spontaner Epilepsie des Hundes nur bei parenteraler (i. p. oder i. v.), nicht aber bei oraler Verabreichung wirksam (MARTINEK und ARBEITER 1980).

Über Behandlung der Epilepsie des Hundes mit Gestagenen, Schlangengiften usw. haben wir keine fundierten Erfahrungen.

Eine Hauptschwierigkeit in der Veterinärmedizin ist das Fehlen genügender Zahlen über längere Zeit systematisch behandelter und kontrollierter Tiere (SCHWARTZ-PORSCHE et al. 1981). Ein System wie beim Menschen ist aus Kostengründen und durch den oft schnell erlahmenden Eifer der Klienten unmöglich. Unsere Kriterien zur Beurteilung der Wirkung der einzelnen Medikamente sind deshalb noch immer unsicher. Das Wegbleiben aus der Praxis darf nicht als Heilerfolg gebucht werden.

23.5. Traumatische Gehirnschädigungen

Sie sind in der überwiegenden Mehrzahl durch Straßenunfälle bedingt (Anprallen gegen Fahrzeuge, gegen Randsteine, durch Weggeschleudertwerden, Überrollen des Kopfes). Kleine Hunde mit gewölbten, schwächeren Schädeln sind stärker gefährdet. Bei den größeren Rassen ist das Gehirn durch Schläfen- und Nackenmuskulatur sowie die Knochenleisten des Schädels besser geschützt.

Anzeichen für eine Schädigung des Gehirns sind verschiedengradige Benommenheit bis Bewußtseinsverlust, Pupillenstarre, Hirnnervenlähmungen, allgemeine Lämung, evtl. äußere Verletzungen am Kopf, feststellbare Schädelfrakturen (Palpation, Druckschmerz, Röntgen, das allerdings erhebliche Erfahrung voraussetzt). Liquorpunktion ist im frischen Zustand nicht zu empfehlen, kann aber im weiteren Verlauf diagnostisch wertvoll sein (Gelbfärbung durch abgebautes Blut, evtl. Zellvermehrung. Überdruck: Die Druckentlastung kann einen therapeutischen Effekt haben).

Therapeutisch gibt es kein aktives Vorgehen, d. h., man muß sich auf pflegerische Maßnahmen beschränken (Ruhigstellung im verdunkelten Raum, evtl. Infusionen von Elektrolyt- oder Glucoselösung, kreislaufstützende Medikamente, wenn nötig Überwachung). Weitere mögliche Schäden können das Bild beeinflussen (Blutverlust).

Abgesehen von offenen Schädel-Hirn-Verletzungen, die äußerst selten vorkommen und wohl praktisch stets zu Spontantod oder aber zur raschen Tötung Anlaß geben, sind es vor allem vier Zustände, die als Folge eines Kopftraumas auftreten können: 1. die **Hirnerschütterung (Commotio)** ohne anatomisch faßbare Veränderungen und grundsätzlich reversibel; 2. die **Hirnquetschung (Contusio)** mit oft keilförmigen Prellungsherden (Erweichung, Blutung), meist ausgehend von der Hirnoberfläche; 3. das **subdurale** oder **extradurale Hämatom**, d. h. im allgemeinen flächenhafte Blutungen zwischen harter Hirnhaut und Hirnoberfläche oder Schädelinnenseite; 4. für sich allein oder häufiger einen der anderen Zustände begleitend das **posttraumatische Hirnödem** (Flüssigkeits- und damit Volumenzunahme des Gehirns).

Wegen der schlechten Zugänglichkeit dürfte

eine *chirurgische Therapie* nur in seltenen Fällen erfolgversprechend sein. Außerdem beobachtet man gelegentlich nach Erholung von den akuten Zuständen und mehr oder weniger langem, ganz oder weitgehend symptomfreiem Intervall das Auftreten von Verhaltensstörungen oder epileptiformen Anfällen als Spätfolge der akuten Schädigung (Zystenbildung, Narben, Spätödem mit gelegentlich ausgedehnten Gewebsnekrosen).

Da im allgemeinen Art und Ausdehnung der Schädigung im akuten Stadium nicht beurteilbar sind, muß sich die *Prognose* nach dem Verlauf richten. Jedenfalls empfiehlt es sich abzuwarten, bis die Tiere wieder zu sich kommen oder bis feststellbar ist, daß Bewußtlosigkeit bestehenbleibt. Gleiches gilt bei der Beurteilung des Zustandes reanimierter Tiere (bei Narkosezwischenfällen; anoxische Hirnschädigung).

Da oft bei Schädeltraumen Transporte kontraindiziert sind, können die Maßnahmen des ersten, notfallmäßig zugezogenen Tierarztes entscheidend sein. Diese sind mit den Stichworten lebensrettende Sofortmaßnahmen, Sauerstoffzufuhr, Steroidhormone, hypertonische Lösungen (Harnstoff oder vorzüglich Mannitol), Hypothermie, Anticatecholamine, DMSO (Dimethylsulfoxid), dekompressive chirurgische Maßnahmen zu umschreiben. Da in der Tiermedizin die Lebensrettung um den Preis der Defektheilung im allgemeinen nicht als Erfolg gebucht wird, erfahren die theoretisch zur Verfügung stehenden Möglichkeiten aus wirtschaftlichen Gründen erhebliche Einschränkungen. Dies birgt das Risiko in sich, daß vielleicht oft zu schnell eine infauste Prognose gestellt wird.

23.6. Kreislaufbedingte Gehirnschäden

Diese – so interessant sie für den Pathologen in vergleichender Hinsicht sein mögen – spielen klinisch beim Hund eine untergeordnete oder wenigstens noch nicht abschätzbare Rolle. Sicher haben die histologisch feststellbaren fibrotischen Veränderungen sowie die amyloidotische Entartung kleiner Meningeal- und Hirngefäße ihren Anteil an den allmählichen Abbauvorgängen der nervalen Substanz, die bei den Altersprozessen erwähnt werden. Sie lassen sich aber nicht aus dem Gesamtbild aussondern. Das gleiche gilt für die sehr seltene, bei Hunden mit Hypothyreose beobachtete Atherosklerose (Arteriosklerose mit fettiger Entartung) der Hirngefäße.

Von klinischer Bedeutung sind **anämische Infarkte**, meist im Gebiet der Stammganglien, aber auch in der Hirnrinde, die auf Mangeldurchblutung entweder bei angeborenen Herzfehlern oder aber bei Kreislaufinsuffizienz im vorgerückten Alter (Klappenfibrose und -insuffizienz, Dilatation, Myokardnarben) zurückzuführen sind. Etwa 60% aller Hunde über 8 Jahre leiden in geringerem oder stärkerem Grad an Kreislaufinsuffizienz. Dabei sind bestimmte Rassen, wie z.B. Cocker-Spaniels, prozentual viel stärker betroffen, wogegen die geringe Anfälligkeit der Bastarde sehr auffällig ist. Klinisch läßt sich eine Verdachtsdiagnose nur im Zusammenhang mit einer gründlichen kardiologischen Untersuchung stellen, wenn neurologische Symptome (oft epileptiforme Anfälle) ohne faßbaren anderen Grund auftreten.

Die klassischerweise in älteren Lehrbüchern vorangestellte „Hirnanämie" und „Hirnhyperämie" sind weder klinisch noch anatomisch brauchbare Begriffe. Zweifellos kommen Mangeldurchblutung sowie aktive oder passive (Stauungs-) Hyperämie vor (bei Intoxikationen, Narkosezwischenfällen, Wärmestauung, Torsio ventriculi, während epileptiformer Anfälle usw.), aber sie sind nicht loszulösen sowohl von den Grundzuständen als auch von gleichzeitigen metabolischen Entgleisungen (Hypoxie, Wasserhaushaltstörungen, toxische Wirkungen).

Wichtig sind die anatomisch nachweisbaren, auf unterschiedlichem Wege zustande kommenden **hyp- oder anoxischen Hirnschädigungen**.

Nach unserer Erfahrung wird nicht so selten von praktizierenden Tierärzten die Diagnose **„Apoplexie" (Hirnschlag)** gestellt.

Beim Menschen kann es sich dabei sowohl um eine Massenblutung wie um eine anämische Erweichung handeln. Das erstere haben wir und andere Beobachter beim Hund nie gesehen. Vereinzelt anzutreffende ausgedehntere Blutungen, die meist in der Hirnrinde lokalisiert sind, entstehen auf der Grundlage von Gefäßmißbildungen, von Embolien (Tumorzellen, Leukose, bösartige Hämangiome, Sepsis), gelegentlich bei Toxoplasmose-Enzephalitis, bei Cumarinvergiftung oder bei sehr seltenen Zuständen wie etwa Polycythaemia vera (BUSH und FANKHAUSER 1972). Die Symptomatologie

23.7. Hirntumoren

Neubildungen im ZNS sind weniger selten, als früher angenommen wurde, besonders beim Hund. Bei dieser Tierart zeigen gewisse Rassen eine erhöhte Frequenz. Die Tabelle 23.4. gibt für 136 ZNS-Tumoren die Verteilung auf häufiger vorkommende Rassen. Ein nach Zusammenstellung des jeweiligen Klinik- oder Sektionsmaterials unterschiedlich angegebener, aber immer hoher (bis 80%) Anteil der Gliome (neuroektodermale Tumoren; Abb. 23.13.) entfällt auf Boxer (in Europa wohl ganz vorwiegend) sowie auf Boston-Terrier. Da die Boxer auch eine hohe Frequenz für eine ganze Reihe anderer Neoplasmen aufweisen, sind Hirnmetastasen nicht selten. Eine Zunahme der Häufigkeit in der zweiten Lebenshälfte ist bei allen Formen deutlich.

Trotz sehr beachtenswerter Vorarbeiten, die von seiten der Pathologie geleistet wurden (kasuistische Mitteilungen und zusammenfassende Darstellungen; LUGINBÜHL et al. 1968, FANKHAUSER und VANDEVELDE 1981) bleiben die klinisch-diagnostischen Möglichkeiten beschränkt. Trotzdem könnte auch in der Praxis die Ausbeute größer sein, wenn man sich allgemein an eine systematische neurologische Untersuchung (s. S. 680ff.) gewöhnen und die bestehenden, durchaus nicht aufwendigen Techniken anwenden würde. Eine fundiertere Verdachtsdiagnose, eine Groblokalisation (vordere, hintere Schädelgrube, Rückenmark) und häufig eine weitergehende Zuordnung (Seite; Hirnstamm, Zwischenhirnregion – siehe Hypophysenadenome! – Großhirnhemisphären, Kleinhirn, Rückenmarkniveau: siehe entsprechenden Abschnitt) können das Ergebnis sein. Nach unserer Erfahrung besteht eine große Diskrepanz zwischen selbst untersuchten Fällen und dem „Durchschnittsmaterial", das uns von außen überwiesen wird. Ein sprechendes Beispiel gibt die Liquoruntersuchung: Von 18 Hunden, die punktiert wurden (und zwar je nur einmal), wiesen 14 Veränderungen des Liquors auf (Tabelle 23.5.). Auch wenn dadurch meist keine Tumordiagnose gesichert werden kann, so ist doch der Hinweis auf einen hirnorganischen Prozeß zusammen mit den anderen Symptomen wertvoll.

Rassenzugehörigkeit und Alter (Häufigkeitszunahme im 2. und vor allem im 3. Lebensdrittel, die extrem hohen Lebensjahre ausgenommen) geben wichtige Anhaltspunkte. Die spezielle Artdiagnose (Typ des Tumors) dagegen ist fast nie zu stellen, da biologisch-statistische Unterlagen (Verhalten der Tumorarten im Laufe ihres Wachs-

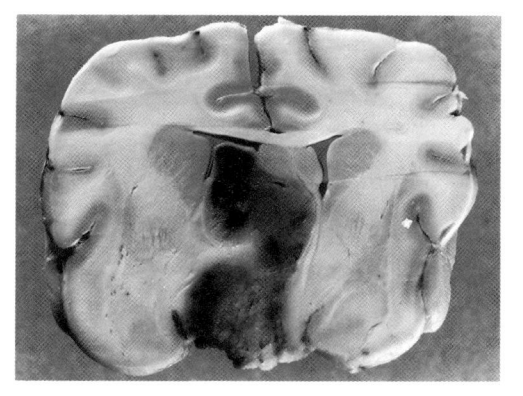

Abb. 23.13. Malignes Gliom in der linken Großhirnhemisphäre eines 8jährigen Boxers.

Tabelle 23.4. Rasseverteilung

	Boxer	DSH	Pudel	Terrier	Spaniel	Dackel	Andere	Total
Metastasen	4	8	5	4	4	3	13	41
Neuroektodermale Tumoren	16	4	2	2	–	–	11	35
Mesodermale Tumoren, Lymphome, Retikulosen	8	4	2	2	–	1	17	34
Hypophysenadenome	4	–	3	1	2	2	7	19
Malignome der Kopfhöhlen	–	–	1	–	1	1	3	6
Epidermoidzyste	–	–	–	–	–	–	1	1
Total	32	16	13	9	7	7	52	136

Tabelle 23.5. Liquorbefunde beim Hund

Tumorart	Pandy	Zellen	Farbe	Druck
Oligodendrogliom	–	38/3		
Astrozytom	–	in Norm		
Gliom	–	in Norm		
Oligodendrogliom	+++	182/3	bluthaltig	
Oligo-Astrozytom	+	72/3		
Neurofibrom L 6/7	+++	95/3	(Tumor eitrig infiltriert)	
Glioblastom	+++	10/3	xanthochrom	
Plexuspapillom	+++	10/3		
ethmoidales Karzinom	+	2/3		
Mammakarzinom	+	95,3	bluthaltig	
Karzinommetastase (?)	(+)	115/3		erhöht
Hämangiom, malignes	+++	28/3	xanthochrom	
Meningiom	+	39/3		
Meningiom				erhöht
Retikulose	–	73/3		
Lymphom	–	4/3	(zytologisch: neoplastische Zellen nachgewiesen)	
Lymphom	+	61/3		erhöht
Lymphom	–	86/3	xanthochrom	

tums) so gut wie völlig fehlen. Sehr oft scheinen Hirntumoren erst bei erheblicher Größe faßbare Symptome auszulösen (was natürlich auch von ihrem Sitz abhängt), und zwar, wie wir glauben, mehr durch ein plötzlich auftretendes kollaterales Hirnödem (gesteigerter Hirndruck) als durch den Tumor selbst. Dafür spricht die Beobachtung, daß Tumorträger oft wegen rasch aufgetretener epileptiformer Anfälle zum Tierarzt gebracht werden und – nach wenigen Tagen getötet – einen umfangreichen Tumor sowie eine starke Schwellung der betroffenen Hemisphäre zeigen.

Da Tumoren, mehr in Abhängigkeit von Sitz, Ausdehnung und Begleitveränderungen (Blutumlaufstörungen, Ödem, Behinderung der Liquorzirkulation) als von ihrem histologischen Charakter, ein sehr wechselndes Symptomenbild erzeugen können, ist es nicht sinnvoll, Einzelsymptome aufzuzählen. Instruktiver wäre die Schilderung konkreter Krankengeschichten, was aber der Raum verbietet. Psychische, motorische, sensible und sensorische Störungen, Veränderungen des Reflexverhaltens, Liquorveränderungen in unterschiedlichen Kombinationen sind zu beobachten. Lokalisatorische Versuche richten sich nach den früher angegebenen Grundsätzen.

Die Tabelle 23.6. gibt die klinischen Hauptsymptome, wie sie bei 116 ZNS-Tumorfällen vermerkt worden sind, wieder.

Eine Sonderstellung nehmen die **Hypophysenadenome** ein, da sie diagnostisch charakteristische Symptome verursachen. In Verbindung mit, häufig aber ohne begleitende neurologische Symptome (Hirnnerven!) ist eine Reihe neurovegetativer und hormonaler Störungen (Hypophyse, Zwischenhirn) zu beobachten, je nachdem, ob die Neubildungen hormonal aktiv sind (Überproduktion von ACTH → Überfunktion der NNR: Hyperadrenokortizismus; *Morbus-Cushing-artiges Syndrom*) oder die Hypophyse und das Zwischenhirn schädigen (Druckatrophie oder Infiltration): *Hypopituitarismus* (mit Diabetes insipidus) und Nebennierenrindenatrophie. Nach CAPEN (1978) ist ein großer Teil der Cushing-artigen Erkrankungen durch ACTH-produzierende chromophobe Adenome verursacht, wobei wiederum Boxer und Boston-Terrier häufigkeitsmäßig überwiegen. Die hormonal inaktiven chromophoben Adenome dagegen zeigen keine rassenmäßige Bevorzugung. Adenome der Pars intermedia können Hypopituitarismus verursachen oder ACTH produzieren mit sekundärem Hyperadrenokortizismus. Die seltenen azidophilen Adenome der Pars distalis scheinen unterschiedliche Auswirkungen zu haben; Beweise für eine Überproduktion von Somatotropin oder Prolactin sind offenbar nicht erbracht worden. Zum hypophysären Hyperadrenokortizismus siehe auch MEIJER (1980).

Tabelle 23.6. Klinische Hauptsymptome (n = Anzahl der beobachteten Fälle)

	Verhaltensstörungen	Krämpfe	Tremor, Myoklonien, Tics	Ataxie, Haltungs- und Gleichgewichtsstörungen	abnorme Kopfhaltung	Manege-, Drehbewegungen; Drangwandern, Seitendrall	Sensibilitätsstörungen, Schmerzen	Augensymptome	andere Hirnnerven	Speicheln	Paresen, Paralysen	Störungen der spinalen Reflexe
Metastasen (40)	10	7	1	5	3	4	3	5	3	1	7	
Neuroektodermale Tumoren (35)	17	14	6	15	6	12	8	7	6	3	6	3
Mesenchymale Tumoren (20)	7	4	1	5	4	7	4	2			9	2
Lymphome (14)	7	3		4	4	3		6	2	1	2	
Kopfbereich (6)	1	1	1					2			1	1
Epidermoidzyste (1)					1	1	1				1	
Total in 116 Fällen	42	29	9	30	18	27	15	22	11	7	25	5

Tabelle 23.7. Hypophysentumoren beim Hund (DE LAHUNTA 1980)

Verhaltensstörungen	7
Ataxie	3
Parese	3
Manegebewegungen/Kopfschiefhaltung	1/1
Augen/Hirnnerven	3
Sensibilitätsstörungen	2
Polyurie/Polydipsie	7/7
Muskelatrophie	4
Diabetes mellitus	3
Fettsucht	2
Magersucht	1
Alopezie	2

Da beim Hund (im Gegensatz zu Wiederkäuern und Mensch) die Sella turcica gegen die Hirnbasis zu nicht durch ein Durablatt (Diaphragma sellae) abgedeckt ist, die Hypophyse also direkt dem Zwischenhirn anliegt, führen Hypophysentumoren relativ rasch zu einer Kompression dieses Hirnteils oder zur Invasion des dritten Ventrikels.

Von 19 Hunden mit Hypophysentumoren in unserem Material (Tabelle 23.7.) standen 4 Boxern 15 Vertreter anderer Rassen gegenüber. Dies mag teilweise durch die verhältnismäßige Seltenheit typischer Symptome erklärt werden (relativ hoher Anteil hormonal inaktiver Tumoren), sofern es nicht eine verbreitete Insuffizienz der klinischen Beobachtung oder Berichterstattung signalisiert!

In einer Patientengruppe von CAPEN et al. (1967) waren dagegen von 26 Hunden 11 Boxer und 6 Boston-Terrier. Sie stellten folgende Symptome fest (in Klammern Zahl der Fälle mit dem betreffenden Symptom):

Diabetes insipidus (24), Muskelschwäche (10), Fettsucht (10), symmetrische Alopezie (9), erweitertes Abdomen (8), Abzehrung (7), Niedergeschlagenheit (7), Hyperpigmentation der Haut (5), Hyperästhesie (4), Hautverkalkungen (4), Polyphagie (4), Lethargie (3), Dyspnoe (2), Anorexie (2), Striae abdominales (1).

Von den 26 Hunden zeigten 16 Symptome funktioneller (hormonaler) Aktivität. Klinische Symptome wie Muskelschwäche und -atrophie, Leukozytose mit Neutrophilie, Eosino- und Lymphopenie, erhöhter Serum-Corticosteroidspiegel mit Vermehrung der 17-Hydroxycorticosteroid-Ausscheidung im Harn deuten auf die Produktion von ACTH hin.

Damit sind Abmagerung, Temperamentverlust, Zunahme des Bauchumfanges, symmetrischer Haarverlust, Fettsucht und Muskelschwäche, vor allem aber Diabetes insipidus die Leitsymptome, welche an einen Hypophysentumor denken lassen.

Im übrigen sei auf das Kapitel 25. (Endokrine Organe) verwiesen.

23.8. Entzündliche Erkrankungen des Zentralnervensystems

Früher nahmen im Klinik- und im Sektionsmaterial unter den neurologischen Fällen die Enzephalomyelitiden (Abb. 23.14., 23.15.) einen breiten Platz ein, und zwar hauptsächlich dank den Staupeinfektionen (s. entsprechenden Abschnitt des Kapitels 27., Infektionskrankheiten). Aufgrund der weitverbreiteten Schutzimpfungen ist diese Krankheit in der Schweiz im Verlauf des letzten Jahrzehnts stark zurückgegangen, so daß man sie heute als ausgesprochen selten bezeichnen kann. Andernorts scheint die Situation aber noch ähnlich zu sein wie in der Schweiz vor 40 Jahren.

Meningoenzephalitis bei Staupe (Myelitis, s. Abschnitt „Rückenmark"). Das Studium der entzündlichen Veränderungen des ZNS bei Staupevirusinfektion hat eine mehr als 100jährige Geschichte (FANKHAUSER 1982). Trotz einer Reihe charakteristischer Züge (Entmarkungs- und entzündliche Herde an Prädilektionsorten, wie Randzonen des Hirnstamms, Kleinhirnarme und -mark, Sehtrakt; intranukleäre Einschlußkörperchen) besteht eine beträchtliche Variation des histologischen Prozesses, und die klinisch-pathologische Korrelation bereitet Schwierigkeiten. Dies war ein Grund für die wiederholten Versuche, die Staupeenzephalitis aufzusplittern und teilweise die ätiologische Rolle des Carréschen Virus in Frage zu stellen. Die eine Zeitlang populärste „Sonderform" war die sog. „Hard pad disease" (Hartballenkrankheit), doch zeigte sich bald, daß sie ätiologisch mit der „klassischen" Staupe identisch war (FANKHAUSER 1951). Der Vergleich von experimentell an empfindlichen Junghunden erzeugter Staupe mit der „Straßenstaupe" ist nicht zulässig. Die Vermutung, daß die verschiedenen Verlaufsformen und die unterschiedlichen anatomischen Manifestationen, vor allem auf dem Niveau des ZNS, von der Immunitätslage des Patienten (die sich im Verlauf der Krankheit verschiebt), von den Eigenschaften des verursachenden Virusstammes und von weiteren exo- und endogenen Faktoren abhängen, läßt sich im Einzelfall nicht konkretisieren.

Grundsätzlich verursacht die Krankheit, wenn sie das Zentralnervensystem befällt – nicht selten auch bei Hunden, die keine auffälligen neurologischen Symptome zeigen – eine Meningoenzepha-

Abb. 23.14. Rehpinscher mit schwerer disseminierter Enzephalitis im epileptiformen Anfall (Laufbewegungen; gezeichnet nach Kinofilm).

Abb. 23.15. Cocker-Spaniel mit herdförmiger Enzephalitis. Drangwandern mit Manege-, Kreis- und Zeigerbewegungen nach links, psychisch völlig unansprechbar, automatenhaft (gezeichnet nach Kinofilm).

litis und oft auch -myelitis unterschiedlicher Intensität und Ausdehnung. Obschon in vielen Fällen eine relativ charakteristische Verteilung beobachtet wird (z.B. Herde in Kleinhirn, Kleinhirnarmen und in Nachbarschaft der Ventrikel), ist ihre Korrelation mit den klinischen Symptomen nur bedingt möglich: Lähmung der Hinter- oder aller vier Beine; Myoklonien einzelner Gliedmaßen im Zusammenhang mit Myelitis; hochgradige psychische Störungen, epileptiforme Anfälle durch Veränderungen im Großhirn, zerebelläre Ataxie durch solche im Kleinhirn. Bei feststehender Diagnose (Zusammenhang – unmittelbar oder zeitlich glaubwürdig – mit Staupeerkrankung; Symptome; Liquor) spielt die Lokalisation aber eine untergeordnete Rolle. Entscheidend ist der Verlauf. Dabei scheint es nicht angebracht, von vornherein ein Tier aufzugeben, sofern die Besitzer die Behandlung wünschen und die Mühe der Pflege auf sich nehmen wollen. Wir haben wiederholt Heilung bei klinisch schweren Fällen gesehen, was wohl damit zusammenhängt, daß das klinische Momentbild nichts Verbindliches über Ausmaß und Verhältnis reversibler (oder kompensierbarer) und irreversibler Schäden auszusagen vermag. Grundsätzlich ist aber die Prognose stets sehr reserviert. Rest- oder Spätsymptome (Muskelschwäche, d.h. leichte Paresen; Myoklonien; Sehstörungen durch Retinaveränderungen; epileptiforme Anfälle; psychische Abweichungen) können auch nach „praktischer" Abheilung noch zur Elimination führen (s. auch Kapitel 27.).

Nach unseren Erfahrungen ist auch im Gefolge der Schutzimpfung mit Lebendvakzinen ab und zu (wahrscheinlich Bruchteil von Promillen) mit einer enzephalitischen Reaktion zu rechnen, die sich klinisch manifestieren kann. Es ist auch aus diesem Grunde wichtig, sich bei der Impftechnik genau an die Vorschriften zu halten, um sich nicht (wenn auch unberechtigten) Vorwürfen auszusetzen. Die Erfahrungen der letzten Jahre deuten darauf hin, daß durch Weiterentwicklung der Impfstoffe diese Gefahr weitgehend eliminiert worden ist.

In der Therapie stehen die pflegerischen Maßnahmen im Vordergrund: Sauberhaltung, wenn nötig, künstliche Ernährung und Verhinderung der Exsikkose mit Infusionen, Kontrolle der Entleerungen, Vermeiden von Belastungen und Reizeinflüssen (Absonderung, gedämpftes Licht), bei Bedarf Sedation, Antibiotika zur Niederhaltung komplizierender Sekundärinfektionen, Corticosteroide. Der Wert medikamentöser Therapie darf nicht überschätzt werden.

Mit der manchenorts rückläufigen Bedeutung der Staupeenzephalitis als praktisch-klinisches Problem kontrastiert das Interesse, welches sie schon lange dank ihres unbekannten demyelinisierenden Charakters in den letzten Jahrzehnten als Modellkrankheit erlangt hat. Es ist hier nicht der Ort, diese Problematik zu diskutieren. Die Zusammenhänge von (seltenen) chronisch-sklerosierenden Enzephalitiden, der granulomatösen Enzephalitis („entzündliche, retikuloproliferative Prozesse"), der sog. Old-Dog-Encephalitis mit dem Staupevirus sind noch ungeklärt (VANDEVELDE et al. 1974). Eine Darstellung im Sinne einer Arbeitshypothese, wie man sich die Abläufe denken kann, gibt die Abb. 23.16.

Toxoplasmose. Für detaillierte Informationen sei auf den entsprechenden Abschnitt des Kapitels 27. (Infektionskrankheiten) verwiesen. Entzündliche Veränderungen disseminierter oder herdförmiger Art, die gelegentlich sehr massiv und ausgedehnt sein können und oft nekrotisie-

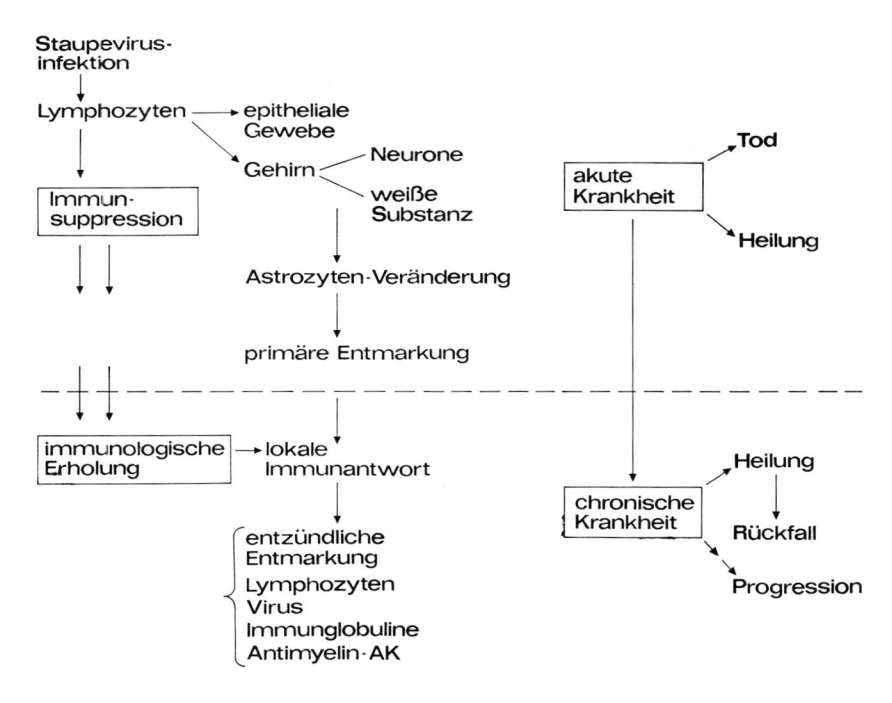

Abb. 23.16. Denkbare Abläufe der Staupevirus-Infektion des ZNS in der akuten und chronisch protrahierten Phase (VANDEVELDE).

renden und hämorrhagischen Charakter haben, trifft man im ZNS für sich allein oder zusammen mit den Veränderungen einer generalisierten Toxoplasmose. Hinzuweisen ist auf die häufig sehr ausgedehnte und schwere Myositis toxoplasmica der Skelettmuskulatur (FANKHAUSER 1963). Es ist auffallend, daß mit dem Rückgang der Staupe auch die generalisierten Toxoplasmosen, die wir früher sahen, weitgehend verschwunden sind, während sie dort, wo die Staupe noch häufig ist, angetroffen werden (mündliche Mitteilung Prof. A. KARDEVÁN, Budapest). Dies spricht für die Annahme, daß Virusinfektionen die (weit verbreitete) latente Toxoplasmainfektion aktivieren können. Bei der Staupe mit ihrer stark immunsuppressiven Wirkung ist dies ohne weiteres verständlich. Es besteht aber kein Zweifel, daß Toxoplasmose-Enzephalitis ohne gleichzeitige Staupe vorkommt. Die typischen Veränderungen beider Infektionen sind übrigens im Gehirn durchaus unterscheidbar, wie schon FISCHER (1965) gezeigt hat. Klinisch läßt sich die Toxoplasmose-Enzephalitis nicht von einer solchen anderer Ätiologie unterscheiden, wenn nicht weitere Symptome für sie sprechen oder der Erregernachweis im Liquor geführt werden kann. Die serologischen Untersuchungen sind auch bei hohen Titern für sich allein nicht schlüssig, und für den Nachweis eines signifikanten Titeranstiegs durch wiederholte Proben ist die Krankheitsdauer meist zu kurz.

Wir haben wiederholt Meningoencephalitis toxoplasmica mit Schwerpunkt im Kleinhirn und starker Atrophie dieses Organs, klinisch mit zerebellärer Ataxie, beobachtet.

Tollwut. Hier steht die ätiologische Diagnose im Vordergrund; wir verweisen auf das Kapitel 27. Nicht verschwiegen sei, daß der Zwang zu größter Vorsicht (vorwiegend zum Schutze des Menschen) eine gewisse „Großzügigkeit" in der Stellung der Verdachtsdiagnose mit sich bringt, die aber teilweise provoziert wird durch das beim Hund häufig recht atypische Verlaufsbild (SCHMID 1980).

Mit Symptomen wie Wesensveränderungen, Apathie, Exzitation, Beißsucht, Hirnnervenlähmungen (Unterkiefer, Schluckbeschwerden und andere bulbäre Symptome), Ataxie, Sensibilitätsstörungen, Lähmungen, braucht sich die Tollwutenzephalitis in keiner Weise von solchen anderer Ätiologie zu unterscheiden, so daß die Entscheidung nicht beim Kliniker stehen kann.

Für den Schutz des Menschen entscheidend ist die Abklärung mittels Immunfluoreszenz und evtl. Mäuseversuch. Bei negativem Ergebnis kann die histologische Hirnuntersuchung einen anderen hirnorganischen Prozeß aufzeigen oder ausschließen. Eigenartigerweise wird sehr oft bei aggressiven, aber sonst gesunden Hunden Hirntumorverdacht geäußert, eine Erwartung, die man dann enttäuschen muß. Aggressivität, besonders reaktive, ist sehr viel häufiger als Hirntumoren!

Die Schutzimpfung der Hunde mit abgeschwächtem Passagevirus (es stehen eine ganze Reihe zuverlässiger Produkte zur Verfügung) wird wie in außereuropäischen so auch in verschiedenen europäischen Ländern vorgenommen. In extrem seltenen Fällen (wahrscheinlich einer auf mehrere zehntausend Geimpfte) können entzündliche Reaktionen mit entsprechenden Symptomen auftreten. Sie fallen gegenüber den Vorteilen der Schutzimpfung nicht ins Gewicht. Es empfiehlt sich aber, den Besitzer auf das Bruchteile von Promillen betragende Risiko aufmerksam zu machen und auch hier sich genau an die Impfvorschriften zu halten. Bei der Verwendung von Hirnsubstanz enthaltenden Totvakzinen können, in einem vielleicht etwas höheren Anteil, schwere Prozesse vom Typus der postvakzinalen Enzephalitis auftreten. Eine sichere Vermeidung solcher seltener Zwischenfälle gibt es nicht.

In der Schweiz ist die Impfung der Hunde gegen Tollwut obligatorisch (was übrigens auch die starke Verbreitung der Staupeschutzimpfung begünstigt hat). Zwischen 1967 (erstes Auftreten der Fuchstollwut) und 1981 sind 68 Fälle von Hundetollwut festgestellt worden. Davon betrafen 52 ungeimpfte und 11 geimpfte Hunde, beim Rest fehlt die nötige Information. Von etwas über 1000 geimpften Hunden, die nachweislich in Raufereien mit tollwütigen Füchsen verwickelt waren, erkrankten 7 an Wut. Nach ENGELS et al. (1982) zeigten von 212 Hunden je nach Impfstoff 20–25% einen Serumantikörpertiter <1:20. Deshalb wird empfohlen, bei jungen Hunden die erste Revakzination schon nach einem Jahr vorzunehmen.

Zur **Pseudowut (Aujeszkysche Krankheit)** siehe Kapitel 27. (Infektionskrankheiten).

Daß im Verlauf der **ansteckenden Leberentzündung (Hcc)** nervale Symptome auftreten können, findet eine Erklärung u. a. im Vorkommen von Gefäßschädigungen und Mikroblutungen im Gehirn. FREUDIGER (1957) betont, daß Komplikationen von seiten des Zentralnervensystems häufiger vorkommen, als allgemein angenommen wird. Auch im Verlauf der **Leptospirose** kann es zum Auftreten nervaler Symptome kommen (FREUDIGER 1951), doch ist die Frage des anatomischen Substrates (seröse Meningitis?) ungenügend geklärt. Systematische Liquoruntersuchungen würden dazu mehr als die pathologische Anatomie beitragen können. Sowohl bei Hepatitis wie bei Leptospirose können die klinische Differentialdiagnose gegenüber „atypischer" Staupe sowie der Ausschluß von Doppelinfektionen Schwierigkeiten bereiten.

23.9. Erkrankungen des Rückenmarks

Traumatische Rückenmarkläsionen (Rückenmarkkompressionen) stellen zweifellos den Hauptanteil der neurologischen Probleme beim Hund dar; andere Rückenmarkerkrankungen, die klinisch ähnliche Symptome hervorrufen, müssen differentialdiagnostisch immer in Betracht gezogen werden. Deshalb werden die Rückenmarkkrankheiten verschiedener Natur hier zusammen besprochen.

23.9.1. Rückenmarkkompression

Allgemeines: Durch seine Lage im Spinalkanal, einem rigiden, engen Raum, kommt es bei Volumenänderungen in diesem Raum leicht zur Kompression des Rückenmarks. Je nach Lokalisation entstehen Bewegungs- und Sensibilitätsstörungen in der Nachhand (Läsion thorakal oder lumbal) oder in allen Gliedmaßen (Läsion im Halsmark). Am Ort der Kompression gibt es häufig eine Hyperästhesie. Die Prüfung der Schmerzempfindung ist prognostisch sehr wichtig. Wenn kaudal der Läsion völlige Analgesie vorliegt, ist die Prognose sehr ungünstig.

Wirbelgelenkstörungen: Als Folge einer *abnormalen Beweglichkeit der Halswirbelsäule* kommt es bei großen Hunderassen (Dobermann, Deutsche Dogge) zur Kompression des Halsmarks und generalisierten Ataxie (s. Kapitel 24.). Die Diagnose kann nur röntgenologisch und evtl. myelographisch gesichert werden. Therapeutisch wird eine sog. „Ventral-slot"-Operation empfohlen (Dekompression von ventral) (CHAMBERS et al. 1982).

Eine spezielle Gelenkstörung ist die *atlanto-axiale Subluxation*, die traumatisch bedingt sein kann, jedoch vor allem als kongenitales Syndrom im Zusammenhang mit Mißbildungen des Epistropheus (fehlender Dens) bei Zwergrassen (Pekinese, Yorkshire-Terrier) bekannt ist. Therapeutisch ist eine Verdrahtung der beiden ersten Halswirbel möglich (s. Kapitel 24.).
Abnormale Beweglichkeit des Lumbosakralgelenks führt zur Kompression der Cauda equina. Sehr heftige Schmerzerscheinungen im Lumbosakralgebiet, vor allem bei Berührung, sowie Sphinkterstörungen (Kot- und Harninkontinenz) sind die häufigsten klinischen Erscheinungen. Die Diagnose kann röntgenologisch gestellt werden. Eine Laminektomie im Lumbosakralbereich führt häufig zur Heilung (OLIVER et al. 1978).

Diskushernien: Zweifellos sind Diskopathien die wichtigsten Spinalerkrankungen beim Hund. Bestimmte Rassen sind prädisponiert, vor allem Dackel (Abb. 23.17.), Cocker-Spaniel, Pekinese und Zwergpudel. In bestimmten Dackelfamilien gibt es eine gewisse Häufigkeit von Diskopathien (BALL et al. 1982). Obwohl degenerative Veränderungen der Zwischenwirbelscheiben schon nach dem ersten Lebensjahr röntgenologisch er-

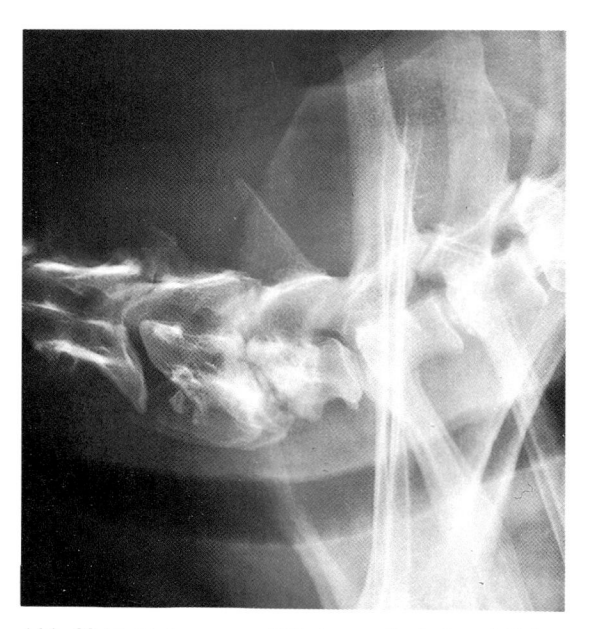

Abb. 23.17. Dobermann, 8jährig: zervikale Instabilität (Wobbler), C5/C6. Fusion der Wirbelkörper C6–C7. Abbildung freundlicherweise zur Verfügung gestellt von Dr. Johann LANG, Klinik für kleine Haustiere, Universität Bern.

faßbar sind, treten die Symptome erst später, meistens im Alter von 3–5 Jahren auf. Der größte Teil der Diskushernien ist in der kaudalen thorakalen und vorderen lumbalen Wirbelsäule lokalisiert. Zervikale Diskopathien, vor allem der unteren Halswirbelsäule, werden häufig bei großen Hunderassen angetroffen (Dobermann, Deutsche Dogge). Die *klinischen Symptome* treten meistens akut oder hyperakut auf und sind durch heftige Schmerzerscheinungen, Paresen und Paralysen gekennzeichnet. In schweren Fällen kommt es zu Tetra- oder Paraplegie mit Sphinkterstörungen und Verlust der Schmerzempfindlichkeit kaudal der Läsion. Die Diagnose stützt sich vor allem auf röntgenologische Untersuchungen der Wirbelsäule, wobei degenerierte Zwischenwirbelscheiben, kollabierte Zwischenwirbelräume und kalzifiziertes Diskusmaterial im Spinalkanal die wichtigsten Befunde sind (s. Kapitel 9. und 24.). Eine Myelographie ist manchmal erforderlich zur genauen Lokalisation der Läsion. Nach HOERLEIN (1978) kommen folgende Behandlungsmethoden in Frage: 1. *konservative Behandlung* (antiphlogistisch, analgetisch) bei milden Fällen mit Schmerz und/oder leichten Gehstörungen; wenn multiple Diskopathien in verschiedenen Abschnitten der Wirbelsäule vorliegen; wenn eine Paralyse schon länger als 48 Stunden besteht; 2. *chirurgische Behandlung* (Hemilaminektomie plus Fenestration) bei schweren Fällen mit Paralyse und Sphinkterstörungen sowie bei milden Fällen, die nicht auf konservative Behandlung ansprechen oder rückfällig sind.

Rückenmarktrauma: Es tritt meistens im Anschluß an Wirbelfrakturen auf. Führt zu Blutung und progressiver Myelomalazie. Die Prognose ist oft ungünstig. *Behandlung:* Dekompression (Laminektomie) und interne Stabilisierung der Wirbelsäule (HOERLEIN 1978).

Raumfordernde Prozesse: beim Hund meistens Tumoren der umhüllenden Gewebe; Knochen (Osteosarkome der Wirbelsäule; Abb. 23.18.), Epiduralgewebe (Lymphosarkome), Meningen (Meningiome), Wurzeln (Schwannome) oder des Rückenmarks selbst (Gliome, mesenchymale Tumoren). Neurologische Erscheinungen sind in der Regel akut und schnell progredient. Die Diagnose kann nur durch Röntgen und Myelographie gesichert werden (LUTTGEN et al. 1980, WRIGHT und CLAYTON-JONES 1981).

23.9.2. Andere Rückenmarkkrankheiten

Myelitis: Entzündliche Erkrankungen des Rückenmarks können im Zusammenhang mit Hundestaupe auftreten, wo neben den üblichen Spinalsymptomen lokale Myoklonien der Gliedmaßen (Tics) häufig zu beobachten sind. Bei der Toxoplasmose kann das Rückenmark auch betroffen sein, jedoch werden spinale Symptome von den muskulären (Myositis) und neuralen (Neuritis) Läsionen überschattet. Auch bei der Tollwut kann es zu spinalen Störungen kommen. Die Untersuchung des Liquor cerebrospinalis ist hier sehr wichtig (entzündliche Veränderungen).

Degeneration: Es gibt eine Reihe von angeborenen, erblichen, degenerativen Veränderungen des Rückenmarks, die mit progressiven Gehstörungen bei Welpen bestimmter Rassen (Af-

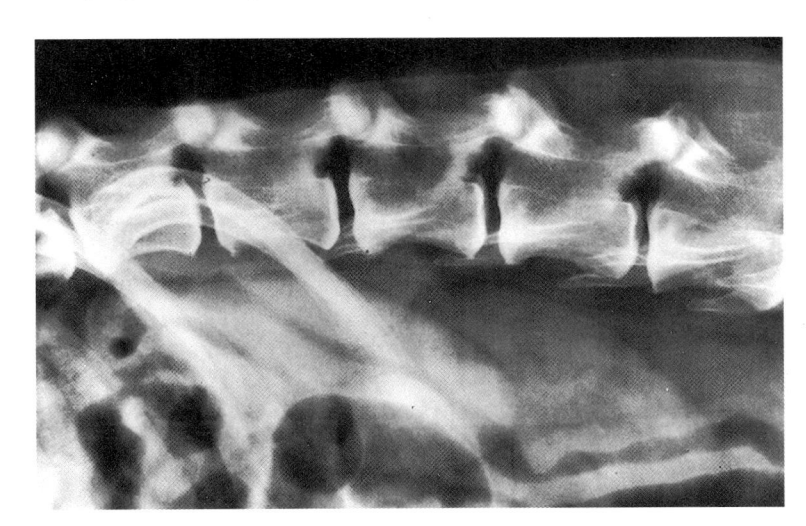

Abb. 23.18. Deutscher Schäferhund, 12jährig. Tumor der Wirbelsäule bei L2/L4. Die Osteolyse ist sehr deutlich bei L2. Abbildung freundlicherweise zur Verfügung gestellt von Dr. Johann LANG, Klinik für kleine Haustiere, Universität Bern.

ghane, Kooiker, Schwedischer Lapplandhund, Foxterrier, Zwergpudel und Britanny Spaniel) einhergehen. Bei großen Hunderassen, vor allem beim Deutschen Schäferhund, gibt es eine schleichend progressive Rückenmarkdegeneration, die letzten Endes zur vollständigen Paralyse der Nachhand führt. Die Krankheit tritt nur bei älteren Tieren auf (von 7 Jahren aufwärts) und ist unheilbar. Die Ursache ist unbekannt.

Blutungen sind selten und können im Anschluß an Gefäßmißbildungen, Arteriitis oder Diskushernien auftreten. Bei letzterer Ursache kommt es zu aszendierender hämorrhagischer Myelomalazie. Massive Rückenmarkblutungen sind prognostisch sehr ungünstig.

Infarkte treten im Zusammenhang mit fibrokartilaginösen Embolien auf, die aus den Zwischenwirbelscheiben stammen und auf noch unbekanntem Weg in die Spinalgefäße gelangen. Klinisch kommt es zu hyperakuten spinalen Symptomen. Die Diagnose stützt sich vor allem auf die hyperakute Natur der Krankheit und den fehlenden Nachweis einer kompressiven Rückenmarkläsion (ZAKI 1981).

23.10. Muskelkrankheiten

Allgemeines: Muskelerkrankungen sind relativ selten beim Hund. Im allgemeinen sind diese Krankheiten durch generalisierte Bewegungsstörungen (Schwäche) charakterisiert, die oft nach Anstrengungen stärker werden. Die veränderten Muskeln sind entweder geschwollen oder atrophisch. Bei der Reflexuntersuchung werden außer abgeschwächten Muskelstreckreflexen meistens keine Abnormitäten festgestellt. Sehr wichtig ist die Blutuntersuchung, wonach meistens die muskeltypischen Enzyme (CPK, Aldolase) erhöht sind. In Zweifelsfällen sind elektromyographische Untersuchungen nötig (AVERILL 1980).

Erbliche Myopathien sind unter anderem bei Labrador Retriever, Irish Setter, Golden Retriever und Chow-Chow beschrieben worden. Klinische Erscheinungen treten schon früh auf.

Entzündliche Myopathien (Myositis) können bei Toxoplasmoseinfektion, besonders bei Welpen auftreten und sind häufig durch rapiden Muskelschwund und gestreckte Haltung mit Versteifung der Gliedmaßen gekennzeichnet. Eine Polymyositis unbekannter Ätiologie ist beim Hund bekannt. Neben Bewegungsstörungen und Muskelschwund kommt es oft zu Schluckbeschwerden, da der Ösophagus in den Prozeß einbezogen ist (Ösophagusdilatation röntgenologisch nachweisbar). Die Krankheit kann mit Corticosteroiden behandelt werden.

Die sog. **eosinophile Myositis der Kaumuskeln** tritt vor allem bei Deutschen Schäferhunden auf. Relativ selten wird die akute Phase mit starker Schwellung der Kaumuskeln und massiver Eosinophilie diagnostiziert. Häufiger werden chronische Fälle vorgestellt mit extremer Atrophie der Kaumuskeln, die manchmal mit Freßschwierigkeiten wegen Unfähigkeit, das Maul zu öffnen, einhergeht. Die Kaumuskeln können unter Anästhesie gedehnt werden, wonach der Unterkiefer für einige Tage gelähmt ist, die Funktion aber wieder aufnimmt.

Myasthenia gravis: Es gibt die erbliche Myasthenie beim Jack-Russell-Terrier, Springer-Spaniel und Foxterrier. Erworbene Myasthenie tritt bei Jungtieren auf, vor allem bei großen Rassen und bei älteren Hunden mit mediastinalen Tumoren. Auffällig ist die rasch fortschreitende Ermüdung mit Muskelschwäche nach Bewegung. Häufig gibt es Schluckbeschwerden (Megaösophagus). Die Symptome verschwinden schnell nach Behandlung mit Cholinesterasehemmern. Diese Mittel können sowohl diagnostisch als auch therapeutisch eingesetzt werden (PALMER 1980).

23.11. Erkrankungen der peripheren Nerven

23.11.1. Polyneuropathien

Polyneuropathien sind beim Hund erst in letzter Zeit erkannt worden. Es gibt erbliche Neuropathien, die sich bei bestimmten Hunderassen (Dackel, Boxer, Deutscher Schäferhund, Deutscher Vorstehhund) schon im jugendlichen Alter manifestieren. Klinisch stehen Bewegungsstörungen vor allem der Gliedmaßen im Vordergrund. Wenn sensorische Nerven befallen sind, gibt es auch Parästhesien, die sich durch Automutilation bemerkbar machen. Eine Diagnose von Polyneuropathien stützt sich auf den Ausschluß einer spinalen Erkrankung und elektrophysiologische Befunde (DUNCAN 1980).

23.11.2. Polyradikuloneuritis

Diese Krankheit wurde ursprünglich in den USA als „Coonhound paralysis" beschrieben, da sie auftrat, nachdem die Hunde von Waschbären gebissen wurden. In Europa kommt die Krankheit auch vor, jedoch ohne Zusammenhang mit Waschbären.

Klinisch wird sie charakterisiert durch eine rasch fortschreitende aufsteigende Parese und Paralyse der Gliedmaßen mit Verlust der Spinalmuskelstreckreflexe, aber Erhaltenbleiben der Sensibilität. Die Hunde erholen sich spontan, aber nur langsam (5–6 Wochen). Rückfälle (chronisch-remittierende Polyradikuloneuritis) sind beschrieben worden (DUNCAN 1980).

23.11.3. Plexus-brachialis-Abriß

Eine relativ häufige neurologische Komplikation nach Autounfällen ist der Abriß des Plexus brachialis. Durch traumatisch bedingte extreme Positionsveränderungen der Schulter werden die Nervenabgänge des Plexus brachialis (C_5–C_8) auf dem Niveau des Halsmarks abgerissen. Das Resultat sind nach Wurzelbefall komplexe Paralysen und Sensibilitätsausfälle im Vorderbein. Nicht selten sind auch die sympathischen Fasern des Plexus mit einbezogen, wodurch es zu Pupillenstörungen kommt (Horner-Syndrom). Die Diagnose stützt sich auf das Feststellen von Ausfällen in verschiedenen Muskeln und Dermatomen und auf das Vorhandensein eines Horner-Syndroms. In Zweifelsfällen können elektrophysiologische Untersuchungen eingesetzt werden.

23.11.4. Lähmungen peripherer Nerven

Wir geben hier noch eine kurze Darstellung der wichtigsten Lähmungen peripherer Nerven nach topographischen Gesichtspunkten, unabhängig von den Ursachen, die vorher beschrieben worden sind.

Sehnerv (eigentlich ein Hirnteil und kein echter peripherer Nerv): Hypo- oder Aplasie, oft zusammen mit Augenmißbildungen. Bei einzelnen Rassen (Collie) häufiger, Entzündung (Neuritis optica) häufig bei Staupeenzephalitis.

Augenmuskelnerven (N. oculomotorius, trochlearis, abducens): Schädigung bei Meningitis, Kopftrauma (Blutung, Basisfraktur) möglich, aber sehr selten. Führt zu Augenmuskellähmungen (Schielen).

Nervus trigeminus: Er innerviert motorisch die Kaumuskeln, sensibel das Gesicht bis ins Gebiet der Kiefergelenke. Geschmacksfasern aus den vorderen zwei Dritteln der Zunge, sekretorische für Nasenschleimhaut, Tränen- und Speicheldrüsen (als streckenweiser Träger vegetativer Fasern: Chorda tympani); Ausfall führt zu Lähmung des Unterkiefers, der herabhängt, mit erschwertem oder verhindertem Kauen. Die Haut im Ausbreitungsgebiet ist unempfindlich. Bei längerer Dauer Atrophie der Mm. masseter und temporalis. Differentialdiagnose: Myositis. Ist der Ramus ophthalmicus mitbetroffen, so ist die Kornea unempfindlich; Folge: neuroparalytische Keratitis.

Unterkieferlähmung tritt gelegentlich nach Herumbeißen auf harten Gegenständen oder übermäßigem Aufsperren des Maules (Apportieren großer Objekte) plötzlich auf. Offenbar können die motorischen Äste zwischen den kontra-

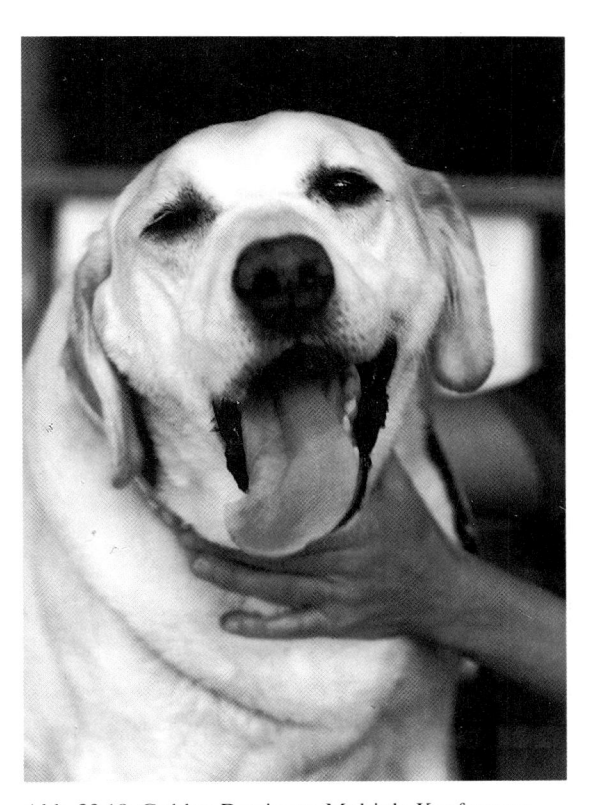

Abb. 23.19. Golden Retriever. Multiple Kopfnervenausfälle auf der rechten Seite mit Atrophie der Kaumuskeln (V), Fazialislähmung (VII), Hemiatrophie der Zunge (XII).

hierten Muskeln und dem Gelenkfortsatz des Schläfenbeins gequetscht werden. Dieser Typ der Lähmung hat eine relativ günstige Prognose.

Bei Tollwut und Staupe können entzündlich-degenerative Veränderungen im Nerven und im Gasserschen Ganglion zu Lähmung führen. Nach Staupe treten gelegentlich Myoklonien der Kiefermuskulatur auf. Kieferkrämpfe sind zentralen Ursprungs.

Nervus facialis: Er innerviert die mimische Gesichtsmuskulatur (Lippen, Nase, Ohrmuskel, M. orbicularis oculi). Bei Lähmung hängt auf der betroffenen Seite vor allem die Oberlippe tiefer, evtl. ist das „Gesicht" etwas schief nach der im Tonus überwiegenden gesunden Seite gezogen, das Ohr hängt (bei Hängeohren nicht zu beurteilen), die aktive Ohrbewegung fehlt, das Oberlid oder die ganze Lidspalte kann schlaff sein. Je nach dem rassebedingten Aspekt des Gesichtes kommen diese Symptome besser oder schlechter zum Ausdruck (Abb. 23.19.). Die nicht häufige Fazialislähmung scheint meist peripheren Ursprungs zu sein (Schädigung durch Otitis oder andere entzündliche Prozesse, Tumoren, Trauma, Unterkühlung). Die Prognose richtet sich nach dem Grundleiden und ist deshalb relativ günstig bis schlecht.

Nervus stato-acusticus. Schädigung des N. acusticus mit länger andauernder Taubheit ist bei Hunden mit Kohlenmonoxidvergiftung beobachtet worden. Im Zusammenhang mit Mittel- oder Innenohrentzündungen kann eine Lähmung des N. vestibularis auftreten, wobei eine Abtrennung von Labyrinthschädigungen kaum möglich ist. Bei einseitiger Affektion stellen sich Schiefhaltung und Verdrehen des Kopfes, Roll- oder Kreisbewegungen und Umfallen nach der geschädigten Seite, evtl. Nystagmus horizontalis ein. Ein ähnliches Bild haben wir vereinzelt bei Neurinomen des 8. Hirnnerven gesehen.

Über Lähmungen der letzten vier Hirnnerven liegen nur wenige gesicherte Beobachtungen vor (*N. recurrens:* Larynxlähmung, *N. hypoglossus:* Zungenlähmung).

Eine familiäre, autosomal dominant vererbte Larynxlähmung, die auf einer Degeneration der Neurone des

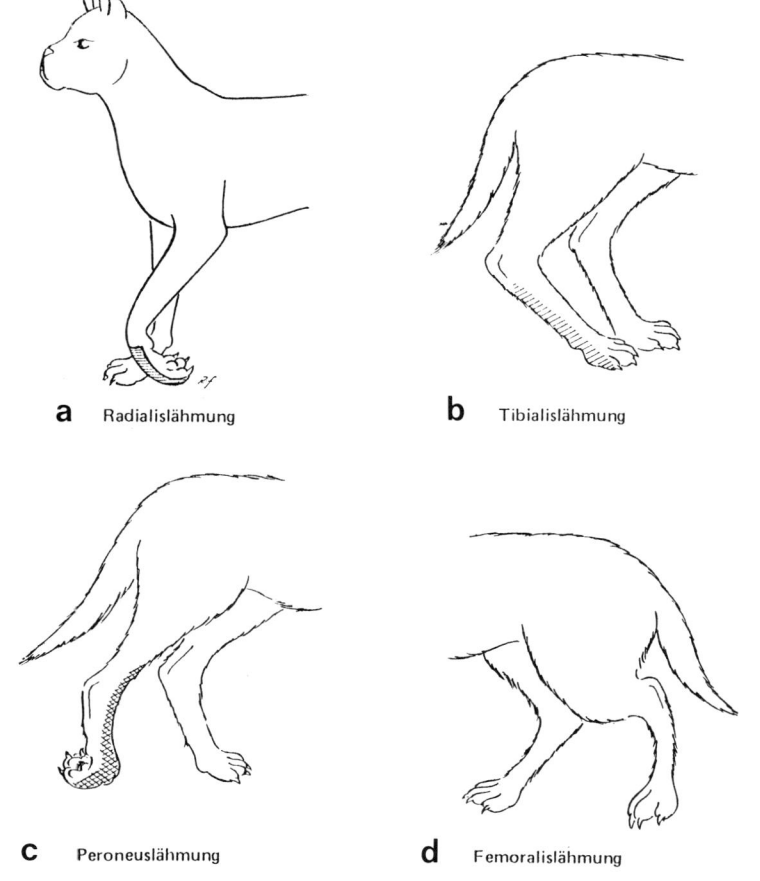

a Radialislähmung

b Tibialislähmung

c Peroneuslähmung

d Femoralislähmung

Abb. 23.20. Typisches Erscheinungsbild der wichtigsten Monoplegien beim Hund (nach VANDEVELDE und FANKHAUSER: Einführung in die veterinärmedizinische Neurologie, Paul Parey, Berlin–Hamburg 1987).

Nucleus ambiguus und des N. recurrens beruht, wurde bei Bouviers in den Niederlanden beschrieben (VENKER-VAN HAAGEN 1980).

An der Vordergliedmaße kommen Lähmungen von Nerven des *Plexus brachialis* vor (Zerrungen, Blutungen, bei Unfällen oder Hängenbleiben einer Gliedmaße beim Hindernisspringen usw.); vgl. auch Plexus-brachialis-Abriß.

Sie sind klinisch schwer zu differenzieren von Lähmungen des *Nervus radialis*. Das typische Bild der Radialislähmung besteht in Tiefstellung des Ellenbogens und Fußen auf dem Fußrücken durch Lähmung der Strecker (Abb. 23.20a.).

An der Hintergliedmaße entsteht ein ähnliches Bild bei der Lähmung des *Nervus peroneus*, mit Tiefstellung von Knie- und Sprunggelenk und Überköten der Pfoten (Abb. 23.20c.). Auch hier gilt die Einschränkung, daß das Bild oft nicht so klar und mit der (totalen oder partiellen!) Lähmung von Muskelgruppen kombiniert ist, die von anderen Nervenstämmen innerviert werden.

Allgemein sollte man die *Prognose* einer peripheren Nervenlähmung zwar reserviert, aber nicht vorschnell ungünstig stellen. Bei nicht permanenter Schädigung kann die Erholung vollständig sein, braucht aber oft viele Wochen bis einige Monate.

Die *Therapie* ist in ihrer Wirkung schwer einzuschätzen, hat aber in allen Fällen den Vorteil des Zeitgewinns. Injektionen von B-Vitaminen oder deren Verabreichung per os, Hefe, Strychnin in steigenden und fallenden Dosen, schonende Massage mit hyperämisierenden Linimenten oder Salben, Diathermie, Wärmepackungen usw. können versucht werden. Schutz der behinderten Gliedmaße vor Verletzungen und Automutilation ist wichtig.

Literatur

• *Lehrbücher und Nachschlagewerke*
BRAUND, K. G. (1986): Clinical Syndromes in Veterinary Neurology. Lea & Febiger, Philadelphia.
CHRISMAN, C, (1991): Problems in Small Animal Neurology. Lea & Febiger, Philadelphia.
DE LAHUNTA, A. (1977): Veterinary Neuroanatomy and Clinical Neurology. W. B. Saunders Co., Philadelphia, London, Toronto.
FANKHAUSER, R., und LUGINBÜHL, H. (1968): Pathologische Anatomie des zentralen und peripheren Nervensystems der Haustiere. Paul Parey, Berlin, Hamburg.
FRAUCHIGER, E., und FANKHAUSER, R. (1949): Die Nervenkrankheiten unserer Hunde. Verlag Hans Huber, Bern.
FRAUCHIGER, E., und FANKHAUSER, R. (1957): Vergleichende Neuropathologie des Menschen und der Tiere. Springer-Verlag, Berlin, Göttingen, Heidelberg.
HOERLEIN, B. F. (1978): Canine Neurology. 3rd ed. W. B. Saunders Co., Philadelphia, London, Toronto.
OLIVER, J. E., and LORENZ, M. D. (1983): Handbook of Veterinary Neurologic Diagnosis. W. B. Saunders, Philadelphia.
OLIVER, J. E., HOERLEIN, B. F., and MAYHEW, I. G. (1987): Veterinary Neurology. W. B. Saunders, Philadelphia.
PALMER, A. C. (1976): Introduction to Animal Neurology. 2nd ed. Blackwell Scientific Publications, Oxford, London, Edinburgh, Melbourne.
VANDEVELDE, M., und FANKHAUSER, R. (1987): Einführung in die veterinärmedizinische Neurologie. Paul Parey, Berlin–Hamburg.
WHEELER, S. J. (Ed.) (1989): Manual of Small Animal Neurology. BSAVA Publications.

• *Einzelarbeiten*
AVERILL, D. R. (1980): Diseases of the muscle. Vet. Clinics North America, Small Anim. Pract. **10** (1), 223–234.
BAESSLER, H. (1961): Die Reflexuntersuchung beim Hund. Arch. exper. Vet. med. **15**, 100–140.
BALL, M. U., MCGUIRE, J. A., SWAIM, S. F., and HOERLEIN, B. F. (1982): Patterns of occurrence of disk disease among registered Dachshunds. JAVMA **180**, 519–522.
BARRETT, R. E. (1980): Canine hepatic encephalopathy. In: R. W. KIRK, ed. Current Veterinary Therapy VII. Small Animal Practice. W. B. Saunders Company, Philadelphia, London, Toronto, pp. 822–829.
BISTNER, S. I. (1978): Neuro-ophthalmology, In: B. F. HOERLEIN, ed. Canine Neurology, 3rd ed. W. B. Saunders Company, Philadelphia, London, Toronto, pp. 647–666.
BRUNNER, F. (1981): Der unverstandene Hund. 3. Aufl. Verlag Neumann-Neudamm, Melsungen.
BUSH, B. M., and FANKHAUSER, R. (1972): Polycythaemia vera in the dog. Small Anim. Pract. **13**, 75–89.
CAPEN, C. C. (1978): Tumors of the endocrine glands. In: J. E. MOULTON, ed. Tumors in Domestic Animals, 2nd ed. University of California Press, pp. 372–385.
CAPEN, C. C., MARTIN, S. L., and KOESTNER, A. (1967): Neoplasms in the adenohypophysis of dogs. Path. vet. **4**, 301–325.
CHAMBERS, J. N., OLIVER, J. E., KORNEGAY, J. N., and MALNATI, G. A. (1982): Ventral decompression for caudal cervical disk herniation in large- and giant-breed dogs. JAVMA **180**, 410–414.
DE LAHUNTA, A. (1980): Comparative cerebellar disease in domestic animals. The Comp. Cont. Ed. **8**, 8–19.

DUNCAN, I.D. (1980): Peripheral nerve disease in the dog and cat. Vet. Clinics North America: Small Anim. Prac. **10** (1), 177–211.

ENGELS, M., FLÜCKIGER, M., KNÜSLI, K., und WYLER, R. (1982): Der Immunstatus gegen Tollwut bei 200 geimpften Hunden aus dem Kanton Zürich. Schweiz. Arch. Tierheilk. **124**, 149–156.

FANKHAUSER, R. (1951): Encephalitis und Hardpad-Symptom beim Hunde. (Eine kritische Übersicht). Schweiz. Arch. Tierheilk. **93**, 715–730 und 796–821.

FANKHAUSER, R. (1963): Polymyositis und Encephalomyelitis granulomatosa toxoplasmica beim Hund. Schweiz. Arch. Tierheilk. **105**, 688–699.

FANKHAUSER, R. (1972): Altersbedingte Veränderungen am Zentralnervensystem bei Hund und Katze. Berl. Münch. tierärztl. Wschr. **85**, 47–50.

FANKHAUSER, R. (1976): Verhaltensstörungen bei organischen Hirnprozessen. Fortschr. Veterinärmed. **25**, 49–52.

FANKHAUSER, R. (1982): Hundestaupe – Geschichte einer Krankheit. Schweiz. Arch. Tierheilk. **124**, 245–256.

FANKHAUSER, R., LUGINBÜHL, H., und HARTLEY, W.J. (1963): Leukodystrophie vom Typus Krabbe beim Hund. Schweiz. Arch. Tierheilk. **105**, 198–201.

FANKHAUSER, R., und VANDEVELDE, M. (1979): Liquoruntersuchung. Kleintier-Praxis **24**, 211–216.

FANKHAUSER, R., und VANDEVELDE, M. (1981): Epilepsie-Klinik und Neuropathologie. Tierärztl. Prax. **9**, 245–256.

FANKHAUSER, R., und VANDEVELDE, M. (1981): Zur Klinik der Tumoren des Nervensystems bei Hund und Katze. Schweiz. Arch. Tierheilk. **123**, 553–571.

FANKHAUSER, R., und WIEDEKING, J.F. (1975): Erbkrankheiten und Zentralnervensystem beim Hund. Tierärztl. Prax. **3**, 75–85.

FISCHER, K. (1965): Einschlußkörperchen bei Hunden mit Staupe-Enzephalitis und anderen Erkrankungen des Zentralnervensystems. Path. vet. **2**, 380–410.

FRAUCHIGER, E. (1953): Seelische Erkrankungen bei Mensch und Tier. 2. Aufl. Verl. H. Huber, Bern und Stuttgart.

FREUDIGER, U. (1951): Gibt es ein nervöses Syndrom der Leptospirose (N.S.d.L.) des Hundes? Schweiz. Arch. Tierheilk. **93**, 779–796.

FREUDIGER, U. (1957): Klinische Beobachtungen zur Hepatitis contagiosa canis. Schweiz. Arch. Tierheilk. **99**, 487–508.

FUNKQUIST, B. (1975): Myelographic localization of spinal cord compression in dogs. Acta vet. scand. **16**, 269–287.

GÖCK, K., SCHLATTER, Ch., und JENNY, E. (1974): Akute Hundevergiftungen. Analyse der im Schweizerischen Toxikologischen Informationszentrum registrierten Fälle. Schweiz. Arch. Tierheilk. **116**, 565–585.

JACQUIER, C. (1980): Guérison de deux chats intoxiqués au méta. Schweiz. Arch. Tierheilk. **120**, 47–50.

JOLLY, R.D., and HARTLEY, W.J. (1977): Storage diseases of domestic animals. Aust. Vet. J. **53**, 1–8.

KALLFELZ, A., DE LAHUNTA, A., and ALLHANDS, R.V. (1978): Scintigraphic diagnosis of brain lesions in the dog and cat. JAVMA **172**, 589–597.

KAMMERMANN-LÜSCHER, B. (1974): Entero-Vioform- und Mexaformvergiftung beim Hund. Tierärztl. Prax. **2**, 59–63.

KAMMERMANN-LÜSCHER, B. (1978): Cumarinvergiftung bei Hund und Katze. Schweiz. Arch. Tierheilkd. **120**, 231–244.

KOPPANG, N. (1970): Neuronal ceroid-lipofuscinosis in English Setters. Juvenile amaurotic familiar idiocy (AFI) in English Setters. J. small Anim. Pract. **10**, 639–644.

LUGINBÜHL, H., FANKHAUSER, R., and McGRATH, J.T. (1968): Spontaneous neoplasms of the nervous system in animals. Progr. neurol. surg. **2**, 85–164.

LUTTGEN, P.J., BRAUND, K.G., BRAWNER, jr. W.R., and VANDEVELDE, M. (1980): A retrospective study of twenty-nine spinal tumours in the dog and cat. J. small Anim. Pract. **21**, 213–226.

MARTINEK, Z., und ARBEITER, E. (1980): Beitrag zur antikonvulsiven Wirkung von Dipropylessigsäure (DPA) bei Hunden. Kleintierpraxis **25**, 275–280.

MAYHEW, I.G., and BEAL, C.R. (1980): Techniques of analysis of cerebrospinal fluid. Vet. Clinics North America, Small Anim. Pract. **10** (1), 155–176.

McGRATH, J.T. (1965): Spinal dysraphism in the dog. With comments on syringomyelia. Path. vet. suppl. **2**, 1–26.

MEIJER, J.C. (1980): An investigation of the pathogenesis of pituitary-dependent hyperadrenocorticism in the dog. Diss. vet. med., Utrecht.

OLIVER, jr. J.E., SELCER, R.R., and SIMPSON, S. (1978): Cauda equina compression from lumbosacral malarticulation and malformation in the dog. JAVMA **173**, 207–214.

PALMER, A.C. (1980): Myasthenia gravis. Vet. Clinics North America, Small Anim. Pract. **10** (1), 213–221.

REDDING, R.W. (1978): Canine electroencephalography. In: B.F. HOERLEIN, ed. Canine Neurology, 3rd ed. W.B. Saunders Company, Philadelphia, London, Toronto, pp. 150–206.

RUTGERS, C., en GRUYS, E. (1979): Erfelijke lysosomale stapelingsziekten. (Hereditary lysosomal storage diseases). Tijdschr. Diergeneesk. **104**, 865–876.

SCHMID, M. (1980): Die Tollwut bei Haustieren in der Schweiz 1967–1976. Diss. Vet.-med. Fakultät, Zürich.

SCHWARTZ-PORSCHE, D., TRAUTVETTER, E., und GÖBEL, W. (1981): Erfahrungen mit einer blutspiegelkontrollierten Epilepsietherapie beim Hund. Kleintierpraxis **26**, 197–264.

VANDEVELDE, M., FATZER, R., und FANKHAUSER, R. (1974): Chronisch-progressive Formen der Staupe-Enzephalitis des Hundes. Schweiz. Arch. Tierheilk. **116**, 391–404.

Vandevelde, M., und Meier, C. (1980): Multiple sclerosis and canine distemper encephalitis. An epidemiological approach. J. Neurol. Sci. **47**, 255–260.

Venker-van Haagen, A.J. (1980): Investigations on the pathogenesis of hereditary laryngeal paralysis in the bouvier. Diss. vet. med., Utrecht.

Wouda, W., Vandevelde, M., and Kihm, U. (1981): Internal hydrocephalus of suspected infectious origin in young dogs. Zbl. Vet.-Med. A **28**, 481–493.

Wright, J.A., Bell, D.A., and Clayton-Jones, D.G. (1979): The clinical and radiological features associated with spinal tumours in thirty dogs. J. small Anim. Pract. **20**, 461–472.

Wright, J.A., and Clayton-Jones, D.G. (1981): Metrizamide myelography in sixty-eight dogs. J. small Anim. Pract. **22**, 415–435.

Zaki, F.A. (1981): Necrotizing myelopathy in the dog. In: M.J.Bojrab, ed. Pathophysiology in Small Animal Surgery. Lea & Febiger, Philadelphia, pp. 764–773.

24. Stütz- und Bewegungsapparat

(E. SCHIMKE, E.-G. GRÜNBAUM und S. PAATSAMA)

24.1. Knochensystemerkrankungen

(E.-G. GRÜNBAUM und S. PAATSAMA)

Knochensystem- oder Skeletterkrankungen kommen in allen Altersstufen des Hundes, vorwiegend jedoch beim wachsenden Junghund, vor. Bei unterschiedlicher Ätiologie, Pathogenese und Morphologie ist ihre klinische Symptomatologie einander ähnlich und durch vorherrschende Bewegungsstörungen gekennzeichnet.

Das Skelett ist nach DÄMMRICH (1976) Stütz- und Stoffwechselorgan. Der **Stützfunktion** entspricht die hierarchische und durch Einlagerung von Calcium und Phosphor Festigkeit bietende Struktur der Knochen. Die **Stoffwechselfunktion** beruht auf der Speicherung und Wiedergabe von Calcium und Phosphor zur Aufrechterhaltung eines konstanten Blutcalciumspiegels (Calciumhomöostase). Die daraus resultierenden Zusammenhänge zwischen dem Knochenwachstum, der Calcium- und Phosphoraufnahme mit der Nahrung, ihrer Einlagerung in die Knochen und ihrem teilweisen Wiederabbau sind für das Verständnis der Knochensystemerkrankungen von Bedeutung; sie werden in der Abb. 24.1. verdeutlicht.

Nach DÄMMRICH (1976) und MARKEL et al. (1991) werden Calcium und Phosphor während des Wachstums und des weiteren Lebens im Verlauf eines ständigen

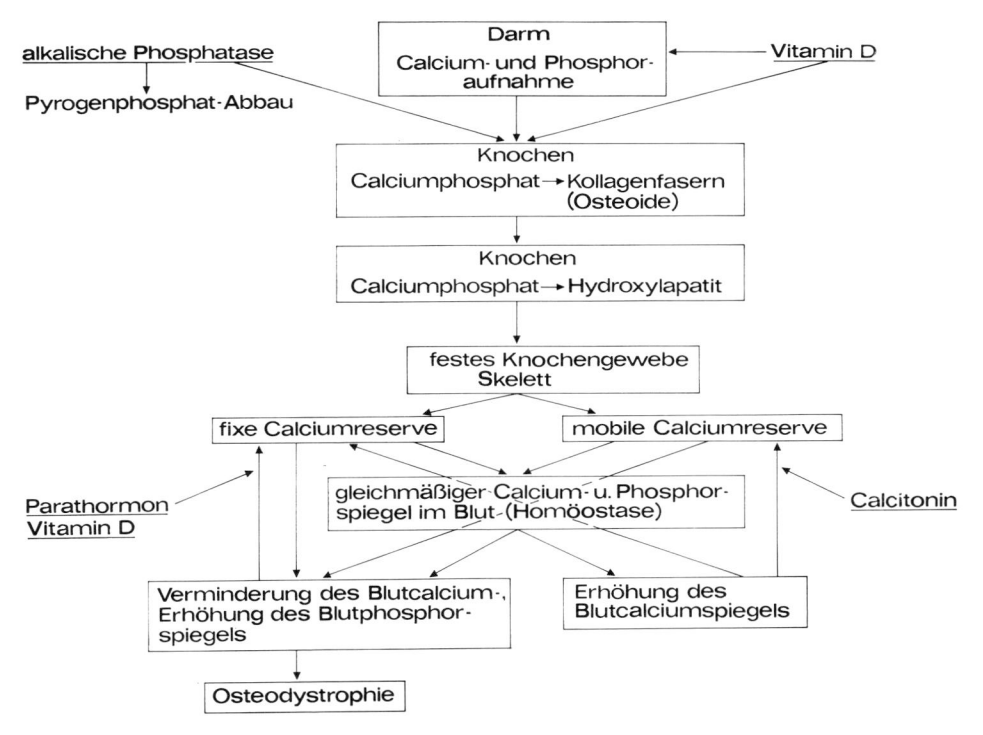

Abb. 24.1. Zusammenhänge zwischen der Calcium- und Phosphoraufnahme, der Einlagerung in die Knochen und der Aufrechterhaltung einer konstanten Calcium- und Phosphorkonzentration im Blut (GRÜNBAUM, Gießen).

Auf- und Abbaues von Knochengewebe *(Turnover)* als Calciumphosphat in dafür vorbereitete Kollagenfibrillen *(Osteoide)* eingelagert. Sie bilden die *Matrix* des Knochengewebes und entstehen dadurch, daß Osteoblasten eine kollagene Grundsubstanz in den Appositionssäumen abscheiden, die durch Glykoproteide (Proteoglykane) miteinander verkittet sind. Bei der Verkalkung wirken die Glykoproteide als Ionenaustauscher, nach deren Sättigung mit Calcium- und Phosphorionen Calciumphosphat ausgefällt wird. Die Calcium- und Phosphorionen müssen zuvor im Darm unter Einflußnahme des Vitamin D resorbiert und der Inhibitor der Verkalkung, das Pyrogenphosphat, durch die aus den Osteoblasten stammende alkalische Phosphatase abgebaut werden. Aus dem Calciumphosphat in den Osteoiden entsteht durch Bildung von Hydroxylapatitkristallen und ihre allmähliche Ausreifung mineralisiertes und somit festes Knochengewebe. Das darin enthaltene Calcium ist die **fixe Calciumreserve** des Organismus, aus der Calciumionen nur durch zellulären Abbau langfristig freigesetzt werden können.

Calcium wird aber auch nach Abschluß der Knochenmineralisierung weiterhin – und zwar oberflächlich – an die Hydroxylapatitkristallgitter angelagert. Da mit fortschreitender Knochengewebsbildung Osteoblasten als Osteozyten in das Knochengewebe eingeschlossen werden, die in Lakunen liegen und durch Zytoplasmafortsätze in Canaliculi untereinander verbunden sind, besteht Anschluß an die Knochengewebsoberfläche und damit die Möglichkeit eines Austausches zwischen Knochengewebe und extraossärem Raum über stoffwechselaktive Grenzscheiben der Lakunen und Canaliculi. Die oberflächlich absorbierten Calciumionen und diejenigen der Appositionssäume sind somit leicht abrufbar und bilden die **mobile Calciumreserve** des Organismus.

Zur Aufrechterhaltung der Calciumhomöostase besteht eine enge Wechselbeziehung zwischen Serumcalcium- und Serumphosphorkonzentration, die DÄMMRICH (1976) mit der Gleichung „Calcium (Ca^{++}) × Phosphor (HPO_4) = konstant" kennzeichnet. Daraus resultiert, daß Veränderungen sowohl des Blutcalcium- als auch des Blutphosphorspiegels gleichermaßen die Calciumreserven des Skeletts beanspruchen, wobei die zwei antagonistisch wirkenden Hormone, das *Parathormon* und das *Calcitonin*, als Regulatoren auftreten (s. auch Kapitel 25.).

Bei **Hypokalzämie** fördert das Parathormon nach Erschöpfung der mobilen Calciumreserve den zellulären Calciumabbau durch Osteoblasten aus dem Knochengewebe (Abbau der fixen Calciumreserve), wobei Vitamin D in Form des 25-Hydroxycholecalciferols mitwirkt. Gleichzeitig wird die renale Phosphorausscheidung durch Hemmung der tubulären Rückresorption und Steigerung der Sekretion im distalen Tubulusbereich erhöht.

Bei **Hyperkalzämie** wird die Parathormoninkretion gebremst und Calcitonin verstärkt ausgeschüttet. Das bewirkt eine Hemmung des osteoklastischen Knochenabbaues und eine Vermehrung der Osteoblasten mit verstärkter Calciumeinlagerung in die Knochen.

Parathormon und Calcitonin gewährleisten die Calciumhomöostase durch Einbeziehung der Calciumreserven des Skeletts. **Vitamin D** wirkt dabei mit, beeinflußt aber besonders den Aufbau der Calciumdepots. Es wird entweder aus tierischen Produkten (z. B. Leber) als Cholecalciferol (Vitamin D_3) im Dünndarm resorbiert bzw. aus der Vorstufe 7-Dehydrocholesterol (Provitamin D) durch UV-Bestrahlung in der Haut gebildet (nicht beim Hund; HAZEWINKEL et al. 1987) oder aus pflanzlichen Stoffen (z. B. Hefen) als Ergosterol bzw. nach UV-Bestrahlung als Ergocalciferol (Vitamin D_2) aufgenommen. In der Leber zu 25-Hydroxycholecalciferol oder 25-Hydroxyergocalciferol metabolisiert, fördert es die Mineralisation des Knochengewebes. In der Niere zu 1,25-Dihydrocholecalciferol umgewandelt, unterstützt es über die Bildung von Trägerproteinen die Calciumresorption im Dünndarm. Vitamin D erhöht den Serumcalcium- und Serumphosphorspiegel und hemmt die renale Calcium- und Phosphorausscheidung.

Infolge des ständigen Auf- und Abbaues von Knochengewebe (Turnover) treten für Junghunde typische Knochensystemerkrankungen auch bei erwachsenen Tieren auf, so daß deren Einteilung in Erkrankungen des wachsenden und des adulten Skeletts zwar möglich, aber nicht günstig wäre. Nach DÄMMRICH (1980) sind zu unterscheiden:

– Störungen der Matrixbildung,
– Störungen des Mineralstoffwechsels,
– Störungen des Knochenwachstums,
– sonstige Knochen- und Gelenkerkrankungen.

24.1.1. Störungen der Matrixbildung

Die von den Osteoblasten gebildeten Osteoide sind die **Matrix** des Knochengewebes. Ihre Verminderung führt zur Skeletterkrankung, die als **Osteoporose** bezeichnet wird. Es gibt:

– die angeborene Osteoporose,
– die erworbene Osteoporose.

Angeborene Osteoporose. Als **Osteogenesis imperfecta** ist sie durch eine quantitativ und qualitativ fehlerhafte Matrix gekennzeichnet. Sie ist eine Erkrankung jugendlicher Hunde und kommt bei Bevorzugung bestimmter Hunderassen, z. B. Bedlington-Terrier, Pudel, Collie, Sheltie, relativ selten vor. Grundlage dieser Knochensystemerkrankungen ist eine verminderte Matrixbildung infolge Osteoblasteninsuffizienz, woraus mangelhafte Knochenstabilität resultiert.

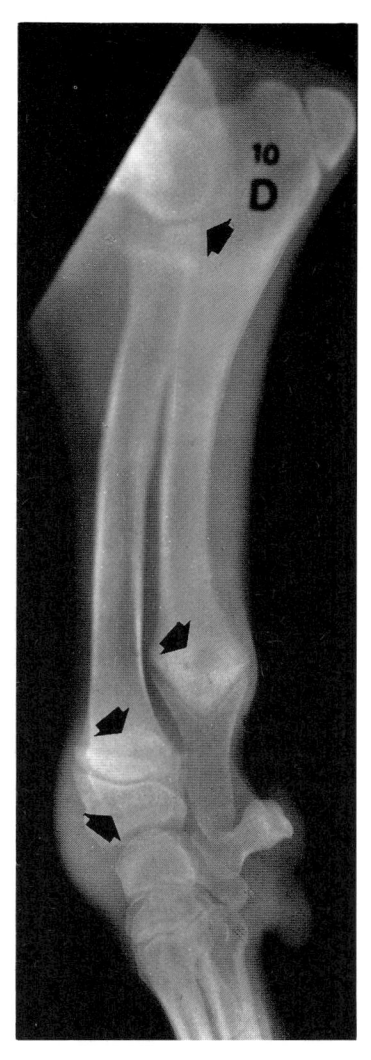

Abb. 24.2. Osteoporose (Osteogenesis imperfecta). Röntgenaufnahme von Radius und Ulna eines 10 Wochen alten Deutschen Schäferhundes. Teilweise hauchdünne Kortikalis, strukturlose Spongiosa, teilweise abgeheilte Mikrofrakturen und Fissuren (Pfeile) sowie Verbiegungen der Röhrenknochen. (PAATSAMA, Helsinki).

Das *klinische Bild* zeigt bewegungsunlustige Welpen, die zunächst nur die Hinter- oder Vorderextremitäten schonen und erst nach Erreichen des Lebensalters von ca. 4 Wochen in ihrer Entwicklung deutlich zurückbleiben. Geringste Traumen führen zu Frakturen mit schlechter Heilungstendenz. *Röntgenologisch* werden eine hauchdünne Kortikalis der Röhrenknochen, strukturlose Spongiosa und zu geringe Verkalkung der Knochen sichtbar (Abb. 24.2.).

Die *Therapie* besteht in allgemeiner Ruhe, der Applikation von anabolen Steroiden oder von einer Androgen-Östrogen-Kombination (z. B. Methyltestosteron + Ethinylestradiol) und normgerechter Eiweiß-, Fett-, Vitamin- und Mineralstoffversorgung. Nach Abschluß des Knochenwachstums kann Selbstheilung eintreten. Wegen der erblichen Disposition sollten genesene Tiere nicht zur Zucht verwendet werden (SCHLAAFF 1973, DÄMMRICH 1980, PETERS et al. 1981, DIETZ et al. 1982, KÖNIG 1991).

Erworbene Osteoporose. Sie kommt bei jungen und bei erwachsenen Tieren vor.

Als *juvenile Osteoporose* beruht sie auf einer quantitativ verminderten Matrixbildung infolge Osteoblasteninsuffizienz, so daß alle Strukturen der Knochen zu gering ausgebildet sind. Da die das Knochenwachstum begleitenden Abbauvorgänge des Turnovers weitergehen, wird das Knochengewebsdefizit fortdauernd verstärkt.

Das *klinische Bild* ist bei Welpen ab 2. bis 3. Lebensmonat zu beobachten und durch Bewegungsunlust, wechselnde Lahmheiten, Verbiegungen der Röhrenknochen, Verkrümmungen der Wirbelsäule und auffallende Frakturneigung gekennzeichnet. *Röntgenologisch* imponieren an den Knochen eischalendünne Kortikalis, mangelhafte Verkalkung, wenig ausgeprägte Muskel- und Bandansätze und abgeflachte Epiphysen mit schmalen, aber geradlinig zur Metaphyse abgesetzten Epiphysenfugenscheiben und normalem Epiphysenkern (enchondrale Ossifikation verläuft normal). Infolge der verminderten Knochengewebsbildung und mangelhaften Festigkeit kommt es zu kaudomedial gerichteten Röhrenknochenverbiegungen (s. Abb. 24.2.), metaphysären *Fissuren* und Grünholzfrakturen mit mangelhafter Kallusbildung (besonders im Schaftbereich der Röhrenknochen). Die Wirbelsäule kann dorsoventral ein- oder mehrgipflig verkrümmt und der Brustkorb tonnenförmig deformiert sein; Keilwirbelbildung und Wirbelkörperfrakturen treten auf. Unter dem Druck der beiden Femurköpfe wird das Becken nach innen eingeengt. Die hauchdünnen Schädelknochen sind manuell leicht eindrückbar. *Labordiagnostisch* ermittelten FICHTNER und SEFFNER (1980) beim Rind eine bis zu 25 % herabgesetzte Aktivität der alkalischen Serumphosphatase und werteten dies als einen wichtigen Hinweis für eine verminderte Osteoblastenaktivität und damit Matrixbildung.

Spätformen der juvenilen Osteoporose wurden noch nach Abschluß des Knochenwachstums beobachtet. Die Skelettveränderungen entsprechen denen jüngerer Tiere, nur die Epiphysenfugen zeigen als Folge des Mangels an Spongiosabälkchen und daraus resultierender ungleichmäßiger Druckbelastung die Metaphysen ausfüllende Knorpelzapfen.

Die *Ätiologie* der erworbenen juvenilen Osteoporose ist nicht vollständig geklärt. Mineralstoffwechselstörungen scheiden als Ursache aus. Dagegen weisen experimentelle Arbeiten auf den Komplex der Verdauungs- und Resorptionsstörungen (Maldigestion und -absorption) infolge hochgradigen Endoparasitenbefalls oder chronisch-atrophierender Enteritiden hin. Auch Haltungs-, Fütterungs- und Aufzuchtfehler werden diskutiert. Calcium- und Proteinmangel sollen bei gleichzeitigem Vitamin-D-Überschuß und ungünstigem Ca:P-Verhältnis Osteoporose auslösen können, wobei nach neuesten Untersuchungen das Hauptgewicht auf einem qualitativen oder quantitativen Eiweißmangel infolge von Fütterungsfehlern oder Resorptionsstörungen liegt (DÄMMRICH 1980, SCHILDBERG-STÖCKEL und MUNDT 1982, DÄMMRICH und SCHULZE-SCHLEITHOFF 1982).

Tritt die Osteoporose als Folgeerscheinung von Allgemeinerkrankungen auf, die mit Störungen des Eiweißstoffwechsels einhergehen, wird sie als **„symptomatische Osteoporose"** bezeichnet. Sie wird auch in Verbindung mit Rachitis, Osteomalazie oder Osteodystrophie beschrieben (SEFFNER und SCHMIDT 1982).

Die *Therapie* muß in erster Linie eine wachstumsgerechte Ernährung mit normgerechter Eiweiß-, Mineralstoff- und Vitaminversorgung erreichen und die beschriebenen Ursachen der Resorptionsstörungen beheben (Spulwurm- und Bandwurmkuren, Enteritisbehandlung). Zusätzlich können Anabolika, Aminosäuren, Calcium, Phosphor und Vitamin D appliziert werden (s. Therapie der Rachitis).

Eine besondere Form der erworbenen juvenilen Osteoporose ist der **Morbus Möller-Barlow**, im englischen Sprachraum als *Hypertrophic Osteodystrophy* bezeichnet. Diese Erkrankung beruht auf einer durch Osteoblasteninsuffizienz quantitativ verminderten Matrixbildung mit zusätzlicher Kollagensynthesestörung, was beim Menschen die Folge eines Ascorbinsäuremangels sein soll, wobei Prolin nicht zu Oxyprolin hydroxyliert wird (Hydroxyprolin = spezifischer Baustein des Kollagens). Die verminderte Festigkeit der Kollagenfibrillen betrifft nicht nur die

Abb. 24.3. Morbus Möller-Barlow (Hypertrophic Osteodystrophy). Harte, druckempfindliche Auftreibungen an den distalen bis proximalen Radius- und Ulnametaphysen bei einer 8 Monate alten Deutschen Dogge. (PAATSAMA, Helsinki).

Knochengewebsmatrix, sondern ist eine allgemeine Bindegewebserkrankung. Als Folge der systemischen Bindegewebserkrankung kommt es aus brüchigen Blutgefäßen zu charakteristischen Blutungen in Skelett, Muskulatur und Schleimhäuten, weshalb die Erkrankung in der Humanmedizin auch als „Skorbut des Kindes" bezeichnet wird.

Die *klinischen Erscheinungen* entsprechen denen der juvenilen Osteoporose mit zusätzlich zu beobachtenden Blutungen und schubweisen Erhöhungen der Körperinnentemperatur bis über 40,0 °C. Im Alter von *ca. 3–6 Monaten* zeigen die Junghunde schwere Bewegungsstörungen, allgemeine Apathie sowie höhertemperierte, harte und druckempfindliche Auftreibungen an den distalen Metaphysen der Röhrenknochen, insbesondere von Radius, Ulna, Femur und Tibia sowie an den proximalen Metaphysen der Tibia. Seltener und schwächer sind diese Erscheinungen an den proximalen Enden des Humerus, des Radius und der Ulna (Abb. 24.3.). Blutungen im Zahn-

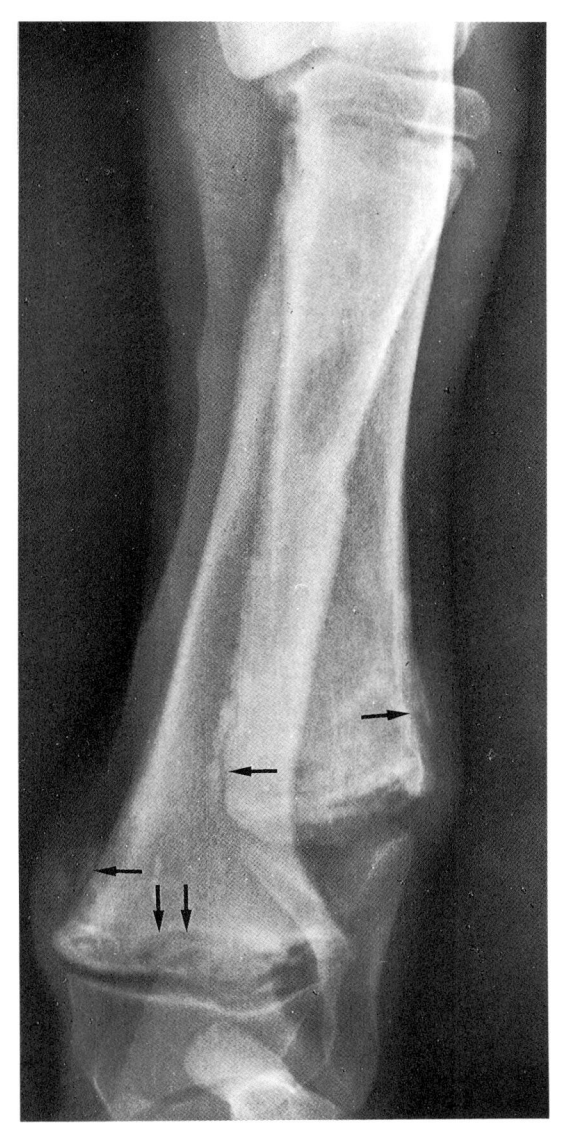

Abb. 24.4. Morbus Möller-Barlow (Hypertrophic Osteodystrophy). Röntgenaufnahme von Radius und Ulna mit Auftreibungen im distalen Diaphysen- und Metaphysenbereich bei verbreiterter, unregelmäßiger Epiphysenfuge (Vakuolen im Metaphysenbereich; s. schwarzer Doppelpfeil). Kalkdichte, osteophytäre epi- und subperiostale Einlagerungen im distalen Diaphysenbereich mit Mikrofissuren und Aufhellungsstreifen (s. Pfeile). (PAATSAMA, Helsinki).

fleisch, aus der Nase, an den Augen und im Darm (blutiger Vomitus und Kot), verbunden mit zunehmender Anämie, können beobachtet werden. Leukozytose mit Linksverschiebung, beschleunigte Blutsenkungsreaktion und Eosinophilie werden beschrieben.

Eigene *labordiagnostische Untersuchungen* (SCHIMKE et al. 1967) ließen deutlich von der Norm abweichende Eosinophilen-Zahlen und Serummagnesiumkonzentrationen in einzelnen Abschnitten des Krankheitsverlaufs erkennen. Hinweise für Nebennierenfunktionsstörungen wurden nicht ermittelt.

Röntgenologisch sind kolbenartige Auftreibungen im distalen und z. T. auch im proximalen Diaphysen- und Metaphysenbereich von Radius, Ulna und Tibia zu erkennen. Schattenbilder als Ausdruck von Trümmerfeldzonen im distalen Diaphysen- und im Epiphysenfugenbereich und Weichteilschwellungen sind auffallend. Die Epiphysenfugenscheiben sind verbreitert, die Knochenstrukturen im distalen Metaphysen- und Epiphysenbereich aufgehellt (Aufhellungsstreifen) und evtl. mit Fissuren versehen. Mit fortschreitendem Krankheitsverlauf kommt es zu kalkdichten osteophytären Einlagerungen in und unter das Periost an den distalen und proximalen Dia- und Epiphysen im Bereich der Trümmerfeldzonen und der subperiostalen Hämatome. Mit Einsetzen der Heilung gehen die Knochenauftreibungen und periostalen Verkalkungen langsam zurück (Remodellierung; Abb. 24.4.).

Ätiologisch kommen neben den schon beschriebenen Osteoporoseursachen eine Störung in der endogenen Ascorbinsäuresynthese oder deren Utilisation und ein gesteigerter Ascorbinsäureverbrauch in Frage. Untersuchungen von HEDHAMMAR et al. (1974) und TEARE et al. (1979) scheinen jedoch alle ätiologischen Verbindungen zum Vitamin-C-Mangel zu widerlegen. Es gelang nicht, durch experimentellen Ascorbinsäuremangel die Erkrankung auszulösen. So wird eine ätiologische Verbindung von schnellem Wachstum und fehlerhafter Ernährung mit einem Überangebot von Phosphor und Vitamin D angenommen. Infolge zu schneller Knochenresorption und zu langsamer Knochenneubildung an den Metaphysen kommt es zur Knocheninstabilität, die mit zunehmender Belastung zur hypertrophischen Kallusbildung von Periost und Endost führt und auch die subperiostalen Blutungen verursacht. Somit wären die Möller-Barlowsche Krankheit und die Osteodystrophia fibrosa generalisata gleiche Erkrankungen mit unterschiedlichen Symptomen.

Die Therapie kann aus der ebenso empfohlenen wie abgelehnten Vitamin-C-Therapie (Ascorbinsäure) bestehen, die in ihrem Erfolg davon abhängig zu sein scheint, auf welcher Stufe der Vitamin-C-Metabolismus gestört ist und welche zusätzlichen Vitamin C verbrauchenden Krankheiten bzw. Streßfaktoren vorliegen (GRUNDSCHOBER et al. 1982). Da der Mangel nach HEDHAMMAR et al. (1974) und TEARE et al. (1979) keinesfalls ursächlicher Natur ist, sind insbesondere auch Analgetika, Anabolika, ein Ausgleich der Vitamin- und Mineralstoffbilanz, Bewegungseinschränkungen sowie eine Androgen-Östrogen-Kombinationstherapie (s. Osteogenesis imperfecta) anzuraten (SCHIMKE et al. 1967, TEARE et al. 1979, DÄMMRICH 1980, GRUNDSCHOBER et al. 1982, PAATSAMA 1982).

Die **Altersosteoporose** ist entweder eine abgeheilte juvenile Osteoporose oder eine im Erwachsenenalter erworbene. Sie kommt selten vor und ist klinisch relativ symptomlos. Sie entspricht einer Atrophie des Knochengewebes als Folge des Nachlassens bzw. Ausbleibens von Knochenanbauvorgängen im Rahmen des Turnovers. Als Ursachen werden altersbedingte Bewegungsinaktivitäten, ein allmählicher Ausfall der anabol wirkenden Sexualhormone oder eine Heparin-Langzeittherapie (beim Menschen) genannt (SCHMIDT et al. 1974, DÄMMRICH 1980, HESCH 1992).

Differentialdiagnostisch sind bei allen Osteoporoseformen diejenigen Erkrankungen zu berücksichtigen, die das gesamte Knochensystem befallen.

Therapeutisch hat sich bei der Altersosteoporose in der Humanmedizin eine kombinierte Natriumfluorid-Anabolika-Behandlung (40,0–80,0 mg NaF pro Mensch und Tag über 2,5–5,0 Jahre + 25,0 mg Anabolikum alle 3 Wochen) bewährt (SCHMIDT et al. 1975, SEIDEL et al. 1976, HEIDELMANN 1979). Kleintierspezifische Untersuchungen liegen hierzu nicht vor.

FICHTNER und SEFFNER (1980) berichteten von guten therapeutischen Ergebnissen beim Rind mit Vitamin D, das die Synthese der organischen Knochengewebsmatrix bzw. des Hydroxyprolins steigert, noch bevor eine enterale Calciumresorptionserhöhung wirksam wird.

24.1.2. Störungen des Mineralstoffwechsels

Mineralstoffwechselstörungen treten als Knochensystemerkrankungen nach DÄMMRICH (1976, 1980) entsprechend den Regulativen der Einlagerung und der Wiederabgabe von Calciumphosphat in Form von
– Mineralisierungsstörungen und
– zellulärem Knochengewebsabbau
auf.

24.1.2.1. Mineralisierungsstörungen

Zu den Störungen des bei der Mineralisierung neugebildeten Knochengewebes zählen
– die Rachitis (beim wachsenden Hund),
– die Osteomalazie (beim adulten Hund).

Beide Erkrankungen sind pathogenetisch identisch und dadurch charakterisiert, daß neugebildetes Knochengewebe bei Jungtieren während des umfangsvermehrenden Wachstums und bei erwachsenen Hunden während des Turnovers nicht mineralisiert wird.

Die *Ätiologie* dieser Mineralisationsstörungen beruht auf einem **Mangel** an **Vitamin D, Phosphor** oder **Calcium**. Als *exogene Ursachen* kommen dafür eine alimentäre Vitamin-D-, Phosphor- oder Calcium-Unterversorgung in Frage. Ein Mangel an UV-Bestrahlung scheidet nach HAZEWINKEL et al. (1987) ätiologisch aus, weil Hunden das Provitamin D in der Haut fehlt. *Endogene Ursachen* könnten Resorptions- (Darm) bzw. Ausscheidungsstörungen (Nieren) oder vitamin-D-resistente Mineralisierungsstörungen sein. Da Vitamin D und Phosphor bei der konventionellen Ernährung des Hundes (phosphorreiche Fleischfütterung) und der Neigung der Tierhalter zur medikamentösen Übersubstitution (Vitamine) eher zu viel als zu wenig angeboten werden und Fertigfuttermittel in der Regel über entsprechende Sicherheitszusätze verfügen, sind die hypovitaminotischen bzw. -phosphatämischen Formen der Rachitis und Osteomalazie heute sehr selten. Auch die hypokalzämische Form dieser Erkrankungen tritt kaum noch auf, da der zumeist durch übermäßige Fleischfütterung ausgelöste alimentäre Calciummangel bei gleichzeitigem Phosphorüberschuß eher zur Osteodystrophie als zur Rachitis bzw. Osteomalazie führt. Trotzdem sind beide Erkrankungen insofern relevant, als die unterschiedlichen Kenntnisse der Tierhalter schwerste Fütterungs- und Aufzuchtfehler nicht generell ausschließen.

Die **Rachitis** ist eine Erkrankung von Junghunden im Alter von 3–6 Monaten. *Klinisch* tritt sie in Form rachitischer Schübe insbesondere bei großwüchsigen Hunderassen auf, wobei Verdickungen der schneller wachsenden distalen Metaphysen von Radius, Ulna und Tibia mit Schmerzen bei der Bewegung, Verbiegungen und Verkürzungen der Röhrenknochen, Stellungsanomalien, Senkrücken und Auftreibungen der Knochen-Knorpel-Grenze an den Rippen (rachitischer Rosenkranz) auffallen.

Pathogenetisch sind die Verdickungen der distalen Metaphysen an den Röhrenknochen dadurch zu erklären, daß die Metaphysen infolge ausbleibender Mineralisierung den Umfang bzw. Durchmesser der Epiphysenfugenplatte beibehalten. Außerdem kommt es zur Verbreiterung der Epiphysenfugen, weil die präparatorische Knorpelverkalkung an den Epiphysenfugenscheiben defekt ist, so daß die Epiphysenfugen nicht regelrecht eröffnet werden können und sich durch zapfenförmiges Weiterwachsen von Knorpelzellsäulen in die Metaphysen hinein ausdehnen. Durch einzelne, unregelmäßig in die Epiphysenfugen eindringende Marksprossen werden ganze Knorpelabschnitte abgetrennt, die zusammen mit osteoiden Spongiosabälkchen und Fasermark das Gewirr der metaphysären, rachitischen Eröffnungszone bilden. Da mit der verstärkten Knochengewebsbildung auch eine umfangsvermehrende periostale Lamellenbildung verbunden ist, deren neugebildete Lamellen ebenfalls nicht mineralisieren, erscheint die Kortikalis der Röhrenknochen verhältnismäßig dick.

Die Knochen können dem Belastungsdruck nicht standhalten und geben im Epiphysen- und Metaphysenbereich (Auftreibungen) ebenso wie in den Diaphysen (Verbiegungen) mit Wachstumsverzögerungen nach (DÄMMRICH 1976, 1980).

Röntgenologisch sind die verbreiterten Epiphysenfugen und Metaphysen mit Trümmerfeldzonen an den Randgebieten, Knochendeformierungen und mangelhaften Verkalkungen nachzuweisen. Letzteres betrifft besonders auch die stark beanspruchten Sehnen- und Bandansätze, in deren Bereich sich streifen- oder bandförmige Aufhellungszonen (Loosersche Umbauzonen) nachweisen lassen.

Labordiagnostisch ist eine Erhöhung der alkalischen Serumphosphatase bei normalen Blutcalcium- und verminderten -phosphorwerten zu ermitteln.

Die *Therapie* besteht aus einer Abstellung der Ursachen, d. h. aus einer therapeutischen Vitamin- und Mineralstoffversorgung, die den Wachstumsbedarf des Hundes um das Doppelte übersteigen sollte. Auf der Grundlage der Tabelle 5.5. ist von einem therapeutischen Bruttobedarf pro 1,0 kg KM und Tag von 40,0 IE Vitamin D, ca. 1000,0 mg Calcium und 800,0 mg Phosphor auszugehen. Dieser Bedarf ist möglichst oral über das tägliche Futter abzusichern. Es sollte, auf den Bruttobedarfszahlen von MEYER (1980) basierend, zwischen 14,0 und 20,0 g Calcium und 10,0 bis 15,0 g Phosphor pro 1,0 kg Trockensubstanz enthalten.

Abb. 24.5. Osteodystrophia fibrosa generalisata. Deutsche Dogge, 4 Monate. Deutliche Verbiegungen von Radius und Ulna mit lateraler Abwinkelung (Carpus valgus). Auftreibungen im Bereich der distalen Metaphysen. (PAATSAMA, Helsinki).

Vitamin-D- und Calcium-Injektionen können die Therapie unterstützen.

Die **Osteomalazie** ist bei gleicher Ätiologie eine Mineralisierungsstörung des Knochengewebes erwachsener Tiere. Sie entsteht nicht durch Entkalkung, sondern im Rahmen des inneren Skelettumbaues *(Turnover)* dadurch, daß neu gebildetes Knochengewebe nicht mineralisiert wird, was zum allmählichen Austausch fester Knochensubstanz durch osteoides Knochengewebe führt. Dabei ist die Neubildung von Knochengewebe noch vermindert. Durch Erweiterung der Bindegewebsräume im Knochen entwickeln sich röntgenologisch nachweisbare, bandförmige Abschnitte z. B. in Rippen und Röhrenknochen, die als *Loosersche Umbauzonen* bezeichnet werden.

Die klinischen Erscheinungen und die Therapie entsprechen denen der Rachitis (s. dort; DÄMMRICH 1976, 1980).

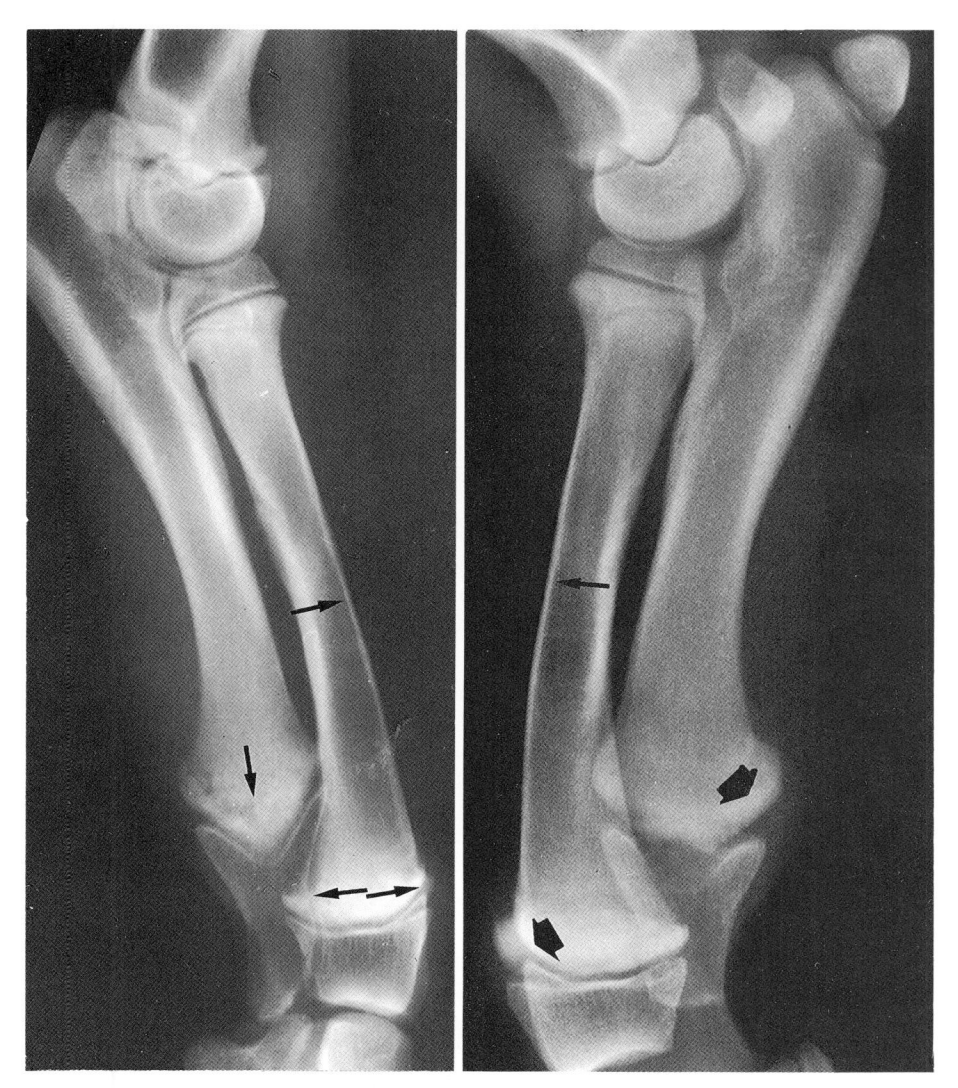

Abb. 24.6. Osteodystrophia fibrosa generalisata. Röntgenaufnahme im medio-lateralen Strahlengang von Radius und Ulna (links und rechts) einer 4 Monate alten Deutschen Dogge. Leichte kranio-kaudale Radiusverbiegung. Verbreiterung der Metaphysen mit beginnender hypertrophischer Periostitis (rechts) und Residualknorpelbildung (links; Pfeile) an der distalen Ulnametaphyse. Hauchdünne Kortikalis im Bereich der Radiusdiaphyse (Pfeile). (PAATSAMA, Helsinki).

24.1.2.2 Zellulärer Knochengewebsabbau

Auf der Basis eines zellulären Abbaues fertigen Knochengewebes gehört die **Osteodystrophia fibrosa generalisata** zu den Störungen des Mineralstoffwechsels im Komplex der Knochensystemerkrankungen. Sie wird durch eine Überfunktion der Epithelkörperchen (Hyperparathyreoidismus) mit vermehrter Parathormoausschüttung hervorgerufen (s. auch Kapitel 25.).

Wie in der Abb. 24.1. verdeutlicht, führt eine Calciummangelsituation nach Erschöpfung der mobilen Calciumreserve zur Hypokalzämie. Diese löst verstärkte Parathormoninkretion aus, weil das Parathormon gemeinsam mit dem Vitamin D in Form des 25-Hydroxycholecalciferols den zellulären Abbau der fixen Calciumreserve durch Osteoklasten aktiviert. Darüber hinaus stimuliert es die Osteoklastenbildung und die Proliferation von Fasergewebe im Endost und Periost, das die beim Knochengewebsabbau entstandenen Defekte ausfüllt. Nicht zuletzt fördert Parathormon die renale Phosphorausscheidung.

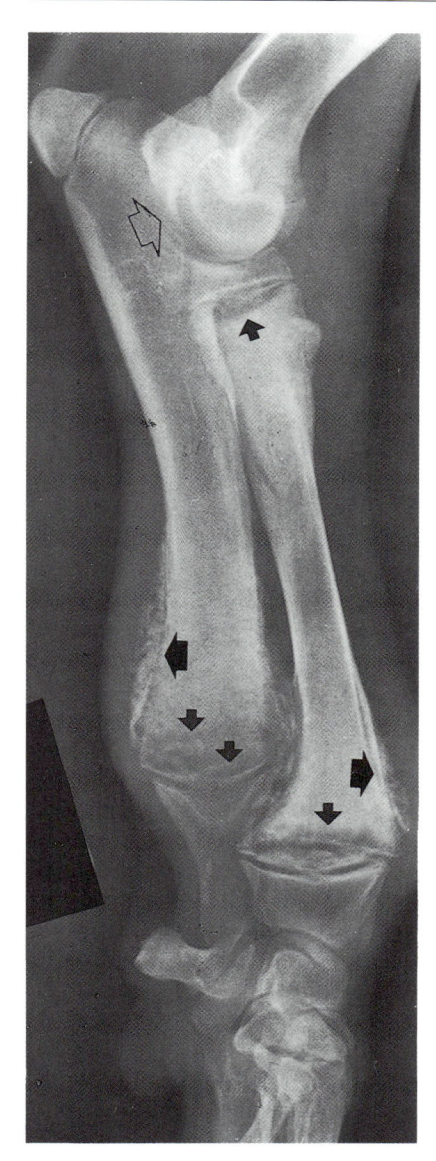

Abb. 24.7. Osteodystrophia fibrosa generalisata. Röntgenaufnahme von Radius und Ulna im medio-lateralen Strahlengang von einer 6 Monate alten Deutschen Dogge. Leichte kranio-kaudale Radiusverbiegung. Verbreiterung der Metaphysen mit Knochenresorption und fortgeschrittener hypertrophischer Periostitis an Radius und Ulna (Pfeile). Residualknorpelbildung an der Ulnametaphyse. Beginnende Veränderungen am Karpal- und Ellenbogengelenk (Stufenbildung, Inkongruenz) (schwarz umrandeter Pfeil). (PAATSAMA, Helsinki).

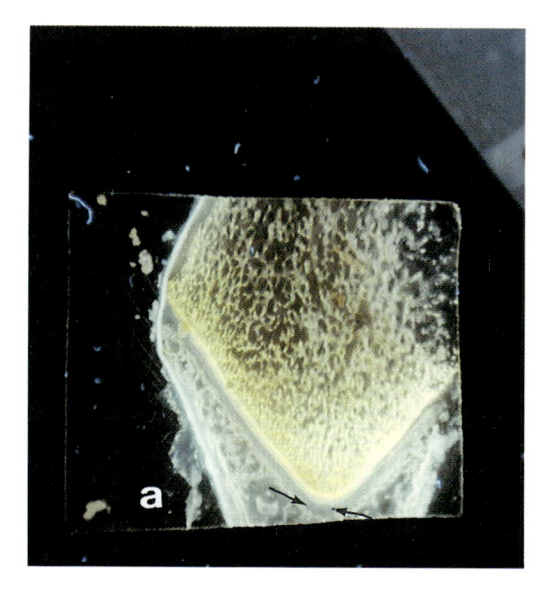

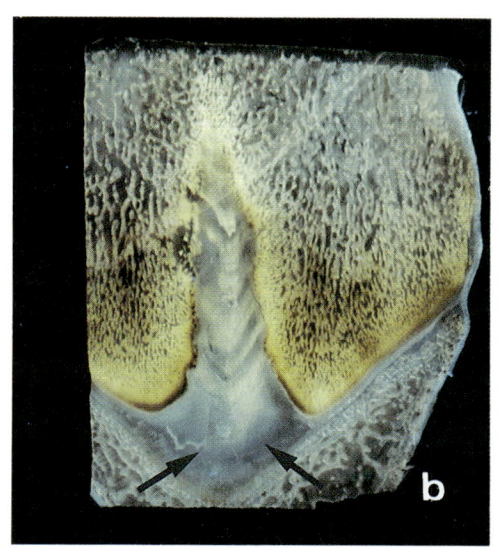

Abb. 24.8. Osteodystrophia fibrosa generalisata. OTC-Knochenmarkierung der distalen Ulnaepiphyse und – metaphyse einer 8 Wochen alten Deutschen Dogge.
a) Gesund; b) kegelförmiger Residualknorpel (retained cartilage; Pfeile), Metaphysenverbreiterung. Vakuolen und Hämorrhagien infolge Knochenresorption ohne -regeneration. (PAATSAMA, Helsinki).

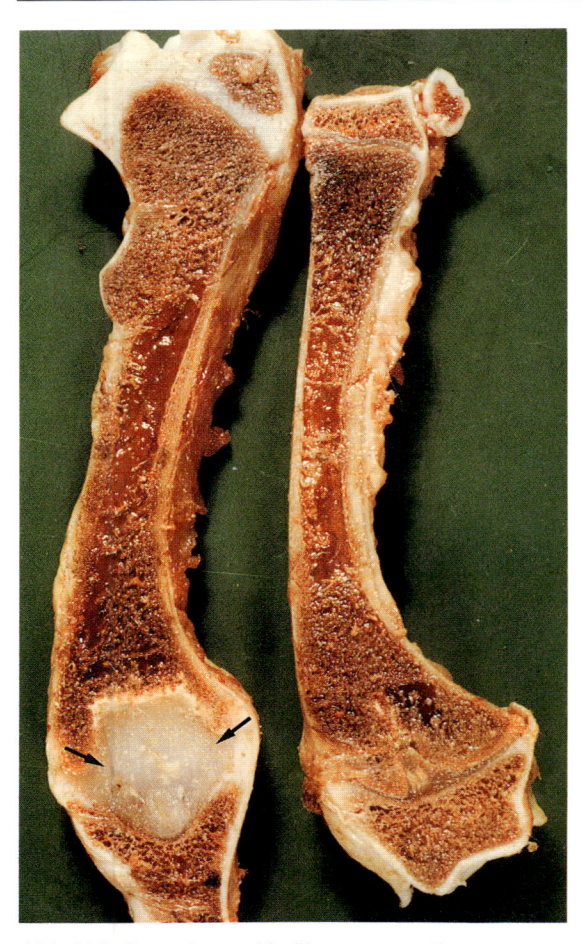

Abb. 24.9. Osteodystrophia fibrosa generalisata. Schnitt durch Radius (re.) und Ulna (li.) einer 24 Wochen alten Deutschen Dogge. In der distalen Radius- und Ulna-Epi- und -Metaphyse kegelförmige Residualknorpel (schwarze Pfeile). Verbreiterte Metaphysen mit Vakuolen und Hämorrhagien. (PAATSAMA, Helsinki).

Nach DÄMMRICH (1976) basiert die Osteodystrophia fibrosa generalisata auf einem *primären, sekundären* oder *tertiären Hyperparathyreoidismus* (s. auch Kapitel 25.).

Beim **primären Hyperparathyreoidismus** ist die Osteodystrophie ohne Vorliegen eines Calciummangels das Symptom einer verstärkten Parathormonausscheidung, die durch hormonal aktive autonome Neoplasien eines oder mehrerer Epithelkörperchen ausgelöst wird. Als Folge der Parathormonüberschwemmung mit Calciumabbau aus dem Skelett kommt es zur Hyperkalzämie, Normo- oder Hypophosphatämie und verstärkter renaler Phosphorausscheidung mit Uro-lithiasis (DÄMMRICH 1976, PIETSCH und KOTHE 1979). Beim Hund traten bisher nur wenige Einzelfälle dieser Erkrankungsform auf.

Beim **sekundären Hyperparathyreoidismus** beruht die Osteodystrophie auf einer *endogen* oder *exogen* bedingten Calciummangelsituation.

Endogen bedingter Calciummangel kann die Folge einer chronischen interstitiellen Nephritis bzw. Niereninsuffizienz sein. Durch hohe Alkaliverluste infolge von Schädigungen der distalen Tubuli kommt es zur renalen Azidose, die Calcium kompensatorisch zur Bindung und Ausscheidung der sauren Radikale benötigt. Die sich daraus ergebende Hypokalzämie erfordert über eine verstärkte Parathormoninkretion die Mobilisation des Skelettcalciums aus der fixen Calciumreserve. Diese Form des sekundären Hyperparathyreoidismus wird als *renaler Hyperparathyreoidismus* bezeichnet und ist eine Erkrankung *erwachsener Hunde*.

Exogen bedingter Calciummangel beruht auf einem Calciumunter- oder Phosphorüberangebot mit der Nahrung. Ein absoluter Calciummangel im Futter hat in der Praxis keine Bedeutung, demgegenüber kommt aber ein Phosphorüberschuß mit oder ohne Calciummangel als Folge übermäßiger Fleischfütterung sehr häufig vor. Das calciumarme, aber stark phosphorreiche Muskelfleisch führt bei anhaltender einseitiger Fleischernährung über eine Hyperphosphatämie mit relativer Hypokalzämie zur Parathormoninkretion und damit zum Abbau der fixen Calciumreserve. Es entsteht ein *sekundärer alimentärer Hyperparathyreoidismus* mit den klinischen Folgen einer Osteodystrophia fibrosa generalisata, und zwar bevorzugt bei *Junghunden* großwüchsiger Hunderassen im Alter bis zu 4 Monaten.

Die Osteodystrophie kann auch durch eine Vitamin-D-Überversorgung bei gleichzeitigem Calciummangel ausgelöst bzw. verstärkt werden. Hierbei führt die zum Parathormon synergistische Wirkung des Vitamin D in Form des 25-Hydroxycholecalciferols zum Abbau der fixen Calciumreserve mit Induktion einer Parathormoninkretion (s. Abb. 24.1.).

Das *klinische Bild* der Osteodystrophia fibrosa generalisata bei *erwachsenen Hunden* ist durch Veränderungen an den Kieferknochen bestimmt. Hier kann es zum vollständigen Abbau des Kieferknochengewebes mit einem Ersatz durch proliferatives Fasergewebe (Gummikiefer) kommen. Der Abbau von Knochengewebe tritt an den Rippen und Wirbelkörpern, seltener an den Röhren-

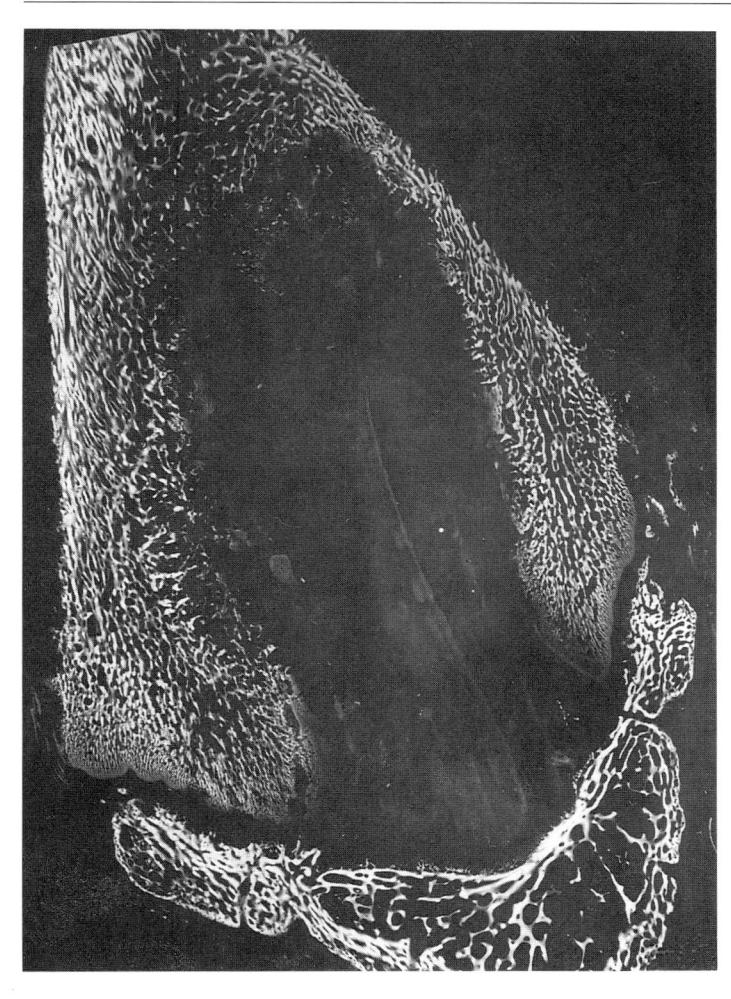

Abb. 24.10. Mikroradiographische Aufnahme der distalen Epi-, Meta- und Diaphyse einer 24 Wochen alten Deutschen Dogge mit Osteodystrophia fibrosa generalisata (wie Abb. 24.9.). Deutlicher, breiter Knorpelzapfen und massiv reduzierte Knochenstruktur. Fehlende funktionelle Ausrichtung der Knochenbälkchen (hohe Instabilität). (PAATSAMA, Helsinki).

knochen auf. Die Symptome sind entsprechend. Kieferauftreibungen, Lockerung der Zähne, Kau- und Schluckbeschwerden, Wirbelsäulenverkrümmungen und Lahmheiten sind zu beobachten.

Das *klinische Bild* der Osteodystrophie bei *Junghunden* wird von Veränderungen an den Extremitätenknochen beherrscht. Bei ungestörtem Allgemeinbefinden und gutem Appetit treten Bewegungsunlust und Lahmheiten an den Vorder- oder Hintergliedmaßen mit deutlichen Auftreibungen der distalen Metaphysen und Verbiegungen von Radius und Ulna bzw. Tibia und Fibula mit Abwinkelungen nach lateral (z. B. Carpus valgus) oder kaudal auf (Abb. 24.5.). Dies wird begleitet von Fissuren, Grünholzfrakturen oder metaphysären Stauchungsfrakturen, die nicht selten letztlich die Diagnose finden lassen.

Röntgenologisch imponiert die dünne Kortikalis der Röhrenknochen mit eventuellen Zeichen von Fissuren oder Frakturen, die von übermäßiger Kallusbildung begleitet sind. Die Epiphysenfugen erscheinen schmal mit fast regelmäßiger Eröffnung und die Metaphysen verdickt (Abb. 24.6.–24.10.).

Labordiagnostisch können eine Erhöhung der alkalischen Phosphatase bei normalen Calciumwerten im Serum und eine erhöhte Phosphorausscheidung im Harn ermittelt werden.

Der **tertiäre Hyperparathyreoidismus** beruht auf einer autonomen Funktionshyperplasie der Parathyreoidea im Anschluß an einen sekundären alimentären Hyperparathyreoidismus. Obwohl die auslösende Hyperphosphat- bzw. Hypokalzämie durch zunächst regulative Überfunktion der Epithelkörperchen und evtl. Normalisierung des Mineralstoffangebotes behoben ist, bleibt eine verstärkte Parathormoninkretion bestehen. Damit entsteht eine Hyperkalzämie mit fortlaufendem Calciumabbau aus dem Knochengewebe. Sie kann durch Calcitoninausschüttungen beseitigt und der Knochengewebsabbau gebremst werden, was aber nicht zur Wiedereinlagerung von Calcium ins Knochengewebe und damit zur Ausheilung der Osteodystrophie führen muß (DÄMMRICH 1976).

Das *klinische Bild* entspricht demjenigen des sekundären Hyperparathyreoidismus.

Eine *Therapie* ist nur beim sekundären Hyperparathyreoidismus erfolgversprechend. Nephritiden sind symptomatisch zu behandeln und alimentäre Disproportionen in der Mineralstoffversorgung zu verändern. Der normgerechten Vitamin-D-, Calcium- und Phosphor-Versorgung ist größte Aufmerksamkeit zu schenken, wobei in Abhängigkeit vom klinischen Bild Vitamin- und Calciuminjektionen alle 8–10 Tage einzusetzen sind (s. Therapie der Rachitis). Die Applikation von Anabolika ist möglich, darf aber nicht zur weiteren Zunahme des Körpergewichtes führen. Exstirpationen der Nebenschilddrüsen, evtl. gemeinsam mit einer oder beider Schilddrüsen, werden als Möglichkeit zur Behebung eines primären bzw. tertiären Hyperparathyreoidismus angeraten (DABELS et al. 1982).

24.1.3. Störungen des Knochenwachstums

Knochenwachstumsstörungen sind in der Regel eine Folge von Fehl- oder Überbelastungen des Skeletts und betreffen hauptsächlich großwüchsige Hunderassen, z. B. Deutsche Doggen, Neufundländer, Bernhardiner, Leonberger, Rottweiler und auch großrahmige Deutsche Schäferhunde. Nach DÄMMRICH (1979) handelt es sich um erworbene Faktorenkrankheiten, für die es erstens eine genetische Disposition und zweitens auslösende Faktoren gibt.

Die *Disposition* ergibt sich aus dem unterschiedlichen Wachstumsverhalten groß- und kleinwüchsiger Hunderassen. Großwüchsige Hunde haben eine längere Wachstumsphase und eine höhere Wachstumsintensität als kleinwüchsige, wobei das umfangsvermehrende Knochenwachstum der Körpergröße angepaßt ist. Die Belastbarkeit hängt aber neben der Knochengröße auch von der Bildung tragfähiger Knochenstrukturen ab. Dazu gehören die Umwandlung der Epiphysenfuge in trajektoriell orientierte Spongiosa (Epiphysenschluß), Umbau der lamellären Kortikalis in Osteonknochen und Bildung von reifem, mit Knochenendplatte unterlegtem Gelenkknorpel. Derartige Umbauvorgänge setzen nach Abschluß des umfangsvermehrenden Knochenwachstums bei den kleinwüchsigen Rassen früher als bei den großwüchsigen ein. Dadurch treffen bei letzteren durch schnelle Gewichtszunahmen verursachte Skelettbelastungen auf nicht voll belastbare, noch wachstumsorientierte Knochenstrukturen, was als Disposition für das Vorkommen erworbener Wachstumsstörungen anzusehen ist (DÄMMRICH 1979, DÄMMRICH und SCHULZE-SCHLEITHOFF 1982). Diese fallen somit in die Periode des intensiven Wachstums, d. h. in die Zeit zwischen dem 3. und 5. Lebensmonat, wobei das Skelett aber darüber hinaus noch bis zum endgültigen Abschluß des Wachstums (bis maximal 2 Jahre) belastungsgefährdet sein kann. Das findet seine Bestätigung darin, daß riesenwüchsige Rassen, wie Doggen, Bernhardiner, Neufundländer, noch häufiger erworbene Wachstumsstörungen aufweisen als großwüchsige Rassen und schneller wachsende Rüden mehr befallen sind als Hündinnen.

Zu den *auslösenden Faktoren* gehören schnelles und durch anabol wirkende, übermäßig energie- und proteinreiche Ernährung noch zusätzlich beschleunigtes Wachstum, Disproportionen in der Vitamin- und Mineralstoffversorgung und übertriebene Knochen- und Gelenkbelastungen durch zu heftiges Temperament oder zu früh begonnenes Ausbildungstraining.

Die Störungen des Knochenwachstums bei den großwüchsigen Hunderassen gehören zu den Systemerkrankungen des Skeletts. Sie treten quantitativ unterschiedlich in Erscheinung und reichen von schweren Krankheitsbildern mit klinisch manifesten Deformitäten des Skeletts bis zu klinisch unerkannt bleibenden, im höheren Alter aber Anlaß zu deformierenden Gelenkveränderungen gebenden Formen. Primär sind die Veränderungen auf die knorpeligen Skelettabschnitte, wie Epiphysenfugenscheiben und Gelenkknorpel, lokalisiert und gehen aus Fehl- oder Überbelastungen des verformbaren, wachsenden Knorpelgewebes hervor. Im einzelnen sind folgende Wachstumsstörungen zu unterscheiden:
– an den Epiphysenfugenscheiben,
– an den Gelenkflächen,
– an den Gelenkknorpeln.

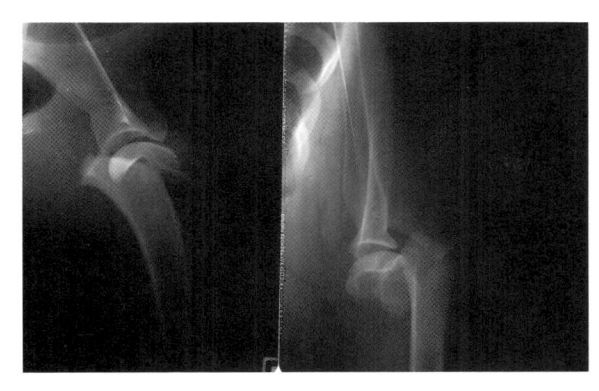

a und b

c

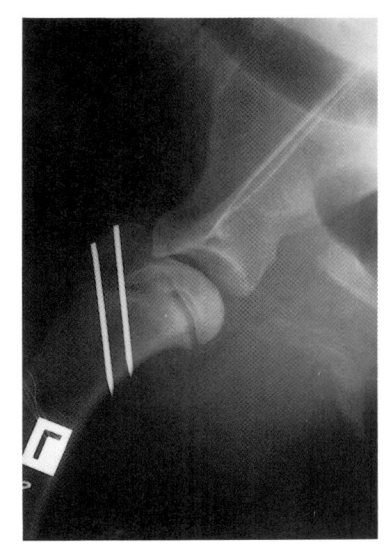

Abb. 24.11. Epiphysiolysis capitis ossis humeri (Salter I).
Berner Sennenhund, 9 Monate (a, b); Versorgung mit 2 parallel
eingetriebenen Kirschner-Drähten (c).

24.1.3.1. Wachstumsstörungen an den Epiphysenfugenscheiben

Die wachstumsaktive Zone der Epiphysenfuge ist nicht nur Träger des Längenwachstums, sondern auf Grund ihrer kollagenreichen, weichen Beschaffenheit auch stoßelastisches Polster zwischen Epi- und Metaphyse und entsprechend empfindlich gegenüber mechanischen Kräften. Wird die Belastungstoleranz durch zu hohes Körpergewicht oder immer wiederkehrende, einseitige Krafteinwirkung überschritten, resultieren partielle Gewebsstauchungen, Zusammenhangstrennungen bis hin zu Nekrosen. Derartige Bereiche verlieren ihre Wachstumsaktivität, so daß Unregelmäßigkeiten im Wachstum der Epiphysenfugenscheiben auftreten. Durchbrüche der Epiphysenfugenscheiben mit Verbindungen von metaphysärer und epiphysärer Spongiosa, stufenförmige Absätze zwischen schneller und langsamer wachsenden Fugenabschnitten, schräg liegende Epiphysenfugen, am metaphysären Periost kelchförmig aufgebogene Fugenränder u. a. m. sind die Folge.

Dies alles führt zu

– Zusammenhangstrennungen in der Epiphysenfuge (Epiphysenlösungen oder -frakturen),
– Verkrümmungen und Verdrehungen der Röhrenknochen,
– unterschiedlichem Längenwachstum paarig angelegter Knochen.

Zu den **Zusammenhangstrennungen in der Epiphysenfuge** zählen u. a. folgende **Epiphysenablösungen**:

– im *proximalen* und *distalen* Bereich von *Femur, Humerus, Radius, Ulna, Tibia* und *Fibula* (KAMMERMEIER 1981; Abb. 24.11., 24.12.),

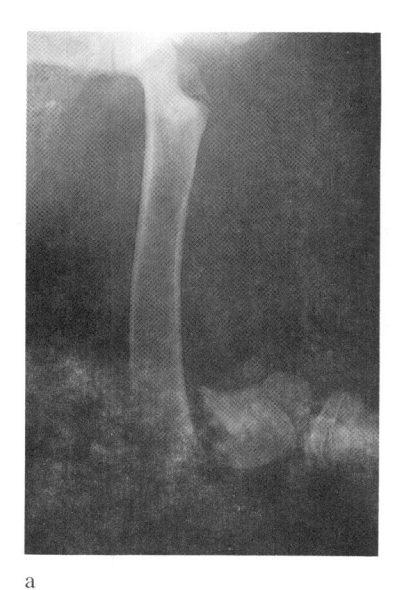

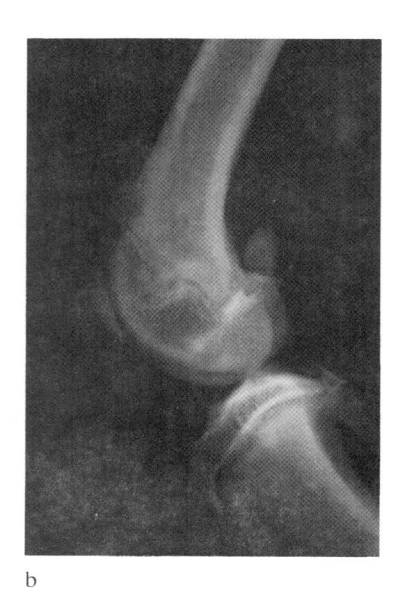

Abb. 24.12. Osteo-Epiphysiolysis ossis femoris distalis (Salter II). Riesenschnauzer, 6 Monate (a); Versorgung mit 2 gekreuzten biodegradablen Implantaten, 4 Wochen p. op. (b).

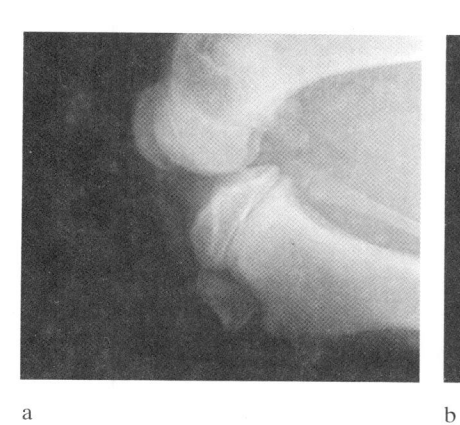

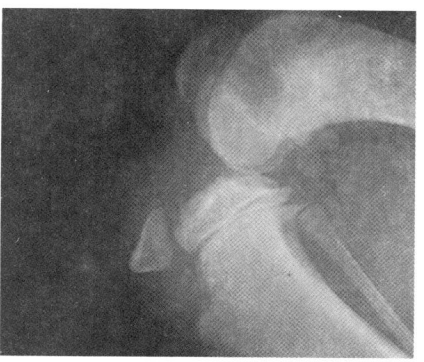

Abb. 24.13. Apophysis tuberositatis tibiae: ohne klinischen Befund (a); Apophysiolysis tuberositatis tibiae mit Verlagerung und hochgradiger Lahmheit (b); Kniegelenk gebeugt, Bobtail, 6 Monate.

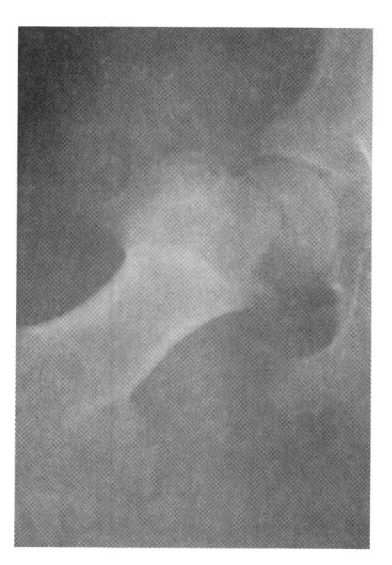

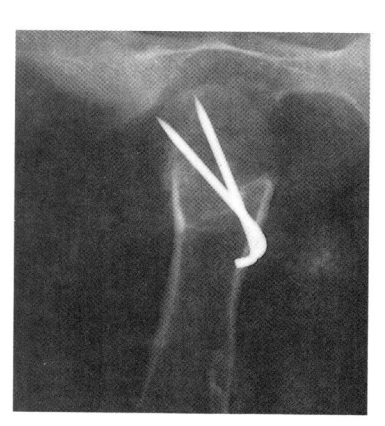

Abb. 24.14. Epiphysiolysis capitis ossis femoris. Langhaardackel, 7 Monate (a); Reposition und Fixation mit 2 Kirschner-Drähten (b).

- zwischen *Tibiadiaphyse und Knochenkern der Tuberositas tibiae* (**Osgood-Schlatter-Disease,** Abriß der Tuberositas tibiae; DÄMMRICH 1979; Abb. 24.13.),
- am *Femurkopf* (**Epiphysiolysis capitis femoris**; Abb. 24.14.).

Das *klinische Bild* dieser Erkrankungen ist jeweils durch hochgradige Lahmheit, Nichtbelasten der erkrankten Extremität und abnorme Beweglichkeit, evtl. mit Krepitationsgeräuschen, gekennzeichnet. Die Diagnose ist mittels Röntgenaufnahmen in zwei Ebenen zu stellen und zu sichern.

Die *Therapie* besteht in operativen Maßnahmen nach den Regeln der Arbeitsgemeinschaft Osteosynthese (AO), insbesondere in einer Befestigung der abgelösten Epiphysen mittels Zugschrauben im Gleitlochverfahren, Zuggurtung oder Kirschnerdrahtspickung (MATIS 1977, KAMMERMEIER 1981, SCHWARZKOPF 1983).

Bei noch intensiv wachsenden Junghunden ist eine stabile Reposition ohne interfragmentären Druck anzustreben, um Folgen für das weitere Epiphysenwachstum zu vermeiden (KAMMERMEIER 1981; s. Abb. 24.11 c.).

Nach DÄMMRICH (1979) muß die Tuberositas tibiae nicht unbedingt abreißen. Partielle Zusammenhangstrennungen in der Epiphysenfuge können auch zu ihrer Schrägstellung führen, was in Verbindung mit Femurdeformationen eine der Ursachen für Patellaluxationen sein kann.

Zu den **Verkrümmungen und Verdrehungen der Röhrenknochen** zählt die **Panostitis eosinophilica** (Enostose, canine Panosteitis).

Diese bisher als eigenständige Krankheit dargestellte *chronische Osteomyelitis* wachsender Hunde zählt nach DÄMMRICH (1979) zu den Begleiterscheinungen der Wachstumsstörungen. Infolge von Diaphysenkrümmungen der langen Röhrenknochen werden die schräg durch die Kortikalis laufenden Canales nutricii eingeengt oder die Vasa nutricia im Markraum durch abstützendes Knochengewebe ummantelt. Dadurch wird der venöse Abfluß aus den Knochen beeinträchtigt, und es entsteht im diaphysären Knochenmark ein chronisches Ödem. Es kommt zur Nekrose von Lipozyten, Einwanderung von eosinophilen Granulozyten und schließlich zur umschriebenen, herdförmigen (Humerus, Femur) oder totalen (Radius, Ulna) Knochenmarksklerose (Ausfüllung des Markraumes durch verdichtetes Spongiosagitter).

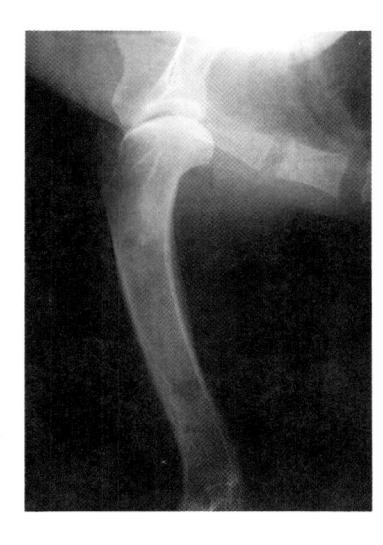

Abb. 24.15. Panostitis eosinophilica. Röntgenaufnahme des Humerus eines 12 Monate alten Deutschen Schäferhundes.

Das *klinische Bild* beginnt zunächst mit einem Fieberanstieg, wobei vorwiegend Deutsche Schäferhunde im Alter von 6 bis 18 Monaten erkranken. Es kommt zu Lahmheiten unterschiedlicher Intensität, Bewegungsunlust, Inappetenz und allgemeiner Apathie. Sind mehrere Extremitäten befallen, wird der Gang unbeholfen. Es besteht bei schubweisem Auftreten aller Symptome erheblicher Palpationsschmerz im Dia- und Metaphysenbereich. Jede passive Bewegung löst Schmerzen aus. Die akute Form kann in eine chronische übergehen, wobei unterschiedliche Pausen zwischen einzelnen Krankheitsanfällen typisch sind. Durch Beteiligung des Periostes entstehen harte Umfangsvermehrungen im Dia- und Metaphysenbereich.

Röntgenologisch (Abb. 24.15.) sind Verschattungen in den betroffenen Knochenbezirken der Dia- und Metaphysen erkennbar, wobei die Spongiosa verwischt und undeutlich ist. Im weiteren Verlauf kommt es zu Verdichtungen im Markraum und in der Kompakta, evtl. verbunden mit periostalen Auflagerungen (BONE 1980).

Labordiagnostisch sind typische Blutbildveränderungen mit Leukozytose, Eosinophilie, leicht beschleunigter Blutsenkungsreaktion und leichter Hämoglobinverminderung feststellbar. Die *Diagnose* ist auf Grund des schubweisen Auftretens, des Palpationsschmerzes, der röntgenologischen Befunde, der Eosinophilie und des Auftretens beim Junghund großwüchsiger Rassen (insbesondere beim Deutschen Schäferhund) zu stellen.

Die *Therapie* sollte aus der Anwendung von Glucocorticoiden unter antibiotischem Schutz,

Anabolika (Depotform) und Analgetika bestehen. Ruhe und Bewegungseinschränkungen wirken unterstützend. Nach LAKY et al. (1981) ist eine lokale Antibiotikawirkung nur durch intraarterielle Injektion von Gentamicin in die Arteria femoralis zu erreichen. Subperiostale und intramedulläre Abszesse, Knochenfisteln und Knochensequester sind chirurgisch zu behandeln. Die *Prognose* ist in der Regel günstig, besonders bei frühzeitigem Behandlungsbeginn.

Zum **unterschiedlichen Längenwachstum paarig angelegter Knochen** gehören Wachstumsdeformitäten an

- Radius und Ulna,
- Tibia und Fibula sowie
- intraartikuläre Frakturen.

Wachstumsdeformitäten an Radius und Ulna teilt RUDY (1981) in 4 Formen ein.

1. Verzögertes Wachstum der distalen Ulnaepiphyse (Ulna-Dysplasie, Radius-Curvus-Syndrom): Infolge traumatischer Überbelastung der distalen Ulnaepiphysenfugenscheibe entsteht ein vorzeitiger Epiphysenschluß mit Wachstumshemmung und einer Verkürzung des Processus styloideus ulnae. Durch Fehlen der lateralen Karpalgelenkabstützung kommt es zur Lateralabwinkelung des Karpus **(Carpus valgus)** und Auswärtsrotation der distalen Extremität (s. Abb. 24.5.). Dies wird noch dadurch verstärkt, daß der Radius normal weiterwächst und sich sein distaler Teil um die verkürzte Ulna mit kraniokaudaler Konvexität herumbiegt (**Radius-Curvus-Syndrom;** Abb. 24.16.). Das Längenwachstum des Radius drückt den Humerus gegen den Processus anconeus und führt zur Distorsion der Gelenkflächen. Der Processus anconeus wird in die Fossa olecrani des Humerus gezogen und verlagert die Trochlea humeri nach kranial. Gleichzeitig führt der Wachstumsdruck zur Abwinkelung des Capitulum radii nach lateral (PAATSAMA 1981, 1983; Abb. 24.17.). Diese Wachstumsstörung ist bis zu einem gewissen Grad beim Basset-Hound rassetypisch, kann sich aber zum Radiuskurvensyndrom mit retardierter Ulna entwickeln (DIETZ 1975).

2. Verzögertes Wachstum der distalen Radiusepiphyse: Diese Erscheinung ist selten und tritt gewöhnlich unilateral infolge eines massiveren Traumas auf. Es kommt zur Medialabwinkelung des Karpus **(Carpus varus)** und Einwärtsrotation der distalen Extremität. Radius und Os carpi intermedioradiale sind distrahiert. Als weitere

Abb. 24.16. Radius-Curvus-Syndrom (Carpus valgus) bei einem 14 Wochen alten Hovawart-Rüden. (PAATSAMA, Helsinki).

Folge sind eine Distraktion des Capitulum radii vom Humerus und eine Verdrehung des Olecranon zu beobachten.

3. Vorzeitiger Verschluß der distalen lateralen Radiusepiphyse (exzentrisch): Diese Wachstumsstörung ist die Folge eines segmentalen Traumas der distalen Radiusmeta- oder -epiphyse. Das mediale Radiuswachstum verläuft normal, so daß eine akute Deformität der distalen Radiusgelenkoberfläche mit leichter Schaftbeugung entsteht. Radius und Os carpi intermedioradiale sind distrahiert, und es entwickelt sich eine leichte Lateralabwinkelung von Karpus und distaler Extremität.

4. Vorzeitiger Verschluß der proximalen Radiusepiphyse: Diese Wachstumsstörung steht mit derjenigen an der distalen Radiusepiphyse in Verbindung. Durch Hemmung des proximalen Radiuswachstums entsteht Distraktion von Capitulum radii und Processus anconeus ulnae. Das Capitulum radii artikuliert nicht mehr mit dem Condylus humeri, und der Processus anconeus ist proximal des Condylus humeri verlagert. Der eigentliche gelenkige Kontakt im Ellenbogen-

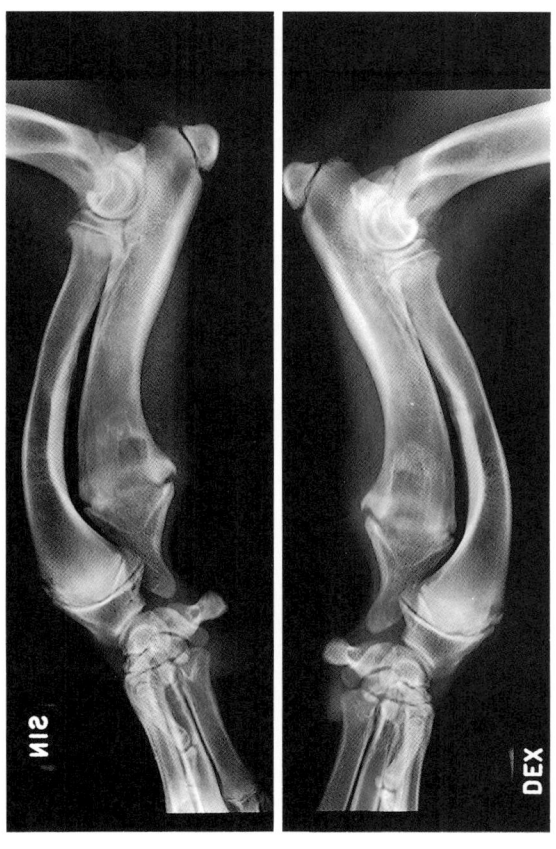

Abb. 24.17. Radius-Curvus-Syndrom (Carpus valgus). Röntgenaufnahme von Radius und Ulna im mediolateralen Strahlengang. Durch Wachstumshemmung der Ulna (vorzeitiger Epiphysenfugenschluß) verkürzter Processus styloideus ulnae. Verbreiterte Metaphysen von Radius und Ulna mit Knochenresorptionserscheinungen. Kranio-kaudal-konvexe Verbiegung des Radius, Stufenbildung im Ellenbogen- und Inkongruenz im Karpalgelenk. (PAATSAMA, Helsinki).

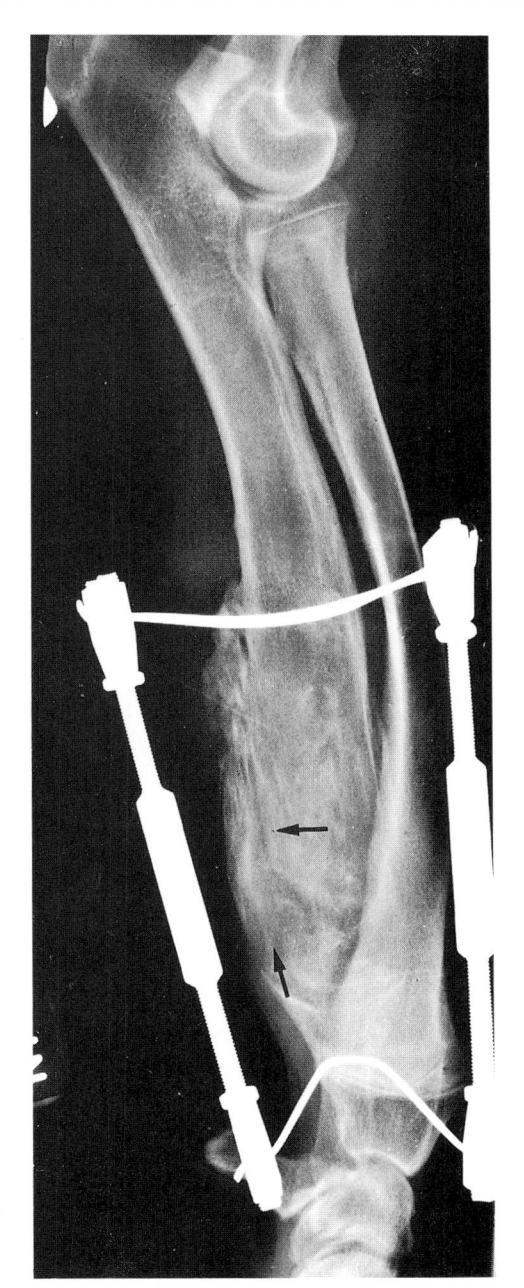

Abb. 24.18. Radius-Curvus-Syndrom (Carpus valgus). Röntgenaufnahme von Radius und Ulna im medio-lateralen Strahlengang von einer 24 Wochen alten Deutschen Dogge. Osteodystrophia fibrosa generalisata mit hypertrophischer Periostitis und Knochenresorption an den Metaphysen (Pfeile). Residualknorpel an der Ulnametaphyse und vorzeitiger Epiphysenfugenschluß. Kranio-kaudale Radiusverbiegung und Stufenbildung im Ellenbogengelenk. Operativ angelegte Distraktionsapparatur mit beginnender Eröffnung der Ulnaepiphysenfuge. (PAATSAMA, Helsinki).

gelenk wird nur vom Processus coronoideus der Ulna mit dem Condylus humeri gebildet.

Die Diagnostik dieser Wachstumsdeformitäten setzt sehr sorgfältige Röntgenaufnahmen in zwei Ebenen, möglichst im Vergleich zur zweiten Extremität, voraus, die alle beschriebenen Abweichungen vom Normalen verdeutlichen. *Klinisch* sind Bewegungsunlust, ein- oder beidseitig unterschiedlich intensive Lahmheiten und die erläuterten Stellungsanomalien zu beobachten.

Die *Therapie* kann im Anfangsstadium zur Vermeidung weiterer Deformationen aus einer mechanischen Stützung durch Schienen- und Entlastungsverbände in Verbindung mit der

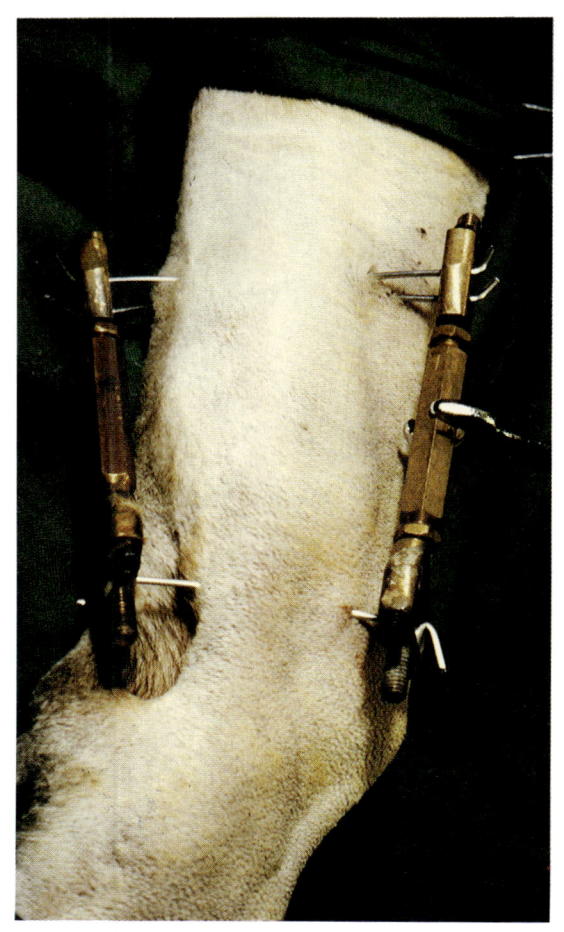

Abb. 24.19. Radius-Curvus-Syndrom (Carpus valgus). Darstellung der operativ installierten Distraktionsapparatur. (PAATSAMA, Helsinki).

Applikation von Anabolika oder einer Anabolika-Androgen-Kombination, therapeutischer Mineralstoffversorgung (s. Therapie der Rachitis) sowie aus Desmotomie des Ligamentum radioulnare (DIETZ 1975) bestehen. Aussichtsreicher und im fortgeschrittenen Stadium erfolgversprechender sind korrektive Osteotomien oder Umsetzungsosteotomien mit nachfolgender stabiler Osteosynthese (KNECHT und BLOOMBERG 1980, BRASS und RAHLFS 1981, RUDY 1981) bzw. eine transepiphyseale-diaphyseale Distraktion der distalen Ulnaepiphysenfuge mittels einer Distraktionsapparatur (Abb. 24.18., 24.19.; PAATSAMA et al. 1983, MÜLLER 1991).

Zu den *Wachstumsdeformitäten an Tibia und Fibula* gehört ein **vorzeitiger Verschluß der distalen medialen Tibiaepiphyse (exzentrisch)** **(metaphysäre Tibiadysplasie).** Diese Wachstumsstörung wurde von MAYRHOFER (1977) und KÁSA und KÁSA (1982) bei Dachshunden (Teckeln) beobachtet und beschrieben. Es handelt sich um eine langsam zunehmende, posttraumatische Störung des Wachstums im medialen Bereich der distalen Tibiametaphyse, für die eine genetische Disposition bzw. eine Prädisposition infolge unausgeglichener Fütterung (Eiweiß-, Vitamin- und Mineralstoffüberversorgung) angenommen wird und die zur Verkürzung der Tibia besonders in ihrem medialen Bereich mit Varusstellung führt.

Das *klinische Bild* zeigt zunächst unklare, wechselnd ausgeprägte Bewegungsstörungen bei Junghunden im Alter ab 4 Monaten mit Entlastung der erkrankten Extremität. Die meist sehr spät einer tierärztlichen Untersuchung zugeführten Patienten weisen bei der Palpation kaum Schmerzreaktionen auf. Eine Knickung der Extremitätenachse nach medial **(Varusfehlstellung)** und eine deutliche sattelartige Vertiefung an der distalen und medialen Tibiakontur sind auffällig.

Röntgenologisch sind nachweisbar: Verkürzung der Tibia, Knickung der Tibiaachse im distalen Metaphysenbereich (Konkavität medial), Knochenstrukturverdichtung im kraniomedialen Anteil der distalen Tibiameta- und -epiphyse, ein schnabelartiger Fortsatz vom kraniomedialen Metaphysenbereich nach distal, eine Abknickung der Fibula in der Metaphyse, eine Abflachung der lateralen Furche der Cochlea tibiae und eine Inkongruenz der Articulatio talocruralis (Abb. 24.20.).

Therapievorschläge werden von MAYRHOFER (1977) nicht unterbreitet, wohl aber wird eine statistische Erfassung zur züchterischen Selektion gefordert. Eine Behebung der Achsenfehlstellung kann und sollte nach KÁSA und KÁSA (1982) durch Umsetzungsosteotomie erfolgen.

Intraartikuläre Frakturen treten als Folgeerscheinung von Wachstumsdeformitäten des Skeletts nach DÄMMRICH (1979) besonders häufig im Ellenbogengelenk auf, und zwar als

– Fraktur des Processus anconeus,
– Absprengfraktur des Processus coronoideus ulnae.

Die **Fraktur des Processus anconeus** kann nach DÄMMRICH (1979) dadurch entstehen, daß es infolge von Wachstumsstörungen an Radius und Ulna bzw. Rotation des Humerus zur Inkongruenz im Ellenbogengelenk kommt, die den Processus anconeus beim Eintritt in die Fossa olecrani

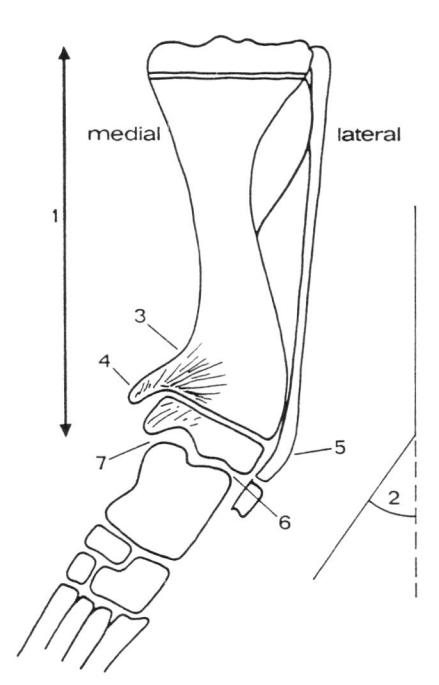

Abb. 24.20. Wachstumsdeformität an Tibia und Fibula (metaphysäre Tibiadysplasie). Schematische Darstellung der beschriebenen Veränderungen an Tibia und Fibula (nach MAYRHOFER 1977).
1 = Verkürzung der Tibia, 2 = Abwinkelung der Tibia, 3 = Verdichtung der Knochenstruktur, 4 = schnabelartiger Fortsatz, 5 = Abwinkelung der Fibula, 6 = Abflachung der lateralen Furche der Cochlea tibiae, 7 = Inkongruenz der Articulatio talocruralis.

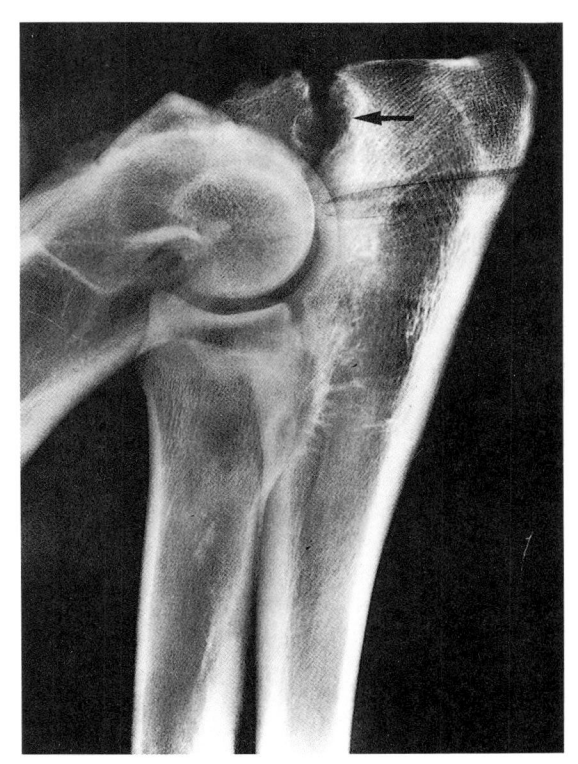

Abb. 24.21. Fraktur des Processus anconeus. Röntgenaufnahme des Ellenbogengelenks im medio-lateralen Strahlengang von einem 7 Monate alten Deutschen Schäferhund. Der Processus anconeus ist durch eine deutliche Knochenfuge von der Ulna (schwarzer Pfeil) isoliert, was bei maximaler Gelenkbeugung röntgenolgisch darzustellen ist. (PAATSAMA, Helsinki).

während einer Ellenbogengelenkstreckung absprengt.

Der Processus anconeus wird beim wachsenden Hund als selbständige Apophyse angelegt. Sein Knochenkern tritt im Alter von 3 Monaten auf, und seine Fuge ist am Ende des 4. Lebensmonats geschlossen (SCHROEDER 1978, Roos et al. 1981). Dabei sind rassespezifische und individuelle Unterschiede (z. B. Verzögerungen bei großwüchsigen Rassen) durchaus möglich. Für eine Fraktur ist der Ankoneusfortsatz besonders in und nach dieser Zeit anfällig, was mit den klinischen Beobachtungen insofern übereinstimmt, als die entsprechende Symptomatik vorwiegend im Alter von 5–9 Monaten auftritt.

Die *klinischen Erscheinungen* sind durch eine schleichende, manchmal nur nach längerer Belastung ein- oder beidseitig auftretende Lahmheit gekennzeichnet. In einzelnen Fällen wird sie erst mit der Manifestation von arthritischen Sekundärerscheinungen so deutlich, daß der Tierhalter sie bemerkt. Dann können die Hunde wesentlich älter als 5–9 Monate sein. Rassemäßig bevorzugt wird der Deutsche Schäferhund, die Erkrankung kommt aber auch bei anderen großwüchsigen Hunderassen vor. Im Anfangsstadium ist ein lokaler Palpationsschmerz auslösbar und eine Gelenkkapselverdickung, später auch Krepitation fühlbar. Mit zunehmender Krankheitsdauer kommt es zur Atrophie der Oberarmmuskulatur. *Röntgenologisch* ist der mit der Ulna nicht knöchern verschmolzene Processus anconeus bei medio-lateralem Strahlengang und maximaler Ellenbogengelenkbeugung nachweisbar. Zwischen ihm und der Ulna befindet sich eine deutliche Knochenfuge (Abb. 24.21.). Bei längerer Krank-

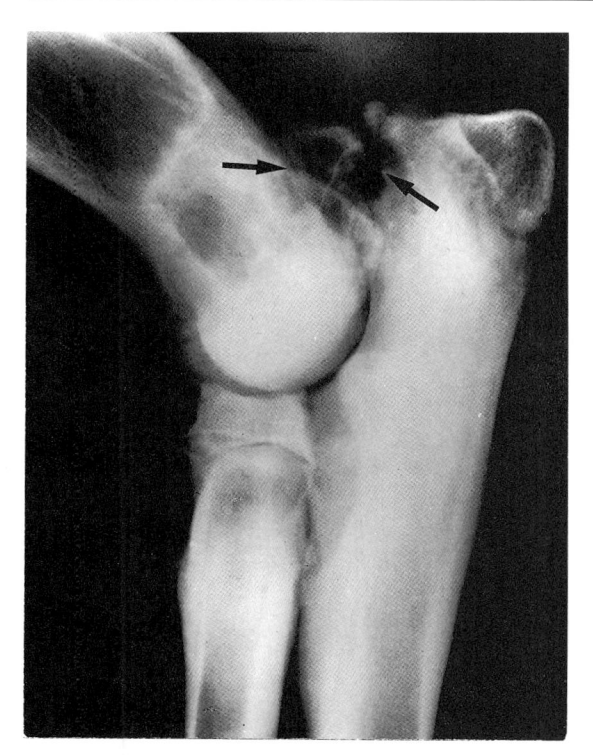

Abb. 24.22. Fraktur des Processus anconeus. Röntgenaufnahme im medio-lateralen Strahlengang eines Ellenbogengelenks. Loser Ankoneusfortsatz durch Pfeil gekennzeichnet. (PAATSAMA, Helsinki).

heitsdauer werden Zeichen einer deformierenden Arthritis sichtbar.

Die *Therapie* besteht nach HERRON (1981) und MEYER-LINDENBERG et al. (1991) schwerpunktmäßig in einem chirurgischen Vorgehen, wobei es zwei Möglichkeiten gibt:
– die Entfernung des isolierten Processus anconeus,
– die Befestigung des Processus anconeus.

In beiden Fällen wird das Gelenk lateral, kaudal vom lateralen Humeruskondylus, mit einem nach vorn konkaven Haut- und Muskelschnitt (M. anconeus) freigelegt und genügend breit eröffnet. Der lose Ankoneusfortsatz wird nach entsprechender Gelenkbeugung sichtbar und kann nach Fixation mit einer Knochenfaßzange oder Tuchklemme nach BACKHAUS mittels einer gebogenen Schere vorsichtig herausgehebelt werden. Das fibröse Bindegewebe an seinem kaudalen Ende muß dazu vorher mit Schere oder Skalpell durchtrennt worden sein. Der Gelenkkapselverschluß ist sorgfältig mit Einzelknopfheften vorzunehmen (DIETZ 1975, HERRON 1981; Abb. 24.22.). Ein Zugang zum Ellenbogengelenk mit Osteotomie des Olekranons ist auch möglich, aber wesentlich aufwendiger.

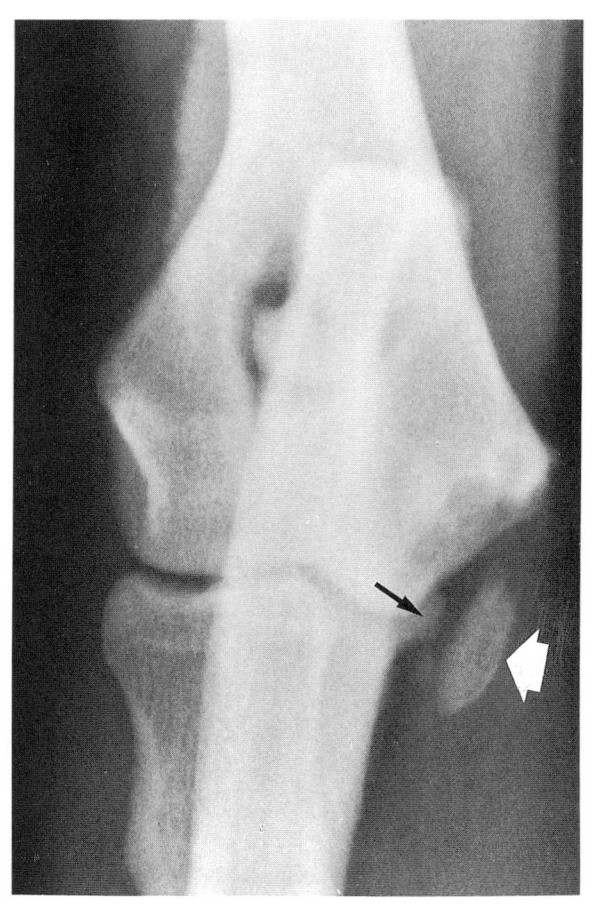

Abb. 24.23. Absprengfraktur des Processus coronoideus medialis ulnae, Röntgenaufnahme im anteriorposterioren Strahlengang von einem Ellenbogengelenk mit Darstellung eines isolierten Processus coronoideus (schwarzer Pfeil) und eines Corpus liberum (weißer Pfeil). (PAATSAMA, Helsinki).

Da die Entfernung des losen Processus anconeus eine beträchtliche Instabilität zur Folge hat, wird von HERRON (1981) auch seine Befestigung mittels einer Kortikalisschraube nach dem AO-Gleitlochprinzip beschrieben. Dies ist von der Gelenkfläche oder nach eigenen Erfahrungen auch mit einer Spongiosaschraube von der kaudalen Fläche des Olekranons aus möglich.

Die **Absprengfraktur des Processus coronoideus ulnae** entsteht bei verzögertem Wachstum der distalen Ulnaepiphyse infolge des Niveauunterschiedes zwischen den Gelenkflächen von Radius und Ulna (Stufengelenk) und einem auslösenden Trauma (DÄMMRICH 1979, WALDE und TELLHELM 1991).

Das *klinische Bild* entspricht mit Lahmheit, Schmerzhaftigkeit und leichter Krepitation im

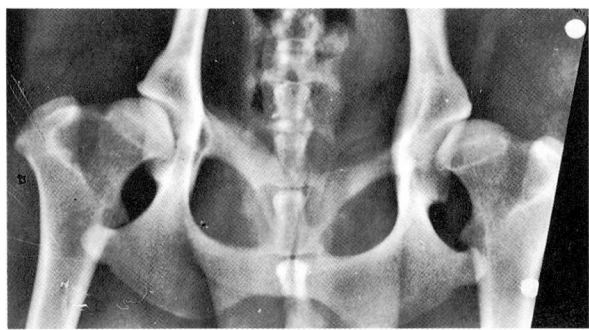

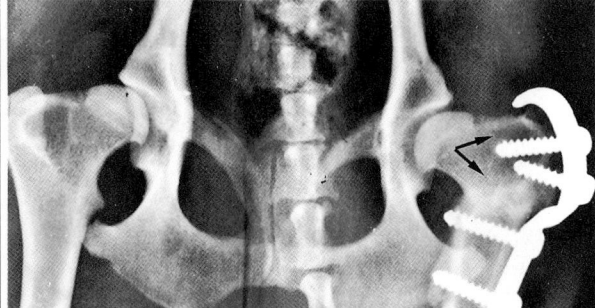

Abb. 24.24. Hypoplasie der Femurkopfgelenkfläche bei Hüftgelenkdysplasie. Röntgenaufnahmen im ventro-dorsalen Strahlengang der Hüftgelenke eines 18 Monate alten Labrador Retriever.
Linke Bildseite: Coxa valga. Rechte Bildseite: 6 Monate nach intertrochanterer Varus-, Derotations- oder Retrotorsionsosteotomie mit erzielter Varusstellung (Pfeile). (PAATSAMA, Helsinki).

Ellenbogengelenk dem der Chondrosis dissecans am medialen Humeruskondylus. Passive Streckung des Ellenbogengelenks und Auswärtsrotation des Unterarmes lösen Schmerzen aus. Nicht selten wird es übersehen, und es entwickelt sich sekundär eine Arthrosis deformans des Ellenbogengelenks. Da letztere auch bei der Chondrosis dissecans der Gelenkfläche des medialen Humeruskondylus entsteht, sind nach DENNY (1980), WALDE und TELLHELM (1991) Röntgenaufnahmen im medio-lateralen und anterior-posterioren Strahlengang anzufertigen (Abb. 24.23.). Bringen sie keine diagnostische Klarheit, ist beim Vorliegen von Ellenbogengelenkschmerzen bei jungen Hunden großwüchsiger Rassen eine mediale Arthrotomie des Ellenbogengelenks gerechtfertigt. Läßt sie als Ursache der Arthrosis einen losen Processus coronoideus ulnae erkennen, ist dieser zu entfernen. Die Operationstechnik wird auf S. 738 beschrieben.

24.1.3.2. Wachstumsstörungen an den Gelenkflächen

Beim Jungtier hat der Gelenkknorpel als Träger des umfangsvermehrenden Wachstums der Epiphysen die Aufgaben, Gelenkbewegungen zu ermöglichen und Stöße zu dämpfen. Wachstumsstörungen an den Gelenkflächen entstehen nach DÄMMRICH (1979) *primär* aus Überbelastungen durch zu großes Körpergewicht und *sekundär* aus Fehlbelastungen infolge Verlagerung der Belastungsrichtungen durch Röhrenknochenverkrümmungen. Dabei kommt es durch Verminderung von Diffusionsvorgängen zu Ernährungsstörungen der Chondrozyten mit der Folge von vermindertem Knorpelwachstum, was zu Entrundungen, Abflachungen und Inkongruenzen der Gelenkflächen mit unterschiedlichen Hypoplasiegraden des Gelenkknorpels führt.

Von klinischer Bedeutung sind hypoplastische Gelenke am

– Hüftgelenk (Coxa valga),
– Kniegelenk (Hypoplasie der Rollkämme der Trochlea patellaris).

Am **Hüftgelenk** hat die Hypoplasie der Gelenkfläche des Femurkopfes große Ähnlichkeit mit der aus einer primären Hypoplasie des Azetabulums hervorgehenden Hüftgelenkdysplasie. Sie führt zu einer Veränderung der anatomischen Winkelstellung des Femurkopfes zum Femurschaft, woraus sich die Termini **Coxa valga** (Zunahme des zervikodiaphysalen Winkels, >130°), **Coxa vara** (Abnahme des zervikodiaphysalen Winkels, <130°) und vermehrte Femurhalsanteversion (Krümmung von Femurkopf und -hals in Richtung der Femurdiaphyse) ergeben (DAVID et al. 1981, SCHAWALDER und STERCHI 1981).

Klinisch lösen diese hypoplasiebedingten Fehlstellungen Gelenkschlaffheit mit abnormer Beweglichkeit (Instabilität, Subluxation), Lahmheiten und durch Schmerzen bedingte Bewegungsunlust hervor. Die Diagnose wird mit Hilfe sorgfältig angefertigter Röntgenbilder auf Grund der vermehrten Innendrehung des Femurs gestellt.

Die *Therapie* besteht in einer intertrochanteren Varus- oder Derotationsosteotomie (PAATSAMA und JUSSILA 1974, PRIEUR und SCARTAZZINI 1980, DAVID et al. 1981; Abb. 24.24.).

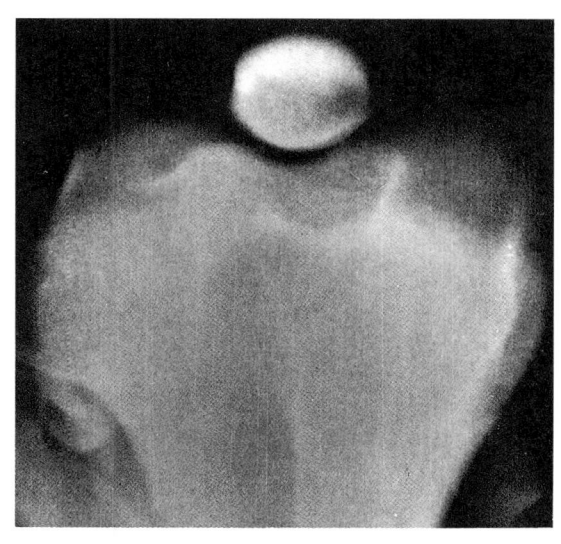

Abb. 24.25. Hypoplasie der Rollkämme der Trochlea patellaris. Röntgenaufnahme eines Kniegelenks im anterior-posterioren Strahlengang bei maximaler Beugehaltung. Darstellung von Rollkammhypoplasie, nur angedeutetem Sulcus patellaris. Manuelle Luxation der Patella leicht möglich. (PAATSAMA, Helsinki).

Die in gewisser Beziehung zur wachstumsbedingten Hypoplasie des Femurkopf-Gelenkknorpels stehenden Hüftgelenkerkrankungen, wie Calvé-Legg-Perthessche Krankheit, Coxarthrose, Hüftgelenkdysplasie und -luxation werden an anderer Stelle beschrieben (s. Kapitel 24.3.7.).

Am **Kniegelenk** ist die **Hypoplasie der Rollkämme der Trochlea patellaris** eine der Ursachen für die Patelluxation (Abb. 24.25.). Auch sie wird an anderer Stelle dargestellt (s. S. 804 ff.).

Die Inkongruenzen der wachstumsgestörten Gelenkflächen führen zu mechanischen Alterationen der Gelenkknorpel, die eine reaktive Synovialitis und im chronischen Stadium eine sekundäre Arthropathia deformans verursachen (DÄMMRICH 1979).

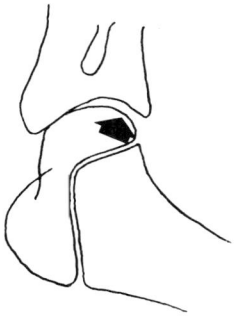

Abb. 24.26. Chondrosis dissecans – Prädilektionsstelle im Schultergelenk. (PAATSAMA, Helsinki).

24.1.3.3. Wachstumsstörungen am Gelenkknorpel

Hierzu gehören:
- die Chondrosis dissecans (Osteochondrosis oder Osteochondritis dissecans),
- die zervikale Subluxation und Spondylolisthesis,
- die Spondylopathia deformans.

Bei der **Chondrosis dissecans** handelt es sich nach DÄMMRICH (1979) um ein gestörtes Anpassungswachstum des Gelenkknorpels besonders an den konvex gewölbten Gelenkflächen der großen Gliedmaßengelenke. Höhere Druckbelastung und evtl. gleichzeitige Schiebebewegungen lösen Chondrozytenproliferationen in den oberflächlichen Knorpelschichten aus. Dadurch kommt es zur Verlängerung der Diffusionsstrecke zu den tiefer gelegenen Chondrozyten, was Hypoxie und Nekrosen verursacht. Letztere werden bei der Eröffnung des wachsenden Gelenkknorpels nicht abgebaut, verbleiben zwischen subchondraler Spongiosa und Gelenkknorpel und bilden die Ursache für Zusammenhangstrennungen des Knorpels, der sich schuppenartig von seiner Unterlage abhebt. Derartige Knorpelschuppen (Dissekate) bleiben entweder mit der Gelenkfläche verbunden oder lösen sich ab und bewegen sich als Corpus liberum frei im Gelenk.

Da die Ablösung der umschriebenen Gelenkknorpelbereiche nicht primär auf einer Veränderung des subchondralen Knochengewebes, sondern auf Wachstumsstörungen des Gelenkknorpels beruht, lehnt DÄMMRICH (1979) die bisherige Bezeichnung Osteochondrosis (Osteochondritis) dissecans ab und schlägt dafür Chondrosis dissecans vor. Die Erkrankung kommt besonders häufig am Humeruskopf (Schultergelenk), am medialen Humeruskondylus (Ellenbogengelenk), am medialen und lateralen Femurkondylus (Kniegelenk) und an der kaudalen Seite der medialen Trochlea des Talus (Sprunggelenk) vor (BRASS 1956, PAATSAMA et al. 1971, PAATSAMA et al. 1975, BRUNNBERG et al. 1978, SCHMIDTKE und SCHMIDTKE 1978, DIETZ und SCHRÖDER 1979, CLAYTON-JONES 1980, DENNY 1980, OLSON et al. 1980, WALDE und TELLHELM 1991, SLATER et al. 1991, STUDDERT et al. 1991).

Das *klinische Bild* ist nach HARRISON und HOHN (1981) dadurch geprägt, daß durch die Gelenkveränderungen entweder keine oder eine leichte bis mittelgradige Lahmheit ausgelöst wird. Das bevorzugte Erkrankungsalter liegt zwischen dem 5. und 10. Lebensmonat. Männliche Tiere erkran-

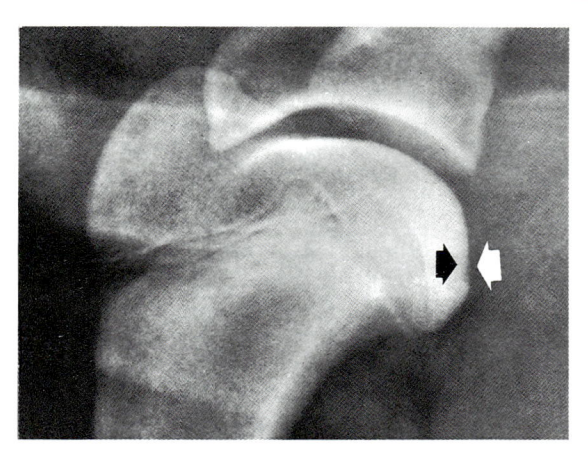

Abb. 24.27. Chondrosis dissecans. Röntgenaufnahme im medio-lateralen Strahlengang vom Schultergelenk eines sechsmonatigen Labradors. Knorpeldefekt im kaudalen Humeruskopfbereich und Deformation (Abflachung) des Humeruskopfes (Pfeile). (PAATSAMA, Helsinki).

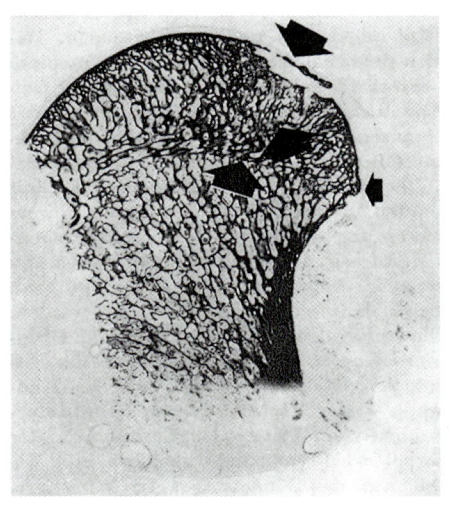

Abb. 24.28. Chondrosis dissecans (Spätstadium). Mikroröntgenaufnahme eines Humeruskopfes. Degenerative Veränderungen der Knochenstruktur unter dem Dissekat (große schwarze Pfeile) bis hin zum Epiphysenfugenknorpel, beginnende Osteophytenbildung (kleiner schwarzer Pfeil). (PAATSAMA, Helsinki).

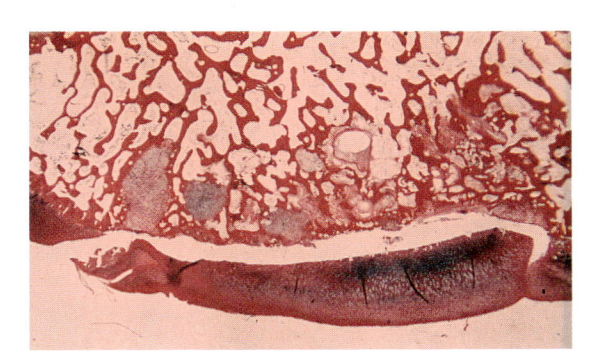

Abb. 24.29. Chondrosis dissecans (Spätstadium). Histologischer Schnitt von einem Humeruskopf. Abhebung eines degenerierten Knorpelstückes (Dissekat). Unter dem Dissekat Knochentrabekelfrakturen (Mikrofrakturen), Zysten und degenerative Veränderungen im subchondralen Raum. (PAATSAMA, Helsinki).

ken häufiger als weibliche, wobei in 68,0 % der Fälle ein beidseitiger Befall vorliegt, auch wenn Schmerzen und Lahmheit nur einseitig nachweisbar sein sollten. Besonders befallen ist das Schultergelenk großwüchsiger Hunderassen.

Bei der **Chondrosis dissecans des Schultergelenks** lösen passive starke Streckung, maximale Beugung oder lokaler Palpationsdruck Schmerzen aus. *Röntgenologisch* sind ein abgeflachtes Gebiet, eine Eindellung im Gelenkknorpel (mitunter auch nur eine kraterförmige Aufhellung) des kaudalen Humeruskopfbereiches nachweisbar, gelegentlich verbunden mit einem oder mehreren Corpora libera und sekundär degenerativen Gelenkveränderungen. Die beste Röntgenprojektion am Schultergelenk gelingt unter Sedierung im medio-lateralen Strahlengang bei auf dem Rücken liegenden und bis zu 45° abgedrehtem Körper des Hundes. Die Defekte an den Femurkondylen sind im medio-lateralen Strahlengang nachweisbar (Abb. 24.26.–24.29.).

Die *Therapie* kann konservativ oder operativ gestaltet werden. Eine *konservative Therapie* besteht in Ruhe oder in der Applikation eines Analgetikums und einer Androgen-Östrogen-Kombination (z. B. Methyltestosteron + Ethinylestradiol). Zusätzlich können ein Anabolikum und Kurzwelle (s. Kapitel 4.) eingesetzt werden.

Die *operative Therapie* ist wesentlich aussichtsreicher und besteht in einer Entfernung der abgelösten Knorpelschuppe mit anschließender gründlicher Auskratzung (Kürettage) des subchondralen Knochens, worauf der Defekt relativ schnell mit fibrokartilaginösem Gewebe ausgefüllt wird und in Heilung übergeht.

Die Arthrotomie am *Schultergelenk* gestaltet sich wie folgt (DIETZ 1975, HARRISON und HOHN 1981): Hautschnitt lateral vom unteren Drittel der Spina scapulae bogenförmig über Schultergelenk bis zum proximalen Drittel des Humerusschaftes. Durchtrennung der darunterliegenden Faszie und Freilegung der Äste der Vena cephalica, der zwei Bäuche des M. deltoideus und des M. omotransversarius. Der proximale Akromionkopfansatz des M. deltoideus wird am Humerus subperiostal angehoben und zurückgezogen. Damit werden proximal die Sehne des M. infraspinatus und distal die Sehne des M. teres minor freigelegt. Die distalen 2,0 cm des Ursprunges des M. omotransversarius werden vom Akromion getrennt und mit dem M. supraspinatus nach kranial gezogen. Die Sehne des M. infraspinatus wird mit einem Faden gekennzeichnet und an ihrem Humerusursprung durchschnitten. Nach Abtrennen des M. infraspinatus von seiner lockeren Gewebsunterlage wird die Gelenkkapsel frei und kann entlang des Humeruskopfes inzidiert werden. Durch Einwärtsrotieren des Humerus und Dislozieren seines Kopfes nach außen können die Humeruskopfgelenkfläche besichtigt und die Knochenschuppe sicher fixiert werden (Blutunterbindungszange nach PÉAN oder KOEBERLE). Der lose Knorpel wird vorsichtig entfernt und die Läsion bis auf das Knochengewebe kürettiert. Das Gelenk ist dann mit steriler Elektrolyt- oder physiologischer Kochsalzlösung auszuspülen und durch sorgfältige Kapselnaht mit schwerresorbierbaren Catgut-Knopfheften zu verschließen. Die Sehne des M. infraspinatus wird mit Nähten aus nicht resorbierbarem Material wieder am gekennzeichneten Humerusstumpf befestigt. Es folgen verschließende Muskulatur- und Hauthefte.

Die von einigen Autoren beschriebene Resektion des Akromions (DIETZ 1975) ermöglicht einen besseren Überblick, war nach eigenen Erfahrungen bisher aber nicht erforderlich. Eine postoperative Belastungshemmung durch Hinderungsschienenverbände ist unnötig. Die Heilung kann durch physikalische Therapie (Kurzwelle) unterstützt werden. Nach wenigen Tagen post operationem beginnt das Tier, die Extremität langsam zu belasten. Nach 4–6 Wochen ist die Heilung in der Regel abgeschlossen. Nicht operierte Chondrosis dissecans kann nach SCHMIDTKE und SCHMIDTKE (1978) zur Osteoarthritis deformans führen.

Die **Chondrosis dissecans am medialen Humeruskondylus** ist gemeinsam mit den losen Processus coronoideus und Pr. anconeus die häufigste Ursache für eine Ellenbogengelenkarthrose. Nach DENNY (1980) sind zur Diagnose bei wachsenden Hunden großer Rassen sorgfältige Röntgenaufnahmen des Ellenbogengelenks in 2 Ebenen (medio-lateral und anterior-posterior) und zur Differenzierung von Chondrosis dissecans und losem Processus coronoideus ulnae eine mediale Ellenbogengelenkarthrotomie erforderlich.

Die *mediale Arthrotomie des Ellenbogengelenks* ist nach DENNY (1980) wie folgt auszuführen: Hautschnitt an der medialen Ellenbogengelenkseite über dem medialen Humerusepikondylus. Darstellung des M. pronator teres und des M. flexor carpi radialis und deren Trennung nahe des medialen Epikondylus, wobei der N. medianus und die dazugehörige Arterie zu schonen sind. Einsetzen von Wundspreizern zum Auseinanderziehen der Muskeln und Darstellung der Gelenkknorpel, Eröffnung der Gelenkkapsel in Längsrichtung und Einbeziehung in die Wundspreizung, Erweiterung des Gelenkflächenüberblicks durch Druck auf die distale Extremität bei gebeugtem Ellenbogengelenk über ein untergelegtes Polster oder die Kante des Operationstisches. Kontrolle der Gelenkfläche des medialen Humeruskondylus auf chondrotische Veränderungen. Eventuelle Entfernung der Knorpelschuppe und Kürettage des subchondralen Knochens. Liegt keine Chondrosis vor, wird der Processus coronoideus ulnae kontrolliert, von knorpligen und fibrösen Anheftungen befreit und entfernt, notfalls nach vorheriger Durchtrennung des Kollateralbandes. Gelenkverschluß in üblicher Weise. Postoperativer Stützverband über 5 Tage.

Beim Vorliegen der **Chondrosis dissecans am medialen oder lateralen Femurkondylus** im Kniegelenk (Abb. 24.30.) wird nach Gelenkeröffnung und maximaler Beugung operativ analog vorgegangen (CLAYTON-JONES 1980). Dasselbe gilt für das Tarsalgelenk (OLSEN et al. 1980).

Eine als **synoviale Osteochondromatose** bezeichnete Erkrankung beim Hund beschrieb SCHAWALDER (1980). Sie ist durch freie Gelenkkörper **(Corpora libera)** gekennzeichnet, die zunächst als Chondrome von der Synovialmembran der Gelenkkapsel infolge eines vermutlich metaplastischen „Irrtums" der Synovialzellen (synoviale Chondrometaplasie) gebildet werden. Anfänglich sind diese Chondrome über Synovialzotten mit der Gelenkkapsel verbunden, bis sie durch mechanische Beeinflussung abreißen, vom Zentrum her verknöchern bzw. verkalken (Osteochondrome) und sich als Corpora libera im Gelenk aufhalten. Zu Beginn ihrer Entstehung geben sie keinen Röntgenschatten und sind nur durch Kontrastarthrographie darzustellen, mit zunehmender Verknöcherung gelingt dies auch mittels Nativaufnahme. Besonders prädestiniert sind die Hüft- und Schultergelenke des Hundes. Häufig liegt eine klinisch symptomfreie, latente Form vor (röntgenologischer Zufallsbefund), nicht selten resultieren mäßige, intermittierende Schmerzen bzw. kommt es zum sogenannten „Einklemmphänomen". Letzteres besagt, daß sonst symptomfreie Hunde plötzlich ein blockiertes Gelenk aufweisen, das erst wieder frei beweglich wird, wenn sich das verursachende Chondrom gelöst hat. *Therapeutisch* kommt nur eine chirurgische Entfernung des oder der Corpora libera in Frage, verbunden mit einer partiellen Exzision der erkrankten Synovialmembran (Synovektomie).

Die **zervikale Subluxation** und **Spondylolisthesis** (Wirbelgleiten) gehören nach DÄMMRICH (1979) zu den Wachstumsstörungen des Gelenkknorpels an den Halswirbelkörpern und kommen

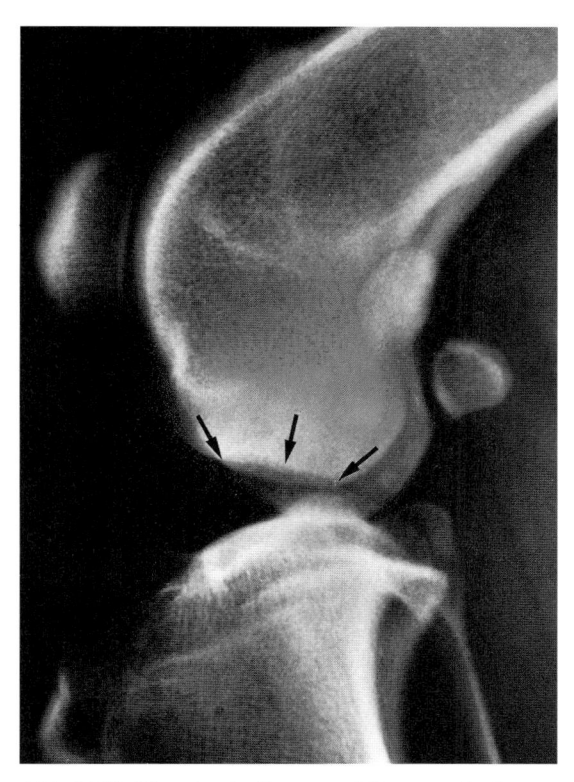

Abb. 24.30. Chondrosis dissecans. Röntgenaufnahme eines Kniegelenks im medio-lateralen Strahlengang. Knorpeldefekt im kaudalen Bereich des Femurkondylus (schwarze Pfeile). (PAATSAMA, Helsinki).

als Überbelastungsschaden der Wirbelsäule bei Junghunden großwüchsiger Rassen **(Wobbler-Syndrom)** vor. Besonders häufig wurde sie beim Dobermann gefunden. Dabei weist die Halswirbelsäule epiphysiolytische Veränderungen an den Wirbelkörperepiphysenfugen (SEFFNER und SCHMIDT 1982) und infolge der Wachstumsstörungen an den Gelenkknorpeln unregelmäßige Formen und Größen der Processus articulares auf. Dadurch entstehen Instabilitäten der Halswirbelsäule, insbesondere in ihrem kaudalen Bereich (5.–7. Halswirbelkörper), die nach GAGE (1981) als **kaudale Zervikalspondylolisthesis** zu bezeichnen sind. Durch dorsale Subluxationen der kaudalen Halswirbelkörper kommt es zu Verengungen des Rückenmarkkanals und zur Halsmarkquetschung (SEIM und WITHROW 1982).

Das *klinische Bild* tritt bei Junghunden im Alter von 3–12 Monaten auf. Traumatisch bedingt, können auch wesentlich ältere Tiere erkranken. Infolge der Halsmarkkompressionen entwickeln sich ausgeprägte, beidseitig symmetrische Paresen und Ataxien, die zuerst an den Hinter- und nachfolgend an den Vorderbeinen deutlich werden. Die Tiere zeigen ohne Schmerzen Aufstehbeschwerden, Inkoordinationen der Bewegung und verschiedene Grade von Ataxien. *Röntgenologisch* sind im latero-lateralen und ventro-dorsalen Strahlengang leichte Flexionen der kaudalen Halswirbelsäule bis hin zur dorsalen Subluxation des vorderen Anteils kaudaler Halswirbelkörper und Verschmelzung des Bandscheibenraumes zu beobachten. Durch Myelographie (s. Kapitel 9.) kann eine Verengung des Wirbelkanals nachgewiesen werden (GAGE 1981, SEIM und WITHROW 1982).

DUELAND (1981) unterscheidet 4 Typen der Spondylolisthesis:

1. dorsale Subluxation kranialer Wirbelkörperteile infolge ligamentöser Instabilität der vertebralen Gelenkfortsätze;
2. dorsale Luxation eines oder mehrerer Wirbelkörper infolge von Fehlbildungen in ihrem kranialen Bereich mit „Pflugscharbildung";
3. Verengung des dorsoventralen Wirbelkanaldurchmessers im kranialen Wirbelkörperbereich;
4. mediane Verschmelzung des Spinalkanals infolge Fehlbildung der Gelenkfortsätze.

Über die Verengung des dorsoventralen Wirbelkanaldurchmessers im kranialen Wirbelkörperbereich der kaudalen Halswirbel berichtete BETTS (1982) unter der Bezeichnung **„zervikale Spondylopathie"**. Er beobachtete die Erkrankung speziell bei jungen Doggen (bis zu 2 Jahren) und älteren Dobermann-Hunden (über 3 Jahre) und vermutet ursächliche Wechselbeziehungen zwischen genetischer Prädisposition und unausgeglichener Ernährung in der Wachstumsphase. Die zervikale Spondylopathie beruht auf einer zunehmenden Rückenmarkkompression infolge einer Verengung der kranialen Öffnung des Foramen vertebrae, einer Spondylolisthesis oder einer Verdickung der Ligamenta interarcualia, des Ligamentum longitudinale dorsale oder des dorsalen Teils eines Anulus fibrosus (oder mehrerer) als Reaktion auf abnorme Belastungen. Auch Degeneration, Extrusion und Protrusion von Bandscheiben können Bestandteil des Krankheitsprozesses zumeist in Form einer zusätzlichen Komplikation sein.

Klinisch herrschen Schwierigkeiten bei der Bewegungskoordination, steif gehaltener und abwärts gerichteter Nacken sowie Ataxien vorwiegend der Hinter-, aber auch der Vorderextremitäten bis hin zur Tetraplegie oder Tetraparese vor. Passive Dorso- oder Ventroflexion (Hyperextension) kann die klinischen Erscheinungen auslösen oder verstärken. Die beschriebenen pathogenetischen Veränderungen der Spondylolisthesis

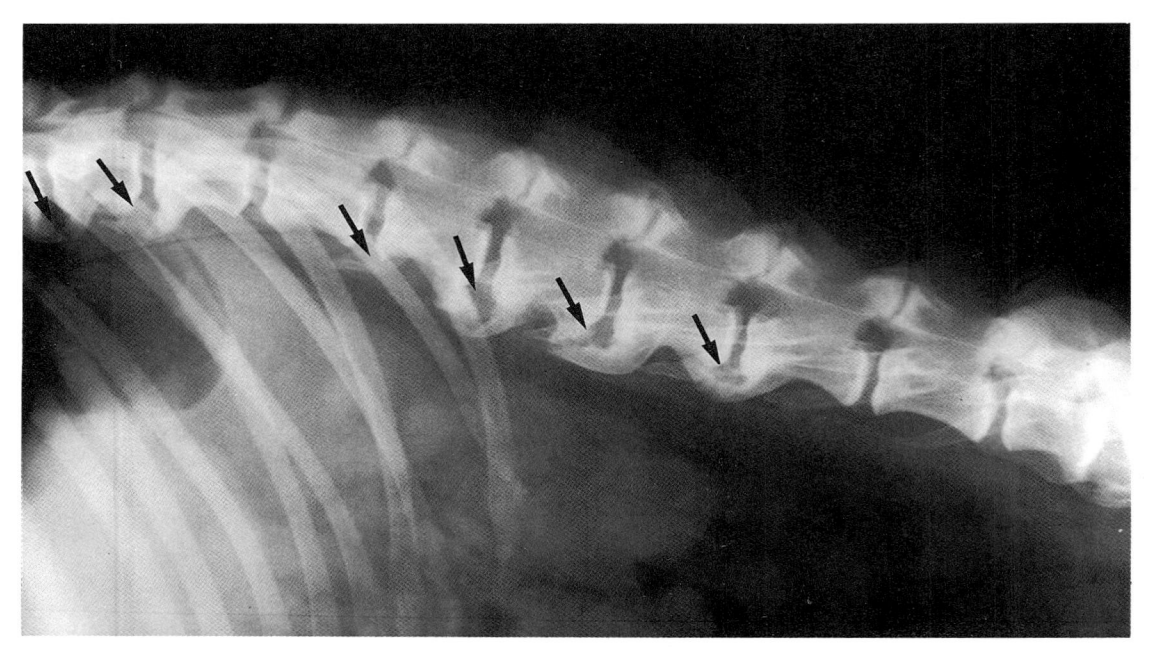

Abb. 24.31. Spondylopathia deformans. Röntgenaufnahmen der kaudalen Brust- und gesamten Lendenwirbelsäule im latero-lateralen Strahlengang. Darstellung von Randzacken, Wülsten, Spangen und exostotischen Brücken (Pfeile) im ventralen Bereich der Wirbelkörper.

und der zervikalen Spondylopathie sind durch latero-laterale und ventro-dorsale Röntgenaufnahmen bei gestrecktem sowie ventral und dorsal gebeugtem Hals in Form von Nativ- und myelographischen Aufnahmen zu erkennen.

Die Therapie der zervikalen Spondylopathie sehen BETTS (1982) und GORING et al. (1991) in einer operativen, ventralen oder dorsalen Dekompression mit Stabilisierung der Wirbelkörper (bei ungünstiger Prognose). Nur langsam fortschreitende oder gleichbleibend leichte Krankheitserscheinungen sollten konservativ mit Antiphlogistika, Analgetika, relativer Ruhe und Bewegungseinschränkungen behandelt werden.

Die *Therapie* der Spondylolisthesis besteht in einer chirurgischen Korrektur durch dorsale Laminektomie und Verplattung, durch Verdrahtung der Dornfortsätze, durch Verschraubung der Wirbelbögen oder Gelenkfortsätze und durch innere Fixation mit Verdrahtung und Verschmelzung. GAGE (1981) empfiehlt als einfachstes Verfahren die Immobilisation zweier Halswirbelkörper nach ventraler Laminektomie durch ein bis zwei quer durch den Zwischenwirbelraum verlaufende Kortikalisschrauben. DUELAND (1981) stabilisiert die Wirbelgelenkverbindungen beim 1. Erkrankungstyp durch dorsale Laminektomie und interne Fixation mittels Verdrahtung und Verschmelzung.

Bei den Erkrankungstypen 2–3 kann eine dekompressive Laminektomie ausreichen.

Auch die **Spondylopathia deformans,** die bei erwachsenen Hunden großwüchsiger Rassen an der Brust- und Lendenwirbelsäule auftritt, deutet DÄMMRICH (1979) u. a. als eine Spätfolge von Überbelastungen der Wirbelgelenke während des Wachstums. Pathogenetisch sind die *Spondylopathia deformans* (Arthrosis der Zwischenwirbelgelenke) und die *Spondylarthritis ankylopoetica* (Wirbelgelenkentzündung) zu unterscheiden.

Bei der **Spondylopathia deformans** bilden sich als Folgen von Schäden an den Zwischenwirbelgelenken und Zwischenwirbelscheiben im ventralen Wirbelsäulenbereich Randzacken, Wülste, Spangen und exostotische Brücken, in die das Ligamentum longitudinale ventrale einbezogen wird. Nach und nach gehen die Knochenspangen ohne erkennbare Abgrenzung in die Spongiosa der Wirbelkörper über und ankylosieren die Wirbelsäule in unterschiedlicher Ausdehnung (Abb. 24.31.). Bei der **Spondylarthritis ankylopoetica** beginnen die degenerativen Verknöcherungsprozesse an den kleinen Kostovertebralgelenken, führen aber ebenfalls zur Randzacken- und Brückenbildung und somit zur Wirbelkörperankylosierung. In der klinischen Wertung bestehen deshalb zwischen beiden Erkrankungsarten keine Unterschiede.

Das *klinische Bild* variiert je nach Ort und Intensität eventueller Rückenmark- und/oder Nervenkompressionen. Die Versteifung der Wirbelsäule geht schleichend und für lange Zeit ohne auffallende Symptome vor sich. Lediglich gewisse Bewegungsbeschwerden beim Springen, Treppensteigen und freien Herumtoben der Hunde wären zu bemerken. Durch Traumen (ruckartige, heftige Bewegung) ausgelöst, können aber plötzlich akute Anfälle mit schweren Syndromen auftreten, wenn Spinalnerven gedrückt, eingeklemmt oder in ähnlicher Weise geschädigt wurden (Cauda-equina-Syndrom; HACH und LENEHAN 1992). Hochgradige Schmerzhaftigkeit, Verspannung der Rückenmuskulatur und heftiges Schreien bei der geringsten Berührung *(Hyperästhesie)* sind besonders auffallend. Die Hunde bewegen sich kaum, zeigen einen aufgezogenen Rücken und schwanken in der Nachhand. Leicht fieberhafte Körpertemperaturen sind im Anfangsstadium nachweisbar. Mit abklingender Hyperästhesie kommt es zu einem breitbeinigen, schleppend-schaukelnden Gang in der Hinterhand mit entsprechender Verlagerung des Körpergewichtes nach vorn. Beim Absetzen von Harn und Kot können die typischen Körperstellungen nicht eingenommen werden, so daß Harnverhaltungen mit Harnblasenüberdehnungen sowie schwerwiegende Koprostasen vorkommen. Nicht selten verschlechtert sich das Krankheitsbild bis zur vollständigen Parese der Nachhand, Erlöschen der Reflexe und Lähmung der Sphinkteren. Die gelähmten Hinterextremitäten werden dann nachgeschleift, Harn und Kot spontan abgesetzt sowie Schleif- und Dekubituswunden verursacht.

Die Spondylopathia deformans kommt bei allen, besonders aber bei den großwüchsigen Hunderassen (z. B. Deutscher Schäferhund, Rottweiler, Dobermann) vor. Außerordentlich häufig tritt sie beim Deutschen Boxer auf. MÜLLER (1970) konnte sie sogar bei nur wenige Tage alten Boxerwelpen nachweisen.

Röntgenologisch lassen sich die beschriebenen Veränderungen des ventralen Wirbelsäulenbereiches im latero-lateralen Strahlengang verdeutlichen. Besonders stark sind die mittlere bis kaudale Brust- und Lendenwirbelsäule betroffen, eine Prädilektionsstelle scheint der Übergang von der Lendenwirbelsäule zum Kreuzbein zu sein, aber auch die Hals- und Schwanzwirbelsäule werden befallen (s. Abb. 24.31.). Eine Übereinstimmung des Schweregrades der röntgenologisch nachweisbaren Veränderungen und der klinischen Erscheinungen besteht in der Regel nicht.

Die *Therapie* kann die Ursachen nicht beseitigen, wohl aber die klinischen Erscheinungen beeinflussen (JANSSENS 1991). Symptomatisch sind Sedativa und Analgetika einzusetzen. Eine allgemeine Glucocorticoidtherapie (z. B. Prednisolon, ID 1,0 mg/kg KM i. m. oder oral alle 2 Tage morgens, pro Dosis um 5,0 mg/Tier reduzieren) ist unter chemotherapeutischer Abschirmung zu empfehlen (Nebenwirkungen beachten: Polydipsie und übermäßiger Appetit). Lokale, paravertebrale Glucocorticoid-Lokalanästhetikum-Injektionen können im Erkrankungsbereich in Form kleiner Depots (0,3 ml) entlang der Wirbelsäule eingesetzt werden. Bewährt hat sich die Applikation nichtsteroidaler Antiphlogistika (Prostaglandinhemmer), wie z. B. Phenylbutazon, Flunixin, Naproxen, Meloxicam. Auch Vitamin-B-Komplex-Gaben und besonders Kurzwellenbestrahlungen (s. Kapitel 4.) sind anzuraten. Koprostasen und Harnverhaltungen müssen rechtzeitig erkannt und manuell bzw. durch Katheterisierung beseitigt werden. Bei totaler Hinterhandlähmung wurden früher Strychninkuren (Strychninum nitricum in einpromilliger Lösung in der Dosierung von 0,1 ml/kg KM) über 6–8 Tage mitunter erfolgreich durchgeführt. Bei frühzeitiger Intervention sind Rückenmark- und Nervenkompressionen (z. B. Cauda-equina-Kompressionssyndrom) operativ (z. B. dorsale Laminektomie; HACH und LENEHAN 1992) erfolgreich zu behandeln.

Da bis zur klinischen Heilung oft Wochen oder Monate vergehen können und Rezidive niemals auszuschließen sind, sollten die Tierhalter entsprechend informiert und in aussichtslosen Fällen (bei schweren Rezidiven) eine schmerzlose Tötung angeraten werden.

24.1.4. Sonstige Knochensystemerkrankungen

Knochensystemerkrankungen, die nicht zu den Störungen der Matrixbildung, des Mineralstoffwechsels und des Knochenwachstums gehören, sind:

– die Akropachie,
– die kraniomandibuläre Osteopathie,
– die Osteomyelitis,
– die rheumatoide Polyarthritis.

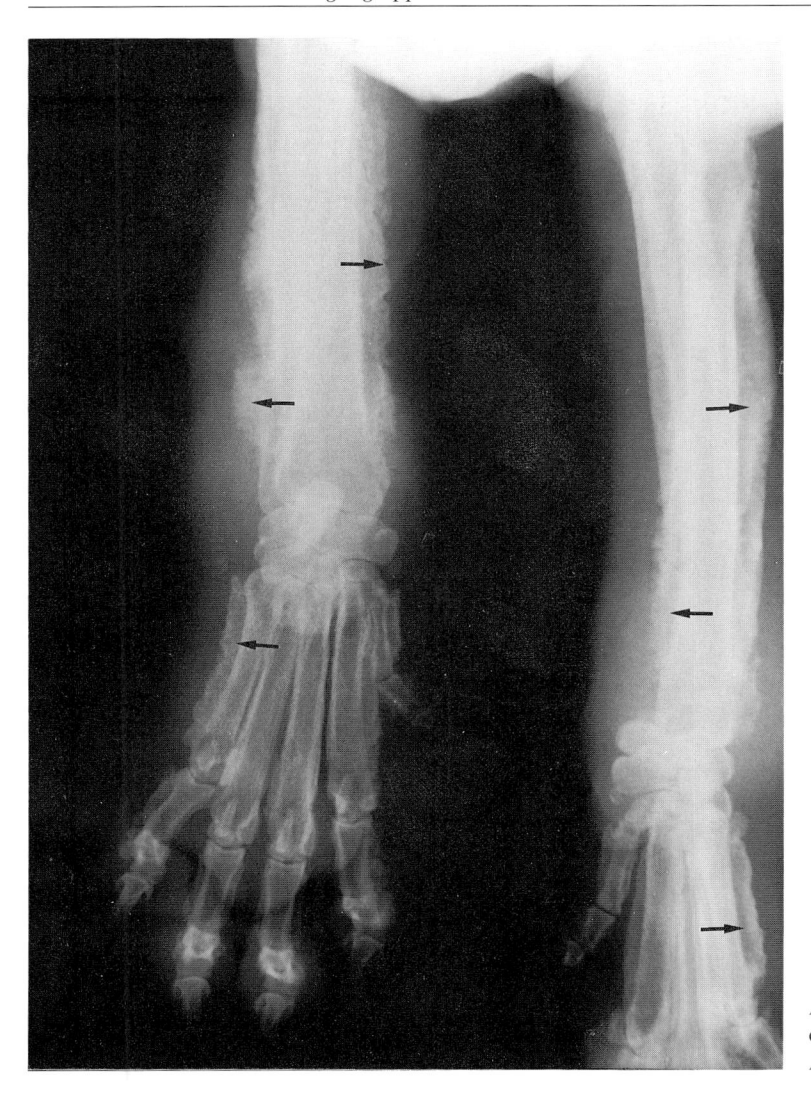

Abb. 24.32. Akropachie. Schwere osteophytäre Wucherungen und Ankylosierung des Karpalgelenks.

Die **Akropachie** (pulmonäre Osteoarthropathie, Osteoperiostitis hyperplastica) ist eine sekundäre Knochensystemerkrankung, die nicht allein, sondern in Verbindung mit einem pulmonären Grundleiden (Lungentuberkulose, Lungentumoren, Lungenkarzinomatose) auftritt. Sie ist durch symmetrische, periostale und endostale Wucherungen vornehmlich in den distalen Bereichen von Radius, Ulna und Tibia und in den proximalen Teilen von Metakarpus und Metatarsus unter Einbeziehung der Karpal- und Tarsalknochen gekennzeichnet (Abb. 24.32., 24.33.). In fortgeschrittenen Fällen kommt es zur Pseudankylosenbildung und damit zur Einschränkung der Beweglichkeit an den Ellenbogen-, Karpal- und Tarsalgelenken. Unter den hyperostotischen Wucherungen entwickeln sich Ab- und Umbauprozesse an Kompakta und Spongiosa der Röhrenknochen mit Rarefikation und Atrophie des Knochengewebes. Wegen ihrer Verbindung zu primären Lungenerkrankungen wird die Akropachie nach TEICHMANN auch als **osteopulmonales Syndrom** bezeichnet. Doch nicht immer muß sich das Primärleiden in der Lunge manifestieren, vereinzelt werden auch Herz- und Lebererkrankungen sowie Mammatumoren beschrieben (SCHLAAFF 1973).

Das *klinische Bild* war in eigenen Untersuchungen (SCHIMKE et al. 1967) dadurch charakterisiert, daß bei gedämpftem Allgemeinbefinden und leichter Lungensymptomatik (Husten, Lungentuberkulose) langsam zunehmende Schwellungen der distalen Extremitäten auftraten. Bei ausgeprägter Bewegungsunlust war die Lahmheit nur

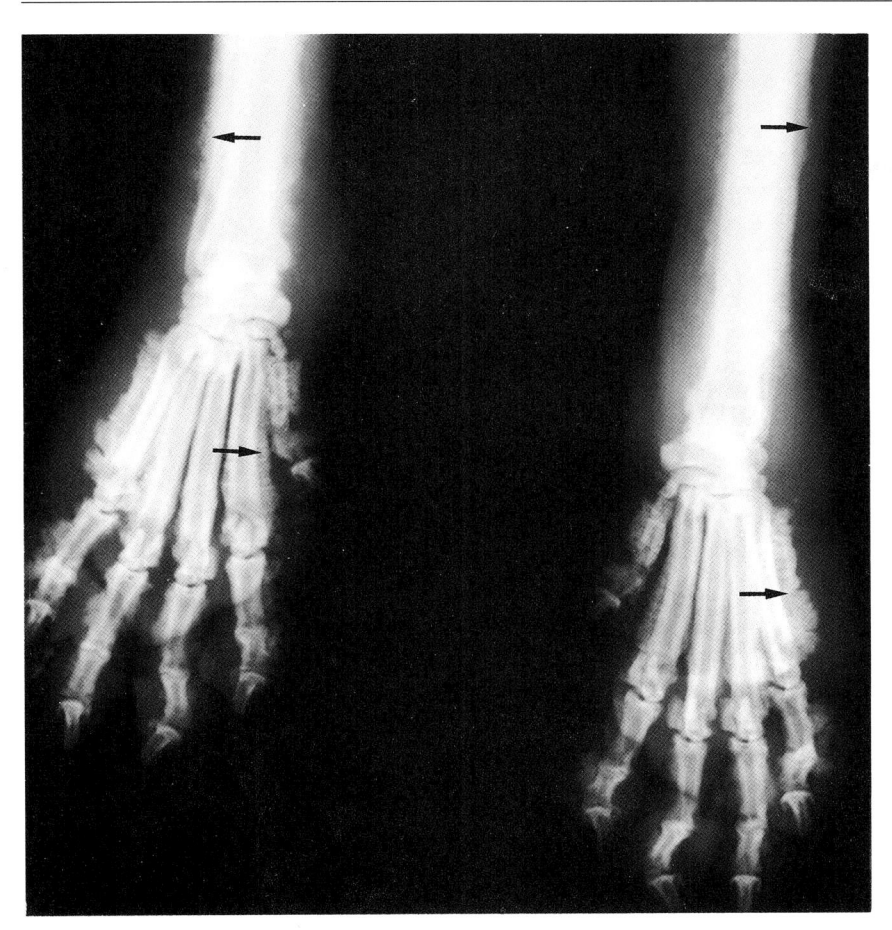

Abb. 24.33. Akropachie. Röntgenaufnahme zweier Vorderextremitäten im anteriorposterioren Strahlengang. Beginnende periostale osteophytäre Wucherungen im Radius-Ulna-Bereich sowie an den Metatacarpalia (Pfeile).

geringgradig. Palpationsschmerz bestand nicht. Im fortgeschrittenen Stadium wurden die Extremitätenverdickungen mit palpierbaren, festen, höckrigen Knochenauflagerungen, Lahmheiten und Bewegungsunlust auffallend. *Röntgenologisch* imponierten die beschriebenen akropachialen, hyperostotischen oder periostalen Wucherungen durch zackig-wolkige Verschattungen entlang der Röhrenknochen (Abb. 24.33.). Die Röntgenuntersuchung der Lunge läßt oftmals die primären Veränderungen erkennen. *Labordiagnostisch* wurde beim eigenen Fall eine ausgeprägte Eosinophilie (100,0 % über dem oberen physiologischen Grenzwert) eventuell als Ausdruck einer zusätzlich ermittelten Kokzidiose festgestellt. Die Elektrolytuntersuchungen erbrachten ausschließlich physiologische Werte. Die Nebennieren waren funktionstüchtig.

Die *Therapie* ist auf die Bekämpfung des Primärleidens auszurichten. Eine Behandlung der Lungentuberkulose mit Streptomycin (über 5 Tage) und Isonicotinsäurehydrazid erbrachte auch röntgenologisch nachweisbare Rückbildungen der hyperostotischen Veränderungen an den Extremitätenknochen. Lungenoperationen zur Entfernung karzinogener Primärherde blieben bisher erfolglos. Wegen der aussichtslosen Prognose ist eine schmerzlose Tötung des Tieres anzuraten.

Die **kraniomandibuläre Osteopathie** ist nach FREUDIGER und ZIMMER (1969) eine bilaterale hyperostotisch-sklerotische Knochenerkrankung mit vorwiegend kraniomandibulärer Manifesta-

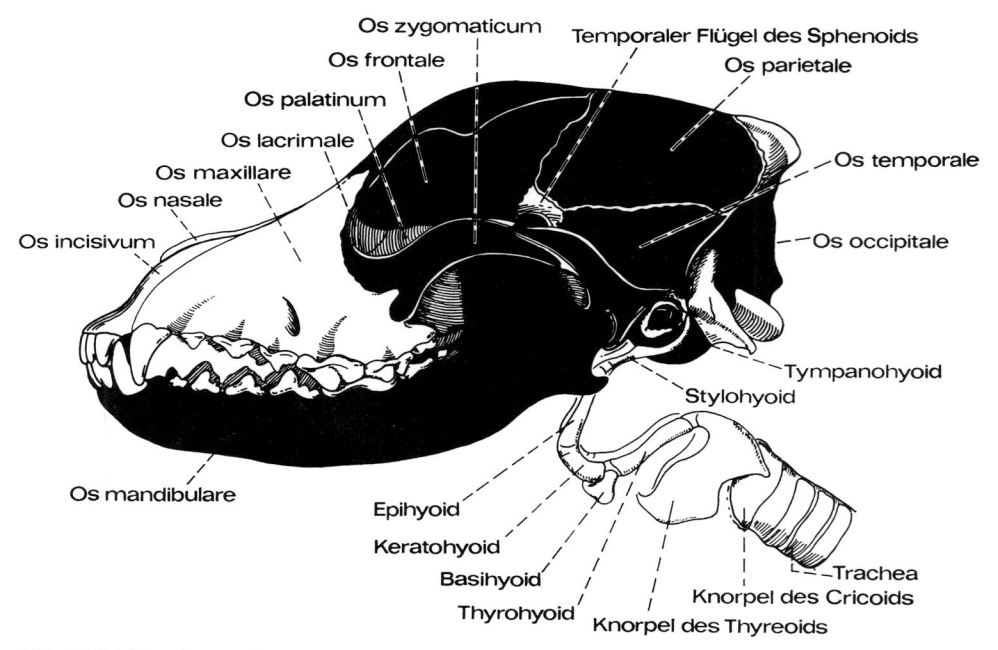

Abb. 24.34. Kraniomandibuläre Osteopathie. Bisher beschriebene Schädellokalisationen (nach SCHULZ 1981).

tion. Sie gehört nach SCHULZ (1981) zu den Knochensystemerkrankungen, da sie mit extraossalen Verknöcherungen an den Metaphysen von Radius und Ulna verbunden sein kann und ist nach STUR et al. (1991) genetisch bedingt. Sie ist der *infantilen kortikalen Hyperostosis* des Kindes (Caffey-Silverman-Syndrom) ähnlich.

Das *klinische Bild* ist durch Auftreibungen am Unter- und Oberkiefer, verbunden mit schmerzhaften oder schmerzlosen Weichteilschwellungen, Schmerzen beim passiven Öffnen des Fanges und Einschränkung der Unterkieferbeweglichkeit gekennzeichnet. Befallen sind hauptsächlich die Unterkiefer-, aber auch andere Schädelknochen (Abb. 24.34.) sowie Radius und Ulna. Diese Erkrankung kommt nur bei Jungtieren beiderlei Geschlechts im Alter von 3–12 Monaten und bei allen Rassen (zuerst nur bei West Highland White Terriern beschrieben) vor (SCHULZ 1981). *Röntgenologisch* sind symmetrische, kortikale Hyperostosen, besonders an den Mandibulakörpern, aber auch an den anderen Schädelknochen nachzuweisen. Vor allem im Bereich des Mandibulawinkels ermittelten FREUDIGER und ZIMMER (1969) an der Kortikalis sklerotische Knochenstrukturverdichtungen und -verdickungen.

Die *Therapie* kann nach SCHULZ (1981) aus einer Langzeit-Glucocorticoidbehandlung unter chemotherapeutischer Abschirmung, unspezifischer Reiztherapie und zusätzlicher Anwendung von Anabolika bestehen. FREUDIGER und ZIMMER (1969) erzielten vollständige Heilung durch therapeutische Röntgenbestrahlung, STUR et al. (1991) in einem Fall durch operative Entfernung einer knöchernen Zubildung an der Ulna und medikamentöse Therapie (11 Tiere).

Osteomyelitis ist eine Entzündung des Knochenmarks mit anschließender Beteiligung des festen Knochens und des Periostes infolge bakterieller Infektionen. Sie tritt häufig an Rutenwirbelknochen sogenannter „Rutenschläger", aber auch an anderen Knochen (Röhrenknochen, Unterkiefer, Phalangen) auf und führt zur Knochennekrose mit Sequesterbildung. Nach Osteosynthesen mit mangelhafter Aseptik kann sie den Operationserfolg ernsthaft gefährden.

Das *klinische Bild* ist an der Rute durch Wunden und eventuelle Fisteln, an den Extremitäten durch Lahmheiten, Störungen des Allgemeinbefindens und Fieber gekennzeichnet. Schmerzhafte Weichteilschwellungen und Fisteln sind möglich. *Röntgenologisch* sind im Anfangsstadium zunächst keine Veränderungen, dann zirkumskripte Einschmelzungsherde und schließlich Vakuolen im Knochenmark und in der Kompakta, periostale Auflagerungen, Osteolysis und Sequesterbildung nachweisbar. *Labordiagnostisch* fallen Leukozytose, Linksverschiebung und beschleunigte Blutsenkungsreaktion auf.

Die *Therapie* besteht an der Rute in der Amputation. An den Röhrenknochen ist eine medikamentöse Therapie indiziert, die aus möglichst lokalen oder intraarteriellen Antibiotikagaben (nach LAKY et al. [1981] Gentamicin 1mal täglich in die A. femoralis) über mindestens 10 Tage bestehen sollte. Die Trepanation osteomyelitischer Herde mit sorgfältiger Kürettage und evtl. Knochentransplantation (Spongiosa) sind angezeigt.

Die **rheumatoide Polyarthritis** gehört zum Komplex rheumatoider Erkrankungen.

In der Humanmedizin wird nach SEIDEL (1979) und DULLENKOPF (1992) unter dem Begriff „Rheuma" eine Vielzahl unterschiedlicher Krankheiten zusammengefaßt, die nur das Syndrom der Schmerzen und der Funktionsbehinderung des Stütz- und Bewegungsapparates, nicht aber die Ätiologie gemeinsam haben. Rheumatismus ist keine wissenschaftlich exakt begründete Krankheit. Die Rheumatologie befaßt sich als humanmedizinisches Spezialgebiet mit den entzündlichen und degenerativen Erkrankungen des Stütz- und Bewegungsapparates mit Systemcharakter unter Ausschluß genau definierter Knochen- oder Gelenkerkrankungen und Traumen.
Nach ALTUS (1978) sind entzündliche rheumatische Erkrankungen (rheumatisches Fieber, rheumatoide (Poly-)Arthritis, Spondylitis ankylosans), Osteoarthrosen und Bandscheibenschäden, extraartikuläre und pararheumatische Erkrankungen unter dem Wort Rheumatismus zusammengefaßt.

Für die kleintierspezifische Veterinärmedizin ist die **rheumatoide Polyarthritis** als nicht genau definierte komplexe Gelenkerkrankung von Interesse. Es handelt sich dabei um eine chronisch entzündliche Erkrankung von Gelenken, Sehnen, Bindegewebe und Muskulatur, deren Ätiologie noch ungeklärt bzw. autoimmun bedingt ist (ALTUS 1978).

Das *klinische Bild* zeigt beim Hund eine Entzündung mehrerer großer Gelenke der Vorder- und Hinterextremitäten mit lokaler Schwellung, erhöhter Umgebungstemperatur, Fieber und allgemeinen Bewegungsstörungen. Obwohl vornehmlich junge Hunde erkranken, können auch ältere Tiere befallen sein. Die Krankheit verläuft chronisch rezidivierend und schubweise von akuten Phasen unterbrochen. Die Diagnose sollte durch rheumaserologische Untersuchungen, insbesondere durch den Waaler-Rose-Test (Nachweis von γ-Globulin-reaktivem Protein = Rheumafaktor) gesichert werden. Diese Untersuchungen ergaben bei unseren Patienten bisher nur in wenigen Fällen eindeutige Ergebnisse.

Die *Therapie* kann nicht kausal, sondern nur symptomatisch sein. Wegen der Möglichkeit einer erfolgreichen Entzündungsbeeinflussung ist den Glucocorticoiden zur Dauer- und Basistherapie der Vorzug zu geben. Sie sind mit einem Antibiotikum in Depotform zu kombinieren. Auch nichtsteroidale Antiphlogistika (Antirheumatika), wie z. B. Phenylbutazon, Flunixin, Naproxen, Indometacin, Meloxicam, und evtl. zusätzlich Analgetika (Analgin) sowie Anabolika können eingesetzt werden. Immunmodulatoren (Interferone) stellen in der Humanmedizin eine neue therapeutische Möglichkeit dar (Rentschler-Informationen 1992). Intraartikuläre Glucocorticoidinjektionen sind bei einer Polyarthritis abzulehnen.

Zum Komplex der nichtentzündlichen rheumatischen Erkrankungen bzw. des *degenerativen Rheumatismus* gehören nach ALTUS (1978) neben den Osteoarthrosen auch die **Bandscheibenschäden**. Sie sind im Rahmen des **Teckellähme-Komplexes** von Bedeutung. Im Gegensatz zu den entzündlichen rheumatischen Erkrankungen besteht beim degenerativen Rheumatismus keine unmittelbare Beteiligung des Gesamtorganismus. Die morphologisch-anatomischen Veränderungen an der Wirbelsäule sind nicht unbedingt der Ausdruck einer klinisch manifesten Erkrankung, das Ausmaß der röntgenologisch nachweisbaren Veränderungen ist nicht gleichbedeutend mit Schmerz, Funktionseinschränkung oder Schweregrad der Krankheit.

Das Krankheitsbild der Teckellähme beruht auf einer **Enchondrosis intervertebralis** mit **Diskus-** oder **Nucleus-pulposus-Vorfall**. Die Zwischenwirbelscheiben (Disci intervertebrales) bestehen aus einem Anulus fibrosus und dem im Zentrum liegenden Nucleus pulposus. Im Verlauf degenerativer Veränderungen kommt es zur Umwandlung des elastischen, mukoiden Nucleus in chondroides, verkalkendes Gewebe. Nekrosen und dystrophische Verkalkungen des Nucleus pulposus gehen einher mit Auffaserungen des Anulus fibrosus und entsprechendem Elastizitätsverlust der gesamten Bandscheibe. Leichte Traumen oder Wirbelsäulenbelastungen reichen dann aus, den Anulus fibrosus zu sprengen und den Nucleus pulposus bzw. nekrotisches Material von ihm zumeist nach dorsal in den Epiduralraum vorfallen zu lassen (Prolapsus nuclei pulposi; Extrusio), was

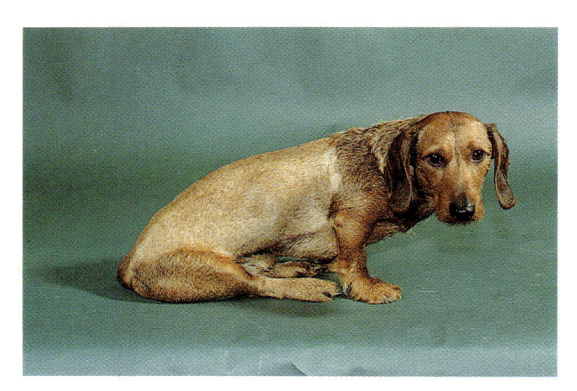

Abb. 24.35. Teckellähme mit aufgezogenem Rücken und spastischer Parese der Hinterextremitäten.

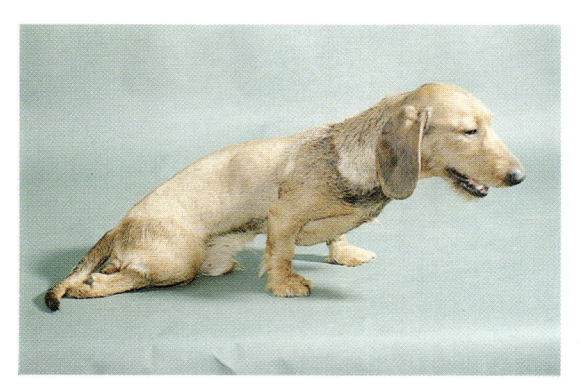

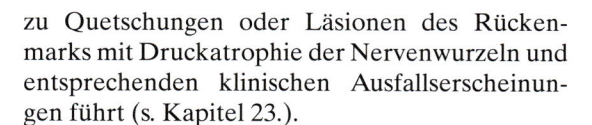

Abb. 24.36. Teckellähme, Fischrobbenstellung infolge von Paralyse der Nachhand (Nachhandlähmung).

zu Quetschungen oder Läsionen des Rückenmarks mit Druckatrophie der Nervenwurzeln und entsprechenden klinischen Ausfallserscheinungen führt (s. Kapitel 23.).

Andererseits können ähnliche Beeinträchtigungen des Rückenmarks auch durch *altersbedingte Zwischenwirbelscheibendegenerationen* entstehen. Sie führen dazu, daß der Nucleus pulposus seine distanzhaltende „Wasserkissenfunktion" verliert, wodurch die betroffene Zwischenwirbelscheibe zusammengedrückt wird und sich zunächst dorsale Lamellen des Anulus fibrosus in den Wirbelkanal hineinwölben (Protrusio, Vorwölbung der Zwischenwirbelscheibe), bis es evtl. zur Extrusio kommt.

Der *degenerative Erkrankungsprozeß* mit Nucleus-pulposus-Vorfällen kommt vorwiegend bei chondrodystrophischen Hunderassen (Teckel, Pekinese, Scotch-Terrier, Spaniel, Französische Bulldogge, Zwergpudel) im jüngeren bis mittleren Lebensalter (2.–7. Lebensjahr) vor, wobei besonders die Zwischenwirbelscheiben am Scheitel der Wirbelbrücke vom 11. Brust- (T_{11}) bis zum 3. Lendenwirbel (L_3), im Bereich der sehr beweglichen Halswirbelsäule (C_2–C_7) sowie am Übergang der Lendenwirbelsäule zum Kreuzbein (L_5–L_7/Kreuzbein) betroffen sind. *Altersbedingte Zwischenwirbelscheibendegenerationen* sind bei allen, häufig aber bei den großwüchsigen Hunderassen im gesamten Wirbelsäulenbereich anzutreffen (DÄMMRICH 1981).

Das *klinische Bild* wird von spastischer Hyperästhesie mit Bewegungsstörungen unterschiedlicher Intensität (Schmerzstadium) oder von partieller bis totaler Nachhandlähmung (Lähmungsstadium) beherrscht. Oftmals geht ein anfängliches Schmerzstadium mit ein- oder beidseitiger Lahmheit, aufgezogenem Rücken, Bewegungsunlust, Schmerzen bei der Berührung des Rückens bzw. bei der Palpation der Rückenmuskulatur und evtl. spastischer Parese (Abb. 24.35.) in ein Stadium der schlaffen Nachhandlähmung mit Fischrobbenstellung (Abb. 24.36.) über. Beim Diskusprolaps im Halswirbelbereich kommt es zu Schmerzen im Hals- und Schulterbereich sowie zu Lahmheiten der Vorderextremitäten unterschiedlicher Intensität. Schmerz- und Lähmungsstadien sind häufig mit Harn- und Kotverhaltungen verbunden, auf die geachtet werden muß (Gefahr der Harnblasenruptur), bzw. mit spontanem und unkontrolliertem Harn- und Kotabsatz. Dekubitusstellen und Hautekzeme sind infolge daraus resultierender Verschmutzungen mögliche Begleiterscheinungen.

Die *Diagnose* wird auf Grund der klinischen Symptomatik bzw. der röntgenologisch nachgewiesenen Veränderungen gestellt. Zum differentialdiagnostischen Ausschluß prognostisch ungünstiger Luxationen und Frakturen im Bereich der Wirbelsäule ist eine *röntgenologische Untersuchung* immer angezeigt. Da Degenerationen und Verkalkungen generalisierte Erscheinungen sind, ist die Röntgendiagnostik des akuten Diskusprolapses nicht einfach. Verkalkte Nuclei pulposi (Abb. 24.37.), dorsal in den Wirbelkanal reichende Vorwölbungen und verengte Zwischenwirbelräume sind nicht beweisend, wohl aber in den Wirbelkanal vorgefallener Detritus bzw. das gleichzeitige Auftreten von verengtem Zwischenwirbelraum, dorsaler Vorwölbung und/oder verkalktem Detritus. Eine korrekte Ermittlung eines

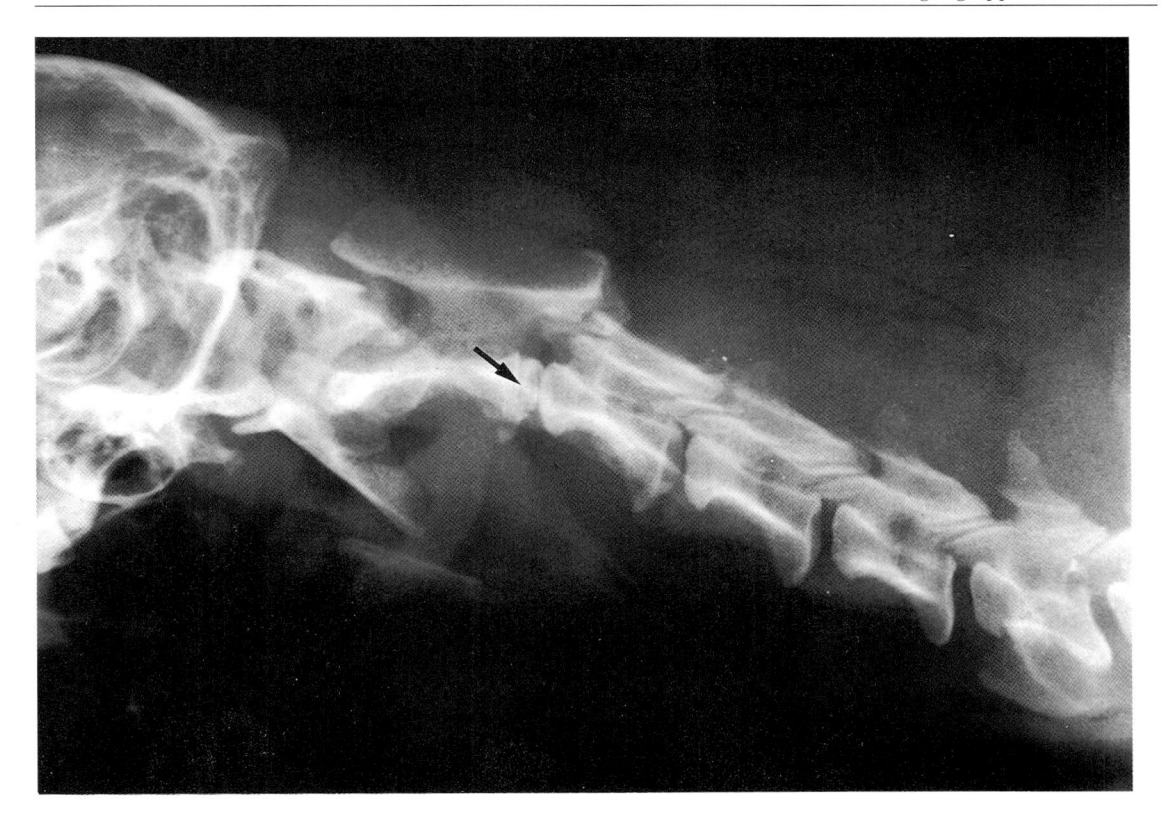

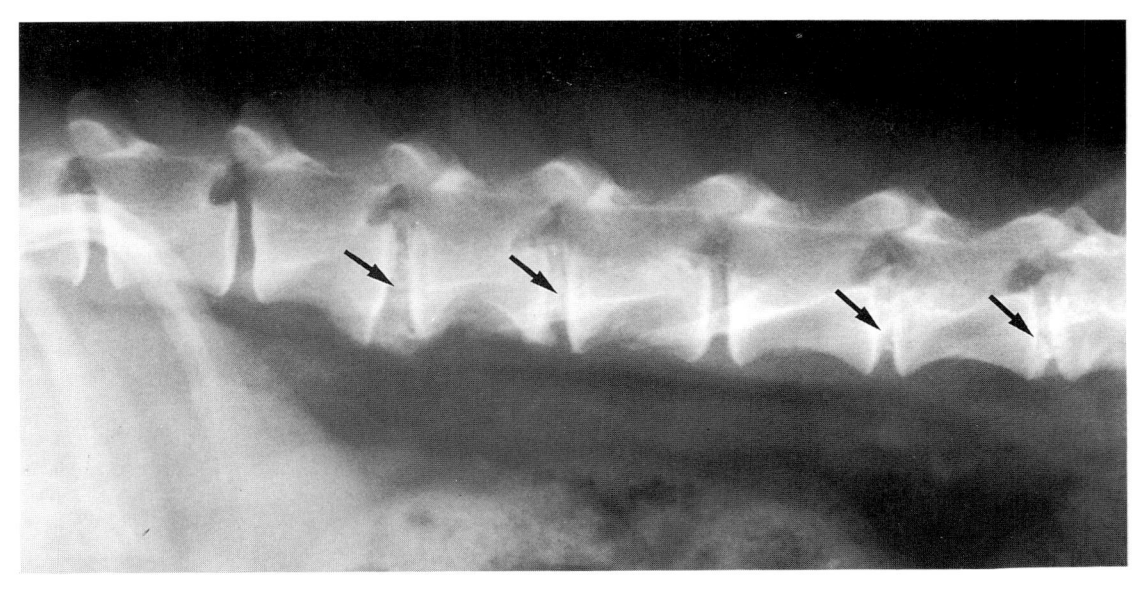

Abb. 24.37. Verkalkte Zwischenwirbelscheiben (Pfeile).
a) Im Bereich der Halswirbelsäule,
b) im Bereich der Lendenwirbelsäule.

Diskusprolapses ist röntgenologisch nur mit Hilfe der Röntgenkontrastdarstellung **(Myelographie)** möglich. Sie ist bei positiver klinischer Symptomatik und negativem nativ-röntgenologischem Befund indiziert und wird mittels zisternaler Applikation (Punktion des Foramen atlanto-occipitale; zervikale Myelographie) oder lumbaler Applikation (Punktion des Spatium intraarticulare bei L_4–L_5) eines geeigneten Kontrastmittels durchgeführt (WOLVERKAMP 1981). Zur Ausschaltung von Abwehrbewegungen bei der Applikation und von Krampferscheinungen nach ihr muß die Myelographie mindestens unter Diazepam, besser noch unter Allgemeinnarkose (s. Kapitel 6.) erfolgen.

Da die *Prognose* in Abhängigkeit vom Alter des Tieres, von seinem Körpergewicht, der Bereitschaft zur kooperativen Mitarbeit des Besitzers (intensive Pflege) und der Schwere der klinischen und röntgenologischen Erscheinungen einschließlich der Begleitsymptomatik (Harnblasenüberdehnung/-entzündung) relativ gut ist (ca. 50 % Heilungen von Ersterkrankungen auch bei schwerer Paralyse; jeder weitere Lähmungsanfall verschlechtert die Prognose), ist eine *Therapie* zunächst fast in jedem Ersterkrankungsfall indiziert. Sie richtet sich nach dem Ort des Prolapses und ist in eine *konservative* und in eine *chirurgische* Therapie zu unterteilen.

Die *konservative Therapie* ist beim Diskusprolaps im Hals- (Notversorgung), Brust- und Lendenwirbelsäulenbereich zunächst indiziert und besteht aus der Applikation von:
– Antirheumatika/Antiphlogistika (nichtsteroidal)
 (z. B. Indometazin, Phenylbutazon, Naproxen, Meloxicam),
– Analgetika
 (z. B. Metamizol, Aminophenazon),
– Glucocorticoiden
 (z. B. Dexamethason, Hydrocortison, Cortison, Prednisolon),
– Lokalanästhetika (Lidocain) + Glucocorticoiden (s. o.) paravertebral in kleinen Depots,
– Anabolika
 (z. B. Nandrolon)
– Vitamin B_{12} (B-Komplex),
– lokaler Wärme, Kurzwellentherapie (s. Kapitel 4.),
– Sedativa und Muskelrelaxantien (z. B. Diazepam).

Achtung! Vollständiges Beheben der selbstbegrenzenden Schmerzen kann Überaktivität des Tieres mit akuter Extrusionsgefahr auslösen!

Die *chirurgische Therapie* ist in den ersten 24 Stunden insbesondere bei Lähmungen indiziert und besteht u. a. aus

– lateraler oder ventraler Diskusfenestration,
– dorsaler Laminektomie (Entfernung des dorsalen Wirbelbogens),
– lateraler Hemilaminektomie (Entfernung eines lateralen Wirbelbogenteils).

Die dafür erforderlichen Operationstechniken und Erfolgsaussichten wurden u. a. von DAVID (1977), BOJRAB (1981), PUNZET und WALDE (1981) und HACH und LENEHAN (1992) beschrieben. Die dekomprimierenden Techniken der Lamin- und Hemilaminektomie bergen gewisse Gefahren für Rückenmuskulatur, Wirbelsäulenstabilität und austretende Nervenäste in sich. Deshalb empfehlen PUNZET und WALDE (1981) die thorakolumbale ventrale Fenestration von T_{9-10} bis L_{5-6}. Das setzt aber wegen der damit verbundenen Thoraxeröffnung eine Intubationsanästhesie mit intratrachealer Intubation und Druckbeatmung (s. Kapitel 6.) voraus. Einfacher ist die ein- oder beidseitige dorso-laterale Diskusfenestration von z. B. T_{10-11} bis L_{4-5} oder im Halswirbelsäulenbereich (Ausräumen des Nucleus pulposus nach Eröffnung des Anulus fibrosus ohne Berührung des Wirbelkanals). Sie ermöglicht ein prophylaktisches Vorgehen bei schon verkalkten, aber noch nicht vorgefallenen Nuclei pulposi und kann, da sie für den Patienten weniger belastend ist, in größeren Wirbelsäulenabschnitten ohne Stabilitätsbeeinflussung vorgenommen werden. Die Fenestration ist bei Zwischenwirbelscheibenverkalkungen mit wiederholt auftretenden Schmerzanfällen oder leichten bis mittleren Paresen und Ataxien indiziert. Schwere Paresen und Paralysen sollten durch unmittelbare operative Dekompression des Rückenmarks (Lamin- oder Hemilaminektomie) behandelt werden. Das operative Vorgehen ist der konservativen Therapie durch wesentlich geringere Rezidivraten (bei konservativer Therapie bis zu 30 %) und kürzere Krankheitsdauer überlegen.

Literatur

ALTUS, R. E. (1978): Die Arzneimitteltherapie der rheumatischen Krankheiten unter besonderer Berücksichtigung der Dauer- und Langzeittherapie und ambulanter Bedingungen. medicamentum **19**, 5–7 und 41–51.

BETTS, C. W. (1982): Eine Übersicht über die zervikale Spondylopathie. Kleintierpraxis 27, 255–260.

BOJRAB M. J. (1981): Zervikale Diskusfenestration. Prophylaktische thorakolumbale Diskusfenestration. In: BOJRAB, M. J. (1981): Praxis der Kleintierchirurgie. S. 417–419, 438–440. Enke Verlag, Stuttgart.

BONE, D. L. (1980): Canine Panosteitis. Canine Practice 7, 61–68.

BRASS, W. (1956): Über die Osteochondrosis des Hundes. Tierärztl. Umschau 11, 200.

BRASS, W., und RAHLFS, Inge (1981): Korrektur von Valgus- und Rotationsfehlstellungen im distalen Bereich von Radius und Ulna durch Osteotomie und perkutane Transfixation. Kleintierpraxis 26, 173 bis 178.

BRUNNBERG, L. (1978): Zur aseptischen Knochennekrose des Caput humeri beim Hund. Berl. Münch. Tierärztl. Wschr. 91, 418–423.

CLAYTON-JONES, D. G. (1980): Osteochondritis dissecans des Kniegelenks. Kleintierpraxis 25, 441–443.

DABELS, J., et al. (1982): Ulcus pepticum bei primärem Hyperparathyreoidismus und multipler endokriner Adenopathie. Dt. Gesundh.-Wesen 37, 1826–1831.

DÄMMRICH, K. (1976): Kalziumstoffwechselstörungen und Skelettveränderungen bei Hunden und Katzen. Effem-Report Nr. 3, 1–7.

DÄMMRICH, K. (1979): Wachstumsstörungen des Skeletts bei großwüchsigen Hunderassen. Effem-Report Nr. 9, 1–7.

DÄMMRICH, K. (1980): Skeletterkrankungen bei Hauskatzen. Effem-Report Nr. 10, 11–20.

DÄMMRICH, K., (1981): Zur Pathologie der degenerativen Erkrankungen der Wirbelsäule bei Hunden. Kleintierpraxis 26, 467–476.

DÄMMRICH, K., und SCHULZE-SCHLEITHOFF, B. (1982): Rassenabhängiges Vorkommen von Skeletterkrankungen bei Hunden. Effem-Report Nr. 15, 1–9.

DAVID, Th. (1977): Atlas der Kleintierchirurgie. Schlütersche Verlagsanstalt, Hannover.

DAVID, M., et al. (1981): Hüftgelenkserkrankungen des Hundes. In: BOJRAB, M. J. (1981): Praxis der Kleintierchirurgie. S. 477–484. Enke Verlag, Stuttgart.

DENNY, H. R. (1980): Die chirurgische Behandlung der Osteochondrosis dissecans und des losen Processus coronoideus ulnae im Ellbogengelenk des Hundes. Kleintierpraxis 25, 343–348.

DENNY, H. R., et al. (1982): The diagnosis and the treatment of cauda equina lesions in the dog. J. small Anim. Pract. 23, 425–443.

DIETZ, O. (1975): Krankheiten der Vordergliedmaßen; Krankheiten der Hintergliedmaßen. In: BOLZ, W., et al. (1975): Lehrbuch der speziellen Veterinärchirurgie. 2. Auflage. S. 654–877. Gustav Fischer Verlag, Jena.

DIETZ, O., und SCHRÖDER, E. (1979): Chirurgische Behandlung und postoperative Belastbarkeit bei der Osteochondrosis dissecans am Schultergelenk des Hundes. Mh. Vet.-Med. 34, 501–504.

DIETZ, O., et al. (1982): Lahmheitsdiagnostik beim Hund. Mh. Vet.-Med. 37, 490–496.

DUELAND, R. (1981): Zervikale Spondylolisthese – Behandlung durch Verschmelzung und Verdrahtung zur internen Fixation. In: BOJRAB, M. J. (1981): Praxis der Kleintierchirurgie. S. 415–417. Enke Verlag, Stuttgart.

DULLENKOPF, Birgit (1992): Entzündliche rheumatische Erkrankungen. medwelt 43, 191–197.

FICHTNER, R., und SEFFNER, W. (1980): Untersuchungen zur Osteoporose beim Mastrind. Mh. Vet.-Med. 35, 825–829.

FREUDIGER, U., und ZIMMER, E. A. (1969): Zur Differentialdiagnose einer sklerotischen Kieferveränderung in der Art der infantilen kortikalen Hyperostose Caffey-Silverman. Schweiz. Arch. Tierheilk. 111, 135–141.

GAGE, E. D. (1981): Zervikale Subluxation und Spondylolisthesis. In: BOJRAB, M. J. (1981): Praxis der Kleintierchirurgie. S. 411–413. Enke Verlag, Stuttgart.

GORING, R. L., et al. (1991): The inverted cone decompression technique: A surgical treatment for cervical vertebral instability „Wobbler Syndrome" in Dobermann Pinschers. Part. I. JAAHA 27, 403–409.

GRUNDSCHOBER, F., et al. (1982): Morbus Möller-Barlow bei einem Hundewelpen (ein Fallbericht). Kleintierpraxis 27, 111–119.

HACH, V., und LENEHAN, T. (1992): Fallbericht: Diagnose des Cauda equina-Kompressionssyndroms durch Magnetresonanz-Tomographie. Kleintierpraxis 37, 113–117.

HARRISON, J. W., und HOHN, R. B. (1982): Osteochondritis dissecans. In: BOJRAB, M. J. (1981): Praxis der Kleintierchirurgie. S. 551–557. Enke Verlag, Stuttgart.

HAZEWINKEL, H. A. W., et al. (1987): Ungenügende Photosynthese von Vitamin D bei Hunden. Vortrag Internat. Symposium Hannover.

HEDHAMMAR, A. F. M., et al. (1974): Overnutrition and skeletal disease. An experimental study in growing Great Dane dogs. Cornell Vet. 64, Suppl. 5, 1–160.

HEIDELMANN, G. (1979): Probleme der Natriumfluorid-Hochdosistherapie bei Osteoporose. Z. ärztl. Fortbild. 73, 431–435.

HERRON, M. R. (1981): Der lose Anconeusfortsatz. In: BOJRAB, M. J. (1981): Praxis der Kleintierchirurgie. S. 576–580. Enke Verlag, Stuttgart.

HESCH, R. D. (1992): Das dynamische Konzept der Osteoporose. medwelt 43, 145–151.

JANSSENS, L. A. A. (1991): Therapeutic aspects of acute spinal cord trauma. J. Small Anim. Pract. 32, 620–626.

KAMMERMEIER, Christine (1981): Wachstumsstörungen nach Verletzungen im Bereich der Epiphysenfugen beim Hund. Vet.-med. Diss., München.

KÁSA, G., und F. KÁSA (1982): Korrekturosteotomie bei Varusfehlstellung an der distalen Tibia des Hundes. Kleintierpraxis 27, 377–384.

KNECHT, C. D., und BLOOMBERG, M. S. (1980): Distraktion mit einer externen Fixationseinrichtung (Charnley-Apparatur) zur Erhaltung der Länge bei zu frühem Epiphysenfugenschluß. J. Amer. Anim. Hosp. Ass. **16**, 873–880.

KÖNIG, F. (1991): Fallbericht: Osteogenesis imperfecta bei einem Schäferhundwelpen. Kleintierpraxis **36**, 583–586.

KUTSCHMANN, K. (1982): Zum klinischen Bild der Osteodystrophia fibrosa generalisata bei der Katze. Mh. Vet.-Med. **37**, 302–305.

LAKY, R., et al. (1981): Intraarterielle Antibiotikatherapie in der Behandlung der chronischen posttraumatischen Osteomyelitis der Extremitäten (experimentelle und klinische Untersuchungen). Z. Exper. Chirur. **14**, 128–138.

MARKEL, M. D., et al. (1991): Multiplanar quantitative computed tomography for bone mineral analysis in dogs. Am. J. Vet. **52**, 1479–1483.

MATIS, Ulrike (1977): Zur Drahtzuggurtung distaler Epiphysiolysen bzw. suprakondylärer Frakturen des Femurs bei Katze und Hund. Berl. Münch. Tierärztl. Wschr. **90**, 240–243.

MAYRHOFER, E. (1977): Metaphysäre Tibiadysplasie beim Dachshund. Kleintierpraxis **22**, 223–228.

MEYER, H. (1980): Kalzium- und Phosphorbedarf des Hundes. Effem-Report Nr. **10**, 21–36.

MEYER-LINDENBERG, ANDREA, et al. (1991): Der isolierte Processus anconeus des Hundes – Vorkommen, Behandlung und Ergebnisse. Kleintierpraxis **36**, 671–679.

MÜLLER, D. (1991): Vorzeitiger Epiphysenschluß am Radius des Hundes. Prakt. Tierarzt **72**, 949–953.

MÜLLER, W. (1970): Wirbelsäulenerkrankungen beim Deutschen Boxer. Vet.-med. Diss., Leipzig.

OLSEN, N. C., et al. (1980): Die Osteochondritis dissecans des Tarsokruralgelenkes bei drei Hundewelpen. J. Amer. Vet. Med. Assoc. **176**, 635–637.

PAATSAMA, S., et al. (1969): Effect of Estradiol, Testosterone, Cortisone Acetate, Somatotropin, Thyrotropin and Parathyroid Hormone on the Lumbar Intervertebral Disc in Growing Dogs. J. small Anim. Pract. **10**, 351–354.

PAATSAMA, S., et al. (1971): Somatotropin, thyrotropin and corticotropin hormone-induced changes in the cartilages and bones of the shoulder and knee joint in young dogs. J. small Anim. Pract. **12**, 595–601.

PAATSAMA, S., et al. (1971): A study of osteochondritis dissecans of the canine humeral head using histological, OTC bone labelling, microradiographic and microangiographic methods. J. small Anim. Pract. **12**, 603–611.

PAATSAMA, S., und JUSSILA, J. (1974): Healing process after intertrochantic osteotomy in canine hip dysplasia: An experimental study. JAVRS **15**, 61–65.

PAATSAMA, S., et al. (1975): Etiological Factors in Osteochondritis dissecans. Acta orthop. scand. **46**, 906–918.

PAATSAMA, S., und KÄRKKÄINEN, M. (1981): Genu valgum, ein Beitrag zur Klinik des Kniegelenks beim Hund. Kleintierpraxis **26**, 181–186.

PAATSAMA, S. (1982): Genu valgum and Overnutrition. 49. Annual Meeting Proceedings, JAVMA, 269–270.

PAATSAMA, S., et al. (1983): Die Distraktion der Wachstumsfuge der Ulna zur Verhütung der Vorwärtsbeugung des Radius bei osteodystrophischen Deutschen Doggen. Kleintierpraxis **28**, 207–212.

PETERS, J. C., et al. (1981): Osteogenesis imperfecta im Wurf einer an „tiger disease“ erkrankten Sumatra-Tigerin. Kleintierpraxis **26**, 373–376.

PIETSCH, G., und KOTHE, W. (1979): Pankreatitis und primärer Hyperparathyreoidismus. Dt. Gesundh.-Wesen **34**, 857–859.

PIERMATTEI, D. L., et al. (1975): Zugänge zum Skelettsystem von Hund und Katze. F. K. Schattauer Verlag, Stuttgart–New York.

PRIEUR, W. D., und SCARTAZZINI, R. (1980): Die Grundlagen und Ergebnisse der intertrochanteren Varisationsosteotomie bei Hüftdysplasie. Kleintierpraxis **25**, 393–404.

PUNZET, G., und WALDE, I. (1981): Vergleichende Untersuchungen zur konservativen und operativen Behandlung der thorakolumbalen Enchondrosis intervertebralis (Dackellähmung) beim Hund. Kleintierpraxis **26**, 235–246.

Rentschler-Informationen (1992): Immunmodulatoren für die Rheumatherapie. Münch. med. Wschr. **134** (6), 66.

ROOS, Heide, et al. (1981): Zur Anatomie der Fugenknorpel langer Röhrenknochen des Hundes. 2. Mitteilung: Fugenknorpel des Radius und der Ulna. Kleintierpraxis **26**, 81–88.

RUDY, L. (1981): Korrektur von Wachstumsdeformitäten des Radius und der Ulna. In: BOJRAB, M. J. (1981): Praxis der Kleintierchirurgie, S. 587–594, Enke Verlag, Stuttgart.

SCHAWALDER, P. (1980): Die Synoviale Osteochondromatose (Synoviale Chondrometaplasie) beim Hund. Schweiz. Arch. Tierheilk. **122**, 673–678.

SCHAWALDER, P., und STERCHI, H. P. (1981): Der Centrum-Collum-Diaphysenwinkel (CC'D ∢) und der Antetorsionswinkel (AT ∢) beim Hund. Kleintierpraxis **26**, 151–162 und 273–278.

SCHILDBERG-STÖCKEL, E. M., und MUNDT, H.-C. (1982): Juvenile Osteoporose beim Wolf. Kleintierpraxis **27**, 261–264.

SCHIMKE, E., et al. (1967): Klinische, labordiagnostische, elektrophonokardiographische und röntgenologische Untersuchungen unter Berücksichtigung des ACTH-Testes bei der Möller-Barlow'schen Krankheit und der Akropachie des Hundes. Wien. tierärztl. Mschr. **54**, 650–663 und 717–727.

SCHMIDT, U. J., et al. (1974): Heparin und Osteoporose. Dt. Gesundh.-Wesen **28**, 630–633.

SCHMIDT, U. J., et al. (1975): Hormonelle Wirkungen auf den Knochenstoffwechsel unter besonderer Berück-

sichtigung der Osteoporose (2. Teil). Dt. Gesundh.-Wesen **30**, 9–15.
SCHMIDTKE, H. O., und SCHMIDTKE, Dorothee (1978): Nicht operierte Osteochondrosis deformans. Kleintierpraxis **23**, 399.
SCHROEDER, M. (1978): Beitrag zur Entwicklung des Skeletts der Vordergliedmaße beim Deutschen Schäferhund. Vet.-med. Diss., München.
SCHULZ, S. (1979): Ein Fall von kraniomandibulärer Osteopathie bei einem Boxer; einige neue Aspekte. Der praktische Tierarzt **60**, 972–976.
SCHULZ, S. (1981): Craniomandibuläre Osteopathie beim Hund – Vergleichende Aspekte. Kleintierpraxis **26**, 31–36.
SCHWARZKOPF, W. (1983): Ausrisse der Schienbeinrauhigkeit bei Kindern und Jugendlichen. Zbl. Chirurgie **108**, 200–205.
SEFFNER, W., und SCHMIDT, Vera (1982): Systemerkrankungen des wachsenden Skeletts bei Hund und Katze. Vortrag Jahrestagung der Fachkommission Kleine Haus- und Pelztiere der WGV, Magdeburg.
SEIDEL, K. (1979): Zur Geschichte des Rheumabegriffes. Dt. Gesundh.-Wesen **34**, 1345–1347.
SEIDEL, B., et al. (1976): Kasuistischer Beitrag zur Natriumfluoridtherapie der Osteoporose. Dt. Gesundh.-Wesen **31**, 557–562.
SEIM, H. B., and WITHROW, S. J. (1982): Pathophysiology and Diagnosis of Caudal Cervical Spondylo-Myelopathy with Emphasis on the Dobermann Pinscher (Pathophysiologie und Diagnose des Wobbler-Syndroms). J. Amer. Anim. Hosp. Ass. **18**, 241–251.
SLATER, M. R., et al. (1992): Breed, gender and age as risk factors for canine osteochondritis dissecans. Vet. Comp. Orthop. Traumat. **4**, 100–106.
STUDDERT, V. P., et al. (1991): Clinical features and heritability of osteochondrosis of the elbow in labrador retrievers. J. Small Anim. Pact. **32**, 557 bis 563.
STUR, Irene, et al. (1991): Craniomandibuläre Osteopathie beim West Highland White Terrier. Kleintierpraxis **36**, 491–500.
TEARE, J. A., et al. (1979): Ascorbic acid deficiency and hypertrophic osteodystrophy in the dog: a rebuttal. Cornell Vet. **69**, 384–401.
WALDE, I., und TELLHELM, B. (1991): Der fragmentierte Processus coronoideus medialis ulnae (FPC) und die Osteochondritis dissecans (OCD) im Ellenbogengelenk und Sprunggelenk des Hundes – Literaturübersicht, Diagnose und Therapie. Wien. Tierärztl. Mschr. **78**, 414–424.
WOLVEKAMP, W. Th. C. (1981): Röntgendiagnostik bei Hunden mit Rückenmarkskompression. Kleintierpraxis **26**, 479–490.

24.2. Frakturen

(E. SCHIMKE)

Die Erkrankungen des Bewegungsapparates beeinträchtigen die Bewegungsfähigkeit eines Tieres. Anatomische Veränderungen und funktionelle Störungen an Muskulatur, Knochen, Gelenken, Sehnen und Bändern äußern sich klinisch in unterschiedlichen Symptomenkomplexen. Der *Untersuchungsgang* umfaßt neben der allgemeinen klinischen Untersuchung des Patienten (s. Kapitel 2.) mit ausführlicher *Anamnese* die *Adspektion* im Stand und in der Bewegung.

24.2.1. Allgemeine Diagnostik

Die Palpation erfolgt zuerst am stehenden Tier und dann am seitlich gelagerten Patienten. Man beginnt an der distalen Extremität (Zehen) und prüft Muskeln, Sehnen, Bänder, Knochen sowie Gelenke durch passives Beugen und Strecken. Mit der *Perkussion* (Gummihammer) lassen sich schmerzhafte Prozesse abgrenzen. *Sensibilitätsprüfungen* sind differentialdiagnostisch wichtig. Im Bedarfsfall ist eine gezielte *röntgenologische Untersuchung* vorzunehmen. Das Röntgenbild sichert besonders bei Frakturen, Fissuren und Luxationen die Diagnose. Es sind mindestens zwei Röntgenaufnahmen in zwei senkrecht zueinander stehenden Ebenen erforderlich (Spezialliteratur: BARTELS 1980, KEALY 1981, FICUS 1978, SCHEBITZ und WILKENS 1968, 1977; s. Kapitel 9.).

Eines der offensichtlichen Symptome ist die **Lahmheit**. DIETZ et al. (1982) griffen eine Idee von LA CROIX und JEFFREY (1970) auf und unternahmen den Versuch einer Systematisierung von Lahmheiten des Hundes und deren Ursachen, abhängig oder unabhängig von Alter, Rasse, Gebrauchszweck oder Lokalisation.

Lahmheitsuntersuchung und Systematisierung von Lahmheiten des Hundes (DIETZ et al. 1982):
Lahmheit bedeutet Bewegungsstörung und Unvermögen des funktionellen Gebrauchs einer oder mehrerer Gliedmaßen.

Ataxie bzw. Bewegungsinkoordination liegt vor, wenn Störungen in den Bewegungsabläufen aller Gliedmaßen und des Rumpfes bei uneingeschränkter Muskelfunktion vorhanden sind.

Unter **Lähmung** ist der motorische Funktionsausfall einer Extremität (Monoplegie), beider Hinterextremitäten (Paraplegie) oder aller Gliedmaßen (Tetraplegie) zu verstehen. Nach dem Ausmaß einer Lähmung unterscheidet man **Parese** von **Paralyse**, abhängig vom Spannungszustand der Muskulatur (Tonus) zwischen **spastischer** und **schlaffer Lähmung**.

Parese bzw. Paralyse bedeutet unvollständige oder vollständige Lähmung nach Schädigung des zentralen oder peripheren motorischen oder sensiblen Nervensystems.

Die *Lahmheitsuntersuchung* erfolgt im Stand und wenn möglich, in allen Gangarten. Es werden Stützbein-, Hangbein- und gemischte Lahmheiten unterschieden.

Stützbeinlahmheiten sind typisch für Erkrankungen der Zehen, distalen Gliedmaßenabschnitte sowie der meisten Gelenkerkrankungen und Frakturen.

Gemischte, selten extreme Hangbeinlahmheiten sieht man bei Erkrankungen proximaler Gliedmaßenbereiche. Bei manchen Erkrankungen werden im Stand *typische Gliedmaßenhaltungen* eingenommen (Radialislähmung, Plexusbrachialis-, Fibularis-, Tibialis-Paralyse). Nach Femurkopfluxation, traumatischer Femurkopfepiphysenlösung und Femurhalsfraktur halten Patienten die betroffene Extremität überkreuzt hinter dem gesunden Standbein. Junge Hunde mit beiderseitiger stationärer Patellaluxation nach medial bewegen sich ähnlich wie Hasen. Besteht eine habituelle Patellaluxation, kann die Patella wieder in die Ausgangslage springen, wenn der Patient die Gliedmaße weit nach hinten streckt. Hunde mit **chronischer Hüftlahmheit** laufen „schief". Lahmheit kann gleichzeitig an mehreren oder wechselnd an verschiedenen Extremitäten vorkommen (Panostitis, Akropachie, Rheumatoiderkrankungen, Osteogenesis imperfecta). Neben der klinisch-orthopädischen Untersuchung muß immer die klinisch-neurologische Untersuchung des Patienten durchgeführt werden (s. Kapitel 23.).

Fraktur- und Luxationssymptome müssen unbedingt berücksichtigt werden. Kann ein Krankheitsprozeß durch klinisch-diagnostische Maßnahmen lokalisiert werden, folgt die spezielle Untersuchung dieser Körperregion.

Fissur (Knochenriß): Fissuren sind Rißbildungen im Knochen, die nicht zur Zusammenhangstrennung und Formveränderung des Knochens führen. Das Periost kann erhalten bleiben (subperiostale Fissur, Grünholzbruch). Der Entstehungsmechanismus gleicht dem von Frakturen. Die einwirkende Gewalt reicht aber nicht aus, um den Knochen zu spalten und den Zusammenhang der Fragmentanteile zu lösen.

Fraktur (Knochenbruch): Frakturen sind Zusammenhangstrennungen des Knochens, die meist durch direkte oder indirekte Gewalteinwirkung *(traumatische Fraktur)* entstehen. Seltener sind innere Ursachen, wie übermäßiger, unkoordinierter und plötzlicher Muskelzug. Sogenannte *spontane* oder *pathologische Frakturen* entstehen schon bei physiologischen Belastungen, wenn der Knochen geschwächt ist. Es kann sich um *örtliche Schädigungen* oder um *Allgemeinerkrankungen* handeln, die sich am gesamten Skelettsystem auswirken. Örtlich kann der Knochen durch Geschwülste (Sarkome, Karzinome) oder durch akute und chronische Entzündungen (eitrige Osteomyelitis, Knochentuberkulose) bzw. durch Zysten und Fissuren sowie durch Druckatrophie geschädigt sein und einen locus minoris resistentiae bilden.

Veränderungen am Skelettsystem sind auch altersabhängig. Knochen junger Tiere sind weich, elastisch und biegsam. Bei Knochen erwachsener Tiere besteht größere Festigkeit. Mit zunehmendem Alter schwinden die Elastizität und Festigkeit, der Knochen wird spröde und brüchig. Erbliche Knochenbrüchigkeit ist bekannt. Verstärkte Knochenbrüchigkeit besteht bei *Knochensystemerkrankungen* (Osteoporose, Rachitis, Osteomalazie, Osteodystrophie, Störungen des Knochenwachstums). *Ermüdungsbrüche* entstehen durch andauernde, geringfügige Traumen oder schleichende Überbelastung.

24.2.2. Einteilung der Frakturen

Nach dem *Ort der Gewalteinwirkung* entstehen *direkte* oder *indirekte Frakturen*. Bei *subperiostalen Frakturen* (Grünholzfrakturen) bleibt der Periostschlauch erhalten.

Nach dem *Grad der Kontinuitätstrennung* spricht man von *unvollständigen Frakturen* (Fissuren, Infraktionen, Impressionsfrakturen, Kompressionsfrakturen) und *vollständigen Frakturen*.

Nach der *Entstehungsart* unterscheiden wir *Biegungsbrüche, Abknickungsbrüche, Torsionsbrüche, Quetschungsbrüche und Rißbrüche* (Abrißfrakturen).

Nach den *anatomischen Veränderungen und dem Verlauf der Frakturlinien* zur Knochenachse lassen sich *Längsbrüche* (Longitudinal-, Sagittalfrakturen), *Querbrüche* (Transversal-, Horizontalfrakturen), *Schrägbrüche, Spiralbrüche* (Schraubenbrüche), *Epiphysenbrüche* (Epiphysiolyse), *Symphysenbrüche, Splitter-

oder *Trümmerfrakturen* sowie *Stückfrakturen* unterscheiden.

Unter *Berücksichtigung der Nebenverletzungen* trennt man den *geschlossenen oder gedeckten Bruch vom offenen Bruch*.

Nach der *Lage der Bruchanteile untereinander* sind Frakturen mit und ohne Verschiebung der Fragmente (Dislocatio ad axin, Dislocatio ad latus, Dislocatio ad longitudinem – cum contractione oder cum distractione, Dislocatio ad peripheriam) zu unterscheiden.

Nach der *Anzahl der Frakturen* unterteilt man in *Einzelfrakturen* und *Doppel-, Etagen- bzw. Mehrfachfrakturen*. *Brüche verschiedener Knochen* werden als *multiple Frakturen* bezeichnet.

24.2.3. Frakursymptome

Verschiedene Symptome bei Knochenbrüchen können allgemeiner Art sein und gehören auch zur Symptomatologie anderer Knochen- und Gelenkverletzungen (Distorsion, Kontusion, Luxation). Sie werden als *relative oder Wahrscheinlichkeitssymptome* bezeichnet. Dazu gehören der *Schmerz* als Spontanschmerz, Lokalschmerz und indirekter Fernschmerz, der *Bluterguß* mit Blutung aus Gefäßen des Markraumes und Verletzung der Weichteile (Spießung, Quetschung) sowie Behinderung der Zirkulation und Kompression von Gefäßen und schließlich die *Functio laesa* mit statischer und dynamischer Funktionsbehinderung des betroffenen Körperteils.

Die *absoluten oder Gewißheitssymptome* liefern den eindeutigen Beweis für die Frakturdiagnose.

Deformität ist durch Fragmentdislokation bedingt. *Krepitation* ist hörbar und fühlbar, wenn rauhe Knochenbruchflächen miteinander in Reibung sind. Bei Weichteilinterposition und unvollständigen Frakturen, aber auch bei geraden, glatten Bruchflächen (Symphysenbrüchen) oder wenn die Fragmente weit voneinander entfernt liegen, fehlt oft echte Frakturkrepitation (BRÜCKNER 1984).

Pseudokrepitation kann auch bei anderen Krankheiten vorhanden sein (Arthrosen).

Abnorme Beweglichkeit ist das zuverlässigste Zeichen einer Fraktur. Durch aktives und passives Bewegen, Beugen, Strecken (Ab- und Adduzieren) oder Rotieren und gleichzeitiges Palpieren der vermeintlichen Frakturstelle kann man die Fragmentverschiebung nachweisen.

Röntgenaufnahmen sichern die Diagnose. Damit lassen sich Ort und Art der Fraktur, Verlauf der Bruchlinien, Form und Lage der Fragmente zueinander und eine eventuelle Gelenkbeteiligung feststellen.

Fissuren sind im Röntgenbild oft erkennbar. Röntgenaufnahmen werden auch nach der unblutigen Reposition, intraoperativ, zur Kontrolle des Operationsergebnisses und zur Beurteilung eines ungestörten oder gestörten Heilungsverlaufs angefertigt.

24.2.4. Komplikationen bei Frakturen

Bei *offenen Frakturen* mit Zerreißung, Zerquetschung und Fremdkörpereinlagerung hat der Bruch direkte Verbindung zur Umwelt. Mit Eiterung und Sekundärheilung infizierter Wunden sowie verzögerter oder ausbleibender Knochenheilung ist zu rechnen. Auch Perforationsverletzungen durch spitze und scharfe Fragmente können zu offenen Frakturen führen.

Verletzungen von Nerven und Gefäßen, Quetschung und Zerreißung, komplizieren oder verhindern die Heilung. Schwere Traumen und Blutverluste können Schock auslösen (s. Kapitel 16.).

24.2.5. Frakturheilung

Das Ergebnis der Heilungsvorgänge am frakturierten Knochen soll die stabile Wiedervereinigung aller Frakturanteile mit anatomischer Wiederherstellung der Knochenform und -struktur sowie seiner vollen Funktion sein. Die Frakturheilung wird von vielen Faktoren beeinflußt (Alter, Knochentyp, Frakturform, geschlossene oder offene Fraktur, Infektion, Reposition und Ruhigstellung der Fraktur, konservative oder operative Versorgung, Qualität der Versorgung, Belastung durch den Patienten, Heilungstendenz des Tieres). Wir unterscheiden die primäre von der sekundären Knochenbruchheilung.

Primäre Knochenbruchheilung: Bei der primären Knochenbruchheilung läßt sich histomorphologisch die *Kontaktheilung* von der *Spaltheilung* unterscheiden. Beim Heilungsvorgang ist hauptsächlich die Kortikalis (kortikale Heilung) beteiligt. Nach Untersuchungen von SCHENK und WILLENEGGER (1963) sowie SCHENK (1974, 1977) kommt die *primäre angiogene Knochenheilung* auch als Regenerationsvorgang vor und ist bei Stabilität und Vaskularität die Regel. Durch hohen interfragmentären Druck wird nicht nur eine gute Stabilität im Frakturbereich erzielt, eine unter hoher interfragmentärer Kompression stehende Frakturfläche weist auch keine Relativbewegungen auf. Das ist eine wichtige Voraussetzung für die primäre Knochenbruchheilung.

Bei der primären Knochenbruchheilung mit persistierenden Spalten *(Spaltheilung)* erfolgt unter stabiler Osteosynthese beim Hund im Laufe von 3–4 Wochen das Auffüllen des Spaltes mit Knochengewebe. Die Knochenbildung ist primär und geht nicht mit Einlagerung von Binde- oder Knorpelgewebe einher.

Die *Kontaktheilung* geschieht an allen Stellen mit intensivem Flächenkontakt nach Reposition und Stabilisation. Diese Kontaktzonen werden bei einwandfreier Stabilität direkt von neugebildeten Osteonen durchwachsen.

Durch Haversschen Umbau erfolgen die Vereinigung und Rekonstruktion der Fragmentenden gleichzeitig. Sie laufen zeitlich parallel zur zweiten Phase der Spaltheilung. Voraussetzung für die primäre Knochenbruchheilung sind die exakte anatomische Reposition und eine belastungs-, mindestens aber bewegungsstabile Fixation (SCHENK und WILLENEGGER 1963, 1964, WILLENEGGER et al. 1971, SCHENK 1977).

Sekundäre Knochenbruchheilung: Nach konservativer Therapie oder unvollkommenem operativem Vorgehen ist eine sekundäre Knochenbruchheilung zu erwarten.

Bewegungen im Frakturspalt während des Heilungsverlaufs fördern die Bildung von periostalem, endostalem und kortikalem Kallus. Kallusbildung kann ein Gradmesser für die interfragmentäre Bewegung sein. Die sekundäre Frakturheilung ist als reparativer Prozeß zu verstehen, in dessen Verlauf intermediäres Bindegewebe und Knorpel als Ersatzgewebe den Frakturspalt ausfüllen (Fixationskallus) und erst sekundär durch Knochengewebe ersetzt werden. Alle Ersatzgewebe können so lange als sinnvoller Puffer und Halteapparat zur Einschränkung interfragmentärer Bewegung angesehen werden, bis ein Haversscher Umbau erfolgt. Nach der knöchernen Konsolidierung beginnt die Umbauphase (Transformation), in deren Verlauf der Kallus als überflüssiges Gewebe abgebaut und der Faserknochen durch Lamellenknochen als tragfähige Struktur ersetzt wird *(Haversscher Umbau, Applanation)*. Daneben vollziehen sich Umwandlungen in der inneren Architektur und äußeren Form, die den Knochen wieder an die Belastungen durch Druck und Zug anpassen (funktioneller Umbau). Mangelhafte Fixierung der Bruchenden (Splitterbrüche), ausgedehnte Periostverletzungen, Hämatome und Muskelschäden führen zu übermäßiger Kallusbildung (Callus luxurians), verzögerter oder schlechter Heilung des Bruchs. In Gelenke ziehende Brüche verursachen Gelenkentzündung und heilen oft unter gleichzeitiger Ankylosierung des Gelenks.

Gestörte Frakturheilung: *Pathologische Frakturen* sind oft unheilbar. Die primäre Ursache der Fraktur ist der krankhaft veränderte Knochen.

Lokale Knochenprozesse (z. B. Metastasen bei Mamma-, Thyreoidea-, Lungenkarzinom, Knochensarkom, Osteomyelitis, Knochenzysten) und *allgemeine angeborene oder erworbene Osteopathien* komplizieren die Frakturbehandlung oder verhindern die Frakturheilung. Frühzeitige Tumorentfernung und Ersatz durch xenogenes Material, allogene oder autogene Knochentransplantate sind manchmal erfolgreich.

Pseudarthrosen, Nearthrosen, verzögerte oder nicht heilende Frakturen: Bei Allgemeinerkrankungen des Skelettsystems und Erkrankungen des Knochens selbst durch mangelhafte Blutversorgung, große Unruhe im Frakturspalt, unsachgemäße Immobilisation, Interposition von Weichteilen, ausgedehnte Diastase der Fragmente, zu frühe und zu große Belastung, fehlerhafte Ernährung sowie Vitamin- und Mineralstoffversorgung, sperrende Osteosynthese, Infektion und hormonale Störungen tritt die Frakturheilung oft verzögert oder nicht ein. Werden die Frakturanteile nicht fest fixiert, kann bei mangelhafter Stabilisation ein **falsches Gelenk (Pseudarthrose, Scheingelenk)** entstehen. Sind die Bruchenden glatt geschliffen oder mit Knorpelgewebe überzogen, so bildet sich (selten) ein **neues Gelenk (Nearthrose),** das von Ersatzgewebe kapselartig umgeben ist.

– Pseudarthrosen

Ist die Heilung einer Fraktur, abhängig von Art und Ort der Fraktur, Alter des Tieres und Osteosyntheseverfahren, nach 4 Monaten nicht abgeschlossen und die knöcherne Überbrückung des Frakturspaltes nicht erreicht, so handelt es sich um eine *verzögerte Heilung* oder *Nichtheilung*. Es liegt eine *reaktive oder reaktionslose Pseudarthrose* vor. Der Begriff Pseudarthrose schließt nicht nur die seltene Nearthrose, sondern jede nach 4 Monaten nicht geheilte Fraktur ein.

Ätiologie der Pseudarthrosen: Pseudarthrosen bilden sich langsam durch einwirkende Störfaktoren bei der Frakturheilung aus. Die wichtigsten Störfaktoren sind biologisch und biomechanisch ungünstige, lokale Ursachen *(Instabilität, mangelhafte Blutversorgung der Frakturenden und Infektion)*.

Auch *Indikationsfehler*, d. h. falsche Wahl von Therapiemöglichkeiten, und technische Fehler in Form von mangelhaft durchgeführten Operationen führen zu Pseudarthrosen. Folgenreicher als der Defekt am Knochen sind die Weichteilschäden, die eine Pseudarthrose begleiten und mit den Zeichen der *Frakturkrankheit* einhergehen.

Einteilung der Pseudarthrosen: Nach MÜLLER et al. (1977) können nichtinfizierte, infizierte und früher infizierte Pseudarthrosen unterschieden werden.

1. *Nichtinfizierte Pseudarthrosen*
   a) *Hypertrophe, reaktive, vitale Pseudarthrosen,* vor allem nach konservativer Therapie, entstehen bei instabil versorgten Brüchen mit guter Vaskularisation. Das Röntgenbild zeigt pilz- oder elefantenfußartig aufgetriebene Knochenenden.
   Therapie: Nach Ruhigstellung der Fragmente durch stabile Osteosynthese verknöchert das im Frakturspalt gebildete Knorpel- und Bindegewebe. Nur wenn große Achsenabweichung vorliegt, ist es notwendig, den hypertrophen Kallus abzutragen und die Kontaktflächen aufzufrischen.
   b) *Atrophische, reaktionslose, oft avitale Pseudarthrosen* weisen im Röntgenbild keine Reaktion an den Knochenenden auf, sind wenig oder nicht durchblutet und entstehen nach Instabilität und Schädigung der Vaskularisation.
   Therapie: Vorsichtiges Auffrischen der Frakturenden, Anlagerung autogener Spongiosa und stabile Osteosynthese sind angezeigt.

2. *Infizierte, fistelnde Pseudarthrosen*
   Die Infektion wird meist durch Fremdkörper (Implantate, Nahtmaterial, avitale Knochensequester), manchmal durch ungenügende Hautbedeckung unterhalten. Davon gehen Fistelkanäle aus, die unter der Haut münden und lange Zeit bestehen können. Werden Sequester abgestoßen, so entsteht ein Defekt, der große Ausmaße erreichen kann *(Defektpseudarthrose)*. Irreversible Folgen der Frakturkrankheit komplizieren den Ablauf.
   Therapie: Als aussichtsreiche Therapie kommt nur die frühzeitige Operation in Frage. Infektionsherde werden ausgeräumt, vorhandene Sequester und lockere Implantate entfernt. Knochendefekte füllt man mit autogener Spongiosa oder kortiko-spongiösen Spänen auf. Die Pseudarthrose muß mit einer stabilen Osteosynthese fixiert werden. Erst dann ist die gezielte antibiotische Behandlung sinnvoll. Spüldrainagen (Redon-Drains) über mehrere Tage unterstützen die Behandlung wirkungsvoll.

2. *Früher infizierte, nachträglich geschlossene Pseudarthrosen*
   Es lassen sich *Kontaktpseudarthrosen* und *Defektpseudarthrosen* unterscheiden. Werden infizierte Pseudarthrosen nicht oder nur unzureichend behandelt, können sie in diese Pseudarthroseformen übergehen. Nach Abstoßung eines oder mehrerer Sequester schließen sich die Fisteln. Es muß aber immer wieder mit dem Aufflackern der Infektion gerechnet werden.

Therapie: Kontaktpseudarthrosen mit breitem Kontakt zwischen den Fragmenten lassen sich durch stabile Plattenosteosynthese, Defektpseudarthrosen nach Auffrischen der Knochenenden durch Auffüllen des Defektes mit autogener Spongiosa oder kortiko-spongiösen Spänen und Stabilisation mit einer Überbrückungsplatte versorgen (MÜLLER et al. 1977, PRIEUR 1977). Bestehende Weichteilschäden mit Muskeldystrophien und Gelenkversteifung verschlechtern die Therapieaussichten in bezug auf die Wiederherstellung der vollen Funktion. Deshalb muß immer nach der röntgenologischen oder klinischen Feststellung einer verzögerten Frakturheilung die Instabilität beseitigt werden. Abwartende Haltung führt zur Frakturkrankheit mit oft irreparablen Folgen.

– **Frakturkrankheit, Sudecksches Syndrom**
Die enge Wechselbeziehung von Knochen- und Weichteilschäden, die Zirkulationsstörungen, entzündliche Erscheinungen und Schmerz einschließen, führen zusammen mit dem Ausfall funktioneller Beanspruchung von Knochen, Gelenken und Muskeln zur sogenannten Frakturkrankheit mit chronischer Ödembildung, Atrophie der Weichteile, Knochenabbau (Osteoporose) und Gelenksteifen. Die Frakturbehandlung muß deshalb immer den Bruch und die lokalen Reaktionen des näheren Umfeldes einschließen. *Frühzeitige aktive, schmerzfreie Bewegungstherapie* der frakturnahen Muskeln und Gelenke zur Vermeidung der Frakturkrankheit ist daher ein Hauptanliegen, das durch dauerhaft stabile Osteosynthesen ohne äußere Fixation (Verbände, Schienen, Gips) erreicht werden kann (MÜLLER et al. 1977). Verletzungen von Gefäßen und Nerven können zu Ischämie, besonders der Muskulatur, Lähmungen und Kontrakturstellung führen. Zu lange Ruhigstellung bewirkt Inaktivitätsatrophie der Muskulatur, Kapsel- und Weichteilschrumpfungen um die Gelenke und somit fibröse Ankylose. Eine gefürchtete Komplikation aller Gliedmaßenverletzungen, besonders der Knochen, ist das *Sudecksche Syndrom* (SCHMITT 1979).

– **Osteomyelitis, exogene Ostitis**
Die Osteomyelitis ist eine pyogene Knocheninfektion, die nach Hieb- und Stichwunden, Bißverletzungen, Schußwunden, offenen Frakturen und nach Knochenoperationen festzustellen ist. Auch am nicht verletzten Knochen kommt es auf hämatogenem Wege *(akute hämatogene Osteomyelitis)*, besonders bei jungen Hunden, durch Keimeinschleppung aus infizierten benachbarten Weich-

teilen oder anderen Erregerherden zur bakteriellen Infektion von Markhöhle, später Kompakta und Periost (Osteomyelitis, Ostitis, Periostitis, Panostitis), besonders im metaphysären Bereich langer Röhrenknochen. Von *exogener Ostitis* spricht man, wenn pyogene Erreger nach Verletzungen von Weichteilen und Knochen an oder in den Knochen gelangen und eine Periostitis, Ostitis oder/und Osteomyelitis hervorrufen. Zusätzliche örtliche und allgemeine Faktoren bestimmen mit über das Angehen einer Infektion.

Klinische Symptome: Weichteilschwellung, vermehrte Wärme im Herdgebiet, Schmerzen, intermittierende Lahmheit, intermittierendes Fieber, manchmal Fistelbildung, erhöhte Blutkörperchensenkungsgeschwindigkeit, Leukozytose und Linksverschiebung sind in den verschiedenen Phasen des Krankheitsverlaufs unterschiedlich stark ausgeprägt.

Röntgenologisch sieht man osteoporotische Bezirke (fleckig, streifig), periostale Knochenzubildung, Sequesterbildung (Nekroseherde, Totenladen) und Knochenauftreibungen.

Therapie: gezielter Einsatz von Antibiotika (Erregernachweis, Resistogramm) über etwa 4 Wochen, vor allem zur Verhinderung einer septischen Allgemeininfektion, Wundtoilette, Spüldrainagen (mit Antibiotikazusatz), gegebenenfalls Implantatentfernung, optimale Ruhigstellung der Frakturanteile durch Zweitoperation (Plattenosteosynthese, Fixateurs externes) mit Einbringen autogener Spongiosatransplantate. Ruhe, Verhütung von Sekundärinfektionen, richtige Ernährung, Analgetika, Anabolika und Bluttransfusion unterstützen den Heilungsprozeß.

Kontrolle der Frakturheilung: Osteosynthesen müssen postoperativ kontrolliert werden. Sowohl die Besitzer der Tiere als auch der weiterbehandelnde Tierarzt sollen genau unterrichtet sein und Anweisungsvorschläge für die weitere Behandlung erhalten. Röntgen-Kontrollaufnahmen werden etwa 4 Wochen postoperativ und danach (abhängig vom Heilungsverlauf) im Abstand von 2 bis 4 Monaten bis zur vollständigen Heilung angefertigt und an den Operateur zur Festlegung des Zeitpunktes der Implantatentfernung sowie zur Beurteilung des Heilungsverlaufs geschickt. Besonders ist bei der Kontrolle auf *Kallusbildung, Verbreiterung von Frakturspalten* und *Aufhellungen* zu achten. Das sind Zeichen von Instabilität und Mikrobewegungen bzw. Abbauvorgängen im Frakturbereich. Aufhellung kann als ernährungsbedingte Knochenresorption, manchmal als Infektion zu werten sein. Aufhellung um Implantate (Schrauben, Nägel, Draht) weist auf Lockerung hin. Wolkiger, unscharfer *Reizkallus* in Höhe des Frakturspaltes zeigt Unruhe und Instabilität an und soll auf Kontrollaufnahmen verfolgt werden. Tiere mit solchen röntgenologischen Befunden müssen die frakturierte Extremität entlasten. Reizkallus verwandelt sich dann in strukturierten, klar begrenzten *Fixationskallus* (PRIEUR 1976). Der sichtbare, verkalkte, periostale Kallus, vor allem aber der endostale Kallus, läßt die Frakturlinien immer mehr verschwinden; die Fraktur wird zunehmend durchbaut.

Klinisch sind zunehmende Belastung der frakturierten Extremität, Schmerzfreiheit bei funktioneller Beanspruchung ohne Lahmheit und Applanation des Kallus (Sekundärheilung) im Verlauf der Heilung festzustellen.

Zu frühe und zu starke Belastung stabil versorgter Frakturen, meist schon wenige Tage nach der Osteosynthese durch „unvernünftige" Patienten (-Besitzer), kann zu Instabilität, Unruhe an den Fragmentenden, entzündlichen Erscheinungen (Rötung, Schwellung), Schmerzen, Deformation oder Bruch der Implantate führen. Bei solchen Erscheinungen muß die Belastung temporär eingeschränkt oder durch äußere Ruhigstellung bzw. Immobilisation ganz aufgehoben werden (Entspannungsverband, Käfigruhe, Fixieren der Extremitäten an den Körper, funktionelle Behinderung durch Verschraubung). Gebrochene, wirkungslose Implantate sind zu entfernen.

Prinzipien der Frakturbehandlung: Jede Frakturbehandlung hat das Ziel, Form, Kontinuität und Funktion des Knochens wiederherzustellen (Rekonstruktion und Reparation). Erstversorgung (Notversorgung), Reposition und Retention sind obligatorische Maßnahmen, die jeder Tierarzt beherrschen muß.

Erstversorgung (Notversorgung): Die Erstversorgung ist unverzüglich nach dem Frakturereignis oder Frakturverdacht einzuleiten. Zweckmäßige, schonende Lagerung des Patienten am Unfallort und beim Transport sowie Schutz vor Wärmeverlust (Decke, Wärmeschutzfolie) sind selbstverständliche Erste-Hilfe-Maßnahmen.

Bei *Unfallschock und großem Blutverlust* müssen vor allem die *Herz-Kreislauf-Funktionen* und die *ungehinderte Atmung* gewährleistet sein (s. Kapitel 16.). *Offene Wunden* sind gründlich von Fremdkörpern, oberflächlichen Knochensplittern, Haaren und Schmutz zu reinigen und vor Infektion zu schützen. Bei starken Blutungen und klaffenden Wunden ist eine *Notoperation* indiziert. Neben dem *Schutz offener Frakturen* mit sterilem Verbandmaterial muß das Frakturgebiet *provisorisch gestützt* werden, weil Bewegung und Reibung Schmerzen verursachen und weitere Weichteilverletzungen durch scharfe und spitze Knochenteile zur Folge haben können.

Die *provisorische Ruhigstellung* erfolgt mit Verbänden und Schienen.

Für die Ruhigstellung von Frakturen ist wegen seiner Vorzüge der *Robert-Jones-Verband* bei allen Weichteil-, Knochen- und Gelenkverletzungen an den Gliedmaßen besonders geeignet. Seine Wirkung besteht in dosiertem elastischem Druck, der getrennte Gewebeschichten adaptiert, unerwünschte Bewegungen und Verschiebungen im Frakturgebiet verhindert, Granulation und Epithelisierung fördert, die Wundsekretion einschränkt und unvermeidliche Sekrete aufsaugt. Er stellt die Gliedmaße ausreichend ruhig und verursacht durch seine Elastizität keine Zirkulationsstörungen oder Druckschäden.

Anlegen eines Robert-Jones-Verbandes: Nach Versorgung und Abdeckung der Wunde mit geeigneten Medikamenten und Mull wird Watte zunächst ganz locker, danach werden sehr viele Wattelagen immer fester, zuletzt so fest wie es Watte erlaubt, um die Extremität gelegt. Den Abschluß bildet ein fester Mullbindenverband. Die distale Gliedmaßenspitze ist immer einzubeziehen. Das Neue am Robert-Jones-Verband sind die Verwendung von ungewöhnlich großen Wattemengen und der langsame Übergang von lockeren Innenschichten zu immer festeren äußeren Schichten. Durch Verwendung von elastischen Synthetic-Wattebinden kann der Effekt noch verbessert werden (SCHMIDTKE 1975).

Schienenverbände: Sie dürfen nicht abschnüren oder ungünstige Hebelwirkungen entfalten, daher sind sie auch bei Humerus- und Femurfrakturen von Kleintieren problematisch.

Schmerzausschaltung und Sedierung sind als Notversorgungsmaßnahmen umstritten, weil danach mit rücksichtsloser Beanspruchung gebrochener Körperteile gerechnet werden muß, aber auch Nebenwirkungen zu befürchten sind. Nach gezielter Anwendung sind Überwachungsmaßnahmen notwendig.

Ruhiges Verhalten in ruhiger Umgebung, Schutz vor Unterkühlung, schonender Transport, gepolsterte Verbände und wenn notwendig, *Schockprophylaxe* (s. Kapitel 16.) sind geeignete Maßnahmen bis zur endgültigen Versorgung.

24.2.6. Konservative Frakturbehandlung

Die **Einrichtung (Reposition)** beseitigt Fragmentverschiebungen und bringt Bruchenden wieder in enge, möglichst großflächige Berührung miteinander. Die ursprüngliche Lage und Form des Knochens sollen wiederhergestellt werden. Exakte Einrichtungen sind besonders bei Gelenkfrakturen zu fordern. Repositionen müssen in den meisten Fällen unter ausreichender Schmerzausschaltung mit guter Muskelrelaxation (s. Kapitel 6.) vorgenommen werden, weil durch Schmerzen ausgelöste Abwehrbewegungen und die im Augenblick des Einrichtens auftretende reflektorische Muskelanspannung stören.

Gedeckte (unblutige), manuelle Reposition: Besonders wenn scharfe und spitze Fragmente vorhanden sind, können Weichteile gezerrt, gequetscht, zerrissen oder im Frakturspalt eingeklemmt werden. Die Reposition ist gewebeschonend durch langsam und gleichmäßig gesteigerten Zug und Gegenzug (Verkürzung, Achsenknick), Druck und Gegendruck (Seitenverschiebung) sowie gegensinnige Rotation (Achsenverdrehung) durchzuführen.

Offene (blutige) Reposition: Sie erlaubt eine kontrollierte, exakte Lagerung der Knochenfragmente, das Entfernen von devitalisierten Splittern, schlecht durchblutetem Gewebe und Blutkoagula (Nährboden für Bakterien), birgt aber auch das Risiko des Eingriffes und der Infektion von außen. Bei Substanzverlusten ist die Möglichkeit gegeben, autogene Spongiosa anzulagern. Die operative Knochenbruchversorgung schließt sich an.

Technische Schwierigkeiten bereitet bei der konservativen Frakturbehandlung die ausreichende und dauerhafte Fixation der Frakturanteile durch verschiedene äußere Halter, wie Schienen und Verbände. In allen Fällen müssen die frakturnahen Gelenke in die Ruhigstellung einbezogen werden. Anatomische Gegebenheiten (konischer Oberschenkel, Oberarm, Gelenke) erschweren das Anlegen von Schienen und Verbänden und führen oft zu schweren Komplikationen wie Stauung, Abschnürung mit Minderung oder Unterbrechung der Blutzirkulation sowie durch Immobilisation zur Inaktivitätsatrophie, osteoporotischen Erscheinungen bis hin zur Frakturkrankheit. *Schienenverbände* sind täglich vom Besitzer, möglichst 1- bis 2mal wöchentlich vom Tierarzt auf Sitz und Wirksamkeit zu untersuchen. Stauungserscheinungen, Hautdruckstellen, Geschwüre und Gewebsnekrosen sind unbedingt zu verhindern.

Die Versorgung mit Schienenverbänden oder Gips beschränkt sich vorwiegend auf Knochen distal vom Ellenbogen- oder Kniegelenk. Selbst die Stabilisation der proximalen Tibia- oder Radius-Ulna-Fraktur ist unbefriedigend, weil Knie- und Ellenbogengelenk kaum ausreichend über längere Zeit ruhiggestellt werden können und sollen.

Schienenverbände: Als älteste Frakturbehandlungsmethode kommen Schienenverbände aus unterschiedlichstem Material in der Praxis zur Anwendung. *Kramerschienen* und *Thomasschienen* gehören zur Standardausrüstung für die konservative Frakturbehandlung. *Kunststoffverbände* (Hexelite-Kunststoff-Stützverband, Lightcast-Verband, Glasfiber) sind leicht und lassen sich der Gliedmaße gut anformen. Wasserglasverbände härten langsam aus.

Gipsverbände werden immer mehr von Kunststoffverbänden verdrängt. Materialbedingt und durch die notwendige Polsterung sowie die zur Verstärkung eingelegten Schienen ist der Verband schwer und umfangreich. Besonders *ungepolsterte Gipsverbände* erfordern viel Erfahrung. Schwellungen, Ödeme und Drucknekrosen sind Folgen zu fest angelegter, Verrutschen, Hebelwirkung und schlechte Fixation die Wirkung zu locker sitzender Gipsverbände. Muskelatrophie, Durchblutungsstörungen, steife und schmerzhafte Gelenke sind Begleiterscheinungen schlecht sitzender und zu lange wirksamer Gipsverbände.

Indikationen für konservative Frakturbehandlungen:

– Diaphysenfrakturen distal des Knie- oder Ellenbogengelenkes,
– weitgehende Selbstschienung durch paarig angelegte Knochen (z. B. Fibulafrakturen, Ulna- oder Radiusfrakturen, Metakarpalia- oder Metatarsalia-Frakturen),
– operativ nur mit erheblichem Aufwand und erfahrungsgemäß mit befriedigendem Ergebnis heilende Frakturen.

Exakte Reposition, Retention und Fixation sind Bedingung. Viele günstig gelagerte Beckenfrakturen und Femurfrakturen kann man nach Ruhigstellung der Selbstheilung überlassen.

24.2.7. Operative Frakturbehandlung

24.2.7.1. Indikationen

– Gelenknahe bzw. gelenkeinbeziehende Frakturen,
– Mehrfachfrakturen, Trümmerfrakturen, multiple Frakturen, Wirbelfrakturen,
– Frakturen mit erheblicher Dislokation der Frakturanteile und daraus resultierender starker Extremitätenverkürzung,
– Interposition von Weichteilen mit funktioneller Schädigung,
– Frakturen an Knochen, wo eine schnelle Wiederherstellung der Belastungsstabilität unter Umständen lebensnotwendig ist (z. B. Mandibula, Wirbel),
– Vermeidung von Muskelkontrakturen, Pseudarthrosen, Frakturkrankheit,
– Frakturen, die sich nicht in korrekter Stellung durch konservative Mittel fixieren lassen,
– schnelle anatomische und funktionelle Wiederherstellung der gesamten verletzten Gliedmaße.

24.2.7.2. Voraussetzungen

Voraussetzungen für komplikationslose Heilungen sind bei allen Osteosynthesen strikte Asepsis und Antisepsis, Reinigung der Wunde von Blutkoagula, Absaugen von Blut, Beseitigung von Nekrosen und avaskulären Splittern, Anlegen einer autogenen Spongiosaplastik bei Knochensubstanzverlusten, Spülen mit Vollelektrolytlösungen oder Ringerlösung (isotone Kochsalzlösung wirkt zytotoxisch) zur Verhinderung der Gewebeaustrocknung, Ausspülung von abgelösten Gewebeanteilen und Keimverminderung. Tupfen und Reiben an den Geweben sollen vermieden und durch Absaugen ersetzt werden. Das Periost ist unbedingt zu schonen. Die Blutstillung wird gezielt mit Elektrokoagulation, nicht durch Massenligaturen vorgenommen. Atraumatisches Operieren ist Bedingung. Blutgefäße sind zu schonen. Nerven dürfen nicht traumatisiert werden. Catgut ist sparsam einzusetzen. Die Wunde soll spannungslos adaptiert sein. Verspannte Wunden begünstigen eine Infektion. Der Hautverschluß erfolgt mit dünnem synthetischem Nahtmaterial. Wenn Antibiotika gegeben werden müssen, dann soll dies schon vor der Operation geschehen. Stabile Plattenosteosynthesen mit optimaler Rekonstruktion des Frakturgebietes begünstigen den

Heilungsprozeß an Knochen und Weichteilen gleichermaßen. Abweichen von den Prinzipien der stabilen Osteosynthese sind genauso gefährlich wie „künstlerische Freiheiten" oder „Basteln" mit unzulänglichen Mitteln. Ausreichende chirurgische und anatomische Kenntnisse des Chirurgen sowie aufwendige personelle und materiell-technische Voraussetzungen sind ebenso Bedingung wie ein vollständiges Instrumentarium und eine große Auswahl an Implantaten. Vor jeder Operation muß ein fundierter Operationsplan stehen (PRIEUR 1976).

24.2.7.3. Osteosynthesemethoden

Allen Osteosyntheseverfahren ist die Wiederherstellung der anatomischen Form und vollen Funktion als Ziel gemeinsam.

Moderne Methoden der Osteosynthese beruhen auf den *Prinzipien der interfragmentären Kompression sowie der inneren und äußeren Frakturschienung.*

Die **interfragmentäre Kompression** wirkt als *statische Kompression*, wenn Implantate (Zugschrauben, vorgespannte Platten, Fixateurs externes) unter Zug gesetzt werden und sich der dadurch ausgeübte Druck auf einen möglichst großen Teil der Bruchflächen verteilt.

Dynamische Kompression vereint die Kompression vorgespannter Implantate (Zugschrauben, Druckplatten) mit den Kräften, die beim Gebrauch einer Gliedmaße im Frakturbereich zusätzlich freiwerden *(Zuggurtungsprinzip).* Dabei nimmt das Implantat die Zugkräfte und der Knochen die Druckkräfte auf.

Keine absolute Stabilität der Knochenfragmente, aber zuverlässige Fixierung wird mit der **inneren Schienung** (Marknagelung, Bündelnagelung, Rush-Pinning) erreicht.

Die **äußere Schienung** erfolgt durch extrakutane Fixationstechniken (Transfixation, Transversalnagelung) und durch Kompression mit äußeren Spannern (Fixateurs externes).

Stabile Osteosynthesen: Eine stabile Osteosynthese ist erreicht, wenn die Frakturanteile so fest miteinander verbunden sind, daß über die gesamte Heilungsperiode keine oder nur minimale Mikrobewegungen zwischen den Fragmenten auftreten. Wir unterscheiden *belastungsstabile* von *bewegungsstabilen Osteosynthesen.*

Mittel zur Erzielung stabiler Osteosynthesen: Implantate (Schrauben, Platten, Marknägel, Drähte), Fixateurs externes, AO-Instrumentarium.

MÜLLER et al. (1977) und BRINKER et al. (1984) beschreiben im „Manual der Osteosynthese" bzw. „Manual of Internal Fixation in Small Animals" ausführlich und sehr instruktiv die Prinzipien und Technik der „Arbeitsgemeinschaft für Osteosynthesefragen" (AO) bzw. „Association for the Study of Internal Fixation" (ASIF), die notwendigen Implantate und ihre Indikationen, die korrekte Handhabung des kompletten Instrumentariums sowie die Anwendung am Patienten.

Zugschrauben: Das Grundelement der statischen Kompression ist die Zugschraube. Sie wirkt nur dann als Zugschraube, wenn sie im schraubenkopfnahen Fragment gleiten kann und das Gewinde im Gegenfragment jenseits der Frakturlinie fest verankert ist. Dies wird erreicht, indem ein Gleitloch in der Größe des verwendeten Außendurchmessers des Schraubengewindes und ein passendes Gewindeloch gebohrt bzw. mit dem Gewindeschneider geschnitten werden. Als Standardzugschrauben finden *Kortikalisschrauben* mit durchgehendem Gewinde, *Spongiosaschrauben* mit unterschiedlich langem Gewindeanteil und *Malleolarschrauben* mit kurzem Gewindeanteil, die auch ohne vorzubohren und vorzuschneiden im spongiösen Knochen ihr Gewinde selbst schneiden, Verwendung. Schrauben werden in standardisierten Stärken mit sphärischer Schraubenkopfunterseite und Innensechskant angeboten. Die Kortikalisschraube gilt als universell einsetzbare Zugschraube. Entsprechend abgestimmte Spiralbohrer, Gewindeschneider, Gewebeschutzhülsen, Zielgeräte, Bohrbüchsen, Kopfraumfräser sowie Schraubendreher, Repositions- und Haltezangen bilden zusammen mit preßluftgetriebenen Bohrmaschinen und oszillierenden Sägen das wichtigste Grundinstrumentarium für die *Verschraubung* und gleichermaßen für die *Verplattung.* Für sehr kleine Haustiere eignen sich die Instrumente des *Kleinfragment- und Mini-Instrumentariums.* Zugschrauben vereinigen alle Fragmente nach anatomisch exakter Reposition durch interfragmentäre Kompression.

Plattenosteosynthesen: Für eine stabile Osteosynthese reichen Zugschrauben oft allein nicht aus, um allen Belastungen durch Biegungs-, Scher- und Torsionskräften zu widerstehen. Deshalb ist zum Schutz der Osteosynthese angezeigt, die Bruchstelle mit einer Osteosyntheseplatte *(Neutralisationsplatte, statische und dynamische Kompressionsplatte, Abstützplatte)* oder einem

Nagel zu überbrücken, um solche Kräfte aufzufangen, abzuleiten bzw. zu „neutralisieren".

Osteosyntheseplatten überbrücken die Frakturanteile und werden in den Fragmenten mit Schrauben (prinzipiell in beiden Corticales nach Vorbohren und Gewindeschneiden) verankert. Überquert eine Schraube dabei einen Frakturspalt, so soll sie als Zugschraube eingesetzt werden. Die Geometrie von Schraubenkopf und Plattenloch erlaubt bei DCP-Platten das Eindrehen in mehr oder weniger schräger Lage. Für die stabile Osteosynthese wurden gerade Platten, spezielle Platten und Winkelplatten entwickelt. Als *gerade Platten* werden nur noch selten schmale und breite *Rundlochplatten,* immer mehr aber dünne *Halbrohrplatten* und *Drittelrohrplatten* mit ovalen Löchern sowie die stärkeren, vielseitig einsetzbaren *Spann-Gleitloch-Platten (DCP)* für 4,5-, 3,5- und 2,7-mm-Schrauben angewendet. Die Plattenlänge steht in Beziehung zur Anzahl der Löcher, die im präzisen Abstand voneinander angebracht sind. Platten mit weniger als 4 Löchern sind nicht zu empfehlen. *Spezielle Platten* sind für den Metaphysenbereich (Gelenkkopfplatten) vorgesehen und haben unterschiedliche Formen (T-, L-, Kleeblattform, Löffelform usw.). *Winkelplatten* haben feststehende Winkel zwischen Schaftanteil und Klinge. Sie werden im proximalen und distalen Femurbereich zur stabilen Fixation gelenknaher Femurfrakturen sowie intertrochanterer und suprakondylärer Osteotomien eingesetzt. Die Anwendung erfordert exakte präoperative Planung und die Anfertigung einer sogenannten Werkzeichnung. Ein spezielles Instrumentarium ist notwendig. Abhängig von der Art einer Osteosynthese können Platten die Funktion der statischen oder dynamischen Kompression, Neutralisation oder Abstützung erfüllen. *Statische Kompressionsplatten* komprimieren den Frakturspalt axial nach vorgegebener Zugspannung (Vorbiegen). *Dynamische Kompressionsplatten (Zuggurtungsplatten)* nehmen alle Zugspannungen auf und wandeln sie in axiale Druckspannungen an der Fraktur-, Osteotomiestelle oder Pseudarthrose um. Die Zugseite liegt gewöhnlich gegenüber der stärksten Muskelgruppe eines Skelettabschnittes. Bei einigen Extremitätenknochen ist die Zugseite bekannt (Humerus – kranial, Femur – lateral, Tibia – medial). Neben der Zuggurtungsplatte ist mit geringem Aufwand, aber guter Wirkung der *Zuggurtungsdraht* bei unterschiedlichen Knochenverletzungen indiziert (z. B. Processus olecrani, Kalkaneusfraktur, Horizontalfraktur der Patella, Tuberositas tibiae). In Kombination mit 1–2 Kirschnerdrähten, die der Stabilisation und zur Drahtfixation dienen, fängt er (meist in Form einer Achtertour) alle Zugkräfte auf und leitet sie als Druckkräfte an den Frakturspalt. Mit Zunahme der funktionellen Belastung verstärkt sich der Druck. Das *Zuggurtungsprinzip* wurde aus der Mechanik übernommen und von PAUWELS als Behandlungsprinzip in die Knochenchirurgie eingeführt. *Neutralisationsplatten* werden am häufigsten verwendet. Sie schützen die mit Zugschrauben erreichte Stabilität der Osteosynthese (Schutzplatten), indem sie Kräfteeinwirkungen vom proximalen auf das distale Hauptfragment weiterleiten und somit die Frakturzone „neutralisieren". *Abstützplatten* geben einer schwachen Kortikalis, Trümmerzone oder Spongiosaplastik Schutz vor dem Zusammensintern. Solche Platten sind nicht vorgespannt, sondern stehen unter Druck, um die Defektzone zu schützen. (MÜLLER et al. 1977). Mit Hilfe eines *Plattenspanners* können Platten vorgespannt werden. Auch bei Spann-Gleitloch-Platten (DCP) und Halbrohrplatten ist er anwendbar, wenn die räumlichen Verhältnisse es erlauben. Es sind Drücke zwischen den Fragmenten bis zu 120 kp zu erreichen. Alle Platten sind gegenüber Zugkräften sehr stabil, sie brechen aber bald „vor lauter Müdigkeit", wenn sie Biegungskräften oder Wechselbelastungen ausgesetzt sind. *Ermüdung* durch wiederholte Deformation bewirkt die innere *Zerstörung* des Metalls. *Verbundkonstruktionen von Metall und Knochen* nehmen in ihrer Belastungsfähigkeit rapide ab, wenn keine optimale Kompression erreicht, fehlende Abstützung und Instabilität vorhanden oder eine Platte falsch angebracht ist. Bereits ein Spalt von 1 ± 0,5 mm hat Instabilität, Ermüdung und schließlich Zerrüttung zur Folge.

Mit Hilfe von speziellen *Bohrbüchsen* (Steckbohrbüchse, neutrale Bohrbüchse, exzentrische Bohrbüchse) werden Bohrlöcher mit Spiralbohrern angelegt. Nach dem Schneiden der entsprechenden Gewinde dreht man die Schrauben fest ein und erreicht je nach Plattentyp, Sitz der Schraube im Plattenloch, Vorspannung und Lage der Platte die Absicherung der genannten Plattenfunktionen.

Indikationen für die Plattenosteosynthese: Die Anwendung der Plattenosteosynthese verlangt umfassende Kenntnisse und führt zu Mißerfolgen, wenn nicht nach biomechanischen Prinzipien gearbeitet wird. Sie ist universell anwendbar und hat sich bei sämtlichen Diaphysenfrakturen, aber auch bei Gelenk- und gelenknahen Frakturen bewährt. Nicht oder nur in speziellen Fällen indiziert sind Plattenosteosynthesen bei sehr jungen, wachsenden Tieren oder pathologisch veränderten Knochen, weil sich die Schrauben nicht fest verankern lassen bzw. das Knochenwachstum behindern. Nachteilig ist die umfangreiche Freilegung des Knochens für eine Plattenosteosynthese und spätere Implantatentfernung, die einen zweiten Eingriff erforderlich macht. Die meisten *Mißerfolge* sind auf falsche Plattenstärke, -länge oder -lage und Nichtbeachtung der Gebrauchsvorschrift zurückzuführen. Auch zu frühe oder zu späte Implantatentfernung stellt den Erfolg in Frage. Bei Tibia- und Femurfrakturen sind geringe, bei proximalen Radius- und allen Humerusfrakturen größere Schwierigkeiten beim ausreichenden Freilegen des Knochens und Anbringen der Platte durch anatomische Gegebenheiten zu erwarten.

Implantatentfernung: Implantate werden aus Gründen der biomechanischen Normalisierung des Knochens entfernt, wenn die Fraktur geheilt und der Frakturspalt ausreichend durchbaut ist.

Bei jungen Hunden (bis 3 Jahre) entfernt man Platten etwa 3–4 Monate nach der Osteosynthese.

Bei sehr jungen Tieren sind alle Implantate schon nach sehr kurzer Liegedauer (etwa 1 Monat) herauszunehmen.

Einzelne Schrauben können bei älteren Patienten belassen werden, ebenso Implantate an schwer zugänglichen Regionen (z. B. Beckenfrakturen).

Bei der Implantatentfernung muß streng darauf geachtet werden, daß Gefäße und vor allem Nerven, die sich im Narbengewebe oft nur schwer identifizieren lassen, nicht durchtrennt oder beschädigt werden (z. B. N. radialis, N. ulnaris).

Übermäßiger Kallus, der Implantate umgibt, wird nur so weit abgetragen, wie es zur Implantatentfernung notwendig ist. Spitzen und scharfe Kanten oder knöcherne Randleisten sind zu glätten. Die endgültige Applanation erfolgt durch Umbauvorgänge.

Subkutan liegende Implantate können Hautreizungen, Hautperforationen (Drahtenden) und Temperaturempfindlichkeit bewirken, sie sind nach der Frakturheilung zu entfernen.

Nach der Implantatentfernung ist der Knochen in jedem Falle geschwächt und erst nach etwa 2 Monaten wieder voll belastbar.

Streß-Protektion: Stabile Plattenosteosynthesen verhindern an langen Röhrenknochen nicht nur Bewegungen am Frakturspalt und der Kontaktfläche von Implantat und Knochen, sondern auch die durch Zug und Druck bei normaler Funktion auftretenden temporären Veränderungen an der Knochenarchitektur. Dies kann zu Osteoporose und Refraktur führen.

Um die Elastizitätsunterschiede zwischen Knochen und starrem Implantat auszugleichen und einen allmählichen Übergang zwischen Verbund und Knochen zu erreichen, sollen in die äußeren Plattenlöcher kurze Schrauben eingedreht werden, die nur in der plattennahen Kortikalis fassen.

Überwiegen die statischen gegenüber den dynamischen Kräften, kommt es an der Kontaktfläche von Implantat und Knochen auch zu keinen Relativbewegungen. Statische Kompression induziert nach Verplattung keinen Knochenumbau. Im umgekehrten Falle finden unter funktioneller Beanspruchung Mikrobewegungen an der Kontaktfläche statt; sie bewirken Resorption und sekundäre Implantatlockerung.

Stabile Osteosynthesen sind nur bei dauerhaftem Sitz gewebefreundlicher Implantate möglich. Probleme können bei der Gewebsverträglichkeit durch Korrosion von Implantaten entstehen (MÜLLER et al. 1977).

Methoden der inneren Schienung, interne Osteosyntheseverfahren: Die innere Schienung erfüllt als *Markraumfixation* mit Küntschernagel, Steinmann-Nagel, Rush-Pin und Bündelnagelung nach HACKETHAL die Forderung nach stabiler Osteosynthese nicht vollständig. Es sind aber bewährte und in der Praxis weit verbreitete Verfahren mit ausreichender Stabilisation. Aus anatomischen Gründen gibt es (besonders beim Hund) Probleme, weil alle Röhrenknochen Formen haben, die für die Marknagelung ungünstig sind. Besonders am Humerus begünstigt der weite Markraum in den proximalen zwei Dritteln Instabilität und Verschiebung der Fragmente. An Radius und Tibia erfordert der Nagel eine Vorbiegung. Dünne Corticales, unregelmäßig und weite Markräume sowie Rassenunterschiede erschweren vor allem die von KÜNTSCHER (1940) eingeführte Marknagelung, die von der A. O. für den Menschen weiterentwickelt wurde.

Küntschernagelung: Das Prinzip besteht in der *elastischen Verklemmung eines nicht sperrenden Kraftträgers im Markraum.* Beim Hund darf man die Markhöhle nicht aufbohren, weil die Kortikalis sehr dünn ist. Auch die Krümmung und unterschiedliche Weite des Markraumes lassen nach Aufweiten keine Verbesserung erwarten. Die ungünstige Auswirkung auf die Markraumdurchblutung darf nicht übersehen werden. Bekanntlich wird der Knochen zu zwei Dritteln bis drei Vierteln über den Markraum ernährt. Nur das äußere Drittel bis Viertel der Kortikalis wird über Periostgefäße versorgt. Wird das medulläre Gefäßsystem durch Markraumnägel oder Aufbohren geschädigt, können Bereiche der Kortikalis avital werden. Das bedeutet verminderte Stabilität und Infektionsgefahr. Der Nagel müßte, um in der weiten Markhöhle großflächig anzuliegen, einen großen Durchmesser haben, was aber sein Einführen erschwert und biomechanisch ungünstig ist, weil ein relativ kurzer und dicker Nagel weniger flexibel ist (PRIEUR 1976).

Quer- und gezahnte kurze Schrägfrakturen der Diaphyse eignen sich für die intramedulläre Fixation am Femur. An der Tibia ist es der Diaphysenbereich, wobei der Nagel proximal gebogen werden muß. Am Humerus eignen sich Brüche am Übergang vom mittleren zum distalen Drittel noch am besten zur Küntschernagelung.

Eine Weiterentwicklung der Markraumnagelung ist die *Verriegelungsnagelung,* die eine wesentliche Erweiterung der Indikation erlaubt. Wird die Frakturstelle eröffnet und die Reposition unter Sicht vorgenommen, spricht man von *offener Marknagelung.* Exakte Reposition, kontrolliertes Einführen des Nagels, Wundtoilette im Frakturgebiet und Vermeiden von Rotationsfehlern sind dabei unbestrittene Vorteile. Bei strenger, lückenloser Sterilität, Asepsis und Antisepsis ist die Infektionsrate niedrig. Die *gedeckte Nagelung* erfolgt an der nicht eröffneten Fraktur unter Röntgenkontrolle (Bildverstärker mit Fernsehanlage); sogenannte „blinde" Nagelungen ohne Röntgenkontrolle sind nicht zu empfehlen. Marknagelungen können auch mit Drahtumschlingung, Schrauben und Platten kombiniert werden. Küntschernägel müssen in verschiedenen Längen und Stärken vorhanden sein, um den variablen Größenverhältnissen zu entsprechen. Die passende Länge kann notfalls während der Operation mit einer Metallsäge hergestellt werden. Die Schnittfläche ist mit einer Feile abzurunden und zu glätten. Der Küntschernagel hat einen polygonalen Querschnitt, der ihm günstige mechanische Eigenschaften verleiht und Biege-, Rotations- und Scherkräfte abfängt. Die verwindungsfesten Lamellennägel sind aus nichtrostendem Stahl gefertigt. Dreilamellige Nägel sind im Querschnitt kleeblattförmig, zweilamellige Nägel etwa V-förmig.

Operatives Vorgehen: Bei der *Femurfraktur* des Hundes wird ein 2–3 cm langer Hautschnitt über dem Trochanter major angelegt und die dünne Muskulatur gespalten. Nun wird ein Pfriem in Schaftrichtung eingebohrt, bis die Markhöhle erreicht ist. Den Nagel führt man über einem Führungsspieß von proximal ein, bis die Spitze die Bruchfläche am proximalen Fragment etwas überragt. Dann wird der Nagel mit dem Einschlaggerät weiter in die Markhöhle des distalen Fragments eingetrieben, bis er gut in der Epiphyse verankert ist. Der Frakturspalt soll sehr eng sein. Richtungsabweichung und Rotation des distalen Fragments müssen vermieden werden. Der Nagel soll sich fest und elastisch in beiden Fragmenten verklemmen. Bis etwa 0,5 cm über dem Trochanter wird der Nagel eingeschlagen. Am oberen Ende des Nagels befindet sich eine schlitzförmige Öffnung oder ein Gewinde, was das spätere Herausziehen des Nagels vereinfacht. Zur Einführung eines Küntschernagels wird die Markhöhle des Humerus unterhalb des Tuberculum majus, die der Tibia im Bereich der Tuberositas tibiae an der dorsolateralen Seite angebohrt.

Rush-Pinning: Eine völlig andere Fixation erreicht man mit der sog. Rush-Nagelung (Rush-Pinning). Rush-Pins sind runde, elastische, rostfreie Stahlnägel mit schräg angeschliffener Spitze und hakenförmig umgebogenem Ende. Das Prinzip der Fixation besteht in einer elastischen Dreipunktfixierung. Mit der abgeschrägten Gleitspitze, die von der Innenfläche der Kortikalis abgelenkt wird und somit eine Perforation verhindert, erreicht man die bogenförmige Verspannung. Die hakenförmige Biegung am Nagelende verhindert das Eindringen in den Markraum. Es wird eine elastische Fixierung der Fragmente erreicht, die durch zusätzliche Maßnahmen (Zuggurtung, Schrauben, äußere Schienung) gesichert werden muß, um besonderen Zug- und Druckkräften zu widerstehen. Wie Rush-Pins wirken selbst gebogene Kirschnerdrähte. *Hauptindikationen* sind gelenknahe Frakturen am distalen Humerus, Radius und Femur, aber auch die Fixation von Fragmenten und Sicherung gegen Rotation (verschraubter Kondylus).

Bündelnagelung nach Hackethal: Um die Unzulänglichkeiten der Küntschernagelung und Rush-Nagelung zu überwinden, wurde die Bündelnagelung nach HACKETHAL als Methode der Frakturstabilisierung auch in die Veterinärchirurgie eingeführt. Die Bündelnagelung beruht auf dem Prinzip, daß mehrere dünne, elastische, runde Drähte in den Markraum eingetrieben werden, bis sie ihn ausfüllen und sich elastisch verklemmen. Ausbohren erübrigt sich, die Form des

Markraumes ist von untergeordneter Bedeutung. Der elastische Nagel sucht sich seinen Weg und paßt sich der Knochenform an. Es werden 1–3 mm starke Kirschnerdrähte verwendet, die mit dem Seitenschneider auf die passende Länge geschnitten werden. Bei der Originalmethode werden die Nägel durch eine seitlich im Epiphysenbereich des Knochens liegende Öffnung eingeführt und nach unblutiger Reposition unter dem Röntgenbildverstärker bei Sichtkontrolle bis in die gegenüberliegende Epiphyse vorgetrieben. Wird die Fraktur offen reponiert, kann das Vordringen der Nägel direkt kontrolliert werden. Am proximalen Humerus führt man die Nägel an der dorsolateralen Fläche ein, am proximalen Femur von der Fossa trochanterica oder seitlich knapp distal am Trochanter. Die seitliche Einführung erhöht die Verspannung der Nägel. Das Femur kann auch lateral und proximal der Trochlea patellae aufgebohrt werden. Für die Tibia bietet sich die dorsomediale, subkutan liegende Knochenfläche an, am Radius wird distal dorsomedial angebohrt. Durch leichtes Anbiegen der Nagelspitzen kann man auf die Richtung beim Einführen Einfluß nehmen und erreicht so durch Verankern in der frakturfernen Spongiosa eine bessere Rotationsstabilität. Die Hackethal-Bündelnagelung ist eine vorteilhafte Methode zur Versorgung von Frakturen in den mittleren drei Fünfteln langer Röhrenknochen. Für Splitterfrakturen und epiphysäre Frakturen ist sie nicht geeignet (EISENMENGER 1974).

Modifizierte Hackethal-Technik: SCHATZ und WIECHEL (1980) stellten eine modifizierte Hackethal-Technik für einfache Quer- und Schrägfrakturen der Diaphyse langer Röhrenknochen vor. Sie bietet neben dem Vorteil der einfachen Technik die Möglichkeit, leicht eine gute Reposition und Retention zu erreichen, die gegen Rotations- und Biegekräfte sehr widerstandsfähig ist und gute postoperative Bedingungen schafft. Werden mehrere Nägel durch eine Öffnung eingeführt, so haben sie die Tendenz zu wandern, auch wenn sie den Markraum ausfüllen. Deshalb wird jeder Nagel einzeln von proximal durch ein eigenes Loch in einem fächer- oder trichterförmigen Muster weit genug in die distale Metaphyse geschoben, ohne daß sich die Nagelspitzen im distalen Teil auseinanderspreizen. Proximal breitet sich das Nagelbündel fächerförmig aus. Erst nach dem Einführen der Nägel in das proximale Fragment wird die Fraktur reponiert. Danach schiebt man die Nägel in das distale Fragment, wenn möglich so weit, daß sie sich im spongiösen Knochengewebe verklemmen. Umbiegen der proximal herausstehenden Enden und Versenken in den Knochen verhindern das Wandern der Nägel. Nach 3–6 Monaten, wenn röntgenologisch die Frakturheilung bestätigt wurde, können die Nägel gezogen werden.

Methoden der äußeren Schienung, externe Osteosyntheseverfahren: In der Humanmedizin werden in zunehmendem Maße externe Osteosyntheseverfahren angewendet. Die äußere Schienung erfolgt durch Transfixation (Transversalnagelung) und mit äußeren Spannern (Fixateurs externes). Die *Transfixation (Transversalnagelung)* oder *perkutane Knochenfixation* wurde beim Hund seit den sechziger Jahren propagiert. Die perkutane Transfixation nach BECKER nutzt Schrauben und eine Kunststoffbrücke zur Fixation der Bruchenden und Schienung der Fraktur. An Stelle von Kunststoff können Metallschienen *(Staderschiene, Kirschner-Ehmer-Schiene)* zusammen mit Nägeln, die transversal in die Knochenenden getrieben werden, Anwendung finden. Indiziert sind diese nicht stabilen Osteosynthesen zur Ruhigstellung von Diaphysen-, Quer-, Schräg- und Splitterfrakturen. Gelenkfrakturen oder gelenknahe Frakturen sind nur zu fixieren, wenn das Gelenk einbezogen wird. HÜBNER et al. (1974) verwendeten das *Transfixationsverfahren* bei Radius-, Ulna- und Tibia-Fibulafrakturen und sahen bei etwa 89 % der Patienten einen zufriedenstellenden Heilungsverlauf.

Operatives Vorgehen: Durch die Frakturenden werden jeweils mindestens 2 Kirschnerdrähte von 1–3,5 mm Stärke transversal zur Knochenachse, aber leicht konvergierend bzw. divergierend zueinander eingebohrt, um späteres seitliches Verschieben zu vermeiden. Nach Reposition der Fraktur biegt man die Drahtenden um und verbindet sie äußerlich mit einer Kunststoffbrücke (Technovit). Die sperrige Konstruktion soll nicht zu Störungen im Bewegungsablauf führen. Als Vorteile bieten sich die einfache und schnelle Handhabung, der geringe instrumentelle Aufwand (Handbohrer oder Bohrmaschine, Kirschner-Bohrdrähte), die gute Stabilität, die bequeme Wundversorgung und das problemlose Entfernen der Bohrdrähte an. Wird mit stumpfen Drahtspitzen und zu schnell gebohrt, erhitzt sich der Draht, und es kommt zu Gewebeschäden (Nekrosen) mit nachfolgender Lockerung der Drähte in den Bohrkanälen. Scharfe Drahtspitzen, Halbschrauben, Spülkühlung, geringe Drehzahlen oder Vorbohren mit Spiralbohrern sind deshalb zu empfehlen. Kunststoffbrücken sollen etwa 1 cm von der Haut entfernt liegen, weil die Wundschwellung einen gewissen Raum benötigt. Um Bewegungen im Frakturbereich weiter einzuschränken, können die elastischen Kirschnerdrähte durch Steinmann-Nägel ersetzt werden. Bohrdrähte werden meist nach 47 Tagen entfernt.

BRASS und RAHLFS (1981) nutzen die *extrakutane Transfixation zur Korrektur von Valgus- und Rotationsfehlstellung* im distalen Bereich von Radius und Ulna nach Osteotomie. *Komplikationen* sind bei äußerer Schienung zu erwarten, wenn Schrauben oder Nägel nicht in beiden Corticales verankert sind, sich lockern oder wenn Weichteile beim Anbringen der äußeren Schienen gequetscht werden. Dann sind Nekrosen und Infektionen zu befürchten. Hunde dürfen mit der gesamten Konstruktion nicht an Gegenständen anschlagen oder hängenbleiben (PRIEUR 1976).

Von der A. O. wurde für die äußere Fixation von Frakturen des Menschen ein eigenes Instrumentarium entwickelt (Fixateurs externes), das bei Frakturen mit schweren Weichteilverletzungen, bei Brüchen durch Schußverletzungen, Pseudarthrosen, infizierten Brüchen, Umstellungsosteotomien, bei Operationen zur Extremitätenverlängerung usw. unentbehrlich geworden ist und oft zur Methode der Wahl avanciert. Der Vorteil von Osteosynthesen mit externer Fixation liegt darin, daß ein Minimum an metallischen Implantaten im Zusammenwirken mit Verbindungselementen und metallischen Kraftträgern variable Montagen von hoher Stabilität garantiert, die es erlauben, Weichteil- und Knochenverletzungen auch ohne zusätzliche Stützverbände auszuheilen. Alle Montageformen äußerer Festhalteapparate gehen auf die Grundformen des Kammer- und Rahmenfixateurs bzw. deren Kombination zurück. Daraus ergibt sich die praktische Anwendung für die Kompressions-, die Neutralisations- und die Distraktionsosteosynthese. Fixateurs externes werden immer öfter bei Kleintieren angewendet. Modifikationen humanmedizinischer Apparate, kombiniert mit konstruktiv neuen Elementen, bilden die Grundlage für Fixateurs externes in der Veterinärmedizin.

Minimalosteosynthesen: *Kirschnerdrähte* kommen als *Spickdrähte* wegen der Einfachheit ihres Gebrauchs und meist ausreichender Fixation häufig vor allem bei Abrissen von Knochenvorsprüngen, Epiphysenfrakturen und Kondylusabsprengfrakturen allein oder kombiniert mit Zugschrauben und Zuggurtungsdraht zur Anwendung. *Adaptationsosteosynthesen (Repositionsosteosynthesen)* können die Reposition und Retention gewährleisten, üben aber keine Kompression auf den Frakturspalt aus. Sie sind bei jungen Tieren mit rasch ablaufender Frakturheilung, besonders bei Epiphysenfrakturen (bei temperamentvollen Tieren in Verbindung mit äußerer Schienung), angezeigt.

Wachstumsstörungen bei jungen Hunden nach Osteosynthesen: Bei jungen Hunden kommt es zu vorzeitigem Epiphysenfugenschluß und damit vorzeitigem Abschluß des Längenwachstums, wenn die Epiphyse durch die Osteosynthese geschädigt wird. Dies hat Verkürzung, ungleiches Längenwachstum paarig angelegter Knochen, Verbiegung und funktionelle Auswirkungen zur Folge.

Die Epiphysenknorpel spielen die Hauptrolle beim Längenwachstum der Röhrenknochen. Schädigung führt zu Wachstumsstörungen in Abhängigkeit vom Alter, von der betroffenen Epiphyse, der Lokalisation und dem Ausmaß des Schadens. Auch bei Druckschäden sistiert die Knorpelzellproliferation und damit das Längenwachstum. Die Fuge wird wie bei der Frakturheilung knöchern durchbaut. Eine spätere Längen- und/oder Stellungskorrektur-Operation ist oft notwendig (SCHEBITZ et al. 1981, VOLLMERHAUS et al. 1981, WAIBL et al. 1981, Roos et al. 1981). Nach partieller Zerstörung (unter 2 %) mit kurzem Belassen von Implantaten soll keine Wachstumsstörung folgen. Zur Erzielung von Stabilität und Vermeidung reaktiver Gelenkveränderungen sind distale Femurfrakturen bei noch wachsenden Hunden zu reponieren, die Femurachsenstellung wiederherzustellen und durch Implantate ohne Druck auf die Epiphysenfuge zu fixieren. Die Implantate müssen nach Konsolidierung umgehend entfernt werden. Eine mäßige *Femurverkürzung* kann durch Änderung der Winkelstellung im Hüft-, Knie- und Sprunggelenk funktionell kompensiert werden.

24.2.8. Frakturen am Kopf

Frakturen des Unterkiefers: Sie sind relativ oft als Ergebnis traumatischer Einwirkungen, vor allem nach Unfällen und Bißverletzungen zu sehen. Meist sind es einseitige oder beidseitige offene Brüche der Symphyse, des Unterkieferkörpers zwischen Canini und Prämolaren oder Prämolaren und Molaren sowie des Unterkieferastes.

Klinische Symptome, Diagnose: fehlerhafter Kieferschluß, fehlerhafte Zahnstellung, Schwellung, Zahnverluste, Zahnfrakturen, abnorme Beweglichkeit, Schmerz, Speichelfluß, keine, später vorsichtige Futteraufnahme. Diagnose durch Adspektion, Palpation, Röntgenaufnahmen.

Therapie: Die Fraktur in der Sutura intermandibularis *(Symphysenfraktur)* kann durch verschieden angelegte Draht-Cerclagen, Zugschrauben und Plattenosteosynthesen fixiert werden:

– Draht-Ligatur um starke Zähne (z. B. Canini) als Achtertour tief an den Zahnhälsen;
– Draht-Cerclage dicht kaudal der Canini um den Unterkiefer (direkte Knochenauflage des Drahtes nach Einstich und Drahtführung von ventral);
– Transfixation dicht kaudal der Canini mit einem Nagel (Kirschnerdraht, Steinmann-Nagel) und Zuggurtung um die herausragenden Nagelenden (ventrale Achtertour);
– Zugschraube(n) transversal dicht kaudal der Canini und kurz vor dem mittleren Foramen mentale;
– *intraorale Acrylschienen* stabilisieren nach Verdrahtung an der Mandibula den Bruch und lockere Zähne. Sie werden nach einem Abdruck gegossen und liegen der lingualen Oberfläche der Zähne an bzw. bedecken oder umgeben sie. Nach 4–6 Wochen Tragezeit kann man die Schiene wieder entfernen.

Frakturen des Corpus und Ramus mandibulae: Frakturen werden mit Draht-Cerclagen, Nagelung oder Verplattung an der lateralen Unterkieferfläche, dicht am ventralen Rand des Unterkieferkörpers bzw. am lateralen Ramus versorgt. Um ungünstige Hebelwirkung zu „neutralisieren", wird um die Basis der Zähne beiderseits des Frakturspaltes eine Cerclage gelegt. Besonders Mehrfachfrakturen der Mandibula können mit einem intramedullären Nagel vereinigt werden. Auch äußere Halter (Fixateurs externes), verstellbar oder mit Kunststoffüberbrückung, kommen zur Anwendung. *Rekonstruktive chirurgische Verlängerungen oder Verkürzungen der Mandibula* sind bei Hunden mit Brachygnathia superior bzw. inferior indiziert.

Verletzte oder chirurgisch eröffnete Weichteilgewebe sind sorgfältig zu vernähen, korrekte Okklusion muß gewährleistet sein (evtl. Zahnextraktion). Bei offenen und infizierten Frakturen ist Antibiotikaschutz zu empfehlen. Alle Osteosynthesen sind nerv-, gefäß-, möglichst zahnalveolenschonend durchzuführen. Nach Osteosynthesen muß der Patient künstlich (Sonde, parenteral), später mit flüssigem und Weich-Futter ernährt werden. Ober- und Unterkiefer schienen sich gegenseitig, wenn sie mit einer elastischen Binde, die abwechselnd um den geschlossenen Fang und das Genick des Tieres in Achtertouren gelegt wird, anatomisch korrekt miteinander verbunden werden.

Frakturen des Oberkiefers: Nach Schädeltraumen sind oft auch das Os nasale und die Maxilla verletzt. Meist tritt Nasenbluten ein. Stahldraht hat sich zur Fixation bewährt. Nach dorsonasalem oder oralem Zugang werden die Fragmente vereinigt. Auch Plattenosteosynthesen sind erfolgreich. Bei multiplen Frakturen kann eine perkutane Verschraubung mit extrakutaner Schienung erfolgen (LEONARD 1971, SUMNER-SMITH 1973, BRINKER 1974, PICHARD 1974, PIERMATTEI und GREELEY 1975, DAVID 1977, RUDY 1981, ROBINS und READ 1981, DENNY 1983, KOMÁROMY und STOLL 1983, SCHEBITZ et al. 1983).

24.2.9. Frakturen und Luxationen der Wirbelsäule

Wirbelfrakturen und Luxationen entstehen durch Gewalteinwirkungen (Verkehrsunfälle, Stürze, Sprünge, Schläge, Tritte, Bisse). Verschiedene typische Frakturformen (Wirbelquerfrakturen, Kompressionsfrakturen, Frakturen der Quer- und Dornfortsätze) können allein oder zusammen mit Subluxationen und Luxationen vorkommen (Luxationsfrakturen). Besonders häufig sind Frakturen und Luxationen im kaudalen Brust- und Lendenwirbelbereich sowie an den ersten beiden Halswirbeln (DENNY 1983, THIESS 1983). Nach Thorax- und Lendenwirbelfrakturen ist oft der *Schiff-Sherrington-Reflex* ausgebildet (starre Streckstellung der Vorderextremitäten und Paraplegie).

Wird durch Luxation oder Fraktur von Wirbelkörpern das Rückenmark komprimiert, verletzt oder zerstört, kommt es je nach Lokalisation zu motorischen und sensiblen Ausfallerscheinungen, die sich klinisch als Parese, Paralyse, Hypalgesie und Analgesie, Hyporeflexie oder Areflexie zeigen. Bei weiter kranial liegenden Verletzungen können die kaudal gelegenen Reflexe normal auslösbar oder gesteigert sein. Es bestehen Incontinentia urinae, Unvermögen, Kot abzusetzen oder unwillkürlicher Harn- oder Kotabgang. Je nach Lokalisation eines Rückenmarkabrisses sind unterschiedliche neurologische Ausfälle festzustellen (THIESS 1983).

Klinische Symptome, Diagnose: Der geschädigte Bereich ist schmerzhaft. Teile der Wirbelsäule können deutlich nach oben, unten oder seitlich verschoben sein. Mit der *klinischen Untersuchung*, einschließlich gründlicher Adspektion und vorsichtiger Palpation, *neurologischen Untersuchung* (Prüfung der Motorik, Sensibilität und Reflexe, s. Kapitel 23.) sowie der *Röntgenuntersuchung* (Myelographie) kann der Schaden lokalisiert und die Diagnose gestellt werden. Auf geringe Verschiebungen und Richtungsänderungen, Kompressionsfrakturen, verengte Zwischenwirbelspalten, Frakturen der Dorn- und Querfortsätze sowie freie Knochenfragmente ist im Röntgenbild besonders zu achten. WOLVEKAMP (1981) beschrieb die Verfahren der herkömmlichen Röntgenuntersuchungen der Wirbelsäule und die Techniken der Myelographie. Bei allen Untersuchungen und beim Transport ist die beste Ruhigstellung der Wirbelsäule zu gewährleisten. Der Hund befindet sich dabei am günstigsten in stabiler Seitenlage. Zerebrale bzw. zerebellare Störungen und Bewegungsunfähigkeit als Schockfolge oder durch Frakturen der Extremitäten müssen differentialdiagnostisch ausgeschlossen werden.

Die Prüfung und Sicherung der Vitalfunktionen haben Priorität. Infusionen sollten richtig dosiert werden, weil Hyperhydratation ein Ödem des ZNS begünstigt.

Prognose: Auch wenn zum Zeitpunkt der Untersuchung röntgenologisch geringgradige Wirbelverschiebungen sichtbar sind, können beim Unfallereignis starke Dislokationen mit massiven Quetschungen des Rückenmarks eingetreten sein. Deshalb sind bei Subluxationen, Luxationen und Frakturen die Heilungsaussichten zweifelhaft (DENNY 1983). Die Prognose ist vom Ausmaß der neurologisch feststellbaren Rückenmarkschädigung, der Fraktur- bzw. Luxationsform, der Lokalisation und Zeitdauer der Schädigung abhängig (THIESS 1983). Bei Rückenmarkdurchtrennung ist die Prognose infaust. Es ist zur Euthanasie zu raten (s. Kapitel 10.).

Frakturen der Dorn- und Querfortsätze sind prognostisch günstig zu beurteilen.

Konservative Therapie: Konservative Behandlungen sind bei geringgradigen Schädigungen mit kaum vorhandenen neurologischen Symptomen angezeigt. Auch bei Verletzungen der letzten beiden Lendenwirbel des Kreuzbeines und der Schwanzwirbel sind konservative Methoden indiziert. Es wird Ruhigstellung durch Käfigruhe, äußere Schienung (Rumpfverband, Halskragen um Kopf und Hals aus Gips oder Light-cast) empfohlen. Überschießende Kallusbildung kann zu sekundärer Rückenmarkkompression führen (HOERLEIN 1978).

Die *medikamentöse Behandlung* wird vor allem mit Corticosteroiden, osmotisch wirksamen Infusionslösungen, entzündungshemmenden und diuretisch wirksamen Mitteln durchgeführt. Sie ist wichtiger Bestandteil der konservativen und operativen Therapie.

Operative Therapie: Moderne chirurgische Methoden haben die Erfolgsaussichten verbessert, wenn die Operation wenige Stunden nach dem Unfall durchgeführt wird und nur geringe Schäden am Rückenmark vorhanden sind. Verschiedene *Stabilisierungsverfahren* mit Platten, Transfixation mit Bohrdrähten, Verschraubung und Fixation mit Drähten werden allein oder kombiniert beschrieben. Zur Druckentlastung des Rückenmarks werden dorsale Laminektomien und dorsolaterale Hemilaminektomien mit Diskusfenestration durchgeführt (GAGE und HOERLEIN 1974, PIERMATTEI und GREELEY 1975, DAVID 1977, BOJRAB 1981, DUELAND 1981, GAGE 1981, KNECHT und OLIVER 1981, PRATA 1981, SWAIM 1981, DENNY 1984).

Pflege und Nachbehandlung: Große Sorgfalt und Geduld erfordern die Pflege und Nachbehandlung konservativ und operativ behandelter Patienten. Harn- und Kotretentionen müssen vermieden werden, um einer Blasenwandüberdehnung und Zystitis vorzubeugen (manuelle Entleerung, Katheter, Klistier). Dekubitusprophylaxe, Hautpflege, Übungen im Laufwagen (KOPF und PUNZET 1978), ausgewogene Ernährung und physiotherapeutische Maßnahmen unterstützen die Genesung.

Subluxation von Atlas und Axis (atlantoaxiale Subluxation): Nach Subluxation mit Dorsalverlagerung des Axis treten Schmerzen und Bewegungsstörungen, die von Parese bis zu Tetraplegie reichen, infolge Rückenmarkkompression auf. Vorwiegend junge Tiere der Zwerghunderassen können eine *angeborene Subluxation* (Fehlen oder Abtrennung des Dens axis) aufweisen. Bei älteren Hunden großer Rassen kommt es meist nach Traumen zur *Fraktur des Dens axis mit Bänderzerreißung oder Bänderüberdehnung zwischen Atlas und Axis*.

Diagnose: Röntgenaufnahmen im latero-lateralen Strahlengang bei sehr vorsichtig gebeugtem Kopf zeigen die atlantoaxiale Subluxation, Achsenverlagerung mit Schrägstellung des Axisfortsatzes nach dorsal und weiten dorsalen Gelenkspalt. Im ventro-dorsalen Strahlengang ist das Fehlen oder die Fraktur des Dens axis besser nachzuweisen.

Therapie: Frühzeitige Stabilisierung des reponierten Wirbels mit Druckentlastung (Ödem, Blutung) ist vordringlich. Hals-Rückenmark-Dekompression und Immobilisation des Gelenks kann durch Hemilaminektomie und Verbindung der Wirbel mit starkem orthopädischem Draht erreicht werden. Auch Knochentransplantate, Knochenzement und Ligamentplastik werden als Stabilisierungsmaßnahmen beschrieben. Atmungsinsuffizienz und Rückmarködem sind prä- und postoperativ mit künstlicher Beatmung, Corticosteroiden und Dehydratation zu behandeln. Antibiotikagabe ist zu empfehlen (GAGE 1981, CHAMBERS 1983, DENNY 1983).

Zervikale Subluxation und Spondylolisthesis s. S. 738 ff.

24.2.10. Frakturen der Vorderextremität

Frakturen der Skapula

Schulterblattfrakturen kommen selten vor. Die Skapula kann an einer Stelle oder mehrfach gebrochen sein (Abb. 24.38.).

Klinische Symptome, Diagnose: mittel- bis hochgradige Lahmheit mit Schwellung im Bereich des Schulterblattes (Hämatom). Bei Palpation und passiver Bewegung Schmerzen im Frakturbereich. Abnorme Beweglichkeit und Krepitation weisen auf die Fraktur des Collum scapulae. Frakturensymptome sind aus anatomischen Gründen weniger deutlich. Röntgenaufnahmen (mediolateraler und kaudo-kranialer Strahlengang) ergänzen den klinischen Befund.

Therapie: Mit *konservativer Therapie* ist bei *Spina-scapulae- und Corpus-scapulae-Fraktur ohne Distraktion* der Fragmente ein komplikationsloser Heilungsverlauf zu erwarten. Bewegungseinschränkung durch 2- bis 3wöchige Käfigruhe und Körpergips werden empfohlen.

Operative Therapie: Grundsätzlich sollen alle Frakturen mit Gelenkbeteiligung und Dislokation operativ behandelt werden, weil sonst unbefriedigende Heilungs- und funktionelle Ergebnisse zu erwarten sind.

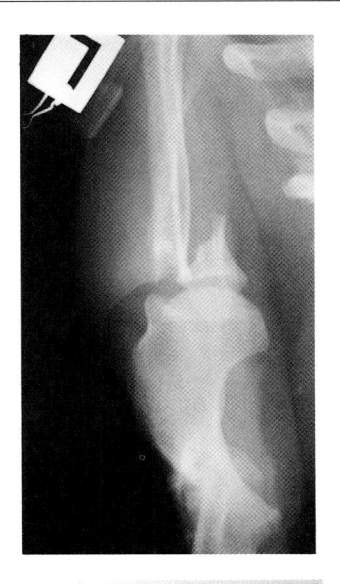

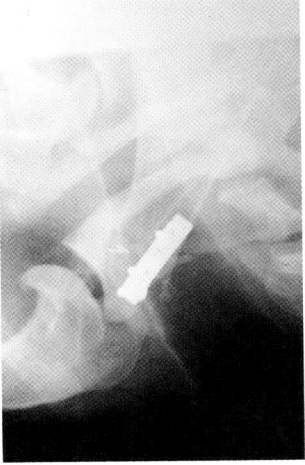

Abb. 24.38.
a) Skapulafraktur, Rauhhaardackel, 8 Jahre;
b) mit Platte versorgt.

Nach der *Fraktur des Corpus scapulae mit Dislocatio ad longitudinem cum contractione* kommt es bei ungünstiger Heilung zur Achsenverkürzung der Vorderextremität, die mit Schrittverkürzung einhergeht (BRUNNBERG et al. 1979).

Die *Fraktur des Akromions* muß operiert werden, weil das Fragment durch den Zug der Pars acromialis des Musculus deltoideus nach distal verlagert wird (Fixation mit 1–2 Drahtnähten).

Frakturen des Collum scapulae und Tuberculum supra- bzw. infraglenoidale sind nur chirurgisch korrekt zu reponieren und ausreichend stabil zu fixieren (BRUNNBERG et al. 1979). Die Sehnen des Musculus biceps brachii ziehen die Bruchstücke des Tuberculum supraglenoidale auseinander (Zugschraubenosteosynthese, Zuggurtung bei adulten, Kirschnerdrähte bei wachsenden Hunden). Skapulafrakturen werden mit Draht-Cerclagen, Zugschrauben, Zuggurtung und Plattenosteosynthese versorgt.

Zugang zur Skapula: s. PIERMATTEI und GREELEY (1975), PICHARD (1978), BRUNNBERG et al. (1979), LIGHTON (1981), REHMEL (1983).

Frakturen des Humerus

Einteilung der Humerusfrakturen

1. Proximale Humerusfrakturen
   a) Frakturen des Tuberculum majus,
   b) Frakturen an der Basis des Humeruskopfes,
   c) proximale Epiphysiolysis,
   d) Frakturen im proximalen Schaftdrittel.

2. Frakturen im mittleren und distalen Schaftdrittel
   a) suprakondyläre Frakturen (extraartikuläre Frakturen),
   b) distale Epiphysiolysis.

3. Frakturen des Condylus humeri (interartikuläre Frakturen)
   a) Frakturen des Capitulum humeri (Condylus lateralis),
   b) Frakturen der Trochlea humeri (Condylus medialis),
   c) kombinierte Frakturen vom T- und Y-Typ (bikondyläre Frakturen).

SCHEBITZ et al. (1981) fanden von 388 Humerusfrakturen 4 % im proximalen Drittel, BRUNNBERG et al. (1981) 36 % im mittleren und distalen Schaftdrittel sowie 60 % im Bereich der distalen Epi- und/oder Metaphyse. KÁSA und KÁSA (1974) geben 7 % im proximalen, etwa 23 % im mittleren und 70 % im distalen Humerusdrittel an.

Proximale Humerusfrakturen
Diagnose (s. S. 753): Für a.-p. Röntgenaufnahmen des Humerus werden Hunde in Bauchlage gebracht, die Vorderextremitäten weit vorgezogen und der Kopf nach hinten gehalten. Auf parallele Lagerung des Humerus mit dem Röntgenfilm ist zu achten (KÁSA und KÁSA 1974).

BRADEN (1981) weist bei Humerusfrakturen auf Komplikationen am Thorax und Parese bzw. Paralyse der Vorderextremität nach Verletzungen des Nervus radialis hin und fordert auch eine neurologische Untersuchung. Durch erhebliche Dislokation sind Sekundärverletzungen (Plexus brachialis, übermäßige Kallusbildung und Nervenläsionen bei Heilung in Fehlstellung) möglich.

Therapie: Konservative Therapie (s. S. 757 f.) ist nur indiziert, wenn keine oder nur geringe Dislokation bzw. keine Gelenkbeteiligung vorliegt und die Retention bis zur Heilung erhalten werden kann.

Chirurgische Therapie: Mit Zugschrauben, Zuggurtung, Rush-Pins, Bohrdrähten und Platten können die Fragmente des Tuberculum majus, die abgelöste proximale Epiphyse, die Humeruskopf-Basis-Fraktur und die Fraktur im proximalen Schaftdrittel fixiert werden.

SCHEBITZ et al. (1981) empfahlen das folgende *operative Vorgehen*: Seitenlagerung des Patienten, leicht kranial geschwungener Hautschnitt vom Akromion über das Tuberculum majus bis zum mittleren (Epiphysiolysis) oder bis zum distalen Schaftdrittel (Fraktur im proximalen Schaftdrittel). Oberflächliche Faszie, interfasziales Fettgewebe und tiefe Faszie werden durchtrennt, mobilisiert und mit der Haut zur Seite gespreizt. Die Vena omobrachialis und Vena axillobrachialis sind zu schonen, der Musculus cleidobrachialis und die Pars acromialis des Musculus deltoideus werden gespreizt.

Proximale Epiphysiolysis: Nach Reposition werden das proximale und distale Fragment mit Knochenzangen gehalten und durch 2 Kirschnerdrähte fixiert, die durch das Tuberculum majus in die Kortikalis der kaudalen Fläche des distalen Fragments gebohrt werden.

Frakturen an der Basis des Humeruskopfes werden reponiert, mit Kirschnerdrähten in dieser Position provisorisch gehalten und mit zwei Spongiosa-Zugschrauben stabil fixiert. Die Schraubengewinde sind im Kopffragment verankert.

Fraktur des Tuberculum majus: Im reponierten, mit einer Knochenzange gehaltenen und mit Kirschnerdrähten temporär fixierten Tuberculum-Fragment wird ein Gleitloch, in die Kortikalis des Gegenfragmentes ein Gewindeloch angelegt. Eine Zugschraube verbindet beide Frakturanteile stabil. Fragmentrotation ist mit einem Kirschnerdraht oder einer zweiten Zugschraube zu verhindern.

Frakturen des proximalen Schaftdrittels: Nach Ablösen der Insertion des Musculus pectoralis superficialis sowie der Pars acromialis des Musculus deltoideus und Spreizung mit einem Wundsperrer werden die reponierten Fragmente mit einer kraniolateralen Platte (6–8-Loch-DCP oder -Halbrohrplatte) nach den Prinzipien der A.O. (s. S. 759 ff.) stabil versorgt. Die abgelösten Muskeln werden am Periost reinseriert, Periost und Faszie mit Vicryl, die Haut mit nichtresorbierbarem Material vereinigt. Redon-Saugdrainage im Bedarfsfall. Schutz der Wunde durch aufgeklebte Gaze, Verband oder Wundsprayverband. Nachbehandlung und Implantatentfernung s. S. 761 (BRINKER 1974, KÁSA und KÁSA, 1974, DAVID 1977, PICHARD 1978, BRADEN 1981).

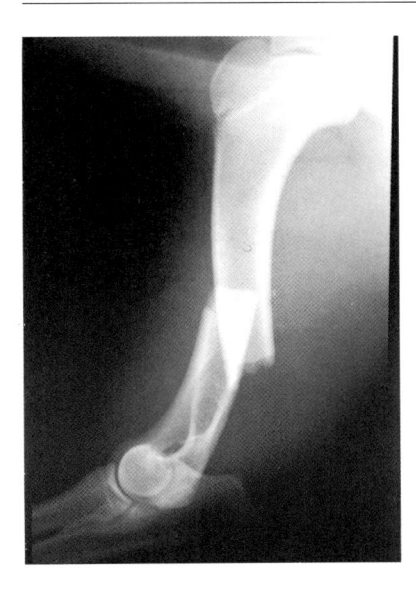

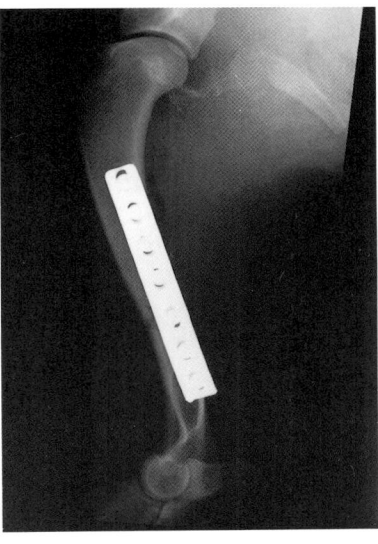

Abb. 24.39. a) Humerus-Querfraktur, Diaphysenmitte, Hirtenhund, 9 Monate; b) Versorgung mit DC-Platte.

Frakturen im mittleren und distalen Schaftdrittel
Neben Querfrakturen kommen öfter Schräg-, Spiral- und Splitterfrakturen vor (Radialislähmung). Unblutige Fragmentreposition gelingt kaum (Einspießung, Dislokation). Zur Fragmentfixation werden intramedulläre Kraftträger (Küntschernagel, Rush-Pin, Bündelnagelung nach HACKETHAL, modifizierte Bündelnagelung), Schrauben, Plattenosteosynthese und Kombinationsformen verwendet (Abb. 24.39., 24.40.).

Intramedulläre Kraftträger: Bei Querbrüchen ist der Küntschernagel indiziert (s. S. 761 f.). Nach blutiger Reposition wird der Nagel nach Vorbohren (Pfriem) am Tuberculum majus über einen Führungsspieß in das proximale und distale Fragment eingetrieben (EARLEY 1983).

Die *Bündelnagelung nach Hackethal* wird von EISENMENGER (1974), SCHATZ und WIECHEL (1980) in modifizierter Form eingesetzt, weil damit Nachteile der Küntschernagelung zu überwinden sind (s. S. 762 f.).

Zugschraubenfixation: Ist die Länge des Bruchspaltes viermal länger als der Schaftdurchmesser, können bei Schräg- und Spiralfrakturen kleiner Hunde Zugschrauben allein zur stabilen Osteosynthese ausreichen. Äußere Fixation (Entlastungsschiene, Hochbinden der Extremität) schützt vor zu früher und zu starker Belastung.

Plattenosteosynthese: Stabile Fixation wird am besten mit Knochenplatten erreicht. Eine DC-Platte soll, wenn möglich, an der kranialen Seite (Zugseite des Humerus) angebracht werden. Montagen an der lateralen und medialen Seite sind auch erfolgreich.

Abhängig von Lokalisation und Form der Fraktur, sind der laterale, mediale und kraniolaterale Zugang vorteilhaft (KÁSA und KÁSA 1974, PIERMATTEI und GREELEY 1975, DAVID 1977, BRUNNBERG 1981, DENNY 1983). Bei Splitterfrakturen und Knochendefekten (autogene Spongiosaauffüllung) übernehmen Platten meist Abstützfunktion. Einzelne Knochenfragmente werden durch Zugschrauben mit den Hauptfragmenten verbunden. Bei Schrägfrakturen und Querfrakturen fungieren DCP als statische Kompressionsplatten (Zuggurtungsplatten, dynamische Kompression) und Neutralisationsplatten (s. S. 759 f.).

Suprakondyläre Frakturen
Dabei ist der Humerus proximal vom Epicondylus lateralis und medialis frakturiert. Die Frakturlinie läuft durch das Foramen supratrochleare und kann die Symphysenfuge integrieren. Die Gelenkrolle ist nicht einbezogen (Abb. 24.41.).

Therapie: Zugschrauben können bei Schrägfrakturen stabilisierend wirken. Am günstigsten ist eine kaudomedial angepaßte DCP, die möglichst mit 2–4 Schrauben das distale Fragment erfaßt. Schräge Frakturlinien werden mit Zugschrauben überbrückt. Die Frakturfläche soll unter hohe interfragmentäre Kompression gesetzt werden. Bei Trümmerfrakturen, besonders offenen Frakturen, sind Fixateurs externes vorteilhaft.

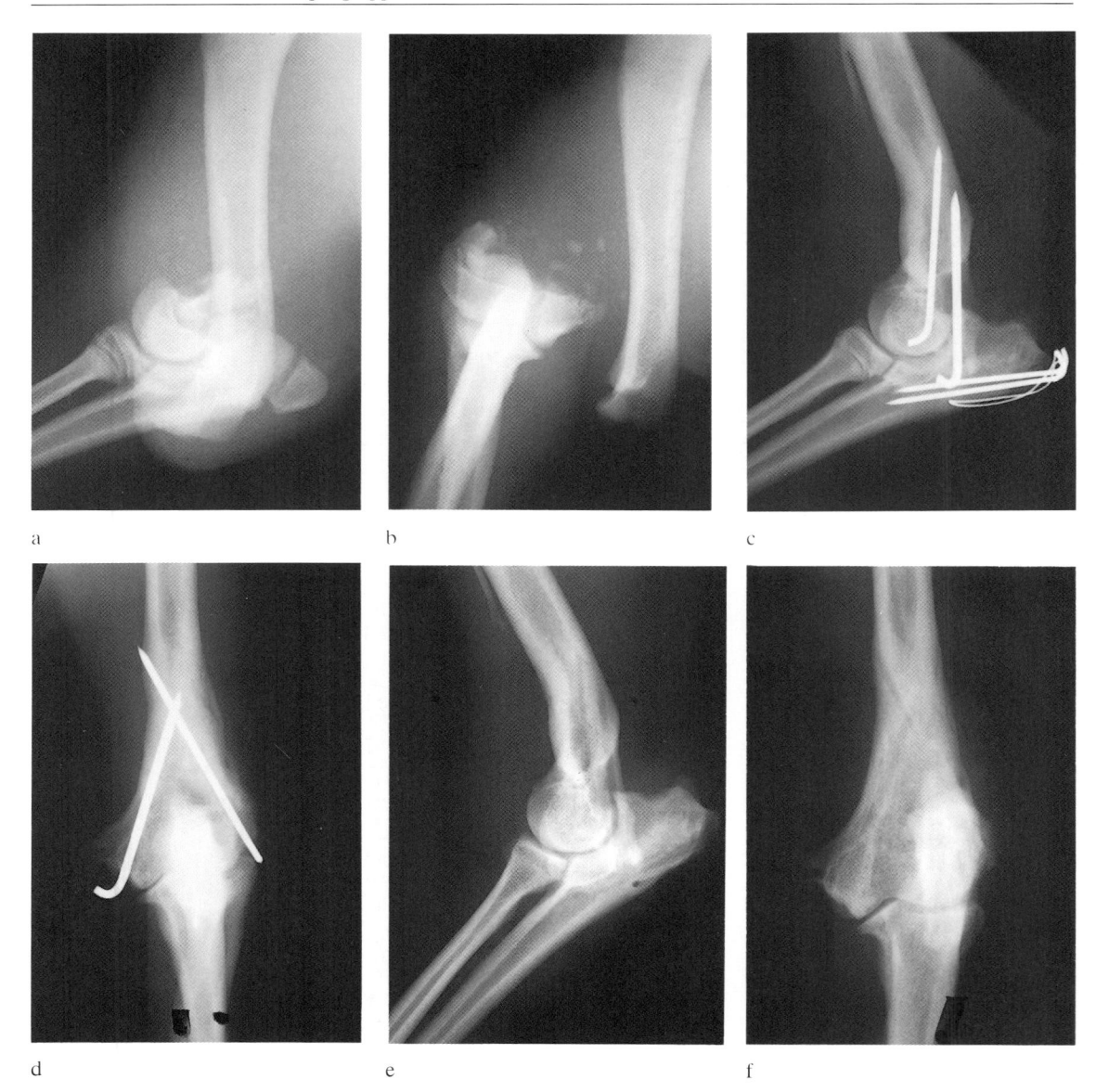

Abb. 24.40. a) Distale Humerus-Osteo-Epiphysiolysis, Foxterrier, 4 Monate;
b) distale Humerus-Osteo-Epiphysiolysis; c) Versorgung mit 2 Kirschnerdrähten, 4 Monate p. op.; d) Versorgung mit 2 Kirschnerdrähten, 4 Monate p. op.; e) und f) nach Implantatentfernung.

Distale Epiphysiolysis: Im Wachstumsalter sind besonders *Minimalosteosynthesen* mit zwei Kirschnerdrähten (bei schwereren Rassen Rush-Pins), die vom lateralen und medialen Epikondylus ausgehend in den Markraum getrieben werden, indiziert (s. S. 764). Immobilisation ist notwendig.

Frakturen des Condylus humeri (distale intraartikuläre Humerusfrakturen): Diesen Frakturen ist die Gelenkbeteiligung gemeinsam. Exakte Reposition und Stabilisation der Gelenkfragmente sind deshalb Voraussetzung für die anatomische und funktionelle Wiederherstellung. Wenn keine Behandlung oder eine konservative Behandlung erfolgt, kommt es nach derartigen Frakturen mit Sicherheit zu sekundärer Arthropathia deformans.

Operative Zugänge: lateraler, kraniolateraler

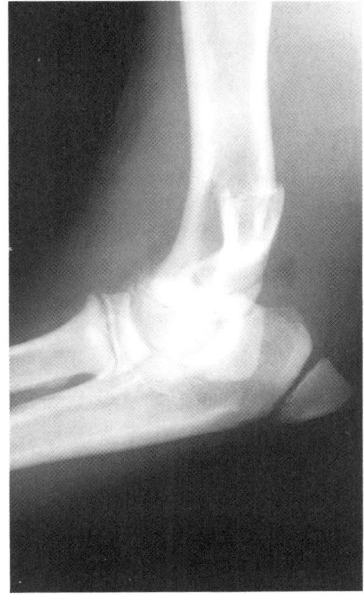

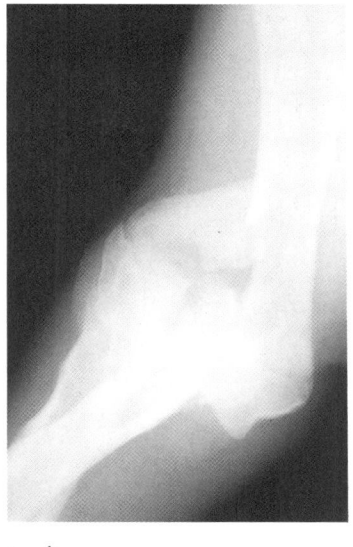

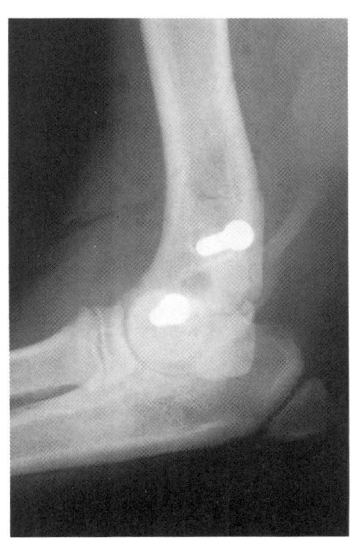

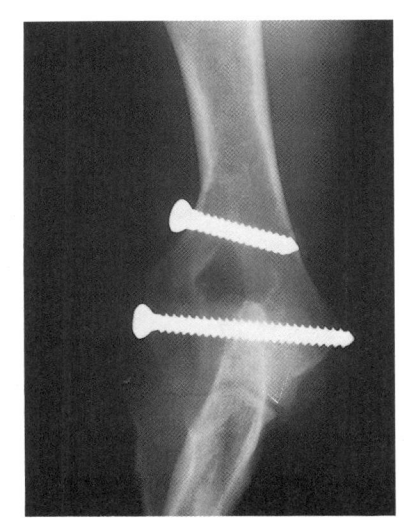

Abb. 24.41. a) Fraktur des Condylus humeri lateralis, Jagdhund-Mix, 4 Monate; b) Fraktur des Condylus humeri lateralis, Jagdhund-Mix, 4 Monate; c) Versorgung mit 2 Kortikalis-Zugschrauben; d) Frakturspalt durchbaut.

und medialer Zugang. Bei interkondylären T- und Y-Frakturen Zugang nach Osteotomie des Olekranons.

Frakturen des Capitulum humeri und der Trochlea humeri: Capitulum-humeri-Frakturen ereignen sich meist bei jungen, Trochlea-humeri-Frakturen hauptsächlich bei erwachsenen Tieren. Capitulum-humeri-Frakturen und Frakturen der Trochlea müssen blutig reponiert und mit einer Zugschraube und einer Schraube bzw. einem Kirschnerdraht zur Verhinderung der Fragmentrotation stabil versorgt werden. Die Heilungsaussichten und funktionelle Wiederherstellung sind abhängig vom Zeitpunkt und von der Exaktheit der Reposition und Fixation. Bis zur Heilung (4 Wochen) soll die Extremität nicht oder nur dosiert belastet werden. Entlastungsverbände sind nicht notwendig (Abb. 24.42., 24.43.).

Lange Schrägfrakturen des Capitulum humeri und der Trochlea humeri: Nach Fixation mit der Repositionszange bzw. Knochenhaltezange, Bohren eines zentralen Loches durch Trochlea und Capitulum humeri sowie Einbringen eines provisorischen transkondylären Kirschnerdrahtes wird bei langen Schrägfrakturen des Capitulum humeri und der Trochlea humeri die stabile Fixation durch 3 Zugschrauben erzielt. Eine Zugschraube liegt transkondylär, die anderen liegen proximal

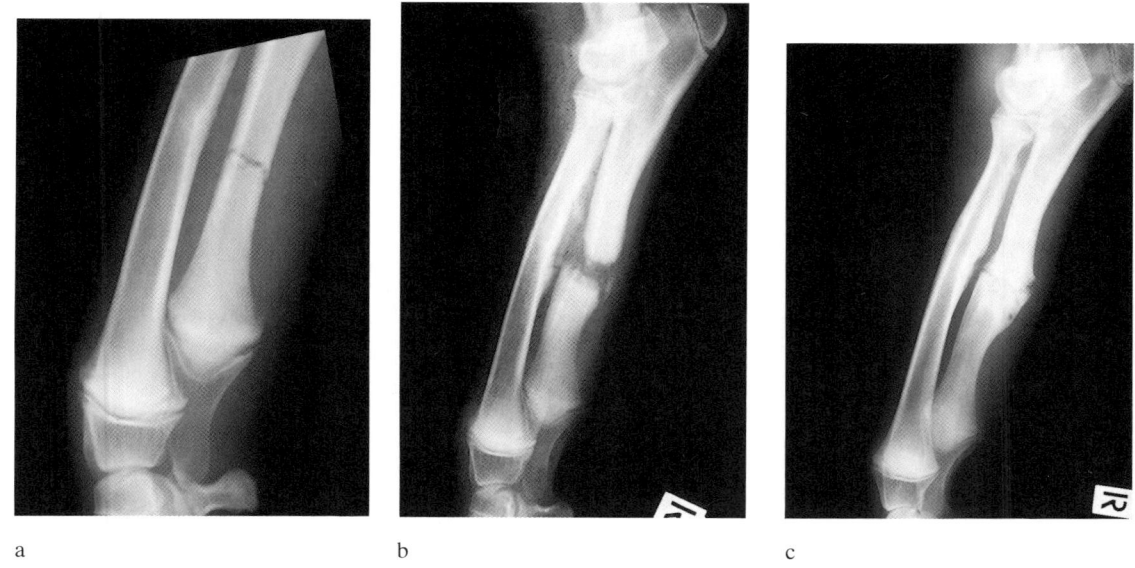

Abb. 24.42. a) Ulna-Querfraktur, Diaphysenmitte, Deutscher Schäferhund, 5 Monate; b) konservative Therapie, 14 Tage nach Fraktur; c) konservative Therapie, Frakturspalt durchbaut, 1 Monat nach Fraktur.

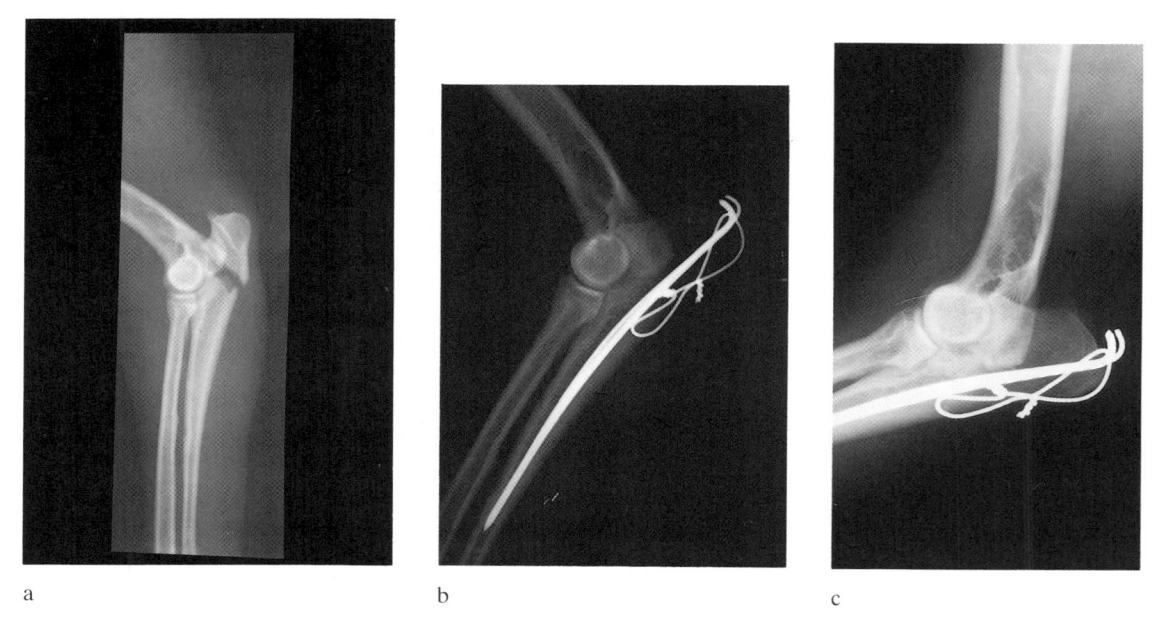

Abb. 24.43. a) Olekranon-Schrägfraktur, Schnauzer-Mix, 8 Monate; b) Versorgung mit 2 Kirschnerdrähten und Draht-Zuggurtung; c) Frakturspalt durchbaut, 3 Monate p. op.

des Foramen supratrochleare. Kombination einer transkondylären Zugschraube mit einem Kirschner-Bohrdraht, der ausgehend von Trochlea bzw. Capitulum in proximaler Richtung in das Humeruslumen oder in die Schaft-Gegenkortikalis eingetrieben wird und Fragmentrotation verhindert, ist bei *kürzeren Bruchstücken* üblich. Zusätzliche Immobilisationsmaßnahmen sind postoperativ angezeigt (Entlastungsverband und Käfigruhe).

T- und Y-Frakturen: Sie werden vorzugsweise nach Olekranon-Osteotomie versorgt. Der Pa-

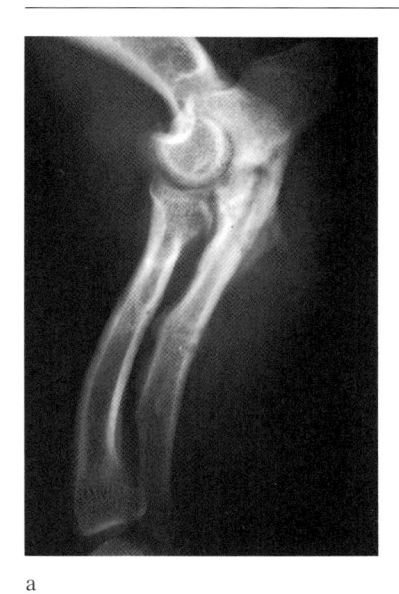

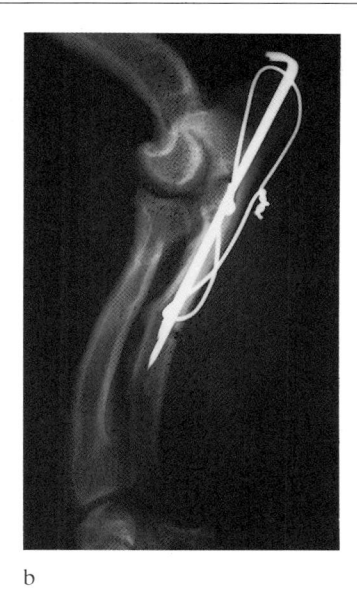

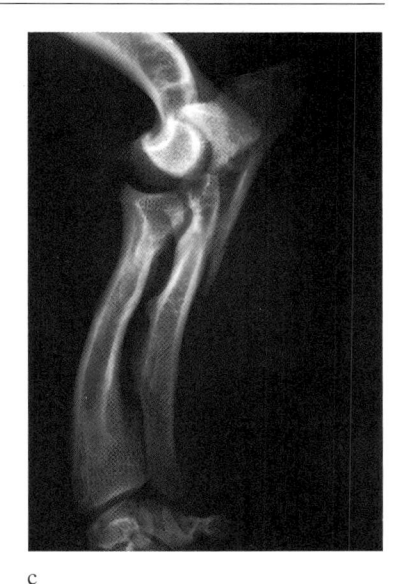

Abb. 24.44. a) Proximale Ulnafraktur, Rauhhaardackel, 5 Jahre; b) Versorgung mit 2 Kirschnerdrähten und Draht-Zuggurtung; c) nach Implantatentfernung.

tient befindet sich in Rückenlage, die Vorderextremität ist vorgezogen. Nach der Olekranon-Osteotomie gelingen das stumpfe Freilegen der Frakturanteile an der lateralen, medialen und kaudalen Humerusfläche und die exakte Reposition der Fraktur am besten. Der N. ulnaris und N. radialis sind darzustellen und zu schonen, die Frakturflächen zu säubern. Nach Auswärtsrotation des Capitulum humeri (Condylus lateralis) bohrt man zentral von medial (Frakturfläche) nach lateral. Über diesen Bohrkanal wird dann die Trochlea humeri (Condylus medialis) durchbohrt. Nach präziser Reposition und Schneiden des Gewindes dreht man eine Zugschraube ein. Der Condylus humeri kann nun mit dem Schaftfragment durch zwei Kirschnerdrähte, Rush-Pins (wachsende Tiere) verbunden werden (zusätzlich Stützverband oder Fixationsverband um den Körper). Eine *stabile Fixation von Schaft und Kondylus* erreicht man in Verbindung mit einer 6–8-Loch-DC-Platte an der kaudomedialen Seite.

Kompliziert ein weiteres Fragment (Drehkeil) im distalen Schaftbereich die Fraktur, werden nach exakter Fragmentreposition, zeitweiliger Retention mit der Repositionszange und Kirschnerdrahtfixation zuerst mit einer transkondylären Spongiosa-Zugschraube die Kondylenanteile stabil verschraubt. Dann befestigt man am distalen Schaftende das isolierte Fragment. Schließlich werden das distale Schaftende und der verschraubte Condylus humeri sorgfältig reponiert und mit einer DC-Platte an der kaudomedialen Seite stabil versorgt.

Wenn Schrauben Frakturlinien überqueren, sollen sie als Zugschraube wirken. Mit winklig zur Knochenachse gestellten Zugschrauben lassen sich schräge Bruchlinien unter hohe interfragmentäre Kompression bringen. Verbliebene Knochendefekte werden mit autogener Spongiosaplastik aufgefüllt. Die Olekranon-Osteotomie wird durch Zuggurtung stabilisiert (PUNZET 1972, LAKATOS 1973, BRUNNBERG 1974, KÁSA und KÁSA 1974, PIERMATTEI und GREELEY 1975, SCHEBITZ et al. 1976, DAVID 1977, PICHARD 1977, 1979).

Frakturen von Radius und Ulna
Olekranonfrakturen: Sie kommen als Abriß des Tuber olecrani, Querbruch und Schrägbruch in Höhe der Incisura trochlearis sowie als Mehrfragmentfraktur vor. Querfrakturen entstehen bei Überstreckung des Ellenbogengelenkes. Dackel sind aus anatomischen Gründen für Olekranonfrakturen prädestiniert (SCHEBITZ et al. 1975, VOLLMERHAUS et al. 1983).

Therapie: Die Fixierung der Gelenkfragmente in anatomisch richtiger Lage und die operative Versorgung sind Voraussetzung für die Heilung und Wiederherstellung der Gelenkfunktion.

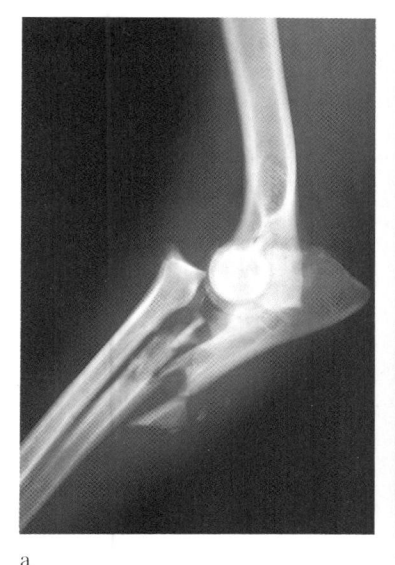

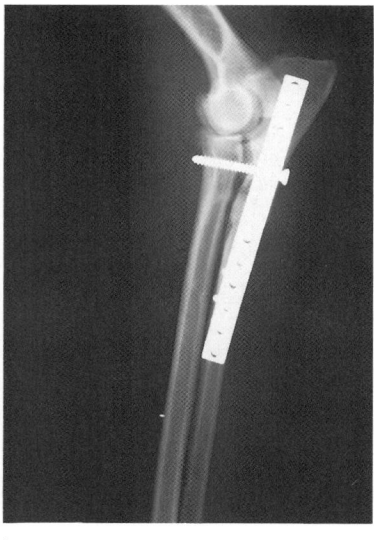

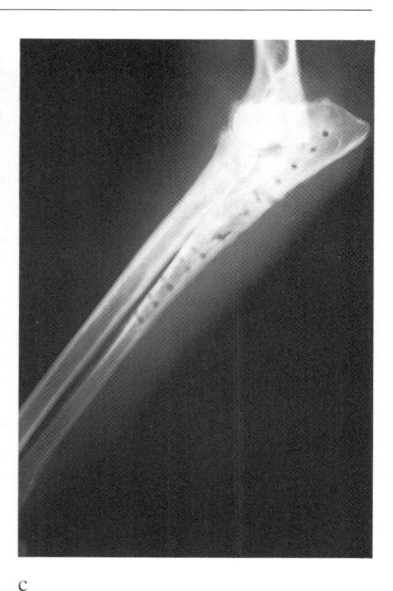

Abb. 24.45. a) Monteggia-Fraktur, Samojede, 8 Jahre; b) Verplattung der Ulna, Stellschraube; c) nach Implantatentfernung, 3 Monate p. op.

Durch den Zug des M. triceps brachii und M. tensor fasciae antebrachii werden die Fragmente immer wieder disloziert (BRUNNBERG 1983). Der kräftige Zug des M. triceps kann aber für die Fixation beim Zuggurtungsprinzip durch Umwandlung in Druckkraft genutzt werden.

Operativer Zugang: Der Zugang zum Processus olecrani und zur proximalen Schafthälfte der Ulna erfolgt am kaudalen Ulnarand mit Hautschnitt, Fasziendurchtrennung und Spreizung. Nach Spalten der tiefen Unterarmfaszie wird der M. extensor carpi ulnaris stumpf von der Ulna abgelöst, der M. flexor carpi ulnaris subperiostal mobilisiert und zur Seite gehalten (PIERMATTEI und GREELEY 1975).

Versorgung der Olekranonfraktur durch Zuggurtung: Zwei Bohrdrähte (Kirschnerdrähte, Steinmann-Nägel, Rush-Pins) bohrt man nach Reposition der Fragmente vom Tuber olecrani axial und parallel zueinander nach distal ein und überbrückt damit großzügig den Frakturspalt. Nach Anlegen eines Bohrkanals im distalen Fragment quer durch die Ulnakante führt man einen Draht hindurch und verbindet ihn in Form einer Achtertour mit den hakenförmigen Bohrdrahtenden. Beim Anziehen der Drahtschlinge werden die Fragmente fixiert. Jede Beugung des Ellenbogengelenkes verstärkt den interfragmentären Druck durch den Trizepszug (Zuggurtungsprinzip; Abb. 24.44.).

Plattenosteosynthese: Bei Mehrfragmentfrakturen ist eine Neutralisationsplatte an der kaudalen Ulnakante oder kaudolateral indiziert, bei einfachen Quer- und Schrägfrakturen werden DC-Halbrohr- oder Drittelrohr-Platten als Zuggurtungsplatte (dynamische Kompression) montiert. Wenn Schrauben einen Frakturspalt kreuzen, sind sie als Zugschrauben einzusetzen. Schrauben dürfen nicht in den Gelenkspalt eindringen. Nägel oder Schrauben, die als interne Kraftträger zur Stabilisation einer Olekranonfraktur eingebracht werden, können bei großen Hunden den starken Biegungskräften erliegen und brechen (PUNZET 1972, BRINKER 1974, BRUNNBERG et al. 1981, 1983, NEAL 1981).

Fraktur des Processus anconeus s. S. 732 ff.

Absprengung des Processus coronoideus ulnae s. S. 734 f.

Fraktur der proximalen Ulna mit Luxation des Radiusköpfchens (Monteggia-Fraktur): Frakturen der proximalen Ulna mit Luxation des Radiusköpfchens nach kranial oder dorsal sind typische Bruchformen, die durch gezielte Kräfteeinwirkung entstehen und beim Hund sehr selten vorkommen. Durch sperrige Luxation kommt es nach unsachgemäßer Versorgung fast immer zu hochgradiger Funktionseinschränkung. Eine frühzeitige primäre anatomische und funktionelle Wiederherstellungsoperation ist deshalb indiziert und lohnend.

24. Stütz- und Bewegungsapparat   775

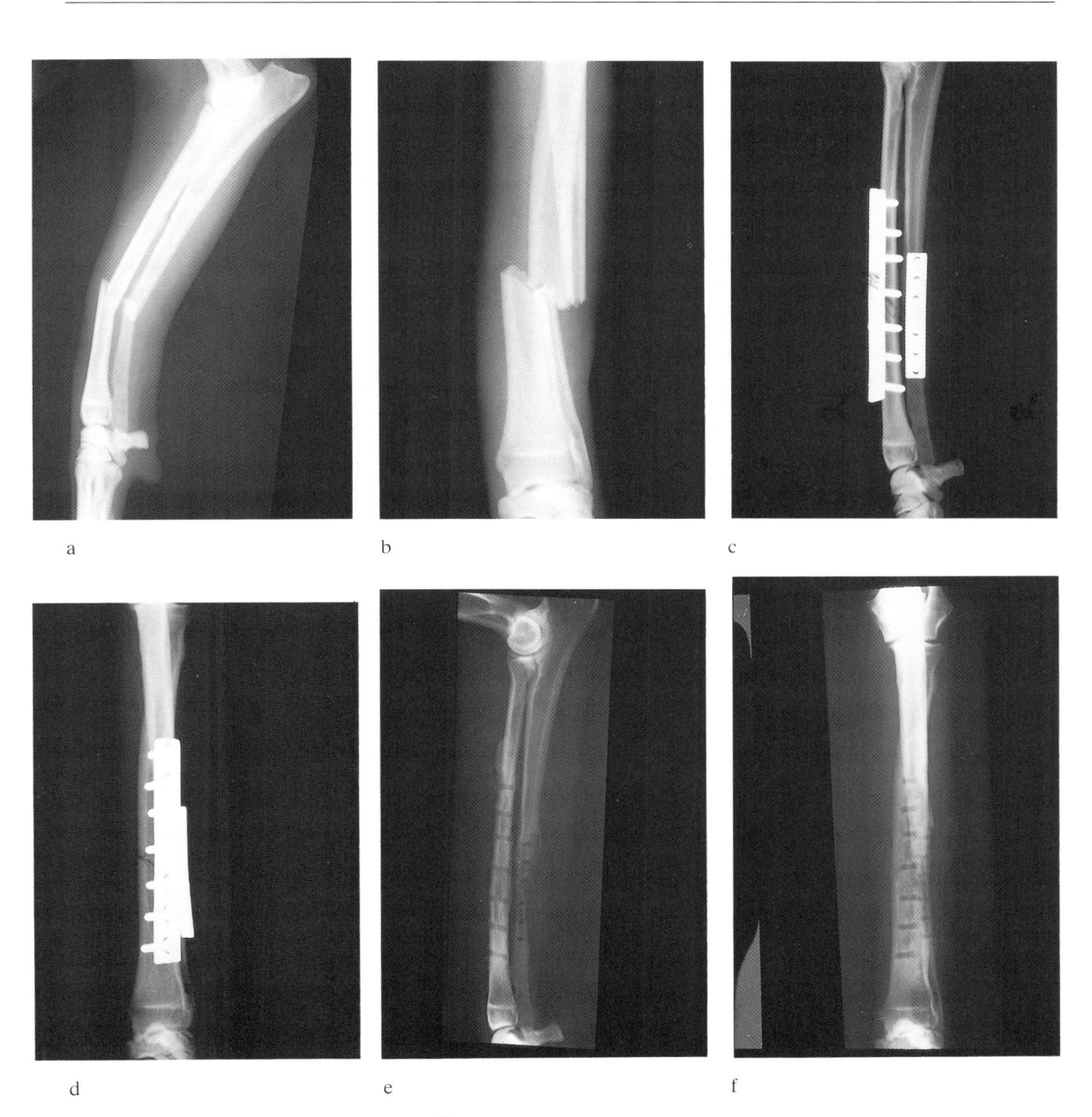

a   b   c

d   e   f

Abb. 24.46. a) Radius-Ulna-Querfraktur, Übergang distales Drittel, Sibirian Husky, 1 Jahr;
b) Versorgung mit 2 DC-Platten; c) nach Implantatentfernung, 3 Monate p. op.

Operative Therapie: Nach Zugang zum Capitulum radii mit einem Bogenschnitt von lateral, der proximal am Epicondylus lateralis humeri beginnt, über das Gelenk verläuft und bis zum Ende des proximalen Viertels von Radius und Ulna reicht (PIERMATTEI und GREELEY 1975) wird nach Präparation der Muskeln und Identifizierung des N. radialis das Gelenk eröffnet und dargestellt. Nachdem die Ulnafraktur eingerichtet ist, reponiert man unter vorsichtigem Druck und Zug auch das Capitulum radii. Ist das Ligamentum anulare intakt, wird es um das Radiusköpfchen gelegt und fixiert, ist es zerrissen, werden die Anteile vernäht. Wenn dies nicht möglich ist, entfernt man die Reste und legt eine Kutisplastik an (Ringbandplastik), indem das Radiusköpfchen umschlungen und das Ersatzgewebe am ulnaren Kollateralband angenäht wird. Auch Faszienstreifen oder Sehnenanteile können als Bandersatz fungieren, aber auch genutzt werden, um zerrissene Bandanteile zu überbrücken. Meist ist das Ringband nicht in seinem Verlauf, sondern am Bandansatz an der Ulna ausgerissen. Interponierte Gewebe werden zurückverlagert, zerrissene Kollateralbänder vernäht, überbrückt oder ersetzt.

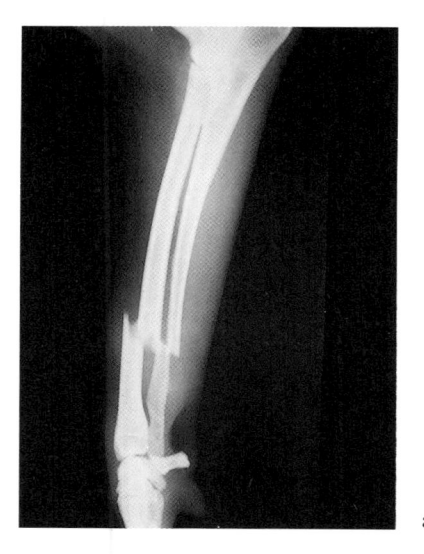

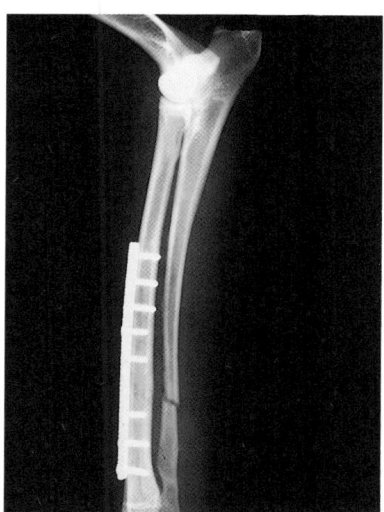

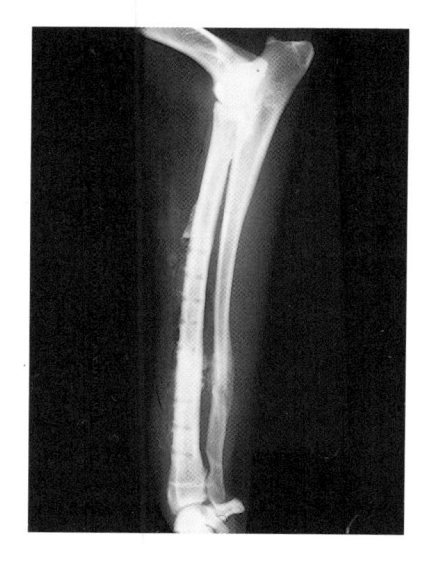

Um die Reposition und Fixation dauerhaft zu gewährleisten und die Ulnafraktur zu versorgen, sind weitere Maßnahmen erforderlich. Verschiedene Operationsverfahren sind bekannt:
- Manchmal gelingt die schonende Einrichtung von Radius und Ulna ohne chirurgische Eröffnung. Dauerhafte Retention ist durch Fixation der proximalen Radiusepiphyse mit 1-3 Zugschrauben an die Ulna von kranial zu erreichen. Nach unseren Erfahrungen ist es günstiger und einfacher, die Zugschrauben von kaudal einzubringen (Abb. 24.45.).
- Splitterfrakturen im Breich der Incisura trochlearis und Mehrfachfrakturen mit Substanzverlusten sind mit einer kaudal (auch lateral) angelegten Platte in Abstützfunktion zu versorgen, wobei 1-2 Zugschrauben den proximalen Radius fixieren. Danach sind die Pronation und die Supination zum Teil aufgehoben, aber die Gelenkfunktion ist erhalten. Substanzdefekte werden mit autogener Spongiosa ausgefüllt.
- Besonders bei sehr kleinen und jungen Hunden mit dünnen Knochen ist nach Reposition die Drahtzuggurtung (s. S. 760) in Kombination mit zwei von kaudal transversal eingebohrten Kirschnerdrähten, die Radius und Ulna fixieren, ein schonendes und einfaches Verfahren. Ruhigstellung bis etwa 4 Wochen nach der Operation ist erforderlich.

Ist bei chronischen Monteggia-Frakturen eine Radiusköpfchen-Reposition nicht mehr möglich, muß es reseziert werden.

Radiuskopf- und Radiushalsfrakturen: *Schrägfrakturen mit Gelenkbeteiligung* müssen nach operativer Freilegung exakt reponiert und wenn möglich stabil mit einer Zugschraube fixiert werden. Kleine Fragmente sind mit Kirschnerbohrdrähten zu vereinigen (NEAL 1981).

Stabile Verhältnisse sind mit einer lateral angelegten kleinen T-Platte zu erreichen.

Radius-Ulna-Schaftfrakturen (Abb. 24.46. bis 24.48.): Hier bietet sich die Verplattung als Methode der Wahl an. Bei den häufigen Querfrakturen bewirkt eine DC-Platte auf der kranialen Seite (auch kraniomedial und medial) hochgradige axiale interfragmentäre Kompression. Bei Splitter- und Mehrfragmentbrüchen haben Platten Neutralisations- bzw. Abstützfunktion (s. S. 760).

Abb. 24.47. a) Radius-Schrägfraktur, Ulna-Querfraktur, distales Drittel, Collie, 7 Monate; b) Versorgung mit DC-Platte (Radius); c) nach Implantatentfernung (Primärheilung), 2 Monate p. op.

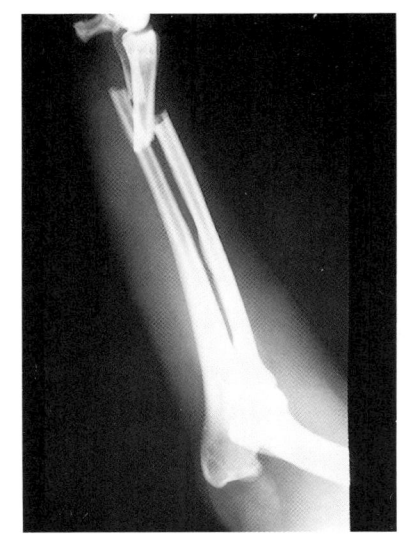

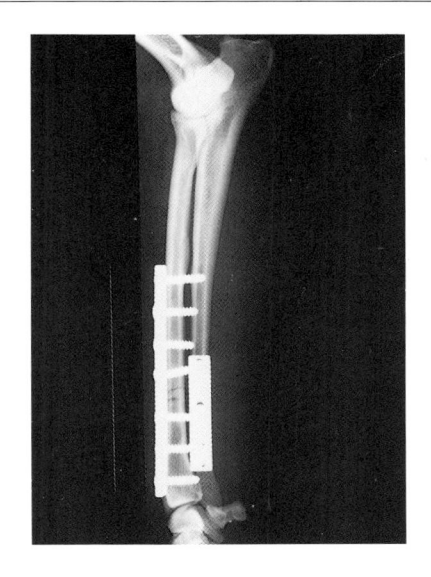

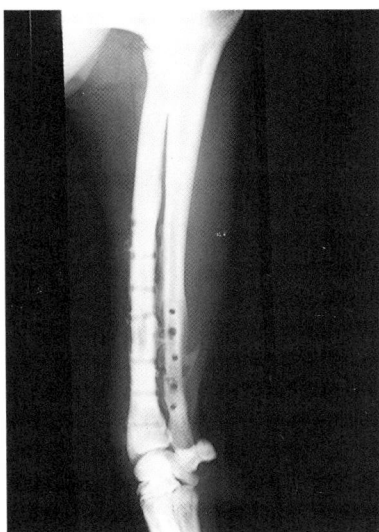

Abb. 24.48. a) Radius-Ulna-Querfraktur, distales Drittel, DSH-Mix, 9 Jahre; b) Versorgung mit DC-Platten; c) nach Implantatentfernung, 4 Monate p. op.

Defekte sind mit autogener Spongiosa aufzufüllen. Übliche Zugänge erfolgen von lateral und medial. KÁSA und KÁSA (1978) geben einen modifizierten, günstigen Zugang zum Radius bei Bauchlage des Tieres an, wobei auch die Ulna im mittleren und distalen Schaftdrittel über diesen Hautschnitt für die Verplattung zu erreichen ist. Der Hautschnitt erfolgt leicht bogenförmig kraniolateral und endet beiderseits kranial.

Nach der Radius-Plattenosteosynthese kann die Ulna ebenfalls verplattet (kaudolaterale Fläche) werden. In vielen Fällen reicht die Stabilisation nach Radiusverplattung aus.

Die *perkutane Transfixation* zur Behandlung geschlossener Radius-Ulna-Frakturen mit extrakutaner Kunststoffschienung (s. S. 763) ist technisch einfach, billig und erfolgreich (SITTNIKOW 1982, RAHLFS und BRASS 1983).

Distale Radius-Ulna-Frakturen (Abb. 24.49.): Die *distale Epiphysiolysis* wird mit Kirschnerdrähten versorgt. Distale Frakturen gehen bei wachsenden Hunden oft mit vorzeitigem Schluß der distalen Epiphysenfuge der Ulna und Wachstumsstörungen einher (s. S. 730). Der Heilungsverlauf ist deshalb sorgfältig zu überwachen (DENNY 1983).

Splitterfrakturen sowie Schräg- und Querfrakturen der distalen Enden werden verschraubt oder verplattet (T-Plättchen).

Frakturen des Processus styloideus radii und Processus styloideus ulnae können mit Drahtzug-

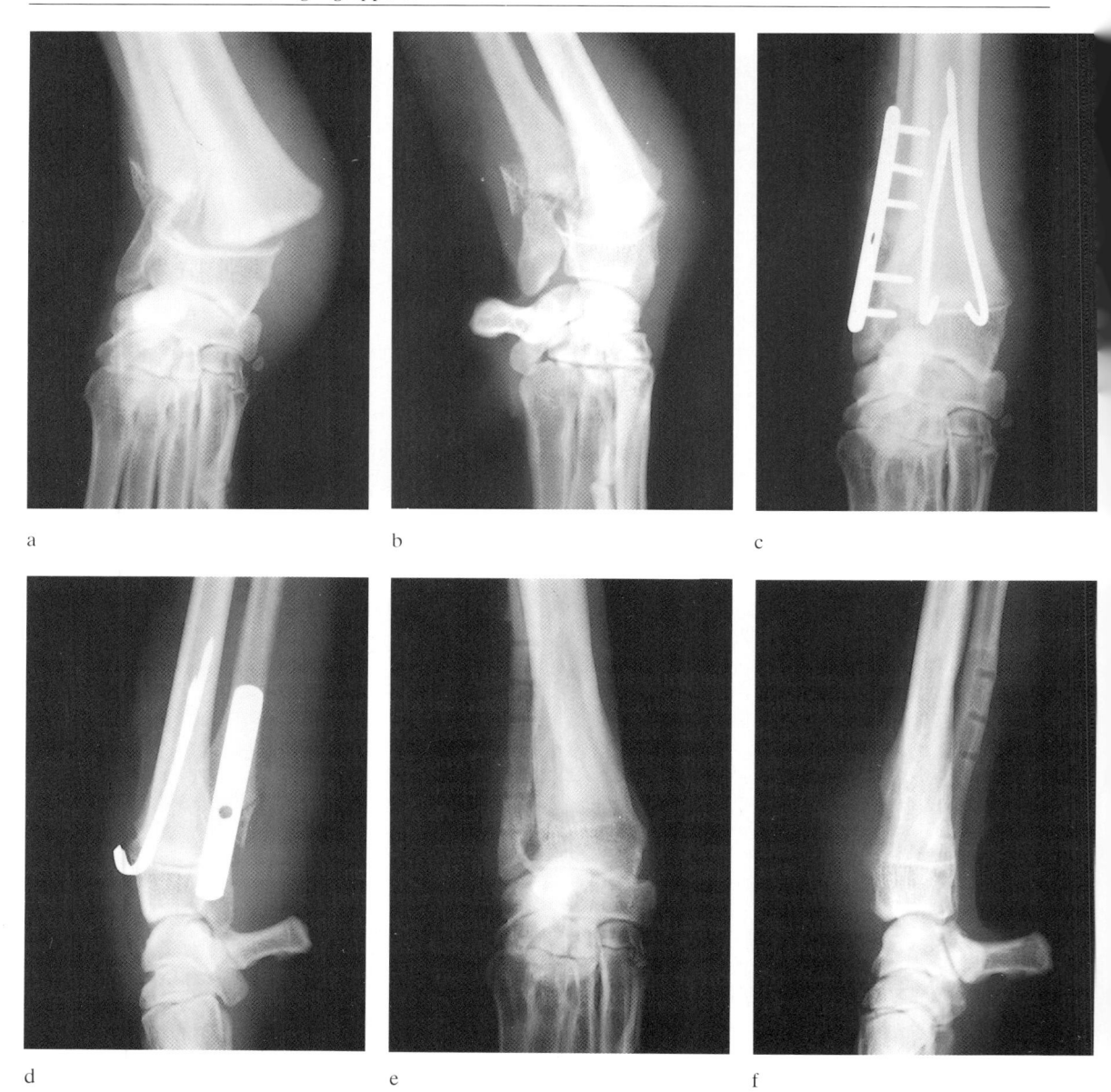

Abb. 24.49. a) Epiphysiolysis radii distalis (Salter I), Fraktur des Proc. styloideus ulnae, Afghane, 9 Monate; b) Epiphysiolysis radii distalis (Salter I), Fraktur des Proc. styloideus ulnae, Afghane, 9 Monate; c) Versorgung mit 2 Kirschnerdrähten (Radius) und Verplattung (Ulna); d) Versorgung mit 2 Kirschnerdrähten (Radius) und Verplattung (Ulna); e) und f) nach Implantatentfernung, 3 Monate p. op.

gurtung und Zugschrauben stabilisiert werden. Wenn das Bruchstück groß genug ist, verhindern zwei Kirschnerdrähte bzw. zwei Zugschrauben Fragmentrotation.

Konservative Therapie: Radius-Ulna-Frakturen im Schaft- und distalen Bereich können mit befriedigendem Ergebnis durch konservative Methoden geheilt werden (Stützverbände, Gips).

Frakturen der Metakarpalknochen und Metatarsalknochen

Sie können einen oder mehrere Knochen betreffen und sind oft Splitterfrakturen, die meist durch direkte Traumen (Quetschung durch Überfahrenwerden) zustande kommen. Bei Rennhunden sind Ermüdungsbrüche bekannt.

Therapie: Solitäre Frakturen werden durch den Verbund der Metakarpalia und Metatarsalia weitgehend geschient. Konservative Methoden sind dabei fast immer ausreichend. Absprengund lange Schrägfrakturen lassen sich gut verschrauben, die meisten Metakarpal- und Metatarsalfrakturen erfolgreich verplatten.

Stahlnägel (Kirschnerdrähte) eignen sich gut als intramedulläre Kraftträger (Technik s. S. 763 f.).

Entlastung der Extremität bis zur Heilung ist angezeigt.

Frakturen der Phalangen

Besonders Quetschungen sind an ihrer Entstehung ursächlich beteiligt. Typische Frakturen ereignen sich bei Rennhunden (Greyhounds). Geschlossene Reposition und externe Fixation (Schienenverband, Gips) sind gewöhnlich ausreichend (DENNY 1983). Bei Greyhounds genügen diese Maßnahmen meist nicht. Mit offener Reposition, Verschraubung (Schrägfraktur, Phalanx proximalis) oder Verplattung (Miniplatte) erzielt man ausreichende Stabilisation und zufriedenstellende funktionelle Ergebnisse. Die Extremität muß entlastet, das Training darf erst nach Abheilung dosiert wieder aufgenommen werden.

24.2.11. Frakturen der Hinterextremität

Beckenfrakturen

Beckenfrakturen entstehen nach direkten und indirekten Gewalteinwirkungen. Verkehrsunfälle sind zur Zeit die häufigste Ursache. Bei Patienten der Chirurgischen Universitäts-Tierklinik in München waren in den Jahren 1970 bis 1977 95,9 % aller Beckenfrakturen durch Unfälle bedingt. Beim komplexen Unfallgeschehen brechen meist mehrere Beckenanteile. Das Unfalltrauma hat unterschiedliche Auswirkungen auf Form, Lage und Ausmaß der Beckenfrakturen. Zu einem hohen Prozentsatz kommen andere Frakturen, Verletzungen und Thoraxschäden hinzu. Für die Häufigkeit der Beckenfrakturen liegen unterschiedliche Angaben vor. Mit etwa 25% haben sie einen hohen Anteil am Frakturgeschehen.

Diagnose: klinische Untersuchung, rektale Untersuchung (Beckenhöhleneinengung, Blasen- und Darmverletzungen), Lahmheitsdiagnostik (hochgradige Lahmheit nach Azetabulumfraktur, gering- bis mittelgradige nach Darmbeinschaufel- oder Sitzbeinfraktur). Unvermögen aufzustehen besteht nach Symphysenfraktur und beidseitiger Luxation im Ileosakralgelenk (LEONARD 1971).

Auffinden von Nebenverletzungen, Röntgenaufnahmen im ventro-dorsalen und latero-lateralen Strahlengang.

Therapie: Auch bei der heutigen allgemeinen positiven Einstellung zur operativen Therapie sind das Operationsrisiko und das zu erwartende Spätergebnis gegeneinander abzuwägen. Allgemein heilen Beckenfrakturen allein durch Ruhebehandlung und Bewegungseinschränkung (Käfigruhe) mit zufriedenstellenden funktionellen Ergebnissen in ähnlich hohem Prozentsatz wie nach operativer Therapie.

Konservative Therapie: In manchen Fällen geben wir der konservativen Behandlung gegenüber der aufwendigen operativen Therapie den Vorzug.

Indikationen für die konservative Therapie (WHITTICK 1974):
– Frakturen, die nicht die Gelenkfläche des Azetabulums einschließen,
– Frakturen mit geringer Fragmentdislokation,
– Frakturen junger männlicher Hunde.

Aber auch die konservative Behandlung ist mit Komplikationen belastet (lange Krankheitsdauer, Schmerzen, überschießender, funktionell störender Kallus, posttraumatische Arthropathie, eingeschränkte Hüftgelenkfunktion, Lahmheit, Defäkationsbeschwerden und Geburtshindernis nach Einengung der Beckenhöhle, große Fragmentdiastasen und Instabilität durch Fragmentverlagerung). Festliegende Patienten sind besonders pflegebedürftig. Weiche Liegestätten, regelmäßiges Umlagern von einer Körperseite auf die andere, Massagen, Hautpflege, richtige Ernährung, regelmäßiger Harn- und Kotabsatz sowie kontrollierte Bewegungsübungen verhindern nicht nur Schmerzen und Dekubitus, sondern fördern das Wohlbefinden und die Heilung. Es sind wesentliche Bestandteile der Nachbehandlung konservativ und operativ versorgter Patienten.

Operative Therapie:

Für die chirurgische Therapie gelten nach BRINKER (1981) und DENNY (1983) folgende Indikationen:
– Azetabulumfrakturen mit Dislokation im Gelenkflächenbereich,
– Instabilität des Hüftgelenks bei gleichzeitiger Fraktur des Os ilium, Os pubis, Os ischii auf einer Seite,
– hochgradige Fragmentdislokation in die Beckenhöhle,
– multiple bilaterale Frakturen,
– multiple Becken- und Hintergliedmaßenfrakturen.

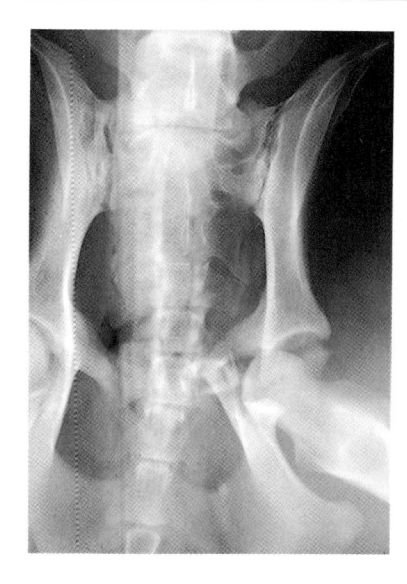

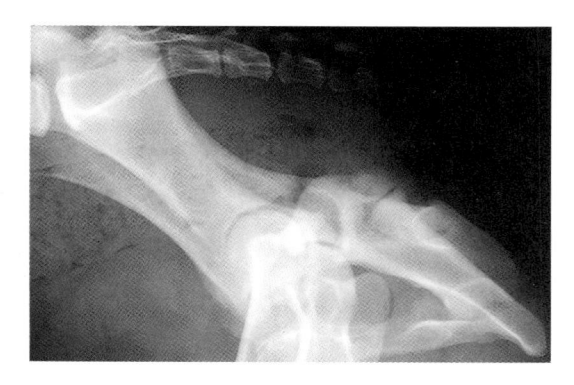

a b

c d

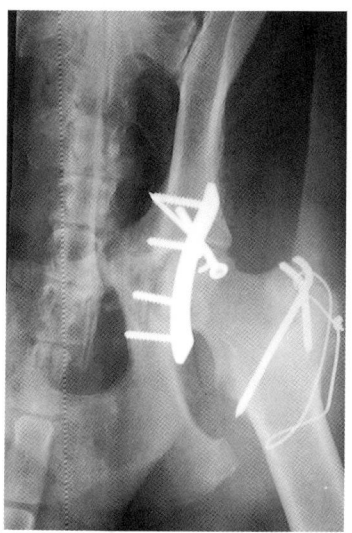

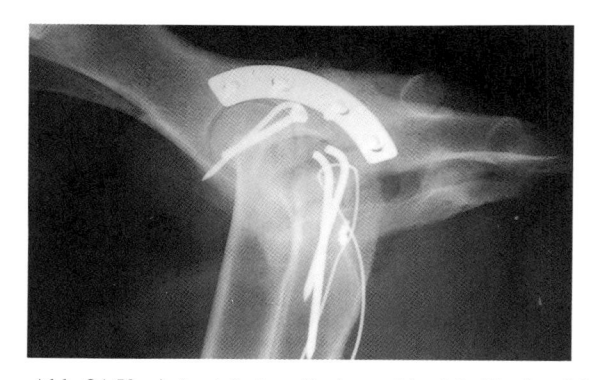

Abb. 24.50. a) Azetabulum-Fraktur, Airedale Terrier, 5 Jahre;
b) Azetabulum-Fraktur, Airedale Terrier, 5 Jahre;
c) Versorgung mit Azetabulum-Platte, Zuggurtung zur (Wieder-)Befestigung des Trochanter major;
d) Versorgung mit Azetabulum-Platte, Zuggurtung zur (Wieder-)Befestigung des Trochanter major.

Reposition und Fixation frakturierter Beckenanteile sind leichter, wenn sie bald nach dem Frakturereignis erfolgen. Der Patient muß sich jedoch vor der Osteosynthese in operationstüchtigem Zustand befinden, aber auch ausreichende materiell-technische und personelle Voraussetzungen müssen gewährleistet sein. Entscheidet man sich zur operativen Behandlung, sind stabile Osteosynthesemethoden anzuwenden, um spätere Komplikationen zu vermeiden (Abb. 24.50.). Ausführliche Beschreibungen des chirurgischen Vorgehens sind in Standardwerken der orthopädischen Kleintierchirurgie zu finden (LEONARD 1971, ARCHIBALD 1974, BOJRAB 1981, DENNY 1983, BRINKER et al. 1984, SCHEBITZ und BRASS 1985).

Femurfrakturen
Oberschenkelbrüche nehmen wie Beckenbrüche in der Häufigkeitsverteilung aller Knochenbrüche des Hundes einen vorderen Platz ein. Unter den Frakturen der langen Röhrenknochen steht die Femurfraktur an erster Stelle. Entstehungsursachen sind vor allem traumatische Einwirkungen bei Verkehrsunfällen.

Innerhalb der Femurfrakturen fand SCARTAZZINI (1974) bei der Auswertung von 111 Fällen 60 % Schaftfrakturen, 27,3 % Kondylenfrakturen, 5,4 % suprakondyläre Frakturen, 3,6 % subtrochantäre Frakturen, 2,7 % Femurfrakturen und 1,8 % kombinierte Frakturen. Nach Angaben von SCHÜRRLE (1979) waren von 811 Femurfrakturen 12,7 % proximale Epi- und Meta-

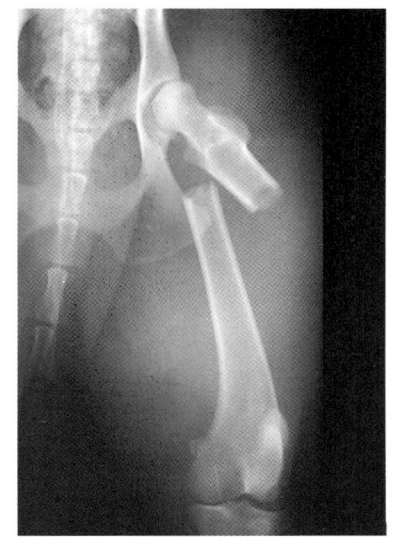

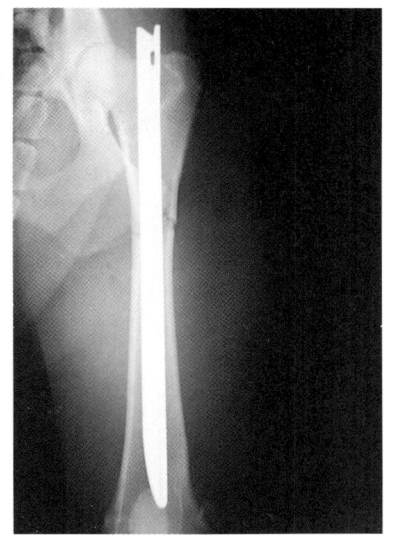

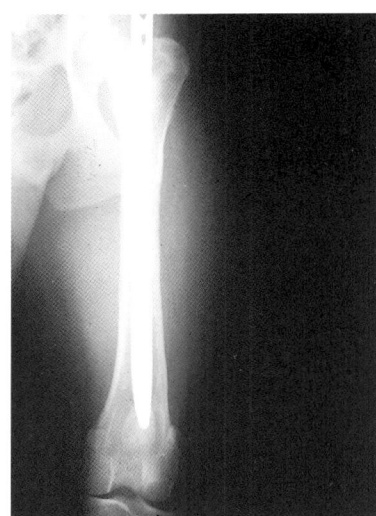

Abb. 24.51. a) Femur-Querfraktur, proximales Drittel, Deutscher Schäferhund, 1 Jahr;
b) Küntschernagelung;
c) Küntschernagelung, Frakturspalt durchbaut.

physenfrakturen, 63,4 % Diaphysenfrakturen und 23,9 % distale Meta- und Epiphysenfrakturen.

Diagnose: Zur genauen Diagnose sind neben der klinischen Untersuchung Röntgenaufnahmen im kranio-kaudalen und medio-lateralen Strahlengang erforderlich.

Konservative Therapie: Bei Schaftfrakturen führt allein Ruhigstellung meist zur „Selbstheilung" mit zufriedenstellendem funktionellem Heilungsergebnis. Wenn Reposition und Retention nicht vorgenommen oder aufrechterhalten werden, ist keine anatomisch korrekte Wiederherstellung zu erwarten. Es kommt zur Extremitätenverkürzung, die aber nicht so gravierend ist, weil Hunde durch Winkelveränderungen im Hüft-, Knie- und Sprunggelenk mäßige Verkürzungen ausgleichen können. *Thomasschienen* mit und ohne Extensionswirkung werden empfohlen, aber auch abgelehnt, weil sie selten toleriert werden, das Hüftgelenk nicht ruhigstellen sowie Drucknekrosen und Durchblutungsstörungen verursachen können (s. S. 758). Andere Stütz- und Fixationsverbände sind schlecht wirksam.

Operative Therapie: Von den vielen operativen Verfahren haben die perkutane Transfixation (Stader-, Kirschner-Ehmer-, Becker-Schiene, Fixateurs externes), Küntschernagelung, modifizierte Bündelnagelung nach HACKETHAL und Rush-Nagelung Bedeutung (s. S. 761 ff.). Als Methode der Wahl haben sich die *Schrauben- und*

a b

c d

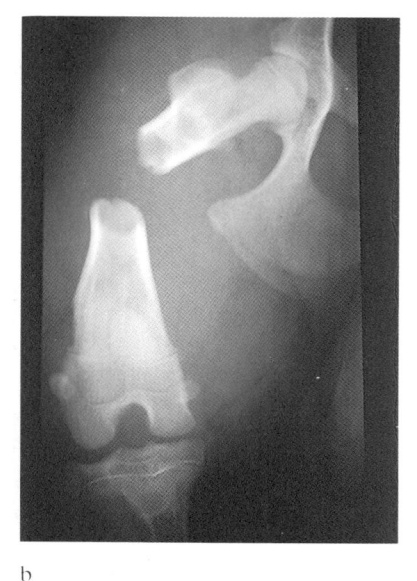

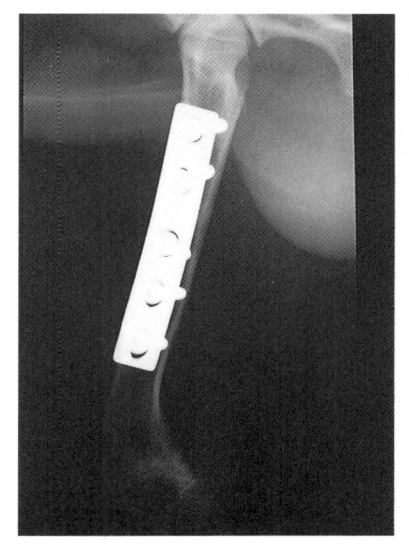

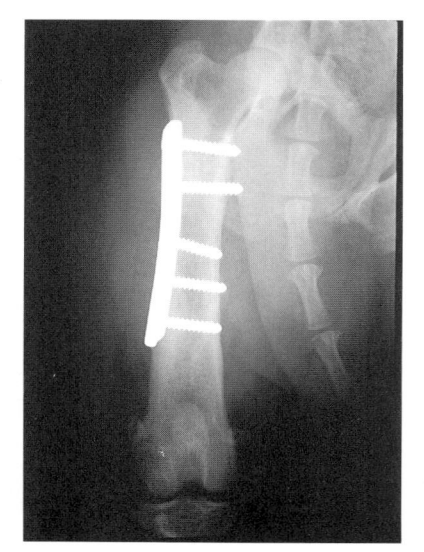

Abb. 24.52. a) Femur-Querfraktur, proximales Drittel, Mix, 8 Monate; b) Femur-Querfraktur, proximales Drittel, Mix, 8 Monate; c) und d) Versorgung mit DC-Platte, Frakturspalt durchbaut, 2,5 Monate p. op.

Plattenosteosynthese sowie die *Drahtzuggurtung* bewährt.

Femurkopf- und Femurhalsfrakturen: Intrakapsuläre Kopffrakturen und Epiphysenfrakturen ereignen sich vorzugsweise bei jungen Hunden. Halsfrakturen liegen intra- und/oder extrakapsulär. Es kommt zu avaskulären Kopfnekrosen, wenn die Durchblutung unterbrochen ist. Genaue Kenntnis und Berücksichtigung der Blutversorgung im Hüftgelenkbereich bestimmen mit über den operativen Zugang und sind entscheidend für den Heilungsverlauf. Deshalb sollen Küntschernägel am Femur wegen der Zerstörungsgefahr für Blutversorgungsgefäße nicht retrograd eingetrieben werden. Durch exakte Reposition und frühe operative Versorgung innerhalb von 48 Stunden nach dem Frakturereignis mit einer Kortikalis- bzw. Spongiosazugschraube, die gute interfragmentäre Kompression bewirkt, und einem Kirschnerdraht, der Fragmentrotation verhindert, ist primäre Frakturheilung (beim erwachsenen Tier) möglich. Die Spickung mit zwei bis drei Kirschnerdrähten, die parallel zur Femurhals-Längsachse eingetrieben werden, ist bei wachsenden Tieren erfolgreich. Anderenfalls ist der Femurkopf zu resezieren (BROWN 1981, DENNY 1983).

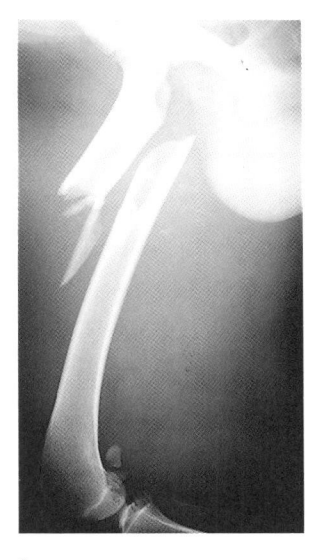

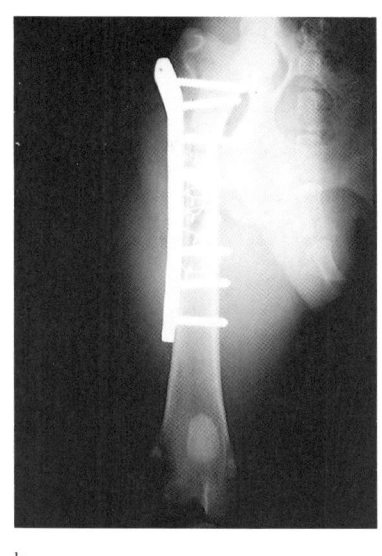

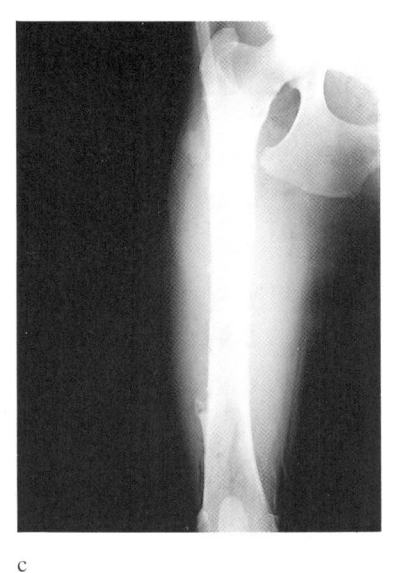

Abb. 24.53. a) Femur-Splitterfraktur, proximales Drittel, Collie, 3 Jahre; b) Versorgung mit DCP-Abstützplatte und Drahtcerclage; c) nach Implantatentfernung, 4 Monate p. op.

Trochanterfrakturen: Verschiedenartige Frakturformen sind öfter zusammen mit Femurkopfluxation festzustellen. Mit der *Zuggurtung* ist eine zufriedenstellende Fixation möglich (s. S. 760).

Subtrochantäre Frakturen: Für die subtrochantären Frakturen eignet sich die *Plattenosteosynthese* am besten. *Femurhalsfrakturen*, die mit Trochanterfrakturen und *Trümmerfrakturen der subtrochantären Region kombiniert* sind, werden mit einer langen, gut angepaßten DC-Platte, die an der lateralen Seite vom Trochanter major bis über das proximale Femurdrittel reicht, stabilisiert (Neutralisations- oder Abstützplatte). Zugschrauben überbrücken schräge Frakturspalten. Mit Zugschraube und Kirschnerdraht fixiert man zusätzlich den Femurkopf (SCARTAZZINI 1974).

Schaftfrakturen (Abb. 24.51.): Plattenosteosynthese ist in fast allen Fällen indiziert.

Nach kranio-lateralem Hautschnitt, der vom Trochanter major bis zum Kniegelenk reicht, Durchtrennung der Fascia lata am kranialen Rand des M. biceps femoris in der Länge des Hautschnittes, Mobilisierung und Weghalten der Weichteile liegt der Femurschaft zwischen M. biceps femoris und M. vastus lateralis frei. Nach teilweiser Mobilisierung des M. vastus intermedius und M. adductor wird eine lange DC-Platte auf der lateralen Femurseite (Zugseite) als dynamische Kompressions/Neutralisations- oder Abstützplatte montiert. Das Periost darf nicht abgehoben und so wenig wie möglich geschädigt, Weichteilverbindungen dürfen keinesfalls von den Bruchstücken gelöst werden. Zugschrauben verbinden abgetrennte Fragmente möglichst in kranio-kaudaler oder umgekehrter Richtung, um das Anlegen der Platte auf der lateralen Seite nicht zu stören (PIERMATTEI und GREELEY 1975, 1983).

Ausgezeichnete Dienste leistet der *A. O.-Femurdistraktor* bei der schonenden Distraktion, exakten Frakturreposition und provisorischen Retention. Die Fragmentenden können bei Dislocatio ad longitudinem cum contractione et distractione, auch bei starker Muskelkontraktur leicht und präzise eingerichtet werden. Rotation eines Knochenanteils läßt sich einfach durchführen oder ausgleichen. Bei Trümmerfrakturen ist eine Abstützplatte mit Spongiosaplastik problemlos anzubringen.

Bei *Trümmerfrakturen der Diaphyse* mit sehr vielen kleinen Fragmenten soll deren Verschraubung nicht erzwungen werden. Eine Verlängerungsplatte nach WAGNER, die im Mittelteil keine Löcher hat, neigt weniger zu Ermüdungsbrüchen. Müssen verschmutzte oder avitale Fragmente entfernt werden, ist der Defekt mit viel autogener Spongiosa oder einem Rippentransplantat zu überbrücken. Die *postoperative Nachbehandlung* besteht in Wundbehandlung, Entlastungsverband und Käfigruhe. Der Patient soll die Gliedmaße bewegen können und nach 4–6 Wochen mit der vorsichtigen Belastung (Leinenführung) beginnen. Abhängig vom Alter des Patienten, der Aus-

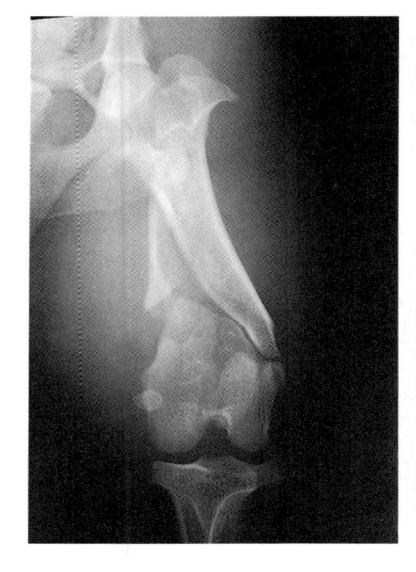

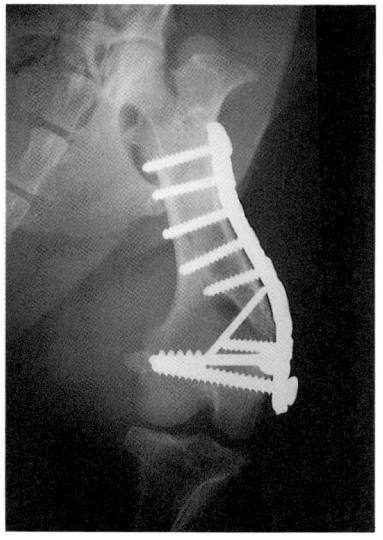

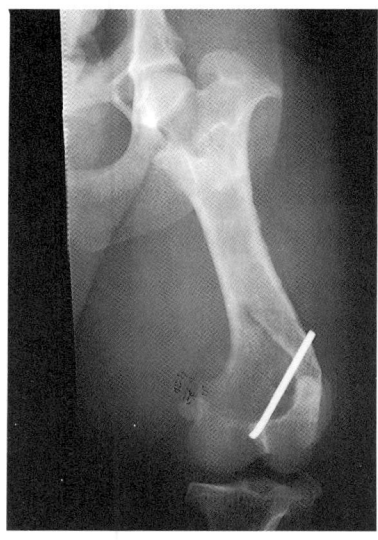

Abb. 24.54. a) Femurfraktur mit Ausbruchskeil, distales Drittel, Rauhhaardackel, 4 Jahre; b) Versorgung mit Rekonstruktionsplatte; c) nach unvollständiger Implantatentfernung, 9 Monate p. op.

dehnung des Frakturgebietes und anderen Faktoren, erfolgt die Heilung in 6–12 Monaten (KÁSA et al. 1983).

Suprakondyläre Frakturen: Diese Frakturform findet man mehr bei jungen als bei erwachsenen Hunden. Distale Epiphysiolyse und suprakondyläre Fraktur reichen gewöhnlich in das Femoropatellargelenk hinein.

Diagnose: Die klinische Diagnose ist nicht immer eindeutig. Es besteht besonders bei Fragmentverschiebung hochgradige Lahmheit mit Schmerzen. Das Röntgenbild gibt genaue Auskunft.

Therapie: Sorgfältige Reposition und stabile Fixation sind Voraussetzung für ein funktionell befriedigendes Heilungsergebnis ohne Achsenverschiebung und Stufenbildung im Gelenk. MATIS und KÖSTLIN (1974) verwenden dafür das von WESTHUES eingeführte Verfahren der Druckosteosynthese mit Zugschraube(n).

Nach operativem Zugang und Reposition des distalen Fragments mit einer Zweipunktzange bohrt man 1–3 cm oberhalb der Frakturstelle schräg nach distal in den gegenüberliegenden Kondylus, schneidet dort ein Gewinde und erweitert im proximalen Fragment das Bohrloch zum Gleitloch. Danach dreht man vorsichtig eine Kortikalisschraube oder Spongiosaschraube (ohne Gleitloch) ein. Weitgehende Ruhigstellung über 4 Wochen ist anzuordnen.

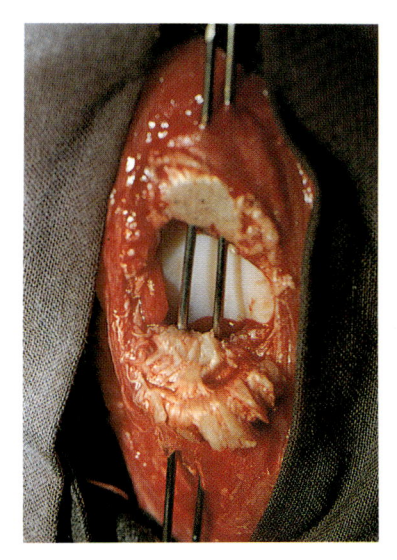

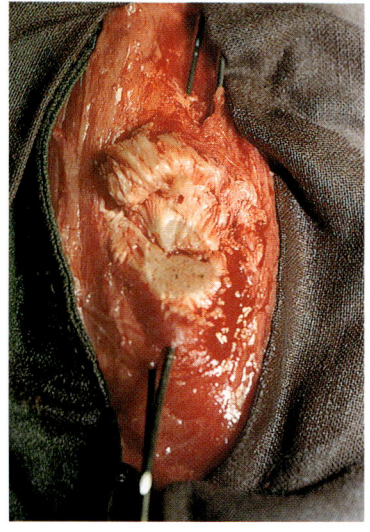

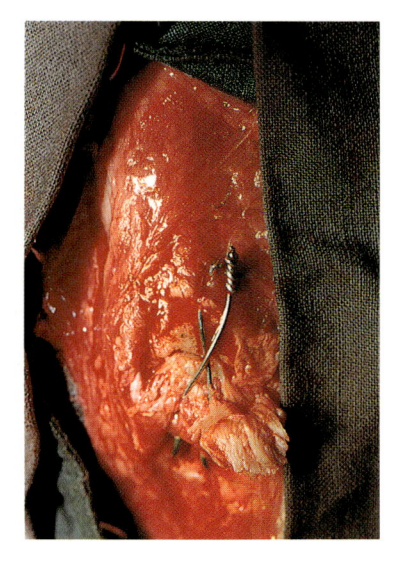

Abb. 24.55. a) Patella-Querfraktur, DSH, 5 Jahre, Fixation der beiden Frakturanteile mit 2 parallel eingeführten Kirschnerdrähten; b) Reposition der Frakturanteile; c) Stabilisation mit Drahtzuggurtung.

MATIS (1977) stabilisiert *distale Epiphysiolysen* bzw. *suprakondyläre Frakturen* des Femurs mit Drahtzuggurtung und zwei parallel liegenden bzw. gekreuzten Bohrdrähten. Fixation mit Rush-Pins, seitlicher Verplattung und bei wachsenden Tieren zwei Kirschnerdrähte sind gebräuchliche weitere Behandlungsverfahren (Abb. 24.52. bis 24.54.).

Kondylusfrakturen: Unikondyläre Frakturen lassen sich gut mit einer Spongiosa-Zugschraube und einem Kirschnerdraht oder zwei Zugschrauben (größeres Fragment) stabil versorgen.

Bei *kombinierten interkondylären und suprakondylären Femurfrakturen vom T- und Y-Typ* werden zuerst die Kondylusfragmente mit einer transkondylären Zugschraube vereinigt und unter Druck gesetzt. Danach fixiert man das distale mit dem proximalen Fragment durch zwei Zugschrauben, die nach Reposition, Vorbohren und Gewindeschneiden vom proximalen Fragment jeweils distal und schräg in den gegenüberliegenden Kondylus eingeschraubt werden.

Zur Fixation beider Anteile können auch zwei Rush-Pins von distal in den Femurschaft eingetrieben werden. *Trümmerfrakturen dieses Typs* lassen sich mit Kondylenabstützplatten und Spongiosaplastik wiederherstellen, nachdem eine transkondyläre Spongiosazugschraube eingedreht ist (FRITSCH und ZEDLER 1963, EISENMENGER 1969, 1971, THIMEL 1971, KÖSTLIN 1973, MATIS und KÖSTLIN 1974, MATIS 1977, DE ANGELIS 1981, DENNY 1983).

– **Patellafrakturen**

Quer-, Längs- und Splitterfrakturen der Patella sind sehr selten. Direkt einwirkende Traumen wie Stoß, Gegenrennen und Sturz aus großer Höhe verursachen zusammen mit dem Quadrizepszug Zerbrechen und Zerreißen der Patella.

Diagnose: Funktionelle Störungen stehen im Vordergrund. Das Kniegelenk kann nicht mehr vollständig gestreckt werden. Das Ligamentum patellae ist schlaff und läßt sich dislozieren. Lahmheit, Schwellung und Schmerz sind ausgeprägt.

Röntgenaufnahmen im medio-lateralen, kranio-kaudalen und tangentialen Strahlengang mit maximal abgebeugtem Kniegelenk sichern die Diagnose und zeigen die Fragmente.

Therapie: Besteht eine *Längsfraktur*, lassen sich beide Fragmente mit einer Zugschraube vereinigen. Auch eine auf der kranialen Seite der Patella angelegte Drahtzuggurtung ist geeignet.

Querfrakturen sind am besten mit der Patellaosteosynthese nach dem Zuggurtungsprinzip zu behandeln (Abb. 24.55.).

Dabei überqueren nach Vorbohren möglichst zwei dünne, parallel liegende Kirschner-Bohrdrähte den Frakturspalt. Dynamische Kompression erreicht man

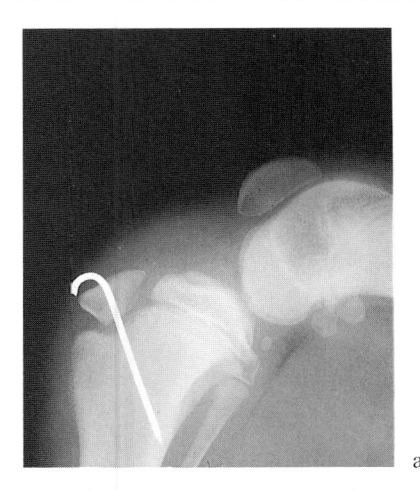

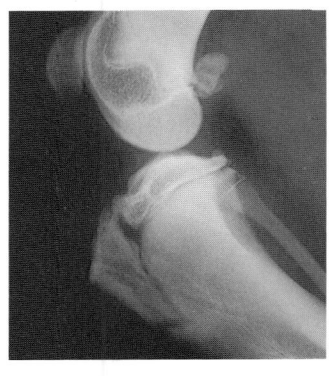

Abb. 24.56. a) Apophysiolysis tuberositatis tibiae, Bobtail, 6 Monate, Fixation mit Kirschnerdraht; b) nach Implantatentfernung, 10 Wochen p. op.

mit einem Draht, der um die proximalen (hakenförmig umgebogenen) und distalen (geraden) Enden der Kirschner-Bohrdrähte geführt, angespannt und verquirlt wird (bei Verwendung des Drahtspanners nur umbiegen). Die Drahtspitze versenkt man neben einem umgebogenen Bohrdrahtende in die Patella (leichtere Implantatentfernung). Die Drahtschlinge liegt auf der Patellaoberfläche, wodurch bei Beugung und Streckung die Bruchflächen fest aneinanderliegen (MÜLLER et al. 1977).

Auch *Mehrfragmentfrakturen* sind so zu versorgen. Fragmente werden mit Spickdraht fixiert. Die Kontaktflächen der Hauptfragmente sollen bei Inkongruenz mit der Säge angepaßt und sorgfältig reponiert werden. Bei kleinen räumlichen Verhältnissen genügen ein Kirschner-Bohrdraht, der die Fragmente überbrückt, und eine Achterdrahtschlinge. Anliegendes Periost, Sehnen- und Fasziengewebe sind sorgsam zu vernähen.

– Tibiafrakturen

Tibiafrakturen kommen nach den Femurfrakturen am häufigsten vor. Sie lassen sich in proximale, Schaft-, distale und Malleolus-Frakturen einteilen.

Diagnose: Klinische Untersuchung (s. S. 753). Röntgenuntersuchung im anterior-posterioren oder kaudo-kranialen Strahlengang sowie im medio-lateralen Strahlengang.

Therapie: Eine fachgerecht durchgeführte konservative Therapie ist in vielen Fällen gerechtfertigt (s. S. 757 f.).

Die operative Therapie hat sich weitgehend durchgesetzt. Der Zugang zur medialen Tibiaseite ist einfach.

– Proximale Frakturen

Abriß der Tuberositas tibiae: Durch Zug des M. quadriceps femoris über das Ligamentum patellae wird die Tuberositas tibiae (meist bei jungen Hunden) aus ihrer Verankerung gerissen (Abb. 24.56.). Es besteht Schmerzhaftigkeit bei Palpation, Strecken und Beugen des Kniegelenks. Neben der örtlichen Schwellung lassen sich ein schlaffes Kniescheibenband und Lahmheit feststellen.

Therapie: Nach kranialem Zugang, Freilegung, Reposition und schonender Fixation mit den Spitzen einer Zweipunkt-Repositionszange befestigt man das Fragment an der Tibiametaphyse.

Mit zwei Kirschner-Bohrdrähten, die in kranio-kaudaler Richtung eingetrieben werden, läßt sich das dislozierte Fragment fixieren.

Bei größeren, erwachsenen Hunden ist eine Zugschraube indiziert. Kleine Fragmente junger Hunde können danach einschmelzen. Bei *Osgood-Schlatter-Disease* (Ablösung der Tibiaapophyse bei Junghunden) genügt in den meisten Fällen die Ruhigstellung des mäßig gestreckten Kniegelenkes durch einen Schienenverband über etwa 4 Wochen. Mit einem Kirschnerdraht läßt sich das Fragment gut fixieren. Eine Zugschraube wird nicht mehr empfohlen (Einschmelzungsgefahr).

Frakturen der Tibiaepiphyse: Die Abtrennung erfolgt bei jungen Hunden gewöhnlich in der Epiphysenfuge oder entspricht dem Typ der Epiphysiolysis mit lateralem bzw. medialem Fragment. Zusätzlich kann noch Apophysiolysis bestehen (KAMMERMEIER 1981). Es kommt oft zur Verlagerung der Epiphyse nach kaudal.

Therapie: Nach offener, schonender Reposition fixiert man die Epiphyse mit zwei Kirschnerdrähten (Minimalosteosynthese), die proximal an der medialen und lateralen Seite eingebracht und schräg distal bis in die gegenüberliegende Metaphysenseite gebohrt werden. Metaphysäre Frag-

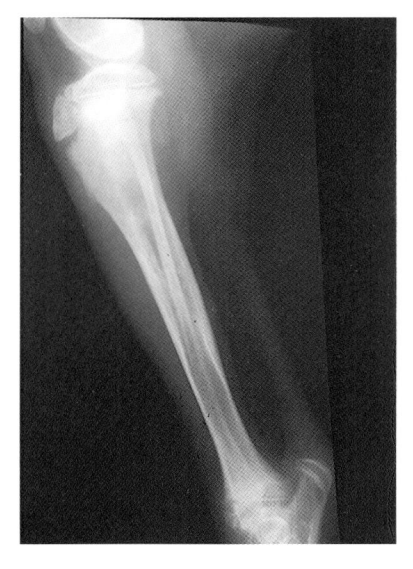

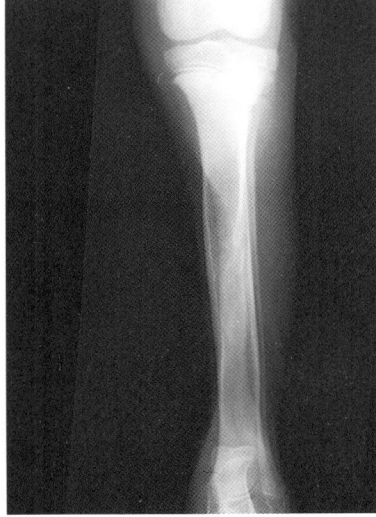

Abb. 24.57.
a) Tibia-Schrägfraktur, Diaphysenmitte (Fibula o.b.B.), Dalmatiner, 9 Wochen;
b) Tibia-Schrägfraktur, Diaphysenmitte (Fibula o.b.B.), Dalmatiner, 9 Wochen;
c) konservative Therapie, Frakturspalt durchbaut;
d) konservative Therapie, Frakturspalt durchbaut.

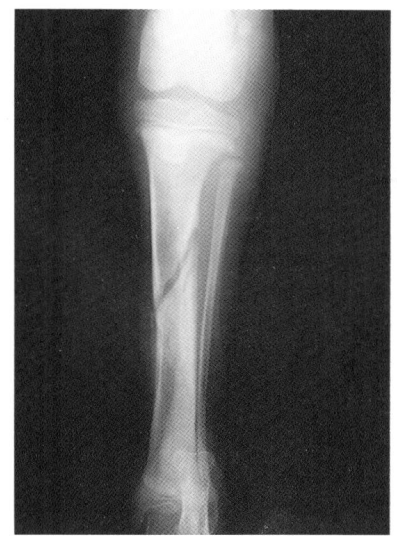

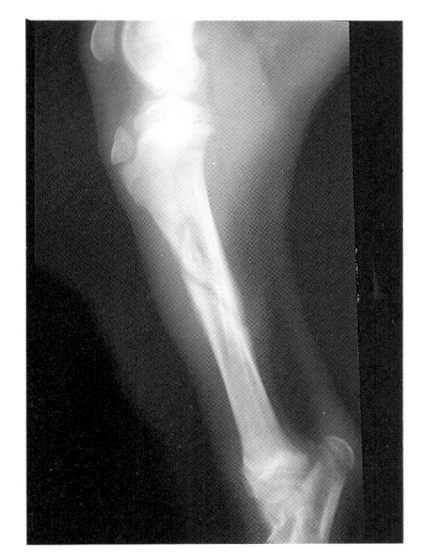

mente werden dabei integriert oder zusätzlich mit einem Spickdraht fixiert. Der Epiphysenfugenknorpel darf nicht gequetscht und möglichst nicht beschädigt werden, weil sonst Wachstumsstörungen resultieren (s. S. 764).

Spaltbrüche und Trümmerfrakturen des Tibiakopfes kommen an der lateralen und medialen Seite vor und ziehen oft in das Gelenk hinein. Zugschrauben allein oder in Verbindung mit Platten in unterschiedlicher Funktion werden zur Fixation genutzt. Knochendefekte sind mit autogener Spongiosaplastik zu versorgen.

Schaftfrakturen: Schaftfrakturen (Abb. 24.57., 24.58.) ohne ausgeprägte Dislokation können konservativ behandelt werden. Gute Erfolge versprechen die Küntschernagelung, Rush-Nagelung, perkutane Transfixation und die Anwendung von Fixateurs externes. Vor allem hat sich die *Plattenosteosynthese* bewährt, weil damit alle Frakturformen in diesem Bereich optimal versorgt werden können.

Operativer Zugang: Der Zugang für die operative Freilegung erfolgt über der medialen Fläche der Tibia. Nach Durchtrennung der Haut und subkutanen Faszie

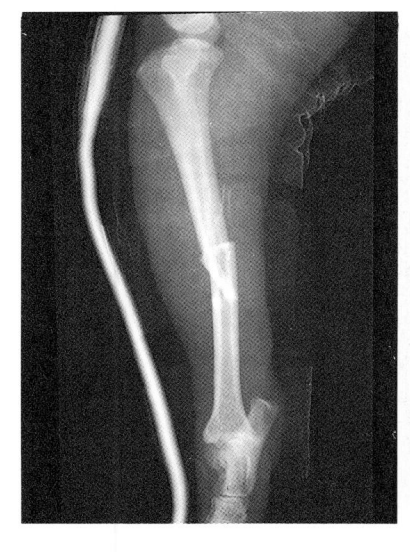

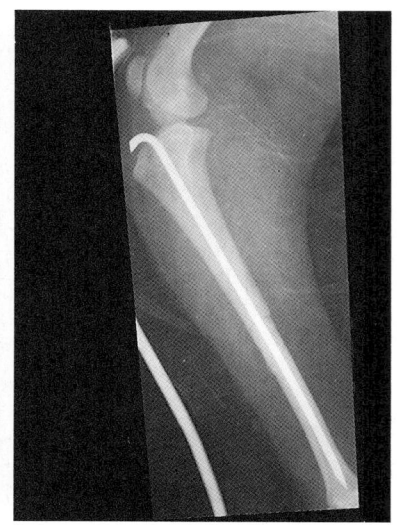

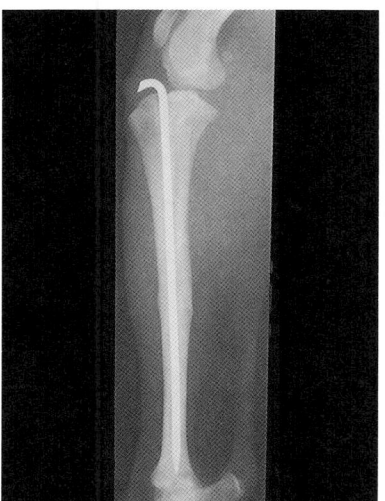

Abb. 24.58. a) Tibia-Schrägfraktur, Fibula-Fraktur, Yorkshire-Terrier, 3 Jahre; b) Versorgung mit Kirschnerdraht; c) Frakturspalt durchbaut, 5 Monate p. op.

sind der Ramus cranialis der A. und V. saphena medialis ebenso wie der N. saphenus, die in der Schaftmitte die Schnittlinie kreuzen, zu identifizieren und mit einem Band wegzuhalten. Nachdem das tiefe Blatt der Fascia cruris über der medialen Schaftfläche inzidiert ist, liegt der Knochen frei. Müssen die Knochenanteile mobilisiert werden, löst man den M. tibialis cran., M. popliteus und M. flexor digiti longus subperiostal von der Tibia. Das tiefe Blatt der Fascia cruris muß beim Verschluß der Wunde wieder genäht werden (PIERMATTEI und GREELEY 1975).

Einzelne Fragmente und lange Schräg- bzw. Spiralfrakturen lassen sich mit Zugschrauben fixieren.

Zur *Verplattung* wird an der medialen Seite (Zugseite) eine lange Knochenplatte (DCP) angepaßt und montiert.

Vorspannung ist an der konkaven Tibia zu erreichen, indem die Formdifferenz von Platte und Knochen zur Erzielung einer erhöhten interfragmentären Kompression genutzt wird. Wenn die angelegte Platte in ihrer Mitte 1–2 mm vom Knochen entfernt ist, muß die überbrückte Knochenfläche länger sein. Setzt man die beiden Schrauben in den äußeren Plattenlöchern zuerst und befestigt die Platte durch weitere Schrauben von peripher nach zentral, so erzeugt man Vorspannung und axialen Druck (MÜLLER et al. 1977). Auch mit Spann-Gleitloch-Platten (DCP) allein oder zusammen mit dem Plattenspanner erreicht man nach den Prinzipien der A. O. sehr gute axiale Kompression.

Platten mit Kompressions-, Neutralisations- und Abstützfunktion sind bei den unterschiedlichen Frakturformen indiziert (s. S. 760).

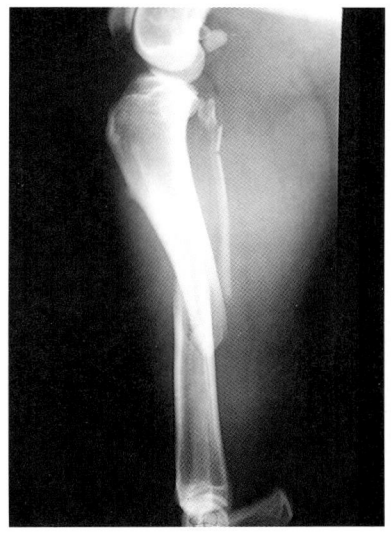

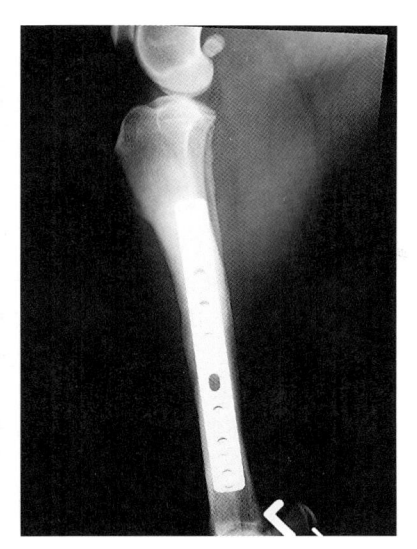

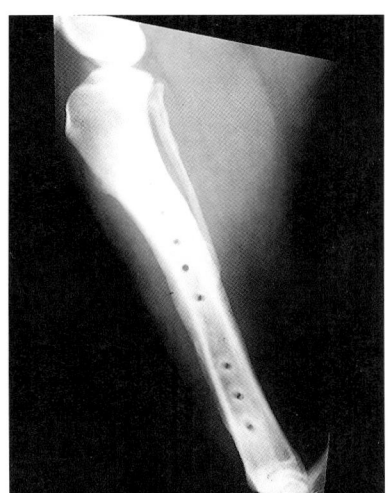

Abb. 24.59. a) Tibia-Fibula-Schrägfraktur, Diaphysenmitte, DSH-Mix, 1 Jahr; b) Versorgung mit DC-Platte; c) nach Implantatentfernung, 2 Monate p. op.

Fibulafrakturen: Die Fibula ist bei Tibiabrüchen fast immer mitfrakturiert (Abb. 24.59.). Vor der stabilen Fixation der Tibiafraktur ist die Reposition der Fibula vorzunehmen. Fixationsmaßnahmen werden gegenwärtig sehr selten als notwendig erachtet. Distale Bruchstücke fixiert man an die Tibia, um die Tibio-Tarsalgelenkfunktion zu gewährleisten.

– *Distale Frakturen*
Abriß der distalen Epiphyse: Bei jungen Tieren kommt es manchmal zum Abriß der distalen Epiphyse. Durch die Röntgenuntersuchung läßt sich differentialdiagnostisch eine Luxation im Tarsalgelenk ausschließen. Zur Osteosynthese eignen sich Kirschnerdrähte nach vorheriger exakter Reposition. Beiderseitige Zuggurtung erhöht den Stabilisationseffekt beim adulten Tier.

Malleolusfrakturen: Frakturen des Malleolus lateralis (fibularis) und medialis werden oft im Zusammenhang mit Subluxation und Dislokation des Tibio-Tarsalgelenkes beim erwachsenen Hund gesehen. Verwechslung mit einem Bänderriß ist möglich. Das Röntgenbild zeigt meist eindeutig den Abriß der Malleoli.

Präzise Reposition und gute Fixation der Fragmente sind notwendig, um die Funktion des Gelenkes wiederherzustellen und sekundäre Schäden (Arthrose) zu vermeiden.

Therapie: Die Anwendung von Zugschrauben ist nur bei großen Hunden möglich; oft nur dann, wenn Teile der distalen Tibiametaphyse und der

Malleolus medialis zusammen ein größeres Fragment bilden. Als Standardmethode ist die Drahtzuggurtung zusammen mit 1–2 Kirschnerspickdrähten, auch bei Frakturen des Malleolus lateralis (fibularis) eingeführt. Das Fibulafragment wird an die Tibia fixiert. Ist neben der Malleolusfraktur noch eine distale lange Schrägfraktur vorhanden, müssen zusätzliche Zugschrauben zur Fixation herangezogen werden. Entlastungsschiene und Käfigruhe sind über mindestens 4 Wochen zu empfehlen (PRIEUR 1975, DAVID 1977, NIEMEYER 1981).

Frakturen des Tarsus: Es sind gewöhnlich geschlossene Frakturen, die meist durch ein indirektes Trauma verursacht werden. Mehrere Knochen können gleichzeitig frakturiert und mit (Sub-) Luxationen kombiniert sein. Nur mit präziser, offener Reposition und chirurgischer Fixation ist eine annähernde oder volle Wiederherstellung der Gelenkfunktion zu erreichen.

Talusfrakturen sind sehr selten und zeigen sich hauptsächlich als *Halsfrakturen* oder *Kondylenfrakturen*. Die Fixation erfolgt mit einer Spongiosazugschraube, die den Frakturspalt überquert und im Taluskörper verankert wird. Ein *laterales Kondylusfragment* ist nach Osteotomie der distalen Fibula besser zugänglich. Mehrere Kirschnerspickdrähte fixieren die Frakturanteile. Anschließend wird das distale Fibulaende an der Tibia mit Zugschrauben oder Kirschner-Bohrdrähten und Drahtzuggurtung befestigt.

Kalkaneusfrakturen betreffen vor allem das *Tuber calcanei* oder den *Schaft*. Mit zwei Kirschnerdrähten wird der Frakturspalt überbrückt. Drahtzuggurtung an der kaudalen Seite bewirkt dynamische interfragmentäre Kompression (Abb. 24.60.). Eine dynamische Kompressions-, Neutralisations- oder Abstützplatte an der kaudalen Seite ist gut geeignet, um verschiedenartige Frakturen zu stabilisieren. Der Zugang erfolgt kaudolateral (PIERMATTEI und GREELEY 1975). Ruhigstellung durch Entlastungsschiene ist angezeigt. Auch eine lange lateral angelegte Platte, die bis zu den Metatarsalknochen reicht, wird empfohlen.

Frakturen der Ossa tarsalia können nach offener Reposition mit Zugschrauben versorgt werden.

Frakturen der Metatarsal- und Phalanxknochen s. S. 779.

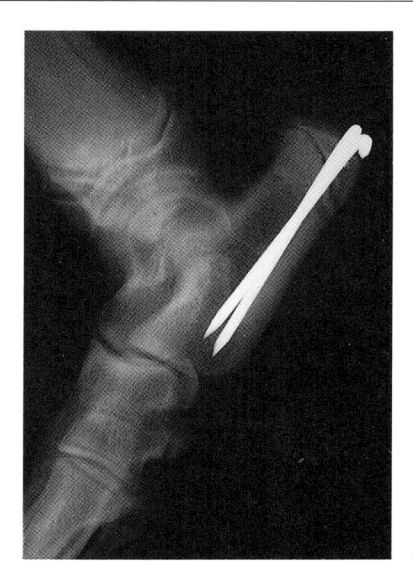

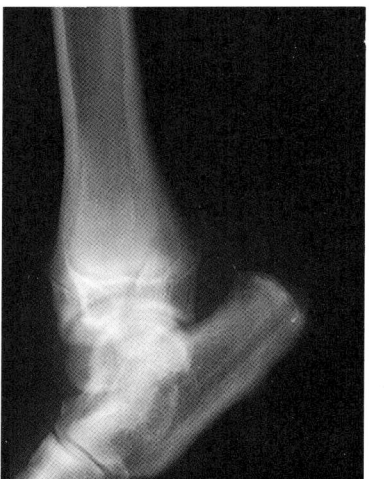

Abb. 24.60. a) Abrißfraktur des Tuber calcanei (Epiphysiolysis), Berner Sennenhund, 4 Monate, Versorgung mit 2 parallel eingetriebenen Kirschnerdrähten; b) nach Implantatentfernung, 3 Monate p. op.

24.3. Gelenkerkrankungen

(E. SCHIMKE und S. PAATSAMA)

24.3.2. Kiefergelenk

– **Kiefergelenkluxation**

Die Kiefergelenk-Subluxation und -Luxation kommen beim Hund sehr selten vor. Nach Überextension im Mandibulo-Temporal-Gelenk kann es zu (Sub-)Luxation und offener Kiefersperre kommen. Beim Basset scheint eine rassespezifische Dysplasie des Kiefergelenkes vorzukommen. Kiefersperre kann oft spontan beim Gähnen und sonstigen weiten Öffnen des Fanges eintreten und wieder verschwinden.

Ein oder beide Processus coronoidei können dislozieren, sich mit dem Arcus zygomaticus verhaken und zur Subluxation des Kiefergelenkes führen.

Therapie: Luxationen sollen möglichst bald manuell reponiert werden. Einen 1–3 cm starken Holzstab legt man in Höhe der Reißzähne quer in den Fang. Beim Schließen der Kiefer wirkt der Holzstab als Hypomochlion. Der Processus coronoideus wird dabei nach kaudal und ventral verlagert und kann entweder spontan oder manuell wieder in die Gelenkpfanne gedrückt werden.

Operativ kann durch Teilresektion des Processus temporalis ossis zygomatici und wenn notwendig ergänzend durch Teilresektion des Processus coronoideus die Wiederherstellung der Kiefergelenkbewegung erreicht werden (Köstlin und Waibl 1980, Stewart et al. 1975, Robins und Grandage 1977, Thomas 1979, Denny 1983).

– Mandibuläre Neurapraxie
Nach extrem weitem Öffnen des Fanges kann es zur mandibulären Neurapraxie (sogenannte Trigeminuslähmung) kommen. Der Unterkiefer hängt schlaff herunter, der Fang kann aber passiv geschlossen werden. Ursächlich ist dafür wahrscheinlich eine temporäre Paralyse des N. mandibularis verantwortlich.

Differentialdiagnostisch muß an Fremdkörper im Mundhöhlenbereich, Unterkieferfraktur oder Luxation, aber auch an Tollwut gedacht werden. Der Patient wird mit flüssiger Nahrung ernährt. Ein gut sitzender Maulkorb sorgt für Kieferschluß. Gute Pflege ist notwendig. In den meisten Fällen kann der Patient den Unterkiefer nach etwa 3 Wochen wieder aktiv bewegen (Denny 1983).

Luxation der Wirbelsäule s. S. 765.

24.3.2. Luxation der Skapula

Die Skapula ist beim Hund nur durch Muskulatur mit dem Thorax verbunden. In seltenen Fällen kann es nach einem Trauma zur Luxation der Skapula kommen (meist einseitig). Dabei werden die Verbindungsgewebe überdehnt. Die Skapula ist lose, gleitet bei Belastung der Extremität nach oben und ragt mit ihrem dorsalen Rand über die Dornfortsätze hinaus. Schmerzen scheinen kaum vorhanden zu sein. Der Patient lahmt und bewegt sich, besonders wenn beide Schulterblätter betroffen sind, sehr ungeschickt.

Therapie: Der obere kaudale Rand der Skapula wird mit der fünften Rippe verdrahtet. Zur Entlastung wird der Extremität eine lateral anliegende Schiene angepaßt, die vom oberen Schulterblattrand bis zur Zehe reicht (Leighton 1981).

24.3.3. Schultergelenk

Das Schultergelenk hat nur schwach ausgebildete echte Bänder (Ligg. glenohumeralia). Die Gelenkkapsel und die Endsehnen des M. subscapularis bzw. M. infraspinatus verhindern Seitwärtsbewegung und ersetzen ein starkes mediales bzw. laterales Seitenband. Die Ursprungssehne des M. biceps brachii überquert kranio-medial das Gelenk. Auch alle anderen Muskeln, die das Gelenk kreuzen, tragen mit Tonus und Kontraktilität zur Stabilität bei. Das Schultergelenk erlaubt Bewegungen in alle Richtungen (Craig et al. 1980).

– Schultergelenkluxation (Humeruskopfluxation)
Schultergelenkluxationen kommen beim Hund selten vor. Meist sind es Luxationen des Humeruskopfes nach medial, weniger nach lateral und selten nach kranial oder kaudal. Wir unterscheiden erworbene (meist traumatisch bedingte) von kongenitalen Luxationen.

Kongenitale Luxationen (unilateral und bilateral) findet man insbesondere bei Zwerghunderassen. Bestimmte Rassen sind durch eine Schultergelenkschwäche für Luxationen prädisponiert (De Angelis 1981).

Erworbene Luxationen
Diagnose: Sie beruht auf der klinischen Untersuchung mit Adspektion und Palpation sowie Röntgenaufnahmen in zwei Ebenen. Deutliche Schmerzhaftigkeit und abnorme Beweglichkeit im Schultergelenk sind charakteristische Symptome erworbener Luxationen.

Therapie: Bei frischen Luxationen soll möglichst sofort die geschlossene Reposition versucht werden. Ruhigstellung erfolgt durch eine der Gliedmaße lateral angepaßte Schiene, die an der Extremität und am Thorax mit Pflaster und Binden befestigt wird, oder durch Hochbinden der Extremität in Adduktionshaltung (mediale Luxation), so daß der Humeruskopf nach lateral gerichtet ist. Bei lateraler Luxation verhindert eine Entlastungsschlinge die Belastung der Extremität

(DE ANGELIS 1981). Bei habituellen, alten oder rezidivierenden Luxationen müssen operative Maßnahmen die Gelenkstabilität sichern.

Operative Therapie: Für die verschiedenen Luxationsformen stehen unterschiedliche Verfahren der Schultergelenkstabilisation zur Auswahl. Mit einer Kutis- oder Kunststoffplastik läßt sich die abnorme Beweglichkeit im Gelenk einschränken oder beheben.

1. Jeweils ein Bohrkanal läuft in latero-medialer Richtung durch den Skapula- und Humerushals. Geflochtene Kunststoffäden (Nylon, Polyester) oder Kutis zieht man mit einer dünnen Drahtschlinge hindurch und verknotet sie lateral am Humerus bzw. vernäht sie überlappend, auch proximal und distal an den Kapselansatzstellen.

2. Quer durch die Basis der Spina scapulae und das Tuberculum majus wird ein Bohrkanal angelegt. Skapula und Humerus werden mit einer Kutis- oder Kunststoffprothese in Form einer Achtertour verbunden (BALL 1968). Die Schlingenführung liegt entweder nur lateral oder läuft um den Skapulahals auch medial.

3. Mobilisierung und Verlagerung der M.-biceps-brachii-Sehne nach medial oder lateral. Das osteotomierte Tuberculum majus wird mit zwei Kirschnerdrähten fixiert (DE ANGELIS 1981).

4. Bei der Luxation nach medial verwenden CRAIG et al. (1980) einen Teil der Sehne des M. supraspinatus und einen medialen Anteil der Kapsel (einschließlich ihres Glenohumeralbandes) nach Raffung zur Stabilisation und funktionellen Wiederherstellung der Gelenkfunktion (BALL 1968, DE ANGELIS und SCHWARZ 1970, HOHN et al. 1971, CRAIG et al. 1980, DE ANGELIS 1981, LEIGHTON 1981).

– Schultergelenkdysplasie

Die Schultergelenkdysplasie (lose Schulter, kongenitale Dislokation) ist eine entwicklungsbedingte Mißbildung, vermutlich auf genetischer Grundlage, die beim Hund selten vorkommt. Sie geht mit verschiedenen anatomischen Veränderungen einher (Atrophie des M. supra- und infraspinatus, M. pectoralis, flache oder konvexe Cavitas glenoidalis scapulae, erweiterte Gelenkkapsel), die zu Störungen der Biomechanik und nachfolgender Arthrose führen. Mehrfach wird ohne traumatische Ursache ein isoliertes Tuberculum supraglenoidale scapulae als Abrißfraktur angetroffen. Der Humeruskopf ist nicht immer verändert. Mit Zugschrauben oder Spickdraht und Zuggurtung wird das isolierte Tuberculum fixiert (EVANS 1968, JEDDICKE 1983).

Osteochondrosis dissecans s. S. 737.

24.3.4. Ellenbogengelenk

– Ellenbogengelenkluxation:

Angeborene Ellenbogengelenkluxation: Die angeborene Ellenbogengelenkluxation ist selten und kommt bei kleinen Hunderassen (Pekinese) oft beidseitig vor. Meist ist das Radiusköpfchen nach lateral luxiert. Das Gelenk ist durch die Deformierung in der Bewegung eingeschränkt, verursacht aber anscheinend kaum Schmerzen. Röntgenaufnahmen im medio-lateralen und kraniokaudalen Strahlengang sichern die klinische Verdachtsdiagnose. Bestehen dauernde Lahmheit und Bewegungsbehinderung, kann der Zustand durch Exstirpation des Radiusköpfchens verbessert werden.

Subluxation des Ellenbogengelenks infolge von Wachstumsstörungen des Radius und der Ulna s. S. 730.

Erworbene Ellenbogengelenkluxation: Die erworbene Ellenbogengelenkluxation ist traumatisch bedingt und oft mit Frakturen kombiniert. Autounfälle, Beißereien, Hängenbleiben der Pfote, verbunden mit Drehbewegung und Beugung im Ellenbogengelenk, sind ätiologisch maßgeblich beteiligt. Es besteht akute Lahmheit, Flexion und Extension sind stark eingeschränkt und oft sehr schmerzhaft. Die Umgebung des Gelenkes ist angeschwollen, die Gliedmaße wird abduziert und nach vorn gestreckt getragen.

Neben der klinischen Untersuchung entscheiden mindestens zwei Röntgenaufnahmen (mediolateral, a. p.), ob es sich um eine Luxation des Radius allein oder gemeinsam mit der Ulna nach kranio- oder kaudo-lateral bzw. -medial handelt und zusätzlich Frakturen vorhanden sind.

Luxationen des Radiusköpfchens mit Frakturen der Ulna im proximalen Bereich (Monteggia-Frakturen) s. S. 774.

Bei gewaltsamer Dislokation werden die Gelenkkapsel, Kollateralbänder und Muskelansätze erheblich in Mitleidenschaft gezogen.

Therapie
Konservative Therapie: Das unblutige Einrichten einer Luxation soll so schnell wie möglich nach dem Dislokationsereignis in Allgemeinanästhesie und guter Relaxation erfolgen. Der Patient wird seitlich gelagert, das betroffene Bein befindet sich oben. Bei der Luxation nach lateral umfaßt man mit der linken Hand den distalen Oberarm. Die rechte Hand ergreift von kaudal das Ellenbogengelenk, dreht Radius und Ulna bei stark gebeugtem Gelenk nach medial und drückt mit dem Daumen, bei gleichzeitiger langsamer Streckung des Ge-

lenks auf die laterale Seite des Olekranons, bis das Radiusköpfchen und der Processus anconaeus „zurückschnappen". Die gesamte Manipulation muß schonend erfolgen. Für die unterschiedlichen Luxationsformen werden entsprechende Repositionsmöglichkeiten genutzt (KÁSA und KÁSA 1980).

Käfigruhe, Stützverband oder Entlastungsschiene schonen das traumatisierte Gelenk in der Heilungsperiode.

Instabile Ellenbogengelenke und länger bestehende Luxationen müssen operativ behandelt werden.

Operative Therapie: Nach lateraler Gelenkeröffnung, Revision und Reposition über einen in den Gelenkspalt eingeführten dorsal konvexen Hebel (Gleitschiene) ersetzt man auf der medialen Seite das zerrissene Kollateralband. Dazu wird je eine Schraube transversal in den medialen Humeruskondylus und in die Ulna eingedreht und mit einer Drahtachtertour verbunden. Gute Erfolge sind auch mit einer Kutisplastik und Bandrekonstruktion zu erreichen. (LEIGHTON 1955, CAMPBELL 1969, 1979, STOYAK 1981, EISENMENGER 1981, DENNY 1983).

Isolierter Processus coronoideus ulnae, isolierter Processus anconaeus, Osteochondrosis dissecans s. S. 732 ff. und 736 f.

24.3.5. Karpalgelenk

Das Karpalgelenk ist aus anatomischer und funktioneller Sicht sehr kompliziert (YALDEN 1970, WIND 1981).

– **Karpalgelenkluxation**

Luxationen nach Ruptur des kaudalen Bandapparates, der Kollateralbänder im proximalen Bereich oder der Interkarpalbänder gehen mit Zerreißung der Gelenkkapsel einher. Sie sind seltener als Subluxationen, die besonders den proximalen Gelenkanteil betreffen und vor allem durch extreme Hyperextension verursacht werden. Sprünge oder Stürze aus großer Höhe führen hauptsächlich zu kaudalen Luxationen mit Zerreißung der palmaren Gelenkkapsel und/oder der palmaren Fibrosaplatte.

Diagnose: Es bestehen hochgradige Lahmheit mit Schwellung und Schmerzhaftigkeit sowie Einknicken im Karpus nach Belastung. Röntgenologisch können vorhandene Dislokationen und oft zusätzliche Frakturen festgestellt werden.

Therapie: Die Reposition erfolgt durch Zug an der distalen Extremität und Druck auf den luxierten Knochen. Konservative Maßnahmen sind bei *Verstauchungen* indiziert. Frische (Sub-)Luxationen können nach Reposition mit einem Schienenverband über 4 Wochen fixiert, aber nicht immer stabilisiert werden. Rupturen der Kapsel, Bänder, Sehnen und Fibrosaplatte sind sorgfältig zu nähen. Durch Kutisplastik oder eine Drahtprothese können die Kollateralbänder ersetzt werden. Aussichtslose, alte Luxationen mit arthrotischen Veränderungen werden durch Karpalarthrodese stabilisiert.

Die *Nachbehandlung* erfolgt mit Käfigruhe und Entlastungsverbänden.

24.3.6. Zehengelenke

Subluxationen und Luxationen sind im Zehengelenkbereich zu sehen, zu palpieren und durch Röntgenaufnahmen in zwei Ebenen festzustellen. Bei Rennhunden kommen Luxationen häufiger vor. Dabei reichen Reposition und Stabilisation allein meist nicht aus, um Rezidiven vorzubeugen. Entfernen der Kralle oder wenn dies nicht genügt, Amputation der Phalanx distalis, Schonung und dosiertes Training bewirken eine bessere Prognose. Bei Luxationen des proximalen Zehengelenkes und bei starker Exostosenbildung ist eine Arthrodese indiziert (KÁSA und KÁSA 1980, DENNY 1983).

24.3.7. Hüftgelenk

– **Calvé-Legg-Perthes-Erkrankung** (aseptische Femurkopfnekrose, Malum deformans juvenile coxae, Osteochondrosis deformans coxae juvenilis, Morbus Legg-Calvé-Perthes, Coxa plana).

Klinisches Bild: Es handelt sich um eine aseptische, avaskuläre Nekrose des Femurkopfes bei Hunden kleiner Rassen (z. B. Foxterrier, Yorkshire-Terrier, Zwergschnauzer, Zwergpudel, Zwergpinscher, Pekinesen), meist im Alter von 3–10 Monaten. Die Erkrankung kommt gewöhnlich einseitig vor, geht mit allmählich zunehmender Lahmheit und Schmerzhaftigkeit im betroffenen Hüftgelenk einher und wird von zunehmender Atrophie der Gluteal- und Oberschenkelmuskulatur begleitet. Die Lahmheit besteht über mehrere Monate. Oft wird die erkrankte Extremität gar nicht mehr belastet und in Beugehaltung getragen. Die Gliedmaße erscheint verkürzt, Abduktion ist schmerzhafter als Adduktion. Wird bei der Palpation durch Druck auf den Trochanter major der Femurkopf in die Gelenkpfanne gepreßt, äußert der Patient deutliche Schmerzen. Die mangelhafte Durchblutung des

Femurkopfes soll durch verschiedene Störfaktoren, wie hormonale, vaskuläre, metabolische und genetische Dysregulationen sowie vorzeitigen Epiphysenschluß zustande kommen. Durchblutungsstörungen mit obliterierendem Effekt haben einen besonderen ätiologischen Stellenwert. In der Regel klingen die heftigen Symptome der Erkrankung langsam wieder ab. Im Verlaufe des Krankheitsprozesses kommt es zu Revaskularisierung und Ersatz des abgestorbenen Gewebes. Deformierung des Femurkopfes und Verdickung des Femurhalses sind bleibende Erscheinungen.

Röntgendiagnose: Röntgenaufnahmen im ventro-dorsalen Strahlengang zeigen in den verschiedenen Stadien des Gewebeumbaus, entsprechend den histomorphologischen Veränderungen, Aufhellungen und Hohlraumbildung im Femurkopf, der später dystrophisch, abgeflacht oder dreieckig aussehen kann.

Entrundung mit Impression des Femurkopfes führt zur Pseudoerweiterung des Gelenkspaltes. Unter fortschreitender Destruktion und regressiven Veränderungen entwickelt sich eine Coxarthrose. Am Collum femoris und Azetabulumrand sind sekundär osteophytische Proliferationen nachweisbar. Der Femurhals erscheint verdickt und verkürzt, der Gelenkspalt verbreitert. Am Kopf und Schenkelhals kann es durch fortschreitende Osteonekrose zu Osteolyse kommen. Mit dem Abschluß des Knochenwachstums kommt meist auch der Krankheitsprozeß zum Stillstand. Am Gelenk manifestiert sich eine chronische Arthrosis deformans.

Therapie: Zur konservativen Behandlung werden nach konsequenter längerer Ruhigstellung neben Analgetika Anabolika empfohlen. Nach dem Abklingen der akuten klinischen Erscheinungen soll zuerst mit passiven Bewegungsübungen und später durch langsam gesteigertes Lauftraining die Femurkopfform der des Azetabulums angepaßt und Muskelatrophie verhindert werden.

Als Methode der Wahl ist gegenwärtig die einfach durchführbare *Femurkopfresektion* zu empfehlen (s. S. 801).

Obwohl die genetischen Zusammenhänge nicht eindeutig geklärt sind, sollen erkrankte Hunde von der Zucht ausgeschlossen werden (LJUNGGREN 1967, LEE 1970, SMITH 1971).

– Femurkopfluxation

Die traumatisch bedingte Femurkopfluxation ist beim Hund eine relativ seltene Diagnose. Hauptsächlich ausgewachsene Hunde sind betroffen, weil bei Welpen und wachsenden Hunden die Gelenkkapsel und das Lig. capitis ossis femoris kräftiger sind als die Femurkopfepiphyse und der Femurhals. Deshalb kommt es bei jungen Tieren eher zu Femurkopfepiphysen- oder Femurhalsfrakturen (OLDS 1981). Femurkopfluxationen gehören zum Erscheinungsbild der schweren Hüftgelenkdysplasie.

Ätiologie und Pathogenese: Das Hüftgelenk des Hundes ist für Luxationen prädestiniert, weil den Femurkopf nur das Lig. capitis ossis femoris, die Gelenkkapsel und die periartikuläre Muskulatur in der Pfanne halten. Als Entstehungsursachen kommen vor allem Verkehrsunfälle, Stürze aus großer Höhe und Bewegungsunfälle in Betracht. Luxationen sind aber weniger auf direkte Traumen, sondern vielmehr auf indirekte Dreh- und Hebelwirkungen zurückzuführen. Wirkt eine ausreichend große Kraft ein, kann der Femurkopf aus der Pfanne gehebelt werden, wobei der Pfannenrand als Hypomochlion und das Femur als langer Hebel wirken können. Fast immer besteht eine einseitige Luxation. Der Femurkopf ist in den meisten Fällen nach kranio-dorsal, weniger oft nach kranio-ventral und sehr selten nach kaudo-dorsal oder kaudo-ventral verlagert (Abb. 24.61.).

Diagnose: Bei kranio-dorsaler Luxation erscheint beim Längenvergleich der Hinterextremitäten und maximaler Streckung nach hinten das luxierte Bein verkürzt. Der Abstand zwischen verlagertem Trochanter major und Tuber ischiadicum ist größer als auf der gesunden Seite. Die Patienten tragen das luxierte Bein leicht angewinkelt und adduziert. *Differentialdiagnostisch* kommen Schenkelhalsfrakturen, Femurkopfablösung und pertrochantere Oberschenkelfrakturen in Frage. Bei Femurkopfluxation zerreißen fast immer das Lig. capitis und die Gelenkkapsel. Die pe-

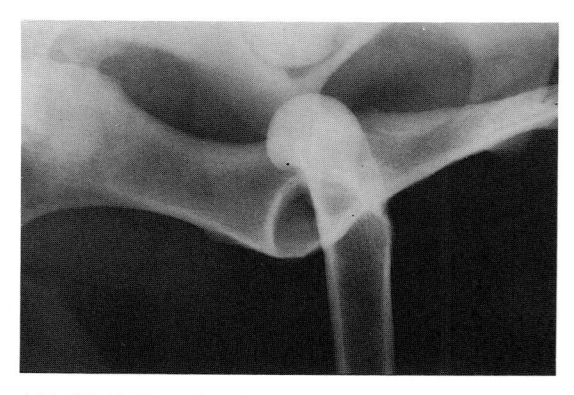

Abb. 24.61. Femurkopfluxation nach dorsal.

riartikuläre Muskulatur ist, abhängig von der Stärke der Einwirkung, überdehnt oder zerrissen. Bei Abrissen des Lig. capitis am Femurkopf füllen Bandreste mit Knorpel- oder Knochenanteilen und Blutkoagula, später proliferierte Kapselanteile und fibröses Gewebe die Gelenkpfanne und erschweren oder verhindern die Reposition. Durch die Lage des Femurkopfes außerhalb der Pfanne treten, abhängig von der Intensität der Einwirkung und der Zeit, Abreibungen mit Zerstörung am Knorpelüberzug auf. Auch degenerative Veränderungen sind nachzuweisen. Röntgenaufnahmen in zwei Ebenen sichern die Diagnose.

Therapie
Konservative Reposition und Fixation: In allen Fällen soll innerhalb von 48 Stunden die konservative Therapie als *geschlossene Reposition* versucht werden.

Nach etwa 5 Tagen gelingt dies nur noch selten. Der anästhesierte, gut relaxierte Patient liegt auf der gesunden Seite. Mit einem breiten Gurt oder Handtuch, das zwischen den Oberschenkeln hindurchgeschlungen wird, muß das Becken des Tieres in kranio-dorsaler Richtung von einem Helfer gehalten oder am Untersuchungstisch fixiert werden. Die Extremität wird nach kaudal gezogen und dabei leicht abduziert, so daß der Femurkopf etwas angehoben wird und leichter über den Pfannenrand gleiten kann. Gleichzeitiger Druck auf den Trochanter verhindert, daß der Femurkopf über den Pfannenrand in kaudo-ventraler Richtung rutscht. Mehrfaches Strecken und Beugen des Hüftgelenks bei gleichzeitigem Druck auf den Trochanter major paßt den Kopf besser an die Pfanne an. Dabei zeigt es sich, ob der Kopf wieder spontan reluxiert (DENNY 1983).

Problematisch ist die dauerhafte Fixation des Femurkopfes in der Pfanne. Die angewandten Fixationsmethoden reichen vom starren Gipsverband über elastische Verbände, Abnähen einer Hautfalte über dem Gelenk, Fixation der Extremität in gestreckter Haltung am Thorax durch Bandagen, Hochbinden der Gliedmaße bei gebeugtem Knie- und Sprunggelenk über mehrere Tage usw. Die Ergebnisse derartiger Fixationsverfahren sind nicht immer überzeugend. Bei länger bestehenden oder rezidivierenden Luxationen und solchen, die mit Becken- oder Femurfrakturen gekoppelt sind, sind die offene (blutige) Reposition und Fixation notwendig.

Operative Reposition und Fixation: Vor jeder blutigen Reposition und Fixation muß das Azetabulum von Gewebetrümmern (Lig.-capitis-Reste, fibröses Gewebe, Blutkoagula) gereinigt werden. Die Gelenkkapsel kann man mit Einzelknopf-Vicrylheften nähen. Der Trochanter major wird nach Osteotomie mit zwei Nägeln und Zuggurtung in etwas nach kaudal verlagerter Position fixiert, um günstigere Retentionsverhältnisse für den Femurkopf zu schaffen. Wird der Trochanter major durch Entfernung eines Knochenanteils distalisiert und durch Hinaussetzen lateralisiert, ergibt sich eine verbesserte Hebelwirkung für die Glutäalmuskulatur, der Anpreßdruck gegen die Pfanne wird erhöht und die postoperative Luxationstendenz vermindert. Bei allen operativen Verfahren muß der *Nervus ischiadicus* identifiziert und unbedingt geschont werden.

Operative Fixationsprinzipien
1. KÁSA und KÁSA (1980) teilen die Femurkopfluxation nach der Art der Schädigung in 4 Typen ein und wenden entsprechende operative Fixationsverfahren an: Nach kranio-lateralem Zugang (PIERMATTEI und GREELEY 1975) und Osteotomie des Trochanter major bei erwachsenen Tieren wird die in der Mitte zerrissene Kapsel mit nichtresorbierbarem Nahtmaterial genäht (Typ 1). Wenn die Gelenkkapsel am Schenkelhals abgerissen ist (Typ 2), wird sie an das Gewebe der Fossa trochanterica genäht. Reißt die Gelenkkapsel mit dem Periost am Azetabulum ab (Typ 3), werden Kunststoffäden in der oberen Kortikalis des Azetabulumrandes nach dem Bohren V-förmiger Löcher (BRUNNBERG und PAAR 1982) verankert und am Femur befestigt. Zentrale Femurkopfluxation (Fraktur des Azetabulums und Einbruch des Femurkopfes in die Fossa acetabuli, Typ 4) erfordert die Wiederherstellung der Pfanne mit Osteosynthesemaßnahmen (s. S. 780 f.). Die Luxation wird entsprechend Typ 1–3 fixiert.
2. Fixation des Femurkopfes mit einem Steinmann-Nagel, der unter Röntgenkontrolle, nahe dem Tuber ischiadicum und parallel zur Beckenachse, zwischen Femurkopf und Trochanter major bis zum Tuber coxae geführt, dort eingeschlagen wird und etwa 8 Tage verbleibt (De Vita Pin).
3. Trochantere Nagelung mit einem Stahlnagel (Kirschner-Bohrdraht) durch den Trochanter major, Femurhals, -kopf und die Pfanne (nach Vorbohren). Nagelentfernung nach etwa 10 Tagen.
4. Pfannendachplastik mit Verbreiterung der Femurkopfauflagefläche (FICUS 1963).
5. Subtrochanter eingeführte Luxationsschraube (BERGE und WESTHUES 1969).
6. Ersatz des zerrissenen Lig. capitis ossis femoris durch eine Bandprothese aus autogenem (Faszie, Haut) oder xenogenem Material (Polyester, Teflon, Nylon, Draht). Ein Drahtknebel aus Kirschnerdraht, Stahl- oder Kunststoffbolzen mit Bohrloch, eine Stahl- oder Kunststoffscheibe mit 2 Löchern oder ein Knoten verankern den Bandersatz (Doppelfaden) jenseits des Bohrloches an der Beckenraumseite des Azetabulums. Die Prothese wird durch einen Bohrkanal geführt, der

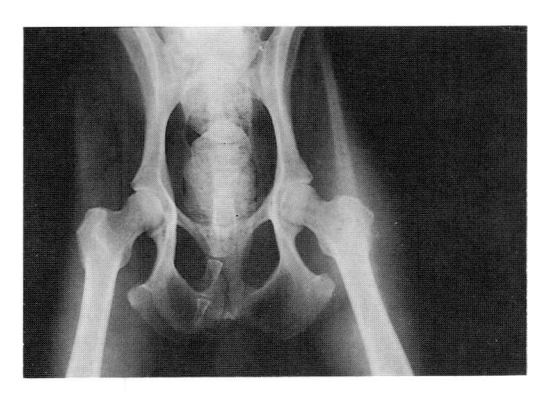

Abb. 24.62. Luxatio capitis femoris links nach Reposition und Fixation im Azetabulum mit Polyesterband.

ausgehend von der Fovea capitis zentral durch den Kopf und Hals verläuft und dicht unter dem Trochanter major mündet (Abb. 24.62.). Hier werden ein seitliches Loch gebohrt und die Bandanteile verknotet bzw. vernäht. Befindet sich die Bandprothese nicht exakt in der Rotationsachse, kann sie durch scherenartige Bewegung der Gelenkoberfläche zerstört werden.

Mit den genannten operativen Verfahren sind anatomische und funktionelle Heilungen möglich. Bestehen Luxationen über 4 Wochen, können mechanische und degenerative Schäden am Kopf und Gelenkknorpel die Erfolgsaussichten stark beeinträchtigen. Bleibt die Femurkopfluxation unbehandelt, bildet sich in den nächsten Monaten eine Nearthrose (Abb. 24.62.). Die Tiere beginnen nach etwa 14 Tagen bis 4 Wochen aufzutreten. Es entwickelt sich eine hochgradige Coxarthrose. Nach Monaten bewegen sich solche Hunde meist lahmheitsfrei. Bedenklich sind die über lange Zeit belastenden Schmerzen. Verschwindet die Lahmheit nicht, kann eine Femurkopfresektion (s. S. 801) Abhilfe schaffen. Auch Totalendoprothesen sind indiziert (DE ANGELIS und PRATA 1973, PETTIT 1974, DAVID 1977, SCHIMKE und GRÜNBAUM 1981).

– Hüftgelenkdysplasie

Die Hüftgelenkdysplasie (HD) des Hundes ist eine postnatale Entwicklungsstörung, die auf erblicher Veranlagung beruht, durch Mißwuchs an Azetabulum und Femurkopf imponiert und zu einer unzureichenden Stabilität des Hüftgelenkes führt.

Beim Menschen wurde Hüftgelenkdysplasie von HIPPOKRATES schon vor etwa 2000 Jahren beschrieben. Die HD des Hundes fand 1935 zuerst der amerikanische Tierarzt SCHNELLE. Erst 20 Jahre später wurden seine Beobachtungen allgemein anerkannt und eine weite Verbreitung der HD in vielen Ländern, besonders bei den mittleren und großen Hunderassen, festgestellt. Von SCHNELLE stammt auch die Klassifizierung der HD nach den Schweregraden I–IV.

Eine primäre Entwicklungsstörung des Hüftgelenkes, die als Lockerung erscheint, kann während der verschiedenen Wachstumsperioden von Welpen auftreten. Lockerung bedeutet mangelhafte Gelenkstabilität und kann schon im Alter von 7–8 Wochen palpierbar sein (Ortolani-Test).

Ortolani-Test: Am sedierten und auf dem Rücken liegenden Welpen erfaßt man die beiden nahe zueinander gebrachten Kniegelenke und drückt die Oberschenkel gegen das Becken. Bei vorhandener Lockerung gleitet der Femurkopf auf oder über den Azetabulumrand (Subluxation, Luxation). Wenn der Kopf beim Nachlassen des Druckes wieder in das Azetabulum gleitet, hört und fühlt man ein „Klicken".

Liegt beim Ortolani-Test der Welpe auf der Seite, läßt sich mit einer Hand die Stabilität bzw. Instabilität des Hüftgelenkes überprüfen. Die Lockerung kann auch noch im Alter von 4 bzw. 6–8 Monaten festzustellen sein. Bei jungen Welpen kann die Lockerung in bestimmten Fällen wieder verschwinden. Deshalb ist der Ortolani-Test bei Welpen keine sichere Methode zur HD-Diagnostik, sondern nur eine Möglichkeit, Welpen mit instabilen Hüftgelenken von solchen mit stabilen zu unterscheiden.

Bei Welpen sind wegen der komplizierten Morphologie des Hüftgelenkes auf Dysplasie hinweisende Veränderungen der Knochenstruktur von Azetabulum und Femurkopf klinisch und röntgenologisch nicht feststellbar. Die vielen Verknöcherungszonen zwischen den verschiedenen Knochen, die das Azetabulum bilden, neigen zu Störungen und Formveränderungen.

Entwicklungsstörungen des Pfannengrundes, unvollständige Entwicklung des Pfannenrandes und ausbleibender formativer Reiz von seiten des Femurkopfes auf das Azetabulum führen zur Abflachung. Formveränderungen des Caput femoris äußern sich in Abflachung, Verkleinerung oder Verbreiterung des Femurkopfes bis hin zu dreieckigem oder pilzförmigem Aussehen. Am Collum femoris stellt sich eine Verformung ein, die eine Verkleinerung oder Vergrößerung des Collumwinkels verursacht. Der Trochanter major wird stärker und erscheint höher als das Caput femoris. Verdickung der Gelenkkapsel und inflammatorische Veränderungen der Synovia gehören zum typischen Krankheitsbild. Als Folge der abnormen Belastung kommt es zu Veränderungen an der Femurdiaphyse (Remodelling). Röntgenologisch und pathologisch-anatomisch ist festzustellen, daß die Gelenkflächen nicht mehr konzentrisch und optimal zusammenpassen. Osteophytose, Knochenzysten und Eburnation als Folge des Abschleifens und der Abnutzung des Gelenkknorpels gehören zu den sekundären Gelenkveränderungen.

Diagnostik
HD-Symptome: Nur wenige mit HD befallene Hunde weisen klinische Symptome auf. Die Lahmheit als wichtigstes Symptom scheint unabhängig vom Grad der HD zu sein. Viele Hunde zeigen häufig im Alter von 5–8 Monaten Lahmheitssymptome, wenn das Körpergewicht zunimmt und die Anforderungen an das Hüftgelenk größer werden.

Differentialdiagnostisch kommen insbesondere Osteodystrophie, Osteochondrosis und Panostitis in Betracht. Hinsetzen und Aufstehen sind erschwert, wenn Veränderungen im Kniegelenk, Ileosakralgelenk oder in der Lumbosakralgegend vorliegen. Ältere Hunde haben oft Schwierigkeiten beim Aufstehen, sie sitzen manchmal auf einer Hüfte. Bei schwerer HD mit hochgradiger Lahmheit schleppen Hunde gelegentlich die Hintergliedmaße nach oder weisen unkoordinierte Bewegungen auf. Patienten mit mittlerer bis hochgradiger Muskelatrophie lahmen nach Anstrengungen stärker. Hochgradige Lahmheit besteht, wenn Azetabulumfrakturen (selten) oder schwere degenerative Gelenkveränderungen vorhanden sind. Gut trainierte Hunde mit kräftiger Muskulatur können selbst eine mittelgradige HD (funktionell) kompensieren. Bei jungen Tieren mit HD-Verdacht soll die Fütterung, insbesondere die Mineralstoff- und Vitaminversorgung, überprüft werden. Untersuchungen haben gezeigt, daß HD bei schnellwüchsigen, großen Hunderassen durch übermäßige Eiweißfütterung, Vitamin D, Vitamin C und Calcium-Gaben verschlimmert werden kann.

Klinische Untersuchung: Zur klinischen Untersuchung der Hüftgelenke stellt man sich hinter das Tier und legt die Hände auf die Hüftgelenke. Beim Bewegen der Gelenke können Subluxation, Luxation und Krepitation zu fühlen und/oder zu hören sein. Aufschlußreich ist ein Vergleich der Position des Trochanter major im Verhältnis zum Tuber sacrale und T. ischiadicum. Bei einseitiger Subluxation oder Luxation scheint die Gliedmaße kürzer und der Trochanter major nach kraniodorsal „verschoben" zu sein. Bei der Untersuchung des seitlich gelagerten, sedierten oder anästhesierten Patienten prüft man vergleichend die maximale Extension, Flexion, Abduktion und Adduktion und achtet auf Schmerzäußerung, Subluxation bzw. Luxation und Krepitation. An arthrotischen Gelenken lassen sich Bewegungen oft nur begrenzt und schlecht durchführen. Mit der klinischen Untersuchung läßt sich die *Prognose* besser einschätzen als allein durch die Röntgenuntersuchung. Die endgültige Diagnose ist röntgenologisch zu sichern, weil klinische Dysplasie-Symptome auch bei anderen Erkrankungen vorhanden sein können.

Röntgenuntersuchung: Für die Röntgenuntersuchung muß der Hund sediert oder anästhesiert und auf dem Röntgentisch genau in Rückenlage gebracht werden. Sandsäcke oder ein Fixationsgestell unterstützen seitlich die Brustgegend. Die Längsachse des Beckens soll parallel zum Röntgenfilm liegen. Die Hinterextremitäten werden parallel zueinander gehalten, extrem nach hinten gestreckt und leicht einwärts gedreht, um das Collum femoris und den Trochanter major in horizontale Lage zu bringen. Die Patella soll auf dem Röntgenbild zwischen den Femurkondylen sichtbar sein (Position I).

In einigen Ländern wird zur sicheren Beurteilung zusätzlich eine zweite Aufnahme bei maximal gebeugten und leicht abduzierten Hintergliedmaßen gefordert (Position II).

Arthrotische Veränderungen, besonders am hinteren, äußeren Pfannenrand, am Femurkopf und -hals sind damit besser darzustellen. Der Zentralstrahl soll auf das kraniale Ende der Beckensymphyse gerichtet sein. Symmetrie der Beckendarstellung ist obligat und kann auch an den Konturen der Foramina obturatoria und Darmbeinflügel überprüft werden. Asymmetrische Lagerung kann den wahren Zustand verfälschen, weil sich für Messungen (Norberg-Methode) der Mittelpunkt der Femurköpfe nicht exakt bestimmen läßt.

Wegen der großen Bedeutung der HD wird im nationalen und internationalen Maßstab eine einheitliche Aufnahmetechnik und Beurteilung gefordert. Eine international zusammengesetzte HD-Kommission der F.C.I. (Federation Cynologique International) hat (1978) für *internationale Zertifikate* Kriterien zur Anfertigung von HD-Röntgenaufnahmen und deren Beurteilung erarbeitet. Da es bisher noch nicht gelungen ist, eine einheitliche, international gültige Klassifikation durchzusetzen, dürfen die in den verschiedenen Ländern traditionell gültigen Klassifikationen zusätzlich weiter verwendet werden (BRASS und PAATSAMA 1983).

Richtlinien für die Anfertigung von Röntgenaufnahmen zur HD-Diagnostik (HD-Kommission der F. C. I.):

a) Für die Beurteilung wird ein Mindestalter von 1 Jahr verlangt. Bei folgenden großen Rassen beträgt das Mindestalter 1 $^1/_2$ Jahre: Bull-Mastiff, Bordeaux-Dogge, Deutsche Dogge, Leonberger, Maremmano, Mastiff, Neapolitanischer Mastiff, Neufundländer und Landseer, Pyrenäenhund, Bernhardiner.

b) Hunde werden durch leserliche Tätowierung im Ohr identifiziert. Mit diesem Kennzeichen werden Ahnentafel und Röntgenaufnahme versehen.

c) Auf den Röntgenaufnahmen werden neben der Tätowiernummer die Zuchtbuchnummer, Rasse, das Datum der Röntgenuntersuchung und die Bezeichnung der rechten oder linken Seite angegeben.

d) Die Röntgenaufnahmen werden zentral aufbewahrt.

e) Die endgültige Beurteilung basiert auf 2 Röntgenaufnahmen, einer in Position I (mit gestreckten Hintergliedmaßen) und einer in Position II (mit gebeugten Hintergliedmaßen).

f) Die Größe des Röntgenfilms in Position I soll für große Rassen wenigstens 30 mal 40 cm betragen.

g) Die technische Qualität der Röntgenaufnahmen soll zufriedenstellend sein.

Klassifizierungsschema der HD-Grade für Hunde im Alter von 1–2 Jahren bei korrekter Lagerung in Position I (HD-Kommission der F. C. I.):

• *Kein Hinweis für Hüftgelenkdysplasie*
Der Femurkopf und das Azetabulum sind kongruent, und der Winkel nach NORBERG (in Position I) ist 105° oder größer. Der kranio-laterale Rand des Azetabulums zeigt sich scharf und läuft abgerundet aus. Der Gelenkspalt ist eng und gleichmäßig. Bei vorzüglichen Hüftgelenken umgreift der kranio-laterale Azetabulumrand den Femurkopf etwas weiter nach latero-kaudal (Abb. 24.63 a).

• *Übergangsform (verdächtig für HD)*
Entweder sind Femurkopf und Azetabulum in geringem Maße inkongruent, und der Norberg-Winkel (in Position I) beträgt 105° oder mehr, oder der Norberg-Winkel ist kleiner als 105°, wobei der Femurkopf und das Azetabulum kongruent sind (Abb. 24.63 b).

• *Leichte HD (I. Grad)*
Femurkopf und Azetabulum sind inkongruent, der Norberg-Winkel ist größer als 100°, und/oder der kranio-laterale Rand des Azetabulums ist in geringem Maße abgeflacht. Unschärfen oder höchstens geringe Anzeichen osteoarthrotischer Veränderungen des kranialen, kaudalen oder dorsalen Azetabulumrandes, des Femurkopfes oder -halses können vorhanden sein (Abb. 24.63 c).

• *Mittlere HD (II. Grad)*
Deutliche Inkongruenz zwischen Femurkopf und Azetabulum mit Subluxation. Norberg-Winkel größer als 90° (nur als Referenz), Abflachung des kranio-lateralen Azetabulumrandes und/oder osteoarthrotische Merkmale (Abb. 24.63 d).

• *Schwere HD (III. und IV. Grad)*
Auffällige dysplastische Veränderungen an den Hüftgelenken, wie z. B. Luxation oder deutliche Subluxation, Norberg-Winkel unter 90°, deutliche Abflachung des kranialen Azetabulumrandes, Deformierung des Femurkopfes (pilzförmig, abgeflacht) oder andere osteoarthrotische Merkmale (Abb. 24.63 e).

Die Klassifizierung beruht ausschließlich auf den röntgenologisch erfaßbaren Erscheinungen. Auch ältere Hunde können nach diesem Klassifizierungsschema beurteilt werden. Sekundäre arthrotische Veränderungen sind unter Berücksichtigung des Alters zu bewerten.

Meßverfahren zur Diagnose der Hüftgelenkdysplasie: Es wurde vielfach versucht, sichere und objektive Meßverfahren zu entwickeln, um die HD-Röntgendiagnostik zu verifizieren (Acetabularindex nach RHODES und JENNY, Winkelmessung nach NORBERG, modifiziert nach MÜLLER und SAAR, Bestimmung der Pfannentiefe nach PIEHLER und nach RICHTER, Messung nach LOEFFLER und VOLCKART, Shentonslinie nach SINGLETON). Damit kann der Sitz des Femurkopfes im Azetabulum oder die Azetabulumtiefe bestimmt werden.

Die international bekannteste Methode zur HD-Diagnostik ist in Verbindung mit röntgenologisch erkennbaren Veränderungen die *Winkelmessung nach Norberg* (1964). Damit läßt sich der Sitz des Femurkopfes in Relation zur Tiefe des Azetabulums beurteilen. Zur Messung benötigt man eine durchsichtige Schablone mit mehreren konzentrisch angeordneten Kreisen und einem perforierten Mittelpunkt. Der Winkel von 105° ist besonders gekennzeichnet. Nach dem Aufsuchen und

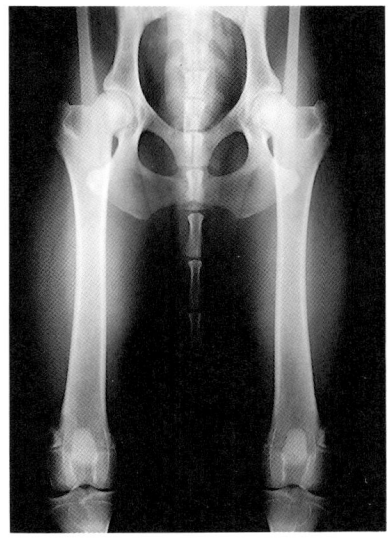

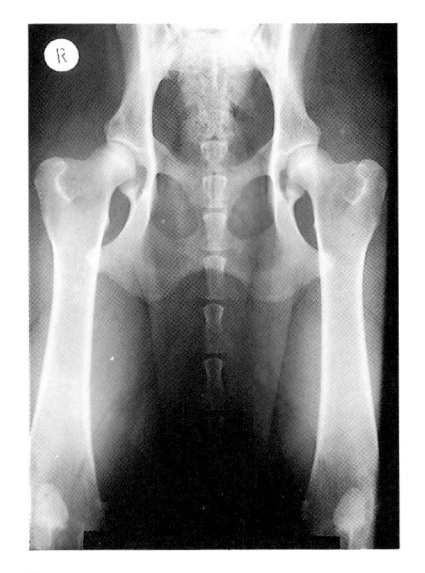

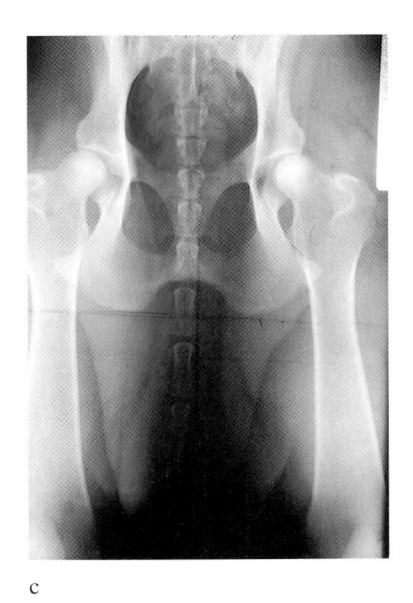

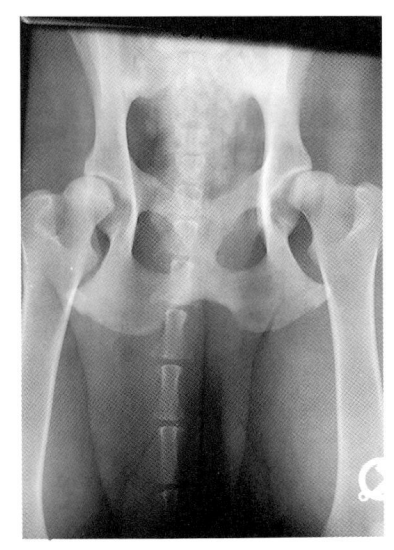

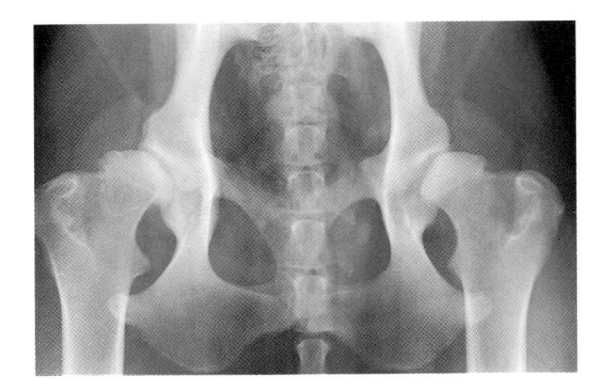

Abb. 24.63. a) Sibirian Husky, 1 Jahr, kein Hinweis für Hüftgelenkdysplasie; b) DSH, 1 Jahr, Übergangsform (B1); c) DSH, 1 Jahr, leichte HD (C1); d) DSH, 1 Jahr, mittlere HD (D2); e) DSH, 4 Jahre, schwere HD (E1).

Markieren der Femurkopfmittelpunkte wird die Schablone so auf das Röntgenbild gelegt, daß die beiden Femurkopfmittelpunkte durch eine waagerechte Linie verbunden sind und sich ein Kreismittelpunkt mit einem Femurkopfmittelpunkt deckt. Gemessen und beurteilt wird ein Winkel, der von der Verbindungslinie der Mittelpunkte beider Femurköpfe und der Geraden, die den Mittelpunkt des Femurkopfes mit dem kranialen Azetabulumrand verbindet, gebildet wird. Bei HD-Freiheit beträgt dieser Winkel mindestens 105°. Bei HD mit Abflachung des Azetabulums verschiebt sich der Femurkopf nach lateral, und der Winkel wird kleiner als 105° (WINDISCH 1983). MÜLLER und SAAR (1966) modifizierten die Winkelmeßmethode nach NORBERG. Damit ist die Beurteilung von Form und Tiefe des Azetabulums, Breite des Gelenkspaltes sowie Form und Struktur von Femurkopf und -hals möglich. In dieses Schema wurde die von NORBERG erarbeitete Meßmethode integriert, womit indirekt die Pfannentiefe am gebeugten Hüftgelenk gemessen werden kann. Mit der Modifikation von MÜLLER und SAAR lassen sich sowohl leichte und mittlere Grade als auch Verdachtsfälle, aber keine schweren HD-Fälle erfassen, weil zur Bestimmung des Femurkopfzentrums runde Gelenkköpfe erforderlich sind (NOWAK 1978).

Für die Auswertung von Röntgenbildern zur HD-Diagnostik erfüllen die zur Zeit bekannten Meßverfahren nicht alle in sie gesetzten Hoffnungen.

Therapie: Hüftgelenkdysplasie ist nicht heilbar. Mit kausaler Therapie soll man während der Wachstumsperiode vorsichtig sein. Corticosteroide sind zu vermeiden, weil die Folgen schlimmer als die Initialkrankheit sein können. Analgetika und anti-inflammatorische Medikamente gibt man nur kurzfristig in schweren Lahmheitsperioden. Ist die medikamentöse Therapie nicht in der Lage, Schmerzen und Lahmheit zu beseitigen, sind operative Verfahren angezeigt.

• *Myektomie/Myotomie des Musculus pectineus*
Damit können klinische Erscheinungen (Schmerzlinderung, Lahmheit) vermindert, die Ausbildung der HD oder degenerative Veränderungen aber nicht verhindert werden. Pektineus-Myektomie ist bei älteren Hunden mit Coxarthrose und plötzlich einsetzender schwerer Lahmheit zu empfehlen. Über unterschiedliche chirurgische Verfahren und Behandlungsresultate wird berichtet (WALLACE 1971, HENRY 1973, ALBRECHT et al. 1976, WALLACE et al. 1981).

• *Intertrochantere Varisationsosteotomie*
Bestimmte biomechanische Faktoren, die einen vermehrten Streß auf das Gelenkgewebe ausüben und Coxarthrose hervorrufen, lassen sich operativ ausschalten. Dazu sind Becken- und Femurosteotomien geeignet. Durch hüftnahe Femurosteotomie mit Varisierung und Retrotorsion des Schenkelhalses verringert sich durch Verkürzung des Kraftarmes die im Gelenk wirksame Kraft, und die belastete Gelenkfläche wird vergrößert. Nach intertrochanterer Korrekturosteotomie (zwischen Trochanter major und T. minor) ändert sich auch die Richtung des Kraftvektors. Es kommt zur Entspannung der Gelenkkapsel und periartikulären Muskulatur. Die Osteotomie kann bei jungen dysplastischen Hunden Coxarthrose verzögern oder vermindern und bei älteren Patienten mit schwerer Coxarthrose die klinischen Erscheinungen mildern oder ausschalten (PRIEUR und SCARTAZZINI 1980). Der Eingriff ist schwierig, verlangt gute anatomische und chirurgische Kenntnisse, korrekte Technik und gutes räumliches Vorstellungsvermögen. Von PRIEUR wurde ein besonderes Instrumentarium für die intertrochantere Osteotomie entwickelt (HOHN et al. 1969, BRINKER 1971, LAKATOS 1974, PRIEUR 1980, SCHAWALDER und STERCHI 1981).

• *Dreifache Beckenosteotomie*
Nach Durchtrennung von Darmbein, Sitzbein und Schambein wird die Hüftgelenkpfanne mobilisiert und horizontal längs der Körperachse über den Oberschenkelkopf gestülpt. Die Pfanne wird mit einer Spezialplatte kranial des Hüftgelenks verschraubt.

• *Gelatine-Kappen-Arthroplastik*
SAGI und KOMÁROMY (1978) stülpen bei dysplastischen Hüftgelenken *gelatinöse Bioplastkappen* über den Femurkopf und wollen durch die „schmerzstillende" Wirkung eine relativ frühe Belastbarkeit des Gelenkes bzw. durch die intensive Belastung eine Begünstigung der hyalinen Knorpelbildung erreichen. Erneute Arthrosenbildung soll verhindert werden. GIGER und LAKATOS (1980) hatten mit diesem Verfahren nicht die erhofften Resultate.

• *Resektion des Femurkopfes*
Versagen konservative und operative Therapiemaßnahmen, ist bei schwerer HD, bei nicht heilenden Femurkopf- und -halsfrakturen sowie Calvé-Legg-Perthes-Disease die Resektion des Femurkopfes indiziert. Nach kranialem oder medialem Zugang zum Hüftgelenk wird der Femurhals parallel zum Schaft mit glatter Schnittfläche durchtrennt und der Kopf mit dem Hals entfernt. In 6–8 Wochen entwickelt sich eine Pseudarthrose. Bei einseitiger HD und vorhandenen

Sekundärveränderungen sind gute Resultate zu erwarten.

• *Resektion des Femurkopfes und Ersatz durch eine Endoprothese oder Totalendoprothese (Femurkopf und Azetabulum)*
Die Alloplastik des Hüftgelenkes hat sich in der Humanmedizin seit vielen Jahren bewährt. Als Indikation für den Einbau einer Hüfttotalprothese beim Hund werden krankhafte Veränderungen, die dauernde Schmerzen verursachen und/oder die Biomechanik der Hüfte verändern, angesehen.

Anforderungen an Material und Formgebung von Endoprothesen sind inzwischen weitgehend erkannt. Auch die operationstechnischen Notwendigkeiten sind größtenteils geklärt. Bleibende Infektfreiheit und dauerhaft stabile Prothesenverankerung sind Probleme, die es zu lösen gilt. Die Hüfttotalprothese hat sich auch beim Hund als wirkungsvolle Therapie erwiesen, wenn bestimmte materiell-technische, ökonomische und chirurgische Voraussetzungen gegeben sind (TORZILLI et al. 1979, OLMSTEAD und HOHN 1980, OLMSTEAD et al. 1981, DÜRRSCHMIDT et al. 1983).

Züchterische Maßnahmen: Alle konservativen und operativen Therapiemaßnahmen haben den Nachteil, daß sie auf das Einzeltier beschränkt bleiben. Der Massencharakter dieser Erkrankung verlangt umfassende Bekämpfungsprogramme. HD kommt bei allen mittelgroßen und großen Hunderassen (außer Greyhounds) vor. Die HD-Frequenz wechselt bei einzelnen Rassen und in verschiedenen Ländern, ebenso der Anteil der Befallsgrade. Es handelt sich bei der HD um eine quantitative, polygenetische Vererbung, wobei der genaue Erbgang noch nicht bekannt ist. Der Erblichkeitsgrad (Heritabilitätskoeffizient) läßt sich statistisch berechnen. Je kleiner der Heritabilitätskoeffizient ist, desto stärker wirken Umweltfaktoren auf die Ausprägung des Merkmals. Nach vielen Untersuchungen variiert der Heritabilitätskoeffizient der HD zwischen 0,4 und 0,6, was bedeutet, daß das Merkmal zu 40–60 % durch Erbfaktoren bedingt ist.

Bei gleichen Umweltbedingungen kann durch laufende Selektion gesunder Hunde und gezielte züchterische Maßnahmen der Erblichkeitsgrad als quantitative Eigenschaft in einer Population vermindert werden. Schwedische Untersuchungen haben gezeigt, daß die Resultate am besten sind, wenn weder die Elterntiere noch deren Wurfgeschwister HD aufweisen. Im Gegensatz zu früheren Untersuchungen erhöht der Einsatz von leicht dysplastischen Zuchttieren oder deren Geschwistern das Risiko für mehr dysplastische Nachkommen. Der hohe HD-Befall vieler Hunderassen erfordert umfassende züchterische Maßnahmen, um die HD-Frequenz wirkungsvoll zu senken. HD-Bekämpfungsprogramme sind in vielen Ländern seit Jahren angelaufen und haben gute Erfolge erbracht. Internationale Richtlinien beim Import und Export von Hunden, Anfertigen der Röntgenaufnahmen unter standardisierten Bedingungen, einheitliche Beurteilung und Zertifikate, strenge nationale Selektions- und züchterische Maßnahmen sowie Zusammenarbeit von kynologischen Organisationen und Tierärzten sind Voraussetzungen für die erfolgreiche HD-Bekämpfung (RISER 1964, WAMBERG 1967, MEYER 1968, SCHWARZ 1971, WIENRICH 1973, SCHLAAFF 1980, LOEFFLER 1982, TIEMANN und WOCKE-DAUME 1983, WINDISCH 1983, FICUS et al. 1990).

24.3.8. Kniegelenk

Anatomische und funktionelle Grundlagen: Für die Diagnostik und operative Therapie von Kniegelenkerkrankungen sind umfassende Kenntnisse der funktionellen Anatomie, Mechanik und Stabilität notwendig. Gelenkstrukturen, die zur Stabilität des Kniegelenkes beitragen, sind das Lig. cruciatum craniale und caudale, der laterale und mediale Meniskus, das Lig. collaterale laterale und mediale, die Gelenkkapsel mit lateralem und medialem Lig. femoropatellare und der M. quadriceps mit dem Lig. patellae bzw. der Patella.

Das *Lig. cruciatum craniale* ist aus zwei Bandzügen zusammengesetzt, die sich von kaudal nach kranial umeinander winden. Der kraniale Bandzug ist kürzer als der kaudale. Da der kaudale Bandzug bei Streckung angespannt ist und der kraniale bei Beugung, steht das Lig. cruciatum craniale sowohl bei starker Beugung als auch Streckung unter Spannung. Das vordere Kreuzband verhindert das Schubladenphänomen nach vorn sowie Überstreckung und Rotation der Tibia nach medial.

Beim *Lig. cruciatum caudale* ist der kaudale Bandzug bei Streckung angespannt, der kraniale entspannt. Bei Beugung sind die Verhältnisse umgekehrt. Das Lig. cruciatum caudale verhindert das Schubladenphänomen in posteriorer Richtung. Weil die beiden Bänder sich umeinander winden, wird eine Rotation nach medial verhindert (bei Beugung bis 20°, bei Streckung bis 6° möglich). Größere Rotation nach medial ist nach Verletzung des Lig. cruciatum craniale möglich.

Das *Lig. collaterale laterale* ist bei Streckung angespannt, bei Beugung entspannt.

Das *Lig. collaterale mediale* besteht aus zwei Teilen. Die kürzere, tiefe Portion ist mit dem medialen Meniskus verbunden, entspannt sich bei Flexion, und der Meniskus gleitet nach hinten. Die lange oberflächliche Portion dient als Seitenband. Das mediale Seitenband ist bei Streckung und Beugung angespannt und garantiert damit an der medialen Seite eine bessere Kontrolle der Gelenkfunktion als an der lateralen Seite. Beide *Menisken* sind mit der Tibia verbunden und verändern ihre Lage und Form bei Streckung und Beugung. Der *M. quadriceps* hat mehrere wichtige Aufgaben. Muskelatrophie führt zu vermehrter Instabilität des Kniegelenkes. Das Kniegelenk besteht aus dem *Kniescheibengelenk* (Articulus femoropatellaris) und *Kniekehlgelenk* (Articulus femorotibialis). Bei der Streckung erreicht die Patella die Fossa patellaris als Endposition. Instabilität und Deformation des Kniegelenkes verursachen typische und rasch sich entwickelnde Veränderungen des Kniescheibengelenkes. Das Kniekehlgelenk besteht aus miteinander inkongruenten Gelenkflächen der femoralen und tibialen Kondylen. Der laterale Femurkondylus ist eine Prädilektionsstelle für osteochondrotische Veränderungen.

Lateraler und medialer Meniskus: Als dynamisches und funktionelles Zwischenglied fungieren die Menisken. Sie überbrücken die Inkongruenz der Gelenkenden und erleichtern die Rotation als elastische und bewegliche Unterlagen. Ähnlich wie Stoßdämpfer schützen sie die Gelenkflächen durch Auffangen der Last. Bei Gelenkbewegungen verhindern sie das Einklemmen von Kapsel- und Synovialmembranteilen (PETTIT et al. 1980).

– **Verletzungen oder Ruptur des Ligamentum patellae**

Ursächlich kommen traumatische Einwirkungen in Betracht. Oft sind noch zusätzlich Gelenkverletzungen vorhanden. Besonders auf Patellafrakturen ist zu achten (s. S. 785).

Als *Therapie* sind Nahttechniken mit Draht oder anderem Nahtmaterial indiziert (z. B. nach BUNNELL). Die Verstärkung mit Faszie und Schraubenfixation sind ebenfalls möglich.

– **Ruptur der Ligamenta cruciata genus**

Ruptur des Lig. cruciatum craniale: Kreuzbandrupturen können nach traumatischen Einwirkungen oder als Folge „progressiver Kreuzbandschäden" auf der Grundlage degenerativer Veränderungen zustande kommen (sogenannter sekundärer Kreuzbandriß). Ist die Einwirkung des Traumas so stark, daß ein gesundes vorderes Kreuzband reißt, sind im gesunden Gelenk auch andere Schäden (Ruptur der Seitenbänder, Fraktur der Patella, Meniskusschäden usw.) nachweisbar. Hunde mit „progressiven Kreuzbandschäden" sind gewöhnlich übergewichtig, die Ruptur erfolgt nach geringer Belastung oder einem geringen Trauma (z. B. beim Spielen oder Sprung aus geringer Höhe). Das Tier geht plötzlich lahm, die Lahmheit wird allmählich schwächer, aber hört nicht gänzlich auf. Typisch sind wechselnde Perioden von verschiedenen Lahmheitsgraden. Auffallend ist, daß bei solchen Patienten oft an beiden Kniegelenken sekundäre Gelenkveränderungen nach Arthrotomie bzw. röntgenologisch festzustellen sind. Pathogenetisch interessant sind Untersuchungen von NIEBAUER et al. (1980), die bei Hunden mit sekundärem Kreuzbandriß eine Erhöhung der intraartikulären Kollagenaseaktivität feststellen konnten.

Auch *prognostisch* ist es wichtig, die beiden Typen zu unterscheiden, weil die Behandlungsmöglichkeiten von Gelenken mit sekundären Veränderungen als schlecht einzuschätzen sind. Bei bestimmten großen Hunderassen kann manchmal noch zusätzlich Hüftgelenkdysplasie, in einigen Fällen Coxarthrose diagnostiziert werden. Im Experiment hat PAATSAMA (1952) gezeigt, daß die Durchschneidung des vorderen gekreuzten Bandes in den meisten Fällen zu Hämarthros und einer deutlichen Synoviafüllung des Gelenkes führt. Instabilität entwickelt sich schnell, und das sogenannte Schubladenphänomen ist leicht auslösbar.

Zunehmende Synovialis- und Trochlea-Veränderungen erkennt man leicht bei der Palpation. Die Verbreiterung der Trochlea ossis femoris durch Osteophytenbildung ist für die Diagnose wichtig. Die Entwicklung einer Arthrose ist abhängig vom Alter, Gewicht und Verwendungszweck des Hundes und nimmt bei großen und schweren Hunderassen 6–10 Monate in Anspruch. An arthrotischen Gelenken kann man das Schubladenphänomen wegen der intra- und extraartikulären Veränderungen nicht ohne Gelenkanästhesie provozieren. Besteht eine Kreuzbandruptur, wird die Extremität entlastet und häufig in halbgebeugter Stellung gehalten. Es besteht mittel- bis hochgradige Stützbeinlahmheit.

Die Atrophie des M. quadriceps femoris ist gut erkennbar.

Schubladenphänomen: Instabilität des Kniegelenks läßt sich durch das Auslösen des sogenannten Schubladenphänomens demonstrieren. Am seitlich gelagerten Patienten werden das distale Femur und die proximale Tibia von hinten erfaßt. Die Daumen liegen hinter dem lateralen Condylus femoris bzw. hinter dem Fibulaköpfchen, die übrigen Finger fixieren die Extremität fest von vorn. Am leicht gebeugten bzw. gestreckten Kniegelenk wird versucht, die Tibia kräftig nach vorn bzw. nach hinten zu drücken, während die andere Hand das Femur im Gelenkbereich festhält. Das Schubladenphänomen läßt sich als *sehr geringe, erhebliche oder extreme Schublade* klassifizieren. Ein Vergleich mit dem gesunden Kniegelenk ist aufschlußreich. In Zweifelsfällen erfolgt die Überprüfung am entspannten Hund unter Allgemeinanästhesie. Eine Gelenkanästhesie kann mit 1- bis 2 %iger Lidocainlösung erreicht werden. Krepitation ist in Arthrosegelenken leicht zu erzeugen.

Die *mediale Rotation* (Relativbewegung der Tibia zum Femur) ist besonders bei traumatischen Fällen mit gleichzeitiger Meniskusruptur vermehrt. Dabei ist oft ein Hämarthros zu finden. In chronischen Fällen sieht man Verdickung der Gelenkkapsel (Synovitis) und sekundäre Gelenkveränderungen. Osteophytose oder Osteoarthrose sowie Subluxations(Ruptur-)Stellung der Tibia nach kranial sind charakteristische Röntgenbefunde.

Als Folge eines Meniskusschadens ist manchmal der femorotibiale Gelenkspalt nur schmal. Die *Kontrastfüllung des Gelenkes* bereitet gelegentlich Schwierigkeiten, zeigt bei Osteochondrose gute Resultate, Meniskusrupturen werden dagegen nur selten erkannt.

Therapie: Kreuzbandrupturen sind mit *konservativen therapeutischen Maßnahmen* nicht heilbar und nur manchmal bei kleinen Hunden zufriedenstellend zu behandeln. Wechselnde Perioden von Besserung und Verschlechterung können ebenso wie partielle Bandrupturen mit schmerzstillenden Mitteln und konsequenter Ruhe über 6 bis 8 Wochen positiv beeinflußt werden. Damit läßt sich auch die Osteophytenbildung verzögern.

Die *Prognose* ist nach *operativer Therapie* besser, hängt aber von der erreichten Stabilität und Wiederherstellung der normalen Kniegelenkfunktion ab. Bei vorhandenen sekundären Veränderungen und starker Deformation des Kniegelenkes ist die Prognose schlecht.

Operative Verfahren: Am Anfang aller operativen Verfahren steht die „*Cleaning-up-Methode*". NILSSON (1943) reinigte das Gelenk, Reste des zerrissenen Kreuzbandes und kraniale Teile der rupturierten Menisken sowie Osteophytenzubildungen wurden entfernt. PAATSAMA (1952) führte die Faszientransplantation ein. Danach wurden zahlreiche Modifikationen dieser Methode bekannt, z.B. Bandersatz durch Teflon, Nylon, Draht und andere xenogene Materialien. Auch allogener und autogener Bandersatz mit Haut, Bändern und Sehnen wird in der Praxis vielfach angewendet. Kapselraffungsmethoden mit Lembert-Nähten, sogenannte Matratzen-Technik, werden auf unterschiedliche Weise, einfach oder verlagert, mit und ohne Transplantation von Muskeln (z.B. M. sartorius) ausgeführt.

MATIS hat 1973 die Prinzipien der bekanntesten Operationstechniken zusammengestellt: gestielte Faszienplastik (PAATSAMA 1952, PAATSAMA, Modifikation YÜCEL 1971), Kapselraffung (CHILDERS 1966, DE ANGELIS und LAU 1970), Naht des Bandes (O'DONOGHUE et al. 1966), Sehnenplastik (STRANDE 1966, HOHN und MILLER 1967), Kunststoffplastik (JOHNSON 1960, nach LOEFFLER 1964, WESTHUES 1961, 1969), Kreuzbandersatz mit menschlicher Dura (MATIS 1973).

Inzwischen wurden weitere Techniken, besonders der indirekten Stabilisierung eingeführt (FLO 1975, WALDE et al. 1980, HENSCHEL et al. 1981, BRUCE und NEWTON 1981, SCHAWALDER und GITTERLE 1989).

Die vielen Operationstechniken beweisen, daß es noch nicht gelungen ist, eine optimale chirurgische Behandlungsmethode zu entwickeln. Die volle anatomische, mechanische und funktionelle Wiederherstellung des gesunden Kniegelenkes ist damit nicht zu erreichen.

Operationsmethode nach Paatsama: laterale Eröffnung des Gelenkes. Ein ausreichend breiter und langer Faszienstreifen wird durch einen Bohrkanal an Femur und Tibia an Stelle des zerrissenen vorderen gekreuzten Bandes transplantiert. Entscheidend ist, daß die Zugrichtung des Faszientransplantates möglichst genau dem des Lig. cruciatum craniale entspricht, weil sonst die funktionelle Beanspruchung zu groß und die Haltbarkeit des Transplantates nicht gewährleistet ist.

Faszientransplantationen haben sich nach zahlreichen Untersuchungen gut bewährt. DIETZ et al. (1980) hatten in 80,4 % einen Operationserfolg. Bei 60,7 % aller operierten Tiere bestand eine dauerhafte, volle funktionelle Belastbarkeit. Durch frühzeitige Operation, innerhalb von 14 Tagen nach Einwirkung des Traumas, konnten die Erfolge auf 95 % erhöht werden (DIETZ und SCHRÖDER 1983).

Als nachteilig werden bei der Paatsama-Technik die lange Schnittführung, lange Operationsdauer, Eröffnung des Gelenkes und notwendige längere Nachsorge durch den Besitzer angesehen.

Von verschiedenen Untersuchern wird die Frage geprüft, ob die funktionelle Wiederherstellung oder Besserung nach original Paatsama-Operationen bzw. Modifikationen auf den aktuellen Bandersatz oder auf die Verdickung der Gelenkkapsel, Ruhigstellung oder entzündliche

Reaktion nach dem operativen Eingriff zurückzuführen ist. Faszien-, Hautstreifen, aber auch andere Bandersatzmaterialien können zerreißen, und dennoch kommt es vielfach zur funktionellen Wiederherstellung oder Besserung (PUNZET und WALDE 1974, WEISS 1991).

Bestehen bei großen Hunderassen gleichzeitig hochgradige Hüftgelenkdysplasie und erhebliche Veränderungen des Tarsalgelenkes, sind die Heilungserfolge fraglich.

Ruptur des Lig. cruciatum caudale: Rupturen des Lig. cruciatum caudale sind selten und gehen gewöhnlich mit solchen des vorderen Kreuzbandes bzw. der Kollateralbänder einher. Bei Osteochondrose kommt es zur Dehnung des hinteren Kreuzbandes. Das klinische Bild ähnelt dem nach vorderer Kreuzbandruptur, das Schubladenphänomen läßt sich nach vorn nicht auslösen. Rupturen und Veränderungen des hinteren Kreuzbandes lassen sich am besten nach Arthrotomie feststellen. Die Wiederherstellung der Stabilität ist schwierig.

Ruptur der Ligamenta collateralia

Verletzungen, Überdehnung, partielle oder totale Ruptur der Kollateralbänder kommen manchmal gemeinsam mit Ruptur des vorderen gekreuzten Bandes oder in Osteochondrosegelenken vor. Bei vollständiger Kollateralbandruptur traumatischer Genese sind meist noch andere Gelenkverletzungen vorhanden.

Diagnose: Am Kniegelenk ist Instabilität mit abnormer Beweglichkeit in lateraler und medialer Richtung mit deutlicher Subluxation des Femurkondylus über den Meniskusrand auffällig. Vermehrte Rotation der Tibia ist möglich. Nach Ruptur des medialen Kollateralbandes läßt sich das Gelenk auf der medialen Seite „aufklappen". Besteht die Ruptur lateral, so ist dies dort möglich. Die Vergrößerung des Gelenkspaltes auf der betroffenen Seite läßt sich bei entsprechender Lagerung röntgenologisch nachweisen.

Therapie: Um weitere Schäden zu vermeiden, ist die Stabilität des Kniegelenkes umgehend wiederherzustellen. Dies wird durch Bandnaht bzw. durch Transplantation eines Fascia-genus-Streifens zur Verstärkung des rupturierten Bandes (PAATSAMA 1952) oder mit einer Achtertour-Drahtprothese erreicht, welche an zwei Schrauben befestigt ist, die an der Bandursprungs- bzw. Insertionsstelle transversal in den Knochen eingedreht werden.

Meniskusverletzungen

Diagnose: Meniskusverletzungen werden sekundär durch Instabilität, Bänderrisse, Osteochondrose und Deformationen verursacht. Bei „progressiven Kreuzbandschäden" rupturiert meist der mediale Meniskus, bei Gelenken mit Osteochondrose oft zuerst der laterale. Die Diagnose kann durch Arthrotomie sicher gestellt werden. Der Verdacht einer Meniskusverletzung besteht bei deutlicher Subluxation und Krepitation in einem arthrotischen Gelenk oder bei vermehrter Rotation an Gelenken mit Osteochondrose und wenn ein schmaler femorotibialer Gelenkspalt vorhanden ist.

Therapie: Da eine Regeneration rupturierter Menisken möglich ist, werden die beschädigten Meniskusteile exstirpiert (partielle Meniskektomie). Die Therapie von Meniskusverletzungen muß die Stabilisation des Gelenkes einschließen, um weiteren Schäden vorzubeugen. Die Prognose ist gut (NILSSON 1949, PAATSAMA 1954, 1955, PEARSON 1971, FLO und DE YOUNG 1978, PETTIT et al. 1980, SMITH 1981).

Osteochondrosis dissecans s. S. 736.

Luxation des Kniegelenks

Nach Kreuzbänder- und/oder Kollateralbänderrupturen kann es in seltenen Fällen zur Luxation und Dislokation der Kniegelenkanteile kommen. Durch frühzeitige Bandersatzoperationen (s. S. 803) als Stabilisationsmaßnahme ist die Wiederherstellung der Kniegelenkfunktion zu erreichen.

Luxation der Patella (Patellardislokation)

Die *Luxatio patellae* ist eine häufige Erkrankung beim Hund. Wir unterscheiden die angeborene, kongenitale von der traumatisch bedingten Patellaluxation. Sie kann habituell oder stationär (permanent) auftreten und in den meisten Fällen nach medial, seltener nach lateral disloziert sein (Abb. 24.64.). Luxationen werden einseitig oder beidseitig gefunden, sind im geringen oder hohen Grade ausgebildet (Singleton, Grad I–IV), können mit hochgradigen Schmerzen und ausgeprägter Lahmheit einhergehen, aber auch symptomlos erscheinen. Systematische Untersuchungen mit umfangreichem Zahlenmaterial, das signifikante statistische Aussagen über rassenabhängige Häufigkeitsverteilungen erlaubt, liegen noch nicht vor. In der Sprechstunde werden meist nur Hunde mit offensichtlicher Lahmheit vorgestellt. Leichte Fälle sind Zufallsbefunde, beschwerdefreie Tiere

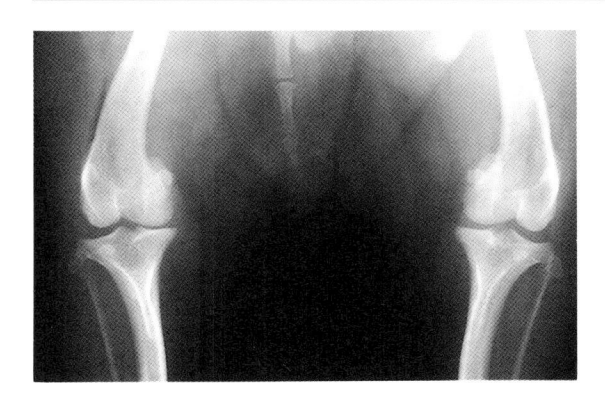

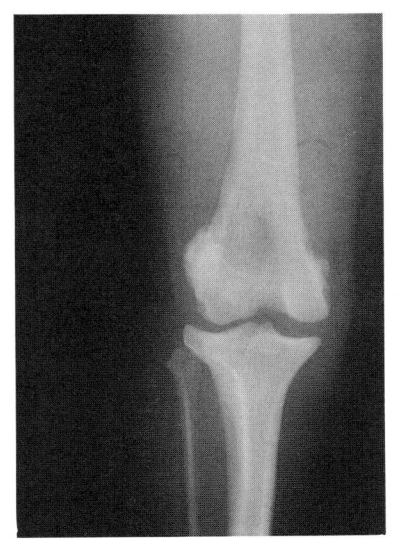

Abb. 24.64. a) Pudel, 5 Jahre, beidseitige stationäre Patellaluxation nach medial; b) Pudel, 6 Jahre, stationäre Patellaluxation nach lateral.

mit Patellaluxation, Grad I findet man bei systematischen Kniegelenkuntersuchungen in erstaunlich hohem Prozentsatz.

Rassenverteilung, Formen der Patellaluxation: Zahlreiche Literaturangaben stimmen darin überein, daß die kongenitale Patellaluxation hauptsächlich bei sehr kleinen Hunderassen vorkommt. SCHÄFER (1981) fand bei der Rassenverteilung in der Reihe ihrer Häufigkeit kleine Hunderassen, wie Zwergpudel und Yorkshire-Terrier, an der Spitze, gefolgt vom Chow-Chow, Mittelpudel, Cocker-Spaniel, Pekinesen, Dachshund, Terrier und Spitz. Seine Tierzahlen sind aber zu klein, um statistisch signifikante Aussagen treffen zu können. Von 115 Patienten mit angeborener Patellaluxation sind nach HOFFMANN (1983) Zwergpudel mit 35 %, Mittelpudel mit 16 %, Yorkshire-Terrier mit 10 %, Mischlinge mit 6 % und andere Rassen mit 3 % oder weniger vertreten. In 67 % lag einseitige, in 33 % beidseitige Patellaluxation vor. Zu 83 % luxierte die Patella nach medial, zu 16 % nach lateral. Habituelle Luxationen wurden in 89 %, stationäre in 11 % gefunden. Bei 62 % war die habituelle Luxation unilateral, bei 26 % bilateral. Nach ÜBERREITER (1966) ist die kongenitale Patellaluxation bei Zwerghunderassen häufiger bilateral. Der überwiegende Teil aller Hunde mit Patellaluxation ist bis 6 Jahre alt. Das Leiden wird aber meist schon im jugendlichen Alter erkannt.

Ätiologie und Pathogenese: Besondere pathogenetische Bedeutung haben die mechanisch-funktionellen Gegebenheiten des Kniegelenkes. Die wichtigsten Funktionen des Kniegelenkes sind Beugung und Streckung. Die Patella, als knöcherne Einlagerung in der Endsehne des M. quadriceps femoris (Lig. patellae), verbessert die Effizienz der Zugrichtung bei der Muskelkontraktion, schützt die Sehne und vergrößert die Auflagefläche auf der Trochlea ossis femoris. Sie erhält die achsengerechte Stellung beim plötzlichen Übergang von extremer Beugung zu extremer Streckung. Beim Hund sind das Lig. femoropatellare laterale und mediale, die seitlich an der Patella ansetzen und an den Vesalschen Sesambeinen entspringen, vergleichsweise schwach ausgebildet.

Übereinstimmend wird in der Literatur die Vererbung der Luxatio patellae congenita angenommen (LOEFFLER und MEYER 1961, HODGMAN 1963). Uneinigkeit besteht hinsichtlich der Ätiologie und Pathogenitätsmechanismen. Ätiologische Zusammenhänge mit Veränderungen im Hüftgelenk- und Kniegelenkbereich werden von verschiedenen Untersuchern gefunden. Einigkeit besteht darüber, daß es zur Patellaluxation kommt, wenn die Zugrichtung des M. quadriceps femoris, die Lage der Trochlea ossis femoris mit ihrer Gleitbahn und der Ansatz des Lig. patellae an der Tuberositas tibiae nicht in einer Richtung liegen (SCHMIDTKE 1981).

Ursächlich kommen mehrere pathologisch-anatomische Deformierungen und daraus resultierende funktionelle Abweichungen für die mediale und für die laterale Patellaluxation allein oder kombiniert in Betracht: Coxa vara (ein verkleinerter Winkel zwischen Femurhals und -schaft) und eine Verdrehung des Schenkelhalses, Coxa valga, laterale Krümmung des Femurs im distalen Drittel, Hypoplasie der Trochlea femoris, Hypoplasie des medialen Kondylus, Dysplasie des medialen Kondylus (Ursache für schiefe Gelenkfurche), vergrößerter lateraler Kondylus, Rotation der Tuberositas tibiae nach medial, Krümmung der Tibia im proximalen Drittel nach medial, Verdrehung der Pfote nach medial, Tarsalabduktion (DE ANGELIS 1971).

Durch Wachstumsstörungen an der distalen Epiphysenfuge kann sich ein Genu varum (O-Bein) entwickeln (HARRISON 1975). Genu-varum-Stellung kann aber auch Störungen an der Epiphysenfuge durch vermehrte Belastung des medialen Fugenbereiches mit frühem Verschluß und vermindertem Wachstum verursachen. Wenn auf der lateralen Seite das Wachstum weitergeht, resultiert eine Neigung der Kniegelenkachse im Verhältnis zum Femurschaft nach lateral und distal. Auch aus der unphysiologischen Zugrichtung des M. quadriceps femoris entwickelt sich bei Patellaluxation nach medial eine konvexe Biegung des distalen Femurs nach lateral (Genu varum) und des proximalen Tibiadrittels nach medial sowie eine Rotationsinstabilität des Kniegelenkes.

Es ist nicht immer eindeutig zu klären, ob die Dislokation der Patella Ursache oder Folge der Veränderung ist (BRINKER und KELLER 1962, PEARSON 1963, PUTNAM 1968, DE ANGELIS 1971, CAMPBELL und POND 1972, DENNY und MINTER 1973, CAZIEUX et al. 1977, HAUPTMANN et al. 1979).

Ob sich fehlender formativer Reiz der Patella auf die Ausbildung der Rollfurche auswirkt, ist umstritten (LEIGHTON 1966, DE ANGELIS 1971, HENSCHEL 1981).

Diagnose, klinische Symptome: Kongenitale Patellaluxationen lassen sich von traumatischen durch die Anamnese bzw. klinische und röntgenologische Untersuchung abgrenzen. Verletzungen, Deformierungen, Entzündungssymptome, Ruptur der Ligg. cruciata oder Ligg. collateralia, der Bewegungsablauf und die Stellung der Hintergliedmaßen sind zu beurteilen. Bei habitueller Luxation besteht meist intermittierende Lahmheit, bei stationärer Luxation reichen die Befunde von lahmheitsfrei über intermittierendes Hinken bis zu ständiger hochgradiger Lahmheit.

Ist die Patella einseitig luxiert, hält der Hund die Extremität angewinkelt. Bei beidseitiger Luxation bewegt sich das Tier mit gekrümmtem Rücken, wie ein Hase hüpfend, vorwärts.

Die *Röntgenuntersuchung* im ventro-dorsalen und medio-lateralen Strahlengang kann Calvé-Legg-Perthes-Erkrankung, HD, arthrotische Veränderungen und Deformationen an Femur und Tibia aufdecken und wichtige Daten für die Diagnose, Prognose und Therapie liefern. Die Gelenkkapsel ist gewöhnlich an der medialen Seite fibrotisch und gespannt und an der lateralen gedehnt. Strecken und Beugen des Gelenkes sind nur unvollständig möglich und im Extremfall schmerzhaft. Vermehrte Instabilität und deutliches Schubladenphänomen weisen auf zusätzliche Kreuzband- und Meniskusruptur hin.

Einteilung der Luxatio patellae congenita medialis:
SINGLETON (1969) hat ein Einteilungsschema auf der Grundlage von klinischen Befunden entwickelt, indem 4 Schweregrade unterschieden werden.

Damit lassen sich differenzierte diagnostische und prognostische Aussagen treffen sowie therapeutische Maßnahmen planen.

Grad I: habituelle Patellaluxation mit intermittierender Lahmheit. Bei gestrecktem Kniegelenk kann die Patella leicht luxiert werden, springt aber spontan wieder in die Rollfurche zurück. Geringgradige Rotation der Tibia und Verlagerung der Crista tibiae. Das Tier hat keine Beschwerden.

Grad II: häufige habituelle und zweitweise stationäre Patellaluxation. Die Gliedmaße wird gebeugt getragen und gering belastet. Manuelle Reposition der Patella ist möglich. Reluxation erfolgt spontan bei Nachlassen der manuellen Retention. Die Rotation der Tibia ist vermehrt, aber kleiner als 30°. Das Tarsalgelenk ist leicht abduziert.

Grad III: stationäre Patellaluxation. Rotation der Tibia mit Verlagerung der Crista tibiae nach medial um 30°–60°. Flache Trochlea femoris. Abduktion des Kniegelenkes beim Beugen und Strecken. Abduktion des Tarsalgelenkes.

Grad IV: stationäre Patellaluxation. Reposition nicht möglich (ektopische Patella). Rotation der Tibia und Verlagerung der Crista tibiae um 60°–90° nach medial. Die Trochlea femoris ist flach. Bei einseitiger Luxation wird die Gliedmaße geschont, bei beidseitiger Luxation bewegt sich der Patient mit gekrümmtem Rücken und gebeugten Gliedmaßen.

Genu valgum
Genu valgum (X-Bein) kann während der Wachstumsperiode bei großen Hunderassen eine laterale Patellaluxation verursachen. Die Valgusstellung der Hintergliedmaße als Ausdruck einer Deformation des Kniegelenkes ist eine hochgradige Entwicklungsstörung, die zusammen mit Osteodystrophie, Osteochondrose und Hüftgelenkdysplasie vorkommt (RISER et al. 1969, HARRISON 1975). Besteht eine Deformation des Femoralgelenkes, liegt meist eine laterale Patellaluxation vor. Osteochondrose führt zu besonders schweren Veränderungen. Charakteristisch sind die Osteodystrophie, die schon im Alter von 12 Wochen zu erkennen ist, und/oder Osteochondrose-Veränderungen, die mit 13 Wochen, meist aber mit 4 bis 6 Monaten röntgenologisch festzustellen sind.

Bei Versuchshunden konnten PAATSAMA und KÄRKKÄINEN (1981) eine Valgusstellung der Vordergliedmaßen und eine weniger ausgeprägte Valgusstellung der Hintergliedmaßen durch übermäßige Eiweiß-, Vitamin-D-, -C- und Calcium-Applikationen provozieren.

Erschwertes Stehen und Aufstehen, Stützbeinlahmheit, manchmal Hämarthros sind typische Untersuchungsbefunde. Osteochondrose und Patellaluxation prägen das klinische Bild. Plötzlich auftretende Schmerzen sind zu erwarten, wenn gleichzeitig Panostitis vorhanden ist.

Therapie: Konservative Methoden werden immer wieder probiert. Ruhigstellung nach Reposition, hyperämisierende Salben, unspezifische Reiztherapie, lokale Applikation gewebereizender Lösungen, kutanes Punktbrennen und Bewegungstherapie sind wenig erfolgversprechend. Mit einer Estriol-Testosteron-Wirkstoffkombination oder Anabolika können funktionelle Besserungen erzielt werden (OETTEL et al. 1977, SCHMIDTKE und SCHMIDTKE 1967).

Chirurgische Methoden können nach ihren Wirkungsprinzipien in verschiedene Gruppen eingeteilt werden. Allen ist das Ziel gemeinsam, ein korrektes Gleiten der Patella in der Trochlea femoris zu garantieren.

Prinzipien der operativen Therapie
1. Entspannung der Gelenkkapsel auf der Luxationsseite.
   – LACROIX (1930) durchtrennt die Fascia genus und das Ligamentum femoropatellare mediale (Desmotomie).
2. Zug an der Patella von der nicht luxierten Seite.
   – Naht des Femoro-Patellarbandes und Raffung der Gelenkkapsel (CHRISTOPH 1955, ÜBERREITER 1966, FLO und BRINKER 1970).
   – STADER (1944) fixiert die Patella durch einen Faszienstreifen, der an der lateralen Seite um das Band des Vesalschen Sesambeines geschlungen und vernäht wird.
   – PEARSON (1966) verwendet anstelle der Faszie synthetisches Material.
   – SCHMIDTKE und SCHMIDTKE (1967) raffen die Gelenkkapsel mit Stahldraht und verbinden zusätzlich Patella und Fabella mit einem Draht.
   – Ein Raffungseffekt kann auch durch die Überlappung der Kapselränder erreicht werden (CAMPBELL und POND 1972).
3. Korrektur funktioneller, pathologisch-anatomischer Verhältnisse.
   – Korrektive Osteotomie durch Geraderichten des verbogenen Femurs nach entsprechender Keilexzision und Drahtfixation (SHUTTLEWORTH 1935).
   – Korrektur der Zugrichtung des Kniescheibenbandes durch Versetzen der distalen Ansatzstelle nach lateral (Transplantation der Tuberositas tibiae: BRINKER 1935, BERGE und WESTHUES 1969, SINGLETON 1957, DE ANGELIS und HOHN 1970).
   – Einsetzen eines Stahldrahtbügels, um das Abgleiten der Patella über den flachen Rollkamm zu vermeiden (SOMMER 1975).
   – Knorpelplastik der Trochlea ossis femoris, um die Gleitbahn für die Patella zu vertiefen (Arthroplastik). Dies kann mit Schonung (junge Hunde) oder Entfernung des Gelenkknorpels im Trochleabereich geschehen. Mit einem Hohlmeißel, Periostelevator, Skalpell oder Fräser wird eine entsprechende Gleitfurche ausgearbeitet und mit der Rundfeile geglättet. Die Patella ist durch Keilexzision oder durch Formgebung mit Skalpell und Knochenfeile anzupassen.
   – Rotationsosteotomie zur Behandlung der habituellen Patellaluxation und Fixation durch Plattenosteosynthese (SCHMIDTKE 1981).
   – Fixation der Patella durch Zuggurtung (Patellaluxationen Grad I und II nach SINGLETON) mit Hilfe eines synthetischen Fadens, wobei die Zugrichtung des implantierten Fadens der Luxationsrichtung entgegengesetzt ist (SCHÄFER 1981, SCHÄFER et al. 1982).
4. Funktionelle Wiederherstellung durch Exzision der Patella.
   – Ausschälen der Patella aus ihrer Hülle (RODENBECK 1971). Die Patellaexstirpation kann die klinischen Symptome bessern, die Luxation des Lig. patellae aber nicht beheben.

Auch *laterale Patellaluxationen* lassen sich prinzipiell mit den aufgeführten Operationstechniken beheben. Bei *Genu valgum (X-Bein)* mit lateraler Patellaluxation wird eine Krampe zur Überbrückung der Epiphysenfuge eingetrieben und nach etwa 6 Wochen wieder entfernt.

Als operative Therapieverfahren für die Behebung der Patellaluxation (Singleton, Grad II bis III) haben sich am besten Kombinationen verschiedener Operationsmethoden bewährt. Dabei empfiehlt sich die laterale Kapselraffung (Matratzennaht), kombiniert mit der Transplantation der Tuberositas tibiae nach lateral und Trochlea-femoris-Vertiefung (Arthroplastik). Bei jungen Hunden mit kongenitaler, stationärer Patellaluxation nach medial (Singleton, Grad III und IV) können auch nach eigenen Erfahrungen mit der Kombination von Tuberositas-tibiae-Transplantation, Vertiefung der Gleitbahn für die Patella (Arthroplastik), Anpassung der Patella und Transplantation eines proximal gestielten Gelenkkapsellappens von der lateralen Seite auf die mediale eine korrekte Zugrichtung des M. quadriceps femoris ohne Achsenabweichung, wenig eingeschränktes Auf- und Abgleiten der Patella in der neu geschaffenen Gleitbahn, Entspannung der medialen Gelenkkapsel durch die Lappenplastik, Anpassung der lateralen Gelenkkapselspannung durch Kapsulotomie und Vernähen der Kapselanteile erreicht werden. An Stelle des Gelenkkapsellappens kann auch die Fascia-lata-Überführungsmethode treten (FLO und BRINKER 1970, PALUMBO 1971). Zusätzliche Nebenverletzungen (Meniskusschäden, Bänderrisse), Muskelkontrakturen und die Instabilität des Kniegelenkes müssen behoben werden.

Da es sich bei der kongenitalen Patellaluxation mit großer Wahrscheinlichkeit um ein Erbleiden handelt, sind strenge Selektions- und züchterische Maßnahmen notwendig, um die Erkrankung zurückzudrängen.

Nachbehandlung: Bei allen Operationsmethoden ist eine sorgfältige Nachbehandlung notwendig. Immobilisation des Kniegelenkes durch Verbände und Entlastungsschienen, Käfigruhe und Leinenzwang in der Heilperiode schützen vor allem bei plastischen Operationen vor zu früher Belastung. Danach soll mit passiven Bewegungsübungen begonnen und mit dosiertem aktivem Training die funktionelle Wiederherstellung gefördert werden.

24.3.9. Tarsus

Luxationen
Luxationen sind oft gemeinsam mit Frakturen im Tarsal-Metatarsalbereich zu finden. Wir unterscheiden *tibiotarsale*, *intertarsale* und *tarsometatarsale (Sub-)*Luxationen.

Bei allen Luxationsformen sind schwere Bänderschäden zu erwarten. Deshalb ist von der operativen Stabilisierung mehr zu erwarten als von konservativen Maßnahmen (Stützverband, Gipsverband). Zerrissene Kollateralbänder werden genäht, mit Faszie verstärkt oder durch eine Kutisplastik, Kunststoff- bzw. Drahtprothese ersetzt. Dazu wird jeweils eine Schraube an der Ursprungs- und Ansatzstelle des Bandes in den Knochen eingedreht oder eine Nylon- bzw. Polyesterfadenschlinge durch Bohrkanäle am Ursprung und Ansatz des Bandes gezogen und verknotet. Intertarsale (Sub-)Luxationen (Ruptur des Lig. plantare longus) können nach Reposition mit einer Schraube oder einem Steinmann-Nagel (Kirschner-Bohrdraht) stabilisiert werden.

Nach Vorbohren werden die Implantate von proximal in den Kalkaneus eingebracht, durch das Os tarsale quartus und (wenn notwendig) in ein Os metatarsale vorgetrieben bzw. verankert. Die primäre Tarsometatarsal-Gelenkarthrodese wird mit einem Zuggurtungsdraht stabilisiert, der distal in einem Bohrkanal (quer durch die proximalen Anteile der Ossa metatarsalia) verankert und als Achtertour kaudal an den Tarsalknochen und am Kalkaneus entlang bis um das proximale Nagelende geführt und daneben verdrillt wird. Eine Arthrodese kann auch durch Osteosynthese mit einer lateral angepaßten Kompressionsplatte erreicht werden, die vom Kalkaneus bis etwa zur Mitte der Ossa metatarsalia reicht. Bandrupturen an der medialen Seite überbrückt man mit einer Drahtprothese. Vor der Reposition werden bei Arthrodesen von vielen Operateuren die Gelenkknorpel oder Gelenkköpfchen entfernt. Defekte sind mit Spongiosaplastik zu versorgen.

Der Patient darf die Extremität in den nächsten 4–12 Wochen nicht belasten. Implantatentfernung erfolgt nach Durchbau in etwa 6–8 Monaten (HOLT 1974, 1977, 1979, KÁSA und KÁSA 1980, DENNY 1983).

24.3.10. Gelenkentzündungen

Gelenkentzündungen (**Arthritiden**) haben beim Hund große Bedeutung. Traumatische Einwirkungen, Überbeanspruchung, pathologische Strukturen (z. B. Hüftgelenkdysplasie, Genu valgum) oder Infektionen können zu starken Veränderungen im Gelenkbereich führen.

Knorpelschädigungen, Entzündung und Verdickung des Stratum synoviale mit vermehrter Synoviaabsonderung sowie Hyperämie und Schwellung aller Gelenkkapselanteile (Stratum fibrosum usw.), schließlich Osteophytenbildung und Gelenkknorpeldegeneration sind neben den Symptomen einer leichten bis hochgradigen Lahmheit und Schmerzhaftigkeit Zeichen der akuten **Omarthritis**, **Coxarthritis** und **Gonarthritis**.

Chronische Arthritiden haben einen mehr schleichenden Verlauf und sind meist mit Gelenkinstabilität und Osteophytenbildung verbunden.

Therapie: Der progradiente Verlauf von Arthritiden muß schnell unterbunden werden. Analgetika und Antiphlogistika, Corticosteroide in Verbindung mit unbedingter Ruhigstellung über etwa 4 Wochen können neben physiotherapeutischen Maßnahmen (Hydrotherapie, Kurzwellentherapie, Einreibungen) Heilung oder Besserung bringen. Gelenkinstabilität ist kausal und operativ zu behandeln. Dabei kann die Gelenkform und -funktion durch Entfernen der Osteophyten verbessert werden.

Arthropathia deformans: Chronisch deformierende Gelenkentzündungen sind öfter bei älteren Tieren zu sehen. Sie können Folgen von Abnutzung oder anderen Gelenkerkrankungen sin (Arthritis, Hüftgelenkdysplasie, Calvé-Legg-Perthes Disease, Femurkopfluxation, instabiles Kniegelenk usw.). Schmerzhaftigkeit, Einschränkung der Bewegungsfähigkeit, besonders durch periartikuläre Knochenzubildung, sekundäre Folgeschäden (Muskelatrophie) und Lahmheit können klinisch und röntgenologisch festgestellt werden. Röntgenologisch nachweisbare Veränderungen stimmen nicht immer mit den funktionellen Störungen überein.

Infektiöse Arthritis: Direkte Infektionen durch penetrierende Verletzungen nach Unfällen oder Bißverletzungen, einbrechende Keimbesiedlung aus lokalen Eiterherden, artifizielle Gelenkinfektionen (Punktion, Arthrotomie) oder die seltene hämatogene Keimeinwanderung sind ätiologisch für die infektiöse Arthritis verantwortlich.

Alle Zeichen einer akuten Entzündung charakterisieren das klinische Bild. Labordiagnostische Befunde (beschleunigte Blutsenkung, Leukozytose) stützen die Diagnose. Schnelle Zerstörung des Gelenkknorpels, periartikuläre Osteophytenbildung und Ankylosierung bestimmen den weiteren Krankheitsverlauf.

Therapie: Putride Gelenkinfektionen können durch Punktion und Spülung behandelt werden. Offene Gelenke mit Eiter- und Synoviaaustritt sind zuerst mit steriler isotoner Kochsalzlösung (Ringerlösung) und danach mit wirksamen antibiotischen Lösungen zu spülen bzw. zu versorgen (evtl. Dauerspüldrainage). Ruhigstellung des Gelenkes (Robert-Jones-Verband) und allgemeine Antibiose sind angezeigt. In langwierigen Fällen ist die chirurgische Gelenkrevision mit (Teil-)Synovektomie und Arthrodese zu erwägen (DENNY 1983).

Spondylopathia deformans und Spondylarthropathia deformans (Spondylarthritis ankylopoetica) s. S. 740.
Rheumatoide Polyarthritis s. S. 745.

24.3.11. Arthrodesen

Arthrodesen sind Versteifungen (Verschmelzungen) von Gelenken mit chirurgischen Methoden, um Gelenke ruhigzustellen, zu stabilisieren und Schmerzen zu beseitigen. Die stabile Fixation durch Arthrodesen eröffnet neue Möglichkeiten für die orthopädische Versorgung beim Kleintier.

Indikationen für Arthrodesen: irreparable Gelenkläsionen, intraartikuläre Trümmerfrakturen, irreparable Gelenkinstabilität, Infektion und Zerstörung des Gelenkes, schwere Abschliffverletzungen mit Knochen-, Bänder- und Hautverlust, chronisch deformierende Gelenkveränderungen.

Voraussetzungen für Arthrodesen: Stabile Arthrodesen entstehen nach Entfernung der Gelenkknorpel und der darunterliegenden subchondralen Knochenabschnitte durch Osteotomie und stabile Fixation. Mit dem Instrumentarium für die stabile Osteosynthese erreicht man Arthrodesen durch Zuggurtung (Kirschnerdraht, Steinmann-Nagel, Rush-Pin, Küntschernagel) und Druckarthrodesen mit Schrauben, Knochenplatten und Fixateurs externes (s. S. 760). Autogene Spongiosaplastik und kortikale Transplantate füllen Defekte auf, bilden das Gerüst für einsprossende Blutgefäße und fördern auf Grund ihrer osteogenetischen Potenz den schnellen Durchbau.

Asepsis ist beim chirurgischen Vorgehen Bedingung, weil Infektionen Implantatlockerung und Pseudarthrose nach sich ziehen. Wichtig ist für die Prognose, daß proximal und distal der Arthrodese ein intaktes Gelenk die Bewegungseinschränkung größtenteils kompensiert. Am Ausgangspunkt muß bei jeder Arthrodese die exakte Planung der Operation stehen, weil ein postoperativ erreichter Zustand nicht mehr rückgängig gemacht werden kann (RIGGERT 1982). Die Messung des Gelenkwinkels bei mittlerer Belastungsphase wird an der gesunden Extremität vorgenommen. Dieser Winkel differiert bei den verschiedenen Hunderassen und Individuen. Nach Arthrodese kommt es zur Verkürzung der Extremität. Der Längenausgleich kann durch Vergrößerung des Arthrodesewinkels erfolgen. Nach Operationen darf keine Valgus-, Varusstellung oder Rotation eintreten.

Nach Arthrodeseoperationen muß das Gelenk 8–12 Wochen ruhiggestellt bleiben. Die Implantate werden nach etwa 8 Monaten entfernt.

Arthrodesen des Ellenbogen-, Karpal-, Knie- und Sprunggelenkes s. PICHARD (1968, 1974), DAVID (1977), JOHNSON und BELLENGER (1980), JOHNSON (1980, 1981), KÁSA und KÁSA (1980), RIGGERT (1981), OLDS (1981), DENNY (1983), KÖSTLIN (1985).

24.3.12. Gelenkersatz

Auf dem Spezialgebiet der Gelenkprothetik haben moderne Entwicklungen und Erkenntnisse neue Möglichkeiten eröffnet. Für verschiedene Gelenke (Hüftgelenk, Kniegelenk) wurden geeignete Prothesen entwickelt. Überall dort, wo konservative und operative Verfahren unbefriedigende anatomische und funktionelle Resultate, verbunden mit hochgradigem und lang andauerndem Schmerz erwarten lassen, sind Gelenkprothesen indiziert. Metallprothesen (rostfreier Stahl oder Vitallium) als Kopf- und Schaft- bzw. Plastik als Pfannenanteil oder Oxidkeramikprothesen werden mit autopolymerisierenden Acrylharzen (Polymethacrylsäuremethylester) verankert (Hüftgelenkprothesen; DUELAND 1981).

Später wurden die zementfreie Implantation und ein primär belastbares Knochen-Prothesen-Verbundsystem mit kaltpolymerisierendem Biozement entwickelt, der einen „bioaktiven Effekt" aufweist und eine sogenannte primäre Verbundosteogenese induzieren kann (SCHAWALDER 1984).

Endoprothesen und Totalendoprothesen als Femurkopf- bzw. Hüftgelenkersatz s. S. 801.

24.4. Muskel- und Sehnenerkrankungen

(E. SCHIMKE)

24.4.1. Sehnenverletzungen

Sehnen sind dynamische Kraftüberträger, die neben ihrer Spannkraft eine Gleitfunktion besitzen. Traumatisch bedingte Sehnenverletzungen (Überdehnung, partielle und totale Zerreißung oder Zerschneidung) haben oft beträchtliche Funktionsausfälle zur Folge. Tiefe Schnittwunden im Bereich der Zehen, des Metakarpus und Metatarsus sind meist mit Sehnenverletzungen verbunden. Abhängig vom Ausmaß und Ort der Schädigung, sind unterschiedliche Ausfälle zu erwarten. Ist auch die tiefe Beugesehne digitaler Sehnen durchschnitten, können die betroffenen Zehen nicht mehr gebeugt werden. Es kommt sekundär zu Hautabschürfungen, Hängenbleiben durch abnormen Zehenstand und Beeinträchtigungen beim Laufen. Besonders schwerwiegend sind Sehnenverletzungen bei Rennhunden.

Therapie: Konservative Maßnahmen geben nach strikter und ausreichend langer Immobilisation (Schienenverband) bei partiellen Sehnendurchtrennungen zufriedenstellende Ergebnisse. Komplikationen bereiten die Fixationsmaßnahmen.

Operative Maßnahmen: Bei totaler Durchtrennung mit starker Retraktion des proximalen Segmentes lassen sich, besonders wenn starke Sehnen betroffen sind, mit chirurgischen Maßnahmen bessere Resultate erzielen.

Verletzte Sehnen heilen langsam. Sie dürfen nicht von ihrer unmittelbaren Umgebung isoliert werden, damit die weitere Blutversorgung gewährleistet bleibt. Sehnen und die umgebenden Gewebe müssen schonend behandelt und feucht gehalten werden (Vollelektrolytlösung, Ringerlösung). Hämatombildung und örtliche Infektion sind zu verhüten. Die Operationswunde und das Sehnengewebe dürfen keinesfalls traumatisiert werden, um nicht die Gleitfunktion und Zugfestigkeit durch starke Adhäsion, Narbenbildung und postoperative Tenodese zu gefährden. Um übersichtliche Verhältnisse zu schaffen, empfiehlt sich das Operieren unter Blutsperre.

Bei allen durchtrennten Sehnen retrahiert sich durch den Muskelzug der proximale Anteil. Mit feinen Haken können die Stumpfenden wieder vorsichtig aneinandergebracht und mit den gebräuchlichsten Operationstechniken und Nahtmethoden vereinigt werden (BUNNELL, LENGEMANN). Zur chirurgischen Versorgung soll reaktionsarmes, nichtresorbierbares Nahtmaterial (monofiles Polyamid, Draht) verwendet werden.

Unabdingbar ist die zuverlässige Ruhigstellung chirurgisch versorgter Sehnendurchtrennungen über 3–4 Wochen, um Nahtausrisse zu vermeiden, Revaskularisierung zu erreichen und die Gleitfunktion der Sehne zu erhalten. Danach darf die betroffene Gliedmaße etwa 3 Wochen lang nur mäßig bewegt werden, indem die Gelenkbeweglichkeit und Sehnenbelastung z. B. mit einem Robert-Jones-Verband beschränkt werden (s. S. 757). Damit fördert man die sekundären Umbauprozesse im Sehnengewebe während der Stadien der Reifung und Organisation.

Weitere 3 Wochen eingeschränkte Aktivität (Leinenzwang, Zimmerhaltung) und daran anschließende systematische Steigerung der Belastung tragen zur Kräftigung der Sehne bei (BRADEN 1981).

Achillessehnenruptur

Die Achillessehnenruptur zählt beim Hund zu den seltenen Erkrankungen. Die Verletzungen können eine, selten beide Extremitäten betreffen und befinden sich entweder nahe am Tuber calcanei, im Muskelsehnenbereich oder im dazwischenliegenden Abschnitt. Beiderseitige Ausrisse der Fasern der Achillessehne aus dem M. gastrocnemius, wie sie von BRASS (1974) bei 4 Hunden beschrieben wurden, sind äußerst selten.

Über Rupturmechanismen und die Ätiologie subkutaner Achillessehnenrupturen besteht noch Uneinigkeit. Ursachen, die zum Riß führen, sind direkte scharfe oder stumpfe Traumen bzw. indirekte Traumen durch plötzliche maximale Kontraktion des M. gastrocnemius oder durch plötzliche Dehnung des maximal kontrahierten Muskels.

Diagnose: Anamnese, klinisches Bild und funktionelle Störungen der kompletten Achillessehnenruptur sind meist eindeutig. Bei offenen, frischen Verletzungen kann man im Wundbereich die Sehnenstümpfe differenzieren. Nach subkutaner Ruptur ist die Sehne als schlaffer, verdickter Strang zu palpieren. Eine deutliche Delle oder Stufenbildung in der Rupturzone kann ertastet werden.

Starkes „Durchtreten" im Sprunggelenk bei der Fußung ist typisch. Zur Stützung wird außer der Pfote der Metatarsus bis zum Kalkaneus aufgesetzt.

Therapie: Konservative und operative Verfahren sind möglich. In beiden Fällen ist die Ruhigstellung des Tarsalgelenkes in mittlerer oder starker Streckstellung durch geeignete Schienenverbände oder die Verschraubung des Fersenhöckers mit der Tibia erforderlich.

Auch die perkutane transversale Fixation mit Kirschnerdrähten durch Tibia und Kalkaneus und Verbindung mit Kunststoffbrücken (BRASS 1974) ist ebenso möglich wie die Fixation mit einem verstellbaren Regulierungsapparat.

Sind bei älteren Sehnenrissen die Sehnenenden retrahiert, der atrophisch gewordene Muskel rigide und wenig dehnungsfähig, so daß eine End-zu-End-Naht nicht mehr möglich erscheint, müssen plastische Operationsverfahren angewendet werden (Kutisplastik, Fascia-lata-Plastik).

Beim Hund werden hauptsächlich End-zu-End-Vereinigungen mit Drahtnähten (Lengemann, Bunnell) vorgenommen. Die Sehnenenden sollen spannungsfrei adaptiert und während des Heilungsprozesses spannungsfrei gehalten werden (DAVID 1977). Der Erfolg einer Sehnennaht hängt weitgehend von der Ruhigstellung und Entspannung der Sehne ab (MEUTSTEGE 1993).

Nach eigenen Erfahrungen hat sich die Ruhigstellung des Tarsalgelenks mit einer Kortikalisschraube am besten bewährt. Im proximalen Kalkaneus wird ein Gleitloch, in der Tibia in beiden Corticales ein Gewindeloch angelegt. Bei Hunden über 20 kg Körpermasse wird eine 4,5-mm-Kortikalisschraube durch das Gleitloch des Kalkaneus eingeführt und im Gewinde der Tibia so verankert, daß beide Corticales erfaßt werden und die Schraubenspitze etwa ein bis zwei Gewindegänge übersteht. Mit der Schraubenlänge ändert sich der Winkel im Tarsalgelenk. Damit läßt sich der Grad der gewünschten Streckung einstellen (Abb. 24.65.). Auch Spongiosa- und Malleolarschrauben können Verwendung finden. Beim Herausdrehen kann es aber zu Schwierigkeiten (Ausbrechen) kommen, wenn das Schraubengewinde gewaltsam durch das verengte Loch (Knochenzubildung) im Kalkaneus herausgedreht werden muß.

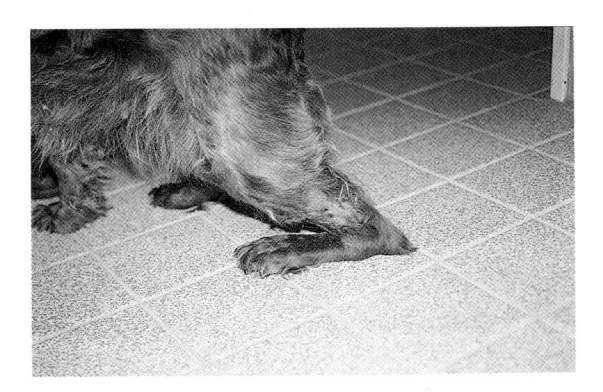

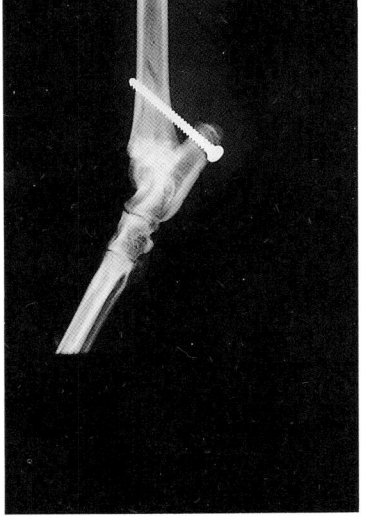

Abb. 24.65. a) Achillessehnenruptur links, Wachtelhund, 3 Jahre; b) Ruhigstellung des Tarsalgelenks und Entlastung der Achillessehne nach Verschraubung von Kalkaneus und Tibia.

Bei Achillessehnendurchtrennung verläuft der Heilungsprozeß langsam. Deshalb soll die vollständige Immobilisation des Tarsalgelenkes etwa 8–12 Wochen dauern. Alle anderen postoperativen Maßnahmen entsprechen denen anderer Sehnenoperationen.

Abriß der Ursprungssehne des Musculus extensor digitalis longus
Bei jungen Hunden kann es in seltenen Fällen zum Abriß, verbunden mit Schmerzhaftigkeit im Kniegelenk, Schwellung und Lahmheit, kommen. Die Gelenkstabilität ist nicht beeinträchtigt. Röntgenologisch können ein Defekt an der Abrißstelle und das Fragment als winzige Verschattung im Gelenk gefunden werden. Nach Arthrotomie entfernt man das Fragment und vernäht die Sehne mit dem Lig. collaterale laterale (DENNY 1983).

Abriß des Ligamentum patellae s. S. 802.

Abriß der Sehne des Musculus biceps brachii
Abriß der Ursprungssehne des M. biceps brachii am Tuberculum supraglenoidale scapulae kann Ursache von Subluxation oder Luxation des Humerus nach kranial sein. Die Erkrankung kommt nur selten vor. Mit einer Sehnennaht nach BUNNELL kann der M. biceps in seinem Ansatz reinseriert und mit einer zweiten Naht gesichert werden (BRUNNBERG et al. 1981).

Absprengfraktur des Tuberculum supraglenoidale s. S. 767.

Ruptur des Ligamentum transversum intertuberculare humeri
Durch die Ruptur des Querbandes zwischen Tuberculum majus und minus verliert der M. biceps brachii Halt und Führung. Auch seine Funktion ist gestört. Bandnaht und ergänzende Plastik stellen die volle Funktion des Muskels wieder her (BRUNNBERG et al. 1981).

24.4.2. Sehnen- und Sehnenscheidenentzündungen

Sehnenentzündung **(Tendinitis)** kommt meist gemeinsam mit Sehnenscheidenentzündung **(Tendovaginitis)** vor.

Schwellung, Schmerzhaftigkeit bei der Bewegung und Palpation sowie Lahmheit prägen das klinische Bild. Nach Stich- oder Bißverletzungen können sich eitrige Tendovaginitiden entwickeln. Bei älteren Hunden größerer Rassen ist manchmal die Sehnenscheide des M. biceps brachii nach Schädigung der Sehne entzündlich verändert (DENNY 1983).

Therapie: Ruhebehandlung für etwa 4 Wochen, Analgetika, Glucocorticosteroide und bei infizierten Sehnenscheiden Antibiotika parenteral.

24.4.3. Rutendeformationen

Es lassen sich angeborene und erworbene Rutendeformationen unterscheiden.

Angeborene Rutendeformation (Knickrute)
Die sogenannte Knickrute mit mehr oder weniger starker Abwinkelung und Verdrehung der Rutenachse kommt nicht selten bei unterschiedlichen Rassen, besonders bei Teckeln vor und soll auf erblicher Grundlage beruhen. Betroffene Tiere verschiedener Hunderassen werden von der Zucht ausgeschlossen.

Sogenannte **Ringelruten** und überzogene Ruten sieht man des öfteren bei Deutschen Schäferhunden und Terriern (z. B. Foxterrier, Airedale-Terrier). Es besteht ein übermäßiger Muskel- bzw. Sehnenzug oder Verkürzung von Sehnen.

Therapie: Nach Rasur und Hautdesinfektion sticht man mit einem feinen, spitzen Skalpell paramedian dorsolateral in Richtung Wirbelkörper ein und durchtrennt transversal die Fasern des M. sacrocaudalis dorsalis lateralis auf beiden Seiten. Die Durchschneidung beginnt proximal am Anfang der Rutenkrümmung und wird abhängig vom Grad der Ringelbildung an mehreren Stellen durchgeführt. Die Hautwunden werden mit Einzelknopfheften verschlossen (DAVID 1977). Unangenehme Blutungen können mit einem kurzfristig angelegten Druckverband gestillt werden.

Eine viel geübte andere Methode ist das partielle oder totale Entfernen eines über etwa 2 Wirbelkörper reichenden Sehnenstückes auf beiden Seiten. Um eine rassestandardmäßige Rutenhaltung zu erreichen, empfiehlt sich das beidseitige Belassen einiger Sehnenfasern und entsprechende Massage in der Heilungsphase. Besteht zusätzlich eine zugbedingte seitliche Rutenverdrehung, muß die Durchtrennung differenziert vorgenommen werden (Tierschutzbestimmungen beachten!).

Erworbene Rutendeformation
Nach traumatischen Einwirkungen kommt es zu Luxationen und Frakturen von Rutenwirbeln.

Therapie: Frische Luxationen und Frakturen können mit einem Schienenverband behandelt werden. Auch Osteosynthesen und Arthrodesen sind, besonders im proximalen Bereich, möglich. Notfalls muß amputiert werden.

24.4.4. Erkrankungen der Muskulatur

Greyhoundkrampf

Bei Greyhounds kommt es in seltenen Fällen zu zeitlich begrenzten Muskelkrämpfen der Hinterextremitäten. Dabei treten Spasmen der Muskulatur und steifer Gang auf. Die Tiere sind unfähig, sich auf den Hinterbeinen zu halten. Nach etwa 15 Minuten können die Hunde wieder laufen.

Therapie: Anabolika, Vitamin E, systematisches Training.

Schottenkrampf (Schottenkrankheit)

Krampfhafte Kontraktionen an den Hinterbeinen, hoppelnde Fortbewegung und Umfallen können jeweils nach kurzer Wegstrecke auftreten. Erregungszustände scheinen einen Anfall zu provozieren. Nach Ruhepausen können solche Patienten kurzzeitig wieder laufen.

Therapie: Vitamin E und -B-Komplex, Diazepam.

Kontraktur des Musculus infraspinatus

An diese seltene Erkrankung muß differentialdiagnostisch bei Lahmheiten des Schulter-Oberarm-Bereiches gedacht werden (Abb. 24.66.). Als Ursache wird ein Trauma in der Schultergegend mit Irritation des M. infraspinatus angenommen. Degeneration und Funktionsverlust mit charakteristischer Atrophie des M. infraspinatus und benachbarter Muskeln folgen. Typisch ist die Blockade des Schultergelenkes in Streckstellung mit Außenrotation des Humerus, die eine charakteristische Gliedmaßenhaltung und -führung bedingt (BRUNNBERG et al. 1981).

Therapie: Nach Querdurchtrennung des M. infraspinatus am Übergang des muskulösen Teils in seine Endsehne ist das Schultergelenk ohne Stabilitätsverlust wieder frei beweglich und ermöglicht eine normale Gliedmaßenfunktion.

Myositis traumatica

Muskelentzündungen können durch traumatische Einwirkungen hervorgerufen werden.

Myositis rheumatica (Muskelrheumatismus)

Nur sehr selten kann beim Hund eine Diagnose gestellt werden, die etwa dem Symptomkomplex des Muskelrheumatismus beim Menschen entspricht. Es besteht leichte bis mittelgradige Lahmheit, die betroffene Muskulatur ist etwas geschwollen und bei Palpation sehr schmerzempfindlich.

Therapie: Analgetika (Salicylsäurepräparate), Glucocorticosteroide, Ruhe, Wärme.

Myositis eosinophilica

Die Erkrankung kommt hauptsächlich beim Deutschen Schäferhund vor und betrifft insbesondere die Masseteren- und Temporalismuskulatur.

Klinisches Bild: Die Patienten werden mit Exophthalmus und Nickhautprolaps vorgestellt. Die Skleralgefäße sind deutlich injiziert, die Konjunktiven gerötet. Austrocknungserscheinungen an der Kornea und Keratitiden sind auf den eingeschränkten Lidmechanismus zurückzuführen. Bei der klinischen Untersuchung fallen die Schwellung, Verhärtung und Schmerzhaftigkeit der Mm. temporales, Mm. masseterici und Mm. pterygoidei auf. Es kann nur flüssige oder breiige Nahrung aufgenommen werden, weil das weite Öffnen des Fanges (auch passiv) dem Patienten erhebliche Schmerzen verursacht. Es besteht eine akute Myositis der Kaumuskeln und Schläfenmuskulatur. Akute Anfälle klingen nach etwa 1 bis 3 Wochen ab, können sich aber wiederholen. Anfälle treten etwa zweimal jährlich ein. Pathognomonisch ist die *auffällige Eosinophilie* im

Abb. 24.66. Deutsch-Drahthaar, 9 Jahre, Kontraktur des Musculus infraspinatus links.

Differentialblutbild, die nach dem Abklingen eines akuten Anfalls ihren Höhepunkt erreicht.

Nach mehreren Anfällen atrophiert die betroffene Muskulatur zunehmend. Der Patient hat ein typisches Aussehen („Fuchsschädel"). Muskelatrophie und bindegewebiger Umbau haben zur Folge, daß der Fang immer weniger geöffnet werden kann. Auch die Ösophagus- und Magenmuskulatur wird bei chronischem Verlauf atrophisch. Die Ursache der Erkrankung ist unbekannt.

Therapie: Die Therapie ist symptomatisch ausgerichtet. Es werden Analgetika, Glucocorticosteroide, Bluttransfusionen, Plasmaersatzmittel, Anabolika, Salicylsäurepräparate, Calciumlösungen und Antiallergika empfohlen.

Muskelruptur

Muskelrisse kommen sehr selten nach abnormer Beanspruchung (z. B. Sprünge aus großer Höhe) oder nach extremer Rennleistung vor. Es wird über Ruptur des M. gracilis, Caput longum des M. triceps und Abriß der Insertion des M. semitendinosus bei Rennhunden berichtet. Plötzliche Lahmheit und Hämatombildung und in manchen Fällen unmittelbar nach dem Rupturereignis (oft erst nach der Hämatomresorption) Feststellung der Rupturstelle durch Palpation als deutliche Vertiefung sind typische Symptome neben der Lahmheit. Die Ultraschalldiagnostik hat wesentliche Verbesserungen für die Verifizierung von Muskel-, Sehnen- und Bänderschäden gebracht. Für die Beurteilung des Heilungsverlaufes ist die Ultraschalluntersuchung am wichtigsten.

Therapie: Anfangs kühlende, später feuchtwarme Umschläge oder resorptionsfördernde Salben stoppen übermäßige Schwellung bzw. fördern die Resorption. Muskelgewebeschäden werden durch Narbengewebe ersetzt. Die Regenerationsfähigkeit von Muskelgewebe ist bei unvollständiger Durchtrennung gut. Deshalb sollen partielle Muskelrisse nicht chirurgisch versorgt werden (BRADEN 1981). Totale Muskelrisse und -abrisse sollen versorgt werden (End-zu-End-Anastomose). In allen Fällen muß die betroffene Muskelpartie 2–4 Wochen entlastet werden (Käfigruhe, Entlastungsverbände, Robert-Jones-Verband).

Literatur

ALBRECHT, G., DIETZ, O., LI, E., und SCHMIDT, V. (1976): Funktionelle Wiederherstellung bei der Hüftgelenksdysplasie des Hundes durch Pektinektomie unter besonderer Berücksichtigung einer nachfolgenden Wiedereinsatzfähigkeit von Diensthunden. Mh. Vet.-Med. **31**, 95–98.

AMMAN, K., SEIFERLE, E., und PELLONI, G. (1978): Atlas zur chirurgischen topographischen Anatomie des Hundes. Paul Parey, Berlin und Hamburg.

ANSON, L. W., DE YOUNG, D. J., RICHARDSON, D. C., and BETTS, C. W. (1988): Clinical evaluation of canine acetabular fractures stabilized with an acetabular plate. Veterinary Surgery **17**, 4, 220–225.

ARCHIBALD, J. (1974): Canine Surgery. Am. Vet. Publ. INC Drawer KK, Santa Barbara, California.

ARCHIBALD, J., HOLT, J. C., and SOKOLOVSKY, V. (1981): Management of trauma in dogs and cats. Editor Catcott, E. J., American Veterinary Publications, Inc.

ARCHIBALD, J., et al. (1974): Canine Surgery. Second Archibald Edition. AVP Modern Veterinary Textbook Series, American Veterinary Publications, Inc.

ARNOCZKY, S. P., and MARSHALL, J. L. (1977): The cruciate ligaments of the canine stifle – An anatomical and functional analysis. Am. J. Vet. Res. **11**, 1807–1814.

ARNOCZKY, S. P., TORZILLI, P. A., and MARSHALL, J. L. (1977): Biomechanical evaluation of anterior cruciate ligament repair in the dog. An analysis of the instant center of motion. JAAHA **13**, 553–558.

ARNOCZKY, S. P., TARVIN, G. B., MARSHALL, J. L., and SALTZMAN, B. (1979): The over-the-top procedure: A technique for anterior cruciate ligament substitution in the dog. JAAHA **15**, 283–290.

ARNOCZKY, S. P., und TARVIN, G. B. (1980): Die „Over-the-Top"-Methode zur Operation des Kreuzbandrisses beim Hund. Kleintierpraxis **25**, 429–434.

ARNOCZKY, S. P., TARVIN, G. B., MARSHALL, J. L., and JOSEPH, A. (1980): Anterior cruciate ligament replacement using patellar tendon. An evaluation of graft revascularisation in the dog. Trans. Orthop. Res. Soc. **5**, 110–117.

BALL, D. C. (1968): A case of medial luxation of the canine shoulder joint and its surgical correction. Vet. Rec. **83**, 195–196.

BARDET, J. F., et MATIS, U. (1990): La prothèse totale cimentée de la hanche chez le chien suivi post-opératoire de 100 prothèses. Richards, Pratique Médicale et Chirurgicale de l'animal de compagnie. **4**, 457–462.

BARTELS, P. (1980): Röntgendiagnostik einiger Knochenerkrankungen beim Hund. Tierärztliche Praxis **8**, 341–362.

BARTLING, U., und VON BARDELEBEN, C. (1991): Die Kreuzbeinflügel des Hundes als individuelles Merkmal zum Identitätsvergleich bei der Röntgenuntersuchung auf Hüftgelenksdysplasie. Kleintierpraxis **36**, 431–439.

Basu, A. K. (1971): Nachweis von Rheumafaktoren bei Hunden und anderen Tieren. Vet.-med Diss., Hannover.

Beckman, S. L., Wadsworth, P. L., Hunt, C. A., and Henry, W. B. (1992): Technique for stabilizing the stifle with nylon bands in cases of ruptured anterior cruciate ligaments in dogs. J. Amer. Animal Hosp. Ass. **28**, 539–544.

Bennett, D., and May, C. (1991): An 'over-the-top-with tibial tunnel' technique for repair of cranial cruciate ligament rupture in the dog. J. Small Animal Practice **32**, 103–110.

Bennett, D., and May, C. (1991): Meniscal damage associated with cruciate disease in the dog. J. Small Animal Practice **32**, 111–117.

Berge, E., und Westhues, M. (1969): Tierärztliche Operationslehre. 29. Aufl. Parey, Berlin–Hamburg.

Binnington, A. G., Cockshutt, J. R., und Summer-Smith, G. (Hrsg.) (1992): Chirurgie bei Kleintieren. Entscheidungshilfen in Flußdiagrammen. Deutsche Übersetzung und Bearbeitung: Böhmer, E., Staemmler, K. Schattauer Verlagsgesellschaft, Stuttgart.

Böhmer, E., Matis, U., und Waibl, H. (1987): Zur operativen Darstellung des Processus anconaeus ulnae beim Hund (Modifikation des Zuganges von Chalman und Slocum). Tierärztliche Praxis **15**, 425–429 (1987).

Bojrab, M. J. (1981): Praxis der Kleintierchirurgie. Ferdinand Enke Verlag, Stuttgart.

Bojrab, M. J. (1990): Current techniques in small animal surgery. 3rd Edition. Lea & Febiger, Philadelphia.

Bojrab, M. J., and Tholen, M. (1990): Small animal oral medicine and surgery. Lea & Febiger, Philadelphia.

Bolz, W. (1985): Lehrbuch der Allgemeinen Chirurgie für Tierärzte. 5. Auflage. Hrsg.: Dietz, O. Gustav Fischer Verlag, Jena.

Bone, D. L., and Aberman, H. M. (1988): Forelimb amputation in the dog using humeral osteotomy. J. Amer. Animal Hos. Ass. **24**, 525–529.

Boudrieau, R. J., Dee, J. F., and Dee, L. G. (1984): Treatment of central tarsal bone fractures in the racing Greyhound. J. A. V. M. A. **184**, 1492–1500.

Boudrieau, R. J., Dee, J. F., and Dee, L. G. (1984): Central tarsal bone fractures in the racing Greyhound. A review of 114 case.s J. A. V. M. A. **184**, 1486–1491.

Boudrieau, R. J., and Kleine, L. J. (1988): Nonsurgically managed caudal acetabular fractures in dogs: 15 cases (1979–1984). JAVMA **193**, 6, 701–705.

Braden, T. D. (1981): Chirurgische Korrektur von Humerusfrakturen. In: Bojrab, M. J.: Praxis der Kleintierchirurgie. Ferdinand Enke Verlag, Stuttgart.

Braden, T. D. (1981): Sehnen- und Muskelchirurgie. In: Bojrab, M. J.: Praxis der Kleintierchirurgie. Ferdinand Enke Verlag, Stuttgart.

Brass, W., und Paatsama, S. (1983): Hüftgelenkdysplasie – Internationales Zertifikat und Beurteilung von Röntgenaufnahmen. Fédération Cynologique Internationale, Helsinki.

Brinker, W. O., and Keller, W. E. (1962): Rotation of the tibial tubercle for correction of luxation of the patella. Michigan State University Veterinarian **22**, 92–94.

Brinker, W. O. (1971): Corrective osteotomy procedures for treatment of canine hip dysplasia. Vet. Clin. North. Am. **1**, 467–477.

Brinker, W. O. (1974): Fractures. In: Archibald, J.: Canine Surgery. Am. Vet. Publ. INC Drawer KK, Santa Barbara, California.

Brinker, W. O., Hohn, R. B., and Prieur, W. D. (1984): Manual of Internal Fixation in Small Animals. Springer Verlag, Berlin, Heidelberg, New York, Tokyo.

Brinker, W. O. (1990): Suggestions for the reduction of fractures. V. C. O. T. **1**, 20–26.

Brinker, W. O., Piermattei, D. L., and Flo, G. L. (1990): Handbook of small animal orthopedics and fracture treatment. 2nd Edition. W. B. Saunders, Philadelphia.

Brinker, W. O., Piermattei, D. L., und Flo, G. L. (1993): Orthopädie und Frakturbehandlung beim Kleintier. Deutsche Übersetzung und Bearbeitung: Matis, U., Köstlin, R., v. Philipp, K. F. K. Schattauer Verlagsgesellschaft, Stuttgart.

Brown, S. G. (1981): Frakturen des Femurkopfes und -halses. In: Bojrab, M. J.: Praxis der Kleintierchirurgie. Ferdinand Enke Verlag, Stuttgart.

Bruce, R., und Newton, Ch. D. (1981): Chirurgische Wiederherstellung der ligamentösen Strukturen des Kniegelenkes. In: Bojrab, M. J.: Praxis der Kleintierchirurgie. Ferdinand Enke Verlag, Stuttgart.

Bruecker, K. A., and Piermattei, D. L. (1988): Excision arthroplasty of the canine scapulohumeral joint: report of three cases. V. C. O. T. **3**, 134–140.

Brückner, H. (1984): Frakturen und Luxationen. Verlag Volk und Gesundheit, Berlin.

Brunnberg, L. (1974): Humerusfrakturen mit Beteiligung des Ellenbogengelenks – Behandlung und Ergebnisse in den Jahre 1970–72. Vet.-med. Diss., München.

Brunnberg, L., Waibl, H., und Wiskott, U. (1979): Zur Schulterblattfraktur des Hundes. Der praktische Tierarzt **60**, 960–966.

Brunnberg, L., Gunsser, J., und Hänichen, T. (1980): Knochentumoren beim Hund nach Trauma und Osteosynthese. Kleintierpraxis **25**, 143–152.

Brunnberg, L., Köstlin, R. G., und Waibl, H. (1981): Zur Ruptur des Ligamentum transversum intertuberculare humeri beim Hund. Kleintierpraxis **26**, 257–260.

Brunnberg, L., Köstlin, R. G., und Waibl, H. (1981): Zum Abriß des Musculus biceps brachii am Tuberculum supraglenoidale scapulae beim Hund. Kleintierpraxis **26**, 267–272.

Brunnberg, L., Waibl, H., und Nakasala-Situma, J. (1981): Zur Kontraktur des Musculus infraspinatus beim Hund. Kleintierpraxis **26**, 251–256.

Brunnberg, L., Waibl, H., und Euler, B. (1981): Operativer Zugang zum Ellenbogengelenk des Hundes von lateral mit Osteotomie des Epicondylus lateralis humeri. Kleintierpraxis 26, 327–330.

BRUNNBERG, L., und PAAR, O. (1982): Ein Winkelbohrgerät zum Einsatz bei Kapsel-Band-Sehnen-Läsion bei Tier und Mensch. Berl. Münch. Tierärztl. Wschr. 95, 350–351.

BRUNNBERG, L., SCHEBITZ, H., VOLLMERHAUS, B., MATIS, U., KÖSTLIN, R. G., ROOS H., WAIBL, H., und ENDRES, B. (1983): Olekranonfraktur beim Hund – Therapie und Ergebnis. Kleintierpraxis 28, 17–22.

BRUNNBERG, L., DÜRR, E., und KNOSPE, C. (1991): Zu den Verletzungen der Patella und des Ligamentum patellae bei Hund und Katze, 1. Patellafraktur. Kleintierpraxis 36, 547–559.

BÜSKEN, H. (1992): Zementfreie Implantation von Hüftendoprothesen. Kleintierpraxis 37, 383–392.

BUNKER, T. D., COLTON, C. L., und WEBB, J. K. (1992): Trends in der Frakturbehandlung. Deutsche Ausgabe, Hrsg. Stedtfeld, H.-W., und Strobel, M. Deutscher Ärzte-Verlag, Köln.

BURK, R. L., und ACKERMAN, N. (1991): Lehrbuch und Atlas der Kleintier-Radiologie. Gustav Fischer Verlag, Stuttgart–Jena.

BUTLER, H. C. (1974): Tendon, Muscle and Fascia. In: ARCHIBALD, J.: Canine Surgery. Am. Vet. Publ., INC Drawer KK, Santa Barbara, California.

BUTTERWORTH, S. J. (1991): Open antebrachiocarpal luxation in a greyhound. J. Small Animal Practice 32, 474–476.

CAMBARDELLA, P. C., WALLACE, L. J., and CASSIDY, F. (1981): Lateral suture technique for management of anterior cruciate ligament rupture in dogs. A retrospective study. J. A. Anim. Hosp. Ass. 17, 33–38.

CAMPBELL, J. R. (1969): Nonfracture injuries to the canine elbow. J. Amer. Vet. Med. Assoc. 155, 735–744.

CAMPBELL, J. R., and POND, M. J. (1972): The canine stifle joint. II. Medial luxation of the patella. J. Small Anim. Pract. 13, 11–18.

CAMPBELL, J. R. (1979): Congenital luxation of the elbow of the dog. Vet. Annual 19, 229–236.

CAMPBELL, J. R., DUFF, S. R. J., and GILBERTSON, E. M. M. (1982): The effect on the contralateral stifle joint of sectioning of the cranial cruciate ligament in the dog. J. Small Anim. Pract. 23, 511–516.

CAZIEUX, A., DICKELÉ, G., GENOVOIS, J.-P., et GOEBEL, J. (1975): Un cas de luxation rotulienne associé à d'importantes lésions architecturales de l'articulation du grasset. Traitement chirurgical, suites et resultats. Rev. Méd. vét. (Toulouse) 126, 583–590.

CAZIEUX, A., GENEVOIS, J.-P., GOEBEL, J., et AUTEFAGE, A. (1977): Luxations rotuliennes du chien et lésions associées: choix du traitement chirurgical. Rev. Méd. vét. (Toulouse) 128, 681–698.

CELO, E. M., and WALLACH, J. (1978): Trochlea groove chondroplasty and fascial strips support for repair of congenital patellar luxation. Philippine J. Vet. Med. 17, 22–28.

CHAMBERS, J. N. (1983): Stabilisierung einer atlantoaxialen Subluxation. In: W. E. WINGFIELD und C. A. RAWLINGS: Kleintierchirurgie. Paul Parey, Berlin und Hamburg.

CHILDERS, H. E. (1966): New methods for cruciate ligament repair – Repair by suture technique. Med. vet. Pract. 47, 59–60.

CHRISTOPH, H.-J. (1955): Zur Luxatio congenita patellae beim Hund. Dtsch. Tierärztl. Wschr. 62, 334–337.

CLAUDI, B. F., und OEDEKOVEN, G. (1991): „Biologische" Osteosynthesen. Chirurg 62, 367–377.

CLAYTON-JONES, D. G. (1980): Osteochondritis dissecans des Kniegelenks. Kleintierpraxis 25, 441–443.

COCKSHUTT, J. R., SCHATZKER, J., SUMNER-SMITH, G., and FORNASIER, V. L. (1988): Biological fixations of a porous-coated, metal-backed acetabular component in canine total hip arthroplasty. V. C. O. T. 3, 141–145.

CRAIG, E., HOHN, R. B., und ANDERSON, W. D. (1980): Operative Stabilisierung der traumatischen medialen Schulterluxation. Kleintierpraxis 25, 329–338.

DÄMMRICH, K. (1981): Zur Pathologie der degenerativen Erkrankungen der Wirbelsäule bei Hunden. Kleintierpraxis 26, 467–476.

DAVID, TH. (1975): Totale Kniegelenkprothese aus Kunststoff beim Hund. Archiv für tierärztl. Fortbildung. Schlütersche Verlagsanstalt, Hannover.

DAVID, TH. (1977): Atlas der Kleintierchirurgie. Schlütersche Verlagsanstalt, Hannover.

DAVID, T. (1987): Dreifach-Beckenosteotomie mit axialer, horizontaler Pfannenschwenkung. Kleintierpraxis 32, 163–166.

DAVID, T., und KASPER, M. (1991): Dreifache Beckenosteotomie (DBO) mit axialer Pfannenschwenkung beim Hund mit Hüftgelenksdysplasie. Wien. Tierärztl. Mschr. 78, 49–63.

DE ANGELIS, M., and SCHWARZ, A. (1970): Surgical correction of cranial dislocation of the scapulohumeral joint in a dog. J. Amer. Vet. Med. Assoc. 156, 435–438.

DE ANGELIS, M., and HOHN, R. B. (1970): Evaluation of surgical correction of canine patellar luxation in 142 cases. J. Amer. Vet. Med. Assoc. 156, 587–594.

DE ANGELIS, M. P., and LAU, R. E. (1970): A lateral retinacular imbrication technique for the surgical correction of anterior cruciate ligament rupture in the dog. J. Amer. Vet. Med. Assoc. 157, 79–84

DE ANGELIS, M. (1971): Patellar luxation in dogs. Vet. Clin. North Am. 1, 403–415.

DE ANGELIS, M. P. (1973): Repair of fractures of the radius and ulna in small dogs. J. Am. Anim. Hosp. Ass. 9, 436–441.

DE ANGELIS, M., and PRATA, R. (1973): Surgical repair of coxofemoral luxation in the dog. J. Am. Anim. Hosp. Ass. 9, 175–182.

DE ANGELIS, M. P. (1981): Frakturen des Femur. In: BOJRAB, M. J.: Praxis der Kleintierchirurgie. Ferdinand Enke Verlag, Stuttgart.

DE ANGELIS, M. P. (1981): Luxationen des Schultergelenks. In: BOJRAB, M. J.: Praxis der Kleintierchirurgie. Ferdinand Enke Verlag, Stuttgart.

DENNY, H. R., and MINTER, H. M. (1973): The long term results of surgery of canine stifle disorders. J. Small Anim. Pract. **14**, 695–713.

DENNY, H. R. (1983): Orthopädische Chirurgie am Hund. Übersetzt und bearbeitet von K. BONATH und M.-L. NAGEL. Ferdinand Enke Verlag, Stuttgart.

DENNY, H. R. (1983): Condylar fractures of the humerus in the dog; a review of 133 cases. J. Small Animal Practice. **24**, 185–197.

DEYOUNG, D., DEYOUNG, B., ABERMAN, H. A., KENNA, R. V., and HUNGERFORD, D. S. (1992): Implantation of a uncemented total hip prosthesis technique and initial results of 100 arthroplasties. Veterinary Surgery **21**, 168–177.

DICKINSON, C. R., and NUNAMAKER, D. M. (1977): Repair of ruptured anterior cruciate ligament in the dog: Experience of 101 cases using a modified fascia strip. technique. J. A. V. M. A. **170**, 827–830.

DIETZ, O., und SCHMIDT, V. (1968): Zum Vorkommen, zur Art und Therapie der Kniegelenksleiden beim Hund. Mh. Vet.-Med. **23**, 61–67.

DIETZ, O., und LI, E. (1976): Rush Pinning beim Kleintier. Mh. Vet.-Med. **31**, 99–101.

DIETZ, O., HOSANG, B., und SCHRÖDER, E. (1980): Die Kreuzbandruptur im Kniegelenk des Hundes. Mh. Vet.-Med. **35**, 110–112.

DIETZ, O., NAGEL, E., und SCHRÖDER, E. (1982): Lahmheitsdiagnostik beim Hund. Mh. Vet.-Med. **37**, 490–496.

DINGWALL, J. S. (1974): Fractures – General Principles. In: ARCHIBALD, J.: Canine Surgery. Am. Vet. Publ. INC. Drawer KK, Santa Barbara, California.

DRAPÉ, J. (1990): Etiopathogénie des fractures du condyle latéral de l'humerus. Pratique médical et chirurgicale de l'animal de compagnie **25**, 5, 523–529.

DUELAND, R., TROTTER, E. J., und BERZON, J. L. (1980): Mediale Verlagerung des tiefen Glutaeusmuskels bei der Femurkopfresektion. Kleintierpraxis **25**, 389–392.

DUELAND, R. (1981): Zervikale Spondylolisthese – Behandlung durch Verschmelzung und Verdrahtung zur internen Fixation. In: BOJRAB, M. J.: Praxis der Kleintierchirurgie. Ferdinand Enke Verlag, Stuttgart.

DUELAND, R. (1981): Totale Hüftgelenksplastik. In: BOJRAB, M. J.: Praxis der Kleintierchirurgie. Ferdinand Enke Verlag, Stuttgart.

DÜRRSCHMIDT, V., GUMMEL, J., und FENGLER, H. (1983): Zum Indikationsspektrum der Totalalloarthroplastik des Hüftgelenks. Dt. Gesundh. Wesen **38**, 1161–1169.

EARLEY, Th. (1983): Marknagelung des Humerus. In: WINGFIELD, W. D., und RAWLINGS, C. A.: Kleintierchirurgie. Paul Parey, Berlin und Hamburg.

EICHELBERG, H., und WURSTER, H. (1982): Untersuchungen zur Spondylosis deformans bei Boxern. Kleintierpraxis **27**, 59–72.

EISENMENGER, E. (1969): Die distale Epiphysenlosreißung und supracondyläre Fraktur des Femur bei Hund und Katze. Wien. tierärztl. Mschr. **56**, 356–362.

EISENMENGER, E. (1971): Frakturen im Bereich des Kniegelenkes von Hund und Katze. Kleintierpraxis **16**, 73–79.

EISENMENGER, E. (1974): Die Bündelnagelung nach HACKETHAL bei Kleintieren. Archiv für tierärztl. Fortbildung, H. 1, 270–278. Schlütersche Verlagsanstalt, Hannover.

EISENMENGER, E. (1981): Ellenbogengelenksluxation – konservative Behandlung und Ergebnisse. Wien. tierärztl. Mschr. **68**, 156–161.

EMILY, P., and PENMAN, S. (1990): Handbook of small animal dentistry. Pergamon Press, Oxford.

ENDRES, B. (1977): Luxatio patellae congenita des Hundes – Behandlung und Ergebnisse in den Jahren 1966–1975. Vet.-med. Diss., München.

ERIKSSON, E. (1976): Reconstruction of the anterior cruciate ligament. Orthop. Clin. No. Amer. **7**, 167–179.

EVANS, P. J. (1968): Shoulder Dysplasia in a Labrador. J. Small Anim. Pract. **9**, 189–198.

FICUS, H. J. (1963): Die Pfannendachplastik als Hilfsmittel zur stabilen Reposition reluxierender Hüftgelenkluxationen. Kleintierpraxis **8**, 5–7.

FICUS, H. J. (1978): Röntgendiagnostik in der Kleintierpraxis. Ferdinand Enke Verlag, Stuttgart.

FICUS, H. J., LOEFFLER, K., SCHNEIDER-HAISS, M., und STUR, I. (1990): Hüftgelenksdysplasie bei Hunden. Ferdinand Enke Verlag, Stuttgart.

FLO, G. F., and BRINKER, W. O. (1970): Fascia lata overlap procedure for surgical correction of recurrent medial luxation of the patella in the dog. J. Amer. Vet. Med. Assoc. **156**, 595–599.

FLO, G. F. (1975): Modification of the lateral imbrication technique for stabilizing cruciate ligament injuries. J. Amer. Anim. Hosp. Ass. **11**, 570–576.

FREUDIGER, U., SCHÄFER, V., BUSER, L. C., und MÜHLEBACH, R. (1973): Die Resultate der Hüftgelenksdysplasie-Bekämpfung beim Deutschen Schäferhund in der Zeit von 1965–1972. Schweiz. Arch. Tierhk. **115**, 169–173.

FREUDIGER, U. (1973): Über die Zuverlässigkeit des Vorröntgens zur Beurteilung der Hüftgelenksdysplasie. Schweiz. Arch. Tierhk. **115,** 507–509.

FRITSCH, R., und ZEDLER, W. (1963): Die suprakondyläre Femurfraktur bei Hund und Katze. Berl. Münch. Tierärzt. Wschr. **76**, 41–46.

GAGE, E. D., and HOERLEIN, B. F. (1974): The vertebral column. In: ARCHIBALD, J.: Canine Surgery. Am. Vet. Publ. INC Drawer KK, Santa Barbara, California.

GAGE, E. D. (1981): Atlantoaxiale Subluxation, zervikale Subluxation und Spondylolisthesis. In: BOJRAB, M. J.: Praxis der Kleintierchirurgie. Ferdinand Enke Verlag, Stuttgart.

GEYER, H. (1966): Behandlung des Kreuzbandrisses beim Hund – Vergleichende Untersuchungen. Vet.-med. Diss., Zürich.

GIBSON, K. L., and VAN EE, R. T. (1991): Stack pinning of long bone fractures: A retrospective study. V. C. O. T. **4**, 48–53.

GIEBEL, G. (1987): Extremitäten-Verlängerung und die Behandlung von Segment-Defekten durch Callus-Distraktion. Chirurg **58**, 601–606.

GIGER, U. (1979): Die Behandlung der Hüftgelenksdysplasie beim Hund und die Gelatine-Kappen-Arthroplastik. Vet.-med. Diss., Zürich.

GIGER, U., und LAKATOS, L. (1980): Die Gelatine-Kappen-Arthroplastik zur Behandlung der Hüftgelenksdysplasie beim Hund. Schweiz. Arch. Tierhk. **122**, 493–502.

GLITTENBERG, B., und MÜLLER, W. (1991): Kreuzspickung von Unterkieferfrakturen im Symphysenbereich bei der Katze. Kleintierpraxis **36**, 691–694.

GÖPTA, B. N., BRINKER, W. O., and SUBRAMANIAN, K. N. (1969): Breaking strength of cruciate ligaments in the dog. J. Amer. Vet. Med. Assoc. **155**, 1586.

GOURLEY, I. M., and VASSEUR, P. B. (1985): General small animal surgery. J. B. Lippincott, Philadelphia.

HACKENBROCH, M. H. (1974): Der heutige Stand des Gelenkersatzes. Münch. med. Wschr. **116**, 259–266.

HAMMER, D. L. (1979): Surgical treatment of grade IV patellar luxation in the neoambulatory dog. J. Amer. Vet. Med. Assoc. **174**, 815–818.

HAMMER, D. L. (1980): Recurrent coxofemoral luxation in fifteen dogs and one cat. J. Amer. Vet. Med. Assoc. **177**, 1018–1020.

HAREY, C. E., NEWTON, C. D., and SCHWARTZ, A. (Editors) (1990): Small Animal Surgery. J. B. Lippincott, Philadelphia.

HARINGS, E. (1992): Luxation der Sehne des Musculus flexor digitorum superficialis im Bereich des Calcaneus. Kleintierpraxis **37**, 775–777.

HARRISON, J. W. (1975): Patellarluxation. Am. Anim. Hosp. Ass. Proc. 42nd Annual Meeting, 453–456.

HARRISON, J. W. (1981): Patellardislokation. In: BOJRAB, M. J.: Praxis der Kleintierchirurgie. Ferdinand Enke Verlag, Stuttgart.

HAUPTMANN, J., PRIEUR, W. D., BUTLER, H. C., and GUFFY, M. M. (1979): The angle of inclination of the canine femoral head and neck. Vet. Surgery **8**, 74–77.

HAUSER, P. (1975): Spongiosaplastik in der veterinärorthopädischen Chirurgie. Archiv für tierärztl. Fortbildung. Schlütersche Verlagsanstalt, Hannover.

HAVEMANN, D., und GOTTORF, Th. (1990): Intramedulläre Stabilisation nach Küntscher versus andere Osteosyntheseverfahren. Chirurg **61**, 417–421.

HEDHAMMAR, A., and OLSSON, S. E. (1973): Canine Hip Dysplasia Study of Heritability in 401 Litters of German Shepherd Dogs. J. Amer. Vet. Med. Assoc. **174**, 1012–1016.

HENRICSON, B., and OLSSON, S. E. (1959): Hereditary Acetabular Dysplasia in German Shepherd Dogs. J. Amer. Vet. Med. Assoc. **135**, 207–209.

HENRICSON, B., NORBERG, I., und OLSSON, S. E. (1965): Hüftgelenksdysplasie beim Hund. Nord. Vet.-Med. **17**, 118–131.

HENRICSON, B., NORBERG, I., and OLSSON, S. E. (1966): On the Etiology and Pathogenesis of Hip Dysplasia: A Comparative Review. J. Small Animal Pract. **7**, 673–688.

HENRICSON, B. (1967): Statistische und genetische Untersuchungen über die Hüftgelenksdysplasie beim Hund. Kleintierpraxis **12**, 187–189.

HENRICSON, B. (1967): Erfahrungen über die gegen die Verbreitung der Hüftgelenksdysplasie in Schweden getroffenen Maßnahmen. Kleintierpraxis **12**, 189 bis 190.

HENRY, J. D. (1973): A modified technique for pectineal tendonectomy in the dog. J. Amer. Vet. Med. Assoc. **163**, 465–468.

HENSCHEL, E. (1972): Zur Anatomie und Klinik der wachsenden Unterarmknochen. Arch. exper. Vet. med. **26**, 741–787.

HENSCHEL, E. (1973): Zum Längenwachstum von Humerus, Os femoris und Tibia des Hundes. Kleintierpraxis **18**, 98–103.

HENSCHEL, E. (1979): Oberflächengestalt der Metaphysen an den Extremitäten des Hundes. Tierärztliche Praxis **7**, 351–360.

HENSCHEL, E., TEICHER, G., und WALLENBURG, J. (1981): Zur Instabilität des Kniegelenks. Kleintierpraxis **26**, 187–191.

HLADIK, G., und MAYRHOFER, E. (1987): Zur röntgenologischen Diagnose der Kontraktur des M. infraspinatus beim Hund. Kleintierpraxis **32**, 257–260.

HODGMAN, S. F. J. (1963): Abnormality and defects in pedigree dogs – I. An investigation into the existence of abnormalities in pedigree dogs in the British Isles. J. Small Anim. Pract. **4**, 447–456.

HOERLEIN, B. F. (1978): Canine Neurology, diagnosis and treatment. 3rd. Edition. W. B. Saunders and Co., Philadelphia/Pennsylvania.

HOFFMANN, G. (1983): Ergebnisse der chirurgischen Therapie bei der Luxatio patellae congenita des Hundes. Vet.-med. Diss., Hannover.

HOFMANN, H., MÜLLER, P., HEINER, H., und THIEME, V. (1982): Histologische Untersuchungen zur Frakturheilung nach Druckplattenosteosynthese am Hundeunterkiefer. Stomatol. **32**, 567–573.

HOHN, R. B., and JANES, J. M. (1969): Pelvic osteotomy in the treatment of canine hip dysplasia. Clin. orthop. **62**, 70–78.

HOHN, R. B., ROSEN, H., BIANCO, A. J., and JENNY, J. (1969): Luxations of the patella. Am. Anim. Hosp. Proc. 36th Annual Meeting, 371–375.

HOHN, R. B., ROSEN, H., BOHNING, R. H., and BROWN, S. G. (1971): Surgical stabilization of recurrent shoulder luxation. Vet. Clin. North. Am. **1**, 537 bis 548.

HOHN, R. B., OLMSTEAD, M. L., TURNER, T. M., und MATIS, U. (1986): Der Hüftgelenkersatz beim Hund. Tierärztliche Praxis **14**, 377–388.

HOLT, P. E. (1974): Ligamentous injuries to the canine hock. J. Small Anim. Pract. **15**, 457–474.

HOLT, P. E. (1977): Treatment of tibio-tarsal instability in small animals. J. small Anim. Pract. **18**, 415–422.

HOLT, P. E. (1979): Collateral Ligament Protheses in the Canine Tarsus. Canine Practice **6**, 53–60.

HORNE, R. D. (1971): Canine patellar luxation (a review). Vet. med. Small Anim. Clin. **66**, 211–218.

HOULTON, J. E. F., and TAYLOR, P. M. (1987): Trauma management in the dog and cat. A Veterinary Practitioner Handbook, Wright, Bristol.

HÜBNER, S., SCHAEFER, B., und BÖHM, E. (1974): Erfahrungen mit der Transfixation. Archiv für tierärztl. Fortbildung. Hunde und Katzen, Innere Medizin, Stoffwechselerkrankungen, Knochen- und Gelenkchirurgie. Schlütersche Verlagsanstalt, Hannover.

HULSE, D., VAN GUNDY, T., JOHNSON, S., and WADRON, D. (1989): Compression screw stabilization of oblique ilial fractures in the dog. V. C. O. T. **4**, 162–167.

HUNT, C. A., and LITSKY, A. S. (1988): Stabilization of canine pelvic osteotomies with AO/ASIF plates and screws. V. C. O. T. **1**, 52–57.

HUTT, F. B. (1967): Genetic selection to reduce the incidence of hip dysplasia. J. Amer. Vet. Med. Assoc. **151**, 1041–1048.

HUTT, F. B. (1969): Advances in Canine Genetics with Special Reference to Hip Dysplasia. Can. Vet. J. **10**, 307–311.

JEDDICKE, K. (1983): Schultergelenkdysplasie beim Hund. Kleintierpraxis **18**, 59–62.

JENNY-GREDIG, V. (1970): Zur züchterischen Bekämpfung der Hüftgelenksdysplasie beim Deutschen Schäferhund. Vet.-med. Diss., Zürich.

JOHNSON, K. A. (1980): Experimentelle Untersuchung zur Karpalarthrodese beim Hund. Kleintierpraxis **25**, 357–364.

JOHNSON, K. A., and BELLENGER, C. R. (1980): The effects of autologous bone grafting on bone healing after carpal arthrodesis in the dog. Vet. Rec. **107**, 126–132.

JOHNSON, K. A. (1981): A radiographic study of the effects of autologous cancellous bone grafts on bone healing after carpal arthrodesis in the dog. Vet. Radiol. **22**, 177–183.

KAMMERMEIER, Ch. (1981): Wachstumsstörungen nach Verletzungen im Bereich der Epiphysenfugen beim Hund. Vet.-med. Diss., München.

KÁSA, G., und KÁSA, F. (1978): Lagerung und Zugang zur operativen Versorgung von Radius-Ulnafrakturen beim Hund. Berl. Münch. Tierärztl. Wschr. **91**, 148–150.

KÁSA, G., und KÁSA, F. (1980): Gelenke. In: NIEMAND, H.-G.: Praktikum der Hundeklinik. Paul Parey, Berlin und Hamburg.

KÁSA, G., und KÁSA, F. (1982): Korrekturosteotomie bei Varusfehlstellung an der distalen Tibia des Hundes. Kleintierpraxis **27**, 377–384.

KÁSA, G., KÁSA, F., und PRIEUR, W. D. (1983): Die Versorgung von Trümmerfrakturen der Diaphyse langer Röhrenknochen beim Kleintier. Der praktische Tierarzt **64**, 416–419.

KÁSA, F. und KÁSA, G. (1986): Zur Versorgung von distalen Radius-Ulna-Frakturen bei Kleinsthunden. Kleintierpraxis **31**, 3, 109–116.

KEALY, J. K. (1981): Röntgendiagnostik bei Hund und Katze. Ferdinand Enke Verlag, Stuttgart.

KLIMT, U., TELLHELM, B., und FRITSCH, R. (1992): Die Bedeutung der „Morgan-Linie" für die Untersuchung auf HD beim Hund. Kleintierpraxis **37**, 211–217.

KNECHT, C. D. (1976): Evaluation of surgical techniques for cruciate ligament ruptures in animals. J. A. Anim. Hosp. Ass. **12**, 717–726.

KNECHT, C. D. (1980): Gelenkchirurgie. Kleintierpraxis **25**, 321–326.

KNECHT, C. D., and BLOOMBERG, M. S. (1980): Distraction with an External Fixation Clamp (Charnley Apparatus) to Maintain Length in Premature Physeal Closure. J. Am. Anim. Hosp. Ass. **16**, 873–880.

KNECHT, C. D., und OLIVER, J. E. (1981): Zervikale Wirbelverschmelzung mit Rippentransplantat und orthopädischer Platte. In: BOJRAB, J. M.: Praxis der Kleintierchirurgie. Ferdinand Enke Verlag, Stuttgart.

KOCH, D. A., HAZEWINKEL, H. A. W., NAP, R. C., MEIJ, B. P., and WOLVEKAMP, W. Th. C. (1993): Radiographic evaluation and comparison of plate fixation after triple pelvic osteotomy in 32 dogs with hip dysplasia. V. C. O. T. **6**, 9–15.

KODITUWAKKU, G. E. (1962): Luxation of the patella in the dog. Vet. Rec. **74**, 1499–1506.

KOMÁROMY, J., und STOLL, J. (1983): Fallbericht über schonende Unterkieferkorrektur bei Boxern. Kleintierpraxis **28**, 229–230.

KONDE, W. N. (1974): Congenital Subluxation of the Coxofemoral Joint in the German Shepherd Dog. North. Am. Vet. **28**, 595–599.

KOPF, N., und PUNZET, G. (1978): Laufwagen als Trainingsgerät für querschnittgeschädigte Hunde – Konstruktion und Erfahrungen. Kleintierpraxis **23**, 243–248.

KOPF, N. (1978): Fraktur des Condylus lateralis des Femur bei einem Hund. Berl. Münch. Tierärztl. Wschr. **91**, 456–461.

KÖPPEL, E. (1988): Septische Koxarthritis – ein Beitrag zur Erkrankung des Hüftgelenks beim Junghund. Wien. tierärztl. Mschr. **75**, 237–240.

KÖSTLIN, R. G. (1973): Kniegelenknahe Frakturen des Femur bei Hund und Katze. Vet.-med. Diss., München.

KÖSTLIN, R. G., und WAIBL, H. (1980): Zur Dislokation des Processus coronoideus mandibulae beim Basset. Kleintierpraxis **25**, 169–174.

KÖSTLIN, R. G. (1985): Experimentelle Untersuchungen zur Kniegelenksarthrodese bei Katze und Hund. Habilitationsschrift. F. K. Schattauer Verlagsgesellschaft, Stuttgart.

KREMER, K., SCHUMPELICK, V., und HIERHOLZER, G. (1992): Chirurgische Operationen. Atlas für die Praxis. Georg Thieme, Stuttgart.

KUMMER, B. (1959): Bauprinzipien des Säugetierskelettes. Habil.-Schrift. Georg Thieme, Stuttgart.

KÜNTSCHER, G., und MAATZ, R. (1945): Technik der Marknagelung. Georg Thieme, Leipzig.

KUNTSCHER, R. (1979): Retrospektive Erhebungen an Knochenblastomen beim Hund. Vet.-med. Diss., München.

KÜPPER, W. (1971): Die Ruptur der Ligamenta decussata des Hundes – Vergleichende klinische und röntgenologische Untersuchungen. Vet.-med. Diss., Gießen.

LACROIX, J. V. (1930): Recurrent luxation of the patella in dogs. North. Am. Vet. **11**, 47–48.

LA CROIX, U., and JEFFREY, A. (1970): Diagnosis of orthopedic problems. Peculiar of the growing dog. Vet. Med. Small Anim. Clin. **65**, 229–236.

LAKATOS, L. (1973): Frakturen der Epicondylen des Humerus bei Junghunden. Schweiz. Arch. Tierhk. **115**, 421–425.

LAKATOS, L. (1974): Erste Erfahrungen mit der Varisationsosteotomie bei Behandlung der Hüftgelenksdysplasie. Schweiz. Arch. Tierhk. **116**, 653–658.

LAKATOS, L. (1980): Funktioneller Kreuzbandersatz. XIII. Kongreß European Society of Veterinary Surgery, Budapest.

LAMPADIUS, E. W. (1964): Vergleichende klinische und histologische Untersuchungen der Heilvorgänge nach Transplantation synthetischer und homoioplastischer Bänder bei der Ruptur der Ligg. decussata des Hundes mit der Operationsmethode nach WESTHUES. Vet.-med. Diss., Gießen.

LAWSON, D. D. (1963): The Radiographic Diagnosis of the Hip Dysplasia in the Dog. Vet. Rec. **75**, 239–247.

LECHLEITNER, E., und MAYRHOFER, E. (1993): Tendovaginopathien des M. biceps brachii beim Hund – röntgenologische, pathoanatomische und pathohistologische Befunde. Kleintierpraxis **38**, 161–178.

LECOUTEUR, R. A. (1980): Stabilisation of Atlantoaxial Subluxation in the Dog, using the Nuchal Ligament. J. Amer. Vet. Med. Assoc. **177**, 1011–1017.

LEE, R. (1970): A study of the radiographic and histological changes occurring in Legg-Calvé-Perthes disease in the dog. J. Small Anim. Pract. **11**, 621–628.

LEIGHTON, R. L. (1955): Surgical correction of complete luxation of the elbow in the dog. J. Amer. Vet. Med. Assoc. **126**, 17–19.

LEIGHTON, R. L. (1961): Repair of ruptured cruciate ligament with whole thickness skin. Small Anim. Clin. **1**, 246–259.

LEIGHTON, R. L. (1966): Surgical treatment of patellar luxations. Am. Anim. Hosp. Proc. 33rd Annual Meeting, 232–236.

LEIGHTON, R. L. (1981): Frakturen der Skapula. In: BOJRAB, M. J.: Praxis der Kleintierchirurgie. Ferdinand Enke Verlag, Stuttgart.

LEIGHTON, R. L. (1981): Luxation der Skapula. In: BOJRAB, M. J.: Praxis der Kleintierchirurgie. Ferdinand Enke Verlag, Stuttgart.

LEONARD, E. P. (1971): Orthopedic Surgery of the Dog and Cat. 2nd Edition. W. B. Saunders Comp., Philadelphia, London, Toronto.

LEWIS, D. D., BEALE, B. S., DEAN, P. W., and KEARNEY, M. T. (1990): Ischio-ilial pinning for stabilization of coxo-femoral luxations: An anatomical study. V. C. O. T. **1**, 31–35.

LJUNGGREN, G. (1967): Legg-Perthes disease. Acta Orthop. Scand. Suppl. **95**, 1–79.

LOEFFLER, K., und MEYER, H. (1961): Erbliche Patellaluxation bei Toy-Spaniels. Dtsch. tierärztl. Wschr. **21**, 619–622.

LOEFFLER, K., und REULEAUX, J. R. (1962): Zur Chirurgie der Ruptur des Ligamentum decussatum laterale. Dtsch. tierärztl. Wschr. **69**, 69–72.

LOEFFLER, K. (1964): Kreuzbandverletzungen im Kniegelenk des Hundes – Anatomie – Klinik und experimentelle Untersuchungen. Habil.-Schrift. M. u. H. Schaper Verlag, Hannover.

LOEFFLER, K., und VOLCKART, W. (1969): Vergleichende Messungen an Hüftgelenksaufnahmen nach Piehler und Norberg. Kleintierpraxis **14**, 107–109.

LOEFFLER, K. (1974): Das Gelenk als Organ. Arch. tierärztl. Fortbildung **1**, 122–128. Schlütersche Verlagsanstalt, Hannover.

LOEFFLER, K. (1979): Zusammenstellung der zentralen Auswertungsstellen für Röntgenaufnahmen im Rahmen der Untersuchungen auf Hüftgelenksdysplasie beim Hund. Kleintierpraxis **24**, 239–247.

LOEFFLER, K. (1982): Zusammenstellung der zentralen Auswertungsstellen für Röntgenaufnahmen im Rahmen der Untersuchungen auf Hüftgelenksdysplasie beim Hund. Kleintierpraxis **27**, 201–206.

LOEWEN, K. G., and HOLMBERG, D. L. (1982): Surgical management of premature closure of the distal ulnar growth plate in a growing dog. Can. vet. J. **23**, 113–116.

LØNAAS, L. (1980): Dislocation of the patella in the dog. Nord. Veterinaertidsskr. **92**, 221–226.

LOTT, D., KLEINE-KUHLMANN, R., und LOEFFLER, K. (1988): Bestimmung der Gelenkwinkel an den Gliedmaßen von Hunden. 1. Mitteilung: Darstellung und Bewertung der Methode. Kleintierpraxis **33**, 239–242.

LUBBE, A. M., and VERSTRAETE, F. J. M. (1990): Fascia lata loop stabilisation of the coxo-femoral joint in the dog and cat. J. Small Animal Practice **31**, 234 bis 238.

LUST, G., CRAIG, P. C., ROSS, G. E., and GEARY, I. C. (1972): Changes in Pelvic Muscles Tissues Associated with Hip Dysplasia in Dogs. Am. J. Vet. Res. **33**, 1097–1098.

MAHNIG, R. (1968): Untersuchungen zur Diagnostik der Hüftgelenksdysplasie bei Hunden. Vet.-med. Diss., Hannover.

MATIS, U., und SCHÄFER, E. (1973): Zur Frage des Kreuzbandersatzes mit lyophilisierter menschlicher Dura beim Hund – experimentelle Untersuchungen. Berl. Münch. Tierärztl. Wschr. **13**, 245–252.

Matis, U. (1973): Zur Frage des Kreuzbandersatzes mit lyophilisierter menschlicher Dura beim Hund – experimentelle Untersuchungen. Vet.-med. Diss., München.

Matis, U., und Köstlin, R. G. (1974): Zur Druckosteosynthese distaler Epiphysenlösungen bzw. suprakondylärer Frakturen des Femurs bei Hund und Katze. Berl. Münch. Tierärztl. Wschr. **87**, 196–200.

Matis, U. (1977): Zur Drahtzuggurtung distaler Epiphysiolysen bzw. suprakondylärer Frakturen des Femurs bei Katze und Hund. Berl. Münch. Tierärztl. Wschr. **90**, 240–247.

McCurnin, D. M., Pearson, P. T., and Wass, W. M. (1971): Clinical and pathological evaluation of ruptured cranial cruciate ligament repair in the dog. Amer. J. vet. Res. **32**, 1517–1526.

McLaughlin, R. M., Miller, C. W., Taves, C. L., Hearn, T. C., Palmer, N. C., and Anderson, G. I. (1991): Force plate analysis of triple pelvic osteotomy for the treatment of canine hip dysplasia. Veterinary Surgery **20**, 291–297.

Meutstege, F. J. (1993): The classification of canine achilles' tendon lesions. V. C. O. T. **6**, 53–55.

Meyer, H. (1968): Zur Erblichkeit und züchterischen Bekämpfung der Hüftgelenksdysplasie des Hundes. Kleintierpraxis **13**, 41–45.

Meyer, J. (1977): Unterarmfrakturen des Hundes – Behandlung und Ergebnisse 1970–1974. Vet.-med. Diss., München.

Meyer-Lindenberg, A., Ebel, H., and Fehr, M. (1991): Fractures of the distal humerus – experiences with fracture classification according to Unger et al. (1990).

Miller, A., Carmichael, S., Anderson, T. J., and Brown, I. (1990): Luxation of the radial carpal bone in four dogs. J. Small Animal Practice **31**, 148–154.

Montgomery, R. D., Milton, J. L., Horne, R. D., Coble, R. H., and Williams, J. C. (1987): A retrospective comparison of three techniques for femoral head and neck excision in dogs. Veterinary Surgery, **16**, 6, 423–426.

Müller, L. F., und Saar, C. (1966): Eine Anleitung zur Röntgendiagnose der Hüftgelenksdysplasie. Kleintierpraxis **11**, 33–42.

Müller, A. (1969): Topographisch-anatomische Grundlagen zu den Kniegelenksoperationen des Hundes. Zbl. Vet.-Med. **16**, 785–807.

Müller, M. E., Allgöwer, M., Schneider, R., and Willenegger, H. (1977): Manual der Osteosynthese – AO-Technik. Springer Verlag, Berlin, Heidelberg, New York.

Müller, W. (1970): Wirbelsäulenerkrankungen beim Deutschen Boxer. Vet.-med. Diss., Leipzig.

Nap, R. C., Hazewinkel, H. A. W., Voorhout, G., Biewenga, W. J., Koeman, J. P., Goedegebuure, S. A., and van't Klosster, A. Th. (1993): The influence of the dietary protein content on growth in giant breed dogs. V. C. O. T. **6**, 1–8.

Neal, T. M. (1981): Frakturen des Radius und der Ulna. In: Bojrab, M. J.: Praxis der Kleintierchirurgie. Ferdinand Enke Verlag, Stuttgart.

Niebauer, G. W., Walde, J., Punzet, G., und Menzel, J. (1980): Zur Pathogenese des sekundären Kreuzbandrisses beim Hund. XIII. Kongreß European Society of Veterinary Surgery, Budapest.

Niemand, H.-G. (1993): Praktikum der Hundeklinik. 7. Aufl. Verlag Paul Parey, Berlin und Hamburg.

Niemeyer, K. H. (1981): Fraktur der Tibia. In: Bojrab, M. L.: Praxis der Kleintierchirurgie. Ferdinand Enke Verlag, Stuttgart.

Nilsson, F. (1949): Meniscal injuries in dogs. North. Amer. Vet. **30**, 509–516.

Norberg, I. (1964): In: Hickmann, J.: Veterinary Orthopedics. Oliver & Boyd, Edinburgh, London, 316–325.

Nowak, B. (1978): Die Erfassung der Acetabulumtiefe am Becken des Hundes mit Hilfe des Öffnungswinkels Beta. Vet.-med. Diss., München.

Nunamaker, D. M., und Newton, C. D. (1981): Hüftgelenkserkrankungen des Hundes. In: Bojrab, M. J.: Praxis der Kleintierchirurgie. Ferdinand Enke Verlag, Stuttgart.

Oettel, M., Elsner, D., Schimke, E., Teichmann, P., Schneider, H. E., und Schneider, E. (1974): Klinische Daten bei der Verwendung von Östriol-Testosteron-Kombinationen in der Kleintierpraxis. Arch. exper. Vet. med. **28**, 784–789.

Olds, R. B. (1981): Koxofemorale Luxation. In: Bojrab, M. J.: Praxis der Kleintierchirurgie. Ferdinand Enke Verlag, Stuttgart.

Olds, R. B. (1981): Arthrodese. In: Bojrab, M. J.: Praxis der Kleintierchirurgie. Ferdinand Enke Verlag, Stuttgart.

Oliver, J. E. (1981): Trepanation, Kraniotomie und Schädelfraktur. In: Bojrab, M. J.: Praxis der Kleintierchirurgie. Ferdinand Enke Verlag, Stuttgart.

Olmstead, M. L., und Hohn, R. B. (1980): Ergebnisse mit der Hüfttotalprothese bei 103 klinischen Fällen an der Ohio State University. Kleintierpraxis **25**, 385–444.

Olmstead, M. L., Hohn, R. B., and Turner, Th. M. (1981): Technique for Canine Total Hip Replacement. Vet. Surg. **10**, 44–50.

Olmstead, M. L., Hohn, R. B., and Turner, T. M. (1983): A five-year study of 221 total hip replacements in the dog. JAVMA **183**, 191–194.

Olmstead, M. L. (1987): Total hip replacement in the dog. Seminars in Vet. Med. and Surgery (Small Animal), **2**, 2, 131–140.

Olmstead, M. L. (1987): Total Hip Replacement. Veterinary Clin. North. Amer. Small Animal Practice **17**, 4, 943–955.

Olsson, S. E. (1961): Roentgen Examination of the Hip Joints of German Shepherd Dogs. Adv. Small Anim. Pract. **3**, 117–120.

Ost, P. C., Dee, J. F., Dee, L. G., and Hohn, R. B. (1987): Fractures of the calcaneus in racing greyhounds. Veterinary Surgery **16**, 1, 53–59.

OWENS, J. M. (1989): Röntgenbildinterpretation für den Kleintierpraktiker. Hrsg. BIERY, D. N. Ferdinand Enke Verlag, Stuttgart.

PAATSAMA, S. (1952): Ligament injuries in the canine stifle joint. A clinical and experimental study. Thesis, Helsinki.

PAATSAMA, S. (1953): A survey of the modern surgical corrections of injuries in the canine stifle joint. Internat. Vet. Congr. Stockholm, Proceedings 15, 2, 943–946.

PAATSAMA, S. (1954): The structure and histopathology of the canine meniscus. A. J. V. R. 15, 459–499.

PAATSAMA, S. (1955): Regeneration of the canine meniscus. Nord. Vet. Med. 7, 953–960.

PAATSAMA, S. (1967): Der Epiphysenfugenknorpel und seine Veränderung bei der Hüftgelenksdysplasie und Coxa plana des Hundes. Die Blauen Hefte 37, 27–32.

PAATSAMA, S. (1963): Ein weiterer Beitrag zu den Kniegelenksoperationen beim Hund. Kongreßbericht XVII. Welt-Tierärztekongreß 2, 997–999.

PAATSAMA, S., RISSANEN, P., and ROKKANEN, P. (1968): Changes in the Hip Joint Induced with Certain Hormones. An Experimental Study on Young Dogs. J. Small Anim. Pract. 9, 433–440.

PAATSAMA, S., und KÄRKKÄINEN, M. (1981): Genu valgum, ein Beitrag zur Klinik des Kniegelenks beim Hund. Kleintierpraxis 26, 181–186.

PALUMBO, N. E. (1971): A new technic for repair of canine patellar luxations. Mod. Vet. Pract. 52, 51–53.

PEARSON, P. T., and RAMSAY, F. K. (1963): Evaluation of Polytetrafluorethylene implants to correct canine medial patellar luxations. J. Amer. Vet. Med. Assoc. 143, 843–853.

PEARSON, P. T. (1963): A new surgical correction for severe medial patellar luxations. 12th Gaines Veterinary Symposium, 2.

PEARSON, P. T. (1966): Alloy prothesis to aid in correction of persistent patellar luxations. Animal Hospital 2, 191–198.

PEARSON, P. T. (1967): Reactions of stifle joint tissues to alloy and plastic surgical implants in the dog. Am. J. vet. Res. 28, 592–596.

PEARSON, P. T. (1971): Ligamentous and meniscal injuries of the stifle joint. Vet. Clin. North. Am. 1, 489–501.

PENWICK, R. C., and CLARK, D. M. (1988): A simple technique for tarsometatarsal arthrodesis in small animals. J. Amer. Anim. Hospital Association 24, 183–188.

PETTIT, G. D. (1974): Hip Joint. In: ARCHIBALD, J.: Canine Surgery. 2nd Edition. Am. Vet. Publ. INC Drawer KK, Santa Barbara, California.

PETTIT, G. D., BELLENGER, C. R., TAYLOR, T. K. F., und GOSH, P. (1980): Die Behandlung von Meniskusläsionen des Hundes. Kleintierpraxis 25, 435–440.

PHILIPPS, L., and BLACKMORE, J. (1991): Kirschner-Ehmer device alone to stabilize caudal lumbar fractures in small dogs. V. C. O. T. 4, 112–115.

PICHARD, R. (1968): Les arthrodèses du coude chez le chien. Rec. Méd. Vét. 129, 57–65.

PICHARD, R. (1974): La chirurgie traumatologique des lésions récentes de la branche maxillaire. Animal de Compagnie 3, 205–216.

PICHARD, R. (1974): La résection arthrodèse de l'articulation fémoro-tibio-rotulienne chez le chien. Anim. de Comp. 4, 399–414.

PICHARD, R. (1977): Fractures de la diaphyse humérale. Traitement chirurgical. Rec. Méd. Vét. 153, 899–907.

PICHARD, R. (1978): Chirurgie du scapulum chez le chien. L'Anim. de Cie, 13, 223–232.

PICHARD, R. (1978): Fractures de l'extrémité proximale de l'humérus. Traitement Chirurgical. Rec. Méd. Vét. 154, 993–997.

PICHARD, R. (1979): Fractures sus et intercondyliennes de l'humérus. Rec. Méd. Vét. 155, 117–122.

PICHARD, R. (1979): Fractures supra-condyliennes de l'humérus. Rec. Méd. Vét. 155, 23–27.

PICHARD, R. (1979): Fractures unicondyliennes de l'humérus. Rec. Méd. Vét. 155, 125–129.

PIEHLER, L. (1967): Messungen am Hüftgelenk des Hundes. Vet.-med. Diss., Berlin.

PIERCE, K. L., BRIDGES, Ch. H., and BANKS, P. (1965): Hormone Induced Hip Dysplasia in Dogs. J. Small Anim. Pract. 6, 121–125.

PIERMATTEI, D. L., und GREELEY, R. G. (1975): Zugänge zum Skelettsystem von Hund und Katze. F. K. Schattauer Verlag, Stuttgart–New York.

PITZEN, P., und RÖSSLER, H. (1989): Orthopädie. 16. Auflage. Urban und Schwarzenberg, München.

PRATA, R. G. (1981): Ventrale Dekompression und Stabilisierung der Halswirbelsäule beim Hund. In: BOJRAB, M. J.: Praxis der Kleintierchirurgie. Ferdinand Enke Verlag, Stuttgart.

PRICE, D. J. (1955): A method for correction patellar luxations. North. Am. Vet. 36, 132–133.

PRIEUR, W. D. (1962): Eingriffe am Gelenk in der Praxis. Dtsch. tierärztl. Wschr. 69, 102–105.

PRIEUR, W. D. (1974): Tibiafrakturen. Archiv für tierärztliche Fortbildung. Schlütersche Verlagsanstalt, Hannover.

PRIEUR, W. D. (1977): Pseudarthrosen beim Hund. Kleintierpraxis 22, 279–287.

PRIEUR, W. D. (1980): Coxarthrosis in the Dog. Part I: Normal and Abnormal Biomechanics of the Hip Joint. Veterinary Surgery 9, 145–149.

PRIEUR, W. D., und SCARTAZZINI, R. (1980): Die Grundlagen und Ergebnisse der intertrochanteren Varisationsosteotomie bei Hüftdysplasie. Kleintierpraxis 25, 393–404.

PRIEUR, W. D. (1982): 80 Jahre Osteosynthese beim Tier (1890–1970). Prakt. Tierarzt 63, 597–601.

PRIEUR, W. D. (1984): Neue Auffassungen in der Frakturbehandlung. Swiss. Vet. 1, 1–2, 36–39.

PRIEUR, W. D. (1987): Intertrochanteric osteotomy in the dog: theoretical consideration and operative technique. J. Small Anim. Pract. 28, 3–20.

PRIEUR, W. D., KÁSA, G., und KÁSA, F. (1989): Bewegungsapparat. In: NIEMAND, H. G., and SUTER, P. F. (1989): Praktikum der Hundeklinik, 6. Auflage. Hrsg. Suter, P. F. Paul Parey, Berlin.

PROBST, C. W., FLO, G. L., MCLOUGHLIN, M. A., and DECAMP, C. E. (1989): A simple medial approach to the canine elbow for treatment of fragmented coronoid process and osteochondritis dissecans. J. Amer. Animal Hosp. Ass. **25**, 321–334.

PUGET, E., et CAZIEUX, A. (1963): La myoplastie des vastes dans les luxations traumatiques de la rotule du chien. Rev. Méd. vét. (Toulouse) **64**, 33–39.

PUNZET, G. (1972): Ellenbogengelenknahe Frakturen beim Hund. Wien. tierärztl. Mschr. **59**, 218–228.

PUNZET, G., und WALDE, J. (1974): Spätergebnisse der chirurgischen Behandlung der Ruptur des vorderen Kreuzbandes beim Hund. Kleintierpraxis **19**, 153–165.

PUTNAM, R. W. (1968): Patellar luxation in the dog. Diss., Guelph University.

RADASCH, R. M., MERKLEY, D. F., HOEFLE, W. D., and PETERSON, J. (1990): Static strength evaluation of sacroiliac fracture-separation repairs. Veterinary Surgery **19**, 2, 155–161.

RAHLFS, I., und BRASS, W. (1983): Perkutane Transfixation zur Behandlung von Radius-Ulna- und Tibia-Fibula-Frakturen bei Hund und Katze. Kleintierpraxis **28**, 153–158.

RÄIHÄ, J. E., PARCHMAN, M., KROOK, L., VAINIONPÄÄ, S., MERO, M., ROKKANEN, P., and TÖRMÄLA, P. (1990): Fixation of trochanteric osteotomies in laboratory Beagles with absorbable screws of polylactic acid. V. C. O. T. **3**, 123–129.

RATHOR, S. S. (1960): Experimental Studies and Tissue Transplants for Repair of the Canine Anterior Cruciate Ligament. MSU Vet. **20**, 128–134.

REHMEL, R. A. (1983): Zugang zur Schulter. In: WINGFIELD, W. E., und RAWLINGS, C. A.: Kleintierchirurgie. Paul Parey, Berlin und Hamburg.

REX, M. A. E. (1963): Surgical treatment of three common orthopedic conditions of the dog's stifle. Aust. vet. J. **39**, 268–274.

RHODES, W. H., and JENNY, J. (1960): A Canine Acetabular Index. J. Amer. Vet. Med. Assoc. **137**, 97 bis 100.

RICHARDS, C. D. (1975): Surgical correction of medial patellar luxation: tibial crest transplantation and trochlear arthroplasty. Vet. Med. Small Anim. Clin. **70**, 322–325.

RIGGERT, E. H. (1982): Erfahrungen mit der Kniearthrodese durch Plattenosteosynthese. Kleintierpraxis **27**, 145–148.

RISER, W. H. (1962): Hip Dysplasia. J. Amer. Vet. Med. Assoc. **141**, 979–984.

RISER, W. H. (1962): Producing Diagnostic Pelvic Radiographs for Canine Hip Dysplasia. J. Amer. Vet. Med. Assoc. **141**, 600–603.

RISER, W. H. (1964): An Analysis of the Current Status of Hip Dysplasia in the Dog. J. Amer. Vet. Med. Assoc. **144**, 709–721.

RISER, W. H., PARKS, L. J., RHODES, W. H., and SHIVER, J. F. (1969): Genu valgum: a stifle deformity of giant dogs. J. Am. Vet. Radiol. Soc. **10**, 28–37.

RISER, W. H. (1975): The Dog as a Model for the Study of Hip Dysplasia. Verlag S. Karger, Basel, München, Paris, London, New York, Sydney.

ROBINS, G. M., and GRANDAGE, J. (1977): Temporomandibular joint dysplasia and open-mouth jawlocking in the dog. J. Amer. Vet. Med. Assoc. **171**, 1072–1076.

ROBINS, G. M., and READ, R. A. (1981): The use of a transfixation splint to stabilize a bilateral mandibular fracture in a dog. J. Small Anim. Pract. **22**, 759–768.

RODENBECK, H. (1971): Ein Beitrag zur chirurgischen Therapie der Patellaluxation. Kleintierpraxis **16**, 119–121.

ROOS, H., VOLLMERHAUS, B., SCHEBITZ, H., BRUNNBERG, L., und WAIBL, H. (1981): Zur Anatomie der Fugenknorpel langer Röhrenknochen des Hundes. 2. Mitteilung: Fugenknorpel des Radius und der Ulna. Kleintierpraxis **26**, 81–88.

RORVIK, A. M. (1993): Risk factors for humeral condylar fractures in the dog: A retrospective study. Journal of Small Animal Practice **34**, 277–282.

ROOS, D. L. (1981): Stabilisierung einer vorderen Mandibularfraktur. In: BOJRAB, M. J.: Praxis der Kleintierchirurgie. Ferdinand Enke Verlag, Stuttgart.

RUDY, R. L. (1974): Stifle Joint. In: ARCHIBALD, J.: Canine Surgery. 2nd Edition. Am. Vet. Publ. INC Drawer KK, Santa Barbara, California.

RUDY, R. L. (1981): Frakturen der Maxilla und der Mandibula. In: BOJRAB, M. J.: Praxis der Kleintierchirurgie. Ferdinand Enke Verlag, Stuttgart.

RÜTER, A., und BRUTSCHER, R. (1988): Die Behandlung ausgedehnter Knochendefekte am Unterschenkel durch die Verschiebeosteotomie nach Ilizarov. Chirurg **59**, 357–359.

SAGI, L., und KOMÁROMY, J. (1978): Operationsmethode zur Behandlung schmerzhafter Hüftgelenkserkrankungen bei Gebrauchshunden. Kleintierpraxis **23**, 115–118.

SALIS, B. VON (1974): Radius-Ulna-Frakturen beim Hund. Archiv für tierärztl. Fortbildung, H. 1. Schlütersche Verlagsanstalt, Hannover.

SANCHEZ, J. F. (1972): Vergleich einiger Methoden zur Diagnose der Hüftgelenksdysplasie. Vet.-med. Diss., Hannover.

SCARTAZZINI, R. (1974): Femurfrakturen. Archiv für tierärztl. Fortbildung. Schlütersche Verlagsanstalt, Hannover.

SCHAARSCHMIDT, J. (1972): Vergleichende tierexperimentelle Untersuchungen zur Homo- und Heterotransplantation von Dura mater. Vet.-med. Diss., München.

SCHÄFER, G. (1981): Die Luxatio patellae congenita des Hundes und ihre Behandlung mit einer neuartigen Operationsmethode. Vet.-med. Diss., Gießen.

SCHÄFER, G., NOLTE, I., REINHARD, F., und RUDOLPH, R. (1982): Die Luxatio patellae congenita des Hundes. Kleintierpraxis 27, 121–130.

SCHÄFER, H.-J., HEIDER, H.-J., KÖSTLIN, R. G., und NOLTE, I. (1991): Zwei Methoden für die Kreuzbandoperation im Vergleich: Die Over-the-Top- und die Fibulakopfversetzungstechnik. Kleintierpraxis 36, 683–686.

SCHÄFER, H.-J., HEIDER, H.-J., und NOLTE, I. (1992): Die Kniegelenkmotilität vor und sechs Monate nach der Kreuzbandoperation mit der modifizierten Over-the-Top- und der Fibularkopfversetzungstechnik. Kleintierpraxis 37, 759–764.

SCHANTZ, B., und WIECHEL, S. (1980): Bündelnagelung bei Hund und Katze: Eine modifizierte Hackethal-Technik für Frakturen von langen Röhrenknochen. Kleintierpraxis 25, 367–372.

SCHAWALDER, P., und STERCHI, H. P. (1981): Der Centrum-Collum-Diaphysenwinkel (CC'D ⚥) und der Antetorsionswinkel (AT ⚥) beim Hund. Kleintierpraxis 26, 151–162.

SCHAWALDER, P., und STERCHI, H. P. (1981): Der Centrum-Collum-Diaphysenwinkel (CC'D ⚥) und der Antetorsionswinkel (AT ⚥) beim Hund. II. Mitteilung: Korrelation zwischen dem CC'D ⚥ und dem AT ⚥. Röntgendiagnostische Aspekte. Kleintierpraxis 26, 273–278.

SCHAWALDER, P. (1984): Biozement-Eigenschaften und Verhalten nach intraossärer Implantation im Tierversuch und klinische Verwendbarkeit. Swiss. Vet. 6, 9–19.

SCHAWALDER, P., und GITTERLE, E. (1989): Eigene Methoden zur operativen Rekonstruktion bei Rupturen des vorderen und hinteren Kreuzbandes. Kleintierpraxis 34, 323–330.

SCHEBITZ, H., und WILKENS, H., (1968): Atlas der Röntgenanatomie von Hund und Pferd. Paul Parey, Berlin und Hamburg.

SCHEBITZ, H., und BRASS, W. (1975): Allgemeine Chirurgie für Tierärzte und Studierende. Paul Parey, Berlin und Hamburg.

SCHEBITZ, H., DÄMMRICH, K., und BRASS, W. (1975): In: SCHEBITZ, H., und BRASS, W.: Allgemeine Chirurgie für Tierärzte und Studierende. Paul Parey, Berlin und Hamburg.

SCHEBITZ, H., und WILKENS, H. (1977): Atlas der Röntgenanatomie von Hund und Katze. 3. Aufl. Paul Parey, Berlin und Hamburg.

SCHEBITZ, H., VOLLMERHAUS, B., BRUNNBERG, L., MATIS, U., ROOS, H., WAIBL, H., und KÖSTLIN, R. G. (1981): Zur Frakturbehandlung beim jungen Hund. Kleintierpraxis 26, 63–72.

SCHEBITZ, H., BRUNNBERG, L., VOLLMERHAUS, B., MATIS, U., KÖSTLIN, R. G., und WAIBL, H. (1981): Zur Verletzung des Humerus im proximalen Drittel beim Hund. Kleintierpraxis 26, 107–114.

SCHEBITZ, H., KÖSTLIN, R. G., MATIS, U., und BRUNNBERG, L. (1983): Zur Kieferfraktur beim Hund – Frakturen im Bereich der Pars incisiva mandibulae und des Proc. alveolaris ossis incisivi. Kleintierpraxis 28, 285–340.

SCHEBITZ, H., und BRASS, W. (1985): Operationen an Hund und Katze. Paul Parey, Berlin.

SCHENK, R., und WILLENEGGER, H. (1963): Zum histologischen Bild der sogenannten Primärheilung der Knochenkompakta nach experimentellen Osteotomien am Hund. Experientia 19, 593–599.

SCHENK, R., und WILLENEGGER, H. (1964): Zur Histologie der primären Knochenheilung. Arch. klin. Chir. 308, 440–447.

SCHENK, R. (1975): Biomechanik der Frakturheilung. Archiv für tierärztl. Fortbildung. Schlütersche Verlagsanstalt, Hannover.

SCHENK, R. (1977): Histologie der Frakturheilung und der Pseudarthrosen. AO Bulletin.

SCHIMKE, E., und GRÜNBAUM, E.-G. (1980): Erfahrungen mit einer operativen Behandlungsmethode der Luxatio capitis ossis femoris beim Hund. XIII. Kongreß European Society of Veterinary Surgery, Budapest.

SCHIMKE, E. (1982): Erfahrungen mit der Ruhigstellung des Tarsalgelenks durch Verschraubung von Kalkaneus und Tibia bei Beugesehnenverletzungen des Hundes. Vortrag Jahrestagung der Fachkommission „Kleine Haus- und Pelztiere" in Magdeburg.

SCHIMKE, E., und GRÜNBAUM, E.-G. (1983): Erfahrungen mit der operativen Versorgung der Monteggia-Fraktur bei Hund und Katze. Vortrag Jahrestagung der Fachkommission „Kleine Haus- und Pelztiere" in Neubrandenburg.

SCHMIDT, F. W. (1961): Ein Beitrag zur Beurteilung der Hüftgelenkserkrankungen bei Deutschen Schäferhunden unter besonderer Berücksichtigung der Hüftgelenksdysplasie. Vet.-med. Diss., Hannover.

SCHMIDTKE, D., und SCHMIDTKE, H.-O. (1967): Zur Behandlung der habituellen Patellaluxation bei Hunden. Kleintierpraxis 12, 98–102.

SCHMIDTKE, H.-O. (1975): Abwandlung des Verbandes nach Robert Jones in der Unfallchirurgie. Archiv für tierärztl. Fortbildung. Schlütersche Verlagsanstalt, Hannover.

SCHMIDTKE, H.-O. (1981): Rotationsosteotomie zur Behandlung der habituellen Patellaluxation. Kleintierpraxis 26, 133–138.

SCHMITT, W. (1979): Allgemeine Chirurgie. Johann Ambrosius Barth, Leipzig.

SCHNELLE, G. B. (1935): Some New Diseases in Dogs. Am. Kennel Gaz. 52, 25–30.

SCHNELLE, G. B. (1954): Congenital Dysplasia of the Hip (Canine) and Sequelae. Proc. Amer. Vet. Med. Assoc. 91, 253–258.

SCHNELLE, G. B. (1959): Congenital Dysplasia of the Hip in Dogs. J. Amer. Vet. Med. Assoc. 135, 234–238.

SCHNEPF, A. (1976): Zur Beurteilung der Hüftgelenksdysplasie des Hundes. Vet.-med. Diss., München.

SCHOLZ, E., und SENST, W. (1978): Ein Beitrag zur Verriegelungsnagelung. Beitr. orthop. u. Traumatol. 25, 690–694.

SCHROEDER, M. (1978): Beitrag zur Entwicklung des Skeletts der Vordergliedmaße beim Deutschen Schäferhund. Vet.-med. Diss., München.

SCHRÖDER, E., und SCHIRRMACHER, A. (1980): Die Luxatio patellae congenita des Hundes – Möglichkeiten und Ergebnisse der chirurgischen Behandlung. Mh. Vet.-Med. **35**, 742–744.

SCHWARZ, S. (1971): Die Methoden der röntgenologischen Diagnose der Hüftgelenksdysplasie beim Hund und ihre Eignung als Grundlage für geplante züchterische Selektion. Vet.-med. Diss., Gießen.

SCHWARZ, S. (1975): Diagnose der Hüftgelenksdysplasie unter besonderer Berücksichtigung der Messungen von Piehler. Tierärztl. Prax. **3**, 243–245.

SCHWEIBERER, J., BERG, V. D., und LAMPE, L. (1970): Das Verhalten intraossärer Gefäße nach Osteosynthese der frakturierten Tibia des Hundes. Therapiewoche **20**, 1330–1335.

Schweizerische Vereinigung für Kleintiermedizin (1990): Gelenkerkrankungen, 21. Jahresversammlung, 10.–12. Mai 1990 im Biel.

SÉQUIN, F., und TEXHAMMAR, R. (1980): Das AO-Instrumentarium – Anwendung und Wartung. Springer-Verlag, Berlin, Heidelberg, New York.

SHELTON, D. G. (1991): Differential diagnosis of muscle diseases in companion animals. PVN **2**, 1, 27–33.

SHUTTLEWORTH, A. C. (1935): Dislocation of the patella in the dog. Vet. Rec. **15**, 765–774.

SILBERSIEPE, E., BERGE, E., und MÜLLER, H. (1986): Lehrbuch der Speziellen Chirurgie. 16. Auflage, neu bearbeitet von MÜLLER, H., unter Mitarbeit von REINHARD, F. Ferdinand Enke Verlag, Stuttgart.

SINGLETON, W. B. (1957): The diagnosis and surgical treatment of some abnormal stifle conditions in the dog. Vet. Rec. **69**, 1387–1396.

SINGLETON, W. B. (1961): Differential diagnosis of stifle injuries in the dog. J. Small Anim. Pract. **1**, 182–191.

SINGLETON, W. B. (1963): Stifle joint surgery in the dog. Can. vet. J. **4**, 142–150.

SINGLETON, W. B. (1969): The surgical correction of stifle deformities in the dog. J. Small Anim. Pract. **10**, 59–69.

SITTNIKOW, K. (1982): Transfixation as Treatment of Closed Radius-Ulna-Fractures in Dogs. Vet.-med. Diss., Helsinki.

SLATTER, D. H. (1985): Textbook of small animal surgery. W. B. Saunders Co., Philadelphia.

SLOCUM, B., and DEVINE, T. (1986): Pelvic osteotomy technique for axial rotation of the acetabular segment in dogs. J. Amer. Animal Hosp. Ass. **22**, 332–338.

SLOCUM, B., and SLOCUM, T. D. (1992): Pelvic osteotomy for axial rotation of the acetabular segment in dogs with hip dysplasia. Vet. Clin. North Amer. Small Animal Practice **22**, 645–682.

SMITH, K. W. (1971): Legg-Perthes disease. Vet. Clin. North Am. **1**, 479–487.

SMITH, K. W. (1981): Meniskektomie. In: BOJRAB, M. J.: Praxis der Kleintierchirurgie. Ferdinand Enke Verlag, Stuttgart.

SMITH, G., and TORG, J. S. (1985): Fibular head transposition for repair of cruciate-deficient stifle in the dog. JAVMA **187**, 4, 375–383.

SMITH, M. M., and SPAGNOLA, J. (1991): T-plate for middle carpal and carpometacarpal arthrodesis in a dog. JAVMA **199**, 2, 230–232.

SOMMER, W. (1975): Operative Versorgung der Patellaluxation durch Einsetzen eines Stahlbügels. Tierärztl. Umsch. **30**, 74–77.

SPIETH, K., und KOCH, E.-U. (1987): Ruptur des Ligamentum patellae bei einem Hund. Kleintierpraxis 32, 261–264.

STADER, O. (1944): Reinforcement of the lateral patellar ligament for correction of recurrent patellar luxation in the dog. North Am. Vet. **25**, 737–738.

STEAD, A. C., AMIS, A. A., and CAMPBELL, J. R. (1991): Use of polyester fibre as a prosthetic cranial cruciate ligament in small animals. J. Small Animal Practice **32**, 448–454.

STEWART, W. C., BAKER, G. J., and LEE, R. (1975): Temporomandibular subluxation in the dog: a case report. J. Small Anim. Pract. **16**, 345–349.

STOYAK, J. M. (1981): Dislokation des Ellbogens. In: BOJRAB, M. J.: Praxis der Kleintierchirurgie. Ferdinand Enke Verlag, Stuttgart.

STRANDE, A. (1964): A study of the replacement of the anterior cruciate ligament in the dog by the tendon of flexor digitalis pedis longus. Nord. Vet. Med. **16**, 820–827.

STRANDE, A. (1966): New methods for cruciate ligament repair. 1. Use of a tissue prosthesis. Mod. vet. Pract. **47**, 58–59.

STRANDE, A. (1966): Replacement of the anterior cruciate ligament in the dog. J. S. A. P. **7**, 351–359.

STRANDE, A. (1967): Repair of the ruptured cranial cruciate ligament in the dog. William and Wilkins Co., Baltimore.

STUR, I., PÖTSCHER, L., KREINER, M., und MAYERHOFER, G. (1992): Selektionsparameter gegen Hüftgelenksdysplasie (HD) beim Hund. Wien. Tierärztl. Mschr. **79**, 271–276.

SUMNER-SMITH, G. (1966): Observations on Epiphyseal Fusion of the Canine Appendicular Skeleton. J. Small Anim. Pract. **7**, 303–311.

SUMNER-SMITH, G., und DINGWALL, J. S. (1973): The plating of mandibular fractures in giant dogs. Vet. Rec. **92**, 39–40.

SUMNER-SMITH, G. (1980): Die Blutversorgung von Radius und Ulna des Hundes. Kleintierpraxis **25**, 349–356.

SUTER, P. F. (1993): Wirbelsäule. In: NIEMAND, H.-G.: Praktikum der Hundeklinik. 7. Auflage. Paul Parey, Berlin und Hamburg.

SWAIM, S. F., und MILLER, L. N. (1969): A surgical technic for correction of lateral patellar luxation in the dog. Vet. Med. Small Anim. Clin. **64**, 512–517.

SWAIM, S. F. (1981): Thorakolumbale und sakrale Wirbeltraumen. In: BOJRAB, M. J.: Praxis der Kleintierchirurgie. Ferdinand Enke Verlag, Stuttgart.

THIESS, A. (1983): Frakturen, Luxationen und Luxationsfrakturen der Wirbelsäule beim Hund. Vet.-med. Diss., München.

THIMEL, H. (1971): Die Femurfraktur beim Hund, Behandlung, Komplikationen und Ergebnis in den Jahren 1959–1969. Vet.-med. Diss., München.

THOMAS, R. E. (1979): Temporomandibular joint dysplasia and open-mouth jaw-locking in a Basset Hound. J. Small Anim. Pract. **20**, 297–301.

THOMMASINI, M. D., and BETTS, C. W. (1991): Use of the „Ilizarov" external fixator in a dog. V. C. O. T. **4**, 70–76.

TIEMANN, G., und WOCKE-DAUME, A. (1983): Untersuchungen zur Hüftgelenksdysplasie beim Deutschen Boxer. Kleintierpraxis **28**, 303–310.

TORZILLI, P. A., KYLE, R. F., ARNOCZKY, S. P., and DUELAND, R. T. (1979): Biomechanical Analysis of two Canine Hip Prostheses. J. Am. Anim. Hosp. Ass. **15**, 185–190.

TSCHERNE, H., GOTZEN, L., and TRENTZ, O. (1974): Die Osteosynthesen epiphysennaher Frakturen im Kniegelenksbereich einschließlich der Korrektureingriffe. Akt. Traumatologie **4**, 101–107.

ÜBERREITER, O. (1966): Klinische und anatomische Befunde bei der angeborenen Patellarluxation des Hundes. Kleintierpraxis **11**, 125–129.

VANGUNDY, T. E., HULSE, D. A., NELSON, J. K., and BOOTHE, H. W. (1988): Mechanical evaluation of two canine iliac fracture fixation systems. Veterinary Surgery **17**, 6, 321–327.

VANNINI, R., OLMSTEAD, M. L., and SMEAK, D. D. (1988): An epidemiological study of 151 distal humeral fractures in dogs and cats. J. Amer. Animal Hosp. Ass. **24**, 531–536.

VASSEUR, P. B. (1990): Arthrodesis for congenital luxation of the shoulder in a dog. JAVMA **197**, 4, 501–503.

VAUGHAN, L. C. (1963): A study of the replacement of the anterior cruciate ligament in the dog by fascia skin and nylon. Vet. Rec. **75**, 537–540.

VAUGHAN, L. C., and BOWDEN, N. L. R. (1964): The Use of Skin for the Replacement of the Anterior cruciate Ligament in the Dog: A Review of Thirty Cases. J. Small Anim. Pract. **5**, 167–171.

VENKER-VAN HAAGEN, A. J. (1975): Crista tibiae tranplantie, een chirurgische correctie van de patella luxatie bij de hond. Tijdschr. Diergeneesk. **100**, 251–258.

VENTURINI, A., und CAPITANI, O. (1988): Wachstumsstörungen des Radius bei einem Hund: Chirurgische Korrektur mit einem „Fixateur externe". Der praktische Tierarzt **5**, 63–65.

VIERHELLER, R. C. (1959): Surgical correction of patellar ectopia in the dog. J. Amer. Vet. Med. Assoc. **134**, 429–433.

VOLLMERHAUS, B., und ROOS, H. (1980): Die postnatale Modellierung der Unterarmknochen des Hundes im Zuge funktioneller Anpassung. Berl. Münch. Tierärztl. Wschr. **93**, 150–155.

VOLLMERHAUS, B., SCHEBITZ, H., und ROOS, H. (1980): Entstehung und Einbau der Apophysis tuberositatis tibiae des Hundes. Zbl. Vet.-Med. C **9**, 370–375.

VOLLMERHAUS, B., SCHEBITZ, H., ROOS, H., BRUNNBERG, L., KLAWITER-POMMER, J., und WAIBL, H. (1981): Zur Anatomie der Fugenknorpel langer Röhrenknochen des Hundes. 1. Mitteilung: Einleitung und Fugenknorpel des Humerus. Kleintierpraxis **26**, 75–80.

VOLLMERHAUS, B., SCHEBITZ, H., WAIBL, H., KÖSTLIN, R., KLAWITER-POMMER, J., und ROOS, H. (1981): Zur Anatomie der Fugenknorpel langer Röhrenknochen des Hundes. 4. Mitteilung: Fugenknorpel der Tibia und der Fibula und Schlußdiskussion. Kleintierpraxis **26**, 95–105.

VOLLMERHAUS, B., SCHEBITZ, H., ROOS, H., BRUNNBERG, L., und WAIBL, H. (1983): Anatomische Grundlagen und funktionelle Betrachtungen zur Olekranonfraktur beim Hund. Kleintierpraxis **28**, 5–15.

WAIBL, H., VOLLMERHAUS, B., SCHEBITZ, H., MATIS, U., und ROOS, H. (1981): Zur Anatomie der Fugenknorpel langer Röhrenknochen des Hundes. 3. Mitteilung: Fugenknorpel des Os femoris. Kleintierpraxis **26**, 89–94.

WAIBL, H. (1988): Zur angewandten Anatomie des Hüftgelenks beim Hund. Tierärztliche Praxis **16**, 83–86.

WALDE, I., NIEBAUER, G. W., und PUNZET, G. (1980): Die seitliche Haltebandtechnik als Behandlungsprinzip beim Kreuzbandriß des Hundes. XIII. Kongreß European Society of Veterinary Surgery, Budapest.

WALLACE, L. K. (1971): Pectineus tendonectomy or tenotomy for treating clinical canine hip dysplasia. Vet. Clin. North Am. **1**, 455–465.

WALLACE, L. J., GUFFY, M. M., und CARDINETT, G. H. (1981): Chirurgie der Pektineussehne oder des Pektineusmuskels zur Behandlung der klinischen Hüftgelenksdysplasie beim Hund. In: BOJRAB, M. J.: Praxis der Kleintierchirurgie. Ferdinand Enke Verlag, Stuttgart.

WAMBERG, K. (1961): Können erbliche Hüftgelenksleiden ohne Röntgenuntersuchung klinisch korrekt beurteilt werden? Münch. Vet. Med. **16**, 845–848.

WAMBERG, K. (1967): Züchterisch-organisatorische Maßnahmen zur Bekämpfung der Hüftgelenksdysplasie. Kleintierpraxis **12**, 153–156.

WAYNE, E., WINGFIELD, CLARENCE, und RAWLINGS, A. (1983): Kleintierchirurgie – Ein Atlas chirurgischer Techniken. Paul Parey, Berlin und Hamburg.

WEBER, B. G. (1974): Die Osteosynthesen epiphysennaher Frakturen einschließlich der Korrektureingriffe: Die Osteosynthese im Sprunggelenksbereich. Akt. Traumatologie **4**, 109–112.

WEISS, R. (1991): Klinische und funktionelle Beurteilung verschiedener Operationstechniken beim vorderen Kreuzbandriß des Hundes. Kleintierpraxis **36**, 471–486.

WELLER, S. (1983): Was bedeutet Stabilität der Osteosynthese? Unfallheilkunde **86**, 131–135.

WHITNEY, W. O., and SCHRADER, S. C. (1987): Dynamic intramedullary crosspinning technique for repair of distal femoral fractures in dogs and cats: 71 cases (1981–1985). JAVMA **191**, 9, 1133–1138.

WHITTICK, W. G. (1974): Canine orthopaedics. Lea and Febiger, Philadelphia.

WHITTICK, W. G. (1990): Canine orthopedics. Second Edition. Lea & Febiger, Philadelphia.

WIDMER, W. (1978): Beitrag zur Entwicklung des Skeletts der Hintergliedmaße beim Deutschen Schäferhund. Vet.-med. Diss., München.

WIENRICH, V. (1973): Untersuchungen zur Ätiologie, Verbreitung und Bekämpfung der Hüftgelenksdysplasie des Hundes am Beispiel des Hovawart unter besonderer Berücksichtigung der Frage der Erblichkeit der Krankheit. Vet.-med. Diss., Berlin.

WILLENEGGER, H., PERREN, SM., und SCHENK, R. (1971): Primäre und sekundäre Knochenbruchheilung. Der Chirurg **42**, 241–252.

WILLER, R. L., JOHNSON, K. A., TURNER, T. M., and PIERMATTEI, D. L. (1990): Partial carpal arthrodesis for third degree carpal sprains. A Review of 45 Carpi. Veterinary Surgery **19**, 5, 334–340.

WILSON, J. W. (1987): Effect of cerclage wires on periosteal bone in growing dogs. Veterinary Surgery **16**, 229–302.

WIND, A. (1981): Chirurgische Erkrankungen des Arm-Vorderfußwurzelgelenks und Behandlungsmethoden. In: BOJRAB, M. J.: Praxis der Kleintierchirurgie. Ferdinand Enke Verlag, Stuttgart.

WINDISCH, E. (1983): Genetisch-statistische Analyse der Hüftgelenksdysplasie beim Hovawart und beim Boxer. Vet.-med. Diss., München.

WOLVEKAMP, W. Th. C. (1981): Röntgendiagnostik bei Hunden mit Rückenmarkskompression. Kleintierpraxis **26**, 479–490.

YALDEN, D. W. (1970): The functional morphology of the carpal bones in carnivores. Acta Anat. **77**, 481–500.

ZAHM, H. (1964): Die Ligamenta decussata im gesunden und arthrotischen Kniegelenk des Hundes. Vet.-med. Diss., München.

ZAHM, H. (1965): Die Ligamenta decussata im gesunden und arthrotischen Kniegelenk des Hundes. Kleintierpraxis **10**, 38–47.

ZEUMER, B., und SENST, W. (1979): Ein Beitrag zur isolierten vorderen Kreuzbandruptur. Zschr. ärztl. Fortb. **73**, 1050–1054.

Quellenangabe zum Bildmaterial
Bilder 24.38.–24.66.: Chirurgische Veterinärklinik der Justus-Liebig-Universität Gießen.

25. Endokrine Organe
(U. Freudiger)

In diesem Kapitel werden nur die endokrinen Störungen des Hypothalamus-Hypophysen-Systems, der Schilddrüse, der Nebenschilddrüse und der Nebennieren besprochen. Für Krankheiten, die in Zusammenhang mit hormonalen Sekretionsstörungen der Gonaden und dem endokrinen Pankreas stehen, sei auf die entsprechenden Organkapitel (19., 21., 22.) sowie auf das Kapitel „Hautkrankheiten" (11.) verwiesen.

25.1. Hypophysenvorderlappen (HVL)

Die Hypophyse ist die übergeordnete Drüse der meisten endokrinen Organe. Mit Ausnahme des somatotropen Hormons wirken ihre Inkrete nicht direkt, sondern durch Stimulierung der untergeordneten Drüsen (Gonaden, Schilddrüse, Nebennierenrinde). Die Inkretion der Hypophysenhormone wird durch humorale Steuerungssubstanzen des Hypothalamus angeregt. Die Sekretion dieser hypothalamischen Steuerungssubstanzen (Releasing factors) ist abhängig von den Blutspiegeln der Hormone der untergeordneten Drüsen und von peripheren nervalen Stimuli, die über die Formatio reticularis und das limbische System dem Hypothalamus übermittelt werden.

Hypophysenvorderlappen-Insuffizienz. Über Hypophyseninsuffizienz ist beim Hund wenig bekannt. Die gemeldeten Fälle basieren meistens nur auf der klinischen Symptomatologie und den autoptisch festgestellten Hypophysenveränderungen. Beim Menschen handelt es sich meist um Ausfall bzw. Herabsetzung aller Funktionen (**Panhypopituitarismus**). Jedoch kann auch jedes adenotrope Hormon isoliert ausfallen (**partieller Hypopituitarismus**). Zum Hypopituitarismus führen arterielle Embolien mit nachfolgender Hypophysennekrose, interstitielle Bindegewebsvermehrung, Tuberkulose, Zysten und Neoplasmen, die das funktionelle Hypophysengewebe verdrängen. VERSTRAETE und THOONEN (1938) beschrieben einen Fall von **hypophysärer Kachexie**. Die Symptome bestanden in Abmagerung, Dehydratation, Neigung zu Hypothermie, teilweiser Alopezie, Atrophie der Geschlechtsorgane, der Schilddrüse und der Nebennieren. Die Hypophyse war 20fach vergrößert, hämorrhagisch. Die übrigen beschriebenen Fälle gingen mit Fettsucht und Gonadenatrophie, Libidoverlust oder fehlender Brunst (**adiposogenitales Syndrom Fröhlich**) und zum Teil auch mit Polyphagie, Polyurie und Polydipsie einher. Kraniopharyngeome (SAUNDERS und RICHARD 1952) oder chromophobe Adenome (SPAAR und WILLE 1959) lagen diesen Ausfällen zugrunde. Polyphagie sowie Diabetes insipidus sind Folgen der gleichzeitigen Verdrängung des Hypothalamus und des Hypophysenhinterlappens. Trifft der Ausfall den wachsenden Organismus, verzögert der Mangel an somatotropem Hormon oder an den Wachstumsfaktoren (insulinähnlicher Faktor I, Somatomedin, Fibroblastenwachstums-, Nervenwachstumsfaktor), die für die Somatotropinwirkung notwendig sind, den Epiphysenschluß und führt zum Wachstumsstillstand (**proportionierter Minder- bzw. Zwergwuchs**). Das Allgemeinbefinden ist meistens nicht gestört. Häufig sind infolge Ausfalls der Gonadotropine die Geschlechtsorgane atrophisch (BAKER 1955). Bei einem 11 Monate alten Schäferhund (MOCH und HAASE 1953), der nur 6,1 kg schwer und 31 cm hoch war, bestand gleichzeitig noch eine kleine Struma colloides. In den letzten Jahren sind beim Deutschen Schäferhund zahlreiche solcher Zwerge (Abb. 25.1.) beschrieben worden (ANDRESEN et al. 1974, WILLEBERG et al. 1975, NICHOLAS 1978, ALLAN et al. 1978, SCHAWALDER 1978, GUAGUERE 1983, ZANESCO et al. 1984). Als Ursache konnte ein *Somatomedinmangel*, z.T. kombiniert mit Mangel an TRH,

Abb. 25.1. Drei Somatotropin/Somatomedin-Zwerge. Deutsche Schäferhunde, adult.

TSH und ACTH (EIGENMANN 1981), nachgewiesen werden. Anatomische Veränderung ist eine persistierende, zystisch veränderte Rathkesche Tasche, die zu einer Druckatrophie der Adenohypophyse führt. Die behaart geborenen Welpen werden alopezisch und zeigen oft eine vermehrte Aggressivität. Zweitägliche Injektionen von 2 IU Schweine-STH und tägliche Thyroxingaben führten bei dem Fall von EIGENMANN zur Wiederbehaarung, nicht aber wegen frühen Epiphysenschlusses zur Wachstumsanregung. Die Störung wird autosomal-rezessiv vererbt (ANDRESEN et al. 1974) und ist durch Einkreuzung auf den Karelischen Bärenhund übertragen worden (ANDRESEN 1978). Zur Diagnose dient der Clonidine-Stimulationstest (Catapresan®, Boehringer Ingelheim): 10 μg/kg KM i. v., Blutentnahme vor und 15, 30, 45, 60, 90 Minuten nach Injektion (ZANESCO et al. 1984).

Wachstumshormonmangel beim adulten Hund (Pseudo-Cushing; SIEGEL et al. 1977). Der Wachstumshormonmangel wird vor allem bei jüngeren (2–5jährigen) Hunden gesehen. Prädisponiert sind Kleinspitze, Chow-Chow, Pudel, Samojede, Keeshond und American Water Spaniel (LOTHROP 1988). Die Diagnose wird mit dem Clonidine-Stimulationstest gestellt. Behandlung mit humanem, bovinem oder porcinem Somatotropin führt zu unterschiedlichen Resultaten und kann als unerwünschter Nebeneffekt zum Diabetes mellitus führen (s. Kapitel 19. und EIGENMANN 1984, SHANLEY 1987).

Häufiger als die Hypophyseninsuffizienz wird beim Hund die **Hypophysenvorderlappen-Überfunktion** gesehen. Die Überfunktion wird durch hormonal aktive Hypophysentumoren verursacht. Neben den hormonalen Störungen bestehen z. T. zentralnervale Ausfallserscheinungen (Abstumpfung, stupides Verhalten, Drangbewegungen, Mydriasis, Ataxien, abgeschwächte Reflexe, Tremor, Blindheit). Diese beherrschen nicht selten das Krankheitsbild.

Überproduktion an STH (Somatotropes Hormon) führt beim wachsenden Individuum zu Riesenwuchs und bei Tieren mit abgeschlossenem Knochenwachstum zur **Akromegalie**. Der *hypophysäre Riesenwuchs* ist beim Hund unbekannt. Die Hypothese von STOCKARD (zit. nach BLOOM 1959), wonach die Körpergröße der Dänischen Dogge und der Irischen Wolfshunde dem hypophysären Riesenwuchs des Menschen entspreche, ist durch nichts bewiesen. Beim Hund sind nur wenige Fälle beschrieben worden (LUKSCH 1923, BEIJERS 1950, GROEN et al. 1964, SCHWARTZMAN und FEGLEY 1965), die trotz der sehr lückenhaften Untersuchungen an eine Akromegalie erinnern: verdickte Schädelknochen, v. a. des Gesichtsteils, des Unterkiefers, und Hypophysentumor. Untersuchungen aus jüngerer Zeit (CONCANNON et al. 1980, RIJNBERK et al. 1980, EIGENMANN 1981,

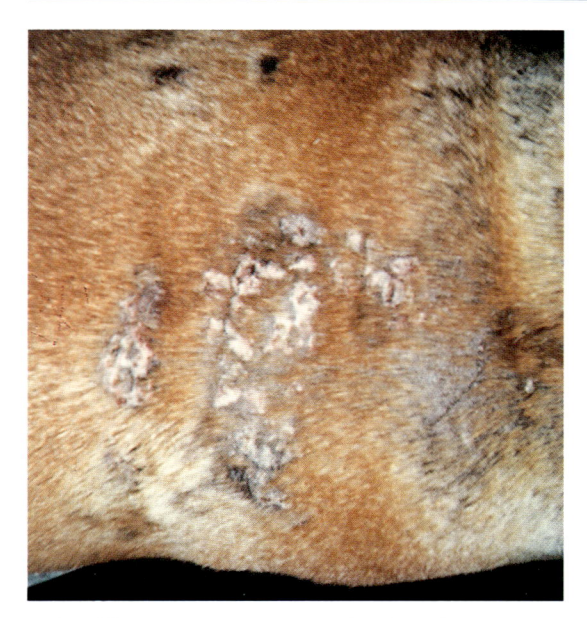

Abb. 25.2. Morbus Cushing, Calcinosis cutis. Deutscher Boxer, weiblich, 8 J.

22 Fälle!) haben gezeigt, daß Akromegalie häufiger ist, als angenommen. Es handelt sich dabei nur um Hündinnen, die langfristig mit Progestagenen zur Läufigkeitsverhütung behandelt wurden oder an einer spontanen Hyperprogesteronämie litten. Die Veränderungen (Verdickung des Schädels, v. a. durch Weichteilvermehrung, und der Extremitäten, starke Behaarung, Hautfaltenbildung, Obesitas mit großem Abdomen, Hecheln und Schnarchen, oft Polyphagie, Polyurie, Polydipsie mit oder ohne Diabetes mellitus, Verbreiterung der Interdentalräume) waren nach der Kastration reversibel. Laborbefunde: erhöhte STH-Spiegel, pathologische Glucosetoleranz mit verstärkter Insulinsekretion.

Recht häufig wird beim Hund das **Cushing-Syndrom (Hyperadrenokortizimus)** gesehen. Es sind drei Formen zu unterscheiden:
1. der *primäre Cushing* infolge autonomer, hormonal aktiver Nebennierentumoren (ca. 10–15% der Cushingfälle; PETERSON 1984, JENSEN und DU FORT 1991),
2. der *sekundäre Cushing* infolge von Hypophysen- oder Hypothalamusveränderungen, meist Tumoren, die erst, wenn sie zu Hirndruck führen, auch zentralnervale Störungen verursachen (ca. 85–90% der Cushingfälle) und
3. der *tertiäre oder iatrogene Cushing* infolge langer oder hochdosierter Behandlung mit Corticosteroiden.

Der Morbus Cushing tritt im mittleren bis höheren Lebensalter auf. Das mittlere Manifestationsalter beträgt je nach Autor 6–9 Jahre (RIJNBERK et al. 1969, LUBBERINK 1977, LING et al. 1979). Eine Geschlechts- und Rassendisposition ist umstritten. Von einzelnen Autoren wird ein Überwiegen der Hündinnen gemeldet. 13 der 26 Hunde von CAPEN et al. (1967) waren kastriert. Mehrheitlich wird ein Überwiegen der Zwergpudel, Dackel und Boxer festgestellt (SIEGEL et al. 1970, LING et al. 1979), während das Krankengut von RIJNBERK (1969) und LUBBERINK (1977) keine Rassendisposition ergab. Polydipsie, Polyurie, gesteigerter Appetit und Obesitas sind die häufigsten *Symptome*. Infolge Abnahme des Tonus der quergestreiften Muskulatur kann sich eine Lordose ausbilden. Die Bauchdecken sind schlaff und erweitert, woraus ein vergrößertes, schlaffes Abdomen, das in extremen Fällen am Boden nachgeschleift wird, resultiert. Gesichts- und Schenkelmuskulatur atrophieren. In ausgeprägten Fällen zeigen die Tiere Mühe beim Gehen oder fußen auf den Sprunggelenken (RIJNBERK 1969), aber auch Versteifung zuerst der Muskulatur der Hinterbeine, später auch der Vorderextremität wurden beschrieben (GREENE et al. 1979). Meist entwickelt sich eine deutliche Hepatomegalie. In etwa 50% der Fälle besteht eine zunehmende, anfänglich mottenfraßartige Alopezie am Rumpf und v. a. an den Ventralflächen, aber auch an den Extremitätenperipherien. Selten kommt es zur Calcinosis cutis (Abb. 25.2.), zur Akne oder Seborrhoea sicca und oleosa (WHITE et al. 1989). Als weitere endokrine Ausfallserscheinungen werden nicht selten Libidoverlust, Hodenatrophie und Zyklusstörungen bzw. Brunstlosigkeit gesehen. DÄMMRICH (1959) beschrieb bei einem 10jährigen Deutschen Boxer eine generalisierte Osteoporose als Folge der erhöhten Cortisolausschüttung.

Für die *Diagnose* sind folgende Laborbefunde, die meistens, aber nicht immer vorhanden sind, wertvoll: Leukozytose mit Neutrophilie, Lymphopenie und Eosinopenie, Hypercholesterolämie, deutliche Erhöhung der alkalischen Phosphatase, weniger auch der Transaminasen. Die Serumelektrolytveränderungen (Hypernaträmie, Hypokaliämie) können vorhanden sein oder fehlen. In einigen Fällen findet sich ein Steroiddiabetes.

Zur Diagnosesicherung dienen: **1. Bestimmung des Serum-Cortisols** (s. Tabelle 25.1.; starke individuelle Unterschiede, tageszeitliche Schwankungen, Überschneiden der Normalwerte mit den pathologischen, Methodenabhängigkeit: RIA bzw.

Tabelle 25.1. Verhalten des Serum-Cortisols

	Serum-Cortisol-Konzentration		
	Ausgangswert	ACTH-Test	Dexamethason-Test
normal	normal	2–3 ↗	50% ↙
NNR-Tumor	(n)–↗	=–(↗)	=
NNR-Hyperplasie	(n)–↗	5–10 ↗	=–(↙)
Hypophysentumor	↗	↗	=–(↙)
iatrogener M. Cushing	n–↙	=	=
primäre NNR-Insuffizienz	↙	=	=
sekundäre NNR-Insuffizienz	↙	↗	=

kompetitive Proteinbindungsanalyse). Zur Abklärung der Cushing-Form eignen sich der ACTH-Stimulations- und der Dexamethason-Hemmtest.

ACTH-Test: 1. 9 Uhr Blutentnahme für Cortisol-Basalwert, anschließend 2 IU/kg KM ACTH i.m., 2. Blutentnahme für Cortisolbestimmung 2 Std. später.

Dexamethason-Test: 9 Uhr Blutentnahme für Cortisol-Basalwert, 21 Uhr 0,1 mg/kg KM Dexamethason per os, 9 Uhr Blutentnahme für Cortisol-Bestimmung (Tabelle 25.1.).

NACHREINER (1981) empfiehlt den *kombinierten Dexamethason-ACTH-Test:* Blutentnahme, Injektion von 0,1 mg/kg KM Dexamethason i.v., Blutentnahme nach 1 und 2 Stunden, 2 IU/kg KM ACTH i.m., Blutentnahme nach 1 und 2 Stunden post ACTH.

2. Bestimmung der basalen Plasma-ACTH-Konzentration. Gesunde Hunde weisen eine Konzentration von 46 pg/ml ± 17 auf. Konzentrationen von mehr als 45 pg/ml bei Hunden mit Hyperadrenokortizismus sind meist beweisend für einen sekundären (hypophysenabhängigen) Cushing (REUSCH und FELDMAN 1991).

3. Röntgen und Ultrasonographie von Abdomen und Thorax. PENNINCK et al. (1988) konnten bei einem der 30 gesunden und der 100 Hunde mit sekundärem Hyperadrenokortizismus Adrenomegalie feststellen. Dagegen fanden sich bei 59 % der NNR-Karzinome vergrößerte und/oder kalzifizierte Nebennieren und bei 54% der Adenome vergrößerte Nebennieren. Ultrasonographisch waren es 76% bzw. 62%.

Der ACTH-Stimulationstest und der Dexamethason-Hemmtest sind wenig sensitiv zur Differenzierung von primärem und sekundärem Cushing. Sie sind jedoch gut geeignet für die Diagnose Hyperadrenokortizismus (FELDMAN 1983, REUSCH und FELDMAN 1991). Der sensitive Test für die Differentialdiagnose ist die Bestimmung der Plasma-ACTH-Konzentration.

Therapie: Adrenalektomie oder Hypophysektomie (LUBBERINK 1977) oder medikamentös mit o,p'-DDD=Mitotane (LUBBERINK 1977, OPITZ et al. 1983, KINTZER und PETERSON 1991), das adrenotoxisch wirkt: 50 mg/kg KM/Tag, verteilt auf 2 Fraktionen für 10–16 Tage. Zur Vermeidung einer akuten NNR-Insuffizienz wird vom 3. Tag an 1 bis 2 mg Cortison/Prednisolon/kg KM verabreicht. Anschließend Erhaltungstherapie: einmal wöchentlich 50 mg Mitotane/kg KM ohne Cortison oder Prednisolon. Wir konnten mit dieser Therapie Remissionen von 2–3 Jahren erzielen.

Weitere Wirkstoffe, die beim sekundären Cushing eingesetzt werden können, sind die **Nebennieren-Steroidhemmer** Ketoconazol, Cryoheptadin, Metyrapon und Aminoglutetimid, Trilostan sowie die **ACTH-Sekretionshemmer** Cyproheptadin und Bromocriptin (GRUFFYDD-JONES 1989). Mit Ausnahme von **Ketoconazol** (BRUYETTE und FELDMAN 1988), das von GRUFFYDD-JONES als die am meisten versprechende Alternative zu Mitotane bezeichnet wird, liegen über die anderen Wirkstoffe noch keine oder nur spärliche Meldungen vor. FELDMAN und NELSON (1987) verabreichten 2mal täglich 15 mg/kg KM Ketoconazol per os während mindestens 2 Monaten.

25.2. Hypophysenhinterlappen (HHL, Neurohypophyse)

Der HHL sezerniert das antidiuretische Hormon (ADH) und Oxytocin. Die in den Kerngebieten des Hypothalamus gebildeten Hormone gelangen entlang den Nervenbahnen in den HHL. Die Abgabe des ADH aus dem HHL in die Blutbahn wird gesteuert durch Änderungen der Plasma-Osmolarität und durch rasche Senkungen des extrazellulären Flüssigkeitsvolumens (z. B. Blutverluste). ADH greift an den distalen Nierentubuli an und wirkt durch Förderung der fakultativen Wasserrückresorption antidiuretisch. Störungen der ADH-Bildung und -Sekretion oder Verlust der Ansprechbarkeit der Nierentubuli führen bei erhaltenem HVL zum **Diabetes insipidus** (D. i.). Je nach Sitz der Veränderungen unterscheidet man folgende Formen:

1. **Diabetes insipidus centralis:**
a) erworbener oder symptomatischer D. i.: Zwischenhirnläsionen oder Zerstörung des HHL: Enzephalitiden, Tumoren, granulomatöse Prozesse (RICHARDS und SLOPER 1964: wandernde Wurmlarven, 2½jährige Dogge), Schädelbasisfrakturen (AUTHEMENT et al. 1989);
b) idiopathischer D. i. infolge Nichtansprechbarkeit der Osmorezeptoren, keine erkennbaren morphologischen Veränderungen (HENRY und SIEBER 1965: 4 Monate alter Collie nach Autounfall).

2. **Diabetes insipidus renalis**, häufigste Form beim Hund.

Die *Symptomatologie* ist ausgeprägt durch eine starke Polyurie und Polydipsie (mehrere Liter täglich). Diese Symptome setzen oft plötzlich von einem Tag zum anderen ein. Bei Flüssigkeitsentzug hält die Polyurie trotzdem an. Der Harn ist wasserhell, mit einem spezifischen Gewicht meist unter 1005, das sich auch im Konzentrations-(Durst-)Versuch nicht oder nicht wesentlich erhöht. Proteinurie und pathologische Sedimentbefunde fehlen, sofern es sich nicht um einen renalen Diabetes insipidus handelt oder gleichzeitig vorbestehende Nierenschädigungen vorhanden sind. Häufig finden sich erhöhte Blutnatrium- und -chloridkonzentrationen und infolge Bluteindickung ein erhöhter Hämatokrit und auch leicht erhöhte Erythrozytenzahlen. Der Blutharnstoff bleibt auch beim Konzentrationsversuch normal. Freßlust und Allgemeinbefinden bleiben, solange die Tiere genügend Flüssigkeit erhalten, ungestört. Bei Flüssigkeitseinschränkung treten eine zunehmende Dehydratation, Gewichtsabnahme, Verschlechterung des Allgemeinbefindens, Erbrechen, später Somnolenz und Exitus infolge Kreislaufkollapses ein.

Diagnose und Differentialdiagnose: Die Diagnose stützt sich auf die Symptome Polyurie, Polydipsie und Hyposthenurie bei sonst negativem Harnbefund. Die Diagnosesicherung erfolgt durch den Konzentrationsversuch. Dabei erhöht sich das spezifische Gewicht nicht, und der Harnstoff bleibt im Unterschied zu vielen Fällen von chronisch-interstitieller Nephritis ebenfalls unverändert (s. Kapitel 20.).

Zur Diagnosesicherung und Differenzierung des zentralen vom nephrogenen Diabetes insipidus dient der *Carter-Robbins-Test* (SCHWARTZ-PORSCHE 1965). Vorgängig 8 Stunden Flüssigkeitsentzug. 30 Minuten vor Versuchsbeginn zur Diureseanregung 20 ml Wasser/kg KM per os. Harnsammelperioden (Dauerkatheter) von 15 Minuten. Sobald gleichbleibende Harnausscheidung, Tropfinfusion von 2,5%iger NaCl-Lösung (0,25 ml/min/kg KM) während 45 Minuten. Unmittelbar nach der Infusion 1 IU HHL-Präparat (Tonephin®, Hypostin®). Beim Gesunden bewirkt die NaCl-Infusion eine ADH-Ausschüttung und Abnahme der Diurese und Harnkonzentrierung. Bei Diabetes insipidus wird dagegen die Diurese noch verstärkt, das spezifische Gewicht des Harnes bleibt unverändert. Handelt es sich um einen zentralen D. i., treten nach der Tonephin-Injektion eine Abnahme der Diurese und Konzentrierung des Harnes ein. Besteht aber ein ADH-refraktärer, nephrogener D. i., unterbleibt die Beeinflussung der Diurese und des spezifischen Gewichtes des Harnes.

Praxisgerechter ist die *orale Kochsalzbelastung* (SCHWARTZ-PORSCHE 1973): mehrstündiges Dursten, am ersten Tag 20 ml/kg KM Wasser, am 2. Tag gleiche Menge einer 1%igen Kochsalzlösung per os. Messen der 2-Stunden-Harnmenge, des spezifischen Harngewichtes und evtl. der Harnosmolarität. Gesunde Hunde scheiden innerhalb von 2 Stunden nach Wassergabe im Mittel 71% (59–89%) und nach Kochsalzgabe nur 20% des verabfolgten Volumens aus (11–27%). Bei kranken Hunden sind bereits nach der Wassergabe z. T. wesentlich höhere Diuresewerte und nach Kochsalzgabe solche von weit über 100% zu erheben. Differentialdiagnostisch abzugrenzen sind alle anderen Polyurieursachen (s. Kapitel 20.).

Therapie: Beim zentralen D. i. sind Hypophysenhinterlappenhormon-Depotpräparate (1–3 IU täglich intramuskulär, körperwarm!) angezeigt. Selten hält die Wirkung im Gegensatz zum Menschen länger als 24 Stunden an. Als Alternative kann Desmopressin (Minirain®-Nasentropfen) in den Konjunktivalsack getropft werden (KRAUS 1987). Der renale D. i. spricht auf Chlorthiazid und Hydrochlorthiazid (2,5–5 mg/kg KM per os) unterschiedlich an. Polyurie und Polydipsie werden gemildert. Wegen der Gefahr einer Hypokaliämie soll gleichzeitig Kalium (z. B. Esidrex®-K) verabfolgt werden. Der Effekt wird durch eine kochsalzarme und eiweißarme Diät verbessert.

25.3. Schilddrüse

Bei den Schilddrüsenerkrankungen müssen wir unterscheiden zwischen den Symptomen, die durch die Wirkung des vergrößerten Organs (Struma, Thyreoiditis, Neoplasmen) oder der akzessorischen Schilddrüsen im Bereich des Ductus thyreoglossus und in der Brusthöhle (Perikard, Aortenbogen) auf die benachbarten Gewebe und Organe ausgelöst werden, und solchen, die durch Störungen der Hormonbildung und Hormonausschüttung zustande kommen. Die Schilddrüsenerkrankungen können eingeteilt werden in:

I. Struma (euthyreote, hypothyreote, hyperthyreote);
II. Neoplasmen;
III. Thyreoiditis (Strumitis);
IV. Hypothyreosen:
   1. kongenitale Hypothyreosen:
      a) endemische Hypothyreose, meist mit Kropf (endemischer Kretinoidismus, endemisches Myxödem);
      b) sporadische Hypothyreose (sporadischer Kretinoidismus);
   2. Hypothyreose während des Entwicklungsalters;
   3. Hypothyreose des ausgewachsenen Tieres (hypothyreotisches Myxödem);
   4. artefizielle Hypothyreosen (nach Thyreoidektomie, nach Radioiodüberdosierung, nach Thyreostatika);
   5. sekundäre Hypothyreose infolge primärer Hypophyseninsuffizienz;
V. Hyperthyreosen (Thyreotoxikose, Forme fruste, Morbus Basedow).

25.3.1. Struma

Unter Struma (Kropf) versteht man eine nichtentzündliche, hyperplastische Vergrößerung der Schilddrüse (Abb. 25.3.). Jede Strumabildung ist als Kompensationsversuch des Schilddrüsen-Hypophysen-Funktionskreises auf eine qualitativ oder quantitativ ungenügende Schilddrüsenhormonproduktion aufzufassen. Dies führt zur vermehrten Ausschüttung von TSH (thyreotropes Hormon). Das TSH bewirkt über die Hyperplasie des Schilddrüsenparenchyms eine gesteigerte Hormonproduktion. Je nach dem Kompensationsgrad verläuft die Struma ohne (euthyreote Struma) oder mit endokrinen Störungen (hypothyreote und hyperthyreote Struma). Strumen kamen vor allem in Berggegenden gehäuft vor (endemischer Kropf). Ein wesentlicher Faktor für die Kropfentstehung bildet der Iodmangel. Seit der Iodierung des Kochsalzes hat die Strumafrequenz auch beim Hund deutlich abgenommen. ULLRICH (1966) konnte feststellen, daß die Struma-Hunde, entsprechend der verbreiteten irrigen Anschauung, meist kochsalzfrei und iodarm (Reis und Rindfleisch enthalten sehr wenig Iod) ernährt wurden. Die Aufnahme strumigener pflanzlicher Substanzen dürfte für den Hund bedeutungslos sein. Über weitere beim Menschen bekannte kropferzeugende Ursachen, wie angeborene Defekte der Hormonbildung, Hemmung der Hormonverwertung im Organismus durch andere Hormone, Iodverluste, ist beim Hund nur wenig bekannt. Die sicht- und tastbare vergrößerte Schilddrüse ist nach unten gegen die Apertura thoracica oder durch diese in die Brusthöhle hinein verlagert. In der Regel ist nur ein Lappen verändert. Form, Oberfläche und Konsistenz sind verschieden, je nachdem, ob es sich um eine *Struma parenchymatosa* (derb, glatte Oberfläche), eine *Struma colloides* (prall, glatt, vor allem jüngere Tiere) oder eine *Struma nodosa parenchymatosa* oder *colloides* (knotig, derbe oder pralle Knoten, vor allem ältere Tiere) handelt. Druck auf Ösophagus und Trachea bewirken Schluckbeschwerden, Venenstauungen, Dyspnoe und Husten. Die endokrinen Störungen werden später beschrieben.

Die *Diagnose* gründet sich auf die Adspektion und Palpation. Für die hormonale Funktionsdiagnostik der Struma sind die Serumcholesterol- sowie die -T_3-, -T_4-Bestimmungen wertvoll.

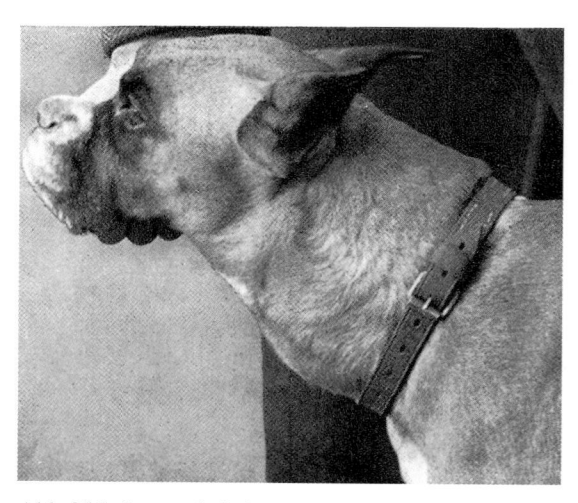

Abb. 25.3. Struma bei einem Boxer.

Differentialdiagnostisch sind Speichelgangzysten und entzündliche und lymphadenotische Vergrößerungen der Halslymphknoten sowie Teratome abzugrenzen. Ferner sind Schilddrüsenkarzinome (palpatorisch gegen die Tiefe zu nicht abgrenzbar, evtl. Lungenmetastasen: Röntgen) von Strumen zu unterscheiden.

Therapie: Hunde bis zu 2 Jahren sprechen nach ULLRICH gut auf ein Levothyroxin- oder Liothyronin-Präparat oder auch auf täglich 10–20 Tropfen einer 1%igen Kaliumiodat-Lösung an. Sind die Patienten älter als 6 Jahre, ist eine medikamentöse Therapie sinnlos, und die operative Entfernung (stumpfes Herausschälen, gute Gefäßligaturen) ist angezeigt. Die Strumektomie ist ungefährlich, sofern die Struma nur einseitig ist. Der andere, unveränderte Schilddrüsenlappen enthält noch genügend Parathyreoideagewebe, um eine parathyreoprive Tetanie (s. S. 838) zu verhüten. Nicht selten hyperplasiert einige Zeit nach der Strumektomie der verbliebene Schilddrüsenlappen erneut zum Kropf.

25.3.2. Schilddrüsenneoplasmen

Schilddrüsenneoplasmen treten vorwiegend bei älteren Hunden auf (SULLIVAN et al. 1987: 30 Fälle, 6- bis 13,5jährig). Sie sind meist epithelialer Natur (Adenome, Karzinome). Die Symptome sind ähnlich wie bei der Struma. Karzinome sind jedoch wegen des infiltrativen Wachstums besonders gegen die Halsmuskulatur zu vom umgebenden Gewebe nicht überall abgrenzbar. Sie zeigen große Tendenz zur hämatogenen Metastasierung in die Lunge (Röntgen), Leber, Milz und andere Organe. BUSH (1969) erwähnte, daß dies nicht selten zum Hyperthyreoidismus Anlaß gibt. Karzinome sind meist inoperabel, da sie große Gefäße und Nervenstämme umschließen oder durch die Operation die Metastasierung gefördert wird.

25.3.3. Entzündungen der Schilddrüse (Thyreoiditis)

Thyreoiditis kommt selten vor. Gelegentlich kann sie als Folge von Traumen oder von Tuberkulose oder aus der Umgebung fortschreitender Entzündungsprozesse entstehen. In den letzten Jahren wurde die von HASHIMOTO beschriebene lymphomatöse Thyreoiditis auch beim Hund vermutet. Autoimmunantikörper gegen Thyreoglobulin (VOLLSET und LARSEN 1987) führen zur lymphozytären Entzündung. MUSSER und GRAHAM (1968) fanden diese gehäuft bei gewissen Linien reingezüchteter Beagles und HAINES et al. (1984) bei einer Zuchtlinie Deutscher Doggen.

25.3.4. Hypothyreose

Sie ist eine der am häufigsten festgestellten endokrinen Störungen beim Hund. Meistens führt das Symptom der Alopezie zum Verdacht einer Schilddrüsenunterfunktion (FREUDIGER 1960). Die Hypothyreose kann mit, meist aber ohne Kropf verlaufen. Als *Ursache* kommen in Frage: Athyreose (selten), erworbene Schilddrüsenveränderungen, die zu Atrophie führen. Verdrängung durch Neoplasmen, Tbk, Thyreoidektomie, Überdosierung von Radioiod oder Thyreostatika, ungenügende Hormonbildung infolge mangelhafter Iodzufuhr. Über genetisch bedingte Enzymdefekte in der Schilddrüse, die zu einer Iodfehlverwertung führen, ist beim Hund bisher wenig bekannt. Da die Schilddrüsenhormone auf dem Weg über Stoffwechselwirkungen nahezu alle Organe und Organsysteme inklusive der Differenzierung des Skelettes und des Nervensystems steuern, sind die Symptome der Unterfunktion je nach dem Alter, in dem sie in Erscheinung treten, unterschiedlich.

Kongenitale und jugendliche Hypothyreosen. Die *Symptome* sind bereits bei der Geburt erkenntlich oder entwickeln sich in den ersten Lebenswochen. Einige Feten werden tot geboren, andere sind lebensschwach. Die Neugeborenen weisen bereits Kröpfe auf, die Haut ist ödematös verdickt, im extremen Fall wulstig und in Falten gelegt, das Haarkleid schütter. Verenden die Tiere nicht, oder tritt die Hypothyreose erst im Wachstumsalter auf, weisen sie eine verlangsamte körperliche und psychische Entwicklung auf. Die Körperproportionen werden gestört. Auffallend sind die Skelettwachstumsstörungen mit verkürztem Gesichts- und Hirnschädel, halbkugelförmiger Schädelkalotte und kurzer Wirbelsäule, v.a. im Halsbereich. Störungen der enchondralen Ossifikation bewirken Verkürzung der Extremitätenknochen. Der ataktische, langsame Gang und die gestörten Körperproportionen erzeugen ein kretinoides Aussehen.

Hypothyreose des ausgewachsenen Tieres. Auffällige Skelettveränderungen sind nicht erkennbar. Die erkrankten Tiere sind meistens verfettet, wobei die Fettsucht zum Teil durch Wasser-

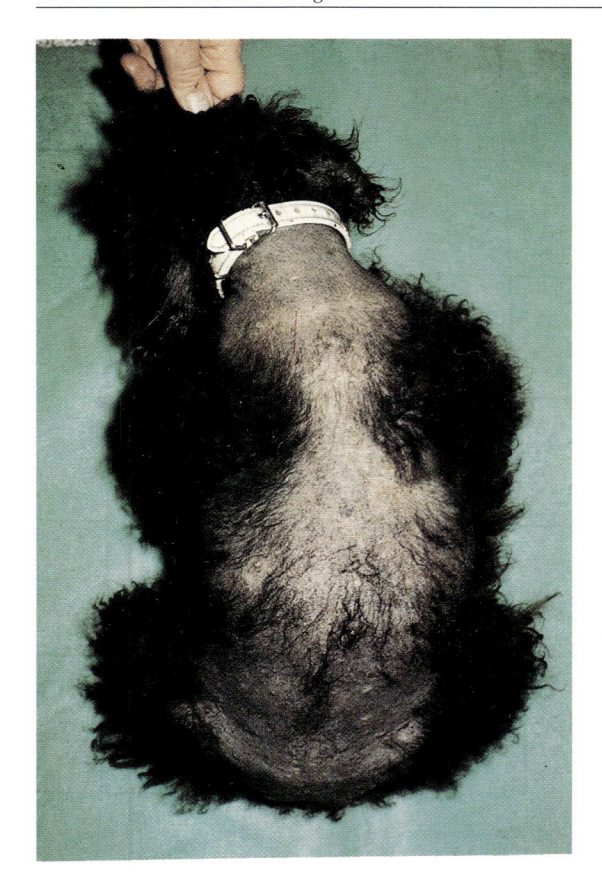

Abb. 25.5. Hyperkeratose bei Hypothyreose.

Abb. 25.4. Alopezie bei Hypothyreose.

retention noch verstärkt werden kann. Das psychische Verhalten ist mehr oder weniger auffällig verändert. Diese Tiere sind träg, abgestumpft, emotionsarm und zeigen ein vermehrtes Schlafbedürfnis. Die Freßlust ist häufig gesteigert und manchmal auch das Durstgefühl. Die ödematöse Durchtränkung der Subkutis ist wenig deutlich und nicht oder nur schwer von der Fetteinlagerung abzugrenzen. Bei der Palpation erscheint die Haut, im Gegensatz zu reiner Verfettung, schwammig, es lassen sich keine Dellen eindrücken. Das Subkutisödem war in unseren Fällen am deutlichsten in den Halspartien über der Apertura thoracica zu erheben. Ein auffälliges Symptom bildet die Alopezie. Alopezie soll nach CLARK und MEIER (1958) in etwa 10 % der Hypothyreosefälle auftreten. Typisch ist die bilateral-symmetrische Lokalisation (Abb. 25.4.), beginnend an Nasenrücken, Perineum und Schwanzbasis und sich ausbreitend und konfluierend auf Dorsal- und Lateralflächen der Oberschenkel, Schenkelfalten, Leistengegend, Bauch, Unterbrust und Seitenbrust, Lende und Kruppe. Die Haut wird zunehmend dunkler, anämisch, trocken, schuppend und stark gefeldert. In einigen Fällen waren feine, dicht gelagerte schwärzliche, aus den Follikelmündungen ragende Stacheln erkennbar (Abb. 25.5.). Sekundäre Pyodermie ist eine häufige Folge von Hypothyreose (KAELIN et al. 1986, PANCIERA 1990).

Von der Acanthosis nigricans unterscheidet sich die hypothyreote Alopezie durch das Fehlen der Akanthose. Auch im Verlauf verschiedener Ekzeme und der Thalliumvergiftung wurde herabgesetzte Schilddrüsenfunktion beschrieben (TIECKEN 1956). Die Schilddrüsenvergrößerung ist nur selten palpatorisch feststellbar. An Symptomen der inneren Organe seien noch erwähnt: Tendenz zu Obstipation, Bradykardie, Niederspannungs-EKG mit Abflachung der T-Wellen (Abb. 25.6.) sowie Libidoverlust bei Rüden, Verzögerung oder Fehlen der Brunst und Normalisierung des Zyklus nach Substitutionstherapie, die Blutsenkungsgeschwindigkeit war in unseren Fällen geringgradig beschleunigt, die Erythrozytenzahl oft vermindert, die Leukozytenzahl normal bis leicht erhöht mit mäßiger Lymphopenie und Neutrophilie.

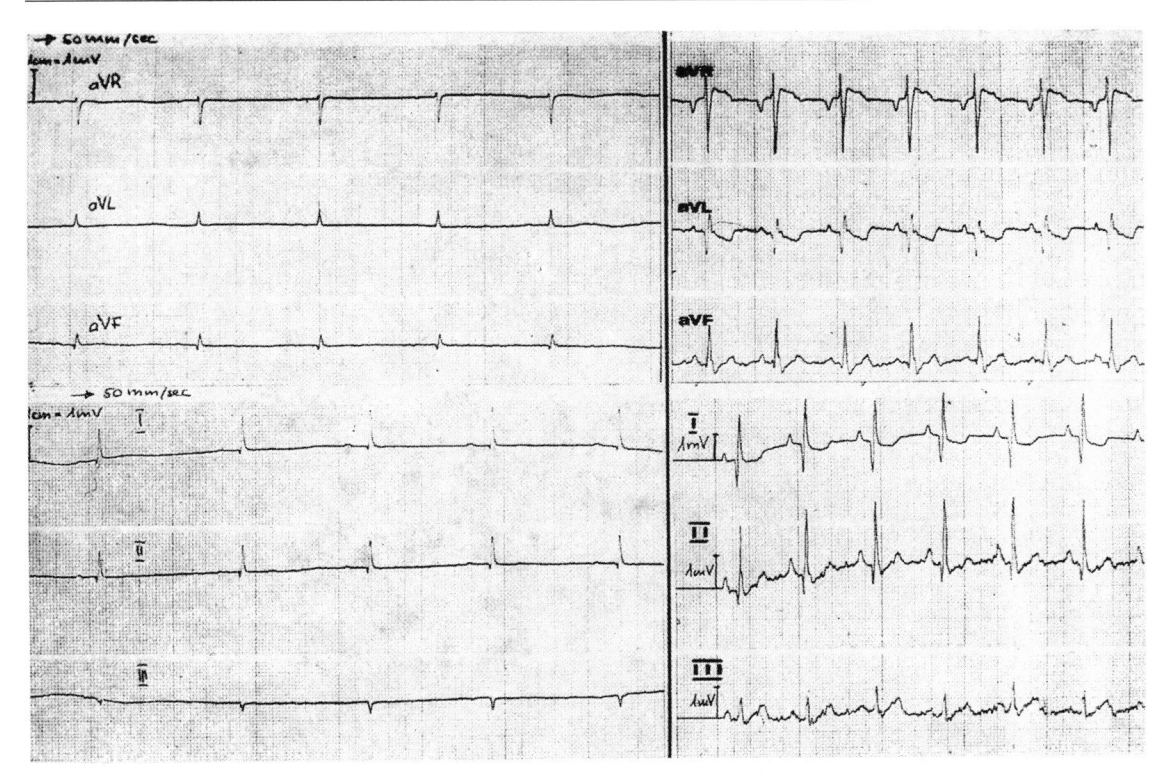

Abb. 25.6. Niederspannungs-EKG vor der Substituierung (links). Normales EKG unter der Substituierung mit Thyranon® (rechts); Deutscher Boxer, weiblich, ca. 10 Monate.

25.3.5. Hyperthyreose

Eine Überfunktion der Schilddrüse kommt beim Hund seltener vor als eine Unterfunktion. Die Verwendung humanmedizinischer Begriffe, wie Basedowsche Krankheit, die Exophthalmus, diffuse Struma und Tachykardie voraussetzen, hat lange Zeit Verwirrung geschaffen und das Vorkommen von Hyperthyreosen beim Hund als fraglich oder ungesichert erscheinen lassen. Der erste klinisch genügend gesicherte Fall stammt von VÖLKER (1927). In den 60er Jahren konnte durch Verwendung der modernen Laboratoriumsmethoden das Vorkommen der Hyperthyreose auch beim Hund gesichert werden (RIJNBERK, 1966, 1969). In der Regel liegen ihr eine diffuse parenchymatöse Struma, seltener auch hormonal aktive Schilddrüsenkarzinome (JOSHUA 1953) zugrunde. Am psychischen Verhalten fallen Übererregbarkeit und Schreckhaftigkeit auf. Die Sehnenreflexe können gesteigert sein. Einzelne Autoren sahen auch Muskelzittern. Herz-, Puls- und Atemfrequenz sind erhöht, und besonders nach Aufregung oder Anstrengung ist Herzpalpitation sichtbar. Herzhypertrophie und -dilatation können sich entwickeln. Exophthalmus fehlt, jedoch können die Augen etwas hervorstehen. Blut und Harn weisen keine anormalen Befunde auf.

25.3.6. Diagnose und Therapie

Diagnose: Die klinische Verdachtsdiagnose sollte durch einige Laboruntersuchungen abgesichert werden. Für die Praxis wertvoll, obschon es sich um eine wenig spezifische Methode handelt, ist die einfach auszuführende Cholesterolbestimmung, die ein guter Parameter für die Dosierung und das Ansprechen auf die Substitutionstherapie ist. Andere Hypercholesterolämie-Ursachen (Nephrose, M. Cushing, Diabetes mellitus, Pyometra, akute Pankreatitis, postprandiale, primäre Hyperlipidämie) sind auszuschließen. Für den Verdacht einer Hyperthyreose besitzt das Cholesterol keine Aussagekraft. Für die Diagnose der Hypo- und Hyperthyreose eignet sich besonders die Bestimmung der Serum- oder Plasma-T_4-Konzentration (RIA-Methode, Speziallabors;

Normalwerte: 1,3–4,0 µg/100 ml). Erniedrigte T_4-Konzentrationen finden sich bei Hypothyreose, aber auch bei normaler Schilddrüse beim M. Cushing und manchmal nach Verabreichung verschiedener Medikamente (Corticosteroide, Diphenylhydantoin, Phenobarbital, Phenylbutazon; FERGUSON 1988). Zum Ausschluß der letzteren Ursachen und zur Differenzierung der primären von der seltenen sekundären Hypothyreose dient der TSH-Test: 10 IU TSH i. v., Serum-T_4-Bestimmung kurz vor und 4 Stunden nach der TSH-Injektion: sekundäre Hypothyreose und medikamentös bedingte tiefe T_4-Werte: variable Antwort auf TSH je nach der Dauer der Krankheit und dem Grad der Atrophie (FELDMAN und NELSON 1987); normale Hunde: deutlicher Anstieg; primäre Hypothyreose: kein Anstieg. Weniger sicher in der Aussage ist anstelle des teuren TSH die Injektion des kostengünstigeren synthetischen TRH (Thyrotropin-releasing Hormone; BELSHAW und RIJNBERK 1980).

Therapie der Hypothyreose: Die Hypothyreose bedeutet meist eine definitive Insuffizienz der körpereigenen Hormonproduktion und erfordert lebenslängliche Therapie. Zur Substitution stehen Präparate auf der Basis von Thyreoidea siccata (mindestens 0,18 % organisches Iod enthaltend) oder von Levothyroxin oder Liothyronin bzw. Kombination der beiden letzteren zur Verfügung. Nach KLEIN (1969) entsprechen in bezug auf Substitution 100 mg Thyreoidea siccata = 0,15 mg Levothyroxin = 0,06 mg Liothyronin = 0,10 mg oder kombiniert Levothyroxin + 0,02 mg Liothyronin. Generelle Dosierungsschemata lassen sich nicht festlegen. Die Dosis ist individuell nach Wirkung für den einzelnen Patienten festzulegen.

Wichtig für die Wirkungskontrolle sind die Normalisierung des psychischen Verhaltens, die Abnahme des Körpergewichtes, des Cholesterolspiegels sowie die Pulsfrequenz und das Wiedereinsetzen des Haarwachstums. Eine Besserung wird in der Regel nicht vor 7 Tagen und das Nachsprießen von neuen Haaren nicht vor 6–8 Wochen erkennbar. Überdosierung führt zu Symptomen der Hyperthyreose (Unruhe und Schreckhaftigkeit, Tachykardie, Durchfälle, evtl. erhöhte Körpertemperatur). Diese Störungen verschwinden nach Dosisverminderung. Die festgelegte Dosis soll in mehrwöchigen Abständen kontrolliert und gegebenenfalls revidiert werden. Als tägliche Leitdosen gelten je nach Größe der Tiere und Schwere der Symptome: Thyreoidea siccata 20 mg/kg KM, L-Thyroxin 20 µg/kg KM. Für die Dosierung maßgebend ist nicht das aktuelle, sondern das Normalgewicht.

Therapie der Hyperthyreose: Für die Behandlung der Hyperthyreose stehen zur Verfügung: Strumektomie, Radioiodbehandlung oder antithyreoidale Medikamente (Thiamazol, Methyl-Propylthiouracil, Kaliumperchlorat). Letztere müssen, um eine Vergrößerung des Kropfes zu verhindern, mit kleinen Dosen von Thyreoidea siccata oder L-Thyroxin kombiniert werden. Behandlungserfahrungen beim Hund liegen nur wenige vor. RIJNBERK (1966) behandelte 2 Fälle erfolgreich mit 10 µc ^{131}I i. v., THORPE (1953) verabreichte Iod und Methylthiouracil.

25.4. Parathyreoidea

Das Parathormon der Epithelkörperchen reguliert den Calcium- und Phosphatgehalt der Gewebe sowie des Blutes. Es fördert die Phosphatausscheidung in den Nieren und begünstigt die Calciummobilisierung aus den Knochen. Die Inkretion wird durch den Blutcalciumspiegel gesteuert. Biologisch aktiv ist nur das ionisierte Calcium. Azidose begünstigt, Alkalose hemmt die Ionisation. Das in den parafollikulären C-Zellen der Schilddrüse gebildete Thyreocalcitonin wirkt antagonistisch zum Parathormon, indem es den Calciumeinbau in den Knochen fördert und so den Blutcalciumspiegel senkt. Der Organismus ist bestrebt, den Blutcalciumspiegel um 2,5 mmol/l (= 5 mval/l) konstant zu halten. Sowohl Hyper- als auch Hypofunktionen können zu Störungen führen.

25.4.1. Hypoparathyreoidismus

Als *Ursache* kommen in Frage: totale Thyreoidektomie oder Nebenschilddrüseninsuffizienz. Die Folge des Ausfalles (parathyreoprive Tetanie) oder einer Unterfunktion ist eine Erniedrigung des Blutcalciumspiegels (normal: 4,05–6,09 mval/l bzw. 2,05–3,045 mmol/l). Eine Verminderung des Blutcalciums führt zu erhöhter neuromuskulärer Erregbarkeit, die sich in anfallsweisen tonischen Krämpfen bei erhaltenem Bewußtsein (Tetanie) äußert. In diesen Formenkreis ist die Gebärtetanie (fälschlich auch Eklampsie genannt; s. Kapitel

21. und 23.) zu weisen. Über Tetanien, die unabhängig von der Geburts-Nachgeburts-Periode auftreten, ist wenig bekannt. PRIEUR (1966) hat einige Tetaniefälle mit erniedrigtem Blutcalcium, z.T. in Zusammenhang mit der Läufigkeit stehend, beschrieben. Meist trat der Anfall nur einmal, selten mit 2–3 Wiederholungen im Abstand von einigen Wochen auf. Einige Stunden vorher kündigte sich ein Anfall durch Nervosität und Unruhe an. Im Gegensatz zu den epileptiformen Anfällen zentraler Ursache (s. Kapitel 23.) sind die Krämpfe tonisch (tetanisch) und nicht tonisch-klonisch. Das Blutcalcium sollte während des Anfalls bestimmt werden. Nach dem Anfall kann es wieder normalisiert sein. Der Blutphosphorspiegel war nur selten erhöht, meist normal oder ebenfalls erniedrigt. MEYER und TERRELL (1976), REUSCH und MÜNSTER (1988), BRUYETTE und FELDMAN (1988) u.a. beschrieben Fälle von gesicherten **idiopathischen Hypoparathyreoidismus**-Erkrankungen mit Hypokalzämie und meist leichter Hyperphosphatämie und permanentem oder transientem Mangel an Parathormon. Die histologische Untersuchung der Nebenschilddrüsen ergab eine autoimmun bedingte lymphozytäre Parathyreoiditis mit Schwund des Drüsenparenchyms und Sklerosierung.

Neben Parathyreoidea-Unterfunktion sind als weitere Tetanieursachen abzugrenzen: Hypokalzämien infolge ungenügender Calciumzufuhr mit der Nahrung oder gestörter enteraler Resorption, vermehrte Calciumverluste durch Darm und Niere.

Die **Therapie** besteht in der intravenösen Injektion von Calciumgluconat (Gebärtetanie), Dihydrotachysterol (AT 10) 0,015–0,02 mg/kg KM und, falls eine rasche Normalisierung der Hypokalzämie nötig ist, zusammen mit Calciumcarbonat. Bei Langzeittherapie ist bei dieser Kombination zur Vermeidung einer Hyperkalzämie (s. Kapitel 20.) die regelmäßige Kontrolle der Calciumspiegel Voraussetzung.

25.4.2. Hyperparathyreoidismus

In seiner sekundären und tertiären Form und in Zusammenhang stehend mit einer chronischen Nephritis (Osteodystrophia fibrosa generalisata, Ostitis fibrosa, osteorenales Syndrom; s. Kapitel 24.) tritt er beim Hund häufig auf. Der *primäre Hyperparathyreoidismus* dagegen ist selten. Allen dreien ist nach RENK und DÄMMRICH (1969) gemeinsam, daß sie zu Entkalkung und Abbau des Knochengewebes, zu Ersatzwucherungen von Fasergewebe (Osteodystrophia fibrosa) sowie zu Kalkniederschlägen in anderen Organen (Nephrocalcinosis, Urolithiasis, Pleura costalis, Trachea, Lunge, Herz, Gefäße, Muskulatur, Kalkgichtknoten in Haut und Ballen; KRETZSCHMAR 1956) führen. In fortgeschrittenen Fällen sind die Veränderungen im Röntgenbild und palpatorisch besonders an den Kieferknochen feststellbar. Der Alveolarrand wird oft verdickt, die Zähne lockern sich, und der Unterkiefer läßt sich gummiartig zusammendrücken (Gummikiefer).

Dem **primären Hyperparathyreoidismus** liegen meist hormonal aktive Adenome der Epithelkörperchen zugrunde (BERGER und FELDMAN 1987, WEILER et al. 1989). Die vermehrte Ausschüttung von Parathormon mobilisiert das Knochencalcium und fördert die Phosphatausscheidung der Nieren. Wir finden blutchemisch eine Hyperkalzämie und Hypophosphatämie. Nach STAVROU (1968) kann die anhaltende Calciumüberflutung der Nieren zur Überbeanspruchung und damit zu tubulären und glomerulären Schädigungen führen. Der primäre wird dann vom sekundären Hyperparathyreoidismus gefolgt.

Die *Therapie* des primären Hyperparathyreoidismus wäre die operative Entfernung des Adenoms. PEARSON et al. (1965) erzielten damit eine Heilung.

Pseudohyperparathyreoidismus: Ähnliche Veränderungen (Hyperkalzämie, Hypophosphatämie, Osteoporose) wie beim primären Hyperparathyreoidismus können durch primäre oder metastatische, zur Osteolyse führende Neoplasmen oder durch gewisse extraossäre maligne Tumoren (Lymphosarkom, Mammaadenokarzinome, maligne Perianaltumoren) bewirkt werden (OSBORNE und STEVENS 1973, HAUSE et al. 1981, WELLER et al. 1985). Die extraossären Tumoren sezernieren eine Substanz mit parathormon-ähnlicher Wirkung. Die Sekretion ist unabhängig von der Blutcalciumkonzentration.

Dem *sekundären Hyperparathyreoidismus* liegt eine chronische Nephritis (s. Abschnitt 20.2.2.3.) oder ein alimentäres Calciumunter- und Phosphorüberangebot (ausschließliche Verfütterung von Fleisch, Herz) zugrunde. Die Unfähigkeit der tubulären Calciumrückresorption bewirkt eine Hypokalzämie, die zur Stimulierung der Parathyreoidea (hyperplastische Epithelkörperchen) führt. Die Niereninsuffizienz geht außerdem mit der Retention saurer Valenzen (u. a. Phosphat) einher. Blutchemisch bestehen eine Hypokalzämie und Hyperphosphatämie, Hyperkalzurie und Hypophosphaturie. Schließlich kann die ursprünglich reaktive Funktionssteigerung der Epithelkörperchen zur selbständigen Krankheit werden. Der sekundäre geht in den *tertiären Hyperparathyreoidismus* über. Wir finden dann Hyperkalzämie und Hyperphosphatämie. Die Symptome des *alimentären Hyperparathyreoidismus* beim wachsenden Tier äußern sich in Knochenwachstumsstörungen, Inaktivität, Bewegungsarmut, Lahmheiten, Lähmungen infolge Spontanfrakturen (s. Kapitel 5. und 24.).

Therapeutisch sind der sekundäre und tertiäre Hyperparathyreoidismus nicht wesentlich beeinflußbar (s. Kapitel 20.).

Für die *Diagnose* von Bedeutung sind die Fütterungsanamnese bzw. die Nephritissymptome, die Knochenkonsistenz (Kieferknochen), Skelett-Röntgen, Calcium- und Phosphorbestimmung sowie die Sulkowitsch-Probe des Harnes.

25.5. Nebennierenrinde (NNR)

Die Inkretion der NNR wird durch den Hypothalamus und die Hypophyse gesteuert. Die Reaktionen dieses Funktionskreises nehmen im Ablauf der normalen und pathologischen Reaktionen des Organismus eine zentrale Stellung ein. Insbesondere hängt von seinem normalen Funktionieren wesentlich die Homöostase des Organismus ab. Die Bedeutung dieses Funktionskreises für den Organismus wurde von HANS SELYE herausgearbeitet und führte zur Erkenntnis des *allgemeinen Adaptationssyndroms* und der Adaptationskrankheiten. Diese Gedankengänge brachten neue Aspekte in die allgemeine und spezielle Krankheitslehre und erlaubten vielfach eine neue Deutung altbekannter klinischer Feststellungen. Entgleisungen der Nebennierenrinde können zu einer Überfunktion (Hyperadrenokortizismus, Cushing-Syndrom; s. S. 831) oder zu einer Unterfunktion (Nebennierenrindeninsuffizienz) führen.

Die Nebennierenrindeninsuffizienzen sind Krankheiten, die klinisch selten erkannt werden und wegen der im Vergleich zu der Populationsgröße der Menschen kleinen Hundepopulation auch selten vorkommen. Die Krankheitsanfälligkeit ist aber für Mensch und Hund ungefähr dieselbe: Die *Morbidität* für den Menschen beträgt 0,012%, für den Hund 0,019% (FREUDIGER 1962).

Die **chronische Nebennierenrindeninsuffizienz** ist meist eine primäre. Sekundäre Insuffizienz, die auf Ausfall der ACTH-Sekretion infolge destruktiver Prozesse im Hypothalamus-Hypophysen-Bereich durch Neoplasmen, Entzündungen oder Traumen oder auf adrenotoxischen Medikamenten zur Cushingtherapie beruht, ist beim Hund selten. Die klinische Symptomatologie ist die gleiche wie bei der primären, jedoch unterscheidet sich die sekundäre von der primären durch das histologische Bild einer atrophischen, im Ruhezustand sich befindenden Drüse ohne Anzeichen irgendeiner Reaktion. FREUDIGER und LINDT (1958) beschrieben einen Fall iatrogener NNR-Insuffizienz nach langdauernder Cortisonanwendung. Die Hypophyse konnte allerdings wegen der Schußtötung nicht untersucht werden. CAPEN et al. (1975) meldeten einen Fall von sekundärer NNR-Insuffizienz, der durch ein Hypophysenadenom verursacht war.

Die *Ursachen* der chronischen NNR-Insuffizienz bleiben meist unbekannt. Selten liegt ihr eine NNR-Tuberkulose zugrunde. In neuerer Zeit werden beim Menschen und beim Hund (ROGERS et al. 1981, SCHAER et al. 1986), Autoimmunreaktionen verantwortlich gemacht.

Symptome. Symptomatologie und Verlauf der chronischen NNR-Insuffizienz sind einprägsam.

Ein zweijähriger männlicher Chow-Chow zeigte nach einem forcierten Lauf hinter einem Motorrad schlagartiges Einsetzen der Symptome. Im Beginn häufiges Erbrechen (anfänglich von Futter, später von gallig-schleimigen, manchmal Blutbeimengungen enthaltenden Massen), erhöhte Lebhaftigkeit und rasche Ermüdbarkeit, verminderte Lebhaftigkeit und Appetitabnahme. Im Krankheitsverlauf zunehmende Abmagerung und Auftreten häufiger (meist um 1 Uhr nachts) Anfälle, die in Würg- und Schluckbewegungen sowie kolikartigen Erscheinungen und Aggressivität bestanden. Während der Anfälle Mydriasis und Absonderung eines glasigen Speichels, der schaumig aufgeblasen wurde, so daß die Besitzerin glaubte, der Magen werde vorgestülpt. Wasseraufnahme nie vermehrt. Im Urin Spuren von Eiweiß; Blutharnstoff normal. Im weiteren Krankheitsverlauf Zunahme der Adynamie, Asthenie und des Körpergewichtsverlustes. Die Dehydratation blieb, trotz unstillbarer Durchfälle, mäßig. Die symptomatische Behandlung brachte in den ersten 2 Monaten keine wesentliche Besserung. Einzig mit Streptomycin konnten die zeitweiligen leichten Fieberschübe unterdrückt werden, und die nächtlichen Anfälle wurden mit häufigen kleinen Futtergaben deutlich gemildert. Auf Grund der Adynamie, der Asthenie, der unbeeinflußbaren gastrointestinalen Störungen und der Bluteosinophilie dachten wir an eine chronische Nebennierenrindeninsuffizienz. Der mangelnde Eosinophilensturz auf ACTH (39%) sowie das Ansprechen auf die spezifische Substitutionstherapie sicherten die Diagnose. Der Therapieerfolg mit Cortison war spektakulär. Schlagartige Besserung mit Einsetzen der Behandlung. Am nächsten Tag war der Hund sehr lebhaft, zeigte normalen Appetit. Die nächtlichen Anfälle verschwanden gänzlich. Nach Senkung der Cortisondosis von 75 mg auf 25 mg traten bei sonst noch gutem Befinden die Anfälle nachts wieder auf. Nachdem die Dosis auf 50 mg erhöht wurde, Symptomfreiheit; 3 kg Gewichtszunahme innerhalb von 2 Wochen. Etwa ein Monat nach Therapiebeginn wurde das Tier auf eine Erhaltungsdosis von 12,5 mg eingestellt. Diese Erhaltungsdosis bekam der Hund etwa sechs Monate. Krankheitserscheinungen fehlten während dieser Zeit. Die Tötung wurde wegen des bissigen und aggressiven Verhaltens notwendig.

Zu den konstantesten Symptomen zählen Störungen des Allgemeinbefindens, Abmagerung und Symptome von seiten des Magen-Darm-Kanals sowie erhöhte und rasch eintretende Ermüdbarkeit und verminderte körperliche und psychische Aktivität, also die für die Nebennierenrindeninsuffizienz typischen Erscheinungen der Adynamie und Asthenie. Ihnen zugrunde liegen die durch den Ausfall der Mineralo- und Glucocorticoide bedingten Verschiebungen in der Elektrolytkonzentration und im Kohlenhydrat- und damit im Muskelstoffwechsel. Im Gegensatz zu dem eingangs geschilderten Fall setzen die Krankheitserscheinungen meist nicht plötzlich, sondern schleichend und sich allmählich verstärkend ein. Die erhöhte Natriurie infolge Versagens des renalen Natriumkonservierungsmechanismus hat eine Dehydratation des extrazellulären Raumes zur Folge. Infolge der reduzierten extrazellulären Osmolarität treten zusätzliche Wasser- und Elektrolytverschiebungen zwischen dem intra- und extrazellulären Raum ein. Nachweisbare Elektrolytverschiebungen (Hyponatriämie, Hypochlorämie, Hyperkaliämie) können jedoch infolge der Konzentrierung durch die Plasmavolumenverarmung selbst über längere Zeit noch fehlen oder gering bleiben.

Plasmavolumenverminderung und Elektrolytverschiebungen erklären ebenfalls die konstant vorhandenen Störungen am Zirkulationsapparat: röntgenologisch nachweisbares kleines, tropfenförmiges Herz, Verkleinerung des Schlag- und Minutenvolumens mit Tachykardie und kleinem, weichem Puls und Hypotonie, die sowohl durch die Elektrolyt- und Wasserverschiebung als auch durch den Ausfall des tonisierenden Effektes des Noradrenalins infolge des Glucocorticoidmangels zustande kommen, EKG-Veränderungen infolge der Hyperkaliämie. Der Blutdruckabfall führt zu einer Einschränkung der glomerulären Filtration und damit zu einer meist nur leichtgradigen Azotämie (OPITZ und KATZUR 1969). Durchfälle und Erbrechen, ebenfalls häufig beobachtete Symptome, wirken sich als Circulus vitiosus aus und können zur akuten Addisonkrise führen. Inappetenz, Anorexie, Durchfälle und Erbrechen, Dehydratation und die Auswirkungen des Glucocorticoidausfalls auf den Fett-, Eiweiß- und Kohlenhydratstoffwechsel führen zur progressiven Abmagerung. Im Gegensatz zum M. Addison des Menschen liegen die Blutzuckerwerte beim Hund gewöhnlich innerhalb der normalen Grenzen. Jedoch scheinen die nächtlichen Anfälle bei dem eingangs geschilderten Krankheitsverlauf durch hypoglykämische Krisen verursacht gewesen zu sein. Ferner seien noch die Tendenz zu Hypothermie und die zeitweiligen Fieberschübe erwähnt. Die Resistenzminderung des insuffizienten Organismus ist wohl bekannt. Das klinische Bild beim Hund entspricht recht gut demjenigen beim Menschen, hauptsächlichste Ausnahme ist das Fehlen der Pigmentveränderungen der Haut. Diffuser Haarausfall ist ein seltenes Symptom.

Die *Diagnose* der Nebennierenrindeninsuffizienz bereitet keine unüberwindlichen Schwierigkeiten. Die Hauptschwierigkeit ist wohl, daß man wegen der Seltenheit der Krankheit nicht daran denkt. Nach unseren Befunden und den Mitteilungen aus dem Schrifttum ist bei folgendem Symptomenkomplex an eine chronische Insuffizienz zu denken: rasche und erhöhte Ermüdbarkeit, verminderte körperliche und psychische Aktivität, Anorexie, unbeeinflußbare gastrointestinale Störungen, Abmagerung und Dehydratation, Neigung zu Hypothermie und Hypotonie zusammen mit Bluteosinophilie. Letztere kann auch fehlen. Eosinopenie spricht dagegen. Wertvoll für die Diagnose sind die Blutelektrolyte: Hyponatriämie, Hypochlorämie und Hyperkaliämie sind typisch, können aber wegen der Bluteindickung manchmal über längere Zeit schwer erkennbar sein. Eine gleichzeitige Hämatokritbestimmung ist dann zur Interpretation der Elektrolytwerte notwendig. Das Natrium-Kalium-Verhältnis (Normalwert: ca. 30) ist auf ≤ 25 erniedrigt (SCHAER 1980). Das Serumcholesterol ist häufig vermindert. Zur Diagnosesicherung sind zahlreiche Belastungsteste (Powerscher Wasserversuch,

Cutler-Power-Wilderscher Kochsalzentzug, Kaliumbelastungstest) und Bestimmungsmethoden der Corticosteroide und ihrer Metabolite im Plasma und 24-Stunden-Harn (RIJNBERK 1968) entwickelt worden. Sie sind sehr zeitaufwendig und nicht ungefährlich (Belastungsteste). Wir begnügen uns häufig mit gutem Resultat mit dem *Thorn-Test.*

a) 10–25 IE ACTH i.m. Direkte Eosinophilenzählung in der Zählkammer vor und 7 Stunden nach der Injektion. Normal: Eosinophilenabnahme mehr als 70 % des Ausgangswertes.

b) Modifikation des Testes nach FREUDIGER (1985): 10–25 IE ACTH in 100 ml physiologischer Kochsalzlösung, stündlich 10 ml i.v. Eosinophilenzählung und Bewertung wie bei a).

Wertvolle zusätzliche diagnostische Teste sind die Bestimmung des Serum-Cortisols (zirkadianer Rhythmus!), evtl. des Serum-ACTH-Spiegels (erhöht bei primärem, erniedrigt bei sekundärem Hypoadrenokortizismus) sowie der ACTH-Stimulations- und Dexamethason-Hemmtest (Technik s. S. 832).

Therapie: Lebenslängliche Substitution mit Corticosteroiden ist notwendig. Cortison ist seinen Abkömmlingen vorzuziehen, da es neben der glukokortikoiden Wirkung auch eine mineralokortikoide entfaltet. Die Dosis ist bis zur erfolgten Substitution hoch zu wählen, später bis zur individuellen Erhaltungsdosis zu senken. Die Tagesdosis soll auf 2–3 Einzelgaben verteilt werden. Als Initialdosis sind 3–5 mg/kg KM nötig. Eventuell ist gleichzeitig ein Mineralocorticoidpräparat zu geben (parenteral, Desoxycorticosteronacetat = DOCA, 1–2 mg/kg KM/Tag). Bei einer akuten Addisonkrise sind die Glucocorticoide zusammen mit den Mineralocorticoiden intravenös zu verabfolgen. Ferner erfordern diese Fälle eine Tropfinfusion von physiologischer Kochsalzlösung mit 5–10 % Dextrose.

Akute Nebennierenrindeninsuffizienz: Zum akuten Versagen der NNR kommt es, wenn die bis dahin voll oder für normale Leistungen genügend funktionstüchtige NNR durch verschiedene Ursachen plötzlich weitgehend zerstört wird. Die Auswirkungen der akuten Insuffizienz sind gekennzeichnet durch den Niederbruch der gesamten energieentfaltenden sympathischen Steuerungsmechanismen. Hypotonie, Tachykardie, Herabsetzung der zirkulierenden Blutmenge, Hypoglykämie, Adynamie und Hypothermie sind die auffälligsten Symptome. Veränderungen in der Elektrolytzusammensetzung brauchen wegen des perakuten Verlaufs noch nicht ausgebildet zu sein. Der Tod tritt unter Kreislaufkollaps und Koma ein.

Zwei Hauptformen sind zu unterscheiden:

1. Infektiöse und toxische Noxen können zur hämorrhagischen Infarzierung, Nekrobiose und Nekrose und bei genügender Ausdehnung zur akuten Insuffizienz der vorher normal funktionierenden Nebennieren führen. Die akute toxische Insuffizienz haben wir bei Ileus-Patienten gesehen. Die Narkose- und Operationsstreß-Situationen führten zum Zusammenbruch der durch die Toxämie geschädigten Nebennierenrinden. Prophylaktisch verabreichen wir deshalb Patienten, die erst in schlechtem Allgemeinzustand zur Operation kommen, vor und nach der Operation bis zur Besserung des Allgemeinzustandes und Normalisierung der Hypothermie Elektrolytlösungen, 1,25–5 mg DOCA und 12,5–25 mg Hydrocortison.

2. Zusätzliche Belastungen können bei vorbestehender chronischer oder latenter Insuffizienz zum akuten Niederbruch, zur sog. Addisonkrise, Anlaß geben. Unter den möglichen Belastungen sind vor allem interkurrente Infektionen, gastrointestinale Störungen und Operationstraumen zu nennen.

FREUDIGER und LINDT (1958) beschrieben den Krankheitsverlauf einer 5jährigen Chow-Chow-Hündin, die während der einjährigen Beobachtungszeit den verschiedensten akuten und chronischen Streß-Situationen ausgesetzt war: Ekzeme, normale Geburt, hämorrhagische rezidivierende Zystitis, Endometritisoperation mit normalem Heilverlauf, Entropiumoperation. Seit der Entropiumoperation Symptome einer vorerst leichtgradigen Nebennierenrindeninsuffizienz mit stark verzögerter Rekonvaleszenz, Inappetenz, Abmagerung, Mattigkeit und Müdigkeit sowie schubweises Aufflackern der Zystitis. Zwei Monate post operationem akute Diplokokken- und Streptokokken-Sepsis, die zur akuten Krise und innerhalb eines Tages zum Exitus führte. Die langdauernden und gehäuften Streßzustände führten bei diesem Tier zur maximalen Beanspruchung und schließlich zur Überbeanspruchung. Die Folge war eine Atrophie der Nebennieren, die sich klinisch in den erwähnten Insuffizienzsymptomen äußerte. Die Insuffizienz verminderte die Infektionsresistenz, so daß es von der Zystitis aus zur akuten Sepsis und damit zum totalen Versagen der Nebennierenrindenfunktionen kam.

ROTHENBACHER und SHIGLEY (1966) erwähnten einen ähnlichen Fall, bei dem die akute Krise durch den Versuch der Lösung einer Koprostase verursacht wurde und zu hämorrhagischer Infarzierung beider Nebennierenrinden (Waterhouse-Friderichsen-Syndrom) führte.

Therapie der Addisonkrise s. oben.

25.6. Nebennierenmark (NNM)

Unterfunktionen sind beim Hund nicht bekannt. Die Zerstörung des NNM bleibt mit dem Leben vereinbar, da das Adrenalin und das Noradrenalin nur zum Teil vom NNM produziert werden, kann aber zu einer vorübergehenden Hypotonie führen. **Überfunktionen** sind beim Hund äußerst selten und beruhen auf Noradrenalin und Adrenalin produzierenden Marktumoren (Phäochromozytome, Phäochromoblastome). Diese hormonal aktiven Neoplasmen führen beim Menschen zu einer dauernden Hochdruckerkrankung oder zur paroxysmalen Hypertonie. Beim Hund ist bisher nur die paroxysmale Form bekannt (MÜLLER et al. 1955, DAHME und SCHLEMMER 1959). Die Anfälle werden durch körperliche und psychische Belastung ausgelöst und bestehen aus Husten oder länger dauernder Dyspnoe und Angstzuständen. Die Krise kann zum Exitus infolge Herzversagens und Lungenödems führen. DAHME und SCHLEMMER fanden bei einem Hund, der während 2 Jahren an solchen Anfällen litt, schwere arteriosklerotische Gefäßveränderungen. Für die aufwendige Diagnosesicherung (Catecholaminnachweis im Harn, Provokationsteste, blutdrucksenkende Teste) sei auf KÜCHENMEISTER et al. (1967) verwiesen.

Literatur

ALLAN, G. S., HUXTABLE, C. R. R., HOWLETT, C. R., et al. (1978): Pituitary dwarfism in German Shepherd dogs. J. small Anim. Pract. **19**, 711.

ANDRESEN, E. (1978): Herkunft und Verbreitung von hypophysärem Zwergwuchs beim Hund und Grundlage zur Ermittlung von Anlageträgern verschiedener genetisch bedingter Krankheiten unter Verwendung biochemischer Methoden. Kleintierpraxis **23**, 65.

ANDRESEN, E., WILLEBERG, P., and RASMUSSEN, P. G. (1974): Pituitary dwarfism in German Shepherd dogs. Genetic Investigations. Nord. Vet. Med. **26**, 692.

AUTHEMENT, J. M., RANDY, J., and KAPLAN, P. M. (1989): Transient, traumatically induced central diabetes insipidus in a dog. JAVMA **194**, 683.

BAKER, E. (1955): Congenital Hypoplasia of the Pituitary and Pancreas Glands in the Dog. JAVMA **126**, 468.

BEIJERS, J. D. (1950): Een geval van acromegalie bej een welshterrier. Tijdschr. Diergeneesk. **75**, 292.

BELSHAW, B. E., und RIJNBERK, A. (1980): Hypothyroidism. In: KIRK, R. W.: Current Vet. Therapy. Saunders, Philadelphia.

BERGER, B. B., and FELDMAN, E. C. (1987): Primary hyperparathyroidism in dogs: 21 cases (1976–1986). JAVMA **191**, 350.

BLOOM, F. (1959): The endocrine glands. In: HOSKINS, H. P., LACROIX, J. V., and MAYER, K.: Canine Medicine. Am. Vet. Publications, Inc.

BRUYETTE, D. S., and FELDMAN, E. C. (1988): Primary Hyperparathyroidism in dog. J. Int. Vet. Med. **2**, 7.

BRUYETTE, D. S., and FELDMAN, E. C. (1988): Ketoconazole and its use in the management of canine Cushing's disease. Cont. Educ. **10**, 1379.

BUSH, B. M. (1969): Thyroid Disease in the Dog – A Review. J. small Anim. Pract. **10**, 95, 185.

CAPEN, CH. C., BELSHAW, B. E., and MARTIN, S. L. (1975): Endocrine disorders. In: Ettinger, St. J.: Textbook of Veterinary Internal Medicine. Saunders, Philadelphia, Vol. 2.

CAPEN, CH. C., and KOESTNER, A. A. (1967): Neoplasmas in the Adenohypophysis of Dogs. Path. Vet. **4**, 301.

CLARK, ST., and MEIER, H. (1958): A Clinico-Pathological Study of Thyroid Disease in the Dog and Cat. Zbl. Vet.-Med. **5**, 17.

COFFIN, D. L., and MUNSON, T. O. (1953): Endocrine Diseases of the Dog Associated with Hair Loss. JAVMA **123**, 402.

CONCANNON, P., ALTSZULER, N., HAMPSHIRE, J., et al. (1980): Growth hormone, prolactine and cortisol in dogs developing mammary nodules and an acromegaly-like appearance during treatment with medroxyprogesterone acetate. Endocr. **106**, 1173.

DAHME, E., und SCHLEMMER W. (1959): Endokrin aktive Nebennieren-Marktumoren des Hundes und ihre Auswirkungen auf die arterielle Blutstrombahn. Zbl. Vet.-Med. **6**, 249.

DÄMMRICH, K. (1959): Ein Beitrag zur Osteoporose endokrinen Ursprungs beim Hund. BMTW **72**, 340.

EIGENMANN, J. E. (1981): Diagnosis and treatment of dwarfism in a German Shepherd dog. JAAHA **17**, 798.

EIGENMANN, J. E., and VENKER-VAN HAAGEN, A. J. (1981): Progestagen-induced and spontaneous canine acromegaly due to reversible growth hormone overproduction. JAAHA **17**, 813.

FELDMAN, E. C. (1977): Plasma adrenocorticotropin levels in normal dogs. Am. J. Vet. Res. **38**, 1643.

FELDMAN, E. C. (1983): Comparison of ACTH response and dexamethason suppression as a screening test in canine hyperadrenocorticism. JAVMA **182**, 506.

FELDMAN, E. C., and NELSON, R. W. (1987): Canine and

feline endocrinology and reproduction. W.B. Saunders, Philadelphia.
FERGUSON, D.C. (1988): The effect of nonthyroidal factors on thyroid function tests in dogs. Cont. Educ. **10**, 1365.
FREUDIGER, U. (1958): Beiträge zur Klinik der Nebennierenrinden-Funktionsstörungen des Hundes. I. Mitteilung: ACTH-(Thorn)Test bei Hunden. Schweiz. Arch. Tierhk. **100**, 318.
FREUDIGER, U. (1960): Alopezie und Schilddrüsenhormon. BMTW **73**, 28.
FREUDIGER, U. (1962): Klinik und funktionelle Pathologie der Nebennieren. BMTW **75**, 401.
FREUDIGER, U. (1965): Die Nebennierenrinden-Insuffizienz beim Hund. DTW **72**, 60.
FREUDIGER, U., und LINDT, S. (1958): Beiträge zur Klinik der Nebennierenrinden-Funktionsstörungen des Hundes. II. Mitteilung: Die chronische Nebennierenrinden-Insuffizienz des Hundes. Schweiz. Arch. Tierhk. **100**, 362.
FREUDIGER, U., und LINDT, S. (1958): Beiträge zur Klinik der Nebennierenrinden-Funktionsstörungen des Hundes. III. Mitteilung: Die akute Nebennierenrinden-Insuffizienz des Hundes. Schweiz. Arch. Tierhk. **100**, 428.
GRECO, D.S., FELDMAN, E.C., PETERSON, M.E., et al. (1991): Congenital hypothyroid dwarfism in a family of giant Schnauzers. J. Vet. Int. Med. **5**, 57.
GREENE, C.E., LORENZ, M.D., MUNNELL, J.F., et al. (1979): Myopathy associated with hyperadrenocorticism in the dog. JAVMA **174**, 1310.
GROEN, J.J., FRENKEL, H.S., and OFFERHAUS, L. (1964): Observations on a case of spontaneous diabetes mellitus in a dog. Diabetes **13**, 492.
GRUFFYDD-JONES (1989): Medical management of Cushing's syndrome in dogs. Vet. Rec. **124**, 317.
GUAGUERE, E. (1983): L'hypopituitarisme du chien. Pratique médicale et chirurgicale **18**, 25.
HAINES, D.M., LORDING, P.M., and PENHALE, W.J. (1984): Survey of thyroglobulin antibodies in dogs. Am. J. Vet. Res. **45**, 1493.
HAUSE, W.R., STEVENSON, S., MEUTEN, D.J., and CAPEN, CH.C. (1981): Pseudohyperparathyroidism associated with adenocarcinoma of anal sac origin in four dogs. JAAHA **17**, 373.
HENRY, B., and SIEBER, S.E. (1965): Traumatic Diabetes Insipidus in a Dog. JAVMA **146**, 1317.
JENSEN, R.B., and DU FORT, R.M. (1991): Hyperadrenocorticism in dogs. Cont. Educ. **13**, 615.
JOSHUA, J.O. (1953): Three cases of Thyroid Tumor in Dogs. Vet. Rec. **65**, 356.
KAELIN, S., WATSON, D.J., and CHURCH, D.B. (1986): Hypothyroidism in the dog. J. small Anim. Pract. **27**, 533.
KINTZER, P.P., and PETERSON, M.E. (1991): Mitotane treatment of 200 dogs with pituitary dependent hyperadrenocorticism. J. Int. Vet. Med. **5**, 182.
KLEIN, E. (1969): Die Schilddrüse. Springer Verlag.
KRAUS, K.H. (1987): The use of desmopressin in diagnosis and treatment of diabetes insipidus in cats. Cont. Educ. **9**, 752.
KRETZSCHMAR, Ch. (1956): Chronische Nephritis und Kalkstoffwechselstörung beim Hund. Tierärztl. Umschau **11**, 12.
KÜCHENMEISTER, H., BARTELHEIMER, H., und JORES, A. (1967): Klinische Funktionsdiagnostik. Georg Thieme, Stuttgart.
LING, G.V., STABENFELDT, G.H., COMER, K.M., et al. (1979): Canine hyperadrenocorticism: pretreatment, clinical and laboratory evaluation of 117 cases. JAVMA **174**, 1211.
LOTHROP, C.D. (1988): Pathophysiology of canine growth hormone responsive alopecia. Cont. Educ. **10**, 1346.
LUBBERINK, A.A.M.E. (1977): Diagnosis and treatment of canine Cushing syndrome. Thesis, Utrecht.
LUKSCH, F. (1923): Über Hypophysentumoren beim Hund. Tierärztl. Arch. **3**, 1.
MARKOWITZ, J., and ARCHIBALD, J. (1964): Experimental Surgery. Williams and Wilkins Co., Baltimore.
MEYER, D.J., and TERRELL, T.B. (1976): Idiopathic hypoparathyroidism in a dog. JAVMA **168**, 858.
MOCH, R., und HAASE, G. (1953): Hypofunktion der Adenohypophyse eines Hundes. Tierärztl. Umschau **8**, 242.
MÜLLER, B., WERLE, E., und SELL, J. (1955): Innersekretorisch wirksame Nebennierenmarkgeschwulst (Phäochromocytom) bei einem Hund. Zbl. Vet.-Med. **2**, 289.
MUSSER, E., and GRAHAM, W.R. (1968): Familial Occurrence of Thyroiditis in Purebred Beagles. Lab. Anim. Care **18**, 58.
NACHREINER, R.F. (1981): Laboratory diagnosis of endocrine diseases. AAHA's Annual Meeting Proceed., 181.
NELSON, R.W. (1989): Pituitary macroadenoma in dogs treated with mitotane for pituitary-dependent hyperadrenocorticism. JAVMA **194**, 1612.
NICHOLAS, F. (1978): Pituitary dwarfism in German Shepherd dogs: a genetic analysis of some Australian data. J. small Anim. Pract. **19**, 167.
OLIVRY, T., REGNIER, A., et ABRIBAT, T. (1988): Déficience en hormone de croissance chez un chien adulte. Point Vét. **20**, Nr. 117, 796.
OPITZ, H., und KATZUR, H. (1969): Primäre, chronische Nebenniereninsuffizienz bei einem Hund. BMTW **82**, 248.
OPITZ, M., LETTOW, H., LOPPNOW, H., et al. (1983): Erfahrung mit der Lysodren-Behandlung des Cushing-Syndroms beim Hund. Tierärztliche Praxis **11**, 369 und 507.
OSBORNE, C.A., and STEVENS, J.B. (1973): Pseudohyperparathyroidism in the dog. JAVMA **162**, 125.
PANCIERA, D.L. (1990): Canine hypothyroidism. Part I: Clinical findings and control of thyroid hormone secretion and metabolism. Part II: Thyroid function and treatment. Cont. Educ. **12**, 689 und 843.

Pearson, Ph. T., Dellmann, H.-D., Berrier, H. H., et al. (1965): Primary hyperparathyroidism in a Beagle. JAVMA 147, 1201.

Peterson, M. E. (1984): Hyperadrenocorticism. Vet. Clin. North. Am./Small Anim. Pract. 14, 731.

Prieur, D. (1966): Hypocalcämisch-tetanische Anfälle beim Hund auf Grund von Störungen der Parathyreoidea. Kleintierpraxis 11, 173.

Renk, W., und Dämmrich, K. (1969): Osteodystrophia fibrosa generalisata bei erwachsenen Tieren. BMTW 82, 67.

Reusch, C., und Münster, M. (1988): Hypoparathyroidismus bei einem Mittelschnauzer. Kleintierpraxis 33, 279.

Reusch, C., and Feldman, E. C. (1991): Canine hyperadrenocorticism due to adrenocortical neoplasia. J. Vet. Int. Med. 5, 3.

Richards, M. A., and Sloper, J. C. (1964): Hypothalamic Involvement by "Visceral" Larva Migrans in a Dog Suffering from Diabetes Insipidus. Vet. Rec. 76, 449.

Rijnberk, A. (1966): Hyperthyroidism in the Dog and its Treatment with Radioactive Iodide. Tijdschr. Diergeneesk. 91, 789.

Rijnberk, A. (1969): Investigations on Iodine Metabolism of Normal and Goitrous Dogs. Zbl. Vet.-Med. A 16, 495.

Rijnberk, A. (1971): Iodine metabolism and thyroid disease in the dog. Thesis, Utrecht.

Rijnberk, A., Kinderen der, P. J., and Thijssen, J. H. H. (1969): Canine Cushing's Syndrome. Zbl. Vet. Med. A 16, 13.

Rijnberk, A., Kinderen der, P. J., and Thijssen, J. H. H. (1968): Spontaneous Hyperadrenocorticism in the Dog. J. Endocr. 41, 397.

Rijnberk, A., Kinderen der, P. J., and Thijssen, J. H. H. (1968): Investigations on the Adrenocortical Function of Normal Dogs. J. Endocr. 41, 387.

Rijnberk, A., Eigenmann, J. E., Belshaw, B. E., et al. (1980): Acromegaly associated with transient overproduction of growth hormone in a dog. JAVMA 177, 543.

Rogers, W., Straus, J., and Chew, D. (1981): Atypical hypoadrenocorticism in three dogs. JAVMA 179, 155.

Rothenbacher, H., and Shigley, R. F. (1966): Adrenocortical Apoplexy in a Dog. JAVMA 149, 406.

Saunders, C. Z., and Richard, Ch. G. (1952): Craniopharyngioma in a Dog with Apparent Adiposogenital Syndrome and Diabetes Insipidus. Cornell Vet. 42, 490.

Schaer, M. (1980): Hypoadrenocorticism. In: Kirk, R. W.: Current Veterinary Therapy. Saunders, Philadelphia.

Schaer, M., Burger, W. J., et al. (1986): Autoimmunity and Addison's disease in the dog. JAAHA 22, 789.

Schawalder, P. (1978): Zwergwuchs beim Hund. Kleintierpraxis 23, 3.

Schwartzman, R. M., and Fegley, H. (1965): Clinicopathological conference, Univ. of Pennsylvania. JAVMA 147, 642.

Schwartz-Porsche, D. (1965): Diagnose des Diabetes insipidus, dargestellt an zwei Fällen beim Hund. Kleintierpraxis 10, 166.

Schwartz-Porsche, D. (1973): Zentraler Diabetes insipidus beim Hund aus klinischer Sicht. Arch. tierärztl. Fortbild. 1, 27, Schlütersche Verlagsanstalt, Hannover.

Shanley, K. J. (1987): Adult-onset growth hormone deficiency in sibling Airedale terriers. Cont. Educ. 9, 19076.

Siegel, E. T., Kelly, D. V., and Berg, P. (1970): Cushing's syndrome in the dog. JAVMA 157, 2081.

Spaar, F. W., und Wille, H. (1959): Zur vergleichenden Pathologie der Hypophysenadenome der Tiere. Zbl. Vet. Med. 6, 925.

Stavrou, D. (1968): Beitrag zum Hyperparathyreoidismus des Hundes. DTW 75, 117.

Stockard, C. R., zit. n. Bloom, F. (1959): The endocrine glands. In: Hoskins, H. P., Lacroix, J. V., and Mayer, K.: Canine Medicine. Am. Vet. Publications, Inc.

Sullivan, M., Cox., F., Pead, M. J., et al. (1987): Thyroid tumours in the dog. J. small Anim. Pract. 28, 505.

Thorpe, B. R. (1953): Thyroid enlargement in a dog treated with iodine and methyl thiouracil. Aust. Vet. J. 29, 75.

Tiecken, G. W. (1956): Een onderzoek over de schildklierfunctie bij de hond. Thesis, Utrecht.

Ullrich, K. (1966): Zur Diagnose und Therapie der Struma beim Hunde. Kleintierpraxis 11, 93.

Verstraete, A., en Thoonen, J. (1938): Hypophysaire kachexie bij den hond. Vlaams diergeneesk. Tijdschr. 7, 186.

Völker, R. (1927): Morbus Basedowii (sogenannte Forme fruste) bei einem Hunde. Arch. wiss. prakt. Tierheilk. 55, 108.

Vollset, I., and Larsen, H. J. (1987): Occurrence of autoantibodies against thyroglobulin in Norwegian dogs. Acta Vet. Scand. 28, 65.

Weiler, H., Wittstatt, U., und Bob, M. (1989): Primärer Hyperparathyroidismus beim Hund. Kleintierpraxis 34, 201.

Weller, R. E., Cullen, J., and Dagle, G. E. (1985): Hyperparathyroid disorders in the dog: primary, secondary and cancer associated (pseudo). J. small Anim. Pract. 26, 329.

White, S. D., Geragioli, K. L., Bullock, L. P., et al. (1989): Cutaneous markers of canine hyperadrenocorticism. Cont. Educ. 11, 446.

Willeberg, P., Kastrup, K. W., and Andresen, E. (1975): Pituitary dwarfism in German Shepherd dogs. Nord. Vet. Med. 27, 448.

Zanesco, S., Schawalder, P., Zapf, J., et al. (1984): Beitrag zum hypophysär-bedingten Zwergwuchs beim Deutschen Schäferhund unter spezieller Berücksichtigung diagnostischer Aspekte. Kleintierpraxis 29, 3.

26. Blut und Milz

(P. Keller und U. Freudiger)

Die Erkennung von Veränderungen in der qualitativen und quantitativen Zusammensetzung des Blutes ist von allgemeiner Bedeutung. Sie dient jedoch weniger zur Diagnose der eher seltenen primären Erkrankungen des hämatopoetischen Systems als vielmehr zur Erfassung von reaktiven Blutveränderungen, die durch zahlreiche physiologische und pathologische Vorgänge im Gesamtorganismus und in seinen einzelnen Organen verursacht werden (Keller und Luginbühl 1991). Die aufgrund der Blutuntersuchung erhobenen Befunde geben Auskunft über den Zustand und die Aktivität bedeutender Zellsysteme und die damit verbundene Reaktionsfähigkeit des Organismus (Blutpuffersystem, Sauerstoff- und Energiestoffwechsel, Infektionsabwehr und Phagozytose, Entzündungshemmung und immunologische Mechanismen, Gerinnungssystem). Die Auswertung dieser Hinweise, welche mittels einfacher, hämatologischer Routinemethoden in jeder Praxis gewonnen werden können, erbringt die notwendigen Grundlagen zur Diagnose, Differentialdiagnose und Prognose sowie zur Beurteilung des Krankheitsverlaufes und erlaubt eine Objektivierung der Therapieresultate. Die Blutanalyse bildet somit einen integrierenden Bestandteil der internistischen, chirurgischen und gynäkologischen Untersuchung.

26.1. Blutuntersuchung

Die Blutuntersuchung (Tabelle 26.1.) umfaßt die Bestimmung der Erythrozytensenkungsreaktion und -parameter, die Auszählung der roten und weißen (Granulozyten, Monozyten, Thrombozyten, Lymphozyten) Blutzellen und gegebenenfalls auch die Aktivitätsmessung der Gerinnungsfaktoren.

Für die **Untersuchung des weißen Blutbildes** sind notwendig: die Auszählung der Gesamtleukozytenzahl (Leukozytenpipette, Türksche Lösung, Zählkammer oder ein elektronisches Partikelzählgerät) sowie die Bestimmung des Differentialblutbildes (Abb. 26.1.–26.6.) unter Auszählung von mindestens 200 Zellen (Objektträger-Ausstrich, May-Grünwald-Giemsa-Färbung). Beim Auszählen von <200 Zellen ist das Resultat – besonders der nur in geringer Zahl im zirkulierenden Blut vorkommenden Zellarten – mit einem so großen Zufallsfehler behaftet, daß ihm praktisch keine Aussagekraft mehr zukommt

Abb. 26.1. Stabkerniger neutrophiler Granulozyt.

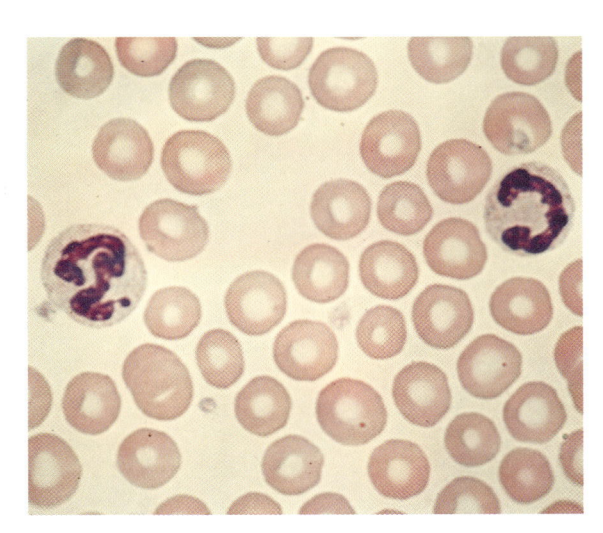

Abb. 26.2. Zweisegmentkernige Neutrophile.

Tabelle 26.1. Referenzwerte („Normalwerte"[1]) von Erythrozytenparametern und zellulären Elementen im Blut des Hundes

Rotes Blutbild:

	Erythrozyten	Hämoglobin	Hämatokrit	MCV	MCH	MCHC	Retikulozyten
Alte Einheiten:	×10^6/μl	g/100 ml	Vol.-%	fl	pg	g/100 ml	‰
	5,50–8,00	14,1–19,0	40–55	67–80	21,0–25,0	30,0–36,0	0–19,0
SI-Einheiten:	10^{12}/l	mmol/l	1	fl	fmol	mmol/l	10^{-3}
	5,50–8,0	8,75–11,8	0,40–0,55	67–80	1,30–1,55	18,6–22,3	0–19,0

Weißes Blutbild:

	Leukozyten	Stabkernige	Segmentkernige	Eosinophile	Basophile	Monozyten	Lymphozyten	Thrombozyten
Einheiten: Alte: ×10^3/μl SI: ×10^9/l	6,00–12,0	0–0,03	3,20–11,8	0,05–1,18	0–0,10	0,05–1,24	1,00–4,80	200–500
Alte Einheiten: %	100	0–3	60–77	1–5	0–1	0–5	12–30	–
SI-Einheiten: 1	1	0–0,03	0,60–0,77	0,01–0,05	0–0,01	0–0,05	0,12–0,30	–

Erythrozytensenkungsreaktion:

	1 h mm	2 h mm	24 h mm	Methode	Autor
	0–1,5	0–4,0	30,0	Mikro-	[2]
	0–2,0	1–3,5	5–13,0	Westergren-	[3]

[1] Die Referenzwerte wurden aufgrund von eigenen Erfahrungen sowie Daten aus der Literatur zusammengestellt (SPURLING 1977, Deutsche Veterinärmedizinische Gesellschaft 1977, SCHALM 1980a);
[2] FREUDIGER (1965);
[3] WIRTH (1950).

Bemerkungen: Die je nach Autor als „normal" bezeichneten Werte variieren beträchtlich, wobei eine Reihe von Ursachen in unterschiedlichem Ausmaße zu diesen Streuungen beiträgt; die Alters- und Rassenabhängigkeit und die individuelle Schwankungsbreite der Blutwerte (NIEPAGE 1979), gelegentlich eine zu wenig strenge Selektion in bezug auf den Gesundheitszustand der Probanden (Darmparasiten, äußere Leiden, Nierenkrankheiten und Leberstörungen), aber auch die Tatsache, daß in der Biologie die Übergänge vom normalen zum pathologischen Zustand relativ fließend sind. Ein Wert, der bei einem Tier noch als normal zu betrachten ist, kann beim anderen schon pathologisch sein.

mmol/ = Millimol pro Liter; μl = Mikroliter; μmol/l = Mikromol pro Liter; fl = Femtoliter; fmol = Femtomol.

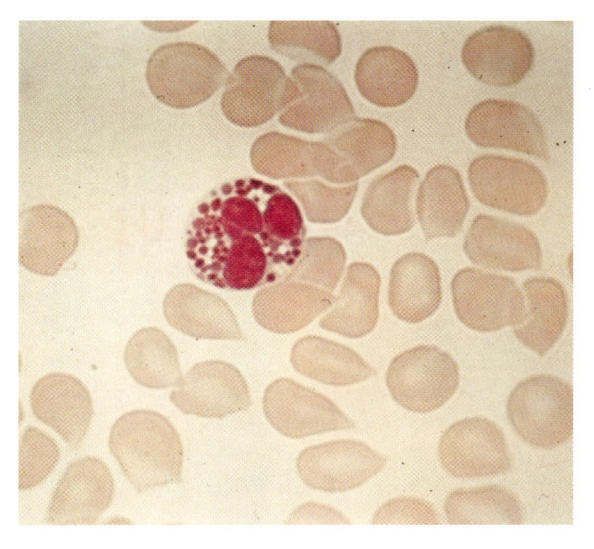

Abb. 26.3. Eosinophiler Granulozyt.

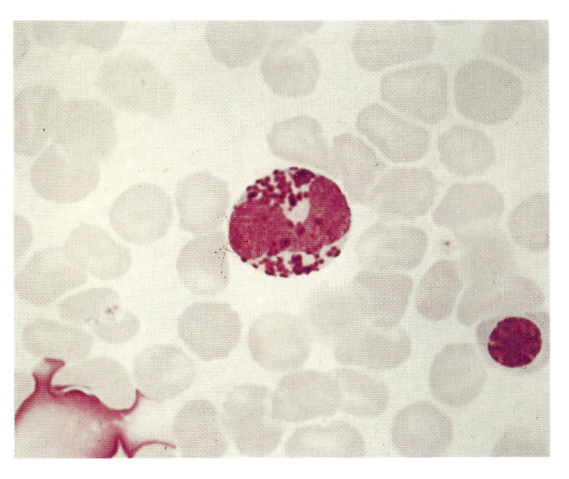

Abb. 26.4. Basophiler Granulozyt. Rechts unten oxyphiler Normoblast.

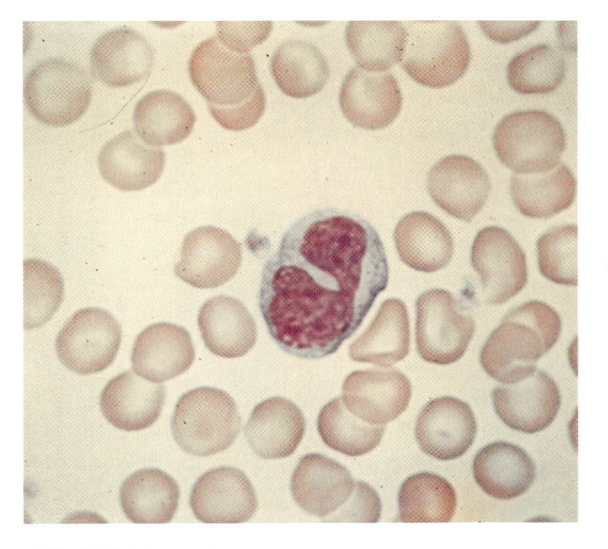

Abb. 26.5. Monozyt.

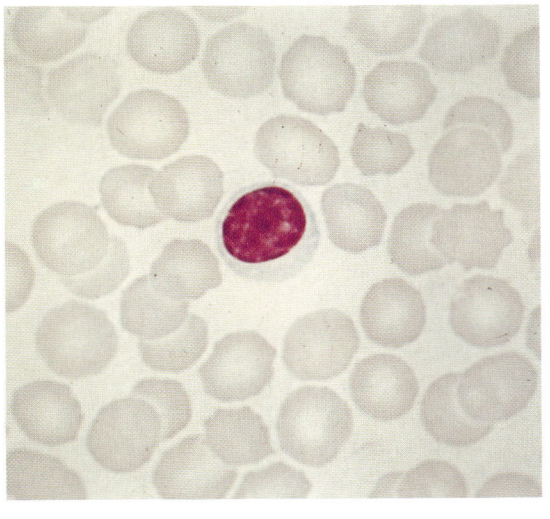

Abb. 26.6. Lymphozyt.

(NIEPAGE 1974). Deshalb zieht man heute z.B die direkte Eosinophilenzählung (Leukozytenpipette, Randolphsche Verdünnungslösung, Fuchs-Rosenthal-Kammer) vor. Der gefärbte Ausstrich gibt ferner einen Überblick über pathologische Zellveränderungen und Anomalien (Segmentierung, Kernanomalien, toxische Granulation, Zelleinschlüsse, reaktive Zellen). Unreife Vorstadien der verschiedenen Leukozytenarten können mittels Peroxidase (nach GRAHAM-KNOLL)-, Sudanschwarz-B- oder der unspezifischen Esterase-Färbung voneinander unterschieden werden (KELLER 1986).

Die **Beurteilung des roten Blutbildes** erfolgt anhand der Erythrozytenzählung (Erythrozytenpipette, Hayemsche Lösung, Zählkammer oder ein elektronisches Partikelzählgerät), der Bestimmung des Hämoglobins (photometrisch als Hämoglobincyanid) und des Hämatokrits (Mikrohämatokrit oder Partikelzählgerät), der Ermittlung der Retikulozytenzahl (nach Hirschfeld gefärbte Blutausstriche; Information über die Aktivität der Erythropoese) sowie durch die Musterung der Differentialausstriche (kernhaltige Vorstufen, Form, Größe und Färbbarkeit der Erythrozyten, basophile Tüpfelung, Innenkörper, Jolly-Körper,

Blutparasiten). Die gleichzeitige Bestimmung von Erythrozytenzahl, Hämoglobingehalt und Hämatokrit liefert auf rein rechnerischem Wege noch zusätzliche, insbesondere für die Anämiebeurteilung unerläßliche Angaben über das rote Blutbild:

a) MCH = mittlerer Hämaglobingehalt eines Erythrozyten (Syn.: Färbekoeffizient Hb_E).

Alte Einheit: MCH (pg) = $\dfrac{Hb \cdot 10}{E}$

SI-Einheit: MCH (fmol) = $\dfrac{Hb}{E}$

Der MCH erlaubt festzustellen, ob eine Anämie normo-, hypo- oder hyperchrom ist.

b) MCV = mittleres Volumen eines Erythrozyten.

Alte Einheit MCV (fl) = $\dfrac{Htk \cdot 10}{E}$

SI-Einheit: MCV (fl) = $\dfrac{Htk \cdot 1000}{E}$

Der MCV gibt Auskunft darüber, ob eine Normo-, Mikro- oder Makrozytose vorliegt.

c) MCHC = mittlere Hämoglobinkonzentration der Erythrozyten.
Alte Einheit:

MCHC (g/100 ml E) = $\dfrac{Hb \cdot 100}{Htk}$

SI-Einheit: MCHC (mmol/l E) = $\dfrac{Hb}{Htk}$

Dieser Index drückt die Beziehung zwischen Hämoglobinsättigung und Zellvolumen aus.

Eine maximale Sättigung pro Volumeneinheit kann nicht überschritten werden. Deshalb gibt es unter Zugrundelegung des MCHC keine echten hyperchromen Anämien (SCHALM et al. 1975).

Über die Anzahl und Form der **Thrombozyten** gibt bereits der gefärbte Blutausstrich einige Anhaltspunkte. Für die Beurteilung von **Gerinnungsstörungen** ist aber die direkte Auszählung (Leukozytenpipette, 3%ige Kokainlösung, Zählkammer nach NEUBAUER oder ein elektronisches Partikelzählgerät) unerläßlich. Zur Abklärung von hämorrhagischen Diathesen ist ferner die Bestimmung der verschiedenen **Gerinnungsfaktoren** notwendig (SCHLITNER-BRUNNER 1964, GREEN 1981). Eine einfache Praxismethode, welche die hauptsächlich beteiligten Faktoren II, V und VII erfaßt, stellt die Bestimmung der **Gerinnungsvalenz** (Syn.: Prothrombingehalt, Quick-Test) dar (FREUDIGER 1954).

Ebenfalls zur Routinediagnostik gehört die **Erythrozytensenkungsreaktion** (ESR; Methode nach WESTERGREN: 200-mm-Teilung der Röhrchen, 2,5 mm innerer Durchmesser, 1 Teil 3,8% Natriumcitrat, 4 Teile Blut; Mikrosedimentation: innerer Durchmesser des Röhrchens nur 1,1–1,3 mm, 5% Natriumcitrat; FREUDIGER 1965). SCHULZE et al. (1957) neigen die Westergren-Röhrchen um 60° und finden so bereits nach 7, 10 und 20 Minuten den 1-, 2- und 24-h-Werten der originalen Westergren-Methode vergleichbare Ablesungsresultate. Beschleunigungen der ESR sind bei Prozessen zu erwarten, welche die Plasmaeiweiße gegen die grobdispersen Phasen verschieben (Entzündungen, Exsudationen, Gewebezerfall), sowie bei partiellen, exogenen Proteinverlusten (Niereninsuffizienz), partiellen Proteinbildungsstörungen und gewissen Anämieformen. Polyzythämien, Stauungszustände mit Zyanose und Hydrämie wirken verzögernd. Bei gleichzeitigem Vorkommen dominieren die verzögernden Faktoren über die beschleunigenden und täuschen bei Krankheitszuständen mit zu erwartender beschleunigter Senkung normale Werte vor. Eine normale ESR schließt pathologische Zustände nicht aus, eine beschleunigte ESR ist hingegen stets ein ernstzunehmendes Alarmzeichen.

Neben diesen Routinemethoden ist zur Differenzierung von reaktiven und neoplastischen Erkrankungen des hämatologischen Systems und zur Beurteilung von Insuffizienzen und Hemmungen des Knochenmarks sowie gewisser Anämieformen die Auswertung von Knochenmarkbiopsien bzw. gefärbten Ausstrichen von Knochenmarkpunktaten unumgänglich (PENNY 1974, DEUBELBEISS et al. 1975a, SEYBOLD et al. 1980a, KELLER 1986).

26.2. Veränderungen des weißen Blutbildes

Quantitative und qualitative Veränderungen der im peripheren Blut zirkulierenden weißen Blutzellen treten im Verlauf vieler physiologischer und pathologischer Zustände auf. Die Reaktion des weißen Blutbildes erfolgt rasch und steht meist in direktem Zusammenhang mit der schädigenden Ursache. Ähnlich wie beim Menschen zeigt die Leukozytenkurve beim Hund während eines typischen Krankheitsverlaufes vielfach auch denselben dreiphasigen Ablauf (Christoph und Dedek 1965): neutrophile Kampfphase, kritische monozytäre Abwehr- oder Überwindungsphase und lymphozytäreeosinophile Heilungsphase.

Eine Erhöhung der Gesamtleukozytenzahl über die physiologische Variationsbreite hinaus wird als **Leukozytose** bezeichnet. Leukozytosen werden häufig beobachtet und treten als Folge zahlreicher infektiöser und nichtinfektiöser Ursachen und Streß-Situationen auf, können aber in leichterem Ausmaß auch physiologisch bedingt sein (Verdauung, Muskelarbeit, fortgeschrittene Trächtigkeit). Unter einer **leukämoiden Reaktion** versteht man eine reaktive, exzessive Leukozytose mit ausgeprägter Vermehrung unreifer Zellen (Linksverschiebung) im Differentialblutbild. Leukämoide Reaktionen werden vor allem im Zusammenhang mit bakteriellen Infekten (z.B. Sepsis), Virusinfekten, Intoxikationen, eitrigen Entzündungen ohne Sekretabfluß (Pyometra, Pleuritis, eitrige Pneumonien usw.), malignen Neoplasien (Wilson und Brown 1965), schweren Hämolysen und Hämorrhagien festgestellt. **Leukopenie** bedeutet eine Verminderung der zirkulierenden Leukozytenzahl. Leukopenien treten kurzfristig zu Beginn des virämischen Stadiums von Viruskrankheiten oder bei Knochenmarkschädigung, schlechter allgemeiner Reaktionslage des Organismus (prognostisch ungünstiges Zeichen) und im Zusammenhang mit der seltenen histiozytären medullären Retikulose (Schalm 1980a) auf.

Granulozyten: Das hauptsächlichste Aktionsgebiet für die Granulozyten – und auch die anderen Leukozytenarten – ist nicht das Blut, sondern das Gewebe, wo sie einige Minuten bis Tage überleben und ihre Funktion bei der Abtötung und Phagozytose von Mikroorganismen ausüben. Im Blut – einer Durchgangsstation – befinden sich die Granulozyten für einige Stunden (Halbwertszeit beim Hund: 6,7 h; Deubelbeiss et al. 1975b), wobei sie entweder zirkulieren (zirkulierender Granulozytenpool, durch Leukozytenzählung erfaßt) oder aber an den Gefäßendothelien sitzenbleiben (marginaler Granulozytenpool, durch Leukozytenzählung nicht erfaßt). Beide Pools sind untereinander austauschbar, d.h., Granulozyten vom marginalen Pool können zum zirkulierenden Pool überwechseln und umgekehrt. Einmal ins Gewebe eingedrungen, können normale Granulozyten nicht mehr ins Blut zurückkehren (Ausnahme: unreife Zellen, z.B. Myelozyten und jüngere). Übersteigt der Bedarf an der Peripherie die Kapazität des zirkulierenden und marginalen Granulozytenpools (= intravasales Kompartiment), so wird auf die sich teilweise überlappenden Kompartimente im Knochenmark zurückgegriffen: auf den Reservepool (Stab- und Segmentkernige), welcher rund 8mal größer ist als das gesamte intravasale Kompartiment und den Granulozytenbedarf von 3–4 Tagen deckt, und schließlich auf den Ausreifungspool (Promyelozyt bis Metamyelozyt) sowie den Teilungspool (Myeloblast bis Myelozyt).

Eine Vermehrung der Neutrophilen **(Neutrophilie)** in bezug auf den Normalwert kann absolut (Zunahme pro Liter) oder relativ (prozentuale Zunahme) sein. Im Extremfall (bei Leukopenien) ergibt sich beispielsweise eine relative Neutrophilie bei absoluter Neutropenie. Bei Zunahme der unreifen Formen spricht man von **Linksverschiebung** (regenerative Linksverschiebung: Linksverschiebung mit Leukozytose; degenerative Linksverschiebung: bei normaler oder erniedrigter Leukozytenzahl). Vorübergehende oder längerdauernde Neutrophilien finden sich bei vielen infektiösen und nichtinfektiösen Krankheitszuständen, wie eitrigen Entzündungen, Pyometra, Septikämien, Infektionskrankheiten, nekrotisierenden Neoplasmen, Gewebezerfall (Doxey 1966, Kammermann 1974), bei einem Teil der lymphatischen Leukämien und bei myeloischen Leukämien, aber auch bei Streß-Situationen und fortgeschrittener Trächtigkeit.

Neutropenien können medikamentös bedingt sein oder durch Zytostatika, schwere Infektionen, Lymphadenosen und Myelofibrosen (Rudolph und Hübner 1972) hervorgerufen werden. Bei der durch einen Stammzellendefekt verursachten hereditären zyklischen Hämatopoese des Collies treten hochgradige, zyklische Neutropenien als Hauptsymptome auf (Jones et al. 1975).

Auch die **Eosinophilen** können phagozytieren und sprechen auf chemotaktische Substanzen an, sind darin aber weniger effizient als die Neutrophilen. Sie modulieren entzündliche Reaktionen und sind primär Gewebezellen. Die Gewebe enthalten etwa 300mal mehr Eosinophile als die Blutbahn. Besonders reich an Eosinophilen sind die subepithelialen Regionen (Zinkl 1981).

Eosinophilien werden angetroffen bei Parasiten der Haut, des Respirations- und Darmtraktes sowie des hepatobiliären Systems (Morgan 1967), bei Magen-Darm-Störungen (Eikmeier und Manz 1966), allergischen und anaphylaktischen Zuständen, Ekzemen (Groulade und Laurian 1957), bei eosinophiler Myositis, eosinophiler Panostitis, glandulär-zystischer Endometriumhyperplasie, NNR-Insuffizienz sowie in der eosinophilen Heilungsphase und während der letzten

3 Trächtigkeitswochen (DOXEY 1966). **Eosinopenien** sind schwierig zu eruieren, finden sich aber nach akuten Streß-Situationen, als Folge von Corticosteroidtherapie und bei M. Gaucher.

Blutbasophile besitzen Oberflächenrezeptoren für IgE. Durch Degranulation setzen sie Histamine, Heparin und andere entzündungsauslösende und -fördernde Substanzen frei (DVOŘÁK und DVOŘÁK 1979). Sie spielen daher eine Rolle in der Pathogenese von allergischen Reaktionen und Hypersensibilisierungen. Sie sind migrationsfähig und werden u. a. von einem durch Lymphozyten abgegebenen chemotaktischen Faktor angelockt.

Eine Vermehrung der Blutbasophilen beim Hund **(Basophilie)** wurde nach i.v. oder i.p. Injektionen von Heparin, nach i.p. Injektionen von *Candida* (BEGOVIĆ et al. 1972), im Zusammenhang mit Herzwurminfektionen und allergischen Respirationskrankheiten (SPURLING 1977) sowie bei Basophilenleukämien festgestellt. **Basopenien** sind nicht erkennbar, da die Blutbasophilen schon bei klinisch gesunden Hunden nur selten gefunden werden.

Nicht zu verwechseln mit den Blutbasophilen sind die **Mastzellen** (Gewebsbasophile). Obschon sich Blutbasophile und Mastzellen in bezug auf die Morphologie, die Funktion, den Histamin- und den Heparingehalt sehr nahestehen, enthalten die Mastzellen im Gegensatz zu den Blutbasophilen hydrolytische Enzyme, Serotonin und Hydroxytryptamin (WINTROBE 1981). Mastzellen sind normalerweise nur vereinzelt im Gewebe anzutreffen, bilden andererseits aber die Hauptzellmasse beim *Mastozytom*, einem soliden, malignen und oft metastasierenden Hautneoplasma des Hundes. Zu einer Ausschwemmung von Mastzellen in die Blutbahn kommt es jedoch höchst selten.

Monozyten: Wie Granulozyten halten sich Monozyten nur für kurze Zeit in der Blutbahn auf (Halbwertszeit beim Menschen: 10 h) und treten dann ins Gewebe über, wo sie zu Makrophagen ausreifen (WINTROBE 1981). Die Aufgabe der Makrophagen besteht in der Abwehr von Mikroorganismen, im Wegräumen von Zelltrümmern und in der Teilnahme bei gewissen Phasen immunologischer Reaktionsabläufe.

Monozytosen treten im Verlauf der monozytären Abwehrphase und bei granulomatösen Prozessen, Pyometra, Autoimmunkrankheiten und Monozytenleukämien auf (ZINKL 1981). **Monozytopenien** werden im Routinestatus kaum diagnostiziert.

Lymphozyten: Primitive lymphatische Stammzellen erfahren eine Prägung im Thymus (T-Lymphozyten) oder im Knochenmark (B-Lymphozyten) und werden zu immunkompetenten Lymphozyten nach entsprechender Antigenstimulation in den sekundären lymphatischen Organen (Milz, Lymphknoten, Peyersche Platten). B-Lymphozyten sind verantwortlich für die humorale Immunität (Antikörperbildung) und vermehren sich nach Antigenstimulation (klonale Expansion), wobei einige Nachkommen zu antikörperproduzierenden Effektorzellen (Plasmazellen) ausreifen, andere dagegen zu langlebigen Gedächtniszellen werden. Demgegenüber gewährleisten die T-Lymphozyten die zellvermittelte Immunität (Transplantat-Abstoßung, Zerstörung von Tumorzellen usw.). Lymphozyten können die Blutbahn beim Passieren der sekundären lymphatischen Organe verlassen, werden aber über den Ductus thoracicus wieder ins Blut eingeschleust, wo sie rezirkulieren. Ferner gibt es kurzlebige (Tage) und langlebige (Monate, Jahre) Lymphozyten (ZANDER et al. 1975, MILLER et al. 1978, KELLY 1980, WINTROBE 1981).

Lymphozytosen werden während der lymphozytären Heilungsphase und der Rekonvaleszenz, bei Autoimmunkrankheiten, chronischen Entzündungen und ebensolchen Infektionen, NNR-Insuffizienz und teilweise bei Lymphadenosen gesehen. Junge Hunde haben physiologischerweise erhöhte Lymphozytenwerte. **Lymphopenien** treten im Anfangsstadium akuter Infektionskrankheiten, bei Streß-Situationen (neutrophile Alarmreaktion), bei Corticosteroidtherapie, M. Cushing und bei immundefizienten Krankheiten auf (COPLAND 1974, HUGHES 1977).

Plasmazellen (Plasmozyten) sind ausdifferenzierte B-Lymphozyten und werden normalerweise kaum im Blut gefunden.

26.3. Neoplastische Erkrankungen des hämatopoetischen Systems

Ausgehend von Kriterien der Klinik und der Pathologie, lassen sich 6 Hauptgruppen unterscheiden: 1. **Leukämien** (Syn.: Leukosen, Hämoblastosen), 2. **Lymphome** (Syn.: Lymphadenosen), 3. **Polycythaemia vera** (Syn.: Vaquezsche Krankheit), 4. **Myelofibrose**, 5. **seltene Neoplasien,** welche möglicherweise mit granulozytären Leukämien oder Lymphomen verwandt sind, 6. **immunglobulinsezernierende Neoplasmen** (WINTROBE 1981).

Eine weitere Unterteilung in *akut* oder *chronisch* verlaufende Formen ergibt sich aus der Anamnese und dem zeitlichen Ablauf der Symptomenausbildung, deckt sich aber nicht immer mit dem Ausreifungsgrad der Leukämiezellen. Eine solche Unterteilung kann sich für die Therapie als nützlich erweisen, sagt aber nichts aus über die Überlebenschancen der Patienten. Im klinischen Sprachgebrauch ist es ferner üblich, die Nomenklatur der Leukämien nach der proliferierenden Zellart zu richten und mit einer Angabe über die Anzahl der ins Blut ausgeschwemmten Zellen zu versehen: aleukämisch (keine Leukämiezellen im Blut), subleukämisch (mäßig Leukämiezellen), leukämisch (viele Leukämiezellen). Die Erfahrung hat gezeigt, daß bei gründlicher Untersuchung praktisch immer pathologische Zellen im Blut von Leukämiepatienten gefunden werden, entweder im Leukozytenüberstand (buffy coat) oder aber nach Zellanreicherung. Der Begriff „aleukämisch" sollte deshalb nur dort verwendet werden, wo er auf Grund umfassender Untersuchungen berechtigt ist.

Pathogenese: Chromosomenanalysen (z. B. Philadelphia-Chromosom) und Isoenzymuntersuchungen (die ans X-Chromosom gebundene Glucose-6-Phosphat-Dehydrogenase) lassen zumindest beim Menschen annehmen, daß die hämatologischen Neoplasien klonale Erkrankungen sind, d. h. von einer einzigen Zelle mit Stammzellcharakter ausgehen.

Ätiologie: Bei verschiedenen Tierarten werden Leukämien durch Viren hervorgerufen (Oncornavirus = Oncogenic-RNA-Virus). Die Virusübertragung kann auf dem Weg der Vererbung (demonstriert bei Zuchtmäusen; WINTROBE 1981) oder durch Erwerben von einem anderen Tier derselben Spezies (Wildmäuse, Huhn, Rind, Katze, Gibbon) erfolgen. Beim Hund haben Übertragungsversuche mit zellfreien Extrakten bis jetzt fehlgeschlagen, während die Inokulation von Hundefeten oder neugeborenen Welpen mit Leukämiezellen (lymphatische Leukämie) zum Erfolg führte. Außerdem haben verschiedene Autoren bei Leukämien des Hundes virusähnliche Partikel gefunden (OWEN 1973, COHEN et al. 1974, WINTROBE 1981). Als exogene, auslösende Faktoren sind vor allem Strahlenschädigungen bekannt (FRITZ et al. 1973, TOLLE et al. 1979) und ferner Expositionen mit kanzerogenen Stoffen und hormonale Faktoren in Erwägung zu ziehen.

1. **Leukämien** (Syn.: **Leukosen**) fallen durch blasse Schleimhäute, Apathie, Schwächezustände und Gewichtsverluste auf. Fieberschübe, Splenomegalie, Hepatomegalie und Infektionsanfälligkeit sind charakteristisch; gelegentlich werden auch Hautulzerationen, Abszeßbildung und hämorrhagische Diathesen beobachtet. Lymphknotenvergrößerungen sind geringgradig oder palpatorisch nicht feststellbar, Veränderungen können aber histologisch meistens nachgewiesen werden. Als typisch gelten ferner refraktäre Anämien bei minimaler oder fehlender, regenerativer Reaktion des Knochenmarks. Der Nachweis einer Infiltration des Knochenmarks mit proliferierenden Zellen ist für die Diagnose ausschlaggebend.

Entsprechend der proliferierenden Zellart und der Verlaufsform werden **akute** und **chronische**, **myeloische** bzw. **lymphatische Leukämien** unterschieden.

Zu den seltenen **myeloischen Leukämien** (Syn.: **myeloische Leukosen**) des Hundes gehören die neoplastischen Entartungen der Granulozytenreihen sowie der Monozyten-, Thrombozyten- und Erythrozytenreihe. Die Mehrzahl der beschriebenen myeloischen Leukämien entfallen auf die Reihe der Neutrophilen und manifestieren sich als akute myeloblastisch-promyelozytäre und -myelozytäre Formen mit mäßiger bis extremer Leukozytose (MEIER 1957, SQUIRE 1964, FRITZ et al. 1973, COOPER und WATSON 1975, SCHALM 1980 a, KELLER et al. 1985). HARVEY (1981) dokumentierte einen Fall von chronischer myeloischer (granulozytärer) Leukämie mit vorwiegend neutrophilen Segment- und Stabkernigen sowie mäßig Metamyelozyten im peripheren Blut. **Eosinophilenleukämien** kommen beim Hund kaum vor. Uns ist lediglich eine Arbeit von SQUIRE (1964) bekannt. Auch **Basophilenleukämien** treten beim Hund äußerst selten auf. Bei einem von KAMMERMANN (1966) publizierten und einem von uns gesichteten Fall handelte es sich um eine akute Form mit mehrheitlicher Ausschwemmung von unreifen Vorstufen, während MACEWEN et al. (1975) eine gut auf die Therapie ansprechende, chronische Basophilenleukämie mit vorwiegend reiferen Zellen (89 % Basophile) im Blut beschrieben.

Einen akuten Verlauf haben wir auch bei einem Fall von **Myelomonozytenleukämie** und zwei Fällen von **Monozytenleukämie** beobachtet (KELLER 1986), obschon eine ausgeprägte Durchreifung der proliferierenden Zellen vorhanden war (KELLER und FREUDIGER 1983). Ähnliche Befunde wurden von BARTHEL (1974), TOLLE et al. (1979) und MACKEY et al. (1975) mitgeteilt.

RUDOLPH und HÜBNER (1972) beschrieben eine akute **Megakaryozytenleukämie** mit Myelofibrose und Osteosklerose bei einer Schäferhündin. Bei uns zur Beurteilung überlassenen Ausstrichen einer spanischen Windhündin mit Megakaryozytenleukämie belief sich der Anteil der Megakaryopoese an den Knochenmarkzellen auf 76,4%. 70% der kernhaltigen Zellen im peripheren Blut waren Megakaryozytenkerne, und die Thrombozytenzahl betrug 6370×10^9/l (KELLER

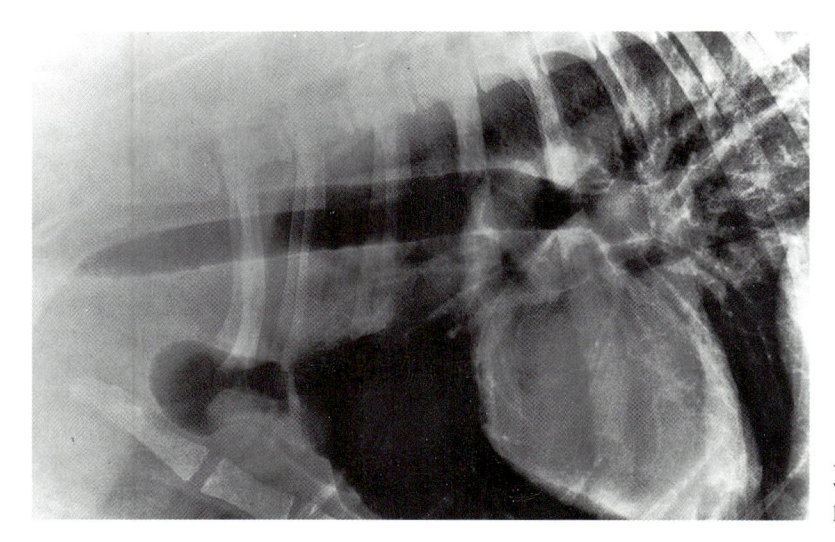

Abb. 26.7. Lymphosarkom: vergrößerter Sternallymphknoten. Afghane, 7 j., männlich.

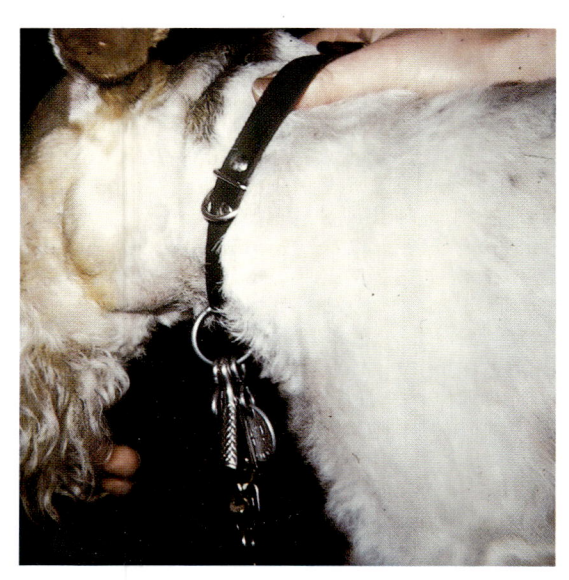

Abb. 26.8. Lymphadenose: geschwollene Halslymphknoten. Foxterrier, 9 j., männlich.

und FREUDIGER 1983). HOLSCHER et al. (1978) dokumentierten einen ähnlichen Fall, fanden aber im peripheren Blut nur Megakaryozyten und -blasten bei fehlender Thrombozytämie.

Erythroleukämien wurden vereinzelt bei Beagle-Hunden nach Strahlenexposition gefunden (ANDERSON und JOHNSON 1962, FRITZ et al. 1973).

Auch **lymphatische Leukämien** (Syn.: **lymphatische Leukosen**) treten beim Hund gelegentlich auf. **Akute Lymphoblastenleukämien** zeigen gewöhnlich eine massive Ausschwemmung von Lymphoblasten bei gleichzeitiger Neutropenie, Anämie und Thrombozytopenie als Zeichen einer Myelophthise (KELLER 1986). Die Gesamtleukozytenzahl variiert oft beträchtlich. Das Knochenmark ist von Lymphoblasten durchsetzt (HOSE und SCHNECK 1979, THRALL 1981, KELLER und FREUDIGER 1983). **Chronische lymphatische Leukämien** führen gelegentlich zu exorbitanten Gesamtleukozytenzahlen mit Lymphozytose (vorwiegend reiferer Lymphozytenstadien), häufigen Zellnekrosen und Anämie (HODGKINS et al. 1980, HARVEY et al. 1981; eigene Beobachtungen). Ebenfalls zu den lymphatischen Leukämien werden die **Lymphosarkomzellenleukämien** gezählt (WINTROBE 1981). Es handelt sich dabei um die leukämische Form maligner Lymphosarkome mit ähnlichem Blutbild wie lymphatische Leukämien.

Ein Modell für die Entwicklung von Lymphosarkomzellenleukämien aus Lymphosarkomen ergibt sich aus den Transplantationsversuchen von COHEN et al. (1974). Vier Tage nach subkutaner Inokulation von neugeborenen Welpen mit Leukämiezellen ließen sich Neoplasien in den regionären Lymphknoten feststellen, am 11. Tag Metastasen in Milz und Knochenmark und am 16. Tag eine Infiltration der Leber sowie eine lymphatische Leukämie im peripheren Blut. Daß in vielen Fällen von Nicht-Hodgkin-Lymphomen die Bedingungen für eine hämatogene Aussaat neoplastischer Zellen gegeben sind, zeigt sich aus der Studie von VAN PELT und CONNER (1968), die in 100% der untersuchten Fälle eine Beteiligung der Milz und in 83 bzw. 84% der Fälle auch eine Beteiligung der Leber und des Knochenmarks nachweisen konnten. SQUIRE (1964) und andere Autoren vertreten die berechtigte Ansicht, daß leukämische Formen von Lymphosarkomen häu-

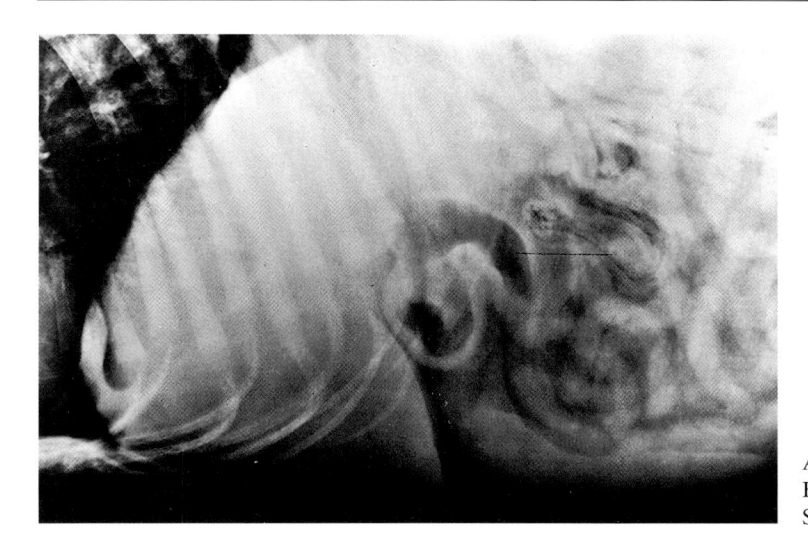

Abb. 26.9. Lymphadenose: Hepatosplenomegalie, Berner Sennenhund, 6j., männlich.

figer vorkommen, als allgemein angenommen, im subleukämischen Stadium aber übersehen werden. Markante Veränderungen des peripheren Blutbildes mit Lymphozytose, Anämie und oft auch Thrombozytopenie treten in der Regel erst spät oder terminal auf (THRALL 1981, KELLER und FREUDIGER 1983).

2. **Lymphome** (Syn.: **Lymphadenosen, „malignant lymphoma"**) führen meist zu einer generalisierten Hyperplasie der Lymphknoten und zu Hepasplenomegalie. Die Lymphome werden weiter unterteilt in den **M. Hodgkin** (Syn.: **Lymphogranulomatose**) und die **Nicht-Hodgkin-Lymphome (Lymphosarkome)**.

Obwohl die Existenz des M. Hodgkin bei Tieren umstritten ist, wurden beim Hund einige Fälle mit frappanter morphologischer Ähnlichkeit zum M. Hodgkin publiziert. Es handelt sich um bösartig verlaufende Erkrankungen des lymphoretikulären Systems mit Granulationsgewebe und Sternberg-Reed-Zellen. Befallen sind meistens die Zervikal-, Axillar- und präskapulären Lymphknoten, seltener auch Mediastinallymphknoten und andere sowie Milz und Leber (SQUIRE 1964). Die Nicht-Hodgkin-Lymphome (Lymphosarkome; Abb. 26.7.) gehören zu den häufigsten beim Hund vorkommenden Neoplasien und werden nur durch neoplastische Veränderungen der Milchdrüse übertroffen. Lymphadenosen treten vorwiegend im mittleren Lebensalter auf. Eine Geschlechtsdisposition konnte nie mit Sicherheit nachgewiesen werden. Die jährliche Frequenz beläuft sich nach Schätzungen von DORN et al. (1967) auf 24 Fälle in einer Population von 100000. Anläßlich einer klinisch-pathologischen Studie fanden VAN PELT und CONNER (1968) folgende Reihenfolge und Häufigkeit der betroffenen Organe: Mandibular-, Thorakal-, Abdominal- und andere Lymphknoten (100%; Abb. 26.8.), Milz (100%; Abb. 26.9.), Thymus und Tonsillen (100%), Leber (84%), Knochenmark (83%) sowie andere Organe in abnehmender Häufigkeit.

Die mittels Palpation und Röntgenaufnahmen gut feststellbaren Lymphknoten-, Milz- und Lebervergrößerungen (Abb. 26.9.) sind pathognomonisch und werden durch eine Reihe anderer Symptome ergänzt. Bei starker Beeinträchtigung der retropharyngealen und mediastinalen Lymphknoten zeigen sich Würgen, Husten, Dyspnoe und Dysphagie. Veränderungen im Mesenterialbereich und Gastrointestinaltrakt (Peyersche Platten) manifestieren sich in Vomitus, Obstruktionen, Durchfällen und Malabsorption. Ferner sind Anorexie, Mattigkeit und starke Ermüdbarkeit häufig, seltener dagegen Aszites, Hydrothorax und Ödeme im Bereich der Lymphknoten. Die hämatologischen Untersuchungen ergeben in der Peripherie häufig eine unspezifische Leukozytose mit Neutrophilie (Lymphadenose mit leukozytotischem Blutbild), eine mit dem Verlauf zunehmende, normochrome Anämie und Thrombozytopenie (primär als Folge von hämorrhagischen Diathesen). Die Lymphozytenzahlen variieren stark, sind aber in der Regel im Normalbereich oder erniedrigt. Bei genauerer und wiederholter Untersuchung werden aber häufig Lymphoblasten in Leukozytenüberstand (buffy coat) oder in Zellkonzentraten gefunden. Bei fortgeschrittenen Fällen, meist aber terminal, kann es schließlich zur Ausbildung von Lymphosarkomzellenleukämie kommen mit geringgradiger bis massiver Lymphozytose. Die klinisch-chemischen Analysen ergeben vielfach erhöhte Aktivitäten der alkalischen Phosphatase (AP) und Alanin-Aminotransferase (ALAT) im Plasma auf Grund der Leberveränderungen.

3. Die **Polycythaemia vera** (Syn.: **Vaquezsche Krankheit**), eine chronische Erkrankung unbekannter Ursache, ist durch eine gesteigerte Aktivität des Knochenmarks gekennzeichnet. Im Vordergrund steht die überschießende Erythropoese mit erhöhter Erythrozytenzahl, erhöhtem Hämatokrit und Hämaglobin, erhöhtem Blutvolumen, normalem Erythropoetin-Spiegel und meist Leukozytose, Thrombozytose sowie Splenomegalie. Die Symptome stehen allgemein in Zusammenhang mit dem vergrößerten Blutvolumen sowie der erhöhten Viskosität und der Gefäßthrombosierung (dunkelrote Schleimhäute, Polydipsie und Polyurie, neurologische und neuromuskuläre Störungen, Blutungen). Es bestehen Anhaltspunkte, daß der abnormen Zellvermehrung im Knochenmark ein Stammzellendefekt zugrunde liegt (QUESENBERRY und LEVITT 1979). Als Hauptkriterien für die Diagnose gelten: erhöhtes Erythrozytenvolumen/kg Körpermasse, O_2-Sättigung >92% und Splenomegalie; Nebenkriterien sind: Thrombozytose, Leukozytose, erhöhte Leukozyten-AP und erhöhter Serum-B_{12}-Spiegel. Für die Diagnose bedarf es aller drei Hauptkriterien oder der zwei ersten Hauptkriterien und zweier Nebenkriterien. Auch wenn man von der beim Hund praktisch fehlenden Leukozyten-AP absieht, vermögen die bei dieser Tierart beschriebenen Fälle von Polycythaemia vera kaum allen Kriterien zu genügen. Insbesondere fehlen meist Splenomegalien und Thrombozytosen, und der Übergang einer Polycythaemia vera in eine Myelofibrose oder Leukämie wurde unseres Wissens beim Hund nicht beschrieben, so daß das Vorkommen der von der Humanmedizin her bekannten Polycythaemia vera beim Hund umstritten bleibt (MACGRATH 1974).

4. **Myelofibrose**: Bei der idiopathischen Myelofibrose, ebenfalls einer vermutlichen Stammzellenneoplasie, handelt es sich um eine ätiologisch ungeklärte, chronische myeloide Metaplasie, charakterisiert durch zunehmende Verödung des Knochenmarks mit unterschiedlich ausgeprägter Fibrose und Osteosklerose, extramedullärer Blutbildung in Milz und Leber und starker Vergrößerung dieser Organe (insbesondere Splenomegalie) sowie Ausschwemmung unreifer myeloischer und erythropoetischer Zellen ins periphere Blut aus den extramedullären Blutbildungsstätten. Die Thrombozyten sind initial erhöht, später auch erniedrigt und morpholoisch verändert (Riesenplättchen, pathologische Granulation). Charakteristisch ist ferner eine ausgeprägte Poikilozytose mit „Tränentropfenformen" der Erythrozyten. Knochenmarkpunktionen sind oft erfolglos; Knochenmarkbiopsien zeigen neben hyperplastischen Herden (Vorläufer von Neutrophilen und oft viele pathologisch veränderte Megakaryozyten und -blasten) fibrotische und sklerosierte Bezirke. Beim Hund wurde ein Fall von Myelofibrose und Osteosklerose im Zusammenhang mit einer Megakaryozytenleukämie beschrieben, der in mancher Hinsicht mit der idiopathischen Myelofibrose des Menschen gut übereinstimmt (RUDOLPH und HÜBNER 1972). Auszuschließen sind andere Myelofibrosen, z. B. bedingt durch exogene Knochenmarkschädigungen (Strahlenschäden; Intoxikationen mit Fluor, Phosphor und Quecksilber; Therapie mit Zytostatika) sowie die bei Hunden und auch beim Menschen beschriebenen terminalen Myelofibrosen bei hereditärem Erythrozyten-Pyruvatkinase-Mangel (PRASSE et al. 1975).

5. Zu den **seltenen Neoplasien**, welche möglicherweise mit **granulozytären Leukämien** oder **Lymphomen** verwandt sind, zählen: die beim Hund seltenen **Mastzellenleukämien** mit Ausschwemmung von Mastzellen in die Blutbahn (FOWLER et al. 1966, ALLAN et al. 1974); die **histiozytäre, medulläre Retikulose** (eine maligne Histiozytose; SCHALM 1980a) mit Erythrophagozytose durch Histiozyten, Anämie (teilweise bedingt durch die bei der Erythrophagozytose entstandene Hämolyse) sowie Splenomegalie und Panzytopenie; die unseres Wissens beim Hund nicht beschriebene **Haarzellenleukämie** (leukämische oder aleukämische Retikuloendotheliose), die mit schweren Panzytopenien oder eigentlichen Agranulozytosen einhergeht und lymphozytenähnliche Zellen mit schmalem, haarig ausgefranstem Zytoplasma aufweist, welche meist tartratresistente, saure Phosphatase enthalten (WINTROBE 1981).

6. **Immunglobulinsezernierende Neoplasmen** (Syn.: **multiple Myelome, Plasmozytome**): Auch hier handelt es sich um eine klonale Neoplasie, vermutlich von einer ausdifferenzierteren Stammzelle der B-Lymphozyten-Reihe ausgehend. Obschon die genaue Ursache nicht bekannt ist, geht aus vielen Versuchsmodellen hervor, daß

ein Zusammenwirken von genetischen Faktoren sowie langdauernder chemischer, bakterieller oder viraler Stimulation des lymphoretikulären Systems schließlich zu Plasmazellneoplasien führen kann. Auch bei Hunden werden gelegentlich multiple Myelome im Zusammenhang mit chronischen Infektionen, z. B. bei Coccidioidomykose (SCHALM 1980a) oder bei Leishmaniose (eigene Beobachtungen), gefunden. Neben neoplastischen Skelettveränderungen, die oft als Osteosarkome fehlgedeutet werden, Lahmheiten und Spontanfrakturen (systematische Röntgenuntersuchung) stehen die durch Ausbreitung des neoplastischen Prozesses im Knochenmark verursachten Symptome im Vordergrund: therapierefraktäre Anämie, Leukopenie, Thrombozytopenie. Das im Überschuß sezernierte monoklonale Immunglobulin führt zu einer Paraproteinämie, gefolgt von einer stark beschleunigten ESR, auffallender „Geldrollenbildung" und Gerinnungsstörungen wegen der erhöhten Serumviskosität. Die L-Ketten der Immunglobuline können im Urin als Bence-Jones-Protein nachgewiesen werden. Als Komplikationen treten Niereninsuffizienzen, Infektionsanfälligkeit, periphere Gefäßverschlüsse und Durchblutungsstörungen auf. Zur Diagnose ist neben dem vermehrten Plasmozytengehalt des Knochenmarks das im Überschuß produzierte Immunglobulin (meist IgG und IgA) durch Immunelektrophorese nachzuweisen und zu identifizieren. In der Elektrophorese zeichnen sich die monoklonalen Immunglobuline als schmalbasige M-Komponenten ab. Multiple Myelome werden beim Hund sporadisch diagnostiziert (KAMMERMANN et al. 1969, SHEPARD et al. 1972, BRAUND et al. 1979, KELLER und FREUDIGER 1983, KELLER 1986). Gelegentlich können sich auch extramedulläre Plasmozytome (Milz, Leber, Niere, Lymphknoten und andere Organe; KAMMERMANN et al. 1969) bilden, mit schleichendem, uncharakteristischem Krankheitsverlauf, aber typischen klinisch-chemischen und immunelektrophoretischen Befunden. Nur äußerst selten kommt es aber zur Ausschwemmung von Plasmazellen in die Blutbahn, also zu einer Plasmazellenleukämie (THRALL 1981).

Beim Hund wurden darüber hinaus **primäre Makroglobulinämien** (IgM-Paraproteinämie, M. Waldenström; HURVITZ et al. 1970), sekundäre Makroglobulinämien, IgA-Gammopathien bei lymphatischen Leukämien (MACEWEN et al. 1977, BRAUND et al. 1978) und sog. **gutartige Makroglobulinämien und Gammopathien** („benign monoclonal gammopathy") mit Serumanomalien (IgM und IgA) ohne andere Grundkrankheit beschrieben (DEWHIRST et al. 1977, HURVITZ et al. 1977).

Die *Prognose* der neoplastischen Erkrankungen des hämatopoetischen Systems ist stets ungünstig, und die *Therapie* hat primär zum Ziel, die Überlebenszeit durch Herbeiführen von Remissionen um Wochen bis selten Jahre zu verlängern.

WELLER et al. (1980a) erzielten in einem Fall von generalisiertem, nodulärem Lymphosarkom bei einem Bernhardiner mittels Chemoimmuntherapie eine Remissionsdauer von 1095 Tagen und eine Überlebenszeit von 1261 Tagen. HARVEY et al. (1981) beschrieben einen Fall von chronischer lymphatischer Leukämie einer Pudelhündin, welche ohne Therapie zwei Jahre überlebte (der Hund wurde schließlich aus anderen Gründen eingeschläfert). Die Behandlung gliedert sich in eine „symptomatische" (Bluttransfusionen, Roborantien, Infektionsbekämpfung und -prophylaxe) und eine „spezifische" (Zytostatika, Röntgenbestrahlung Immuntherapie und gegebenenfalls Milzexstirpation). Die Behandlung ist durch regelmäßige Blutkontrollen streng zu überwachen, um eine optimale Dosierung zu erreichen und eine Agranulozytose zu vermeiden.

Bei *myeloischen Leukämien* sind zur Behandlung angezeigt: Busulfan (Leitdosis: bis zu 0,1 mg/kg/d p.o.), Hydroxycarbamid (Leitdosis; 30–50mg/kg/d p.o., zweimal täglich; MACEWEN et al. 1975) sowie andere Medikamente (Cytarabin, 6-Thioguanin, Daunorubicin). Corticosteroide sind unwirksam. Zur Therapie der *lymphatischen Leukämien und Lymphome* hat sich eine Kombination von Chlorambucil (Leitdosis: 0,1–0,2 mg/kg/d p.o.) und Corticosteroiden (Dexamethason, 0,5–6 mg/kg/d c.o.) dank der einfachen Verabreichungsart und der guten Verträglichkeit bestens bewährt (FREUDIGER 1966). Bei unreifzelligen lymphatischen Leukämien oder Lymphadenosen ist auch die Verwendung von Cyclophosphamid in einer Dosis von 3–4 mg/kg/d oral oder als Injektion in Kombinatin mit Corticosteroiden angebracht. Komplexere Therapieschemata, wie sie heute an gewissen Kliniken verwendet werden (WELLER et al. 1980b, BOWLES et al. 1980, MACEWEN et al. 1981), eignen sich weniger für Praxisbedingungen.

Für die Behandlung der *Polycythaemia vera* sind Busulfan oder Chlorambucil in der oben erwähnten Dosierung und Phlebotomien (z.B. 10 ml/kg jeden zweiten Tag, bis zur Normalisierung des Hämatokrits) zweckmäßig, wobei auch hier die Therapieüberwachung mittels Blutstatus zwingend ist. Als nützlich, aber nur in Zusammenarbeit mit Strahlenkliniken durchführbar, hat sich ferner die Therapie mit oral oder i. v. appliziertem, radioaktivem Phosphor (^{32}P) erwiesen (MACGRATH 1974).

Bei *Myelofibrose* kommt nur eine symptomatische Therapie (Bluttransfusion, Anämiebehandlung, Infektionsprophylaxe) und gegebenenfalls eine Splenektomie in Frage. Eine myelosuppressive Behandlung ist – zumindest beim Menschen – kaum wirksam (HARVEY 1981).

Das *multiple Myelom* läßt sich auch beim Hund mittels der Kombination von Chlorambucil und Corticosteroiden (z. B. Dexamethason) erfolgreich behandeln (SHEPARD et al. 1972). Als ebenfalls wirksam dürfte sich das Cyclophosphamid in Kombination mit Corticosteroiden erweisen. Äußerst wichtig sind insbesondere beim multiplen Myelom auch die Infektionsbekämpfung und -prophylaxe sowie die roborierende Therapie.

26.4. Veränderungen des roten Blutbildes

26.4.1. Anämien

Unter einer **Anämie** versteht man die Verminderung der Erythrozytenzahl und/oder des Hämoglobins pro Volumeneinheit auf unterhalb der physiologischen Grenze, während eine Verminderung der zirkulierenden Blutmenge (Blutverschiebung, akute Blutung, bevor die Kompensationsmechanismen einsetzen) als **Oligämie** bezeichnet wird (E/1, Hämatokrit usw. normal).

Die *Einteilung der Anämien* richtet sich einerseits nach morphologischen, andererseits nach ätiologisch-pathogenetischen Kriterien. Die Erythrozytengröße kann normal, verkleinert oder vergrößert (normozytäre, mikrozytäre, makrozytäre Anämie) und der Hämaglobingehalt normal, erniedrigt oder vermehrt (normochrome, hypochrome, hyperchrome Anämie) sein (SCHALM 1980b). Die Feststellung dieser Veränderungen erlaubt schon gewisse Rückschlüsse in bezug auf die Ätiologie und Pathogenese der Anämie. Drei pathogenetische Mechanismen sind für die verschiedenen Anämien verantwortlich:

1. erhöhter Blutverlust nach außen oder in den Körper (akute oder chronische Blutungsanämien),
2. vermehrter Untergang der Erythrozyten (hämolytische Anämien),
3. Hemmung der Bildung, Ausreifung oder Ausschüttung der Erythrozyten aus dem Knochenmark.

Da manche Anämien verschiedene pathogenetische Wurzeln aufweisen, kann kaum eine ideale Einteilung gefunden werden, und gewisse Überschneidungen sind unumgänglich.

Für die *Diagnose* der Anämien und die *Differentialdiagnose* der einzelnen Formen sind die auf S. 847 ff. beschriebenen quantitativen Untersuchungen des Blutes unerläßlich. Die Beurteilung der Schleimhautfarbe allein genügt nicht. Blasse Schleimhäute (Abb. 26.10.) finden sich sowohl bei Anämien als auch bei Kreislaufinsuffizienz und im Kollaps. Ferner ist die Beurteilung der Knochenmarkaktivität (direkte Beurteilung der Erythropoese) für die Erkennung des der Anämie zugrunde liegenden pathogenetischen Mechanismus unumgänglich (Tabelle 26.2.). Aber auch der gefärbte Blutausstrich (SEYBOLD et al. 1980b) ist für die Beurteilung wichtig.

Eine gesteigerte Blutbildung und beschleunigte Ausschüttung von Erythrozyten aus dem Knochenmark (Blutungsanämien, hämolytische Anämien) äußern sich im peripheren Blut durch vermehrtes Auftreten unreifer Erythrozyten (bläulicher Farbton = Polychromasie, Retikulozyten, Normoblasten, Makrozytose, Anisozytose). Anders bei Anämien infolge Knochenmarkhemmung: Hier fehlen die unreifen Zellen, oder deren Vorkommen steht nicht in Relation zur Schwere der Anämie, oder es besteht eine Mikrozytose (Fe-Mangel-Anämie). Einzig wenn die ungenügende Erythropoese auf Verdrängung des Knochenmarks durch Tumormetastasen beruht, sind ebenfalls Anzeichen eines hyperaktiven Knochenmarks im Blutbild erkenntlich. Die Bestimmung der Leukozyten- und Thrombozytenzahl ist wichtig, damit man beurteilen kann, ob nur die Erythropoese oder auch die anderen Knochenmarkfunktionen gehemmt sind. Eine Erhöhung des Serumglobulins und des -bilirubins sind – nicht regelmäßige – Symptome hämolytischer Anämien. Die Serumeisenbestimmung ist unerläßlich zur Diagnose von Fe-Mangel-Anämien. Bauchpalpation und Röntgenaufnahme liefern Anhaltspunkte über Leber und Milz (Milzvergrößerung bei hämolytischen Anämien).

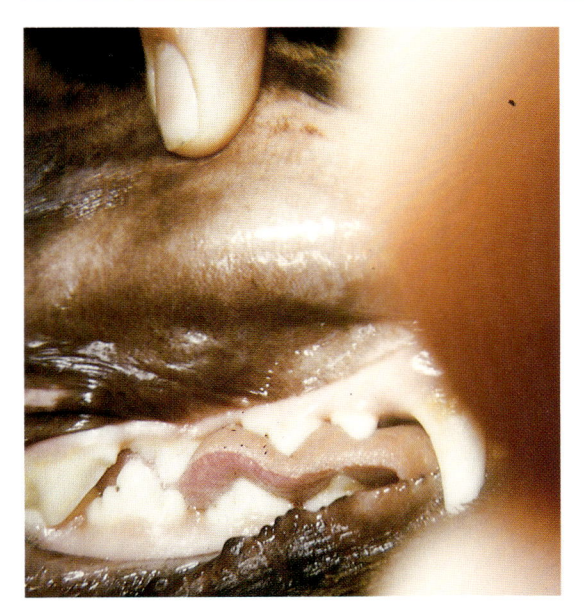

Abb. 26.10. Anämie. Blasse Schleimhäute. Cocker-Spaniel (Erythrozyten, $1{,}44 \cdot 10^{12}$, Hb 2,7, Hämatokrit 14).

Da die Anämie keine selbständige Krankheit, sondern lediglich ein Symptom zahlreicher pathologischer Veränderungen ist, führt nur eine gründliche klinische Allgemeinuntersuchung mit zusätzlichen Untersuchungsmethoden (Harn, Blutharnstoff: chronische Nephritis = häufige Ursache; chronische Blutungsanämie: infolge Mikro- oder Makrohämaturie; okkultes Blut im Kot: kryptogene Magen-Darm-Blutungen; Blutbild und parasitologische Kotuntersuchung: Eosinophilie bei Darmparasiten usw.) im günstigsten Fall zur therapeutisch wichtigen ätiologischen Klärung (s. Tabelle 26.2.).

Allgemeine Symptomatologie: Bei den Symptomen wird zwischen denjenigen der Grundkrankheit und den Erscheinungen und Folgen der Anämie unterschieden, wobei letztere hauptsächlich durch den Sauerstoffmangel und die dadurch verursachten Gegenregulationsmechanismen bedingt sind. Mattigkeit und erhöhte Ermüdbarkeit fallen neben blassen Schleimhäuten, mehr oder weniger ausgeprägter Dyspnoe, Tachykardie, kleinem hartem Puls und gelegentlich feinem, anämischem Herzgeräusch auf. Die Schwere dieser Symptome hängt von der Geschwindigkeit der Entstehung der Anämie ab. Je langsamer sie sich entwickelt, desto wirksamer werden die Gegenregulationsmechanismen. Man ist oft erstaunt über die Diskrepanz zwischen dem Anämiegrad und der Ausprägung dieser Symptome.

1. **Blutungsanämien.** Der *akuten Blutungsanämie* liegen Traumen, Infektionen (Hcc, Clostridien), Intoxikationen oder Blutgerinnungsstörungen zugrunde. Die durch den Blutverlust bedingten Symptome sind abhängig von der Geschwindigkeit und dem Ausmaß des Blutverlustes. Die anfängliche Oligämie geht nach einigen Stunden bis wenigen Tagen in eine Anämie über. Durch den Übertritt von Gewebeflüssigkeit

Eisenmangel kann nach HEGGLIN (1966) auf folgenden Faktoren beruhen:

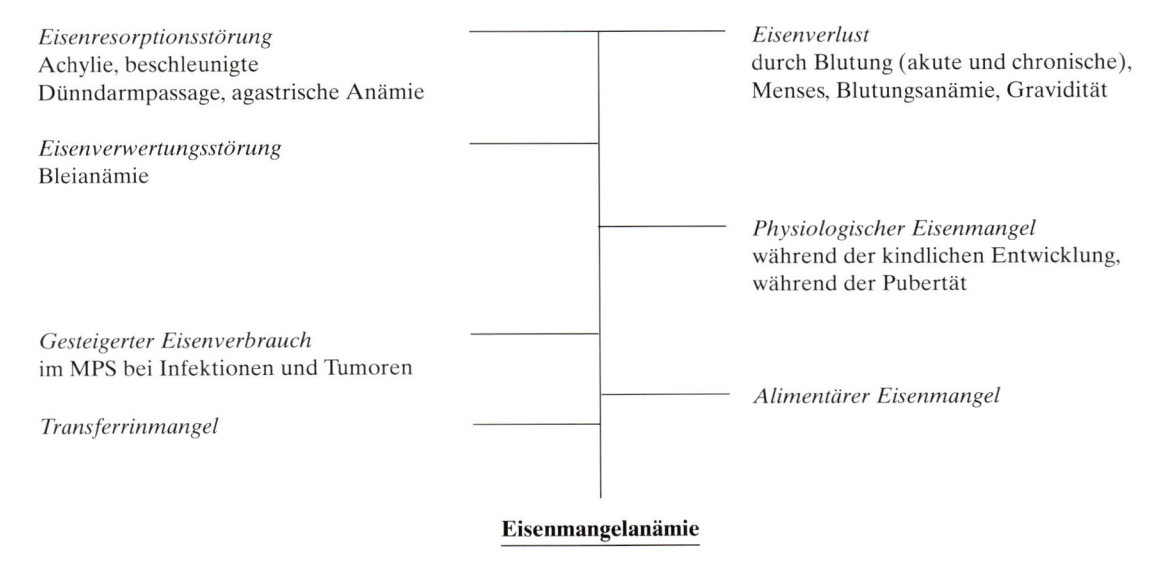

Eisenresorptionsstörung Achylie, beschleunigte Dünndarmpassage, agastrische Anämie	*Eisenverlust* durch Blutung (akute und chronische), Menses, Blutungsanämie, Gravidität
Eisenverwertungsstörung Bleianämie	
	Physiologischer Eisenmangel während der kindlichen Entwicklung, während der Pubertät
Gesteigerter Eisenverbrauch im MPS bei Infektionen und Tumoren	
Transferrinmangel	*Alimentärer Eisenmangel*

Eisenmangelanämie

Tabelle 26.2. Veränderungen der Blut- und Knochenmarkbefunde bei verschiedenen Anämien (nach B. KAMMER-

Ursache	Erythrozyten	Hämoglobin	Retikulozyten	Leukozyten	Normoblasten
Blutbildungsstörungen					
Östrogene	↓	↓	↓	↑↓	evtl. ↑
Chloramphenicol	↓	(↓)	↓	↓	(besonders
Hypothyreose	↓	↓	(↓)	(↑)	bei extra-
Chronische Krankheiten	↓	↓	↓	↑↓	medullärer
(Leber, Niere, Infektionen,					Blut-
Neoplasien)					bildung)
Eisenmangel	(↓)	↓	(↑)	(↓)	
Sideroachrestische Anämie	(↓)	↓	(↑)	(↓)	↑
(Bleivergiftung)					↑
Chronische Blutungen	↓	↓	↑	(↑)	
Magen-Darm-Neoplasien			im allgemei-		
und -Ulcera			nen <100‰		
Ekto- und Endoparasiten					
Blutverlust in Körperhöhlen	↓	↓	↑	↑	↑
(z.B. blutende Neoplasmen)			im allgemei-	bis	
			nen <100‰	↑↑	
Hämolysen	↓	↓	↑↑	↑	(↑)
Autoimmunkrankheiten			bis	evtl. mit	bis
Infekte mit hämolysierenden			>200‰	Links-	↑↑
Bakterien und Blutparasiten				verschiebung	

( ) = nicht obligat
Hst. = Harnstoff
ALAT = Alanin-Aminotransferase (EC.2.6.1.2)

ASAT = Aspartat-Aminotransferase (EC.2.6.1.1)
AP = alkalische Phosphatase (EC.3.1.3.1)
GGT = γ-Glutamyltransferase (EC.2.3.2.2)

in das Blut wird versucht, die Hypovolämie auszugleichen. Gleichzeitig tritt eine gesteigerte Knochenmarkaktivität auf. Wir finden eine makro- oder normozytäre, normo- oder hypochrome Anämie mit vermehrt unreifen Zellen. Der Blutverlust wirkt als akuter Streß. Das weiße Blutbild zeichnet sich durch Leukozytose und Neutrophilie aus.

Anders liegen die Verhältnisse bei der *chronischen Blutungsanämie*, die dem Organismus reichlich Zeit zur Anpassung läßt und deshalb oft nur geringe subjektive Symptome zur Folge hat. Blutsaugende Ekto- und Endoparasiten (vor allem Ankylostoma, Kokzidien), chronische Magen-Darm-Blutungen und Metropathien (vor allem glandulär-zystische Endometriumhyperplasie, verlängerte Brunst), chronische Urogenitalblutungen, Ascites haemorrhagicus (Neoplasmen) oder auch Hämophilien sind die häufigsten Ursachen. Da mit dem Blutverlust dem Organismus ebenfalls Eisen verlorengeht, ist die chronische Blutungsanämie nicht selten von einer sekundären Fe-Mangel-Anämie begleitet (Therapie!). Die hämatologischen Zeichen sind diejenigen einer makro- oder normozytären, normochromen Anämie mit vermehrt unreifen Erythrozyten, bei Fe-Mangel eher mikrozytär und evtl. ohne deutliche Retikulozytenzunahme, die erst nach Beginn der Eisentherapie einsetzt.

2. **Hämolytische Anämien.** Die vermehrte Zerstörung der Erythrozyten manifestiert sich in Form einer Hämolyse, welche entweder intravaskulär (Lyse der Erythrozyten in der Blutbahn) stattfindet oder häufiger erst anläßlich der Erythrophagozytose durch Zellen des mononukleären phagozytären Systems (extravaskuläre Hämolyse) auftritt.

Die **hämolytische Anämie der Neugeborenen**

MANN, Veterinärmedizinische Fakultät der Universität Zürich; modifiziert)

Andere Befunde	Bilirubin (direkt + indirekt)	Eisen			Mark-erythro-poese
		Serum	Knochenmark		
			interstitiell	Sidero-blasten	
		(↓)			↓
		↑			↓
T_4↓, Cholesterol↑		↑			↓
Nieren: Hst.↑		↓	evtl.↑	↓	↓
Leber: AP↑, evtl. GGT↑	evtl. direkt		(z. B.	bis	
	↑		Infektionen)	0	
	(↓)	↓	↓ bis 0	↓	(↑)
		↑	↑↑	↑↑	(↑)
		(↑)	(↑)	(↑)	(↑)
		↓	(↑)		↑
Hst. (↑) bis (↑↑)	(↑)	(↑)	(↑)		↑
evtl. ASAT↑					
LDH↑, HBDH↑, Hst.(↑)	je nach	↑	↑		↑↑
bei akuten Leberaffektionen	Schwere-		bis		
ALAT↑	grad ↑		↑↑		
	(indirekt)				

LDH = Lactat-Dehydrogenase (EC.1.1.1.27)   HBDH = α-Hydroxybutyrat-Dehydrogenase
(= schnellwandernde LDH-Isoenzyme)

(**Icterus gravis neonatorum**) kann experimentell bei DEA_1-positiven (früher als A_1 bezeichnet) Welpen von DEA_1-negativen Hündinnen hervorgerufen werden, wenn letztere vorher durch Bluttransfusionen mit DEA_1-positivem Blut sensibilisiert worden sind. Der Welpe nimmt die von der Mutter gebildeten Anti-DEA_1-Erythrozyten-Isoantikörper mit dem Kolostrum auf, und die hämolytische Episode (Anämie, Ikterus, Milz- und Leberschwellung) folgt binnen 1–3 Tagen (HARVEY 1980, PENNY 1978; s. auch Kapitel 8.).

Autoimmune hämolytische Anämien (AIHA): Diese nosologisch uneinheitliche Gruppe ist dadurch charakterisiert, daß sich der Organismus gegen seine eigenen Erythrozyten sensibilisiert. Die Anlagerung der gebildeten Autoantikörper (inkomplette Wärmeantikörper; agglutinierende und hämolysierende Kälteantikörper, Immunglobuline der Klassen IgG und IgM) an die Erythrozytenoberfläche verändert die Erythrozytenmembran so, daß die Erythrozyten sich zusammenballen (agglutinieren), durch gleichzeitige Einwirkung von Komplement hämolysieren oder auf Grund von Formveränderungen (Sphärozyten) in der Milz zerstört werden. Die AIHA beim Hund kommen als selbständige (idiopathische) Erkrankung vor oder zusammen mit idiopathischer thrombozytopenischer Purpura (ITP) und/oder Lupus erythematodes (LE). Es gibt Coombs-positive und -negative AIHA. Bei beiden Gruppen werden aber Kälteagglutinine, antinukleäre Antikörper, LE-Faktoren, Rheumafaktoren und gelegentlich Antithrombozyten-Antikörper gefunden. Die Symptome variieren beträchtlich: plötzliches Auftreten von progressiven Anämien, variabler Ikterus, intravaskuläre Hämolyse, Hepatosplenomegalie, rheumatische Beschwerden und Arthritis, Pneumonien, Glomerulonephritis,

Hautläsionen, petechiale Blutungen und Mikroangiopathien. Diagnose: Coombs-Test, Antikörper- und Faktorenbestimmung, Nachweis der Agglutinine (LEWIS et al. 1965 a, 1965 b).

Die **Hämolyse nach Bluttransfusionen**, die z. B. nach wiederholten Transfusionen gesehen wird, beruht ebenfalls auf Immunvorgängen (Isoantikörper der Blutgruppensysteme; s. Kapitel 8.).

Hämolytische Anämien infolge direkter Wirkung auf die Erythrozyten (ohne Antikörperwirkung): Blutparasiten *(Babesia canis, Haemobartonella canis)* befallen die Erythrozyten direkt; Bakterientoxine (Streptokokken, Staphylokokken, Clostridien) wirken als Hämolysine; chemische Gifte (Blei, Naphtholon, Phenol, Anilin, Paraldehyd usw.) verkürzen die Überlebensdauer der Erythrozyten. Je nach Ursache verläuft die Anämie mit oder ohne Ikterus, Hämoglobinurie und Bildung von Heinzschen Innenkörpern (chemische Gifte). Die Blutveränderungen sind diejenigen eines erhöhten Blutverlustes mit gesteigerter Knochenmarkaktivität. Diagnostisch wichtig sind der Parasitennachweis im gefärbten Blutausstrich sowie bakteriologische und toxikologische Zusatzuntersuchungen.

Hämolytische Anämien bei Splenomegalie (Hypersplenismus): Nicht so selten findet man eine zunehmende Anämie und Milzvergrößerung, evtl. verbunden mit splenogener Markhemmung. In der Milz findet ein gesteigerter Blutabbau statt. Diese Anämien verlaufen ohne Ikterus und ohne erkennbare Hämolyse. In diese Gruppe sind auch die von ULLRICH (1955) und GOYINGS et al. (1963) gemeldeten Fälle des sog. *Banti-Syndroms* (Splenomegalie, Anämie, evtl. Thrombozytopenie, Leberzirrhose, zuerst ohne, später mit Aszites) einzuordnen.

Hereditäre hämolytische Anämien infolge von Erythrozytendefekten: Als kongenitale *Enzymopathie* ist beim Basenji und Beagle der autosomalrezessiv vererbte Erythrozyten-Pyruvatkinase-Mangel bekannt. Der Enzymdefekt äußert sich in einer verkürzten Erythrozytenlebensdauer mit gestörtem Erythrozytenstoffwechsel, erhöhter Erythrozytenfragilität, starker Retikulozytose und Splenomegalie. Die Anämie ist makrozytär und hypochrom. Vielfach werden terminal eine Myelofibrose und Osteosklerose festgestellt (SEARCY et al. 1971, PRASSE et al. 1975, STANDERFER et al. 1975). Ein ebenfalls autosomal-rezessiv übertragener *Erythrozytendefekt mit gleichzeitiger Chondrodysplasie* (kurzgliedriger Zwergwuchs) beim Alaskan Malamute führt zu verkürzter Erythrozytenüberlebensdauer, makrozytärer und hypochromer Anämie mit annähernd normalem Hämatokrit, deutlich erniedrigtem Hämoglobin und nur geringgradig erhöhten Retikulozytenzahlen. Natrium und Kalium sind in den Erythrozyten erhöht, das Glutathion erniedrigt (FLETCH et al. 1975).

Die **mikroangiopathische hämolytische Anämie** ist charakterisiert durch das Erscheinen von bizarr fragmentierten Erythrozyten (Schistozyten) und durch intra- und extravaskuläre Hämolyse bei generalisierter oder lokaler Kapillarendothelschädigung mit Fibrinablagerung (vor allem Arteriolen). Als hauptsächlichste Ursache wird die disseminierte intravasale Gerinnung (DIG; s. Verbrauchskoagulopathie) angegeben (HARVEY 1980).

3. Anämien infolge gehemmter Bildung, Ausreifung oder Ausschüttung der Erythrozyten aus dem Knochenmark.

a) *Anämien infolge Mangels an zur Erythrozytenbildung benötigten Hormonen und Substanzen oder infolge gestörten Hämoglobinaufbaus (Mangelanämien):* Die primäre Rolle der Hundeniere bei der Erythropoetinbildung läßt vermuten, daß der beim Hund auftretenden normozytären, normochromen Anämie bei chronischer Nephritis eine ungenügende Erythropoetinbildung zugrunde liegt. Der Effekt beruht nicht nur auf dem Gewebeschaden, sondern wird durch Urämien verstärkt (ZANJANI et al. 1967, MIRAND et al. 1968, PETERSON 1981). Echte *perniziöse Anämien*, die beim Menschen eine Rolle spielen, kommen beim Hund nicht vor. Nach MORGAN (1967) sollen aber Infektionen mit *Diphyllobothrium latum*, dem Fischbandwurm, gelegentlich zu Vitamin-B_{12}-Mangel und makrozytärer, hypochromer Anämie beim Hund führen. *Eisenmangelanämien*, soweit sie nicht sekundär durch chronischen Blutverlust verursacht sind, scheinen nach unseren Erfahrungen selten zu sein.

Nur ein geringer Teil des beim Blutabbau freiwerdenden Eisens wird ausgeschieden. Der größte Teil findet wieder Verwendung zur Hämoglobinsynthese. Der exogene Eisenbedarf ist deshalb klein und wird in der Regel durch die Nahrung gedeckt. Das Blut weist bei der Eisenmangelanämie eine hypochrome, meist mikrozytäre Anämie auf. Hämoglobin und Hämatokrit sind stärker erniedrigt, als dies der Erythrozytenzahl entsprechen würde (MCH, MCV, MCHC erniedrigt, schlecht gefärbte Mikrozyten, Anulozyten, Targetzellen, Anisozytose, unreife Erythrozyten in normaler oder nur leicht erhöhter Zahl). Die Plasmafarbe ist auffallend hell, das Plasmaeisen (Normalwert: 17,9–30,4 µmol/l; Kraft und Duerr 1981) erniedrigt.

Zu den *erworbenen sideroachrestischen Anämien (sekundäre sideroblastische Anämien)* zählt die *Bleianämie*, bei welcher die Hämsynthese an verschiedenen Stellen gestört ist (Eisenverwertungsstörung). Basophil punktierte Normoblasten (Knochenmark) und Erythrozyten (peripheres Blut), erhöhte Ausscheidung von δ-Aminolävulinsäure und Porphyrinen im Urin sowie Bestimmung des Bleigehaltes im Blut sichern die Diagnose (Schalm 1980 c). Sekundäre sideroachrestische Anämien können auch als Symptom anderer Grundkrankheiten auftreten (Leukämien, Myelome, Myelofibrose, medikamentös bedingt, Myxödem).

b) *Anämien infolge Knochenmarkhemmung (durch toxische Faktoren, hormonale Störungen, ungenügende Durchblutung, Verdrängung).* Die Anämien infolge Knochenmarkhemmung sind recht häufig zu finden und werden durch eine Vielfalt von Ursachen hervorgerufen:

- chronische Erkrankungen von Niere und Leber, Pyometra, Darm- und Blutparasiten, chronische Infektionen,
- Medikamente und chemische Noxen (z. B. Chloramphenicol),
- Strahlenschädigungen,
- Neoplasmen (toxische Knochenmarkschädigung oder Verdrängung des Knochenmarks),
- hormonale Veränderungen (Östrogenüberschuß: sowohl Hemmung der Erythro- als auch der Myelo- und Thrombozytopoese; Panmyelophthise bei aktiven Sertolizelltumoren, Granulosazelltumoren; absolute oder relative Überdosierung zur Trächtigkeitsunterbrechung; Behandlung der Prostatahyperplasie usw.; Progesteron: Entwicklung einer leichten Anämie während der Trächtigkeit; Hypothyreose).

Diese toxisch bedingte Hemmung betrifft selektiv meist nur die Erythropoese, seltener (Strahlenschädigung, Medikamente, Östrogene, Ehrlichiose; Branch und Ouzis 1980) auch die Myelo- und Thrombozytopoese. Wird nur die Erythropoese betroffen, so bestehen häufig gleichzeitig eine mäßige bis deutliche Leukozytose und Lymphopenie. Die Anämie ist normo- oder makrozytär, normo- oder hypochrom. Leptozyten und Targetzellen können in reichlicher Zahl gefunden werden. Anzeichen von Regenerationserscheinungen (Normoblasten, Retikulozyten, Polychromasie) fehlen.

Die *Prognose*, besonders der Anämien infolge von Knochenmarkhemmungen und Hämolyse, ist vorsichtig zu stellen.

Therapie der Anämie: Der Therapieerfolg hängt davon ab, ob der Anämietypus richtig erkannt wird und vor allem, ob die zugrunde liegende Ursache gefunden und beseitigt werden kann. Sofern nicht andere Umstände dies verbieten, soll die Nahrung reich an tierischem Eiweiß sein. Die Wirkung der sog. Blutbildungsmittel, die Leberextrakte, Vitamin-B-Komplex (vor allem Vitamin B_{12}, Folsäure), Vitamin C, Mangan, Arsen usw. enthalten, ist bei den meisten Anämien fraglich, sofern nicht ein Mangel an diesen Stoffen vorliegt. Es kommt ihnen nur ein roborierender Effekt zu. Eisenmangelanämien sprechen gut an auf parenterale, später evtl. orale Eisenzufuhr (meist als Eisen-Dextran-Komplex = Dextriferrone). Bei hämolytischen Anämien ist wegen der antiallergischen Wirkung über längere Zeit Prednisolon zu verabfolgen, und falls ein Zusammenhang mit der vergrößerten Milz vermutet wird, ist gleichzeitig die Splenektomie durchzuführen. Vorgängig muß aber eine Hämobartonellose ausgeschlossen werden (s. S. 892). Als Überbrückung der bedrohlichen Anämiesymptome ist die Transfusion von Frischblut gedacht (s. Kapitel 8.). Fallen nach der Transfusion die Erythrozytenwerte sehr rasch wieder ab, so liegt eine Blutungs- oder hämolytische Anämie vor.

26.4.2. Polyglobulien

Unter einer Polyglobulie versteht man eine wesentliche Erhöhung der Erythrozyten in der Blutbahn. Von den Polyglobulien abzugrenzen sind die **Pseudopolyglobulien**, die nicht durch Vermehrung der Erythrozyten, sondern durch Bluteindickung infolge Flüssigkeitsverlustes (Erbrechen, Durchfälle usw.) zustande kommen. Bei Polyglobulien werden die sekundären von den primären (s. Polycythaemia vera, neoplastische Entartungen des hämatopoetischen Systems) unterschieden. **Sekundäre Polyglobulien** entstehen durch Reizung des Knochenmarks infolge Hypoxämie: Herzkrankheiten, länger dauernder Höhenaufenthalt und vermehrte Erythropoetinbildung (Peterson 1981).

26.5. Hämorrhagische Diathesen

Eine verstärkte Blutungsbereitschaft wird als hämorrhagische Diathese bezeichnet. Es werden unterschieden: Koagulopathien (Gerinnungsstörungen i. e. S.) und thrombozytär bedingte hämorrhagische Diathesen.

26.5.1. Koagulopathien

1. **Angeborene Koagulopathien:** Wie beim Menschen, ist die Hämophilie A (Faktor-VIII-Mangel; geschlechtsgebunden rezessiv) auch beim Hund am häufigsten und bei fast allen Rassen zu finden. Nur bei wenigen Rassen tritt dagegen die Hämophilie B (Faktor-IX-Mangel, Christmas-Faktor; geschlechtsgebunden rezessiv) auf. Selten sind: Faktor-X-Mangel (Stuart-Faktor, autosomal-dominanter Erbgang; Cocker-Spaniel), Faktor-XI-Mangel (Plasmathromboplastin-Antezedent, autosomal-dominanter Erbgang; schwerwiegende, oft letal endende Hämorrhagien beim Springer-Spaniel und beim Pyrenäen-Hund), Faktor-VII-Mangel (Proconvertin, autosomaler Erbgang; Beagle, Alaskan Malamute), Faktor-I-Mangel (Afibrinogenämie bzw. Hypofibrinogenämie, autosomaler Erbgang; letal verlaufende Gerinnungsstörungen bei Bernhardinern); Faktor-II-Mangel (Prothrombinmangel; physiologisch bei neugeborenen Säugetieren, wahrscheinlich vererbt bei Boxern und Miniatur-Pinschern). Einen umfassenden Überblick über die angeborenen Koagulopathien beim Hund gibt DODDS (1978).

2. **Erworbene Koagulopathien** treten vor allem im Gefolge von Intoxikationen (Cumarin, Warfarin) und hochgradigen Leberschädigungen (verminderte Synthese von vitamin-K-abhängigen Faktoren) auf. Von großer Wichtigkeit sind aber besonders die akut oder eher chronisch verlaufenden intravasalen Gerinnungsprozesse, das heißt die *Verbrauchskoagulopathie oder disseminierte intravasale Gerinnung (DIG)*. Darunter versteht man ein aktiviertes Gerinnungssystem mit Verbrauch der Thrombozyten einschließlich der Gerinnungsfaktoren I (Fibrinogen), V und VIII und weniger ausgeprägt von Faktor II. Dies führt einerseits zu Fibrinablagerungen im Kapillarsystem (besonders Niere und Lunge) mit Thrombosen und anschließendem Organversagen, andererseits aber zu erhöhter Blutungstendenz. Die auslösenden Ursachen sind vielfältig: Gefäßläsionen (z. B. durch Parasiten bedingt), bakterielle Endotoxine, Freisetzung von Thromboplastin (Gewebefaktor) durch Gewebsnekrose, Neoplasmen und Septikämien (HOFFMANN 1976, GREEN 1981).

26.5.2. Thrombozytär bedingte hämorrhagische Diathesen

1. **Thrombozytopenien:** Hier liegt eine Verminderung der Blutplättchenzahl vor. Ursachen: *Bildungsstörungen* (Knochenmarkhemmung infolge neoplastischer Entartung des hämatopoetischen Systems, Röntgenstrahlen, toxische Einflüsse, Neoplasmen, Blutparasiten, wie z. B. *Ehrlichia canis*), die *Immunthrombozytopenie (ITP, essentielle Thrombozytopenie)* mit Neigung zu Haut- und Schleimhautblutungen, verlängerter Blutungszeit, verzögerter Retraktion des Koagulums, Megakaryozytenanomalien und Autoantikörpern gegen die Thrombozyten (JOSHI und JAIN 1976, 1977, WARD 1980, KELLER 1985).

2. **Vererbte Thrombozytopathien (Pseudohämophilie, Thrombasthenie):** Diese gehen mit unzulänglicher Plättchenfunktion und normaler Thrombozytenzahl einher, weisen einen autosomalen Erbgang auf und werden außer beim Menschen auch bei gewissen Hunderassen gefunden (DODDS 1978).

Für die *Diagnose* und die *Differentialdiagnose* insbesondere der angeborenen Koagulopathien wäre ein eingehender Gerinnungsstatus nötig. Dieser ist aber für die Praxis zu aufwendig. Als diagnostisches Minimum ist die Bestimmung der Thrombozytenzahl und der Gerinnungsvalenz vorzunehmen. Damit gelingt es, die thrombozytopenische Purpura von Gerinnungsstörungen infolge Mangels an Faktor II (Prothrombin), Faktor V (Plasma-Prothrombin-Konversionsfaktor, Proaccelerin) und Faktor VII (Proconvertin) zu unterscheiden. Eine gründliche Allgemeinuntersuchung und zusätzliche Leberfunktionsteste (die Leber ist Bildungsort der Gerinnungsfaktoren) sind unerläßlich.

Therapie: Bei den erworbenen Gerinnungsstörungen steht die Behandlung der Grundursache im Vordergrund (Infektionsbekämpfung, Lebertherapie, Behandlung der Knochenmarkhemmung usw.). Vitamin-K-Präparate sind bei herabgesetzter Gerinnungsvalenz in hohen Dosen angezeigt, wirken jedoch nur, wenn dem Prothrombinmangel ein Vitamin-K-Mangel (Darmresorptionsstörungen, Cumarinvergiftungen) und nicht ein schwerer Leberschaden zugrunde liegt. Hämostyptika können versucht werden, sind aber von geringem Wert. Bei bedrohlichen Blutungen besteht die Therapie der Wahl in Frischblut- oder Plasmatransfusionen, mit welchen sowohl das Gefäßvolumen aufgefüllt als auch die Gerinnungsfaktoren zugeführt werden (s. Kapitel 8.). Das Blut soll unmittelbar vor der Transfusion dem Spender entnommen werden, da der Gehalt an Gerinnungsfaktoren beim Stehenlassen, je nach Faktor, innerhalb von Stunden bis Tagen rasch abnimmt. Blutende Gefäße sind zu unterbinden. Gelingt dies nicht, so kann eine Thrombinlösung auf die blutende Stelle aufgebracht werden. Corticosteroide sind wirksam, wenn es sich um eine durch Autoimmunkörper verursachte Thrombozytopenie handelt. Verläuft die Thrombozytopenie zusammen mit einer hämolytischen Anämie, so ist die operative Entfernung der vergrößerten Milz angezeigt, wobei aber vorher eine Hämobartonellose ausgeschlossen werden muß (s. S. 892).

26.6. Erkrankungen der Milz

Die Milz als lymphoretikuläres Organ dient als Blutspeicherorgan und steht im Dienst der Körperabwehr (Phagozytose, Lymphozyten-, Monozyten- und Antikörperbildung). Die Milz ist in den normalen und pathologischen (hämolytische Anämien) Erythrozytenabbau eingeschaltet. Während des Embryonallebens dient sie der Blutbildung. Bei Ausfall des Knochenmarks oder bei Systemerkrankungen des blutbildenden Gewebes kann die Milz wiederum diese Funktionen übernehmen. Diese Milzfunktionen machen ihre Beteiligung bei Infektionskrankheiten und verschiedenen Organkrankheiten verständlich. Im Verlauf von Infektionskrankheiten, besonders bakteriellen, kommt es zu einer mäßigen **Milzhyperplasie**, die bei mageren Tieren palpierbar ist. Akute und chronische Zirkulationsstörungen führen zur oft schon deutlicheren **Stauungsmilz**. Deutlichere **Milzvergrößerungen (Splenomegalie)** werden bei Leukämien gesehen. Splenomegalie wird ebenfalls häufig bei hämolytischen Anämien und beim seltenen *Banti-Syndrom* (s. S. 862) festgestellt. Im Gegensatz zu den bisher erwähnten Splenomegalien, bei denen die Milz mehr oder weniger gleichmäßig vergrößert gefunden wird, ist die Milz bei den primären und den sekundären Neoplasien, bei subkapsulären Hämatomen und bei Infarkten sowie bei den sog. Altersknoten knotig vergrößert. Die Knoten können klein sein oder in extremen Fällen fast die ganze Bauchhöhle ausfüllen. Am häufigsten unter den **primären Tumoren** sind die meist malignen und häufig in Leber, Netz, Gekröse und Nieren metastasierenden Hämangioendotheliome (FREY und BETTS 1977; Abb. 26.11.) Seltener kommen Retikulumzellsarkome und andere Sarkome vor (Abb. 26.12., 26.13.). Sekundäre Neoplasmen (Leber-, Pankreaskarzinome, Melanome usw.) sind selten.

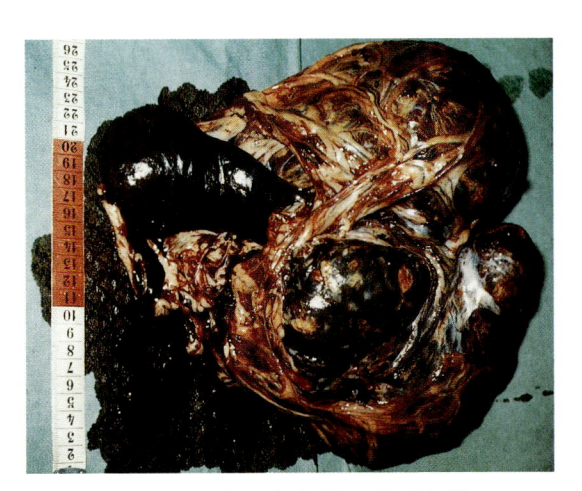

Abb. 26.11. Hämangioendotheliom. Pudel, 9j., weiblich.

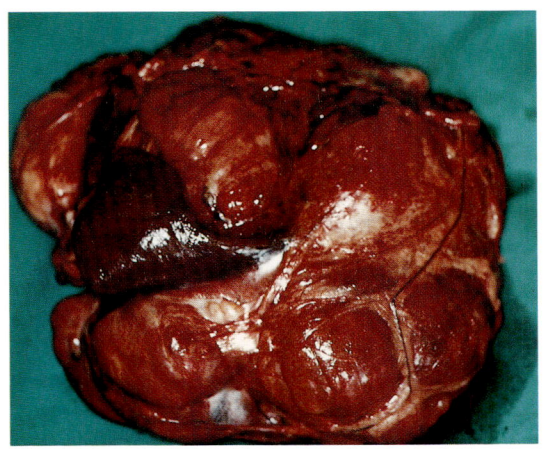

Abb. 26.12. Myxofibrosarkom der Milz. Foxterrier, $11^{1}/_{2}$j., männlich.

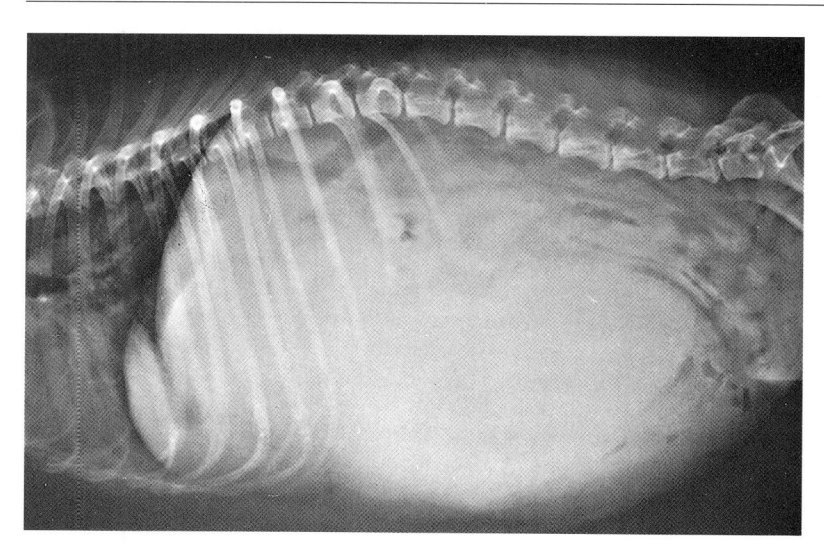

Abb. 26.13. Gleicher Fall wie in Abb. 26.11., Bauchröntgen.

Milzrupturen sind die Folge von Traumen oder treten als Spontanrupturen bei Lymphadenose und Neoplasmen auf.

Symptome: Bei starker Milzvergrößerung imponiert eine Bauchumfangsvermehrung, die im ventralen Epigastrium am auffälligsten ist. Die Palpation ergibt eine pralle oder harte Vergrößerung von glatter oder knotiger Oberfläche. *Differentialdiagnostisch* ist v. a. an Tumoren der Leber zu denken, die aber im Gegensatz zur Milzvergrößerung nach kranial zu nicht abgrenzbar sind. Zur Differenzierung gegenüber Leberveränderungen ist neben der Palpation und der Röntgenuntersuchung v. a. die Bewertung der Leberfunktionsteste wertvoll. Die Palpation hat vorsichtig, ohne Gewaltanwendung zu geschehen, da sonst die Gefahr von Milzrupturen besteht. Gründliche Allgemein- und Blutuntersuchungen lassen den Zusammenhang einer Milzvergrößerung mit Anämie oder Leukose erkennen. Große Milzhämatome und v. a. Rupturen (Traumen, Neoplasmen) führen zu einer akuten oder mehr chronischen (Tumoren) Blutungsanämie (s. S. 859).

Die *Therapie* der leukotischen Milz wurde auf S. 857 und die Behandlung der Anämien mit Milzvergrößerung auf S. 863 besprochen. Bei Stauungsmilzen sind die gestörten Zirkulationsverhältnisse zu normalisieren. Bei Milzneoplasmen und Milzrupturen, letztere als Notfallsituationen, ist die Splenektomie vorzunehmen. Als vorteilhaft erweist sich vor oder während der Operation eine Bluttransfusion oder eine Infusion mit einem Plasma-Expander. CHRISTOPH (1962) empfiehlt, vor der Milzentfernung durch i. v. Adrenalingaben (0,5 ml einer 1‰igen Lösung in 5 ml Aqua dest.) das Milzgewebe zur Ausschüttung der gespeicherten Blutmenge zu veranlassen. Bei unklaren Fällen kann schon während der Diagnosestellung diese Adrenalingabe sehr nützlich sein, da die Milzverkleinerung auch palpatorisch feststellbar ist.

Technik der Splenektomie: Der Patient wird in der Linea alba rasiert, gereinigt und iodiert. Das Operationsfeld ist so auszudehnen, daß eventuell auch ein Lappenschnitt angelegt werden kann. Die Operation wird in Rückenlage des Patienten durchgeführt. Zur Schmerzausschaltung ist die Epiduralanästhesie ausreichend. Das Abdomen wird, wie auf S. 522 beschrieben, eröffnet. Ist der Milztumor besonders ausgeprägt, ist es mitunter indiziert, den erwähnten Lappenschnitt anzulegen. Normalerweise ist die Milz so beweglich aufgehängt, daß sie vor die Wunde gelagert werden kann. Nun setzt man von einer Seite her die Milzgefäße durch Massenligaturen ab. Es wird doppelt unterbunden, und Teile des Netzes werden mit in die jeweilige Ligatur einbezogen. Zwischen beiden Ligaturen wird die Durchtrennung mit der Schere vorgenommen. Setzt man nur eine Unterbindung, treten beim Absetzen Blutungen aus der Milz auf, die die Übersicht des Operationsfeldes erheblich einschränken können. Man soll versuchen, die Milzarterien (2) möglichst knapp an der Milz abzusetzen, weil aus einer Arterie zwei Rami pancreatici abgegeben werden, die nach ihrer Unterbindung zu Ausfallserscheinungen von seiten der Bauchspeicheldrüse führen können.

Ist es infolge von Verwachsungen nicht möglich, die Milz zu exstirpieren, soll man versuchen, nur die Milzarterien zu unterbinden. Diese Unterbindung soll möglichst weit milzwärts vorgenommen werden, um auch hierbei die beiden zur Bauchspeicheldrüse führenden arteriellen Äste zu schonen. Nach der Unterbindung atrophiert die Milz. Der Verschluß der Bauchhöhle soll erst erfolgen, wenn alle Blutungen gestillt sind.

Literatur

ALLAN, G. S., WATSON, A. D. J., DUFF, B. C., and HOWLETT, C. R. (1974): Disseminated mastocytoma and mastocytemia in a dog. JAVMA **165**, 346.

ANDERSON, A. C., and JOHNSON, R. M. (1962): Erythroblastic malignancy in a Beagle. JAVMA **141**, 944.

BARTHEL, C. A. (1974): Acute myelomonocytic leukemia in a dog. Vet. Path. **11**, 79.

BEGOVIĆ, S., KADIĆ, M., and TAFRO, A. (1972): Experimental basophilia in dogs, sheep and rabbits. Veterinaria (Sarajevo) **21**, 447.

BOWLES, C. A., BULL, M., MCCORMICK, K., KADIN, M., and LUCAS, D. (1980): Autologous bone marrow transplantation following chemotherapy and irradiation in dogs with spontaneous lymphomas. J. N. C. I. **65**, 615.

BRANCH, F. B., and OUZIS, J. D. (1980): Ehrlichiosis in an Irish Setter in Mississippi. VM/SAC **75**, 423.

BRAUND, K. G., EVERETT, R. M., and ALBERT, A. (1978): Neurologic manifestations of monoclonal IgM gammopathy associated with lymphatic leukemia in a dog. JAVMA **172**, 1407.

BRAUND, K. G., EVERETT, R. M., BARTELS, J. E., and DE BUYSSCHER, E. (1979): Neurologic complications of IgA multiple myeloma associated with cryoglobulinemia in a dog. JAVMY **174**, 1321.

CHRISTOPH, H.-J. (1962): Abriß der Klinik der Hundekrankheiten. 2. Aufl. Gustav Fischer Verlag, Jena.

CHRISTOPH, H.-J., und DEDEK, G. (1965): Die biologische Leukozytenkurve als Ausdruck einer Reaktion des hämatopoetischen Systems nach operativen Eingriffen beim Hund. Schweiz. Arch. Tierhk. **107**, 279.

COHEN, H., CHAPMAN, A. L., BOPP, W. J., SCHMIDT C. E., PRZYBYLSKI, C. E., and MCPHEE, M. S. (1974) Pathogenesis of a transplanted canine lymphocytic leukemia. Cancer **33**, 1313.

COOPER, B. J., and WATSON, A. D. J. (1975): Myeloid neoplasia in a dog. Aust. Vet. J. **51**, 150.

COPLAND, J. W. (1974): Canine pneumonia caused by *Pneumocystis carinii*. Aust. Vet. J. **50**, 515.

DEUBELBEISS, K. A., DANCEY, J. T., HARKER, L. A., CHENEY, B., and FINCH, C. A. (1975 b): Marrow erythroid and neutrophil cellularity in the dog. J. Clin. Invest. **55**, 825.

DEUBELBEISS, K. A., DANCEY, J. T., HARKER, L. A., and FINCH, C. A. (1975a): Neutrophil kinetics in the dog. J. Clin. Invest. **55**, 833.

Deutsche Veterinärmedizinische Gesellschaft (1977): Arbeitswerte in der Laboratoriumsdiagnostik. Kalender für die Tierärztliche Praxis 1977, p. 83–102; Beilage zu: Tierärztl. Praxis, Heft **4**, 1976.

DEWHIRST, M. W., STAMP, G. L., and HURVITZ, A. I. (1977): Idiopathic monoclonal (IgA) gammopathy in a dog. JAVMA **170**, 1313.

DODDS, W. G. (1978): Inherited bleeding disorders. Canine Pract. **5**, 49.

DORN, C. R., TAYLOR, O. D., and HIBBARD, H. H. (1967): Epizootiologic characteristics of canine and feline leukemia and lymphoma. Am. J. Vet. Res. **28**, 993.

DOXEY, D. L. (1966): Some conditions associated with variations in circulating oestrogens. Blood picture alterations. J. Small Anim. Pract. **7**, 375.

DVOŘÁK, A. M., and DVOŘÁK, H. F. (1979): The basophil. Arch. Pathol. Lab. Med. **103**, 551.

EIKMEIER, H., and MANZ, D. (1966): Research into eosinophilia in dogs. III. Occurrence of eosinophilia in digestive disturbances. Berl. Münch. Tierärztl. Wschr. **79**, 329.

FLETCH, S. M., PINKERTON, P. H., and BRUECKNER, P. J. (1975): The Alaskan Malamute chondrodysplasia (dwarfism-anemia)-syndrome in review. J. A. A. H. A. **11**, 353.

FOWLER, E. H., WILSON, G. P., ROENIGK, W. J., and KOESTNER, A. (1966): Mast cell leukemia in three dogs. JAVMA **149**, 281.

FREUDIGER, U. (1954): Untersuchungen über die Gerinnungsvalenz am Plasma gesunder und kranker Hunde. Zbl. Vet.-Med. **1**, 735.

FREUDIGER, U. (1965): Mikrosedimentation bei Hund und Katze. Schweiz. Arch. Tierhk. **107**, 158.

FREUDIGER, U. (1966): Die Therapie der lymphatischen Leukämie des Hundes. Schweiz. Arch. Tierheilk. **108**, 665.

FREY, A. J., and BETTS, Ch. W. (1977): A retrospective survey of splenectomy in the dog. J. A. A. H. A. **13**, 730.

FRITZ, T. E., MORRIS, W. P., and TOLLE, D. V. (1973): Myelogenous leukemia and related myeloproliferative disorders in Beagles continuously exposed to ^{60}Co γ-radiation. Bibl. Haemat. **39**, 170.

GOYINGS, L. S., SCHIRMER, R. G., and LANGHAM, R. F. (1963): Chronic congestive splenomegaly (Banti-like-syndrome) in a dog. JAVMA **142**, 514.

GREEN, R. A. (1981): Haemostasis and disorders of coagulation. In: JAIN, N. C., and ZINKL, J. G: The Veterinary Clinics of North America, Vol. **11** (2). W. B. Saunders Company, Philadelphia, London, Toronto, Mexico City, Sydney, Tokyo.

GROULADE, P., et GUELFI, J. F. (1983): Atlas d'hématologie et de cytologie du chien et du chat. Conférence Nationale Vétérinaires specialisés en petits animaux, Paris.

GROULADE, P., et LAURIAN, D. (1975): Contribution à l'étude de l'éosinophilie sanguine dans diverses formes d'eczema chez le chien. Bull. Acad. Vét. Fr. **30**, 103.

HARVEY, J. W. (1980): Canine haemolytic anemias. JAVMA **176**, 970.

HARVEY, J. W. (1981): Myeloproliferative disorders in dogs and cats. In: JAIN, N. C., and ZINKL, J. G.: The Veterinary Clinics of North America, Vol. **11** (2). W. B. Saunders Company, Philadelphia, London, Toronto, Mexico City, Sydney, Tokyo.

HARVEY, J. W., TERRELL, T. G., HYDE, D. M., and JACKSON, R. I. (1981): Well-differentiated lymphocytic leukemia in a dog; long-term survival without therapy. Vet. Pathol. **18**, 37.

HEGGLIN, R. (1966): Differentialdiagnose innerer Krankheiten. Georg Thieme, Leipzig.

HODGKINS, E. M., ZINKL, J. G., and MADEWELL, B. R. (1980): Chronic lymphocytic leukemia in the dog. JAVMA **177**, 704.

HOFFMANN, R. C. (1976): Syndrome disseminierter intravasaler Gerinnung (Verbrauchskoagulopathie) bei Haustieren. Fortschritte der Veterinärmedizin. Beihefte zu: Zbl. Vet.-Med., Heft 24. Paul Parey, Berlin und Hamburg.

HOLSCHER, M. A., COLLINS, R. D., GLICK, A. D., and GRIFFITH, B. O. (1978): Megakaryocytic leukemia in a dog. Vet. Pathol. **15**, 562.

HOSE, A. T., und SCHNECK, G. (1979): Ein Fall von atypischer akuter, bösartiger Lymphomatose (Leukose) mit einem leukämischen Blutbild und einer damit verbundenen Thrombozytopenie bei einem Hund. Tierärztl. Umschau **34**, 437.

HUGHES, W. T. (1977): *Pneumocystis carinii* pneumonia. N. Engl. J. Med. **297**, 1381.

HURVITZ, A. I., HASKINS, S. C., and FISCHER, C. A. (1970): Macroglobulinemia with hyperviscosity syndrome in a dog. JAVMA **157**, 455.

HURVITZ, A. I. MACEWEN, E. G., MIDDAUGH, C. R., and LITMAN, G. W. (1977): Monoclonal cryoglobulinemia with macroglobulinemia in a dog. JAVMA **170**, 511.

JONES, J. B., LANGE, R. D., and JONES, E. S. (1975): Cyclic haematopoiesis in a colony of dogs. JAVMA **166**, 365.

JOSHI, B. C., and JAIN, N. C. (1976): Detection of antiplatelet antibody in serum and on megakaryocytes of dogs with autoimmune thrombocytopenia. Am. J. Vet. Res. **37**, 681.

JOSHI, B. C., and JAIN, N. C. (1977): Experimental immunologic thrombocytopenia in dogs; a study of thrombocytopenia and megakaryopoiesis. Res. Vet. Sci. **22**, 11.

KAMMERMANN, B. (1966): Blutbasophilenleukose beim Hund und Gewebsbasophilen-Retikulose bei der Katze. B. M. T. W. **79**, 459.

KAMMERMANN, B. (1974): Die Interpretation des weißen Blutbildes beim Hund (2). Tierärztl. Prax. **2**, 307.

KAMMERMANN, B., PFLUGSHAUPT, R., und STÜNZI, H. (1969): Beobachtungen am Plasmazytom des Hundes. Schweiz. Arch. Tierheilk. **111**, 555.

KELLER, P. (1985): Die Beurteilung der Megakaryopoese und des thrombozytären Systems beim Hund: Möglichkeiten zur Objektivierung von klinischen Befunden und der Diagnosestellung in der Praxis. Kleintierpraxis **30**, 403.

KELLER, P. (1986): Die Beurteilung hämatologischer Befunde bei Hund und Katze: Möglichkeiten zu Objektivierung und Interpretation von Laborresultaten im Hinblick auf Diagnose, Prognose und Therapie. Schweiz. Arch. Tierheilk. **128**, 121.

KELLER, P., und FREUDIGER, U. (1983): Atlas zur Hämatologie von Hund und Katze. Paul Parey, Berlin und Hamburg.

KELLER, P., und LUGINBÜHL, H. (1991): Das periphere Blutbild – ein Guckfenster gibt Einblick in den Überlebenskampf des Körpers. Schweiz. Arch. Tierheilk. **133**, 257.

KELLER, P., SAGER, P., FREUDIGER, U., and SPECK, B. (1985): Acute myeloblastic leukemia in a dog. J. Comp. Path. **95**, 619.

KELLY, G. E. (1980): Studies of surface markers on canine lymphocytes. Aust. J. Expt. Biol. Med. Sci. **58**, 471.

KRAFT, W., und DÜRR, U. M. (1981): Kompendium der klinischen Laboratoriumsdiagnostik bei Hund, Katze, Pferd. 2., erweiterte Aufl. M. & H. Schaper, Hannover.

LEWIS, R. M., SCHWARTZ, R. S., and GILMORE, C. E. (1965 a): Autoimmune diseases in domestic animals. Ann. N. Y. Acad. Sci. **124**, 178.

LEWIS, R. M., SCHWARTZ, R. S., and HENRY, W. B. (1965 b): Canine systemic lupus erythematosus. Blood **25**, 143.

MACEWEN, E. G., DRAZNER, F. H., MCCLELLAND, A. J., and WILKINS, R. J. (1975): Treatment of basophilic leukemia in a dog. JAVMA **166**, 376.

MACEWEN, E. G., HURVITZ, A. I., and HAYES, A. (1977): Hyperviscosity syndrome associated with lymphocytic leukemia in 3 dogs. JAVMA **170**, 1309.

MACEWEN, E. G., BROWN, N. O., PATNAIK, A. K., HAYES, A. A., and PRASSE, S. (1981): Cyclic combination chemotherapy of canine lymphosarcoma. JAVMA **178**, 1178.

MACKEY, L. J., JARRETT, W. F. H., and LAUDER, I. M. (1975): Monocytic leukemia in the dog. Vet. Rec. **96**, 27.

MACGRATH, C. J. (1974): Polycythaemia vera in dogs. JAVMA **164**, 1117.

MEIER, H. (1957): Neoplastic disases of the hematopoetic system in the dog. Zbl. Vet.-Med. **4**, 633.

MILLER, C. H., CARBONELL, A. R., PENG, R., MACKENZIE, M. R., and SHIFRINE, M. (1978): Cell surface markers on canine lymphocytes. Am. J. Vet. Res. **39**, 1191.

MIRAND, E. A., MURPHEY, G. P., BENNETT, T. B., and GRACE, J. T. (1968): Erythropoietin response to repeated hemorrhage in renal allotransplanted, nephrectomized, or intact dogs. Life Sci. **7**, 689.

MORGAN, H. C. (1967): The effect of helminth parasitism on the hemogram of the dog. VM/SAC **62**, 218.

NIEPAGE, H. (1974): Methoden der praktischen Hämatologie für Tierärzte. Paul Parey, Berlin und Hamburg.

NIEPAGE, H. (1979): Die individuelle Schwankungsbreite hämatologischer Werte beim Hund. Kleintierpraxis **24**, 389.

OWEN, N. L. (1973): Transplantation of canine lymphocytic leukemia. Bibl. Haemat. **39**, 139.

PENNY, R. H. C. (1974): The bone marrow of the dog and cat. J. Small Anim. Pract. **15**, 553.

PENNY, R. H. C. (1978): Practical haematology for the small animal clinician. J. Small Anim. Pract. **19**, 479.

PETERSON, M. E. (1981): Inappropriate erythropoietin production from a renal carcinoma in a dog with polycytemia. JAVMA **179**, 995.

PRASSE, K. W., CROUSER, D., BEUTLER, E., WALKER, M., and SCHALL, W. D. (1975): Pyruvate kinase deficiency anemia with terminal myelofibrosis and osteosclerosis in a Beagle. JAVMA **166**, 1170.

QUESENBERRY, P., and LEVITT, L. (1979): Haematopoietic stem cells. N. Engl. J. Med. **301**, 755.

RUDOLPH, R., und HÜBNER, C. (1972): Megakaryozytenleukose beim Hund. Kleintierpraxis **17**, 9.

SCHALM, O. W. (1980a): Manual of feline and canine hematology. Veterinary Practice Publishing Company, Santa Barbara.

SCHALM, O. W. (1980b): Clinical significance of the morphologic classification of erythrocyte populations. Canine Pract. **7**, 59.

SCHALM, O. W. (1980c): Hematology of lead poisoning in the dog. Canine Pract. **7**, 55.

SCHALM, O. W., JAIN, N. C., and CARROLL, E. J. (1975): Veterinary hematology. 3rd ed. Lea & Febiger, Philadelphia.

SCHLITNER-BRUNNER, M. (1964): Die Bestimmung von Blutgerinnungsfaktoren bei gesunden und kranken Hunden. Vet.-med. Diss., Zürich.

SCHULZE, W., CHRISTOPH, H.-J., und BUSCH, W. (1957): Beitrag zur Blutsenkungsreaktion beim Hund. Arch. exper. Vet.med. **11**, 618.

SEARCY, G. P., MILLER, D. R., and TASKER, J. B. (1971): Congenital hemolytic anemia in the Basenji dog due to erythrocyte pyruvate kinase deficiency. Can. J. Comp. Med. **35**, 67.

SEYBOLD, I. M., GOLDSTONE, R. T., and WILKES, R. D. (1980a): The basic clinical pathology laboratory; examination of the bone marrow. VM/SAC **75**, 1517.

SEYBOLD, I. M., GOLDSTONE, R. T., and WILKES, R. D. (1980b): The basic clinical pathology laboratory; evaluation of the blood smear. VM/SAC **75**, 781.

SPURLING, N. W. (1977): Haematology of the dog. In: ARCHER, R. K., and JEFFCOTT, L. B.: Comparative Clinical Haematology. Blackwell Scientific Publications, Oxford, London, Edinburgh, Melbourne.

SQUIRE, R. A. (1964): Hematopoietic tumours of domestic animals. Cornell Vet. **54**, 97.

STANDERFER, R. J., RITTENBERG, M. B., CHERN, C. J., TEMPLETON, J. W., and BLACK, J. A. (1975): Canine erythrocyte pyruvate kinase deficiency. II. Properties of the abnormal enzyme associated with hemolytic anemia in the Basenji dog. Biochem. Genet. **13**, 341.

TOLLE, D. V., SEED, T. M., FRITZ, T. E., LOMBARD, L. S., POOLE, C. M., and NORRIS, W. P. (1979): Acute monocytic leukemia in an irradiated Beagle. Vet. Pathol. **16**, 243.

THRALL, M. A. (1981): Lymphoproliferative disorders; lymphocytic leukemia and plasma cell myeloma. In: JAIN, N. C., and Zinkl, J. G.: The Veterinary Clinics of North America, Vol. **11** (2). W. B. Saunders Company, Philadelphia, London, Toronto, Mexico City, Sydney, Tokyo.

ULLRICH, K. (1955): Über das Banti-Syndrom beim Hund. 1. Kongr. Deutsch. Vet.-Med. Gesellschaft.

VAN PELT, R. W., and CONNER, G. H. (1968): Clinicopathologic survey of malignant lymphoma in the dog. JAVMA **152**, 976.

WARD, M. V. (1980): Immunologically mediated thrombocytopenia and anemia in a dog. VM/SAC **75**, 1263.

WELLER, R. E., HOLMBERG, C. A., THEILEN, G. H., and MADEWELL, B. R. (1980a): Histologic classification as a prognostic criterion for canine lymphosarcoma. Am. J. Vet. Res. **41**, 1310.

WELLER, R. E., THEILEN, G. H., MADEWELL, B. R., CROW, S. E., BENJAMINI, E., and VILLALOBOS, A. (1980b): Chemoimmunotherapy for canine lymphosarcoma; a prospective evaluation of specific and non-specific immunomodulation. Am. J. Vet. Res. **41**, 516.

WILSON, J. E., and BROWN, D. E. (1965): Leukemoid reaction resembling myelogenous leukemia in a dog. Failure of the leukocyte alkaline phosphatase test to aid in the differential diagnosis. Cornell Vet. **55**, 55.

WINTROBE, M. M. (1981): Clinical hematology. 8th ed. Lea & Febiger, Philadelphia.

WIRTH, D. (1950): Grundlagen einer klinischen Hämatologie der Haustiere. Urban & Schwarzenberg, Wien, Innsbruck.

ZANDER, A. R., BOOPALAM, N., and EPSTEIN, R. B. (1975): Surface markers on canine lymphocytes. Transplant. Proc. **7**, 369.

ZANJANI, E. D., COOPER, G. W., GORDON, A. S., WONG, K. K., and SCRIBNER, V. A. (1967): The renal erythropoietic factor (REF). IV. Distribution in mammalian kidneys. P. S. E. B. M. **126**, 540.

ZINKL, J. G. (1981): The leukocytes. In: JAIN, N. C., and ZINKL, J. G.: The Veterinary Clinics of North America. Vol. **11** (2). W. B. Saunders Company, Philadelphia, London, Toronto, Mexico City, Sydney, Tokyo.

27. Infektionskrankheiten
(U. Freudiger)

27.1. Septikämie

Unter dem Begriff Septikämie (Sepsis, septische Erkrankungen) versteht man klinische Zustände unterschiedlicher Ätiologie und verschiedener Ausprägungen. Schottmüller und Bingold (zit. bei Heilmeyer 1955) definieren die Septikämie folgendermaßen: „Eine Sepsis liegt dann vor, wenn sich innerhalb des Körpers ein Herd gebildet hat, von dem aus konstant oder periodisch pathogene Keime in den Blutkreislauf gelangen, und zwar derart, daß durch diese Invasion subjektive und objektive Krankheitserscheinungen ausgelöst werden. Eine Bakterienvermehrung im strömenden Blut gibt es nicht. Der Sepsisherd ist relativ selten identisch mit der Eintrittspforte der Bakterien in den Körper, kann es aber sein. Er ist häufig nur als eine Metastase infolge einer Bakteriämie von einer infizierten Stelle der Haut, der Schleimhäute oder eines anderen Gewebes anzusehen."

Von der Sepsis abzugrenzen ist die **Bakteriämie**. Unter der Bakteriämie versteht man den Zustand der Ausschwemmung von Keimen in die Blutbahn, ohne daß davon klinische Störungen gesetzt werden. Der Unterschied zur Sepsis ist also, daß durch die Septikämie klinische Störungen erzeugt werden.

Pathogenese: Für das Angehen einer septischen Erkrankung sind eine Eintrittspforte, ein Sepsisherd und zeitweilige Keimausschwemmungen in die Blutbahn notwendig. Das Auftreten und die Schwere der Symptome einer Sepsis sind von diesen drei Faktoren, der Pathogenität, der Virulenz und der Toxinbildung der Erreger, sowie von den humoralen und zellulären Abwehrmechanismen und der allgemeinen Resistenz des Organismus abhängig. Häufigste Eintrittspforte bzw. Sepsisherde sind die Haut (infizierte Wunden und Dermatosen, Staphylokokken, Streptokokken, Mikrokokken, Anaerobier), der Urogenitalapparat (Prostata, Endometritis, Harnwegsinfektionen), Operationswunden und Zahnextraktionen sowie der Darmkanal (*E. coli*, Salmonellen, *Clostridium welchii*). Die Bedeutung der Tonsillen und des Endokards der Herzklappen als Sepsisherd ist bei den Karnivoren noch wenig geklärt.

Septikämien, die von den Bronchien ausgehen, dürften selten sein.

Symptomatologie: Hier sollen nur die eigentlichen Sepsissymptome, nicht aber diejenigen der Primärveränderungen besprochen werden. Die Sepsis beginnt mit plötzlich eintretender Depression des Allgemeinbefindens, Futterverweigerung, mehr oder weniger hohem Fieber und häufig auch Störungen des Kreislaufapparates. Treten Herzgeräusche auf, weist das auf eine bakteriell bedingte Endokarditis (Calvert und Greene 1986) hin. Skleren und Konjunktiven sind oft gestaut, verwaschen und schmutzig, oder es können petechiale Blutungen an den Bindehäuten und an den Schleimhäuten auftreten. Der Puls wird beschleunigt, hart oder fadenförmig. Häufig besteht gleichzeitig eine Dyspnoe. Erbrechen und Durchfall werden nicht selten gesehen. Die Palpation zeigt eine Milzschwellung. Je nach dem Grad der Parenchymschädigung sind Leber- und Nierensymptome erkennbar. Die Blutsenkungsgeschwindigkeit ist beschleunigt. Im Blutbild bestehen zu Beginn Leukozytose, Neutrophilie mit Linksverschiebung und Lymphopenie. Seltener und prognostisch ungünstig sind Leukopenien.

Die *Prognose* hängt vom verursachenden Erreger, vom Grad der Parenchymschädigung und davon ab, ob der Sepsisherd gefunden und saniert werden kann.

Diagnose: Oft ist der Sepsisherd nicht auffindbar, sollte aber immer mit aller Sorgfalt gesucht werden. An Sepsis lassen denken: plötzlich eintretender Status febrilis mit Depressionen des Allgemeinbefindens und ohne die Symptome einer Infektionskrankheit, ferner sonst nicht erklärbare rezidivierende oder länger dauernde Fieberschübe. Zur **Diagnose** Sepsis gehört eigentlich der Erregernachweis aus dem zirkulierenden Blut. Dieser ist aber auch bei starkem Sepsisverdacht oft negativ. Die Gründe für den negativen Erregernachweis können darin liegen, daß nur zeitweilig Keime ausgeschwemmt werden oder daß die Kulturen nicht angehen, weil schon eine Chemotherapie eingeleitet wurde. Ferner ist daran zu denken, daß für die Sepsissymptome neben den Keimen auch deren Toxine verantwortlich sind (Dow und Jones 1989).

Therapie: Im Vordergrund des therapeutischen Bestrebens steht die Sanierung des Sepsisherdes (z. B. Endometritisoperation). In jedem Fall ist eine Chemotherapie mit Sulfonamiden oder Antibiotika über genügend lange Zeit und intensiv durchzuführen. Leider ist der gezielte Einsatz der Chemotherapeutika meistens nicht möglich, da die Keimisolierung nicht gelingt.

Falls nötig, sind die Tiere künstlich zu ernähren (s. Kapitel 5.) und die einzelnen Symptome symptomatisch (s. Organkrankheiten) zu behandeln.

Septikämie der Saugwelpen. Es handelt sich dabei um fast stets tödlich ausgehende perakute Erkrankungen bei wenigen Stunden bis ca. 2 Wochen alten Welpen. Es können einzelne oder nacheinander mehrere Welpen eines Wurfes erkranken. Ein großer Prozentsatz der Welpensterblichkeit wird durch Septikämie verursacht.

Ätiologie und Pathogenese: Die Erreger sind meistens Mikrokokken, Streptokokken und Staphylokokken. Die Infektion kann oral (Muttermilch), omphalogen oder über Hautverletzungen (z. B. Schwanzkupieren) auf die Welpen übergehen. Wenigstens bei einem Teil der Fälle ist für das Angehen der Infektion und den letalen Verlauf eine **Hypo- oder Agammaglobulinämie** verantwortlich. Die Welpen erhalten den größten Teil ihrer Gammaglobuline während der ersten 24 Stunden mit dem Kolostrum. Nur ein kleiner Teil wird bereits intrauterin diaplazentar übertragen. Eine Hypogammaglobulinämie kann entweder dadurch entstehen, daß die Welpen keine oder nicht genügend Kolostralmilch aufnehmen (nach Kaiserschnitten, zu große Welpenzahl) oder daß die Gammaglobuline trotz Kolostrumaufnahme infolge eines Resorptionsblockes vom Darm aus nicht resorbiert werden. Die Ursachen, die zum Resorptionsblock führen, sind unbekannt. Bei der Agammaglobulinämie erkranken nach Trainin (1965) oft nur einzelne Welpen eines Wurfes.

Die ersten *Symptome* treten wenige Stunden bis ca. 2 Wochen nach der Geburt auf, bestehen in plötzlicher Apathie, aufgetriebenem Bauch, gespannten Bauchdecken, Wimmern und Saugunlust. Die Atmung ist angestrengt, und bald macht sich eine Zyanose bemerkbar. Die Tiere werden zusehends schwächer und gehen im Koma ein. Häufig besteht eine hypostatische Pneumonie.

Zusätzlich zu diesen Symptomen können Nabelentzündungen, Pyodermien oder blutige Durchfälle bestehen. Die *Prognose* ist ungünstig. In der Regel kommt es trotz sofortiger Behandlung, vor allem bei den agammaglobulinämischen Welpen, zum Tod.

Die *Diagnose* stützt sich auf die besprochenen Symptome und den perakuten Verlauf. Es sollte unbedingt bereits der erste Welpe zur Sektion und pathologischen Untersuchung überwiesen werden.

Wichtig vor allem für die *Prophylaxe* ist die bakteriologische Untersuchung der Milch und evtl. des Lochialflusses des Muttertieres. *Differentialdiagnostisch* kommen die gleichen wie bei der Herpesvirusinfektion (s. S. 914) besprochenen Ursachen der Welpensterblichkeit in Frage.

Therapie: Den Welpen sind mit der Pipette Antibiotikatropfen einzugeben. Bei Verdacht auf Agammaglobulinämie können 2 ml eines Gammaglobulinpräparates subkutan injiziert werden. Wichtig ist, daß die Welpen in eine optimale Umgebungstemperatur von 25–30 °C (Infrarotlampe) zu verbringen sind. Bei Verdacht auf Milchinfektion sind die Tiere mit Milchersatzpräparaten und bei Saugunlust mit polyionischer Elektrolytlösung mit 5 % Glucosezusatz (täglich 2–10 ml s. c.) zu ernähren. Prophylaktisch kann den Welpen ein Gammaglobulinpräparat verabfolgt werden. Mayr (1980) konnte in zwei großen Versuchsreihen mit dem Paramunitätsinducer Pind-AVI® die Welpenmortalität von 82,6 % auf 21,7 % bzw. von 73,6 % auf 2,3 % senken. Falls eine Milchinfektion besteht, sollten die Tiere von der Mutter getrennt und mit Milchersatzpräparaten (s. Kapitel 5. und 21.) ernährt werden. Die Hündin ist einer Chemotherapie zu unterziehen, und diese Behandlung sollte kurz vor der nächsten Geburt wiederholt werden.

27.2. Salmonellosen

Salmonellosen sind weit verbreitet, kommen bei den verschiedensten Säugetieren und Vögeln, aber auch bei Fischen, Amphibien und Reptilien vor. Als Zwischenträger spielen auch Insekten (Fliegen, Küchenschaben usw.) eine Rolle.

Ätiologie und Epidemiologie: Beim Hund sind zahlreiche Serotypen gefunden worden. Häufigkeit und Vorkommen der einzelnen Typen hängen von äußeren Umständen ab. Deshalb ist die Typenverteilung regional sehr verschieden. In Europa werden vor allem *Salmonella enteritidis* GÄRTNER und *S. typhi-murium* gefunden. Die übrigen Typen, z. B. *S. enteritidis* Jena, *S. anatum, S. dublin, S. newport, S. caolina, S. heidelberg S. cholerae-suis, S. stanley,* sind eher selten. Nach MESSOW und HENSEL (1960) werden dagegen die selteneren Typen gehäuft in den außereuropäischen Ländern isoliert. Nicht nur die Typenverteilung, sondern auch der Verseuchungsgrad der Hunde weist starke regionale Unterschiede auf. Für Europa sind die gemeldeten Verseuchungsgrade mit 1–20 % der untersuchten Hunde kleiner als für die USA, regional mit Verseuchungsgraden bis zu 50 %.

Am häufigsten erfolgt die Infektion per os durch die Aufnahme von kontaminiertem Futter (Fleisch, Fischmehl, Eier usw.) oder kontaminierte Aufenthaltsräume, Futtermittel und Futtergeschirre. Selten ist eine direkte Übertragung von Hund zu Hund. Hund und Katze besitzen eine große natürliche Resistenz gegen Salmonellen, so daß nur selten primäre Salmonellosen gesehen werden. Die experimentelle Infektion führte nur selten zur Erkrankung, häufiger zu einer vorübergehenden latenten Salmonellenausscheidung mit dem Kot. Das Ausscheidungsstadium ist, sofern es nicht zu Reinfektion kommt, kurz und wird mit nur ca. 3 Wochen angegeben. Allerdings haben DAY et al. (1963) Salmonellen bis zu 117 Tagen post infectionem aus Darmabstrichen kultiviert. Epidemiologisch bedeutsam ist, daß der Hund nicht zum Dauerausscheider wird und so die Keime nicht kontinuierlich, sondern intermittierend ausgeschieden werden.

Damit der Hund *klinische Zeichen* einer Salmonelloze zeigt, müssen in der Regel vorbestehende resistenzschwächende Störungen (Staupe, Hcc usw.) vorhanden sein. Die Salmonellose des Hundes verläuft also meistens als Faktorenseuche.

Symptomatologie: Das Symptomenbild ist vielgestaltig und uneinheitlich. Folgende Formen können unterschieden werden:

a) *latente Form.* Keine Symptome. Die Diagnose wird als Zufallsbefund bei Reihenuntersuchungen gestellt.

b) *Enteritisform.* Tritt meist zusätzlich zu vorbestehenden Krankheiten wie Staupe, Hcc, Helminthosen usw. auf. Zu den Symptomen der Grundkrankheit gesellen sich katarrhalische bis hämorrhagische Durchfälle, die schwer beeinflußbar sind. Häufig wird auch Erbrechen gesehen. Die Tiere magern ab, zeigen Exsikkose und können unter Entkräftung eingehen. Leichtes bis mittelgradiges Fieber wird oft, aber nicht regelmäßig gesehen. Im Verlauf kann eine toxische Anämie hinzukommen. Die Senkungsgeschwindigkeit ist beschleunigt, das Blutbild zeigt Leukozytose und Neutrophilie mit Linksverschiebung. Die Palpation ergibt Leber- und Milzvergrößerung.

c) *Septikämische Form.* Die septikämische Form tritt vor allem bei jungen und geschwächten Tieren auf. Das Krankheitsbild wird weniger durch die gastrointestinalen Störungen als durch diejenigen der Septikämie beherrscht. Im Krankheitsverlauf können sich Ikterus und Bronchopneumonien einstellen.

VAN DER SCHAAF (1961) hat Enzephalitissymptome beschrieben, wobei aber nicht geklärt wurde, ob die Enzephalitis als Folge der Salmonellose oder einer vorbestehenden Virusinfektion zu betrachten ist. Seltene Komplikationen stellen Aborte und Arthritiden dar.

Die *Prognose* hängt vor allem von der Primärkrankheit ab. Am ungünstigsten ist sie bei der septikämischen Form. Latente Infektionen bilden ein epidemiologisches Problem.

Diagnose: An Salmonellose soll bei Bestehen von länger dauernden, ohne spezifische Therapie resistenten Durchfällen und bei Durchfällen, die von Ikterus begleitet sind, gedacht werden. Die Diagnosesicherung geschieht durch die bakteriologische Kotuntersuchung. Ein positives Ergebnis bedeutet aber nicht unbedingt, daß die Ursache für die Krankheitssymptome gefunden wurde, da die Salmonellen den Darm saprophytisch besiedeln können. Ein einmaliges negatives Ergebnis erlaubt wegen der nur intermittierenden Keimausscheidung allein noch nicht, einen bestehenden Verdacht auszuschließen. Bei den Sepsisformen sind nicht nur Kot-, sondern auch Blutkulturen anzulegen. Über den Nutzen der serologischen Diagnose ist beim Hund nur wenig bekannt. *Differentialdiagnostisch* sind verschiedene Verdauungs- und Infektionskrankheiten, insbesondere *Campylobacter*-Enteritiden, zu berücksichtigen.

Therapie: Salmonellenträger müssen einer Antibiotikatherapie unterworfen werden (z. B. Chloramphenicol oder Breitbandpenicilline). Die Behandlung soll genügend lang fortgesetzt und durch 1 bis 2 bakteriologische Kontrollen überprüft werden. Wichtig sind eine zusätzliche symptomatische Behandlung sowie Wasser- und Elektrolytersatz.

Prophylaxe: In infizierten Zwingern sollen alle Tiere mit Antibiotika behandelt werden. Der Kot ist sorgfältig zu entfernen, Nagetiere sind zu bekämpfen. Als gutes Desinfektionsmittel für Zwinger, Geschirre und Ausläufe hat sich eine 3%ige Chloraminlösung erwiesen.

27.3. Tularämie

Der Erreger, *Francisella tularensis*, wurde 1911/12 von MCCOY und CHAPIN bei Nagetieren nahe dem Tulare-See in Kalifornien isoliert und die Krankheit als „plaque-like disease of rodents" von der Pest abgegrenzt. FRANCIS verifizierte 1921 diese Krankheit bei Menschen, die Kontakt mit erkrankten Nagern hatten oder durch Zecken und stechende Insekten gebissen worden waren, und bezeichnete sie als Tularämie. Die Tularämie kommt autochthon seit langem bei Nagern in Nordamerika, Japan und Rußland vor. Ab 1928 wurde sie auch in verschiedenen Teilen Europas nachgewiesen (DAVID 1937). Ihr Vordringen konnte von Ost- nach Mittel- und Westeuropa beobachtet werden, wo sich inzwischen autochthone Seuchenherde in der Nagerwelt gebildet haben (JUSATZ 1961). Als Erregerreservoire dienen neben Hasen und Wildkaninchen v. a. wildlebende Nagetiere (Ratten, Mäuse, Lemminge usw.) und als Überträger Zecken und stechende Insekten (Läuse, Flöhe, Wanzen, Mücken, Stechfliegen usw.). Die Rolle des Hundes als Erregerreservoir ist umstritten. CALHOUN und MOHR (1956) untersuchten serologisch Hunde aus 2 Jagdgebieten in Arkansas; in einem waren infizierte Zecken, im anderen keine gefunden worden. 26 % bzw. 24 % der Hunde hatten Agglutinationstiter von 1:20 bis 1:2560. Sie sehen deshalb den Hund als primäres Erregerreservoir und als hauptsächlichen Verbreiter für die Zecken an. Für Europa sprechen sowohl GIRARD (1955) als auch DAVID (1947) dem Hund eine direkte epidemiologische Bedeutung ab. Bei den Nagetieren verursacht die Tularämie der Pseudotuberkulose sehr ähnliche Veränderungen. Hunde besitzen eine sehr hohe, aber keine absolute Resistenz. Gesicherte spontane Erkrankungsfälle sind daher auch nur vereinzelt gemeldet worden. Durch die natürliche und experimentelle Infektion wird in der Regel nur eine serologische Tularämie (DAVID) mit positivem Agglutinationstiter, aber ohne klinische Symptome gesetzt. JOHNSON (zit. nach GIRARD 1955) erzeugte durch die parenterale Inokulation von infizierten Mäusegehirnen febrile Adenopathien mit z. T. tödlichen Pneumonien. Die orale Infektion ergab weniger schwere Bilder. Die Erreger konnten aus Lymphknoten, Lunge und Nasensekret rückisoliert werden.

Aus Österreich wurde 1939 der Fall eines spontan erkrankten, abgemagerten Vorstehhundes, der in einem Seuchengebiet tote Hasen apportiert hatte, berichtet. Er wies an verschiedenen Stellen eiternde Wunden, Abszesse und Geschwüre und vergrößerte oberflächliche Lymphknoten auf. Aus dem Abszeßeiter wurde *F. tularensis* isoliert. Der Agglutinationstiter bewegte sich zwischen 1:50 und 1:200. Der Hund ging an einer unspezifischen Bronchopneumonie und Pleuritis ein. Milz und Leber waren leicht geschwollen. Aus den Organen gelang der Nachweis von *F. tularensis* nicht. Die Verfasser sprechen von einer lokal gebliebenen Tularämie der Haut. CHEVÉ und GAUTHIER (1951) sahen bei 2 von 4 seropositiven Hunden, die Eingeweide verendeter Tularämie-Hasen gefressen hatten, Inappetenz, leichte Schwäche und Erbrechen, aber keine Lymphknotenbeteiligung. Später haben GRATZL (1960) und ULLRICH (1961) zwei bzw. drei spontane Erkrankungsfälle aus dem österreichischen Seuchengebiet beschrieben. Sie weisen auf die große Ähnlichkeit mit der Hundestaupe hin. Es handelte sich um febrile Allgemeinstörungen mit Rhinokonjunktivitis, Milzschwellung mit oder ohne Durchfälle und nur mäßiger Lymphknotenbeteiligung. Bei zwei Tieren kamen Pneumonie und bei einem zentralnervale Störungen (Myoklonien, Kaukrämpfe, epileptiforme Anfälle, Nachhandlähmung) hinzu. Aus dem Abszeßeiter des einen Falles konnte *F. tularensis* nicht isoliert werden. Die Diagnose wurde nur serologisch gestellt. Ob es sich bei diesen Fällen um klinische Tularämie oder nur um eine Koinzidenz einer serologischen Tularämie mit Staupe gehandelt hat, bleibt offen. Zur selben Zeit herrschte eine seuchenhafte katarrhalische Allgemeinerkrankung, z. T. mit nervalen Störungen, unter den Hunden. Dies läßt in Anbetracht der hohen Resistenz der Hunde gegen Tularämie eher an Staupe denken.

Wesentlich für die Diagnose sind die Serum-Langsam- und Serum-Schnellagglutination und vor allem der Erregernachweis. Nach MICHALKA (1960) gelingt der mikroskopische Nachweis wegen der Kleinheit und der schlechten Färbbarkeit nur selten. Als Kulturmedien sind der koagulierte Eiernährboden sowie der Blut- und Traubenzucker-Cystin-Agar nach FRANCIS geeignet. Das Wachstum ist ein verspätetes. Häufig und dies besonders beim Hund gelingt der kulturelle Nachweis erst nach dem vorgängigen Tierversuch mit Mäusen oder Meerschweinchen.

Therapie: Wirksam sind Streptomycin, Chloramphenicol und Tetracycline.

27.4. Brucellosen

Bis 1966 waren bei den Karnivoren nur gelegentliche Infektionen mit *Brucella abortus, Br. suis* und *Br. melitensis* bekannt.

Typ und Frequenz dieser Brucellosen werden vor allem durch die Seuchenlage bei den Wiederkäuern bestimmt. Da der Hund eine große natürliche Resistenz besitzt, kommen in infizierter Umgebung vorwiegend subklinische Infektionen vor. MORSE (1951) fand bei 15,4 % der 1565 untersuchten Hunde positive Agglutinationstiter. Latent infizierte Hunde können aber über Monate Keimausscheider bleiben und zur Infektionsquelle für Wiederkäuer werden. EHRLEIN (1963) gelang die Keimisolation aus dem Blut einer Hündin, die 10 Monate zuvor abortiert hatte. OSTERTAG und MAYER (1958) fanden bei 31 von 102 klinisch gesunden Hirtenhunden von Schafherden positive Titer gegen *Br. melitensis* und konnten bei 15 von 25 sezierten Hunden aus verschiedenen Organen Brucellen isolieren.

Die *Infektion* kann per os beim Fressen von Nachgeburten oder infiziertem Fleisch und beim Fangen von brucella-infizierten Nagetieren geschehen. Es ist ebenfalls an eine Übertragung durch Aufnahme von Kuhmilch zu denken. Allerdings konnte MORSE Welpen, die infizierte Milch während 100 Tagen bekamen, nicht infizieren. Die Ausscheidung der Brucellen erfolgt beim Hund mit dem Harn, dem Vaginalfluß und dem Kot. OSTERTAG und MAYER konnten Brucellen auch aus den Speicheldrüsen und in den Tonsillen latent infizierter Hunde kultivieren, so daß ebenfalls an eine Ausscheidung über den Speichel zu denken ist.

Symptome: Die Infektion verläuft beim Hund meistens stumm. Beim Rüden werden Brucellen-Orchitiden und -Epididymitiden und bei der Hündin Abortus, der um den 50. Trächtigkeitstag herum eintritt, gesehen. An den Abort kann sich eine Metritis mit Ausfluß anschließen. Einige Tage vor dem Auftreten der Orchitis oder des Abortes können Symptome einer fieberhaften Allgemeinstörung mit Apathie, Inappetenz und evtl. Husten auftreten. In einem unserer Fälle waren die Tonsillen hochrot geschwollen. Diese Störungen verschwinden nach kurzer Zeit und können mit dem Eintritt der Orchitis wieder aufflammen. Der Gang wird dann steif, die Hoden sind vergrößert, warm und sehr schmerzhaft. Abszeßbildung mit Durchbruch nach außen sind möglich. Die Orchitis nimmt einen chronischen Verlauf. Die Hoden schrumpfen, werden hart und knotig. Knotige Auftreibungen sind im Hoden und im Nebenhoden palpierbar. Schubweises Wiederaufflackern der Entzündungsprozesse ist möglich.

Brucella canis wurde erstmals 1966 in den USA von abortierenden Hunden aus verschiedenen Beagle-Zuchten isoliert und als besondere Brucellenspezies identifiziert (CARMICHAEL 1968). 1973 wies VON KRUDENER den Erreger auch aus abortierten Welpen einer Beagle-Zucht in der Bundesrepublik Deutschland nach. Seither sind Infektionen bei verschiedenen Rassen aus zahlreichen Ländern und Kontinenten bekannt geworden. *Brucella-canis*-Infektionen spielen vor allem in Zuchtbetrieben und Industrie-Hundehaltungen eine Rolle, kommen aber auch bei Familienhunden vor. WEBER und SCHLIESSER (1976, 1978) fanden bei einzeln gehaltenen Hunden eine Infektionsquote von 0,2 %, in Beagle-Zuchten eine solche von 10,3 %. In den USA wird die Infektionshäufigkeit mit 1–6 % angegeben (FLORES-CASTRO und CARMICHAEL 1980). *Br. canis* besitzt keine antigene Verwandtschaft mit den anderen Brucellenarten mit Ausnahme von *Br. ovis*.

Die *Infektion* erfolgt oral oder beim Deckakt. 1–3 Wochen post infectionem kommt es zur Bakteriämie, die über Monate (nach MOORE [1969] bis zu 33 Monaten) andauert und in deren Gefolge es zur Keimlokalisation und -vermehrung in den retikuloendothelialen Zellen (Lymphknoten, Milz, Leber) und beim adulten Rüden in der Prostata und im Nebenhoden kommt. Im nichtgraviden Uterus erfolgt im Gegensatz zum graviden nur ein geringes Keimwachstum. Ungefähr zum Zeitpunkt der Bakteriämie wird die Antikörperbildung bemerkbar, die während der ganzen Infektionsdauer anhält (CARMICHAEL 1970). Die Keimausscheidung geschieht über Vaginalausfluß, Sperma und Harn. *Br. canis* ist auf den Menschen übertragbar. Verschiedentlich ist es zu latenten wie auch klinisch manifesten Infektionen gekommen (ROBERTS 1980, WEBER 1986).

Symptome: Die Infektion verläuft häufig symptomlos, mit Ausnahme einer Schwellung besonders der regionären Lymphknoten der Keimeintrittsstelle. Bei der adulten Hündin werden Spätaborte (meist 7.–9. Trächtigkeitswoche) oder Geburt von toten oder lebensschwachen Welpen und länger dauernder Fluor vaginalis und häufig generalisierte Lymphknotenvergrößerung gesehen. Andere bleiben infolge frühfetalen Todes nach erfolgreicher Deckung leer. Beim Rüden führt die Infektion durch Schädigung der Spermiogenese zur Sterilität und/oder zur heftigen Skrotalhautdermatitis, Epididymitis und Prostatitis. Im Anschluß daran kann sich eine ein- oder beidseitige Hodenatrophie entwickeln. Die Infektion verläuft fieberfrei. Bisher nur von RIECKE und RHOADES (1975) und SAEGUSA et al. (1977) beschriebene Symptome sind rezidivierende milchige Korneatrübungen (ähnlich Hcc) und 3 Fälle von Diskospondylitis (HENDERSON et al. 1974). Todesfälle infolge *Br.-canis*-Infektionen sind unbekannt.

Diagnose: Akute und chronische Hodenentzündungen und Spätaborte in Gegenden, wo Klauentierbrucellose endemisch vorkommt, sind verdächtig auf Infektion mit *Br. abortus, Br. melitensis* oder *Br. suis.* In Hundehaltungen, in denen Spätaborte, Leerbleiben der Hündinnen und Sterilitätsprobleme bei Rüden vorkommen, ist an Infektion mit *Br. canis* zu denken. Die Diagnosesicherung kann durch den direkten Erregernachweis aus dem Blut, den Ausscheidungen oder aus dem Sperma oder durch serologische Untersuchungen (Röhrchen-Langsamagglutination, Objektträger-Agglutination [Canine Brucellosis Diagnostic Test, Pitman-Moore], Agargel-Präzipitation, KBR, Immunfluoreszenz) erfolgen. Der Objektträger-Schnelltest ergibt nicht selten falsch-positive, jedoch fast nie falsch-negative Resultate (BROWN et al. 1976, FLORES-CASTRO und CARMICHAEL 1978, NICOLETTI und CHASE 1987). Da keine antigene Verwandtschaft zwischen den Brucellen anderer Tierarten und *Br. canis* besteht, können diese Antigene für die *Brucella-canis*-Serologie nicht verwendet werden, sondern es müssen für die Antigenherstellung *Br.-canis*-Stämme verwendet werden.

Therapie: bei *Br. abortus, melitensis, suis* Breitbandantibiotika während 10–14 Tagen. Die Behandlung sollte 1- bis 2mal wiederholt werden. Meistens wird man gezwungen sein, eine Kastration durchzuführen.

Das Ziel der *Therapie bei Br. canis*, die Erregerelimination, ist kaum erreichbar. Empfohlen werden Tetracycline oder Minocyclin (FLORES-CASTRO und CARMICHAEL 1980). TERAKADO et al. (1978) fanden bei 90 getesteten *Br.-canis*-Stämmen eine hohe Sensibilität gegen Tetracycline und Aminoglykoside sowie Chloramphenicol, Rifampicin und Sulfonamide und Resistenz gegenüber Makrolidantibiotika, Penicillinen, Peptidantibiotika und Cycloserin. In Problembeständen wird die Merzung infizierter Tiere empfohlen.

27.5. Listeriose

Die Listeriose *(Listeria monocytogenes)* hat in den letzten Jahren zunehmende Bedeutung als latente und als klinisch manifeste Erkrankung beim Menschen, bei zahlreichen Haustieren (v. a. Schaf, Rind) und beim Geflügel erhalten. Der Erreger ist weltweit verbreitet, kommt in zahlreichen Tierarten, aber auch in Fleisch und Fleischprodukten, Milch und Milchprodukten (Weichkäse), Silage, Bodenproben und Klärschlamm vor. Deshalb wird der ursprünglich als Zooanthroponose aufgefaßten Infektion heute mehr die epidemiologische Rolle einer Sapronose oder Geonose beigemessen. In Einzelfällen wurde der Hund als Überträger für die Infektion beim Menschen beschuldigt (EVELAND und BAUBLIS 1968, KAMPELMACHER et al. 1968). Die Infektion scheint beim Hund wenig verbreitet zu sein. VANINI (1966) fand unter 143 Turiner Hunden nur einen mit einem signifikant positiven Agglutinationstiter, WINKELWERDER und PERTSCH (1967) erhielten unter 47 Hunden mit zentralnervalen Störungen bei 16 (= 34 %) und unter 67 Hunden aus Hannover ohne solche Störungen nur bei 5 (= 7,5 %) positive KBR-Titer. Der von WEBER und PLAGEMANN (1991) beschriebene Patient zeigte vor dem Abort ebenfalls kurzzeitig ZNS-Symptome. Die Infektion kann beim Hund latent oder klinisch manifest als septikämische, staupeähnliche (vor allem bei Welpen) oder als lokalisierte meningitische und meningoenzephalitische Form (vorwiegend bei erwachsenen Hunden) verlaufen. Über die bei anderen Tierarten und auch beim Menschen bekannte metrogene Form mit Abortus ist beim Hund nur wenig bekannt: je ein Fall bei STURGESS (1989) und WEBER und PLAGEMANN (1991). Die beim Menschen und bei anderen Tieren als hinweisend beschriebene Blutmonozytose (25 %) meldet einzig CHAPMAN (1947) bei einem septikämisch-staupeähnlich erkrankten Welpen. WINKELWERDER und PERTSCH (1967) dagegen fanden bei allen 10 unter dem Bild einer Meningoenzephalitis erkrankten Hunden im Normbereich liegende Monozytenwerte.

Die Listeriose ist nach TRAIN (1964) eine Faktorenseuche. JAKOWSKI und WYAND (1971) sahen sie als Zweitinfektion bei der Staupe des Fuchses.

Experimentell weist der Hund eine hohe Resistenz gegen den Erreger auf. Einzig GRAY (1949) und AKIYAMA (1964), zitiert bei WINKELWERDER und PERTSCH (1967), gelang die experimentelle

Erzeugung einer Enzephalitis nach Infektion durch Nasenspray bzw. Lippenpunktur. Als Eintrittswege der Erreger ins Gehirn werden diskutiert: der hämatogene Weg oder der neurolymphogene Weg über den Nervus olfactorius und den N. trigeminus von der Maul- und Nasenschleimhaut aus (MATTHIAS 1961). GARLICK et al. (1956) haben während einer Zwingerenzootie Pneumonien und Konvulsionen gesehen.

Die *Diagnose* ist durch serologische Teste (O-Agglutination, KBR), deren Spezifität allerdings umstritten ist, und durch den Erregernachweis (Liquor, Blut, Kot, Organe) zu erbringen. Das neurohistologische Bild (Blutungen, Nekrosen, Rundzellinfiltrate) soll sich von dem bei Staupe unterscheiden.

Therapie: Aminopenicilline.

27.6. Anthrax (Milzbrand)

Hunde besitzen im Gegensatz zur Katze eine hohe Resistenz gegen den *Bacillus anthracis*. Erkrankungen kommen deshalb nur selten vor und beruhen auf dem Verfüttern von massiv infizierten Tierkadavern. Die Krankheit verläuft unter dem Bild einer allgemeinen Sepsis perakut oder akut mit plötzlichem Beginn, schwerer Trübung des Allgemeinbefindens, hohem Fieber, evtl. blutigen Durchfällen und besonders auffälligem entzündlichem Ödem der Lippen, des Kopfes und des Pharynx, das zum Asphyxietod führen kann.

Diagnose: Sie wird bei Einzelfällen meist erst autoptisch gestellt.

Therapie: Sie wird mit Milzbrandserum 15 bis 30 ml (CHRISTOPH 1958) und 1 Mio IE Penicillin eingeleitet, anschließend sind während 5 Tagen noch täglich 500 000 IE Penicillin (DAVIES et al. 1957) zu applizieren.

27.7. Botulismus

Clostridium botulinum kommt im Erdboden und auch saprophytisch im tierischen Darm vor. Unter anaeroben Bedingungen vermehren sich die Keime im toten Gewebe und bilden Neurotoxine. Diese Toxine, die bei Aufnahme von toxinhaltigem Material im Darm resorbiert werden, sind allein für die Krankheitsveränderungen verantwortlich. Es handelt sich also beim Botulismus um eine Futtervergiftung und nicht um eine Infektion im strengen Sinne. Die neuromuskuläre Übertragung der Toxine erfolgt an den Synapsen der efferenten parasympathischen und motorischen Nerven. Die Folge sind schlaffe Lähmungen und Bulbärparalyse. Die Vergiftungen erfolgen über die Aufnahme von toxinhaltigem Futter (verdorbene Fleisch-, Käse-, Sardinen-, Bohnen-Konserven u. a., Verzehren von Fleisch verendeter Tiere oder von Material [Tränke], das mit solchen in Berührung gekommen ist). Lange Zeit wurde der Hund als refraktär gegenüber dem Botulinusgift angesehen. Durch parenterale Verabfolgung von Toxin oder auch durch orale Gabe von toxinhaltigem Futter kann aber auch beim Hund Botulismus erzeugt werden. 5000 Meerschweinchen-LMD, subkutan injiziert, bewirkten beim Hund eine tödliche Erkrankung, oraler Verabfolgung von 13 000–200 000 MLD jedoch keine tödliche Erkrankung. Das zeigt, daß die Hunde eine hohe natürliche Resistenz gegenüber dem Toxin aufweisen, die evtl. darauf beruhen kann, daß die stärkere proteolytische Aktivität im Fleischfresserdarm das bakterienfreie Toxin zerstört. Ferner kann die Seltenheit der spontanen Erkrankungen damit zusammenhängen, daß Hunde nach Aufnahme von verdorbenem Futter sehr leicht erbrechen. Bisher sind nur wenige gesicherte Fälle von spontanem Botulismus beschrieben worden, in jüngerer Zeit von KÖHLER und BURCKHARDT (1983), POMMIER et al. (1988) sowie WALLACE und DOWELL (1986).

Symptome: Nach einer Latenzzeit von meist nur wenigen Stunden bis zu einigen Tagen wird eine zunehmende Parese der Extremitäten, v. a. der Nachhand, gesehen. Kopf- und Halsmuskeln werden ebenfalls schlaff. Die Bulbärparalyse bewirkt Schluck- und Zungenlähmung sowie Speichelfluß. Infolge Lähmung der Augenmuskulatur können die Bulbi nicht mehr bewegt werden, oder es besteht Strabismus und manchmal auch Miosis. MÉRY (1947) fand bei seinen zehn, ätiologisch allerdings nicht gesicherten Fällen Injektion der Skleralgefäße, oberflächliche Keratitis und Ulcera und in einigen Fällen auch Blutungen in die vordere Augenkammer sowie Iritis. Die Apathie ist ausgeprägt. Die Tiere sind unfähig, Futter und Flüssigkeit aufzunehmen. Infolge der Lähmungen der glatten Muskulatur entwickelt sich eine Obstipation. Mit dem Fortschreiten der Lähmungen wird auch die Atmungsmuskulatur betroffen. Die Atmung wird oberflächlich bis unsichtbar (Scheintod). Der Exitus letalis tritt infolge

Asphyxie, seltener wegen einer als Komplikation hinzugekommenen Pneumonie ein. Schwere, Verlauf und Dauer der Intoxikation hängen von der aufgenommenen Toxinmenge ab. KERSTEN et al. (1984) meldeten 3 Fälle mit schlaffer Tetraplegie. Alle 3 Hunde erholten sich innerhalb von 15 Tagen unter symptomatischer Therapie; bei einem verlief der Toxinnachweis positiv. Die *Prognose* ist zweifelhaft.

Diagnose: Der Toxinnachweis geschieht durch Verfütterung oder Injektion von verdächtigem Futter oder von Mageninhalt an weiße Mäuse. Indem die Mäuse mit typenspezifischen Antiseren geschützt werden, wird der ursächliche Typus (A, B, C, D, E) bestimmt.

Therapie: Wesentlich ist eine rasche Darmentleerung durch Neostigmin und Klistiere. Atmungs- und Kreislauffunktionen sind zu überwachen. Durch die Injektion eines polyvalenten Antitoxinserums wird nur das noch nicht an das Nervengewebe gebundene Toxin neutralisiert.

27.8. Erkrankungen mit Gasbranderregern

Wenig Beachtung haben bisher die Erkrankungen mit Gasbranderregern beim Hund gefunden. Solche kommen aber gar nicht so selten vor. Unter den verschiedenen Gasbrandkeimen sind beim Hund Infektionen mit *Clostridium septicum* (Syn. Pararauschbrandbazillus), *Cl. chauvoei* (Syn. *Cl. feseri*, Rauschbrandbazillus) und vor allem *Cl. perfringens* (Syn. *Cl. welchii*) bekannt geworden. Die Pathogenität der einzelnen Keime ist für den Hund unterschiedlich. Bei experimentellen Infektionen fand HELMY (1958) den Hund als hochrefraktär gegenüber *Cl. chauvoei* und als hochempfindlich gegenüber *Cl. septicum*. Am häufigsten werden Toxininfektionen mit oder meist ohne Gasgangrän mit *Cl. perfringens* Typ A gesehen. Die Gasbranderreger sind sporenbildende, streng anaerob wachsende, äußerst hitzeresistente Mikroorganismen, die vorwiegend im Boden, aber auch saprophytisch häufig im tierischen Darm vorkommen. COBB und MCKAY (1962) haben bei der Mehrzahl der untersuchten gesunden Hunde *Cl. chauvoei*, seltener auch *Cl. perfringens* aus der Leber kultiviert. Wir haben in einem Fremdkörper-Granulom (Nylon) nach Kastration einmal *Cl. histolyticum* festgestellt. Schädigungen verursachen die Clostridien erst, wenn Gewebsschädigung und drastische Drosselungen der Blutversorgung eingetreten sind. Eine Infektion von Individuum zu Individuum ist nicht bekannt, sondern die Infektion erfolgt entweder über Hautverletzungen (Verschmutzung mit sporenhaltiger Erde, Operationswunden, Injektionen) oder über den Darmkanal und die Geburtswege. Im nekrotischen Gewebe vermehren sich die eingedrungenen Keime und bilden dort proteolytische und hämolysierende Toxine und Enzyme. Unter Vergärung der Kohlenhydrate der Gewebe kommt es zur Gasbildung und unter Wirkung der proteolytischen und hämolytischen Toxine zur Hämolyse und Exsudation, zu Blutungen und Gangrän. Durch Hyaluronidase wird die Ausbreitung der Infektion gefördert.

Symptome: An Formen sind beim Hund zu sehen: der **Wundgasbrand**, der perakut oder akut innerhalb von Stunden bis wenigen Tagen zum Tode führende **septikämische Gasbrand** und am häufigsten die durch *Cl. perfringens* verursachte **Enterotoxämie**. Ferner hat POBISCH (1960) einige Fälle von Cystitis emphysematosa (Mischinfektion mit β-hämolysierenden Streptokokken, E. coli und *Cl. perfringens*) gesehen, und HENZE und OTTEN (1952/53) haben Tonsillitis mit oder ohne Enterokolitis (*Cl. perfringens* Typ A) beschrieben. Beim **Wundgasbrand** treten entzündliche, schmerzhafte, warme, knisternde Emphyseme auf, die lokalisiert bleiben oder sich ausbreiten. Die Haut darüber ist oft livid-rot gefärbt. Das Gasödem kann auch zur Nekrose der darunterliegenden Muskulatur führen. Das Allgemeinbefinden ist schwer gestört, die Futteraufnahme vermindert. Meist besteht hohes Fieber. Vereinzelt haben wir nach Laparotomien **lokalisierten Wundgasbrand** *(Cl. perfringens)* gesehen. Einige Tage post operationem kam es zur knisternden Auftreibung, zu Apathie und Fieber. Nach Entleerung der retinierten hämorrhagischen, schaumigen, mehr oder weniger eitrigen Wundsekrete verschwanden die Symptome rasch. Der **septikämische Gasbrand** äußert sich durch plötzliche schwere Apathie und Fieber. Erfolglose Brechbewegungen können bemerkt werden, Herzschwäche und Dyspnoe treten rasch hinzu. Es kommt zu blutiger Transsudation in die Bauch- und Brusthöhle und zu hämolytischer Anämie, evtl. auch Leukopenie, Hypostase und Lungenblutungen. Die Sektion ergibt die typischen nekrotisch-hämorrhagischen Schaumorgane. Manchmal sieht man im frühen Stadium anfallsweise Streckkrämpfe. Der Exitus letalis tritt meist innerhalb weniger Stunden ein. Bei der **Enterotoxämie** dominieren die lackfarbenen, blutigen, stinkenden Durchfälle und Erbrechen. Die Temperatur ist meistens fieberhaft, das Allgemeinbefinden deutlich gestört. Die Tiere verlieren rasch an Gewicht und Körperflüssigkeit. Es entwickelt sich eine hämolytische Anämie, die allerdings durch den Wasserverlust maskiert sein kann, so daß Senkungsgeschwindigkeit, Erythrozytenzahl und Hämatokrit normal bleiben können. Die Leukozytenzahlen sind normal oder leicht erhöht, und im weißen Blutbild bestehen eine Neutrophilie und Lymphopenie. Je nach dem Grad der Leberparenchymschädigung bildet sich Ikterus aus oder nicht.

Diagnostisch wichtig sind die lackfarbenen, stinkenden, profusen Durchfälle. *Differentialdiagnostisch* abzugrenzen sind Leptospirose (Agglutination/Lysis-Probe), Parvovirose, Coronavirose, Hcc, Cumarinvergiftungen (Prothrombinzeit!), Invaginationen und Kokzidiose. Wesentlich für die Differentialdiagnose ist die bakteriologische und parasitologische Kotuntersuchung. Zu berücksichtigen ist allerdings, daß *Cl. perfringens* ein häufiger saprophytischer Darmbewohner ist. Bei Enterotoxämie sind die Clostridien jedoch in großer Menge vorhanden. Für eine ursächliche Rolle der Perfringenskeime spricht ebenfalls das gute Ansprechen auf orale Gabe von Chloramphenicol.

Therapie: Beim Wundgasbrand soll das Gasödem entleert werden unter anschließender Spülung mit 3%igem H_2O_2 und lokalen Penicillininstillationen. Die Erreger sind alle hochempfindlich gegenüber Penicillin und Tetracyclinen, die in hohen Dosen zu verabfolgen sind. Bei der Enterotoxämie hat sich Chloramphenicol per os bewährt. Zusätzlich ist für Wasser- und Elektrolytersatz zu sorgen, evtl. sind Anti-Schock-Maßnahmen zu ergreifen (Dow und JONES 1987).

27.9. Tetanus

Der gegen chemische und physikalische Einwirkungen sehr widerstandsfähige Erreger, *Clostridium tetani*, ist ein streng anaerob wachsendes Stäbchen. Die Sporen kommen im tierischen Darm (v. a. Pferd) vor, gelangen mit dem Kot in den Boden, wo sie jahrelang lebensfähig bleiben. Aber auch im tierischen Gewebe können eingedrungene Sporen, ohne pathogen zu werden, bis zu $3^{1}/_{2}$ Monate überleben (BILLAUDELLE, in: ECKMANN 1966). Das erklärt, daß in vereinzelten Fällen die Erkrankung erst nach Abheilen der Wunden auftreten kann (sog. **Narbentetanus**). Damit die Sporen auskeimen und unter Vermehrung der vegetativen Formen zur Toxinbildung führen, müssen Gewebsverhältnisse vorhanden sein, die durch Sauerstoffmangel oder Anaerobie gekennzeichnet sind. Besonders tetanusgefährdet sind tiefe, abgeschlossene oder vereiterte Wunden, gequetschtes oder nekrotisches Gewebe. Tetanus kann auch vom Zahnfleisch (Zahnextraktion, Zahnwechsel), vom geschädigten Darm oder Uterus (Geburtsfolgen) ausgehen. Die Tetanuskeime vermehren sich an der Eintrittsstelle. Die Symptome werden nicht durch die Keime, sondern ausschließlich durch die von diesen produzierten Ektotoxine verursacht. Die Toxine gelangen längs der Nervenbahnen, aber auch lymphogen und hämatogen ins ZNS, binden sich v. a. an die motorischen Vorderhornzellen und versetzen diese in einen Zustand erhöhter Reflexerregbarkeit. Die Fleischfresser besitzen eine ziemlich große natürliche Resistenz gegen Tetanus. Deshalb sind Erkrankungen selten.

Symptome: Die *Inkubationszeit* beträgt 3 bis 30 Tage. Je kürzer sie ist, desto schwerer sind die Symptome. Die ersten Muskelspasmen treten meist an der Kopf- und Halsmuskulatur, seltener an den Extremitäten auf. Auffallend sind die Bildung sagittaler Stirnfalten und die zusammengezogenen und hochgezogenen Ohren, die Kiefersperre, die teilweise oder total ist und zur Unmöglichkeit der Futter- und Flüssigkeitsaufnahme führen kann, sowie die oft nach hinten gezogenen Maulwinkel, die einen eigenartigen Gesichtsausdruck (Risus sardonicus) ergeben (Abb. 27.1., 27.2.).

Nickhautvorfall ist nur in einem Teil der Fälle vorhanden. Der Hals ist versteift und nach hinten gezogen. Die tetanischen Krämpfe erfassen ebenfalls die Rücken- und Extremitätenmuskulatur. Der Gang ist anfänglich steif. Im Höhestadium können die Tiere nicht mehr gehen, stehen wie ein Sägebock da oder liegen mit steif ausgestreckten Beinen, unfähig sich zu erheben, auf der Seite (Abb. 27.3.). Die Extremitäten sind nicht oder nur mit Widerstand passiv abbeugbar. Die Körpertemperatur ist anfänglich normal, später häufig erhöht. Krampf der Atmungsmuskulatur, Herzversagen oder Versagen der zentralen Regulatio-

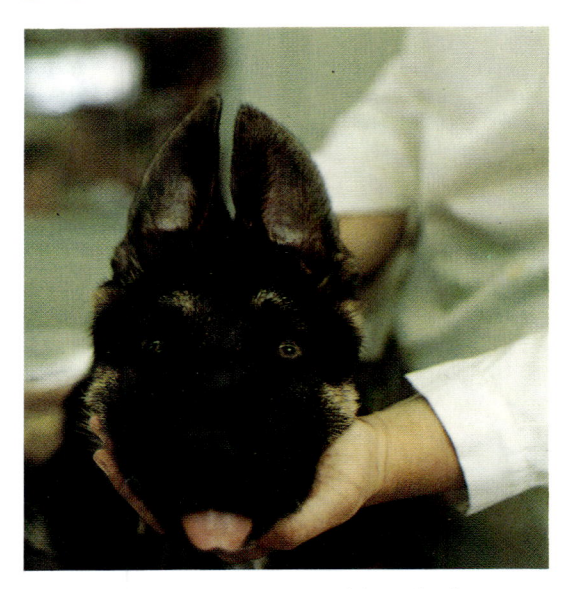

Abb. 27.1. Tetanus: zusammengefaltete, hochgezogene Ohren, Kiefersperre, Speichelfluß.

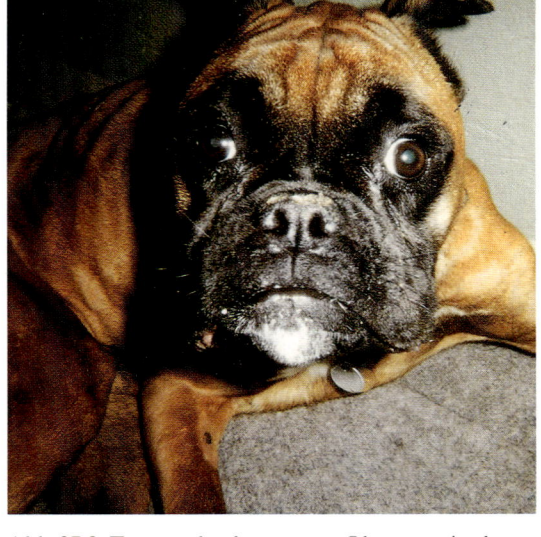

Abb. 27.2. Tetanus: hochgezogene Ohren, sagittale Stirnfalten, Strabismus.

nen können zum Exitus letalis führen. Bei günstigem Verlauf lösen sich die Spasmen allmählich innerhalb 2–3 Wochen. Der Tetanus des Hundes ist fast immer ein **allgemeiner**, nur ausnahmsweise kommt der **lokale Tetanus** vor (1 eigener Fall; MALIK et al. 1989).

Prognose: LÖFFLER et al. (1962) haben die in der Weltliteratur beschriebenen Fälle zusammengestellt und eine Letalität von ca. 40 % errechnet. Die tatsächliche Letalität dürfte aber bedeutend höher sein. Von 7, 1959–1968 in die Berner Klinik eingewiesenen Fällen überlebte nur ein Tier, 4 Hunde starben, und 2 mußten ohne vorgängige Behandlung euthanasiert werden. Die Prognose bessert sich, wenn die Tiere die erste Woche überleben (BADER 1960).

Therapie: Die Behandlung der Tetanus-Patienten erfordert einen großen Zeitaufwand. Dies muß vor Therapiebeginn klargestellt sein. Das Wesentlichste an der Behandlung sind die Kontrolle der vitalen Funktionen und die Minderung oder Aufhebung der tetanischen Krämpfe, beides sehr arbeitsintensive und deshalb leider oft die Möglichkeiten überschreitende Aufgaben. Die hohe Letalität ist weitgehend dadurch bestimmt. Krampflösend wirken Phenobarbital-Natrium oder Pentobarbital alle 4–6 Stunden i.v. sowie zusätzlich oder allein Tranquilizer mit muskelrelaxierender Wirkung: Mephenesin, Chlorpromazine, Promazine. Eine gute relaxierende Wirkung, aber ebenfalls nur von kürzerer Dauer, haben wir mit Diazepam i.v. oder per os gesehen. Mehrmals täglich, je nach Wirkung und Wirkungsdauer, sind 2–10 mg zu verabfolgen. Ideal wäre die Kurarisierung. Bereits kleine Dosen können beim Hund zum Atemstillstand führen. Deshalb sollte über die ganze Behandlungsdauer die künstliche Beatmung eingeleitet werden (Zeitaufwand!). Von der Neutralisation der Toxine durch Tetanusserum ist wenig zu erwarten.

Das an das Nervengewebe gebundene Toxin kann nicht mehr neutralisiert werden. MASON (1964) empfahl 3000 IE/2–3 kg KM. Anaphylaktische und allergische Komplikationen sind zu berücksichtigen. Wesentlich ist eine gute Wundbehandlung. Vom Wundgebiet aus wird stets neues Toxin gebildet. Um dies zu unterbrechen, soll das veränderte Gewebe gründlich exzidiert werden. Hyperbarer Sauerstoff ist gegen den Tetanuserreger wirkungslos. Unsinnig ist die Seruminjektion direkt ins Wundgebiet. Das Serum wird resorbiert und bewirkt an der Injektionsstelle höchstens zusätzliche Gewebsschädigungen (ECKMANN 1960). Die vegetativen Tetanuskeime sind penicillinempfindlich. Penicillin sollte ins Wundgebiet und zusätzlich über mehrere Tage in hohen Dosen intramuskulär injiziert werden. Die Patienten sind in abgedunkelten und ruhigen Räumen unterzubringen. Für künstliche Ernährung sowie für Wasser- und Elektrolytersatz ist zu sorgen.

Abb. 27.3.
Tetanus:
Sägebockstellung.

Prophylaxe: Eine generelle aktive Immunisierung ist wegen der hohen natürlichen Resistenz nicht nötig. Tiere in gefährdeten Gebieten können mit zweimal im Abstand von 4–6 Wochen vorgenommenen Injektionen von 0,5–2 ml Tetanus-Anatoxin erfolgreich immunisiert werden.

27.10. Tuberkulose

Die Tuberkulosemorbidität des Hundes weist gegenüber früher in den hochentwickelten Ländern eine deutliche Abnahme auf. Die Tuberkulose ist heute eine seltene Erkrankung. Sektionsstatistiken früherer Jahre ergaben Prozentzahlen von 0,8–7 % und klinische Statistiken solche von 0,04–8 %. 1923–1927 waren 2,4 % und 1950–1954 nur noch 0,8 % der in Bern sezierten Hunde tuberkulös. 1955 mußte bei 0,6 % der Klinikpatienten in Bern differentialdiagnostisch an Tuberkulose gedacht werden; bei 0,1 % wurde die Diagnose bestätigt. Der Rückgang ist einerseits durch die Tuberkulosesanierung des Rinderbestandes, andererseits durch die besseren hygienischen Verhältnisse und den Rückgang der menschlichen Tbk erklärbar. Da aber der tuberkulöse Hund eine Gefahr für die menschliche Umgebung bedeutet und sanierte Rinderbestände reinfizieren kann, kommt der Karnivoren-Tbk trotzdem noch wesentliche Bedeutung zu. Die *direkte* oder *indirekte Infektion* des Hundes erfolgt v. a. durch den tuberkulösen Menschen ($^2/_3$ der Infektionen mit *Mycobacterium tuberculosis*, $^1/_3$ mit *M. bovis*, nur vereinzelte, umstrittene Infektionen mit *M. avium*). Deshalb kommt die Hunde-Tbk vorwiegend in Großstädten und in Gegenden mit mangelhaften hygienischen Verhältnissen vor.

Der Hund wird über den aerogenen (Tröpfcheninhalation) und enterogenen (Ablecken, infiziertes Fleisch, Milch) und nur selten über den kutanen Weg infiziert.

Pathogenese: An der Eintrittsstelle entwickelt sich der Primärkomplex (PK), der vollständig (tuberkulöse Reaktion an der Eintrittsstelle und im regionären Lymphknoten [LK]) oder unvollständig (nur in LK) sein kann. Die Lokalisierung des PK gibt uns Aufschlüsse über die Häufigkeit der einzelnen Infektionswege. NIEBERLE (1932) fand den PK in 85 % in den Lungen, HJÄRRE (1939) gleichhäufig in den Lungen wie im Verdauungstrakt, VAN GOIDSENHOVEN und SCHOENAERS (1943) maßen dem pharyngealen PK (vollständig oder unvollständig, Tonsillen, retropharyngeale LK) eine größere Bedeutung bei, als bis dahin angenommen. Nur ausnahmsweise wird der PK in der Haut gefunden. Vom PK aus erfolgt die Generalisation, beim Hund v. a. in Form einer verzögerten Frühgeneralisation (NIEBERLE). Die Generalisation kann entweder über den lymphohämatogenen Weg (Serosentbk, Darmtbk, Lungentbk) oder intrakanalikulär (häufig bei Lungentbk) oder per continuitatem (Einschmelzen eines Lungenherdes durch die Pleura: Pleuritis, Tbc cutis colliquativa) erfolgen. BONADUCE (1942) hat 351 Fälle aus der Literatur zusammengestellt und fand folgenden Organbefall: Lungen: 69 %, Pleura: 41%, bronchiale LK: 43 %, mediastinale LK: 10 %, Perikard: 18 %, Herz: 5,5 %, Peritoneum: 15 %, Netz: 8 %, mesenteriale LK: 32 %, Darm: 6,8 %, Leber: 34 %, Nieren: 21 %, Milz: 8,8 %, Hals-LK: 1,7 %, Haut: 2,6 %, Knochen, Gelenke: 8,8 %, Geschlechtsapparat: 0,8 %, Nervensystem: 0,8 %. Die Kenntnis dieser Zahlen soll als Hilfe für die Diagnose und Differentialdiagnose dienen. Die Fleischfressertuberkulose führt häufig zur Keimausscheidung. Besonders ist das bei der Tbk der Haut, der Lungen und der Nieren der Fall, während die Tbk der Verdauungsorgane nur selten eine offene ist (unvollständiger PK).

Symptome: Das Symptomenbild ist sehr wechselnd und nicht immer auf Tbk hinweisend, je nach der Organlokalisation und Ausdehnung der tuberkulösen Prozesse. Das Allgemeinbefinden kann wenig oder schwerstens, besonders bei Tbk der Thorakalorgane, gestört sein. Im Krankheitsverlauf kommt es zu fortschreitender Abmagerung bis zur Kachexie. Das Haarkleid ist oft matt, glanzlos. Die Körpertemperatur zeigt kein konstantes Verhalten. Sie kann erhöht, normal oder terminal, auch subnormal sein. Bei den meisten Fällen dominierten die *Symptome der Thorakalorgane* über diejenigen der anderen Organe. Der pulmonale PK, der sich meistens in den bestbeatmeten Teilen der Lunge (Margo obtusus) befindet, braucht keine oder nur geringe Störungen zu bewirken. Eventuell tritt aber bereits als Folge davon Husten auf. *Fortgeschrittene* Lungentuberkulose dagegen führt zu schwerer Störung des Allgemeinbefindens, rascher Ermüdbarkeit, Dyspnoe, besonders nach Anstrengung oder Aufregung. Häufig, aber nicht immer, wird ein therapieresistenter Husten, der etwa durch die Thoraxperkussion auslösbar ist, wahrgenommen. Falls die pneumonischen Herde groß genug oder dicht beieinander liegen, lassen sich Dämpfungen oder bei großen Kavernen ein metallischer Klang herausperkutieren. Die Auskultation ergibt verschärfte Atemgeräusche, Rasseln und Giemen oder auch normale Befunde. Selten werden bei Lungen-Tbk an den Gliedmaßenenden kettenartig aneinandergelagerte osteophytäre Auflagerungen (**sekundäre Osteoarthropathie**, s. Akropachie, 24.1.4.) gefunden. Diese auch bei anderen chronischen Lungenleiden vorkommende Veränderung hat keine direkte ätiologische Beziehung zu den Tuberkulosekeimen. Besonders schwere Allgemeinstörungen und Dyspnoe verursachen die **Pleuritis tuberculosa exsudativa**. Beschleunigung der Blutsenkungsreaktion, Leukozytose und Neutrophilie sind hier besonders ausgeprägt. Die Perkussion ergibt die bekannte lageverschiebliche horizontale Dämpfungslinie und die Punktion ein milchig-wäßriges bis schmutziggelbbräunlich-rötliches, fetziges Exsudat. Bei der selteneren **Pleuritis sicca** sind evtl. Reibegeräusche hörbar.

Tuberkulose der Abdominalorgane. Bei der **Pharynxtuberkulose** sind die Tonsillen nicht hochrot geschwollen, sondern eher nur mäßig vergrößert, grauweißlich-porzellanartig und feingekörnt. Von den meist ebenfalls vergrößerten regionären LK aus kann eine Tbc cutis colliquativa entstehen. Die Tbk der Gekröselymphknoten braucht wenig Störungen zu verursachen. Dringen aber die Prozesse retrograd-lymphogen oder per continuitatem von den LK in die Darmwand vor, so führt das zur Verdickung der Wand, zu tuberkulösen Darmgeschwüren und stinkenden Durchfällen oder zu Darmstrikturen mit Verstopfung, oder Durchfall und Verstopfung wechseln ab. Bei kleinen und schlanken Hunden können die vergrößerten LK-Konglomerate palpiert werden. Lokale Stauungserscheinungen mit Aszites können die Folge sein. Durch die Punktion und durch die meist höhergradige Störung des Allgemeinbefindens ist die tuberkulöse exsudative Peritonitis abzugrenzen. Fieber kann bei Peritonitis auch fehlen. Die Palpation liefert auch, zusammen mit dem Ausfall der Leberfunktionsproben, Anhaltspunkte über die nicht seltene Leber-Tbk. Ikterus wird nur selten gesehen. Tuberkulöse Herde in den Nieren können durch die Proteinurie und Zylindrurie vermutet und durch den Keimnachweis im Harn bestätigt werden.

Hauttuberkulose ist beim Hund selten. Kleine nässende Papeln oder tumorartige Knoten, die später ulzerieren, oder Geschwüre mit unregelmäßigen Rändern und granulierendem Geschwürsgrund werden gesehen. Am häufigsten aber sind chronische Fisteln und Ulcera, meist in der Backen- und Kehlganggegend, seltener auch in den Gelenkbeugen oder anderswo (Abb. 27.4.). Die Untersuchung ergibt dann, daß Haut und Unterhaut mit dem regionären Lymphknoten verwachsen und nicht, wie etwa bei Lymphadenose, frei über dem Lymphknoten verschiebbar sind. Bei der Sondierung ziehen die Fistelkanäle zu dem LK. Das bedeutet, daß das tuberkulöse Granulationsgewebe infiltrativ vom Lymphknoten aus vorgestoßen ist und Einschmelzungen zum Durchbruch nach außen unter Fistelbildung ge-

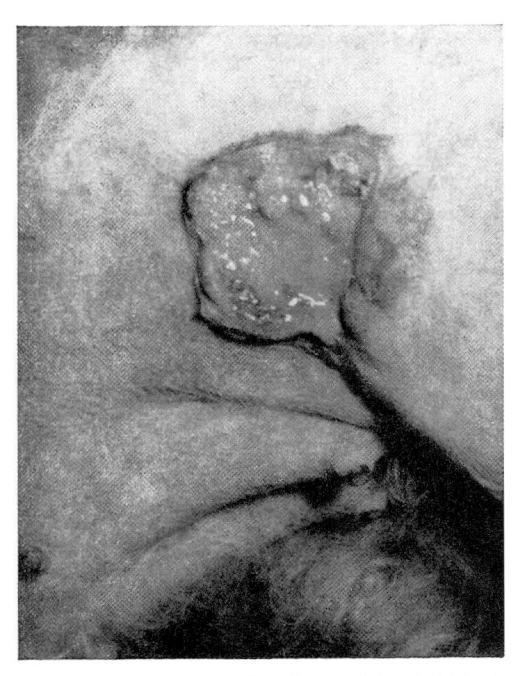

Abb. 27.4. Hauttuberkulose in der Schenkelfalte bei einem Bedlington-Terrier.

führt haben: **Tuberculosis cutis colliquativa**. Noch seltener sind die **Augentuberkulose** (1 Fall von Miliar-Tbk der Iris; HJÄRRE 1939) und die **Tuberkulose des Nervensystems** (schleichend verlaufende nervale Störungen, wie Gleichgewichtsstörungen, Erblindung, zunehmender psychischer Zerfall; TEUSCHER 1954).

Diagnose: Die *klinische Diagnose* ist nicht immer leicht. Nicht selten wird die Tbk als chronisches Organleiden anderer Ursachen oder als neoplastische Erkrankung mißdeutet oder erst als Zufallsbefund bei der Sektion festgestellt. Von den 22 durch BÖHM (1956) autoptisch diagnostizierten Fällen wurden nur 7 (= 33,8 %) klinisch erfaßt. An Tbk denken lassen sollten zunehmende Abmagerung zusammen mit anderen Befunden, wie chronische Durchfälle, evtl. abwechselnd mit Verstopfung, tumoröse Prozesse im Abdomen (Gekröselymphknoten, Leber, selten Milz), chronische Pneumonien und vor allem jede exsudative Pleuritis. Jede Pleuritis sollte bis zum geglückten Gegenbeweis (Nocardiose, Ösophagusverletzungen usw.) als Tbk-verdächtig betrachtet werden. Verdächtig sind ebenfalls Hautfisteln und Ulcera, die in Zusammenhang mit vergrößerten LK stehen, und chronische, granulierende, therapieresistente Wunden (Ziehl-Neelsen-Färbung von Abstrichen). Da im Verlauf der Generalisation die verschiedensten Organe, wenn z.T. auch nur selten, befallen werden können, ist die *Differentialdiagnose* sehr weit zu ziehen (s. Organkrankheiten). Mit dem Rückgang der Tbk des Menschen und der Rinder ist die Fleischfresser-Tbk selten geworden und beginnt zu Unrecht aus dem diagnostischen und differentialdiagnostischen Denken der Tierärzte zu schwinden.

Bei Verdacht auf Tbk muß anamnestisch sorgfältig nach dem Vorkommen von Respirationsleiden in der menschlichen Umgebung geforscht werden. Die meisten der in den letzten Jahren beim Hund festgestellten Tuberkulosefälle sind durch tuberkulöse Menschen übertragen worden (SCHLIESSER 1967, LIU et al. 1980, FERBER et al. 1983, BAHNEMANN et al. 1988, GHORBEL und AMARA 1989).

Als *Diagnosehilfen* sind zu erwähnen:

1. *Blutuntersuchung.* Blutsenkungsreaktion, weißes und weniger auch rotes Blutbild sind meistens pathologisch verändert, aber keineswegs in einer für Tbk charakteristischen Weise. Die blutchemischen Befunde sind abhängig von der Lokalisation und dem Grad der Organveränderungen.

2. *Röntgenuntersuchung.* Da die Tbk des Hundes nur ganz ausnahmsweise Verkalkungsprozesse aufweist, liefert auch die Röntgenuntersuchung nur unspezifische Befunde (OLSSON 1957). Thoraxaufnahmen können etwa vergrößerte LK, besonders im Bereich der Bifurkation, sowie proliferative Prozesse in Form von Marmorierung und wolkigen Verschattungen oder Flüssigkeitsergüsse aufzeigen.

3. *Bakteriologische Untersuchungen* (Ziehl-Neelsen-Färbung, Kultur, Tierversuch) von Rachen- und Hautabstrichen, Harn und Punktaten sind vermehrt zur Diagnosesicherung herbeizuziehen. Wegen der langen Zeitdauer dient der Tierversuch weniger der klinischen Diagnose als vielmehr zur Typendifferenzierung und zur epidemiologischen Abklärung. Die bakteriologische Kotuntersuchung hat wegen der Seltenheit der Darm-Tbk wenig Aussicht auf Erfolg.

4. *Für die serologische Tbk-Diagnose* finden die KBR und v. a. die Hämagglutinations- und Hämolyse-Reaktion nach MIDDLEBROOK und DUBOS Verwendung. Während FREUDIGER (1956) die Hämagglutination-(HA)-Hämolyse-(HL)-Reaktion wegen falsch-positiver Resultate als nicht brauchbar fand, begrüßten SPECK und DEDIÉ (1955) und WEINHOLD (1957) diese Methode als Bereicherung der spezifischen Diagnostik. WEIN-

HOLD stellte bei 328 tuberkulosefreien Hunden übereinstimmenden Ausfall der HA in 97,9 % und der HL in 97,6 % fest. 15 von 20 tuberkulösen Hunden hatten positive Titer. Bei ausgebreiteter oder generalisierter Tbk können aber auch serologisch negative Befunde vorkommen.

5. Seit langem in Anwendung sind die *allergischen Tuberkulinproben* (Ophthalmo-, Intrakutan-, Subkutan- bzw. Thermoprobe). Die Treffsicherheit ist leider nur mäßig, da bis zu 40 % und mehr falsch-negative Resultate gemeldet werden. Der Hund ist sowohl für *M. tuberculosis* wie für *M. bovis* empfänglich. Wir empfehlen deshalb ein Mischtuberkulin beider Arten zu verwenden. Alle drei Proben können gleichzeitig angesetzt werden. Am unzuverlässigsten ist die *Ophthalmoprobe* (1–2 Tropfen Ophthalmotuberkulin in den entzündungsfreien(!) Bindehautsack. Bei positivem Ausfall nach 1–2 Tagen eitrige Konjunktivitis).

Bei der *Intrakutanprobe* wird 0,1 ml 50%iges Tuberkulin streng intrakutan injiziert. Bei richtiger Technik bleibt eine Quaddel zurück. Bei positivem Ausfall sind 48–72 Stunden später an der Injektionsstelle Schwellung, Rötung und evtl. Schorfbildung feststellbar. Die *Subkutanprobe* ist der intrakutanen mindestens ebenbürtig. Es werden 0,3–1,5 ml Subkutantuberkulin subkutan injiziert, vorgängig und mindestens während der nächsten 12 Stunden stündlich die Körpertemperatur gemessen. Als positiv wird ein Temperaturanstieg von 1,5 °C mit Temperaturmaximum von mindestens 40,0 °C gewertet. Am häufigsten tritt der Temperaturanstieg nach 5–7 Stunden, seltener erst nach 9–10 Stunden auf. Die Subkutanprobe ist nur bei Ausgangstemperaturen, die innerhalb der Norm liegen, möglich (Abb. 27.5.). Der *BCG-Test*, der neuerdings empfohlen wird, soll den Tuberkulinproben überlegen sein. AWAD (1962) injizierte 0,2 ml BCG intrakutan und las nach 72 Stunden ab. Von 12 experimentell mit *M. tuberculosis* oder *M. bovis* infizierten Hunden reagierten nur 4 im intrakutanen Test positiv, im BCG-Test aber alle 12. Der positive Ausfall äußert sich in einer umschriebenen, erhabenen und geröteten Schwellung. Bei negativer Reaktion kann sich während der ersten 24 Stunden ein Erythem entwickeln, welches spätestens nach 72 Stunden wieder zurückgebildet ist.

Heute wird fast ausschließlich die **Intrakutanprobe nach Mantoux** mit Tuberkulin PPD Berna® (Schweiz. Serum- und Impfinstitut, Bern) in steigender Konzentration durchgeführt:

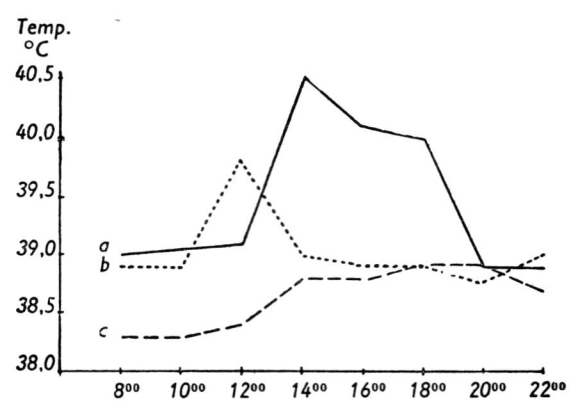

Abb. 27.5. Verlauf der Temperaturkurve bei der Subkutanprobe.
a = positiv (die Temperatur ist über 1 °C ins Fieberhafte gestiegen), b = fraglich (die Temperatur ist auch ins Fieberhafte gestiegen), c = negativ (die Temperaturerhöhung ist unbedeutend).

1. Die erste Probe (Injektion von 0,1 ml) erfolgt mit der größten Verdünnung (1:10000), d.h. 1 IE in 0,1 ml. Die Ablesung wird nach 3 Tagen vorgenommen. Bei positiver Reaktion ist eine Infiltration mit Rötung an der Impfstelle und Zunahme der Hautfaltendicke festzustellen.
2. Bei negativer Reaktion Wiederholung der Intrakutanprobe (0,1 ml) mit 10 IE in 0,1 ml (1:1000). Ablesung nach 3 Tagen.
3. Falls die Reaktion wieder negativ ausfällt, kann eine dritte Intrakutanprobe (0,1 ml) mit 100 IE in 0,1 ml (1:100) angesetzt werden. Mit mehr als 100 IE wird in der Regel nicht getestet. Wenn auch diese dritte Probe negativ verläuft, ist der Hund höchstwahrscheinlich nicht Tbk-infiziert.

Therapie: NIEMAND (1959) hielt die Behandlung des Hundes mit Tuberkulostatika in den meisten Fällen für vertretbar. Die Behandlungsdauer hat sich über 1 Jahr und länger zu erstrecken. Paraaminosalicylsäure eignet sich wegen des häufigen Erbrechens nicht. Geeignet sind Streptomycin (im Beginn täglich, dann 1–2mal wöchentlich), Isoniazid (Mittel der Wahl). Unverträglichkeitserscheinungen, wie Erregungszustände, epileptiforme Krämpfe, nervale Reizerscheinungen können meist durch gleichzeitige Gabe von Vitamin B_6 unterbunden werden, evtl. Thiosemicarbazone im Wechsel mit INH oder, wenn dieses nicht vertragen wird, allein verabfolgt. Wir betrachten in Übereinstimmung mit FUCHS et al. (1963) die Behandlung des tuberkulösen Hundes als für die menschliche Umgebung zu gefährlich und können nur die Euthanasie verantworten. Die Behandlung führt, wie schon MONTI (1953) gezeigt hat, in den meisten Fällen bestenfalls zur klinischen, nicht aber zur bakteriologischen und pathologisch-anatomischen Heilung. Behandelte Tiere können weiterhin Tuberkulosekeime ausscheiden!

27.11. Nocardiose

Die Krankheit wird auch als **Streptotrichose** oder als **Aktinomykose** bezeichnet. Vielfach wurde die Diagnose nur auf Grund des klinischen Bildes und ohne Erregernachweis gestellt. Die Erreger sind *Nocardia asteroides* und in vereinzelten Fällen *Actinomyces bovis* oder *Actinomyces viscosus* (SWERCZEK et al. 1968, KAUP 1986). Die meisten als Aktinomykose des Hundes beschriebenen Fälle dürften durch *Nocardia asteroides* und nicht durch *Actinomyces bovis* verursacht gewesen sein. *Nocardia asteroides* ist ein ubiquitärer Keim, der im Boden, im Wasser und auf Gräsern und Getreide vorkommt. Die Infektion erfolgt meistens über kleine Hautverletzungen, bewirkt lokalisierte, chronische Hautveränderungen und kann von der Haut aus hämatogen in die inneren Organe, v.a. auf die serösen Häute gestreut werden. In anderen Fällen kann die Infektion per inhalationem oder wahrscheinlich auch oral gesetzt werden (CEDERVALL 1954). *Actinomyces bovis* kommt saprophytär auf den Schleimhäuten, v.a. der Maulhöhle, vor und kann bei Resistenzschwächung pathogen werden. Täuschend ähnliche Krankheitsbilder **(Pseudo-Aktinomykosen)** können durch zahlreiche Bakterien (*Actinobacillus*, Pyokokken, *Pasteurella septica* usw.) verursacht werden. Diese Pseudo-Nocardiosen kommen häufiger als die echten Nocardiosen vor. Des weiteren findet sich bei den echten Nocardiosen meistens zusätzlich eine sekundäre bakterielle Infektion, die zu Schwierigkeiten in der bakteriologischen Diagnose Anlaß geben kann.

Symptome: Klinisch können die **Hautnocardiose** und die **Nocardiose der serösen Häute** unterschieden werden. Bei den Hautnocardiosen werden besonders an mechanisch exponierten Stellen anfänglich phlegmonöse Anschwellungen oder Abszesse gesehen, die sich nach einiger Zeit spontan öffnen. Im weiteren Verlauf kommt es zu einer chronisch-fistulierenden Dermatitis, indem alte Fistelöffnungen vernarben und neue durchbrechen. Das Sekret ist blutig-eitrig, schmutzig.

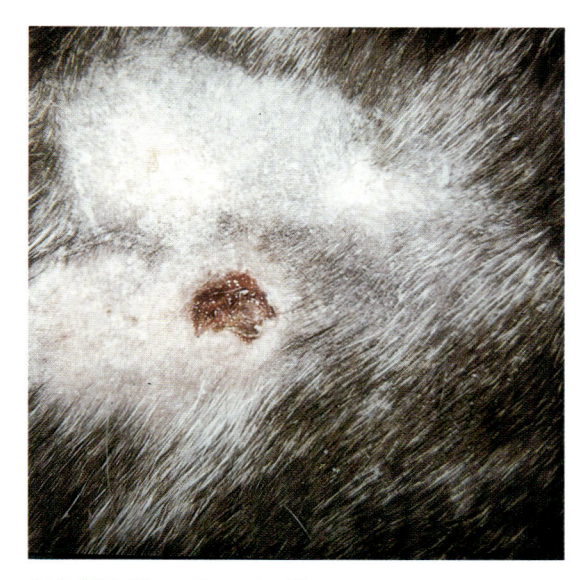

Abb. 27.6. Nocardiose der Haut.
Chronisches, unterminiertes Ulkus.

Infolge ödematöser Durchtränkung und Bindegewebszubildung wird die betreffende Hautpartie verdickt, manchmal tumorartig. Die Sondierung ergibt starke Unterminierung und bis in die Faszie und Muskulatur gehende Fistelkanäle (Abb. 27.6.). Der Verlauf ist ausgesprochen chronisch, nach scheinbarer Abheilung treten häufig Rezidive ein. Das Allgemeinbefinden ist wechselnd gestört. Bis zur Eröffnung der Abszesse besteht meist hohes Fieber, nachher normalisiert sich die Temperatur, und das Allgemeinbefinden bessert sich.

Die **Nocardiose der serösen Häute** kann sowohl die Brusthöhle (eitrig-jauchige Pleuritis, Bronchitis bis eitrige Bronchopneumonie mit starker Neigung zu Abszeßbildung; Abb. 27.7.) oder die Bauchhöhle (Peritonitis, tumorartige Knotenbildung mit Abszessen in Netz und Gekröse, seltener abszedierende Milz-, Leber-, Nierengranulome) oder beide zusammen befallen. Die Körperhöhlenexsudate sind meist deutlich hämorrhagisch-eitrig mit grau-gelblichen, krümeligen Körnchen. Die serösen Häute erscheinen stark samtig verdickt und weisen zottige Granulationen auf. Selten gesehen werden **Nocardiosen des ZNS** und **Aktinomykose-Osteomyelitis.**

Diagnose: Verdächtig sind chronische fistulierende Dermatitiden und/oder eitrige Entzündungen der serösen Häute. Die *Diagnose* ist unbedingt durch den mikroskopischen und kulturellen

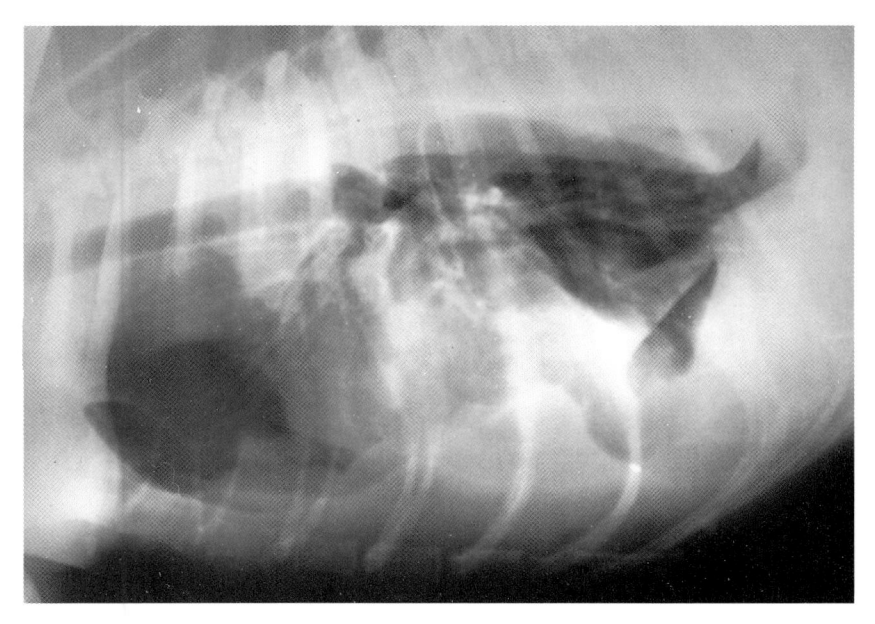

Abb. 27.7. Nocardiose der Lunge.

Erregernachweis, wobei dem Institut der spezielle Untersuchungsantrag zu stellen ist, zu sichern (Abstriche, Punktate). In die *Differentialdiagnose* einzubeziehen sind die übrigen chronisch eitrig-fistulierenden Dermatitiden und Entzündungen der serösen Häute. Wegen des oft granulomatösen Charakters kommt differentialdiagnostisch auch Tbk in Frage (Tuberkulinproben, Ziehl-Neelsen-Färbung: Aktinomyzeten ebenfalls teils säurefest, Kultur).

Die *Prognose* ist stets zweifelhaft bis eher ungünstig. Häufig Rezidive.

Therapie: Nocardien, nicht aber *Actinomyces* spp., sind meist resistent gegen Penicillin. Sulfonamide werden oft für wirksamer als Breitbandantibiotika angegeben. Nach Möglichkeit sollte sich die Chemotherapie auf die Resistenzprüfung stützen. Zusammen mit Antibiotika sind Corticosteroide in die veränderte Haut zu injizieren. Umschriebene Hautprozesse können chirurgisch behandelt werden. Wichtig ist, daß das gesamte veränderte Gewebe, auch in der Tiefe, entfernt wird.

SCHMITT (1986) empfiehlt Amoxicillin: 4 Wochen tgl. 200 mg/kg KM, anschließend 3 Monate tgl. 100 mg/kg KM; 4 Fälle ohne Rezidiv.

27.12. Leptospirosen

Bisher sind von *Leptospira interrogans*, der pathogenen Leptospire, auf Grund der antigenen Eigenschaften etwa 20 Serogruppen mit ungefähr 200 Serotypen (Serovaren) bekannt. Die Hunde werden v. a. mit den Serotypen *canicola, icterohaemorrhagiae, grippotyphosa, australis, pomona, hyos* (Syn. *tarassovi, mitis*), *saxkoebing* und *sejrö* infiziert. In einer geographischen Region kommt nur eine beschränkte Anzahl von Serotypen endemisch vor (BALDWIN und ATKINS 1987).

Die Krankheitsbilder sind nicht typspezifisch, jeder der möglichen Leptospirentypen kann jedes der bekannten klinischen Syndrome verursachen.

Vorkommen und Epidemiologie: Leptospireninfektionen sind weltweit verbreitet. Serologische Reihenuntersuchungen von Hunden aus verschiedenen Kontinenten und Gegenden ergaben Verseuchungsgrade von 4 % (Rom: REITANO und MORSELLI 1935) bis 65 % (Freiburg i. Br.: UHLENHUTH et al. 1950). Meistens liegt der Verseuchungsgrad zwischen 20 und 30 %. Die *Infektion* verläuft subklinisch, oder es treten mehr oder weniger gehäuft Einzelerkrankungen auf. Zu gewissen Zeiten kann die Infektion auch in Form von kleineren oder größeren Seuchenzügen (1898 Hundeausstellung Stuttgart [Stuttgarter Hundeseuche!], 1899, 1945/46 Zürich, 1951 Berlin, 1937/38, 1948–52 Wien u. a.) oder als Zwingerenzootie auftreten. Vielerorts hat sich in den letzten Jahren das epidemiologische Bild gewandelt, indem die Infektionen mit *L. canicola* seltener und diejenigen mit *L. icterohaemorrhagiae, saxköbing*, grip-

potyphosa usw. häufiger geworden sind. Mit welchen Typen die Infektion erfolgt, hängt weitgehend von den Lebensgewohnheiten der Tiere und von geophysikalischen, hydrophysikalischen und faunistischen (Überlebens- und Vermehrungsbedingungen der Mäuse und Ratten, infizierte Schweine- und Rinderbestände) Faktoren ab. So ist bei Stadthunden v. a. die Infektion mit *L. canicola* (Hauptwirt: Hund) und je nach hygienischen Verhältnissen auch mit *L. icterohaemorrhagiae* (Hauptwirt: Ratte) verbreitet. Land- und Jagdhunde jedoch sind häufiger mit *L. icterohaemorrhagiae, saxköbing, sejrö, australis, autumnalis* usw. (Hauptwirte: Mäusearten), *L. grippotyphosa* (Hauptwirt: Feldmaus, Nebenwirte: Schwein, Rind, Pferd), *L. pomona* (Hauptwirt: Schwein) infiziert als Stadthunde. RIMPAU (1950) bezeichnet die Leptospirosen als Aufsuchkrankheiten, da die Individuen die Leptospirenquelle aufsuchen müssen. Für die Verbreitung der Erreger spielt v. a. der Harn der Tiere eine Rolle. Die Infektion kann direkt von Hund zu Hund (Ablecken, Beschnuppern) oder häufiger indirekt erfolgen. Deshalb ist es wichtig, die Überlebensbedingungen der Leptospiren in der Außenwelt zu kennen. Die Erreger sind gegenüber saurem Milieu und gegen Eintrocknen sehr empfindlich. Gegen alkalisches Milieu und auch gegen Kälte und Nässe sind sie widerstandsfähig. Als Infektionsquelle kommen neben der direkten Übertragung von Hund zu Hund und durch Nagerbiß (Verunreinigung der Wunde mit Urin) vor allem Futter und Trinkwasser, das durch Urin (Ratten, Mäuse, Schweine, Rinder) infiziert wurde, wie auch nasser Boden, Tümpel und Teiche in Frage.

Durch die *Analyse* dieser Leptospirenquellen kann die unterschiedliche Typenverteilung erklärt werden. Als häufigste Eintrittspforten sind die Schleimhäute (Nase, Konjunktiven, Maul) und die Mikroverletzungen aufweisende Haut (Zwischenzehenhäute) zu betrachten. Ob auch eine Infektion über die unverletzte Haut möglich ist, bleibt ungeklärt. Infektion über den Magen-Darm-Trakt ist wegen der hohen Empfindlichkeit der Leptospiren gegenüber saurem und galligem Milieu wenig wahrscheinlich. Die aerogene und beim Hund auch die transplazentare Infektion ist unbekannt. Der Hund weist, wie aus dem Verseuchungsgrad hervorgeht, eine große Infektionsbereitschaft auf. Hingegen bleibt trotz der großen Infektionsbereitschaft die Erkrankungsbereitschaft gering und nimmt mit zunehmendem Alter ab. Die *experimentelle Infektion* erzeugt bei ausgewachsenen Tieren nur selten, bei Welpen aber oft und schwere Krankheitserscheinungen. Auch die klinischen Beobachtungen bestätigen dies, bei Zwingerenzootien erkranken v. a. die Jungtiere. Das Zusammenleben von erkrankten Hunden mit gesunden bleibt meistens folgenlos. Worauf die Erkrankungsbereitschaft beruht, ist noch weitgehend unbekannt. Zu denken ist an Pathogenität und Virulenz der Erreger (KEENAN et al. 1978), resistenzmindernde Faktoren (vorbestehende Organschädigungen, Parasitenbefall, Vitaminmangelzustände) und erhöhte präinfektionelle physische Belastungen. Erhebungen an einem größeren Material ergaben eine deutliche Geschlechts- und Altersdisposition. Die Infektion kommt ungefähr doppelt so häufig bei Rüden als bei Hündinnen vor. Die Erklärung dafür liegt in dem typischen Verhalten der Rüden, überall zu schnüffeln. Erkrankungen treten in jeder Altersstufe, aber doch gehäuft bei den jüngeren Tieren auf, während der Verseuchungsgrad mit zunehmendem Alter ansteigt.

Pathogenese: Einige Tage nach dem Eindringen der Erreger in den Organismus erfolgt eine Leptospirämie, die mit Fieber, Inappetenz, episkleraler Gefäßinjektion, Tonsillitis und Erbrechen verlaufen kann. Die Dauer des leptospirämischen Stadiums beträgt 2–8 Tage und ist abhängig von der Schwere der Symptome (Low et al. 1956). Es kommt zu Reizung des MPS und damit zur Antikörperbildung, die nach 7–10 Tagen einen meßbaren Agglutinations-Lysis-Titer ergibt. Der Titer steigt im Krankheitsverlauf an, sinkt dann ab und persistiert als geringer Resttiter jahrelang.

Früh im *Krankheitsverlauf* kommt es infolge Knochenmarkreizung zur Leukozytose und Neutrophilie. Bei der experimentellen Infektion geht der Leukozytose oft eine kurzdauernde Leukopenie voraus (Low 1964). Bereits während des leptospirämischen Stadiums dringen die Erreger in die Organe, so daß nun durch die Organbesiedelung zusehends die Organsymptome im Vordergrund des Krankheitsbildes stehen. Sehr früh werden die Leber und die Nieren besiedelt. Nach RIMPAU (1950) drängen sich die Leptospiren unter drehend-bohrenden Bewegungen in die Leberzellen ein. Durch diese direkte Besiedelung der Leberzellen dürfte wohl ein Circulus vitiosus gesetzt sein, indem durch die Schädigung der Zellfunktionen toxische Stoffe entstehen, die z. T. lokal zu weiteren Schädigungen und damit zu weiterer Insuffizienz der mannigfaltigen Leberzellfunktionen führen. Außerdem wird die Leber durch die Störung der allgemeinen und lokalen Blutzirkulation und der Nierenfunktionen in Mitleidenschaft gezogen. Biochemisch treten eine Erhöhung der SAP, eine Verminderung der Gerinnungsfaktoren (Prothrombinkomplex) und eine Zunahme der aus den Leberzellen ins Plasma austretenden Transaminasen in Erscheinung. Bei starker Leberschädigung entwickelt sich ein Ikterus. Der Leptospiroseikterus des Hundes ist nicht wie derjenige des Kalbes ein hämolytischer, sondern stets ein hepatozellulärer. Das Hundeplasma vermag die durch pathogene Leptospirenstämme gebildeten hämolysierenden Toxine genügend zu hemmen (KEMENES 1958). Die Nierenveränderungen sind einerseits die direkte Folge der Leptospirenbesiedelung der Nieren, andererseits können sie durch den gestörten Leberstoffwechsel im Sinne des hepatorenalen Syndroms nach NONNENBRUCH verstärkt werden. Aus den nephrotischen Schädigungen entwickeln sich eine diffuse oder herdförmige interstitielle- und Glomerulonephritis. Bereits ungefähr ab 4. Tag post infectionem treten Proteinurie und Zellsediment in Erscheinung, während die Leptospirenausscheidung mit dem Harn erst vom 7. oder 8. Tag an erfolgt. Bei bakteriologisch nicht ausgeheilten oder subklinischen Fällen kann die Leptospirurie intermittierend über Wochen und Monate andauern. Bei schwereren Nierenstörungen sind die Nierenfunktionen wesentlich beeinträchtigt. Die glomeruläre Filtrationsrate und der renale Plasmafluß wie die tubuläre Sekretions- und Rückresorptionskapazitäten nehmen ab. Die Folge sind eine anfängliche Oligurie, die meist bald in Polyurie übergeht, und Urämie. Die Reduktion dieser Funktionen ist nicht allein durch die Schädigungen der Glomerula und Tubuli, sondern auch durch den Blutdruckabfall infolge der durch Erbrechen verursachten Wasser- und Elektrolytverluste (Hypovolämie, Hämokonzentration) und durch die entzündungsbedingte Zunahme des intrarenalen Druckes bedingt. Bei günstigem Verlauf heilen die Nierenveränderungen unter Narbenbildung ab, bei ungünstigem entwickelt sich eine chronische Nephrosklerose, wobei nach DAHME (1955) der interstitiell-entzündliche, leptospirenbedingte Primärschaden auf resorptiv-organisatorischem Wege abgeschlossen wird und sich nun eine zweite Phase anschließt, die durch hypoxämisch-dysorische Gewebsmembranveränderungen unterhalten wird und so zum Organumbau und zur Sklerose führt. Inwieweit allerdings die Leptospireninfektionen für die Genese der häufigen chronisch-interstitiellen Nephritis des Hundes verantwortlich zu machen sind, ist nach FREUDIGER (1968) sehr fraglich. Die Pathogenese der im Verlauf akuter Erkrankungen auftretenden hämorrhagischen Diathesen dürfte in Gefäßpermeabilitätsstörungen infolge toxischer Kapillarwandschädigungen zusammen mit Veränderungen der Blutzusammensetzung (Verminderung der Gerinnungsfaktoren infolge Leberschädigung, Thrombozytopenien) liegen.

Symptome: Das Symptomenbild ist von Fall zu Fall sehr unterschiedlich, v. a. in bezug auf Schwere und auf die Dauer der einzelnen Symptome. Die Symptome lassen sich einteilen in: *Hauptsymptome* (Störungen des Allgemeinbefindens, Abweichungen von Normaltemperatur, Injektion der episkleralen Gefäße, gastrische Erscheinungen, Nephritis); diese sind immer, oft aber nur kurzzeitig, vorhanden. Die *Nebensymptome* (z.B. Urämie, Ikterus, gastrointestinale Störungen, nervale Störungen) treten nur bei einem gewissen Prozentsatz auf, können dann aber das Krankheitsbild beherrschen (s. Formen und Verlauf). Zu diesen können, eher selten, *Komplikationen* (z.B. purulente Konjunktivitis, Rhinitis, Bronchopneumonie) hinzukommen. Stets ist bei den manifesten Formen das Allgemeinbefinden kürzere oder längere Zeit gestört. Diese Störungen können leichtgradig und zusammen mit vorübergehendem Erbrechen oder Durchfall die einzigen dem Besitzer auffallenden

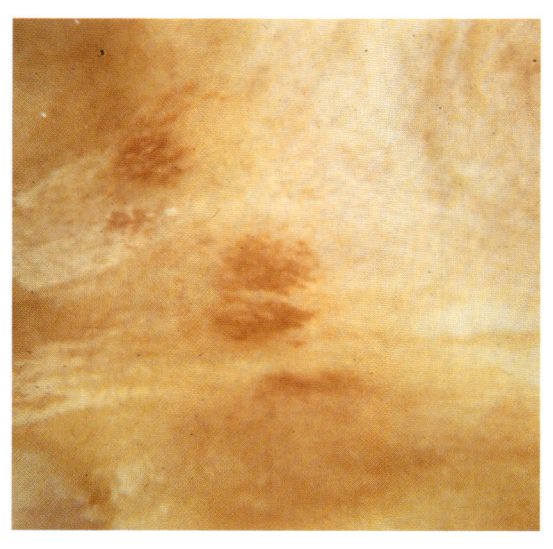

Abb. 27.8. Sejrö-Leptospirose. Orangefarbener Ikterus. Petechien der Lippenschleimhaut.

Symptome sein, oder das Allgemeinbefinden ist, besonders bei Ikterus und Urämie, schwerstens gestört. An der Körperhaltung werden oft ein aufgekrümmter Rücken und aufgezogener Bauch (Leber-, Nierenschmerzen) gesehen; zu Beginn der Infektion täuschen manchmal Myalgien eine Nachhandparese vor. Die Freßlust ist wechselnd gestört und die Flüssigkeitsaufnahme am Anfang oft eingeschränkt, später gesteigert. Während des leptospirämischen Stadiums tritt ein kurzer, 36 bis 48 Stunden, selten längerer Fieberschub auf, gefolgt von Normal- und in schweren Fällen von Untertemperatur (Urämie, Ikterus). Komplikationen oder erneute Leptospirämien können zu späteren Fieberschüben Anlaß geben.

Bereits während des initialen Fieberschubes ist eine Injektion der episkleralen Gefäße sichtbar. Im Gegensatz zur Staupe entwickelt sich daraus kaum je eine Konjunktivitis. Bei Urämie oder Herzschwäche sind die Skleren häufig verwaschen und gestaut und bei Ikterus gelblich (orange, zitronengelb) verfärbt. Skleralblutungen können hinzutreten. Die Veränderungen am Kreislaufapparat sind meist nur diskret. Im Krankheitsverlauf hinzutretende Herzgeräusche sind entweder die Folge von zirkumskript nekrotisierenden Endokarditiden und Endarteriitiden oder von Anämie. Der Respirationsapparat zeigt in der Regel ebenfalls keine wesentlichen Störungen. Dyspnoe und pathologische Lungengeräusche weisen auf das Hinzutreten von bronchopneumonischen Komplikationen, Lungenblutungen oder hypostatischer Pneumonie hin.

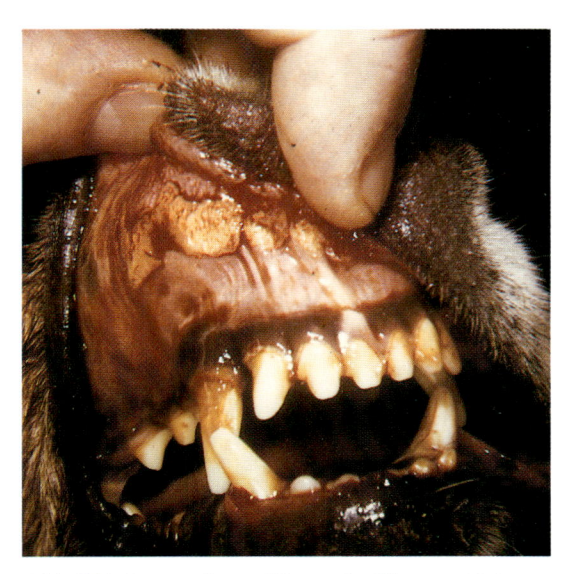

Abb. 27.9. Leptospirose. Ulcera der Lippenschleimhaut.

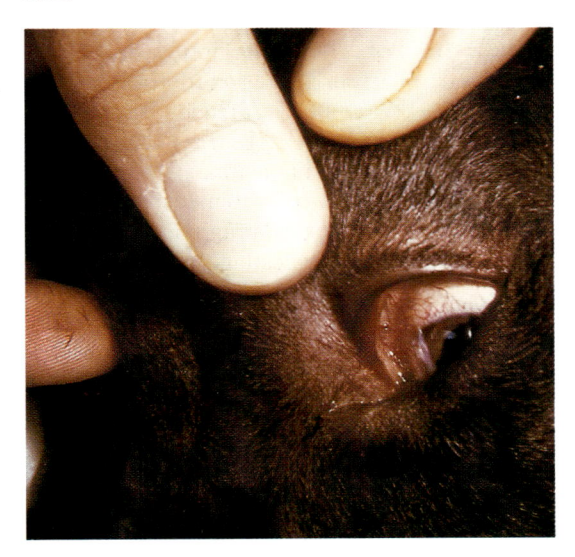

Abb. 27.10. Leptospirose. Injektion der episkleralen Gefäße.

Der Verdauungsapparat weist fast regelmäßig und frühzeitig Veränderungen auf. Pharyngitis und vor allem Tonsillitis, manchmal mit petechialen Blutungen, sind häufige Frühsymptome. Bereits während der Leptospirämie treten ebenfalls Anorexie, Erbrechen und oft auch Durchfälle auf. Diese Symptome können vorübergehend sein oder bei Urämie und Ikterus andauern, wobei die Entleerungen dann mehr oder weniger blutig werden. Bei Welpen führt die gesteigerte Darmmotorik u. U. zu Invaginationen.

Frühzeitig stellen sich auch Leberstörungen ein. Schwere Leberstörungen sind durch den Ikterus und manchmal auch durch die petechialen Blutungen in den Schleimhäuten (Abb. 27.8., 27.9.) und selten auch in die vordere Augenkammer (Abb. 27.10.) leicht erkennbar. Viel häufiger aber verläuft die Leptospirose anikterisch. Auch bei diesem Verlauf kann durch die Leberfunktionsproben (herabgesetzte Gerinnungsvalenz, vermehrte Bromsulphalein-Retention, alkalische Phosphatase, Transaminasen usw.) die klinische Vermutung einer Leberinsuffizienz (Anorexie, Erbrechen) oft objektiviert werden. Die Maulschleimhaut weist manchmal einen leicht blutenden Zahnfleischrand, Petechien und Ulcera der Lippenschleimhaut, v. a. an der Berührungsstelle mit den Canini auf. Verschiedentlich ist die Zungenspitze eingetrocknet, rotbraun bis braun gefärbt und erinnert an die „Black tongue".

Frühzeitig und langdauernd (s. Pathogenese) stellen sich Nierensymptome (Proteinurie, Sedimentveränderungen, evtl. Urämie, Ausstrahlen der Schmerzen in die Lendenmuskulatur) ein. NIEMAND (1951) hat zu Recht den Satz geprägt: „Es gibt keine akute Leptospirose ohne Nephritis". Die anfängliche Oligurie geht bald in eine Polyurie über. Polyurie, Erbrechen und Durchfälle führen zu Entkräftung, raschem Gewichtsabfall und erheblicher Elektrolyt- und Wasserverarmung des Organismus. Der Hautturgor wird schlecht, das Haarkleid matt, struppig und schuppend. Der Hämatokrit steigt an. Hyponatriämie und Hypochlorämie und anfänglich auch Hypokaliämie, gefolgt von Hyperkaliämie, sind weitere Folgen (FINCO und LOW 1968), die oft aber wegen der Bluteindickung erst nach der Rehydratation erfaßt werden können. Die Blutsenkungsreaktion ist bei der akuten Leptospirose meistens beschleunigt. Die Leukozytose bleibt im mäßigen oder mittelgradigen Rahmen, und je nach Stadium findet sich eine Neutrophilie mit Linksverschiebung oder bei günstigem Verlauf später eine Lymphozytose. Selten kommt es im Krankheitsverlauf zu nervalen Störungen und noch seltener zu Affektionen des Augeninnern. ROSSI (1953) und SCHMIDT (1988) berichteten über Uveitiden und Retinitiden, die erst nach klinischer Abheilung auftraten.

Formen und Verlauf der Leptospirosen: Je nachdem, welches Symptom das Krankheitsbild beherrscht, können verschiedene Formen unterschieden werden.

a) *Latenter bzw. subklinischer Verlauf:* Dem

Verseuchungsgrad nach zu schließen, ist dies die häufigste Form. Klinische Störungen können vollständig fehlen bzw. so gering sein, daß sie nicht auffallen. Low et al.(1956) sahen jedoch bei experimentell infizierten Hunden auch beim subklinischen Verlauf eine kurzdauernde Leptospirämie, leichtgradige Tonsillitis und beschleunigte Blutsenkungsreaktion. DIETRICH (1962) gibt an, daß eine Anzahl Besitzer von Hunden, bei denen die latente Infektion bei der serologischen Reihenuntersuchung festgestellt wurde, eine auffallende Verwandlung ihrer Tiere nach der Antibiotikatherapie feststellten. Die Grenzen zwischen latent und klinisch manifest infiziert sind fließende und mit abhängig von der Beobachtungsgabe der Besitzer und von der Gründlichkeit der Untersuchung (Labor!).

b) *Nephritisch-azotämisches Syndrom:* Der Verlauf dieses Syndroms wird geprägt durch die Nierensymptome und meist auch durch die Urämie, die blutchemisch v.a. durch Harnstofferhöhung (Azotämie) gekennzeichnet ist. Der Beginn ist ein plötzlicher mit kurzdauerndem Fieber, das bald in Normal- oder Untertemperatur übergeht, Apathie, Inappetenz, Episkleralgefäßinjektion, Tonsillitis, Erbrechen und Durchfall. Frühzeitig stellen sich die beschriebenen Symptome des Harnapparates ein. Der Verlauf ist meistens akut oder subakut. Maulhöhlenulcera und petechiale Blutungen können auftreten.

Die Abheilung erfolgt unter Hinterlassung eines dauernden morphologischen Nierenschadens. Umstritten ist, ob sich an das akute Stadium eine chronische Leptospirose mit progressiver Nierensklerose und Urämietod nach Monaten bis Jahren anschließen. Noch vor wenigen Jahren wurde vielfach auf Grund der Koinzidenz einer chronischen Nephritis und eines positiven Agglutinationstiters die Diagnose einer chronischen Leptospirose gestellt. Wir haben bereits 1955 und erneut 1968 darauf aufmerksam gemacht, daß dieser Koinzidenz 4 verschiedene Mechanismen zugrunde liegen können: 1. Das Persistieren der Leptospiren in den Nieren ist verantwortlich für das Fortschreiten der Nephritis. 2. Die akute Leptospirennephritis ist unter Vernichtung der Erreger abgeheilt. Andere Pathomechanismen sind für das Fortschreiten der Sklerose verantwortlich. 3. Auf eine vorbestehende, nicht leptospirogene Nephritis geht infolge der dadurch veränderten Reaktionslage eine akute Leptospireninfektion an. 4. Eine früher akquirierte, stumm gebliebene Leptospireninfektion hat einen positiven Serotiter hinterlassen. Infolge anderer Ursachen entwickelt sich eine chronische Nephritis. Low und MATHER (1967) haben an 11 genesenen Hunden in regelmäßigen Intervallen während 13 Monaten bis zu $4^{1}/_{2}$ Jahren die Nierenfunktionen geprüft und keine Leistungseinbuße feststellen können. Die Diagnose chronische Leptospirose ist deshalb sehr vorsichtig zu stellen.

c) *Ikterisches Syndrom:* Während das nephritisch-azotämische Syndrom seuchenhaft oder als Einzelfälle vorkommen kann, tritt das ikterische auch während Seuchenzügen nur stets in einzelnen Fällen auf. Es ist häufiger bei jungen als bei älteren Tieren. Zu den Erscheinungen des nephritischen und zugleich azotämischen Syndroms kommt ein meistens markanter Ikterus hinzu. Der Verlauf ist perakut, häufiger akut und subakut. Der Ikterus tritt früh, auch schon während des initialen Fieberstadiums ein.

d) *Gastrointestinales Syndrom:* Nach unseren und anderen Beobachtungen verläuft die Leptospirose in den letzten Jahren hauptsächlich unter diesem Bild. Das Symptomenbild variiert von Fall zu Fall beträchtlich. Es wird weniger durch die *L. canicola* und *icterohaemorrhagiae* als durch die anderen Typen verursacht. Im Vordergrund stehen mehr oder weniger ausgeprägte Apathie, Tonsillitis, Episkleralgefäßinjektion, Erbrechen und Durchfälle. Die Temperatur kann bereits wieder normal oder erhöht sein. Die Nieren- und die Lebersymptome sind nur leichtgradig, der Harnstoff mäßig erhöht oder im Normalbereich. Trotzdem lassen sich durch die Harnuntersuchung stets auch Nierenstörungen nachweisen, die für den Diagnose-Verdacht wesentlich sind. Der Verlauf kann kurz oder mehr protrahiert sein.

e) *Nervales Syndrom:* Wir haben verschiedentlich bei jungen Hunden mit leichten Nephritissymptomen und positivem Agglutinationstiter früh im Krankheitsverlauf zentralnervale Störungen (Kieferkrämpfe, epileptiforme Anfälle, Ataxien, psychische Reizerscheinungen, selten Myelitis) gesehen. Bei daraufhin untersuchten Tieren wies auch der Liquor cerebrospinalis positive Agglutinationstiter auf, während er bei den übrigen Formen stets negativ blieb. Ob diese Störungen allein die Folgen der Leptospireninfektion oder einer Doppelinfektion mit Staupevirus sind, bleibt durch virologische Untersuchungen noch abzuklären (FREUDIGER 1951).

Prognose: Die Prognose ist trotz der wesentlichen Verbesserung seit der Antibiotikatherapie

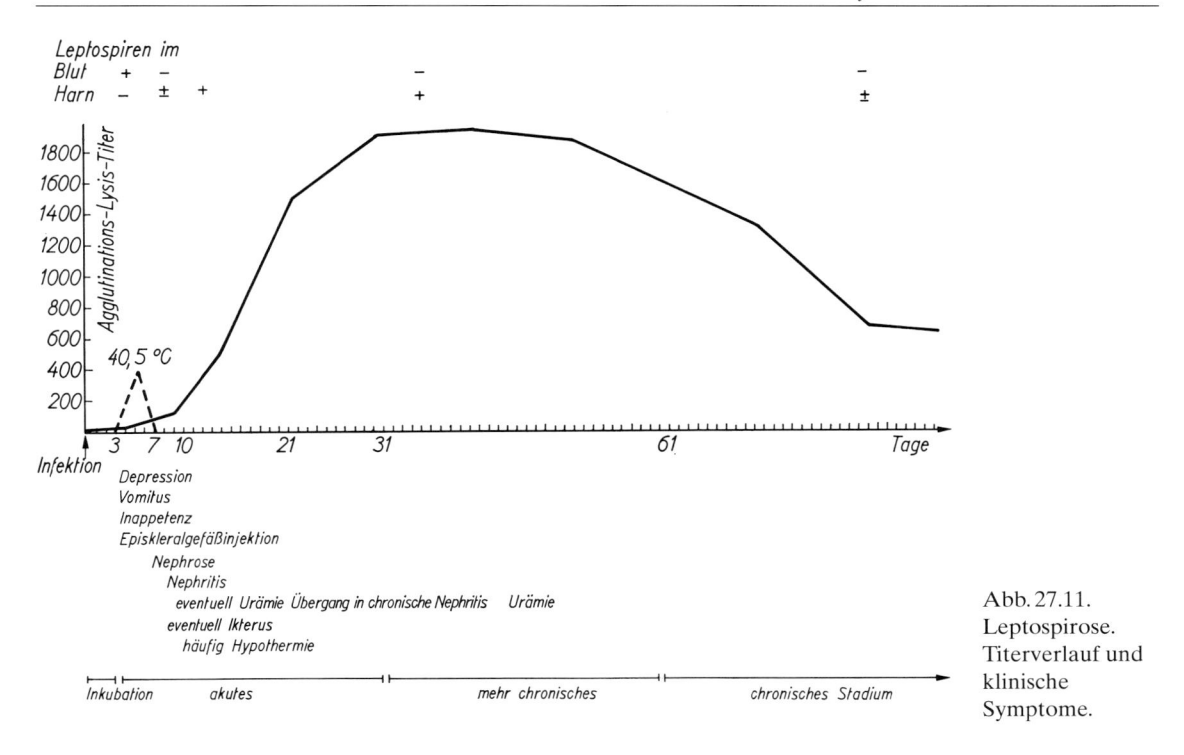

Abb. 27.11. Leptospirose. Titerverlauf und klinische Symptome.

immer noch vorsichtig zu stellen. Am günstigsten ist sie für das gastrointestinale Syndrom. Vor der Antibiotika-Ära betrug die Letalität für das ikterische Syndrom fast 90% und für das nephritisch-azotämische Syndrom etwa 60%. Die Sterblichkeit liegt heute immer noch bei 30%. Gute prognostische Kriterien sind der Blutharnstoffspiegel und der Verlauf des Serumbilirubins. Harnstoffspiegel über 150 mg% sind kritisch zu beurteilen. Ein Abfall des Bilirubins im Verlauf des ikterischen Syndroms läßt an eine günstige Prognose denken. Der Verlauf und die Höhe des Agglutinationstiters sowie der ursächliche Serotyp sind prognostisch nicht verwertbar.

Diagnose: Die klinische Diagnose ist wegen des variablen Krankheitsbildes oft schwierig. Wesentlich ist der Nephritisnachweis. Die Schwierigkeit und Fragwürdigkeit der Diagnose „chronische Leptospirose" wurde schon auf S.890 besprochen. Die klinische Diagnose sollte wenigstens serologisch (Agglutinations-Lysis-Probe und evtl. Komplementbindungsreaktion) gefestigt werden. Die serologischen Befunde müssen aber vorsichtig und in Verbindung mit der klinischen Untersuchung bewertet werden (Abb.27.11.). Ein positiver Titer ist noch kein Beweis für eine aktuelle Leptospireninfektion. Wie wir bereits gesehen haben, weisen bis zu 30% und mehr der gesunden Tiere positive, meist niedrige Resttiter als Folge einer überwundenen, meist subklinischen Infektion auf. Der Titer bleibt jahrelang, wenn nicht sogar für das ganze Leben bestehen. Aktuelle Infektionen bewirken in der Regel hohe Titer (über 1:400), und meistens sind nicht nur Agglutinine gegen den ursächlichen, sondern auch Mitagglutinine gegen andere Serotypen vorhanden. Nicht selten überwiegen die Titer der Mitagglutinine anfangs über diejenigen des ursächlichen Serotyps und werden erst später niedriger. Der ursächliche Serotyp kann manchmal erst bei einer späteren Kontrolluntersuchung festgestellt werden. Eine Wiederholung der Probe nach 7–14 Tagen ist zumindest bei niedrigem Anfangstiter unerläßlich. Bleibt der Titer ungefähr gleich, dann handelt es sich um einen Resttiter einer früheren Infektion. Verändert er sich deutlich, darf er als Beweis für eine aktuelle Infektion aufgefaßt werden. Ebenso wie ein positiver Titer allein für eine aktuelle Infektion nicht beweisend ist, schließt eine einzige negative Agglutination eine Leptospirose nicht aus. Der Titer wird in der Regel erst 7–10 und mehr Tage nach der Infektion nachweisbar (s. Abb. 27.11.). Bleibt die Kontrolluntersuchung negativ, kann eine Leptospirose ausgeschlossen werden. Ob eine frühzeitige Antibiotikatherapie den Titeranstieg verhindert, ist noch nicht gesichert. Ist die zweite Agglutination positiv, so ist die Diagnose akute Leptospirose bewiesen. FÜHNER (1957) empfahl, gleichzeitig die KBR und die Agglutinationsprobe durchzuführen. Die KBR wird etwas früher positiv und normalisiert sich wieder vollständig. Die Beurteilung beider Reaktionen (serologisches Gesamtbild) erlaubt demnach eine genauere zeitliche Einordnung des Infektionsgeschehens. Der direkte Erregernachweis durch Überimpfen von Harn und Blut auf flüssige oder halbfeste Nährböden mit Zusatz von 5-Fluorouracil (NICOLET 1985) ist für die Praxis zu aufwendig. Die Untersuchung des Harns im Dunkelfeldmikroskop wäre eine einfache Methode zum direkten Leptospirennachweis, ergibt aber im Gegensatz zum Schweineharn selten positive Resultate, da die Leptospiren im sauren Hundeharn rasch abgetötet werden. Die Dunkelfelduntersuchung, wie sie SCHULZE (1951) vorschlug, ergibt falsch-positive Resultate, indem spirochätenähnliche Gebilde als Leptospiren mißdeutet werden.

Die *Differentialdiagnose* ist wegen des reichhaltigen Symptomenbildes sehr weit zu ziehen. Die Abgrenzung gegenüber Staupe und Hcc (s. S. 894ff.) sollte bei Berücksichtigung des Gesamtbildes und Verlaufes keine Schwierigkeiten bereiten. Problematisch kann die Abgrenzung gegenüber gastrointestinalen Störungen, Nephritis und Ikterus anderer Ursachen (s. Organkrankheiten) sein. Harn- und serologische Untersuchungen sind beizuziehen, wie evtl. auch die Röntgenuntersuchung (Fremdkörper).

Therapie: Die Serumbehandlung (2 ml/kg KM) kommt meistens zu spät und ist bei stark lebergeschädigten Patienten wegen der Fremdeiweißzufuhr nicht ungefährlich. Sulfonamide sind unwirksam. Gut wirksam sind Antibiotika. Penicillin allein kann zur Dauerbesiedelung von Leber und Niere mit Leptospiren und damit zu Dauerausscheidern führen. Zusammen mit Streptomycin werden aber auch die in den Organen angesiedelten Erreger abgetötet. In neuerer Zeit werden besonders die Breitbandantibiotika empfohlen. Ob sie bessere Resultate als Streptomycin/Penicillin ergeben, wie dies GRATZL (1963) angibt, scheint uns nicht gesichert. Die Gefahr einer Dauerbesiedelung ist mit Breitbandantibiotika größer als mit Streptomycin/Penicillin.

Wesentlich hängt die *Prognose* von einer zweckmäßigen symptomatischen Therapie (s. Organkrankheiten) ab. Insbesondere sind oft entscheidend die bedarfsdeckende Rehydratation und Remineralisierung durch Infusionen mit polyionischen, isotonen Elektrolytlösungen mit 5 % Glucosezusatz.

Prophylaxe: Die Leptospirenvakzinen erfassen meist Staupe und Hcc mit (SHL-Vakzinen). Die Vakzinen enthalten nur Antigene gegen *L. canicola* und *L. icterohaemorrhagiae*, evtl. noch gegen *L. grippotyphosa* und *L. australis*. Nach der Vakzination bildet sich nur ein geringer Agglutinationstiter. Die Immunität soll durch protektive, nicht mit Agglutininen verwandte Antikörper zustande kommen. Gefährdete Tiere können passiv mit Serum immunisiert werden. Latent infizierte Hunde sind mit Vorteil während einiger Tage mit Antibiotika zu behandeln.

27.13. Hämobartonellose

Der Erreger, *Haemobartonella canis*, steht zwischen den Rickettsien und den Bakterien. Die Hämobartonellen schmarotzen ausschließlich in den Erythrozyten (nach GIEMSA gefärbte Blutausstriche). Unter gewissen Bedingungen (Splenektomie oder andere resistenzschwächende Faktoren) können sie zu einer subakuten oder chronischen hämolytischen Anämie und vereinzelt auch zusätzlich zu thrombozytopenischer Purpura (BRODEY und SCHALM 1963) führen. Der natürliche *Infektionsmodus* ist unbekannt. Die experimentelle Inkubationszeit beträgt 13–15 Tage (DONOVAN und LOEB 1960). Die *Therapie* besteht nötigenfalls in Bluttransfusion (s. Kapitel 8.), Oxophenarsine hydrochloricum (Marpharsen Parke Davis 4,5 mg/kg KM i. v. einmalig). Chloramphenicol soll ebenfalls wirksam sein.

27.14. Rickettsiosen und Neorickettsiosen

Die **Rickettsien** sind in Europa für den Hund nicht bzw. wenig pathogen. Erwähnenswert ist nur die Infektion mit *Coxiella burnetii*, dem Erreger des menschlichen Q-Fiebers. Als Erregerreservoire sind verschiedene Zeckenarten sowie Haus- und Wildtiere bekannt. CAPORALE et al. (1953), MANTOVANI und BENAZZI (1953) u. a. sehen im Hund, speziell im Schafherdenhund, ein epidemiologisch bedeutsames Erregerreservoir. Serologische Untersuchungen von Hunden aus Gebieten mit Infektionen von Menschen und Schafen haben eine latente Durchseuchung der Hunde von bis zu 31% ergeben (MIRRI 1951). Die spontane und experimentelle Infektion verläuft beim Hund symptomlos. Allerdings erwähnte MIRRI (1951), bei einem Hund Bronchopneumonie und Milzschwellung gesehen zu haben. Als Infektionsquellen für den Hund kommen Zeckenstiche und das Fressen infizierter abortierter Schaffeten und -plazenten in Frage. Die Infektion erzeugt beim Hund eine Bakteriämie. Die Erreger bleiben bis zu 30 Tagen in der Hundemilch und bis zu 70 Tagen im Urin nachweisbar (ANTONETTI 1952). Während auf Grund elektronenmikroskopischer und biochemischer Merkmale die Rickettsien zu den echten, obligat parasitären Bakterien gezählt werden, ordnet man heute die **Neorickettsien** (Syn. *Ehrlichia*) nicht mehr der Ordnung Rickettsiales, sondern der den Viren nahestehenden Psittakose-Lymphogranuloma-Gruppe zu. Für den Hund pathogen sind die *Ehrlichia canis*, die *Neorickettsia helminthoeca* und das *Elokomin-flukefever-Agens*.

Ehrlichiose. Erkrankungen durch *Ehrlichia canis* (schwere Symptome) und *Ehrlichia equi* (milde Symptome; WINKLER et al. 1988) sind bei Hunden in Südostasien, dem afrikanischen Mittelmeerraum, in Mittel- und Nordamerika nicht selten. Die Krankheit wurde zuerst 1910 bei französischen Armeehunden in Tunesien beschrieben. Für die Verbreitung der Krankheit von Kontinent zu Kontinent sind wahrscheinlich wesentlich amerikanische Armeehunde verantwortlich, die in den Jahren 1966–1970 nach Vietnam verbracht wurden, sich dort infizierten und an der „Cyclic tropical canine pancytopenia" (= Ehrlichiose) erkrankten. In Europa wurde die Ehrlichiose in Frankreich (Côte d'Azure, Provence, Korsika; DAVOUST et al. 1986), Italien (Sizilien; PENNISI, 1989), Deutschland (VON RECHENBERG, 1987) und in der Schweiz (WINKLER et al. 1988) festgestellt. Die Infektion erfolgt durch Zeckenstiche *(Rhipicephalus sanguineus)*. Die in Westeuropa gemeldeten Fälle betrafen meistens Hunde, die nach Aufenthalten in den endemischen Regionen zurückkamen. Da in letzter Zeit *Rhipicephalus*-Vorkommen auch in Deutschland und der Schweiz gemeldet wurde (MEHLHORN et al. 1986) und wegen des Tourismus in die Endemie-Gebiete ist in vermehrtem Maße auch die Ehrlichiose in das diagnostische und differentialdiagnostische Denken einzubeziehen.

Verlauf und Symptome: Der Verlauf kann perakut tödlich (Blutverluste), akut oder meist chronisch, aber auch asymptomatisch sein. 10–15 Tage nach der Infektion tritt ein Fieberschub von ca. 7 Tagen (40–42 °C) auf. Anschließend erscheinen in regelmäßigen Intervallen von 30–60 Tagen erneute Fieberschübe. Nasen- und Augenausflüsse können ein staupeähnliches Bild ergeben. Die Lymphknoten sind verschieden stark geschwollen; Inappetenz und Durchfälle treten ein. Zentralnervale Störungen und erythematopapulöse Hautausschläge in Axillae und Leiste, Ödeme der Extremitätenperipherie sowie Ikterus und Urämie (PENNISI 1989) sind beschrieben worden.

Stets ist die Milz deutlich geschwollen. Infolge der Knochenmarkatrophie entwickeln sich eine normochrom-normozytäre Anämie, Thrombozytopenie und funktionale Thrombozytendefizienz und nach anfänglicher Leukozytose Leukopenie. Epistaxis, Petechien, Retinablutungen, evtl. Melaena oder Hämoperitoneum sind Folgen der Thrombozytenveränderungen. Weitere, von Fall zu Fall auftretende Symptome sind Trübung der Kornea und Dyspnoe. BUORO et al. (1990) fanden bei 2 Hunden Polymyositis. An Blutveränderungen sind außer den bereits erwähnten wesentlich Hypoalbuminämie und Hypergammaglobulinämie, Störung der Gerinnungsfaktoren und erhöhte Leberenzymaktivitäten. Das Symptomenbild wird häufig verschlimmert durch das gleichzeitige Vorkommen v.a. von *Babesia*, aber auch von Leishmanien, Hämobartonellen und Filarien. Während bei der Babesiose die Anämie auf Destruktion der Erythrozyten beruht, liegt bei der Ehrlichiose eine Hemmung der Erythropoese zugrunde. Die *Ehrlichia*-Infektion kann ein latenter Hämobartonellenbefall aktivieren. Nach Überstehen der Infektion bleiben die Hunde bis zu 2 Jahren latente Träger und Ausscheider der Erreger.

Diagnose: Nachweis der basophilen Einschlüsse (Morulae) im gefärbten Blutausstrich, v.a. in den Monozyten, und v.a. bei negativem Ausstrichbefund mit dem indirekten Fluoreszenz-Antikörpertest (RISTIC et al. 1972). Da die Krankheitssymptome unspezifisch sind, sollten die oben erwähnten Nachweismethoden v.a. bei Hunden aus den Endemiegegenden und bei klinisch oder anamnestisch erfaßbarem Zeckenbefall durchgeführt werden.

Therapie: Tetracyclinhydrochlorid (DAVIDSON et al. 1978), Doxycyclin oder Imidocarbdipropionat (PENNISI 1989).

Salmon (poisoning) disease und Elokominfluke-fever. Die infektiöse Natur dieser vorher als Vergiftung nach dem Verzehr von lachsartigen Fischen aufgefaßten Krankheit ist seit 1928 bekannt. 1950 isolierten CORDY und GORHAM den Erreger *Neorickettsia helminthoeca*, und 1964 zeigte FARRELL, daß gleichzeitig noch eine andere Neorickettsie, das Elokomin-fluke-fever-Agens (EFF), beteiligt ist. Die Erreger kommen in den Metazerkarien einer Trematodenart *(Nanophyetus salmonicola)* vor. Zwischenwirte des Trematoden sind Lachse. Die Inkubationsdauer beträgt 5–7 Tage. Der Verlauf ist akut und endet innerhalb ca. 10 Tagen meist mit dem Tod. Es handelt sich um eine fieberhafte Allgemeinerkrankung mit Anorexie, meist blutigem Durchfall, raschem Kräfteverfall und Dehydratation. Die palpablen Lymphknoten sind vergrößert. Bei alleiniger Infektion mit dem Elokomin-fluke-fever-Agens ist die Inkubationszeit etwas länger, die Mortalität nur ca. 10 %, die Lymphknotenschwellung stärker und die Fieberkurve plateauförmig.

Therapie: Penicillin, Chlor- und Oxytetracyclin, Chloramphenicol sowie Wasser- und Elektrolytersatz.

27.15. Hundestaupe

Die Staupe ist eine hochkontagiöse, septikämisch verlaufende Infektionskrankheit, die zu Katarrhen der Schleimhäute und in einem Teil der Fälle auch zu Veränderungen des ZNS führt und deren Symptomenbild im Verlauf durch bakterielle Sekundärinfektion modifiziert wird. Der Erreger ist ein Morbillivirus der Paramyxoviridae, das panorganotrop ist und besondere Affinität zum mesenchymalen und retikulären Gewebe aufweist. Die bisher isolierten, nur in der Virulenz unterschiedlichen Stämme gehören alle dem gleichen antigenen Typ an (SUMMERS et al. 1984). Das Virus hat eine antigene Verwandtschaft mit dem Masern- und Rinderpestvirus und zeigt auch in den pathologischen Effekten Ähnlichkeit mit diesen sowie den Parainfluenzaviren (ANDREWES und PEREIRA 1967).

Epizootiologie, Wirtsspektrum: Von der Ordnung der Carnivora sind alle Arten der Familie *Canidae* (Hund, Dingo, Fuchs, Schakal, Koyote, Wolf) empfänglich. Ferner sind verschiedene Arten der *Procyonidae* (Kleinbären), wie Waschbären, Katzenbären, Wickelbären (MICKWITZ 1968), und die Angehörigen der Familie *Mustelidae* (Frettchen, Nerz, Wiesel, Skunks) staupeempfänglich. Epizootiologische Bedeutung kommt in Mitteleuropa nur dem Hund und dem Fuchs zu. Das Frettchen ist wichtig geworden für die experimentelle Staupeforschung. 1988 wurde bei Robben der Nordsee eine mit gehäuften Todesfällen verlaufene Seuche beobachtet, die durch ein Morbillivirus (Phocine Distemper Virus, PDV) verursacht wurde (HARWOOD et al. 1989). Als Erregerquelle werden arktische Füchse oder Huskys, die im Verlaufe der zur selben Zeit herrschenden Staupeepidemie erkrankt waren, vermutet (DICKSON 1988). Entgegen der Ansicht von MARTIN (1950) und von GORET et al. (1950) vermehrt sich das Staupevirus im Kaninchen nicht (BINDRICH 1954). In der erwachsenen weißen Maus haftet das Virus nur bei intrazerebraler Inokulation (BINDRICH 1954). Experimentell ist das Virus auf Hamster übertragbar, und es vermehrt sich in bebrüteten Hühnereiern und Zellgewebekulturen (Vakzineherstellung), wobei eine Virulenzabnahme eintritt. Besonders hervorzuheben ist, daß sämtliche Feliden nicht staupeempfänglich sind. Über die Rolle der Insekten (Fliegen, Flöhe, Läuse) und der Zecken ist noch wenig Gesichertes bekannt (GORHAM 1966).

In den letzten Jahren wurde das Staupevirus als Erreger der *multiplen Sklerose* (MS) wie auch der *subakuten sklerosierenden Panenzephalitis* (SSPE) des Menschen verdächtigt. Diese Hypothese hat sich als nicht begründet erwiesen.

Für den *Infektionsmodus* entscheidend sind die Ausscheidungswege, die Ausscheidungsdauer und die Überlebensfähigkeit (Tenazität) des Erregers außerhalb des Wirtsorganismus. Über diese Fakten sind nur wenig exakte Ergebnisse, die durch Experimente am Hund gewonnen wurden, bekannt. Unser gegenwärtiges Wissen stützt sich vorwiegend auf die Resultate der Frettchenversuche. Nach GORHAM (1966) wird das Staupevirus im Nasen- und Konjunktivalsekret sowie mit dem Speichel ausgeschieden. Die Ausscheidung im Nasensekret und Speichel erfolgt beim Frettchen und Nerz vom 5. bis zum 51. Tag intermittierend. Abstriche aus dem Konjunktivalsekret waren am 21. und 30. Tag positiv. Erstaunlich wenige und widersprechende Angaben sind über ein epizootiologisch so wichtiges Exkret wie den Harn, der oft als eine wesentliche Infektionsquelle betrachtet wird, bekannt geworden. Besonders wichtig wären Untersuchungen über die Ausscheidungsdauer bei latent infizierten und bei Hunden in der Rekonvaleszenz. GORHAM (1966) sowie BINDRICH (1954) haben das Staupevirus in der Blasenwand nachgewiesen. Während GORHAM das Virus nicht aus dem Harn isolieren konnte und als mögliche Erklärung dafür die Empfindlichkeit des Staupevirus gegenüber saurem Milieu angab, gelang BINDRICH der Virusnachweis regelmäßig bis in die 3. Krankheitswoche. Später konnte das Virus nur noch unregelmäßig und in Abhängigkeit von der Schwere des Krankheitsbildes isoliert werden. Dem Kot scheint nach den bisherigen Kenntnissen für die Virusausscheidung keine Bedeutung zuzukommen. In den Darmlymphknoten konnte sehr früh in hoher Konzentration Virus festgestellt werden. Trotzdem blieb der Virusnachweis im Kot (Frettchen und Nerz) stets negativ. Wir können somit festhalten, daß die Staupevirusausscheidung nur relativ kurz, höchstens 1–2 Monate dauert. Demnach dürften nur wenig latente Virusträger existieren.

Von Bedeutung ist auch, wie lange der Erreger in der Außenwelt überlebensfähig bleibt. Das Staupevirus ist sehr wärmeempfindlich, büßt es doch seine Virulenz bei 20 °C nach 15 Stunden, bei 56 °C schon nach 30 Minuten ein. Hingegen ist es kälteresistent. BINDRICH (1954) konnte das Virus bei –30 °C ohne Virulenzeinbuße über 172 Tage erhalten. Ebenfalls gegen alkalisches Milieu ist es sehr empfindlich. 3%ige Natronlauge bildet daher ein gutes Desinfektionsmittel. Das Virus bleibt nach den bisherigen Ergebnissen außerhalb des Tierkörpers nicht lange überlebensfähig. Leider fehlen Angaben, wie lange sich das Virus in Zwingern, die mit staupekranken Hunden besetzt waren, erhalten kann.

Angaben über die Virusausscheidung und die Tenazität erlauben Rückschlüsse auf die *Infektionswege*. Die indirekte Infektion, beispielsweise durch Kontakte mit verunreinigten Zwingern, Decken, Futter oder Schnuppern an Harnplätzen, dürfte wegen der nur kurzen Überlebensfähigkeit des Erregers keine große Rolle spielen. GORHAM (1966) verbrachte mehrmals Frettchen und Hunde in nichtdesinfizierte Zwinger, ohne daß Erkrankungen auftraten. Als Vektor ist an den Menschen zu denken. Endo- und Ektoparasiten sind ebenfalls als mögliche Vektoren in Betracht zu ziehen. Die größte Rolle kommt der direkten Infektion über die Schleimhäute des Respirationstraktes und der Konjunktiven zu. Einige Untersucher beobachteten bei Staupeexperimenten Infektionen durch eingetrockneten, virushaltigen, vom Wind verwehten Staub. Sie mußten zuerst Isolationsmaßnahmen einführen und die einzelnen Zwinger in genügender Distanz erstellen. Das Virus kann auch transplazentar übertragen werden. Nicht jede Infektion führt zur Erkrankung.

Ob es zur klinischen Manifestation kommt, hängt von verschiedenen, z. T. noch unbekannten Faktoren ab.

1. *Immunitätsgrad des Individuums und der Population*. Die Immunität des Individuums kann beruhen auf:

a) der passiven Übertragung maternaler Antikörper auf die Welpen,
b) einer durchgemachten natürlichen Infektion oder einer aktiven Vakzination. CARRÉ bemerkte schon 1905, daß saugende Welpen nicht empfänglich sind. HOFFMANN (1942) vermutete, daß die Resistenz durch die Milch übertragen wird. Eine Klärung dieser Frage erbrachten 1956 die Untersuchungen von GILLESPIE.

Er fand, daß 3% der serumneutralisierenden Antikörper der Mutter transplazentar und 74% mit dem Kolostrum auf die Welpen übergehen. Sofern der Antikörpertiter der Mutter bekannt ist, kann derjenige der Welpen und damit das günstige Impfalter errechnet werden. BAKER et al. (1959) stellten einen Nomographen auf und berechneten, daß bei einer Halbwertszeit der Antikörper von 8,4 Tagen mit 12 Wochen die maternalen Antikörper verschwunden sind. Dann ist das Tier voll staupeempfänglich.

Die Staupeempfänglichkeit wird mit zunehmendem Alter wieder geringer, wie aus Tabelle 27.1. nach HOFFMANN (1942), der 4165 Hunde infizierte, hervorgeht.

Tabelle 27.1. Staupeempfänglichkeit in Beziehung zum Alter

Alter der Hunde	% davon empfänglich
4– 6 Monate	75,7
6–12 Monate	60,6
1– 2 Jahre	39,3
3 Jahre	19,7
4 Jahre	15,8
5 Jahre	6,3
6–10 Jahre	4,3

Die Abnahme der Empfänglichkeit mit zunehmendem Alter ist eine Folge der einsetzenden aktiven Immunisierung. Diese Immunisierung kann entweder durch die natürliche Infektion, die zur klinischen Erkrankung oder häufiger nur zur latenten subklinischen Infektion führt, oder durch die aktive Schutzimpfung erfolgen. Damit kann man die Altersdisposition erklären. Ähnliche Ergebnisse wie aus Infektionsversuchen von HOFFMANN gehen auch aus den klinischen Statistiken von IMMISCH (1954), MÜLLER (1962) und SCHMITTKE (1962) hervor. Die Mehrzahl der klinischen Erkrankungen fiel früher in die Altersstufen bis zu 1½ Jahren. In den letzten Jahren ist die Staupe in durchgeimpften Populationen selten geworden und tritt häufiger bei älteren und alten, nicht periodisch nachgeimpften Tieren auf. Ein Nachlassen des Impfschutzes ist die Ursache für diese Altersverschiebung.

Der Immunitätsgrad einer Population ist nicht nur bestimmend für den Altersbefall, sondern auch für den Seuchenverlauf. In Gegenden bzw. Beständen und Zwingern mit vorwiegend nichtimmunen Tieren breitet sich die Seuche rasch aus, erreicht eine hohe Morbidität und Letalität und befällt gleichermaßen junge wie alte, nichtimmune Tiere. Solche Epizootien wurden von REINHARD et al. (1955) aus Alaska und aus Nord-Grönland von BLIXENKRONE-MØLLER et al. (1989) berichtet. Das Fehlen der Grundimmunität kann entweder dadurch bedingt sein, daß isolierte Tiere keine Gelegenheit zur Kontaktnahme mit dem Virus haben oder daß infolge einer zu geringen und zu lockeren Hundepopulation die Persistenz von Virusreservoiren verhindert wird. In Gegenden mit einer genügend dichten Hundepopulation oder in denen die aktive Vakzinierung Verbreitung gefunden hat, bildet sich mit zunehmendem Alter eine zunehmende Durchimmunisierung aus. Die Morbidität bleibt gering und zeigt die oben beschriebene Altersabhängigkeit. So werden für dichtbesiedelte Gebiete folgende Morbiditätsziffern angegeben: Kopenhagen 5 % aller erkrankten Hunde (ERNØ und MØLLER 1961), Hannover 12 % aller erkrankten Hunde (IMMISCH 1954).

Nachdem Staupefälle selten geworden sind, traten wieder meist regional begrenzte Staupeepidemien in der Schweiz (1971/72: FREUDIGER 1972; 1984/85: GLARDON und STÖCKLI 1985), in Dänemark (1984/85: CASAL 1988) und Frankreich (1987–1989: ADELUS-NEVEU et al. 1991) auf. Diese Seuchenzüge hatten ihren Ursprung darin, daß nach dem Verschwinden der Staupe die Impfprophylaxe stark vernachlässigt wurde und dadurch der Immunitätsgrad der Hundepopulation abnahm, der Erreger durch Virusträger eingeschleppt wurde und auch darin, daß Staupe bei wildlebenden Caniden (Füchse und v. a. Marder; PALMER et al. 1983, STEINHAGEN und NEBEL 1985) vermehrt auftrat. Andere Hypothesen, wie Auftreten eines neuen antigenen Virustyps, mutagene Virulenzsteigerung des Impfvirus und wahrscheinlich auch ungenügender Impfschutz der Staupe-Parvo-Vakzine konnten weitgehend ausgeschlossen werden (CASAL 1988).

2. *Klimafaktoren* spielen für das Manifestwerden einer Infektion ebenfalls eine Rolle. Sie können sich günstig oder ungünstig auf die Abwehrkräfte des Organismus (Reizung der Schleimhäute) und auch auf die Überlebensfähigkeit des Virus in der Außenwelt (Kälteresistenz, Wärmeempfindlichkeit) auswirken. Über das jahreszeitliche Auftreten der Staupe liegen wenige Meldungen vor. Nach v. HUTYRA/MAREK/MANNINGER/MÓCSY (1954) treten Staupeerkrankungen im Sommer gehäuft und im Winter am seltensten auf. ROCKBORN (1957) beobachtete das Auftreten der Staupe vor allem während der kalten Monate, ERNØ und MØLLER (1961) hingegen stellten keine Saisonabhängigkeit fest.

3. Die Frage, ob eine *Rassendisposition* bestehe, insbesondere, ob einzelne Rassen häufiger an Enzephalitis erkranken und eine höhere Letalität aufweisen, ist umstritten. Sollte dies der Fall sein, so müßte hinter der erhöhten Disposition bzw. Resistenz eine genetische Grundlage stecken. Sicher handelt es sich dabei nicht um Mendel-Eigenschaften, sondern um Mengeneigenschaften. Persönlich scheint uns die Vererbbarkeit der Staupeanfälligkeit bzw. -resistenz sehr fragwürdig zu sein. Zu viele Faktoren (Populationsgröße, Möglichkeit zur Infektion, Haltung usw.) spielen eine Rolle.

Nach MÜLLER (1962) weisen Terrier und Boxer eine erhöhte, Jagdhunde, Dackel, Setter, Spitze eine verminderte Stauperesistenz auf. ERNØ und MØLLER (1961) geben eine geringere Mortalität bei Boxern, Pekinesen, Schotten-Terriers und eine erhöhte bei Deutschen Schäferhunden, Samojeden und Cocker-Spaniels an. BAKER (1962) fand, daß Beagles und Pointer eine geringere Antikörperbildung nach der Vakzination aufweisen als Spaniels und Labradors. Nach WHITNEY und WHITNEY (1953) haben brachyzephale Rassen eine höhere Enzephalitisfrequenz als langnasige. Während IMMISCH (1954) signifikant mehr Rüden als Hündinnen von Staupe befallen fand, konnten andere Untersucher keine Geschlechtsunterschiede finden.

4. Von entscheidender Bedeutung ist die *Abwehrlage des Organismus*. Schwächende Faktoren (Streß-Situationen, erhöhte Leistungen, Unterkühlung, Wasserjagd, starker Parasitenbefall, andere Krankheiten) können die Resistenz herabsetzen und eine Haftung und klinische Manifestation der Infektion bewirken. SHEFFY (1966) stellte fest, daß eine Mangelernährung (Protein-, Aminosäuremangel, Mangel an Pantothensäure und Folsäure) sich nachteilig auf die Antikörperbildung nach der Vakzination auswirkt.

Pathogenese: Das klinische Staupebild wird durch die beiden pathogenetischen Faktoren Viruswirkung und Sekundärerreger geformt. Diese schon seit den Arbeiten von CARRÉ sowie LAIDLAW und DUNKIN bekannten Feststellungen wurde durch Infektionsversuche mit keimfreien Hunden (GIBSON et al. 1965) bestätigt und ergänzt. Die i. p. Infektion erzeugte bei keimfreien Hunden sehr milde Krankheitsbilder. Als konstante Symptome traten 3 Tage post inoculationem nur Temperaturanstieg für 24–48 Stunden, Leukopenie mit absoluter Lympho- und Neutropenie und gelegentlich leichte Depression des Allgemeinzustandes auf. Schleimhautveränderungen oder Durchfälle fehlten. Die Verfasser schließen deshalb, daß für das Zustandekommen der meisten Symptome die zusätzliche Wirkung von Sekundärerregern nötig sei. Die Staupepathogenese ist durch die Untersuchungen von POTEL (1951), BINDRICH (1954), COFFIN und LIU (1957) u. a. weitgehend geklärt.

Unabhängig vom Infektionsweg und Virusstamm erfolgt zuerst die septikämische Verbreitung des Virus. Dieses tritt über den Blutweg in die Organe ein. Das Staupevirus zeigt keine spezielle Organotropie (z. B. Neuro-, Pneumotropie), sondern alle Stämme haben eine gleichbleibende Affinität zum mesenchymalen retikulohistiozytären und lymphatischen Gewebe. Alle virusbedingten Störungen sind durch die Einwirkung auf diese Gewebe zu erklären und die degenerativen und nachfolgenden entzündlichen Veränderungen eine Folge der Störung der terminalen Strombahnen. Die Virämie kommt frühestens 3 Tage nach der Infektion zustande. Zur Zeit der Virämie ist das Virus ebenfalls in den verschiedenen Organen nachweisbar (BINDRICH). Nach COFFIN und LIU kann das Antigen am 2. Tag nach der intranasalen Infektion in den Halslymphknoten festgestellt werden, daraufhin in den Tonsillen, mesenterialen und mediastinalen Lymphknoten, in der Milz und den Kupfferschen Sternzellen und am 9. Tag in den Lungenepithelien, in Harnblasenwand und Haut. Primärer Sitz der Virusvermehrung soll nach GIBSON et al. (1965) das lymphoide Gewebe sein. Die ersten Veränderungen am lymphatischen Gewebe bestehen in Lymphozytenverarmung und Retikulumzellhyperplasie, die gefolgt werden von Lymphozytenregeneration.

In jedem Fall, auch wenn keine klinischen Störungen vorhanden sind, werden das Gehirn und der Liquor virushaltig, wobei dem Liquor nur Trägerfunktion zukommt und die Virusvermehrung im Gehirn stattfindet. Virus kann bereits frühzeitig (5. Tag post inoc.) im Liquor auftreten (BINDRICH 1954). Der Virustransport im Blut erfolgt an die Erythrozyten gebunden (BINDRICH 1954) und in den Zellfraktionen. CELLO et al. (1959) fanden Virusantigen in Neutrophilen, Myelozyten und Metamyelozyten, COFFIN und LIU in Monozyten. ROCKBORN (1957) stellte einen unterschiedlichen Virustransport fest, je nachdem, ob Antikörper vorhanden waren oder nicht. Bei Fehlen von Antikörpern war das Virus sowohl im Plasma wie in den Zellen zu finden, während bei Anwesenheit von Antikörpern im Serum das Virus nur noch in den Zellfraktionen zu finden war. Die Eintrittswege des Virus ins Gehirn sind noch unbekannt. BINDRICH ist der Ansicht, das Virus trete vom Liquor ins Gehirn über, COHRS (1951), GIBSON et al. (1965) sowie AXTHELM und KRAKOWKA (1987) nehmen dagegen an, es gelange über die Blutgefäße in das Nervengewebe.

Die *klinischen Symptome* lassen sich aus der Pathogenese ableiten. Mit der Virämie oder etwas verzögert erfolgt die erste Fieberzacke und eine mehr oder weniger starke Depression des Allgemeinzustandes. Die Viruswirkung auf MPS und lymphatische Gewebe hat die katarrhalischen Symptome, die anfängliche Leukopenie, die bald gefolgt wird von Leukozytose, Neutrophilie und Lymphopenie, zur Folge. Die Störungen der terminalen Strombahnen bewirken degenerative und entzündliche Veränderungen in den Organen. Es kommt zur Virusvermehrung und nach kurzem fieberfreiem Intervall zur 2. Temperaturzacke mit Lympho- und Monozytose.

Die Folgen der Viruseinwirkung auf die Gewebe haben eine Schwächung der Abwehrkräfte bewirkt, und diese ermöglicht das Angehen der Sekundärerreger, die die bekannten Symptome verursachen. Wesentlich für den Krankheitsverlauf und Ausgang ist die Antikörperentwicklung. Um den 6. Tag sind neutralisierende und komplementbindende Antikörper (AK) nachweisbar, die ihr Maximum ungefähr nach 30–40 Tagen erreichen und dann später wieder abfallen. Mit dem Auftreten und Anstieg der AK verschwindet das Virus aus dem Blut. Bei schlechter AK-Entwicklung bleibt eine verlängerte Virämie bestehen, der Krankheitsverlauf wird protrahiert und endet letal.

Symptome: Nach BINDRICH (1962) beträgt die Inkubationszeit bei den *experimentellen Infektionen* 3–4 Tage und bei den *spontanen* bis zu 1 Woche. Gleichzeitig oder einige Stunden nach Beginn des ersten hochgradigen Fieberschubes treten die ersten Symptome auf. Die Hunde sind apathisch und zeigen eine eingeschränkte oder aufgehobene Futteraufnahme. Die Tonsillen sind

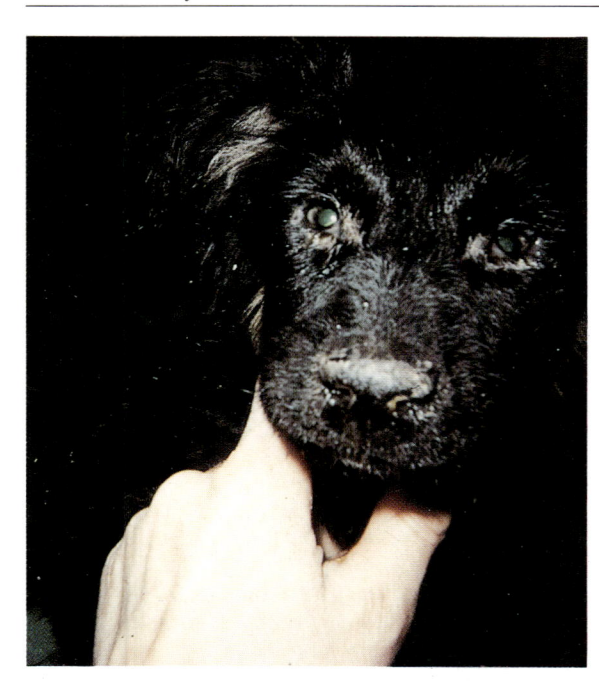

Abb. 27.12. Staupe-Keratitis bei einem Dackel.

Abb. 27.13. Hard-pad-Syndrom. Die Ballenhaut ist hart, rissig und abgeplattet.

meistens gerötet und geschwollen, die Konjunktiven und Nasenschleimhäute katarrhalisch entzündet. Nach wenigen Tagen normalisiert sich die Körpertemperatur für Stunden oder 1–2 Tage, und gleichzeitig bessern sich auch das Allgemeinbefinden und die Freßlust.

An dieses kurze fieberfreie Intervall schließt sich das Sekundärstadium an. Der zweite Fieberschub ist von verschiedener Dauer, die Temperaturerhöhung meist weniger hoch als im ersten und abhängig vom Bestehen von Organkomplikationen. Häufig schwankt sie besonders im späteren Verlauf um die obere Normalgrenze herum. Diese bei experimentellen Infektionen fast stets feststellbare Zweigipfligkeit der Temperaturkurve kann aus verschiedenen Gründen bei den Spontanerkrankungen oft nicht beobachtet werden. Typisch ist der weitere Krankheitsverlauf, dessen Symptome weitgehend durch die Sekundärinfektionen (Staphylokokken, Streptokokken, *Bordetella bronchiseptica*, Salmonellen usw.) geprägt werden. Die anfängliche katarrhalische Rhinokonjunktivitis geht bald in eine muköse und eitrige über. Eher selten tritt zur Konjunktivitis eine Keratitis oder Iritis hinzu. Die Tiere zeigen dann Blinzeln und Lichtscheue und Aufrauhung und Trübung der Kornea (Abb. 27.12.). Korneaulcera können zu Staphylombildung und Panophthalmie führen. Das Haar wird matt, struppig und fällt vermehrt aus. Exantheme und Pusteln (Impetigo), vor allem am Unterbauch und auch in den Gehörgängen, sind möglich. In einzelnen Fällen, besonders bei protrahiertem Krankheitsverlauf mit subfebrilen Temperaturen, zähklebrigem, grüngelbem Augenausfluß und häufig auch Pneumonien, bemerkt man eine grobe Schuppung über den ganzen Körper, Schwellung und Haarausfall an den Augenlidrändern (Brillenbildung). Der Nasenspiegel wird trocken, rissig und weist hyperkeratotische Auflagerungen auf. Die Ballen flachen ab, das Ballenhorn wird hart und bildet plättchenartige, hyperkeratotische Auflagerungen, die sich später ablösen. Meistens stellen sich bei diesen Tieren zentralnervale Störungen (sog. **Hard-pad-Syndrom**) ein (Abb. 27.13.).

Respiratorische Symptome sind meistens vorhanden. Schon während des ersten, vor allem aber im zweiten Fieberschub entwickelt sich eine katarrhalische Entzündung der Schleimhäute des oberen Respirationstraktes. Husten erfolgt spontan und kann durch sanften Druck auf Larynx und Trachea leicht ausgelöst werden. Aus dieser katarrhalischen Laryngotracheobronchitis kann sich durch Sekundärinfektion eine Bronchopneumonie mit den entsprechenden Perkussions- und Auskultationsbefunden, erneutem Fieberschub und Anstieg der Blutsenkungsgeschwindigkeit entwickeln.

Der Digestionsapparat ist ebenfalls meist beteiligt. Anorexie, Tonsillitis sind Frühsymptome. Erbrechen und Durchfälle treten gewöhnlich erst gegen Ende des ersten oder im zweiten Fieberschub auf und können zu rascher Abmagerung, Dehydratation und Entkräftung führen. Auffällige Lebersymptome fehlen in der Regel.

Eine im Zahnwechselalter durchgemachte Staupeinfektion kann dauernde Schäden am Ersatzgebiß zurücklassen. Man findet dann an einzelnen oder mehreren Zähnen pünktchen-, grübchen-, honigwaben- oder furchenartige, braunverfärbte Eindellungen, die Schmelzhypoplasien darstellen (Abb. 27.14.). Nach BODINGBAUER (1960) sind auch Zahnretentionen als Staupefolgen möglich.

Der Zirkulationsapparat wird in wechselndem Ausmaß, besonders schwer bei Staupepneumonien, betroffen. Entgegen der Ansicht französischer Autoren (DARRASPEN et al. 1938) hat die Hundestaupe in der Nephritisgenese keine Bedeutung. SEDLAR (1937) konnte höchstens reversible, regressive Parenchymschäden feststellen. Proteinurien im Staupeverlauf sind selten und weisen eher auf vorbestehende Nephritiden hin.

Die Blutveränderungen sind nicht spezifisch, geben aber doch einige prognostische Hinweise und lassen Auftreten und Verlauf von Komplikationen überwachen. Die Blutsenkungsgeschwindigkeit ist meistens und häufig schon in der Inkubation beschleunigt. Eitrige Komplikationen führen zu einer Senkungszunahme. Normale Senkungsreaktion schließt aber besonders eine nervöse Staupe nicht aus. Das rote Blutbild ist meist normal oder bei Bluteindickung infolge Erbrechen erhöht. Die kurzdauernde initiale Leukopenie entgeht der klinischen Beobachtung, da die Patienten erst später vorgeführt werden. Eine Leukopenie im späteren Verlauf ist prognostisch ungünstig. Die Veränderungen der biologischen Leukozytenkurve unter Praxisbedingungen haben OETTEL und CHRISTOPH (1966) untersucht. Sie unterscheiden 4 Typen. Bei Typ 1 wird die neutrophile Kampfphase (Leukozytose, Neutrophilie, Eosino- und Lymphopenie) nach 2 bis 10 Tagen durch die monozytäre Abwehrphase (Rückgang der Neutrophilen, Zunahme der Lymphozyten und Monozyten) und diese nach 1 bis 2 Tagen durch die lymphozytär-eosinophile Heilphase abgelöst. Bei Typ 2 verlaufen die Abwehr- und Heilphase parallel zueinander. Typ 3 (unbehandelte Tiere mit Pneumonien und nervalen Erscheinungen) führte in der neutrophilen Kampfphase zum Tod. Bei Typ 4, der Patienten mit milden klinischen Symptomen umfaßte, bestanden von Anfang an eine nur mäßige Leukozytose und Lymphozytose mit Neutropenie.

Häufig treten im Krankheitsverlauf oder auch erst einige Zeit nach abgeheilter Allgemeinstaupe zentralnervale Störungen auf. Diese können sich in psychischer Abstumpfung, Schläfrigkeit oder Erregungszuständen mit unmotiviertem Heulen und erhöhter Aggressivität äußern. Sensibilitätsstörungen einzelner Regionen (gesteigerte oder erniedrigte Sensibilität) sind schwer erfaßbar, solange die Störung nicht Anlaß zur Selbstverstümmelung (Automutilation) gibt. Vereinzelt führt die Staupeinfektion infolge entzündlicher Prozesse in den entsprechenden Nervengebieten zur Erblindung (Amaurose) oder zur Beeinträchtigung des Geruchs- oder des Gehörsinnes. Am häufigsten äußert sich die Staupeenzephalitis in Störungen der Motilität. Zwangs- und Manegebewegungen, Ataxien und vor allem rhythmische Zuckungen einzelner Muskelgruppen (sog. Tics oder Myoklonien), die vorwiegend die Kopf- und Extremitätenmuskulatur betreffen, und Krampfanfälle werden gesehen. Die Krampfanfälle bleiben manchmal auf die Kiefermuskulatur beschränkt (Kieferkrämpfe) oder gehen später auf die gesamte Skelettmuskulatur über. Frequenz, Intensität und Dauer dieser tonisch-klonischen, epileptiformen Krampfanfälle sind sehr unterschiedlich. Vereinzelte, kurzdauernde Anfälle mit tage- bis wochenlangen freien Intervallen und fast pausenlos sich ablösende sind die beiden Ex-

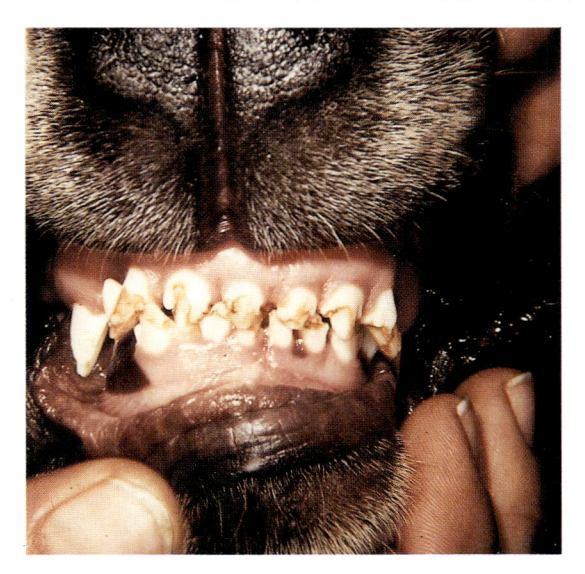

Abb. 27.14. Gebißschäden bei Staupeinfektion.

treme. Treten die Anfälle während der akuten Staupe auf, handelt es sich meistens um gehäufte, heftige und länger dauernde Anfälle mit kurzen Intervallen, während die Anfälle, die erst nach überstandener Staupe auftreten, sich oft durch lange freie Intervalle auszeichnen. Seltener sind Lähmungen der Nachhand (Myelitis) oder peripherer Nerven. Die Liquoruntersuchung ergibt die Befunde einer nichteitrigen Enzephalitis mit erhöhter Zellzahl und positiven Eiweißreaktionen.

Verlauf und Formen: Die Staupe kann akut, subakut oder chronisch verlaufen. Oft ist die Rekonvaleszenz verzögert. Je nach den dominierenden Symptomen spricht man von der katarrhalischen, gastrischen, respiratorischen, pneumonischen, nervösen Staupe oder von dem Hardpad-Syndrom. Meistens geht im Verlauf die eine in die andere Form über. Das Staupebild hat sich in den letzten Jahrzehnten geändert, indem viel mehr atypische Bilder auftreten, die nicht mehr diese deutlichen Übergänge der einzelnen Formen erkennen lassen (Old dog encephalitis, sklerosierende Enzephalitis; FANKHAUSER 1982, SHELL 1990). So sieht man vermehrt nervöse Störungen ohne vorgängige Organstaupe auftreten. Ob dies die Folge der durch die zunehmende Verbreitung der Vakzinierung geänderten Immunitätslage ist, bleibt dahingestellt.

Prognose: Jede Staupeerkrankung, auch wenn sie unter nur leichtgradigen Symptomen verläuft, ist vorsichtig zu beurteilen. Krankheitsverlauf und -ausgang bleiben so lange unvorhersehbar und unkontrollierbar, als wir nicht über Möglichkeiten verfügen, den Erreger direkt anzugehen. Ferner dauert stets über die klinische Abheilung hinaus die Gefahr an, daß zentralnervale Komplikationen hinzutreten. Im Gegensatz zur Morbidität, die durch Vakzinierung deutlich gesenkt werden konnte, hat sich die Letalität wenig geändert. Am ungünstigsten ist die Prognose für die pneumonische und vor allem für die nervöse Staupe. Heilungen oder Symptomenfreiheit sind auch bei der nervösen Staupe möglich, werden aber vielfach durch die Notwendigkeit einer frühzeitigen Euthanasie unmöglich. Anfälle, die erst nach abgeklungener Allgemeinstaupe in Erscheinung treten, sind prognostisch günstiger zu bewerten als solche, die während der akuten Krankheit auftreten. Am schlechtesten beeinflußbar sind die Myoklonien. Diese werden aber mit zunehmender Zeit schwächer und können schließlich spontan verschwinden.

Diagnose: Die Diagnose läßt sich meistens anhand der klinischen Symptome und des Krankheitsverlaufes stellen. Wesentlich für die Diagnose ist der Übergang der anfänglich serösen in eine muköse oder eitrige Entzündung der Konjunktiven oder Nasenschleimhäute. Für die Diagnose oder den Ausschluß der Diagnose spielen Alter und Vakzinationsanamnese keine wesentliche Rolle. Impfdurchbrüche sind nicht so selten, wie angenommen wird. Leider haben die serologischen Untersuchungsmethoden bisher kaum Eingang in die Praxis gefunden, obschon dies sehr wünschenswert wäre. Dagegen kann der Nachweis von zytoplasmatischen Einschlußkörperchen die ätiologische Staupediagnose sichern. Schleimhautabstriche besonders von der Palpebra tertia werden mit Harris-Hämatoxylin S_3 gefärbt. Der Nachweis ist nach ERNØ (1964) bis in die 5. Krankheitswoche möglich. Als ziemlich zuverlässig und binnen Stunden erhältlich ist der Antigennachweis mit dem direkten Immunfluoreszenztest durch Organkryostatschnitte (HARDER et al. 1991) oder mit Harnsediment (Nierenepithelien; BROWN et al. 1987) empfohlen worden. Dem Blut- und Harnstatus sowie den blutchemischen Untersuchungen kommt diagnostisch keine wesentliche Bedeutung bei. Sie sind aber für Prognose, Überwachung des Krankheitsverlaufes und Differentialdiagnose wertvoll.

Die *Differentialdiagnose* ist sehr breit zu ziehen. Verschiedene Infektionskrankheiten und Organkrankheiten müssen differentialdiagnostisch abgegrenzt werden. Toxoplasmose verläuft unter einem sehr staupeähnlichen Bild mit protrahiertem, subfebrilem Verlauf, Enzephalitis- und pneumonischen Symptomen. Meist wird die Toxoplasmose als Staupe fehlgedeutet und die Diagnose erst autoptisch gestellt. Die Differentialdiagnose der Hcc wird auf S. 906 besprochen. Die Leptospirosen bieten durch das Vorherrschen der Nieren- und häufig auch Lebersymptome keine Schwierigkeiten. Insbesondere fehlen bei den Leptospirosen die entzündlichen Schleimhautsymptome. Die Skleren sind nur injiziert, und der Harnstoff ist häufig erhöht. Schwierigkeiten können evtl. die gastrointestinalen Syndrome bieten, bei denen aber im Gegensatz zur Staupe stets, wenn auch nur diskret, Nierenstörungen nachweisbar sind. Im Zweifelsfall hilft die Agglutinations-Lysis-Probe weiter. Vor allem bei Welpen sind die bakteriellen Septikämien von der Staupe abzugrenzen. Bei Konjunktivitis und Rhinitis ist stets an Staupe zu denken. Akute Tonsillitiden anderer Ursachen sind ebenfalls staupeverdächtig und im Beginn oft schwierig von einer Staupe zu differenzieren.

Prophylaxe: Zur Verfügung stehen die aktive und die passive Schutzimpfung. Die *passive Schutzimpfung* mit homologem, meist bivalentem (Staupe – Hcc) Hyperimmunserum ist angezeigt für Tiere mit erhöhter Expositionsgefahr (Ausstellungen, Ferienheime, evtl. Kontakt mit infizierten Tieren) und bei Welpen, die wegen eventueller maternaler Antikörper noch nicht aktiv mit attenuierter Staupevakzine schutzgeimpft werden können. Für solche Welpen wurde aber ein aktives Impfverfahren mit Masernvirus ausgearbeitet, das der Serumprophylaxe vorzuziehen ist. Serum verleiht einen rasch eintretenden, aber nur relativ kurze Zeit dauernden Schutz. Anstieg und Titerhöhe an neutralisierenden Antikörpern stehen in Beziehung zur Serummenge pro kg Körpermasse. Der höchste AK-Titer ist etwa drei Tage post injectionem erreicht. Schon zwischen dem 3. und 6. Tag tritt ein massiver Abfall ein. Mit mittleren Dosen währt der Schutz nicht über 9 Tage und nur mit hohen Dosen (4 ml/kg KM) 3 Wochen. Statt des Antiserums, das den Nachteil der großen Injektionsmenge hat, sind heute Immunglobulinkonzentrate (z. B. Stagloban®, SHL, Hoechst®) im Handel. Prophylaktisch genügen 0,1–0,2 ml/kg KM.

Aktive Schutzimpfung: Die Verfahren der aktiven Immunisierung haben in den letzten Jahren wesentliche Verbesserungen erfahren. Die entscheidende Verbesserung und Wende erbrachten die Züchtung und Abschwächung des Staupevirus auf bebrüteten Hühnereiern und seit 1958 die Züchtung und Abschwächung des Virus auf Gewebezellkulturen. Meist werden Kombinationsvakzinen (Staupe – Parvo – Hepatitis; Staupe – Parvo – Hepatitis – *L. canicola – L. icterohaemorrhagiae*, in neuerer Zeit zusätzlich noch Parainfluenza) verwendet. Die Leptospirenantigene sind abgetötet, die Virusantigene je nach Vakzine lebend attenuiert oder abgetötet. Wegen der nicht seltenen Impfkomplikation einer einseitigen milchigen Korneatrübung (FREUDIGER 1962) ziehen wir eine abgetötete Hcc-Komponente oder eine Vakzine, die statt des Hcc-Virus (CAV-1) den Adenovirusstamm 2 (CAV-2) enthält, vor.

Immunitätsentwicklung: Als Maß des Immunitätsgrades wird der Titer an neutralisierenden Antikörpern betrachtet. Als genügend wird die Immunität, um einer Infektionsbelastung zu widerstehen, angesehen, wenn ein Titer von 1:100 und mehr ausgebildet ist. Durch die Vakzinierung wird die AK-Bildung in Gang gesetzt (Titerverlauf s. Pathogenese). Über die praktisch wichtige Frage, wie lange nach Vakzination mit einer attenuierten Vakzine eine belastungsfähige Immunität bestehenbleibt, ist noch wenig Sicheres bekannt. Immerhin scheint die einmalige Schutzimpfung der Junghunde in der Mehrzahl einen mehrjährigen, genügend hohen Antikörpertiter zu hinterlassen. So fand PRYDIE (1966) bei 86 % der im Alter von 9–12 Wochen mit eiadaptierter Vakzine geimpften Hunde noch nach 2–6 Jahren hohe und nur bei 11% niedrige AK-Titer. Allerdings stehen diesen auch ungünstigere Resultate gegenüber. Nach ABLETT und BAKER (1963) fällt der Titer bei 21 % der Hunde bereits im 2. Jahr auf Werte unter 100; unter 100 aber bedeutet ungenügende Immunität. Deshalb ist es von Bedeutung, die Auswirkung einer Revakzination, z. B. nach einem Jahr, auf den Titerverlauf zu kennen. Obschon nicht unwidersprochen, besonders was die Auswirkung auf hohe prärevakzinatorische Titer betrifft, geht aus den Untersuchungen von ABLETT und BAKER doch hervor, daß durch die Revakzination in den meisten Fällen ein mehr oder weniger starker, erneuter Titeranstieg erfolgt (sog. Booster-Effekt). Der revakzinatorische Titeranstieg steht in umgekehrtem Verhältnis zur Höhe des Vortiters. Wesentlich für die Immunitätsentwicklung ist das Alter der zu impfenden Hunde, ob im Impfling noch genügend mütterliche Antikörper vorhanden sind (s. Epizootiologie), die das attenuierte Virus neutralisieren und so die Immunitätsbildung hemmen. Theoretisch könnte man für jeden Wurf das günstigste Impfalter durch Bestimmung des AK-Titers der Mutter und Vergleich mit dem Nomographen nach BAKER ablesen. Leider ist dieses Verfahren wegen des Aufwandes in der Praxis nicht durchführbar, so daß wir auf Erfahrungsrückschlüsse angewiesen sind.

Die Meldungen, wieviel Prozent einer Altersgruppe auf die Injektion einer attenuierten Lebendvakzine zur Immunitätsbildung fähig sind, variieren beträchtlich:

  9 Wochen: 65 % (EVANS 1967),
             86 % (PIERCY 1961);
 11 Wochen: 78 % (EVANS 1967),
              94 % (ABLETT und BAKER 1963);
12–13 Wochen: 98 % (PIERCY 1961),
                87 % (EVANS 1967).

Häufig wird bereits im Alter von 8–10 Wochen geimpft, also zu einer Zeit, wo einige Tiere für die Infektion mit dem Straßenvirus schon empfänglich sind, ein anderer, beträchtlicher Teil aber wegen der Persistenz der mütterlichen Antikörper immer noch nicht fähig ist, auf die Impfung hin eine aktive Immunität zu entwickeln. Um einerseits die Infektionsgefahr vor der Impfung zu mindern, andererseits trotzdem Gewähr für eine gute Immunitätsbildung zu erhalten, wurde folgendes Vorgehen vorgeschlagen:

a) entweder Serum oder Serum plus attenuierte Vakzine im Alter von 6–8 Wochen und eine 2. Impfung mit 12–16 Wochen. Wird eine Serumprophylaxe eingeleitet, dann darf die Vakzination nicht vor 3 Wochen erfolgen.

b) 1. Impfung mit aktiver, attenuierter Vakzine mit 8 Wochen, 2. Impfung mit 12–16 Wochen.

c) Die letzten Jahre haben zu neuen Erkenntnissen über die immunbiologischen Beziehungen zwischen dem Masern- und Staupevirus und in geringerem Maße auch zwischen dem Masern- und Rinderpestvirus geführt. Masernkranke Menschen bilden neben Masern-Antikörpern auch Staupe-Antikörper und ein Teil der staupekranken Hunde neben den Staupe-AK auch Masern-AK. Die Injektion von attenuierter Staupevakzine führt beim Menschen zur Immunität gegen Masern und die Injektion einer Masernvakzine beim Hund zur Immunität gegen Staupe. Die Immunitätsentwicklung wird durch die maternalen Staupe-Antikörper nicht beeinträchtigt, und umgekehrt beeinträchtigen die Masern-Antikörper die Immunitätsentwicklung auf eine später zu injizierende attenuierte Staupevakzine nicht. Die Art der Immunitätsbildung des Masernvirus ist weniger humoral als vielmehr zellulär, indem das Virus die für die Vermehrung des Staupevirus lebenswichtigen Zellen blockiert (selektive Zellblockade; WÖHLE 1967). Die Immunität tritt rasch ein, schon nach 8 Stunden bis wenigen Tagen und dauert mindestens 6, evtl. bis 14 Monate an (TEUNISSEN und BOSGRA 1967).

Noch vor wenigen Jahren erachtete man eine einmalige Impfung für ausreichend, um einen lebenslänglichen Impfschutz zu erzeugen. Heute weiß man, daß die Immunität mit der Zeit abnimmt und deshalb Revakzinationen erwünscht sind. In den Empfehlungen zum Symposium on Canine Distemper Immunization (1966) der American Veterinary Medical Association wurde die jährliche Revakzination empfohlen. Trotz einem optimalen Impfplan sind aber immer wieder Impfdurchbrüche möglich. Verschiedene Ursachen können für die Impfdurchbrüche verantwortlich sein: unsachgemäße Impftechnik (Spuren von Desinfektionsmitteln in den Spritzen, Inaktivierung der Vakzine infolge Lagerung bei zu hohen Temperaturen, beispielsweise wenn die Vakzine während des Sommers im Auto mitgeführt wird), schlechte Immunitätsbildung, Abflachen der Immunität, Infektion von resistenzgeschwächten Tieren usw.

Therapie: Die Staupebehandlung ist noch ein dornenvolles Gebiet. Von Zeit zu Zeit tauchen immer wieder Medikamente und Behandlungsverfahren auf, denen eine fast spezifische Wirkung nachgesagt wird. So geräuschvoll wie sie auftauchen, so klanglos verschwinden sie wieder. Als einzige kausale Behandlung ist diejenige mit Antiserum (4 ml/kg KM) oder Gammaglobulinkonzentraten (0,4 mg/kg KM) zu nennen. Jedoch sind diese nur wirksam, wenn sie früh im hochfebrilen Beginnstadium injiziert werden. Ist bereits einige Zeit verstrichen, und sind Organ- und besonders nervale Komplikationen ausgebildet, so ist die Immuntherapie sinnlos. Aber selbst bei frühzeitiger Anwendung vermag das Antiserum nicht immer die Krankheit zu kupieren. Bei jeder Staupeerkrankung mit Ausnahme der afebrilen nervösen Formen sind Antibiotika in der bekannten Dosierung indiziert. Größtes Gewicht ist auf eine richtige, notfalls künstliche Ernährung (s. Kapitel 5.) und auf die symptomatische Behandlung (s. Organkrankheiten) zu legen. Am schwersten sind die nervalen Störungen und vor allem die Myoklonien zu beeinflussen.

27.16. Hepatitis contagiosa canis und Zwingerhusten

Bei der Hepatitis contagiosa canis (Hcc), die auch **Rubarthsche Krankheit** genannt wird, handelt es sich um eine kontagiöse Viruskrankheit, die unter einem staupeähnlichen Bild, aber mit Leber- und vorübergehenden Nierenschädigungen verläuft. Der Erreger ist ein Virus aus der Adenovirusgruppe (CAV-1). Alle bisher isolierten Hcc-Virusstämme gehören nach KINJO und YANAGAWA (1968) demselben Serotyp an. Einen weiteren Adenovirus-Stamm (CAV-2) haben erstmals DITCHFIELD et al. (1962) bei einem Ausbruch von **Zwingerhusten (Kennel cough, Canine Laryngotracheitis, Canine Tracheobronchitis)** aus mehreren Hunden isoliert. Der Stamm weist sehr enge antigene Eigenschaften mit dem Hcc-Virus auf. Das Adenovirus ist nicht der einzige Erreger des Zwingerhustens. KARPAS et al. (1968) isolierten Herpesviren und konnten mit diesen Isolaten die Krankheit experimentell reproduzieren. Des weiteren konnten Parainfluenza-, Reo- und humane Influenzaviren (THRUSFIELD et al. 1991a, 1991b) sowie verschiedene Bakterien (*Bordetella bronchiseptica*, *E. coli*, Klebsiellen, *Pseudomonas*, Mykoplasmen) isoliert werden.

Die Krankheitserscheinungen der Hcc sind hauptsächlich Folgen der Viruseinwirkungen und bedeutend geringer als bei der Staupe diejenigen von Sekundärinfizienten.

Epizootiologie: Die Adenoviren sind ziemlich speziesspezifisch. Empfänglich für das Hcc-Virus sind neben dem Hund der Fuchs (1930: Fox-Enzephalitis von GREEN!), der Wolf und der Waschbär. Das Virus läßt sich auf Nierenzellkulturen von Hund und Schwein, nicht aber auf dem bebrüteten Hühnerei kultivieren. Nicht empfänglich sind insbesondere das Frettchen, die Katze und der Mensch. Von größter epidemiologischer Bedeutung ist die Frage nach der Virusausscheidung. Speichel, Kot, Nasensekret und Harn sind während der akuten Erkrankung virushaltig. Bei genesenden Hunden konnten POPPENSIEK und BAKER (1951) kein Virus mehr in Speichel, Faeces und Nasensekret nachweisen. Im Kot wird das Virus auch im akuten Stadium nur kurzfristig ausgeschieden, so daß er für die Übertragung von sehr untergeordneter Rolle ist. Von größter Bedeutung ist hingegen die Ausscheidung im Harn, die bis zu 200 und mehr Tagen über die Abheilung hinaus erfolgen kann. Latente Virusträger sorgen demnach, im Gegensatz zur Staupe, für die Verbreitung der Infektion. Das Hcc-Virus ist mäßig hitzeempfindlich und kälteresistent. Es wird bei 50°C in 2 Stunden inaktiviert, bleibt aber bei Zimmertemperatur stabil. Infolge der hohen Widerstandskraft des Virus und latenter Virusausscheider kann sich der Erreger über lange Zeit endemisch in einer Population erhalten. LARIN (1953) stellte endemisches Vorkommen mit sporadischen Einzelfällen über 3 Jahre lang in einzelnen Hundezwingern fest. Die Eintrittspforte für die Infektion bildet vor allem die Maulhöhle. Häufigste Virusquelle ist der Harn. Die aerogene Infektion ist im Gegensatz zur Staupe unbekannt. Die transplazentare Infektion wurde von SPALDING et al. (1964) bewiesen und ist für einen Teil der intrauterinen und postnatalen Todesfälle verantwortlich. Die Infektion ist, wie serologische Reihenuntersuchungen aus den verschiedensten Teilen der Welt gezeigt haben, sehr verbreitet. Bis zu 70 % der untersuchten Hunde weisen Antikörper auf. Bei den meisten verläuft die Infektion latent, kann aber evtl. zum Ausscheiderstadium über längere Zeit führen. Klinische Erkrankungen sind eher selten und kommen kaum in Form von Epizootien, sondern als sporadische Einzelfälle oder als Endemien vor. Der Anteil der Hcc-Erkrankungen an dem Krankengut unserer Klinik betrug nur rund 1 %. Heute ist infolge der Impfung die Hcc eine Seltenheit (SCHWENDENWEIN et al. 1989). Wie bei der Staupe nimmt der Verseuchungsgrad mit dem Alter zu und die Morbidität ab. Ein Teil der Welpen wird über das Kolostrum passiv immunisiert. Die Halbwertszeit der passiv zugeführten Antikörper der Welpen beträgt nach CARMICHAEL et al. (1962) 8,6 Tage, so daß der Titer mit 5–7 Wochen so weit abgesunken ist, daß die Welpen mit Erfolg aktiv immunisiert werden können. Doch ist die von der Mutter übertragene Immunität weniger verbreitet als diejenige gegen Staupe. Während man nur ausnahmsweise Saugwelpen an Staupe erkranken sieht, sind Hcc-Erkrankungen von Welpen nicht selten.

Pathogenese: SALENSTEDT (1963) und HAMILTON et al. (1966) haben die Pathogenese bei der den natürlichen Verhältnissen nachgeahmten oralen Infektion untersucht. Das Virus wird zuerst in den Tonsillen und in geringem Maße auch in den Plaques des Dünndarms aufgenommen. In den Tonsillen vermehrt sich das Virus innerhalb der ersten 24–36 Stunden und breitet sich auf die regionären Halslymphknoten und anschließend über den Ductus thoracicus in die Blutbahn aus. Vom Dünndarm, in dem es nur kurze Zeit nachweisbar bleibt, gelangt es in die Mesenteriallymphknoten. Virämie und die ersten *klinischen Symptome* (Fieber, Tonsillenschwellung, Apathie, Leukopenie, Vergrößerung der mandibulären Lymphknoten) beginnen am 3.–5. Tag post infectionem. Virämie und Leukopenie setzen gleichzeitig ein, das Fieber kann der Virämie kurz vorauseilen. Am 5. Tag post infectionem erwiesen sich Knochenmark, Nebennieren, Nieren, Lunge, Milz, Leber und vor allem die Lymphe als virushaltig. Den zeitlichen Ablauf der pathohistologischen Veränderungen haben STÜNZI und POPPENSIEK (1952) festgehalten. Das Virus greift vor allem an den Kapillarendothelien und Gefäßwandzellen an und führt zu regressiven und progressiven Endothelveränderungen und damit zu Permeabilitäts- und Zirkulationsstörungen, die weitere Folgen haben. In der Leber beginnt das Leiden mit regressiven und proliferativen Veränderungen an den Kapillarendothelien und Gefäßwandzellen der interlobulären und der Zentralvenen. Dilatation und Erschlaffung der Kapillaren und damit seröse Diathese in die Dissesschen Räume, erhöhte Lymphzirkulation, Gallenblasenwandödem, Verschlechterung der Sauerstoffversorgung mit zentraler Leberzelldegeneration und Dissoziation der Leberzellbalken sind die Folgen. Die Leberveränderungen sind bei günstigem Verlauf reversibel und heilen ohne Folgen ab. Mangel an Gerinnungsenzymen infolge der Leberschädigungen, Thrombozytopenien und die virusbedingten Kapillarschädigungen können zu Blutungen in die Schleimhäute, inneren Organe und Körperhöhlen führen. Ebenfalls in den Nieren beginnen die Veränderungen an den Kapillarwandzellen der Glomerula und des Interstitiums und führen zu mehr oder weniger deutlichen Degenerationserscheinungen der Tubulusepithelien. Ab dem 5. Tag werden in einem Teil der Fälle kleine interstitielle Entzündungsherde gesehen, die zu einer geringgradigen transitorischen Proteinurie führen. Ob diese interstitiellen Entzündungsherde bland (reizlos) abheilen oder mit der Zeit in eine fokale chronische interstitielle Nephritis mit anschließender Nephrosklerose übergehen, ist noch ungenügend geklärt. Der Pathomechanismus der meist einseitigen milchigen Korneatrübung, die bei ca. 20 % der akuten Fälle in der Rekonvaleszenz auftritt, ist nach CARMICHAEL (1964) ein allergischer. Bei diesen verschwindet die akute Iridozyklitis nicht vollständig, sondern das Virus persistiert in der Uvea anterior. Die in der Limbusregion und Uvea lokal gebildeten Antikörper reagieren mit dem zellständigen Virusantigen und verursachen eine herdförmige Hypersensibilitätsreaktion vom Arthus-Typ. Infolge der Korneaendothelschädigung diffundierten Serum und Kammerwasser in das Kornea-Stroma und verursachen die Trübung.

Bei aerogener Infektion bewirken CAV-1- und CAV-2-Viren vorwiegend respiratorische Symptome (WRIGHT 1973).

Symptome: Das *klinische Bild* der Hcc variiert außerordentlich stark. Nach einer *Inkubationszeit* von 2–10 Tagen treten plötzlich die ersten Symptome auf.

Perakuter Verlauf: Hier ist der Wechsel von gesund zu schwerkrank besonders auffällig. Die Hunde sind stark apathisch, verweigern das Futter, und die Temperaturmessung ergibt hohes, ephemeres Fieber, das kurz vor dem Exitus in Untertemperatur übergeht. Die Schleimhäute sind anfänglich noch normal durchblutet, die Skleren fein injiziert. Petechiale Schleimhautblutungen werden oft gesehen, ebenso stark bluthaltiges Erbrechen und Durchfälle. Die Bauchpalpation ist schmerzhaft. Mit dem Eintritt der hämorrhagischen Diathese werden die Schleimhäute zunehmend blasser, der Puls frequent, klein und hart und die Atmung beschleunigt. Die Blutuntersuchung ergibt oft, aber nicht immer, eine ausgeprägte Leukopenie. Der Exitus letalis tritt innerhalb weniger Stunden bis zu 3 Tagen ein. Beim perakuten Verlauf wird sehr häufig nicht an Hcc, sondern an eine Vergiftung gedacht, besonders wenn die Tiere ohne vorgängige Symptome über Nacht ad exitum kommen und am Morgen tot aufgefunden werden. Ebenfalls Saugwelpen können an einer postnatal oder transplazentar erworbenen Hcc-Infektion zugrunde gehen. Symptome sind nach LARIN (1958): Fieber, Tachykardie, Saugunlust und gelegentlich Durchfälle. Die *Diagnose* ist hier besonders schwer zu stellen, da die sonst beweisenden Kerneinschlußkörperchen bei der histologischen Untersuchung kaum je gefunden werden.

Akuter Verlauf: Die *Krankheitserscheinungen* setzen ebenfalls plötzlich mit Fieber, Apathie und schlechter Freßlust ein. Die Tonsillen sind häufig stark geschwollen und gerötet, manchmal nur einseitig, und es besteht eine leichtgradige seröse Reizung der Nasenschleimhäute und oft auch der Konjunktiven. Die erste Fieberphase von ca. 3–7 Tagen wird durch ein kurzes, fieberfreies, Stunden bis 1–2 Tage dauerndes Intervall abgelöst. Beim zweiten Fieberschub mit erneuter Verschlechterung des Allgemeinbefindens ist die Temperaturerhöhung weniger hoch. Die sorgfältige Untersuchung der Organsysteme kann folgende Befunde ergeben, wobei aber einzelne nur zeitweilig vorhanden zu sein brauchen: Schon zu Beginn der Krankheit sind meistens die Konjunktiven und die Nasenschleimhäute leichtgradig katarrhalisch gereizt. Der für Staupe typische Übergang in muköse und purulente Entzündungen tritt in der Regel nicht ein, sondern die Entzündung behält den serösen Charakter bei. Dagegen werden nicht selten petechiale Blutungen oder eine diskrete zitronengelbe Verfärbung gesehen. Die subkutanen Lymphknoten sind ebenfalls schon zu Beginn leicht vergrößert und nicht schmerzhaft. Am Verdauungsapparat ist die bereits erwähnte Tonsillitis mit Schwellung der Mandibularlymphknoten erkennbar. Schluckbeschwerden und Würgen als Folgen der Tonsillitis können Erbrechen vortäuschen. Erbrechen und Durchfälle, mitunter mit Blutbeimengungen, haben wir nur in etwa einem Drittel der Fälle gesehen.

Wichtige Befunde ergibt die Bauchpalpation. Häufig ist das Abtasten der Lebergegend, besonders hinter dem Processus xiphoideus, schmerzhaft. Eine genaue Untersuchung ergibt fast immer Anzeichen einer mehr oder weniger schweren Leberschädigung. LINDBLAD und PERSSON (1962) haben bei experimentellen Infektionen einen Anstieg der SGOT, SGPT und SOCT gefunden. Das Maximum war nach 7–8 Tagen erreicht. Die

SGPT blieb länger als die beiden anderen erhöht. Die Erniedrigung der Gerinnungsvalenz hat sich als guter Indikator für die Schwere der Leberschädigung erwiesen. Ungefähr parallel mit dem Anstieg der Leberenzyme geht auch die Bromphthalein-Retention. Das Gesamteiweiß des Blutes ist wenig verändert; häufig sind eine Albuminverminderung und α_2-Globulin- und später Gammaglobulinzunahme vorhanden. Je schwerer die Leberschädigung, desto größer ist die Blutungsgefahr. Trotz der häufig schweren Leberschädigung kommt es nur selten zu einer diskreten zitronengelben, ikterischen Verfärbung v. a. der Skleren. Soweit sich Veränderungen am Zirkulationsapparat einstellen, stehen sie in Zusammenhang mit dem Fieber oder dem Blutverlust. Der Respirationsapparat zeigt, sofern die *Infektion* nicht *aerogen* erfolgt, selten schwere Veränderungen. Mit der serösen Rhinokonjunktivitis kann es auch zu katarrhalischen Veränderungen der Trachea- und Bronchialschleimhäute mit spontanem Husten kommen. Eitrige Bronchopneumonien sind selten und verdächtig auf eine Doppelinfektion mit Staupe. Präterminal sind hypostatische Pneumonien und Lungenblutungen möglich. Wichtig ist die Untersuchung des Harnapparates. In einem großen Teil der Fälle tritt frühestens vom 4. Tag an eine leichte transitorische Proteinurie auf. Die Nierenschädigungen sind nur leichtgradig und führen nie zur Niereninsuffizienz mit Harnstoffretention.

Die diagnostisch wichtige kurzfristige Leukopenie kann nur selten festgestellt werden. Das Differentialblutbild zeigt anfänglich eine Infektneutrophilie mit mäßiger Linksverschiebung und Lymphopenie. Später nehmen die Eosinophilen und Lymphozyten auf Kosten der Neutrophilen zu. Häufig haben wir auffallend erhöhte Monozytenzahlen gesehen. Die Blutsenkungsreaktion ist während der ganzen Krankheitsdauer und auch in der Rekonvaleszenz nicht erhöht.

Symptome von seiten des zentralen Nervensystems sind nicht selten, besonders bei Welpen. Es treten die gleichen Erscheinungen wie bei der nervösen Staupe auf, mit dem Unterschied, daß die Störungen während der akuten Krankheit und nicht erst Wochen nachher einsetzen.

Subakuter Verlauf: Der Beginn und die Symptome sind wie beim akuten Verlauf, meist aber weniger schwer. Nach scheinbarer Besserung entwickelt sich plötzlich zwischen dem 7. und 20. Krankheitstag eine meist einseitige, milchige Korneatrübung (Abb. 27.15.). Die Kornea (FREU-

Abb. 27.15. Hepatitis contagiosa canis. Einseitige Korneatrübung.

DIGER 1957) ist undurchsichtig, blauweißlich. Oft bestehen Lichtscheue, Injektion und Stauung der Skleralgefäße und vermehrter seröser oder muköser Ausfluß aus dem betroffenen Auge. Gleichzeitig oder kurz vorangehend verschlechtert sich das Allgemeinbefinden und verringert sich die Freßlust. Die Temperatur ist erneut fieberhaft. Nach wenigen Tagen nehmen sowohl die Trübung als auch die anderen Symptome zusehends ab. In der Regel ist nach 7–14 Tagen die Korneaveränderung wieder völlig verschwunden.

Latenter Verlauf: Der subklinische Verlauf ist, nach dem Ergebnis der serologischen Reihenuntersuchungen zu schließen, der häufigste. Symptome können völlig fehlen oder so geringgradig sein, daß sie nicht auffallen.

Prognose: Die Prognose steht in deutlicher Abhängigkeit vom Alter der erkrankten Tiere und zur Verlaufsform. Je jünger die erkrankten Tiere sind, desto ungünstiger ist die Prognose. Saugwelpen und Junghunde erkranken häufiger an der meist tödlich verlaufenden perakuten oder akuten Form. Die günstigeren, protrahierten Verlaufsformen kommen hauptsächlich bei ausgewachsenen Tieren vor. Überleben die Tiere die ersten 4 Tage, darf eher mit einem günstigen Ausgang gerechnet werden. Prognostisch schwerwiegend zu werten sind schwere Störungen des Allgemeinbefindens, starke Erniedrigung der Gerinnungsvalenz, ausgeprägte Leukopenie, Ikterus und starke Blutungen sowie der Übergang in Untertemperatur. Die milchige Korneatrübung dagegen, die die Besitzer besonders beunruhigt, ist ein harmloses Symptom.

Diagnose und Differentialdiagnose: Bei folgendem Symptomenkomplex ist an Hcc zu denken: plötzlich einsetzende, fieberhafte Allgemeinerkrankung mit Tonsillitis, Schwellung der mandibulären Lymphknoten, nur seröser Reizung der Konjunktiven und Nasenschleimhäute, Anzeichen von Leberschädigungen, vorübergehender Proteinurie, hämorrhagischen Brechdurchfällen oder leichtem zitronengelbem Ikterus. Am Krankheitsverlauf sind besonders charakteristisch das Fehlen von Sekundärkomplikationen an den Konjunktiven und Respirationsorganen, die lange anhaltende, von Tag zu Tag wechselnde Dämpfung des Allgemeinzustandes bei fehlender Organlokalisation sowie die häufig 2–3gipfligen Fieberkurven, wobei die letzte Kurve subfebril und von intermittierendem Charakter ist, die Abmagerung und die lange Rekonvaleszenz. Die milchige Korneatrübung darf als pathognomonisches Symptom gewertet werden. An Laborbefunden sind diagnostisch besonders wertvoll die Leukopenie (selten erfaßt), die transitorische Proteinurie und die positiven Leberproben. Zur Diagnosestützung nützlich ist die serologische Blutuntersuchung (KBR).

Differentialdiagnostische Schwierigkeiten ergeben sich vor allem in der Abgrenzung gegenüber Staupe und gegenüber Tonsillitiden anderer Ursachen. Unter 8 Wochen alte Welpen erkranken kaum an Staupe, dagegen werden Hcc-Erkrankungen schon bei wenige Tage bis Wochen alten Welpen gesehen. Die Staupe ist kontagiöser, breitet sich rascher in einer nichtimmunen Population aus. Am häufigsten wird Hcc mit den katarrhalischen Anfangsstadien der Staupe verwechselt. Jedoch ist bei Staupe keine starke Leukopenie zu beobachten. Proteinurie kommt kaum vor. Der Verlauf sollte genügend Klärung bringen (Organlokalisation, Sekundärkomplikationen bei Staupe, Leberfunktionsprobe). Tonsillitiden anderer Ursachen sind gutartiger, meist von kürzerer Dauer und häufig fieberlos. Die Blutveränderungen fehlen (Leukopenie) oder sind geringgradiger (Blutsenkungsgeschwindigkeit, Gerinnungsvalenz, Leberenzyme). Bei Leptospirose ist die Proteinurie in der Regel stärker und länger dauernd, und es sind häufig Anzeichen von Niereninsuffizienz vorhanden. Falls Ikterus vorhanden, ist dieser massiv. Bei perakut verlaufenden Hcc-Erkrankungen wird oft an Vergiftung gedacht. Abklärung erbringt die Sektion (Nachweis der Kerneinschlußkörperchen, typisches Hcc-Sektionsbild mit rotgelber Leberdystrophie, Gallenblasenwandödem, Blutungen). Schwierigkeiten können sich allerdings in der Abgrenzung gegenüber Cumarinvergiftungen ergeben.

Prophylaxe: Die passive (Antiserum, Immunglobuline) und aktive (Vakzine) Prophylaxe wurden bei der Staupe besprochen.

Therapie: Die Immuntherapie mit Antiserum und Gammaglobulinen ist wie bei der Staupe nur im hochfebrilen Anfangsstadium indiziert. Später ist sie sinnlos und kann bei den lebergeschädigten Tieren wegen der Fremdeiweißzufuhr sogar zur Verschlechterung führen. Breitbandantibiotika sollen in jedem Fall gegeben werden. Wichtig ist die symptomatische Behandlung: Vitamin-K-Präparate, Leberschutztherapie, Diät. Bei starken Blutungen kann die Frischblut-Transfusion versucht werden. Die milchige Korneatrübung ist mit antibiotischen Augensalben und -tropfen zu behandeln. Corticosteroide können die Aufhellung verzögern oder zu dauernden Trübungen führen, da das im Augengewebe persistierende Virus (s. Pathogenese) durch die Corticosteroide aktiviert werden kann.

27.17. Parvovirose

Vorkommen: Bei der Parvovirose des Hundes (Katzenseuche, Panleukopenie der Hunde) handelt es sich um eine erstmals 1977 in den USA (EUGSTER und NAIRN 1977, EUGSTER et al. 1978, APPEL et al. 1978, 1979) auftretende Erkrankung, die vorwiegend Welpen (Gastroenteritis und/oder Myokarditis), aber auch ausgewachsene Hunde (Gastroenteritis) befällt. Fast gleichzeitig traten Krankheitsfälle auch in Kanada (HAYES et al. 1979, THOMSON und GAGNON 1978) und Australien (JOHNSON und SMITH 1979) auf. Ab 1978 erfolgten Meldungen von Erkrankungsfällen aus den verschiedensten Ländern Europas, z.B. Belgien (BURTONBOY et al. 1979), Frankreich (LESCURE et al. 1980), Schweiz (BESTETTI et al. 1979, FLÜCKIGER 1980) und der Bundesrepublik Deutschland (VON SNADERSLEBEN und KRIEGLEDER 1979, KRAFT et al. 1980, MEYER-ENGELKE 1980, NIEMAND 1980). Bemerkenswert ist das weltweite, fast gleichzeitige Auftreten der Krankheit. Daß es sich tatsächlich um eine neue Virusmutante handelt, haben Nachuntersuchungen von Hundeseren früherer

Jahre ergeben, unter denen sich erstmals in Belgien Ende 1976 (SCHWERS et al. 1979) und Ende 1978 in der Schweiz (MURISIER 1982) vereinzelt positive Hämagglutinationen fanden.

Ätiologie und Epizootiologie: Parvoviren sind mit einem Durchmesser von nur 20 nm die kleinsten und am einfachsten strukturierten animalen Viren (ROTT 1981). Das Genom besteht aus einer Einzelstrang-DNA. Infolge des inkompletten Genoms können sie sich nur in Zellen vermehren, die während ihrer Mitose ihre eigene DNA replizieren und auch die für die Virusproduktion nötigen Enzyme liefern. Das canine Parvovirus (CPV) weist antigene Verwandtschaft zum felinen und zu demjenigen des Nerzes auf. Es wird vermutet, daß es sich um eine Mutation des felinen oder des Nerz-Panleukopenievirus handelt. Wegen des fast gleichzeitigen weltweiten Auftretens des Virus vermuteten JOHNSON und SPRADBROW (1979), das CPV sei durch Virusmutation in einer Vakzine entstanden. Außerhalb des tierischen Körpers sind die Parvoviren sehr widerstandsfähig gegen Temperatur- (Inaktivierung erst bei >80°C) und *p*H-Einflüssen (*p*H 2–10) und viele der üblichen Desinfektionsmittel. Zur Desinfektion eignen sich Natronlauge (2%ig), Formaldehyd (4%ig), Glutaraldehyd (2%ig) oder Natriumhypochlorit (0,175%ig) (MCGAVIN 1987). Das Virus kann über Wochen und Monate außerhalb des Organismus infektionsfähig bleiben. Das CPV ist pathogen für Hunde und auch für andere Caniden. Soweit bisher bekannt, ist das CPV für Katzen nicht pathogen, obschon die latente experimentelle Infektion von Katzen, die keine FPV-Antikörper hatten, gelang (OSTERHAUS et al. 1980). Die *Virusausscheidung* erfolgt am massivsten über den Kot (Dauer 2–3 Wochen), aber auch während der akuten Krankheitsphase über den Vomitus, Speichel und Harn. Hunde können, auch nach Sistieren der Virusausscheidung, noch 3 Wochen bis 4 Monate kontagiös bleiben, wahrscheinlich infolge Viruspersistenz im Haarkleid. Die Infektion kann direkt von Hund zu Hund (Beschnuppern) oder wegen der hohen Virustenazität indirekt (infizierte Zwinger) oder durch Zwischenträger (Mensch: Schuhe, Kleider usw.) erfolgen. Es erkranken vor allem Welpen, seltener auch erwachsene Tiere. Gefährdet sind v. a. Hundezuchten und Tierheime, in denen es wegen der großen Virustenazität immer wieder zu Seuchenausbrüchen mit hoher Morbidität kommen kann. Bei einzeln gehaltenen Hunden kommen Erkrankungen seltener vor. Die Morbidität ist schwer abschätzbar, nach NIEMAND (1981) beträgt sie weniger als 1 %, nach KRAFT et al. (1980) 2,1 % des gesamten Krankengutes. Seit dem Erstauftreten ist bereits eine meist stumme Durchseuchung eines großen Teils der Hundepopulation erfolgt. Der Prozentsatz serumpositiver Hunde lag 1980 zwischen 20 und 50 %.

Pathogenese: Die Pathogenese ist dieselbe wie bei der Katzenpanleukopenie. Die Virusreplikation erfolgt nur in aktiv sich vermehrenden Zellen. Dies erklärt, daß vorwiegend Welpen und Jungtiere schwer erkranken. Nach oraler Infektion erfolgt eine lokale Virusvermehrung im lymphatischen Gewebe des Oropharynx. 3 bis 5 Tage post infectionem tritt eine kurzdauernde Virämie mit Viruslokalisation und -vermehrung in den Dünndarmkryptenzellen und im lymphatischen Gewebe (Thymus, Milz, Lymphknoten, Knochenmark und bei Welpen in den sich entwickelnden Myokardzellen) ein. Virusneutralisierende und hämagglutinationshemmende Antikörper sind am 5.Tag post infectionem nachweisbar und erreichen ihre Spitze zur Zeit der akuten klinischen Erkrankung. Sie bleiben länger als 1 Jahr nachweisbar. Maternale Antikörper werden transplazentar und über das Kolostrum auf die Welpen übertragen. Nach Ackermann (1981) dauert der Abbau der maternalen Antikörper bis zur 8. oder 9.Lebenswoche. Für das Angehen oder Nichtangehen der Infektion und die Schwere der Erkrankung sind neben dem Virus weitere Faktoren verantwortlich: Begleitinfektionen durch andere Viren (Corona-, Rota- und Adenoviren), Enterobakterien, Pilze, Bakterien, Streß-Situationen. Infektionen an gnotobiotischen Tieren verlaufen harmloser als bei natürlich aufgezogenen Tieren (ROTT 1981). Die pathologisch-histologischen Veränderungen entsprechen den bei der Katzenpanleukopenie beschriebenen.

Symptome: 1. *kardiopulmonale Form:* Diese Form tritt bei Welpen im Alter von 2–16 Wochen (VON SANDERSLEBEN und KRIEGLEDER 1979, ATWELL und KELLY 1980) auf. Gastroenteritische Symptome können vorausgehen oder fehlen, oder andere Welpen zeigen kurz vor dem Herztod Erbrechen (CARPENTER et al. 1980). Oft verenden die Welpen plötzlich ohne vorausgegangene Symptome. In anderen Fällen entwickelt sich eine schwere akute Linksherzinsuffizienz mit Dyspnoe, Lungenstauung und -ödem und paroxysmalen Tachykardien (KELLY und ATWELL 1979, THOMPSON et al. 1979) und EKG-Veränderungen (Extrasystolie, deformierte Kammerkomplexe, Tachykardie). Im Blut sind als Ausdruck des Myokardschadens die CPK-, Aldolase- und LDH-Aktivitäten erhöht (ATWELL und KELLY 1980, CARPENTER et al. 1980). Die Letalität ist hoch

(20–100%; AFSHAR 1981). Überleben die Welpen die Infektion, kann sich später infolge der Myokardfibrose eine dekompensierte Herzinsuffizienz entwickeln. Trotz schwerer Myokarditis kann das Herz makroskopisch unauffällig sein (VON SANDERSLEBEN und KRIEGLEDER 1979). Histologisch liegt eine nichteitrige Myokarditis vor. In einem Teil der Fälle finden sich intranukleäre Einschlußkörperchen.

Häufiger ist 2. die *gastroenteritische Form*. Die *Inkubationszeit* wird mit 7–14 Tagen angegeben (WOODS et al. 1980), bei experimentellen Infektionen sogar mit nur 3–5 Tagen. Die *Krankheitssymptome* setzen plötzlich ein mit Depression des Allgemeinbefindens, Anorexie und starkem Erbrechen von wäßrig-schleimigen, später manchmal blutigen Massen und gleichzeitig oder etwas später auch profusen Durchfällen. Die Stühle sind anfänglich breiig, stinkend, sehr häufig werden sie zwischen dem 2. und 6. Krankheitstag schmutzig-blutig und wäßrig. Die Entleerung erfolgt explosionsartig. Das Erbrechen verschwindet meistens nach wenigen Tagen, während die Durchfälle länger anhalten. Auffallend sind der plötzliche Beginn und die schwere, rasch sich verstärkende Störung des Allgemeinbefindens, die Anorexie, die rasche Gewichtsabnahme und Dehydratation (schlechter Hautturgor, eingesunkene Bulbi). Die Schwere der Symptome kann aber innerhalb eines Seuchenausbruches stark variieren, von Apathie, Anorexie und zeitweilig Durchfall oder Erbrechen bis zu den erwähnten schweren hämorrhagischen Gastroenteritiden. Die Körpertemperatur kann anfänglich erhöht (leicht- bis hochgradig) oder normal sein. Bei fortgeschrittenen Stadien wird Untertemperatur gesehen. In vereinzelten Fällen haben wir, wahrscheinlich als Folge schwerer, nicht oder nur langsam reversibler Darmepithelschädigungen, chronische Durchfälle und Malabsorption beobachtet.

Die Symptomatologie hat sich seit Beginn der Seuche Ende der 70er Jahre insofern verändert, als eine Verschiebung der betroffenen Altersklassen zu den Welpen und Junghunden eingetreten und die kardiopulmonale Form selten geworden ist (LAHRMANN et al. 1989).

Blutveränderungen: Die Veränderungen des weißen Blutbildes sind weniger regelmäßig und meist auch weniger ausgeprägt als bei der infektiösen Panleukopenie der Katzen. Häufig, aber nicht immer, meistens zwischen dem 2. und 4. Krankheitstag, besteht eine oft nur mäßige bis mittelgradige Leukopenie mit Neutrophilie und oft starker Linksverschiebung (auch Metamyelozyten) und kurzdauernder Lymphopenie, die von einer Lymphozytose abgelöst wird. Meist vom 5.–6. Krankheitstag an steigen die Leukozyten wieder an. Vom 7. Krankheitstag an wird häufig eine starke Leukozytose gesehen, z. T. wiederum mit Linksverschiebung. Ebenso wie GROULADE (1980) haben wir meist um den 4.–5. Krankheitstag oft eine starke Monozytose festgestellt, wobei für die sichere Differenzierung der Monozyten gegenüber den jugendlichen Neutrophilen eine Peroxidasefärbung nötig ist. Weitere häufige unspezifische Blutbefunde sind: erhöhter Hämatokrit, erniedrigtes Blut-*p*H und metabolische Azidose (GERMAI und KRAFT 1986). An weiteren, eher seltenen Symptomen sind zu nennen: Konjunktivitis (HARCOURT et al. 1980) und Pneumonien.

Diagnose und Differentialdiagnose: Auf Parvovirose verdächtig ist, wenn mehrere Tiere, vor allem Welpen, in einem Hundebestand an Gastroenteritis erkranken; ferner die rasche Verschlimmerung des Allgemeinbefindens und die stinkende hämorrhagische Beschaffenheit des Kotes. Die Blutveränderungen sind diagnostisch weniger aussagekräftig als bei der Panleukopenie der Katzen. Die Leukopenie ist selten stark, meist nur mäßig bis mittelgradig ausgeprägt oder kann auch fehlen. In einem Teil der Fälle haben wir deutliche bis starke Monozytosen gesehen, wobei die Monozyten ohne Peroxidasefärbung nicht sicher von den jugendlichen Neutrophilen differenzierbar sind. Abzugrenzen sind Gastroenteritiden anderer Ursachen (Darmparasiten, Leptospirose, Bakterien [Salmonellen, *Campylobacter*, *E. coli*, Clostridien usw.], Corona-, Rotavirus-Enteritis, Fütterungsfehler, im Winter Schnee und Streusalz, akute Pankreatitis und Ileus), die aber – mit Ausnahmen – nicht zu so rasch und schwer verlaufenden Dehydratationen und Schocksymptomen führen. Ferner sind sie meistens nicht von hämorrhagischem Charakter. Die *Diagnose* kann durch den Virusnachweis im Kot gesichert werden, entweder mit Hilfe der Hämagglutination, der einfachen elektronenmikroskopischen Untersuchung oder sicherer mittels der Immunelektronenmikroskopie (ARENS und KRAUSS 1980). Für den Virusnachweis aus einer Kottupferprobe steht heute ein kommerzieller praxisreifer Latex-Agglutinationstest (ANI[IM] Biotech OY-Helsinki; Sirebio, F-75o10 Paris) zur Verfügung. Das Resultat ist nach wenigen Minuten verfügbar (VEIJALAINEN et al. 1986). Ferner dient dazu der Nachweis von Antikörpern im Blutserum durch den

Hämagglutinationshemmtest. Im akuten Krankheitsstadium finden sich meist hohe Titer. Jedoch ist bei der Interpretation, besonders bei adulten Tieren, zu bedenken, daß der Immunisierungsgrad in den Hundepopulationen zunehmend größer wird und deshalb eine einmalige Titerbestimmung nicht unbedingt beweisend für eine akute Infektion ist.

Prognose: Die Letalität beträgt 10–15 % (EUGSTER et al. 1978). Sie ist bei Welpen größer als bei erwachsenen Tieren. FLÜCKIGER (1980) sah letalen Ausgang vor allem bei hochfebrilen und hypothermen Krankheitsfällen. Die meisten Todesfälle treten innerhalb der ersten 5 Krankheitstage ein. Die Prognose ist sehr stark abhängig von der Zweckmäßigkeit der Therapie, insbesondere von einer adäquaten Wasser- und Elektrolytzufuhr und der Korrektur der azidotischen Stoffwechsellage.

Therapie: Wesentlich ist vor allem eine ausreichende Flüssigkeits- und Elektrolytsubstitution in Form der subkutanen Infusion (leichte Fälle), der Tropfinfusion oder besser der Dauertropfinfusion (Venenkatheter). Die tägliche Erhaltungsdosis beträgt für adulte Tiere 40–60 ml/kg KM, für Jungtiere 60–80 ml/kg KM zuzüglich die gastroenteralen Verluste und falls nötig mit Hydrogencarbonat-Additiv. Corticosteroide (Prednisolon) sind nur bei Schockzuständen indiziert. Als Antibiotika verwenden wir Penicillin, Streptomycin/Penicillin oder Ampicillin i. m., als Antiemetika und Spasmolytika Thietylperazin, Noramidopyrinmethan, Butylscopolamin und Meclozin. Oral verabfolgte Durchfallmedikamente werden meist wieder erbrochen. Gute Resultate ergibt die subkutane Injektion von Atropin, Papaverin oder Benzetimid (Spasmental®), die aber, um eine Darmatonie zu vermeiden, niedrig dosiert werden müssen. Über die therapeutische (und prophylaktische) Wirkung, Wirkungsdauer und Dosis von heterologen Immunseren (Feliserin®, Serocat®) fehlen exakte Untersuchungen. NIEMAND (1981) gibt 2 bis 5 ml/Tier und ACKERMANN (1981) 0,4 ml/kg KM. HOFMANN et al. (1980) empfehlen 1 ml/kg KM täglich bis zur Besserung. Seitdem Immunglobulinlösungen (Gammaglobuline) vom Hund (Stagloban® P) zur Verfügung stehen, sollten nur noch diese sowohl zur Therapie (0,4 ml/kg KM) als auch zur passiven Schutzimpfung (0,2 ml/kg KM) verwendet werden.

Ferner empfiehlt NIEMAND, 1–2mal täglich 1 bis 2 ml Paramunitätsinducer (Pind-Avi®) zu injizieren.

Prophylaxe: Wegen der hohen Tenazität der Viren, der Haftbarkeit am Haarkleid genesener Tiere und an Zwischenträgern ist es schwierig, infizierte Betriebe zu sanieren. Als Desinfektionsmittel sind geeignet: Natronlauge, Formalin und Chlorderivate.

Zur *aktiven Immunisierung* dienten anfänglich *heterologe feline Panleukopenievakzinen.* Immunitätsbildung und Dauer variierten von Impfstoff zu Impfstoff. Sie waren abhängig vom zur Vakzineherstellung verwendeten Virusstamm und vor allem von der Vakzineart (inaktivierte „Tot"-Vakzine, Lebendvakzine) und dem Antigengehalt der Vakzine (PETERMANN und CHAPPUIS 1981, ACKERMANN 1981). Je nach Vakzine zeigten bis 50 % der Tiere nach der Impfung keine Serokonversion. Die mit felinen Panleukopenievakzinen erzielten Antikörpertiter sind bei der Katze 10mal höher als beim Hund. Eine Verbesserung der Immunitätsbildung war durch Erhöhung des Antigengehaltes der heterologen Katzenvakzinen zu erzielen. Bei inaktivierten Vakzinen (2mal im Abstand von 4 Wochen) war die Antikörperbildung 8–10 Tage nach der Zweitimpfung nachweisbar, die Immunitätsdauer betrug nur 3–4 Monate. Bei Verwendung von Lebendvakzinen erfolgte die Antikörperbildung rascher und stärker, der Peak war in der 4. Woche erreicht, die Immunitätsdauer betrug mehr als 1 Jahr. Infektion mit virulentem CPV führte bei mit Totvakzinen geimpften Hunden zur Virusausscheidung ohne klinische Störungen, nicht aber bei mit Lebendvakzinen geimpften. Theoretisch besteht die Möglichkeit der Fetenschädigung durch Lebendvakzinen (PETERMANN und CHAPPUIS 1981, ACKERMANN 1981).

Eine wesentliche Verbesserung der Immunitätsbildung und -dauer hat die Entwicklung von *Vakzinen mit homologem Hunde-Parvovirus* erbracht. In der Schweiz und weiteren Ländern sind Lebendvakzinen wegen der Gefahr des Entstehens von Virusmutationen nicht mehr zugelassen und nur noch inaktivierte Impfstoffe im Handel. Für die Grundimmunisierung ist eine zweimalige Impfung im Abstand von 4 Wochen notwendig. Bei der Impfung von Welpen ist die mögliche Interferenz mit noch vorhandenen maternalen Antikörpern zu beachten (1. Impfung im Alter von 9–12 Wochen, 2. Impfung im Alter von 14 bis 16 Wochen). Sofern nicht eine erhöhte Expositionsgefahr (Hundeheime, Ausstellungen usw.) besteht, genügen jährliche Revakzinationen.

27.18. Coronavirus-Gastroenteritis

Ungefähr zur gleichen Zeit wie das Parvovirus wurden weitere Viren (**Corona-, Rota-, Paramyxoviren**) aus dem Kot von an Gastroenteritis erkrankten Hunden isoliert (Literatur bei POLLOCK und CARMICHAEL 1979). Am bedeutsamsten ist die Coronavirus-Enteritis, die erstmals 1971 als isolierte Enzootie bei amerikanischen, in Deutschland stationierten Militärhunden nachgewiesen wurde. Im Sommer 1978 trat im Südosten der USA eine hochkontagiöse, z.T. hämorrhagische Coronavirus-Gastroenteritis mit hoher Morbidität und unterschiedlicher Letalität auf, die sich rasch über die gesamte USA ausbreitete (CARMICHAEL 1978). Wahrscheinlich handelte es sich dabei, im Gegensatz zur Parvovirose, um keine neue Viruserkrankung. Auch in Deutschland (ARENS und KRAUSS 1980, BENARY et al. 1981) und anderen Ländern scheint die Coronavirus-Gastroenteritis nicht selten zu sein. Sie befällt Tiere jeden Alters, v.a. aber Welpen.

BIERMANN et al. (1989) konnten im Kot durchfallkranker Hunde elektronenmikroskopisch bei 12,3% Corona- und bei 21,8% Parvo-, jedoch bei keinem Rotaviren nachweisen. HERBST et al. (1988) untersuchten 1982, 1983 und 1988 357 Serumproben auf neutralisierende Antikörper gegen Coronavirus. Die Prävalenz betrug 49,9% und unterschied sich in den einzelnen Jahren nur geringgradig. APPEL (1988) infizierte 9 Welpen 3 Tage nach der Inokulation von Coronavirus zusätzlich mit Parvovirus. Alle Welpen starben an der Infektion, während Welpen, die nur mit Parvo- oder nur mit Coronavirus infiziert wurden, nur eine milde Erkrankung mit rascher Genesung durchmachten.

Die *Symptome* sind gleich oder sehr ähnlich denen der Parvovirus-Enteritis. Das Symptomenbild kann ebenfalls sehr unterschiedlich sein. Apathie, Anorexie und Erbrechen setzen plötzlich ein, gleichzeitig oder wenig später gefolgt von Durchfällen, die schleimig-wäßrig, fötide stinkend, seltener auch blutig sind. Das Erbrechen ist meist nur kurzdauernd, die Durchfälle halten meist 6–10 Tage, in anderen Fällen aber über 3–4 Wochen an (APPEL et al. 1978). Leukopenie fehlt.

Die *Differentialdiagnose* ist dieselbe wie bei der Parvovirus-Gastroenteritis. Die *Diagnose* und Differentialdiagnose gegenüber der Parvovirus-Gastroenteritis können über den elektronenmikroskopischen Virusnachweis im Kot gestellt werden.

Therapie: s. Parvovirose.

27.19. Tollwut

Bei der Tollwut (Lyssa, Rabies) handelt es sich um eine akute, ausnahmslos tödlich verlaufende, durch ein neurotropes Virus verursachte Erkrankung des ZNS mit einem sehr variablen Symptomenbild.

Epizootiologie und Pathogenese: Empfänglich sind die meisten Warmblüter. Die Empfänglichkeit der einzelnen Spezies ist aber sehr unterschiedlich. STECK (1968) gibt an, daß nordamerikanische Füchse etwa 100mal empfänglicher seien als Skunks und diese wiederum doppelt so empfänglich wie Waschbären. Das Opossum sei gegen eine 80mal höhere Dosis, als es braucht, um den Waschbären zu infizieren, weitgehend resistent. Von wesentlicher Bedeutung für die Epidemiologie des zu Anfang des 2. Weltkrieges von Polen (Füchse, Dachse) ausgehenden und in breiter Front weiter vordringenden Seuchenzuges ist die hohe Empfänglichkeit des Fuchses. Nicht mehr der Hund, sondern das Raubwild ist der Hauptwirt des Tollwutvirus, d.h. an Stelle der *urbanen Tollwut* ist die ungleich schwieriger zu tilgende *silvatische Tollwut* getreten. Im Gegensatz zur früheren urbanen, die wegen des Drangwanderns der erkrankten Hunde sprunghaft, bald hier, bald da auftrat und wieder verschwand, schob sich die silvatische Tollwut in geschlossener Front mit einer Ausbreitungsgeschwindigkeit von ca. 40 km/Jahr vorwärts. Große Flußläufe bildeten entgegen früheren Ansichten keine Barriere. Einmal befallene Gegenden bleiben über lange Zeit verseucht. Vor allem wird die Tollwut vom Fuchs aus durch Beißereien auf Haustiere übertragen, wo sie oft blind endet (Paarhufer und Unpaarhufer). Hund und Katze kommt im gegenwärtigen Seuchenzug für die Ausbreitung keine wesentliche Rolle, wohl aber die Hauptbedeutung für die Infektion des Menschen zu. Nach STECK (1980) betreffen nur 12% der in der Schweiz zur Meldung gekommenen Tollwutfälle Haustiere, 88% aber Wildtiere. Davon entfallen 77% auf den Fuchs. Die Fledermäuse, denen in gewissen amerikanischen Staaten für die Verbreitung eine Rolle zufällt, sind für Europa bedeutungslos.

Ebenfalls Greifvögel scheinen für die Verbreitung keine Rolle zu spielen, obschon die Möglichkeit, daß sie sich durch Fressen tollwütiger Kadaver (Speicheldrüsen) infizieren könnten, wenigstens theoretisch besteht. Als Virusreservoir wurden Nagetiere verdächtigt. Untersuchungen von Mäusen aus Tollwutgebieten haben aber stets negative Resultate erbracht. Somit kann festgehalten werden, daß bei der silvatischen Tollwut dem Fuchs in der Epidemiologie die Hauptrolle zukommt. Dies geht auch daraus hervor, daß die Tollwutfrequenz rhythmisch abläuft, indem die eine Spitze im Frühjahr (Ranzzeit) und die andere im Herbst (Raubmündigkeit der Jungfüchse) auftritt. Die Übertragung der Tollwut geschieht hauptsächlich durch Biß- oder durch Verunreinigung von Haut-(Schleimhaut-)Verletzungen mit infiziertem Speichel. Übertragung durch kontaminiertes Futter oder Trinkwasser, durch stechende Insekten oder die Tröpfcheninfektion per inhalationem spielen keine Rolle. Das Virus gelangt von der Eintrittsstelle aus entlang den Nervenbahnen ins Gehirn und Rückenmark, und von hier aus wandert es zentrifugal in die Organe, vor allem in die Speicheldrüsen. Die Virusvermehrung findet vorwiegend im Nervengewebe, wo es eine Polioenzephalitis verursacht, und in den Speicheldrüsen statt, daneben aber auch in Niere, Pankreas, Nebenniere, Lunge und Muskulatur, die aber gegenüber der Vermehrung im ZNS (verantwortlich für klinische Symptome) und Speicheldrüsen (verantwortlich für Virusausscheidung und Übertragung) nur von untergeordneter Bedeutung sind.

Klinische Symptome: Die Inkubationszeit schwankt zwischen 2 und 12 und mehr Wochen. Die Dauer der Inkubationszeit hängt ab von der Distanz der Infektionsstelle zum Zentralnervensystem. Dieser, durch die klinische Beobachtung gefundenen Regel widersprechen die experimentellen Untersuchungen von BINDRICH und KUWERT (1961), die keine Abhängigkeit der Inkubationszeit vom Infektionsweg ergaben.

Nach WACHENDÖRFER (1988) werden die Initialsymptome, da sie nur relativ kurz anhalten oder geringgradig ausgeprägt sind, oft übersehen. Sie äußern sich in Wesensänderungen, wie besonderer Zutraulichkeit oder Scheu und Verkriechen, Ungehorsam, ängstlichem oder nervösem Benehmen und Fliegenschnappen. Miosis oder Mydriasis und Nystagmus können bereits in diesem Stadium vorhanden sein. Die erhöhte Reflexerregbarkeit äußert sich durch Zusammenfahren oder Aufspringen bei äußeren Reizen oder Geräu-

Abb. 27.16. Lyssa. Der Hund stiert ziellos irgendwohin. Die Zehengelenke werden benagt und weisen haarlose Stellen auf. Ferner besteht Strabismus convergens. (VÖHRINGER, Halle).

Abb. 27.17. Lyssa. Der Hund verbeißt sich in den Haltestrick. (VÖHRINGER, Halle).

schen. Parästhesien an der Bißstelle verursachen Juckreiz, der zum Belecken und Benagen und in einzelnen Fällen zur Automutilation führt. Die Futteraufnahme sistiert, oder es besteht ein gesteigerter, perverser Appetit, wobei die Tiere Gegenstände aufnehmen, die sie sonst nicht fressen würden (Leder, Stroh, Holz, Steine, Textilien, Exkremente usw.). Der autoptische Befund solchen ungenießbaren Mageninhaltes ist manchmal bei Fehlen anderer Symptome das wichtige diagnostische Kriterium (GARLT 1966). Würgen, Schluckbeschwerden und vermehrter Speichelfluß können bereits in diesem **melancholischen Stadium** auftreten. Obstipation, Miktionsstörungen und gesteigerter Geschlechtstrieb sind nur selten gesehene Symptome.

Das melancholische Stadium, das meist ca. 3 Tage, manchmal aber auch weniger oder länger dauert, geht beim klassischen Verlauf in das **Stadium der Raserei** über.

Die Erregbarkeit nimmt zu. Kurzdauernde Wutanfälle mit erhöhter Aggressivität und Verbeißen in vorgehaltene Gegenstände und Käfiggitter lösen sich ab mit Phasen der Erschöpfung und Somnolenz. Die Schmerzempfindung ist herabgesetzt. Infolge beginnender Lähmung der Augenmuskulatur treten Strabismus und Nystagmus ein. Die Tiere bekommen einen „hinterlistigen" Gesichtsausdruck. In diesem Stadium zeigen die Hunde zeitweilig Drang zum Entweichen, wobei sie weite Strecken zurücklegen können. Nach WACHENDÖRFER (1968) wird aber in jetzigen Seuchenzügen das Drangwandern nur selten beobachtet. Die Dauer des Stadiums der Raserei beträgt ebenfalls $\frac{1}{2}$–3 Tage und geht in das **Stadium der Depression (paralytisches Stadium)** über (Abb. 27.16.–27.18.).

Charakteristisch sind die Symptome der Bulbärparalyse. Die Kehlkopflähmung bewirkt eine Veränderung der Stimme. Vielfach wird ein heiseres bis piepsendes Bellen oder langgezogenes Heulen bemerkt. Das Abschlucken von festem Futter und von Flüssigkeit ist erschwert bis unmöglich, das Maul kann infolge Unterkieferlähmung nicht mehr geschlossen werden (Abb. 27.19.). Aus dem Fang fließt ein vermehrter klarer oder schaumiger Speichel. Strabismus und Nystagmus nehmen zu. Die deszendierenden Lähmungen der Muskulatur der Extremitäten und des Stammes bewirken zuerst einen ataktischen Gang, der zunimmt und in Lähmung übergeht. Tod erfolgt infolge Atemlähmung.

Der gesamte Krankheitsverlauf dauert 2–8, sel-

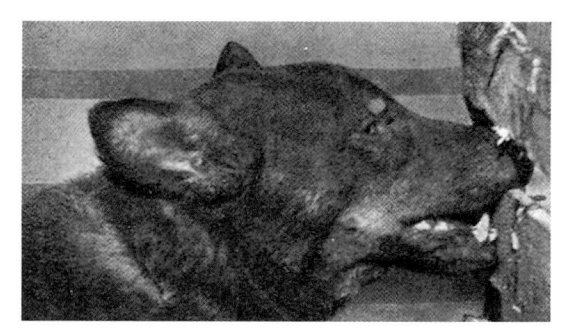

Abb. 27.18. Lyssa. Der Hund versucht, die Latten seines Käfigs zu zerbeißen. (VÖHRINGER, Halle).

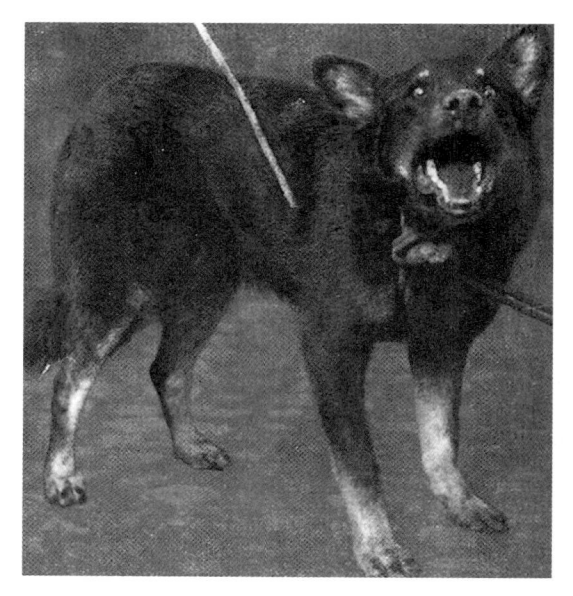

Abb. 27.19. Lyssa. Heiseres, anhaltendes Bellen bei bestehender Unterkieferlähmung. (VÖHRINGER, Halle).

ten mehr Tage. Die Krankheit endet beim Hund fast ausnahmslos letal. Abortive Wut mit spontaner Genesung oder remittierende Wut dürften seltene Ausnahmen sein und sind bisher nur bei experimentellen Infektionen (BINDRICH und KUWERT 1961) beobachtet worden. Im Gegensatz dazu steht die Arbeit von FEKADU (1988), der angibt, daß bis zu 18 % der mit dem Straßenvirus infizierten Hunde, ohne klinische Symptome gezeigt zu haben, ad exitum kommen und daß die Infektion nicht immer tödlich sei, sondern bis zu 20 % ohne vorgängige Therapie spontan abheilt. Einige mit dem Nord-Texas-Stamm oder dem caninen ägyptischen Straßenvirus inokulierte Hunde würden Virus bis zu 14 Tagen vor Beginn der Symptome mit dem Speichel ausscheiden. Ein genesener Hund habe intermittierend während

305 Tagen Virus ausgeschieden. Der klassische Krankheitsverlauf wird in gegenwärtigen Seuchenzügen seltener als in früheren beobachtet. WACHENDÖRFER (1968) sah die rasende Wut nur bei 21,8 %, die stille Wut aber bei 42,5 % seiner Fälle. Bei den restlichen Fällen erlaubte der Vorbericht keine Zuordnung zu den beiden Verlaufsformen. Durch das häufige Fehlen des Stadiums der Raserei (**stille**, auch **atypische Wut** genannt) wird das Symptomenbild mannigfaltig und abgeschwächt und die Diagnose erschwert.

Diagnose: Die Diagnose gründet sich auf das klinische Erscheinungsbild und die epizootiologische Situation. Auch in tollwutfreien Gebieten ist wegen der langen Inkubationszeit und der Zunahme des Tourismus bei Auftreten auch nur einzelner verdächtiger Symptome an Tollwut zu denken. Genaue anamnestische Erhebungen (Seuchenlage, Lebensweise und Verwendungszweck, Dauer der Symptome, vorangegangene Reisen usw.) können zum Ausschluß oder zur Verstärkung des Verdachtes führen. Im Zweifelsfall ist das Tier in strenger Quarantäne zu halten oder zu töten und einem Tollwut-Diagnostikzentrum (beachte seuchengesetzliche Vorschriften) zu überweisen. Die Diagnosesicherung erfolgte früher durch den histologischen Nachweis der Negri-Körperchen im Gehirn (Treffsicherheit: maximal 90 %, Zeitdauer 2–3 Tage), heute durch Immunfluoreszenz (98 %, einige Stunden) und in ausgewählten Fällen zusätzlich über den Tierversuch an der weißen Maus (95 %–98 %, 10–20 Tage!).

Differentialdiagnostisch abzugrenzen sind alle anderen akuten Affektionen (v. a. nervöse Staupe) des zentralen, aber auch des peripheren Nervensystems (Trigeminusparese), Wesensfehler und Wesensveränderungen, Stimmveränderungen und Fremdkörper in Maul- und Rachenhöhle (Vorsicht bei Untersuchung) usw. Besonders schwierig kann die Differentialdiagnose der stillen Wut sein, da nach PITZSCHKE (1962) ganz atypische Wutbilder auftreten können, die sich nur durch gastrointestinale Störungen, durch Veränderung der Stimme oder durch Krämpfe äußern. Für die Auswertung der Differentialdiagnose wesentlich ist die jeweilige Seuchenlage. Wichtig ist immer die Abklärung der zeitlichen Dauer der beobachteten Symptome. Dauern die Erscheinungen mehr als 10 Tage, so kann Tollwut mit ziemlicher Sicherheit ausgeschlossen werden.

Bekämpfung: Die Tollwutbekämpfung wird durch die Tierseuchengesetzgebung der einzelnen Länder geregelt. Ein verdächtiges Tier ist in Quarantäne zu halten oder zur Diagnoseabklärung bei Vorliegen von klinischen Störungen zu töten. WACHENDÖRFER (1968) empfiehlt, Tiere, die Menschen gebissen haben, der Absonderung und der klinischen Untersuchung zu unterwerfen, da sie sich in einem Stadium der Infektion befinden könnten, das fluoreszenzserologisch evtl. noch nicht erfaßt werden kann. Falls aber ein begründeter klinischer Verdacht besteht, sind die Tiere zu töten, da das Tollwutantigen fluoreszenzserologisch bereits vor Beginn der klinischen Symptome nachgewiesen werden kann. Als wirksame Bekämpfungsmaßnahme hat sich die obligatorische präinfektionelle Schutzimpfung erwiesen. In Bulgarien (NATSCHEFF 1966) und Ungarn (MANNINGER 1966) konnte zusammen mit seuchengesetzlichen Maßnahmen dadurch die stark verbreitete urbane Tollwut getilgt werden. Die obligatorische Vakzination der Hunde (und Katzen) ist auch für Länder mit der silvatischen Tollwut zu empfehlen, obschon damit natürlich der Seuchenverlauf nicht wesentlich beeinflußt werden kann. Der wesentliche Vorteil ist, daß der Hund aus der Infektkette Fuchs–Hund–Mensch ausgeschaltet wird.

Die früheren, aus Gehirnemulsionen infizierter Kaninchen und Schafe hergestellten Vakzinen sind nicht mehr im Gebrauch. Sie führten in verschieden hohem Prozentsatz zu postvakzinalen Lähmungen. Für die Herstellung der heute gebräuchlichen Vakzinen wird der Flury-Virusstamm verwendet, entweder durch Hühnerembryo-Passagen (Low egg passage, LEP: 70 Passagen, oder High egg passage, HEP: 180 Passagen) oder auf Babyhamster-Nierenzellkulturen oder im Gehirn von Säuglingsmäusen vermehrt. Es sind Tot- und Lebendvakzinen zugelassen. Mit LEP-Vakzinen dürfen nur Hunde, die älter als 5 Monate sind, vakziniert werden. Die Immunitätsdauer beträgt mindestens 2 Jahre. Für den Grenzverkehr wird jedoch vorgeschrieben, daß die letzte Impfung nicht länger als 1 Jahr zurückliegen darf und bei Erstimpfung mindestens 30 Tage vor dem Grenzübertritt erfolgt ist. Der Verdacht, daß mit Lebendvakzinen geimpfte Hunde zu Virusausscheidern würden, ist unbegründet, jedoch sind vereinzelte Fälle von nervalen Impfkomplikationen (Paresen, jedoch keine Virusausscheidung im Speichel) 7–10 Tage post vaccinationem bekannt geworden (PEDERSEN et al. 1978, HUMPHREY et al. 1978).

In der Schweiz und anderen Staaten sind nur noch inaktivierte Impfstoffe zugelassen.

27.20. Aujeszkysche Krankheit (Pseudowut)

Die Pseudowut, eine Infektion mit dem *Herpesvirus suis*, tritt beim Hund selten auf. Die Infektion erfolgt durch Verfüttern verendeter, infizierter Ferkel oder auch von Schlachtabfällen scheinbar gesunder, infizierter Schweine. Infizierte Tiere scheiden das Virus hauptsächlich über das Nasensekret, seltener mit dem Urin, nicht aber mit dem Speichel aus. Dow (1963) konnte das Virus nur im ZNS, nicht aber in den Organen gestorbener Hunde nachweisen. Selten gelingt die Virusisolation aus dem Blut.

Symptome: Die Inkubationszeit beträgt 4–6 (3–10) Tage. Die Krankheit setzt mit Apathie, Inappetenz und Lichtscheue ein; die Atmung wird beschleunigt. Die Temperatur bleibt während des Stadiums der klinischen Symptome normal. Juckreiz, der mitunter zur Automutilation führt, ist nicht immer vorhanden oder häufig auf die Kopfpartie (Kopfschütteln, Kratzen) beschränkt. Anfälle von Tobsucht und Schmerzäußerung werden manchmal gesehen, hingegen fehlt im Gegensatz zur Tollwut die Angriffslust. Weitere Symptome sind vermehrter Speichelfluß infolge Schluckstörungen, terminal vermischt mit Lungenödemflüssigkeit, Erbrechen, Miosis oder Mydriasis.

Diagnose und Differentialdiagnose: Nach SEFFNER (1966) sind für die klinische Diagnose der Juckreiz am Kopf, Tachypnoe bei sehr schnellem Krankheitsverlauf und Erbrechen sowie die Anamnese (Verfüttern von Schweinefleisch, s. auch Kapitel 5.) wichtige Merkmale. Die Diagnosesicherung erfolgt durch die neurohistologische Untersuchung (Medulla oblongata) und die Überimpfung von Organemulsionen auf Kaninchen. Im Gegensatz zur Tollwut verläuft die Pseudowut bereits innerhalb 24–36 Stunden letal, und es fehlen die erhöhte Aggressivität und die Unterkieferlähmung. Wegen des perakuten Verlaufes wird vielfach auch Vergiftungsverdacht geäußert.

Eine erfolgreiche *Therapie* ist nicht bekannt.

27.21. Herpes-canis-Infektion

CARMICHAEL et al. gelang 1964 in den USA erstmalig die Isolation eines Herpesvirus aus neugeborenen Welpen, die an einer hämorrhagischen Diathese verendet waren. Seither sind Infektionen auch aus Kanada (CARMICHAEL 1970), England (PRYDIE 1966), Frankreich (DE RATULD et al. 1967), Deutschland (BIBRACK und SCHAUDINN 1976), der Schweiz (SCHIEFER et al. 1978), Japan (YANAGISAWA 1987) u. a. gemeldet worden. MOTOHASHI und TAJIMA (1966) waren die ersten, die eine Herpesinfektion auch bei einem erwachsenen Hund, der unter staupeähnlichen Symptomen erkrankt war, feststellten. Die Rückübertragung auf andere Hunde gelang diesen Autoren nicht.

Epizootiologie: Die Infektion bereitet vor allem in Hundezuchten Probleme. Bei 6,3 % der von ENGELS et al. (1980) untersuchten, meist adulten, einzeln gehaltenen Hunden aus der Schweiz konnten okkulte Infektionen nachgewiesen werden. Die Infektion soll während der Geburt bei der Passage der Vagina oder bereits transplazentar erfolgen. CARMICHAEL (1965) setzte durch die oronasale und die intraperitoneale Infektion bei Welpen, die jünger als 3 Wochen waren, schwere Erkrankungen mit häufig tödlichem Ausgang.

Symptome: Die Inkubationszeit beträgt ca. 1 Woche. Die Krankheit beginnt mit gelbgrünlichem Durchfall. Sauglust, Gewichtszunahme und Allgemeinbefinden sind vorerst noch nicht gestört. Einzelne Tiere zeigen unmittelbar nach dem Saugen Würgen oder Erbrechen. 1–2 Tage vor dem Exitus verweigern die Welpen das Saugen und wimmern kläglich. Nun kommt es zu rascher Gewichtsabnahme. Die Atmung wird beschleunigt und oberflächlich. Ein Teil der erkrankten Tiere weist petechiale Blutungen der Haut und der Schleimhäute und blutigen Durchfall auf. Die Körpertemperatur liegt stets im normalen Bereich mit Ausnahme eines präterminalen Temperaturabfalls. Die Sektion ergibt kleine Nekrose- und Blutungsherde in verschiedenen Organen und vor allem petechiale Submukosa-Blutungen im ganzen Verdauungstrakt. OLANDER (1967) fand auch im Zentralnervensystem geringgradige Veränderungen im Sinne einer nichteitrigen Meningoenzephalomyelitis.

Diagnose und Differentialdiagnose: An Herpesinfektion ist bei Welpen zu denken, die bis zur 3. Lebenswoche perakut unter dem Bild einer hämorrhagischen Enteritis zugrunde gehen, oder auch bei tot geborenen Welpen (transplazentare Infektion). Die Diagnosesicherung erfolgt durch die Sektion, den histologischen Nachweis von Einschlußkörperchen und die Isolation des Virus auf Hundenierenzellkulturen.

Differentialdiagnostisch kommen alle anderen Ursachen für die Neugeborenensterblichkeit in Frage.

Prophylaxe: monovalente Vakzinen, Applikation eines Paramunitätsinducers an Mutter und Welpen vor und nach der Geburt (BIBRACK 1975).

27.22. Reovirus-Infektion

Zahlreiche Reovirusstämme wurden in den letzten Jahren aus Menschen und Tieren, die an Respirationskrankheiten, z.T. vergesellschaftet mit Enteritiden litten, isoliert. Ebenfalls aus kranken Hunden konnten solche Stämme gezüchtet werden. Die Reovirus-Infektion scheint, soweit die spärlichen Untersuchungen genügend aussagefähig sind, unter den Hunden stark verbreitet zu sein. MASSIE und SHAW (1966) fanden bei 40 von 133 Hunden mit einer Vorgeschichte von Respirationsleiden hämagglutinationshemmende Antikörper. FAIRCHILD und COHEN (1967) wiesen solche Antikörper sogar bei 80 % der untersuchten Hunde nach. In strenger Isolation gehaltene Hunde dagegen waren negativ. Die pathogene Rolle der Reoviren für den Hund ist noch nicht genügend geklärt. HOLZINGER und GRIESEMER (1966) konnten durch die intranasale und intraperitoneale Inokulation bei keimfreien Hunden weder klinische nach pathologisch-anatomische Veränderungen, wohl aber die Bildung hämagglutinationshemmender und neutralisierender Antikörper erzeugen. LOU und WENNER (1963) isolierten aus einem spontan an einer Lungenerkrankung gestorbenen Hund einen Typ-1-Stamm und erzeugten mit experimentellen Infektionen bei Junghunden interstitielle Pneumonien. MASSIE und SHAW (1966) untersuchten die Hunde aus drei Industriezwingern mit häufigem Zukauf; ca. $1/3$ der Hunde erkrankte in den ersten 10 Tagen jeweils an Respirationsleiden. Bei 4 von 133 Hunden gelang ihnen aus Nasen-, Pharynx- und Rektumabstrichen die Isolation von Typ-1-Virusstämmen.

Die *Symptome* waren die von schweren, fieberhaften Respirationsleiden mit Husten, Bronchopneumonie, mukopurulenter Rhinokonjunktivitis, Anorexie, Depression des Allgemeinzustandes und bei der Hälfte der Fälle auch Enteritiden. Bei einigen Hunden, die an leichteren Störungen des Respirationsapparates erkrankt waren, traten Enzephalitis-Symptome hinzu. Die experimentelle Übertragung auf Welpen war erfolgreich. Innerhalb von 7 Tagen wurden hämagglutinationshemmende und neutralisierende Antikörper nachweisbar. Allerdings konnten bei 4 der 7 spontan erkrankten und gestorbenen Hunde typische Staupeeinschlußkörperchen gefunden werden (s. S. 900).

27.23. Parotitis epidemica

1959 berichteten NOICE et al. über zwei Fälle von Parotitis epidemica (Mumps) bei Junghunden. Beide hatten engen Kontakt mit mumpskranken Kindern.

Die *Symptome* bestanden in Allgemeinstörungen, Futterverweigerung und schmerzhafter entzündlicher Schwellung der Parotis. Ein Hund kam ad exitum. Das Virus konnte aus dem Speichel beider Hunde durch Überimpfung auf Hühnerembryonen nachgewiesen werden. Die KBR wurde erst im Krankheitsverlauf positiv.

27.24. Toxoplasmose

Vorkommen und Epidemiologie: Toxoplasmose kommt als latente und als klinisch manifeste Infektion beim Menschen und bei wildlebenden und Haussäugetieren, Vögeln, Reptilien, Amphibien und Fischen vor. Kreuzimmunitäts- und Neutralisationsversuche haben ergeben, daß es sich bei alle Stämmen um dieselbe Art, *Toxoplasma gondii*, handelt. Hingegen zeigen die einzelnen Stämme eine verschiedene Virulenz und die verschiedenen Tierspezies eine unterschiedliche Empfindlichkeit gegenüber Toxoplasmen. Hund und Katze gehören zu den wenig empfindlichen Arten. Bei diesen führt die experimentelle und spontane Infektion meist nur zur latenten Besiedlung. Manifeste Erkrankungen werden seltener und fast nur bei jungen Tieren gesehen. Die Erreger können in Pseudozysten jahrelang in den Geweben überleben. Klinisch manifeste Infektionen sind selten: Bei 0,16 % der in Hannover und bei 1,7 % der in Dänemark sezierten Hunde (MØLLER 1960) wurde Toxoplasmose festgestellt. Im Angell Memorial Animal Hospital, Boston (USA) wurden 1948–1987 unter 11900 Hunden nur 30 (0,25 %) Toxoplasmosefälle festgestellt (DUBEY et al. 1989). Dem steht die Häufigkeit positiver serologischer Reaktionen gegenüber, die besagt, daß sich die Tiere infiziert haben oder noch latente Toxoplasmenträger sind. Die Frequenz variiert regional in der KBR zwischen 20 und 30 % und im Sabin-Feldman-Test (SFT) bis 80 und mehr Prozent aller Hunde. Die Häufigkeit positiver Reaktionen nimmt mit dem Lebensalter zu (BOCH und ROMMEL 1963).

Der **Infektionsmodus** ist noch nicht sicher geklärt. Experimentell gelang die Infektion auf intrakutanem, subkutanem, intravenösem, intraperitonealem und intrazerebralem Weg sowie intranasal, oral (Fütterung) und über die rasierte Haut und die Schleimhäute des Auges und der Vagina (SIIM et al. 1963). Unter natürlichen Bedingungen infizieren sich die Tiere wahrscheinlich durch Aufnahme von infiziertem Fleisch und beim Jagen von Nagetieren. Als Stütze dieser Annahme dient die Feststellung, daß die erkrankten Hunde häufig Veränderungen des Magen-Darm-Kanals (Ulzerationen) aufweisen und bei Reihenuntersuchungen in Schlachthöfen in der Muskulatur (vor allem Zwerchfell) oft Pseudozysten gefunden werden. Tiere, die mit sterilisiertem Futter ernährt wurden (Instituts- und Versuchshunde), sind fast ausnahmslos serologisch negativ, während natürlich ernährte Hunde häufig positiv reagieren.

Eine weitere wichtige Infektionsquelle stellt die Katze dar, die den Erreger (Toxoplasmen-Oozysten) kurzdauernd über den Kot ausscheidet (Literatur bei FREUDIGER 1977). Die kongenitale, transplazentare Infektion ist auch für den Hund erwiesen (COLE 1953). Kurzdauernde hämatogene Erregerausschwemmungen wurden mehrmals festgestellt. Die Toxoplasmose ist eine Anthropozoonose. Auf Grund des Zusammentreffens menschlicher Erkrankungen und positiver serologischer Reaktionen beim Hund wird immer wieder fälschlicherweise behauptet, der Hund sei eine Infektionsquelle für Menschen. Diese Behauptung ist widerlegt (BURI et al. 1964, SIIM et al. 1963). Die Infektion endet beim Hund blind. Es ist deshalb weder eine direkte Infektion von Hund zu Hund noch von Hund zu Mensch möglich. Die Tötung der Tiere deswegen ist nicht gerechtfertigt.

Pathogenese: Nach SIIM et al. (1963) dringen die vegetativen Formen aktiv in die Zellen ein und führen durch Vermehrung zum Platzen der Zelle und zur Reinfektion neuer Zellen. Von der Eintrittspforte gelangen sie über die Blutbahn in die Organe. Je nach dem Ausschlag des Verhältnisses Resistenz des Organismus zur Virulenz des Erregers erfolgt eine latente Besiedelung ohne histologische Veränderungen, oder es werden reaktive Gewebsveränderungen in Form von Ödem, Zellinfiltration und Nekrose (FANKHAUSER 1956) gesetzt. Mit dem Eintritt der Antikörperbildung wandeln sich die vegetativen Formen in Pseudozysten um.

Symptome: Bis vor wenigen Jahren herrschte allgemein die Ansicht, die Toxoplasmen seien allein für die klinischen und morphologischen Veränderungen verantwortlich. In neuerer Zeit ist man eher geneigt, in der Toxoplasmose eine Faktorenseuche zu sehen. Determinierende Faktoren, die zur Reaktivierung einer latenten Infektion führen, werden im Hinzutreten anderer Infektionserreger (Staupe, Hcc, Leptospirose) oder von Streß-Situationen (Unterkühlungen, Trächtigkeit, Organkrankheiten usw.) gesehen. Hundestaupe führt zu einer Depression der Immunitätslage und ermöglicht so das Angehen einer latenten Toxoplasmenbesiedelung. Durch das Seltenwerden der Staupe ist auch die Erkrankung an Toxoplasmose fast verschwunden (FANKHAUSER 1982). In der Tat ist das klinische Bild der erkrankten Toxoplasmosen meist dasjenige der Hundestaupe; es sind, sofern untersucht, bei den autoptisch diagnostizierten Toxoplasmosefällen häufig gleichzeitig Staupeeinschlußkörperchen und positive KBR festgestellt worden. Eine typische Toxoplasmose-Symptomatologie gibt es nicht. Das Krankheitsbild ist sehr variabel. Es finden sich unterschiedlich ausgeprägte Depressionen des Allgemeinzustandes und fortschreitende Abmagerung bis zur Kachexie. Die Körpertemperatur kann je nach dem Stadium hochsubfebril oder normal sein. Am häufigsten haben wir längerdauernde, schwankende, subfebrile Temperaturen gesehen. Oft sind die oberflächlichen Lymphknoten leicht vergrößert. Das Haarkleid wird matt, struppig, der Hautturgor nimmt ab, und hier und da werden pustulöse Exantheme vielfach auch an der Bauchhaut bemerkt. Rhinokonjunktivitiden mit Übergang von serösen in purulente Stadien sind häufig, ebenso Symptome des Respirations- und Verdauungsapparates (Husten, Bronchitis mit Übergang in Bronchopneumonien, häufig therapieresistent, subakut; Anorexie, Tonsillitis, Erbrechen und Durchfälle, z.T. blutiger Natur, seltener Obstipation). Bei starker Leberbeteiligung kann im Verlauf Ikterus auftreten. Die Lungenveränderungen und toxoplasmenbedingte kleine Herzmuskelnekrosen können zu Herzinsuffizienz, Rhythmus- und Überleitungsstörungen führen. Im Gegensatz zur Staupe sind Nierensymptome häufig. Bei den meisten Fällen treten zu diesen viszeralen Symptomen noch solche des ZNS (Symptomatologie vgl. nervöse Staupe) hinzu. Bei trächtigen Hündinnen wurden Aborte zwischen dem 30. und 50. Tag, Totgeburten und erhöhte Welpensterblichkeit beschrieben und auch experimentell erzeugt (COLE 1953).

Der *Verlauf* ist akut, häufiger aber protrahiert. An Krankheitsformen lassen sich unterscheiden:

1. *latente Infektion.* Nach den serologischen Resultaten zu schließen, weitverbreitet. Keine oder keine auffallenden Störungen.
2. *Klinisch manifeste Formen.*
   a) *Viszerale Form:* Die Schwere des Krankheitsbildes variiert von leichten bis zu tödlichen Erkrankungen. Der Verlauf ist meist protrahiert: Apathie, Abmagerung, febrile oder subfebrile Temperaturen, Rhinokonjunktivitis, evtl. Pneumonien, gastrointestinale Störungen, seltener Ikterus, Proteinurie.
   b) *Zentralnervale Form:* Zu den viszeralen Symptomen treten solche des ZNS, die das Symptomenbild beherrschen (Abb. 27.20.).
   c) *Kongenitale Form.*

Diagnose und Differentialdiagnose: Allein auf Grund der klinischen Symptome ist die Diagnose meist nicht möglich. Die Diagnosesicherung erfolgt durch die Sektion. Wiederholte serologische Untersuchungen können die klinische Diagnose erhärten. Verdächtig sind staupeähnliche Erkrankungen, vielfach auch therapieresistente protrahierte Pneumonien sowie gastrointestinale Störungen. Vielfach handelt es sich um Doppelinfektionen. Die Laboruntersuchungen sind für die Ätiologie bedeutungslos, gestatten aber wesentliche Hinweise auf die Art und Schwere der Organveränderungen. Die von verschiedenen Autoren angegebene Eosinophilie ist, da sie oft fehlt, diagnostisch bedeutungslos.

Die *Differentialdiagnose* ist sehr weit zu ziehen. Die serologischen und immunologischen Teste sind wegen des hohen Verseuchungsgrades sehr vorsichtig zu bewerten. Am zuverlässigsten ist der Sabin-Feldman-Test (SFT). Er wird zwischen dem 6. und 10. Tag post infectionem positiv, erreicht nach 10–20 Tagen das Maximum, fällt dann ab und bleibt jahrelang positiv. Die KBR ist beim Hund unzuverlässig, da sie nach der Infektion nicht immer positiv wird, nur niedrige und rasch wieder negativ werdende Titer ergibt. Zur Diagnose ist der SFT nach 1 Woche zu wiederholen. Ist die erste Probe negativ oder nur schwach positiv, die zweite aber deutlich positiv, so deutet der Verlauf auf eine frische Infektion. Sind die erste und die zweite Probe mittel- oder hochpositiv, ist eine dritte Probe nach 10 Wochen nötig. Bleibt die dritte Probe wenig verändert, weist dies auf eine alte Infektion hin. Sinkt der Titer um wenigstens zwei Verdünnungsstufen, darf eine relativ frische Infektion angenommen werden. Ein SFT-Titer von mindestens 1:64 läßt vermuten, daß der Hund Toxoplasmenträger ist (JANETSCHKE 1968). Der Hauttest mit Toxoplasmen-Antigen hat keine praktische Bedeutung erlangt.

Therapie: symptomatische Behandlung, Breitbandantibiotika und Sulfonamide. Der Effekt der Chemotherapie ist äußerst fraglich. Eine immunologische *Prophylaxe* existiert nicht.

27.25. Babesiose (Piroplasmose)

Sie kommt endemisch in gewissen Gebieten von Amerika, Afrika und Indien, in Südeuropa und Osteuropa vor. Infolge des zunehmenden Reiseverkehrs hat man aber auch in Nicht-Endemiegebieten mit sporadischen Fällen zu rechnen. In den letzten Jahren haben sich auch autochthone Herde in gewissen Gebieten Deutschlands (GOTHE et al. 1986), in der Süd- und Westschweiz (Genf, Bieler See, Neuenburger See), Umgebung von Paris, Bretagne, Normandie und in den Niederlanden

Abb. 27.20. Toxoplasmose-Enzephalitis. Tortikollis, Anisokorie.

(UILENBERG et al. 1985) gebildet. Der Erreger ist *Babesia canis*, in Indien auch *Babesia gibsoni*. Die sexuelle Vermehrung der Babesien erfolgt in Zecken. Über die Ovarien wird auch die nächstfolgende Zeckengeneration infiziert. Die Hunde infizieren sich durch den Stich infizierter Zecken. Die Babesien dringen in die Erythrozyten, vermehren sich und führen zur Zerstörung der Erythrozyten und zur hämolytischen Anämie. Durch die Infektion wird eine Immunität erzeugt. In Endemiegebieten erfolgt wegen der Immunität häufig nur eine latente Infektion, während eingeführte nichtimmune Hunde schwer erkranken.

Symptome: Die *Inkubationszeit* beträgt 30 Stunden bis 16 Tage, im Mittel ca. eine Woche. Der Infektionsverlauf ist akut, subakut, chronisch oder latent. Der akute oder subakute Verlauf beginnt meist mit plötzlicher schwerer Trübung des Allgemeinzustandes und hohem Fieber. Die Schleimhäute werden zusehends blasser, und häufig, aber nicht immer, tritt ein hämolytischer Ikterus hinzu. Die Abdominalpalpation ergibt häufig Milz- und auch Leberschwellung. Infolge der Anämie und der Hämolyse wird die Atmung angestrengt, beschleunigt, und es bestehen Anzeichen von Herzinsuffizienz. In vereinzelten Fällen werden hämorrhagische Durchfälle, petechiale und ekchymotische Haut- und Schleimhautblutungen und Paraplegien festgestellt. Diagnostisch hinweisend, aber nicht immer vorhanden, sind die Harnveränderungen: dunkelgrüne, hämolytische Verfärbung (Gallenpigmente, Hämoglobinurie), Proteinurie und selten Glukosurie. Die Blutuntersuchung ergibt eine hypochrome Anämie, anämische Schleiersenkung, Leukozytose, häufig Lymphozytose, aber auch Leukopenie und oft Thrombozytopenie. Die chronische Form ist durch eine allmählich sich entwickelnde Anämie und deren Folgen gekennzeichnet (s. auch S. 858 ff.).

Diagnose: In typischen Fällen erwecken die Symptome der rasch fortschreitenden Anämie zusammen mit hämolytischem Ikterus und Hämoglobinurie den Verdacht. Diese typischen Symptome können aber auch ganz oder zum Teil fehlen. Die Diagnosesicherung erfolgt durch den Parasitennachweis im nach GIEMSA gefärbten Blutausstrich. Bei Verdacht und negativem Ausstrich sind die Untersuchungen öfters zu wiederholen.

Therapie: Gegen Babesien wirksam sind: Trypanblau (1%ige Lösung, 1 ml/5 kg KM i. v.); Phenamidin (Oxopirvedine®, Mérieux: 15 mg (1 μl)/kg KM s. c., evtl. Wiederholung nach 48 Stunden), Quinoronium (Acaprin®, Bayer: 0,25 ml/5 kg KM, verdünnt mit physiolog. NaCl auf die 10fache Menge, s. c.) und Imidocarb (Imazo®, Wellcome: 6 mg/kg KM s. c., evtl. Wiederholung nach 14 Tagen). Trypanblau führt zu einer über Wochen dauernden Blaufärbung der Haut und Schleimhäute, Phenamidin in seltenen Fällen zu Erbrechen, Leberstörungen und nervalen Symptomen und ist kontraindiziert bei vorbestehenden Nieren- und Leberfunktionsstörungen. Acaprin ist ein potenter Cholinesterasehemmer und kann motorische Unruhe, Speicheln, Muskelzittern, Kot- und Harnabgang, Benommenheit, Atemnot und im Extremfall Kollaps und Tod verursachen. Gute Resultate haben wir mit Oxopirvedine erzielt. Ist die Anämie bedrohlich, so hat vorerst eine Bluttransfusion zu erfolgen.

27.26. Leishmaniose

Der Erreger der Hundeleishmaniose ist *Leishmania canis*, wahrscheinlich eine Varietät der *Leishmania donovani*, des Erregers der Kala-Azar des Menschen. Der Hund soll in Endemiegebieten das wichtigste Erregerreservoir für die menschliche Leishmaniose sein. Bis 20% der Hunde können Leishmanienträger sein. Die Krankheit der Hunde kommt in Mittel- und Nordafrika, Madagaskar, Brasilien und in Europa im Süden Frankreichs und Italiens, in Griechenland und Portugal endemisch vor. Es sind aber auch Leishmaniose-Erkrankungen bei Hunden, die nie in Endemiegebieten waren, aus der Umgebung von Paris und Nordfrankreich (GUILHON et al. 1974) und aus der Westschweiz (Lausanne; SCHAWALDER 1977) bekannt geworden. Die Übertragung geschieht hauptsächlich durch stechende Sandfliegen. Die Leishmanien vermehren sich im Fliegendarm, wandern in den Vorderdarm der Fliege zurück und werden beim Stechen aus dem Ösophagus in die Epidermis ausgeworfen. Hier werden sie von den Monozyten des MPS phagozytiert und gelangen zur Vermehrung. Vom Haut-MPS aus gelangen sie über den Blutweg in die inneren Organe. Diskutiert wird ebenfalls die direkte Übertragung von Individuum zu Individuum durch Speichel (Biß), Wundsekret und Faeces und die Übertragung durch andere blutsaugende Insekten (Läuse, Flöhe, Wanzen), die als Vektoren dienen.

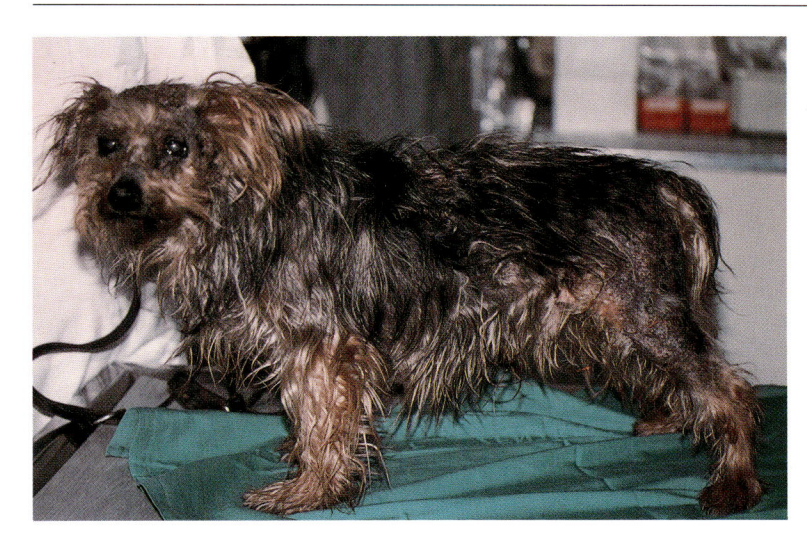

Abb. 27.21. Leishmaniose. Haarausfall, Schuppung, entzündlich verdickte, z. T. ulzerierte Hautbezirke.

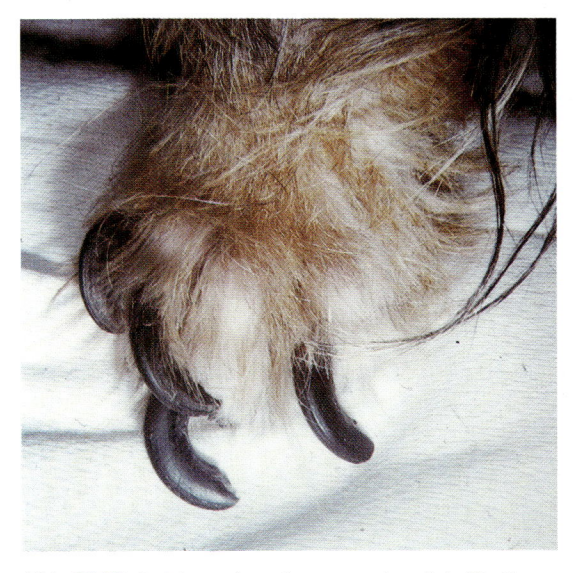

Abb. 27.22. Leishmaniose. Lange und spröde Krallen.

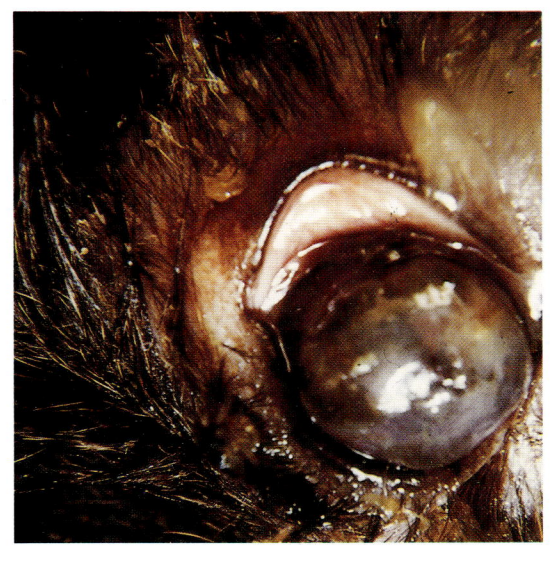

Abb. 27.23. Leishmaniose. Keratokonjunktivitis.

Symptome: Die *Inkubationszeit* ist unbekannt. KAMMERMANN (1965) beschrieb einen Fall, bei dem sich die Inkubation auf 4 Jahre erstreckte. Die Krankheitssymptome können plötzlich oder allmählich auftreten. Oft wird Abmagerung trotz guter Freßlust und normaler Verdauung festgestellt. Es kommt zu ausgeprägter Muskelatrophie und Milzvergrößerung, die mit oder ohne Aszites ein birnenförmiges Abdomen bewirken *(viszerale Form).* Am auffälligsten sind die Hautsymptome *(kutane Form).* Das Haarkleid wird dünn, glanzlos, rauh, stellenweise kommt es zu unscharf begrenzter Kahlheit (Abb. 27.21.). Die Haut zeigt eine asbestartige, grobe Schuppung (Parakeratose) und stellenweise Auflagerungen von Schuppenkrusten. Zusätzlich können entzündliche und ulzeröse Hautveränderungen auftreten. Die Krallen werden spröde und lang (Abb. 27.22.). Pruritus fehlt meist. Die oberflächlichen Lymphknoten sind vergrößert. In fortgeschrittenen Fällen tritt eine Keratokonjunktivitis auf (Abb. 27.23.). An Laborresultaten sind wesentlich: Anämie, häufig ausgeprägte Leukopenie, Thrombozytopenie, Hyperproteinämie, Albuminverminderung, α_2-Globulin- und später Gammaglobulin-Vermehrung, stark erhöhte BSR.

Der akute Verlauf endet innerhalb 2–5 Monaten tödlich, Spontanheilungen sind selten. Der chronische Verlauf kann sich aber auch über Jahre hinausziehen.

Diagnose: Der Parasitennachweis im Blutausstrich (Giemsa-Färbung) ist nur selten positiv. Aussichtsreicher sind Ausstriche von Lymphknoten-, Knochenmark- oder Milzpunktaten (Leishmanien in Monozyten und Makrophagen). Hinweise, aber unspezifischer Art, können durch die infolge der Gammaglobulinzunahme bedingten Ausfälle der Eiweißlabilitätsproben (Cadmium-Reaktion, Weltmann-Band, Formol-Gel-Test) gewonnen werden. Blutserologie: KBR, indirekter Hämagglutinationstest, indirekte Immunfluoreszenz.

Differentialdiagnostisch abzugrenzen sind: Demodikose, Skabies und andere Dermatosen mit generalisierter Schuppung und Parakeratose.

Therapie: Wirksam sind 3- und vor allem 5wertige Antimonverbindungen, die i. v., i. m. oder i. p. (HINTERMANN und MARTIN 1954) angewendet werden. Nach KAMMERMANN (1980) bewährte sich die Behandlung mit Megluminantimonat.

Literatur

- *Septikämie*

CALVERT, C.A., and GREENE C.E. (1986): Bacteremia in dogs. Diagnosis, treatment and prognosis. Cont. Educ. **8**, 179.

DOW, St.W., and JONES, R.L. (1989): Bacteremia: Pathogenesis and diagnosis. Cont. Educ. **11**, 432.

HEILMEYER, L. (1955): Lehrbuch der Inneren Medizin. Springer Verlag, Berlin, Göttingen, Heidelberg.

MAYR, A. (1980): Entwicklung neuer Immunisierungs- und Paramunisierungsverfahren in der Tiermedizin. Blaue Hefte, Nr. 60, 494.

SCHOTTMÜLLER und BINGOLD, zit. nach HEILMEYER, L. (1955).

TRAININ, Z. (1965): Pyokokkeninfektionen bei neugeborenen Welpen mit Agammaglobulinämie. Schweiz. Arch. Thkde **107**, 166.

- *Salmonellosen*

AMTSBERG, G., und KIRPAL, G. (1979): Zum Vorkommen von Salmonellen bei Hunden und Katzen. BMTW **92**, 194.

DAY, H., JAMES, E., and HEATHER, C.D. (1963): Salmonellosis in dogs. Am. J. vet. Res. **24**, 156.

KANEUCHI, Ch., SHISHIDO, K., SHIBUYA, M., et al. (1987): Prevalence of *Campylobacter, Yersinia* and *Salmonella.* Jap. J. Vet. Sci. **49**, 1989.

MESSOW, C., und HENSEL, L. (1960): Die Salmonellose bei Karnivoren. DTW **67**, 623.

SCHAAF, A. VAN DER (1961): Salmonellosis in carnivorous domestic animals. Tijdschr. Diergeneesk. **86**, 99.

- *Tularämie*

CALHOUN, E.L., and MOHR, C.O. (1956): Dogs as hosts of Tularemia and vector ticks in Central Arkansas. Vet. Med. **51**, 25.

CHEVÉ, M.M.J., et GAUTHIER, J.L. (1951): La Tularémie dans le département de la Dordogne. Bull. Acad. Vét. France **24**, 273.

DAVID, H. (1937): Über den Verlauf der Tularämie in Österreich. DTW **45**, 477.

DAVID, H. (1947): Untersuchungen über die Tularämie in Österreich. Wiener tierärztl. Mschr. **34**, 523.

GIRARD, G. (1955): La tularémie du chien en France, maladie naturelle et expérimentale. Bull. Acad. vét. France **28**, 103.

GRATZL, E. (1960): Spontane Tularämie bei Hunden. Wiener tierärztl. Mschr. **47**, 489.

JUSATZ, H.J. (1961): Dritter Bericht über das Vordringen der Tularämie nach Mittel- und Westeuropa über den Zeitraum von 1950–1960. Zschr. Hyg. **148**, 69.

MICHALKA, J. (1960): Die Tularämie in Österreich. Wiener tierärztl. Mschr. **47**, 341.

ULLRICH, K. (1961): Weitere klinische Beobachtungen an spontanen Tularämie-Fällen beim Hund und ihre Feststellung mit Hilfe der Serum-Schnellagglutination. Kleintierpraxis **6**, 204.

- *Brucellosen*

BROWN, J., BLUE, J.L., WOOLEY, R.E., et al. (1976): A serologic survey of a population of Georgia dogs for *Brucella canis* and evaluation of the slide agglutination test. JAVMA **169**, 1214.

CARMICHAEL, L.E. (1968): Contagious abortions in dogs. In: KIRK, R.W.: Current Veterinary Therapy III. Saunders Company, Philadelphia.

CARMICHAEL, L.E., and KENNEY, R.N. (1970): Canine brucellosis: the clinical disease, pathogenesis, and immune response. JAVMA **156**, 1726.

EHRLEIN, H.J. (1963): Ein Beitrag zur Brucellose des Hundes. DTW **70**, 353.

FLORES-CASTRO, R., and CARMICHAEL, L.E. (1980): Canine brucellosis. In: KIRK, R.W.: Current Veterinary Therapie VII. Saunders Company, Philadelphia.

FLORES-CASTRO, R., and CARMICHAEL, L.E. (1978): Canine brucellosis. Current status of methods for diagnosis. Cornell Vet. **68**, Suppl. **7**, 76.

HENDERSON, R.A., HOERLEIN, B.F., KRAMER, T.T., et al. (1974): Discospondylitis in three dogs infected with *Brucella canis.* JAVMA **165**, 451.

HOEDEN, J. VAN DER (1932): Overspontane en experimenteele *Brucella*-infectie bij de hond. Tijdschr. Diergeneesk. **59**, 1383, 1146.

KRAUSS, H., und WEBER, A. (1986): Zoonosen. Deutscher Ärzte-Verlag, Köln.

KRUDENER, R. VON (1976): Ergebnisse serologischer und bakterieller Untersuchungen von Hundeblutproben auf *Brucella canis.* Zbl. Vet.-Med. B, **23**, 555.

MOORE, J.A. (1969): *Brucella canis* infection in dogs. JAVMA **155**, 2034.

MORSE, E. (1951): Canine brucellosis – a review of the literature. JAVMA 119, 304.
NICOLETTI, P., and CHASE, A. (1987): An evaluation of methods to diagnose *brucella canis* infection in dogs. Cont. Educat. 9, 1071.
OSTERTAG, H. G., und MAYER, H. (1958): Die Verbreitung der Schafbrucellose bei Herdenhunden. Rindertbc und Brucellose 7, 56.
RIECKE, J. A., and RHOADES (1975): *Brucella canis* isolated from the eye of a dog. JAVMA 166, 583.
ROBERTS, M. A. (1980): A study of potential transmission of *Brucella canis* between dogs and humans. Dissertation Abstr. Internat. 40 B, 5217.
SAEGUSA, J., UEDA, K., GOTO, Y., and FUJIWARA, K. (1977): Ocular lesions in experimental canine brucellosis. Jap. J. vet. Sci. 39, 181.
TERAKADO, N., UEDA, H., SUGAWARA, H., and ISAYAMA, Y. (1978): Drug susceptibility of *Brucella canis* isolated from dogs. Jap. J. vet. Sci. 40, 291.
WEBER, A. (1976): Untersuchungen über die Verbreitung von Infektionen mit *Brucella canis* bei Beagle-Hunden in der Bundesrepublik Deutschland. Fortschr. Veterinärmedizin, Heft 25: 11. Kongreßbericht DVG, 272. Paul Parey, Berlin, Hamburg.
WEBER, A. (1976): Über den Nachweis von *Brucella canis* bei Beagle-Hunden. Kleintierpraxis 21, 23.
WEBER, A., und SCHLIESSER, Th. (1978): Untersuchungen zum Vorkommen von Antikörpern gegen *Brucella canis* bei Haushunden in der Bundesrepublik. BMTW 91, 28.

- *Listeriose*

CHAPMAN, M. P. (1947): Listerellosis in a dog. A field case. North Amer. Vet. 28, 532.
EVELAND, W. C., and BAUBLIS, J. V. (1968): Two case reports of the association of human canine listeriosis. Vet. Bull. 38, 39.
GARLICK, E. C., BEARD, D. C., BUSCH, F. F., and CONCORD, M. A. (1956): Case report – listeriosis. North Carolina Vet.
JAKOWSKI, R. M., and WYAND, D. S. (1971): Listeriosis associated with canine distemper in a gray fox. JAVMA 159, 626–628.
KAMPELMACHER, E. H. (1968): Listeriose door de hond? Tijdschr. Diergeneesk. 93, 1171.
MATTHIAS, D. (1961): Zur Pathologie und Pathogenese der Listeriose einiger Haustiere. Arch. exper. Vet. med. 15, 905.
STURGESS, C. P. (1989): Listerial abortion in the bitch. Vet. Rec. 124, 177.
TRAIN, G. (1964): Untersuchungen zur spezifischen Prophylaxe der Listeriose. Mh. Vet.-Med. 19, 779.
VANINI, G. C. (1966): Analisi critica dei risultati ottenuti con prove sierologiche per la diagnose dei listeriosi negli animali domestici. Atti soc. ital. sci. vet. 20, 768.
WEBER, A., und PLAGEMANN, O. (1991): *Listeria monocytogenes* als Abortursache beim Hund. Kleintierpraxis 36, 93.
WINKELWERDER, W., und PERTSCH, R. (1967): Serologische Untersuchungen über das Vorkommen von Listeriose bei Hunden. Kleintierpraxis 12, 43.

- *Anthrax und Clostridiosen (Botulismus, Gasbrand, Tetanus)*

BADER, F. (1960): Über drei Fälle von Tetanus beim Hund. Schweiz. Arch. Thkde 102, 551.
BILLAUDELLE, H. G. (1966): Theories on the pathogenesis of tetanus and their origins. In: ECKMANN, L.: Proceed. Int. Conference Tetanus, 149. Huber Verlag, Bern.
CHRISTOPH, H.-J. (1958): Zum klinischen Bild des Milzbrandes bei Großkatzen. Kleintierpraxis 3, 16.
COBB, L. M., and MCKAY, K. A. (1962): A bacteriological study of the liver in normal dogs. J. Comp. Path. 72, 92.
DAVIES, M. E., HODGMAN, S., and SKULSKI, G. (1957): An outbreak of anthrax in a hound kennel. Vet. Rec. 69, 775.
DOW, ST. W., and JONES, R. L. (1987): Anaerobic infections. Part I.: Pathogenesis and clinical significance. Cont. Educat. 9, 711.
DOW, ST. W., and JONES, R. L. (1987): Anaerobic infections. Part II.: Diagnosis and treatment. Cont. Educat. 9, 827.
ECKMANN, L. (1960): Tetanus. Schwabe Verlag, Basel.
HELMY, N. (1958): Experimental clostridial infection in dogs. Tijdschr. Diergeneesk. 83, 1089.
HENZE, S., und OTTEN, E. (1952/53): Untersuchungen zur Ätiologie der Tonsillitis des Hundes. Zbl. Bakt. Orig. 159, 339.
KERSTEN, U., SCHÜTT, I., und WÄCHTER, K. C. (1984): Botulismus beim Hund. Kleintierpraxis 29, 167.
KÖHLER, B., und BURCKHARDT, A. (1983): Nachweis von Botulismus beim Hund und Urteil des Obersten Gerichts der DDR über Schadenersatzanspruch. Mh. Vet.-Med. 38, 426–429.
LÖFFLER, K., HENSEL, L., und EHRLEIN, H. J. (1962): Tetanus bei Hund und Katze. DTW 69, 476.
MALIK, R., CHURCH, D. B., MADDISON, J. E., and FARROW, B. R. (1989): Three cases of local tetanus. J. small Anim. Pract. 30, 469.
MASON, J. H. (1964): Tetanus in the dog and cat. J. South Afr. Vet. Med. Ass. 35, 209.
MÉRY, F. (1947): Le botulisme chez le chien. Bull. Acad. vét. France 20, 28.
POBISCH, R. (1960): Röntgenologische Beobachtungen über die Cystitis emphysematosa des Hundes. Wien. Tierärztl. Mschr. 47, 524.
POMMIER, P., SAUVAGE, J. V., LAGRUE, D., et COLCANAP, M. (1988): Botulisme de Typ D chez le chien. Point Vétérinaire 20, Nr. 116.
WALLACE, V., and DOWELL, M. (1986): Botulism in a dog. New Zealand Vet. J. 34, 149.

- *Tuberkulose*

AWAD, P.L. (1962): Der intradermale B.C.G.-Test zur Diagnose der Tuberkulose des Hundes. DTW **69**, 623.

BAHNEMANN, R., SCHALL, S., und WEISS, R. (1988): Fallbericht: Tuberkulose beim Hund. Kleintierpraxis **33**, 163.

BÖHM, H. (1956): Ein Beitrag zur Tuberkulose des Hundes. Vet.-med. Diss., Gießen.

BONADUCE, A. (1942): Prädilektionsstellen der Tuberkulose bei Hund und Katze. Nuova Vet. **21**, 48.

CANIATTI, M., PARODI, M., CAMMERATA, G., et al. (1987): Rilievi su 42 casi di tuberculosi in carnivori domestici del Settota di Milano (1962–1986). Clinica veterinaria **110**, 300.

FERBER, J.A., DILTS, C.E., SCHERZO, C.S., et al. (1983): Tuberculosis in a dog. JAVMA **183**, 117.

FREUDIGER, U. (1956): Beobachtungen zur Epidemiologie und Klinik der Tuberkulose des Hundes und der Katze. Schweiz. Arch. Thkde **98**, 195.

FREUDIGER, U., und KUSLYS, A. (1955): Untersuchungen über die Tuberkulose der Fleischfresser. Schweiz. Z. Tbk **12**, 247.

FUCHS, M., TEICHMANN, I., und LOEFFLER, K. (1963): Beitrag zur Tuberkulose des Hundes und ihre sozialhygienische Bedeutung. DTW **70**, 203.

GHORBEL, A., et AMARA, A. (1989): Un cas de tuberculose canine. Rev. Méd. Vét. **140**, 277.

GOIDSENHOVEN, Ch. VAN, et SCHOENAERS, F. (1943): Le complexe primaire pharyngien dans la tuberculose du chien. Ann. méd. vét. **87**, 123.

HJÄRRE, A. (1939): Über Tuberkulose bei Hunden und Katzen. Acta Tbc. Scand. **13**, 103.

LIU, S., WEITZMAN, I., and JOHNSON, G.G. (1980): Canine tuberculosis. JAVMA **177**, 164.

MONTI, F. (1953): Saggi terapeutici nella tuberculosi spontanea dei carnivori domestici. Zooprofilassi **8**, 321, 385.

NIEBERLE, K. (1932): Die Tuberkulose der Tiere. Erg. allg. Path. **26**, 711.

NIEMAND, H.-G. (1959): Tuberkulose des Hundes und ihre Therapie. Kleintierpraxis **4**, 35.

OLSSON, S.-E. (1957): On Tuberculosis in the dog. A study with special reference to X-ray diagnosis. Cornell Vet. **47**, 193.

TEUSCHER, E. (1954): Hirntuberkulose bei Hund und Katze. Schweiz. Z. Path. **17**, 776.

SCHLIESSER, Th. (1967): Die Fleischfressertuberkulose und ihre Beziehung zur Tuberkulose des Menschen. Kleintierpraxis **12**, 191.

SPECK, J., und DEDIÉ, K. (1955): Die Diagnose der Fleischfressertuberkulose mittels Hämagglutination. Rindertbk **7**, 204.

WEINHOLD, E. (1957): Zur serologischen Diagnose der Hundetuberkulose. DTW **64**, 424.

- *Nocardiose*

CEDERVALL, A. (1954): Über Streptothrikose bei Karnivoren. Nord. Vet. Med. **6**, 159.

KAUP, F.-J. (1986): Ein ungewöhnlicher Fall von Aktinomykose bei einem Hund. Kleintierpraxis **31**, 183.

SCHMITT, A.H. (1986): Nocardiose bei Hund und Katze. Tierärztl. Umschau **41**, 487.

SWERCZEK, T.W., SCHIEFER, B., and NIELSEN, S.W. (1968): Canine actinomycosis. Zbl. Vet. Med. (B) **15**, 955.

- *Leptospirosen*

BALDWIN, C.J., and ATKINS, C.E. (1987): Leptospirosis in dogs. Cont. Educat. **9**, 499.

BREM, S., und WEBER, A. (1984): Zur Sensivität und Spezifität eines im Handel erhältlichen Objektträgeragglutinationstestes von Antikörpern gegen Leptospiren in Serumproben von Hunden. Kleintierpraxis **29**, 199.

BREM, S., KOPP, H., und MEYER, P. (1990): Leptospirenantikörpernachweis aus Hundeseren in den Jahren 1985–1988. BMTW **103**, 6.

DAHME, E. (1955): Morphologische Studien zur formalen Genese der Schrumpfniere des Hundes. Mh. prakt. Thkde **7**, 17.

DIETRICH, W. (1962): Leptospireninfektionen beim Hund. Kleintierpraxis **7**, 201.

FINCO, D.R., and LOW, D.G. (1968): Water, electrolyte and acid-base alterations in experimental leptospirosis. Amer. J. vet Res. **29**, 1799.

FREUDIGER, U. (1951): Gibt es ein nervöses Syndrom der Leptospirosen? Schweiz. Arch. Thkde **93**, 79.

FREUDIGER, U. (1955): Zur Leptospirose des Hundes. Epidemiologie, Serologie, Pathologische Anatomie, Klinik und Pathogenese. Arch. exper. Vet. med. **9**, 659, 796.

FREUDIGER, U. (1968): Ätiologie der Nierenerkrankungen bei Hund und Katze. Schweiz. Arch. Thkde **110**, 275.

FÜHNER, F. (1957): Neuere Gesichtspunkte bei der Diagnostik der Leptospirosen. Congr. national. Sci. med. Bukarest, 637.

GRATZL, E. (1963): Epidemiologische und klinische Studien über die Hunde-Leptospirosen in Wien. Blaue Hefte, Nr. 3/4, 2.

KEENAN, K.P., et al. (1978): Pathogenesis of experimental *Leptospira interrogans*, serovar bataviae infection in dogs. Am. J. Vet. Res. **39**, 449.

KEMENES, F. (1958): Die durch pathogene Leptospiren verursachte Hämolyse und ihre pathologische Bedeutung. Acta vet. Hung. **8**, 43.

LOW, D.G. (1964): Current status of canine leptospirosis. Allied Vet. **36**, 3.

LOW, D.G., BERGMANN, E.N., HIATT, C.W., and GLEISER, Ch.A. (1956): Experimental canine leptospirosis. I. *Leptospira icterohaemorrhagiae* infections in immature dogs. J. infect. Dis. **98**, 249.

LOW, D.G., and MATHER, G.W. (1967): Longterm studies of renal function in canine Leptospirosis. Amer. J. Vet. Res. **28**, 731.

NICOLET, J. (1985): Kompendium der veterinärmedizinischen Bakteriologie. Parey's Studientexte 45. Parey, Berlin–Hamburg.
NIEMAND, H.-G. (1951): Leptospirose des Hundes. Mh. Vet.-Med. **6**, 300.
REITANO, U., e MORSELLI, G. (1935): Infezione di spirochete dell'ittero emorragico nei cani randagi a Roma. Giorn. Batt. e Imm. **15**, 454.
RIMPAU, W. (1950): Die Leptospirosen. Urban & Schwarzenberg, München, Berlin.
ROSSI, P. (1953): Leptospirose et lésions oculaires chez le chien. Bull. Acad. vét. France **26**, 451.
SCHMIDT, V. (1988): Augenkrankheiten der Haustiere. 2. Aufl. Gustav Fischer Verlag, Jena.
SCHULZE, W. (1951): Zur Diagnostik der Leptospirose des Hundes. Mh. Vet.-Med. **6**, 295.
UHLENHUTH, P., SCHOENHERR, K.E., und ZIMMERMANN, E. (1950): Experimentelle Untersuchungen und epidemiologische Beobachtungen über die Leptospirose der Hunde. Z. Immunit.-forsch. u. exp. Therapie **108**, 1.

- *Hämobartonellose, Rickettsiosen, Neorickettsiosen*

ANTONETTI, F. (1952): Ricerche sperimentali sulla rickettsiosi burnetii del cane. Zooprofilassi **7**, 249.
BRODEY, R.S., and SCHALM, O.W. (1963): Hemobartonellosis and thrombozytopenic purpura in a dog. JAVMA **143**, 1231.
BUORO, I.B.J., KANUI, T.I., ATWELL, R.B., et al. (1990): Polymyositis associated with *Ehrlichia canis* in two dogs. J. small Anim. Pract. **31**, 624.
CAPORALE, G., MIRRI, A., e ROSATI, T. (1953): La febbre „Q" quale zoonosi. Atti Soc. ital. Sci. vet. **7**, 13.
DAVIDSON, D.E., DILL, G.S., TINGPALAPONG, M., et al. (1978): Prophylactic and therapeutic use of tetracycline during an epizootic of ehrlichiosis. JAVMA **172**, 697.
DAVOUST, B., MACKOWIAK, M., et MOREAU, Y. (1986): Ehrlichiose canine: enquête épidémiologique. Rec. Méd. Vét. **162**, 471.
DAVOUST, B., et PARZY, D. (1989): Ehrlichiose canine. Surveillance épidémiologique dans les chenils militaire du Sud-Est. Rec. Méd. Vét. **165**, 373.
DONOVAN, E.F., and LOEB, W.F. (1960): Hemobartonellosis in the dog. Vet. Med. **55**, 57.
ERWING, S.A., and BRUCKNER, R.G. (1965): Manifestations of babesiosis, ehrlichiosis, and combined infections in the dog. Amer. J. Vet. Res. **26**, 815.
MANTOVANI, A., and BENAZZI, P. (1953): The isolation of *Coxiella burnetii* from *Rhipicephalus sanguineus* on naturally infected dogs. JAVMA **122**, 117.
MEHLHORN, H., DÜWEL, D., und RAETHER, W. (1986): Diagnose und Therapie der Parasiten von Haus-, Nutz- und Heimtieren. Gustav Fischer Verlag, Stuttgart–New York.
MIRRI, A. (1951): La fièvre Q chez les animaux en Italie. Bull. Off. internat. Epizooties **36**, 197.
PENNISI, M.G. (1989): Canine Ehrlichiosis. Animalis familiaris (Waltham) **4**, Nr. 1, 11.
RECHENBERG, B. VON (1987): Ehrlichiose beim Hund. Fallbericht und Literaturübersicht. Kleintierpraxis **32**, 329.
RISTIC, M., HUXSOLL, D.L., WEISIGER R.M., et al (1972): Serological diagnosis of tropical canine pancytopenia by indirect immunofluorescence. Infection and Immunity **6**, 226.
TROY, G.C., VULQAMOTT, J.C., and TURNWALD, G.H. (1980): Canine ehrlichiosis: a retrospective study of 30 naturally occurring cases. JAAHA **16**, 181.
WINKLER, G.C., ARNOLD, P., DEPLAZES, P., et al. (1988): Klinische und serologische Diagnose von Ehrlichiose bei Hunden in der Schweiz. Schweiz. Arch. Thkde **130**, 357.

- *Hundestaupe*

ABLETT, R.E., and BAKER, L.A. (1963): Effect of re-vaccination on distemper antibody levels. Vet. Rec. **75**, 1329.
ACKERMANN, O. (1965): Vergleichende tierexperimentelle Untersuchungen von Vaccinen gegen Staupe und Hepatitis contagiosa canis. Blaue Hefte **30**, 5.
ADELUS-NEVEU, F., SAINT GÉRAND, A.L., FAYET, G., und WIEDEMANN, C. (1991): Lehren aus einer Epizootie in Frankreich – Hundestaupe. Prakt. Tierarzt **10**, 868.
ANDREWES, Ch., and PEREIRA, H.G. (1967): Viruses of Vertebrates. Ballière, Tindall and Cassel, London.
AXTHELM, M.K., and KRAKOWKA, S. (1987): Canine distemper virus – the early bloodbrain barrier lesion. Acta Neuropathol. **75**, 27.
BAKER, J.A., ROBSON, D.S., GILLESPIE, J.H., et al. (1959): A nomograph that predicts the age to vaccinate puppies against distemper. Cornell Vet. **49**, 158.
BAKER, J.A., ROBSON, D.S., HILDRETH, B., and PAKKALA, B. (1962): Bred response to distemper vaccination. Proc. Anim. Care Panle **12**, 157.
BINDRICH, H. (1954): Beitrag zum Wesen der Staupevirusinfektion des Hundes und zu ihrer Bekämpfung. Teil I + II. Arch. exper. Vet. med. **8**, 131–263.
BINDRICH, H. (1962): Die Virusstaupe des Hundes. Kleintierpraxis. **7**, 161.
BLIXENKRONE-MØLLER, M., BOHM, J., and LUND, E. (1989): Outbreak of distemper among sledge dogs in North Greenland. Dansk Vet. tidsskr. **72**, 488.
BODINGBAUER, J. (1960): Retention of teeth in dogs as a sequel to distemper infection. Vet. Rec. **72**, 636.
BROWN, R.A.L., MORROW, A., HERON, I., and CHONG, S.N. (1987): Immunocytologic confirmation of canine distemper using cells in urine. J. small. Anim. Pract. **28**, 845.
CASAL, M. (1988): Untersuchungen zur Unschädlichkeit und Wirksamkeit von Staupeimpfstoffen im Zusammenhang mit den Staupefällen von 1984/1985. Diss. med. vet., Bern.
CELLO, R.M., MOULTON, J.E., and McFARLAND, S. (1959): The occurrence of inclusion bodies in the circulating

neutrophiles for dogs with canine distemper. Cornell Vet. **49**, 127.
COFFIN, D. I., and LIU, Ch. (1957): Studies on canine distemper infection by means of fluorescein labeled antibody. Virology **3**, 115.
COHRS, P. (1951): Die Entmarkungs-Enzephalitis (Hard pad Disease) des Hundes. DTW **58**, 129.
DARRASPEN, E., FLORIO, R., et MEYMANELI, M. (1938): Le syndrome humoral dans les hépatonéphrites aiguées du chien, secondaires à la maladie de Carré. Rev. Path. comp. **38**, 1176.
DICKSON, D. (1988): Canine distemper may kill North Sea seals. Science (USA) **241**, 1284.
ERNØ, H. (1964): On the diagnosis of distemper, with special reference to the intravital demonstration of cytoplasmatic bodies in the third eyelid. Nord. Vet. Med. **16**, 522.
ERNØ, H., and MØLLER, T. (1961): Epizootiologische undersøgelser over hundesyge. Nord. Vet. Med. **13**, 654.
EVANS, J. M. (1967): Protection against canine distemper. Vet. Rec. **79**, 163.
FANKHAUSER, R. (1982): Hundestaupe – Geschichte einer Krankheit. Schweiz. Arch. Thkde **124**, 245.
FREUDIGER, U. (1962): Allgemeinreaktionen im Anschluß an die kombinierte Vakzination gegen Hundestaupe und Hepatitis contagiosa canis. Schweiz. Arch. Thkde **104**, 478.
FREUDIGER, U. (1972): Über die neuen Staupe-Seuchenzüge. Der Hund – Dein Freund. (MATZINGER), Nr. 9, 13.
GIBSON, J. P., GRIESEMER, R. A., and KOESTNER, A. (1965): Experimental distemper in gnotobiotic dog. Path. vet. **2**, 1.
GILLESPIE, J. H. (1956): Gaines Vet. Symp. Kanakee, Illinois.
GLARDON, O., und STÖCKLI, R. (1985): Staupeepidemie in der Schweiz. Schweiz. Arch. Thkde **127**, 707.
GORET, P., MARTIN, L. A., et JOUBERT, L. (1950): Pouvoir pathogène pour le lapin du virus de Carré adapté au furet. Bull. Acad. vét. France **23**, 295.
GORHAM, J. R. (1966): The epizootology of distemper. JAVMA **149**, 610.
HARDER, T. C., KUCZKA, A., DUBBERKE, M., et al. (1991): Ein Ausbruch von Hundestaupe in einem Tierheim mit vakzinierter Hundepopulation. Kleintierpraxis **36**, 305.
HARWOOD, J., CARTER, S. D., HUGHES, D. E., et al. (1989): Seal disease predictions. Nature (U. K.) **339**, 670.
HOFFMANN (1942): zit. nach v. HUTYRA/MAREK/MANNINGER: Spezielle Pathologie und Therapie der Haustiere. Bd. 1. Gustav Fischer Verlag, Jena.
HOFFMANN, F. (1949): Studies on distemper. Acta vet. Hung. **1**, 89, 1949.
HUTYRA, F. VON, MAREK, J., MANNINGER, R., und MÓCSY, J. (1954): Spezielle Pathologie und Therapie der Haustiere. Bd. 1. Gustav Fischer Verlag, Jena.
HOWELL, D. G. (1961): Vaccination of the dog. Vet. Rec. **73**, 46.

IMMISCH, E. (1954): Statistische Erhebungen über infektiöse Erkrankungen des Hundes. Vet.-med. Diss., Hannover.
MARTIN, L. A. (1950): Maladie de Carré à forme nerveuse transmission du virus au lapin. Bull. Acad. vét. France **23**, 291.
MICKWITZ, C.-U. (1968): Zur Staupe der Kleinbären (Procyoniden). Kleintierpraxis **13**, 80.
MÜLLER, D. (1962): Staupestatistik aus der Praxis. Kleintierpraxis **7**, 141.
OETTEL, M., und CHRISTOPH, H.-J. (1966): Der Verlauf der „Biologischen Leukozytenkurve" bei Febris contagiosa canum und Hepatitis contagiosa canis. Schweiz. Arch. Thkde **108**, 148.
PALMER, D., OSSENT, P., WALDVOGEL, A., und WEILEMANN, R. (1983): Staupe-Enzephalitis beim Steinmarder in der Schweiz. Schweiz. Arch. Thkde **125**, 529.
PIERCY, S. E. (1961): An appraisal of the value, and method of use, of living attenuated canine distemper vaccines. Vet. Rec. **73**, 944.
POTEL, K. (1951): Histopathologie der Hundestaupe mit besonderer Berücksichtigung der nervösen Form. Arch. exper Vet. med. **4**, 44.
PRYDIE, J. (1966): Persistence of antibodies following vaccination against canine distemper and the effect of revaccination. Vet. Rec. **78**, 486.
REINHARD, K. R., RAUSCH, R. L., and GRAY, R. L. (1955): Field investigations of prophylaxis against distemper and the effect of revaccination. Proc. Book, Am. Vet. Med. Ass. 223.
ROCKBORN, G. (1957): Viremia and neutralizing antibodies in experimental distemper in dogs. Arch. ges. Virusforschung **7**, 168.
ROCKBORN, G. (1958): Canine Distemper in tissue culture. Arch. ges. Virusforschung **8**, 1.
SCHMITTKE, H. O. (1962): Staupe-Immunität und Prophylaxe. Kleintierpraxis **7**, 136.
SHEFFY, B. E. (1966): Comments on the role of nutrition. JAVMA **149**, 708.
SHELL, L. G. (1990): Canine distemper. Cont. Educ. **12**, 173.
SEDLAR, I. (1937): Pathologisch-anatomische und pathologisch-histologische Veränderungen der Nieren bei Hundestaupe. Vet. Arch. 491.
STEINHAGEN, P., und NEBEL, W. (1985): Staupe beim Steinmarder in Schleswig-Holstein. Ein Beitrag zur Epidemiologie der Staupe. Dtsch. Tierärztl. Wschr. **92**, 178.
SUMMERS, B. A., GREISEN, H. A., and APPEL, M. J. G. (1984): Canine distemper encephalomyelitis: Variation with virus strain. J. comp. Pathol. **94**, 65.
Symposium on canine distemper immunization (1966): JAVMA **149**, 5.
TEUNISSEN, G. H. B., en BOSGRA, O. (1967): Entingen tegen Hondeziekte en Hepatitis. Tijdschr. Diergeneesk. **92**, 1064.

WHITNEY, L.F., and WHITNEY, G.D. (1953): The distemper complex. Orange, Conn., Practical Science Publ. Co.
WÖHLE, W. (1967): Beziehungen zwischen Masern-, Staupe- und Rinderpestvirus. Blaue Hefte Nr. 35, 18.

• *Hepatitis contagiosa canis*
CARMICHAEL, L.E., and BARNES, F.D. (1962): Transfer and decline of maternal infections canine hepatitis antibody in puppies. Proc. Soc. Exp. Biol. **110**, 677.
CARMICHAEL, L.E. (1964): The pathogenesis of ocular lesions of infections canine hepatitis. Path. vet. **1**, 73.
DITCHFIELD, J., MACPHERSON, L.W., and ZBITNEW, A. (1962): Association of a canine adenovirus (Toronto A 26/61) with an outbreak of laryngotracheitis („Kennel cough"). Canad. Vet. J. **3**, 238.
FREUDIGER, U. (1957): Klinische Beobachtungen zur Hepatitis contagiosa canis. Schweiz. Arch. Thkde **99**, 487.
HAMILTON, J.M., CORNWELL, H.J.C., MCCUSKER, H.B., and CAMPBELL, R.S.F. (1966): Studies on the pathogenesis of canine virus hepatitis. Brit. vet. J. **122**, 225.
KARPAS, A., GARCIA, F.G., CALVO, F., and CROSS, R.E. (1968): Experimental production of canine tracheobronchitis (Kennel cough) with canine herpes virus isolated form naturally infected dogs. Amer. J. Vet. Res. **29**, 1251.
KINJO, T., and YANAGAWA, R. (1968): Antigenic relationship among strains of infections canine hepatitis virus. Jap. J. Vet. Res. **16**, 138.
LARIN, N.M. (1953): Some aspects of canine virus hepatitis (Rubarth's disease). Proc. Internat. Congr. Stockholm **1**, 376.
LARIN, N.M. (1958): Canine virus hepatitis in sucking puppies. Brit. vet. J. **114**, 112.
LINDBLAD, G., and PERSSON, F. (1962): Transaminase and transferase activities in blood plasma and tissues in dogs. Acta vet. Scand. **3**, 367.
POPPENSIEK, G.C., and BAKER, J.A. (1951): Persistence of virus in urine as a factor in spread of infectious hepatitis in dogs. Proc. Soc. Exp. Biol. **99**, 279.
SALENSTEDT, C.R. (1963): Studies on the virus of hepatitis contagiosa canis. Acta vet. Scand. **4**, 371.
SCHINDLER, R., und MOHR, W. (1959): Über eine Infektion mit dem Virus der Hepatitis contagiosa canis beim Menschen. Dtsch. med. Wschr. **84**, 2080.
SCHWENDENWEIN, I., LECHNER, C., und KÖLBL, S. (1989): 2 Fälle von H.c.c. in Österreich. Tierärztl. Praxis **17**, 211.
SPALDING, V.T., and RUDD, H.K. (1964): Isolation of C.H.V. from puppies showing the „fading puppy syndrome". Vet. Rec. **76**, 1402.
STÜNZI, H., und POPPENSIEK, G.C. (1952): Zur Pathogenese der Hepatitis conatagiosa canis. Schweiz. Z. allg. Path. **15**, 722.
THRUSFIELD, M.V., AITKEN, C.G.G., and MUIRHEAD, R.H. (1991 a): A field investigation of kennel cough: Incubation and clinical signs. J. small Anim. Pract. **32**, 215.
THRUSFIELD, M.V., AITKEN, C.G.G., and MUIRHEAD, R.H. (1991 b): A field investigation of kennel cough: Effication of different treatments. J. small Anim. Pract. **32**, 455.
WRIGHT, N.G. (1973): Recent advances in canine virus research. J. small Anim. Pract. **14**, 241.

• *Parvovirose*
ACKERMANN, O. (1981): Parvovirusinfektion des Hundes und ihre Prophylaxe. Blaue Hefte Nr. 63, 115.
AFSHAR, A. (1981): Canine parvovirus infections, a review. Vet. Bull. **51**, 605.
APPEL, M.J.G., COOPER, B.J., GREISEN, H., and CARMICHAEL, L.E. (1978): Status report: canine viral enteritis. JAVMA **173**, 1516.
APPEL, M.J.G., COOPER, B.J., GREISEN, H., et al. (1979): Canine viral enteritis. Cornell Vet. **69**, 123.
ARENS, M., und KRAUSS, H. (1980): Zum Nachweis von Parvovirus bei infektiösen Gastroenteritiden des Hundes mittels Immunelektronenmikroskopie BMTW **93**, 156.
ATWELL, R.B., and KELLY, W.R. (1980): Canine parvovirus: a cause of chronic myocardial fibrosis and adolescent congestive heart failure. J. small Anim. Pract. **21**, 609.
BESTETTI, G., HÄNI, H., DUDAN, F., et al. (1979): Panleukopenieähnliche Enteritis und plötzliche Todesfälle bei Welpen infolge Myokarditis, wahrscheinlich verursacht durch Parvoviren. Schweiz. Arch. Thkde **121**, 663.
BURTONBOY, G., COIGNOUL, F., et PASTORET, P.-P. (1979): L'entérite à parvovirus du chien. Ann. Méd. Vét. **123**, 123.
CARPENTER, J.L., ROBERTS, R.M., HARPSTER, N.K., and KING, N.W. (1980): Intestinal and cardiopulmonary forms of parvovirus. JAVMA **176**, 1269.
EUGSTER, A.K., and NAIRN, C. (1977): Diarrhea in puppies: Parvoviruslike particles demonstrated in their feces. Southwest. Vet. **30**, 59.
EUGSTER, A.K., BENDELE, R.A., and JONES, L.P. (1978): Parvovirus infection in dogs. JAVMA **173**, 1340.
FLÜCKIGER, M. (1980): Die Parvovirus-Enteritis des Hundes. Eine Analyse von 50 Fällen. Schweiz. Arch. Thkde **122**, 573.
GERMAI, K., und KRAFT, W. (1986): Rotes und weißes Blutbild, Serumelektrolyte und Leberenzyme bei Parvovirose des Hundes. Kleintierpraxis **31**, 139.
GROULADE, P. (1980): Les modifications cytologiques sanguines et médullaires remarquées au cours de la parvovirose canine. Animal Compagnie **15**, 155.
HARCOURT, R.A., SPURLING, N.W., and PICK, C.R. (1980): Parvovirus infection in a Beagle colony. J. small Anim. Pract. **21**, 293.
HAYES, M.A., RUSSEL, R.G., and BABINK, L.A. (1979): Sudden death in young dogs with myocarditis caused by parvovirus. JAVMA **174**, 1197.
HOFMANN, R., FRESE, K., REINACHER, M., und KRAUSS, H. (1980): Parvovirusinfektion bei akuten Magen- und Darmerkrankungen des Hundes. BMTW **93**, 121.

JOHNSON, R., and SMITH, J.R.C. (1979): Parvovirus enteritis in dogs. Aust. Vet. Pract. **9**, 197.

JOHNSON, R., and SPRADBROW, P.B. (1979): Isolation from dogs with severe enteritis of a parvovirus related to feline panleucopenia virus. Aust. Vet. J. **55**, 151.

KELLY, W.R., and ATWELL, R.B. (1979): Sudden death in puppies associated with suspected viral myocarditis. Aust. Vet. J. **55**, 37.

KRAFT, W., GRÄF, R., SCHWARZ, H., et al. (1980): Parvovirus-Enteritis des Hundes. Kleintierpraxis **25**, 81.

LAHRMANN, K., HENTSCHKE, J., und RUDOLPH, R. (1989): Klinische Bedeutung der Antigenlokalisation bei der Parvovirose des Hundes. Kleintierpraxis **34**, 537.

LESCURE, F., GUELFI, J.F., et REGNIER, A.C. (1980): La parvovirose du chien. Rev. Méd. Vét. **131**, 1.

MCGAVIN, D. (1987): Inactivation of canine parvovirus by disinfectants and heat. J. small Anim. Pract. **28**, 523.

MEYER-ENGELKE, Th. (1981): Zur Parvovirusinfektion der Hunde. Kleintierpraxis **26**, 227.

MURISIER, N. (1982): Etude immunologique et épidémiologique de la Parvovirose canine. Diss. méd. vét., Berne.

NIEMAND, H.-G., NIEMAND, S., und WENDEL, E. (1980): Parvovirus-Infektion von Hunden im Großraum Mannheim. BMTW **93**, 211.

OSTERHAUS, A.D.M.E., STENIS, G. VAN, and KREEK, P. DE (1980): Isolation of a virus closely related to feline panleukopenia virus from dogs with diarrhoea. Zbl. Vet.-Med. **27B**, 11.

PETERMANN, H.G., und CHAPPUIS, G. (1981): Immunoprophylaxe der Parvovirusinfektion beim Hund. Prakt. Tierarzt **62**, 52.

PFEIL, R. (1984): Langfristige hämatologische Untersuchungen an Hunden mit spontaner Parvovirusinfektion. Kleintierpraxis **29**, 413.

ROTT, R. (1981): Parvoviren bei Haustieren. Prakt. Tierarzt **62**, 9.

SANDERSLEBEN, J. VON, und KRIEGLEDER, H. (1979): Plötzliche Todesfälle bei Welpen infolge Myokarditis. Schweiz. Arch. Thkde **121**, 615.

SCHWERS, A., PASTORET, P.P., BURTONBOY, G., et THIRY, E. (1979): Frequence en Belgique de l'infection à parvovirus chez le chien, avant et après l'observation des premiers cas cliniques. Ann. Méd. Vet. **123**, 561.

THOMPSON, H., CANDLISH, I.A.P., CORNWELL, H.J.C., et al. (1979): Myocarditis in puppies. Vet. Rec. **104**, 107.

THOMSON, G.W., and GAGNON A.N. (1977): Canine gastroenteritis associated with a parvovirus-like agent. Canad. Vet. J. **19**, 346.

VEIJALAINEN, P.M.-L., NEUVONEN, E., NISKANEN, N., et al. (1986): Latex agglutination test for detecting panleukopenia virus, canine parvovirus and parvoviruses of fur animals. J. Clinic. Microbiol. **23**, 556.

WOODS, Ch.B., POLLOCK, R.V.H., and CARMICHAEL, L.E. (1980): Canine parvoviral enteritis. JAAHA **16**, 171.

- *Coronavirus-Gastroenteritis*

APPEL, M.J.G., COOPER, B.J., GREISEN, H., and CARMICHAEL, L.E. (1978): Status report: canine viral enteritis. JAVMA **173**, 1516.

APPEL, M. (1988): Does canine coronavirus augment the effects of subsequent parvovirus infection? Veterinary Med. **83**, 360.

ARENS, M., und KRAUSS, H. (1980): Zum Nachweis von Parvovirus bei infektiösen Gastroenteritiden des Hundes mittels der Immunelektronen-Mikroskopie. BMTW **93**, 156.

BENARY, F., KRAFT, W., ARENS, M., und KRAUSS, H., (1981): Coronavirus-Enteritis des Hundes. Klinik, Diagnose, Differentialdiagnose, Therapie. Kleintierpraxis **26**, 7.

BIERMANN, U., HERBST, W., KRAUSS, H., und SCHLIESSER, Th. (1989): Elektronenmikroskopische Nachweisrate enteraler Viren bei Durchfallerkrankungen von Hund, Katze, Kalb, Schwein und Fohlen im Jahre 1988. BMTW **102**, 412.

CARMICHAEL, L.E. (1978): Infectious canine enteritis caused by a coronaviral-type virus. JAVMA **173**, 247.

HERBST, W., ZHANG, X.M., und SCHLIESSER, Th. (1988): Zur Seroprävalenz von Coronavirusinfektionen beim Hund in der Bundesrepublik Deutschland. BMTW **101**, 381.

POLLOCK, R.V.H., and CARMICHAEL, L.E. (1979): Canine viral enteritis. Recent developments. Mod. Vet. Pract. **60**, 375.

- *Tollwut und Pseudowut*

BINDRICH, H., und KUWERT, E. (1961): Beobachtungen an Hundepassagen des Straßenvirus aus dem derzeitigen Tollwut-Seuchenzug in Deutschland. Arch. exper. Vet. med. **1**, 1092.

DOW, C. (1963): Aujeszky's disease in the dog and cat. Vet. Rec. **75**, 1099.

FEKADU, M. (1988): Pathogenesis of rabies virus infection in dogs. Reviews Infect. Disease **10** (suppl. 4), 679. Ref.: Vet. Bull. **59**, Nr.7 (2709).

GARLT, Ch. (1966): Atypische Tollwut beim Hund. Kleintierpraxis **11**, 228.

HUMPHREY, G.L., BAYER, E.V., and CONSTANTINE, D. (1978): Canine rabies vaccine virus infection. California Vet. **32**, 13.

MANNINGER, R. (1966): Die Bekämpfung der Tollwut in Ungarn. Kleintierpraxis **11**, 240.

NATSCHEFF, B. (1966): Die Bekämpfung der Tollwut der Haustiere in Bulgarien. Kleintierpraxis **11**, 237.

PEDERSEN, N.C., EMMONS, R.W., SELCER, R., et al. (1978): Rabies vaccine virus infection in three dogs. JAVMA **172**, 1092.

PITZSCHKE, H. (1962): Ein Beitrag zum Krankheitsbild der Tollwut. Mh. Vet.-Med. **17**, 58.

SEFFNER, W. (1966): Die Diagnose der Aujeszkyschen Krankheit beim Hund. Kleintierpraxis **11**, 233.

STECK, F. (1968): Betrachtungen über die Biologie der Tollwut. Rev. Suisse Zoologie **75**, 665.

STECK, F. (1968): Der bisherige Verlauf des Tollwutseuchenzuges in der Schweiz. Schweiz. Arch. Thkde **110**, 597.

STECK, F. (1980): Die Tollwut in der Schweiz. Schweiz. Arch. Thkde **122**, 605.

WACHENDÖRFER, G. (1968): Zur Klinik der Tollwut der Haustiere. Schweiz. Arch. Thkde **110**, 218.

- *Herpes- canis- und Reovirus-Infektion, Parotitis epidemica*

BIBRACK, B. (1975): Aktive Interferonisierung. Eine neue Möglichkeit der Bekämpfung der Welpensterblichkeit. Kleintierpraxis **20**, 245.

BIBRACK, B., und SCHAUDINN, W. (1976): Untersuchungen über das Vorkommen von Herpesvirus-Infektionen bei Hunden in der BRD. Zbl. Vet.-Med. **23B**, 384.

CARMICHAEL, L.E. (1965): Clinical and pathologic features of a fatal viral disease in newborn puppies. Amer. J. vet. Res. **26**, 803.

CARMICHAEL, L. E. (1970): Herpesvirus canis. Aspects of pathogenesis and immune response. JAVMA **156**, 1714.

CARMICHAEL, L.E., FABRICANT, J., and SQUIRE, R.A. (1964): A fatal septicemic disease of infant puppies caused by cytopathogenic organisms with characteristics of mycoplasma. Proc. Soc. Exp. Biol. **117**, 826.

ENGELS, M., MAYR-BIBRACK, B., RUCKSTUHL, B., et al. (1980): Die Seroepizootologie der caninen Herpesvirusinfektion in der Schweiz und präliminäre Versuche mit einer Vakzine. Zbl. Vet.-Med. **28B**, 257.

FAIRCHILD, G.A., and COHEN, D. (1976): Serological study of Reovirus infections in dogs. Amer. J. Vet. Res. **28**, 1487.

HOLZINGER, E.A., and GRIESEMER, R.A. (1966): Effects of Reovirus, type 1 on germfree and disease-free dogs. Amer. J. Epid. **84**, 426.

LOU, T.Y., and WENNER, H.A. (1963): Natural and experimental infection of dogs with reovirus, type 1. Amer. J. Hyg. **77**, 293.

MASSIE, E.L., and SHAW, E.D. (1966): Reovirus type 1 in laboratory dogs. Amer. J. Vet. Res. **27**, 783.

MOTOHASHI, T., and TAJIMA, M. (1966): Isolation of a Herpes virus from diseased adult dog in Japan. Jap. J. Vet. Sci. **28**, 307.

NOICE, F., BLIN, F.M., and EVELETH, D.F. (1959): Incidence of viral parotitis in the domestic dog. J. Dis. Children **98**, 350.

OLANDER, H.J. (1967): Herpes canis encephalitis in the newborn puppies. Lab. Investig. **16**, 661.

PRYDIE, J. (1966): Isolation of a canine herpes virus. Vet. Rec. **79**, 660.

RATULD, Y. DE, et WERNER, G.H. (1967): Canine herpes virus. Ann. Inst. Pasteur **112**, 802.

SCHIEFER, B., RUCKSTUHL, B., METZLER, A., und SHIRLEY, I. (1978): Auftreten der caninen Herpes-Virus-Infektion in der Schweiz. Schweiz. Arch. Thkde **120**, 409.

- *Toxoplasmose*

BOCH, J., und ROMMEL, M. (1963): Serologische Untersuchungen an Berliner Hunden auf Toxoplasmose. BMTW **76**, 292.

BURI, H., PIEKARSKI, G., und SCUPIN, E. (1964): Zur Frage der Ausscheidung von *Toxoplasma gondii* bei gesund erscheinenden Hunden. Kleintierpraxis **9**, 157.

COLE, C.R. (1953): Toxoplasmosis in domestic animals. Int. Vet. Congr. I, 401.

DUBEY, J.P., CARPENTER, J.L., TOPPER, M.J., et al. (1989): Fatal toxoplasmosis in dogs. JAAHA **25**, 659.

FANKHAUSER, R. (1956): La toxoplasmose chez l'animal. Schweiz. Arch. Neurol. **77**, 195.

FANKHAUSER, R. (1982): Hundestaupe – Geschichte einer Krankheit. Schweiz. Arch. Thkde **124**, 245.

FREUDIGER, U. (1977): Infektionskrankheiten. In: CHRISTOPH, H.-J.: Klinik der Katzenkrankheiten. 2. Aufl. Gustav Fischer Verlag, Jena.

JANETSCHKE, K. (1968): Experimentelle Toxoplasma-Infektion beim Hund. Kleintierpraxis **13**, 181.

MØLLER, T. (1960): La toxoplasmose chez les animaux domestiques au Danemark. Bull. Off. internat. Epizooties **54**, 509.

SIIM, J.Ch., BIERING-SØRENSEN, U., and MØLLER, T. (1963): Toxoplasmosis in domestic animals. Advances Vet. Sci. **8**, 335.

- *Babesiose, Leishmaniose*

GOTHE, R., KRAISS, A., und KRAFT, W. (1986): Eine importierte Krankheit: *Babesia canis-* und *Babesia gibsoni*-Infektion des Hundes. Kleintierpraxis **32**, 97.

GUILHON, J., JULIVET, G., et MARCHAND, A. (1974): La Leishmaniose canine autochtone dans la région parisienne et dans l'ouest de la France. Bull. Acad. Vét. France **47**, 199.

HINTERMANN, J., und MARTIN, L.A. (1954): Beitrag zur Diagnose und Therapie der Hunde-Leishmaniose. DTW **61**, 29.

JACQUIER, Cl. (1967): Piroplasmose canine. 5 observations cliniques. Schweiz. Arch. Thkde **109**, 58.

KAMMERMANN, B. (1980): Leishmaniose beim Hund. Schweiz. Arch. Thkde **122**, 585.

KAMMERMANN, B., und BÜHLMANN, L. (1965): Zu einem Fall von Leishmaniose beim Hund. Schweiz. Arch. Thkde **107**, 371.

LONGSTAFFE, J.A., and GUY, M.W. (1986): Canine leishmaniosis – United Kingdom update. J. small Anim. Pract. **27**, 663.

SCHAWALDER, P. (1977): Leishmaniose bei Hund und Katze. Kleintierpraxis **22**, 237.

UILENBERG, G., TOP, P.D.J., ARENDS, P.J., et al. (1985): Autochtone babesiose bij de hond in Nederland? Tijdschr. Diergeneeskde **110**, 93.

28. Vergiftungen
(Von E.-G. Grünbaum)

28.1. Allgemeines

Vergiftungen werden von Tierhaltern sehr häufig vermutet, sind jedoch relativ selten. Besonders plötzlich auftretende und perakut verlaufende Erkrankungen lösen immer wieder einen zumeist unbegründeten Vergiftungsverdacht aus, vor dessen leichtfertiger Äußerung oder Bestätigung sich jeder Tierarzt hüten sollte. Eine Vergiftung gilt als sicher, wenn

- die Aufnahme des Giftes beobachtet wurde und/oder Giftreste bzw. Verpackungen vorliegen,
- die klinische Symptomatik zweifelsfrei für ein bestimmtes Gift zutrifft,
- das Gift in Asservaten, wie Erbrochenem, Magenspülwasser, Urin, Kot, Punktaten, Blut oder in Tierkörperteilen nachgewiesen worden ist (Rechlin et al. 1978).

Die große Zahl giftiger Substanzen und die Vielfalt möglicher Vergiftungen erlauben es nicht, im Rahmen dieses Kapitels alles lückenlos abzuhandeln. Jede veterinärmedizinische Kleintiereinrichtung sollte über ein Nachschlagewerk verfügen, das die Gifte in alphabetischer Reihenfolge aufführt und schnell erfaßbare Hinweise zur Substanz, Toxikokinetik und -dynamik, Symptomatik und Therapie gibt.

Darüber hinaus hat jeder Tierarzt die Möglichkeit, den nächstgelegenen humanmedizinischen Toxikologischen Auskunftsdienst telefonisch zu konsultieren. Die Telefonnummern und Dienstzeiten befinden sich im Arzneimittelverzeichnis (Rote Liste; s. unter „Informationszentren für Vergiftungsfälle"; „Toxzentren") des laufenden Jahres.

Nachfolgend dazu einige Angaben:

Berlin Weißensee: Zentraler Toxikologischer Auskunftsdienst am Institut für Arzneimittelwesen, 13086 Berlin, Große Seestraße 4
Tel.: (030) 9 66 94 18; 9 65 33 53

Berlin Charlottenburg: Reanimationszentrum im Universitätsklinikum Rudolf Virchow, 14050 Berlin, Spandauer Damm 130
Tel. (030) 30 35-0, Durchwahl 30 35-34 66; 30 35-22 15; 30 35-34 36

Bonn: Informationszentrale gegen Vergiftungen, Universitätskinderklinik und Poliklinik, 53113 Bonn 1, Adenauerallee 119
Tel. (02 28) 2 87 32 11; 2 87 33 33

Österreich: Vergiftungsinformationszentrale, A-1090 Wien, Spitalgasse 23
Tel.: (02 22) 4 04 00-22 22, Notruf 43 43 43

Schweiz: Schweizerisches Toxikologisches Informationszentrum, Ch-8030 Zürich, Klosterbachstraße 107
Tel.: (0041) 1/2 51 51 51

Giftstoffe sind einzuteilen in:
- Pestizide (Pflanzenschutz- und Schädlingsbekämpfungsmittel); zu ihnen zählen u.a. gegen Insekten (Insektizide), Milben (Akarizide), Pilze (Fungizide), Schadnager (Rodentizide), Schnecken (Molluskizide) und Unkraut (Herbizide) gerichtete Stoffe;
- Arzneimittel;
- Chemikalien;
- Nahrungsmittel, Früchte, Samen, Pilze;
- tierische Gifte und Gifttiere (Rechlin et al. 1978, Jentsch et al. 1981).

Diese Einteilung ist ohne wesentlichen therapeutischen Wert. Eine alphabetische Gliederung ist im Hinblick auf schnelle Auffindbarkeit bedeutend günstiger.

Die Giftaufnahme erfolgt in der Regel oral, Einatmung, perkutane Resorption oder iatrogene Injektion sind aber auch möglich.

Das *therapeutische Vorgehen* gliedert sich nach Rechlin et al. (1978), Ludewig und Lohs (1991) und Grünbaum (1990) in:
- Notfalltherapie (Erstversorgung),
- spezifische Therapie (Antidotbehandlung, symptomatische Therapie).

28.2. Notfalltherapie

Zur Notfalltherapie oder Erstversorgung zählen:
- Elementarhilfe (Aufrechterhaltung vitaler Körperfunktionen),
- Eliminationstherapie (Elimination des Giftes),
- diagnostische Abklärung der Vergiftung zur Überleitung in die spezifische Therapie.

Die **Elementarhilfe**, d. h. die Aufrechterhaltung von Atmung und Blutkreislauf, hat im fortschreitenden Stadium einer Vergiftung mit drohender Bewußtlosigkeit des Tieres absolutes Primat. Die Maßnahmen bestehen aus:

- orotrachealer Intubation (mit sicherem Trachealverschluß, s. S. 121);
- Schaffung eines venösen Zugangs;
- Herz- und Kreislaufbehandlung (unter Berücksichtigung eventueller peripherer Vasodilatation, Kreislaufzentralisation oder Herzstillstand, s. S. 406, 436);
- EKG-Anschluß (s. S. 377);
- Hirnödemprophylaxe (Osmo-Onkotherapie, s. S. 187);
- künstliche Beatmung.

Die **Eliminationstherapie** bedeutet primäre Giftentfernung und weitere Resorptionsverhütung durch Dekontamination, Elimination und Neutralisation. Dabei sind der Zustand des Tieres und die Art der Giftaufnahme bzw. des Giftes zu berücksichtigen. Im einzelnen sind unter der gebotenen Eile folgende therapeutische Maßnahmen indiziert:

- *Auslösen von Erbrechen* durch Applikation von
  - Kochsalzlösung (1 Eßlöffel Salz auf 1 Glas warmes Wasser),
  - Apomorphinum hydrochloricum; 2,0–3,0 mg/ Tier („Apomorphin®" 0,01 g/1,0 ml; Applikation von 0,2–0,3 ml/Tier i. m. oder s. c.).

Kontraindikationen: Bewußtseinsstörung, bereits eingetretene Resorptivwirkung mit Herz- und Kreislauf- oder ZNS-Symptomatik, Verätzungen des oberen Digestionstraktes durch Säuren, Laugen, Phenole usw., Aufnahme flüchtiger oder stark schäumender Flüssigkeiten (Ether, Benzin, Waschmittel), hämorrhagische Diathese.

Eventuell Erbrochenes als Asservat zur toxikologischen Untersuchung auffangen und mit ausführlichem Vorbericht an die toxikologische Abteilung des zuständigen veterinärmedizinischen Untersuchungsamtes übersenden.

- *Magenspülung*
Nach orotrachealer Intubation mit sicherem Trachealverschluß wird eine durch Gleitmittel schlüpfrig gemachte Magensonde eingeführt und mit einem Trichter versehen. Als Spülmittel ist zu verwenden:
  - 1,0%ige Kochsalzlösung (2 gestrichene Teelöffel NaCl/1,0 l H_2O) mit Zusatz von Carbo medicinalis, ca. 3–5 Eßlöffel/1,0 l.
Spülmenge: 4,0 ml/kg KM und Portion.
Die eingegossene Spülmittelmenge fließt nach Absenken der Sondenöffnung wieder aus (Heberprinzip). Eventuell von der ersten Ausflußmenge Probe zur toxikologischen Untersuchung entnehmen! Die Magenspülung wird mehrmals wiederholt. Vor dem Herausziehen der Magensonde werden Aktivkohle (0,5–1,0 g/kg KM in Wasser gelöst) und ein Laxans (z. B. Glaubersalz = Natriumsulfat, ca. 1,0 g/kg KM in 15,0 ml H_2O/1,0 g aufgelöst, ausnahmsweise auch Paraffinum liquidum, maximal 3,0 ml/kg KM) im Magen deponiert.
Die Magenspülung ist nur sinnvoll, wenn sich aufgenommenes Gift noch im Magen befindet, womit beim Hund je nach Art des Giftes bis zu 8 Stunden gerechnet werden kann.

Kontraindikationen: flüchtige Gifte (Lösungsmittel, Benzin, Ether, Petroleum), schaumentwickelnde Stoffe (Seife, Waschmittel usw.), Säuren und Laugen (Perforationsgefahr), zu große Struktur des Giftes (keine Passage durch die Sonde), Schockgefahr.

- *Forcierte Diurese* (Wasserdiurese)
Bei intakter Nieren- sowie Herz- und Kreislauffunktion und keiner Hirn- oder Lungenödemgefahr ist als Maßnahme der sekundären Giftentfernung zur Beschleunigung der Ausscheidung renal eliminierbarer Gifte eine forcierte Diurese (Wasserdiurese) anzustreben. Dies setzt eine Katheterisierung der Harnblase voraus und wird durch Anlegen eines intravenösen Dauertropfes und Infusion geeigneter Lösungen (z. B. „Parenteral L5®") in einer Dosierung von 10,0 ml/kg KM und Tag bei einer Infusionsgeschwindigkeit von 60–80 Tropfen/min erreicht.

- *Weitere Eliminations- und Dekontaminationsmaßnahmen*
Je nach der Art des Giftes und seiner Aufnahme können noch weitere therapeutische Erstmaßnahmen durchgeführt werden, z. B.

- Säuberung von Haarkleid und Haut bei kutaner Kontamination mittels Wasser und Seife und Nachbehandlung mit Ölhaarwäsche (Dekontamination);
- Spülung eines oder beider Augen bei okulärer Gifteinwirkung mit klarem Wasser;
- Zuführung von Frischluft oder Sauerstoff mit eventueller künstlicher Beatmung bei pulmonaler Intoxikation;
- Anwendung bewährter Hausmittel (unspezifische Antidote) durch den Tierhalter als Sofortmaßnahme, und zwar bei Vergiftungen mit
  - Säuren, Laugen und Schwermetallen: Applikation von Milch oder Eiermilch (2 rohe Eier in $^1/_4$ l Milch einquirlen),
  - Säuren: reichlich Wasser trinken lassen, notfalls Zwangsapplikation,
  - Laugen: Neutralisation mit Essigwasser (2 Eßlöffel Speiseessig auf 1 Glas Wasser) oder Zitronenwasser,
  - Phenolderivaten: Applikation von Speiseöl 1,0–3,0 ml/kg KM.

Die **diagnostische Abklärung der Vergiftung** ist bei den zum Vergiftungsverdacht stets geneigten Tierhaltern je nach dem Zustand des Patienten vor oder unmittelbar nach der Notversorgung zur Einleitung einer spezifischen Therapie von großer Bedeutung. Art und Menge des aufgenommenen Giftes sind ebenso schlüssig zu erfragen (Vorlegenlassen von Gift- oder Verpackungsresten) wie der Zeitpunkt der Giftaufnahme oder Kontamination, die bereits aufgetretenen Symptome und evtl. schon eingeleitete Maßnahmen.

Eine klinische und labordiagnostische Untersuchung des Patienten und eine toxikologische Untersuchung von Giftresten und Asservaten (Überweisung mit ausführlichem Vorbericht an die toxikologische Abteilung des zuständigen veterinärmedizinischen Untersuchungsamtes) zur Identifikation des Giftes darf bei Anerkennung des Primats der Erstversorgung nicht außer acht gelassen werden.

Die *klinische Symptomatik* kann in folgende **Symptomengruppen** untergliedert werden (GRÜNBAUM 1990; s. Tabelle 28.1.).

Tabelle 28.1. Leitsymptome bei Vergiftungen mit Zuordnung zu Symptomenkomplexen und vier häufigen Giftstoffen

Leitsymptome	Cumarine	Organo-phosphate	Thallium	Metaldehyd
ZNS-Symptomatik:	(–)	(+)	(+)	(+)
– Amnesie	–	–	–	+ –
– Erregung, Krämpfe/Lähmung	– +	+	+	+ Somnolenz
– Miosis	–	+	–	–
– Mydriasis	–	–	–	–
Magen-Darm-Symptomatik:	(–)	(+)	(+)	(+)
– Salivation	–	+	+ –	+
– Vomitus/Diarrhoe	–	+	+	+
Lungen-Symptomatik:	(–)	(–)	(–)	(+) Ödem
– Dyspnoe/Zyanose	– +	+ –	–	+
Herz-Kreislauf-Symptomatik:	(–)	(+)	(+)	(+)
– Tachykardie	– +	–	+	+
– Bradykardie	–	+	–	–
– Arrhythmie	–	–	+	–
Haut/Schleimhaut-Symptomatik:	(+)	(–)	(+)	(–)
– Läsionen/Erythem	– +	–	+	–
– Alopezie	–	–	+	–
– Hämaturie	+	–	–	–
Blutungen	(+)	(–)	(–)	(–)
Hyperpyrexie	(–)	(–)	(–)	(+)

Diese Übersicht ist jederzeit zu erweitern. Sie kann für eine schnelle Diagnostik und gezielte Therapie von Vergiftungen von großem Nutzen sein.

- **ZNS-Symptome:** Erregungszustände, Unruhe, Muskelzittern, Ataxien, tonisch-klonische Krämpfe, Lähmungen, veränderte Pupillenreaktion, Bewußtseinsstörungen.
- **Magen-Darm-Symptome:** Inappetenz, Nausea mit Speichelfluß, Erbrechen, gesteigerte oder aussetzende Magen-Darm-Peristaltik, Diarrhoe.
- **Lungen-Symptome:** Husten, Dyspnoe, Zyanose, Kussmaulsche oder Cheyne-Stokessche Atmung, Atemlähmung, veränderter Geruch der Ausatmungsluft (z. B. bei Alkohol, Benzin, Tetrachlorkohlenstoff, Farblösungen).
- **Herz-Kreislauf-Symptome:** Zyanose, Blässe der Schleimhäute, Herzarrhythmien, Brady- oder Tachykardie, Schockzustände (s. S. 430).
- **Nieren-Symptome:** Oligurie oder Anurie, Veränderungen der Harnfarbe und des -geruches, Hämaturie, Hämoglobinurie.
- **Haut-Symptome:** Blässe, allgemeine oder umschriebene Rötung, Blutungen, Zyanose, Ikterus, Schleimhautverätzungen (weiße Verschorfungen bei Säuren, braune Verschorfungen bei Laugen), Hautexantheme.

Zur Ersterkennung und -behandlung von Vergiftungen unklarer Art und Genese ist die klinische Symptomatik von unschätzbarem Wert. Neben den Symptomengruppen sind frühzeitig auftretende und teilweise lebensbedrohliche *Leitsymptome* zu beachten, die nach LUDEWIG und LOHS (1991) zur schnellen und zweckmäßigen Einleitung symptomatischer Behandlungsverfahren von Bedeutung sind (GRÜNBAUM 1990). Zu ihnen zählen:

- **Bewußtlosigkeit:** *ZNS- oder Herz-Kreislauf-Symptome*
  Bei Vergiftungen mit Alkohol, Sedativa, Hypnotika, Psychopharmaka, Opiaten, Lösungsmitteln.
- **Krämpfe:** *ZNS-Symptome*
  Bei Vergiftungen mit Phosphorsäureestern, Halogen- und besonders Chlorkohlenwasserstoffen, Analeptika, Nicotin, Samen/Früchten von Goldregen und Ginster, blutcalciumspiegel-senkenden Stoffe (Fluoride, Oxalate).
- **Zyanose und/oder Dyspnoe:** *Herz-Kreislauf- und Lungen-Symptome*
  Bei Vergiftungen mit Methämoglobinbildnern (z. B. Nitrobenzol, Nitrite, organische Nitrate, Chlorate), lungenschädigenden Giften (Chlor, Schwefeldioxid, Säuredämpfe, Ammoniak oder Nitrose Gase, Phosgen, Bispyridiniumverbindungen = Quats) und bronchospastischen Giften (Phosphorsäureester).
- **Hyperpyrexie:** (Körpertemperatur 41 °C): *ZNS-Symptome*
  Bei Vergiftungen mit Solanaceen (Atropin und andere Parasympatholytika), Dinitrophenolen und Kresolen, Analeptika, Hypnotika und Kohlenmonoxid, Narkotika und Muskelrelaxantien.
- **Miosis:** *ZNS-Symptome*
  Bei Vergiftungen mit Cholinergika.
- **Mydriasis:** *ZNS-Symptome*
  Bei Vergiftungen mit Parasympatholytika.
- **Verätzungsspuren:** *Haut-Schleimhaut-Symptome*
  Bei Vergiftungen mit Säuren, Laugen, Phenol, Salzen, konzentrierten Farblösungen (Tintenstift).
- **Keine Symptome:** *symptomfreies Intervall*
  Bei Vergiftungen mit Phosgen (Inhalation) oder Halogenkohlenwasserstoffen (oral) schließt sich schwerer, tödlicher Verlauf an.

Im weiteren Verlauf von Vergiftungen ist in Abhängigkeit von der Art des Giftes mit Pneumonien, Leber- und Nierenschäden zu rechnen. Um diesen begegnen zu können, sind *labordiagnostische und physikalische Untersuchungen* mit *Verlaufskontrollen* durchzuführen, zu denen u. a. gehören:

- Blutuntersuchung (Zahl der Erythrozyten und Leukozyten, Bestimmung von Hämatokrit, Hb-Gehalt, Methämoglobin, Harnstoff, Kreatinin, Blutzucker, Transaminasen, Bilirubin, Ionogramm, Säure-Basen-Status);
- Harnuntersuchung;
- toxikologische Untersuchung von Blut, Urin, Kot, Haaren, Magenspülwasser usw.;
- röntgenologische Untersuchungen;
- Elektrokardiogramm (EKG).

Auch wenn die Art des Giftes eindeutig geklärt werden konnte und die erforderliche Literatur zugängig ist, sollte man beim Toxikologischen Auskunftsdienst (s. S. 929) den jeweils neuesten Stand der spezifischen Therapie erfragen.

28.3. Spezifische Therapie

Zur spezifischen Therapie zählen alle Maßnahmen, die spezielle Giftwirkungen aufheben (Antidotbehandlung) oder die auftretenden Symptome abschwächen. Hierzu gehören:

- extrakorporale Eliminationsverfahren;
- Antidotbehandlung;
- symptomatische Therapie mit
  - Schockbehandlung,
  - Leber- und Nierenschutztherapie,
  - Therapie von Krämpfen und Schmerzen,
  - Gehirnödem- und Lungenödemtherapie
  u.a.m.

Zu den **extrakorporalen Eliminationsverfahren** gehören in der Humanmedizin die Hämodialyse (künstliche Niere), die Hämoperfusion und -filtration, die Peritonealdialyse und die Blutaustauschtransfusion.

Für die Behandlung beim Hund kommen unter Berücksichtigung der technischen Möglichkeiten veterinärmedizinischer Kleintiereinrichtungen in Frage:

- die Peritonealdialyse,
- die Blutaustauschtransfusion.

Die *Peritonealdialyse* dient als Verfahren der klinischen Intensivmedizin der Eliminationsbeschleunigung und sollte besonders dann zur Anwendung gelangen, wenn

- die Gifte (oder ihre Metabolite) dialysierbar sind und in potentiell letaler Menge aufgenommen wurden,
- eine forcierte Diurese wegen eingeschränkter Nierenfunktion nicht möglich ist,
- die Herz-Kreislauf-Belastung besonders gering gehalten werden muß.

Sie ist indiziert bei Vergiftungen mit Kochsalz, Borsäure und Salicylaten sowie zur Überbrückung eines akuten oder reversiblen Nierenversagens nach Vergiftungen mit nephrotoxischen Sustanzen (ätherische Öle, organische Lösungsmittel wie z.B. Tetrachlorkohlenstoff und Chloroform, Glycole, Chlorate, Oxalate, Quecksilbersalze, Phosphor, Essigsäure) und nach toxisch-allergischen Reaktionen auf Antibiotika, Analeptika, Leuchtgas, Röntgenkontrastmittel, Sulfonamide usw.

Für die Peritonealdialyse wird ein geeigneter Katheter ca. 2,0–4,0 cm kaudal des Nabels in der Linea alba durch die Bauchdecke eingeführt. Als Spülflüssigkeit eignet sich z.B. „Peritosteril®" unter Zusatz eines Antibiotikums (z.B. 100,0 bis 200,0 mg Ampicillin/l) und eines Antikoagulans (z.B. Heparin 500,0–1000,0 E/l) zur Vermeidung von Infektionen und Gerinnselbildungen. Das Auffüllvolumen kann zwischen 30,0 und 60,0 ml/kg KM liegen, wobei mehrmalige Wiederholungen in stündlicher Periodik anzuraten sind (15 Minuten Einlauf, 60–90 Minuten Äquilibrieren, 15 Minuten Ablauf). Die Dialyseflüssigkeit muß auf 38,5 °C erwärmt sein. Labordiagnostische Kontrolluntersuchungen, insbesondere Hämatokrit, Hämoglobin, Blutzucker, Totalprotein und Ionogramm, sind erforderlich (RECHLIN et al. 1978, LUDEWIG und LOHS 1991).

Die *Blutaustauschtransfusion* ist ebenfalls ein Verfahren der klinischen Intensivmedizin. Sie setzt eine blutgruppenserologische Übereinstimmung und serologische Verträglichkeit von Spender- und Empfängerblut sowie eine ausreichende Menge von ACD-stabilisiertem Spenderblut (s. Kapitel 8.) voraus. Wegen des damit verbundenen organisatorischen, technischen und labormäßigen Aufwandes ist die Blutaustauschtransfusion nach RECHLIN et al. (1978) nur indiziert bei Giftstoffen

- , deren renale oder extrarenale Elimination nicht zu steigern ist (großmolekulare und vor ihrer Nierengängigkeit stoffwechselmäßig abzubauende Substanzen),
- mit hoher Plasmaeiweißbindung (Cumarine),
- mit intraerythrozytärer Bindung bzw. irreversibler Erythrozyten- oder Hämoglobindenaturierung (Nitrate, Kohlenmonoxid).

Bei gleichzeitiger Blutentnahme aus der Vena jugularis oder Vena saphena einer Seite wird in die Venae saphena oder antebrachii der anderen Seite die gleiche Menge Spenderblut im beschleunigten Dauertropfverfahren transfundiert. Der Blutaustausch soll möglichst das Doppelte des errechneten Blutvolumens ($\bar{x}$ = 97 ml/kg KM) des Tieres umfassen, wobei die Gefahr der Überlastung des rechten Herzens zu beachten ist.

Die **Antidotbehandlung** beinhaltet den gezielten Einsatz spezifisch wirkender Substanzen oder Zubereitungen (Antidote) mit dem Ziel, die giftigen Stoffe durch direkte chemische Reaktionen (kausale Antidote) unwirksam zu machen oder durch entgegengesetzte Wirksamkeit (funktionelle Antidote) zu entgiften bzw. abzuschwächen (BENTZ und FUCHS 1982).

Nicht für jedes Gift gibt es ein spezifisches oder direktes Antidot. Die wichtigsten Antidote, die, schnell, sachkundig und richtig eingesetzt, den Behandlungserfolg akuter Vergiftungen wesentlich mitbestimmen, sind in alphabetischer Reihenfolge der Kurznamen (generic names) mit Präparatenamen in der Tabelle 28.2. angegeben

Tabelle 28.2. Die für veterinärmedizinische Kleintiereinrichtungen wichtigsten Antidote in alphabetischer Reihenfolge der Kurznamen (generic names) mit Präparatenamen, Dosierung und Arzneimittelgruppe

Kurzname/Präparatename	Dosierung	Arzneimittelgruppe
Aktivkohle, Carbo medicinalis „Kohle-Granulat®"	0,2–0,5 g/kg KM als wäßrige Aufschwemmung per os	Adsorbens, unspezifisches Universalmittel zur Resorptionshemmung
Analgin „Analgin-Ampullen/Tabl.®" „Novalgin-Ampullen/Tabl.®"	0,2–2,0 mg/kg KM i.v., i.m., per os	Analgetikum, Antipyretikum
Apomorphinum hydrochloricum „Apomorphin-Inj.-Lsg.®"	2,0–3,0 mg/Tier s.c., i.m.	zentrales Emetikum
Atropin „Atropinum sulfuricum 0,5 mg oder 1 mg®"	0,2 mg/kg KM i.v., i.m., s.c.	Anticholinergikum, Spasmolytikum, Parasympatholytikum
Calciumdinatriumedetat ($CaNa_2EDTA$) „EDTA-Infusionslösung®"	15,0–20,0 mg/kg KM i.v.	Chelatbildner
Calciumgluconat „Calcium gluconicum-Inj.-Lsg.®"	bis zu 10,0 mg/kg KM i.v., i.m.	Calciotherapeutikum
Calciumlactat „Calcipot-Pulver®" „Calcium-Sandoz forte®"	2 Teelöffel auf $1/4$ l Wasser	Calciotherapeutikum
Calciumthiosulfat „Calciumthiosulfat-Inj.-Lsg.®"	bis zu 10,0 mg/kg KM i.v.	Calciotherapeutikum
Chelatbildner s. Dimerkaprol		
Dexamethason „Dexamethason-Inj.-Lsg./Tabl.®" „Fortecortin®"	1,0–2,0 mg/kg KM i.v., i.m., per os	Glucocorticosteroid, Antiphlogistikum, Antiallergikum
Dextrane „Infukoll 6% oder M 40®" „Plasmafusin®"	10,0 ml/kg KM im intravenösen Dauertropf	Blutplasmaersatzmittel
Diazepam „Faustan-Ampullen/Tabl.®" „Valium®"	1,0–2,0 mg/kg KM i.v., i.m., s.c., per os	Sedativum, Muskelrelaxans
Dimercaprol „Sulfactin-Inj.-Lsg.®"	1,0–2,0 mg/kg KM i.m.	Chelatbildner
Dopamin „Dopamin-Infus.-Lsg.®"	1,0 µg/kg KM und min im Dauertropf i.v.	Sympathomimetikum
Folsäure „Folsäure-Inj.-Lsg.®"	1,0–5,0 mg/Tier i.v., i.m.	Antianämikum
Furosemid „Furosemid®", „Lasix®", „Dimazon®"	1,0–5,0 mg/kg KM i.v., i.m. per os	Diuretikum

Fortsetzung Tabelle 28.2.

Kurzname/Präparatename	Dosierung	Arzneimittelgruppe
Glucocorticosteroide s. Dexamethason s. Prednisolon	1,0–2,0 mg/kg KM i.v., i.m.	Antiphlogistika, Antiallergika
Infusionslösungen „Glucose-Infusionslösung 5,0%®"	jeweils ca. 10,0 ml/kg KM im intravenösen Dauertropf 60–80 Tropfen/min	Basislösung zur elektrolytfreien Flüssigkeitszufuhr (Wasserdiurese)
„Ringer-/Ringer-Lactat-Lösung®" „Parenteral LS®"	60–80 Tropfen/min	blutisotone Vollelektrolytlösung
„Peritosteril®"	60–80 Tropfen/min	zur Peritonealdialyse
„Infukoll M 40-Infusionslösung®" „Plasmafusin®"	60–80 Tropfen/min	Plasmaersatzmittel
Natriumhydrogencarbonat-Lösung 8,4%/4,9%/1,4%®	60–80 Tropfen/min	zur Azidosebehandlung
Kaliumpermanganat	0,05–0,1%ige wäßrige Lösung per os	Antioxydans zur Magenspülung
Levarterenol „Noradrenalin-Ampullen®", „Arterenol®"	0,25–2,0 mg/kg KM i.v., i.m., s.c.	Adrenergikum, Antihypotonikum
Metamizol „Analgin-Ampullen/Tabl.®" „Novalgin-Ampullen/Tabl.®"	0,2–2,0 ml/g/Tier i.v., i.m. 0,5–3,0 mg/kg KM per os	Analgetikum, Antipyretikum
Methylthioninchlorid „Desmoidpillen®"	bis zu 5,0 mg/kg KM per os	Methylenblau; Methämoglobin-Antidot
Naloxon „Naloxon-Ampullen®", „Narcenti®"	10,0% der verabreichten Morphindosis bzw. 0,5–1,0 mg/kg KM i.v., i.m., s.c.	Morphinantagonist
Natriumchlorid (Kochsalz)	1 Eßlöffel/Glas warmes Wasser per os	Emetikum mit Spüleffekt
Natriumsulfat (Glaubersalz)	2 Eßlöffel/500,0 ml warmes Wasser, davon 7,0 ml/kg KM per os oder 1,0 g/kg KM in 15,0 ml Wasser/1,0 g	Laxans
Obidoximchlorid „Toxogonin-Inj.-Lsg.®"	bis 5,0 mg/kg KM i.v.	Cholinesterasehemmstoff-Antagonist
Oxybuprokain „Oxbarukain-Augentropfen®" „Novesine®"	1,0–2,0 Tropfen/Auge	ophthalmologisches Oberflächenanästhetikum
Paraffin	bis zu 3,0 ml/kg KM per os	Antiresorbans lipoidlöslicher Stoffe
Phytomenadion, Vitamin K_1 „Konakion®"	5,0–10,0 mg/Tier per os, s.c., i.m. (i.v.)	Cumarin-Antidot
Polypeptide, Gelatine (Derivate) „Gelafusal®", „Gelafundin®"	10,0 mg/kg KM i.v.	Blutplasmaersatzmittel

Fortsetzung Tabelle 28.2.

Kurzname/Präparatename	Dosierung	Arzneimittelgruppe
Prednisolon „Prednisolon®"- „Decortin-H®"	1,0–2,0 mg/kg KM (i.v.), i.m.	Glucocorticosteroid; Antiphlogistikum, Antiallergikum
Procainamid „Procainamid-Ampullen®" „Procainamid-Tbl.®"	2,0 mg/kg KM i.v. (nach Wirkung!)	Antiarrhythmikum
Vitamin B$_6$, Pyridoxin „Vitamin B$_6$-Inj.-Lsg./Tbl.®"	25,0–50,0 mg/kg KM i.v., i.m., per os	Chelatbildner-Antidot (Penicillamin)
Vitamin C, Ascorbinsäure „Ascorvit-Ampullen/Tbl.®" „Cebion®"	0,2–0,5 g/Tier i.v., per os	zur Behandlung der Cumarinvergiftung
Vitamin K$_1$ s. Phytomenadion		

(RECHLIN et al. 1978, BENTZ und FUCHS 1982, LUDEWIG und LOHS 1991). Sie sollten in veterinärmedizinischen Kleintiereinrichtungen vorrätig sein.

Die Verwendung der Antidote setzt eine exakte Vergiftungsdiagnose voraus und ist wegen der möglichen Nebenwirkungen sehr sorgfältig und in Abstimmung mit anderen Behandlungsverfahren vorzunehmen. Wie dies erfolgen kann, stellt die Tabelle 28.3. dar, in der die Therapieschwerpunkte einschließlich der möglichen Antidote bei den häufigsten Vergiftungen des Hundes in alphabetischer Reihenfolge der die Vergiftung auslösenden Wirkstoffgruppen gemeinsam mit den nach Giftresorption zu erwartenden Wirkungen und Symptomengruppen nach RECHLIN et al. (1978), BENTZ und FUCHS (1982) und LUDEWIG und LOHS (1991) aufgeführt sind.

Die Art der Antidotbehandlung geht aus der Tabelle 28.3. hervor. Sie ist nicht isoliert, sondern in enger Verbindung mit Elementarhilfe und symptomatischer Therapie vorzunehmen.

Die **symptomatische Therapie** muß besonders darauf gerichtet sein, einen Schockzustand zu vermeiden bzw. einen bereits vorliegenden zu beheben, Nachfolgeschäden an Leber und Nieren entgegenzuwirken, Krämpfe und Schmerzen aufzuheben sowie Gehirnödem- und Lungenödembildung zu bekämpfen.

Die Möglichkeiten und Notwendigkeiten der *Schocktherapie* sind im Kapitel 16. (s. S. 432) ausführlich beschrieben. Analoges gilt für die *Leber- und Nierenschutztherapie* (s. S. 556, 600).

Die *Therapie von Krämpfen und Schmerzen* – bei Vergiftungen liegen meist tonisch-klonische Krämpfe und sehr heftige Schmerzen vor – muß sehr überlegt erfolgen, da Opiate und Barbiturate nicht immer eingesetzt werden können (Tabelle 28.3., Organophosphate). Allgemein haben sich die intravenöse oder intramuskuläre Applikation von „Diazepam" (s. Tabelle 28.2.) in einer Dosierung von 1,0–2,0 mg/kg KM zur Krampflösung und die Anwendung der Analgetika mit antipyretischer Wirkung „Metamizol" (0,5–2,0 g/Tier i.v., i.m. oder per os; s. Tabelle 28.2.) oder „Phenacetin" (Fibrex-Tabletten®, 0,1–2,0 g/Tier per os) zur Schmerzbehandlung bewährt. Das in der Kleintierbehandlung sehr häufig verwendete Morphinderivat „Polamivet®" (2,5 mg/kg KM i.v., i.m.) ist als Analgetikum bei Vergiftungen nur geeignet, wenn keine Kontraindikationen vorliegen. Ebenso wie beim Einsatz von Barbituraten zur Krampflösung ist dies z.B. im Buch von LUDEWIG und LOHS (1991) vorher abzuklären.

Prophylaxe und *Therapie von Gehirn- und Lungenödemen* sind von großer Bedeutung. Sie erfolgen mit der Glucocorticoidtherapie (Prednisolon oder Dexamethason 1,0–2,0 mg/kg KM i.v., i.m.; s. Tabelle 28.2.) und der Osmo-Onkotherapie, z.B. mit „Parenteral D40 mit Sorbit 20%®" (10,0 ml/kg KM im intravenösen Dauertropf) bei möglichst intensiver Überwachung von Flüssigkeits- und Elektrolytzufuhr sowie -abgabe. Unterstützend kann zur Entwässerung auch das Diuretikum Furosemid (s. Tabelle 28.2.) eingesetzt werden.

Tabelle 28.3. Darstellung der toxischen Wirkung und der Symptomengruppen sowie der Therapieschwerpunkte und möglichen Antidote bei den häufigsten Vergiftungen des Hundes in alphabetischer Reihenfolge der Wirkstoffgruppen

Wirkstoffgruppe	Internationale chemische Namen (auszugsweise)	Bestandteil in Substanz-/Präparategruppe	Toxische Wirkung und Symptomengruppe nach Resorption	Therapieschwerpunkte/Antidote
Aldehyde	Formaldehyd = Formalin	Desinfektionsmittel	lokale Reizung, Verätzung, ZNS-, Herz-Kreislauf-Symptomatik	– lokale Dekontamination – Elementarhilfe – Elimination (Frischluft, Vomitus, Magenspülung, dazu ca. 300,0 ml 2,0%ige Ammoniumcarbonat- oder 20,0%ige Harnstofflösung) – symptomatische Therapie – **Antidot:** bei Metaldehyd s. unter Methanol
	Metaldehyd	Schneckengift, Hartspiritus	ZNS-, Nieren-Symptomatik, Pankreas-, Nieren-, Leberschäden	
	Trichloracetaldehyd (Chloral)	Hypnotikum	ZNS-, Herz-Kreislauf-Symptomatik	
Analeptika	Amphetamin Strychnin Kampfer	analeptische Medikamente	Krampfgifte ZNS-, Herz-Kreislauf-, Lungen-Symptomatik (Hyperpyrexie)	– lokale Dekontamination – Elementarhilfe – Elimination (Vomitus, sehr schnelle Magenspülung; nach Injektion: proximale Venenstauung oder lokale Vereisung) – symptomatische Therapie: Antikonvulsiva, z.B. Diazepam: 1,0–2,0 mg/kg KM i.v., i.m., z.B. leichte Barbituratnarkose (s. S. 114) – **Antidot:** kein direktes Antidot
Arsen s. Schwermetalle				
Blausäure s. Cyanverbindungen				
Carbamate Carbaminsäureester	Promecarb Carbaryl Carbamid-Harnstoff	Pestizide Akarizide	Enzymgift Acetylcholinesterasehemmung → parasympathomimetische Wirkung ZNS-, Magen-Darm-, Herz-Kreislauf-Symptomatik	– lokale Dekontamination – Elementarhilfe – Elimination (Magenspülung mit 0,05–0,1%iger Kaliumpermanganat-Lösung) – **Antidot:** Atropinsulfat: 0,2 mg/kg KM s.c., i.m., i.v., kein Obidoxim! – symptomatische Therapie

(Tabelle 28.3. – Fortsetzung)

Wirkstoffgruppe	Internationale chemische Namen (auszugsweise)	Bestandteil in Substanz-/ Präparategruppe	Toxische Wirkung und Symptomengruppe nach Resorption	Therapieschwerpunkte/ Antidote
Carbonsäuren (Polyaminocarbonsäuren)	Acidum edeticum, EDTA Dimercaprolum, BAL	Kesselsteinentferner, Medikamente-Chelatbildner	Senkung des Blutcalciumspiegels (calciprive Wirkung), Nieren-, ZNS-Symptomatik (Tetanie)	– lokale Dekontamination – Elementarhilfe – Elimination (forcierte Diurese) – **Antidot:** bei Penicillamin Vitamin-B$_6$-Applikation: 25,0–50,0 mg/kg KM i.m., i.v. – symptomatische Therapie: u.a. bei Tetanie; Calciumgluconat: bis zu 10,0 mg/kg KM i.v., i.m.
Chlorierte Kohlenwasserstoffe	DDT, HCH, Lindan usw.	Pestizide, Insektizide, Antiparasitaria	ZNS-Gifte ZNS-Symptomatik, Leber-, Nierenschäden, Narkose	– lokale Dekontamination – Elementarhilfe – Elimination (Sauerstoff, Vomitus, Magenspülung) – symptomatische Therapie (Leberschontherapie) – **Antidot:** kein direktes Antidot *Cave:* Milch, Fette!
Halogen- und Chlorwasserstoffe	Methane, Ethane, Propan, Halothan, Tetrachlorkohlenstoff	Narkotika Feuerlöschmittel		
Cumarine Cumarinderivate, Indandione	Dicumarol, Warfarin	Pestizide, Rodentizide	indirekte Antikoagulantien, durch Verdrängung von Vitamin K$_1$ keine Prothrombinbildung – Verblutung	– lokale Dekontamination – Elementarhilfe – Elimination (Vomitus) – **Antidot:** Phytomenadion = Vitamin K$_1$ (Konakion®), 5,0–10,0 mg/Tier i.m. (i.v. verdünnt mit Glucoselösung) in Kombination mit Vitamin C; 0,2–0,5 g/Tier i.v., i.m. über mehrere Tage – symptomatische Therapie

(Tabelle 28.3. – Fortsetzung)

Wirkstoffgruppe	Internationale chemische Namen (auszugsweise)	Bestandteil in Substanz-/ Präparategruppe	Toxische Wirkung und Symptomengruppe nach Resorption	Therapieschwerpunkte/ Antidote
Cyanverbindungen (Blausäure) und Nitrite	Cyanwasserstoff, Natrium-, Kalium-Bromoxynid	Pestizide, Herbizide Galvanotechnik – Lösungsmittel	Enzymgift, Cytochromoxydasehemmung – Blockade der O_2-Übertragung Blut → Gewebe = innere Erstickung, ZNS-, Lungen-Symptomatik	– lokale Dekontamination – Elementarhilfe – Elimination (Frischluft, Vomitus, Magenspülung mit 0,1%iger Kaliumpermanganat-Lösung) – **Antidot:** Natriumthiosulfat 10,0%: 1,0–10,0 ml i. v., als Ersatz: Calciumthiosulfat 10,0%: 10,0 mg/kg i. v. – symptomatische Therapie
Fluoride organische Säuren	Natriumfluorid Essigsäure Citronensäure Oxalsäure	Pestizide, Holzschutzmittel Gewürze, Obst	Calciumdepression Phosphatasehemmung ZNS-Symptomatik	– lokale Dekontamination – Elementarhilfe – Elimination (Vomitus, Magenspülung; Eiermilch, Salzwasser, Calciumgluconat oder -lactat, ca. 2 Teelöffel/¼ l H_2O per os – symptomatische Therapie – **Antidot:** Glycerolmonoacetat (Monoacetin) maximal 100,0 ml/500,0 ml H_2O per os 0,1 ml/kg KM i. m. Calciumgluconat: bis zu 10,0 mg/kg KM i. m., i. v.
Glycole, Glycerol	Ethylenglycol Propandiole Glycerol	Glysanthin Bremsöl	ZNS-Symptomatik, narkotische Wirkung, Leber, Nierenschäden	– lokale Dekontamination – Elementarhilfe – Elimination (Vomitus, Magenspülung) – symptomatische Therapie: u. a. Glucose- oder Lävulose-Lösung 5,0%ig; maximal 10,0 ml/kg KM i. v. („Glucose-Amp. 20®" (verdünnen mit kaliumfreier Elektrolyt-Lösung oder Aqua dest.) – **Antidot:** kein direktes Antidot

Halogenwasserstoffe s. chlorierte Kohlenwasserstoffe

28. Vergiftungen

(Tabelle 28.3. – Fortsetzung)

Wirkstoffgruppe	Internationale chemische Namen (auszugsweise)	Bestandteil in Substanz-/Präparategruppe	Toxische Wirkung und Symptomengruppe nach Resorption	Therapieschwerpunkte/ Antidote
Indandione s. Cumarine				
Iod	Iod, Iodide, Iodate	Hautdesinfektionsmittel, Röntgenkontrastmittel, Schilddrüsenhormone	ZNS-, Nieren-, Lungen-, Herz-Kreislauf-Symptomatik, Allergie	– lokale Dekontamination – Elementarhilfe – Elimination (Stärke- oder Mehlkleister, Reis- oder Haferschleim per os, Magenspülung) – symptomatische Therapie: u. a. bei allergischer Reaktion; Glucocorticoide: 1,0–2,0 mg/kg KM i. v., i. m., Antiallergika: 1,0–2,0 mg/kg KM i. m. – **Antidot:** kein direktes Antidot
Kohlenoxide	Kohlenmonoxid (CO), Kohlendioxid (CO_2)	Rauch-, Auspuff- und Verbrennungsgase, Leuchtgas, technische Gase	Enzymgift, Atemfermentblockade – O_2-Mangel, ZNS-, Lungen-, Herz-Kreislauf-Symptomatik	– lokale Dekontamination – Elementarhilfe – Elimination (Frischluft, Sauerstoffbeatmung) – symptomatische Therapie: u. a. Azidosebehandlung (s. S. 187, 603) Ödembekämpfung – **Antidot:** kein direktes Antidot *Cave:* keine Analeptika oder Narkotika
Methanol	Methylalkohol	vergällter Alkohol, Brennspiritus	Enzymgift, Hexokinaseblockade, Störung des oxydativen Zellstoffwechsels, Netzhautschäden, Azidose	– lokale Dekontamination – Elementarhilfe – Elimination (Vomitus, Magenspülung, Ethanol oral applizieren) – **Antidot:** Folsäure: 1,0–2,0 mg/Tier i. m. i. v., 2–3# tgl. – symptomatische Therapie: u. a. Azidosebehandlung (s. S. 187, 603)

(Tabelle 28.3. – Fortsetzung)

Wirkstoffgruppe	Internationale chemische Namen (auszugsweise)	Bestandteil in Substanz-/Präparategruppe	Toxische Wirkung und Symptomengruppe nach Resorption	Therapieschwerpunkte/ Antidote
Nitrate, Nitrite Nitroverbindungen	Ammonium-, Natrium-, Kalium-nitrat und -nitrit, Nitrobenzol	Düngemittel, Pökelsalz	arterio-venöse Gefäßdilatation, Methämoglobinbildung, Herz-Kreislauf-, Lungen- und ZNS-Symptomatik	– lokale Dekontamination – Elementarhilfe – Elimination (Vomitus, Magenspülung) – **Antidot:** gegen Methämoglobinbildung Methylthioninchlorid: bis zu 5,0 mg/kg KM i.v., i.m. – symptomatische Therapie: u.a. Levarterenol 0,1–0,5 mg/Tier i.m. s.c., i.v.
Nitrite s. Cyanverbindungen				
Nitrose Gase Stickstoffoxide	Stickstoffmon-, -di-, tri-oxid	Auspuffgase, Zelluloid-Verbrennungsgase	Methämoglobinbildung, Herz-Kreislauf-, Lungen-, ZNS-Symptomatik, Lungenödemgefahr!	– lokale Dekontamination – Elementarhilfe – Elimination (Frischluft, O_2-Beatmung) – symptomatische Therapie: u.a. Calciumgluconat bis zu 10,0 mg/kg KM i.v. Glucocorticoide: 1,0–2,0 mg/kg KM i.v., i.m. – **Antidot:** gegen Methämoglobinbildung s. Nitrate, Nitrite
organische Säuren s. Fluoride				
Organophosphate Phosphorsäure- und Phosphorsäureester	Bromophos, Butonat, Dichlorvos, Parathion, Trichlorphon	Pestizide, Antiparasitika	Enzymgift, Acetylcholinesterasehemmung r Acetylcholinvergiftung – cholinergische, parasympathomimetische Wirkung	– lokale Dekontamination – Elementarhilfe – Elimination (Vomitus, Magenspülung) – **Antidot:** Atropinsulfat 0,2–5,0 mg/kg KM s.c., i.v. (Wiederholungen nach Wirkung) in Kombination mit: Obidoximchlorid bis zu 5,0 mg/kg KM i.v., i.m., s.c. – symptomatische Therapie: u.a. Kreislaufbehandlung, Elektrolyt-Infusionen bei Krämpfen: Diazepam 1,0–2,0 mg/kg KM *Cave:* Opiate, Phenothiazine, Barbiturate

(Tabelle 28.3. – Fortsetzung)

Wirkstoffgruppe	Internationale chemische Namen (auszugsweise)	Bestandteil in Substanz-/ Präparategruppe	Toxische Wirkung und Symptomengruppe nach Resorption	Therapieschwerpunkte/ Antidote
Phenole	Phenol, Kresol, Chlorphenol, Hexachlorophen, Nitrophenole	Antimykotika, Desinfektionsmittel	lokal reizend und ätzend, ZNS-, Herz-Kreislauf-Symptomatik; mehrwertige Phenole; Methämoglobinbildner	– lokale Dekontamination – Elementarhilfe – Elimination (Frischluft, O_2-Beatmung, Speiseöl oder Eiermilch trinken lassen und Vomitus auslösen, Magenspülung) – symptomatische Therapie: Glucoselösung 5,0%ig: maximal 10,0 ml/kg i. v. (s. unter Glycole) Schock- und Schmerzbekämpfung – **Antidot:** kein direktes Antidot *Cave:* Alkohole!
Phosphorsäureester s. Organophosphate				
Schwefeloxide	Schwefeldi- und -trioxide, Sulfate	Kühlmittel, Fleischkonservierungsmittel, Entfärber	lokale Reizung der Magen-Darm-Schleimhaut, Magen-Darm-Symptomatik	– lokale Dekontamination – Elementarhilfe – Elimination (Wasser, Eiermilch, Magenspülung) – symptomatische Therapie: u. a. Diureseförderung Azidosebehandlung – **Antidot:** kein direktes Antidot
Schwermetalle Arsen, Arsenverbindungen	Blei, Quecksilber, Kupfer, Arsenik	Pestizide, Insektizide	Enzymgift, Stoffwechselenzymhemmung, Kapillardilatation, Herz-Kreislauf-Symptomatik	– lokale Dekontamination – Elementarhilfe – Elimination (Vomitus, Magenspülung) – **Antidot:** Chelatbildner: bei As-, Hg-Vergiftung; Dimercaprol (BAL): 1,0–2,0 mg/kg KM i. m. bei Pb-Vergiftung; Calciumdinatriumedetat: 15,0–20,0 mg/kg KM 2× tgl. langsam i. v. – symptomatische Therapie: u. a. isotonische Vollelektrolyt-Lösung

(Tabelle 28.3. – Fortsetzung)

Wirkstoffgruppe	Internationale chemische Namen (auszugsweise)	Bestandteil in Substanz-/Präparategruppe	Toxische Wirkung und Symptomengruppe nach Resorption	Therapieschwerpunkte/ Antidote
Thallium	Thallium-III-sulfat	Pestizide, Rodentizide	Schädigung von Haut und deren Anhangsgebilden, ZNS-, Magen-Darm-, Nieren-Symptomatik	– lokale Dekontamination – Elementarhilfe – Elimination (Vomitus, Magenspülung, forcierte Diurese) – **Antidot:** kolloidales Ferrihexacyanoferrat (II) (Antidotum Thallii Heyl) 3–6 Kapseln per os, als Ersatz: Calciumthiosulfat 10,0%: 10,0 mg/kg KM i. v. – symptomatische Therapie

Literatur

ADAMS, W. H., et al. (1991): Ultrasonographic findings in dogs and cats with oxalate nephrosis attributed to ethylene glycol intoxication: 15 cases (1984–1988). JAVMA **199**, 492–496.

ALLISON, N., et al. (1989) When pets ingest zinc: How likely is toxicosis? Vet. Med. **84**, 777–779.

BARTELS, P. (1978): Vier Fälle von Rauchvergiftung bei Hund und Katze. Kleintierpraxis **23**, 123–126.

BEKEMEIER, H. (1979): Symptomatik, Mechanismus und Behandlung der Vergiftung mit Salizylsäure. Anaesthesiol. u. Reanimat. **4**, 102–117.

BENTZ, H., und FUCHS, V. (1982): Antidote. In: BENTZ, H: Veterinärmedizinische Pharmakologie. Gustav Fischer Verlag, Jena.

CONRAD, B. (1978): Gefährdung der einheimischen Vogelwelt durch chlorierte Kohlenwasserstoffe. Kleintierpraxis **23**, 87–94.

EVANS, K. L., and COOK, J. R. (1991): Japanese yew poisoning in a dog. JAAHA **27**, 300–302.

FITZEK, A., und GEMBARDT, Ch. (1977): Rodentizidintoxikation bei einer trächtigen Hündin. Berl. Münch. Tierärztl. Wschr. **90**, 98–100.

FREDRIKSEN, B., and GRØNDALEN, J. (1991): Phenylbutazone intolerance. A cause of bone marrow depression in the dog. Europ. J. of Comp. Anim. Pract. II (1), 14–17; Norsk Vet. Tid. **100**, 793–798 (1988).

FREY, H.-H. (1971): Versuche über den qualitativen Nachweis der Aufnahme von Warfarin beim Hund. Kleintierpraxis **16**, 100–102.

GARLOCK, STEFANIE, M., et al. (1991): Vitamin D_3 rodenticide toxicity in a dog. JAAHA **27**, 356–360.

GRÜNBAUM, E.-G. (1990): Die häufigsten Vergiftungen bei Hund und Katze. Prakt. Tierarzt **71** (8), 5–8.

HAPKE, H.-J. (1980): Die Behandlung von Vergiftungen mit Phosphorsäureestern. Dtsch. tierärztl. Wschr. **87**, 260–263.

HARVEY, J. W., et al. (1980): Benzocaine-Induced Methemoglobinemia in Dogs. J. Amer. Vet. Med. Assoc. **175**, 1171–1175.

HEIT, J. E., et al. (1989): Clinical management of Ivermectin overdose in a Collie dog. Comp. Anim. Pract. **19**, 3–7.

HESSE, V., et al. (1976): Die Wirkung einer kurzzeitigen Hexachlorcyclohexan (HCH)-Exposition auf Serumenzyme des Menschen. Dt. Gesundh.-Wesen **31**, 2134–2137.

JANKE, B. H. (1989): Acute selenium toxicosis in a dog. JAVMA **195**, 1114–1115.

JENTSCH, R., et al. (1981): Toxikologisch interessante Früchte und Samen. Medizin aktuell, 359.

KRIEGER-HUBER, SIGRID (1980): Rizin-Vergiftungen mit tödlichem Ausgang bei Hunden nach Aufnahme des biologischen Naturdüngers „Oscorna animalin". Kleintierpraxis **25**, 281–286.

KÜHNERT, M. (Hrsg.) (1991): Veterinärmedizinische Toxikologie. Gustav Fischer Verlag, Jena–Stuttgart.

LÄSSIG, R., und BECKER, D. (1973): Diagnostische Schwierigkeiten bei der Cumarinvergiftung des Hundes. 19. Jahrestagung der Dtsch. Vet.-Med. Gesellschaft, Vortrag Nr. 16.

LIVEZEY, K. L., and DORMAN, D. C. (1991): Hypercalcemia induced by Vitamin D3 toxicosis. Canine Pract. **16**, 26–32.

LUDEWIG, R., und LOHS, K. (1991): Akute Vergiftungen – Ratgeber für toxikologische Notfälle. 8. Auflage. Gustav Fischer Verlag, Jena–Stuttgart.

MORGAN, RHEA, V., et al. (1991): Clinical and laboratory findings in small companion animals with lead poisoning: 347 cases (1977–1986).

MOUNT, M. E., and KASS, P. H. (1989): Diagnostic importance of vitamin K_1 and its epoxide measured in serum of dogs exposed to an anticoagulant rodenticide. Am. J. Vet. Res. **50**, 1704–1709.

MÜLLER, L. F., und SCHWARTZ-PORSCHE, D. (1973): Diagnostische Irrtümer bei der Thallium-Vergiftung. 19. Jahrestagung der Dtsch. Vet.-Med. Gesellschaft, Vortrag Nr. 15. Tagungsbericht.

MUNRO, N. B., et al. (1991): Cholinesterase activity in domestic animals as a potential biomonitor for nerve agent and other organophosphate exposure. JAVMA **199**, 103–115.

NIGL, A. (1988): Unterstützung der Therapie bei internen Krankheiten mit Intoxikationssymptomen durch anti-endotoxisches Immunglobulin G bei Hunden und Katzen. Vet.-med. Diss., Wien.

O'SULLIVAN, S. P. (1989): Paraquat poisoning in the dog. J. Small Anim. Pract. **30**, 361–364.

OSWEILER, G. D. (1990): Mycotoxins and livestock: What role do fungal toxins play in illness and production losses? Vet. Med. **85**, 89–94.

PAUL, A. J., et al. (1991): Evaluating the safety of administering high doses of a chewable ivermectin tablet to Collies. Vet. Med. **86**, 623–625.

RECHLIN, Ruth (1977): Akute Vergiftungen mit Halogenkohlenwasserstoffen bei Kindern. Dtsch. Gesundh.-Wesen **32**, 275–278.

RECHLIN, Ruth, et al. (1978): Zur Problematik der Vergiftungen (Ingestionsunfälle) im Kindesalter. 1. und 2. Mitteilung. Z. ärztl. Fortbild. **72**, 905–909 und 960–967.

RENNER, A. (1980): Untersuchungen über die Eignung potentieller Antidota bei der oralen Thalliumvergiftung. Vet.-med. Diss., München.

REX, Helga, und LÖSSNER, B. (1982): Vergiftungen durch Insektizide. Medizin aktuell **4**, 185–186.

RUHR, L. P., and ANDRIES, J. K. (1985): Thallium intoxication in a dog. JAVMA **186**, 498–499.

THIET, W., und MEYER-LINDENBERG, Andrea (1989): Eruzismus bei einem Cocker-Spaniel. Kleintierpraxis **34**, 561–564.

VAN TOOR, A. J., et al. (1991): Aluminium intoxication in a dog. Vet. Quart., **12**, 238–240.

WILSDORF, G., und WERNER, E. (1988): Vergiftungsrisiken für Haus- und Heimtiere durch Zimmer- und Zierpflanzen. Mh. Vet.-Med. **43**, 798–802.

WOODY, B. J., et al. (1992): Coagulopathic effects and therapy of Brodifacoum toxicosis in dogs. J. Vet. Intern. Med. **6**, 23–28.

Anhang: 29. Arzneimittelübersicht Arzneimittel-Dosierungstabelle, alphabetisches Verzeichnis der Handelsnamen

Von E.-G. Grünbaum

Zum universellen Verständnis der in den vorangegangenen Kapiteln gegebenen pharmakotherapeutischen Hinweise wurden die Arzneimittel weitestgehend mit ihren von der Weltgesundheitsorganisation (WHO) herausgegebenen Kurzbezeichnungen (internationale Freinamen, generic names) zitiert. Um eine Zuordnung der aufgeführten Pharmaka zu den wichtigsten Arzneimittelgruppen und zu einigen Handelspräparaten zu ermöglichen, gibt dieses Kapitel zunächst eine tabellarische Übersicht über die Arzneimittelgruppen und die ihnen zuzurechnenden, in den Kapiteln 1. bis 28. erwähnten internationalen Freinamen. Dabei wurde als Ordnungsprinzip die Gliederung der Roten Liste (1993) in alphabetischer Reihenfolge verwandt. Mit Hilfe dieser Arzneimittelgruppen-Übersicht kann sich der Leser indikationsabhängig über die beim Hund empfohlenen Pharmaka informieren und deren internationalen Freinamen entnehmen. Wo derartige Namen nicht oder noch nicht verfügbar sind, wurden ohne besondere Kennzeichnung Trivialnamen oder chemische Bezeichnungen berücksichtigt.

Die den internationalen Freinamen entsprechenden Handelsnamen sind einer zweiten Übersicht, der Arzneimittel-Dosierungstabelle, zu entnehmen. Diese Zusammenstellung soll und kann ebensowenig wie die Arzneimittelgruppen-Übersicht vollständig sein und berücksichtigt Kombinationspräparate, sie sind in Klammern gesetzt, nur in Einzelfällen. Sie gibt aber zu den in den vorangegangenen Kapiteln erwähnten internationalen Freinamen Arzneimittelanregungen und ermöglicht durch ihre Dosierungshinweise eine dem derzeitigen Stand pharmakotherapeutischer Erkenntnisse entsprechende Arzneimittelanwendung. Dabei sind die angegebenen Dosierungen als „Richtdosierungen" anzusehen und unter Berücksichtigung der unterschiedlichen individuellen Arzneimittelempfindlichkeit anzuwenden. Soweit nicht von den Autoren der einzelnen Kapitel angegeben, wurden sie von Hapke (1980), Bentz (1982), Kirk (1986), Niemand und Suter (1989) und Petrausch (1990; 1992) übernommen.

Warenzeichen sind in der Übersicht nicht besonders vermerkt. Infolge der fortlaufenden Weiterentwicklungen und Veränderungen auf dem Arzneimittelmarkt ist aus der Aufnahme von ausländischen Präparaten in die Übersicht nichts über deren Verfügbarkeit abzuleiten. Werden über diese Angaben hinausgehende Informationen benötigt, sind sie dem jeweiligen Arzneimittelverzeichnis (Rote Liste), dem Tierarzneimittelverzeichnis bzw. den vielfältigen Arzneimittelinformationen zu entnehmen. Das Auffinden einzelner Medikamente in den Arzneimittelverzeichnissen wird dadurch erleichtert, daß die **veterinärmedizinischen** Präparate durch ein in Klammern gesetztes „vet." gekennzeichnet sind.

Die Schreibweise der internationalen Freinamen erfolgte nach den Regeln der IUPAC (International Union of Pure and Applied Chemistry). Sie ist besonders dadurch charakterisiert, daß sie die Umlaute auflöst (z. B. „ae" statt „ä"), Anfangsbuchstaben angleicht (z. B. „Eth" statt „Äth", „Iod" statt „Jod") und die C-Schreibung verlangt, d. h. „c" für „k" und „z" verwendet (z. B. Calcium, Cellulose, Aceton; Liebscher 1984). Das wirkt sich auf die alphabetische Reihenfolge der internationalen Freinamen in der Übersicht aus und ist beim Aufsuchen einzelner Begriffe zu berücksichtigen.

Es sei nochmals darauf verwiesen, daß die Übersichten keinen Anspruch auf Vollständigkeit erheben und die beispielhafte Aufnahme dieser oder jener Handels- bzw. Präparatenamen keine Rückschlüsse auf die Güte, Wirksamkeit oder ökonomische Zweckmäßigkeit eines Medikamentes zuläßt.

Alphabetisches Verzeichnis der verwendeten Abkürzungen

Drag.	Dragee
DT	Dauertropf
ED	Erhaltungsdosis
Fol.	Folia
Inf.	Infusion
ID	Initialdosis
i.d.R.	in der Regel
i.m.	intramuskulär
Inj.	Injektion
i.p.	intraperitoneal
i.v.	intravenös
Lsg.	Lösung
Min.	Minute
n.	nach
od.	oder
p.o.	per os
rek.	rektal
Rp.	Rezept
s.	siehe
s.a.	siehe auch
s.c.	subkutan
Std.	Stunden
Supp.	Suppositorien
Tbl.	Tabletten
tgl.	täglich
u.	und
Wdhlg.	Wiederholung
wöchtl.	wöchentlich
Wrkg.	Wirkung
Ungent.	Unguentum
~	ungefähr

Arzneimittelgruppen mit zugeordneten Frei- oder Kurznamen (generic names)

Anabolika
Nandrolon

Anästhetika
s. Lokalanästhetika
s. Narkotika

Analeptika
Coffein
Doxapram
Lobelin
Nicethamid
Pentetrazol
Crotetamid
Strychninnitrat

Analgetika
Analgetika, Antipyretika
Acetylsalicylsäure
Aminophenazon
Metamizol(-Natrium)
Noramidopyrin-methansulfonat-Natrium
Phenacetin + Acetylsalicylsäure
Narkotisch wirkende Analgetika
Buprenorphin
Fentanyl
Levomethadon
Morphin (-hydrochlorid)
Pentazocin
Pethidin
Xylazin

Anthelminthika
Dichlorophen (Trematoden)
Dichlorphos (Nematoden)
Diethylcarbamazin (Nematoden)
Disophenol (Nematoden)
Dithiazanin (Nematoden, Dirofilarien)
Fenbendazole (Nematoden)
Flubendazol (Nematoden, Trichuris)
Glycobiarsol (Trichuris)
Ivermectin
Levamisol (Nematoden)
Mebendazol (Nematoden)
Methyridin (Nematoden)
Metrifonat
Niclosamid (Zestoden)
Piperazin (Nematoden)
Praziquantel (Zestoden)
Pyrantel (Nematoden)
Thiacetarsamid (Dirofilarien)

Antiallergika
(s.a. Dermatika, Glukokortikoide)
Antazolin
Chlorphenamin
Dimenhydrinat
Diphenhydramin
Doxylamin
Promethazin
Promethazin + Ephedrin + Coffein
Prothipendyl
Tripelennamin

Antianämika
Ammoniumeisen (II)-sulfat
Cyanocobalamin
Dextriferron
Eisensulfat
Folsäure
Folsäure + Ammoniumeisen (II)-sulfat

Antiasthmatika
(s.a. Glukokortikoide)
Aminophyllin
Ephedrin
Etophyllin
Isoprenalin
Orciprenalin

Antibiotika
Aminoglykosid-Antibiotika
Gentamicin
Kanamycin
Neomycin
Spectinomycin
Streptomycin
Cefalosporine
Cefalexin
Cefalotin
Chloramphenicole
Chloramphenicol
Makrolid-Antibiotika
Erythromycin
Oleandomycin
Spiramycin
Tylosin
Penicilline
Amoxicillin
Ampicillin
Benzathin-Benzylpenicillin
Benzylpenicillin
Benzylpenicillin + Benzylpenicillin-Procain
Benzylpenicillin + Benzylpenicillin-Procain + Streptomycinsulfat
Benzylpenicillin-Natrium in Kombination
Cloxacillin
Dicloxacillin
Oxacillin
Phenoxymethylpenicillin
Polypeptid-Antibiotika
Bacitracin
Colistin
Polymyxin B
Tetrazykline
Chlortetracyclin
Doxycyclin
Minocyclin
Oxytetracyclin
Tetracyclin
Sonstige Antibiotika
Clindamycin
Lincomycin
Novobiocin

Anticholinergika
s. Spasmolytika

Antidiabetika
Alt-Insulin
Insulin-Aminoquinurid
Insulin-Protaminat
Intermediär-Insulin
Tolbutamid

Antidiarrhoika
s. Magen-Darm-Therapeutika

Antidiuretika
Lypressin

Antidota
Acidum aceticum (Alkalien)
4-Aminopyridin (Xylazin)
Atipamezol (Medetomidin)
Atropin (Organophosphate)
Bemegrid (Atemanaleptikum)
Calciumthiosulfat
Cuprum sulfuricum (Phosphor, Phosphide)
Dimercaprol (Chelatbildner)
Diphenylthiocarbazon (Thallium)
Kaliumpermanganat
Lactulose (Laxans)
Levallorphan (Morphin)
Methenamin (Phosgen)
Methylthioniniumchlorid (Methämoglobinbildner)
Naloxon (Morphin)
Natriumcalciumedetat (Schwermetalle)
Natriumsulfat (Laxans)
Neostigmin (Muskelrelaxantien)
Obidoxim (Organophosphate)
Penicillamin (Chelatbildner; Schwermetalle)
Physostigmin (Atropin)
Phytomenadion (Kumarin)
Protaminsalze (Heparin)
Pyridoxin (Chelatbildner)
Tolazolin (Xylazin)
Yohimbin (Xylazin)

Antiemetika
Chlorphenethazin
Dimenhydrinat
Meclozin
Metoclopramid
Pimozid
Promethazin
Pyridoxin
Thietylperazin

Antiepileptika/Antikonvulsiva
Carbamazepin
Phenobarbital (-Natrium)
Phenytoin
Primidon
Valproinsäure

Antifibrinolytika
s. Hämostyptika

Antihistaminika
s. Antiallergika

Antihypoglykämika (Pankreashormon)
Glucagon

Antikoagulantien, Antithrombotika, Antifibrinolytika
Heparin
Streptokinase

Antilipämika
s. Hepatika

Antimykotika
Amphotericin
Chlormidazol
Clotrimazol
Econazol
Enilconazol
Flucytosin
Griseofulvin (Dermatomykosen)
Hexachlorophen
Ketoconazol
Miconazol
Nystatin (Candida)
Resorcin (Hexylresorcin)
Tolnaftat (Dermatophytosen)

Antineoplastika
s. Zytostatika

Antiparasitika
(s. auch Anthelminthika)
Carbaryl (extern)
Diamidid (extern)
Dichlorphos (intern, extern)
Diminacenaceturat (intern)
Ivermectin
Lindan (extern)
Mepacrin (intern)
Metrifonat (extern, intern)
Phenamidin (intern)
Pyrimethymin (intern)

Antipyretika
s. Analgetika

Antirheumatika/Antiphlogistika, extern
(s. auch Dermatika)
Campher
Dimethylsulfoxid
Penicillamin
Propylnicotinat
Schlangentoxine in Kombination

Antirheumatika/Antiphlogistika, intern
(s. auch Analgetika, Glukokortikoide)
Allopurinol
Aurothioglukose
Flunixin
Indometacin
Metacam
Metamizol

Naproxen
Phenylbutazon

Antitussiva
Antitussiva/Broncholytika
Codein
Bronchosekretolytika, Expektorantia
Ammoniumchlorid
Bromhexin
Guajacol (Kombinationen)
Menthol (Kombinationen)
Mukolytika
Acetylcystein

Calciotherapeutika
(s. Kalziotherapeutika)

Chemotherapeutika
Langzeitsulfonamide
Sulfadimethoxin
Sulfamerazin
Sulfamethoxydiazin
Malariamittel
Mepacrin
Pyrimethamin
Sulfonamide
Sulfadiazin
Sulfadimidin
Sulfafurazol
Sulfamethizol
Sulfathiazol
Sulfonamid-Kombinationen
Sulfamerazin + Trimethoprim
Sulfamethoxazol + Trimethoprim
Trimethoprim + Sulfadiazin
Trimethoprim + Sulfadoxin
Trimethoprim + Sulfamerazin
Sulfonamide, schwer resorbierbare
Phthalylsulfathiazol
Sulfaguanidin
Sonstige Chemotherapeutika
Dapson
Enrofloxacin
Megluminantimonat
Metronidazol
Nitrofurantoin
Sulfasalazin

Cholinergika
s. Parasympathikomimetika

Dentalpharmazeutika
s. Laryngologika, Stomatologika

Dermatika
(s. auch Antimykotika, Antiparasitika)
Antibakterielle Dermatika (Antiseptika)
Chlorhexidin

Gentamicin
Hexachlorophen
Nitrofural
Xantocillin
Antiekzematosa, Adstringentia
Acidum aceticum
Acidum tannicum
Aluminiumacetat
Aluminium chloratum
Ammoniumsulfobituminat
Campher
Cuprum sulfuricum
Metakresolsulfonsäure + Formaldehyd
Methenamin-Silbernitrat + Casein
Sulfur
Teerzubereitungen
Trypsin
Zincum oxydatum
Antiinfektiosa, Desinfizientia
Idoxuridin
Kaliumiodid + Iod
Kaliumpermanganat
Methenamin
Phenol (Kombinationen; Derivate)
Polyvidon-Iod
Propylenglycol (Propandiole)
Propylnicotinat
Antipruriginosa
Chlorhexidin
Crotamiton
Bäderzusätze
Acidum salicylicum
Ammoniumsulfobituminat
Natriumhydrogencarbonat (Kombinationen)
Selen
Sulfur
Teerzubereitungen
Keratolytika
Acidum salicylicum
Kortikoide
Betamethason
Dexamethason
Flumetason
Fluocinolon (-acetonid)
Fluorometholon (+ Neomycin)
Hydrocortison
Prednisolon
Triamcinolon (Kombinationen)
Sonstige Dermatika
Argentum nitricum
Benzoylperoxid
Dexpanthenol
Kälberblutextrakt

Desinfektionsmittel, Antiseptika
Alkohol
Ammoniumverbindungen, quartäre
Benzalkoniumchlorid
Chlor
Formaldehyd
Peressigsäure

Diagnostika
Allergene
Pentagastrin
Protirelin (Schilddrüse)
Teststreifen, -tabletten
Thyrotropin

Diuretika, Aldosteronantagonisten
Chlortalidon
Furosemid
Hydrochlorothiazid
Spironolacton

Emetika
Apomorphin
Cuprum sulfuricum

Enzyme
(s. a. Magen-Darm-Therapeutika; Verdauungsenzyme)
Hyaluronidase
Trypsin (Kombinationen)

Enzymhemmer
Aprotinin

Euthanasietoxine
Magnesiumchlorid
Magnesiumsulfat

Fibrinolytika
s. Antikoagulantien

Gonadotropine
s. Hypophysenhormone, Hypophysenvorderlappen-
Hormone

Hämostyptika/Antifibrinolytika
Aminomethylbenzoesäure
Gelatine
Menadiol (Vitamin K_4)
Menadion (Vitamin K_3)
Metakresolsulfonsäure + Formaldehyd
Phytomenadion (Vitamin K_1)
Thrombin
Thrombokinase
Tranexaminsäure

Hepatika/Cholagoga
Antilipämika
Dextrothyroxin-Natrium
Methionin
Choleretika
Colestyramin

Orazamid
Silymarin

Herz- und Kreislaufmittel
s. Antiarrhythmika,
   Betarezeptorenblocker,
   Diuretika,
   Kardiaka,
   Koronartherapeutika
s. a. Analeptika

Hormone
s. Anabolika,
   Antidiabetika,
   Hypophysenhormone,
   Hypothalamushormone,
   Kortikosteroide,
   Nebenschilddrüsenhormone,
   Schilddrüsenhormone,
   Sexualhormone

Hypnotika
s. Sedativa

Hypophysenhormone
Hypophysenhinterlappen-Hormone
Hypophysenhinterlappen-Extrakt
Lypressin
Hypophysenvorderlappen-Hormone
Adenocorticotropes Hormon (ACTH)
Choriongonadotropin
Serumgonadotropin = PMSG
Somatropin

Hypothalamushormone
Gonadorelin

Infusionslösungen, Elektrolytkonzentrate, Plasmaexpander
Aminosäuren-Infusionslösungen
Dextran
Elektrolyt-Infusionslösungen
Fettemulsion-Infusionslösung
Fructose
Glucose
Kaliumchlorid
Kalium-Magnesium-Asparaginat
Mannitol (Mannit)
Natriumbicarbonat
Natriumchlorid
Natriumchlorid (Kombinationen)
Natriumhydrogencarbonat
Gelatine-Derivate
Sorbitol
Trometamol

Kalziotherapeutika
Calcium

Calciumgluconat
Calciumlactat

Kardiaka
Antiarrhythmika
(s. auch Betarezeptorenblocker)
Ajmalin
Chinidin
Lidocain
Mexiletin
Orciprenalin
Phenytoin
Procainamid
Betarezeptorenblocker
Pindolol
Propranolol
Talinolol
Glykoside
Digitoxin
Digoxin
g-Strophantin
Metildigoxin
Kalium-Präparate
Kalium-Magnesium-Asparaginat
Kardiotonika
Ephedrin + Coffein

Koronartherapeutika
(s. auch Kardiaka/Betarezeptorenblocker)
Vasodilatantien
Aminophyllin
Dipyridamol
Etophyllin
Glyceroltrinitrat
Oxyfedrin
Theophyllin

Kortikosteroide
Glukokortikoide
Betamethason
Cortison
Dexamethason
Flumetason (-pivalat)
Fluorometholon
Hydrocortison
Methylprednisolon
Prednisolon
Prednisolon + Hydroxzin
Prednyliden
Triamcinolon
Mineralkortikoide
Aldosteron
Desoxycorton
Fludrocortison

Laryngologika, Stomatologika
Akriflavin
Aluminium chloratum

Calciumhydroxid
Chlorhexidin
Composite – Füllungsmaterial
Natriumfluorid
Silikatzement

Laxantien
s. Magen-Darm-Therapeutika

Litholytika
s. Urologika

Lokalanästhetika
Bupivacain
Butanilicain
Chlorethan
Lidocain
Mepivacain
Oxybuprocain
Prilocain
Procain
Procain + Coffein
Tetracain

Magen-Darm-Therapeutika
Antazida, Ulcusmittel
Almasilat
Aluminiumhydroxid
Calciumcarbonat (Kombinationen)
Cimetidin
Magnesiumhydroxid
Natriumhydrogencarbonat
Natriumhydrogencarbonat (Kombinationen)
Ranitidin
Sulcralfat
Antidiarrhoika
Aktivkohle (Kombinationen) (Adsorbens)
Furazolidon
Tanninalbuminat (Adstringens)
Wismut (-nitrat, -gallat, -carbonat)
Laxantien
Bassorin + Faulbaumrinde
Docusat-Natrium
Glycerol
Lactulose
Magnesiumsulfat
Natriumdioctylsulfosuccinat
Paraffin (Kombinationen)
Stomachika, Karminativa
Glycopyrroniumbromid
Verdauungsenzyme
Pankreatin
Pepsin + Pankreatin
Pepsin + Salz-, Wein- oder Citronensäure

Muskelrelaxantien
Alcuroniumchlorid
Atracuriumbesilat

Guaifenesin
Mephenesin
Pancuroniumbromid
Vecuroniumbromid
Suxamethonium (-chlorid)

Narkotika
Inhalationsnarkotika
Distickstoffoxyd
Enfluran
Ether
Halothan
Isofluran
Lachgas
Methoxyfluran
Trichlormethan
Injektionsnarkotika
(s. auch Sedativa/Hypnotika, Muskelrelaxantien,
  Tranquilizer)
Etomidat
Ketamin
Methohexital
Pentobarbital
Thiamylal
Thiopental
Urethan

Nebenschilddrüsenhormone
(Dihydrotachysterol)

Neuroleptika
(s. auch Tranquilizer)
Acetylpromazin
Azaperon
Chlorpromazin
Chlorprothixen
Droperidol
Droperidol + Fentanyl
Fluanison-Fentanyl
Haloperidol
Perphenazin
Piperacetazin
Promazin
Promethazin
Propionylpromazin
(Prothipendyl)
Triflupromazin

Nutritantien, Mineralstoffpräparate
Albumin-Globulin-Lösung
Calcium
Calciumlaktat
Elektrolyt-/Oralytlösung
Kaliumcitrat
Magnesium
Natriumfluorid
Zincum sulfuricum

Ophthalmika
Antiglaukomatosa
Acetazolamid
Carbachol
Diclofenamid
Epinephrin
Methazolamid
Neostigmin (-bromid)
Paraoxon
Antiinfektiosa/Adstringentia
Ammoniumsulfobituminat
Argentum nitricum
Azidamfenicol
Chloramphenicol
Diacetyltannin-Protein-Silber
Gentamicin
Idoxuridin
Kanamycin
Nitrofural
Streptomycin
Sulfacetamid
Xantocillin
Zincum sulfuricum
Kortikoide
Cortison
Dexamethason
Fluorometholon (+ Neomycin)
Hydrocortison
Prednisolon
Lokalanästhetika
Oxybuprocain
Miotika
Physostigmin
Pilocarpin
Mydriaka
Atropin
Homatropin
Phenylephrin (-hydrochlorid)
Tropicamid
Sonstige Ophthalmika
Argentum aceticum
Argentum nitricum
Dexapanthenol
Digitalis-Glykosid + Borsäure
Fluorescein
Jodoform
Methylzellulose
Polyvinylalkohol
Retinol
Tolazolin

Osmotherapeutika
s. Infusionslösungen

Otologika
Docusat-Natrium
Nitrofural

Phenazon + Prokain + Glycerol
Prednisolon (Kombinationen)

Parasympathikolytika
s. Spasmolytika, Anticholinergika

Parasympathikomimetika/Cholinergika
Carbachol
Neostigmin
Pyridostigmin (-bromid)

Röntgenkonstrastmittel
Adipiodon (Gallenblase, -gänge)
Amidotrizoat (Uro-, Angio-, Broncho-, Fistulographie)
Bariumsulfat (Magen-Darm)
Iobenzaminsäure (Cholezysto-, Cholezystangiographie)
Iopydon (Bronchographie)
Iotalaminsäure (Angiographie)

Schilddrüsentherapeutika
Antithyreoidalia
Kaliumiodat-Lsg.
Kaliumperchlorat
Methylthiouracil
Thiamazol
Thyreoidalia
Levothyroxin (T_4)
Liothyronin (T_3)
Liothyronin + Levothyroxin
Natriumperchlorat

Sedativa, Hypnotika
(s. auch Tranquilizer)
Diazepam
Flunitrazepam
Hexobarbital
Medetomidin
Metomidat
Midazolam
Pentobarbital
Phenobarbital
Piperacetazin
Propofol
Xylazin

Sexualhormone
Androgene, Androgen-Kombinationen
Methyltestosteron
Methyltestosteron + Ethinylestradiol
Testosteron
Antiandrogene
Cyproteron
Gestagene, Gestagen-Kombinationen
Chlormadinon
Delmadinon (-acetat)
Hydroxyprogesteron (-caproat)
Levonorgestrel
Medroxyprogesteron (-acetat)

Megestrolacetat
Norethisteronacetat
Progesteron
Proligeston
Östrogene, Östrogen-Kombinationen
Diethylstilbestrol
Estradiol
Estradiol (-benzoat)
Estradiol (-valerat)

Spasmolytika (Anticholinergika)
Atropin
Butylscopalaminiumbromid
Denaverin
Glycopyrroniumbromid
Metamizol
Metoclopramid
Papaverin

Sympathikomimetika
s. Vasokonstriktantien

Tokolytika
s. Uterolytika

Tranquilizer
Chlordiazepoxid
Chlorphenethazin
Diazepam
Flunitrazepam
Meprobamat
Midazolam

Tuberkulostatika
Cycloserin
Isoniazid
Rifampicin

Urologika
Kalium-natrium-hydrogencitrat
Methenamin
Methionin
Nitrofurantoin
Penicillamin

Uterolytika (Tokolytika)
Buphenin
Fenoterol

Uterotonika
Dinoprost
Ergometrin
Ergotamin
Methylergometrin
Oxytocin

Vasodilatantien (peripher wirksam), α**-Rezeptoren-blocker**

Buphenin
Ergotamin
Kälberblutextrakt
Tolazolin
Johimbin

Vasokonstriktantien/Sympathikomimetika
Dobutamin
Dopamin
Epinephrin
Etilefrin
Norepinephrin
Norfenefrin
Phenylephrin

Vitamine
Ascorbinsäure (Vitamin C)
Colecalciferol (Vitamin D_3)
Cyanocobalamin (Vitamin B_{12})
Dexapanthenol (Vitamin B, Panthotensäure)
Ergocalciferol (Vitamin D_2)
Folsäure
Menadiol (Vitamin K_4)
Menadion (Vitamin K_3)
Pyridoxin (Vitamin B_6)
Phytomenadion (Vitamin K_1)
Retinol (Vitamin A)
Riboflavin (Vitamin B_2)
Thiamin (Vitamin B_1)
Tocopherol (Vitamin E)
Vitamin-Kombinationen

Zytostatika (Antineoplastika)
Azathioprin
Busulfan
Chlorambucil
Cyclophosphamid
Cytarabin
Dacarbacin
Daunorubicin
Fluorouracil
Hydroxycarbamid
Melphalan
Mercaptopurin
Methotrexat
Mithramycin
Mitotan (o,p-DDD)
Thiotepa
Vinblastin
Vincristin

Literatur

BENTZ, H. (1982): Veterinärmedizinische Pharmakologie. Gustav Fischer Verlag, Jena.

BENTZ, H., et al. (1984): Antiarrhythmika, antianginöse Pharmaka und Medikamente mit anteiliger Herzwirkung, ein Überblick über Arzneifertigwaren und Standardrezepturen und deren Einsatz in der tierärztlichen Praxis. Mh. Vet.-Med. **39**, 469–473.

BENTZ. H., et al. (1984): Kardiotonika, ein Überblick über Arznei- und Tierarzneifertigwaren und deren Einsatz in der tierärztlichen Praxis. Mh. Vet.-Med. **39**, 228–231.

CLARKE, E.G., und CLARKE, Myra (1968): Garners Veterinärmedizinische Toxikologie. Gustav Fischer Verlag, Jena.

GERECKE, K., und RICHTER, J. (1981): Arzneimittel-Synonyme. Verlag Volk und Gesundheit, Berlin.

HAPKE, H.-J. (1980): Arzneimitteltherapie in der tierärztlichen Klinik und Praxis. Ferdinand Enke Verlag, Stuttgart.

KIRK, R.W. (1986): Current Veterinary Therapy. IX W.B. Saunders Company, Philadelphia.

KRAFT, W. (1990): Kleintierkrankheiten Band 1: Innere Medizin. 2. Auflage. Ulmer Stuttgart.

LIEBSCHER, W. (1984): Die Schreibung chemischer Fachwörter. Z. med. Labor-Diagn. **25**, 58–61.

MARKWARDT, F. (1983): Allgemeine und spezielle Pharmakologie. 4. Auflage. Verlag Volk und Gesundheit, Berlin.

NIEMAND, H.G., und SUTER, P.F. (1989): Praktikum der Hundeklinik. 6. Auflage. S. 764–802. Verlag Paul Parey, Berlin und Hamburg.

PETRAUSCH, R. (1990): Lexikon der Tierarzneimittel. Delta Verlag, Berlin.

PETRAUSCH, R. (1992): Delta Index. 4. Auflage. Delta Verlag, Berlin.

QUIRING, K. (1982): Arzneimittelregister. Gustav Fischer Verlag, Stuttgart.

Rote Liste (1993): Editio Cantor, Aulendorf/Württ.

SCHIMKE, E., et al. (1982): Zur Anästhesie beim Hund. Aktuelle Probleme der Toxikologie, Band 2: Versuchstieranästhesie, 39–46.

SPREMBERG, K. (1984): Tierarzneimittel-Verzeichnis. 7. Ausgabe. Gustav Fischer Verlag, Jena.

Arzneimittel-Dosierungstabelle

generic name (Frei-/Kurzname)	Handelsnamen (Beispiele)	Dosierung (Achtung: Gebrauchsinformationen beachten!)	Arzneimittelgruppe
ACD-Stabilisator	Rezeptur s. Kapitel 8		
Acepromacin	s. Acetylpromacin		
Acetazolamid	Diamox, Glaupax	10,0 mg/kg p.o. alle 6–8 Std.	Ophthalmikum, Antiglaukomatosum, Carboanhydrasehemmer
Acetylcystein	ACC, Fluimucil, Mucolyticum, Muciteran	bis 50,0 mg/Tier p.o. Aerosol: alle 30–60 Min. 6,0–8,0 ml der 10,0%igen Lsg.	Antitussivum, Mukolytikum
Acetylpromacin	Vetranquil (vet.)	0,01–0,2 mg/kg i.v., i.m., s.c.; 1,0–3,0 mg/kg p.o.	Neuroleptikum
Acetylsalicylsäure (Kombinationen)	Acesal, Aspirin	analgetisch: 10,0 mg/kg p.o. alle 12 Std. antirheumatisch: 40,0 mg/kg p.o. alle 24 Std.	Analgetikum, Antipyretikum
Acidum aceticum	Rp. Acidi acetici 1–2%ig	1,0–5,0 ml/Tier p.o. bei Alkalienvergiftung; äußerlich (als Aluminiumacetat = Essigsaure Tonerde)	Antidot, Dermatikum
Acidum salicylicum	Squamasol Lösung/Gel Rp. Ol./Spir./Ungt. Acidi salicylici	äußerlich	Dermatikum, Keratolytikum, -plastikum
Acidum tannicum (Tannin)	Rp. Sol./Spir./Ungt. Acidi tannici 5,0/10,0%ig, (Inorgan; vet.)	äußerlich; 5,0–25,0 g/Tier p.o. alle 8–12 Std.	Dermatikum, Adstringens; Chemotherapeutikum, schwer resorbierbare Sulfonamid-Kombination
Acriflaviniumchlorid	s. Akriflavin		
ACTH	s. Adenocortikotropes Hormon, Corticotrophin		
Adenocortikotropes Hormon (ACTH, Corticotrophin, Tetracosactid)	Acethropan, ACTH (vet.)	2,0 IE/kg u. Tag i.m. (ACTH-Test s. Kap. 25)	Hypophysenvorderlappen-Hormon

generic name (Frei-/Kurzname)	Handelsnamen (Beispiele)	Dosierung (Achtung: Gebrauchsinformationen beachten!)	Arzneimittelgruppe
Adrenalin	s. Epinephrin		
Aeth.../Äth...	s. auch Eth.../Et...		
Ajmalin	Gilurytmal, Tachmalin	0,5–1,0 mg/kg i.m. (Wdhlg. n. Wrkg.)	Kardiakum, Antiarrhythmikum
Akriflavin (Acriflaviniumchlorid)	Panflavin, (Bovoflavin-Salbe; vet.) Rp. Sol. Acriflavinii (Entozon-Granulat; vet.)	äußerlich; 1,0–2,0%ige Lsg. zur Wunddesinfektion	Laryngologikum, Stomatologikum, Antiseptikum
Aktivkohle (Kombinationen)	Aktivkohle (vet.), Kohle-Compretten/Tabletten/Pulver, (Noventerol)	0,5–2,0 Tbl. od. Teelöffel/Tier p.o. alle 6–8 Std.	Antidiarrhoikum
Albumin-Globulin-Lsg.	Boviserin (vet.)	10,0 ml/kg u. Tag, mehrmals tgl. p.o.	Nutritans
Alcuroniumchlorid	Alloferin	0,1 mg/kg i.v.	Muskelrelaxans
Aldosteron	s. Fludrocortison		
Alkohol (s. auch Ethanol)	Ethanol, Fugaten-Spray-Lösung	unterschiedliche Konzentrationen (40,0%/70,0%/100,0%)	Desinfektionsmittel
Allergene	Hauttest-Antigene	0,05 ml/Tier intrakutan, bzw. nach Vorschrift	Diagnostikum
Allopurinol	Allopurinol, Milurit	3,0–10,0 mg/kg u. Tag p.o.	Antirheumatikum, Antiarthritikum Uricostatikum
Almasilat	Masigel „K"-Tabletten	0,5–2,0 Tbl./Tier p.o. zwischen den Fütterungen	Antazidum
Alt-Insulin (s. auch Insulin)	Insulin Berlin-Chemie (Alt-Insulin)	0,5–1,0–2,0 IE/kg i.m., s.c., i.v. alle 12–24 Std. (Blutzuckerkontrolle!)	Antidiabetikum
Aluminiumacetat	Aluman-Salbe (vet.), Essigsaure Tonerde (Pulver, Tbl.)	äußerlich (Umschläge), Kühlsalbe	Dermatikum, Adstringens
Aluminium chloratum	Mallebrin-Konzentrat Rp. Sol. Aluminii chlorati 15,0%	äußerlich; Mundspülung	Dermatikum, Laryngologikum
Aluminiumhydroxid	Aludrox, (Solugastril)	1/2–2 Teelöffel/Tier, p.o. zwischen den Fütterungen	Antazidum

Amidotrizoessigsäure	Gastrografin, Peritrast, Urografin, Urovison	10,0–50,0 ml/Tier i.v., intratracheal, intravesical, p.o.	Röntgenkonstrastmittel für Uro-, Angio-, Broncho-, Fistulographie
Aminomethylbenzoesäure	Gumbix, Pamba	25,0–150,0 mg/Tier i.m., i.v.; 50,0–200,0 mg/Tier p.o.	Hämostyptikum, Antifibrinolytikum
Aminophenazon	(Antiphlogisticum 15%/30%; vet.)	Aminophenazon: 0,1–0,25 mg/kg i.m., s.c.	Analgetikum, Antipyretikum, Antiphlogistikum
Aminophyllin	s. Theophyllin		
4-Aminopyridin		0,3–0,5 mg/kg i.v., i.m.	Antidot (Xylazin-Antagonist)
Aminosäuren-Infusionslösungen	Aminofusin, Aminoplasmal, Aminosteril	1,5–2,5 ml/kg i.v./DT	Infusionslösung
Ammoniumchlorid (-chloratum)	(Adorlan-U; vet.), (Benadryl; vet.)	100,0 mg/kg p.o. alle 12 Std. (bzw. nach Wirkung)	Antitussivum, Bronchosekretolytikum, Antazidum
Ammoniumbituminosulfonat	Abitumfon-Salbe (vet.), Ichthobad, Ichtholan, Ichthyol, Thiobitum-Salbe, Zugsalbe 40 (vet.)	äußerlich	Dermatikum, Antiphlogistikum
Ammoniumbituminosulfonat (Augenmedikamente)	Rp. Ammoniumbituminosulfonat-Augensalbe 2,0–5,0%ig (Rp. Ichthyoli 0,1; Lanolini; Aq. dest. āā 1,0; Vaselini albi ad 10,0)	Augensalbe alle 6–8 Std. anwenden	Ophthalmikum
Ammoniumverbindungen quartäre (s. auch Benzalkoniumchlorid)	(Kombinal asept)	unterschiedliche Konzentrationen	Desinfektionsmittel
Amoxicillin	Amoxicillin, Amoxypen, Clamoxyl (vet.), (Synulox; vet.)	11,0 mg/kg p.o., alle 12 Std. über 5–7 Tage	Antibiotikum, Penizillin
Amphotericin-B	Amphotericin B, Ampho-Moronal	0,15–1,0 mg/kg, gelöst in 5,0–20,0 ml 5,0%iger Dextrose, streng i.v., 3× wöchentlich über 2–4 Monate	Antimykotikum, Peptidantibiotikum
Ampicillin	Amblosin, Ampicillin (vet.), Albipen (vet.), Binotal	10,0–20,0 mg/kg p.o., alle 6 Std.; 5,0–10,0 mg/kg i.v., i.m., s.c. alle 6 Std.	Antibiotikum, Penizillin

generic name (Frei-/Kurzname)	Handelsnamen (Beispiele)	Dosierung (Achtung: Gebrauchsinformationen beachten!)	Arzneimittelgruppe
Analgin	s. Metamizol (-Natrium)		
Antazolin	Visuphrine-Augentropfen	1–2 Tropfen/Auge alle 8–12 Std.	Antiallergikum, Ophthalmikum
Apomorphin (Apomorphinum hydrochloricum)	Apomorphin-Injektionslösung	0,04 mg/kg s.c., 0,5–3,0 mg/Tier s.c.	Emetikum, Dopaminagonist
Aprotinin	Antogasan, Trasylol	20000–100000 E/Tier i.v.	Enzymhemmer, Proteinaseninhibitor
Argentum nitricum	Höllensteinstift, Rp. Ol./Past./Sol. Argenti nitrici 1,0/10,0%	äußerlich	Dermatikum
Argentum nitricum (Augenmedikamente)	Mova Nitrat Pipette Augentropfen, Rp. Oculog. Arg. nitrici, Rp. Oculog. Arg. diacet. prot.	1,0–2,0 Tropfen/Auge alle 4–6 Std.	Ophthalmikum
Ascorbinsäure	Ascorvit, Cebion, Vitamin C, Vitamin C forte (vet.)	100,0–500,0 mg/Tier u. Tag i.v., 1:1 in Glukose (20,0%) 2× wöchentlich; p.o. alle 24 Std.	Vitamin C
Atipamezol		bis 0,2 mg/kg (i.v.), i.m.	Antidot (Medetomidin-Antagonist)
Atracuriumbesilat	Tracrium	0,2 mg/kg i.v.	Muskelrelaxans
Atropin	Atropinum sulfuricum, Atropin	0,2–0,4 mg/kg i.v., i.m., s.c.; bei Organophosphat-Vergiftung: 0,2–2,0 mg/kg i.v., s.c., i.m. alle 6–8 Std. bei Bradykardien: 0,02–0,05 mg/kg s.c. alle 6 Std.	Spasmolytikum, Anticholinergikum, Parasympathikolytikum, Antidot
Atropin (Augenmedikamente)	Atropin-Augenöl, Atropinol, Isopto-Atropin, Mydrial-Atropin	1–2 Tropfen/Augen alle 6–12 Std.	Ophthalmikum, Mydriatikum
Aurothioglukose	Aureotan	1,0 mg/kg i.m. alle 8 Tage	Antirheumatikum, Antiarthritikum
Azaperon	Stresnil (vet.)	0,5–2,0 mg/kg i.m.	Neuroleptikum
Azathioprin	Imurek	1,0–3,0 mg/kg i.v, p.o.	Zytostatikum
Azepromazin	s. Acetylpromazin		
Azidamfenicol	Berlicetin-Augentropfen	1–2 Tropfen/Auge alle 6 Std.	Ophthalmikum, Antibiotikum

Bacitracin	Batrax, Nebacetin	1000–5000 IE/kg p.o. 2500 IE/kg s.c. alle 24 Std.	Antibiotikum, Polypeptid
Bariumsulfat	Micropaque, Microtrast, Unibaryt	nach Bedarf p.o.	Röntgenkontrastmittel für Magen-Darm-Apparat
Bassorin + Faulbaumrinde	Normacol-Granulat	0,5–3,0 Teelöffel/Tier alle 8–12 Std.	Laxans
Benzalkoniumchlorid	Laudamonium, Zephirol	2,0%ige Lsg. (2,0 Min. = hygienische Händedesinfektion)	Desinfektionsmittel
Benzathin-Benzylpenicillin	Pendysin, Tardocillin, (Tardomyocel; vet.)	40 000 IE/kg i.m. alle 5 Tage	Antibiotikum, Penizillin
Benzoylperoxid	Akne-Aid-Lotion, Akneroxid, Benzaknen, Benzoyl Peroxyd, PanOxyl	äußerlich	Dermatikum, Antiseptikum
Benzylpenicillin	Aulicin (vet.), Penicillin G, Penicillin-Heyl	15 000–30 000 IE/kg i.m., s.c. alle 24 Std.; 40 000 IE p.o. alle 6 Std.	Antibiotikum, Penizillin
Benzylpenicillin + Benzylpenicillin-Procain	Bipensaar, Hydracillin, Jenacillin A	15 000–30 000 IE/kg i.m., s.c. alle 48 Std.	Antibiotikum (Depot), Penizillin
Benzylpenicillin + Benzylpenicillin-Procain + Streptomycinsulfat	Streptocombin (vet.)	20 000 IE (insgesamt)/kg i.m., s.c. alle 24 Std.	Antibiotikum, Penizillin
Benzylpenicillin-Natrium + Benzylpenicillin-Procain + Benzylpenicillin-Benzathin	Retacillin compositum	20 000 IE/kg i.m., s.c. alle 48 Std.	Antibiotikum (Depot), Penizillin
Betamethason	Betnesol, Betalvet (vet.), Celestovet (vet.), Diprosone	0,03–0,05 ml/kg i.m.	Kortikosteroid, Glukokortikoid
Betamethason-Salben	Betnesol, Celestan, Diprosone	äußerlich	Dermatikum, Kortikoid
(Blut)	ACD-stabilisierte Hundeblutkonserve	10,0–40,0–60,0 ml/kg i.v. (DT)	Blutersatz

generic name (Frei-/Kurzname)	Handelsnamen (Beispiele)	Dosierung (Achtung: Gebrauchsinformationen beachten!)	Arzneimittelgruppe
Bromhexin	Bisolvon (vet.), Bromhexin	2,0–8,0 mg/Tier p.o., s.c., i.m. alle 8–12 Std.	Antitussivum, Bronchosekretolytikum
Buphenin	Apoplectal	10,0–50,0 mg/Tier i.m.	Uterolytikum (Tokolytikum), Vasodilatans
Bupivacain	Bupivacain, Carbostesin	Infiltrationsanästhesie 0,25–0,5%ige Lsg. Epiduralanästhesie 0,25–0,75%ige Lsg.	Lokalanästhetikum
Buprenorphin	Temgesic	bis 0,006 kg/kg i.v., i.m. (analgetische Prämedikation)	Analgetikum (Opioid)
Busulfan	Myleran	0,1 mg/kg p.o. alle 24 Std.	Zytostatikum
Butanilicain	Hostacain (vet.)	Infiltrationsanästhesie 0,5–1,0%ige Lsg.	Lokalanästhetikum
Butylscopolaminiumbromid	BS-ratiopharm, Buscopan, Butylscopolamin	5,0–20,0 mg/Tier s.c., i.m., p.o. alle 8–12 Std.	Spasmolytikum, Atropinderivat
Calcium	Bykalzium oral (vet.), Mineralstoffmischungen	bis zu 500,0 mg/kg u. Tag p.o.	Kalziotherapeutikum
Calciumcarbonat (Kombinationen)	Schlämmkreide, (Solugastril)	0,5–2,0 Tbl./Tier p.o. zwischen den Fütterungen	Antazidum
Calciumdinatriumedetat	s. Natriumcalciumedetat		
Calcium-EDTA	s. Natriumcalciumedetat		
Calciumgluconat	(Calcium gluconicum; vet.), Calcium-Glukonat (vet.)	10,0 mg/kg i.v. (langsam), i.m.	Kalziotherapeutikum
Calciumhydroxid	Calxyl	äußerlich, Pulpa-Überkappung	Stomatologikum
Calciumlactat	Calcium Sandoz forte, (Calcipot)	0,5–2,0 g/Tier p.o.	Kalziotherapeutikum
Campher (Camphora)	Camphersalbe (vet.), Camphosan (vet.), Kampfersalbe (vet.), Rp. Spir./Ungt. Camphorati	äußerlich	Dermatikum; Antirheumatikum/Antiphlogistikum, extern

Carbachol	Carbamann, Doryl, Exol (vet.), Isopto-Carbachol, Jestryl, Lentin (vet.)	1–2 Tropfen/Auge alle 8–12 Std. bis zu 0,25 mg/Tier s.c. (nach Wirkung)	Ophthalmikum, Antiglaukomatosum, Cholinergikum, Parasympathikomimetikum
Carbamazepin	Finlepsin, Tegretal, Timonil	10,0 mg/kg p.o.	Antiepileptikum/Antikonvulsivum
Carbaryl	Carbaryl-Antifloh-Halsbänder (vet.), Parasiten-Halsband (vet.)	nach Vorschrift	Antiparasitarikum, Ektoparasitikum
Carbo medicinalis	s. Aktivkohle		
Cefalexin	Cephalexin, Ceporexin, Oracef	30,0 mg/kg p.o. alle 12 Std.	Antibiotikum, Cefalosporin
Cefalotin	Cepovenin	7,0–35,0 mg/kg i.m., i.v. alle 6–12 Std.	Antibiotikum, Cefalosporin
Chinidin (-gluconat, -sulfat)	Chinidin retard, Chinidinum sulfuricum, Optochinidin	ID: 14,0 mg/kg p.o., ED: 7,0 mg/kg p.o. alle 4 Std. oder 9,0 mg/kg p.o. alle 6 Std. (Wirkung kontrollieren)	Kardiakum, Antiarrhythmikum
Chlor (aktives), (Tosylchloramid-Natrium)	Clorina, Trichlorol-Pulver	0,5–2,0–3,0%ige Lsg. (nach Vorschrift)	Desinfektionsmittel
Chlorambucil	Leukeran	0,2 mg/kg p.o. alle 24 Std.	Zytostatikum
Chloramphenicol	Berlicetin, Chloramphenicol (vet.), Chloramsaar, Ibemycin (vet.), Paraxin	50,0 mg/kg u. Tag p.o., i.m., i.v., s.c. geteilt in 3 Einzeldosen alle 8 Std.	Antibiotikum, Chloramphenikol
Chloramphenicol (Augenmedikamente)	Aquamycetin, Chloramphenicol, Oleomycetin, Thilocanfol C, Rp. Oculent./Oculog. Chloramphenicoli	1–2 Tropfen/Auge alle 6–8 Std.	Ophthalmikum, Antiinfektiosum
Chlordiazepoxid	Librium, Radepur	5,0–10,0 mg/kg p.o. alle 8–12 Std.	Tranquilizer (Benzodiazepin)
Chlorethan	Chloraethyl	äußerlich zur Oberflächenvereisung	Lokalanästhetikum
Chlorhexidin	Chlorhexamed, Chlorhexidin, Gingisan (vet.), Hansamed, Rp. Sol. Chlorhexidini	äußerlich als Puder oder als 0,05–1,0%ige Lsg.	Dermatikum, Antiseptikum, Antipruriginosum; Stomatologikum
Chlormadinon	Chlormadinon, Gestafortin Tbl. (vet.)	1,5–2,0 mg/kg i.m., p.o. alle 24 Std. (s. Tab. 3/Kap. 20)	Sexualhormon, Gestagen

generic name (Frei-/Kurzname)	Handelsnamen (Beispiele)	Dosierung (Achtung: Gebrauchsinformationen beachten!)	Arzneimittelgruppe
Chlormidazol	Myco-Jellin Creme/Lösung	äußerlich	Antimykotikum
Chlorphenamin	(Atussin; vet.), Balkis, Contac	4,0–8,0 mg/Tier p.o. alle 8 Std.	Antiallergikum
Chlorphenetazin	Rp. Supp. Chlorphenetazini 0,02	25,0–50,0–100,0 mg/Tier rek. alle 4–6 Std.	Antiemetikum, Tranquilizer
Chlorpromazin	Chlorpromazinhydrochlorid/forte (vet.)	2,5 mg/kg i.m.	Neuroleptikum
Chlorprothixen	Taractan, Truxal	2,0–4,0 mg/kg i.m.; 0,4–2,0 mg/kg i.v.	Neuroleptikum
Chlortalidon	Hygroton	25,0–100,0 mg/Tier p.o. alle 12–24 Std.	Diuretikum, Saluretikum
Chlortetracyclin	Aureomycin-Augensalbe/Salbe (vet.), Chlortetracyclin (vet.)	20,0 mg/kg p.o. alle 8 Std.; 5,0 mg/kg i.m. alle 12 Std.	Antibiotikum, Tetrazyklin
Cholekalziferol	s. Colecalciferol		
Cholestyramin	s. Cholestyramin		
Choriongonadotrophin	Choragon, Choriolutin (vet.), Ovogest (vet.), Prolan (vet.)	200–500 IE/Tier s.c., i.m. alle 2–6 Tage	Hypophysenvorderlappenhormon, Luteinisierungshormon
Cimetidin	Altramet, Cimetidin, Tagamet	5,0–10,0 mg/kg p.o. alle 6 Std.	Antazidum, H$_2$-Rezeptor-Antagonist
Clindamycin	Sobelin	10,0–20,0 mg/kg i.m., i.v. alle 12–24 Std.; 20,0 mg/kg p.o. alle 24 Std.; 15,0 mg/kg p.o. alle 8 Std.	Antibiotikum, sonstiges
Clotrimazol	Canesten, Canifug, Clotrimazol, Fungicid, Mykofungin	äußerlich; oder 60,0 mg/kg u. Tag p.o.; 60,0 mg/kg alle 12 Std. ab 2.–7. Tag; Wdhlg. im 5-Tage-Zyklus alle 3 Wochen	Antimykotikum
Cloxacillin	Cloxacillin-Benzathin (vet.), Gelstaph T.S. (vet.)	10,0 mg/kg p.o., i.v. i.m. alle 6 Std.	Antibiotikum, Penizillin
Codein	Codeinum phosphoricum, Contrapect	2,0–5,0 mg/Tier p.o. alle 6 Std.	Antitussivum, Broncholytikum

Coffein	Coffeinum purum, Coffeinum Compretten	0,1–0,5 g/Tier p.o., i.m. alle 24 Std. bzw. nach Bedarf	Analeptikum, Kreislaufanaleptikum
Colecalciferol	D$_3$-Vicotrat, Vigantol, Vitamin D$_3$ (vet.)	30,0 IE/kg p.o. über 10 Tage	Vitamin D$_3$
Colestyramin	Colestyramin, Quantalan, Vasosan P/-S	3,0–6,0 g/kg u. Tag p.o. in 2–3 Einzeldosen alle 8–12 Std.	Hepatikum, Cholagogum, Choleretikum
Colistin	Colistin	1,0 mg/kg i.m. alle 6 Std.	Antibiotikum, Polypeptid
Composite-Füllungsmaterial	Adaptic, Evicrol	äußerlich; zur Zahnbehandlung	Stomatologikum
Corticotrophin	Acethropan, ACTH (vet.)	2,0 IE/kg u. Tag i.m. (ACTH-Test s. Kap. 25)	Hypophysenvorderlappenhormon
Cortison (s. auch Hydrocortison, Prednisolon)	Cortison Tbl.	0,5–2,0 mg/kg p.o., i.m. (morgens jeden 2. Tag). Schock: bis 50,0 mg/kg i.v.	Kortikosteroid, Glukokortikoid
Cortison (Augenmedikamente)	Cortison Augensalbe	alle 4–6 Std.	Ophthalmikum, Kortikoid
Crotamiton	Euraxil	äußerlich	Dermatikum, Antipruriginosum
Crotetamid	Respirot (vet.)	0,1–0,2 ml/kg auf die Mund-/Nasenschleimhaut	Analeptikum, Atemanaleptikum
Cuprum sulfuricum (Kupfersulfat)	Rp. Cupri sulfurici	0,1–0,5 g/Tier p.o. als 1,0–2,0%ige Lsg., äußerlich: 5,0–20,0%ige Lsg.	Emetikum, Antidot (Phosphor- u. Phosphidvergiftung); Dermatikum
Cyanocobalamin	B$_{12}$-Vicotrat, B$_{12}$-Vitamin-Lsg. (vet.), Cytobion, Vitamin B$_{12}$	100,0–200,0 µg/Tier u. Tag i.m. 1–2× wöchentlich	Vitamin B$_{12}$, Antianämikum
Cyclophosphamid	Cyclophosphamid, Endoxan, Cyclostin	1,5–4,0 mg/kg i.m., p.o. alle 24 Std. (Blutbildkontrolle!)	Zytostatikum, Alkylans
Cycloserin		3,5–5,0 mg/kg p.o. alle 8 Std.	Tuberkulostatikum; Antibiotikum, Polyenantibiotikum
Cyproteron	Androcur	0,5–2,0 mg/kg p.o. alle 12 Std. oder 4,0 mg/Tier i.m. alle 10–30 Tage	Sexualhormon, Antiandrogen
Cytarabin	Alexan, Udicil	5,0–10,0 mg/kg i.v., i.m., s.c. alle 24 Std. über 2 Wochen (Blutbildkontrolle!)	Zytostatikum, Antimetabolit

generic name (Frei-/Kurzname)	Handelsnamen (Beispiele)	Dosierung (Achtung: Gebrauchsinformationen beachten!)	Arzneimittelgruppe
Dacarbacin	Detimedac, D.T.I.C.	6,0 mg/kg p.o. alle 24 Std. für 3 Tage, dann Dosis halbieren (Blutbildkontrolle!)	Zytostatikum, Alkylans
Dapson	Dapson-Fatol	ID: 4,0 mg/kg p.o. geteilt in 4 Einzeldosen alle 6 Std.; ED: 0,3–0,6 mg/kg p.o. verteilt auf 3 Einzeldosen alle 8 Std.	Chemotherapeutikum, sonstiges
Daunorubicin	Daunoblastin, Daunorubicin	nach Wirkung (Blutbildkontrolle!)	Zytostatikum, Antibiotikum
DCA	s. Desoxycorton		
Delmadinon	Tardastrex (vet.)	1,5–2,0 mg/kg s.c., i.m.; Wdhlg. n. Indikation (s. Tab. 3/Kap. 20)	Sexualhormon, Gestagen
Denaverin	Spasmalgan	10,0 mg/kg p.o.; 3,0–5,0 mg/kg i.m., i.v. alle 8–12 Std.	Spasmolytikum
Depot-Insulin (mit Aminoquinurid)	s. Insulin-Aminoquinurid-Lösung		
Depot-Insulin (mit Protamin-Zink)	s. Insulin-Protaminat-Suspension (Kombinationen)		
Desoxycorton	Docabolin	1,0–5,0 mg/Tier alle 24 Std.; 25,0–100,0 mg/Tier alle 2–3 Wochen	Kortikosteroid, Mineralkortikoid
Dexamethason	Decadron, Dexamethason, Fortecortin, Voren (vet.)	0,25–1,0 mg/Tier i.v., i.m. alle 24 Std.; 0,25–1,25 mg/Tier p.o. alle 24 Std. (morgens); Schock: 5,0 mg/kg i.v.	Kortikosteroid, Glukokortikoid
Dexamethason (Augenmedikamente)	Cortisumman, Dexapos Augentropfen, Isopto-Dex, Rp. Oculent. Dexamethasoni	1–2 Tropfen/Auge alle 6–8–12 Std.	Ophthalmikum, Kortikoid
Dexamethason-Salben	Dexamethason-Creme/-salbe, Duodexa N-Salbe	äußerlich alle 8–12 Std.	Dermatikum, Kortikoid
Dexapanthenol	Bepanthen, Panthogenat Salbe, Panthenol, (Perborgen; vet.)	100,0–1000,0 mg/Tier s.c., i.v., i.m. 100,0–300,0 mg/Tier p.o. alle 8–12 Std. äußerlich	Ophthalmikum; Dermatikum; Vitamin

Dextran	Infukoll 6%/M 40, Plasmafusin, salvi Dextran-Lsg. 40/60/75	10,0–40,0–60,0 ml/kg i.v. DT. in 1–2 Std. alle 24 Std.	Infusionslösung, Plasmaexpander, Osmotherapeutikum
Dextriferron	Ferrum (vet.), Myofer (vet.)	50,0–300,0 mg/Tier i.m. alle 3 Tage, p.o. alle 24 Std.	Antianämikum
Dextrothyroxin-Natrium	Dynothel	1,0–8,0 mg/Tier p.o. alle 24 Std.	Hepatikum, Antilipämikum
Diacetyltannin-Protein-Silber	Rp. Oculog. Arg. diacet. proteini	1,0–2,0 Tropfen/Auge alle 6–8 Std.	Ophthalmikum, Adstringens
Diamidid (Diamidinderivate) (s. auch Diminacenaceturat)	Ectodex, Taktic (vet.)	äußerlich; 0,025–0,05%ige wäßrige Lösung (Bad)	Antiparasitikum
Diamidin	s. Diminacenaceturat		
Diazepam	Diazepam, Faustan, Valium	Status epilepticus: 1,0–2,0 mg/kg i.v., i.m., s.c. Prämedikation: 0,2–0,4 mg/kg i.v., i.m., s.c., p.o. Sedation: 0,5–1,0 mg/kg p.o. alle 12–24 Std. (s. Kap. 6)	Tranquilizer; Muskelrelaxans; Sedativum, Hypnotikum
Dichlorophen		300,0 mg/kg p.o. (nüchtern) einmalig	Anthelminthikum (Trematoden)
Dichlorphos	Atgard (vet.), Vapona (Hundehalsband) (vet.)	25,0–30,0 mg/kg p.o. einmal, Wdhlg. nach 21 Tagen	Anthelminthikum (Nematoden); Antiparasitikum, Ektoparasitikum
Diclofenamid	Diclofenamid	10,0 mg/kg p.o. alle 8–12 Std.	Opthalmikum, Antiglaukomatosum
Dicloxacillin	Dichlor-Stapenor, (Eurem-Salbe; vet.)	30,0–80,0 mg/kg p.o. alle 8 Std.	Antibiotikum, Penizillin
Diethylcarbamazin	Hetrazan	50,0–100,0 mg/kg p.o. (Acaridose); 20,0 mg/kg p.o. über 10 Tage bzw. 3,0–7,0 mg/kg p.o. (Therapie bzw. Prophylaxe, Dirofilariose)	Anthelminthikum (Nematoden)
Diethylether	s. Ether		

generic name (Frei-/Kurzname)	Handelsnamen (Beispiele)	Dosierung (Achtung: Gebrauchsinformationen beachten!)	Arzneimittelgruppe
Diethylstilbestrol		0,1–5,0 mg/Tier u. Tag i.m.; ID: 0,1 mg/5,0 kg p.o. alle 24 Std. 1–2 mal; ED: 0,1 mg/10,0 kg p.o. alle 1–3 Tage	Sexualhormon, Östrogen (Vorsicht: Knochenmarkdepressionsgefahr)
Digitalis-Glykoside + Borsäure	Augentonikum, Digophton	1–2 Tropfen/Auge alle 8–12 Std.	Ophthalmikum
Digitoxin	Digitallsg. (vet.), Digitoxin (vet.), Tardigal	ID: 0,1–0,3 mg/kg p.o. alle 12 Std. über 3 Tage = Sättigungsdosis; ED: 0,01–0,1 mg/kg p.o. alle 12 Std.	Kardiakum, Glykosid
Digoxin	Digoxin, Dilanacin, Lanicor, Lanitop	ID: 0,02(–0,05) mg/kg p.o. alle 24 Std. über 2–3 Tage = Sättigungsdosis; ED: 0,01(–0,02) mg/kg p.o. alle 24 Std.: 0,045 mg/kg i.v. = Sättigungsdosis	Kardiakum, Glykosid
Dihydrostreptomycin	s. Streptomycin		
Dihydrotachysterol	A.T.10 Lösung/Perlen, Tachystin	2,0–30,0 Tropfen/Tier p.o. alle 24 Std.; 0,5–2,0 ml/Tier s.c. alle 8–12 Tage	Nebenschilddrüsenhormon, Vit.D-Derivat
Dimenhydrinat	Epha, Vomex A	25,0–50,0 mg/Tier p.o. alle 8 Std.	Antiemetikum, Antiallergikum
Dimercaprol		1,0–2,0 mg/kg i.m. alle 8 Std.	Antidot, Chelatbildner
Dimethylsulfoxid (DMSO)	Rhemabene-Gel	äußerlich ca. 5,0–15,0 ml/Tier u. Tag in mehreren Einzeldosen lokal einreiben	Rheumatikum/Antiphlogistikum, extern (Resorptionsvermittler)
Diminacenaceturat	Berenil (vet.)	3,5 mg/kg i.m., zweimal im Abstand von 5 Tagen	Antiparasitikum, Antiprotozoikum
Dinoprost	Dinolytic (vet.), Minprostin F$_2\alpha$	250,0 µg/kg i.m. alle 24 Std. über 2–5 Tage (max. 0,6 mg/kg i.m.)	Uterotonikum, Prostaglandin F$_2\alpha$
Diphenhydramin	Benadryl, Dormutil N Tabletten	2,0–4,0 mg/kg p.o. alle 8 Std.; 5,0–50,0 mg/Tier i.v. alle 12 Std.	Antiallergikum
Diphenylhydantoin	s. Phenytoin		
Diphenylthiocarbazon		60,0 mg/kg p.o. alle 8 Std. über 5 Tage	Antidot (Thallium)

Dipyridamol	Curantyl, Dipyridamol, Persantin	0,1–0,3 mg/kg u. Tag i.v. (Wdhlg. n. Wrkg.)	Koronartherapeutikum, Vasodilatans
Disophenol		10,0 mg/kg s.c. (Wdhlg. nach 14–21 Tagen)	Anthelminthikum (Nematoden, speziell Ancylostoma, Uncinaria)
Distickstoffoxid	Lachgas, Stickoxidul	individuell nach Wrkg. im Halothan-O_2-Gemisch (s. Kap. 6)	Inhalationsnarkotikum
Dithiazanin		6,0–11,0 mg/kg p.o. alle 24 Std. über 7–10 Tage	Anthelminthikum (Nematoden, Dirofilarien)
DMSO	s. Dimethylsulfoxid		
DOCA	s. Desoxycorton		
Dobutamin	Dobutrex	250,0 mg in 500,0 ml Kochsalz-Lsg. i.v. bis zur Wirkung	Vasokonstriktans, Sympathikomimetikum (Beta 1)
Docusat-Natrium	Norgalax-Miniklistier, Otitex	100,0–300,0 mg/Tier p.o. alle 12 Std.; äußerlich: 10,0–15,0 Tropfen/Gehörgang	Magen-Darm-Therapeutikum, Laxans, Gleitmittel
Dopamin	Dopamin	0,01 mg/kg u. Min. i.v. (DT) 200,0 mg in 500,0 ml Inf.-Lsg. i.v. (DT) nach Wirkung	Vasokonstriktans, Sympathikomimentikum (Alpha)
Doxapram	Dopram, Dopram V (vet.)	5,0–10,0 mg/kg i.v.; Neugeborene: 1,0–5,0 mg/kg s.c.	Analeptikum, Atemanaleptikum
Doxycyclin	Doxycyclin, Ronaxan (vet.), Vibramycin	4,0 mg/kg p.o. alle 12 Std.	Antibiotikum, Tetrazyklin
Doxylamin	Alsadorm, Mereprine	1,0–2,0 mg/kg i.m. alle 8 Std.	Antiallergikum
Droperidol	Dehydrobenzperidol, Halkan (vet.)	0,5–2,0 mg/kg s.c., i.m., i.v.	Neuroleptikum
Droperidol + Fentanyl	Thalamonal	s. Kap. 6	Neuroleptikum
Econazol (s. auch Enilconazol)	Epi-Pevaryl	äußerlich	Antimykotikum

generic name (Frei-/Kurzname)	Handelsnamen (Beispiele)	Dosierung (Achtung: Gebrauchsinformationen beachten!)	Arzneimittelgruppe
Eisendextrane	s. Dextriferron		
Eisensulfat	Eryfer	100,0–300,0 mg/Tier p.o. alle 24 Std.	Antianämikum
(Eiweiß)	s. Albumin-Globulin-Lsg.		
Elektrolyt-Infusionslösungen	Elektrolyt-Infusionslösung 153, Elektrolyt-Infusionslösungen	10,0 ml/kg i.v. (DT)	Infusionslösung
Elektrolyt-Oralytlösung	Elektoral (vet.), Elotrans	30,0 g Pulver in 1 l Wasser lösen, davon 50,0–200,0 ml/kg p.o.	Nutritans
Enfluran	Ethrane	Einleitung 2,0–4,0 Vol%; Erhaltung 1,5–3,0 Vol%	Inhalationsnarkotikum
Enilconazol	Imaverol (vet.)	0,2%ige Emulsion zur topischen Applikation (Betupfen, Baden, Waschen) 1× tgl. alle 3–4 Tage über 3–4 Wochen	Antimykotikum (Trichophyton, Mikrosporum)
Enrofloxacin	Baytril (vet.)	5,0 mg/kg s.c., p.o. (nur adulte Hunde) alle (12)–24 Std.	Chemotherapeutikum (Gyrasehemmer)
Ephedrin	Adrenaphrin (vet.), Circuvit N Lösung	5,0–15,0 mg/Tier p.o. alle 12 Std.	Antiasthmatikum, Sympathikomimetikum
Ephedrin + Coffein	Percoffedrinol	5,0–15,0 mg/Tier p.o. alle 12 Std.	Kardiakum, Kardiotonikum
Epinephrin	Adrenalin, Suprarenin	0,1–0,2 mg/Tier = 0,1–0,2 ml der Lösung 1:1000 i.v., i.m., s.c.	Vasokonstriktans, Sympathikomimetikum
Epinephrin (Augenmedikamente)	Epiglaufrin 1%/2% Augentropfen	1–2 Tropfen/Auge alle 12–24 Stunden	Ophthalmikum, Antiglaukomatosum
Ergocalciferol	Natabec, Pregnavit	30,0 IE/kg p.o. alle 24 Std. über 10 Tage	Vitamin (D_2-Derivat)
Ergometrin (s. auch Methylergometrin)	Methergin, Secalysat	0,25–0,5 mg/Tier s.c., i.v. (Wdhlg. n. Indikation)	Uterotonikum (Sekale-Alkaloid)
Ergotamin	Ergo-Kranit, Gynergen, Neo-Ergotin (vet.)	0,25–0,5 mg/Tier s.c., (i.v.), (Wdhlg. n. Indikation)	Uterotonikum (Sekale-Alkaloid); Vasokonstriktor (peripher)

Erythromycin	Ery-Diolan, Erythrocin (vet.), Erythromyzin (vet.)	10,0 mg/kg p.o. alle 8 Std.	Antibiotikum, Makrolid
Essigsäure	s. Acidum aceticum		
Essigsaure Tonerde	s. Aluminiumacetat		
Estradiol (17 β)	Estradiol	0,25–2,0 mg/Tier i.m., s.c. (Wdhlg. n. Indikation) (Achtung: Gefahr der Knochenmarkdepression)	Sexualhormon, Östrogen
Estradiol (-benzoat)	Menformon (vet.), Jephagynon	0,25–2,0 mg/Tier i.m., s.c. (Wdhlg. n. Indikation) (Achtung: Gefahr der Knochenmarkdepression)	Sexualhormon, Östrogen
Estradiol (-valerat)	Progynon-Depot, Progynova	0,25–2,0 mg/Tier i.m. (Wdhlg. n. Indikation) (Achtung: Gefahr der Knochenmarkdepression)	Sexualhormon, Östrogen
Ethanol (s. auch Alkohol)	AHD 2000 Lösung, Fusaten-Spray, Alkohol-Konzentrat 95% Braun Lösung	Desinfektion nach Vorschrift Infusionszusatz nach Vorschrift	Antiseptikum; Energieinfusionszusatz-Lösung
Ether	Aether zur Narkose	Einleitung 8%; Erhaltung 4,0% nach Wirkung	Inhalationsnarkotikum
Etilefrin	Effortil (vet.), Thomasin	1,0–10,0 mg/Tier s.c., i.m. alle 6–24 Std.	Vasokonstriktans, Sympathikomimetikum (Alpha und Beta)
Etofyllin	Coroverlan, Eucard	10,0 mg/kg p.o. alle 6 Std.	Koronartherapeutikum, Vasodilatans; Antiasthmatikum
Etomidat	Hypnomidate, Radenarkon	1,0 mg/kg i.v. (in Kombination z.B. mit Fentanyl)	Injektionsnarkotikum (Hypnotikum)
Fenbendazole	Panacur (vet.)	100,0 mg/kg p.o. alle 24 Std. ab 30. Trächtigkeitstag bis zur Geburt	Anthelminthikum (Nematoden)
Fenoterol	Berotec, Partusisten	0,5–3,0 μg/min./Tier i.v. (DT); 10,0 ml in 250,0 ml 5,0%ige Glucose-Lsg.; (20 Tropfen = 1 ml = 2,0 μg); 1,0–5,0 mg/Tier p.o. alle 3–8 Std.	Tokolytikum, Bronchoytikum, Sympathikomimetikum (Beta 2)
Fentanyl	Fentanyl, (Hypnorm; vet.)	0,001–0,007 mg/kg i.v., i.m. (analgetische Prämedikation)	Analgetikum (Opioid)

generic name (Frei-/Kurzname)	Handelsnamen (Beispiele)	Dosierung (Achtung: Gebrauchsinformationen beachten!)	Arzneimittelgruppe
Fettemulsion-Infusionslösung	Lipofundin 10%/20%	10,0–20,0 ml/kg i.v. (DT)	Infusionslösung
Fluanison-Fentanyl	(Hypnorm; vet.)	2,0–5,0 mg Fluanison/kg i.m., (s.c.)	Neuroleptikum
Flubendazol	Flubenol P	22,0 mg/kg p.o. alle 24 Std. über 3 Tage	Anthelmintikum
Flucytosin	Ancotil	100,0 mg/kg p.o. alle 12 Std.	Antimykotikum
Fludrocortison	Astonin H, Fludrocortison	0,02–0,08 mg/Tier p.o. alle 24 Std.	Kortikosteroid, Mineralkortikoid
Flumetason	Cortexilar (vet.)	0,06–0,25 mg/Tier i.v., i.m., s.c., p.o. alle 24 Std.	Kortikosteroid, Glukokortikoid
Flumetason	Cerson Salbe, Locacorten	äußerlich	Dermatikum, Kortikoid
Flunixin	Finadyn (vet.)	1,0–2,0 mg/kg p.o.; 0,3 mg/kg i.m. alle 24 Std.	Antiphlogistikum, Antirheumatikum (nichtsteroidal)
Flunitrazepam	Rohypnol, Fluninoc	bis 0,2 mg/kg i.v., i.m.	Tranquilizer; Sedativum, Hypnotikum
Fluocinolon (-acetonid)	Jellin Creme/Lotio/Salbe	äußerlich	Dermatikum, Kortikoid
Fluorescein	Fluorescein SE Augentropfen, Rp. Oculog. Fluoresceini	1 Tropfen/Auge	Ophthalmikum; Diagnostikum
Fluorometholon (+ Neomycin)	Delmeson (vet.), Efflumidex-Augentropfen	äußerlich; 1–2 Tropfen/Auge alle 6–8 Std.	Dermatikum, Kortikoid; Ophthalmikum
Fluorouracil	Fluorouracil, Efudix	5,0 mg/kg i.v. alle 5–7 Tage	Zytostatikum (Antimetabolit)
Folsäure	Folsan, Folsäure	1,0–5,0 mg/Tier p.o., i.m., i.v. alle 24 Std	Vitamin; Antianämikum
Folsäure + Ammonium-eisen (II)-sulfat	Aegrosan, Ferro-Folgamma, Folicombin, Folsan	1,0–5,0 mg (Folsäure)/Tier p.o. alle 8–12 Std.	Antianämikum
Formaldehyd	Formaldehydlsg. (2%), Lysoform	2,0–5,0%ige Lsg.	Desinfektionsmittel
Fructose	Fructose-Infusionslsg. 50/100, Laevulose-Lsg.	10,0 ml/kg i.v. (DT)	Infusionslösung

Furazolidon	Furazolidon (vet.), (Furostrep; vet.), Nifuran-Ovula	10,0–20,0 mg/kg p.o. alle 24 Std.; lokal	Antidiarrhoikum, Chemotherapeutikum
Furosemid	Dimazon (vet.), Furosemid, Fusid, Lasix	1,0–5,0 mg/kg i.v., i.m., p.o. alle 6–12 Std. (max. 50,0 mg/Dosis i.v., i.m.)	Diuretikum, Saluretikum
Gammexan	s. Lindan		
Gazekompressen	Fucidingaze	äußerlich	Verbandkompressen
Gelatine	Gelaspon-Schwamm	äußerlich zur lokalen Wundbehandlung	Hämostyptikum
Gelatine (Derivate)	Gelafundin, Gelafusal-N, Haemaccel	10,0–40,0–60,0 ml/kg i.v. (DT)	Infusionslösung, Plasmaexpander
Gentamicin	Gentamicin (vet.), Refobacin	4,0 mg/kg i.m., s.c.; am 1. Tag alle 12 Std., dann alle 24 Std.	Antibiotikum, Aminoglykosid
Gentamicin (Augenmedikamente)	Refobacin-Augensalbe/-tropfen Rp. Oculent./Oculog. Gentamicini	1–2 Tropfen/Auge alle 6–8 Std.	Ophthalmikum, Antiinfektiosum
Gentamicin (Salben/Puder)	Gentamycin, Refobacin Creme/ Puder, Sulmycin Creme/Salbe	äußerlich	Dermatikum, antibakteriell
Glucagon	Glucagon, Glucagon Novo	0,05–0,1 mg/kg i.v., i.m. (Wdhlg. n. Indikation); 0,03 mg/kg i.v. für Toleranztest	Antihypoglykämikum (Pankreashormon)
Glucose	Glucose-Lsg./Infusionslsg., Glucosteril, Dextravet 40 (vet.), Traubenzucker-Lösung (vet.)	10,0–40,0 ml/kg i.v. (DT)	Infusionslösung
Glycerol (Glycerin)	Babylax, Glycerol Berlin-Chemie Zäpfchen, Glycilax	0,25–1,0 Supp. rek./Tier alle 8 Std.; 0,6 ml/kg p.o. alle 8 Std.	Laxans
Glyceroltrinitrat	Corangin, Nitrangin, Nitroglycerin	0,1–0,5 mg/kg i.v., p.o. alle 6–8 Std. (n. Wrkg.)	Koronartherapeutikum, Vasodilatans
Glycobiarsol		220,0 mg/kg p.o. alle 24 Std. über 5 Tage mit dem Futter; (Wdhlg. n. 3 Monaten)	Anthelminthikum (Trichuris)
Glycopyrroniumbromid	Robinul	0,01 mg/kg i.v., i.m., s.c. alle 12–24 Std.	Spasmolytikum, Anticholinergikum; Stomachikum

generic name (Frei-/Kurzname)	Handelsnamen (Beispiele)	Dosierung (Achtung: Gebrauchsinformationen beachten!)	Arzneimittelgruppe
Gonadorelin	Fertagyl (vet.), GnRH Sereno, LH-RH Ferring	50,0–300,0 µg/Tier i.m., s.c., i.v. (Wdhlg. n. Indikation)	Hypothalamushormon
Gonadotropin	s. Choriongonadotropin		
Griseofulvin	Gricin Tbl./Creme, Fulcin Tbl., Likuden M (vet.)	ID: 50,0 mg/kg p.o. alle 24 Std. über 1–2 Wochen ED: 10,0–20,0 mg/kg p.o. alle 24 Std. über 6 Wochen; äußerlich zur Einreibung	Antimykotikum, Dermatikum
g-Strophantin	g-Strophantin, Strodival	Sättigungsdosis: 0,02–0,03(0,04) mg/kg u. Tag i.v. Kardiakum, Glykosid verteilt auf 3 Einzeldosen/Tag	
Guaifenesin	Gufen, (Atussin; vet.)	s. Kap. 6	Muskelrelaxans
Guajacol (Kombinationen)	Anastil	0,05–0,2 g/Tier p.o. alle 8 Std.; 0,1–2,0 ml/Tier i.m. alle 24–28 Std.	Antitussivum, Bronchosekretolytikum
Guajacolglycerinether	s. Guaifenesin		
Haloperidol	Haloperidol, Haldol, Sigaperidol	0,5–2,0 mg/kg i.m.	Neuroleptikum, Dopaminantagonist
Halothan	Fluothane, Halothan	Einleitung 1,0–3,0 Vol%, Erhaltung 0,5–1,5 Vol%	Inhalationsnarkotikum
HCG	s. Choriongonadotropin		
Heparin	Heparin, Thrombophob, Vetren	50,0–200,0 IE/kg i.v. alle 8 Std., s.c. nachdosieren	Antikoagulans
Hexachlorcyclohexan	s. Lindan		
Hexachlorophen	Aknefug simplex Creme, (Triochotinin-Spray; vet.)	äußerlich	Antimykotikum (Trichophytie), Dermatikum, Antiseptikum
Hexachlorophen (Kombinationen)	s. Phenolkombinationen		
Hexakalium-hexanatrium-pentazitrat-Hydratkomplex	s. Kalium-natrium-hydrogencitrat		Litholytikum

Hexobarbital		30,0–50,0 mg/kg i.v. (10%ige Lsg.)	Sedativum, Hypnotikum (Barbiturat)
Homatropin (-hydrobromid)	Homatropin-POS 1% Augentropfen, Rp. Oculog. Homatropini	1–2 Tropfen/Auge	Ophthalmikum, Mydriatikum
Hyaluronidase (Natriumhyaluronat)	Hylartil Vet. (vet.), Lasonil Salbe	bis 300,0 IE/Tier s.c., i.m. (Wdhlg. n. Indikation)	Enzym, Resorptionsbeschleuniger
Hydrochlorothiazid	Disalunil, Esidrix, Vetidrex (vet.)	2,0–4,0 mg/kg p.o. alle 12 Std.	Diuretikum, Saluretikum
Hydrocortison	Hydrocortison	0,5–2,0 mg/kg p.o., i.m. (morgens jeden 2. Tag); Schock: bis 50,0 mg/kg i.v.	Kortikosteroid, Glukokortikoid
Hydrocortison (-acetat) (Augenmedikamente, Salben)	Ficortril Augensalbe, Hydrocortison, (Cortikan; vet.)	äußerlich	Dermatikum, Kortikoid, Ophthalmikum
Hydroxycarbamid	Litalir, Syrea	30,0–80,0 mg/kg p.o. alle 12 Std. bis 3 Tage	Zytostatikum
Hydroxyprogesteroncaproat	Progesteron-Depot, Proluton-Depot	5,0–50,0 mg/Tier i.m. alle 8 Tage	Sexualhormon, Gestagen
Hyoscinbutylbromid	s. Butylscopolaminiumbromid		
Hypophysenhinterlappen-Extract (s. auch Oxytocin)	Perlacton Spray (vet.)	2,0–12,0 IE/Tier i.m. (Wdhlg. n. Wrkg. u. Indikation)	Hypophysenhinterlappen-Hormon
Ichthyol	s. Ammoniumbituminosulfonat		
Idoxuridin	Synmiol Augensalbe, IDU Salbe, Zostrum Lsg.	1–2 Tropfen/Auge alle 6–8 Std.; äußerlich	Ophthalmikum; Dermatikum/Antiinfektiosum (Virustatikum)
Imidazol	s. Chlormidazol; Clotrimazol		
Indometacin	Amuno, Indometacin, Indocontin, Indomet	1,0–2,0 mg/kg p.o. alle 24 Std. über 10–14 Tage	Antirheumatikum (nichtsteroidal) Antiphlogistikum, intern
Insulin (Insulin human/neutral)	H-Insulin, Insulin Actrapid, Insulin S.N.C. Berlin-Chemie	0,5–1,0–2,0 IE/kg i.m., s.c. alle 12–24 Std. (Blutzuckerkontrolle!)	Antidiabetikum

generic name (Frei-/Kurzname)	Handelsnamen (Beispiele)	Dosierung (Achtung: Gebrauchsinformationen beachten!)	Arzneimittelgruppe
Insulin-Aminoquinurid-Lösung	B-Insulin, Depot-Insulin, Komb-Insulin	0,5–1,0 IE/kg s.c. alle 12–24 Std. (Blutzuckerkontrolle!)	Antidiabetikum
Insulin-Protaminat-Suspension (Kombinationen)	Basel-H-Insulin, Depot-H15-Insulin 100, Depot-H15-Insulin, Huminsulin	0,5–1,0 IE/kg s.c. alle 12–24 Std. (Blutzuckerkontrolle!)	Antidiabetikum
Iod	s. Kaliumiodid		
Iodoform	s. Jodoform		
Iopydon	(Hytrast)	bis zu 20,0 ml für einen Lungenflügel	Röntgenkontrastmittel für Bronchographie
Iotalaminsäure	Conray	0,3–0,5 ml/kg i.v.	Röntgenkontrastmittel für Angiographie
Isofluran		Einleitung 3,0–4,0 Vol%, Erhaltung 0,6–1,5 Vol%	Inhalationsnarkotikum
Isoniazid	Isozid	5,0–10,0 mg/kg p.o. alle 24 Std. über 30 Tage	Tuberkulostatikum
Isonikotinsäurehydrazid	s. Isoniazid		
Isoprenalin	(Bronchosolvin; vet.), Ingelan Gel, Novodrin	1,0 mg/Tier i.v. in 200,0 ml 5,0%iger Glukose-Lsg. n. Wrkg.; 0,1–0,2 mg/Tier i.m., s.c. alle 6 Std.; 15,0–30,0 mg/Tier p.o. alle 4 Std.	Antiasthmatikum, Sympathikomimetikum (Beta-)
Ivermectin	Ivomec (vet.)	0,2 mg/kg s.c. gegen Räudemilben; 0,25 mg/kg p.o. u. Tag über 2 Wochen gegen Dirofilarien. (**Achtung: keine Zulassung für Hunde**)	Antiparasitikum, Anthelmintikum
Jod	s. Kaliumiodid, Kaliumiodid + Iod		
Jodoform	Rp. Jodoformi 0,1; Lanolini; Aq. dest aa 1,0; Vasilini alba ad 10,0 = Jodoform-Augensalbe 10,0%ig	Augensalbe alle 12–24 Std. anwenden	Ophthalmikum

Jodglycerin	s. Kaliumiodid + Iod		
Kälberblutextrakt	Actovegin-Salbe/Gel	äußerlich	Dermatikum; Vasodilatans
Kaliumchlorid	Kaliumchlorid-Lsg., Kalinor-retard P	maximal 10,0 mval/Std. und 40,0 mval/Tag i.v.; individuell n. Indikation ca. 1,0–3,0 g/Tier u. Tag p.o.	Elektrolyt-Infusionslösung, Nutritans
Kaliumcitrat	Kalinor-Brausetabletten	0,5–3,0 g/Tier p.o. alle 24 Std.	Nutritans, Mineralstoffpräparat
Kaliumiodid	Kaliumiodid 200 Tbl., Rp. Solutii Kalii jodati 0,005/150,0	10–25 Tropfen/Tier p.o. alle 24 Std. (abends); 1/4 Tbl./Tier p.o. alle 24 Std.	Schilddrüsentherapeutikum, Antithyreoidalium
Kaliumiodid + Iod	Lugolsche Lsg. (vet.), Lugolzent (vet.) (Rp. Jodi puri 1,0; Kalii Jodati 3,0; GLycerini ad 30,0) (= Jodglycerin)	äußerlich (lokale Anwendung)	Dermatikum, Desinfizienz
Kaliummagnesium-Asparaginat (-Aspartat)	Kalium-Magnesium-Asparaginat, Trommcardin Lsg./Tbl.	individuell n. Indikation	Kardiakum; Infusionslösung
Kalium-natrium-hydrogencitrat	Uralyt U	1/4–1 Meßlöffel alle 8 Std.	Litholytikum
Kaliumperchlorat	s. Natriumperchlorat		
Kaliumpermanganat	Kalium permanganicum	0,05–0,1%ige Lsg. p.o. bzw. lokal; äußerlich (Wundbehandlung)	Antidot; Dermatikum, Desinfizienz
Kalzium	s. Calcium		
Kanamycin	Kanamycin 10% (vet.), Kanamycinsulfat Lsg. (vet.)	10,0 mg/kg p.o. alle 6 Std.; 7,0 mg/kg s.c., i.m. alle 6 Std.	Antibiotikum, Aminoglykosid
Kanamycin (Augenmedikamente)	Kanamytrex Augentropfen/-salbe (vet.)	alle 6–8 Std. 1–2 Tropfen/Auge	Ophthalmikum, Antiinfektiosum
Ketamin	Ketamin (vet.), Ketanest, Ketavet (vet.)	3,0–5,0–10,0 mg/kg i.v., i.m., s.c.	Narkotikum (analgetische Prämedikation)
Ketoconazol	Nizoral Tbl./Creme/Lsg., Terzolin Lösung	7,0–15,0 mg/kg p.o. alle 24 Std.; äußerlich	Antimykotikum

generic name (Frei-/Kurzname)	Handelsnamen (Beispiele)	Dosierung (Achtung: Gebrauchsinformationen beachten!)	Arzneimittelgruppe
Kodein	s. Codein		
Kohlenhydrat-Infusionslösungen	s. Glucose-, Fructose-, Elektrolyt-Infusionslösungen		
Kortison	s. Cortison		
Kupfersulfat	s. Cuprum sulfuricum		
Lachgas	s. Distickstoffoxid		
Lactulose	Bifiteral, Eugalac, Laevilac, Lactuflor	5,0–15,0 ml/Tier p.o. (Wdhlg. n. Indikation u. Wrkg.)	Antidot; Laxans (Ammoniakentgiftung)
Laevulose	s. Fructose		
Levallorphan	s. Naloxon		
Levamisol	Citarin-L (vet.), Concurat-L (vet.), Levamisol (vet.)	5,0 mg/kg i.m., s.c.; Wdhlg. evtl. n. 7–14 Tagen	Anthelminthikum (Nematoden)
Levarterenol	s. Norepinephrin		
Levomethadon	L-Polamidon, L-Polamivet (vet.)	0,1–0,75 mg/kg i.m., i.v., s.c.	Analgetikum (Opioid)
Levonorgestrel	Microlut, Mikro-30 Wyeth-Drag., Norgestrel	0,5–2,0 mg/kg p.o. alle 24 Std.; zur Läufigkeitsverschiebung: im Proöstrus 2,0 mg/kg p.o. alle 24 Std. über 8 Tage; im Anoestrus 0,1–0,5 mg/kg p.o. alle 24 Std. über 32 Tage	Sexualhormon, Gestagen
Levothyroxin-Natrium (T_4)	L-Thyroxin, Euthyrox	0,02 mg/kg p.o. alle 24 Std.	Schilddrüsentherapeutikum, Thyreoidalium
Lidocain	Lidocain (vet.), Xylocain, Xylocitin	Infiltrationsanästhesie 0,5–1,0%ige Lsg. Oberflächenanästhesie 2,4%ige Lsg. Epiduralanästhesie 1,0–2,0%ige Lsg.	Lokalanästhetikum

Wirkstoff	Präparat	Dosierung	Indikation
Lidocain (für Kardiologie)	Lidocain Braun 2%, Xylocain 2%/20% für Kardiologie	1,0–2,0(–6,0) mg/kg i.v. (DT), s.c., i.m. (EKG-Kontrolle!)	Kardiakum, Antiarrhythmikum
Lincomycin	Albiotic	10,0–20,0 mg/kg i.v., 15,0 mg/kg p.o. alle 8 Std.; 20,0 mg/kg p.o. alle 24 Std.	Antibiotikum, sonstiges
Lindan	Jacutin	äußerlich als 0,025–0,1%ige Salben, Puder oder Haarwäsche	Dermatikum; Antiparasitikum, Ektoparasitikum
Liothyronin (T₃)	Trijodthyronin 50 Tbl., Thybon	4,4 µg/kg ~ 0,01–0,1 mg/Tier p.o. alle 8 Std.	Schilddrüsentherapeutikum, Thyreoidalium
Liothyronin + Levothyroxin	Novothyral, Thyroxin-T₃	0,01–0,5 mg/Tier p.o. alle 12 Std.	Schilddrüsentherapeutikum, Thyreoidalium
Lobelin	Lobelin (vet.)	1,0–10,0 mg/Tier i.m., i.v., s.c., i.p.	Analeptikum, Ganglienblocker, Entwöhnungsmittel
Loperamid	Imodium, Loperamid	0,1–0,3 mg/kg p.o. alle 12 Std.	Antidiarrhoikum
Lypressin	Vasopressin-Spray	10 IE/Tier	Antidiuretikum; Hypophysenhinterlappenhormon
Magnesium	Magnesium-Tabletten, (Bykalzium; vet.)	10,0 mg/kg p.o. alle 24 Std.	Mineralstoffpräparat
Magnesiumchlorid	Rp. Magnesium chloratum	10,0–30,0 ml/Tier der gesättigten Lsg. i.v.	Euthanasie-Toxin
Magnesiumhydroxid (-peroxid)	Rp. Magnesium hydroxydatum	5,0–30,0 ml/Tier p.o.	Magen-Darm-Therapeutikum, Antazidum
Magnesiumsulfat	Bittersalz	8,0–25,0 g/Tier p.o. als 3,0–5,0%ige Lsg. (nach Wrkg.)	Magen-Darm-Therapeutikum, Laxans
Magnesiumsulfat	Rp. Magnesium sulfuricum siccatum	10,0–30,0 ml/Tier der gesättigten Lsg. i.v.	Euthanasie-Toxin
Mannitol (Mannit)	Mannit-Lsg., Mannitol-Infusionslösung, Mannitol-Lsg.	1,0–2,0 g/kg i.v. alle 6 Std. (20%ige Lsg.)	Infusionslösung (Osmotherapeutikum)
Mebendazol	Mebenvet (vet.), Telmin KH (vet.), Vermox	50,0 mg/kg p.o. (Hunde über 3,0 kg KM bis 100,0 mg/kg) mit dem Futter alle 12 Std. über 3–5 Tage	Anthelminthikum (Nematoden)

generic name (Frei-/Kurzname)	Handelsnamen (Beispiele)	Dosierung (Achtung: Gebrauchsinformationen beachten!)	Arzneimittelgruppe
Meclozin	Bonamine, Peremesin	10,0–25,0 mg/Tier p.o. alle 12–24 Std. (20,0–40,0 mg/Tier rek.)	Antiemetikum
Medetomidin	Domitor	5,0–80,0 µg/kg i.v., i.m. (s. Kap. 6)	Sedativum, α_2-Sympathikomimetikum
Medroxyprogesteron (MPA)	Clinovir, Farlutal, Perlutex (vet.)	5,0–10,0 mg/Tier p.o. über 5–8 Tage; 50,0–100,0 mg/Tier i.m., s.c., (Wdhlg. n. Indikation); zur Läufigkeitsverschiebung/ -unterbrechung	Sexualhormon, Gestagen
Megestrolacetat	Megestat	2,0–4,0 mg/kg p.o. alle 24 Std.; zur Läufigkeitsverschiebung: im Proöstrus 2,0 mg/kg p.o. alle 24 Std. über 8 Tage; im Anöstrus 0,5 mg/kg p.o. alle 24 Std. über 32 Tage	Sexualhormon, Gestagen
Megluminamidotrizoat	s. Amidotrizoessigsäure		
Megluminantimonat	Glucantime	50,0 mg/kg (ab 3. Infusion 100,0 mg/kg) i.v., alle 24 Std. über 10 Tage; ein bis mehrere Kuren im Abstand von 14–28 Tagen	Chemotherapeutikum, sonstiges (zur Leishmaniosebehandlung)
Meloxicam	Metacam	0,2 mg/kg p.o. alle 24 Std.	Antiphlogistikum, Antirheumatikum (nichtsteroidal)
Melphalan	Alkeran	0,05–0,1 mg/kg p.o. alle 24 Std.	Zytostatikum
Menadiol (Vitamin K$_4$)	Styptobion	2,0–10,0 mg/Tier i.m. alle 24 Std.	Hämostyptikum, Vitamin K-Derivat
Menadion-Natriumbisulfit (Vitamin K$_3$) (s. auch Phytomenadion)	Prenatal	5,0–20,0 mg/Tier i.v., i.m., s.c., p.o. alle 12 Std.	Hämostyptikum, Vitamin K-Derivat
Menthol (Kombinationen)	(Benadryl; vet.), (Menthymin; vet.), Novopin MIG-Lsg., Rp. Fol. Menthae piperitae	äußerlich und innerlich nach Vorschrift	Antitussivum, Bronchosekretolytikum

Mepacrin	Acrisuxin	50,0–100,0 mg/Tier p.o. alle 12 Std. über 3 Tage, (Wdhlg. n. 3 Tagen)	Chemotherapeutikum, Malariamittel; Antiparasitikum (intern)
Mephenesin	Dolo Visano M	0,25–1,0 g/Tier i.v. (beim Tetanusanfall), p.o.	Muskelrelaxans
Mepivacain	Meaverin, Mepivacain (vet.), Scandicain	Infiltrationsanästhesie 0,5–1,0%ige Lsg.	Lokalanästhetikum
Meprobamat	Dormilfo, Visano	0,5–1,5 g/Tier p.o. alle 24 Std.; 0,1–0,4 g/Tier p.o. alle 8–12 Std.	Tranquilizer
Mercaptopurin	Puri-Nethol	2,0 mg/kg p.o. alle 24 Std.	Zytostatikum
Metakresolsulfonsäure + Formaldehyd	Lotagen	äußerlich	Dermatikum, Adstringens; Hämostyptikum
Metamizol (-Natrium)	Analgin, Baralgin, (Buscopan comp.; vet.) Illagin (vet.), Novalgin, Novalminsulfon, Metamizol (vet.)	0,25–2,0 mg/kg i.v., i.m., s.c; 0,5–3,0 mg/kg p.o. alle 8 Std.	Analgetikum, Antiphlogistikum, Antipyretikum, Spasmolytikum
Metazicam	s. Meloxicam		
Methazolamid		25,0 mg/10,0 kg p.o. alle 8 Std.	Ophthalmikum, Antiglaukomatosum
Methenamin	Hiprex, Urotractan	10,0 mg/kg p.o. alle 6 Std.	Antidot (Phosgen); Urologikum, Harndesinfiziens
Methenamin (Salben)	Antihydral-Salbe	äußerlich	Dermatikum
Methenamin-Silbernitrat + Casein	Fissan-Silberpuder	äußerlich	Dermatikum
Methionin	Acimethin, Methionin, (Uro-Pet; vet.)	0,2–1,0 g/Tier p.o. alle 8 Std.	Hepatikum, Antilipämikum Urologikum (Harnansäuerung)
Methohexital	Brevimytal Natrium	5,0–15,0 mg/kg i.v. (2,5%ige Lsg.) mit Prämedikation: 3,0–8,0 mg/kg i.v.	Narkotikum, Barbiturat
Methotrexat	Methotrexat	0,06 mg/kg p.o. alle 24 Std.	Zytostatikum
Methoxyfluran		Einleitung 3,0 Vol%; Erhaltung 0,5–1,5 Vol% (Achtung: Nierentoxizität!)	Inhalationsnarkotikum

generic name (Frei-/Kurzname)	Handelsnamen (Beispiele)	Dosierung (Achtung: Gebrauchsinformationen beachten!)	Arzneimittelgruppe
Methylergometrin	Methergin, Methylergobrevin	0,25–0,5 mg/Tier s.c., i.v., p.o. alle 12–24 Std.	Uterotonikum, Sekale-Alkaloid
Methylprednisolon	Depot-Medrate (vet.), Medrate, Urbason	0,5–2,0 mg/kg i.m. alle 2 Wochen; p.o. jeden 2. Tag morgens	Kortikosteroid, Glukokortikoid
Methyltestosteron	(Gestikan; vet.)	0,5 mg/kg p.o. alle 24 Std.	Sexualhormon, Androgen
Methyltestosteron + Ethinylestradiol	Gestikan (vet.)	2,0 mg/kg u. Tag p.o. alle 2–3 Tage	Sexualhormon, Androgen-Kombination
Methylthioniniumchlorid	Desmoidpillen	bis zu 5,0 mg/kg p.o. (n. Wrkg.)	Antidot (Methämoglobinbildner) Magenfunktionstest
Methylthiouracil	(Thyreostat)	0,1–0,2 g/Tier p.o. alle 12 Std.	Schilddrüsentherapeutikum, Antithyreoidalium, Thyreostatikum
Methylzellulose	Methocel-Dispersa	1–2 Tropfen/Auge sehr häufig	Ophthalmikum
Methyridin		200,0 mg/kg p.o., s.c., i.p.	Anthelminthikum (Nematoden)
Metildigoxin	s. Digoxin		
Metoclopramid	Cerucal, Gastronerton, Gastrosil, Paspertin	0,2–0,5 mg/kg i.m., p.o. alle 8–12 Std.	Spasmolytikum; Antiemetikum
Metomidat	Hypnodil (vet.)	10,0–15,0 mg/kg i.v., i.m. (in Kombination)	Sedativum, Hypnotikum
Metrifonat	Masoten (vet.), Neguvon (vet.)	75,0 mg/kg p.o. 2× im Abstand von 3 Tagen; äußerlich als 2,0%ige Lsg. (Aufguß)	Anthelmintikum; Antiparasitikum, Ektoparasitikum
Metronidazol	Arilin, Clont, Flagyl	50,0–60,0 mg/kg p.o. alle 24 Std. über 5 Tage	Chemotherapeutikum, sonstiges
Mexiletin	Mexitil	3,0–6,0 mg/kg i.v., p.o. alle 8–12 Std.	Kardiakum, Antiarrhythmikum
Miconazol	Daktar, Epi-Monistat, (Surolan; vet.)	äußerlich; (i.v. unverträglich!)	Antimykotikum
Midazolam	Dormicum	0,5–1,5 mg/kg i.v., i.m.	Tranquilizer; Sedativum, Hypnotikum

Minocyclin	Klinomycin	4,0–5,0 mg/kg p.o. 1. Tag alle 12 Std., dann alle 24 Stunden	Antibiotikum, Tetrazyklin
Mithramycin	(Mithramycin)	2,0 µg/kg i.v. alle 24 Std. über 2–5 Tage	Zytostatikum, Antibiotikum
Mitotan (o,p – DDD)	Lysodren	50,0 mg/kg p.o. u. Tag geteilt in 2 Einzeldosen alle 12 Std. über 1–2 Wochen, dann 1–2mal/Woche	Zytostatikum (Nebennierenrinde)
Morphin	Morphin Merck, MSI/MSR MST – Mundipharma, Rp. Morphini hydrochlorici	0,1–0,3–1,0 mg/kg i.v., i.m. (Wdhlg. n. Indikation)	Analgetikum (Opioid)
Nalorphin	s. Naloxon		
Naloxon	Naloxon, Narcanti (vet.)	0,01–0,05 mg/kg i.v., i.m., s.c.	Antidot (Morphin)
Nandrolon	Anadur, Deca-Durabolin, Fortadex (vet.), Laurabolin (vet.)	10,0–50,0 mg/Tier i.m. alle 30 Tage	Anabolikum
Naproxen	Apranax, Proxen	2,0 mg/kg p.o. alle 24 Std. (Hd. > 20,0 kg KM : 1,5 mg/kg) **(Vorsicht: Magenulkus-Gefahr!)**	Antirheumatikum, Antiphlogistikum (nichtsteroidal)
Natriumbicarbonat	s. Natriumhydrogencarbonat		
Natriumcalciumedetat	EDTA-Lösung	15,0–25,0 mg/kg i.v. (gelöst in 50,0–500,0 ml Infusionslsg.); s.c. (10,0 mg/1,0 ml 5,0%ige Glucose-Lsg. in 4 Einzeldosen)	Antidot (Schwermetallvergiftung)
Natriumchlorid	Natriumchlorid-Infusionslösung 154, 1m-Natriumchlorid-Lösung	individuell nach Indikation 40,0–50,0 ml/kg u. Tag i.v., i.p., s.c. (DT)	Elektrolyt-Infusionslösung
Natriumchlorid (Kombinationen)	Ringer-Lösung DAB 7, Ringer-Laktat-Lösung, Parenteral	10,0 ml/kg i.v. (DT), (nach Indikation)	Elektrolyt-Infusionslösung
Natriumdioctylsulfosuccinat	s. Docusat-Natrium		
Natriumfluorid	Fluoretten, Natriumfluorid, Duraphat-Suspension	0,1–0,2 mg/kg p.o. alle 2 Tage; äußerlich; Schleimhauttouchierung	Nutritans, Mineralstoffpräparat; Laryngologikum, Stomatologikum

generic name (Frei-/Kurzname)	Handelsnamen (Beispiele)	Dosierung (Achtung: Gebrauchsinformationen beachten!)	Arzneimittelgruppe
Natriumhydrogencarbonat	Natriumhydrogencarbonat 1 g Tbl./1,4%/4,2%/8,4%-Inf.-Lsg.	0,5–2,0 g/Tier p.o.; 50,0–150,0 ml/Tier i.v. (DT) einer 1,4%igen Elektrolyt-Infusions-Lsg.; bis 1 mmol/kg i.v. (s. Kap. 8)	Magen-Darm-Therapeutikum, Antazidum; Elektrolyt-Infusionslösung, Azidosetherapeutikum
Natriumhydrogencarbonat (Kombinationen)	Kohlensäurebad Bastian	äußerlich	Dermatikum
Natriumperchlorat	Irenat-Tropfen	0,03–0,18 g/Tier u. Tag p.o. in 3 Einzeldosen	Schilddrüsentherapeutikum, Antithyreoidalium, Thyreostatikum
Natriumsulfat	Glaubersalz, Natriumsulfat	0,5–1,0 g/kg p.o. als 3,0–5,0%ige Lsg.; (Wdhlg. n. Wrkg.)	Antidot; Laxans
Neomycin	Bykomycin, Neomycin (vet.)	20,0 mg/kg p.o. alle 6 Std.; 10,0 mg/kg i.m. alle 12 Std.	Antibiotikum, Aminoglykosid
Neostigmin	Konstigmin (vet.), Neoeserin, Neostigmin, Prostigmin	0,025–0,075 mg/kg i.v., 1,0–2,0 mg/kg i.m.; 5,0–15,0 mg/Tier p.o. (s. Kap. 6)	Parasympathikomimetikum; Cholinesterasehemmer; Antidot (Muskelrelaxantien)
Neostigmin (Augenmedikamente)	Prostigmin-Augentropfen/-salbe	1–2 Tropfen/Auge alle 4–6 Std.	Ophthalmikum, Miotikum
Nicethamid	(Felsol), (Poikiloton)	8,0–30,0 mg/kg i.v., i.m., s.c.	Analeptikum
Niclosamid	Yomesan, Mansonil (vet.)	125,0–150,0 mg/kg p.o. 2× im Abstand von 1 Std.	Anthelminthikum (Zestoden)
Nitrofural (Nitrofurazon)	Bukofuran-Sol (vet.), Furacin, Nifucin-Augentropfen/Gel	äußerlich; Auge: alle 8–12–24 Std. einstreichen	Dermatikum, antibakteriell; Otologikum; Ophthalmikum, Antiinfektiosum
Nitrofurantoin	Furadantin, Nifurantin, Nitrofurantoin, Urolong	4,0 mg/kg p.o. alle 8 Std.; 3,0 mg/kg i.m. alle 12 Std.	Chemotherapeutikum; Urologikum
Noramidopyrin-methansulfonat-Natrium	s. Metamizol		
Norepinephrin	Arterenol, Noradrenalin	0,1–0,5 mg/Tier i.v., i.m., s.c.	Vasokonstriktans, Sympathikomimetikum (Alpha)

Anhang: 29. Arzneimittelübersicht 983

Wirkstoff	Präparate	Dosierung	Wirkung
Norethisteron	Norethisteron, Noristerat, Primolut-Nor-10 Tbl.	0,5–2,0 mg/kg alle 24 Std.; zur Läufigkeitsverschiebung: im Proöstrus 2,0 mg/kg p.o. alle 24 Std. über 8 Tage; im Anöstrus 0,5 mg/kg p.o. alle 24 Std. über 32 Tage	Sexualhormon, Gestagen
Norfenefrin	Novadral, Norfenefrin	2,0–10,0 mg/Tier s.c., i.m. alle 12 Std.; 3,0–6,0 mg/Tier p.o.	Vasokonstriktans, Sympathikomimetikum (Alpha)
Novobiocin	(Neoalphadrol; vet.)	10,0 mg/kg p.o. alle 8 Std.	Antibiotikum, sonstiges
Nystatin	(Fucidine; vet.), Moronal, Nystatin	100000 IE/Tier p.o. alle 6 Std.	Antimykotikum, Antibiotikum (Candida-Infektionen)
Obidoxim (-chlorid)	Toxogonin	0,5–2,5 mg/kg i.v. (langsam)	Antidot (Organophosphate)
Oleandomycin	(Sofan; vet.)	20,0–30,0 mg/kg u. Tag p.o., i.m., i.v. geteilt in 3–4 Einzeldosen alle 6–8 Std.; äußerlich	Antibiotikum, Makrolid; Dermatotherapeutikum
Orazamid	Aicorat	1,0 Drag./Tier alle 8–12 Std.	Hepatikum, Cholagogum, Choleretikum
Orciprenalin	Alupent	0,1–0,5 mg/kg p.o. alle 4–6 Std.; 0,01 mg/kg s.c., i.m. alle 4–6 Std.: **Herzstillstand:** 0,5–1,0 mg/Tier i.v.	Antiasthmatikum, Sympathikomimetikum (Beta) Kardiakum, Antiarrhythmikum
Oxacillin	Stapenor (vet.)	10,0 mg/kg p.o., i.v., i.m. alle 6 Std.	Antibiotikum, Penizillin
Oxybuprocain	Benoxinat, Conjuncain EDO sine, Novesine, Oxbarukain	1–2 Tropfen/Auge	Ophthalmikum; Lokalanästhetikum
Oxyfedrin (DL-)	Ildamen, Myofedrin	0,06–0,2 mg/kg u. Tag i.v., p.o. geteilt in 3 Einzeldosen alle 8 Std.	Koronartherapeutikum, Vasodilatans
Oxytetracyclin (s. auch Polymyxin B + Oxytetracyclin)	Oxytetracyclin, Oxytetracyclin (vet.), Terramycin (vet.), Tetra-Tablinen	20,0 mg/kg p.o. alle 8 Std.; 7,0 mg/kg i.v., i.m., s.c. alle 12 Std.	Antibiotikum, Tetrazyklin
Oxytocin	Orasthin (vet.), Oxytocin (vet.), Syntocinon	0,25–1,0(–6,0) IE/Tier i.v., i.m., s.c., (p.o.)	Uterotonikum
Pancuronium (-bromid)	Pancuronium	0,04–0,1 mg/kg i.v.	Muskelrelaxans
Pankreatin (Lipase, Amylase, Trypsin)	(Cotazym), (Festal N), Kreon, Mezym forte, Pankreatan, Pankreon, (Mikrana; vet.)	1,0–3,0 Drag./Tier p.o. mit jeder Fütterung	Magen-Darm-Therapeutikum, Verdauungsenzym (Enzym des Pankreas)

generic name (Frei-/Kurzname)	Handelsnamen (Beispiele)	Dosierung (Achtung; Gebrauchsinformationen beachten!)	Arzneimittelgruppe
Pankreatin + Galle	Pankreon compositum/forte	1,0–3,0 Drag./Tier p.o. mit jeder Fütterung	Magen-Darm-Therapeutikum, Verdauungsenzym (Enzym des Pankreas)
Panthenol	s. Dexpanthenol		
Papaverin	Papachin N, Papaverin	3,0–6,0 mg/kg s.c. alle 12–24 Std.	Spasmolytikum
Paraffin (Kombinationen)	Agarol, Paraffinum liquidum	bis zu 3,0 ml/kg p.o. (Wdhlg. n. Wrkg.)	Magen-Darm-Therapeutikum, Laxans
Paraoxon	Rp. Oculent./Oculog. Paraoxoni	1–2 Tropfen/Auge alle 8–12 Std.	Ophthalmikum, Antiglaukomatosum
Penicillamin, D-Penicillamin	Metalcaptase, Trolovol	10,0–15,0 mg/kg p.o. alle 12 Std.	Antidot (Schwermetalle, Chelatbildner); Urologikum, Antirheumatikum
Penicillin	s. Amoxicillin, Ampicillin, Benzathin-Benzylpenicillin, Phenoxymethylpenicillin		
Penicillin G	s. Benzylpenicillin		
Penicillin V	s. Phenoxymethylpenicillin		
Pentagastrin		6,0 µg/kg s.c.	Diagnostikum (gastrointestinale Funktionsprüfung)
Pentazocin	Fortral	0,5–1,0 mg/kg i.m., (nicht i.v.!). (Wdhlg. n. Wrkg.)	Analgetikum
Pentetrazol	Cardiminol, (Cardiovet; vet.), Coryvet (vet.)	20,0–100,0 mg/Tier s.c., i.m. oder oral alle 6–12 Std.	Analeptikum, Kreislaufanaleptikum
Pentobarbital	Narcoren (vet.), Nembutal (vet.), Neodorm	Sedierung: 2,0–4,0 mg/kg i.v., Anästhesie: bis 20,0 (30,0) mg/kg i.v.n. Wrkg.	Narkotikum, Barbiturat; Sedativum
Pepsin + Pankreatin	Panzynorm forte N	0,5–2,0 Drag./Tier p.o. alle 8–12 Std. vor der Fütterung	Magen-Darm-Therapeutikum, Verdauungsenzym (Magenenzym-Kombination)

Pepsin + Salz-, Wein- oder Citronensäure	Citropepsin, Enzynorm, Pepsinwein	0,5–2,0 Drag./Tier bzw. 5,0–20,0 Tropfen/Tier p.o. alle 8–12 Std. vor der Fütterung	Magen-Darm-Therapeutikum, Verdauungsenzym (Magenenzym-Kombination)
Peressigsäure	Wofasteril Lsg.	0,3–0,5–1,0%ige Lsg. (s. Kap. 7)	Desinfektionsmittel
Perphenazin	Decentan	0,5–2,0 mg/kg i.m.; 0,5–0,8 mg/kg p.o. alle 12 Std. (antemetische Wrkg.)	Neuroleptikum
Pethidin	Dolantin	10,0 mg/kg i.v., i.m., rek. alle 8–12 Std.	Analgetikum
Phenacetin + Acetylsalicylsäure	Fibrex	0,1–2,0 g/Tier p.o.	Analgetikum, Salizylsäure-Kombination
Phenazon + Prokain + Glycerol	Otalgan-Ohrentropfen	1/4–1/2 Pipette/Ohr alle 6–8 Std.	Otologikum
Phenamidin		15,0 mg/kg s.c. 1:1 mit phys. NaCl, 2× im Abstand von 2 Tagen	Antiparasitikum, Antiprotozoikum
Phenobarbital	Lepinal, Luminal, Phenaemal	2,0 mg/kg p.o. alle 12 Std. Status epilepticus: 6,0 mg/kg i.m., i.v. alle 6–12 Std.	Antiepileptikum/Antikonvulsivum; Sedativum
Phenol, Phenolderivate	Manusept, Wofasept	unterschiedliche Konzentrationen (s. Kap. 7)	Desinfektionsmittel
Phenol (Kombinationen, Derivate)	Aknefug-liquid., DDD-Hautbalsam/Hautmittel, Robusanon, Rp. Sol. Castellani	äußerlich	Dermatikum, Desinfiziens
Phenoxymethylpenicillin	Arcasin, Jenacillin V, Megacillin, Penicillin, V-Tablopen	10,0 mg/kg p.o. alle 8 Std.	Antibiotikum, Penizillin
Phenylbutazon	Butazolidin, Demoplas, Phenylbutazon (vet.)	20,0 mg/kg i.v., i.m., p.o. alle 8–12 Std., max. 900,0 mg/Tier u. Tag	Antirheumatikum/Antiphlogistikum, intern (nichtsteroidal)
Phenylephrin (-hydrochlorid)	Neo-Synephrine, Neosynephrin-POS, Visadron	1–2 Tropfen/Auge; 0,15 mg/kg i.v.	Ophthalmikum, Mydriatikum; Vasokonstrikrans
Phenytoin	Epanutin, Phenhydan, Zentropil	antiepileptisch: 2,0–6,0 mg/kg p.o. alle 8–12 Std. antiarrhythmisch: 5,0–30,0 mg/kg p.o. alle 6–8 Std.	Antiepileptikum/Antikonvulsivum; Kardiakum, Antiarrhythmikum
Phosphorsäure-Verbindungen, organische	s. Metrifonat, Dichlorphos		

generic name (Frei-/Kurzname)	Handelsnamen (Beispiele)	Dosierung (Achtung: Gebrauchsinformationen beachten!)	Arzneimittelgruppe
Phthalylsulfathiazol	Diaarönt	50,0 mg/kg p.o. alle 6 Std.; 100,0 mg/kg p.o. alle 12 Std.	Chemotherapeutikum, Sulfonamid (schwer resorbierbar)
Physostigmin	Anticholium Inj.-Lsg., (Pilo-Eserin-Dispersa), Rp. Oculent./Oculog. Physostigmini	1–2 Tropfen/Auge alle 4–6 Std.; ca. 0,125–0,5 mg/Tier i.v. (n. Wrkg.)	Ophthalmikum, Miotikum Cholinesterasehemmer, Antidot (Atropin)
Phytomenadion (Vitamin K$_1$)	Konakion	1,0–10,0 mg/kg u. Tag i.m., s.c., (i.v.); 5,0–30,0 mg/Tier p.o. alle 12 Std. (i.v.: unter Glukokortikoidschutz, i.m.: Vorsicht! Blutungs-/Hämatomgefahr)	Hämostyptikum; Antidot (Kumarin), Vitamin K$_1$
Pilocarpin	Pilocarpin, Pilocarpol, Rp. Oculent./Oculog. Pilocarpini	1–2 Tropfen/Auge alle 8–12 Std.	Ophthalmikum, Miotikum Cholinergikum
Pimozid	Orap	0,025–0,1 mg/kg p.o. (Wdhlg. n. 6 Tagen)	Antiemetikum, Neuroleptikum
Pindolol	Durapindol, Visken	0,005 mg/kg i.v. alle 8 Std.; 0,03–0,1 mg/kg p.o. alle 8 Std.	Kardiakum, Betarezeptorenblocker
Piperacetazin		0,1–0,4 mg/kg p.o., i.m., s.c., i.v. alle 6–12 Std.; Sedation: 0,45 mg/kg s.c., i.m., i.v.	Neuroleptikum; Sedativum
Piperazin	Piperazincitrat-Paste (vet.)	150,0–300,0 mg/kg p.o. 1× bzw. verteilt über 3 Tage (Wdhlg. nach 12–21 Tagen)	Anthelminthikum (Nematoden)
PMSG	s. Serumgonadotropin		
Polymyxin B	Polymyxin B	2,0 mg/kg i.m.; 1,0–2,0 mg/kg p.o. alle 12 Std.;	Antibiotikum, Polypeptid
Polymyxin B + Oxytetracyclin (s. auch Oxytetracyclin)	(Oxytetracyclin-Polymyxin; vet.)	20,0 mg/kg p.o. alle 8 Std.; 7,0 mg/kg i.v., i.m., s.c. alle 12 Std.	Antibiotikum (Kombination)
Polyvidon-Iod	Betaisadona, Braunol, Braunovidon, Jod-P.V.P.-Spray (vet.)	äußerlich: 1:1 bis 1:100 verdünnt bzw. als Salbe auftragen alle 8–12 Std.	Dermatikum, Desinfizienz
Polyvinylalkohol	Liquifilm-Augentropfen	1–2 Tropfen/Auge, sehr häufig	Ophthalmikum

Polyvitamin	s. Vitamin-Kombinationen		
Povidon-Jod	s. Polyvidon-Iod		
Praziquantel	Cesol, Droncit Tabletten (vet.)	5,0 mg/kg p.o. (nur einmal)	Anthelmintikum (Zestoden)
Prednisolon (-acetat, -succinat)	Decortin-H, Deltacortril, Prednisolon, Prednisolut	0,5–2,0 mg/kg p.o., i.m., s.c. (morgens). (Wdhlg. nach Indikation) Schock: 0,5–5,0–10,0 mg/kg i.v. (-succinat)	Kortikosteroid, Glukokortikoid
Prednisolon (Augenmedikamente)	Inflanefran, Ultracortenol, Rp. Oculog. Prednis. oleosi, Rp. Oculog. Prednis. oleosi compositi	1–2 Tropfen/Auge alle 4–6 Std.	Ophthalmikum, Kortikoid
Prednisolon (Salben, Suppositorien)	Prednisoloncreme/-salbe LAW, (Scheriproct Salbe/Supp.)	äußerlich; alle 8–12 Std. anwenden	Dermatikum, Kortikoid
Prednisolon + Hydroxzin	(Vetaraxoid; vet.)	0,05–0,5 mg/kg p.o. alle 12–24 Std. (ca. 0,5–1,0 Tbl./Dosis)	Kortikosteroid, Glukokortikoid (Kombination)
Prednisolon (Kombinationen)	Berlicetin-Ohrentropfen	1/4–1/2 Pipette/Ohr alle 12 Stunden	Otologikum
Prednyliden	Decortilen	0,5–2,0 mg/kg i.m., s.c. alle 2 Wochen, p.o. jeden 2. Tag morgens	Kortikosteroid, Glukokortikoid
Prehtzyamid	s. Crotetamid		
Prilocain	Xylonest	Infiltrationsanästhesie 0,5–1,0%ige Lsg. Leitungsanästhesie 1,0–2,0%ige Lsg.	Lokalanästhetikum
Primidon	Liskantin, Mylepsinum	35,0–55,0 mg/kg p.o. alle 8–12 Std.	Antiepileptikum/Antikonvulsivum
Procain	Alvecain (vet.), (Isocain; vet.), Novocain, Procain	Infiltrationsanästhesie 0,5–1,0%ige Lsg. Nervenblockade 1,0–1,5%ige Lsg.	Lokalanästhetikum
Procain + Coffein	Impletol	0,1–2,0 ml/Dosis intrakutan, i.m., s.c., intraartikulär	Lokalanästhetikum
Procainamid	Procainamid	2,0 mg/kg i.v. (DT); 10,0–20,0 mg/kg i.m. alle 3–6 Std. 6,0–20,0 mg/kg p.o. alle 8–12 Std.	Kardiakum, Antiarrhythmikum

generic name (Frei-/Kurzname)	Handelsnamen (Beispiele)	Dosierung (Achtung: Gebrauchsinformationen beachten!)	Arzneimittelgruppe
Progesteron (s. auch Hydroxy- u. Medroxyprogesteron)	Progesteron (vet.)	5,0–10,0 mg/Tier i.m. alle 24 Std. bzw. nach Indikation	Sexualhormon, Gestagen
Proligeston	Covinan (vet.), Delvosteron (vet.)	10,0–30,0 mg/kg s.c., Wdhlg. n. Indikation (s. Tab. 3/Kap. 20)	Sexualhormon, Gestagen
Promazin	Protactyl	2,2–4,4 mg/kg i.v., i.m., p.o.	Neuroleptikum
Promethazin	Atosil, Promethazin, Prothazin	0,2–1,0 mg/kg s.c., p.o. alle 8–12 Std. Schock: 5,0–10,0 mg/kg ad 10,0 ml physiolog. Kochsalz-Lsg. i.v.	Antiallergikum; Antiemetikum; Neuroleptikum
Propionylpromazin	Combelen (vet.)	0,1–0,3 mg/kg i.v., i.m., s.c.	Neuroleptikum
Propofol	Disoprivan	2,0–7,0 mg/kg i.v. (s. Kap. 6)	Sedativum, Hypnotikum
Propranolol	Dociton, Obsidan, Propanolol	1,0–3,0 mg/Tier i.v. (DT); 5,0–40,0–60,0 mg/Tier p.o. geteilt in 4 Einzeldosen alle 6 Std. (Höchstdosis: 1,5 mg/kg)	Kardiakum, Betarezeptorenblocker
Propylenglycol (Propandiole)	Propylenglycol (vet.), (Befedo-Wundreinigung; vet.)	äußerlich alle 6–8 Std. auftragen	Dermatikum, Desinfiziens
Propylnicotinat (+ Propanol/Capsaicin)	Nicodan Creme, Nicodan percutan	äußerlich	Dermatikum; Antirheumatikum/ Antiphlogistikum, extern
Prostaglandin $F_{2\alpha}$; $PGF_{2\alpha}$	s. Dinoprost		
Protaminsalze	Protamin, Protaminsulfat	10,0 mg für 850 IE Heparin i.v.	Antidot (Heparin)
Protamin-Zink-Insulin	s. Insulin-Protaminat-Suspension		
Prothipendyl	Dominal	2,5–10,0 mg/kg i.m. alle 24 Std. (n. Wrkg.)	Antiallergikum; Neuroleptikum
Protirelin	Antepan, Thyroliberin, TRH-Inj.-Lsg.	0,2 mg/kg i.v. (Schilddrüsenfunktionstest)	Diagnostikum
Pyrantel	Banminth (vet.), Helmex	5,0–25,0 mg/kg p.o.	Anthelminthikum (Nematoden)

Pyridostigmin (-bromid)	Kalymin, Mestinon	0,5–5,0 mg/Tier s.c., i.m. alle 8–12 Std. 5,0–30,0 mg/Tier p.o.	Parasympathikomimetikum (Cholinesterasehemmer)
Pyridoxin	Benadon, B_6-Vicotrat, Hexobion, Vitamin B_6	25,0–50,0–300,0 mg/Tier i.m., s.c., p.o.	Antiemetikum; Vitamin B_6; Antidot (Chelatbildner)
Pyrimethamin	Daraprim, Pyrimethamine	1,0 mg/kg p.o. alle 24 Std. über 3 Tage, dann 0,5 mg/kg p.o.	Chemotherapeutikum, Malariamittel; Antiparasitikum (intern)
Ranitidin	Ranitidin, Sostril, Zantic	0,5 mg/kg p.o. alle 12 Std.	Antazidum, H_2-Rezeptor-Antagonist
Resorcin, Hexylresorcin	(Mycatox)	äußerlich	Antimykotikum, Antiseptikum
Retinol	A-Vicotrat, Vitamin A, Vitamin A (vet.), Vitadral	400 IE/kg u. Tag s.c., i.m., p.o. über 10 Tage (n. Indikation)	Vitamin A
Retinol (Augenmedikamente)	(Oculotect), Ophtosan, Vitadral, Vitamin A POS	1–2 Tropfen/Auge alle 8–24 Std.	Ophthalmikum, Vitamin A
Riboflavin	Vitamin B_2, Vitamin-B-Komplex (vet.), (Vitamin-Emulsion; vet.), Werdo 10 Riboflavin	10,0–20,0 mg/Tier u. Tag p.o. (n. Indikation)	Vitamin B_2
Rifampicin	Rifa, Rimactan	10,0 mg/kg p.o. alle 24 Std.	Tuberkolustatikum, Antibiotikum
Ringer-Laktat-Lösung	s. Natriumchlorid (-Kombinationen)		
Salazosulfapyridin	s. Sulfasalazin		
Salicylsäure (-Verbindungen)	s. Acidum salicylicum		
Schlangentoxine + Methylsalicylat + Campher	Vipratox Liniment	äußerlich	Antirheumatikum/ Antiphlogistikum, extern
Schwefel	s. Sulfur		
Selensulfid	Ellsurex, Selukos, Selvet (vet.) (Selenit E; vet.)	äußerlich; 0,5–1,5 mg/Tier s.c., i.m.	Dermatikum
Serum-Gonadotropin (PMSG)	Brumegon (vet.), Intergonan (vet.)	50,0–500,0 IE/Tier s.c., i.m. alle 24 Std. über 3–4 Wochen (Brunstinduktion)	Hypophysenvorderlappen-Hormon

generic name (Frei-/Kurzname)	Handelsnamen (Beispiele)	Dosierung (Achtung: Gebrauchsinformationen beachten!)	Arzneimittelgruppe
Silbernitrat	s. Argentum nitricum, s. Diacetyltannin-Protein-Silber		
Silikatzement		äußerlich; Zahnfüllung	Stomatologikum
Silymarin (Kombinationen)	Legalon	35,0–70,0 mg/Tier p.o. alle 8–12 Std.	Hepatikum
Somatropin (Somatotropes Hormon)	Genotropin, Humatrop	5,0 IE/Tier i.m. alle 2 Tage bis zu 10mal (beim Hund ohne Wirkung)	Hypophysenhormon, humanes Wachstumhormon
Sorbitol (s. auch Elektrolyt-Infusionslösungen)		10,0–20,0 ml/kg i.v. (DT)	Infusionslösung, Osmodiuretikum/-therapeutikum
Spectinomycin	Stanilo	5,5–10,0 mg/kg i.m. alle 12 Std.	Antibiotikum, Aminoglykosid
Spiramycin	Rovamycine, Selectomycin, Suanovil (vet.), (Suanatem; vet.)	25,0–50,0 mg/kg p.o. alle 24 Std.; 15,0–25,0 mg/kg i.m. alle 8–12 Std.	Antibiotikum, Makrolid
Spironolacton	Aldactone, Aldopur, Osyrol, Spironolacton, Verospiron	1,0–2,0 mg/kg p.o. alle 12 Std.	Diuretikum, Aldosteronantagonist
Streptokinase	Awelysin, Kabikinase, Streptase	ID 250 000 IE/Tier i.v.; ED 100–150 IE i.v. über 6 Tage	Antithrombotikum, Fibrinolytikum
Streptomycin, Dihydro-streptomycin	(Pen-Strep; vet.), Streptomycin, (Strepto-Penicillin; vet.)	20,0–50,0 mg/kg p.o. alle 6 Std. 10,0–25,0 mg/kg i.m., s.c. alle 8 Std.	Antibiotikum, Aminoglykosid
Streptomycin (Augenmedikamente)	Rp. Oculent./Oculog. STreptomycini	1–2 Tropfen/Auge alle 6–8 Std.	Ophthalmikum, Antiinfektiosum
Strophantin	s. g-Strophantin		
Strychninnitrat	Strychninum nitricum	0,1 mg/kg s.c. alle 24 Std. (entspricht 0,1 ml/kg der 1‰ Lsg.)	Analeptikum
Succinylcholin	s. Suxamethoniumchlorid		
Sulcralfat	Duracralfat	40,0 mg/kg p.o. alle 8 Std.	Ulkusmittel
Sulfacetamid (Augenmedikamente)	Albucid liquidum, Sulfableph N	1–2 Tropfen/Auge alle 4–6 Std.	Ophthalmikum, Antiinfektiosum, Sulfonamid

Sulfadiazin	(Bisolvonamid; vet.), (Tribrissen; vet.), Sulfadiazin	ID: 220,0 mg/kg p.o. oder 50,0 mg/kg i.v. 1mal, ED: 110,0 mg/kg p.o. alle 12 Std.	Chemotherapeutikum, Sulfonamid
Sulfadimethoxin	Sulfadimethoxin (vet.)	25,0 mg/kg p.o., i.v., i.m. alle 24 Std.	Chemotherapeutikum, Langzeit-Sulfonamid
Sulfadimidin	Sulfadimidin (vet.)	50,0 mg/kg p.o., i.v., i.m. alle 12 Std.	Chemotherapeutikum, Sulfonamid
Sulfafurazol	(Dia-Nephritex; vet.)	50,0 mg/kg p.o. alle 8 Std.	Chemotherapeutikum, Sulfonamid
Sulfaguanidin	(Enterosediv; vet.), (Inorgan; vet.)	100,0 mg/kg p.o. alle 24 Std.	Chemotherapeutikum, schwer resorbierbares Sulfonamid
Sulfamerazin	(Supronal-Suspension; vet.)	50,0 mg/kg p.o. alle 24 Std.	Chemotherapeutikum, Langzeit-sulfonamid
Sulfamerazin + Trimethoprim	Berlocombin, Trimeto TAD (vet.)	30,0 mg/kg p.o. alle 12 Std.	Chemotherapeutikum, Sulfonamid-Kombination
Sulfamethizol	Harnosal, Nicene	50,0 mg/kg p.o. alle 8 Std.	Chemotherapeutikum, Sulfonamid
Sulfamethoxazol + Trimethoprim	Bactrim, Eusaprim, Tubrucid (vet.)	30,0 mg/kg p.o. alle 24 Std.; 15,0 mg/kg p.o. alle 12 Std.	Chemotherapeutikum, Sulfonamid-Kombination
Sulfamethoxydiazin	Bayrena (vet.)	50,0 mg/kg p.o. alle 24 Std.	Chemotherapeutikum, Langzeit-sulfonamid
Sulfasalazin	Azulfidine, Colo-Pleon	10,0–15,0 mg/kg p.o., rek. alle 6 Std.	Chemotherapeutikum, sonstiges
Sulfathiazol	Eleudron (vet.), (Vetoprim; vet.)	60,0 mg/kg p.o. alle 4 Std.	Chemotherapeutikum, Sulfonamid
Sulfur (depuratum) (Kombinationen)	(Schwefelbad), (Schwefel-Diasporal)	äußerlich	Dermatikum, Provakatorium; Antirheumatikum
Suxamethoniumchlorid	Lysthenon, Pantolax	0,07 mg/kg i.v. (2%ige Lsg.)	Muskelrelaxans
Talinolol	Cordanum	0,1–0,5 mg/kg i.v. (Wdhlg. n. Wrkg.), p.o. alle 12–24 Std.	Kardiakum, Betarezeptorenblocker
Tannin	s. Acidum tannicum		
Tanninalbuminat	Albutannin, Tannalbin	0,03–0,1 g/kg ~ 1,0 Tbl./5,0 kg p.o. alle 12 Std.	Antidiarrhoikum, Adstringens

generic name (Frei-/Kurzname)	Handelsnamen (Beispiele)	Dosierung (Achtung: Gebrauchsinformationen beachten!)	Arzneimittelgruppe
Teerzubereitungen (s. auch Ammoniumbituminosulfonat)	Teer-Linola-Fett N Creme W/Ö, Polytar flüssig, Rp. Past./Spir. Picis Lithanthracis	äußerlich	Dermatikum, Adstringens
Testosteron (-Isobutyrat, -Önanthat, -Propionat), (s. auch Methyltestosteron)	Andriol, Testosteron, Testoviron	2,0 mg/kg p.o. alle 24 Std. jeden 2.–3. Tag; i.m. alle 10 Tage (bis zu insgesamt 30,0 mg)	Sexualhormon, Androgen
Teststreifen, -tabletten	Combur, N-Multistix, Urastrat, Merckognost	nach Gebrauchsanweisung	Teststreifen u. -tabletten zur chemischen Harn- u. Blutserum-Untersuchung
Tetracain	Gingicain, Neocain (vet.)	Oberflächenanästhesie 0,5–1,0%ige Lsg. Infiltrationsanästhesie 0,1–0,2%ige Lsg. Epiduralanästhesie 0,25–0,5%ige Lsg.	Lokalanästhetikum
Tetracyclin	Achromycin, Hostacyclin (vet.), Tetracyclin, Tetraseptin (vet.)	20,0 mg/kg p.o. alle 8 Std.; 7,0 mg/kg i.v., i.m. alle 12 Std.	Antibiotikum, Tetrazyklin
Tetramisol	s. Levamisol		
Theophyllin	Aminophyllin, Euphyllin	10,0 mg/kg p.o., s.c. alle 8 Std.; 3,0 mg/kg i.v.; 5,0 mg/kg i.m.	Kardiakum, Broncholytikum, Diuretikum
Thiacetarsamid	Caparsolate	0,2–2,2 mg/kg i.v. alle 12 Std. über 2 Tage	Anthelminthikum (Dirofilaria)
Thiamazol	Favistan, Thiamazol	1,0–5,0 mg/kg p.o. alle 8–12 Std.	Schilddrüsentherapeutikum, Thyreostatikum
Thiamin	Aneurin-AS, Betabion, Vitamin B$_1$	10,0–100,0 mg/Tier p.o. alle 24 Std.	Vitamin
Thiamylal	Surital (vet.)	bis 15,0 mg/kg i.v.; mit Prämedikation 3,0–8,0 mg/kg i.v.	Narkotikum, Barbiturat
Thiethylperazin	Torecan	2,0–6,5 mg/Tier i.v., p.o., rek. alle 12–24 Std.	Antiemetikum
Thiopental-Natrium	Thiopental, Trapanal	bis 15,0 mg/kg i.v. (5%ige Lsg.) mit Prämedikation 5,0–8,0 mg/kg i.v.	Narkotikum, Barbiturat

Thiotepa	Thiotepa	0,5 mg/kg i.v. alle 24 Std. über 10 Tage	Zytostatikum
Thrombin		100–1000 IE lokal, p.o. (Achtung: nicht injizieren!)	Hämostyptikum
Thrombokinase (Thromboplastin)		nach Wrkg.: 2,5–10,0 ml/Tier i.v.; 1–2 Tbl. p.o. alle 6–8 Std.; lokal	Hämostyptikum
Thyrotropin (Thyreotropes Hormon, TSH)	s. Protirelin		
Thyroxin	s. Levothyroxin-Natrium, Liothyronin (T₃), s. Dextrothyroxin-Natrium		
Tocopherol (-acetat)	Eplonat, Vitamin E, Vitamin E-forte (vet.)	50,0–100,0 mg/Tier u. Tag p.o., i.m., s.c. (Wdhlg. n. Indikation)	Vitamin E
Tolazolin (-hydrochlorid)	Priscol	0,5 mg/kg i.v., i.m. alle 8–12 Std.	Vasodilatans, (Alpha-Rezeptorenblocker); (Ophthalmikum); Antidot (Xylazin-Antagonist)
Tolbutamid	Artosin, Orabet, Rastinon, Tolbutamid	individuell p.o. (Blutzuckerspiegelbestimmung) (beim Hund i.d.R. ohne Wrkg.)	Antidiabetikum (oral)
Tolnaftat	Tinatox, Tonaftal, Tolnaftat	äußerlich zur Einreibung alle 12 Std.	Antimykotikum (Dermatophytosen)
Toluol		200,0 mg/kg p.o.	Anthelminthikum (Nematoden)
Tosylchloramid-Natrium	s. Chlor		
Tranexamsäure	Anvitoff, Ugurol	10,0 mg/kg i.m. alle 12 Std; 10,0–20,0 mg/kg p.o. alle 8–12 Std.	Hämostyptikum, Antifibrinolytikum
Triamcinolon	Berlicort, Delphicort, Parkesteron (vet.), Triam-oral, (Volon A; vet.)	0,25–2,0 mg/Tier p.o. alle 24 Std. über 7 Tage; 0,1–0,2 mg/kg i.m., s.c. alle 3–4 Wochen	Kortikosteroid, Glukokortikoid
Triamcinolon (Kombinationen)	Delphicort Salbe/Creme, Panolog (vet.), Volonimat-Salbe (vet.)	äußerlich	Dermatikum, Kortikoid

generic name (Frei-/Kurzname)	Handelsnamen (Beispiele)	Dosierung (Achtung: Gebrauchsinformationen beachten!)	Arzneimittelgruppe
Trichlormethan	Chloroform	Einleitung bis 3,0%; Erhaltung 0,5–1,0%	Narkotikum, Inhalationsnarkotikum
Triflupromazin	Psyquil	0,5–2,0 mg/kg i.m.; 0,5–1,0 mg/kg p.o. alle 12–24 Std.	Neuroleptikum
Trimethoprim + Sulfadiazin	Tribrissen (vet.)	15,0 mg (beide Wirkstoffe insgesamt)/kg p.o. alle 12 Std.; 30,0 mg/kg p.o. alle 24 Std.; 2,2 mg (Trimet.)/kg p.o. alle 12 Std.	Chemotherapeutikum, Sulfonamid-Kombination
Trimethoprim + Sulfadoxin	Borgal (vet.), Duoprim (vet.)	15,0 mg (beide Wirkstoffe insgesamt)/kg i.m., i.v. alle 24 Std.	Chemotherapeutikum, Sulfonamid-Kombination
Trimethoprim + Sulfamerazin	Berlocombin, Trimeto TAD (vet.)	30,0 mg/kg p.o. alle 12 Std.	Chemotherapeutikum, Sulfonamid-Kombination
Trimethoprim + Sulfamethoxazol	s. Sulfamethoxazol + Trimetoprim		
Tripelennamin	Azaron Stift, Vetilenzamin (vet.)	äußerlich; 1,0 mg/kg p.o. alle 12 Std.	Antiallergikum
Trispuffer	s. Trometamol		
Trometamol (Kombinationen)	Trometamol-comp. Inf.-Lsg.	ca. 0.3 ml/kg i.v. (DT)	Infusionslösung (metabolische Azidose)
Tropicamid	Mydriacum, Mydrum	1–2 Tropfen/Auge	Ophthalmikum, Mydriatikum
Trypsin (Kombinationen)	Leukase-Puder/Salbe, Wobe-Mugos E	äußerlich; 1 Amp. in 5,0 ml H$_2$O lösen, s.c., i.m.; 1–2 Tbl. p.o. alle 4–6 Std.	Dermatikum; Enzym
Tylosin	Tylan (vet.), Tylosin (vet.)	10,0 mg/kg p.o. alle 8 Std.; 4,0–6,0 mg/kg i.m. alle 12 Std.	Antibiotikum, Makrolid
Vecuroniumbromid	Norcuron	0,06–0,1 mg/kg i.v.	Muskelrelaxans
Valproinsäure (-Natrium; -Calcium)	Convulex, Ergenyl, Leptilan, Orfiril	90,0–110,0 mg/kg u. Tag i.v., i.p., p.o. (geteilt in 3 Einzeldosen alle 8 Std.)	Antiepileptikum/Antikonvulsivum

Vinblastin	Velbe, Vinblastin R. P.	0,1–0,5 mg/kg i.v. 1mal wöchentl.	Zytostatikum
Vincristin	Vincristin	0,025–0,05 mg/kg p.o. alle 7–10 Tage	Zytostatikum
Vitamin A	s. Retinol		
Vitamin B_1	s. Thiamin		
Vitamin B_2	s. Riboflavin		
Vitamin B_6	s. Pyridoxin		
Vitamin B_{12}	s. Cyanocobalamin		
Vitamin C	s. Ascorbinsäure		
Vitamin D_2	s. Ergocalciferol		
Vitamin D_3	s. Colecalciferol		
Vitamin E	s. Tocopherol		
Vitamin K_1	s. Phytomenadion		
Vitamin K_3	s. Menadion-Natriumbisulfit		
Vitamin K_4	s. Menadiol		
Vitamin-Kombinationen	Vitamin A-D_3-E-C (vet.)	0,01–0,1 ml/kg i.m., s.c., p.o.	Vitamin, Polyvitamin
Wismut (-nitrat, -gallat, -carbonat) (Kombinationen)	Karya Bismuth-Granulat	0,3–3,0 g/Tier p.o. (1/4–2 Teelöffel/Tier) alle 4–8 Std.	Antidiarrhoikum, Adstringens
Xantocillin		äußerlich; 1–2 Tropfen/Auge alle 6–8 Std.	Dermatikum, antibakteriell; Ophthalmikum, Antiinfektiosum
Xylazin	Rompun (vet.)	1,0 (0,2–2,0) mg/kg (i.v.), i.m.; in Kombination anwenden (s. Kap. 6)	Analgetikum, Sedativum
Yohimbin	Yohimbin	0,05–0,5 mg/kg i.v., i.m. (s. Kap. 6)	Vasodilatans, Antihypertonikum (α_2-Rezeptorenblocker); Antidot (Xylazin-Antagonist)

generic name (Frei-/Kurzname)	Handelsnamen (Beispiele)	Dosierung (Achtung: Gebrauchsinformationen beachten!)	Arzneimittelgruppe
Zincum oxydatum (Zinkoxid)	Rp. Lot./Past./Ol./Ungt. Zinci oxydati; Zinkoxid Salben-Spray (vet.); Zinkoxyd Salbe	äußerlich	Dermatikum, Adstringens
Zincum sulfuricum (Zinksulfat)	Rp. Oculog. Zinci sulfurici 1/4%; Rp. Oculog. Zinci sulf. c. Epinephrini; Zincfrin-Augentropfen	1–2 Tropfen/Auge alle 6–8 Std.	Ophthalmikum
	(anteilig in Mineralstoffgemischen)	10,0 mg/kg p.o. (0,1–0,5 g/Tier u. Tag)	Nutritans

Alphabetisches Verzeichnis der aufgeführten Handelsnamen mit Zuordnung der Frei-/Kurznamen (generic names)

Handelsname	generic name	Handelsname	generic name
A-Vicotrat	Retinol	Alsadorm	Doxylamin
A.T.10 Lösung/Perlen	Dihydrotachysterol	Altamet	Cimetidin
Abitumfon-Salbe (vet.)	Ammoniumbitumino-sulfonat	Aludrox	Aluminium-hydroxid
ACC	Acetylcystein	Aluman-Salbe (vet.)	Aluminiumacetat
ACD-Stabilisator	Rezeptur s. Kapitel 8	Alupent	Orciprenalin
Acesal	Acetylsalicylsäure (Komb.)	Alvecain (vet.)	Procain
		Amblosin	Ampicillin
Acethropan	Adenocortikotropes-Hormon	Aminofusin	Aminosäuren-Inf.-Lsg.
Achromycin	Tetracyclin	Aminophyllin	Theophyllin
Acimethin	Methionin	Aminoplasmal	Aminosäuren-Inf.-Lsg.
Acrisuxin	Mepacrin		
ACTH (vet.)	Adenocortikotropes Hormon	Aminosteril	Aminosäuren-Inf.-Lsg.
Actovegin-Salbe/Gel	Kälberblutextrakt	Amoxicillin	Amoxicillin
Adaptic	Composite-Füllungs-material	Amoxypen	Amoxicillin
		Ampho-Moronal	Amphotericin-B
Adorlan-U (vet.)	Ammoniumchlorid	Amphotericin B	Amphotericin B
Adrenalin	Epinephrin	Ampicillin (vet.)	Ampicillin
Adrenaphrin (vet.)	Ephedrin	Amuno	Indometacin
Aegrosan	Folsäure + Ammonium-eisen(II)-sulfat	Anadur	Nandrolon
		Analgin	Metamizol
		Anastil	Guajacol (Komb.)
Aeth…/Äth…	s. auch Eth…/Et…	Ancotil	Flucytosin
Aether zur Narkose	Ether	Andriol	Testosteron
Agarol	Paraffin (Komb.)	Androcur	Cyproteron
AHD 2000 Lösung	Ethanol	Aneurin-AS	Thiamin
Aicorat	Orazamid	Antagosan	Aprotinin
Akne-Aid-Lotion	Benzoylperoxid	Antepan	Protirelin
Aknefug-liquidum	Phenol (Komb.)	Anticholium Inj.-Lsg.	Physostigmin
Aknefug simplex	Hexachlorophen	Antihydral-Salbe	Methenamin
Akneroxid	Benzoylperoxid	Antiphlogisticum 15%/30% (vet.)	Aminophenazon
Aktivkohle (vet.)	Aktivkohle		
Albiotic	Lincomycin	Anvitoff	Tranexaminsäure
Albipen (vet.)	Ampicillin	Apomorphin-Inj.-Lsg.	Apomorphin
Albucid liquidum	Sulfacetamid (Augenmed.)	Apoplectal	Buphenin
		Apranax	Naproxen
Albutannin	Tanninalbuminat	Aquamycetin	Chloramphenicol (Augenmed.)
Aldactone	Spironolacton		
Aldopur	Spironolacton	Arcasin	Phenoxymethyl-penicillin
Alexan	Cytarabin		
Alkeran	Melphalan	Arilin	Metronidazol
Alkohol-Konzentrat	Ethanol	Arterenol	Norepinephrin
Alloferin	Alcuroniumchlorid	Artosin	Tolbutamid
Allopurinol	Allopurinol	Ascorvit	Ascorbinsäure

Handelsname	generic name
Aspirin	Acetylsalicylsäure (Komb.)
Astonin H	Fludrocortison
Atgard (vet.)	Dichlorphos
Atosil	Promethazin
Atropin	Atropin
Atropin-Augenöl	Atropin (Augenmed.)
Atropinol	Atropin (Augenmed.)
Atropinum sulfuricum	Atropin
Atussin (vet.)	Guaifenesin; Chlorphenamin
Augentonikum	Digitalis-Glykoside + Borsäure
Aulicin (vet.)	Benzylpenicillin
Aureomycin (vet.)	Chlortetracyclin
Aureotan	Aurothioglukose
Awelysin	Streptokinase
Azaron-Stift	Tripelennamin
Azulfidine	Sulfasalazin
B-Insulin	Insulin-Aminoquinurid-Lösung
B_{12}-Vitaminlsg. (vet.)	Cyanocobalamin
B_{12}-Vicotrat	Cyanocobalamin
B_6-Vicotrat	Pyridoxin
Babylax	Glycerol
Bactrim	Sulfamethoxazol + Trimethoprim
Balkis	Chlorphenamin
Banminth (vet.)	Pyrantel
Baralgin	Metamizol
Basal-H-Insulin	Insulin-Protaminat-Suspension (Komb.)
Batrax	Bacitracin
Bayrena (vet.)	Sulfametoxydiazin
Baytril (vet.)	Enrofloxacin
Befedo-Wundreinigung (vet.)	Propylenglykol (Komb.)
Benadon	Pyridoxin
Benadryl	Diphenhydramin
Benadryl (vet.)	Ammoniumchlorid; Menthol (Komb.)
Benoxinat	Oxybuprocain
Benzaknen	Benzoylperoxid
Benzoyl Peroxyd	Benzoylperoxid
Bepanthen	Dexapanthenol
Berenil (vet.)	Diminacenaceturat
Berlicetin	Chloramphenicol
Berlicetin-Augentropfen	Azidamfenicol
Berlicetin-Ohrentropfen	Chloramphenicol + Prednisolon (Komb.)
Berlicort	Triamcinolon
Berlocombin	Trimethoprim + Sulfamerazin
Berotec	Fenoterol
Betabion	Thiamin
Betaisadona	Polyvidon-Iod
Betalvet (vet.)	Betamethason
Betnesol	Betamethason-Salben
Bifiteral	Lactulose
Binotal	Ampicillin
Bipensaar	Benzylpenicillin + Benzylpenicillin-Procain
Bisolvon (vet.)	Bromhexin
Bisolvonamid (vet.)	Sulfadiazin
Bittersalz	Magnesiumsulfat
Bonamine	Meclozin
Borgal (vet.)	Thrimethoprim + Sulfadoxin
Boviserin (vet.)	Albumin-Globulin-Lsg.
Bovoflavin-Salbe (vet.)	Akriflavin
Braunol	Polyvidon-Iod
Braunovidon	Polyvidon-Iod
Brevimytal Natrium	Methohexital
Bromhexin	Bromhexin
Bronchosolvin (vet.)	Isoprenalin
Brumegon (vet.)	Serumgonadotrophin
BS-ratiopharm	Butylscopolaminiumbromid
Bukofuran	Nitrofural
Bupivacain	Bupivacain
Buscopan	Butylscopolaminiumbromid
Buscopan -compositum (vet.)	Butylscopolaminiumbromid + Metamizol
Butazolidin	Phenylbutazon
Butylscopolamin	Butylscopolaminiumbromid
Bykalzium (vet.)	Magnesium-Calcium (Komb.)
Bykalzium oral (vet.)	Calcium
Bykofuran-Sol (vet.)	Nitrofural
Bykomycin	Neomycin
Calcium gluconicum (vet.)	Calciumgluconat
Calcium Sandoz forte	Calciumlactat

Handelsname	generic name
Calcium-Gluconat (vet.)	Calciumgluconat
Camphersalbe (vet.)	Campher
Calxyl	Calciumhydroxid
Camphosan (vet.)	Campher
Canesten	Clotrimazol
Canifug	Clotrimazol
Caparsolate	Thiacetarsamid
Carbamann	Carbachol
Carbaryl-Antifloh-Halsbänder (vet.)	Carbaryl
Carbostesin	Bupivacain
Cardiminol	Pentetrazol
Cardiovet (vet.)	Pentetrazol
Castellani-Lsg. (Solutio Castellani)	Phenol (Komb.)
Cebion	Ascorbinsäure
Celestan	Betamethason-Salben
Celestovet (vet.)	Betamethason
Cephalexin	Cefalexin
Ceporexin	Cefalexin
Cepovenin	Cefalotin
Cerson Salbe	Flumetason
Cerucal	Metoclopramid
Cesol	Praziquantel
Chinidin retard	Chinidin
Chinidinum sulfuricum	Chinidin
Chloraethyl	Chlorethan
Chloramphenicol (vet.)	Chloramphenicol
Chloramsaar	Chloramphenicol
Chlorhexamed	Chlorhexidin
Chlorhexidin	Chlorhexidin
Chlormadinon	Chlormadinon
Chloroform	Trichlormethan
Chlorpromazinhydrochlorid/forte (vet.)	Chlorpromazin
Chlortetracyclin (vet.)	Chlortetracyclin
Choragon	Choriongonadotrophin
Choriolutin (vet.)	Choriongonadotrophin
Cimetidin	Cimetidin
Circuvit N Lösung	Ephedrin
Citarin-L (vet.)	Levamisol
Citropepsin	Pepsin + Citronensäure (Komb.)
Clamoxyl (vet.)	Amoxicillin
Clinovir	Medroxyprogesteron
Clont	Metronidazol
Clorina	Chlor (aktives)
Clotrimazol	Clotrimazol

Handelsname	generic name
Cloxacillin-Benzathin (vet.)	Cloxacillin
Codeinum phosphoricum	Codein
Coffeinum Compretten/purum	Coffein
Colestyramin	Colestyramin
Colistin	Colistin
Colo-Pleon	Sulfasalazin
Combelen (vet.)	Propionylpromazin
Combur	Teststreifen/-tabl.
Concurat-L (vet.)	Levamisol
Conjuncain EDO sine	Oxybuprocain
Conray	Iotalaminsäure
Contac	Chlorphenamin
Contrapect	Codein
Convulex	Valproinsäure
Corangin	Glyceroltrinitrat
Cordanum	Talinolol
Coroverlan	Etofyllin
Cortexilar (vet.)	Flumetason
Cortikan (vet.)	Hydrocortison (Salben)
Cortison	Cortison
Cortison-Augensalbe	Cortison (Augenmed.)
Cortisumman	Dexamethason (Augenmed.)
Coryvet (vet.)	Pentetrazol
Cotazym	Pankreatin + Enzyme
Covinan (vet.)	Proligeston
Cuprum sulfuricum	Cuprum sulfuricum
Curantyl	Dipyridamol
Cyclophosphamid	Cyclophosphamid
Cyclostin	Cyclophosphamid
Cytobion	Cyanocobalamin
D$_3$-Vicotrat	Colecalciferol
Daktar	Miconazol
Dapson-Fatol	Dapson
Daraprim	Pyrimethamin
Daunoblastin	Daunorubicin
Daunorubicin	Daunorubicin
DDD-Hautbalsam/Hautmittel	Phenol (Komb.)
Deca-Durabolin	Nandrolon
Decadron	Dexamethason
Decentan	Perphenazin
Decortilen	Prednyliden
Decortin H	Prednisolon
Dehydrobenzperidol	Droperidol

Handelsname	generic name
Delmeson (vet.)	Fluorometholon (+ Neomycin)
Delphicort	Triamcinolon
Delphicort Salbe/Creme	Triamcinolon (Komb.)
Deltacortril	Prednisolon
Delvosteron (vet.)	Proligeston
Demoplas	Phenylbutazon
Depot-H15 Insulin/100	Insulin-Protaminat-Suspension (Komb.)
Depot-Insulin	Insulin-Aminoquinurid-Lösung
Depot-Insulin Horm	Insulin-Protaminat-Suspension (Komb.)
Depot-Medrate (vet.)	Methylprednisolon
Desmoidpillen	Methylthioniniumchlorid
Detimedac	Dacarbacin
Dexa POS Augentropfen	Dexamethason (Augenmed.)
Dexamethason	Dexamethason
Dexamethasonsalbe/Creme	Dexamethason
Dextran-Lösung 40/60/75 salvi	Dextran
Dextravet 40 (vet.)	Glucose
Dia-Nephritex (vet.)	Sulfafurazol
Diamox	Acetazolamid
Diarönt	Phthalylsulfathiazol
Diazepam	Diazepam
Dichlor-Stapenor	Dicloxacillin
Diclofenamid	Diclofenamid
Digitallsg. (vet.)	Digitoxin
Digitoxin (vet.)	Digitoxin
Digophton	Digitalis-Glykosid + Borsäure
Digoxin	Digoxin
Dilanacin	Digoxin
Dimazon (vet.)	Furosemid
Dinolytic (vet.)	Dinoprost
Diprosone	Betamethason (Salben)
Dipyridamol	Dipyridamol
Disalunil	Hydrochlorothiazid
Disopriven	Propofol
Dobutrex	Dobutamin
Docabolin	Desoxycorton
Dociton	Propanolol
Dolantin	Pethidin
Dolo Visano M	Mephenesin
Dominal	Prothipendyl
Dopamin	Dopamin
Dopram	Doxapram
Dopram V (vet.)	Doxapram
Dormicum	Midazolam
Dormilfo	Meprobamat
Dormutil N	Diphenhydramin
Doryl	Carbachol
Doxycyclin	Doxycyclin
Droncit-Tabletten (vet.)	Praziquantel
D.T.I.C.	Dacarbacin
Duodexa N-Salbe	Dexamethason (Salben)
Duoprim	Thrimethoprim + Sulfadoxin
Duracralfat	Sulcralfat
Duraphat-Suspension	Natriumfluorid
Durapindol	Pindolol
Dynothel	Dextrothyroxin-Natrium
Ectodex	Diamidid
EDTA-Lösung	Natriumcalciumedetat
Efflumidex-Augentropfen	Fluorometholon (+ Neomycin)
Effortil (vet.)	Etilefrin
Efudix	Fluorouracil
Elektoral (vet.)	Elektrolyt-Oralytlösung
Elektrolyt-Infusionslösung 153	Elektrolyt-Infusionslösung
Eleudron (vet.)	Sulfathiazol
Ellsurex	Selensulfid
Elotrans	Elektrolyt-Oralytlösung
Endoxan	Cyclophosphamid
Enterosediv (vet.)	Sulfaguanidin
Entozon-Granulat (vet.)	Akriflavin
Enzynorm	Pepsin + Salzsäure (Komb.)
Epanutin	Phenytoin
Epha	Dimenhydrinat
Epi-Monistat	Miconazol
Epi-Pevaryl	Econazol
Epiglaufrin	Epinephrin (Augenmed.)
Eplonat	Tocopherol
Ergenyl	Valproinsäure
Ergo-Kranit	Ergotamin

Handelsname	generic name	Handelsname	generic name
Ery-Diolan	Erythromycin	Folicombin	Folsäure + Ammoniumeisen(II)-sulfat
Eryfer	Eisensulfat		
Erythrocin (vet.)	Erythromycin		
Erythromyzin (vet.)	Erythromycin	Folsan	Folsäure + Ammoniumeisen(II)-sulfat
Esidrix	Hydrochlorothiazid		
Essigsaure Tonerde	Aluminiumacetat		
Estradiol	Estradiol	Folsäure	Folsäure
Ethanol	Alkohol	Formaldehydlsg. (2%)	Formaldehyd
Ethrane	Enfluran	Fortadex (vet.)	Nandrolon
Eucard	Etofyllin	Fortecortin	Dexamethason
Eugalac	Lactulose	Fortral	Pentazocin
Euphyllin	Theophyllin	Fructose-Infusionslsg.	Fructose
Euraxil	Crotamiton		
Eurem M Salbe (vet.)	Dicloxacillin	Fucidine (vet.)	Nystatin
Eusaprim	Sulfamethoxazol + Trimethoprim	Fucidingaze	Gazekompressen
		Fugaten-Spray-Lösung	Ethanol
Euthyrox	Levothyroxin-Natrium (T_4)		
		Fulcin Tabletten	Griseofulvin
Evicrol	Composite-Füllungsmaterial	Fungicid	Clotrimazol
		Furacin	Nitrofural
Exol (vet.)	Carbachol	Furadantin	Nitrofurantoin
		Furazolidon (vet.)	Furazolidon (Komb.)
Farlutal	Medroxyprogesteron	Furosemid	Furosemid
Faustan	Diazepam	Fusaten-Spray	Ethanol
Favistan	Thiamazol	Furostrep (vet.)	Furazolidon (Komb.)
Felsol	Nicethamid	Fusid	Furosemid
Fentanyl	Fentanyl		
Ferro-Folgamma	Folsäure + Ammoniumeisen(II)-sulfat	g-Strophantin	g-Strophantin
		Gastrografin	Amidotrizoessigsäure
		Gastronerton	Metoclopramid
Ferrum (vet.)	Dextriferron	Gastrosil	Metoclopramid
Fertagyl (vet.)	Gonadorelin	Gelafundin	Gelatine (Derivate)
Festal N	Pankreatin	Gelafusal N	Gelatine (Derivate)
Fibrex	Phenacetin + Acetylsalicylsäure	Gelaspon-Schwamm	Gelatine
		Gelstaph T.S. (vet.)	Cloxacillin
Ficortril-Augensalbe	Hydrocortison (Augenmed.)	Genotropin	Somatropin
		Gentamicin (vet.)	Gentamicin
Finadyn (vet.)	Flunixin	Gentamycin	Gentamicin (Salben/Puder)
Finlepsin	Carbamazepin		
Fissan-Silberpuder	Methenamin (Komb.)	Gestafortin-Tabletten (vet.)	Chlormadinon
Flagyl	Metronidazol	Gestikan (vet.)	Methyltestosteron (Komb.)
Flubenol P	Flubendazol		
Fludrocortison	Fludrocortison	Gilurytmal	Ajmalin
Fluimucil	Acetylcystein	Gingicain	Tetracain
Fluninoc	Flunitrazepam	Gingisan (vet.)	Chlorhexidin
Fluorescein SE Augentropfen	Fluorescein	Glaubersalz	Natriumsulfat
		Glaupax	Acetazolamid
Fluoretten	Natriumfluorid	Glucagon	Glucagon
Fluorouracil	Fluorouracil	Glucagon Novo	Glucagon
Fluothane	Halothan	Glucantime	Megluminantimonat

Handelsname	generic name
Glucose-Lsg./Infusionslsg.	Glucose
Glucosteril	Glucose
Glycerol Berlin-Chemie Zäpfchen	Glycerol
Glycilax	Glycerol
GnRH Sereno	Gonadorelin
Gricin Tbl./Creme	Griseofulvin
Gufen	Guaifenesin
Gumbix	Aminomethylbenzoesäure
Gynergen	Ergotamin
H-Insulin	Insulin
Haemaccel	Gelatine (Derivate)
Haldol	Haloperidol
Halkan (vet.)	Droperidol
Haloperidol	Haloperidol
Halothan	Halothan
Hansamed	Chlorhexidin
Harnosal	Sulfamethizol
Hauttest-Antigene	Allergene
Helmex	Pyrantel
Heparin	Heparin
Hetrazan	Diethylcarbamazin
Hexobion	Pyridoxin
Hiprex	Methenamin
Höllensteinstift	Argentum nitricum
Homatropin-POS	Homatropin
Hostacain (vet.)	Butanilicain
Hostacyclin (vet.)	Tetracyclin
Humatrop	Somatropin
Huminsulin	Insulin-Protaminat-Suspension (Komb.)
Hydracillin	Benzylpenicillin + Benzylpenicillin-Procain
Hydrocortison	Hydrocortison
Hydrocortison-Salbe	Hydrocortison-Salbe
Hygroton	Chlortalidon
Hylartil Vet. (vet.)	Hyaluronidase (Natriumhyaluronat)
Hypnodil (vet.)	Metomidat
Hypnomidate	Etomidat
Hypnorm (vet.)	Fluanison-Fentanyl
Hytrast	Iopydon
Ibemycin (vet.)	Chloramphenicol
Ichtho-Bad	Ammoniumbituminosulfonat

Handelsname	generic name
Ichtholan	Ammoniumbituminosulfonat
Ichthyol	Ammoniumbituminosulfonat
IDU-Salbe	Idoxuridin
Ildamen	Oxyfedrin
Illagin (vet.)	Metamizol (-Natrium)
Imaverol (vet.)	Enilconazol
Imodium	Loperamid
Impletol	Procain + Coffein
Imurek	Azathioprin
Indocontin	Indometacin
Indomet	Indometacin
Indometacin	Indometacin
Inflanefran	Prednisolon (Augenmed.)
Infukoll 6%/M 40	Dextran
Ingelan Gel	Isoprenalin
Inorgan (vet.)	Acidum tannicum + Sulfaguanidin (Komb.)
Insulin Actrapid	Insulin
Insulin Berlin-Chemie (Alt-Insulin)	Alt-Insulin
Insulin S.N.C. Berlin-Chemie	Insulin
Intergonan (vet.)	Serum-Gonadotropin (PMSG)
Irenat-Tropfen	Natriumperchlorat
Isocain (vet.)	Procain
Isopto-Atropin	Atropin (Augenmed.)
Isopto-Carbachol	Carbachol
Isopto-Dex	Dexamethason (Augenmed.)
Isozid	Isoniazid
Ivomec (vet.)	Ivermectin
Jacutin	Lindan
Jellin Creme/Lotio/Salbe	Fluocinolon (-acetonid)
Jenacillin A	Benzylpenicillin + Benzylpenicillin-Procain
Jenacillin V	Phenoxymethyl-penicillin
Jephagynon	Estradiol (-benzoat)
Jestryl	Carbachol
Jod-P.V.P.-Spray (vet.)	Polyvidon-Iod
Jodglycerin	Kaliumiodid + Iod
Jodspiritus	Kaliumiodid + Iod

Handelsname	generic name
Kabikinase	Streptokinase
Kalinor-retard P	Kaliumchlorid
Kalinor-Brause-tabletten	Kaliumcitrat
Kalium-Magnesium-Asparaginat	Kaliummagnesium-Asparaginat
Kaliumchlorid Lsg.	Kaliumchlorid
Kaliumiodid 200 Tbl.	Kaliumiodid
Kalium permanganicum	Kaliumpermanganat
Kalymin	Pyridostigmin
Kampfersalbe (vet.)	Campher
Kampferspiritus (Spir. Camphorati)	Campher
Kanamycin 10% (vet.)	Kanamycin
Kanamycinsulfat Lsg. (vet.)	Kanamycin
Kanamytrex Augentropfen/-salbe (vet.)	Kanamycin (Augenmed.)
Karya Bismuth-Granulat	Wismut (Komb.)
Ketamin (vet.)	Ketamin
Ketanest	Ketamin
Ketavet (vet.)	Ketamin
Klinomycin	Minocyclin
Kohle-Compretten/Tabletten/Pulver	Aktivkohle (Komb.)
Kohlensäurebad Bastian	Natriumhydrogen-carbonat (Komb.)
Komb-Insulin	Insulin-Amino-quinurid-Lösung
Kombinal asept	Ammonium-verbindung
Konakion	Phytomenadion
Konstigmin (vet.)	Neostigmin
Kreon	Pankreatin
L-Polamidon	Levomethadon
L-Polamivet (vet.)	Levomethadon
L-Thyroxin	Levothyroxin-Natrium (T_4)
Lachgas	Distickstoffoxid
Lactuflor	Lactulose
Laevilac	Lactulose
Laevulose-Lsg.	Fructose
Lanicor	Digoxin
Lanitop	Digoxin
Lasix	Furosemid
Lasonil Salbe	Hyaluronidase
Laudamonium	Benzalkoniumchlorid

Handelsname	generic name
Laurabolin (vet.)	Nandrolon
Legalon	Silymarin (Komb.)
Lentin (vet.)	Carbachol
Lepinal	Phenobarbital
Leptilan	Valproinsäure
Leukase-Puder/Salbe	Trypsin (Komb.)
Leukeran	Chlorambucil
Levamisol (vet.)	Levamisol
LH-RH Ferring	Gonadorelin
Librium	Chlordiazepoxid
Lidocain (vet.)	Lidocain
Lidocain Braun 2%	Lidocain (Kardiakum)
Likuden M (vet.)	Griseofulvin
Lipofundin 10%/20%	Fettemulsion-Infusionslösung
Liquifilm-Augen-tropfen	Polyvinylalkohol
Liskantin	Primidon
Litalir	Hydroxycarbamid
Lobelin (vet.)	Lobelin
Locacorten	Flumetason
Loperamid	Loperamid
Lotagen	Metakresolsulfon-säure (Komb.)
Lugolsche Lösung (vet.)	Kaliumiodid + Jod
Lugolzent (vet.)	Kaliumiodid + Jod
Luminal	Phenobarbital
Lysodren	Mitotan (o,p-DDD)
Lysoform	Formaldehyd
Lysthenon	Suxamethonium-chlorid
Magnesium-Tabletten	Magnesium
Mallebrin-Konzentrat	Aluminium chloratum
Mannit-Lösung	Mannitol (Mannit)
Mannitol-Infusions-lösung/-Lsg.	Mannitol (Mannit)
Mansonil (vet.)	Niclosamid
Manusept	Phenol (Derivate)
Masigel „K"-Tabletten	Almasilat
Masoten (vet.)	Metrifonat
Meaverin	Mepivacain
Mebenvet (vet.)	Mebendazol
Medrate	Methylprednisolon
Megacillin	Phenoxymethyl-penicillin
Megestat	Megestrolacetat
Menformon (vet.)	Estradiol (-benzoat)
Menthymin (vet.)	Menthol (Komb.)

Handelsname	generic name	Handelsname	generic name
Mepivacain (vet.)	Mepivacain	Narcanti (vet.)	Naloxon
Merckognost	Teststreifen, -tabletten	Narcoren (vet.)	Pentobarbital
Mereprine	Doxylamin	Natabec	Ergocalciferol
Mestinon	Pyridostigmin	Natriumchlorid-Infusionslösung 154	Natriumchlorid
Metacam	Meloxicam		
Metalcaptase	Penicillamin	Natriumfluorid	Natriumfluorid
Metamizol (vet.)	Metamizol	Natriumhydrogen-carbonat	Natriumhydrogen-carbonat
Methergin	Ergometrin; Methylergometrin		
		Natriumsulfat	Natriumsulfat
Methionin	Methionin	Nebacetin	Bacitracin
Methocel-Dispersa	Methylzellulose	Neguvon	Metrifonat
Methotrexat	Methotrexat	Nembutal (vet.)	Pentobarbital
Methylergobrevin	Methylergometrin	Neo-Ergotin (vet.)	Ergotamin
Mexitil	Mexiletin	Neo-Synephrine	Phenylephrin
Mezym forte	Pankreatin	Neoalphadrol (vet.)	Novobiocin
Microlut	Levonorgestrel	Neocain (vet.)	Tetracain
Micropaque	Bariumsulfat	Neodorm	Pentobarbital
Microtrast	Bariumsulfat	Neoeserin	Neostigmin
Mikrana (vet.)	Pankreatin	Neomycin (vet.)	Neomycin
Mikro-30 Wyeth-Drag.	Levonorgestrel	Neostigmin	Neostigmin
		Neosynephrine-POS	Phenylephrin
Milurit	Allopurinol	Netabec	Ergocalciferol
Minprostin F$_2\alpha$	Dinoprost	Nicene	Sulfamethizol
Mineralstoff-mischungen	Calcium	Nicodan	Propylnicotinat + Capsaicin
Mithramycin	Mithramycin	Nifucin-Augentropfen/Gel	Nitrofural
Moronal	Nystatin		
Morphin Merck	Morphin	Nifuran-Ovula	Furazolidon
Morphinum hydrochloricum	Morphin	Nifurantin	Nitrofurantoin
		Nitrangin	Glyceroltrinitrat
Mova Nitrat Pipette	Argentum nitricum	Nitrofurantoin	Nitrofurantoin
MSI/MSR/MST Mundipharma	Morphin	Nitroglycerin	Glyceroltrinitrat
		Nizoral Tbl./Creme/Lsg.	Ketoconazol
Muciteran	Acetylcystein		
Mucolyticum	Acetylcystein	Noradrenalin	Norepinephrin
Mycatox	Resorcin, Hexylresorcin	Norcuron	Vecuronium
		Norethisteron	Norethisteron
Myco-Jellin	Chlormidazol	Norfenefrin	Norfenefrin
Mydriacum	Tropicamid	Norgalax-Miniklistier	Docusat-Natrium
Mydrial-Atropin	Atropin (Augenmed.)	Norgestrel	Levonorgestrel
		Noristherat	Norethisteron
Mydrum	Tropicamid	Normacol-Granulat	Bassorin + Faulbaumrinde
Mykatox	Resorcin		
Mykofungin	Clotrimazol	Novadral	Norfenefrin
Mylepsinum	Primidon	Novalgin	Metamizol
Myleran	Busulfan	Novalminsulfon	Metamizol
Myofedrin	Oxyfedrin (DL-)	Noventerol	Aktivkohle (Komb.)
Myofer (vet.)	Dextriferron	Novesine	Oxybuprocain
		Novocain	Procain
N-Multistix	Teststreifen, -tabletten	Novodrin	Isoprenalin
Naloxon	Naloxon	Novopin MIG-Lsg.	Menthol (-Komb.)

Handelsname	generic name	Handelsname	generic name
Novothyral	Liothyronin + Levothyroxin	Partusisten	Fenoterol
Nystatin	Nystatin	Paspertin	Metoclopramid
		Pen-Strep (vet.)	Streptomycin
Obsidan	Propanolol	Pendysin	Benzathin-Benzylpenicillin
Oculotect	Retinol (Augenmed.)		
Oleomycetin	Chloramphenicol (Augenmed.)	Penicillin	Phenoxymethyl-penicillin
Ophtosan	Retinol (Augenmed.)	Penicillin G	Benzylpenicillin
Optochinidin	Chinidin	Penicillin-Heyl	Benzylpenicillin
Orabet	Tolbutamid	Pepsinwein	Pepsin (Komb.)
Oracef	Cefalexin	Perborgen (vet.)	Dexapanthenol
Orap	Pimozid	Percoffedrimol	Ephedrin + Coffein
Orasthin (vet.)	Oxytocin	Peremesin	Meclozin
Orfiril	Valproinsäure	Peritrast	Amidotrizoessigsäure
Osyrol	Spironolacton	Perlacton Spray (vet.)	Hypophysenhinter-lappen-Extract
Otalgan-Ohren-tropfen	Phenazon + Prokain + Glycerol	Perlutex (vet.)	Medroxyprogesteron
		Persantin	Dipyridamol
Otidex	Docusat-Natrium	Phenaemal	Phenobarbital
Ovogest (vet.)	Choriongonadotrophin	Phenhydan	Phenytoin
Oxbarukain	Oxybuprocain	Phenylbutazon (vet.)	Phenylbutazon
Oxytetracyclin (vet.)	Oxytetracyclin	Pilo-Eserin-Dispersa	Physostigmin
Oxytetracyclin-Polymyxin (vet.)	Polymyxin B + Oxytetracyclin	Pilocarpin	Pilocarpin
		Pilocarpol	Pilocarpin
Oxytocin (vet.)	Oxytocin	Piperazincitrat-Paste (vet.)	Piperazin
Pamba	Aminomethylbenzoe-säure		
		Plasmafusin	Dextran
		Poikiloton	Nicethamid
PanOxyl	Benzoylperoxid	Polymyxin B	Polymyxin B
Panacur (vet.)	Febendazole	Polytar flüssig	Teerzubereitung
Pancuronium	Pancuroniumbromid	Prednisolon	Prednisolon
Panflavin	Akriflavin	Prednisoloncreme/-salbe LAW	Prednisolon (Salbe)
Pankreatan	Pankreatin		
Pankreon	Pankreatin	Prednisolut	Prednisolon
Pankreon compositum/forte	Pankreatin + Galle	Pregnavit	Ergocalciferol
		Prenatal	Menadion
Panolog (vet.)	Triamcinolon (Komb.)	Primolut-Nor-10 Tbl.	Norethisteron
Panthenol	Dexapanthenol	Priscol	Tolazolin
Panthogenat-Salbe	Dexapanthenol	Procain	Procain
Pantolax	Suxamethonium-chlorid	Procainamid	Procainamid
		Progesteron-Depot	Hydroxyprogesteron-caproat
Panzynorm forte-N	Pepsin + Pankreatin		
Papachin N	Papaverin	Progesteron (vet.)	Progesteron
Papaverin	Papaverin	Progynon-Depot	Estradiol (-valerat)
Paraffinum liquidum	Paraffin (Komb.)	Progynova	Estradiol (-valerat)
Parasiten-Halsband (vet.)	Carbaryl	Prolan (vet.)	Choriongonadotrophin
		Proluton-Depot	Hydroxyprogesteron-caproat
Paraxin	Chloramphenicol		
Parenteral	Natriumchlorid (Komb.)	Promethazin	Promethazin
		Propanolol	Propanolol
Parkesteron (vet.)	Triamcinolon	Propylenglykol (vet.)	Propylenglykol

65 Freudiger, Hundekrankheiten, 2. A.

Handelsname	generic name	Handelsname	generic name
Prostigmin	Neostigmin	Selukos	Selensulfid
Protactyl	Promazin	Selvet (vet.)	Selensulfid
Protamin	Protaminsalze	Sigaperidol	Haloperidol
Protaminsulfat	Protaminsalze	Sobelin	Clindamycin
Prothazin	Promethazin	Sofan (vet.)	Oleandomycin
Proxen	Naproxen	Solutio Castellani	Phenol (Komb.)
Psyquil	Triflupromazin	Solugastril	Aluminiumhydroxid; Calciumcarbonat
Puri-Nethol	Mercaptopurin		
Pyrimethamine	Pyrimethamin	Sostril	Ranitidin
		Spasmalgan	Denaverin
Quantalan	Colestyramin	Spironolacton	Spironolacton
		Squamasol	Acidum salicylicum
Radenarkon	Etomidat	Stanilo	Spectinomycin
Radepur	Chlordiazepoxid	Stapenor (vet.)	Oxacillin
Ranitidin	Ranitidin	Stickoxidul	Distickstoffoxid
Rastinon	Tolbutamid	Streptase	Streptokinase
Refobacin	Gentamicin	Streptocombin (vet.)	Benzylpenicillin (Komb.)
Refobacin Creme/Puder	Gentamicin (Salben/Puder)	Streptomycin	Streptomycin
Refobacin-Augensalbe/-tropfen	Gentamicin (Augenmed.)	Strepto-Penicillin (vet.)	Streptomycin
Respirot (vet.)	Crotetamid	Stresnil (vet.)	Azaperon
Retacillin comp.	Benzylpenicillin-Natrium (Komb.)	Strodival	g-Strophantin
		Strychninum nitricum	Strychninnitrat
Rheumagene-Gel	Dimethylsulfoxid	Styptobion	Menadiol
Rifa	Rifampicin	Suanatem (vet.)	Spiramycin (Komb.)
Rimactan	Rifampicin		
Ringer-Laktat-Lösung	Natriumchlorid (Komb.)	Suanovil (vet.)	Spiramycin
Ringer-Lösung DAB 7	Natriumchlorid (Komb.)	Sulfableph N	Sulfacetamid (Augenmed.)
Robinul	Glycopyrroniumbromid	Sulfadiazin	Sulfadiazin
		Sulfadimethoxin (vet.)	Sulfadimethoxin
Robusanon	Phenol (Komb.)	Sulfadimidin (vet.)	Sulfadimidin
Rohypnol	Flunitrazepam	Sulmycin Creme/Salbe	Gentamicin (Salben/Puder)
Rompun (vet.)	Xylazin		
Ronaxan (vet.)	Doxycyclin	Suprarenin	Epinephrin
Rovamycine	Spiramycin	Supronal-Suspension (vet.)	Sulfamerazin
Salvi Dextran-Lösung 40/60/75	Dextran	Surital (vet.)	Thiamylal
		Surolan (vet.)	Miconazol
Scandicain	Mepivacain	Synmiol-Augensalbe	Idoxuridin
Scheriproct Salbe/Supp.	Prednisolon (Salbe)	Syntocinon	Oxytocin
		Synulox (vet.)	Amoxicillin
Schlämmkreide	Calciumcarbonat (Komb.)	Syrea	Hydroxycarbamid
Schwefelbad	Sulfur (Komb.)	Tachmalin	Ajmalin
Schwefel-Diasporal	Sulfur (Komb.)	Tachystin	Dihydrotachysterol
Secalysat	Ergometrin	Tagamet	Cimetidin
Selectomycin	Spiramycin	Taktic (vet.)	Diamidid
Selenit E (vet.)	Selensulfid	Tannalbin	Tanninalbuminat

Handelsname	generic name	Handelsname	generic name
Taractan	Chlorprothixen	Trichotinin-Spray (vet.)	Hexachlorophen
Tardastrex (vet.)	Delmadinon		
Tardigal	Digitoxin	Trijodthyronin 50 Tbl.	Liothyronin (T_3)
Tardocillin	Benzathin-Benzylpenicillin	Trimeto TAD (vet.)	Trimethoprim + Sulfamerazin
Tardomyocel (vet.)	Benzathin-Benzylpenicillin	Trolovol	Penicillamin
		Trometamol-comp. Inf.-Lsg.	Trometamol
Teer-Linola-Fett	Teerzubereitung		
Tegretal	Carbamazepin	Trommcardin Lsg./Tbl.	Kaliummagnesium-Asparaginat
Telmin KH (vet.)	Mebendazol		
Temgesic	Bupronorphin	Truxal	Chlorprothixen
Terramycin (vet.)	Oxytetracyclin	Tubrucid (vet.)	Sulfamethoxazol + Trimethoprim
Terzolin Lösung	Ketoconazol		
Testosteron	Testosteron	Tylan (vet.)	Tylosin
Testoviron	Testosteron	Tylosin (vet.)	Tylosin
Tetra-Tablinen	Oxytetracyclin		
Tetracyclin	Tetracyclin	Udicil	Cytarabin
Tetraseptin (vet.)	Tetracyclin	Ugurol	Tranexamsäure
Thalomonal	Droperidol + Fentanyl	Ultracortenol	Prednisolon (Augenmed.)
Thiamazol	Thiamazol		
Thilocanfol C	Chloramphenicol (Augenmed.)	Unibaryt	Bariumsulfat
		Uralyt U	Kalium-natrium-hydrogencitrat
Thiobitum-Bad/Salbe	Ammoniumbitumino-sulfonat		
		Urastrat	Teststreifen/-tabl.
Thiopental	Thiopental	Urbason	Methylprednisolon
Thiotepa	Thiotepa	Uro-Pet (vet.)	Methionin
Thomasin	Etilefrin	Urografin	Amidotrizoessigsäure
Thrombophob	Heparin	Urolong	Nitrofurantoin
Thybon	Liothyronin (T_3)	Urotractan	Methenamin
Thyreostat	Methylthiouracil	Urovision	Amidotrizoessigsäure
Thyroliberin	Protirelin		
Thyroxin-T_3	Liothyronin + Levothyroxin	V-Tablopen	Phenoxymethyl-penicillin
Timonil	Carbamazepin	Valium	Diazepam
Tinatox	Tolnaftat	Vapona (Hunde-halsband) (vet.)	Dichlorphos
Tolbutamid	Tolbutamid		
Tolnaftat	Tolnaftat	Vasopressin-Spray	Lypressin
Tonaftal	Tolnaftat	Vasosan P/-S	Colestyramin
Torecan	Thiethylperazin	Velbe	Vinblastin
Toxogonin	Obidoximchlorid	Vermox	Mebendazol
Tracrium	Atracuriumbesilat	Verospiron	Spironolacton
Trapanal	Thiopental	Vetaraxoid (vet.)	Prednisolon + Hydroxzin
Traractan	Chlorprothixen		
Trasylol	Aprotinin	Vetibenzamin (vet.)	Tripelennamin
Traubenzucker-Lösung (vet.)	Glucose	Vetidrex (vet.)	Hydrochlorothiazid
		Vetilenzamin (vet.)	Tripelennamin
TRH Inj.-Lsg.	Protirelin	Vetoprim (vet.)	Sulfathiazol
Triam-oral	Triamcinolon	Vetranquil (vet.)	Acetylpromacin
Tribrissen (vet.)	Trimethoprim + Sulfadiazin	Vetren	Heparin
		Vibramycin	Doxycyclin
Trichlorol	Chlor (aktives)	Vigantol	Colecalciferol

Handelsname	generic name	Handelsname	generic name
Vinblastin R. P.	Vinblastin	Volonimat (vet.)	Triamcinolon (Komb.)
Vincristin	Vincristin	Vomex A	Dimenhydrinat
Vipratox Liniment	Schlangentoxine (Komb.)	Voren (vet.)	Dexamethason
Visadron	Phenylephrin	Werdo 10 Riboflavin	Riboflavin
Visano	Meprobamat	Wobe-Mugos E	Trypsin (Komb.)
Visken	Pindolol	Wofasept	Phenol (Derivat)
Visuphrine-Augentropfen	Antazolin	Wofasteril Lsg.	Peressigsäure
Vitadral	Retinol	Xylocain	Lidocain
Vitadral-Augenöl	Retinol (Augenmed.)	Xylocain für Kardiologie	Lidocain (f. Kardiologie)
Vitamin A (vet.)	Retinol	Xylocitin	Lidocain
Vitamin A POS	Retinol (Augenmed.)	Xylonest	Prilocain
Vitamin A-D_3-E-C (vet.)	Vitamin-Kombinationen	Yohimbin	Yohimbin
Vitamin B-Komplex	Riboflavin (Komb.)	Yomesan	Niclosamid
Vitamin B_1	Thiamin		
Vitamin B_2	Riboflavin	Zantic	Ranitidin
Vitamin B_6	Pyridoxin	Zentropil	Phenytoin
Vitamin B_{12}	Cyanocobalamin	Zephirol	Benzalkoniumchlorid
Vitamin C	Ascorbinsäure	Zincfrin-Augentropfen	Zincum sulfuricum
Vitamin C forte (vet.)	Ascorbinsäure		
Vitamin D_3 (vet.)	Colecalciferol	Zinkoxid-Salben-Spray (vet.)	Zincum oxydatum
Vitamin E	Tocopherol (-acetat)		
Vitamin E forte (vet.)	Tocopherol (-acetat)	Zostrum-Lsg.	Idoxuridin
Vitamin-Emulsion (vet.)	Riboflavin	Zugsalbe 40 (vet.)	Ammoniumbituminosulfonat
Volon A (vet.)	Triamcinolon		

Sachregister

Abdomen, akutes 536, 566, 649
Abdomen, birnenförmiges 630
Abdomen, Nierenpalpation 575
Abdominalorgane, Verwachsungen 638
Ablatio retinae 330
abnorme Kopfhaltung s. Otitis
Abort, artifizieller 637
Abort, bei Brucellose 663
Abort, bei Toxoplasmose 916
Abort, bevorstehender, Symptome 649
Aborturschen, infektiöse 649
Absprengfraktur, Processus coronoideus ulnae 734
Abszeß, Behandlung 646
Acanthosis nigricans 237
Acaprin 918
ACD-Stabilisator 182
Acepromazin, bei Risikopatienten 95
Acepromazin, Dosierung 96, 109
Acepromazin, klinische Anwendung 96
Acepromazin, zur Prämedikation 109
Acetylcholin 94, 107
Acetylcholinesterase-Hemmer 107
Achalasie, erworbene 463
Achalasie, krikopharyngeale 464
Achillessehnenruptur 811
Acne purulenta 260
ACTH-Sekretionshemmer 832
ACTH-Test 832
Adams-Stokes-Syndrom 401, 405
Adduktoren-Reflex 682
Adenohypophyse, Druckatrophie 830
Adenoviren 902
Adenoviren, Ausscheidung 903
Adenoviren, Pathogenese 903
Adipositas 73
Adipositas, Diät 85
Adipositas, nach Ovario-/Ovariohysterektomie 634
Adiposogenitales Syndrom Fröhlich 829

Adrenalin, als Sperrkörper **127**, 130
Adrenalin, bei Reanimation 142
Adrenalin, Dosierung 142
Adrenalin, Umkehr 95
adrenerge Rezeptoren, Blockade 435
adrenerge Rezeptoren, Stimulation 435
Adrenergika, herzwirksame 435
Adspektion 30
Aerophagie 475
Aerosole 38
Agammaglobulinämie 872
Agglutinationstest, direkter 177
AIHA 861
akantholytische Zellen 227
Akanthose 229
Akkommodation 322
akrale Leckdermatitis 263
Akromegalie 830
Akromegalie-Diabetes 562
Akropachie 742
Aktinomykose, Therapie 363
Aktivierung von Mammatumoren 635
Akupressur 60
Akupunktur 59
akustische Impedanz 384
akustisches Fenster 385
akutes Abdomen 536
Alanin-Aminotransferase 554
Alaskan Malamute, Erythrozytendefekt 862
Alaskan Malamute, Faktor-VII-Mangel 864
ALAT (SALT, GPT) 554
Albinismus 229
Albinismus chorioideae 323
Albinismus iridis 322
Albuminverminderung 553
Alfentanyl 101
Alkalische Phosphatase 554
Alkalose, Therapie 187
Alleinfutter 67
Allergie 240
Allergie, fütterungsbedingte 76, 243

Allergie, Verdauungstrakt 503
Allergie, vom Typ III 76
Allotriophagie 475
Alopecia areata 249
Alopecia color mutant 233
Alopezie 232
Alopezie, bei Hypothyreose 836
Alopezie, bei Morbus Cushing 831
Alopezie, bilateral-symmetrische 836
Alopezie, bilateral-symmetrische, nach Kastration 635
Alopezie, erworbene 830
alpha-Adrenolyse 95, 110
alpha-Rezeptoren 95, 96, 142
alpha-Rezeptorenblocker 953
alpha-Selektivität 97
$alpha_2$-Adrenozeptor-Agonisten 96, 109, 112
$alpha_2$-Adrenozeptor-Antagonisierung 97
$alpha_2$-Antagonisten, Dosierung 98
alternde Hunde, Fütterung 71
Altersbestimmung, Augen 50
Altersbestimmung, Gebiß 45
Altersbestimmung, pränatale 45
Altersbestimmung, Skelett 51
Altersosteoporose 720
Altersreflex 50
Altersschätzung 45
Altersstar 50, 325
Altersveränderungen, Augen 50
Altersveränderungen, Gebiß 45
Altersveränderungen, ZNS 694
Ambu^R-Bag 125, 141
Aminosäuren, Bedarf 65
Aminosäuren, Infusionslösungen 79
Aminosäuren, Quellen 65
Ammoniakerhöhung 554
Ammoniumchloridbelastungstest 554
Ampullenstadium 629
Amyloidose 590, 595
Amyloidose, chronische 593
Anabolika 946

Anabolika, bei Nierenerkrankungen 602
Analbeutel 226, 266
Analbeutel, Erkrankungen 535
Analbeutel, Exstirpation 536
Analeptika 946
Analgesie 94, 111, 127, 129
Analgetika 100, 946
Anämie, bei Erythropoetinmangel 862
Anämie, bei Vitamin-B_{12}-Mangel 862
Anämie, Beurteilung 850
Anämie, Einteilung nach Erythrozytengröße 858
Anämie, Einteilung nach Hämoglobingehalt 858
Anämie, Formen 858
Anämie, hämolytische 858, **860**, 862
Anämie, hämolytische, bei Neugeborenen 860
Anämie, hämolytische, bei Splenomegalie 862
Anämie, hämolytische, infolge hereditärer Erythrozytendefekte 862
Anämie, infolge Blutungen 858
Anämie, infolge Erythrozytenzerstörung 862
Anämie, infolge Knochenmarkhemmung 858, 860, 863
Anämie, isoimmune hämolytische 862
Anämie, Klassifikation 858
Anämie, Laboruntersuchungen 575
Anämie, mikroangiopathische hämolytische 862
Anämie, Pathogenese 858
Anämie, perniziöse 862
Anämie, Prognose 863
Anämie, sideroachrestische 863
Anämie, Symptome 858
Anämie, Therapie 863
Anamnese 29
Anaphrodisie 632
Anaphylaxie 240
Anästhesie, antagonisierbare 116
Anästhesie, Definition 94
Anästhesie, dissoziative 102
Anästhesie, Einleitung 121
Anästhesie, Erhaltung 112
Anästhesie, Neuroleptanästhesie 96, 101
Anästhesie, Protokoll 136
Anästhesie, Überwachung
Anästhesie, Zwischenfälle
Ancylostoma caninum 352, 357
Andrologie 665

Anenzephalie 689
Anfall, Anamnese 696
Anfall, Jacksonscher 695
Anfall, Spezialuntersuchung 696
angeborene Herzfehler 411
Angina 350
Angiographie 214
Angiokardiographie 215
Angiokardiopathien 414
Angioödem 241
Angiostrongylus vasorum 352
Angstbeißen 669
Anisokorie, bei Toxoplasmose 917
Ankaufuntersuchung 20
Anophthalmus congenitus 307
Anorexie 98
Anöstrie 632
Anöstrus 626
antagonisierbare Anästhesie 116
Antagonisten, bei Narkosezwischenfällen 138
Anthelminthika 946
Anthrax 877
Antiallergika 946
Antianämika 946
Antiarrhythmika 435, 438
Antiasthmatika 946
Antibiose **151**
Antibiose, lokale 160
Antibiotika 947
Antibiotika, bei Niereninsuffizienz 602
Anticholinergika 94, 100, 142
Antidiabetika 947
Antidiabetika, orale 563
Antidiuretika 947
Antidote **934**, 947
Antiemetika 603, 947
Antiepileptika 947
Antifibrinolytika 949
Antiglobulinserum, Herstellung 180
Antiglobulintest, indirekter 177
Antikoagulantien 948
Antikonvulsiva 697, 947
Antikörper 176
Antikörper, antinukleäre 861
antimikrobielles Regime **151**
Antimykotika 948
antinukleäre Antikörper 861
Antiparasitika 948
Antirheumatika 948
Antiseptik 153
Antiseptika 949
Antitussiva 948
Anulozyten 863
Anurie 588
Aortenstenose, Diagnostik 384
AP (SAP) 554

Aphakie 327, 333
Apnoe, transiente 103, 105, 112
Apomorphin^R, emetisch wirksame Dosis 930
Apoplexie 699
Appetitzügler 87
Applikation, bei der Reanimation 142
Applikation, endotracheale 142
Applikation, intrakonjunktivale 37, 293
Applikation, orale 36
Applikation, per injectionem 38
Applikation, rektale 37
Applikationstechnik 36
Applikator 36
Aprotinin 437
Areflexie 688
Arm-Lippen-Zeit 384
Arnold-Chiarische Hirnmißbildung 689
Arteriographie 214, 215
Arthritiden, chronische 808
Arthritiden, infektiöse 809
Arthrodesen 809
Arthropathia deformans 809
Arthrose, Zwischenwirbelgelenke 740
Arthrotomie, Ellenbogengelenk 738
Arthrotomie, Schultergelenk 737
Arthus-Reaktion 240
Arzneimittel-Dosierungstabelle 955
Arzneimittelexanthem 245
Arzneimittelfreinamen, Übersicht 946
Arzneimittelhandelsnamen, Zuordnung zu Freinamen 997
ASA-Risikogruppen 93
Aseptik 152
Aspergillus spp. 282
Asphyxia neonatorum, Therapie 656
Aspiration 122, 137, 144
Aspirationspneumonie 361
Asthenie, bei NNR-Insuffizienz 840
Asthma bronchiale 359
Asystolie, 131, 142, 144
Asystolie, Therapie **142**, 436
Aszites 541
Aszites, beim nephrotischen Syndrom 594
Ataxie 751
Atelektase der Lunge 358
Atemantrieb 125
Atemdepression 124, 132
Atemdepression, ausgeprägte 100
Atemdepression, perinatale, Therapie 656

Atemdepression, Therapie 124
Atemfrequenz, bei Beatmung 125
Atemfrequenz, Überwachung 132
Atemgeräusche **337**
Atemlähmung 107
Atemmonitoren 132
Atemnot 336, 348
Atemstillstand, Diagnose 140
Atemstillstand, Therapie 124, 140
Atemwege, Obstruktion 122, 137
Atemwege, Widerstand 121
Atemzeitvolumen 125, 132
Atemzeitvolumen, Überwachung 132
Atemzugvolumen 125, 132
Atherom 268
Ätherschüttelprobe, bei Chylothorax 367
Atipamezol 97, 98, 111
Atmung, abdominale 336
Atmung, Cheyne-Stokessche 335, 336
Atmung, kostale 336
Atmung, kostoabdominale 335
Atmung, Kussmaulsche 335, 336
Atmung, Partialinsuffizienz 124
Atmung, spontane 124
Atmung, Steuerung 123
Atmung, Stillstand 140
Atmung, Überwachung 132, 144
Atmungsapparat 335
Atmungsapparat, Endoskopie 344
Atmungsapparat, Laboruntersuchung 345
Atmungsapparat, Lavage 345
Atmungsapparat, Röntgen 339
Atmungswiderstand 121
Atopie 241
Atresia palpebrarum 292
Atresia puncta lacrimalia 306
Atrioventrikularklappen s. AV-Klappen
Atropin 406
Atropin, bei Bradykardie 138
Atropin, bei Reanimation **142**
Atropin, Dosierung 94, **142**
Atropin, Exzeßtachykardie 95
Atropin, Kontraindikationen 95
Atropin, Überdosierung 95
Attest, tierärztliches 25
Aufklärungspflicht, Tierarzt 22
Aufreiten 669
Aufwachphase, Überwachung 144
Aufwachphase, Zwischenfälle 138
Augapfel, Enukleation 308
Augapfel, Fehlbildungen 307
Augapfel, Fehlstellung 312
Augapfel, Innendruck 307

Augapfel, Luxation 308
Augapfel, Meßlinien 306
Auge, Applikationen 37, 293
Auge, Diagnostik 291, 313
Auge, Fundus 307
Auge, Gefäßhaut 322, 323
Auge, Lider 292
Auge, Linse 325
Auge, Untersuchung 291
Auge, Zittern 307, 313
Augenfundus, Blutungen 330
Augenfundus, Entzündungen 330
Augenlid, Entzündungen 296
Augenlid, Erkrankungen 292
Augenlid, Fehlbildungen 292
Augenlid, Tumoren 297
Augenlid, Wunden 296
Augenlid, Zusammenhangstrennungen 296
Augenmuskulatur, Nervenlähmungen 709
Augenuntersuchung, Sehprüfung 681
Augenverbände 162
Augenzittern 307, 313
Aujeszkysche Krankheit 75, 914
Ausbindeverfahren 165
Auskultation, Herz 374
Auskultation, Lunge 336
Ausscheidungsgastritis, urämische 594
Austreibungsphase, Geburt 650
Auswurf, eitrig-blutiger 355, 359
Auswurf, schleimiger 359
autoimmunbedingte Hautkrankheiten 245
autoimmune hämolytische Anämie 861
Automutilation 708
AV-Block 97, 138, 143
AV-Block, partieller 400
AV-Block, totaler 400
AV-Klappen, Fibrosen 389
AV-Klappen, Insuffizienz 389
azidophile Superfizialzellen, Dominanz 632
Azidose, intrazerebrale 143
Azidose, metabolische 142, 584
Azidose, respiratorische 100, 124, 133
Azidose, Therapie **142**, 187, 603
Azoospermie 667
Azotämie 579, 841
Azyklie 632

B-Lymphozyten 852
Babesia canis 862

Backenblasen 336, 360
Bäder 54
Bakteriämie 871
Bakterien im Harn, Anzüchtung 579
Bakterien, Toxine 75
Balanitis 673
Balanoposthitis 673
Balanoposthitis follicularis, Therapie 673
Bandscheibenschäden 745
Bandscheibenvorfall 745
Bandwürmer 515
Banti-Syndrom 865
Barbiturate, bei Krampfanfällen 131
Barbiturate, bei Risikopatienten 105
Barbiturate, Dosierung 104, **112**
Barbiturate, Exzitationen 104
Barbiturate, Herzrhythmusstörungen 104
Barbiturate, Injektionsanästhesie 114
Barbiturate, klinische Anwendung 104
Barbiturate, Kumulation 104, 114
Barbiturate, kurz- und mittellangwirkende 104
Barbiturate, Mononarkose 103, 114, 181
Barbiturate, Narkoseeinleitung 111, 137
Barbiturate, Narkoseerhaltung 112
Barbiturate, paravenöse Injektion 103
Barbiturate, Thermoregulation 103
Barbiturate, ultrakurzwirkende 104, 106, 111, **114**
Basaliom 268
Basenji, Enzymopathie 862
Basenji, Läufigkeit 625
Basopenie 852
Basophilenleukämie 853
basophile Superfizialzellen, Dominanz 632
basophile Tüpfelung 849
Basophilie 848, 849, **852**
Bauchbruch 545
Bauchfell, Tumoren 542
Bauchhöhle, Punktion 542
Bauchhöhle, Verletzungen 537
Bauchmuskel-Reflex 684
Bauchpalpationsbefund, bei Hcc 904
Bauchpresse 37, 358
Bauchpresse ausschalten 37
Bauchspiegelung 555
Bauchtrauma, stumpfes 538

Bauchverband 161, 172
Bauchwassersucht 541
Beagle, Enzymopathie 862
Beagle, Faktor-VII-Mangel 864
Beagle, Nierenaplasie 595
Beatmung 122, 138, 140
Beatmung, assistierte 126
Beatmung, Atemfrequenz 124
Beatmung, Atemzeitvolumen 124
Beatmung, Atemzugvolumen 125
Beatmung, bei Reanimation 140
Beatmung, Druck 125, 141
Beatmung, Formen 125
Beatmung, kontrollierte 125
Beatmung, manuelle 124, 140
Beatmung, maschinelle 126, 141
Beatmung, mit Ambu-Bag^R 125, 141
Beatmung, Nebenwirkungen 126
Beatmung, PEEP 126
Beatmung, Überdruckventil 125
Beatmung, Volumeter 125
Begleitnephritis 591
Behandlungsvertrag 19
Behandlungsverweigerung, Tierarzt 19
Beifutter 69
Bence-Jones-Protein 857
benign monoclonal gammopathy 857
benigne Prostatahyperplasie 671
Benzodiazepinantagonisten 99
Benzodiazepine **98**, 103, 137
Benzodiazepine, bei Krämpfen 131
Beratungspflicht, Tierarzt 20
Bernhardiner, Faktor-I-Mangel 864
Berufshaftpflichtversicherung 21
Besamung, künstliche 675
Besamungsdosis 676
Bescheinigung 25, 26
Bestrahlungen, Kurzwelle 56
Bestrahlungen, Mikrowelle 58
Bestrahlungen, Rotlicht 55
Bestrahlungen, UV 59
Beta-Rezeptoren 95, 96, 142
Beta-Rezeptoren-Blocker 404
Bilirubinspiegel, pathologischer 553
Bilirubinspiegel, physiologischer 556
Bilirubinstoffwechsel 553
Bindehaut 298
Bindehautdeckung der Hornhaut 315
Bindehautentzündung 299
Binokulus 162
Biologische Probe nach OEHLECKER 180
Biotin, Mangel 76
Birkauge 322
Blase s. Harnblase

Blastomykose, Therapie 363
Bleianämie 863
Blepharitis 296
Blepharophimosis 293
Blepharospasmus 295
Blutausstrich, basophile Einschlüsse 893
Blutaustauschtransfusion 933
Blut, Bank 181
Blut, Basophilie 848, 849, 852
Blut, Befunde bei Anämie 860
Blut, Bildungsmittel 863
Blut, Druckmessung **135**, 145, 388
Blut, Druckmessung nach RIVA-ROCCI 388
Blut, Gas-Verteilungskoeffizienten 118, 123
Blut, Gewinnung 181
Blut, Konservierung 182
Blut, Parameter
Blut, Untersuchung 847
Blut, Viskosität 136
Blutausstrich, Färbungen 849
Blutbild, Alterseinflüsse 848
Blutbild, Befunde bei Anämie 860
Blutbild, Normalwerte 848
Blutbild, rotes, Beurteilung 849, 850
Blutbild, rotes, Veränderungen 849, 858
Blutbild, Untersuchung 847
Blutbild, weißes, Beurteilung 847
Blutbild, weißes, Veränderung 847
Blutdruckabfall 131, 138
Blutdruckmessung, Normalwerte 388
Blutgasanalyse 132
Blutgranulozytenpool 851
Blutgruppen **175**, 862
Blutgruppen, Antigenformel 176
Blutgruppen, Antigenität 178
Blutgruppen, Antikörper 176
Blutgruppen, Bestimmung 177
Blutgruppen, Nachweis 177
Blutkonservenflaschen, Reinigung 182
Blutkreislauf, Beeinflussung bei Schock 436
Blutparasiten 850, 862
Blutplasma, helles 863
Blutplättchen s. Thrombozyten
Blutregeneration 181
Blutsenkung, beschleunigte 850
Blutstillung, Instrumente 169
Blutstillung, mit Eisenchloridwatte 281
Bluttransfusion **175**, 183
Bluttransfusion, Antigenübertragung 176

Bluttransfusion, Eigenblut 184
Bluttransfusion, Ersttransfusion 178
Bluttransfusion, Hämolyse 180
Bluttransfusion, Indikationen 175
Bluttransfusion, Richtdosis 183
Bluttransfusion, Testserenherstellung 179
Bluttransfusion, Tropfgeschwindigkeit 183
Bluttransfusion, Verträglichkeitstestung 175
Bluttransfusion, Wiederholungstransfusion 179
Bluttyp 176
Blutungen aus der Urethra, Rüde 671
Blutungsanämie 858
Blutungsanämie, Blutausstrich 858
Blutungsanämie, chronische 860
Blutungsanämie, infektiöse, Ursachen 859
Blutungsneigung 864
Blutuntersuchung 847
Blutveränderung, beim nephrotischen Syndrom 595
Blutverlust, Symptome 175
Botulismus 75, 877
Botulismus, Scheintod 877
Botulismus, Toxinnachweis 878
Bouvier, Larynxlähmung 710
Boxer, Faktor-II-Mangel 864
Brachygnathie 49
brachyzephale Rassen, Geburtsstörung 654
Bradykardie 138, 142, 402
Bradypnoe 335
Brechreiz 476
Brillenbildung, bei Staupe 898
Bromelintest 178
Bromsulphalein-Test 554
Bromthalein-Test 554
bronchiales Atemgeräusch 337
Bronchialspasmen 359
Bronchiektasie 359
Bronchitis, akute 354
Bronchitis, allergische 355
Bronchitis, chronische 354
Bronchitis, parasitäre 357
bronchoalveoläre Lavage 345, 355
Bronchographie 215
Bronchopneumonie 356
Bronchoskopie 344
Bronchospasmus 94
Brucella canis 667, 875
Brucellose, Diagnose 876
Brucellose, Genitalinfektion 663
Brucellose, Übertragung 875

Brunstlosigkeit, bei Morbus Cushing 831
BSP-Test 554
buffy coat 853, 855
Bulbärparalyse 877, 912
Bulbusdruck, externer 404
Bulla 228
Bulla ossea, Sklerosierung 283
Buprenorphin 101
Bursahygrom, Ellenbogen 272
Butyrophenone 96

Caffey-Silverman-Syndrom 744
Calcinosis circumscripta 270
Calcinosis cutis 234
Calcinosis cutis, bei Morbus Cushing 831
Calcium, Gehalt in Lebensmitteln 84
Calcium, Mangel 73
Calciumreserve, Knochensystem 716
Calcium-Nephropathien 593
Calcium-Phosphor-Stoffwechsel 584
Calcium-Phosphor-Verhältnis, Futter 65
Calvé-Legg-Perthes-Erkrankung 793
Cancer aquaticus 445
Candida-Infektionen 501
canine Adenoviren 590, 902
canine Brucellose 663
Canine Brucellosis Diagnostic Test 876
canines Herpesvirus 663
Canities praecox 233
Capillaria aerophila 352, 357
Captopril 400
Carboanhydratasehemmer 312
Carotissinus-Druck 404
Carpus valgus 730
Carpus varus 730
Carter-Robbins-Test 833
Cataracta complicata 326
Cataracta congenita 325
Cataracta secundaria 326
Cataracta senilis 50, 325
Cataracta symptomatica 325
Cataracta traumatica 326
Catecholamine, bei Reanimation 142
Catecholamine, endogene **118**, 121
Catecholamine, exogene 118
Catecholamine, Sensibilisierung gegen 118
Catecholaminspiegel 94, 109
Cauda-equina-Syndrom 272

CEA 332, 691
Cellulitis orbitae 307
Cervix duplex 639
Chemotherapeutika 948
Chemotherapie, bei Nierenerkrankungen 602
Cheyletiella 250
Cheyne-Stokessche Atmung 336
Chinidin 404, 406
chirurgisches Grundinstrumentarium 167
Chlorethyl 127
Cholagoga 949
Cholezystangiographie 212
Cholezystographie 212
Cholezystographie, Kontraindikationen 553
Cholinergika 952
Cholinesterasehemmer 312
Chondrosis dissecans, Ellenbogen-, Knie-, Schultergelenk 736
Chorioretinitis 324, 330
Christmas-Faktor 864
Chromosomensatz, Hund 675
chronische exokrine Pankreasinsuffizienz 568
Chylothorax 366
Chylothorax, Ätherschüttelprobe 367
Chylothorax, Ernährungsumstellung 367
Chylothorax, Sudan-III-Färbung 367
Chymotrypsin, Bestimmung 570
Chymotrypsin, Werte bei Pankreatitis 569
Cicatrix 229
Cleaning-up-Methode 803
Clearance-Untersuchung, Indikationen 581
Clearance-Untersuchung, Nierenfunktion 580
Clonidine-Stimulationstest 830
Clostridien 75
Clostridium botulinum 877
Cocker Spaniel, Faktor-X-Mangel 864
Cocker Spaniel, herdförmige Enzephalitis 703
Cocker Spaniel, Hydrocephalus internus 690
Cocker Spaniel, Nierenrindenhypoplasie 596
Codein 100
Collie-eye anomaly, CEA 332, 691
Collie nose 264, 347
Collie, Augen-Anomalie 332, 691
Collie, zyklische Neutropenie 851

Collie, Nasenrückenpyodermie 264, 347
Coloboma palpebrarum 293
Coma diabeticum 562
Coma uraemicum 594
Commotio 698
Computertomographie 216
Conjunctiva sclerae, Gelbfärbung 556
Conjunctivitis catarrhalis 299
Conjunctivitis follicularis 300
Conjunctivitis purulenta 301
Contusio 698
Coombs-Test 862
Coonhound paralysis 709
Cor pulmonale 358
Coronaviren 500
Coronavirusenteritis 75
Corpora libera 738
Corpora lutea 625
Corpora lutea, Persistenz 648
Corticosteroide 950
Coxa valga 735
Coxa vara 735
Coxarthritis 808
Coxiella burnetii 892
CPI 568
CPRA 326, **331**
Crenosoma vulpis 352, 357
Crescendo-Decrescendo-Geräusch 376, 414
CT 216
Cushing-Syndrom 831
Cystinurie 597

D-Xylose-Test 508
Dackel, Diskopathie 706
Dackellähme 745
Dammschnitt 653
Darm, Neoplasmen 529, 531
Darm, Obturation 517
Darm, Polypen 529
Darm, Tumoren 529
Darmerkrankungen, funktionelle 531
Darmerkrankungen, Labordiagnostik 507
Darmparasiten 512
Darmpassage, Dünndarm 210
Darmspasmus 518
Dauerblutspender 181
Dauertropf 183
DEA, Inkompatibilität 861
Deckakt 661
Deckbereitschaft 626
Decktermin, Objektivierung 628
Deckzeitpunkt, Bestimmung 663

Deckzeitpunkt, ungünstiger 663
Decurarisierung **107**
Defibrillation **142**
Defibrillation, elektrische 143, 406
Defibrillation, Energiemenge 143
Defibrillation, medikamentöse 142
Dehydratation, Einteilung 185
Dehydratation, Infusionsüberwachung 185
Dehydratation, Therapie 77, 185
Dehydrobenzperidol 96
Dekontamination, im Vergiftungsfall 930, 931
delta-Aminolävulinsäure, Ausscheidung 863
Demodikose 253
Depot-Gestagene, zur Läufigkeitsverhinderung 635
Dermatika 948
Dermatitis 239
Dermatitis acuta juvenilis purulenta 260
Dermatitis herpetiformis 248
Dermatitis solaris nasi 264
Dermatitis, eitrige 76
Dermatitis, skrotale 669
Dermatomykose 255
Dermatophyten, Ohr 282
Dermatose 239
Dermatose, ernährungsbedingte 266
Dermatose, toxische 267
Dermatosen, ernährungsbedingte 76
Dermoid 298, 313
Dermoidzyste 268
Descensus testis 666
Desinfektion 154
Desinfektion, chemische 154
Desinfektion, Flächen 154
Desinfektion, Geräte 156
Desinfektion, Hände/Haut 155
Desinfektion, Instrumente, Spritzen 156
Desinfektion, Kontrolle 157
Desinfektion, Operationsfeld 155
Desinfektion, physikalische 154
Desinfektion, Wäsche 155
Desinfektionsmittel 949
Deutscher Schäferhund s. DSH
Dexamethason-ACTH-Test 832
Dexamethason-Test 832
Dextran-Infusionslösungen 186
Diabetes insipidus 579
Diabetes insipidus, Formen 832, 833
Diabetes insipidus, Therapie 833
Diabetes mellitus 561, 590
Diabetes mellitus, Diät 87

Diabetes mellitus, Folgekrankheiten 562
Diabetes mellitus, Symptome 562
Diabetes-Morbidität 561
diabetische Katarakt 562
Diagnostika 949
Dialyse 604
Diaphyse, Trümmerfraktur 783
Diarrhoe 495
Diarrhoe, akute 498
Diarrhoe, blutige 575, 597, 918
Diarrhoe, Diät 81
Diät bei Adipositas 85
Diät bei Chylothorax 367
Diät bei Diabetes mellitus 87
Diät bei Diarrhoe 81
Diät bei gastrointestinalen Erkrankungen 81
Diät bei Hautkrankheiten 87
Diät bei Herz-Kreislauf-Erkrankungen 85
Diät bei Inappetenz, Anorexie 76
Diät bei Infektionskrankheiten 80
Diät bei Leberkrankheiten 87
Diät bei Nierenkrankheiten 81, 601
Diät bei Operationen 88
Diät bei Pankreaserkrankungen 87
Diät bei Urolithiasis 81, 83
Diätetik, parenterale Ernährung 77
Diätetik, prä- und postoperative Ernährung 160
Diätetik, Zwangs-/Sondenernährung 77
diätetische Ernährung 76
Diätfuttermittel, Leber 564
Diätfuttermittel, Niere 601
Diätfuttermittel, Pankreas 613
Diazepam, bei Krampfanfällen 131
Diazepam, Dosierung 99, **112**
Diazepam, zur Injektionsanästhesie 114
Diazepam, zur Narkoseerhaltung **112**
Diazepam, zur Prämedikation **110**
Dickdarm, Erkrankungen 490
Dienstvertrag 20
Differentialdiagnose, sekundäre Epilepsie 697
Diffusionshypoxie 120, 123
Digitalisierung **398**, 404
Digoxin 392, 602
Dilatatio ventriculi 481
Diphyllobotrium latum 862
Dirofilaria immitis 352, 408
Dirofilariose 352, 408
Dirofilariose, Haut 255
diskoider Lupus erythematodes 248
Diskopathie, Dackel 706

Diskushernien 706
Diskusvorfall 745
disseminierte intravasale Gerinnung 864
dissoziative Anästhesie 102
Distichiasis 293
Diurese, forcierte 930
Diurese, normale 186
Diureseanregung, bei Schock 437
Diureseanregung, osmotische 603
Diuretika 399, 949
Diverticulum recti 532
dorsales Schwanzorgan 226
Drei-Gläser-Probe, Urin 576
Drohreflex 681
Droperidol^R 96
drug eruption 245
DSH, Somatomedinmangel 829, 830
DSH, Tumoren der Wirbelsäule 707
Ductus parotideus, Transposition 305
Dünndarm, Erkrankungen 490
Durstversuch 579
DYE-Test 917
Dysbiose 492
Dysplasien, chorioretinale 332
Dyspnoe, bei Pleuraergüssen 366
Dyspnoe, exspiratorische 336
Dyspnoe, gemischte 336
Dyspnoe, inspiratorische 336, 348
Dystokie, Untersuchung 652
Dysurie 606

E. coli 76
Echokardiographie 384
Ectopia testis 666
Ectropium subcutis hyperplasticum 295
Edrophonium 107
Effloreszenzen 228
Ehlers-Danlos-Syndrom 232
Ehrlichiose 893
Eigenbluttransfusion 184
Eingeben, feste Stoffe 36
Eingeben, Flüssigkeiten 36
Einthoven-Dreieck 378
Einzelnephron-Hypothese 601
Eisenmangel 73
Eisenmangel, physiologischer 859
Eisenmangel, Ursachen 859
Eisenmangelanämie 858, 859, **862**
Eisenverwertungsstörung 859
Eiweiß s. Proteine
Eiweißlabilitätsproben 920
Ekchymosen 228
EKG, bei Reanimation 140, **142**
EKG, beim Adams-Stokes-Syndrom 406

EKG, Einthoven-Dreieck 378, 379
EKG, frontale Ebene 379
EKG, Körperpositionen 377
EKG, QRS-Hauptvektor 377, 378
EKG, sagittale Ebene 379
EKG, transversale Ebene 379
EKG, vektorielle Interpretation 379
EKG, zur Patientenüberwachung 134, 145
EKG-Ableitungen, an Brustwand 377
EKG-Ableitungen, an Extremitäten 377
EKG-Darstellungsmethoden, Doppler-Technik 385
EKG-Darstellungsmethoden, 2D-Technik 385
EKG-Darstellungsmethoden, eindimensionale Technik 385
EKG-Darstellungsmethoden, M-Mode-Technik 385
EKG-Darstellungsmethoden, Verkürzungsfraktion (FS) 387
EKG-Darstellungsmethoden, zweidimensionale Technik 385
EKG-Intervalle 377
EKG-Prinzip 384
EKG-Schallkopf 387
EKG-Zeitwerte 378
Eklampsie 659
Ektasien, sklerale 332
Ektropium 295, 296
Ektropium, chirurgische Korrektur 296
Ekzem 239
Elektrolyt-Basislösungen 187
Elektrolyt-Bedarfsberechnungen 187
Elektrolytgehalt im Blutplasma 407
Elektrolyt-Infusionslösungen 77, **186**
Elektrolytlösungen, korrigierende 187
Elektrolytlösungen, Voll- 186
elektromechanische Entkopplung 143
elektromechanische Latenz 375
Elektroretinogramm 327
Eliminationsdiät 76, 84, 243
Ellenbogengelenk, Arthrotomie 738
Ellenbogengelenk, Luxation 792
Ellenbogengelenk, Subluxation 792
Elokomin-flukefever 894
Emesis 97, 100, 476
Emesis auslösen 930
Emetika 930, 949
Emphysem, Hals 368

Empyema pulmorum 357
Empyeme 349
enchondrale Ossifikation, Störungen 835
Enchondrosis intervertebralis 745
endexspiratorische Sauerstoffkonzentration 133
endogene Infekte, Darm 498
Endokarditis, bakterielle 392
endokrines Pankreas, Erkrankungen 561
Endometritis, hormonal bedingte 641
Endometritis, iatrogene 641
Endometritis-Pyometra-Komplex 639
Endometrium, glandulär-zystische Hyperplasie 632, **642**
Endorphine 101
Endotrachealtuben 121
Endotrachealtuben, Ballonhernie 122
Endotrachealtuben, Murphy-eye 121
Endotrachealtuben, Tubusgrößen 121
Endstadiumniere 593
Energiebedarf, Erhaltung 61
Energiebedarf, Leistung 62
Enfluran **118**
Enophthalmus 312
Enterales Proteinverlust-Syndrom 506
Enterektomie, Technik 523
Enteritis 495
Enteritis anaphylactica 503
Enteritis, bakterielle 496
Enteritis, chronische 499
Enteritis, Coronaviren 75
Enterographie 210
Enterokolitis 495
Enterokolitis, akute hämorrhagische 526
Enterotomie, Technik 523
Enterotoxämie 75
Enterotoxämie, bei Gasbrand 879
Entropium 294, 295
Entropium spasticum 295
Entropium, chirurgische Korrektur 295
Entzündungsmediatoren 852
Enucleatio bulbi 308
enzephalitische Reaktion, durch Lebendvakzine 704
Enzymdefekte, Rassedispositionen 692
Enzyme 949
Enzymhemmer 949

Eosinopenie 852
Eosinophilenleukämie 853
Eosinophilenzählung 849, 851
Eosinophiles Granulom 270, 354
Eosinophilie 848
Eosinophilie, Funktion 851
Eosinophilie, im Auswurf 359
Eosinophilie, im Blut 355, 359, 813, 851
Epidermis 225
Epidermis, Dysplasie 239
Epididymitis 667
Epiduralanästhesie **129**
Epiduralanästhesie, anatomische Grundlagen 129
Epiduralanästhesie, Dauer 130
Epiduralanästhesie, kokzygeale 130
Epiduralanästhesie, Vasokonstriktorenzusatz 130
Epilepsie 405, 694
Epilepsie, Anamnese 696
Epilepsie, Formen **695**
Epilepsie, Untersuchung 696
Epiphora 305
Epiphysenablösung 727
Epiphysenfugen, Wachstumsstörungen 727
Epiphysenfugenknorpel, Verknöcherung 51
Epiphysiolysis capitis femoris 729
Epiphysiolysis distalis 770
Episiotomie 653
Epistaxis, Therapie 347
Epistaxis, Ursachen 347
Epitheliogenesis imperfecta 232
Epulis 455
Erbrechen s. Vomitus
Erbrechen auslösen 930
Erbrechen, bei ungestörtem Allgemeinbefinden 631
Ergometrin, Dosis 658
Ergrauen der Haare 50
Ernährung, diätetische 61, 76
Ernährung, Fehler 73, 75
Ernährung, Mangel 73
Ernährung, mit Sonde 77
Ernährung, Nährstoffbedarf 63
Ernährung, parenterale 77
Ernährung, physiologische Grundlagen 61
Ernährung, Welpen 660
Erosion 229
Ersatzgebiß 45
Erstickungsanfälle 359
Eruption 228
Erythema multiforme 249
Erythroleukämie 854
Erythrophagozytose 856, 860

Erythropoese 849, 856, 858
Erythropoetinbildung, ungenügende 862
Erythropoetin-Spiegel 856
Erythrozyten, Abbau 865
Erythrozyten, Antigene 177
Erythrozyten, bizarr fragmentierte 862
Erythrozyten, Färbekoeffizient 850
Erythrozyten, Indizes 848, 850
Erythrozyten, Senkungsreaktion 847, 850
Erythrozyten, unreife 858
Erythrozyten, Zählung 849
Erythrozyten-Isoantikörper 861
Erythrozyten-Pyruvatkinase-Mangel 862
Erythrozytenantigene des Hundes (DEA) 176, 177
Erythrozytenparameter, Referenzwerte 848
Erythrozytensenkungsreaktion (ESR) 847, 850
Erythrozytensenkungsreaktion, Beschleunigung 850
Eschara 239
ESR, Bestimmung nach WESTERGREN 850
Ethanol 79
Etomidat 106
Eubiose 492
Eustachische Röhre, Durchblasen/-spülen 283
Euthanasie 181, **223**
Euthanasietoxine 949
Exenteratio bulbi 308
Exenteratio orbitae 308
Exkoriationen 229
exokrines Pankreas, Neoplasmen 571
Exophthalmus 307, 308
Exstirpatio bulbi 308
Exsudate 346
Extraduralanästhesie 37
Extrasystolen **402**
Extrasystolen, Therapie 138, 142
Extrasystolen, ventrikuläre 138, **142**, 145
Extrauteringravidität 649
Extubation 123, 144
Exzeßtachykardie 95
Exzitationen **104**, 108, 123
Exzitationen, in der Aufwachphase 108, 144
Exzitationen, während der Narkoseeinleitung 137

Facialisparese 282
Fadenwürmer 515
Fahrenheit 30
Faktor-IX-Mangel 864
Faktor-VIII-Mangel 864
Faktor-X-Mangel 864
Fallotsche Tetralogie 414, 420
Fang, Öffnen 35
Fang, Zubinden 33
Faradisation 58
Färbekoeffizient, Erythrozyten 850
Fastentest 564
Fäulnisdyspepsie 492
Fehlbedeckung, Maßnahmen 637
Fehlernährung 76
Fehlintubation 122, 137
Feminisierungssyndrom beim Rüden 263
Femoralislähmung 711
Femurkopf, Luxation 794
Femurkopf, Resektion 800
Fenpipramid 95, 101
Fentanyl 96, 100, 112
Fentanyl, Dosierung 101, 113
Fentanyl, kontinuierliche Applikation 113
Fentanyl, zur Narkoseerhaltung 112
Fertigfuttermittel, 63, **67**
Fertigfuttermittel, Alleinfutter 67
Fertigfuttermittel, Beifutter 69
Fertigfuttermittel, Zusatzfutter 69
fetale Herztöne, Auskultation 630
Fette, Bedarf 63
Fette, gehärtete 63
Fette, Infusionslösungen 79
Fette, Mangel 73, 76
Fette, ranzige 63
Fettembolie 361
Fettsucht, bei Hypothyreose 836
Fibrinablagerungen, Kapillaren 864
Fibrom 269
Fibropapillomatose, Penis 674
Fieberkurve, bei Hcc 906
Filaroides Osleri 352, 357
Filtrationsfraktion (FF) 580
Finger-Finger-Perkussion 338
Fischauge 322
Fischbandwurm-Befall 862
Fischrobbenstellung, bei Bandscheibenvorfall 745
Fissur 752
Fistulographie 215
Fixationsprinzipien, operative 795
Fixieren, in Seitenlage 34
Fixieren, zum Fangzubinden 34
Fleisch-/Fischvergiftung 75
Flexor-Reflex 684
Flöhe, Dermatitis/Ekzem 249

Flotationsmethode 509
Fluanison 96
Flumazenil 99, 111
Fluor vaginalis, bei Brucellose 875
Fluoresceinprobe 291, 313
Foetor ex ore 444
Foetor uraemicus 594
Follikel, Dysplasie 232
Follikulitis 259
forcierte Diurese, im Vergiftungsfall 930
Fortpflanzung, Physiologie 625
Foxhound, AV-Klappen-Insuffizienz 392
Fraktur, Akromion 767
Fraktur, Becken 779
Fraktur, Behandlung 756
Fraktur, Dens axis 766
Fraktur, Einteilung 752
Fraktur, Erstversorgung 756
Fraktur, Femur 779, 781
Fraktur, Fibula 789
Fraktur, Heilung **753**
Fraktur, Hinterextremität 779
Fraktur, Humerus 768, 770
Fraktur, intraartikuläre 732
Fraktur, Kalkaneus 790
Fraktur, Komplikationen 753
Fraktur, Kopf 764
Fraktur, Malleolus 789
Fraktur, Metakarpalknochen 778
Fraktur, Metatarsalknochen 778
Fraktur, Oberkiefer 765
Fraktur, offene – Schutz 756
Fraktur, Patella 785
Fraktur, pathologische 752
Fraktur, Penisknochen 675
Fraktur, Phalangen 779
Fraktur, Processus anconaeus 732
Fraktur, Radius 773
Fraktur, Reposition 757
Fraktur, Skapula 767
Fraktur, Symptome 753
Fraktur, Tarsus 790
Fraktur, Tibia 786
Fraktur, traumatische 752
Fraktur, Ulna 773
Fraktur, Unterkiefer 764
Fraktur, Vorderextremität 767
Fraktur, Wirbelsäule 765
Frakturbehandlung, konservative 757
Frakturbehandlung, operative 758
Frakturbehandlung, Prinzipien 756
Frakturheilung, gestörte 754
Frakturheilung, Kontrolle 756
Frakturheilung, primäre 753
Frakturheilung, sekundäre 754

Frakturkrankheit 754
Freinamen, IUPAC-Regeln 945
Fremdkörper, Augenhornhaut 314
Fremdkörper, Mundhöhle 449
Fremdkörper, Pharynx 449
Friktionsbewegungen 676
Frischgas 116, 122
Frucht, im Becken 652
Frucht, vor dem Becken 653
Fruchtwasserersatz 652
Frühgravidität, Palpationsbefund 629
FS, fractional shortening 387
Füllungszeit, kapillare 388
Furosemid, Dosis 602
Furunkulose 260, 263, 272
Fußverband 161, 163
Futtermittel 65
Futtermittel, Allergien 76, 243
Futtermittel, Gewichtsreduktion 85
Futtermittel, Krankheitsübertragung 75
Futtermittel, leichtverdauliche 77
Futtermittel, Vergiftung 73
Futtermittel, Zusammensetzung 73
Futtermittelallergien 76, 243
Futterrationen pro Tag, Berechnung 71
Fütterung, abgesetzte Welpen 70
Fütterung, alternde Hunde
Fütterung, bei Arbeitsleistung 69
Fütterung, erwachsene Hunde 69
Fütterung, Fehler 73, 75
Fütterung, Hygiene 73
Fütterung, rohes Fleisch 75
Fütterung, säugende Hündin 69
Fütterung, Schweinefleisch 914
Fütterung, trächtige Hündin 69
Fütterung, Welpen 70
Fütterung, Zu- oder Beifütterung 70
Fütterungsfehler 73, 75

GABA 99, 101
Gallenblase, Ruptur 558
Galvanisation 58
Gammopathien 857
Gang, breitspuriger 283
Gärungsdyspepsie 494
Gasbrand 878
Gastritis 477
Gastritis, urämische 478
Gastroenteritis 495, 908, 910
Gastroenteritis, Transmissible (TGE) 75
Gastrographie 210
gastrointestinale Erkrankungen, Diät 81

Gastropexie 486
Gastrotomie 486
Gaumen 450
Gaumensegel 351
Gaumensegel, überlanges 351
Gaumenspalte 347
Gebiß, Altersveränderungen **45**
Gebiß, Anomalien 49
Geburtsablauf, physiologischer 650
Geburtsablauf, Störungen 650
Geburtsanzeichen 650
geburtshilfliche Maßnahmen 652
geburtshilfliche Untersuchung 651
Geburtsstörung, Untersuchung 652
Geburtsverletzungen 657
Gefäßhaut, Auge 322
Gehirnschäden, kreislaufbedingte 699
Gehirnschäden, traumatische 698
Gekrösebruch 547
Gelatine-Infusionslösungen 186
Gelatine-Kappen-Arthroplastik 800
Gelenk, Entzündungen 808
Gelenk, Erkrankungen 790
Gelenk, Erkrankungen – Kiefergelenk 790
Gelenk, Ersatz 810
generalisierte Ataxie, große Hunderassen 706
generic names **946ff.**
Genick-Unterkiefer-Griff 32
genitale Mißbildungen, Rüde 666
Genitalinfektionen, spezifische 663
Genu valgum 806
Gerätemonitoring 133
Gerinnung, disseminierte intravasale 864
Gerinnung, Störungen 850, 864
Gerinnung, Störungen – als Ursache für Lungenblutung 361
Gerinnungsfaktoren 850, 864
Gerinnungsfaktoren, Mangel 864
Gerinnungsstörungen 850, 864
Gerinnungsvalenz, Bestimmung 850
Gerstenkorn 297
Gesamtleukozytenzahl 849, 851, 854
Gesäuge s. Milchdrüse
Gesäugeanbildung, bei Trächtigkeit 630
Geschlechtsreife 625
Gesichtsausdruck 50
Gestagen-Therapie, Komplikationen 635
Gewebetrennung, Instrumente 168
Gewebsbasophile 848, 849, 852
Gewichtszunahme, nach Ovario-/ Ovariohysterektomie 634
GFR 580

GGT 554, 555
Giftstoffe, Einteilung 929
Gingivektomie 454, 456
Gingivitis 454
Gingivo-Stomatitis 443
Gingivoplastik 456
Glandula mandibularis 452
Glandula mandibularis, Exstirpation 453
Glandula sublingualis monostomatica 452
Glandula sublingualis monostomatica, Exstirpation 453
glandulär-zystische Endometriumhyperplasie 632, **642**
Glans penis, vergrößerte 674
Glasauge 322
Glaukom 310
Glaukom, Prophylaxe 328
GLDH (GLD) 554
Globalinsuffizienz 124
glomeruläre Filtrationsrate 580
Glomerulonephritis 589
Glomerulonephritis, Arten 589, 590
Glossitis 445
Glottiskrampf 351
Glutamat-Dehydrogenase 554
Glykopyrrolat 94, 95
Glykosurie 597
Gonarthritis 808
GOT 554
GPT (ALAT, SALT) 554
Grad Fahrenheit, Konversion in Grad Celsius 30
Granulom, Eosinophiles 270, 354
Granulozyten 848, 851
Granulozyten, Bildung und Funktion 851
Granulozytenbedarf 851
Granulozytenpool 851
Grauer Star 325
Graviditätsdiagnose 628
Greyhoundkrampf 813
Grüner Star 310
Grünfärbung, Vaginalsekret 653
Guaifenesin 106
Gutachten, tierärztliches 26
Gymnastik 53
gynäkologische Untersuchung 626
Gynäkomastie 668

Haarbruch 232
Haare, Ergrauen 50
Haarlinge 250
Haarzellenleukämie 856
Haarzunge 446
Haemobartonella canis 862

Haftpflicht, tierärztliche 20
Hakenwürmer, Darm 513
Hakenwürmer, Haut 255
Halothan 117
Halskragen 35, 163
Halsunterhaut, Emphysem 368
Halszyste 452
Haltung, Welpen 661
Haltungsreaktionen 685
Hämangioendotheliom 269, 361, 865
Hämangiom 269
Hämangioperizytom 269
Hämangiosarkom 269, 365
Hämatokrit 849
Hämatokrit, Berechnung nach Hämodilution 184
Hämatokritbestimmung 849
Hämatom, subdurales 698
Hämatopoese 851
Hämatopoese, zyklische – Collie 851
hämatopoetisches System, Neoplasien **852**
Hämaturie 859, 860
Hämaturie, Rüde 672
Hämaturie, therapieresistente 609
Hämobartonellose 892
Hämodialyse 604
Hämoglobin 848
Hämoglobinbestimmung 849
Hämoglobinsättigung 850
Hämolyse 862
hämolytische Anämie 860
hämolytische Anämie, bei Hypersplenismus 862
hämolytische Anämie, hereditäre 862
hämolytische Anämie, mikroangiopathische 862
hämolytische Transfusionsreaktion 180
Hämophilie A 864
Hämophilie B 864
Hämorrhagie, uterine puerperale 659
hämorrhagische Diathese 850, 853, **864**
hämorrhagische Diathese, thrombozytär bedingte 864
Hämostyptika 361, 949
Hämothorax 367
Händedesinfektion 155
Händewaschen 153
Hangbeinlahmheit 752
Hard-pad-Syndrom 898
Harn, Befund bei Diabetes insipidus 833
Harn, blutiger 606, 609, 672

Harn, Drang 533
Harn, dunkelgrüner 918
Harn, Farbe 578
Harn, Gewinnung 576
Harn, Konzentrierungsfähigkeit 579
Harn, Menge 577
Harn, pH-Wert 578, 594, 605
Harn, Produktion 136, 145
Harn, Sediment 579
Harn, spezifisches Gewicht 578
Harn, Trübungen 577
Harn, Untersuchung 577
Harn, Untersuchung – bakteriologische 579
Harn, Untersuchung – chemische 578
Harn, Verdünnung 84
Harn, Zeitvolumen 437
Harn, Zylinder 579
Harnabsatzstörung, Rüde 671
Harnamylase, bei Pankreatitis 567
Harnblase, Entleerungsstörungen 613
Harnblase, Naht nach ÜBERREITER 613
Harnblase, Palpation 575
Harnblase, Röntgen 581
Harnblase, Ruptur 588
Harnblase, Steine 609, 611
Harnblase, Tumoren 615
Harnblase, Verletzungen 615, 616
Harndrang, Rüde 670
Harnröhre, Erkrankungen 618
Harnröhrenverengung, erwünschte 634
Harnsteine, Arten **84**
Harnsteine, Diät 81, 83
Harnstoff, Bestimmung im Serum 579
Harnträufeln, nach Kastration 634
Harnwege, Infektion 606
Harnwege, Untersuchungsmethoden 575
Harnwegsinfektion, Erregerspektrum 606
Harnzeitvolumen 437
Haut, Atrophie 229, 235
Haut, Befunde bei Leishmaniose 919
Haut, Biopsie 227
Haut, Desinfektion 155, 156
Haut, Emphysem 266
Haut, Erfrierung 239
Haut, Fistel 260, 263, 265
Haut, Geschabsel 227
Haut, Krankheiten, ernährungsbedingte 76
Haut, Nekrose 271

Haut, Ödem 266
Haut, Tumoren 267
Haut, Verbrennung 239, 271
Haut, Verletzung 270
Hautfaltendecknaht 163, 172
Hautfaltenpyodermie 259
Hautmuskel-Reflex 684
Hcc 347, 590, 902
Hcc, Impfstoff 590
Hcc, nervöse Symptome 705
Hcc, Verlauf 904, 905
HCG, Therapie von Inguinalhoden 666
HD 796
HD, Klassifizierung 798
HD, Meßverfahren 798
HD, Röntgen 797
HD, Symptome 797
HD, züchterische Maßnahmen 801
Hechelatmung 101, 122
Hechtgebiß 49
Heinzsche Innenkörperchen 862
Helminthen, Darm 512
Hemeralopie 326
Hepatika 949
Hepatitis contagiosa canis s. Hcc
hepatoenzephales Syndrom 557
Hepatomegalie 853, 856
Hepatopathie, Wärmetherapie 556
Hepatopathie, Zuckertherapie 556
Hepatosplenomegalie 861
Herbstgrasmilben 251
Hernia diaphragmatica 546
Hernia inguinalis 544
Hernia mesenterialis 547
Hernia perinealis 545
Hernia scrotalis 544
Hernia umbilicalis 543
Hernia ventralis 545
Hernien 336
Herpesviren 352, 914
Herpesviren, Genitalinfektion 663
Herpesviren, transplazentare Infektion 914
Herpesvirus canis 914
Herz, angeborene Erkrankungen 411
Herz, erworbene Erkrankungen 389
Herz, Geräusche 373
Herz, Hypertrophie 380
Herz, Massage bei Herzstillstand 436
Herz, Punktion 223
Herz, Rhythmusstörungen 402
Herz-Kreislauf-Mittel 950
Herz-Kreislauf-Syndrome **407**
Herzachse, elektrische 378
Herzbasistumoren 396

Herzbeutel, Punktion 373
Herzdiagnostik, Katheteruntersuchung 383
Herzdiagnostik, Röntgen **380**
Herzfehler, kongenitale 411
Herzflimmern, Therapie 438
Herzfrequenz, fetale 630
Herzgeräusche 373
Herzgeräusche, bei AV-Klappen-Insuffizienz 373
Herzgeräusche, diastolische 374
Herzgeräusche, Lautstärke 375
Herzgeräusche, puncta maxima 374
Herzgeräusche, systolische 374
Herzglykosid-Therapie s. Digitalisierung
Herzhypertrophie 380, 586
Herzkrankheiten, angeborene **411**
Herzkrankheiten, erworbene **389**
Herzmassage 407
Herzmassage, bei Herzstillstand 436
Herzmassage, präcordialer Faustschlag 141
Herzpalpitation, bei Hyperthyreose 837
Herzpunktion 223
Herzrhythmusstörungen 402
Herzschlagfrequenz 402
Herzseptumdefekte, Diagnose 384
Herzspitzenstoß 373
Herzstillstand 406
Herzstillstand, elektrische Stimulation 436
Herzstillstand, Formen 436
Herzstillstand, Massage 436
Herzstillstand, Notfall-ABC 406
Herzstillstand, Prophylaxe 406, 407
Herzstillstand, Therapie 406
Herztöne 375
Herztöne, fetale 630
Herztöne, gespaltener 2. Herzton 375
Herztöne, puncta maxima 374
Herzwurm 352, **408**
Herzzeitvolumen 136
Heterochromia iridum 322
HHL 832
Hiatushernie 469
Hidradenitis suppurativa 264
Hilfeleistung, tierärztliche 20
Hinweise für Tierhalter 23
Hirn, Schädigung durch O_2-Mangel 699
Hirn, Tumoren **700**
Hirnödem, posttraumatisches 698
Hirnschlag 699
Hirntumoren, Liquorbefunde 701
Hirntumoren, Rassenverteilung 700

Hirntumoren, Symptome 702
Hirschlausfliege 251
histiozytäre medulläre Retikulose 856
Histiozytom 269
Histoplasmose, Therapie 363
Hitzschlag 350
Hochfrequenz-Wärmetherapie 55
Hochheben, große Hunde 32
Hochheben, kleine Hunde 33
Hoden, Infektionserreger 667
Hoden, Lageanomalien 666
Hodenabstieg 666
Hodendystopien 666
Hodenektopie 666
Hodenentzündung 667
Hodenhypoplasie 667
Hodenpalpation 665
Hodentumoren 667
Hordeolum 297
Hormone 950
Hormontherapie bei Hypersexualität, Rüde 670
Horner-Syndrom 283, 709
Hornhaut, Abschürfungen 313, 314
Hornhaut, Bindehautdeckung 315, 316
Hornhaut, Entzündung 317 s. Keratitis
Hornhaut, Fremdkörper 314
Hornhaut, Geschwür 316
Hornhaut, Leukom 315
Hornhaut, Lipidose 321
Hornhaut, Naht 315
Hornhaut, Ödem 328
Hornhaut, Perforation 314
Hornhaut, Staphylom 315
Hornhaut, Trübung 310, 311
Hornhaut, Verätzungen 317
Hornhaut, Verletzungen 313
Hornhaut, Wunden 315
Hospitalismus 151
Hot spot 258
Howell-Jolly-Körper 849
Hüftgelenk 793
Hüftgelenksdysplasie 796
Hüftlahmheit 752
Humerus, Luxation 791
Hundegeburtszange anlegen 653
Hündin, Unfruchtbarkeit 662
Husky, Bronchiektasie 359
Husten, feuchter 356, 359
Husten, trockener 354
Husten, Ursachen 336
Husten, Würgehusten 360
Husten, Zwingerhusten 352
HVL 829
HVL-Insuffizienz 829

HVL-Überfunktion 830
Hyaluronidase 40
Hydralazin 400
Hydralazin, bei Stauungsinsuffizienz 400
Hydrocephalus internus 690
Hydrogencarbonatdefizit, Berechnung 603
Hydronephrose 597
Hydrotherapie 54
Hydrothorax 366
Hydroureter 597, 605
Hypalbuminämie 360
Hypazidität 479
Hyperadrenokortizismus 831
Hyperadrenokortizismus, Haut 234
Hyperakusie 100
Hyperästhesie 741
Hyperazidität 479
Hyperchlorhydrie 478
Hypercholesterolämie, beim nephrotischen Syndrom 596
hyperchrome Anämie 858
Hyperemesis 476
Hyperfetation 648
Hyperglykämie 97
Hyperkaliämie, Therapie 604
Hyperkalzämie 716
Hyperkapnie 124
Hyperkeratose 229
Hyperostitis 744
Hyperöstrogenismus, Haut 235
Hyperparathyreoidismus 839
Hyperparathyreoidismus, biochemische Befunde 594
Hyperparathyreoidismus, Formen 724, 725
Hyperparathyreoidismus, renaler 601
Hyperparathyreoidismus, sekundärer 584, 594
Hyperphosphatämie, Therapie 604
Hyperpigmentation 229
Hyperpyrexie, bei Vergiftungen 932
Hypersexualität, Rüde, Therapie 670
Hypersplenismus 862
Hyperthyreose 837
Hyperthyreose, Therapie 838
Hypertonia bulbi 310
Hypertonie 409
Hypertonie, bei Urämie 586
Hypertonie, paroxysmale 843
hypertrophic osteodystrophy 718
Hypertrophie, Herz 380
Hyperventilation 125, 131
Hypervitaminose D, biochemische Befunde 594

Hypnorm^R 96
Hypnose 94, 103, **112**
Hypnotika 103, 952
Hypochlorhydrie 478
hypochrome Anämie 858
Hypoglobulinämie 872
Hypokalzämie 716
Hypoöstrogenismus, Haut 236
Hypoparathyreoidismus 839
Hypophysenadenome 701
Hypophysenhinterlappen 832
Hypophysenhormone 950
Hypophysentumoren, Symptome 702
Hypophysenvorderlappen s. HVL
Hypoplasie der Rollkämme der Trochlea patellaris 736
Hypoplasie, testikuläre 667
Hyposensibilisierung 242
Hypothermie 138
Hypothyreose 835
Hypothyreose, Hautsymptome 233
Hypothyreose, Therapie 837
Hypotonie 409
Hypotrichose 232
Hypoventilation 124
Hypovolämie 138
Hypovolämie, Korrektur 603
Hypoxie 124
Hypoxie, Blutgasanalyse 132
Hypoxie, Pulsoxymetrie 134

Ichthyosis 232, 239
Icterus gravis neonatorum 860
IgA-Gammopathie 857
IgM-Paraproteinämie 857
ikterische Verfärbungen 556
Ikterus, bei Babesiose 918
Ikterus, Formen 556
Ikterus, hämolytischer 556
Ikterus, hepatozellulärer 556
Ikterus, mechanischer 556
Ikterus, Mischform 556
Ikterus, Neugeborene 860
Ikterus, prä-/intra-/posthepatischer 556
Ikterus, Verlauf 556
Ikterusformen, Differentialdiagnose 556
Ileus 120, 145, 517
Ileus, paralytischer 518
Imidazolderivate 106
Immunelektrophorese 857
Immunkomplexe, Glomerulonephritisursache 589
Immunthrombozytopenie 864
Impetigo 259

Impfdurchbrüche, bei Staupe 902
Implantatentfernung 761
Impotentia coeundi 665
Impotentia generandi 665
Inappetenz 37
Incontinentia urinae, nach Kastration 634
indirekter Antiglobulintest 177
Infarkte, anämische 699
Infektionskrankheiten, Diät 80
Infiltrate, pulmonale 355
Infusion, rektale 37
Infusion, simultane 79
Infusionslösungen, Elektrolyte 77, **186**
Infusionslösungen, Aminosäuren 79
Infusionslösungen, Fettemulsionen 79
Infusionslösungen, Kohlenhydrate 79
Infusionslösungen, zur Osmotherapie 187
Infusionstherapie 184
Infusionstherapie, Bedarfsberechnungen 187
Infusionstherapie, postoperative 145
Infusionstherapie, Richtlinien für Dosierung 186
Inguinalhernie 648
Inguinalhernie, Operationstechnik 544
Inguinalhoden, Behandlung 666
Inhalationsanästhesie **166, 121**, 137
Inhalationsanästhesie, Ausleitung 123
Inhalationsanästhesie, Einleitung 121
Inhalationsanästhesie, Erhaltung 123
Inhalationsanästhesie, Intubation 121
Inhalationsanästhesie, Narkosesysteme **116**
Inhalationsanästhesie, Vertiefung 122
Inhalationsanästhesie, Zwischenfälle 137
Inhalationsanästhetika **117**
Injektion, hygienische Gefahren 38
Injektion, Injektionsarten 38
Injektion, Injektionsinstrument „Dermojet" 39
Injektion, intraabdominale 42, 43
Injektion, intraarterielle 137
Injektion, intraartikuläre 43
Injektion, intrakardiale 42
Injektion, intrakutane 43

Injektion, intramuskuläre (i. m.) 40
Injektion, intrapulmonale 43
Injektion, intratracheale 42
Injektion, intravenöse (i. v.) 41
Injektion, ohne Nadel 39
Injektion, paravenöse 41, 103, 137
Injektion, subkonjunktivale 43
Injektion, subkutane (s. c.) 39, 40
Injektion, Technik des Einstechens 38
Injektion, Voraussetzungen 38
Injektionsanästhesie **108, 111**, 138
Injektionsanästhesie, für kurze Eingriffe 114
Injektionsanästhesie, für längere Eingriffe 112
Injektionsanästhesie, kontinuierliche Applikation 113
Injektionsanästhesie, Narkoseerhaltung 112
Injektionsanästhesie, Prämedikation 108
Injektionsanästhesie, totale i. v. Anästhesie 111
Injektionsanästhesie, Zwischenfälle 138
Injektionsflüssigkeit 38
Insemination, künstliche 676
inspiratorische Sauerstoffkonzentration 120, 133
Instrumente, chirurgische 167, 170
Insulin, Dosis 563
Insulin-Glucose-Quotient, Berechnung 564
Insulinom 564
Interlobulärspalten (Röntgen, Lunge) 366
Intersexualitätstypen, männlich geprägte 666
Intersexualitätstypen, weiblich geprägte 638
interstitielle Nephritis, Symptome 593
Intertrigo 259, 263
Intoxikation, puerperale 658
intraarterielle Injektion 137
intraartikuläre Fraktur 732
intradermaler Allergietest 227, 241
Intrakutantest 227, 241
intrinsic defence mechanism, Schleimhaut 605
Intubation **121**, 140, 144
Intubation par force 137
Intubation, Atemwegswiderstand 121
Intubation, Endotrachealtuben 121
Intubation, Fehlintubation 122, 137

Intubation, Laryngoskop 121
Intubation, Technik **121**
Intubation, Totraum 121
Intubation, Tubusgröße 121
Intubation, Verletzungen 137
Intubation, Zwischenfälle 137
Inulin-Clearance 580
Invagination, Darm 517
Invagination, Magen 469
Iontophorese 59
Irido-Zyklo-Chorioiditis 324
Iris bicolor 322
Iris, Entzündungen 324
Iris, Prolaps 315
Irischer Wolfshund, Atrophie der Turbinalia 348
Iritis haemorrhagica 324
Isoantikörper 862
Isofluran 119
Isoprenalin 142

Jackson-Anfall 695
Janet-Spritze 37
Juckreiz (Pruritus) 230
Juckreiz, Pathomechanismus 231
Juckreiz, als Hauptsymptom 241
Juckreiz, bei Hautkrankheiten 230, 238
Juckreiz, Lokalisationen 230
Juckreiz, mit Effloreszenzen 230, 240
Juckreiz, Therapie 232, 243
Juckreiz, durch Parasiten 249
Juckreiz, fehlender 919
Juvenile Pyodermie 260

Kachexie, hypophysäre 829
Kaiserschnitt, Anästhesie 655
Kala-Azar 918
Kalium-Infusionslösung 187
Kaliumbedarfsberechnung, für Infusion 187
Kälteagglutinine 861
Kalziummangel, endogener 724
Kalziummangel, exogener 724
Kammerflattern 404
Kammerflimmern 131, **142**, 404
Kammerflimmern, Therapie **142**
Kammertachykardie 143
Kanthotomie 293
Kapillarblut 132
kapillare Füllungszeit 93, 132, 134, 140, 388
kapillare Füllungszeit, intraoperative Überwachung 132, 134

kapillare Füllungszeit, präanästhetische Untersuchung 93
Kapillaren, Fibrinablagerungen 864
Kapnographie **133**, 136, 145
Kapnographie, Gerätemonitoring 133
Kardiadehnung 464
Kardiaka 950
Kardiaplastik 464
Kardiaspasmus 464
Kardiomyopathie **392**
Kardiomyopathie, dilatative 395
Kardiomyopathie, EKG 393
Kardiomyopathie, hypertrophe 395
Kardiomyopathie, klinische Zeichen 393
Kardiomyopathie, Röntgen 394
Kardiomyopathie, Therapie 395
Kardiomyopathie, thalliumbedingte 395
kardiopulmonale Reanimation 131, **138**
Karpalgelenk, Luxation 793
Karpfengebiß 49
Kastration, Hündin 633
Kastration, Rüde 669
Kastrationsnebenwirkungen, Hündin 634
Katarakt 50, 51
Katarakt, diabetische 562
Katarakt, sekundäre 332
katarrhalische Lungenentzündung 356
Katecholamine s. Catecholamine
Katheter, thermoplastischer 384
Katheterisierung, Hündin 576
Kehlkopf 350
Kehlkopf, Lähmung 350, 912
Kehlkopfknorpel, Kollaps 351
Keimzahlreduzierung 152
Keloid 270
kennel cough 352, 902
Keratinozyten 225
Keratitis 317
Keratitis superficialis chronica (ÜBERBREITER) 317
Keratitis filamentosa 321
Keratitis parenchymatosa 319, 320
Keratitis punctata 320
Keratitis, oberflächlich ulzerierende 321
Keratitis profunda 319
Keratitis, reaktive 328
Keratoconjunctivitis sicca 304
Keratoconjunctivitis, bei Leishmaniose 919
Kernlinksverschiebung 851

Ketamin, dissoziative Anästhesie 102
Ketamin, Dosierung 110, 114
Ketamin, klinische Anwendung 103
Ketamin, kontinuierliche Applikation 113
Ketamin, Schutzreflexe 102
Ketamin, tonisch-klonische Krämpfe 102
Ketamin, transiente Apnoe 103, 112
Ketamin, Überhang 103, 111, 113
Ketamin, zur Narkoseerhaltung **112**
Ketamin, zur Prämedikation **110**
Ketoazidose 562
ketoazidotischer Diabetes, Therapie 564
Kiefergelenk, Luxation 790
Kieferkrämpfe, bei Staupe 899
Kiefernhöhlenentzündung 349
Kilojoule 62
Kippohr 285
Kippohren, Korrektur nach RUTKOWIAK 287
Kippohroperation 286, 287
Kirschner-Ehmer-Schiene 763
Kirschnerdrähte 764
Kleinhirn, Hypoplasie 690
Klistier 37
Kluppen für Ohren 289
Klysma 37
Kniegelenk, Verletzungen 802
Knistern, bei Leberpalpation 552
„Knobelbecher" 33, 35
Knochenabszesse 754
Knochenfütterung 73
Knochengewebsabbau, zellulärer 722
Knochenmark, Punktate 850
Knochenmarkbefunde, bei Anämie 860
Knochenmarkhemmung, Blutausstrich 858
Knochenmarkpunktion 850
Knochenmarkstörung 863
Knochenriß 752
Knochensystemerkrankungen 715 ff., 741, 752
Knochenwachstumsstörungen 726
Koagulopathie 864
Koagulopathie, Formen 864
Koagulopathie, Therapie 864
Kochsalzbedarfsberechnung, für Infusion 187
Kochsalzbelastung 833
Kohlendioxid, Abgabe 124
Kohlendioxid, Kapnographie 133
Kohlendioxid, Partialdruck 125
Kohlendioxid, Rückatmung 137

Kohlenhydrate, Bedarf 63
Kohlenhydrate, Infusionslösungen 79
Kohlenhydrate, Mangel 73
Kohlenhydrate, Quellen 66
Kokzidien 516
Kokzidioidomykose, Therapie 363
Kolitis 525
Kolopexie, Technik 533
Kompression, interfragmentäre 759
kongenitale Herzfehler 411
Kongorot-Test 596
Konjunktiva 298
Konjunktiva, Entzündungen 299
Konjunktivalsack, Flüssigkeiten einträufeln 37
Konjunktivalsack, Salbe einstreichen 37
Konjunktivitis 299
Kontaktdermatitis 239
Kontaktekzem 243
Kontrastmittel, negative 209
Kontrastmittel, positive 210
Konzentrationsversuch, Harn 833
Kopf, Mißbildungen 689
Kopfschiefhaltung, bei Otitiden 282, 283, 284
Kopfschütteln, bei Pseudowut 914
Kopftrauma, Folgen 698
Korneatrübung, bei Brucellose 876
Koronartherapeutika 950
Körperhaltung 50
Körpertemperatur 30, 136, 145
Körpertemperatur, peripartaler Verlauf 651
Körpertemperatur, Überwachung 136, 144
Kortikalisschraube 759
Kortikosteroide s. Corticosteroide
Kot, Farbveränderungen 552
Kotabsatzstörung, Rüde 671
Kotausstrich, Lugol-Färbung 510
Kotdrang 533
Kottupferprobe 908
Kotuntersuchung, Flotationsmethode 509
Kotuntersuchung, Gesamtfettsäuren 512
Kotuntersuchung, Gesamtstickstoffgehalt 511
Kotuntersuchung, Kontrastfärbung 509
Kotuntersuchung, Milchsäurebestimmung 510
Kotuntersuchung, parasitologische 509
Krallen, spröde 919
Krampfanfälle 95, 98, 103, 131

Krampfformen 682
Krampflösung, im Vergiftungsfall 936
kraniomandibuläre Osteopathie 743
Kreatinin, Bestimmung im Serum 579
Kreatinin, Blutspiegel 581
Kreatinin, Clearance 580
Kreislauf, Arm-Lippen-Zeit 384
Kreislauf, Untersuchung **373**
kreislaufbedingte Gehirnschäden 699
Kreislaufüberwachung 93, **134**, 145
Kreislaufzeiten 384
Kreissystem 116
Kreuzbandriß 802
Kreuzprobe (Major-, Minor-Test) 179
Kronismus 659
Kropf 834
Kryokonservierung, Blut 182
Kryptokokkose, Therapie 363
Kryptorchismus 666
Kumulation, Antibiotika 602
Kunstfehler 20
künstliche Besamung 675
künstliche Welpenaufzucht, Fütterung 71, 660
Küntscher-Nagelung 761
Kupieren der Ohren 288, 289
Kurzprogramm, Leberenzymbestimmung 555
Kurzwellentherapie **56**
Kußhandstellung, Radialislähmung 710
Kussmaul-Atmung 335
kutane leukozytoklastische Vaskulitis 249
kutane Retikulose 239
kutanes Lymphosarkom 239

labordiagnostische Parameter, Lunge 345, 346
Lachgas 120, **122**
Lachgas, MAC 120
Lachgas, second-gaseffect 120, 122
Lactatio falsa 647
Lähmung 751
Lähmung, periphere Nerven 709
Lähmung, schlaffe 682, 752, 877
Lähmung, spastische 752
Längenwachstum, unterschiedliches 730
Läppchentest 227
Laesiones corneae 313
Läufigkeit 625
Läufigkeit, Unterbrechung 636

Läufigkeit, Unterdrückung 633
Läufigkeit, Verhinderung 635
Läufigkeit, verlängerte 632
Läufigkeit, Verschiebung 636
Läufigkeitsinduktion 632
Läufigkeitsstörungen 632
Läufigkeitsverhinderung, durch Depot-Gestagene 635
Läuse 250
Lageanomalien, Hoden 666
Lahmheitssymptome 797
Laktase-Bestimmung 508
Laktation 69, 70
Langerhanssche Zellen 225
Langwellendiathermie 56
Lanugohaar 226
Laparoskopie 555
Laparoskopie, Kontraindikation 555
Laparotomie, Grundbesteck 170
Laparotomie, Instrumente 170
Laparotomie, Technik 171, 522
Larva migrans, Haut 255
laryngeale Paralyse 350
Laryngitis, Laryngopharyngitis 350
Laryngologika 950
Laryngoplastik 350
Laryngoskop nach MacIntosh 121
Laryngoskop nach Miller 121
Laryngospasmus 123
Larynx, Lähmung 350
Larynx, Ödem/Verschluß 350
Larynxlähmung, Bouvier 710
Lavage, bronchoalveoläre 345, 355
Lebendvakzine, enzephalitische Reaktion 704
Leber **551**
Leber, BSP-Test 554
Leber, Enzymaktivitätsbestimmung 554, 555
Leber, Labordiagnostik **553**
Leber, Leukose 558
Leber, Neubildungen 558
Leber, Physiologie 551
Leber, Röntgenuntersuchung 552
Leber, Ultraschalldiagnostik 553
Leberegelkrankheit 558
Leberkoma 557, 558
Leberkrankheiten, Diät 86
Leberpalpation, Knistern 552
Leberpunktion 555
Leberruptur 558
Leberschondiät 86, 556, **557**
Leberschutztherapie 556, **557**
Leberzellenzyme 554
Leberzirrhose, Therapie 556
Leishmaniose 918
Leishmaniose, Haut 255
Leishmaniose, Inkubationszeit 919

Leistenbruch 544
Lens s. Linse
Lentigo 229
Leptospirose 886
Leptospirose, Formen 890
Leptospirose, nervale Symptome 706
Leptospirose, Titerverlauf 891
Leptospirose, Vakzination 892
Lespedeza capitata 603
Leukämie **853**, 854, 863, 865
Leukämie, Ätiologie 853
Leukämie, Basophilen- 852
Leukämie, Eosinophilen- 852
Leukämie, Erythro- 854
Leukämie, Haarzellen- 856
Leukämie, Klassifikation 852
Leukämie, lymphatische 851, 853, 854
Leukämie, lymphatische, Therapie 857
Leukämie, Lymphosarkomzell- 854
Leukämie, Megakaryozyten- 853
Leukämie, Monozyten- 852, 853
Leukämie, myeloische 851, **853**
Leukämie, myeloische, Therapie 857
Leukämie, Myelomonozyten- 853
Leukämie, Nomenklatur 853
Leukämie, Pathogenese 853
Leukämie, Plasmazell- 857
Leukämie, Prognose 857
Leukämie, Symptome **852**, 853
leukämoide Reaktion 851
Leukodystrophie, globoidzellige 693
Leukopenie 851, 857
Leukose 853
Leukose, lymphatische 854
Leukose, myeloische 853
Leukozytenkurve, drei Phasen 850
Leukozytenüberstand 853, 855
Leukozytose 851, 855
Leukozytose, physiologische 851
Levallorphan 102
Leydigzelltumoren 667
Libidoverlust, bei Morbus Cushing 831
Lichtapplikation 58
Lid s. Augenlid
Lidhalter nach DESMARRES 298
Lidkolobom 193
Lidocain 406
Lidocain, als Lokalanästhetikum 127
Lidocain, bei Extraduralanästhesie 130
Lidocain, bei ventrikulären Extrasystolen 138, 142
Liegeschwielen 262

Ligamenta collateralia, Ruptur 804
Ligamenta cruciata genus, Ruptur 802
Ligamentum patellae 802
Linguatula serrata/rhinaria 348
Linksherzinsuffizienz 360
Linksschenkelblock 401
Linksverschiebung 851
Linksverschiebung, degenerative 851
Linksverschiebung, regenerative 851
Linse 325
Linse, Extraktion 326
Linse, Lageveränderungen 327, 328
Linse, Luxation 327
Linse, Trübung 325
Lipaseaktivität, bei Pankreatitis 567
Lipom, Liposarkom 269
Lippenschleimhaut, Ulzera 594
Liquidothorax 346, **366**
Liquor cerebrospinalis, Untersuchung 688
Listeriose 876
Lochiometra 658
Lokalanästhesie 127
Lokalanästhesie, allergische Reaktionen 131
Lokalanästhesie, am Auge 127
Lokalanästhesie, Kontraindikation 128
Lokalanästhesie, Krampfanfälle 131
Lokalanästhesie, Toxizität 127, 131
Lokalanästhesie, Überdosierung 129, 131
Lokalanästhesie, Zwischenfälle 131
Lokalanästhetika 951
Lokalanästhetika, am Auge 127
Lokalanästhetika, bei Epiduralanästhesie 129
Lokalanästhetika, Vasokonstriktorzusatz 127, 128, 130
Loosersche Umbauzonen 721
Luftbronchogramm 356
Luftröhrenerkrankungen 352
Lugol-Färbung, Kot 510
Lunge 357
Lunge, Atelektase 358
Lunge, Blutung 361
Lunge, Entzündung 354 (s. Pneumonie)
Lunge, Fettembolie 361
Lunge, Fremdkörper in Bronchien 355
Lunge, Hyperämie 359
Lunge, Ödem 359
Lunge, Perkussionsfeld 338
Lunge, Stauung 360
Lunge, Torsion 363

Lunge, Tumoren 363
Lunge, Verschattungen **342**, 355
Lungenemphysem, alveoläres 357, 358
Lungenemphysem, bullöses 358
Lungenemphysem, interstitielles 358
Lungenemphysem, Randemphysem 358
Lungenhyperämie **359**
Lungenlappen, Torsion 363
Lungenödem 359
Lungenperkussion 338
Lungenperkussionsschall, Dämpfung 366
Lungenriß 368
Lungenstauung 359
Lungenwürmer 357, 358
Lungenzysten, traumatische 369
Lupus erythematodes, diskoider 248
Lupus erythematodes, systemischer 247
Luxatio bulbi 308
Luxatio lentis anterior 328
Luxatio lentis posterior 329
Luxatio patellae 804
Luxation, Schultergelenk 791
Lyell-Disease 249
Lymphadenosen 855
Lymphknotenvergrößerung 919
Lymphoblastenleukämie, akute 854
Lymphogranulomatose 855
Lymphom 854
Lymphom, Hodgkin- 854
Lymphom, Nicht-Hodgkin- 855
Lymphopenie 852
Lymphosarkom 854, 855
Lymphosarkom, Haut 269
Lymphosarkomatose, venerische 645
Lymphosarkomzellenleukämie 854
Lymphozyten 848, 849, 852
Lymphozytenantigene des Hundes (DLA) 176
Lymphozytose 852, 855
Lyssa 910

l-Methadon, Antagonisierung 101
l-Methadon, Dosierung 109, 114
l-Methadon, Hecheln 101
l-Methadon, zur Prämedikation 109, 114
MAC **117**
MAC, von Enfluran 118
MAC, von Halothan 118
MAC, von Isofluran 119
MAC, von Lachgas 120

MAC, von Methoxyfluran 119
Macula 228
Madarosis 297
Magen, Erkrankungen 473
Magen, Fremdkörper 480
Magen, Invagination 469
Magen, Neoplasmen 488
Magen, Säuresekretion 474
Magen, Sonde 36, 77
Magen, Spülung 930
Magen, Torsion 483
Magen, Ulkus 480
Magen-Darm-Therapeutika 951
Magendilatations-/Torsionssyndrom 120, 145
Magenerkrankungen, Diagnostik 473
Magenerkrankungen, Symptome 475
Mageninhalt abhebern 37
Magenneoplasmen, Disposition 489
Magensaftsekretion, Kontrolle 474
Magensonde 36, 77
Magenspülung, im Vergiftungsfall 930
Magnesium, Gehalt in Lebensmitteln 84
Magnetfeldtherapie 59
Makroglobulinämie 857
Makroglobulinämie, primäre 857
Makroglossie 446
Makrophagen 852
Makrophthalmus 307
makrozytäre Anämie 858
Makrozytose 850
Malabsorption 504
Malassezia spp. 227, 282
Maldescensus testis, Ursachen 666
Maldigestion 504
malignant histiocytosis 856
malignant mastocytosis 856
malignant lymphoma 855
Malleolarschraube 759
Mamma 646
Mammakarzinome, Metastasierung 647
Mammatumor, Haut 270
Mammatumoren 647
Mammatumoren, Aktivierung 635
Mammatumoren, Entfernung 647
mandibuläre Neurapraxie 791
Mangelanämie 862
Mangelerkrankung 73
Mannitol, Diureseförderung 603
Markraumfixation 761
Marsupialisierung, bei Prostataerkrankung 671, 672
Maschinengeräusche, Herz 416

Massage, aktive/passive 53, 54
Massage, Druck 60
Massage, Reizstrom 59
Massage, zur Spermagewinnung 675
Mastitis 646
Mastozytom 269, 852
Mastzellen 852
Mastzellenleukämie 856
Maßnahmen, bei Herzstillstand 436
Maßnahmen, bei paravenöser Injektion 41
Matrix, Knochengewebe 716 f.
Matrixbildung, Störungen 716 f.
Maulhöhle s. Mundhöhle
Maulkorb 33, 35
MCH 850
MCHC 850
MCV 850
Medetomidin **97**, **110**, 113
Medetomidin, alpha$_2$-Selektivität 97
Medetomidin 97, 98, **110**
Medetomidin, Emesis 97
Medetomidin, zur Prämedikation 110
Mediastinum, Tumoren 365
Medikamente, Überhang 103, 111, 116
Medikamente, Wechselwirkungen 94
Megacolon congenitum 532
Megakaryozytenleukämie 853
Megakolon 532
Megaösophagus, bei Myasthenia gravis 708
Megaösophagus, idiopathischer 463
Melanom 268
Melanosomen 229
Melanotropin 229
Melanozyten 225
Meliceris 452
Membrana nictitans 298
Membrana pupillaris corneae persistens 323
Meningoenzephalitis, bei Staupe 703
Meniskusverletzungen 804
Merle-Faktor 284
metabolische Azidose, Therapie 436
metaphysäre Tibiadysplasie 732
Metaplasie, Prostata 673
Methadonrazemat 100
Methohexital **103**
Methoxyfluran 119
Metomidat 106
Metöstrus 625
Mexiletin 404, 406
Microphthalmus congenitus 307
Microsporum spp. 282

Mikrophthalmus 307
mikroskopische Untersuchung, Sperma 676
Mikrosporie 256
Mikrowellentherapie 58
mikrozytäre Anämie 858, 862
Mikrozytose 850
Miktionsstörungen 575
Miktionsverhalten 593
Milchdrüse 646
Milchdrüse, Entzündungen 646
Milchdrüse, Tumoren 647
Milchgebiß 45
Milchsekretion, Einsetzen 631
Milz, Erkrankungen 865
Milz, Hyperplasie 865
Milz, Ruptur 866
Milz, Veränderungen 865, 866
Milzbrand 877
Milzexstirpation 857
Milzhämatome 866
Milzhyperplasie 865
Minderwuchs, proportionierter 829
Mineralisierungsstörungen, Skelett 720
Mineralstoffbedarf 65
Mineralstoffe, Mangel 76
Mineralstoffe, Quellen 66
Mineralstoffpräparate 951
Mineralstoffwechselstörungen 720 f.
Miniatur-Pinscher, Faktor-II-Mangel 864
Minimalosteosynthesen 764, 770
Miosis 932
Mischinfektionen 352
Mißbildungen, männliches Genitale 666
Mitralinsuffizienz 360
Mitverantwortung, Tierbesitzer 21
Mitwirkungspflicht, Tierhalter 22
Möller-Barlow-Krankheit 718
monoklonales Immunglobulin 857
Monokulus 162
Monoplegie 751, **710**
Monozyten 848, 852
Monozyten, Funktion 852
Monozytenleukämie 853
Monozytopenie 852
Monozytose 852
Monteggia-Fraktur 774
Morbus Cushing 831
Morbus Cushing, Haut 234
Morbus Cushing, Therapie 832
Morbus Fröhlich 829
Morbus Gaucher 852
Morbus Hodgkin 855
Morbus Möller-Barlow 718
Morbus Waldenström 857

Morbus-Cushing-analoges Syndrom, ZNS 701
Morphin, Dosierung 101
Morphin, epiduraler Dauerkatheter 130
Mücken 251
Multiples Myelom 856, 863
Multiples Myelom, Therapie 858
Mumifikation 650
Mumps 915
Mutterkornalkaloide, Dosis 658
Mundhöhle, Spülung 444
Mundhöhle, Untersuchung 35, 443
Musculi arrectores pili 234
Musculus infraspinatus, Kontraktur 813
Muskelrelaxantien **106**, 125, 951
Muskelrelaxantien, Antagonisierung 107
Muskelrelaxantien, depolarisierende 107
Muskelrelaxantien, Dosierung 107, 108
Muskelrelaxantien, nichtdepolarisierende **107**
Muskelrelaxantien, periphere **106**
Muskelrelaxantien, zentrale 106
Muskelrheumatismus 813
Muskelruptur 813
Muskelzittern, bei Hyperthyreose 837
Muskulatur, Krankheiten 708, 813
Myasthenia gravis 708
Myasthenie, erbliche 708
Myasthenie, große Hunderassen 708
Mycosis fungoides 269
Mydriasis 932
Myektomie, Musculus pectinus 800
Myelitis 707
Myelofibrose 852, **856**, 863
Myelofibrose, Therapie 858
Myelographie 689, 718
Myeloische Leukämie, Therapie 857
Myeloische Leukose 853
Myelomonozytenleukämie 853
Myiasis nasi 349
Mykosen der Lunge, Therapie 363
Mykosepneumonie 362
Mykotoxine, Darm 502
Myokardiopathie s. Kardiomyopathie
Myokarditis 395, 396
Myokarditis, bei Parvovirose 396
Myopathien, erbliche 708
Myositis 708, 813
Myositis, eosinophile 309, 813, 708
Myositis eosinophilica 813
Myositis rheumatica 813

Myositis traumatica 813
Myositis, Kaumuskulatur 708
Myxödem 233
Myxom 269

Nabelbruch 543
Nachgeburtsverhaltung 658
Nachhandlähmung, vorgetäuschte 575
Nachstar 326
Nährlösungen 79, 80
Nährstoffbedarf, Fette 63
Nährstoffbedarf, Kohlenhydrate 63
Nährstoffbedarf, Mineralstoffe 65
Nährstoffbedarf, Normen des NRC 61, 63, 64
Nährstoffbedarf, parenterale Ernährung 79
Nährstoffbedarf, Proteine 63
Nährstoffbedarf, Vitamine 65
Nährstoffbedarf, Wasser 65
Nährstoffträger 65
Nährstoffverhältnis 63
Nahrungsmittelvergiftungen 73
Nahrungsumstellung, Welpen 660
Naht, Harnblasennaht nach ÜBERREITER 613
Naht, Hautfaltendecknaht 163, 172
Naht, Hornhautnaht 315
Naht, Sultansche Diagonalnaht 172
Nahtmaterial 169
Naloxon, Dosierung 102, 111
Naloxon, Wirkdauer 102
Narkose, Einleitung 111
Narkose, Erhaltung 112, 123
Narkose, Komplikationen 136
Narkose, Risiko 93
Narkose, Systeme 116
Narkoseeinleitung, Dosis 111
Narkoseeinleitung, i. v. 111
Narkoseeinleitung, via Maske 121
Narkoseeinleitung, Zwischenfälle 137
Narkoseerhaltung, Diazepam 112
Narkoseerhaltung, Inhalationsanästhesie **123**
Narkoseerhaltung, Injektionsanästhesie 112
Narkoseerhaltung, Ketamin 112
Narkoseerhaltung, Pentobarbital **112**, 114
Narkoseerhaltung, Propofol **112**, 114
Narkosekomplikationen 136
Narkoserisiko 93
Narkosesysteme 116
Narkosetiefe 123, 132, 138

Narkosezwischenfälle 131, **136**
Narkotika 951
nasale Myiasis 349
Nase 346
Nase, Ausfluß 347, 349
Nase, Blutung 347
Nase, Empyem 349
Nase, Fremdkörper 348
Nase, Katarrh **347**, 349
Nase, Mißbildungen 348
Nase, Myiasis 349
Nase, Nasennebenhöhlenentzündung 349
Nase, Parasiten 348
Nase, Rückenpyodermie 261, 347
Nase, Tumoren 348
Nase, Ulcera 347
Nasenbluten 347
Nasengang, Tumoren 348
Nasenhöhle, Freilegung 348
Nasenlöcher, Verengung 348
Nasenrückenpyodermie 261, 347
Nasenspiegel 30
Nasenspiegel, Ulcera 347
Nasenwurm 347
Natriumbedarfsberechnung, für Infusion 187
Natriumhydrogencarbonat **142**
Nearthrosen 754
Nebenhodenentzündung 667
Nebennieren-Steroidhemmer 832
Nebennierenmark 843
Nebennierenrinde 840
Negri-Körperchen 913
Neoplasien, Haut 267
Neoplasmen, Ig-sezernierende 856
Neorickettsiose 892
Neostigmin 107
Nephritis 589
Nephritis, chronische 593
Nephritis, interstitielle 591
Nephrolithiasis 609, 611
Nephrose 594
nephrotisches Syndrom 590, 594
nephrotisches Syndrom, Diagnose 596
nephrotisches Syndrom, Pathogenese 595
Nervengifte 693
Nervus facialis, Lähmung 709
Nervus peroneus, Lähmung 710
Nervus stato-acusticus, Lähmung 709
Nervus trigeminus, Lähmung 709
Netzhaut 330
Netzhaut, Ablösung 330, 332
Netzhaut, Degeneration 331
Netzhaut, Entzündungen 330

Neubildung, Gelenk 754
Neubildung, Zunge 447
Neurofibrom 270
Neurohypophyse 832
Neuroleptanalgesie 96, 101
Neuroleptika 95, 951
neurologischer Untersuchungsgang 679, 688
neurologischer Untersuchungsgang, Muster 686
Neutropenie 851
Neutrophile, segmentkernige 847, 848
Neutrophile, stabkernige 847, 848
Neutrophilie 847, 848
Nicht-Hodgkin-Lymphome 855
Nicht-Rückatemsystem 117
Nickhaut 298
Nickhaut, Drüsenhyperplasie 302
Nickhaut, Knorpelumstülpung 302
Nickhaut, Pigmentmangel 302
Nickhaut, plasmazelluläre Infiltration 302
Nickhaut, Vorfall 301, 879
Nidationsverhütung 637
Niere, Biopsie 582
Niere, Röntgen 581
Niere, Tumoren 599
Niere, Ultraschalluntersuchung 581
Niere, Untersuchungsmethoden 575
Nierenbeckensteine 609, 611
Nierenbiopsie, Kontraindikationen 582
Nierendiät, Kochsalzgehalt 601
Nierendiät, Phosphorgehalt 601
Nierendiät, Proteingehalt 600
Nierenerkrankungen, Chemotherapie 602
Nierenerkrankungen, Diätetik 600
Nierenerkrankungen, Enzymdiagnostik 578
Nierenerkrankungen, Therapie 600
Nierenfunktion, bei Narkose 136
Nierenfunktion, Clearance 580
Nierenfunktion, Harnkonzentrierung 579
Nierenfunktion, PAH-Retention 581
Nierenfunktion, Phenolrotprobe 581
Niereninsuffizienz 360, 582
Niereninsuffizienz, akute 586, 588
Niereninsuffizienz, chronische 584, 593
Niereninsuffizienz, Diät 601
Niereninsuffizienz, Infusionstherapie 603

Niereninsuffizienz, Übersichten 583, 585
Nierenrindenhypoplasie, Diagnose 597
Nierenrindenhypoplasie, Disposition 596
Nierenrindenhypoplasie, Symptome 596
Nierenstarter-Infusionslösungen 186, 187
Nierenuntersuchung, Palpation 575
Nikolski-Zeichen 228
NNM 843
NNR 840
NNR-Insuffizienz, akute 842
NNR-Insuffizienz, chronische 840
NNR-Insuffizienz, Diagnose 841
NNR-Insuffizienz, Fallbeschreibungen 840, 842
Nocardia asteroides 265
Nocardiose, Haut 265
Nocardiose, Lunge 886
Nocardiose, Therapie 363
Noma 445
Noradrenalin **127**, 130, 142
Noradrenalin, als Sperrkörper **127**, 130
Noradrenalin, bei der Reanimation 142
Normoblasten, basophile Tüpfelung 863
normochrome Anämie 858
normozytäre Anämie 858
Normozytose 850
Notfall-ABC, bei Herzstillstand 406
NRC-Normen 61, 63, 64
Nüchternbrechen 476
Nucleus pulposus, Vorfall 745
Nukleotidstoffwechsel 551
Nutritantien 951
Nystagmus 307, 313

Oberflächenreflexe 684
Obstipation 534
Obstipation, Diät 81
Obstruktionsileus 519
Ödem, Larynx 350
Ödeme, Hintergliedmaße 552
Odontolithiasis 460
Oestrus ovis 349
Öffnungsphase 650
Ohren, Kupieren 288
Ohren, Reinigung 279
Ohren, Verband 162
Ohren, Wiederaufstellen nach Deformation 285
Ohrform, Typen 288

Ohrkluppe nach BALK 289
Ohrkluppe nach ULLRICH 289
Ohrmilbe 282
Ohrmuschel-Implantat 287
Ohrplastik 285
Ohrrandgeschwür 285
old dog encephalitis 704
Oligämie 858
Oligospermie 667
Oligurie 588
Omarthritis 808
oncogenic RNA virus 853
Operation, Ausbinden des Patienten 165
Operation, Hinweise für Tierhalter 23
Operation, Instrumente 167
Operationsbesteck, für kleine Eingriffe 171
Operationsbesteck, für Laparotomie 170
Operationsfeld, Desinfektion 155
Operationsraum 164
Operationstechnik 171
Operationstische 165
Ophthalmika 952
Ophthalmitis neonatorum 292
Opiatrezeptoren 100
Opioide, Antagonisierung 101
Opioide, Atemdepression 100, 124
Opioide, Dosierung 101, **109**
Opioide, respiratorische Azidose 100, 124
Opioide, Überdosierung 102
Opioide, zur Prämedikation **109**
Opisthorchis felineus 551
orale Kochsalzbelastung 833
orale Papillomatose 268
Orbitalphlegmone 307
Orchitis 667
Orciprenalin 142
Ortolani-Test 796
Osgood-Schlatter Disease 729, 786
Osmotherapie 79, 312
Osmotherapie, Infusionslösungen 187
Ösophagitis 468
Ösophagotomie 472
Ösophagus 463
Ösophagus, Dilatation 465
Ösophagus, Divertikel 467
Ösophagus, Neubildungen 465
Ösophagus, Obturation 470
Ösophagus, Perforation 470, 472
Ösophagus, Stenose 465
Osteochondromatose, synoviale 738
Osteodystrophia fibrosa generalisata 721

Osteodystrophia fibrosa generalisata, bei Adulten 724
Osteodystrophia fibrosa generalisata, bei Junghunden 725
Osteodystrophie 594
Osteogenesis imperfecta 716
Osteomalazie 73, 721
Osteomyelitis 744
Osteomyelitis, akute hämatogene 755
Osteomyelitis, chronische 729
Osteopathie, kraniomandibuläre 743
Osteopathien 754
Osteoporose 716 ff.
Osteoporose, als Folgeerscheinung 718
Osteoporose, bei Morbus Cushing 831
Osteoporose, juvenile 717
Osteopulmonales Syndrom 742
Osteorenales Syndrom 594
Osteosynthese, Verplattung 760, 769, 774
Osteosynthesemethoden 759
Osteosynthesen, stabile 759
Ostitis, exogene 755
Östrogentherapie, Komplikationen 671, 673
Östrogenüberschuß 863
Östrus 625
Östrus, verlängerter 632
Östrus, zweigeteilter 633
Oszillometrische Blutdruckmessung 135
Othämatom 284, 285
Othämatom, Korrektur 284, 285
Otitis externa **277**
Otitis externa ceruminosa 235, 241
Otitis externa erythematosa ceruminosa 278
Otitis externa erythematosa squamosa 278
Otitis externa nonparasitaria **278**
Otitis externa parasitaria 282
Otitis externa squamo-crustosa 278
Otitis externa ulcerosa/purulenta 278
Otitis externa verrucosa sive proliferans 278
Otitis interna 283
Otitis media 282
Otitisoperation nach HINZ 280
Otitisoperation nach ZEPP 280
Otodectes cynotis 282
Otologika 952
Otomykose 282
Otoskop 277

ototoxische Substanzen 283
Ovarektomie 633
Ovarialtumoren 637
Ovariohysterektomie 634
Ovotestis 666
Ovulation 625
Oxalat-Harnsteine 84
Oxytocin, Dosis 654
Oxytocin, Kontraindikationen 654

P-Welle 378
Paarung, gestörte 662
Paarung, ungestörte 661
Paarungsverhalten 661
Paatsama-Technik 803
PABA-Test 570
PAH-Clearance 580
PAH-Retentionstest 581
Palatoschisis 347
Palatum-durum-Reflex 684
Palpation, äußeres männliches Genitale 665
Palpation, Niere 575
Palpation, Thorax 336
Pangastritis 477
Panhypopituitarismus, partieller 829
Pankreas 561
Pankreasstuhl 569
Pankreatitis, akute 565
Panniculus-Reflex 684
Pannikulitis 249
Pannus glaucomatosus 310, 311
Panophthalmitis 307
Panostitis eosinophilica 729
Panuveitis 324
Panzytopenie 856
Papanicolaou-Färbung 628
Papel 228
Papillom 268
Par-force-Intubation 137
Parakeratose 229
Parakeratose, bei Leishmaniose 919
Paralyse 752
Paralyse, laryngeale 350
Paramunitätsinducer 663
Paraphimose 674
Paraplegie 681, 751, 918
Paraproteinämie 857
Parasympatholytika 94, 404
Parasympathomimetika 312, 952
Parathyreoidea 838
paravenöse Injektion 103, 137
Parenchymikterus 556
parenterale Ernährung 77
Parese 752
Parese, aufsteigende 709
Parodontaloperationen 456

Parodontitis 455
Parodontose 455
Paronychie 236
Parotitis 452
Parotitis epidemica 915
Partialinsuffizienz, Atmung 124
partieller Hypopituitarismus 829
Partus, physiologischer 650
Parvoviren, Ausscheidung 907
Parvoviren, Nachweis im Kot 908
Parvoviren, Pathogenese 907
Parvovirose 906
Parvovirose, Blutveränderungen 908
Parvovirose, Formen 907, 908
Parvovirose, Vakzination 909
Parvovirus-Enteritis 499
Patch-Test 227, 244
Patellaluxation 804, 807
Patellaluxation, Disposition 805
Patellaluxation, Formen 805
Patellarreflex 682
Patientenüberwachung **131**, 145
Patientenüberwachung, Anästhesieprotokoll 136
Patientenüberwachung, Atmung **132**
Patientenüberwachung, intraoperative 132
Patientenüberwachung, Kreislauf **134**
Patientenüberwachung, postoperative **144**
Patientenversorgung, prä-, intra- und postoperative **160**
PCV 849
Peitschenwürmer 515
Pemphigoid 247
Pemphigus foliaceus 246
Pemphigus vegetans 246
Pemphigus vulgaris 245
Penis, Narbenstriktur 674
Penis, Tumoren 674
Penis, Verengung der Vorhautöffnung 674
Penis, Verletzungen 675
Peniserektion auslösen 676
Penisknochen, Fraktur 675
Pentobarbital 104, 112
Perforationswunden, Auge 314
Perianaldrüsen, hepatoide 226, 268
Perianalfistel 266
Perianaltumor 268
Perikard **396**
Perikardergüsse 397, 398
Perikarditis 396, 397
Perikardspalten 398
Perinealhernie 665

Perinealhernie, Operationstechnik 546
periphere Nerven, Erkrankung 708
Peritonealdialyse 604, 933
Peritonealdialyse, im Vergiftungsfall 933
Peritonealdialyse, Lösung 187
Peritonitis 539
Perkussion, Lunge 338
Perkussion, Thorax 358
Peroneuslähmung 710
persistierende fetale Augengefäßmembranen 323
persistierender Ductus arteriosus (PDA) 416
persistierender rechter Aortenbogen 420
Petechien 228
Pflichten, Tierarzt 22
Pflichten, Tierhalter 22
pH-Wert, Harn 578
Phäochromozytome/-blastome 842
Pharmaakupunktur 60
Pharyngostomie, Technik 450
Pharynx 346
Phenamidin 918
Phenolrotprobe 581
Phenothiazine 95, 96
Phenzyklidinderivate 102, 103
Philadelphia-Chromosom 853
Phimose 674
Phlebographie 214
Phlegmone 260, 264
Phlegmone, Orbita 307
phlegmonöse Mastitis, Therapie 646
Phocine Distemper Virus 894
Phonendoskop 336
Phonokardiogramm 375
Phosphat-Harnsteine 84
Phosphor, Gehalt in Lebensmitteln 84
Phthisis bulbi 307
Phyma 228
physikalische Therapie 53
PIE-Syndrom 355
Pigmentabweichungen, Iris 322
Pigmentepitheldysplasie (PED) 331
Pilomatrixom 268
Piroplasmose 917
Pityriasis 238
Pityrosporum 282
Plasmaersatzstoffe 186, 950
Plasmaexpander 186, 950
Plasmazellen 852, 857
Plasmazellneoplasien 857
Plasmozyten 852, 857
Plasmozytom 856
Plattenepithelkarzinom 268

Plattenosteosynthese 759
Platybasie 689
Plazentarnekrose 658
Pleuraerguß 366
Pleuritis 365
Pleuritis exsudativa 366
Pleuritis sicca 366
Plexus brachialis, Lähmung 710
Plexus-brachialis-Abriß, Diagnose 709
Pneumomediastinum 120, 368
Pneumomediastinum, Diagnostik 368
Pneumonie, katarrhalische 356
Pneumonie, septische 362
Pneumonie, spezifische 361
Pneumoperitoneum 209
Pneumoperitoneum anlegen 552
Pneumothorax 120, 368
Pneumothorax, Therapie 369
Pollakisurie 606
Polyarthritis rheumatica 745
Polychromasie 858
Polycythaemia vera 852, **856**, 857
Polycythaemia vera, Therapie 857
Polydipsie, bei Diabetes insipidus 833
Polydipsie, bei Pyometra 639
Polyglobulie, primäre s. Polycythaemia vera
Polyglobulie, sekundäre 863
Polyglobulien 863
Polyneuropathie, Diagnose 708
Polyphagie 475
Polyradikuloneuritis 709
Polyurie, bei Diabetes insipidus 833
Polyurie, kompensatorische 588
Polyurie, Ursachen 577
Porosierung, Knochen 594
Porphyrinurie 863
Portovenographie 557
Posthitis 673
PRA 326, 331
präanästhetische Untersuchung **93**
PRAB 420
präcordialer Faustschlag 141
Präexzitationssyndrom 402
Prämedikation **108**, 127
Prämedikation, Dosierungen 109
Prämedikation, Dosisreduktion 108, 113
Prämedikation, sedativ-analgetische 109
Präputialausfluß, blutiger 675
Präputialkatarrh 673
Präputialsekret, gelblich-grünes 673
Präputium, Verletzungen 675
Präsenilität 665

Prick-Test 227, 242
Prießnitz-Umschläge 54
primäre Wehenschwäche 654
Primärglaukom 310
Primärtumoren der Lunge, Röntgendiagnose 364
Probepunktion, Herzbeutel 373
Probepunktion, Thorax 346
Procainamid 404, 406
Processus-anconeus-Fraktur 732
Processus coronoideus ulnae, Absprengfraktur 734
Progesteronkonzentration, Deckzeitpunkt 663
progressive Retinaatrophie (PRA) 326, **331**
Proktitis 528
Prolactin-Inhibitoren 648
Prolapsus ani 533
Prolapsus iridis 315
Prolapsus membranae nictitantis 301
Prolapsus recti 533
Prolapsus uteri 658
Prolapsus vaginae 645
Proöstrus 625
Proöstrus, verlängerter 632
Propionylpromazin 96
Propofol, Dosierung 111, 112
Propofol, Injektionsanästhesie 114
Propofol, transiente Apnoe 105
Propranolol 404, 406
Prostata, Abszesse 672
Prostata, Entzündung 671
Prostata, Metaplasie 673
Prostata, physiologische Beschaffenheit 670
Prostata, Röntgen 670
Prostata, Sekretgewinnung 670
Prostata, Tumoren 673
Prostata, Zysten 671
Prostatahyperplasie, gutartige 671
Prostatapalpation 665
Prostatasekret 676
Prostatasekret, Gewinnung 670
Prostatavergrößerung, Ursachen 671
Prostatitis, akute 671
Prostatitis, chronische 672
Proteine, Bedarf 63
Proteine, Mangel 73, 76
Proteine, Quellen 66
Proteinstoffwechsel, Leber 553
Proteinurie 590
Proteinurie, bei Hcc 905
Proteinurie, beim nephrotischen Syndrom 595
Proteinurie, extrarenale 578
Proteinurie, Interpretation 578

Proteinurie, renale 578
Prothrombingehalt 850
Protokoll, tierärztliches 26
Protozoen, Darm 513
Protrusio bulbi 307
Pruritus 76, 230
Pseudo-Aktinomykose 885
Pseudo-Cushing 237, 830
Pseudoarthrosen 754
Pseudoarthrosen, Einteilung 755
Pseudochylothorax 366
Pseudogravidität 626, 647
Pseudohämophilie 864
Pseudoobstipation 535
Pseudopolyglobulie 863
Pseudowut 914
Pubertät 625
puerperale Intoxikation 658
puerperale Komplikationen 658
puerperale Tetanie 659
puerperale uterine Hämorrhagie 659
Puerperium, normales 657
Puerperium, Störungen 657
Pulmonalstenose 384
Pulpitis 462
Puls 388
Pulsationsdivertikel 467
Pulsdefizit 93, 388
Pulslosigkeit 140
Pulsoxymetrie **133**, 145
Pulsplethysmographie **134**, 145
Puncta maxima 374
Punktion, Herzbeutel 373
Punktion, Thorax 346
Pupillenreaktion 139, 292
Purpura 228
Purpura, idiopathische thrombozytopenische 861
Pustel 228
Pyelonephritis 591
Pyloromyotomie 488
Pylorusplastik 488
Pylorus, Spasmus 486
Pylorus, Stenose 486
Pyodermie 257
Pyodermie, sekundäre 836
Pyometra 336, 590
Pyometra, typische 639
pyometraähnlicher Zustand, Rüde 666
Pyonephrose 598
pyotraumatische Dermatitis 258
Pyrenäen-Hund, Faktor-XI-Mangel 864

Q-Fieber 892
QRS-Hauptvektor 379

QRS-Komplex **378**
Quaddel 228, 240
Quadriceps-Reflex 682
Quick-Test 850

Rabies 910
Rachitis 73, 720
Radialislähmung, Kußhandstellung 710
Radionuklide 216
Radius-Curvus-Syndrom 730
Radius-Ulna-Fraktur 777
Radiusepiphyse 730
Räude 252
Ranula 452
Rasselgeräusche 337
Rathkesche Tasche, zystische Veränderung 830
Raubmilben 250
Reanimation 131, 138
Reanimation, Defibrillation 143
Reanimation, Herzmassage 138
Reanimation, Medikamente 142
Reanimation, Prognose 143
Reanimation, Sofortmaßnahmen 140
Reanimation, weiterführende Maßnahmen 142
Rechtsgrundlagen, Kleintierbehandlung 19
Rechtshypertrophie, Herz 380
Rechtshypertrophie, physiologische 415
Rechtspflichten, Tierarzt 22
Rechtspflichten, Tierhalter 22
Rechtsschenkelblock 401
Reduktionsfuttermittel 85
Reflexe, Abschwächung 688
Reflexe, pathologische 685
Reflexe, physiologische 682
Reflexe, Verstärkung 688
Reflux, vesikoureteraler 592
Regionalanästhesie 111, **129**
Regurgitieren 476
Reibegeräusche 337
Reinhaltung 152
Reinigung 152
Reinigung, Blutkonservenflaschen 182
Reinigungsklistier 37
Reizstrommassage 59
Rektum, Divertikel 532
Releasing factors, Sekretion 829
renale Clearance 580
renaler Hyperparathyreoidismus 601
Reovirus-Infektion 915

Reposition, operative 795
Repositionsosteosynthesen 764
Resorptionsgeschwindigkeit 40
Resorptionsklysma 37
Respirationsapparat 335
Respirator 126
Retentio secundinarum 658
Retentio testis 666
Retikulose, histiozytäre medulläre 856
Retikulozyten 849, 858, 862, 863
Retikulozytose, hochgradige 862
Retina 330
Retinochorioiditis 330, 331
Retinochorioiditis maculosa disseminata 331
Rhagade 229
Rheumatismus, degenerativer 745
Rheumatoide Polyarthritis 745
Rhinitis catarrhalis 347
Rhinitis mycotica 347
Rhinitis purulenta 347
Rhinitis, chronische 349
Rhinoskop 346, 347, **348**
Rickettsiosen 892
Ringschatten, Lunge 343
Risikopatient 105, 106, 110, 119, 121, 145
Risikopatient, Prämedikation 110
Riva-Rocci 388
Rivalta-Probe 346
Robert-Jones-Verband 757
Röhrenknochen, Verkrümmung 729
Röntgen, Aufnahme **200**, 381
Röntgen, Belichtungsformeln 193
Röntgen, Bildbetrachtungskasten 204
Röntgen, Bildverstärker 199
Röntgen, Dunkelkammer 202
Röntgen, Durchleuchtung 199
Röntgen, Film-Scribor 204
Röntgen, Filmentwicklung 201
Röntgen, Filmfehler 204
Röntgen, Filmkennzeichnung 204
Röntgen, Genitalien 213
Röntgen, Geräte 192
Röntgen, Harnblase 581
Röntgen, Herz 215, 342
Röntgen, Kassette 201
Röntgen, Kontrastmitteluntersuchungen 209
Röntgen, Lagerungen 217
Röntgen, Leber 211, 552
Röntgen, Lunge 366
Röntgen, Lunge und Bronchien 215
Röntgen, Mediastinum 342
Röntgen, Nieren und Harnwege 212
Röntgen, Ösophagus 342

Röntgen, Prostata 670
Röntgen, Röhre 193
Röntgen, Strahlenschutz 219
Röntgen, Technik 191
Röntgen, Thoraxorgane 339
Röntgen, Trachea 342
Röntgen, Verdauungsapparat 210
Röntgen, Verstärkerfolie 198
Röntgen, Zwerchfell 342
Röntgenbilder, Archivierung 209
Röntgendiagnose, Trächtigkeit 630
Röntgenkontrast **209**
Röntgenkontrast, Blutgefäße 214
Röntgenkontrast, Bronchien 215
Röntgenkontrast, Fisteln 215
Röntgenkontrast, Gelenke 215
Röntgenkontrast, Genitalien 213
Röntgenkontrast, Herz 215, 380
Röntgenkontrast, Leber 211
Röntgenkontrast, Lunge 215, 339, 342
Röntgenkontrast, Nieren und Harnwege 212
Röntgenkontrast, Verdauungsapparat 210
Röntgenkontrast, Wirbelsäule 214
rohes Fleisch, Verfütterung 75
Rotation, mediale 803
Rotationsfehlstellung, Korrektur 764
Rotaviren 500
rotes Blutbild, Beurteilung 849
rotes Blutbild, Referenzwerte 848
rotes Blutbild, Übersicht 848
rotes Blutbild, wichtige Parameter 850
Rote Vogelmilbe 251
Rotlichtbestrahlung 55
Rubarthsche Krankheit 902
Rückatemsysteme 116, 122
Rückenmark, Blutungen 708
Rückenmark, Degeneration 707
Rückenmark, Kompression 706
Rückenmark, raumfordernde Prozesse 707
Rückenmark, Trauma 707
Ruhigstellung, medikamentöse 36
Rundschatten, Lunge 343
Ruptur, Gallenblase 558
Ruptur, Harnblase 588
Ruptur, Leber 558
Ruptur, Milz 866
Ruptur, Uterus 657
Ruptur, Zwerchfell 546, 547
Rush-Pinning 762
Rutendeformationen 812

SA-Block 401
Sabin-Feldman-Test 915, 917
Sachverständigengutachten 26
Salivation 94
salmon poisoning disease 894
Salmonellen 75
Salmonellose 872, 873
SALT (ALAT, GPT) 554
Samenfraktionen 676
Samengewinnung 675
Samenübertragung 676
SAP (AP) 554
Sarcoptes 253
Sarkom, Stickersches 645, 675
Sauerstoffaufnahme 123
Sauerstoffkonzentration, exspiratorische 133
Sauerstoffkonzentration, inspiratorische 120, 133
Sauerstoffkonzentration, Überwachung 133
Sauerstoffminderversorgung 137
Sauerstoffsubstitution 361
Saugwelpen, Septikämie 872
Säuresekretion, Magen 474
Schall, tympanitischer 338
Schallfenster 385
Schallkopf-Position 387
Schaumorgane 878
Scheide, Entzündung 644
Scheidenspekulum, Einführen 627
Scheidenspülung 644
Scheidenverletzungen 657
Scheidenvorfall 645
Scheidenvorhof, Entzündung 644
Scheingelenk 754
Scheintod, bei Botulismus 877, 878
Scheinträchtigkeit 647
Schema, Allgemeinuntersuchung 31
Schenkelblock 401
Scherengebiß 48
Schichtaufnahmetechnik (CT) 216
Schieläugigkeit 312
Schielen 312
Schienenverband 164, 757
Schienung, äußere 759, 763
Schienung, innere 759, 761
Schilddrüse 834
Schilddrüse, Entzündungen 835
Schilddrüse, Neoplasmen 835
Schilddrüse, Unterfunktion 835
Schilddrüsenerkrankungen, Diagnostik 837
Schilddrüsenerkrankungen, Einteilung 834, 835
Schilddrüsenerkrankungen, Therapie 837

Schilddrüsentherapeutika 952
Schimmelbusch-Spritze 37
Schimmelpilzmykosen der Lunge 263
Schirmer-Tränen-Test 291, 303
Schistozyten 862
Schlauch-Trikot-Binde 164
Schlauchstadium 629
Schleimhaut, Abwehr 605
Schleimhautfarbe 93, 132, 140
Schlittenfahren 644
Schluckbeschwerden 708
Schluckreflex 123, 144
Schlundkopf 346
Schmerzausschaltung, bei Fraktur 757
Schmerzbehandlung, im Vergiftungsfall 936
Schmerzbekämpfung, bei Schock 437
Schnauzer-Komedo-Syndrom 239
Schnittentbindung 655
Schock 101, 131, **425**
Schock, Diagnostik 430
Schock, Folgen 433
Schock, Formen 426
Schock, Lungenhyperämie 360
Schock, Schmerzbekämpfung 437
Schock, Therapie 425, 432, **433**
Schock, Überwachung 430
Schock, Untersuchungsparameter 431
Schock, Ursachen 433
Schockmediatoren 429
Schocksyndrom, Ätiologie 425
Schocksyndrom, Pathogenese 426
Schocksyndrom, Phasen 426, 427
Schocktherapie 432
Schocktherapie, anaphylaktischer Schock 438
Schocktherapie, hypervolämischer Schock 437
Schocktherapie, kardiogener Schock 433, **434**
Schocktherapie, septischer Schock 438
Schottenkrampf 813
Schreckhaftigkeit, bei Hyperthyreose 837
Schriftstücke, amtliche 24
Schubladenphänomen 802
Schultergelenk, Dysplasie 792
Schultergelenk, Luxation 791
Schuppung, generalisierte, bei Leishmaniose 919
Schutzkragen 35, 163
Schwanzspitze, Nekrose 272

Schwanzspitze, Ulkus 272
Schwarzzunge 445
Schweinefleisch, Verfütterung 914
Schwerhörigkeit 284
Sebadenitis 238
Seborrhoe 76, 234, 237
Seborrhoea sicca/oleosa bei Morbus Cushing 831
second gas effect 120, 122
Sectio caesarea 655
Sectio caesarea conservativa 655
Sectio caesarea radicalis 655
Sectio porro 655
Sedation, Dosierungen 95, 109
Sedation, Medikamente 95
Sedativa 94, 95, 952
Sediment, Befund beim nephrotischen Syndrom 595
Sehnenentzündungen 812
Sehnenscheidenentzündung 812
Sehnenverletzungen 810, 812
Sehnerv, Lähmung 709
Sehproben 291, 681
Sejrö-Leptospirose 888
Sektorscanning 285
sekundäre Pyodermie 836
sekundäre Wehenschwäche 654
Sekundärglaukom 311
Selbstbestimmungsrecht, Tierbesitzer 19
Seminom 668
Seminom, Haut 236
Sensibilitätsprüfung 681
Sensibilitätsstörungen, bei Staupe 899
Sepsis 871
Septikämie 871
Septikämie der Saugwelpen 872
Sertolizelltumor, Haut 236
Sertolizelltumoren 668
Serumamylase, bei Pankreatitis 567
Serumgonadotropin, Läufigkeitsinduktion 632
Serumharnstoff, Bestimmung 579
Sexualhormone 952
Sexualzyklus 625
sick sinus syndrome 404
sinuatrialer Block 401
Sinusarrhythmie, respiratorische 388
Sinusitis frontalis 349
Sinusitis maxillaris 349
Sinustachykardie 402
Skabies 252
Skapula, Luxation 791
Skelett, Erkrankungen 715 ff.
Skelett, Funktionen 715
Skelettsystem, Veränderungen 752

Skelettveränderungen, neoplastische 857
Skelettwachstumsstörungen, bei Hypothyreose 835
skrotale Dermatitis 669
Skrotalhaut, Entzündung 669
SLE 247, 590
Sludge-Phänomen 437
Somatotropes Hormon, Überproduktion 830
Somatotropinmangel, Alopezie 237
Somogyi-Effekt 563
Sondenernährung 77
Sondennahrung, Rezeptur 77, **78**
Sonnenbrand 263
Sonographie s. Echographie
Soor 445
Sorbitol 79
Sorgfaltspflicht, Tierarzt 20
Spannungspneumothorax 368, 369
Spasmolytika 953
Spätabort, bei Brucellose 875
Spätträchtigkeit, Eosinophilie 851
Speichel, Schaumbildung 351
Speicheldrüsen, Tumoren 452
Speichelsekretion 94
Sperma, mikroskopische Untersuchung 676
Sperma, Qualität 676
Spermagewinnung 675
Spermauntersuchung 665
Spermiendichte, geforderte 676
spermienreiche Fraktion 676
Spermienuntersuchung 667
Spermiogramm 667
Spermiogramm, bei Hodenhypoplasie 667
Spermiogramm, bei Orchitis 667
Spickdrähte 764
Spina bifida 689
Spinalmuskelstreckreflexe, Verlust 709
Spirillen-Infektion 497
Spirocerca lupi 465
Spirochaeta plaut-vincenti 445
Spirochäten-Infektion 497
Splenektomie 858, **866**
Splenomegalie 865
Splenomegalie, bei hämolytischer Anämie 862
Split-Östrus 633
Spondylarthritis ankylopoetica 740
Spondylolisthesis 738
Spondylopathia deformans 740
Spontanatmung 123, 125
Sporotrichose, Therapie 363
Spraytechnik 38

Springer Spaniel, Faktor-XI-Mangel 864
Spulwürmer, Darm 513
Squama 229
squamöse Metaplasie, Prostata 673
Stäbchen 330
Stäbchen, Dysplasie 331
Stäbchen-Zapfen-Degeneration 321
Stäbchen-Zapfen-Dysplasie 321
Stader-Schiene 763
Staphylococcus intermedius 257
Staphylokokken, Allergie 244
Star **325**
Star, Grüner 310
Star, altersbedingter 50, 325
Staroperation 327
Status epilepticus, Unterbrechung 697
Staupe **894**
Staupe, Empfänglichkeit 895, 896
Staupe, Immunitätsentwicklung 901
Staupe, Infektionsablauf 704
Staupe, kostale Atmung 336
Staupe, Laryngitis 350
Staupe, Meningoenzephalitis 703
Staupe, Pathogenese 897
Staupe, Prognose 900
Staupe, Rhinitis 347
Staupe, Schmelzhypoplasie 899
Staupe, Sensibilitätsstörungen 899
Staupe, Vakzination 901
Staupevirus, Einschlußkörperchen 915
Stauungsglaukom 310
Stauungsikterus 556
Stauungsinsuffizienz, Therapie 398
Stauungsleber, chronische 558
Stauungsmilz 865
Steinuntersuchung, Schema 612
Stellreaktionen 655
Stempelvordrucke 23
Stenose, Aorta 384
Stenose, Lunge 384
Stenosengeräusche 337
Sterilisation 157
Sterilisation, chemische 159
Sterilisation, durch Hitze 157
Sterilisation, durch Strahlen 159
Sterilisation, Folie 158
Sterilisation, Heißluft 158
Sterilisation, Kontrolle 159
Sterilisation, mit Dampf 158, 159
Sterilisation, mit Gas 159
Sterilisation, Vorbereitung 157
Sterilität, bei Brucellose 875, 876
Sterilität, Ursachen, Hündin 662
Sterilitätsuntersuchung 662

STH, Überproduktion 830
Sticker-Sarkom 645, 675
Stirnhöhlenentzündung 350
Stomatitis papillomatosa, Therapie 445
Stomatitis, Formen 443
Strabismus 307, 312
Strabismus congenitus 312
Strabismus mechanicus 309
Strahlungswärme 56
Streß-Protektion 761
Streunen, Rüde 669
Strom- und Lichtapplikation **58**
Strongyloides stercoralis 352
Struma 834
Stuart-Faktor 864
Stützapparat 715
Stützbeinlahmheit 752
subkorneale pustulöse Dermatose 248
Subkutisödem, bei Hypothyreose 836
Sublingualzyste 452
Subluxation, zervikale 738
Sudan-III-Färbung, Chylothorax-Diagnostik 367
Sudecksches Syndrom 755
Suffusion 268
Sukkussionsgeräusche 337
Sultansche Diagonalnaht 172
Superfunktionsikterus 556
Symblepharon 299
Sympathomimetika 312, 404, 406, 953
Sympathomimetika, gegen Harnträufeln 634
Symptomenlosigkeit, bei bestimmten Vergiftungen 932
Syndrom, osteorenales 594
Synechia anterior 323
Synechia posterior 323
Synechie 324, 327
Synechie, Prophylaxe 324
Synkopen 405
Syringadenom 268
systemischer Lupus erythematodes (SLE) 247, 590
Szintigraphie 689

T-Fraktur 772
T-Lymphozyten 852
T-Welle 378
Tachykardie 131, 138, 402
Tachypnoe 335, 366
Tachysystolie 436, 438
Tagesgesamtfuttermenge, Berechnung 71

Talgdrüsen 226, 268
Targetzellen 863
Tarsaldrüsen 226
Tarsus, Luxation 808
Taubheit 284
Taubheit, genetisch bedingte 284
Teckellähme, Fischrobbenstellung 746
Teckellähme-Komplex 745
Teflonlösung, zur Harnröhrenverengung 634
TEN 249
Tendinitis 812
Tendovaginitis 812
Tenesmus 533
Tenesmus vesicae 606
Teratospermie 667
Terrier, Kippohren 285
Tetanie, parathyreoprive 838
Tetanie, puerperale 659
Tetanus 879
Tetanus, Therapie 880
Tetraplegie 681, 751
TGE 75
Thalamonal^R 96
Thallium-Vergiftung 943
Thallium-Kardiomyopathie 395
Thalliumvergiftung, Hautsymptome 233, 267
Theophyllin 391, 400
Theophyllin, bei Stauungsinsuffizienz 400
Therapie, physikalische **53**
Thermoregulation 95, 104
Thiamylal 103
Thiopental 103
Thomasschiene 781
Thorakozentese 346
Thorax, Adspektion 335
Thorax, Auskultation 336
Thorax, Entzündung 365
Thorax, Exsudat 346
Thorax, Hydrothorax 366
Thorax, Liquidothorax 366
Thorax, Palpation 336
Thorax, Perkussion 338
Thorax, Pneumothorax 368
Thorax, Punktion 346
Thorax, Röntgen 339
Thorax, Transsudat 346
Thorax, Tumoren 370
Thorn-Test 842
Thrombasthenie 864
Thrombembolien 410
Thrombozyten 848, 850, 864
Thrombozytopathie, vererbte 864
Thrombozytopenie 855, 857, **864**
Thyreoiditis 835

Thyreotropes Hormon 834
Tibiadysplasie 732
Tibiaepiphyse 732
Tibialis-anterior-Reflex 682
Tibialislähmung 711
Tics 707
tierärztliche Haftung 20
tierärztliche Urkunden 24
Tierarztvertrag 19
Tierbesitzer, Mitverantwortung 21
Tilest^R 99, 103
Tiletamin 99, 103
Time-Motion-Technik 385
Tischkantenprobe 685
Tokolytika 953
Tollwut 336, 350, **910**
Tollwut, Bekämpfung 913
Tollwut, Diagnose 913
Tollwut, Stadien 912
Tollwut, ZNS 705
tonisch-klonische Krämpfe, postpartale 659
Tonsillektomie, Technik 449
Tonsillitis 350, 447
Tonsillitis, chronische 448
Torsio uteri 649
Torsio ventriculi 483
Torsion, Lungenlappen 363
Torsion, Magen 483
Tortikollis, bei Toxoplasmose 917
totale i.v. Anästhesie 111
tote Frucht, Anzeichen 653
Totraum 121
Toxascaris leonina 513
toxische epidermale Nekrolyse 249
Toxocara canis 352, 357, 513
Toxoplasmose 915
Toxoplasmose, Infektionsmodus 916
Toxoplasmose, Myositis 708
Toxoplasmose, Symptome 916
Toxoplasmose, ZNS 704
Trachea 352
Trachea, Entzündung 352
Trachea, Fremdkörper/Tumoren 354
Trachea, Kollaps 352
Trachea, Verlagerung 352
Trachealknorpelhypoplasie 352
Trachealkollaps 352
Tracheitis 352
Tracheobronchitis 352
Tracheobronchitis infectiosa 352
Tracheotomie 137, 140
Trächtigkeitsdauer 651
Trächtigkeitsdiagnose 628
Trächtigkeitsdiagnose, Hilfskriterien 630
Trägergas 116
Tränenapparat 303

Tränenflüssigkeit, Mangel 304
Tränenflüssigkeit, Hypersekretion 305
Tränennasengang, Atresie 306
Tränenpünktchen, artifizielles 306
Tränenpünktchen, Atresie 306
Tränentest 291, 303
Traktionsdivertikel 467
Tranquilizer 98, 953
Transfixation, Methode 763
Transfusionsreaktion, hämolytische 180
transmissibler Tumor 675
transplazentare Infektion, mit Herpesviren 914
transplazentare Infektion, mit Toxoplasmen 916
Transsudat 346
Transsudation, beim nephrotischen Syndrom 595
Transversalnagelung 763
Triceps-Reflex 684
Trichiasis 294
Trichoepitheliom 268
Trichom 232
Trichophytie 256
Trichophyton spp. 282
Trichorrhexis 232
Trichoschisis 232
Trigeminuslähmung 791
Trockenmasse, Futter 64
Trommelfell, Durchbruch 282
Trümmerfraktur, Diaphyse 783
Trypsininhibitor 67
TSH, vermehrte Ausschüttung 834
Tuberculum 228
Tuberkulinproben 884
Tuberkulose 881
Tuberkulose, Diagnose 883
Tuberkulose, Lokalisationen 882
Tuberkulostatika 884, 953
Tubusgröße 121
Tularämie 874
Tumor, transmissibler 675
Tumoren, Lunge 363
Tumoren, Mediastinum 363
Tumoren, Uterus 643
Turbinalia, Atrophie 348
Turnover, Knochensystem 716
Tylose 229
Tyndall-Phänomen 324
Typ-III-Reaktion 589

Überdosierung 96, 138
Überdosierung, absolute 138
Überdosierung, Folgen 138
Überdosierung, relative 96, 138

Überernährung 73
Übererregbarkeit, bei Hyperthyreose 837
Überköten 710
Überleitungsstörungen 95, 138, **142**
Überleitungsstörungen, AV-Block 400
Überleitungsstörungen, Therapie 138, 142
Übertragen 651
Überwachung, narkotisierter Patient **131**, 145
Überweisung 19
Ulcera, idiopathische, Nase 347
Ulcera, Lippenschleimhaut 594
Ulcus ventriculi 480
Ulkus 229, 262
Ulnadysplasie 730
Ulnaepiphyse 730
Ultraschall 216
Ultraschall, Applikation 54
Ultraschall-Doppler-Gerät 135
Ultraschalldiagnose, Trächtigkeit 630
Ultraschalldiagnostik, Leber 553
Umbilikalfistel 540
Umbilikalhernie, Operationstechnik 543
Umschläge nach PRIESSNITZ 54
Umschläge, kalt/warm 56
Unfallschock 765
Unfruchtbarkeit, Hündin 662
Unterdosierung, Injektionsanästhetika 137
Unterdrückung, Läufigkeit 633
Unterkühlung, Schutz vor 160
Untersuchung, allgemeine 29, 31
Untersuchung, am liegenden Tier 35
Untersuchung, Mundhöhle 35
Untersuchung, postanästhetische 145
Untersuchung, präanästhetische 93
Untersuchung, Schema 31
Untersuchung, spezielle 29, 31
Untersuchungsgang, gynäkologischer 626
Untersuchungsparameter, Schock 431
Untersuchungsplan 29
Urachus 605
Urachuszyste, Diagnose 605
Urämie 582
Urämie, Formen 603
Urämie, hypochlorämische 584
Urämie, Infusionstherapie 603
Urämie-Syndrom, Ursachen 586
urämische Krise 594
urämisches Koma 597

Urat-Harnsteine 84
Ureter, ektopischer 604
Ureter, Erkrankungen 604
Ureter, Obstruktionen 604
Urethrasteine 611
Urethrotomie, beim Rüden 613
Urinproduktion 432
Urinretention, Rüde 674
Urkunden 24
Urographie 212
Urolithiasis 607
Urolithiasis, Dispositionen 607
Urolithiasis, Ernährung bei 81, 83
Urolithiasis, Lokalisationen 609, 610
Urolithiasis, Pathogenese 608, 609
Urolithiasis, Steinanalyse 611
Urolithiasis, Steinkomponenten 608
Urologika 953
Urtica 228
Urtikaria 240
Uterolytika 953
Uterotonika 953
Uterus, Mißbildungen 638
Uterus, nichtgravider, Palpationsbefund 626
Uterus, Prolaps 658
Uterus, Torsion 649
Uterus, Tumoren 643
Uterusblutungen, postpartale 659
Uteruskontraktion, Anregung 658
Uterusprolaps 658
Uterusruptur 657
Uteruswand, brüchige 657
UV-Bestrahlung 59
UV-Strahlen, zur Keimzahlreduzierung 153
Uvea 322
Uvea, Blutungen 323
Uvea, Gefäßverletzungen 323
Uvea, persistierende Gefäßmembranen 323
Uvea, Pigmentabweichungen 322, 323
Uvea, Verwachsungen 323
Uveitis 324
Uveitis, linseneiweiß-induzierte 326

Vagina subsepta 639
Vagina, Entzündung 644
Vagina, Prolaps 645
Vagina, Spülung 644
Vagina, Tumoren 644
Vaginalabstrich, Häufigkeit verschiedener Zellen 628
vaginale Infektionen 662
Vaginalsekret, Grünfärbung 653
Vaginalzytologie 626, 628

Vaginitis 644
Vaginoskopie 626, 627
Vagusfehlstellung, Korrektur 764
Vakzination, bei Papillomatose 445
Vakzination, gegen Parvoviren 909
Valgus-/Varusstellung 730
Valproinsäure, bei Epilepsie 698
Vaquezsche Krankheit 856
Varisationsosteotomie, intertrochantere 800
Varusfehlstellung 732
Vaskulitis 249
vasoaktive Medikamente 144
Vasodilatantien 953
Vasodilatatoren 399
Vasokonstriktantien 953
vasovagale Reflexe 94
VECP-Werte 327
vegetative Dämpfung 94
Velum palatinum 351
Velum palatinum, Kürzen 352
Vena cava cran. sinistra persistens 421
Venendruck, zentraler 431
venerische Lymphosarkomatose 645
Ventrikelseptumdefekt, Auskultation 418
Ventrikelseptumdefekt, Diagnose 419
ventrikuläre Tachykardien 404
Ventrikulographie 688
Verapamil 405
Verband, Augen 162
Verband, Bauch 161, 172
Verband, Fuß 161, 163
Verband, Ohr 162
Verband, Widerrist 161
Verbandstechnik 160
Verbrauchskoagulopathie 864
Verdaulichkeit 65, 66
Verdauungsstörungen 492
Verdauungsstörungen, alimentäre 502
Verdauungsstörungen, Fäulnis/Gärung 76
Vereinbarung zu Operationen 23
Verfärbung, ikterische 556
Vergiftung, Dekontamination 930, 931
Vergiftung, Leitsymptome 931, 932
Vergiftung, Verlaufskontrollen 932
Vergiftung, Vorgehen 929
Vergiftung, Wirkungsweise 937
Vergiftungen, alphabetisches Verzeichnis **937 ff.**
Vergiftungen, durch Nahrungsmittel 73, 74

Vergiftungen, häufigste **937**
Vergiftungen, Massendruckklistier 37
Vergiftungen, Therapieschwerpunkte 937
Vergiftungsfall, Informationszentren **929 ff.**
Vergiftungsfall, Nottherapie 930
Vergiftungstherapie, Antidotbehandlung 933
Vergiftungstherapie, Peritonealdialyse 933
Vergiftungsursachen, häufigste 937
Verhaltensregeln für Tierhalter 22
Verhaltensstörungen, postpartale 659
Verkürzungsfraktion (EKG) 387, 391
verlängerte Läufigkeit 632
verlängerter Östrus 632
verlängerter Proöstrus 632
Verriegelungsnagelung 762
Verschattung, pyometraähnliche 631
Verschlußikterus 556
Verwerfen 649
Vesikel 228
vesikoureteraler Reflux 592
vesikuläres Atemgeräusch 337
Vestibulärsyndrom 283
Vestibulitis 644
Veterinärzeugnis 26
Violsche Drüse 226, 268
Virale Infektionen, Darm 499
Vitamin D und Skelett 716
Vitamine 953
Vitamine, Bedarf 65
Vitamine, Mangel 73, 76
Vitamine, Quellen 66
Vitamine, Übersichtstabelle 74
Vitamine, Überversorgung 73
Vitamine, Zerstörung 63
Vitamin-K-Mangel 865
Vitamintherapie, bei Hepatopathie 556
Vitiligo 229
Vitrektomie, partielle 329
Vogelmilbe, Rote 251
Volumensubstitution, bei Schock 436, 437
Volvulus 522
Vomitus 476
Vomitus, Diät 81
Vomitus, intermittierender 76
Vorbereitung, Patient vor Narkose 93
Vorbericht 29
Vorbrunst 625

Vorfall des Nucleus pulposus 745
Vorhaut, Entzündung 673
Vorhautöffnung, Ausfluß 673
Vorhautöffnung, verengte 674
Vorhofflattern 403
Vorhofflimmern 403
Vorhofrupturen 398
Vorhofseptumdefekt 419
Vorhoftachykardien 403
Vorsekret 676
Vulva-Reflex 684
Vulvaödem 626

Wachstumsdeformationen, Radius 730
Wachstumsdeformationen, Ulna 730
Wachstumshormonmangel, Disposition 830
Wachstumsstörungen, Gelenkflächen 735
Wachstumsstörungen, Gelenkknorpel 736
Wachstumsstörungen, Hüftgelenk 735
Wachstumsstörungen, Kniegelenk 736
Wachstumsstörungen, nach Osteosynthesen 764
Wärmeapplikation **54**, 350
Warze 268
Wasserbedarf 65
Wasserbedarf, Berechnung für Infusion 187
Wasserkopf 690
Wasserretention, bei Hypothyreose 835
Wasserumschläge nach PRIESSNITZ 54, 55
Wasserumschläge, kalt/warm 56
Waterhouse-Friderichsen-Syndrom 843
Wattetest 292
Wehenschwäche, primäre 654
Wehenschwäche, sekundäre 654
Weimaraner, Rückenmark-Mißbildung 691
weißes Blutbild, Referenzwerte 848
weißes Blutbild, Übersicht 848
weißes Blutbild, Untersuchung 847
weißes Blutbild, Veränderungen 850
Welpen, Euthanasie 224
Welpen, künstliche Aufzucht 71
Welpen, neugeborene, Anämie 860
Welpen, neugeborene, Versorgung 656

Welpenaufzucht, gestörte 659
Welpenaufzucht, mutterlose 660
Werkvertrag 20
Widerristsattelverband 161
Wiederbelebung 131, 138
Winkelblockglaukom 310
Winkelmessung nach NORBERG 798
Wirbelgelenkentzündung 740
Wirbelgleiten 738
Wobbler-Syndrom 706, 739
Wolff-Parkinson-White-Syndrom 402
Wollhaar, übermäßiges Wachstum 635
Wood-Lampe 227, 256
Wunde, Heilungsstörungen 161
Wunde, Verschluß 163, 172
Wunde, Versorgung 160
Wundheilungsstörungen, postoperative 161
Wundverschluß, Hautfaltendecknaht 163
Wundverschluß, Laparotomiewunde 172
Wundverschluß, Thorakotomiewunde 172
Wundversorgung 160

X-Bein 806
X-Rite^R-System 204
XX/XY-Chimärismus 638
XXY-Triploidie 638
Xylazin, Antagonisierung 97, 98
Xylazin, als Injektionsanästhetikum 114
Xylazin, Dosierung 109
Xylazin, Emesis 97
Xylazin, Wirkung 97
Xylose-Resorptionstest 570

Y-Fraktur 772
Yohimbin 97, 98

Zahlungspflicht, Tierhalter 19
Zahnbehandlung, konservierende 462
Zahndurchbruch 45
Zahnerkrankungen 456
Zahnextraktion 456
Zahnfisteln 458
Zahnfleischbluten 455
Zahnformel 45
Zahnfrakturen 462
Zahngranulome 459
Zahnhärte 49

Zahnkaries 461
Zahnschmelzhypoplasien 460
Zahnstein 460
Zahnwechsel 46
Zapfen, Retina 330
Zecken 251
Zehengelenke 793
Zellmauserung 554
zentrale progressive Retinaatrophie 326, **331**
zentraler Venendruck **135**, 145
zentralnervale Symptome, bei HVL-Überfunktion 830
zervikale Instabilität 706
Zervikalspondylolisthesis 739
Zervikalspondylopathie 739
Zervix, unvollständige Öffnung 652
Zinkmangeldermatose 261, 267
Zirkumanalbereich, Erkrankungen 535
Zirkumanaldrüsen 226
Zirkumanaldrüsen, Erkrankungen 535
Zirkumanaldrüsen, Tumoren 535
ZNS, entzündliche Erkrankungen 703
ZNS, Hcc 705
ZNS, metabolische und degenerative Erkrankungen 692
ZNS, Morbus-Cushing-analoges Syndrom 701
ZNS, Tollwut 705
ZNS, Toxoplasmose 704
ZNS-Diagnostik 689
ZNS-Erkrankungen, Dispositionen 692
ZNS-Stoffwechselstörungen, erworbene 693
Zollinger-Ellison-Syndrom 565
Zuchtreife 625
Zuckertherapie, bei Hepatopathie 556
Zufüttern, Welpen 70, 660
Zughilfe, Geburt 653
Zugschraube 759
Zugschraube, Fixation 769
Zungen-Kalzinose 446
Zusatzfutter 69
Zwangsbewegungen 682
Zwangsfütterung 77
Zwangsmaßnahmen 21, **32**
Zwei-Gläser-Probe, Harn 576
Zwerchfell, Ruptur 546, 547
Zwerchfellähmung 336
Zwerchfellatmung 336
Zwerchfellhernie 546
Zwerggrassen, plötzliche Ataxie 691
Zwergwuchs, DSH 829, 830

Zwergwuchs, proportionierter 829
Zwingerhusten 352, 902
Zwischenfälle, bei Narkose 131, **136**
Zwischenwirbelscheiben, Degeneration 746
Zwischenwirbelscheiben, Verkalkung 747
Zwischenzelltumoren 667
Zyanose 124, 132, 145
zyklische Neutropenie, Collie 851
Zyklitis 324
Zyklusstörungen, bei Morbus Cushing 831
Zysten, Haut 268
Zystenniere 597
Zystitis 605
Zystitis, Formen 606
Zystitis, Therapie 607
Zystographie 213
Zystotomie 612
zytologische Untersuchung, Haut 227
Zytostatika 953

Karsivan®

Vasotherapeutikum ad us. vet.

Karsivan stimuliert die Herzleistung, wirkt gefäßerweiternd, verbessert die Fließeigenschaften der Erythrozyten und hemmt die Thrombozytenaggregation.

Karsivan fördert aufgrund seiner Wirkungseigenschaften die Durchblutung im peripheren und zerebralen Bereich und bewirkt beim Hund eine deutliche Reduktion altersbedingter Beschwerden wie Trägheit, schnelle Ermüdung, Apathie, steifer Gang, Aufsteh- und Gehbeschwerden, Appetitmangel, Abmagerung, Haarausfall und glanzloses Fell.

Durch eine zusätzlich günstige Beeinflussung des Hirnstoffwechsels verringert das Präparat auch das Ausmaß ischämisch bedingter Hirnschäden.

Zusammensetzung (wirksamer Bestandteil): 1 Filmtablette enthält 50 mg Propentofyllin.
Anwendungsgebiete: Durchblutungsstörungen im zerebralen und peripheren Bereich.
Hinweis: Spezifische Organerkrankungen primär kausal behandeln. Falls keine Besserung eintritt, ist die Behandlung spätestens nach 4 Wochen abzubrechen.
Gegenanzeigen: Trächtige Hündinnen, Zuchttiere.
Nebenwirkungen: Vereinzelt allergische Reaktionen.
Anwendung, Dosierung: 2 x tägl. oral 1/2 - 3 Tabletten, je nach Größe des Hundes.
Handelsform: Packung mit 60 Tabletten.

Hoechst Veterinär GmbH
D-85716 Unterschleißheim b. München

Hoechst